湖北省学术著作出版专项资金资助项目

中国科举文化通志　主编　陈文新

明代科举与文学编年（上）

陈文新　何坤翁　赵伯陶　主撰

其他撰稿人　周勇　江俊伟　徐薇　韦芳玉　徐卓阳

武汉大学出版社

图书在版编目(CIP)数据

明代科举与文学编年:上/陈文新,何坤翁,赵伯陶主撰.—武汉:武汉大学出版社,2015.10
中国科举文化通志/陈文新主编
 ISBN 978-7-307-16510-6

 Ⅰ.明…　Ⅱ.①陈…　②何…　③赵…　Ⅲ.①科举制度—史料—中国—明代　②古典文学—文学研究—中国—明代　Ⅳ.①D691.3　②I206.2

中国版本图书馆 CIP 数据核字(2015)第 186869 号

责任编辑:李　琼　朱凌云　　责任校对:刘　欣　　版式设计:马　佳

出版发行:**武汉大学出版社**　(430072　武昌　珞珈山)
　　　　　(电子邮件:cbs22@whu.edu.cn　网址:www.wdp.com.cn)
印刷:武汉中远印务有限公司
开本:787×1092　1/16　　印张:69.5　字数:1521 千字　插页:4
版次:2015 年 10 月第 1 版　　2015 年 10 月第 1 次印刷
ISBN 978-7-307-16510-6　　定价:1380.00 元(全三册)

《中国科举文化通志》总序

陈文新

（一）

科举是中国古代最为健全的文官制度。它渊源于汉，始创于隋，确立于唐，完备于宋，兴盛于明、清两代。如果从隋大业元年（605）的进士科算起，到清光绪三十一年（1905）被废除，科举制度在中国有整整 1300 年的历史。科举制度还曾"出口"越南、朝鲜等国，扩大了汉文化的影响。始于 19 世纪的西方文官考试制度，其创立也与中国科举的启发相关。孙中山在《五权宪法》等演讲中反复强调：中国的科举制度是世界各国中所用以拔取真才之最古最好的制度。胡适也说："中国文官制度影响之大，及其价值之被人看重"，"是我们中国对世界文化贡献的一件可以自夸的事"。[1]

科举制度具有如此强大的生命力，其原因在于，它在保证"程序的公正"方面具有空前的优越性。官员选拔的理想境界是"实质的公正"，即将所有优秀的人才选拔到最合适的岗位上。但这个境界人类至今未达到过。不得已而求其次，"程序的公正"就成为优先选择。"中国古代独特的社会结构是家族宗法制，家长统治、任人唯亲、帮派活动、裙带关系皆为家族宗法制的派生物，在重人情与关系的社会文化背景下，若没有可以操作的客观标准，任何立意美妙的选举制度都会被异化为植党营私、任人唯亲的工具，汉代的察举推荐和魏晋南北朝的九品官人法走向求才的死胡同便是明证。""古往今来科举考试一再起死回生的历史说明：自古以来，中国就是一个人情社会，人情与关系在社会生活中起着重要的作用，为了防止人情的泛滥，使社会不至于陷入无序的状态，中国人发明了考试，以考试作为维护社会公平和社会秩序的调节阀。悠久的科举历史与普遍的考试现实一再雄辩地证明，考试选才具有恒久的价值。"[2] 从这一角度看，科举制度不但在诞生之初有着巨大的进步意义，而且在整个中国历史和世界历史上，都是一个了不起的创造。较之前代的选官制度，如汉代的察举、征辟制和魏文帝时开始推行的九品中正制等，科举制度都更加公正合理。

---

[1] 胡适：《考试与教育》，《胡适文集》第 12 册，北京大学出版社 1998 年版，第 508 页。
[2] 刘海峰：《科举学导论》，华中师范大学出版社 2005 年版，第 113、136 页。

作为一项从整体上影响国民生活的官员选拔制度，科举制度对于维护我们这个幅员辽阔的多民族国家的统一稳定，其作用是无论怎样估计也不会过高的。胡适这位新文化运动的领袖，虽然一再愤愤不平地说到中国文化的种种不是，但在《考试与教育》一文中，他也毫不含糊地指出：在古代那种交通极为不便的情形下，中央可以不用武力来维持国家的统一是由于考试制度的公开和公平。胡适所说的公平，包括三种含义：一是公开考选，标准客观。二是顾及各地的文化水准，录取的人员，并不偏于一方或一省，而是遍及全国。三是实行回避制度，"就是本省的人不能任本省的官吏，而必须派往其他省份服务。有时候江南的人，派到西北去，有时候西北的人派到东南来。这种公道的办法，大家没有理由可以反对抵制。所以政府不用靠兵力和其他工具来统治地方，这是考试制度影响的结果"①。这些话出于胡适之口，足以说明，即使是文化激进主义者，只要具有清明的理性，也不难看出科举制度的合理性。

作为一项从整体上影响国民生活的官员选拔制度，科举制度不仅具有历史研究的价值，而且有助于我们思考当今人事制度的改革问题。2005年，任继愈曾在《古代中国科举考试制度值得借鉴》一文中提出设立"国家博士"学位的设想。其立论前提是：我国目前由各高校授予的博士学位缺少权威性和公正性。之所以不够权威和公正，不外下述几个原因。其一，"各校有自己的土标准，执行起来宽严标准不一，取得学位后，它的头衔在社会上流通价值都是同等的"，这当然不公平。其二，研究生入学后，第一年大部分时间用在外语上，第二年大部分时间忙于在规定的某种等级的刊物上发论文，第三年忙于找工作，这样的情形，怎么可能培养出货真价实的博士？其三，几乎所有名牌大学都招收"在职博士生"，有的博士研究生派秘书代他上课，甚至不上课而拿文凭，这样的博士能说是名副其实的吗？只有设立"国家博士"学位，采用统一标准选拔人才，这样的"博士学位"才具有权威性和公正性。而国家在高级人才的选拔方面统一把关，不仅可以避免"跑"博士点和博士生扩招带来的许多弊病，有助于社会风气的改善，而且，由于只管考而不必太多地管教，还可以节省大量开支。就这一点而言，中国古代的科举制度的确是值得参考借鉴的。任继愈的这篇文章现已收入《皓首学术随笔·任继愈卷》（中华书局2006年版），有心的读者不妨一阅。

与任继愈的呼吁相得益彰，早在1951年，钱穆就发表了《中国历史上的考试制度》一文。针对民国年间（1911—1949）人事管理腐败混乱的状况，他痛心疾首地指出：科举制"因有种种缺点，种种流弊，自该随时变通，但清末人却一意想变法，把此制度也连根拔去。民国以来，政府用人，便全无标准，人事奔竞，派系倾轧，结党营私，偏枯偏荣，种种病象，指不胜屈。不可不说我们把历史看轻了，认为以前一切要不得，才聚九州铁铸成大错"②。钱穆的意思是明确的：参考借鉴科举制度，有助于人事管理的规范化和公正性。1955年，他在《中国历代政治得失》一书中进一步指出："无

---

① 胡适：《胡适文集》第12册，北京大学出版社1998年版，第506页。

② 钱穆：《国史新论》，东大图书公司1984年版，第114~115页。

论如何，考试制度，是中国政治制度中一项比较重要的制度，又且由唐迄清绵历了一千年以上的长时期。中间递有改革，递有演变，在历史进程中逐渐发展，这绝不是偶然的。直到晚清，西方人还知采用此制度来弥缝他们政党选举之偏陷，而我们却对以往考试制度在历史上有过上千年以上根柢的，一口气吐弃了，不再重视，抑且不再留丝毫顾惜之余地。那真是一件可诧怪的事。"① 现代中国的人事管理理应借鉴源远流长的科举制度，这是毫无疑问的。至于如何借鉴，则是我们需要认真思考的问题。

（二）

作为一项从整体上影响国民生活的官员选拔制度，科举制度以其"程序的公正"为国家选拔了大量行政官员，在提高全民族的文化水准和维护我们这个多民族国家的统一稳定方面，发挥了直接而巨大的作用，这是其显而易见的功能；它还有其他不那么显著却同样值得重视的功能，即意识形态功能和人文教育功能：科举制度以其对社会的整体影响力将儒家经典维持世道人心的作用发挥到极致。我们试就此略作讨论。

明清时代有一项重要规定：科举以《四书》《五经》为基本考试内容。这一规定是耐人寻味的。《论语》《孟子》等儒家经典是秦汉以来中国传统社会维系人心、培育道德感的主要读物。我们经常表彰"中国的脊梁"，一个毋庸置疑的事实是，秦汉以降，"中国的脊梁"大多是在儒家经典的教育下成长起来的。以文天祥为例，这位南宋末年的民族英雄，曾在《过零丁洋》诗中说："人生自古谁无死？留取丹心照汗青。""丹心"，就是蕴蓄着崇高的道德感的心灵。他还有一首《正气歌》，开头一段是："天地有正气，杂然赋流形。下则为河岳，上则为日星。于人曰浩然，沛乎塞苍冥。皇路当清夷，含和吐明庭。时穷节乃见，一一垂丹青。"身在治世，正气表现为安邦定国的情志；身在乱世，则表现为忠贞坚毅的气节。即文天祥所说："当其贯日月，生死安足论。"1282 年，他在元大都（今属北京）英勇就义，事前他在衣带中写下了这样的话："孔曰'成仁'，孟曰'取义'。惟其义尽，所以仁至。读圣贤书，所学何事？而今而后，庶几无愧。"《四书》《五经》的教诲，确乎是他的立身之本。

文天祥是宝祐四年（1256）状元。这是一个值得关注的事实。它表明：进士阶层在实践儒家的人格理想方面，其自觉性远远高于社会的平均水平。宋代如此，明代如此，甚至连元代也是如此。清代史学家赵翼曾论及"元末殉难者多进士"这一现象："元代不重儒术，延祐中始设科取士，顺帝时又停二科始复。其时所谓进士者，已属积轻之势矣，然末年仗节死义者，乃多在进士出身之人。"（赵翼《廿二史劄记》卷三十《元末殉难者多进士》）接下来，赵翼列举了余阙、泰不华、李齐、李黼、王士元、赵琏、周镗、聂炳元、刘耕孙、丑闾、彭庭坚、普颜不花、月鲁不花、迈里古思等死难进

① 钱穆：《中国历代政治得失》，三联书店 2001 年版，第 89 页。

士，最后归结说："诸人可谓不负科名者哉，而国家设科取士亦不徒矣。"① 在元末殉难的进士中，余阙（1303—1358）是最早战死的封疆大臣。他的朋友蒋良，一次和他谈起国难，余阙推心置腹地说："余荷国恩，以进士及第，历省居馆阁，每愧无报。今国家多难，授予兵戎重寄，岂余所堪。然古人有言：'为子死孝，为臣死忠。'万一不幸，吾知尽吾忠而已。"余阙殉难后，蒋良作《余忠宣公死节记》，开篇即强调说："有元设科取士，中外文武著功社稷之臣历历可纪。至正辛卯，兵起淮、颍，城邑尽废，江、汉之间能捍御大郡、全尽名节者，守豫帅余公廷心一人而已。"② 在余阙"擢高科"的履历与他忠勇殉节的人格境界之间，人们确认有其内在联系。无独有偶，《元史·泰不华传》在记叙元末另一著名的死节之臣泰不华（1305—1352）时，也着重指出：其人生信念的基本依据是他作为"书生"所受的儒家经典教育。在与方国珍决战前夕，泰不华曾对部从说过一番词气慷慨的话："吾以书生登显要，诚虑负所学。今守海隅，贼甫招徕，又复为变。君辈助我击之，其克则汝众功也，不克则我尽死以报国耳。""书生""所学"与捐躯"报国"之间关系如此密切，足见以《四书》《五经》作为基本考试教材的科举制度，它在维持世道人心方面的作用的确是巨大而深远的。

儒家经典维持世道人心的功能不仅泽及宋元，泽及明清，甚至泽及已经废除了科举制度的现代。其实这并不令人感到奇怪。原因在于，不少现代名流的少年时光是在科举时代度过的，他们系统地受过这种教育，耳濡目染，其人生观在早年即已确立并足以支配一生。儒家经典的生命力由此可见。科举制度的余泽亦由此可见。

这里我想特别提及五四新文化运动的领袖胡适，并有意多引他的言论。之所以关注他，是因为，世人眼中的胡适，只是一个文化激进主义者，以高倡"打倒孔家店"著称。人们很少注意到，胡适在表面上高呼"打倒孔家店"，但在内心里仍对孔子和儒家保留了足够的敬意，是儒家人生哲学的虔诚信奉者和实行者。唐德刚编译《胡适口述自传》，第二章有胡适的如下自白："有许多人认为我是反孔非儒的。在许多方面，我对那经过长期发展的儒教的批判是很严厉的。但是就全体来说，我在我的一切著述上，对孔子和早期的'仲尼之徒'如孟子，都是相当尊崇的。我对十二世纪'新儒学'（Neo-Confucianism）（'理学'）的开山宗师的朱熹，也是十分崇敬的。""在这场伟大的'新儒学'（理学）的运动里，对那（道德、知识；也就是《中庸》里面所说的'诚则明矣，明则诚矣'的）两股思潮，最好的表达，便是程颐所说的：'涵养须用敬，进学则在致知。'后世学者都认为'理学'的真谛，此一语足以道破。"同一章还有唐德刚的一段插话："'要提高你的道德标准，你一定要在"敬"字上下功夫；要学识上有长进，你一定要扩展你的知识到最大极限。'适之先生对这两句话最为服膺，他老人家不断向我传教的也是这两句。一次我替他照相，要他在录音机边作说话状，他说的便是这两句。所以胡适之先生骨子里实在是位理学家。他反对佛教、道教乃至基督教，都

① 赵翼著，王树民校证：《廿二史劄记校证》，中华书局1984年版，第706页。
② 杨讷等编：《元代农民战争史料汇编》中编第一分册，中华书局1985年版，第268页。

是从'理学'这条道理上出发的。他开口闭口什么实验主义的，在笔者看来，都是些表面账。吾人如用胡先生自己的学术分期来说，则胡适之便是他自己所说的'现代期'的最后一人。"① 胡适是在少年时代接受儒家经典教育的，在经历了废止科举、"打倒孔家店"等种种变故后，儒家的人生哲学仍能贯彻其生命的始终，由此不难想见，在中国传统社会尤其是科举时代，儒家经典对社会精神风貌的塑造可以发挥多么强大的功能。虽然生活中确有教育目标与实际状况两歧的情形，但正面的成效仍是不容忽视的。

"精神文明"是中国人常用的一个概念。"精神文明"是相对物质文明而言的，就个人而言，需要长期的修养，就民族而言，需要长期的培育。中国古人对这一点体会很深，所以常常强调"潜移默化"，经由耳濡目染的长期熏陶，价值内化，成为一种道德规范。如果这种道德规范大体近于人情，既"止乎礼义"而又"发乎性情"，它对社会的稳定，对人类精神境界的提升，都将发挥重要作用。这就是文化的功能。目前教育界所说的"深厚的人文知识素养，有助于塑造高尚的精神世界，提高健康的审美能力"，与这个意思是相通的。《四书》《五经》作为科举时代的基本读物，人文教育功能是其不容抹杀的价值，并因制度的保障而得到了充分的发挥。

美国学者罗兹曼认为：科举制在中国传统社会结构中居于中心的地位，是维系儒家意识形态和儒家价值体系正统地位的根本手段。科举制在 1905 年被废止，从而使这一年成为新旧中国的分水岭：它标志着一个时代的结束和另一个时代的开始，其划时代的重要性甚至超过辛亥革命；就其现实和象征性的意义而言，科举革废代表着中国已与过去一刀两断，这种转折大致相当于 1861 年沙俄废奴和 1868 年的日本明治维新后不久的废藩。② 罗兹曼的意见也许是对的。而我想要补充的问题是：在科举制废止之后，如何保证《四书》《五经》的人文教育功能继续得到发挥？

（三）

科举制度曾经有过辉煌的历史，科举制度对现代中国的发展更有足资借鉴的意义。整理与研究历代科举文献，其意义也需要从历史与现实两个角度加以说明：一方面是传承文化，传承文明，让这份丰厚的遗产充分发挥塑造民族精神的作用，另一方面是去粗取精，古为今用，让它在现实的中国社会重放异彩，成为人事制度改革的重要智力资源。这是我们编纂出版《中国科举文化通志》的初衷，也是我们不辞劳苦从事这一学术工作的动力。

《中国科举文化通志》重点包括下述内容：

1. 整理、研究反映科举制度沿革、影响及历代登科情形的文献。

① 胡适：《胡适文集》第 1 册，北京大学出版社 1998 年版，第 418、433 页。

② ［美］吉尔伯特·罗曼兹主编，国家社会科学基金"比较现代化"课题组译：《中国的现代化》中译本，江苏人民出版社 1988 年版，第 335、635 页。

从《新唐书》开始，历代正史多有《选举志》。历代《会要》、《实录》、《纪事本末》等史传、政书之中，相当一部分是关于科举制度沿革的资料。还有黄佐《翰林记》、陆深《科场条贯》、张朝瑞《明贡举考》、冯梦祯《历代贡举志》、董其昌《学科考略》、陶福履《常谈》等一批专书。历代《登科录》和杂录类书籍，也保存了大量关于科举的材料。唐代登科记多已散失亡佚，有清代徐松的《登科记考》可供参考。宋元登科记保存稍多，明清有关文献尤为繁富。

2. 整理、研究与历代考试文体相关的教材、试卷、程文及论著等。

八股文是最引人注目的考试文体。八股文集有选本、稿本之分。重要的选本，明代有艾南英编《明文定》、《明文待》，杨廷枢编《同文录》，马世奇编《澹宁居文集》，黎淳编《国朝试录》等；清朝有纪昀《房行书精华》，王步青编《八法集》；还有《百二十名家集》，选文3000篇，以明代为主；《钦定四书文》，明文4集，选文480余篇，清文1集，选文290余篇。稿本为个人文集。明清著名的八股大家，如明代的王鏊、钱福、唐顺之、归有光、艾南英，清代的刘子壮、熊伯龙、李光地、方苞、王步青、袁枚、翁方纲等人，均有稿本传世。相关著述数量也不少。清梁章钜《制义丛话》等，是研究八股文的重要论著。其他考试文体，如试策、试律等，也在我们关注的范围之内。这些科举文献，一般读者不易见到，或只能零零星星地见到一些，或虽然见到了也难以读懂，亟待系统地整理出版，以供研究和阅读。

《中国科举文化通志》包括以下数种：《历代制举史料汇编》、《历代律赋校注》、《唐代试律试策校注》、《八股文总论八种》、《七史选举志校注》、《四书大全校注》、《游戏八股文集成》、《明代科举与文学编年》、《明代状元史料汇编》、《钦定四书文校注》、《翰林掌故五种》、《贡举志五种》、《〈游艺塾文规〉正续编》、《钦定学政全书校注》、《梁章钜科举文献二种校注》、《〈清实录〉科举史料汇编》、《二十世纪科举研究论文选编》、《明代科举与文学编年》、《〈礼部韵略〉与宋代科举》、《元明科举与文学考论》、《游戏八股文研究》、《明代八股文选家考论》、《唐代科举与试赋》、《〈儒林外史〉的现代误读》、《科举废止前后的晚清社会与文学》等。我们这套《中国科举文化通志》，以涵盖面广和分量厚重为显著特征，可以从多方面满足阅读和研究之需。而在整理、研究方面投入的心力之多，更是有目共睹。我们的目的是为推进学术作出力所能及的贡献。

《中国科举文化通志》是一项规模宏大、任务艰巨、意义深远的大型出版文化工程。编纂任务主要由武汉大学专家承担，并根据需要从中国人民大学、南京大学、中国艺术研究院、厦门大学、华中师范大学、陕西师范大学、扬州大学、中南民族大学、中南财经政法大学等高校或科研院所聘请了若干学者。南京大学卞孝萱先生、中华书局傅璇琮先生、中国社会科学院邓绍基先生等在学术上给我们提供了若干指导；参与这一工程的各位专家不辞辛苦，努力工作，保证了编纂进度和质量；武汉大学出版社鼎立支持《中国科举文化通志》的出版；所有这些，我们将永远铭记在心。

2015 年 4 月 13 日

于武汉大学

目　录

上

凡例 ………………………………………………………………………………… 1

明太祖洪武元年戊申（公元 1368 年）……………………………… 1

明太祖洪武二年己酉（公元 1369 年）……………………… 12

明太祖洪武三年庚戌（公元 1370 年）……………………… 20

明太祖洪武四年辛亥（公元 1371 年）……………………… 33

明太祖洪武五年壬子（公元 1372 年）……………………… 49

明太祖洪武六年癸丑（公元 1373 年）……………………… 56

明太祖洪武七年甲寅（公元 1374 年）……………………… 63

明太祖洪武八年乙卯（公元 1375 年）……………………… 67

明太祖洪武九年丙辰（公元 1376 年）……………………… 72

明太祖洪武十年丁巳（公元 1377 年）……………………… 77

明太祖洪武十一年戊午（公元 1378 年）…………………… 81

明太祖洪武十二年己未（公元 1379 年）…………………… 83

明太祖洪武十三年庚申（公元 1380 年）…………………… 86

明太祖洪武十四年辛酉（公元 1381 年）…………………… 93

明太祖洪武十五年壬戌（公元 1382 年）…………………… 99

明太祖洪武十六年癸亥（公元 1383 年）…………………… 110

明太祖洪武十七年甲子（公元 1384 年）…………………… 116

明太祖洪武十八年乙丑（公元 1385 年）…………………… 124

明太祖洪武十九年丙寅（公元 1386 年）…………………… 138

明太祖洪武二十年丁卯（公元 1387 年）…………………… 140

明太祖洪武二十一年戊辰（公元 1388 年）………………… 144

明太祖洪武二十二年己巳（公元 1389 年）………………… 151

明太祖洪武二十三年庚午（公元 1390 年）………………… 152

明太祖洪武二十四年辛未（公元 1391 年）………………… 157

明太祖洪武二十五年壬申（公元 1392 年）………………… 163

明太祖洪武二十六年癸酉(公元 1393 年) …………………… 167

明太祖洪武二十七年甲戌(公元 1394 年) …………………… 173

明太祖洪武二十八年乙亥(公元 1395 年) …………………… 178

明太祖洪武二十九年丙子(公元 1396 年) …………………… 181

明太祖洪武三十年丁丑(公元 1397 年) ……………………… 185

明太祖洪武三十一年戊寅(公元 1398 年) …………………… 193

明惠帝建文元年己卯(公元 1399 年) ………………………… 197

明惠帝建文二年庚辰(公元 1400 年) ………………………… 201

明惠帝建文三年辛巳(公元 1401 年) ………………………… 208

明惠帝建文四年壬午(公元 1402 年) ………………………… 209

明成祖永乐元年癸未(公元 1403 年) ………………………… 217

明成祖永乐二年甲申(公元 1404 年) ………………………… 222

明成祖永乐三年乙酉(公元 1405 年) ………………………… 236

明成祖永乐四年丙戌(公元 1406 年) ………………………… 240

明成祖永乐五年丁亥(公元 1407 年) ………………………… 247

明成祖永乐六年戊子(公元 1408 年) ………………………… 251

明成祖永乐七年己丑(公元 1409 年) ………………………… 257

明成祖永乐八年庚寅(公元 1410 年) ………………………… 264

明成祖永乐九年辛卯(公元 1411 年) ………………………… 268

明成祖永乐十年壬辰(公元 1412 年) ………………………… 274

明成祖永乐十一年癸巳(公元 1413 年) ……………………… 280

明成祖永乐十二年甲午(公元 1414 年) ……………………… 283

明成祖永乐十三年乙未(公元 1415 年) ……………………… 285

明成祖永乐十四年丙申(公元 1416 年) ……………………… 294

明成祖永乐十五年丁酉(公元 1417 年) ……………………… 297

明成祖永乐十六年戊戌(公元 1418 年) ……………………… 300

明成祖永乐十七年己亥(公元 1419 年) ……………………… 309

明成祖永乐十八年庚子(公元 1420 年) ……………………… 312

明成祖永乐十九年辛丑(公元 1421 年) ……………………… 316

明成祖永乐二十年壬寅(公元 1422 年) ……………………… 322

明成祖永乐二十一年癸卯(公元 1423 年) …………………… 325

明成祖永乐二十二年甲辰(公元 1424 年) …………………… 327

明仁宗洪熙元年乙巳(公元 1425 年) ………………………… 336

明宣宗宣德元年丙午(公元 1426 年) ………………………… 349

明宣宗宣德二年丁未(公元 1427 年) ………………………… 355

明宣宗宣德三年戊申(公元 1428 年) ………………………… 363

明宣宗宣德四年己酉(公元 1429 年) ……………………………… 368

明宣宗宣德五年庚戌(公元 1430 年) ……………………………… 372

明宣宗宣德六年辛亥(公元 1431 年) ……………………………… 393

明宣宗宣德七年壬子(公元 1432 年) ……………………………… 398

明宣宗宣德八年癸丑(公元 1433 年) ……………………………… 404

明宣宗宣德九年甲寅(公元 1434 年) ……………………………… 421

明宣宗宣德十年乙卯(公元 1435 年) ……………………………… 426

明英宗正统元年丙辰(公元 1436 年) ……………………………… 432

明英宗正统二年丁巳(公元 1437 年) ……………………………… 442

明英宗正统三年戊午(公元 1438 年) ……………………………… 446

明英宗正统四年己未(公元 1439 年) ……………………………… 451

明英宗正统五年庚申(公元 1440 年) ……………………………… 470

明英宗正统六年辛酉(公元 1441 年) ……………………………… 475

明英宗正统七年壬戌(公元 1442 年) ……………………………… 481

明英宗正统八年癸亥(公元 1443 年) ……………………………… 503

明英宗正统九年甲子(公元 1444 年) ……………………………… 508

明英宗正统十年乙丑(公元 1445 年) ……………………………… 516

明英宗正统十一年丙寅(公元 1446 年) …………………………… 540

明英宗正统十二年丁卯(公元 1447 年) …………………………… 544

明英宗正统十三年戊辰(公元 1448 年) …………………………… 550

明英宗正统十四年己巳(公元 1449 年) …………………………… 574

明代宗景泰元年庚午(公元 1450 年) ……………………………… 584

明代宗景泰二年辛未(公元 1451 年) ……………………………… 592

明代宗景泰三年壬申(公元 1452 年) ……………………………… 625

明代宗景泰四年癸酉(公元 1453 年) ……………………………… 632

明代宗景泰五年甲戌(公元 1454 年) ……………………………… 641

明代宗景泰六年乙亥(公元 1455 年) ……………………………… 687

明代宗景泰七年丙子(公元 1456 年) ……………………………… 691

明英宗天顺元年丁丑(公元 1457 年) ……………………………… 699

明英宗天顺二年戊寅(公元 1458 年) ……………………………… 716

明英宗天顺三年己卯(公元 1459 年) ……………………………… 723

明英宗天顺四年庚辰(公元 1460 年) ……………………………… 728

明英宗天顺五年辛巳(公元 1461 年) ……………………………… 757

明英宗天顺六年壬午(公元 1462 年) ……………………………… 761

明英宗天顺七年癸未(公元 1463 年) ……………………………… 766

明英宗天顺八年甲申(公元 1464 年) ……………………………… 772

明宪宗成化元年乙酉（公元 1465 年）……………………………… 806

明宪宗成化二年丙戌（公元 1466 年）……………………………… 813

明宪宗成化三年丁亥（公元 1467 年）……………………………… 864

明宪宗成化四年戊子（公元 1468 年）……………………………… 873

明宪宗成化五年己丑（公元 1469 年）……………………………… 884

明宪宗成化六年庚寅（公元 1470 年）……………………………… 922

明宪宗成化七年辛卯（公元 1471 年）……………………………… 926

明宪宗成化八年壬辰（公元 1472 年）……………………………… 931

明宪宗成化九年癸巳（公元 1473 年）……………………………… 937

明宪宗成化十年甲午（公元 1474 年）……………………………… 940

明宪宗成化十一年乙未（公元 1475 年）…………………………… 946

明宪宗成化十二年丙申（公元 1476 年）…………………………… 992

明宪宗成化十三年丁酉（公元 1477 年）…………………………… 995

明宪宗成化十四年戊戌（公元 1478 年）…………………………… 1001

明宪宗成化十五年己亥（公元 1479 年）…………………………… 1038

明宪宗成化十六年庚子（公元 1480 年）…………………………… 1042

明宪宗成化十七年辛丑（公元 1481 年）…………………………… 1046

明宪宗成化十八年壬寅（公元 1482 年）…………………………… 1084

明宪宗成化十九年癸卯（公元 1483 年）…………………………… 1088

明宪宗成化二十年甲辰（公元 1484 年）…………………………… 1092

明宪宗成化二十一年乙巳（公元 1485 年）………………………… 1097

凡　例

一、本书以编年形式展现"明代科举与文学"的发展历程，重点收录下述内容：1. 重要科举法规（包括文科举、武科举及荐举）；2. 对科举有显著影响的奏疏、会议、人物言论等；3. 科举人物；4. 科举教育；5. 科场事件；6. 科场文风及相关文体；7. 科举风俗及相关创作；8. 科举文献；9. 科举时代的文化生活；10. 其他。

二、叙事以纲带目，即在征引相关文献之前有一句或数句概述。如，先总叙一句"朱元璋谓'翰林为文，但取通道理、明世务者，毋事浮藻'"，再征引相关文献。前者为纲，后者为目，纲、目配合，旨在完整地呈现科举事实。少量见于常用工具书的重要史实，或不必展开的科举事实，则列纲而略目，以省篇幅。

三、公历纪年年初与中国传统纪年年末往往不属同一年份，如洪武十六年癸亥正月至十二月并不对应于公元 1383 年 1 月—1383 年 12 月，而是对应于公元 1383 年 2 月—1384 年 1 月。我们采用变通的处理方法，以传统纪年方式纪年纪月，同时标注公历纪年。人物生卒年，仍据公历标注。

四、同一年内的科举史实，按月份先后顺序排列。月份不详而仅知季度的，春季置于三月之后，夏季置于六月之后，其他以此类推。季度、月份均不详者，另设"本年"目统之。

五、引用文集序跋，一般采用"作者＋篇名"的方式，如"臧懋循《唐诗所序》"。引用序跋之外的诗文等作品，一般采用"集名＋卷次＋篇名"的方式，如"《高文端公奏议》卷四《议修学政酌朝仪疏》"；无篇名者省略，如"《谰言长语》卷上"。某作者集中所收为他人别集等所作的序跋，亦采用这一方式，如"《金忠洁集》卷四《高中孚年兄制义序》"。引用《明实录》，标明卷次；引用《明史》等正史，一般采用"正史名＋本传或××志"的方式，如"《明史》本传"、"《明史·选举志》"，不标卷次。引用地方志，标明纂修年代和卷次，如"光绪《乌程县志》卷三十一"。引用《四库全书总目提要》，或用全称，或简称"四库提要"，标明卷次。据类书或工具书转引时，注明原出处。

六、人物小传一般置于生年，或置于其科第年份。

明太祖洪武元年戊申（公元 1368 年）

正月

朱元璋即皇帝位，以明为国号，建元洪武。《明史》太祖本纪："洪武元年春正月乙亥，祀天地于南郊，即皇帝位。定有天下之号曰明，建元洪武。"

《大明令》成。《殿阁词林记》卷二十《律令》："吴元年十月，诏修律令，命学士陶安为议律官。十二月甲辰，律令成，命刊布。洪武元年正月，《大明令》成，修列吏、户、礼、兵、刑、工六官之条，《大明律》亦如之。上曰：'律令者，治天下之法也。令以教之于先，律以齐之于后，今所定律令，删繁就简，使之归一，直言其事，庶几易知而难犯。'八月己卯，上念律令尚有轻重失宜，有乖中典，命儒臣四人同刑部官讲唐律，日写二十条取进，止择其可者从之。其或轻重失宜，则亲为损益，务求至当。六年十月，命刑部与翰林院更定《大明律》，学士宋濂撰表以进。二十二年八月，命翰林院同刑部官将比年律条参考折衷，以类编附，曰《名例律》，附于断狱下，至是特载诸篇首颁行之。"

授翰林学士陶安诰，以论道经邦相期许。《殿阁词林记》卷十一《制诰》："国初百官除授，各有诰敕，循宋制也。吴元年，授翰林侍讲学士宋濂制有曰：'备顾问于内廷，参密命于翰苑。'又曰：'议礼作乐，郊庙所资；修己及人，国家所尚。擢登玉署，侍讲彤闱。凤池兼掌于丝纶，麟史仍参于笔削。地天交泰，有资翊赞之功；云汉昭回，共致文明之治。'洪武元年正月庚子，授翰林学士陶安诰有曰：'国家之立，必有一心之臣，尊戴匡辅，用能张其纪纲，植其表仪，正其名位，善其辞命，基图以大，国家以安。'又曰：'开翰苑以崇文治，立学士以冠儒英。重道尊贤，莫先于尔。是用擢居宥密，俾职论思。兹特赐以宠章，用昭国典。尚其勤于献纳，赞我皇猷，综理人文，以臻至治。'其眷注隆重如此。尝考翰林之名，昉于扬雄所为赋，学士出《礼》'凡学世子及学士，必时'。唐人始以命官，所谓待诏、供奉、北门学士与学士院，亦惟以言语文字为职，未见其为国家轻重也。宋元因之。至我朝倚任益重，凡议礼制度，考文大柄，一以付之，论道经邦，硕辅由此其选，而政之枢要，史之权衡，皆所综焉。观诸诰命词，有足征矣。又按永乐末，仁宗即位，大学士杨士奇等进升少保，本院以士奇等所受诰进呈，乃新取笔重增二语曰：'勿谓崇高而难入，勿以有所从违而或怠。'顾士奇等曰：'此实朕心，卿其勉之。'士奇对曰：'圣德能容，臣等敢不勉。昔富弼有言：愿不以同异为喜怒，不以喜怒为用舍。成汤改过不吝，所以为圣人。愿今常以古人为法。'吾皇上下之交，真若元首股肱，相须而成，是又万世圣子神孙所当鉴也。"

刘基奏立军卫法。《明史》刘基传："太祖即皇帝位，基奏立军卫法。"《钦定续文献通考》卷一百二十二："洪武元年立军卫法。自京师达于郡县，皆立军卫。度天下要害之地，系一郡者设所，连郡者设卫。大率以五千六百人为一卫，千一百二十八人为一千户所，一百一十二人为百户所。每百户设总旗二名、小旗十名，大小联比以成军。"又卷一百二十八："明太祖洪武元年，以刘基言立军卫法，遂为一代定制。"

二月

中书省臣及学士陶安等进郊社宗庙仪。《殿阁词林记》卷二十二《仪礼（上）》："祖宗时，凡国家礼乐制度，皆命本院儒臣议而行之。洪武元年二月壬寅朔，中书省臣及学士陶安等进郊社宗庙仪，曰圜丘，曰方丘，曰宗庙，曰社稷，各具沿革。安等奏：'天子大社，必受风雨霜露，以达天地之气。若亡国之社，则屋之不受天阳也。今于坛创屋，非宜。若祭而遇风雨，则于斋宫望祭。'上是之。又定宗庙祭享之礼，安与侍讲学士朱升、待制詹同等，历考秦汉以下庙皆同堂异室，四时皆合祭，今四庙时享宜仿之。上命春特祭，于三时合祭如古制。"《国榷》卷三："（洪武元年二月）壬寅朔，中书省翰林院上郊社宗庙仪。"

诏令用太牢礼祭孔子。《殿阁词林记》卷二十《祀祀》："圣祖肇正祀典，首诏岳渎、城隍等神，皆削去后世所加封号，止从实称之，惟孔子则仍其旧。洪武元年，遣官释奠于先师孔子，定以二丁降香，遣官祭于国子监。每二丁，传制遣官致祭孔子，若登极，皆遣官祭告阙里。二十四年十月乙丑，南丰县典史冯坚言九事，内一事历代忠臣烈士有功德于民者，宜敕有司访其事迹，俾礼部、翰林院考究明白，量加封谥。上宠擢之。二十六年，颁大成乐于天下府学，令州县如式制造，以祀孔子。二十八年，用儒臣言，黜莽大夫扬雄，进董仲舒从祀孔子。"

三月

诏修《女诫》。《明鉴纲目》卷一："纲：三月，修《女诫》。目：帝谓翰林学士朱升等曰：'治天下以正家为先。正家之道，始于谨夫妇。后妃虽母仪天下，然不可俾与政事。嫔嫱之属，不过备职事，侍巾栉。恩宠或过，则骄恣犯分，上下失序。历代政由内出，鲜不为祸，惟智者能察之于未然。其纂述女诫及古贤后妃事，可为法者，使子孙知所持守。'"

增国学斋舍。（据《国榷》卷三）

四月

元国子祭酒孔克坚来朝。赐第一区，月粟二十石。（据《国榷》卷三）

翰林学士陶安为江西行省参政。（据《国榷》卷三）

侍仪范常为翰林直学士。（据《国榷》卷三）

七月

周宗疏请天下府州县开设学校，上嘉纳之。《明通鉴》卷一："是月（洪武元年七月），带刀舍人周宗上疏，请天下府州县开设学校，上嘉纳之。"

闰七月

征天下贤才为守令。《国榷》卷三："洪武元年闰七月己酉，征天下贤才至京，授守令，俱厚赐遣之。"

八月

徐达率明师入大都，元亡。《明鉴纲目》卷一："纲：秋七月，明师克通州，元帝北去。八月，徐达入大都，监国淮王特穆尔布哈死之，元亡。目：徐达帅师发开封，遣裨将分道徇河北地，连下卫辉、彰德、广平。次临清，使傅友德以轻兵先进，开陆路通步骑，顾时（字时举，濠人）浚河，通舟师。会常遇春已陷德州，合兵陷长芦，扼直沽，作浮桥济师，水陆并进，遂陷通州。知枢密院事布延特穆尔力战被执，死之。元帝于是诏淮王特穆尔布哈监国，以庆同为左丞相，同守京师。御清宁殿，集三宫后妃皇太子议避兵北行，左丞相锡哩玛勒，知枢密院事赫色（旧作黑厮，今改，后仿此），宦者赵巴延布哈，以为不可，帝不听。巴延布㤢哭曰：'天下者，世祖之天下，陛下当以死守，奈何弃之。臣等愿率诸军民及诸集赛等，出城拒战，愿陛下固守京城。'卒不听。夜半，开建德门北去。达陈兵齐化门，将士填濠登城入，淮王及左丞相庆同、平章德尔毕什（旧作迭儿必失）、富森赛音布哈（旧作朴赛因不花，今并改）、右丞相张康伯、御史中丞穆辰（旧作满川，今改）等不降，杀之，余不戮一人。封府库及图籍宝物，令指挥张胜，以兵千人守宫殿门，宦者护视宫人妃主，禁士卒毋侵暴。吏民安堵，市肆不移。遣傅友德等分守古北诸隘口。元亡。"

诏以应天为南京，开封为北京。《明鉴纲目》卷一："纲：以应天为南京，开封为北京。目：先是，帝幸汴梁，将营都而未果。及是，既克元都，遂有是命，且下诏，将以春秋巡狩（诏曰：'朕观中原土壤，四方朝贡，道里适均。其以金陵为南京，大梁为北京，朕于春秋往来巡狩。播告尔民，使知朕意。'）。寻又命徙北平军民于北京。"

宜阳知县郑桂发到任，慨然以兴学为己任。光绪《宜阳县志》卷十五《艺文志》载刘杰《宜阳县兴学记》："洪武元年，岁在戊申，秋八月，知县郑侯桂发始至，祗谒庙庭，顾瞻慨叹，首以兴学为己任。……明年己酉冬十二月，作大成门、棂星门。又明年庚戌春三月，新大成殿，规模壮丽，藻绘炳焕，缭以垣墉，内外严肃，庙祀始称。殿后建讲堂，设斋舍于东西，延儒士汤本、姚华分职教事，训迪子弟之俊秀于中。视事之暇，侯躬诣督劝。"

始设六部。《明鉴纲目》卷一："纲：始建六部。目：中书省初设四部，掌钱谷礼仪刑名营造之事，至是，定置吏户礼兵刑工六部，设尚书、侍郎等官，仍属中书省。（各部各设郎中，员外郎，主事，分理庶务。〇考洪武时，设官建置，不在一时。今据《明史·百官志》，举其要者随时以书，余不具载。）"

命儒臣十人分行十道，访求贤哲隐逸之士，学士詹同等往焉。（据《殿阁词林记》卷十八《巡行》）

御史中丞刘基致仕。《明史》太祖本纪："（洪武元年八月）丁丑，定六部官制。御史中丞刘基致仕。"《明史纪事本末》卷十四："先是，上北巡，命基同李善长留守京师。基言于上曰：'宋元以来，宽纵日久，当使纪纲振肃，而后惠政可施也。'上然之。基素刚严，凡僚吏有犯，即捕治之。宦者监工匠不肃，启皇太子捕置法。宿卫舍人弈棋，于直舍按治之，人皆侧足立。中书都事李彬舞法事觉，彬素附善长，善长托基缓其狱。基不允，遣人驰奏请诛彬，上可其奏。时大旱，善长等方议祷雨，而诛彬之报适至。善长曰：'今欲祷雨，可杀人乎？'基怒曰：'杀李彬，天必雨。'遂斩彬。善长衔之。上还，怨基者多诉于上前，善长亦言基专恣，语颇切。会基有丧，告归，许之。"

王祎上疏请宽政。王祎（1322—1374），字子充，义乌人。国初征为中书省掾。诏修《元史》，与宋濂同为总裁官，书成，拜翰林待制。奉使招吐蕃，至兰州召还，改使云南，抗节死。建文元年赠翰林学士，谥文节。正统中，改谥忠文。有《王忠文集》。《明史》本传："洪武元年八月上疏言：'祈天永命之要，在忠厚以存心，宽大以为政，法天道，顺人心。雷霆霜雪，可暂不可常。浙西既平，科敛当减。'太祖嘉纳之，然不能尽从也。"（按，"王祎"，《明史》及黄云眉《明史考证》，皆作"王祎"。今人何冠彪《明清人物与著述》有《王祎二题》，一辨王氏之名，二辨王氏生卒年月日。其辨名，引黄溍为王祎祖父所撰墓志铭，"子男二人，长良玉……次良珉……孙男四人，裕、祎、补、初"，依裕、补、初，则"祎"当为"祎"。早期典籍中，祎、祎不分，而明代语音大变，祎、祎读音分别甚明，即便刻书颇有笔画讹误，而口语中则了然可辨。冠彪又据宋濂《送王子充字序》，"祎名凡三易，初名伟，次名漳，后复更今名。皆从韦者，以其声之近也"，明代祎、伟、漳，同一读音，而"祎"则别是一读音。冠彪所说是。本编征引古籍，凡涉王祎子充而作"祎"者，径改"祎"为"祎"，不出注。）

十月

　　以梁贞、王仪为太子宾客，以秦镛、卢德明、张昌为太子谕德。《殿阁词林记》卷二十《宾客》："洪武元年，设东宫师傅官，令勋臣兼之。十月，以耆儒梁贞、王仪为太子宾客，秦镛、卢德明、张昌为太子谕德。上以东宫师傅皆勋旧大臣，当待以殊礼，朝贺东宫难同庶僚，命礼部考古定仪，礼部及翰林诸儒臣议。今凡遇大朝贺，前期设皇太子座于大本堂，设答拜褥位于堂中，设三师、宾客、谕德拜位于堂前，赞礼二人位于三师之北，内赞二人位于堂中，俱东西相向。至日，皇太子常服升座，三师、宾客、谕德常服入位，北向立，皇太子起立南向，赞礼唱鞠躬四拜，皇太子受前二拜，答后二拜，礼毕而出。五年，太子赞善大夫宋濂辅导东宫，一言一动，皆以礼法讽喻，使归于道。每侍读书，至切于政教，及前世兴亡，必拱手扬言曰：'君国子民之道，当如是，不当如彼。'且推人情物理，以明其义。皇太子每敛容嘉纳，敬礼未尝少衰，言则必曰师父师父云，且书旧学二字以赐。二十六年七月戊申，选秀才张宗濬等，随詹事府、左春坊官分班入直文华殿侍讲毕，近前说民间利害、田里稼穑等事，间陈古今孝弟忠信、文学材艺诸故事，日以为常。"

　　征元太史张佑、张沂等十四人。改太史院为司天监。龙文彬《明会要》卷三十九《钦天监》："钦天监。乙巳七年壬午，置太史监，以刘基为太史令。吴元年十月丙午，改监为院，仍以刘基为院使。洪武元年十月甲午，征元太史张佑、张沂等十四人。改太史院为司天监。二年二月，征元回回司天台官郑阿里等十一人议历，兼设回回司天监。三年六月甲子，改为钦天监。设令一人，丞一人。二十二年，改令为监正，正五品；丞为监副，正六品。三十一年丁丑朔，罢回回钦天监，以其历法隶本监。洪武六年，令本监人员不许迁动。子孙止习学天文历算，不许习他业。"

十一月

　　以孔子五十六世孙孔希学袭封衍圣公。复遣魏官及文原吉、詹同、吴辅、赵寿等分行天下，访求贤才。《明通鉴》卷一："（洪武元年十一月）甲辰，诏以孔子五十六代孙希学袭封衍圣公，进二品秩，赐银印。置衍圣公官属……立孔、颜、孟三氏学……又立尼山、泗水二书院，各设山长一人。复孔氏子孙及颜、孟大宗子孙徭役。又授其族人希大为曲阜世袭知县。"

　　建大本堂，延儒臣教授太子诸王。《明鉴纲目》卷一："纲：建大本堂。目：延儒臣教授太子诸王。上时临幸，商榷古今，评论经史。"（上尝御文楼，太子侍，问近与儒臣讲何史，对曰："汉七国事。"上问曲直安在。对曰："曲在七国。"上曰："此讲官一偏之说。景帝为太子时，以博局杀吴世子，及为帝，又轻听晁错黜削诸侯，七国之变，实由于此。若为诸子讲此，则当言藩王当上尊天子，毋挠天子公法，如此，则为太子者，知敦睦九族，隆亲亲之恩，为诸子者，知夹辅王室，尽君臣之义矣。"）

召大本堂诸儒试以《钟山蟠龙赋》。《殿阁词林记》卷十三《应制》："本院以供奉文字为职，凡被命有所述作，则谓之应制。然祖宗时皆出于面命，或相与赓和，其后惟中官传谕旨而已。丙午年六月旱，上祷雨钟山获应，赋七言《喜雨》诗，命待制黄哲等赓和。已而诸将告捷，多令翰林诸儒臣应制赋诗，上亲加评品。洪武元年十一月，召大本堂诸儒，试以《钟山蟠龙赋》，时与文学之臣燕饮赓和，语在赓歌卷。《大诰》三编成，命学士刘三吾为序。既成，上评以为无疵。《祖训》成，学士宋濂被命序其后；《精诚录》成，则命大学士吴沉序之；太子正字桂彦良人见，上命制《香几赞》；司直郎汪仲鲁被命制《续薰风南来》诸曲。皆称旨。"《殿阁词林记》卷二十《授经》："国初置大本堂，取古今图书充其中，召四方名儒教皇太子亲王，用学士宋濂、待制兼编修王祎、修撰王僎、耆儒陶凯辈分番夜直，选才俊之士充伴读，所授经书必亲督之。尝命祎采故实韵为四言诗以授皇太子，上时赐燕赋诗，商确古今，评论文字，无虚日。寻命勋旧之子执经入侍，于是郑国公常茂、曹国公李景隆、蕲春侯康铎等与焉。洪武元年十一月辛丑，燕东宫官及儒士，各赐冠服。是日，上命大本堂诸儒作《钟山蟠龙赋》，置酒欢甚，乃自作《时雪赋》，故有是赐。其后皇太子读书在文华殿，而亲王则出就所居府。十二年三月戊辰朔，上御华盖殿，皇太子侍上，问：'比日所读何书？'对曰：'昨看书至商周之际。'上曰：'看书亦知古人为君之道否？'因谕曰：'君道以事天爱民为重，其本在敬身，人君一言一行，皆上通于天，下系于民，必敬以将之，而后所行无不善。善，天必鉴之；不善，天亦鉴之。一言而善，四海蒙福；一行不谨，四海罹殃。言行如此，可不敬乎？汝其敬之。'圣祖之诒训如此，真可谓得其大本矣。诸儒授经，惟奉行上意而已，严君在上，贤师友辅之，睿德之懋，斯可望矣。"

十二月

诏优人别服。邓球《皇明泳化类编续编》卷十五"冠服"："（洪武元年）冬十一月，诏天下悉复衣冠唐制……其乐妓不与庶民妻同，乐工服冠屯青字顶，系红绿帛带。"

本年

去年三月，下令设文武科取士。《明太祖实录》卷二十二：吴元年三月丁酉，"下令设文武科取士。令曰：盖闻上世帝王创业之际用武以安天下，守成之时讲武以威天下，至于经纶抚治则在文臣，二者不可偏用也。古者人生八岁学礼、乐、射、御、书、数之文，十五学修身、齐家、治国、平天下之道。是以《周官》选举之制曰六德、六行、六艺，文武兼用，贤能并举，此三代治化所以盛隆也。兹欲上稽古制，设文、武二科，以广求天下之贤。其应文举者，察其言行，以观其德；考之经术，以观其业；试之书算、骑射，以观其能；策之经史时务，以观其政事。应武举者，先之以谋略，次之以武艺。俱求实效，不尚虚文。然此二者，必三年有成，有司预为劝谕民间秀士及智勇之人，以时勉学，俟开举之岁，充贡京师，其科目等第各有出身"。吴元年（公元1367年，即元惠宗至正二十七年）。按，文举考试于洪武三年如期举行，武举考试则迟至天顺八年才举行。《明史·选举志》："科目者，沿唐、宋之旧，而稍变其试士之法，专取四子书及《易》、《书》、《诗》、《春秋》、《礼记》五经命题试士。盖太祖与刘基所定。其文略仿宋经义，然代古人语气为之，体用排偶，谓之八股，通谓之制义。三年大比，以诸生试之直省，曰乡试。中式者为举人。次年，以举人试之京师，曰会试。中式者，天子亲策于廷，曰廷试，亦曰殿试，分一、二、三甲以为名第之次。一甲止三人，曰状元、榜眼、探花，赐进士及第。二甲若干人，赐进士出身。三甲若干人，赐同进士出身。状元、榜眼、探花之名，制所定也。而士大夫又通以乡试第一为解元，会试第一为会元，二、三甲第一为传胪云。子、午、卯、酉年乡试，辰、戌、丑、未年会试。乡试以八月，会试以二月，皆初九日为第一场，又三日为第二场，又三日为第三场。""廷试，以三月朔。乡试，直隶于京府，各省于布政司。会试，于礼部。主考，乡、会试俱二人。同考，乡试四人，会试八人。提调一人，在内京官，在外布政司官。会试，御史供给收掌试卷；弥封、誊录、对读、受卷及巡绰、监门，搜检怀挟，俱有定员，各执其事。""初设科举时，初场试经义二道，《四书》义一道；二场，论一道；三场，策一道。中式后十日，复以骑、射、书、算、律五事试之。后颁科举定式，初场试《四书》义三道，经义四道。《四书》主朱子《集注》，《易》主程《传》、朱子《本义》，《书》主蔡氏《传》及古注疏，《诗》主朱子《集传》，《春秋》主左氏、公羊、穀梁三传及胡安国、张洽《传》，《礼记》主古注疏。永乐间，颁《四书五经大全》，废注疏不用。其后，《春秋》亦不用张洽《传》，《礼记》止用陈澔《集说》。二场试论一道，判五道，诏、诰、表内科一道。三场试经史时务策五道。""试卷之首，书三代姓名及其籍贯年甲，所习本经，所司印记。试日入场，讲问、代冒者有禁。晚未纳卷，给烛三枝。文中回避御名、庙号，及不许自序门第。弥封编号作三合字。考试者用墨，谓之墨卷。誊录用硃，谓之硃卷。试士之所，谓之贡院。诸生席舍，谓之号房。人一军守之，谓之号军。"朱之瑜《朱舜水集》卷十《答源光国问十一条》："古来取士，其道惟汉为备，而得人为最盛，治法为近古。自唐以降，始有解试、省试之名，而廷试起于宋朝。张奭之子，以曳白登科，而题名强半为执政亲属；举子喧哗，天子始亲策之于廷，故曰廷试。此三试者，惟明朝为大备。唐虽设解额，而节度、廉访、观察、转运等使，俱得自辟士，署为幕职，考绩而升为朝官。士子亦得竟诣大学举进士。进士者，省试也，每年一举，试者甚少，而得第者亦复寥寥。进士科既已得隽，又复举博学宏词等科而后得官，故自不同。宋朝稍近于我明，然分天下为军。军府至为烦多，故解额亦自琐屑。大明分天下为十五国，南、北两京为天子京畿，故不言省。而十三省乃中书省之分署，故曰省。浙江、江西、福建、广东、云南、山东、山西、河南、陕西、四川、湖广、云南、贵州为十三省，合南、北二京，为十五国。三年一大比，子、午、卯、酉之年，大集举子于省会。朝廷差京考二员，就其地考试，而房考则督学官自行聘请阅文。中式者为解元，合次四名为经魁，又次及末为文魁。鹿鸣设宴，此即礼之宾兴，而艰难尊宠过之。省试者，南宫之试也；南宫者，礼部也。礼部尚书侍郎二员为贡举官，故曰省试，亦仍唐时中书省、门下省、尚书省试士之称。秘书者，监、郎、丞俱小官，不与此数，或时承乏典试，亦不以省为名。会试者，会天下之举子于辰、戌、丑、未之年，而试之于南宫。中式者为会元，余十七名为会魁，而通谓之进士，琼林设宴。廷试是天子临轩策士，宰辅阅卷进呈，对廷读卷，京兆设归第宴，故曰廷试，非以翰林院为廷也。翰林院官，特充房考诸官耳。""取士，唐朝以诗，或以赋。宋朝以赋、以策。明朝初举亦甚简易，后累年更制，定为初场试制义，《四书》义三篇，经义四篇，合七篇。举子各占一经，不许有兼经者。二场，论一道，诏、诰、表内科一道，判五道。三场，策五道，而廷试策自为一种，不与射策相同。"

令品官子弟及民人俊秀通文义者，并充国学生。选周琦、王璞等十余人，侍太子读书禁中。《明史·选举志》："国子学之设自明初乙巳始。洪武元年令品官子弟及民俊秀通文义者，并充学生。选国琦、王璞等十余人，侍太子读书禁中。入对谨身殿，姿状明秀，应对详雅。太祖喜，因厚赐之。天下既定，诏择府、州、县学诸生入国子学。又择年少举人赵惟一等及贡生董昶等入学读书，赐以衣帐，命于诸司先习吏事，谓之历事监生。取其中尤英敏者李扩等入文华、武英堂说书，谓之小秀才。其才学优赡、聪明俊伟之士，使之博极群书，讲明道德经济之学，以期大用，谓之老秀才。""初，改应天府学为国子学，后改建于鸡鸣山下。既而改学为监，设祭酒、司业及监丞、博士、助教、学正、学录、典籍、掌馔、典簿等官。分六堂以馆诸生，曰率性、修道、诚心、正义、崇志、广业。学旁以宿诸生，谓之号房。厚给廪饩，岁时赐布帛文绮、袭衣巾靴。正旦元宵诸令节，俱赏节钱。孝慈皇后积粮监中，置红仓二十余舍，养诸生之妻子。历事生未娶者，赐钱婚聘，及女衣二袭，月米二石。诸生在京师岁久，父母存，或父母亡而大父母、伯叔父母存，皆遣归省，人赐衣一袭，钞五锭，为道里费。其优恤之如此。"《明史·职官志》："国子监，祭酒一人，从四品，司业一人，正六品。其属，绳愆厅，监丞一人，正八品。博士厅，《五经》博士五人，从八品。率性、修道、诚心、正义、崇志、广业六堂，助教十五人，从八品，学正十人，正九品，学录七人，从九品。典簿厅，典簿一人，从八品。典籍厅，典籍一人，从九品。掌馔厅，掌馔二人，未入流。祭酒、司业，掌国学诸生训导之政令。凡举人、贡生、官生、恩生、功生、例生、土官、外国生、幼勋臣及勋戚大臣子弟之入监者，奉监规而训课之，造以明体达用之学，以孝弟、礼义、忠信、廉耻为之本，以六经、诸史为之业，务各期以敦伦善行，敬业乐群，以修举古乐正、成均之师道。有不率者，扑以夏楚，不悛，徙谪之。其率教者，有升堂积分超格叙用之法。课业仿书，季呈翰林院考校，文册岁终奏上。每岁仲春秋上丁，遣大臣祀先师，则总其礼仪。车驾幸学，则执经坐讲。新进士释褐，则坐而受拜。监丞掌绳愆厅之事，以参领监务，坚明其约束，诸师生有过及廪膳不洁，并纠惩之，而书之于集愆册。博士掌分经讲授，而时其考课。凡经，以《易》、《诗》、《书》、《春秋》、《礼记》，人专一经，《大学》、《中庸》、《论语》、《孟子》兼习之。助教、学正、学录掌六堂之训诲，士子肄业本堂，则为讲说经义文字，导约之以规矩。典簿典文移金钱出纳支受。典籍典书籍。掌馔掌饮馔。""明初，即置国子学。乙巳九月置国子学，以故集庆路学为之。洪武十四年改建国子学于鸡鸣山下。设博士、助教、学正、学录、典乐、典书、典膳等官。吴元年定国子学官制，增设祭酒、司业、典簿。祭酒，正四品，司业，正五品，博士，正七品，典簿，正八品，助教，从八品，学正，正九品，学录，从九品，典膳，省注。洪武八年又置中都国子学，秩正四品，命国子学分官领之。十三年改典膳为掌馔。十五年改为国子监，秩从四品，设祭酒一人，司业一人，监丞、典簿各一人，博士三人，助教十六人，学正、学录各三人，掌馔一人。各官品秩，如前所列。中都国子监制亦如之。十六年以宋讷为祭酒，敕谕之曰：'太学天下贤关，礼义所由出，人材所由兴。卿夙学耆德，故特命为祭酒。尚体朕立教之意，俾诸生有成，士习丕变，国家其有赖焉。'又命曹国公李文忠领监事，车驾时幸。以故监官不得中厅而坐，中门而行。二十四年更定国子监品秩、员数。俱如前所列。中都国子监设祭酒、司业、监丞、典簿、博士、学正、学录、掌馔各一人，助教二人，品秩与在京同。二十六年罢中都国子监。建文中，升监丞为堂上官，革学正、学录。成祖复旧制。永乐元年置国子监于北京，设祭酒、司业、监丞、典簿、博士、学正、学录、掌馔各一人，助教二人。后增设不常，助教至十五人，学正至十一人，学录至七人。后革助教二人，学正四人，学录二人。万历九年又革助教四人，学录一人，宣德九年省司业，弘治十五年复设。明初，祭酒、司业，择有学行者任之，后皆由翰林院迁转。""南京官……国子监。祭酒一人，司业一人，监丞一人，典簿一人，博士三人，助教六人，学正五人，学录二人，典籍一人，掌馔一人。嘉靖三十七年革助教二人及掌馔。隆庆四年革博士一人，学正一人。"万历《大明会典》卷二百二十《国子监》："国初，于南京置国子学正四品衙门，设博士、助教、学正、学录、典乐、典书、典膳等官，所以专司风化，教育人材，职任最重。后添设祭酒、司业、典簿，改典膳为掌馔。洪武八年，置中都国子学。十五年，改国子学为国子监，中都国子学为中都国子监，从四品衙门，以祭酒、司业为堂上官，监丞、博士、助教、学正、学录、典籍、掌馔为属官，典簿为首领官。二十六年，革中都国子监。永乐元年，置国子监于北京，设官司。嘉靖七年，建敬一亭于本监正堂之北，中树御制敬一箴、圣谕六道、御注范氏心箴、程子视听言动四箴，凡七碑，如翰林之制。""洪武初，令品官子弟及民间俊秀能通文义者充国子学生。十年，令武臣子弟入国子学读书。十五年，令各按察司选府、州、县学生员年二十以上厚重端秀者，送京考留。十六年，令考中岁贡生员，送监再考等第，分堂肄业。十八年，令会试下第举人，送监卒业。二十六年，令并中都国子监生入监。永乐元年，令选顺天府学，并大兴、宛平二县学通经能文生员，及考顺天府学原报科举生员，俱充北京国子监生。十九年，令监生系南人，送南监。宣德八年，令副榜举人不愿就教职者，考选送监。正统二年，令副榜举人不愿就教职者，入监卒业。三年，令岁贡生南人欲入北监者听。十年，令生员年四十以上者，考选送监。十四年，令南直隶岁贡生，俱送北监。景泰间，令生员纳马纳粟入监。七年，令云南岁贡生改送北监。天顺元年，诏在京三品以上官子孙，愿入监读书者听，务须科目出身。成化三年奏准，在京三品以上官子孙，许一人送监读书，照监例出身，有志科目者听。十二年奏准，南直隶岁贡生仍送南监。十四年，令南方举人愿入南监者听。弘治十七年奏准，岁贡生愿就教者听，礼部考试不中者，分送南北监肄业。嘉靖六年奏准，监生告改南监者，礼部仪制司给与号纸，令备写入监坐班告改年月日紧关字面，用印钤盖，亲赍赴南京礼部投验。自南改北者亦如之。万历三年奏准，举人未经入监及监事未毕者，俱以文书到日为始，限三个月，起送入监肄业。"黄佐《南雍志》卷十五《储养考》："太祖高皇帝初定国子为官生、民生二等。官生取自上裁，民生则由科贡，制也。宣德以后始有一时权宜之例，皆月程其课，而岁报其数，进修德业，多有仕焉为名臣者。"黄佐《南雍志》卷一《事纪》："洪武元年令品官子弟及民间俊秀能通文义者，充国子学生，自是田野秀民，执经就列，与贵游者日盛。有官生、民生之目焉。"《明史·选举志》："入国学者，通谓之监生。举人曰举监，生员曰贡监，品官子弟曰荫监，捐赀曰例监。同一贡监也，有岁贡，有选贡，有恩贡，有纳贡。同一荫监也，有官生，有恩生。""恩贡者，国家有庆典或登极诏书，以当贡者充之。而其次即为岁贡。纳贡视例监稍优，其实相仿也。""府、州、县学诸生入国学者，乃可得官，不入者不能得也。"万历《大明会典》卷二百二十《国子监》："凡生中通四书、未通经者，居正义、崇志、广业堂。一年半之上，文理条畅者，许升修道、诚心堂。坐堂一年半之上，经史兼通、文理俱优者，升率性堂。生员坐堂，各堂置勘合文簿，于上横列生员姓名，于下界尽作十方，一月通作三十日，坐堂一日，印红圈一个，如有事故，用黑圈记。每名须至坐堂圈七百之上，方许升率性堂。"

医学提举司设置已久。《明史·职官志》："太祖初，置医学提举司，设提举，从五品，同提举，从六品，副提举，从七品，医学教授，正九品，学正、官医、提领，从九品。寻改为太医监，设少监，正四品，监丞，正六品。吴元年改监为院。"正德《明会典》卷一百七十六《太医院》："国初置医学提举司，后改太医监，又改太医院。……凡本院习业分十三科，自御医以下与医士、医生各专一科。……凡医家子弟，旧例选入本院教习医术。"王圻《续文献通考》卷九十一《职官考续》："（太医院）院使掌医疗之法，院判为之贰。凡医术十三科。医官、医士、医生，专科习业，曰大方脉、曰小方脉、曰妇人、曰疮疡、曰针灸、曰眼、曰口齿、曰接骨、曰伤寒、曰咽喉、曰金镞、曰按摩、曰祝由。凡圣济殿番直择术业精通者供事。凡医家子弟择师而教之。三年试之，或五年试之。再试、三试而黜陟之。"

胡俨（1361—1443）八岁。胡俨字若思，南昌人。洪武末会试乙科，授华亭教谕。永乐初，擢翰林检讨，同解缙等直内阁。寻迁国子监祭酒。洪熙元年，加太子宾客。致仕。有《颐庵集》。杨溥《国子祭酒胡先生墓碑》云："先生天资颖悟，自幼好学。受经于伯父虞部员外郎汝器。及游乡校，从郡中诸先辈讲学。若书、若琴、若诗、若文，皆有传授。既长，博极群书，至于天文、地理、律历、医卜，皆通其说。先辈皆称许之。"

杨士奇（1365—1444）四岁。杨士奇名寓，以字行，号谷轩，江西泰和人。与杨荣、杨溥合称"三杨"。建文时，以荐授教授，旋入翰林充编纂官。试吏部，授吴府审理副，仍供馆职。永乐初，改编修，入内阁典机务，历侍读、左中允、左谕德学士。改左春坊大学士，仍兼翰林学士。隆庆初，擢礼部侍郎，兼华盖殿大学士，进少傅，兼兵部尚书。正统初，进少师。卒，赠太师，谥文贞。有《东里集》九十三卷，计文集二十五卷，诗集三卷，续集六十二卷，别集三卷。王直《少师泰和杨公传》："公早孤，母夫人陈氏教育之，甫六七岁，告以世德之详，公即感奋力学。虽甚贫，亲执劳事，然未尝废卷。时丧乱虽平，而苦无书，四书五经皆抄以读。海桑陈先生，夫人世父也，甚爱公，早夜训励，使必由道。年十五，褎然为人师，学行日益有闻，缙绅君子礼重焉。郡县交举为学官，皆不就。久之，朝廷以博学征入翰林任编纂，共事者皆天下宿儒，独推公精博。"

夏原吉（1366—1430）三岁。夏原吉字维喆，湘阴人，以乡荐游太学，选授户部主事。建文初，擢户部右侍郎。靖难后，进尚书，遣视江南水利。归掌行在吏、礼、兵部都察院事。仁宗即位，复户部尚书，加少保兼太子少傅。卒，赠太师，谥忠靖。有《忠靖集》。杨士奇《少保兼太子少傅户部尚书赠特进光禄大夫谥忠靖夏公神道碑铭》："公自幼端厚好学，年十三，教谕公殁，益知自励。母夫人廖守节教子。公终父丧，即出教里塾，取束脩以资养。而率其二弟恭侍婉愉，得母夫人欢心。出入乡闾，其老长皆忘年宾礼之。时已负巨人度，喜怒不形。里少年尝被酒侮慢公，里人共击之，詈之曰：'汝小人不知乡有君子耶！'"（《忠靖集·附录》）

梁潜（1366—1418）三岁。梁潜字用之，泰和人。洪武丙子举乡试，授训导。永乐初召修实录，升翰林修撰，历右春坊右赞善。帝北狩，留监国，中谗死。有《泊庵集》。《东里集·梁用之墓碣铭》："自幼好学警敏，巍然有巨人志。尝受经于乡先生王子启及舅氏陈仲速。入则浸渍不移，先生之教，父子兄弟讨论切劘无虚日，故所得率出其同辈。用之甫弱冠，其文论议已驰骋颉颃诸先辈。"

黄淮（1367—1449）二岁。黄淮字宗豫，永嘉人。洪武丁丑进士，除中书舍人，升翰林编修，历侍读左庶子，进右春坊大学士。辅东宫，系诏狱十年。洪熙初，入内阁兼武英殿大学士。累官少保户部尚书。卒，谥文简。有《介庵集》、《省愆集》、《归田集》。

金幼孜（1368—1432）生。金幼孜初名善，以字行，新淦人。建文己卯举人，授户科给事中。靖难后，改翰林检讨。历右谕德，掌翰林学士，升文渊阁大学士。历官太子少保、礼部尚书，兼武英殿大学士。卒赠少保，谥文靖。有《金文靖集》。杨士奇《太子少保礼部尚书兼武英殿大学士赠荣禄大夫少保谥文靖金公墓志铭》："公自幼嗜学问，内承家训之笃。长从前进士聂铉先生受《春秋经》，得其微旨。"

练子宁（1368—1402）生。练子宁名安，以字行，号松月居士。新淦人。洪武乙丑，赐进士第二人。授翰林院修撰，升副都御史、工部侍郎。建文时，迁御史大夫。靖难师入，不屈死。有《金川玉屑集》六卷。

明太祖洪武二年己酉（公元 1369 年）

正月

定翰林院官属品级。《殿阁词林记》卷十一《官制》："国初乙巳年五月己亥，设翰林学士正三品，侍讲学士正四品，直学士正五品，修撰、典簿正七品，编修正八品。洪武二年正月戊申，定学士承旨正三品，学士从三品，侍讲学士正四品，侍读学士从四品，直学士正五品，典簿正七品，待制从五品，修撰正六品，应奉正七品，编修正八品，典籍从八品。九年闰九月癸巳，诏定百官品级，承旨与六部尚书俱正三品，学士从三品，侍讲学士从四品。十三年八月己卯，增设检阅从九品。十四年五月癸未，改正五品衙门，设学士一人，侍讲学士二人，侍读学士二人，孔目一人，属官侍讲二人，侍读二人，五经博士五人，典籍二人，侍书二人，待诏二人，史官修撰三人，编修四人，检讨四人，革承旨、直学士、待制、应奉、检阅、典簿。十八年三月丁丑，命吏部定正官，学士一人，正五品；侍读学士、侍讲学士各二人，从五品；首领官孔目一人，未入流。属官侍读、侍讲各二人，正六品；五经博士五人，正八品；典籍二人，从八品；侍书二人，正九品；待诏六人，从九品。史官修撰三人，从六品；编修四人，正七品；检讨四人，从七品。又定华盖殿、武英殿、文华殿、文渊阁、东阁，设大学士各一人，俱正五品，班在本院学士上。其后简用，圣旨自上裁，官无定员，而侍读先侍讲则始于此。革除年间，更易官制，仍设正官学士承旨一员，在学士之上，改侍读学士、侍讲学士俱为文学博士。设文翰、文史二馆，文翰馆以居侍读、侍讲、侍书、五经博士、典籍、待诏，其侍书升七品；文史馆以居修撰、编修、检阅，改孔目为典籍，创置典簿厅，而革中书舍人，改为侍书，以隶翰林。又增设文渊阁待诏及拾遗、补阙等官。永乐初，皆复旧制，即洪武十八年所定者也。寻命编修等官于文渊阁参预几务，谓之内阁，渐升至学士及詹事府诸职。洪熙元年，以辅导任重，加升至师、保及尚书、侍郎、卿，仍兼学士、大学士，自后因之，或止以侍读等官入预阁事。其入阁者虽登穹秩，凡厥事公移，止称翰林院焉。永乐七年，以顺天府为北京，本院扈从者称行在翰林院，后定北京为京师，遂革行之称。既建今衙门，遂以旧署之在留都者为南京翰林院。其南京翰林院止设学士一员掌之，遇有员缺，从内阁推举。其后侍讲以上官皆得往掌院事，仍设孔目一人，若修撰等官，或因事始添设焉。"《殿阁词林记》卷十一《官衔》："凡列衔学士正五品，初授奉议大夫，升授奉政大夫，勋曰修正庶尹。侍读学士、侍讲学士从五品，初授奉训大夫，升授奉直大夫，勋曰协正庶尹。侍读、侍讲正六品，初授承直郎，升授承德郎。修撰从六品，初授承务郎，升授儒林郎。编修正七品，初授承事郎，升授文林郎。检讨从七品，初授从仕郎，升授征事郎。五经博士正八品，初授迪功郎，升授修职郎。典簿从八品。初授迪功佐郎，升授修职佐郎。侍书正九品，初授将仕郎，升授登仕郎。待诏从九品，初授将仕佐郎，升授登仕佐郎。凡给授之时，本院行吏部该司开报奏闻，每金押奏启，止书职名，以品级为次序。惟纂修及进呈书籍、试录等，始书散官勋阶。凡书必系于职名之下者，以所职乃宸翰国史，示有尊也。若以他职兼本院官则否。"《殿阁词林记》卷十一《职掌》："学士之职，凡赞阐皇猷，敷扬人文，论思献纳，修纂制诰书翰等事，无所不掌。侍读学士之职，凡遇上习读经史，则侍左右，以备顾问，帅其属以从。侍讲学士之职，凡遇鹤禁讲究经史，亦如之。侍读、侍讲，视侍读学士、侍讲学士，凡遇左右侍，其职亦如之。五经博士之职，掌《易》者一人，掌《书》者一人，掌《诗》者一人，掌《春秋》者一人，掌《礼记》者一人，人各专门，明经同异得失，究其指归，以备讲读。典簿之职，掌四库书籍，守扃钥以伺明命。侍书之职，明习六书之法，凡遇上书，则侍左右，以备考订点画音声。待诏之职，凡遇上宣问文议，以备呼召，编摩誊写等事亦如之。史官之职，修撰掌撰述，编修掌纂辑，检讨掌检阅，凡史事俾专掌焉。孔目以首领为职，掌言语、趋走、会计、籍书之事。粤自吴元年置本院以来，官不必备，惟侍从儒学之臣最重，必如所谓明仁义礼乐，通今古乱治，文章议论可以决疑定策，论道经邦者，始可以处之。故洪武、永乐、宣德间，虽待诏、孔目不轻授人。凡居是职者，咸知自重。若遽谓官虽有异名，其实无异职，诩诩焉而有出位之图，殊失所以肇建官之意也。若乃国史不别置院者，尝考周官掌王之八柄之法，以诏王治，凡命诸侯及孤、卿、大夫则策命之。丘浚曰：八柄诏于冢宰，内史复掌以诏王。盖史官公论之所出，爵禄废置、杀生予夺之柄有所不公，直以笔之。吴澄谓内史为翰林之职。盖以其命诸侯、公卿、大夫则策命之，犹命学士之草制诏也。然谓之史，乃掌文书赞治之名，今制并史馆于翰林，其亦此意欤？然则圣祖命官之意，正与成周媲隆，非徒远过唐宋而已。"《国榷》卷三："（洪武二年正月）戊申，定翰林官制。侍读学士朱升为翰林学士，从三品。陈樫、詹同为直学士，五品，承旨正三品，侍讲学士正四品，侍读学士从四品。

二月

诏修《元史》，以宋濂、王袆为总裁。《明通鉴》卷二："二月，丙寅朔，上以克元大都，得元十三朝实录。时宋濂方服阕，召还京师，元之故臣亦至焉，乃诏修《元史》。以左丞相李善长监修，濂及漳州通判王袆为总裁。其它纂修，命广征山林隐逸之士充之。上谕善长等曰：'元初君臣朴厚，政务简略，与民休息，时号小康。后嗣荒淫，权臣跋扈，兵戈四起，民命阽危。间有贤智之士，忠荩之臣，不获信用，驯至土崩。其间君臣行事，有善有否，贤人君子，或隐或显，诸所言行，亦多可称者。卿等务直述其事，毋溢美，毋讳恶，以垂鉴戒。'初，元都破，危素时为翰林学士承旨，闻难，趋所居报恩寺，方入井，寺僧大梓力挽起之，曰：'国史非公莫知，公死，是死国史也。'素遂止。兵迫史库，往告镇抚吴勉辈出之，元实录得无失，至是上访以元兴亡事甚悉。同时被征之士，有胡翰、汪克宽、宋僖、陶凯、陈基、曾鲁、高启、赵汸、赵埙、谢徽等，凡十六人，皆授翰林院国史编修官。……时命开局于天界寺，并取元虞集所撰《经世大典》等以备参考。"《明史》王祎传："明年修《元史》，命祎与濂为总裁。祎史事擅长，裁烦剔秽，力任笔削。"《明鉴纲目》卷一："先是元都破，元翰林学士承旨危素，趋所居报恩寺，将入井，寺僧大梓力挽之，曰：'国史非公莫知，公死，是死国史也。'素遂止。兵迫史库，往告镇抚吴勉，辈而出之，元实录得无失。及素至京，授翰林侍读学士，年已七十余。一日帝御东阁侧室，素行帘外，履声橐橐然，帝问谁也，对曰：'老臣危素。'帝哂曰：'朕谓是文天祥耳。'御史王著希旨，论素亡国之臣，不宜列侍从，诏谪居和州，守余阙庙，岁余卒。○危素，字太朴，金溪人。"

翰林直学士詹同为侍读学士，秦裕伯为待制，袁汉、睢稼为应奉。（据《国榷》卷三）

三月

朱升等奉敕撰《斋戒文》。《殿阁词林记》卷二十二《仪礼（上）》："至二年三月戊戌，朱升等奉敕撰《斋戒文》：大祀，四日戒，三日斋，凡七日；中祀，三日戒，二日斋，凡五日。上命凡祭天地、社稷、宗庙、山川等神，是为生灵祈福，下令百官一体斋戒，若自有所祷者，不下令。八月，定大祀受誓戒。九月乙巳，诏以司中、司命、司民、司禄及寿星五神为中祀，命翰林院撰文。"

朱元璋谓"翰林为文，但取通道理、明世务者，毋事浮藻"。《殿阁词林记》卷十四《正体》："国初文体，承元末之陋，皆务奇博。圣祖思有以变之，凡擢用词臣，务令浑厚醇正。洪武二年三月戊申，上谓侍读学士詹同曰：'古人为文章，或以明道德，或以通当世之务，如典谟之言，明白易知，无深怪险僻之语。至如诸葛孔明《出师表》，亦何尝雕刻为文，而诚意溢出，至今使人诵之，自然忠义感激。近世文士，不究道德之本，不达当世之务，立辞虽艰深，而意实浅近，即使过于相如、扬雄，何裨实用？自今翰林为文，但取通道理、明世务者，毋事浮藻。'於戏！大哉皇言乎，万世之通训也。然近日文体，或务追秦汉而失之险，或驾言韩欧而失之弱，本院儒臣，宜知所守。然风靡者多矣，举圣谟以戒敕之，最急务也。"

诏增筑国子学舍。《明太祖实录》卷四十：洪武二年三月，"戊午，诏增筑国子学舍。初，即应天府学为国子学。至是，上以规制未广，谓中书省臣曰：'大学育贤之地，所以兴礼乐，明教化，贤人君子之所自出。古之帝王建国君民，以此为重。朕承困弊之余，首建太学，招来师儒，以教育生徒。今学者日众，斋舍卑隘，不足以居。其令工部增益学舍，必高明轩敞，俾讲习有所，游息有地，庶达材成德者，有可望焉。'"

四月

诏诸王子习经。《明通鉴》卷二:"己巳(初五),诏诸王子受经于博士孔克仁,功臣子弟,亦令入学。"

翰林待制秦裕伯知陇州。(据《国榷》卷三)

五月

御史中丞章溢卒,太祖朱元璋撰文祭之。《明鉴纲目》卷一:"纲:五月,御史中丞章溢卒。(溢与刘基,并拜御史中丞。时廷臣伺帝意,多尚严苛,溢独存大体,不以搏击为能。受诏赴闽择乡兵,行至处州,遭母丧,乞终制,不许。乡兵既集,再乞终制,许之,哀毁卒。帝痛惜,亲撰文祭之。)"

六月

甲子,赐国子生夏衣。(据《国榷》卷三)

谕国子生虽专务文学,亦不可忘武事。《明太祖实录》卷四十三:洪武二年六月庚午,"上召国子生问曰:'尔等读书之余习骑射否?'对曰:'皆习。'曰:'习熟否?'对曰:'未。'乃谕之曰:'古之学者,文足以经邦,武足以戡乱,故能出入将相,安定社稷。今天下承平,尔等虽专务文学,亦岂可忘武事?《诗》曰:"文武吉甫,万邦为宁。"惟其有文武之才,则万邦以之为法矣。尔等宜勉之。'"

谕国子学官精心作养人材。《明太祖实录》卷四十三:洪武二年六月,"丁卯,上谕国子学官曰:'治天下以人材为本,人材以教导为先。今太学之教,本之德行,文以六艺者,遵古制也,人材之兴,将有其效。夫山木之所生,川水之所聚,太学人材所出,欲木之常茂者,必培其根,欲水之长流者,必濬其源,欲人材之成效,必养其德性。苟无作养之功,而欲成其材,臂犹壅百川而欲水流,折方长而求大木,其可得哉!'"

八月

令天下郡县荐举人才。《明太祖实录》卷四十四:洪武二年八月庚寅,"敕中书省令天下郡县举素志高洁、博古通今、练达时宜之士年四十以上者礼送至京,参考古今制度,以定一代之典"。卷四十五:"洪武二年九月壬辰朔,上谓廷臣曰:'知人固难,今朕屡敕百司访求贤才,然至者往往名实不符,岂非举者之滥乎?'廷臣对曰:'请自今令有司荐举必具其人已行之善,庶无冒滥之失。'上曰:'观人之法,即其小可以知其大，察其微可以知其著，视其所不为可以知其所为，但严举主之法，则冒滥自革矣！'"

定内侍官制。《明鉴纲目》卷一："纲：定内侍官制。（谕吏部曰：'内臣但备使令，毋多人，驭之之道，当使畏法，勿令有功。畏法则检束，有功则骄恣矣。'）"

《元史》修成。《明通鉴》卷二："癸酉（十一日），《元史》成。诸儒征召入纂修局者，或授官而归，或不受者，赐金币文绮遣之，惟陶凯、曾鲁后至显官云。先是所得十三朝实录，唯元统以后之事阙焉。上复遣儒士欧阳佑等十二人往北平、山东采求遗事，时尚未至也。"

宋濂入翰林。《明史》宋濂传："洪武二年诏修《元史》，命充总裁官。是年八月史成，除翰林院学士。"

诏修《礼书》。《明通鉴》卷二："庚寅（二十八日），诏儒臣撰修《礼书》。先是上即位，屡敕儒臣编集郊庙、山川等仪及古帝王祭祀感格可垂鉴戒者，名曰《存心录》。寻又诏郡县举高洁博雅之士年四十以上者，礼送京师。一时征召之士，首山阴杨维桢，元季隐居松江。上以其前朝老文学，特命詹同奉币诣其门。维桢年已七十余，谢曰：'岂有老妇将就木而再理嫁者邪！'未几，上复遣有司敦促，赋《老妇谣》一章进御，曰：'皇帝竭吾之能，不强吾所不能则可，否则有蹈海死耳。'上许之，赐安车，诣阙廷，留百有十日。所纂叙例略定，即乞骸骨。上成其志，仍给安车还山。史馆胄监之士，祖帐西门外，濂赠诗，以为'不受君王五色诏，白衣宣至白衣还'，盖高之也。其它征入礼局者，有新喻梁寅，滑县宋讷，天台徐一夔，山阴唐肃，永奉刘乾，及周子谅、胡行简、刘宗弼、董彝、蔡深，滕公琰等，凡十八人。而曾鲁以修《元史》成，赐金帛居首，乞还山。会礼局方开，复命留之。"

九月

癸丑，考乐制，征声律之士。（据《国榷》卷三）

十月

诏天下府、州、县皆立儒学。《明太祖实录》卷四十六：洪武二年冬十月，"辛巳，上谕中书省臣曰：'学校之教，至元其弊极矣，使先王衣冠礼义之教，混为夷狄上下之间，波颓风靡，故学校之设，名存实亡。况兵变以来，人习于战斗，惟知干戈，莫识俎豆。朕恒谓，治国之要，教化为先。教化之道，学校为本。今京师虽有太学，而天下学校未兴，宜令郡县皆立学，礼延师儒，教授生徒，以讲论圣道，使人日渐月化，以复先王之旧，以革污染之习。此最急务，当速行之。'"洪武二年冬十月，"辛卯，命郡县立学校。诏曰：古昔帝王育人材，正风俗，莫先于学校。自胡元入主中国，夷狄腥膻污染华夏，学校废弛，人纪荡然。加以兵乱以来，人习斗争，鲜知礼义。今朕一统天下，复我中国先王之治，宜大振华风，以兴治教。今虽内设国子监，恐不足以尽延天下之俊秀。其令天下郡县并建学校，以作养士类。其府学，设教授一员，秩从九品，训导四员，生员四十人。州学设学正一员，训导三员，生员三十人。县学设教谕一员，训导二员，生员二十人。师生月廪食米人六斗，有司给以鱼肉，学官月俸有差。学者专治一经，以礼、乐、射、御、书、数设科分教，务求实才，顽不率者，黜之。'"《明史·选举志》："科举必由学校，而学校起家可不由科举。学校有二：曰国学，曰府、州、县学。府、州、县学诸生入国学者，乃可得官，不入者不能得也。""郡县之学，与太学相维，创立自唐始。宋置诸路州学官，元颇因之。其法皆未具。迄明，天下府、州、县、卫所，皆建儒学，教官四千二百余员，弟子无算……洪武二年，太祖初建国学，谕中书省臣曰：'学校之教，至元其弊极矣。上下之间，波颓风靡，学校虽设，名存实亡。兵变以来，人习战争，惟知干戈，莫识俎豆。朕惟治国以教化为先，教化以学校为本。京师虽有太学，而天下学校未兴。宜令郡县皆立学校，延师儒，授生徒，讲论圣道，使人日渐月化，以复先王之旧。'于是大建学校，府设教授，州设学正，县设教谕，各一。俱设训导，府四，州三，县二。生员之数，府学四十人，州、县以次减十。师生月廪食米，人六斗，有司给以鱼肉。学官月俸有差。生员专治一经，以礼、乐、射、御、书、数设科分教。务求实才，顽不率者黜之。十五年颁学规于国子监，又颁禁例十二条于天下，镌立卧碑，置明伦堂之左。其不遵者，以违制论。盖无地而不设之学，无人而不纳之教。庠声序音，重规叠矩，无间于下邑荒徼，山陬海涯。此明代学校之盛，唐、宋以来所不及也。"《明史·职官志》："儒学。府，教授一人，从九品，训导四人。州，学正一人，训导三人。县，教谕一人，训导二人。教授、学正、教谕，掌教诲所属生员，训导佐之。凡生员廪膳、增广，府学四十人，州学三十人，县学二十人，附学生无定数。儒学官月课士子之艺业而奖励之。凡学政遵卧碑，咸听于提学宪臣提调，府听于府，州听于州，县听于县。其殿最视乡举之有无多寡。明初，置儒学提举司。洪武二年诏天下府州县皆立学。十三年改各州学正为未入流；先是从九品。二十四年定儒学训导位杂职上。三十一年诏天下学官改授旁郡州县。正统元年始设提督学校官。又有都司儒学，洪武十七年置，辽东始。行都司儒学，洪武二十三年置，北平始。卫儒学，洪武十七年置，岷州卫，二十三年置，大宁等卫始。以教武臣子弟。俱设教授一人，训导二人。河东又设都转运司儒学，制如府。其后宣慰、安抚等土官，俱设儒学。"万历《大明会典》卷七十八《礼部·学校·儒学》"廪馔"："洪武初，令师生廪食月米六斗，后复令日米一升。鱼肉盐醯之类，皆官给之。十五年，令廪馔月米一石。正统元年，令师生日逐会馔，有司金与膳夫，府学四名，州学三名，县学二名。弘治三年奏准，膳夫每名岁出柴薪银四两，以备会馔之用。八年，令膳夫每名岁出柴薪银十两。若师生不行会馔，有司失于供应，听提学官究治。嘉靖十九年题准，孔、颜、孟三氏教授司生员廪米，兖州府通融处给。隆庆六年议准，札行顺天府将交阯归顺土官膳夫，照例编给，不许额外增编。"又"学规"："洪武二年，诏天下府州县立学校，学者专治一经，以礼乐射御书数，设科分教。三年定学校射仪。前期，戒射定耦，选职事充司正、副司正、司射、司射器、请射、举爵、收矢、执旗、树鹄。陈设讫，至日，执事者人就位，请射者引主射正官及各官员子弟士民俊秀者，各就品位。司射器者以弓矢置于各正官及司射前……既毕，司正、副司正各持算白中于主射正官……饮讫，请射者请属官以下仍捧弓矢纳于司射器，还诣主射正官前相揖而退。六年，令今后一应文字，只用散文，不许为四六，误后学。十五年，颁禁例于天下学校……一、今后府州县生员，若有大事干于己家者，许父兄弟侄具状入官辩诉。若非大事，含情忍性，毋轻至于公门。一、生员之家，父母贤智者少，愚痴者多……子当受而无违，斯孝行矣……一、军民一切利病，并不许生员建言……一、为师长者，当体先贤之道，竭忠教训，以导愚蒙，勤考其课，抚善惩恶，毋致懈惰。一、提调正官务要常加考较，其有敦厚勤敏，抚以进学；懈怠不律、愚顽狡诈，以罪斥去。使在学者，皆为良善……一、民间凡有冤抑，干于自己，及官吏卖富差贫，重科厚敛，巧取民财等事，许受害之人，将实情自下向上陈告，毋得越诉……一、若十恶之事，有干朝政，实迹可验者，许诸人密切赴京面奏……二十四年，令各处儒学，每遇朔望，有司官至日早诣学谒庙行香，师生出大门外迎接行礼毕，请至明伦堂。师生作揖，教官侍坐，生员东西序立讲书。提调官考课毕，退，师生复送至大门外回学……生员熟读《大诰》律令，岁贡时出题试之，民间习读《大诰》子弟亦令读律。教官人等务要依先圣先贤格言，教诲后进，使之成材，以备任用。敢有妄生异议，蛊惑后生，乖其良心者，诛其本身，全家迁发化外。二十五年，定礼射书数之法……永乐三年申明师生每日清晨升堂，行恭揖礼毕，方退，晚亦如之。生员会食肄业，毋得出外游荡。正统六年，令提调官置簿，列生员姓名，又立为签，公暇揭取，稽其所业。提学官所至，察提调勤怠以书其称否，其生员有奸诈顽僻，藐视师长，龃龉教法者，悉斥退为民。成化三年，令提学官躬历各学，督率教官化导诸生……弘治十六年题准，生员不拘廪、增、附学，敢有傲慢师长，挟制官府，败伦伤化，结党害人者，本学教官具呈该管官员，查究得实，依律问罪……嘉靖十年题准，生员内有刁泼无耻之徒，号称学霸，恣意非为，及被提学考校或访察黜退，妄行讪毁，赴京奏扰者，奏词立案不行，仍行巡按御史拏问。十六年，令士子文字，敢有肆为怪诞，不遵旧式者，提学官即行革退。”

乙酉，翰林应奉睢稼为中书省参政。（据《国榷》卷三）

十一月

解缙（1369—1415）生。解缙字大绅，吉水人，洪武戊辰进士，试中书庶吉士，改御史。建文立，谪河州吏目，旋待诏翰林。永乐初，进侍读学士，直文渊阁，逾年，进翰林学士。出为广西参议，改交阯。入奏事，会成祖北征，见东宫辞去，征下狱死。有《白云稿》、《东山集》。曾棨《内阁学士春雨解先生行状》：“公生洪武己酉十一月初七日。未生时，母夫人梦老人以深衣大带授之，觉而异焉。已而生公，因取以为名。公生而秀异，颖敏绝伦。为婴儿时，母夫人画地为字以教之，一见不忘，父亦奇。每宾客过从，公在提抱间，有问辄对，声皆成文，由是众亦异之。七岁能属文，书过目成诵如流，为诗词操笔立就，往往出奇语，先辈罕及焉。稍长，益肆力于学，日记数万言。父子兄弟切磨讲贯，自为师友。通五经，尤长于《易》、《书》。时县令姑苏沈士行闻公及其妹壻黄金华俱有名，遂选为县庠生。自是文思大进，若水涌山出，峥嵘浩汗，不可名状。一时名公巨儒折辈行与之交。"

十二月

遣翰林编修罗复仁、兵部主事张福诏谕安南占城国王。（据《国榷》卷三）

本年

　　遣官祭昭烈武成王，仪同释奠。何孟春《馀冬序录》卷四十三："洪武二年，遣官祭昭烈武成王，仪同释奠。十九年，礼部奏请如前代故事，立武学，用武举，仍祀太公，建昭烈武成王庙。上曰：太公周臣，封诸侯，若以王祀之，则与周天子并，加之非号，为不享也。至于建武学，用武举，是歧文武为二途，自轻天下无全才矣。三代之上，士之学者，文武兼备，故措之于用，无所不宜，岂谓文武异科，各求专习者乎！即以太公之鹰扬而授丹书，仲山之赋政而式古训，召虎之经营而陈文德，岂比于后世武学，专讲韬略，不事经训，专习干戈，不闻俎豆，拘于一艺之偏之陋哉！今欲循旧，用武举、立庙学，甚无谓也。太公之祀，止宜从祀帝王庙，遂命去王号，罢其旧庙。及后承平日久，天下军卫子弟多习儒业，延至边徼，亦或设学建官以教之。其在京师，勋戚之胄袭爵及被选尚主者，亦学于国子监。至于各卫幼官与子弟未袭职者，资多可教。于是正统初两京并建武学，因复武成之庙，官设教授、训导，品秩俸廪如京府儒学之制，奏定条格，储养训习，以备任用。其子弟有志科目者，亦许应试。天顺间，乃复试武举。成化、弘治以来，间一举行，然但取骑射及答策大略而已。正德初，始依文举，三年一次，于辰、戌、丑、未年，文举毕日开科入试，钦命试官进呈为录，揭榜于兵部，锡宴于中府，礼仪始隆，法制始备。呜呼！饰武为文，则既盛矣！"

　　本年前后，王行为郡庠训导。王行（1331—1395），字止仲，长洲人，洪武初为郡庠经师。蓝玉延教其子，连坐诛。有《半轩集》。《半轩集·半轩集方外补遗》杜琼《王半轩传》："半轩讳行，字止仲，王姓。半轩，其号也。苏之吴邑人。初父某为阊门南市人市药，以交鬻纷挈，挈之为己助。半轩尚髫年，药逾千品，悉志其某某若多寡，酬应无或遗。主媪老，好听稗官家说，即默记数本，迨晚歌为之娱。主异之，为语：'若能读书否耶？'授《鲁论》一帙，翌日已成诵矣。遂大奇之，罄以帑所庋经史百子，恣其探阅，大有所得。年未弱冠，辞去，启蒙于城北望齐门旧居。时声誉殷发，愿交毕至，而议论踔厉，证据今古，常屈其座人。然家徒壁立，几无留策。询所学，曰：'向得之药主人耳。'为词章汪洋奥美，关节开解，千绪万端，参错杰出，一时老生咸畏之。……洪武初，郡庠延为经师。时训导无常禄，犹儒生衣巾。弟子员多出绮纨，皆易之，以五经杂进问难，半轩悉为辨讲，极底蕴。洎删润课业，刃迎缕解，节有详明。至是乃吐舌曰：'王先生未可以词章儒目之。'故有'行书橱''皮沥篚'之号，以其该博而无渗漏也。"

明太祖洪武三年庚戌（公元 1370 年）

二月

颁四方平定巾式，伶人不预。祝允明《野记》卷一："洪武三年二月，命制四方平定巾式，颁行天下。以士民所服四带巾未尽善，复制此，令士人吏民服之。皂隶、伶人如初所定，以异其式。二十四年五月，又谕礼部右侍郎张智等：'恁礼部将士民戴的头巾样制再申明整理。'智奏：'先为软巾，制度已尝钦定。而小民往往成造，破烂不堪，纱罗用纸粘裹竹漆布，混同造卖，有乖礼制。请申禁，违者论如法。'"注云："旧传太祖召杨维桢，维桢戴此巾以见，上问何巾，对曰：'四方平定巾。'上悦，令士庶依其制，且用其名。又谓有司初进样，方其顶。上以手按偃向后，如'民'字形，遂为定制。"

朱元璋御东阁，宋濂、王祎等进讲《大学》传之十章。《殿阁词林记》卷十五《咨讲》："国初己亥年正月，圣祖克婺州，置分中书省，诏诸名儒会食省中，日令二人进讲经史，敷陈治道，此论道讲学之始也。吴元年，初创设博士厅，令博士许存仁等日讲《尚书》等书。及有天下，令文学侍从之臣，每于御前讲说经史，无定日，亦无定所。寻设华盖、文华、武英等殿说书，以儒士沈德辈为之。其后惟本院及殿阁大学士专其事，罢诸殿说书官。然圣学缉熙甚力，每进讲，必反覆讨论，以求义理之极致，讲毕，必议及政事，以为常。""洪武三年二月，上御东阁，学士宋濂、待制王祎等进讲《大学》传之十章，至'有土有人'，濂等反覆言之。上曰：'人者国之本，德者身之本，德厚则人怀，人安则国固，故人主有仁厚之德，则人归之如父母。人心既归，则有土有财，自然之理也。若德不足以怀众，虽有财亦何用哉？'"

诏令续修《元史》。《明通鉴》卷三："儒士欧阳佑等自北平采遗事归，乙丑（初六），诏重开史局。仍以宋濂、王祎为总裁，复征四方文学士朱右、贝琼、朱廉、王彝、张孟兼、高逊志、李懋、李汶、张宣、张简、杜寅、殷弼、俞寅、赵埙等十四人为纂修官。而埙以前修史成未归，复命入局。先后纂修三十人，两局并预者唯埙一人而已。右，临海人，廉，义乌人，二人皆以书成不受官归。琼，崇德人。彝，嘉定人，师事王贞文，得兰溪金履祥之传，学有端绪。尝著论力诋杨维桢为文妖，一时闻者异之。

汶，当涂人，博学多才，后除巴东知县，晚年归里，以经学训后进。宣，江阴人，初以考礼征，寻预修《元史》，年最少，上隶书其名，召对殿庭，即日授翰林院编修，呼为'小秀才'。逊志，萧县人。师贡、师泰、周伯琦等，文章典雅，成一家言。孟兼，浦江人，刘基为上言：'今天下文章，宋濂第一，其次即臣基，又次即孟兼。'上颔之。简，吴县人，与杜寅同邑。又，礼局徐一夔者，工文章，与王祎善，时礼书将成，祎荐之入史局，一夔遗书，自言'不材多病'，又言：'史之根柢在《日历》，而元代不置《日历》，不置《起居注》，其于史事固甚疏略。又况顺帝三十六年之事，既无实录可据，又无参稽之书，唯凭采访以足成之，窃恐事未必核，言未必驯，首尾未必穿贯。而向之数公，或受官，或还山，复各散去，仆虽欲仰副执事之望，曷以哉！'遂不至。其后预修《日历》，书成，将授翰林院，亦以足疾辞，终不仕。"

诏推访人才。《国榷》卷四："诏曰：'朕惟六部繁重，在位未尽得人，岂用才未广与？抑贤智抗志，甘岩穴与？'诏下有司，悉心推访，礼遣之。"《明太祖实录》卷五十二："诏天下守令询举有学识笃行之士礼送京师。"

三月

置秘书监。《殿阁词林记》卷十七《秘书》："按《周礼》太史掌建邦之六典，外史掌四方之志、三皇五帝之书。汉图籍所在，有石渠、石室、延阁、广内藏之于外府，又有御史居殿中，掌兰台秘书，及麒麟、天禄二阁藏之于内禁。后汉图书在东观，置秘书监，又有鸿都等处。唐有秘书监、集贤书院。宋建昭文史馆、集贤院，置大学士、直学士、修撰等官以掌之，又有秘书省、崇文馆，其重如此。圣祖初定天下，即遣使求遗书。国初，四库之书多藏文华堂，堂在禁中，抵奉天门不百武，车驾尝幸临之。洪武三年三月庚子，置秘书监，秩正六品，先除监丞一员，直长二员。十三年七月癸巳，以内府书籍已有本院典籍掌之，于是罢秘书监。典籍张敏行者掌书籍，中使传宣索书，即启钥以上，岁时得燕见。圣祖籍（稽）古右文，其勤如此。盖罢掌书之官，并其任于翰林，寔自我朝始。今内阁史馆，凡御制宸翰、列圣宝训、实录及玉牒副本、经、史、子、集、类书之属，皆在焉。"

春

唐肃以征至京。唐肃字处敬，会稽人，元末官嘉兴儒学正。洪武初，召修礼乐书，擢应奉翰林文字，兼国史院编修。以疾失朝，罢归里，谪佃濠卒。有《丹崖集》。《苏平仲文集》卷十二《翰林应奉唐君墓志铭》："洪武三年春，用近臣荐，召至京师纂修礼乐书。其夏，擢应奉翰林文字承事郎。其秋，科举法行，预考南京贡士，有织文之赐。其冬，扈从东宫，拜英陵，有袭衣之赐。"

贝琼以修《元史》征至京。《清江文集》卷十四《游冶亭记》："君子不观山川之胜，无以广其志、宣其文。金陵之山川不一，而冶亭特据会通之地，尽有其胜者乎！洪武三年春，余客金陵，思一至其所，以求吴孙权之故迹，时预编纂《元史》，蚤夜不得休。及史成谒归，虽可游而不暇矣。"《槜李诗系》卷七《贝助教先生琼》："其在史馆时，与金华宋景濂友善，凡有撰著，互相推让，亦一时两雄也。"

元国子祭酒孔克坚卒。《国榷》卷四："孔子五十五世孙。克坚入朝，上客礼之。还，卒下邳舟中。年五十五。"

四月

明朝封陈日煃为安南国王。《明鉴纲目》卷一："纲：封陈日煃为安南国王。"

元顺帝卒于应昌。《明鉴纲目》卷一："纲：元帝殂于应昌。（注见前。）目：诏谥之曰顺帝（国人谥曰惠宗），子阿裕锡哩达喇嗣。"

授刘基、危素等弘文馆学士。《殿阁词林记》卷九《弘文》："洪武三年四月庚辰，置弘文馆，设学士一员及校书郎等官。九年闰九月，定官制，遂罢之。居是职者，刘基、詹同、罗复仁、胡镃（铉）也。仁宗即位，建弘文阁于思善门外，盖法国初遗意。永乐二十二年八月，命本院学士杨溥掌之，与侍讲王进时承顾问，讨论经籍，又擢编修杨敬、给事中何澄俾预焉，又起用检讨陈继，凡在阁者五人。驾尝临幸，讲论经史不倦。洪熙元年闰七月，溥等奏纳弘文阁印，各还原任，储闱可之，仍命溥与杨士奇等同治内阁事。正德初，建议者谓宜仿弘文阁故事，特命侍从文学之臣更番入直，或召天下名贤文学恬退者一二人，如起用陈继之例。听政之暇，游息之间，时至阁中，略去威严，从容询问，或讲经书，或论古今成败。有暇则至，不必拘其时；有疑则问，不必严其礼。如是则圣学缉熙，义理纯熟，凡百玩好，自不暇及，而所召必皆一时之闻人，则亦可以收拾天下之遗才矣。此亦祖宗君臣同游之渐，未必无补。惜论建未及，付之空言而已。"《国榷》卷四："立弘文馆，胡铉为学士，刘基、危素、王本中、睢稼皆兼学士。"《明通鉴》卷三："置弘文馆，以刘基、危素为弘文馆学士。"

以危素为翰林侍读学士。（据《国榷》卷四）

五月

初设科取士。以八月乡试，二月会试。《明太祖实录》卷五十二：洪武三年五月，"己亥，诏设科取士。诏曰：朕闻成周之制，取才于贡士，故贤者在职，而其民有士君子之行，是以风淳俗美，国易为治，而教化彰显也。汉、唐及宋，科举取士，各有定制，然但贵词章之学，而不求德艺之全。前元依古设科，待士甚优，而权豪势要之官，每纳奔竞之人，夤缘阿附，辄窃仕禄，所得资品，或居贡士之上。其怀材抱道之贤，耻与并进，甘隐山林而不起，风俗之弊，一至于此。今朕统一华夷，方与斯民共享升平之治，所虑官非其人，有殃吾民，愿得贤人君子而用之。自今年八月为始，特设科举，以起怀才抱道之士，务在经明行修，博通古今，文质得中，名实相称。其中选者，朕将亲策于庭，观其学识，第其高下，而任之以官，果有才学出众者，待以显擢，使中外文臣，皆由科举而选，非科举者，毋得与官，彼游食奔竞之徒，自然易行。於戏，设科取士，期必得于全材，任官惟贤，庶可成于治道。咨尔有众，体予至怀"。"遣使颁科举诏于高丽安南占城。"《弇山堂别集》卷八十一："初设科举条格诏：洪武三年五月初一日，奉天承运皇帝诏曰：朕闻成周之制，取材于贡士，故贤者在职，而其民有士君子之行，是以风俗淳美，国易为治，而教化彰显也。汉、唐及宋，科举取士，各有定制，然但贵词章之学，而未求六艺之全。至于前元，依古设科，待士甚优。而权豪势要之官，每纳奔竞之人，辛勤岁月，辄窃仕禄，所得资品，或居士人之上，怀材抱德之贤，耻于并进，甘隐山林而不起。风俗之弊，一至于此。今朕统一中国，外抚四夷，与斯民共享升平之治。所虑官非其人，有伤吾民，愿得君子而用之。自洪武三年八月为始，特设科举，以取怀材抱德之士，务在经明行修，博古通今，文质得中，名实相称。其中选者，朕将亲策于廷，观其学识，品其高下，而任之以官，果有材学出众者，待以显擢。使中外文武，皆由科举而选，非科举，毋得与官。敢有游食奔竞之徒，坐以重罪，以称朕责实求贤之意。所有合行事宜，条列于后：

一、乡试会试文字程式

□第一场试《五经》义，各试本经一道，不拘旧格，惟务经旨通畅，限五百字以上。《易》程朱氏注、古注疏，《书》蔡氏传、古注疏；《诗》朱氏传、古注疏；《春秋》左氏、公羊、穀梁、胡氏、张洽传；《礼记》古注疏。《四书》义一道，限三百字以上。

□第二场试礼乐论，限三百字以上，诏诰表笺。

□第三场试经史时务策一道，惟务直述，不尚文藻，限一千字以上。

□第三场毕后十日面试，骑观其驰骤便捷，射观其中数多寡，书观其笔画端楷，律观其讲解详审。殿试时务策一道，惟务直述，限一千字以上。

一、出身

□第一甲第一名从六品，第二、第三名正七品，赐进士及第。

□第二甲一十七名，正七品，赐进士出身。

□第三甲八十名，正八品，赐同进士出身。

一、乡试。各省并直隶府州等处，通选五百名为率，人材众多去处，不拘额数，若人材未备不及数者，从实充贡。

□河南省四十名，山东省四十名，山西省四十名，陕西省四十名，北平省四十名，福建省四十名，江西省四十名，浙江省四十名，湖广省四十名，广西省二十五名。在京乡试直隶府州一百名。

一、会试额取一百名。

一、高丽国、安南、占城等国，如有经明行修之士，各就本国乡试，贡赴京师会试，不拘额数选取。

一、开试日期。

□乡试，八月初九日第一场，十二日第二场，十五日第三场。

□会试，次年二月初九第一场，十二日第二场，十五日第三场。

□殿试，三月初三日。

一、三年一次开试。

一、于洪武三年乡试，洪武四年会试。

一、各省自行乡试，其直隶府州赴京乡试。凡举，各具籍贯、年甲、三代本姓，乡里举保，州县申行省，印卷乡试，中者，行省咨解，中书省判送礼部，印卷会试。

一、仕宦已入流品及曾于前元登科并曾仕宦者，不许应试。其于各色人民并流寓各处者，一体应试。

一、有过罢闲人吏、娼优之人，并不得应试。

一、应举不第之人，不许喧闹撼拾考官及擅击登闻鼓，违者究治。

一、凡试官不得将弟男子侄亲属徇私取中，违者许赴省台指实陈告。

一、科举取士，务得全材，但恐开设之初，骑射书算未能遍习，除今科免试外，候二年之后，须要兼全方许中选。於戏，设科取士，期必得乎全材，任官惟能，庶可成于治道。咨尔有众，体朕至怀，故兹诏示，想宜知悉。案，洪武三年庚戌始开科，就试者乡举士百二十三人，中式者七十二人。主试则御史中丞刘基、治书侍御史秦裕伯，同考则翰林侍读学士詹同、弘文馆学士睢稼、起居注乐韶凤、尚宝丞吴潜、国史编修宋濂，而序录出于濂。中式士未及会试，悉授官。"《客座赘语》卷一《经义兼古注疏》："洪武三年五月初一日，《初设科举条格诏》内开：第一场五经义，各试本经一道，限五百字以上。《易》，程、朱氏注；《书》，蔡氏传；《诗》，朱氏传。俱兼用古注疏。《春秋》，左氏、公羊、穀梁、张洽传；《礼记》，专用古注疏。《四书》义一道，限三百字以上。至十七年三月初一日，命礼部颁行科举成式，始定子、午、卯、酉年乡试，辰、戌、丑、未年会试。制：第一场试《四书》义三道，二百字以上；经义四道，三百字以上。未能者许各减一道。《四书》主《朱子集注》，《易》主程、朱传义，《书》主蔡氏传及古注疏，《诗》主《朱子集传》，《春秋》主左氏、公羊、穀梁、胡氏、张洽传，《礼记》主古注疏。案：此兼用古注疏及诸家传，圣制彰明。后不知何缘，遂斥古注疏不用。《春秋》止用胡传为主，《左氏》、《公》、《穀》，第以备考。张洽传，经生家不复知其书与其人矣。《礼记》专用《陈灏集说》，古注疏尽斥不讲。近日举子文，师心剿说，浮蔓无根。诚举初制，一申明之，使通经博古者得以自见，亦盛事也。"万历《大明会典》卷七十七《科举》："凡殿试，洪武三年定：殿试时务策一道，惟务直述，限一千字以上。其出身，第一甲第一名，从六品，第二、第三名，正七品，赐进士及第。第二甲，正七品，赐进士出身。第三甲，正八品，赐同进士出身。四年，定恩荣次第：二月十九日，御奉天殿策试贡士；二十日，午门外唱名，张挂黄榜，奉天殿钦听宣谕，同除授职名，于奉天门谢恩。二十二日，赐宴于中书省。二十三日，国子学谒先圣，行释菜礼。永乐二年定：前期，礼部奏请读卷并执事等官。其读卷，以内阁官，六部、都察院、通政司、大理寺正官，詹事府、翰林院堂上官。提调，以礼部尚书、侍郎。监试，以监察御史二员。受卷、弥封、掌卷，俱以翰林院、春坊、司经局、光禄寺、鸿胪寺、尚宝司、六科及制敕房官。巡绰，以锦衣等卫官。印卷，以礼部仪制司官。供给，以光禄寺、礼部精膳司官。至日，上御奉天殿，亲赐策问。诸举人对策毕，诣东角门纳卷，出。受卷官以试卷送弥封官，弥封讫，送掌卷官，转送东阁读卷官处，详定高下。明日，读卷官俱诣文华殿读卷，御笔亲定三名次第，赐读卷官宴。宴毕，仍赐钞，退于东阁，拆第二甲、三甲试卷，逐旋封送内阁填写黄榜。明日，读卷官俱诣华盖殿，内阁官拆上所定三卷，填榜讫，上御奉天殿传制，毕，张挂黄榜于长安左门外，顺天府官用伞盖仪从，送状元归第。明日，赐状元及进士宴于礼部，命大臣一员待宴，读卷、执事等官皆预，进士并各官皆簪花一枝，教坊司承应。宴毕，状元及进士赴鸿胪寺习仪。又明日，赐状元冠带朝服一袭，赐进士宝钞，人五锭。后三日，状元率诸进士上表谢恩。明日，状元率诸进士诣国子监，谒先师庙，行释菜礼。礼毕，易冠服，礼部奏请命国子监立石题名。弘治六年奏准，读卷并放榜等项，递移次一日。嘉靖五年奏准，受卷、弥封官，不许检看文字，及与掌卷官往来。各卷糊名毕，用关防钤盖，送掌卷官处，转送读卷官。内除内阁首一人总看各卷，不必分授，其余读卷官，各将所看文字第为三等，先将上等一卷，送内阁公同定拟一甲三名，余卷从内阁至翰林院，各填一卷，周而复始。"梁章钜《制义丛话》卷一："《四库全书总目》又云：……盖经义始于宋，《宋文鉴》中所载张才叔《自靖人自献于先王》一篇，即当时程试之作也。元延祐中，兼以经义、经疑试士。明洪武初，定科举法，亦兼用经疑。后乃专用经义，其大旨以阐发道理为宗。厥后其法日密，其体日变，其弊亦日生。有明二百余年，自洪、永以迄化、治，风气初开，文多简朴。逮于正、嘉，号为极盛。隆、万以机法为贵，渐趋佻巧，至于启、祯，警辟奇杰之气日胜，而驳杂不醇、猖狂自恣者，亦遂错出于其间。于是启横议之风，长倾诐之习，文体蠧而士习弥坏，士习坏而国运亦随之矣。""明科举，初场试四书文三篇，五经义四篇，故尔时有七篇出身之目。间有合作五经卷以见长者，故又有二十三篇之目。前明以五经卷中试者，洪武二十三年黄文史试南畿，兼作五经题，以违式取旨，特赐第一，免其会试，授刑部主事。"按，诏中所言"使中外文臣皆由科举而选，非科举者，毋得与官"，仅为明太祖一时设想，非事实也。明朝选官，除科举外，还有学校、荐举、吏员等途径，而洪武间甚至以荐举为主。又，明确规定举行乡、会试的地点、年份，始于洪武十七年。

国子生得就京闱乡试。黄佐《南雍志》卷一《事纪》："洪武三年五月己亥，诏设科取士，自是国子生得就京闱乡试。寻令连试三年，自后三年一举。"

诏太学生及郡县学生员，皆令习射。《明太祖实录》卷五十二：洪武三年五月，"丁未，诏行大射礼。初上以先王射礼久废，弧矢之事，专习于武夫，而文士多未解。至是诏太学生及郡县学生员，皆令习射"。

杨维桢卒。《国榷》卷四："元江南儒学提举杨维桢卒。维桢，诸暨人，文词雄富，为南士称首。上征至，引疾去。年七十五。著书数百卷。"

六月

国子学典簿周循理请择经明行修之士充学官而增广太学生员，明太祖从之。《明太祖实录》卷五十三：洪武三年六月，"癸未，国子学典簿周循理言：'国学教化本原，请择经明行修之士充学官，而增置其员。民间子弟俊秀年十五以上愿入国学者，听复其身。京官子弟一品至九品年十二以上者，皆令入学，且定其出身资格。太学生贡于朝，比科举进士，俱得优等擢用。如此，则在内国子生日渐增广，在外有常贡科举进士，不患无人材用矣。'上是其言，命中书省增广太学生，定其出身资格，仍择文儒性行端洁者充学官。"

下有司访求天下儒术，深明治道者。（据《国榷》卷四）

明太祖以处世治家持身之道谕民。《国榷》卷四："征江南富民诣阙。既至，亲谕以生人处世治家持身之道，恐其言久易忘，刻赐之。翰林官宋濂、詹同、王祎，起居注陈敬奏事毕，赐坐，曰：'卿等知朕训民意乎？'祎曰：'三代下人主，知政不知教，自古帝王身兼君师。陛下训民，天下师也。'"

七月

礼部尚书崔亮奏御前奏事事宜。《殿阁词林记》卷十二《奏事》："洪武三年七月己亥，礼部尚书崔亮奏：'凡诸儒官于御前奏事，或进呈文字，退立二三步，毋辄近御案，凡立必于东西隅，不得直前。'制曰：'可。'岁永乐四年，令六部及近侍官有事当商略者，皆于晚朝陈奏。景泰二年，令午朝翰林院先奏事。学士周叙尝上疏曰：'臣职叨班行，伏见永乐、洪熙、宣德三朝临御，大班既退，即于门上说事，各衙门官轮流向前，君臣相与商确政务，罄尽所言，人怀畏惮，而事几不泄，成密勿庙堂之美。自正统以来，王振擅权，独立在旁，于是辅弼大臣及近侍官员不得召对，亦不敢尽言，以致酿成今日之祸。宜令群臣依旧制轮流向前说事，止与敷对者令知，他人不得预闻，庶得吐露肝胆，而不宣泄于外。'然竟莫能行。今按杨士奇所录曰：'翰林诸臣奏事退，如此之类，不一而足。'今上召问大臣，多于文华进讲，后或御无逸殿及太高玄殿。尝问辅臣李时曰：'道南欲令同鼎臣教庶吉士，何如？'时对曰：'宋仁宗欲用苏轼典制，韩琦以为太早。今道南才识俊茂，须久养之，大用未晚。'上曰：'朕御书文剳，令道南编纂。'时曰：'然。'他日，辅臣荐余光有才，上曰：'余光未必如道南，卿何以此对。'后御咸阳宫，圣谕曰：'礼部覆道南庙议，何乃坚执。'遂唯唯而退。"

续修《元史》成。《国榷》卷四："七月丁亥朔，续修《元史》成，五十三卷。纂修儒士赵壎、朱右、宋濂乞归。"《明通鉴》卷三："秋，七月，丁亥（初一），学士宋濂等续修《元史》成，上之。"

翰林学士宋濂，待制王祎，坐失朝降编修。（据《国榷》卷四）

太常卿魏观为翰林侍读学士。唐肃为翰林应奉。（据《国榷》卷四）

八月

京师及各行省举行乡试。《明太祖实录》卷五十五：洪武三年八月乙酉，"是月，京师及各行省开乡试。自初九日始试初场，复三日试第二场，又三日试第三场。京师直隶府州贡额百人，河南、山东、山西、陕西、北平、福建、江西、浙江、湖广各四十人。广西、广东各二十五人。若人材众多之处，不拘额数。或不能及数者，亦从之。考试之法，大略损益前代之制，初场《四书》疑问，本经义及《四书》义各一道。第二场论一道，第三场策一道，中式者，后十日复以五事试之，曰骑、射、书、算、律。骑观其驰驱便捷，射观其中之多寡，书通于六义，算通于九法，律观其决断。"《殿阁词林记》卷十四《乡试》："凡顺天府、应天府乡试，本府以考试官请，与会试同，盖重畿甸以为天下先也。按：洪武庚戌，京闱主考为前御史中丞刘基、治书御史秦裕伯，同考为侍讲学士詹同、弘文馆学士睢稼、起居注乐韶凤、尚宝丞魏潜、国史宋濂。辛亥，京闱主考则兵部尚书吴琳、国子司业宋濂也。永乐癸未，命侍讲胡广、编修王达为应天府考试官，赐宴于本府，自是遂为例。"万历《大明会典》卷七十七《科举》："凡开科，洪武三年，诏设科取士，以今年八月为始，使中外文臣，皆由科举而选。京师及各行省乡试，八月初九日，试初场，又三日，试第二场，又三日，试第三场。初场，经义二道，《四书》义一道；第二场，论一道；第三场，策二道。后十日，复以骑、射、书、算、律五事试之。乡试中式，行省咨中书省判送礼部会试。其中选者，上亲策于廷，第其高下。《五经》义限五百字以上，《四书》义限三百字以上，论亦如之。策惟务直述，不尚文藻，限一千字以上。其高丽、安南、占城等国，如有经明行修之士，各就本国乡试，许贡赴京师会试，不拘额数选取。四年，诏各行省连试三年，自后三年一举，著为定例。十七年定：一、三年大比，八月初九日第一场，试《四书》义三道，每道二百字以上，经义四道，每道三百字以上。未能者，许各减一道。《四书》义主朱子《集注》。经义，《易》主程、朱《传》、《义》，《书》主蔡氏《传》及古注疏，《诗》主朱子《集传》，《春秋》主左氏、穀梁、胡氏、张洽《传》，《礼记》主古注疏（后《四书》、《五经》主《大全》）。十二日，第二场，试论一道，三百字以上，判语五条，诏、诰、表内科一道。十五日，第三场，试经、史、时务策五道，未能者许减二道，俱三百字以上。其中试举人，出给公据，官为应付廪给脚力，赴礼部印卷会试，就将乡试文字，咨缴本部照验。以乡试之次年，二月初九日、十二日、十五日为三场。举人不拘额数。一、举人试卷及笔墨砚自备。每场草卷、正卷，各纸十二幅，首书姓名、年甲、籍贯、三代、本经。前期，在内赴应天府，在外赴布政司印卷，置簿附写，于缝上用印钤记。仍将印卷官姓名，置长条印记，用于卷尾，各还举人。一、试前二日，图画东西行席舍间数，编排开写某行间系某处举人某坐，又于间内贴其姓名，出榜晓示。一、试之日，黎明，举人入场，每军一人看守，禁讲问代冒，黄昏纳卷，未毕者，给烛三枝，烛尽文不成者，扶出。成化二年定，考试等官，俱于当月初七日入院。十年定，监试官，都察院十日以前，选差公正御史。公同提调官，于至公堂编次号图，提点席舍，审察执役人等，禁约希求考试声誉。每场进题，考试官先行密封，不许进题官与闻，以致漏泄。生员作文全场减场者，监场官各用全减关防印记，至黄昏，全场誊正未毕者给烛，稿不完者扶出。隆庆元年奏准，揭晓之日，提调官即将中式举人朱墨卷，发出提学道，查验墨卷字迹，与先前考取科举原卷，如果出自一手，即令本生于朱墨二卷上亲供脚色，提学官用印钤封，两京送京府，各省送布政司，差人星驰解部。如试录先到，而解卷到迟者，将提调官参究治罪。若验系誊过文卷，而提调官辄为印钤者，一并参治。其各生赴部，止用文书，不必再录原卷。万历元年奏准，各处乡试，行令提学官，转行主考官，除初场照旧分经外，其二三场改发别房，各另品题，呈送主考定夺。查果三场俱优者，即置之高选。后场隽异而初场纯疵相半者，酌量收录。若初场虽善，而后场空疏者，不得一概中式。如有后场雷同作弊者，查将本生从重问拟。其提调、主考等官，仍蹈故习者，听抚按官及礼部查究。四年议准，场中编号，令监试提调官亲自掣签，一面登记号簿，一面楷书卷面，待其入坐，令军人各验看字号，如有不同，即时扶出。又委官间出不意，稽查一二，若有通同容隐者，士子即扶出，守号军人一并究治。誊录所官，须督责书手真正楷书，如有一字脱误，及遗落股数者，许对读所举送监试提调官究治。"

以御史中丞刘基、治书侍御史秦裕伯为京畿乡试主考官，侍读学士詹同、弘文馆学士睢稼、起居注乐韶凤、尚宝司丞吴潜、国史编修宋濂为同考官。就试者一百二十三人，中式者七十二人。未会试，悉授官，有为监察御史者。（据徐学聚《国朝典汇》卷一百二十八）王世贞《凤洲杂编》卷四："国朝尊尚儒教，科目日重，百余年来非从此出者，辄以为异路，不得登庸显矣。按：洪武三年庚戌始开科，乡举士就试者百二十三人，中式者七十二。主考则御史中丞刘基、治书侍御史秦裕伯，同考则翰林侍读学士詹同、弘文馆学士睢稼、起居注乐韶凤、尚宝丞吴潜、国史宋濂，而序录出于濂。中式士未及会试，悉授官。"顾起元《客座赘语》卷三："洪武三年，应天乡试，知贡举官则特进右丞相汪广洋、左丞相胡惟庸也。考试官则御史中丞刘基、治书侍御史秦裕伯也。同考则侍读学士詹同、国史编修宋濂也。四年又乡试，主试则兵部尚书吴琳、国子监司业宋濂。时考试之法犹未定，且未专属翰林官，故其制如此。"嘉庆《三水县志》卷九《选举·举人》："所谓乡举者，在唐不过应举人员，苟一第，则罢归，非有阶级。至宋始有省元、状元之别，然不第仍须再举。至明世始以进士、举人为甲、乙榜，不第者皆得需次就选矣。又宋制称贡士，无举人之称，应三举始免解，未及三科不免解，免解乃准作贡士，不免解则不准作贡士。唐举于乡，自称曰乡贡进士，人称之曰进士，至及第后，则称前进士，唐人诗所谓'慈恩塔上加前字'是也。宋举于乡咸称解元，谓解榜也，或曰省元，预称也。自明以至于今，称谓始不混。"

张著中直隶乡试第十一名。张著《永嘉集》卷首周榘《永嘉先生传》："先生名著，自号永嘉子，人称永嘉先生。世居温之平阳县，以诗礼传。……圣朝洪武三年初，开科取士，中直隶乡试第十一名。未及会试，太祖皇帝遣使颁敕命，即其家授陕西延安府肤施县知县。"先生，指张著。

九月

《大明集礼》修成。《明通鉴》卷三："九月，儒臣纂修礼书成，上之，赐名曰《大明集礼》。其书分五礼：吉礼目十四，嘉礼五，军礼三，宾礼二，凶礼二。益以冠服、车辂、仪仗、卤簿、字学、音乐，凡升降仪节、制度、名数皆具焉。"《曝书亭集》卷四十三《书大明集礼卷后》："明太祖草昧之际，征群儒修礼乐书，《实录》系之洪武二年八月。以予考之，乃吴元年六月事也。梁寅孟敬有赠徐一夔大章序云：吴元年丁未岁，诏征至都，大章亦见征。是时，上方置三局：一律局，二礼局，三诰局。予备员礼局，而大章撰诰文。又撰《张翼翔南梓宇记》云，'君以明经举于乡，今天子将即大位，寅与君同受诏稽古礼文'。其云将即位者，洪武戊申之前也。又《上陶学士凯书》云，'六月八日，伏奉中书省札，付以王命之重，郡府督迫之严，即日就道'，亦指吴元年事。此亲于其身编纂礼书者，其言断不诬矣。《实录》第载吴元年八月征江西儒士刘于等至京，欲官之，俱以老病辞，各赐帛遣还，则于亦以吴元年被征也。且刘宗弼者，丞直之字，丞直于吴元年十月官国子司业不应，又同遗逸之士至洪武二年就征也。是则礼局开设本丁未岁，逮己酉杨维桢续至，修饰润色之，庚戌九月书成，命名《大明集礼》。其本末如是，《实录》经永乐初两次改修，渐失其实尔。是编五十卷，万历中，先太傅文恪公以礼部右侍郎掌本部尚书事，拜定陵之赐，简端有内府图书。先公亦以私印识卷尾，兵火之后，予家赐书之存，仅此而已。"《四库全书总目提要》卷八十二"《明集礼》"条："《明集礼》五十三卷：明徐一夔、梁寅、刘于、周于谅、胡行简、刘宗弼、董彝、蔡琛、滕公瑛、曾鲁同奉敕撰。考《明典汇》载：洪武二年八月，诏儒臣修纂礼书。三年九月书成。名《大明集礼》。……《明史·艺文志》及《昭代典则》均作五十卷。今书乃五十三卷。考《明典汇》载，嘉靖八年礼部尚书李时请刊《大明集礼》，九年六月梓成。礼部言：是书旧无善录，故多残阙。臣等以次诠补，因为传注。乞令史臣纂入，以成全书云云。则所称五十卷者，或洪武原本。而今所存五十三卷，乃嘉靖中刊本，取诸臣传注及所诠补者纂入原书，故多三卷耳。"

王偁（1370—1414）生。其出生年月据《虚舟集·自述诔》："谓吾年日皆庚迪于丙。"王偁字孟扬，其先东阿人，父翰流寓闽中，著籍永福。洪武庚午举人。永乐初，征为国史检讨，充《大典》总裁。出参英国公张辅军，坐解缙党下狱死。有《虚舟集》五卷。

秋

苏伯衡升编修。《苏平仲文集》卷七《国子学同官记》："而余以七月忝授学录，丁未秋升学正四品。"《四库全书总目·苏平仲文集提要》："又集末有洪武八年胡翰跋，谓伯衡选为太学六年。考《明史》称伯衡以丙午岁为国子学录，伯衡所著《国子学同官记》称以丁未升学正，其诗又有'庚戌七月十日奉命编摩国史口号'，则伯衡由学正擢编修，实在洪武三年，上距丙午仅五年。翰与伯衡同时，所叙不应有误，或史误移后一年欤？"《苏平仲文集》卷十五《庚戌七月九日晡时，钦奉御笔宣唤，赋此》："玄霜湿露动龙香，水殿书题爱晚凉。虮虱小臣惟感愧，姓名衣被五云章。"又《明日入见于奉天门，有国史编摩之命，口号》："圣代何曾有弃材，选抡犹自及蒿莱。玉阶俯伏聆天语，金匮抽书亦许陪。"

释妙声被诏入京。《东皋录》卷中《送义上人序》："洪武三年春，诏吴郡西白禅师住京师天界寺，时议者以为教门得人，四方英俊之士闻其风者，争集于堂下，禅师以为佛之道大而多容，故来者辄不拒。于是若吾义上人者，亦得在弟子之列。是年秋，余被召至京师，馆于天界，而义方司其藏事，翱翔乎广众中，虽老于游参者莫能尚也。"释妙声（1308—1379），字九皋，吴县人，元末居景德寺，后居常熟慧日寺，又主平江北禅寺。洪武初，被召莅天下僧教。有《东皋录》。

十月

陈基卒，年五十七。尤义《吴都文粹续集·陈基传》："洪武三年十月壬午（二十七日），以疾卒于常熟河南里之寓舍，得年五十有七。"《明史·文苑一》赵埙传附陈基传："陈基，字敬初，临海人。少与兄俱受业于义乌黄溍，从溍游京师，授经筵检讨。尝为人草谏章，力陈顺帝并后之失，顺帝欲罪之，引避归里。已，奉母入吴，参太尉张士诚军事。士诚称王，基独谏止，欲杀之，不果。吴平，召修《元史》，赐金而还。洪武三年冬卒。初，士诚与太祖相持，基在其幕府，书檄多指斥，及吴亡，吴臣多见诛，基独免。世所传《夷白集》，其指斥之文犹备列云。"

命台省延聘儒士番直午门，与诸将讲说经文。（据《国榷》卷四）

十二月

《大明志》成。《国榷》卷四："《大明志》成，编天下州县地理形胜，降附始末。儒士魏俊民、黄篪、刘俨、丁凤、郑思光、郑权纂修，皆授官。"

翰林侍读学士魏观为国子祭酒，编修宋濂为国子司业。（据《国榷》卷四）

谪危素。《国榷》卷四："上尝御东阁侧室，弘文馆学士危素行帘外，橐橐闻履声。

上曰：'谁？'对曰：'老臣素。'上曰：'朕谓文天祥也，乃尔乎？'亡何，监察御史王著等劾危素亡国之臣，谪和州之含山，为余阙守庙。"《菽园杂记》卷三："高皇一日遣小内使至翰林看何人在院，时危素太朴当直，对内使云'老臣危素'，内使复命，上默然。翌日传旨，令素余阙庙烧香。盖余、危皆元臣，余为元死节，盖厌其自称'老臣'，故以愧之。"

朱升卒，年七十二。（据程敏政《新安文献志》卷七十六朱同《朱学士升传》）《国榷》卷四："是月，前翰林侍讲学士朱升卒。"

冬

唐仲实送人举教官。《白云集》卷五《送俞子常举教官序》："洪武二年冬，省部符下郡县，各举教官以应诏旨。三年冬，歙县令程承事，遴选多士之贤，而获俞君焉。君名彝，字子常，劬书邃理，三十年前以《诗》魁黄序。比来太守王公、胡公，例加荐剡。子常坚卧岩壑，一不屑意。承事币帛将诚，勇于一出。予谓子常学殖之富而当年齿之壮，以明良之时而际风云之会，其出也孰御。噫！伊尹之于莘野，葛亮之于南阳，其出著诸勋业，规求成算于胸臆，非学焉而后臣之之比也。何幸圣君规摹挺立，文风丕变，有君在上，那忍负之哉！礼乐须人而行，吾于子常注目以俟。仲冬紫阳唐仲实序以送之。"唐仲实（1308—1380），名仲，又名桂芳。字仲实，以字行。号白云，又号三峰。元季南雄路学正。明初摄紫阳书院山长，有《白云集》。

本年

设中都国子监。黄佐《南雍志》卷一《事纪》："洪武三年设中都国子监（在凤阳府）。洪武四年春正月，诏择府、州、县学诸生之俊秀通经者入国子学，得陈如奎等二千七百二十八人。"

徐大全等以明经荐至京师，赐出身有差。沈德符《万历野获编》卷十五《科场·洪武开科》："洪武四年辛亥，始开科取士，得吴伯宗等，此世所知也。不知先一年庚戌，以明经荐至京师者，上俱亲策问之，赐徐大全等出身有差。广东番禺人李德者，以明《尚书》荐，与焉，授洛阳典史，历济南、西安二府经历，告改湖广汉阳教谕，又改任广西义宁县，致仕归，见黄泰泉（佐）所为《德传》中，则庚戌实开天第一科。又苏州《钱氏世谱》云：'洪武庚戌状元安大全。'则又徐字之误也。杨升庵又纪洪武五年壬子科会元陈忠，福建莆田人，而状元则为朱善。盖连三年，三赐廷对，得大魁三人，而世知之者尠矣。至六年癸丑科，命罢会试，选河南举人张惟等四名，山东举人王琏等五名，俱拜翰林院编修，命赞善大夫宋濂等教习，而正史及诸家记载俱不书。直至十八年乙丑，始复会试廷试，以至于今。张惟者，江西永丰人，寓南阳，遂应六年癸丑科河南乡试，以通《尚书》，为第一人。是年不开南宫，止选惟等十七人，即授编修、光禄，日给酒馔，太子诸王，分日为主。宋濂等以上所亲教，不敢以师自居，因侍上宴，始敢请惟等为弟子，上笑而许之。寻命惟等归省墓，俱摄监察御史以行，其恩礼非后来教习诸士可及也。时河南同选者，祥符王辉、河南李端、洛阳张翀，其云十七人，盖又在山东五人之外也。"

张美和为清江县教谕。《明史》宋讷传附张美和传："洪武三年，以荐为县学教谕。"《明儒言行录》卷一《张美和》："洪武初，荐为本县教谕。"张美和（1314—1396），名九韶，以字行，号吾乐，清江人。能词赋。元末，累举不仕。入明累官至翰林院编修。有《理学类编》。

钱宰以修礼乐书征至京。《明史》赵埙传附钱宰传："洪武二年，征为国子助教，作《金陵形胜论》《历代帝王庙乐章》，皆称旨。十年乞休，进博士，赐敕遣归。"钱宰（1302—1397），字子予，又字伯均，会稽人，吴越武肃王十四世孙。元进士。明初以明经征修礼乐书，授国子助教，乞归。召校书翰林，加博士致仕。有《临安集》。

刘崧以荐至京师。《礼部志稿》卷五十五《侍郎刘崧》："洪武三年，以材学举至京，授兵部职方郎中，升北平按察司副使。居官以清苦自持，坐事输作京师，寻放归乡。"刘崧（1321—1381），字子高，初名楚，泰和人。明初以人材举，授兵部职方司郎中，迁北平按察司副使，坐事输作京师。寻放还。征拜礼部侍郎，署吏部尚书。请老，许之，复召为国子司业。有《槎翁诗集》。

胡广（1370—1416）生。胡广字光大，吉水人，知府子祺子。建文庚辰第一人及第，更名靖，授修撰。永乐初，直内阁，复名广。历侍讲、侍读、右庶子、翰林学士、兼左春坊大学士，进文渊阁大学士。卒，赠礼部尚书，谥文穆。洪熙初，加赠少师。有《文穆集》。《明太宗实录》卷二百："广，字光大，吉安吉水人。建文庚辰进士第一，赐名靖。永乐中，敕复旧名。"张惟骧《疑年录汇编》卷六："胡光大四十九广，生洪武三年庚戌，卒永乐十六年戊戌。"杨士奇《故文渊阁大学士兼左春坊大学士赠荣禄大夫少师礼部尚书谥文穆胡公神道碑铭》："公十数岁丧父，已有志问学。内浸渍其母训，外则日受从祖子贞先生之教。德器不凡，居家笃伦谊，处乡曲恂恂执恭让。既冠，薄游闽中。闽之前辈君子率忘年与交。归而从黄伯器先生讲论，得所归宿之地而日进焉。"胡俨《文渊阁大学士兼左春坊大学士赠资善大夫礼部尚书谥文穆胡公墓志铭》："公生八岁而孤，母吴氏，故元进士永丰县丞师尹之女，贤而能其家。公教育于母，自幼恭谨，不纵为子弟遨嬉事。及长，知好学，日记数千言，能自策励，卓然有成。尝游闽广间，贤士大夫见其才气，皆折行辈与交，谓他日必成大器。既归，慨念先德，不肯随人后，乃入邑校为生员。"（按：杨士奇与胡俨，一言胡广十数岁丧父，一言八岁而孤。士奇与胡广为莫逆交，所知最详，宜从士奇。）

梁本之（1370—1434）生。梁本之名混，以字行，号坦庵，泰和人。洪武中，为瑞州府学训导，迁溧阳教谕，改鲁王府纪善。有《坦庵先生文集》。杨士奇《梁先生墓志铭》署"荣禄大夫、少傅、兵部尚书兼华盖殿大学士、姻家杨士奇撰"，文云："梁、杨世婚姻家。"又王直《梁先生墓表》："华盖殿大学士杨先生已铭其墓矣，栗又请余文表诸墓上。盖少傅公与余，皆其姻家也，义不可辞。"则本之与杨士奇、王直为姻家。

明太祖洪武四年辛亥（公元 1371 年）

正月

朱元璋与中书省臣论设科取士之法。令直省乡试连举三年。自后三年一举，著为令。《明太祖实录》卷六十：洪武四年春正月，"丁未，上谓中书省臣曰：'今天下已定，致治之道，在于任贤。既设科取士，令各行省连试三年，庶贤才众多，而官足任使也。自后则三年一举，著为定例。'"徐一夔《始丰稿》卷五《乡试程文序》："皇上既平海内，有诏以科目取士。寻以大比之期为稍稽滞，而天下有遗材之叹。复命岁一举行，甚盛典也。浙省岁贡四十人。洪武五年八月，省臣合属郡之士二百余人，命老于文学之士，如格试之，而差次其高下。有司遵故事，凡职掌之方，选择之法，防闲惟谨。……上意欲去浮华之习，以收实效，是以廷议稍变前代之制，以趋于古。是故义必以经，论必以礼乐，策必以时务。"

二月

俞友仁等一百二十人会试中式。《明太祖实录》卷六十一：洪武四年二月，"壬申，中书省奏会试中式举人俞友仁等一百二十名"。《殿阁词林记》卷十四《会试》："洪武四年会试，陕西、河南、山东、山西、江西、湖广、广之东西、福建为行中书者十一，俊髦皆集，而高句丽之士与焉。以礼部尚书陶凯与前侍讲学士潘廷坚为主司，侍读学士詹同、国子司业宋濂、吏部员外郎原本、前贡士鲍恂为同考，取中试者俞友仁等一百二十人。其后罢之。十八年，复以科举取士，始定今制，以待诏朱善、前典籍聂铉为考试官，取中试者黄子澄等四百七十二人。二十一年，取施显等九十五人。二十四年，取黄观等三十二人。二十七年，取彭德等一百人。三十年，取宋琮等三十八人，北士皆黜，学士刘三吾为考试官，竟以是获罪。上乃命本院官考择下第北士六十一人廷试之，语见覆试类。革除庚辰科，礼部左侍郎兼学士董伦、侍讲学士兼太常寺高巽志为考试官，取吴博（溥）等一百一十人。"沈德符《万历野获编》卷十五《乡会试并举》："洪武三年庚戌，开科乡试，次年辛亥会试，状元吴伯宗，在纪载中久矣。乃四年京畿乡试，以前元贡士鲍恂与学士宋濂为考试官。而解大绅学士文又云'家君以洪武辛亥主考江西'，则是岁乡闱与南宫同开矣。况解为江西人，即主江西试，而鲍以青衿与学士同列，且居其前，俱奇事也。又《临江先哲录》云洪武五年八月，礼部侍郎曾鲁奉旨为京畿考官，则是庚戌、辛亥、壬子连三年，俱举乡试，尤奇之奇也。虽国初典制未定，而后学则未之知，若连三年廷试，则已纪之矣。"李调元《制义科琐记》卷一《制义开科之始》："明洪武三年庚戌始开科。就试者，乡举士百二十三人，中式者七十二人。主试则御史中丞刘基、治书侍御史秦裕伯，同考则翰林侍读学士詹同、弘文馆学士睢稼、起居注乐韶凤、尚宝丞吴潜、国史编修宋濂，而序录出于濂。中试士未及会试，悉授官。四年，京畿乡试，兵部尚书吴琳、司业宋濂，濂仍为序。寻合诸省之士会试，凡二百人，中式者百二十人。知贡举官，右丞相汪广洋、左丞相胡惟庸。主文，礼部尚书陶凯、学士潘庭坚。考试，学士詹同、司业宋濂、吏部员外郎原本、贡士鲍恂、吏部侍郎顾贞。监试，御史孔希鲁、宋圭。提调兼印卷，礼部尚书杨训文。同印卷，中书左司郎中孙煜祖。提调，礼部侍郎秦文绎、礼部主事姜渐。受卷，吏部主事林光弼。弥封，兵部主事许方。誊录，苏州教授贡颖之。对读，翰林应奉文字唐肃、礼部主事张孟兼。此外又有监门、搜检、巡绰、镇抚、供给及掌行科举文字省掾令史、奏差等官。廷试总调则汪广洋、胡惟庸。读卷，祭酒魏观、博士孙吾与、给事中李顾、修撰王僎。监试，御史马贯、徐汝舟。掌卷，工部员外郎牛谅。受卷，工部主事周寅。弥封，秘书监丞陶谊。对读，尚宝丞魏潜、编修蔡元。提调则陶凯、杨训文。是岁取中俞友仁等。廷试赐吴伯宗、郭翀、吴公达俱及第，状元授员外郎，余及出身授主事，同出身授县丞，会元亦授县丞。高丽生入试者三人，唯金涛登三甲第五名，授东昌府安丘县丞，余皆不第。三人俱不通华言，请还本国，诏厚给道里费，遣舟送之。涛寻为其国相。"郎瑛《七修类稿》卷十四："本朝科场，自洪武三年，第一场经义一篇，限五百字，《四书》义一篇，限三百字。第二场礼乐论，限三百字。逮至第三场，时务策一道，务直述，不尚文藻，一千字以上。三场之后，骑，观其驰骤便捷；射，观其中数多寡；书，观其笔划端楷；律，观其讲解详审。此乡试、会试之式也。殿试亦止策一篇，却是时务。其时取士，各省四十名，广西二十名，南直隶一百名，不知何年定以今格。然而刊试录亦尚与今不同。前后序文有三四者，经义一题，或刊二文者。永乐十年，录有减场五篇者，亦中魁选。又殿试一二甲选部属，三甲选县佐。今则皆异于前矣。"《国榷》卷四：（洪武四年二月壬申）始会试，命耆儒鲍恂，翰林学士宋濂主礼闱，得俞友仁等百二十人。《明通鉴》卷四："始开会试科，以礼部尚书陶凯、翰林院学士潘庭坚为考官。庭坚以老告归，至是复召主会试，又以司业宋濂、前贡士鲍恂、学士詹同、吏部员外原本为同考官。得俞友仁等一百二十人。凯以礼官主试，程文进，御序其简首，遂为定例。"梁章钜《制义丛话》卷一："《四库全书总目》云：'《经义模范》一卷，不著编辑者名氏。前有王廷表《序》，称嘉靖丁未，访杨升庵于滇，得《经义模范》一帙，乃同年朱良钜所刻云云。所录凡宋张才叔、姚孝宁、吴师孟、张孝四人"经义"，共十六篇。其弁首即才叔《自靖人自献于先王》一篇，吕祖谦录入《文鉴》者也。时文之变，千态万状，愈远而愈失其宗，亦愈工而愈远于道。今观其初体，明白切实乃如此。考吴伯宗

《荣进集》，亦载其洪武辛亥会试中式之文，是为明之首科，其所作亦与此不相远，知立法之初，惟以明理为主，不以修词相尚矣。康熙中，编修俞长城尝辑北宋至国初"经义"为《一百二十名家稿》。然所录如王安石、苏辙诸人之作，皆不言出自何书，世或疑焉。此集虽编帙寥寥，然犹可见"经义"之本始，录而存之，亦足为黜浮式靡之助。惟《刘安节集》载有"经义"十七篇，亦北宋程试之作，此集未载，或偶未见欤？'"

学士宋濂撰《会试录》题词，不刻程文。 王圻《续文献通考》卷四十六《选举考·举士四》："按洪武四年《会试录》题词，学士宋濂所撰，不刻程文。会试考官，洪武初以礼部尚书陶凯与前侍讲潘庭坚为主司，侍读詹同、司业宋濂、吏部员外郎原本、前贡士鲍恂为同考。至十七年始定制，以待诏朱善、典籍聂铉为考试官，而每科额请翰林官二人主之。若同考，则正统前犹参用外官教职，景泰后始纯用京职。翰林之外有六科、部属、行人司。弘治以来，定翰林官九人，与六科、部属共十四人。正德辛未以《易》、《诗》、《书》房卷多，各增一员，翰林十一人，与科部共十七人云。会试去取在同考，参定高下则主考柄之。至于取士多寡，又俱临期请自上裁，非若乡试有定数也。按：洪武辛亥有进士，永乐癸未无进士，天顺癸未亦然。永乐初即位，天顺南省火，皆以明年甲申会试。永乐己丑，长陵北征，又明年殿试，故有辛卯进士。正德庚辰，康陵南巡，明年，世宗即位，故有辛巳进士。我朝二百六十年，癸未惟一举。"

今年会元俞友仁为浙西人。 沈德符《万历野获编》卷十五《科场·开国第一科》："洪武四年辛亥，始开科取士。时自畿辅外加行中书省，凡十有一列，中式者一百二十名，而吾浙得三十一人，盖居四分之一。而会元俞友仁，复为浙西之仁和人，首藩首科，盛事如此。是时刘基、宋濂、章溢、王祎辈，俱浙人，一时同为开创名臣，宜其声气之相感也。累朝教育，遂以科第甲海内，信非偶然！是科独湖广一省，无一人中式，而高丽国中一人。"宋濂《文宪集》卷五《会试记》："皇明设科，仿古者六艺之教，参以历代遗制，欲兼收文武而任之。既诏天下三年一宾兴，其荐于州郡者，凡五百人。五拔其一而授之以官，犹以为未足。复敕有司自壬子至甲寅，三岁连贡，岁擢三百人。逮于乙卯，始复旧制，湛恩至渥也。先是京畿遵行乡试，中程式者七十二，未及贡南宫，上求治之切，皆采用之，至有拜监察御史者。及是当会试之期……士之就试者二百，黜者仅八十人。"壬子，指洪武五年（1372）。甲寅，指洪武七年（1374）。

吏部主事林唐臣、翰林编修王濂还自安南。（据《国榷》卷四）

三月

吴伯宗、郭翀、吴公达等进士及第、出身有差。 《明太祖实录》卷六十二："洪武四年三月乙酉朔，策进士于奉天殿，登第者百二十人。赐吴伯宗等三名进士及第，第二甲十七人赐进士出身，第三甲百人赐同进士出身。诏赐伯宗朝服冠带，授礼部员外郎。高丽入试者三人，惟金涛登第，授东昌府安丘县丞，朴实、柳伯儒皆不第。三人俱以不通华言，请还本国，诏厚给道里费，遣舟送还。"据《洪武四年进士登科录》："总提调官：特进荣禄大夫、右柱国、知军国事、中书省右丞相、忠勤伯汪广洋，资善大夫、中书省左丞相胡惟庸。读卷官：嘉议大夫、国子监祭酒魏观，前太常寺博士孙吾与，奉议大夫、□科给事中李顾，承事郎、翰林院修撰王僎。监试官：朝列大夫、监察御史马贯，承事郎、监察御史徐汝舟。掌卷官：承直郎、工部员外郎牛谅。受卷官：承直郎、工部主事周寅。弥封官：从事郎、秘书监监丞陶谊。对读官：承直郎、尚宝司司丞魏潜，将仕郎、翰林院编修蔡玄。搜检官：忠显校尉、虎贲左卫所镇抚俞德。监门官：忠显校尉、神策卫所镇抚郭纲。巡绰官：忠显校尉、金吾右卫所镇抚周全。提调官：嘉议大夫、礼部尚书陶凯，嘉议大夫、礼部尚书杨训文。恩荣次第：洪武四年二月十九日廷试。二月二十日午门外唱名，张挂黄榜，奉天殿钦听宣谕。同日除授职名于奉天门，谢恩。二月二十二日赐宴于中书省。二月二十三日诣先师孔子庙行释菜礼。"《弇山堂别集》卷八十一："是岁取中俞友仁等，廷试，赐吴伯宗、郭翀、吴公达俱及第，状元授员外郎，馀及出身俱授主事，同出身授县丞，会元亦授县丞。高丽生入试者三人，唯金涛登三甲第五，授东昌府安丘县丞，馀皆不第。三人俱以不通华言请还本国，诏厚给道里费，遣舟送之，涛寻为其国相。儒籍中者六十三人。"朱之瑜《朱舜水集》卷十《答源光国问十一条》："科举有甲乙。前朝进士之试，百人之中以一二十人为甲榜，授官从优。二三十人为乙榜，仅得出身。所谓第甲乙者此也，谓品第之也。其余不及格者，驳放回籍，后试听其更来。明朝之称不然，第进士者为甲榜，或言两榜，或言甲科；中乡试者为乙榜，或为一榜，或言乡科，更无几品与名级。"《利玛窦中国札记》第一卷第五章："中国人的第三种学位叫做进士，相当于我们的博士学位，这个学位也是每三年授与一次，但只是在北京地区。授与博士学位总是在硕士学位之后的第二年。全国每次授与学位不超过三百名。任何省份获有硕士学位的人都可以自由参加这一考试，随便应考多少次。考试在前面提到过的日子，在下半月举行，方式与上述的前一种学位考试完全相同，只是或许因为这一学位具有更大的尊严，所以采取更多的防止作弊徇私的措施。这次考试的主考官是从被称为阁老的朝廷高官中挑选出的最严格的，我们后面还将再谈到他们。"（按：其实，明代的进士考试，早期在南京。）"考试结束后，考试结果在上面提到过的同一地方以同样的方式公布。惟一增加的项目是新博士全都转移到皇宫，在那里当着朝廷阁臣、有时也当着皇帝的面，就一个给定的题目写一篇论文。这次竞争的结果决定这些博士将授予三级官员之中的哪一级。这是一次著名的考试，全部内容只是做一篇相当简短的论文。在正规的博士考试中已取得第一名的人，在这次终试中最少也能保证第三名，而那些在这次考试中取为第一、第二名的则被赋与殊荣，他们一生都可确保高级公职。他们享有的地位相应于我们国家的公爵或侯爵的地位，但其头衔并不世袭传授。"朱之瑜《朱舜水集》卷十《答源光国问十一条》："进士以三月十五日廷试，十八日传胪，天子亲笔书第一甲第一名某人等字，属有司黄榜张挂，礼部更有题名录，缄縢而付该司收掌，所谓状也。元即元首之元，所谓'君恩赐状头'可证也。'状'字与'壮'字形声俱近，写榜字制端方；韩人之来者无学，或者一时误对，而固执以饰其非耶？自汉及今，皆云状元，考之书史，未闻'壮元'之说。韩人亦何所本，而遽以为大魁之号？且三韩小国，何敢创立异名？况壮头者，天下之亵语耶！必不然已。"按：所谓"进士以三月十五日廷试，十八日传胪"指的是宣德以后的情形。

状元吴伯宗为去年解元。查继佐《罪惟录》志卷十八《科举志》"科举盛事·两元状元由解元"："江西金溪吴伯宗，洪武庚戌、辛亥；江西泰和陈循，永乐甲午、乙未；福建长乐李骐，永乐丁酉、戊戌；江西吉水彭教，天顺己卯、癸未；浙江余姚谢迁，成化甲午、乙未；浙江钱唐李旻，成化庚子、甲辰；顺天固安杨惟聪，正德己卯、庚辰。"吴伯宗，名佑，以字行，金溪人。洪武辛亥初开科，帝亲擢第一，授礼部员外郎，历武英殿大学士，寻降检讨，有《荣进集》。《殿阁词林记》卷一《武英殿大学士吴伯宗》："伯宗生而岐嶷，十岁通举子业，识者奇之，叹曰：'此儿玉光剑气，终不可掩。'洪武庚戌乡试，辛亥廷试，俱第一。是时初议开科取士，命国子祭酒魏观、博士孙吾与修撰王僎为读卷官。高皇帝亲制策问，略曰：'古者敷奏以言，明试以功，汉之贤良，宋之制举，得人为盛。今特延子大夫于廷，不知古帝王敬天勤民，其道何繇？'伯宗条对称旨，上擢为第一，赐袍笏冠服，授承直郎。"

赐诸进士宴于中书省。《明史·选举志》："洪武初，赐诸进士宴于中书省。宣德五年赐宴于中军都督府。八年赐宴于礼部，自是遂著为令。"

本年殿试策问试题。制曰："盖闻古先帝王之观人，莫不敷奏以言，明试以功。汉之贤良、宋之制举，得人为盛。朕自临御以来，屡诏有司搜罗贤俊，然而杰特犹若罕见。故又特延子大夫于廷而亲策之，以庶几于古先帝王之盛节焉。历代之亲策，往往以敬天勤民者，其孰为可法欤？所谓敬天者，果惟于圜丘郊祀之际，致其精一者，为敬天欤？抑他有其道欤？所谓勤民者，宜莫如自朝至于日中昃，不遑暇食者矣。其所以不遑暇食者，果何为耶？岂勤于庶事之任耶？自昔而观，宜莫急于明伦厚俗。伦何由而可明？俗何由而可厚耶？三代而下，惟东汉之士俗，赵宋之伦理，差少疵议，果何道而致然欤？盖必有可言者矣。宜著于篇，毋泛毋略。"（据《洪武四年进士登科录》）

本年进士登科及授职情况。俞宪《皇明进士登科考》卷二，"时廷对之士俞友仁等一百二十人，擢吴伯宗第一，赐伯宗等进士及第、出身有差。高丽国入试者三人，惟金涛登第，授安丘丞。寻以不便华言，请还本国，诏给道里费，遣之。会试录题词，学士宋景濂所撰，不刻程文，《登科录》止刻制策一篇，进士家状有籍贯无年岁，或字或不字，或书祖父名或不书，录部本俱存。"第一甲三名，赐进士及第。第一名授承直郎，第二第三名授承事郎。吴伯宗，江西金溪县人，授礼部员外郎。郭翀，山西壶关县人，授吏部主事。吴公达，浙江丽水县人，授户部主事。第二甲一十七名，赐进士出身。授承事郎。杨自立，江西泰和县人，授吏部主事。赵友能，浙江会稽县人，授吏部主事。仇敬，山西曲沃县人，授兵部主事。丁辅，江西吉水县人，授刑部主事。吴镛，江西鄱阳县人，授户部司计。黄载，江西奉新县人，授工部主事。王敬中，浙江鄞县人，授刑部主事。陈信之，福建怀安县人，授礼部主事。刘寅，山西崞县人，授兵部主事。杜濬，江西泰和县人，授工部主事，王谏，浙江黄岩县人，授户部主事。熊谊，江西丰城县人，授吏部主事，卢觊，广西平乐县人，授工部主事。周子谅，江西庐陵县人，授工部主事。毛煜，江西南昌县人，授户部主事。王谊，河南邓州人，授吏部主事，赵旅，浙江山阴县人，授吏部主事。第三甲一百名，赐同进士出身。授将仕郎。姚宗敬，江西德兴县人，授西安府澄城县丞。王玄范，福建福清县人，授淮安府桃源县丞。叶孝友，江西贵溪县人，授顺德府平乡县丞。尹宗伊，山西万全县人，授镇江府丹阳县丞。金涛，高丽国延安县人，授东昌府安丘县丞。岑鹏，浙江慈溪县人，授太原府徐沟县丞。李升，福建福清县人，授济南府新泰县丞。贾敏，山西壶关县人，授南昌府武宁县丞。梁临，广东新会县人，授开封府永城县丞。聂铉，江西清江县人，授顺德府广宗县丞。屠养浩，浙江鄞县人，授河南府永宁县丞。郑廷实，福建永福县人，授平阳府曲沃县丞。赵铸，陕西渭南县人，授福州府侯官县丞。张正一，浙江金华县人，授东昌府莘县丞。洪烨，浙江天台县人，授西安府富平县丞。包莘，浙江鄞县人，授杭州府新城县丞。危孝先，浙江临海县人，授凤翔府麟游县丞。冯麒，浙江仁和县人，授东昌府清平县丞。刘光先，江西吉安永丰县人，授东昌府堂邑县丞。郭邻，山西长子县人，授福州府福清县丞。□□（魏云），福建闽县人，授济南府阳信县丞。魏益，直隶砀山县人，授处州府青田县人。张寿龄，广东保昌县人，授开封府洧川县丞。林器之，福建侯官县人，授登州府文登县丞。赵实中，浙江黄岩县人，授汝宁府确山县丞。俞友仁，浙江仁和县人，授济南府长山县丞。王诚，浙江上虞县人，授兖州府鱼台县丞。康缙，江西泰和县人，授东昌府平阴县丞。闻伯升，浙江天台县人，授济南府霑化县丞。童尹，浙江临海县人，授济南府淄川县丞。林信孚，福建怀安县人，授顺德府内丘县丞。陈执中，福建连江县人，授顺德府钜鹿县丞。林文寿，福建长乐县人，授济南府邹平县丞。王夏，陕西郃阳县人，授临江府清江县丞。黄绶，福建闽清县人，授东昌府博平县丞。齐季舒，江西德兴县人，授东昌府须城县丞。刘杰，北平涞水县人，授顺德府沙河县丞。陈玄，广东东莞县人，授凤翔府岐山县丞。郑潜，福建莆田县人，缺。陈章应，福建晋江县人，授太原府榆次县丞。彭泰，江西吉水县人，授荆州府公安县丞。严植，江西南城县人，授凤阳府天长县丞。李素，山西壶关县人，授袁州府宜春县丞。李初，江西庐陵县人，授西安府武功县丞。陈彝，浙江永嘉县人，授太原府阳曲县丞。胡汝雨，浙江天台县人，授大名府元城县丞。管贞，江西宁都县人，授东平府阳谷县丞。吴权，江西进贤县人，授顺德府南河县丞。张鹤，山西潞城县人，授徽州府黟县县丞。刘伯钦，江西吉水县人，授淮安府安东县丞。叶砥，浙江上虞县人，授太原府定襄县丞。林嘉，福建福清县人，授淮安府沐阳县丞。刘铸，江西南昌县人，授平阳府黎河县丞。陈拱，浙江永嘉县人，授东平府东河县丞。何文信，福建闽县人，授大名府南乐县丞。傅皓，山东阳谷县人，授常州府江阴县丞。韩守正，浙江萧山县人，授济南府利津县丞。何德举，福建晋江县人，授平阳府平陆县丞。王砥，山西陵川县人，缺。冯本，北平南乐县人，授青州府日照县丞。林德亨，福建福安县人，授济南府齐东县丞。林大同，福建福清县人，授荆州府石首县丞。尔朱钦，陕西富平县人，授武昌府蒲圻县丞。伍洪，江西安福县人，授东昌府临清县丞。邓原忠，福建沙县人，授济南府邹平县丞。蔡士实，福建福清县人，授汝宁府遂平县丞。叶德潜，福建侯官县人，授济南府陵县丞。王锡，山西屯留县人，授抚州府崇仁县丞。梁安，广东高要县人，授济南府德平县丞。杨文，浙江山阴县人，授平阳府襄陵县丞。王中，山西沁水县人，授湖州府安吉县丞。胡澄，浙江诸暨县人，授开封府河阴县丞。时执亮，山东东阿县人，授泉州府同安县丞。柳汝舟，浙江山阴县人，授青州府临淄县丞。张堂，河南安阳县人，授平阳府太平县丞。胡黻，北平容城县人，授沧州盐山县丞。孙卓，河南荥泽县人，授开封府宁陵县丞。智审，北平元氏县人，授青州府蒙阴县丞。喻文龙，浙江山阴县人，授凤翔府扶风县丞。黄德润，江西丰城县人，授开封府阳武县丞。丁时敏，江西丰城县人，授卫辉府辉县丞。□□（董时）亮，浙江嵊县人，授济南府临邑县丞。陈韶，浙江定海县人，授汝宁府西平县丞。胡宗禧，北平霸州人，授南安府南康县丞。余集，浙江临海县人，授开封府新郑县丞。刘中，河南孟津县人，授东昌府思县丞。周潼，浙江淳安县人，授河南府偃师县丞。薛大昉，北平蠡州人，授平阳府翼城县丞。钟霆，浙江上虞县人，授荆州府江陵县丞。刘长辅，江西吉水县人，授顺德府任县丞。郑贞仲，福建闽县人，授大名府濬县丞。黄钺，江西临川县人，授河南府登封县丞。何子海，广东番禺县人，授邠州睢宁县丞。袁泰，山西万泉县人，授衡州府酃县丞。张必泰，福建福清县人，授凤翔府宝鸡县丞。秦亨，直隶亳州人，授登州府黄县丞。晋罡，山西潞州人，授抚州府乐安县丞。郑钧，山东章丘县人，授袁州府万载县丞。赵斗南，河南巩县人，授金华府东阳县丞。赵松，陕西渭南县人，授九江府德化县丞。

据《洪武四年进士登科录》，该科进士履历如下：

第一甲三名，赐进士及第。第一名授承直郎，第二名授承事郎，第三名授承事郎。

吴伯宗，贯江西抚州府金溪县，儒籍。治《书经》。字伯宗，年三十八，八月二十九日生。曾祖可，宋登仕郎，漕贡进士。祖泰运。父仪，元乡贡进士。母何氏。具庆下。娶倪氏。乡试第一名，会试第二十四名，授礼部员外郎。

郭翀，贯山西潞州壶关县，民籍。治《春秋》。字子翔，年三十三。曾祖唐。祖成。父举贤。母王氏。具庆下。娶王氏。乡试第八名，会试第五十一名，授吏部主事。

吴公达，贯浙江处州府丽水县，儒籍。治《诗经》。字致中，年二十四，二月初十日生。曾祖艮之，宋迪功郎。祖继祖。父世德，元乡贡进士。母刘氏。具庆下。娶李氏。乡试第二十九名，会试第一百十五名，授户部主事。

第二甲一十七名，赐进士出身，授承事郎。

杨自立，贯江西吉安府泰和县，儒籍。治《春秋》。字子吾，年三十八，八月十一日生。曾祖复圭，元赠朝列大夫、富州尹、轻车都尉、弘农郡伯。祖会可。父观。母郭氏。永感下。娶郭氏。乡试第八名，会试第三名，授吏部主事。

赵友能，贯浙江绍兴府会稽县，儒籍。治《春秋》。字宗典，年四十，十二月初五日生。曾祖崇祸，宋隆兴府通判。祖必奎。父良遇。母宋氏。具庆下。娶刘氏。乡试第二十八名，会试第七十三名，授吏部主事。

仇敬，贯山西平阳府曲沃县，民籍。治《书经》。字仲立，年三十二，六月二十日生。曾祖守信。祖琏。父惟郁。母杜氏。继母秦氏。具庆下。娶严氏。乡试第一名，会试第四十九名，授兵部主事。

丁辅，贯江西吉安府吉水县，儒籍。治《书经》。字允正，年三十九，八月二十八日生。曾祖懋辅。祖士祥。父质。母张氏。严侍下。娶刘氏。乡试第三十九名，会试第四十三名，授刑部主事。

吴镛，贯江西饶州府鄱阳县，儒籍。治《诗经》。字金川，年四十四。曾祖顺臣。祖仲玉。父鼎，母杨氏。永感下。娶李氏。乡试第十一名，会试第九名，授户部司计。

黄载，贯江西南昌府奉新县，儒籍。治《诗经》。字文傅，年四十三。曾祖应辛。祖宗礼。父翊。母邓氏。永感下。娶李氏。乡试第六名，会试第九十二名，授工部主事。

王敬中，贯浙江明州府鄞县，民籍。治《诗经》。年四十八。曾祖昇。祖益。父桂。母王氏。永感下。娶水氏。乡试第十一名，会试第五十二名，授刑部主事。

陈信之，贯福建福州府怀安县，儒籍。治《礼记》。字信之，年三十七，九月初十日生。曾祖宗臣，宋进士，文林郎。祖特子。父英观，元乡贡进士。母林氏。慈侍下。娶王氏。乡试第三名，会试第七十九名，授礼部主事。

刘寅，贯山西太原府崞县，儒籍。治《诗经》。字拱辰，年三十三，十月初七日生。曾祖原。祖仲安。父溥。母李氏。具庆下。娶李氏。乡试第二名，会试第十三名，授兵部主事。

杜濬，贯江西吉安府泰和县，儒籍。治《诗经》。字亮之，年四十，二月初五日生。曾祖仲玉。祖贵可。父同寿。母曾氏。继母白氏。具庆下。乡试第三十九名，会试第四名，授工部主事。

王谏，贯浙江台州府黄岩县，民籍。治《春秋》。字惟允，年四十一，九月二十五日生。曾祖直。祖庄。父起潜。母应氏。慈侍下。娶施氏。乡试第十八名，会试第三十二名，授户部主事。

熊谊，贯江西南昌府丰城县，民籍。治《春秋》。字判宾，年四十七。曾祖敬直，宋登仕郎。祖明通。父裕，元潭州主一书院山长。母陈氏。永感下。娶刘氏。继娶杨氏。乡试第二名，会试第十九名，授礼部主事。

卢贶，贯广西平乐府平乐县，儒籍。治《诗经》。字仲宾，年五十三。曾祖成一。祖大用。父儒宗。母莫氏。慈侍下。娶李氏。乡试第四名，会试第六十九名，授工部主事。

周子谅，贯江西吉安府庐陵县，儒籍。治《诗经》。字灌夫，年四十七，九月二十九日生。曾祖景春。祖宗礼。父鼎。母李氏。继母李氏、王氏。慈侍下。娶胡氏。乡试第二十六名，会试第六十五名，授工部主事。

毛煜，贯江西南昌府南昌县，民籍。治《易经》。字施伯，年四十六。曾祖遇。祖原麟。父蒙胜。母金氏。永感下。乡试第三十二名，会试第三十五名，授户部主事。

王谊，贯河南南阳府邓州，儒籍，寓靖江府。治《书经》。字翰英，年四十六，二月二十九日生。曾祖德昭。祖思诚。父延聚。母李氏。永感下。娶张氏。乡试第三名，会试第七十八名，授吏部主事。

赵旅，贯浙江绍兴府山阴县，民籍。治《诗经》。字正己，年四十三，五月二十八日生。曾祖孟玲，宋秉义郎。祖由钟，元从仕郎，象山知县。父宜浚。母金氏。永感下。娶王氏。乡试第八名，会试第一百二十名，授吏部主事。

第三甲一百名，赐同进士出身，授将仕郎。

姚宗敬，贯江西饶州府德兴县，民籍。治《春秋》。字宗敬，年五十。乡试第二十一名，会试第一百十六名，授西安府澄城县丞。

王玄范，贯福建福州府福清县，民籍。治《春秋》。字彦文。乡试第七名，会试第五十八名，授淮安府桃源县丞。

叶孝友，贯江西广信府贵溪县，儒籍。治《礼记》。字孝友。乡试第三十二名，会试第一百一名，授顺德府平乡县丞。

尹宗伊，贯山西平阳府万泉县，儒籍。治《书经》。会试第三十名，授镇江府丹阳县丞。

金涛，贯高丽。治《春秋》。字仲恬。会试第九十七名。

岑鹏，贯浙江明州府慈溪县，儒籍。治《诗经》。字抟霄。会试第一百八名，授太原府徐沟县丞。

李升，贯福建福州府福清县，儒籍。治《春秋》。字仲高。乡试第一名，会试第七十二名，授济南府新泰县丞。

贾敏，贯山西潞州壶关县，民籍。治《春秋》。字克勤，年三十八，九月十六日生。会试第七十六名，授南昌府武宁县丞。

梁临，贯广东广州府新会县，儒籍。治《书经》。会试第一百一十九名，授开封府永城县丞。

聂铉，贯江西临江府清江县，儒籍。治《春秋》。字伯器。乡试第十四名，会试第九十一名，授顺德府广宗县丞。

屠养浩，贯浙江明州府鄞县，民籍。治《易经》。会试第三十六名，授河南府永宁县丞。

郑廷实，贯福建福州府永福县，儒籍。治《诗经》。字礼贤。会试第七十四名，授济宁府曲阜县丞。

赵铸，贯陕西西安府华州渭南县，儒籍。治《礼记》。字子颜。乡试第六名，会试第十名，授福州府侯官县丞。

张正一，贯浙江金华府金华县，民籍。治《书经》。字子明。乡试第三十名，会试第七名，授东昌府莘县丞。

洪烨，贯浙江台州府天台县，民籍。治《书经》。字仲和。乡试第三十五名，会试第一百十八名，授西安府富平县丞。

包莘，贯浙江明州府鄞县，民籍，寓西安府。治《诗经》。字尹耕。乡试第二名，会试第五十五名，授衡州府新城县丞。

危孝先，贯浙江台州府临海县，儒籍。治《易经》。字简言。乡试第三十九名，会试第一百五名，授凤翔府麟游县丞。

冯麒，贯浙江杭州府仁和县，民籍。治《春秋》。字孟良。乡试第（缺），会试第六十三名，授东昌府清平县丞。

刘光先，贯江西吉安府永丰县，儒籍。治《春秋》。字鸣善。乡试第（缺），会试第一百十三名，授东昌府堂邑县丞。

郭邻，贯山西潞州长子县，军籍。治《春秋》。乡试第（缺），会试第五十六名，授福州府福清县丞。

魏云，贯福建福州府闽县，儒籍。治《诗经》。字云从。乡试第（缺），会试第八十九名，授济南府阳信县丞。

魏益，贯徐州砀山县，民籍。治《诗经》。乡试第（缺），会试第一百九名，授处州府青田县丞。

张寿龄，贯广东南雄府保昌县，民籍。治《易经》。乡试第（缺），会试第九十六名，授开封府洧州县丞。

林器之，贯福建福州府侯官县，儒籍。治《春秋》。乡试第（缺），会试第八名，授莱州府文登县丞。

赵实中，贯浙江台州府黄岩县，儒籍。乡试第二十名，会试第六名，授汝宁府确山县丞。

俞友仁，贯浙江杭州府仁和县，儒籍。乡试第四名，会试第一名，授济南府长山县丞。

王诚，贯浙江绍兴府上虞县，儒籍。治《易经》。字允诚。乡试第三十一名，会试第二十三名，授济宁府鱼台县丞。

康缙，贯江西吉安府泰和县，儒籍。治《书经》。字宗正，年五十二。曾祖英甫。祖寿可。父斯胜。严侍下。乡试第五名，会试第一百十七名，授东平府平阴县丞。

闻伯异（升），贯浙江台州府天台县，儒籍。治《书经》。乡试第十三名，会试第四十二名，授济南府沾化县丞。

童尹，贯浙江台州府临海县，民籍。治《诗经》。字廷正。乡试第九名，会试第七十一名，授济南府淄川县丞。

林信孚，贯福建福州府怀安县，儒籍。治《易经》。字信孚。乡试第（缺），会试第二名，授顺德府内丘县丞。

陈执中，贯福建福州府连江县，民籍。治《易经》。字执中。乡试第（缺），会试第四十八名，授顺德府巨鹿县丞。

林文寿，贯福建福州府长乐县，儒籍。治《春秋》。字仲仁。乡试第十一名，会试第一百七名，授济南府邹平县丞。

王夏，贯陕西西安府同州郃阳县，儒籍。治《诗经》。字辅炎。乡试第四名，会试第一百名，授临江府清江县丞。

黄绶，贯福建福州府闽清县，民籍。治《春秋》。字伯固。乡试第（缺），会试第二十名，授东昌府博平县丞。

齐季舒，贯江西饶州府德兴县，民籍。治《诗经》。乡试第二十三名，会试第九十八名，授东平府须城县丞。

刘杰，贯北平保定府易州涞水县，儒籍。治《诗经》。乡试第（缺），会试第六十四名，授顺德府沙河县丞。

陈玄，贯广东广州府东莞县，儒籍。治《春秋》。乡试第（缺），会试第七十名，授凤翔府岐山县丞。

郑潜，贯福建兴化府莆田县，站籍。治《书经》。乡试第（缺），会试第一百六十六名。

陈章应，贯福建泉州府晋江县，儒籍。治《书经》。字敏达。乡试第（缺），会试第一百十四名，授太原府榆次县丞。

彭泰，贯江西吉安府吉水县，儒籍。治《书经》。字文渊。乡试第（缺），会试第三十四名，授荆州府公安县丞。

严植，贯江西建昌府南城县，儒籍，寓武昌府。治《春秋》。字景周。乡试第（缺），会试第十四名，授天长县丞。

李素，贯山西潞州壶关县，民籍。治《诗经》。乡试第（缺），会试第十八名，授袁州府宜春县丞。

李初，贯江西吉安府庐陵县，儒籍，寓惠州府。治《诗经》。乡试第（缺），会试第四十四名，授西安府武功县丞。

陈彝，贯浙江温州府永嘉县，儒籍。治《诗经》。字原善。乡试第（缺），会试第一百十二名，授太原府阳曲县丞。

胡汝雨，贯浙江台州府天台县，民籍。治《书经》。字均济。乡试第十九名，会试第十七名，授大名府元城县丞。

管贞，贯江西赣州府宁都县，儒籍。治《书经》。字原清。乡试第十七名，会试第一百十名，授东平府阳谷县丞。

吴权，贯江西南昌府进贤县，儒籍。治《易经》。字巽行。乡试第（缺），会试第二十二名，授顺德府南和县丞。

张鹤，贯山西潞州潞城县，军籍。治《书经》。乡试第（缺），会试第六十名，授徽州府黟县丞。

刘伯钦，贯江西吉安府吉水县，民籍。治《书经》。字子敬。乡试第四十名，会试第一百十一名，授淮安府安东县丞。

叶砥，贯浙江绍兴府上虞县，儒籍。治《易经》。字履道，年三十，三月初六日生。曾祖希曾。祖明。父良玉。母童氏。永感下。娶周氏。乡试第十二名，会试第八十七名，授太原府定襄县丞。

林嘉，贯福建福州府福清县，民籍。治《春秋》。乡试第十一名，会试第八十名，授淮安府沭阳县丞。

刘铸，贯江西南昌府南昌县，儒籍。治《书经》。字季冶。乡试第（缺），会试第十二名，授平阳府荣河县丞。

陈拱，贯浙江温州府永嘉县，民籍。治《春秋》。字叔向。乡试第（缺），会试第二十七名，授东平府东阿县丞。

何文信，贯福建福州府闽县，儒籍，寓绍兴府。治《春秋》。字孟诚，年四十四。曾祖茂林。祖士。父清叟。母陈氏。永感下。娶王氏。乡试第一名，会试第六十二名，授大名府南乐县丞。

傅皓，贯山东东平府阳谷县，民籍。治《春秋》。乡试第（缺），会试第八十三名，授常州府江阴县丞。

韩守正，贯浙江绍兴府萧山县，民籍。治《易经》。乡试第（缺），会试第一百二名，授济南府利津县丞。

何德举，贯福建泉州府晋江县，儒籍。治《书经》。乡试第（缺），会试第六十一名，授平阳府平陆县丞。

王砥，贯山西泽州灵川县，军籍。治《春秋》。乡试第（缺），会试第九十九名。

冯本，贯北平大名府南乐县，民籍。治《春秋》。乡试第三名，会试第四十名，授青州府日照县丞。

林德亨，贯福建福州府福安县，儒籍。治《春秋》。乡试第十二名，会试第八十五名，授济南府齐东县丞。

林大同，贯福建福州府福清县，民籍。治《诗经》。乡试第（缺），会试第九十四名，授荆州府石首县丞。

尔朱钦，贯陕西西安府耀州富平县，军籍。治《书经》。字敬伯。乡试第一名，会试第九十名，授武昌府蒲圻县丞。

伍洪，贯江西吉安府安福县，民籍。治《春秋》。字伯弘，年四十四，三月十四日生。曾祖荣。祖天骥。父文敏。母欧阳氏。具庆下。娶刘氏。乡试第二十八名，会试第五十七名，授东昌府临清县丞。

邓原忠，贯福建延平府沙县，民籍。治《诗经》。乡试第（缺），会试第四十六名，授济宁府邹县丞。

蔡士实，贯福建福州府福清县，儒籍。治《春秋》。字文光。乡试第二十三名，会试第八十六名，授汝宁府遂平县丞。

叶德潜，贯福建福州府侯官县，民籍。治《易经》。字孔昭。乡试第（缺），会试第十一名，授济南府陵县丞。

王锡，贯山西潞州屯留县，军籍。治《易经》。乡试第（缺），会试第三十一名，授抚州府崇仁县丞。

梁安，贯广东肇庆府高要县，民籍。治《书经》。会试第六十七名，授济南府德平县丞。

杨文，贯浙江绍兴府山阴县，儒籍。治《春秋》。字贯道。曾祖槐。祖颐吉。父深。母石氏。具庆下。娶平氏。乡试第十名，会试第八十四名，授平阳府襄陵县丞。

王中，贯山西泽州沁水县，民籍。治《春秋》。乡试第（缺），会试第三十三名，授湖州府安吉县丞。

胡澄，贯浙江绍兴府诸暨县，儒籍，寓温州府。治《礼记》。字以道。乡试第五名，会试第十五名，授开封府河阴县丞。

时执亮，贯山东东平府东阿县，民籍。治《礼记》。乡试第（缺），会试第五名，授泉州府同安县丞。

柳汝舟，贯浙江绍兴府山阴县，儒籍。治《诗经》。字处兰。乡试第十七名，会试第一百六名，授青州府临淄县丞。

张堂，贯河南彰德府安阳县，民籍。治《诗经》。乡试第十四名，会试第九十五名，授平阳府太平县丞。

胡黻，贯北平保定府容城县，民籍。治《礼记》。乡试第（缺），会试第八十二名，授河间府□□县丞。

孙卓，贯河南开封府郑州容泽县，民籍。治《易经》。乡试第（缺），会试第四十七名，授开封府宁陵县丞。

智审，贯北平真定府元氏县，民籍。乡试第（缺），会试第二十八名，授青州府蒙阴县丞。

喻文龙，贯浙江绍兴府山阴县，儒籍。治《春秋》。字叔云。乡试第（缺），会试第七十七名，授凤翔府扶风县丞。

黄德润，贯江西南昌府丰城县，民籍。治《礼记》。字端玉，年五十七。曾祖先唐。祖其汝。父通理。母陈氏。永感下。娶周氏。乡试第九名，会试第二十一名，授开封府阳武县丞。

丁时敏，贯江西南昌府丰城县，儒籍。治《易经》。字时敏，年五十七。曾祖承宇。祖翼翁。父持敬。母王氏。永感下。娶聂氏。乡试第四名，会试第一百三名，授卫辉府辉县丞。

董时亮，贯浙江绍兴府嵊县，儒籍。治《春秋》。字彦功。乡试第（缺），会试第五十九名，授济南府临邑县丞。

陈韶，贯浙江明州府定海县，儒籍。治《诗经》。乡试第（缺），会试第七十五名，授汝宁府西平县丞。

胡宗禧，贯北平北平府霸州，民籍。治《易经》。乡试第（缺），会试第九十三名，授南安府南康县丞。

余集，贯浙江台州府临海县，儒籍。治《春秋》。字孟浩。乡试第三十八名，会试第五十名，授开封府新郑县丞。

刘中，贯河南河南府孟津县，儒籍。治《易经》。乡试第（缺），会试第六十八名，授东昌府恩县丞。

周潼，贯浙江严州府淳安县，儒籍。治《春秋》。乡试第（缺），会试第五十三名，授河南府偃师县丞。

薛大昉，贯北平保定府蠡州，儒籍。治《易经》。乡试第（缺），会试第十六名，授平阳府翼城县丞。

钟霆，贯浙江绍兴府上虞县，儒籍。治《诗经》。字伯震。乡试第二十五名，会试第二十五名，授荆州府江陵县丞。

刘长辅，贯江西吉安府吉水县，儒籍。治《书经》。字孟质，年四十四。曾祖充安。祖宋祥。父颖老。母张氏。慈侍下。乡试第三十一名，会试第四十一名，授顺德府任县丞。

郑贞仲，贯福建福州府闽县，民籍。治《书经》。乡试第（缺），会试第三十七名，授大名府濬县丞。

黄铖，贯江西抚州府临川县，儒籍。治《易经》。字宗武。乡试第七名，会试第一百四名，授河南府登封县丞。

何子海，贯广东广州府番禺县，民籍。治《春秋》。乡试第（缺），会试第三十九名，授邳州府睢宁县丞。

袁泰，贯山西平阳府万泉县，民籍。治《诗经》。乡试第十名，会试第二十九名，授衡州府酃县丞。

张必泰，贯福建福州府福清县，儒籍。治《春秋》。字子通。乡试第四名，会试第五十四名，授凤翔府宝鸡县丞。

秦亨，贯亳州，民籍。治《诗经》。乡试第（缺），会试第三十八名，授登州府黄县丞。

晋罳，贯山西潞州，民籍。治《春秋》。乡试第（缺），会试第八十八名，授抚州府乐安县丞。

郑钧，贯山东济南府章丘县，民籍。治《书经》。乡试第（缺），会试第四十五名，授袁州府万载县丞。

赵斗南，贯河南河南府巩县，民籍。治《春秋》。乡试第（缺），会试第八十一名，授金华府东阳县丞。

赵松，贯陕西西安府华州渭南县，儒籍。治《春秋》。乡试第（缺），会试第二十六名，授九江府德化县丞。

本年殿试程序。陆容《寂园杂记》卷一："近见洪武四年《御试录》，总提调中书省官二人，读卷官祭酒、博士、给事中、修撰各一人，监试官御史二人，掌卷、受卷、弥封官各主事一人，对读官司丞、编修二人，搜检、怀挟、监门、巡绰，所镇抚各一人，礼部提调官，尚书二人，次御试策题，又次恩荣次第云。洪武四年二月十九日廷试。二十日，午门外唱名，张挂黄榜，奉天殿钦听宣谕。同日，除授职名于奉天门谢恩。二十二日，赐宴于中书省。二十三日，国子学谒先圣，行释菜礼。第一甲三名，赐进士及第。第一名授员外郎，第二名、第三名授主事。第二甲一十七名赐进士出身，俱授主事。第三甲一百名，赐同进士出身，俱授县丞。姓名下籍状与今式同，国初制度简略如此。今《进士登科录》首录礼部官奏殿试日期，合请读卷及执事官员数，进士出身等第。圣旨俞允谓之玉音，次录读卷、提调、监试、受卷、弥封、掌卷、巡绰、印卷、供给各官职名。又次录三月一日诸贡士赴内府殿试，上御奉天殿亲试策问。翌日早，文武百官朝服，锦衣卫设卤簿于丹陛丹墀内，上御奉天殿，鸿胪寺官传制唱名，礼部官捧黄榜，鼓乐导出长安左门外，张挂毕，顺天府官用伞盖仪从送状元归第。四日，赐宴于礼部，宴毕，赴鸿胪寺习仪。五日，赐状元朝服冠带及进士宝钞。六日，状元率诸进士上表谢恩。七日，状元、诸进士诣先师孔子庙行释菜礼。礼部奏请命工部于国子监立石题名。朝廷或有事，则殿试移他日，谓之恩荣次第。又次录进士甲第，第一甲三人赐进士及第。第二甲若干人，赐进士出身。第三甲若干人，赐同进士出身。每人名下各具家状，最后录第一甲三人所对策。其家状式：姓名下云贯某府某州某县某籍某生，治某经；字某，行几，年几岁，某月某日生，曾祖某，祖某，父某，母某氏。祖父母、父母俱存曰'重庆下'，父母俱存曰'具庆下'，父存母故曰'严侍下'，父故母存曰'慈侍下'，父母俱故曰'永感下'。兄某，弟某，娶某氏，某处乡试第几名，会试第几名。"按，陆容所见"洪武四年《御试录》"，即本书所引《洪武四年进士登科录》。所云"今《进士登科录》"，指宣德以后的情形。

四月

征儒士赵晋、张羽，俱至。晋直秦府，致仕。羽放归。（据《国榷》卷四）

秀才丁士梅为苏州知府，童权为扬州知府。（据《国榷》卷四）

六月

儒士赵新为开封知府。（据《国榷》卷四）

夏

唐肃免官归乡。苏平仲《翰林应奉唐君墓志铭》："明年夏，以疾失朝参，例免官归乡。"

七月

中书省奏科举定制，定参加科举考试资格。《明太祖实录》卷六十七：洪武四年秋七月，"丁卯，中书奏科举定制：凡府、州、县学生员、民间俊秀子弟及学官、吏胥习举业者，皆许应试。上曰：'科举初设，凡文字词理平顺者，皆预选列，以示激劝。惟吏胥心术已坏，不许应试。'"《明史·选举志》："举子，则国子生及府、州、县学生员之学成者，儒士之未仕者，官司之未入流者，皆由有司申举性资敦厚、文行可称者应之。其学校训导专教生徒，及罢闲官吏，倡优之家，与居父母丧者，俱不许入试。"俞汝楫《礼部志稿》卷七十一《陈入试人禁例》："洪武以来旧制，曾由科目出身未入流品官，生员发充吏，罢闲官吏、监生、生员，倡优、隶卒、刑丧、过犯之人，不许入试。其生员、军生、儒士及未入流品官、典吏、承差、军余人等，若无钱粮等项粘带者，听从入试。如有不遵，照例论罪，已中式者斥退不录，未中式者终身不许入试。"

八月

应天府（直隶）及河南、山东、山西、陕西、北平、福建、江西、浙江、湖广、广东、广西、四川等十二行省乡试。（据《明太祖实录》卷六十"洪武四年春正月"之"令"）

乌斯道以贡入京。乌斯道字继善，慈溪人，洪武初官石龙县知县，调永新。坐事谪戍定远，寻放还。《明史·文苑传》附见《赵埙传》中。《春草斋集》卷四《三世雷记》："岁辛亥秋，余被贡之京师。"

殷奎调陕西咸阳教谕。《强斋集》附录张绅《送殷先生叙》："乃洪武四年，吴郡殷先生以选当为教谕咸阳县学。吴去秦水陆几数千里，先生母老，子女皆幼，众谓必艰于行，而受命之后，从容戒行，略无难色。既畋，求余一言以为别。……洪武四年八月既望，云门独叟齐郡张绅书。"殷奎（1331—1376），字孝章，一字孝伯，昆山人。洪武初，以荐例授州县职，以母老请近地，忤帝意，除咸阳儒学教谕。卒于官，门人私谥曰文懿先生。有《强斋集》。《强斋集》附录卢熊《故文懿殷公行状》："先生数岁，端厚湛默。熊父夷孝先生，深爱之，故与熊同受小学其家。设邸肆在太仓阛市中，旦夕挟册归舍。定省外，亦不遑及他事，惟务读诵，邻巷罕觏其面。既而受《易》于盛公德瑞。其祖父柏堂翁，乃作楼居，储书其上，延良师友与之游处。时会稽杨公廉夫，自吴城抵昆山，一见奇之，即席上设弟子礼，由是从杨公往来钱唐、华亭者累年，闻见益广。其父母具修脯金帛，数遣童干资之，又作别业于娄曲，买田，益鬻书，以俟其归。当时以经术文辞名东南者，惟杨公号杰出，然其人率易任真，绝去厓异，先生业其门，不肯诡随出藻丽语，一言一动务合矩度，杨公愈加爱重。""洪武四年，先生举昆山教谕，上吏部试《春秋经》、《道统论》，皆辞深雅奥，上官置之高等。当是时，上锐意开治道，痛惩吏弊，儒者皆不次进用。司选举者将例授以郡县，先生恳请愿为近地学官，以便奉养老母，拂上官意，遂调西安之咸阳。又请告还乡里，辞亲以往。"《强斋集》附录王彝《送殷教谕赴咸阳县序》："国制，凡府、州、县必皆有学，学必有官，官必以府、州、县所荐士，然犹必考验于吏部，乃归而就职焉。殷君孝伯，昆山人也。以古学倡其乡邦，为士人所推服，大夫闻之，因荐以为县学教谕，君以母老辞，强起之。既上吏部，试《春秋义》及《道统论》各一通，执政者见之，嘉其学，欲荐以为守令，君辞曰：

'某迂儒，职教可也。民社之寄重矣，然非才不可也。'既而朝廷以学官准常选例，亦南北互调，遂调君咸阳县学教谕。咸阳去昆山数千里而远，君还治行李，乡之人皆惜其官之卑而行之艰也，而或歔欷以泣。然则余尝有所望于君者，而不在是也。……洪武四年九月一日，蜀郡王彝常宗序。"秦约《送行诗》："西上长安跋涉劳，三千里外朔风号。地连渭水秦川近，山接终南泰华高。故国总消龙虎气，断碑犹打骆驼膏。一官莫笑儒林选，曾捧琅函觐赭袍。"

十二月

命今年乡试取中举人，俱免会试，赴京任用。《明太祖实录》卷七十：洪武四年十二月，"辛巳，上命礼部：今岁各处乡试取中举人，俱免会试，悉起赴京用之。时吏部奏天下官多缺员，故有是命"。

杨荣（1372—1440）生。（生年据公历标注）荣初名子荣，字勉仁，建安人。建文庚辰进士，除翰林编修。靖难后，入直内阁，更今名。累官工部尚书、谨身殿大学士加少师。卒赠太师，谥文敏。有《云山小稿》、《静轩》、《退思》等集。王直《少师建安杨公传》："公幼聪悟绝伦，喜读书，善讲说，当时大奇之。事大父母、父母尽孝敬，处内外属皆有礼。弱冠已有济物之施、公辅之志。朝之公卿大臣道建安者，皆重之。"

明太祖洪武五年壬子（公元1372年）

正月

翰林院待制王祎出使云南，被执，不屈死。《明鉴纲目》卷一："纲：壬子五年，春正月，遣翰林院待制王祎使云南，被执，不屈死。目：元梁王巴咱尔斡尔密（旧作巴匝剌瓦尔密，今改。后仿此）出镇云南，大都不守，顺帝北去，王岁遣使自塞外，达元帝行在，执臣节如故。蜀地既平，天下大定，帝以云南僻远，难进兵，而王所遣漠北使者苏成，适为北平守将所获，乃命祎赍诏，偕成往招谕。王待祎以礼。会元主遣托克托，征饷云南，知祎在王所，疑王有它意，胁以危语，不得已，出祎见。托克托欲屈祎，祎叱曰：'天既讫元命，燹火余烬，敢与日月争明邪？我奉使远来，岂为汝屈？'遂自刎。梁王具衣冠，敛之。"王祎被害时间为本年十二月。

今后被黜举人以细故谤毁主司者，有司罪之。《明太祖实录》卷七十一：洪武五年春正月癸丑，"上谓礼部臣曰：'近代以来，举人不中程式为有司所黜者，多不省己自

49

修，以图再进，往往撷拾主司细故，谤毁以逞私忿，礼让廉耻之风不立。今后有此者罪之。'"

危素（1303—1372）卒，年七十。《文宪集》卷十八《故翰林侍讲学士中顺大夫知制诰同修国史危公新墓碑铭》："呜呼！翰林侍讲学士、中顺大夫、知制诰、同修国史危公，享年七十，以洪武五年春正月二十三日卒于和州含山县之寓舍。其年二月十五日，权厝于含山，某年月日，始还葬金溪白马乡高桥之原。其子偓深惧公之功行世系不昭白于天下，昼夜兢惕，自为状二万言来谒。新墓之铭，濂守官少暇，久未克论撰。春正月，蒙恩致政东归，私念公相知特深，在前朝时欲引荐入史馆，及今待罪禁林，实与公为同僚，相得甚欢。于是评骘群行，而勒文于碑。其文曰：公讳素，字太朴，姓危氏。"

三月

高丽国王遣使入贡，且请遣子弟入国子学。许之。《明太祖实录》卷七十三：洪武五年三月癸酉，"是月，高丽国王王颛遣密直同知洪师范、郑梦周等奉表贺平夏，贡方物，且请遣子弟入太学。其词曰：'秉彝好德，无古今愚智之殊，用夏变夷，在礼乐诗书之习。故我东夷之人，自昔以来，皆遣子弟入太学，不惟知君臣父子之伦，亦且仰声明文物之盛。伏望皇仁，察臣向化之诚，使互乡之童，得齿虞庠之胄，不胜庆幸。'上顾谓中书省臣曰：'高丽欲遣子弟入学，此亦美事。但其涉海远来，离其父母，未免彼此怀思。尔中书宜令其国王与群下熟议之，为父兄者，果愿遣弟子入学，为弟子者，果听父兄之命无所勉强，即遣使护送至京，或居一年，或半年，听其归省也。'"

朱元璋以将官子弟年少骄佚，故承袭者多不称职，乃命其子弟年幼者入国学读书。稍长，令随班朝参，以观礼仪，退则令习弓马学武事，待其可用，然后官之。（据《明太祖实录》卷七十三。）

四月

诏定乡饮之礼。《明通鉴》卷四："戊戌（二十一日），诏礼部：'奏定乡饮酒礼仪，命天下有司学官率其乡士大夫之老者行之学校。著为令。'"

五月

乌斯道至石龙县为令。《明史》赵埙传附乌斯道传："洪武中，斯道被荐授石龙知县。"《春草斋集》卷一《重建石龙县儒学记》："维洪武五年壬子夏五月，化之石龙县乌斯道既至，释菜于孔子庙。仅有屋四楹，卑隘芜陋，孤处草莽。盖旧有学，至正末毁于寇也。斯道退而怅然曰：'今圣天子大兴文治，视天下学校，实首风化。郡县无中外，毕用儒臣。任厥政者，以其素所服习，惟圣人是归，必能严圣人之祀，敦圣人之教，以笃扬朝廷所以尊圣人之意焉耳。兹土壤既奠安，而学校尚未复，使神栖靡宁，揖让还辟无所，此有位者之丑也。'方谋度营缮事，值寇发邻境，寇平，始克相材从事，越一岁告成。"

六月

朱元璋作铁榜胪目以戒功臣。《明鉴纲目》卷一："纲：夏六月，作铁榜戒功臣。目：帝以功臣不能检下，作铁榜胪目（目凡有九），以申戒之。"

定六部职掌，岁终考绩，以行黜陟。《明太祖实录》卷七十四：洪武五年六月，"癸巳，定六部职掌，岁终考绩，以行黜陟。吏部掌天下官吏选法封勋考课之政，其属有三：一曰总部，掌文选；二曰司勋部，掌官制；三曰考功部，掌考核。户部掌天下户口田土贡赋经费钱货之政，其属有四：一曰总部，掌天下户口田土贡赋水旱灾伤；二曰度支部，掌管考校赏赐禄秩；三曰金部，掌课程市舶库藏钱帛茶盐；四曰仓部，掌漕运军储出纳料量。礼部掌天下礼仪祠祭燕享贡举之政，其属有四：一曰总部，掌仪制表笺历日赠谥诏赦科举图籍乐律；二曰祠部，掌祭祀医药丧葬僧道度牒；三曰膳部，掌燕享；四曰主客部，掌贡献建言四夷朝贡赏赉。兵部掌天下军卫武选厩驿甲仗之政，其属有三：一曰总部，掌军务符验巡检；二曰职方部，掌城池邮置烽堠四夷归化；三曰驾部，掌卤簿马政车辂驿传兵器。刑部掌天下刑法及徒隶勾覆关禁之政，其属有四：一曰总部，掌律令狱具盗贼斗殴称冤；二曰都官部，掌徒流戒谕审决；三曰比部，掌赃罚凡犯钱粮户婚田土茶盐之法者；四曰司门部，掌门禁军政关渡捕亡诈伪略诱。工部掌天下百工屯田山泽之政，其属有四：一曰总部，掌城垣工匠；二曰虞部，掌捕猎窑冶炉冶军需造纸鼓铸；三曰水部，掌水利水害坝闸桥梁舟车；四曰屯田部，掌屯田垦田圩岸廨舍竹木薪炭。各部设郎中、员外郎、主事，分掌其事，而以尚书、侍郎总其政务。"

八月

应天府（直隶）及河南、山东、山西、陕西、北平、福建、江西、浙江、湖广、广东、广西、四川等十二行省乡试。四川行省为入明后首次乡试。（据《皇明贡举考》卷一《取士之地》）

杭之士预贡者五人。徐一夔《始丰稿》卷五《送赵乡贡序》："洪武五年秋八月……杭之士预贡者五人。……执中将上春官，予告之曰：科目之设在隋、唐者，吾弗暇远引。宋以方州贡士，谓之乡贡，元暨国朝以行省贡士，亦通谓之乡贡。杭为方州，时贡士之额自淳熙至景定增至二十二人。元置行省于浙，邻郡三十二，杭隶焉，贡士之额仅二十八人。……今邻郡九，杭亦隶焉，其额增至四十人矣。"

九月

张孟兼、刘崧、宋濂等国子监联句。《白石山房逸稿·夜坐国学玉兔泉联句》宋濂序："洪武五年秋九月十又五日，日入酉，予与仲子璲过张录事孟兼于成均，秉烛对夜。孟兼方命侍史汲玉兔泉瀹茗，俄熊参军鼎、刘职方崧、周虞部子谅皆集，相与谈诗，至惬心处，辄抵掌笑哗。吕太常仲善闻之，亦欢然来会。既啜茗已，孟兼出新造《玉兔泉铭》讽之，且曰：'今夕何夕，胜友如云，不可无以为娱。请举泉联诗，何如？'众皆曰然。予年有一日之长，俾题其首句，余则以次而续。斗奇据胜，哄哄弗能休。至二鼓诗成，各拥衾枕榻，逮鸡再号，风雨凄迷，仆夫载途，官事有程限，皆不告而散，予亦骑驴去朝天矣。明日，孟兼将属梓，遂作小楷系诗于铭左，征予为之引。"（按，此《玉兔泉联句》并序，存四库全书《文宪集》卷三十二，又见刘崧《槎翁诗集》卷八，题为"《玉兔泉》有引"。引虽宋濂作，联句则孟兼、宋濂、刘崧同为，故三人集中皆见。）张孟兼（1338—1378），名丁，以字行，浦江人，洪武初征为国子监学录，与修《元史》。以太常丞出为山西按察司佥事，迁山东按察司副使，以执法不阿为吴印所诬讦，弃市。《明史·文苑传》附载赵埙传中。有《白石山房逸稿》。《文宪集》卷二十九《张孟兼字辞》："国子录张君，生于岁戊寅正月六日，以历推之，是月九日始入春，则中气犹居丁丑年之冬，其大父府君因以丁命名。张君既长，闻人先生字曰'孟兼'。兼者何谓？临二岁之中也。"《逊志斋集》卷二十一《张孟兼传》："张孟兼者，名丁，金华之浦江人也。孟兼为人侃侃自许，涉猎书史，颇有俊才，为乡里所称。会天子诏征才能士，郡县以孟兼名上，擢国子学录、礼部主事，迁太常司。孟兼固自负能为文，常奴视同辈。而是时诚意伯刘基以文章有重名，与翰林学士宋先生俱为天下所尊信。基气豪，不肯妄下人，而独喜称孟兼。尝为上言：'今天下文章士，第一为翰林学士宋濂，臣基次之不敢辞，又其次则有张生孟兼，其余臣不知也。'孟兼为基所称，愈自高。然他人弗服也。或稍慢之，孟兼辄怒。尝以文示其乡人，视之无言，置袖中曰：'俟夜熟复之，今弗悉也。'孟兼阳为好言，曰：'须删修之，可也。'退则大怒。其乡人发其所短，扬言于众，骂之，且诋其文曰：'彼犹蛮荒山谷中，纵为人衣，前悬而后曳，左侈而右敛，视国工所制，何敢望哉？'其乡人自如，不与较。既而孟兼以谪输作，乡人不及唁。及以赦出复官，乃贺。孟兼怒骂：'若见人失官，则弃背不一视。及复官，乃更谬为卑让贺我。若真细人，吾何以礼为？'倨坐，不起迎送。其傲睨好面讦人，皆如此。人以是不附之。"

十月

天下贡士至京师，令选其年少者黄昶等入国子监读书。贡士即举人。（据《南雍

十二月

诏百官奏事，启皇太子。《明鉴纲目》卷一："纲：冬十二月，诏百官奏事，启皇太子。"

申学校农桑之重。《明通鉴》卷四："十二月，甲戌朔，诏中书省：'凡有司考课，必有学校农桑之绩，始以最闻，违者降罚。'"

曾鲁卒。《国榷》卷五："礼部侍郎曾鲁卒。鲁字得之，新淦人。善记诵，征修《元史》及礼书，授礼部主事。五年二月，迁侍郎；八月，主乡试；九月上《钟山甘露颂》，遂乞骸，卒于南昌舟中，年五十四。所著《六一居士集考异》行世。"

王祎（1322—1373）遇害于云南，年五十二。（卒年据公历标注）《明文衡》郑济《故翰林待制华川先生王公行状》："公卒后之八年，大兵平云南。又十五年，绅往求遗殡不获，因访得公讳所，擗踊号呼，制神主载回。时云南左布政使张公统，及前山西参政王公景彰，力为采搜死事之详，为文以暴白其大节。公平生慷慨，长身山立，屹然有奇气。人初见之若不敢即，及夫一言之入，则情谊蔼然，恨相知之晚。于经史百氏无不究其极，其为文宏丽沉雄，机轴贯综，自成一家言，天下士大夫争传诵之。所著有《华川前后集》二十五卷，《玉堂杂著》二卷，诗五卷，《续东莱大事记》七十九卷，并藏于家。"《明名臣琬琰录》卷八邹缉《翰林待制王公墓表》："大明受天命，扫除群雄，奄有区夏。元主既远逊于漠北，独其梁王巴图时犹据守云南地，恃其险远，弗遂臣服，屡遣使往谕之，辄杀使者，拒不从命。太祖皇帝终欲以德绥怀之。洪武五年正月，乃复遣翰林待制王公持诏往谕焉。众皆谓公文学词臣，不宜远蹈不测之境，而公辞色慷慨，即日就道。既至云南，见梁王，谕曰：'大明受命统一疆宇，皇帝聪明神武，作君万邦，内外大小罔敢不服。惟尔西南僻在遐远，未被声教，故遣使者来谕意，宜顺天道，奉图归职方。否则，偏师南指，坐见夷灭矣。'梁王闻公言，颇骇惧，欲降。会沙漠有遣使至云南，闻其纳我使，怒责梁王，使速杀公。梁王初不肯，后不得已，乃出公见之。公慷慨言曰：'天实讫汝元祚，我明代之。汝如爝火余烬，尚欲与日月争光耶？我将命远来，誓为国死，终不为若屈。'遂被害，时六年癸丑十二月二十四日也。年五十有二。"据《国榷》及张惟骧《疑年录汇编》，王祎卒于洪武五年十二月。

命仍祀孟子。（据《国榷》卷五）《明通鉴》卷四："是岁，京师文庙成，车驾幸太学，行释奠礼。上偶览《孟子》，至'草芥''寇雠'语，谓非臣子所宜言，命罢配享。时上怒甚，诏：'有谏者以大不敬论！'刑部尚书钱唐抗疏入谏曰：'臣为孟轲死，死有余荣。'时廷臣无不为唐危，上鉴其恳诚，不之罪。"《明史》钱唐传："帝尝览《孟子》，至'草芥''寇雠'语，谓非臣子所宜言，议罢其配享。诏有谏者以大不敬论。唐抗疏入谏曰：'臣为孟轲死，死有余荣。'时廷臣无不为唐危。帝鉴其诚恳，不之罪。孟子配享亦旋复。然卒命儒臣修《孟子节文》云。"

本年

监生历事，始于洪武五年。《明史·选举志》："监生历事，始于洪武五年。建文时，定考核法。上、中、下三等，上等选用，中、下等仍历一年再考。上等者依上等用，中等者不拘品级，随才任用，下等者回监读书。永乐五年选监生三十八人隶翰林院，习四夷译书。九年辛卯，钟英等五人成进士，俱改庶吉士。壬辰、乙未以后，译书中会试者甚多，皆改庶吉士以为常。历事生成名，其蒙恩遇如此。仁宗初政，中军都督府奏监生七人吏事勤慎，请注选授官。帝不许，仍令人学，由科举以进。他历事者，多不愿还监。于是通政司引奏，六科办事监生二十人满日，例应还监，仍愿就科办事。帝复召二十人者，谕令进学。盖是时，六科给事中多缺，诸生觊得之。帝察知其意，故不授官也。宣宗以教官多缺，选用监生三百八十人，而程富等以都御史顾佐之荐，使于各道历政三月，选择任之，所谓试御史也。""监生拨历，初以入监年月为先后。丁忧、省祭，有在家延留七八年者，比至入监，即得取拨。陈敬宗、李时勉先后题请，一以坐监年月为浅深。其后又以存省京储依亲就学在家年月，亦作坐堂之数。其患病及他事故，始以虚旷论。诸生互争年月资次，各援科条。成化五年，祭酒陈鉴以两词具闻，乞敕礼部酌中定制，为礼科所驳。鉴复奏，互争之。乃下部覆议，请一一精核，仍计地理远近、水程日月以为准。然文移往来，纷错繁糅，上下伸缩，弊端甚多，卒不能画一也。""凡监生历事，吏部四十一名，户部五十三名，礼部十三名，大理寺二十八名，通政司五名，行人司四名，五军都督府五十名，谓之正历。三月上选，满日增减不定。又有诸司写本，户部十名，礼部十八名，兵部二十名，刑部十四名，工部八名，都察院十四名，大理寺、通政司俱四名，随御史出巡四十二名，谓之杂历。一年满日上选。又有诸色办事，清黄一百名，写诰四十名，续黄五十名，清军四十名，天财库十名，初以三年谓之长差，后改一年上选；承运库十五名，司礼监十六名，尚宝司六名，六科四十名，初作短差，后亦定一年上选。又有随御史刷卷一百七十八名，工部清匠六十名，俱事完日上选。又有礼部写民情条例七十名，光禄寺刷卷四名，修斋八名，参表二十名，报讣二十名，赍俸十二名，锦衣卫四名，兵部查马册三十名，工部大木厂二十名，后府磨算十名，御马监四名，天财库四名，正阳门四名，崇文、宣武、朝阳、东直俱三名，阜城、西直、安定、德胜俱二名，以半年满日回监。"万历《大明会典》卷二百二十《国子监》："洪武间，令监生分拨在京各衙门历练事务，三个月考核引奏，勤谨者送吏部附选，仍令历事，遇有缺官，挨次取用。平常者再历，才力不及者送监读书，奸懒者发充吏。宣德三年，令在京各衙门办事监生，以半年更代。正统三年奏准，监生拨历，计其坐监月日浅深，给假违限者，并同虚旷。五年奏准，三法司写本，分巡一年出身者，于应该历事内取用。兵部户部清军、写诰、天财库办事，三年出身者，于入监五年内取用。印绶监清黄续黄三年、仍历事二年共五年出身者，于入监三年内取用。七年，令监生丁忧省祭等项俱不作坐监月日。景泰二年奏准，监生清匠满者，照清军监生例出身。四年，令监生坐堂五年者办事历事二年出身，坐堂四年者办事三年出身，坐堂三年者办事历事四年出身，坐堂一年二年者止令办事，不许历事出身。又令监生正历一年三个月，写本一年，长差三年。天顺二年，令监生清黄，以三年为限，送吏部选用。又令本监六堂，各置通知簿一扇，附写监生年甲籍贯，并到监日期，后遇丁忧省祭等项，亦各附写，如有患病等项事故，开写虚旷若干外，实坐堂若干，凭此查考拨历。三年，令丁忧复班监生，坐堂或办事半年，方许拨历。六年，令历事监生三个月考勤后，仍历九个月，通前一年，写本者亦以一年为满。八年，令正历六个月，写本八个月，长差一年半。成化五年奏准，监生历事，仍照天顺六年例，其清军、写诰及天财库书办等项，仍照例与历事监生相等分拨。弘治十年，令监生依亲水程，俱不算实坐，止循食粮月日浅深拨历。其举人会试水程仍旧。十二年，令监生内府杂差，准历事一年，满日上选。十四年奏准，监生六科办事，照历事例，一年满日上选。正德十一年奏准，各项应复监监生，违限一年以上者，俱送问。私回原籍日久，已经呈部行提之后，月内到者，送监痛治压拨。一月外到者送问。虽有患帖公文不准。其养病痊可监生，除往回水程外，扣至三年之上到部者，暂送肄业，原籍行查无碍，方准拨历。若有别故，仍行送问。但行查监生，俱照比例。十二年奏准，吏部查理须知文册监生，比南京后湖查册例，五个月，准作实历，送部上选听用。嘉靖十年奏准，各衙门历事监生，三个月考勤之后，仍历一年，其余写本一年，清黄、写诰、清军、清匠三年，以至出巡等项俱照旧制日月为满，方许更替。其历事并出巡，奏内既例该监生金名，凡事可否，许其公同议拟，举察奸弊。隆庆五年，以监生数多，历缺不敷，奏准各衙门正历，每三名量增一名，仍减历期三月，止历九个月为满，暂行二年。万历九年，吏部又以人多历少，题准照隆庆五年例，增历减期，以后通行遵守。凡纳粟等项监生，照例坐堂十年，挨次拨历。若中乡试者，通计先年坐监月日拨历。其未冠愿坐监者，亦满十年，方作复监之数。凡历事监生名数，吏部四十一名，户部五十三名，礼部一十三名，兵部二十五名，刑部七十名，工部二十四名，都察院六十三名，大理寺二十八名，通政司五名，行人司四名，五军都督府五十名，谓之正历，三个月上选，满日增减不定。又有各衙门写本，户部十名，礼部十八名，兵部二十名，刑部十四名，工部八名，都察院十四名，大理寺四名，通政司四名，随御史出巡四十二名，谓之杂历，一年满日上选。又有各项办事，清黄一百名，写诰四十名，续黄五十名，清军四十名，天财库十名，初皆三年，谓之长差，近俱减一年上选。承运库十五名，司礼监六十名，尚宝司六名，六科四十名，初作短差，近亦准写本例，一年满日上选。又有随御史刷卷一百七十八名，工部清匠六十名，俱以事完日上选。此外，又有礼部写民情条例等项七十二名，光禄寺刷卷四名，修斋八名，参表二十名，讨计二十名，赍捧十二名，锦衣卫四名，兵部查马册三十名，工部大木厂二十名，后府磨算十名，御马监四名，天财库四名，正阳门四名，崇文、宣武、朝阳、东直四门各三名，阜成、西直、安定、德胜四门各二名，俱为短差，半年满日回监。"

杨溥（1372—1446）生。溥字弘济，石首人。建文庚辰进士，授编修。永乐初，进洗马，以事逮系锦衣卫狱。仁宗即位，擢翰林学士，进太常卿。宣德中，召入内阁典机务，迁礼部尚书。正统初，进少保，武英殿大学士。卒，赠太师，谥文定。

  吴讷（1372—1457）生。吴讷字敏德，号思庵，直隶常熟人。由太医院医士擢监察御史，官至右都御史。著有《文章辨体》。《国朝献征录》卷六十四钱溥《南京都察院左副都御史谥文恪吴公讷神道碑》："父遵道，沅陵县簿，累赠右佥都御史。母王氏，继母陈氏，俱封恭人。公生而悟颖绝伦。甫三岁，失恃，鞠育于母。又三岁，得陈母抚之。七岁，背五经正文。弱冠，闻沅陵君被诬系京师，即日誓往诉其屈。事未白而父殁，遂扶柩归。其祖母、继母亦卒。公哀毁瘠立，葬祭一本《家礼》，邑士化焉。厌廛市，退居北郭，大肆力经史百氏之籍，研穷濂洛关闽诸儒之学。发为文章，务极根柢，略无华靡之辞；见诸行事，务厚伦族，不尚挠竞之习。"

明太祖洪武六年癸丑（公元 1373 年）

正月

  设文华堂为储材之地，诏择乡贡举人年少俊异者肄业其中。《明太祖实录》卷七十八：洪武六年春正月，"甲寅，以举人张唯、王辉、李端、张翀为翰林编修，萧韶为秘书监直长。继又以王琏、张凤、任敬、马亮、陈敏俱为编修。是时天下举人至京"。《殿阁词林记》卷十《文华》："洪武六年，开文华堂于禁中，以为储材地，诏择乡贡举人年少俊异者，俾肄业其中。正月甲寅，选河南第一人张唯，上召见便殿，亲命题，俾赋诗，诗成称旨，唯及王辉、李端、张翀皆擢编修，萧韶为秘书监直长，赐冠带衣服。又明日，山东第三人王琏等见，召试如之，琏及张凤、任敬、马亮、陈敏皆擢编修，赐予亦如之。受命入堂读书，诏赞善大大宋濂、正字桂彦良等分教之。上谓曰：'昔许鲁斋诸生多为宰辅，卿其勉之。'听政之暇，辄幸堂中，取其文亲评优劣，命光禄日给酒馔，每食，皇太子、亲王迭为主，唯等侍食左右，冬夏赐衣及白金弓矢鞍马，宠锡甚厚。濂辈虽司启迪，顾诸生皆上所亲教，不敢以师道自居。一日侍燕闲，询及肄业进益，濂对曰：'无如张唯者。'因备述其俊才，请录为弟子员，上笑而许之。盖同时进者凡十有七人。又选成均之秀入武英堂，俾练习政事，方徽、彭通、宋善、王惟吉等，皆拜给事中，礼遇虽不及唯等，然侍从车驾应制被顾问，未始异也。其后多至执政，有声光云。"李调元《制义科琐记》卷一《罢会试》："洪武六年，谕中书省臣：'有司所取多后生少年，观其文词若有可为，及试用之，能以所学措诸行事者甚寡。朕以实心求贤，而天下以虚应朕，非朕责实求贤之意也。今各处科举暂宜停罢，别令有司察举贤才，必以德行为本，而文艺次之。'是年，遂诏天下举人罢会试。正月初八日，河南解额内选四名：第一人张唯，年二十七；其次王辉，年二十八；李瑞，年二十一；张翀，年二十七。二十三日，山东解额内选五名：第一人王琏，年二十三；其次张凤，年二十八；任敬，年二十六；陈敏，年二十三；马亮，年二十五。皆拜翰林编修。又选国子监蒋学、方徵、彭通、宋善、王惟吉、邹杰等拜给事中，于文华堂肄业，命太子赞善大夫宋濂、太子正字桂彦良分教之。"按，明太祖擢举人张唯等为编修，"令入禁中文华堂肄业"，实为永乐二年后在二、三甲进士中考选庶吉士入翰林院之权舆。

令天下府州县官入觐。《明鉴纲目》卷一："纲：癸丑六年，春，正月，令天下府州县官入觐。目：帝谕之曰：'慈祥恺悌，身之德也。刻薄残酷，德之贼也。若伪为慈祥，必无仁爱之实。伪为恺悌，必无乐易之诚。尔等勉之。'"

礼部奏增广国子生，朱元璋以为须先择国子学官。《明太祖实录》卷七十八：洪武六年春正月，"庚申，礼部奏增广国子生，上曰：'须先择国子学官。师得其人，则教养有效，非其人，增广徒多何益？盖瞽者不能辨色，聋者不能辨声，学者而无师授，亦如聋瞽之于声色。朕观前代学者，出为世用，虽由其质美，实亦得师以造就之。后来师不知所以教，弟子不知所以学，一以记诵为能，故卒无实用。今民间俊秀子弟，可以充选者虽众，苟无端人正士为之模范，求其成材，难矣。故曰：务学不如务求师。今祭酒乏人，卿等宜为朕询采天下名士通今博古才德兼备宜为人师者以名闻。'"

二月

暂停科举。令有司察举贤才。于是罢科举者十一年。《明太祖实录》卷七十九：洪武六年二月乙未，"上谕中书省臣曰：'朕设科举以求天下贤才，务得经明行修文质相称之士，以资任用。今有司所取，多后生少年，观其文词，若可与有为，及试用之，能以所学措诸行事者甚寡。朕以实心求贤，而天下以虚文应朕，非朕责实求贤之意也。今各处科举宜暂停罢，别令有司察举贤才，必以德行为本，而文艺次之，庶几天下学者知所向方，而士习归于务本。'"《弇山堂别集》卷八十一："六年，谕中书省臣：'有司所取多后生少年，观其文词，若可有为，及试用之，能以所学措诸行事者甚寡。朕以实心求贤，而天下以虚应朕，非朕责实求贤之意也。今各处科举宜暂停罢，别令有司察举贤才，必以德行为本，而文艺次之。'是年，遂诏天下举人罢会试。正月初八日，河南解额内选四名，第一人张唯年二十七，其次王辉年二十八，李端年二十一，张翀年二十七。二十三日，山东解额内选四名，第一人王琏年二十三，其次张凤年二十八，任敬年二十六，陈敏年二十三，马亮年二十五。皆拜翰林编修。又选国子监蒋学、方徵、彭通、宋善、王惟吉、邹杰等拜给事中，于文华堂肄业，命太子赞善大夫宋濂、太子正字桂彦良分教之。"《明史·选举志》："时以天下初定，令各行省连试三年，且以官多缺员，举人俱免会试，赴京听选。又擢其年少俊异者张唯、王辉等为翰林院编修，萧韶为秘书监直长，令入禁中文华堂肄业，太子赞善大夫宋濂等为之师。帝听政之暇，辄幸堂中，评其文字优劣，日给光禄酒馔。每食，皇太子、亲王迭为之主，赐白金、弓失、鞍马及冬夏衣，宠遇之甚厚。既而谓所取多后生少年，能以所学措诸行事者寡，乃但令有司察举贤才，而罢科举不用。至十五年，复设。十七年始定科举之式，命礼部颁行各省，后遂以为永制，而荐举渐轻，久且废不用矣。"

命增筑国子学舍。《明太祖实录》卷七十九：洪武六年二月，"戊子，命增筑国子学舍。时上以国学天下英才会聚，四方来学者益众，充溢斋舍。命礼部经理增筑学舍凡百余间"。

始命御史及按察使考察有司。《明鉴纲目》卷一："纲：始命御史及按察使考察有司。"

始设六科给事中。《明鉴纲目》卷一："纲：初设六科给事中。目：先是统设给事中，（秩正五品。）掌侍从规谏，补阙拾遗，至是，始分为六科（分察六部），各设给事中（改从七品，共八十一人）。后每科增都给事中一人（正七品），左右给事中，各一人（亦从七品）。"

诏禁扮演古帝王圣贤。《明太祖实录》卷七十九"洪武六年二月壬午（初十）"："诏礼部申禁教坊司及天下乐人，毋得以古先圣帝、明王、忠臣、义士为优戏，违者罪之。先是，胡元之俗，往往以先圣贤衣冠为伶人笑侮之饰，以侑燕乐，甚为渎慢，故命禁之。"

三月

己未，礼部奏举人年少者赵惟一等三十四名，送国子学读书。命赐衣帐。（据《明太祖实录》卷八十）

《昭鉴录》修成。宋濂《文宪集·昭鉴录序》："洪武六年，三月癸卯朔，上诏秦相府右傅臣文原吉、翰林修撰臣王僎、国子博士臣李叔允……楚府录事臣王镛、靖江府录事臣宋善，类集历代诸王事实。既受命，乃取东观诸史相与研磨，善与恶可为劝惩者咸采焉。其文芜事泛，则删取其大概，或有奢淫不轨无复人理者，辄弃而不收。越二十又二日甲子，书成，缮写为二卷。臣原吉等诣阙投进，仍请以太子赞善大夫臣宋濂为之序，上可其奏。先是有诏礼部亦修是书，前尚书臣陶凯，今尚书臣牛谅、主事臣张筹，遂录为一卷，上尘乙夜之览。然二书义例本同，无大相远，臣筹因会萃众论，合而为一，承诏刻梓以传，名之曰《昭鉴录》。"

贝琼被荐入京。《国朝献征录》卷七十三黄佐《国子监助教贝琼传》："洪武三年，被荐修《元史》，既成编，受赏而归。六年，以儒士举至京师，除国子助教。"《清江文集》卷十九《送萧子所序》："洪武六年春，余被召至京师，始为国子助教分教诸生。……六月十二，携李贝琼序。"《清江文集》卷十九《送胡虚白归海昌序》末题"洪武六年秋七月二十六日，携李贝琼序"。（按，《送萧子所序》"始为国子助教"，乃叙职事，非官职。其题"携李贝琼"而不题"国子助教携李贝琼"者，尚未升助教也）《国榷》卷五："（洪武六年三月）乙丑，儒士赵伪、钱宰、贝琼、郑涛、马胜、金珉、谢徽为国子助教。"

国子学正郑思先为监察御史。(据《国榷》卷五)

命翰林编修张唯等省侍。(据《国榷》卷五)

四月

孔子五十五世孙孔克表以学行举，拜翰林修撰兼国史编修官。(据《国榷》卷五)
《殿阁词林记》卷二十一《圣裔》："洪武六年四月，孔子五十五世孙孔克表以学行举，
上与语经史，献纳言皆称旨，拜修撰兼国史编修官。永乐以后，累举象贤世禄之典，颜
子、孟子、周子、程子、朱子后裔择宗子以闻，皆授世袭五经博士，惟居乡给俸，以奉
祭祀而已。景泰时，诚意伯刘基后裔亦援此例，得世袭五经博士。弘治中，孔子嫡派在
浙江衢州者，有司以宗子孔彦绳奏闻，诏授世袭五经博士，寻改刘基之后为指挥。于是
崇道酬勋之意昭昭矣。今上登极，崇玺世德，复功臣刘基之孙瑜为诚意伯，万千古盛典
也。"

命吏部访求贤才。谕曰："山林之士，岂无德行文艺足称者？有司宜劝驾，朕将任
用之。"(据《国榷》卷五)

五月

河南府训导开济为国子助教。(据《国榷》卷五)

七月

兵部尚书乐韶凤为翰林侍讲学士，吏部尚书詹同为翰林学士承旨兼吏部尚书。(据
《国榷》卷五)

儒士桂彦良为太子正字。(据《国榷》卷五)

太子赞善大夫宋濂为翰林侍讲学士，知制诰，仍兼赞善。(据《国榷》卷五)

八月

朱右以征至京。陶凯《故晋相府长史朱公行状》："六年，翰林侍讲学士宋公濂举
公及金华朱廉、临川赵埙有良史才，上特可其奏，命奉御监李彬传旨中书，遣人取公。
公八月至京师，九月四日上命公特入史馆，纂修《日历》。十八日赐宴。冬十一月戊
戌，甘露降于钟山，命詹公率公特往采而食之。明日，公作《甘露颂》以献。"

九月

革月报为季报。以季报之数，类为岁报。《明鉴纲目》卷一：“纲：九月，定有司季报岁报。目：初，府州县户口，钱粮学校狱讼，每月具书于册，县达州，州达府，府达行省，类咨中书。吏牍烦碎，而公私多糜费。又有司决狱，笞五十者，县决之，杖八十者，州决之，一百者府决之，徒以上具狱送行省。或州县受赇，省府弄法，出入轻重，文移驳议，动多淹滞。帝命中书省御史台详议，革月报为季报。以季报之数，类为岁报。凡府州县狱囚，依律断决，毋俟转发。其有违枉，御史按察使纠劾。天下便之。”

诏禁四六文辞。《殿阁词林记》卷十三《表笺》：“洪武六年九月庚戌，诏禁四六文辞。先是，上命翰林儒臣择唐宋名儒表笺可为法者，遂以韩愈《贺雨表》、柳宗元《代柳公绰谢表》进，上命中书省臣录二表，颁为天下式。谕群臣曰：‘唐虞三代，典谟训诰之辞，质实不华，诚可为千万世法。汉魏之间，犹为近古。晋宋时文体日衰，骈丽绮靡，而古法荡然矣。唐宋名儒辈出，虽欲变之而卒未能。近时若诏诰章表之类，仍蹈旧习。朕尝厌其雕琢，殊异古体，且使事实为浮文所蔽。其自今凡诰谕臣下之辞，务从简古，以革弊习。尔中书省宜播告中外臣民，凡表笺奏疏，毋用四六对偶，悉从典雅。’十二年六月壬申，命翰林院定皇太子与诸王往复书笺之式。二十九年八月，上以天下诸司所进表笺多务奇巧艳浮，心甚厌之，乃命学士刘三吾、右赞善王俊华撰庆贺谢恩表笺成式，颁于天下诸司，令如式录进。自是词垣秉笔者，多用散文，如宋濂《进大明律表》是也。成祖时，有白鹊之瑞，行在礼部行南京庆贺，自皇太子监国，下及五府、六部，例各进表。时杨士奇以病在告，监国表命庶子、赞善呈稿，东宫命尚书蹇义持以示，士奇曰：‘甚寂寥，且不着题，以贺白龟、白鹿皆可。’因命改之。士奇改一联云：‘望金门而送喜，驯彤陛以有仪。’后增一联云：‘与凤同类，跄跄于帝舜之庭；如玉其辉，鬵鬵在文王之囿。’义以进，仁宗喜曰：‘此方是帝王家白鹊。’适内使陈昂进御馔，撤以赐之，且传旨使勉进药食，早相见也。按国初升除，犹具表陈谢，其后惟状元率诸进士谢恩，衍圣公及公侯伯袭封谢恩始用之。车驾幸馆阁，及太学初开经筵，及有非常之赐，亦具谢表。朝廷有大喜庆及诸祥瑞具贺表，进呈实录及书籍等，皆具进呈表，例本院词臣司之。若有东宫，则增一笺云。《会典》：‘凡南京各衙门遇朝廷册立大礼，及上徽号等项，合用庆贺表笺，南京礼部行南京翰林院撰进。’”

宋濂升翰林侍讲学士。《明太祖赐翰林侍讲学士诰文》：“翰林之职，掌制作而备顾问，必择能文有学之士居焉。奉议大夫、太子赞善宋濂以旧德之士、纯正之辞，事朕十有四年。其居左史，职词林，佐成均，近侍于帷幄，黼黻于治道，论思于讲筵，所裨多矣。比任赞善之职，尤多辅导之功。兹俾复翰苑之清华，修我朝之实录。尔尚夙夜恭勤，务展所蕴，使文词通畅，治体宣明，庶副朕简任之意。可授翰林侍讲学士、中顺大夫、知制诰、同修国史兼太子赞善大夫，宜令宋濂。准此。”朱兴悌、戴殿江《宋文宪公年谱》："时太祖留心文治，召儒士张惟等数十人，择年少俊异者皆擢为编修，入禁中文华堂肄业，以先生为之师。先生在朝日久，朝廷大制作皆所手定。士大夫求文者踵至，外国贡使亦数问宋先生安否。高丽、安南使者，至出兼金购文集。日本刻板国中，其使者奉敕请文以百金献，却不受。太祖诘之，对曰：'天朝侍从之臣而受小夷金，非所以崇国体。'太祖善之。"

赵埙入京修史。《曝书亭集》卷六十二《赵埙传》："六年秋九月，诏编《大明日历》，以詹同、宋濂充总裁官，乐韶凤充催纂官。纂修凡七人，吴伯宗、朱右、朱廉、徐一夔、孙作、徐尊生，埙复与其列。十二月，授翰林院编修。"

纂修《大明日历》。《国榷》卷五："翰林臣言：'日历秘藏天府，人不得见。请如唐太宗《贞观政要》，编集以传。'许之。纂修总裁官翰林学士承旨詹同、侍讲学士宋濂，催纂官侍讲学士乐韶凤，纂修官礼部员外郎吴伯宗、儒士朱右、赵埙、朱廉、徐一夔、孙作、徐尊生，誊录官贡士黄昶、监生陈孟旸等。"

国子助教朱复为燕府参军，王僎为翰林待制。（据《国榷》卷五）

十月

贝琼除国子助教。《清江文集》卷十二《石田说》，末题"洪武六年岁在癸丑良月，携李贝琼造"。《清江文集》卷十四《爱日轩记》："洪武六年岁在癸丑冬十月七日，国子助教携李贝琼在青溪读书所书。"（按，良月者，十月也。两记皆作于十月，一题"携李贝琼"，一题"国子助教携李贝琼"，则知贝琼必于本月初升国子助教，然十月朔尚非国子助教也。）

弘文馆学士胡铉致仕。（据《国榷》卷五）

十一月

刘基、宋濂、詹同侍朱元璋宴乾清宫，朱元璋、詹同有诗。《殿阁词林记》卷十二《宴和》："洪武二年十一月，上御外朝，召学士宋濂、危素、詹同等饮，亲御翰墨，赋《冬日》诗，诸臣皆和焉。六年，开局禁中，修《大明日历》。十一月十五日，御史中丞、诚意伯刘基偕学士宋濂、詹同侍上宴乾清宫之便阁，同被酒而还。时善书监生黄昶在馆，同爱其有俊才，赋诗赠之，字大如斝。少选，奉御传宣召濂等赴右顺门，会上适乘辇而坐，同馀酲犹未解，上谓之曰：'卿醉犹未醒邪？'同对曰：'在史馆中犹能赋诗赠黄秀才。'谓昶也。上曰：'诗何在？'同对曰：'在史馆中。'上顾濂亟取之。既上奏，上笑谓濂曰：'朕即和同诗，卿当为朕书之。'濂于是受命书焉。同诗不过称昶才美，而御制诗则并及君臣燕饮之故。濂归与昶言之，以为词垣盛事。"

闰十一月

命刑部尚书刘惟谦详定《大明律》。《明鉴纲目》卷一："纲：闰十一月，定《大明律》。目：先是，帝颁律令，恐民不能周知，命大理卿周祯（字文典，江宁人）等，为之直解。又令儒臣同刑官讲唐律，日进二十余条。至是，重命刑部尚书刘惟谦，详定《大明律》，篇目皆准于唐，损益旧律，凡六百有六条。"

十二月

儒士朱右、赵壎、朱廉为翰林编修，孙作为太平府教授。（据《国榷》卷五）

本年

陈潜夫任邑庠训导。嘉靖《昆山县志》卷十二《人物·流寓》："国朝陈潜夫，字振祖，本钱塘人，徙居昆山。性端方，善训迪，声华甲于士林。洪武六年，为邑庠训导，后升国子监学正，登其门者多成伟器。著述甚多，散佚无传。"

魏观行乡饮酒礼，王彝为作碑铭。《王常宗集》卷一《乡饮酒碑铭》："皇明既一四海，乃大兴礼乐，以新令俗，还古道，为千万世计。惟乡饮酒，繇近代以还，蔑之有讲。洪武五年，始诏郡国，以孟春、孟冬举行斯礼而读律焉。其时，江夏魏公实守苏州，奉诏惟谨，既一再行之，然尚恐未能宣上德意。是以明年复参考仪礼，以授经历李亨、教授贡颖之，使与郡士周南老、王行、徐用诚共商校之，且使张端及诸生相与习焉。"《学古绪言》卷四《王常宗先生小传》："洪武五年，魏太守观初行乡饮酒礼，请先生为碑文。其后卒以观得罪，与高同被诛。"

陶宗仪却聘。《沧螺集》卷四《陶先生小传》："洪武辛亥，诏取天下士。癸丑，命守令举人才，又以病免。或诮让之，曰：'黄金白璧，重利也；驷马高盖，荣势也。天下之士，孰不靡然向风，而子矫矫若是？'先生叹曰：'捧檄而喜，所以为亲，禄不逮养，适增悲耳。况今贤良辈出，草莽之臣老死太平，幸莫大矣。逾分之荣，其敢觊乎？'艺圃一区，果、蔬、薯蓣，度给宾祭已，余悉种菊。栽接溉壅，身自为之。间遇胜日，引觞独酌，歌所自为诗，抚掌大噱，人莫测也。"

刘髦（1373—1445）生。雍正《江西通志》卷七十七："刘髦，字孟恂，永新人。永乐戊子乡荐下第，归道淮徐，会洊水大至，一女子浮槎出没波涛间，亟呼求救，莫有应者。髦厚犒长年，往拯得不死。诘其所自，则富商女也。怜其举家漂没，以女畜之，载与俱归。将为择配，其妻再四劝之，乃纳为贰室，生子定之、寅之，皆登进士。髦所著有《易传撮要》、《修身箴》、《覆瓿集》、《石潭存稿》。以定之贵，赠司经局洗马。髦居石潭之上，讲学以为乐，弟子甚众，称石潭先生云。"王直《抑庵文后集·封编修刘公墓表》云："早从乡先生刘逸安、吴孟勤、谢子方学，颖悟绝人，经史淹贯。乡之学者，又多集其门。公事亲孝，始冠即能干父蛊，公私之事皆身任之，不以劳其亲。……平生所著，有《覆瓿集》若干卷，《示儿偶录》若干卷，《易经撮要》四卷，藏于家。"

钱习礼（1373—1461）生。 习礼名干，以字行，吉水人。永乐辛卯进士，选庶吉士，除简讨。历侍读学士，升礼部右侍郎。卒，谥文肃。有《应制集》、《词垣续稿》、《归田稿》。

本年前后，林鸿授将乐县训导。《鸣盛集》卷一《送黄玄之京》："予也夙颖悟，十五知论文。结交皆老苍，稚爪攀修鳞。冥心三十年，寻源颇知津。探玄始有得，服膺如获珍。誓将觉后生，庶以酬先民。干禄镛水庠，岁星七周循。青衿二十徒，达者唯黄闻。三十为礼官，制作多述因。"《国朝献征录》卷三十五《礼部员外郎林鸿传》："高皇帝时，部使者以人才荐，授将乐儒学训导。居七年，擢拜膳部员外郎。（按：林鸿"三十为礼官"，为礼部精膳司员外郎时，年30岁，减去"岁星七周循"的7年，则为训导时，年方23岁。）

明太祖洪武七年甲寅（公元1374年）

二月

《大明律》成。《文宪集》卷一《进大明律表》："洪惟皇帝陛下受亿兆君师之命，登大宝位，保乂臣民，孳孳弗怠。其训迪群臣，谆复数千言，唯恐其有犯。慈爱仁厚之意，每见于言外，是大舜惟刑之恤之义也。矜悯愚民无知，陷于罪戾，法司奏谳，辄恻然弗宁，多所宽宥，是神禹见罪而泣之心也。唯贪墨之吏，承踵元弊，不异白粲中之沙砾、禾黍中之稂莠也。乃不得已，假峻法以绳之。是以临御以来，屡诏大臣更定刑律，至五六而弗倦者，凡欲生斯民也。今又特敕刑部尚书刘惟谦，重会众律，以协厥中。而近代比例之繁、奸吏可资为出入者，咸痛革之。每一篇成，辄缮书上奏，揭于西庑之壁，亲御翰墨为之裁定。由是仰见陛下仁民爱物之心，与虞夏帝王同一哀矜也。……臣惟谨以洪武六年冬十一月受诏，明年二月书成。篇目一准之于唐，曰名例，曰卫禁，曰职制，曰户婚，曰厩库，曰擅典，曰盗贼，曰斗讼，曰诈伪，曰杂律，曰捕亡，曰断狱。采用已颁旧律二百八十八条，续律百二十八条，旧令改律三十六条，因事制律三十一条，掇唐律以补遗一百二十三条，合六百有六，分为三十卷。其间或损或益，或仍其旧，务合重轻之宜云。谨俯伏阙廷，投进奉表以闻。臣等诚惶诚惧，稽首顿首谨言。洪武七年月日，具官臣等上表。"

五月

《大明日历》纂成。陶凯《故晋相府长史朱公行状》："七年，学士宋公与公等又奏所纂《皇明宝训》五卷。正月十六日，驾幸翰林院，公应制赋《檐鹊春声》诗。二月，赐春衣，罗一缣、绢一匹、高丽布一匹。五月十八日，《日历》净本成，计一百册。上御奉天殿，丞相胡公、学士宋公、承旨詹公进，上曰：'此千万世事迹，皆汝等力也。'命藏殿前金匮内。"宋濂《文宪集》卷九《送徐教授纂修日历还任序》："洪武六年秋九月，皇帝御谨身殿，从翰林学士宋濂之请，妙柬文学之士四三人，纂修《大明日历》，而诏濂与吏部尚书詹同司总裁事。当是时，杭州府学教授徐君大章实在选中。开局于内府，日给大官之膳，而令中贵人护闉，非奉敕旨不敢人。其事至严也。濂时与大章辰人而申出，凡兴王出治之典，命将行师之绩，采章文物之懿，律历刑法之详，咸以事系日，以日系月，以月系年，必商确而谨书之。濂年加耄，不能有所猷为，唯发凡举例而已。其助我者，大章之力居多。越四月书成，共一百卷。遴日上奏，登盘龙金匮中，奠于丹陛之下。"《明鉴纲目》卷一："纲：五月，《日历》成。目：自起兵临濠，至六年冬，征伐礼乐政刑，及群臣功过，四夷朝贡，皆载焉。既成，名曰《大明日历》，藏之金匮。（宋濂请仿唐太宗《贞观政要》，分类更辑，凡四十类，名曰《皇明宝训》）。自是凡有政事，史官日纪录之，检类增入焉。）"

孙作授太平府儒学教授。《沧螺集》宋濂《沧螺集原序》："越六月书奏，例除翰林编修官。公独以老病乞外授太平府儒学。"

翰林学士承旨兼吏部尚书婺源詹同致仕，赐敕。（据《国榷》卷五）

六月

詹同仍翰林学士承旨，罢兼吏部尚书。（据《国榷》卷五）

八月

李时勉（1374—1450）生。（据《古廉文集》附录王直《故祭酒李先生墓表》："其生以洪武甲寅八月十三日。"）《列朝诗集小传》乙集《李祭酒懋》："懋，字时勉，以字行，安福人。永乐二年进士，读书文渊阁，授刑部主事。《太祖实录》成，进翰林侍读，终国子监祭酒。事献陵、景陵，再下诏狱，缚送西市；事裕陵，荷校国学门；皆濒死得释。致仕，卒于家，年七十七，谥文毅，改忠文。有《古廉文集》十卷。古廉，其自号也。"彭琉《朝列大夫翰林学士国子祭酒兼修国史知经筵官致仕谥忠文安成李懋时勉行状》："先生生洪武甲寅八月丙午。先夕，学士翁梦一异人至家，神光烨然。翌日，生先生。明年晬日，翁循里俗告祖先毕，铺席于地，罗置书册、笔墨、钱果诸物于席上，为试周。先生先取笔，次取墨，又取书。学士翁大喜曰：'符吾梦矣！'五岁屹如成童，投静室勤学，邻儿有牵引戏狎者，辄辞去。七岁，《孝经》、《小学》、《四书》皆已成诵。十二三，诗词歌赋，语皆惊人。十四五，言动不苟，即以圣贤自励，尝曰：'颜子不贰过，不迁怒。曾子日三省其身。予所愿学者，二子也！'十六人县庠，大肆力于群书，攻习举业之外，益究道德性命之学。寒不能置炉炭，拥重衾实木桶，置足其中，达旦不寐。其刻苦类如此。训导城门持真尹先生、理安胡先生皆笃行儒者，一见先生奇之。尝曰：'李时勉用心理学，岂词章之儒可比。'"

宋濂以宿学之士荐郭传。《明史》王蒙传："郭传，一名正传，字文远。洪武七年，帝御武楼，赐学士宋濂坐，谓曰：'天下既定，朕方垂意宿学之士，卿知其人乎？'对曰：'会稽有郭传者，学有渊源，其文雄赡新丽，其议论根据《六经》，异才也。'既而濂持其文以进。帝召见于谨身殿，授翰林应奉，直起居注。迁兵部主事，再迁考功监丞，进监令，出署湖广布政司参政。"

九月

高启被杀，年三十九。《槎轩集》高启传："以先生尝为撰《上梁文》，王彝因浚河获佳砚为作颂，并目为党，俱系赴京。众汹惧丧魄，先生独不乱。临行在途，吟哦不绝，有'枫桥北望草斑斑，十去行人九不还'、'自知清澈原无愧，盍倩长江鉴此心'之句，殁于甲寅之九月也，年甫三十九。人无贵贱贤否老少，咸痛惜之。"《野记》卷一："魏守欲复府治，兼疏浚城中河。御史张度劾公，有'兴灭王之基，开败国之河'之语。盖以旧治先为伪周所处，而卧龙街西淤川，即旧所谓锦帆泾故也。上大怒，置公极典。高太使启，以作新府《上梁文》，与王彝皆与其难。"

王彝被杀，年三十九。《四库全书总目·王常宗集提要》："王士祯《香祖笔记》曰：'王征士集，都少卿元敬编，元敬称其古文明畅英发。又或以为吴中四杰之一，以常宗代张来仪者。今观其诗，歌行拟李贺、温庭筠，堕入恶道，余体亦不能佳，安能与高、杨相颉颃乎'云云。案，彝之学出天台孟梦恂。梦恂之学，出婺州金履祥，本真德秀《文章正宗》之派，故持论过严，或激而至于已甚。集中《文妖》一篇，为杨维祯而作者，曰：'天下所谓妖者，狐而已矣。俄而为女妇，而世之男子惑焉，则见其黛绿朱白，柔曼倾衍之容，无乎不至。虽然，以为人也，则非人；以为妇女也，则非妇女，而有空家之道焉。此狐之所以妖也。浙之西言文者，必曰杨先生，予观其文，以淫词谲语，裂仁义，反名实，浊乱先圣之道，顾乃柔曼倾衍、黛绿朱白，奄然以自媚，宜乎世之为男子者之惑之也'云云，其言矫枉过直，而诟厉亦复伤雅，虽石介作《怪说》以诋杨亿，不至于是。士祯所云，或亦有激而报之乎？然其文大致淳谨，诗亦尚不失风格，虽不足以胜张羽，必以为一无可取，则又太过。《香祖笔记》成于士祯晚年，诋诃过厉，时复有之，固未可据为定论矣。"

十一月

赐诸司历事监生文绮衣。《明太祖实录》卷九十四：洪武七年十一月，"乙酉，赐诸司历事监生文绮衣。先是，上以儒生专习书史，未谙吏事，一旦任之以官，多为滑吏所侮，乃命于诸司习吏事。至是，命冬夏给衣赡之"。

定丧服之制。《国榷》卷五："《孝慈录》成。因孙贵妃丧议服，于是敕翰林学士宋濂等，考古今论丧服者四十二人，愿服期者十四人，服三年者二十八人，乃立为定制。"《明通鉴》卷五："先是九月，贵妃孙氏薨，敕礼官定服制。尚书牛谅等奏曰：'《仪礼》：父在为母服期年，若庶母则无服。'上曰：'父母之恩一也，而低昂若是，未免不情。'乃教学士宋濂等考定丧礼。至是（初一）命儒臣辑丧礼五服之差，命曰《孝慈录》，颁之天下，著为令。"

十二月

唐肃卒，年四十四。《苏平仲文集》卷十二《翰林应奉唐君墓志铭》："翰林应奉唐君处敬，年四十有四，以病卒于濠之瞿相山。……君之文可谓无愧千古矣，亦既遭逢盛际，而用之朝廷矣。然未究其用，以一眚之故，至废为耕民而困顿以死，其文章迄不得施诸典册，遂使一代之诏令，不能追还三代之盛。是虽曰有命，抑岂独君之不幸欤？故于其死也，凡知之者无不为之悲，而至今论者犹为乐有贤材者惜焉。伯衡知君最深，安可使君赍志地下，而无一言以白之。君讳肃，处敬其字也。自号丹崖居士，世为杭之新城人。……洪武三年春，用近臣荐，召至京师，纂修礼乐书。其夏，擢应奉翰林文字承事郎。其秋，科举法行，预考南京贡士，有织文之赐。其冬，扈从东宫，拜英陵，有袭衣之赐。明年夏，以疾失朝参，例免官归乡，后例谪佃于濠，则癸丑之秋。而君以是秋至瞿相山，卒于甲寅十二月六日。"

本年

万孟雅以人才征至京师，授侍仪司舍人。郑真《荥阳外史集》卷二十一《送知汝宁府事万公孟雅上任序》："洪武甲寅（七年），以人材征至京师。天官策以时务，尽略去问目，直以己意答之。天官击节叹赏，曰：'用世才也。'授侍仪司舍人。"

徐贲被荐至京。徐贲（1335—1393），字幼文，号东郭生。其先蜀人，徙居吴淮。张士诚辟为属，避去之吴兴，隐蜀山中。洪武初，用荐授给事中，改监察御史，出按广东，改刑部主事，升广西参政，迁河南左布政使，寻下狱死。有《北郭集》。《山西通志》卷一百四十八："洪武七年，用荐起家。"（按，徐贲生卒年，据张习《北郭集后录》"先生生元乙亥"，"下图圄，幸全要领而殁，寔癸酉七月也"。又，徐贲起征于家，或言洪武七年，或言洪武九年。今从《明史》高启传附徐贲传，"洪武七年被荐至京。九年春，奉使晋、冀，有所廉访"。）

明太祖洪武八年乙卯（公元 1375 年）

正月

始诏天下立社学以教民间子弟。《明太祖实录》卷九十六："洪武八年春正月丁亥，命天下立社学。上谓中书省臣曰：'昔成周之世，家有塾，党有庠，故民无不知学，是以教化行而风俗美。今京师及郡县皆有学，而乡社之民未睹教化。宜令有司更置社学，延师儒以教民间子弟，庶可导民善俗也。'"《御制大诰》第四十四《社学》："好事难成。且如社学之设，本以导民为善，乐天之乐。奈何府、州、县官不才，酷吏害民无厌，社学一设，官吏以为营生。有愿读书者，无钱不许入学。有三丁四丁不愿读书者，受财卖放，纵其愚顽，不令读书。有父子二人，或农或商，本无读书之暇，却乃逼令入学。有钱者，又纵之；无钱者虽不暇读书，亦不肯放，将此凑生员之数，欺诳朝廷……朕恐逼坏良民不暇读书之家，一时住罢。"黄佐《泰泉乡礼》卷三《乡校》："凡在城四隅，大馆统各社学以施乡校之教，子弟年八岁至十有四者皆入学。约正、约副书为一籍，父兄纵容不肯送学者，有罚。有司每考送儒学肄业，非由社学者不与。凡在城坊厢、在乡屯堡，每一社立一社学……约正率钱，凡有子弟愿入学者，人各不过五十文，多则纱一疋，侑以鹅酒。少则布一疋，侑以鹅酒……直月于前一日，列诸生长少之序挂于门内东西两壁。质明生徒至，依序立于两阶下。约正、约副入，与教读誓戒，社祝致辞，出乃就坐开馆……施教以六行、六事、六艺，而日敬敷之。一日早学，二日午学，三曰晚学，约众日轮笃实老成者二人，平旦坐左右塾，以序出入。食后复至，日夕亦如之……十月初开学，腊月终罢。各父兄务隆待师之礼，岁晚罢馆，父兄帅子拜送……有司以礼待送，在乡则约正等率各父兄出谷及菜钱，若待之不以礼及有始无终者必罚。为师者崇四术以教诸生，乡约会日则举行焉。一曰书……二曰诗……四曰乐……教读任一乡风化，与约正等公选于众，推年高有德者，每里一人……开馆之日，楷书谕俗八条、劝民二事及四礼条例……"嘉靖《河间府志》卷五《学校》："社学，洪武八年奉部符开设。每五十家为一所，延有学行秀才训迪军民子弟。寻革去，止令有德之人各随所在，以正月开学，腊月终止。丁多有暇，常教常学者听，乃禁有司干预搅扰。正统、天顺间申明兴举。成化以后每里各设一教读，而民间子弟俊秀者多又各从其师。可谓家诗书，户礼乐矣。"嘉靖《上海县志》卷三《建置》："社学，洪武十八年奉部符开设，每五十家为一所，延有学行秀才训迪军民子弟。寻革去，止令有德之人各随所在，以正月初开学，腊月终止，丁多有暇，常教常学者听。仍禁有司里甲干预搅扰。正统、天顺间，申明兴举，设于县东北各乡凡四十九所。正德末，知县郑洛书以无敕额庵院为之，凡九十六所，讲行乡约。又随社学为社会，积谷赈饥，有约长正司其出入。"《明会典》卷七十八"社学"条："洪武八年，诏有司立社学，延师儒以教民间子弟……二十年，令民间子弟读《御制大诰》……兼读律令……弘治十七年，令各府、州、县建立社学，访保名师，民间幼童年十五以下者送入读书，讲习冠、婚、丧、祭之礼。"《明通鉴》卷五："上以府、州、县皆有学，而乡间远者未沾教化，乃诏有司仿古家塾、党庠之制，区之为社，延师儒以教子弟，兼令读御制颁行诸书及新定《律令》。"《明史·选举志》："社学，自洪武八年，延师以教民间子弟，兼读《御制大诰》及本朝律令。正统时，许补儒学生员。弘治十七年令各府、州、县建立社学，选择明师，民间幼童十五以下者送入读书，讲习冠、婚、丧、祭之礼。然其法久废，寝不举行。"

宋濂辑成《洪武圣政记》。《文宪集·洪武圣政记序》："盖自近代以来，习俗圮坏，行将百年，而天生大有为之君，首出庶物，一新旧染之俗，与民更始。是故睿思所断，动契典则，度越千古，咸无与让，此正所谓锡勇智而正万邦也。臣备位词林，以文字为职业，亲见盛德大业日新月著，于是与僚属谋取其有关政要者，编集成书，列为上下卷，凡七类，合若干条，名曰《洪武圣政记》。然而天之高明也，万物莫不覆焉；地之博厚也，万物无不载焉。圣人之作也，万物咸兴欣睹焉。故凡金科之颁，玉条之列，著之于简书，刻之于琬琰，传之于圣子神孙者，将与天地相为无穷。《书》曰：'惟天聪明，惟圣时宪。'《诗》曰：'诒厥孙谋，以燕翼子。'此之谓矣。其所以致四海雍熙之治，比隆于唐虞三代者，岂不在于兹乎？岂不在于兹乎？臣不佞，请以是序于篇端，极知僭逾，无任陨越之至。洪武八年岁次乙卯正月甲子，翰林侍讲学士、中顺大夫、知制诰、同修国史兼太子赞善大夫臣宋濂拜手稽首谨序。"

翰林修撰李叔允致仕。（据《国榷》卷六）

二月

朱善为翰林修撰，张迥、高达善、黄琮、张美和为国子助教。（据《国榷》卷六）《殿阁词林记》卷三《文渊阁大学士朱善》："洪武八年，廷试诸儒，善为首，乃以为修撰署院事，知制诰。"《江西通志》卷六十八《人物三·南昌府三》"朱善"："按聂铉《一斋先生墓志》云：公讳善继，字备万，别号一斋。《列卿录》单名善，无继字。又《登科考》：'洪武六年，以有司所取多后生少年，特谕中书省各处科举俱暂停罢，自是以后，罢进士科者十有一年。至甲子三月，诏礼部复行科举法。'则洪武八年，未尝举行廷试也。"郭书《列卿录·朱善传》及聂铉所撰墓志，皆以为洪武八年廷试第一人，或者以辟举召试，所未可知。然别无可考。《四库全书存目丛书》集部第25册，《朱一斋先生文集》卷四《送翰林典籍罗原奎归乡侍养序》："洪武十年春，善与江西教官同赴召者十有二人，而居翰林者惟善与罗氏原奎、刘氏仲质三人焉。时学士宋公新以承旨致仕归乡里。于是，善以修撰典诰命，原奎与仲质以典籍掌书册。先是，内府群书，秘书监实典之。九年冬，始命移置翰林内直之署，实在奉天门之左，凡为书数万卷。"《朱一斋先生文集》卷四《送羽林卫百户闵士奇序》："皇上即位之十年……士奇与予俱南昌人，为同乡；俱为王官，为同僚；俱任监工之责，为同事。时翰林无学士，予忝居院长，念士奇之有功于翰林也，故述斯文以赠，而谓属官咸赋诗以美之，而并书于其后。"又《朱一斋先生文集》聂铉序："仆自蚤年，与朱备万先生游，泛西山南浦间。已而访予雷焕掘剑池上。时方重举子业，先生于《五经传注》，诵之如出肺腑。出其门者，皆高科膴仕，而先生卒不偶于有司，殆天使之有所待耶？洪武十年，先生以郡邑荐至京，制作称旨，职居翰苑。"朱善（1314—1385），字备万，号一斋，江西丰城人。洪武中官至文渊阁大学士。有《朱一斋先生文集》、《广游文集》。《四库全书存目丛书》集部第25册，《朱一斋先生文集》聂铉《故奉议大夫文渊阁大学士一斋先生朱公墓志铭》："少聪颖，不好弄，好读书。早岁作文，通《四书》《五经》大义。祖洞云先生尝指以示人曰：'吾是孙，他日必为令器。'"

三月

命选国子生分教北方。《明太祖实录》卷九十八：洪武八年三月，"戊辰，命御史台官选国子生分教北方。上谕之曰：'致治在于善俗，善俗本于教化，教化行，虽间阎可使为君子；教化废，虽中材或坠于小人。近北方丧乱之余，人鲜知学，欲求方闻之士，甚不易得。今太学诸生中，年长学优者，卿宜选取，俾往北方各郡分教。庶使人知务学，贤材可兴。'于是选国子生林伯云等三百六十六人，给廪食赐衣服而遣之"。黄佐《南雍志》卷一《事纪》："洪武八年三月戊辰，命丞相往国子学考校老成端正、学博经通者分教天下，令郡县广其生徒而立学焉，又命御史台精选以分教北方。"《明史·选举志》："初，以北方丧乱之余，人鲜知学，遣国子生林伯云等三百六十六人分教各郡。后乃推及他省，择其壮岁能文者为教谕等官。太祖虽间行科举，而监生与荐举人才参用者居多，故其时布列中外者，太学生最盛。一再传之后，进士日益重，荐举遂废，而举贡日益轻。虽积分历事不改初法，南北祭酒陈敬宗、李时勉等加意振饬，已渐不如其始。众情所趋向，专在甲科。宦途升沉，定于谒选之日。监生不获上第，即奋自镞砺，不能有成，积重之势然也。"《国榷》卷六："洪武八年三月戊辰，选国子生林伯云等三百六十六人分教北方。太平教授江阴孙作嘉兴教授，山阴胡隆成为国子助教。"

置中都国子学。秩正四品，命国子学分官领之。（据《明太祖实录》卷九十八）

《洪武正韵》编成。《殿阁词林记》卷二十《订音》："圣祖尝召学士乐韶凤、宋濂，待制王僎、修撰李叔允，编修朱右、赵埙、朱濂，典簿瞿庄、邹孟达，典籍孙蕡、答禄与权，谕之曰：'韵学起于江右，殊失正音，有独用当并为通用者，如东冬、清青之属；亦有一韵当析为二韵者，如虞模、麻遮之属。若斯之类，不可枚举，卿等当广询通音韵者刊定。'诏凤等奉诏撰成七十六韵，共十六卷，书奏，赐名曰《洪武正韵》。濂序曰：'古者之音，惟取谐协，故无不通。江右制韵之初，但知从有四声，而不知衡有七音，故经常不交，而失立韵之原。七音者，牙舌唇齿喉及舌齿各半是也。分其清浊，定角徵宫商羽，以至于半商半徵，而天下之音在是矣。然则音者，其韵书之权舆乎？旋宫以七首为均，均言韵也，能推十二律以合八十四调，旋转相交，而大乐之和，亦在是矣。'自是奏启进呈文字，点画音韵，并从是书。洪武二年四月，命翰林院定官民书礼仪式，禁革民间名字有先圣先贤、大国君臣并汉晋唐宋等字者，中书省臣具奏行之。若正统十年进士登科录，凡大字皆作笺，云出内阁意。景泰中幸太学表，内阁自为之，中有管窥霄、蠡测海句，盖亦避天字也，与宋宣和时禁'君'、'天'等八字同，殆非洪武旧制矣。"《明通鉴》卷五："上以旧韵出江左，多失正，命学士乐韶凤与廷臣参考《中原雅音》正之。书成，命曰《洪武正韵》。"

四月

刘基（1311—1375）卒，年六十五。黄伯生《故诚意伯刘公行状》："洪武八年正月，胡丞相以医来视疾，饮其药二服，有物积腹中如卷石，公遂白于上，上亦未之省也。自是疾遂笃。三月，上以公久不出，遣使问之，知其不能起也，特御制为文一通，遣使驰驿送公还乡里。居家一月而薨。公生于至大辛亥六月十五日，薨于洪武乙卯四月十六日，享年六十五岁。"《国榷》卷六："洪武八年四月丁巳，诚意伯刘基卒。基字伯温，青田人。元至顺癸酉进士。除高要丞，进贤邓祥甫善数学，尽授之。归补行省掾，又补江南儒学副提举，论御史失职归。起为元帅府都事，进行省都事，夺官。再起迁枢密院经历，假行省郎中。下补总管府判，忿归。及应上聘，屡察乾象，画计定天下受爵，以胡惟庸嫉之。侍京师得疾，惟庸拉医来，中其蛊，疾遂笃。上命归里，月余卒。封天文书，嘱子琏服阕上之，勿习也。又遗书劝上修德省刑祈天永命，诸形势要害之地，宜宿重兵。年六十五。所著《郁离子》十卷、《覆瓿集》二十四卷、《写情集》七卷、《犁眉公集》五卷行世。"

五月

宋濂应制作诗。《殿阁词林记》卷十三《应制》："洪武八年五月丁丑，上御端门召翰林词臣，出示巨桃半核，盖元内库所藏物，其长五寸，广四寸七分，有刻'西王母赐汉武桃'及'宣和殿'十字。命宋濂撰《蟠桃核赋》。又尝命宋濂咏鹰，濂七举足而成，有'自古戒禽荒'之言，上称赏曰：'卿可谓善谏矣。'"

六月

国子生李扩等，以少俊直文华、武英二堂，并命为御史。（据《国榷》卷六）

七月

诏国子生于诸司历事。有未娶者，赐钱婚聘。更赐女衣二袭，月给米一石赡之。（据《明太祖实录》卷一百）

翰林待制祥符王僎致仕。（据《国榷》卷六）

八月

翰林修撰答禄与权降典籍。（据《国榷》卷六）

九月

湖广参政吴云出使云南，被害。《国榷》卷六："（洪武八年九月戊辰），湖广行省参政宜兴吴云使云南，招谕梁王把匝剌瓦尔。云仕元，授端本堂司经，迁翰林待制。元亡，授校书郎，历刑部尚书。……梁王尝使知院铁某等二十余人于漠北，大将军获焉，送入京。上出云狱中。同知院等入滇，行至沙塘口，知院相与谋：'吾属奉使，中道被执，归则死矣。不如劫云令为漠北使以复命。'皆曰：'善。'因共持胡服胁云。不听，共杀之。"

赵埙迁靖江王府长史。《曝书亭集》卷六十二《赵埙传》："八年九月，迁靖江王府长史。埙以宿学，自布衣历史官，朝廷凡有撰述，辄与选。"

十月

诏有司举才。《明太祖实录》卷一百一："冬十月丁亥朔，上谓中书省臣曰：'古人立贤无方。孟子曰："有恒产者有恒心。"今郡县富民多有素行端洁、通达时务者，其令有司审择之，以名进'。既而，又恐有司冒滥举不以实，命户部第民租之上者，下其姓名于各道，俾按察司及分训监察御史核其素行以闻。"

诏翰林院考核陵寝朔望节序祭祀礼仪。《殿阁词林记》卷十八《陵祀》："洪武八年十月乙卯，诏翰林院考定陵寝朔望节序祭祀礼仪，学士乐韶风等奏：'今拟每岁元旦、清明、七月望、十月朔、冬夏二至日用太牢，其伏腊社、每岁朔望日则用特羊，祠祭署官行礼。如节与朔望、伏腊社同日，则用节礼。'从之。其后清明、中元、冬至至祭祀列圣陵寝，分遣勋戚大臣行礼，本院官例用二员陪祭。永乐元年，太祖皇帝忌辰，上率诸王诣奉先殿行礼毕，仍率百官躬诣孝陵致祭，令近侍官于殿前行礼。"

诏改都卫为都司。《明鉴纲目》卷一："纲：冬十月，改都卫为都司。目：帝初置各都卫指挥使司，节制方面，至是诏改为都指挥使司。凡都司十有三，北平、陕西、山西、浙江、江西、山东、四川、福建、湖南、辽东、广东、广西、河南。行都司三，西安、大同、建宁。十五年，增置贵州、云南二都司。"

十二月

前湖广参政陶凯为国子祭酒，时年老，仍致仕。（据《国榷》卷六）

本年

乌斯道调永新为令。《明史》赵埙传附乌斯道传："调永新，坐事谪役定远，放还，卒。"《春草斋集》卷五《永新学正萧君墓志铭》："洪武八年，余宰吉之永新，首视邑庠。"《春草斋集·谭节妇祠堂记》："谭妇死节，久未有祠。四明乌斯道莅政永新之二年，为洪武十年丁巳。五月十有一日，乃择泮宫兴文阁西南，辟大池上，建祠设主，以补缺典。盖以妇死而圣人是依，今祠而依乎圣人，庶以妥其灵焉。"

魏骥（1375—1472）生。骥字仲房，萧山人，号南斋，晚号平斋。永乐三年乡举，起家松江训导。累官南京礼部尚书，致仕。卒年九十八，谥文靖。毛奇龄《西河集·明南京吏部尚书荣禄大夫谥文靖魏公传》："公生而端重，嗜学。九岁，居生母李丧，能哭踊如成人。弱冠，通五经。初试于乡，闻父病，不撤棘回。"

明太祖洪武九年丙辰（公元 1376 年）

正月

曹端（1376—1434）生。曹端字正夫，号月川，渑池人，永乐戊子举人，官霍州学正，后改蒲州。事迹具《明史·儒林传》。史称其学务躬行实践，而以静存为要。有《曹月川集》。《曹月川集》附《年谱》："洪武九年丙辰春正月十三日午时生。三岁从父游学宫，见有观《河图》、《洛书》者，问曰：'此星子，黑白不同如何？'其人异之，谓曰：'分阴阳也。白是阳，黑是阴。'顾谓其父曰：'童子可教。'归，画图于地，问父曰：'与书上相似么？'父甚奇之。"张惟骧《疑年录汇编》卷六："曹正夫五十九端，生洪武九年丙辰，卒宣德九年甲寅。"《明史》曹端传："曹端，字正夫，渑池人。……学者称月川先生。"

朱右卒，年六十三。陶凯《故晋相府长史朱公行状》："公生于延祐甲寅九月十有七日，至是不幸以疾卒，洪武九年春正月十四日也。"宋濂《故晋相府长史朱府君墓铭》："君在翰林，每以辞章献，奏对精密，顾盼有威仪，上甚眷重之，每称以'老朱'而不名。君亦自意为难遇，因事多所建明。凡被绮段袭衣之赐者二，预宴飨恩者数十，赐坐应制赋诗者甚众。其同编辑之书最大者曰《圣政记》、《洪武正韵》，其它稽核旧典以进者，不可胜数……君善著书，有《春秋传类编》、《三史钩玄》、《秦汉文衡》各三卷，《深衣考》、《邾子世家》、《李泌传》、《历代统纪要览》各一卷，《唐宋文》一十七卷，《汉魏诗》四卷，《元史补遗》十一卷，又为《元史编年》未成。其杂著文有《白云稿》十二卷，行于世。"

二月

程本立除秦王府引礼。本立字原道，崇德人。洪武初举明经秀才，除秦府引礼舍人。以母忧去官。服除，补周府礼官，进长史。从王入觐，坐累谪云南马龙他郎长官司吏目。建文元年，征入翰林，迁右佥御史。坐事贬官，仍留纂修，旋授江西按察副使。未行，燕兵入，自经死。有《巽隐集》四卷。《明儒言行录续编》卷一《程本立巽隐先生》："少有大志，读书不务章句，与海盐沈寿康友善。寿康丧父母，葬祭以礼，敦行谊，南台论荐与官，力辞不就，乡人称为孝隐先生。尝执手告本立曰：'世之学者争务科举，以经学为名而无实，吾所不取。子之质近厚，年且富，当志于圣贤之学。'公遂笃志修检。闻金华朱彦修兄弟得考亭之学于许文懿公，乃往就学，造诣日深。更从同邑鲍恂、贝琼游，资其开发。……洪武丙辰，举明经秀才。"《国朝献征录》卷五十六戚元佐《佥都御史程公本立传》："元季涽浊，乱君横政相属，不可救正。遂避居凤溪上，题其门曰'巽隐'，欲以孤遁无名为务，终身丘园以快其志云。高皇帝肇新正统，延揽贤士无虚日。洪武丙辰，公以明经秀才荐，为秦王府引礼。"《巽隐集》卷二："洪武九年岁丙辰，二月十日，被擢秦王礼官。十七日，同秦、晋、燕王府宫僚召见奉天门下，各赐马一疋，楮币有差。惶悚感激，退而赋诗。"

三月

以编修王琏、马亮等十六人为监察御史。《殿阁词林记》卷十八《摄宪》："洪武初，编修王琏等摄行御史。琏按河南，入对称旨，上悦，谓近臣曰：'文华堂诸生如琏等，皆异日将相才也。'九年三月丙子，以琏及编修马亮、任敬、王怿、陈敏、张唯，典籍王偁、应奉殷哲、侍仪使孙化、秘书直长萧韶、赞读阎裕、起居注严钝，给事中方徵、彭通、宋善、王惟吉十六人为监察御史。十年正月乙丑，复命编修桑慎、陈晟署监察御史。二十九年，复以编修景清为监察御史，寻署金都御史。其重宪职如此。永乐末，侍讲李时勉、修撰罗汝敬皆降监察御史，是又与洪武时异矣。”

命凤阳武臣子弟肄业于中都国子学。（据《明太祖实录》卷一百五）

起居注蒋觉、翰林编修张凤为广西行省参政。（据《国榷》卷六）

火你赤为翰林蒙古编修，易名氏曰霍庄。（据《国榷》卷六）

四月

命翰林院正驿传名。《殿阁词林记》卷二十《定名》："圣祖有天下之初，追尊四代考妣为帝后，其庙号尊谥，皆学士朱升等所定。凡皇子命名受封及公主封号，功臣爵名，皆学士宋濂等拟奏，取自上裁。寻又命正天下合祀神祇名号。洪武九年四月，天下驿传多因俗名，兵部且数命翰林院考古正之，凡二百三十二，自后凡建置郡县命名，皆以属焉。《会典》云：'凡皇子名及各王府奏请子名，亲王、公主及郡王、郡主、县主、郡县、县君、乡君封号，俱内阁拟奏，请旨点用。'"《国榷》卷六："洪武九年四月壬辰，改驿传俗名二百三十二，如扬州驿曰广陵、镇江驿曰京口等。皆翰林订定。"

五月

朱元璋御奉天门，与宋濂等论用人之道。《明太祖实录》卷一百六：洪武九年五月，"戊午，上御奉天门，谓翰林侍讲学士宋濂等曰：'自古有国家者，未有不资贤才而能独理也。秦之时张良、陈平、韩信，皆居隐约，汉高卒用以成帝业。朕初定天下，即延揽群才，相与图治，皆因其器而任使之。今山林岩穴，岂无超群拔众之才？欲致而用之，其道何由？'濂对曰：'取士莫善于乡举里选，用人莫善于因能任官，任官莫善于久居不迁。古有是论，而陛下行之，得才之效，无过此矣。'上善其言。"

直武英堂监生郎敏为监察御史。（据《国榷》卷六）

工匠乘危负重死者，令工部给槥柜，国子生送致其家，免徭役三年，复为文祭之。（据《国榷》卷六）

六月

改行中书省为承宣布政使司。《明鉴纲目》卷一："纲：夏六月，改行中书省，为承宣布政使司。目：浙江、江西、福建、北平、广西、四川、山东、广东、河南、陕西、湖广、山西诸行省，俱改为承宣布政使司。罢行省平章政事右左丞等官，设布政使一员（秩从二品），置左右参政（秩从三品）各一员。后设左右布政使各一员，复又增置左右参议（秩从四品。其各省按察使司，秩正三品。副使秩正四品。后又设佥事，秩正五品）。"

　　李昌祺（1376—1452）生。据钱习礼《河南左布政使李公墓碑铭》："生洪武丙辰六月二十六日。"李昌祺名祯，以字行，庐陵人，永乐甲申进士，选庶吉士，擢礼部郎中，出为广西左布政，改河南。有《运甓漫稿》。钱习礼《河南左布政使李公墓碑铭》云："公生资禀英悟，早即嗜学。成童属对赋诗，语出惊人。弱冠为文，藻思溢出，蔚有老气。不惟一时材俊，若礼部侍郎曾公子启辈，相与颉颃，名声不相上下，乡之老成人亦皆骇其文识，谓必显于世。"

　　宋濂升翰林学士承旨。《国榷》卷六："（洪武九年六月）丁亥，翰林侍讲学士宋濂为翰林学士承旨，知制诰兼赞善如故，赐诰曰：'尔濂虽博通古今，惜乎临事无为，每事牵制勿决。若使检阅则有余，用于施行则甚有不足。然方今儒者以文如卿者甚少，念卿相从久矣，特授翰林学士承旨。'"

　　征宋濂孙宋慎为殿廷仪礼司序班。《殿阁词林记》卷二十一《任子》："洪武九年六月，上谓学士承旨宋濂曰：'朕自布衣，卿起草莱，列侍从，世与国同休，不亦美乎？'趣官其子孙，屡辞谢不敢奉诏，不允，遂征冢子瓒之子慎为殿廷仪礼司序班。未几，复召价子璲除中书舍人。上时命题试璲与慎而戒之，语濂曰：'朕为卿教子孙。'濂或奏事久称倦，遂特命璲、慎共扶下殿，父子祖孙，三世皆官内廷，当世以为荣。厥后复录濂之孙怿为本院侍书云。永乐中，学士胡广卒，诏以其子穜为检讨，累迁至修撰。洪熙时，尚书兼詹事金忠之子达擢检讨，赐归依亲读书。正统末，改给事中尚书王直之子稷为检讨，大学士杨士奇、杨荣则皆荫尚宝丞及中书舍人，自是遂为定制，无任翰林者。孝庙眷注大学士丘浚辈，官其后多至三四人，然或有援以陈乞者矣。独宣德中大学士金幼孜疾革，士奇、荣问之，惟言受国家恩重，生无益于当时，死无益于后世，复何言。或启请身后之泽者，则正色曰：'为弟子求禄，君子所耻。'此其最可称者也。"

八月

　　国子生李铎、郑士昂、高隽、韩贞、董哲、徐思诚、赵起潜、王軏为监察御史。（据《国榷》卷六）

闰九月

　　罢弘文馆。（据《国榷》卷六）

十一月

　　平遥训导叶伯巨应诏言事，下狱瘐死。《明鉴纲目》卷一："纲：冬十一月，平遥训导叶伯巨（字居升，宁海人），应诏言事，下狱死。目：闰九月，诏求直言。至是，伯巨上书言三事，一曰分封太侈（略言：先王之制，大都不过三国之一。今秦晋燕齐梁楚吴蜀诸国，无不连城数十，异时尾大不掉，然后削其地而夺之权，则必生觖望。愿及诸王未之国之先，节其都邑，减其兵卫，限疆理以待封诸王子孙，割一时之恩，制万世之利，莫先于此），二曰用刑太繁（略言：臣又观历代开国之君，未有不以任德结民心，以任刑失民心者。今议者曰，宋元之末，专事姑息，以致灭亡。主上痛惩其弊，故用刑多裁自圣衷。治狱之吏，趋承意旨，深刻者多功，平反者获罪，虽删定旧律，减宥有差，然有宽宥之名，未见宽宥之实，所谓实者，诚在上不在下也。古之为士者，以登进为荣，今之为士者，以溷迹无闻为福，以受玷不录为幸，以屯田工役为必获之罪，以鞭笞捶楚为寻常之辱。其始也，取天下之士，网罗捃摭，务无余逸，有司敦迫上道，如捕重囚。比至除官，多以貌选，所学非所用，所用非所学，居官一有差跌，苟免诛戮，则必在屯田工役之科，率是为常，不少顾惜，此岂陛下所乐为哉，诚欲人惧而不敢犯也。然窃见数年来，诛杀亦不少矣，而犯者相踵。自今宜存大体，赦小过），三曰求治太速（略言：昔者周自文武至于成康，教化大行。汉自高帝至于文景，始称富庶。致治之道，固不可骤。今陛下切切于民俗浇漓，人不知惧，乃至令下而寻改，已赦而复收，天下臣民，莫知适从，甚不称陛下求治之心也。臣愚谓求治之道，莫先于正风俗。正风俗之道，莫先于守令知所务，风宪知所重。今之守令，不过具文案、备照刷而已，风纪之司，不过听讼谳狱而已，非所以使民迁善远罪，为治之大者也。古者教士于学，俊造递升，论定后官，任官后爵，故成周得人为盛。今天下诸生，升太学者，未数月遽选入官，臣恐其人未谙时务，上乖国政，而下困黎民也。开国以来，选举秀才，不为不多，所任各臣，不为不重，自今数之，在者有几。此皆求治太速之过）。书上，帝大怒曰：'小子间吾骨肉。'逮下狱瘐死（时上书者，又有海州学正曾秉政，刑部主事茹太素，皆累万言。帝嘉秉政而杖太素，寻又采太素疏中数事行之，因命中书定奏对式，凡臣下上书言得失者，文辞毋得过繁。○初，伯巨之将上书也，语其友曰：'今天下惟三事可患，其二事易见而患迟，其一事难见而患速，纵无明诏，吾犹将言之，况求言乎？'其意盖谓分封也。然是时诸王止建藩号，未曾裂土而封，不尽如伯世所言。迨帝末年，燕王奉命屡出塞，势始强。后因削夺称兵，遂有天下，人乃以伯巨为先见云。○曾秉政，南昌人。茹太素，泽州人）。"

十二月

诏颁建言格式。《明太祖实录》卷一百十：洪武九年十二月，"庚戌颁建言格式。时刑部主事茹太素上书论时务五事，累万余言。上令中书郎中王敏诵而听之，虚文多而实事少。次夕，于宫中复令人诵之再三，采其切要可行者四事，终五百余言。因喟然曰：'为君难，为臣不易。朕所以求直言者，欲其切于事情而有益于天下国家。彼浮词者，徒乱听耳。'遂令中书行其言之善者，且为定式，颁示中外，使言者直陈得失，无事繁文。复自序其善于首云"。

本年

童冀征入京师修书。据《四库全书总目·尚绚集提要》，冀字中州，金华人。洪武丙辰被征修书，后为湖州府学教授。调北平，坐罪卒。有《尚绚斋集》。

管时敏征拜楚王府纪善。管时敏（1331—?），初名讷，以字行，号竹间，华亭人，九岁能诗，长师事刘俨、杨维桢，而友袁凯。有《蚓窍集》十卷。吴勤《蚓窍集序》："蚤岁读书三泖之上，钟山水之秀，为文儒。尝师事廉夫杨先生，执经座下，为高弟。故其心术之正、学问之博、文章德行之精醇，用于文明盛世，而功名事业炳乎其有耀也。壮年时仕为楚府纪善。"

林环（1376—1415）生。李清馥《闽中理学渊源考》卷五十二《侍讲林绚斋先生环》："林环，字崇璧，莆田人，唐九牧苇之裔。幼聪慧过人，阅书多成诵。尤精伏氏经。方在泽宫时，文章已为人所重。永乐四年，廷试第一，授翰林修撰。明年，升侍讲。预修《永乐大典》，两考会试。声名籍甚。"

王英（1376—1450）生。王英字时彦，金溪人。永乐甲申进士，选庶吉士。历翰林修撰、侍讲，再扈驾北征，累官南京礼部尚书。卒，谥文安，改文忠。有《泉坡集》。陈敬宗《尚书王文安公传》："公讳英，字时彦，别号泉坡。……公生十一岁而失怙，母淑人以教以养。游业邑庠，刻苦嗜学。"

章敞（1376—1437）生。章敞字尚文，会稽人，永乐甲申进士，改庶吉士，授刑部主事，历员外郎。中改吏部，擢南京礼部右侍郎。有《质庵集》。（据《四库全书存目丛书》集部第30册，章敞《明永乐甲申会魁礼部左侍郎会稽质庵章公诗文集》及《附录》，浙江图书馆藏清钞本。）《礼部左侍郎质庵章先生传》："先生颖敏有智略，初补郡庠弟子员，日以读书攻文辞为事。服食之需，不计其有无。壬午以《诗经》魁乡试。永乐甲申魁会试，选庶吉士入翰林，同状元曾棨而下二十九人绩学文渊阁。……寿六十二岁。"

明太祖洪武十年丁巳（公元 1377 年）

正月

翰林学士承旨宋濂致仕。《国榷》卷六："（洪武十年正月）乙酉，翰林学士承旨宋濂致仕，令其孙慎护行。濂至家表谢，上手诏答之。自是岁一朝。"《明通鉴》卷六：

"先是濂以年老请致仕,许之。上尝廷誉濂曰:'朕闻太上为圣,其次为贤,其次为君子。宋景濂事朕十九年,未尝有一言之伪,诮一人之短,始终不二,非止君子,抑可谓贤矣。'每燕见,必设坐命茶,旦则侍膳,往复咨询,常夜分乃罢。濂不能饮,上尝强之,至三觞,行不成步,上大欢乐,御制《楚词》一章,命词臣赋《醉学士诗》以娱之。至是请归。乙酉,陛辞,上问濂:'年几何?'曰:'六十有八。'上赐《御制文集》及绮帛,谓濂曰:'藏此绮三十二年,作百岁衣可也。'并令每岁一来朝。"

二月

秀才淳安徐尊生为翰林应奉。(据《国榷》卷六)

翰林编修傅藻为应奉。(据《国榷》卷六)

国子生范与辰言事称旨,命摄刑部主事。(据《国榷》卷六)

三月

朱元璋与翰林诸臣论日月五星之行。(据《国榷》卷六)

四月

翰林编修桑慎、陈晟署监察御史。(据《国榷》卷六)

六月

潞州长子县税课局大使康有孚上言文武并用事宜。《明太祖实录》卷一百十三:洪武十年六月,"甲戌,潞州长子县税课局大使康有孚上言三事:……其三曰文武并用,长久之道。今之武官所患不知古今,宜于儒官中选年富力强、通今博古之士,每卫用二人,授以参佐之职,使之赞画军事,闲暇讲明兵法,诵说经史,久而纯熟,文武之材,彬彬出矣。疏奏,上嘉纳之"。《国榷》卷六:"(洪武十年六月)甲戌,长子县税课局大使康有孚上言三事:曰重学校、曰褒忠良、曰文武并用。上嘉纳之。"

七月

儒士赵晋为东宫文学。(据《国榷》卷六)

国子助教胡隆成为齐府长史。(据《国榷》卷六)

刘琏(基次子)为国子监丞。(据《国榷》卷六)

八月

选武臣子弟入国子监读书。《明太祖实录》卷一百十四：洪武十年八月，"癸丑，命大都督府官选武臣子弟入国子学读书。上谕之曰：'武臣从朕定天下，以功世禄其子弟，长于富贵，又以父兄早殁，鲜知问学。宜令读书，知古今，识道理，俟有成立，然后命官，庶几得其实用也。昔霍光功非不高，身死未久，而子孙横肆，卒致夷灭者，不学故也。郭子仪中兴唐室，功盖天下，位极人臣，而心常谦退，保全令名而福及后嗣者，识道理也。今武臣子弟，但知习武事，特患在不知学耳。'"

九月

分教北方监生俱召还录用。（据《国榷》卷六）

十月

观心亭成。致仕翰林学士承旨宋濂来朝，召谕曰："朕庙社日致斋于此，卿其记之，传示来裔，知勿懈愈虔。"（据《国榷》卷六）《明太祖实录》卷一百十五：洪武十年冬十月，"壬子，观心亭成。初，上敕工曹造观心亭于宫城上。至是落成，上观幸焉。时致仕翰林学士承旨宋濂来朝，乃召濂语之曰：'人心易放，操存为难；朕日酬庶务，罔敢自暇自逸。况有事于天地宗庙社稷，尤用祗惕，是以作为此亭，名曰"观心"。致斋之日，端居其中，吾身在是，而吾心即在是，却虑凝神，精一不二，庶几无悔。卿为朕记之，传示来裔。'"《文宪集》卷二《观心亭记》："乃洪武十年冬十月丙午朔，复敕工曹造观心之亭于宫城上，设甓为墉，涂以赭泥，中置黼座，前辟彤户。越七日壬子，落成。上亲幸焉。召臣濂，语之曰：'人心虚灵，乘气机出入，操而存之为难。朕罔敢自暇自逸，譬鱼之在井，虽未免跳踯，终不能度越范围。况有事于天地庙社，尤用祗惕。致斋之日，必端居亭中，返视却听，上契冲漠，体道凝神，诚一弗二，庶几将事之际，对越在天，洋洋乎临其上。卿为朕记之，传示来裔，咸知朕志，俾弗懈怠。'"

十二月

朱元璋制十题，命典籍吴伯宗赋之。《殿阁词林记》卷十三《应制》："洪武八年五月丁丑，上御端门，召翰林词臣，出示巨桃半核，盖元内库所藏物，其长五寸，广四寸七分，有刻'西王母赐汉武桃'及'宣和殿'十字，命宋濂撰《蟠桃核赋》。又尝命宋濂咏鹰，濂七举足而成，有'自古戒禽荒'之言。上称赏曰：'卿可谓善谏矣。'十年十月，造观心亭，上临观亲幸其中，召濂为记。十二月，上制十题，命典籍吴伯宗赋之，援笔立就，词语峻洁。上嘉其才敏，赐织金锦衣。尝幸清流关，赋诗，命扈从儒臣和之，起居注刘季道有'治定不教生纵逸，功成犹遣历间关'之句，上叹赏曰：'可谓安不忘危。'赐以白金文绮。又起居注蒋子杰应命即物赋咏，立成，上大悦，时宠赐和章。一日，命群儒撰《纵篆鹤文》，吴府伴读王骥操觚立就，学士宋濂为之进呈，上称善。及日将南至，大祀于圜丘，上复命群臣赋七言律十二韵，冠以三百言序。骥与黄昶先成，跽读御榻前，上听毕，加奖励，命进学禁林云。"

本年

孙蕡为平原主簿。《国朝献征录》卷一百十五《孙仲衍传》："居翰林三载，外补平原簿，以事逮系。"雍正《广东通志》卷四十七："……为平原簿。无何逮系，输左校。筑墙，望都门讴吟为粤声，督者以闻，召至陈诗，皆忠爱语，释之。"《西庵集》卷六《之官平原留别诸老》："朱衣和泪别龙庭，瘦马嘶风出凤城。托迹禁帏原已重，之官名邑未全轻。驱驰祇笑儒生拙，悯念难忘圣主情。后夜玉堂清漏永，紫薇花月向谁明？"

杨士奇始从陈谟习举子业。杨思尧《太师杨文贞公年谱》："公年十三岁，从海桑学。司仓伯父授以《四书待问》八卷。得韩文。"按，海桑者，陈谟也。陈谟（1305—1387），字一德，号心吾，人称海桑先生，泰和人，明初聘修《礼书》，辞归。有《海桑集》。《四库全书总目·海桑集提要》："谟字一德，泰和人，生于元成宗时。洪武初，召赴阙，以疾辞归。其家传称，卒年九十六。考集中年月，止于洪武十七年。晏璧于永乐七年作《海桑集序》，称'谟卒后二十年'，则卒于洪武二十一年戊辰也。谟《书刘氏西斋倡和卷后》称生大德间，为前朝太平幸民六十余年。由洪武戊辰上推大德元年丁酉，仅九十二年，安得寿九十六？是其家传误也。"（按，《海桑集》卷一有《岁己未年七十有五作百字令以自寿》，知其生1305年。又《东里续集》卷十九《竹林清隐记后》："盖先生为此文时，年七十有七。后五年，仲敬举孝廉，得荔波县丞，先生作诗送之。盖明年先生捐馆……"知海桑先生于七十七岁后又六年卒，卒年八十三。又《海桑集》卷八《袁宁窗墓志铭》："大明洪武二十年丁卯，正月二十五日，居士袁公宁窗卒。"《海桑集》年月止于此篇所记，与其卒年合。则晏璧永乐七年所序"先生殁之二十年"，误也。）

张美和擢为国子助教。《明儒言行录》卷一《张美和》："洪武初，荐为本县教谕。七年教成，贡入太学，铨用者多其弟子。十年，召至京，赐衣一袭，擢国子助教。气貌严整，将以笃实，每教诸生，必端坐不言，有所请问，徐徐应答，不过一二语，义理明剀，人深服之。"

陈敬宗（1377—1459）生。敬宗字光世，慈溪人。永乐甲申进士，选庶吉士，授刑部主事，改翰林侍读，转南京国子司业，升祭酒。卒，赠礼部右侍郎，谥文定。有《澹然居士集》。

明太祖洪武十一年戊午（公元 1378 年）

正月

朱元璋封子五人为王。《明鉴纲目》卷一："纲：戊午十一年，春正月，封子五人为王。目：椿（帝第十一子，郭惠妃出）为蜀王。（封成都。）柏（帝第十二子，胡顺妃出）湘王。（封荆州。）桂（帝第十三子，郭惠妃出）豫王。楧（帝第十四子，母部无名号）汉王。植（帝第十五子，韩妃出）卫王。其后桂改封代（封大同）。楧改封肃（封甘州）。植改封辽（封广宁）。"

三月

超擢李文焕、费震为户部侍郎。十一年三月丁丑，帝御奉天门选官，谕吏部曰："资格为常流设耳。有才能者，当不次用之。"由是，擢西安知府李文焕，宝钞提举费震，俱为户部侍郎。余超擢郎中、知府、知州等官，凡九十五人。（据《明会要》卷四十八《选举二》）

翰林应奉永宁答禄与权致仕。元河南北道廉访司佥事。（据《国榷》卷六）

四月

明太祖撰皇陵碑文。《明通鉴》卷六："江阴侯吴良，督田凤阳，上命修葺皇陵，至是成。诏曰：'皇堂新造，予时秉鉴窥形，包工苍颜皓首，忽思往日之艰辛。窃恐前此《碑记》，出自儒臣粉饰之文，不足以为后世子孙戒，特述艰难以明昌运。'乃自制《碑文》，命良督工刻之。"

五月

朱权（1378—1448）生。朱权为朱元璋第十七子，号臞仙，洪武二十四年封，二十七年之国大宁。永乐二年，移南昌。正统末薨。有《采芝吟》。王世贞《弇山堂别集》卷三十二《同姓诸王表》："宁献王权，太祖第十七子，母妃杨氏。洪武十一年五月初一日生。"朱谋垔《续书史会要》："宁献王讳权，号臞仙，高皇帝第十六子也。始封大宁，徙南昌。王神姿秀朗，慧心天悟。始能言，自称'大明奇士'。好古博学，旁通释老。著述甚富，兼善书法。"（按，《续书史会要》"第十六子"云云，盖以永乐夺位，自居正统，忽朱元璋长子朱标不计故也。）

宥广东左右参政刘益、康济罪，当徙，上念其以监生侍诸王也。（据《国榷》卷六）

九月

贝琼致仕。《明太祖实录》卷一百十九："洪武十一年九月丙申"，"赐中都国子助教贝琼致仕。琼，字廷臣，嘉兴崇德人。性坦率，不事边幅而笃志好学，博通经史百家之言，善为文。年四十八始领乡荐。张士诚据姑苏，累征不就。洪武三年，荐修《元史》。六年，擢国子助教。九年，迁中都国子学助教，教勋臣子弟。琼素有名誉，虽将校武夫，皆知敬礼。至是致政。"

十二月

致仕翰林学士承旨宋濂来朝。（据《国榷》卷六）朱兴悌、戴殿江《宋文宪公年谱》："朝京师。阅十四日，见于端门，太祖大喜。皇太子、诸王皆喜。上遣仪曹备膳馐诸物，抵寓馆以赐。自是日与上游，恩礼备至。"

本年

朱善谪戍辽东，旋放还。《四库全书存目丛书》集部第25册，《朱一斋先生文集》附录聂铉《故奉议大夫文渊阁大学士一斋先生朱公墓志铭》："洪武八年，起取赴京，廷试第一，除授翰林修撰署院事，知制诰。逾年，以家属不完，谪教辽东。公略无愠色，且日赋诗文，有《辽海集》。未至辽城，恩赐还乡。语子逢掖曰：'汝力耕以供赋役，我取汝祖所著《皇极经世》等书而考证之。'"《殿阁词林记》卷三《文渊阁大学士朱善》："逾年（九年），以奏对失旨，谪戍辽东，复改典籍，放还。"乌斯道《春草斋集》卷二《清节先生传》："先生讳德称，字彦良，以字行，号清节，姓桂氏……洪武六年，有司举秀才，赴京师数千人，天官精拔七人，以先生为首……翰林修撰朱善稍失礼，因举大杖将击之。先生辄谏曰：'陛下姑取其长，舍其所短。'上怒亦解。"（按，朱善放逐，实以忤旨，"以家属不完"乃讳言耳。其谪在洪武十一年，非九年。）

孙作教授国子监。宋濂《沧螺集原序》："教授三年，选天下学官内任，公复在行。比考春官、廷对，皆第一，除国子助教。明年，分教中都。又明年，召还成均。又明年（洪武十二年），升国子司业。"

张孟兼卒，年四十一。《逊志斋集》卷二十一《张孟兼传》："孟兼既辱，愈愤，即捕为书封事者，欲论以罪。印复上书言状，请去位避孟兼之横，否者且为所挤。上大怒曰：'彼乃敢与我抗耶！吾今乃与尔抗。'遂械孟兼至阙下，廷诘之，命卫士捽发摘挈，垂死，特论弃市。诏印曰：'吾除尔害矣，善为之。'初，孟兼迁副使山东，自陈父老，大夫为之请假。上许之。孟兼归至家，县令丞皆门谒，奉酒牲为礼，孟兼坐受其拜，不答，麾酒却之。乡人皆劝其少逊让，和以下人，孟兼不听。及于败，或怜之，或快之，以为宜。然孟兼中实无恫贼之心，只以尚气好高人，以故为人所陷。"

罗亨信（1378—1458）生。罗亨信字用实，号乐素，东莞人，永乐甲申进士，官至左副都御史。亨信居谏垣有直声，其巡抚大同宣府，值英宗北狩，捍城有功。据《四库全书存目丛书》集部第 29 册，罗亨信《觉非集》十卷，复旦大学图书馆藏清康熙罗哲刻本。祁顺《罗亨信传》："少颖敏异凡儿，由邑庠弟子员，以《诗经》中永乐元年乡试。明年，登进士第，释褐为工科给事……明年（景泰元年），以老疾辞归，又八年终，寿八十有一。"（按，刊本所附亨信传，但题作者，无标题。据当时习惯，当题作"故左副都御史东莞罗公传"云云。今为方便叙述，姑加人名为"罗亨信传"）

明太祖洪武十二年己未（公元 1379 年）

正月

朱有燉（1379—1439）生。朱有燉为周定王橚长子，朱元璋孙。洪熙元年袭封。《明太祖实录》卷一百二十二"洪武十二年春正月丁亥"："皇第六孙有燉生，周王世子也。"

始许国子生归省，赐衣钞。（据《国榷》卷六）

二月

辛亥，召李思迪还京。《国榷》卷六："召前丹徒知县济南李思迪于闽中，俾训国子生。思迪，元进士、国子助教。洪武初，授起居注，历山西行省参政，贬丹徒。坐失入人罪安置闽中，上嘉其守，召之。"

三月

升国子司业乐韶凤为国子祭酒。《明太祖实录》卷一百二十三：洪武十二年三月丙子，"升国子司业乐韶凤为国子祭酒。敕谕之曰：'文庙所以尊先师也，因之而国学建焉。古先哲王必选名儒为之师表，以教国子与公卿大夫之子，及民间之俊秀，其任甚不轻也。尔国子司业乐韶凤，学充德茂，足以模范后学，故特升尔为国子祭酒。尔其遵先圣之道，以训后学，务使成材，以资任用，懋哉！'"

朱元璋召儒臣论治道，谪李思迪、马懿。《国榷》卷六："上朝退，坐便殿，召儒臣论治道。国子学官李思迪、马懿独默，上谪之。敕国子师生曰：'师也者，模范其志，竭胸中所有，发世之良能，不隐而训。昔仲尼入周庙，阅三缄于西阶，戒妄言者也。如其法异，何尝禁拘？国子学正李思迪、马懿，朕日召同游，望时关朕，乃非有所问，终日不语。遣侍东宫，亦复如之。或因旁言问及，不过就他人言以对。毕后未尝效诚，此深其所学，秘而务独善者耶？故敕师徒，必达模范之所以。'"

八月

国子助教马从龙告老，以翰林应奉致仕。（据《国榷》卷六）

十月

儒士吴沈为翰林待制。（据《国榷》卷六）

十一月

儒士耿禄、张经道为吏兵部员外郎，吴玄、高炳为刑工部员外郎。（据《国榷》卷六）

十二月

征天下博学老成之士至京师。巴延资中拒不至，饮鸩死。《明太祖实录》卷一百二十八：洪武十二年十二月，"天下博学老成之士皆应诏至京师。先是，上谓礼部臣曰：'为天下者，譬如作大厦，非一木所成，必聚材而后成。天下非一人独理，必选贤而后治。故为国得宝，不如荐贤。朕自临御以来，十有二年，思得贤士以熙庶绩。然山林幽远博学老成之士，匿德藏光，甘于穷处，非招徕之，不肯轻出。宜下有司悉心推访，礼送于朝，朕将显用之。'至是皆至京师。时江西布政使沈立本，遣人招故元吏部侍郎伯颜子中，子中饮鸩死。子中，西域人，祖父仕江西，因家焉。通《春秋》，五领乡荐，授东湖书院山长，升建昌路儒学教授。四方兵起，江西行省以便宜授子中赣州路经历，寻为分省都事。伪汉陈友谅兵陷赣州，子中招募壮士，欲复城，不克，间道入福建，福建行省辟为员外郎。子中出奇计，收复建昌，遂浮海献捷燕都，授福建行省郎中，累迁至吏部侍郎。出使广东，比至未几，而广已归附。子中坠马求死不得，折其一足，平章廖永忠释而不录。于是子中变姓名，浪迹于江湖间，往来居进贤之北山。先是，其妻子已为江西参政杨宪送京师，朋友有吊之者，子中答曰：'吾身且不有，奚暇顾妻子哉！'于是周游天下，誓不复仕，悲歌慷慨，未尝一日忘于元也。尝怀鸩自随，曰：'如有强我者，便当以死答之。'郡县闻而义之，不之强。至是，立本专使招之，子中见使者，慨然曰：'吾今死亦晚矣！'乃具牲酒，祭其父祖师友，为歌七章，饮鸩而死。"《国榷》卷六："征天下博学老成之士皆至京。江西布政使沈立本招故元吏部侍郎西域伯颜子中，饮鸩死。子中，西域人。寓江西，举省试，授东湖书院山长，迁建昌教授。及乱，辟赣州路经历。历分省都事福建行省员外郎郎中，以吏部侍郎持节发广东兵救闽。至则广东下，变姓名为黄冠，游行江湖间。会事定，遁还江西，尝以鸩自随。至是聘下，子中喑，大泣曰：'死晚矣！'歌七章，祭祖父师友，仰药死。"《明鉴纲目》卷一："纲：征元吏部侍郎巴延资中（西域人，祖父仕江西，因家焉。旧作伯颜子中，今改），不至，饮鸩卒。目：巴延资中，初为元建昌教授。江西盗起，授分省都事，使守赣州，而陈友谅兵已破赣。巴延资中间道走闽，陈友定素知之，辟为行省员外郎。巴延资中出奇计，收复建昌，浮海如元都献捷，累迁至吏部侍郎。持节发广东何真兵救闽，至则真已降于廖永忠。巴延资中堕马求死不得，折其一足。永忠释之，乃变姓名，浪迹江湖间。帝求之不得，簿录其妻子，巴延资中竟不出。常赍鸩自随，誓不复仕。至是，江西布政使沈立本言于朝，以币聘，巴延资中慨然曰：'死晚矣！'为歌七章，哭其祖父师友，饮鸩死。"

汪广洋以欺罔罪赐死。《明太祖实录》卷一百二十八"洪武十二年十二月"："是月，右丞相汪广洋坐事贬海南，死于道。……上遇之特厚。尝有疾在告，赐敕劳问。然颇耽酒色，荒于政事，以故事多稽违。又与胡惟庸同在相位，惟庸所为不法，广洋知而不言，但浮沉守位而已。上察其然，因敕以洗心补过，广洋内不自安。久之，占城贡方物使者既至，而省部之臣不以时引见，上以其蔽遏远人，下敕书切责执政者。广洋惶惧益甚。至是，御史中丞涂节言：'前诚意伯刘基遇毒死，广洋宜知状。'上问广洋，广洋对以'无是事'。上颇闻基方病时，丞相胡惟庸挟医往候，因饮以毒药。乃责广洋欺罔，不能效忠为国，坐视废兴。遂贬居海南。舟次太平，复遣使敕之曰：'丞相广洋从朕日久，前在军中屡闻乃言，否则终日无所论。朕以相从之久，未忍督过。及居台省，又未尝献一谋画以匡国家，民之疾苦皆不能知。间命尔出使，有所相视，还而嘿不一语。事神治民，屡有厌怠。况数十年间，在朕左右，未尝进一贤才。昔命尔佐文正治江西，文正为恶，既不匡正，及朕咨询，又曲为之讳。前与杨宪同在中书，宪谋不轨，尔知之不言。今者益务沉湎，多不事事。尔通经能文，非愚昧者。观尔之情，浮沉观望。朕欲不言，恐不知者谓朕薄恩。特赐尔敕，尔其省之！'广洋得所赐书，益惭惧，遂自缢卒。广洋善篆隶大书，尤工为歌诗。为人宽和自守，居相位，默默无所可否，由是人以庸懦不立目之。大抵其相才不足，与奸同位而不能去，故卒至于覆败云。"

东宫侍书张忱，翰林院修撰连原霖为通政司左右参议。（据《国榷》卷六）

致仕翰林学士承旨宋濂来朝。(据《国榷》卷六)

本年

令教坊优人别士庶服。正德《大明会典》卷五十八:"洪武十二年己未,令教坊司伶人常服绿色巾,以别士庶之服。"《客座赘语》卷六《立院》:"太祖立富乐院于道桥,男子令戴绿巾,腰系红褡膊,足穿带毛猪皮靴,不许街道中走,止于道边左右行。或令作匠穿甲,妓妇戴皂冠,身空皂褙子,出入不许穿华丽衣服。"

林弼知登州。张燮《林登州传》:"己未,拜登州守,讼理政平,而祀典学政尤多所振饬焉。"

杨士奇出教里塾。杨思尧《太师杨文贞公年谱》:"公年十五岁。是岁,出教里塾。"《东里续集》卷十七《史略释文》云:"右《史略释文》一册。余在京师,并《史略》二册皆得于邻舍之罢官去者。忆年十四五,坐贫,不得已出为村落童子师,以谋奉养之计,而急欲此编及《十书直言》。是时,二书市直百钱,然不能得也。家独畜一牝鸡数岁矣。先宜人命以易之。今致书颇多,而先宜人弃背已二十年,不及见也。呜呼恸哉!"

贝琼卒,年六十六。《国朝献征录》卷七十三黄佐《国子监助教贝琼传》:"十一年九月致仕,明年卒于家。有《清江文集》二十卷,行于世。"《檇李诗系》卷七《贝助教先生琼》:"黄岩方行赠诗有云:'夎山仙翁发如雪,胸蟠太和吐日月。手中炼石轻女娲,五色曾将补天裂。'其推重如此。著有《清江集》。其诗博大警敏,矫然不群。评其才质,当不在高、杨以下。有明一代,吾郡诗人林立,以清江冠之,斯无愧焉。"

王直(1379—1462)生。王直字行俭,泰和人,永乐甲申进士,选庶吉士。历翰林修撰、侍读,进学士,擢吏部尚书,加太子太保,进少傅兼太子太师。卒,赠太保,谥文端。有《抑庵文集》。《明史》王直传云:"直幼而端重,家贫力学。举永乐二年进士,改庶吉士,与曾棨、王英等二十八人同读书文渊阁。帝善其文,召入内阁,俾属草。寻授修撰。历事仁宗、宣宗,累迁少詹事兼侍读学士。"

明太祖洪武十三年庚申(公元1380年)

正月

胡惟庸等以谋反罪被诛。《明史纪事本末·胡蓝之狱》:"十三年春正月,左丞相胡惟庸谋不轨,伏诛。"《明鉴纲目》卷一:"纲:庚申十三年,春正月,胡惟庸谋反,及其党陈宁、涂节等,皆伏诛。目:惟庸贪贿弄权,无所畏忌,潜有异谋。吉安侯陆仲亨,自陕西擅乘传,平凉侯费聚,奉命招降蒙古无功,帝皆切责之。二人惧,惟庸阴以权利胁诱之,令在外收缉军马。又与陈宁坐省中,阅天下军马籍,令都督毛骧,取卫士刘遇贤,亡命魏文进等,为心膂。太仆侍丞李存义者,太师善长弟,惟庸婿李佑父也。惟庸阴令说善长,善长惊悸曰:'尔言何为者?若尔,九族皆灭。'后十余日,惟庸又令存义告善长,善长不能制。惟庸乃遣指挥林贤,下海招倭,与期会。又遣元故臣封绩,与书称臣于元,请兵为外应。事皆未发。会惟庸子驰马于市,坠死车下,惟庸杀挽车者,帝怒,惟庸请以金帛给其家,不许。惟庸惧,乃与御史大夫陈宁,中丞涂节等谋起事。既而节知事不成,遂上变告,帝大怒,命群臣更讯,复自临问,乃诛惟庸、宁。以节本预谋,并诛之。善长、仲亨置不问。"

罢丞相,改大都督府为五军都督府。《明鉴纲目》卷一:"纲:罢中书省,改大都督府为五军都督府。目:帝惩惟庸乱政,罢丞相,以政归六部。分大都督府为中左右前后五府,征调则隶兵部,后复敕谕群臣,国家罢丞相,设府部院寺,分理庶政,事权归于朝廷,立法至为详善。以后嗣君,毋得议置丞相,臣下敢以请者,置重典。"

定南北更调用人之制。《明鉴纲目》卷一:"纲:始南北更调用人。目:北平、山西、陕西、河南、四川人,于浙江、江西、湖广、直隶用之。浙江、江西、湖广、直隶人,于北平、山东、山西、陕西、河南、四川、广东、广西、福建用之。广西、广东、福建人,亦于山东、山西、陕西、河南、四川用之。考核不称职,及以事降谪者,不分南北,悉于广东、广西、福建汀漳、江西龙南安远、湖广郴州之地选用。"

二月

诏郡县举荐人才。《明太祖实录》卷一百三十:洪武十三年二月,"壬戌朔,诏郡县举聪明正直、孝弟力田、贤良方正、文学之士及精通术数者以名闻。"

命举至贤良方正、孝弟力田、文学之士八百六十余人,礼部给廪饩,主事一人掌之。(据《国榷》卷七)

三月

改各州儒学正为未入流官。先是,学正秩从九品,至是改之。据《明太祖实录》卷一百三十。

教官、首领官、杂职官列为三等。《明太祖实录》卷一百三十:洪武十三年三月,"壬子,礼部奏以新定官禄勒石,乃言天下教官则有学正、教谕、训导,首领官则有提控、案牍、吏目、典史。近以教官、首领官未入流品,例称杂职。今宜以教官、首领官列于杂职之外,庶不混淆。于是教官、首领官、杂职官列为三等,亦勒之于石。教官之禄：州学正月米二石五斗，县教谕月米二石，府州县训导月米二石。"

定教官、生员廪膳米，每人日一升。后屡有调整。万历《大明会典》卷三十九户部二十六《俸给》："凡教官、生员俸廪，洪武初，令教授俸照品级，学正而下照杂职例支给。十三年，令师生廪膳米，每人日一升。十五年，定廪膳月米一石。永乐初，令凤阳等府，河南、山西、陕西、湖广、浙江、福建、广东、广西、四川各府州县，贵州及四川行都司各卫，师生俸廪俱米钞中半兼支。九年奏准：各处师生俸米全支。正统元年奏准：各处教授，见支五石者照旧，见支二石及一石五斗、一石者俱增为三石，余折钞。学正，见支二石五斗者如旧，见支一石五斗及一石者俱增为二石，余折钞。教谕、训导，见支一石五斗及一石者俱增为二石，余折钞。其师生廪米，见支一石者照旧，见支五斗者增为一石。北直隶米粮艰难去处，增为六斗，余四斗折钞。十四年奏准：各处教官廪米停支，其俸月支本米一石，生员月支本色廪米五斗，余折钞。景泰六年，令教官俸廪照旧支给，口外边城及粮少处，暂为减支。"

春

刘崧拜礼部侍郎。尹直《司业刘公言行录》："十三年春，征拜礼部侍郎。既拜命，日稽古典，惟寅惟清，上嘉之。以其文学雅正，敕撰滕国公顾时、海国公吴祯神道碑，及撰申国公邓镇袭封诰词。宋学士景濂尝观其文，叹曰，'此司马迁之文，求之今世，盖未有过之者'，而于诗则尤所推让。"朱元璋《召前按察副使刘崧职礼部侍郎》："奸臣弄法，肆志跳梁，拟卿违制之责。迩者，权奸发露，人各伏诛。卿来，朕命官礼部侍郎。故兹敕谕。"

四月

翰林待制吴沈降编修。（据《国榷》卷七）

翰林应奉陈溥致仕，赐御制诗文。（据《国榷》卷七）

张美和致仕。《明太祖实录》卷一百三十一"洪武十三年夏四月戊子（二十八日）"："赐翰林院编修张美和致仕。上亲为文赐之曰：朕观古今之贤士，莫不修己行仁，为时君之用。否则独善其身，以终天年。或著书立言，传之永久。虽不显于当时，而有光于后世。以其德重而行纯，学博而言信也。今老成宿儒凋落无几，独尔以衰暮之年，日侍朕左右。正欲询问古今典礼，以沃朕心，奈尔不任周旋，以卿归老。卿之去矣，朕将谁从？於戏！千载一遇，古今之通言。然全于始终者罕矣。今卿善始善终，不亦美乎！"《国榷》卷七："洪武十三年四月戊子，翰林编修张美和致仕，上制文赐之。美和笃实，善著书，《理学类编》八卷，《群书备数》十二卷，及《元史节要》行世。年八十三。"

聂铉致仕。《国榷》卷七："国子助教清江聂铉致仕。铉辛亥进士，授广宗县丞，适旱蝗，言民困，诏蠲其租。迁翰林待制，改助教。十八年分考礼闱，就庐陵教谕，终其身。"

五月

刘崧致仕。尹直《司业刘公言行录》："夏四月，命公摄吏部尚书，将仕郎陆某以察为明，公一处以宽，铨次不苟，藻鉴不失。五月以灾异迭见，命公致仕。"《明太祖文集》卷七《赐吏部尚书刘崧等致仕》："君子之生也，莫不由父善良而母淑德，专慈爱以训成。已而壮矣，则志于四方。若或时运之应，期致君垂拱，利济群生，斯一仲尼之道，其先贤者岂独名于千古？卿等学问过人，善备剸繁治剧之能，今各年高或当智盛者，正宜助朕措安，奈何昔新造之初，纲维紊乱，误罹宪责。迩者，人神有变，朕于寝食不安，命卿致仕。於戏！克己消愆，君子道长，匿祸含冤，小人罪甚。卿等去朝，必坦怀而端志。故兹敕谕。"

敕嘉兴府教授吴源。以中书舍人林廷纲荐，召之。（据《国榷》卷七）

敕诏儒士王本等。（据《明太祖实录》卷一百三十一）

六月

己巳，复吴沈翰林待制。（据《国榷》卷七）

庚午，儒士赵楫试通政司右参议。（据《国榷》卷七）

癸酉，敕召儒士李延龄、李干。御史荐。（据《国榷》卷七）

乙亥，敕召儒士杨良卿、王成季。翰林典籍戴安荐。（据《国榷》卷七）

丙子，敕召儒士陕州石器荆至。灵宝王道、杨原、张知，阌乡王仲宁、张谦、郭黼、赵规。尚书范敏荐。（据《国榷》卷七）

丙子，召江都训导胡志远。给事中王和荐。（据《国榷》卷七）

甲申，复降吴沈翰林编修。（据《国榷》卷七）

甲申，召儒士吕慎明及湖州教授童冀，吴沈荐。又儒士刘仲海、邹鲁狂、宋季子，各专敕。儒士揭枢、王舆、龚文达、白天民，遣召不敕。（据《国榷》卷七）

七月

罢秘书监，悉归翰林典籍。（据《国榷》卷七）

召儒士林克坚、林有学、林孟高、孟思渊。（据《国榷》卷七）

八月

置翰林院检阅官。（据《国榷》卷七）

置应天府儒学。《明太祖实录》卷一百三十三：洪武十三年八月丙戌，"置应天府儒学。设教授一员，训导四员，生员六十人。时江宁知县张允昭言：'江宁、上元二县，在辇毂之下，宜建学校，以教京师子弟'。于是命置应天府学，以教二县子弟"。

改国子学典膳为掌馔。（据《明太祖实录》卷一百三十三）

给天下儒学诸生廪膳。（据《国榷》卷七）

征贤良方正杨遇春等至京师。（据《明太祖实录》卷一百三十三）

九月

征儒士王本等至京，置四辅官。《明太祖实录》卷一百三十三：洪武十三年九月丙午，"始置四辅官"。卷一百三十四：洪武十三年冬十月，"敕四辅官王本等曰：'自胡惟庸不法之后，特召天下贤材，而有司又多泛举，尚书范敏，独能荐卿等以辅朕，朕视卿等，皆年高笃厚，故九月告于太庙，议立四辅，以王本、杜佑、龚敩为春官，杜敩、赵民望、吴源为夏官，惟秋冬官缺，以本等摄之。是年，自春徂秋，天灾迭见，维秋之暮，天气尚暄，尝谕本等沐浴致斋，精勤国务，以均调四时，本等奉命尽诚，逮立冬，朔风酿寒，以成冬令。呜呼！天其兆吉人乎？感应之机，如响斯答。古者三公四辅，论道经邦，理阴阳，顺四时，其或有乖戾，则曰公辅失职。盖人事有不齐，则天应之，有如此者。卿等尚当竭忠诚以勤厥职，庶几感格天心。苟在己之诚，一有不至，则不足以动人，况于动天乎？可不慎欤？'"《明鉴纲目》卷一："纲：秋七月，诏天下学校师生，日给廪膳。九月，置四辅官。目：帝以密勿论思不可无人，乃建四辅官，以四时为号，诏天下举贤才。户部尚书范敏，荐者儒王本（不详里籍）等，召至，告于太庙，以本，及杜佑（安邑人）、龚敩（铅山人）为春官，杜敩（字致道，壶关人）、赵民望（藁城人）、吴源（莆田人）为夏官，秋冬官缺，以本等摄之，俱兼太子宾客，位列公侯都督之次，敕以协赞政事，均调四时。既而敩等相继罢，本坐事诛，复召安然（祥符人）、李干（绛州人）、何显周（内黄人）等，代之。然寻卒，干出为知府，显周亦罢，此职遂废。"

方孝孺省亲归。《文宪集》卷三十一《送门生方孝孺还乡诗并序》："庚申之秋，生以不见大母久，将归省焉。予深惜其去，为赋是诗。既扬其素有之善，而后勖以远大之业云。"

召太原府学训导王观、阳曲训导李德彰。（据《国榷》卷七）

召儒士梁俯、贾惟岳。（据《国榷》卷七）

十月

宋讷征至京师，除国子监助教。宋讷（1311—1390），字仲敏，滑县人。元季官盐山知县，国初征为国子助教，升翰林院学士、文渊阁大学士，迁祭酒，卒于官。正德中追谥文恪，有《西隐集》。刘三吾《文渊阁大学士国子祭酒宋先生墓志铭》："先生濡染家教，动以矩矱，雅性迟重，不妄言笑。齿贵胄馆，以来所师，宗工硕儒，月开日益，卓然有成，擢科登仕，为时闻人，中经绎骚，乃被褐怀宝，以自韬晦。皇明受祚，征诣公车，于召见次，有言动听，洪武之十三年也。是冬，除国子助教，横经发难，击蔀廓塞，学者如客得归。"张萱《西园闻见录》卷四十五《礼部》四《国学·往行》："宋讷，字仲敏，滑县人。元至正进士，寻自韬晦。久之，皇明征诣公车，除国子助教。横经发难，为诸生推畅其说，既卒业，人人如迷歧得路，超授翰林学士、奉议大夫，寻迁文渊阁大学士。会太学成，贡生岁进日甚众，时新渐于化，师生学弗醇，即往往为讦矣。上患之，叹曰：'师道废久矣，今师生相讦，甚失体。大学士讷端重力学，可任太学师，宜莫如讷。'而亲为制诰，援尚父兴周八百比之，属讷为祭酒，加朝列大夫。讷既行中规矩，不妄言谈，至是益庄，痛湔抑故习，务以躬行为化。徐乃序教条之，提学挈铲铗不余力。然严而有恩。一日移疾，上遣来御医诊视，而使中官谕旨曰：'卿发仲忌之秘，修道教人，天所助佑。其专精神，近药强餐，毋忽朕意。'犹念讷，命画工图其像。有子曰麟，主望江簿，又念，敕还，使便养，其眷笃类是也。讷治事，夙夜在庙，靡寒暑，间不能就官舍，疾且革，犹黾勉如初。时麟等从诸师儒所请，泣曰：'大人体罢矣，愿且就舍。'厉声曰：'咄！而何多儿女情！且而翁自有见，犹不虑丁社斋耶！'竟毕祭，乃就舁归，不及家事，凭几逝焉。上悼甚，手制文，屡遣致祠，为给治葬事，故文秩四品给葬事，自讷始。所著有《西隐集》十七卷。外史氏曰：'闻国初诸生群至难化，观几案巨木，非数辈不举，斯亦见一端之顽梗矣。天子乃为立卧碑，重毁师流裔之法，然犹不能衰止，盖渐染乱习者深也。及宋司成一日躬行，诸生靡不自拔污浊之中，宪令在前，反不若陶铸随其后，何耶？盖法齐貌，化格心，操要之术异也，自古明王建国，必以师哉！'"

召儒士张叔廉、陈贞、宋讷，教谕石琼、杨盘，训导曹文寿、张翼、李睿。（据《国榷》卷七）

遣使召教谕王正民、儒士武彧等。（据《明太祖实录》卷一百三十四）

敕吏部申谕有司，用心咨访人才。《明太祖实录》卷一百三十四：洪武十三年冬十月，"辛酉，敕吏部尚书阮畯等曰：'比遣使遍谕有司，各举才能，以备任使，而有司不体朕意，往往以庸才充贡。已尝敕所司按之以法，尔吏部宜申谕有司，用心咨访，务得真才，举非其人，加罚无贷。'"

选国子监生二十四人为府州县官。《明太祖实录》卷一百三十四：洪武十三年冬十月，"是月，吏部引选国子监生二十四人，命为府州县官。上召至前，谕之曰：'诸生皆学古人官。夫为臣之职，事君抚民二者而已。然能尽抚民之心，即所以尽事君之道。故贤臣之事君也，视君如亲，视国如家，视民如子，苟可以安国家利民人者，知无不为。若避难而惮劳，则事不立矣。事不立则民失望，国何赖焉？尔等尚服朕言，必思尽其职也。'"

谕吏部：有司举士非人者，罚无贷。（据《国榷》卷七）

十二月

宋濂谪戍茂州。《明史纪事本末》卷十三《胡蓝之狱》："十二月，致仕学士承旨宋濂以孙慎坐胡惟庸党被刑，籍其家，械濂至京。上怒欲诛之。皇后谏曰：'民间延一师，尚始终不忘恭敬。宋先生亲教太子、诸王，岂忍杀之？且宋先生家居，宁知朝廷事耶？'上意解，濂得发茂州安置。"

凌云翰被征入京。《归田诗话》卷下《钟馗图》："洪武庚申冬，为人题《钟馗图》云：'朔风吹沙目欲眯，官柳摇金梅绽蕊。终南进士倔然起，带束蓝袍靴露趾。手掣硬黄书一纸，若曰上帝锡尔祉。猬磔于思含老齿，颐指守门荼与垒，肯放妖狐摇九尾。一声爆竹人尽靡，明日春光万余里。'不数日，为乡人官于外郡者飞举。里胥临门，不容辞避，迫胁上路，到京授四川学官，遂成诗谶。"

王洪（1380—1420）生。《明文衡》卷八十八《王希范墓志铭》："希范讳洪，曾祖德甫，祖善，父辉，世居钱塘。希范生八岁，即知务学。及冠，入郡庠，从训导胡粹中授《春秋》。日记数千言，无遗忘。下笔为文辞，沛然有奇气。凡所事所言，若老成人。粹中大器之。年十八举进士。"《列朝诗集小传》乙集《王侍讲洪》："洪字希范，钱塘人。生八岁能文章，稍长，从训导胡粹中授《春秋》，日记数千言，才思颖发。十八举进士。永乐初，授吏科给事中，入翰林为检讨，与修《大典》。历修撰、侍讲。又二年，论五星事忤胡文穆，左迁礼部仪制主事，署部事。诏作佛曲序，逡巡不敢应制，为同列所排，不复进用。晚得末疾卒。"

曾仪等乞归。《国榷》卷七："承敕郎曾仪等乞归省，敕曰：'朕闻士有五患焉：患同庶人；不同庶人矣，患无学；学矣，患不齿于志学者；齿于志学者矣，患无官；官矣，患不忠；忠矣，患不孝。仪等以生员选入国学，异庶人矣；未及数年授以官，出国学者矣。今各言归，云省亲、云归祭，亦知孝身矣，惟志学忠君，未审何若？若患不出于志学而忠君，则当思孟轲三鼎五鼎之厚薄也。民之享也，无鼎乃微；士之享也，有鼎乃贵。贵有厚薄，以三五鼎者，则必思志学而忠君矣。'"

本年

杨士奇馆于山东。《东里续集》卷十七《隋书》："右《隋书详节》一册。自一卷至十卷，《纪》及《十志》耳，后阙《传》十卷。洪武庚申，余馆山东萧尚鲁先生塾中得之者也。”

程本立改周王府礼官。《列朝诗集小传》甲集《程金都本立》：“洪武十三年，除周府礼官。”《明史》程本立传：“除秦府引礼舍人，赐楮币鞍马。母忧去官，服除，补周府礼官，从王之开封。”

石光霁以荐至京师。光霁字仲濂，泰州人，张以宁之弟子也。洪武十三年，以荐为国子监学正，擢《春秋》博士。《明史·文苑传》附载张以宁传中。有《春秋书法钩玄》四卷。（按，《四库全书》概作《春秋书法钩元》，盖避康熙玄烨讳也。）

孙作坐罪废为民。《曝书亭集》卷六十三《孙作传》：“寻命分教中都。召还，擢国子监司业。十三年，坐罪废为民。”

唐仲实卒，年七十三。《新安文献志》卷八十九钟亮《南雄路儒学正白云先生唐公行状》：“先生生于戊申正月三十日，甫十岁，授业于乡先达杏庭洪公潜夫之门，日记经史，颖悟绝人……辛亥夏五月，患腹疽之症，伏枕几七十日。疾已小愈，七月廿又一日申时，子孙环侍。作赞曰：‘两袖清风，千里白云。’萧然而逝，享年七十有三……先生身长六尺二寸，美髭髯，双瞳如点漆，面如红玉。气豪迈，老而弥壮。虽遭困踬，浩如也。每当贵客广会，酒未酣，清谈娓娓，议论风生，座客倾听，不敢忤视，人人畏服而尊敬之。其为文一以气为主，辞严而理正，及其成也，神惊鬼愕，意态横出，勃勃如春涛起涌，令人叹赏。其为诗，清新流丽，出语惊人，而声调格律铿锵浏亮，读之琅然惬听。有《武夷稿》、《白云集略》四十卷，藏于家。”

明太祖洪武十四年辛酉（公元 1381 年）

正月

下求贤诏。《明太祖实录》卷一百三十五：洪武十四年春正月戊子，“命新授官各举文学、贤良方正、聪明正直、孝弟力田及才干之士凡五等。”“丙辰，诏求贤。诏曰：‘自古有志之士，屈身寒微之时，未见其为贤智也。一旦遇君，则贤知称焉。朕常诏求天下贤才，其来者虽众，而贤智者甚寡，岂君子怀韬椟之志，而内美不自见乎？今再诏寰宇之内，果有才高识广之士，隐于耕钓，困于羁旅，虽有至智，一时不能自伸者，有司以礼敦遣，朕将尊显之。於戏！智人潜光，常处寒微而阅世，天道成人，使之忍性动心，而所为拂乱斯世之上贤，朕虚心延仁，毋重自困焉。’”《明通鉴》卷七：“时上罢科举，专用辟荐，凡中外大小臣工，下至仓库司局诸杂流，亦令推举文学才干之士。其被荐至者，又令转荐。一时山林岩穴之士，由布衣而登大僚者接迹矣。”

国子助教赵新为山西布政使。(据《国榷》卷七)

命吏部：凡郡县所举诸科贤才至京者，日引至端门庑下，令四辅官、谏院官与之论议，以观其才能。(据《明太祖实录》卷一百三十五)

诏天下编赋役黄册。《明鉴纲目》卷一："纲：定赋役籍。目：诏天下编赋役黄册，凡乡一百十户为里，里有里长，十户为甲，甲有甲首。岁以里长一人，董一里人事，应役，一年一周，谓之排年。其先后以丁粮多寡为字。在城曰坊，近城曰厢，役亦如里。里编一册，册有丁有田，以户为主。册首为图，鳏寡孤独，不任役者，附十甲后，为畸零。册有四，一进户部(面用黄纸，故谓黄册)，其三(用青纸)，布政司、府、县，各留一焉。每十年，有司更定其册。以丁粮增减而升降之。(其后，复命国子生分行州县，随粮定区，区设粮长四人，量度田亩方圆，次以字号编类，为鱼鳞图册。黄册以户为准，鱼鳞册以土田为准。鱼鳞册为经，土田之讼质焉。黄册为纬，赋役之法定焉。〇事在二十年。)"

胡翰卒，年七十五。《明文衡》卷八十四吴沈《长山先生胡公墓铭》："先生生元丁未十一月初三日，卒于洪武十四年正月十日，年七十有五。"《明史》胡翰传："胡翰，字仲申，金华人。幼聪颖异常儿。七岁时，道拾遗金，坐守待其人还之。长从兰溪吴师道、浦江吴莱学古文，复登同邑许谦之门。同郡黄溍、柳贯以文章名天下，见翰文，称之不容口。游元都，公卿交誉之。与武威余阙、宣城贡师泰尤善。或劝之仕，不应。既归，遭天下大乱，避地南华山，著书自适。文章与宋濂、王祎相上下。太祖下金华，召见，命与许元等会食中书省。后侍臣复有荐翰者，召至金陵。时方籍金华民为兵，翰从容进曰：'金华人多业儒，鲜习兵，籍之，徒縻饷耳。'太祖即罢之。授衢州教授。洪武初，聘修《元史》，书成，受赉归。爱北山泉石，卜筑其下，徜徉十数年而终，年七十有五。所著有《春秋集义》，文曰《胡仲子集》，诗曰《长山先生集》。"

谕勋武臣子弟皆入国学受业。(据《国榷》卷七)

二月

儒士郑孔麟、王德常为河南广东右参议。(据《国榷》卷七)

三月

命郡县访求明经老成儒士为儒学训导。(据《明太祖实录》卷一百三十六)

诏仓库司局官举贤。《明太祖实录》卷一百三十六：洪武十四年三月，"丙申，敕内外仓库司局官各举贤良方正、文学材干之士一人。"

诏颁《五经》、《四书》于北方学校。《明太祖实录》卷一百三十六"洪武十四年三月辛丑(十六日)"："颁《五经》、《四书》于北方学校。上谓廷臣曰：'道之不明，由教之不行也。夫《五经》，载圣人之道者也，譬之菽粟布帛，家不可无。人非菽粟布帛，则无以为衣食，非《五经》、《四书》，则无由知道理。北方自丧乱以来，经籍残缺，学者虽有美质，无所讲明，何由知道。今以《五经》、《四书》颁赐之，使其讲习。夫君子而知学，则道兴；小人而知学，则俗美。他日收效，亦必本于此也。'"

敕致仕刑部尚书李敬为国子祭酒。（据《国榷》卷七）

起致仕四辅官龚敩为国子学司业。 敕曰："其为朕一来，坐以教道，无奔趋筋力之劳，而成就后学之美。亦儒者素志也。"（据《国榷》卷七）

四月

命国子生兼读刘向《说苑》及律令。《明太祖实录》卷一百三十七：洪武十四年夏四月，"丙辰朔，诏改建国子学于鸡鸣山下，命国子生兼读刘向《说苑》及律令。上谕祭酒李敬曰：'士之为学，贵于知古今，穷物理，圣经贤传，学者所必习，若《说苑》一书，刘向之所论次，多载前言往行，善善恶恶，昭然于方册之间。朕尝于暇时观之，深有劝戒。至于律令，载国家法制，参酌古今之宜，观之者亦可以远刑辟。卿以朕命导诸生，读经史之暇，兼《说苑》，讲律令，必有所益。'"

袁景阳以聪明正直荐于朝，授惠州兴宁县丞。 金幼孜《金文靖集》卷九《兴宁丞袁景阳墓碣铭》："洪武辛酉（十四年）夏四月，以聪明正直荐于朝。太祖高皇帝命赋《槐阴清昼》，遂援笔成三诗以进。即日授惠州兴宁县丞。"

刘崧卒，年六十一。《明太祖实录》卷一百三十七"洪武十四年夏四月己未（初四）"："国子司业、前礼部侍郎刘崧卒。崧，字子高，吉安泰和人，元季尝领乡荐，遇乱，不及会试。教授乡里。国朝洪武三年，以材学举至京，授兵部职方郎中，升北平按察司副使。居官以清苦自持，坐事输作京师，寻放归乡。十三年春，丞相胡惟庸等诛，上特赐手敕，起为礼部侍郎。未几，命署吏部尚书事，以疾乞致仕，许之。已而上思其老成宿学，遣使以国子司业起之，一见欢甚，赐以鞍马。居位未十日，遽得疾，犹强坐训诸生。疾革，祭酒李敬问所欲言，崧曰：'天子遣崧教国子，将责以成功，而遽死乎？'无一语及家事。卒年六十一。上重惜之，亲为文以祭之，曰：'惟尔有学者行，发誉儒林。朕嘉尔能，屡常擢用。迩者遣使，召尔司业成均，简在朕心，期于成效。夫何不数日间，遽然而逝，朕甚悼焉。已令有司，备礼殡殓，灵车归葬。特以牲醴致祭。'崧博学有志。家素贫，及贵，未尝增置产业。居官十岁，不以妻子相随，清苦如布衣时。其为北平按察副使，携一童往，至则遣还。每夜孤灯一榻，读书不辍。至五鼓，则衣冠起坐待旦。值北平兵革之后，招徕逋逃，慰安反侧，惟务宽厚，以存大体。尤慎威刑之用。遇小人恔狡，辄先事防制，温颜异词，而见者凛然。及致仕而归，益自谦下。问学之功，老而弥笃。与人言，未尝及官政。岁歉，其姻族之人不能自养者，辄周给之。崧扬历中外，尤以文学受知于上。其为文雅粹，为诗有唐人风韵。所著有《北平八府志》、《东游录》、《岭南录》及诗文十八卷，藏于家。又有《职方集》行于世。"

改建国子学于鸡鸣山南。（据《国榷》卷七）

儒士吉安伍朝宾为谏院左正言。（据《国榷》卷七）

五月

以贤良方正何德忠为河南左参议，蒋安素为四川右参议。（据《昭代典则》）

宋濂（1310—1381）卒，年七十二。俞汝楫《礼部志稿》卷五十七《宋濂》："十三年，璲以事得罪，濂当连坐，有司请罪之。上以濂旧臣，特命居于茂州。十四年五月，行至夔州，卒。所著有《潜溪集》四十卷，《萝山集》五卷，《龙门子》三卷，《浦阳人物记》二卷，《翰苑集》四十卷，《归田集》四十卷。长子瓒与璲俱以能书名。"朱兴悌、戴殿江《宋文宪年谱》："五月，卒于夔州。先生行至夔州，寓僧寺，卧病不食者三旬。二十日，晨起书《观化帖》，端坐而逝。""孙铿案，《金华献征录》云，临终作《观化帖》八十二字，略云：'君子观化，小人怛化。中心既怛，何以能观？我心情识尽空，等于太虚。不见空空，不见不空。大小乘法门不过如此，人自不信，可怜可笑。'示恪示怿，盖其从行二孙也。"

山西布政使赵新为翰林修撰。（据《国榷》卷七）

六月

赐国子生布帛各一匹。《明太祖实录》卷一百三十七：洪武十四年六月，"丙辰，赐国子生布帛各一匹。时于诸生中选才学优等聪明俊伟之士，得三十七人。命之博极群书，讲明道德经济之学，以期大用，称之曰'老秀才'。累有罗绮袭衣巾靴之赐，恩遇甚厚"。

八月

诏求明经老成之士。（据《明史》太祖本纪）

九月

诏复置起居注。《殿阁词林记》卷十一《史官》："圣祖初建国，爰重史事，设起居注。甲辰年十月，以宋濂、魏观为之，日侍左右记言动。及正位后，刘季道由明经任，郭传由翰林应奉任，范常由直学士任，蒋学、阎钝、蒋子杰由举人任，熊鼎由考功博士任，陈敬由编修任。未几革之。洪武十四年九月己丑，诏复置起居注，秩从七品，以儒士单仲佑任焉。二十四年，詹同犹为起居注，其后竟废，令本院史官兼之。每朝则立班记事，入馆则载笔以从，书动以为日历，书言以为宝训。永乐中，王直在翰林，犹从事于记注。宣德后，浸以废矣。今史馆凡十，所在东阁之右，中藏列圣实录、古今书史。每被命修书，则本院官日聚集焉。成化、弘治中，臣僚累建言欲复起居注之旧，或欲即命史官记时政于其中，如宋朝政房之制，皆未举行。夫世之门生故吏，于其所尊事者，犹编有语录谈记，矧圣神盛德大业，焜耀如日星，胡可无述乎！在洪武时，日历、宝训，常勤删述，其旧迹犹有可寻者。祖宗旧制，所当复也。"

禁有司荐举州县儒学训导。《明太祖实录》卷一百三十九：洪武十四年九月丙午，"礼部尚书李淑正言：'州县儒学训导多以贤良等科荐至京，至师范缺员，生徒废业。'上曰：'学校人才所出，朕方以未得明师为忧，而有司又拔而举之，甚失教育人才之意。其即禁之，著为令。'"

改翰林院、钦天监、太医院正五品，翰林学士一，侍讲学士、侍读学士各二，五经博士五、典籍侍书各二，待诏六，史官、修撰三，编修、检讨各四。（据《国榷》卷七）

翰林修撰乐清、赵新致仕，予敕。（据《国榷》卷七）

十月

定翰林院考核之法，任满黜陟，取自上裁，不由吏部。《殿阁词林记》卷十八《奏绩》："本院官凡历俸连闰计三年，例给由考满，六年、九年皆然。先具脚色事迹及过名有无，呈掌印官，以凭考核。乃往吏部相见，六品以下循廊至堂上，送迎待以殊礼；五品以上冢宰迎至后堂，宾主坐，送出。移咨都察院，掌院皆迎至后堂，坐，送出，不计崇卑。洪武十四年十月壬申，定考核之法，翰林院等衙门为近侍，不系常选官员，任满黜陟，取自上裁，盖未尝往吏部也。十六年六月己卯，吏部奏定考核在京翰林院等衙门属官，俱从正官考核，各以功过称职与否开具，送部覆考。从之。永乐元年，吏部奏准本院五品以上堂上官照例不考。五年，奏准詹事府六品以上官亦不考。俟九年，奏请黜陟。而凡左右春坊、司经局、中书舍人，俱不咨都察院，惟吏部考核，而本院官犹咨都察院劄付河南道覆考，稍与洪武时异矣。近凡考满，皆本部引奏复职，六年亦然，九年则考功司例差官送题作文，不知起自何时。大率皆非祖宗礼待文学侍从之旧也。九年考满，该升品级具奏，请自上裁，尚循旧典焉。若考察之法，或间一举行。成化四年，令翰林院属官并带俸官译字等官，本院学士会同内阁考察。弘治元年，令翰林院官亦从吏部考察。十年，令两京官照例考察，惟翰林院学士不在五品之例。百馀年来，儒臣未尝玷清议。自考察之典行，修撰钱福、编修孙清盖由兹退者。夫惟祖宗之世，日勤晋接照临，虽远不遗，而何迩臣之能掩。然既著为令甲，耳目有攸寄矣。嘉靖初，学士以上自陈不入考察，张孚敬、桂萼自外入，始专其柄矣。"

林弼卒，年五十七。王廉《中顺大夫知登州府事梅雪林公墓志铭》："俄以疾不起，实辛酉冬十月戊寅也，享年五十有七。公善草楷法，尝与予言，'用笔须偏正法兼备乃妙。近世赵孟頫书非不精，但侧锋太多，不能逃书家清议'。林泉生尝言，林公用笔皆正锋有力，非若他人止写画也。公所为诗文皆雄伟逸宕，语或清峻，复出尘表。有《梅雪文稿》若干卷，《使南集》若干卷。"

命法司论囚奏闻，从翰林院给事中及春坊正字司直郎会议平允奏决。（据《国榷》卷七）

十一月

赐国子生冬至节钱。（据《国榷》卷七）

禁有司不得差遣学官。（据《国榷》卷七）

十二月

儒士张子源试侍郎，张宗德试兵部侍郎。（据《国榷》卷七）

定翰林院考核章奏例。《殿阁词林记》卷十四《奏启》："洪武十四年十二月丁巳，命翰林院编修、检讨、典籍，左春坊右司直郎、正字、赞读考驳诸司奏启以闻，如平允，则署其衔曰翰林院兼平驳诸司文章某官某，列名书之。永乐以后，四方章疏经御览者，内有难词难字，始令本院考究，不复先期评驳。"

赐国子生明年正旦元宵节钱。（据《国榷》卷七）

本年

谕吏、兵二部：今武臣子弟岂无聪明特达有志于学者，莫概视为武人。查继佐《罪惟录》志卷十八《科举志·武科举》："洪武十四年，上谕吏、兵二部，有曰：'木直者可以中强，其曲者可以中矩。人有学问，何所不可。昔诸葛孔明、羊祜、杜预、李靖辈，文武全材表表也，今武臣子弟，岂无聪明特达有志于学者，莫概视为武人。尔等偏重，必至用人失实，勉之。'"

凌云翰以荐举召授成都教授。夏节《柘轩集行述》："国朝洪武初建立学校，招延文学老成、经明行修之士，训迪生徒，时则典教叶居仲、徐大章、司训王好问、瞿士衡、莫景行、何彦恭，适同其事，咸称得人。浙省参政鄱阳周公伯温扁其读书处曰'安易'，总制马公、参政徐公接以宾礼，与之唱和。洪武辛酉，以荐举召授四川成都教授。"

周忱（1381—1453）生。《列朝诗集小传》乙集《周尚书忱》："忱字恂如，庐陵人。永乐二年，命翰林学士解缙简进士颖秀者二十八人读书文渊阁，应列宿之数，公自陈年少乞预，时人谓之挨宿。授刑部主事，转越府右长史。宣德五年，超拜工部右侍郎，巡抚江南，升户部尚书，改工部，凡二十二年。景泰中致仕，卒年七十三，谥文襄。"《明史》周忱传："周忱，字恂如，吉水人。永乐二年进士。选庶吉士。明年，成祖择其中二十八人，令进学文渊阁。忱自陈年少乞预。帝嘉其有志，许之。寻擢刑部主事，进员外郎。忱有经世才，浮沉郎署二十年，人无知者，独夏原吉奇之。洪熙改元，稍迁越府长史。宣德初，有荐为郡守者。原吉曰：'此常调也，安足尽周君。'五年九月，帝以天下财赋多不理，而江南为甚，苏州一郡，积逋至八百万石，思得才力重臣往厘之。乃用大学士杨荣荐，迁忱工部右侍郎，巡抚江南诸府，总督税粮。"

明太祖洪武十五年壬戌（公元 1382 年）

正月

命天下朝觐官，各举所知一人。《明太祖实录》卷一百四十一：洪武十五年春正月庚戌，"命天下朝觐官各举所知一人。上谕之曰：'古之荐举者，以实不以名，后世荐举者，徇名而遗实，故往往治不如古。朕遵仿古制，举用贤才，各因其器能而任使之，庶几求其实效。今尔等来朝，其各举所知，凡有一善可称，一才可录者，皆具实以闻，朕将随其才以擢用之，毋有所隐。'"

命礼部遣使往福建、湖广、江西、浙江四布政司及直隶府州选善书者，凡得千九百十人。（据《明太祖实录》卷一百四十一）

翰林侍讲火原洁等编《类华夷译语》。（据《国榷》卷七）

二月

以福建儒士沈士荣为待诏。《殿阁词林记》卷二十一《直谏》："洪武十五年二月，以福建儒士沈士荣为待诏。士荣抗疏言天下事，谓当修治省刑，且请给笔劄条列事宜，或入侍左右，剧论庶事，雅重其鲠直，赐手诏褒重之。十六年十月，秀才周焕奎、高孟文入见，论时事剀切，上大喜，皆擢为检讨。二十六年十一月，学官入觐者询民间政事得失，在列者多应对不称旨，独秦州训导门克新敷奏亮直，擢左赞善。绍兴府学教授王俊华以善文辞，擢右赞善。召二人谓之曰：'吾所以左克新而右俊华者，重直言故也。'皆悚然悦服。他日，侍臣李思迪、马懿顾问默默，则黜之。使忠说之言日闻，圣祖之诒谋远矣。"

翰林典籍刘仲质为礼部尚书。（据《国榷》卷七）

三月

　　改国子学为国子监。《明太祖实录》卷一百四十三"洪武十五年三月丙辰（初七）"："改国子学为国子监。设祭酒一人，从四品；司业一人，正六品；监丞一人，正八品；典簿一人，博士三人，助教一十六人，俱从八品；学正三人，正九品；学录三人，从九品；掌馔一人，杂职。其文移，则六部劄付国子监，国子监呈六部。中都国子监，制同。"黄佐《南雍志》卷一《事纪》："洪武十五年三月丙辰，改国子学为国子监，初定监规九条。已而敕谕监丞专掌罪罚诸生之不守学规者，毋得署钱粮文卷；典簿专掌钱粮文卷，毋得辄罪生员；掌馔则专掌师生饮食而已。若提督养牲供食洒扫堂舍，则监丞、典簿、掌馔皆与焉。囚徒膳夫不听使令有误饮食者，再犯笞五十，三犯处斩。盗物者割其足筋。若管束不严，其刑杖一百。有通外人盗监中诸物者，处斩，发其家口，安置云南。又令本监行移有径呈六部堂上者，典簿毋预。"黄佐《南雍志》卷七《规制考》："太祖高皇帝之初，立国子学也，岁乙巳即元集庆路学为之。庙则大成殿，在灵星门北，戟门内从祀，位在两廊；学则中为明德堂，左右各列二斋。丁未赐正四品印，设祭酒、司业。洪武十五年，改建于鸡鸣山之阳。既落成，三月初七日改国子学为国子监，定制从四品，中为彝伦堂，分两厅、六堂、三十二班，于是以旧国子学为应天府儒学。""（太学之制）为正堂一、支堂六。洪武十五年落成，正堂一十五间，每间阔一丈九尺，深五丈四尺二寸，高二丈三尺四寸，扁曰'彝伦'……博士恒居考课所，亦呼'绳博士厅'，六堂在正堂之后，乃支堂也，一曰'率性'，二曰'修道'，三曰'诚心'，四曰'正义'，五曰'崇志'，六曰'广业'。"

　　定国子监监规。黄佐《南雍志》卷九《谟训考》："洪武十五年三月钦定监规：一、本监正官每日侵晨升堂就坐，各属官以次赴堂，序立行揖礼。正官坐受后，各属官分列东西，相向对揖。礼毕，就立，俟各堂生员行列恭揖，礼毕方退，晚亦如之。一、本监属官，每遇赴堂禀议事务，质问经史，皆须拱立听受，取次讲说，不得即便坐列。其正官，亦不得要求虚誉，辄自起身，有紊礼制，务在纲纪秩然，是为矜式。一、本监正官，职专总理一应事务，须要整饬威仪，严立规矩，表率属官，模范后进，不可尸位素餐，因而怠惰。一、监丞之职，所以参领监事，凡教官怠于师训，生员有戾规矩，并课业不精、廪膳不洁，并从纠举惩治，务要夙夜尽公，严行约束，毋得徇情以致废弛。一、博士、助教、学正、学录等官职，专教诲，务在严立课程，用心讲解，以臻成效，如或怠惰不能自立，以致生员有戾规矩者，举觉到官，各有责罚。一、生员在学读书，务要明体适用，以须仕进，各宜遵承师训，循规蹈矩，凡出入起居，升堂会馔，毋得有犯学规，违者痛治。一、掌馔职备廪食，供给师生，须要恪恭乃事，务在丰洁，毋得通同膳夫厨役人等，因而克减，以致不充，违者依律问罪。一、典簿职掌文案，凡一应学务并支销钱粮，季报课业文册等项，皆须明白稽考，毋得通同吏典人等，侵损漏落作弊，违者并依律处治施行。一、原定每月背讲书日期：初一日假，初二日、初三日会讲，初四日背书，初五日、初六日复讲，初七日背书，初八日会讲，初九日、初十日背书，初十一日复讲，十二日、十三日背书，十四日会讲，十五日假，十六日、十七日背书，十八日复讲，十九日、二十日背书，二十一日会讲，二十二日、二十三日背书，二十四日复讲，二十五日会讲，二十六日背书，二十七日、二十八日复讲，二十九日背书，三十日复讲。"《明史·选举志》："其教之之法，每旦，祭酒、司业坐堂上，属官自监丞以下，首领则典簿，以次序立。诸生揖毕，质问经史，拱立听命。惟朔望给假，余日升堂会馔，乃会讲、复讲、背书，轮课以为常。所习自四子本经外，兼及刘向《说苑》及律令、书、数、《御制大诰》。每月试经、书义各一道，诏、诰、表、策、论、判内科二道。每日习书二百余字，以二王、智永、欧、虞、颜、柳诸帖为法。每班选一人充斋长，督诸生工课。衣冠、步履、饮食，必严饬中节。夜必宿监，有故而出必告本班教官，令斋长帅之以白祭酒。监丞置集愆簿，有不遵者书之，再三犯者决责，四犯者至发遣安置。其学规条目，屡次更定，宽严得其中。堂宇宿舍，饮馔澡浴，俱有禁例。省亲、毕姻回籍，限期以道里远近为差。违限者谪选远方典史，有罚充吏者。""六堂诸生有积分之法，司业二员分为左右，各提调三堂。凡通四书未通经者，居正义、崇志、广业。一年半以上，文理条畅者升修道、诚心。又一年半，经史兼通，文理俱优者，乃升率性。升至率性，乃积分。其法，孟月试本经义一道，仲月试论一道，诏、诰、表内科一道，季月试经史策一道，判语二条。每试，文理俱优者与一分，理优文劣者与半分，纰缪者无分。岁内积八分者为及格，与出身。不及者仍坐堂肄业。如有才学超异者，奏请上裁。""初令监生由广业升率性，始得积分出身。天顺以前，在监十余年，然后拨历诸司，历事三月，仍留一年，送吏部铨选。其兵部清黄及随御史出巡者，则以三年为率。其后，以监生积滞者多，频减拨历岁月以疏通之。每岁拣选，优者辄与拨历，有未及一年者。"万历《大明会典》卷二百二十《国子监》："凡生员升率性堂，方许积分。积分之法，孟月试本经义一道，仲月试论一道，诏、诰、表章内科一道，季月试经史策一道，判语二条。每试文理俱优，与一分，理优文劣者半分，文理纰缪者无分。岁内积至八分者为及格，与出身，不及分者仍坐堂肄业。试法一如科举之制，果有材学超越异常者，取自上裁。"

　　翰林编修吴沈降渭源教谕，未行，除典籍。（据《国榷》卷七）

四月

　　更定春坊为左右春坊。《殿阁词林记》卷十一《春坊》："洪武初，置春坊，以为储宫辅导侍从之臣，官无定员。十五年四月丙申，更定春坊为左右春坊，置左春坊大学士一人，正五品，左庶子一人，正五品，左谕德一人，从五品，左中允二人，正六品，左赞善二人，左司直郎二人，俱从八品，右春坊同。二十九年十一月壬戌，增设左春坊清纪郎一人，从八品，左司谏二人，从九品，右春坊同，亦与本院互兼职事。盖二坊之设，犹馆阁也。大学士综劝学辅德文翰记注之事，庶子掌宫中并诸藩之嫡子及支庶版籍，行则负玺护驾，拜则左右扶掖之，谕德掌侍从赞谕，中允掌侍从礼仪、较正启奏并监药理刑，赞善掌侍从翊养，司直掌弹劾绳纠，皆汉唐以来旧制。清纪掌伺察，司谏掌谏诤过失。其设也，自我洪武朝始。"

诏天下通祀孔子，赐学粮，增师生廪膳。《明太祖实录》卷一百四十四：洪武十五年夏四月，"丙戌，诏天下通祀孔子，赐学粮，增师生廪膳。上谕礼部尚书刘仲质曰：'孔子明帝王之道以教后世，使君君臣臣，父父子子，纲常以正，彝伦攸序，其功参于天地。今天下郡县，庙学并建，而报祀之礼，止行京师，岂非阙典？卿与儒臣，其定释奠礼仪，颁之天下学校，令以每岁春秋仲月，通祀孔子。'又命凡府州县学，田租入官者，悉归于学，俾供祭祀及师生俸廪。仲质对曰：'前代学田，多寡不同，宜一其制。'乃诏定为三等，府学一千石，州学八百石，县学六百石，应天府学一千六百石，各设吏一人，以司出纳，师生月给廪膳米一石，教官俸如旧。"

命国子生没者，给棺归其家。（据《国榷》卷七）

以儒士吴颙为国子监祭酒。《明太祖实录》卷一百四十四：洪武十五年夏四月，"癸卯，以儒士吴颙为国子监祭酒，上谕之曰：'国学者，天下贤材所萃，而四方之所取正。必师道严而后模范正，师道不立，则教化不行，天下四方，何所取则？卿宜崇重道义，正身率下，俾诸生有所模范。若徒以文辞为务，记诵为能，则非所以为教矣。夫钟鼓扬则闻于远，德义著则人乐从，尔其慎之，勉副朕意。'"

设司经局。《殿阁词林记》卷十一《司经》："洪武十五年四月丙申，置司经局，设洗马二人，校书二人，正字二人。二十三年六月，命定司经局官制。礼部考唐制，言太子司经局洗马从五品，校书正九品，正字从九品，其余职官禄各有差。洪武禄增多于唐，宜从裁减。诏正字洗马而下，官秩依唐制，其俸禄则从时制。二十四年七月丁未，定司经局官品秩，俱仍其旧。按典置经局自南梁，其后隋改司经局，唐为桂坊。洗马之洗，言先也，遇车驾出则前驱导威仪也，掌图籍经史之事。校书掌雠校经籍，正字掌刊正文字，与本院互兼职事，正字或中书科兼之。"

大理寺卿李仕鲁以触忤朱元璋被杀。《明鉴纲目》卷一："纲：夏四月，杀大理寺卿李仕鲁（字宗孔，濮州人）。目：帝颇好释氏教，诏征东南戒律僧，数建法会于蒋山，应对称旨者，辄召入禁中，赐坐讲论，时寄以耳目。诸僧怙宠，请为释氏创立职官，于是设左右善世阐教等，皆高其品秩。道教亦然。仕鲁疏言，陛下方创业，意指所向，即示子孙万世法程，奈何舍圣学崇异端。章数上，不听。仕鲁性刚介，以辟佛自任，及言不见用，遂乞骸骨，置笏帝前。帝大怒，命武士摔搏之，立死阶下。"

明朝始设锦衣卫。《明鉴纲目》卷一："纲：置锦衣卫（锦衣卫始此）。目：初，置拱卫司管领校尉，已，改为亲军都尉府，而设仪鸾司。至是罢仪鸾司，改置锦衣卫，掌侍卫缉捕刑狱之事。（指挥使，秩正三品，镇抚司隶焉。帝时有所诛戮，辄下镇抚司杂治，不由三法司。其从校五百人，禄秩名号，无异京卫军士，而独不隶大都督府，称为亲军。）"

设云南各处儒学。（据《国榷》卷七）

五月

新建国子监落成。《明太祖实录》卷一百四十五：洪武十五年五月，"己未，新建太学成。其制，庙学皆南向，庙在太学东，中为大成殿，殿左右两庑，前为大成门，门左右列戟二十四。门外东为牺牲厨，西为祭器库，又前为灵星门。太学正堂曰彝伦堂。中为祭酒、司业公署，左为祭酒、司业讲授之所，右西列席东向，为博士课试之所。前为太学门，又前为集贤门。彝伦堂之后为六堂，曰率性，曰修道，曰诚心，曰正意，曰崇志，曰广业，诸生肆业居之。堂之东西皆列二馆，助教、学正、学录居之。丞簿有署，会馔有堂，厨库井湢以次而列。学之旁以宿诸生，谓之号房。有妻子者居外，月给米赡之。自经始以来，驾数临视，至是落成，遣官祭先师孔子，命翰林院学士宋讷记其始末于石。仍以旧国子学为应天府学"。黄佐《南雍志序》："太祖高皇帝龙飞之初，以应天府庠为国学，与中都国子相埒。洪武十五年，始相地于都城之北，为国子监，以聚天下英材，而二学遂革。"《国榷》卷七："（洪武十五年五月）己未，新作太学成。旧国学为应天府学。"

礼部尚书刘仲质奏："应天府学生员比外郡数多，宜增设训导二员。"从之。（据《明太祖实录》卷一百四十五）

命礼部颁学规于国子监，俾师生遵守。《明太祖实录》卷一百四十五：洪武十五年五月，"庚午，命礼部颁学规于国子监，俾师生遵守。祭酒每旦升堂，属官序进行揖礼，祭酒坐受。属官分列东西，相向对揖毕，六堂诸生进揖如之，唯无分揖礼。属官升堂禀议事务，或质问经史，须拱立听命，不得违越礼法。监丞之职，凡教官怠于训诲生员，有戾规矩，课业不精，廪馔房舍不洁，并从纠举惩治。博士、助教、学正、学录职专训教生员，讲读经史，明礼适用，以待任使。有不遵师教废业者罚之。典簿、掌馔务致廪食丰洁，钱谷出入明白，及课业进呈以时，他无所预"。

太祖谕太学生。《明太祖实录》卷一百四十五：洪武十五年五月，"丁丑，敕谕国子监生曰：'仲尼之道，上师天子，下教臣民，自汉及今，未有逾斯道而能久者。朕统一寰宇，君主斯民，切惟学校国之首务，乃今年春命工曹构庙学，五越月而成。于是博选师儒教训生徒，期在育君子以履仲尼之道，以助我后嗣，以安天下苍生。苟教之不以其道，学之不尽其心，则恐养非君子，用非贤人，徒劳民供，无益国家。尔诸学者当谦柔恭谨，存礼义之勇，去血气之刚，持守仲尼四勿之训，积日经旬，以逾岁月，不变其所学，则贤人君子矣。由是出为国用，致君尧舜，跻民于雍熙，显扬其亲，永世不磨，岂不伟哉！宜体朕意，立乃志，务乃学，正尔仪，慎而言，勉务进修，无间昼夜。讲于友必正道以相辅，问于师必致恭而听受。有乖此礼者，监丞纠之，毋忽。'"

郭允道为户部尚书。举贤良方正。（据《国榷》卷七）

遣行人敕天下有司访经明行修之士，年七十以下、三十以上，聘送至京。（据《国榷》卷七）

六月

诏国子监官年高者值暑月及雨雪，朔望免朝参。（据《国榷》卷七）

考选郡县生员入国学。《明太祖实录》卷一百四十六：洪武十五年六月，"乙酉，命各道提刑按察司选府州县学生员，年二十以上，资质厚重，容貌端秀，有志学问，愿入国学者，送京师。既而至者千余人，命礼部考其文辞，中式者留之，不中者遣还。"

云南北胜州酋长高策甫七岁，率所部降。后十年入朝，送太学。（据《国榷》卷七）

七月

禁天下生员出位妄言。《明太祖实录》卷一百四十六："洪武十五年秋七月乙卯，御史赵仁等言：'学校之设，本以作养人材，穷理正心，期有实效。今天下生员多不遵师训，出位妄言，非希进用，则挟私仇，甚失朝廷教养之意。宜令有司严加禁止，日省月试，务在成效。果有奇材，欲陈便民利国之术者，许与教官详议可否，同列姓名，然后上达。若其言有可取，仍命题考试文字，中式者，不次擢用。如是，则可以杜绝妄言，激励士风矣。'从之。"

解州学正孙询，讦税使曾必焘故善胡惟庸，今改名必贵。（据《国榷》卷七）

前国子助教洛阳开济试刑部尚书，杨汝贤试侍郎。（据《国榷》卷七）

八月

命礼部颁学校禁例十二条于天下。《明太祖实录》卷一百四十七：洪武十五年八月辛巳，"命礼部颁学校禁例十二条于天下。一曰：生员事非干己之大者，毋轻诉于官；二曰：生员父母有过，必恳告至于再三，毋致陷父母于危辱；三曰：军国政事，生员毋出位妄言；四曰：生员有学优才赡，深明治体，年及三十愿出仕者，许敷陈王道，讲论治化，述为文辞，先由教官考较，果有可取，以名上于有司，然后赴阙以闻；五曰：为学之道，必尊敬其师，凡讲说须诚心听受，毋恃己长，妄为辩难；六曰：为师者当体先贤，竭忠教训，以导愚蒙；七曰：生员勤惰，有司严加考较，奖其勤敏，斥其顽惰，斯为称职；八曰：在野贤人君子，果能练达治体，敷陈王道，许其赴京面奏；九曰：民间冤抑等事，自下而上陈诉，不许蓦越；十曰：江西、两浙、江东之民多有代人诉状者，自今不许；十一曰：有罪充军安置之人，毋妄建言；十二曰：十恶之事，有干朝政，实迹可验者，许密以闻，其不遵者，以违制论。仍命以所颁禁例，镌勒卧碑，置于明伦堂之左"。

监察御史张良有罪下狱，疏自讼，贬云南府教授。（据《国榷》卷七）

刑部尚书开济等议上考核秀才七条，从之。《明太祖实录》卷一百四十七：洪武十五年八月辛丑，"监察御史赵仁言：'臣闻治天下以得贤为本，宣教化以治民为先。钦惟圣心拳拳，以天下之广，惟恐一夫不得其所，一官不称其职，除官拜命，谆谆告戒，至亲且切，盖欲使斯民乐于雍熙，天下期于无刑而已。曩者以贤良方正、聪明正直、孝弟力田、文学之士，列置郡县，俾宣明教化，抚安生民。授任之际，才智高下一时未尽周知，将一考矣，政绩少闻。于是又聘天下秀才，以资任用。臣愚以为，从古以来，知人不易，莫若考其经明行修达于政事者为一等，通晓四书才兼干济者为一等，量才授职，代彼旧官。其既代之官，就令布政使司按察司考核，孰为称职，孰为不称职，孰为平常，给以纸牌，遣赴吏部再加考核。若有公勤廉干者，擢用之，庸怠贪鄙者，罢黜之。如此则官得其人，民被其泽矣。'上览其言，谓刑部尚书开济等曰：'设官分职，所以安民，官不得人，民受其害。今征至秀才不下数千，宜试其能否，考其优劣，然后任之以职，尔等定议以闻。'于是济等议为七条：其一，宜选文武之臣有才识者，于公事暇时以所取秀才一一延问，以经明行修为一科，工习文词为一科，通晓四书为一科，人品俊秀为一科，言有条理为一科，晓达治道为一科，六科备者为上，三科以上为中，三科以下为下，六科俱无为不堪。其二，观其言貌止知大略，观其行事乃见实能，宜令京官于秀才内各举所知，举中者量加升擢，不当者罚及举主。其三，往者犯罪官员皆以怠惰无能，遂致废事，今宜精选可用者留之，老疾不堪者遣还，仍命布政使司、按察司具其善恶实迹，参其所言得失，以为黜陟。其四，秀才多郡县一时起送，其堪录用者，犹虑未尝练习政务，况又用非其才，则非但速于获戾，民亦被其害矣。今堪用者，止宜量才授职，未可遽迁重任。其不堪任遣还乡里者，可令为社师明经，老疾者，授以教官。其五，见任官员，其间岂无才学之士，廉慎之人？初用秀才远不可及，今宜核之，果文学之士，历任老成有绩可称而无过者，存用之，或加升擢，与初任秀才参署政务。所谓孝弟力田、聪明正直者多非其人，宜悉罢举。其六，刑罚未省，赋役未均，皆由所司不得其人，今以秀才任之，必能兴学校，教民有方，均平赋役，使民无讼矣。其七，内六部、察院，外布政使司、按察司及府县守令，任亦重矣，得其人则政举，非其人则职废，必选通儒达吏，练事老成，明于治体可以任重者使居之，不可泛用非人。议上，从之"。《明通鉴》卷七："初，上诏征天下秀才，凡先后至者，吏部试之，召见授官。丁酉，擢秀才曾泰为户部尚书。是时都御史赵仁言：'曩者以贤良方正、孝弟力田诸科所取士，列置郡县，多不举职，今又聘取天下秀才以资任用。臣愚以为当分等考核以定去留。'上览其奏，谓刑部尚书开济曰：'设官所以安民，官不得人，民受其害。今征至秀才，宜试其能否，考其优劣，然后授之以职。其详议以闻。'于是济议：'以经明行修为一科，工习文词为一科，通晓书义为一科，人品俊秀为一科，练达治理为一科，言有条理为一科。六科备者为上，三科以上为中，不及三科者为下。'从之。"

诏礼部设科取士。令天下学校期三年试之，著为定制。《明太祖实录》卷一百四十七：洪武十五年八月丁丑朔，"诏礼部设科举取士。令天下学校期三年试之，著为定制。"《国榷》卷七："洪武十五年八月丁丑朔，诏复科举，期三年，著为令。陈于陛曰：

古之选举专论行，今之进士专论文，似相背驰。然古以行举者，未必便保其终，如兹科目虽以文进，而进士一科，尤为世所崇重。士登其目者，未免自顾科名，爱惜行检，不敢为非。是励行崇化之道，实默寓其间。古之辟举，盖异辙而同途矣。杨慎曰：本朝以经学取人，士子自一经之外，罕所通贯。近日稍知务博，以哗名苟进，而不究本原，徒事末节；五经诸子，则割取其碎语而诵之，谓之蠡测；历代诸史，则抄节其碎事而缀之，谓之策套。其割取抄节之人已不通经涉史，而章句血脉，皆失其真：有以汉人为唐人、唐事为宋事者，有以一人拆为二人、二事合为一事者。予曾见考官程文，引制氏论乐，而以制氏为致仕；又士子墨卷，引《汉书·律历志》，先其算命作先算其命。近日书坊刊布其书，士子珍之，以为秘宝，转相差讹，殆同无目人说词话。噫！士习至此，卑下极矣。"《明鉴纲目》卷一："纲：秋八月，复行科举。目：三年一行为定制。时虽复行科举，而监生与荐举人才参用者居多。尝擢监生刘政等六十四人，为布政按察使，及参政副使等官，或用为御史、给事中。而荐举之途尤广，贤良郭有道，秀才范敏、曾泰，税户人才郑沂，儒士赵翥，皆起家为尚书。其它由布衣登大僚者，不可胜数。"

马皇后去世。《明史》太祖孝慈高皇后传："太祖孝慈高皇后马氏，宿州人。父马公，母郑媪，早卒。马公素善郭子兴，遂以后托子兴。马公卒，子兴育之如己女。子兴奇太祖，以后归焉。……洪武十五年八月寝疾。群臣请祷祀，求良医。后谓帝曰：'死生，命也。祷祀何益！且医何能活人？使服药不效，得毋以妾故而罪诸医乎？'疾亟，帝问所欲言。曰：'愿陛下求贤纳谏，慎终如始，子孙皆贤，臣民得所而已。'是月丙戌（初十）崩，年五十一。帝恸哭，遂不复立后。"

九月

升王嘉会为国子右司业。黄佐《南雍志》卷二十一《列传》："王嘉会……洪武十五年九月，升国子右司业。时宋讷为祭酒，太学生常数千人，嘉会与讷及左司业龚敩，严立楷范。三人者，春秋已高，须鬓鬑如，正其衣冠，旦夕端坐，太学生云集阶下，肃然望而畏之，以是士类率教，多所造就，吏部取擢，辄能其官。"

吏部征选天下儒士。《明太祖实录》卷一百四十八：洪武十五年九月，"戊申，吏部以征至天下儒士，选其经明行修者，列其等第上闻。上曰：'贤才固不乏也。今贤人君子，出为时用，小大器使，当随其能，毋使有其才而不尽其用也。'""己酉，吏部以经明行修之士郑韬等三千七百余人入见，上谕之曰：'朕自即位以来，侧席贤士，与图至治。然自惟知人，尧舜所难，岂所知者皆贤，所未知者无贤哉！故敕天下征聘遗逸。卿等固皆贤人君子，山林之下，又岂无如卿者？其悉举以为朕用。'于是济宁单县儒士张宁以董伦等荐，复遣使征之，仍赐韬等钞，人一锭。"甲戌，"诏吏部近所征天下秀才，有老疾不愿仕，及考下等，已授职而未任者，人赐钞四锭，遣还乡"。

董纪应试京师。《西郊笑端集》卷一有《九月三日奉天门早朝得赐宝镪》、《九月十四日上亲策试，赐膳华盖殿西庑下，以大行皇后丧，设酒不荤》诸诗。

儒士萧尚仁为潭府左长史。辞老，改平凉训导。（据《国榷》卷七）

谕吏部善待征士。其疾卒者，有司给槥归其家。（据《国榷》卷七）

儒士沈士荣上章请召对，条列事宜，太祖纳之。寻授翰林待诏。（据《国榷》卷七）

十月

诏天下来朝官各举一茂才。（据《国榷》卷七）

命礼部颁刘向《说苑》、《新序》于天下学校，令生员讲读。（据《明太祖实录》卷一百四十九）

令各按察司精考儒学官。《明太祖实录》卷一百四十九：洪武十五年冬十月戊子，"上谕礼部臣曰：'学官所以造就人材、模范后进，非老成笃学之士，莫宜居是。'其令各按察司精考儒学官，不通经术者，送吏部别用。其有通经术，能文章，滞于下僚者，悉以名闻"。

更定都察院官制。《明鉴纲目》卷一："纲：冬十月，更定都察院官制。目：初，吴元年，置御史台，设御史大夫（秩从一品），中丞（正二品），及侍御史（从二品），等官。后罢台（在十三年），设都察院（在十四年）都御史，秩正七品，分监察御史为十道（浙江、江西、福建、广东、广西、山东、北平、四川、河南、湖广、山西、陕西），秩正九品，至是升都御史正二品，御史正七品（后又设副都御史，秩正三品。佥都御史，秩正四品。〇方御史台初建，帝谓邓愈、刘基等曰：国立三大府，中书总政事，都督掌军旅，御史掌纠察，朝廷纪纲，尽系于此。其后罢中书省，政归六部。然部有专司，惟都察院总宪纲，专纠劾，为天子风纪耳目之司，其职綦重云）。"

龚诩（1382—1469）生。据《野古集》所附《年谱》："洪武十五年壬戌。是岁十月十一日，生先生于岳州。诩字大章，昆山人。父曶，洪武中官给事中，以言事遣戍五开卫，诩遂隶军籍，调守金川门。靖难师入，变姓名遁归。卒，门人私谥安节先生。有《野古集》三卷。"沈鲁《钝庵先生墓铭》："洪武壬戌十月十一日生先生于岳州。叔言擢兵科都给事中，以事谪戍五开，时戍者不许偕亲属行。先生甫三岁，随母夫人归依外氏，而叔言讣音寻至，夫人守节不贰，纺绩给衣食，课子读书。先生性通敏，过目辄成诵。虽罹多故，于穷愁无聊中，亦能自奋励。但尫羸屡弱，不任继先人戍远，乃敛膝授徒于乡三十年，母子更相为命。"

董纪除江西按察使佥事。《四库全书总目·西郊笑端集提要》："洪武壬戌，举贤良方正，廷试对策称旨，授江西按察使佥事。未几，告归。"《西郊笑端集》卷一《别侄董时雨二首》序："予与时雨侄同以有司贡举来京师，至是予巡按江西，时雨得归侍养。诗以识别，并用示儿浩云。"其一："强近无亲骨肉稀，糟糠有妇不胜衣。到家说与痴豚犬，好护瓜田待我归。"《西郊笑端集》卷一有《十月十五日奉天殿早朝》、《十月十有六日，早发龙江驿，晚泊新河上流，望采石山》诸诗。可知董纪十月十五日辞朝，十六日发龙江驿，向江西。（按，龙江驿在金陵。《明史·礼志十·嘉礼四·宾礼·蕃王朝贡礼条》：“明洪武二年定制：凡蕃王至龙江驿，遣侍仪、通赞二人接伴。”)

十一月

置殿阁大学士。《殿阁词林记》卷九《殿阁》：“洪武十五年十一月戊午，仿宋制置殿阁学士，以礼部尚书刘仲质为华盖殿大学士，翰林院学士宋讷为文渊阁大学士，检讨吴伯宗为武英殿大学士，典籍吴沈为东阁大学士。是月辛酉，覆命耆儒鲍恂、余诠、张长年为文华殿大学士，皆辞不拜。既而全思诚始拜命。永乐二十二年九月丁酉，仁宗昭皇帝增设谨身殿大学士，命太子少傅杨荣兼之。其序次，华盖殿、谨身殿、文华殿、武英殿、文渊阁、东阁，凡六大学士，至今因之，而文华殿则不常设。左右春坊亦时设大学士云。”《殿阁词林记》卷十三《应制》：“十五年，学士宋讷撰宣圣庙碑称旨，改文渊阁大学士。先是二年二月乙亥，立皇陵碑，学士承旨危素承命撰文，寻以多润饰，乃出御制一篇。阅江楼成，宋濂被命撰文，称旨。初，徐达还，上御龙江亭，命魏观赋诗。观云：‘乾坤喜气溢天颜，大将中原奏凯还。日丽九斿来象辂，云连千骑拥龙关。神功烈烈铭周鼎，宗社巍巍峙泰山。会见凌烟高百尺，宸光常炳画图间。’又云：‘白旄黄钺两京平，甘雨和风四海清。师出万全非用武，将资三杰在推诚。苍龙挟雨迎车骑，彩凤穿云送旌旌。献颂偶蒙天一笑，行看作乐著功成。’可谓同游矣。”《明鉴纲目》卷一：“纲：十一月，置殿阁大学士。目：以礼部尚书刘仲质为华盖殿大学士，翰林学士宋讷（字仲敏，滑人）为文渊阁大学士，检讨吴伯宗（名佑，以字行，金溪人）为武英殿大学士，典籍吴沉（字浚仲，兰溪人）为东阁大学士。又置文华殿大学士，征耆儒鲍恂（字仲孚，崇德人）、余诠（字士平，丰城人）等为之，以辅导太子，秩俱正五品。当是时，以翰林春坊，详看诸司奏启，兼司平驳。大学士特侍左右，备顾问而已。”

命礼部修治国子监旧藏书板。《国榷》卷七：“（洪武十五年十一月）壬戌，修国子监书板。”《明通鉴》卷七：“（十七日）谕之曰：‘古先圣贤立言以教后世，所存者书而已。朕每观书，觉有益，尝以谕徐达。达亦好学，亲儒生，囊书自随。盖读书穷理，于日用事物之间，自然见得道理分明，所行不至差谬，书之所以有益于人也如此。今国子监旧藏书板多残缺，其令诸儒考补。仍命工部督匠修治之。’并命颁刘向《说苑》《新序》于天下学校。”

儒士董伦为右春坊右赞善。（据《国榷》卷七）

翰林典籍李翀为侍讲学士。（据《国榷》卷七）

征耆儒鲍恂等至京。（据《明太祖实录》卷一百五十）《国榷》卷七：“征耆儒崇德鲍恂、上海全思诚、安吉余诠、高邮张长年至京。恂年八十余，余皆年七十余。礼部主事刘庸荐。上赐坐顾问，拜文华殿大学士，皆辞老。上曰：‘留卿等辅导东宫耳，免早朝，从容侍对，不久听还，庶不负卿平生。’恂等复固辞，皆放归。又邓州张绅后至，授鄘县教谕。恂少师吴澄，著《大易传义》等书，学者称西溪先生。思诚等并著《学行》、《上海县志》。思诚为文华殿大学士兼左中允，致仕。"

十二月

方孝孺获聘。《殿阁词林记》卷六《直文渊阁侍读学士改文学博士方孝孺》："洪武壬戌，上用学士吴沉、揭枢荐，诏征至京入见，陈说多称旨。上问枢曰：'孝孺孰与汝？'对曰：'十倍于臣。'赐之宴，几稍欹，必正而后坐。上使人觇之，喜其举动端整，谓皇太子曰：'此庄士也。当老其才，以辅汝。'试《灵芝甘露论》。上每面试举子，辄亲定高下，注选至孝孺，独不注，曰：'异人也，吾不能用，留为子孙光辅太平足矣。'"《逊志斋集》卷二十四《奉试灵芝甘露论》："汉家图治策贤良，董子昌言日月光。自笑腐儒千载后，却劳圣主试文章。"《野记》卷二："高帝令宋学士濂作《灵芝甘露颂》，赐酒，大醉归，为方孝孺言之。须臾酣寝，方候之夜深，殊未醒。方料先生不瘳，明当误事，即为制文书完。比晓，宋起趋朝，愕然谓方曰：'我今日死矣。'方问何故，宋曰：'昨上命作颂，醉甚，误不为，今无及矣。上怒，必赐死。'方曰：'正恐先生觉迟，已具一草，或裁定以进，可乎？'即以文呈，宋阅之，曰：'何改为？'亟怀之入朝。上迎谓濂：'颂安在？'宋出进之。上读之，曰：'此非学士笔也。'宋又愕然；上曰：'此当胜先生。'宋叩首谢：'臣实以赐酒过醉，未能成章。门生方某代为之。'上曰：'此生良胜汝。'立召见，即试以一论五策。方立成。上览讫，复顾宋曰：'渠实过汝。'即命面赐绯袍，腰带，犹平巾，令往礼部宴，命宗伯陪之。复遣觇焉，方据上席岸然。上曰：'斯人何傲？'因不留，俾为蜀王府教授。语懿文曰：'有一佳士赍汝，今寄在蜀，其人刚傲，吾抑之，汝用之，当得其大气力。'"王世贞《史乘考误》二："枝山《野记》，高帝令宋学士濂作《灵芝甘露颂》。赐酒大醉归，为孝孺言之，顷酣寝。方候夜深，殊未醒，即为代制文。……按宋公以洪武十三年卒，方君年二十余。其上书试补汉中教授，在公卒十余年后。此非实也。且宋公之爱方甚，凡所赠送，文皆极历履之详，而乃遗其见上事耶？"《明史》方孝孺传："洪武十五年，以吴沉、揭枢荐，召见，太祖喜其举止端整，谓皇太子曰：'此庄士，当老其才。'礼遣还。后为仇家所连，逮至京。太祖见其名，释之。"《方正学先生年谱》："在缑城，娶郑夫人。秋季，入郡会叶夷中、张廷璧、林公辅、王元采四君子。登巾山绝顶，纵谭千古，竟夕忘倦。先生自谓'此乐乃苏子瞻死后三百年所无'。冬十二月，吴沉、揭枢荐先生学行可大用，且言其父冤。状命聘至。"

命吏部凡府州县儒学训导九年考满，用为教谕。（据《明太祖实录》卷一百五十）

冬

戴良被征至京。《九灵山房集·年谱》："冬，自四明山召至金陵。"《明史》戴良传："太祖初定金华，命与胡翰等十二人会食省中，日二人更番讲经、史，陈治道。明年，用良为学正，与宋濂、叶仪辈训诸生。太祖既旋师，良忽弃官逸去。辛丑，元顺帝用荐者言，授良江北行省儒学提举。良见时事不可为，避地吴中，依张士诚。久之，见士诚将败，挈家泛海，抵登、莱，欲间行归扩廓军，道梗，寓昌乐数年。洪武六年始南还，变姓名，隐四明山。太祖物色得之。十五年召至京师，试以文，命居会同馆，日给大官膳，欲官之，以老疾固辞，忤旨。"

本年

命翰林院侍讲火原洁等编华夷译语。译字官隶属翰林院始于此。《殿阁词林记》卷十八《译课》："洪武十五年，命侍讲火原洁等编华夷译语，以言无文字，但借高昌之书，制蒙古字，以通天下之言。至是乃命原洁以华语译其语，天文、地理、人事、物类、服食、器用靡不具载，复取元秘史参考，纽切谐音。既成，刊行之，译字官隶本院，盖始于此。永乐中，上选太学生年少者习四夷诸番字，诸生多不欲，辄生谤议。上怒，将罪之，学士杨荣力救得免，遂命荣掌之。荣训励得宜，自是帖服，率皆有成，有官至五品、六品者。宣德元年，兼选官民子弟，委官为教师，本院学士稽考课程，后内阁委官提督。弘治元年，奏准科目出身、四品以上官二员提督。三年，奏准子弟不许别图出身，三年后考中，食粮月给米一石，又三年考中，冠带为译字官，三年考中，授序班职事。监生初入馆，照坐监例食粮，三年考中食粮一石，又三年考中，授从八品职事。其曾习业者，非精通译字，不准应试。八年，奏准子弟有愿习举业者，考送顺天府应试。按自后提督官例用太常寺卿及少卿，而景泰、天顺间译字官多有取进士者，甲申庶吉士刘淳自译字官发身，后为中书舍人，升吏部员外郎云。"

王伯贞以聘至京师，授试金事，出按广东雷州。梁潜《泊庵集》卷十二《王伯贞传》："洪武十五年，以聘至京师，同时至者凡五百余人。太祖皇帝亲御奉天门试之，公所对为第一，既而与论太极，公之说尤称上意，授试金事，出按广东雷州。"

明太祖洪武十六年癸亥（公元1383年）

正月

国子祭酒河南吴颙免，以武臣子弟怠学也。（据《国榷》卷七）

文渊阁大学士宋讷为国子祭酒。（据《国榷》卷七）

命曹国公李文忠兼领国子监事。《明太祖实录》卷一百五十一："洪武十六年春正月壬申，命曹国公李文忠兼领国子监事。谕之曰：'国学为育人才之地，公侯之子弟咸在焉。虽讲授有师，然贵游子弟非得威望重臣以莅之，则恐怠于务学。故特命卿兼莅其事，必时加劝励，俾有成就。'"黄佐《南雍志》卷一《事纪》："洪武十六年癸亥，上命太师韩国公李善长礼部尚书任昂及谏院、翰林院等官往监，考定教官生员高下，分列班次，规矩焕然明备，于是奸弊尽革。增立监规八条。上虑武臣子弟顽梗，绳愆厅不能扑罚，乃命曹国公李文忠兼领国子监事，谕之曰：'国学为育才之地，公、侯之子弟咸在焉，虽讲授有师，然贵游子弟非得威望重臣以莅之，则恐怠于务学，故特命卿兼莅其事，必特加劝励，俾有成就。'"

钦定国子监监规。黄佐《南雍志》卷九《谟训考》："洪武十六年正月钦定：一、正官严立学规，六堂讲诵课业，定生员三等高下，定六堂师范高下。一、以二司业分为左右，各提调三堂。一、博士五员，随分五经，共于彝伦堂西设座，教训六堂，依本经考课。一、凡生员通四书未通经者，居正义、崇志、广业堂；一年半之上，文理条畅者，许升修道、诚心堂；坐堂一年半之上，经史兼通，文理俱优者升率性堂。一、生员坐堂，各堂置立勘合文簿，于上横列生员姓名，于下界画作十方，一月通作三十日，坐堂一日，印红圈一个，如有事故，用黑圈记。每名须至坐堂圈七百之上，方许升率性堂。一、凡生员日讲，务置讲诵簿，每日须于本名下书写所讲所诵所习，以凭稽考。一、凡生员遇有事故者，须置文簿，但遇生员请假，须至祭酒处呈禀批限，不许于本堂擅请离堂。一、凡生员升率性堂，方许积分。积分之法，孟月试本经义一道；仲月试论一道，诏、诰、表章内科一道；季月试经史策一道，判语二条，每试文理俱优与一分，理优文劣者半分，文理纰谬者无分。岁内积至八分者为及格，与出身。不及分仍坐堂肄业，试法一如科举之制，果有材学超越异常者，取自上裁。"

二月

令天下府、州、县学校，岁贡生员于京师，中式者入国子监。《明太祖实录》卷一百五十二：洪武十六年二月丙申，"命天下学校岁贡生员。时谏官关贤言：'国朝崇尚儒术，春秋祭享先师，内外费至巨万，尊师之道，可谓隆矣。天下生员，岁给廪米，亦数万石，养贤之礼，可谓厚矣。今又建太学，聚天下英才以教育之，期为国家用也。奈何所司非人，师道不立，平居教养，既无其法，及至选贡，贤愚混淆，至有员缺，又或府选于州，州选于县，致使为师者不能各任其责，甚至布政司、按察司，将俊秀有学问生员，选充承差，有乖朝廷育才之意。今宜令府州县学，岁贡生员各一人，如考试中式，则赏及所司教官，否则所司论如律，教官训导，停其廪禄，生员罚为吏。如是，则士有劝惩，学有成效。'从之。命礼部榜谕天下府州县学，自明年为始，岁贡生员各一人，正月至京，从翰林院试经义、四书义各一道，判语一条，中式者入国子监，不中者罚之"。《殿阁词林记》卷十《考贡》："洪武十六年二月丙申，命天下学校岁贡生员。时谏官有言，命礼部榜谕天下府州县学，自明年为始，岁贡生员各一人。正月至京，从翰林院试经义、四书义各一道，判语一条，中式者入国子监，不中者罚之。故有此命也。《会典》曰：'凡考试岁贡生员，礼部奏请出题，本部官赴内阁领题。试毕送卷，本院官批定去取，送部奏请施行。'尝闻编修张元祯考校精核，岁贡士鲜入格者，时服其公云。"王圻《续文献通考》卷四十四《选举考·举士二》："凡岁贡生员到部，本部奏闻送翰林院考试。如果中式者，送国子监读书。其入学五年以上及二次不中者，发充吏典，提调官吏及教官训导照例决罚。太祖洪武十六年奏准，天下府、州、县学，自明年为始，岁贡生员各一人，俱限正月至京，从翰林院试经义、《四书》义各一道，判语一条，中式者发国子监，不中者罚充吏。十八年，令岁贡不中式者遣复学肄业，提调官吏论以贡举非其人律，教官训导罚俸一年，贡不如期者以违制论。二十一年，令岁贡府学一年，州学二年，县学三年，各贡一人，必性资纯厚，学业有成，年二十以上者方许。二十四年，奏准岁贡不中者，有司官任及三年者照例论罪，二年者住俸半年，一年者住俸三个月，学官无分久近，照例责罚。生员食廪五年者充吏，不及者复学。次年复不中者，虽未及五年亦充吏。二十五年，令岁贡府学一年二人，州学二年三人、县学一年一人。二十六年，令四川土官衙门岁贡生员免考送监。二十八年，奏准岁贡初试不中者遣复学，停廪肄业；提调官、教官、训导取招生员限次年再试；两广、四川限两年再试，复不中者照例充吏，提调官、教官、训导仍旧责罚。三十年，令岁贡不中复学者免停廪。成祖永乐元年，令广西土官衙门照云南例，生员有成材者，不拘常例，从便举贡。如十年之上学业无成者，就准本处充吏。二年，令岁贡照洪武二十五年例，直隶、浙江、河南限正月到部，山东、山西、陕西、湖广、福建、江西限二月，四川、广西、广东限三月。十八年，令贵州选贡送监。十九年，令岁贡照洪武二十一年例，又令岁贡生员起送到部，遇有事故，不许补贡。其在家或中途事故者，勘明准令次考补贡。若忧及患病，勘明仍补该年之贡。如托故延至三年之外者，亦不准收。有司朦胧送补者，各治罪。宣宗宣德二年，令贵州府学照县学例三年一贡。七年，令岁贡照洪武二十五年例。英宗正统四年，奏准生员科举停支廪米，准作食粮月日充贡。六年，令府学一年贡一人，州学三年贡二人，县学二年贡一人。七年，令岁贡精选端重有文及通书算者起送，仍限正月到部。英宗天顺中，令岁贡生员取考科贡，开除廪米月日，准作食粮之数，其余俱作虚旷。若同案食粮则以籍名先后为次，仍将试过考卷粘连批文亲赍赴部。宪宗成化元年，令三氏学三年贡一人，提学官考试起送。二年，奏准卫学照县学例二年贡一人。四年，令云南、贵州选贡仍照旧例考送。又令岁贡生员丁忧正服月日准作实数，其养病侍亲及服阕不复学皆作虚旷。十六年，令岁贡不分军民生，俱听提学官考试，其卫学在布政司地方，布政司给批起送，在两直隶地方，各府起送，在各边，都司起送。凡京学二年贡三人，军民指挥使司卫学照府学例，军民生相间一年贡一人。都司及土官学照州学例，三年贡二人。孝宗弘治八年，奏准自九年起至十三年止，顺天、应天二府四年各该贡六名者，许贡一十二名，其余府学每年该贡一名者，许贡二名；州学三年该贡二名者，二年许贡三名；县学、卫学二年该贡一名者，每年各贡一名，以后仍照见行例。十三年奏准，自十四年为始，各处州学俱四年三贡，其云南、四川、贵州等处除军民指挥使司儒学军民相间一年一贡，其余土官及都司学各照先年奏准事例，三年二贡。凡广西、云贵、湖广、四川等处但有冒籍生员，食粮起贡及买到土人倒过所司起送公文，顶名赴吏部投考者，俱发口外为民，卖与者行移所在官司追赃问罪。若已授职，依律问以诈假官死罪，卖者发边卫充军，其提调经该官吏朦胧起送者，各治以罪。十四年奏准，万全都司照府学例一年一贡，其余都司所属卫分少者不许滥比。又令今后各处送到岁贡生员愿授教职者，虽系南监人数亦送北监。坐监一年，本监按季考试，能通三场文字，委系家贫亲老者，方许告送吏部，严加考试，中者方送廷试，取中选用，不中仍送回本监肄业。本部仍行提学官，今后务严考贡之法，不许姑息起送。"

诏翰林院试岁贡生员，中式者入国子监，不中者罚充吏。黄佐《南雍志》卷一《事纪》："洪武十六年二月，命试天下学校岁贡生员，以前此入监者多庸材故也。时谏院右司谏兼春坊右庶子关贤言：'国朝崇尚儒术，春秋祭享先师，内外费至巨万，尊师之道，可谓隆矣；天下生员岁给廪米亦数万石，养贤之礼，可谓厚矣。今又建太学，聚天下英材以教育之，期为国家用也。奈何所司非人，师道不立，平居教养，既无其法，及至选贡，贤愚混淆。至有缺员，又或府选于州，州选于县，致使为师者，不能各任其责。甚至布政司、按察司将俊秀有学问生员选充承差，有悖朝廷育才之意。今宜令府、州、县学岁贡生员各一人，如考试中式，则赏及所司教官，否则所司论如律，教官、训导停其廪禄，生员罚为吏，如是则士有劝惩，学有成效。'从之。命礼部榜谕天下，府、州、县学，自明年为始，岁贡生员各一人，正月至京师，从翰林院试经义、《四书》义各一道，判语一条，中式者入国子监，不中者罚之。"

旌安平烈妇张氏。氏字国子生翟德，德窃比舍生物，氏耻之，自经。命旌于父家。（据《国榷》卷七）

东阁大学士吴沈等进《精诚录》，上览而善之。（据《国榷》卷七）

四月

戴良自裁，年六十七。赵友同《故九灵先生戴公墓志铭》："然时事已不靖，无可行其志，乃携从子温浮海至中州，欲与豪杰交，而卒无所遇。遂南还四明。四明多佳山水，耆儒故老往往流寓于兹，先生每相与宴集为乐，酒酣赋诗，击节歌咏，闻者以为有《黍离》、《麦秀》之遗音焉。国朝洪武壬戌，以礼币征先生至京师，即日召见，试文辞若干篇，命大官予膳，留会同馆。名公巨卿见无虚日，甚或以师礼事之。既而上欲用先生，先生以老病固辞，颇忤旨，待罪久之。一日，感微疾，即为书谢诸亲旧，犹拳拳以忠孝大节为语。迨疾亟，召乐谓曰：'吾罪戾本深，赖圣恩宽贷，获保首领以死，念无报效，汝等幸自勉，以盖前人之愆，乃为贤子孙耳。'语毕，遂端坐卒于寓舍，实癸亥四月十七日也，享年六十有七。……文渊阁修书官、修职郎、太医院御医、门生赵友同撰。"赵友同《九灵先生画像赞》："才可以济民而位弗称，德可以厚俗而时弗容，是造物之啬于公耳。然宏辞伟论，所以宣人文昭圣学而垂于无穷者，又不可谓不擅其丰也。"

曾鹤龄（1383—1441）生。鹤龄，字延年，泰和人，永乐辛丑赐进士第一。历官南京翰林院侍讲学士。有《松皋集》。刘球《两溪文集》卷二十三《故翰林侍讲学士奉训大夫曾公行状》："公生洪武癸亥四月十八日……母太安人胡氏梦星坠卧内，感而生公。公少异常儿，及受学家庭，不烦督责，自力于业。"

六月

选举儒士。（据《国榷》卷七）

八月

东阁大学士吴沈进讲后期，降翰林侍书，寻改国子博士。（据《国榷》卷七）

九月

命给事中潘庸等及国子生、各卫舍人，分行天下都司卫所清理军籍。（据《明太祖实录》卷一百五十六）

命国子生有父母者，三年一归省，著为例。有未婚娶，还家毕姻。及闻伯叔兄之丧者，许奔丧。仍令礼部定与限期。（据《明太祖实录》卷一百五十六）

十月

以饶仲恭、张庸为翰林院《尚书》博士。《殿阁词林记》卷十《添设》："洪武十六年十月，增本院《尚书》博士二人，秩从八品，以儒士饶仲恭、张庸为之，令仲恭于潭王府说书，庸于鲁王府说书。添设如此。"

诏郡县复设社学。《明太祖实录》卷一百五十七：洪武十六年冬十月，"癸巳，诏郡县复设社学。先是，命天下有司，设社学以教民间子弟，而有司以是扰民，遂命停罢。至是，复诏民间自立社学，延师儒以教子弟，有司不得干预"。民国《东莞县志》卷十七《学官》："洪武八年，诏有司立社学，延师儒，以教民间子弟，其教读有经明行修者，许推择署儒学教事。十六年，诏民间立社学，有司不得干预。正统元年，各处社学，提学官及司府州县官严督劝课，其有俊秀得补生员，仍饬提学官岁一考校，责取勤效，仍免为师之人差徭。嘉靖元年，提学官魏校毁淫祠改置社学，近废殆尽，其所存者，亦民间之乡约所而已。"

右佥都御史茹太素降翰林检讨。（据《国榷》卷七）

十一月

诏定进参官员坐次。《殿阁词林记》卷十二《侍宴》："洪武三年七月，礼部尚书崔亮奏准：凡朝会赐宴，文官二品以上，武官四品以上，上殿者赐坐墩。其退朝燕闲行幸之处，勋旧之臣、文学之官赐坐者，仍加绒斸绣褥。九年，定学士承旨于六部尚书之上，学士在光禄卿之上，侍讲学士在侍郎之上，时正官列卿先侍郎故也。其后学士虽五品，犹先尚书焉。十六年十一月甲寅，诏定朝参官员坐次，凡奉天门赐坐，六部侍郎、应天府尹、国子监祭酒、翰林院官、谏官、佥都御史坐于西角门，东向；若华盖殿坐于鹿顶外东，西向。至永乐以后，御二殿或便殿行幸，悉赐坐。惟弘（洪）熙、宣德二朝，始以尚书、侍郎兼学士官，于是学士非兼三品以上职者，乃坐其下。正统以来，接见儒臣之日少，故侍坐之仪遂废。若郊祀庆成大宴群臣，学士升殿侍坐，在文职四品之上，本院及詹事府坊经局宴官，在六部侍郎之次。中左门侍坐，修撰等官在六科给事中之上，本院带俸官在太常寺博士之上，詹事府主簿、中书舍人在鸿胪寺署丞之上，丹墀东序坐。正统三年，特命侍讲一人升殿，列学士之下。成化四年，令修撰等官凡近侍风宪者，另列于丹陛下之东西稍北，而庶士与焉。"

十二月

命赐国子监生读书灯油每月人一斤，著为例。（据《明太祖实录》卷一百五十八）

岁贡生部试后送国子监。《明太祖实录》卷一百五十八：洪武十六年十二月，"己卯，礼部奏：考试岁贡生员，文字中式者送国子监，监官再考等第，分堂肄业，不中者，生员、教官、提调官，罚各如制。从之。寻命生员中式上等者送国子监，次等送中都国子监"。

武英殿大学士吴伯宗，以弟三河知县吴仲实荐举失实，降伯宗翰林检讨。（据《国榷》卷七）

谢肃试才文渊阁。《密庵集》卷四《洪武十六年冬十有二月朔，以召入见，试于文渊阁。述事一首》诗云："宫壶五点鸡三唱，冠佩如云列绛霄。黄道六龙行白日，彤廷一鹰立清朝。象来交阯经蛮服，马出琉球涉海潮。朝退试文东阁下，笔端五色欲飘飘。"

本年

定职官子孙荫叙。正一品子，正五品用；从一品子，从五品用；正二品子，正六品用；从二品子，从六品用；正三品子，正七品用；从三品子，从七品用；正四品子，正八品用；从四品子，从八品用；正五品子，正九品用；从五品子，从九品用；正六品子

于未入流上等职内叙用；从六品子，于未入流中等职内叙用；正、从七品子，于未入流下等职内叙用。（据《明史·职官志》）

明太祖洪武十七年甲子（公元 1384 年）

正月

萧仪（1384—1423）生。《四库全书存目丛书》第 31 册《重刻袜线集二十卷附南行纪咏二卷赠言四卷》附录陈艮《墓志铭》："祖体仁、祖母张氏，有淑德。……吴元年丁未，乃生父岩，甫四月，祖体仁殁，张氏鞠育。比长，娶流溪董司训叔文女为妇。洪武甲子正月十八日，德容生。张喜且泣曰：'孰谓未亡人能见孙耶？'又二年，岩坐事谪辽东戍，妇姑相持，保抚以全。又四年，母董氏没，张茕然嫠居。母孙相依为命。稍长，服祖母教，亦自知力学，读《四书》、《毛诗》，过口辄能记诵。史传百氏，莫不悉究。又得兴国州教用升毕先生为之指趣，由是汪洋大肆，发为文章，雄峭峻拔。郡邑有声，有司屡欲辟之，以终养祖母故，弗果。乃教授其乡。若今监察御史聂用义，司吴江训董坚，知江津县袁旭，皆由公经学造就以进。先是，父岩戍辽东时，誓蔬食，不见母，不复御酒肉。持二十七年，果底家拜母。张喜谓德容曰：'而父归，吾死有托矣。尔宜显扬，无负吾抚汝之志。'永乐乙未，以《诗经》登进士第。……承德郎吏部文选清吏司主事长乐陈艮拜撰。"

谏院右司谏关贤、翰林侍读学士李翀为山西浙江左右布政使。（据《国榷》卷八）

三月

命礼部颁行《科举成式》。《明太祖实录》卷一百六十："洪武十七年三月戊戌朔，命礼部颁行《科举成式》。凡三年大比，子、午、卯酉年乡试，辰、戌、丑、未年会试。举人不拘额数，从实充贡。乡试八月初九日第一场，试《四书》义三道，每道二百字以上，经义四道，每道三百字以上，未能者许各减一道。《四书》义主《朱子集注》，经义，《诗》主《朱子集传》，《易》主程朱《传》《义》，《书》主蔡氏《传》及古注疏，《春秋》主左氏、公羊、榖梁、胡氏、张洽《传》，《礼记》主古注疏。十二日第二场，试论一道，三百字以上，判语五条，诏、诰、章、表内科一道。十五日第三场，试经史策五道，未能者许减其二，俱三百字以上。次年礼部会试，以二月初九日、十二日、十五日为三场，所考文字与乡试同。乡试，直隶府州县则于应天府，在外府州县则于各布政司。其举人，则国子学生及府州县学生员之学成者，儒士之未仕者，官之未入流者，皆由有司申举性资敦厚文行可称者应之。其学校训导，专教生徒，及罢闲官吏、倡优之家与居父母丧者，并不许入试。其中式者，官给廪传送礼部会试。考试官，皆访经明公正之士，官出币帛，先期敦聘。主文考试官二人，文币各二表里。同考试官，乡试四人，会试八人，文币各一表里。提调官，在内，乡试应天府官一人，会试礼部官一人。在外，布政司官一人。监试官，在内，监察御史二人。在外，按察司官二人。供给官，在内，应天府官一人。在外，府官一人。收掌试卷官一人，弥封官一人，誊录官一人，对读官四人，受卷官二人，皆选居官之清慎者充之。巡绰、监门、搜检怀挟官四人，在内，从都督府委官，在外，从守御官委官。凡供用笔札饮食之属，皆官给之。举人试卷自备，每场草卷正卷各用纸十二幅，首书三代姓名及其籍贯年甲、所习经书。在内，赴应天府，在外，赴布政司印卷。会试殿试，赴礼部印卷。试之日，黎明举人入场，每人用军一人守之，禁讲问代冒，至晚纳卷，未毕者给烛三枝。文字回避御名、庙讳及不许自序门地。弥封者编号，作三合字，誊录者用朱，考试官用墨，以防欺伪。其会试中式者，三月朔日赴殿试。"黄佐《南雍志》卷一《事纪》："洪武十七年三月戊戌朔，命礼部颁行《科举成式》。凡三年大比，子、午、卯、酉年乡试，辰、戌、丑、未年会试，举人不拘额数，从实充贡。祭酒司业择国子生之性资敦厚、文行可称者应之。"丘浚《重编琼台稿》卷九《会试录序》："我太祖高皇帝建国之明年，即开设学校，又明年诏开科取士，然甫行而亟罢。至于十有七年，士习既成，始以今制试士，定为一代之制。士各占一经，经必通，然后取之，以试于政。"万历《大明会典》卷七十七《科举》："凡应试，洪武十七年定：一、三年大比，直隶府、州、县试于应天府，外府、州、县试于各布政司。一、应试，国子学生，府、州、县学生员之学成者，儒士之未仕者，官之未入流而无钱粮等项黏带者，皆由有司保举性资敦厚、文行可称者，各具年甲、籍贯、三代、本经，县、州申府，府申布政司乡试。其学官，及罢闲官吏、倡优之家、隶卒之徒，与居父母之丧者，并不许应试。永乐三年，令北直隶府、州、县于顺天府乡试。洪熙元年，令贵州愿试者，就试湖广。宣德二年，令贵州就试云南。正统九年奏准：各处应试生儒人等，从提学官考送；在京各衙门吏典承差人等，听本衙门保勘，礼部严考通经无犯者送试，仍行原籍勘实，不许扶同诈冒。又令三氏教授司生员，应山东乡试，本处提学考选。景泰元年，令应试儒生册内，原无名籍儒士，及赘婿义男，并文武官舍军校匠余，悉不许于外郡入试。天顺二年，令两京天文生、阴阳生，及官生子弟，许就在京乡试。八年奏准，依亲监生，从提学官考，就本处乡试。成化二十一年，令南京监生人等，从南京都察院考送应天府乡试。弘治五年奏准：吏部听选监生给假在家者，许就本处乡试。医士、医生在册食粮执役者，方许在京应试。其在部未考岁贡，或在监告就教职监生，及不系在任依亲官生，并天文生、阴阳人例不许习他业者，皆不许入试。十年，令太医院各官医下子孙弟侄，本院册内有名者，照旧乡试。正德十年，令两京武学幼官及军职子弟，有志科目者，亦许应试，惟不充贡。又奏准：两京文职衙门及各布政司，凡有弟男人等回籍乡试者，令赴告本州县取结明白，转送提学官考试入场，不许径于仕宦衙门移文起送。其提学官一体遵守，不许阿徇。违者，通查参究。嘉靖六年奏准：岁贡出身教职，历任三年，教有成效，提学官考试文学优长者，许就见任地方入试。十年题准：直隶、德州左等卫儒学，听山东提学官管辖，就于山东布政司应试。辽东生儒，听辽东巡按御史考送顺天府应试。十六年题准：今后顺天府乡试儒士，务要查审辨验籍贯明白，其附籍可疑之人，取有同乡正途出身官印信保结，方许应试。二十二年议准：在京应试监生，备查在监在历，果无增减月日，托故迟延，及选期未及先到等项情弊，方许收考。其历满岁贡、援例监生，有志进取者，许赴原籍提学官处，同生儒考选应试。又题准，湖广清浪、镇远、五开、平溪、偏桥等卫军生，改就贵州乡试。""凡考试官，洪武十七年定，考试官皆访明经公正之士，于儒官儒士内选用，官出币帛，先期敦聘。主文考试二员，文币各二表里。同考试官四员，文币各一表里。在内应天府请，在外各布政司请。永乐十五年，令北京行部及应天府乡试考试官，命翰林院春坊官主考，赐宴于本部及本府。正统六年，令考官必求文学老成，行止端庄者，不许将六十岁以上，及致仕养病，与署事举人，并年少新进、学力未至举用。景泰元年，令在京在外乡试同考试官，五经许用五员，专经考试。三年，令凡科举，布、按二司会同巡按御史，公同推保见任教官，年五十以下、三十以上，平日精通文学、持身廉谨者，聘充考官。天顺三年，令两京乡试，《易》、《诗》、《书》三经，各添考官一员。弘治四年，令各处提学官，平日巡历地方，将教官考定等第，以备科举聘取。若有不堪，即从本处提学官，于等第内别举，不许徇私。七年，令考官不许听嘱滥请，各将举主职名咨呈礼部。十七年，令从公访举考试官，不拘职任，务在得人。有不胜任者，罪坐所举官员。嘉靖六年，令两京乡试，除主考照例奏请简命，礼部仍会吏部，于两京六科部属等官内，访举每经一员，随考试官入院，各总校本房，其余仍用教官。各布政司预呈礼部，亦会举京官，或进士，每处二员主考。监临官不许干预内帘职事。又奏准，乡试除主考官上请会举，其同考官，巡按御史移文别省请取，止具某经员数，不许明列姓名，听彼处巡按御史会提学官推举开送。万历四年议准，两京乡试，取到同考教官，令该府提调官，察其衰老者，以礼止回，或遇病及不到者，仍查照近科事例，在京于观政进士及听补甲科官员，南京于附近推官知县内，各选补。十三年奏准，各省仍用京官主考，凡遇乡试之年，巡按御史奏请，礼部会同吏部，于在廷诸臣内，访其学行兼优者，疏名上请，每省分遣二员，仍酌量道里近远，先期奏差。""凡入场官员，洪武十七年定：一、提调官，在内应天府官一员，在外布政司官一员。监试官，在内监察御史二员，在外按察司官二员。供给官，在内应天府官一员，在外府官一员。收掌试卷官一员，弥封官一员，誊录官一员，书写于府州县生员人吏内选用，对读官四员，受卷官二员，以上皆选居官清慎者充之。巡绰、监门、搜检怀挟官四员，在内从都督府委官，在外从守御官委官。一、考试官及帘内帘外官，许各将不识字从人一名，许纵令出入。一、试官入院之后，提调官、监试官封钥内外门户，不许私自出入。如送试卷，或供给物料，提调、监试官，眼同开门点检送入，即便封钥。举人作文毕，送受卷官收受，类送弥封官撰字号封记，送誊录所。誊录毕，送对读官。对读毕，送内帘看。

提调、监试官不得干预。一、搜检怀挟官，凡遇每场举人入院，一一搜检，除印过试卷及笔墨砚外，不得将片纸只字，搜检得出，即记姓名扶出，仍行本贯，不许再试。一、巡绰官，凡遇举人入院，并须禁约喧闹。如已入席舍，常川巡绰，不得私相谈论，及觉察帘内外，不得泄露事务。一、受卷所，置立文簿，凡遇举人投卷，就于簿上附名交纳，以凭稽数，毋得遗失。一、弥封所，先将试卷密封举人姓名，用印关防，仍置簿编次三合成字号，照样于试卷上附书，毋致漏泄。一、誊录所，务依举人原卷字数语句，誊录相同，于上附书某人誊录无差，毋致脱漏添换。一、对读所，一人对红卷，一人对墨卷，须一字一句用心对读，于后附书某人对读无差，毋致脱漏。一、举人试卷用墨笔，誊录、对读、受卷皆用红笔，考试官用青笔。其用墨笔处不许用红，用红处不用墨，毋致混同。成化二年定：一、巡绰、搜检、看守官军，止于在营差拨，曾差者不许再差。若他人冒顶正军入场者，罪之。提调、监试官公同往来巡视，不许私自入号。其巡绰官，止于号门外看察，不许入内与举人交接，违者，听提调、监试官举问。一、试场外，照例五城兵马率领火夫、弓兵，严加防守，不得违误。一、每场誊录红卷，送入内帘考试，候三场考试已定，方许吊取墨卷于公堂比对字号，毋致疏漏。一、誊录对读等官，取吏部听选官，年四十上下，五品至七品，有行止者充之。一、誊录、对读所，须真正誊录、明白对读。若誊录字样差失潦草，及对读不出者，罪之。六年，令监临等官，不许侵夺考官职掌，若场中有弊，照例举问。十年定：一、受卷、供给、巡绰等官入院，监试官搜检铺陈衣箱等物，不许夹带文字朱红墨笔。厨役皂隶人等，审实正身供事，不许久惯之徒，私替出入。一、搜检、巡绰，取在外都司轮班京操官军，三场调用。把门人等，时加更换，不许军人故带文字，装诬生员，勒取财物。弘治四年，令各处乡试，帘内事不许帘外干预。考官务以礼待，不许二司并御史欺凌斥辱。文章纯驳，悉听去取，不得帘外巧立五经官以夺其权。如考官不能胜任，而取士弗当，刊文有差，连举主坐罪。"朱之瑜《朱舜水集》卷十一《答小宅生顺问六十一条》："为学当有实功，有实用。不独诗歌辞曲无益于学也，即于字句之间，标新领异者，未知果足为大儒否？果有关于国家政治否？果能变化于民风土俗否？台台深知其弊，必不复蹈于此。果能以为学、修身合而为一，则蔡《传》、朱《注》、胡《传》，尽足追踪古圣前贤；若必欲求新，则禹、稷、契、皋陶、伯益，所读何书也？"阮葵生《茶余客话》卷九："（阎）潜邱尝发愤叹息，谓明三百年学问文章不能远追汉、唐及宋、元者，其故有三：一坏于洪武十七年甲子定制以八股取士，尽废注疏，其失也陋；再坏于李梦阳倡复古学而不原本六艺，其失也俗；三坏于王守仁讲致良知之学而至以读书为禁，其失也虚。"《利玛窦中国札记》第一卷第五章："我想更详尽地谈一下他们学习的这个方面，读者将感到既新鲜而又有趣。被称为中国圣哲之师的孔子，把更古的哲学家的著作汇编成四部书，他自己又撰写了五部。他给这五部书题名为'经'（The Doctrines），内容包括过正当生活的伦理原则、指导政治行为的教诫、习俗、古人的榜样、他们的礼仪和祭祀以及甚至他们诗歌的样品和其他这类的题材。在这五部书之外，还有一部汇编了这位大哲学家和他的弟子们的教诫，但并没有特殊的编排。它主要是着眼于个人、家庭及整个国家的道德行为，而在人类理性的光芒下对正当的道德活动加以指导。这部书是从前面提到的那四部书摘录下来的撮要，被称为《四书》(Tetrabiblion)。孔子的这九部书构成最古老的中国图书库，它们大部分是用象形文字写成，为国家未来的美好和发展而集道德教诫之大成；别的书都是由其中发展出来的。在这个国家有一条从古代帝王传下来并为多少世纪的习俗所肯定的法律，规定凡希望成为或被认为是学者的人，都必须从这几部书里导引出自己的基本学说。除此以外，他遵循这几部书的一般内容还不够，更为困难得多的是他必须能够恰当而确切地按这几部书所包含的每一条具体的学说来写作。为此目的，他必须背熟整部《四书》，以便成为这方面的公认权威。与我们某些作者所说的情况相反，这里并没有教授或讲解这几部书的学校或公立学院，每个学生都选择自己的老师，在家里自费向他学习。这类私人教师为数当然极多，这部分是因为中国字很难掌握，一位教师在同时很难教许多学生，部分是因为在这里每个家庭都有为自己的子弟办私塾的风俗。有时候除了定期延聘的之外也还请别的教师，为的是避免他们出于其职业利益的干扰而竞争职位这一风俗。"

四月

命增筑国子生房舍五百间于集贤门外。《明太祖实录》卷一百六十一：洪武十七年夏四月庚寅，"命增筑国子生房舍五百间于集贤门外，谓之外号房。时天下府州县岁贡生员，及四夷酋长遣子入学者凡数千人，学舍不能容，故有是命"。

翰林编修吴伯宗卒。伯宗金溪人，洪武辛亥进士第一。温厚详雅，博学能文，所著有《南宫集》、《使交阯集》、《成均玉堂集》。（据《国榷》卷八）《今献备遗》卷五《吴伯宗》："十五年，初设殿阁学士，伯宗为武英殿大学士。十六年冬，坐弟仲实为三河知县谬荐人，词连伯宗，复为翰林检讨。明年卒。"《四库全书总目·荣进集提要》："《荣进集》四卷，明吴伯宗撰。……所著有《南宫集》《使交集》《成均集》，共二十卷，又《玉堂集》四卷，今皆未见。此本中有《奉使安南》《国学释奠》《玉堂燕坐》诸诗，疑原集散佚，后人掇拾残剩，合为此编也。一卷为乡、会试三场，四书经义各二篇，论策各一篇，殿试策一篇。二卷、三卷，皆诗而附以赋及诗补遗。四卷为杂文。其诗文皆雍容典雅，有开国之规模，明一代台阁之体，胚胎于此。其乡试、会试诸篇，可以考见当时取士之制与文字之式。惟第三卷有《上问安南事》五言诗，与诸选本所载日本使臣嗐哩嘛哈《答明太祖诏问日本风俗》诗仅字句小异，未详孰是。然其诗皆夸大日本之词，不应出自伯宗之手，或伯宗后人因其曾使安南，误剽入之欤？"

六月

命礼部作《大成乐》颁天下学校。（据《国榷》卷八）

置郡县医学、阴阳学。（据《国榷》卷八）

作国子监祭服。（据《国榷》卷八）

七月

朱善以征至京。《四库全书存目丛书》集部第 25 册，《朱一斋先生文集》卷四《送前吏部主事熊利宾赴京序》："十七年春正月，利宾成行且有日，相视徘徊，不忍别。善乃从容谓利宾曰：'朝廷所谓诏求明经老成之士者，岂以为夫民师乎？将以为天下学校计尔。……'"（按，原刻本目录为《送前吏部主事熊利宾序》，卷四内题目为《前吏部主事熊利宾赴京序》，两不相应，且全书字迹时有渍蚀不能辨者，殊为疏漏。）《殿阁词林记》卷三《文渊阁大学士朱善》："十七年，上思用老成，驿召善还京，以为待诏。七月戊戌，上御东阁，谓善曰：'人君能以天下之好恶为好恶则公，以天下之智识为智识则明。盖人之常情多矜己能，好言人过。君子则不然，扬人之善，不矜己之善。贷人之过，不贷己之过。'"

王翰用《洪武正韵》作诗。翰字时举，禹州人，元季隐居中条山，明初出为周王橚长史。王素骄，有异志，翰屡谏弗纳，断指佯狂去。后王败，得不坐。其事附见《明史》周王传中。后起为翰林编修，寻谪廉州教授，夷獠乱，城陷，抗节死。有《梁园寓稿》。《梁园寓稿》卷八《苦雨用洪武韵成》："白日韬光不肯晴，拥衾熟睡失昏明。云来窗户蛟龙入，水积堂阶蛙蚓行。欲买扁舟系篱落，只愁平地化沧溟。谁言炼石神功大，不与秋旻补漏倾。"《梁园寓稿》卷九《洪武甲子中秋夜，祀风雷山川。前此积雨，是夜晴霁。喜而赋诗以志云》："连日霆霖此夜干，满天星月照虚坛。灵风微动飘钟磬，清露斜飞湿佩冠。祈报有常群物阜，幽明无间寸心丹。山林野客知何幸，亦入鸳行列后班。"（按：山林野客入鸳行云云，王翰此时已仕洪武朝矣。）《梁园寓稿·折股后呈诸友人》："忧患因身苦不知，折来未是学良医。垂堂自忽千金戒，大厦元非一木支。凿齿自甘才半足，曾参深为不全悲。访君莫怪来常晚，退轨从今不可追。"翰晚年曾病足，与晋人习凿齿同为蹇疾。

谕吏部：荐举冒滥，其申严之，凡考核务从至公。（据《国榷》卷八）

遣国子助教杨磐等使安南。（据《国榷》卷八）

命吏部簿录朝觐官所荐属官及儒士人材，记其举主姓名，任满考当否为黜陟。（据《国榷》卷八）

皮作局大使许士哲上言："治道之要：明赏罚以清官吏，问疾苦以安生民……兴武举以罗英才，崇节义以厚风俗……"嘉纳之。（据《国榷》卷八）

八月

通经儒士陈玄为右佥都御史，林文为左春坊司经局试正字。（据《国榷》卷八）

儒士婺源汪仲鲁为左春坊左司直，郎仲鲁举明经，讲《尚书·西伯戡黎》，太祖甚

喜。（据《国榷》卷八）

九月

廖孟瞻等二百二十九人乡试中式。《明太祖实录》卷一百六十五："洪武十七年九月丙申朔，应天府奏乡试中式举人廖孟瞻等二百二十九人。"《殿阁词林记》卷十四《程试》："国朝乡试诸录，会试进士登科录，具有成式。盖科举自两京外，乡试付之藩臬，以为未信也。会试则以名籍付礼部，考试付翰林，暨于亲试，则有殿最而无黜陟，盖以为可信矣。其所刻程文，自乡试以至于殿试，皆宜刻士子所作，庶为传信。流弊之极，至于制策亦多代笔，岂所以教之忠欤？按：洪武甲子乡试、乙丑会试，初为小录以传，然惟列董事之官，试士之题，及中选者之等第、籍贯、经籍而已，其录前后虽有序，然犹未录士子之文以为程文也。次科戊辰，加刻程文，自后永为定式。但此后五科，其间命官列衔，或多随时不一。永乐以后，其制始一定而不更易矣。然永乐中各省乡试，犹有儒士主考、品官同考者，其序文亦不拘篇数。景泰中，序文禁称公，考官正用实授教官，序为前后二篇，以两京为法也。然两京序文称臣，独与会试同云。按：初场，例出《四书》义三道。正统元年会试，出《大学》、《论语》、《中庸》而不及《孟子》。成化元年顺天府乡试，出《论语》二道、《孟子》一道，而不及《大学》、《中庸》，其后定《大学》、《中庸》内量出一道，《论语》、《孟子》各出一道，遂为例。二场，洪武四年以射礼论为题，其后止用经书圣制书中成语。三场策问，先是惟以经史疑难及国家之大者言之，其后始有出于经史之外，并及琐眉隐僻。若序文，则弘治五年顺天乡试犹具岁月，后皆不然也。叶盛曰：'文衡之任亦难矣。言语文学，不足以变士习，服士心，亦漫浪为之耳。'正德己未会试，王抑庵主考试，第二名张穆兵马策，其原卷起语云：'兵本以卫民，非兵无以安夫民之生；马所以资兵，非马无以足夫兵之用。'会试录云：'兵以卫民，非兵无以安民生：马以资兵，非马无以足兵用。'两句减去八字，抑庵笔也。自是举子以造语简严典重为尚。然抑庵又称永乐辛丑杨文贞公同会试文衡，务先典实之作，以洗浮腐之弊，喜曾鹤龄诸作，多梓行之，至今评程文者以是科为最。盖洪武、永乐间，程文体皆浑厚，不特是科而已，诚宜录出，以正文体而变士习。至若登科录，永乐甲申二甲刻所对策十余篇，其后革。正德三年，二甲第一人、三甲第一人俱刻策，事出焦芳辈，非制也。《燕对录》曰：'正德六年四月十三日，讲毕，复召至暖阁，叩头毕，上手取会试录一本，付司礼监太监张永，授臣东阳等，内有白纸票粘于纸上者三，皆指摘所刻文字错误处。上曰："今欲别有施行，但念衙门体面，恐不好看，与先生辈知之。"臣东阳出至暖阁，留置案上，永令内臣送至内阁。是年，大学士刘忠累疏辞疾，闻此事而去，盖已有先入之说矣。'"

东昌教授马睿为左春坊左赞善。（据《国榷》卷八）

前琼州知府赵珺为左春坊左谕德。（据《国榷》卷八）

十月

岁贡生在京中式者，令出榜原籍张挂。 陈鼐《百可漫志》："国初岁贡生在京中式者，必令出榜原籍张挂。尝见《新昌志》载云：'礼部为科举事，洪武十七年九月十三日，本部尚书任昂等官于华盖殿奏。圣旨："在京乡试多有中式的国子监生，为他肯学，所以取中。似这等生员，好生光显他父母，恁部里出榜于原籍去处张挂，着他乡里知道。钦此。"今将中式生员开坐，合行出榜知会须至榜者。浙江布政司绍兴府新昌县第十名蔡用强。'"

左春坊左谕德赵瑁为礼部尚书，秀才王斌试左参军，史玄龄、欧阳旻试右参军。（据《国榷》卷八）

以秀才宋矩等十七人为监察御史。周涣奎、高孟文为翰林院检讨。（据《国榷》卷八）

闰十月

置辽东都指挥使司儒学。《明太祖实录》卷一百六十七："洪武十七年闰十月辛酉，置辽东都指挥使司儒学，设教授一员，训导四员。金、复、海、盖四州儒学学正各一员，训导各四员，教武官子弟。复命皆立孔子庙，给祭器、乐器，以供祀事。"

十一月

朱元璋论边境立学之必要。《明太祖实录》卷一百六十八：洪武十七年十一月，"庚午，上谓礼部臣曰：'近命辽东立学校，或言边境不必建学。夫圣人之教，犹天也，天有风雨霜露，无所不施，圣人之教，亦无往不行。昔箕子居朝鲜施八条之约，故男遵礼义，女尚贞信。管宁居辽东讲诗书，陈俎豆，饰威仪，明礼让，而民化其德，曾谓边境之民不可以教乎？夫越与鲁相去甚远，使越人而居鲁，久则必鲁矣，鲁人而居越，久则必越矣。非人性有鲁、越之异，风俗所移然也。况武臣子弟久居边境，鲜闻礼教，恐渐移其性。今使之诵《诗》《书》，习礼义，非但可以造就其才，他日亦可资用。'"民国《义县志》卷中之八《学制志·历代学制》："（洪武）十七年甲子十一月立辽东诸卫学。谕礼部曰：'近命辽东立学校，或言边境不必建学。夫圣人之教，犹天也，天有风雨霜露，无所不施，圣人之教，亦无往不行。……况武臣子弟，久居边境，鲜闻礼教，恐渐移其性。今使之诵《诗》、《书》，习礼义，非但可以造就其才，他日亦可资用。'自后各卫以次皆设学。宣宗宣德七年，令卫所官舍军余俊秀者，许入附近府州县学，听本处乡试。景帝景泰三年，许各处军生考补廪膳，照例科贡。宪宗成化三年，定军生入学之例，四卫以上军生八十人，三卫以上六十人，二卫、一卫四十人，有司儒学军生二十人。武宗正德十年，命凡都司卫所学，原定一年一贡者，许设优等、次等生员各四十名，原定三年二贡者，各三十名，二年一贡者，各二十名，通行提学官考补，以后于优等内选取充贡，有多余者，俱作附学。"

十二月

国子助教杨磐还自安南。（据《国榷》卷八）

本年

洪武十七年议定，吏员考满，试中第一、第二等者，于在京有出身衙门内用，第三等者，于在京未有出身衙门内用。仍以等第姓名出榜晓谕，遇缺以次拨用。（据王圻《续文献通考》卷五十《选举考·吏道·皇明·考满事例》）

赵子敬授六安州医学典科。万历《重修六安州志》卷六《列传·方技》："赵子敬，精于医。洪武十七年，有司异其能，举于朝。试太医院，与铜人针道，纸糊其上，命针之，三试俱中其穴。授以本州医学典科，赐符验。"

阴阳学。府，正术一人，从九品。州，典术一人。县，训术一人。亦洪武十七年置，设官不给禄。（据《明史·职官志》）

明太祖洪武十八年乙丑（公元 1385 年）

正月

岁贡生员，再试不中者罚为吏。《明太祖实录》卷一百七十：洪武十八年春正月，"乙酉，礼部奏天下岁贡生员考试不中者当罚为吏，上曰：'人资质有高下，故成效有迟速。且令还学读书，以俟再试，再试不中者罚之。'"

征茶陵刘三吾入京供职。《国榷》卷八："（洪武十八年正月）戊辰，儒士刘三吾为翰林学士。"《明史》刘三吾传："刘三吾，茶陵人，初名如孙，以字行……洪武十八年，以茹瑺荐召至，年七十三矣，奏对称旨，授左赞善，累迁翰林学士。时天下初平，典章阙略。帝锐意制作，宿儒凋谢，得三吾晚，悦之。一切礼制及三场取士法多所刊定。三吾博学善属文。帝制《大诰》及《洪范注》成，皆命为序。敕修《省躬录》、《书传会选》、《寰宇通志》、《礼制集要》诸书，皆总其事，赐赉甚厚。"《明通鉴》卷八："初，上复孟子配享，而终以'草芥''寇雠'及'君为轻'、'贵贱易位'等语，为寰中士夫不为君用者所借口，乃诏三吾修《孟子节文》，凡不以尊君为主者皆删之。书成，有连江孙芝者，上书诋三吾为佞臣云。"

二月

徐达卒，追封中山王。《明鉴纲目》卷一："纲：乙丑十八年，春，二月，太傅魏国公徐达卒（谥武宁）。目：初，达在北平，召还。至是，病卒。帝为辍朝，悲恸不已，追封中山王，赐葬钟山之阴，御制神道碑文，以纪其功。（达言简虑精，屡为大将，善抚循，与下同甘苦，士无不感恩效死。尤严戢部伍，单车就舍，延礼儒生，谈议终日。在上前，恭敬若不能言。帝尝称之曰：'受命而出，成功而旋。不矜不伐。妇女无所爱，财帛无所取。中正无疵，昭明乎日月，大将军一人而已。'）"

以朱善、聂铉为会试典试官。取黄子澄等四百七十二人。黄佐《南雍志》卷一《事纪》："（洪武十八年）二月会试，以翰林院待诏朱善及聂铉为考试官，比揭榜，国子生多在前列。"万历《大明会典》卷七十七《科举》："凡考试官，洪武十八年令，会试主考官二员，并同考官三员，临期具奏，于翰林院官请用。其余同考官五员，于在外学官请用。又令，考试官员，俱用表里礼请。永乐七年令，会试考官，赐宴于礼部。正统四年奏准，会试考官，翰林春坊专其事，京官由科第有学行者，兼取以充，教官不许。天顺元年令，考官不拘员数，务在得人。成化十七年令，会试同考官，《书》、《诗》经各增一员，共十四员。正德六年令，增会试用同考官共十七员，翰林官十一员，科部各三员，内分《易经》四房，《书经》四房，《诗经》五房，《春秋》二房，《礼记》二房。"《明通鉴》卷八："以大学士朱善、国子监典籍聂铉为典试官，得士黄子澄等四百七十二人。"《明史·选举志》："初制，会试同考八人，三人用翰林，五人用教职。景泰五年从礼部尚书胡濙请，俱用翰林、部曹。其后房考渐增。至正德六年，命用十七人，翰林十一人，科部各三人。分《诗经》房五，《易经》、《书经》各四，《春秋》、《礼记》各二。嘉靖十一年，礼部尚书夏言论科场三事，其一言会试同考，例用讲读十一人，今讲读止十一人，当尽入场，方足供事。乞于部科再简三四人，以补翰林不足之数。世宗命如所请。然偶一行之，辄如其旧。万历十一年，以《易》卷多，减《书》之一以增于《易》。十四年，《书》卷复多，乃增翰林一人，以补《书》之缺。至四十四年，用给事中余懋孳奏，《诗》、《易》各增一房，共为二十房，翰林十二人，科部各四人，至明末不变。"

黄子澄（1350—1402）会试第一。子澄初名湜，以字行，更字伯渊。分宜人。洪武乙丑赐进士第三，除编修，历修撰，累官太常寺卿兼翰林院学士。靖难师入，磔死。《明史》黄子澄传云："洪武十八年会试第一。"查继佐《罪惟录》志卷十八《科举志》："（洪武）十八年乙丑二月，会试贡士，黄子澄第一，练子宁次之，后皆为忠臣，花纶又次之，浙江解元也。合中式四百七十二人。三月，殿试，赐花纶及子宁、子澄等及第、出身有差。既启封，而上以夜梦故，改丁显第一，纶第三，而抑子澄三甲为庶吉士。一甲俱授修撰；二甲马京为编修，吴文为检讨，李震为承敕郎，陈广为中书舍人；三甲危瓛为卫府纪善，李鸣冈为潭府奉祠正，杨靖为吏科庶吉士，黄耕为承敕郎，蹇瑢等为中书舍人，邹仲实为国子助教。诸进士观政翰林院、承敕监近侍衙门者，称庶吉士，在六部称进士。"

　　黄子澄元墨被誉为"开国第一篇文字，足为万世楷式"。李调元《制义科琐记》卷一《开国元墨》："是科首题为：'天下有道，则礼乐征伐自天子出。'黄子澄元墨实为开国第一篇文字，足为万世楷式。其墨云：'治道隆于一世，政柄统于一人。夫政之所在，治之所在也。礼乐征伐皆统于天子，非天下有道之世而何哉？昔圣人通论天下之势，首举其盛为言，若曰：天下大政固非一端，天子至尊，实无二上。是故民安物阜，群黎乐四海之无虞；天开日明，万国仰一人之有庆。主圣而明，臣贤而良，朝廷有穆皇之美也；治隆于上，俗美于下，海宇皆熙皞之休也。非天下有道之时乎？当斯时也，语离明则一人所独居也，语乾纲则一人所独断也。若礼若乐，国之大柄，则以天子操之而掌于宗伯；若征若伐，政之大权，则以天子主之而掌于司马。一制度一声容，议之者天下，不闻以诸侯而变之也；一生杀一予夺，制之者天子，不闻以大夫而擅之也。皇灵丕振，而尧封之内咸钦圣主之威严；王纲独握，而禹甸之中皆仰一王之制作。信乎，为天下有道之盛而非后世所能及也。'钱吉士评云：洪武庚戌，诏以八月开乡试，明年三月礼部会试，所试文仍尚元制。至甲子定《科举成式》。乙丑会试，止录士子姓名乡贯，未刻程文，录文自戊辰始。此篇见世德堂墨选，后列解学士大绅批语云：'庄重典雅，台阁文字。'相传甚久，特为表出。"梁章钜《制义丛话》卷四："《书香堂笔记》云：录前明制义者，自洪武乙丑科分宜黄子澄元墨为第一篇文字，解大绅学士批云：'庄重典雅，台阁文字。'徐存庵曰：'时未立闱牍科条，行文尚涉颂体，而收纵之机，浩荡之气，已辟易群英，况此为文章之始，自应首录，以存制义之河源也。'按：首题为'天下有道，则礼乐征伐自天子出'。……按：各选本多以刘文成公基'敬事而信'题文为有明一代制义之祖，然是初体之尤者，其提一机字以为敬之原，衬一势字以为信之影，究未精的，故舍彼录此。"

　　陈循〔1385—1462〕生。循字德遵，泰和人，永乐乙未赐进士第一，除翰林修撰。累官户部尚书、少保兼太子太傅、华盖殿大学士。英庙复辟，戍铁岭，寻放还。有《芳洲集》。据《四库全书存目丛书》第31册，《芳洲文集》十卷，附《再和东行百咏集句》一卷、《芳洲先生年谱》一卷。王翔《芳洲先生年谱》："大明洪武十八年乙丑。公讳循，字德遵，姓陈氏。芳洲，公之号也。是年，公生于二月十六日寅刻，时公先公年方四十。"

　　国子学正陈潜夫上四事：奖直臣，简师儒，励廉耻，审用人。国子博士高允宪请如汉事，旌卓异，赐金增秩。上皆是之。（据《国榷》卷八）

　　右春坊右赞善董伦为左春坊大学士。（据《国榷》卷八）

三月

令会试下第举人入国子监卒业。（据黄佐《南雍志》卷一《事纪》）

丁显、练子宁（？—1402）、黄子澄（1350—1402）等进士及第、出身有差。始选进士入翰林院及为庶吉士。观政进士之名亦自本年始。《明太祖实录》卷一百七十二："洪武十八年三月壬戌朔，上御奉天殿策试举人，制策曰：'朕稽古名世者，惟敬事而畏神人，趋事以历知，涉难以立志，日运不息，岁运无已，虽在寝食，未尝忘其所以，由是大辅人君，福臻黎庶，所以名世者为此也。朕自代元统一华夷，官遵古制，律仿旧章，孜孜求贤，数用弗当，有能者委以腹心，或面从而志异，有德者授以禄位，或无所建明。中材下士，寡廉鲜耻，不能克己，若此无已，奈何为治？尔诸文士，当进学之秋，既承朕命，悉乃心力，立身扬名，在斯始举，其条陈之。'时廷对者四百七十二人，擢丁显为第一。临轩发策日，锦衣卫设卤簿仪仗，读卷官用翰林院及朝臣之文学优者。越三日，上复御奉天殿传制唱名。是日，举人皆给帽笏大带青罗袍皂绿襈服之以朝。第一甲第一名从六品，第二第三名正七品，俱赐进士及第。第二甲从七品，赐进士出身。第三甲正八品，赐同进士出身。礼部捧黄榜揭于通衢，遂赐诸进士宴于会同馆。应天府以仪仗送状元归第。明日，诸进士诣国子监孔子庙行释菜礼。又明日，上表谢恩。赐状元冠带朝服一袭及进士钞有差。""丙子，以第一甲赐进士及第丁显等为翰林院修撰，第二甲赐进士出身马京等为编修，吴文为检讨，李震为承敕郎，陈广为中书舍人，第三甲赐同进士出身危瓛为卫府纪善，李鸣冈为潭府奉祠正，杨靖为吏科庶吉士，黄耕为承敕郎，塞瑢等为中书舍人，邹仲实为国子监助教。瑢后赐名义。其诸进士，上以其未更事，欲优待之，俾之观政于诸司，给以所出身禄米，俟其谙练政体，然后擢任之。其在翰林院、承敕监等近侍衙门者，采《书经》庶常吉士之义，俱称为庶吉士。其在六部及诸司者，仍称进士。"《殿阁词林记》卷十《考选》："考选庶吉士，始自洪武乙丑，迨永乐初，益重其事，大率每科必选。宣宗时，合三科进士亲试之。正统丙辰，英庙亲选庶吉士于文华殿，取萧镃等十二人。己未以后罢之。至戊辰，始纯选北方及蜀士为庶吉士，被选者万安等二十人，不亲试也。自是，其事付内阁，例取平日所为诗文，或翻阅试卷，兼采名实。礼部会同吏部试以古文暨诗，合式者改送吏部读书。景泰辛未，选吴汇等二十五人，甲戌，选丘浚等十八人，皆兼选南北士。天顺庚辰三月，上御文华殿，召李贤谕曰：'永乐、宣德中，常选庶吉士教养待用。今科进士中，可选人物端重、语音正当者二十馀人为庶吉士，止选北方人，若南方人有似彭时者选取。'贤出以语时，时疑贤欲抑南人，因应之曰：'立贤无方，何分南北？'贤曰：'果上意也，奈何？'已而太监牛玉复传命如前，令内阁会吏部同选。时对牛曰：'南方士岂独时比？优于时者甚多也。'是日考选，取十五人，南方止三人，而江西惟张元祯得与焉。天顺甲申，选李东阳等十八人，自是皆兼选南北士。成化丙戌，选林瀚等二十四人。己丑，选费訚等十五人。戊戌，选梁储等二十八人。丁未，选程楷等二十人。弘治癸丑，选顾清等二十人。是科清等已发各司观政，后乃得旨取自各司者选。丙辰，选顾潜等二十人。壬戌，选胡煜等二十人。乙丑，选崔铣等三十人。正德辛未，选许成名等三十三人。丁丑，选汪佃等二十四人。辛巳，选廖道南等二十四人。"《弇山堂别集》卷八十一："十八年乙丑会试，命待诏朱善、前典籍聂铉为考试官，取黄子澄第一，练子宁次之，花纶又次之。纶，浙江解元也。及廷试，纶第一，子宁次之，子澄又次之。既启封，上自以梦故，用丁显为状元，子宁如故，纶第三，抑子澄三甲，为庶吉士。然三人俱授修撰，亡何，亦擢子澄为修撰云。见刻丁显策者，仅三百字，称上为上位，余多不成语。实录云：赐二甲进士马京等为编修，吴文为检讨，李震为承敕郎，陈广为中书舍人；三甲危瓛为卫府纪善，李鸣冈为潭府奉祠正，杨靖为吏科庶吉士，黄耕为承敕郎，蹇瑢等为中书舍人，邹仲实为国子助教。其诸进士观政翰林院、承敕监近侍衙门者，采《书经》庶常吉士之义，俱称庶吉士，六部俱称进士。""是岁，沈潜、杨靖咸受上知，不两岁至兵刑部尚书，而皆不克终。蹇瑢改名义，授中书舍人，满九载，潜、靖死后始进官，而为吏部尚书者三十四年。俞宪《登科考》名姓次序俱以《会试录》为准，然不载杨靖、蹇瑢，其脱略可知矣。"《明史·选举志》："十八年廷试，擢一甲进士丁显等为翰林院修撰，二甲马京等为编修，吴文为检讨。进士之入翰林，自此始也。使进士观政于诸司，其在翰林、承敕监等衙门者，曰庶吉士。进士之为庶吉士，亦自此始也。其在六部、都察院、通政司、大理寺等衙门者仍称进士，观政进士之名亦自此始也。其后试额有增减，条例有变更，考官有内外轻重，闱事有是非得失。其细者勿论，其有关于国是者不可无述也。"李调元《制义科琐记》卷一《对策》："练子宁名安，以字行，新淦人。洪武十八年殿试对策有云：'天之生材有限，陛下忍以区区小故，纵无穷之诛，何以为治？'上大悦，擢一甲二名。"李调元《制义科琐记》卷一《采〈书经〉庶常吉士之义》："（洪武）十八年乙丑会试，命待诏朱善、前典籍聂铉为考试官，取黄子澄第一，练子宁次之，花纶又次之。纶，浙江解元也，及廷试，纶第一，子宁次之，子澄又次之。既启封，上自以梦故，用丁显为状元，子宁如故，纶第三，抑子澄三甲为庶吉士。然三人俱授修撰，亡何亦擢子澄为修撰云。见刻丁显策者仅三百字，称上为上位，余多不成语。《实录》云：赐二甲进士马京等为编修，吴文为检讨，李震为承敕郎，陈广为中书舍人。二甲危瓛为卫府纪善，李鸣冈为潭府奉祠正，杨靖为吏科庶吉士，黄耕为承敕郎，蹇瑢等为中书舍人，邹仲实为国子助教，其诸进士观政翰林院、承敕监近侍衙门，采《书经》'庶常吉士'之义，具称庶吉士，六部具称进士。"《明鉴纲目》卷一："纲：三月，始选进士入翰林，及为庶吉士。目：帝廷试进士，擢一甲丁显（建阳人。）等为翰林院修撰，二甲马京等为编修，吴文等为检讨。（进士入翰林，自此始。）"

本年进士登科情况。俞宪《皇明进士登科考》卷二："时廷对之士黄子澄等四百七十二人，擢丁显第一，授翰林院修撰，第二第三俱授编修，余赐进士出身有差。择其未更事者，观政于诸司。其在翰林院承敕监等近侍衙门者，俱称庶吉士，盖取《尚书》庶常吉士之义也。在六部诸司者，仍称进士。上命立题名碑于国子监，革除，闻于□□

皆柄用，侵剥藩王，靖难师起，以奸党戮之，仆碑削录，故部本不传。今民金事章荣□□□□录有是科会试人数，乃续而全之（字迹不清）翰林学士为闻人，乡党宗之，今四百七十二人之名具备，而无闻盛名，不知何也？闽本以湖本增入今数，多湖产，遂疑而不录，今亦无可考矣，姑存之以备订。"第一甲三名，赐进士及第。丁显，福建建阳县人。练子宁，江西新淦县人。黄子澄，江西分宜县人。第二甲赐进士出身，第三甲赐同进士出身。名次俱不可考，共四百六十九名。马京，陕西武功县人。齐麟，山西五台县人。邓伟奇，湖广安仁县人。林达，浙江定海县人。花纶，浙江仁和县人。曹仁，浙江海盐县人。缪均，浙江平阳县人。胡宁，浙江永嘉县人。胥泰，江西南昌县人。叶宗，浙江永嘉县人。李德遂，浙江临海人。秦逵，直隶宣城县人。魏安仁，河南祥符县人。林同，浙江平阳县人。陈基，福建福清县人。孙崇，福建侯官县人。郑能，浙江平阳县人。阳友仁，湖广益阳县人。陈至善，浙江仁和县人。郑公质，福建宁德县人。徐旭，江西乐平县人。陈宾，福建永福县人。方升，直隶怀宁县人。易大年，江西上高县人。张弘，直隶宿松县人。程以善，江西南昌县人。戴云，广东连州人。沈文真，浙江德清县人。陈淇，福建政和县人。杨体初，福建晋江县人。张峙，浙江宁海县人。徐彦和，江西临川县人。李震，河南洛阳县人。陈粹，浙江归安县人。陈益，福建侯官县人。廖孟瞻，江西临川县人。陈思道，浙江山阴县人。应孟吕，浙江昌国卫人。应宗义，浙江象山县人。徐诚，浙江永嘉县人。张子恭，福建长汀县人。陈广，湖广茶陵县人。余子恭，江西金溪县人。邓佑，直隶江都县人。周宗起，福建漳浦县人。林逊，广东潮阳县人。袁小弼，山西陵川县人。刘安生，福建安溪县人。邓昱，山西襄陵县人。王本道，江西兴国县人。顾諟，直隶华亭县人。范克谨，浙江黄岩县人。谭璧，湖广茶陵县人。陈绶，广东番禺县人。水丘曦，浙江临海县人。袁镳，浙江奉化县人。张瑾，山西忻州人。蒋应辰，浙江永嘉县人。陈迪，直隶丹徒县人。毛仁，浙江仁和县人。高冲，山西翼城县人。张博，直隶泗州人。严震，浙江上虞县人。李瑛，浙江钱塘县人。杨吉，直隶寿州人。刘俊，湖广江陵县人。杨德，湖广安陆州人。周尚文，广东香山县人。康宁，北平庆都县人。石岳，广西阳翔县人。王瞰，福建福清县人。陈顺成，湖广攸县人。林细，福建怀安县人。任励，陕西长安县人。曹镒，河南洛阳县人。程士箴，湖广武陵县人。余士安，浙江桐庐县人。徐真，江西南昌县人。邵思恭，浙江会稽县人。王文达，湖广衡阳县人。陈焕，福建连江县人。李烜，河南祥符县人。涂钦，江西新城县人。胡斌，浙江临安县人。赵溥，直隶昌平县人。彭汝器，江西乐平县人。姚文琪，浙江建德县人。黄达，浙江平阳县人。陈迪，广东四会县人。徐谅，直隶华亭县人。萧珪，湖广全州人。秦良秀，湖广长沙县人。汪麟，浙江仁和县人。杨靖，直隶山阳县人。江观，福建松溪县人。方伯礼，浙江象山县人。张和，福建瓯宁县人。杨定周，江西宜春县人。李郁，直隶丹徒县人。张孝本，浙江上虞县人。孙贯，浙江长兴县人。方必寿，湖广巴陵县人。郑庸，广东吴川县人。单贵孙，浙江鄞县人。高成，福建莆田县人。徐质，浙江钱塘县人。戴本，湖广澧州人。陈瑜，浙江鄞县人。李耀，江西湖口县人。王峻用，浙江仙居县人。蔡英，江西南昌县人。胡铉，江西南昌县人。姚傅，浙江仁和县人。李绅，湖广善化县人。潘宗岳，浙江新昌县人。句端，直隶迁安县人。梁以孜，浙江青田县人。周原，直隶繁昌县人。唐宗哲，直隶华亭县人。□□□，浙江山阴县人。张敏德，直隶蒙城县人。李增，福建建安县人。周达孙，福建邵武县人。薛晟，福建福宁州人。黄维清，福建晋江县人。彭庆，江西乐平县人。毛文，北平唐县人。陆载，江西赣县人。阎察，山西平定州人，葛瑾，山东沂水县人。陈权，江西南城县人。姚观文，广东南海县人。田忠，北平浦城县人。刘辐，北平河间县人。萧子韶，江西太和县人。陈孟芳，江西新建县人。胡信，江西德兴县人。胡应麟，湖广湘潭县人。周同生，福建晋江县人。王宪，河南祥符县人。金惟一，浙江临海县人。舒允成，湖广江夏县人。徐彬，浙江钱塘县人。秦昇，山西忻县人。余玱，福建罗源县人。危瓛，江西金溪县人。余文，应天府六合县人。徐宗武，浙江乌程县人。庞安，山西曲沃县人。钱仕宗，直隶华亭县人。齐肃，山西汾西县人。辛民，河南洛阳县人。汪凯，浙江奉化县人。陆子孟，浙江海宁县人。李恪，山西吉州人。潘侃，浙江平阳县人。姚复，河南恩县人。陈顺，浙江永嘉县人。罗士应，江西南昌县人。张端，山东历城县人。魏惟古，河南新乡县人。李忠，北平怀柔县人。王粹，山西阳城县人。吴庠，浙江会稽县人。郭子和，湖广益阳县人。陈仲述，江西泰和县人。孙盛，直隶泗州人。高起，北平永年县人。胡本，山西和顺县人。陈以仁，广西宜山县人。黄伯珪，福建光□县人。刘仲廉，湖广江夏县人。丁麟，浙江海盐县人。林瑜，福建连江县人。向宝，江西进贤县人。项复，浙江余姚县人。谭翼，江西大庾县人。王牧，山西太谷县人。郑辅，江西永丰县人。林龟年，福建连江县人。李鸣冈，北平藁城县人。吴应隆，湖广京山县人。杨德礼，湖广应城县人。李源深，江西贵溪县人。陈郁，浙江平阳县人。韩瑜，山西阳城县人。涂郁，福建瓯宁县人。许性善，浙江义乌县人。王能，浙江定海县人。曹文，福建瓯宁县人。沙顺昌，浙江永嘉县人。徐应台，浙江象山县人。胡昱，湖广沅州人。唐朴，浙江金华县人。聂以大，江西武宁县人。郭昌，江西永丰县人。齐鲁，河南嵩县人。于子仁，湖广武冈州人。胡肃，河南新淦县人。李亨，山西泽州人。张士恺，江西吉水县人。朱聪，福建永福县人。李文善，广东高要县人。李哲，河南新安县人。蒋义，河南洛阳县人。庞守文，山西榆次县人。周从善，江西吉水县人。戴成，浙江丽水县人。俞璟，浙江钱塘县人。鲁瞻，浙江淳安县人。陈立，江西南丰县人。陈逢震，湖广蓝山县人。厉宗义，浙江东阳县人。刘文贵，湖广孝感县人。黄子平，广东茂名县人。牛麟，河南修武县人。彭修，浙江平阳县人。黄性初，福建莆田县人。陆镒，直隶吴县人。许晋，应天府句容县人。郭弘，河南祥符县人。周弼，福建莆田县人。王福，福建怀安县人。唐俊民，直隶武进县人。许恒，江西赣县人。陈杰，直隶高邮州人。叶规，福建建安县人。姚侃，浙江桐庐县人。赵勉，湖广夷陵州人。王璥，湖广蕲州人。高振，湖广沔阳州人。王恪，山西伏羌县人。魏思敬，浙江余姚县人。何玄晔，广东海康县人。王蒙，浙江黄岩县人。鲁望，浙江仁和县人。刘宗海，湖广浏阳县人。朱瞻，山东沂水县人。胡昌龄，直隶歙县人。丁永保，福建沙县人。曹铭，陕西会宁县人。郑珇，福建福清县人。王良弼，江西□□县人。王朴，陕西同州人。彭仁俊，江西万安县人。顾观，浙江萧山县人。叶复，福建建安县人。翁梗，浙江龙游县人。蒋奎，湖广沅州人。侯庸，山东胶水县人。李蓁，河南磁州人。刘凤奉，江西乐平县人。黄德安，江西金溪县人。吴渊，江西建昌县人。罗师贡，福建长乐县人。吴中，湖广随州人。陈宗礼，江西奉新县人。张敏，北平晋州人。李性善，湖广沔阳州人。樊士信，湖广应城县人。李昌，山西同州人。王觏，直隶华亭县人。范朗，福建政和县人。谭子英，湖广攸县人。凌辂，应天府句容县人。唐辉，广西阳朔县人。张璘，北平宛平县人。唐晟，直隶华亭县人。孙仁，直隶寿州人。刘观，北平雄县人。董薛，浙江新昌县人。孙达，山西猗氏县人。杨居正，浙江归安县人。周月华，浙江松阳县人。刘贞，湖广均州人。马谦，直隶沙河县人。易璘，福建松溪县人。刘愚，山东任城县人。李濬，广东吴川县人。张莹，浙江临海县人。魏进，山东昌邑县人。马谅，山东东平州人。邓志学，湖广常德县人。解敏，河南阳武县人。萧聪，湖广衡阳县人。曾玉，湖广零陵县人。张蓁，河南原武县人。高铎，山西绛州人。王顺德，浙江新城县人。谢恩义，湖广衡山县人。郑泽，浙江开化县人。李子清，福建连城县人。郑赐，福建瓯宁县人。程颙，山西潞州人。马通，河南祥符县人。姚恕，直隶建平县人。吴文，广西临桂县人。张礼，直隶华亭县人。程善，直隶婺源县人。李善，湖广安陆州人。陈用行，江西临川县人。黄畎，山东济阳县人。王达，山西九皋县人。王子真，浙江会稽县人。张驯，河南获嘉县人。牛曾，山东禹城县人。潘善，浙江永嘉县人。许灵，直隶无锡县人。周璇，河南洛阳县人。徐子权，江西新淦县人。冯原智，直隶吴县人。丁志方，山东聊城县人。邢晃，河南新乡县人。蔡福男，广东海阳县人。张善同，浙江永嘉县人。郭资，河南武安县人。张公宣，江西德兴县人。叶茂，广东琼山县人。范原，陕西耀州人。蔡英，山东禹城县人。李端，北平北平府人。沈志远，浙江余姚县人。翟良，河南郑州人。张忠，直隶开州人。潘仁显，浙江浦江县人。黄俊，福建莆田县人。朱华庆，广东南海县人。邹仲实，江西乐平县人。何鲁，湖广京山县人。王春，北平良乡县人。刘资，山西清源县人。甘友信，广东保昌县人。万质，湖广沔阳州人。魏卓，江西广昌县人。廖时雨，湖广黔阳县人。陈洵仁，福建长乐县人。聂敏，河南武陟县人。葛桓，直隶无锡县人。郭迪，山西河津县人。叶耀，广东徐闻县人。吴懋，福建仙游县人。林宗溥，广东徐闻县人。王恒，山西绛州人。倪炯，福建闽县人。陈敬宗，直隶贵池县人。王镇，直隶滁州人。谭彦方，广东高要县人。严鹗，江西云都县人。杨新，直隶合肥县人。邓文鉴，福建沙县人。陈善生，浙江丽水县人。郝恒，河南宜阳县人。郭炳，山西壶关县人。张义，湖广孝感县人。刘中，河南祥符县人。周成，陕西韩城县人。王暹，北平宛平县人。沈潜，浙江钱塘县人。□□，浙江临安县人。李仲冲，江西永丰县人。潘存性，浙江余姚县人。卫善初，广东四会县人。徐复，江西鄱阳县人。韩永，山西淳山县人。毕贵，北平任丘县人。段约，山西淳山县人。刘养恕，北平邢台县人。赵朗，山西垣曲县人。朱隆，浙江缙云县人。叶文德，江西上饶县人。桑茂，河南获嘉县人。王溥，广西临桂县人。张肃，山西壶关县人。金敏文，江西永丰县人。聂镇，山东长山县人。崔敬，陕西鄠县人。宋辅，河南汤阴县人。王肃，浙江会稽县人。蹇瑢，四川巴县人。卓闰，福建怀安县人。韩毅，山西曲沃县人。刘庸，北平藁城县人。桂满，直隶临淮县人。夏止善，湖广余杭县人。孙鬎，山东齐河县人。张晃，湖广江夏县人。邢矩，河南阳武县人。高景材，福建侯官县人。张翠，浙江钱塘县人。邵永善，浙江仁和县人。马魁，河南武陟县人。刘义，北平宛平县人。徐淳，北平成安县人。彭寿，湖广江夏县人。蔡玄，浙江钱塘县人。高安，浙江淳安县人。张翀，山西榆社县人。任琛，浙江定海县人。惠中，直隶合肥县人。梁德远，湖广邵阳县人。劳士宽，广东南海县人。李选，河南武阳县人。卫俊民，山西榆次县人。罗暹，浙江慈溪县人。王昱，山西耀州人。郭林，陕西华州人。庞清，山西武乡县人。王麟，北平青州人。林昶，广东化州人。张凝，山西陵川县人。宋点，山东鱼台县人。李义，湖广沔阳州人。田原，陕西凤翔县人。乔暴，山西岳阳县人。赵泰，河南胙城县人。钱巽，江西新昌县人。丁坤，福建连江县人。刘宣，北平永清县人。金润，湖广澧州人。黄义，福建南靖县人。郭祥，山西临晋县人。张廷兰，湖广澧州人。杨志铭，浙江鄞县人。仇益，山西汾西县人。张山，陕西耀州人。熊□隆，湖广湘潭县人。甘泉，江西萍乡县人。易聪，湖广安陆州人。马骧，直隶武进县人。张士安，湖广蕲州人。曹大平，浙江武义县人。李谦，湖广江陵县人。王进，山西襄陵县人。宋仁桂，湖广桂阳县人。任清，福建建阳县人。赵刚，山西解州人。夏伸，福建福清县人。杨□绍，江西丰城县人。王复善，北平北平府人。张轵，陕西宝鸡县人。张文贞，福建瓯宁县人。谢志，陕西长安县人。蔡用强，浙江新昌县人。王逊，直隶昆山县人。双贵，山西解州人。陈迪，直隶宜兴县人。姜辅，山西壶关县人。王寄生，浙江嵊县人。刘震，山东宾州人。王文英，浙江鄞县人。黄敬中，广东曲江县人。柏英，直隶高邮州人。施勖，江西南城县人。文敏，广西兴安县人。海永清，陕西陇西县人。李林，福建连江县人。张衡，江西万安县人。李熙，广西苍梧县人。郝知微，陕西鄜州人。张豇，山西稷山县人。黄健，福建龙溪县人。黄敬，河南汝州人。王泽，山西太原县人。严胜，四川邛县人。陈九思，广东海康县人。王惟道，广西融县人。胡汝楫，湖广沔阳州人。吕演，河南延津县人。刘荣，江西余干县人。

殿试、读卷、传胪、谢恩各有其礼仪。万历《大明会典》卷五十一《策士》："凡士之举于礼部者，国初以三月朔日御殿而亲试之，谓之殿试。后率以三月十五日，间以他事更日。并读卷、传胪等仪，具列于后。殿试仪：先期一日，鸿胪寺官设策题案于殿之东，光禄寺备试桌于两庑。至日早，礼部官引贡士入至皇极殿丹墀内，东西北向序立，文武百官各具公服侍立如常仪。鸿胪寺官请升殿，上常服，御皇极殿，鸣鞭，文武百官行叩头礼，侍班。执事官举策题案于殿中，内侍官以策题付礼部官，置于案上。鸿胪寺官引贡士就拜位，执事官举策题案由左阶降，置御道中，赞贡士行五拜三叩头礼，各分东西侍立。执事官随举策题案于丹墀东，鸿胪寺官奏礼毕，鸣鞭，驾兴，文武百官退。军校举试桌列于丹墀东西北向，置定，礼部官散题，贡士仍列班跪受，叩头就试。是日如遇天雨，或大风，试桌即移设于两庑。读卷仪：殿试后二日早常朝毕，驾诣文华殿，免日讲，不用侍班、侍卫等项。读卷官各执卷随至文华门外，候上升座，传读卷官进，各官趋至丹陛，行叩头礼，入殿内东西序立。传读卷，读卷官居首者至御前跪，展卷朗读毕，司礼监官接卷置御案，本官叩头，兴，复班。其各读卷官以次进读如仪。读三卷后，临时候旨再读几卷。如奉旨免读，各官即执卷同至御前跪，司礼监官以次接卷，俱置御案。各官叩头，兴，复班。传各官退，各读卷官出至丹陛，行叩头礼毕，即出至文华门外，候上将试卷裁定御批第一甲第一名、第一甲第二名、第一甲第三名毕，其余各卷发出内阁官领收，上回宫。是日，各读卷官先将第二甲第一名以下，拆卷填写黄榜。传胪仪：先期一日，设黄榜案于中极殿内稍东。至期，文武百官各具朝服，伺候行礼。是日早，鼓未鸣，先开左掖门，放读卷及提调并执事官进入中极殿门外，候上具皮弁服升座，各官入，行叩头礼毕，进入殿内供事。读卷官拆第一卷，奏第一甲第一名某人，拆第二卷，奏第一甲第二名某人，拆第三卷，奏第一甲第三名某人。填写黄榜讫，尚宝司官用宝完备，起鼓，执事官整束黄榜，翰林院官捧出皇极殿伺候，其余读卷、提调等官俱先退出。鸿胪寺官赞执事官行五拜三叩头礼毕，奏请升殿，导驾官前导，上升座，作堂下乐，鸣鞭，执事官举案至帘前置定，翰林院官捧榜，授礼部官接置于案。执事官引贡士入拜位，赞四拜，传制官跪奏传制，俯伏，兴，由殿左门出，至丹陛东立，西向，执事官举榜案至丹墀御道中置定，传制官称有制，鸣赞赞跪，制曰：‘某年三月十五日，策试天下贡士，第一甲赐进士及第，第二甲赐进士出身，第三甲赐同进士出身。第一甲第一名某人，第一甲第二名某人，第一甲第三名某人，第二甲某人等若干名，第三甲某人等若干名。’传讫，赞俯伏，兴，赞四拜，毕，进士分东西侍立，执事官举案由皇极门左门出，进士随出观榜。鸣赞赞排班，文武百官入班，致词官于丹陛中跪，致词曰：‘天开文运，贤俊登庸，礼当庆贺。’赞五拜三叩头，礼毕，鸣鞭，驾兴。状元率诸进士上表谢恩仪：先期一日，鸿胪寺官设表案于皇极门之东。至日早，锦衣卫设卤簿驾，鸿胪寺官引状元捧表置于案，退立丹墀御道稍东，其诸士以次序立。上具皮弁服，御中极殿，执事官行叩头礼毕，鸿胪寺官奏请升殿，导驾官前导，上升座，作堂下乐，鸣鞭，文武百官各具朝服行礼，侍班如常仪。鸿胪寺官引状元及进士入班，赞四拜，赞进表，鸿胪寺官举表案置于殿中。赞宣表目，礼部官跪宣表目讫，俯伏，兴。撤案，状元及进士又四拜礼毕，鸣鞭，驾兴。”王圻《续文献通考》卷四十六《选举考·举士四》：“国初，凡士之举于礼部者，以三月朔日御殿而亲试之，谓之‘殿试’。后率以三月十五日，间以他事更日。并读卷、传胪等仪具列于后。凡殿试，用三月初一日，后或用十五日。……殿试后二日，读卷官俱诣御前叩头跪，内阁官以取定第一甲三名试卷进读。读讫，御笔亲定三名次第，读卷官俱叩头。赐宴，宴毕，仍赐钞。退拆第二甲三甲试卷，填写黄榜。明日清晨，读卷官俱诣华盖殿，内阁官拆上所定三卷，奏第一甲第一名某姓名、某贯人，第二、第三名亦如之。制敕房官填榜，尚宝司官用宝讫，内阁官捧出授礼部官。……是日，榜初出，文武百官入班，鸿胪寺官诣丹陛中道跪，致词云：‘天开文运，贤俊登庸，礼当庆贺。’赞五拜三叩头，礼毕而出。明日，赐状元及进士宴于本部，命大臣一员待宴，读卷、执事等官皆预。进士并各官皆簪恩荣牌花，教坊司承应。宴毕，状元及进士赴鸿胪习仪。又明日，赐状元冠带朝服一袭，诸进士宝钞人五锭。后三日，状元率诸进士上表谢恩，文武百官仍朝服侍班。先期鸿胪寺设表案于奉天殿门之东，至日，锦衣卫设卤簿，上具皮弁服，御华盖殿。执事官行叩头礼毕，鸿胪寺官请升殿，乐作，导驾官导引如常仪。升座，乐止，鸣鞭，文武官行礼，侍班如常仪。鸿胪寺官引状元及进士入班，赞四拜，兴，平身，赞进表，鸿胪寺官举表案于殿中。赞宣表，宣讫，俯伏，兴，撤案。状元及进士又四拜，兴，平身，礼毕。明日，状元率诸进士诣国子监谒先师孔子庙，行释菜礼毕，易冠服。本部奏请命工部于国子监立石题名。"

从本科起，通常状元授修撰，榜眼、探花授编修，二、三甲考选庶吉士者，皆为翰林官。其他或授给事、御史、主事、中书、行人、评事、太常、国子博士，或授府推官、知州、知县等官。举人、贡生不第，入监而选者，或授小京职，或授府佐及州县正官，或授教职。（据《明史》卷七十《选举志》二）

定进士所授官。自此荐举者乃不轻授。《殿阁词林记》卷二十一《荐举》："圣祖之靖元乱也，干戈未定，即大召四方名儒，随所在馆谷之使，各以其所知荐。戊戌十二月，辟儒士范祖干、叶仪为谘议。己亥正月，克婺州，初置中书省，召儒士许元、胡翰十余人会食省中，日令二人进讲经史，敷陈治道。及克处州，又荐青田刘基、龙泉章溢、丽水叶琛、金华宋濂者，即遣使以书币征之。庚子二月至建康，入见甚喜，赐坐，从容与论经史，及咨以时事，深见尊宠。既而命有司即所居之西创礼贤馆以处之，始置儒台校理，以官儒臣。时朱文忠守金华，复荐王祎、王天锡至，皆用之。寻建尚宾馆，以待荐举至者。丙午年，置博士厅，设博士一人，典签十馀人，以备顾问，博士则许瑗、许存仁，典签则刘秩、鲍颖、吴毅、刘辰、黄哲、涂颖之属。侍从文学之职，实权舆于此。及置翰林院，则擢诸儒之最有文行者任焉。洪武六年，复大征天下儒士，浙江参政徐本首以桂彦良荐，待诏阙下，奏对称旨，擢春坊正字。未几，浙江布政使安然等以怀远县教谕王景等荐，既至，命日直翰林，随班朝见，赐燕西序。七年，学士宋濂侍上登武楼，赐坐，问及宿学之士，濂以会稽郭传对，上览其文称善，召见谨身殿称旨，擢应奉翰林文字。十年，复聘金华儒士吴沉，以侍臣有荐之者。十月，召见称旨，以为待制。十五年，复征耆儒隐逸，侍臣张宁以宛平儒士董伦荐，召至，以为太子赞善大夫，赐冠带。是年，置谏院官。十月，以耆儒刘靖为谏院左司谏兼左春坊左庶子，关贤为右司谏兼右春坊右庶子，赵肃为谏院左正言兼左春坊左谕德，何显周为右正言兼右春坊右谕德。十七年七月，下诏征贤，耆儒汪仲鲁至自婺源，仪礼司引见，有旨举西伯勘黎篇命之讲释，称旨，授左春坊左司直郎。又数日，刘三吾至自茶陵，入见便殿，见其庄重宏博，甚礼重之，即拜左春坊左赞善。未几，擢本院学士。十八年三月，开进士科，始定进士入翰林之制。自此荐举者乃不轻授云。永乐初，本院员少，遂简命侍臣更荐引之，于是首擢审理副杨士奇为编修，继擢儒士曾日章为侍讲，助教邹缉为侍读，改给事中金幼孜、王洪、桐城县知县胡俨为检讨，又以太平训导萧引高、袁州训导廖敬先为检讨，应天训导于汝玉、芜湖训导张伯颖为五经博士，皆异数也。自后惟于进士及庶吉士内擢用。宣德七年，大学士杨士奇荐交阯南灵州知州黎恬文学操行可任近侍，遂拜右春坊右谕德。恬既至，不副舆论，江右人寓词林者或咻之，乃求归其乡。自是荐举进者益罕矣。天顺二年，忠国公石亨、大学士李贤交荐抚州处士吴与弼，召以为左春坊左谕德，固辞不拜。成化十八年，广东布政使彭韶、巡抚两广都御史朱英交荐新会举人陈献章，既至，吏部欲试之，辞以疾，自陈患病，乞归侍养，诏授检讨，侍亲终病愈，仍来供职。献章即与弼门人也，后屡被荐，皆援诏不行。二人者，皆以理学鸣于时，隐居求志，天下高之。窃谓科目未足以尽天下之贤才，矧岩居川观，抱道不售，与就试有司而屡黜者，岂无其人乎？荐举之典，诚不可废也。"

练子宁殿试中榜眼。《明通鉴》卷八："是科，读卷官初奏一甲三人，花纶、练子宁、黄子澄也。上以花纶年少，抑置第三，又抑子澄入三甲，擢丁显第一，传者谓上以梦故用也……初，翰林院官皆由荐举，未有以进士入者，故四年开科，状元吴伯宗止授员外郎，榜眼、探花授主事而已。至是诏更定翰林品员，设学士、侍读侍讲学士及侍读侍讲。又定进士一甲授修撰，二甲以下授编修、检讨。其秩自学士正五品以下至七品有差。又定进士所授官，其在翰林院、承敕监、中书六科者曰'庶吉士'，在六部、都察院、通政司、大理寺者仍称'进士'。其余则以其未更吏事，欲优待而历练之，俾之观政于诸司，给以出身禄米，以待擢任。命之曰'观政进士'。其'庶吉士'及'观政进士'之名，皆上所自定，而翰林遂为科目进士清要之阶云。"《明史》练子宁传："子宁英迈不群，十八年以贡士廷试对策，力言：'天之生材有限，陛下忍以区区小故，纵无穷之诛，何以为治。'太祖善其意，擢一甲第二，授翰林修撰。"

会试下第举人，愿回读书，以俟后举者听。万历《大明会典》卷七十七《科举》："凡应试，洪武十八年令：会试下第举人，愿回读书，以俟后举者听。三十年，令再试寄监下第举人，中式者，次其等第，除教授、教谕、训导；不中者为州吏目。永乐七年，令下第举人，再试送国子监进学，其优等者，仍赐冠带，或加俸级。后令发回原学进业。天顺八年令：教官由举人署职，任满该升，年四十以下愿会试者听。成化二十三年奏准，举人授教官六年有功迹者，许会试。弘治十二年令：署职教官，照成化二十三年例，两科准算六年，愿会试者听。其任满该升，如遇会试将近，不拘年岁，亦许会试。若给假，或捏病，久不入选，窥伺会试者，不准。十七年令：教官由举人九年考满，不拘署职、实授，及功迹有无，愿入试者听。嘉靖十年题准，会试除新科举人赍执公据外，凡依亲等项复班举人，有不由本布政司倒文到部者，照例送问，各该承行官吏查参。其止赍原给文引者，不拘日期远近，一切不准入试。万历三年题准，南京各省举人，有未经入监，及监事未毕告回原籍者，俱限三个月内，起送到部，发监肄业。其原入南监者，仍赴该监依期起文会试。若未经入监，虽有原籍起送公文，不准入场。以后每科会试毕日，凡举人下第及中副榜，不愿就教者，查照前例，尽数分送两监肄业，并不许假借告病、依亲等项名色，告给引回籍。五年题准，各房阅卷，凡士子文字合式者，除正卷外，悉将备卷每房少或五七卷，多则十余卷，批详次序，开列数目，一并查对姓名籍贯，付礼部提调司官，以次填入副榜，不必拘定额数。"

诏编类《尚书》作科举用。《明通鉴》卷八："诏礼部选年纪小秀才，将《尚书》

陈氏、蔡氏《传》及古《注疏》，参考是非，定夺去取，编成新书，刷板印送各处教习，以为下次科举之用。于是部臣行取博学通经之教官董其事，参考编类成之。"

分宜黄子澄、萧山魏观皆少年美才，恒备顾问。明年观忧去，子澄满三载授修撰。今翰林院题名录，以子澄为一甲三人，非是。（据《国榷》卷八）

定翰林院官制。《国榷》卷八："定翰林院官制，学士、殿阁大学士俱正五品；侍读学士、侍讲学士各二，从五品；侍读、侍讲各二，正六品；五经博士五，正八品；典籍二，八品；侍书二，九品；待诏六，从九品；史官、修撰三，从六品；编修四，七品；检讨四，从七品；首领官孔目一。"

翰林待诏朱善为文渊阁大学士。（据《国榷》卷八）

五月

下第举人，俱授教官。《明太祖实录》卷一百七十三：洪武十八年五月，"是月，吏部引奏，下第举人俱授教官。上谕之曰：教学之方，非求速成，譬之为层台者，必基于篑土，行千里者，必始于跬步。但当勉其勤力，循序渐进，自有其效耳。若急遽苟且，未得于此，而即求于彼，非但学者无益，尔亦徒劳矣。且尔等年方壮盛，虽职在教人，尤当自修。夫自修之道，又须常存谦抑，不可自满。即如工人习技，常见己不若人，则所习益高，常见人不若己，则所习益下矣。汝其勉之！"

七月

礼部言：府州县岁贡生员不中式者，提调官吏论以贡举非其人律，都官、训导，罚俸一年；贡不如期者，以违制论。从之。（据《明太祖实录》卷一百七十四）

国子生值疾，官给医药。久不治者，护归其家。（据《国榷》卷八）

八月

以赐进士出身方升、同进士出身梁德远等六十七人为六科给事中、六部试主事。《明太祖实录》卷一百七十四："洪武十八年八月己酉，以赐进士出身方升、同进士出身梁德远等六十七人为六科给事中、六部试主事。上谕之曰：'忠良者，国之宝，奸邪者，国之蠹。故忠良进则国日治，奸邪用则国日乱。观唐太宗用房、杜，则致斗米三钱、外户不闭之效。玄宗用杨、李则致安史之乱，有蒙尘播迁之祸，此可鉴矣。'"

九月

翰林检讨茹太素为户部尚书。（据《国榷》卷八）

朱善卒，年七十二。《国榷》卷八："洪武十八年九月，文渊阁大学士朱善卒。善字备万，丰城人。九岁，通经能文。元末隐居纂述，国初授南昌教授。八年，荐入翰林修撰。逾岁，降典籍放归。复征为待诏，直阁，乞骸，卒于家。年七十二。所著《诗经解颐》等集行世。"

十月

翰林院待诏孔希善言："孟氏子孙，有以罪输作者二人。"上曰："大贤之后，当屈**法宥之。**"遂遣还。（据《国榷》卷八）

以赐进士出身胡昌龄等十人为监察御史，及各府推官。赐同进士出身李烜等二十人为各部试主事及各县丞。（据《明太祖实录》卷一百七十六）《国榷》卷八："洪武十八年十月乙未。进士胡昌龄等十人为御史推官，二甲。进士李烜等二十人为各部主事各县丞，三甲。"

颁《御制大诰》于天下。《明史·刑法志二》："及十八年《大诰》成，序之曰：'诸司敢不急公而务私者，必穷搜其原而罪之。'凡三《诰》所列凌迟、枭示、种诛者，无虑千百，弃市以下万数。贵溪儒士夏伯启叔侄断指不仕，苏州人才姚润、王谟被征不至，皆诛而籍其家，'寰中士夫不为君用'之科所由设也。其《三编》稍宽容，然所记进士监生罪名，自一犯至四犯者犹三百六十四人。"《明通鉴》卷八："初，上既定《律令》，有司遵守，而犯法者日多。上曰：'本欲除贪，奈何朝杀而夕犯？'乃令采辑官民过犯，条为《大诰》。其目有十：曰《揽纳户》，曰《安保过付》，曰《诡寄田粮》，曰《民人经该不解物》，曰《洒派抛荒田土》，曰《倚法为奸》，曰《空引偷军》，曰《鲸刺在逃》，曰《官吏长解卖囚》，曰《寰中士夫不为君用罪至抄剳》。书成，颁之学宫以课士，里置塾师教之。狱囚有能读《大诰》者，罪减等。一时天下有讲读《大诰》师生来朝者十九万余人，皆赐钞币遣还。未几，复为《续编》、《三编》。"

十一月

进士宣城秦逵为工部右侍郎。（据《国榷》卷八）

十二月

诏举孝廉之士。《明太祖实录》卷一百七十六：洪武十八年十二月，"丙午，诏举孝廉之士，上谕礼部臣曰：'朕向者令有司举聪明正直之士，至者多非其人，甚孤所望。朕闻古者选用孝廉，孝者忠厚恺弟，廉者洁己清修，如此则能爱人守法，可以从政矣。其令州县，凡民有孝廉之行著闻乡里者，正官与耆民以礼遣送京师，非其人勿滥举。'"

吏科庶吉士杨靖为户部右侍郎。（据《国榷》卷八）

本年

令云南所属生员有成材者，从便选贡。乾隆《黎县旧志》"学校"："明洪武十八年，令云南所属生员有成材者，从便选贡。正统二年，增云南儒学师生廪米。十年，令提学官、教官考选生员。年四十以上不谙文理者，廪膳十年以上送吏部者，六年以上送附近布政司，增广十年以上送本布政司，直隶送本府，充吏。六年以上并鄙猥残疾者，悉黜为民。云南、贵州免考。十四年，令拣选军户送学，习武毕业。景泰二年，令云南、贵州军、民生兼考补廪膳，照例科考。万历四年，定广西、四川、云南等处，凡改土为流州县及土官地方建学校者，令提学严查，果系土著之人，方准考充附学，不许各处士民冒籍滥入。"

洪武建文间，乙丑、丁丑、庚辰三科，会试题皆为"天下有道，礼乐征伐自天子出"。梁章钜《制义丛话》卷四："洪武、建文间十余年，乙丑、丁丑、庚辰三科，会试皆出此题（指'天下有道，礼乐征伐自天子出'），信乎邱琼山先生之言曰：'国初试题，皆取经书中大道理大制度系人伦治道者出以试士，故当时题目无多，士皆专心于大且要者，用功有伦序，得以余力及他经子史也。'此论实足遵守，然此十余年后，以通儒硕学，宜接踵而出矣，而实不多见，则又何也？"

程通入太学。程敏政《篁墩文集》卷九《长史程公传》："二十二以贡入太学，时洪武乙丑也。"

花纶初授修撰，诏许归娶，练子宁送以诗。李调元《制义科琐记》卷一《诏许归娶》："花纶初授修撰，年十八，诏许归娶。练子宁送以诗曰：'三月都门莺乱啼，郎君春色上春衣。潘生况拟供调膳，张敞仍须学画眉。南陌酒香银瓮熟，西湖月朗画船归。极知身重负君恩，莫遣心随粉黛移。'"

明太祖洪武十九年丙寅（公元 1386 年）

正月

以《御制大诰》颁赐国子监生及天下府、州、县学生。（据《明太祖实录》卷一百七十七）

二月

命吏部考国子监官。怠于训教者罚俸一年，到官未及一岁者，半之。（据《明太祖实录》卷一百七十七）

三月

选岁贡生员中式者九百余人入国子监。《明太祖实录》卷一百七十七：洪武十九年三月，"礼部言：天下岁贡生员，中式者计九百五十三人，诏选其优者六百八十三人，升之太学，余并送中都国子监"。

复颁北方学校九经。（据《国榷》卷八）

四月

吏部奏用国子监生十四人，皆为六品以下官。《明太祖实录》卷一百七十七：洪武十九年夏四月，"吏部奏用国子监生十四人，皆为六品以下官。上谕之曰：'事君之道，惟尽忠不欺，治民之道，惟至公无蔽。凡一郡一邑之民，必有饥寒不得其所者，有狱讼冤抑者，有贤才不举者，有豪猾蠹民者。汝等到任，能不为私欲所蔽，人言所惑，则方寸自明而诸弊可息。一牵于私欲而惑于人言，则冥然如坐暗室。饥寒者无由获济，冤抑者无由伸理，贤才壅蔽而豪猾纵横，则为废职矣。古人有言：人始入官，如入暗室，久而乃明，明乃治。汝等切记之，毋为人蔽惑也。'"

五月

朱元璋谕吏部：进士魏安仁等六人，谪浙江按察司吏。知已自新，其召用之。（据《国榷》卷八）

六月

监察御史郑祖奏：梧州府兴业县知县王献、县丞曾玉容皆由进士授官，而征输税课违期，请逮问。上以其进士特宥之。（据《明太祖实录》卷一百七十八）

七月

诏举经明行修练达时务之士，年七十以下者，郡县礼送京师。《明太祖实录》卷一百七十八：洪武十九年七月，"癸未，诏举经明行修练达时务之士，年七十以下者，郡县礼送京师。"《殿阁词林记》卷二十一《耆俊》："太祖尝曰：'古之老者，虽不任以政，至于咨询谋谟，则老者阅历多，闻见广，达人情，有可资者。'故洪武中多擢老成之士，官以本院，及为东宫辅导，耆儒刘靖、关贤为庶子，赵肃、何显周为谕德。学士刘三吾、文渊阁大学士朱善、左司直郎汪仲鲁皆年逾六十，时承顾问，翊赞储极，趋朝则同列，赐坐则联席，衣冠俨雅修洁，人望而敬之，时称翰林三老。洪武十九年七月，诏举经明行修、练达时务之士，年七十以下，郡县礼送京师。上曰：'比来有司不体朕意。岂知老成，古人所长，文王用吕尚而兴，穆公不听蹇叔而败，伏生虽老犹传经，岂可概以耄而弃之也。若年六十以上、七十以下者，当置翰林，以备顾问。'圣祖贻谋，任用老成，臻于至治，有非前代可及者。"《明鉴纲目》卷一："纲：秋七月，诏举经明行修练达时务之士。目：年六十以上者，置翰林，备顾问。六十以下，于六部布按二司用之。"

国子博士金华吴沈致仕。（据《国榷》卷八）

八月

选富民子弟补吏。《明太祖实录》卷一百七十九：洪武十九年八月，"辛卯，吏部选取直隶应天府、州、县富民之子弟赴京补吏。于是，与选者凡千四百六十人"。

明太祖洪武二十年丁卯（公元 1387 年）

二月

朱元璋注《尚书·洪范》成。《殿阁词林记》卷十三《宸翰》："洪武二十年二月甲辰，御注《尚书·洪范》成。先是，命儒臣书《洪范》揭于两庑座右，朝夕观览，乃自为注。至是成，召赞善刘三吾曰：'朕观《洪范》一篇，帝王为治之要道也。所以叙彝伦，立皇极，保万民，叙四时，成百谷，本于天道，验于人事。箕子为武王陈之，武王犹自谦曰："五帝之道，我未能焉。"朕每为惕然，遂疏其旨，朝夕省览。'三吾对曰：'陛下留心是书，上明圣道，下福生民，为万世开太平者也。'"

浙江布政使司及直隶苏州等府县进鱼鳞图册。《明太祖实录》卷一百八十：洪武二十年二月戊子，"浙江布政使司及直隶苏州等府县进鱼鳞图册。先是，上命户部核实天下田土，而两浙富民畏避徭役，往往以田产诡托亲邻佃仆，谓之铁脚诡寄，久之相习成风。乡里欺州县，州县欺府，奸弊百出，谓之通天诡寄。于是富者愈富，而贫者愈贫。上闻之，遣国子生武淳等往各处，随其税粮多寡，定为几区。每区设粮长四人，使集里甲耆民躬履田亩，以量度之，图其田之方圆，次其字号，悉书主名及田之丈尺四至，编类为册。其法甚备，以图所绘状若鱼鳞然，故号鱼鳞图册"。《国榷》卷八："（洪武二十年二月）戊子，浙直进《鱼鳞图册》，初分遣国子生武淳等履亩绘图。"

三月

宜兴县丞张福生犯法，以国子生，宥之。谕曰："进士、国子生，皆朝廷所培养，初仕即有丽法者，虽欲改过无繇。自今虽犯法，三宥之。"（据《国榷》卷八）

春

王叔英为仙居训导。《明史》王叔英传："二十年以荐为仙居训导，改德安教授。"《静学文集·送郑生序》云："洪武丁卯春，余始领训经事于仙居邑庠。"

四月

有国子生任陕西知县，受贿逮至。上念其年少，宥之。（据《国榷》卷八）

闰六月

诏征天下孝廉之士。（据《明太祖实录》卷一百八十二）

七月

礼部请立武学，并令武臣子弟于各直省应试，三岁武举，六岁会举。《明太祖实录》卷一百八十三：洪武二十年秋七月丁酉，"礼部奏请如前代故事，立武学，用武举，仍祀太公，建昭烈武成王庙。上曰：'太公，周之臣，封诸侯，若以王祀之，则与周天子并矣。加之非号，必不享也。至于建武学，用武举，是析文武为二途，自轻天下无全才矣。三代之上，古之学者，文武兼备，故措之于用，无所不宜，岂谓文武异科，各求专习者乎？即以太公之鹰扬而授丹书，仲山甫之赋政而式古训，召虎之经营而陈文德，岂比于后世武学专讲韬略，不事经训，专习干戈，不娴俎豆，拘于一艺之偏之陋哉！今又欲循旧，用武举，立庙学，甚无谓也。太公之祀，止宜从祀帝王庙。'遂命去王号，罢其旧庙"。据《明实录》，朱元璋似未允诺礼部之请。故查继佐《罪惟录》志卷十八暗引《明实录》而有"罢不立学"的判断。《国榷》卷八："洪武二十年七月丁西，有司请立武学。"《明史·选举志》："武科，自吴元年定。洪武二十年俞礼部请，立武学，用武举。武臣子弟于各直省应试。天顺八年令天下文武官举通晓兵法、谋勇出众者，各省抚、按、三司，直隶巡按御史考试。中式者，兵部同总兵官于帅府试策略，教场试弓马。答策二道，骑中四矢、步中二矢以上者为中式。骑、步所中半焉者次之。成化十四年从太监汪直请，设武科乡、会试，悉视文科例。弘治六年定武举六岁一行，先策略，后弓马。策不中者不许骑射。十七年改定三年一试，出榜赐宴。正德十四年定，初场试马上箭，以三十五步为则；二场试步下箭，以八十步为则；三场试策一道。子、午、卯、酉年乡试。嘉靖初，定制，各省应武举者，巡按御史于十月考试，两京武学于兵部选取，俱送兵部。次年四月会试，翰林二员为考试官，给事中、部曹四员为同考。乡、会场期俱于月之初九、十二、十五。起送考验，监试张榜，大率仿文闱而减杀之。其后倏罢倏复。又仿文闱南北卷例，分边方、腹里。每十名，边六腹四以为常。万历三十八年定会试之额，取中进士以百名为率。其后有奉诏增三十名者，非常制也。穆、神二宗时，议者尝言武科当以技勇为重。万历之末，科臣又请特设将材武科，初场试马步箭及枪、刀、剑、戟、拳搏、击刺等法，二场试营阵、地雷、火药、战车等项，三场各就其兵法、天文、地理所熟知者言之。报可而未行也。崇祯四年，武会试榜发，论者大哗。帝命中允方逢年、倪元璐再试，取翁英等百二十人。逢年、元璐以时方需才，奏请殿试传胪，悉如文例。乃赐王来聘等及第、出身有差。武举殿试自此始也。十四年谕各部臣特开奇谋异勇科。诏下，无应者。"查继佐《罪惟录》志卷十八《科举志·武科举》："二十年，礼部请如前代立武学，用武举，仍建武成王庙。上曰：'是歧文武为二也，轻天下无兼长矣。三代以上，文武咸宜，如太公望鹰扬而授册书，仲山甫赋政而式古训，召虎经营而陈文德，岂尚一偏之艺为哉？'罢不立学。太公望从祀帝王庙。选举之途率重录荫。"

八月

应天府及河南、山东、山西、陕西、北平、福建、江西、浙江、湖广、广东、广西、四川、云南等十三布政司乡试。（据《皇明贡举考》卷二）

解缙兄弟及妹婿同中乡试。曾荣《内阁学士春雨解先生行状》："洪武丁卯，年十九，与兄纶暨金华试江西，皆中选。公以年少，魁江右士，由是声名籍籍。"

十月

礼部集诸儒臣稽考臣僚尊卑礼仪旧制，重加删订，凡二十六条，名《礼仪定式》，行之。《明太祖实录》卷一百八十六：洪武二十年冬十月丁卯，"上谕礼部尚书李原名曰：'往者，臣僚尊卑礼仪已尝定议颁降，其中节目有未详尽，宜重加考正，著为定式，申布中外。'原名乃集诸儒臣，稽考旧制，重加订定，凡二十六条……条列成书，名曰《礼仪定式》。命在京公侯以下，在外诸司官员并舍人，国子生及儒学生员，民间子弟，务在讲习遵守，违者问如律。"《殿阁词林记》卷二十二《议礼（上）》："先是洪武二年八月，诏天下郡邑举素志高洁、博通今古、练达时宜之士年四十以上者，礼送至京，纂修礼书。二十年十月，谕礼部集诸儒臣稽考臣僚尊卑礼仪旧制，重加删订，凡二十六条，行之。改元之初，即定释奠先师，仲春、仲秋二上丁日降香，遣官祭于国学。又诏定亲征遣将诸军礼，及太岁、风云、雷雨、岳镇、山川、城隍诸神祭礼。其冠礼，皇太子冠，翰林院撰祝文、祝辞，因定天子冠礼。寻定皇太子、亲王及士庶婚礼。俱本院偕中书省臣议上。其王国礼乐及合祀山川之仪，则本院、礼部与王府官议上。遂命燕、齐祭东海，齐、鲁祭东岳、东镇，秦、蜀祭西海，晋祭北海礼。孝慈皇后丧，专诏本院定议以闻。成穆贵妃薨，诏本院稽古定制，令父母俱斩衰三年，子为庶母服期月。书成颁行，曰《孝慈录》。又考议陵寝朔望节序之祭，及祭前代忠臣用便服、行服等节，今见于《大明集礼》、《洪武礼制》等书。虽损益古今之宜，然皆出自圣意，众莫能违也。虽敢言如解缙，上亦未尝以其异己而罪之。夫以异己者为罪，则必以合者为功，以合者为功，则是礼乐自臣下出也。"

以北方学校无名师，生徒废学，命吏部迁南方学官之有学行者教之。增广生员不拘额数，复其家。（据《明太祖实录》卷一百八十六）

十一月

征河南儒士岳宗原等九人，授布政使等官。（据《国榷》卷八）

河南府训导葛钧为翰林侍读学士。（据《国榷》卷八）

选阴阳官子孙习历学。（据《国榷》卷八）

十二月

今年岁贡生员，中式入南北国子监者一千一百零七人。《明太祖实录》卷一百八十七：洪武二十年十二月，"是岁，天下岁贡生员凡一千二百人，中式送国子监者九百七十五人，送中都国子监者一百三十二人，不中者九十三人，各遣还读书，提调官教官俱如例罚"。

本年

定国子监监规。万历《大明会典》卷二百二十《国子监》："（洪武）二十年定……一、三日一次背书，每次须读《大诰》一百字，本经一百字，四书一百字。不但熟记文词，务要通晓义理。若背诵讲解全不通者，痛决十下。一、每月务要作课六道，本经义二道，《四书》义二道，诏、诰、表章、策论、判语内科二道。不许不及道数，仍要逐月作完送改，以凭类进，违者痛决。一、每日写仿一幅，每幅务要十六行，行十六字，不拘家格，或羲、献、智、永、欧、虞、颜、柳，点竖撇捺，必须端楷有体，合于书法。本日写完，就于本班先生处呈改，以圈改字少为最。逐月通升，违者痛决。"张萱《西园闻见录》卷四十五《礼部》四《国学·前言》："丘浚……又曰：'太学之教，所以聚天下贤才，使之讲明经史，切磋琢磨，以成就其器业，以为天下国家之用，非颛颛以计岁月较高下以为仕进之途也。三代之制，比年入学中考较，必至于七年而小成，九年而大成，然后用之。月书季考，程颐尚以为教之以争，夫何士子在学校之中，遽已立为升进之法，比之私试等第文，其为争也尤大焉，是岂三代明伦之教，古人太学之法哉！本朝洪武十六年定生员三等高下：凡通《四书》未通经者，居正义、崇志、广业堂；一年半之上，文理条畅者，升修道、诚心堂；一年半之上，经史兼通，文理俱优者，升率性堂。升率性者，方许积分。积分之法，每试文理俱优与一分，理优文劣者与半分，文理纰缪者无分，岁内积至八分者为及格，与出身。不及分者仍坐堂肄业，一如科举之制。其后此制不用，监生惟计年月先后，拨出六部诸司历事三阅月，所司考其勤谨，奏送吏部附选，挨次取用。外此又有写本、写诰者，就中选能书者充之，此太学出身之资格也。方其在学校时，每月之中会讲背书皆有定日，每季一试，惟第高下，以为激劝之方，而于出身无所关预。有轮差于内外诸司，俾其习于政事，半年回学。昼则趋事于各司，夕则归宿于斋舍，优游之以岁月，琢磨之以义理，约束之以规法。廪食学校，则俾其习经史；历事各司，则俾其习政法。遇大比科，许其就试，其为教法可谓本末兼举矣。近年以来，为边方事起之故，建议者欲存省京储，以备急用，始为依亲之例，教法稍变祖宗之旧。今疆场无事，储蓄日充，乞敕所司申明其旧法，以复祖宗养士之旧。'"傅新德《傅文恪公全集》卷三："法程，正所以济仕道之所不及也。且高皇帝监规五十六条，皆法程也。当是时，在监诸生或三十年、二十年、十年，不为不久矣，然犹严立规条如此。所以教出人才，个个中用。今入监多不过一、二年，少则或五、六月，去祖宗时大相悬矣。顾欲舍法程而谈教化，虽孔、孟设科，亦安能令之速肖哉！"

明太祖洪武二十一年戊辰（公元1388年）

二月

苏伯衡、李叔荆为会试考试官，所取会元施显为去年解元。据查继佐《罪惟录》志卷十八《科举志》："应天常熟施显，洪武丁卯、戊辰；浙江临海陈璲，永乐戊子、己丑；福建闽县林志，永乐辛卯、壬辰；陕西咸宁杨鼎，宣德乙卯、正统己未；浙江桐庐姚夔，正统戊午、壬戌；应天吴县王鏊，成化甲午、乙未；应天泰州储瓘，成化癸卯、甲辰；顺天福建晋江李廷机，隆庆庚午、万历癸未。"

胡俨中会试副榜，授松江华亭教谕。（据徐纮《明名臣琬琰录》卷二十四所收杨溥《国子祭酒胡先生墓碑》）是今年会试，在正榜外，又取副榜。杨溥《国子祭酒胡先生墓碑》："以《书经》中洪武丁卯乡试第二。明年，会试中副榜，授松江华亭教谕。以内艰去。"

三月

任亨泰、唐震、卢原质等进士及第、出身有差。今年对策，斥落二人。《明太祖实录》卷一百八十九：洪武二十一年三月乙卯朔，"上御奉天殿策试举人，制策曰：'事神之道，志人之心，莫不同焉。虽然，始古至今，凡所祀事，必因所以，而乃祀焉。然圣贤之制礼有等杀，自天子至于臣民，祭祀之名，分限之定，其来远矣。其主祭者又非一人。然而笃于敬者甚多有，且信且疑者亦广，甚于不信而但应故事者无限，所以昔人有云：能者养之以福，不能者败以取祸。朕未知其必然。尔诸文士，陈其所以，朕将览焉。'时廷对者九十七人，擢任亨泰为第一，赐亨泰等进士及第、出身有差，特建题名碑于太学门。"《弇山堂别集》卷八十一："二十一年戊辰会试，命翰林院编修苏伯衡、李叔荆为考试官，取中施显等，廷试，擢任亨泰第一，命有司于襄阳建状元坊以旌之。亨泰甚被上宠任，每召议，手书襄阳任而不名，后自礼书谪御史，不知所终。第二人卓敬，第三人卢原质。原质，方孝孺之姑子，十年而为太常少卿。""案，是岁解缙年十九，中三甲进士。考年谱、志铭俱云改中书庶吉士，与姊夫黄金华同，而实录内绝不载其事。实录为缙总裁，岂应删略至此？盖缙得罪后以重修故去之耳。《题名记》，卢原质、卓敬以死难，磨去不存。"朱国桢《涌幢小品》卷七《题石建坊》："任亨泰，襄阳人，父杜林，从外家姓。洪武二十一年廷试，太祖高皇帝亲擢第一，官修撰，复命题名于石，建坊于门，宠异之。（此建坊之始，要知各进士通行矣。）"《国榷》卷九："（洪武二十一年三月）乙亥朔，策贡士施显等，赐任亨泰、唐震、卢原质等进士及第、出身有差。特建题名碑于太学。时对策斥落二人。"《明通鉴》卷九："始命立石题名于太学。复定制：'一甲第一人授修撰，二、三编修。著为令。'"《明史·选举志》："历科进士多出太学，而戊辰任亨泰廷对第一，太祖召讷褒赏，撰题名记，立石监门。辛未许观，亦如之。进士题名碑由此相继不绝。"李调元《制义科琐记》卷一《不名》："戊辰状元任亨泰，深被上宠，诏有司于襄阳建状元坊以旌之。亨泰每召议，手书襄阳任而不名。"李调元《制义科琐记》卷一《状元坊》："任亨泰，襄阳人，以太学生中洪武二十一年进士。上特命有司建状元坊以旌之，遂为例。"

本年进士登科情况。俞宪《皇明进士登科考》卷二："时廷对之士九十九人，擢任亨泰第一，罢对策不称旨二人。部本缺。闽本刻制策一篇、对策一篇，一甲卢原质、二甲卓敬及二甲沈玄、卢义、李范之下各一人，永乐中皆坐事磨去其名。《题名记》止存九十二人，《南雍志》二甲无冯志远，而吴观玄下只有齐德，溧阳人，今不可考矣。此皆范宋云然。”第一甲三名，赐进士及第。任亨泰，湖广襄阳县人。唐震，福建闽县人。卢原质，浙江宁海县人。第二甲一十五名，赐进士出身。卓敬，浙江瑞安县人。吴观玄，江西永丰县人。吴谦，河南许州人。翁华，浙江慈溪县人。艾旭，江西宁县人。俞士贤，浙江诸暨县人。金公允，浙江临海县人。郭真，浙江瑞安县人。陈讷，浙江平阳县人。施显，直隶常熟县人。冯伏，福建怀安县人。陈时举，浙江上虞县人。范敬先，江西新建县人。马志远，北平沧州人。唐奉先，湖广京山县人。第三甲七十六名，赐同进士出身。吴鉴，江西新昌县人。胡龙，福建闽县人。沈霖，浙江钱塘县人。王辛，福建福清县人。董幼颖，福建长泰县人。杨熺，浙江缙云县人。萧敏，直隶合肥县人。丁恒，山东临淄县人。沈玄，浙江钱塘县人。解缙，江西吉水县人。郑义，福建闽清县人。孔敏，浙江黄岩县人。王翼，山东鱼台县人。曾克伟，江西泰和县人。陈昂，福建连江县人。邢润，山东诸城县人。任皞，山西介休县人。李盛，湖广江夏县人。安仁，山东高密县人。赵义，陕西商县人。刘学政，江西永丰县人。缪煜，直隶江阴县人。夏铭善，湖广溆浦县人。李继祖，湖广善化县人。米稚，广东清远县人。吴安生，福建晋江县人。林京，福建福清县人。喻世英，江西新喻县人。郲鹏，北平唐县人。何奎，江西南昌县人。彭贡，福建永福县人。永颖，浙江富阳县人。吴庆，浙江会稽县人。游义生，福建连江县人。徐昇，浙江寿昌县人。冯亮，福建晋江县人。王观达，浙江新昌县人。潘善应，福建怀安县人。姚与成，江西泰和县人。程士，福建莆田县人。李子容，江西庐陵县人。卢敬贤，浙江永嘉县人。菅谷奇，湖广沅江县人。林珽，浙江瑞安县人。陈坚，福建福清县人。黄金华，江西吉水县人。高瞻，河南洛阳县人。黄弘，江西新城县人。吴辅，浙江会稽县人。饶增，江西新城县人。王佐，山东宁阳县人。祀渊，直隶舒城县人。张宪，山东临朐县人。周思政，浙江青田县人。陈文铭，直隶临淮县人。李克逊，湖广宁远县人。李迪，广西临桂县人。陈泰，湖广衡阳县人。郑云，福建莆田县人。王希曾，山西静乐县人。卢义，浙江淳安县人。殷诚，浙江会稽县人。朱懋，河南安阳县人。翁德，福建瓯宁县人。刘海，福建龙溪县人。杨克俭，浙江天台县人。解纶，江西吉水县人。李范，江西新喻县人。章荣，浙江缙云县人。张熺，直隶英山县人。聂任，江西南城县人。王广，福建侯官县人。曾寅，福建宁德县人。陈炯，福建龙溪县人。王无将，江西吉水县人。魏敏，河南巩县人。

解缙举进士，年仅十八。缙为洪武丁卯解元。查继佐《罪惟录》志卷十八《科举志》“科举盛事·年二十以内魁元”：“吉水解缙，年十七，洪武丁卯解元，十八戊辰；闽县陈显著，十八，永乐乙未探花；淳安商辂，二十，宣德乙卯解元；吴县刘昌，十九，正统甲子解元；休宁程敏政，以神童，丁酉为翰林院秀才，成化丙戌榜眼；铅山费宏，二十，成化丁未状元；全州蒋冕，十五，成化丁酉解元；宜春郭鹏，二十，正德丙子解元；会稽董玘，十五乡榜，十九，弘治乙丑会元；南海伦以训，二十，正德丁丑会元；仁和张濂，二十，嘉靖辛卯解元；河南卫籍吴县吴三乐，二十，嘉靖甲午解元；南海马拯，十七，嘉靖丁酉解元；屯留路王道，十九，嘉靖丙午解元；清平卫籍如皋孙应鳌，二十，嘉靖丙午解元；余姚诸大圭，十九，嘉靖壬子解元；东莞袁炳，二十，嘉靖乙卯解元；铜陵余毅中，十九，嘉靖戊午解元；定安王弘海，二十，嘉靖辛酉解元；新城王象坤，十九，嘉靖甲子解元；兰阳李希召，二十，隆庆丁卯解元；滨州张钮，十九，隆庆庚午解元；临桂洪敷诰，十八，隆庆庚午解元；钱塘莫睿，二十，万历癸酉解元；巴县胥从化，十六，万历癸酉解元；南充黄辉，十五，万历丙子解元；秀水陈懿典，十七，万历己卯解元；崇庆州何杰，十八，万历己卯解元；蒲城米助，十九，万历乙酉解元；全州籍宾州舒弘志，十九，万历丙戌探花；莱芜吴鸿功，十九，万历戊子解元；定襄傅新德，十七，万历戊子解元；云南前卫丹徒朱思明，二十，万历戊子解元；黄岗汪元极，十六，万历辛卯解元；新添籍即墨丘禾贵，二十，万历辛卯解元；南安洪承选，二十，万历丁酉解元；栎川全璲，十九，万历荐口解元；海澄周起元，二十，万历庚子解元；南昌龚而安，十八，万历癸卯解元；乐安李楫，十九，万历丙午解元；南海陈子壮，十八，万历己未探花。”

遣进士分巡郡邑。 廷议以为新进士未经事，宜令行监察御史事，而以久任御史一人与俱，皆厚赐而遣之。（据《明太祖实录》卷一百八十九）

卓敬举进士。 敬字维恭，瑞安人，洪武戊辰进士，除给事中，历官户部侍郎。靖难师入，被执，不屈死。《明史》卓敬传：“颖悟过人，读书十行俱下。举洪武二十一年进士。除户科给事中，鲠直无所避。”

解缙兄弟及妹婿同登进士第。 曾棨《内阁学士春雨解先生行状》：“明年春，试礼部，三人皆登进士第。太祖皇帝嘉其年少颖异，顾语廷臣曰：‘解氏二子一婿，并为进士，非有贤父，其能致是乎？’嗟赏久之。公遂与黄金华皆为中书庶吉士。尝应制《春雨诗》、《养鹤赋》，操笔而成，造语奇崛。太祖益爱之。”“其为庶吉士，日造中秘书，因得翻阅所藏古今天下之书，由是意会心融，而其中宏博深窈，弗可涯涘。时中书舍人詹孟举以书名世，亟称公书有法，而用笔精妙，出人意表，遂相与讲求古人书法，悉得其要领。当时有得其片纸只字，皆珍藏什袭，不啻重宝。”《文毅集》卷十一《先兄沧江先生行状》：“於戏！伯兄于余有父道焉，有师道焉。余兄弟自为知己也。余少多病，栉发、系衣履至疡浣濯，皆兄亲之。太夫人甚怜余也，所以抚育祝太夫人志无拂焉，诱掖之学循循焉。其雅志隐居自娱，选乡学，升郡庠，名声蓬蓬然起，屡称疾家居。先君子筠涧命余应乡试，幡然曰：‘不使贤弟独行也。’遂获荐进士第，洪武二十一年戊辰也。”《游艺塾续文规》卷四《了凡袁先生论文》：“国初时义当以解学士为宗，如‘武王缵大王、王季、文王之绪’一节程文，其词调至今可诵。先提‘太王、王季、文王之绪’，然后讲‘绪’字，步骤雍容，气象磊落，自是国手。”

七月

以解缙为监察御史。《明鉴纲目》卷一：“纲：秋七月，以解缙（字大绅，吉水人）为监察御史。目：缙为中书庶吉士，甚见爱重。一日，帝在大庖西室，谕缙曰：‘朕与尔义则君臣，恩犹父子，当知无不言。'缙即上封事万言。（略曰：臣闻令数改则民疑，刑太繁则民玩。国初至今，将二十载，无几时不变之法，无一日无过之人。臣闻陛下锄根翦蔓，诛其奸逆矣，未闻褒一大善，赏延于世，始终勿替者也。或朝赏而暮戮，或忽罪而忽赦，陛下每多自悔之时，辄有无及之叹，是非私意使然，存养之功少加密耳。若夫祀天宜复扫地之规，尊祖宜备七庙之制，奉天不宜为筵宴之所，文渊犹未备馆阁之隆，太常非俗乐可肄，官妓非人道所为，禁绝倡优，易置阉寺，执戟墀陛，皆用俊良。勿兴土木之工，勿贪四裔之地，灭细县，省冗官，痛惩法外威刑，永革京城工役。妇女非帷薄不修，毋令逮系；大臣有过恶当诛，不宜加辱。近岁台纲不肃，以刑名轻重为能事，以问囚多寡为勋劳，御史纠弹，皆承密旨，每闻上有赦宥，则必过为执持，意谓如此，则上恩愈重，此皆小人趋媚效劳之细术，陛下何不肝胆而镜照之哉？陛下进人不择贤否，授职不量轻重，椎埋嚚悍之夫，阘茸下愚之辈，朝捐刀镊，暮拥冠裳，左弃筐篚，右绾组符，虽曰立贤无方，亦盍忧询有德。古者善恶，乡邻必记，今互知之法虽严，而训告之方未备，臣欲求古人治家睦邻之法，若古蓝田吕氏乡约，今义门郑氏家范，布之天下，世臣大族，率先以劝，将见作新于变，至于比屋可封，不难矣。臣闻地有盛衰，物有盈虚，而商税之征，率皆定额。既税于所产之地，又税于所过之津，何夺民之利，如此密也。且多贫下之家，不免抛荒之咎，无前日之生植，有前日之税粮，或膏腴而税反轻，瘠卤而税反重，此里胥之弊也。欲拯困而革弊，莫若行授田均田之法，兼常平义仓之举，积之所渐，至有九年之食，无难者。夫连坐起于秦法，孥戮本于伪书，今为善者，妻子未必蒙荣，有过者，里胥已陷其罪，况律以人伦为重，而有给配妇女之条，听之于不义，则又何取夫节义哉？同寅协恭，相倡以礼，今内外百司，捶楚属官，甚于奴隶，是使柔懦之徒，荡无廉耻，甚非所以励风节也。臣但知罄竭愚衷，急于陈献，所奏略无次序，陛下垂鉴。）书奏，帝称其才，寻改为御史。（缙未授御史时，尝入兵部堂索皂隶，语嫚，尚书沈溍以闻，帝曰：'缙以冗散自恣邪？'遂命为御史。既而缙复代郎中王国用草疏，为李善长申雪，又尝为同官夏宗文草疏，劾都御史袁泰，于是大臣皆恶之。会有诏，近臣父皆得入觐，缙父开至，帝召谓曰：'大器晚成，若以而子归，益令进学，后十年来，用未晚也。'遂罢归。）"

八月

云南啰啰土官禄肇遣其二子入监读书，从其请。（据黄佐《南雍志》卷一《事纪》）

罢天下守令所举耆宿。（据《国榷》卷九）

令九卿各举文学干济之士。（据《国榷》卷九）

九月

诏更定岁贡生员例。其例后亦屡更。《明太祖实录》卷一百九十三：洪武二十一年九月，"甲午，诏更定岁贡生员例，府学岁一人，州学二岁一人，县学三岁一人。上谓礼部尚书李原名曰：'昔人有言，不素养士，而欲求贤，譬犹不琢玉而求文采。夫天下未尝无贤才，顾养之之道何如耳。尝命天下学校，凡民间子弟愿遣入学者，听复其身家。今定岁贡之例，必资性淳厚，学问有成，年二十以上者，方许充贡。尔礼部其申明之。'"《明史·选举志》："贡生入监，初由生员选择，既命各学岁贡一人，故谓之岁贡。其例亦屡更。洪武二十一年定府、州、县学以一、二、三年为差。二十五年定府学岁二人，州学二岁三人，县学岁一人。永乐八年定州县户不及五里者，州岁一人，县间岁一人。十九年令岁贡照洪武二十一年例。宣德七年复照洪武二十五年例。正统六年更定府学岁一人，州学三岁二人，县学间岁一人。弘治、嘉靖间，仍定府学岁二人，州学二岁三人，县学岁一人，遂为永制。后孔、颜、孟三氏，及京学、卫学、都司、土官，川、云、贵诸远省，其按年充贡之法，亦间有增减云。岁贡之始，必考学行端庄、文理优长者以充之。其后但取食廪年深者。弘治中、南京祭酒章懋言：'洪、永间，国子生以数千计，今在监科贡共止六百余人，岁贡挨次而升，衰迟不振者十常八九。举人坐监，又每后时。差拨不敷，教养罕效。近年有增贡之举，而所拨亦挨次之人，资格所拘，英才多滞。乞于常贡外令提学行选贡之法，不分廪膳、增广生员，通行考选，务求学行兼优、年富力强、累试优等者，乃以充贡。通计天下之广，约取五六百人。以后三、五年一行，则人才可渐及往年矣。'乃下部议行之。此选贡所由始也。选贡多英才，入监课试辄居上等，拨历诸司亦有干局。岁贡颓老，其势日绌，则惟愿就教而不愿入监。嘉靖二十七年，祭酒程文德请将廷试岁贡惟留即选者于部，而其余尽使入监。报可。岁贡诸生合疏言，家贫亲老，不愿入监。礼部复请从其所愿，而尽使举人入监。又从之。举人入监不能如期，南京祭酒潘晟至请设重罚以趣其必赴。于是举人、选贡、岁贡三者迭为盛衰，而国学之盈虚亦靡有定也。万历中，工科郭如心言：'选贡非祖制，其始欲补岁贡之乏，其后遂妨岁贡之途，请停其选。'神宗以为然。至崇祯时，又尝行之。恩贡者，国家有庆典或登极诏书，以当贡者充之。而其次即为岁贡。纳贡视例监稍优，其实相仿也。"黄佐《南雍志》卷二十一《列传》："张智……（洪武年间）寻奏言：'岁贡生员，旧制中式者送国子监，不中者罪有司停学官俸，生员罚为吏。今不中者，遣还读书，有司教官罚如故，是生员不率教者，无所劝惩也。'上乃命更定其制，不中者，有司官任及三年，论如例；二年者，停俸半年；一年者，停俸三年。学官无分久近罚如例，生员廪食五年者为吏；不及者遣读书，次年复不中者，虽未及五年亦罚为吏。"

监察御史郑赐试湖广布政司，左参议翰林检讨吴文试右参议。（据《国榷》卷九）

十一月

赐国子监生钞。《明太祖实录》卷一百九十四："洪武二十一年十一月壬午，赐国子监生钞。北平、陕西、山西、山东、广东、广西、四川、福建之人，在监三年以上者人五锭，二年人二锭，俾制冬衣。复命工部于国子监前，造别室一区，几百余间，具灶釜床榻，以处诸生之有疾者，令膳夫二十人给役。侍臣进曰：'陛下作兴学校，推心悯下，无所不至，从古未有。'上曰：'诸生去乡土，离亲戚，远来务学，日久衣必弊，或有疾无人具汤药。朝廷作养之，必使之得所，然后可必其成材。盖天之生材，皆为世用，人君育材，当有其实，惟能有以作养之，则未有不成材者也。'"

本年

刻科举程文始于今年。陈霱《百可漫志》："国朝开科自洪武三年始，定条例自十七年始。先是，试文尚仍元制。刻程文自二十一年始。先是止录姓名乡贯，试录定式又自二十四年始。"丘浚《重编琼台稿》卷九《皇明历科会试录序》："皇明开国之二年，首诏天下开科取士。明年乡试，又明年会试，仍参用胜国程式，甫一科即罢之。又十有四年，始定为今制，以试士子。甲子乡试，乙丑会试，初为小录以传，然惟列董事之官、试士之题及中选者之等第、贯籍、经业而已。其录前后，虽各有序，然犹未录士子之文，以为程式也。次科戊辰，始刻成文，自时厥后，永为定式。但此后五科，其间命官列衔，尚或随时不一。永乐以后，其制始一定而不更易。自乙丑至今，再历乙丑而逾其半，凡三十又四科矣。"（参见《皇明贡举录》卷一《举人程文》）

于谦（1388—1457）生。谦，字廷益，钱塘人。永乐辛丑进士。除山西道御史，擢行在兵部右侍郎。罢为大理寺少卿。景陵践阼，拜兵部尚书加少保。英宗复辟，弃市。成化中，赠太傅，谥肃愍。后改谥忠肃。有集。《西湖游览志余》卷二十二："于肃愍公少有大志，出语不凡。八九岁时，衣红衣驰马。有邻长者呼其名，为戏之曰：'红孩儿骑马游街。'公应声曰：'赤帝子斩蛇当道。'闻者惊异。长补钱唐县学生。家有文文山像一幅，悬置座侧，为之赞曰：'呜呼文山，遭宋之季，徇国忘身，舍生取义，气吞寰宇，诚感天地。陵谷变迁，世殊事异，坐卧小阁，困于羁系。正色直辞，久而愈厉。难欺者心，可畏者天。宁正而毙，弗苟而全。南向再拜，含笑九泉。孤忠大节，万古攸传，我瞻遗像，清风凛然。'"

习嘉言（1388—1452）生。名经，字嘉言，以字行。号寅清居士，晚号寻乐翁。新喻人，永乐进士。官至詹事府詹事。有《寻乐文集》二十卷。《国朝献征录》卷十八萧镃《习詹事嘉言传》："公自为童子，诵书属对，已出其辈类。稍长，工诗歌。每命题，下笔立就，先生长者叹誉之。闻其侄侃举进士，瞿然奋曰：'我可以后邪？'遂从其伯父国子学录怀清受《诗经》，已而侍其父湘潭，改学《春秋》，日夜刻苦自励。永乐丁酉，以儒士中湖广乡试，魁其经。明年，登进士第。"

明太祖洪武二十二年己巳（公元 1389 年）

三月

命天下岁贡生员中式者送国子监，凡二百三十一人。（据《明太祖实录》卷一百九十五）

禁军人习曲艺。顾起元《客座赘语》卷十《国初榜文》："洪武二十二年三月二十五日，奉圣旨：'在京但有军人学唱的割了舌头，下棋打双陆的断手，蹴圆的卸脚，做买卖的发边远充军。'府军卫千户虞让男虞端故违，吹箫唱曲，将上唇连鼻尖割了。又龙江卫指挥伏颛与本卫小旗姚晏保蹴圆，卸了右脚，全家发赴云南。"李光第《榕村语录》卷二十二："元时人多恒舞酣歌，不事生产。明太祖于中街立高楼，令卒侦望其上，闻有弦管饮博者，即缚至，倒悬楼上，饮水三日而死。虽立法太严，然所以激厉颓靡处，志气规模，果不寻常，竟有一人横行，武王耻之之意！不然，天下已定，习俗已久，何苦使偷惰者反有故元宽大之思？但使圣人处之，必当有道，不至如此过于苛急耳。"

六月

命孝廉茂才年四十以下者，于行人司差遣，以试其才。（据《明太祖实录》卷一百九十六）

八月

清诸司案牍，惟国子监、翰林、太常、太医勿问。（据《国榷》卷九）

诏天下府州县各举高年有德、识达时务、言貌相称年五十以上者一人。（据《明太祖实录》卷一百九十七）

薛瑄（1389—1464）生。瑄字德温，河津人。永乐辛丑进士，除御史，历大理少卿，累进礼部左侍郎兼文渊阁大学士。卒谥文清，从祀孔庙。有《河汾集》。李贤《古穰集》卷十三《通议大夫礼部左侍郎兼翰林院学士薛公神道碑铭》："初母齐淑人梦一紫衣人谒见，已而生公。祖以生时卜之，吉。曰：'此子必大吾门。'童时教之诗书，辄成诵，日记千百言。贞为荥阳教谕，公侍行，时年十二。以所作诗赋呈监司，监司奇之。既而闻魏、范二老先生深于理学，乃礼延于家，供子弟职，日与讲习周、程、张、朱性理诸书。久之，叹曰：‘此道学正脉也！’遂焚其所作诗赋，专心于是，至忘寝食……忽遭疾弥留，衣冠危坐于正寝，精神不乱，悠然而逝。时风雷大作，有白气上升，天顺甲申六月十五日也。距生洪武己巳八月十日，享年七十有三。”

十月

免广西庆远府忻成县儒学充贡。《明太祖实录》卷一百九十七：洪武二十二年冬十月，“癸卯，广西庆远府忻成县儒学教谕骆基奏：‘忻成山洞猺蛮，衣冠不具，言语不通，自古以来，宾兴所不及。今虽建学立师，而生员方事启蒙，难以充贡。’上曰：‘边夷设学，姑以导其向善耳，免其贡。’”

命工部增建国子生房舍于监前，以居有家室者。（据《明太祖实录》卷一百九十七）

赐国子监云南生尹葆等，日本生滕佑寿等，衣钞靴袜。（据《明太祖实录》卷一百九十七）

十二月

梁寅卒。《国榷》卷九：“征士梁寅卒。寅字孟敬，新喻人。善五经，元集庆路训导。放归，隐居教授。尝应上聘，隶礼部，讨论精审，不拜官，还隐石门山。学者多从之，称梁五经。年八十二。时尊之曰石门先生。”

本年

孙蕡卒，年五十六。《国朝献征录》卷一百十五《孙仲衍传》：“二十二年，谪戍辽东，怡然就道，酌酒赋诗，无异平日。都帅梅思祖节镇三韩，素闻蕡名，迎置家塾。是岁，以党祸见法，人劝其上书自明，蕡不答，赋一诗，长啸而殁，年五十有六。门人黎贞随其行，葬之安山。”雍正《广东通志》卷四十七：“性警敏，于书无不窥，为文援笔立就，雄深雅健，有魏晋风。”

明太祖洪武二十三年庚午（公元 1390 年）

正月

蜀王椿之国成都，以国子助教兼翰林院检讨茶陵陈南宾为长史，昕夕献纳，王甚重

之。南宾洪武二年应聘至京，授胶州同知，治先教化。迁国子助教，讲《洪范》，上善之，书名于殿柱，故擢之。（据《国榷》卷九）

进士王希曾请出母之丧，不许。（据《国榷》卷九）

翰林院学士刘三吾降国子博士，侍讲学士葛钧降助教。时授晋世子经，稍怠。寻复秩。（据《国榷》卷九）

潮州补戍生员陈质求卒业，许之，除其伍。（据《国榷》卷九）

二月

宋讷卒，年八十。（据《国朝献征录》卷七十三黄佐《国子监祭酒宋公讷传》）《国榷》卷九："（洪武二十三年二月）丁酉，国子祭酒宋讷卒。讷字仲敏，滑人。父寿卿，元陕西行省侍御史，赠魏国公。讷天性迟重，记闻该博，至正癸卯进士，尹盐山。洪武十三年，拜国子助教，横经发难，剖击愚蒙，超迁翰林学士，寻改文渊阁大学士。自宋濂、詹同后，惟讷蒙眷。改祭酒，年逾七十。振饬学规，诸生畏敬。历七年，召其子望江主簿麟侍养。年八十。上甚悼之，归葬服满，仲子训导显祖擢国子司业。"

四月

建昌卫土官遣子张应等入监读书。（据《南雍志》卷一《事纪》）

闰四月

国子生李约父元恭坐事谪广东吏，老疾。约乞代，释之。（据《国榷》卷九）

五月

日本生入监读书。（据黄佐《南雍志》卷一《事纪》）

遣国子生赍钞赐江北水马递军所夫，人五锭。（据《明太祖实录》卷二百二）

李善长以大逆罪赐死。《明鉴纲目》卷一："纲：五月，赐韩国公李善长死。目：先是，善长弟存义，安置崇明，善长不谢，帝衔之。至是，善长年七十七，毫不检下。尝欲营第，从信国公汤和假卫卒三百人，和以闻。四月，京民有坐罪应徙边者，善长数请免其私亲丁斌等。帝怒按斌。斌故给事胡惟庸家，因言存义等往时交通惟庸状，命逮存义鞫之，词连善长，于是御史交章劾善长，坐以大逆，遂赐善长死，并杀其家属七十余人。子祺尚临安公主，免死，徙江浦。吉安侯陆仲亨，延安侯唐胜宗，平凉侯费聚，南雍侯赵庸，河南侯陆聚，宜春侯黄彬，豫章侯胡美，荥阳侯郑遇春等，皆同时坐惟庸党死。帝条列其罪，作《奸党录》，布告天下。（既而虞部郎中王国用上言：善长与陛下同心，出万死以取天下，勋臣第一，生封公，死封王，男尚公主，亲戚拜官，人臣之分极矣。藉令欲自图不轨，尚未可知。而今谓其欲佐胡惟庸，使善长佐惟庸，事成，不过勋臣第一而已，宁复有加于今日。且善长岂不知天下之不可幸取，当元之季，欲为此者何限，莫不身为齑粉，覆家绝祀，善长胡乃以衰倦之年，身蹈之也。凡为此者，必有深仇急变，大不得已，或至相挟以求脱祸。今善长子祺托陛下骨肉亲，无纤芥嫌，何苦而忽为此。若谓天象告变，大臣当灾，杀之以应天象，则尤不可。臣恐天下闻之，谓功臣且如此，四方因之解体也。臣亦知善长已死，言之无益，愿陛下作戒将来耳。帝览之，亦不罪也。）"

播州贵州宣慰司各遣子来朝，求入太学，许之。（据《国榷》卷九）

六月

诏赐国子监读书贵州土官子弟程延等，夏布袭衣靴袜。（据《明太祖实录》卷二百二）

七月

乌撒军民府土官遣子忽三等入监读书。（据黄佐《南雍志》卷一《事纪》）
芒都军民府土官遣子捕驹等入监读书。（据黄佐《南雍志》卷一《事纪》）

八月

应天府（直隶）及河南、山东、山西、陕西、北平、福建、江西、浙江、湖广、广东、广西、四川、云南等十三布政司乡试。（据《皇明贡举考》卷二）
诏凡选举毋录隶卒之徒。（据《明太祖实录》卷二百三）
置北平行都司儒学，设教授一人，训导二人，教武臣子弟。（据《明太祖实录》卷二百三）

九月

赐应天府乡试考官傅箕、苏伯衡、陈珪、谢南、毛瀚钞各十锭，中式举人黄文史等五十人各二锭，其监生生员试不中者皆有赐，且谕以进学之方，俾无怠其志。（据《明太祖实录》卷二百四）据《福建通志》卷三十七《选举五·明举人上》：黄文史参加应天乡试，"五《经》兼作，有司以违式举旨，太祖读其论，特置第一，授刑部主事"。

程通中举，授辽府纪善。程敏政《篁墩文集》卷四十九《长史程公传》："庚午秋，公以尚书举应天府乡试。时遣诸王将兵行边，以封建策诸贡士于廷。公所对称旨，亲擢第一，授辽王府纪善。《贞白遗稿》卷一《封建策一》："臣对：臣闻圣王之治天下也，必联亲疏之谊而权其重，必察安危之故而酌其宜。故选贤任能，不惟其方，而敦睦之恩有独先焉。岂为独私？亦曰重我本支，以示天下不可拔之势。安内攘外，不专用武，而边陲之防有独饬焉。岂其为黩？亦曰谋贵万全，以示天下不可犯之威。三代之盛，率由此道。后世不能推原本始，权厥利病，而妄以己私姗笑之。胡不以往事征焉？……臣愚以为本支之臣，固不可假之太重，亦不可制之太轻。太重则骄矜而不逊，必有非望之想，汉之七国是已。太轻则懦弱而难立，必无振复之几，唐宋之末造是已。……昔人有言：生子当置之邹鲁礼义之乡，不当置之戎狄之俗。是固有然者。臣则以为当置之艰阻备尝之中，不当置之膏肥美丽之地。方今蒙古虽北徙，犹时侵扰。臣以非诸亲王，莫可镇此地者。……此一举而数善备者，必能为陛下当北顾之忧，垂宗社之宁矣。虽垂流之久，或有意料之所不及者，要之与其弊之一，不若利之百。而监古揆今，兴衰补弊，陛下又必有经制之宜在也。臣愿陛下取前之所以得，剔前之所以失，惩孤立之祸，收百足之福，绝李斯之刻削，酌主父偃之权宜，毋以姑息恣恩，毋以肺腑生疑，俾阃外之寄常畏周亲，文武之略备自帝胤，则天潢衍庆，磐石永宁，维城维藩，绵之百世而勿替矣。臣草茅之见如斯，伏惟陛下采纳焉。臣谨对。"姚鼐《重雕程贞白先生遗稿序》："昔明高皇帝定天下，使燕、辽、宁三藩，拥兵居北边，捍御外侮，以强中国之势，岂非为子孙谋虑远哉！然而篡弑之祸由此起，事变无常，非人智所可料也。当其以《封建》策问诸生，而绩溪程长史贞白先生通试为第一。其言'置子当置之艰阻备尝之中，不当置之膏肥美丽之地'，此其言最有当于高皇心者。卒又言'垂流之久，或有意料之所不及'，此乃足括后世之变，真可谓通人名论矣。然则当燕师之起，其所上封事，必有可观，惜其文逸不传也。长史以矢忠建言，遭成祖之戮，文字禁绝，至嘉靖时，其从孙长等搜集仅得十一，凡诗文二百余篇，而《备燕封事》，虽有目而无文。又载《封建策》乃有二篇。昔董生对策，因汉武帝重问，故有三篇。明高皇试士，岂亦有重问之事乎？抑次篇他人所对，而长等误收之乎？"

陈观中举。沈德符《万历野获编》卷十四《科场·教职屡为考官》："荆州府教授陈观，字子澜，以乡荐授福建延平府教授，岁满调湖广黄州府。升国子助教，力请补外，改除武昌府，又调荆州府。初为应天府同考试官，再为福建考官，调荆州后，又为江西、福建考官，以岁满致仕归，后起复为应天同考试官。自来举人无直选教授者，观得之，又辞成均就外任，且历四郡，一异也；教职典试未闻有三数往者，观凡六次，且为应天同考者亦二，二异也；观以洪武庚午登科，壬申就选，至正统辛酉，尚典试，凡为教职五十余年，三异也；卑官已居林下，又特选为主司，且屡为主考，又为分考，四异也。事见陈少保循所为《陈观志铭》。"

置大宁等卫儒学，教武官子弟。《明太祖实录》卷二百四：洪武二十三年九月丁酉，"置大宁等卫儒学，教武官子弟。设教授一员，训导二员。仍选识达达字者，教习达达书。并赐冬衣锦衾、皮裘遣之"。

云南乌蒙、芒部二军民府土官，遣其子以作、捕驹等请入国子监读书，赐以衣钞。（据《明太祖实录》卷二百四）民国《昭通县志》卷三《政典志》"学校·学额"："谨按《明史》乌蒙列四川土司四军民府之一。自归附后，于洪武二十三年乌撒土知府、乌蒙芒部土官各遣子弟入监读书。宣德八年，遣行人章聪、侯琏赍敕往谕，设乌蒙教授、训导各一员。以通判黄甫越言：元时本府向有学校，今文庙虽存，师儒未建，乞除教官，选俊秀子弟入学读书，以广文治。从之，惟以后进取并未详列。"

赐国子监读书日本国王子滕佑寿，并云南土官子弟以作等，凡六十九人袷衣纻被。（据《明太祖实录》卷二百四）

十月

童冀送郡庠诸生会试。《尚䌹斋集》卷五《送郡庠诸贡士会试》："圣明纪元首洪武，二十三年岁庚午。北平贡举数已三，南宫科第谁为伍？朝廷在处兴学校，河朔于今似邹鲁。燕城自昔号多士，黉舍书声喧两庑。诸生结发守章句，五夜挑灯坐风雨。十年经传久钻研，一旦云霄共轩翥……诸子同生圣明世，联镳共上春官部。黄河十月水无冰，高帆大舰鸣双橹。京师人才辐辏地，车马骈阗耀珪组。……老我尚蒙稽古力，岁縻廪粟知何补！圣恩浩荡天地宽，要使疲癃咸得所。朽壤犹能出芝菌，良材自可充梁柱。青云子幸成令名，白首我归老环堵。击壤康衢乐太平，日作歌诗歌舜禹。"

十一月

永川知县王佐为翰林侍读。（据《国榷》卷九）

十二月

高丽贡玳瑁笔，分赐翰林刘三吾等。（据《国榷》卷九）

遣国子生钟必兴等十四人巡视山东流民。《明太祖实录》卷二百六：洪武二十三年十二月，"戊寅，遣国子生钟必兴等十四人巡视山东流民。上命必兴等曰：'山东兖、登二府所属州县，近因河决，小民荡析离居，难于衣食。已尝遣官赈济，尚恐流离乡井，未遂其生。今遣尔等往巡视，遇其所在，令有司厚加存恤，无令失所。'"

夷陵州学正张智试礼部左侍郎，巩昌府教授李本立为翰林编修。（据《国榷》卷九）

国子生陈通奏祖罪谪陕西，年七十，无子孙侍养，乞赦，许之。（据《国榷》卷九）

本年

柯暹（1390—?）生。暹字启晖，一字用晦。池州建德人。永乐乙酉，年十七，领乡荐。明年预修《大典》，寻选入翰林，知机宜文字。进《玄兔诗》，授户科给事中。坐言事，出知永新、吉水二县。历官云南按察使。有《东冈集》。

是岁，选天下耆民才智可用者，得千九百十六人。（据《明太祖实录》卷二百六）

明太祖洪武二十四年辛未（公元 1391 年）

正月

定国子监官品秩员数。《明太祖实录》卷二百七：洪武二十四年春正月己丑朔，"定国子监官品秩员数。祭酒一人，从四品；司业一人，正六品；监丞一人，正八品；典簿一人，博士五人，助教十五人，从八品；学正十人，正九品；学录七人，典籍一人，从九品；掌馔二人，杂职。中都国子监设祭酒、司业、监丞、典簿、博士、学正、学录、掌馔各一人，助教二人，品秩与在京同"。《国榷》卷九："洪武二十四年正月己丑朔，定国子监官品秩。"

二月

本年会试，应试者凡六百五十人。许观为监生，第二、三、五名亦为监生。（据《皇明贡举考》卷二）钱宰《临安集》卷三《会试小录序》："洪武二十三年冬十二月初吉，皇帝御奉天殿，诏天下：三年大比，宾兴贤能。明年春，合天下士会试于春官。……于是内而邦畿，外而藩屏侯甸，东极青、齐，西逾川、陕，南际荆、吴、闽、广，北至于梁、晋、宋、卫、幽、燕，合十二道之士，凡六百五十人来会于京师。"

三月

许观（1364—1402）、张显宗（?—1409）、吴言信等进士及第、出身有差。《明太祖实录》卷二百八：洪武二十四年三月，"丁酉，上御奉天殿策试礼部会试中式举人，制策曰：'昔列圣之相继，大一统而驭宇，立纲陈纪，礼乐昭明，当垂衣以治，何自弗宁？少壮尽行，内骚华夏，外戍八荒，牝马胎驹于行伍，旌旗连岁于边陲，此果好杀而有此欤？抑蛮貊欲窥而若是欤？观之往事，亦甚艰矣。今欲罢乘机，绝远戍，垂衣以治，又恐蛮貊生齿之繁，不数十年后，为中国患，当此之际，似乎失今可乘之机，岂不为恨？今兴止未判，其于乘机绝戍，孰可孰不可？尔诸文士，论之以安内外，朕将亲览焉。'时廷对者三十一人，擢许观为第一，赐观等进士及第、出身有差。"《弇山堂别集》卷八十一："二十四年辛未，天下会试者六百六十人，取中许观等三十一人，廷试，仍赐许观第一，时年二十八，张显宗次之，吴言信又次之。上以连科状元出太学，召祭酒宋讷，面褒焉。""是岁复擢下第举人张孟镛等为主事。"查继佐《罪惟录》志卷十八《科举志》："（洪武）二十四年辛未，试贡士，得许观等三十一人，赐许观、张显宗、吴言信等及第、出身有差。观原姓黄，以父赘许，从母姓，建文中改姓，为忠臣。擢下第举人张孟镛为主事。诏科举岁贡命题于《大诰》中科取。是年始有《试录》定式，以后遵行。"《国榷》卷九："（洪武二十四年三月）丁酉，廷策贡士许观等三十一人于奉天殿，赐许观、张显宗等进士及第、出身有差。下第贡士张孟镛等授主事。"

状元许观为今年会元。查继佐《罪惟录》志卷十八《科举志》"科举盛事·两元状元由会元"："南直贵池许观，洪武辛未；南直长洲吴宽，成化壬辰；南直华亭钱福，弘治庚戌；广东南海伦大叙，弘治己未；浙江慈溪杨守勤，万历甲辰；浙江乌程韩敬，万历庚戌；南直宜兴周延儒，万历癸丑；福建永春庄际昌，万历己未。"

本年进士登科情况。俞宪《皇明进士登科考》卷二："时廷对之士许观等三十一人，擢许观第一。观本黄姓，从外家姓许，及第后乃改之，革除间亦以奸党论死，削籍。部本不传。湖本讹以韩克忠榜充之。闽本止存一甲二名，今考是科《会试录》，名籍俱全，但具甲第，名数不可考矣。姑汇存之，若一甲第三为吴言信，则得之《八闽志》云。"第一甲三名，赐进士及第。许观，直隶贵池县人。张显宗，福建宁化县人。吴言信，福建邵武县人。第二甲赐进士出身，第三甲赐同进士出身。（名数次序俱不可考，姑以《会录》为准，并列两甲之下）张徽，直隶贵池县人。蔡祯，四川嘉定州人。王羽，浙江仁和县人。胡泰，江西南昌县人。林惟和，福建晋江县人。陈裕，浙江鄞县人。贺守真，湖广攸县人。董恭礼，浙江鄞县人。龙子钧，江西泰和县人。李谦，山东滋阳县人。丘秬，江西余干县人。叶林，浙江萧山县人。李士昌，直隶定州人。李容，福建同安县人。李仪，山东邹平县人。何测，广东文昌县人。杨璧，广东海阳县人。黄溍，福建瓯宁县人。陈观，福建永福县人。丁仁，山东东平州人。林义，福建莆田县人。张广扬，广东泷水县人。陈伯颜，浙江常山县人。李本，北平宁晋县人。徐逊，浙江钱塘县人。贾闵，浙江崇德县人。王观，浙江钱塘县人。赵良，河南谋县人。

诏文武官，侍班有违越失仪者，从仪礼司纠劾。《殿阁词林记》卷十二《殿班》："国朝谨身、华盖、奉天三殿，百官行叩头礼毕，本院官用学士、侍读学士、侍讲学士、侍读、侍讲、修撰、编修升殿侍班。洪武二十四年三月辛未，诏文武官除分诣文华殿启事外，凡遇升殿，合用履鞋，照依品级，侍班有违越失仪者，从仪礼司纠劾。东班则六部掌印官、本院官及春坊学士、尚宝司，西班则五府等官及给事中、中书舍人。

正统以后，惟圣节、冬至、正旦大朝贺及颁诏、进书、册立、册封始御奉天殿，其侍班惟用修撰、编修、检讨等官四员。是日早具朝服履鞋，同导驾给事中、纠仪御史等官，鼓初严先人，循殿旁至华盖殿前，候驾出，鸿胪寺奏执事官行礼，礼甫毕，即趋出，复从殿旁趋入奉天殿内，北向立后，双炬自中前导驾至，上升宝座，导驾官分东西立，即趋至宝座之东，西向与中书舍人对立，候行礼毕，自殿门以次趋出。若东宫千秋节及冬至、正旦朝贺，亦用修撰等官二员，与春坊、司经局官对立侍班，于文华殿行礼云。"

命今后科举、岁贡生员，具于《大诰》内出题试之。黄佐《南雍志》卷一《事纪》："洪武二十四年三月戊子朔，上御奉天门，命礼部官曰：'《大诰》颁行已久，今后科举、岁贡生员，俱出题试之。'于是行国子监正官严督诸生，熟读讲解以资录用，有不遵者以违制论。辛卯，以监生许观会试殿试皆第一，召国子监官褒奖之。"《明实录》、《国榷》记此事于本年九月。

四月

朱元璋封子十人为王。《明鉴纲目》卷一："纲：封子十人为王。目：㮵（帝第十六子，余妃出），为庆王（封宁夏）。权（帝第十七子，杨妃出），宁王（封大宁）。楩（帝第十八子，周妃出），岷王（封岷州，寻徙云南）。橞（帝第十九子，郭惠妃出），谷王（封宣府）。松（帝第二十子，周妃出），韩王（封开原）。模（帝第二十一子，赵妃出），沈王（封潞州）。楹（帝第二十二子），安王（封平凉）。桱（帝第二十三子，李贤妃出），唐王（封南阳）。栋（帝第二十四子，刘惠妃出），郢王（封安陆）。㰘（帝第二十五子，葛丽妃出），伊王（封洛阳）。"

五月

以国子监生滕佑寿为观察使。佑寿，日本国人。（据《明太祖实录》卷二百八）

命国子监生解奎等四十三人于在京各卫，讲说《武臣》《大诰》。（据《明太祖实录》卷二百八）

六月

定有司朔望谒庙学礼。《明太祖实录》卷二百九：洪武二十四年六月丁巳，"定有司朔望谒庙学礼。凡朔望郡县官诣学谒先圣，然后升堂，师生各叙揖。学官侍坐，诸生东西立，以次讲说经史。考课既已，学官率诸生送出学门即退。其他庙谒，师生俱不与。颁诏行之"。

诏部院同翰林儒臣，参考历代礼制，更定冠服居室器用制度。（据《国榷》卷九）

定儒学训导位杂职上。（据《国榷》卷九）

颁北方学舍书籍。（据《国榷》卷九）

翰林侍讲学士葛钧降国子助教。（据《国榷》卷九）

七月

改詹事院为詹事府，设詹事一人，正三品。另设少詹士等官属。《殿阁词林记》卷十一《詹事》："洪武初，建大本堂，延名儒以教储极与藩王，此东宫辅导之始也。后乃设辅导官属，有同知詹事院事、副詹事、左右詹事、詹事丞、左右率府使、副使、同知左右率府事、谕德、赞善、文学、中舍、正字、侍正、洗马、庶子等官，皆以勋旧人臣兼之，不别设府僚。又改赞善为赞善大夫，设赞读。洪武三年十二月，礼部尚书陶凯请选人专任储宫官属，罢兼领之职，庶于辅导，有所责成。于是谕以父子一体、君臣一心之意，遂止。十年，置通事司，设司令、司丞。十四年三月丁未，设左右司直郎。十五年，设左右二春坊，又设司经局。二十二年，置詹事院以统属之。二十四年七月丁未，改院为府，定设詹事一人，正三品，少詹事二人，正四品，丞二人，正六品，首领官主簿一人，从七品，录事二人，正九品。二十九年十一月壬戌，增设属官通事舍人二人，从九品，改录事亦为从九品。其堂上官与本院官互兼职事，而凡讲读、纂修、考试等官，皆与本院同。坊局虽各有印，然事则詹事府统之。南京詹事府今不设官，止设主簿一员，盖詹之为义，省也，给也，省给太子之家。詹事之职，于内外众务无所不掌，少詹事则贰之，丞则掌文书以赞之，通事舍人掌通谒宾赞禁令之事，主簿掌勾稽，录事传递云。"

更定岁贡生员制度。《明太祖实录》卷二百十：洪武二十四年秋七月庚子，"礼部奏：岁贡生员，旧制中式者送国子监，不中者罪有司，停学官俸，生员罚为吏。今不中者遣还读书，有司教官罚如故，是使生员不率教者无所劝惩也。乃命更定旧制。不中者，有司官任及三年，论如例，二年者停俸半年，一年者停俸三月。学官无分久近，罚如例。生员廪食五年者为吏，不及者遣还读书。次年复不中者，虽未及五年亦罚为吏"。

九月

诏礼部：今后科举、岁贡，于《大诰》内出题，或策论判语参试之。（据《明太祖实录》卷二百十二）《南雍志》记此事于本年三月。

十月

湖广宝庆卫百户舍人倪基言四事，其三为"学校乃国家之首务"。《明太祖实录》卷二百十三：洪武二十四年冬十月，"丙寅，湖广宝庆卫百户舍人倪基言四事：'……

三，学校乃国家之首务。陛下即位之初，诏郡县兴举学校，作养贤材，与图治道，故乡社有校，郡县有学。今郡县之学兴举，而乡社之校颇废，非所以广教化也。伏愿陛下诏乡社举明经之士，或年老致仕之人，百家置一师，以经史教授民间子弟。日就月将，则渐染成材，自然向化，而官使有人矣……'上嘉之，命基参赞清平卫军事"。

擢南丰县典史冯坚为金都御史。《明鉴纲目》卷一："纲：冬十月，以冯坚为金都御史。目：坚，南丰县典史，上书言九事。（一曰养圣躬，清心省事，以为民社之福。二曰择老成，辅导诸王，使正色直言，以图匡救。三曰务农讲武，屯戍边围，以备不虞。四曰精选有司，旌别属史，使人勇于自治。五曰褒祀典，俾末俗有所兴劝。六曰省宦寺，以防内权。七曰调易边将，以防外患。八曰采廉能，以惩贪墨。九曰会关防，以革奸弊。）书奏，帝嘉之，称其知时务，达事变。又谓侍臣曰：'坚言调易边将，则未然。边将数易，则兵力勇怯，敌情出没，山川形势，无以备知。倘得赵充国、班超者，又何以数易为哉？'乃擢坚金都御史。（坚在院，颇持大体，寻卒于官。）"

黄玄入南京国子监，林鸿为诗以送。《鸣盛集》卷一《送黄玄之京》："三十为礼官，制作多述因。前年乞骸归，甘作隐逸伦。业穷道岂迁，操危气愈伸。持此欲有授，二玄乃其人。时登乌石山，眺远沧海滨。逸兴发猿啸，闲情投鸟群。既与簪绂疏，颇同缁锡邻。朝游必竟夕，夜吟常达晨。放旷宇宙间，外视埃壒身。匏斝日动爵，剑舞风披巾。醉来各鸥张，挥洒如有神。坐或藉青草，倦应眠白云。大运迭盈虚，人事常参辰。讵知同心者，胡为遽离分。于时维孟冬，膏车戒征轮。借问子何之？囊书上成均。执手念门友，登堂辞老亲。驱马西郭门，祖帐螺江湄。朔风卷行斾，木脱波粼粼。请为壮士吟，庶以摅中勤。丈夫志四海，况乃观国宾。惜别语刺刺，无乃儿女仁。壮怀何以赠，临期解青苹。"《曝书亭集》卷六十三《林鸿传》："闽中善诗者，数'十才子'，鸿为之冠。十才子者，闽郑定、侯官王褒、唐泰、长乐高棅、王恭、陈亮、永福王偁，及鸿弟子周玄、黄玄，时人目为二玄者也。鸿之论诗大指，谓汉魏骨气虽雄而菁华不足，晋祖玄虚，宋尚条畅；齐梁以下，但务春华，少秋实；惟唐作者可谓大成。然贞观尚习故陋，神龙渐变常调。开元天宝间，声律大备，学者当以是为楷式。闽人言诗者率本之鸿。晋府引礼舍人无锡浦源，字长源，慕鸿名，逾岭访之，造其门，二玄请诵所作，曰：'吾家诗也。'以告鸿，鸿延之入社……黄玄，字玄之，将乐人。闻鸿弃官归，遂携妻子居闽县。以岁贡官泉州儒学训导。周玄，字微之，闽县人。永乐中以文学征拜礼部员外郎，尝挟书千卷止高棅家，读十年辞去，尽弃其书曰：'在吾腹笥矣。'

定生员巾服之制。（据《国榷》卷九）

十一月

命赏民间子弟能诵《大诰》者。《明太祖实录》卷二百十四：洪武二十四年十一月己亥，"命赏民间子弟能诵《大诰》者。先是，上令天下府州县民，每里置塾，塾置师，聚生徒教诵《御制大诰》，欲其自幼知所循守。阅三岁，为师者率其徒至礼部背诵，视其所诵多寡，次第赏之"。

十二月

吴与弼（1392—1469）生（生年据公历标注）。与弼字子博，号康斋，临川人。天顺初以荐征至京，拜左春坊左谕德，辞不就。有《康斋集》。杨希闵《吴聘君年谱》："明太祖洪武二十四年辛未十二月十二日，公生。"《明儒学案》卷一《聘君吴康斋先生与弼》："父国子司业溥。先生生时，祖梦有藤绕其先墓，一老人指为扳辕藤，故初名梦祥。八九岁，已负气岸。十九岁，觐亲于京师，从洗马杨文定学读《伊洛渊源录》，慨然有志于道。"

定科举岁贡程文格式。黄佐《南雍志》卷一《事纪》："洪武二十四年十二月癸酉朔，上命科举岁贡当定程式。壬午试祭酒胡季安与翰林院学士刘三吾议定以闻，上命礼部颁行天下学校。程文格式四条：一、凡作《四书》、本经义，破承之下，便入大讲，不许重写官题。其余文字，并依原定格式。一、凡出策题，或经或史，所问之意，须要含蓄，不必明显其事，使答者自详问意，以观才识。一、凡对策须要参详题意，明白对答，如问钱粮，便言钱粮孰利孰害，如问水利，便言水利孰得孰失，务在典实，不许敷衍繁文。遇当开写题目处，亦止曰云云，不必重述。"万历《大明会典》卷七十七《礼部》三十五《贡举·科举·科举通例·凡文字格式》："凡文字格式，洪武四年令：科举，凡词理平顺者，皆预选列，惟吏胥心术已坏，不许应试。十七年，令文字回避御名、庙讳及不许自叙辛苦门地，誊录官点检得出，送提调、监试官阅过不录。二十四年，定文字格式：一、凡出题，或经或史，所问须要含蓄不显，使答者自详问意，以观才识。一、凡对策，须参详题意，明白对答，如问钱粮即言钱粮，如问水利即言水利，孰得孰失，务在典实，不许敷衍繁文。遇当写题处，亦止曰云云，不必重述。一、凡作四书、经义，破承之下，便入大讲，不许重写官题。又令科举岁贡，于《大诰》内出题，或策、论、判语参试。正统六年，令出题不许摘裂牵缀，及问非所当问。取文务须淳实典雅，不许浮华。违者，从风宪官纠劾治罪。成化十三年，令举人文字，凡遇御名、庙讳下一字，俱要减写点画。考试等官，不许越数多取。出题校文，须依经按传，文理纯正，不许监临等官干预。《小录》不许开写掌行科举文字吏典及誊录、对读生员姓名。弘治七年，令作文务要纯雅通畅，不许用浮华、险怪、艰涩之辞。答策不许引用缪误杂书，其陈及时务，须斟酌得宜，便于实用，不许泛为夸大，及偏执私见，有乖醇厚之风。御名、庙讳及亲王名讳，仍依旧制二字不偏讳，不必缺其点画，违者黜落。文字试题上，不许加奉试字，其正卷务依所出题目次第楷书，不许草书及先后错乱。举人止凭文字高下去取，不得论其地方中式多寡，临时偏徇进黜，以废公论。《小录》文字，不许提调、监临等官代作，及将举人原文改刻。其考试等官，各开职名，不许称张公李公字样。十七年，令各处进到《小录》有乖违者，礼部与翰林院参奏究问。嘉靖六年奏准，科场文字，务要平实典雅，不许浮华险怪，以坏文体。《试录》只依士子本文，稍加润色。十七年题准，会试校文，务要醇正典雅，明白通畅，合于程式者方许取中，其有似前驾虚翼伪，钩棘轧茁之文，必加黜落，仍听考试官摘出。不写经传本旨，不循体制，及引用庄、列背道不经之言，悖谬尤甚者，将试卷送出，以凭本部指实奏请除名，不许再试。十八年，令今后乡试进到《试录》，礼部详阅举奏，如有叛经离道、诡辞邪说，定将监临、考试等官罪黜，取中举人，辨验公据得实，革退为民。万历元年奏准，《试录》序文，必典实简古，明白正大，俱若成化、弘治年间文体，督抚等官，不许妄加称奖，以蹈浮靡之弊。又奏准，士子经书文字，照先年题准，限六百字上下，冗长浮泛者，不得中式。八年奏准，限五百字，过多者不许誊录。十三年题准，程式文字，就将士子中式试卷，纯正典实者，依制刊刻，不许主司代作。其后场果有学问该博，即前场稍未纯，亦许甄录。中间字句不甚要当者，不妨稍为修饰，但不许增损过多，致掩本文。"

擢山东宁海州儒学训导阎文为燕府右长史，南昌府儒学训导曾恕为周府右长史。《明太祖实录》卷二百十四：洪武二十四年十二月，"乙丑，擢山东宁海州儒学训导阎文为燕府右长史，南昌府儒学训导曾恕为周府右长史。吏部尚书詹徽言，训导秩满，例升教谕，今授长史超资格，宜令试职。上曰：'师儒之职虽卑，其道则尊，不可以资格论也。'遂实授。仍赐冠带文绮袭衣"。

国子生夏伦、杨砥购书还，颁赐北方儒学。（据《国榷》卷九）

本年

王偁入国子监。《国朝献征录》卷三十二《翰林院检讨王偁传》："洪武二十三年，偁以经义举于乡。明年，试礼部不第，例就祭酒授业。因而求邹鲁之遗风，与海内贤豪上下其说。"

明太祖洪武二十五年壬申（公元1392年）

正月

命天下学校，自今府学每岁贡二人，州学二岁贡三人，县学每岁贡一人。（据《明太祖实录》卷二百十五）《明通鉴》卷十："初，岁贡之制，每学一人，二十一年，定府、州、县学以一、二、三年为差。至是（十一日）定府学岁二人，州学二岁三人，县学岁一人，著为令。"

二月

命学校生员兼习射与书数之法。《明太祖实录》卷二百十六：洪武二十五年二月，"甲子，命学校生员兼习射与书数之法。射遇朔望，习于射圃。树鹄置射位，初三十步，加至九十步，每耦二人，各挟四矢，以次相继。长官主射，揖让升降，皆有节文。中者饮之以爵。书习楷法，日五百字。数习九章之法，务在精通。俟其科贡，兼考之。"

三月

建宁府教授周斌为中都国子监司业。（据《国榷》卷九）

四月

太子朱标卒，谥懿文。《明鉴纲目》卷一："纲：壬申二十五年，夏四月，皇太子标卒（谥懿文）。目：帝御东角门，召群臣曰：'太子不幸至此。古云国有长君，社稷之福，朕意欲立燕王，何如？'学士刘三吾（名如孙，以字行，茶陵人）进曰：'皇孙年富，世嫡之子。子殁，孙承嫡统，礼也。即立燕王，置秦晋二王于何地？'帝大哭而罢。然以三吾言，立孙之意遂决。（太子初师事宋濂，通经史大义。帝命裁决庶务，宽仁平敏，于刑狱多所减省。天性友爱，秦周诸王，数有过，辄调护之，使归国。或告晋王有异谋者，太子陕西还，偕之至京，为泣涕以请，帝乃感悟。亦更以恭慎闻。）"

左春坊大学士董伦为河南布政司右参议。（据《国榷》卷九）

五月

琉球国中山王察度及其子武宁，遣其使渥周结致等，各进表笺贡马。察度又遣从子日孜每阔八马，寨官子仁悦慈入国学读书。上命各赐衣巾靴袜并夏衣一袭，钞五锭。（据《明太祖实录》卷二百十七）

六月

礼部制定学规。《明太祖实录》卷二百十八：洪武二十五年六月，"癸亥，上谕礼部臣曰：'近闻天下学校生员，多骄惰纵肆，凌慢师长，宜重禁之。尔礼部，其著为学规，俾之遵守。'于是礼部乃条其目，自授业、讲读、进退、出入，皆有定法，且令内不违亲之命，外不咈师之训，以至处朋友待仆隶，皆有其道。又戒以毋蔑礼玩法，毋矜能丧志，毋违卧碑以取愆，惟笃志圣贤，潜心古训，以勉其成。违者罪之。"

七月

朱元璋谓礼部臣曰："教官训导教育贤才，非有司剧任可比。今后遇有除授，皆赐之衣服，使知所重也。"（据《明太祖实录》卷二百十九）

朱元璋惩处岢岚州学正吴从权、山阴县学教谕张恒，且敕刑部榜谕天下学校。《明太祖实录》卷二百十九：洪武二十五年秋七月，"敕刑部榜谕天下学校。时各处教官训导有给由到京，上召谕之曰：'汝等皆老儒，来自郡县，民间疾苦，稼穑艰难，悉为朕言。'岢岚州学正吴从权对曰：'臣为学正，以教导为职业，民事无闻。'山阴县学教谕张恒对曰：'臣守职常在学，未尝出外，于民事无所知。'上谓二人曰：'岂有久居乡里，不与人交接？纵使教学不出，每月朔望休暇，并四时节序，朋友往来，于民情世务，岂不谈及？汝二人概言不知，诈也。且儒者所学，皆圣贤之道。古人有身居田野，虽未际遇，其心常在朝廷，如伊尹耕于莘野，常以致君泽民为念。及出相汤，发其所蕴以安天下。宁戚未遇，扣角商歌，自荐于齐桓公，佐兴霸业。汉贾谊、董仲舒辈，皆起于田里，上书数陈时务，议论得失。唐马周不得亲见太宗，且教武臣言事。古人不得进用，汲汲求见于君，欲行其所学。今汝等既集朝堂，朕亲询问，俱默默不言，学圣贤之道者，果如是乎？又如宋儒李沆为宰相，佐真宗日，取四方水旱虫蝗盗贼等事奏之，同僚以为细事，不然其奏，沆曰：人主当使知四方艰难，有所儆惧。不然，则留意于土木祷祠声色狗马之事矣。此人君不问，尚且数将四方水旱等事日奏于君，今朕以汝等皆儒者，故询以民事，意必有以对朕言，乃反支离其辞，竟无一语。宋儒胡瑗为苏湖二州教授，其教诸生，皆兼时务治兵治民水利算数等事，当时得人，皆由其教授有法。今汝所言，平日在学不出，则所教何事？民情不知，世务不通，所训生徒，虽有聪明贤才，亦为尔所坏。使天下教官，皆效汝辈所为，朝廷焉能得人？'二人皆惶惶汗失措。上顾谓刑部臣曰：'若二人者，于心无诚，已违圣贤之教，虚縻廪禄，无补于时，宜窜之极边。其以榜谕天下学校，使为鉴戒。'"《明史纪事本末》卷十四："（洪武）二十五年秋七月，岢岚州学正吴从权、山阴教谕张恒给由至京师，上问民间疾苦，皆对曰：'不知也，而非职事。'上曰：'宋儒胡瑗为苏、湖教授，其教诸生皆兼时务。圣贤之道，所以济世也。民情不知，则所教何事？其窜之极边。'"

八月

国子监立射圃，赐诸生弓矢。（据《国榷》卷九）

九月

立朱允炆为皇太孙。《明鉴纲目》卷一:"纲:九月,立孙允炆为皇太孙。目:允炆,太子第二子也。(继妃吕氏出。)既立为太孙,帝命裁决庶务,宽厚亦如太子,缘其意而有加焉,中外莫不颂德。(帝尝大怒,有所诛谴,退朝,怒未已。太孙从容进曰:'如得其情,哀矜勿喜,是或一道也。'帝意解。逻者获盗七,太孙目之,言于帝曰:'六人者盗,其一非是。'讯之果然,帝问何以知之,对曰:'《周礼》听狱,色听为先。此人眸子了然,顾视端详,必非盗也。'帝喜曰:'治狱贵通经,信然。')"

方孝孺任汉中教授。(据《国榷》卷九)《明史》方孝孺传:"二十五年,又以荐召至。太祖曰:'今非用孝孺时。'除汉中教授,日与诸生讲学不倦。蜀献王闻其贤,聘为世子师。每见,陈说道德。王尊以殊礼,名其读书之庐曰'正学'"。《明鉴纲目》卷一:"纲:以方孝孺(字希直,一字希古,宁海人,克勤之子。)为汉中教授。目:孝孺少好学,恒以明王道、致太平为己任。十五年,以吴沈荐召见,帝喜其举止端整,谓太子曰:'此庄士,当老其才。'礼遣还。至是,又以荐召至,帝曰:'今非用孝孺时。'除汉中教授。蜀王椿闻其贤,聘为世子师,名其读书之庐曰正学。"

左军都督府经历唐奉先干请通政司叶献,刑部以闻,罪当杖。朱元璋念其进士,免罪,纪其过。(据《国榷》卷九)

右佥都御史凌汉为左春坊左赞善。(据《国榷》卷九)

分监生往各布政司考校诸司案牍。(据《国榷》卷九)

十月

琉球国初遣官生人悦慈等入监读书。(据黄佐《南雍志》卷一《事纪》)

访精谙历数之士。(据《国榷》卷九)

十一月

翰林院编修唐震卒于泗州,特命往祭,归丧京师。(据《国榷》卷九)

翰林修撰任亨泰为少詹事兼修撰,杜泽、楚樟为詹事府丞,先是左通政祝春为少詹事。(据《国榷》卷九)

置贵州宣慰司儒学。(据《国榷》卷九)

十二月

琉球国山南王承察度遣使南都妹等贡方物,并遣侄三五郎尾,及寨官之子实他卢

尾、贺叚志等赴国子监读书。诏赐三五郎等钞各五锭，襕衫缁中皂条靴袜，并文绮绅绢衣各一袭。（据《明太祖实录》卷二百二十三）

闰十二月

　　周叙（1392—1452）生。叙字功叙，吉水人，永乐戊戌进士，改庶吉士，授编修，历修撰、侍读，升南侍讲学士。有《石溪集》。《明史》周叙传云："周叙，字公叙，吉水人。年十一，能诗。永乐十六年进士。选庶吉士。作《黄鹦鹉赋》，称旨，授编修。历官侍读，直经筵。正统六年上疏言事，帝嘉纳焉。八年夏又上言：'比天旱，陛下责躬虔祷，而臣下不闻效忠补过之言，徒陈情乞用而已。掌铨选者罔论贤否，第循资格。司国计者不问耕桑，惟勤赋敛。军士困役作，刑罚失重轻，风宪无激扬，言官务缄默。僧道数万，日耗户口，流民众多，莫为矜恤。'帝以章示诸大臣。王直等皆引罪求罢。"（按，"公叙"当作"功叙"）

　　翰林学士刘三吾以赵勉妇翁，自诉失教。免其官。（据《国榷》卷九）

本年

　　刘球（1392—1443）生。刘球字求乐，更字廷振，安福人。永乐辛丑进士，授礼部主事，改翰林侍讲。以忤王振，矫旨下狱死。景泰初，赠翰林学士，谥忠愍。有《两溪集》。

明太祖洪武二十六年癸酉（公元 1393 年）

正月

　　命以大成乐器颁给天下府学。《明太祖实录》卷二百二十四：洪武二十六年春正月戊辰，"命以大成乐器颁给天下府学。先是，上以天下通祀孔子，而乐器未备，命礼部、工部集工人制之。至是乐成，以给各府儒学，俾州县皆如式制之"。

二月

　　辽东开元卫军士马名广上言五事。《明太祖实录》卷二百二十五：洪武二十六年二月，"乙未，辽东开元卫军士马名广上言五事：一曰，辽东二十一卫，定辽等七卫已有都司儒学，金、复、海、盖四州已有州学，其开元、沈阳、广宁、义州亦皆名郡，学基尚存，遗碑犹在，宜建学立师，以复其旧。二曰，天下学校教育人材，有出于工商技艺之家，稍通于肤浅，即欺人傲物。管子曰：工商杂类，不预士伍。万一任之以政，必无益于治。宜慎选端厚明敏者入学，每三年一考，九年通考，能通《四书》本经理趣者入国学。既入国学，勿令历事，以荒其业……上观所言，有可采者，但谓工商技艺之子不预士伍，则与孔子有教无类之意悖矣。命礼部择其可者，行之"。

国子监生魏昭以罪罚为吏，上言愿改过自新，入试秋闱。许之。（据《明太祖实录》卷二百二十五）

蓝玉以谋反罪被诛。《明鉴纲目》卷一："纲：癸酉二十六年，春二月，凉国公蓝玉以罪诛。目：玉有勇略，数总大军，多立功，帝遇之厚。寝骄蹇自恣，多畜庄奴假子，乘势渔猎。尝占东昌民田，御史按问，玉捶逐御史。北征还，夜扣喜峰关，关吏不即纳，玉纵兵毁关入。帝闻之不乐。又以私元主妃事，镌其过于券，玉犹不悛。及西征归，皇太孙立，以玉兼太子太傅，而冯胜、傅友德，俱兼太子太师，玉攘袂大言曰：'我固不当为太师邪？'比奏事，多不听，益怏怏，语所亲曰：'上疑我矣。'至是锦衣卫指挥蒋瓛，告玉谋反，廷鞫之，狱词云：'玉与鹤庆侯张翼（临淮人），普定侯陈恒（濠人），景川侯曹震，舳舻侯朱寿，东莞伯何荣（真之子）及吏部尚书詹徽（字资善，同之子），户部侍郎傅友文等谋为变，将伺帝出猎田举事。'狱具，族诛之，列侯以下，坐党夷灭者万五千人。于是元功宿将，相继尽矣。（玉，常遇春妻弟，懿文太子元妃常氏，遇春女也，以故太子遇玉厚。玉初征纳克楚还，言于太子曰：'臣观燕王在国，阴有不臣心，又闻望气者言，燕有天子气，殿下宜审之。'太子曰：'燕王事我甚恭谨。'玉曰：'殿下遇臣厚，故敢布悃忱。'燕王闻而衔之。及太子薨，燕王来朝，帝问曰：'民间近谓朕若何？'对曰：'诸公侯纵恣无度，不诛，将有尾大不掉忧。'帝由此愈疑忌功臣。王归，不数月，而玉祸作。）"

四月

琉球国中山王察度，遣使寿礼结致贡马及方物，并遣其寨官子段志每入国学读书。（据《明太祖实录》卷二百二十七）

方孝孺受命主京师秋闱。孙怡《方正学先生年谱》："四川聘主秋闱，京府移文，诏征分考。辞蜀赴京，取士八十八人，得门下士俞允、任勉等。"《逊志斋集》卷一《上蜀府启》其一："伏以臣于今世儒者中学术才艺最为迂拙，受恩受奖最为深厚。每思遭逢之难，惟恐无以为报。幸属大比，自意得备员校文，因瞻拜左右，诵圣哲之遗言，考帝王之善政，以效愚忠。四月九日，忽天府移文，以同考试见征，且谓'已尝启闻储王，不许厌远就近'，辞旨迫切。本府已与依准文状去讫。至二十一日，四川公文及使者始至，惓惓之诚，以是不敢自遂。虽京师、藩辅均为国事，奉朝廷之命而弗敢辞，固殿下之所嘉。然臣犬马私情不能自释者，良以恩奖之隆，思报无所，欲重瞻睹清光而未果也。然臣闻：受众人之惠者为报易，受人君之恩者为报难。……伏惟原其情，宥其不即趋命之罪，念其愚忠而特赐采纳，不胜大愿。"《明经世文编》卷九方孝孺《应天府乡试小录序》："洪武二十有六年，当试之期，京府实试太学及畿甸十四郡三州之士，出币征四方缙绅以程艺文之高下。至期，治中刘庸请于朝，俾监察御史王仲和、孙仁涖其事，通判王子修赞其政。于是，衣巾笔牍而至者八百人。有职于试事者，莫不虔恭，以求称取士之意。迨拔其绝尤者，得士八十八人。既揭其名，以示观者，复将传于四方，垂于后世。"

滑县训导宋复祖为国子司业。宋讷次子。（据《国榷》卷十）

五月

定学官考课法，以科举生员多寡为殿最。此后屡有更动。《明太祖实录》卷二百二十七：洪武二十六年五月丙寅，"定学官考课法，以科举生员多寡为殿最。县生员二十名，教谕九年任内，有举人三名，又考通经为称职，升用。举人二名，虽考通经为平常，本等用。举人不及二名，又考不通经者，为不称职，黜降别用。州学生员三十名，学正九年任内，举人六名，又考通经者升用。举人三名，虽考通经，本等用。举人不及三名，又考不通经者，黜降别用。府学生员四十名，教授九年任内，举人九名，又考通经者，升用。举人四名，虽考通经，本等用。举人不及四名，又考不通经者，黜降别用。府州县学训导，分教生员九年，任内举人三名，又考通经者，升用。举人二名或一名，虽考通经，本等用。举人全无，又考不通经者，黜退别用。先是，教官考满，兼核其岁贡生员之数，至是上以岁贡为学校常例，故专以科举为其殿最"。万历《大明会典》卷十二《吏部》十一《教官》："凡教官考核，洪武二十六年定，各处府、州、县学训导与教官，一体历俸九年考满给由。其训导给由到部，出题考试，将所试文字送翰林院批考。通经者于县学教谕内叙用。若不通经者，本处复充训导。自来不通经者，量才别用。又奏准，以九年之内科举取中生员名数为则，定拟升降。县学额设生员二十名，教谕九年之内，科举取中生员三名，又考通经者为称职，升用；若取中二名，又考通经者为平常，本等用；若取中不及二名，又考不通经者为不称职，降黜别用。州学额设生员三十名，学正九年之内，科举取中生员六名，又考通经者为称职，升用；若取中三名，又考通经者为平常，本等用；若取中不及三名，又考不通经者为不称职，降黜别用。府学额设生员四十名，教授九年之内，科举取中生员九名，又考通经者为称职，升用；若取中四名，又考通经者为平常，本等用；若取中不及四名，又考不通经者为不称职，降黜别用。府、州、县学训导，分教生员一十名，九年之内，科举取中生员三名，又考通经者升教谕；若取中二名或一名，又考通经，仍充训导；若科举全无取中，又考不通经，降黜别用。又奏准，教谕科举不及数，考不通经，有司内用；科举及数，通经，降训导。三十五年，令教授考通经、任内止有举人三名者，降学正。永乐元年定，举人署教谕事者，任内有科举中式一名，又有岁贡中式一名；署训导事者，有科举中式一名，或有岁贡中式一名，俱举实授。六年，令教官考满，吏部同六科都给事中选其有才识者留六科理事。一年后，从本科都给事中考其高下用之。宣德五年，重定举人名数。教授五名为称职，三名为平常，不及三名为不称。学正三名为称职，二名为平常，不及二名为不称。教谕二名为称职，一名为平常。训导一名为称职。不及者皆为不称。称职者升，平常者本等用，不称者降。正统九年奏准，教官九年任满无举人者，试其学问果优，仍任教官，教授、学正、教谕，俱降训导，训导调边远；其考不中者，仍降杂职。又奏准，考试考满教官，初场考《四书》、本经义各一篇，二场论、策各一道。教授、学正、教谕，俱本部定中否。训导，送翰林院定中否。考不通经，系举人出身者，教授改吏目，学正等官改典史；监生、儒士出身者，教授改税课司大使，学正等官降河泊所官。卫学并选贡衙门学正，考不通经，亦同前例，冒报举人者送问，无府、州、县委官保结者行查。云南各处教官，从选贡衙门例，亦不论举人。弘治二年奏准，九年考满教官，考通经，府、州、县举人及数，方升。卫学并选贡衙门，虽无举人，亦升。若丁忧复除者，论前后任多少，若任府、州、县学日多，从府、州、县学论；任卫学并选贡衙门学日多，从卫学并选贡衙门论。嘉靖四年题准，府、州、县学教官，考不通经，有举人者，仍照原职选用。凡行都司儒学及外卫儒学教官考满，嘉靖四年题准，除考通经、有举人及数照例升用外，无举人、考通经、查无过者，俱本等选用。"《明史·选举志》："明初，优礼师儒，教官擢给事、御史，诸生岁贡者易得美官。然钳束亦甚谨。太祖时，教官考满，兼核其岁贡生员之数。后以岁贡为学校常例，二十六年定学官考课法，专以科举为殿最。九年任满，核其中式举人，府九人、州六人、县三人者为最。其教官又考通经，即与升迁。举人少者为平等，即考通经亦不迁。举人至少及全无者为殿，又考不通经，则黜降。其待教官之严如此。生员入学十年，学无所成者，及有大过者，俱送部充吏，追夺廪粮。至正统十四年申明其制而稍更之。受赃、奸盗、冒籍、宿娼、居丧娶妻妾所犯事理重者，直隶发充国子监膳夫，各省发充附近儒学膳夫、斋夫，满日为民，俱追廪米。犯轻充吏者，不追廪米。其待诸生之严又如此。然其后教官之黜降，生员之充发，皆废格不行，即卧碑亦具文矣。诸生，上者中式，次者廪生，年久充贡，或选拔为贡生。其累试不第、年逾五十、愿告退闲者，给与冠带，仍复其身。其后有纳粟马捐监之例，则诸生又有援例而出学者矣。提学官岁试校文之外，令教官举诸生行优劣者一二人，赏黜之以为劝惩。此其大较也。"

六月

左春坊左赞善凌汉复为左佥都御史，寻致仕。（据《国榷》卷十）

左春坊大学士董伦为河南布政司参议。（据《国榷》卷十）

七月

选秀才张宗浚等侍皇太孙，日随春坊官分直文华殿。进说民隐，开陈古今文德才艺诸事。（据《国榷》卷十）

八月

应天府（直隶）及河南、山东、山西、陕西、北平、福建、江西、浙江、湖广、广东、广西、四川、云南等十三布政司乡试。就试应天者八百人，取中八十八人。（据《皇明贡举考》卷二及方孝孺《应天府乡试小录序》）

命吏部：今后除官即与实授，勿试职。儒学训导始冠带。（据《国榷》卷十）

九月

复刘三吾翰林学士。（据《国榷》卷十）

以郑济为左庶子，王勤为右庶子。《殿阁词林记》卷二十一《孝行》："洪武二十六年八月，诏褒异浦江郑氏累世同居，家范克笃，里人王氏效之，乃征二家子弟年三十以上者诣阙。既至，令自推举，乃以郑济为左春坊左庶子，王勤为右春坊右庶子。徐州民权谨十岁丧父，哀毁几绝，洪武中以荐知乐安县，进光禄寺署丞，迎母就养。母疾，吁天求以身代，母卒，负土成坟，庐墓三年，哭泣不辍。事闻，圣祖命为文华殿大学士，辞不允，以风天下之为人子者，寻改通政司右参议致仕，仍旌其门曰孝行云。《诗》有之：'有冯有翼，有孝有德，以引以翼。'圣人以孝治天下，固如此。若以文墨自矜，罔修于家，而欲其扬于王廷，固已难矣。"《明鉴纲目》卷一："纲：秋九月，以郑济（浦江人。宋郑绮七世孙）为左庶子，王勤（浦江人，治之孙）为右庶子。目：初，东宫官属缺，命廷臣举孝义笃行之士，尚书严震直（字子敏，乌程人），以浦江郑氏对（义门郑氏见前）。帝曰：'朕素知郑，更闻其里王氏，力行郑氏家法（初，浦江王澄，慕义门郑氏家法，命其子效之。澄卒，子三人，能承父志，同居无间言），可用以励天下。'乃征两家子弟诣阙，济、勤遂并拜官。（郑氏自其七世祖绮，至济兄弟，累世同居，几三百年。胡惟庸之狱，有告郑氏交通者，济兄濂、湜争入狱。帝闻，特召见，立擢湜福建参议，命举所知，湜举王澄孙应以对，亦授参议，应，勤从兄也。及是，济、勤又并授东宫官，天下荣之。王氏之名，遂与郑氏埒云。）"

户部奏本年度天下户口数。《明鉴纲目》卷一："纲：户部奏是岁天下户口之数。目：户一千六百五万二千八百六十，口六千五十四万五千八百十二。"

十月

改建翰林院于皇城东南宗人府之后，本月兴工，明年十月落成。《殿阁词林记》卷十一《公署》："公署为听事而设。吴元年建官，以本院为近侍衙门，故公署虽在外，而寮属相聚恒在馆阁。洪武初，建翰林院于皇城内，学士而下，晚朝退即宿其中，扁曰词林。其后兼考唐宋制度，诏改建于皇城东南宗人府之后，詹事府居其次。洪武二十六年十月兴工，至二十七年十月辛巳告成，诏皆赐宴落之，今为南京翰林院。永乐中，行在本院官仍在禁内供奉，不别立公署。正统七年八月，有诏复建于京师长安左门外玉河西岸，銮驾库之右，而东岸则为詹事府焉。命中官陈姓者督工，逾年落成。正堂三间，中设大学士、学士、侍读学士、侍讲学士公座，左为史官堂，右为讲读堂，首领官房在仪门之外之右。学士杨溥辈为诗记其事。然同寮相与，每朝毕，本院官立东阁前，俟大学士至，入阁中，讲读、史官皆序立圜揖而退，五经博士而下，揖于阁外。出，复序立于史馆前，亦圜揖，揖毕，各书公会，乃入馆修书。待诏诸寮，日昃而出公署，惟履任斋宿始一至。若掌印官查理公移、收放俸粮，则莅院视事。按唐制，翰林院在银台之北，后复建东翰林院于金銮殿之西，因曰銮坡，盖随乘舆所在而迁，取其便耳。正厅曰玉堂，中设视草台，每草制则具衣冠据台而坐，后以车驾经幸，不复如此，但存空台而已。玉堂云者，汉有玉堂殿，待诏金马门近之。李肇《翰林院志》言居翰苑者皆谓凌玉清、溯紫霄，岂止于登瀛洲哉，亦曰登玉堂焉。然未有榜，至宋太宗乃御翰书飞白'玉堂之署'四字赐之。今制虽不尽然，私记往往犹曰玉堂视草，用故事也。嘉靖戊子，始建御制五箴碑于敬一亭，亭树于堂之南，左则刘文定井，井之外为莲池，右则柯竹岩亭，亭之前为土山。"《殿阁词林记》卷十一《朝房》："本院朝房，在午门右第六区。每候朝，则殿阁大学士、本院学士、讲读官、史官皆在焉。詹事府朝房，在午门左第十八区。每候朝，则詹事、少詹士、府丞、左右春坊官、司经局官皆在焉。鼓初鸣严，各诣棕蓬下序坐，候鼓终严而入。其后本院学士候朝，亦在詹事府朝房。成化中，学士王献掌院，始奏闻复取内侍之署。又有外朝房，在长安左右门外，以待漏云。"

革中都国子监，以其师生并入国子监。（据《明太祖实录》卷二百三十）

监生二百四十一人除教谕等官。（据《国榷》卷十）

监生刘政等六十余人擢左布政使等官。（据《国榷》卷十）《明史·选举志》："洪武二十六年尽擢监生刘政、龙铎等六十四人为行省布政、按察两使，及参政、参议、副使、佥事等官。其一旦而重用之，至于如此。其为四方大吏者，盖无算也。李扩等自文华、武英擢御史，扩寻改给事中兼齐相府录事，盖台谏之选亦出于太学。其常调者乃为府、州、县六品以下官。"

十二月

时天下学官入觐，咸侍朝摛文备顾问。独泰州训导门克新敷奏亮直，绍兴教授王俊

华文词优美。擢克新左赞善，俊华右赞善。（据《国榷》卷十）

本年

徐贲卒，年五十九。据台湾省《"国立中央图书馆"善本序跋集录》集部（二），《北郭集》十卷二册，明徐贲撰，影钞明成化间吴门张习刊《明初四家诗集》本。

明太祖洪武二十七年甲戌（公元1394年）

正月

以前中都国子学为凤阳府儒学。（据《明太祖实录》卷二百三十一）

中都国子司业宁德周斌为齐府左长史。（据《国榷》卷十）

二月

本年会试，应试者七百余人，录取彭德等一百人。（据《南雍志》卷十五《进士题名》、《皇明贡举考》卷二）。查继佐《罪惟录》志卷十八《科举志》："（洪武）二十七年甲戌，试贡士，得彭德（后更名泰）等一百人，赐张信、戴德彝、景清等及第、出身有差。后信以侍读教韩王写杜诗，坐含刺，忤旨，又敕稿削御制二语，复坐考试事，伏诛。而彭泰亦坐事除名。两第一皆不终。清为忠臣。清本姓耿，报籍误景。"

三月

张信、景清（？—1402）、戴德彝等进士及第、出身有差。《明太祖实录》卷二百三十二："洪武二十七年三月庚子朔，上御奉天殿策试会试举人，制策曰：'昔列圣之驭宇也，其立纲陈纪，皆精思远虑，至当无疵，著为典章，垂法万世。夫何历代创业之君，于革命之际，必有损益，果前代立法有未善欤？抑时君乐于更张而有损益欤？尔诸文士，当立志之秋，正宜讲此。其悉陈之，朕将览焉。'时廷对者百人，以张信为第一，赐信等进士及第、出身有差。"《弇山堂别集》卷八十一："二十七年甲戌，取中彭德等，廷试，赐张信及第。信，定海人，为侍读，后坐以教韩王写杜诗含讥刺及策稿削御制二语得罪，后坐考试事诛，彭亦坐事除名。"《国榷》卷十："洪武二十七年三月庚

子朔，策贡士彭泰等百人于奉天殿，赐张信、景清、戴德彝等进士及第、出身有差。"（参见《皇明贡举考》卷二）

本年进士登科情况。俞宪《皇明进士登科考》卷二："廷试彭泰等百人，擢张信第一，赐信等及第、出身有差。部本缺，湖本一甲缺二名。"第一甲三名，赐进士及第。张信，浙江定海县人。耿清，陕西贞宁县人。戴德彝，浙江奉化县人。第二甲三十名，赐进士出身。胡嗣宗，浙江萧山县人。吴仲贤，浙江鄞县人。胡成，江西新喻县人。陈滋，浙江永嘉县人。王考，福建南平县人。石允常，浙江宁海县人。唐泰，福建侯官县人。施谊，浙江仁和县人。项询，浙江鄞县人。蒋资，广东化州。彭泰，陕西凤翔县人。李思聪，湖广桂阳县人。彭汝舟，江西安福县人。刘本仁，湖广石首县人。任勉，直隶华亭县人。黄绍烈，江西临川县人。郑隆，江西浮梁县人。王中，福建晋江县人。张宗政，广西柳城县人。高泽，福建闽县人。康彦民，江西泰和县人。钟亮，湖广宜城县人。沈良，浙江仁和县人。杨振，河南郑县人。周钧，陕西乾州人。金桓，浙江金华县人。夏遂禄，浙江永嘉县人。张真，浙江萧山县人。万文昭，江西南昌县人。李广佑，福建侯官县人。第三甲六十六名，赐同进士出身。戚存心，浙江临海县人。谭源，广东番禺县人。郎彧，直隶蒙城县人。刘本，北平玉田县人。高祯，福建闽县人。叶颙，浙江金华县人。周铨，江西清江县人。尚肃，山东齐河县人。周绶，浙江於潜县人。喻良，四川高县人。喻居善，广西宜山县人。郭文昌，福建晋江县人。崔裕，陕西华州人。张贵，福建瓯宁县人。李彬，直隶当涂县人。魏翀，河南郾城县人。刘谦，陕西浑源县人。王斌，浙江会稽县人。林保童，福建宁德县人。周恩，浙江临海县人。张輗，河南兰阳县人。顾恒，直隶华亭县人。周祖政，广西柳城县人。刘季篪，浙江余姚县人。李璪，广东化州人。文道光，四川彭山县人。周伯康，江西平山县人。孔延，福建怀安县人。李镒，江西南昌县人。李俊，山东寿张县人。董凤，江西鄱阳县人。匡显，江西乐平县人。辛民，河南汲县人。路确，河南河内县人。骆士廉，浙江山阴县人。钱古训，浙江余姚县人。张添祐，湖广江夏县人。胡玄，浙江西安县人。应承完，浙江奉化县人。梁熙，广东新兴县人。吕让，山东即墨县人。徐孟恕，江西金溪县人。刘挶谦，山东德州人。武信，直隶滁州人。张守约，陕西同州人。杨砥，山西泽州人。魏珪，河南中牟县人。李忠，云南昆明县人。刘复，福建建安县人。吕祥，直隶华亭县人。杨琏，山东蒲台县人。刘瑜，江西南昌县人。沈暹，直隶华亭县人。陈贯，河南睢州人。林英，福建连江县人。陈福山，福建同安县人。俞允，直隶江宁县人。林曾，福建莆田县人。卢显，广西平乐县人。夏云，山东沂水县人。林保，浙江龙游县人。王文贵，四川中江县人。陈诚，江西吉水县人。许遇生，福建莆田县人。陈生，浙江常山县人。童英，福建崇安县人。

孙贞登副榜，铨选，得绍兴教授。张萱《西园闻见录》卷四十五《礼部》四《教官·往行》："孙贞，字宗正，南昌丰城人。洪武辛未贡充国子，中癸酉乡试，历官国子博士。甲戌登副榜者百六十余人，贞与焉，诏三等铨之，贞得教授绍兴。高皇帝进诸上等者近陛前，谕以教郡之道，且命吏部录其名以俟擢用。贞锐然思副上旨，即振教规，务行公正。有施御史者，按郡甚严，私于给事徐氏子，既令充增广生，又升而廪膳之，贞诤不可。御史气为沮，郡官皆从旁私语，使姑许之，退可改行，勿与面质。贞曰：'君子与人以信焉，岂有今日许之而明日可改？'御史知其不可夺，遂止。"

进士张信为翰林修撰。（据《国榷》卷十）

升行人司正为正七品，左右司副为从七品，行人为正八品。凡设官四十员，咸以进士为之。《明太祖实录》卷二百三十二：洪武二十七年三月，"戊申，升行人司正为正七品，左右司副为从七品，行人为正八品。凡设官四十员，咸以进士为之。先是所任行人多孝廉人材，上以其将命四方，往往不称使指，至是始命以进士为之。凡赍捧诏敕，奉使外夷，谕劳赏，赐祭祀，徵聘贤才，赈济军务，整点军马等事，则遣之。余非奉旨，诸司不得擅差，而行人之任重矣"。

四月

诏征儒臣定正宋儒蔡氏《书传》。顾炎武《日知录》卷十八《书传会选》："洪武二十七年四月丙戌，诏征儒臣定正宋儒蔡氏《书传》。上以蔡氏《书传》日月五星运行与朱子《诗传》不同，及其他注说与番阳邹季友所论间亦有未安者，遂诏征天下儒臣定正之，命翰林院学士刘三吾等总其事。凡蔡氏传得者存之，失者正之。又采诸家之说，足其未备。九月癸丑，书成，赐名《书传会选》，命礼部颁行天下。今按此书若《尧典》谓天左旋日月五星违天而右转，《高宗肜日》谓祖庚绎于高宗之庙，《西伯戡黎》谓是武王，《洛诰》惟周公诞保文武受命惟七年，谓周公辅成王七年，皆不易之论。每传之下，系以经文及传、音释，于字音、字体、字义辩之甚详。其传中用古人姓字、古书名目，必具出处，兼亦考证典故。盖宋、元以来诸儒之规模犹在，而其为此书者，皆自幼为务本之学，非由八股发身之人，故所著之书虽不及先儒，而尚有功于后学。至永乐中修《尚书大全》，不惟删去异说，并音释亦不存矣。愚尝谓自宋之末造以至有明之初年，经术人材于斯为盛。自八股行而古学弃，《大全》出而经说亡，十族诛而臣节变。洪武、永乐之间，亦世道升降之一会矣。"祝允明《前闻记·正经传》："上万几之暇，留意方策。尝以《尚书》'咨以羲和'、'惟天阴骘下民'二节蔡沉注误，命礼部试右侍郎张智同翰林院学士刘三吾等改正。因通加研校，书成，名曰《书传会选》。又以《孟子》当战国之世，故词气或抑扬太过，今天下一统，学者倘不得其本意而概以见之言行，则学非所学而用非所用。又命刘三吾删其过者为《孟子》节文，不以命题取士。"

钱宰以订正经传复征至京，旋致仕。《国朝献徵录》卷七十三《国子监博士钱宰传》："是年四月，至京师入见，上语以正定《书传》之意，命翰林学士刘三吾总其事，礼遇甚厚……九月己酉，书成，赐名《书传会选》，命亨泰梓行之。赐宰等宴及钞，令驰传归其乡。"《静志居诗话》卷三《钱宰》："二十七年，诏征同揭轨等二十六人定正《尚书蔡氏传》，命开局翰林院。赐绮缯衣被，入朝班侍卫之首，赐饮酒楼。还里，年九十六乃卒。二十四人者，黄观、景清在其中，《实录》特删去，盖永乐中以名在奸党故也。"《四库全书总目·临安集提要》："考集中《金陵形胜论》末署'洪武二十七年六月，国子博士致仕钱宰进'，是致仕即在奉召之年，盖留京师者不及一岁也。"

张美和以订正经传征至京。《明史》宋讷传附张美和传："复与钱宰等并征修《书传》，既成，遣还。"

曲阜知县孔希文坐贡举不当，宥之。（据《国榷》卷十）

五月

少詹事兼翰林修撰任亨泰为礼部尚书。（据《国榷》卷十）

八月

遣国子生赴各地督修水利。《明太祖实录》卷二百三十四：洪武二十七年八月，"乙亥，遣国子监生及人材分诣天下郡县，督吏民修治水利。上谕之曰：'耕稼衣食之原，民生之所资，而时有旱涝，故不可以无备。成周之时，井田之制行，有潴防沟遂之法，虽遇旱涝，民不为病。秦废井田，沟洫之制尽坏，议者遂因川泽之势，引水以溉田，而水利之说兴焉。朕尝令天下修治水利，有司不以时奉行，至令民受其患。今遣尔等往各郡县，集吏民乘农隙，相度其宜。凡陂塘湖堰可潴蓄以备旱暵、宣泄以防霖潦者，皆宜因其地势修治之。毋妄兴工役，掊克吾民。'众皆顿首受命，给道里费而行"。

刘铉（1394—1458）生。据李贤《古穰集》卷十三《中顺大夫詹事府少詹事刘公神道碑铭》："公生洪武甲戌八月二十日，卒天顺戊寅十月六日，享年六十有五。"字宗器，长洲人。永乐初以善书征入翰林，中庚子举人，授中书舍人。升兵部主事，擢翰林侍讲，累官少詹事。卒，赠礼部左侍郎，谥文恭。有《假庵集》。《吴都文粹续集》卷三十九高谷《刘文恭墓志铭》："公生五月而失怙，为母陆孺人所鞠。稍长，即知向学，嗜好异于众。授徒里中，已有老师宿儒之誉。以善书征赴京师。"

九月

朱元璋命礼部议旌表条例。《明鉴纲目》卷一："纲：九月，命礼部议旌表例。目：日照县（金置，今县，属山东）民江伯儿母病，割胁肉以疗，不愈。祷岱岳祠，誓以母病愈，当杀子祀神。已而母病果愈，竟杀其三岁子，山东守臣以闻。帝怒曰：'父子天性，小民无知，灭伦害理，丞宜治罪。'遂逮伯儿，杖之百，遣戍海南。因下礼官议旌表例，议曰：'卧冰剖股，前古未闻，皆由愚昧之徒，务为诡异，希求旌表。割股不已，至于割肝，割肝不已，至于杀子，违道伤生，莫此为甚。自今卧冰割股，听人子所为，不在旌表之例。'制曰可。"

定正《蔡氏书传》成。《国榷》卷十："定正《蔡氏书传》成。时致仕翰林编修张美和，国子博士钱宰，助教观观，教授高让，学正王子谦，教谕张士谔、俞友仁、何源铭、傅子裕、周惟善，训导唐秉、周宽、赵信、洪初、万钧、王宾、谢方、吴子恭，博士解震生、熊钏、揭轨、萧尚仁、王允升、张文翰、张思哲、宋麟，翰林学士刘三吾总焉。"

生员廪十年学不进者，罚为吏。（据《国榷》卷十）万历《大明会典》卷七十八《学校·考法》："洪武二十七年，令生员入学十年之上，学无成效，送部充吏。其有成效及十年以下，照依入学年月，编次造册解部，以备取用。其科举、岁贡，亦照编次起送。又令廪膳十年之上，学无成效，增广二十年之上，不通义理者，皆充吏。其托故、伪讼、革罢不应选者，照卷追缴食过廪膳还官，米数实收开缴户部知数，本生送吏部充吏。"

十月

翰林院詹事府成，赐宴落之。（据《国榷》卷十）
令武官子弟自十五岁以下入郡县学。（据《国榷》卷十）

冬

周是修征辟入京。周是修（1352—1402），名德，以字行，泰和人。洪武末举明经，为霍丘训导。擢周府奉祠正，迁纪善，改衡府。靖难兵入，走应天府学自经死。有《刍荛集》六卷。《刍荛集》卷五《湖天远思诗序》："邓氏之彦曰道龙，质秀而志广，才优而行方。与余交二十年如一日，每过举子冈，开写经轩，商确文字。评论古今人物之暇，复相与历洗砚池，愒涌翠山亭，吟风咏月，更倡迭和，悠然而共适。洪武甲戌冬，以余征辟至京而有周府祠官之命，既而道龙亦以荐领河清县幕职。东西修阻，音问不接者四三载。"

本年

刘三吾等奉诏修《孟子节文》，本年上之。《明通鉴》卷八："初，上复孟子配享，而终以'草芥''寇雠'及'君为轻'、'贵戚易位'等语，为寰中士夫不为君用者所藉口，乃诏三吾修《孟子节文》，凡不以尊君为主者皆删之……三吾等奉诏修《孟子节文》，于洪武二十七年上之。"《续修四库全书总目提要·经部》"四书类"："按明太祖览孟子，至'土芥''寇雠'之语，谓非人臣所宜言，诏去配享。有谏者，以不敬论，且命三吾删之，其憎孟子甚矣，三吾之《孟子节文》殆为此作也……凡所删者八十五条，课试不以命题，科举不以取士。"

明太祖洪武二十八年乙亥（公元 1395 年）

正月

置陕西行都指挥使司儒学，设官如府学之制。《明太祖实录》卷二百三十六：洪武二十八年春正月，"庚子，陕西行都指挥使司指挥金事张豫言：'治所北滨边塞，鲜有儒者，岁时表笺乏人撰书。武臣子弟，多不识字，无从学问。乞如辽东建学立师……'从之。于是置陕西行都指挥使司儒学，设官如府学之制"。

置四川盐井卫军民指挥使司儒、医、阴阳学官。《明太祖实录》卷二百三十六：洪武二十八年春正月，"丁酉，置四川盐井卫军民指挥使司儒、医、阴阳学官。时本卫新置，以儒、医、阴阳学，并仓库、驿传未设官为请。吏部议仓库官以镇抚兼之，驿官以百户领谪卒当传者兼之，儒学等官宜许其请。从之"。

二月

置宁夏卫及前、左、中、屯四卫指挥使司儒学，各设教授一员，训导二员。（据《明太祖实录》卷二百三十六）

三月

王行卒，年六十五。《半轩集》补遗杜琼《王半轩传》："年向老，解任，避迹于吴山之石湖，以经训为常。凡碑铭序记等文，求著作者悉归焉。间写图，题其上自适。旁通缁黄家学，与论苦空玄寂，累日忘倦，率致其厌怿，合什稽首，谓：'澹如居士真再世人耶！'尤深契道衍，谓必有知者。晚更号'楮园'。有《楮园集》十五卷，《半轩集》六卷，《学言稿》十二卷，《四六札子》二卷，《通意宜资》十卷，《宋系统图》二卷。人咸誊传。生二子，皆役于京，屡言当疏省问，欲见亲以慰。半轩欲往，或尼以法网固密，非儒者泮奂之日，乃微笑曰：'虎穴尚可嬉，吾韦布士，何窒哉？'抵京，主一祝家，因之见重于凉国兰公，延之西塾，诲其子若孙，并资问益。每怅相知之晚，数荐之。召对，反复注欲行王道、正礼乐、简贤立相为首务。忤旨，以其迂阔于事，弗听。未久，公以他事获罪，连坐以殁，实洪武二十八年三月十二日，年六十五云。"

四月

命监生六百九十人分行天下，勾稽吏牍。赐钞锭及文绮绅绢衣服靴帽，遣之。（据《明太祖实录》卷二百三十八）

改辽东金、复、海、盖四州儒学为卫儒学。各设教授一员，训导四员。（据《明太祖实录》卷二百三十八）

礼部右侍郎张炳为左侍郎，翰林编修齐麟为右侍郎，卢原质为太常寺少卿。（据《国榷》卷十）

六月

谕礼部：其云南、四川边夷土官，皆设儒学。《明太祖实录》卷二百三十九：洪武二十八年六月，"壬申，户部知印张永清言：'云南、四川诸处边夷之地，民皆啰啰，朝廷与以世袭土官，于三纲五常之道，懵焉莫知。宜设学校，以教其子弟。'上然之。谕礼部曰：'边夷土官皆世袭其职，鲜知礼义。治之则激，纵之则玩，不预教之，何由能化。其云南、四川边夷土官，皆设儒学，选其子孙弟侄之俊秀者以教之，使之知君臣父子之义，而无悖礼争斗之事，亦安边之道也。'"《国榷》卷十："（洪武二十八年六月）壬申，四川、云南边夷皆立学校。"民国《八寨县志稿》卷十一《学校》："明太祖洪武二十三年，改都匀安抚司为都匀卫。二十八年，诏诸土司皆立儒学。邑人士附卫学、列胶庠、登乡解者数十人。"民国《宣威县志稿》卷六《政治行政篇·教育·学制》："明制，天下府州县卫所皆设儒学教官。州有学正、有训导，训导员数视学额多寡为定。然大州、中州有学正者必有训导。宣，夷疆也，文化晚辟，当未改土之先，隶乌撒者则有卫儒学，隶沾益者则有州儒学，官皆如制。"

七月

翰林编修马京署通政司事。（据《国榷》卷十）

诏国子生宜习读《春秋》。《明太祖实录》卷二百三十九：洪武二十八年秋七月戊午，"诏国子生曰：'孔子作《春秋》，明三纲，叙九法，为百王轨范，修身立政备在其中，未有舍是而能处大事决大疑者。近诸生专治他经者众，至于《春秋》，鲜有明之。继今宜习读，以求圣人大经大法，他日为政临民，庶乎有本。'"

九月

监察御史裴承祖请于四川贵、播二州等地设儒学，从之。《明太祖实录》卷二百四十一：洪武二十八年九月，"甲辰，监察御史裴承祖言：'四川贵、播二州，湖广思南州宣慰使司及所属安抚司州县，贵州都指挥使司平越、龙里、新添、都匀等卫，平浪等长官司，诸种苗蛮，不知王化，宜设儒学，使知诗书之教。立山川、社稷诸坛场，岁时祭祀，使知报本之道。'从之"。

颁《皇明祖训》于内外诸司。《明鉴纲目》卷一："纲：九月，颁《皇明祖训》。目：初，帝命儒臣编祖训录，其目十有三（曰箴戒，持守，严祭祀，谨出入，慎国政，礼仪，法律，内令，内官，职制，兵卫，营缮，供用）。既成，帝自为之序。（事在洪武六年。）至是更定，名曰《皇明祖训》，颁示内外诸司，且谕曰：'后世有敢言更制者，以奸臣论，毋赦。'"

十一月

赵谦（1351—1395）卒。张惟骧《疑年录汇编》卷六："赵扬谦四十五谦，生元至正十一年辛卯，卒明洪武二十八年乙亥。"《明史》赵扬谦传："赵扬谦，名古则，更名谦，余姚人。……博究《六经》、百氏之学，尤精六书，作《六书本义》，复作《声音文字通》，时目为考古先生。洪武十二年命词臣修《正韵》，谦年二十有八，应聘入京师，授中都国子监典簿。久之，以荐召为琼山县学教谕。二十八年，卒于番禺。"

十二月

是岁开天下郡县塘堰凡四万九百八十七处，河四千一百六十二处，陂渠堤岸五千四十八处。先是，遣国子生人才分诣天下郡县，集吏民乘农隙修治水利，至是工成。（据《明太祖实录》卷二百四十三）

本年

吴溥入太学。杨荣《文敏集》卷二十《故国子司业吴君墓表》："乙亥，上京师，以试期不及，遂入为太学生。尝奉诏宣谕武臣，使云南，却其元戎文绮之赠。又以阅士伍，使福建，一无毫发之私。人皆称其廉介。其所至，遇古迹名胜，辄赋咏纪之，累至数百篇。比还太学时，太常丞张显宗摄祭酒事，严毅方正，于诸生中罕与可，独以君为贤，而为延誉于公卿大夫间。"

明太祖洪武二十九年丙子（公元 1396 年）

正月

左春坊左赞善门克新为礼部尚书。（据《国榷》卷十）

二月

诏遣国子监琉球生三五郎亹等归省，赐三五郎亹白金七十两，彩段六表里，钞五十锭。寨官子实那卢亹等钞二十锭，彩段一表里。（据《明太祖实录》卷二百四十四）

三月

命国子监学正吴启署祭酒，博士杨淞署司业，学录张毅署监丞事。《明太祖实录》卷二百四十五：洪武二十九年三月丙寅，"命国子监学正吴启署祭酒，博士杨淞署司业，学录张毅署监丞事。上面谕之曰：'太学，国家育材之地，天下人材所聚。为之师者，不专务记问博洽，在乎检身饬行，守道尊严，使之敬慕，日化于善，则贤才众矣。盖师严则道尊，道尊则德立。昔胡翼之为太学师，严条约，以身先之，此最可法。'"

陶宗仪率诸生赴试礼部。《南村诗集》卷四《三日率诸生赴礼部考试》："应试南宫听考研，诸生背读泻鸣泉。清曹仪制端分领，次第编名奏奉天。"《南村诗集》卷四《十日给赏》："讲明三诰阐王言，亿万师生沐湛恩。晓起内廷催给赏，谨持宝楮出端门。"《四库全书总目·南村诗集提要》："又集中《三月朔日至都门》、《二日早朝》、《三日率诸生赴礼部考试》、《十日给赏》、《十一日谢恩》诸诗，即《明史》本传所谓洪武二十九年率诸生赴礼部试时作也，是又岂东篱采菊之人所肯为之事？又何必曲相假借，强使与栗里同称乎？"

四月

命徐辉祖及礼部翰林院官考试国子监师生。《明太祖实录》卷二百四十五：洪武二十九年四月，"甲寅，署国子监事学正吴启言：'国子师生，例以文学优劣，分隶六堂，迩来皆无甄别，高下不分，无以激劝。宜考第如例。'上命魏国公徐辉祖及礼部翰林院官，同诣监考试，仍令吏部以次录用，毋使淹滞。"《殿阁词林记》卷十《汰吏》："洪武二十九年四月，命本院官会同礼部考国子监六堂师弟子，甄别高下，送吏部以次录用，其后不知何时遂废。永乐中，有诏汰在京诸司冗官，左赞善陈完署春坊事，即澡笔书某当留，某当去，众服其明决，然此后亦不闻焉。《会典》云：'天顺八年，奏准吏部、都察院会同内阁，考察在京五品以下文职并在外布、按二司，有不公者，许科道官指实劾奏。'又云：'宣德七年，敕吏员三考满当授官者，吏部通引于内府，会同六部、都察院、翰林院堂上官出题，南北类试，其文义粗晓，行移得当，书体不谬，三事俱可取者为一等，二事可取者为二等，俱不可取者放回为民当差。'《可斋杂记》云：'东阁为翰林官会揖处。一日，各部堂上官会考三考吏，来集阁下，诸同寅遂联步而出，周修撰旋不允。七年四月，起复学士柯潜为祭酒，具疏恳乞终制，许之。时内阁大学士刘吉起复，侍讲陈音劝使终制，且与之书云：陈升之起复为相，制曰：闵子经而服政，先贤称得事君之宜；晋侯墨而即戎，前志谓达变礼之用。呜呼！升之果何人哉？自罗伦之疏传于世，而先王制礼之议始严矣。'"

五月

命于午门内入奏事者，各给牌为验。已而罢之，使近侍官得日至便殿奏事。《殿阁词林记》卷十二《便殿》："国初信用儒臣，谒见无时，每出御奉诸门，有奏事，常规退御便殿，有特以事入诣奏者，许径入。洪武二十九年五月戊寅，命詹事府、翰林院、尚宝司、中书舍人、六科给事中、仪礼司于午门内入者，各给牌为验，已而罢之，使近侍官得日至便殿奏事。永乐二十二年八月，杨士奇新改华盖殿大学士，谢恩毕，闻析薪司奏准北京、山东枣薪八十万供宫中香炭之用，士奇入将奏之。时蹇义、夏原吉奏事未退，上望见士奇，笑谓蹇、夏曰：'新华盖学士来奏事，必有理，试共听之。'士奇言诏下裁两日，今闻析薪司传旨赋枣八十万，得无过多，虽是岁例，然诏书所减除者皆岁例。上喜曰：'吾固知学士言有理。吾数日来宫中事丛脞，此是急遽中答之，不暇致审。'即命减除四十万。景泰中，侍讲刘定之抗疏言：'凡政事有早朝未及决者，宜日御便殿，使近臣侍于侧，人臣奏于前，言官察其邪正而加纠弹，史官书其言动以示惩劝，君臣之间，询谋互相可否，以求至当，此前代故事、祖宗成法也。遵而行之，则剖决万几，日益以熟；审察百官，日益以明。圣政益新，天命益隆矣。若乃仍如前日，无事但以奏本进入，拟旨批出，臣恐偏听生奸，独任成乱，治化无由时雍也。'疏上不省。今按圣祖时，出入禁御，以至临朝，侍臣无从者，有所拟议，欲修播告，则翰林院官承旨草制，中书舍人当御誊写，谓之副墨，尚宝官用宝实时发行。若有憸邪在侧，或事当参驳，则六科给事中、十三道御史抗声于御前执奏，谓之对仗弹劾云。"

六月

命吏部选国子生年三十以上者，分隶诸司，练习政事，月给米一石。三月则考其勤怠，能者，擢用之。（据《明太祖实录》卷二百四十六）

方孝孺受命典京闱。孙熹《方正学先生年谱》："在汉中，闻兄孝闻卒于家，悲悼绝甚。秋试，召典京闱。"《逊志斋集》卷九《上蜀府启》其二："郭千户至，传奉教命作文，祭忠武侯。谨已撰就，第以京兆生催促上道，弗能陪观盛礼，为惭负耳。林升久处山林，祗承召命，得与相见，足慰桑梓之思。缘臣起行，书室文籍散漫，欲其料理数日，且录臣旧日所注《武王戒书》及《宗仪十篇》以进，故迟留旬日。升此来携臣昔日所著评论宋事《宋史要言》一册，自太祖至哲宗尚未完，不敢上尘睿览。臣归期未能预定。如试事毕，得遣升，仍至汉中教饬。愈辈守视书室，实望外之恩。……洪武二十九年六月二十二日。"《明经世文编》卷九方孝孺《京闱小录后序》："洪武丙子，京府当试，太学暨畿甸郡邑士至者千余人。司选拔者，皆时之耆隽。……既试而阅其文，通古今、识正道者，彬彬以数百计。监察御史及京府官僚议以为岁士盛于往昔，宜循旧比请于朝，以定去留。诏定其数三百。于是，缙绅相贺，以为自开国以来，取士未有盛于斯者。将录其名与其文之美者以传。"

左少卿翰林编修张显宗为太常寺丞。（据《国榷》卷十）

八月

应天府（直隶）及河南、山东、山西、陕西、北平、福建、江西、浙江、湖广、广东、广西、四川、云南等十三布政司乡试。就试应天者千余人，取中尹昌隆等三百人。（据《皇明贡举考》卷二及方孝孺《京闱小录后序》）

邓林中举。林初名观善，字士齐，新会人。洪武丙子，以明经中乡举，官南昌教授，擢吏部验封主事。文皇改名林，后坐法戍保安。遇赦，晚居杭州。有《湖山游咏录》《退庵集》。

赵用哲中江西乡试。解缙《文毅集》卷十三《赵君用哲墓志铭》："洪武丙子（二十九年）中江西乡试，举明年会试，得乙榜。时川蜀以学官阙闻，太祖谕吏部慎选江西士人为之。遂复试，君得夔之梁山教谕。"

黄淮、徐明善同中应天乡试。黄淮《介庵集》卷七《南康县知县致仕徐公墓碑铭》："洪武中，淮与黄岩徐公德新同为国子生，辱以乡曲之故，交好甚笃。丙子，同中应天府乡试。会试礼部，公偶不利，还入太学，淮遂承乏两制。自是升沉互见，而离合靡常矣……公讳明善，德新其字也……为举人还监时，循例归省，复业愆期，殿授山西万泉典史。适遇藩府开乡闱选士，公投状就试。主司览文超出侪辈，欲置首选。或谓出非所部，次名第三。登进士第，授行人司行人。"

十一月

免国子生朔望朝参。（据《国榷》卷十）

诏颁行《稽古定制》于天下。《殿阁词林记》卷二十《制度》："圣祖有天下之初，凡制度，命儒臣稽考古今因革之宜以闻，中书省具奏，上为裁定。于是宣国公李善长、学士陶安集诸儒论建，以适厥中，自朝廷以达邦国，品式明备。洪武元年二月，安等奏定天子冕服之制。上曰：'古礼太繁，今祭天地宗庙则服衮冕，社稷等祀则服通天冠绛纱袍，馀不用。'十一月甲子，礼部翰林院等官议乘舆以下冠服之制。三年六月，中书省臣与翰林院定文武官朝服之制。四年正月戊子，礼部、太常司、翰林院议奏上亲祀圜丘、方丘、宗庙及朝日夕月服衮冕，祭星辰、社稷、太岁、风云、雷雨、岳镇、海渎、山川、先农，皆用皮弁服，群臣陪祭，各服本品梁冠祭服。五年五月癸卯，亲王仪仗车辂成，亦礼官诸儒所定也。八月乙亥，礼部及翰林院议省牲宜用常服。十六年七月戊午，诏更定冕服之制。先是，礼部言虞周以来，冕服制度不同，宜加考定，命翰林诸臣议，从之。二十年冬十月，诏六部、都察院、通政使司、左右春坊、大理寺及本院官，著礼仪定式合行事宜凡一十四款，诏颁行之。二十四年六月己未，诏六部、都察院同翰林儒臣参考历代礼制，更定衣冠居室器用制度，于是群臣斟酌损益以闻。二十九年十一月，诏翰林议定制度，凡官民房屋坟茔等第及食禄之家禁例为书，名曰《稽古定制》，颁行天下。总载《集礼》。又《宪纲事类》，肇自洪武，中载都察院、十三道御史所宜行者。宣德中，敕礼部同翰林院考旧文而申明之，凡祖宗所定风宪事体，悉载其中。至正统四年十月，始颁行云。"

琉球国山北王攀安知遣其臣善佳古耶等，中山王世子武宁遣其臣蔡奇阿勃耶等，贡马三十七匹及琉黄等物。并遣其寨官之子麻屠理、诚志鲁二人入太学。先是，山南王遣其侄三五郎亹入太学，既三年归省。至是，复与麻屠理等偕来，乞入太学。诏许之，仍赐衣巾靴。（据《明太祖实录》卷二百四十八）

以修撰张信为侍读，编修戴德彝为侍讲。《殿阁词林记》卷十六《责难》："圣祖立国，使人人得以尽言，倚毗近侍尤切。洪武二十九年十一月，以修撰张信为侍读，编修戴德彝为侍讲，谕之曰：'官翰林者，虽以论思为职，然既列近侍，且夕在朕左右，凡国家政治得失、生民利病，当知无不言。昔唐陆贽、崔群、李绛之徒在翰林，皆能正言谠论，补益当时，显闻后世。尔等当以古人自期，毋负朕擢用之意。'"

本年

始令监生年长者，分拨各衙门历练政事。黄佐《南雍志》卷十六《储养考》："国初，监生坐班支馔者，自广业堂升至率性堂，然后积分以多寡为叙，量与出身，凡洪武中除授方面科道部属等官，皆在监者也。洪武二十九年始令监生年长者，分拨各衙门历练政事，自此迄永乐初年，在监与在历者，始兼用矣。积分之法既废，惟有历事乃得出身，故坐班者，每于月终自计支馔月日，计几年卷之纸，名曰'序单'，呈送本堂揭查，通知簿核实，乃赴绳愆厅，监丞总为扣算，仍发典籍厅查实，背讫监规，典簿厅查实支馔年月不差，然后类呈东厢房看验，查算旷日，参对相同，批定乃通以序簿纪之，仍榜其姓名于门外，谓之'上序'。然中有虚旷，弊端萌矣。"

胡俨改授长垣教谕。杨溥《国子祭酒胡先生墓碑》："丙子，改授长垣县。"

张美和卒，年八十三。《明儒言行录》卷一《张美和》："嗣后应考江西者二，考福建者一。二十四年，典文礼部。二十七年，再典礼部，会蜀藩之命，不果至。在蜀一年，王深敬礼之。无何，复召校书翰林，力勤，虽蝇头细画，皆出手笔。书成，辞归，赐衣被各一袭。丙子卒，年八十三。所著《理学类编》八卷，《群书备考》十二卷，《元史节要》十卷。"

明太祖洪武三十年丁丑（公元 1397 年）

正月

詹事府右春坊司谏袁实言岁贡、太学房舍等三事，从之。《明太祖实录》卷二百四十九：洪武三十年春正月辛未，"詹事府右春坊司谏袁实建言三事，其一曰：天下生员定额，府学四十名，州学三十名，县学二十名。比先定制府学一年一贡，州学二年一贡，县学三年一贡，其充贡虽少，而储材实多。比年府州县同于岁贡，所以经学不明，未知文理者日众。宜仍前例，以蓄其材。其二曰：太学者，风化之原，英才所萃。首建彝伦堂，次建六堂，至于厢厨馔舍室房，罔不周备，规模宏远矣。但师生出入正道，自国学至于珍珠桥，狭隘污秽，乞命工部相度开道，便其往来……从之"。《国榷》卷十："（洪武三十年正月）辛未，左春坊司谏袁实言三事：曰岁贡经学未明，曰太学房舍未备，曰侍卫将军宜识书知礼义。上纳之。"

署通政司事翰林编修马京进左通政，监生王铎、张翼为左右参议。（据《国榷》卷十）

二月

陶宗仪率诸生赴礼部读《大诰》，赐钞归。

诸生不中式者遣归肄业，四川生留国子监肄业。《明太祖实录》卷二百五十："洪武三十年二月戊戌，礼部侍郎张炳言：'今考中岁贡生员叶宪等七百二十三人，已送国子监肄业。其不中式一百十八人遣归本学，停膳肄业，教官、训导及提调官，例皆罚俸。'上曰：'师不严训，有司失于勉励者，罚如例。诸生不中式者，且遣归肄业，勿停其膳。四川生去京师道远，往复实难，可留国子监肄业，勿遣。'"

会试，命翰林院学士刘三吾、纪善白信蹈为考试官，录取宋琮等五十一人，皆为江南士子。（据《弇山堂别集》卷八十一）查继佐《罪惟录》志卷十八《科举志》："（洪武）三十年丁丑，试贡士，得宋琮等五十一人，赐福建陈䢿第一，尹昌隆、刘士谔次之……时大江以北无预者，下第咸蜚语噪之。诏覆试。文多不称，上怒，罪考官刘三吾、白信蹈等，追附三吾胡蓝之党。御殿亲试，得韩克忠、王恕、焦胜等，世称为南北榜。克忠等三人为修撰、编修、行人司副，进士陈善为行人，陈诚为检讨。䢿与第三士谔安置边卫，赦回授官，卒杀之。会试第一琮，拜御史。明年再试寄监下第举人，中式者四百一十五人，次其等第，除教授、教谕、训导，不中者八十七人为州吏目。"

三月

初一，策会试中试者泰和宋琮等于奉天殿，擢陈䢿为第一，赐䢿等进士及第、出身有差。史称"春榜"。《明太祖实录》卷二百五十一：洪武三十年三月癸丑，"上御奉天殿策试举人，制策曰：'朕闻古之造理之士，务欲助君，志在行道，受君之赐，而民供之，所以操此心，固此志，以待时机之来，张君之德，布君之仁，补其不足而节有余，妥苍生于市野。于斯之士，古至于今，历代有之，载之方册，昭如日月，流名千万世不磨。朕自为王为帝三十四年，尚昧于政事，岂不思古而然欤？抑志士之难见欤？诸生敷陈其道，朕亲览焉。'时廷对者五十一人，擢陈䢿为第一，赐䢿等进士及第、出身有差"。郎瑛《七修类稿》卷十四《国事类·国初状元》："国家洪武元年乃戊申，以辰、戌、丑、未论，为殿试则当在庚戌是也。故苏州《钱氏世谱》，庚戌安大全为状元，《姑苏志》又以为金璞。殊不知当时求才之急，一年二三开科也。如乙丑之榜，吾杭花纶，又有丁显，是春秋二次矣。且或每年或间一年亦不可知。《登科录》以为自四年始，则为辛亥，而非子、午、卯、酉之期，是国初不可以今日论也。洪武丁丑，福州人陈䢿知天文，传胪之日，私语同辈曰：'今岁状元必不利。'唱名乃䢿。太祖以其榜中皆南人，诛考官刘三吾等并䢿。后复别取，乃北人韩克忠为首。杨升庵在本朝极博者，亦以韩为辛未，与许观一年而二状元，且不知陈事，盖世远难知故耳。"徐学聚《国朝典汇》卷一百二十八："（洪武）三十年丁丑二月会试，命翰林院学士刘三吾、吉府纪善白信蹈为考试官，取宋琮等五十一人。廷试，赐闽县陈䢿为首，吉安尹昌隆、会稽刘谔次之。时大江以北无登第者，下第诸生上疏言：'三吾等南人，私其乡。'上怒，命儒臣再阅落卷中文理长者第之。于是侍读张信、侍讲戴彝、右赞善王俊华、司直郎张谦、司经局校书严叔载、正字董贯、长史黄章、纪善周衡、萧楫及䢿、昌隆、谔各阅十卷。或言刘、白嘱信等以陋卷进呈，上益怒，亲策问，擢韩克忠、王恕、焦胜等六十一人及第有差，皆山东、山西、北平、河南、陕西、四川士也。授克忠翰林修撰，恕编修，胜行人司副，进士陈性善为行人，陈诚为检讨。考官张信等俱磔杀之。三吾以老戍，郊、谬安置威虏。唯戴彝、尹昌隆得赦。寻取郊、谬回为司宾、司仪署丞，复杀之。宋琮拜御史，后以检讨掌助教致仕。"李调元《制义科琐记》卷一《春夏二榜》："洪武三十年丁丑，上命翰林学士刘三吾、吉府纪善白信蹈为考官。榜发，中原士子无与名者。三月殿试，以闽县陈郊为第一。被黜者咸以不公为言。上大怒，命儒臣再阅下第卷，择文理优长者复其科第。或传三吾与信蹈至阅卷官所，嘱以卷之最陋者进呈。上验之，果以不堪文字奏进，益怒，谓为胡、蓝二党。命刑部考讯，三吾、信蹈与赞善司宪三人为蓝党，侍读张信、赞善王俊华、司直张谏、校书严叔载、正字董贯、长史黄章、纪善周衡、王楫皆胡党，唯侍读戴彝不与焉。三吾谪戍边，余皆凌迟于市。于是覆阅取六十一人，皆北人也。故是科有春、夏二榜，春榜状元即陈郊，夏榜状元韩克忠，山东武城人。"

本年会试两次，春榜于三月，夏榜于六月。兹附春榜进士登科情况。俞宪《皇明进士登科考》卷二："时廷对之士宋琮等五十三人，擢陈郊第一。既而北方举人下第者，言取士不公。上阅所取悉南士，亦疑之。乃诏考官刘三吾及郊等一甲三人，皆下狱。命翰林儒臣重阅落卷，得六十一人，皆山东、山西、北平、河南、陕西、四川士也。于是有覆试之令。是榜部本、湖本俱缺，今以《会录》名次补之，然止三十六人，其全不可考矣。一甲第三为尹昌隆，出《革朝遗忠录》。或又以第三为刘谬，不知何据，姑存之。田本云：郊，闽人，精数学，就试之日，谓所亲曰：今岁状头，当刑奈何。已而果然。事得之闽父老云。"第一甲三名，赐进士及第。陈郊，福建闽县人。尹昌隆，江西泰和县人。刘谬，浙江山阴县人。第二甲赐进士出身。名数次序俱不可考。第三甲赐同进士出身。名数次序俱不可考，姑照《会录》并列于后。宋琮，江西泰和县人。黄宗载，江西丰城县人。姚友直，浙江山阴县人。黄淮，浙江永嘉县人。王洪，浙江钱塘县人。杨庆，云南太和县人。吴盛，北平景州人。林荣，福建仙游县人。顾彬，直隶高邮州人。段澎，云南昆明县人。程赐，福建建安县人。相振，浙江金华县人。庄谦才，福建晋江县人。顾晟，浙江仁和县人。盛敬，直隶当涂县人。张显，浙江仁和县人。王礼，浙江海盐县人。洪堪，浙江淳安县人。吕尹旻，浙江新昌县人。毛胤宗，浙江鄞县人。郑华，浙江临海县人。朱思平，浙江天台县人。李文巽，浙江丽水县人。郭子卢，江西泰和县人。鲁纯，江西永丰县人。郭仕道，江西万安县人。邹进，江西万安县人。戴安，江西鄱阳县人。唐恕，江西浮梁县人。李祥，四川泸州人。符铭，广东琼山县人。张寿，河南项城县人。魏敏，河南巩县人。董克昌，河南信阳县人。

春榜榜眼尹昌隆系洪武丙子解元、应天丁丑会元。查继佐《罪惟录》志卷十八《科举志》"科举盛事·榜眼由会解两元"："江西泰和尹昌隆，洪武丙子，应天丁丑；江西吉水王艮，洪武己卯、庚辰；福建闽县林志，永乐辛卯、壬辰会元；江西庐陵陈文，正统乙卯、丙辰；陕西咸宁杨鼎，宣德乙卯、正统己未会元；浙江秀水吕原，正统辛酉、壬戌；四川长宁周洪谟，正统甲子、乙丑；南直昆山吴钺，天顺癸未会元；浙江鄞县杨守阯，成化乙酉、戊戌；浙江余姚黄珣，成化辛卯、辛丑；北直南宫白钺，成化庚子、甲辰；四川巴县刘春，成化癸卯、乙未；武清卫籍余姚孙清，弘治戊子、壬戌；浙江会稽董圮，弘治乙丑会元；广东南海伦以训，正德丁丑会元；南直常熟瞿景淳，嘉靖甲辰会元；南直金坛曹大章，嘉靖癸丑会元；南直太仓王锡爵，嘉靖壬戌会元；湖广汉阳萧良有，万历庚辰会元；福建晋江李廷机，隆庆庚午、万历癸未；南直宣城汤宾尹，万历乙未会元；南直太仓王衡，万历戊子、辛丑；浙江平湖施凤来，万历丁未会元；南直无锡华琪芳，天启乙丑会元；南直太仓吴伟业，天启辛未会元。"

王洪年十八，登进士第。李调元《制义科琐记》卷一《三加礼》："王翰林洪，以总角登第。洪武喜甚，命礼部举行三加礼，毕，赴琼林宴。入官翰林，与王直、王英同年齐名，人称三王。"王洪（1379—?），洪武三十年（1397）春榜二甲二名进士。钱塘（今浙江杭州）人，字希范，号毅斋。为"闽中十才子"之一，年十八岁举进士。授翰林检讨。永乐初，与修《大典》，历官修撰、侍讲。恃才不群，帝颁佛典于塞外，命洪为文，不应诏，为同列所排，不复进用。有《毅斋集》。

春

王叔英改德安教授。《静学文集·送洪仲蕃序》："洪武二十四年，朝廷患学校缺师之多，是时方召天下老成人集于京师，于是命择敦雅而有文章者，俾充教职。武昌郡学训导洪仲蕃先生台，黄岩人。始隐居乡里，兀处鸢山中，好与高人逸士交游，独以经文诗歌自娱。而于势利声华，澹然无所嗜。及膺教职，曰：'禄焉而旷其事，君子弗为也。'于是蚤夜孜孜，专以造成学者为事……某独念与先生同邑，年虽颇后于先生，然自托交以来，盖二十余岁矣。先生来武昌之七年，而某亦来佐教德安。虽相去远数百里，而二年之间亦两会见。其为喜幸，不啻若骨肉之亲久离而复合也。今者又复远离，未知后会更在何地？固不能无怅然于怀。……洪武三十一年十有一月丁丑日某序。"

四月

定考核署事官员、监生等第。《明太祖实录》卷二百五十二：洪武三十年夏四月甲午，"定考核署事官员监生等第。时刑部司务杨正等，具列郎中以下官及历事监生勤谨与其才力不逮者以闻。上命勤谨者仍治其事，才力不逮者，下群臣议。吏部侍郎张迪会议，凡实授官在任三月才力不逮者，考奏黜降署事，及历事监生三月才力不逮者，仍送监读书。从之"。

五月

《大明律诰》颁行。《明太祖实录》卷二百五十三："洪武三十年五月……《大明律诰》成。"《明史》刑法志："始，太祖惩元纵弛之后，刑用重典，然特取决一时，非以为则。后屡诏厘正，至三十年始申画一之制，所以斟酌损益之者，至纤至悉，令子孙守之。群臣有稍议更改，即坐以变乱祖制之罪……盖太祖之于律令也，草创于吴元年，更定于洪武六年，整齐于二十二年，至三十年始颁示天下。日久而虑精，一代法始定。中外决狱，一准三十年所颁……大抵明律视唐简核，而宽厚不如宋。"

天下讲读《大诰》师生来朝者，凡十九万三千四百余人，并赐钞遣还。（据《明太祖实录》卷二百五十三）

禁戏剧搬演帝王先贤。洪武三十年五月刊本《御制大明律》："凡乐人搬做杂剧戏文，不许妆扮历代帝王后妃、忠臣烈士、先圣先贤神像，违者杖一百；官民之家，容令妆扮者与同罪。其神仙道扮，及义夫节妇、孝子顺孙，劝人为善者，不在禁限。"

六月

朱元璋策试礼部下第举人，擢韩克忠（？—1245）为第一。史称"夏榜"。《明太祖实录》卷二百五十三：洪武三十年，"六月辛巳朔，上御奉天殿策试下第举人。先是礼部会试者多而中式者少，被黜落者咸以为言。上命翰林儒臣考下第卷中，择文理优长者得六十一人，至是复廷试之。制策曰：'天生烝民有欲，必命君以主之。君奉天命，必明教化以导民。然生齿之繁，人情不一，于是古先哲王，设五刑以弼五教，善者旌之、恶者绳之，善恶有所劝惩，治道由斯而兴。历代相因，未尝改也。朕承天命，君主生民，宵衣旰食三十余年，储思积虑，惟欲妥安生民。其不循教者亦有，由是不得已，施之五刑。今欲民自不犯，抑别有其术欤？尔诸文士，陈其所以，朕将览焉。'时廷对中擢韩克忠为第一，仍赐克忠等进士及第、出身有差"。"壬午，赐进士韩克忠等恩荣宴于会同馆。"《殿阁词林记》卷十四《复试》："洪武三十年丁丑六月辛巳朔，上御奉天殿，策试下第举人。先是，礼部会试天下士，中试者少，被黜落者咸以为言，上命翰林儒臣考下第甲中，择文理优长者，得六十一人。至是复廷试之，擢韩克忠为第一，仍赐克忠等进士及第、出身有差。乙酉，以克忠为修撰，第二人王恕、第三人焦胜为编修。七月，命太常寺丞张显宗署国子祭酒事，因命克忠署司业事，其见宠擢如此。永乐二年，成祖临轩策士，传胪明日，进会试所选副榜士于廷，亲试之。上御右顺门，命侍讲杨士奇、金幼孜谕旨，令就试者从容尽所蕴，毋苟且取具，命光禄给食，中官夕给烛，遂亲拔三人，命进学翰林，馀第为二等，付吏部除学官。其第一人则周翰也，预修《永乐大典》，七年除典籍云。按宣德间副榜举人得冠带读书太学，盖循此制也。自是至正统后，副榜始不复廷试矣。杨士奇云：'宣德丁未以前有十五科，前此南北士合试，未有北士占首选者，有之实自丁未始。'王直云：'自洪武辛亥至正统丙辰为二十科。'盖皆并韩克忠一榜数之也。"《明通鉴》卷十一："（初一）上亲策诸贡士，再赐韩克忠等六十一人及第、出身有差，皆北士及川、陕人也。时称为'春夏榜'，亦称'南北榜'云。《明史》刘三吾传：三十年偕纪善白信蹈等主考会试。榜发，泰和宋琮第一，北士无预者。于是诸生言三吾等南人，私其乡。帝怒，命侍讲张信等覆阅，不称旨。或言信等故以陋卷呈，三吾等实属之。帝益怒，信蹈等论死，三吾以老戍边，琼亦遣戍。"梁章钜《制义丛话》卷四："洪武丁丑会试，有春榜，有夏榜。春榜中式五十一人，北人无登第者，太祖命儒臣再阅落卷，取中六十一人为夏榜，世称是科为'春秋榜'，又为'南北榜'。春榜主试者为茶陵刘如孙学士三吾，有'天下有道则礼乐征伐自天子出'程文，杨维斗廷枢评云：'下云政不在大夫，篇中专举歌雍颛臾，见古人手眼之妙。'今《岭云编》传本云：'以言乎礼乐也，则其典掌于宗伯，惟天子得以行之，是以大礼与天地同节，大乐与天地同和，而僭轨物于私家之堂者，无有也。以言乎征伐也，则其法掌于司马，惟天子得以命之，是以四征所以纠弗庭，九伐所以正邦国，而谋干戈于封域之中者，无有也。'自系后来将'歌雍颛臾'字面酌改，更觉浑然，其机调与黄子澄作一同，其直射下文诸侯、大夫而不为侵下，亦可知当日格式尚宽也。"

夏榜进士登科情况。俞宪《皇明进士登科考》卷二："时与试者六十一人，擢韩克忠第一。赐克忠等进士及第、出身有差。世称南北榜进士以此，又云春榜、夏榜。既而郏等伏法，削籍，故今但有克忠榜而郏榜不可考。部本、闽本俱缺，湖本虽存，误充辛未榜数，今正之。"第一甲三名，赐进士及第。韩克忠，山东武城县人。王恕，山东长清县人。焦胜，陕西乐平县人。第二甲二十九名，赐进士出身。蔡或，北平钜鹿县人。施礼，北平东安县人。冉通，四川万县人。李质，山东临淄县人。王择善，北平深州人。张鞔，山东济宁州人。卫志，山西曲沃县人。苗微，山东临邑县人。张朝贵，四川长寿县人。王靖，山东博兴县人。李弼，河南祥符县人。常进，北平元城县人。杨睿，河南柘城县人。柴本，北平井陉县人。罗英，河南临颍县人。张俊，山东益都县人。李遵义，北平衡水县人。冯忠，四川仪陇县人。梁城，山西稷山县人。焦裡，陕西华州人。樊敬，山东聊城县人。牛斗，河南修武县人。宁威，陕西周至县人。胡泉，山东汶上县人。王逊，北平高阳县人。范恕，河南安阳县人。杨益，山东滕县人。王理，陕西同州人。伏伯安，河南归德州人。第三甲二十九名，赐同进士出身。苏文，山东恩县人。张麟，山西垣曲县人。王原，四川阆中县人。曾博，河南洛阳县人。李泰，河南鹿邑县人。王贲，山西屯留县人。杨焕，山东历城县人。陈丕，河南新蔡县人。张斌，山东汶上县人。张瑞，河南信阳县人。刘芳，山东长清县人。张敏，山东益都县人。林德，河南光山县人。赵玉，河南巩县人。李庸，北平真定县人。屈怡，陕西郃阳县人。陈鉴，四川资县人。党理，陕西真宁县人。杜恒，北平永宁县人。田恭，北平交河县人。庞冒，山东博平县人。张玺，四川江安县人。吴尚，北平景州人。方规，山东济阳县人。贺润，陕西宁州人。陈礼，山东济阳县人。马俊，北平丰润县人。张迪，陕西凤翔县人。邵忠，北平行唐县人。

取士分南北始于本年。《明史·选举志》："初制，礼闱取士，不分南北。自洪武丁丑，考官刘三吾、白信蹈所取宋琼等五十二人，皆南士。三月，廷试，擢陈郏为第一。帝怒所取之偏，命侍读张信等十二人覆阅，郏亦与焉。帝犹怒不已，悉诛信蹈及信、郏等，戍三吾于边，亲自阅卷，取任伯安等六十一人。六月复廷试，以韩克忠为第一。皆北士也。然迄永乐间，未尝分地而取。洪熙元年，仁宗命杨士奇等定取士之额，南人十六，北人十四。宣德、正统间，分为南、北、中卷，以百人为率，则南取五十五名，北取三十五名，中取十名。景泰初，诏书遵永乐间例。二年辛未，礼部方奉行，而给事中李侃争之，言：'部臣欲专以文词，多取南人。'刑部侍郎罗绮亦助侃言。事下礼部，覆奏：'臣等奉诏书，非私请也。'景帝命遵诏书，不从侃议。未几，给事中徐廷章复请依正统间例。五年甲戌，会试，礼部奏请裁定，于是复从廷章言，分南、北、中卷：南卷，应天及苏、松诸府，浙江、江西、福建、湖广、广东；北卷，顺天、山东、山西、河南、陕西；中卷，四川、广西、云南、贵州及凤阳、庐州二府，滁、徐、和三州也。成化二十二年，万安当国，周洪谟为礼部尚书，皆四川人，乃因布政使潘稹之请，南北各减二名，以益于中。弘治二年复从旧制。嗣后相沿不改。惟正德三年，给事中赵铎承刘瑾指，请广河南、陕西、山东、西乡试之额。乃增陕西为百，河南为九十五，山东、西俱九十。而以会试分南、北、中卷为不均，乃增四川额十名，并入南卷，其余并入北卷，南北均取一百五十名。盖瑾陕西人，而阁臣焦芳河南人，票旨相附和，各徇其私。瑾、芳败，旋复其旧。"

七月

申明学规教条。（据《国榷》卷十）

九月

命天下罢贡人才。《明太祖实录》卷二百五十五：洪武三十年九月，"壬戌，署平乡县知县国子生曹礼言：'往岁诏天下州县岁贡人才一人。缘属户有多寡，宜令户少下县三年选一人充贡，人众州县如常制贡之。'时方取用富民，因命天下罢贡人才。"

十月

重建国子监、孔庙成。（据《国榷》卷十）

本年

立京卫武学以教武官子弟，在监者唯官、民生，自是遂为定制。黄佐《南雍志》卷十五《储养考》："国初设国子博士等官，在内府大本堂与翰林院官授东宫亲王以经，功臣子弟徐允恭等皆与焉，仍选生徒之秀者，使伴讲读。吴元年设祭酒等官，虽在国子学，仍入内府授经如故。洪武元年，生徒选入国子学者，品官子弟为官生，民间俊秀为民生。寻令公侯伯初承袭年幼者……入大本堂读书。十五年改学为监。三十年立京卫武学，以教武官子弟，而在监者，惟官、民生，自是遂为定制矣。官生分二等：一曰品官子弟，二曰外夷子弟。品官自一品至七品皆得荫叙，然皆出自特恩，无敢陈乞者。稽之故牒，无所于徵。惟洪武末，故尚书吴云子黻荫国子生，以其死事云南，乃恤典也。宣德中大理寺卿汤宗子沐、正统初检讨掌助教事王仙会子旒等始乞恩得入监，惟令科第出身，否则坐班十年之上，乃得拨历，幸门一开，自是陈请纷纭矣。成化初，令大臣三品以上適子，试其经学既通，始许入监。弘治以来，凡京官三品已经一考给诰命者，许一子自陈免考入监，惟未及一考并有过劾退及年远杂流出身者，乃不许其荫子，未仕物故准令补荫，无子者许荫继嗣之子，若应得荫子恩典而死，与奉使外国而罹死祸者，亦准照例入监，此实胄之子选也。""民生亦有科贡二等，虽其间有由军卫者，当称军生，然多系籍州县，概不能别也。科始洪武三年庚戌，乡试三场俱用元制，每年一举，谓之乡贡举人。四年辛亥，中书省礼部会试下第者，皆随材授官。五年，始选其年少质美者入国子学，按王制命乡论秀士升之司徒，曰'选士司徒'；论选士之秀者而升之学，曰'俊士'，我圣祖寔行之，所异者，惟事属礼部耳。六年，罢科举，令有司举贤才，先德行而后文艺。十七年，始定今科举之制，三岁一举，不拘解额，凡会试下第与赴礼部不及试、及辞乙榜不就职者，皆得充监生。然解额不定，逮永乐时，多有滥预中式得入监出身者。永乐中翰林庶吉士沈升尝建言，欲加精选，方升国学，盖亦选俊法也。宣德、正统中，定天下乡试解额，应天府自八十名增至百名，例取监生二十名；景泰七年增至三十五名，则监生取中者必三十人以上，至今行之。岁贡在国初，视科举尤重，府学一年一贡，州学三年二贡，县学二年一贡，或选凡通经者，俱许入监，用积分法升至率性堂。高皇帝面试之，多擢藩臬方面及部属科道等官，亦有除府州县正贰者，惟有罪乃除首领官。洪武二十五年，以坐班人少，令府一年二贡，州学二年三贡，县学一年一贡，明年复常，自是，每遇人少则间或行之。二十九年六月始令科贡监生年长者，分拨诸司历练政事，循资次出身，遂为定制。其由贡入监者，得就试京闱，洪武甲子初科，褒然举首且中式者过半……九月十三日礼部尚书任昂等于华盖殿钦奉圣旨：'在京乡试多有取中的国子监生，为他肯学，所以取中，以这等生员好生光显他父母，恁礼部出榜于原籍去处张挂，著他乡里知道，钦此。'自是，科举之士始重矣。是年，在监升至率性堂者，召试文渊阁，杨文忠居首，惟除县丞。乙丑科以后，会试廷对，多擢大魁。逮成化至正德，惟进士乃得授科道部属诸京职，故科举益重焉，虽贡人者必事决科，已附选后，犹卧引以期取中。嘉靖中，始令科贡与进士于京职兼用，然贡之途，终不如科举之盛也。且举人入监，本以观光皇极，薰陶群士，以天下之广，常岁不过一二十人，盖自会试后，辄于礼部支称他故，奔还原籍，有志者固不废学，余多纳交郡县，营私治产，濒及会试，方攒监簿，仍计水程，觊图拨历，未仕如此，居官可知矣。"

胡俨改授余干教谕。杨溥《国子祭酒胡先生墓碑》："上疏乞近便养亲，诏许之，改饶之余干。自是著为令。"

梁潜授四川苍溪训导。《东里集》卷十七《梁用之墓碣铭》："洪武丙子选乡试，明年授四川苍溪县学训导。苍溪僻远，过使客终岁无几人，而山水可适，其学者前此未尝遇明师，用之乐得其地，且暮坐讲席，开谕辨析，必尽其说，诸生皆忻忻有向进意。稍暇，独行清流茂树间，吟咏自得。"

钱宰卒，年九十六。《国朝献征录》卷七十三《国子监博士钱宰传》："又三年，宰乃卒，寿九十六。初，宰尝病近代新声太繁，刻意古调，拟汉魏而下诸作及古诗十九首，且各补其未纯者，词林称之。所著有《临安集》。"《四库全书总目·临安集提要》："宰学有原本，在元末已称宿儒。韩宜可、唐之淳，皆其弟子。其诗吐辞清拔，寓意高远，刻意古调，不屑为艳仄一体。徐泰《诗谈》譬以'霜晓鲸音，自然洪亮'。古文虽非所擅长，而谨守法度，亦无卑冗之习。"

兰茂（1397—1476）生。今人王永宽、王钢据清袁文典《滇南诗略》检得兰茂生年。《滇南诗略》录兰茂诗：《正统乙丑年予年四十九用李太白感秋韵》、《成化丙戌年予年七十岁近体诗十首》，《乐志赋》自注："成化己丑仲夏初吉猴山七十三翁和光道人书于止庵之吟室。"兰茂字廷秀，号止庵，又号和光道人，云南嵩明人。有传奇《性天风月通玄记》。《云南通志》卷二十一之二：兰茂，字廷秀，嵩明人。读书过目成诵，耻为章句学，返求六经，究心濂洛关闽之旨，欣然有得，乃匾其居曰"止轩"。冲淡简远，以著述自娱。所为诗文，皆高古可法。

明太祖洪武三十一年戊寅（公元 1398 年）

二月

命吏部设学于虎踞关。选儒士十人，教故武臣子弟之养于锦衣卫者。儒士人给米月二石。（据《明太祖实录》卷二百五十六）

再试寄监下第举人，中式者四百一十五人，任以教职。《明太祖实录》卷二百五十六：洪武三十一年春二月己丑，"再试寄监下第举人，中式者四百一十五人，次其等第，除教授、教谕、训导。不中者八十七人为州吏目"。

三月

琉球国中山王察度遣其臣亚兰匏押、撒都结致、每步结致、撒都奴侍贡马，及琉黄、胡椒等物。其世子武宁贡亦如之。先是，其国遣女官生姑鲁妹在京读书，至是谢恩来贡。（据《明太祖实录》卷二百五十六）

以天下学官多避贯除授，有北平、山西籍而选在两广，两广籍而选在山东、北平者，语言不通，难于讲授。命吏部悉召至，改授旁近郡县。（据《明太祖实录》卷二百五十六）

闰五月

太祖朱元璋卒，七十一岁。《明太祖实录》卷二百五十七"洪武三十一年夏闰五月乙酉（初十）"："上崩于西宫。上素少疾，及疾作日，临朝决事，不倦如平时。渐剧，乃焚香祝天曰：'寿年久近、国祚短长、子孙贤否，惟简在帝心，为生民福。'即遣中使持符召今上还京。至淮安，用事者矫诏，即还，上不之知也。疾亟，问左右曰：'第四子来未？'言不及他。闻雨降，喜形于色，遂崩，寿七十一。遗命：丧葬仪物，一以俭素，不用金玉。孝陵山川因其故，无所改；天下臣民出临三日，皆释服，无妨嫁娶。"（按，朱棣登基后，篡改《太祖实录》，故有太祖传位于四子燕王之语。非史实也。）《静志居诗话》卷一《明太祖》："孝陵不以'马上治天下'，云雨贤才，天地大文形诸篇翰。七年而御制成集，八年而《正韵》成书。题诗不惹之庵，置酒滕王之阁，赏心胡闰苍龙之咏，击节王佐黄马之谣。《日历》成编，和黄秀才有作；大官设宴，醉宋学士有歌；顾天禄经进诗篇，披之便殿；桂彦良临池联句，媲于扬言；韵事特多，更仆难数。惟其爱才不及，因之触物成章。宜其开创之初，遂见文明之治。江左则高、杨、张、徐，中朝则詹、吴、乐、宋，五先生蜚声岭表，十才子奋起闽中，而三百年诗教之盛，遂超轶前代矣。"《明鉴纲目》卷一："纲：戊寅三十一年，夏五月，帝不豫，闰月，帝崩。（葬孝陵，在江苏江宁县朝阳门外。）目：遗诏皇太孙允炆，仁明孝友，天下归心，宜登大位。诸王临国中，毋至京师。"

朱允炆即皇帝位，以明年为建文元年。《明史》恭闵帝本纪："三十一年闰五月，太祖崩。辛卯（十六日），即皇帝位。大赦天下，以明年为建文元年。是日，葬高皇帝于孝陵。"

六月

召方孝孺为翰林院侍讲。《国榷》卷十一："（洪武三十一年六月丙午），驿召汉中府教授方孝孺为翰林院博士。上素闻其贤，将大用之，为当事所忌，授博士。寻迁侍讲。"《明通鉴》卷十一："初，上在东宫，素闻孝孺名，甫即位，令驰驿召还，日侍左右备顾问。读书有疑，辄使讲解。临朝奏事，臣僚面议可否，或命孝孺就屏前批答之。"

以齐泰为兵部尚书，黄子澄为太常寺卿，参预国事。《明史》黄子澄传："惠帝为皇太孙时，尝坐东角门谓子澄曰：'诸王尊属拥重兵，多不法，奈何？'对曰：'诸王护卫兵，才足自守。倘有变，临以六师，其谁能支？汉七国非不强，卒底亡灭。大小强弱势不同，而顺逆之理异也。'太孙是其言。比即位，命子澄兼翰林学士，与齐泰同参国政。谓曰：'先生忆昔东角门之言乎？'子澄顿首曰：'不敢忘。'退而与泰谋，泰欲先图燕。子澄曰：'不然，周、齐、湘、代、岷诸王，在先帝时，尚多不法，削之有名。今欲问罪宜先周。周王，燕之母弟，削周是剪燕手足也。'"《明鉴纲目》卷一："纲：以齐泰（溧水人，初名德，太祖赐名泰。）为兵部尚书，黄子澄（名湜，以字行，分宜人。）为太常寺卿，参预国事。目：泰习边事，初为兵部侍郎，太祖尝问边将姓名，泰历数无遗。又问诸图籍，出袖中手册以进，简要详密，大奇之。子澄先以翰林院修撰，充东宫伴读。时帝方立为太孙，一日坐东角门，谓曰：'诸王尊属，拥重兵，奈何？'对曰：'诸王护卫兵，仅足自守，倘有变，临以六师，其谁能支？汉七国非不强，卒底灭亡，顺逆之理异也。'至是，遂命泰与子澄同参国政。时燕、周、齐、湘、代、岷，诸王相煽动，流言闻于朝，帝谓子澄曰：'先生忆昔东角门之言乎？'对曰：'不敢忘。'"

夏原吉荐杨荣。《忠靖集》附录《夏忠靖公遗事》："三十一年六月夏，用荐举升户部右侍郎，公亦协心佐理。未几，充采访使，巡抚福建，所过郡邑，明公宽大，人咸悦服。尤以表忠贤、拔遗才为首务。时杨文敏公为邑庠生，公一见器之，赋诗期冠秋试，有'莫使祥麟后马牛'以风司考者，文敏遂发解。"

王绅为国子监博士。待制王祎子。（据《国榷》卷十一）

七月

召前河南布政司右参议董伦于云南，为礼部左侍郎兼翰林院学士。（据《国榷》卷十一）

八月

国子监祭酒程师周言："诸生有三五年未归省，宜令知本。"从之。方孝孺亦言："近代文字好奇，三吴尤甚。"因责祭酒第其高等，赐袭衣束带归省。（据《国榷》卷十一）

召王景彰于云南，为礼部右侍郎兼翰林侍讲。（据《国榷》卷十一）

征江西处士杨士奇。（据《国榷》卷十一）

增国子监司业，以学录张智为之。训导邹缉为国子助教。（据《国榷》卷十一）

秋

王绅至京为博士。邹缉《博士王君墓志铭》："岁戊寅闰五月，给事中徐诚、监察御史黄凯，复以文行共荐君，君遂入拜国子博士。其时四方贤士皆来集京师，君复与其知名者相游处，其文章益工，而名日益盛。"邹缉《继志斋集序》："洪武三十一年秋，余以荐被召，来京师，官于太学。未几，而金华王君仲缙亦来为博士。仲缙，翰林待制子充之子也。待制公当国初时，与其同郡太史宋公景濂俱以文章名天下，心常慕见其为人，而未之能得也。及与仲缙交，始得其文而读之，为之叹息，以为非今世之人所能及之也。"（按，山川修阻，动淹日月。虽诏令早发，一日三百里，受诏者治行装，别亲族，而后奔赴，往往数月始克面圣之任。王绅五月受荐，秋至京，盖以此也。）《明史》王祎传附子绅传："建文帝时，用荐召为国子博士，预修《太祖实录》，献《大明铙歌鼓吹曲》十二章。"

十一月

诏举山东才德之士。（据《国榷》卷十一）

十二月

以张昺为北平布政使。道衍劝朱棣为逆。《明鉴纲目》卷一："纲：十二月，以工部侍郎张昺，（泽州人。）为北平布政使，都指挥使谢贵、张信，（临淮人。）掌北平都司事。目：自帝为太孙，中外属望，独燕王棣心不平，常怀窥觊。及即位，削藩议起，僧道衍劝棣为逆，棣曰：'民心向彼奈何？'道衍曰：'臣知天道，安问人心？'乃进相士袁珙（鄞人，善相术。棣召见，珙谛视曰：'龙行虎步，日角插天，太平天子也。逾四十，须过脐，即登大宝矣。'已见藩邸诸校卒，皆许以公侯将帅。棣由此益自喜，逆谋遂决。）及卜者金忠（鄞人，善易卜）。自是棣阴事，一切与道衍谋。（棣居元故宫，道衍练兵后苑，穴地作重屋，周缭厚垣，密甃瓴甋瓦缶，日夜铸军器，畜鹅鸭乱其声。）久之，事益露，上变者日甚。帝问齐泰、黄子澄，子澄曰：'先发者制人，请讨之。'泰曰：'今方有边报，但当以防边为名，发军戍开平，护卫精锐，悉调出塞。羽翼既除，虽欲为变，不能矣。'帝然之，乃更置守臣，并受密命，伺察燕事。（寻命都督宋忠帅兵屯开平，以燕护卫卒隶之。又调北平二卫于彰德诸处。）"

进士庐陵曾凤韶为监察御史。（据《国榷》卷十一）

流人庐陵刘有年为太平知府。有年洪武中举明经，拜御史。求归养，谪通州。上《仪礼》十八篇，诏藏秘阁。（据《国榷》卷十一）

召宋怿还京。怿故翰林学士承旨濂之孙，从戍夔州。至是授翰林侍书。（据《国榷》卷十一）

承天门灾，诏求直言，举山林岩穴怀才抱德之士。（据《国榷》卷十一）

明惠帝建文元年己卯（公元 1399 年）

正月

修《太祖实录》。《明通鉴》卷十二："侍郎董伦、王景为总裁官，太常少卿廖升、高逊志副之……时杨士奇以布衣被荐，征为教授，方行，修撰王叔英复以史才荐，遂同召，俱授翰林，充纂修官，上复命侍讲学士方孝孺总其事。"《国榷》卷十一："（建文元年正月丁酉）敕修《太祖高皇帝实录》。礼部左右侍郎兼翰林院学士董伦、王景彰为总裁官，太常寺少卿廖升、翰林院侍讲学士高逊志为副总裁官，国子监博士王绅、汉中府教授胡子昭、齐府审理副杨士奇、崇仁训导罗恢、云南马龙他郎甸长官司吏目程本立等纂修。"

方孝孺进《郊祀颂》。《方正学先生年谱》：（初一）"帝郊祀毕，御奉天殿，受群臣朝贺。先生进《郊祀颂》。"

诏京省开科乡试。（据《国榷》卷十一）

二月

用方孝孺等之议，更定官制。《明史》王叔英传："叔英与孝孺友善，以道义相切劘。建文初，孝孺欲行井田。叔英贻书曰：'凡人有才固难，能用其才尤难。子房于汉高，能用其才者也。贾谊于汉文，不能用其才者也。子房察高帝可行而言，故高帝用之，一时受其利。虽亲如樊、郦，信如平、勃，任如萧、曹，莫得间焉。贾生不察而易言，且言之太过，故绛、灌之属得以短之。方今明良相值，千载一时。但事有行于古，亦可行于今者，夏时周冕之类是也。有行于古，不可行于今者，井田封建之类是也。可行者行，则人之从之也易，而民乐其利。难行而行，则从之也难，而民受其患。'时井田虽不行，然孝孺卒用《周官》更易制度，无济实事，为燕王借口。论者服叔英之识，而惜孝孺不能用其言也。"《明鉴纲目》卷二："纲：更定官制。目：用方孝孺等议，内外品官阶勋，悉仿《周礼》更定。（殿阁大学士，并去大字。升六部尚书为正一品，设左右侍中，位侍郎上。改都察院为御史府，都御史为御史大夫。罢十二道为左右两院，通政使司为寺，大理寺为司，詹事府增置资德院，翰林院复设承旨。改侍读、侍讲学士为文学博士，设文翰、文史二馆，文翰以居侍读、侍讲，文史以居修撰、编修、检讨。余内外大小诸司，悉有所更定。）又撰礼制颁行天下。然无济实事，徒为燕王棣借口。"

暴昭得燕王朱棣诸不法状，密奏之。《明鉴纲目》卷二："纲：命刑部侍郎暴昭（潞州人）、户部侍郎夏原吉（字维喆，其先德兴人，徙湘阴）等充采访使，分巡天下。目：使凡二十四人，敕奖廉平，黜贪墨，便宜行事。昭至北平，得燕王棣诸不法状，密奏之，请预为备。"

诏求贤。自守令以上，皆得荐举。（据《国榷》卷十一）

三月

建文帝释奠太学讫，御彝伦堂，赐师生币钞。（据《国榷》卷十一）

前监生傅以庄为商河知县。以庄旧名中，系极刑家属除名。（据《国榷》卷十一）

四月

故翰林待制王祎赠学士，谥文节。其子绅请之。（据《国榷》卷十一）

五月

选补天下儒学官。（据《国榷》卷十一）

六月

贡士楼琏为翰林院侍读。琏洪武中以蓝田知县擢广东道监察御史。谪戍云南。（据《国榷》卷十一）

汉阳知县黄岩、王叔英为翰林院修撰，布衣吴县钱芹为户部司务，召河州卫吏解缙为翰林院待诏。（据《国榷》卷十一）

七月

燕王朱棣以清君侧为名，举兵反。《明鉴纲目》卷二："纲：秋七月，燕王棣举兵反。目：棣以僧道衍为谋主，护卫张玉（字世美，祥符人）、朱能（怀远人）为爪牙，选将校，勾军卒。部署已定，问道衍师期，对曰：'未也。'棣始称病，既称病笃。（或佯狂赴市，夺饮食，或卧土壤中，大暑围火炉，犹摇首颤曰寒甚。）会燕山卫百户倪谅告变，帝下诏让棣，遣中官逮王府僚属。北平都指挥使谢贵，布政使张昺，以军士列九门防守。都指挥张信，叛附于棣，以情输之。（信与贵、昺同受密敕擒棣，信母知之，以为不可。信乃三造棣府，辞不见，于是乘妇人舆，入拜床下。棣佯为病风，不言。信曰：'王果有恙邪？今朝廷敕臣执王，宜早为计。'棣闻信言，觉其诚，呼为恩张，下拜曰：'生我一家者子也。'）棣乃用道衍计，令张玉、朱能，潜纳勇士八百人，入府守卫。及朝使至，棣伪缚官校置廷中，绐贵、昺入，执杀之。张玉等率勇士夺九门。燕府长史葛诚，护卫指挥卢振，初皆与贵、昺谋诛棣，至是并遇害，夷其族。伴读余逢辰（字彦章，宣城人）泣谏，杀之。参政郭资（武安人），副使墨麟，金事吕震（字克声，临潼人）并降棣。棣乃上书于朝，指齐泰、黄子澄为奸臣，请入清君侧。遂自署官属，称其兵曰靖难。寻陷蓟州，夺居庸关，破怀来，都督宋忠战败，死之。于是通州、遵化、永平、密云诸守将，皆以城叛，众至数万。"

命耿炳文帅兵讨伐朱棣。《明史》齐泰传："七月，燕王举兵反，师名'靖难'，指泰、子澄为奸臣。事闻，泰请削燕属籍，声罪致讨。或难之，泰曰：'明其为贼，敌乃可克。'遂定议伐燕，布告天下。时太祖功臣存者甚少，乃拜长兴侯耿炳文为大将军，帅师分道北伐，至真定为燕所败。子澄荐曹国公李景隆代将，泰极言不可。子澄不听，卒命景隆将。当是时，帝举五十万兵畀景隆，谓燕可旦夕灭。燕王顾大喜曰：'昔汉高止能将十万，景隆何才，其众适足为吾资也。'是冬，景隆果败。"《明通鉴》卷十二："时上方锐意文治，日与方孝孺等讨论《周官》法度，军事皆取决于泰、子澄二人。炳文等濒行，上戒之曰：'昔萧绎举兵入京，而令其下曰："一门之内，自极兵威，不祥之甚。"今尔将士与燕王对垒，务体此意，毋使朕有杀叔父名。'"

八月

耿炳文与朱棣战于滹沱河北，败绩。《明鉴纲目》卷二："纲：八月，耿炳文及棣战于滹沱河北，败绩。目：炳文次真定，使先锋九千人驻雄县，值中秋，不设备。燕将张玉，夜半疾驱袭陷之。又陷郑州。炳文部将张保，叛降于棣。时大兵号三十万，先至者十三万，分营滹沱河南北。棣欲与北军战，惧南军乘之，乃纵保归，扬言燕王率兵且至，诱炳文移军尽北渡河。棣率张玉、谭渊（清流人。）等，循河蹴击，炳文军不得成列，大败，丧师三万，副将李坚、宁忠，都督顾成，皆被执。炳文退保真定。棣围之三日，以炳文老将，未可克，乃引去。"

以李景隆代耿炳文。《明鉴纲目》卷二："纲：召耿炳文还，以李景隆代之。目：炳文败，帝商代者，黄子澄荐曹国公李景隆。（景隆读书通典故，与方孝孺友善，有名公卿间，故子澄荐之。）齐泰极言不可，帝不听，赐景隆通天犀带，亲为推轮，饯之江浒。景隆至德州，收集炳文将卒，并调诸路兵五十万，进营河间。当是时，帝倾国兵以畀景隆，谓燕可旦夕破，棣闻之，顾大喜曰：'昔汉高止能将十万，景隆何才，乃以五十万付之？是自坑其众也，吾破之必矣。'会吴高、耿瓛、杨文，方围永平，棣语诸将曰：'景隆知我在此，必不敢至，不若往援永平以致其师。吴高怯不敢战，闻我至必走。是我一举，解永平围而破景隆也。'遂帅师援永平。吴高尽弃辎重走，退保山海关。景隆知燕兵出，果直薄北平城下，筑垒九门。燕世子高炽坚守，夜遣勇士缒城出斫营，营中惊扰，骤退。都督瞿能攻张掖门（即今西直门，见《方舆纪要》）。垂克，景隆忌能功，令止之。燕人夜汲水沃城，明日冰凝，不得上。（御史韩郁上言：诸王亲则太祖遗体，贵则孝康皇帝手足，尊则陛下叔父，乃竖儒偏见，病藩封太重，疑虑太深，于是，周王既废，湘王自焚，齐、代相继被摧，为计者必曰兵不加，则祸必稔。今燕举兵两月矣。前后调兵，不下五十万，而一矢无获。将不效谋，士不效力，徒使中原赤子，困于转输，民不聊生，日甚一日，臣恐陛下之忧方深也。谚曰：亲者割之不断，疏者属之不坚。此言深有至理，愿陛下少垂鉴察，兴灭继绝，释代王之囚，封湘王之墓，还周王于京师，迎楚蜀为周公，俾各命世子持书，劝燕罢兵守藩，慰宗庙之灵，明诏天下，笃厚亲亲，宗社幸甚。不听。）"

应天府（直隶）及河南、山东、山西、陕西、北平、福建、江西、浙江、湖广、广东、广西、四川、云南等十三布政司乡试。（据《皇明贡举考》卷二）

方孝孺校文京闱。应天就试者凡一千五百人，取中二百一十四人。《逊志斋集》卷十二《京闱小录后序》："皇帝既即位，大诏纪今年元为建文。春三月，上车驾幸太学，亲祀先师孔子，拜跽盥献，咸用享庙社礼，缙绅聚观，以为崇文祇圣之典，古所未有。风行万方，小大喜悦，皆思自奋以进庸于世。秋八月，天下当大比，太学暨畿内士集于京府者千五百人。有诏命翰林儒臣及时之名士较其文，御史莅之，而董其庶事则属之府僚佐焉。七月甲辰入院，越九日，乙巳而毕。屏芜黜陋，选擢俊良，盖去者几十之八，而登名于籍者二百十四人。非难之也，盖以上初取士，天下后世将于是观盛美焉，而不敢弗慎也。昔太祖高皇帝创业绍正统之三年，即兴科举，至十七年甲子而益盛。历四举而至于兹。今在朝廷之人，大率多先朝之所简拔者也。"沈德符《万历野获编补遗》卷二《科场·场题成谶》："建文元年己卯，应天乡试，首题为'可以托六尺之孤'一节。是时燕邸靖难兵已渐动，衡文者有意责备方、黄诸公耶？抑偶出无心耶？即云无心，与时事暗合，亦不祥甚矣。"黄佐《革除遗事》卷二《刘政》："刘政……革除己卯，以《春秋》中应天府乡试第一。时国家多难，试题出'可以托六尺之孤'一章。考官侍讲方孝孺，为时儒宗，素号知人，得其文惊曰：'此子他日临大节而不可夺者也。'批之有'群鸟中之孤凤'及'吾当虚左以处'之语。"

王良为江西解元。查继佐《罪惟录》志卷十八《科举志》"科举盛事·父子解元七氏"："吉水王良，洪武己卯，子修，永乐癸卯。福长乐林赐，洪武癸酉，子侨，正统戊午。涿州史俊，成化戊子，子道，正德癸酉。莆田黄乾亨，成化甲午，子如金，弘治甲子。松滋王本义，成化丁酉，子相之，弘治甲子。金龄卫籍江宁张志淳，成化癸卯，子合，嘉靖壬午。掖县毛纪，成化丙午，子渠，嘉靖乙酉。"

浙江乡试，吏员王亨中式。（据《浙江通志》卷一百三十四《明·举人》）

十一月

李景隆与朱棣战于郑村坝，丧师十余万。《明鉴纲目》卷二："纲：十一月，李景隆及棣战于郑村坝（在京兆大兴县东），败绩，奔德州。目：诸军方围北平，燕兵乘胜抵城下，城中兵鼓噪出，内外夹攻，诸军皆溃，丧士卒十余万。明年春，棣兵陷蔚州（注见前），攻大同，使景隆疲于奔命。景隆自紫荆关（在直隶易县西，即太行蒲阴陉也。《地记》，太行第七陉为蒲阴，宋时谓之金陂关，金元以来，始名紫荆）赴援，燕兵已旋居庸，官军多冻馁死者，不见敌而还。"

罢齐泰、黄子澄以谢朱棣。《明鉴纲目》卷二："纲：罢兵部尚书齐泰、太常寺卿黄子澄。目：棣以前所上书不报，再上书，请去泰、子澄，帝为罢二人以谢燕，阴留之京师，仍参密议。"

本年

以吴云死节云南，录其子吴黼为国子生。此为恩生之始。《明史·选举志》："恩生之始，建文元年录吴云子黼为国子生，以云死节云南也。正德十六年定例，凡文武官死于忠谏者，一子入监。其后守土官死节亦皆得荫子矣。又弘治十八年定例，东宫侍从官，讲读年久辅导有功者，殁后，子孙乞恩，礼部奏请上裁。正德元年复定，其祖父年劳已及三年者，一子即授试中书舍人习字；未及三年者，一子送监读书。八年复定，东宫侍班官三年者，一子入监。又万历十二年定例，三品日讲官，虽未考满，一子入监。"

明惠帝建文二年庚辰（公元 1400 年）

二月

诏礼部尚书陈迪、右侍郎黄观知贡举，翰林学士董伦、太常少卿高逊志充考试官，右拾遗朱逢吉、史官吴勤、叶惠仲、赵友士、徐旭、张秉彝为同考试官，御史王度、俞士吉为监试官。吴溥等一百一十名中式。（据《皇明贡举考》卷二及《续文献通考》卷四十六《选举考·举士四》）沈德符《万历野获编补遗》卷二《科场·建文庚辰榜》："建文帝在位，止开南宫一次，是科为庚辰，以礼部左侍郎兼学士董伦为主考，太常寺右少卿高逊志副之，知贡举为礼部尚书陈迪、礼部侍郎黄观，监试御史为王度、俞士吉，同考试官为右拾遗朱逢吉、编修吴勤、叶惠仲、赵友士、徐旭、张秉彝，所得士如崇仁吴溥、吉水王艮、庐陵胡靖、新淦金幼孜、常熟黄钺、武进胡濙、莆田陈继之、建安杨子荣、石首杨溥、太康顾佐，俱知名于时。金今官大学士、太师，谥文敏。东杨改名荣，官大学士、太师，谥文敏。南杨官大学士、太师，谥文定。顾佐官都御史。吴溥为是年会元，二甲第一名，特授翰林编修，虽官不振，而其子与弼为大儒，陪祀孔庙，亦荣异甚矣。惟状元胡靖，本名广，建文赐改今名。后文皇御极，仍复其名为广。虽官为宰相、少师，得谥文穆，然依阿附会，时人以配汉之胡广。若胡濙受知文皇，为礼部尚书逾三十年，官至太保，得谥忠安，亦以循谨致大位。以上诸人，品格不同，要皆建文所植，以济后世之用，亦奇事也。但榜中诸公皆以降附登进，独王艮一人能殉节。而知举两大臣，监试两御史，亦以死难见称，斯为可贵耳。高逊志者，本产徐之萧县，后以元乱，徙居吾邑，遂为嘉兴人。洪武中以布衣征修《元史》，授编修，至今官，而故老无能举之者，因并一时在事诸人纪之。初胡广对策，极谈藩王之横，有晁家令之谋，故建文帝喜而首拔之。此后宣力永乐间，备极勤瘁，以结主知，颜亦孔厚矣。高逊志字士敏，靖难后匿迹不出，竟免于难，且全节善终，较之殉国诸贤，忠稍后，而智足多矣。庚辰科一甲三人，首胡靖，江西吉水人；次王艮，亦吉水人；第三李贯，为庐陵。俱同郡人，真奇事。而永乐初元，开科一甲三人亦皆吉安，尤奇。又董伦前序云，是年入试者千余人，较之洪武辛亥会试，已五倍之矣。”查继佐《罪惟录》志卷十八《科举志》：“建文二年庚辰，试贡士，得吴溥等百十有八人，赐胡广、王艮、李贯等及第、出身有差，四人皆江西籍。初拟艮第一，以貌不如广，更之，御改广为靖。及第者俱授修撰。二甲首三人授编修，余授给事中。始定乙榜举人署教职，年未三十者听给俸三年，复预会试。其所教得中乡试者，就进士出身资格递升一级，否从本级。其下第而所教得中乡试者，与实授。四年，以逊国用兵处不及乡试。永乐元年癸未，以靖难渡江，不克如期乡试。八月，补旧年用兵处乡试。”《国榷》卷十一：“建文二年二月壬寅，礼部左侍郎兼翰林院学士董伦、太常寺右少卿高逊志主礼闱，分考右拾遗朱逢吉、史官吴勤、叶惠仲、赵友士、徐旭、张秉彝，监试御史俞士吉、王度，知贡举礼部尚书陈迪、右侍郎黄观。时得吉水王艮、常熟黄钺、莆田陈继之、闽县叶福，皆死壬午国难。庐陵胡广、崇仁吴溥、建安杨荣、新淦金幼孜、武进胡濙、太康顾佐，皆知名士。”

三月

本年殿试策问试题。制曰：“诸生盖闻致治之主，论治道之盛，必以唐虞三代为准。尧舜禹汤文武以数圣人者，其德厚矣。然所以本□□，发于政事，施泽于民者，其先后始终亦可得而言欤？夫由亲以及疏，笃近而举远，百王之所同也。尧舜之时，黎民于变时雍矣。以亲则有象之傲，臣则有共、鲧之凶，将圣人之化有所弗改欤？抑为恶之人有不得而化者欤？朕绍承大统，每思古先圣帝明王之治，何稽何为，而可使家给人足，比屋有可封之俗。行何善政，而可使图圄空虚，刑措不用欤？图治莫切于用贤，而患贤才之难致。化民莫先于教学，而患礼乐之难兴。果何由而可使野无遗贤，而民皆乐于为善欤？兹欲使海内皞皞熙熙，如唐虞三代时，致之必有其道，施为必有其序。诸生习于圣贤之说久矣，其具著于篇，朕将亲览焉。"（据俞宪《皇明进士登科考》卷二）

胡靖（1370—1418）、**王艮、李贯等进士及第、出身有差。**王圻《续文献通考》卷四十六《选举考·举士四》："建文帝二年三月，策试礼部中式举人，赐胡靖、王艮、李贯等一百一十人进士及第、出身有差，以靖等三人并授翰林修撰。廷试策，艮最优，以貌不扬，易靖第一。靖初名广，上特为易名，后复名广，与同榜杨荣、金幼孜、杨溥、胡濙、顾佐、陈洽皆为永乐时名臣。唯艮死建文之难。故曰：'以貌取人，失之子羽。'艮、贯皆吉水人，贯独不类，君子耻之。"《弇山堂别集》卷八十一："三年庚辰，命会试，礼部左侍郎兼学士董伦、太常少卿高巽志为考试官，取中吴溥等。王艮策第一，以貌不及胡广，又广策多斥亲藩，遂擢广第一，改名靖，艮为第二。是岁得人最盛，如胡及二杨、胡濙俱登显要，为时名臣，而艮能徇节，尤可重也。"按，"建文二年己卯"当作"建文元年己卯"，"三年庚辰"当作"二年庚辰"。李调元《制义科琐记》卷一《胡广》："胡广，吉水人。建文二年殿试，廷问：'尧舜之世，亲则象傲，臣则共鲧。'意在燕王也。广对有'亲藩陆梁，摇动人心'语，擢为第一。见姓名曰：'又一胡广耶！'改名靖，后谥文穆。文臣得谥自广始。"李调元《制义科琐记》卷一《貌不扬》："建文二年，策试礼部中式举人，赐胡广、王艮及第、出身有差。廷试策，艮最优，以貌不扬，易广第一。后艮死难，故曰：以貌取人，失之子羽。"徐咸《西园杂记》卷上："建文二年廷试，已取吉水王艮卷第一，及传胪，以艮貌不扬，遂以胡广易之，艮次焉。文皇兵入城，艮仰药死，广乃迎降，官至大学士，有负旧君多矣。以貌取人，固如是哉！"

本年进士登科情况。俞宪《皇明进士登科考》卷二："按洪武三十三年寔革除二年也。时廷对之士吴溥等百一十人，王艮当第一。上以艮貌侵不及胡靖，且靖策有'亲藩陆梁，人心摇动'之语，□旨遂首擢靖。靖初名广，上易名曰靖。永乐中得幸，复疏名广也。部本缺，闽本、湖本今俱存。"第一甲三名，赐进士及第。胡靖，江西吉水县人。王艮，江西吉水县人。李贯，江西庐陵县人。第二甲三十七名，赐进士出身。吴溥，江西崇仁县人。朱塔，江西南丰县人。杨子荣，福建建安县人。金幼孜，江西新淦县人。刘现，浙江永嘉县人。何仕让，江西新淦县人。曾苣，福建怀安县人。郇旃，直隶沭阳县人。方孚，江西乐平县人。邓时俊，江西吉安永丰县人。梁成，广东信宜县人。张礼闻，直隶广德州人。陈继之，福建莆田县人。吴福，浙江鄞县人。李敬，江西新建县人。顾斌，直隶高邮州人。刘福，直隶通州人。杨溥，湖广石首县人。黄宗晦，四川邛县人。陈道潜，福建莆田县人。蒋简，浙江临海县人。叶福，福建侯官县人。傅行，江西进贤县人。冯贵，湖广武陵县人。王尚，江西南昌县人。李时，江西南昌县人。邓亮，江西吉水县人。熊文绥，四川内江县人。商惠，浙江金华县人。朱原贞，直

隶婺源县人。周铨，直隶怀远县人。陈义生，福建永福县人。黄钺，直隶常熟县人。胡
濙，直隶武进县人。宋彦名，江西南昌县人。雷填，福建建安县人。万忠，江西新建县
人。第三甲七十名，赐同进士出身。李敦，山西太原县人。张聪，福建闽县人。邓槐，
湖广蒲圻县人。秦凤，直隶舒城县人。顾详，直隶扬州府通州人。应履华，浙江奉化县
人。潘文奎，浙江□□县人。何颖，湖广武陵县人。潘义，浙江余姚县人。刘复，江西
南昌县人。陈献，直隶盐城县人。吴琬，福建建宁县人。林洪，福建莆田县人。黄重，
福建莆田县人。黄胤宗，浙江海盐县人。王能，直隶凤阳县人。尹惟忠，直隶海门县
人。席恭，山西应州人。王彝，直隶怀宁县人。刘寿孙，浙江余姚县人。熊文成，江西
南昌县人。齐政，直隶山阳县人。郭秩，山西祁县人。刘得，福建瓯宁县人。任坛，浙
江鄞县人。卢广，直隶寿州人。李瑀，福建瓯宁县人。陈绶，福建瓯宁县人。徐新，浙
江黄岩县人。刘虬，江西吉安永丰县人。郑镐，湖广石首县人。汪翁绶，浙江乌程县
人。刘迪简，江西吉水县人。蒋骥，浙江钱塘县人。叶瑄，浙江开化县人。陈宾，河南
内江县人。童铨，浙江淳安县人。李寅，山西临汾县人。王郁，直隶灵璧县人。薛东，
浙江永嘉县人。唐复，直隶武进县人。俞本，直隶芜湖县人。王政，湖广蕲州人。阎
济，山东济宁县人。严升，直隶繁昌县人。曹嗣宗，湖广郴州人。刘纲，河南钧州人。
刘永，直隶句容县人。杨渤，江西清江县人。唐吉祥，直隶歙县人。陈善，直隶昆山县
人。李谦，山西稷山县人。韩祯，河南垌城县人。萧潭，直隶吴江县人。余灏，福建闽
县人。耿直，山东章丘县人。石彦成，江西宁县人。黄宜，福建宁德县人。黄谅，浙江
永嘉县人。黄思敬，浙江归安县人。孙让，直隶溧水县人。余存谅，广东高安县人。顾
佐，河南太康县人。顾谦，直隶仪真县人。孙完，浙江萧山县人。马让，河南鄢城县
人。武斌，山东济阳县人。师用昌，江西奉新县人。马彝，北平永清县人。李泰，山东
齐东县人。

状元胡广（胡靖）、榜眼王艮均为江西吉水人。查继佐《罪惟录》志卷十八《科举
志》"科举盛事·一县同科两及第"："江西吉水，建文庚辰胡广状元，王艮榜眼。江西
泰和，成化戊戌曾彦状元，曾追探花。浙江余姚，成化辛丑王华状元，黄珣榜眼。又余
姚，嘉靖乙未韩应龙状元，孙升榜眼。南直长洲，天启壬戌文震孟状元，陈仁锡榜眼。
南直溧阳，崇祯癸未宋之绳榜眼，陈名夏探花。又胡广榜探花为庐陵李贯，是一郡同科
三及第。"查继佐《罪惟录》志卷十八《科举志》"科举盛事·一府科第之盛"："江西
吉安一府合计十宰相、二十二尚书、十一状元、十一榜眼、十探花、八会元、三十九解
元（内登第二十八人）。相传胜国时，无应试出仕者，由于庐陵文天祥节义之故，至明
乃鼎盛。"

应履华中进士，授福建德化知县。黄溥《闲中今古录》："奉化应方伯履华登洪武
庚辰进士，除授福建德化知县。三年考满，吏部试论一篇，文虽优而貌颇侏儒，不得
列。乃题诗部门之前，云：'为官不用好文章，只要胡须及胖长。更有一般堪笑处，衣
裳糨得硬绷绷。'末不书姓名，阅者以此呈冢宰。冢宰曰：'此必应知县也。'取其文览
之，果高。次日奏升考功司郎中。越三年，出为常德知府。又三年，升贵州按察使，仕

终云南左布政使。然一诗之感动于人，而冢宰亦知过能改，皆可以示后，故录之。"洪武庚辰实为建文二年。

杨荣（1371—1440）中二甲三名进士。《游艺塾文规》卷一《科第全凭阴德》："《易》曰：'积善之家，必有余庆。'人家科第，大率皆由祖宗积德。今少年得意，辄嚣然自负，以为由我而致，不复念祖考累世缔造之艰，薄亦甚矣。试举闻见之所及者以告汝。杨少师荣，建宁府人也，世以济渡为生。久雨溪涨，横流冲毁民房，溺死者顺流而下，他舟皆捞取货物，独少师曾祖及祖惟救人，而货物一无所取，乡人嗤其愚。逮少师父生，家渐裕，有神人化为道者，语之曰：'汝祖父有阴功，子孙当贵显，宜葬某地。'遂依其所指而定之，即今白兔坟也。后生少师，弱冠登第，位至三公，加曾祖、祖父，皆如其官，子孙贵盛，至今尚多贤者。"

纂修官齐府审理副杨士奇为翰林院侍讲。（据《国榷》卷十一）《明史》杨士奇传："建文初，集诸儒修《太祖实录》，士奇已用荐征授教授当行，王叔英复以史才荐。遂召入翰林，充编纂官。"《东里续集》卷十三《潘氏世谱序》云："仙居潘叔政以其所作《潘氏世谱》求余叙。谱有其乡先生王原采叙之矣……余素交先生，相知为深，审理之除，实其所荐。今不作四十年，而无主祀者矣。读所叙潘氏谱，怀旧凄怆，盖不能已于情也。因并及之。"王世贞《弇州续稿》卷四十九《科举考序》："洪武三年取畿内诸贡士。寻未及会试而官之。明年始复试，得进士吴伯宗等。以为诸儒生多未脱咕哗，无益天下大计，罢之。又十三年，而始更布条式，载在令甲。二百年来，公卿大夫之业皆出于此，易代之际灼然名臣至孤卿者，当有杨士奇之担簦，刘中敷、杨善之版筑，夏原吉、郭进、胡俨、吴中、吕震之应乡书，而其后遂寥寥矣。"张居正《张太岳集》卷九《襄阳府科第题名记》："国初之取士，或拔于台隶，或举于三老，或奋于刀笔。当时号为制科者，率不过百余人。其作为文词，皆据经义，不务剽剥葩藻，乃近时人所共姗笑者，而名卿硕士往往多出其中，功烈施于后世者至不可缕数也。今文教大兴，海内向学，于是悉罢诸荐士路，一切网以科第。士争趋下，若鱼鳞杂遝，云合雾集，文学彬彬，可谓极盛。然考其功实，顾相悬也。异日者天子患吏治之不振，增颁制额，广罗英俊，令穷乡陬邑皆用科第士以为长吏，其欲兴平致理，盖惓惓焉。乃求之愈多而呈材愈乏，若是者何？撷华之悦目，固不若摘实之充，故士之适用，诚不可以多寡论也。"张居正《张太岳集》卷十八《杂著》："若本朝则立贤无方，惟才是用。高皇帝时用人之途最广，僧道皂隶咸得为九卿牧守，大臣荫子至八座九卿者不可缕数。宣德以后，独重进士一科，虽乡举岁贡莫敢与之抗衡，而大臣恩荫，高者不过授五府幕僚，出典远方郡守而止，即有卓学奇伟之才，若不从科目出身，终不得登膴仕，为国家展采宣猷矣。"

进士黄钺为刑科给事中。（据《国榷》卷十一）

命礼部定乙榜举人任用条例。《弇山堂别集》卷八十一："命礼部，乙榜举人署教谕训导事者，给俸三年，入礼部试，试中，计所教人得中乡试，就进士出身资格递升一级，否从本级；其下第而所教人中乡试者与实授。九年通考，称职、平常、不称职黜陟，否仍署职，减俸十之五。乙榜年未三十不愿署教者听。"《国榷》卷十一："（建文二年三月）壬申，乙榜贡士选署教谕训导。"

四月

庐陵颜伯玮举贤良，授沛县知县。（据《国榷》卷十一）

增各王府宾辅二人，秩三品。伴讲、伴读、伴书各一。郡王宾友二人。教授一人。（据《国榷》卷十一）

五月

史仲彬为徐王府宾辅，仍兼翰林侍书。（据《国榷》卷十一）

六月

詹事府设少师少傅各一，宾客二。置资德院，设资德一，资善二，属官赞读、赞讲、赞书著作郎各二，掌籍典簿各一。增国子监司业二，省博士、学正、学录，增助教十七人。（据《国榷》卷十一）

八月

盛庸、铁铉败朱棣于济南，收复德州。《明鉴纲目》卷二："纲：秋八月，都督盛庸，参政铁铉，击败棣兵于济南，复德州。目：时平安营单家桥（在直隶献县南，为南北通途，滹沱河之分流，黑龙港河经其下），谋出御河，夺燕饷舟。又选水卒五千人，渡河攻德州。铉与庸乘夜出兵掩击，燕众大败，解围去。铉等乘胜复德州。帝闻，擢铉山东布政使，参赞军务，寻进兵部尚书。封盛庸历城侯，拜平燕将军。于是庸进驻德州，吴杰、平安守定州，徐凯屯沧州，相掎角以困北平。"

改大学士为学士，华盖、文华、武英、正心殿、文渊阁各学士一，各殿增待诏典籍，革东阁大学士。（据《国榷》卷十一）

增翰林院承旨一，学士一，省侍读、侍讲学士，置文翰、文史二馆，改中书为侍书，隶之。（据《国榷》卷十一）

石首杨敬为修撰，孙子敬为检讨，归州梅遇春为左春坊左司谏，国子助教汉川胡灏为检讨。（据《国榷》卷十一）

翰林侍读学士方孝孺改文学博士。（据《国榷》卷十一）

秋

瞿佑升国子助教。《归田诗话》卷下《桂孟平题新话》："庚辰岁秋，权停江北五布政使学校。予在河南，孟平在山东，各赍学印赴礼部交纳。孟平访予于大中街旅舍，相见甚欢。予置酒，出《纪行返棹编》示之，孟平赠诗，有'江湖得趣诗盈卷，故旧忘怀酒满樽'之句。予后授太学助教。"

十月

定监生历事考核法。黄佐《南雍志》卷一《事纪》："洪武三十三年十月庚子，定监生历事考核法。初，洪武中历事监生随本衙门司务，分勤谨、平常、才力不及、奸顽等用引奏。勤谨者仍历，俟阙官以次取用；平常再历；才力不及送监读书；奸顽充吏。至是，定监生历事各衙门者一年为满，从本衙门考核，分上、中、下三等引奏，上等不拘选用，中等、下等仍历一年，再考上等者依上等用；中等者不拘品级，随材任用；下等者回监读书。"洪武三十三年即建文二年。

十二月

盛庸大败朱棣于东昌，斩其骁将张玉。《明鉴纲目》卷二："纲：十二月，盛庸大败棣于东昌，斩其将张玉，棣遁还。目：先是，棣袭沧州，执徐凯，斩万余级，降三千人，谭渊一夜尽杀之。棣自长芦渡河，至德州，遣人至城下招盛庸，庸坚壁不出。燕兵掠临清大名，越汶上，至济南，庸与铁铉屯兵东昌以邀之。棣率兵薄营，庸开阵纵棣入，围之数重，斩其骁将张玉。已而朱能率番骑来救，殊死斗，翼棣溃围出，以百骑出馆陶，引还北平。庸军势大振。自燕人犯顺，转斗两年，锋锐甚，至是失大将，燕军夺气。其后定计南下，皆由徐沛，不敢复道山东。"

王绅卒，年四十一岁。邹缉《博士王君墓志铭》："其文章益工，而名日益盛，其位将益显以大，而君竟不幸以疾卒于金陵之官舍，享年四十有一，时庚辰十二月十六日也。君平生志行修洁，性宽厚，善于取友，有与之契合，辄倾意以接之。人或相忤，亦不与之较，常曰：'吾于坦怀接物、虚己纳人，庶几有焉。'所奉素俭薄，居家亦无所矜饰。酷嗜著述，每夜孤灯独坐，吟咏多忘寝食，虽祁寒盛暑不少变，至于体惫力疲而犹未已也。为文章泓涵演迤，丰蔚雅赡，称其家法。尤善为五言诗，冲澹古雅，有陶、韦风致。"《国榷》卷十一："（建文二年十二月乙卯）国子助教王绅卒。绅字仲缙，翰林待制祎之子。聪敏能文，走云南求父遗骸，述《滇南恸哭纪》。荐修《实录》。年四十一。有《继志斋集》三十卷。"

本年

杨荣（1371—1440）授翰林编修。王直《杨荣传录》："由邑庠生领乡荐第一，遂取进士，入翰林为编修。"《明史》杨荣传："建文二年进士，授编修。"

明惠帝建文三年辛巳（公元1401年）

正月

诏举文学之士。山阴唐愚士为翰林院侍读。（据《国榷》卷十一）

三月

盛庸败朱棣于夹河，斩燕将谭渊。复战败绩。《明鉴纲目》卷二："纲：三月，盛庸败棣于夹河（在直隶武邑县南，漳水分流也，又东入滹沱），斩其将谭渊。复战败绩。目：棣耻东昌之败，意殆欲稍休，道衍力趣之（谓棣曰：'臣前言师行必克，但费两日，两日者昌字也，自此全胜矣），棣遂复率众，南出保定。盛庸营夹河，棣将轻骑来觇，掠阵过，庸遣千骑追之，斩其将谭渊。燕军大挫，而朱能、张武（泗阳人）等，殊死斗，棣自以铁骑贯阵，与能合，官军稍却。日暮，各敛兵。棣以十余骑逼庸营野宿，及明起视，已在围中，乃从容引马鸣角，穿营而去。庸诸将皆以帝有诏，毋使朕负杀叔父名，仓卒相顾，愕眙不敢发一矢。明日复战，棣军东北，庸军西南，自辰至未，胜负略相当。忽大风东北起，飞埃蔽天，庸军面迎沙砾，咫尺不辨物，棣兵纵左右翼横击，斩首数万，庸大败，走德州。时吴杰、平安，自真定引军来会，闻庸败引还。棣以计诱之出战。杰、安列阵滹沱河南，棣率骁骑，循河绕出阵后。安发强弩射燕兵，矢集棣旗如猬毛，死者甚众。亦遇大风，拔树，声如雷，安遂败，仍走人真定。（庸之斩谭渊也，其麾下骁将皂旗张楚智，亦皆陷没。皂旗张者，名张能，力援千斤，每战，挥皂旗先登，辄胜，军中故以皂旗为之名。战死时，犹执皂旗不仆云。智被执，棣欲降之，不屈而死。）"

闰三月

唐愚士卒，年五十二。《逊志斋集》卷二十二《侍读唐君墓志铭》："建文三年闰三月二十三日，翰林侍读唐愚士卒于京师玄津街之官舍……长身巨鼻，博闻多识，练达世故。为文蔚赡有俊气，长于诗，而善笔札，每一篇出，人多传道之……君无他宗族，李曹公最知之深，而久将兵于外。君久病，念其家以悲，既而甚。公归与语曰：'无以身后为念，吾在能恤君家。'及卒，丧具数百千缗，皆倚以办……某闻君名二十年，相与往还且十余年。及今乃为僚友，方欲与君同进于学，而君弃予死矣。垂绝之属，其何忍辞？君别号萍居，所著有《萍居稿》数十卷，及集录他书又数十卷，可传。"

十二月

朱棣大举南犯，连陷东平、济阳诸州县，断徐州饷道，破萧沛及宿州。《明鉴纲目》卷二："纲：棣大举南犯。目：棣称兵三年，亲战阵，冒矢石，屡濒于危，所陷城邑，兵去旋复为朝廷守，故不敢决意南下。无何，有以中官奉使侵暴为言者，诏所在有司系治。于是中官密遣人赴燕，具言京师空虚可取状，棣慨然曰：'频年用兵，何时已乎？要当临江一决，不复返顾矣。'遂大出兵。明年春，连陷东平、济阳诸州县，断徐州饷道，破萧沛及宿州。（时州县官以城陷，先后死难者，献县知县向朴，集民兵与燕将战，被执，怀印死。济阳教谕王省，为燕兵所执，词义慷慨，众舍之，省归坐明伦堂，伐鼓集诸生谓曰：'若等知此堂何名？今日君臣之义何如？'因大哭，以头触柱死。东平州吏目郑华，由行人司贬官，燕兵至，长吏皆弃城走，华独固守，城破，与其妻萧氏皆死之。沛县知县颜伯玮守沛，指挥王显开门降，伯玮冠带升堂自经死。其子有为，伯玮先遣归侍父，不忍去，亦自刎伯玮旁。主簿唐子清，典史黄谦，俱被执。谕之降，皆曰：'愿随颜公地下。'俱死之。萧县知县郑恕，亦以城破不屈死，籍其家，二女俱死焉。〇向朴，慈溪人，王省，字子职，吉水人。郑华，临海人。颜伯玮，名瑰，以字行，庐陵人，唐鲁公真卿后。郑恕，仙居人。）"

《太祖实录》修成。《明通鉴》卷十二："是月（十二月），《太祖实录》成。"

明惠帝建文四年壬午（公元 1402 年）

正月

国子祭酒张显忠为工部右侍郎。（据《国榷》卷十二）

二月

始置京卫武学。教授一人、训导二人，后增至六人，复减其二，义取讲习《七书》，徒有其名，无实效。（据查继佐《罪惟录》志卷十八《科举志·武科举》）

春

周忱获本年乡试入场资格。周忱《双崖集》文集卷二《偶中录序》："洪武壬午，予春秋二十有二。其年春，郡守朱侯仲智以岁当大比，取郡庠弟子员之可试秋闱者，预达名于藩府，而予忝在其列。先祖遗安公闻而戒之曰：'古之人三十而后仕，五十而后爵。伸于久屈之中，发于持满之末，然后足以有为。今尔学未充而急于求试，虽剽窃师友之绪论，或可以侥幸于场屋中。然少年从仕，无成学定识以致于用，它日之悔宁有穷已乎？其速辞免，益务于学，逾此三科而后就试，未晚也。'予虽谨受教而辞，然心之急于试者未尝已。"壬午，指洪武三十五年，即建文四年。

五月

朱棣兵渡淮，进陷扬州。《明鉴纲目》卷二："纲：五月，棣兵渡淮，陷扬州。目：何福移营灵璧，欲持久老燕师，而粮运为燕所阻。平安分兵往迎，棣帅精锐横击，断其军为二。福开壁往援，俱败走。诸将请移驻淮河就粮，夜令军中闻三炮即走。翌日，燕兵猝薄垒，亦发炮三。福军以为己炮也，争趋门出，燕兵乘之，遂大乱，人马坠壕堑俱满。福单骑走，安及都督陈晖，侍郎陈性善（名复初，以字行，山阴人）等，三十七人皆被执。（棣寻释性善归，令说朝臣，性善朝服跃马入于河以死。）盛庸独军而南，以兵数万，战舰数千，列淮南岸。棣兵不得渡，遣使至淮安，假道于驸马都尉梅殷。殷剟其使（棣先以进香为名，殷答曰：'进香皇考有禁，不遵者为不孝。'棣复书言：'今兴兵诛君侧恶，天命有归，非人力所能沮。'殷乃割其使耳鼻，纵之归），曰：'留汝口，还与而王言君臣大义。'棣气沮。凤阳守徐安，亦拆浮桥绝舟楫以遏燕。棣乃令邱福（凤阳人）朱能等，帅骁勇数百人，潜自上流以渔舟济，猝薄庸军，鸣炮，庸军惊，突击之，庸败走，尽获其战舰。遂渡淮，下泗州，出天长，进陷扬州。（都指挥使崇刚，巡按御史王彬，婴城固守。指挥王礼，江都知县张本，缚刚、彬开门以降。刚、彬见棣，皆不屈死。○王彬，字文质，东平人。）"

六月

朱棣陷京师，建文帝不知所终。《明通鉴》卷十三："上知事不可为，纵火焚宫，马后死之。传言'帝自地道出，翰林院编修程济、御史叶希贤等凡四十余人从'。"《明鉴纲目》卷二："纲：六月，棣兵渡江犯京师，谷王橞及李景隆迎降。京师陷，帝不知所终。目：盛庸、徐辉祖等，败棣兵于浦子口（在江苏江浦县东，为南北津要，有城，今设守备驻此）。会高煦引番骑来援，殊死斗，庸军退驻高资港（在江苏丹徒县西，北通大江，接仪征）。都督金事陈瑄（字彦纯，合肥人）以舟师叛附于棣。棣率兵自瓜洲渡江，庸败走，镇江守将童俊率众降。棣进军龙潭，帝命诸王分守都城，遣景隆及兵部尚书茹瑺（衡山人）、都督王佐，诣燕师请和。棣曰：'吾无罪而削为庶人，今救死，何以地为？'景隆等不能发一语，遽还。帝复令谷王橞、安王楹往，棣卒不奉诏。左右或劝帝他幸，以图兴复。方孝孺请坚守京城，待四方援兵，即事不济，当死社稷。棣寻进兵屯金川门。左都督徐增寿谋内应，帝手剑斩之。橞、景隆守金川门，登城望见棣麾盖，开门迎降。御史连楹（襄垣人）叩马欲刺棣，被杀，都城陷。宫中火起，帝不知所终。棣遣中使出后尸于火，诡云帝尸。越八日，用学士王景（字景彰，松阳人）言，备礼葬之。然葬地所在，后无闻焉。或曰，帝由地道出亡。其后滇黔巴蜀间，皆传有帝为僧时往来迹，世遂以帝为逊国云。（逊国之说，《明旧史例议》力辨其妄，且言建文帝阖宫自焚，身殉社稷，死之正也。后人心恶成祖诛夷忠烈之惨，而不忍建文之遽殒，于是诡言削发出亡，以明帝之不死于火耳。此其言诚是。但据王鏊、陆树声、薛应旗、郑晓、朱国桢等，所载诸书，皆历历可考，虽有舛讹，或未必悉由附会。且史传称黄观募兵未还。或谓曰：'宫中火，帝已失。'后神宗时，尝命阁臣录帝在滇诗，以进，似又非尽无稽者。第事难征核，姑从阙疑。今故附录出亡之略，而复辨之如此。）"

朱棣自立为皇帝。《明鉴纲目》卷二："纲：棣自立为皇帝。目：棣入京，编修杨荣（字勉仁，建安人）迎谒马首曰：'殿下先谒陵乎？先即位乎？'棣遽趋谒陵毕。群臣备法驾，迎谒奉天殿，即皇帝位。（茹瑺入贺，迎谓曰：'瑺，吾今日得罪天地祖宗，奈何？'瑺顿首曰：'陛下应天顺人，何谓得罪？'乃大悦。）"

杀文学博士方孝孺，株连至数百人之多。黄宗羲《明儒学案》卷四十三："方孝孺字希直，台之宁海人。自幼精敏绝伦，八岁而读书，十五而学文，辄为父友所称。二十游京师，从学于太史宋濂。濂以为游吾门者多矣，未有若方生者也。濂返金华，先生复从之，先后凡六岁，尽传其学。两应召命，授汉中教授。蜀献王聘为世子师。献王甚贤之，名其读书之堂曰'正学'。建文帝召为翰林博士，进侍读学士。帝有疑问，不时宣召，君臣之间，同于师友。金川失守，先生渐衰，哭不绝声……文皇亦降志乞草，先生怒骂不已，磔之聚宝门外。年四十六。坐死者凡八百四十七人。崇祯末，谥文正。"

七月

革除建文年号。以本年为洪武三十五年。复建文以前官员考核旧制。《明太宗实录》卷十下：洪武三十五年秋七月甲午，"吏部言：'建文中所改旧制，如在外文职官，旧制考满，俱亲赴京给由，建文中止令进缴牌册。各处闸坝驿丞递运司狱等官，旧俱三年一考，建文以其非钱谷衙门，徒劳往复，止令申报事迹，九年通考。在外布政司府州县官，旧考满填写纸牌，攒造功迹功业须知文册三本，亲赍给由，建文止令造进功业文册一本，纸牌一面。按察司官并监察御史，旧考满，将任内历问刑名追过赃罚录为事迹，建文以建明政事、纠击奸贪、荐举循良、宣扬教化为风宪政绩。各处巡检，旧三年为满，以所获盗贼军囚多寡为黜陟，建文改为九年，仍验其地方冲要僻静才力优劣为考核。教官，旧九年为满，俱从合于上司，考核要见所考词语，送部覆考，又以科举多寡为黜陟，建文革去考核词语，止论科举多寡。今悉宜复旧。'从之"。《明通鉴》卷十三："七月，壬午朔，大祀南郊，以太祖配。赦天下。诏：'自今年六月后仍称洪武三十五年，以明年为永乐元年。凡建文中干犯者，一切弗问。'""一日，上顾侍臣太息曰：'只此一事，前代沿袭已久，何关利害，亦欲改耶！'乃令吏部尚书张紞、户部尚书王钝解职务，月给半俸，居京师。紞惧，自经于吏部后堂。侍郎毛泰亨惧，亦死。"《明鉴纲目》卷二："纲：秋七月，革建文年号。目：以是年为洪武三十五年，明年为永乐元年，凡建文中所更政令条格，悉罢复旧。（革除之说，议论纷如。考当时成祖不欲用惠帝年号，又不欲于季夏改元，故于即位之初，仍以洪武三十五年为纪，说者遂谓改是年。不知诏内所云，止就现在而计，遂举是岁六月为例，以便遵循，实则前三年皆已并从改革，故当时钦天监所进历日，直书洪武三十二年，至三十五年。其后史官修《永乐实录》，于洪武三十五年六月以前，但书元二三四年而无号，盖其子孙曲为迁就，以掩其非，而不知其转相矛盾。夫纪年必有号，自汉武帝以来，历代皆然，若去其号而但纪其年，则所谓元二三四年者，将于何属？虽欲不谓之革除而不得也。在从前王世贞、申时行辈，讳其祖宗朝事，故多饰词偏护，而《旧史例议》，乃据其说，而力辨当时并无革除之事，又安足为定论乎？今不取。"

复翰林院侍书黄淮、芮善、刘彦铭、邹进、吴均、唐恕、王璲、吴胜、鲍麟为中书舍人。（据《国榷》卷十二）

礼部左侍郎兼翰林学士董伦致仕，寻卒。伦字安常，恩县人，家宛平。国初辟右春坊右赞善大夫，直东宫。进左春坊大学士。壬申，改河南左参议，尽心民事。丁丑，违误免官，典教云南。建文初，召至，拜今官。屡言当务亲睦，不听。年八十。勒罢出京，悒悒数日卒。（据《国榷》卷十二）

翰林院人事变动。丙戌，升翰林院侍讲王景为本院学士，擢吴府审理副杨士奇为编修。戊子，擢儒士曾日章为翰林院侍读，升国子监助教邹缉为侍讲，改给事中金幼孜、王洪及桐城县知县胡俨俱为检讨。己亥，升翰林院待诏解缙为本院侍读，修撰胡靖为侍讲，编修吴溥、杨子荣为修撰，检讨郑子义为编修。擢太平县儒学训导萧引高为检讨，应天府儒学训导王汝玉、芜湖县儒学训导张伯颖为五经博士。特改子荣名荣。（据《馆阁漫录》卷一）

杀大理少卿胡闰、御史高翔。《明通鉴》卷十三："召大理少卿胡闰、御史高翔至。闰，鄱阳人。尝题诗吴芮祠壁，太祖见而奇之，因累官至卿贰。翔，高邑人。洪武中，以明经为监察御史。燕兵之起，二人昼夜画军事，上闻其名，欲用之。翔丧服入见，语不逊，遂与闰同不屈死。翔坐族，亲党皆戍边，并发其先冢，诸给高氏产者皆加税，曰："令世世骂高翔也。"闰子传道亦坐死，幼子戍边。有四岁女郡奴，给配功臣家。"

监生庄宣、何淮、谢朝锡、傅善为试给事中，宣兵科，淮、朝锡刑科，善工科。监生唐友成、陈彝、锺永用、黄礼、杨善安、徐俭、王敏、张潜、吴间、沈懋、胡亨、李敏为监察御史。（据《国榷》卷十二）

八月

应天府（直隶）及浙江等布政司因"靖难之役"未及乡试。（据《明太宗实录》卷十七、《皇明贡举考》卷二）

成祖披览建文群臣所上封事。《馆阁漫录》卷一："八月壬子朔。戊午，升中书舍人黄淮为翰林院修撰。丙寅，上于宫中得建文时群臣所上封事千余通，披览一二，有干犯者，命翰林侍读解缙等遍阅，关系军马钱粮数目则留，馀有干犯者悉焚之。既而从容问缙等曰：'尔等宜皆有之。'众稽首未对。修撰李贯进曰：'臣实无之。'上曰：'尔以独无为贤耶？食其禄，则思任其事。当国家危急之际，在近侍独无一言，可乎？朕非恶夫尽心于建文者，但恶导诱建文坏祖法乱政经耳。尔等前日事彼则忠于彼，今日事朕当忠于朕，不必曲自遮蔽也。'"

命解缙（1369—1415）、黄淮（1367—1449）、胡广、杨荣、杨士奇、金幼孜（1368—1431）、胡俨等七人同入内阁，预机务。《殿阁词林记》卷九《亲擢》："洪武之末，翰林不及十数人。壬午六月，成祖即位，首诏吏部及本院举文学行谊才识之士授职，闻待诏解缙名，擢居近侍。召对，喜其奇杰敢言，益见信用。七月，侍书黄淮改中书舍人，入见，上与语，大奇之，凡侍朝，特命与缙立于御榻左，以备顾问。一日，以万几丛脞，日御奉天门左室，每夕召对至夜分，或便殿就寝，赐坐榻前，论议政事，同列不得与闻。是时，吴府审理副杨士奇在翰林充修史官，亦有誉望，亲擢为编修。已而改给事中金幼孜、桐城县知县胡俨为检讨，寻升缙为侍读，胡靖为侍讲，编修杨子荣为修撰，而改子荣名荣，继又升淮为编修。九月，遂开内阁于东角门内，召七人者谕以委任腹心至意，俾入处其中，专典密务，虽学士王景辈不得与焉。明日，赐织金罗衣各一袭。时几务孔殷，每旦奏事退，内阁之臣造宸前，进呈文字，商机密，承顾问，率漏下十数刻始退。十一月，升缙为侍读学士，靖、淮、俨皆侍读，荣、士奇、幼孜皆侍讲，复靖名广。永乐元年九月，上御右顺门，召缙及士奇，谕之曰：'朕即位以来，尔七人者朝夕相与共事，鲜离左右，朕嘉尔等恭顺不懈，皆赐五品公服。'二年正月，七人皆赐二品金织衣，且劳之曰：'天下事咸朕与若等同计，非若六卿之分理也。'二月，册立储宫，进缙为学士兼右春坊大学士、奉议大夫，淮为左春坊左庶子，广为右春坊右庶子，皆奉议大夫，仍兼侍读，俨为左春坊左谕德，仍兼侍读，荣为右春坊右谕德，仍兼侍讲，士奇以本官兼左春坊左中允，幼孜以本官兼右春坊右中允，各赐袍笏。九月，俨出为国子祭酒。四年，缙坐事去，广遂进学士兼左春坊大学士、奉政大夫。五年二月，淮进右春坊大学士，仍兼侍读，寻进学士，仍兼右春坊大学士。士奇进左春坊左谕德，幼孜进右春坊右谕德，俱奉训大夫，仍兼侍讲。十二年，淮坐事去。十四年四月，广进文渊阁大学士，荣、幼孜进学士，二人仍兼春坊原职。十五年二月，士奇进学士，仍兼春坊原职。十六年五月，广卒。十八年闰正月，命荣、幼孜皆为文渊阁大学士兼学士。十九年正月，改士奇为左春坊大学士。终永乐之世，内阁之臣不过五品，而华盖等殿大学士亦不复设。盖虽不崇以穹秩，然皆出于亲擢，寄以天下大政，谏行言听，得以尽其启沃。是故英宗复辟，大学士李贤柄政，复永乐之旧。"《明通鉴》卷十三："（初四）命侍读胡广、修撰杨荣、编修杨士奇、检讨金幼孜、胡俨同直文渊阁，预机务，与解缙、黄淮凡七人，并朝夕左右。"《明鉴纲目》卷二："纲：八月，以侍读解缙，编修黄淮（字宗豫，永嘉人），入直文渊阁，侍读胡广，修撰杨荣，编修杨士奇，检讨金幼孜（名善，以字行，新淦人），胡俨（字若思，南昌人）同入直，预机务。目：缙在建文中，以董伦荐（缙先入临太祖，为有司所劾，谪河州卫吏，上书于伦，故伦荐之），官翰林待诏（秩九品，不常设）。帝即位，擢侍读，与淮常立御榻左，备顾问。或至夜分，帝就寝，犹赐坐榻前，语机密。至是命七人同入直，预机务，谓之内阁。内阁之名自此始。参预机务，亦自此始。"尹直《謇斋琐缀录》卷五："杨文贞公，初以明经徵入翰林任编纂。未几，有旨：诸编纂悉送吏部试文章，考第高下而官之。尚书张纮读文贞策喜曰：'明达时务，有用之才，不但文词之工也。'以为第一，奏授亲王府审理。文贞由是著名，后果大用，知人之鉴，张公有焉。"宋端仪《立斋闲录》卷一："东里杨公，举明经，任教职，未赴。会朝廷以博学徵，入翰林，任编纂。未几，有旨，诸编纂赴吏部试文章，考第高下而官之。尚书张纮读其策，独喜曰：'明达时务，有用之才，不但文词之工也。'以为第一。奏授王府审理副。受命之明日，复召入翰林，任编纂。明年，太宗即位，改翰林院编修。按：张纮，以洪武三十一年自云南布政召为吏部尚书，则此所云'编纂'者，正《太祖实录》也。"

监生丁琰、姚山、林从、李晟俱为给事中。（据《国榷》卷十二）

杀御史大夫景清，夷其族。《明通鉴》卷十三："清本耿姓，讹为景，真宁人，建文初出为北平参议。上在燕邸，与语，言论明晰，大称赏。还，迁左都御史，与孝孺等约同殉国。及京师不守，清知建文之出亡也，密谋兴复，乃诣阙自归，上喜曰：'吾故人也。'命仍故官。委蛇班行者久之。是日（十五日）早朝，清衣绯怀刃而入。先是日者奏：'异星赤色犯帝座急。'上故疑清。及朝，清独著绯，命搜之，得所藏刃，诘责，清奋起曰：'欲为故主报仇耳！'上怒，命磔于市。清骂不绝口而死。一日，上昼寝，梦清绕殿追之。上曰：'清犹能为厉邪！'乃夷其九族，尽掘其先人冢墓。又籍其乡，转相攀染，谓之'瓜蔓抄'，村里为墟。"

九月

封邱福等三十人为公、侯、伯。《明鉴纲目》卷二："纲：九月，论邱福等三十人功，封爵有差。目：邱福淇国公，朱能成国公，张武（封成阳侯）等侯者十四人（陈珪，泰州人，封泰宁侯。郑亨，合肥人，封武安侯。孟善，海丰人，封保定侯。火真，蒙古人，封同安侯。顾成，字景韶，江都人，封镇远侯。王忠，孝感人，封靖安侯。王聪，蕲水人，封武城侯。徐忠，合肥人，封永康侯。张信，临淮人，封隆平侯。李远，封安平侯。郑亮，合肥人，封成安侯。房宽，陈州人，封思恩侯。王宁，封永春侯），徐祥（大治人，封兴安伯）等伯者十四人（徐理，西平人，封武康伯。李浚，和州人，封襄城伯。张辅，字良弼，玉长子，封信安伯。唐云，封新昌伯。谭忠，渊子，封新宁伯。孙岩，凤阳人，封应城伯。房胜，景陵人，封富昌伯。赵彝，虹人，封忻城伯。陈旭，全椒人，封云阳伯。刘才，字子才，霍邱人，封广恩伯。茹瑺，封忠诚伯。王佐，封顺昌伯。陈瑄，封平江伯。又追封张玉，荣国公。谭渊，崇安侯。徐增寿，武阳侯。陈亨，泾国公。王真，金乡侯。亨，寿州人。真，咸宁人）。"

秋

夏原吉以旧臣进户部尚书。《忠靖集》附录《夏忠靖公遗事》："三十五年秋，太宗入正大统，有执公以献者，上以公太祖旧臣，奉公守法，转户部左侍郎。公力以疾辞，弗允。逾月，进户部尚书。凡贡赋役之制，悉命公详定。公酌古今之宜，为经久计，其所议率从仁厚，曰：'不可使后之难继，戕吾民也。'"

十月

监生王孚、陈礼、朱肇、何海、陆祯、王政、刘端、姚絧、阮容、姚伯善俱为给事中。（据《国榷》卷十二）

诏重修《太祖实录》。《殿阁词林记》卷十六《纂修》："国初纂修，皆用山林隐逸之士。洪武日历，纂修者皆儒士，职官独员外郎吴伯宗一人。戊寅年敕修太祖皇帝实录，纂修可考者为侍读学士兼太常寺少卿高逊志、太常寺少卿廖升、都察院左佥都御史程本立、礼部郎中夏止善、修撰李贯、编修吴溥、杨子荣、刘观、检讨陈性善、侍读刘彦铭、史官高让、吴勤、赵友士、端孝思、张秉彝、唐耕，国子博士王缙、佥事胡子昭、知县叶惠仲、儒士杨士奇等。永乐初重修太祖实录，纂修为学士王景、礼部尚书李至刚，侍读胡靖、曾日章、王灌、胡俨，侍讲邹缉、杨荣、金幼孜、杨士奇，修撰李贯、吴溥，编修吴节、郑好义，检讨王洪，博士张伯颖、王汝玉，典籍沈度、潘畿，待诏王延龄、给事中朱绂、吏部郎中徐旭、礼部郎中胡远、太常寺博士钱仲益、国子助教王达、博士金玉铉、行人蒋骥、晋府伴读苏伯厚，佥事李烨、叶砥，知府刘辰、靖江府教授张显、楚府教授吴勤、知府邹济，知县杨覯、梁潜、王褒、沈瑜、赵季通、唐云，教谕解荣、刘宗平、训导傅贵清、罗师程，儒士端礼、王孟扬、朱逢吉、莫士安。凡外官生儒之预此者，皆由本院官举荐。及再重修，其纂修者学士兼谕德金幼孜、杨士奇，侍讲学士曾棨、侍读兼赞善梁潜、侍讲王英、修撰罗汝敬，刑部主事李时勉、陈敬宗也。"《明通鉴》卷十三："己未（初九），诏重修《大祖实录》，命曹国公李景隆监修，尚书茹瑺副之；侍读解缙为总裁。"

敕谕《太祖实录》重修原则。《翰林记》卷十三《修实录》："洪武三十一年九月，敕修《太祖高皇帝实录》，不知成于何年，始不可考。三十五年十月己未（初十），敕景隆等重修。庚申，谕修实录官曰：'此建文中信用方孝孺等纂述实录，任其私见，以致盛美弗彰。尔等其以古良史自期，必详必公，用光昭我皇考创业垂统、武功文治之盛，与乾坤相为无穷，斯无忝厥职矣。'"《明鉴纲目》卷二："纲：冬十月，重修《太祖实录》。目：以建文中所修，是非失实，乃重修之。命李景隆、茹瑺监修，前纂修官知府叶惠仲，（临海人，先以知县充修实录，书成，迁南昌知府。）以直书帝起兵事，族诛。"

铁铉因不屈被杀。铉邓州人，入太学，授都督府断事，赐字鼎石。进礼科给事中，屡使称旨。寻擢山东布政司左参政。（据《国榷》卷十二）《明鉴纲目》卷二："纲：执兵部尚书铁铉至，不屈，杀之。目：初，燕兵渡江，铉屯淮上，师亦溃。（高巍闻京城陷，经死驿舍。）至是执铉至，反背坐廷中，令其一回顾，终不可，遂磔于市。以铉非朝臣，故不族。其父母年皆八十余，安置海南。"

十一月

升翰林院侍读解缙为本院侍读学士，侍讲胡靖、编修黄淮、检讨胡俨皆侍读，修撰杨荣、编修杨士奇、检讨金幼孜皆侍读。（据《馆阁漫录》卷一）

监生马宾为礼科给事中。（据《国榷》卷十二）

降四川顺庆府儒学教授冯庄甫为学正。《明太宗实录》卷十四：洪武三十五年十一月，"甲辰，吏部言：旧例，教授九年，任内诸生有举人九名，又考本官通经者，升用。举人四名及考通经者从本等用。举人不及四名，又考不通经，黜降别用。今四川顺庆府儒学教授冯庄甫考通经，任内止有举人三名，请降用。上命降学正。著为令。又言：盐课提举司考满，旧无定例，宜如税课司局官，三年赴布政司考核，九年赴部通考。从之"。

十二月

聂大年（1402—1456）生。大年字寿卿，临川人。用荐为仁和训导，升教谕。景泰初，征入翰林，卒。有《冷斋集》。王直《抑庵文集·教谕聂大年墓志铭》："公一目重瞳。幼颖悟，日记数千言。善属文，工诗。行楷精绝，得李北海笔意……生于洪武壬午十二月初三日，及其卒也，享年五十又五。"朱谋垔《续书史会要》："大年于父卒后五月乃生，母胡孺人抚育之。天资明爽，颖悟绝人。比长，喜读书，日记数千言，通

《诗》《书》二经，于诸子史无不读。尤笃意古文及晋唐人诗，书法欧阳、赵松雪，皆臻其妙。由是名动缙绅间，用荐起为仁和训导。藩宪大臣与一时达官显人过杭者，皆礼重之，而大年之文章传于远迩。"

复设各郡县阴阳医学。（据《国榷》卷十二）

江西儒士轩伯昂为山东布政司左参议。时诏求怀才抱德之士。（据《国榷》卷十二）

义乌教谕高泽疏请揽政纳言，嘉纳之。（据《国榷》卷十二）

谕礼部：京官及外觐官、夷使俱预元旦宴，监生、诸生、吏、僧、道、军民人等俱赐钞。（据《国榷》卷十二）

本年

刘璟卒。璟字仲璟，青田人，诚意伯基次子。授合门使，改谷王左长史。靖难师入，称疾不起，下狱自经死。有《易斋集》。《国朝献征录》卷一百五陈中《谷王府左长史青田刘公璟传》："刘璟字仲璟，生时月食复光，诚意伯叹曰：'夫坠乃绪，而卒或翰之者也。'弱冠咀嚼经传，善谈兵，究极韬略握奇诸说。二十八师事石楼子，明志式虑，锋棱古人。"

明成祖永乐元年癸未（公元 1403 年）

正月

以北平为北京。（据《明太宗实录》卷十六"永乐元年春正月辛卯"条）

进士洪堪为广东道监察御史。（据《国榷》卷十三）

二月

设北京国子监，国子监置祭酒、司业、监丞各一员，博士、学正、学录、掌馔各一员，助教二员。（据《明太宗实录》卷十七）《明鉴纲目》卷二："纲：二月，以北平为北京。目：设北京留守，行后军都督府，行部（尚书二人，侍郎四人，所属六曹，各设郎中等官），国子监，改北平曰顺天府。"

都察院奏定，监生犯公罪依律记录，私罪当答者，罚历刑一年。考勤谨者，准历事

监生出身，平常者，再历一年覆考。当杖者断发，充吏员资格出身。（据《明太宗实录》卷十七）

临桂县丞谭胜受，建阳知县陈敏，蒲县知县文郁，监生孔复、杨钝、张文明、李时秀、蒋彦禄、欧彦贵、何器、刘先为监察御史。（据《国榷》卷十三）

监生范绍、冯添、刘志聪、吴祯、徐仪、彭建初、孙恒、敖惟善、张信、黄宝、王常、俞骝、周瑞、丘陵、李珣、韩温、刘凤、苏冲、葛忠逊、边仲庸、熊璞为监察御史。（据《国榷》卷十三）

礼部请以今年秋八月令应天府及浙江等布政司皆补行乡试，从之。《明太宗实录》卷十七：永乐元年二月己巳，"礼部言，科举旧制，应子、午、卯、酉年乡试，去年兵革仓猝，有未及举行者，请以今年秋八月，令应天府及浙江等布政皆补试。其北京郡县学校，近废于兵者，宜暂停止，俟永乐三年仍旧乡试。制曰：'可。'"

遣御史分巡天下。自是遂为定制。《明鉴纲目》卷二："纲：遣御史分巡天下。目：自是遂为定制。（至洪熙元年，定出巡之期以八月。）"

胡广擢侍读学士。杨士奇《故文渊阁大学士兼左春坊大学士赠荣禄大夫少师礼部尚书谥文穆胡公神道碑铭》："太宗皇帝入正大统，升侍讲，逾月改侍读，进承德郎。"

四月

乙卯，擢袁州府儒学训导廖敬先为检讨。庚申，礼部以万寿圣节宴百官，预定其位次进呈。《馆阁漫录》卷一："上命驸马仪宾及随侍各王来朝官宴于三公府，四品以上文武官、诸学士及在京僧道官、大龙兴寺住持待宴奉天殿，在京各衙门堂上六品以上官、近侍官、修史官宴于中左门，在外进表官、四夷贡土官宴于中右门，馀文武官宴于丹墀内。"

户部右侍郎王礼卒。固始人，监生。擢北平按察副使，坐事降邵武通判。成祖即位，召用。（据《国榷》卷十三）

袁州府训导廖敬先为翰林院检讨。（据《国榷》卷十三）

监生余得之为给事中，张政原、汪俊民、赵能为监察御史。（据《国榷》卷十三）

五月

前北平布政司参议成珊卒。珊扬州兴化人，监生。授代州学正，进守蔚州降，有守城功。成祖即位，进参议，赠吏部左侍郎，厚赐其家。子杰，荫行人司行人。（据《国榷》卷十三）

顺天、应天府学设置情况。礼部言，旧制应天府设学，不设上元、江宁二县学。今既设北京国子监，以顺天府学为之，革大兴、宛平二县，而以大兴学为顺天府。其顺天府及二县生徒通经能文者，令充北京国子监生。其余皆充顺天府学生。从之。（据《明太宗实录》卷二十下）康熙《大兴县志》卷二《学校考》："儒学在府治东南教忠坊。明洪武初以元太和观地为大兴县学，国子监为府学。永乐纪元，改北平布政司为顺天府，府学为国子监，大兴县学为府学。大、宛两县照应天府例，并属焉。三处共一学，而学中子弟员止用大、宛两县籍贯者充之，至所属各州县不得与焉。著为定例。"

六月

重修《太祖实录》成。《翰林记》卷十三《修实录》："永乐元年六月辛酉（十五日），景隆等以实录成表上之，凡一百八十三卷。大行赏赍，仍赐宴奉天门，命公侯伯、五府、六部、都察院、通政司、大理寺、国子监、应天府、太医院、钦天监堂上官皆预焉。"《馆阁漫录》卷一："六月丁未朔。辛酉，监修国史太子太师、曹国公李景隆等，总裁官翰林侍读学士解缙等，上表进《太祖高皇帝实录》。丙寅，以《实录》成，升纂修官吏部郎中徐旭为国子祭酒，太常博士钱仲益、知县杨颐、梁潜、王褒为翰林修撰，国子博士王达、给事中朱纮为编修，行人蒋骥为检讨，国子博士金玉铉为翰林五经博士，晋府伴读苏伯厚为翰林侍书，教谕解荣、刘宗平为待诏，教授张显为国子学正，训导傅贵清、罗师程为国子学录，知府刘辰为江西布政司左参政，礼部郎中胡远为左参议；知县赵季通例应升，而以疾乞教职，授国子博士；佥事叶砥改吏部考功郎中，知县唐广云改监察御史，楚府教授吴勤改开封府学教授。升誊写官主事陆颐为礼部员外郎，端季思为兵部员外郎。擢监生钟子勤、陈彝训、刘谦、沈文为中书舍人，梁逢吉、叶蕃、沈绍先、华嵩、乔岳、卫浩、郑中、余从善、陈俊良、陈实为监察御史，生员金实为翰林典籍，汪琦等十人为知县。"

梁潜升翰林修撰。《东里集·梁用之墓碣铭》："永乐元年，召修《太祖皇帝实录》。书成，升翰林修撰，授承务郎，赐白金五十两，织金衣一袭，文币四表里。"

七月

命翰林学士解缙等辑《永乐大典》。《明太宗实录》卷二十一："天下古今事物，散载诸事（书），篇帙浩穰，不易检阅。朕欲悉采各书所载事物，类聚之而统之以韵，庶几考察之便，如探囊取物。再尝观《韵府》、《回溪》二书，事虽有统而采摘不广，纪载大略。尔等其如朕意，凡书契以来，经、史、子、集、百家之书，至于天文、地志、阴阳、医卜、僧道、技艺之言，备辑为一书，毋厌浩繁"。参见《明史纪事本末补编》卷一、《明史》卷一百四十七等。

詹事府录事马俊，宁德知县吴可成，威海卫试经历余延庆，宁远县丞董重、玉山，典史李桀，监生汪必先、刘观、郭林、金英、张鬻、陈英、杨泰、刘寔、王文等为监察御史。（据《国榷》卷十三）

八月

应天府奏请官考乡试，命翰林院侍读胡广、编修王达为考试官，赐宴于本府。（据《明太宗实录》卷二十二）《明通鉴》卷十四："壬午大比之岁，以靖难不举，元年八月，始合南、北两京及十二藩补行之。"

翰林待诏王延龄、行人崔彬使朝鲜。（据《国榷》卷十三）

设云南楚雄府楚雄县儒学。《明太宗实录》卷二十二：永乐元年八月庚申，"设云南楚雄府楚雄县儒学。先是，本府言所属人民，类皆蛮夷，不知礼义。惟爨人一种，赋性温良，有读书识字者，府州已尝设学教养，其县学未设。今楚雄县所辖六里，而爨人过半。近委官劝集民间俊秀子弟入学读书，而无师范，请立学置官训诲。从之"。

历城侯盛庸被削爵，寻自杀。《明鉴纲目》卷二："纲：削历城侯盛庸爵，寻自杀。目：帝初命庸镇淮安，旋移山东，庸常不自安，陈瑛诬以心怀异谋，遂削其爵，庸自杀。"

解缙、黄淮、胡广等入直文渊阁，预机务。《御定资治通鉴纲目三编》卷四："八月，以侍读解缙、编修黄淮入直文渊阁，侍读胡广、修撰杨荣、编修杨士奇、检讨金幼孜、胡俨同入直，预机务。"王直《抑庵文集》卷十一《少师泰和杨公传》："太宗皇帝即位，遂擢为编修。时方开内阁于东角门内，命解缙、黄淮、胡广、胡俨、杨荣、金幼孜及公七人处其中，典机密。寻升侍讲。上尝谕公曰：'朕知尔文学，亲擢置此。尔但尽心，勿自疑畏。'公感上知遇，忠勤不懈，早夜孜孜以修其职。"

九月

《古今列女传》修成。《馆阁漫录》卷一："十二月甲戌朔，翰林院侍读学士解缙等奉敕修《古今列女传》成，上亲制序文。赐缙及侍读黄淮、胡俨，侍讲杨荣、金幼孜、杨士奇，检讨王洪、蒋骥，典籍沈度，文绮衣各一袭，钞有差。乙未，擢乡贡举人王偁为翰林院检讨。既命下，上问左右曰：'翰林院检讨之下何官？'对曰：'博士、典籍、侍书、待诏。'又曰：'皆已除人未？'对曰：'已除。'又问其贤视偁何若。对曰：'偁初除，未知其为人。如旧博士中，皆老成文学士。'上叹曰：'古所谓用人如积薪，此类是矣。国家用人，以贤以劳，偁之贤既未可知，劳亦未有，而今贤有劳者位其下，何以服士心？'命吏部凡翰林自博士以下皆升职与偁同，遂升博士张伯颖、王汝玉，典籍沈度、潘畿，侍书苏伯厚，待诏王延龄、刘宗（平）、解荣，皆为检讨。"《四库全书总目·古今列女传提要》："《古今列女传》三卷，明解缙等奉敕撰。先是，明太祖孝慈皇后马氏，每听女史读书至《列女传》，谓宜加讨论，因请于帝，命儒臣考订，未就。永乐元年，成祖既追上马后尊谥、册宝，仁孝皇后徐氏复以此书为言，因命缙及黄淮、胡广、胡俨、杨荣、金幼孜、杨士奇、王洪、蒋骥、沈度等同加编辑。书成上进，帝自制序文，刊印颁行。上卷皆历代后妃，中卷诸侯大夫妻，下卷士庶人妻。时徐后作贞烈事实以阐幽显微，颇留意于风教，故诸臣编辑是书稍为经意，不似《五经四书大全》之潦草。所录事迹起自有虞，迄于元明。汉以前多本之刘向书，后代则略取各史《列女传》，而以明初人附益之。去取颇见审慎，盖在明代官书之中犹为善本。此为秀水项元汴家所藏，犹明内府初刊之板。黄虞稷《千顷堂书目》称此书成于永乐元年十二月。今考成祖御制序，实题'九月朔旦'，知虞稷未见原书，仅据传闻著录矣。"

十月

辛未，监生张逢为给事中。（据《国榷》卷十三）

十一月

颁大统历于朝鲜诸国。《明鉴纲目》卷二："纲：冬十一月，颁大统历于朝鲜诸国。"

举人王偶以征至京，授检讨。《翰林记》卷五《迁转》："圣祖定本院官为近侍清贵之职，凡迁转皆出自上裁，未尝付诸铨衡，百余年来遵之不易。然洪武中，自本院官迁转者多大拜……独元年十一月为异典。时举人王偶以荐为检讨，既命下，上问左右曰：'检讨之下何官？'曰：'博士、典籍、侍书、待诏。'问已除人否？复以'已除'对。上叹曰：'古所谓用人如积薪，此类是也。国家用人以贤以劳。偶之贤既未可知，劳亦未有，而令贤有劳者居其下，何以服士心？'遂命吏部：凡翰林自博士以下，皆升职与偶同，遂升博士张伯颖、王汝玉、典籍沈度、潘畿、侍书苏伯厚、待诏王延龄、刘宗平、解荣皆检讨。"《殿阁词林记》卷十八《迁转》："圣祖定本院官为近侍清职，凡迁转皆自出上裁，未尝付诸铨衡，百馀年来遵之不易。然洪武中自本院官迁转者，多大拜：二年十月，以应奉睢稼为中书省参政；十九年二月，以待诏朱善为文渊阁大学士；三月，以检讨茹太素为户部尚书；二十七年九月，以少詹事任亨泰为礼部尚书；二十八年四月，以编修齐麟为礼部右侍郎，卢原质为太常少卿；六月，命编修马京署通政使司事，已而拜礼部左侍郎；二十九年正月，以詹事府丞杜泽为吏部尚书，左赞善门克新为礼部尚书。又有依资格者：三年十二月，以侍读学士魏观为国子祭酒，太史令刘基为弘文馆学士；二年十一月，以修撰连原霖为通政司右参议；十五年四月，以正字魏德寿为春坊司直郎；八月，祭酒吴颐有罪，以文渊阁大学士宋讷代之；二十九年二月，以修撰黄观为尚宝司卿，编修张显宗为太常寺丞，皆出亲擢。又有止在本院者，如侍读学士朱升为学士之类。永乐迁转，亦止在本院。独永乐元年十一月，举人王偶以荐为检讨。既命下，成祖顾问左右曰：'检讨之下何官？'时曰：'博士、典籍、侍书、待诏。'问曰：'除人否？'复以已除对。上叹曰：'古所谓用人如积薪，此类是已。用人以贤以劳，偶之贤既未可知，劳亦未有，而令贤有劳者居在下，何以服其心。'遂命吏部凡翰林自博士以下皆升职与偶同，遂升博士张伯颖、王汝玉，典籍沈度、潘畿，侍书苏伯厚，待诏王延龄、刘宗平、解荣皆检讨。其后内阁升擢，渐至三孤。洪熙、宣德二朝，任益隆矣。"

辛丑，监生陈聪为户科给事中。（据《国榷》卷十三）

十二月

任命给事中、监察御史等。 长清知县王文贵，湘潭县丞马荣宗，延安府照磨方仕隆，凤县典史冯惠，武昌县丞沈斯，贺县主簿李守忠，庆阳教授耿通，监生郭瑄、毕进、华祯、王生、沈旻、张麟、熊观、薛鲁，前燕府长史司吏杨勉俱为给事中，日照知县李综为监察御史。（据《国榷》卷十三）

杭州教授蒋良辅为户科给事中。（据《国榷》卷十三）

本年

程通卒，年四十。 程敏政《长史公传》："悉心辅导，王敬礼之。凡一国之事咨焉。府中有卫士纪纲者，用诇得幸，公每召而笞戒之。会文皇帝举兵靖难，遣人至荆州，公草上封事数千言。文皇帝既正大统，纪纲者以入贺留侍，历官锦衣指挥使，被顾问，因乘间及封事。遂有诏械公诣京师，簿录其家。公既死，家人发戍边……公初读书，即励志圣贤之学，居常恂恂如有弗逮。至临事，则毅然莫能夺，故所立如此。为诗文不求异，而主于理，然辞气超越，专工者反不能及。有稿百余卷，悉毁于官。宗人敏政曰：公殁世既久，其遗事绝无知者。敏政尝从故老问之，得其概。又见公从孙上林苑监署丞京于京师，因掇拾为传如右。噫！公与方希直、周是修二公同时友善，今希直之文梓行于世，是修又得杨文贞公为之表章，独公事湮没而无闻，此远宗后学所不能自已者欤？"

明成祖永乐二年甲申（公元1404年）

正月

礼部以会试天下举人奏请考试官，命翰林院侍读学士解缙、侍读黄淮为考试官，赐宴于本部。（据《明太宗实录》卷二十七）《明史·选举志》："试官入院，辄封钥内外门户。在外提调、监试等谓之外帘官，在内主考、同考谓之内帘官。廷试用翰林及朝臣文学之优者，为读卷官。共阅对策，拟定名次，候临轩。或如所拟，或有所更定，传制唱第。"

复遣监生刘源等三十二人分访郡县，购太祖宸翰。（据《国榷》卷十三）

论守城功。宁国府训导陈仲完为翰林院编修。（据《国榷》卷十三）

二月

定北方岁贡生员今年考试条例。《明太宗实录》卷二十八：永乐二年二月癸酉，"礼部引奏：'北方岁贡生员，入学十年，考不中式者，例当充吏。'上曰：'人心志舒泰则能学，四体不劳则能学，衣食温饱则能学。责人之功当量其力，谕人之罪当明其情。北方近三四年间，兵戈扰攘，诸生舍俎豆而事军旅，飞刍挽粟之劳，奔走流离之苦，岂暇于学？今考不中式者，可发回原学，补其废学年数，以俟再试。再试不中，如例处之。'"

礼部奏请会试选士之数。令与洪武十八年乙丑科等，为四百七十二人。《明太宗实录》卷二十八：永乐二年二月己酉，"礼部奏请会试选士之数。上问：'洪武中所选几何？'尚书李志刚对曰：'各科不同，多者四百七十余人，少者三十人。'上曰：'朕即位，初取士，姑准其多者，后不为例。'又曰：'学者成材亦难，当取其大略。其细如十分中有一二分语疵而不害理，亦可备数。然科举是国家取人材第一路，不可滥，且文体毋尚虚浮，惟取朴实。'"《国榷》卷十三："永乐二年二月乙酉，礼部请定闱额，上问其旧。尚书李至刚曰：'各科多或四百七十余人，少则三十人。'上曰：'朕初年，且多之，不为例。'得杨相第一。相洪武二十七年乙榜，例教职，时年十六。父思贻言未堪人师，俾归教之。后仍入太学。"

举行会试。应试者一千八百余人，录取杨相等四百七十二人。（据《南雍志》卷十五《进士题名》及《皇明贡举考》卷二）《明太宗实录》卷二十八：永乐二年二月丁酉，"礼部会试天下举人。得杨相等四百七十二人"。《殿阁词林记》卷十四《会试》："永乐二年，侍读学士解缙、侍读黄淮为考试官，取杨相等四百七十二人，遵洪武乙丑例也。盖自是取士多寡，临期请自上裁云。四年，取朱缙等二百二十人。七年，取陈璲等一百人。十年，左谕德兼侍读杨士奇、右谕德兼侍讲金幼孜为考试官，取林志等一百人。十二年，修撰兼右赞善梁潜为考试官，取王英等三百五十人。十六年，侍讲曾棨为考试官，取董璘等二百五十人。十九年，左春坊大学士杨士奇为考试官，取陈中等二百人。二十二年，侍读学士曾棨为考试官，取叶恩等一百五十人。"黄淮《介庵集》卷三十四《会试录后序》："历代取士之途不一，独进士一科久而愈盛。……爰及我朝，稽古右文，而进士为尤重。或者谓取士校其文章，不若求之德行。然不知文章载道之器，文之所达，即德之所著。德蕴诸中，微而难见；情见乎辞，显而易知。即其文而验其德，是即有虞敷奏以言之意，何莫非良法乎？且先后得人，具有明效。……今上皇帝以大有为之资，膺文明之运，乃永乐二年，时当大比，就试之士沐维新之化，率皆奋励激昂，期以自效。有司拔其尤者四百七十二人，小录登载，具如故事。"沈德符《万历野获编补遗》卷二《科场·永乐补试再试》："永乐元年癸未三月，礼部言科举旧制，应子、午、卯、酉年乡试。去年兵革仓猝，有未及举行者，请以今年秋八月令应天府及浙江等布政司皆补试。其北京郡县学校近废于兵者，宜暂停止，俟永乐三年仍旧乡试。制曰：'可。'本年秋八月，命侍读胡广、编修王达为应天考官。次年甲申即会试，取四百七十二人，为本朝稀有之盛。盖补癸未会试，且仿洪武乙丑科例也。至四年丙戌会试，始为正科，仅取二百十六人。放榜后，廷试已取林环等三人为一甲，授史官如制矣。再命乙榜举人廷试，取周翰等三人，如一甲例授翰林，则异典也。至七年己丑会试，取中陈璲等八十四人，其数益少，时文帝幸北京，未及赐廷对，皇太子命授副榜第一孔谔为左中允，竟赐出身。虽用丙戌例，而正榜多士尚未试，先拜乙榜为官僚，尤为殊宠。会御史劾试官侍讲邹缉等出题误谬，下狱，命再试下第者，得熊概等十数人，俱候至辛卯年，上自行在回，同廷试。盖数年间乡试、会试事，俱非寻常所有也。试官王达者，先以编修主应天试，次科乙酉，以侍读学士再主应天试，次年丙戌，复以读学主会试，连司文衡三次，亦前后未有。而熊概等十余人，其后多至亚卿、中丞等官。按：洪武十八年乙丑会试，取中四百七十二人，盖罢科举者已十五年，不妨多收。文皇靖难开科，与开国无异，故所录如其数。又洪武十七年甲子，应天乡试，中式廖孟瞻等二百二十九人，亦乡闱所绝无，但不知永乐壬午乡试数若何。孟瞻登进士，为承敕监庶吉士，以受赃论斩。"《万历野获编》卷十五《前甲申会元》："钱文肃习礼作《刘子钦墓志》云：刘以《书经》中永乐癸未江西乡试第一，明年甲申，礼部会试仍第一，登曾棨榜进士，选庶吉士，授刑部主事。坐累，戍广西南丹卫。仁宗登极，以曾棨荐，起为江西新淦县训导，岁满请致仕归，以大耋终。余与公生同邑，学同志，少而往还相好，壮而相继登朝，老而先后谢事。所述刘生平甚详。盖钱以洪武壬子生，刘以洪武戊申生，长于钱四岁。刘先举解元，钱以永乐戊子继登江西乡试第一，相去仅隔一科。皆吉水人，又同在词林。子钦年八十卒于家，又六年而钱亦殁，年八十九。其生平交情最昵，出处又同时，断无误谬之理，而历代纪述相传，俱云上科会元为杨相，江西泰和县人，又何也？子钦名敬，以字行，本朝南宫榜首，宦途不振，未有其比。钱乡会亦联捷，己丑会试第十，辛卯廷试，亦起家庶常，官至少宗伯，谥文肃，弇州所纪，六典文衡者，即此公也。与刘荣枯迥异如此。《天顺日录》云：子钦甲申会元。时去永乐未远，且李文达亦不应妄言也，陆文裕《玉堂漫笔》亦云然，而弇州直驳其误，盖未考李公《日录》及钱文肃所作《志》耳。"查继佐《罪惟录》志卷十八《科举志》："（永乐）二年甲申二月，补会试贡士，得杨相等四百七十二人，赐曾棨、周述、周孟简等及第、出身有差。洪武中，多亲制策问。时特命学士采辑礼乐制度为问，棨对特详，几二万言，不属草。上手评'贯通经史，识达天人'等语。又以述与孟简从兄弟，嫌弟先于兄，为更置之。是后定例：状元授修撰，二三名授编修。旋命翰林院试下第举人张钦等六十一人，召见，赐冠带，就学国子监。诏选进士二十八人入文渊阁，以比二十八宿云，号庶吉士。先是，刘子钦会试后，翰林解缙赏其才，嘱曰：'状元属子矣。'子钦辄自负不下。缙又密以题意示曾棨得状元，而子钦次十名之外，终于教职云。时会元系泰和，状元丰城，又榜眼、探花及二甲一、二、三、四皆吉安府。按同榜江西中式一百十人，而吉安占三十有六，吉水刘子钦又系解元，是科人才莫盛于江西。"

修国子监经籍板。（据《国榷》卷十三）

三月

本年进士登科情况。俞宪《皇明进士登科考》卷三："廷试杨相等四百七十人，上亲擢曾棨第一。是年上命庶吉士王直、陈敬宗、李时勉等二十五人同首甲三人进学内阁，周忱自陈，愿与其列，遂增忱，为二十九人，学士解缙领其事。先是，元年癸未为会试之期，上以登极未暇举，故改是年也。部本缺，闽本、湖本俱存，而其间名次先后时或小异。按，洪武辛亥、乙丑廷试，皆亲制策问，其后或命翰林院拟撰以进，取自圣裁用之。至是，上欲求博闻多识之士，命学士解缙采天文、律历、礼乐制度拟撰为题，上意士子必为所窘，及得棨卷，记诵详尽，叹异以为第一。御批云：'贯通经史，识达天人，有讲习之学，有忠爱之诚，擢魁天下，昭我文明，尚资启沃，惟良显哉！'其第二周述、第三周孟简，亦皆批评，前此所未有也。是年《登科录》刻对策十余篇。"第一甲三名，赐进士及第。曾棨，江西吉安永丰县人。周述，江西吉水县人。周孟简，江西吉水县人。第二甲九十三名，赐进士出身。杨相，江西泰和县人。宋子环，江西吉水县人。王训，江西庐陵县人。王直，江西泰和县人。秦政学，浙江慈溪县人。徐安，福建浦城县人。吾绅，浙江开化县人。彭汝器，江西安福县人。独孤乐善，江西泰和县人。周悦，江西吉水县人。陈士启，江西泰和县人。刘子钦，江西吉水县人。周文，浙江仁和县人。余学夔，江西泰和县人。李宁，广东南海县人。张彻，江西新淦县人。童朴，浙江宁海县人。陈满，福建浦城县人。欧阳俊，江西泰和县人。萧清，福建长汀县人。卢翰，江西星子县人。吴旭，江西临川县人。梁任，江西临川县人。萧宽，江西吉水县人。熊直，江西丰城县人。王道，浙江永嘉县人。杨永芳，江西丰城县人。杜钦，直隶宜兴县人。李昌祺，江西庐陵县人。罗汝敬，江西吉水县人。严真，浙江嘉兴县人。沈升，浙江海宁县人。曹景辉，浙江海宁县人。刘浩，江西清江县人。李永年，江西南城县人。陆孟良，浙江余姚县人。孙子良，浙江海宁县人。萧省身，江西泰和县人。贝秉彝，浙江上虞县人。王彦修，浙江鄞县人。诸让，浙江仁和县人。黄应，福建晋江县人。刘孟铎，江西庐陵县人。柴广敬，浙江余姚县人。张英，直隶江都县人。王英，江西金溪县人。吴惇，浙江钱塘县人。林政，直隶江都县人。魏骐，浙江萧山县人。江贞，福建建安县人。刘绍，江西崇仁县人。虞京，浙江开化县人。戴同吉，福建长泰县人。卢遂，福建长泰县人。张宗琏，江西吉水县人。林凤，福建晋江县人。余贞，浙江西安县人。田忠，福建建安县人。金鼎，江西星子县人。李复观，江西安仁县人。汤流，江西泰和县人。张宪，浙江余杭县人。曾与贤，江西泰和县人。蒋敏完，江西龙泉县人。张得中，浙江鄞县人。冯吉，浙江余姚县人。洪钟，浙江武义县人。陈贞，福建侯官县人。程春，福建怀安县人。洪顺，福建怀安县人。曾慎，江西宁都县人。周佑，直隶当涂县人。王恺，湖广蒲圻县人。殷嘒，直隶吴县人。严光祖，福建闽县人。邵翼，直隶嘉定县人。涂顺，江西新建县人。喻则成，江西玉山县人。谢惠，福建清流县人。仲昌，直隶沐阳县人。孙奉，浙江奉化县人。郑澜，福建闽县人。程文表，浙江开化县人。罗亨信，广东东莞县人。余敬，江西新城县人。陈宗孟，福建宁德县人。邹惟宗，江西上高县人。张翼，浙江归安县人。刘嵩，浙江慈溪县人。段民，直隶武进县人。花润生，福建邵武县人。王必宁，湖广公安县人。彭辉，江西建昌县人。

第三甲三百七十四名，赐同进士出身。徐观，浙江临安县人。李贞，江西吉水县人。杨勉，直隶江宁县人。章士涥，浙江新昌县人。曾子荣，福建长汀县人。黄谦，福建莆田县人。叶生，浙江慈溪县人。潘中，浙江钱塘县人。吴廷用，福建政和县人。白瑜，直隶武进县人。毛肇宗，浙江山阴县人。龚篊，广西苍梧县人。张安，河南郑县人。张永隆，福建清流县人。戴文麟，浙江永嘉县人。容善，广东茂名县人。曹鼎，直隶长洲县人。吴文华，直隶长洲县人。周文源，浙江青田县人。胡忠，江西建昌县人。汪寅，浙江开化县人。李约，浙江仁和县人。张侗，浙江仁和县人。谢敏，福建晋江县人。章以善，浙江新昌县人。孔泰初，广东高要县人。陈资善，江西吉水县人。江铗，福建建安县人。钱常，浙江山阴县人。许森，直隶宣城县人。曹润，浙江钱塘县人。章敞，浙江会稽县人。陈纲，江西清江县人。李时勉，江西安福县人。曹彦昌，浙江海宁县人。胡敬，福建侯官县人。黄仲珤，福建龙溪县人。高陪，浙江鄞县人。倪惟哲，福建晋江县人。陈旭，江西建昌县人。唐观，江西龙泉县人。湛礼，浙江钱塘县人。胡均，河南光州人。郭守愚，浙江慈溪县人。韩庸，直隶江阴县人。王槐，福建闽县人。沈达，直隶吴县人。钟旭，江西南城县人。刘永贤，福建邵武县人。李显，直隶金坛县人。陈安泰，福建莆田县人。潘性，河南光山县人。金辉，直隶休宁县人。刘隆，福建武平县人。周远，浙江缙云县人。文彬，广西柳城县人。李子英，江西新喻县人。叶贞，浙江西安县人。胡澄，江西奉新县人。李衡，直隶当涂县人。张庸，湖广监利县人。叶仕宁，浙江青田县人。王宅，江西上饶县人。韩中，湖广黄梅县人。吴渊，直隶青阳县人。庄观生，福建莆田县人。叶铭臻，浙江慈溪县人。殷继，浙江鄞县人。姜涣，浙江金华县人。袁迹，江西乐平县人。周益，广东茂名县人。黄本固，广东海康县人。曹睦，浙江瑞安县人。张新，江西新建县人。陈阳，江西进贤县人。朱光才，广西柳州府人。黄阳，江西乐平县人。□□□（陈重器），江西新喻县人。刘志学，直隶□□□县人。□□（彭斌），江西宜春县人。杨灿，江西□□县人。□□□（李仕华），湖广安乡县人。熊本诚，江西□□县人。卢垣，湖广巴陵县人。唐舟，广东琼山县人。黄珏，四川安岳县人。范进，直隶句容县人。赵理，直隶江都县人。徐与聆，江西上饶县人。蔡惟溥，福建晋江县人。李让，湖广当阳县人。谢升，广东高要县人。龙仪，江西万载县人。李文凤，广西北流县人。吴福，福建将乐县人。封孜昶，江西临川县人。徐迪，直隶嘉定县人。汪景明，直隶黟县人。叶奇贵，浙江武义县人。马忠，福建福宁县人。

赖礼，江西南康县人。何清，湖广沅陵县人。张政，湖广安乡县人。吴同，福建福宁县人。苏谦，山东青城县人。冯高，广东新兴县人。张昌，广东泷水县人。刘鉴，河南宁陵县人。萧荣，四川新津县人。王定，福建邵武县人。吴渊，江西玉山县人。许瑢，福建闽清县人。吴谦，广东海康县人。王哲，江西上饶县人。陈伯恭，江西吉安永丰县人。杨宣，广西苍梧县人。胡钦，湖广道州人。季镡，福建南平县人。刘刚，浙江安吉县人。周冕，直隶繁昌县人。周楫，河南杞县人。倪文质，浙江钱塘县人。陈颖，广东合浦县人。汤以安，江西鄱阳县人。林森，广东合浦县人。张忠，河南太康县人。高暐，浙江宁安县人。宦绩，直隶江阴县人。吴铎，直隶当涂县人。史彬，直隶溧水县人。邓时执，江西安福县人。邢郁，直隶繁昌县人。白贲，直隶和州人。朱贵，江西新昌县人。况琛，江西高安县人。吴提，福建邵武县人。李远，广西平乐县人。高才，浙江仁和县人。冯吉，直隶上海县人。王礼，湖广江夏县人。阳仪凤，江西南昌县人。孟瑄，湖广安化县人。邓谦，江西上高县人。殷序，直隶无锡县人。杨纪，直隶广德州人。魏暹，广西临桂县人。谭原信，江西龙泉县人。黄惟正，直隶江都县人。顾本得，福建莆田县人。林要，福建莆田县人。俞士真，直隶婺源县人。吕文质，江西宜黄县人。俞用，江西星子县人。蔡庸，直隶江阴县人。曾敬，湖广江夏县人。漆霏，江西南昌县人。林泰，福建宁德县人。李贵昌，浙江余姚县人。刘澄，江西吉水县人。傅璇，浙江上虞县人。陈敬宗，浙江慈溪县人。滕友，浙江西安县人。程希偓，江西德兴县人。杨旻，直隶长洲县人。赖生启，江西上犹县人。彭礼，直隶当涂县人。郎庆，浙江建德县人。张敬，山西阳曲县人。刘孔礼，福建晋江县人。张信，直隶当涂县人。李仲芳，广东南海县人。潘峥，广东南海县人。梁致恭，广东高要县人。王仲寿，直隶江宁县人。邢旭，浙江金华县人。陈文友，四川长寿县人。李佑，广东茂名县人。陈昺，江西高安县人。刘子敬，江西庐陵县人。胡谧，浙江鄞县人。丁璿，直隶上元县人。杜秉辉，四川潼川州人。武楫，湖广江夏县人。李学初，湖广湘乡县人。殷瓒，直隶常熟县人。王原，福建龙岩县人。游亨，江西上饶县人。王恪，江西湖口县人。曹福，直隶当涂县人。周贵，湖广大冶县人。方丰，江西建昌县人。蓝道立，湖广江陵县人。董镛，浙江仁和县人。黄直方，山西浑源县人。赵琰，直隶凤阳县人。刘濬，江西崇仁县人。宋蓁，山东高密县人。戴弘寅，浙江仙居县人。黄克修，湖广宜章县人。王昇，福建龙溪县人。邓钺，江西南昌县人。樊静，江西进贤县人。周英，江西建昌县人。戴新，山东平度县人。刘志道，浙江金华县人。黄嘉，广东海阳县人。陈季芳，广东潮阳县人。陈善，江西靖安县人。杜忠，江西新建县人。刘琼，直隶当涂县人。聂籽，四川荣县人。王玭，直隶嘉定县人。胡钊，湖广京山县人。何溅，浙江仁和县人。□□（王中），福建长汀县人。王槐，直隶太和县人。曾恕，江西赣县人。张谦，河南祥符县人。熊诚，四川江津县人。姚兼善，浙江鄞县人。赵进，江西高安县人。萧显，福建福安县人。刘阜，山东济阳县人。梁瑶，广东化州人。叶林，山西翼城县人。罗处富，江西庐陵县人。周霖，直隶上海县人。田琼，四川资县人。杨廷芳，湖广蓝山县人。王讷，湖广谷城县人。李纲，山东高密县人。刁鹏，河南祥符县人。颜宝，广东茂名县人。洪清，直隶泰和县人。陆普任，广东琼山县人。李鉴，直隶建平县人。贾真，山东泰安州人。辜敏道，福建南安县人。牛肄，河南项城县人。仵钦，河南获嘉县人。刘登，河南巩县人。伍玉，广东茂名县人。田堉，浙江缙云县人。何均平，浙江西安县人。袁舍兴，四川江安县人。张庸，直隶吴县人。王泽，湖广荆门州人。萧绍，四川新津县人。黄锐，福建永福县人。杨璊，河南襄城县人。段永，江西余干县人。徐善庆，浙江丽水县人。杨庸，山西曲沃县人。刘文林，四川大竹县人。陈节，山东益都县人。陈哲，广东曲江县人。徐子玉，浙江东阳县人。汪彦纯，直隶黟县人。周尚义，湖广石首县人。张艺，山西沁水县人。刘荣，直隶桐城县人。李瑄，湖广沔阳州人。朱庄，山东临邑县人。张贵，湖广绥宁县人。李迪，陕西咸宁县人。严润，直隶当涂县人。赵曾，浙江缙云县人。郭景曜，直隶建德县人。杜春，直隶丹徒县人。郭庆，江西星子县人。吴景，江西乐平县人。周英，广东合浦县人。林文亨，广东海康县人。陈文昌，广西北流县人。汪良士，直隶婺源县人。吴志盛，广东茂名县人。曾希贤，江西宁县人，孙确，河南通浒县人。童寅，湖广随州人。晏文铭，江西上高县人。杨彝，四川达州人。高朗，山东莱芜县人。刘宏，江西永新县人。张贞，广东茂名县人。沈忠，直隶吴县人。吴文郁，直隶黟县人。萧九成，广东高要县人。林良，福建晋江县人。柳昌，湖广随州人。黄垒，福建邵武县人。王秉彝，湖广石首县人。林寿，福建福安县人。袁添禄，湖广衡山县人。查孚，江西星子县人。彭福，福建瓯宁县人。彭尧成，湖广黄冈县人。郭道源，四川万县人。罗弘，湖广蒲圻县人。赵登，河南祥符县人。罗英，广东高要县人。陈兴，江西永新县人。袁杰，四川大昌县人。俞孟，浙江临安县人。许祯，湖广蕲水县人。熊进，湖广江夏县人。钱贵，浙江崇德县人。石佑，广东琼山县人。李本，河南延津县人。张循理，直隶华亭县人。余斌，浙江建德县人。邓汶，广西临桂县人。张文礼，云南晋宁州人。赵潜恭，浙江定海县人。刘英，江西永新县人。赵伯贵，四川通江县人。翟彦荣，广东归善县人。靳勉，山西曲沃县人。聂聪，直隶潜山县人。王用，山东平原县人。赵济，江西南城县人。祝文，江西上高县人。周文郁，直隶长洲县人。邓复荣，四川江安县人。何振，四川庆符县人。杜芳，山西翼城县人。高中，山东高苑县人。王彬，山西绛县人。黄用，直隶如皋县人。俞礼，浙江海宁县人。邓得麟，广东乐昌县人。陈泰，河南睢州人。李冕，江西上高县人。谢芳，直隶武进县人。汪献，直隶休宁县人。

曾荣（1372—1432）、周述（？—1436）、周孟简（1378—1430）等进士及第、出身有差。选进士为翰林院庶吉士，始于今年。庶吉士遂为翰林专官。《明太宗实录》卷二十九：永乐二年三月壬寅朔，"上御奉天殿试礼部选中举人杨相等四百七十二人，制策曰：'朕闻圣人之治天下，明于天之经，察于地之义，周于万物之务，其道贯古今而不易也。是故黄帝尧舜，统承先圣，垂裳而治，神化宜民，朕惟欲探其精微之蕴。历象、《禹贡》、《洪范》载于《书》，大衍、河图、洛书著于《易》，古今异说，朕惟欲致其合一之归。兴学有法，立贤无方，而古今异制，朕惟欲通其所以教育，参其所以明扬。古者礼乐皆有书，今《仪礼》《曲礼》《周礼》仅存，而乐书阙焉，朕惟欲考三礼之文，补乐书之阙，定黄钟之律，极制作之盛，皆圣人治道所当论也。咨尔多士，承朕皇考圣神文武钦明启运俊德成功统天大孝高皇帝作新余四十年，必知务明体适用之学，敷纳于篇，朕亲考焉。'"乙巳，上御奉天殿，阅举人对策，擢曾棨为第一，赐棨等四百七十二人进士及第、出身有差。""丙午，赐进士曾棨冠服银带，余并赐钞五锭。是日赐宴于会同馆。""丁未，上御奉天殿，进士曾棨等上表谢恩。己酉，吏部奏授进士曾棨等官，命第一甲曾棨为翰林院修撰，周述、周孟简俱为编修。仍命于第二甲择文学优等杨相等五十人及善书者汤流等十人俱为翰林院庶吉士，俾仍进学。擢第三甲方昶等二十人为行人司行人，余于诸司观政。""辛酉，升大理寺左少卿吕震为本寺卿，右寺丞吴中为左少卿。命工部建进士题名碑于国子监，命翰林院侍读学士王达撰记。"《馆阁漫录》卷一："三月壬寅朔。上御奉天殿，试礼部选中举人杨相等四百七十二人。乙巳，上御奉天殿，阅举人对策，擢曾棨为第一。己酉，吏部奏授进士曾棨等官，命第一甲曾棨为翰林院修撰，周述、周孟简俱为编修。仍命于第二甲择文学优等杨相等五十人，及善书汤流等十人，俱为翰林院庶吉士，俾仍进学。甲寅，赐曾棨、周述、周孟简罗衣各一袭。庚申，升翰林院编修王达为侍读学士。命工部建进士题名碑于国子监，命翰林院侍读学士王达撰记。"《殿阁词林记》卷十四《殿策》："圣祖策进士，多亲制策问，洪武四年、十八年皆然。其后或命本院儒臣拟撰以进，取自圣裁而用之。永乐初，成祖思求博闻多识之士，命学士解缙采天文、律历、礼乐、制度拟撰为题，上意士子必为所窘。及得曾棨卷，记诵详尽，叹异以为第一人。御笔批曰：'贯通经史，识达天人，有讲习之学，有忠爱之诚。擢魁天下，昭我文明，尚资启沃，惟良显哉！'其第二人周述、第三人周孟简亦皆批评，前此所未有也。今上临轩策士，其第一甲三人皆亲赐裁定，批数语于卷首，彬彬然有永乐之风焉。"《殿阁词林记》卷二十一《铨注》："洪武初年，本院官皆由荐举进，虽设进士科，未有入翰林者。（十八年）以第一甲赐进士及第丁显、练安、黄子澄为修撰，第二甲赐进士出身马京、齐麟等为编修，吴文等为检讨，皆出简用，不由选法，命下吏部，惟铨注而已，后遂为例。（二十一年）策进士，以第一人任亨泰为修撰，第二人唐震、第三人卢原质为编修，著为令，至今因之。（二十四年）则许观、张显宗、吴言信，（二十七年）则张信、景清、戴德彝，（三十年）则陈䢿、尹昌隆、刘谔。是年六月覆试，则韩克忠、王恕、焦胜。（建文帝二年）遵洪武乙丑之例，第一甲胡广、王艮、李贯皆修撰，第二甲吴溥、杨子荣、杨溥、刘观皆编修。（永乐二年）进士第一人曾棨擢修撰，第二人周述、第三人周孟简仍铨编修，则复遵戊辰之令也。林环、陈全、刘素、萧时中、苗衷、黄阳、马铎、林志、王钰、陈循、李贞、陈景著、李骐、刘江、邓珍、曾鹤龄、刘矩、裴纶、邢宽、梁禋、孙曰恭、马愉、杜宁、谢琏、林震、龚锜、林文、曾鼎、赵恢、钟复、周旋、陈文、刘定之、施槃、杨鼎、倪谦、刘俨、吕原、黄谏、商辂、周洪谟、刘俊、彭时、陈鉴、岳正、柯潜、刘升、王㒜、孙贤、徐溥、徐辖、黎淳、徐琼、陈秉中、王一夔、李永通、郑环、彭教、吴钊、罗璟、罗伦、程敏政、陆简、张升、丁溥、董钺、吴宽、刘震、李仁杰、谢迁、刘戬、王鏊、曾彦、杨守阯、曾追、王华、黄珣、张天瑞、李旻、白钺、王敕、费宏、刘春、涂瑞、钱福、刘存业、靳贵、毛澄、徐穆、罗钦顺、朱希周、王瓒、陈澜、伦文叙、丰熙、刘龙、康海、孙清、李廷相、顾鼎臣、董玘、谢丕、吕柟、景旸、戴大宾，时大学士焦芳用事，第二甲第一人焦黄中，芳子也，有中旨以黄中及第二甲第一人胡缵宗俱为检讨，及黄中之败也，缵宗亦坐贬。杨慎、余本、邹守益、唐皋、黄初、蔡昂、舒芬、伦以训、崔桐、杨惟聪、陆钛、费懋中。盖自永乐以来，进士得铨注者惟第一甲，而二甲三甲必改庶吉士，乃得铨注云。"《弇山堂别集》卷八十一："永乐二年甲申会试，命侍读学士解缙、侍读黄淮为考试官，取礼乐制度为问，欲以求博洽之士，唯曾棨卷记独详。上喜，御批：'贯通经史，识达天人，有讲习之学，有忠爱之诚。擢魁天下，昭我文明，尚资启沃，惟良显哉。'第二第三人周述、周孟简从昆季也，亦皆有御批褒许之辞，至谓'兄弟齐名，古今罕比'，授修撰、编修等官。仍于二甲择文学优长杨相等五十一人及善书汤流等十人俱改翰林庶吉士进学，赐棨与述、孟简罗衣各一袭。五月，擢庶吉士杜钦、王惟正、郑庆为户科给事中，周玉、罗亨信、张侗为工科给事中。又命翰林院试下第举人张钦等六十一人，召见，皆赐冠带，命于国子监进学，以俟后科，且勉以立志，谓：'尔等学已有根，但更百尺竿头进步尔，后科第一甲人有不在尔曹者乎？'至次年正月，复命学士缙等，庶吉士杨相、刘子钦、彭汝器、王英、王直、余鼎、章敞、王训、柴广敬、王道、熊直、陈敬宗、沈升、洪顺、章朴、俞学夔、罗汝敬、卢翰、汤流、李时勉、段民、倪惟哲、袁天禄、吾绅、杨勉及棨等二十八人，于文渊阁肄业。时人谓之二十八宿。进士周忱自陈年少，愿进学，上喜曰：'有志之士也。'命增人之。司礼监月给笔墨纸，光禄给朝暮膳，礼部月给膏烛钞人三锭，工部择近第宅居止。是岁人知选二十八人，不知初为六十一人也。""是科自曾棨等三名外，得留者仅王英、王直二人，而至八座者，亦仅二王及周忱耳，陈敬宗、李时勉皆已授官而复人者。"周忱《双崖集》诗集卷首钱溥《双崖集诗序》："太宗皇帝龙飞之二年，策试天下士，得曾棨以下四百七十二人。时方锐意文学，复选曾棨以下凡二十八人人翰林，应经宿之数……公名忱，字恂如。当是时初不预选，乃引志于上。上嘉之，复增为二十九人。则公之名固已著矣。"黄淮《介庵集》卷八《翰林庶吉士张士铨墓志铭》："士铨学日茂长……永乐乙酉，应乡举，占经魁，试礼闱，进对大廷，登名第二甲。赐进士出身，选入翰林充庶吉士。进文渊阁，预修《太祖实录》、《永乐大典》。"《国榷》卷十三："永乐二年三月壬寅朔，策贡士杨相等四百七十二人于奉天殿，赐曾棨、周述、周孟等进士及第、出身有差。""永乐二年三月丁未，选翰林院庶吉士杨相、宋子环、王训、王直、秦政学、徐安、吾绅、彭汝器、周忱、刘子钦、周文、李宁、张彻、章朴、欧阳俊、卢翰、梁任、熊直、王道、曹景晖、陆孟良、萧省身、刘孟铎、柴广敬、张宗琏、田忠、曾与贤、洪钟、洪顺、余学夔、陈满、萧清、刘绍、林凤、张宪、殷旵、严光祖、涂顺、段民、李贞、江钺、章敞、倪维哲、许瑶、陈敬宗、王仲寿、李迪、袁添禄、李时勉、杨粲并习文，汤流、王英、孙奉、余鼎、李永年、袁迩、周远、钟旭、彭礼、戴弘演并习书。户部办事进士当涂李衡以年少自请，命改庶吉士，同江宁杨勉习书。姚士粦曰：国朝隆礼鼎甲，赐第后即官翰林。若考选使读中秘书，自永乐二

230

年甲申科始，名为制科，得与选多由禁近，人皆荣之。然亦有遇有不遇，如永乐丙戌、壬辰、乙未、辛丑、甲辰五科，合庶吉士凡百二十三人，曾无一人官三品者。至成化丁未二十三人，与鼎甲得五相十卿，而得谥者十二人，惟刑侍汪仪不得谥耳。若隆庆戊辰，人亦二十有三。而内阁七人，登卿寺者十有七人。数前后相若，贵盛过之。更可怪者，嘉靖壬戌一甲三人皆入阁，正德辛巳一甲三人皆为外官，何荣否不相匹若此。有如世庙丙戌、己丑馆选，合四十人，俱照赐第出身选格，以部科中行、州县散馆，此萝峰公作用也。惟正统戊辰，浙无一人，最为短气。盖自永乐考选至今日，庶常极多者。永乐己未六十二人，极少则正德戊辰，五人而已。"李调元《制义科琐记》卷一《生日》："曾棨，字子启，五岁尽识象戏事，称江西才子。永乐中甲申状元，其生洪武乙巳九月七日亥时。其孙追，亦生于洪熙乙巳九月七日亥时，年、月、日、时皆同，因名追。成化戊戌，追亦探花及第。"《制义科琐记》卷一《题名碑》："永乐二年，上特命工部建进士题名碑于国子监，命侍读学士王达记，遂为例。"《制义科琐记》卷一《兄弟鼎甲》："永乐甲申科，卢陵周孟简与弟述同登第。述名在孟简之前，太宗曰：'弟不可以先兄。'乃置述于后。此即二宋故事也。"

周述、周孟简兄弟及第。王世贞《弇山堂别集》卷八十一："永乐二年甲申会试，命侍读学士解缙、侍读黄淮为考试官，取礼乐制度为问，欲以求博洽之士。唯曾棨卷记独详，上喜，御批：'贯通经史，识达天人，有讲习之学，有忠爱之诚。擢魁天下，昭我文明，尚资启沃，惟良显哉。'第二、第三人周述、周孟简，从昆季也。亦皆有御批褒许之辞，至谓'兄弟齐名，古今罕比'，授修撰、编修等官。"

胡广升右春坊右庶子。胡俨《文渊阁大学士兼左春坊大学士赠资善大夫礼部尚书谥文穆胡公墓志铭》："永乐二年三月，由侍读升右春坊右庶子。"

翰林院编修王达为侍读学士。（据《国榷》卷十三）

监生李矩、周正、秦瓒、魏清、文振、许信、关和、吕衡、杨祥、杨俨、任重、王理、陆必寿、王良俱为监察御史。（据《国榷》卷十三）

四月

立朱高炽为皇太子。（据《明太宗实录》卷三十）《馆阁漫录》卷一："四月辛未朔，简东宫官属，命淇国公丘福兼太子太师，成国公朱能兼太子太傅，吏部尚书蹇义兼詹事，升工部右侍郎金忠为兵部尚书兼詹事，兵部右侍郎墨麟、工部左侍郎赵毅俱兼少詹事，升吏科都给事中朱原贞、刑科左给事中陆中善俱为詹事府丞。"《明鉴纲目》卷二："纲：夏四月，立子高炽（与二王俱皇后出）为皇太子，封高煦为汉王（初封云南，后改乐安），高燧为赵王（封彰德）。目：帝初起兵，高煦常从战有功，帝喜以为类己，高煦亦以此自负，谋夺嫡。及议建储，邱福等言，高煦有功宜立。独金忠力争，以为不可。帝召解缙问之，缙称皇太子仁孝，天下归心，帝不应。缙又顿首曰：'好圣孙。'谓皇孙瞻基也（即宣宗）。复问黄淮、尹昌隆（昌隆于帝即位初，名列奸党，将就刑，大呼曰：'建文时尝上疏让位陛下，奏牍可覆。'帝取奏阅之，叹曰：'火烧头，若早从所言，朕亦无此劳苦也。'乃免昌隆死，使往北京，辅导太子)，对与缙同，帝意乃决。"《殿阁词林记》卷二十《储典》："洪武中，定储宫奏事，皇太子御文华殿，官员人等承旨召入者方许入，凡启事者称臣。《会典》载东宫朝仪云：永乐二年，定文武官员常朝，行叩头礼毕，三师、三少、詹事府官、左右春坊官、翰林院、鸿胪寺等官、六科给事中、锦衣卫官，左右序立于文华殿门之外，鸿胪寺序班、通政舍人引文武百官于丹陛上丹墀内，东西序立，照依衙门资次启事。御史二员，司直、清纪日轮二员，北向侍立纠仪。启事毕，百官齐退。及有召问，亦须前项官员一同进出，如独进并独员留后者，许监察御史、鸿胪寺官、司直、清纪纠核。凡合启事务，在京衙门止用奏本，其詹事府主簿、录事同春坊、司直、清纪、司谏分为六科，将本内启过事件同六科给事中逐一奏闻，主簿、录事、司直、清纪、司谏仍于司礼监共开揭帖开写，逐日启过本内事件略节缘由，六科给事中亦具题帖，各另奏进。凡遇正旦、冬至节行庆贺礼，并进历、进春等事，詹事府例该启皇太子知，必先奏闻，候得旨，方具启本进。凡遇皇太子千秋节行庆贺礼，奏启本同进，侍班用坊局官。正旦、冬至、千秋节，礼部官进笺，并进历、进春，通事二员举案。又有监国等仪。"

《文华宝鉴》辑成。《馆阁漫录》卷一："甲申，《文华宝鉴》成。先是，命侍臣辑自古以来嘉言善行有益于太子者为书，以授太子。至是书成，名《文华宝鉴》。上御奉天门，召皇太子授之曰：'修己治人之要，具于此书。昔尧舜相传，惟曰允执厥中，帝王之道，贵乎知要，知要便足为治，尔其勉之。'皇太子拜受而退。上顾翰林院学士兼右春坊大学士解缙等曰：'皇考训戒太子，尝采经传格言为书，名《储君昭鉴录》。朕此书稍充广之，盖以皇考圣谟大训以为子孙万世帝王之法，诚能守此，足为贤君。昔秦始皇教太子以法律，晋元帝授太子以韩非书，帝皇之道废而不讲，此所以乱亡。朕此书皆大经大法，卿等宜辅东宫，从容闲暇，亦当以此为说，庶几成其德业，他日不失为守成令主。'"

解缙升翰林大学士。陈仲完、徐善述等亦升擢有差。《馆阁漫录》卷一："命礼部尚书李至刚兼左春坊大学士。升翰林院侍读学士解缙为本院学士，兼右春坊大学士；翰林院侍读黄淮为左庶子，胡广为右庶子，胡俨左谕德，皆仍兼侍读；翰林院侍读（讲）杨荣右谕德，仍兼侍讲；以翰林院侍讲杨士奇兼左春坊左中允，改北京刑部主事尹昌隆为左中允。升翰林院修撰李贯右春坊右中允，仍兼修撰。命吏部左侍郎温思恭兼左春坊左赞善。升翰林院编修陈仲完为左赞善，仍兼编修；检讨王汝玉为右春坊右赞善，仍兼检讨。升国子监博士徐善述、监察御史王子沂俱为左春坊左司直郎，国子助教晁铸、刑科给事中王文贵俱为右春坊右司直郎，刑部司务杨正为左春坊左清纪郎，国子博士杨斌右春坊右清纪郎，教授程禧、教谕黄贯俱左春坊司谏，教谕张祥、梁艮俱右春坊司谏。升翰林院编修杨溥、中书舍人姚友直俱为司经局洗马，溥仍兼编修；户科给事中吴牧兼司经局校书，吏科给事中梁质兼司经局正字。升教谕刘真为校书，训导王雅为正字。丁丑，升湖广宝庆府知府仪智为通政司右通政兼右春坊右中允。"杨士奇《朝列大夫交阯布政司参议春雨解先生墓碣铭》："上初与武臣等二三人议建储，文臣惟金忠预，皆靖难时股肱也。武臣咸请立皇第二子高煦，谓其有扈从功，上不听。福等叩首请不已，终不听。遂召预议事，已定，然秘未发。明年，册仁宗皇帝为皇太子，高煦为汉王，进公翰林学士，兼右春坊大学士奉议大夫。"

改国子监祭酒徐旭为翰林院修撰。《馆阁漫录》卷一："五月辛丑朔，礼科言国子监祭酒徐旭坐书奏不谨，当降。上问吏部尚书蹇义：'旭为人何如?'对曰：'有文持守，而于人寡合。'上曰：'持守之人，固当寡合。盖其中有所主，而不能脂韦依阿于外，况兼有文学，宜置之近侍。'遂命为翰林院修撰。戊申，升通政司右通政兼右春坊右中允仪智为湖广右布政使。"

监生汤铭、游颜为刑科给事中。（据《国榷》卷十三）

进士沈升、孙子良、李昌祺、罗汝敬、涂敬、萧宽、褚让、独孤乐善、陈士启、陈纲、董镛、刘子敬、陈伯恭、陈资善、赵曾、赵济、刘刚、尤仪、刘澄、黄扬俱改庶吉士修书。（据《国榷》卷十三）

五月

再选翰林院庶吉士。诸司办事进士曾慎、魏骐、吴惇、漆霄、赵理、赵琰、韩庸、史彬、徐观、樊静、曹彦昌、陈旭、田埔、罗处富、邢旭、曾恕、王完、叶贞、陈兴、俞礼、赵浚、潘中、徐昑、胡秉彝、周志义、俞益、曹睦、杨仪凤、谭原性俱能书，选翰林院庶吉士。（据《国榷》卷十三）

建昌府教授于敬为江西道监察御史。复杨直浙江道监察御史。建文初出青州知府，坐免。（据《国榷》卷十三）

通政司右通政兼右春坊右中允仪智为湖广右布政使。（据《国榷》卷十三）

贡士莫福为刑科给事中。（据《国榷》卷十三）

监生朱政、黄理、柴震俱为兵科给事中。（据《国榷》卷十三）

庶吉士杜钦、黄惟正、郎庆为户科给事中，周玉、罗亨信、张侗，监生胡昌为工科给事中。（据《国榷》卷十三）

庶吉士林正、魏遐、喻则成、白瑜、郑兰，进士封孜昶、赵登，监生陶玮、陈贞、裴川为给事中。（据《国榷》卷十三）

六月

蹇义等言进士、举人、监生任用事宜。命翰林院考试下第举人，得张铉等六十人，皆赐冠带，令于国子监进学。《明太宗实录》卷三十二：永乐二年夏六月己丑，"吏部尚书兼詹事府蹇义等言：'在京各衙门官原有定额，近因事烦，额外添设，不无冗员。宜令各衙门依定制选留，余并送部别用。在外大小衙门官，亦有多设，宜令所隶上司，严行考核，其罢软不胜及老疾贪墨者，悉送赴部。今年所取进士，诸司无缺铨注，各王府教授伴读多缺，拟于第三甲内选用，仍令食进士八品之禄。第二甲、第三甲，拟量留七十员，分隶诸司观政，遇缺取用，余悉遣归进学。凡冠带举人，亦令归，进学以待后科会试。诸司历事监生，例应三月后授官，近因少缺，有一年未授者，而内府办事监生，止是誊写奏本，查理文册，稽算数目，别无政务，比内官监奏，准半岁授官，而历事监生，有政务者，授官反迟。今后宜令所司，内府办事监生，月日满者，定例给赏，仍令回监进学，依次历事出身。'上皆从之。""甲午，上命礼部臣曰：'会试下第举人既多，其中必尚有可取者。盖虑一时匆猝，或本有学问，而为文之际，记忆偶差，遂致谬误。或本不谬误，而考阅之官，神情昏倦，失于详审，以致黜落。此皆可矜，其令翰林院出题更试，择文词优等者以闻。遂得贡士张铉等六十人以奏。上召见，皆赐冠带，命于国子监进学，以俟后科。且勉之曰：'士当立志。志一则工专，工专则业就。尔等于学已有根本，但更百尺竿头进步尔。后科第一甲人，有不在其尔曹者乎？其往勉之。'"李调元《制义科琐记》卷一《竿头进步》："永乐二年甲申……命翰林试下第举人张铉（铉）等六十一人，召见，皆赐冠带，命于国子监进学以俟后科，谓曰：'尔等学已有根，但更百尺竿头进步耳。后科第一人，有不在尔曹者乎？'"

七月

儒士朱季友以所进书诋毁程朱理学获罪。《明太宗实录》卷三十三"永乐二年秋七月壬戌（二十三日）"："饶州鄱阳县民朱季友进书，词理谬妄，谤毁圣贤。礼部尚书李至刚、翰林学士解缙等，请置于法。上曰：'愚民若不治之，将邪说有误后学。'即遣行人押还乡里，会布政司、按察司及府县官，杖之一百，就其家搜检所著文字，悉毁之。仍不许称儒教学。"《东里别集》之《圣谕录》卷上："永乐二年，饶州府士人朱季友献所著书，专斥濂洛关闽之说，肆其丑诋。上览之怒甚，曰：'此儒之贼也！'时礼部尚书李至刚、翰林学士解缙、侍读胡广、侍讲杨士奇侍侧，上以其书示之。观毕，缙对曰：'惑世诬民，莫甚于此。'至刚曰：'不罪之，无以示儆。宜杖之，摈之遐裔。'士奇曰：'当毁其所著书，庶几不误后人。'广曰：'闻其人已七十，毁书示儆足矣。'上曰：'谤先贤，毁正道，非常之罪。治之可拘常例耶？'即敕行人押季友还饶州，会布政司府县官及乡之士人，明谕其罪，笞以示罚。而搜检其家所著书，会众焚之。又谕诸臣曰：'除恶不可不尽，悉毁所著书，最是。'"

云南宁晋进士张为礼乞就教，特除云南府教授以劝。（据《国榷》卷十三）

八月

学士解缙等进呈《大学·正心》章讲义。《殿阁词林记》卷十五《呈讲》："永乐二年八月，学士解缙等进呈《大学·正心》章讲义，上览之至再，谕缙等曰：'人君诚不可有此好乐，一有好乐，泥而不返，则欲必胜理。若心能静虚，事来则应，事去如明镜止水，自然纯是天理。朕每退朝默坐，未尝不思管束此心为切要也。'杨士奇等先于六月亦进呈文华殿《大学》讲义，上览毕称善，因曰：'先儒谓《尧典》克明峻德一章，一部《大学》皆具。'士奇对曰：'诚如圣谕，尧、舜、禹、汤、文、武数圣人，凡修诸躬施于家国天下者，皆《大学》之理。'上曰：'孟子道性善，必举尧、舜，尔等于讲说道理处，必举前古为证，庶几明白易人。'又曰：'帝王之学，贵切己实用。讲说之际，一切浮泛无益之语勿用，盖留神融会，必妙悟至理而后已。'"

九月

遣国子监丞王俊用使朝鲜。（据《国榷》卷十三）

出胡俨为国子监祭酒，遂不预机务。《明史》胡俨传："永乐二年九月，拜国子监祭酒，遂不预机务。"《江西通志》卷六十八："俨在阁承顾问，应对从容，尝不欲先人。然为人少戆，虽委曲终不俯仰取容悦。同列因言俨学行宜为师表，乃解机务，拜国子监祭酒。时用法严峻，国子生或托事告归，辄坐戍边。俨至，即奏除之。"

十月

长兴侯耿炳文自杀。《明鉴纲目》卷二："纲：冬十月，籍长兴侯耿炳文家，炳文自杀。目：刑部尚书郑赐（字彦嘉，建宁人），都御史陈瑛，劾炳文衣服器皿有龙凤饰，玉带用红鞓，僭妄不道，诏籍其家，炳文遂自杀。（炳文子璇，尚懿文太子长女，建文初，进驸马都尉。炳文北伐，璇劝直捣北平，不听，遂败。帝即位，璇称疾不出，坐罪死。炳文虽太祖功臣，然终以惠帝肺腑戚，故赐等希旨劾之，遂及。）"

十一月

富平县丞陆具瞻为翰林编修。尝事燕邸。（据《国榷》卷十三）

命重修《文献大成》。《馆阁漫录》卷一："十一月己亥朔。壬子，擢富干县丞陆具瞻为翰林院编修。具瞻尝事上于藩邸，克效恭勤云。丁巳，翰林院学士兼右春坊大学士解缙等进所纂录韵书，赐名《文献大成》，赐缙等百四十人钞有差，锡宴于礼部。既而上览所进书尚多未备，遂命重修，而敕太子少师姚广孝、刑部侍郎刘季箎及缙总之，命翰林学士王景、侍读学士王达、国子祭酒胡俨、司经局洗马杨溥、儒学陈济为总裁，翰林院侍讲邹缉，修撰王褒、梁潜、吴溥、李贯、杨颐、曾棨，编修朱纮，检讨王洪、蒋骥、潘畿、王偁、苏伯厚、张伯颖，典籍梁用行、庶吉士杨相、左春坊左中允尹昌隆、宗人府经历高得旸、吏部郎中叶砥、山东按察金事晏璧为副总裁，命礼部简中外官及四方宿学老儒有文学者充纂修，简国子监及在外郡县学能书生员缮写，开馆于文渊阁，命光禄寺给朝暮膳。"

进士张英为吏科给事中，陈汤、刘莹为监察御史。（据《国榷》卷十三）

十二月

礼部言监生太少，请自明年始，依洪武二十五年例，天下府学岁贡生员二人，州学二岁三人，县学一岁一人。从之。（据黄佐《南雍志》卷二《事纪》）

进士吴廷用、江贞、虞贞、王彦修、曹润并为给事中。（据《国榷》卷十三）

甲午立春，赐六部尚书、侍郎金织文绮衣各一袭，特赐翰林院学士解缙、侍读黄淮、胡广、侍讲杨荣、杨士奇、金幼孜衣，与尚书同。缙等入谢，上曰："朕与卿等非偏厚，代言之司，机密所属，况卿六人旦夕在朕左右，勤劳助益不在尚书下，故予赐费，必求称其事功，何拘品级。"又曰："朕皇考初制，翰林长官品级与尚书同，卿等但尽心职任。孔子云：'君使臣以礼，臣事君以忠。'君臣各尽其道耳。"缙等稽首而退。（见《馆阁漫录》卷一）。

本年

令增广生员入学十年，若年二十之上，鲁钝不能行文者充吏。其例后屡有变更。万历《大明会典》卷七十八《学校·考法》："永乐二年，令增广生员入学十年，若年二十之上，鲁钝不能行文者充吏。宣德三年奏准，巡按御史会布、按二司并提调教官考试生员，廪膳十年之上，学无成效者，发附近布政司、直隶发附近府州充吏。六年以下，鄙狠无学者，追还廪米为民。正统元年，令廪膳六年以上，不谙文理者充吏。增广六年以上，不谙文理者为民……十年奏准，提学官会布政司堂上官一员，两直隶会巡按御史，公同提调教官，考选生员，年四十以上，不谙文理者，廪膳十年以上，送吏部。六年以上，送附近布政司。增广十年以上，送布政司，两直隶送本府，俱充吏。六年以上并鄙狠残疾者，悉黜为民。云南、贵州免考。"

明成祖永乐三年乙酉（公元 1405 年）

正月

夏原吉献诗鸣盛。《忠靖集》卷一《河清颂》序："永乐二年冬十二月十七日至永乐三年春正月十八日，黄河水清凡数百里。于是秦王及高平王相继奉表称贺，上谦让弗居。群臣固请，咸谓不可不承天心以虚灵贶，遂俯徇舆情，受贺于奉天殿，庆协神人，欢腾朝野。猗欤盛哉！诚亘古以来非常之奇遇也……臣原吉忝缀六卿，获瞻盛事，虽匪才浅学，莫克称扬，然忻忭之余，不容自默。谨拜手稽首而献颂。"

选曾棨等二十九人读书中秘。《明太宗实录》卷三十八：永乐三年春正月壬子，"先是，上命翰林院学士兼右春坊大学士解缙等，于新进士中选材质英敏者，俾就文渊阁进其学。至是，缙等选修撰曾棨、编修周述、周孟简，庶吉士杨相、刘子钦、彭汝器、王英、王直、余鼎、章敞、王训、柴广敬、王道、熊直、陈敬宗、沈升、洪顺、章朴、余学夔、罗汝敬、汤流、李时勉、段民、倪维哲、袁天禄、吾绅、杨勉二十八人。入见，上谕勉之曰：'人须立志，志立则功就。天下古今之人，未有无志而能建功成事者。汝等简拔于千百人中为进士，又简拔于进士中至此，固皆今之英俊。然当立心远大，不可安于小成。为学必造道德之微，必具体用之全。为文必并驱班、马、韩、欧之间。如此立心，日进不已，未有不成者。古人文学之至，岂皆天成，亦积功所至也。汝等勉之。朕不任尔以事，文渊阁古今载籍所萃，尔各食其禄，日就阁中，恣尔玩索，务实得于己，庶国家将来皆得尔用。不可自怠，以孤朕期待之意。'时进士周忱自陈年少，愿进学，上喜曰：'有志之士也。'命增忱为二十九人。遂命司礼监月给笔、墨、纸，光禄给朝暮膳，礼部月给膏烛钞人三锭，工部选近第宅居之"。《翰林记》卷四《文渊阁进学》："永乐三年正月壬子，先是太宗命学士兼右春坊大学士解缙等于新进士中选材质英敏者，俾就文渊阁进学，至是，缙等选修撰曾棨，编修周述、周孟简，庶吉士杨相、王训、王直、吾绅、彭汝器、刘子钦、余学夔、章朴、卢翰、熊直、王道、罗汝敬、沈升、柴广敬、王英、余鼎、杨流、洪顺、段民、杨勉、章敞、李时勉、倪维哲、陈敬宗、袁添禄二十八人。入见，上谕勉之曰：'人须立志。志立则功就。天下古今之人，未有无志而能建功成事者。汝等简拔于千百人中为进士，又简拔于进士中至此，固皆今之英俊。然当立志远大，不可安于小成。为学必造道德之微，必具体用之全。为文必并驱班、马、韩、欧之间，如此立心，日进不已，未有不成者。古之文学之士岂皆天成？亦积功所至也。汝等勉之。朕不任尔以事。文渊阁，古今载籍所萃，尔各食禄，日就阁中，恣尔玩赏，务实得于己，庶国家将来皆得尔用。不可自怠，以孤朕期待之意。'时庶吉士周忱，自陈年少，愿进学。上喜曰：'有志之士也。'命增忱为二十九人。遂命司礼监月给笔、墨、纸，光禄寺给朝暮膳，礼部月给膏烛钞人三锭，工部择近第宅居之。且命缙领其事。数召至便殿，问以经史诸子故实，或至抵暮方退。五日一休沐，使内臣道之，校尉备驺从，人莫不歆其荣艳。上时搜奇书僻事以验所学，棨等多对诵如流。上甚喜之，多所奖赉，恒顾群臣曰：'秀才辈性子，直可亲近。'缙尝以《钟山蟠龙》诗试诸人，甚称彭汝器所作。一日上问《捕蛇者说》，汝器即朗诵于前，上奇其才。王训以《大江绕金陵赋》进，上最称之。且程试课业，大严赏罚之典，而王英、王直尤为侪辈所推让云。盖是时庶吉士隶本院者尚多，如孙子良、洽顺、李昌祺、萧省身、江铁、张宗琏、田忠等，无虑数十人，皆不得与。其与者，皆被选者也。

237

后上尝亲征巡狩，虽有庶吉士之选，诏如甲申例，车驾不及亲莅焉。"

国子监祭酒胡俨请申明洪武中所定学规。从之。《明太宗实录》卷三十八：永乐三年春正月"丙辰，国子临祭酒胡俨，请申明洪武中所定学规。从之。上谕俨曰：'此其条约耳。为师范者，当务正己以先之，讲学渐磨，以养其心，淑其身，此为切要，汝宜勉之。'"

二月

升翰林院编修陆具瞻为赵府左长史，以具瞻尝授学赵王云。（据《馆阁漫录》卷一）

三月

福州教授王铎为刑科给事中。（据《国榷》卷十三）

四月

成祖谕六科给事中等直言无隐。《殿阁词林记》卷十六《责难》："永乐三年四月，成祖御奉天门，视朝罢，召六科给事中谕曰：'朕日临百官，可否庶务，或有失中者，尔等宜直言无隐。'又顾翰林学士解缙等曰：'敢为之臣易求，敢言之臣难得。敢为者强于己，敢言者强于君。所以王、魏之风，世不多见。若使进言者无所畏，听言者无所忤，天下何患不治。朕与尔等皆勉之。'又尝谓诸近臣曰：'早来在宫中，偶忘一事，问左右，皆不能记忆，盖沉思久而后得之。朕以一人之智，处万几之繁，岂能一一记忆不忘，一一处置不误。拾遗补过，近侍之职。自今事之丛脞者，尔等但悉记之，以备顾问，所行有未合理，亦当直谏。朕自起兵以来，未尝为忤直谏，尔等慎勿有所顾避。'"

儒士西安马巨江为翰林院五经博士。上闻巨江学行，征至。辞老，敕谕致仕。（据《国榷》卷十三）

五月

琉球国山南王汪应祖遣寨官子李杰赴国子监受学，赐夏衣一袭。（据《明太宗实录》卷四十二）

六月

遣宦官山寿帅骑兵出云州。宦者典兵自此始。《明鉴纲目》卷二："纲：夏六月，遣中官山寿，帅师出云州。目：时命武城侯王聪（战水人）觇虏兵，别遣山寿帅骑兵出云州，北行会之。人赍一月粮，每三十里，置五骑，以待驰报。宦者典兵自此始。"

遣中官郑和等出使西洋。《明太宗实录》卷四十三"永乐三年六月己卯（十五日）"："遣中官郑和等赍敕往谕西洋诸国，并赐诸国王金织文绮、彩绢，各有差。"《明鉴纲目》卷二："纲：遣中官郑和（云南人，世谓之三保太监）使西洋。目：帝疑建文帝亡海外，遣和及王景弘踪迹之。多赍金币，率兵二万七千余人，造大船（凡六十有二），由苏州刘家港泛海，至福建达占城，以次遍历西洋，颁天子诏，宣示威德。因给赐其君长，不服，则以兵慑之，诸邦咸听命。比和还，皆遣使者随和朝贡，帝大喜。未几，复命和往，遍赍诸邦，由是来朝者益众。和先后凡七奉使，三擒番长（初使擒旧港酋陈祖义。旧港，故三佛齐国也。再使擒锡兰国王亚列苦奈儿，及其妻子。最后，苏门答剌王子苏干利，谋弑其王，并欲杀和，和率兵讨擒之），为古来宦官所未有。而诸番利中国货物，益互市通商，往来不绝。故当时有三保太监下西洋之说。而后之奉命海表者，莫不盛称和以夸外番。然中国前后耗费亦不赀。其随行军士，或以舟败漂没异国，有十余年始得还者，什不存一二云。"

大兴教谕赵纬为礼科给事中。（据《国榷》卷十三）

八月

颁学规榜例于国子监及府、州、县，一如洪武旧制，凡监生、生员，免其家丁差徭。黄佐《南雍志》卷二《事纪》："永乐三年秋八月己巳，上谕礼部臣曰：'学校育才以资任用，太祖高皇帝内设国子监，外设府、州、县学，选用师范，教育俊秀，严立教法，丰廪蠲徭，期待甚至。建文以来，学校废弛，所司又不督励，虚糜廪禄。尔礼部宜申明旧规，俾师教无阙，士学有成，庶几国家得贤材之用。'遂颁学规榜例于国子监及府、州、县，一如洪武旧制，凡监生、生员，免其家两丁差徭。"《明太宗实录》卷四十五：永乐三年八月"己巳，上谕礼部臣曰：'学校育才以资任用，太祖高皇帝内设国子监，外设府、州、县学，选用师范，教育俊秀，严立教法，丰廪蠲徭，期待甚至。建文以来，学校废弛，所司又不督励，虚糜廪禄。尔礼部宜申明旧规，俾师教无阙，士学有成，庶几国家得贤材之用。'"

礼部尚书兼左春坊大学士李至刚有罪，下狱。（据《国榷》卷十三）

命翰林院学士王景、侍读学士王达主应天试。《明太宗实录》卷四十五：永乐三年八月壬申，"应天府乡试奏请考试官，上命翰林院学士王景、侍读学士王达考试，赐宴于本府"。

两京（京师直隶试于应天府，北京行部试于顺天府）**及河南、山东、陕西、山西、浙江、湖广、江西、福建、广东、广西、四川、云南等十二布政司乡试。**（据《皇明贡举考》卷二）

夏原吉还南京。《忠靖集》附录《夏忠靖公遗事》："三年秋八月，召还掌部事。"

柯暹领乡荐。《四库全书总目·东冈集提要》："《东冈集》十卷，明柯暹撰。暹字启晖，更字用晦，建德人。永乐乙酉领乡荐，年仅十六。明年与修《永乐大典》，选入翰林，知机宜文字。进《玄兔诗》，授户科给事中。以三殿灾应诏陈言，谪交阯骟州知州。累迁云南按察使，致仕归。事迹附见《明史·邹缉传》。是集乃暹晚年所手订。刘定之序，称其诗文奇崛，出人意表。今观所作文，豪迈有余，而落笔太快，少淳漾洄蓄之致。诗亦矢口即成，不耐咀咏。是亦登科太早，才高学浅之效欤?"《明诗综》卷二十一《柯暹》，刘上静云："东冈诗文奇崛，出人意表，清莹无滓。"吴与俭云："用晦诗思深沉而幽永。"宋尔章云："东冈诗清淡古雅，得意处追踪盛唐。"存诗一首《九日次黄学士韵》。

十一月

庶吉士章朴以藏方孝孺诗文被杀。《明通鉴》卷十四："朴坐事与序班杨善同讳误，家藏有方孝孺诗文，善借观之，遂密以闻。上怒，逮朴，戮于市，而复善官。是时诏天下有收藏孝孺诗文者，罪皆至死，故朴及之。"

本年

钱仲益作诗颂圣。《三华集》卷十五《神龟诗并序》："皇上即位之三年，将建太祖高皇帝功德碑。选石于龙潭之山，果得巨石，入土深五尺许，得石龟焉，首足尾甲纤悉毕具，冬官进之于廷，上命群臣得纵观于奉天门，莫不嗟叹称颂，举手加额，以为由皇上孝诚所感而致。夫龟者神物，四灵之一，王者有体信达顺之德则至焉，且尤为寿考，问无不知。此又为国家祯祥之应，皇祚万世巩固之征。臣某幸得与观，不胜欢欣踊跃之至，谨拜手稽首而献诗三十韵。"

明成祖永乐四年丙戌（公元1406年）

正月

设四川天全六番招讨司医学。《明太宗实录》卷五十：永乐四年春正月甲辰，"设四川天全六番招讨司医学。时招讨高敬让言，其地瘴疠疾病者多，乞开设医学，降印授官。又言，土人锺铭谙通医学，乞命为医学官。从之，以铭为典科"。

刑科给事中刘端为右春坊右司直郎。（据《国榷》卷十四）

二月

国子生彭进、徐鉴、方霖、林道、顾斌、窦承芳、朱福、王辅、彭鉴、刘焕、黄员相，都察院令吏殷昶、方巽并为监察御史。（据《国榷》卷十四）

命翰林院侍读学士王达、司经局洗马兼翰林院编修杨溥为会试考试官。取中朱缙等。《明太宗实录》卷五十一：永乐四年二月，"己巳，礼部以会试天下举人奏请考试官，上命翰林院侍读学士王达、司经局洗马兼翰林院编修杨溥考试，赐宴于礼部"。"丙戌，礼部会试天下举人，中式者朱缙等二百一十九人。"查继佐《罪惟录》志卷十八《科举志》："（永乐）四年丙戌，试贡士，得朱缙等二百二十人，赐林环、陈全、刘素等及第、出身有差，时举人监生被选习四夷译书者，俱得与春秋试，但识卷尾，场毕，先送翰林定去取，复送入场定榜，既登第，仍在馆译书。复取副榜举人廷试之，擢周翰等三人，俱赐冠带，读书太学。至宣德中，犹循此例，后不复行。"

翰林修撰徐旭卒。旭乐平人，洪武乙丑进士。授御史，历国子祭酒。坐事，改云南布政司参议。未行，以文学改修撰，没于礼闱，赐祭。其人寡谐，而简默方正，终始不渝也。（据《国榷》卷十四）

三月

林环（约1376—约1415）、陈全（1359—1424）、刘素等进士及第、出身有差。选第二甲、第三甲文翰优等者江殷等十三人改庶吉士。《明太宗实录》卷五十二：永乐四年三月，"壬寅，上御奉天殿试礼部选中举人朱缙等二百一十九人，制策曰：'朕承皇考太祖高皇帝鸿业，舆图之广，生齿之繁，从古莫比，故穷发之地，咸为编户，雕题椎髻，悉化冠裳，来虽如归，而治虑未浃。朕夙夜惟念，期在雍熙，然十室之邑，人人教之，且有弗及，矧天下之大，兆民之众，夫存诚过化，不见其迹，欲臻其极，谅必有要，不明诸心，曷由远效。唐、虞、三代之治，其来尚矣，而汉、唐、宋之治，犹可指而言之。自夔典乐教胄子，而学校兴，而汉、唐、宋之学校有因革，其教化可得而闻。自大司徒以乡三物教万民，而科目举，而汉、唐、宋之科目有异同，其名实可得而议。自小司徒经土地而田制定，而汉、唐、宋之田制有屯营，其计画可得而言。自校人掌王马之政而马政立，而汉、唐、宋之畜牧有耗息，其详悉可得而数之。数者有宜于古而合于今，若何施而可以几治？夫政不稽古则不足以验今，事不究迹则无以见实，诸生博古以知今，明体以适用，陈其当否，以著于篇，毋泛毋隐，朕将亲览焉。'""乙巳，上御奉天殿阅举人对策，擢林环为第一，赐环等二百一十九人进士及第、出身有差。""丙午，赐进士林环冠服银带，余钞各五锭，俱赐宴于会同馆，命立进士题名碑于国子监。上虑礼部下第举人中或有遗才，复亲试之，得文学优等二十一人，各赐冠带，简周翰、蓝昂进学于翰林院，李弼为汉府伴读，王乐孟等十八人肄业于国子监，以俟后科。""丁未，上御奉天殿，进士林环等上表谢恩。""癸丑，擢第一甲进士林环为翰林院修撰，陈全、刘素为编修。选第二甲、第三甲进士文翰优等者江殷、胡启先、孙迪、张叔豫、李岳润、陈孟洁、张文选、郑复言、曾春龄、萧福、曹闻、卢永、黄献十三人改庶吉士，翰林院修书。陈纪等二百三人赐敕奖励，俾还乡进学待用。""丙辰，进士陈纪等还乡陛辞，上谕之曰：'为学至以进士发身，亦出乎等伦，然道理无穷，古人至老务学不厌，今人苟遂一得，遂不复前进，故远不逮。故汝等年富力强，当立志远大，务进修，非独成己之德，将来国家亦得实才之用。'进士皆叩首谢，复谕之曰：'乡里父兄所在，不可以一得辄生骄慢。骄慢凶德，孔子于乡党，恂恂似不能言，汝曹勉之。'各赐钞五锭为道里费。"《弇山堂别集》卷八十一："四年丙戌，命翰林院侍读学士王达、司经局洗马兼翰林院编修杨溥为考试官，取中朱缙等。廷试，赐林环、陈全、刘素及第，改进士江殷、胡启先、孙迪、张叔豫、李岳润、陈孟洁、张文选、郑复言、曾春龄、萧福、曹闻、卢永、黄献为庶吉士。"

本年进士登科情况。俞宪《皇明进士登科考》卷三："时廷对之士二百一十九人，擢林环第一。部本缺，《水东日记》言甲申、丙戌二甲进士策对皆录刻之。而闽本止载一甲三篇，盖脱略也。传胪之明日，进所选副榜士临策之，擢周翰等三人进学翰林，余俱付吏部，除学官。按，宣德间副榜举人得冠带读书太学，盖循此制。自是至正统后，副榜始不复廷试矣。"第一甲三名，赐进士及第。林环，福建莆田县人。陈全，福建长乐县人。刘素，江西吉安永丰县人。第二甲六十五名，赐进士出身。朱缙，江西吉安永丰县人。王资益，江西临川县人。谢英，湖广江陵县人。周炜，江西进贤县人。江殷，江西吉水县人。胡启先，江西安福县人。卢永，江西新淦县人。谢沚，福建建安县人。王信功，福建莆田县人。孙迪，浙江钱塘县人。张叔豫，江西永新县人。赵圭，浙江龙泉县人。郑回，福建怀安县人。黄所载，江西庐陵县人。陈孟京，江西泰和县人。徐廷圭，浙江余姚县人。郑信同，浙江丽水县人。解朝夫，江西吉水县人。黄安，福建闽县人。梁智，广东德庆县人。杨端仪，福建晋江县人。帅性，江西建昌县人。蔡彬，江西南康县人。刘鉴，直隶高邮州人。叶高，浙江开化县人。李岳闻，江西吉安永丰县人。周仲举，江西吉水县人。邓成，江西金溪县人。陈实，福建莆田县人。梁彬，浙江永嘉县人。王克义，广东琼山县人。蒋庆，江西新淦县人。刘晖，江西吉安永丰县人。陈孟洁，江西泰和县人。黄建，福建莆田县人。郑杰，湖广荆门州人。郑添，福建福清县人。吴叔间，江西丰城县人。蔡慈，福建闽县人。张士选，浙江永嘉县人。汪善，直隶歙县人。邵辉，福建怀安县人。彭谦，湖广湘阴县人。郑复言，浙江鄞县人。张铉，江西吉水县人。盛需，浙江新昌县人。曾春龄，江西泰和县人。黄献，江西泰和县人。何琼，浙江仁和县人。李斯义，福建晋江县人。吴致文，浙江平阳县人。魏智，河南祥符县人。胡祺，湖广蕲州人。屈伸，江西湖口县人。钱遂志，江西吉水县人。罗仲深，江西泰和县人。殷旦，浙江萧山县人。沈骧，浙江上海县人。郑怡，浙江金华县人。吴春，福建建安县人。谭存礼，湖广澧州人。刘靖，河南祥符县人。张昭，江西奉新县

242

人。王骥，北平束鹿县人。荆政芳，湖广溆浦县人。第三甲一百五十一名，赐同进士出身。萧福，福建浦城县人。杨复，浙江长兴县人。李伯尚，江西永新县人。李玉，直隶吴县人。陈彬，广东茂名县人。李琳，湖广华容县人。胡雅，江西泰和县人。陈道同，广东四会县人。彭益，江西南丰县人。李士辉，江西新昌县人。邵彦辉，江西奉新县人。陈智，湖广咸宁县人。吴祯，浙江仁和县人。颜宝，福建龙溪县人。梁用嵩，浙江临海县人。谢瑾，浙江鄞县人。刘本，浙江慈溪县人。谢霖，福建宁德县人。姚原立，江西贵溪县人。蔡子宜，浙江青田县人。李昺，广东合浦县人。周岐俊，广东博罗县人。白春，直隶六安县人。陆和，浙江江山县人。张震，湖广永兴县人。韩缙，陕西陇西县人。余昱，江西清江县人。杨谙，广西宜山县人。韩春，河南原武县人。王瀹，河南太康县人。陈鉴，湖广江陵县人。邓试祥，广西平乐县人。刘旭，湖广麻城县人。刘绍，直隶吴县人。余福，福建惠安县人。谢孚，直隶当涂县人。周珏，江西新喻县人。萧昇，湖广黄冈县人。张廉，河南罗山县人。雷韶，江西南昌县人。许铭，江西南昌县人。孙荪，浙江慈溪县人。陈厚，直隶合肥县人。马俊彦，四川蓬州人。韩瑜，山东章丘县人。甘田，江西丰城县人。黄斌，广东曲江县人。叶承宗，直隶嘉定县人。曹闻，湖广江夏县人。陈永昌，广东茂名县人。仇忠，直隶吴县人。乐时逢，江西临川县人。朱铎，福建晋江县人。张尊受，江西上饶县人。裴旻，福建崇安县人。雷迅，福建长汀县人。黄理，河南钧州人。刘坚，山东濮州人。赵仲行，福建莆田县人。黄敬，广东琼山县人。汪昌言，江西丰城县人。陈纯，广东化州人。黎常，广东新兴县人。曹常，浙江宁海县人。潜溟，江西高安县人。霍敬，河南洛阳县人。吴中，浙江山阴县人。龙景亨，湖广蒲圻县人。陈勉，江西宁都县人。刘敏，山西太平县人。王辅先，浙江鄞县人。李勖，山东德平县人。方恢，浙江余姚县人。陈闿，福建怀安县人。濮阳恭，直隶当涂县人。徐瑢，直隶金坛县人。林继宗，福建瓯宁县人。王绍，直隶舒城县人。陈达，直隶长洲县人。曹士正，直隶萧县人。冯翼，四川南部县人。张鉴，北平安平县人。余炅，浙江开化县人。陈日新，广东高安县人。陈韶，广西横州人。饶生，福建浦城县人。刘持节，江西吉水县人。刘选，四川大邑县人。霍莘，山西孝义县人。张光，广东茂名县人。林寿，福建侯官县人。李九畴，江西龙泉县人。彭清，浙江钱塘县人。梁谦，四川邛县人。柴兴，浙江江山县人。王志，陕西咸宁县人。钟塘，广东海阳县人。饶赐，福建瓯宁县人。沈箕，浙江金华县人。陈纪，江西上饶县人。吕旦，直隶昆山县人。辛佑，江西铅山县人。赵益，直隶江宁县人。陈思道，湖广蓝山县人。汪璧明，江西贵溪县人。洪熊，浙江武义县人。吕健，四川荣昌县人。吴承荫，广东茂名县人。甘霖，江西南丰县人。沈钦，浙江海盐县人。李鉴，江西上饶县人。李泽，广东石城县人。陈骥，福建长乐县人。易必义，湖广汉阳县人。吴整，河南永宁县人。蓝必宁，福建长汀县人。朱暹，四川巴县人。王以得，湖广攸县人。曾穆，浙江天台县人。侯善志，浙江金华县人。叶浚，福建建安县人。崔理，北平交河县人。高式，山东濮州人。卢荣，广东合浦县人。张珂，福建建县人。郑志，浙江永嘉县人。赵贵和，湖广兴国州人。葛回，福建闽县人。何晟，浙江余姚县人。任旺，河南归德州人。林伯宗，浙江宁海县人。郑辰，浙江西安县人。傅诚，广西临桂县人。戈斌，直隶通州人。刘良，湖广零陵县人。秦荣祖，湖广咸宁县人。祝和，浙江西安县人。侯福，湖广攸县人。吕奭，江西广信永丰县人。高庸，直隶长洲县人。邵玘，浙江兰溪县人。赵惟恭，山东济宁州人。汪澍，直隶黟县人。赵鉴，四川遂宁县人。薛常生，浙江上虞县人。王春，江西南昌县人。王琮，直隶溧水县人。张安，河南邓州人。魏源，江西建昌县人。吴忠，江西浮梁县人。

命工部修国子监、太祖诏书碑亭。（据《明太宗实录》卷五十二）

虑礼部下第举人中或有遗才，复亲试之。得文学优等二十一人，各赐冠带。简周翰、蓝嵒进学于翰林院，李弼为汉府伴读，王乐孟等十八人，肄业于国子监，以俟后科。（据《明太宗实录》卷五十二）

琉球国中山王武宁、山南王汪应祖，遣其姪三吾良亹等来朝贡马及方物。各赐钞币。武宁遣送寨官子石达鲁等六人入国子监受学。各赐钞三十锭，罗衣一袭，并夏衣等物。（据《明太宗实录》卷五十二）

成祖于太学祭孔子。《明通鉴》卷十五："三月，辛卯朔，上幸太学，释奠于先师孔子，服皮弁，行四拜礼。御彝伦堂，赐讲官及大臣翰林坐。祭酒胡俨、司业张智等，皆序进讲《尧典》、《泰卦》，毕，赐百官茶，还宫。"

四月

进士江渊、李纲为兵科给事中，贾真、汪彦纯、郑景曜、潘博、罗弘为监察御史。（据《国榷》卷十四）

广西岁贡生员考不中式者二人，宥之。《明太宗实录》卷五十三：永乐四年夏四月，"甲子，礼部言：'广西岁贡生员考不中式者二人，于法，学官罚俸一年，提调官当杖。'上曰：'姑皆宥之。'侍郎杨砥等复言：'此定法也，宥之无以示惩。'上曰：'远方之人，渐化者浅，教道未易行，不可概论。夫立法虽有定论，行法当量人情，有定论则民知所守，量人情则民用不冤。姑宥之。生员遣归学，学再贡，不中式，一论如法。'"

诏命礼部购求天下遗书。《殿阁词林记》卷十七《秘书》："永乐四年四月，成祖视朝之暇，辄御便殿阅书，或召翰林儒臣讲论。尝问文渊阁经史子籍（集）皆备否，学士解缙对曰：'经史粗备，子籍（集）尚多阙。'上曰：'士人家稍有馀赀，皆欲积书，况于朝廷可阙乎？'遂召礼部尚书郑赐，令择通知典籍者四出搜求遗书，且曰：'书籍不可较价直，惟其所欲与之，庶奇书可得。'又顾缙等曰：'置书不难，须常览阅乃有益。凡人积金玉，亦欲遗子孙，金玉之利有限，书籍之利岂有穷也？'十六年，遣修撰陈循往南京起取本阁所贮古今一切书籍，自一部至百部以上各取一部北上，馀悉封识收贮。盖两京皆有储书也。十九年四月庚子夜，奉天、华盖、谨身三殿灾，火势猛烈，而奉天门东庑切近秘阁，学士杨荣奋身直入，麾武士二百人，将御书图籍并积岁制敕文章舁致东华门金水桥次。明日，上召谕之曰：'昨夜火发，在目前者几人？卿能收拾图籍，不避艰危，可谓难矣。'因褒赏之。于时书籍淆乱无纪，典籍周翰理淆葺乱，逾二载而后复旧。今馆阁书目，盖永乐间所定也。"《明史》艺文志："明太祖定元都，大将军收图籍致之南京，复诏求四方遗书，设秘书监丞，寻改翰林典籍以掌之。永乐四年，帝御便殿阅书史，问文渊阁藏书。解缙对以尚多阙略，帝曰：'士庶家稍有余资，尚欲积书，况朝廷乎？'遂命礼部尚书郑赐遣使访购，惟其所欲与之，勿较值。"《明会要》卷二十六："永乐四年四月己卯，帝御便殿，召儒臣讲论。问文渊阁藏书备否？解缙对曰：'经史粗备，子集尚多阙。'帝曰：'士庶家稍有余资，尚欲积书，况朝廷乎？'遂命礼部遣使四出，购求遗书。"

车里宣慰使刀暹答贡马，遣子刀兴入国子监。（据《国榷》卷十四）

七月

国子监司业张智卒。智顺昌人，洪武中举明经。授夷陵学正，荐拜礼部右侍郎。居二年，左迁国子学录，进博士，又进司业。多识典故，教循规矩。（据《国榷》卷十四）

国子生宋仲祥为监察御史。（据《国榷》卷十四）

国子监博士赵季通为司业，起复右副都御史刘观。（据《国榷》卷十四）

闰七月

闰七月戊午朔。己巳，召北京儒士武周文至，劳谕甚至，特命为翰林侍讲学士，赐冠带金织罗衣一袭。明日入谢，以其老，令致仕。上语翰林侍读胡广等曰："朕守藩时，闲暇喜观《易》，时王府官亦有三二人知《易》，然皆不若周文切实，但所言亦有拘滞不流动处。盖《易》道妙在变通，不失其正耳。古人随时从道之说，最得要领，亦在虚心以玩之耳。"又曰："为学不可不知《易》，只'内君子，外小人'一语，人君用之，功效不少。"乙亥，上御奉天殿，翰林侍讲学士致仕武周文陛辞，命留之赐坐，与语良久。上曰："卿笃学惇德，宜在朕左右，然春秋高矣，不欲烦劳，宜归家享子孙奉养，以终天年。"周文起顿首谢。又命赐酒馔、楮币，给驿传送至家。上顾谓翰林侍读胡广曰："周文亦操履端方。"广等对曰："陛下待儒臣进退之际，恩礼俱至，儒道光荣多矣。"上笑曰："朕用儒道治天下，安得不礼儒者？致远必重良马，粒食必重良农，亦各资其用耳。"见《馆阁漫录》卷一。

营建北京宫殿。《明鉴纲目》卷二："纲：闰月，营北京宫殿。目：以泰宁侯陈珪（深州人）董其役，宥杂犯死罪以下，令输作。命大臣往川湖各省采大木佐工。（至十八年冬，郊庙宫殿始成。）"

八月

江西道监察御史桂林、唐广云为北京国子监司业。（据《国榷》卷十四）

九月

王恭以布衣征入翰林，修书于文渊阁。恭字安中，自称皆山樵者，闽县人，闽中十子之一。永乐初，以儒士荐起，待诏翰林，与修《永乐大典》，授翰林典籍，投牒归。《明史·文苑传》附载林鸿传中。有《白云樵唱集》、《草泽狂歌》。《白云樵唱集》附录林慈《皆山樵者传》："今季秋，皆山亦以儒士被荐来京，预修书于文渊阁。暇日过桥门，执予手曰：'子故人，知我者也。曩为贫故，不得不业于樵，以救沟壑之饥，与买臣辈为伍……'永乐丙戌腊，国子博士长乐林慈志仁书于成均之署。"

永乐帝闻庶吉士王训等相继病卒，咨嗟久之。《明太宗实录》卷五十九：永乐四年九月壬辰，"上闻翰林院读书庶吉士王训、汤流、柴广敬相继病卒，叹息谓侍臣曰：'朕深有望文学之士，复前古之盛，故简拔此二十八人者，加厚作养之，庶天下才俊有闻而兴起者。曾不几时，连失三人，何其成之难而丧之易。'咨嗟久之"。

十月

进士李本，监生张弼、蔡诚、彭招、尹醇、钟恕为给事中。（据《国榷》卷十四）

秋

陈琏作《观德亭记》，叙学校射礼甚详。万历《滁阳志》卷十三《艺文》陈琏《观德亭记》："皇明洪武三年，敕天下郡邑学校讲习射礼。二十五年重定仪式，而射之礼始备。皇上绍登大宝，复敕礼部申明旧典，于是天下有司学校师生，祗承德意，罔敢或后。惟滁学旧有射圃，在明伦堂之东，为居民所侵，狭隘芜秽，不足以习射。及命下日，予因斥而广之，南北长九十步，东西阔二十步。复于射圃之北建屋三楹间，为司射所，颜曰'观德'，射之具，亦罔不备焉。训导陈规、李维则属文纪其颠末，予逊弗获，因曰：射之礼，尚矣。弧矢之作，始于黄帝，侯以明之，著于《虞书·至问》，礼文始备，而大射、宾射、燕射之名始见之。三射者，惟天子、诸侯、卿大夫行之。《正义》曰：'射，礼是也。士无大射而有宾射、燕射；庶人无宾射、燕射而有主皮之射。'至皮之射，其乡射乎？古者海内治和，则先礼射，而乡射之礼亦罔不修。故曰：'君子无所争，必也射乎。'则当时习尚可知。自三代以降，三射之礼罕闻，揖让之射兹息，后世可见者空文而已。可胜叹哉！我圣朝法古为治，以为立德行者莫若射，遂修明先王之制，载颁射仪，命学校士子肄之，以辩其材艺而观其德也，成周盛治复见于今日，何其懿哉！尝闻射者，进退周还必中礼，内志正，外体直，持弓矢审固，然后可以言中，否则非予所知也。或有谁予言者，请读《礼记·射仪》。永乐四年秋日。"

明成祖永乐五年丁亥（公元 1407 年）

正月

申太祖禁僧道之令。《明通鉴》卷十五："直隶及浙江诸郡军民，披剃为僧，赴京请度牒者千八百人，礼部以闻。上怒曰：'皇考之制，民年四十以上始听出家，今犯禁者何多也！'命付兵部籍为军，发戍辽东、甘肃。"

二月

解缙谪广西参议，寻改交阯。《明通鉴》卷十五："缙以迎附骤贵，才高，勇于任事。然好臧否，无顾忌，廷臣多忮其宠。又因建储事，独归心太子，与邱福等异议，高煦以此深恨之。会朝议发兵讨安南，缙独以为不可，失上意。而太子既立，高煦宠益隆，礼秩逾嫡，缙复谏曰：'是启争也。'上不怿，以缙离间骨肉，恩礼浸衰。四年，赐黄淮等五人二品纱罗衣，独不及缙。而福等议稍稍传播外廷，高煦遂谮缙泄禁中语。至是有劾其上年廷试读卷不公事，遂有是谪。礼部郎中李至刚，挟下狱之嫌，谓缙实中伤之，乃奏言缙怨望。寻改交阯，命督饷化州。"《明鉴纲目》卷二："纲：丁亥五年，春二月，谪解缙为广西参议。目：缙建议立太子，语稍稍传外庭，高煦深怨之，谮缙泄禁中语，帝怒，遽出缙。"

三月

礼部言官员考核事宜。从之。《馆阁漫录》卷一："三月乙卯朔。丙子，吏部言：'詹事府六品以上正佐官，三年考满，宜如太常寺等衙门官例不考，俟九年，奏请黜陟。其主簿、录事、舍人，宜如六部等衙门属官例考核。'从之。癸未，赐文武百官西洋及高丽布有差，特命翰林院侍读黄淮、胡广，侍讲杨荣、杨士奇、金幼孜，赐同尚书。"

命礼部选国子生蒋礼等三十八人，隶翰林院习译书，人月给米一石。遇开科，令就

试，仍译所作文字，合格准出身。置馆于长安右门之外处之。（据《明太宗实录》卷六十五）

新淦训导吴嘉靖为左春坊左中允。（据《国榷》卷十四）

四月

皇长孙朱瞻基出阁就学，年十岁。（据《明太宗实录》卷六十六）《馆阁漫录》卷一："四月乙酉朔。辛卯，皇长孙出阁就学。癸巳，赐翰林院侍读黄淮五员金织云鹤纱衣各一袭。甲午，召前礼部仪制司郎中兼右春坊右赞善李继鼎至，复以为右赞善，命侍皇长孙说书。继鼎以病免归岁余，至是，上念藩邸旧人，复召用之。"《明通鉴》卷十五："上使少师姚广孝等侍讲读，谕之曰：'朕长孙天资明睿，宜尽心开导。凡经史所载孝弟仁义，与夫帝王大训，可以经纶天下者，日与讲解，不必如儒生绎章句、工文词也。'"

五月

设湖广思南、思州二宣慰司儒学。（据《明太宗实录》卷六十七）

六月

设置交阯布政司，以行部尚书黄福领之。（据《明太宗实录》卷六十八）《明鉴纲目》卷二："纲：六月，置交阯布政司，以行部尚书黄福（字如锡，昌邑人）领之。目：求陈氏后不得，乃以安南为交阯，设府十七，曰交州（领州五，县十三）、北江（领州三，县七）、谅山（领州二，县十）、谅江（领州七，县五）、新安（领州四，县十三）、建昌（领州一，县六）、奉化（领县四）、建平（领州一，县六）、镇蛮（领县四）、三江（领州三，县三）、宣化（领县九）、太原（领县十一）、清化（领州四，县十）、乂安（领州四，县十三）、新平（领州二，县三）、顺化（领州一，县十一）、升华（领州二，县十）；直隶布政司州五，曰广威（领县二）、宣化（领县三）、归化（领县四）、嘉兴（领县三）、演州（领县三）。其它要害，设十二卫控制之。置三司，以尚书黄福兼掌布政按察二司事，吕毅掌都司，黄中副之。"

以丁钰为刑科给事中。《明鉴纲目》卷二："纲：以丁钰为刑科给事中。目：时严诽谤之禁，山阳民丁钰讦其乡人诽谤，得罪者数十人，法司迎上旨，言钰才可用，立命为给事中。"

翰林院侍读学士王达卒，年六十五。《明太宗实录》卷六十八"永乐五年六月乙未（十三日）"："翰林院侍读学士王达卒。达，字达善，无锡人。自县训导，以荐升国子监助教。上即位，用姚广孝言，升翰林院编修，再升翰林院侍读学士。达性澹泊，为人谦和恭慎，为文章，以诗名。上间问建文君过失事，达对曰：'可与为善，但辅导者非人，故误之耳。'达卒年六十五。命有司归其丧。"

令云南各学皆行释奠礼。（据《国榷》卷十四）

七月

国子生刘安石、陈瓒、秦茂、王会、李旭、戈定远为监察御史。（据《国榷》卷十四）

兵部右侍郎兼少詹事墨麟卒。麟高陵人，入太学，拜御史，尚严刻，刵粮长之无辜者。进北平按察副使，靖难时城守功，进侍郎。晚腐足如刵，泃冥报矣。（据《国榷》卷十四）

九月

郑和还，西洋诸国皆遣使随和入朝。《明太宗实录》卷七十一"永乐五年九月壬子（初二）"："太监郑和使西洋诸国还，械至海贼陈祖义等。初，和至旧港，遇祖义等，遣人招谕之。祖义诈降，而潜谋要劫官军。和等觉之，整兵堤备。祖义率众来劫，和出兵与战，祖义大败。杀贼党五千余人，烧贼船十艘，获其七艘及伪铜印二颗，生擒祖义等三人。既至京师，命悉斩之。苏门答剌、古里、满剌加、小葛兰、阿鲁等国王遣使。比者，牙满黑的等来朝贡方物，赐其使钞币铜钱有差。仍命礼部，赐其王锦绮、纱罗、鞍马等物。"

国子生李琳为山东道监察御史。（据《国榷》卷十四）

十月

交阯甘润祖等十一人举明经，悉授谅江等府同知。上作诗勉之。（据《国榷》卷十四）

张辅等访举交阯文武才艺之士九十人，命给棉衣靴袜入京。（据《国榷》卷十四）

十一月

翰林院官变动情况。升右春坊右庶子兼翰林院侍读胡广为翰林院学士兼左春坊大学士；左春坊左庶子兼翰林院侍读黄淮为右春坊大学士，仍兼侍读；左春坊左谕德兼翰林院侍讲杨荣为右春坊右庶子，翰林院侍讲兼左春坊左中允杨士奇为左春坊左谕德，翰林院侍讲金幼孜为右春坊右谕德，荣、士奇、幼孜皆仍兼侍讲；翰林院侍讲邹缉兼左春坊左中允，修撰曾棨、林环皆升侍讲，修撰梁潜兼右春坊右赞善。升翰林院检讨沈度，庶

吉士彭汝器、王直、余鼎、王英、罗汝敬为修撰。仍命吏部臣曰："广等侍朕日久，继今考满，勿改外任。"（据《馆阁漫录》卷一）

《永乐大典》修成。（据《明太宗实录》卷七十三）《明通鉴》卷十五："修《永乐大典》，书成，上之。初，上即位之元年，谕学士解缙等曰：'天下古今事物，散载诸书，篇帙浩繁，未易检阅，朕欲悉采各书所载事物类聚之，而统之以韵。尝观阴氏《韵府群玉》、钱氏《回溪史韵》二书，事虽有统而纪载太略。卿等其如朕意，凡书契以来经、史、子、集、百家，至于天文，地志、阴阳、医卜、僧道、技艺之言，各辑为一书，毋厌浩繁。'缙等奉诏编纂，依韵排次，于二年十一月上之，赐名《文献大成》。既而上览所进书尚多未备，复敕太子少师姚广孝，刑部侍郎刘季篪与缙重修，三人总其事。复命学士王景、王达等五人为总裁，侍读邹辑，修撰梁潜、曾棨等凡二十人副之。既又征儒士陈济，擢为都总裁，又简中外官及四方老宿有文学者充纂修，选国子监及郡县生员能书者缮写。开馆于文渊阁，命光禄寺给朝暮膳。至是书成，凡二万二千九百三十七卷，一万一千九十五册，更赐今名，上亲制序弁其首。"

冬

永乐帝赞杨士奇文学"于今难得"。《东里别集》之《圣谕录》卷上："永乐五年冬。一日，胡广独于武英门进呈文字，上览之称善再三，既从容问曰：'杨士奇文学，于今难得，而黄淮数不容之，何也？'对曰：'淮有政事才，士奇文学胜，且简静无势利心，盖因解缙重士奇及臣而轻淮，故淮有憾。'上曰：'朕知汝亦不容于淮，惟朕不为所惑。'广叩首，既退，与臣言：'上恩如此，当子孙世世不敢忘。'盖自是吾二人待淮愈谨矣。"

本年

设提督四夷馆。万历《大明会典》卷二百二十一《翰林院》："凡四方番夷翻译文字，永乐五年设四夷馆，内分八馆，曰鞑靼、女直、西番、西天、回回、百夷、高昌、缅甸，选国子监生习译。宣德元年兼选官民子弟，委官为教师。本院学士稽考课程。后内阁委官提督。弘治初奏准科目出身四品以上官二员提督。其官生公会，按月从本院印给，仍缴送稽考及食粮，授职从吏礼二部奏，会内阁出题考试中否，仍从该部奏请施行。正德六年增设八百馆，万历七年增设暹罗馆，取本国人为教师，选世业子弟习学。凡四夷馆习译监生子弟，旧例月支米一石，会官考试，一年通习者与冠带，全不通者黜退。正统元年奏定，考中一等者冠带，为译字官；又一年再考中，授职。弘治三年奏准，子弟不许别图出身，三年后考中，食粮月给米一石；又三年考中，冠带为译字官；又三年考中，授序班职事。初试不中者，许再试；三试不中者，黜退为民。监生初入馆，照坐监例食粮，三年考中，食粮一石，家小粮仍旧；又三年考中，冠带；又三年考中，授从八品职事；三试不中者，送回本监别用。其曾习举业者，非精通译字，不准应试。八年奏准，子弟有愿科举者，考送顺天府应试。嘉靖元年令译字生习学三年，会考不中，径黜为民；六年不中，给与冠带；九年不中，授应得职衔，俱回籍闲住，免其杂泛差徭。其有资禀年岁相应尚堪作养者，听翰林院酌量许其再试。二十一年题准，译字生初试译业精通者，照例食粮，习学办事。译业粗通、资禀年岁尚堪策励者，姑送馆习学，不许食粮，候三年满日再试。其译字差谬、习学无成、畏避考试、临考不到与未经起送及原系纳贿夤缘者，具革黜为民。"《明史·职官志三》："提督四夷馆。少卿一人，正四品，掌译书之事。自永乐五年，外国朝贡，特设蒙古、女直、西番、西天、回回、百夷、高昌、缅甸八馆，置译字生、通事，通事初隶通政使司，通译语言文字。初设四夷馆隶翰林院，选国子监生习译。宣德元年兼选官民子弟，委官教肄，学士稽考程课。弘治七年始增设太常寺卿、少卿各一员为提督，遂改隶太常。嘉靖中，裁卿，止少卿一人。"《明史·职官志一》："（礼部主客清吏司）凡审言语，译文字，送迎馆伴，考稽四夷馆译字生、通事之能否，而禁饬其交通漏泄。凡朝廷赐赉之典，各省土物之贡，咸掌之。"

徐有贞（1407—1472）生。有贞初名珵，字元玉，吴县人，宣德癸丑进士，选庶吉士，授编修，历春坊谕德，擢佥都御史。天顺初，用夺门功拜华盖殿大学士、兵部尚书，封武功伯。未几下狱，戍金齿，寻赦还，卒。有《武功集》。《家藏集》卷五十八《天全先生徐公行状》："公之先皆树德，遭时沉晦，连世不仕。至孟声（徐孟声，有贞父），甫生三子，以其仲有异质，始教从名师学，即公也。公年十二三入小学，已能古文词，颖敏殊甚，卓然出诸生上。少长，再学于都宪思庵吴先生，学益进，文益奇。公时已有用世意，慨然欲经济天下，其议论所发，往往出人意表。思庵曰：'子欲求仕乎？'乃率之见国子祭酒颐庵胡先生，请授进士业。时颐庵以事称病不出，坐卧一土床，虽亲故至，皆伏枕与语。初见公，颇以幼小易之。既而使面赋一诗，公援笔立就，皆老成句，颐庵为之蹶然起而循床行，极加称赏。遂以其业授之。"

明成祖永乐六年戊子（公元 1408 年）

正月

正月庚戌朔。丁丑，赐翰林院学士胡广等五员各彩币二表里，白金十两，钞五百贯。（据《馆阁漫录》卷一）

二月

进士邵玘、殷旦、李玉、韩瑜为监察御史。(据《国榷》卷十四)

三月

赵府教授王玭，国子生回谦、张翼为监察御史。(据《国榷》卷十四)

四月

巡抚云南监察御史陈敏请于云南三年一开科取士，并言教养生徒事，俱从之。《明太宗实录》卷七十八：永乐六年夏四月，"巡按云南监察御史陈敏言：'云南自洪武中已设学校，教养生徒，今郡县诸生，多有资质秀美，通习经义，宜如各布政使司，三年一开科取士。'又言：'师儒之职，为后学矜式。云南郡县学校官，多用土人，学问肤浅，容止粗鄙，不称师范。宜别选用经明行修之士，庶几教育有法。'俱从之"。《明通鉴》卷十五："夏，四月，云南巡按御史陈敏言：'云南自洪武中已设学校，请如各布政司三年一试。'从之。"

黄冈教谕罗拱为兵科给事中。(据《国榷》卷十四)

孝感主簿王佐，国子生孙俨、王增、朱应祖、孙嵩，儒士项民彝俱为监察御史。(据《国榷》卷十四)

六月

翰林院庶吉士沈升上言五事，其四、其五论教官选择与科举考试，务求真才实学之士。明成祖令所司施行。《明太宗实录》卷八十：永乐六年六月，"翰林院庶吉士沈升上言五事。其一曰：自古圣帝明王，治平之时，未尝忘武。我 太祖高皇帝创置军法，定律训习，操练皆有经制，盖克诘戎兵，有国法常政。今之军卫，未尽整饬，虽 圣明在上，四海清宁，无事于武，然安不忘危，国家重务，宜敕五军各卫，整饬部伍，精利器械，以时训练，毋致废弛。其二曰：伏闻 皇上，以明年巡幸北京，切惟巡幸者，帝王之大事，四方万国九夷八蛮之人，毕来朝见，于此 容仪卫不可不慎。盛京卫扈驾官军之外，更宜于各卫所预选精壮勇锐军士，增益扈从之数，庶足以耸瞻望，备不虞。其三曰：太祖高皇帝，各命各府州县多置仓廪，令老人守之。遇丰年收籴，歉年散贷，此诚爱养生民，万世不易之大法。然所置仓廪，悉在乡村，居民鲜少，难于守视。或为野火沿烧，或为山泽之气蒸溽浥烂，有司往往责民赔偿。莫若移置仓廪于府州县城内，委老人及丁粮有力之家守视，庶储积有常，不负朝廷爱民之心。其四曰：学校者人材之所自出，然必师范得人，而后学者有所资赖。今天下士子，幸遇文明之世，虽有向学之心，而师范庸常，往往不副其所望，故难以成材，甚负　圣明兴学育贤之美意。宜敕吏部，精选经明行修之士，以充教官，必在得人，如此则学校兴隆，士子皆有用之才，而不虚縻廪粟矣。其五曰：朝廷设科，期得真材实学之士，以共兴治道。近年各布政司按察司，不体朝廷求贤之盛心，苟图虚誉，每乡试之时，但求名数之多，更不论其实学，有稍能行文，大义未通，皆领乡荐，冒名贡士。及至会试下第，其中文字稍优者得除教官，其下者亦得升之国子监，以致天下士竞怀侥幸，不务实学。宜敕各布政司按察司振起颓靡。凡遇乡试，务在精选实学之士，毋贪多滥举。仍敕礼部会试，亦皆精选，如此则士无滥进，科举得人。上览之曰：'其言皆是。'令所司施行"。顾炎武《日知录》卷十六《举人》："举人者，举到之人。《北齐书·鲜于世荣传》：以本官判尚书省右仆射事，与吏部尚书袁聿修，在尚书省简试举人。《旧唐书·高宗纪》：显庆四年二月乙亥，上亲策试举人，凡九百人。调露元年十二月甲寅，临轩试应岳牧举人是也。登科则除官，不复谓之举人，而不第则须再举，不若今人以举人为一定之名也。进士乃诸科目中之一科，而传中有言举进士者，有言举进士不第者，但云举进士，则第不第未可知之辞，不若今人已登科而后谓之进士也。自本人言之，谓之举进士；自朝廷言之，谓之举人。进士即是举人，不若今人以乡试榜谓之举人，会试榜谓之进士也。永乐六年六月，翰林院庶吉士沈升上言：近年各布政司、按察司不体朝廷求贤之盛心，苟图虚誉，有稍能行文、大义未通者，皆领乡荐，冒名贡士，及至会试下第，其中文字稍优者，得除教官，其下者亦得升之国监，以致天下士子，竞怀侥幸，不务实学。洪熙元年十一月，四川双流县知县孔友谅上言：乞将前此下第举人通计其数，设法清理。是明初才开举人之途，而其弊即已如此。然下第举人犹令入监读书三年，许以省亲，未有使之游荡于人间者。正统十四年，存省京储，始放回原籍。其放肆无耻者，游说干谒，靡所不为，已见于成化十四年礼部之奏。至于末年，则挟制官府，武断乡曲。于是崇祯中，命巡按御史考察所属举人，间有黜革，而风俗之坏，已不可复返矣。"

张辅、沐晟自交阯班师。《明鉴纲目》卷二："纲：夏六月，张辅、沐晟，班师还京。目：论功，辅封英国公，晟封黔国公，余爵赏有差。（自唐之亡，交阯沦于蛮服，四百余年，至是始隶版图。辅还，帝赋《平安南歌》以宠之。）"

右春坊右庶子兼翰林院侍讲杨荣丁父忧归，旋起复。杨士奇《文敏杨公墓志铭》："六年夏，丧父，给传归。既葬，遂命起复。"

吏部左侍郎兼左春坊左赞善许思温卒于狱。思温自国子生署刑部主事，历迁监察御史。降揭阳知县，未上，还前任。荐擢北平按察副使，值靖难城守功超任。上即位，拜吏左，已兼左赞善。时汉赵二邸相继伺东宫，中之，下狱，瘐死。年四十三。有才略，尤长兵事。死未悉冤，人俱惜之。洪熙初，赠行在吏部尚书。（据《国榷》卷十四）

礼部尚书郑赐卒。赐建宁人，洪武乙丑进士。授御史，历湖广北平左参议。建文中，拜工部尚书，督军河南。上即位，诘赐，对曰："亦尽臣职耳。"释之，改刑部。和厚易直，而同官数短之，益疑畏，至疾犹不敢休沐。上闵之，谕祭。洪熙初，赠太子

少师，谥文安。（据《国榷》卷十四）

七月

翰林院学士王景卒。《馆阁漫录》卷一：“七月丁未朔。癸酉，翰林院学士王景卒。景字景彰，处州松阳人。洪武初，历教谕、知州，升山西布政司右参政，坐事谪云南。建文中，以知县召修高庙实录，丁母忧去，服阕，吏部尚书张紞前在云南，雅知之，奏升翰林院侍讲。上即位，升学士。时建文君未葬，上询景葬礼，景对以天子礼，上然其言。景博学，以古文自擅，亦擅笔札。然不谨细故，与时多忤云。”《明史》董伦传附王景传：“其与伦同时为礼部侍郎者，有王景，字景彰，松阳人。洪武初，为怀远教谕。以博学应诏。命作朝享乐章，定《藩王朝觐仪》。累官山西参政，与伦先后谪云南。建文初，召入翰林，修《太祖实录》。用张紞荐，除礼部侍郎兼翰林侍讲。成祖即位，擢学士。帝问葬建文帝礼，景顿首言：‘宜用天子礼。’从之。永乐六年卒于官。”

命内阁胡广等辅导皇长孙。《殿阁词林记》卷二十《嗣辅》：“皇太孙辅导讲读，在洪武时具载《集礼》。成祖时，以东宫官僚兼之。永乐六年七月，命内阁胡广等辅导皇长孙，敕曰：‘朕惟令德所成，本乎天性，养性之学，实弘圣功。故有聪明纯一之资，必有诗书礼乐之教，所以充德性而广器识也。朕嫡长孙天章日表，玉质龙章，孝友英明，宽仁大度，年未一纪，体具志宁，动必中规，言必合道，好道之笃，日夜孜孜，日诵万言，心领要义。朕尝试之以事，辄能裁决得中，斯实宗庙之灵，上天锡庆，笃生异质，以福佑天下而基命于无穷。然宏材之建，必由匠石之功；圭瓒之成，必假琢磨之力。卿等皆茂简德艺，职辅东宫，东宫之子，必资兼弼，宜协同心志，辅导于成，推广仁义道德之源，开陈二帝三王之治，与太祖高皇帝之大经大法。凡创业守成之难，生民稼穑之事，朝夕讲论，以涵养本源，恢弘智量，充其盛大之器，以为宗社生民之福。国家有无穷之休，卿等亦有无穷之闻。钦哉！’”

国子司业赵季通改北京。（据《国榷》卷十四）

八月

命翰林院修撰李贯、检讨王洪主应天试。《明太宗实录》卷八十二：永乐六年八月，“癸未，应天府以乡试奏考试官，上命翰林院修撰李贯、检讨王洪考试，赐宴于本府”。

两京及河南、山东、山西、陕西、浙江、湖广、江西、福建、广东、广西、四川、云南、交阯等十三布政司乡试。（据《皇明贡举考》卷二）

福建莆田人黄寿生，先举建文元年己卯乡试，后以革除缴还公据，仍为诸生。寻以贡入京，中今年应天乡试第一名。沈德符《万历野获编》卷十六《两中乡试》：“嘉靖间两举乡试者，为会稽陶中丞大顺。先以冒籍举顺天经魁，事发斥归。后仍中浙江第四名，登乙丑进士，官至右副都御史，而不知先朝已有之矣。福建莆田人黄寿生者，先举建文元年己卯乡试，后文皇登极，以革除缴还公据，仍为诸生。寻以贡入京，中永乐六年戊子应天第一名，九年辛卯成进士，选庶常，拜翰林院检讨。又直隶束鹿人王伦者，故大学士王文子，景泰七年丙子顺天乡试不第，王文奏请钦赐举人。寻英宗复辟，王文伏法，伦革斥不得会试，且谪戍。后改名宗彝，再中顺天乡试，登成化二年丙戌进士，仕至南京礼部尚书，谥安简，则尤为异矣。若近日王国昌，亦两登两畿贤书。然先名胡正道，又老于公车以殁，未为异也。唐舟，广东琼山人，中革除己卯乡试，永乐癸未复试，俱中第二名，次年甲申举进士，授新建知县，升江西佥事，降衢州府通判，旋以微罪谪戍隆庆卫。仁庙登极，荐授监察御史，按浙江，终其官。有子亮，从父官衢州，入常山邑庠，因中永乐丁酉浙江乡试，次年戊戌成进士，除泗州判官，改詹事主簿，又改王府奉祠。仁宗即位，以潜邸恩升宁国府同知，赐钞币以归。其父子履历，亦大异恒格矣。又罗崇岳，江西庐陵人，中景泰四年顺天乡试第一名，以冒籍斥归，仍中江西乡试二十九名。天顺元年，会试第一百十二名，廷试二甲四名。又汪谐，浙江仁和人，少冒顺天香河籍，中景泰四年顺天乡试，寻被革。复举浙江乡试，登天顺四年进士，此谐本传所载者。谐第后，改庶吉士，授编修，历官至礼部右侍郎兼学士，以弘治十二年卒，赠礼部尚书。其父澄，举进士，为御史，以事见法，遗诫诸子勿读书应举。谐与弟篪，俱登甲榜。子举、赐，又相继成进士。以上俱载志传，余再三审阅始得之，其他挂漏必尚多也。汪谐，《登科录》书父仲渊，想以极刑，讳其名而书字，亦异矣。成化四年，浙江乐清人章元应，以父任南吏部侍郎，冒籍应天中式，为言官所发，革回。又中浙江乡试二十名，登十一年进士。其父即章纶，英、宪间名臣也，谥恭敏。其后元应，亦致通显。"

九月

前礼部尚书兼左春坊大学士李至刚下狱，至是释，降仪制司郎中。（据《国榷》卷十四）

任命诸国子生为监察御史。国子生赵献、刘勤、文献、宣顺、鲍在礼、谢恭、赵光伦、滕宗智、顾文远、余信、商忠、徐期、王信、周荣、郑道、成均、张敬、刘弘道、赵慎并为监察御史。（据《国榷》卷十四）

壬戌，升翰林院修撰吴溥为国子监司业。癸亥，升中书舍人芮善为司经局洗马。（据《馆阁漫录》卷一）

任命诸科给事中。泰兴县丞郝傅岩、奉化教谕陈山、兖州训导朱篯、滕阳驿丞曾由正、监生党忠为吏科给事中，怀宁教谕程昭、安庆训导苏文进、平峪典史李清、监生宋载、裴宣为户科给事中，岷州卫教授陈顺亲、武义教谕吴道光、西安府照磨朱茚、监生胡涣、王成美为礼科给事中，永宁县丞黄旺、京山教谕丁铎、泰兴训导陈道桓、监生周镐、萧鼎、李颖为兵科给事中，户部司务谭福、吴江主簿陈敏、大竹教谕冉宁、平山训

导武烈、监生刘诚、任宪为刑科给事中，婺源教谕樊敬、监生刘泉、胡进、张用中、白永年为工科给事中。（据《国榷》卷十四）

秋

永乐帝赞杨士奇所撰诏书"简当"。《东里别集》之《圣谕录》卷上："永乐六年冬，巡狩北京诏书，命臣士奇视草，上览之再三，喜曰：'简当，更勿改易。其择日书之，颁下。'又曰：'试与诸尚书观之。'诸尚书皆称善，独兵部刘隽私于士奇曰：'请以"有"字易"自"字，如何？'士奇曰：'善！'即以告于众，众曰：'义无相远，不足易，且上既善之矣。'士奇独以闻，请易之。黄淮于上前执不足易，臣曰：'于国家大体，当用隽言。'上顾士奇曰：'从汝，从汝。'明日谕胡广曰：'杨士奇能服善，难得。'"《东里别集·代言录·巡幸北京诏》："奉天承运皇帝诏曰：成周营洛，肇启二都。有虞亲民，尤重巡省。朕君临天下，祗率典彝，统御之初，已升顺天府为北京。今四海清宁，万民安业，国家无事，省方维时。将以明年二月巡幸北京，命皇太子监国。朕所经过去处，亲王止离王城一程迎接，军民衙门官吏人等，于境内朝见。非经过去处，毋得出境。道路一切饮食供给之费，皆已有备，不烦于民。诸司毋得有所进献，科扰劳众。布告中外，咸使闻知。永乐六年八月十一日。（按：将《圣谕录》一则与《巡幸北京诏》合看，两处时间相抵牾，揆之于理，《圣谕录》所记时间有误，"六年冬"当为""六年秋"。）

十月

广东右布政使徐奇卒。奇浦城人，由监生擢户科给事中。永乐初，进都给事中。颇佻薄，好评人。及在岭南，廉勤爱民。能改过矣。（据《国榷》卷十四）

起复右春坊右庶子兼侍讲杨荣。（据《馆阁漫录》卷一）

十一月

任命翰林、春坊诸官。命太子太师、淇国公丘福，吏部尚书兼詹事蹇义、兵部尚书兼詹事金忠，翰林院学士、左春坊大学士胡广，右春坊大学士兼翰林院侍读黄淮、右春坊右庶子兼翰林院侍讲杨荣、左春坊左谕德兼侍讲杨士奇、右春坊右谕德兼侍讲金幼孜、司经局洗马姚友直等，辅导皇长孙。丙辰，升江西道监察御史于敬、李贤为左春坊左中允，宛平县丞梁敏为左赞善，山东道监察御史刘子春、河南道监察御史韩守善为右春坊右中允。（据《馆阁漫录》卷一）

十二月

礼部奏考官考满称职者晋升事宜。《明太宗实录》卷八十六：永乐六年十二月，"丙申，吏部奏教官考满称职者，请仍升教职。上曰：'教官果然称师范之任者，于教职内升。如才能堪抚民及刬繁者，亦当随才任使，不可执一。自今凡教官考满，吏部同六科都给事中选其有才识者，留六科理事。一年后，从本科都给事中考其高下用之。'"

进士陈智、吴中为监察御史。（据《国榷》卷十四）

芜湖教谕陈琦为广西道监察御史。（据《国榷》卷十四）

本年

吴溥为国子司业。杨荣《文敏集》卷二《故国子司业吴君墓表》："戊子，用祭酒胡公若思荐，升国子司业。居官以礼自持，以师道自任，以勤率诸生。每五鼓升堂讲授，终日危坐，无怠容。诸生皆敬畏而心服焉。"杨士奇《东里续集》卷三十四《国子司业吴先生墓志铭》："吏部言国子监阙司业，太宗皇帝曰：'此非可轻授。其令祭酒胡俨，慎举有学行可为师表者以闻。'胡公举先生。即日授国子司业。居无何，祭酒有他命，自是皆先生总监事。时士习日下，学者急于进取，率不究心经传，惟诵习前辈程文以觊侥幸。先生革之。终日危坐堂上，召与讲析义理，且设疑诘之，使退求诸心，庶有自得之益。于为文，必先义理而后辞采。学者始趋实功，不事苟得。……仁宗皇帝知之有素。一日，顾士奇曰：'朕即位以来，两京之臣多以序进。惟南京吴司业未进。盖朕久不见之，故忘之耳。'后三日，宫车上宾矣。先生为司业十有八年，太学生数千人。及天下贤士君子，皆称'吴先生古道''吴先生贤师'，而职铨衡者独若不闻。"

明成祖永乐七年己丑（公元 1409 年）

正月

交阯布政司左布政使张显宗卒。《馆阁漫录》卷一："正月甲辰朔。癸亥，命翰林院学士胡广，侍讲杨荣、金幼孜扈从，赐锦衣狐帽狐裘鞍马，巡狩至北京。交阯布政司左布政使张显宗卒。显宗字明远，汀州宁化人。洪武中进士及第，授翰林院编修，升太常寺丞，再升国子监祭酒。建文中，升工部侍郎，坐事免。交阯平复，起为左布政使。"

二月

谕黄淮、杨士奇等尽心辅佐东宫。《馆阁漫录》卷一："二月甲戌朔。戊寅，上谕右春坊大学士黄淮、左谕德杨士奇曰：'朕命尔等辅东宫监国，东宫天性仁厚，识见端正。尝一日侍侧，朕问讲官今日说何书，对曰："君子小人和同章。"因问："何以君子难进易退，小人则易进难退？"对曰："小人逞才无耻，君子守道而无欲。"又问："何以小人之势常胜？"对曰："此系上之人好恶，如明主在上，必君子胜矣。"又问："明主在上，都不用小人乎？"曰："小人果有才不可弃者，须常警饬之，不使有过可也。"朕时甚喜其学问有进，尔等其尽心辅之。'"《国榷》卷十四："（永乐七年二月）戊寅，谕右春坊大学士黄淮、左谕德杨士奇尽心辅导东宫。"

国子生汪藻、李节、刘伯蕴、金文英、万质、史寿署六科给事中。（据《国榷》卷十四）

庶吉士王仲寿，进士杜春，大宁训导朱敏，丽江府检校杨修，国子生刘子辅、张观、郑璘、刘保、陈耘、张睿、王璿、张善俱为监察御史。（据《国榷》卷十四）

命翰林院侍讲邹缉、左春坊左司直郎徐善述为会试考试官，取中陈璲（1384—1465）等九十五人。《皇明贡举考》卷二载为一百人。《明太宗实录》卷八十八：永乐七年二月庚辰，"礼部以会试天下举人启请考试官，皇太子命翰林院侍讲邹缉、左春坊左司直郎徐善述考试，赐宴于礼部"。"己亥，是日，礼部咨：会试天下举人，得中式者陈璲等九十五人，皇太子命送国子监进学，俟车驾回京廷试，宴考官于礼部。"顾起元《客座赘语》卷一："七年己丑会试，取中陈璲等。以上幸北京，俱寄国子监读书，至辛卯始廷试。而皇太子乃以副榜第一人孔谔为中允，赐出身。尤为异典。"王世贞《弇山堂别集》卷八十一《科试考一》："永乐七年己丑，命翰林院侍讲邹缉、左春坊左司直郎徐善述为考试官，取中陈璲等。皇太子以副榜第一名孔谔为左春坊左中允，赐出身。御史劾出题《孟子》节文，《尚书·洪范》'九畴'偏题，缉等俱下狱。又复取下第胡棨、金庠等十余人。时上幸北京，俱寄国子监读书。"朱之瑜《朱舜水集》卷二《安南供役纪事》："或问取士法。答曰：'周官卿大夫察举，而侯国贡之天子，升之司马，曰进士；司马升之司徒，曰俊士。然后考德而命爵，因能而授官，其制尚矣。汉朝以选举，公车贴大经十道，得五为通，最为近古，故得人为最多，而经术之士，重于朝廷。唐朝试士以甲赋律诗，始为雕虫小技，有志之士鄙之。宋朝试士以论策，此外各有明经、韬钤、宏辞、茂才等科。明朝以制义。第一场，《四书》义三，经义四，合七篇。第二场，论一首，诏、诰、表内科壹道，判五道。三场，策五道。乡试中式者为解元、经魁、举人。会试中式者为会元、会魁、进士。廷试策壹道，磨勘进呈，台司读卷，天子标题。第一甲第一名为状元，二名榜眼，三名探花。第二甲、三甲为进士、同进士出身。多则四百名，少则三百名，国初亦有中一百名之时。子、午、卯、酉为乡试四科，辰、戌、丑、未为会试四科。'问曰：'既如此，如何有癸巳科状元？'曰：'此永乐以虏警亲征，皇太子监国于南都，太孙监国于北京，避嫌不敢临轩策士，故迟廷试之期，原是壬辰科进士。'曰：'派！派！派！'旁一人曰：'太师真文武全才。'曰：'此因下问而奉答，不过古今掌故耳。若于书无所不读，而又知兵善用，方是文武全才，不肖安敢当此。'"朱之瑜误将己丑、辛卯记成了壬辰、癸巳。李调元《制义科琐记》卷一《九畴偏题》："永乐七年己丑会试，榜发，御史劾出题《孟子》节文，《尚书·洪范》'九畴'偏题，考官邹缉等俱下狱。又复取下第胡椠、金庠等十余人。时以上幸北京，俱送国子监读书。辛卯始殿试。皇太子先以副榜第一名孔谔为中允，赐出身。"

杨慈（惠叔）中会试第二名。其武王缵大王、王季、文王之绪闱墨，方苞称之为明文始基。梁章钜《制义丛话》卷四："李文贞公曰：'时文名句与诗词不同，要从性命道理上出，《中庸》缵绪节，时文皆讲成三王统绪未成，至武王才了得三王之志，竟似周家父子祖孙累世欲暗干天位者然，岂非大悖？不知缵绪者言能修德行仁，不堕基业，到得天与人归，一著戎衣，便有天下，故虽以臣伐君而不失显名，一戎衣句非结上文，乃起下文。重一戎衣，不重有天下，惟明初杨慈文是如此发明，大有关系，所以八股不可轻忽。'按：吾乡莆田杨惠叔中永乐辛卯会试第二名，有武王缵大王、王季、文王之绪闱墨，方望溪最称之，以为此明文始基，一代作者，正变源流之法，靡不包孕，其文炳蔚，确有开国气象云云。此评允矣，然尚不及李文贞之论推勘入里，能使人心开目明。"

前右春坊右赞善兼检讨王汝玉坐修礼书紊制度，当谪戍边，皇太子重其文学，且悯其老，宥之，以为翰林院典籍。（据《馆阁漫录》卷一）

廷试延期。（据《明太宗实录》卷八十八）《明通鉴》卷十五："礼部试天下贡士，中试陈璲等八十四人。以上巡幸北京，诏寄监读书，俟辛卯三月车驾还京，始举廷试。"

夏原吉掌户、礼二部都察院事。《忠靖集》附录《夏忠靖公遗事》："七年春二月，命兼掌行在户、礼二部都察院事，扈从车驾巡幸北京。公日督运饷以给军国，整朝仪以一会同，振纪纲以齐百辟。上嘉之。"

三月

任命诸科给事中。汾州训导张宗义、衡山教谕苏玉、宿迁训导张瑛为吏科给事中，兴国训导夏廷振、仪封教谕张萃为户科给事中，忻州训导延瑠、黄梅训导王宣为礼科给事中，平原训导希文为工科给事中，国子生王渥为四川道监察御史。（据《国榷》卷十四）

四月

进士陈勉、林泰、潜溟俱为监察御史。（据《国榷》卷十四）

闰四月

闰四月癸卯朔。戊辰，敕吏部尚书兼詹事蹇义、兵部尚书兼詹事金忠、右春坊大学士兼侍读黄淮、左春坊左谕德兼侍读（讲）杨士奇曰："朕命皇太子监国，其所裁决庶务，须令六科逐月类奏。"（据《馆阁漫录》卷一）

王洪与学馆诸人集会。王洪《毅斋集·夏日文宴诗序》："永乐己丑夏，浙江都指挥使蔡公，合大参易公、翰林检讨王洪，洎学官方外之秀，宴于清湖里第。风日和美，肴馔维时，揖逊献酬，以寿以乐。大参公嘉是会也，举'昌言拜舜禹'之句，俾诸君子各占韵赋诗，而属洪序之。洪窃惟今圣天子在上，德化宏敷，文武效职，时和年丰，民物熙皞。二公以方叔、山甫之材，授藩翰之寄，统有浙东西十一郡之地、百万之众，克宣上恩，忠勤并隆，兵农咸和，于是仰政教之大成，乐休沐之闲暇，征贤合才，设是良宴，雍雍揄扬，歌咏太平之风。洪也以闾里细氓，备职词苑，承恩南归，藐焉末学，而齿宾席之次，谢过弗暇，奚敢当是子夏任哉？虽然，抑有不可以不志者。宴而有礼，不吴不傲，一也；加礼末学，使后进知劝，二也；举诗以训，造次弗违义，三也。三善具而咏歌继之，锵乎金石之奏，灿乎珠贝之列，凡在卷者皆可传而诵也。故僭次其诗，自大参公以下凡若干首，而序以弁之。是岁闰四月廿有七日，翰林检讨王洪序。"

和州学正倪怀敏为北京道监察御史。（据《国榷》卷十四）

五月

五月壬申朔。庚寅，皇太子擢山东道监察御史周干为左春坊左中允。干尝巡按北京，宽大有体，见知皇太子，故擢置左右。（据《馆阁漫录》卷一）

安邑县教谕白威言："民饥苦科征，其税粮乞折收钞帛。"监国命停征，罪县官，进威安邑知县。（据《国榷》卷十四）

思南宣慰司教授赵纬仍礼科给事中。（据《国榷》卷十四）

六月

行在礼部言生员考课等事宜。《明太宗实录》卷九十三："永乐七年六月辛亥，行在礼部言：'北京国子监生唐谦等，自陈年深愿出仕，及考试之，文理不通。其教官宜论罚。生员年四十以上，考不中者，宜发充吏。天下郡邑生员，廪食十年，学无成，及教官、提调官宜悉论如制。'上曰：'北京学校，曩因兵废。俟两年后，考无成效论罚。余如所言。'"

诏自今御史勿复用吏。《明通鉴》卷十五："六月丁卯，召御史张循理等廿八人，询其出身。有洪秉等四人，皆吏也。上曰：'用人虽不专一途，然御史为朝廷耳目之寄，宜用有学识达治体者。'乃黜秉等为序班。诏：'自今御史勿复用吏。'逾年，复申谕吏部，著为令。"

赐书皇太子。《馆阁漫录》卷一："六月壬寅朔。己酉，赐书皇太子，令谕右春坊大学士兼侍读黄淮、左春坊左谕德兼侍讲杨士奇，以太祖高皇帝御制文集及《洪武实录》点检完备，封识付老成内官一人，同锦衣卫指挥王真，及翰林院官邹缉、梁潜、李贯、王洪，送赴北京。仍令淮、士奇于朝臣内，慎举谨厚笃实、文学可称者数人偕来。甲寅，皇太子命起复司经局洗马兼编修杨溥。丁卯，上以御史欧阳兼文学稍优，改编修。"

汶上知县史诚祖为济宁知州，仍治汶上事。诚祖解州人，举人才。任县二十九年，廉平宽简。上北巡，遣御史课最，特敕劳之，赐织纱衣一袭、钞千贯。又数年卒官。年百有十五岁。汶上人祀之。（据《国榷》卷十四）

万载知县舒仲诚，黄州训导许胜，监生朱侃、刘洵、潘浩、陈礼、李本俱为监察御史，东宫。（据《国榷》卷十四）

东宫起复司经局洗马兼翰林编修杨溥。（据《国榷》卷十四）

黄州训导万景修、合阳训导韩衡为监察御史，剑州学正李达为右春坊右司直郎，东宫。（据《国榷》卷十四）

七月

擢孔子第五十七代孙孔谔为左春坊左中允。《明太宗实录》卷九十四：永乐七年秋七月庚寅，"是日，皇太子擢孔谔为左春坊左中允。谔，宣圣五十七代孙，时以乡贡举人会试，中副榜第一，当授教官，以宣圣后，召见文华殿，遂擢用之"。

右春坊右司直郎刘端改大理寺右寺丞。（据《国榷》卷十四）

翰林典籍王汝玉为左春坊左赞善兼翰林编修。（据《国榷》卷十四）

庶吉士王瀹为左春坊左司直郎。（据《明太宗实录》卷九十四、《国榷》卷十四）

藤县教谕王纲，陇州判官汪衡为兵科给事中。（据《国榷》卷十四）

八月

进士韩缙、赵惟恭、王志、林伯宗、韩泰、郑杰俱为给事中，周珏、邵彦辉、杨谙、居伸、郑辰、邓试祥俱为监察御史。（据《国榷》卷十四）

十月

徽州府同知刘敏卒。敏，河南人，举贤良。居官蔬布，强毅通洽。尝采木，与民同甘苦。卒时空橐。郡人慕之不置。（据《国榷》卷十四）

翰林典籍金实为左春坊左司直郎，东宫。（据《国榷》卷十四）

十二月

皇太子升浙江道监察御史陈灏为左春坊左中允，福建道监察御史徐敬为右春坊右中允。（据《馆阁漫录》卷一）

左春坊左中允周干等劾吏部右侍郎师逵。（据《国榷》卷十四）

本年

吴与弼见《伊洛渊源图》，始潜心理学。黄宗羲《明儒学案》卷一："十九岁（永乐己丑），觐亲于京师。从洗马杨文定溥学，读《伊洛渊源录》，慨然有志于道，谓'程伯淳见猎心喜，乃知圣贤犹夫人也，孰云不可学而至哉！'遂弃去举子业，谢人事，独处小楼，玩《四书》、《五经》、诸儒《语录》，体贴于身心，不下楼者二年。"

梁潜与金幼孜、胡广、杨荣唱和。《抑庵文集》卷十三《题梁先生诗后》："右七言近体诗一章，前翰林侍读兼右春坊右赞善西昌梁先生用之所赋，以呈内阁三先生者：胡公，吉水人，名广，字光大。杨公，建安人，名荣，字勉仁。金公，新淦人，名善，字幼孜。皆太宗皇帝所亲任。其文章德行天下所推仰，而与梁公最相好。梁公清修玉立，文字奇古，而每出新意，时辈争传诵之。三先生居宥密之地，在东角门内，故谓之内阁，常人所不能到。其外为文渊阁，梁先生辈处之。虽地位相悬，而四公情好之密，文字之娱，则无间也。当时唱和，盖不止于此。此诗今为刑科给事中廖庄安止所藏。安止与胡公同邑，故爱慕不忍置。诗末言'太液广寒'，盖广寒殿乃前元所建，在太液池上万岁山顶，当时极为华丽。太宗皇帝在潜邸时，去其甚者而存之，以为殷鉴，未尝增饰，恭俭之德比隆尧舜。其初幸北京，三先生实从，尝特奉诏纵览焉。胡公有五言近体诗十首，诸公皆属和。梁公此诗，犹有羡慕之意。安止若又得之以续于此，使观者得以考见其事，岂不美哉？梁公与胡金二公相继即世，计赋诗已二十年矣。俯仰今昔，为之慨然。"

杨士奇改定白鹊诗。《东里别集》之《圣谕录》卷中："太宗皇帝在北京，有白鹊之瑞，行在礼部行南京庆贺。监国下及五府六部，例各进表。时士奇以病在告，监国表命庶子、赞善撰呈稿，殿下不怿。命尚书蹇义特以示臣士奇，曰：'甚寂寥，且不著题，以贺白龟、白鹿皆可。'命臣士奇改益。臣士奇改一对，云：'望金门而送喜，驯彤陛以有仪。'后增一对，云：'与凤同类，跄跄于帝舜之廷；如玉其辉，喈喈在文王之囿。'义以进，殿下喜曰：'此方是帝王家白鹊。'适内厨进膳，遂命内使陈昂彻以赐臣，且传旨谕臣曰：'其勉进药食，早出。非但倚卿文学，久不闻直谅之言，虑有过不知，急得相见也。'"

皇太子朱高炽与杨士奇论学。《东里别集》之《圣谕录》卷中："殿下监国视朝之暇，专意文事，因览《文章正宗》。一日，谕臣士奇曰：'真德秀学识甚正，选辑此书，有益学者。'臣对曰：'德秀是道学之儒，所以志识端正。其所著《大学衍义》一书，大有益学者及朝廷，为君不可不知，为臣不可不知。君臣不观《大学衍义》，则其为治皆苟而已。'殿下即召翰林典籍取阅，既大喜曰：'此为治之条例鉴戒，不可无。'因留一部朝夕自阅，又取一部命翻刊以赐诸子。且谕臣士奇曰：'果然，为臣亦所当知。'遂赐臣一部。盖殿下汲汲于善道如此。"又："永乐七年，赞善王汝玉每日于文华后殿道说赋诗之法。一日，殿下顾臣士奇曰：'古人主为诗者，其高下优劣何如？'对曰：'诗以言志。"明良喜起"之歌，《南薰》之诗，是唐、虞之君之志，最为尚矣。后来如汉高《大风歌》，唐太宗"雪耻酬百王，除凶报千古"之作，则所尚者霸力，皆非王道。汉武帝《秋风辞》，气志已衰。如隋炀帝、陈后主所为，则万世之鉴戒也。如殿下于明道玩经之余，欲娱意于文事，则两汉诏令亦可观。非独文词高简近古，其间亦有可裨益治道。如诗人无益之词，不足为也。'殿下曰：'太祖高皇帝有诗集甚多，何谓诗不足为？'对曰：'帝王之学，所重者不在作诗。太祖皇帝圣学之大者，在《尚书注》诸书。作诗特其余事。于今殿下之学，当致力于重且大者，其余事可姑缓。'殿下又曰：'世之儒者，亦作诗否？'对曰：'儒者鲜不作诗。然儒之品有高下，高者道德之儒。若记诵词章，前辈君子谓之俗儒，为人主尤当致辨于此。'"王鏊《震泽集》卷三十五《恭题仁庙监国令旨》："尝读《东里集》，谓汝玉于东宫专讲诗法，似非辅导之义。今观仁宗德音，曰政治之方，曰善政之音，至有如暗逐明之喻，其于圣心必大有开发者邪？当时帷幄启沃之言，可以悬想。独诗法乎哉？"

曾棨《扈跸集》已成。《泊庵集》卷十《扈跸集序》："永乐七年二月，皇上巡幸北京。于时翰林侍讲曾君子启与二三近臣以文学得预扈从，因次其道途所经，山河之胜，行宫连营、千乘万骑之壮，见于诗凡若干首，名曰《扈跸集》。余读之而叹曰：'於乎！盛哉！'夫朝廷之事，圣君贤臣之嘉谟雄烈，照耀古今者，史氏能书之。至于一时太平盛观，丰亨豫大之容，民情风俗之美，下至原野鸟兽草木之光华润泽，可以感发歆羡，而史氏之所不书与不及书者，则皆存乎诗人之铺张形容……子启既学博而材优，又遭逢圣主之治，故其发于言者宏博深厚，足以极一时之盛。百世之下读之，为之低徊俯仰，想见其时，而追慕绎思于无已，则其言与古之作者，夫岂相远哉？於乎！是可传也已。"

明成祖永乐八年庚寅（公元1410年）

正月

刘珏（1410—1472）生。据《四库全书存目丛书》集部第34册，刘珏《重刻完庵刘先生诗集》所附祝颢撰《完庵墓志铭》："逝成化壬辰二月初八，生永乐庚寅正月十三日，得年六十有三。"刘珏字廷美，长洲人，正统戊午举人，除刑部主事，历官山西按察佥事。有《重刻完庵刘先生诗集》。《吴都文粹续集》卷四十二祝颢《刘完庵墓志铭》："公自幼秀颖出群，天性孝友。父疾，昼夜侍左右，汤液之奉、浣涤之事，皆亲之。母患疽，吮之，良愈。"

夏原吉扈从道上吟诗。《忠靖集》卷四《永乐庚寅春扈从之北京临淮道中口占》："边尘不起海波澄，万乘时巡出帝京。燕子风清仙仗肃，杏花日暖绣旗明。高年首谒均颁帛，良吏郊迎屡问名。銮驭行将驻何处？黄金台畔旧王城。"

昌乐教谕李曩为礼科给事中，临邑教谕陈天民为户科给事中，监生许堪为山东道监察御史。（据《国榷》卷十五）

任命各道监察御史。进士童寅、甘霖，监生蹇质、周拱俱广东道监察御史，金文斌、骆大良、许琪俱河南道监察御史，贾旭湖广道监察御史，刘可、范宁俱北京道监察御史，郑季辉山西道监察御史，萧良浙江道监察御史，张意、汪泳、刘政俱四川道监察御史。（据《国榷》卷十五）

二月

成祖率兵五十万出塞征鞑靼。《明鉴纲目》卷二："纲：庚寅八年，春二月，帝自将征鞑靼。目：以北征诏天下，命户部尚书夏原吉，辅皇长孙瞻基，留守北京。以王友督中军，柳升副之。何福、郑享（合肥人）督左右哨，陈懋（寿州人）、刘才（字子才，霍邱人）督左右掖，刘荣（宿迁人）督前哨，众五十万出塞。（帝次杨林戌，勒铭于山，至胪朐河，更其名曰饮马。○杨林戌，在今苏尼特西北，为度漠处。）"

胡广、杨荣、金幼孜扈从北征。《明史》胡广传："帝北征，与杨荣、金幼孜从。数召对帐殿，或至夜分。过山川阨塞，立马议论，行或稍后，辄遣骑四出求索。尝失道，脱衣乘骣马渡河，水没马及腰以上，帝顾劳良苦。广善书，每勒石，皆命书之。"《明诗纪事》乙签卷四《金幼孜》，陈田按："文靖与杨文敏、胡文穆在成祖时最为亲幸，征伐巡幸，常在左右。有句云：'御前视草冰生砚，帐下题诗雪满毡。'又云：'近苑猎回犹赐馔，行宫朝罢更题诗。'文臣荣遇，于斯极矣。"

命国子监祭酒胡俨兼翰林院侍讲，留北京。《明史》胡俨传："七年，帝幸北京，召俨赴行在。明年北征，命以祭酒兼侍讲，掌翰林院事，辅皇太孙留守北京。"

夏原吉佐皇太孙朱瞻基守北京。《明史》夏原吉传："八年，帝北征，辅太孙留守北京，总行在九卿事。时诸司草创，每旦，原吉入佐太孙参决庶务。朝退，诸曹郎御史环请事，原吉口答手书，不动声色。北达行在，南启监国，京师肃然。帝还，赐钞币、鞍马、牢醴，慰劳有加。"

许州知州潘文奎为左春坊左司直郎。（据《国榷》卷十五）

建德教谕项伯贤，监生郭良、周顺俱为工科给事中，东宫。（据《国榷》卷十五）

三月

杨荣、胡广等征途应制。《殿阁词林记》卷十三《应制》："永乐八年，成祖北征至野狐岭，召学士胡广赋《平蛮诗》。杨荣曰：'圣主尊居四海安，天教戎虏自相残。'上甚嘉之。未几，谍知敌帅布尼雅实哩与其下阿噜台仇杀，东西奔遁，乃召荣谕曰：'此贼果自残灭，汝前日之诗，安知不为谶乎？'荣下马叩首谢。上喜，命赐羊酒。三月乙未，次清水源，水皆苦碱不可饮，人马俱渴。明日营西北二三里许，忽有泉涌出，清澈可爱，命广与荣往观，遣中官以银瓶汲取，上亲尝之，味甚甘美。赐广等饮讫，士马争趋之，皆给足。命曰'神应泉'。又明日，应制撰《神应泉诗铭》，上嘉之，各赐上尊。"

皇太子擢茂名县董子庄为北京国子监司业。《馆阁漫录》卷一："三月丁卯朔。乙酉，皇太子擢茂名知县董子庄为北京国子司业。时子庄以通经名，召修《永乐大典》于翰林，遂简用之。"

张宇初卒，年五十岁。（据《明太宗实录》卷一百二）《列朝诗集小传》闰集《张真人宇初》："永乐八年，示疾，书诵而逝。宋文宪公称宇初颖悟有文学，人称为列仙之儒。王绅仲缙序其集曰：'公于琅函蕊笈、金科玉诀之文，博览该贯；六艺子史、百氏之书，大肆其穷索。篇章翰墨，各极精妙。盖江右文宗，多吴文正公、虞文靖公之遗绪，而公能充轶之也。'今所传《岘泉文集》二十卷，诗居其半。五言古诗，意匠深秀，有三谢、韦、柳之遗响。其文如《玄问》诸篇，极论《阴符上经》之理，而参合于儒家，其所造诣，可谓卓然矣。唐、宋以来，释道二家并重，有元末高道如吴全节、薛羲之流，皆显于朝廷。国初名僧辈出，而道家之有文者独宇初一人，厥后益寥寥矣。"

四月

曾棨应制赋《青海天马歌》，为永乐所褒美。黄佐《翰林记》卷十二《应制诗文》

云："三月乙未（二十九），次清水源。水皆苦咸，不可饮，人马俱渴。明日，营西北二三里许，忽有泉涌出，清澈可爱，命广与荣往观，遣中官以银瓶汲取，上亲尝之，味甚甘美，赐广等饮讫，士马争趋之，皆给足。命曰'神应泉'。又明日（四月初一），应制撰《神应泉》诗铭，上嘉之，各赐上尊。又尝命诸文学侍从赋《青海天马歌》，修撰曾棨最先成，为上所褒美。"

昆山训导唐贞为户科给事中，海门训导宋琮为刑科给事中。（据《国榷》卷十五）

国子生沈和、傅璇、吴整、陈铎、杨彝、周岐俊为六科给事中，孙鼎为北京道监察御史。（据《国榷》卷十五）

进士王骥、定州学正程远为兵礼科给事中。（据《国榷》卷十五）

五月

癸未，是日，北京国子监司业董子庄启如南京例，置典籍一员，专掌书籍。皇太子从之。（据《明太宗实录》卷一百四）

皇太子改北京刑部主事赵逊为左司直郎。（据《馆阁漫录》卷一）

皇太子改行在刑部主事赵璲为左春坊左司直郎。（据《国榷》卷十五）

六月

庚子，是日，琉球国官生模都古等二人入国子监受学，皇太子命悉赐巾衣靴绦衾褥帐具。（据《明太宗实录》卷一百五）

临潼教谕李玚，广德训导蔡彬，监生聂璘、高英为给事中，玚吏科，彬兵科，璘礼科，英户科。（据《国榷》卷十五）

琉球国官生模都古等三人入太学。（据《国榷》卷十五）

儒士张昌龄求禄养，皇太子授中书舍人。（据《国榷》卷十五）

济南训导田衡，进士汪善、颜宝、孙确、魏智、张昭，监生陈谔、周汝贤为给事中，衡工科，善吏科，宝户科，确、智、昭、谔刑科，汝、贤礼科，进士汪景明、谢孚为江西陕西道监察御史。（据《国榷》卷十五）

江宁知县王恺为左春坊左中允。（据《国榷》卷十五）

七月

遣右春坊右庶子兼侍讲杨荣赍书谕皇太子，以七月十七日抵北京。（据《馆阁漫录》卷一）

成祖还北京，论功行赏。《明鉴纲目》卷二："纲：秋七月，帝还北京。目：御奉天殿，受朝贺，论功行赏。（帝在军，念士卒艰苦，每蔬食，是日晏赉，始复常膳。）"

礼部议，天下郡邑人数多寡不同，岁贡生员宜有差等。《明太宗实录》卷一百六：永乐八年秋七月，"乙亥，礼部启：湖广兴山县知县秦凤言，境内居民鲜少，儒学生徒，选补乏人，且天下郡邑，民数不同，多者不下万户，寡者仅一二百户，岁贡生员，宜有差等。事下本部议。令议，凡州县户不及五里者，州一年县二年各贡生员一人。皇太子从之"。

梁兰卒，年六十八。《东里续集》卷三十九《梁先生墓志铭》："永乐八年七月二十又六日，西昌梁先生卒。邑之贤士君子，皆走哭吊。市廛郊野之氓，多咨嗟伤悼，亦有趋赴哭恸者。中外缙绅大夫知先生者，闻赴亦多叹息，有作为诗文以悼之者。先生讳兰，字庭秀，别字不移……性俭素，博学明识，教人以《五经四书》为本。若《左氏》以下暨荀、扬、刘向之徒所著书，必为辨析是非，孰之当取，孰之当去。诸生听先生讲说旨义，条达精到，皆忻忻如得甘食。为文简而婉，诗驰骋魏晋，而冲澹自然，有陶靖节之趣。"

八月

己未，赐扈从北征文职官钞及彩币表里有差，特命翰林院学士胡广，侍讲杨荣、金幼孜赐同尚书。（据《馆阁漫录》卷一）

进士陈永昌为吏科给事中，朱暹为兵科给事中。（据《国榷》卷十五）

十月

右春坊右中允刘子春等劾奏三法司官左都御史陈瑛等方命废事。《明太宗实录》卷一百九：永乐八年冬十月丁酉，"是日，右春坊右中允刘子春等，劾奏三法司官左都御史陈瑛等方命废事。曰：'先有学官坐事，罚充太学膳夫，陈乞改役。令旨令三法司，凡学官有罪充膳夫者，悉与改役，以励廉耻。瑛等久格不行，不罪之无以示惩。'皇太子顾瑛等曰：'用心刻薄，不明政体，非大臣之道。其速改之。'"

十一月

赐国子监琉球等处生李杰等并其从人冬衣靴袜。《明太宗实录》卷一百十：永乐八年十一月，"癸未，赐国子监琉球等处生李杰等并其从人冬衣靴袜，既而从容与群臣语及之，礼部尚书吕震曰：'昔唐太宗兴学校，新罗、百济皆遣子入学，当时仅闻给廪膳，未若今日赍与周备也。陛下圣德，前古未有。'上曰：'远方慕中国礼义，故遣子入学。必足于衣食，然后乐学。我太祖高皇帝命资给之，著于令典，所谓曲成万物而不遗者，朕安得违之？'"

十二月

命诸司违旧制者，许令改正。黄佐《南雍志》卷二《事纪》："永乐八年十二月庚寅，上命诸司违旧制者，许令改正。本监言：'历事监生不拘年岁，与洪武中取年长者不同。'礼部以闻。上命照今制行。"

袁珙卒，年七十六。《明文衡》卷一百姚广孝《故承直郎太常寺丞柳庄袁先生墓志铭》："永乐八年，岁在庚寅，十二月初五日，承直郎太常寺丞柳庄袁先生卒于家，讣至京。明年辛卯正月二十二日，其子中书舍人忠彻奏闻，上为之哀悼，赐钞六百锭营葬事，遣中贵官祭于其家。二十四日，忠彻传：'奉敕旨，命臣广孝撰先生墓志。'臣谨奉命。按赐进士出身吏部员外郎臣陈宗问行状……先生性刚毅直方，不泛交于人，安贫养志，粹乎有道之士也。当胜国之季，励精儒业，九流百氏之书，靡不涉究。然时与愿违。遂游历湖海间，遇异僧别古崖于补怛洛伽山，一见而奇之，因授以相人之诀，期先生后必以术显。先生决人贵贱、寿夭、祸福、休咎，如指诸掌。凡求占者，必先察其心志，听其语言，次观其形气，然后断之以吉凶，规之以忠义。虽达官贵人，遇之不以礼，则拂袖而去，岂以势利能动其心哉！圣朝启运，天下和平，先生乃归鄞城之西，聿新其先业，所居前后皆树以柳，扁曰'柳庄'。乡之人皆称为柳庄先生。……先生卒时，年七十有六。"

皇太子改左司直郎徐善述为左赞善。（据《馆阁漫录》卷一）

明成祖永乐九年辛卯（公元 1411 年）

二月

北京国子监言："比岁生徒增益，而监官未备，请如南京国子监例，置博士四员，助教十三员，学正九员，学录六员，掌馔一员。"从之。（据《明太宗实录》卷一百十三）

琉球国中山王思绍遣王湘之子怀得，寨官子祖鲁古入国子监受学。（据《明太宗实录》卷一百十三）

诛都御史陈瑛，天下快之。《明鉴纲目》卷二："纲：二月，都御史陈瑛以罪诛。目：帝初即位，御下多用重典，瑛承风旨，专以搏击为能，帝宠任之。瑛益务深刻，倾陷不可胜计。至是，帝始闻其诸不法状，下狱死。天下快之。"

升左春坊左中允李贤为云南按察佥事。（据《馆阁漫录》卷一）

三月

廷策贡士陈璲等八十四人于奉天殿，赐萧时中、苗衷（1381—1460）、黄旸等进士及第、出身有差。命工部建进士题名碑于国子监。杨慈、刘永清等俱为翰林庶吉士。《明太宗实录》卷一百十四："永乐九年三月辛酉朔，上御奉天殿试礼部永乐七年会试中式举人陈璲等八十四人，制策曰：'朕承广大之业，抚鸿熙之运，临御以来，夙夜惕励，博求至道，以弘治化，而谈者类曰：礼乐刑政，四达而不悖，则王道备矣。又曰：礼乐为国之根本，刑政为国之辅助。稽之于古，伯夷典礼，后夔典乐，见于《书》者尚矣。至于三代损益，缘人情而制礼，谐五音以成乐，至周大备，浩乎其有本，粲乎其有文，可以睹其功德之盛。若夫汉兴，承秦之弊，叔孙习于绵蕞，贾谊草具其仪，因循迁就，止于如此而已。唐因于隋祖，长孙、房玄龄之流，增益定制，太宗慨慕古典，拳拳于乙夜之读，虽河汾之派，而礼乐之问，汗浃无对，使一代之典，遂为阙文。宋初，聂崇义、和岘之徒所定礼乐，大抵沿袭增损。数世相承，考求者非一，然犹恨残缺，制作之方，可谓难矣。汉、唐、宋之礼乐，大概若此，而其刑政，犹可得而议。伊欲循古先王之法，以治和天下，使刑罚清而奸慝革，政事昭而百姓宁，其道何由而可？先儒谓庠序为礼乐之原，其曰立大学以教于国，设庠序以化其邑，今之教化，盖亦若是其备矣。然而士鲜大道之归，国靡实材之用，其故何欤？子诸生明先圣之道，博古以知今，具体以适用，于三代、汉、唐、宋礼乐刑政之序，讲闻久矣，疏其得失，别其治否，有可裨益治道者，其详陈之，毋泛毋隐，朕将亲览焉。'""甲子，上御奉天殿，赐廷试举人进士及第、出身，擢萧时中为第一。""乙丑，赐进士萧时中冠服银带，余并赐钞五锭，赐宴于会同馆。""丙寅，上御奉天殿，进士萧时中等上表谢恩。"庚午，"命工部建进士题名碑于国子监"。"甲戌，擢第一甲进士萧时中为翰林院修撰，苗衷、黄旸俱为编修。第二甲、第三甲进士杨慈、刘永清、陈璲、钱习礼、黄寿生、陈用俱为翰林院庶吉士。钟瑛、张习、张式、马信、邵聪初自国子生选入翰林，习译书，至是中进士，亦改庶吉士，仍隶翰林。余分隶诸司观政"。《弇山堂别集》卷八十一："七年己丑，命翰林院侍讲邹缉、左春坊左司直郎徐善述为考试官，取中陈璲等。皇太子以副榜第一名孔谔为左春坊左中允，赐出身。御史劾出题《孟子》节文、《尚书·洪范》九畴偏题，缉等俱下狱，又复取下第胡椠、金庠等十余人。时上幸北京，俱寄国子监读书。至辛卯始廷试，赐萧时中、苗衷、黄旸及第，俱为修撰，改进士杨慈、刘永清、陈璲、钱习礼、黄寿生、陈周俱为庶吉士，钟英、张习、张试、马信、邵聪初为国子生，选入翰林习译书。至是中进士，亦改庶吉士。"

　　本年进士登科情况。俞宪《皇明进士登科考》卷三："先是七年己丑，当会试期，中式者陈璲等八十四人，值上狩北京，诏礼部以璲等寄监读书。是年车驾还京，乃举廷试，擢萧时中第一。传胪后赐诸进士宴于会同馆。是录部本久缺，嘉靖八年仪制司郎中陆铨购得《登科录》重刻之，《会试录》犹未备也。是年，进士家状凡重庆而祖母存者，亦书其氏，制策行书与今录稍异。"第一甲三名，赐进士及第。萧时中，江西庐陵县人。苗衷，直隶定远县人。黄旸，福建莆田县人。第二甲三十二名，赐进士出身。杨慈，福建莆田县人。刘永清，湖广石首县人。洪铉，浙江临安县人。何忠，湖广江陵县人。王善，福建侯官县人。胡槃，江西吉水县人。陈赏，江西泰和县人。臧性，浙江鄞县人。邓昌，江西金溪县人。周宗保，浙江青田县人。金庠，直隶长洲县人。陈璲，浙江临海县人。吴实，福建长乐县人。朱敬，江西浮梁县人。周文褒，浙江永嘉县人，陈衡，江西吉安永丰县人。林衡，福建闽县人。陈仪，浙江丽水县人。王铉，江西泰和县人。何敬，江西万安县人。王纲，江西上高县人。钟瑛，广东高要县人。罗贵素，江西丰城县人。朱与言，江西万安县人。邓义，江西新城县人。张式，江西德兴县人。高濬，福建宁德县人。钱习礼，江西吉水县人。陈子伦，江西进贤县人。盛衍，直隶江宁县人。任敏，四川嘉定州人。戴员保，福建莆田县人。第三甲四十九名，赐同进士出身。陈祚，直隶吴县人。李春，山西稷山县人。闻人晟，浙江余姚县人。陈用，福建莆田县人。郭震，直隶临淮县人。俞得儒，浙江鄞县人。王贵庄，江西安福县人。谢善，福建瓯宁县人。谢叔，浙江鄞县人。乔良，河南睢州人。贺祖嗣，江西鄱阳县人。林熊，福建莆田县人。涂克敏，江西高安县人。程静，江西乐平县人。张志文，江西上饶县人。张成，福建建宁县人。叶宗文，浙江兰溪县人。雷吉生，福建建安县人。鲁琛，浙江萧山县人。韩珠，广东石康县人。萧常，江西万安县人。张顺，山东齐河县人。刘添铎，四川邛县人。邓真，湖广江夏县人。傅良，江西清江县人。邝埜，湖广宜章县人。周健，浙江仁和县人。弋谦，山西代州人。吴斌，直隶三河县人。郭廉，四川富顺县人。张昱，直隶滑县人。黄寿生，福建莆田县人。朱约，直隶华亭县人。王彦，江西安福县人。邵聪，直隶如皋县人。梁鞊，江西泰和县人。张习，浙江会稽县人。史安，江西丰城县人。李文定，浙江临海县人。陈治，浙江定海县人。李曰良，江西丰城县人。杨景春，浙江嘉兴县人。杜桓，浙江金华县人。裘参，浙江天台县人。何楚英，湖广攸县人。刘鸣，江西金鸡县人。叶赐，福建同安县人。马信，四川阆中县人。陈善，福建连江县人。

四月

宥新进士王彦并其家。《明太宗实录》卷一百十五：永乐九年夏四月，"辛未，新进士王彦自陈：'臣家与奸恶外亲有连，今闻朝廷已下本贯籍没臣家，臣虽中进士，实罪人，应就系。'上谕三法司曰：'学至于中进士，亦成材矣。成材勿弃。且有罪能自陈，可矜，并其家宥之。'"

设四川成都府茂州儒学。（据《明太宗实录》卷一百十五）

交阯左参政刘本乞选老成有学堪为师范者典教交州等府学校。《明太宗实录》卷一百十五：永乐九年夏四月，"甲寅，交阯左参政刘本言三事……三曰：'交阯人民颇知读书，然急功利，喜夸诈，弃本逐末，不顾廉耻。今交州等府已开学校，遴选土官子弟及民间俊秀充生员。除授教官黎景恂等缘是土人，诚恐徒上虚文，未见实效。乞选老成有学堪为师范者典教，俾其子弟习知中国礼义，以变其夷俗，他日亦可得人，以资国用。'上嘉纳焉"。《国榷》卷十五："（永乐九年四月）甲寅，辽东左参政刘本上三事：曰停止一切不急之务；曰郡县选老成廉谨为之；曰宿学为教官，训迪交人。上嘉纳之。"

监生陈谟、李复、郑进善、张添禄并为监察御史。（据《国榷》卷十五）

五月

监生王杲、商贤、胡宁俱为监察御史。（据《国榷》卷十五）
监生刘广为四川道监察御史。（据《国榷》卷十五）

六月

旌泰安监生张翼孝行，亲没皆蔬食庐墓三年。慈乌绕墓树数百，飞鸣不辍。（据《国榷》卷十五）

监生胡良诚、于敏、林胜宗、白璧、宋友谦俱为监察御史。（据《国榷》卷十五）

右春坊右庶子兼翰林院侍讲杨荣奔丧还，至京。（据《馆阁漫录》卷一）

下交阯右参议解缙于狱。《馆阁漫录》卷一："六月庚寅朔。戊午，交阯布政司右参议解缙有罪，征下狱。先为翰林学士兼右春坊大学士，甚见宠任，坐廷试读卷不公，出为广西布政司右参议。会有言缙尝泄建储时密议者，遂改交阯，命专督化州馈饷。时翰林检讨王偁有罪，亦谪交阯，二人遂共趋广东，娱嬉山水忘返。缙又上言请用数万人凿赣江，以便往来。上曰：'为臣受事则引而避去，乃欲劳民如此。'并偁皆下狱。后数岁，皆瘐死。缙文学书札独步当时，其为人旷易无城府，喜荐引士，然少慎择，且所行多任情忽略，故及于罪。偁为文独为缙所喜，而傲诞不检，士论黜之。初缙之下狱也，狱吏拷治，索所与同谋，缙不胜箠楚，书大理寺丞汤宗、宗人府经历高得旸、礼部郎中李至刚、右春坊右中允兼修撰李贯、赞善兼编修王汝玉、编修朱纮，检讨蒋骥、潘畿、萧引高等塞责，皆下狱，后得旸、贯、汝玉、纮、引高相继死狱中。贯甲科进士，为翰林修撰兼中允，负清介之操，其死也，士类惜之。"《明鉴纲目》卷二："纲：夏六月，下交阯右参议解缙于狱。目：缙初谪广西，复改交阯，督饷化州，入奏事。会帝北征，谒太子而还。高煦言缙伺上出，私觐太子径归，无人臣礼。帝震怒。时缙方偕检讨王偁道广东，览山川，上疏请凿赣江，通南北，奏至，逮下狱。拷掠备至，词连大理丞汤宗，宗人府经历高得旸，中允李贯，编修朱纮，检讨萧引高等，俱系狱。得旸、贯、纮、引高遂瘐死。（缙在狱四年，锦衣卫帅纪纲，使狱卒醉以酒，埋积雪中毙之。仍籍其家，妻子徙辽东。○纪纲，临邑人。）"

七月

榜禁词曲。顾起元《客座赘语》卷十《国初榜文》："永乐九年七月初一日，该刑科署给事中曹润等乞敕下法司：'今后人民、倡优装扮杂剧，除依律神仙道扮、义夫节妇、孝子顺孙、劝人为善及欢乐太平者不禁外，但有亵渎帝王圣贤之词曲驾头杂剧，非律所该载者，敢有收藏、传颂、印卖，一时拿送法司究治。'奉圣旨：'但这等词曲，出榜后，限他五日都要干净，将赴官府烧毁了。敢有收藏的，全家杀了。'"

八月

允靖宣等入国子监读书。《明太宗实录》卷一百十八：永乐九年八月乙卯，"国子监监生靖宣等言：'由山西大同等府儒学生岁贡入监，今愿赴国子监读书。'从之。仍赐道里费，令便归省"。

命翰林院学士左春坊大学士胡广、右春坊右庶子兼翰林侍讲杨荣主应天试。《明太宗实录》卷一百十八：永乐九年八月，"乙未，应天府以乡试奏请考试官，上命翰林院学士左春坊大学士胡广、右春坊右庶子兼翰林院侍讲杨荣考试，赐宴于本府"。

两京及河南、山东、山西、陕西、浙江、湖广、江西、福建、广东、广西、云南、四川、交阯等十三布政司乡试。（据《皇明贡举考》卷二）

九月

夏原吉考绩受褒奖。《忠靖集》附录《钦赐敕文》："永乐九年九月十一日，皇帝敕谕户部尚书夏原吉：尚书喉舌之司，户部地官之重，非得异才，难堪是任。惟卿练达明敏，才猷茂著，昔事太祖高皇帝，克尽乃心，奉公守法。肆朕即位之初，故特简擢以居兹职。卿素心正直，不附权势，无纵诡随，竭诚无隐，退无后言，于国家有所裨益，诚所谓纯良笃实之臣也。今历任九载，考绩无过，特用嘉奖。卿尚益励直操，以表率庶僚，以辅朕至治。《诗》曰：'靡不有初，鲜克有终。'职此为戒。钦哉。故谕。"

申建文时犯禁书今无论。《明通鉴》卷十六："是月，通政司上言：'黄岩县民告豪民持建文时士人包彝古所进楚王书，聚众观之。书中多干犯语，请下法司究治。'上曰：'此必与豪民有怨而欲报之。朕初即位，命百司："凡建文中上书有干犯者，悉毁之，有告者勿行。"今复行之，是号令不信也。'命勿论。"

皇太子命杨荣等侍诸皇孙读书文华后殿。《殿阁词林记》卷二十《嗣辅》："九年九月，皇太子命杨荣等侍诸皇孙读书文华后殿，且谕诸皇孙曰：'此皇祖近臣，汝辈当加礼敬。'又谓荣等曰：'他日学成，即汝训迪力也。'后皇太子复传上命，召翰林院、吏部官令举老成正大儒者，侍皇太孙讲读。明日，东宫特召尚书蹇义及杨士奇问得人否，义对曰：'臣两人共举礼部侍郎仪智，然众鲜知之，议尚未决。'东宫曰：'往者曾举李继鼎，大误，后悔不及。智甚端正，但觉老矣。'士奇对曰：'智虽老，然起家学官，道理明，执守正，精神不衰，廷臣老成未见其比。'是日午朝，上喜曰：'此得人矣。虽年耄，识朝廷大体，能直言不阿。向之元正日食，吕震等皆欲行贺礼，惟此老与杨士奇言宜免贺，朕从之。智诚可用。'遂召礼部、翰林诸臣谕曰：'仪智甚好，朕知之矣，令侍太孙讲读。'令右赞善陈济等充讲官，教谕林长懋、张英、陈山、戴伦等授给事中，使侍太孙，已而俱授春坊左右中允。"

十月

监生胡濙为工科给事中。（据《国榷》卷十五）

监生孙悫为刑科给事中。（据《国榷》卷十五）

诏重修《太祖实录》。（据《明太宗实录》卷一百二十）《馆阁漫录》卷一："十月己丑朔。乙巳，命重修太祖高皇帝实录。上初即位，命曹国公李景隆等监修，而景隆等心术不正，又成于急促，未极精详。上巡幸至北京之初，命翰林院学士胡广等重修。至是，命太子少保（师）姚广孝、户部尚书夏原吉为监修官，翰林学士兼左春坊大学士胡广、国子祭酒兼侍讲胡俨、右春坊大学士兼侍读黄淮、右庶子兼侍读杨荣为总裁官，右（左）谕德兼侍讲杨士奇、金幼孜为纂修官。戊申，升翰林院检讨王洪为修撰。"《明通鉴》卷十六："时上以前监修官李景隆、茹瑺等心术不正，又限期迫促，未及精详，至是（十七日）复命姚广孝、夏原吉为监修，胡广、杨荣、杨士奇、金幼孜等为总裁、纂修等官。《太祖实录》，自建文至此凡三修，士奇皆预焉。"

翰林检讨王洪为修撰。（据《国榷》卷十五）

十一月

立朱瞻基为皇太孙。《明太宗实录》卷一百二十一"永乐九年十一月丁卯（初十）"："上御奉天殿，命太子嫡长子为皇太孙，冠于华盖殿。"

进士况文、赵鉴、叶贞为监察御史。（据《国榷》卷十五）

闰十二月

庶吉士黎常为监察御史。（据《国榷》卷十五）

谕兵部申明武学旧规，严其课绩。《明太宗实录》卷一百二十三：永乐九年闰十二月癸亥，"上谕兵部臣曰：'武臣子孙袭职者，未尝知前人建功之难，而骤享厚禄，鲜不覆坠。太祖皇帝置武学教之，欲其谙礼义，知古今，以图继续为国家之用。岁久人心玩愒，武学亦不振举，军官子弟安于豢养，武艺不习，礼义不谙，古今不通，将来岂足为用？其申明武学旧规，严其课绩，毋为具文应故事耳。'"

本年

陈真晟（1411—1474）生。张惟骧《疑年录汇编》卷六："陈剩夫六十四真晟，生永乐九年辛卯，卒成化十年甲午。"黄宗羲《明儒学案》卷四十六："陈真晟字剩夫，初字晦夫，其后以布衣自号。福之镇海卫人。年十七八，即能自拔于俗。"何乔远《名山藏·儒林记》："陈真晟，字剩夫，泉州人，入戎籍于漳之镇海卫，遂为漳人。弱冠入长泰山中从进士唐泰学举子业。业成荐于有司至省试，闻试防严，曰非所以待士，士不宜以此自待，遂弃归，一意圣贤之学。"

明成祖永乐十年壬辰（公元 1412 年）

正月

诏入觐官各陈民瘼。《明鉴纲目》卷二："纲：壬戌（辰）十年，春正月，诏入觐官言事。目：时入觐官千五百余人，命各陈民瘼，不言者罪之。言有不当，勿问。"

陈敬宗应制诗夺魁。《明诗综》卷二十《陈敬宗》，录《元夕赐观灯诗》一首："剑佩清宵近，峰峦翠阁重。花明金殿月，香度玉楼风。拜舞诸蕃集，欢娱万国同。遥闻歌吹发，五色度云中。"黄瑜《双槐岁钞》云："永乐己丑，令自正月十一日为始，赐元宵节假十日。壬辰正月，赐文武群臣宴，听臣民赴午门外观鳌山，岁以为常。车驾驻两京，皆赐观灯宴。上或御午门，示御制诗，使儒臣奉和，览而悦之，赐以羊酒钞币。时评应制诸作，以陈侍讲敬宗五首为工。"

国子司业赵季通、董子庄为赵府长史。（据《国榷》卷十五）

二月

二月丙辰朔，封赠诸大臣诰命。给授吏部尚书兼詹事蹇义、户部尚书夏原吉、礼部尚书吕震、兵部尚书兼詹事金忠、兵部尚书方宾、翰林院学士兼左春坊大学士胡广、右春坊大学士兼翰林院侍读黄淮、右春坊右庶子兼翰林院侍讲杨荣、左春坊左谕德兼翰林院侍讲杨士奇、右春坊右谕德兼翰林院侍讲金幼孜诰命，并封赠其祖父母、父母及妻如制，盖特恩云。（据《馆阁漫录》卷一）

命刘素为中书舍人。素中书舍人彦铭之子，时彦铭历官三考，例升从六品。上命仍旧职致仕，而月给六品禄。又命素承父职。盖特恩云。（据《明太宗实录》卷一百二十五）

命翰林院侍讲杨士奇、金幼孜为会试考试官。取中林志等一百人。《明太宗实录》卷一百二十五：永乐十年二月辛酉，"礼部会试天下举人，奏请考试官，上命翰林院侍讲杨士奇、金幼孜考试，赐宴礼部"。"辛巳，礼部奏会试天下举人，得林志等一百人。赐其考官宴于本部。"《馆阁漫录》卷一："戊辰，命礼部尚书谕考官杨士奇、金幼孜曰：'数科取士颇多，不免玉石杂进。今取毋过百人，其务精择，收散材累百，不若得良材一株也。'取林志等一百人。"按，林志为福建解元。

会试末场，贡士张彦昞、余彝互传代策。御史送礼部，请鞫治。皇太子令翰林官阅其文平常，宥之，复监俟后科。（据谈迁《枣林杂俎·圣集》）

本年会试，有减场作五篇者，亦中魁选。郎瑛《七修类稿》卷十四《国事类·本朝科场》："本朝科场，自洪武三年，第一场，经义一篇，限五百字；《四书》义一篇，限三百字。第二场，礼乐论，限三百字。逮至第三场，时务策一道，务直述，不尚文藻，一千字以上。三场之后，骑，观其驰骤便捷；射，观其中数多寡；书，观其笔画端楷；律，观其讲解详审。此乡试、会试之式也。殿试亦止策一篇，却是时务。其时取士，各省四十名，广西二十名，南直隶一百名，不知何年定以今格。然刊试录亦尚与今不同，前后序文有三四篇者，经义一题，或刊二文者。永乐十年，录有减场五篇者，亦中魁选。又殿试一二甲选部属，三甲选县佐，今则皆异于前矣。"

三月

云南布政司左参议吕名善请于武定、寻甸、广西三府设学校，从之。《明太宗实录》卷一百二十六："永乐十年三月丙申，云南布政司左参议吕名善言：'武定、寻甸、广西三府，居民繁庶，请设学校。'从之。上谓礼部臣曰：'学校风化所系，人性之善，蛮夷与中国无异，特在上之人作兴之耳。'"

马铎（1365—1423）、林志（1378—1426）、王钰等进士及第、出身有差。蒋礼、赵勖、徐俊等俱改翰林院庶吉士，仍隶翰林院习译书。其余二、三甲进士分隶刑部、都察院理刑。《明太宗实录》卷一百二十六："永乐十年三月乙酉朔，上御奉天殿试礼部选中举人林志等百人及前科未廷对举人林文澧等六人，制策曰：'朕奉承宗社，统御海宇，夙夜祗畏，弗遑底宁，以图至治，于兹十年，未臻其效。虑化未洽矣，谨之以庠序之教。虑养未充矣，先之以足食之政。虑刑未清矣，详之以五覆之奏。求才备荐举之科，考课严黜陟之令，然而厉俗而俗益媮，革弊而弊不寝，若是而欲跻世泰和，果何行而可？六经著帝王为治之迹，《易》以道阴阳，专名数者或流而为灾异，尚理致者或沦而为清谈。《书》以道政事，语知行则何以示其端？论经世则何以尽其要？《诗》以道志也，何以陈之于劝惩黜陟之典？《春秋》以道名分也，何以用之于闭阳纵阴之说？

《礼》以道行而乐以道和也，何以道同六经而用独为急？夫道本一原，而治有全体，推明六艺，讲议异同，行则美矣，何以一归于杂？雅歌击磬，执经问难，志则勤矣，何以未复乎古？讨论文籍，考定五经，可谓劳矣，未足以致大治。更日侍读，质问疑义，可谓伟矣，仅足以成小康。夫五星集奎，文运斯振，儒道光阐，圣经复明，较之往迹，何胜何负？盖为治之道，宽猛相济，各适其宜。太宗宽厚长者，务崇德化，政足尚矣，而言者谓不若中宗之严明。显宗法令分明，幽枉毕达，严足尚矣，而言者谓不若肃宗之长者。论治若此，其将孰从？夫博闻经学之士，有以应变，子诸生蕴之有素，其于为治之要，时措之宜，悉心以陈，毋徒泛泛，朕将亲览。'""戊子，上御奉天殿阅举人对策，擢马铎为第一，赐铎等一百六人进士及第、出身有差。""己丑，赐进士马铎冠服银带，余各赐钞五锭，仍赐宴于会同馆。""庚寅，上御奉天殿，进士马铎等谢恩。""癸巳，命第一甲进士马铎为翰林院修撰，林志、王钰为编修，进士内原习译书蒋礼、赵勖、徐俊、何贤、潘勤、黄裳、罗兴、杨荣、张观、王观、马驯、王璜、刘浚、胡让、邵暹、米显、方复为庶吉士，仍隶翰林院。第二甲、三甲进士分隶刑部、都察院理刑。"周忱《双崖集》文集卷二《送叶大尹复任临桂序》："永乐壬辰岁，太宗文皇帝临轩策士。当时对大廷登名黄甲者仅百人，盖极天下一时之选。会朝廷颁恤刑之诏，谓谳议之事，必通经学古之人然后足以胜任。故百人者释褐不数日，即奉纶音，分莅法司以典刑狱，由是尽力，以试诸艰。进士得人，是科为最盛。士之出于其间者，文学治能必表表异常，岂非琢磨淬砺，足以成其才乎！"梁章钜《制义丛话》卷十二："《日知录》云：林文恪公材《福州府志》云：'余好问长老前辈时事，或为余言林尚默志方游乡序为弟子员，即自负其才当冠海内士。然考其时试诸生者，则杨文贞、金文靖二公也。夫尚默当时所习特举子业耳，而杨、金二学士皆文章宿老，蔚为儒宗，尚默乃能必之二公若合符节，何哉？当是时也，学出于一，上以是取之，下以是习之，譬作车者不出门，而知适四方之合辙也。正德末，异说者起，以利诱后生，使从其学，毁儒先，诋传注，殆不啻弁髦矣。由是学者怅怅然莫知所从，欲从其旧说则恐或生新说，从其新说则又不忍遽弃传注也。己不能自必，况于人乎？是故射无定鹄则羿不能巧，学无定论则游、夏不能工。欲道德一、风俗同，其必自大人不倡游言始。'按：林尚默，吾乡闽县人，永乐壬辰进士，乡试、会试皆第一，殿试一甲第二名。"

本年进士登科情况。俞宪《皇明进士登科考》卷三："时廷对之士林志等一百六人，擢马铎第一。部本久缺，郎中陆铨购刻之，进士家状书某乡某里，与今录稍异。"第一甲三名，赐进士及第。马铎，福建长乐县人。林志，福建闽县人。王钰，浙江诸暨县人。第二甲三十九名，赐进士出身。戴乾，福建闽县人。饶安，江西崇仁县人。刘翀，山东济宁州人。刘咸，江西泰和县人。郑闳，福建闽县人。杨伸，直隶常熟县人。鲍英，江西南昌县人。陈瑞，浙江平阳县人。孙曦，福建侯官县人。郑阜义，浙江鄞县人。黄泽，福建闽县人。顾巽，浙江慈溪县人。蒋礼，直隶和州人。杨政，江西吉水县人。郭公绪，江西泰和县人。卢质中，福建莆田县人。鲁鼎，江西吉安永丰县人。章睿，浙江丽水县人。赵勖，陕西绥德州人。陈原佑，福建建安县人。刘长吾，江西吉安永丰县人。檀凯，直隶建德县人。张思安，直隶无锡县人。江殷，江西贵溪县人。黎恬，江西清江县人。黄翰，直隶华亭县人。徐俊，直隶建德县人。钱述，江西吉水县人。陈琦，福建福安县人。吴赐，直隶贵池县人。黄彦，浙江海盐县人。张璘，湖广黄冈县人。徐则宁，江西金溪县人。何贤，陕西狄道县人。于庭颐，浙江临海县人。陈礼，江西泰和县人。胡守宗，福建晋江县人。杨勋，江西崇仁县人。熊伦，江西吉水县人。第三甲六十四名，赐同进士出身。黄常祖，福建莆田县人。鞠祥，直隶和州人。高第，福建瓯宁县人。潘勤，浙江钱塘县人。林文澧，福建怀安县人。吴潜，福建莆田县人。罗惟政，广东程乡县人。赵礼，江西南丰县人。傅启让，湖广石首县人。傅玉润，江西新淦县人。黄裳，河南内乡县人。罗兴，四川崇庆县人。余文，福建莆田县人。杨荣，云南太和县人。颜泽，直隶江阴县人。任用，浙江东阳县人。王嗣先，江西泰和县人。胡敬，浙江仁和县人。林密，广东文昌县人。张观，山西代州人。蔡道隆，浙江永嘉县人。阳清，直隶上元县人。倪良，江西乐平县人。胡璇，江西新淦县人。王观，湖广枣阳县人。史循，直隶江宁县人。周常，直隶定远县人。林硕，福建闽县人。史咏，直隶溧阳县人。李庠，浙江西安县人。陶仕宗，广西郁林州人。张绍，河南汝州人。王询，江西吉安永丰县人。陈正伦，江西吉水县人。叶俊，浙江永嘉县人。凌辉，福建德化县人。吴诚，福建莆田县人。马驯，陕西长安县人。王时习，江西南康县人。王璜，山西代州人。崔彦俊，江西新建县人。阮存，浙江永嘉县人。熊自诚，江西临川县人。彭崙，直隶嘉定县人。刘濬，直隶句容县人。杨昺，湖广崇阳县人。徐行，江西进贤县人。谢忱，浙江兰溪县人。罗通，江西吉水县人。叶宜，福建南平县人。陈益，直隶吴县人。傅良玉，江西新淦县人。李濟，山西襄垣县人。蒋畤，福建南安县人。陈润，福建连江县人。刘琎，直隶江宁县人。胡让，四川巴县人。陈逊，福建浦城县人。邵进，湖广沔阳州人。王凯，福建莆田县人。欧阳和，江西泰和县人。来显，陕西乾州人。施琰，浙江归安县人。方复，直隶潜山县人。

相传马铎、李骐为同母异父兄弟。沈德符《万历野获编》卷十五《科场·马铎李骐同母》："马铎者，举永乐壬辰状元；李骐者，举永乐戊戌状元，俱福建之长乐人。世传其母先嫁马氏生铎，再嫁李氏生子，即带马姓以为名。至文皇临轩胪唱，御笔改马为骐，二人固同母异父兄弟也。此说自幼闻之，《弇州记·奇事》亦以为诚然。及考二人《志铭》，则殊不尔。铎之母为卓氏，骐之嫡母为叶氏先亡，继母黄氏，俱封安人，未几黄氏亦卒，骐寻下世。然则二人本不同母，何以世有此说？或因一时并贵，因讳而易其姓耶？是不可考矣。"

州判张侗，庶吉士胡敬，监生程玖，秀才沈粲、许鸣鹤、王孟端、朱晖、杨本、陈宗渊、庞振舒、章炳如并为中书舍人，仍隶翰林院书制诰。（据《国榷》卷十五）

己酉，升广东道监察御史裴琏为右春坊右中允，许胜为左春坊左司直郎。癸丑，赐翰林院学士兼左春坊大学士胡广等五员二品织金纱各一袭。（据《馆阁漫录》卷一）

四月

赐在京文武百官夏布有差,学士胡广等五员赐同尚书。(据《馆阁漫录》卷一)

任命诸进士、监生为监察御史。进士胡概、萧常、郭廉、吴斌、弋谦、邓真、何楚英、傅良、何忠、张顺、周建、李曰良、王铉、郭振、金庠、鲁琛、朱敬、乔良、邓义、陈子伦、林衡、谢升、张昱,监生张勤、龙景亨、赵文、姚悦、濮阳泰、任旺、祝和、陈恕、郭端、贾节、赵益、廖睿、周毅、李善、杨俊、张彬为监察御史。(据《国榷》卷十五)

五月

升中书舍人王遂为春坊左司直郎。(据《馆阁漫录》卷一)

六月

赐国子监琉球国云南四川官民生怀德一百十六人夏布襕衫绦靴。(据《馆阁漫录》卷一)

修国子监。《明太宗实录》卷一百二十九:永乐十年六月丙子,"修国子监。上谓工部臣曰:'大学,于国体甚重者,盖成贤才之地,视他官府须坚致弘丽有加。尔尚书侍郎亦须往督视。'"

故学士宋濂孙怿,以奸党郑公智外亲当坐。上念濂旧德,宥之。(据《国榷》卷十五)

七月

七月甲申朔。丙戌,赐在京文武衙门堂上官兜罗锦被有差,翰林院胡广等五员赐同尚书。甲辰,擢吏部郎中邹济为左春坊左庶子,济宁州学正高寿为左春坊左中允,中书舍人吴均、北京国子监助教黄琮、岳州府学教授赵文为右春坊右中允。改左中允孔谔、司谏朱璘为监察御史,左司直郎许胜,右中允刘子春、裴琏为刑部主事。(据《馆阁漫录》卷一)

前靖江王府右长史萧用道卒。用道庐陵人,建文初荐拜靖江直史,征入翰林,修《实录》上,改直史为咨议所,亡何,改右长史。昨岁乞休忤旨,降宣府鹞儿岭巡检。(据《国榷》卷十五)

八月

升国子监助教贝泰为北京国子监司业。(据《馆阁漫录》卷一)

翰林庶吉士刘翀为礼科给事中,同吏科给事中张英、国子学录王让侍皇太孙说书。(据《明太宗实录》卷一百三十一、《国榷》卷十五)

九月

监生吴文、吴克聪为监察御史。(据《国榷》卷十五)

十月

监生顾立、邹烜、李弘、萧原、祝升为监察御史。(据《国榷》卷十五)

十一月

遣右春坊右庶子兼侍讲杨荣至陕西,会丰城侯李彬议方略。杨士奇《东里续集》卷三十六《故少师工部尚书兼谨身殿大学士赠特进光禄大夫左柱国太师谥文敏杨公墓志铭》:"冬月,肃守帅西宁侯宋琥奏:'边人娄达罕逃居齐勤蒙古卫,将为边患。丰城侯李彬镇陕西,遂敕彬率师剿之。'且命公往与彬计度。十二月还奏:'饷道险阻,今沍寒人疲,马瘠不可行,且边地不足以烦王师。'遂敕彬旋师。无几,叛者复归。"《国榷》卷十五:"(永乐十年十一月)壬午朔,右春坊右庶子兼翰林侍讲杨荣往甘肃,会丰城侯李彬经略叛寇老的罕。时赤斤蒙古卫指挥塔力尼匿之。"《明鉴纲目》卷二:"纲:冬十一月,命侍讲杨荣经略甘肃。目:凉州酋娄达衮(旧作老的罕,今改。)叛,守将击败之,娄达衮走赤斤蒙古卫。(明置,今为玉门县,属甘肃。)帝欲发兵讨之,乃遣荣至陕西,会丰城侯李彬议方略。荣还言:隆冬非出兵时。彬亦言道远饷难,宜缓图之。乃赐敕诘责赤斤蒙古,明年,赤斤蒙古遂缚娄达衮来献。"

监生苗贯、谢庸、熊杰、童贞、吴铭、张达、雷恭、解昌、党衢、周尚宾为监察御史。(据《国榷》卷十五)

十二月

进士周文褒为河南左布政使,黄泽为左参政,陈祚为右参议,监生梁通为河南按察使。(据《国榷》卷十五)

监生游禬为户科给事中。(据《国榷》卷十五)

明成祖永乐十一年癸巳（公元1413年）

正月

以孝孺故杀大理寺臣。《明通鉴》卷十六："辛丑（二十日），前大理寺左丞王高，右丞刘端，以纵奸恶外亲弃市。高与端，皆南昌人。方孝孺之下狱也，二人同在法司，以纵孝孺息树阴，事觉，弃官去。至是捕得之，诘其逃，则曰：'存身以图报耳。'上怒，命劓其鼻，端厉声曰：'鼻虽去，犹留面目，地下见皇祖耳。'上怒，立命诛之。"

诏宥建文诸臣姻党。《明通鉴》卷十六："时钱习礼，吉水人，以去年成进士，授庶吉士，与练子宁为姻戚。先是逮治奸党，习礼偶获免，然恒为乡人所持，不自安，以告学士杨荣。荣乘间以闻，上曰：'使子宁今日在此，朕犹当用之，况习礼乎！'即日，下令禁止。寻授习礼为检讨。"

监生刘迪为四川按察使，张岳、赵彬为副使，章铭、李清为佥事。（据《国榷》卷十五）

二月

辛亥，琉球国中山王思绍遣使恭勃奇贡马及送寨官之子邬同志久、周鲁每恰、那晟其三人入国子监受学。（据《明太宗实录》卷一百三十七）

任命诸监生为给事中、监察御史。监生李华、卢荣、赵直、赵旭、卜祯、杨益、冯得为给事中，黄文惠、王维新、韩真、李逊、申岳、张肃、封贵、朱质为监察御史。（据《国榷》卷十五）

设贵州布政使司。**贵州为内地自此始**。（据《明太宗实录》卷一百三十七）行人蒋廷瓒、河南左参政孟骥为左右布政使，进士新建崔彦俊为思州知府，江阴颜泽为镇远知府，贵溪李鉴为石阡知府。彦俊任十八年，泽十四年，鉴九年，夷习丕变。（据《国榷》卷十五）《明鉴纲目》卷二："纲：癸巳十一年，春二月，置贵州布政使司。目：贵州古罗施鬼国，汉西南夷牂牁武陵诸傍郡地，元置八番（五季时，马殷遣八帅讨溪洞诸蛮，遂各分据之，号八番。今贵州定番县地）顺元（注见前）诸宣慰司，以羁縻之。太祖初平陈友谅，兵威振南服。思南（唐思州，元思南宣慰司，明永乐后为府，今县。属贵州）宣慰田仁智，思州（唐思州地，元分置淞江宣抚司，后改思州，明永乐后为府，今贵州思县）宣抚田仁厚，率先归附，即以故官授之，命世守其地。及洪武年，贵州宣慰霭翠（蜀汉火济之裔，世领水西，后为安氏），同知宋钦（宋以后，始领水东，系见前）及普定（注见前）女总管适迩等，先后来归，皆予以原官世袭，赋税听自输纳。已而思南田宗鼎（仁智之孙）与思州田琛（仁厚之孙）构怨相仇杀，朝廷屡禁之，不能止。（初宗鼎与副使黄禧交恶，讦奏累年，朝廷以田氏世官，曲宥之，改禧知辰州府。未几，宗鼎以争地与思州有隙。福遂与琛结，合兵攻思南。宗鼎挈家走，琛杀其弟，发其祖墓。宗鼎诉于朝，屡敕琛、禧赴阙自辨，皆拒命不至。）至是，帝命镇远侯顾成，帅兵擒之，送京师，诏分其地为八府（以思南地，设思南、镇宁、铜仁、乌罗四府，以思州地，设思州、新化、黎平、石阡四府）四州（镇远、安顺、永宁、普安。○此四州皆贵州地，且建置不在一时，《明史·土司传》，盖因类书之），设贵州布政使司（治贵州宣慰司。后成化中，分置程蕃府。至隆庆末，始改程蕃曰贵阳府，为布政司治，而宣慰司如故。府所治在城北，宣慰所治在城南），而以长官司七十五，分隶焉。贵州为内地自此始。（初，洪武中设贵州都指挥使司，至是领十八卫，而以长官司七隶焉。后二年，复设按察使司。于是贵州二司官与各省同，而乡贡则附于云南。）"

成祖赴北京，命皇太子监国。《明鉴纲目》卷二："纲：帝如北京，皇太孙从，命皇太子监国。目：以尚书蹇义，学士黄淮，谕德杨士奇，洗马杨溥（字弘济，石首人）辅太子监国。"

杨荣、金幼孜、胡广扈从北巡。杨士奇《东里续集》卷三十六《故少师工部尚书兼谨身殿大学士赠特进光禄大夫左柱国太师谥文敏杨公墓志铭》："十一年春，从狩北京。"《明史》杨荣传："明年复与广、幼孜从北巡。"

梁潜适北京。《东里文集》卷十七《梁用之墓碣铭》："十一年复扈从北京。十三年考礼部会试，十四年南还。"

五月

国子监琉球生模都古等三人奏乞归省，诏赐道里费，给驿传。《明太宗实录》卷一百四十：永乐十一年五月，"庚寅，国子监琉球生模都古等三人奏乞归省，上谓礼部臣曰：'远人来学，诚美事事。思亲而归，亦人情。宜厚赐以荣之。'遂赐彩币表里袭衣及钞为道里费，仍命兵部给驿传"。

定死罪纳赎条例。《明鉴纲目》卷二："纲：夏五月，定死罪纳赎例。目：命法司定议，死罪情重者杀之，情轻者得纳赎，斩八千贯，绞六千贯，流徒以下，纳钞有差，无力者，发天寿山种树。"

六月

北京行部右侍郎杨泰卒。山阳人，洪武监生。历北平按察佥事。从靖难。（据《国榷》卷十五）

十月

任命六科给事中。故兵部尚书刘俊弟杰，监生王银、苏弼、杨和、李谦、张志、葛绍祖、王宪、许侃、岳顺、梁盛、张毅、朱昭、纪文、崔卤、李浚、王励、刘绅、许能、屈良、张贯、朱威、陆得厚、张守信、苗友直、李应庚、张翊、马骏为六科给事中。（据《国榷》卷十五）

十一月

右春坊右司直郎郓城晁铸致仕。铸元国子生。洪武初，举训导。建文中，擢国子助教。永乐二年，擢司直郎。简静端实，讲说详明，东宫甚重之，令皇太孙受学。年八十乞骸。（据《国榷》卷十五）

十二月

丁巳，赐国子监琉球、云南、四川生怀德等四十六人冬衣靴袜。（据《明太宗实录》卷一百四十六）

诏免正旦贺仪。《殿阁词林记》卷二十二《议礼（下）》："永乐十一年十二月，鸿胪寺奏习正旦贺仪，诏礼部及本院官问曰：'正旦日食，百官贺礼可行乎？'尚书吕震对曰：'日食与朝贺先后不相妨。'侍郎仪智曰：'同日免贺为当。'成祖顾问曰：'日食行贺礼否？'杨士奇对曰：'日食大变之大者，前代元正日食多不受朝。宋仁宗时元正日食，富弼请罢宴彻乐。宰相吕夷简不从，弼曰：'万一契丹行之，为中国羞。'后有言虏是日罢宴，仁宗深悔。今免贺诚当。'上遂免贺及宴，仍赐百官节钞。"

交阯右布政使王平卒。平息县人，洪武中国子生。拜御史，进陕西按察使。上改擢金都御史，坐事谪卫经历。进福建左参政，从南征。进右辖，同都督黄中镇清化，民赖以安。气刚而刻，生平不通私馈。（据《国榷》卷十五）

进士涂克敏、张志文、邝埜、彭瞽、陈治、刘琏、周常、欧阳和为监察御史，监生牛麟、田纲为给事中。（据《国榷》卷十五）

本年

命廷臣五品以上洎郡邑各举所知，以安养军民。李诩《戒庵老人漫笔》卷二《严大理遗事》："永乐癸巳（十一年），太宗命廷臣五品以上洎郡邑各举所知，以安养军民。吏部郎中何君澄荐以堪风宪，江阴令李君进复以材宜牧民举。明年征至南京，仁宗在青宫监国事，命吏部尚书蹇公义试《理人策》一篇，复举律疑数条为问，随问敷答。

同试者皆授郡邑职，独拜刑部广西清吏司主事。"叶盛《水东日记》卷三《沈梦萱试榜文起语》："松江李墟沈梦萱先生资深，永乐中举'略通书史'。吏部试《招抚四夷榜》，纳卷独迟。众请斥之。尚书取卷，阅其首云：'《诗》曰："普天之下，莫非王土。率土之滨，莫非王臣。"'遽曰：'是何可斥也。'遂得终篇，第优等，授山东新城知县……吴思庵先生举'堪任风宪'，试《河清论》，起语：'《中庸》曰："致中和，天地位焉，万物育焉。"'"

明成祖永乐十二年甲午（公元 1414 年）

正月

夜，上御午门观灯，宴群臣。进诗，命翰林第高下，赐钞有差，并赐耆父钞帛。（据《国榷》卷十六）

始设乌撒军民府儒学。（据《国榷》卷十六）

三月

进士张璘、郑皁义为山东、广东右参政，监生孟亨为监察御史。（据《国榷》卷十六）

六月

擢诸监生为监察御史。皇太子擢监生石篪、于文通、徐长渊、季籧、顾达、盛伟、王继行、汤云、张昶、刘璧、陈斌、阖胜先、商盘、许彦、唐著、杨义为监察御史。（据《国榷》卷十六）

七月

己亥，次沙河，皇太子遣兵部尚书兼詹事金忠、指挥使杨义进迎銮表。上怒其缓，且失对，以右春坊大学士兼翰林侍讲黄淮、左谕德兼侍讲杨士奇、司经局正字金问等辅导，并征之。（据《国榷》卷十六）

八月

成祖班师还北京。《明鉴纲目》卷二:"纲:秋八月,帝还北京。"

北京行部请乡试考官,成祖命翰林院侍讲曾棨、翰林院侍讲兼左春坊左中允邹缉主之。此为皇帝首次钦命翰林官主顺天乡试。皇太子命司经局洗马兼翰林编修杨溥、编修周述主应天试。《明太宗实录》卷一百五十四:永乐十二年八月丙午,"北京行部乡试,奏请考试官,上命翰林院侍讲曾棨、翰林院侍讲兼左春坊左中允邹缉考试,赐宴于本部"。"丁未,遣官释奠先师孔子。""是日,应天府乡试启请考试官,皇太子命司经局洗马兼翰林院编修杨溥、翰林院编修周述考试,赐宴于本府。"张萱《西园闻见录》卷四十四《礼部》三《科场·往行》:"永乐十二年甲午,北京行部请乡试,始命翰林院侍讲曾棨、翰林院侍讲兼左春坊左中允邹缉主之,应天则皇太子命司经局洗马兼翰林编修杨溥、编修周述主之,此两京命主试之始也。"

两京及河南、山东、山西、陕西、浙江、湖广、江西、福建、广东、广西、四川、云南、交阯等十三布政司乡试。(据《皇明贡举考》卷三)

闰八月

以高煦谮,下右春坊大学士黄淮等于狱。《明史》杨士奇传:"明年(永乐十二年),帝北征。士奇仍辅太子居守。汉王潜太子益急。帝还,以迎驾缓,尽征东宫官黄淮等下狱。士奇后至,宥之。召问太子事。士奇顿首言:'太子孝敬如初。凡所稽迟,皆臣等罪。'帝意解。行在诸臣交章劾士奇不当独宥,遂下锦衣卫狱,寻释之。"《明史》杨溥传:"十二年,东宫遣使迎帝迟,帝怒。黄淮逮至北京系狱。及金问至,帝益怒曰:'问何人,得侍太子。'下法司鞫,连溥,逮系锦衣卫狱。家人供食数绝。而帝意不可测,旦夕且死。溥益奋,读书不辍。系十年,读经史诸子数周。仁宗即位,释出狱,擢翰林学士。"《明鉴纲目》卷二:"纲:闰月,下右春坊大学士黄淮等于狱。目:帝亲征还,太子遣使迎稍缓,帝入高煦谮,悉征东宫官属下诏狱,杨士奇、杨溥、金问(字公素,吴人)皆坐系,特宥士奇复职。"

十月

设贵州镇远、石阡、乌罗、铜仁、新化、黎平六府儒学。(据《明太宗实录》卷一百五十七)

监生张盘、韩玺、卜谦、陈谅为给事中,崔颙为监察御史。(据《国榷》卷十六)

十一月

命胡广、金幼孜、杨荣等修《五经大全》、《四书大全》、《性理大全书》。《明太宗实录》卷一百五十八：永乐十二年十一月，"甲寅，上谕行在翰林院学士胡广、侍讲杨荣、金幼孜曰：'《五经》、《四书》皆圣贤精义要道，其传注之外，诸儒议论有发明余蕴者，尔等采其切当之言增附于下。其周程张朱诸君子性理之言，如《太极》、《通书》、《西铭》、《正蒙》之类，皆六经之羽翼。然各自为书，未有统会。尔等亦别类聚成编。二书务极精备，庶几以垂后世。命广等总其事，仍命举朝臣及在外考官有文学者同纂修。开馆东华门外，命光禄寺给朝夕馔。'"《明鉴纲目》卷二："纲：冬十一月，命翰林学士胡广等，修五经四书，及宋儒性理诸书。目：书成，名曰《大全》，颁行天下。(《大全书》全撮宋元诸儒成说，类聚成编，鲜所折衷，后儒少之。)"

顺天府尹张贯卒。灵璧人，监生。善治剧，裁决无留。(据《国榷》卷十六)

十二月

姚夔（1415—1473）生。字大章，号损庵，桐庐人，正统壬戌进士，累官礼部尚书，调吏部，加太子少保。卒赠少保，谥文敏。有《姚文敏公遗稿》。《明文衡》卷七十九《姚文敏公神道碑》："生一岁而孤，性资颖异，克志于学。十三游邑庠，博通经史，为文雄健有奇气。正统戊午，以《春秋》举浙江乡试第一，会试辞乙榜，入太学。祭酒李公时勉、司业赵公琬，一见器重之。少保杨公溥闻名，且遣子壻从学。而公不自满，复游刘忠愍公之门请益，士大夫莫不高其志。……公生永乐甲午十二月十七日，卒成化癸巳二月九日，享年六十。"

己卯，赐国子监琉球生邬同志久等三人钞及衣服。(据《明太宗实录》卷一百五十九)

明成祖永乐十三年乙未（公元1415年）

正月

金忠卒，谥忠襄。《明鉴纲目》卷二："纲：兵部尚书兼詹事金忠卒（谥忠襄）。目：忠少随兄戍通州，以善卜闻，燕兵既起，僧道衍荐为谋臣。(事见前。)帝即位，历官兵部尚书，定建储议，兼詹事。帝北征，辅太子监国。帝入高煦谮，悉征东宫官属下狱，以忠勋旧不问，而密令审察太子事，忠言无有。帝怒，忠免冠顿首，愿连坐以保之。以故太子得无废，而宫僚杨溥、黄淮等，亦获全。至是卒。"

解缙（1369—1415）被杀，年四十七。《国榷》卷十六："永乐十三年正月丙寅，前交阯右参议解缙卒于狱。缙字大绅，吉水人。幼有凤慧，洪武戊辰进士。授中书舍人。尝从大庖西草封事，上数称奇才，诸大臣皆忌，改御史予告。上崩入临，劾其违养，谪河州卫吏。董伦荐之，入翰林待诏。上即位，擢侍读，直文渊阁，进翰林学士兼右春坊大学士。以阻汉王高煦及交阯事见忤，出参广西，再改交阯。征下狱，高煦使狱吏醉埋之雪中死，或曰：'上意也。'籍缙家，妻子徙辽东。翰林检讨永福王偁，宗人府经历高得旸，右春坊右中允兼翰林修撰李贯，左赞善兼翰林编修吴县王汝玉，编修朱纮，检讨萧引高皆相继狱卒。缙才高志锐，诗文雄宕，偁等咸后进，工文，相引重，遂被以轻薄名，悲夫！"《明史》解缙传："十三年，锦衣卫帅纪纲上囚籍。帝见缙姓名曰：'缙犹在耶？'纲遂醉缙酒，埋积雪中，立死。"杨士奇《东里文集》卷十七《朝列大夫交阯布政司参议春雨解先生墓碣铭》："公之文雄劲奇古，新意迭出。叙事高处，逼司马子长、韩退之。诗豪宕丰赡，似李、杜。其教学者恒曰：'宁为有瑕玉，勿作无瑕石。'书小楷精绝，行草皆佳。其卒以永乐十三年正月十三日，春秋四十有七。"

二月

今年会试在北京举行，以翰林院修撰梁潜、王洪为考试官。应试者三千人，录取洪英等三百五十人，或云三百四十九人。此为明代首次在北京举行会试。《明太宗实录》卷一百六十一：永乐十三年春二月，"甲戌，行在礼部会试天下举人，奏请考试官，上命翰林院修撰梁潜、王洪考试，赐宴于礼部"。"壬辰，行在礼部会试天下举人，得洪英等三百四十九人，赐其考官宴于本部。"梁潜《泊庵集》卷七："永乐十三年春二月，礼部将合天下贡士而考试之……于时，皇上巡狩北京，天下之士越万里而至者凡三千人。既撤棘，拔其粹，得三百五十人。盖试于北京，方自此始。而得士之众，亦前此未之有也。"查继佐《罪惟录》志卷十八《科举志》："（永乐）十三年乙未，始诏天下举人会试北平。二月，会试，得洪英等三百五十人。初录陈循，与主考梁潜同乡，避嫌，置第二。复简程文秸，又以'秸'字难解，乃抑第三，洪为第一。时第二、第三皆《书经》，称六魁，而王翱第五，及第六皆儒士。上喜畿甸抢魁，翱以布衣召见，赐酒食。既殿试，赐陈循、李贞、陈景著等及第、出身有差。循系甲午解元，几掇三元，后为名臣。试下第举人，取二十四人，并赐冠带，给教谕俸，送国子监肄业。"

熊直落第。梁潜《泊庵集》卷十二《胡敬方传》云："先生之就会试也，适予为考官。既开榜，皆骇然以失先生为问。因亟取其卷读之。其文之壮，浩浩乎如长江之洪流，可惊愕也。以偶脱经题一语，于法不得取。同考者执其文，相视叹息而止。及予出试院，一见先生，先生抚手大笑，因诵东坡送李廌之语，曰：'可不牵羊载酒以谢玉川邪？'欢然不以毫发介意。士大夫由此益高之。不数日，遂去，予因饯之以诗。时永乐十三年二月也。"（按，胡敬方即熊直。以母适胡姓，改姓胡。后复姓熊。）

监生李哲、张温、王延、陶衍、郝珩、张礼、李钦、李禧、刘穆、董荣、王敬身、李瀚为给事中，李素为监察御史。（据《国榷》卷十六）

三月

陈循（1385—1462）、李贞、陈景著等三百五十一人进士及第、出身有差。洪英、王翱等六十二人改翰林院庶吉士。命行在工部建进士题名碑于北京国子监。此为明代在北京国子监立进士题名碑之始。《明太宗实录》卷一百六十二：永乐十三年三月己亥朔，"上御奉天殿试礼部选中举人洪英等三百四十九人及前科未廷举人刘进等二人，制策曰：'朕为帝王之治，本之于道德，而见之于事功。德为政治之本，事功著敬治之效。不推其本，何以为治？不臻其极，何以为效？是故民俗之厚，在于明教化，吏治之举，在于严课试。士风之振，在于兴学校。人才之得，在于慎选举。刑狱之平，在于谨法律。是数者，皆为治之先务。唐虞三代之盛，率由于此，而其道德之所施，事功之所成，亦必有其要者矣。三代而下，论治之盛者，曰汉曰唐曰宋。举其概而论之，渊默清净，则躬履俭朴矣。约己治人，则力于为善矣。恭俭仁恕，则修己无为矣。其所以为教化者何如？举殿最而察以六条，考善最而差以九等，著能否而辨以三科，其所以为课试者何如？表章六经而劝学兴礼，锐情经术而文治勃兴，讲学多闻而崇儒重道，其所以为兴学校者何如？四科四行之辟，六科四事之选，三经十科之制，其所以为选举者何如？作三章九章以明其禁，为律令格式以准其法，定刑统编敕以新其制，其所以为法律者何如？夫循名而实可见，究迹而治可推，即道德以较夫事功，其高下优劣，盖亦有可辨者矣。朕祇奉天命，统承太祖高皇帝洪业，临莅以来，夙夜孜孜，以图至治，亦惟取法于唐虞三代，舍汉唐宋而不为矣。然于是数者，犹未臻其效，子诸生抱经济之学，博古以知今，明体而适用，其敷陈当否，疏其所以化成于天下者，若何而可以臻夫唐虞三代之盛，其详著于篇，朕将亲览焉。'""壬寅，上御奉天殿阅举人对策，擢陈循为第一，赐循等三百五十一人进士及第、出身有差。""癸巳，赐进士陈循冠服银带，余赐钞各五锭，俱赐宴于北京留守行后军都督府。上以礼部会试下第举人中或有学问可取者，命翰林院再试之，得朱瑛等二十四人，并赐冠带，给教谕俸，送国子监进学，以待后科。""甲辰，上御奉天殿，进士陈循等上表谢恩。""丁巳，命第一甲进士陈循为翰林院修撰，李贞、陈景著为编修，仍命同纂修《性理大全》等。第二甲、第三甲进士洪英、王翱、林文秸、宋魁、陈镛、曾弘、林遒节、胡榘、章文昭、严珊、金关、王瑛、郑珞、袁璞、周崇厚、习侃、郑雍言、牟伦、吕棠、张益、黄仲芳、廖谟、宋琰、朱昶、范琼、黄瑺、陈文璧、高谷、张坚、沈旸及原习译书王懋、姚昇、胡清、方勉、林超、曹义、龚英、时永、彭麟应、陈坤奇、李芳、叶颖、王士华、吴绍生、丁毅、石玉、黎民、张逊、万完、周贵、连智、王谕、樊敩、王麟、戴觐、许彬、徐景安、石庆、郑猷、李冠禄、周安、谢晖为翰林院庶吉事。擢史常、王达、刘进、徐琦、夏忠为行人。余命于诸司观政。""庚申，命行在工部建进士题名碑于北京国子监，命右春坊右庶子兼翰林院侍讲杨荣撰记。"杨荣《文敏集》卷九《进士题名记》："永乐十三年当会试之期，时皇上驻跸北京，天下之士来萃者凡数千人。礼部既合试之，择其中选者以进。三月朔旦，上御奉天殿，亲降制策，咨以古先帝王之治道。圣情谦冲，玉音涣发。在廷大小百执事之臣莫不殚力协心，踊跃承事。先是春雨方降，浃日未霁。及廷试之旦，玄云卷舒，将雨复止，祥飙微来，天宇廓清，霁景融和，于是诸士子皆得雍容发舒，各据所蕴，以对扬圣训，上答宸衷，以自庆夫千载一时之遇，而天意于此，所以协相文明之运，有非偶然者。既赐陈循以下三百五十一人及第、出身有差。胪传之日，都城人士抃舞称叹，以为北京之盛美，有以迈越前代也。既而礼部请循旧制，立石题名于太学。"徐学聚《国朝典汇》卷一百二十八："（永乐）十三年三月，上御奉天殿阅举人对策，赐进士三百五十一人。是年始诏天下举人会试于北京。命翰林院修撰梁潜、王洪为考试官。初拆卷得第一名曰陈循，其乡人也。避嫌改置第二，而擢林文秸。既又秸字难识，进呈不便，因见第五名洪英，曰：'此洪武英才也。'取为第一，改循第二。第五名王翱者，盐山人也。上喜得畿辅士，以布衣召见，赐酒食。既廷试，复赐陈循及李贞、陈景著及第，赐宴于留守行后军都督府。景著时年十八，改进士洪英、王翰、林文秸等俱为庶吉士。时鸿胪寺无卿丞，张斌任事。恃城守功，最狠戾，多所中伤，人颇惮之。以不与读卷，致争论上前不已。御史黄宗载奏斌不学无识，不可以读卷，乃敢烦渎圣听，当伏法。士论壮之。"《国榷》卷十六："（永乐十三年三月）己亥朔，廷试贡士洪英等三百五十一人于奉天殿，赐陈循、李贞、陈景著等进士及第、出身有差。"康熙《宛平县志》卷五下《人才》："明王翱，字九皋，京师人。翱刻苦读书，永乐十三年进士，时上欲得北士为重，翱每试皆高等，上喜，召见，赐之食，改庶吉士……历任五十三年，第宅不改于旧，上命有司起第于盐山。没后家无余资，人谓其清白之节，虽古名臣何以加焉？"李调元《制义科琐记》卷一《秸字难识》："（永乐）十三年乙末，始诏天下举人会试北京，命修撰梁潜、王洪为考官。初拆卷，第一名曰陈循，其乡人也，避嫌改第二，而擢林文秸，既又以'秸'字难识，定洪英第一。第五王翱，盐山人也，上喜得畿辅士，以布衣召见赐酒食。既廷试，复赐陈循、李贞、陈景著及第，景著时年十八。"李调元《制义科琐记》卷二《都北平》："永乐十三年乙未，会试贡士于行在。北京盐山县人王翱进呈卷在第五。上欲都北平，得翱大喜，擢二甲第一。"尹直《謇斋琐缀录》卷二："永乐乙未年，始开会闱于北京。泊庵先生主考，得一卷，三场俱优，取定为会元。拆卷，乃陈芳洲循。先生以乡故为嫌，欲取林文秸，而又以秸字难识，进呈不便，因见第五名洪英，曰：'此洪武间英才也。'遂取为会元，而循居二，王翱第五。太宗见翱名，喜北京初启会闱，而经魁得一畿甸士，遂以布衣召见，赐酒饭。后翱至宫保、太宰，寿禄名位，非常可及，遭际有自来矣。"

据《明清进士题名碑录索引》，永乐十三年乙未科录取名单如下①：

第一甲三名

陈循　李贞　陈景著

第二甲九十五名

王翱	林文秸	宋魁	卓有谦	程鉴	陈镛
王懋	桂芝	段礼	倪益	洪英	郑莹
曹衡	曾弘	张郜	陈礼	林遒节	吴士彧
邵旻	涂铿	陈资深	孙原贞	黄察	张宗
胡瀿	韩福	王佑	章文昭	方庭玉	刘麒
郑塾	谢复进	姚升	陈彬	陈孚	胡清
罗端	刘智安	严珊	姚坚	贺敬	方勉
徐义	梁能	王瑄	何琼	金关	俞晒
郑珞	刘凤	林安②	陈鼎	林超	袁璞
吴应宗	曾令得	曹义	徐永	张鹏飞	龚英
李学	周崇厚	张永	林坦	章旭	张彦晒
萧仪	时永	林时	严孟衡	陈辉	蒋勉
彭麟应	陈坤奇	江澄	艾广	习侃	郑雍言
杨戬	毕昌	方以正	李茂弘	萧奇	马骥
刘鼎贯	周敏学	曹泓	高志	李义	汪克升
牟伦	郑缙	严烜	吕棠	萧文	

第三甲二百五十三名

余庆	余思宽	尹循	徐得伦	裴德泽	王珏
邬在恭	周叔逵	郭处靖	彭勖	吴善才	聂循
田原庆	曹贤	李芳	谭寿海	李泉	张益
胡添麟	黄璇	朱益	李时佐	黄完	宋拯
余钦	吴预	高公望	胡凤	王倞	吴新
刘菜	蒋志道	秦良	梁弼	侯轵	王增佑
余敬	巴镛	王缙绅	林贲	皮珝	王时敏
黄仲芳	史常	孙钦	杨以中	王瑛	谢瑶
王良	江胜	魏正	李珏	徐方	叶颖
章润	郑行简	王士华	王砺	吴绍生	周泰亨
王达	周英	陈卣	丁毅	刘铎	谭信
范循	郑士庶	刘进	叶政	王俊得	廖谟

---

① 明初会试原在南京，自本科始，改在北京举行。
② 碑作：陈安。

杨 铭	梁 用	张 聪	陈 罴	张 庸	郑弘范
周 彝	石 玉	黄 敬	鲍 翚	宋 琰	王 礼
黎 民	蒋忠谏	李 立	戴 禧	尹崇高	童文能
杨 渊	马 铭	黄原昌	张 逊	彭百炼	盛 能
徐 琦	傅 沇	汪 忱	徐 健	梁 泂	朱 昶
沈 福	赖 巽	程 震	万 完	陈 昶	官 驹
罗 闻	范 琮	谢 璘	周 贵	余 耀	李从智
易 节	罗以礼	连 智	曹 杰	吴 泽	郑 嵩
柴 琏	严 贞	魏 珞	王 谕	袁 初	方 佺
黄 璘	孙日新	林 定	刘 贞	姚 文	丁 铉
沈 旸	顾 珪	冯吉亨	陈 俊	连 均	李 重
叶 瑜	崔 矩	叶 恕	戴 礼	吴 扬	余 谦
鲁 让	李 赟	樊 敩	陈 銮	封库实	黄 懋
刘全节	徐 信	詹 勋	李绍宗	林 道	茅并基
李 忠	张 真	王 弼	刘 涣	彭 翔	熊 鉴
杜 淇	陈文璧	陈应良	刘 苠	严继先	王 麟
戴 觌	邹 杰	高 谷	郭 显	叶 恕	徐 训
方 鼎	何 卓	许 彬	唐 泰	袁 旭	樊 鉴
王 珣	陈资茂	袁 贺	管思易	饶 政	张 衡
顾 侃	雷 诚	俞 聪	韩 弘	朱 胜	赵 纯
陈 善	张 琛	杨 润	徐景安	谈 信	陈 敏
胡 轸	石 庆	熊 渊	黄 振	沈 敬	王 制
王 镛	林文秩	陈 聪	曾 佛	张 遂	曹 逊
徐 爵	郑 猷	杨 宁	彭 森	李 升	雷 屯
吴 进	诸 璞	冯 俨	葛 贞	伍宗源	孙 鼎
刘 昱	张至善	唐 哲	张文忠	张嘉会	邹 良
李德全	朱 惠	王 杰	姜启隆	李 纶	郑 让
俞士悦	刘 敬	郑惟桓	张守庸	张 坚	李 实
洪 豫	郑 瑛	陈 威	胡 昂	李冠禄	周 安
吴 璘	徐孔奇	夏 忠	阮 瑄	周济可	谢 晖
梁承宗					

癸巳，朱棣以礼部会试下第举人中，或有学问可取者，命翰林院再试之。得朱瑛等二十四人，并赐冠带，给教谕俸，送国子监进学，以待后科。(据《明太宗实录》卷一百六十二)

四月

复郭履教谕职。《明太宗实录》卷一百六十三：永乐十三年夏四月辛卯，"举人郭鲁自陈，父履尝为栾城县儒学教谕，以所教无中科者，谪戍云南，愿代其役，辞甚恳切。上悯之，命削履军籍，复教谕职"。

五月

辛酉，赐国子监琉球、云南生益智每等九十二人夏衣。（据《明太宗实录》卷一百六十四）

进士李九畴、赵贵和、张诚为监察御史。（据《国榷》卷十六）

六月

楚府教授乌浚为礼科给事中。（据《国榷》卷十六）

九月

九月乙未朔。戊申，擢行在翰林院庶吉士陈用、刘永清、陈璲、黄寿生、余学夔、钱习礼为本院检讨。此后《性理大全书》成，名姓在《大全》，不书。（据《馆阁漫录》卷一）

《五经大全》、《四书大全》及《性理大全书》修成。《明太宗实录》卷一百六十八：永乐十三年九月己酉，"《五经四书大全》及《性理大全书》成。先是，上命翰林院学士兼左春坊大学士胡广等编类是书，既成，广等以稿进，上览而嘉之，赐名《五经四书性理大全》，亲制序于卷首。至是缮写成帙，计二百二十九卷。广等上表进，上御奉天殿受之，命礼部刊赐天下。御制序曰：'朕惟昔者圣王继天立极，以道治天下，自伏羲神农黄帝尧舜禹汤文武，相传授受，上以是命之，下以是承之，率能致雍熙悠久之盛者，不越乎道，以为治也。下及秦汉以来，或治或否，或久或近，率不能如古昔之盛者，或忽之而不行，或行之而不纯，所以天下卒无善治，人不得以蒙至治之泽，可胜叹哉！夫道之在天下，无古今之殊，人之禀受于天者，亦无古今之异，何后世治乱得失，与古昔相距之辽绝欤？此无他，道之不明不行故也。道之不明不行，夫岂道之病哉！其为世道之责，孰得而辞焉？夫知世道之责在己，则必能任斯道之重，而不敢忽，如此则道岂有不明不行，而世岂有不治也哉！朕缵承皇考太祖高皇帝鸿基，即位以来，孳孳图治，恒虑任君师治教之重，惟恐弗逮，切思帝王之治，一本于道，所谓道者，人伦日用之理，初非有待于外也。厥初圣人未生，道在天地，圣人既生，道在圣人，圣人已往，道在六经。六经者，圣人为治之迹也。六经之道明，则天地圣人之心可见，而至治之功可成。六经之道不明，则人之心术不正，而邪说暴行，侵寻蠹害，欲求善治，乌可得乎？朕为此惧。乃者命儒臣编修五经四书，集诸家传注而为《大全》，凡有发明经义者，取之，悖于经旨者，去之。又辑先儒成书及其论议格言，辅翼五经四书，有裨于斯道者，类编为帙，名曰《性理大全书》。编成来进，总二百二十九卷，朕间阅之，广大悉备，如江河之有源委，山川之有条理，于是圣贤之道，粲然而复明，所谓考诸三王而不缪，建诸天地而不悖，质诸鬼神而无疑，百世以俟圣人而不惑，大哉圣人之道乎，岂得而私之。遂命工锓梓，颁布天下，使天下之人，获睹经书之全，探见圣贤之蕴，由是穷理以明道，立诚以达本，修之于身，行之于家，用之于国，而达之天下，使家不异政，国不殊俗，大回淳古之风，以绍先王之统，以成熙皞之治，将必有赖于斯焉。遂书以为序。'"《国榷》卷十六："（永乐十三年九月）己酉，《五经四书大全》及《性理大全书》成。纂修官翰林学士兼左春坊大学士胡广，右庶子兼侍讲杨荣，右谕德兼侍讲金幼孜，修撰萧时中、陈循，编修周述、陈全、林志、李贞、陈景著，检讨余学夔、刘永清、黄寿生、陈用、陈璲，五经博士王进，典籍黄约仲，庶吉士涂顺，礼部郎中王羽，兵部郎中童模，礼部员外郎吴福，行在刑部员外郎吴嘉靖，礼部主事黄裳，刑部主事段民、洪顺、沈升、章敞、杨勉、周忱、吴绅，广东道御史陈道潜，大理寺评事王选，太常寺博士黄福，行在国子博士王复原，御医赵友同，泉州教授曾振，常州教授廖思敬，蕲州学正傅舟，大庾教谕王进，济阳教谕杜观，善化教谕颜敬宇，常州训导彭子斐，镇江训导留季安。上亲序之。"《四库全书总目·性理大全书提要》："《性理大全书》七十卷，明胡广等奉敕撰。是书与《五经四书大全》同以永乐十三年九月告成奏进，故成祖御制序文，称二百二十九卷，统七部而计之也……大抵庞杂冗蔓，皆割裂襞积以成文，非能于道学渊源真有鉴别……以后来刻性理者，汗牛充栋，其源皆出于是书。将举其末，必有其本，姑录存之，著所自起云尔。"《四库全书总目·四书大全提要》："《大学章句大全》一卷，《或问》一卷，《论语集注大全》二十卷，《孟子集注大全》十四卷，《中庸章句大全》二卷，《或问》二卷。总名《四书大全》，共四十卷，明胡广等撰。"《东海文集》卷四《书陈金宪先生墓志后》："故国子学录安福李先生本素，司教吾华亭时，尝谓弼言：'台郡陈先生璲提学江西，语学者曰：永乐间修《大全》诸书，始欲详缓为之，后被诏促成，诸儒之言间有不暇精择，未免抵牾。虚心观理，自当得之，不可泥也。'又闻：宣德间，章丘教谕余姚李应吉疏于朝，言《大全》去取有未当者。下其议于礼部，礼部下之天下学校，许兼采诸说，一断以理。噫！纂修臣言如此，廷议如此，盖以万世至公之论开来学也。泥者中无权度，执以为断，陋哉！"

　　金幼孜作《瑞应麒麟赋》、《师子赋》。《金文靖集·瑞应麒麟赋》序："乃永乐十有三年，秋九月壬寅，西南夷有曰麻林国者，以麒麟来献。夫麒麟，仁兽也，中国有圣人在位则出，王者有至仁则见。惟我皇上自莅阼以来，仁洽庶类，德洞幽明，凡极天所

292

覆，极地所载，极日月之所照临，莫不煦煦然甄陶于化育之内。曾未逾年，而麒麟之瑞凡两至阙下，群臣上表称贺。"《金文靖集·师子赋》序："乃永乐十有三年，九月丙申，西域遣使以师子来贡。考之载籍，师子即狻猊也，如戏猫能食虎豹，铜爪铁额，锯牙凿齿，尾端有茸毛大如斗许，盖为毛群之长。夫百兽莫猛于师子，居深山大谷之中，非可以力致而羁绁也。今乃自月窟逾昆仑，越大漠，历数十万里，随使者以达于阙下，有以见皇上之威德远著。而师子之雄猛悍鸷，亦皆帖然驯伏，自致于中国，则所以柔怀远人，威服不庭，风飞雷厉于穷荒绝域之外者，于是而可见矣。"

梁潜咏狮子、麒麟以颂瑞。《泊庵集·西域献狮子赋》序："永乐十三年秋九月，西域以狮子来献，雄姿诡状，杰然殊常，顾盼之间，百兽慑伏，前此未之见也。於乎！远物之来，实由皇上德化广被之所致，非偶然者。臣潜睹兹盛美，谨百拜稽首而献赋。"《泊庵集·瑞应麒麟篇》序："永乐十二年秋九月，榜葛剌国遣使献麒麟于朝。明年秋九月，麻林国复以麟来献。其状皆与《诗》《书》传记所称无以异者。臣惟麟仁兽也，中国有圣人焉而后至。今二国皆西海万里之外，距一岁而麟两至焉，是皇上盛德广覆渐被所至，非偶然者。臣潜睹兹上瑞，不敢以嘿，辄形之咏歌，为麒麟篇一首，百拜上献。"

夏原吉赋麒麟鸣盛。《忠靖集·麒麟赋》："永乐十二年秋，榜葛剌国来朝献麒麟。今年秋，麻林国复以麒麟来献。其形色与古之传记所载及前所献者无异。臣闻麒麟瑞物也，中国有圣人则至。昔轩辕时来游于囿，成康之世见于郊薮，是后未之闻也。今两岁之间而兹瑞荐至，则圣德之隆，天眷之至，实前古所未有也。宜播之声诗，以传示无极。臣忝职地官，屡睹盛美，不揆芜陋，谨拜手稽首而献赋。"

本年

林环卒，年四十。李清馥《闽中理学渊源考》卷五十二"侍讲林绚斋先生环"条："十三年，扈从巡幸，卒于北京，年四十。环负材，晓世务，特为成祖所器，一时儒硕亦厚重之。没，无不悼惜焉。所著有《绚斋集》二十二卷。"《静志居诗话》卷六《林环》："侍讲未第之先，纵酒自放。虽在玉堂，诗无台阁气。"《明诗综》卷二十一《林环》，存诗一首《题林泉清致》。

倪谦（1415—1479）生。字克让，钱塘人，徙上元，学者称为静存先生。正统己未，赐进士第三人，累官南京礼部尚书，赠太子少保，谥文僖，有《倪文僖集》、《朝鲜纪事》。（据《倪文僖集·乙酉元日立春试笔时五十一》："年华荏苒鬓如银，甲子今朝过五旬。成化新正初改岁，大钧元日正回春。九原先垄关心切，千里乡山入梦频。只待河开便归去，江村耕钓老吾身。"推得其生年。）

明成祖永乐十四年丙申（公元 1416 年）

二月

　　王绂卒，年五十五。章旸如《故中书舍人孟端王公行状》："今年春，以病卒于官舍，实二月初六日也。呜呼！痛哉。其在病革，朋友咸相视而泣，顾谓公曰：'子脱有不幸，当以身后事嘱我。'公曰：'余生平无愧，俱无可言者。但忠君之事未尽，实天地间罪人也。复何言为。'语毕而绝。公生于壬寅五月某日，享年五十有五……公在生时，性偶傥，有卓荦不羁之才，寡交接，重然诺。然好谠言，不匿人过。人有一善必称之，一恶必斥之，正颜极论，不惮权贵。或诋其太过，则曰：'箭在弦上，不得不发。'其峭直类如此。身在显宦，常有烟霞丘壑之想，每论及乘肩舆登惠山、爇茗僧房留连日夕之事，则风采顿发，昂肩辣背，若冯高眺远之状。至于声利浮靡之事，则澹然不以芥于中。论他事亦皆脱略颖悟，必先名节大体，不以死生荣辱为心。尤好黄老清虚之术及佛氏之学，亦皆阃其奥窔。然以名教自尊，故一染指而不为其累也。少习右军书，小楷尤精。所作古诗类韦、柳，律诗类晚唐，词语婉媚，驰骋于世。所画山水竹石，古今罕俦……永乐十四年三月二十日，征事郎中书舍人章旸如状。"胡广《征事郎中书舍人王孟端墓表》："其友翰林修撰沈度，偕其同僚中书舍人许鸣鹤、朱孔易、朱晖、章旸如、张侗、陈宗渊、庞叙、沈粲，合辞请于予曰：'孟端死，其友太医院御医赵友同既为之铭，埋诸幽者有托矣。而表于外者无文。足下知孟端者，宜赐一言，使其有知，无恨于地下矣。'予与孟端交十四五年，相知有素。孟端殁，既哭之，又祭之以文，而墓石之辞，予焉得而靳……尤善真行书，笔法出入晋唐间。律诗学大历诸才子，时有警句。间戏墨为山水竹石，用意高古，超然无俗韵。人往往作意求之，或经数岁不能得一笔，偶遇适兴，连扫数幅不辞。精妙入神，态度横出，或就题诗于上，以发其魁垒之气，语皆奇特。观者莫不跌足惊喜，而孟端亦不自知其至此也。然每欲秘之，不欲人知。尝投笔痛恨曰：'误为此也！'雅好博古。于诸书皆搜猎。至于释老之学，亦阃其阃奥……翰林学士奉政大夫兼左春坊大学士庐陵胡广撰。"曾棨《王舍人诗集序》："其为诗，触景抚事，即形之于言，随其兴之所至，情之所发，初不计其工拙，而自合矩度。"

三月

　　翰林修撰兼右春坊右赞善梁潜为侍读，兼如故。编修陈全为侍讲。起复太常寺少卿

王勉。（据《国榷》卷十六）

四月

宥建文时罪臣远亲。《明通鉴》卷十六：（初二）诏曰："奸臣齐、黄等恶类已剪，凡远亲未发觉者悉宥之。"

翰林院学士兼左春坊大学士胡广为文渊阁大学士。右春坊右庶子兼翰林侍讲金幼孜为翰林学士，兼如故。（据《国榷》卷十六）胡俨《文渊阁大学士兼左春坊大学士赠资善大夫礼部尚书谥文穆胡公墓志铭》："十四年三月，进公文渊阁大学士，仍兼左春坊大学士。"

五月

设交阯各郡县儒学，及阴阳学、医学、僧纲、道纪等司。（据《国榷》卷十六）

六月

赐国子监琉球、云南生百一十九人夏衣。（据《明太宗实录》卷一百七十七）

七月

肇庆知府王伯贞卒。伯贞泰和人，博学工文。洪武中荐授广东按察司试佥事，巡雷州，缉盗，开寇准旧渠。改工部主事。忧去，起后期，戍安庆。上初荐知琼州，导民向善，峒黎归化者万三千余人。襄旱砥学，称岭南治行第一。又忧去，起肇庆，未任卒。是时程乡知县晋江郑懋中，以太学生宽恕廉慎，不施鞭朴，称岭南贤令之最。（据《国榷》卷十六）

八月

翰林院修撰王英、王洪为侍讲。（据《国榷》卷十六）

翰林院检讨张伯颖为修撰。（据《国榷》卷十六）

旌石州学正凤翔梁准孝行。准母丧庐墓，有乌鹊之祥，事闻，擢均州知州。（据《国榷》卷十六）

九月

熊直卒，年五十九。《东里续集》卷二十四《赠资善大夫都察院右都御史熊公神道碑铭》："西涧先生熊公，其所学究圣贤之蕴，通性命之要，所存必欲及诸人人所行，必欲闻诸后世，盖正直明恳君子人也。年五十有九，未尝一试以卒，非其命欤？先生讳直，字敬方。西涧者，其所居之地，学者因以称之……以疾卒于家，十四年九月二十七也。先生内庄外和，孝友忠义出乎天性。与人交尽诚。闲居，潜心玩微，时出意见，评古人是非，为众所服。文章温雅丰赡。所著有《春秋提纲》、《西涧稿》、《钟陵稿》、《金陵稿》。又有《诗赋杂录》若干篇。盖自壮至老，未尝一日忘用世之心，亦未尝一动心于外之得失。"

浙江左布政使辛彦博卒。汾州人，监生。谨直有通才，居官以廉能称。（据《国榷》卷十六）

十月

兵部左侍郎卢渊卒。渊新建人，监生，授兵部主事。建文中历左侍郎，坐免，上复之。廉慎勤敏，赐祭葬。宣德初，赠尚书，谥恭顺。（据《国榷》卷十六）

十一月

召文武群臣议迁都北京。《明通鉴》卷十六："十一月，上自京还，迁都意决。工部请择日营建，上曰：'此大事，须集廷臣议之。'壬寅（十五日），诏文武群臣集议迁都之宜，乃上疏曰：'北京乃圣上龙兴之地，北枕居庸，西峙太行，东连山海，南俯中原，沃壤千里，山川形胜，足以控四夷，制天下，诚帝王万世之都也。宜敕所司营建。'从之。"

十二月

《历代名臣奏议》书成。（据《馆阁漫录》卷一）《明通鉴》卷十六："初，上在北京，以玺书谕皇太子，命翰林儒士编辑《历代名臣奏议》。壬申（十五日），书成，上之。上谕侍臣曰：'致治之道，千古一揆。君能纳善言，臣能尽忠无隐，天下何患不治！'遂命刊布，赐皇太子、皇太孙及诸大臣。"《四库全书总目·历代名臣奏议提要》："《历代名臣奏议》三百五十卷，明永乐十四年杨士奇、黄淮等奉敕编。自商周迄金元，分六十四门，名目既繁，区分往往失当。又如文王、周公、太公、孔子、管仲、晏婴、鲍叔、庆郑、宫之奇、师旷、麦邱邑人诸言，皆一时答问之语，悉目之为奏议，则

《尚书》扬言，何一不可采入？亦殊舛驳失伦。然自汉以后收罗大备，凡历代典制沿革之由，政治得失之故，实可与《通鉴》、《三通》互相考证。当时书成，刊印仅数百本，颁诸学官，而藏版禁中，世颇稀有。天、崇间，太仓张溥号称淹洽，而自言生长三十年未尝一见其书，最后乃得太原藏本为删节重刻，卷目均依其旧。所不同者，此本有'慎刑'一门，张本无之；张本有'漕运'，此本无之。盖溥意为改移，至唐宋以后之文尽遭割裂，几于续凫断鹤，失其本来矣。此本为永乐时颁行原书，犹称完善，固亦古今奏议之渊海也。（按：此书乃皇太子奉敕令儒臣编类者，及书成进览刊布，既无御制序文，又不列修书诸臣职名，盖是时太子方监国南京，正危疑之际也。）"

翰林院修撰沈度为侍讲学士，中书舍人沈粲为修撰。（据《国榷》卷十六）

本年

命贵州士子附云南乡试。（据清《钦定续文献通考》卷三十五《选举考·举士》）按，贵州布政司始设于永乐十一年，十四年始命贵州士子附云南乡试，洪熙元年又令就试湖广，宣德二年命仍附云南，嘉靖十四年始奏准贵州单独开科。《贵州通志》卷二十六《选举》(《四库全书》第 572 册) 则云：贵州科举自"洪熙元年，令贵州愿试者就试湖广"始。

明成祖永乐十五年丁酉（公元 1417 年）

二月

始设云南顺州儒学。（据《国榷》卷十六）

左春坊左谕德兼翰林院侍讲杨士奇为翰林院学士，仍兼谕德。庶吉士胡启先为广西道监察御史。（据《国榷》卷十六）

三月

二十六日，明成祖北巡，胡广、杨荣、金幼孜扈从。太子监国。杨士奇、梁潜留辅太子。《明史》邹济传附梁潜传："十五年复幸北京，太子监国。帝亲择侍从臣，翰林独杨士奇，以潜副之。"

交阯选贡生邓得等始入太学。（据《国榷》卷十六）

四月

颁《四书五经大全》、《性理大全书》于六部、两京国子监、各郡县学。《明通鉴》卷十六：“夏，四月，丁巳（初一），颁《五经》、《四书》、《性理》‘大全’于两京六部、国子监及天下府、州、县学。”

五月

进士吴实，监生曹习古、赵忠、王静、程瑶、贾瑄、马骏、秦中、汪仕铭、陶钝、施斌、崔锡、杨礼、何新为监察御史。（据《国榷》卷十六）

六月

翰林侍讲曾棨为侍读学士，进士徐义、侯軏为监察御史，儒士潮阳郭张善为翰林检讨。（据《国榷》卷十六）

七月

进士于纲、王珣为监察御史。（据《国榷》卷十六）

八月

北京行部请乡试，命翰林院侍讲左春坊左中允邹缉、侍讲王洪主之。寻出王洪为主事，改命侍讲王英。皇太子命翰林院侍讲兼右赞善梁潜、侍讲陈全主应天试。此后两京乡试皆命翰林、春坊官主考。《明太宗实录》卷一百九十二：永乐十五年八月，“己丑，北京行部乡试，奏请考试官，上命行在翰林院侍讲兼左春坊右中允邹缉、侍讲王洪考试，赐宴于本部”。“庚寅，改命行在翰林院侍讲王英为乡试考官，出侍讲王洪为礼部主事。洪，杭州人，由进士任行人，升给事中。以文学擢翰林院检讨，升修撰，复任侍讲。洪初有操守，恒自负，矜己傲物，醉辄出恣语斥同列，以不得为学士，中怀怏怏。尝密疏诬学士胡广，其父子祺为延平知府，以罪死，广不当于实录隐其罪。上察知子祺实卒于官，遂不直洪。至是，北京刑部奏请乡试官，上命广等择人，广等以缉、洪对。上从之。已受礼币，洪复密疏子祺事，上曰：‘此小人，岂可以在侍近？’命礼部追所受礼币，而改命英考试，出洪为主事。洪既出失措，乃谄事尚书吕震、方宾，以求荐达。震等屡言于上，不听，洪饮恨，未几病死。”“辛卯，应天府乡试启请考试官，皇太子命翰林院侍读兼右春坊右赞善梁潜、侍讲陈全考试，赐宴于本府。”梁潜《泊庵集》

卷七《京闱小录序》："永乐十五年秋，应天府考试乡贡士，府丞臣铎谨奉故事以闻。于时皇上巡守北京，皇太子监国事，命臣潜、臣全等为考官，命监察御史臣儒、臣贤俾严察之。自京师以及畿内属郡之士，试者几二千人，拔其精粹者得一百人。盖其文辞之美，明白而辉光，清深而宏雅；其气之和平而进于礼义者，亦英英乎其达而硕硕乎其充也。"

两京及河南、山东、陕西、山西、浙江、湖广、江西、福建、广东、广西、四川、云南、交阯等十三布政司乡试，贵州士子附云南乡试。（据《皇明贡举考》卷三、万历《大明会典》卷七十七《礼部》三十五《贡举·科举·乡试》）

九月

太子朱高炽赐诗梁潜。 王直《抑庵文集·恭题梁氏所藏仁宗皇帝赐诗后》："右《重阳冬至日》二诗，赐翰林侍读梁潜者，皆仁宗皇帝御制。永乐十五年，太宗皇帝复巡幸北京，仁宗皇帝在东宫监国。今少傅兵部尚书兼华盖殿大学士臣杨士奇，时为翰林学士兼左春坊左谕德，臣潜亦兼右春坊赞善。皆留辅导仁宗皇帝，缉熙圣学，道德日新，而又笃意文事。臣潜忠亮清谨，学问该博，而文词雅正，其言多契于上心，上深重焉。二诗盖是年所赐者，皆上所自书。观诗之所谓，则知潜之所以受赐者非苟然也。其后臣潜坐累，赴北京以卒，而诸子不在侧，于是二诗皆失之。云汉之章，奎璧之文，必有所丽，终不沦晦。然梁氏之子孙，与凡知梁氏者，皆深惜焉。今年臣潜之子棨会试来北京，记忆圣制，求吏部郎中程云南缮写成卷，俾直识一言。臣闻孔子作《春秋》以寓王法，百世之下不必亲见其书，凡经之所予者，莫不以为荣。今宸翰虽逸，而睿词具在，所以宠荣梁氏而贲饰之者，岂有穷哉？梁氏之子孙尚永保之。"

翰林修撰沈粲为侍读。（据《国榷》卷十六）

十月

翰林院典籍郑叔美为检讨，进士杨鉴、杨润、严继先为监察御史。（据《国榷》卷十六）

十一月

梁潜作赋颂瑞。《泊庵集》卷一《瑞应赋》："永乐十五年十一月癸丑，皇上营建北京宫殿，瑞光频见，辉映殿柱之间。金水河、太液池冰凝结，众像千态万状，奇巧精妙，不可殚举。丙辰之日，复有卿云五色，中见瑞光团圆如日，正当御座。瑞光中灿五色天花，已而腾辉上升，西度宫苑，映照皇上所御殿庭，浮彩氤氲，终日不收。其时密云来献瑞，冰如水晶含玉者凡七，与金水河所结无以异者，工师执事之人万众共睹，莫不欢忻踊跃。既而皇上命以示南京小大臣民，瞻望咨嗟，都城人士骈肩累迹，交相称庆，盖前此未尝有也……於乎！盛哉。臣睹兹盛美，不胜欣踊之至，谨百拜稽首而献赋。"

工部右侍郎蔺芳卒。芳夏县人，洪武中举孝廉，授刑部员外郎。永乐初守吉安。先是金华朱仲智守吉安，仁明廉洁，会改重庆，人难其继。及芳至，民更大喜。尝坐累谪办事官，从尚书宋礼治河，迁都水主事，督浚河南河渠，超右侍郎。吉安人思慕贤守，辄言朱、蔺。（据《国榷》卷十六）

十二月

任命诸进士、教谕、监生为各科给事中。进士艾广、何卓、张宗，监生郑兴、王佐、李昭为吏科给事中。教谕徐初，进士萧奇、郭显，监生井田、宋征、寇谦、田文、丁铣、唐胜、刘凯为户科给事中。教谕魏凯，训导于会，进士周敏学、樊鉴，监生张灿、刘蒂、武达、冯政、马宾为礼科给事中。教谕陈玘，进士黄完、刘涣，监生王斌、张轼、周建、刘秉、古节、张毓、潘麟为兵科给事中。教谕赵信，训导熊义，进士刘荩、刘显，监生卢智、刘敬、李敏、杨铎、张惠、张蒂、王矩、武襄为刑科给事中。教授周弘宗，训导颜伟，进士李实，监生裴祥、韩麟为工科给事中。（据《国榷》卷十六）

进士黄振为浙江道监察御史。（据《国榷》卷十六）

本年

杨士奇作《周易直指》《周易大义》。《东里集》之《圣谕录中》："永乐十五年，上在东宫，卜筮专用揲蓍而断以《周易》，凡后世俗占法皆不用。尝命臣士奇纂六十四卦三百八十四爻、朱氏《本义》要旨为一编。既进，上悦，名曰《周易直指》。臣进曰：'《周易》固为卜筮作，然文王、周、孔象象十翼之辞，凡修齐治平为君为臣之道悉具，请编辑以进，用备览阅。'从之。逾年，辑成以进。上览之大喜，名曰《周易大义》。赐臣士奇绣衣银带。"

明成祖永乐十六年戊戌（公元 1418 年）

正月

前行在太仆寺卿杨砥卒。砥字大用，泽州人，洪武甲戌进士。授行人司右司副。请罢扬雄、进董仲舒，从之。擢湖广左参议。建文时，阻李景隆北伐免官。上初，起鸿胪卿。父丧，庐墓三年。起礼部左侍郎，巡河。贬工部主事。改礼部，阅北京马政。进太仆卿兼苑马寺卿，称职。母丧，哀毁道卒。刚介勤敏，其孝尤著。赐祭。（据《国榷》卷十六）

二月

命行在翰林院侍读学士曾棨、侍讲王英为会试考试官，取中董璘等二百五十人。《明太宗实录》卷一百九十七：永乐十六年二月，"丁亥，遣官释奠先师孔子。行在礼部会试天下举人，奏请考试官，上命行在翰林院侍讲学士曾棨、侍讲王英考试，赐宴于本部。""丙午，行在礼部奏会试天下举人，得董璘等二百五十人。"

进士沈福为江西道监察御史。（据《国榷》卷十六）

三月

董璘等二百五十人廷对，赐李骐、刘江、邓珍等进士及第、出身有差。周叙、董璘等三十四人改翰林院庶吉士；授新进士张铭等五人为行人；其愿为教职者韩著等六人，俱为府教授；余分隶诸司观政。《明太宗实录》卷一百九十八："永乐十六年三月辛亥朔，上御奉天殿试行在礼部选中举人董璘等二百五十人，制策曰：'帝王之治天下，必有要道。昔之圣人，垂衣裳而天下治。唐虞之世，治道彰明，其命官咨牧，载之于《书》，有可见已。成周之官倍蓰唐虞，备存《周礼》，其详得而数之。《周礼》，周公所作也，何若是之烦欤？较之唐虞之无为，盖有径庭。然其法度纪纲，至为精密，可行于天下后世，何至秦而遂废？汉承秦弊，去周未远，可以复古，何故因仍其旧而不能变欤？唐因于隋，宋因五季，亦皆若是，有可议者。人之恒言，为治之道，在于一道德而同风俗。今天下之广，生齿之繁，彼疆此域之限隔，服食趋向之异宜，道德何由而一？风俗何由而同？子诸生于经史时务，讲之熟矣，凡有裨于治道，其详陈之毋隐，朕将亲览焉。'""甲寅，上御奉天殿，阅举人对策，擢李骐为第一，赐李骐等二百五十人进士及第、出身有差。骐初名马，特赐名骐。""乙卯，赐进士李骐冠服银带，余各赐钞五锭。是日，赐宴于后军都督府。""丙辰，上御奉天殿，进士李骐等上表谢恩。""丙寅，擢一甲进士李骐为翰林院修撰，刘江、邓珍俱为编修。其第二甲第三甲周叙、董璘、杨洪、褚思敬、尹凤岐、陈询、徐律、习嘉言、王宾、胡文善、周懋昭、王遑、雷遂、莫圭、孔友谅、秦初等俱为翰林院庶吉士。张铭等五人为行人。其愿为教职韩著等六人，俱为府教授。余分隶诸司观政。"杨荣《文敏集》卷九《进士题名记》："永乐十六年三月朔，上在北京廷试天下贡士。擢李骐等为进士，礼部尚书臣震请立石题名于国子监……题名者二百五十人，第一甲第一名即李骐也。骐，初名马，上特改今名云。"陈继儒《见闻录》卷二："永乐时，长乐李太史公名马。三月朔旦，殿试士凡二百五十人，上新阅其文，擢为第一，改其名曰骐。越三日，传制唱名。凡三唱，无敢应者。上曰：'即李马也。'骐乃受诏，赐状元及第。明日，赐纱帽银带朝服，拜翰林修撰，中外相传以为荣。"李调元《制义科琐记》卷二《黄鹦鹉赋》："永乐戊戌科，二甲一名进士周叙，吉水人，十一岁能诗。殿试后，上命作《黄鹦鹉赋》，称旨，授编修。"李调元《制义科琐记》卷二《朱书其》："马状元铎，母，马氏妾也，嫡妒不容。再嫁同邑李氏，复生一子名马，亦中永乐十六年戊戌状元，御笔于'马'旁加'其'字，名'骐'。越三日传胪，凡三唱，无应者，曰：'即李马也。'骐乃受诏。每报刺，'骐'字黑书'马'，朱书'其'。"

本年进士登科情况。俞宪《皇明进士登科考》卷三："时廷对之士二百五十人，擢李骐第一。骐初名马，上为改之。部本缺。"第一甲三名，赐进士及第。李骐，福建长乐县人。刘江，直隶江宁县人。邓珫，江西吉水县人。第二甲七十五名，赐进士出身。周叙，江西吉水县人。黄润，江西信丰县人。董麟，直隶高邮州人。周得琳，浙江遂昌县人。杨珙，直隶上海县人。龚璧，浙江慈溪县人。褚思敬，浙江天台县人。蔡璲，福建龙溪县人。尹凤岐，江西吉水县人。郭廉，福建闽县人。秦初，浙江山阴县人。陈纪，河南郑州人。陈询，直隶华亭县人。朱孟得，浙江海盐县人。罗坤泰，江西吉水县人。林奈，福建连江县人。邹逊，江西余干县人。沈理，浙江海盐县人。谢泽，浙江上虞县人。邓敬，湖广零陵县人。徐律，浙江开化县人。倪鼎，江西乐平县人。周懋昭，江西丰城县人。幸寔，江西高安县人。邹凤，江西新淦县人。袁芳，直隶常熟县人。王宪，直隶含山县人。张震，陕西长安县人。董和，福建闽县人。冯敬，直隶华亭县人。朱瑛，浙江新城县人。梁广成，广东番禺县人。严贞，浙江奉化县人。陆坤，直隶丹徒县人。周礼，江西乐平县人，易輗，江西高安县人。舒本谦，浙江余姚县人。胡文善，浙江兰溪县人。张聚，福建将乐县人。王庆，四川广安州人。陈善，福建长汀县人。刘未，江西大庾县人。王暹，（缺）。陈祚，浙江缙云县人。刘英，江西庐陵县人。甄谌，直隶东鹿县人。习嘉言，江西新喻县人。刘善，山东掖县人。刘仪，湖广襄阳县人。莫绍贤，江西临川县人。万韫辉，江西南昌县人。栾瑄，山东胶州人。黄裳，江西新建县人。曾泉，江西泰和县人。吴源，福建闽县人。葛昂，浙江上虞县人。刘礼让，江西庐陵县人。邹祥，四川青神县人。程钫，江西王山县人。何善，浙江萧山县人。方辂，江西临川县人。张政，直隶广德州人。陈蓁，福建怀安县人。曾济，福建晋江县人。郑源，福建闽县人。范宗渊，浙江上虞县人。夏时，浙江钱塘县人。郑宪，福建闽县人。金诚，广东广州卫人。李居正，江西吉水县人。刘性，江西新城县人。王靖，广东潮阳县人。李恢，江西新喻县人。王琎，浙江定海县人。徐智，直隶青阳县人。第三甲一百七十二名，赐同进士出身。雷璲，福建建安县人。方鲤，福建莆田县人。吴泰，福建南平县人。陈渠，福建莆田县人。张昱，广西贺县人。夏大友，浙江余姚县人。袁才辅，湖广兴宁县人。林得，福建怀安县人。□□□（王一宁），浙江仙居县人。梁硕，江西吉水县人。张昭，直隶句容县人。薛预，广东琼山县人。林庭芳，福建莆田县人。严珪，直隶吴县人。夏清，山东昌乐县人。丁城，四川江油县人。蔡恭，福建惠安县人。

沈让，直隶华亭县人。杨衡，江西南昌县人。成敬，陕西耀州人。柴兰，浙江余姚县人。张旭，河南温县人。王伟，福建莆田县人。余深，江西德兴县人。洪诚，云南昆明县人。林茂叔，福建怀安县人。胡永兴，直隶祁门县人。卢璟，直隶庐江县人。撒祥，直隶高邮州人。郑鐩，浙江寿昌县人。陶圭，江西鄱阳县人。莫珪，直隶吴县人。姚观，浙江仁和县人。高举，河南祥符县人。晏铎，四川富顺县人。孙景名，浙江富阳县人。洪渊，江西吉水县人。廖自强，四川宜宾县人。李羲，直隶三河县人。任敬敏，江西泰和县人。车义，直隶临淮县人。文渊，直隶大兴县人。许同书，江西临川县人。姚华，直隶吴县人。刘干，江西安福县人。庄约，直隶上元县人。靳宣，河南汤阴县人。吴琛，浙江丽水县人。焦起良，湖广兴宁县人。周鐩，直隶长洲县人。吴安，直隶青阳县人。赵礼，河南洛阳县人。赖英，江西广昌县人。金濂，直隶山阳县人。李偶，江西南昌县人。孔友谅，直隶长洲县人。刘翔，陕西凤翔县人。胡钦，江西新喻县人。刘得初，浙江慈溪县人。白尚德，福建同安县人。潘正，福建长乐县人。蔡贵，江西乐平县人。杨健，山东淄川县人。陈宪，浙江定海县人。江灿，浙江开化县人。纪振，直隶□□人。杨盛，河南延津县人。程虎，四川□□长官司人。陈纯，广东四会县人。康宁，直隶井陉县人。周铨，江西玉山县人。许英，直隶溧水县人。陈彝，直隶高邮州人。许鹏，直隶如皋县人。苏洪，河南南阳县人。何文渊，江西广昌县人。孙庆，直隶安州人。胡琎，浙江嘉兴县人。王愈，河南修武县人。游奎，江西新昌县人。宋常，江西新淦县人。杨玙，直隶涿州人。彭琉，江西安福县人。杨谊，山东济宁州人。萧镗，江西泰和县人。李忠，广东高要县人。陈素，江西泰和县人。杜时，直隶深州人。谢志道，直隶休宁县人。马良，河南新乡县人。金逊，浙江崇德县人。李敬，四川巴县人。沈文，浙江浦江县人。韩魁，福建连江县人。盛祥，直隶丹徒县人。杨瑛，直隶溧阳县人。方豫，浙江淳安县人。胡恭，江西靖安县人。曹洪，直隶吴县人。吴得，直隶吴县人。江庆，浙江开化县人。徐祥，广东陵水县人。陈孟浩，江西新淦县人。张志，山东益都县人。王宣，浙江钱塘县人。王琏，江西新建县人。周贤，江西上饶县人。王俊，河南睢州人。杨斌，云南太和县人。刘渊，湖广江夏县人。方珏，江西乐平县人。杨仪，江西丰城县人。吴辅，江西安仁县人。陈道曾，福建晋江县人。李杰，河南辉县人。黄炯，广东海阳县人。李英，湖广嘉鱼县人。刘浩，直隶阜城县人。彭程，河南偃师县人。陈哲，山东夏津县人。王珪，直隶黟县人。王彦英，福建晋江县人。唐宽，广东琼山县人。刘莘，江西鄱阳县人。罗忠，四川阆中县人。刘安定，浙江永嘉县人。曹魁，江西湖口县人。潘恕，河南内乡县人。曹铭，河南新野县人。洪廉，广东揭阳县人。沈善，直隶长洲县人。聂贞，山东泰安州人。

张辅中三甲第二十六名进士。朝鲜崔溥《漂海录》："有一人以丙午登科小录来示臣曰：'此吾的登科第榜录也。'又指点录中张辅二字曰：'此吾的姓名也。'因问曰：'你国亦贵其登科者乎？'曰：'然。'曰：'我国制，草茅士登第者，皆官给俸禄，旌表门闾，刺衔，亦书赐进士入第某科某等人'云云。引臣至其家，则其家前街果以雕龙石柱作二层三间之门，金碧眩耀，其上大书'丙午科张辅之家'之标。辅盖以己之登第夸示臣。臣亦以浮涎之言夸之曰：'我再中科第，岁受米二百石，旌门三层，足下其不及于我矣。'辅曰：'何以知之？'臣曰：'我之旌门远莫致之。我有文科重试小录在此。'即拨示之。辅于录中见臣职姓名，下跪曰：'我殆不及矣。'"按，今年并非丙午科。明代另有一张辅，成化十一年中进士，亦非丙午科。

朱高炽致书徐善述。徐善述（1353—1419），字好古，天台人。以荐授桂阳州学正。仁宗为皇太子，简入宫僚为左春坊左司直郎，升右赞善。卒于官。洪熙间，赠太子少保，谥文肃。叶盛《水东日记》卷十一："皇太子致书赞善好古先生……今晨览卿为余所改之诗，甚是丰采清雅，真有益于日新。但卿疾不痊，未及存问，日见扰烦，岂尚古优待高年才望之士乎？然优待之心，岂忘今朝夕？但卿今年迈，恐余为学有日。似卿朴直苦口者，百无一二。面谀顺颜者，比比有之。故特相为觊缕者，为卿才德直謇。趁卿康健，笃于其事，卿无惮劳，弼余成业。惟望药石之言日甚一日，毋犯鳞触讳之虑。若余成学，报答之礼，岂得忘之！春暖犹寒，当善为汤药，顺时将息，以慰余怀。旨不多及……永乐十六年三月初二日。"

姚广孝（1335—1418）卒，年八十四。以僧礼葬。成祖亲制神道碑志其功。《明太宗实录》卷一百九十八"永乐十六年三月戊寅（二十九日）"："太子少师姚广孝卒。广孝，苏之长洲人。初从释氏，名道衍，嗜学，喜为诗文。少与高启、杨孟载为莫逆交。朝之缙绅如宋濂、苏伯衡辈，皆奖重之。洪武十五年，僧宗泐荐其学行，命住北平庆寿寺。事上藩邸，甚见礼遇。上每出师，命侍世子居守，严固备御，抚绥兵民，与赞谋策。上即位初，命为僧录司左善世。及册立皇太子，赐名广孝，授资善大夫、太子少师，俾辅道焉。至是，自南京来朝，车驾临视者再。既卒，上悼惜之，辍视朝二日，赐祭，赠'推忠辅国协谋宣力文臣特进荣禄大夫柱国荣国公'，谥恭靖。命有司治丧葬，亲制碑文于墓。广孝尝著《道余录》，诋讪先儒，为君子所鄙。若其论文曰：'惟韩退之、欧阳永叔、曾子固真儒者之文，今之为释老文字，往往剽取释老之说，甚至模仿其体以为儒者，不克卓立。'其意盖谓宋苏辈，识者亦有取焉。"《明鉴纲目》卷二："纲：三月，姚广孝死。目：初，北平兵起，阴谋首发自广孝。及帝转战有天下，广孝决策之功为多。（论者谓帝躬冒矢跖，以争天下，惠帝不终，诸臣被戮，追原祸首，皆广孝始之。）既拜太子少师，至长洲，候同产姊，姊不纳。访其友王宾（号光庵，长洲人），宾亦不见，但遥语曰：'和尚误矣。和尚误矣。'复往见姊，姊詈之。广孝悯然。至是死，追封荣国公。（王宾不见广孝，《旧史例议》引钱谦益《列朝诗集》，以为广孝出赈苏湖，至长洲徒步访宾，欢若平生。宾作《赈灾记》，铺陈其功德。考《震泽记闻》，称宾吴中高士，岂漫作谀语，颂要人功德？且其记安在？后人未闻有见之者，谦益说不足据。今《明史》仍采《建文遗迹》语，载入广孝本传，遵之。）"《四库全书总目·逃虚子集提要》："其诗清新婉约，颇存古调。然与严嵩《钤山堂集》同为儒者所羞称，是非之公，终古不可掩也。《道余录》二卷，持论尤无忌惮。《姑苏志》曰：姚荣国著《道余录》，专诋程、朱。少师亡后，其友人张洪谓人曰：'少师与我厚，今死矣，无以报之。但每见《道余录》，辄为焚弃。'云云。是其书之妄谬，虽亲昵者不能曲讳矣。"

梁章钜《制义丛话》卷四："广孝本吴中僧，名道衍，字斯道，有道士席应真者，精兵家言，与道衍居近，奇其人而秘授之，人少知者，独吴人王行异之，曰：'是未逢时耳，万户侯何足道哉。'寻以僧宗泐荐选侍燕邸，靖难之谋，皆自道衍发之。篡立之后，乃使复姓，赐今名。世子为皇太子，授太子少师，封荣国公，然迄未改服。命监修《永乐大典》，上礼之，呼为少师而不名。赐之第不居，卒于萧寺，年八十有五。初，道衍为高启北郭十友之一，所著名《独庵集》，没后吴人合刻其诗文曰《逃虚子集》，后又掇拾散佚，名曰《类稿补遗》，其清新婉约，颇存古调，然与严介溪《钤山堂集》同为儒者所羞称，是非之公，终古不可掩如此。此外，又有《道余录》二卷，持论尤无忌惮。《姑苏志》曰：荣国著《道余录》，专以诋程朱。荣国亡后，其友人张洪谓人曰：'少师与我厚，今死矣，无以报之，但每见《道余录》，辄为焚弃'云云，是其书之荒谬，虽亲暱者不能为之曲讳也。当洪武中，道衍尝以通儒书僧试礼部，入格，不愿为官，仍赐其僧衣，事见《明史》本传。"

四月

李昌祺除广西左布政使。《明太宗实录》卷一百九十九"永乐十六年夏四月丁未（二十七日）"："升云南按察司佥事周彦奇为大理寺右少卿……李昌祺为广西左布政使。"

五月

行在翰林院庶吉士何贤、蒋礼、赵勖、陈坤奇、曹义、钟英为编修，戴觐、王璜、王观、潘勤、邵遥、樊敦、石庆、黎民为中书舍人。（据《国榷》卷十六）

行在刑部主事李时勉为翰林院侍读，陈敬宗为侍讲。（据《国榷》卷十六）

赐国子监交阯生邓得等三十人冬夏衣衾靴袜。（据《明太宗实录》卷二百）

重修《太祖实录》成。《馆阁漫录》卷一："五月庚戌朔。辛亥，赐重修实录监修官夏原吉钞二百锭、彩币三表里、纱衣一袭；总裁官文渊阁大学士兼左春坊大学士胡广、翰林院学士兼左庶子杨荣、国子监祭酒兼侍讲胡俨，人钞百六十锭，彩币二表里，纱衣一袭；纂修官翰林院学士兼右谕德金幼孜赏同胡广等，侍读学士曾棨，侍读邹缉、王英，修撰余鼎、罗汝敬，主事李时勉、陈敬宗，人钞百锭。甲寅，赐翰林院学士杨荣、金幼孜二品金织罗衣一袭。"《明太宗实录》卷二百："永乐十六年五月庚戌朔，监修实录官行在户部尚书夏原吉、总裁官行在翰林院学士兼右春坊右庶子杨荣等上表进《太祖高皇帝实录》。上具皮弁御奉天殿受之。披阅良久，嘉奖再四，曰：'庶几少副朕心！'"《明通鉴》卷十七："五月，庚戌（初一），重修《太祖实录》成，尚书夏原吉等上之，共二百五十七卷，为二百五十册。又《宝训》十五卷，为十五册。上御殿以受，令别录藏古今通集库，颁赏有差。《实录》自是始定。"

胡广（1370—1418）卒，年四十九，谥文穆。《明太宗实录》卷二百："（永乐十六年五月）丁巳，文渊阁大学士兼左春坊大学士胡广卒。广，字光大，吉安吉水人。建文庚辰进士第一，赐名靖，永乐中，敕复旧名。初授翰林院修撰，升侍讲，迁侍读，进右春坊右庶子兼侍读，升翰林院学士兼左春坊大学士，改文渊阁大学士，仍兼左春坊大学士。广惇厚，慎操履，于事务持大体，存心以爱人为要，上雅重之，特见信任……为文下笔数百言立就，必宿于理，一时制命典册多出其手……卒，上深悼惜，赐祭者再，赠礼部尚书，谥文穆。"《明史》胡广传："十六年五月卒，年四十九。赠礼部尚书，谥文穆。文臣得谥，自广始。"杨士奇《故文渊阁大学士兼左春坊大学士赠荣禄大夫少师礼部尚书谥文穆胡公神道碑铭》："所撰进文字，上知出公笔，辄称善。所奏对语及所治几务，退未尝出口，虽亲厚不敢私涉有问，盖自守之严有素……其学博究经史百氏，下逮医卜老释之说，亦皆旁通。而用志性命道德之旨，晚益有造诣。为文援笔立就，顷刻千百言，沛然行云流水之势。赋诗取适其性情，近体得盛唐之趣。工书法，行草之妙，独步当世。四方重其文翰，求者日接踵户外，虽无厌倦意，然非其人不苟予。其卒以永乐戊戌五月八日，春秋四十有九……所著文章有《晃庵集》、《扈从集》若干卷。公与士奇同郡同官，知契最深。未卒前二年，有后死则铭之约。既卒，其孤又奉临终之命，索文刻墓石。呜呼！士奇先公生五年，岂谓竟铭公墓哉？盖今九年，乃克成之。"胡俨《颐庵文选》卷上《文渊阁大学士兼左春坊大学士赠资善大夫礼部尚书谥文穆胡公墓志铭》："既卒，翰林侍讲邹公缉，状公之世代履历。其孤穆，奉状来请铭……公既以文章为职业，于群书百家之言，博极其底里，停蓄深广，发而为文，志趣高迈，沛然若决江河，莫之能御。而制诰命令，讽谕告戒，文辞尔雅，上宣德意，下达人情，莫不悚动感悦，故倚注之重，锡赉之厚，加于等伦……公平生所著有文集若干卷，诗若干卷，藏于家。"金幼孜《金文靖集·大学士胡公挽诗序》："公雅善笔札，而才思敏速。其为文温润典则，每数敕俱下，公索笔一挥，恒数千百言顷刻而就，略无血指汗颜之态。至于典册之施，诏诰之播，故实之讲，所以黼黻赞襄而裨益于国家者，公可谓兼尽其美者矣。"《四库全书总目·胡文穆杂著提要》："《胡文穆杂著》一卷，明胡广撰……此书乃其随手札记，已载入《文穆集》中。此其别行之本也……深明时势，亦颇有考据。广文集未足名家，而此书在明初说部之中犹为可取者。"《四库全书总目·胡文穆集提要》："《胡文穆集》二十卷，明胡广撰。是集其裔孙张书等所刻，凡诗八卷，应制诗文一卷，各体文七卷，题跋二卷，扈从诗及扈从北征日记一卷。其第十九卷，即所谓《杂著》。米嘉绩序，极论靖难之事，斥死节诸臣之非，而以广之迎降为是。然公论久定，要非可以他说解也。"

杨荣代胡广掌翰林院事。杨士奇《东里续集》卷三十六《故少师工部尚书兼谨身殿大学士赠特进光禄大夫左柱国太师谥文敏杨公墓志铭》："十六年夏，进《高庙实录》，赐宴赍。胡公没，公掌翰林院事，益见亲密。"

六月

纂修天下郡县志书，命行在户部尚书夏原吉，翰林院学士杨荣、金幼孜总之。（据《馆阁漫录》卷一）《忠靖集》附录《夏忠靖公遗事》："十六年夏五月，命提调修纂《大明大一统志》。"（按：此次修撰未毕功）

县丞马俊为礼科给事中。俊洪武中进士，任御史，谪县丞。（据《国榷》卷十六）

七月

监生张震为河南道监察御史。（据《国榷》卷十六）

翰林侍读兼右春坊右赞善梁潜、司谏周冕以辅导有阙，逮下狱。（据《国榷》卷十六）

八月

光禄寺卿张泌卒。泌颍州人，洪武中监生，授兵科给事中，再迁光禄。二十余年，勤慎不懈。尝与井泉发中官阴事，上再赐免死诏，至是遣祭。同时寺丞黄县仲谦，才如泌，亦卒。后人不逮也。（据《国榷》卷十六）

九月

梁潜、周冕下狱死。时梁潜年五十三。《东里文集》卷十七《梁用之墓碣铭》："永乐十五年，车驾巡狩北京。仁宗皇帝在春宫，监国南京。凡南方庶务，惟文武除拜、四夷朝献、边警调发，上请行在；若祭祀赏罚，一切之务，有司具成式启闻施行，事竟，则所司具本末，奏达而已。上既有疾，两京距隔数千里，支庶萌异志者内结嬖幸，饰诈为间，一二谗人助于外，于是禁近之臣侍监国者，惴惴苟活朝暮间，赖上明圣，终保全无事。小人之计不能行，然其意不已也。会南京有陈千户者，擅取民财，事觉，令旨谪交阯。数日，念其军功，贷之，召还。有言于上曰：'上所谪罪人，皇太子曲宥之矣。'遂杀陈千户，事连赞善梁潜、司谏周冕。既逮至，上亲问之，潜等具实对，上顾翰林学士杨荣等曰：'事固无预潜。'他日，又谕礼部尚书吕震曰：'事亦岂得由潜？'然犹未悉陈千户非出上命谪之也。两人者皆未释。有毁冕者，数言其佻薄放恣不可用，遂并潜皆死非命，十六年九月十七日也。……用之之学，通诸经，尤长于《诗》、《易》。自十五六，已用意周、程、朱、张之书，壮而益探其微。为文章，驰骋司马子长、韩退之、苏子瞻，亦间出《庄》《骚》为奇，务去陈言，出新意。古诗高处，逼晋宋。所著有史论若干篇，碑、传、记、序、铭、颂、赞、述若干篇，五七言古近体诗若干篇，皆可传后。"《明鉴纲目》卷二："纲：秋七月，下赞善梁潜（字用之，泰和人）、司谏周冕（繁昌人）于狱，杀之。目：时太子监国，宦寺黄俨等，党赵王高燧，阴谋夺嫡，谮太子擅赦罪人。帝怒，以潜、冕辅导有阙，下狱死。"《四库全书总目·泊庵集提要》："潜文格清隽，而兼有纵横浩瀚之气，在明初可自成一队。故郑瑗《井观琐言》称其丰赡委曲，亦当代一作家。杨士奇作潜墓志，称其为文章驰骋司马子长、韩退之、苏子瞻，亦间出庄、列为奇，务去陈言出新意，古诗高处逼晋宋。"

金幼孜作《瑞象赋》。《金文靖集》卷六《瑞象赋》序："乃永乐十六年秋九月庚戌，占城国以象来进，其状瑰诡雄壮，元肤玉洁，文有白章，粲若华星，郁如云霞，拜跪起伏，驯狎不惊。斯实希世之上瑞，天下太平隆盛之征。夫百兽之中，其强悍勇猛者，莫逾于象，非若虎豹熊黑之属可以力制。今占城以是象来贡，既有以见其形质之美，而其驯扰狎习似与仁兽无异，于以见圣德之广大被于幽远，草木鸟兽咸沐恩光，而其感化之妙，固与凤凰来仪、百兽率舞者，同一效验之大矣。臣忝职词垣，幸际圣明，屡睹嘉祥之盛，不可无纪述以咏歌太平。谨拜手稽首而献赋。"

十月

工部右侍郎郑纲卒。南阳人，监生。（据《国榷》卷十六）

十二月

荥阳教谕蒋先、浦城教谕杨荩为吏科给事中，静海教谕商宾为礼科给事中，郑州训导裴俊为户科给事中。（据《国榷》卷十六）

本年

岳正（1418—1472）生。字季方，漷县人，正统戊辰赐进士第三。天顺初，以左赞善兼修撰，直文渊阁，降钦州同知，谪戍肃州。成化初复官，未几出为兴化知府。卒谥文肃。有《类博稿》。《怀麓堂集》卷七十一《蒙泉翁补传》："公长身美须髯，神采秀发，气屹屹不能下物。举京闱乡试，卒国子业。李忠文公为祭酒，简四方名士置讲下，公与商文毅、彭文宪、王三原诸公皆预焉。正统戊辰会试，礼部同考误置落卷，侍讲杜公宁见之曰：'此我辈中人。'遂擢第一。廷试赐进士及第。"

明成祖永乐十七年己亥（公元 1419 年）

二月

进士方佺、监生王秀为监察御史。（据《国榷》卷十七）

三月

《为善阴骘》书成。成祖作序，命赐诸王群臣及国子监、天下学校，并命礼部，自今科举考试于内出题。《明太宗实录》卷二百十：永乐十七年三月，"丁巳，《为善阴骘》书成。先是，上视朝之暇，御便殿披阅载籍，遇有为善获报者，命近臣辑录之，上各为之论断，而系诗于后，类为十卷，名为《阴骘》，亲制序冠之。序曰：'朕惟天人之理，一而已矣。《书》曰：惟天阴骘下民。盖谓天之默相保佑于冥冥之中，俾得以享其利益，有莫知其然而然者。此天之阴骘也。人之敷德，不求人知，而无责报之心者，亦曰阴骘。人之阴骘，固无预于天，而天报之者，其应如响。尝博观古人，身致显荣，庆流后裔，芳声伟烈，传之千万世，与天地相为悠久者，未有不由阴骘所致。然代有先后，时有古今，简籍浩穰，难于遍阅。朕万几之下，因采辑传记，得百六十五人，各为论断，以附其后，并系以诗。次为十卷，名《为善阴骘》，特命刻梓以传，俾显著于天下，且令观者，不待他求，一览在目，庶几有所感发，勉于为善，乐于施德。而凡斯世斯民，皆得以享其荣名盛福于无穷焉。'至是书成，命赐诸王群臣及国子监天下学校。又命礼部，自今科举取士，准《大诰》例，于内出题。"《国榷》卷十七："（永乐十七年三月丁巳）许科举准《大诰》例试士。"

行在吏科给事中杨和为工部右侍郎，监生李浩、顾恂为吏工科给事中，进士陈敏为浙江道监察御史。（据《国榷》卷十七）

五月

设陕西洮州卫军民指挥使司儒学，置教授一员。（据《明太宗实录》卷二百十二）

行在翰林典籍周翰为检讨，庶吉士张习为中书舍人，监生史鉴、游学为吏科给事中，孙斌户科给事中。（据《国榷》卷十七）

礼部左侍郎易英卒。英字以和，澧州人。洪武中举明经，授本州训导，擢工部主

事，进郎中。永乐初，迁河南左参议，调浙江。宽简不苛。奉命祀海。卒杭州。（据《国榷》卷十七）

六月

总兵官刘江歼倭寇于辽东。倭自是不敢复入辽东。《明鉴纲目》卷二："纲：己亥十七年，夏六月，倭寇辽东，总兵官刘江击破之。（江后以破倭功封伯，改名荣。）目：倭数寇海上，江度形势，请于望海堝（在奉天兴城县东南，其地高，可屯兵瞭望，为濒海要地）筑城堡以备之。倭入王家山（在兴城县东南海中），江急引兵赴堝，依山设伏，别遣将断其归路，以步卒迎战。贼败走，江分两路夹击，尽覆之。倭自是不敢复入辽东。"

行在翰林修撰王直为侍读。（据《国榷》卷十七）

任命诸监生为御史。监生郑果、陈琳、刘昌、朱璇、李俏、栗镛、黄忠、刘蠹为给事中，余鼎、施衍、秦哲、李宷、夏仲时、李信、唐润、史振、刘敏、司齐、赵永泰、赵整、乔林、符节、杨用为御史。（据《国榷》卷十七）

七月

任命诸科给事中。奉化教谕李沾为工科给事中，东光训导张俊为礼科给事中，东昌训导邵珽、裕州训导蒋辅、阳城训导郑孜、济阳训导王汝器、应州学正张谨俱为刑科给事中，蒲州学正李锡为吏科给事中，九江训导林道安为兵科给事中，监生费观为山东道监察御史。（据《国榷》卷十七）

八月

夏原吉应制颂盛。《忠靖集》卷二《圣德瑞应诗》序："永乐己亥秋，海外忽鲁谟斯等国遣使来进麒麟、狮子、天马、文豹、紫象、驼鸡（昂首高七尺）、福禄（似驼而花纹可爱）、灵羊（尾大者重二十余斤，行则以车载其尾）、长角马哈兽（角长过身）、五色鹦鹉等鸟。又交阯进白乌、山凤、三尾龟等物。赐观于庭，承制赋此。"

九月

进士徐爵为北京道监察御史。（据《国榷》卷十七）

十月

监生石有质为山西道监察御史。（据《国榷》卷十七）

命故文渊阁大学士胡广子稦为翰林院检讨，俾进学翰林院。盖追念广之劳也。（据《馆阁漫录》卷一）

徐善述卒，年六十七。《东里文集》卷十八《故左春坊左赞善徐公墓志铭》："永乐甲申春，博士天台徐善述好古升左司直郎助教，郓城晁铸景范升右司直郎。其学问之正，操履之笃，温厚而简静，为缙绅君子所重，以为辅臣之良也。后十年，景范年八十，奉命致事归，好古升左赞善。永乐己亥九月，景范卒于家，十月己亥，好古亦卒于官……好古一志儒者之学，尤邃《书经》，其讲说及作为经义皆精确，非众所及。少为郡学生，已有声誉。洪武中初行岁贡法，首充贡入太学。六馆之士皆推之。祭酒宋讷严不可近，独礼接好古。岁余诏选太学生为州县教官，好古为首授桂阳州学正，赐敕符。后丁父忧。服阕，改和州学正，用荐升国子博士。经其教者，率有成。尝预纂修翰林者累年。考乡试者一，考会试者二，士服其公。其在春坊，一用所学，进对之际，简明质直，必据正理，故尤见礼遇。而卒之日，皇太子亲为文祭之，极褒惜之意。"

十二月

黄宗载请对交阯府州县官严加考核。从之。《明太宗实录》卷二百十九，永乐十七年十二月丁酉，"巡按交阯监察御史黄宗载言：交阯人民新入版图，劳来安辑，尤在得人。今府州县官多系两广、云南等处岁贡生员、下第举人，未入国学。因其愿仕远方，遂授以职。既乏大学教养之素，又非诸司历试之才，所以牧民者不知抚字，理刑不明律意。若候九年黜陟，废弛益多。宜令到任二年以上者，从巡按监察御史及布政司、按察司严加考核，上其廉污能否实迹，以凭黜陟，庶几有所劝惩。上从之，因谓行在吏部臣曰：'守令民之师。师不得其人，民受其殃，前除交阯郡县官，出一时之宜。今御史所言良是。继今宜慎选之。'"

杨荣密疏进言十事，皆斥五府、六部、三法司积弊。《殿阁词林记》卷九《官疏》："内阁密务，有难扬言敷奏者。永乐许密封进呈，谓之密疏。己亥十七年十二月己丑，学士杨荣密疏进言十事，皆斥五府、六部、三法司积弊。成祖嘉之，密谕荣曰：'汝言实切时病，但汝为腹心臣，若遽进此言，恐群臣益相猜疑，不若使言官言之。'于是得监察御史邓真，俾入奏，众皆股栗，免冠请罪，诏诸司即日悛改，怙终者不赦。盖荣所为奏留中，真则受其意也。洪熙初改元，兵部尚书李庆言于上曰：'民间马畜蕃盛，已散之军伍，尚余数多，请令朝觐官领之，少苏民力。'大学士杨士奇独密奏，谓：'朝廷求贤任官，今乃使养马，而课责与民同，非贵贤贱畜之意。'明日，面请内批罢其事，不报。明日，又入对请罢，上曰：'吾偶忘之，当即批出不爽也。'午刻，上御思善门，谕曰：'内批岂真忘，念卿孤立，为众所伤，不欲因卿言而罢耳。今有名矣。'出示一章，乃按察使陈智所言者。命士奇据几草敕止之，已领者准洪武中官员乘例，不责生息，亏损不责偿，未给者止勿给。复谓曰：'继今令有不便，惟密与朕言，李庆辈不识大体，不足语也。'二十二年十一月，学士杨溥密疏言事，上嘉纳，手敕奖谕之曰：'览卿所奏，为国家之计，诚合朕心，但望卿始终如一，知无不言，相朕致治，以承天休。感卿忠恳，特用酬报，今赐卿彩币一双，钞一千贯，卿其领之。'夫事几不密则害成，今日所以委曲为之处者如此，而又宠以旌赏，真可谓一德一心矣。其后内阁言事循此例，类用题奏揭帖，不宜闻于外云。天顺癸未，空中有声，大学士李贤密疏曰：'《传》言无形有声，谓之鼓妖，上不恤民，则有此异。'因条十事上陈，英宗嘉纳，诏皆从之，颁行天下。贤又请罢江南所造段匹磁器，清锦衣卫囚，止各边守臣进贡、下番所遣使臣，停中外买办采办，诏不从，贤执之数四，止取前十条行之。左右见贤力争，皆寒悚，同列亦为贤惧。贤曰：'古之人臣，知无不言，今虽不能尽然，至于利害系国家安危者，岂可默默以苟禄位？'然圣明亦不以为忤也。盖嘉谋嘉猷，入告于内，与扬言敷奏者不同，必利害系国家安危而后言之，又与争一事之得失、陈一时之利害者不同。内阁事功称'三杨一李'，然其所遭际可考也。夫惟声色不动而诚意潜孚，阅历既多而识见素定，乃可以当此，然亦难矣。岳正在内阁，尝密言吉祥、石亨罪恶，二人潜之，被黜。有士人告之曰：'先生犯孔子戒矣。'问之云何，则曰：'未信而谏是也。'正曰：'臣被简用置左右，责任教诚甚至，敢不尽心。若子以谏官处我，则恐未然。'夫正之言诚是也。沃心之论，造膝之谋，初不事于表襮，而天下自阴受其赐，此内阁之所以异于谏官也。若先朝委任杨、李，真可以为万世法。"

明成祖永乐十八年庚子（公元 1420 年）

正月

安州知州署龙溪县事刘孟雍卒。孟雍南昌人，举贤良，令龙溪。潮寇陈永定负险为邻患，至即计捕之，惩猾吏、均虚户、劝农简刑，治称最。进安州，部民乞留，遂还县。（据《国榷》卷十七）

闰正月

初七，以学士杨荣、金幼孜为文渊阁大学士。（据《明太宗实录》卷二百二十一）

《馆阁漫录》卷一："正月庚子朔。丙子，上命行在学士杨荣、金幼孜并为文渊阁大学士兼翰林院学士，赐宴于礼部。"杨士奇《文敏杨公墓志铭》："十七年进文渊阁大学士，仍兼翰林学士，授奉政大夫。"《明史》杨荣传："十八年进文渊阁大学士，兼学士如故。"《明史》金幼孜传："十八年与荣并进文渊阁大学士。"（按：云杨荣十七年进大学士，士奇偶误耳。）

二月

平唐赛儿之乱。《明鉴纲目》卷二："纲：庚子十八年春二月，蒲台（隋县，今属山东）妖妇唐赛儿作乱，讨平之。目：赛儿，蒲台县民林三妻，以幻术聚众（自称佛母，知成败，得石函中宝书神剑，役鬼神，剪纸作人马，相战斗），据益都卸石栅（在山东益都县西南）为乱，攻下莒、即墨，围安邱。诏安远侯柳升，与都指挥刘忠，将京军往剿。升自以大将，意轻贼，贼乞降，信之，夜为所袭，忠中流矢死。比明，升始觉，赛儿已遁。别贼攻安邱益急，都指挥佥事卫青（字明德，华亭人）方屯海上，闻之，帅千骑昼夜驰抵城下，再战，大败之，斩馘六千余人。鳌山（明卫，在山东即墨县东，今裁）指挥王真，歼贼于诸城，贼遂平，而赛儿卒不获。升忌青功，摧辱之，为刑部尚书吴中（字思正，武城人）所劾，诏擢青都指挥使，征升下狱，已得释。（帝以赛儿未获，山东三司官，悉坐纵寇诛，擢刑部郎中段民为左参政。时索赛儿急，尽逮山东、北京及天下尼媪，先后几万人，所在大扰，民力为矜宥，人情始安。〇段民字时举，武进人。）"

赵府右长史董子庄卒。子庄乐安人，博学有操行，洪武壬子贡士。除云南。荐宰茂名，多善政。永乐中，预修《大典》，进北京国子司业，迁赵邸。匡救其失，王屡违度，被诘责，子庄持之愈坚。（据《国榷》卷十七）

翰林院典籍陈寿为检讨。（据《国榷》卷十七）

三月

王洪卒，年四十一。《明文衡》卷八十八《王希范墓志铭》："永乐十八年三月辛未（初三），礼部仪制司主事王希范卒。予既吊哭还，其孤锡持状来乞铭，将归葬纳墓中以诒诸后。予与希范永乐初同被选擢入翰林，又同日拜恩命为检讨。时希范年甚少，气甚锐，学通而才敏，于人少许可，独以余齿少长，颇推让。相与几二十年，始终如一日。今已矣，铭不可辞。"《列朝诗集小传》乙集《王侍讲洪》："当时词林称四王，皆有才名，希范与闽人王偁、王恭、王褒也。而希范早入，偁最自负，推重希范，不敢以雁行进。希范尝与修撰张洪论诗，自诵所作，窃比汉魏，张哂而未答，复自谓曰：'终不作六朝语。'张曰：'六朝人岂易及？无论士衡、灵运；且自视江、沈云何？子诗傍大李门墙，犹未窥其奥也。'希范始屈服，曰：'平生喜读大李诗，君评我甚当。'修撰，吴中宿儒也，作《学古诗叙》，备载其语，以为学诗者夸诞之戒云。"

四月

湖广按察司副使靳义卒。义字源礼，淇人，洪武中监生。授御史。永乐初按北京，甚有声，皇太子居守，赐鱼尾以旌其廉。及枭楚，劾按察使吴公悦、都指挥王玉之赃，风纪大振。（据《国榷》卷十七）

六月

颁《孝顺事实》于文武群臣及两京国子监、天下学校。《明太宗实录》卷二百二十六：永乐十八年六月，"辛丑，颁《孝顺事实》书于文武群臣及两京国子监、天下学校。先是，上命翰林儒臣辑录古今载籍所纪孝顺之事，可以垂教者，为书，每事上亲制论断及诗，名《孝顺事实》。又亲制序冠之。序曰：'朕惟天经地义，莫尊乎亲，降衷秉彝，莫先于孝。故孝者百行之本，万善之原，大足以动天地，感鬼神，微足以化强暴，格鸟兽，孚草木。是皆出于天理民彝之自然，非有所矫揉而为之者也。然自古帝王公卿，下及民庶，孝行见称于当时，有传于后世者，不可殚纪，往往散见篇籍。朕尝命侍臣，历考史传诸书所载孝行，卓然可述者，得二百七人，复各为之论断，并系以诗，次为十卷，名曰《孝顺事实》，俾观者属目之顷，可以尽得为孝之道，油然兴其爱亲之心，欢然尽其为子之职，则人伦明，风俗美，岂不有裨于世教者乎？尚虑闻见之不广，采辑之未备，致有沧海遗珠之叹，后之君子，苟能体朕是心，广搜博采以续，夫是编之作，则于天下后世深有赖焉。'"

八月

命左春坊左中允兼行在翰林院侍讲邹缉、侍讲王英主顺天试。皇太子命翰林院修撰张伯颖、左春坊左赞善兼编修陈仲完主应天试。《明太宗实录》卷二百二十八：永乐十八年八月，"壬寅，北京行部乡试，奏请考试官，上命左春坊左中允兼行在翰林院侍讲邹缉、侍讲王英考试，赐宴于本部。是日，应天府乡试，启请考试官，皇太子命翰林院修撰张伯颖、左春坊左赞善兼翰林院编修陈仲完考试，赐宴于本府"。

置东厂于北京。《明通鉴》卷十七："自是，中官益专横，不可复制。"

两京及河南、山东、陕西、山西、浙江、湖广、江西、福建、广东、广西、四川、云南、交阯等十三布政司乡试，贵州士子附云南乡试。（据《皇明贡举考》卷三）

九月

任命翰林院、国子监官。擢扬州府学教授蔺从善、青州府学教授林长楙、宝鸡县学教谕徐永达俱为翰林院编修。甘泉县学教谕张昱、河东县学教谕韩岫、永年县学教谕刘顺俱为国子监博士，同史科给事中陈山侍皇太孙读书。（据《明太宗实录》卷二百二十九）

定都北京。（据《明太宗实录》卷二百二十九）《明通鉴》卷十七："九月，己巳（初四），上定都北京。钦天监奏明年正旦吉，宜御新殿。遂遣户部尚书夏原吉赍敕召皇太子，寻敕太孙从行，期十二月终至京师。丁亥，诏：'自明年正月，改京师为南京，北京为京师，设六部，去行在之称。'并取南京各印信给京师诸衙门，别铸南京诸衙门印信，皆加'南京'二字。"

通政使贺银卒。银临海人，洪武中以桃源教谕荐令宛平。靖难时倡给刍饷，进通政司右参议。越六年，进工部右侍郎，寻降主事。初阙廉誉，侍郎坐累，籍赀甚厚。后复官改行。没之日，家具萧然。（据《国榷》卷十七）

十一月

革北京行部，所辖顺天等八府，保安、隆庆二州皆直隶京师。（据《明太宗实录》卷二百三十一）

赐文武群臣金织绽丝表里各一袭，特命文渊阁大学士兼翰林院学士杨荣、金幼孜赐同尚书。（据《馆阁漫录》卷一）

改北京国子监为国子监，颁新铸印信于本监。太学生始有南北监之分。（据黄佐《南雍志》卷二《事纪》）《明史·选举志》："中都之置国学也，自洪武八年。至二十六年乃革，以其师生并入京师。永乐元年始设北京国子监。十八年迁都，乃以京师国子监为南京国子监，而太学生有南北监之分矣。"

任命诸科给事中。教授张举，训导吴鼎，贡士柯暹，监生朱礼俱为户科给事中。教谕杜本、成广、王誉，秀才彭彦虎、余孟夏俱为礼科给事中。秀才郑得皎、俞得济俱为兵科给事中。监生龙源、彭璟俱为工科给事中。遂昌训导汤新为宗人府经历。（据《国榷》卷十七）

十二月

升修撰罗汝敬为侍讲。（据《馆阁漫录》卷一）

命贵州思南等八府所选贡生员李正等送国子监进学，赐赉如云南生例。（据《明太宗实录》卷二百三十二）

本年

叶盛（1420—1474）生。叶盛，字与中，昆山人。正统乙丑进士，授兵科给事中，出为山西右参政，累官吏部左侍郎。卒谥文庄。有《水东日记》。《明文衡》卷七十九彭时《侍郎叶文庄公神道碑》："公天资颖异，自少博学强记，下笔惊人。同邑知名士张和见其所业文，曰：'此其志不可量。'因劝游邑庠，遂骎骎有成矣。"

明成祖永乐十九年辛丑（公元1421年）

正月

迁都北京。（据《明太宗实录》卷二百二十九）《明鉴纲目》卷二："纲：辛丑十九年，春正月，迁都北京。目：改京师为南京。以北京为京师，徙都之。"

乙丑，升中书舍人朱孔旸为翰林院修编。丁卯，命翰林院学士兼左春坊左谕德杨士奇为左春坊大学士。（据《馆阁漫录》卷一）

二月

命左春坊大学士杨士奇、翰林院侍讲周述为会试考试官。取中陈中等二百人。《明太宗实录》卷二百三十四：永乐十九年二月，"己亥，礼部会试天下举人，奏请考试官，上命左春坊大学士杨士奇、翰林院侍读周述考试，赐宴于礼部。"查继佐《罪惟录》志卷十八《科举志》："（永乐）十九年辛丑，试贡士，得陈中等二百人，赐曾鹤龄、刘矩、裴纶等及第、出身有差。初拟刘矩第一，以上梦故，遂更之。二十一年，广东乡榜中式文中，病未及会试，内艰。宣德六年，赴部，以违限，充大通关提举司，寻覆试，复之。"

擢庶吉士周崇厚、高谷、宋琰、胡濙、朱昶、章文昭、张益、柴兰，举人刘铉，生员罗渊等四人，秀才卫靖等十二人俱为中书舍人。（据《明太宗实录》卷二百三十四、《馆阁漫录》卷一）《国榷》卷十七："永乐十九年二月辛丑，庶吉士周崇厚、高谷、宋琰、胡濙、朱昶、章文昭、张益、柴兰，贡士刘铉，诸生罗渊、干需、夏衡、凌寿，秀才卫靖、宣嗣宗、程南云、张子俊、胡宜衡、姚继、黄振宗、俞宗大、陆友仁、余孜善、刘实、李栖霞并为中书舍人。"

三月

　　曾鹤龄（1382—1441）、刘矩、裴纶等二百零一人进士及第、出身有差。王琏、韦昭、卫恕、陈融等十五人为翰林庶吉士。其余进士令还乡进学以待用。《明太宗实录》卷二百三十五：永乐十九年三月，"癸酉，礼部会试天下举人，得陈中等二百人，赐考官宴于本部。""丁丑，上御奉天殿试礼部选中举人陈中等及前科未廷试举人尹安凡二百一人，制策曰：'帝王之治天下，必有要道。粤自尧舜至于文武，圣圣相传，曰执中，曰建中，曰建极，千万世帝王，莫不守此以为天下治。朕自莅祚以来，夙夜祗承，亦唯取法于唐虞三代，然而治效未臻其极者，何欤？意所谓中极之外，抑别有其说欤？且古今论治之盛者，于舜则曰无为，于武王则曰垂拱，稽之于《书》，舜命九官十二牧，敬天勤民，制礼作乐，敷教明刑，皆有事焉，安在其无为？武王大告武成之后，列爵分土，简贤任能，修五教，举三事，立信义，行官赏，亦有为矣，安在其垂拱？朕今欲无为垂拱而治，舍舜武将何所取法欤？诸生讲习先圣之道，所以考之于古而宜之于今者，必有其说，朕诚以为，非尧舜无以为道，非文武无以为法，非无为垂拱不足以为治，然所以求尽其道，求底其法，求臻其治者，亦尚有可得而言欤？其备陈之，无泛无略，朕将亲览焉。'""辛巳，上御奉天殿，阅举人对策，擢曾鹤龄为第一，赐鹤龄等二百一人进士及第、出身有差。""壬午，赐进士曾鹤龄等宴于礼部。""丙戌，赐进士曾鹤龄冠服银带，余并赐钞五锭。"《弇山堂别集》卷八十一："十九年辛丑，命左春坊大学士杨士奇、翰林院侍讲周述为考试官。取中陈中等。廷试，赐曾鹤龄、刘矩、裴纶及第。取原习译书进士卫恕、陈融、温良、姚本、张恕、万硕、黄澍、杨鼎、王琏、李学、吴得全、朱子福、王振、蒋谦、韦昭为庶吉士。"《国榷》卷十七："永乐十九年三月丁丑，策贡士陈中等二百一人于奉天殿，赐曾鹤龄、刘矩、裴纶等进士及第、出身有差。"《明经世文编》卷十七杨荣《进士题名记》："永乐辛丑……是岁适当会试贡士之期，领乡荐而萃京师者三千人，礼部拔其尤者二百人。三月望日，上临轩策试。越二日，以曾鹤龄为第一，刘矩次之，裴纶又次之，赐进士及第，余赐进士出身有差，揭黄榜于长安门外。公卿大夫暨士庶人咸谓都邑肇建，而人才汇进如此……有司复请题名于国子监。上命臣荣为记。臣惟昔周之武王迁都于镐，讲学行礼，以宣教化，以作新人才，而其子孙传绪，至于永久。盖启之者，有其道也。方今都邑告成之日，圣天子咨询治道，登进贤良，以隆文明之运，迓千万载之太平。斯世斯人，亦何幸欤？诸君子遭际明时，题名于太学。太学贤关，天下公论所自，有其名，宜有其实以副之。《诗》曰：'古之人无斁，誉髦斯士。'皇上之盛德也。又曰：'济济多士，文王以宁。'是尚有望于诸君子。其勉之哉！臣荣谨记。"《明名臣琬琰续录》刘球《侍讲学士曾公行状》云："既冠，与其兄椿龄以《书经》同领永乐乙酉乡荐。明年会试，留养未行。其兄遂第进士，为庶吉士翰林以没。仰事俯育之责，萃公一身。继遭父丧，内外斩然，无足赖者。又以闾右龃龉，弗克康厥居。积学之余，稍出所有授学以自给。久而从学者众，贽入益不赀。乃营

317

故业邑城之西，为久安计。诸子颇长，足事事。遂辞太安人，赴永乐辛丑会试。时今少师庐陵杨公司文衡，务先典实之作，以洗浮腐之弊，喜公诸篇悉优，多梓行之。至今评程文者，以是科为最。廷对居第一，擢翰林修撰。"梁章钜《制义丛话》卷四："俞桐川曰：自洪武乙丑逮建文之末，其间刘、方、黄、解诸君子皆有传文，然率不多觏，非独风气之朴，亦由靖难兵起，散佚者多也。永乐十九年，于忠肃始成进士，其文略盛。今所传只四首，或论相业，或谈兵事，或诛佞讨奸，每篇可当古文一则。文如此，亦无羡于过多矣。忠肃古文列之《三异人集》，时文独成家。惟其文英风劲节跃露楮间，杀机已见，亦不必怨群小也。夫文山有忠肃之志而功不克成，忠肃有文山之功而志不见复，皆千古遗恨。然而，立德立言，允文允武，旷世合辙。余故以文山殿宋，以忠肃冠明，比而录之，谅九原亦为称快尔。"《制义丛话》卷四："（俞桐川）又曰：读于忠肃公'不待三'篇，见守京师手段；读王文成'子哙不得与燕人'篇，见擒宸濠手段。按：言为心声，真经济气节人，即制义可以觇其概，不当仅以帖括目之。今考忠肃公'不待三'至'亦多矣'文，一讲上下团结，题蕴已该，其辞云：'且国家之倚重者有二，遇战斗则用介胄之士，遇绥靖则用旬宣之臣，故兵法严则士奋勇，吏治肃则官效职。人君以驭兵之法驭臣，则吏治精矣；人臣以死绥之义死职，则官职当矣。'后幅云：'一失伍则执而论之有司，何至于再？再失伍则缚而戮之于社，何至于三？盖有死无犯，军之善政也；信赏必罚，国之大经也，此大夫之所素明也。今子莅官以来，所谓奉职循理者安在，其于怠事不啻再矣，岂士以贱刑，官以贵贷耶？子由旷官以来，所谓省愆讼过者安在，拟之以失伍亦既多矣，岂士不至于再、官不惮其多耶？'文成公'子哙不得与人燕'二句文，尤如法吏断狱，愈转愈严，其辞云：'今夫为天守器者，君也；为君守侯度者，臣也。名义至重，僭差云乎哉！故燕非子哙之燕也，召公之燕也。象贤而世守之，以承燕祀，以扬休命，子哙责也，举燕而授之人，此何理哉？恪恭而终臣之，以竭忠荩，以谨无将，子之分也，利燕而袭其位，罪亦甚矣。尧、舜之传贤，利民之大者也，哙非尧舜，安得而盗其名？舜、禹之受禅，天人之从之也，之非舜、禹，安得袭其故？夫君子之于天下，苟非吾之所有，虽一毫而莫取也，况授受之大乎？于义或有所乖，虽一介不以与人也，况神器之重乎？夫以燕之君臣而负难道之罪如此，有王者起，当伐之矣。'"

本年进士登科情况。俞宪《皇明进士登科考》卷三："时廷对之士二百一人，擢曾鹤龄第一。部本缺。"第一甲三名，赐进士及第。曾鹤龄，江西泰和县人。刘矩，直隶开州人。裴纶，湖广监利县人。第二甲四十九名，赐进士出身。（前缺陈安、舒敬、刘玘、卢璇、郑述、张铎、陆征、谭隆、陈炎、缪让、韦昭、张复阳、陆通、薛瑄、赵琰、童孟韬、王骥、许忠、王宪、黄成、周升、游和、艾凤翔、王琏、吴琼、蒋诚、张骏、吴观、夏希纯、刘谦、陈璇、洪璵、丁玑、郭循、刘球、任礼、郑原、焦宏等三十八名。）陈中，福建莆田县人。聂谦，江西丰城县人。廖伯牛，福建侯官县人。甄完，浙江新昌县人。张善，福建浦城县人。傅端，江西进贤县人。万观，江西南昌人。熊昱，江西丰城县人。聂用文，江西丰城县人。康颕，江西泰和县人。欧阳哲，江西泰和县人。第三甲一百四十九名，赐同进士出身。张聪，直隶溧县人。伍奇，江西庐陵县人。侯春，直隶开州人。姚本，山西大同县人。徐升堂，福建晋江县人。张恕，陕西咸宁县人。张纯，湖广江陵县人。柯季，福建晋江县人。陈谷，江西进贤县人。任祖寿，直隶上元县人。王锡，福建长乐县人。杨鼎，河南扶沟县人。刘庄，江西庐陵县人。罗铨，直隶山阳县人。陆吕，直隶江阴县人。范达，直隶吴县人。崔碧，直隶昌黎县人。朱子福，广东保昌县人。杨颢，江西泰和县人。彭鉴，江西建昌县人。刘琛，浙江慈溪县人。任纶，湖广监利县人。王喆，江西高安县人。徐琳，江西丰城县人。杨蘷章，江西吉安永丰县人。曹南，浙江山阴县人。冯诚，江西浮梁县人。徐亮，江西乐平县人。张轨，直隶灵寿县人。沈圭，浙江乌程县人。任雍，直隶获鹿县人。黄卓，江西吉安永丰县人。周凤，广西平乐县人。郑安，江西上饶县人。陈邦贞，江西庐陵县人。吴得全，福建长汀县人。卫恕，浙江萧山县人。钱敏，直隶舒城县人。张莹，山西岳阳县人。韩昫，山东胶州人。程道兴，江西浮梁县人。高昭，直隶宝应县人。徐达，浙江开化县人。陈京，福建长乐县人。何永芳，浙江常山县人。万硕，河南杞县人。程鐠，江西浮梁县人。吴锜，广东琼山县人。陈信，河南光山县人。江志昂，江西永新县人。李埙，江西进贤县人。张鉴，河南仪封县人。胡智，浙江会稽县人。陈叔刚，福建闽县人。李学，河南祥符县人。刘从善，直隶东流县人。方义，直隶怀宁县人。李辂，应天府江宁县人。刘锐，福建龙岩县人。王强，直隶束鹿县人。刘伯大，直隶泾县人。王绂，江西泰和县人。万节，江西安福县人。沈庆，江西进贤县人。郭永清，湖广巴陵县人。解璿，山西五台县人。陈耸，浙江永嘉县人。蔡光亲，浙江乐清县人。李运，直隶唐县人。骆谦，浙江余姚县人。徐铎，江西吉安永丰县人。朱立新，江西吉水县人。张金，江西泰和县人。严士安，直隶华亭县人。陈爱，浙江丽水县人。郑泰，直隶舒城县人。刘谦，河南祥符县人。刘整，山西孟县人。张韫，江西新喻县人。朱弼，浙江归安县人。胡新，江西建昌县人。赵宽，河南汝阳县人。舒谟，江西乐平县人。张文魁，四川岳池县人。郑夏，浙江乐清县人。张鉴，江西建昌县人。陈浩，浙江钱塘县人。张士贞，江西临川县人。郑思贤，湖广黄冈县人。郭智，直隶芜湖县人。陈琎，直隶景州人。于谦，浙江钱塘县人。温良，山西山阴县人。王学敏，江西临川县人。李元凯，江西丰城县人。胡思学，江西新喻县人。王郁，河南祥符县人。高敏，直隶上海县人。毛伦，江西新昌县人。彭翱，山东滕县人。孔文英，陕西安化县人。朱忠，直隶上海县人。刘冲，江西庐陵县人。吴文庆，浙江遂昌县人。林元美，福建闽县人。范衷，江西丰城县人。邵明，直隶吴县人。黄澍，山东益都县人。陈祥，福建上杭县人。周弘，福建上杭县人。施静，江西新喻县人。徐汤，浙江黄岩县人。黄润，广东番禺县人。王佐，湖广监利县人。尹安，江西上饶县人。彭震，江西泰和县人。林厚，广东海阳县人。罗智，江西吉水县人。蒋谦，广西灌阳县人。李晋，四川仁寿县人。上官仪，福建沙县人。张裳，浙江东阳县人。龚遂，广东番禺县人。左高，江西永新县人。黄占，江西吉水县人。王仲实，湖广公安县人。顾童，福建莆田县人。裴诚，江西吉水县人。朱辉，广东南海县人。邓敏，江西进贤县人。林至，福建福清县人。陈融，直隶长洲县人。胡谧，四川马湖沐川长官司人。章信宗，浙江会稽县人。吴惠，江西浮梁县人。项昱，浙江青田县人。侯瑞，福建光泽县人。邵嵩，江西都昌县人。吴昌衍，江西临川县人。卢睿，浙江东阳县人。杨义，浙江归安县人。严敬，浙江归安县人。刘敬，湖广武冈州人。曾真保，福建邵武县人。吴邦直，江西临川县人。吴堂，江西乐平县人。韩肃，河南祥符县人，顾源，江西建昌县人。王振，福建龙溪县人。

张铎中本科进士。宣德初年督银场于宁德，以崇学校、礼师儒为人所称。闵文振《仰山脞录·张侍御》："侍御清江张公铎以进士巡闽。宣德初，督银场于宁德，崇学校，礼师儒。尝堂试诸生，作诗曰：'一鸟不鸣黉舍幽，东风檐外彩云流。衔枚多士胸襟壮，织锦何人手段优。应有长公当避舍，纵非释子也低头。《六经》仁义如周道，分付诸君莫浪求。'既试，品高下，优奖赏，士皆争奋。……宁人至今颂其功。"

设贵州布政司思州、铜仁、石阡、黎平、新化五府医学，及思州、镇远、黎平、铜仁、石阡、新化六府，并贵州宣慰使司七阴阳学。（据《明太宗实录》卷二百三十五）

四月

礼部左侍郎仪智致仕。智高密人，洪武中自教谕知高邮州，民爱之。进守宝庆，又畏爱之。永乐二年迁右通政兼右中允，未几升湖广布政使，三年入礼部侍郎。十一年元旦日食，独止贺，上心是之，令侍皇太孙。启迪曲尽，宽平严正，务持大体，遇事又别白当否。年八十，乞骸，寻卒。（据《国榷》卷十七）

五月

命诸进士为翰林院官。命第一甲进士曾鹤龄为翰林院修撰，刘矩、裴纶俱为编修。第二甲、第三甲原习译书卫恕、陈融、温良、姚本、张恕、万硕、黄澍、杨鼎、王连、李学、吴得全、朱子福、王振、蒋谦、韦昭等为庶吉士，隶翰林院。余进士令还乡进学以待用。（据《明太宗实录》卷二百三十七）

翰林院修撰余鼎为侍讲。（据《国榷》卷十七）

六月

礼部言国子监生事宜。以监生岁增，国子监学舍不能容，奏准下第举人发还原籍府、州、县、卫所学进业，以待后科。《明太宗实录》卷二百三十八：永乐十九年夏六月，"甲寅，礼部言：国子监生岁益增。又会试下第举人，例送监。今学舍隘不能容，请以监生，南人者送南京国子监，下第举人发还原学进业，以待后科。自今岁贡生员，请如洪武三十年例，府一年州二年县三年贡一人。从之"。

七月

任命翰林院官。擢翰林院庶吉士周叙、尹凤岐、习嘉言、杨琪、陈询俱为本院编修；典籍黄约中，庶吉士彭麟应、秦初、黄裳、陈善、韦昭、连智、庄约、许彬、胡让、王谕、马信、李冠禄、万完、甄谌、陈纪、张式、郑献俱为检讨；庶吉士杨盛、寇厚、卫恕、张恕、沈让、段莓、姚本、陈融、温良俱为中书舍人。（据《馆阁漫录》卷一）

九月

升左春坊左庶子邹济为詹府少詹事，右春坊右中允黄琮为右庶子。（据《馆阁漫录》卷一）

十月

升翰林院侍讲邹缉为左春坊左庶子，仍兼侍讲，庶吉士董璘为编修。（据《馆阁漫录》卷一）

十一月

　　遣使核天下库藏。《明鉴纲目》卷二："纲：冬十一月，遣使核天下库藏。"
　　下户部尚书夏原吉等于狱，兵部尚书方宾自杀。《明太宗实录》卷二百四十三：永乐十九年冬十一月丙子（十七日），"上以北虏携贰，命尚书夏原吉、方宾、吕震、吴中等议，将亲征。原吉等共议：宜且休养兵民而严敕边将备御。来奏，会上召宾，宾言：'今粮储不足。'遂召原吉问边储多寡，对曰：'仅给将士备御之用，不足以给大军。'即命原吉往视开平粮储，而吴中入对，与方宾同。上以边廪空虚不怿，召原吉颂系之。"《国榷》卷十七："永乐十九年十一月丙子，复欲北征，命户部尚书夏原吉、兵部尚书方宾、礼部尚书吕震、刑部尚书吴中等议，皆谓频年劳师，军马储胥，十丧八九；灾眚屡作，内外俱疲……方图入奏，会上遽召宾，宾言馈饷恐不赡……上不怿，即命原吉料储饷于开平，而吴中入对与宾同。遂召原吉下内官监狱，以大理寺丞邹师贤尝署部，并系之。宾惧，自经……宾，钱塘人。自监生擢刑部试郎中，数月改兵部。建文中署应天府事，坐累谪广东。荐入兵部郎中。上即位，拜左侍郎。己丑扈从北京，进尚书。虽寡学，善应对。聪敏强记，职务丛脞，问无不答。"
　　邱浚（1421—1495）生。据《北京图书馆藏珍本年谱丛刊》第39册王国栋《邱文庄公年谱》："明永乐十九年辛丑十一月初十日，公生。"字仲深，号深庵，学者称琼台先生。琼山人。景泰甲戌进士，选庶吉士，授编修。历侍讲、侍讲学士，进翰林学士，改国子祭酒。拜礼部侍郎，进尚书，加太子太保兼文渊阁大学士，参预机务，加少保。卒赠太傅，谥文庄。有《琼台会稿》二十四卷。

侍读李时勉坐累下狱。《明太宗实录》卷二百四十三"永乐十九年冬十一月辛巳（二十二日）"："翰林院侍读李时勉坐累下狱。"《明鉴纲目》卷二："纲：夏四月，奉天、谨身、华盖三殿灾，杀主事萧仪，下侍读李时勉（名懋，以字行，安福人）于狱。目：左庶子兼侍讲邹缉（字仲熙，吉水人）应诏上言。（略曰：陛下肇建北京，工巨费繁，调度甚广。农民终岁供役，犹且伐桑枣以供薪，剥桑皮以为楮。加之官吏横征，日甚一日，非其土产，动科千百，小民转购他所，其值倍蓰，及至进纳，多不中程，往复辗转，重为民累。又自营建以来，工匠假托威势，驱民移徙，号令一出，屋宇立摧，奥突粗完，又复重徙，有三四迁而不能定居者，此陛下所不知，而人民疾怨者也。贪官污吏，遍布内外，朝廷每遣一人，虐取苛求，初无限量，有司承奉，惟恐不及，剥下媚上，有同交易，小民所积几何，而诛求若此。今山东、河南、山西、陕西水旱相仍，民至剥树皮、掘草根为食。而京师聚僧道万余人，日耗廪米，此夺民食以养无用也。朝廷岁赍钱币，市马外蕃，所出数十万，而所取不能一二，散马民间，马死辄令赔补，不知人民耗矣，多马奚神？漠北降人，皆怀窥觇，非真远慕王化，乃使群居辇毂，盛供帐，厚赏赉，以优之，此岂足明广大邪？夫奉天殿，陛下正朝也，灾首及焉，自非省躬责己，改革政化，疏涤天下穷困之人，不能上回天怒。愿还都南京，保养圣躬，散遣工匠，停止征派，将灾沴不作，太平可致矣。）疏入，不省。时帝方以定都诏天下，忽罹火灾，颇惧，而言事者佥云迁都不便，帝不怿。仪与时勉言尤峻切，帝于是发怒，杀仪，下时勉狱。（时勉条上十五事，极言北京营建之非，及入贡诸人，不宜使群居辇毂，大拂帝意。已观其它说，多中时病，掷地复取者再，率多施行。会大臣希旨，诋言者谤讪，遂下狱，○事在十一月。）出给事柯暹（字启晖，池州建德人）、御史郑维桓（慈溪人）等于外。（事在五月。）而缉竟得无罪。"

本年

胡俨改北京国子祭酒。《明史》胡俨传："十九年改北京国子监祭酒。"

明成祖永乐二十年壬寅（公元 1422 年）

正月

明成祖率兵征阿鲁台，命皇太子监国。《明史》成祖本纪三："丁丑（二十日），亲征阿鲁台，皇太子监国。戊寅，发京师。辛巳，次鸡鸣山，阿鲁台遁。"《明鉴纲目》卷二："纲：壬寅二十年，春正月，帝自将征阿噜台，命皇太子监国。目：阿噜台初为卫拉特所败，穷蹙南窜，帝纳而封之。数年，生聚蕃富，浸桀骜，拘留朝使，时将兵出没塞下。至是，大入兴和，杀都指挥王瑛。帝于是决策亲征。"

命诸进士为监察御史。进士何善、张政、冯泰花、宗渊、张聚、何文渊、金廉、严烜、林真、曹令德、赖英、邹得初、陈绍夔、王愈、杨谊、杜时、范克恭、梁广成、游奎、邓敬为监察御史。（据《国榷》卷十七）

七月

工部尚书宋礼卒。礼字大本，河南永宁人。洪武中监生，擢山西按察佥事，坐累左迁户部主事，至刑部员外郎。上即位，署礼部，拜礼部右侍郎，历工部尚书。以营建北京，再入蜀采木。有才干，稍严刻，细过不宥，蜀人畏之。其治会通河，利赖百世，称伟伐矣。（据《国榷》卷十七）

八月

下诏班师。《明史》成祖本纪三："八月戊戌，诸将分道者俱献捷。辛丑（十七日），以班师诏天下。"

皇太子擢知县郑坚，县丞薛广，进士王宾、李蠹，监生杜海、张翼、吕翱、林仪凤、刘蠹、葛綮、张忠、郝敬俱为监察御史。（据《国榷》卷十七）

九月

邹缉卒。《馆阁漫录》卷一："九月乙卯朔。庚申，左春坊左庶子兼翰林院侍讲邹缉卒。缉字仲熙，江西吉水人。自少力学，博极群书，为文不尚雕绘。自学官用荐升国子助教。上初即位，擢翰林侍讲，寻兼左中允。秩满，升左庶子，仍兼侍讲，与修《太祖高皇帝实录》及《永乐大典》。居官勤慎小心，国子监缺祭酒，屡奉命署监事。尝患背疽，上特命中官督医往疗，仍赐名药。缉务持正议，与众辨论，不苟为异同。与朋友交，必辅引于正。或沦患难，必极力济之。性澹泊，禄食三十年，俭素不改布衣时。所嗜独书籍，及卒，家无余赀，藏书数千卷而已。与缉同时有陈仲完者，福州长乐人。自教官入翰林为编修，兼左春坊左赞善。为人温厚质实，与物无竞，平居寡言，至于论是非可否，据礼揆义，无所回挠。尝有诏汰在京诸司冗官，皇太子命两坊长官简贤者留之，庸者汰之，时邹济为左春坊长，执笔畏缩不敢下，遽起称疾不出。次当仲完长坊事，即提笔书某当留、某当汰，众皆服其明决，被汰者亦自愧服。仲完授皇孙经，多所辅益。历官二十年不迁，怡然自足。皇太子恒言春坊如陈仲完不易得。后缉月馀亦卒。又有陈济者，常州人，尚书洽之兄。博学强识，当时鲜伦。诏修《永乐大典》，自布衣召入为总裁。书成，授右春坊右赞善。后仲完未几亦卒。"

下杨士奇、蹇义于狱，寻释之。《明太宗实录》卷二百五十一"永乐二十年九月癸亥（初九）"："重阳节，赐文武群臣宴。以左春坊大学士杨士奇辅导有阙，下锦衣卫颂系。"《明通鉴》卷十七："时皇太子屡遭谗构，上以士奇辅导有阙。会吕震婿张鹤朝参失仪，太子以震故，宥之。上闻之，怒义不能匡正，于是并震及士奇等俱先后下狱。寻皆释之。逾年，皆复官。"

释杨士奇，复左春坊大学士。（据《国榷》卷十七）

十月

磁州同知周原卒。原字彦广，繁昌人，洪武乙丑进士。授辰州推官，调吉安。廉平敏决，不旬日囹圄为空。坐累免。复令蒲台，判疑狱，禳飞蝗，岁以大稔。改新昌。秩满，迁磁州。俱有治行。（据《国榷》卷十七）

十一月

韩雍（1422—1478）生。字永熙，吴县人，正统壬戌进士，累官总督两广军务右都御史，卒赠襄毅，有《襄毅集》。尹直《都御史韩公言行录》："公生秀颖异常，书过目辄成诵。成童，选补顺天府学生。"《吴都文粹续集》卷三十九刘珝《都察院右都御史致仕韩公墓志铭》："大明成化戊戌十月十五日，致仕右都御史韩公以疾卒于家……（生）壬寅十一月九日。卒年五十有七。"

婺源知县吴春卒。春建安人，登进士，任婺源，有通赋数年，曲谕民得办，劝学简役。会蝗灾，引咎赴水死。民皆思之。（据《国榷》卷十七）

闰十二月

进士黄炯、李俊，监生单信、赵安、翟庆、吕阜、李鉴、赵伏、柴皋、薛瑾、李琳为监察御史。（据《国榷》卷十七）

倭寇象山，杀县丞章真、教谕蔡海。（据《国榷》卷十七）

本年

娄谅（1422—1491）生。张惟骧《疑年录汇编》卷六："娄一斋七十谅，生永乐二十年壬寅，卒弘治四年辛亥。"黄宗羲《明儒学案》卷二："娄谅字克贞，别号一斋，广信上饶人。少有志于圣学，尝求师于四方，夷然不屑曰：'率举子学，非身心学也。'

闻康斋在临川，乃往从之……时弘治辛亥五月二十七日也，年七十。门人私谥文肃先生。"其事迹亦见《明史》娄谅传。

明成祖永乐二十一年癸卯（公元 1423 年）

二月

进士左瑺、陈宪为监察御史。（据《国榷》卷十七）

五月

东阿知县上虞贝秉彝秩满，父老乞留，特进二秩，食正六品俸，还东阿。进士。前知邵阳有惠政，忧去。起东阿。（据《国榷》卷十七）

六月

建安知县张准卒。准昆山人，举贤良，任建安。修洁爱民。岁祲请钞代租，大疫乞蠲征徭，朝廷皆从之。（据《国榷》卷十七）

七月

释李时勉于狱，复其官。（据《明太宗实录》卷二百六十一）《国榷》卷十七："（永乐二十一年七月庚子），释李时勉，复翰林院侍读。"

命翰林院侍郎罗汝敬、修撰李骐主应天试。《明太宗实录》卷二百六十一：永乐二十一年秋七月，"庚子，南京应天府乡试，奏请考试官，命翰林院侍郎罗汝敬、修撰李骐考试。"

萧仪死于狱中，年四十。《明史》夏原吉传："十八年，北京宫室成，使原吉南召太子、太孙。既还，原吉言：'连岁营建，今告成。宜抚流亡，蠲逋负，以宽民力。'明年，三殿灾，原吉复申前请。亟命所司行之。初以殿灾诏求直言，群臣多言都北京非便。帝怒，杀主事萧仪，曰：'方迁都时，与大臣密议，久而后定，非轻举也。'"《明史》成祖本纪："夏四月庚子，奉天、华盖、谨身三殿灾，诏群臣直陈阙失。以言迁都不便，杀主事萧仪。"

交阯布政司右参政房安卒。安汝阳人，监生。洪武中授北平按察佥事，迁江西按察使。上谪戍兴州，起御史，历工部左侍郎，寻调山东右参政。坐累论死，又改官四川交阯。老吏严刻，其廉不可没也。（据《国榷》卷十七）

鸿胪寺左少卿孙伯坚卒。伯坚临川人，监生。洪武中授兵部主事，历四川左参。政治尚宽，简招谕水西诸蛮，却其金。上拜山东按察使，左迁行部工曹员外郎，改鸿胪寺。太子留守，为所重。尝举刑部主事梁仕非其人，识者病之。（据《国榷》卷十七）

八月

皇太子命翰林院侍讲王英、翰林院修撰林志主顺天试。《明太宗实录》卷二百六十二：永乐二十一年八月甲寅，"顺天府乡试启请考试官，皇太子令翰林院侍讲王英、撰修林志考试，赐宴于本府"。

两京及河南、山东、陕西、山西、浙江、湖广、江西、福建、广东、广西、四川、云南、交阯等十三布政司乡试。（据《皇明贡举考》卷三）

十一月

皇太子闻内侍黄俨、江保数造危语谮之于成祖。《馆阁漫录》卷一："十一月戊寅朔。丁亥，皇太子闻内侍黄俨、江保数造危语，谮之于上，皆不听。皇太子召左春坊大学士杨士奇至文华殿，语之故，因叹曰：'天可欺乎？非赖至尊圣明，尚得在此哉？'士奇对曰：'殿下益宜自处尽道。'皇太子曰：'尽心子职而已，他有何道？'"

十二月

柯潜（1424—1473）生。（生年据公历标注）潜字孟时，莆田人，景泰辛未赐进士第一，授翰林修撰，历右春坊右中允洗马，迁尚宝少卿，升詹事府少詹事，兼翰林学士，有《竹岩集》。吴希贤《中顺大夫詹事府少詹事兼翰林院学士竹岩柯公行状》："公生有异质。周岁，家人示晬盘，一无所顾，惟取书展玩久之，若有所悟者。祖父异之曰：'是儿必以文章大吾门。'十岁就外傅，喜赋诗。十五能为举子文……其生永乐癸卯十二月初六日。"

浙江按察佥事蔡楫卒。楫沛人，举孝廉。令嘉兴，即出滞囚二百余人，劝富民完积负四十八万石有奇，厅设善恶二牌纪民行，亡赖愧悔。擢御史，采木江西，屡奏民瘼。迁浙臬。宽猛适剂，人多思之。（据《国榷》卷十七）

本年

曹安（1423—?）生。安，字以宁，号蓼庄。松江华亭人，正统九年举人，官安丘教谕。有《谰言长语》。《谰言长语》："宴集诗古今尤多。正统初，鸿胪杨善《东郭草亭宴集诗》一册，予时年十三四，独喜少师杨士奇一首，有杜意：'帝城南畔寻韦曲，浩荡风光三月中。衢路尘埃过雨净，园林草木竞春红。主人置酒兴非浅，众客题诗欢不穷。一杯一曲日西下，莫待银蟾生海东。'"

明成祖永乐二十二年甲辰（公元1424年）

二月

命翰林院侍读学士曾棨、侍讲余鼎为会试考试官。取中叶恩等。《明太宗实录》卷二百六十八：永乐二十二年春二月，"壬子，礼部会试天下举人，奏请考试官，命翰林院侍读学士曾棨、侍讲余鼎考试，赐宴于礼部"。"壬申，礼部会试天下举人，得叶恩等一百五十人，赐其考官宴于本部。"

钱习礼为会试同考。沈德符《万历野获编》卷十四《科场·十典文衡》："弇州《盛事》纪钱侍郎习礼，六典文衡以为极奇，不知其于永乐二十二年甲辰已为会试同考，宣德二年丁未再入会场分考，则并后之乡会主试，共八次矣。而正统元年丙辰廷试、四年己未廷试，又皆为读卷官，凡主文柄者十度。又钱之初主应天乡试，为宣德己酉，而误书为永乐丙午，正统四年读卷，而误书为主考，至正德六年辛酉，钱又以翰林光学为顺天主试，而弇州缺不书，始信纪载非易事。弇州《盛事》又记梁文康储，正德戊辰、甲戌两主会试，是矣。然文康弘治壬子、辛酉又两主顺天乡试，竟亦失记，何也？他如刘文靖健，再主两京乡试，四同考会试，一主会试，六充廷试读卷。李文正东阳，再主两京乡试，两同考会试，两主考会试，八充读卷，似亦可为钱侍郎之亚云。又杨文敏荣，典京畿乡试一次，廷试读卷九次，亦可称十典文衡。又初预修高庙《实录》，后文、昭、章三庙《实录》，又为总裁，俱为难遘。其十知贡举者，前为胡忠安濙，后为严分宜嵩。十为读卷官者，前为蹇忠定义，后为王文端直，亦可称盛事！"

三月

　　邢宽、梁禋、孙曰恭等进士及第、出身有差。徐贤、何志等六人改翰林院庶吉士，仍隶翰林院习译书。余令归进学以待召用。《明太宗实录》卷二百六十九：“永乐二十二年春三月丁丑朔，上御奉天门试礼部选中举人叶恩等百五十人，制策曰：‘朕惟圣帝明王之治天下，其大者在祀与戎。稽之方册，冬至祭天于圜丘，夏至祭地于方丘。又云合祀天地于南郊。分祭合祭，果有其说欤？《书》称禋于六宗，祭法乃云七祀，而《曲礼》又称五祀，其言之不同，何欤？古者天子推其祖之所自出而祭之，则谓之禘。夫既有禘，而又有所谓祫祭，禘祫之外，复有所谓禴祠烝尝者，果何欤？郊社宗庙之礼，备著于经，其仪物制度，尚可得而详辨欤？兵始于黄帝，然周设六军，因井田而制军赋，其法可得而闻欤？管子作内政，以寓军令，抑有合于古否欤？汉置材官于郡国京师，有南北军之屯，唐置府兵彍骑，宋置养兵，又有所谓厢兵、禁兵，其制可得而论欤？粤自三代以及汉、唐、宋之用兵，有谲有正，有逆有顺，皆可指实而言之欤？古之善用兵者莫如孙子，其言曰：兵者国之大事，必经之以五事。又曰：治兵不知九变之术，虽知五利，不能得人之用。此其言果何所本欤？曰五事，曰九变，曰五利，抑可得而悉数欤？朕自即位以来，于祀戎二者，未尝不致其谨，然其言论之异同，制度之沿革，不可以不考。诸士子博古通今，将有资于世用，其详陈之，毋泛毋略，朕将亲览焉。’”“己卯，上御奉天门阅举人对策，擢邢宽为第一，赐宽等百五十人进士及第、出身有差。”“庚辰，赐进士邢宽等宴于礼部。”“辛巳，赐进士邢宽冠服银带，余并赐钞五锭。”“壬午，上御奉天门，进士邢宽等上表谢恩。”“庚子，命第一甲进士邢宽为翰林院修撰，梁禋、孙曰恭为编修。其第二甲第三甲徐贤、何志、薛理、李芳、蔡英、葛陵等为庶吉士，仍隶翰林院习译书。余令归进学以待召用。”《弇山堂别集》卷八十一：“二十二年甲辰，命翰林院侍读学士曾棨、侍讲余鼎为考试官。取中叶恩等。廷试，赐邢宽、梁禋、孙曰恭及第。初，上取第一孙曰恭，嫌其名近暴，曰：‘孙暴不如邢宽。’遂擢宽第一，仍用朱书填黄榜，一时称异事云。取进士徐贤、何志、薛理、李芳、蔡英、葛陵等为庶吉士。”周忱《双崖集》文集卷二《送孙进士南归序》：“永乐甲辰，岁当大比。天下贡士合试于京师者二千余人，主司取其文中式者百五十人进之，以奉大廷之对。既赐进士出身有差，而复蒙特恩，俾各归其乡而绩学焉……予惟国朝设科取士，著在甲令，盖欲必得真才以共图至治。士之由进士而发身者，岂易言哉！其始学于乡也，有经术以敦其德行，有策论以益其智谋，有书、算、律以资其治事。初试于乡，再试于礼部，三试于大廷，然后得为进士。自常情观之，其行若无不修，其才若无不备，可以布列庶位而措于为政矣。而圣天子之意，方且欲其归而学焉，使之益求其所未至，而益勉其所未能。盖必欲致其器于大受，而不欲其安于小成也。”杨士奇《东里续集》卷一《永乐二十二年进士题名记》：“是岁（永乐甲辰）三月朔，太宗文皇帝临轩策士。其又明日传胪，赐邢宽等百五十人进士及第、出身、同出身。未几，车驾北征，又未几文皇帝上宾，国家洊有大事，故树碑缓今。"

本年进士登科情况。俞宪《皇明进士登科录》卷三："时廷对之士叶恩等一百四十八人，擢邢宽第一。田本云部本□□，嘉靖十九年予入闽中购得抄本《登科录》，刻之。"第一甲三名，赐进士及第。邢宽，直隶无为州人。梁禋，顺天府宛平县人。孙曰恭，江西丰城县人。第二甲四十七名，赐进士出身。康琰，江西泰和县人。张衍，福建闽县人。鲍时，江西安福县人。林辉，福建莆田县人。刘广衡，江西万安县人。方瑛，浙江开化县人。殷时，直隶丹徒县人。龚全安，浙江兰溪县人。胡骥，浙江诸暨县人。徐贤，广西临桂县人。张纯，江西乐安县人。王珉，浙江钱塘县人。陈复，福建怀安县人。贾敬，浙江崇德县人。董敬，直隶武进县人。郑文明，湖广武陵县人。陈铉，江西安福县人。郑厚，浙江仁和县人。周南巽，江西吉水县人。林瑛，浙江仁和县人。张佑，直隶含山县人。彭谦，江西庐陵县人。胡器，江西新淦县人。严恭，浙江仁和县人。顾让，直隶昆山县人。何志，四川泸州人。杨春，云南太和县人。姚铣，福建侯官县人。王让，江西安福县人。章聪，浙江金华县人。王懋，河南修武县人。陈奎，浙江平阳县人。李范，湖广永兴县人。徐正，江西丰城县人。汪凯，福建龙溪县人。贾铨，直隶邯郸县人。李贤，福建同安县人。陈悌，福建瓯宁县人。郭瑾，江西万载县人。李叙，江西新淦县人。赵雍，福建连江县人。龚琏，浙江嵊县人。揭稽，江西广昌县人。魏淡，江西南昌县人。陈中，浙江鄞县人。叶恩，浙江临海县人。施信，直隶蠡县人。第三甲九十八名，赐同进士出身。高举，江西鄱阳县人。舒颙，江西进贤县人。张哲，直隶蠡县人。李在修，江西吉水县人。刘滨，河南信阳州人。熊翼，湖广蕲州人。陈洞，浙江会稽县人。李安，江西浮梁县人。丘俊，广东程乡县人。李贯彰，浙江余姚县人。欧阳洙，江西泰和县人。杜敬，江西丰城县人。胡敬，湖广汉川县人。刘俊，河南新安县人。谢衡，浙江仁和县人。李春，江西永丰县人。杨诚，江西丰城县人。夏瑜，直隶吴县人。林全，广东四会县人。吴晟，江西进贤县人。邵宏誉，浙江余姚县人。徐文瞻，江西临川县人。李素，广西苍梧县人。李源，直隶华亭县人。喻义，江西余干县人。吴桐生，浙江归安县人。黄贵，广东海阳县人。侯爵，直隶藁城县人。张祺，应天府江宁县人。尹弼，应天府上元县人。邓荣，江西南城县人。陈佐，广东信宜县人。孙泓，浙江余姚县人。黄寿，直隶五河县人。李原缙，湖广湘乡县人。丁让，浙江仁和县人。范忠，福建瓯宁县人。林贵，广东海阳县人。金皓，直隶庐江县人。王琳，应天府溧阳县人。杨瓒，直隶蠡县人。罗泽，福建闽县人。黄文政，福建长乐县人。顾巽，直隶长洲县人。曾惟琮，江西吉水县人。吴名，应天府江宁县人。杨钦，广东石城县人。薛理，山东历城县人。宋原端，江西永丰县人。陈玄，广东海阳县人。张楷，浙江慈溪县人。邓仑，湖广武陵县人。李敏，湖广新宁县人。刘仕昌，湖广通城县人。李芳，四川资县人。轩輗，河南鹿邑县人。高信，湖广郴州人。陈质，直隶上海县人。赵驯，山西蒲州人。达旺，应天府江宁县人。刘海，山西夏县人。江奎，江西吉水县人。丁亨，直隶宣城县人。计澄，江西浮梁县人。李信，浙江杭州卫人。李鉴，四川宜宾县人。尹祥，江西永新县人。杨濂，浙江归安县人。柳芳，江西都昌县人。薛鼎，浙江宁海县人。麦聚，广西横州人。耿九畴，山西平定州人。陈缜，广东新兴县人。吴旺，江西都昌县人。陈子童，广东南海县人。毛俊，江西新淦县人。张彦，江西丰城县人。俞本，直隶华亭县人。刘惟彬，江西庐陵县人。蔡英，山西代州人。余宗器，广东化州人。周宁，江西永丰县人。（缺）张经，直隶昆山县人。艾度昭，江西临川县人。荣顼，湖广澧州人。鱼侃，直隶常熟县人。朱硕，江西永丰县人。张琦，山西孟县人。朱鉴，四川巴县人。王恂，河南祥符县人。葛陵，直隶庐江县人。丁宁，直隶五河县人。郑烈，江西余干县人。胡玉，应天府上元县人。邵旻，直隶通州人。

四月

明成祖北征，命皇太子监国。《明鉴纲目》卷二：“纲：夏四月，帝发京师，命皇太子监国。目：大学士杨荣、金幼孜，从杨士奇等留京师，辅太子。大军至开平，获谍者，知阿鲁台遁，帝意亦厌兵，乃下诏暴阿鲁台罪，而宥其来降者。时比年用兵，白骨被野，帝命瘗诸道旁，亲制文纪之。”

皇太子升吏科给事中张瑛、礼科给事中戴纶为左春坊左中允。（据《馆阁漫录》卷四）

倭寇象山，县丞宋真、教谕蔡海死之。（据《国榷》卷十七）

六月

皇太子升司经局洗马姚友直为左春坊左庶子，司直郎王文贵为司经局洗马。（据《馆阁漫录》卷一）

七月

明成祖卒于榆木川。年六十五。《明史》成祖本纪三：“庚寅，至榆木川，大渐。遗诏传位皇太子，丧礼一如高皇帝遗制。辛卯（十八日），崩，年六十有五。太监马云密与大学士杨荣、金幼孜谋，以六军在外，秘不发丧，熔锡为椑以敛，载以龙舆，所至朝夕上膳如常仪。壬辰，杨荣偕御马监少监海寿驰讣皇太子。壬寅，次武平镇，郑亨步军来会。八月甲辰，杨荣等至京师，皇太子即日遣太孙奉迎于开平。”《静志居诗话》卷一《成祖文皇帝》：“长陵称兵靖难，践位之后，加意人文，成均视学有碑，阙里褒崇有述。以及姑苏宝山之石、武当太岳之宫，靡不亲制宸章，勒之丰碣。而又《五经四书性理大全》有书，《圣学心法》有书，《大典》有书，《文华宝鉴》有书，《为善阴骘》有书，《孝顺事实》有书，《务本之训》有书，不独纪之以事，抑且系之以诗。至于过兖州，则赐鲁藩；于吴，则寿荣国。交阯明经甘润祖等一十一人，庶常吉士曾棨等二十八宿，咸承宠渥。三勒石于幕南之廷，四建碑于海外之国，此谥法之所以定为

'文'与？由是文子文孙，复加继述。内阁则有三杨，翰林则有四王，尚书则东王西王，祭酒则南陈北李，观灯侍宴，拜手赓歌，呜呼，盛矣！"《明诗综》卷一《成祖文皇帝》，存诗一首《勃泥长宁镇国山诗》。《明鉴纲目》卷二："纲：秋七月，帝有疾，至榆木川（在故开平城西北）崩。（葬长陵，在京兆昌平县。）目：帝还，至清水源（在漠北，八年春，帝北征过此，甘泉溢出，名之曰神应），命杨荣、金幼孜，刻崖石为铭。遣吕震以旋师谕太子，诏告天下。帝时已不豫，次苍崖戌，疾甚，顾左右叹曰：'夏原吉爱我。'至榆木川，疾大渐，遗诏传位皇太子，丧礼一如高皇帝遗制。遂崩。杨荣、金幼孜等，议以六师在外，秘不发丧，镕锡为椑以敛，载以龙舆，所至，朝夕上食如常仪。荣及御马少监海寿，驰讣太子，遣太孙奉迎，次雕鹗谷（在直隶龙门县东有堡）。太孙至军中，始发丧，及郊迎，入仁智殿，加殓，纳梓宫。"

八月

朱高炽即位，是为仁宗。以明年为洪熙元年。《馆阁漫录》卷一："仁宗八月十五日即位。己未，置太师、太傅、太保，阶正一品，少师、少傅、少保，阶从一品。上谕吏部尚书蹇义曰：'此皇祖之制也。皇考圣明天纵，可不置此官。予历事未广，不无望于傅、保，卿等免之。'遂命义为少保，仍兼吏部尚书，二俸俱给。"《明鉴纲目》卷二："纲：八月，太子高炽即位（是为仁宗）。目：大赦天下，以明年为洪熙元年。"

释夏原吉、黄淮、杨溥等，复其官。《明名臣琬琰续录·少保文定杨公言行录》："先生（指杨溥）在狱中十余年，家人供食数绝粮，又上命莫测，日与死为邻。愈励志读书不辍。同难者止之曰：'势已如此，读书何为？'曰：'朝闻道，夕死可也！'五经诸子读之数回，已而得释。晚年遭遇为阁老大儒，朝廷大制作多出其手，实有赖于狱中之功。盖天玉成之如此。"《明史》黄淮传："十一年再北巡，仍留守。明年，帝征瓦剌还，太子遣使迎稍缓，帝重入高煦潜，悉征东宫官属下诏狱，淮及杨溥、金问皆坐系十年。仁宗即位，复官。"《明史》夏原吉传："还至榆木川，帝不豫，顾左右曰：'夏原吉爱我。'崩闻至之三日，太子走系所，呼原吉，哭而告之。原吉伏地哭，不能起。太子令出狱，与议丧礼，复问赦诏所宜。对以振饥，省赋役，罢西洋取宝船及云南、交阯采办诸道金银课。悉从之。"

加杨荣、金幼孜、杨士奇、黄淮等官，阁职渐崇。《殿阁词林记》卷九《几务》："内阁参预几务，肇自成祖，然惟大学士暨学士而已。永乐二十二年八月，仁宗立，以文渊阁大学士杨荣等辅导久，积有年劳，乃命升荣为太常寺卿，金幼孜为户部右侍郎，俱兼前职，杨士奇为礼部左侍郎兼华盖殿大学士，起前左春坊大学士兼学士黄淮为通政司通政使兼武英殿大学士，四人俱掌内制。内阁带三品官衔始此。九月，加士奇少保，仍兼前职，荣太子少傅兼谨身殿大学士，幼孜太子太保兼武英殿大学士。内阁位至三孤始此。尊师重傅之礼，至是极矣。十一月，士奇复进少傅，兼职如故。洪熙元年正月，淮进少保、户部尚书，士奇进兵部尚书，幼孜进礼部尚书，俱兼大学士如故。内阁带尚书官衔亦始此。是年闰七月，宣宗既嗣位，罢弘文馆，命太常寺卿兼学士杨溥与士奇等同视事。宣德元年三月，升行在礼部右侍郎张瑛为左侍郎兼华盖殿大学士。九月，准致仕。二年二月，升行在户部左侍郎陈山为本部尚书兼谨身殿大学士，瑛亦进本部尚书，兼职如故。二人者，储宫旧僚也。自是每朝必晋陟侍从，谓之从龙恩云。然山与瑛皆不厌人望，山直内阁，无何被疏斥，即致仕去。久之，瑛亦改南京礼部尚书。六年十二月，幼孜卒。九年八月，溥进礼部尚书，兼职如故。九月，瑛起复入见，悯其已老，留为尚书兼大学士。"《馆阁漫录》卷一："文渊阁大学士兼翰林院学士杨荣为太常寺卿，金幼孜为户部右侍郎，俱仍前职；左春坊大学士杨士奇为礼部左侍郎兼华盖大学士。升前右春坊大学士兼翰林院侍读黄淮为通政使兼武英殿大学士。荣、幼孜、士奇、淮俱掌内制，不预所升职务。升前司经局洗马兼翰林院编修杨溥为翰林院学士，前司经局正字金问为翰林院修撰。"

复置三公及三孤官。《明通鉴》卷十八："初，洪武置三公官，以李善长为太师，徐达为太傅，三孤无兼领者。建文、永乐间，罢公、孤官，至是（十七日），复设，以公、侯、伯、尚书兼之……进杨荣大常寺卿，金幼孜户部侍郎，仍兼大学士，杨士奇礼部左侍郎兼华盖殿大学士，黄淮通政使兼武英殿大学士，俱掌内制，杨溥翰林学士。"

九月

平江伯陈瑄上言七事，其四曰"兴学校"。《明仁宗实录》卷二下：永乐二十二年九月辛卯，"平江伯陈瑄上言七事……四曰：兴学校。夫建学校以育贤才，以备官使。今府州县教职多非其人，生员务学亦少。乞令中外风宪官及守令频加考劝，其教职不称，生员无成者，斥之。而于杂职或军民中访举老成儒士，以补教官，仍选乡里俊秀补生员，责其成效。军中子弟亦宜使之入学读书，习知礼法，庶几将来官使得人"。

邓真、洪顺请慎选教职，从之。《明仁宗实录》卷二下：永乐二十二年九月，"山东按察司邓真、佥事洪顺上言：'学校王政之本，治化之源，比年山东府州县学，教官缺人，士子务学亦少，虽科举岁贡不缺，然幸进者五六，人才不盛，盖由此。乞今内外七品以上文官，各举通经人，授之教职，庶师道尊而贤才兴。'从之。"

以兵部尚书陈洽代黄福镇守交阯。《明鉴纲目》卷二："纲：九月，召黄福于交阯，以兵部尚书陈洽（字叔远，武进人）代之。目：福在交阯十九年，编氓籍，定赋税，兴学校，置官师，数召父老，宣谕德意，戒属吏毋苛扰，一切镇之以静，上下帖然。帝以福久劳于外，召还，交人扶携走送，号泣不忍别。福既还，交阯贼遂剧，迄不能靖。"

赐蹇义、杨士奇、杨荣、金幼孜银章各一。《馆阁漫录》卷一："九月癸酉朔。乙亥，升翰林院侍读王直为本院侍读学士，侍讲王英为侍讲学士，修撰林志、检讨钱习礼为侍读，检讨余学夔、五经博士王进为侍讲。丁亥，改淮府右长史王荣为吏科左给事中，荆府右长史曹曼龄为翰林院修撰。二人侍上于春宫，凡书表奏及机务文字悉专之，故有是命。壬辰，命宗人府经历黄琮致仕。琮尝事上于东宫，为春坊中允，后进左庶子。上即位，改经历，至是悯其老，命致事。丁酉，进少保兼吏部尚书蹇义为少傅，礼部左侍郎兼华盖殿大学士杨士奇为少保，俱兼职如故；太常寺卿兼文渊阁大学士、翰林院学士杨荣为太子少傅，置谨身殿大学士，命兼之；户部右侍郎兼文渊阁大学士、翰林院学士金幼孜为太子少保兼武英殿（原缺第三十二叶）。"《明通鉴》卷十八："上既设公、孤官，乃进蹇义少傅，杨士奇少保，又进杨荣太子少傅兼谨身殿大学士，金幼孜太子少保兼武英殿大学士。增设谨身殿大学士，自荣始为之。戊戌（二十六日），赐义等四人银章各一，曰：'绳愆纠缪'，谕以'协心赞务，凡有阙失宜言者，用印密封以闻'。"

自今监生历事考称者，仍命还监进学，以抑幸进。《明仁宗实录》卷二："永乐二十二年九月乙亥，中军都督府奏，本府历事监生七人，今考所治吏事，皆勤慎，请如例送吏部循次授官。上曰：'为士岂止习吏事而已。吏事，末也。诚能穷经博古，达于修己治人之道，吏事何难？比士习日下，率逐末以图进取，而昧于大经大法，故用之往往厉民而辱国。自今监生历事考称者，仍命还监进学，俾由科举进，庶几士皆可用，官得其人。'于是通政司引奏六科办事监生二十人，以满日例应还监，幸逢维新之治，愿仍就科办事，以图报效。上进二十人者，谕之曰：'诸生不患无位，但当图所以无忝于位者，勿徒怀幸进之心。士有才德，使人求而用之，上也，而求用于人，下也。诸生宜立志，国家教育尔等，固将用之，无自汲汲。其归进学，学有成，朕不汝遗。'时六科给事中多言诸生萌侥幸之心，上灼知之，故有是命。"

山西按察使番禺陈谔，初按湖广，捃摭楚王细故。上素厌之，至是谪海盐知县。谔永乐五年贡士，授刑科给事中，时呼大声秀才，弹劾不避权贵。癸巳署通政司，逾年署应天府，以严治坐忌，调湖广按察使，及贬海盐，明年迁荆府长史。上忽问左右："往大声秀才安在？"竟未及召。宣德中，除镇江府同知，致仕。（据《国榷》卷十八）

汉王右长史王荣改吏科左给事中，荆府右长史曹曼龄为翰林院修撰，俱东宫之旧。（据《国榷》卷十八）

翰林修撰陈循为侍讲，行人吴泽、都察院司务吴良、进士夏时、冯敬、焦起良、张崇、郭永清俱为给事中。（据《国榷》卷十八）

进蹇义少傅，杨士奇少保，杨荣太子少傅，置谨身殿大学士，命兼之。金幼孜太子少保兼武英殿大学士，工科给事中陈山为左春坊左庶子，左右中允张瑛、戴纶为左右谕德。（据《国榷》卷十八）

山东按察使邓真、金事洪顺乞令内外七品以上官各举通经一人任教职。从之。（据《国榷》卷十八）

十月

擢监生李颎为兵科给事中。命国子监简浙江、江西、福建、广东生，有文学者六十人，于翰林院考试，得刘瑄等二十人，分置六科，日随给事中朝参历事。（据《明仁宗实录》卷三上、《国榷》卷十八）

礼部引郡县岁贡生奏送翰林院考试。《明仁宗实录》卷三下：永乐二十二年冬十月"丁卯，礼部引郡县岁贡生奏送翰林院考试。上召大学士杨士奇等谕曰：'朝廷所重安百姓。而百姓不得蒙福者，由牧守匪人，由学校失教，故岁贡中愚不肖十率七八，古事不通，道理不明，此岂可授安民之寄？自今宜戒因循之弊，严考之本经四书义，不在文词之工拙，但取有理致者。如或难得，即数百人中得一人亦可。盖取之严，则无学者不复萌侥幸之望，而有向进之志矣。'"

立朱瞻基为皇太子。《明鉴纲目》卷二："纲：立子瞻基为皇太子。目：并封子瞻埈（帝第二子）为郑王（居凤翔，后徙怀庆）。瞻墉（帝第三子）越王（居衢州，未之藩卒）。瞻墡（帝第五子）襄王（居长沙，后徙襄阳）。瞻堈（帝第六子）荆王（居建昌，后徙蕲州）。瞻墺（帝第七子）淮王（居韶州，后徙饶州）。瞻垲（帝第八子）滕王（居云南，未之藩卒）。瞻垍（帝第九子）梁王（居安陆）。瞻埏（帝第十子）卫王（居怀庆，未之藩卒）。"

诏举贤才。《明鉴纲目》卷二："纲：诏举贤才。目：令于五品以下官，及军民中，访荐德行惇笃，文学优长者，量材擢用。举后犯赃，则连坐举者。"

任命诸东宫官。升太子太傅、成山侯王通，阳武侯薛禄俱太子太保；礼部尚书兼太常寺卿吕震为太子少师，户部尚书夏原吉为太子少傅，兵部尚书李庆为太子少保，震、原吉、庆皆尚书如故；户部尚书郭资兼太子宾客，刑部尚书吴中、工部尚书黄福俱兼詹事府詹事；太仆寺卿郭敦为户部左侍郎，及吏部左侍郎郭进俱兼少詹事，改进名琎。升监察御史黄宗载、艾良俱为詹事府丞，曾棨为左春坊大学士，仍兼翰林院侍读学士，王英为右春坊大学士，仍兼翰林院侍读学士，王直为右春坊右庶子，仍兼翰林院侍读学士，周述为左春坊左谕德兼翰林院侍读，林志为右春坊右谕德，仍兼翰林院侍读。改左春坊左谕德张瑛、右春坊右谕德戴伦俱为司经局洗马，刑部主事张宗琏、中书舍人张侗俱为左春坊左中允。升翰林院编修徐永达、林长懋俱为右春坊右中允，蔺从善为左春坊左赞善，国子监助教王让为右春坊右赞善，翰林院检讨蒋骥、中书舍人高谷俱为左春坊左司直郎，吏科给事中蒋先、国子监博士张景良俱为右春坊右司直郎。（据《馆阁漫录》卷一）

命杨士奇、杨荣、金幼孜会同法司审决重囚。《明鉴纲目》卷二："纲：命大学士会法司录囚。目：帝性仁恕，谕杨士奇、杨荣、金幼孜曰：'比年法司之滥，朕所深知，所拟大逆不道，往往出于文致。自今审决重囚，卿三人必往同谳。有冤抑者，虽细故必以闻。'"

命诸监生为给事中。监生徐永缙、何宣、郑彤、沈宁、伍志厚、卢琛、易善、陈襄、陈应炎、潘信、桂瑄、蔡锡、陈耀、屈伸、孙郁、吴信、林简、刘瑄、谢永、赵献为给事中，永缙、宣、彤吏科，志厚、琛户科，善、襄、应炎礼科，信、瑄、锡、耀兵科，伸、郁、信、简刑科，瑄、永、献工科。（据《国榷》卷十八）

试岁贡生。（据《国榷》卷十八）

诏赐缘边将士钞币。（据《国榷》卷十八）

十一月

谕礼部臣：郡县生员，必通经成才，方得充贡。《明仁宗实录》卷四上：永乐二十二年十一月壬申朔，"上谕礼部臣：'大学聚天下之士，教之以备任用，盖因其已成，而益充之。今郡县岁贡生，率记诵陈言，以图侥幸，求其实学，百无二三。尔礼部宜敕有司，督学官严训诲，必通经成才，方得充贡。盖学者先立根本于乡学，然后进而充广大学者，若在乡学全未有成，而望有成于国学，焉有此理?'"

命吏部，自今以荐举至者，必试而用之。《明仁宗实录》卷四下：永乐二十二年十一月甲申，"廷臣有奏举官者，上谕之曰：'君以求贤为务，臣以荐贤为忠。虽圣人用人不求备，随才大小皆有所用。然天下之大，其间岂无庶几皋、夔、颜、曾之徒，诚得一人，胜千百人。尔等为朝臣，宜体朕此心，悉心访求，勿苟徇私情，而不顾公义。古人有言："举能其官，惟尔之能，称匪其人，惟尔不任"。朕亦以此观尔。'遂命吏部，自今以荐举至者，必试而用之。"

诏宥建文诸臣家属罪。《明仁宗实录》卷四上"永乐二十二年十一月壬申朔"："御札付礼部尚书吕震曰：'建文中奸臣，其正犯已悉受显戮，家属初发教坊司、锦衣卫、浣衣局并习匠及功臣家为奴今有存者，既经大赦，可宥为民，给还田土。凡前为言事失当谪充军者，亦宥为民。'"

夏原吉以太子少傅进少保，亦赐"绳愆纠缪"印章。《馆阁漫录》卷一："十一月壬申朔。丙戌，进少傅、吏部尚书蹇义为少师，少保兼华盖殿大学士杨士奇为少傅，俱兼职如故；太子少傅、户部尚书夏原吉为少保，仍兼原二职；太子少师、礼部尚书吕震为太子太保，仍兼礼部尚书；太子宾客、都察院左都御史刘观为太子少保，仍兼左都御史；工部尚书兼詹事府詹事吴中为太子少保兼工部尚书。俱给二俸。赐原吉'绳愆纠缪'图书。"

内官马骐传翰林院草敕付骐复往交阯，闸办金银珠香。翰林院覆奏，上怒曰："朕安得有此言?! 卿等不闻其前毒交阯乎? 骐归，交人如解倒悬，今又可遣耶?"（据《国榷》卷十八）

前北京刑部右侍郎宋性卒。性，德州人，监生，授刑部主事。历署右侍郎。建文中，以湖广按察副使调陕西。永乐三年，任四川右参政，五年进北部。所至以廉能称。（据《国榷》卷十八）

翰林学士杨溥密疏言事。上纳之，赐札奖谕，劳彩币一双、钞千贯。曰："望卿始终如此。"（据《国榷》卷十八）

十二月

谕吏部臣宜慎选国子监师儒。《明仁宗实录》卷五上：永乐二十二年十二月甲辰，

"上谕吏部臣曰：'师儒之职，不可滥授，此欲其成就人才德，古以模范称之。模范不正，其所造器何由得正？比来国子生务实学者甚少，大率于诸司历事苟延岁月，以图出身。固是学者志趋卑下，亦由师范失职所致。卿等每引选国子监官，皆循资格升之，不闻举一道德老成之士，如何望太学之师皆得人？自今宜慎重其选。'"

宥建文诸臣外亲全家戍边者，留一人戍，余悉放还。《明仁宗实录》卷五上"永乐二十二年十二月癸卯（初二）"："上闻建文奸臣齐、黄等外亲全调戍边者，有田在乡悉荒废。令兵部：每家存一丁于戍所，余放归为民。"

杨荣进为工部尚书。《明仁宗实录》卷五下"永乐二十二年十二月甲寅（十三日）"："加太子少傅兼谨身殿大学士杨荣工部尚书。敕曰：'兹为胡虏梗化，累犯边疆，我皇考太宗文皇帝为宗社子孙天下臣民长久之计，不得已躬擐甲胄，率六部往行天讨。岂期丑虏畏威远遁，班师之日，不幸中道皇考上宾。六军在外，朕又远违膝下，及其崩殂，儿孙亦莫能知。惟卿尽忠为国，报先帝皇恩德，独为果断，至有今日家国宁谧，宗社奠安。今辰奏告，忽思至此，实感不已。卿当重赉。曩者哀悼怆惶之际，报卿甚微。今追前愆，加赐卿白金五十两、彩币表里各十、宝钞二万贯、白米二十石。特升卿为工部尚书，前官如故，三俸俱支全支。尚书本色，卿当领服，以慰朕怀。"《明通鉴》卷十八："初，解缙等入文渊阁，皆编、检、讲、读之官，不得专制诸司，诸司奏事亦不得相关白。上践阼以来，士奇、荣等皆东宫旧臣，俱掌内制，不次超迁。然居内阁者，必以尚书为尊。自荣后，诸入文渊阁者皆相继晋尚书，于是阁职渐崇。"

本年

丁鹤年卒，年九十。《明史》戴良传附丁鹤年传："鹤年自以家世仕元，不忘故国，顺帝北遁后，饮泣赋诗，情词凄恻。晚学浮屠法，庐居父墓，以永乐中卒。鹤年好学洽闻，精诗律，楚昭、庄二王咸礼敬之。正统中，宪王刻其遗文行世。"

明仁宗洪熙元年乙巳（公元 1425 年）

正月

建弘文阁，命大学士杨溥掌阁事。《馆阁漫录》卷二："正月壬申朔。丙子，升通政使兼武英殿大学士黄淮为少保、户部尚书，仍兼武英殿大学士；加少傅兼华盖殿大学士杨士奇兵部尚书，太子少保兼武英殿大学士金幼孜礼部尚书。俱三俸并支，仍掌内制。赠故詹事府少詹事邹济、左春坊左赞善徐善述俱为太子少保，赐济谥文敏，善述谥文肃。丁丑，少傅、兵部尚书兼华盖殿大学士杨士奇及少保、户部尚书兼武英殿大学士黄淮俱奏辞尚书一俸，从之。太子少傅、工部尚书兼谨身殿大学士杨荣，太子少保、礼部尚书兼武英殿大学士金幼孜，亦各辞尚书一俸，以扈从皇考勤劳，不准辞。己卯，建弘文阁。先是，上谕大学士杨士奇等曰：'卿等各有职务，朕欲别得学行端谨老儒数人，日侍燕闲，备顾问，可咨访以闻。'士奇以翰林侍讲王进、苏州儒士陈继对，遂命吏部召继。至是建弘文阁于思善门外，作印章，命翰林院学士杨溥掌阁事，进佐之。上亲举印授溥曰：'朕用卿等于左右，非止助益学问，亦欲广知民事，为理道之助。卿等如有建白，即以此封识进来。'未几继至，授翰林院五经博士。吏部尚书蹇义言学录杨敬、训导何澄皆敦实，即授敬翰林院编修，澄礼科给事中，命三人皆于弘文阁，与进同事云。"《殿阁词林记》卷一《武英殿大学士杨溥》："洪熙元年正月己卯（初八），建弘文阁于思善门之左，命溥掌阁事。选侍讲王进侍直，改儒士陈继为博士，学录杨敬为编修，训导何澄为给事中。俱轮班奏对。上亲握阁印授溥曰：'朕用卿等于左右，非止助益学问，亦欲广知民事，为理道助。卿等有所建白，即用封识以进。'"《殿阁词林记》卷九《弘文》："洪武三年四月庚辰，置弘文馆，设学士一员及校书郎等官。九年闰九月，定官制，遂罢之。居是职者，刘基、詹同、罗复仁、胡镒也。仁宗即位，建弘文阁于思善门外，盖法国初遗意。永乐二十二年八月，命本院学士杨溥掌之，与侍讲王进时承顾问，讨论经籍。又擢编修杨敬、给事中何澄俾预焉。又起用检讨陈继。凡在阁者五人。驾尝临幸，讲论经史不倦。洪熙元年闰七月，溥等奏纳弘文阁印，各还原任。储闱可之，仍命溥与杨士奇等同治内阁事。"《国榷》卷十八："洪熙元年正月丙子，通政使兼武英殿大学士黄淮为少保户部尚书，仍武英殿大学士。杨士奇兵部尚书、太子少保兼武英殿大学士。金幼孜礼部尚书仍兼太子少保。武英殿大学士俱支三俸。"

陈继入弘文阁。《明史》陈济传附陈继、杨翥传："仁宗即位，开弘文阁。帝临幸，问：'今山林亦有名士乎？'杨士奇初不识继。夏原吉治水苏、松，得其文，归以示士奇，士奇心识之。及帝问，遂以继对。召为国子博士，寻改翰林《五经》博士，直弘文阁。"《东里续集》卷九《送陈嗣初诗序》："仁宗皇帝初御天下，顾问少保臣士奇曰：'东南文献邦，尚有老于文学而潜未用者乎？'士奇顿首言：'臣愚不足以知。盖闻苏有陈继焉。'即日遣使者驰驿征之。初至，授国子博士，以为四方学者之资。既而上欲自资，改翰林五经博士。时初建弘文阁，召置阁中。得恒侍燕闲效裨，益加亲密焉。"

夏原吉加太子少傅。《忠靖集》附录《钦赐敕文》："洪熙元年正月十一日，奉天承运皇帝制曰：朕祇绍鸿图，懋兴至治，永言翊赞，眷在老成。矧傅元良，必简于忠贤；总邦赋，必资于惇实。兼是三职，属我旧人。咨尔太子少傅户部尚书夏原吉，和厚坦亮，雍容详雅，事我祖考三十余年，勤慎靖共，久而不懈，秉德执义，夷险一心。惇爱民之志，达为国之经，温然君子之风，蔼然众臣之表。今特命尔为荣禄大夫、少保兼太子少傅、户部尚书。惟予急治之时，尤切倚毗之意，勿虑崇高而难入，勿以有所从违而或怠。《书》曰'予违汝弼'，汝惟钦哉！若辅太子必以德，厚民生必以仁，维时显庸，皆原先帝之意。懋尔令绩，庶副治平之期。汝惟懋哉！"

张弼（1425—1487）生。弼字汝弼，松江华亭人。成化丙戌进士，授兵部主事，转员外，出知南安府。有《鹤城》《东海》二稿。《震泽集》卷二十六《中议大夫江西知南安府张公墓表》："读书不治章句，独慕古奇节伟行，慨然思与之齐。视世之龌龊，无足动其意，而世亦莫之用也。其瑰奇卓荦之气无所泄，则时发之于文，发之于诗，发之于草书。而发之事业，殆不能十之一二，而亦足以名世矣。公少为弟子员，已博览无不观。"

故少詹事余杭邹济、故左春坊左赞善天台徐善述并赠太子少保，谥济文敏、善述文肃，立祠于墓，岁二祭。济国初举明经，训导本县，荐入翰林，修《实录》。和易不见崖岸，兼通老释。侍上东宫，甚宠遇之。善述贡太学，授桂阳州学正，进国子博士。永乐初拜左司直郎，进左赞善。耿介不阿，多弘启沃。先卒，遣莫。（据《国榷》卷十八）

二月

命中官郑和领下番官军守备南京。《明通鉴》卷十八："和使旧港，以去年还，而文皇已晏驾，至是（初八）命之。"

仁宗释奠太学。（据《国榷》卷十八）

胡俨致仕。（据《明仁宗实录》卷七下）《明史》胡俨传："洪熙改元，以疾乞休，仁宗赐敕奖劳，进太子宾客，仍兼祭酒。致仕，复其子孙。"《明通鉴》卷十八："俨以桐城知县为副都御史练子宁所荐，谓其'学达天人，足资帷幄'，建文帝召之。比至燕师渡江，文皇即位，以解缙荐，授翰林检讨，同直文渊阁。已而有忌之者，谓'俨学行堪师表'，遂改祭酒。俨居国学二十余年，以身率教，动有师法。至是乞休，上赐敕奖劳，进太子宾客，仍兼祭酒，遣归，并复其家。"

三月

改礼部左侍郎胡濙为太子宾客兼南京国子监祭酒。（据《明仁宗实录》卷八下）

特擢权谨为文华殿大学士。《馆阁漫录》卷二："三月辛未朔。壬申，升前光禄寺署丞权谨为文华殿大学士。谨居家事母孝，有司以闻，驿召至京。上以孝子必忠，可任辅导，遂超升是职。擢行人司右司副张洪为翰林院修撰。丁酉，升翰林院学士杨溥为太常寺卿，仍兼学士。"

诏北京都司复称行在。《明鉴纲目》卷二："纲：诏北京都司复称行在。目：将迁都南京，故有是命。"

行人司右司副张洪为翰林院修撰。（据《国榷》卷十八）

命徐显宗入太学。谕国子司业贝泰曰："此开国元裔，欲其家同国久，必令奉法循

理、知孝若忠。显宗，孤子也，加意诲之，使长不失其禄位。"因赐泰钞币。（据《国榷》卷十八）

翰林学士杨溥为太常寺卿兼学士。（据《国榷》卷十八）

礼部左侍郎胡濙为太子宾客兼南京国子祭酒。（据《国榷》卷十八）

四月

命皇太子居守南京。《明鉴纲目》卷二："纲：夏四月，命皇太子居守南京。"

俞廷辅言科举之弊，仁宗谕礼部分南北卷取士，南士六分，北士四分。《明仁宗实录》卷九下：洪熙元年四月，"庚戌，郑府长史司审理所副理正俞廷辅言：'伏读制敕有曰：为国以得贤为重，事君以进贤为忠。臣窃以为，进贤之路，莫重于科举。近年宾兴之士，率记诵虚文，为出身之阶，求其实才，十无二三，盖有年才二十者，虽称聪敏，然未尝究心修己治人之道，一旦侥幸挂名科目，而使之临政，往往束手无为，职事废隳，民受其弊。自今各处乡试，乞令有司先行审访，务得通今博古，行止端重，年过二十五者，许令入试。比试，则务选其文词典雅，议论切实者，选之。会试尤加慎选，庶几士务实学，而国家得贤才之用。'上谕礼部臣曰：'所言当理，其即行之。'又曰：'科举之士，须南北兼取。南人虽善文词，而北人厚重，比累科所选，北人仅得什一，非公天下之道。自今科场取士，以十分论，南士取六分，北士四分。尔等其定议各布政司名数以闻。'"李默《孤树裒谈》卷四："上召（杨）士奇至奉天门，谕之曰：'监生之不可用，皆由翰林不严试所致。此弊已数十年，非一朝一夕之故，今不可复寻旧弊，必严试之。即其中皆下，惟得一人亦可，即皆无可取亦不妨，俱须得实才。'上又言：'科举弊亦须革。'臣士奇对曰：'科举须兼取南北士。'上曰：'北人学问远不逮南人。'对曰：'自古国家兼用南北士，长才大器多出北方，南方有文多浮。'上曰：'然将如何试之？'对曰：'试卷例缄其姓名，请今后于外书"南""北"二字。如一科取百人，南取六十，北取四十，则南北人才皆入用矣。'上曰：'北士得进，则北方学者亦感发兴起，往年只缘此，北士无进用者，故怠惰成风，汝言良是。往与蹇义、夏原吉及礼部议各处数额以闻，议定来上。'会宫车宴驾，宣宗皇帝嗣位，遂奏准行之。"郎瑛《七修类稿》卷十四："国初会试，多中南人，故名臣多出南人，观建文死节之士可知矣。《余冬序录》以为洪武元年定南、北、中三色卷以取士，恐不然也。予见《三朝圣谕录》载：仁宗时，杨文贞公奏分南北卷，及蹇义等议定各处数额，议上，宫车宴驾，宣宗行之。"杨文贞公，即杨士奇。万历《大明会典》卷七十七《科举》："凡会试数额，洪武三年，诏礼部会试，额取举人百名，洪熙元年奏准，会试取士，临期请旨，不过百名，南卷取十之六，北卷取十之四。后复以百名为率，南、北各退五卷为中卷。（浙江、江西、福建、湖广、广东、应天、直隶松江、苏州、常州、镇江、徽州、宁国、池州、太平、淮安、扬州十六省府，广德一州，为南卷；山东、山西、河南、陕西、顺天、直隶保定、真定、河间、顺德、大名、永平、广平十二省府，延庆、保安二州，辽东、大宁、万全三都司为北卷；四川、广西、云南、贵州、庐州、凤阳、安庆七省府，徐、滁、和三州为中卷）正统五年奏准，增额为百五十人。十三年以后，仍不拘额数。景泰元年，令会试文字合格者，通具中数，临期奏请定夺。成化二十二年奏准，南、北卷复各退二卷为中卷。弘治三年奏准，南、北卷仍照旧例，止各退五名为中卷。（会试中式无定额，大约国初以百名为率，间有增损。多者，如洪武十八年、永乐三年，俱四百七十二名，永乐十三年三百五十名；少者，如洪武二十四年三十一名，三十年五十二名。成化而后，以三百名为率。多者，如正德九年，嘉靖二年、三十二年、四十四年，隆庆二年、五年，俱四百名；少者，如成化五年、八年，俱二百五十名。）各科三百名之外，或增二十名，或五十名，俱临时钦定。"顾炎武《日知录》卷十七《北卷》："今制，科场分南卷、北卷、中卷，此调停之术，而非造就之方。夫北人自宋时即云京东、西、河北、河东、陕西五路举人，拙于文辞声律，况又更金、元之乱，文学一事不及南人久矣。今南人教小学，先令属对，犹是唐、宋以来相传旧法。北人全不为此，故求其习比偶、调平仄者，千室之邑，几无一二人，而八股之外一无所通者，比比也。愚幼时《四书》、本经俱读全注，后见庸师窾生欲速其成，多为删抹。而北方则有全不读者。欲令如前代之人，参伍诸家之注疏，而通其得失，固数百年不得一人，且不知《十三经注疏》为何物也！间有一二《五经》刻本，亦多脱文讹字，而人亦不能辨。此古书善本绝不至于北方，而蔡虚斋、林次崖诸经学训诂之儒皆出于南方也。故今日北方有二患，一曰地荒，二曰人荒。非大有为之君作而新之，不免于'无田甫田，维莠骄骄'之叹也。"徐三重《采芹录》卷二："洪熙时，郑府审理正俞廷辅言：'进贤之路，莫重于科举。近年宾兴之士，率记诵虚文，为出身之阶，其实才十无二三。盖有年未二十者，虽称聪敏，然未尝究心修己治人之道，一旦侥幸挂名科目，而使之临政，往往率意任情，民受其弊。自今各处乡试，乞令有司先行审访，务得博古通今、行止端重、年过二十五，许令入试。比试则务选其文词典雅、议论切实者进之。会试尤加慎选。庶几士务实学，而国家亦得贤士之用。'上谕礼部行之。论者谓科举法若用廷辅言，可救时事一半。近时只以正文体、去钩棘为救弊者，未为知本，其说然矣。又谓知本之论莫善于唐杨绾之疏。考绾议，欲去明经、进士，而令县令察孝廉，取行著乡间、学知经术者荐于州刺史，考升于省，朝廷更择儒学之士，问经义对策而等第之，此于选举法善矣。而教养之术不正，且豫终为苟道，若始终造就选用之法，莫备于宋程纯公《学校取士札子》，谓宜先命推举明道好学之士，延聘至京，俾与诸儒朝夕讲明正学。稍久，则择其道明德立者为师。自太学以次及于天下州、郡、县，县令每岁与学师以乡饮礼会众，推举经明行修，材能可任者升于州，州、郡岁会举如县法，以宾兴于太学，太学聚而成之，岁论其贤能于朝，谓之'选士'，朝廷明试辨论而命秩焉。大要所选皆以性行端洁、居家孝弟、有廉耻礼逊、通明学业、晓达治道者。夫既一以道德仁义教养之，又专以行实材学升进之，去其声律小碎糊名誊录，一切无义理之弊，不数年间学者靡然丕变矣。岂惟得士浸广，天下风俗将日入于正，王化之本也。此实至当不易之定论。但三代教化，陵夷日远，一旦振起，其难数端。师儒卒未易得人，选试恐未能中道，贵要何以无所挠其间，隐微何以必能察其实，任事者安保必无所私，登用者安得尽行所学，此正在主张世道者，以躬行心得为规矩准绳，合天下之公，辨正邪之路，则庶几无或失人，而古圣帝明王之治可期也。"

赐蹇义、杨士奇"忠贞"印。《明史》蹇义传："已，复赐玺书曰：'曩朕监国，卿以先朝旧臣，日侍左右。两京肇建，政务方殷，卿劳心焦思，不恤身家，二十余年，夷险一节。朕承大统，赞襄治理，不懈益恭。朕笃念不忘，兹以己意，创制"蹇忠贞印"赐卿，俾藏于家，传之后世，知朕君臣共济艰难，相与有成也。'时惟杨士奇亦得赐'贞一'印及敕。"《明史》杨士奇传："是年四月，帝赐士奇玺书曰：'往者朕膺监国之命，卿侍左右，同心合德，徇国忘身，屡历艰虞，曾不易志。及朕嗣位以来，嘉谟入告，期予于治，贞固不二，简在朕心。兹创制"杨贞一印"赐卿，尚克交修，以成明良之誉。'"

加赠故文渊阁大学士兼左春坊大学士赠礼部尚书谥文穆胡广少师，遣祭，赐其家。（据《国榷》卷十八）

五月

李时勉、罗汝敬以抗疏言事降为监察御史。《国榷》卷十八："（洪熙元年五月）己卯，行在翰林侍读李时勉、侍讲罗汝敬并言事，上怒使武士击时勉。皆改监察御史，顷之下狱。"《明史》仁宗本纪："五月己卯（初九），侍读李时勉、侍讲罗汝敬以言事改御史，寻下狱。"《明史》李时勉传："洪熙元年复上疏言事。仁宗怒甚，召至便殿，对不屈。命武士扑以金瓜，肋折者三，曳出几死。明日，改交阯道御史，命日虑一囚，言一事。章三上，乃下锦衣卫狱。时勉于锦衣千户某有恩，千户适莅狱，密召医，疗以海外血蝎，得不死。"祝允明《野记》卷三云："李先生在翰林时，一岁上元夜，朝廷结鳌山，一驺控先生马而行，中道拾一堕钗，以呈先生。视之，金也，怀之归。少酬驺以钱，大书揭于门。既而失钗妇往寻不获，仓皇间，人告以李翰林家有示帖。妇遂往先生叩之，妇言：'夫为锦衣千户，勾当海外，妾昨出看鳌山，失去一金钗，尚存其一，可验也。'先生出验之，良是。即以归之，亦不问其姓氏。既久，千户还，妻述失钗事。夫言：'非李公，汝当忧思为疾。或且致绝不聊生，是二命所关也。亟往扣谢之。'因具仪物酬先生，先生悉却之。其人言：'公不受不能强。此一片药，乃海域所产，初非伤财所得，而甚罕贵。公幸受之。'先生问：'何物？'曰：'血蝎也。'乃受，付夫人，言：'此为血蝎，当识之。'既而，先生被击肋折，舁至锦衣，适此千户宰狱，惊曰：'此李翰林先生也，圣旨固未尝令死。'因密召良医师入视。医云：'可为，第须真血蝎。'千户曰：'吾曩固尝贶公。'立命问其夫人，夫人取予之。医治药，以板夹肋附之，越一日夜，遂苏焉。"

诏修《太宗实录》。《明仁宗实录》卷十"洪熙元年五月癸酉（初四）"："敕行在礼部、行在翰林院修太宗体天弘道高明广运圣武神功纯仁至孝文皇帝实录，敕曰：恭惟皇考太宗文皇帝以元圣大德，顺天应人，君临万邦，为臣民之主者二十有三年……上比隆于列圣，下宜范于万年。甫毕山陵，永怀继述。仰惟实录未有成书，卿等咸逮事先朝，职典斯事，往集贤俊，博稽简书，协恭纂修，务尽精恳，用宣昭我皇考盛德大业，华覆被于无穷。其以太师英国公张辅、少师兼吏部尚书蹇义、少保兼太子少傅户部尚书夏原吉为监修；少傅兵部尚书兼华盖殿大学士杨士奇、少保户部尚书兼武英殿大学士黄淮、太子少傅工部尚书兼谨身殿大学士杨荣、太子少保礼部尚书兼武英殿大学士金幼孜、太常寺卿兼翰林院学士杨溥为总裁。所有合行事宜，条列以闻。"

明仁宗朱高炽卒，年四十八。《明通鉴》卷十八："庚辰，上不豫，召蹇义、杨士奇、黄淮、杨荣至思善门，命士奇书敕，遣中官海寿驰召皇太子于南京。辛巳（十一日），大渐，遗诏传位皇太子。是日，帝崩于钦安殿，年四十八。"《艺苑卮言》卷五："仁宗皇帝在东宫时，独好欧阳氏之文，以故杨文贞宏契非浅。又喜王赞善玉汝诗。圣学最为渊博。"《静志居诗话》卷一："献陵天禀纯明，雅志经术。尝与曾少詹荣赓和，如《江楼秋望》，诗云：'苹洲晴亦雪，枫岸昼常霞。'绝似唐太宗。设享年加永，则成功文章，巍焕何如焉？"

六月

朱瞻基即皇帝位，是为宣宗。以明年为宣德元年。《馆阁漫录》卷二："洪熙元年六月己亥朔。庚戌，上即皇帝位。丙辰，以侍从旧恩，升右春坊右赞善王让为行在吏部右侍郎，左春坊左庶子陈山为行在户部左侍郎，司经局洗马张瑛为行在礼部右侍郎，戴伦为行在兵部右侍郎。"《明鉴纲目》卷二："纲：六月，太子瞻基至自南京，即位（是为宣宗）。大赦。目：太子方谒孝陵，海寿至，太子即日就道。时南京颇传凶问，又传汉王高煦，谋伏兵于道，邀太子，群臣请整兵卫，或请从间道行。太子不可，曰：'君父在上，谁敢干之？'驿道驰还，至良乡，太监杨瑛、尚书夏原吉、吕震捧遗诏至，宣讫。太子哭尽哀，入宫发丧。越十日，即位，大赦。以明年为宣德元年。"

右春坊右赞善王让为行在吏部右侍郎，左春坊左庶子陈山为行在户部左侍郎，司经局洗马张瑛、戴纶（伦）为行礼、兵部右侍郎。（据《国榷》卷十九）

广宁中屯卫军士冯述言："定辽、金、复、海、盖五卫，已立学官，而三万、沈阳、广宁、义州诸卫未设。乞并立学校，又岁赐辽东二十四卫冬布花衣，皆贮金州旅顺口分给，远至二千五百里，或二千里。"（据《国榷》卷十九）

七月

交阯布政司奏请朝廷除授教授、学正、教谕等官。令吏部选除。《明宣宗实录》卷三：洪熙元年秋七月己卯，"交阯布政司奏：'各府州县儒学自永乐十三年开设以来，并无朝除教官，多是土人训诲，通经者少。诸生颇知读书，然皆言语侏离，礼法疏旷，虽务学业，未习华风。若除教授、学正、教谕，董率土人训导，端其模范，示以教条，庶几日就月将，耳濡目染，变蛮夷之习，复华夏之风，实为美事。'上曰：'古称立贤无方，又有教无类，况师者人之模范，用夏变夷，莫先于此。其令吏部选除。'"

交阯各府、州、县儒学选贡生员王宪等八十二人至京师，其衣服岁赐一如云南之例。《明宣宗实录》卷四："洪熙元年七月丙戌，交阯各府、州、县儒学选贡生员王宪等八十二人至京师。上谕行在礼部尚书吕震等曰：'交阯距京师万里，远离亲戚而来，须是教养得宜，彼乃乐学，可望其成材。尔与学官宜知朕此意。其衣服岁赐一如云南之例。'"

谕吏部尚书蹇义：自今用人不得执一。《明宣宗实录》卷四：洪熙元年七月戊子，"上谕少师吏部尚书蹇义曰：'前代命官内外更践，近颇闻外间言，仕者一为教官，即老于学校，有志于世用者，多不乐就此职。自今用人不得执一。'"

再宥旌德县儒学教谕林和。《明宣宗实录》卷四：洪熙元年七月己丑，"行在吏部言；旌德县儒学教谕林和前历九年无举人，例当追俸充军。仁宗皇帝在东宫特垂宽宥，令再教三年。今又无举人，请罚如例。'上曰：'先朝尝宽宥之，可再令教三年，若复无成，罪之未晚。'"

改四川雅州学正何源为土官衙门吏目。《明宣宗实录》卷四：洪熙元年七月庚寅，"改四川雅州学正何源为土官衙门吏目。源，云南人，以监生授学正，自陈不通经学，难为师范，愿改他职。上谕行在吏部尚书蹇义等曰：'非经明不可为人师，云南生固不通经，量才授职，则人皆效用，官不废事，此亦初授之际，失于酌量。其改为土官衙门吏目，彼知土俗，亦得展布。'"

定会试南、北、中三卷。查继佐《罪惟录》志卷十八《科举志》："洪熙元年，宣宗即位。七月，定会试南、北、中三卷。先是，仁庙拟，一科每百人，以六四判南北。是时三分之，姑以百名为率，南北各退五名为中卷。北卷则北直隶、山东、河南、山西、陕西；中卷则四川、广西、云南、贵州及庐、凤二府，徐、滁、和三州；余皆属南卷。定额南京及国学八十名，北京及国学五十名，江西五十名，浙江、福建各四十五名，湖广、广东各四十名，河南、四川各三十五名，陕西、山东、山西各三十名，广西二十名，云南十名，贵州愿试者就试湖广。时上亲征逆汉，顺天不及乡试。时乡试中式李志道，系军伍。"郎瑛《七修类稿》卷十四《国事类·南北卷》："国初会试，多中南人，故名臣多出南人，观建文死节之士可知矣。《余冬序录》以为洪武元年定南、北、中三色卷以取士，恐不然也。予见《二朝圣谕录》载，仁宗时，杨文贞公奏分南北卷，及蹇义等议定各处额数。议上，宫车宴驾，宣宗行之。"

进士蔡子宜为训导。子宜永乐七年归养，终丧不起。吏部劾其私重，上悯而官之。（据《国榷》卷十九）

庶吉士黄澍、薛理、杨鼎、高举、章丘，训导张居敬，儒士仪铭为给事中。澍、居敬行在吏科，理户科，铭礼科，鼎兵科，举刑科。（据《国榷》卷十九）

闰七月

命纂修《仁宗实录》。《馆阁漫录》卷二："闰七月戊戌朔。癸卯，改詹事俞士吉为刑部侍郎。甲辰，以太子宾客兼国子监祭酒胡濙仍为礼部左侍郎，兼职如故。乙巳，纂修《仁宗实录》，以太师、英国公张辅，太子太保、成山侯王通，少师、吏部尚书蹇义，少保兼太子少傅、户部尚书夏原吉为监修；少傅兼华盖殿大学士杨士奇，少保、户部尚书兼武英殿大学士黄淮，太子少傅、工部尚书兼谨身殿大学士杨荣，太子少保、礼部尚书兼武英殿大学士金幼孜，太常寺卿兼翰林学士杨溥为总裁。"

遣进士陆征等采京省事迹备《实录》。（据《国榷》卷十九）

兴州左屯卫卒范济诣阙上八事：申明楮币，屯兵要地，训练精锐，勾军扰害，劝课农桑，兴举学校，息偃兵戈，沙汰冗员。上善之。济故元进士，国初举文学，守广信，累戍兴州。时年八十四，遂除训导。（据《国榷》卷十九）

华容县儒士尹崧上三事：曰正洪基，乞回銮南京，曰汰冗官，曰全俸禄。命行在礼部议之。（据《国榷》卷十九）

右春坊右司谏罗昭为襄府左长史。（据《国榷》卷十九）

以翰林学士杨溥入内阁，与杨士奇同典机务。《馆阁漫录》卷二："乙丑，行在太常寺卿兼翰林学士杨溥奏：'仁宗皇帝临御时，命臣与侍讲王进、编修杨敬、五经博士陈继、给事中何澄，于思善门外弘文阁侍讨论经籍，今当纳上弘文阁印，各还原任。'上曰：'然。'溥与杨士奇等同治内阁事，王进等四人各以原职隶翰林。"

国子监生有志科举者，听令入国子监读书。《明宣宗实录》卷五：洪熙元年闰七月戊申，"行在中军都督府奏：监生马聪历事勤谨，欲如旧例，送监读书，以俟科举出身。上谓行在吏部尚书蹇义等曰：'先皇帝欲学者皆为实才，故必令科举出身，以成远大之用。然人才性有高下，年有长少，亦可各随所宜。今后历事勤谨，有志科举者，听令读书。余如永乐旧例，毋使淹滞。'"

八月

庶吉士刘俊、李芳为行在兵刑科给事中，姚昇为行在湖广道监察御史。（据《国榷》卷十九）

行在礼部右侍郎邹师颜卒。师颜宜都人，监生，授兵部主事，历山西右参政。（据《国榷》卷十九）

以前司经局正字王雅为翰林院检讨。《馆阁漫录》卷二："八月丁卯朔。癸未，以前司经局正字王雅为翰林院检讨。雅坐累谪交阯，仁宗即位，念其旧臣，遣使召之，至是始至。上曰：'此先帝所素重者。'遂有是命。"

巡按江西监察御史陈宪举明经儒士二人，堪任教职。《明宣宗实录》卷八：洪熙元年八月甲午，"巡按江西监察御史陈宪，举明经儒士二人，堪任教职。上命行在吏部取用。因谓曰：'山林间岂无遗逸，尔等当广询访，凡有通经之士，悉以名闻。'"

始置巡抚官。《明鉴纲目》卷二："纲：秋八月，始置巡抚官。目：以大理寺卿胡概（字元节，丰城人。本姓熊，随母适胡氏，遂冒其姓）、参政叶春（海盐人）巡抚南畿浙江。（巡抚始此。）自是遇灾荒盗贼，辄遣大臣往巡抚。事已，召还。成化以后，遂成定员，而三司之任渐轻。"

天下教官凡缺一千八百余员，行在吏部请于监生中推选，从之。《明宣宗实录》卷八：洪熙元年八月乙酉，"行在吏部奏：'今天下教官凡缺一千八百余员。太宗皇帝时，曾选监生除授。今请两京国子监推选五百人，如旧于翰林院考试，分别等第，以次铨除。'上可之。因谓尚书蹇义等曰：'今之人才多出学校，若无明师训诲，何以望成才？监生选除，固是旧例，须令祭酒、司业及诸学官，务选经明行修之人，不得滥举。'"

定贵州诸生附湖广试。（据《国榷》卷十九）

九月

给国子监官吏俸钞。永乐末俸钞俱折支胡椒苏木，国子监未之及。（据《国榷》卷十九）

升、免诸官。乙卯，特免太子少傅、工部尚书兼谨身殿大学士杨荣户内徭役。乙未，升詹事府丞郑堪为行在大理寺左寺丞，主簿倪宗为行在光禄寺丞，录事高远、右春坊司谏林宗儒俱为行在鸿胪寺司宾署丞，王永锡为司仪署丞，左春坊左中允张宗琏为大理右寺丞，赞善蔺从善、左司直郎蒋骥、高谷俱为行在翰林侍讲，右春坊右中允徐永达为行在鸿胪寺左少卿，林长懋为蔚林州知州，右司直郎蒋先为行在尚宝司丞，张景良为四川顺庆府通判，清纪郎韩岫为行在户科给事中，张昱为行在刑科给事中，司谏吴颙为国子监助教，冯景浩为行在礼科给事中，正字陶永成为北京国子监学正。文华殿大学士权谨以通政司参议致仕。（据《馆阁漫录》卷二）

行在礼部奏定各处乡试科举取士之额。《东里集》之《圣谕录卷中》："元年五月，礼部引郡县岁贡生入奏，请如例，翰林出题考试。上召士奇至奉天门，谕之曰：'监生之不可用，皆由翰林不严试所致。此弊已数十年，非一朝夕之故。今不可复循旧弊，必严试之。即其中皆下，惟得一人亦可。即皆无可取，亦不妨。但须得实才。'上又言：'科举弊亦须革。'臣士奇对曰：'科举须兼取南北士。'上曰：'北人学问远不逮南人。'对曰：'自古国家兼用南北士。长才大器多出北方，南人有文多浮。'上曰：'然将如何试之？'对曰：'试卷例缄其姓名，请今后于外书"南""北"二字。如一科取百人，南取六十，北取四十，则南北人才皆入用矣。'上曰：'北士得进，则北方学士亦感发兴起。往年只缘北士无进用者，故怠惰成风。汝言良是。往与蹇义、夏原吉及礼部计议各处额数以闻。'议定，未上。会宫车晏驾，宣宗皇帝嗣位，遂奏准行之。"《明宣宗实录》卷九：洪熙元年九月乙卯，"行在礼部奏定科举取士之额。先是，仁宗皇帝以为近年科举太滥，命礼部翰林院定议额数，至是议奏：凡乡试取士，南京国子监及南直隶共八十人，北京国子监及北直隶共五十人，江西布政司五十人，浙江、福建各四十五人，湖广、广东各四十人，河南、四川各三十五人，陕西、山西、山东各三十人，广西二十人，云南、交阯各十人。贵州所属有愿试者，于湖广就试。礼部会试，所取不过百人。上曰：'南士取十之六，北士十之四。大抵国家设科取士，为致治之本，其冒贡非才，盖是有司之过，人既苟得，遂启幸心。今解额已定，果行之以公，不才者不得滥进，自然人知务学。其令各处，凡考试官及诸执事，先须择贤，庶免冒滥。'"万历《大明会典》卷七十七《科举》："凡乡试额数，洪武三年定，直隶府州贡额百人，河南、山东、山西、陕西、北平、福建、浙江、江西、湖广各四十名，广西、广东各二十五人。若人才多处，或不及者，不拘额数。十七年定，举人不拘额数，从实充贡。洪熙元年，定取士额数，南京国子监并南直隶共八十名，北京国子监并北直隶共五十名，江西五十名，浙江、福建各四十五名，湖广、广东各四十名，河南、四川各三十五名，陕西、山西、山东各三十名，广西二十名，云南、交阯各十名。宣德四年，令云南乡试增五名。七年，令顺天府乡试额取八十名。正统二年，令开科不拘额数。五年，复定取士额，顺天府仍八十名，应天府百名，浙江、福建皆六十名，江西六十五名，河南、广东皆五十名，湖广五十五名，山东、四川皆四十五名，陕西、山西皆四十名，广西三十名，云南二十名。六年，令顺天府乡试增二十名。景泰元年，令开科不拘额数。四年，复定取士额，南北直隶各增三十五名，浙江、江西、福建、河南、湖广、山东各增三十名，广东、四川、陕西、山西、广西各增二十五名，云南增十名。成化三年，令云南乡试复增十名。十年，令云南解额复增五名。弘治七年，令云、贵解额共增五名。嘉靖十四年，令贵州另自开科，其解额，云南四十名，贵州二十五名。十九年，令增湖广解额五名。二十五年，令增贵州乡试解额五名。隆庆四年奏准，两京国子监恩贡生员数多，暂增额各十五名，不为例。万历元年，令增云南解额五名。"《明史·选举志》："乡试之额，洪武十七年诏不拘额数，从实充贡。洪熙元年始有定额。其后渐增。至正统间，南北直隶定以百名，江西六十五名，他省又自五而杀，至云南二十名为最少。嘉靖间，增至四十，而贵州亦二十名。庆、历、启、祯间，两直隶益增至一百三十余名，他省渐增无出百名者。交阯初开以十名为额，迨弃其地乃止。会试之额，国初无定，少至三十二人，其多者，若洪武乙丑、永乐丙戌，至四百七十二人。其后或百名，或二百名，或二百五十名，或三百五十名，增损不一，皆临期奏请定夺。至成化乙未而后，率取三百名，有因题请及恩诏而广五十名或百名者，非恒制也。"谈迁《枣林杂俎·圣集》："洪武三年庚戌五月，始诏行科举。直隶贡百人，河南、山东、山西、陕西、北平、福建、江西、浙江、湖广各贡四十人，广东、广西各二十五人。若人才多寡不拘额。时直隶就试者百三十二人，拔七十二人，见考官宋濂《乡闱纪录序》。《乡试录》曰'小录'。《河南通志》：是年乡榜孙卓、刘中、赵斗南、黄敬、张堂、王谊；辛亥乡榜张唯、王辉、季端、张翀。庚戌、辛亥、壬子、癸丑连岁开科，有未及会试遂录用者。(《金华府志》)洪武四年吴伯宗榜，六年金铸榜，十八年丁显榜。《绍兴府志》按：六年不开榜，存疑可也。洪武五年乡举，六年是科状元莫考，一云未尝殿试，往照会试名次选授方徵、王寅、方毅俱进士。（《兴化府志》）洪武十七年甲子三月，诏贡士不拘额，从实充贡。十八年乙丑科，会元黄子澄，状元丁显。《衡州府志》：邓伟奇安仁人，乙丑会试第一，上亲制廷试策问，以丁显第一，伟奇次之，俱授翰林修撰。伟奇天姿秀异，博洽颖敏，善属文，尤长于诗。第二甲为编修，吴文为检讨。三甲杨靖为庶吉士，蹇瑢为中书舍人。或以练安、黄子澄为是科，恐未深考云。洪熙元年乙巳，定南京八十人，北京、江西五十人，浙江、福建四十五人，湖广、广东四十人，河南、四川三十五人，陕西、山东三十人，广西二十人，云南、交阯十人，贵州附湖广。（永乐九年辛卯，云南始开科，时贵州未附）宣德四年己酉，云南、贵州始会试，增云南五人，共十一人，贵州普安刘瑄。宣德七年壬子，云、贵共十五人，贵州五人。正统二年丁巳，令贡士不拘额。正统五年庚申，定顺天仍八十人，应天百人，浙江、福建六十人，江西六十五人，湖南、广东五十人，湖广五十五人，山东四十人，广西三十人，云南增三人，贵州增二人，共二十人。正统六年辛酉，增顺天二十人。正统十二年丁卯，增云南二人，贵州三人，共二十五人。景泰元年庚午，诏贡士不拘额，四年亦然。景泰七年丙子，两京各增三十五人，浙江、江西、福建、河南、湖广、山东各增三十人，广东、四川、陕西、山西、广西各增二十五人，定云、贵三十人，云南二十人，贵州十人。成化四年戊子，增云南四人，贵州六人，共四十人。成化十年甲午，增云南五人，共四十五人。弘治七年，增云南二人，贵州三人，明年乙卯解额共五十人。正德五年庚午，增云南三人，贵州二人，共五十五人。嘉靖十四年，分定云南举四十人，贵州三十五人，乌撒卫浦仲良第一。嘉靖十九年庚子，增湖广五人。嘉靖二十五年丙午，增贵州五人。隆庆五年辛未，增两京各十五人。万历元年癸酉，增云南五人。万历二十二年甲午，暂增顺天二十人，时选贡生，增贵州共三十五人。万历四十年壬子，增顺天十人，应天八人。万历四十三年乙卯，增两京五人，浙江七人，江西、湖广、福建、河南、山东、山西、陕西、广西、四川、云南、贵州各五人。天启元年辛酉，暂增顺天二十人，应天十人，余省各二人，是科山西宗生一人，江西、河南、陕西宗生一人，山东四氏学二人，辽生一人，不在正额。"

任命诸官。詹事府丞艾良为行在大理寺左寺丞，左春坊左中允张中琏为大理寺右寺丞，赞善蔺从善、左司直郎蒋骥、高穀为行在翰林院侍讲，右春坊右中允徐永达为行在鸿胪寺左少卿，右中允林长橝为郁林知州，右司直郎蒋光为行在尚宝司丞，张景良为顺庆府通判，清纪郎韩岫、张昱为行在户刑科给事中，司谏吴颙为国子监助教，司经局校书刘琢为行在国子监助教，冯景浩为行在礼科给事中，正字陶永成为北京国子监学正。（据《国榷》卷十九）

文华殿大学士徐州权谨年老，以参政司参议致仕。谨字仲常，性孝友，刻学。荐令乐安，仁恕廉明，治冠一时。迁光禄署丞。母丧庐墓三年，有乌鸣、泉涌、兔驯之异。先帝召拜大学士，侍上。操履质实，文非其长。（据《国榷》卷十九）

十月

擢儒士杨翥为行在翰林院检讨。（据《馆阁漫录》卷二）

行在翰林院修撰李骐（1378—1425）卒。骐初名马，戊戌进士第一。成祖改今名。（据《馆阁漫录》卷二）

国子博士周岐凤为兵部职方员外郎。（据《国榷》卷十九）

浙江布政司右参议戴同吉言五事，一曰明学之教。《明宣宗实录》卷十：洪熙元年冬十月丙戌，"浙江布政司右参议戴同吉言五事：一曰明学之教。近年以来，为师者多记诵之学，经不能明，身不能正。生徒仿效而不敢责，有所问辨，而不能对，故成材者少，无良者多，皆由师不得人。乞择有学行者任之。仍申明卧碑，令巡按御史、按察司官严加考课，斥鲁钝之才，存俊秀之士，俾之读书明理，以求实效。而教官之无学行者，亦考察而罢黜之。如此则学校庶可得人，无负作养之意矣……"《国榷》卷十九："（洪熙元年十月）丙戌，浙江布政司右参议戴同吉上五事：明学校之教，严边境之备，慎守令之选，敦劝士之典，立劝惩之法。上议行之。其慎守令，以京官郎中员外主事及御史之德量廉干达治体者为郡守。于进士监生儒士人才择其端庄礼法者为县令，到任半年，令巡按御史按察司考察其臧否而去取之。其劝士，乞增其俸禄，不然，令选郎中等官之贤者并外考称职五品以上者，支米四分、钞六分，六品七品米钞中半，八品米七分、钞三分，九品以下全支。若平常不备者，俱仍旧如是。则廉勤者有资，庸常者知戒。"

十一月

双流知县孔友谅言六事，其四曰慎科目。命行在礼部议行。《明宣宗实录》卷十一：洪熙元年十一月甲寅，"四川成都府双流县知县孔友谅言六事"，"四曰慎科目。夫科目所以求贤，必名实相副，非徒夸多而已。今秋闱取士，动经一二百名，弊既多端，侥幸过半。及至会试，下第入监并还家者十常八九。间有文学中式者，实行或缺，以致真才少见，叨滥者多。今后乞敕中外，每遇开科，应试之士，所司取诸生所属里邻结状，平日乡党称其孝弟，朋友服其信义，资质端重，学业优赡者，方许入试。监试官先加考验，以辨真伪，则所司不致滥举，且将前次下第举人，通计其数，设法清理，庶几名实相称，国家得真才之用，而侥幸无由进矣"。"命行在礼部会议行之。"

凡贵州各府新设学校，给廪膳以养生员。《明宣宗实录》卷十一：洪熙元年十一月辛酉，"贵州镇远府知府颜泽奏：'本府儒学自永乐十三年开设于偏桥等处四长官司夷人之中，选取生员入学读书，期有成效，宜给廪膳以养之。'上曰：'府官之言是。边郡开学教夷人，欲使自营口腹，彼岂乐于为学？凡贵州各府新设学校与之。'"

擢行在中书舍人叶蓁、姚秩为行在翰林院编修。（据《馆阁漫录》卷二)《国榷》

卷十九:"(洪熙元年)十一月丁酉,行在中书舍人叶蓁、姚秩为行在翰林院编修,庶吉士王琏、何志、曾泉、万硕、木讷、张观、沈善、周安、刘浚、张逊、李敬、卢璟为监察御史。"

十二月

擢翰林院庶吉士周忱为本院检讨。(据《馆阁漫录》卷二)

贵州铜仁府知府周季请发民创构儒学,从之。《明宣宗实录》卷十二:"洪熙元年十二月丁卯,贵州铜仁府知府周季言:'本府新设儒学,庙堂斋舍未备,无生徒,讲肄无所,欲发民创构,未敢自擅。'上曰:'远方初开学校,若无庙宇斋舍,何以饬祀事、变夷俗。'命工部从其所奏。"

本年

童轩(1425—1498)生。字士昂,鄱阳人,以天官学入钦天监,家于南京。中景泰辛未进士,以吏科给事中抚川寇,谪知寿昌县。久之,以太常少卿掌钦天监,以右副都御史总制松江,历升吏部尚书致仕。有《清风亭稿》。《怀麓堂集》卷七十八《明故资政大夫南京礼部尚书致仕赠太子少保童公神道碑铭》:"本鄱阳巨族也。祖讳金友;考讳碧瑄,号玉壶,以号显。皆用公贵,累赠南京礼部尚书。玉壶在永乐初征为钦天监天文生,始居秦淮之西,为南京人,而公生焉。"《青溪漫稿》卷二十三《明故资政大夫南京礼部尚书致仕赠太子少保童公墓志铭》:"幼颖敏异常儿,读书过目成诵。玉壶(童轩父,号玉壶)乃召其仲子惠来继役,而一意教公,俾攻进士业。博学笃行,文誉日著。"

明宣宗宣德元年丙午(公元 1426 年)

正月

令在外有司从巡按御史及按察司官考察。《明宣宗实录》卷十三:宣德元年春正月癸丑,"上退朝御左顺门与侍臣论理民之道。上曰:'民为国本。闾里小民,或苦于饥寒,或困于征徭,或为豪强所抑,岂能达之朝廷,所赖良有司抚养存恤,不至失所。'侍臣曰:'亲民之职,莫若守令,必严选举以副圣意。'上曰:'人之贤否,恒不易知,必任之以事而后可见。古帝王选任贤良，三载考绩，三考黜陟，盖以此也。然以今观之，九载而后黜陟，藉使所任非人，民受其弊多矣。今在外有司，从巡按御史及按察司官考察，贪婪不律者即纠举之，最为良法。朝廷择守令固为急务，而御史、按察司官尤宜择人。按察司官得人，则守令贤否，有不待于考绩而后黜陟者矣。'上又曰：'自今御史及按察司官考满，亦须以考察有司贤否为功绩。'"

侯显等以"教有成效"改实授。《明宣宗实录》卷十三：宣德元年春正月，"己未，行在吏部奏：山东等处儒学署学正、教谕、训导举人侯显等五十人，所教生员有科举岁贡中式，例当实授。上曰：'比者数有人言，学校废弛，今此辈教有成效，亦能尽职，即与实授，以励其余。'"

黄瑜（1426—1497）生。瑜，字廷美，香山人，景泰丙子举人，长乐知县。有《双槐岁钞》。《北京图书馆藏珍本年谱丛刊》第40册，黄佛颐《双槐公年谱》："先双槐公讳瑜，字廷美，号友琴。晚更号双槐老人，学者称双槐先生。在先相传为蜀汉将军忠之裔……雍生元西台侍御宪昭，以直谏谪南海，逾岭卒。子从简，始子身入广，居南海西濠，是为始迁祖。以卫乡闾功，明太祖拜宣慰司副使。次子教，徙居叠滘，生温德，侨寓东莞。温德生源远公泗，即双槐公父，再徙居香山，遂为著籍。明宣宗宣德元年丙午，正月六日，公生。母伍太孺人感赤马入室之祥，故命公小字马儿。"

南京礼部左侍郎兼国子监祭酒胡濙来朝，留为行在礼部左侍郎。（据《国榷》卷十九）

二月

遣太子少傅工部尚书兼谨身殿大学士杨荣释奠先师。（据《国榷》卷十九）

三月

试国子监生邓廷秀等二百八十人于承天门外。《明宣宗实录》卷十五：宣德元年三月，"庚戌，试国子监生邓廷秀等二百八十人于承天门外。先是，行在吏部以天下教官多缺，奏请于两京国子监选明经堪为师范者。至是选至，上命行在翰林院严试之"。

翰林院侍讲王璡卒。（据《国榷》卷十九）

行人牟伦、王翱，序班赵俨，庶吉士晏铎，监生刘桢、杨理、王懋、苏霖、王礼、韩瑄、耿定为监察御史。（据《国榷》卷十九）

礼部左侍郎张瑛以旧恩拜华盖殿大学士。《国榷》卷十九："（宣德元年三月）癸丑，行在礼部右侍郎张瑛为左侍郎兼华盖殿大学士，直文渊阁。"《明鉴纲目》卷二："纲：三月，以礼部左侍郎张瑛（邢台人）兼华盖殿大学士，直文渊阁。目：初，帝为皇太孙，瑛以给事中与陈山（沙县人）俱侍讲读，至是以旧恩，遂有是命。瑛善承风旨，虽参机务，委蛇受成而已。帝亦弗重也。（陈山于明年正月，亦拜谨身殿大学士。）"

右春坊大学士兼行在翰林院侍讲学士王英奏母年老道远，艰于迎养，乞以南京每月侍讲俸于本贯官仓支给以备养。从之。（据《馆阁漫录》卷二）

许应天苏松常镇罪人直膳国子监及黑窑等厂工役。（据《国榷》卷十九）

铸华阳王府教授印。（据《国榷》卷十九）

四月

行在吏部尚书蹇义等奏请选官，宣宗从容谕之。《明宣宗实录》卷十六：宣德元年夏四月"癸酉，行在吏部尚书蹇义等奏请选官，上从容谕之曰：'庶官贤否，关国家之治乱。掌铨衡者以进贤退不肖为职，一事得人则一事理，一邑得人则一邑安。推之庶政，达之天下，无二致也。朕嗣承祖宗大统，维新治理，以安民生，选贤任能，尤为切要。古人取士于乡，以其道艺著闻有素。后世以言貌求其底蕴，盖亦难矣。况笃实之士，率多恬退，便辟之才，巧于进取，非至公无以胜私，非至明不能格物，严选举以遏冗滥，精考核以防矫伪，毋俾小人贻患于民，斯其善矣。古之大臣以贤事君，国家膺福，苍生受惠，声名流芳于永世，卿等勉之！'"

思州府儒学选贡生员四人，依惯例送国子监读书。《明宣宗实录》卷十六：宣德元年夏四月甲戌，"行在礼部奏，思州府儒学选贡生员四人，于例不考，请送监读书。上曰：'出自蛮夷，今能读书，终是未达大体。宜令学官加意训谕，开其知识，庶几可用。'"

太子太保礼部尚书吕震卒。震字克声，临潼人，幼称神童。弱冠举于乡，入太学，授山东按察佥事，历北平，从靖难居守。自大理少卿大理卿迁刑部尚书，改礼部。专己拂众，罔上厉下。以旧臣，朝廷虽厌之，不弃也。赐祭葬。（据《国榷》卷十九）

行在礼部左侍郎胡濙为尚书。（据《国榷》卷十九）

任命诸监察御史。临潼知县成林，介休知县许资，汝州学正王琦，新兴教谕陈博，韩城教谕李昌，项城训导李贵，进士张铎、王宪、张骏、龚遂、卢睿、焦宏、罗铨、任伦、陈炎、徐达、张士贞、郭智、陈涟、于谦、王郁、高敏、陈璇、邵嵩，监生胡谦、包德怀、蒋彦广、赵绅、邵宗、周皞、田富、李彝、郑道宁、孙敏、钟量、蔡宁、王宝、赵纶、杨铎为监察御史。（据《国榷》卷十九）

五月

擢左春坊左中允王恺为广西按察司佥事，詹事府主簿程中为户部员外郎。（据《馆阁漫录》卷二）

进士万观、熊昱、聂用义、徐汤、崔碧、陈叔刚、王强、陈谷、赵宽为监察御史，左春坊左中允王恺为广西按察佥事。（据《国榷》卷十九）

以纂修实录，敕召武英殿大学士金幼孜，翰林学士杨溥，侍读钱习礼，侍讲陈敬

宗、陈循，检讨刘永清等。时幼孜、敬宗、永清以忧去，溥、习礼、循请告省亲故也。（据《馆阁漫录》卷一）

金幼孜夺情起复。《明史》金幼孜传："洪熙元年进礼部尚书，兼大学士、学士如故，并给三俸。寻乞归省母。明年，母卒。宣宗立，诏起复，修两朝实录，充总裁官。"

行在翰林院侍讲学士沈度九载考满，升本院学士。（据《馆阁漫录》卷一）

七月

始设内书堂以教授宦官。《明鉴纲目》卷二："纲：秋七月，始立内书堂。目：洪武中设内官监典簿，掌文籍，以通书算，小内使为之。又设尚宝监，掌玉宝图书，皆仅识字，不明其义。及永乐时，始令听选教官，入内教习。至是开书堂于内府。改刑部主事刘翀为翰林修撰，专授小内使书。其后大学士陈山，修撰朱祚，俱专是职。选内使年十岁上下者，二三百人，读书其中。后增至四五百人。翰林官四人教习，以为常。于是内官始通文墨，掌章奏，照阁票批朱，与外庭交结往来矣。"

命右春坊右谕德林志、翰林院侍讲余学夔主应天试。《明宣宗实录》卷十九：宣德元年秋七月乙未，"北京行部尚书李友直言：'八月当乡试，试场席舍，例于顺天府属县取办。'上曰：'数年来，京府之民供给劳困，官有积料，随宜取用，不必劳民。'"丙午，"命右春坊右谕德林志、翰林侍讲余学夔为应天府乡试考官"。

四川按察使陈琏召至，改南京通政使，署国子监事。琏儒者，非持宪才，故吏部改用。（据《国榷》卷十九）

行在太仆寺少卿钱塘王羽引疾，请就教。改余杭教谕。（据《国榷》卷十九）

令行在礼部尚书胡濙同翰林官礼科给事中试僧道，通大经给牒，否则不给。（据《国榷》卷十九）

八月

汉王朱高煦反，明宣宗亲征。顺天不及乡试。《明宣宗实录》卷二十：宣德元年八月戊辰，"命翰林院侍读学士王直、修撰王钰为顺天府乡试考官，赐宴于本府。"因宣宗亲征汉王，顺天不及乡试。王世贞《弇山堂别集》卷八十一《科试考》："宣德元年丙午，命左春坊右谕德林志、翰林院侍讲余学夔主应天试。上亲征汉王，顺天不及试。"沈德符《万历野获编》卷十五《征叛王废乡试》："宣德元年丙午科，顺天当乡试，以上亲征汉王高煦，不及开闱，此亦创见事也。又九十四年，为正德十四年己卯科，江西当乡试，会宁王宸濠反，亦废试事不举，时武宗亦自北率兵亲征。然江西省至嘉靖元年壬午科，上命并取一百九十人，以补前度之缺，而宣德己酉顺天之补否，不可考矣。"按，今年顺天乡试，录取五十人，惟补试时间不详。王直《抑庵文后集》卷十三《北京乡试小录序》："今宣德元年……就试者九百余人，拔其尤者五十人而进之。

初，科举解额未定也，仁宗皇帝在位时，思尽得真才实学之士而用之，以为所取者多，则所择或未审，于是定解额，俾慎择焉。今皇帝圣明，恪遵先志。"

宣宗至乐安，朱高煦降，遂班师还朝。《明鉴纲目》卷二："纲：帝至乐安，高煦降，遂班师。目：高煦初闻薛禄将，喜曰：'易与耳！'及闻帝亲征，始惧。其党有自拔来归者，帝厚赏之，令还谕其众。复遗高煦书曰：'张敖失国，本之贯高，淮南受诛，成于伍被，今六师压境，王即出倡谋者，朕与王除过，恩礼如初。不然，一战成擒，或执王来献，朕虽欲保全，不可得矣。'前锋至乐安，高煦约诘朝出战，帝闻，令大军蓐食兼行，驻跸乐安城北。诸将壁其四门，王斌等乘城举炮，大军发神机铳击之，声如雷震。诸将请即攻城，帝不许。复再敕谕高煦，又以敕矢射城中，谕逆党祸福。城中多欲执高煦献者，高煦惧，密遣人请降，愿假今夕决妻子，明日出归罪。帝许之。其夜，高煦焚兵器，及通逆文书，火通夕不息。昧爽，帝移跸城南。高煦将出城，王斌固止之，曰：'宁一战死，无为人所擒。'高煦绐斌等复入宫，潜从间道出，为官军所执。帝以廷臣劾章示之，令为书召诸子，同归京师。改乐安州为武定州，命阳武侯薛禄、兵部尚书张本（字致中，东阿人）留镇焉。"

应天及河南、山东、陕西、山西、浙江、湖广、江西、福建、广东、广西、四川、云南、交阯等十三布政司乡试，贵州附试湖广。（据《皇明贡举考》卷三）

九月

吴溥卒，年六十四。杨荣《文敏集》卷二十《故国子司业吴君墓表》："君生元至正癸卯四月四日。少游于乡先生前渭南令邓伯恭门……宣德丙午，通政使陈琏奉命掌国子监事，九月三日设宴公堂，君从容言笑如平时。酒阑，忽得风疾，舁归私第，以是夕卒，享年六十有四。临终无一语及身后事，但属治丧不用浮屠。所著述有《古崖稿》若干卷……呜呼！君之孝友笃行，出自天性。清修苦节，至老弗替。其为诗文，词畅理明，足追古作者。第以不媚当道，官太学几二十年而不获叙迁。卒之日，身无以为殓，家无以为丧，子孙无以为衣食资，而缙绅之流持乎公论者，莫不为之悼叹也。"杨士奇《东里续集》卷三十四《国子司业吴先生墓志铭》云："一日，会宴太学，得风疾，遽革，舁归。顾其子曰：'吾死，勿用浮屠老子法治丧。'不一语及他事而卒。卒之日，家无一缗之储。"《国榷》卷十九："宣德元年九月甲午，北京国子监司业吴溥卒。溥字德润，崇仁人，荐授翰林编修。永乐初，迁修撰，进司业。教学者致力本源，戒涉猎蹈袭。司成二十余年，不一涉权门。或劝其少贬，不听。自号古崖。没无以殓。"

罢广西思恩、忻城二县儒学。时蛮寇攻劫，人不知学。（据《国榷》卷十九）

十月

行在兵部引奏再阅试中武官。《明宣宗实录》卷二十二：宣德元年冬十月甲申，

"行在兵部引奏再阅试中武官。上谕之曰:'凡军职正当精于武艺,亦当读书,知道理。近来军职子孙多不务此,居闲无事,惟思贪财好色,纵酒博弈。间或剽窃书史,以资谈论,妄自高大,及至使令,茫然无措,隳废前人功业。古之良将如赵充国、郭子仪、岳飞,武事既精,忠孝兼备,所以留芳百世。尔曹当以此为法。莫以今日侥幸试中,便自足也。'"

进士侯春、张纯、任祖寿、高昭、胡智、方义、李辂为监察御史,松阳教谕陶育、宁波训导车逊、邵武训导方祖安为给事中。(据《国榷》卷十九)

释李时勉于狱,复其官。《明宣宗实录》卷二十二"宣德元年冬十月戊寅(十八日)":"复李时勉行在翰林侍读。时勉在洪熙初,以言事改交阯道掌道御史。仁宗皇帝上宾后数日,用事者下时勉锦衣卫狱。至是,上闻其文学,遂释之而复其官。"《明史》李时勉传:"仁宗大渐,谓夏原吉曰:'时勉廷辱我。'言已,勃然怒,原吉慰解之。其夕,帝崩。宣宗即位已逾年,或言时勉得罪先帝状。帝震怒,命使者:'缚以来,朕亲鞫,必杀之。'已,又令王指挥即缚斩西市,毋入见。王指挥出端西旁门,而前使者已缚时勉从端东旁门入,不相值。帝遥见骂曰:'尔小臣敢触先帝。疏何语?趣言之。'时勉叩头曰:'臣言谅闇中不宜近妃嫔,皇太子不宜远左右。'帝闻言,色稍霁。徐数至六事止。帝令尽陈之。对曰:'臣惶惧不能悉记。'帝意益解,曰:'是第难言耳,草安在?'对曰:'焚之矣。'帝乃太息,称时勉忠,立赦之,复官侍读。比王指挥诣狱还,则时勉已袭冠带立阶前矣。"

十二月

礼部定国子监生给假还乡时限。《明宣宗实录》卷二十三:宣德元年十二月乙亥,"行在礼部奏:两京国子监生多给假还乡,经历年久,托故不来,请遣人提问。上曰:'古云才难。诸生未及仕,先负罪名,即为终身之玷。宜量地方远近定与限期,如再于限外不来,皆发充吏。'于是礼部定限,自移文到日为始,交阯、云南、贵州十阅月,四川、两广九阅月,福建、陕西七阅月,山西、湖广六阅月,江西、浙江、山东、河南五阅月,两京、直隶四阅月"。

升行在翰林院检讨刘永清为本院修撰。(据《馆阁漫录》卷二)《国榷》卷十九:"宣德元年十二月辛未,行在翰林检讨刘永清为修撰,都察院司务张惠、行人王翰为监察御史,崇阳训导戴弁、进士郑泰为行在兵礼科给事中。"

边文进以贿荐伏罪。《国榷》卷十九:"先是命廷臣举文学才艺之士。武英殿待诏边文进善绘事,内直,举陆悦、刘珪有文艺,未召。或言悦故御史,受贿戍边;珪极刑刘诚之子,专结交。文进俱贿荐。上诘其实,伏罪,年七十余。乃削籍,榜示天下,以戒幸举。"

本年

阎禹锡（1426—1476）生。《明史》薛瑄传附阎禹锡传："其（薛瑄）弟子阎禹锡，字子与，洛阳人……成化十二年卒，年五十一。"

张宁（1426—1496）生。宁字静之，号方洲，海盐人，景泰甲戌进士，官礼科给事中。两使朝鲜，转都给事中，出知汀州府。有《方洲集》。《槜李诗系》卷九《张汀州先生宁》："七岁题《画龙》，有'莫点金睛恐飞去'之句。景泰甲戌登进士，受知于少保谦、姚尚书夔，授礼科给事中。内阁陈循、王文以子不得举，中伤考官，宁疏言其失大臣体。又疏请裁止曹石陈乞等事，闻者竦然。天顺中奉使朝鲜，馈遗一无所受。朝鲜为树亭曰'却金'。陪臣朴元亨从游太平馆，宁赋百韵诗，朴随手和之，殊不相下。宁得'溪流才白春前雪，柳折新黄夜半风'，朴乃阁笔曰：'不能和矣。'"

明宣宗宣德二年丁未（公元1427年）

正月

命取南京国子监生年深者二百名，送北监读书，遇历事有缺，相参取拨。黄佐《南雍志》卷二《事纪》："宣德二年春正月乙未，工科给事中郭永清奏言：'南京国子监生坐堂年深，久未取拨，以致年老不堪任用。'上命取年深者二百名，送北监读书，遇历事有阙，相参取拨。……夏六月诏九卿及翰林院堂上官，六科给事中会同本监，简选两京监生年五十五以上及疾病鄙猥者放为民，仍令锦衣卫指挥一员巡视之。"

谕吏部尚书蹇义等务得真才，勿容滥举。《明宣宗实录》卷二十四：宣德二年春正月庚戌，"上退朝御左顺门，行在吏部尚书蹇义等侍。上语之曰：'诏书求贤，不问已仕未仕。近观各处所举，亦有拔自民间，天下之大，岂无遗才？皆当召至，考其所学，试其所能，然后命之以官。君子小人各以类进，但观所举之贤否，则举主之贤否可知。卿等切须详慎，务得真才，勿容滥举。'"

设西宁卫儒学。（据《国榷》卷二十）

二月

令考绩黜陟宜近人情。《明宣宗实录》卷二十五：宣德二年二月癸亥，"上视朝退，御左顺门，吏部尚书蹇义等侍。上谓义曰：'昨日卿奏山西临晋县学生员，年才十三，入学五阅月，御史考退，发来充吏，朕再思之，人非上智，安能五月有成？且未成童，岂堪吏役？朝廷命官，考绩黜陟，亦待九年，何况童蒙初学？此不近人情甚矣！可发此生还学，仍移文戒饬御史，如再任意妄行，必黜罚之。'"

升行在翰林院侍读沈粲为右春坊右庶子，北京国子监司业贝泰为本监祭酒。（据《明宣宗实录》卷二十五）

命行在太常寺卿翰林院学士杨溥、左春坊大学士兼翰林院侍读学士曾棨为会试考试官。取中赵鼎等一百人。《明宣宗实录》卷二十五：宣德二年二月丙寅，"命翰林院学士杨溥、侍读学士曾棨为礼部会试考官，赐宴于本部"。"甲申，行在礼部奏：会试天下举人，得中式赵鼎等一百人。"《殿阁词林记》卷十四《会试》："宣德二年，右春坊大学士曾棨为考试官，取赵鼎等一百人。开科以来，兼取南北士，而南士往往数倍于北。宣宗即位，始诏礼部岁取百人，南士十六，北士十四，著为令。既而更定中科文，各退五为中数焉。五年，侍读学士李时勉、侍读钱习礼为考试官，取陈诏等一百人。八年，少保兼大学士致仕黄淮为考试官，取刘哲等一百人。"查继佐《罪惟录》志卷十八《科举志》："宣德二年丁未，试贡士，得赵鼎等一百人，赐马愉、杜宁、谢璉等及第、出身有差。先是，乡试有王子潘者，已抡魁，拆号，姓名类'王子反'，主考以汉初平嫌，已之。后改子玉，进士，为翰林。按宣德以前十五科，无北士居及第第一者，自愉始。是科，命进士江玉琳等九十六人归家力学，止取原习译书邢恭为庶吉士。"

升行在户部左侍郎陈山为本部尚书兼谨身殿大学士，行在礼部左侍郎张瑛为本部尚书兼华盖殿大学士。（据《馆阁漫录》卷二）

三月

宣宗御文华殿，翰林儒臣进讲《孟子·离娄》章。《殿阁词林记》卷十五《咨讲》："宣德二年三月己酉，上御文华殿，翰林儒臣进讲《孟子·离娄》章，上曰：'伯夷、太公皆处海滨而归文王，及武王伐纣，太公佐之，伯夷扣马而谏，所见何以不同。'讲臣对曰：'太公以救民为心，伯夷以君臣为重。'上曰：'太公之心在当时，伯夷之心在万世，无非为天下生民也。'三年二月癸酉，进讲《舜典》，上曰：'观二典三谟，则知万世君臣为治之道，不出乎此。历象日月星辰，以闰月定四时，大道以明；治水土，奠高山大川，分别九州，任土作贡，地道以成；克明峻德，以至协和万邦，人道以建。九官十二牧，所掌礼乐、刑政及养民之道，后世建官，繁简虽不同，大要不出乎此。当时君臣，都俞吁咈，更相告戒，用图治功，气象蔼然，何后世之不能及也。'讲官对曰：'明良相逢，故治化之盛如此。'上曰：'天生圣人为后世法，孔子删《书》，断自唐虞，使人知有尧舜，所谓万世帝王之师也。'十月庚寅，儒臣进讲《春秋》，上曰：'圣人匡世之功，忧世之心，备见此书。当时先王礼乐法度，日以隳废，乱臣贼子，接迹而起，有此书而后天下知尊周。'又曰：'孔子作此书，以尊周为本，孟子乃以王天下劝齐梁之君，何也？'对曰：'孔子之时，天下犹知宗周；孟子之时，不复知有周矣。'上曰：'圣贤之心，实为天下生民计。孟子时不有王者兴，何以解生民之涂炭。'遂赐讲官，命左右送菜著。四年四月甲申，上御便殿，与儒臣论史，问：'汉唐诸君，在位孰久？'对曰：'武帝、玄宗。'上曰：'汉武好大喜功，海内虚耗，晚年能惩前过；玄宗初政，有贞观之风，久而恣欲，疏忠任邪，遂致祸乱，窜身失国。武帝犹为彼善于此。'又曰：'善心生则明，欲心生则暗。武帝以田千秋为贤，玄宗以李林甫为贤，此治乱所由异也。'"

马愉（1395—1447）、杜宁、谢璉等进士及第、出身有差。第二甲、第三甲进士江玉琳等九十六人，令归进学。邢恭为翰林院庶吉士。恭先在翰林习四夷译书久，故特命之。《明宣宗实录》卷二十六：宣德二年三月己丑朔，"上御奉天门，策试举人赵鼎等，制曰：'朕惟礼乐之道，原于天地，具于人心，所以治天下国家之大器也。盖以和神人，以辨上下，以厚俗化，皆由于斯。故圣帝明王，咸所重焉。我国家自太祖皇帝暨我皇祖皇考，圣圣相承，功成治定，法古立制，极于盛矣。爰及朕躬，获承鸿绪，永惟海宇之广，生齿之繁，化理之方，躬行为要，夙夙夜饬励，恭己思道，罔敢怠宁。诸生学古有年，究于治理，夫合父子之亲，明长幼之序以敬，四海之内，而兵革不试，五刑不用，百姓无患，此盛治之至也。爰始行之，其事何先？乐由中出，礼自外作，近世大儒，又谓其本皆出于一。夫欲安上治民，移风易俗，不考其本，何以施之？知礼乐之情能作，识礼乐之文能述，稽诸往古，畴其当之？昔者圣人制作之盛，极于虞周，况以伯夷、后夔、周公为之辅，仲尼定万世之制，何独取其韶冕欤？夫礼乐之效，致人心之感，则道德一而风俗同，致和气之应，则膏露降而醴泉出。器车马，图凤凰，麒麟之物毕至，亦理之所必臻欤？朕虚己图治，冀闻至理，其悉陈之，将亲择焉。'上既发策，退御左顺门，谓翰林儒臣曰：'国家取士，科目为先，所贵得真才以资任用。古人取士于乡，其行艺素有定论，至朝廷复辨其官才，所以得人为盛。后世惟考其文学，而遂官之，欲尽得真才，难矣。然文章论议，本乎学识，有实学者，其言多剀切，无实见者，其言多浮靡。唐虞取士，亦常敷奏以言，况士习视朝廷所尚。朝廷尚典实，则士习日趋于厚，朝廷尚浮华，则士习日趋于薄。此在朝廷激励成就之有道也。'又曰：'我祖宗之法，取士尚惇厚，不尚浮华。尔等其精择之，朕将亲览焉。'""辛卯，上亲阅举人所对策，赐马愉等一百人进士及第、出身有差。""壬辰，赐进士马愉冠服银带，余各钞五锭，宴于行在中军都督府。""癸巳，进士马愉等上表谢恩。""辛丑，擢第一甲进士马愉为行在翰林院修撰，杜宁、谢璉为编修。第二甲、第三甲进士江玉琳等九十六人，令归进学。邢恭为翰林院庶吉士。恭先在翰林习四夷译书久，故特命之。"《东里文集》卷一《宣德二年进士题名记》："宣德二年三月朔，廷试进士，得马愉等百有一人。国朝廷试，天子御正朝，亲出制策。既第其高下，明日陈卤簿传胪。天子服皮弁绛纱袍御正朝，文武群臣朝服东西序立。传胪既，群臣上贺，其词曰：'天开文运，贤俊登庸。'士之与于斯者，其荣矣哉。自设科兼取南北士，而前十有五科，南士往往数倍于北。皇上嗣统之初，诏礼部科举岁取百人，南士什六，北士什四，著为令。盖简用人材，南北并进，公天下之道也。至是合前科未廷试者一人，而其第一人出山东。前此南北士合试，未有北士占首选者，有之实自今始。”

据《明清进士题名碑录索引》，宣德二年丁未科录取名单如下：

第一甲三名

马愉	杜宁	谢琏

第二甲三十五名

江玉琳	赵鼎	王裕	韦广	李贵	刘准
周益友	李应庚	金昭伯	徐仲麟	甘瑛	孔初
李匡	吴显	刘珪	萧镃	刘玑	徐珙
林淮宗	邢恭	张凤	王佐	何自学	罗崇本
李聪	张允申	赵悌	徐朝宗	郭逞	刘克彦
陈顺	丁芹	赵全	卢琉	萧启	

第三甲六十三名

萧晅	郝绘	杨铭	徐政	张椝	欧阳汤
章瑛	侯琎	陈城①	李崇	李柰	吴惠
高寅	虞祯	蒋性中	张万中	马顺②	崔远
马俊	吾肇	萧銮	程通	桑宏	曾序
杨永	陈均厚	徐璟	王理	陈鉴	吴镒
丁俊	方洙	陈赐	谭善	叶蓁	杨茂
李聪	吴任	马谨	魏清	孙毓	任凤
赵缙	刘逊	汪云	王浚	张忠	齐整
尹禧	邹宜	黄恕	叶清	李磐	黄绍
房威	朱升	傅畠	范霖	陈敏政	吴初
张庆	范鼎	施庆			

萧銮中进士，历任广西提学佥事等官。张萱《西园闻见录》卷四十五《提学·往行》：“萧公銮，潮阳人。宣德丁未进士，尝为广西提学佥事，八桂诸生后仕潮者皆严事銮。适有以赃陨名者，銮辄取杖之，论者谓是道也将亡矣。今世学士私树桃李，一入其乡，惟其举趾高耳，萧公亦有行古之道。”

虞谦卒，年六十二。虞谦（1366—1427），字伯益，金坛人。洪武中由太学生擢刑部郎，出知杭州府。永乐中，召为大理寺少卿。仁宗监国，奏除都察院左副都御史，转大理卿。《东里文集》卷十四《故嘉议大夫大理寺卿虞公墓碑铭》：“一日朝退，得风疾。上命医往视赐药，历半岁竟不起，宣德二年三月廿四日也。讣闻，赐祭，给舟还其丧，命有司治坟。其生以丙午岁正月二日，享年六十有二。其居家，善事父母。父母

---

① 碑作：陈诚。

② 碑作：马驯。

殁，丧祭咸尽礼。于其弟友爱。与人处，温恭怡怡。其仪观伟然，风采凝洁，潇洒绝俗也。其文章以诗名于时。所著有《玉雪斋稿》若干卷。喜写山水木石，幽澹简远，有倪云林韵致。嗜蓄法书名画，邂逅心之所好，辍赠不靳。"

四月

升行在翰林编修蒋礼为修撰。（据《馆阁漫录》卷二）

谕风宪官严程督察府县教官、提调官。《明宣宗实录》卷二十七：宣德二年夏四月己巳，"行在礼部奏：'天下岁贡生员考试不中者，发回原学肄业，以待再试，教官、提调官如例责状。'上曰：'此辈在学，若府县官勤于提督，教官勤于训诲，未必无成。泰山之溜，可以达石，何况于人？今上下偷惰，虚度日月，是以临文不知所措。循例责状，薄示儆耳。宜令内外风宪官严程督之，考其勤惰，明示劝惩，庶几教学有成，国家得用。'"

五月

礼部尚书胡濙奏请罢遣年老貌陋、不堪教用之国子监生。《明宣宗实录》卷二十八：宣德二年五月己卯，"行在礼部尚书胡濙奏，北京国子监生及见拨各衙门历事者，其间有年老貌陋不堪教用，请令六部尚书、都察院都御史、通政司、大理寺、翰林院堂上官、六科给事中公同监官拣选。凡年五十五岁以上及残疾貌陋不堪者，皆罢为民，庶几不孤教养。上从之。又谕濙曰：'国家育才，何以有鄙陋不堪者？此盖有司初不精选耳。然虑其中有饰诈以求退者，可令锦衣卫指挥一人察视之。'"万历《大明会典》卷二百二十《国子监》："宣德二年奏准，两京国子监生及各衙门历事者，六部、都察院、通政司、大理寺、翰林院堂上官、六科给事中公同监官拣选，凡年五十五以上，及残疾鄙陋，不堪教养任用者，皆罢为民，仍令锦衣卫指挥一员巡视。正统七年，免拣选。成化二年，令两京监生，礼部、都察院堂上官公同祭酒一年一次考选，其老疾鄙陋、不堪作养者，给与冠带，原籍闲住。五年，仍免拣选。嘉靖六年，令见在肄业监生，有年老愿告冠带荣身者听。"

右春坊右谕德兼翰林院侍读林志卒。《馆阁漫录》卷二："五月戊子朔。庚子，右春坊右谕德兼翰林院侍读林志卒。志福州人，举会试第一，居官十五年，两考京畿乡试。"《国榷》卷二十："（宣德二年五月）庚子，右春坊右谕德兼翰林侍读林志卒。志字尚默，闽县人，永乐壬辰进士及第。授编修，进修撰。博通百氏，文章简奥，好静退。卒年五十。"

以翰林院编修陈景著为福州府儒学教授。丧父服阕，自陈母老，乞改近乡教官便养，故命之。（据《馆阁漫录》卷二）《国榷》卷二十："（宣德二年五月）乙卯，行在工部郎中陈恭为行在大理寺右少卿，右春坊司谏杨中、新城教谕王寅、沂州李性、新淦教谕陈善、滋阳训导周善为行在给事中。翰林院编修陈景著乞养母，改福州府教授。"

命贵州所辖州郡生徒就试云南。《明宣宗实录》卷二十八：宣德二年五月己未，"贵州布政司言：'普安州儒学生员，皆是罗罗僰人，莫知向学。今选俊秀军生王玺等入学读书，以备贡举。'又言：'前奉礼部文书，本司所辖州郡生徒堪应举者，许于湖广布政司就试。缘去湖广路远，于云南为近，宜就近为便。'上命就试云南"。王圻《续文献通考》卷四十五《选举考·举士三》："宣宗宣德二年，令贵州就试云南。四年，令云南乡试增五名。七年，令顺天府乡试额取八十名。"

七月

罢李干等国子监生为民，凡一千九百五十人。《明宣宗实录》卷二十九：宣德二年秋七月戊戌，"行在礼部奏：'会官简视北京国子监生李干等年老残疾貌陋不堪教用者，凡一千九百五十人，宜罢为民。其南京国子监生，请准此例会简。'皆从之"。

谕少师吏部尚书蹇义等曰：用人当以德行学识为本。《明宣宗实录》卷二十九：宣德二年秋七月，"壬寅，上谕少师吏部尚书蹇义等曰：'唐太宗尝言，用人当以德行学识为本，此语甚是。今之所用多是进士、监生，彼读书知古，必能务德行，广智识。间有人才吏胥，终亦少在要职。大凡用人，正如工匠用木，小大长短，各当其宜，然后能成居室。若用人不当，何以成治功？卿宜更加详察，有在高位，而德行学识未称，则改用之。有在下位，而德行学识优长，则进用之。庶合至公，而人莫敢不服。'"

陈敬宗迁南京司业。《馆阁漫录》卷二："七月丁亥朔。丁酉，改翰林院侍讲陈敬宗为国子司业。上曰：'侍讲清华之职，司业师表之任，秩虽未崇，其任则重，亦可谓儒者之荣矣。'"《东里续集》卷九《送陈司业诗序》："宣德二年秋七月，吏部言：南京国子监官阙。上命翰林侍讲陈敬宗往任司业，于是京师士大夫皆为太学得人喜。"

监生厉秉彝、何敬、邵新为监察御史。（据《国榷》卷二十）

赵府左长史赵季通卒。季通字师道，天台人，以教谕历令吉安、永丰、龙溪，民甚戴之。永乐初，修《实录》，除国子博士，历司业，改赵邸。时右长史董子庄俱曲尽规益，王甚礼之。两人称左官极选矣。（据《国榷》卷二十）

八月

令翰林院严切考试不愿充吏之考黜生员。《明宣宗实录》卷三十：宣德二年八月，"庚申，上语行在吏部尚书蹇义等曰：'国家建学育才，以资任用，祖宗以来，得人为多。比者各处考黜生员，例应充吏，有以患病为词者，告乞再试。彼既耻于罢黜，必能悔过自新。又或是学业垂成，不甘中弃者，宜从所请。然须令翰林院严切考试，庶几人知所警，自然向学。'"

黄淮致仕。《明宣宗实录》卷三十"宣德二年八月甲子（初九）"："少保户部尚书兼武英殿大学士黄淮以疾求退，上疏曰：'臣历任以来，荷国厚恩，勉竭驽钝，莫报涓埃。数载之间，形神羸弱，众疾交攻，手足痿痹，动若拘挛，心胁气冲，痛如刀刺，食下咽而呕逆，语过耳而莫闻。凡若此类，不可殚述。窃尝自计，犬马之齿奄过六旬，所患病症，息则稍苏，劳即旋复。今年三月以来，疾势大作。荷蒙圣恩命医治疗，缘臣疾已沉痼，难遂痊愈。虽欲黾勉供职，奈何力不能支。伏望圣仁俯垂矜悯，赐臣扶疾还乡，以终余年，不胜至幸。'上览奏恻然，顾谓少傅杨士奇、太子少傅杨荣、太子少保金幼孜曰：'淮与卿等同事皇祖、皇考，今三十年，勤劳多矣。而其疾若此，固留之，则情有不可，宜令暂还家养疾。若稍平复，即当复来。卿等以朕意谕之。'遂遣中官赐钞万贯。"《东里文集》卷七《送少保黄公归永嘉诗序》："太宗皇帝初临御，擢文学之臣七人侍从左右，任遇甚厚，公及士奇皆与焉。仁宗皇帝嗣位，七人者五人在。无几，太子宾客豫章胡公引疾去，其四人任遇益厚。皇上嗣位，一循祖宗之旧，以任遇四人。公今又引疾去。四人士奇犬马齿最先，又最病，既不能分寸裨益当时，徒尘缙绅之间，观公之去，其能无愧乎？公今年始六十，上有九十之亲。既归，无所累其心，而日奉天伦之乐，神怡气平，将复于康和，必然之理也。然则上之宠命，公能终忘之也哉？赠行诗九篇，词不一，其同于余者三之一云。"

命戒饬办盐差监生。《明宣宗实录》卷三十："宣德二年八月乙亥，行在户部奏：两淮、两浙煎办监课，每岁给工本，今应如例。遣监生运新钞给之，就令盘验去年所办之数。上曰：'国家不欲损民，故监课给工本。但近闻差去监生皆有需求，卿等宜戒饬之。'"

任命诸监察御史、给事中。邓州训导杨昭为江西道监察御史，清苑教谕王锡、上虞教谕虞祥、台州训导储懋、沙县训导郭璘、行唐训导赵端、长洲训导鲍尧天为给事中。（据《国榷》卷二十）

十月

礼部请再取南京国子监生二百人入北监，照前例行。从之。黄佐《南雍志》卷二《事纪》："宣德二年冬十月乙丑，巡按监察御史何文渊奏言：'南京国子监生，多有五十余岁，在监十五、六年未得出身者，由南京衙门取拨历事数少故也。若北监在监之日少而取用历事数多，宜查勘两监监生入监年月，循次相兼取拨。'礼部请再取二百人入北监，照前例行，从之。"

令贵州各府学校随宜选贡。《明宣宗实录》卷三十二："宣德二年冬十月庚午，贵州新化蛮夷等六长官司奏：贵州各府学校新立，诸生皆自童蒙入学，蛮性未除，学业难就。若比内地府学，每岁选贡，实无其人。请比县学三年一贡。上曰：'边郡立学，欲期从化耳，岂可遽责成材。宜令所司随宜选贡。'"

谕少师蹇义等慎重荐举事宜。《国榷》卷二十："《书》云：'万邦黎献，共惟帝臣；惟帝时举，诏书求贤。'朕日夜寤寐之。天下之士，岂无伊尹、傅说、诸葛孔明者？率未见也。比一二大臣所荐举，授事未久，或以贿闻，朕何赖焉？进贤退不肖，卿尚慎职事，以副朕心。"

十一月

从交阯撤兵。弃交阯布政司。《明鉴纲目》卷二："纲：十一月，诏赦黎利，罢交阯兵，悉召文武吏士北还。目：鸿胪寺进黎利与柳升书。越一日，王通使以利所奉陈暠表亦至，词略相同。帝览之，心知其诈，然欲藉此息兵，乃以表示廷臣，命集议。张辅曰：'此诈也，请益发兵讨之。臣期以一年擒贼。'蹇义、夏原吉，亦以为不可许。而杨士奇、杨荣，知帝厌兵，且前有欲弃交阯语，（注见前。）因力言许利便，帝意遂决，廷臣不敢复争。于是遣侍郎李琦、罗汝敬等，赍诏抚谕交阯，赦除其罪，并谕利兴灭继绝意，令具陈氏后人之实以闻。敕召王通、马瑛，及三司卫所府州县官吏，尽撤军民北还。诏未至，王通已由陆路还广西，陈智及中官马骐、山寿，由水路还钦州。（后王通、陈智等，及内官马骐、山寿，俱以弃交阯罪，下狱论死。）官吏军民得还者，八万六千余人，为利所获及拘留者，不可胜计。（交阯内属二十余年，屡叛屡讨。及弃地罢兵，岁省军兴巨万，而中国兵威亦稍诎。自是远夷朝贡，多不至者。）"

皇子生。《明鉴纲目》卷二："纲：皇子生。目：帝年三十，胡皇后未有子。而孙贵妃有宠（妃，邹平人，幼育宫中，有美色。帝即位，立为贵妃），乃阴取宫人子为己子。帝以长子生，大喜，宠贵妃有加。"

沈周（1427—1509）生。据《石田稿·题谢葵丘画》诗，题下注云："此图作于宣德二年二月三日，周尚未生。生于其年十一月二十一日，距作图时尚十越月。"字启南，号石田，晚号白石翁。景泰中，郡守以贤良应诏，辞不赴。有《石田诗选》。《甫田集》卷二十五《沈先生行状》："生而娟秀玉立，聪朗绝人。少学于陈孟贤先生，孟贤，故检讨嗣初先生子也。诸陈皆以文学高自标致，不轻许可人，而先生所作辄出其上，孟贤遂逊去。"

十二月

任命诸监察御史。进士缪让、黄成、刘伯大，后府都事张昇，左府都事朱礼，江西按察司检校卫镇，滦州布衣王颐为行在监察御史。（据《国榷》卷二十）

本年

何乔新（1427—1503）生。乔新字廷秀，一云字天笛。江西广昌人，冢宰文渊子。景泰甲戌进士，授南礼部主事，改刑部，历员外郎中。升福建按察副使，改河南，擢都察院右佥都御史，巡抚山西，召为刑部左侍郎。进尚书，卒。赠太子少傅，谥文肃。有

《椒邱文集》。林俊《刑部尚书赠太子少傅谥文肃何公神道碑》："少颖异，年十一二，《通鉴》道首尾无遗，病陈子桱《续编》书法——卒曹彬、包拯，不书官；吕文焕降元，不书叛；张世杰溺海，不书死节；纪羲轩，附不经之谈；书辽金，失《春秋》内外之辨，——为周殿撰中规所奇。而沉晦周谨，时然后出，言动必儒贤为准。其学以穷理为先，博物洽闻为辅，正心修身而措之家国天下为期。"

尹直（1427—1511）生。直字正言，江西泰和人，景泰五年进士，官至兵部尚书翰林学士。有《謇斋琐缀录》。

明宣宗宣德三年戊申（公元1428年）

二月

遣北京国子监祭酒贝泰释奠先师孔子。（据《馆阁漫录》卷二）

立朱祁镇为皇太子。《明鉴纲目》卷二："纲：戊申三年，春二月，立子祁镇为皇太子（即英宗）。目：皇子生八日，群臣即上表请立为太子。皇后亦屡表请早定国本，贵妃佯惊曰：'后病痊，自有子，吾子敢先后子邪？'帝不允，贵妃子遂立。"

儒士刘嘉会举至京，以老，听自便。（据《国榷》卷二十）

南京户部尚书古朴卒。朴字文质，陈人，洪武中监生。癸酉乡举，求禄养，授工部主事，忧去。改兵部，历郎中，拜右侍郎。永乐初，迁左侍郎，从北狩。洪熙初，改通政使，寻长户部。守官三十余年，家无余资。第畏慎避事，知弊不革云。（据《国榷》卷二十）

自今以荐至者，命六部、都察院、翰林院堂上官命题考试，中者用之，滞则罚其举主。《明宣宗实录》卷三十七："宣德三年二月己卯，上御奉天门，谕尚书蹇义等曰：'比下诏求贤，欲得实才为用。而所举多非其人。自今召至者，引于内廷，六部、都察院、翰林院堂上官命题考试。六科给事中、监察御史、锦衣卫官监视。理明辞达者用之，否则罚其举主。'义奏各部办事官以人材吏员出身者十余人，应正从八品叙用，自陈才短，愿就杂职。上曰：'人才识固有高下，然能自知不足，甘就卑位者亦难。其悉从之。'"

宣宗作《帝训》成，自为之序。《明宣宗实录》卷三十八：宣德三年二月，"是月《御制帝训》成……凡二十五篇。……《兴学篇》：学校者，教化之本，贤才之所自出。《礼》曰：'王者建国君民，教学为先。'在昔五帝建成均之学，下至三代，其学益备，皆本于明人伦，而有诗书礼乐之教。其教导有法，涵养有素，士之出于是者，皆有用之器，足以辅世长民。故治化隆盛，人才众多，风俗淳美，由兴学之功也。汉、唐、宋学校不逮于古，故人才治化亦所不逮。大抵兴学必自上之人振起作新之，学校兴而后风俗可厚，风俗厚而后人才不乏。虽人之生固有美质，非资学问，亦无以扩大其才智也。故兴学必谨择师儒，以严表率，养之厚而责之专，庶几有成。不然模范不端，学者无所取正，亦徒名焉而已，教化何由而兴？人才何由而成？故兴举必务责实，勿徒虚名焉耳。然原其本则又存乎人君之躬行，人君躬行于上，公卿大夫躬行于下，学校未有不兴者矣。隆古兴学之效，盖皆本于此，后世人主所宜务也"。《明鉴纲目》卷二："纲：作《帝训》成。目：凡二十五篇。（曰君德，奉天，法祖，正家，睦亲，仁民，经国，勤政，恭俭，儆戒，用贤，知人，去邪，防微，求贤，祭祀，重农，兴学，赏罚，黜陟，恤刑，文治，武备，御夷，药饵。）帝自为之序，复题其后以诏子孙。"

三月

三月癸未朔。壬戌，少傅、兵部尚书、华盖殿大学士杨士奇请以南京月支学士俸，太子少傅、工部尚书兼谨身殿大学士杨荣请以太子少傅俸，太子少保、礼部尚书兼武英殿大学士金幼孜请以太子少保俸，户部尚书兼谨身殿大学士陈山请以尚书俸，俱于本贯官仓关支，经给其家。皆从之。（据《馆阁漫录》卷二）

行在礼部尚书胡濙请严考学校生员，其天下府、州、县学增广生员额数：在京府学六十名，在外府学四十名，州学三十名，县学二十名。从之。《明宣宗实录》卷四十：宣德三年三月戊戌，"行在礼部尚书胡濙言：'近奉敕谕，学校之官，所以立教兴贤，必求其实效。臣钦遵圣谕，以近时学校之弊言之。天下郡县学应贡生员，多是记诵文词，不能通经，兼以资质鄙猥，不堪用者亦多，此皆有司不精选择，教官不勤教诲，是以学业无成，徒费廪饩。今拟移文各处巡按、监察御史，同布政司、按察司并提调官、教官，将生员公同考试。食廪膳七年以上学无成效者，发附近布政司，直隶发附近府州充吏，六年以下鄙猥无学者，追还给过廪米，罢黜为民。其增广生员，在京府学六十名，在外府学四十名，州学三十名，县学二十名。若民少之处，不拘此例。凡存留者，必选聪敏俊秀能通文理者充数。其才质鲁钝，容貌鄙陋，不通文理，并额外多余，皆黜为民。不许循私将有学者黜退，无学者滥收。其选留在学者，务遵洪武中卧碑，从师勤学。有司一依洪武旧例，优免差徭。若学舍倾颓，即为修理。提调官、教官必躬亲激劝，严加训诲，务在成材，以备贡举，庶不负朝廷建学育才之意。'从之"。《国榷》卷二十："定京府学六十人，外府学四十人，州学三十人，县学二十人。其民少之处不拘此。"

前贵州按察使胡器卒。器新淦人，洪武中监生。授普安军民府通判，进守泉州。教养兼举，迁贵州。三年，民夷咸戴。年七十一，致仕。（据《国榷》卷二十）

交阯伪翰林待制黎少颖上表谢罪，请封贡。（据《国榷》卷二十）

四月

谕行在礼部臣曰：四方荐举至者，必会官考试，取其可者用之。试不中者，黜之。《明宣宗实录》卷四十一："宣德三年夏四月癸酉，上谕行在吏部臣曰：'唐尧用人，犹曰试可乃已。况于后世，更当详慎。朕下诏求贤，四方荐举，来者甚众。卿等未尝考察，岂能知其贤否？而辄授以官，欲官皆得人，难矣！今未授者，必会官考试，取其可者用之。已授官者，俟考满至日，试之如例。试不中者，黜之。'"

敕谕两京国子监勿负朝廷作养人才之意。《明宣宗实录》卷四十一：宣德三年夏四月甲寅，"敕谕两京国子监曰：'太学者教化之本，贤才之所自出。帝王之政，必先于斯。我国家奄有天下，太祖皇帝、太宗皇帝、仁宗皇帝，致理兴化，率由学政。简道德以为师，明条制以立教，劝励勤至，廪养丰厚，士之成才，毕效于用。而比岁以来，士习卑陋，有不事学问，蒙昧罔知，有不饬容仪，猥琐自弃，甚者贪秽，冥无惭心，杂居俊秀之群，深孤教养之意。考其驯致之故，亦由师道未善。太学之官，本皆茂选，人之难识，心有不同，中怀端厚者，恒守道以范物，所志险僻者，率违理而鹜私。有懒慢纵肆，累日不赴公座，有掇拾过误，动辄把持官长，习为偷薄之风，何望教成之效？监生无成者，比已澄汰，学官未善者，尚资训励。其祭酒、司业以下，必秉道义以惇俗化，必勤教导以成贤才，如博士、助教、学正、学录，有学行端正，教训不倦者，祭酒、司业必以礼待，或仍偷薄不悛前过者，从祭酒、司业具名来闻，厥罚匪轻。监丞学之司直，其务严肃整齐，旧制学规，申饬无怠。诸生宜立志远大，勉励进修，以昔贤自期，以勋业自奋，毋负朝廷作养之意。监中一应钱粮，悉为养贤而设。比年典簿掌馔，奸弊百出，祭酒、司业、监丞，宜严加督察。如仍踵前弊，轻即量情责罚，重则奏闻区处。朕孜孜夙夜，兴学育贤，其勉遵承，庶臻明效，钦哉！'"

增修玉牒，以命翰林院修撰苗衷、宗人府经历张河。（据《国榷》卷二十）

任命诸监察御史。推官王豫，知县李灏、阎皞、张铉、周能，进士薛瑄、赵琰、张善、方鼎、陈祥、周弘、章信宗，监生张鹏、赵励、李序、陈斌、栾凤、王泰、萧全、戴谦、杨茂、潘絅、陈恕、陈宗颉、文林俱为监察御史。（据《国榷》卷二十）

闰四月

建宁府教授彭勖，乞建阳县特祀朱熹，蠲其子孙徭役。下礼部议之。（据《国榷》卷二十）

升南京翰林院检讨陈用为本院修撰。（据《馆阁漫录》卷二）

令立即给发国子监岁用柴薪。《明宣宗实录》卷四十二：宣德三年闰四月庚寅，"行在通政司言：南京国子监岁用柴薪，请给勘合支用。上曰：'国家育才，岂比其他，费用令即给之。'"

六月

辽王贵焓举前荆州教授陈绍先为纪善，永兴王志墣举陇西教谕冯益为教授，并从之。（据《国榷》卷二十）

泽州学正赵冕为行在礼科给事中。（据《国榷》卷二十）

七月

南京国子监司业陈敬宗奏本监管理事宜，从之。《明宣宗实录》卷四十五：宣德三年秋七月丁卯，"南京国子监司业陈敬宗奏：'在京各衙门历事监生，近因事简，比旧减半，其办事监生，惟是急务差遣不拘常数，余则斟酌事务繁简，以次量拨。宜以半年更代，庶使均得肄业。又本监所贮永乐年间散余《列女传》三千本，年久损坏，请给授监生。又本监膳夫，原以应天府上元、江宁二县民充，近以犯徒罪者充，满日更代，类多逃亡。况法司见问囚人，皆纳米赎罪，满者无人更代。乞额设三百名，如有事故，令法司照名拨补。'从之"。

中书舍人陈登卒。登长乐人，荐历罗田、兰溪、浮梁县丞。工篆籀，入翰林中书。（据《国榷》卷二十）

八月

王英升南京礼部尚书。《明文衡》卷六十一陈敬宗《尚书王文安公传》："丙寅，公奏：'京师去冬少雪，今年自春徂夏，雨泽不降，种不入土，小民缺食。此皆臣等政事不修，激怒上苍所致。伏望陛下施赈恤之恩，臣等宜益省愆戒饬，仍乞斋沐祈祷，以格天心。'上从其言，果大雨五日。先是公奏请致仕，不许。至是，年七十，复上章乞罢政。吏部言公精力未衰，上是其言，不允。戊辰八月，上特旨升公南京礼部尚书。明日谢恩毕，内传旨曰：上以卿久仕先朝，多效勤劳，升秩南京，得安佚。"

行在右都御史顾佐举数十人为御史。《国榷》卷二十："举进士邓玘等十四人、监生程富等十一人、听选教官方端等二十人，俱堪御史。命历政三月，分三等擢用。"

省各处差遣。从进士魏淡之言。时松江差遣官数百人。淡亦户部檄往征粮，极言其害。（据《国榷》卷二十）

敕驸马都尉广平侯袁容、少师隆平侯张信、行在兵部尚书张本、礼部尚书兼华盖殿大学士张瑛、户部尚书郭敦、都察院右都御史顾佐等居守北京。（据《国榷》卷二十）

十月

蹇义、杨士奇、夏原吉、杨荣等辍有司之政。（据《馆阁漫录》卷二）《忠靖集》

附录《钦赐敕文》："宣德三年十月初九日，皇帝敕谕少保兼太子少傅户部尚书夏原吉：卿祗事祖宗，多历年所，忠谟谠议，积效勤诚。朕嗣统以来，尤资赞辅，夙夜在念，图善始终。盖以卿春秋高，尚典剧司，优老待贤，礼非攸当。况师保之重，寅亮为职，不烦庶政，乃副倚毗。可辍户部之务，朝夕在朕左右，相与讨论治理，共宁邦家。职名俸禄悉如旧。卿其专精神，审思虑，益致嘉猷，用称朕眷注老成之意。钦哉。故谕。"此敕文同时钦赐少师蹇义、少傅杨士奇、少保夏原吉、太子少傅杨荣。

陈献章（1428—1500）生。《陈白沙集》附录《行状》："以宣德三年戊申十月二十有一日，生于都会村。"献章字公甫，新会人，正统丁卯举人，用荐授翰林检讨。卒谥文恭，从祀孔庙。有《白沙集》。《明儒学案》卷五《文恭陈白沙先生献章》云："身长八尺，目光如星。右脸有七黑子，如北斗状。自幼警悟绝人，读书一览辄记。常谓孟子所谓天民者，慨然曰：'为人必当如此。'梦拊石琴，其音泠泠然。一人谓之曰：'八音中惟石难谐，子能谐此，异日其得道乎？'因别号石斋。"

行在广西道监察御史胡启先，坐荐举不当削籍。（据《国榷》卷二十）

十一月

任命诸监察御史。庐陵知县孔文英、黄州教授赵奎、霍州学正张杲、德清教谕尹铛、蒙阴知县余濯、山阴教谕袁海、蒲圻教谕朱鉴、万载教谕董匦、新乐训导李懋、富顺训导杨禧、南阳训导王质、遂安训导张政、新建训导方端、临安训导白圭、郑州训导潘岳、江都训导张勖，进士揭稽、谢衡、施信、胡器、邓启、高举、熊翼、张琦、章聪、王让、丘俊，监生强敏、梁轸、赵敏、郭原、陈懋、程富、张镛、李志、唐琛并为监察御史，以顾佐所列三等，其上中俱实授，下等再历三月以闻。（据《国榷》卷二十）令都察院选进士、监生、教官堪任御史者，于各道历政三个月，考其贤否，第为三等，上、中二等授御史，下等送回吏部。（据万历《大明会典》卷二百九《都察院一·急缺选用（考授附）》）

十二月

行在江西道监察御史定海陈宪卒于狱。进士任御史，历江西湖广，庄重得大体。举劾公当，革南昌之供亿三司，逮吉安千户臧清之稔恶，尤其著者。同官偶引宪下刑部，事且白，待命施礼署部事不肃。臧清夜窃往宪所捶诟，竟忿死。时皆咎礼。上深惜宪而厌礼矣。（据《国榷》卷二十）

本年

奏定武选条式。万历《大明会典》卷一百十八《升除》："凡大选，宣德三年奏定

《武选条式》：一脚色、二状貌、三才行、四封赠、五袭荫，仍具有无残疾，从亲管及同僚、同队及首领官保勘，以凭稽考。"

明宣宗宣德四年己酉（公元 1429 年）

二月

遣北京国子监祭酒贝泰释奠孔子。（据《馆阁漫录》卷二）

春

夏原吉献颂鸣瑞。《忠靖集》卷一《瑞应驺虞》序："恭惟皇帝陛下缵承大统，克勤庶政，声教诞敷，仁恩旁洽，天地既位，万物自育，而瑞应骈臻，不可殚记。乃宣德四年春，滁之来安有驺虞二，见于石固山。南京守臣襄城伯臣李隆以之献于阙下，诏赐群臣观之。盖猊首虎躯，白质黑章，修尾隅目，而其性甚驯。真盛世之瑞物也！臣原吉退而稽诸载籍，曰：驺虞，仁兽也。天下太平，人君有至信之德，则应。窃尝考之往古，惟见咏于周之诗人。自时厥后千数百年之间，旷焉莫之睹。我朝自太祖高皇帝肇兴鸿业，至于太宗文皇帝绍承厥绪，积德累仁，至深至厚，海内康宁，四方无警，然后驺虞迭出，臣获见焉。及我皇上践祚以来，礼乐刑政、号令法度之施，一遵祖宗之旧，与民为信，无所更革，故和气充周，而兹仁兽复见于滁……臣虽拙于文词，然躬睹盛美，不敢以默。谨拜手稽首而献颂。"

四月

升行在翰林检讨胡穜为本院修撰。升行在吏部左侍郎兼少詹事郭琎为本院尚书，罢其兼职。（据《馆阁漫录》卷二）

楚雄卫军李志道之孙宗侃，乡试中式，免服军役。《明宣宗实录》卷五十三：宣德四年夏四月，"己卯，浙江上虞县人李志道充楚雄卫军，死而无继。有孙宗侃，已赴乡试中式，而卫尤追补军役不已。有司为之达于兵部尚书张本，请依洪武中石坚事例，开其军伍，俾读书会试以自效。上从之，曰：'祖宗立法如此，正以作士气，成贤才，朕遵承旧制，又何急于一卒之用乎？'"

代州训导曹骉奏学不堪师，愿试剧职。遂改泰和典史，候会试。（据《国榷》卷二

十一）

行在翰林院检讨胡稰为修撰，进士张佑、贾铨、李运、刘海为行在给事中。（据《国榷》卷二十一）

进士王懋授州判官。《国榷》卷二十一："其兄御史罪死，以极刑家属例禁。上曰：'皇祖时，进士某以刑家子录用，奈何锢之？'"

宣宗特赐杨士奇、杨荣、金幼孜鲥鱼醇酒。《馆阁漫录》卷二："丁酉，南京进鲥鱼，早荐奉先殿，献皇太后。午，上御文华殿，召大学士杨士奇、杨荣、金幼孜，特赐鲥鱼醇酒，加赐御制诗，有'乐有嘉鱼'之句。士奇等沾醉献和章，上喜曰：'朕与卿等皆当以成周君臣自勉，庶几不忝祖宗付托。'"

监察御史张纯请令两京监生历事授官，相参取用，从之。《明宣宗实录》卷五十三："宣德四年夏四月庚辰，监察御史张纯言四事：'……其三：南京国子监生有及一二十年，未得进用，有负朝廷教养之意。请令两京监生历事授官，相参取用，庶免淹滞……'上皆从之。"

诏赃吏不得复官。《明鉴纲目》卷二："纲：诏赃吏不得赎罪。目：御史王翱（字九皋，盐山人）言官吏害民蠹政，赃犯为甚。今官吏罪无轻重，运砖复职，是贪黩者幸免，廉洁者鲜劝，非为治之道也。请自今赃吏坐死，但许赎罪，不许复官。从之。未几，文职有赃罪纳米者，吏部请降一级用。帝曰：'纳米乃一时之权宜，惩贪为立国之大法。自今文职官吏犯赃者，悉依律治。'"

夏原吉应制赋诗。《忠靖集》卷五《宣德己酉夏四月二十四日早朝应制二首》，其一："月色朣朣玉漏停，九天闾阖悉开扄。云扶六驭来黄道，花覆千官列紫庭。清跸乍鸣诸殿肃，衮衣端拱万方宁。小臣何幸承殊渥，簪绂优游及暮龄。"其二："圣主龙飞宰八区，视朝常在五更初。煌煌烛影辉金阙，袅袅香烟布玉除。仙掌每随东旭转，銮旗时为晓风舒。日高班卷夔龙出，黄阁从容阅奏书。"

五月

命行在礼部尚书胡濙兼掌詹事府詹事。（据《馆阁漫录》卷二）

四川安岳县教谕何澄上十事：重兵制，择守令，慎财用，兴学校，选耆老，均赋税，防奸弊，清吏役，肃礼仪，平狱讼。下礼部择之。（据《国榷》卷二十一）

进士李安、欧阳洙、张楷、刘士昌为南京监察御史（据《国榷》卷二十一）。

六月

诏增云南科举额。原乡试解额十名，增五名，至十五名。令贵州士子附云南乡试。《明宣宗实录》卷五十五：宣德四年六月，"戊寅，诏增云南科举额。先是，定云南布政司科额，止十人。贵州布政司有学愿试者，于湖广布政司就试。其后贵州布政司言：

贵州去湖广四十余驿，去云南止八驿，乞以近相附。行在礼部以闻，从其言。至是，云南布政司奏：贵州生从云南试，请增名额。礼部议增五名。从之"。

七月

命翰林院侍读钱习礼、修撰刘永清为应天府乡试考官。（据《明宣宗实录》卷五十六）

宣宗与杨士奇、杨荣论经史，遂咨政务。《馆阁漫录》卷二："车驾临文渊阁，与少傅杨士奇、太子少傅杨荣论经史，遂咨政务。已而悉召诸学士及史官谕之曰：'国史贵详实，卿等宜尽心于是。'赐士奇等及学士以下钞有差。"

八月

太常寺卿兼翰林院学士杨溥丧母，予祭葬。（据《国榷》卷二十一）

命右春坊右庶子兼翰林院侍读学士王直、侍读李时勉为顺天府乡试考官。（据《明宣宗实录》卷五十七）

两京及河南、山东、陕西、山西、浙江、湖广、江西、福建、广东、广西、四川、云南等十二布政司乡试，贵州士子附云南乡试。（据《皇明贡举考》卷三）

令翰林院学士沈度居京食禄，免朝参。行在翰林院侍讲高毂服阕，复职。《馆阁漫录》卷二："八月乙亥朔。丁丑，遣贝泰释奠孔子。戊寅，行在翰林院学士沈度奏：'臣年七十有三，乞赐骸骨还乡里。'上谕吏部尚书郭琎曰：'度诚谨，皇祖眷之弥厚，今虽老，精神未衰，亦不可烦以事，但令居京食禄，免朝参，有召则入。'已卯，行在礼部奏太常寺卿兼翰林学士杨溥母太淑人卒。上命遣官赐祭，视武臣二品例，赐米五十石，功布五十匹，仍命有司治葬。辛巳，命右庶子兼侍读学士王直、侍读李时勉为顺天府乡试考官。庚子，行在翰林院侍讲高毂服阕复职。"

顺天府录取举人八十名。李时勉《古廉文集》卷四《应天府乡试录序》："宣德七年壬子，岁当大比……一时内外执事之臣，莫不竭诚殚虑，精白一心，以供厥职。乃八月乙未，总太学畿内之士千三百余人，凡三试之。于时连阴积雨，比试之三日，皆大晴朗，众咸欢然。一口言曰：'是岂非天开文明之运、国家太平之象，诸士子得意之秋也耶！'……详加考较，得八十人之优者，次第其先后与其文辞，以为小录。"《明宣宗实录》卷八十七："宣德七年二月己亥，顺天府奏：本府乡试额取举人五十人，乃与江西解额同。切缘京师监学，天下人才所聚，各处儒士亦有就试者，乞如南京应天府额取举八十人，庶广进贤之路。从之。"

设河州卫阴阳、医学。从守备都指挥刘永请也。（据《明宣宗实录》卷五十七）

任命诸监察御史。全椒教谕杜琼、宁阳训导孙纯、黄州训导李缙、大理训导赵本、南安知县张鉴，进士林英、曹南、陈质、达旺、刘滨、刘敬俱为行在监察御史。（据河南右布政使萧省身卒。泰和人，永乐初进士，授刑部主事。历官廉介，在河南专务宽恤，能容人过，至身失不自宥也，人以是多之。年五十。（据《国榷》卷二十一）

九月

汰南北两京国子监生二百五十三人。《明宣宗实录》卷五十八"宣德四年九月甲寅（十一日）"："放南北两京国子监生年五十五以上学无成效及老疾者姚哲等二百五十三人还乡为民。"

令生员兼习书算。从北京国子监助教王仙之言。《明宣宗实录》卷五十八"宣德四年九月乙卯（十二日）"："北京国子监助教王仙言：'学古入官，忠孝为本；重禄劝士，宠命为先。稽诸古昔九品官人之法，自三载至于三考，明者咸有进秩，幽者各有降黜，由是百工惟时，庶绩其凝。唐虞成周之世，用此道也。钦惟圣朝稽古建官，考课得宜，劝惩有道，伏睹诸司职掌，凡在京五品以下官已实授者，三年考满，即给诰敕封赠，永为成规。今国子监博士、助教，从八品，三考任满称职，止加从七品俸，俾之复职，散官仍旧。及至六考任满称职，又不加俸升用，老于学官，情实可悯。乞如诸司职掌，赐应升从七品散官，敕命仍掌博士、助教事，得承显父母之恩，当益励忠孝之道。'又言：'学校教养人材，固当讲习经史，进修德业，至于书数之学，亦当用心。近年生员止记诵文字以备科贡，其于字学算法，略不晓习。既入国监，历事诸司，字画粗拙，算数不通，何以居官莅政？乞令天下学校生员兼习书算，从提调正官、按察司、巡按御史考试，庶几生徒才可致用。'上谓行在吏部臣曰：'其言皆有理。自今国子监博士助教考满称职者，必升用。生员亦令兼习书算。'"

十月

改行在礼部尚书兼华盖殿大学士张瑛为南京礼部尚书兼职如故。命行在户部尚书兼谨身殿大学士陈山专授小内使书。（据《馆阁漫录》卷二）

帝制《猗兰操》赐大臣，勉以荐贤为国。《明宣宗实录》卷五十九"宣德四年冬十月丙戌（十三日）"："上出御制《猗兰操》，赐诸大臣。序曰：'昔孔子自卫反鲁，隐居谷中，见兰之茂，与众草为伍。自伤不逢时，而托为此操。朕虑在野之贤，有未出者，故亦拟作其词。'曰：'兰生幽谷兮，晔晔其芳。贤人在野兮，其道则光。嗟兰之茂兮，众草为伍。於乎贤人兮，汝其予辅。'又谕之曰：'荐贤，为国大臣之道，卿等宜勉副朕意。'"

常州府同知张宗琏卒。琏字重器，吉水人，甲申进士。以庶吉士迁刑部主事。先帝擢左中允，上进大理寺丞，改常州，爱民如子。御史李立，清军苛甚，琏争之，不受，忿死。部民归其丧，至数千人，祠于江阴。（据《国榷》卷二十一）

宣宗临视文渊阁赐诗。《明宣宗实录》卷五十九"宣德四年冬十月庚辰（初七）"："上临视文渊阁，少傅杨士奇，太子少傅杨荣，太子少保金幼孜，学士杨溥、曾棨、王直、王英，侍读李时勉、钱习礼，侍讲陈循等侍。上命典籍取经史，亲自披阅。与士奇等讨论，已询以时政，从容密勿者久之。命中官出尚膳酒馔，赐士奇等，并赐纂修实录官。士奇等叩首谢。上曰：'朕闻有道之朝，愿治之主，崇礼儒硕，讲求治道。卿等为朕傅保，与诸学士皆处秘阁，朕躬至访问，冀有所闻耳。稍暇当复至。卿等必有所陈论也。'已而亲制诗赐士奇等，诗曰：'秘阁弘开当异隅，充栋之积皆图书。仙家蓬山此其处，上与东璧星相符。罢朝闲暇一临视，衣冠左右环文儒。琼琚锵锵清响振，宝鼎馥馥香烟敷。维时日上扶桑初，始看曈昽绚绮疏。忽已粲烂明金铺，从容燕坐披典谟。大经大法古所训，讲论启沃良足娱。朝廷治化重文教，旦暮切磋安可无。诸儒志续汉仲舒，岂直文采凌相如？玉醴满赐黄金壶，勖哉及时相励翼。辅德当与夔龙俱，庶几致治希唐虞。'"

十一月

夏原吉献诗鸣盛。《忠靖集》卷三《瑞雪诗》序："钦惟皇帝御宇以来，天地清宁，雨旸时若，民康物阜，政肃化行，诚雍熙太平之盛世也。乃宣德己酉冬仲十一月，正一阳之将复，日丁乙卯，上天同云，瑞雪随降，盖以彰来岁丰稔之兆，天道孚应，圣心悦怡，遂制歌诗，昭示臣下，仍锡以酒馔，共乐清时。臣等叨列班行，躬睹盛事，虽薄德谫才，不足以赞扬休美，然欣忭之余，不容自默。谨拜手稽首而献诗。"

十二月

任命诸给事中。工部司务秦瓛、莱州教授高超、常州训导张昶、济阳训导张璘、武康训导姚璧俱为行在监察御史，进士郭瑾、姚铣、李原缙、龚全安、叶颖、邓仑为给事中。（据《国榷》卷二十一）

明宣宗宣德五年庚戌（公元1430年）

正月

太宗、仁宗两朝实录成，参与修纂者赏赐有差。《明宣宗实录》卷六十一"宣德五年正月壬戌（二十一日）"："进两朝实录。"《馆阁漫录》卷二："正月壬寅朔。癸亥，以太宗皇帝、仁宗皇帝两朝实录成，赐监修官太师、英国公张辅，少师兼行在吏部尚书蹇义、少保兼太子少傅、行在户部尚书夏原吉，总裁官少傅、行在兵部尚书兼华盖殿大学士杨士奇，太子少傅、行在工部尚书兼谨身殿大学士杨荣，太子少保、行在礼部尚书兼武英殿大学士金幼孜，太常寺卿兼行在翰林院学士杨溥，白金各一百两，彩币各六表里，织金罗衣各一袭，马各一匹并鞍；续至总裁官行在户部尚书陈山、礼部尚书张瑛，白金各六十两，彩币各五表里，织金罗衣各一袭；纂修兼考校官左春坊大学士兼行在翰林院侍读学士曾棨、右春坊大学士兼行在翰林院侍讲学士王英、右春坊右庶子兼行在翰林院侍读学士王直、左春坊左谕德兼行在翰林院侍读周述，行在翰林侍读李时勉、钱习礼，侍讲余学夔、陈循、蒋骥，白金各五十两，彩币各四表里，素罗衣各一袭；纂修官侍讲蔺从善，修撰苗衷、曾鹤龄、张洪、刘永清，编修周叙、孙曰恭、杨敬，检讨王雅、杨翥，五经博士陈继、户部主事陈中、行在四川道监察御史张叔刚、福建布政司右参议潘文奎、四川重庆府荣昌县知县万节、浙江衢州府儒学教授丘锡、陕西汉阴县儒学教谕梁萼，白金各四十两，彩币各三表里，素罗衣各一袭；催纂官行在礼部主事张习，誊写正本兼录稿官行在礼部郎中朱晖、行在吏部郎中程南云、行在礼部郎中陈景茂，行在吏部员外郎宣嗣宗、夏衡，行在中书舍人俞宗大、陆友仁、萧湘、罗渊、张益，白金各二十五两，彩币各二表里，素罗衣各一袭；誊写副本兼录稿官行在中书舍人宋琰、黄振宗、干需、凌寿、胡濙、刘铉、胡宜衡、解祯期，行在大理寺右寺副丘宗、杨玹，白金各二十两，彩币各二表里，素罗衣各一袭；续至誊写副本兼录稿官行在吏部主事苏鉴、行在中书舍人周崇厚，白金各十五两，彩币各一表里，素罗衣各一袭；誊稿及稽考参对官行在翰林院修撰邢宽、蒋礼、胡穜，编修刘矩、裴纶、陈询、梁禋，检讨许彬、连智、马信、周贵，孔目沈寅，行在中书舍人王璜、寇厚、胡宗蕴，行在礼部郎中黄养正、礼部主事王观、行在大理寺左寺副洪益中、右寺副邵遄，续至誊写副本官行在中书舍人庞叙，白金各十五两，彩币各一表里，素罗衣各一袭；收掌文籍官行在翰林院检讨胡让，典籍李锡、牛麟、张礼，白金各十两，彩币各一表里，素罗衣各一袭。"

陈继进检讨。《东里续集》卷九《送陈嗣初诗序》："今上嗣大宝，诏修两朝实录，简为史官。嗣初操存正，识见明。所叙述，直而约，婉而严，得《书》《春秋》之法。信良史也！书成，进官检讨。"

夏原吉卒，年六十五。追赠太师。《东里续集》卷九《少保户部尚书赠特进光禄大夫太师谥忠靖夏公神道碑铭》："两朝实录成，赐白金、织金罗衣、文绮表里、鞍马，赐宴。明旦，入谢，暮归第得疾，遂薨，宣德五年正月廿七日也。寿六十有五岁。上闻讣，震悼。遣礼部尚书胡濙赐祭，赠特进光禄大夫太师，赐谥忠靖……喜为诗，四方士重公名，得其一篇一咏，藏以为荣。"杨溥《忠靖集序》："诗文平实雅淡，不事华靡。观者亦可想见其为人也。"

二月

令杨士奇草宽恤之令。《殿阁词林记》卷十三《视草》："宣德五年二月，上御南济宫，召杨士奇谕曰：'吾欲下宽恤之令，今独与尔商之。然吾未能悉知，尔当效助益。'遂命内侍具楷笔。上曰：'免灾伤税粮，当是首事，闻民间亏欠畜马驴骡，所司追偿甚迫，民计无出，亦甚艰难，部官坐视不言。'对曰：'陛下圣念及此，生民之幸，然所当宽恤者，殆非此两事。'因言百姓积年负欠薪刍，及采办买办之物，所司责偿甚急；各处官田起科不一，而租额皆重，苏州尤甚，细民至于逃徙；部符下郡县，一概派征，非出产处，百姓数十倍价买纳；刑狱冤滥者多；工匠之弊，四方远近，每户不闻几丁，悉征在京，多为所管之人私役；南方运粮甚艰，而仓廪无关防，奸人盗窃，动辄数万。若此者，请有以处之。上以为然，即令草敕，明旦颁行。遂令尚膳赐馔。敕谕既下，上闻众心悦戴，召士奇赐钞二千缗、文绮二端及羊酒。士奇叩首受赐。上笑曰：'薄用润笔耳。'"

命右春坊大学士王英、翰林院侍读钱习礼为行在礼部会试考官。取中陈诏等一百人。《明宣宗实录》卷六十三：宣德五年二月，"戊寅，命右春坊大学士王英、翰林院侍读钱习礼为行在礼部会试考官，赐宴于本部"。癸巳，"行在礼部奏：会试天下举人，得中式者陈诏等一百人"。查继佐《罪惟录》志卷十八《科举志》："宣德五年庚戌，试贡士，得陈诏等一百人，赐林震、龚锜、林文等及第、出身有差。时《试录》，礼部尚书称总提调，兼知贡举，革掌行科举文字，执事官由举人称贡士，赋《策士歌》示读卷官。"

三月

林震、林文、龚锜等进士及第、出身有差。选萨琦、逯端等八人为翰林院庶吉士，令王直为之师，常提督教训。此为明代正式创立庶吉士教习制度之始。《明宣宗实录》卷六十四：宣德五年三月，"乙卯，上御奉天门策试举人陈诏等一百人，制曰：'朕奉天命，嗣祖宗大位，期与天下咸跻雍熙。惟帝王之政，必有其要。舜绍尧治，申命稷契，夏商周迭兴，授田建学，稽古可见矣。我太祖高皇帝肇造鸿业，太宗文皇帝中兴邦家，仁宗昭皇帝恭己守成，孜孜爱人，三圣一心，重农事，崇学教，其法精备。朕恪谨继述，于兹有年，然犹田里未皆给足，风俗未底刑措。谓爱民若保赤子也，未尝不致其诚。德化本于躬行也，未尝不慎诸己。为政存乎用人也，牧守之吏，师表之职，未尝不择。何其效之未臻欤？抑别有其道欤？朕励精图理，诸生体用之学，讲明有素，其有可以行者，举要以对，务归中正，将亲览焉。'上临轩发策毕，退御武英殿，谓翰林儒臣曰：'朕于取士，不尚虚文，欲得忠鲠之士为用。其间有若刘蕡、苏辙辈，能直言抗论，庶几所望，朕当显庸之。'于是赋《策士歌》以示诸读卷官云。""丁巳，上亲阅举人所对策，赐林震等一百人进士及第、出身有差。""戊午，赐进士林震冠服银带，余各钞五锭，赐宴于行在中军都督府。""己未，进士林震等上表谢恩。""丙寅，行在吏部奏：会试副榜举人胡志等六百八十九人当授署学正教谕训导。其中尹昌等七十人，告愿入国子监读书者，有例。陈文升年十九，已食廪膳，告还乡依亲读书，旧未有例。上曰：'愿入监者如例。年少愿依亲者，亦从之。彼有志于学，又得在父母之侧，且与平昔师友相琢磨，学亦可进。'""庚午，擢第一甲进士林震为行在翰林院修撰，林文为编修。"《宣德五年进士登科录》："读卷官：荣禄大夫、少师兼吏部尚书蹇义，乙丑进士；荣禄大夫、太傅、兵部尚书兼华盖殿大学士杨士奇，儒士；资善大夫、太子少傅、工部尚书兼谨身殿大学士杨荣，庚辰进士；资善大夫、太子少保、礼部尚书兼武英殿大学士金幼孜，庚辰进士；行在户部尚书郭敦，监生；太子宾客、资善大夫、行在兵部尚书张本，癸酉贡士；资德大夫、行在工部尚书吴中，监生；行在刑部右侍郎施礼，丁丑进士；行在都察院右都御史顾佐，庚辰进士；嘉议大夫、行在太常寺卿兼翰林院学士杨溥，庚辰进士；奉议大夫、左春坊大学士兼翰林院侍读学士曾棨，甲申进士；奉议大夫、右春坊右庶子兼翰林院侍读学士王直，甲申进士。提调官：资善大夫、行在礼部尚书胡濙，庚辰进士；通议大夫、行在礼部左侍郎李嘉。监试官：文林郎、行在河南道监察御史徐训，乙未进士；文林郎、行在广西道监察御史陈鼎，乙未进士。受卷官：行在翰林院编修、文林郎周叙，戊戌进士；行在翰林院编修、文林郎尹凤岐，戊戌进士；征仕郎、行在礼科左给事中汪本，癸未贡士；征仕郎、行在吏科给事中富敬，戊戌进士。弥封官：中顺大夫、行在鸿胪寺卿杨善，增广生员；承事郎、行在户科都给事中卜祯，监生；文林郎、行在兵科都给事中徐初，癸未贡士；征仕郎、行在中书舍人张益，乙未进士。掌卷官：行在翰林院编修、文林郎孙曰恭，甲辰进士；行在翰林院检讨、征仕郎杨翥，儒士；文林郎、行在刑科都给事中贾谅，辛卯贡士；征仕郎、行在工科左给事中薛广，癸未贡士。巡绰官：昭勇将军、行在锦衣卫指挥使王节，昭勇将军、行在锦衣卫指挥使张信，昭勇将军、行在锦衣卫指挥使李顺，怀远将军、行在锦衣卫指挥同知张軏，怀远将军、行在锦衣卫指挥同知王瑜，明威将军、行在锦衣卫指挥金事穆肃。印卷官：奉政大夫、行在礼部仪制清吏司郎中况锺；承德郎、行在礼部仪制清吏司主事史彦坤，监生；行在礼部仪制清吏司主事鲍时，甲辰进士。供给官：奉训大夫、行在礼部仪制清吏司员外郎许敬轩，监生；承德郎、行在礼部仪制清吏司主事陈安，辛丑进士；行在礼部精膳清吏司主事陈奎，甲辰进士；承务郎、行在光禄寺寺丞梁庄。恩荣次第：宣德五年三月十五日早，诸贡士赴内府殿试，御奉天殿策问。三月十七日早，文武百官朝服侍班，是日，行在锦衣卫设卤簿于丹陛丹墀内，御奉天殿，行在鸿胪寺官传制唱名，行在礼部官捧黄榜，鼓乐导引出长安左门外，张挂毕，顺天府官用伞盖、仪从送状元归第。三月十八日，赐宴于行在中军都督府，宴毕，赴行在鸿胪寺习仪。三月十九日，赐状元朝服冠带。三月二十日，状元率诸进士上表谢恩。三月二十一日，诸进士诣孔子庙行释菜礼。□月十九日，行在工部奉□□北京国子监立石题名。"《馆阁漫录》卷二："三月辛丑朔。丁巳，上亲阅举人陈诏等所对策，赐林震等一百人进士及第、出身有差。乙巳，命大学士杨士奇、杨荣、金幼孜曰：'新进士多年少，其间岂无有志于古人者。朕欲循皇祖时例，选择俊秀十数人，就翰林教育之，俾进学励行，工于文章，以备他日之用。卿等可察其人，及选其文词之优者以闻。'于是士奇等选萨琦、逯端、叶锡、陈玑、林补、王振、许南杰、江渊八人以闻。上命行在吏部俱改为庶吉士，送翰林院进学，给酒馔、房舍，月赐灯油钞，悉如永乐之例，复命兵部各与皂隶。上又顾士奇等曰：'后生进学，必得前辈老成开导之。卿等日侍左右，无馀闲，其令学士王直为之师，常提督教训，所作文字，亦为开发改窜。卿等或一两月、或二月一考阅之，使有进益，如一二年怠惰无成，则黜之。'又命礼部尚书胡濙曰：'进士新入翰林，各赐文绮衣一袭、钞三百贯。'庚午，擢第一甲进士林震为行在翰林院修撰，林文为编修。"金幼孜《金文靖集》卷八《赐进士题名记》："宣德五年，适当论造之期。故事，以三月朔旦，天子临轩亲策之。时车驾谒祭先陵，礼部奏请试期，诏更是月望日。先是连日阴雨，及廷试，霁景澄明，士皆欢悦，各罄其所欲言。翌日复雨。传胪之旦，复霁。洎锡宴上表竣事，而雨复作。於乎，非上天敷佑以相文明之运，其曷克若是哉！是科得进士林震等百人，礼部尚书臣濙循旧制请刻石题名，以贻永久。上以命臣幼孜撰文以纪之。"《殿阁词林记》卷十《斋宫》："宣德五年三月，征庶吉士三十人分隶近侍诸衙门，如洪武乙丑之制。次日，引入斋宫，御试止用八人，仍择进士有文望者预试，命题出'取士何以得真才论'，吴节为首，范理第二，皆上所亲裁，在前列者赐白金五两，楮币五十缗，馀有差，杨宁等诏归乡读书。至九年，乃合选二十八人入翰林焉。其在六科为庶吉士者，自廖庄而下多名士。正统后，庶吉士止隶翰林，然考艺出于当宁者罕矣。"

进士胡敬、丁宁，监生李奈、萧清、李雯、苏恒、杨士敏、张清、于奎为行在监察御史。（据《国榷》卷二十一）

乙榜贡士陈文昇乞依亲还乡校，特许之。时例俱授教职，或入太学。（据《国榷》卷二十一）

庚戌科状元林震，系本省解元，会试第二名。沈德符《万历野获编》卷十六《三试三名内》："弇州所记解元状元凡九人，而宣德庚戌科状元林震，则本省解元，其会试又第二，而《盛事述》遗之，仅见于《科试考》。震授修撰，其后事不可考矣。按是科会试止取一百人，首场《论语》出二题，《中庸》出一题，《孟子》竟不出，《论语》止刻一程，《五经》各刻一程，末场五策问中少第三第五对策。此时文字已大备，何以缺略乃尔耶？又解元会元弇州所纪者十一人，而永乐二年甲申科有吉水刘子钦者，以先一年癸未江西第一，会试复冠多士，弇州亦不之载。子钦改庶吉士，丁忧再入翰林，修《永乐大典》，授刑部主事，谪戍广西南丹卫。仁宗登极，用廷臣荐，起江西新淦训导，历聘湖广、福建、应天乡试，岁满请致仕归，年八十八卒于家，其遭际亦奇矣。又甲申科取进士四百七十三人，而弇州《科试考》亦不载，并无刘子钦会元姓名。余向已纪子钦科第，兹因弇州再记之，弇州云：'是科杨相会元。'"

据《宣德五年进士登科录》，第一甲三名，赐进士及第。履历如下：

林震，贯福建漳州府长泰县，民籍。国子生。治《书经》。字敦声，行一，年四十三，十一月初一日生。曾祖贵。祖汝祥。父希大。母张氏。继母萧氏。慈侍下。弟敦仁、敦济、敦德，从弟坤成。福建乡试第六名，会试第十五名。

龚锜，贯福建建宁府建安县，民籍。县学生。治《春秋》。字台鼎，行一，年三十二，正月十四日生。曾祖伯原。祖彦彰。父仁。母张氏。具庆下。弟镛。娶陈氏。福建乡试第十九名，会试第七十六名。

林文，贯福建兴化府莆田县，民籍。国子生。治《诗经》。字恒简，行六，年四十一，十月初五日生。曾祖怀应，元兴化路儒学学录。祖闻喜，任福建税课司大使。父堂。母赵氏。具庆下。弟亮、亢、立、鸾、育。娶刘氏。福建乡试第十二名，会试第十六名。

第二甲三十五名，赐进士出身。履历如下：

杨宁，贯浙江杭州府钱塘县，民籍。直隶徽州府学生。治《春秋》。字彦谧，行一，年三十一，四月二十九日生。曾祖本仁。祖源。父升，任直隶徽州府儒学教授。母袁氏。慈侍下。弟宜。娶曹氏。应天府乡试第六名，会试第十名。

萨琦，贯福建福州府闽县，民籍。儒士。治《易经》。字廷圭，行四，年三十一，二月二十八日生。曾祖野芝，元建昌路总管。祖仲礼，元福建行省检校。父琅。母林氏。具庆下。弟璘。娶刘氏。福建乡试第一百一十二名，会试第四十九名。

林补，贯浙江温州府永嘉县，民籍。国子生。治《书经》。字廷翊，行二，年三十三，八月初九日生。曾祖存诚，祖复中。父思诲。母刘氏。具庆下。兄璟。弟裕。未娶。浙江乡试第六名，会试第四十二名。

蔡云翰，贯江西南安府大庾县，官籍。国子生。治《易经》。字九节，行四，年四十一，七月初九日生。曾祖德荣。祖文兴。父义彰，任碉门税课司大使。嫡母刘氏。生母秦氏。永感下。兄永芳、九皋、九渊。娶谢氏。江西乡试第十二名，会试第六十二名。

程宪，贯直隶徽州府婺源县，民籍。县学生。治《诗经》。字伯度，行一，年三十三，十一月初三日生。曾祖愈谦，元江浙儒学提举。祖宗良。父以诚。母郑氏。具庆下。弟彦佐、彦瑨、彦雄。娶马氏。应天府乡试第十三名，会试第二十名。

郑建，贯福建福州府怀安县，军籍。□学生。治《书经》。字弘中，行四，年二十九，十二月十三日生。曾祖德光。祖以诚。父珤。母潘氏。继母王氏。重庆下。兄济。娶孙氏。福建乡试第二名，会试第七十二名。

陈玑，贯浙江绍兴府诸暨县，民籍。国子生。治《礼记》。字叔衡，行十，年三十三，三月初一日生。曾祖端。祖策。父季海。母沈氏。慈侍下。兄森、霖。娶俞氏。浙江乡试第十六名，会试第六名。

胡奥，贯浙江温州府永嘉县，民籍。县学生。治《易经》。字原邃，行一，年三十八，八月二十四日生。曾祖孝寿，元湖州教授。祖文玉，任本县儒学训导。父东明。嫡母朱氏。生母程氏。慈侍下。弟亩、山。娶陈氏。浙江乡试第二名，会试第十四名。

卢瑛，贯直隶苏州府昆山县，民籍。县学生。治《易经》。字克修，行一，年二十九，十一月二十日生。曾祖熊，任兖州知州。祖彭祖，任礼部主事。父毓俊。母卫氏。慈侍下。兄瑞。弟璋、琼、珣。娶朱氏。应天府乡试第三十七名，会试第二十二名。

刘武，贯福建兴化府莆田县，民籍。国子生。治《书经》。字士宪，行二，年三十八，八月初十日生。曾祖元。祖隆。父诚。母卢氏。具庆下。兄文。娶吴氏。福建乡试第七名，会试第八十一名。

方熙，贯福建兴化府莆田县，民籍。国子生。治《书经》。字孟明，行一，年三十六，十一月初三日生。曾祖逢。祖宁。父观。母陈氏。继母林氏。具庆下。弟熊、烈、焘、黑、熏、杰。娶林氏。福建乡试第二十一名，会试第五名。

许南杰，贯浙江绍兴府余姚县，民籍。国子生。治《礼记》。字俊才，行四，年二十九，二月二十四日生。曾祖绍德。祖闰卿。父孟祯。母王氏。具庆下。兄南乔、南木、南英。娶方氏。浙江乡试第二十一名，会试第十七名。

熊炼，贯江西南昌府进贤县，民籍。县学生。治《诗经》。字学渊，行八，年三十三，九月十五日生。曾祖甫。祖伯刚。父东昇。母刘氏。永感下。兄鉴、铸、镒。娶陶氏。□□乡试第十二名，会试第五十五名。

丁伦，贯江西临江府新淦县，民籍。儒士。治《易经》。字子庠，行一，年三十三，十月二十九日生。曾祖智山。祖寿远。父彦珍，任福建泰宁县儒学训导。母赖氏。慈侍下。娶郭氏。江西乡试第二名，会试第七十三名。

陈诏，贯浙江处州府青田县，民籍。国子生。治《书经》。字廷询，行二，年三十九，三月十一日生。曾祖俊卿。祖德载。父荣与，任宁国县丞。母厉氏。慈侍下。兄廷训。弟廷刚、廷谦。娶叶氏。浙江乡试第十名，会试第一名。

陆奇，贯河南汝宁府光州，民籍。国子生。治《春秋》。字仲谟，行二，年三十六，十一月初十日生。曾祖高。祖寿。父荣。母何氏。永感下。兄崇。娶王氏。再娶王氏。河南乡试第七十九名，会试第五十名。

李若林，贯广东潮州府潮阳县，民籍。县学生。治《书经》。字若林，行三，年三十三，九月二十一日生。曾祖崇华。祖东野。父玄泰。母林氏。具庆下。兄若思、若初。娶杨氏。□□乡试第二名，会试第九名。

吴文，贯江西抚州府崇仁县，民籍。国子生。治《礼记》。字克章，行二，年三十八，九月二十日生。曾祖伯衍。祖永和。父季沂。母饶氏。严侍下。兄克宽。娶袁氏。江西乡试第三十九名，会试第十一名。

吴节，贯江西吉安府安福县，军籍。县学生。治《春秋》。字与俭，行四，年三十四，十二月十六日生。曾祖定翁。祖玄初。父观凯。母王氏。慈侍下。从兄与让、与粟、与洁。娶易氏。再娶李氏。江西乡试第一名，会试第二名。

区贤，贯广东广州府南海县，民籍。国子生。治《诗经》。字德夫，行二，年三十六，五月初十日生。曾祖远昌。祖原礼。父宗受。母吴氏。慈侍下。兄谦。弟义、敬。娶刘氏。广东乡试第一名，会试第六十四名。

赖世隆，贯福建汀州府清流县，民籍。儒士。治《书经》。字德受，行二，年二十九，七月十九日生。曾祖季宗。祖复兴。父添贵，任伴读。母曾氏。具庆下。兄世昌。娶徐氏。顺天府乡试第九名，会试第八十七名。

刘实，贯江西吉安府安福县，民籍。县学生。治《书经》。字加秀，行十四，年三十五，十月二十五日生。曾祖复初。祖尚贤。父伯武。母高氏。慈侍下。兄遵迪、遵晦、遵敏。娶李氏。江西乡试第四十八名，会试第十八名。

杨祖，贯江西抚州府崇仁县，民籍。国子生。治《礼记》。字自新，行二，年三十七，十月二十七日生。曾祖荣可。祖宝叔。父思立。母黎氏。继母吴氏。具庆下。弟辉。从弟自成、应宗。娶饶氏。江西乡试第一百一十四名，会试第七十名。

高峻，贯江西饶州府余干县，民籍。国子生。治《礼记》。字行安，行一，年三十五，九月二十七日生。曾祖宗文。祖彦名。父拱北。母胡氏。重庆下。弟峤、嶷、嶒。娶吴氏。江西乡试第一百九十名，会试第二十六名。

叶遄，贯浙江处州府青田县，民籍。国子生。治《春秋》。字尹齐，行十，年三十九，九月十五日生。曾祖彦泽。祖自谦。父必纯。母夏氏。具庆下。兄尹迪。娶潘氏。浙江乡试第十三名，会试第四十一名。

逯端，贯浙江杭州府仁和县，民籍。直隶常州府武进县学生。治《书经》。字颐正，行二，年二十二，八月二十三日生。曾祖师颜，元江浙省员外郎。祖原臣，元江浙省都事。父宏，任武进县儒学训导。母吴氏。具庆下。兄善。从兄让。娶陆氏。应天府乡试第十九名，会试第六十三名。

毛羽，贯浙江衢州府江山县，民籍。县学生。治《易经》。字凤仪，行五十六，年三十，十月二十三日生。曾祖宁静。祖仁民。父克中。母姜氏。永感下。兄景安、景祥。娶徐氏。浙江乡试第四十一名，会试第八十二名。

张淑，贯云南云南府昆明县，官籍。国子生。治《书经》。字子善，行一，年二十七，四月十八日生。曾祖忠。祖贤。父节，任徐州知州。母胡氏。继母李氏。慈侍下。弟安、智、淋。娶王氏。云南乡试第二十名，会试第五十四名。

李彬，贯河南开封府祥符县，民籍。国子生。治《易经》。字以中，行一，年三十五，三月初七日生。曾祖安，元襄阳府教授。祖延中，任广西右布政。父谦。母杨氏。具庆下。弟端、缓、和。娶王氏。河南乡试第二十二名，会试第三十四名。

江渊，贯四川重庆府江津县，民籍。县学生。治《春秋》。字时用，行三，年三十，十二月初六日生。曾祖文友。祖必达。父英，任云南左参议。母周氏。慈侍下。兄汉、浩。弟淮、洪、济、深。娶董氏。四川乡试第十四名，会试第九十九名。

夏铭，贯四川重庆府涪州，民籍。州学生。治《诗经》。字自铭，行二，年三十七，十月二十九日生。曾祖应隆。祖朝可。父先。母刘氏。继母余氏。严侍下。兄诚。弟谦、初节。娶蒲氏。四川乡试第二名，会试第九十二名。

罗宁，贯直隶淮安府安东县，军籍。儒士。治《诗经》。字士宁，行一，年二十九，正月十一日生。曾祖均宝。祖起宗。父拱，任河南左参议。母黄氏。具庆下。弟荣、华。娶王氏。河南乡试第四十七名，会试第四十三名。

王偡，贯浙江台州府临海县，民籍。国子生。治《书经》。字维翰，行四，年三十六，四月二十八日生。曾祖德集。祖谷平。父彦祯。母赵氏。具庆下。从兄仅、傅、做。弟俨、佐、儅、俭、仪、偓。娶孙氏。浙江乡试第四十五名，会试第四十五名。

邓让，贯江西吉安府庐陵县，民籍。县学生。治《诗经》。字敏巽，行二，年二十九，四月二十日生。曾祖仁山，元石城教谕。祖用文。父顺吾。母陈氏。继母孙氏。慈侍下。兄悦。弟开、止。娶王氏。江西乡试第七名，会试第二十九名。

王复，贯直隶苏州府昆山县，民籍。县学生。治《易经》。字从道，行一，年三十九，十二月初二日生。曾祖德兴。祖叔瑜。父逊，任监察御史。母蔡氏。慈侍下。娶张氏。应天府乡试第二十八名，会试第七名。

第三甲六十二名，赐同进士出身。履历如下：

陈浩，贯山西平阳府吉州，军籍。州学生。治《易经》。字宗海，行一，年二十四，六月二十六日生。曾祖敬夫。祖忠，任沧州吏目。父惟言，任陕西秦安县丞。母王氏。继母李氏。具庆下。弟洪。娶霍氏。山西乡试第二名，会试第九十一名。

王复，贯浙江宁波府慈溪县，官籍。儒士。治《诗经》。字逢吉，行十三，年三十三，七月初七日生。曾祖元浩。祖桓，任卢氏县知县。父曛，任金溪县知县。母张氏。慈侍下。兄来，任新建县儒学教谕。弟鼎、谦。娶郑氏。浙江乡试第十九名，会试第八名。

陈员韬，贯浙江台州府临海县，民籍。县学生。治《诗经》。字从熙，行二，年三十二，八月初八日生。曾祖和可。祖濬圭。父泰生。母李氏。具庆下。兄韫。弟韡、睿。娶金氏。浙江乡试第三名，会试第三十八名。

范镕，贯江西抚州府临川县，军籍。国子生。治《书经》。字九鼎，行一，年三十五，闰九月初七日生。曾祖仁卿。祖仲祥。父启宗。母黄氏。具庆下。从弟九畴、隆孙、仙寿。娶周氏。江西乡试第一百十二名，会试第六十九名。

王玉，贯山东东昌府高唐州武城县，军籍。易州学生。治《易经》。字廷器，行三，年二十九，六月初二日生。曾祖盛刚，元百户。祖成，赠工部员外郎。父士嘉，任工部郎中。母桑氏，封宜人。具庆下。兄子英；子杰，阴阳训术。弟子玙。娶宋氏。顺天府乡试第二名，会试第四十四名。

卫淳，贯山西平阳府曲沃县，民籍。河南归德州学生。治《书经》。字宗元，行一，年三十四，十一月初一日生。曾祖添祥。祖从政。父溥，任归德州儒学训导。母吉氏。继母郭氏。慈侍下。弟静、武、文。娶田氏。河南乡试第五名，会试第十二名。

萧维祯，贯江西吉安府庐陵县，民籍。县学生。治《诗经》。字维祯，行一，年二十五，二月十六日生。曾祖复心。祖乐存。父不敏。母周氏。重庆下。弟经、纶。从弟缉、缊。娶刘氏。江西乡试第十七名，会试第十三名。

叶锡，贯浙江温州府永嘉县，民籍。国子生。治《书经》。字玄圭，行一，年三十四，六月十七日生。曾祖楳。祖诚。父寿。母李氏。慈侍下。弟熙、秩、畴。娶吴氏。浙江乡试第□名，会试第三十三名。

廖庄，贯江西吉安府吉水县，军籍。儒士。治《诗经》。字安止，行六，年二十八，十二月二十五日生。曾祖秀卿。祖与贤。父孟素。母黎氏。具庆下。兄翔、璋、信、观、胖。弟常。娶李氏。江西乡试第一百二十三名，会试第二十名。

时纪，贯河南开封府通许县，军籍。县学生。治《书经》。字德宪，行三，年二十七，八月初十日生。曾祖伯贞。祖彦诚，元万户。父泰，任江西右参政。母董氏。慈侍下。兄纯、纲。娶沈氏。河南乡试第十四名，会试第九十名。

石孟康，贯浙江台州府天台县，民籍。县学生。治《书经》。字孟康，行一，年二十九，十二月初六日生。曾祖惟善。祖彦昭。父永明。母童氏。具庆下。弟平暠。娶赵氏。浙江乡试第九名，会试第五十一名。

胡端祯，贯江西吉安府吉水县，军籍。县学生。治《易经》。字端祯，行四，年三十二，十一月十四日生。曾祖叔。祖士能。父时昭。母王氏。慈侍下。兄正、吉。弟玉。娶罗氏。江西乡试第八十八名，会试第十九名。

贺宗，贯湖广长沙府湘乡县，军籍。县学生。治《礼记》。字敬祖，行一，年三十九，四月十六日生。曾祖汝隆。祖应明。父汉源。母胡氏。具庆下。弟志宜、志常、志容、志宽、志宾、志宣。娶何氏。湖广乡试第三十四名，会试第四十六名。

刘昭，贯山西潞州，民籍。国子生。治《礼记》。字克明，行一，年三十四，十月二十八日生。曾祖伯原。祖文益。父彦威。母李氏。继母牛氏。具庆下。弟著、昉、名。娶郭氏。山西乡试第四名，会试第一百名。

金贵，贯直隶广平府邯郸县，民籍。县学生。治《书经》。字用和，行一，年三十八，五月二十六日生。曾祖忠。祖诚。父志刚。母杨氏。慈侍下。弟资。娶江氏，再娶马氏。北京行部乡试第七十一名，会试第八十四名。

陈惠，贯浙江宁波府鄞县，匠籍。国子生。治《诗经》。字泽民，行一，年二十七，十二月二十四日生。曾祖德茂。祖尹英。父尚文。母张氏。具庆下。娶张氏。浙江乡试第二名，会试第六十八名。

卢茂，贯直隶大名府濬县，民籍。国子生。治《书经》。字景芳，行一，年三十八，十一月二十七日生。曾祖志荫，元湖广蕲州判官。祖白，任兴国州税课局大使。父士贤。母姜氏。具庆下。弟盛、苀、蓁。娶张氏，再娶崔氏。北京行部乡试第八十六名，会试第五十七名。

吴宁，贯直隶徽州府歙县，民籍。府学生。治《春秋》。字永清，行三，年三十二，三月初七日生。曾祖雷应。祖景文。父仕仁。母许氏。永感下。兄永受、永固。娶汪氏。应天府乡试第五十七名，会试第二十一名。

谢牧，贯江西吉安府安福县，民籍。国子生。治《诗经》。字谦牧，行二，年三十八，十月二十七日生。曾祖俊卿。祖颜良。父尚哲。母刘氏。具庆下。兄谦则。弟谦亨、谦执、谦光、谦吉。娶刘氏。江西乡试第三十六名，会试第三十二名。

程敬，贯四川叙州府宜宾县，民籍。国子生。治《易经》。字孟庄，行一，年三十二，十月十七日生。曾祖希信。祖伯龄。父宗。母罗氏。具庆下。从兄敬祖、绍心。弟敏。娶薛氏。四川乡试第三十二名，会试第九十八名。

元亮，贯河南彰德府汤阴县，民籍。陕西商县学生。治《书经》。字克昭，行二，年二十七，五月二十一日生。曾祖瓛。祖赐，任汤阴县学训导。父英，任商县学训导。母卫氏。具庆下。兄寅。弟弘。娶王氏。□□乡试第二名，会试第九十六名。

虞瑛，贯陕西汉中府南郑县，民籍。儒士。治《易经》。字廷瓛，行三，年二十五，八月二十二日生。曾祖良，元殿中侍御史。祖询，任温州府知府。父进，任宗人府经历。母齐氏。慈侍下。兄瑞、瑋。弟瑄、琮。娶牟氏，再娶李氏。应天府乡试第三十七名，会试第七十七名。

张清，贯四川重庆府巴县，民籍。县学生。治《春秋》。字子澄，行一，年二十二，四月初六日生。曾祖元庆。祖英。父文聪。母陈氏。具庆下。弟深、濬。娶龙氏。四川乡试第二十一名，会试第八十六名。

叶儒林，贯浙江台州府宁海县，民籍。国子生。治《礼记》。字子贤，行二，年四十六，四月二十四日生。曾祖士忠。祖谷才，任永丰县知县。父原贞。母夏氏。慈侍下。兄如木。弟如森、如彬。娶倪氏。应天府乡试第八十五名，会试第三十七名。

柳华，贯直隶苏州府吴县，民籍。国子生。治《书经》。字彦辉，行二，年三十六，十月二十九日生。曾祖庆二。祖寿之。父宗仁。母杨氏。慈侍下。兄景芳。娶沈氏。应天府乡试第六名，会试第七十八名。

朱良暹，贯浙江温州府永嘉县，民籍。国子生。治《易经》。字士英，行三，年四十一，三月十六日生。曾祖文海。祖恭。父思庭。母倪氏。继母程氏、洪氏。慈侍下。兄铎、瓘。弟鼎、沼、滔、雍。娶陈氏。浙江乡试第五十五名，会试第四十名。

范理，贯浙江台州府天□县，民籍。县学生。治《诗经》。字士伦，行四，年二十三，十二月十八日生。曾祖叔文。祖彦善。父起宗。母潘氏。慈侍下。兄士德、士详、士清。未娶。浙江乡试第一名，会试第三名。

徐璟，贯河南汝宁府光山县，民籍。县学生。治《易经》。字世良，行二，年三十五，七月二十八日生。曾祖彝。祖文得。父胜达。母刘氏。具庆下。兄辉。弟瑛、琏、碧、玉、琎。娶张氏。河南乡试第一百二十六名，会试第二十八名。

汤鼎，贯直隶庐州府无为州，民籍。国子生。治《书经》。字玉铉，行一，年二十五，三月初一日生。曾祖和卿，元贵池教谕。祖仲仁。父源。母张氏。慈侍下。从弟从善。娶史氏。应天府乡试第五十七名，会试第三十九名。

罗绮，贯河南彰德府磁州，民籍。州学生。治《易经》。字尚絅，行一，年二十一，正月二十九日生。曾祖进忠。祖信。父真。母江氏。具庆下。弟绣、纹、缙、绅、纶。娶李氏。河南乡试第二名，会试第六十七名。

沈翼，贯直隶淮安府山阳县，军籍。府学生。治《诗经》。字克敬，行三，年三十九，正月初八日生。曾祖孟贤。祖思仁。父仲和。母庄氏。继母张氏。具庆下。兄彦良、彦德。弟敏、政。娶张氏。应天府乡试第三十一名，会试第七十九名。

赵忠，贯直隶苏州府长洲县，匠籍。县学生。治《礼记》。字行恕，行二，年二十七，二月十三日生。曾祖由瑶，元□□州知州。祖宜濬。父学礼。母陈氏。慈侍下。兄敬。娶莫氏。应天府乡试第三十八名，会试第六十一名。

徐铎，贯四川成都府简县，民籍。国子生。治《书经》。字文振，行三，年三十六，四月二十九日生。曾祖承祖，元安庆路同知。祖子明。父应隆。母王氏。具庆下。兄锺、镛。弟鉴、钰、镜、鏬。娶张氏。四川乡试第一百四十三名，会试第六十六名。

张睿，贯河南开封府鄢陵县，民籍。县学生。治《诗经》。字志通，行五，年二十七，三月二十六日生。曾祖成甫。祖显道，元税课局大使。父著。母刘氏。慈侍下。兄谦，任代州知州；濬；哲；聪。弟智。娶蒲氏。河南乡试第三名，会试第八十三名。

张枳，贯直隶苏州府长洲县，民籍。府学生。治《春秋》。字起韶，行二，年三十，三月十九日生。曾祖泽。祖适，任工部郎中。父收。母韩氏。严侍下。兄敬。娶周氏。应天府乡试第四十四名，会试第五十六名。

张皙，贯河南开封府项城县，民籍。开州学生。治《书经》。字希贤，行二，年二十六，三月十八日生。曾祖士敬。祖贵。父均，任邢台县学教谕。母赵氏。具庆下。兄智。弟普、曾、会、鲁、翯。娶宋氏。北京行部乡试第十名，会试第四十八名。

胡澄，贯江西抚州府乐安县，民籍。国子生。治《礼记》。字用霖，行四，年四十三，十月二十五日生。曾祖绍卿。祖仕泰。父仲政。母杨氏。慈侍下。兄用舟。弟用楫、用璋、用珩。娶詹氏。江西乡试第一百二十八名，会试第八十名。

薛希琏，贯浙江处州府丽水县，民籍。县学生。治《诗经》。字庭器，行七，年三十二，八月初二日生。曾祖延。祖福参。父道铭。母方氏。永感下。兄希表、希进、希远。弟希通。娶詹氏。浙江乡试第七十八名，会试第九十七名。

李贵，贯陕西凤翔府凤翔县，民籍。府学生。治《书经》。字玉瓒，行二，年三十，十月十九日生。曾祖祐。祖得林。父荣。母王氏。具庆下。兄质。弟资、赏。娶刘氏。陕西乡试第十六名，会试第七十五名。

王通，贯直隶淮安府山阳县，民籍。府学生。治《诗经》。字文达，行一，年四十一，九月初二日生。曾祖甫。祖志善。父顺卿。母马氏。永感下。弟文贵。娶冯氏。应天府乡试第六十八名，会试第八十九名。

牛顺，贯河南彰德府临漳县，民籍。国子生。治《礼记》。字致和，行三，年三十六，三月十八日生。曾祖昇。祖□，元镇抚。父清庆。母杨氏。具庆下。兄玘、刚。娶秦氏。河南乡试第七十八名，会试第九十五名。

陈立，贯山东济南府泰安州，军籍。国子生。治《易经》。字务本，行二，年四十一，五月初一日生。曾祖直兴。祖大亨。父忠。母李氏。具庆下。兄瑛。弟纲、昭、志。娶甄氏。山东乡试第十二名，会试第八十五名。

李素，贯山西平阳府解州安邑县，军籍。县学生。治《书经》。字尚文，行一，年十九，七月二十八日生。曾祖钧恕。祖彦深。父仲麟。母宋氏。重庆下。弟绘、经。娶赵氏。山西乡试第二十五名，会试第三十六名。

毛宗鲁，贯山东莱州府掖县，军籍。府学生。治《诗经》。字师曾，行四，年二十四，四月十八日生。曾祖时敏，元黄梅县尹。祖镛，任商河县学教谕。父寅。母彭氏。具庆下。兄英、雄、俊。娶荆氏。山东乡试第二十六名，会试第七十一名。

宋杰，贯直隶保定府定兴县，军籍。县学生。治《礼记》。字廷英，行二，年二十八，十月十一日生。曾祖飞卿。祖甫贤。父拣，任山东茌平县典史。母李氏。具庆下。兄仪。娶牛氏。山东乡试第一百四十二名，会试第八十八名。

杨昉，贯陕西西安府兴平县，军籍。国子生。治《诗经》。字彦明，行二，年三十五，十二月二十八日生。曾祖谷宝。祖文琇。父玉成。母张氏。继母张氏。具庆下。兄林。娶王氏。陕西乡试第一名，会试第二十五名。

解贯，贯直隶永平府抚宁县，军籍。国子生。治《诗经》。字宗道，行一，年四十一，八月二十九日生。曾祖唐轾。祖人美。父大。母刘氏。慈侍下。弟赟。娶马氏，再娶孙氏。顺天府乡试第七十八名，会试第五十九名。

张文，贯福建福州府怀安县，民籍。县学生。治《易经》。字从周，行一，年二十八，七月初一日生。曾祖致申。祖时中。父济。母郑氏。严侍下。娶李氏。福建乡试第二十一名，会试第五十三名。

李瑾，贯陕西西安府临潼县，民籍。县学生。治《书经》。字廷璧，行三，年二十八，九月初七日生。曾祖从善。祖德。父骥，任湖广沅州同知。母邓氏。慈侍下。兄瓒、琛。弟璟。娶翟氏。陕西乡试第十二名，会试第三十名。

宋琏，贯江西临江府新淦县，民籍。嘉兴府学生。治《春秋》。字殷征，行一，年二十七，八月二十七日生。曾祖观礼。祖贯之。父完子。母周氏。具庆下。弟礼征、吾征、能征、言征、足征。娶龙氏。浙江乡试第十名，会试第六十五名。

邓履纯，贯江西吉安府吉水县，民籍。府学生。治《诗经》。字不二，行一，年四十，十月二十七日生。曾祖存道。祖思敬。父复初。母黄氏。具庆下。娶李氏。湖广乡试第十四名，会试第五十二名。

齐整，贯河南开封府祥符县，匠籍。县学生。治《书经》。字文肃，行二，年三十八，八月十七日生。曾祖允恭。祖子中。父彦诚。母王氏。具庆下。兄信。娶周氏。河南乡试第五十二名，会试第六十名。

万霁，贯江西吉安府安福县，民籍。县学生。治《春秋》。字季丙，行三，年四十五，三月初一日生。曾祖泰轩。祖启吾，元白沙镇巡检。父静安。母刘氏。永感下。兄震、霈。从弟节，辛丑进士。娶刘氏。江西乡试第二十七名，会试第三十一名。

李玺，贯湖广衡州府耒阳县，军籍。县学生。治《诗经》。字潮用，行一，年二十四，十一月十三日生。曾祖添富。祖政，任山东掖县主簿。父轵。母孙氏。慈侍下。弟文。娶曾氏。湖广乡试第二十四名，会试第七十四名。

白琼，贯河南南阳府新野县，民籍。儒士。治《诗经》。字廷贵，行一，年三十二，九月二十五日生。曾祖得。祖原。父威，任山东安邑县知县。母营氏。慈侍下。弟璟、瑄、瓒、瑛、琦。娶赵氏。山西乡试第一百四十八名，会试第四十七名。

李棠，贯浙江处州府缙云县，民籍。国子生。治《易经》。字宗楷，行七，年三十一，八月二十九日生。曾祖德大，元美化书院山长。祖古澹。父袭。母应氏。继母杨氏。具庆下。弟樯、会、英、棠。娶郑氏。浙江乡试第四名，会试第九十四名。

王振，贯湖广荆州府公安县，军籍。国子生。治《书经》。字伯宣，行三，年三十六，九月十二日生。曾祖琦。祖文才。父贵华。母孙氏。慈侍下。兄思聪、思忠。娶张氏。□□乡试第四十三名，会试第二十四名。

冯显宗，贯山西沁州武乡县，军籍。县学生。治《诗经》。字□昌，行一，年二十四，正月三十日生。曾祖世良。祖庸，湖广夷陵州判官。父翊，陕西鄠县儒学训导。母王氏。慈侍下。弟振宗、胤宗、嗣宗。娶赵氏。山西乡试第七名，会试第三十五名。

范宗，贯浙江台州府临海县，民籍。国子生。治《易经》。字宗器，行二，年三十五，十月初八日生。曾祖子全。祖仲善。父居安。母许氏。慈侍下。兄宗蕴。弟宗辉。娶王氏。顺天府乡试第四十一名，会试第四名。

冷遂南，贯四川重庆府合州铜梁县，军籍。县学生。治《易经》。字光远，行一，年二十六，五月初四日生。曾祖均恕。祖珉。父志荣。母罗氏。具庆下。弟斗南、彦南、方南。娶张氏。四川乡试第一名，会试第五十八名。

徐忠，贯四川保宁府剑州江油县，民籍。县学生。治《书经》。字仕信，行二，年四十一，十一月二十四日生。曾祖文惠。祖友敬。父志仁。母李氏。永感下。兄顺。娶苟氏。四川乡试第二十三名，会试第九十三名。

刘清，贯顺天府宛平县，富户籍。府学生。治《书经》。字傲殷，行一，年二十九，十二月二十九日生。曾祖明达。祖世昌。父礼勖。母萧氏。慈侍下。弟傲薰、庆、晏、秉、长。娶胡氏。顺天府乡试第四十九名，会试第二十二名。

据《**宣德五年进士登科录**》，**本年殿试策问试题为**："皇帝制曰：朕奉天命，嗣祖宗大位，期与天下咸跻雍熙。惟帝王之政，必有其要。舜绍尧治，申命稷契，夏商周迭兴，授田建学，稽古可见矣。我太祖高皇帝肇造鸿业，太宗文皇帝中兴邦家，仁宗昭皇帝恭己守成，孜孜爱人，三圣一心，重农事，崇学教，其法精备。朕恪谨继述，于兹有年，然犹田里未皆给足，风俗未底刑措。谓爱民若保赤子也，未尝不致其诚；德化本于躬行也，未尝不慎诸己；为政存乎用人也，牧守之吏、师表之职，未尝不择。何其效之未臻欤？抑别有其道欤？朕励精图理，诸生体用之学，讲明有素。其有可以行者，举要以对，务归中正，将亲览焉。"

状元林震对策全文如下："臣对：臣闻致治之道，以教养为先，而教养之道，当以得人为要。盖农桑所以养民，学校所以教民，是二者衣食之本、风化之源，而君人者不可不以此为先务也。昔孔子之论治道，曰既富矣，而必曰教之。孟子之论三政，必以均田制、兴学校而为说者，夫岂无征之空言哉？然非得人，亦无以行之。故又曰，为政在人焉。洪惟太祖高皇帝肇造鸿业，太宗文皇帝中兴邦家，仁宗昭皇帝恭己守成，列圣相继，实同一心。其重农事而田制有等则之均，崇教化而有学校之建。方今皇上嗣登宝位，励精图理，乃进臣等于廷，降赐清问，远举唐虞三代教养之道，近述祖宗列圣勤民之政，且自期以咸跻雍熙而恪谨继述。臣有以知皇上是心，即祖宗列圣之心也，即尧、舜、禹、汤、文、武之心也。臣虽愚陋，敢不精白一心，以对扬圣天子之休命乎？臣闻自古帝王为治之道，不越乎教养而已。养所以厚民之生，教所以成民之性，二者兼举而治道备矣。故尧自唐侯特起为帝，其致治之道固非一端也，而必先命稷契以任教养之职焉。舜以重华绍尧致治，其仁民之政亦非一事也，而必申命稷契播时百谷，敬敷五教焉。是以唐虞之时家给人足，而比屋可封□□矣。迨夫夏商周之迭兴，其养民则有田产□□焉，其教民则有学校之政焉。《传》所谓夏后氏五十而贡，殷人七十而助，周人百亩而彻，制虽不同，其实皆什一者，无非所以养乎民也。所谓夏曰校，殷曰序，周曰庠，学则三代共之，名虽不一而皆以明人伦者，无非所以教乎民也。是以三代之时，治隆俗美，人人有士君子之行者，抑岂无所本哉？然是道也，我国家列圣相承，六十余年之间，天下太平，四海宁谧，出作入息，怡然于饱食暖衣之余，父慈子孝，蔚然于礼乐教化之内，其治效之隆，固已方驾唐虞，而超轶三代矣。迨至皇上，宵旰孜孜，于教养之务，尤加之意焉。故爱民若保赤子，则心之爱者诚矣，而田里未皆给足，教化本于躬行，则谨诸己者至矣，而风俗未底刑措，此非皇上之心有所未尽也，殆承流宣化，职任师儒者之未尽得其人也。盖知人之实，自古为难，□□虽未尝不审，然论笃者未免为色庄，静□□每至于庸□，才优于赵魏老者又不可以□□大夫也。□而诚能精择吏部之官，而公行铨选之法，慎简风宪之任，而务尽考察之实，使郡守县令皆如龚黄卓鲁之辈，则户口增、田野辟而烝民莫不粒食矣，何患田里之未皆给足乎？职任学校者皆如胡瑗之教苏湖，则教化行、善人多而风俗莫不丕变矣，何患天下之未底刑措乎？臣草茅贱士，于明体适用之学讲之未至，皇上所以策臣者，欲举其要而可以行者，臣故敢昧死以得人为要之说为皇上陈之也。伏愿皇上垂仁采纳，特加宽宥。臣不胜战栗，臣谨对。"

榜眼龚锜对策全文如下："臣对：臣闻农桑学校，王政之所先；任贤使能，君道之当务。盖贤才者，人君资之以辅治者也。贤才用于上，则治效著于下，安有农桑之不举、学校之不修乎？是知为治固在于教养，而教养又在于得人也。钦惟太祖高皇帝肇造鸿业，抚有六合，太宗文皇帝绍承大统，中兴邦家，仁宗昭皇帝嗣膺宝图，恭己守成，□□重农事、崇学校，其法精备，超迈古昔，□□天位，缵□□烈，循治古之良规，继述之美，有光于前。歌风仪兽舞之治者，莫不沐浴其膏泽，乐鸢飞鱼跃之天者，靡不渐摩乎仁义，而犹曰田里未皆给足，风俗未底刑措，乃进臣等于廷，降赐清问，远稽唐虞三代教养之法，欲行之今日，以臻乎治效之隆。臣有以见陛下不自满足之心、询于刍荛之意也。臣敢不拜手稽首，以对扬圣天子之休命乎？臣谨因圣策所及而陈之。夫养民莫重于授田，教民莫先于建学，非制田里以养民，则无以遂其生，非建学校以教民，则无以复其性。大哉教养之道乎！其所以为治天下之要道乎？粤稽诸古，大舜绍尧致治，恭己无为，命稷以播百谷，五谷熟而人民育，命契以敷五教，五教明而风俗美。迨夫三代，授田建学，亦无不备。以其授田而言，夏后氏五十而贡，殷人七十而助，至周则通用贡、助之法□□之彻；以其建学而言，夏有东序、西序，商有左学、右学，至周则法制加详焉。是以唐虞三代，□□出作入息，不知帝力之加，敏德迁善，而造皇极之域，治化之盛，诚非后世之所能及也。洪惟陛下法祖为治，而用人尤谨，屡敕有司，治尚宽仁，修举政事，盖欲任牧守者皆如龚黄卓鲁，而养民之心无以加；简择生徒，选任学官，盖欲为师表者皆如周程张朱，而教民之意无以尚。家给人足，而九叙惟歌，教化大行，而刑措不用，于今而见之。然犹策臣，谓别有其道，臣以为法祖用贤之外，岂复有他道哉？臣于终篇愿有献焉。盖心者，万化之原、万事之本，而治道之所由出也。前圣之重农事、崇学校者，此心也。陛下诚心以爱民、躬行以率下者，亦此心也。臣愿陛下始终此心，始终此道，则始终此治。唐虞三代之盛，端在于□□□。臣不揣凡庸，敢陈愚见，惟□□□□胜怖惧之至，臣谨对。"

探花林文对策全文如下："臣对：臣闻为治之道莫先于教养，教养之政莫先于得贤。盖民非养则无以厚其生，非教则无以复其性。苟不得贤以行教养之政，又安能尽为治之道哉？自古帝王，体天致治，任君师之寄者，未尝不以教养为先，得贤为要也。钦惟皇上禀聪明睿智之资，备圣神文武之德，膺天命之隆眷，嗣□□洪业，孜孜焉以养民为心，切切焉以教民为□，□天所覆，无一夫而不遂其耕食□□饮之乐，日月□□霜露所坠，无一人而不遂□□父慈子孝之□。□已治矣，而犹虑其未治，民□安矣，而犹虑其未安。复进臣等于廷，而以唐虞三代教养为问。臣知皇上是心，即尧、舜、禹、汤、文、武之心，欲使斯民为唐虞三代之民也。臣敢不精白一心，以对扬圣天子之休命乎？粤稽有虞之君，绍陶唐之治，虑百姓之阻饥也，则命稷为田正之官，播时百谷，使斯民皆得其养；虑百姓之不亲也，则命契典司徒之职，敬敷五教，使斯民皆复其性。当是时也，黎民于变，万邦有咸宁之效。至于三代迭兴，以言其田制：夏后氏一夫授田五十亩，每夫计其五亩之入以为贡；商人始为井田，以六百三十亩之地画为九区，区七十亩，中为公田，其外八家各授一区，但借其力以助耕公田，而不复税其私田，故谓之助；周人百亩而彻，乡遂用贡法，都鄙用助法，耕则通力合作，收则计亩均分。其田之制虽不同，而所以厚民生则同也。以言其学校：夏曰东序、西序，殷曰左学、右学，至周则法□加详：一曰□□，夏学也，以养国老，冬读书则在焉；二曰□□□也，以养庶老，春夏学干戈，秋冬学羽籥，□□成论说，则在焉；三曰瞽宗，殷学也，以祭乐祖，春诵、夏弦、秋学礼则在焉；四曰天子辟雍、诸侯泮宫，周学也，在郊以释奠先师、出征受脤、反告献馘则在焉；五曰成均，四代之所共也。其学之名虽不一，而所以明人伦则一也。当是时也，兆民允殖，比屋有可封之俗，此唐虞三代皆以教养为先，而致治效之隆也。我太祖高皇帝龙飞淮甸，统一六合，扫胡元之弊政，兴昭代之文明，参酌古典，因时制宜，虽不法井而民皆有田，轻徭薄赋，敦本尚实，所以养之者厚矣。首务建学，而民皆有造，躬行实践，建中立极，所以教之者至矣。歌凤仪兽舞之治者，咸囿于春风和气之中；乐鱼跃鸢飞之化者，咸席于景星庆云之下。其治效之隆，与唐虞三代同一揆也。太宗文皇帝中兴家邦，仁宗昭皇帝恭己守成，农事之重，心乎□□□□，学政之崇，法乎□□□□同，恪谨继述，心体□□心治法□□治，田制一遵乎成宪也，然劝课之政益勤，蠲租之诏屡下。学校一率乎旧章也，然劝督之法必严，教养之方益精。衣则思民之寒，食则思民之饥，其爱民若保赤子之诚矣。先民以孝弟，导民以礼乐，其德化本乎躬行之实矣。牧守者，生民休戚所系，必择龚、黄、卓、鲁之材以居之；师表者，风化盛衰所关，必择胡瑗程颐之学以任之。是皆皇上已行之政、已验之效，犹且曰田里未皆给足、风俗未底刑措，欲臣举要以对。臣又知皇上谦退不足之心，即大舜好问好察、大禹不自满假之心也。臣惟为政固在于用人之当，得人尤在于考核之公，何则？选曹乃人物之铨衡，风宪为百司之表率，使居是任者，诚能秉至公之心，择适用之材，精鉴博采，既已得而任之，而又循名责实，以行劝惩黜陟之典，□□□□□严敕之，则任教养之职者□□□□□□□益辟，何患民之未足，风□□□□由是而益厚，何患刑之未措哉？臣学不足以明体适用，才不足以博古通今，谨以是为献，伏惟皇上万几之暇，少垂睿览，臣谨对。”

会试副榜举人愿入国子监如例，年少愿依亲者亦从之。《明宣宗实录》卷六十四：宣德五年三月丙寅，“行在吏部奏：‘会试副榜举人胡志等六百八十九人，当授署学正、教谕、训导。其中尹昌等七十人告愿入国子监读书者有例。陈文升年十九，已食廪膳，告还乡依亲读书，旧未有例。’上曰：‘愿入监者如例。年少愿依亲者亦从之。彼有志于学，又得在父母之侧，且与平昔师友相琢磨，学亦可进。’”陆容《菽园杂记》卷二：“新举人朝见，着青衫，不着襕衫者，闻始于宣宗有命，欲其异于岁贡耳。及其下第送国子监，仍着襕衫，盖国子学自有成规也。”

准国子监吏郭弘免役还乡。《明宣宗实录》卷六十四：宣德五年三月，“壬戌，国子监吏郭弘奏，臣本监生，永乐十二年以历事勤谨，吏部引选，因疾步趋不前发充吏，屡诉年老，有司不准。今臣年六十有八，乞免役还乡。上谓行在吏部臣曰：‘近时凡吏之老疾者，悉放免，何独此人不免？假令有过，谪之为吏已十余年，可使之老死刀笔乎！’即放遣归”。

四月

令移文促监生周琮等九百人速还国子监。《明宣宗实录》卷六十五：宣德五年夏四月，“辛巳，行在礼部尚书胡濙奏：监生周琮等九百人给假省亲还乡，违限有半年、一年以上者，贪恋乡土，请逮治之。上曰：‘人情固是恋土，然亦有父母在，不忍远离者。但移文趣之。’”

杨荣进少傅。《明宣宗实录》卷六十五：“甲申（十四日），升太子少傅工部尚书兼谨身殿大学士杨荣为少傅，尚书大学士兼职如故。”

以两朝实录成，升擢曾棨、王直等。《馆阁漫录》卷二：“四月辛未朔。甲申，升太子少傅、工部尚书兼谨身殿大学士杨荣为少傅，尚书、大学士如故。乙酉，杨荣奏：‘今蒙圣恩升臣少傅，仍兼尚书、学士二职，三俸兼支，愿辞学士俸，其少傅俸如前于原籍关支，在京止关尚书俸。’从之。两朝实录成，升纂修官左春坊大学士兼翰林侍读学士曾棨为詹事府少詹事，仍兼翰林侍读学士，右春坊大学士兼翰林侍讲学士王英、右春坊右庶子兼翰林侍讲（读）学士王直为少詹事，英仍兼侍讲学士，直仍兼侍读学士，左春坊左谕德兼翰林侍读周述为左庶子，仍兼侍读，侍读李时勉、钱习礼俱为侍读学士，侍讲蒋骥、陈循俱为侍讲学士，侍讲蔺从善为司经局洗马，修撰刘永清、邢宽、胡穜为侍讲，蒋礼为左春坊左中允，编修周叙、孙曰恭、杨敬为修撰，检讨王雅、杨翥、许彬、周贵为编修，五经博士陈继为检讨，典籍张礼为行人司行人，孔目沈寅为司经局正字，行在四川道监察御史陈叔刚为翰林修撰，儒士邹循为待诏，生员朱铨为侍书，行在礼部郎中蒋晖、行在吏部郎中程南云升从四品禄，兼翰林侍书，行在吏部员外郎夏衡、宣嗣宗为本部郎中，参议潘文奎令致仕，行在礼部主事张习、王观，行在吏部主事苏鉴、户部主事陈中，俱为本部员外郎，行在大理寺左寺副洪益中为左寺正，右寺副丘宗、杨玹、邵暹为右寺正，中书舍人萧湘、张益、凌寿、胡宜衡为左评事，解祯期、周崇厚、王璜、寇厚为右评事，知县万节为左寺副，教授丘锡为建昌府学教授，升正九品禄，教谕梁莘为衢州府学教授，办事吏翁选等十人俱为县丞。翰林侍讲余学夔当升，自陈老疾，乞致仕，从之。"

以任满考称，升擢曾鹤龄等。《馆阁漫录》卷二："丙辰，以任满考称，升行在翰林修撰曾鹤龄为本院侍读；检讨连智、胡让，待诏周迪、行在中书舍人朱祚，俱为行在翰林院修撰；典籍牛麟、李锡为检讨；行在中书舍人吴馀庆为右春坊右中允，仍治中书舍人事。擢进士龚锜为行在翰林院编修。锜与林震皆第一甲进士，授官之日有疾，至是痊愈，始命之。"

五月

宣宗以郡守多不称职，特擢况钟等九人为知府。《明鉴纲目》卷二："纲：夏五月，擢郎中况钟（字伯律，靖安人）等九人为知府，赐敕遣之。目：帝以知府多循资格，不称任，会雄剧地九郡缺守，命大臣举京官廉能者用之，乃擢钟（知苏州）及郎中赵豫（字定素，安肃人，知松江），莫愚（临桂人，知常州），罗以礼（桂阳人，知西安），员外郎陈本深（字有源，鄞人，知吉安），邵旻（知武昌），马仪（知杭州，二人史皆失其里系），御史何文渊（字巨川，广西人，知温州），陈鼎（新兴人，知建昌）等，皆赐敕，俾驰驿之任。其冬，复用薛广等二十九人，亦如之。后钟等皆著声绩，有居官至一二十年者。吏称其职，民安其业，一时烝烝称极盛焉。（苏松邻郡，况钟在苏州，其为政务锄豪强，植良弱，兴利除害，不遗余力，民有'况太守，民父母'之歌。赵豫在松江，一意拊循，与民休息，在职十五年，尤以恺悌称。及去，老稚攀辕，留一履以志遗爱。时论谓钟为能吏，而豫为循吏云。）"

进士严恭、陈悌、魏淡、邵宏誉、孙泓，监生韩伟、张玉为行在监察御史。（据《国榷》卷二十一）

六月

行在兵科给事中李本请减少学校教官，不从。《明宣宗实录》卷六十七：宣德五年六月己卯，"行在兵科给事中李本言：'近者天下学校精选生徒，定其额数，府学六十人，州县学或四十人、三十人。教官亦宜减。旧府设三员，州县止二员，则官不冗滥，廪不虚糜。'上谓尚书胡濙等曰：'教官不患冗，患不得人耳。'"

复遣郑和使西洋。《明通鉴》卷二十："上以践阼岁久，而诸番国远者尚未朝贡，乃命和及中官王景弘等复奉命历忽鲁谟斯等十七国。和历事三朝，凡先后七奉使，所历凡三十余国，所取无名宝物不可胜计，而中国耗费亦不赀。故俗传'三保太监下西洋'为明初盛事云。"

复陈璲南京通政使，罢摄国子监。时服阕来朝。（据《国榷》卷二十一）

左春坊左司谏郭济为滕王纪善。居数年改行人，使谕安南。正统初，出知镇江。年七十余，卒官。（据《国榷》卷二十一）

七月

行在礼部右侍郎蒋骥（1378—1430）卒。《馆阁漫录》卷二："七月乙丑，行在礼部右侍郎蒋骥卒。骥字良夫，浙江钱塘人。由进士授行人。永乐初，预修高庙实录，升翰林检讨。修《永乐大典》，为副总裁。仁宗皇帝即位，升左春坊左司直郎。上即位，升翰林侍讲，同考礼部会试。预修两朝实录成，赐白金文绮，升侍讲学士。无几，又升礼部右侍郎，视事几二旬，得疾遽卒。"

进士季在修、吴晟，监生许义、刘睿、秦俊为南京监察御史。（据《国榷》卷二十一）

八月

宣宗与杨溥论人才教养之道。《日知录》卷九"人才"条："《实录》言，宣德五年八月丙戌（十八日），上罢朝御文华殿，学士杨溥等侍。上问：'庶官之选，何术而可以尽得其人？'溥对曰：'严荐举，精考课，何患不得。'上曰：'近代有罪举主之法。夫以一言之荐，而欲保其终身，不亦难乎？朕以为教养有道，人材自出。汉董仲舒言，素不养士，而欲求贤，犹不琢玉而求文采。此知本之论也。徒循三载考绩之文，而不行三物教民之典，虽尧舜亦不能以成允厘之治矣。'"

丁丑，遣少傅杨荣释奠先师孔子。癸巳，赐少傅杨荣诰命，加封其三代及妻。甲午，行在吏部奏户部尚书兼詹事黄福九载任满，上命复职。（据《馆阁漫录》卷二）

九月

升北京国子监博士汪奉、许子谟为翰林院检讨，仍理博士事。《明宣宗实录》卷七十：宣德五年九月，"甲寅，升北京国子监博士汪奉、许子谟为翰林院检讨，仍理博士事。时行在吏部言：'旧例国子监官九载考满者，但复职增俸，奉等已经三考，应复职。'上曰：'国子监官，有例复职，固是优待儒者。但他官九载俱升职，学官独不升乎？'遂升奉等为翰林院检讨，仍理博士事。又曰：'若教官中有学术才识出众者，尤当不拘资格拔擢，勿谓儒者不可用。'"《国榷》卷二十一："（宣德五年九月）甲寅，北京国子监博士汪奉、许子谟为翰林院检讨，仍监事。监生杨英为南京刑科给事中，杨信民、张纪为行在工、刑科给事中。"

重定教官考绩标准，量减解额。《明宣宗实录》卷七十：宣德五年九月壬寅，"巡按湖广监察御史陈博言：'洪武、永乐中，设科取士，不拘名数。比来钦定解额，务得真才，不许滥选。若教官满九年，仍依旧数计其功绩为难，乞与量减。'上命廷臣议之。行在吏部尚书郭琎、礼部尚书胡濙等官上议曰：'教官考满，以举人多寡为升降。教授，旧例举人九名为称职，四名为平常，不及四名为不称职。今定五名为称职，三名为平常，不及三名为不称职。学正，旧例六名为称职，三名为平常，不及三名为不称职。今定三名为称职，二名为平常，不及二名为不称职。教谕，旧例三名为称职，二名为平常，不及二名为不称职。今定二名为称职，一名为平常。训导，旧例三名为称职，二名或一名为平常。今定一名为称职，不及者皆为不称。凡称职者升，平常者职如故，不称者降。'从之"。

升北京国子监博士黄胤宗、助教郭俊为翰林院检讨，仍理博士、助教事。翰林院编修锺瑛服阕，复职。（据《馆阁漫录》卷二）

以周忱为工部侍郎，巡抚南畿。《明鉴纲目》卷二："纲：秋九月，以周忱为工部侍郎，巡抚南畿。目：帝以天下财赋多不理，而江南尤甚，思得才力大臣往厘之，乃用大臣荐，擢忱巡抚南畿，兼督税粮，许便宜行事。（忱浮沉郎署，几二十年，稍迁越府长史。及是以杨荣荐，遂被擢用。）忱至，即召父老，访悉逋税故，设法以次理之。时苏州逋赋最多（积至八百万石），而赋额亦较他府独重，官民田租共二百七十余万石，而官田乃至二百六十二万石。民不能堪，帝屡诏减之。忱与知府况钟，曲算累月，减至七十二万余石，他府亦以次减，民困获甦。（先是胡㮣为巡抚，用法严。忱一切治以简易，凡告讦，辄不省，或面讦忱：'公不及胡卿。'忱笑曰：'胡卿敕旨，在驱除民害，朝廷命我，但云抚安军民，委寄正不同耳。'及在江南既久，与吏民相习，若家人父子，每行村落，屏去驺从，与农夫饷妇相对，从容问疾苦，为之商略处置。其驭下，虽卑官冗吏，悉开心访纳。遇长吏有能者，则推诚与咨画，务尽其长，故事无不举。尝相视水利，督浚昆山、嘉定诸浦，时以匹马往来江上，见者不知为巡抚也。始与忱同命者，北畿山东曹弘，湖广吴政，由员外郎。江西赵新，浙江赵伦，由郎中。河南、山西于谦由御史。皆擢侍郎，为巡抚，而忱与谦任最久，政绩亦最著。○于谦，字廷益，钱塘人。）"

监察御史于谦擢为侍郎。《明宣宗实录》卷七十"宣德五年九月丙午（初八）"："监察御史于谦为兵部右侍郎。"《明史》于谦传："出按江西，雪冤囚数百。疏奏陕西诸处官校为民害，诏遣御史捕之。帝知谦可大任，会增设各部右侍郎为直省巡抚，乃手书谦名授吏部，超迁兵部右侍郎，巡抚河南、山西。"

彭韶（1430—1495）生。据《见素集》卷十九《明资善大夫太子少保刑部尚书彭惠安公神道碑》："生宣德庚戌九月二十二日。"韶字凤仪，莆田人，天顺丁丑进士。除刑部主事，历官都察院右佥都御史。巡抚苏松，召入为大理寺卿，累转刑部尚书。卒赠太子少保，谥惠安。有《从吾滞稿》。《椒邱文集》卷二十八《赠太子少保彭惠安公祠堂碑》："世家莆田之涵口，自少庄重好学。稍长学问该洽，议论醇正，一时学者皆推重之。"

十一月

户部右侍郎段民改南京刑部右侍郎。（据《国榷》卷二十一）

国子监学正陈颜知惠州。（据《国榷》卷二十一）

十二月

巡按监察御史梁轸请优免陕西、宁夏等卫儒学生徒徭役。（据《明宣宗实录》卷七十三"宣德五年十二月壬辰"条）俞汝楫《礼部志稿》卷七十："宣德五年，巡按监察御史梁轸言：'陕西、宁夏等卫，洪武间设儒学，上置教授一员，专教军职子弟，读《百将传》、《武臣大诰》，以为讲武保身之策。永乐间，旗军亦遣子入学，一如府、州、县讲读经书应举，亦尝得人，以资任用。然文庙未有祭祀，生徒亦无优免徭役之例。乞令如府、州、县学同，仍命御史、按察司官出巡之日依例考核，则人知所激劝，文风可振，而边俗丕变矣。'"

杨士奇赋诗颂瑞。《东里续集》卷五十四《瑞星诗》序："宣德五年冬十二月二十有一日夜，含誉星见于九游，大如弹丸，色黄白，光耀有彗。钦天监言，占法：含誉瑞星，为君上施孝德，兴礼乐，人民和悦，夷狄奉化来朝之应。于是群臣忻悦抃舞，皆以为皇上圣德所感，国家隆盛永远之庆。奉表上贺，圣心谦抑，推而弗居，且赐玺书，戒励弥至。盖与夏禹之不矜不伐，商宗之严恭寅畏，同一大德也。臣忝执笔预侍从，敬赋四言诗一篇，纪述盛美，谨录上进，伏惟电览焉。"据《四库全书存目丛书》子部第102册何孟春《余冬序录》卷六十《闰部》卷五："晋《天文志》，瑞星凡五。宋中兴《天文志》，瑞星十有二。详减不一，其三则皆曰'含誉'。宣德五年冬，是星见于九游。朝臣表贺，上谦不居，赐之玺书，相为戒饬。时杨文贞公在阁，进诗一章，有曰'宣德庚戌，月维己丑，其日丁亥，夕瑞在酉。大星如丸，九游之旁，有彗若射，金玉其煌。厥名含誉，太史敷奏，百辟嵩呼，贺祥献寿。皇德仁圣，谦让是崇，归功穹祇，归功祖宗，归功圣母，亦及臣子。申命饬励，敬哉无怠'数句，善写圣君之心。"

襄府左长史周孟简卒。孟简吉水人，永乐甲申进士第三，授翰林编修。仁宗擢詹事府丞，改襄府。年五十。（据《国榷》卷二十一）

本年

以武选沿于世胄，不任用，诏所在荐举有谋而勇力过人者。（据查继佐《罪惟录》志卷十八《科举志·武科举》）

周瑛（1430—1518）生。瑛字梁石，莆田人，成化己丑进士，授广德知州。迁礼部郎中，出为抚州知府，改镇远，历四川参政，擢布政使。有《翠渠摘稿》七卷。《翠渠摘稿》卷八《自撰蒙中子圹志》：“蒙中子，兴化府莆田县人，姓周氏，名瑛，字梁石。自谓学无所就，其中蒙，故号‘蒙中子’。又喜《贲》上九，敦尚质素，不为华伪，学而未能，号曰‘贲道人’。又与族人凿渠种莲以居，号‘翠渠’。‘翠渠’之号，颇行于时。”（按：《周易》之《贲》上九：白贲，无咎。《象》曰：白贲，无咎，上得志也。）《见素集》卷十九《翠渠周公墓志铭》：“公生镇海，长于莆，神鉴耀古，博学善文，往往有奇悟。”

明宣宗宣德六年辛亥（公元 1431 年）

正月

罗伦（1431—1478）生。伦字应魁，改字彝正，永丰人，成化丙戌赐进士第一，授翰林修撰。坐论事贬泉州市舶副提举，寻召还复职，改南京。有《一峰文集》。《医闾集》卷四《一峰罗先生墓志铭》：“国朝巨儒罗先生，讳伦，字应魁，改字彝正，号一峰……以宣德辛亥正月十一日生，先生生时有奇祥。甫五岁，尝随母入园收果，长幼竞取，独赐而后受。年七岁，善耕先生训于庭，不匝月而童蒙诸书咸遍。明年学于里师，时乏书，里师令遍逐诸生授读，诸生未成句读，而先生皆已成诵。尝牧樵，则携书读之。自幼勤学，定省之余，未尝释卷。年十四，授徒于乡，以资亲养。”《明史》罗伦传：“罗伦，字彝正，吉安永丰人。五岁尝随母入园，果落，众竞取，伦独赐而后受。家贫樵牧，挟书诵不辍。及为诸生，志圣贤学，尝曰：‘举业非能坏人，人自坏之耳。’知府张瑄悯其贫，周之粟，谢不受。居父母丧，逾大祥，始食盐酪。”

行在兵部尚书兼太子宾客张本卒。本字致中，东阿人。洪武中监生，知江都县。降文皇帝，擢守扬州，事平，拜江西右参政，亡何，进工部左侍郎，坐累谪交阯。仁皇召拜刑部右侍郎，议狱得情。及即位，拜本兵，振举积废。上令兼户部，精心兴革。尚刻少恕，其鞠高煦余党，虽胁从不免也。年六十五。予祭葬，复其家。（据《国榷》卷二

十一）

二月

丁酉，遣北京国子监祭酒贝泰释奠先师孔子。（据《明宣宗实录》卷七十六）

任命诸监察御史。丁酉，行人司副轩輗，行人张聪，判官傅诚，知县刘谦、戴谦，县丞李实，教谕陈颢，训导倪杰，监生张仲华、姜永、张斐为行在监察御史。进士吴桐生、张祺、黄文政、吴名，监生郑嘉、朱铎、曹斌为南京监察御史。（据《国榷》卷二十一）

董越（1431—1502）生。《怀麓堂集》卷八十五《明故资政大夫南京工部尚书赠太子少保谥文僖董公墓志铭》："公讳越，字尚矩。生五岁失怙，为母氏所鞠。及弱冠，极力供养。以其暇学举子业，补府学生。天顺己卯，举乡贡。试礼部辄不利，卒业国监。攻苦力学，虽敝巾垢服，名隐隐起侪辈间……其生宣德辛亥二月十六日。"

宣宗赐诗蹇义、杨士奇、杨荣等。《馆阁漫录》卷二："二月丙申朔。乙巳，召少师蹇义，少傅杨士奇、杨荣，尚书胡濙，至文华后殿，谕之曰：'昨日恭侍太后进寿筋，太后甚欢，朕及暮还宫，不觉亦醉。既觉而思，仰荷上天眷佑，祖宗庆泽，圣母之教训，今田谷屡丰，天下粗安，得朝夕侍奉圣慈，遂天伦之乐，可为幸矣。又念国事赖卿等旦夕同心协虑。'遂出御制诗赐义等，再赐特宴云。己未，升国子监助教张山观为翰林检讨，仍理助教事。行在翰林院检讨陈纪、秦初服阕，复职。"

国子监助教张山观加翰林院检讨。行在工部主事魏本、高应为顺天应天府治中。训导薛谦、王永和、朱纯，进士耿九畴，监生张振、栾恽、章良民、陈常、郑以诚为给事中。以诚南京。（据《国榷》卷二十一）

巡抚侍郎赵新上五事：曰仪真设坝，曰置提学官，曰提问贪官，曰开豁通钞，曰询察军屯。上悉从之。（据《国榷》卷二十一）

三月

命考察外官。《明鉴纲目》卷二："纲：辛亥六年，春三月，命考察外官。自布政、按察二司始。"

四月

设万全都司儒学。《明宣宗实录》卷七十八："宣德六年夏四月丙辰，设万全都司儒学。时万全都司奏：所属官军子弟，宜设学校教育。上命如大宁都司例设儒学，置教授一员，训导二员。"

命求贤应举官四十三人，会官考试授职。（据《国榷》卷二十一）

翰林院编修李真引疾，改高州教授。（据《国榷》卷二十一）

五月

北京国子监生吴昌等，年深者令出身，年浅者令历事。《明宣宗实录》卷七十九："宣德六年五月乙酉，行在兵部尚书许廓言：'本部先选北京国子监生吴昌等清理军伍籍册，今已二年，欲照例送吏部选用。然其间入监有久近不同。'上曰：'年深者，令出身。年浅者，令历事，如例考用，著为令。'"

巡按四川监察御史王翱上便宜五事：……曰立社学，曰轻罪纳粟，会川卫银场给饷。上悉行之。（据《国榷》卷二十一）

六月

南京礼部请仍照洪武三十年以前例选拔贡生：府学每年贡二人，州学二年三人，县学一年一人。从之。《明宣宗实录》卷八十：宣德六年六月辛酉，"南京礼部言：比因国子监生众多，令天下学校悉依洪武三十年贡额，府学一年贡一人，州学二年贡一人，县学三年贡一人。今监生入仕者多，在监者少，兼有差遣，欲仍照洪武三十年以前例，自宣德七年为始，府学每年贡二人，州学二年三人，县学一年一人，庶足任使。上从其言"。

新建行在礼部成，赐宴落成之。《馆阁漫录》卷二："六月癸巳朔。戊申，新作行在礼部成，锡宴落成之，命公、侯、驸马、伯、都督、尚书、侍郎、都御史、学士、祭酒，及通政司、大理寺、太常寺、光禄寺、鸿胪寺掌印官及本部属官皆与焉。"

任命诸监察御史。蕲州判官萧亮、古藤知县任敬敏、安宁知县熊翰、留守中卫经历顾理、任丘教谕刘淳，进士郑夏，监生许敏、廖文昌、唐慎、王雯、何广为行在监察御史。（据《国榷》卷二十一）

七月

除学录一员，教习新驸马都尉李铭、焦敬、王谊。（据《国榷》卷二十一）

八月

益都县丞何恭、祁阳教谕冯履、清平教谕胡清、清江教谕朱良、武宁训导徐观为行在给事中。（据《国榷》卷二十一）

以九年任满，升行在翰林院编修朱孔旸为左春坊左中允。（据《馆阁漫录》卷二）

赵王高燧薨。王母仁孝皇后。初封彰德，寡学好武事，留守北京，多进邪说。永乐

七年，诛长史顾晟，选国子司业赵季通、董子庄为长史，讲经论史，改节易行。（据《国榷》卷二十一）

十月

升行在翰林院修撰苗衷为侍读，编修刘矩为修撰。（据《馆阁漫录》卷二）《国榷》卷二十一："宣德六年十月庚申，行在翰林院修撰苗衷为侍读，编修刘矩为修撰，兴化训导朱应、昌化训导康振为行在礼吏科给事中。"

任命诸监察御史。建昌府检校周廉、新建教谕王来、常宁教谕贾进、丽水训导陈濬、南昌训导黄润玉，监生张谦、史鉴、朱纯、郑昱为监察御史。谦、鉴、纯、昱皆南京。（据《国榷》卷二十一）

十一月

宣宗撰诗，颂太祖、太宗、仁宗功德。《馆阁漫录》卷二："十一月壬戌朔。癸亥，上御文华殿，召少傅杨士奇、杨荣，学士杨溥入侍。上曰：'朕念我仁祖积德累善，笃生太祖皇帝，继天立极，创业垂统。太宗皇帝汛扫奸回，再安宗社。皇考仁宗恢弘治化，增高累厚，以固鸿业。朕承天位，夙夜不忘。《记》曰："先祖有美而不知，不明；知而不传，不仁。"是用撰述成诗，揭之座上，朝夕览观，勉图继述，庶几永保天命。今以刻石特赐卿摹本，卿当思我祖宗开创之难，守成之不易，尽心辅朕，国家安，卿等亦与享荣利。'士奇稽首受赐。诗凡九章，上自序之，其文曰：'昔者胡元之季，上天厌之，眷求圣德，俾作民主。我仁祖皇帝有纯粹之性，诚一之心，蕴至仁而弗骛，笃大义而不炫，体正而养和，履醇而抱洁，循乎自然，安乎天顺，盖动与天游，静与道俱，《易》所谓大人、《鲁论》所谓至德者也。用集天命，大开厥祥，笃生我太祖皇帝，其仁如天，其智如神，道冠百王，德侔五帝，汛扫六合，绥宁万邦，正天纪，立人极，诗书礼乐之华，典章法度之懿，超越隆古矣。皇祖太宗皇帝以大德承大统，神武赫著，圣神弘施，近悦远来，内安外服，茂勋鸿烈，允光于前。皇考仁宗皇帝丕宣大猷，恢章美化，仁恩惠泽，益广益深，是以普天之下，莫不尊亲，同心爱戴，至于今日。顾予菲薄，克遂承继，揆度所自，厥有明征，实由仁祖皇帝源本之隆，肆太祖皇帝开创之大，而我皇祖、皇考得以恢廓而维持之，万世之业所由定也。列圣之德，与天为一，谨叙述为诗九章，以昭后世。诗曰：上天信崇高，临下明以赫。元季政昏乱，帝用厌夷狄。眷求令德宗，视乃善庆积。需然启其祥，疆宇俾开辟。一章。恭惟我仁祖，躬备大圣德。天性禀纯粹，温恭而允塞。笃志在仁义，兼亦贵稼穑。宝玉之所藏，山川被光泽。二章。维时属遭屯，畎亩足自适。进退与道俱，德行怀贞白。皇天鉴昭晰，宝命所由锡。笃生太祖圣，配天立人极。三章。海内如鼎沸，土壤分割析。苍生靡怙恃，俯伏毙毒螫。仗剑起濠梁，奉天拯焚溺。再驾定东南，一举下西北。四章。旷哉六合内，腥秽悉荡涤。三光复宣朗，五典重修饬。远齐尧舜功，近过汤武绩。遂令普天下，休养乐生息。五章。太宗削奸回，继统奠宗社。圣文既炳焕，神武尤赫奕。贤才尽登用，秉德各修职。庶邦承覆载，贡献来九译。六章。昭考抚盈成，至仁弘隐恻。民安视如伤，恭己临万国。继志与述事，夙夜怀兢惕。皇风益清穆，皇道弥正直。七章。正本所自隆，仁祖实启迪。祥源深且广，天派肆洋溢。圣神绍传序，茂衍万世历。造商本玄王，兴周美后稷。八章。兹予嗣鸿业，时几谨申敕。四圣赫在天，悠久贻法式。保佑赖深眷，负荷愧绵力。稽首陈咏歌，庶用示无斁。九章。'"

十二月

中官袁琦伏诛。《明鉴纲目》卷二："纲：十二月，中官袁琦有罪，伏诛。目：琦自幼侍帝，恃恩纵肆，擅遣内官内使假采办名，虐取官民财物。事觉，下锦衣卫狱，籍其家，金宝千万计，服用僭侈非法。遂磔琦，并戮其党十余人。仍命都察院榜琦罪示天下。"

南京太仆寺卿赵次进卒。临海人，监生。（据《国榷》卷二十一）

金幼孜（1368—1432）卒，追赠少保。（卒年据公历标注）《明宣宗实录》卷八十五"宣德六年十二月丁未（十六日）"："太子少保、礼部尚书兼武英殿大学士金幼孜卒……幼孜为人简易沉默，温裕有容。论事必正，泛爱无所忤。其学该博，文章和平宽厚，类其为人。不伐善，不骛名。其在朝廷论思献纳，预有裨益。眷遇虽隆，而自处益谦，名其燕休之室曰'退庵'。临终，家人属求恩泽于子，正色曰：'君子所耻。'迄终清明，一语不乱。年六十有四。"《馆阁漫录》卷二："十二月壬辰朔。丁未，太子少保、礼部尚书兼武英殿大学士金幼孜卒。幼孜江西新淦人，由进士擢给事中。太宗皇帝初临御，简求文学之臣，改翰林院检讨，又简置内阁治密务，数月升侍讲。永乐五年，升右春坊右谕德，仍兼侍讲。太宗北征，扈从。与修《太祖实录》及《〈五经〉性理大全》书，升翰林学士，仍兼谕德。实录成，升文渊阁大学士，仍兼学士。仁宗嗣位，进户部右侍郎，仍兼文渊阁大学士、翰林学士。逾月，升太子少保兼武英殿大学士，专典内制。卒，赠荣禄大夫、少保，谥文靖。"李龄《金文靖公文集序》："公世为临江新淦人，生而岐嶷，英迈夙成，奇伟秀出，父雪崖先生喜而遣从前进士聂先生铉授《左氏春秋》，钩玄剖微，得属词比事之旨。既长入邑庠，与诸士子游，涵煦陶养，德器大就，遂韫匵六经，博极群书，引觚吐辞，动千百言，条达疏畅，若决江河而注之海，滔滔汩汩，冲风激石，喷薄洄洑，而奇变自生，卒本于仁义道德之渊源，此公之文所以骎骎乎前作，而非近世之务为工巧者可拟伦也。洪武庚辰，由乡荐登进士第，授户科给事中，恭遇太宗文皇帝即位，首以文名与少师杨公士奇等擢入内阁，参掌机密，弼亮四圣，公忠鲠亮，勋业巍然，而凡典章训诰之制、赋颂诗歌序记之作，温润而丰缛，典雅而清丽，诚足以宣扬皇泽，发明功德，播管弦，垂翰简，以昭一代文明之治于无穷，其有裨于世道也大矣！"

任命诸监察御史、给事中。监生倪宗瑾、徐杰、高瑢、王骥、陶镛、姜豫、刘智、郑禧为行在监察御史，党恭、李秉、李昇为行在给事中。（据《国榷》卷二十一）

明宣宗宣德七年壬子（公元 1432 年）

正月

曾棨卒（1372—1432），年六十一。《馆阁漫录》卷二："正月辛酉朔。辛巳，詹事府少詹事兼翰林院侍读学士曾棨卒。棨字子启，江西吉安府永丰县人。永乐甲申进士第一，授修撰。时上向用儒术，命选新进士二十八人进学文渊阁，以棨为首，命光禄寺给朝夕膳，月赐灯烛费。每燕闲召试，棨率居第一。修《永乐大典》，为副总裁，进侍讲。《太祖实录》成，升侍读学士。仁宗即位，升左春坊大学士，仍兼侍读学士。上即位，升詹事府少詹事兼侍读学士。卒，赠礼部左侍郎，遣礼部侍郎章敞赐祭，命有司治葬。"《明宣宗实录》卷八十六"宣德七年春正月辛巳（二十一日）"："詹事府少詹事兼翰林侍读学士曾棨卒……棨为人儒雅英迈，喜推荐士。士穷流落不偶者，多赖以济。学博才赡，为文章沛然莫御，无问贵贱幽远，求辄应之，诗文布于四方。善行草书，得者咸贵重之。卒年六十一。"杨士奇《詹事府少詹事兼翰林侍读学士赠嘉议大夫礼部左侍郎曾公墓碑铭》云："子启为文章，如源泉混混，沛然奔放，一泻千里。又如园林得春，群芳奋发，组绣烂然，可玩可悦。赋咏之体，必律唐人。兴之所至，笔不停挥，状写之工，极其天趣。他人不足，己尝有余。四方求者，无问贵贱，日集庭下，靡不酬应。一时文人所作碑、碣、记、序、表、赞、传、铭、诗赋，流布远迩，盖未有如子启之富者。工书法，草书雄放，有晋人风致，自解大绅、胡光大后，独步当世。"《艺苑卮言》卷六："曾学士子棨（启），上尝召试《天马歌》，援笔立就。佳之，赐宝带。又因醉遗火，延烧民居，上弗罪也。后病卒，且气绝，呼酒饮至醉，题曰：'宫詹非小，六十非夭，我以为多，人以为少。易箦盖棺，此外何求？白云青山，乐哉斯丘。'"

重申卫所在诸府州县者，令武臣子孙及旗军俊秀子弟，皆入学读书。《明宣宗实录》卷八十六：宣德七年春正月乙酉，"陕西按察金事林时言二事：……其二：'文武并用，长久之术。故武臣子弟不可不知书。今天下军卫亦有开设学校者，而未设之处尚多。臣愚以为卫所在诸府州县者，宜令武臣子孙及旗军俊秀子弟，皆令入学读书，每五日一辍书，习武艺。果有成效，皆许出身，如是则皆知忠孝之道，备文武之才，庶几国家得人为用。'上曰：'此皆旧制，所司即申明之。'"

命行在刑部、都察院进士鞫狱囚。《明宣宗实录》卷八十六："宣德七年春正月庚辰，命行在刑部、都察院进士分鞫狱囚。旧制，进士于各衙门观政，不佥署文案，至是都察院右都御史顾佐言：'永乐中尝命进士于刑部、都察院理刑，今欲仍令与御史、郎中、主事分理，庶几谙练。'从之。"

二月

宣宗召杨士奇论宽恤事。《殿阁词林记》卷十三《视草》："七年二月，上召士奇至文华殿，谕曰：'五年二月，与尔南济宫论宽恤事，今两阅岁矣，民事不又有可恤者乎？'士奇复言户部沮格官田减租，及课程选举等数事。且曰：'臣一人见闻不广，愿更得一人同论此事。'上曰：'若多令人知，即敕谕未下，事已遍播于外矣。'曰：'大臣中固有谨厚者。'上曰：'胡濙谨厚，汝与之密议，就录稿进来。'于是退同濙议，增十数事，通录进呈。上悦，玺书遂下。凡此类，皆君臣同心之故也。"

增顺天府举额如应天府，至八十名。《明宣宗实录》卷八十七：宣德七年二月，"己亥，顺天府奏：'本府乡试，额取举人五十人，乃与江西解额同。切缘京师监学，天下人才所聚，各处儒士亦有就试者。乞如南京应天府，额取举人八十人，庶广进贤之路。'从之"。

行在兵部右侍郎柴车、右佥都御史凌晏如、通政司右通政徐琦、翰林院侍讲苗衷清理军职贴黄。（据《国榷》卷二十二）

三月

三月庚申朔。癸亥，赐尚书蹇义、杨士奇、杨荣、胡濙，太常寺卿杨溥南京抽分柴，人十万斤。丁卯，以九载考最，升行在翰林编修裴纶为修撰。己巳，少保、户部尚书兼武英殿大学士致仕黄淮父思恭卒。思恭尝封以子官，命如例祭葬。（据《馆阁漫录》卷二）

命兵部给南京国子监助教宋琼等皂隶给使。《明宣宗实录》卷八十八：宣德七年三月，"辛巳，南京国子监司业陈敬宗奏：'助教宋琼等授职年久，皆无皂隶给使。请如北京国子监例给之。'上曰：'旧不与皂隶者，以其非常参官，然贵贱相承，礼之常分。'遂命兵部如例与之"。

令军官子孙，卫所与府、州、县治相邻者，入府、州、县学读书；相远者，或一卫所，或二、三卫所，共设一学，以教训之；学有成者，听赴本处乡试。（据《明宣宗实录》卷八十八、正德《大明会典》卷七十六《礼部》卷三十五《贡举·府州县儒学·选补生员·事例》）

定吏员考核例。敕谕吏员三考满当授官者，吏部通引于内府会同六部、都察院、翰林院堂上官出题，南北类试，锦衣卫堂上官、监察御史、六科给事中监试，考其文义粗晓、行移得当、书札不谬，三事俱可取者为一等，二事可取者为二等，三事俱不可取者为民当差。(据王圻《续文献通考》卷五十《选举考·吏道·皇明·考满事例》)《续文献通考》卷四十六《选举考·举士四》:"宣德七年三月初一日,本部奏:'吏员中间,人有南北,才有高下。会考之时,合无分为等第,文义粗晓、行移的当、书札不谬,三事俱可取者为一等,或二事可取者为二等,另行奏请,量材授任,其三事俱不可取者,发回原籍为民。'奉圣旨:'是。一等的照本等资格用,二等的杂职里用,全不晓得的发回原籍为民当差。钦此。'又查成化七年十一月钦奉诏书内一款:今后三考役满吏典从吏部陆续考试,不必会官,仍照三等例行。钦此。"

命大通关提举司吏文中俟会试出身。《明宣宗实录》卷八十八:宣德七年三月,"癸酉,大通关提举司吏文中自陈:'臣广东琼州府儋州昌化县学生,永乐二十一年乡试中式,因病未及会试。继丁母忧。宣德六年八月至部,以违限充吏。切思海外之人,本图光显,今乃沦谪为吏。伏望圣恩矜念,俾得下科会试。'上命行在礼部试验其文。礼部奏:'试其文,可取。'命俟会试出身"。"己卯,行在吏部尚书郭琎等奏:'比陕西按察司佥事林时言,各处卫所,宜建学校,以教军官子孙。臣等议得:卫所与府州县治相邻者,令入府州县学读书,相远者,或一卫所,或二三卫所,共设一学,以教训之。学有成者,听赴本处乡试。'从之。"

杨士奇请令廷臣三品以上及布按二司各举所知,备方面郡守之选。从之。《明鉴纲目》卷二:"纲:壬子七年,春三月,复下诏宽恤。目:五年,二月,下诏宽恤。至是,帝召杨士奇谕曰:'恤民诏下已久。今更有可恤者乎?'士奇因请抚流民,减税课,察贪吏,荐贤能。京官三品以上,及布按二司,各举所知,备方面郡守选,军民中有文学勇略者,群臣察举以闻。极刑家子孙,皆得仕进。帝从之。"

南京刑部右侍郎成均调南京户部,行在翰林编修裴纶为修撰,中书舍人朱祚为尚宝司丞,进士王学敏、监生胡正、颜继、莫敏、吴瑜、辰昭、李杲为行在监察御史。(据《国榷》卷二十二)

四月

命行在工部为北京国子监生建房舍,给师生会馔什器。复命户部给监生有家室者月粮。《明宣宗实录》卷八十九:宣德七年夏四月,"己酉,北京国子监言:今监生不啻数千,多有挈家来者,僦屋以居。监之东金吾等三卫草场二所,乞赐诸生建房舍,其闲地给本监种蔬菜,以供会馔。悉从之。命行在工部为构房舍,给师生会馔什器。复命户部给监生有家室者月粮,皆如南京例"。

谕礼部尚书胡濙等,考官务聘学问老成,心术正大之士充之,科目取士须德行、文辞并重。《明宣宗实录》卷八十九:宣德七年夏四月己丑,"应天府奏请乡试同考官,请命兵部给脚力。上从之,顾谓礼部尚书胡濙等曰:'考官取士,但据文章,不悖经意,即可充选。然应举之人,皆凭学校有司保送,其人果孝弟忠信而又通今博古,科目取之,足为世用。若德行不修,而徒有文辞,亦终无益。考官须是学问老成,心术正大之士，不然，亦能颠倒是非。卿等宜申明朕意，各使知慎。'"

进士徐政为中书舍人，王裕、韦广、江玉琳、刘准为监察御史。（据《国榷》卷二十二）

六月

宣宗制官箴以示百官。《明宣宗实录》卷九十二：宣德七年六月，"是月，御制官箴成，以示百官。上谕之曰：'朕承大宝，临抚兆民，实赖中外文武群臣同心同力，以兴起治功。昔舜命九官十二牧，皆孜孜训谕，虞史书之。夫以大舜为君，禹皋稷契辈为之臣，犹致儆如此，况朕菲薄，敢不究心？然远臣既不得数见而人谕之，近臣虽朝夕相接，亦不得数以言谕，因取古人箴儆之义，凡中外诸司，各著一篇，使揭诸厅事，朝夕览观，庶几有儆。然古之君臣，有交儆之道，凡在位君子，有以嘉谟告朕者，尤朕所乐闻也。'箴凡三十五篇"。"国子监箴曰：翼翼京都，岩岩学宫。首善之地，是维辟雍。四方髦士，来游来学。业之所专，诗书礼乐。学必有师，为士承式。祭酒司业，暨乃众职。师道克惇，士乃有成。俊乂奋兴，为国之桢。咨尔为师，敬尔仪则。以教以率，罔懈朝夕。咨尔为学，明善诚身。充智与能，匪敬弗臻。俗化所自，贤才所出。其于国家，任重而切。勖尔师生，咸笃于诚。无忽于行，式观厥成。"《殿阁词林记》卷十一《御箴》："宣宗章皇帝宣德七年六月，亲制翰林院箴，其文曰：'廷有司言，自周则然；后世袭用，愈密而重。策命所出，讲学所资；机务之严，于度于咨。代有贤哲，博闻明识；克励翼之，用光厥职。咨尔儒臣，朝夕左右；必端乃志，必慎乃守。启沃之言，惟义与仁；尧舜之道，邹孟以陈。词尚典实，浮薄是戒；谋议所属，出慙于外。心存大公，罔役于私；昔人四禁，汝惟励之。献纳论思，以匡以益；以匹前休，钦哉无斁。'大哉纶言，表彰万世，守官者所敬遵也。今揭于院之后堂，朱髹漆榜，字用金涂之。"

行在兵部尚书许廓卒。廓字文超，襄城人，监生。授锦衣卫经历，擢工科。岁余进鸿胪寺左寺丞，一年历工部左右侍郎。性通敏厘事。在工部从北征，足运，招河南流民数万口；本兵，承张本之后济以宽。年五十六。赐祭葬。（据《国榷》卷二十二）

七月

以考最，升行在翰林院编修尹凤岐，检讨黄裳、彭麟应俱为本院修撰。（据《馆阁漫录》卷二）《国榷》卷二十二："（宣德七年七月）壬戌，行在翰林院编修尹凤岐，检讨黄裳、刘麟应俱为修撰，建宁府照磨谢良翰、进士杨春为行在监察御史，松江府同知陈智为顺天府尹。"

命行在翰林院侍读学士李时勉、侍读苗忠为应天府乡试考官。（据《明宣宗实录》卷九十三）

宣宗游万岁山，有感于元之兴亡。《殿阁词林记》卷十二《侍游》："永乐中，学士解缙、胡广等七人每令节燕闲陪驾，幸东西二苑，登万岁，侍宴广寒殿，泛太液以为常，多为歌诗以纪之。宣宗时，宸游尤多。宣德七年七月，上登万岁山，坐广寒殿，召翰林儒臣侍，命周览都畿山川形势。即毕，上谕以元兴之故，曰：'兹山兹宇，顺帝所日宴游者也，岂不可感。'侍臣叩首曰：'纣之荒，周之监也。'又尝召游太液池，上亲射凫，获之，命以羞侍臣。'"

宣宗作《豳风图诗》。《明宣宗实录》卷九十三"宣德七年秋七月庚辰（二十四日）"："上燕闲，阅内库书，尽得元赵孟頫所绘《豳风图》，而赋长诗一章，召翰林词臣示之曰：'《豳诗》，周公陈后稷、公刘致王业之由，与民事早晚之宜，以告成王，使知稼穑之艰难。万世人君，皆当鉴此。朕爱斯图，为赋诗，欲揭于便殿之壁，朝夕在目，有所儆励。尔其书于图之右。'"《馆阁漫录》卷二："丁丑，上视朝退，御武英殿，翰林儒臣侍，因论汉唐开创辅臣，侍臣对曰：'萧、曹、房、杜，虽皆常才，亦当时无过之者。有曰天下之广，未必无之，但系于遭际何如耳。'上曰：'然。如三老董公及泰山道士徐洪客皆不见用，而萧、曹、房、杜成功，诚哉人遭际为难也。'庚辰，上燕闲，阅内库书画，得元赵孟頫所绘《豳风图》，而赋长诗一章，召翰林词臣示之曰：'《豳》诗，周公陈后稷、公刘致王业之由，与民事早晚之宜，以告成王，使知稼穑艰难。万世人君，皆当鉴此。朕爱斯图，为赋诗，欲揭于便殿之壁，朝夕在目，有所儆励。尔其书于图之右。'"

八月

命左春坊左庶子兼翰林院侍读周述、翰林院侍读学士钱习礼为顺天府乡试考官，赐宴于本府。（据《明宣宗实录》卷九十四）

两京及河南、山东、陕西、山西、浙江、湖广、江西、福建、广东、广西、四川、云南等十二布政司乡试；贵州士子附云南乡试。（据《皇明贡举考》卷三）

宣宗命征举贤才。敕行在吏部曰：朕思得贤才，共图治理，寝食念之。令朝臣三品以上，举尔所知，复赋《招隐》、《猗兰》，告之朕意。近惟少傅杨士奇荐举交阯南灵州知州黎恬、吏部员外郎魏骥等，诸臣旷旬积月，无一人焉。岩薮窟穴，岂皆虚哉？吏部其会三品以上官，推择才行文学之士。方面有司昏懦贪暴者，与都察院奏黜之。（据《国榷》卷二十二）

升交阯南灵州知州黎恬为右春坊右谕德，福建建安县学教谕杨寿夫、山东临清县学教谕彭琉为行在翰林编修。（据《馆阁漫录》卷二）

行在都察院右都御史顾佐上言："布按二司暨巡按御史考课，多偏信里老生员之言为去留，不知其假公济私、是非颠倒。乞敕抚按毋徇其私。"从之。（据《国榷》卷二十二）

九月

监察御史包德怀、给事中虞祥等劾奏顺天府乡试关防不严。《明宣宗实录》卷九十五：宣德七年九月己未，"监察御史包德怀、给事中虞祥等劾奏：顺天府乡试关防不严，致有诈冒，请治提调官府尹李庸、监试官御史梁广成等罪。上命姑宥之。已而顾侍臣曰：'科举求贤，国家重事。于此而不用心，他事可知也。御史、给事中所劾，本不可宥，但念斯事因庸觉察，不然则奸弊不露矣。'"王世贞《弇山堂别集》卷八十一《科试考一》："（宣德七年）是岁九月，顺天府尹李庸检举科场诈冒事，御史杨怀、给事中虞祥等劾奏庸及监试等官御史梁广成等罪，上命姑宥之。已而顾侍臣曰：'科举求贤，国家重事，于此而不用心，他事可知已。御史、给事中所劾，本不可宥，但念斯事因庸觉察，不然奸弊不克露矣。'"

十月

儒学生段聪岁贡至京，两考不中，以夷人免于充吏。南京礼部尚书张瑛请增乡举名额，以补教官之缺，不允。《明宣宗实录》卷九十六：宣德七年冬十月己亥，"云南太和县儒学生段聪，岁贡至京，两考不中，当充吏。聪奏：'臣本夷人，性资愚鲁。乞仍归读书，以俟再试。'行在礼部言：'充吏今之定例。'上曰：'夷人难比内郡学者，姑令归进学。'""辛丑，南京礼部尚书张瑛言：'天下儒学廪膳生员，府四十人，州三十人，县二十人，通计三万有奇，岁食廪米不下十数万石。朝廷养士之隆，自古鲜比。洪熙元年，定取举人额数，应天府乡试岁取八十人。宣德七年，取如定制。外有可取者尚多。计各处布政司，亦必皆然。臣愚以为，贤才当因其可取而取之，不必预定多寡，不然必有淹滞之患。今副榜举人，授府州县教官而员缺者尚多。自今两京及各处布政司，乡试所取举人，勿限多寡，务得实才。多取亦可以补教官之缺。'上谕行在礼部臣曰：'比以乡举取士多滥，故定其额，教官虽用举人，不称职者亦多。所言未可听。'"

十二月

改林县儒学神像左衽。（据《国榷》卷二十二）

本年

唐子仪卒，年八十六。据《梧冈集》卷五《溪居图序》："宣德四年己酉夏五月朔，八十三翁唐子仪书。"《四库全书总目·梧冈集提要》："卒年八十有六。"推而可知。程敏政《篁墩文集·唐氏三先生集序》："梧冈制作，专以上世为法，而克肖之，不复以高视阔步为能。"《四库全书总目·梧冈集提要》："《梧冈集》十卷，明唐文凤撰……文凤与祖元、父桂芳，俱以文学擅名，时号小三苏。其诗文丰缛深厚，刊落纤浮，犹为不失家法。其五世孙泽撰墓表云：先生著述，在乡校者曰《朝鸣类稿》；在兴国者曰《政余类稿》，又曰《章贡文稿》；在藩府者曰《进忠类稿》；在洛阳者曰《洛阳文稿》；归田后曰《老学文稿》。今此编所存者，止诗四卷，文六卷，盖不逮十之三四矣。"《明诗纪事》乙签卷十三《唐文凤》，陈田按，"纪善诗骨干老苍，如豫章凌云，非复寻常近赏。"

明宣宗宣德八年癸丑（公元 1433 年）

正月

设隆庆州医学，置典科一员。从知州杨宾所奏也。（据《明宣宗实录》卷九十八）

杨士奇作《太平圣德诗》。《东里续集》卷六十一《太平圣德诗》序："宣德八年，正月上元之夕，敕张灯于御苑。制作精丽，铺张宏大，辉焕繁盛，殆非言语所能形容，太平之盛致也。上先侍圣母皇太后往观，中宫皇太子咸侍。奉觞上寿，极天伦之乐。越一日，敕群臣往观，赐宴苑中。又一日，命文武大臣以四夷朝贡之使往观，仍赐宴苑中。自是，悉赐京城内外及郊野之民咸往观焉。臣民观者靡不目眩心骇，应接不遑。欣喜之至，皆以为千万世盛事，何幸遭遇而亲睹也。欢腾嵩呼，声振连夕。臣某伏自思惟，太平者本于皇上之圣德，幸睹盛乐，敢忘所本？敬赋《太平圣德诗》十章，各有序引，以著事实。谨缮写上进，伏惟电览云。"

二月

曹鼐以太和典史运粮至京，乞会试，列第二名，廷试为第一人。王圻《续文献通考》卷四十六《选举考·举士四》："宋制，大臣或有不由科第者，特赐某人榜出身，或用累举恩赐第。国朝无之。唯永乐间曲阜孔谔以举人至京中副榜第一人，系宣圣后，皇太子召见，特赐进士出身，授左春坊左中允侍讲读。后又有乡试不第而特许会试者，景泰中陈瑛、王伦也（大学士循、文子）。有会试不第而特许廷试者，洪武中韩克忠等一榜进士也。曹文襄鼐以太和典史运粮至京乞会试，得第二人，廷试复为第一人，不十年遂登相位。后有刑部吏南昱、松陵驿丞郑温，然位不甚显，考《苏州志》，常熟黄钺叔扬亦以典史中会试。"

丁亥，遣北京国子监祭酒贝泰释奠先师孔子。（据《明宣宗实录》卷九十九）

命致仕少保兼武英殿大学士黄淮、詹事府少詹事兼翰林院侍读学士王直为会试考试官。取中刘哲等一百人。《明宣宗实录》卷九十九：宣德八年二月壬辰，"行在礼部奏请会试考官，且言致仕少保兼武英殿大学士黄淮在京，可任其事。上从之。命詹事府少詹事兼翰林院侍读学士王直与之俱，赐宴于礼部"。"戊申，行在礼部奏：会试天下举人，得中式者刘哲等一百人。"王直《抑庵文后集》卷十四《癸丑年会试录后序》："宣德八年春，行在礼部会试天下贡士……拔其尤者百人，皆当时之极选也。"

三月

设四川乌蒙军民府儒学。《明宣宗实录》卷一百：宣德八年三月，"戊午，设四川乌蒙军民府儒学，置教授一员，训导四员。先是，通判黄甫钺奏：'本府前元时设立学校，今文庙犹存，每岁春秋府官祭祀，无教官生员典礼。宜仍设学校，除授教官，选取土民俊秀子弟入学读书，庶使远人通知礼义，亦得贤才备用。'从之"。

曹鼐、赵恢、钟复等进士及第、出身有差。选尹昌、黄瓒、赵智、陈云、傅纲、黄回祖六人为翰林院庶吉士，副榜举人龙文、章瑾等二十四人送国子监进学，以待下科会试。《明宣宗实录》卷一百："宣德八年三月甲寅朔，上御奉天门，策礼部举人刘哲等九十九人，制曰：'天启文治之祥，伏羲之王也，河出马图而八卦作。夏禹之兴也，洛出龟书而九畴叙。其理一原于天，而会于圣人之心，故以前民用，以建皇极，万世允赖焉。夫一原于天也，而图与书何以不同？具于圣人之心矣，何必卦因图而作，畴因书而叙？说者又谓，洛书可以为《易》，河图亦可以为《范》，《易》《范》之兴，果何所则？《易》至文王周公孔子，《范》至箕子，而后益明且备，夫伏羲与禹之圣，作之何以犹未及备？宋周子作《太极图通书》，所以发大《易》之蕴也，其要义安在？邵子推先天后天以明羲、文之《易》也，其异旨何适？大抵言天者莫深于《易》，而必征于人，言治者莫详于《范》，而一本于天。朕潜心往圣，究惟至道，诚志乎文治之兴也，诸生讲明有素，其敷陈于篇，将亲择焉。'""丙辰，上亲阅举人所对策，赐曹鼐等九十九人进士及第、出身有差。""丁巳，赐进士曹鼐冠服银带，余各钞五锭，仍赐宴于行在礼部。""己未，进士曹鼐等上表谢恩。上御左顺门，召少傅杨士奇、杨荣、尚书胡濙谕曰：'今年进士及会试副榜举人中，有年少质美者，卿等选三十人，具名以闻，仍令进学。'""戊辰，行在礼部尚书胡濙，同少傅兵部尚书兼华盖大学士杨士奇、少傅工部尚书兼谨身殿大学士杨荣，选新进士及副榜举人之秀敏者，得进士尹昌、黄瓒、赵智、陈睿、傅纲、黄回祖六员，举人龙文、章谨、李沧、梁棨、黄平、陈韶、田钧、李蒲、王鉴、朱奎、袁和、林同、柴同恩、张承翰、陈康、龚理、相佐、黄舆、李奈、王佐、郑观、胡如旸、赵象、蒋荣祖二十四人以闻。上命行在吏部改进士为庶吉士，送翰林院，同萨琦等进学，赐居，给酒馔及灯油钞，悉如永乐中例。仍令侍读学士王直训督之，三月一考其文辞，以观所进。举人俱赐冠带，给训导俸，送国子监进学，以待下科会试。

翰林院三月一考其文,与庶吉士同。""壬申,擢第一甲进士曹鼐为行在翰林院修撰,赵恢、钟复为编修。命第二、第三甲进士于各衙门观政。副榜举人当授教职者戴璟、顾仲贤、韦观、田盛、郑暹、王澍、鲍经、刘善庆、宋公辅九人,自陈年幼学浅,愿入国子监进学,以待下科再试,从之。余罗兼善等四百六十四人,令署学正、教谕、训导事。""乙亥,上谓少傅杨士奇等曰:'朕昨命卿等简庶吉士,俾进学,因思贤才必自国家教养以成之,教之不豫,安能得其用? 因作诗述意,卿当以朕意谕之,俾知自励。'诗曰:国家用贤良,岂但务精择。贤良之所出,亦自培养得。虞廷教元士,周家重俊宅。皇祖简贤科,教育厚恩泽。二十有八人,用之著成绩。朕心切旁求,夙夜恒侧席。是科凡百人,中岂乏卓识。爰拔俊茂资,将以继往昔。优游词垣内,研究古载籍。摛辞务淳庞,励行必端直。所期在登庸,泽物兼辅德。勖哉副予望,奋志毋自画。"据《宣德八年进士登科录》:"读卷官:荣禄大夫、少师兼吏部尚书蹇义,乙丑进士;荣禄大夫、太傅、兵部尚书兼华盖殿大学士杨士奇,儒士;资善大夫、太子少傅、工部尚书兼谨身殿大学士杨荣,庚辰进士;□□□□行在吏部尚书郭琎,监生;□□□□卿、行在工部尚书吴中,监生;□□□□行在都察院右都御史顾佐,庚辰进士;□□□□行在户部右侍郎吴玺,戊子贡士;□□□□部右侍郎王骥,丙戌进士;□□□□刑部右侍郎吴廷用,甲申进士;嘉议大夫、行在太常寺卿兼翰林院学士杨溥,庚辰进士;□□□□兼行在翰林院侍读学士王英,甲申进士;□□□□侍读学士、奉训大夫李时勉,甲申进士。□□□:资善大夫、行在礼部尚书胡濙,庚辰进士;□□□□部右侍郎章敞,甲申进士。□□□:□□□□江西道监察御史汪景明,甲申进士;□□□□行在贵州道监察御史罗闰,乙未进士。□□□:□□□□翰林院侍讲、承德郎高谷,乙未进士;□□□□翰林院编修、文林郎习嘉言,戊戌进士;□□□□行在礼科掌科事给事中虞祥,辛卯贡士;□□□□行在吏科掌科事给事中储懋(甲午贡士);资善□□;资德大夫、行在鸿胪寺卿杨善,增广生;资善大夫、行在礼部仪制清吏司郎中兼翰林院侍书蒋晖;嘉议大夫、行在户科都给事中卜祯,监生;嘉议大夫、行在兵科都给事中文郁,儒士;嘉议大夫、翰林院修撰□□,乙卯贡士;中顺大夫、翰林院编修□文,庚戌进士;行在□□□科掌科事给事中年富,丁酉贡士。提调官:行在工科掌科事给事中龚全安,甲辰进士;资善□□行在锦衣卫指挥使王节。监试官:□□军行在锦衣卫指挥使李顺;文林郎、行在锦衣卫指挥同知王瑜;文林郎、行在金吾前卫指挥使高迪。受卷官:行在金吾后卫指挥佥事高铭;行在□部仪制清吏司郎中孙原贞,乙未进士;征仕郎、行在礼部仪制清吏司主事丘观,甲午贡士;征仕郎、行在礼部仪制清吏司主事陈安,辛丑进士。弥封官:中顺大夫、行在光禄寺少卿张泽;奉政大夫、行在精膳清吏司郎中宋兴,监生;文林郎、□部仪制清吏司员外郎冯敏,乙未进士;文林郎、□部仪制清吏司主事刘球,辛丑进士。掌卷官:□□(后缺)。"据《宣德八年进士登科录·恩荣次第》:"宣德八年三月□□日早,诸贡士赴内府殿试,上御奉天殿策问。三月□□日早,文武百官朝服侍班,是日,行在锦衣卫设卤簿于丹陛丹墀内,上御奉天殿,行在鸿胪寺官传制唱名,行在礼部官捧黄榜,鼓乐导引出长安左门外,张挂毕,顺天府官用伞盖、仪从送状元归第。三月□□日，赐宴于行在礼部，宴毕，赴行在鸿胪寺习仪。三月□□日，赐状元朝服冠带。三月初六日，状元率诸进士上表谢恩。三月□□日，诸进士诣孔子庙行释菜礼。三月□□日，行在工部奉□□□□京国子监立石题名。”沈德符《万历野获编》卷十五《科场·驿丞进士》：“宣德八年癸丑，曹鼐以泰和县典史登状元，以为异事，而不知正统四年己未，第五十九名李郁，江西丰城人，下书承差，习《礼记》，成化十四年戊戌科，第一百五十三名谭溥，其下直书山东东阿县田县驿驿丞，习《书》，此仅见之《会录》中耳。宾州《奇事述》及《科试考》皆不之载。若正统七年壬戌科，一百二十一名郑温，为直隶松陵驿丞，则宾州已记之矣。”李调元《制义科琐记》卷一《典史中状元》：“曹鼐为典史，日夕读书不辍，邑令戏之曰：‘欲中状元耶？’鼐曰：‘诚如尊谕。’宣德八年癸丑，督工匠至京，疏乞会试，中第二。殿试廷问羲禹河洛象数，鼐对称旨，上亲擢为第一。”

据《宣德八年进士登科录》，第一甲三名，赐进士及第。履历如下：

曹鼐，贯直隶真定府赵州宁晋县，军籍。泰和典史。治《礼记》。字万钟，行二，年三十，正月初八日生。曾祖克柔。祖廷训。父祉。母孟氏。生母薛氏。继母吴氏。慈侍下。兄鼎。弟鼐、法宁、寿宁。娶司氏，继娶刘氏。顺天府乡试第二名，会试第二十七名。

赵恢，贯福建福州府连江县，民籍。县学生。治《易经》。字汝弘，行五，年三十七，九月二十三日生。曾祖次亨，元福清州同知。祖彦昌。父应。母郑氏。继母陈氏。具庆下。弟怡。娶杨氏。福建乡试第三十一名，会试第二十六名。

钟复，贯江西吉安府永丰县，民籍。儒士。治《易经》。字弘彰，行二，年三十四，十一月三十日生。曾祖行素。祖伯葵。父梦弼。母陈氏。慈侍下。兄弘肇。弟弘敷、永祐。娶黄氏。江西乡试第一百九名，会试第四十七名。

第二甲三十五名，赐进士出身。履历如下：

梁宏，贯浙江温州府永嘉县，民籍。府学生。治《书经》。字士远，行二，年二十七，正月初二日生。曾祖祐。祖震。父安宗。母徐氏。慈侍下。兄褒。弟亩、圃。未娶。浙江乡试第三十名，会试第□□。

高旭，贯福建福州府侯官县，民籍。县学生。治《礼记》。字时旭，行五，年三十六，七月十三日生。曾祖定。祖庆，元龙溪县学教谕。父同，乙酉贡士。母李氏。慈侍下。弟明。娶卢氏。福建乡试第四名，会试第十五名。

苏洪，贯直隶真定府晋州安平县，民籍。县学生。治《易经》。字大用，行二，年三十二，九月十五日生。曾祖显宗。祖士原，赠工部员外郎。父起，任工部员外郎。母李氏，封宜人。慈侍下。兄温。弟润。娶茅氏。顺天府乡试第三十五名，会试第二十八名。

舒曈，贯浙江绍兴府余姚县，民籍。县学生。治《礼记》。字仲曦，行九，年三十六，十月初二日生。曾祖文泽。祖□礼。父好古。叔好学，任刑科给事中。叔本谦，任平定知州。母九氏。慈侍下。兄□，任典仪副□□；晙。娶严氏。浙江乡试第□□名，会试第六十一名。

郑亮，贯福建□□府闽县，民籍。儒士。治《礼记》。字汝明，行六，年二十九，正月初九日生。曾祖麟。祖旭，赠刑部主事。父瑛，乐会县学训导。母杨氏。重庆下。□□。弟魁、亢。娶高氏。福建乡试第□□名，会试第五名。

马谅，贯直□□□州，军籍。州学生。治《诗经》。字□谅，行二，年二十八，四月二十七日生。曾祖信叔，元□□□□□。祖九思。父文进。母徐氏。具庆下。兄让。弟诚。娶王氏。应天府乡试第□□名，会试第四十八名。

石瑁，贯山西府应州，民籍。国子生。治《诗经》。字□之，行三，年三十五，三月十六日生。曾祖仲荣。祖□。父普金。母王氏。继母曲氏。慈侍下。兄璘、珊。娶郭氏。山西乡试第□□名，会试第六十五名。

林灏，贯浙江台州府黄岩县，民籍。县学生。治《□经》，字弘端，行五，年三十四，三月二十四日生。曾祖与□。祖行本。父闻礼。母赵氏。继母叶氏。慈侍下。□□□。娶陶氏，继娶余氏。浙江乡试第□□名，会试第八十一名。

刘益，贯江西吉安府吉水县，民籍。县学生。治《易经》。字宗益，行二，年三十二，三月二十九日生。曾祖道章。祖□同。父宗平，翰林院检讨。母解氏。慈侍下。兄晋。弟观。娶徐氏。江西乡试第□□名，会试第五十□名。

刘祯，贯江西吉安府吉水县，民籍。县学生。治《书经》。字履庆，行二，年三十八，正月初八日生。曾祖泰民。祖允德。父明远。母高氏。严侍下。兄履贞。娶戴氏，继娶雷氏。江西乡试第六□□名，会试第十二名。

蒋铭，贯江西□□府大庾县，民籍。府学生。治《诗经》。字□□，行三，年三十，十一月十六日生。曾祖存畔。祖福泰。父文质。母谭氏。具庆下。兄宽、铿。弟铺、镮。娶罗氏。江西乡试第二十四名，会试第三十六名。

范琮，贯□□□□吴江县，民籍。国子生。治《易经》。字祯彦，行一，年三十三，十二月初八日生。曾祖文庆。祖子诚。父士能。母张氏。具庆下。弟琳。娶孙氏。应天府乡试第十九名，会试第三十八名。

王弼，贯江西饶州府鄱阳县，军籍。国子生。治《诗经》。字廷□，行四，年三十三，十二月初四日生。曾祖义昭。祖礼和。父道升。母阮氏、程氏。慈侍下。兄□。弟彻、征、政。娶徐氏，继娶高氏。江西乡试第□□名，会试第九十五名。

李询，贯河南开封府陈州项城县，民籍。县学生。治《易经》。字□□，行一，年三十七，正月二十四日生。曾祖安仁，祖宗白。父守约，金华县县丞。母王氏。慈侍下。娶吕氏。河南乡试第十一名，会试第五十二名。

沈讌，贯直隶苏州府常熟县，民籍。国子生。治《诗经》。字□哲，行二，年三十七，二月二十八日生。曾祖庆。祖□□。父彦皋。母陶氏。慈侍下。兄让。娶宣氏。应天府乡试第一名，会试第八十二名。

林茂，贯浙江嘉兴府秀水县，民籍。府学生。治《书经》。字茂叔，行一，年三十二，四月十二日生。曾祖仲芳。祖祐之。父德润。母盛氏。具庆下。弟成、或、庆。娶梅氏。浙江乡试第□□名，会试第三十三名。

王用，贯浙江宁波府慈溪县，军籍。县学生。治《诗经》。字□宾，行一，年三十五，九月十五日生。曾祖仲祥。祖□□。父思名。母金氏。慈侍下。弟□、琴、珪。娶周氏，继娶傅氏。浙江乡试第七□□名。会试第三十一名。

黄回祖，贯福建□□府泰宁县，民籍。国子生。治《诗经》。字□颜，行一，年三十七，十一月初一日生。曾祖实甫。祖□□。父仕坚。母李氏。具庆下。弟□兴、回振。娶李氏。福建乡试第□□□名，会试第四十三名。

傅纲，贯江西抚州府临川县，民籍。国子生。治《礼记》。字大常，行七，年三十八，十月十七日生。曾祖友云。祖璟韶，内丘县知县。父孟升。母张氏。具庆下。兄大经。弟大伦。娶胡氏。江西乡试第□□二名，会试第三十七名。

蒋箴，贯浙江台州府临海县，民籍。府学生。治《诗经》。字良规，行五，年二十九，十月十三日生。曾祖参五，台州□□学□□。祖仲铭。父象。嫡母金氏。生母李氏。具庆下。兄□□□□。弟湑、吾。未娶。浙江乡试第□□名，会试第三名。

李贤，贯河南□□府邓州，民籍。州学生。治《礼记》。字原德，行一，年二十六，十二月十六日生。曾祖义卿。祖□□，江川县县丞。父升。母叶氏。具庆下。弟谦、让。娶张氏。河南乡试第□□名，会试第五十名。

卢彬，贯□□江府咸宁县，民籍。府学生。治□□，字□□，行三，年二十九，八月二十五日生。曾祖克。祖翔远。父庭秀。母马氏。具庆下。兄郁、纲。未娶。陕西乡试第二十四名，会试第六十七名。

黄瓒，贯江西抚州府临川县，民籍。县学生。治《书经》。字□□，行一，年三十六，九月二十八日生。曾祖寅。祖华。父学周，阳山县学教谕。母陈氏。继母陈氏。慈侍下。弟时清。娶丁氏，继娶高氏。广东乡试第□□名，会试第五十三名。

吴方大，贯□□□□新喻县，民籍。国子生。治《诗经》。行三，年三十一，正月初五日生。曾祖蒙正，新喻县县尉。祖立信，新化县学训导。父学优。母张氏。具庆下。□□方振，同年乡贡。娶傅氏。湖广乡试第□□，会试第五十八名。

黄瓒，贯江西□□□□水县，民籍。国子生。治《书经》。字宜璋，行三，年三十二，十一月初六日生。曾祖履亨。祖□□。父克俊。母彭氏。具庆下。兄宜琏、宜珮。娶欧阳氏。江西乡试第□□名，会试第二十三名。

张彝，贯江西□□府清江县，民籍。县学生。治《礼记》。字□则，行二，年三十五，十一月二十三日生。曾祖仲友。祖□□。父成庆。母陈氏。永感下。□□常。娶杜氏，继娶黄氏。江西乡试第□□名，会试第一百名。

程式，贯直隶苏州府常熟县，民籍。国子生。治《诗经》。字□□，行二，年三十四，十二月初八日生。曾祖元卿。祖伯里。父士通。母尹氏。慈侍下。娶丁氏。应天府乡试第□十九名，会试第十三名。

俞僩，贯浙江绍兴府诸暨县，军籍。国子生。治《□□》。字弘毅，行十九，年三十一，三月二十七日生。曾祖允恭。祖□山。父时中。母韩氏。继母应氏。严侍下。

□□□□伊、伟、信。娶陈氏。浙江乡试第□□名，会试第五十九名。

高奉，贯□□□县，民籍。府学生。治《书经》。字□□，行二，年三十一，二月十七日生。曾祖得甫。祖□□。父政。母王氏。具庆下。兄升□□□□能。娶钟氏。□东乡试第□□名，会试第六十四名。

尹昌，贯江西吉安府吉水县，民籍。国子生。治《诗经》。字祯行，行一，年三十九，十月二十三日生。曾祖胜明。祖德辉。父子载。母李氏。具庆下。弟柔、辑、和。娶谢氏。江西乡试第□□名，会试第十名。

方迪，贯福建□□府莆田县，民籍。县学生。治《书经》。字从善，行一，年三十一，三月二十七日生。曾祖显。祖德玉。父守初。母郑氏。具庆下。娶顾氏，继娶郑氏。福建乡试第□□六名，会试第九十三名。

陆瑜，贯浙江宁波府鄞县，军籍。县学生。治《书经》。字廷玉，行六，年二十四，八月三十日生。曾祖得明。祖睿。父应吉。母陈氏。继母黄氏。具庆下。□□璘。娶王氏。浙江乡试第□□名，会试第五十一名。

徐珵，贯顺天府宛平县，匠籍。儒士。治《□□》，字元玉，行三，年二十七，五月十一日生。曾祖文□。祖定□明。父孟升。母丁氏。严侍下。兄□璘。弟瑾。娶蔡氏。顺天府乡试第□□名，会试第六名。

刘哲，贯江西□□府万安县，民籍。国子生。治《易经》。字□哲，行二，年三十九，四月十四日生。曾祖仲华。祖□□。父子仪。母吕氏。□□。兄儒。娶萧氏。江西乡试第□□名，会试第一名。

吴高，□□□□府归善县，民籍。府学生。治《□□》。□□□，行三，年二十七，十月二十九日生。曾祖□□。祖□达。父希道。母刘氏。继母谭氏。□□□□兄清、铭。弟鉴、鏽。娶姬氏。广东乡试第四名，会试第三十四名。

第三甲六十一名，赐同进士出身。履历如下：

梁亨，贯□□咸宁县，军籍。府学生。治《□□》。□□，行二，年三十一，四月十一日生。曾祖仕□□□永县典史。祖□□。父山。母周氏。具庆下。兄文举。弟马。未娶。陕西乡试第□□名，会试第□□名。

项文曜，贯浙江□□府淳安县，民籍。县学生。治《□□》。字应昌，行三，年二十一，十月初三日生。曾祖大祯。祖惟旸。父士显。母张氏。具庆下。兄□□。弟文实、文泰、文景、时俊、时□。娶卢氏。浙江乡试第□□名，会试第九十一名。

侯润，贯浙江□□临海县，民籍。国子生。治《□□》，字仲玑，行十五，年三十九，九月十三日生。曾祖均安，□□□□。祖文用。父显祖。母郑氏。具庆下。兄喜、□、滋、振、辉、尚。从弟济，壬子科举人；臣，同科进士。娶赵氏。浙江乡试第二十一名，会试第二十名。

邹来学，贯湖广黄州府麻城县，军籍。儒士。治《春秋》。字时敏，行五，年三十二，四月三十日生。曾祖□□。祖和。父希鲁，本县医学训科。母徐氏。慈侍下。弟□□□□□可学、用学。娶杨氏。湖广乡试第一百□□名，会试第七十八名。

竺渊，贯浙江宁波府奉化县，民籍。国子生。治《易经》。字□深，行二，年四十，九月二十二日生。曾祖一桂。祖□□。父仲辉。母杨氏。永感下。□□敦、得襃。娶应氏。浙江乡试第□□名，会试第六十三名。

刘纲，贯山东□□府禹城县，军籍。县学生。治《书经》。字□纪，行一，年三十九，正月二十一日生。曾祖从实。祖彦□。父文盛。母胡氏。重庆下。弟纶。娶时氏，继娶王氏。山东乡试第□□名，会试第十八名。

侯臣，贯浙江□□府临海县，民籍。县学生。治《诗经》。字仲□，行三十二，年三十，十一月十六日生。曾祖均安，元□县□县。祖文瑞。父伯渊。母李氏。慈侍下。兄定、贵、拱。从兄润，同科进士；济，壬子科举人。娶蒋氏。浙江乡试第十名，会试第六十六名。

陆谦光，贯浙江宁波府鄞县，民籍。县学生。治《□经》。字全吉，行五，年二十八，五月初一日生。曾祖仲贤。祖士元。父公建。母高氏。具庆下。兄□□。弟谌。娶唐氏。浙江乡试第□□名，会试第十七名。

鲍辉，贯浙江□□阳县，民籍。国子生。治《□□》，字□□，行一，年三十，六月二十七日生。曾祖增益。□□。父士高。母林氏。具庆下。□叔茂。娶吴氏。浙江乡试第□□名，会试第八十九名。

王铎，贯四川□□府广安州岳池县，民籍。府学生。治《易经》。字振，行二，年三十七，正月十六日生。曾祖仁政。祖泰文。父希仙。母胡氏。具庆下。兄子温。弟子恭、子俭、子让、子敬、子谦。娶刘氏。四川乡试第十九名，会试第八十四名。

宋雍，贯顺天府□□县，富户籍。府学生。治《书经》。字□□，行二，年四十，七月二十三日生。曾祖均履。祖彦章。父士秩。母郭氏。具庆下。弟庠、序、荫、唐。娶吴氏。顺天府乡试第一名，会试第三十九名。

李绍，贯江西吉安府安福县，民籍。县学生。治《□□》。字克述，行二，年二十七，十二月二十七日生。曾祖慧□。祖伯□。父遵武。母刘氏。慈侍下。兄□□。弟本素。娶曾氏。□□□□□□，会试第四名。

陆矩，贯□□间府阜城县，民籍。国子生。治《易经》。字仲舆，行一，年二十六，七月初七日生。曾祖原□。祖子真。父斌。母潘氏。具庆下。弟平。娶王氏。顺天府乡试第□□五名，会试第九十六名。

郑悠，贯江西□□府南城县，民籍。县学生。治《易经》。字□大，行九，年二十八，十月初七日生。曾祖奎。祖□□。父源。母曾氏。具庆下。兄□□。弟纯。娶甘氏。江西乡试第四十□名，会试第七名。

姜洪，贯江西抚州府乐安县，军籍。县学生。治《诗经》。字□□，行三，年三十四，正月十六日生。曾祖□闲。祖文振。父懋和。母邹氏。永感下。兄启吾。弟启琳。娶朱氏，继娶王氏。江西乡试第□□名，会试第七十三名。

宋怀，贯江西吉安府吉水县，民籍。通州学生。治《书经》。字士皋，行七，年二十六，正月二十日生。曾祖成章。祖若璟，赠□史。父子环，任长史。母刘氏，封宜人。具庆下。兄士会。弟士忱。从兄士绛。娶胡氏。顺天府乡试第□□名，会试第四十一名。

张用瀚，贯河南南阳府汝州郏县，民籍。县学生。治《书经》。字志本，行三，年十九，五月初八日生。曾祖裕，兰阳县教谕。祖叔廉，国子监学正。父汝立，均州知州。母成氏。慈侍下。兄□□、用济。弟泉。从兄用冲，本县医学训科。未娶。河南乡试第□□名，会试第八十名。

谭溥，贯□□度州昌邑县，民籍。大名县学生。治《易经》。字□□，行一，年三十，九月二十三日生。曾祖武。祖达。父义，林县教谕。母赵氏。继母王氏、陈氏。具庆下。弟博、厚。娶陶氏。顺天府乡试第□十一名，会试第七十七名。

苏肆，贯山东□□府东阿县，民籍。县学生。治《□□》。字习□，行一，年□十八，五月十五日生。曾祖□□□□。祖谅。父真。母渠氏。□□下。弟兴、起、鼐、萧。娶张氏。山东乡试第□六名，会试第七十四名。

杨铎，贯□□□武县，民籍。县学生。治《□□》。□□□，□□□，年二十八，三月十八日生。曾祖□□。□□父智。母张氏。具庆下。□□。娶梁氏。河南乡试第□□名，会试第三十五名。

赵智，贯浙江□□府秀水县，民籍。府学生。治《书经》。字□□，行□□，年三十，十二月十四日生。曾祖秀□。□□□。父祥甫。母冼氏。具庆下。□□。弟真宝。娶金氏。浙江乡试第□□名，会试第八名。

祝暹，贯河南□□祥符县，民籍。府学生。治《书经》。字□□，行六，年三十四，十月十八日生。曾祖秀□。□□。父德铭。母吴氏。继母任氏。具庆下。兄晟、昇、昂、昱。弟昺。娶胡氏。河南乡试第□□名，会试第三十二名。

赵迪，贯山东□□武县，民籍。县学生。治《礼记》。字□□，行一，年三十二，九月初二日生。曾祖□昌，□□□□□。祖□□。父麟，怀宁县学教谕。母李氏。□□□□□娶李氏。□□□□□□□会试第六十八名。

何瑄，贯浙江绍兴府余姚县，民籍。国子生。治《春秋》。字孟焕，行十五，年三十二，十二月十五日生。曾祖子秀。祖德义。父鼐。母蒋氏。具庆下。兄琮、理、□。弟琏。娶潘氏。浙江乡试第□□名，会试第十四名。

曾翚，贯江西□□泰和县，民籍。儒士。治《书经》。字□□，行一，年二十四，十月二十日生。曾祖德荣。祖□□。父忠良。母刘氏。继母郭氏。具庆下。□□彦、时勉。娶萧氏。江西乡试第□□名，会试第二名。

张杰，贯江西吉安府吉水县，民籍。顺天府学生。治《诗经》。字□□，行一，年三十三，八月十五日生。曾祖文昌。祖□真。父华昭。母孙氏。具庆下。□□道、铭、俊、忠、谟。娶周氏。顺天府乡试第□十三名，会试第八十八名。

谢磷，贯□□□永丰县，民籍。新化县学生。治《诗经》。字利□，行二，年四十三，十一月十三日生。曾祖以吾。祖伯尚，潍县主簿。父汝明。母王氏。□□下。兄利器。弟利智。娶曾氏，继娶李氏。湖广乡试第七名，会试第六十名。

卢钦，贯河南开封府祥符县，民籍。府学生。治《书经》。字敬之，行三，年三十一，五月二十七日生。曾祖□□。祖乙福。父彦名。母李氏。具庆下。兄□、铨。娶刘氏。河南乡试第□□名，会试第六十二名。

李庭修，贯福建□□府莆田县，民籍。县学生。治《□□》，字□□，□□，年三十一，六月初八日生。曾祖允实。祖□让，赠员外郎。伯父玑，任员外郎。父尚经。母董氏。具庆下。□庭明。娶王氏。福建乡试第□□名，会试第八十五名。

马嵩，贯河南□□□州，民籍。州学生。治《诗经》。字□□，行四，年三十，九月初七日生。曾祖善甫。祖□□，元汝州卫镇抚。父友邻。母吴氏。严侍下。□□雄。娶田氏。河南乡试第□□名，会试第五十七名。

萧瑢，贯江□□□泰和县，军籍。县学生。治《易经》。字常□，行一，年三十七，二月十五日生。曾祖斯远，□□□□。祖士中。父德郁。母曾氏。□□下。□□珂、珮。娶黄氏。江□乡试第六名，会试第四十六名。

潘洪，贯四川重庆府合州铜梁县，民籍。儒士。治《□□》。字克容，行四，年三十，七月十九日生。曾祖庆。祖均美。父汝舟。母廖氏。继母华氏。慈侍下。□□□□。弟濬、清。娶王氏。四川乡试第□□名，会试第五十六名。

彭祥，贯四川□□□县，民籍。县学生。治《□□》。字□□，行三，年三十，五月二十一日生。曾祖恭□。□□□。父朝海。母张氏。慈侍下。□龄。弟祐。娶尧氏。四川乡试第□□名，会试第七十九名。

王瑨，贯河南□□信阳县，军籍。儒士。治《诗经》。字□□，行四，年三十四，三月十四日生。曾祖福。祖□□。父斌，山东莱芜县知县。母钱氏。慈侍下。兄□、瑄、玺。娶赵氏，继娶褚氏。山西乡试第□□名，会试第八十六名。

梅森，贯应天府□□县，民籍。国子生。治《礼记》。字仲芳，行二，年三十八，八月十二日生。曾祖万实。祖兴组。父景源。母邵氏。永感下。兄林。弟彬。娶顾氏。应天府乡试第四十六名，会试第九十二名。

封祥，贯□□叙州府珙县，军籍。县学生。治《□□》。字庆和，行四，年三十，三月初三日生。曾祖守道，□□□□。祖德先，任经历。父纯。母白氏。具庆下。□□□□凤。弟恕。娶赵氏。四川乡试第□□名，会试第二十五名。

陈金，贯浙江□□□县，民籍。儒士。治《诗经》。字□□，行□，年二十五，九月初三日生。曾祖九龄。□□□□。父□，任吴县主簿。母徐氏。具庆下。□□□□娶潘氏。顺天府乡试第□□名，会试第十九名。

王亮，贯顺天府□□城县，民籍。国子生。治《诗经》。字□□，行四，年三十九，十一月初八日生。曾祖彦实。祖□□。父甫林。母史氏。具庆下。□从政、从美、从让。娶吕氏。北京行部乡试第□三名，会试第十一名。

赵征，贯□□府裕州，民籍。州学生。治《诗经》。字□□，行四，年三十二，五月初二日生。曾祖□□。祖福兴。父伦，浙江布政司照磨。母吴氏。□□□。兄崀、礼、义。弟岗、嵩、岳。娶王氏。河南乡试第三十名，会试第二十四名。

倪端，贯四川成都府仁寿县，民籍。县学生。治《书经》。字文□，行一，年三十四，十二月十六日生。曾祖贵嗣。祖思。父志中。母祝氏。具庆下。□□用。娶佘氏。四川乡试第□□名，会试第八十七名。

何史训，贯□□□县，军籍。远安县学生。治《□□》。字□□，年二十七，十一月十一日生。曾祖景□。□□。父□□，湖广远安县学教谕。母田氏。继母张氏。具庆下。□史记、史证。娶胡氏。湖广乡试第□□名，会试第九十七名。

金辅伯，贯□□□县，官籍。府学生。治《□□》。□□□□□十，十一月初七日生。曾祖仲卿，赠太子少保、礼部尚书兼武英殿大学士。祖□□，太子少保、礼部尚书兼武英殿大学士。伯父□□，赠荣禄大夫、少保，谥文靖。父幼孝。母□□。□□□昭伯，丁未进士。弟亮伯、观伯、绍伯。娶孔氏。江西乡试第□□名，会试第七十名。

吴升，贯直隶□□□□宁县，民籍。府学生。治《书经》。字亨□，行二，年二十六，十二月初三日生。曾祖云。祖宗。父忠诚。母杨氏。具庆下。兄溥。聘王氏。应天府乡试第六名，会试第二十九名。

张固，贯□□临江府新喻县，民籍。县学生。治《春秋》。字公正，行二，年三十九，十二月十六日生。曾祖德修。祖永恭。父怀立。母章氏。具庆下。□□智。娶黄氏，继娶孙氏。江西乡试第□□名，会试第四十九名。

陈睿，贯直隶大名府开州，民籍。州学生。治《书经》。字文聪，行二，年三十八，十二月初八日生。曾祖宗□。□□。父义。母张氏。永感下。□□。弟中、钦。娶蒿氏。北京行部乡试第□□三名，会试第七十二名。

张茂，贯陕西□□咸宁县，民籍。国子生。治《诗经》。字□□，行二，年三十一，五月初三日生。曾祖从礼。祖□□。父孝谦。母魏氏。具庆下。□□春。未娶。陕西乡试第□□名，会试第四十二名。

汪敬，贯直隶□□州府婺源县，民籍。国子生。治《书经》。字益谦，行一，年四十二，六月十七日生。曾祖德铭。祖伯宏。父开宗。母练氏。具庆下。弟义、礼。娶王氏。应天府乡试第五十二名，会试第七十一名。

张敏，贯顺天府永清县，军籍。府学生。治《书经》。字时勉，行一，年三十一，二月二十日生。曾祖允中。祖原善。父亨，任河南卫经历。母吴氏。慈侍下。□□娶路氏。顺天府乡试第□□四名，会试第五十四名。

彭彰，贯山□□□□顺县，民籍。国子生。治《春秋》。字□□，行一，年二十九，六月二十日生。曾祖顺卿。□□。父益。母王氏。具庆下。□辉、耀。娶张氏。□□乡试第□□名，会试第六十九名。

陈璞，贯直隶□□府嘉定县，民籍。县学生。治《书经》。字□□，行一，年三十三，十二月初六日生。曾祖安九。祖安兴。父文旺。母赵氏。慈侍下。娶苏氏。应天府乡试第七十五名，会试第四十四名。

廖恂，贯广东□□南海县，民籍。湖广通山县学生。治《易经》。字仲孚，行一，年三十五，三月十二日生。曾祖□卿。祖礼庭。父原刚。母胡氏。永感下。叔慎初，湖广通山县学教谕，致仕。兄仲临。娶梁氏。湖广乡试第六十六名，会试第九十名。

唐世良，贯直隶常州府武进县，民籍。府学生。治《书经》。字□章，行三，年三十七，二月初三日生。曾祖汝文。祖诚。父衡。母孙氏。继母黄氏。具庆下。兄□□□□□。弟世昌、世隆。娶邵氏。应天府乡试第□□名，会试第二十二名。

高耿，贯□□□□乐县，民籍。县学生。治《诗经》。字□□，行二，年四十，十一月初二日生。曾祖子珉。□□□□母郑氏。慈侍下。□□临。娶刘氏。福建乡试第□□名，会试第三十名。

李亨，贯□□□□县，民籍。县学生。治《□□》。字□□，行二，年三十九，九月十八日生。曾祖季什。祖廷杰，重庆经历。父仲清。母苟氏。继母苟氏。具庆下。兄信。弟顺。娶王氏。四川乡试第六名，会试第二十一名。

马豫，贯山东东□府临清县，军籍。县学生。治《书经》。字彦安，行二，年三十三，五月二十八日生。曾祖文卿。祖得方。父青岩。母孙氏。慈侍下。兄彦和。弟彦□、彦通。娶吴氏。山东乡试第十六名，会试第四十五名。

朱衡，贯湖广衡州府衡阳县，民籍。县学生。治《诗经》。字永平，行二，年二十七，正月初六日生。曾祖仁仲。祖昕。父玹。母刘氏。慈侍下。兄英。弟□、芳。娶王氏。湖广乡试第□□名。会试第八十三名。

孟鉴，贯直隶保定府博野县，民籍。县学生。治《春秋》。字克明，行一，年二十六，九月二十九日生。曾祖甫安。祖遇春。父桓，任开封府通判。母牛氏。慈侍下。□□□□钧。娶展氏。顺天府乡试第□□名，会试第九十九名。

杨玉，贯河南开封府□州，民籍。州学生。治《书经》。字用□，行四，年四十五，十一月十九日生。曾祖成美。祖□□。父景春。母李氏。具庆下。兄□□荣。弟智、钦、铎。娶赵氏。河南乡试第一百二十七名，会试第九十四名。

方员，贯福建福州府永福县，民籍。府学生。治《礼记》。字懋□，行五，年二十七，七月初十日生。曾祖仲选。祖录。父浩。母林氏。具庆下。弟伯。娶赵氏。福建乡试第十名，会试第七十六名。

王颐，贯山东登州府栖霞县，军籍。国子生。治《易经》。字养正，行二，年三十四，四月二十七日生。曾祖忠。祖伯胜。父英。母慕氏。具庆下。兄□□。弟世祥。娶高氏。山东乡试第十七名，会试第四十名。

高峰，贯直隶大名府滑县，民籍。县学生。治《诗经》。字□□，行一，年三十九，七月十三日生。曾祖兴。祖□□。父山。母王氏。具庆下。弟□、崇、巍、岩、嵩。娶吕氏。顺天府乡试第□十三名，会试第九十八名。

本科状元曹鼐曾两举乡试。沈德符《万历野获编》卷十五《典史再举乡试》："曹文忠鼐以典史中殿元，以辅臣死土木，人皆知之，又但知其以乡举弃校官改县尉耳。初鼐已中乡试，为山西代州教职，负才不屑卑冗，欲弃官再就试，为吏部驳奏，遂改授江西泰和典史。宣德七年解部匠至京，值京师大比，乞入试，大学士杨士奇怜而许之，遂再中顺天第二人，因连捷，遂魁天下，事见国史甚明。今世徒以典史会试巍科为奇，而再登贤书，抑奇之奇矣。其他坐斥去而再入毂者，另记。"

以九年考最，升北京国子监丞侯复为翰林院编修，助教张信为翰林检讨，仍理监事。（据《馆阁漫录》卷二）《国榷》卷二十二："宣德八年三月戊辰，北京国子监丞侯复为翰林院编修，助教张信为检讨，俱仍监事。庶吉士邢恭为行在中书舍人，进士李聪为行在工科给事中，丁俊、方洙、李聪、魏清、任凤、马谨、孙毓、王濬、张忠、李芳，监生张骥、王俊、阎肃、陈嘉谟、姚善为行在监察御史。"

乙榜贡士戴瑞、顾仲贤、韦观、田盛、郑暹、王澍、鲍经、刘善庆、宋公辅求入太学，许之。余罗兼善等四百六十四人，俱署学正、教谕、训导。（据《明宣宗实录》卷一百、《国榷》卷二十二）

宣宗作庶吉士自励诗示辅臣。（据《国榷》卷二十二）

四月

更定岁贡生员条例。《明宣宗实录》卷一百一：宣德八年夏四月，"丙午，诏天下州不及二十里者，岁贡生员一人，过二十里者，贡如旧例。县不及五里者，五岁贡一人，不及十里者，三岁贡一人，过十里者，贡如旧例。盖陕西汉中汉阴县儒学教谕张应衡言，本县仅一里，生员食廪膳者止九人，乞岁减常贡之数，故有是命。"

黄淮乘肩舆游西苑。《介庵集》卷十《赐游西苑诗》序云："臣淮谨以谢恩诣阙，首蒙赐宴内阁，礼成奉辞，过承宠眷。赐留月余，光禄时颁廪饩。四月二十六日，钦奉敕旨，命太监臣诚导臣游览西苑，仍命成国公臣勇等十有四人偕往。又蒙特恩，悯臣疲弱，许乘肩舆。勇等乘马。径至白玉桥，舍舆马，徒步先诣南圆殿，是为皇上祗奉皇太后之所，伏见圣诚纯孝，亘古莫伦。臣等拜稽感悦，欢呼万岁。次诣清暑殿，迤逦遍观奇胜。抵万岁山，臣诚宣奉圣旨，谓曰：'山巅下瞰宫庭，人迹所不敢到。诸大臣皆心腹股肱，登高眺远，一无所禁。'臣勇等又皆拜稽称谢。遂循翠岭盘桓而上，历仁贺、介福、延和诸殿，金露、玉虹、方壶、瀛州四亭，直造广寒，置身于层霄之上。周览坼甸，获睹太平繁华之盛。于是下宴山趾绿阴之中，酒颂法酝，果馔皆出天厨之珍。窃臣淮一介儒士，叨逢隆遇，兹者复蒙宠以非常之恩，天高地厚，莫罄名言。自愧才庸质懦，不能补涓埃，辄效康衢之谣，撰述近体五章，祝圣寿于万万年。"《翰林记》卷十六《赐游观》云："八年四月二十六日，上以时清气和，特命勋旧辅导文学之臣游西苑。翰林惟少傅杨士奇、杨荣，少詹事王英、王直，侍读学士李时勉、钱习礼。时少保黄淮来自退休，与焉。自成国公朱勇而下，凡十五人。敕中官导自西安门入，听乘舆马，及太液池而步。遂得同览奇胜。"

宣宗作《广寒殿记》。《馆阁漫录》卷二："四月甲申朔。丁亥，上御奉天门，视朝罢，顾谓少傅杨士奇、杨荣曰：'朕在宫中无事时，偶有真趣，则赋一诗自适，不然则取书籍玩味，亦得胸次开豁，故所在皆置书籍及楮笔之类。今修葺广寒、清暑二殿及西琼岛，欲与各处皆置书籍，卿二人可于馆阁中择能书者数十人，取《五经》、《四书》及《说苑》之类，每书各录数本，分贮其中，以备览阅。'又曰：'朕近作《广寒殿记》。'遂命中官取示士奇等。其文曰：'北京之万岁山，在宫城西北隅，周回数里而奠位之，皆奇石积叠以成。巍巍乎，蠢蠢乎，巉峭峻削，盘回起伏，或陡绝如壑，或崭岩如屋，左右二道，宛转而上，步蹑屡息，乃造其巅，而飞栖复阁，广亭危榭，东西拱向，俯仰辉映，不可殚纪。其最高者为广寒殿，崇栋飞檐，金铺玉砌，重丹叠翠，五彩焕焉，轶云霞，纳日月，高明闿爽，而北枕居庸，东挹沧海，西挟太行，嵩岱并立乎前，大河横带于中，俯视江淮，一目无际，寰中之胜概，天下之伟观，莫加于此矣。永乐中，朕尝侍皇祖太宗文皇帝万几之暇，燕游于此，从容之顷，天颜悦怿，指顾山川，而谕朕曰："此古轩辕所都，而后来赵宋之疆境也。宋弗良于行，金取而都之。金又弗良，元取而都之。元之后裔，不存殷鉴，加弗良焉。天鉴我太祖高皇帝圣德，命之吊伐，用诞安天下。天下既定，高皇帝念前代故都也，简于诸子，以命我奠兹一方。我惟夙夜敬励，不敢怠宁，以仰副高皇帝付托之重。暨建文嗣位，信用奸回，戕刘宗室，举四方全盛之师以加我，于时兹城孤立，殆一发引千钧矣。赖天地宗庙之佑，获以城之孱弱羸老，安其危而存其覆，又因以清奸慝、奠社稷而至于今日。夫山川犹昔也。昔之人以否德而失之，高皇帝以大德而得之。我承籍高皇帝，克艰难而保存之，奈何其可忘慎德。"又顾兹山而谕朕曰："此宋之艮岳也。宋之不振以是，全（金）不戒而徙于兹，元又不戒而加侈焉。睹其处，思其人，《夏书》所为傲峻宇雕墙者也。肆吾始来就国，汰其侈，存其概，而时晰焉，则未尝不有傲于中。昔唐九成宫，太宗亦因隋之旧，去其泰侈而不改作，时资燕游，以存鉴省。汝将来有国家天下之任，政务馀闲，或一登此，则近而思吾之言，远而不忘圣贤之明训，国家生民无穷之福矣。"朕拜稽受命，无时或忘。《书》不云乎，皇祖有训；《诗》不云乎，仪刑文王。肆嗣位以来，凡事天爱民，一体皇祖之心，敬而行之，洞洞属属，罔间夙夜。比登兹山，顾视殿宇，岁久而弛，遂命工修葺，永念皇祖，俨如在上。敬以所授大训，笔而勒诸贞石，既以自省，亦以昭示我子孙于亿万年。'"

五月

陈继卒，年六十五。朱谋垔《画史会要》卷四："陈嗣初，东吴人，以文章擅名翰林，任简讨。写竹尤奇，仲昭、士谦皆师之。"叶盛《水东日记》卷五："张学士士谦、夏太常仲昭，两人同登第，乡谊甚款密，皆及与陈嗣初、王孟端诸人游，皆有志作文、写竹。一日馆阁命石渠阁赋题，士谦稿先就，仲昭见之，即不复下笔。既而士谦以仲昭写竹石愈己也，亦然。两人竟各以所长名世。"正德《姑苏志》卷五十二："继为人端恪，其学自经史百氏皆博考深究。文章根义理，辩体制，严矩矱，不肯苟率。一时称为作者。所著有《怡庵集》。"

六月

行在翰林编修赵勖以亲丧服阕，复职。（据《馆阁漫录》卷二）

宣宗作《闵旱诗》。《明宣宗实录》卷一百三"宣德八年六月乙酉（初四）"："上以天久不雨，祷祠未应，忧之，作闵旱之诗，示群臣。诗曰：亢阳久不雨，夏景将及终。禾稼纷欲槁，望霓切三农。祠神既无益，老壮忧忡忡。饘粥将不继，何以至岁穷？予为兆民主，所忧与民同。仰首瞻紫微，吁天摅精衷。天德在发育，岂忍民瘝痌。施霖贵及早，其必昭感通。翘跂望有涾，冀以苏疲癃。"

进士徐朝宗、吴镒、叶清为监察御史。（据《国榷》卷二十二）

七月

杨荣历官一考，赐敕褒之。（据《馆阁漫录》卷二）

谕礼部：徹各布政司慎择考官。从四川按察副使朱与言奏也。《明宣宗实录》卷一百三：宣德八年七月庚辰，"四川按察副使朱与言言：'设科取士，圣朝盛典，考较不谬，责在主司。洪武年间，考官必用经明行修之士，故举人无滥取。宣德以来，取士则有解额，所以防抑幸进，期得真才，奈何所司聘召考官，不问贤否，学识何如，多举亲故，是非莫辨，去取多乖。乞令各布政司，今后考官，必先会同巡按监察御史、按察司官从公访求索有学问老成之士，不许引进轻薄无学之徒，庶得衡鉴公平，侥幸路绝。'上从之，命礼部移文各布政司，使悉知徹。又顾侍臣曰：'朕亦闻在外举考试官，多出私意，盖有伯乐然后有千里马，己无学识，安能分别人之高下，贤才鲜有不为所枉矣。'"

八月

翰林院修撰金问任满，命复职，升从五品禄。（据《馆阁漫录》卷二）

命诸进士为监察御史。进士赵金、卢琇、萧启、房威、张庆、施庆，监生张羽、邢端、成功、吴诚、尹晋、张善、李岷为行在监察御史。（据《国榷》卷二十二）

闰八月

郑纪（1433—1508）生。字廷纲，别号东园，登天顺庚辰进士，改翰林庶吉士，授检讨。官至户部尚书，致仕，给驿还乡，奉诏进阶荣禄大夫。有《东园文集》。《东园文集》附录《名公叙述》："幼庄重警敏，趋向不凡，与孝子刘闵居云洞山中，以居敬穷理为学，一时名士翕然归仰。泉南陈剩夫来谒，留阅月，自言：'得见郑子，方觉荒疏。'"

九月

令天下学校生员，年四十五以上，尽送部考选定夺。《明宣宗实录》卷一百六：宣德八年九月癸未，"行在礼部尚书胡濙奏：'今天下府州县学生员，有年五十之上，方入贡者，比为国子生，又十余年，方得历事出身，则已年老不堪任事，虚费廪饩，不得其用。乞令天下学校生员，年四十五已上，尽送部考选定夺。'从之"。

十月

蹇义、杨士奇历官三考，皆赐敕奖谕。《馆阁漫录》卷二："十月庚戌朔。丙辰，少师、吏部尚书蹇义，少傅、兵部尚书兼华盖殿大学士杨士奇，历官三考，皆赐敕奖谕。敕士奇曰：'卿历事祖宗，及今三十馀年，始擢禁近，在论思之地。学广识明，端靖忠厚，有良臣之体。若佐仁考于监国，尤积劳勤，贞一之褒，玉音孔彰。肆朕缵承，式资赞辅，忠言谠议，累效厥诚。朕志保民，孜孜夙夜，卿同斯志，谋猷入告，裨益为多。今考九载之绩，深用嘉念，特宴劳于礼部，仍赐敕奖谕。於戏！朕惟祖宗之旧臣，同德同心，是毗是力，卿尚益懋于诚，益傲于恪，庶几共光我祖宗之洪业。钦哉！'"

十一月

试前科进士艺文。徐珵、赖世隆、吴节、李绍、姜洪、虞瑛、潘洪、王玉、陈金、刘实、邓建、方熙、何瑄俱选翰林院庶吉士，学士王直教习。《明宣宗实录》卷一百七："宣德八年十一月甲辰，命尚书蹇义、杨士奇、杨荣、郭琎、胡濙选前科进土，取其文学之优者，得徐珵、赖世隆、吴节、李绍、姜洪、虞瑛、潘洪、王玉、陈金、刘实、邓建、方熙、何瑄十三人，义等以闻。命改为庶吉士，同萨琦等于翰林进学，凡赐给悉如例。仍命学士王直训督，士奇、荣时加考较，务臻实效。"黄佐《翰林记》卷四《文华殿考艺》："永乐中，召试庶吉士文艺，多在文华殿。宣德八年冬，宣宗御文华殿，召诸庶吉士诣文渊阁，试以《诸葛孔明可与兴礼乐论》，亲第其高下，取十三人。翰林以徐珵为首，赐宝锭百锭，余有差，盖因永乐之旧也。已而别选尹昌等六人、萧镒等二人，及斋宫所选者八人，以足二十八人之数。"《馆阁漫录》卷二："十一月庚辰朔。甲辰，命尚书蹇义、杨士奇、杨荣、郭琎、胡濙选前科进土，取其文学之优者，得徐珵、赖世隆、吴节、李绍、万洪、虞瑛、潘洪、王玉、陈金、刘实、邓建、方熙、何瑄十三人，义等以闻，命改为庶吉士，同萨琦等于翰林进学，凡赐给悉如例。仍命学士王直训督，士奇、荣时加考校，务臻实效。己酉，上谓行在吏部尚书郭琎等曰：'在外庶官，亦必有文学可取者，朕欲得其人用之，卿其为朕选择以来。'明日，琎引六十八人人奏，上命少傅杨士奇、杨荣出题试于廷中，择其优者知县孔友谅，进士胡端祯、廖庄、宋珵，教谕黄纯、徐惟超，训导娄升七人以闻，令吏部改进士为庶吉士，与知县、教谕俱历事六科，以备用。"

命内阁试吏部就选外官六十八人，录其优者知县孔友谅、进士胡端祯等七人，改进士为庶吉士。（据《明宣宗实录》卷一百七）《国榷》卷二十二："明日（宣德八年十一月己酉），列六十八人。命阁试，得知县孔友谅，进士胡端祯、廖庄、宋珵，教谕黄纯、徐惟超，训导娄升。改进士为庶吉士，余历事六科。"胡端祯、廖庄、宋珵均为宣德五年进士。"庶吉士""历事六科，以备用"属特例。宣德八年后，皆入翰林院或文渊阁、东阁进学。景泰五年后，皆入翰林院进学。《家藏集》卷五十八《天全先生徐公行状》："有诏简进士绩学翰林为庶吉士，数视列宿，公与其列，所以作养而期待之者甚至。久之，一日宣宗御便殿，召所简二十八人者，亲命之题试之。上览公文粲然成章，擢居第一，即日授翰林编修。公之入翰林也，一时前辈若杨文贞、文敏诸公，皆雅知公名而器重之。而公不屑以文名也，益欲为有用之学，凡军旅、刑狱、水利之类，无不讲求其法而一欲通之。或曰：'公职业在文字，事此奚为？'公曰：'此孰非儒者事？使朝廷一日有事用我辈，吾恐学之已无及矣。'闻者以公有远大志。"《弇州续稿》卷八十八《徐有贞传》："是岁（宣德八年）以三月选进士，尹昌等为庶吉士，仅六人。至十月而复选庶吉士，得十三人，有贞居首。命学士王直教之，上甚属意焉。居二载，特为御文华殿试之，有贞仍居首，即授翰林院编修，预修实录。"徐有贞系徐珵改名。

十二月

太子太师署户部事郭资卒。资字存性，武安人，洪武乙丑进士。授户部主事，进左金都御史，改北平右参议左布政。使从靖难，守城给饷。太宗尝曰："朕萧何也。"即位，拜户部尚书。平生一介不取。年七十三。追封汤阴伯，谥忠襄。子佑，荫户部主事。（据《国榷》卷二十二）

本年

沈周从陈宽学。据陈正宏《沈周年谱》。《甫田集》附《沈先生行状》："少学于陈孟贤先生。孟贤，故检讨嗣初先生之子也。诸陈皆以文学高自标致，不轻许可人。而先生所作辄出其上，孟贤遂逊去。"

瞿佑卒，年八十七。孙绪《沙溪集》卷十三《无用闲谈》云："瞿宗吉与李昌祺所著《剪灯新话》、《余话》，瞿笔路固敏劲，然剽窃者多，甚至全篇累行誊录。李虽用事险僻，少涉晦涩，要之皆其胸臆中语，非窃之他人也；其诗集所谓《运甓漫稿》者，其中亦多佳句。《余话》中则'惜花春起早'四词之外，吾无多取焉。《新话》中亦惟'四时词'与二三'竹枝词'耳。其它如《香台集》、《存斋诗话》之类，皆鄙俚语言，无足为道。然则学术识见，瞿不逮李远甚。世竞优瞿而劣李，其异于矮人观场者无几。"《静志居诗话》卷六《瞿佑》："明初诗家，以杨廉夫为祭酒。廉夫见同调，缀以评语，不曰'牛鬼'，则曰'狐精'。此王常宗论文，即以狐比廉夫也。宗吉幼为廉夫所赏，拾其唾余，演为流派。刘士亨、马浩澜辈争效之。譬诸画仕女者，肌体痴肥，形神猥俗，曾牛鬼狐精之不若矣。其稍有风骨者，如'射虎何年随李广？闻鸡中夜舞刘琨'、'蹈海莫追天下士，折腰难事里中儿'，庶与凌彦翀、李宗表相近。当时尝取宋元金三朝律诗一千二百首，编为《鼓吹续音》，惜乎不得见矣！"《明诗综》卷二十二《瞿佑》录诗十二首：《天魔舞》、《春社词》、《高门叹》、《义士行》、《看灯词》（六首）、《清明》、《过苏州》。

明宣宗宣德九年甲寅（公元 1434 年）

三月

皇太子初受朝于文华殿，文武百官具朝服行八拜礼。（据《馆阁漫录》卷二）

升行在翰林院编修陈询为本院修撰，国子监助教王仙为翰林检讨，仍理助教事。（据《馆阁漫录》卷二）

五月

北京国子监助教潘哲加行在翰林院检讨。（据《国榷》卷二十二）

六月

曹端卒，年五十九。《明儒学案》卷四十四《学正曹月川先生端》："宣德甲寅六月二日，卒于霍州，年五十九。"《四库全书总目·曹月川集提要》："明初理学以端与薛瑄为最醇。瑄诗文集及《读书录》等，皆传于世，而端之遗书散佚几尽，其集亦不复存。此本为国朝仪封张伯行裒辑而成，首以《夜行烛》，次《家规辑略》，次《语录》，次《录粹》，次序七篇，次诗十五首。《夜行烛》、《家规》二序，不冠本书，而别移于后。诗之中，间以《太极图说赞》一篇，皆非体例，盖编次者误也。末附诸儒评语及张信民所纂年谱。端诗皆《击壤集》派，殊不入格，文亦质直朴素，不以章句为工。然人品既已醇正，学问又复笃实，直抒所见，皆根理要，固未可绳以音律、求以藻采。况残编断帙，掇拾于放失之余，固儒者所宜宝贵矣。"

七月

以九载考最，升行在翰林院编修习嘉言为本院修撰。（据《馆阁漫录》卷二）

梁本之卒，年六十五。 杨士奇《东里续集》卷三十九《梁先生墓志铭》："宣德甲寅七月丙子朔，鲁府纪善梁本之卒于官……本之讳混，以字行。晚号坦庵。自幼嗜学，始从其父兄，稍长出就乡先生质疑请益。弱冠即穷日夜研钻传注，力求诸古人，不畅不止，遂贯通《四书》及《诗》《书》二经。乡之号前辈者，或不及也。……瑞州府学聘训导。瑞学久缺师，士习卑陋，本之力作新之……九年，升溧阳县学教谕。溧阳学亦久弛，本之笃于教，不减在瑞……蜀献王闻其贤，奏举为纪善……母丧，服阕改鲁府纪善。蜀僖王嗣立后，因使存问，赐白金等物。在鲁府五年卒，春秋六十有五。"《四库全书存目·坦庵文集提要》："《坦庵文集》八卷，明梁本之撰……本之与其兄潜齐名。萧镃称所作泓淳澄深，端重典则，盖庄人学者之文。然规模与其兄相近，骨力根柢则皆不及其兄也。"

八月

选国子监生赵伦等五十人备鸿胪寺宣读表章。《明宣宗实录》卷一百十二：宣德九年八月，"丁卯，行在礼部尚书胡濙奏：'比以鸿胪寺宣读表章缺人，臣奉命与吏部尚书郭琎等于国子监选监生音声洪亮者，得赵伦等五十人。'上曰：'宣表近侍之职，虽取其声音，尤须观其才行。此五十人姑令鸿胪寺堂上官教习，仍常察其行止，如果端谨堪任，送吏部授官。'"

选习四夷译书学生。《明宣宗实录》卷一百十二：宣德九年八月戊辰，"选习四夷译书学生。初，上以四夷朝贡日蕃，翻译表奏者多老，命尚书胡濙同少傅杨士奇、杨荣于北京国子监选年少监生，及选京师官民子弟有可教者，并于翰林院习学。至是，选监生王瑄等及官民子弟马麟等各三十人以闻。命指挥李诚、丁全等教之，翰林学士程督之，人月支米一石，光禄寺日给饭食。习一年能书者，与冠带，惰者罚之，全不通者黜之"。俞汝楫《礼部志稿》卷九十二《选习译书学生》："宣德七年，选习四夷译书学生，初，上以四夷朝贡日蕃，翻译表奏者多老，命尚书胡濙同少傅杨士奇、杨荣于北京国子监选年少监生及选京师官民子弟有可教者，并于翰林院习学。至是，选监生王瑄等及官民子弟马麟等各三十人以闻。命指挥李诚、丁全等教之，翰林院学士程督之，人月支米一石，光禄日给饭食。习一年，能书者与冠带，惰者罚之，不通者黜之。"

升行在太常寺卿兼翰林学士杨溥为行在礼部尚书，仍兼学士。《明宣宗实录》卷一百十二"宣德九年八月丁巳（十三日）"："升行在太常寺卿兼翰林院学士杨溥为行在礼部尚书，仍兼学士。"

命马愉等三十七人于文渊阁进学。《明宣宗实录》卷一百十二：宣德九年八月，"癸酉，命行在翰林院修撰马愉、陈询、林震、曹鼐，编修林文、龚琦、钟复、赵恢，大理寺左评事张益，同庶吉士萨琦、何瑄、邓建、江渊、李绍、姜洪、徐珵、林补、赖世隆、潘洪、尹昌、黄瓒、方熙、许南杰、吴节、叶锡、王玉、刘实、虞瑛、赵智、陈金、王振、逯端、黄回祖、傅纲、萧镃、陈惠、陈睿三十七人，于文渊阁进学。先是，上命翰林院简进士萨琦等于文渊阁进其文学，至是并愉等召入左顺门试之。上亲第高下，赐赉有差。少詹事兼侍读学士王直有训励劳，赐钞一千贯"。《馆阁漫录》卷二："八月乙巳朔。丁巳，升行在太常寺卿兼翰林学士杨溥为行在礼部尚书，仍兼学士。癸酉，命行在翰林院修撰马愉、陈询、林震、曹鼐，编修林文、龚琦、钟复、赵恢，大理寺左评事张益，同庶吉士萨琦、何瑄、邓建、江渊、李绍、姜洪、徐珵、林补、赖世隆、潘洪、尹昌、黄瓒、方熙、许南杰、吴节、叶锡、王玉、刘实、虞瑛、赵智、陈金、王振、逯端、黄回祖、傅纲、萧镃、陈惠、陈睿三十七人，于文渊阁进学。先是，上命翰林院简进士萨琦等于文渊阁进学，至是，并愉等召入左顺门试之。上亲第高下，赐赉有差，少詹事兼侍读学士王直有训励劳，赐钞一千贯"。徐阶《世经堂集》卷十二《赠太史董君用均予告序》："予尝闻前辈言，宣庙时，庶吉士读书在今奉天门之东庑。而三杨先生为之师，在东阁，时时召诸吉士，出百司章奏示之，问所当罢行，及古今政治同异成败之状。其才达于政矣，又阴察其行，必惇大正直，颐然负时望者，然后留之翰林，非专以文词选也。其后阁老不暇为庶吉士师，而庶吉士亦遂馆于翰林之署。其所诵习，独汉、唐人所为诗若文数十卷耳，不复询之政以观其才。其日课于师、月试于阁、视以为去留者，独诗若文数篇耳，不暇察其行以收其望。于是翰林之职始专以文称，而所谓重且远者，亦始责之而或不能胜，期之而或不能践。"萨琦等二十八名庶吉士中，二十六人在此前已考选为庶吉士，只有萧镃、陈惠为此次新选之庶吉士。丘浚《重编琼台稿》卷九《拙庵李先生文集序》："我国文运盛于大江以西。开国之四年，策士以文，即得抢魁于金溪。又十八年，始定今制，会试天下士，哀然举首者，分宜人也。永乐甲申，选庶吉士读书中秘，以应二十八宿。其中十二人出江西，而官翰林七人。宣德甲寅，合丁未、庚戌、癸丑三科进士选之，亦如甲申之数。出江西者七人，留翰林者四人。奉敕教之者，前则吉水解公大绅，后则西昌王公行俭，是皆江西人也。粤自我文皇帝振作斯文之后，选士教之，而拔其尤以官馆阁，率以为常，而皆莫若兹两举之盛。翰林之选，自三名外，而以庶吉士进者，历科虽间有其人，而前惟称文端、文安二王公，后则称萧尚约、吴竹坡、李拙庵三先生也。"

九月

少保、户部尚书兼武英殿大学士黄淮陛辞，赐御制诗及钞二千贯。（据《馆阁漫录》卷二）《国榷》卷二十二："宣德九年九月壬午，少保户部尚书兼武英殿大学士黄淮陛辞，赐御制诗及钞二千贯。"

曹端（1376—1434）卒。《明史》儒林传："曹端，字正夫，渑池人。永乐六年举人。五岁见《河图》、《洛书》，即画地以质之父。及长，专心性理。其学务躬行实践，而以静存为要……为霍州学正，修明圣学……服阕，改蒲州学正。霍、蒲两邑各上章争之，霍奏先得请。先后在霍十六载，宣德九年卒官，年五十九……端尝言：'学欲至乎圣人之道，须从太极上立根脚。'又曰：'为人须从志士勇士不忘上参取。'又曰：'孔颜之乐仁也，孔子安仁而乐在其中，颜渊不违仁而不改其乐，程子令人自得之。'又曰：'天下无性外之物，而性无不在焉。性即理也，理之别名曰太极，曰至诚，曰至善，曰大德，曰大中，名不同而道则一。'初，伊、洛诸儒自明道、伊川后，刘绚、李吁辈身及二程之门，至河南许衡、洛阳姚枢讲道苏门，北方之学者翕然宗之。洎明兴三十余载，而端起崤、渑间，倡明绝学，论者推为明初理学之冠。所著有《孝经述解》、《四书详说》、《周易·乾坤二卦解义》、《太极图说通书西铭》释文、《性理文集》、《儒学宗统谱》、《存疑录》诸书。"

生员年四十五以上者考送国子监。不中者罢归为民。《明宣宗实录》卷一百十二"宣德九年九月戊寅（初四）"：行在礼部奏："比取天下生员年四十五以上者考试。请中者遣入国子监读书，不中者罢归为民，尝食廪米，令有司追征还官。"从之。陆容《菽园杂记》卷十二："廪生久滞，宜择其行检端谨、学业优长可当科目遗才者，善为疏拔之计，不当专论其齿。宣德中，从胡忠定公濙之请，起取四十岁以上廪生入国学，需次出身。天顺初，从都御史李公宾之请，又一行之，皆姑息之政也。然宣德、正统间，监生惟科、贡、官生三种而已，故此辈得以次进用。景泰以来，监生又有他途进者，虽科、贡之士，亦为阻塞。中间有自度不能需次者，多就教职，余至选期，老死殆半矣。近闻北畿巡抚张公鼎亦建此议，礼部寝之，是能不以姑息结人心者也。"《蓬轩类记》卷一："吴中恶滥不售之货，谓之店底，故庠生久滞不中者，亦以此目之。宣德中，从胡忠安公濙之请，起取四十岁以上廪生入国学，需次出身。天顺初从都御史李公宾之请，又一行之，皆姑恤之政也。然宣德、正统间，监生惟科、贡、官生三种而已，故此辈得以次进用。景泰以来，监生有纳刍粟及马助边者，有纳粟赈荒者，虽科、贡之士，亦为阻塞。中间有自度不能需次者，多就教职，余至选期，老死殆半矣。近闻北畿巡抚张公鼎亦建此议，礼部寝之，是能不以姑恤结人心者也。"

十月

己未，四川总兵官都督佥事方政奏便宜四事："……一、松潘等处军民指挥使司未立医学，军民有疾，则往茂州医学请药，相去五百余里。乞开设医学，以本卫能医余丁夏宏任职。"上皆从之。（据《明宣宗实录》卷一百十三）

辛酉，置陕西西宁卫军民指挥使司阴阳正术一员，医学正科一员。云南澂江府医学正科一员。（据《明宣宗实录》卷一百十三）

丁卯，升南京国子监司业陈敬宗为本监祭酒。（据《明宣宗实录》卷一百十三）

升北京国子监助教刘球为行在翰林院检讨，仍理助教事。（据《馆阁漫录》卷二）《国榷》卷二十二："宣德九年十月丁卯，南京国子司业陈敬宗为祭酒，北京国子助教刘球加行在翰林院检讨，金乡教谕赵琬为行在翰林院待诏。"

行在翰林院学士沈度卒。 度字民则，华亭人。善书，授翰林典籍，累进侍讲学士。宣德初，进学士。孝友贞静，不苟附合，虽故旧未尝轻造，士论高之。年七十，予祭葬。（据《国榷》卷二十二）

十一月

翰林官讲《周书》毕，宣宗因论周事。《国榷》卷二十二："曰：'周家积德数十世而复兴，其本已深。成王守成，周召辅之，皆天也，岂偶然哉？'"

陈山卒。《馆阁漫录》卷二："十一月甲戌朔。　庚子，户部尚书兼谨身殿大学士致仕陈山卒。山，福建沙县人。初繇教官被荐，升吏科给事中，侍上讲读。上为皇太子，升左春坊左庶子。上正大统，升户部左侍郎，遂升户部尚书兼谨身殿大学士。自陈老疾，命致仕，未抵家卒，年七十。山为人寡学急利而昧大体，高煦反，上亲征之，既还师，山迎，奏请乘胜掩袭赵王执之。上曰：'赵王何罪而执？'不听。自是遂薄山。其归也，恩礼一无所及。"

十二月

宣宗以御书《洪范》篇及御制序文示杨士奇等。《殿阁词林记》卷十三《宸翰》："宣德七年七月，宣宗燕闲，阅内库书画，得元赵孟𫖳所绘《豳风图》，因赋长诗一章，召翰林词臣示之曰：'《豳》诗，周公陈后稷、公刘王业之由，与民情早晚之宜，以告成王，使知稼穑艰难。万世人君，皆当鉴此。朕爱斯图，为赋诗，欲揭于便殿之壁，朝夕在目，有所儆励。尔其书于图之右。'九年十二月，宣宗退朝御文华殿，召少傅杨士奇等，出御书《洪范》篇及御制序文示之，且谕之曰：'所论或未当，卿等当直言勿隐。'士奇等对曰：'圣谕皆当，真得古人精蕴。'上曰：'朕在宫中，虽寒暑不废书册。'士奇等对曰：'帝王勤学问，则宗社生民有赖矣，惟愿陛下始终此心。'上笑曰：'卿等亦常须直言，朕不为忤。'"

监生李源为永宁宣抚司训导。 本司人。（据《国榷》卷二十二）

行在吏科给事中仪铭为行在翰林院修撰，进士李素、宋杰为行在吏、兵科给事中，陈诏、李彬、李瑾为行在监察御史。（据《国榷》卷二十二）

本年

胡居仁（1434—1484）生。 字叔心，饶之余干人，学者称为敬斋先生。弱冠即奋志圣贤之学，游康斋吴先生之门。万历己酉，追谥文敬，从祀孔庙。《明文海》卷三百九十八郑秀《胡敬斋传》："颖异有大志，家世业农，至叔心益窘，鹑衣蔬食，若将终身焉。方童年，得邻家遗物，还之。尝从于同知准受《春秋》，知无所得，曰：'学讵止此乎？'及闻吴聘君与弼讲学崇仁，徒步从之游，聘君亟称叹，以为非常人。退而益加充广，尽弃旧学，以斯道自任。"杨希闵、陈复互汇集《十五家年谱丛书》之《胡文敬公年谱》："明宣宗宣德九年甲寅公生。公姓胡，名居仁，字叔心，号敬斋，饶州余干人。"（民国补刊本）《明史》儒林传："胡居仁，字叔心，余干人……卒年五十一。万历十三年从祀孔庙，复追谥文敬。"

明宣宗宣德十年乙卯（公元1435年）

正月

北京国子监祭酒贝泰欲将监生所作课业仿书按季送翰林院考较，年终奏缴文册数目。从之。（据《明英宗实录》卷一）

明宣宗去世。《明宣宗实录》卷一百十五"宣德十年春正月乙亥（初三）"："上崩。"《艺苑卮言》卷五："宣宗天纵神敏。长歌短章，下笔即就。每遇南宫试，辄自草程文，曰：'我不当会元及第耶？'而一时馆阁诸公无两司马之才，衡、向之学，不能将顺黼黻，良可叹也。"《古今说海》卷一百三十六梅纯《损斋备忘录》："宣庙诗多六言，如《过史馆》云：'荡荡尧光四表，巍巍舜德重华。祖考万年垂统，乾坤六合为家。'《上林春色》云：'山际云开晓色，林间鸟弄春音。物意皆含春意，天心允合吾心。'二诗今人家往往有石刻摹本，盖石不在禁中，故人多得之。臣又尝于一故家获睹《咏折扇》一首，云：'湘浦烟霞交翠，剡溪花雨生香。扫却人间炎暑，招回天上清凉。'与前二诗皆一视同仁气象，而此一章尤有克治之意。大抵皆以天地万物为一体。真帝王之言也！"《珊瑚网》卷四十五《名画题跋二十一》云："《景陵九鸶图》，宣德年制。又《芦雁图》，宣德年制。章皇帝圣能天纵，一出自然，若化工之于万物，因物赋形，不待矫揉而各遂生成也。敬观二图，柳丝鸟翟细过于发，一种生动之致，又居然写意家神逸品。"《列朝诗集小传》乾集上《宣宗章皇帝》："帝天纵神敏，逊志经史，长篇短歌，援笔立就。每试进士，辄自撰程文，曰：'我不当会元及第耶？'万机之暇，游戏翰墨，点染写生，遂与宣和争胜。而运际雍熙，治隆文景，君臣同游，赓歌继作，则尤千古帝王所希遘也。於乎盛哉！"《静志居诗话》卷一《明宣宗》："景陵当海宇承平之日，肆意篇章。尝于九年元夕，群臣观灯，各献诗赋，汇成六册。惜今已无存。即所遗御制集诸诗，视民如伤，从善不及。宜薛禄武人，比之南仲、山甫，而枥心感泣也。"《明诗综》卷一《宣宗章皇帝》："何乔远曰，章皇瘘寐思贤，未尝一日去书。下笔蜂涌，皆传修齐治平之道。翰墨图画，随意所在，尽极精妙。"存诗九首：《猗兰操》、《思贤诗》、《赐许廓巡抚河南》、《悯农诗示吏部尚书郭琎》、《示户部尚书夏原吉》、《捕蝗诗示尚书郭琎》、《减租诗》、《悯旱诗》、《草书歌赐程南云》）。

朱祁镇即位，是为英宗。《明英宗实录》卷一"宣德十年春正月壬午（初十）"："上即皇帝位，颁诏大赦天下。"《明鉴纲目》卷二："纲：乙卯十年，春正月，帝崩。（葬景陵，在京兆昌平县黑山。）太子祁镇即位。（是为英宗。）目：遗诏，国家重事白皇太后行。时太子方九龄，外廷传言太后取金符入内，欲召立襄王，杨士奇、杨荣，率百官入临，请见太子。太后即至乾清宫，携太子泣曰：'此新天子也。'士奇等伏谒呼万岁，浮议乃息。"

蹇义去世。《国榷》卷二十三："宣德十年正月丁亥，少师兼吏部尚书蹇义卒。义字宜之，巴县人。初名瑢，幼孤，鞠外舅李氏，蒙其姓。洪武乙丑进士，授中书舍人，改姓蹇。上曰：'岂蹇叔后耶？'御书'义'名赐之。义笃实，满九载，数在左右，预机密文字。建文初，拜吏部右侍郎，太宗转左。数月，进尚书。时恶建文改旧制，一切反之。义从容言：'损益随时。'间举数事，陈其颠末，太宗从之。寻兼太子詹事，辅东宫监国，兼署礼部。父丧归，夺情。尝巡抚江南。仁宗初，兼少保，历少师，参大政，宣宗甚优之。辍部事，论道如古三公，历事六朝，通籍五十年，谙于典故，练达政体，虽在填委，分处豁如。顾沉厚，遇事少断，世疑其无所建明云。年七十三。赠特进光禄大夫太师，谥忠定。子英，官尚宝司丞，复其家。"

罢十三布政司镇守中官。《明鉴纲目》卷二："纲：罢十三布政司镇守中官。目：其守备南京，镇守诸边，收粮徐州、临清，巡盐淮浙者如故。"

黄福参赞南京机务。《明鉴纲目》卷二："纲：加户部尚书黄福少保，参赞南京机务。目：留都文臣参机务自福始。（时襄城伯李隆，守备南京，福以参赞，尝坐隆侧，然隆待福礼甚恭，公退，即推福上坐，福亦不辞。福遇事先筹定付隆，隆悉从之。由是政肃民安，远近悦服。）"

吴宽（1435—1504）生。宽字原博，长洲人。成化壬辰第一人及第，授修撰。历谕德、庶子、少詹，兼侍读学士，擢吏部侍郎，掌詹事府，入东阁专典诰敕，进礼部尚书。赠太子太保，谥文定。有《家藏集》七十七卷。《家藏集》卷三十四《次高进之生辰韵》云："老夫初度元正节，六十三回月廿三。白发欺人不可奈，青山对酒欲辞酤。"

二月

命直隶隆庆州儒学学正刘鉴复任。《明英宗实录》卷二：宣德十年二月，"甲子，命直隶隆庆州儒学学正刘鉴复任。时鉴任满，乏科举，例当谪戍云南。其生徒言鉴训诲有方，但以新设之学，未臻成效。乞留复任。事下行在吏部，覆奏，故有是命。"

杨溥入内阁，与杨士奇等同预机务。《明鉴纲目》卷二："纲：以礼部尚书杨溥，复入内阁，预机务。目：溥自四年秋，母丧起复，至是与杨士奇等，复同直内阁。"

贡士詹万里为唐府纪善。唐王荐故长史詹恩子万里补纪善，吏部不可。上特从之。（据《国榷》卷二十三）

定府学岁一贡，州学二年，县学三年。（据《国榷》卷二十三）

三月

升行在翰林修撰刘翀为山西按察司金事。改行在工部主事王一宁为行在翰林院修撰，仍支正六品俸；行在礼科给事中朱应、康振俱为行在翰林院检讨。（据《馆阁漫录》卷二）

进士高峻、元亮、徐璟、毛宗鲁、李玺为行在监察御史，程宪为南京监察御史。（据《国榷》卷二十三）

四月

海阳教谕袁均哲请祀唐潮州刺史韩愈，从之。（据《国榷》卷二十三）

元翰林学士吴澄从祀孔子庙。（据《国榷》卷二十三）

五月

令吏部：初入仕者毋辄除风宪，监察御史有阙，都察院堂上及各道官保举以闻。吏部审察不谬，然后奏授。（据《国榷》卷二十三）

行在礼部上祖宗忌辰礼仪。初谕礼部议其礼，大学士杨士奇等请是日服澹浅色衣，不鸣钟鼓，视事奉天门。从之。（据《国榷》卷二十三）

升行在翰林院侍诏赵琬为北京国子监司业。（据《馆阁漫录》卷二）

七月

行在礼部以应天府乡试期近，奏请考试官二员。上命行在左春坊左庶子兼翰林院侍读周述、翰林院侍读苗衷为之。（据《明英宗实录》卷七）

敕修《宣宗实录》。《明英宗实录》卷七"宣德十年秋七月丙子（初七）"："少傅兵部尚书兼华盖殿大学士杨士奇等言：'臣等仰惟宣宗皇帝临御十年，大功大德在国家在生民者，必当纪载，垂于万世。今宜依祖宗故事，纂修实录，以彰盛美。'上从之。敕谕礼部曰：'朕惟古昔帝王功德之实，载诸简册，光昭万世。我皇考宣宗章皇帝，聪明睿智，文武圣神，备君德之大成，嗣祖宗之丕绪。仁惠黎元，威戡叛乱。在位十年，中国奠安，四夷宾服。太平之绩，允光前烈。宜有纪述，以示来世。朕以菲德，图惟继述。尔礼部宜遵祖宗故事，纂修实录。其以太师、英国公张辅为监修，少傅、兵部尚书兼华盖殿大学士杨士奇、少傅、工部尚书兼谨身殿大学士杨荣、礼部尚书兼翰林院学士杨溥、詹事府少詹事兼侍讲学士王英、少詹事兼侍读学士王直为总裁。遴选文儒，协相纂述。其有合行事宜，条列以闻。钦哉！'"

升行在翰林院修撰金问为太常寺少卿兼侍读学士。（据《馆阁漫录》卷二）

行在吏科都给事中王荣为北京行太仆寺少卿。（据《国榷》卷二十三）

吏部尚书郭琎会大臣保荐，命何文渊举贤自代。荐御史刘谦，以监银冶于温之平阳，廉而且才。（据《国榷》卷二十三）

八月

命行在翰林院侍读学士李时勉、侍讲高谷为顺天府乡试考官，赐宴于本府。（据《明英宗实录》卷八）

教谕黄纯、徐维超，训导娄升为行在给事中。（据《国榷》卷二十三）

两京及河南、山东、陕西、山西、浙江、江西、福建、广东、广西、四川、云南等十二布政司乡试；贵州士子附云南乡试。（据《皇明贡举考》卷三）

擢翰林院庶吉士萧镃、林补、赖世隆、吴节、徐珵、萨琦、江渊为编修，王玉、李诏（绍）、姜洪、何瑄、王振为检讨。（据《明英宗实录》卷八、《馆阁漫录》卷二）《国榷》卷二十三："宣德十年八月庚申，行在翰林院庶吉士萧镃、林补、赖世隆、吴节、徐珵、萨琦、江渊为编修，王玉、李绍、姜洪、何瑄、王振为检讨，进士张睿、朱良暹、白琼为吏、兵、工科给事中，张文、时纪、柳华、薛希琏、赵忠为监察御史，张纪为大理寺左评事，俱行在。"

应天府乡试，祝颢前场七篇止作五篇，得高魁。都穆《都公谈纂》卷下："往时乡试作'减场'，如前场七篇止作五篇，亦得中式。宣德十年，应天府乡试，吾乡祝参政颢以减场得高魁，今则凡减场者皆帖出矣。"

蒋让中举。万历《沛志》卷二十四《杂志》："宣德乙卯，邑孝廉蒋公让将赴乡举。时邑乏科目者余二十年，县大夫送诸应试者之郊，致期勉焉。公被酒，与县大夫约曰：'今科有中者，愿掷杯于地而不碎。'县大夫诺之。公即以所酌磁杯掷数武外，果不碎，是科让竟中式。"

九月

选国子监生年五十以上者除授教职。修订岁贡生员考选条例。《明英宗实录》卷九：宣德十年九月乙亥，"北京国子监祭酒贝泰言：'朝廷设国子监，聚天下之英贤，资百司之任用。廪养丰厚，劝励勤至，故凡在甄陶者，咸思有以补报。近年行在礼部奏准：监生年五十岁以上者，会官拣退为民。是时有年及五十者，虽得选留，然俟至历事之日，又在拣退之年。穷经皓首，莫酬志愿，教养恩厚，未答涓埃，与其待老放闲，孰若简贤授职。况臣闻在外府州县儒学，多缺教官，乞命该部将此等监生，考其学行，可为师范者，除授教职，如此，则无淹滞之患矣。'从之"。壬辰，"行在礼部奏：'天下岁贡生员，例从行在翰林院考试，中式者送南北国子监读书。初不中者，仍发原籍，住廪肄业，以待复试。再不中者，发充吏役。提调官教官如例责状。犯在赦前者，免责状。'从之"。

王振掌司礼监。《明鉴纲目》卷二："纲：以王振（蔚州人）掌司礼监。（《明史·百官志》，内官十二监，司礼监有提督掌印，秉笔，随堂，各太监，为内官最要职。）目：振狡黠多智，事仁宗于东宫，宣德初，寝用事。帝为太子，朝夕侍左右。及即位，命掌司礼监，宠任之。（太后尝遣振至内阁问事，杨士奇拟议未下，振辄施可否。士奇愠，三日不出。太后问故，杨荣以实对。太后怒，鞭振，仍令至士奇所谢罪，且戒曰：'再尔，必杀无赦。'自是间数日，太后必遣使至阁，问连日曾有何事来议，如何施行，令具帖以闻。）"

十月

河南按察司副使徐义言学官考核等三事。《明英宗实录》卷十：宣德十年冬十月甲寅，"河南按察司副使徐义言三事。一、诏书，文职官员未及七十，老疾不堪任事，皆令致仕。今各吏典亦有年五十岁之上，与此官员无异，宜放还为民。一、永乐年间科举不拘名数，今始有定额。河南七府一百州县，每科取士三十五名，如三科每学均取一名，尚余二处，难以责效考官。宜依学校多寡定数，或仍照旧例，不拘名数"。

诏天下卫所皆立学。陆容《菽园杂记》卷六："本朝军卫旧无学，今天下卫所，凡与府、州、县同治一城者，官军子弟皆附其学，食廪岁贡与民生同。军卫独治一城，无学可附者，皆立卫学。宣德十年，从兵部尚书徐琦之请也。其制：学官教授一员，训导二员，武官子弟曰武生，军中俊秀曰军生。卫学之有岁贡始于成化二年五月，从少保、吏部尚书、华盖殿大学士李公贤之请也。其制：每二岁贡一人，平时不给廪食。至期，以先入学者从提学御史试而充之。"乾隆《宁武府志》卷十二《艺文》载明刘泾《宁武关修学碑记》："英宗睿皇帝御极之初，善继善述，益思敦崇儒术，是以于宣德十年冬十月，犹在谅闇，即于辛亥诏天下，卫所皆立学宫。正统六年十一月，下定都北京之命，文武诸司不称行在。沿边诸镇切近甸服，欣欣然以观日月之光为幸。先是，偏头关于我孝宗敬皇帝弘治二年，从巡抚都御史左公钲之请，学校始立。惟兹宁武虽于成化二年建关设守，山川环列，兵农错居，商旅云集，俨然大都会。而兵事倥偬，未有学宫。士民跂足而相望者久矣。嘉靖戊子，守备谭铉请于巡抚都御史江公潮，奏建儒学，得视诸卫；迄岁庚寅落成，规制大备。"嘉靖戊子，即嘉靖七年（1528）。庚寅，指嘉靖九年（1530）。《明鉴纲目》卷二："纲：冬十月，诏天下卫所皆立学。"民国《德县志》

卷七《学校志·学制》："明洪武二年诏立学，十三年命天下学校日给廪膳。德邑学官，设学正一员，训导三员，管月课，每员日省弟子功课各十名，共三十名，为廪生，立三斋以居之，一曰进德，一曰修业，一曰养正。十六年命岁贡士于京师，定为四年三贡。二十六年因廪生缺额，设增广生三十名，名曰补廪。宣德十年诏天下卫所立学，取军生四十名赴京考试。正德间因补廪增生缺额，又设充附儒童，名曰帮增，无定额。嘉靖十年诏两卫士子附州学，增设训导一员，增立一斋，曰志学，分进德、修业两斋居州生，养正、志学两斋居卫生，廪增贡额与州一律。"

以魏骥、王钰、陈璲为明年会试同考官。《明英宗实录》卷十：宣德十年冬十月，"壬子，召太常寺少卿魏骥、行在翰林院养病修撰王钰、检讨陈璲赴行在，从尚书胡濙奏，请为明年会试同考官也"。

擢翰林院庶吉士宋琠、胡端祯、廖庄为行在各科给事中。（据《明英宗实录》卷十、《国榷》卷二十三）

十一月

升行在翰林院编修梁禋为本院修撰。（据《馆阁漫录》卷二）

行在兵部尚书王骥言，部事烦冗，欲于国子监选取监生十人书写奏本，历三年照例出身。从之。（据《明英宗实录》卷十一）《国榷》卷二十三："（宣德十年十一月癸酉）行在兵部尚书王骥言事繁，请监生十人书写，历三年照例出身。从之。"

命三杨轮议臣民章奏。《馆阁漫录》卷二："十二月戊戌朔。壬寅，命大学士杨士奇、杨荣，学士杨溥轮议建言事件，从尚书胡濙请也。"《明鉴纲目》卷二："纲：十一月，命杨士奇、杨荣、杨溥议臣民章奏。目：太皇太后委任三人，三人同心辅政。士奇有学行，通达国体。荣谋而能断。溥有雅操，淳谨小心。每议事，士奇引故义，荣出一言决之，诸大臣争可否，或有违言，溥舍己从人，略无系吝。时论贤之，号三杨。（以居第目士奇曰西杨，荣曰东杨，溥尝自书郡望曰南郡，因目为南杨。）"

儒士卢忠以经明行修应荐，吏部验忠军籍当补伍。上命试之，试可用，擢太平府训导。曰：戎伍得人，孰与学校得师！（据《国榷》卷二十三）

十二月

拔罪人补国子监膳役。（据《国榷》卷二十三）

本年

谢铎（1435—1510）生。铎字鸣治，天台人，天顺甲申进士。选庶吉士，授编修，历官南京国子祭酒，移疾归，起为礼部右侍郎，掌祭酒事。卒，赠礼部尚书，谥文肃。

有《桃溪净稿》。王廷相《王氏家藏集》卷三十一《方石先生墓志铭》云："生而资性澄朗，机神警悟。童时即能为韵语。年十四，叔父逸老先生授以《四子书》《毛诗》，辄通大义。将冠，游邑校，与同邑黄文毅公孔昭友契，服膺儒素，日相砥砺，以古人自期，乃并有时名。"李东阳《桃溪杂稿序》云："先生姓谢氏，名铎，字鸣治，台之太平人，累官翰林侍讲，号方山，后更号方石，桃溪其所居地也。"

傅瀚（1435—1502）生。傅瀚字曰川，号体斋，新喻人。天顺甲申进士，入翰林为庶吉士，授检讨。弘治中为礼部尚书，赠太子太保，谥文穆。博学强记，为诗文峻整有格，书法亦遒美。《震泽集》卷二十五《礼部尚书赠太子太保谥文穆傅公行状》："少颖秀拔异，读书过目成诵。始就外傅，则往往推究奥义，人多奇之。"

黄仲昭（1435—1508）生。名潜，以字行，莆田人，举成化二年进士，与罗伦、章懋、贺钦、庄昶等同榜，以名节相激励。改庶吉士，授编修。坐谏鳌山烟火，予杖，谪湘潭知县，迁南京大理评事，进寺副。乞休。弘治初，起江西提学佥事，寻致仕。有《未轩集》。

明英宗正统元年丙辰（公元1436年）

二月

进士王偡、陈浩为刑、兵科给事中。（据《国榷》卷二十三）

始设直隶永宁县儒学。（据《国榷》卷二十三）

行在吏部言：监生淹滞，或白首不霑一命。乞年四十五以上，听补典史、吏目、税课、河泊、仓场等大使。从之。（据《国榷》卷二十三）

设云南金齿军民指挥使司儒学。（据《国榷》卷二十三）

行在礼部尚书胡濙等进经筵仪注。《殿阁词林记》卷十五《经筵》："英宗嗣位，年九龄，大学士杨士奇等始奏请开经筵，疏略曰：'去年十月，宣宗皇帝御左顺门，召臣士奇谕之曰："明年春暖，东宫出文华殿读书，凡内外侍从，俱用慎择贤良廉谨之臣。"臣士奇对曰："此国家第一事，正惟其时，伏望陛下留心。"不幸先帝上宾，臣未敢遽言。此事至重，不敢久默，兹遇山陵毕，早开经筵，以进圣学。因具合行事宜。今当预择讲官，必得问学贯通、言行端正、老成重厚、识达大体者数人，以供其职。乞预命吏部、礼部、翰林院公同推举，具名陈奏，取自上裁。'又曰：'天子就学，其事体与皇太子、亲王不同，乞先命礼部、翰林详定讲筵礼仪陈奏。'又曰：'凡起居出入，一应随侍及使用之人，皆宜选拣行动端庄、立心行己正当者，使在左右，如或其人动举轻佻、语言亵慢、立心行己不正者，皆宜早去之。若不早去，随侍既久，情意相洽，不觉其非，言听计从，后来欲去，其势难矣。'正统元年二月，敕曰：'朕祇奉天命，嗣承祖宗大宝，统御天下，用主神人，弗遑夙夜。永惟厥道，必学乃明，今以初九日、十九日御经筵，尔翰林、春坊儒臣分直侍讲。大道原出于天，尧、舜、禹、汤、文、武以隆政教，而周公、孔子阐明之。我祖宗世所师法，以安天下。卿等宜安心竭诚，相与讨论，务归至当，毋隐而勿彰，毋曲以偏好，庶明于行，以兴治化，以福苍生，罔忝天与祖宗之命。钦哉！'以太师、英国公张辅知经筵事；少傅、兵部尚书兼华盖殿大学士杨士奇，少傅、工部尚书兼谨身殿大学士杨荣，礼部尚书兼学士杨溥同知经筵事；詹事府少詹事兼侍读学士王直、少詹事兼侍讲学士王英，侍读学士李时勉、钱习礼、侍讲学士陈循、侍读苗衷、侍讲高谷，修撰马愉、曹鼐兼经筵官。遂为定制。其后各部侍郎出自本院者得与焉。然是时吏部郎中李茂弘，已窃有谓'君臣之情不通，经筵徒为文具'之叹矣。《会典》所载经筵初开仪注，开用勋臣一人知经筵事，内阁大学士或知同知经筵事，六部尚书、左右都御史、通政司、大理寺卿及学士等官侍班，翰林院、春坊等官及国子祭酒二员进讲，翰林、春坊等官二员展书，给事中、御史各二员侍仪，鸿胪寺、锦衣卫堂上官各一员供事，又鸣赞一员赞礼，序班四员举案，侯伯一人领将军，先期直殿。内官于文华殿设御座及御案于殿内御座之东稍南，设讲案于御案之南稍东。是日早，司礼监官先陈所讲《四书》经史各一册置御案，又各一册置讲案，先《四书》，东经西史。先期轮讲官撰《四书》经或史讲章各一篇，预置于册内。是日早，上御奉天门，早朝毕，退御文华殿，升御座，将军侍卫如仪，鸿胪寺官引知经筵及侍班、讲读、执事、侍仪等官于丹陛上，行五拜三叩礼。礼毕，以次上殿，依品级东西序立，知经筵官序于侍班官上，侍仪御史、给事中各二员于殿内之南分东西北向立，序班二员举御案置御座前，二员举讲案置御讲之南正中。鸿胪寺官赞进讲，讲官一员从东班出，一员从西班出，诣讲案前，稍南北向并立。鸿胪寺官赞鞠躬、拜、叩头、兴、平身毕，展书官一员从东班出，进诣御案前，跪展《四书》毕，起退立于御案之东稍南。讲官一员进讲，诣案前立，奏讲某书，讲毕稍退。展书官复诣御案前，跪掩《四书》毕，退就东班。又展书官一员从西班出，进诣御案前，跪展经毕，起退立于御案之西稍南。讲官一员至讲案前，立奏讲某经或某史毕，少退，仍并展书官复诣御案前，跪掩书毕，退就西班。鸿胪寺赞讲官鞠躬、拜、叩头、兴、平身礼毕，各退就东西班，序班二员举讲案退置原所。鸿胪官赞礼毕，命赐宴，鸿胪寺等官及讲官皆跪承旨，光禄寺官设宴于左顺门。宴毕，叩头出。"

命少詹事兼翰林院侍读学士王直、侍讲学士陈循为会试考官，取中刘定之等一百人。命杨士奇、杨荣等为殿试读卷官。《明英宗实录》卷十四：正统元年二月，"命少詹事兼翰林院侍读学士王直、侍讲学士陈循为礼部会试考官，锡宴于本部"。"行在礼部引会试中式举人刘定之等一百人陛见。""行在礼部尚书胡濙奏：三月初一日殿试贡士，合请执事官。上命少傅、兵部尚书兼华盖殿大学士杨士奇、少傅、工部尚书兼谨身殿大学士杨荣、少保、行在工部尚书吴中、行在吏部尚书郭琎、礼部尚书兼翰林院学士杨溥、行在兵部尚书王骥、行在刑部尚书魏源、行在都察院右都御史顾佐、行在户部右侍郎吴玺、詹事府少詹事兼翰林院侍读学士王英、行在大理寺右少卿程富、行在翰林院侍读学士李时勉、钱习礼为读卷官，余执事如例。"《殿阁词林记》卷十四《会试》："正统元年，詹事兼侍读学士王直、侍讲学士陈循为考试官，取刘定之等一百人。四年，礼部左侍郎兼侍讲学士王直、学士蔺从善为考试官，取杨鼎等一百人。七年，礼部侍郎兼学士王英、侍读学（士）苗衷为考试官，取姚夔等一百五十人。十年，学士钱习礼、侍讲学士马愉为考试官，取商辂等一百五十人。十三年，工部右侍郎兼侍讲学士高谷、侍讲杜宁为考试官，取岳正等一百五十人。"

择通经秀才为教官，塾勋臣家。（据《国榷》卷二十三）

三月

始开经筵。杨士奇《请开经筵疏》："伏惟皇上肇登宝位，上以继承列圣，下以统御万邦，必明尧舜禹汤文武之道，以兴唐虞三代之治，则宗社永安，皇图永固，天下蒙福，永远太平……早开经筵，以进圣学。"（《杨文贞公文集》卷一）孙承泽《春明梦余录》卷九："英宗正统元年，始开经筵。先是，宣德以前诸帝，每视朝毕，无日不御文华殿或便殿，召大臣及儒臣讲读，时经筵未开也。至是年二月，从大学士杨士奇之请，始开经筵，命太师英国公张辅知经筵事，少傅杨士奇、杨荣同知经筵事，少詹王直、李时勉等兼经筵官，赐宴及金、帛有差。"《明鉴纲目》卷三："纲：三月，始御经筵。目：杨士奇、杨荣、杨溥，请开经筵，并择老成重厚、识达大体者数人，以供侍讲之听。太皇太后然之，命士奇、荣、溥，及侍讲学士王直（字行俭，泰和人）等，为经筵官，每十日会讲文华殿。（宣德前，儒臣进讲无定日，亦无定所。至是，定于文华殿，以月之初二、十二、二十二，三日为讲期。）余日，仍令讲读官四人，入讲经史。"

周旋（1396—1454）、陈文（1405—1468）、刘定之（1409—1469）等进士及第、出身有差。选王鉴、刘铖等为翰林院庶吉士。命王直、王英教习文章。其余分隶各衙门观政。《明英宗实录》卷十五："正统元年三月丁卯朔，上御正朝，策会试举人刘定之等一百人，制曰：'自古帝王，肇建国家，图惟永宁，必有典则，以贻子孙。考之禹汤文武，概可见矣。继统之君，率由典常。今闻长世若夏之启，商之中宗、高宗、祖甲，周之成康，盖表表者也。其所以保盈成之运，隆太平之续者，尚可征欤？汉高帝有天下，次律令，制礼仪，定章程，修军法，史称其规模弘远矣。传至文景，海内黎庶黎民醇厚，几致刑措，三代而下，所仅有也。董仲舒对武帝，乃谓更化则可善治，何欤？当时用其言，果能比隆于古欤？朕钦承大统，仰惟祖宗成宪，即尧舜禹汤文武之道，肆夙夜祗率，期与斯民，同跻雍熙，顾行之必有其序，诸生学宗孔孟，明于王道，其详著于篇，朕将亲览焉。'""戊辰，上亲阅举人所对策于文华殿。""己巳，陈卤簿传胪，赐举人周旋等一百人进士及第、出身有差，文武百官行庆贺礼。""庚午，宴进士于行在礼部，命太师英国公张辅待宴。""辛未，赐状元周旋朝服冠带，诸进士钞各五锭。""壬申，状元周旋率诸进士上表谢恩。""戊寅，擢第一甲进士周旋为行在翰林院修撰，陈文、刘定之为编修，赐羊酒宴于本院。选进士王鉴、刘钺、余忭、王尚文、伊侃、李震、王忠、王伟、徐珪、秦瑛、古镛、顾睢、雷复为庶吉士，于本院读书，命少詹事兼侍读学士王直、少詹事兼侍讲学士王英教习文章。其余分各衙门观政。"《弇山堂别集》卷八十一："正统元年丙辰，少詹事兼翰林院侍读学士王直、翰林院侍讲学士陈循为考试官，取中刘定之等。廷试，赐周旋、陈文、刘定之及第。或云首揆既取三卷，未定，问同事者曰：'有识周旋者否？状何如？'或曰：'白而伟。'盖疑谓淳安周瑄也，遂首旋。既传胪，貌甚寝，为之愕然。同考太常少卿魏骥，循师也，官秩尊于循。"王直《抑庵文集》卷一《进士题名记应制作》："圣天子即位之初，恪遵成宪，诏天下于科目取士。明年改元正统，行在礼部会试如制，拔其尤者百人以闻。三月朔日，上策试于廷中，百人者皆祗若德意，竭其素蕴，以奉大对。越三日，少傅、兵部尚书兼华盖殿大学士臣士奇等以所对进奏。上亲定高下：第一甲三人，赐进士及第，擢周旋第一，余赐进士出身有差。既传胪宴赉，有司请如故事，立石题名北京国子监，诏臣直为记。"

　　探花刘定之为本年会元。查继佐《罪惟录》志卷十八《科举志》"科举志·探花由解会两元"："江西永新刘定之，正统丙辰会元；顺天漷县岳正，正统戊辰会元；南直武进陆简，成化乙酉、丙戌；南直吴县王鏊，成化甲午、乙未会元；广东番禺涂瑞，成化丁酉、丁未；南直丹徒靳贵，弘治己酉、庚戌；江西太和罗钦顺，弘治壬子、癸丑；宛平县山阳陈澜，弘治丙辰会元；浙江余姚谢丕，弘治辛酉、顺天乙丑；江西安福邹守益，正德辛未会元；南直海门崔桐，正德丙子、丁丑；四川遂宁杨名，嘉靖戊子、己丑；浙江慈溪袁炜，嘉靖戊戌会元；江西浮梁金达，嘉靖丙辰会元；江西南昌陈栋，嘉靖乙丑会元；浙江余姚胡正蒙，嘉靖丁未会元；浙江会稽陶望龄，万历己丑会元；南直江宁顾鼎臣，万历戊戌会元；南直溧阳陈名夏，崇祯癸未会元。"

　　据《明清进士题名碑录索引》，正统元年丙辰科录取名单如下：

第一甲三名

周 旋	陈 文	刘定之

第二甲三十五名

王 鉴	林 璧	袁 和	戴 瑶	王 纲	陶元素
龚 理	王 澍	刘 钺	李 颙	陈 瑊	李同仁
余 忭	章 陬	章 瑾	高 冈	李 春	张 孚
梁 棨	彭 贯	王 矩	周 瑄	黄彦俊	王 高
孙 遇	张 浚	王尚文	伊 侃	李 震	王 忠
王 伟	钱 奂	韦 观	陈 钝	徐 珪	

第三甲六十二名

龙 文	陈 珪	王 瑾	蔡 廉	齐 汪	黄 舆
相 佐	柳 文	李 秉	程 瑑	谢 辅	李 毅
林 兆	秦 瑛	关 馞	陈 韶	刘 福	黄 龂

古镛	王晟	邹冕	谢佑	陈傅	李春
陈翌	黄廷仪	顾瞱	崔恭	段信	杨德敷
刘静	张溥	刘文	黄以春	康汝芳	万旬
傅宽	孟钊	张伟	龚敩	史潜	赵象
孙镛	刘玺	方贵文	程思温	史仪	周杰
陈亹	雷复	刘文	戴相	陈安	杨珏
杨镛	周观	沈惇	段复礼	黄平	蒋希性
秦观	蒋忠				

行在礼部尚书胡濙等奏：副榜举人赵能等三百九十名，例送吏部除授教职。不愿就者刘清等六十三名，当送监及依亲读书。从之。（据《明英宗实录》卷十五、黄佐《南雍志》卷三《事纪》）

四月

进士高旭、舒曈、石瑁、刘益、金昭伯、刘刚、鲍晖为行在给事中。（据《国榷》卷二十三）

忠州训导宋广乞校勘孔庙从祀先贤名爵位次，刊图颁行。从之。（据《国榷》卷二十三）

进士王弼、李询、郑悠、侯臣、宋雍为给事中。（据《国榷》卷二十三）

任敬敏、杜子良、杜时、杨润等以监试防范不严逮下狱。《明英宗实录》卷十六：正统元年夏四月，"乙丑，山东巡按御史任敬敏、参议杜子良、副使杜时、金事杨润俱有罪下狱。初，山东乡试，训导江振为帘外官，受士子赂，代为答策。考试官朱经，亦受赂托弥封官易卷。事觉，刑科给事中贾铨等劾奏敬敏等监试防范不严之罪，上命都察院逮敬敏等下狱，鞫之。"

五月

升右春坊右庶子沈粲为大理寺右少卿，仍于文华殿书办，以九年任满故也。（据《馆阁漫录》卷二）

除云、贵二省外，各省直添设提调学校官员。《明英宗实录》卷十七：正统元年五月壬辰，"添设提调学校官员。先是，少保兼户部尚书黄福言：'近年以来，各处儒学生员不肯熟读《四书》经史，讲明义理，惟记诵旧文，待开科入试，以图幸中。今后宜令布政司、按察司官半年一次，遍历考试，庶得真才。'下行在礼部会官议，每处宜添设按察司官一员，南北直隶御史各一员，专一提调学校"。《馆阁漫录》卷二："壬辰，每处添设按察司官一员，南北直隶御史各一员，专一提调学校。至是，两浙盐运司同知胡轸为副使，广西蔚林县知县刘虬，监察御史薛瑄、高超，工部郎中高志、吏部主事欧阳哲、修撰王钰、编修彭琉、检讨陈璲、国子监学正庄观修俱为佥事，湖广布政司检校程富、福建建宁府教授彭勖为监察御史，分行提调，轸浙江，虬湖广，瑄山东，超福建，富北直隶，勖南直隶。陛辞，赐敕谕之。"顾炎武《日知录》卷十七《生员额数》："生员犹曰官员，有定额，谓之员。《唐书·儒学传》：国学始置生七十二员，取三品以上子弟若孙为之；太学百四十员，取五品以上；四门学百三十员，取七品以上。郡县三等，上郡学置生六十员，中、下以十为差，上县学置生四十员，中、下亦以十为差。此生员之名所始，而明制亦略仿之。明初，令在京府学六十人，在外府学四十人，州学三十人，县学二十人，日给廪膳，听于民间选补，仍免其差徭二丁。其后以多才之地，许令增广，亦不过三人、五人而已。踵而渐多，于是宣德元年定，为之额如廪生之数。其后又有军民子弟俊秀待补增广之名，久之乃号曰附学，无常额，而学校自此滥矣。异时每学生员不过数十人，故考试易精，程课易密。而洪武二十四年七月庚子诏：岁贡生员不中，其廪食五年者罚为吏，不及五年者遣还读书，次年复不中者，虽未及五年，亦罚为吏。二十七年十月庚辰诏：生员食廪十年，学无成效者，罚为吏。成化初，礼部奏准革去附学生员，已而不果行。而教官、提调官亦各有罚。取之如彼其少，课之如此其严，岂有如后日之滥且惰者乎！今人于取进士用三场，动言遵祖制，于此独不肯申明祖制。举一世而为姑息之政、侥幸之人，是可叹也！宣德三年三月戊戌，行在礼部尚书胡濙，奉旨令各处巡按御史同布政司、按察司并提调官、教官，将生员共同考试。食廪膳七年以上、学无成效者，发充吏。六年以下，追还所给廪米，黜为民。其时即已病生员之滥，而尚未有提学官之设，是以烦特旨而会多官也。正统元年五月壬辰，始设提调学校官，每处添按察司官一员，南北御史各一员。其条例曰：生员食廪六年以上，不谙文理者，悉发充吏。增广入学六年以上，不谙文理者，罢黜为民当差。又曰：生员有阙，即于本处官员军民之家，选考端重俊秀子弟补充。今充吏之法不行，而新进附生乃有六年未满免黜之例，盖有由此而推之也。李吉甫在中唐之世，疾吏员太广，谓繇汉至隋，未有多于今者。天下常以劳苦之人三，奉坐待衣食之人七。而今则退隩下邑，亦有生员百人，即未至犹官害民，而已为游手之徒，足称五蠹之一矣。有国者苟知俊士之效赊，而游手之患切，其有不亟为之所乎！其中之劣恶者，一为诸生即思把持上官，侵噬百姓，聚党成群，投牒呼噪。至崇祯之末，开门迎贼者生员，缚官投伪者生员，几于魏博之牙军、成都之突将矣。呜呼，养士而不精，其效乃至于此。景泰四年四月己酉，右少监武艮、礼部右侍郎兼左春坊左庶子邹干等奏：临清县学生员伍铭等，愿纳米八百石，乞入监读书。今山东等处正缺粮储，宜允其请。从之，并诏各布政司及直隶府、州、县学，生员能出米八百石于临清、东昌、徐州三处赈济，愿入监读书者，听。此一时之粃政，遂循之二百年。五月庚申，令生员纳米入监者，比前例减三百石。河南开封府儒学教授黄銮奏：纳粟拜官，皆衰世之政乃有之，未闻以纳粟为贡生者。臣恐书之史册，将取后世作俑之讥。部议：仓廪稍实，即为停罢。八月癸巳，礼部奏：近因济宁、徐州饥，权宜拯济，令生员输米五百石，入监读书。虽云权宜，实坏士习，请弛其令，庶生徒以学行相励。从之。正统以后，京官多为其子陈情乞恩，送监读书者。此太学之始坏。天顺五年十月，令生员纳马廿匹，补监生。《唐书》载：尚书左丞贾至议曰：夫先正之道消，则小人之道长，小人之道长，则乱臣贼子生焉。臣弑其君，子弑其父，非一朝一夕之故，其所由来者渐矣。渐者何谓？忠信之陵颓，耻尚之失所，末学之驰骋，儒道之不举，四者皆取士之失也。近代趋仕靡然向风，致使禄山一呼而四海震荡，思明再乱而十年不复。向使礼让之教弘，仁义之道著，则忠臣孝子比屋可封，逆节不得而萌，人心不得而摇矣。观三代之选士任贤，皆考实行，故能风化淳一，运祚长远。秦坑儒士，二代而亡。汉兴，杂三代之政，弘四科之举，西京始振经术之学，东都终持名节之行。至有近戚窃位，强臣擅权，弱主外立，母后专政，而社稷不陨，终彼四百，岂非兴学行道、扇化于乡里哉！厥后文章道弊，尚于浮侈，取士异术，苟济一时。自魏至隋，四百余载，三光分景，九州阻域，窃号僭位，德义不修。是以子孙速颠，享国咸促。国家革魏、晋、梁、隋之弊，承夏、殷、周、汉之业，四陕既宅，九州攸同，覆帱亭育，合德天地。安有舍皇王举士之道，纵乱代取人之术？此公卿大夫之辱也。是则科举之弊，必至于躁竞，而躁竞之归，驯至于乱贼。自唐迄今，同斯一辙。有天下者，诚思风俗为人才之本，而以教化为先，庶乎德行修而贤才出矣。"《明鉴纲目》卷三："纲：夏五月，始置提督学校官。目：南京户部尚书黄福言：'比来生员，学艺疏浅，宜令布政按察二司，遍历考试，庶得真才。于是两畿及十三布政司，各置提督学校官一员，两畿以御史，十三布政司以按察司佥事。著为令。"张萱《西园闻见录》卷四十五《提学·往行》："庄观，字居正，歙县人。永乐辛卯应天乡试，初为义乌教谕，升辰溪教谕，正统改擢陕西副使提学。公首立教条，次严纪律，务期成德达才之效。陕西疆里散阔，山川险阻，公不惮劳苦，岁一躬莅，必得其实，以故八郡士子争先奋厉，以学成名自立为期。若咸宁杨晢之占会元，与兰县黄谏、凤翔刘俊相继及第，入翰林有名；其它科进士者，屡科不缺，咸著英誉，若都御史王竑、任宁之类。尝曰：'学校以明伦为先，文章末事耳。'郡县遵其化，虽夷狄之俗，皆尚其廉耻，公德所致也。诸生有聪慧出众、进益学业者则喜形于色，爱养甚于至宝，曰：'西人得此，实翘萃者也。'立奖之以励诸子，俾各观感以尽力，其造就人才类如此。九载，秩满，例得升秩，今少保、吏部尚书、东阁大学士王公时以都宪出镇关中，恐公之去而士子失望，特为之具奏，升擢本司副使，仍董学校又三载。"

六月

设凉州、九溪、永定、镇海、太仓等卫儒学。时陕西按察司佥事林时言："各处卫所官军，亦有俊秀子弟，宜建学校以教养之，庶得文武之才，出为世用。"从之。（据俞汝楫《礼部志稿》卷七十、《国榷》卷二十三）

先是教官九年秩满，得贡士八人方升。至是行在吏部量减其数，定教授得五人、学正三人、教谕二人、训导一人。从之。《明英宗实录》卷十八：正统元年六月戊戌，"行在吏部言：'教官九年考满黜陟，若不论举人名数，难定称否。乞照监察御史陈抟所言，量减举人名数，教授五名，学正三名，教谕二名，训导一名。及数者为称职，升用。不及数者为平常。本等用。全无者黜降。不通经者别用。如此则考课黜陟有例可据。'从之"。

李锡、马信有疾，令回籍调治。《馆阁漫录》卷二："六月丙申朔。庚子，行在翰林院侍读学士李时勉言，本院检讨李锡及办事大理寺副马信俱有疾，上令回籍调治。"

闰六月

升行在吏科给事中储懋为行在翰林修撰。先是，懋以举充经筵官。至是九年考称，故有是命。（据《馆阁漫录》卷二）

进士沈谦、王用为吏部主事。（据《国榷》卷二十三）

行在右副都御史贾谅等举推官吴宗，知县严敬、魏忱、冯成，县丞王受、序班刘甄可御史。上重其任，命理刑半岁乃除授。（据《国榷》卷二十三）

七月

令有司访求圣贤后裔，蠲其徭役。《明鉴纲目》卷三："纲：秋七月，复圣贤后裔。目：令有司访求南宋衍圣公孔端友（从高宗南渡，居衢州，事见前）及宋儒周敦颐、程颐、司马光、朱熹后裔，蠲其徭役，祠墓倾圮者修之。"

擢训导陈贽、沈庆为行在翰林院待诏，于内府授小内使书。（据《馆阁漫录》卷二）

赵羾卒，年七十二。《明英宗实录》卷二十"正统元年秋七月戊申（十五）"："行在刑部致仕尚书赵羾卒……仁宗皇帝嗣位，改刑部尚书。宣德庚戌，以疾致仕。至是卒，遣官谕祭，命有司治丧葬。羾在襁褓，母抱避寇林莽间，卒遇虎，置于地，虎熟视而去，闻者异之。及长，英伟多才，善属文，喜歌咏。历事五朝，多所裨益。虽贵位列卿，自奉如寒素云。"杨荣《文敏集》卷十八《故资政大夫刑部尚书赵公神道碑铭》："惟公仪度英伟，倜傥多才，善属文，喜歌咏。有《伧父集》二卷，藏于家。"

八月

广西按察佥事杨复为大理寺右少卿，进士李贤为吏部主事。（据《国榷》卷二十三）

河南布政使李昌祺请令府州县正官创修村市社学。从之《明英宗实录》卷二十一：正统元年八月，"庚午，河南布政使李昌祺言三事，一、城市乡村旧时俱有社学，近年废弛，即令各按察司添设佥事，专督学政。乞令府州县正官量所辖人户多寡，创修社学，延师训之，遇儒学生员名缺，即于社学无过犯高等子弟内选补，庶得学业易成"。

《国榷》卷二十三:"(正统元年八月)庚午,河南布政使李昌祺言三事:曰设村市社学;曰禁约僧尼;曰庐陵祠宋丞相文天祥,追赐谥。上纳之。"

行在吏部言:宣德间尝诏天下布按二司及府州县官举贤良方正各一人,迄今尚举未已,宜止之。英宗以朝廷求贤不可止,但自今来者,会六部都察院翰林院堂上官考试,中者录用,其不中者黜之。自此荐举益稀矣。(据《明英宗实录》卷二十一)《明史·选举志》:"宣宗尝出御制《猗兰操》及《招隐诗》赐诸大臣,以示风励。实应者寡,人情亦共厌薄。正统元年,行在吏部言:'宣德间,尝诏天下布、按二司及府、州、县官举贤良方正各一人,迄今尚举未已,宜止之。'帝以朝廷求贤不可止,自今来者,六部、都察院、翰林院堂上官考试,中者录用,不中者黜之。荐举者益稀矣。"

命提学宪臣兼督民间栽种桑枣。(据《国榷》卷二十三)

十月

行在吏部主事李贤乞重建太学,从之。(据《国榷》卷二十三)

张瑛(1376—1437)卒。《馆阁漫录》卷二:"十月癸亥朔。丙寅,礼部尚书兼华盖殿大学士张瑛卒。瑛字子玉,顺德府邢台人。洪武丙子,由乡贡士授陕西宁州训导,调武德卫,再调宿迁县。永乐戊子,秩满九载,特擢吏科给事中。宣宗皇帝时为皇太孙,始亲学,遴选儒臣,俾司伴读,瑛与焉。仁宗皇帝践阼,升春坊中允。未几,升谕德,寻改洗马。宣宗皇帝继统之初,录瑛旧劳,升行在礼部右侍郎。宣德改元,迁左侍郎兼华盖殿大学士,入典内阁机务。丁未,升尚书,仍兼职。预修太宗、仁宗皇帝实录,为总裁官,既而调南京礼部。甲寅,丁外艰,诏起复之,赐御制诗十余轴,楮万缗。至是卒,年六十二,遣官祭葬。"

进士汤鼎、齐整、王铎、吴升为给事中,徐璟、沈翼为监察御史。(据《国榷》卷二十三)

十一月

命三品以上京官各举可御史者一人,四品官及国子监翰林院堂上官部属科道官举可知县者一人,吏部察用之。(据《国榷》卷二十三)《殿阁词林记》卷十《举官》:"正统元年,奏准知县有缺,令在京四品以上官及国子监、翰林院堂上官各举一员,从吏部推访,除授不职者,并坐举主。"

十二月

章懋(1437—1521)生。(生年据公历标注)(据《北京图书馆藏珍本年谱丛刊》第41册)阮鹗《枫山章文懿公年谱》:"正统元年丙辰十有二月乙丑(初四),先生生。""正德十六年卒。"字德懋，号闇然翁，晚号瀫滨遗老，兰溪人。成化丙戌进士，累官南京礼部尚书，赠太子少保，谥文懿。有《枫山集》。《枫山集》卷四《传略》："自其幼时颖异，师授书辄成诵，比成童则已遍综群籍，为博士弟子，而嗜学精深，盖盛寒暑未尝辍持卷。其学根据六经，而尤邃于《易》。"《明史》本传："章懋，字德懋，兰溪人……世宗嗣位，即家进南京礼部尚书，致仕。其冬，遣行人存问，而懋已卒，年八十六。赠太子少保，谥文懿。"黄宗羲《明儒学案》卷四十五："章懋字德懋，金华兰溪人……讲学枫木庵中，学者因曰枫山先生。"

本年

是岁，诏增乡试取士额。自下科始。《弇山堂别集》卷八十一："是岁，诏增乡试会试取士额。先是，祭酒陈敬宗言：'比者解额有定，副榜数少，以致天下教官类多缺员，吏部遂建议兼考监生补除教职，往往侥幸选列，不称师范。窃以为，纵科举取人之滥，犹愈于监生考试之精，请量宽解额，专取之于副榜，庶几海道得人，贤才无滞。'于是行在礼部议增会试为百五十人，顺天府近已增至八十人，其应天、浙江等处，各增旧额有差。上定顺、应天满百人，浙江、福建皆六十人，江西六十五人，河南、广东皆五十人，湖广五十五人，山东、四川皆四十五人，陕西、山西皆四十人，广西三十人，云南二十人。其监生学业无愧者，仍除教职。""顺天府尹姜涛奏：'本府八月乡试，例取举人八十名。近者浙江等布政司并应天府举人俱视常例有增，顺天府仍旧。然本府与应天府俱有监生并各处儒士吏典应试，乞准应天府例，增二十名。'从之。"查继佐《罪惟录》志卷十八《选举志》："正统元年丙辰，诏增乡试额，顺天至八十人，应天满百人，浙江、福建六十人，江西六十五人，河南、广东五十人，湖广五十五人，山东、四川四十五人，陕西、山西四十人，广西三十人，云南二十人，自后科始。"

朱冕于本年或稍后任昆山儒学教谕。嘉靖《昆山县志》卷九《名宦》："朱冕，字士章，嘉兴人，正统初为昆山儒学教谕，为人刚毅方正。其教先严立条约，示必守。诸生朝夕升堂，衣冠步趋不整亦不贷。学舍中每夜向阑，伊吾声犹相属。冕或秉烛扣门与语，以察勤惰。年考月试，期不少爽，品第悉当。久之，诸生化服。数载间，士取高科者相踵，后布列中外，皆以材称。升镇海卫学教授。致仕，学者称卤庵先生，叶文庄公表其墓。"

奏定武学教规十条。万历《大明会典》卷一百五十六《兵部·武学》："正统初奏定教条。一、幼官及武职子弟所读之书，小学、《论语》、《孟子》、《大学》内一本，《武经七书》、《百将传》内一本。每日总授不过二百字，有志者不拘。必须熟读，三日一温，就于所读书内，取一节讲说大义，使之通晓。春秋夏月，每日辰时初刻入学，至未时末散，冬月申时散。一、都指挥等官年长者，止令五日一会听讲。其会讲之日，教授、训导轮一员，以《大诰》《武臣》、历代鉴、《百将传》及古今名臣嘉言善行内据一段，升座讲说，务在坦直明白易晓。名官齐班祗揖立听。有未晓者，许其请问，再为解说，务使粗知大义。讲罢祗揖而散。其幼官子弟，亦随后听讲。一、幼官子弟日写仿纸一张，率以百字为度，有志者不拘。一、幼官子弟有事请假，先自训导以达教授，明立假簿，量事繁简缓急，定与期限，依限赴学。一、都指挥等官，升堂听讲，执弟子礼。不系听讲之时，相见各以礼待，其幼官以下，常在学肄业者，必行师弟子礼。一、都指挥等官，听讲之日，遇有公差，及当操之日，皆须报知本学，明注簿籍。事毕，仍前赴学。不该操者，依旧在学。一、本学置纪过簿一扇。都指挥等官，有犯学规者，学官以言训饬，不从者明书其过。三次不改，具呈总兵官，随宜惩戒。其余幼官子弟有犯，量情责罚。一、提督御史下学，悉依宪纲礼仪，其勉励官员子弟，须稽考勤惰，量加警饬，毋致废弛。一、教官、幼官及武职子弟廪饩，每人月给食米三斗。一、武职五十以上者，操练听讲；以下者，入学读书。"

陆容（1436—1494）生。字文量，太仓州人，成化丙戌进士，授南京吏部主事，改兵部。坐言事出为浙江右参政。有《菽园杂记》。《篁墩文集》卷五十《参政陆公传》："公妊时，母梦紫衣人以笏击其首，曰：'当生贵子。'觉而公生，庞厚白皙，见者以为英物。九岁赋诗有奇语。十六为县学生，大肆力于经史百家，至废寝食。而凡搏蒲博弈之戏，一不挂目。"《家藏集》卷七十六《明故大中大夫浙江等处承宣布政使司右参政陆公墓碑铭》："姓陆氏，先世冒徐氏，至公始复。未生，其母梦紫衣人以笏击其首，曰：'当生贵子。'已而得公。弱岁颖敏笃学，游乡校，不专治举子业，日取诸经子史，程诵不辍。同辈谓非所急，曰：'聊以抵诸君戏耳。'独与故翰林修撰张亨父、太常少卿陆鼎仪友善。三人俱以文行闻于乡，而公尤为叶文庄公所知。"

张泰（1436—1480）生。泰字亨父，太仓人。天顺甲申进士，选庶吉士，授检讨，迁修撰。有《沧洲集》。

明英宗正统二年丁巳（公元1437年）

正月

太皇太后召见大臣于便殿。申斥王振。《明鉴纲目》卷三："纲：丁巳二年，春正月，太皇太后召见大臣于便殿。目：太后御便殿，帝西面立后傍，召张辅、杨士奇、杨荣、杨溥、胡濙入见，五人东面稍下立，太后谕曰：'卿等老臣，嗣君幼，幸同心共安社稷。'又召溥前曰：'先帝念卿忠，屡形愁叹，不意今复得见卿。'溥泣，太后亦泣，左右皆悲怆。（始仁宗为太子时，被谗，宫僚多下狱，溥及黄淮，一系十年，屡濒于死。仁宗每于宫中言及东宫时事，惨然泣下，以故太后言之。）太后又顾帝曰：'此五臣先帝简任，俾辅后人。皇帝万几，宜与五臣共计。'有顷，宣王振至，太后顿怒曰：'汝侍皇帝起居多不律，今当赐汝死。'时女官杂佩刀剑侍，遂以刃加振颈。帝跪，为振请。五臣皆跪。太后曰：'皇帝年幼，岂知此辈，自古误人国家。我听帝暨诸大臣留振，此后不得令干国事也。'振故心惮太后，自此稍敛戢，已而太后病，遂跋扈不可制矣。"

任命诸监察御史。太常寺博士方勉，大理寺评事张哲、侯爵，行人杨永，序班孙睿、张镛、赵伦，断事张文昌，知事康荣，照磨判官胡信，县丞邝杰，教授上官民瞻，教谕韩阳、郑颙，训导郑观、曹泰、成规、齐韶、王巍、陆俸、唐震俱为监察御史。（据《国榷》卷二十三）

二月

进士马谅、高谅、张敏、曾世良为行在给事中。（据《国榷》卷二十三）

三月

置静海县武学，在天津卫城内。嘉靖《河间府志》卷四《宫室志》："静海县武学，在天津卫城内，正统二年三月置。户部主事孟玘撰《创建武学明伦堂记》：'天津三卫昔未有学。正统纪元，圣天子嗣位之初，以武臣子弟皆将继其祖父之业以效用于时，不可不素养而预教之。乃命天下凡武卫悉建武学而立之师，选武生与军之俊秀者充弟子员。于是天津卫及左右卫始有学。首掌学事则司训曲阜李君赐也。于时诸生率初就学，侼蒙悍厉之气固自若也，君为列教条，正句读，导进退，亦颇蹈矩……诸生莫不思自奋发，以期底于有成，于兹盖六七年矣。予尝以公暇诣学，进诸生于明伦堂，见其循循雅饬，进止有序，无复骄悍粗厉之气，窃喜学校教养之有益于人也。'"

增云南儒学师生廪米。（据《国榷》卷二十三）

四月

行在刑部右侍郎何文渊请提学官采访山林才学之士，从之。（据《国榷》卷二十三）

六月

行在右佥都御史鲁穆卒。穆字希文，天台人，永乐丙戌进士。授御史。敢言，进福建按察佥事。瘗暴骸，毁淫祠，理冤绳奸，时称铁面。正统初，荐擢内台，捕蝗大名诸郡。还朝，没不能殓，同郡咸赙之。工部尚书吴中具棺衾，重其行也。赐祭，给舟归其

丧。子崇志，南京太仆寺少卿。天启初，谥端敬。（据《国榷》卷二十三）

乙亥，命副榜举人不愿就教职者入监读书。从宁国府南陵县教谕任伦奏请也。（据《明英宗实录》卷三十一）

顺天通判曹铭请乡试取士不拘额，乐安教谕郑颙请生员如旧制学书习射，泰州判官王思敏奏内外官如洪武例免原籍差徭，肇庆知府王罃乞禁部民绑缚有司赴京，俱从之。（据《国榷》卷二十三）按，"令乡试录取不拘额数"仅行于正统三年戊午一科，此令之形成过程详见《明英宗实录》卷三十一，参见万历《大明会典》卷七十七。

七月

行在广西道监察御史黄润玉为广西提学佥事。（据《国榷》卷二十三）

八月

行在兵科给事中金昭伯削籍。时试明经儒士，阑入午门，欲代笔也。（据《国榷》卷二十三）朱国桢《涌幢小品》卷七《代笔》："代考之弊，不直生童。正统二年，考试明经儒士，兵科给事中金昭伯，擅入午门，欲代所亲为文。事觉，拟赎杖还职。上以近侍官所行如此，岂可任职，遂黜为民。未几，给事中吴绘又犯此禁，枷示长安门三日，戍边。近日有举人代考者，正无足怪也。"

进士侯澜、相佐为行在礼兵科给事中。（据《国榷》卷二十三）

进士邹冕、刘福为行在礼科给事中。（据《国榷》卷二十三）

九月

行在户科给事中吴绘受赂。以试明经入午门代笔，械长安门。戍辽东。（据《国榷》卷二十三）

十月

行在礼部尚书胡濙等奏，四夷馆旧习番字，及新习者二十四人，俱照例考试出身，次为三等。上命一等者冠带，为译字官，逾年再试，得中授职。其二等、三等及有新习者，亦逾年再试。遂著为令。（据俞汝楫《礼部志稿》卷九十二）

周述卒。《明英宗实录》卷三十五"正统二年冬十月壬戌（初六）"："左春坊左庶子兼翰林院侍读周述卒。述字崇述，江西吉水县人，永乐初曾棨榜进士，述第二。从弟孟简第三。御批云：'兄弟齐名，古今罕比。'士林荣之。除翰林院编修。与修《永乐大典》《四书五经性理大全》。秩满升侍读，寻升左春坊左谕德，仍兼侍读。宣宗在青宫时，奉命往谒祖陵于南京，以述随侍。仁宗召述至榻前，问其所以匡弼储君者，'必须尽言无隐，庶称付托'，述所对称旨。宣宗登极，述预修两朝实录，书成，进左春坊左庶子，仍兼侍读。卒于官。述为人厚重简静，有雅量，性孝友。尝隆冬迎父丧于辽东以归，复迎养其母于官邸。其文章雅赡，字体苍劲，为时所重。"

进士陈韶为行在户科给事中，周瑄行在吏部主事。（据《国榷》卷二十三）

行在兵部左侍郎邝埜，乞敕列侯五府并各营把总官在外三司巡按御史各举谋勇堪战之士，不称则连坐。从之。（据《国榷》卷二十三）

十一月

庄昶（1437—1499）生。昶字孔旸，江浦人。成化丙戌进士，改庶吉士，授检讨，以谏谪桂阳判官，迁南京行人司副，终南京吏部郎中。天启初，追谥文节。有《定山集》。《定山集》补遗唐守勋《明定山庄先生墓碑铭》云："先生生于正统二年丁巳十一月十二日。为儿甚异，十一岁充邑庠生，十三补廪膳，景泰丙子领乡荐。成化丙戌举进士，选庶吉士，授翰林检讨。夙志慕古，文尤奇伟。与之交游者，皆一时名儒，如白沙陈先生、一峰罗先生，其尤者也。"

十二月

章敞卒，年六十二。《明英宗实录》卷三十七"正统二年十二月己未（初四）"："礼部左侍郎章敞卒。"《明名臣琬琰录》卷二十二《章尚文传》："尚文为人尚谊气，赒恤朋友曲尽其道，不以患难死生为轻重。平居简静，遇朋友谈笑戏谑，襟度豁如。然绝口不道政事，及临事，井然有条。为文简洁。所著有《质庵稿》，藏于家。"

冬

靖远卫学落成。道光《靖远县志》卷六杨冕《建设学宫碑记》："陕西卫之靖远，古为西羌地，旧为会州城，历代建置不一……正统丁巳岁，复修废城，始置卫，宿兵以守之。时都指挥佥事房贵及属卫之指挥使常敬、同知朱能、路贵……议卫治既设，足以奋武，卫学校未建，将何以育材而化俗哉？遂疏于朝，得允……始于正统戊午春，落成于是年冬。又明年，师弟员既备，由是释菜有时，弦歌有地矣。"

本年

贺钦（1437—1510）生。张惟骧《疑年录汇编》卷六："贺医间七十四钦，生正统二年丁巳，卒正德五年庚午。"黄宗羲《明儒学案》卷六："贺钦字克恭，别号医闾。

世为定海人，以戎籍隶辽之义州卫。"

张元祯（1437—1507）生。元祯字廷祥，号东白。南昌人，天顺庚辰进士。累官吏部左侍郎，兼翰林院学士，掌詹事府事。天启初，追谥文裕。有《东白集》。李东阳《明故通议大夫吏部左侍郎兼翰林院学士掌詹事府事张公墓志铭》："公五岁精爽过人，书过目成诵。其父松亭翁名之曰'文魁'。宁靖王召见，令作俪对韵语，大加赏叹，书'元征'二字赐之，因易名'元征'。松亭携入闽，观者塞道。公至考亭拜朱晦翁遗像，辄有志所谓道学者。松亭谓曰：'彼儒先曷尝不由科举进邪？'乃入南昌县学为生，都御史韩公雍奇之曰：'此人瑞也。'复易其名曰元祯，字之曰廷祥。"

明英宗正统三年戊午（公元 1438 年）

正月

右春坊右谕德黎恬（1388—1438）卒。《馆阁漫录》卷二："正月丙戌朔。丁未，右春坊右谕德黎恬卒。恬江西清江人，以进士擢监察御史，为交阯灵州知州。内阁儒臣交荐其文学，升今官。"

池州知府叶恩请裁贵池县学，不许。（据《国榷》卷二十四）

二月

进士钱乂、李春、陈传为给事中。（据《国榷》卷二十四）

三月

免四川马湖府举人王有学吏役。北京国子监助教李洪言国学事宜。特允莫焕等责充吏役举人参与会试。《明英宗实录》卷四十：正统三年三月，"免四川马湖府举人王有学吏役。先是，有学由生员领乡荐，以疾不能会试，过期始至，例罚充吏。于是有学原籍长官司遣通事贡马，乞宥其罪，肄业太学。上以夷人能读书，捷科目，固已可嘉，特免充吏。""北京国子监助教李洪言三事：'一、国学乃养育天下贤才之所，粤自肇建北京，南北分为二监，例以南人入南监，北人入北监。原人情所居，固适风土之宜，论用人任事，实有繁简之异。切照北京内外诸司，所用监生，俱于北监选取，不惟北人精通书算者少，抑且在监人数差遣不专。乞敕该部，今后南人岁贡，愿入北监者，许之，则贤才遂观国之心，京师获多贤之用。一、师儒人才之表率，育贤兴化，实此之由。昔在洪武中，本监学官，悉如常朝官，例给赐牙牌悬带，所以崇国学而重儒臣也。其后被言官所论，革去。乞照洪武中例，仍赐悬带，庶俾文教增重，礼仪周至。一、国子监所用膳夫，有各州县粮金者，有为事囚充者。其间粮金者历年既久，因得隐避差徭，囚充者亦有刺字窃盗，一概混处国学。乞敕该部，自后以粮金充者，悉准诸司皂隶例，令其一年一代。以事发充者，其系窃盗刺字之徒，宜责输役他所，不得概发本监，溷污学官。'上命行在礼部议行之。""行在锦衣卫千户所司吏莫焕等奏：'臣等各由生员，中宣德七年乡举，以疾会试过期，礼部援例责充吏役，不敢辞避。第乞仍充会试，以图报称。'从之。"沈德符《万历野获编》卷十五《举人充吏会试》："先朝中式举人，会试不到者，降充吏。如四川马湖府王有学等，后以展辨得免吏役，复入会场，已曾纪其事矣。乃更有可异。正统三年，行在锦衣卫司吏莫焕等奏：'臣等俱中宣德七年乡举，以疾病会试逾期，礼部援例责充吏役，不敢辞避，第求仍许会试，以图进取。'上从其请。夫摈贤书为功曹，固为苛政，然祖制不可违，若已列胥吏，复入南宫，不几辱宾兴盛礼欤？何不引王有学等例，还其故物而就试欤？因思后日弘治间，唐寅、徐经等，亦以罣误充吏，亦可如莫焕等，望格外之恩矣，此等事真是异典。进士以杂流起家者，如驿丞、吏员、承差、书算之属，皆同诸生乡试也，既登解籍，则为乡贡士，非复杂流矣，今既降充吏役，此后仅可列仕版耳，仍歌《鹿鸣》而来，则稀有之事也。"

孔颜孟三氏子孙教授裴侃言："阙里家庙，颜渊、曾参、孔伋，子也，配享文殿；颜辂、曾晳、孔鲤，父也，从祀廊庑，名分不正。乞进孔鲤、曾晳公爵，偕颜孟之父迁配启圣王叔梁纥。"上然之。（据《国榷》卷二十四）

四月

《宣宗实录》成，诸参与纂修者升、赐有差。（据《明英宗实录》卷四十一）《馆阁漫录》卷二："四月甲寅朔。丙寅，以《宣宗皇帝实录》成，赐监修官太师、英国公张辅，总裁官少傅杨士奇、杨荣，礼部尚书兼翰林学士杨溥，副总裁兼纂修官少詹事兼翰林侍读学士王直、少詹事兼翰林侍讲学士王英，白金一百两，彩币六表里，罗衣一袭，鞍马一副；纂修官侍读学士李时勉、钱习礼，洗马蔺从善，侍读苗衷、曾鹤龄、马愉，侍讲高谷、胡穜、邢宽，修撰周叙、尹凤岐、孙曰恭、习嘉言、陈叔刚、陈询、曹鼐、仪铭、王一宁、杜宁、储懋，编修杨翥、董璘、杨寿夫、林文、钟复，主事刘球、刘铉、洪玛，评事张益，白金各四十两，彩币三表里，罗衣一袭；稽考参对并催纂官编修萧镃、赖世隆、吴节，检讨李绍、姜洪、何瑄，主事潘勤、正字沈寅，白金各二十五两，彩币二表里，罗衣一袭；誊录正副本郎中等官黄养正等十一员，白金各二十两，彩币二表里，罗衣一袭；誊稿修撰等官黄裳等九员，白金各十五两，彩币一表里，罗衣一袭；收掌文籍修撰等官胡让等三员，白金各十两，彩币一表里，罗衣一袭；誊写正副本冠带秀才陈学等十八名，白金各十两，彩币一表里。纂修官侍讲学士陈循，白金三十两，彩币三表里；御史邵宏誉，白金二十两，彩币一表里，罗衣一袭；稽考参对等官王玉，白金十五两，彩币二表里；徐珵，白金十两，彩币一表里。以循等忧制，宏誉久病故也。辛未，以宣庙实录成，升总裁官少傅兼兵部尚书、华盖殿大学士杨士奇，少傅、工部尚书兼谨身殿大学士杨荣，俱为少师，兼职如故；礼部尚书兼翰林院学士杨溥为少保兼礼部尚书、武英殿大学士；总裁兼纂修官少詹事兼翰林（侍读）学士王直、少詹事兼侍讲学士王英，俱为礼部左侍郎，兼职如故；纂修官侍读学士李时勉、钱习礼，洗马蔺从善，俱为学士，侍读苗衷侍读学士，侍读曾鹤龄、马愉，侍讲高谷，俱为侍讲学士，修撰周叙、尹凤岐、孙曰恭、习嘉言、陈叔刚、陈询俱为侍读，曹鼐、仪铭、王一宁、杜宁、储懋俱为侍讲，编修杨翥、董璘、杨寿夫、林文、钟复、评事张益、监察御史邵宏誉，俱为修撰；改主事刘球、刘铉、洪玙俱为翰林院侍讲，升从五品俸；侍讲胡穜、邢宽，及稽考参对、催纂、誊录、收掌文籍官编修萧镃等二十一员，俱升俸一级；擢誊录冠带秀才监生生员陈学等十八名，俱为试中书舍人。"

北京国子助教翁瑛子世资求入监，不许。命自今入监，俾科目出身，勿得诸司历事。（据《国榷》卷二十四）

六月

刘昌入吴县学为增广生。刘昌《悬笥琐谈·诗谶》："正统三年六月一日，予始入吴县学为增广生。是年开科取士，而吴学之得举者三人：周郁为《春秋》魁第四名、张琳第十一、施槃第十五。既而赴会试。槃作诗留别，其词有曰：'红云紫雾三千里，黄卷青灯十二时。'又咏胡蝶云：'莫怪风前多落魄，三春应作探花郎。'己未，果状元及第。"刘昌（1424—1480），正统十年（1445）二甲四十五名进士。长洲（今江苏苏州）人，字钦谟，号棕园。授南京工部主事。历河南提学副使、广东布政司参政。博学，工诗文。有《中州名贤文表》、《苏州续志》、《五台集》等。

七月

命翰林院学士钱习礼、侍读陈询为应天府乡试考官。（据《明英宗实录》卷四十四）

八月

命行在翰林院侍讲学士曾鹤龄、侍讲洪玙为顺天府乡试考官，赐宴于本府。（据《明英宗实录》卷四十五）

两京及河南、山东、陕西、山西、浙江、湖广、江西、福建、广东、广西、四川、云南等十二布政司乡试；贵州士子附云南乡试。（据《皇明贡举考》卷三）

顺天乡试之夕，场屋起火，诏再试。刘球《两溪文集》卷二十二《故翰林侍讲学士奉训大夫曾公行状》："永乐辛丑会试，时令少师庐陵杨公司文衡，务先典实之作，以洗浮腐之弊。正统戊午……是秋考顺天府乡试。初试之夕，场屋火，试卷亦有残缺者。有司惧罪，不敢以更试为言，惟欲请葺场屋以终后两试。公曰：'必更试，然后百弊涤，至公著。不然，虽无所私，亦招外谤，朝廷何惜一日之费，以成此盛举哉？'有司具二说以进。命下，悉如公言。众皆惬服，得士亦审。"公，指曾鹤龄，翰林院侍讲学士。参见《殿阁词林记》卷十四《乡试》。《翰林记》卷十四《考两京乡试》："正统戊午，侍讲学士曾鹤龄主考顺天府乡试。初试之夕，场屋火，试卷有残缺者，有司惧罪，不敢以更试为言，惟欲请葺场屋以终后两试。鹤龄曰：'必更试，然后百弊涤，至公著。不然，虽无所私，亦招外谤。朝廷何惜一日之费，以成此盛举哉！'有司具二说以进。命下，悉如鹤龄所言。"《弇山堂别集》卷八十一："三年戊午，命翰林院侍读学士曾鹤龄、翰林院侍读洪玙主顺天试。命翰林院学士钱习礼、翰林院侍读陈询主应天试。""是岁，顺天初试之夕，场屋火，旋灭。试卷有残缺者，有司惧，不敢请更试，欲请修场屋，以终后两试。鹤龄曰：'必更试然后可以涤弊而不枉士子。'有司具二说以进，诏更试。"

张和中举。明年擢二甲第一。朱国桢《涌幢小品》卷七《京尹黜卷》："昆山张和往试南京，时少保邝忠愍公为京尹，有投书恶张于公者，大怒，召诸应举士历验之，张故有目疾，与书所云合，公乃言曰：'吾已得为奸利者，然将置之法耶？将械送于乡，使终身不得举耶？'苏人有滕垲者，直前谓公曰：'公尹京，廉平有为，人孰敢为奸利事？顾毁人者多捏借，公不究竟即治之，不亦中彼人秘计乎！'公曰：'尔言亦是，但吾不可以中止，且试之。'悉出诸应举士，留和与所指增广生数十人，命题以试。和文先成，公读之良久，曰：'文体略似西江，故当是冒籍者。'和曰：'吾祖以来家昆山，不闻冒籍，尝从西江人学耳。'西江人者，谓翰林尹凤岐也。又读良久，乃曰：'姑去，吾知所以处子也。'既入场，其舅湖广参政沈余庆，时为水部郎中，俟出，即与俱过虞衡主事吉水艾凤翔，诵所为文。虞衡曰：'其文郁畅而详整，当在首选。'既而榜出，不得与，其弟穆举前列。余庆复与过虞衡。虞衡曰：'吾诵其文甚习，请举之。'遂为诵初、终场文，不遗一字，曰：'以此而下第，吾不知也。'盖邝公虽知恶人构陷不足信，然竟黜其卷。和退言：'儒者之学，先治身心，名非所急。且吾尝自谓聪敏，书遇目颇成诵。若虞衡一过耳不忘，吾何敢望哉。'遂去入山中，多读书。永丰彭勖督学南京，训导张承翰首以为言，复应举，和以邝公为辞。彭曰：'邝已拜兵部侍郎矣。'及试，而分考萧聪以和所判'禁止师巫邪术'，有'执左道以惑人'语，谓无所据，落其卷。主考学士吉水钱公习礼、侍读云间陈公恂覆阅，诘问聪，左道原自有本，聪无以对。因使于所落卷朱勾以志之，盖与和相同得举者五人，时正统三年戊午，年二十七矣。明年与弟穆同试礼部，穆举第二人，和廷试对策称旨，将赐状元，以目疾擢第二甲第一。钱学士与诸老入朝尝遇之，指谓邝公曰：'此目疾者张和也。'邝曰：'吾昔为京尹，知尽吾职耳，何有私哉。'"

吴县学三人中举。刘昌《悬笥琐探·诗谶》："正统三年六月一日，予始入吴县学为增广生。是年开科取士，而吴学之得举者三人：周郁为《春秋》魁第四名，张璘第十一，施槃第十五。既而赴会试，槃作诗留别，其词有曰：'红云紫雾三千里，黄卷青灯十二时。'又咏胡蝶云：'莫怪风前多落魄，三春应作探花郎。'己未，果状元及第。"

升翰林院修撰陈用为侍讲。（据《馆阁漫录》卷二）《国榷》卷二十四："（正统三年八月）己巳，翰林修撰陈用为侍讲，进士黄平为吏部主事。"

九月

科道官请逮镇守陕西右副都御史陈镒、河南右布政使虞信至京究治。帝命法司姑记其过。（据《明英宗实录》卷四十六）《明英宗实录》卷五十一"正统四年二月丙辰"："初，镇守陕西右副都御史陈镒嘱知州林厚于河南右布政使虞信，信亦嘱教谕董应轸于镒，各求为考试官；后皆不遂。二人遂互劾之。科道官请逮镒至京究治。帝命法司姑记其过，且录状示镒、信，以戒之。"据《河南通志》卷三十三《职官四》、《湖广通志》卷四十八《乡贤志》，时林厚任郑州知州，董应轸任郑州教谕。

四夷馆谙晓回回等字官并监生子弟冀舞等三十二人赏罚有差。《明英宗实录》卷四十六：正统三年九月，"行在礼部奏：'会官试得四夷馆谙晓回回等字官并监生子弟冀舞等三十二人，第为三等，请定其赏罚。'上命一等有官者，月加折钞米二石，无官者与冠带，二等、三等月减折钞米一石，使知自励"。

十月

进士张固、蒋性中为刑科给事中。（据《国榷》卷二十四）

十一月

更定州学三岁贡二人，县学二岁贡一人。繁昌主簿黄键言之。《明英宗实录》卷四十八：正统三年十一月，"丙戌，更定州县岁贡生员例，令州学三岁贡二人，县学二岁贡一人。从繁昌县主簿黄键言也。"

升行在翰林院侍讲洪玙为吏部右侍郎。（据《馆阁漫录》卷二）

更定监生拨历事例。《明英宗实录》卷四十八"正统三年十一月丁亥（初七）"："国子监祭酒陈敬宗言：'旧制，监生视在监年月浅深，以次拨诸司历事。比来有因事故予告者，辄迁延累岁，伺拨历之期方行复监。往往入监虽先，在监实浅。苟循常例，实长奸惰。请计其肄业月日多寡以为浅深，其予告者于原限之外，如有过违，并同虚旷。则勤者早得从政，而怠者有所惩劝矣。夫监生所以必待其年久资深而后授之以政者，盖欲其渐涵滋久，增长识见，实祖宗之良法。近者，复有愿就杂职之例，不拘资历。幸途一启，纷然竞逐，至有朝廷太学募隶铨曹者，是直假监学为入仕之捷径而已。士风卑陋，诚非细故。请痛加禁止，照旧取拨，养育熏陶，务期大任，庶抑奔竞之风，以收实才之用。'上是其言，命行在礼部行之。"黄佐《南雍志》卷十九《列传》："陈敬宗……久居太学，力以师道自任，不少厌倦，严立教条，痛革旧习，日励诸生进学成德，有违犯者，扣除坐堂月日，悉为虚旷，豫示而坚守之，以是畏惮不敢放肆……平生刚正介洁，势利纷如，一无所累，评者谓其'挠之不乱，澄之愈清'。官太学二十余年，诸生位有至卿贰者，而敬宗独久不调，意豁如也。时北监祭酒李时勉，约束诸生，身教亦严，世称'南陈北李'。"

本年

重建白鹿洞书院。李梦阳《白鹿洞书院新志》卷一："大明正统戊午，东莞翟溥福为守，始剪荆棘，以复其制。成化间，按察司金事提学潮州李龄增置之，于是洞学又一兴。"胡俨《重建白鹿洞书院记》："（翟溥福）率僚属捐俸入为倡，三邑尚义之士……闻风而起，或出资，或力役。铲秽、除荒、取材、就工，先作大成殿、大成门、贯道桥，次作明伦堂、两庑、仪门、先贤祠以及燕息之所。"郑廷鹄《白鹿洞志》卷三："翟溥福，东莞人。由进士历官刑部郎中，正统丙辰出知南康郡。为政知大体，不屑意于文法之末，惟以兴教善俗为务。时洞学久废，得其颓址于荆棘中，谋兴复之。首捐俸以经其始，复谕士民之尚义者佐之，区划有方，曾未数月，而殿堂斋舍秩然咸备，至今赖之。"

罗汝敬致仕。《东里续集》卷五十六《送罗汝敬侍郎致仕南归》序："汝敬侍郎归自秦中，奉命致仕。濒行，出秦人所为写像，属余一言。像未必似也。余于汝敬往还三十有五年，知之盖深，方作五言四十韵诗送之，以荣其得退。遂用书于像之端，俾世之欲知汝敬者，观吾诗足矣，不必泥像也。"

明英宗正统四年己未（公元 1439 年）

二月

命行在礼部左侍郎兼翰林院侍读学士王直、行在翰林院学士蔺从善为会试考试官。就试之士千余人，取中杨鼎等。《明英宗实录》卷五十一：正统四年二月，"丙辰，命行在礼部左侍郎兼翰林院侍读学士王直、行在翰林院学士蔺从善为会试考官，赐宴于礼部"。"乙亥，行在礼部引会试中式举人杨鼎等一百人陛见。"王直《抑庵文后集》卷二十三《己未会试录序》："正统四年，行在礼部会试天下所贡士……于时，就试之士千余人，拔其尤者百人。"

金实充今年会试同考官，即以今年卒于京。沈德符《万历野获编》卷十四《科场·金实》："金实者，浙之金华人。永乐初生员，上书陈王道。其纲有四，其目有五，上嘉纳之。又试策三道，俱称旨，遂命入文渊阁，预修《太祖实录》。书成，授翰林典籍。又预修《永乐大典》，晋春坊司直郎。洪熙中，升卫王府长史。正统四年，充会试同考官，即以是年卒于京。以青衿为纂修，一异也；以青宫近臣，曳裾王门，二异也；藩府外僚，膺文衡重任，三异也。是时官制已久定，而金实独承异数如此。是科与实同为分考者，有浙江佥事花润生。而江西丰城人李郁者，以承差习《礼记》，中五十九名。"

闰二月

会试取中副榜举人，年二十五以上者除授教职，年未及者例送监及依亲读书。以杨荣、杨溥等为殿试读卷官。《明英宗实录》卷五十二：正统四年闰二月，"乙酉，行在礼部奏：'会试取中副榜举人，有年及二十五以上者二百三十三人，请送吏部除授教职。年未及者五十八人，例送监及依亲读书。'从之"。戊申，"行在礼部尚书胡濙奏：'三月初二日殿试贡士，合请执事官。'上命少师、工部尚书兼谨身殿大学士杨荣、少保、礼部尚书兼武英殿大学士杨溥、少保、工部尚书吴中、行在吏部尚书郭琎、行在户部尚书刘中敷、行在兵部尚书兼大理寺卿王骥、行在刑部尚书魏源、行在都察院右都御史陈智、行在礼部左侍郎兼翰林院侍讲学士王英、行在大理寺左少卿程富、行在翰林院学士钱习礼、行在通政使司左参议虞祥为读卷官，余执事如例"。据《正统四年进士登科录·玉音》："正统四年闰二月二十六日早，行在礼部尚书臣胡濙等官于奉天门奏为科举事。会试天下举人，选中一百名，本年三月初二日殿试，合请读卷及执事等官少师工部尚书兼谨身殿大学士杨荣、少保礼部尚书兼武英殿大学士杨溥等三十八员。其进士出身等第，恭依太祖高皇帝钦定资格，第一甲例取三名，第一名从六品，第二第三名正七品，赐进士及第。第二甲从七品，赐进士出身。第三甲正八品，赐同进士出身。奉圣旨：是。钦此。""读卷官：光禄大夫、柱国、少师、工部尚书兼谨身殿大学士杨荣，庚辰进士；荣禄大夫、少保、礼部尚书兼武英殿大学士杨溥，庚辰进士；荣禄大夫、少保兼工部尚书吴中，监生；资德大夫、正治上卿、行在吏部尚书郭琎，监生；资善大夫、行在户部尚书刘中敷，生员；资善大夫、行在兵部尚书兼大理寺卿王骥，丙戌进士；资善大夫、行在刑部尚书魏源，丙戌进士；资善大夫、行在都察院右都御史陈智，丙戌进士；嘉议大夫、行在礼部左侍郎兼翰林院侍讲学士王英，甲申进士；中宪大夫、行在大理寺左少卿程富，甲午贡士；奉议大夫、行在翰林院学士钱习礼，辛卯进士；奉政大夫、行在通政使司左参议虞祥，辛卯贡士。提调官：资德大夫、正治上卿、行在礼部尚书胡淡，庚辰进士；嘉议大夫、行在礼部右侍郎王士嘉，监生。监试官：文林郎、行在江西道监察御史侯春，辛丑进士；文林郎、行在四川道监察御史张鉴，辛丑进士。受卷官：行在翰林院修撰、儒林郎裴纶，辛丑进士；行在翰林院编修、文林郎萧镃，丁未进士；征仕郎、行在吏科署掌科事给事中郑泰，辛丑进士；征仕郎、行在礼科掌科事给事中刘海，甲辰进士。弥封官：中议大夫、赞治尹、行在鸿胪寺卿杨善，增广生；征仕郎、行在户科给事中党恭，庚子贡士；征仕郎、行在兵科掌科事给事中王永和，甲午贡士；征仕郎、行在中书舍人徐政，丁未进士。掌卷官：行在翰林院修撰、承务郎邵宏誉，甲辰进士；行在翰林院编修、文林郎谢琏，丁未进士；征仕郎、行在刑科署掌科事给事中郭瑾，甲辰进士；文林郎、行在工科都给事中李侗，辛卯贡士。巡绰官：昭勇将军、行在锦衣卫指挥使徐恭；明威将军、行在锦衣卫指挥佥事陈端；明威将军、行在金吾前卫指挥佥事卜铭；明威将军、行在金吾后卫指挥佥事朱俊。印卷官：奉议大夫、行在礼部仪制清吏司郎中刘孟铎，甲申进士；奉训大夫、行在礼部仪制清吏司员外郎李春，甲辰进士；承直郎、行在礼部仪制清吏司主事张伟，丙辰进士。供给官：奉议大夫、行在光禄寺少卿李让，监生；奉议大夫、行在礼部精膳清吏司郎中叶蓁，监生；承德郎、行在礼部精膳清吏司主事甘瑛，丁未进士。"

命诸生犯罪，除讹误外，廪膳追米，余发充吏，不准收业。以山东提学佥事薛瑄言之。（据《国榷》卷二十四）

三月

施槃（1416—1440）、杨鼎、倪谦（1415—1479）等九十九人进士及第、出身有差。是科未考选庶吉士。《明英宗实录》卷五十三：正统四年三月，"庚戌，上御奉天门策试举人杨鼎等九十九人，制曰：'帝王之道，具载诸经，孔子纂而成之。肇自唐虞讫于周，以为万世楷范，皆可举而行。爰暨汉唐以来，贤智之君，景仰徽猷，通遵彝典，用图治宁，咸有称述。当时贤人君子，出膺世用者，亦莫不献忠效谋，以匡乃辟，考其致治成功，比之《诗》《书》所称，则有所不及，其故何欤？洪惟我国家列圣相承，敦崇古道，以隆至治，巍巍乎其盛矣。朕嗣大历服，允怀继述，夙夜匪遑，期与臣民，咸跻熙皞，深惟谨始图成，必有其要，推行之序，必有其宜。子大夫以明经登进，其于致君泽民之方，讲之有素，必有实见，明著于篇，毋泛毋隐，朕将亲览焉。'""壬子，上亲阅举人所对策，赐施槃等九十九人进士及第、出身有差。""癸丑，宴进士于行在礼部，命太师英国公张辅待宴。""甲寅，赐状元施槃朝服冠带，诸进士钞各五锭。""丁巳，状元施槃率诸进士上表谢恩。""戊午，擢第一甲进士施槃为行在翰林院修撰，杨鼎、倪谦为编修。"据《正统四年进士登科录·恩荣次第》："正统四年三月初二日早，诸贡士赴内府殿试，上御奉天殿亲赐策问。三月初四日早，文武百官朝服侍班，是日，行在锦衣卫设卤簿于丹陛丹墀内，上御奉天殿，行在鸿胪寺官传制唱名，行在礼部官捧黄榜，鼓乐导引出长安左门外，张挂毕，顺天府官用伞盖、仪从送状元归第。三月初五日，赐状元朝服冠带，赐宴于行在礼部，宴毕，赴行在鸿胪寺习仪。三月初六日，状元率诸进士上表谢恩。三月初七日，诸进士诣先师孔子庙行释菜礼，行在礼部奏请命行在工部于北京国子监立石题名。"《弇山堂别集》卷八十一："四年己未，命行在礼部左侍郎兼翰林院侍读学士王直、行在翰林院学士钱习礼为考试官，取中杨鼎等。廷试，赐施槃、杨鼎、倪谦及第。槃时年二十三，不久卒。杨鼎，陕西解元。"王世贞《弇州续稿》卷一百四十六《像赞·吴中往哲像赞》："张筱庵先生和者，昆山人，字节之。生而警颖卓朗，善属文。尝病目，而夜篝灯读书不休，遂以其一废。与其弟穆俱应南宫试，而自念必上也。已，穆举第二人，而先生亦次二十七。既廷试，执政者奇其策而欲首之，诇知其一目也，抑之。和遂谢病归之，以修国史。"朱国桢《涌幢小品》卷七《密采状元》："先朝策士，凡鼎甲，圣上多密访而后定。英宗己未科临轩，已拟昆山张和第一，使小黄门密至邸识之，以目眚置二甲第一，拔施槃第一，盖慎重如此。一科之长，文运所系，可不慎与！至问周旋而误，则天也。"

据《正统四年进士登科录》，第一甲三名，赐进士及第。履历如下：

施槃，贯直隶苏州府吴县，民籍。县学增广生。治《春秋》。字宗铭，行一，年二十三，二月十三日生。曾祖希敬。祖志方。父遵道。母金氏。继母严氏。具庆下。弟宗贤。娶吴氏。应天府乡试第十五名，会试第五十五名。

杨鼎，贯陕西西安府咸宁县，民籍。国子生。治《易经》。字宗器，行一，年三十一，五月二十五日生。曾祖伯安。祖惟敬。父森。母刘氏。继母李氏。具庆下。弟萧。未娶。陕西乡试第一名，会试第一名。

倪谦，贯应天府上元县，匠籍。府学生。治《诗经》。字克让，行二，年二十五，十二月初一日生。曾祖公起。祖德润。父子安。母屠氏。继母孙氏。重庆下。兄诚。聘姚氏。应天府乡试第五十四名，会试第七十八名。

据《正统四年进士登科录》，第二甲三十五名，赐进士出身。履历如下：

张和，贯直隶苏州府昆山县，民籍。县学增广生。治《书经》。字节之，行二，年二十八，四月二十六日生。曾祖道升。祖文裕。父用礼。母何氏。具庆下。兄积。弟穆，同科进士；种。娶丁氏。应天府乡试第七十六名，会试第八十一名。

钱溥，贯直隶松江府华亭县，民籍。府学增广生。治《春秋》。字原溥，行二，年三十二，三月十五日生。曾祖德玉。祖华仲。父惟庆。母赵氏。具庆下。弟原博。娶庄氏。应天府乡试第七十二名，会试第四名。

章纶，贯直隶温州府乐清县，军籍。府学生。治《诗经》。字大经，行四，年二十七，八月初六日生。曾祖性。祖新民。父文宝。母金氏。继母包氏。慈侍下。兄对、琰、嵌。弟崴。聘朱氏。浙江乡试第十二名，会试第三名。

刘孚，贯江西吉安府泰和县，民籍。县学生。治《易经》。字诚之，行一，年四十五，十月二十五日生。曾祖宗文。祖泰民。父象贤。母胡氏。慈侍下。弟载之。娶萧氏。江西乡试第三十七名，会试第十二名。

祝颢，贯直隶苏州府长洲县，民籍。府学生。治《易经》。字维清，行三，年三十五，五月二十一日生。曾祖子潜。祖景章。父焕文。母王氏。慈侍下。兄维德。娶钱氏。应天府乡试第五名，会试第四十一名。

夏遂，贯直隶苏州府昆山县，民籍。县学增广生。治《礼记》。字存良，行四，年二十二，五月十三日生。曾祖文达。祖友谅。父善长。母林氏。慈侍下。兄佑，前临海县丞；辅；显。聘梁氏。应天府乡试第七十九名，会试第七十三名。

李凤，贯河南开封府祥符县，民籍。县学生。治《春秋》。字昭阳，行三，年二十六，十月初十日生。曾祖伯柔，元沁州知州。祖彦亨，湘府纪善。父肯获。母王氏。严侍下。兄应祥、应文。聘王氏。河南乡试第十八名，会试第九十一名。

陈升，贯福建兴化府仙游县，民籍。县学生。治《书经》。字谨顺，行三，年三十五，八月初一日生。曾祖伯吉。祖文叔。父德新。嫡母徐氏。母林氏。严侍下。兄复。弟鼎、泰、豫、谦、咸、恒。娶林氏。福建乡试第二十六名，会试第十五名。

张勋，贯陕西巩昌府会宁县，军籍。县学生。治《诗经》。字彝鼎，行一，年二十九，四月十二日生。曾祖惟诏。祖忠。父永福。母王氏。具庆下。娶线氏。陕西乡试第二十六名，会试第六十五名。

黄琛，贯福建延平府将乐县，民籍。国子生。治《书经》。字廷献，行一，年二十七，十月二十日生。曾祖子实。祖公贵。父崇。母萧氏。具庆下。弟瓒。聘陈氏。福建乡试第二十四名，会试第四十四名。

张璘，贯直隶苏州府吴县，民籍。县学生。治《礼记》。字惟敬，行二，年三十八，五月十一日生。曾祖荣甫。祖伯成。父芳。母孙氏。慈侍下。兄秉彝。娶沈氏。应天府乡试第十一名，会试第八十四名。

刘彧，贯山东青州府益都县，军籍。县学生。治《书经》。字著章，行一，年三十八，八月十八日生。曾祖彦成。祖遵道。父公弼。母孙氏。重庆下。弟忠、鼎、政。娶陈氏。山东乡试第二十六名，会试第三十四名。

孟玘，贯福建福州府闽县，军籍。府学增广生。治《书经》。字廷振，行六，年二十八，正月十八日生。曾祖良，元铅炮奕百户。祖德，元浙东元帅。父文。母叶氏。具庆下。弟瑞。娶张氏。福建乡试第六名，会试第十名。

张穆，贯直隶苏州府昆山县，民籍。县学增广生。治《书经》。字敬之，行三，年二十五，十二月二十五日生。曾祖道升。祖文裕。父用礼。母何氏。具庆下。兄积；和，同科进士。弟种。娶周氏。应天府乡试第四十二名，会试第二名。

周贤，贯直隶苏州府长洲县，民籍。府学生。治《易经》。字用希，行三，年三十三，三月十三日生。曾祖贵五。祖成一。父彦达。母陆氏。具庆下。兄用明。弟能。娶陈氏。应天府乡试第十二名，会试第六十四名。

周天民，贯四川重庆府长寿县，民籍。县学生。治《诗经》。字希尹，行二，年三十四，十二月二十四日生。曾祖登。祖贵。父绍敬。母张氏。继母黄氏。具庆下。兄天祥。弟祯、裕。娶陈氏。四川乡试第十八名，会试第九十八名。

王彰，贯广东潮州府海阳县，民籍。府学生。治《春秋》。字廷显，行三，年四十五，十二月初七日生。曾祖致正。祖仁卿。父闻凯。母陈氏。永感下。兄冬、彬。弟美。娶杜氏，继娶林氏。广东乡试第一名，会试第四十五名。

甘敬修，贯四川叙州府富顺县，军籍。县学增广生。治《诗经》。字士勉，行二，年三十，八月二十九日生。曾祖寿。祖志高。父雨。母施氏。具庆下。兄敬儒。弟敬身。娶姜氏。四川乡试第十八名，会试第二十三名。

林聪，贯福建福州府宁德县，民籍。县学生。治《礼记》。字季聪，行五，年二十三，九月二十二日生。曾祖诩。祖彦昭，平山县丞。父观，江山县儒学训导，致仕。嫡母倪氏。母陈氏。具庆下。兄伯绍、仲孚、叔勉、季诚。娶汤氏。福建乡试第九名，会试第十九名。

张璥，贯浙江宁波府慈溪县，民籍。县学增广生。治《诗经》。字廷玉，行九，年二十四，八月十八日生。曾祖履和。祖宗纯。父澄。母陈氏。重庆下。兄球、瑛。弟翀、瑀、瑗、玢、瑰、玘、珊。娶叶氏。浙江乡试第七名，会试第三十三名。

殷谦，贯顺天府涿州，民籍。州学增广生。治《春秋》。字文㧟，行三，年二十三，十二月初一日生。曾祖良辅。祖克恭。父礼，任陕西西安府儒学教授。母路氏。具庆下。兄纲、让。娶王氏。顺天府乡试第一名，会试第十三名。

杨璇，贯直隶常州府无锡县，军籍。县学增广生。治《诗经》。字叔玑，行七，年二十四，二月初九日生。曾祖广。祖原振。父宗源。母朱氏。慈侍下。兄叔瑺、叔璋、叔珩、叔瑛。弟叔珍。聘唐氏。应天府乡试第四十一名，会试第四十九名。

俞铎，贯浙江绍兴府新昌县，民籍。县学生。治《书经》。字振文，行二，年二十五，十一月二十八日生。曾祖本初，营道县丞。祖彦雍。父叔晦。母董氏。继母丁氏。具庆下。兄銮。弟铁、钫、铃。娶陈氏。浙江乡试第二十五名，会试第六十三名。

罗瑛，贯江西南昌府丰城县，民籍。县学增广生。治《诗经》。字庆清，行四，年三十九，十二月二十六日生。曾祖宏道。祖景福。父怀玉。母徐氏。具庆下。兄鹄，任舒成县儒学训导；缙；绅。弟组、纲、纯。娶熊氏。应天府乡试第七十四名，会试第二十名。

王俭，贯四川重庆府合州铜梁县，民籍。巴东县学生。治《春秋》。字用节，行四，年二十九，六月初三日生。曾祖政。祖胜宗。父仲亨。母郭氏。慈侍下。兄纲，任巴东县儒学训导；佐；佑。弟侃、伟、儒、修、亿。娶马氏。湖广乡试第十九名，会试第七十七名。

王宇，贯河南开封府祥符县，军籍。县学增广生。治《书经》。字仲宏，行四，年二十三，闰五月初四日生。曾祖敦本。祖友德。父希哲。母丁氏。慈侍下。兄仲和、仲玉、仲仪。弟宜、宗。聘段氏。河南乡试第一名，会试第八名。

张勉，贯山西大同府应州，军籍。聊城县学增广生。治《诗经》。字克勤，行一，年二十五，正月初七日生。曾祖均美。祖蕙，常州府无锡县知县。父文显，前长清驿丞。母刘氏。具庆下。娶赵氏。山东乡试第八名，会试第一百名。

章绘，贯浙江宁波府鄞县，民籍，顺天府富户。儒士。治《礼记》。字尚素，行五，年二十四，十月十五日生。曾祖义春。祖礼荣。父智通。母俞氏。慈侍下。兄维、经、纶、纯。弟绍。娶张氏。顺天府乡试第三十三名，会试第十一名。

欧文整，贯四川眉州，民籍。州学生。治《书经》。字正宗，行三，年四十，三月十一日生。曾祖妙政。祖均秀。父孟贤。母田氏。永感下。兄文聪、文质。娶周氏。四川乡试第二十三名，会试第六十六名。

王竑，贯湖广武昌府江夏县，军籍。河州卫学军生。治《礼记》。字公度，行三，年二十六，六月二十日生。曾祖景，元水军翼万户。祖俊卿，福州右卫百户。父佐。母周氏。具庆下。兄浚、靖。娶孙氏。陕西乡试第四名，会试第五名。

尚达，贯山东兖州府东平州，军籍。州学生。治《书经》。字兼善，行一，年三十八，十一月十六日生。曾祖添祐。祖名远。父思忠。母刘氏。重庆下。弟遵、逊。娶樊氏。山东乡试第一名，会试第二十八名。

丰庆，贯江西九江府瑞昌县，民籍。府学增广生。治《诗经》。字□□，□□□年二十七，十月初九日生。曾祖茂四。祖仁一。父初，德化县学教谕。母滕氏。慈侍下。兄寿宗。娶鲍氏，继娶史氏。江西乡试第六名，会试第十四名。

孟瑛，贯直隶归德卫，军籍。归德州学军生。治《礼记》。字彦辉，行一，年二十四，正月初五日生。曾祖林。祖荣。父景。嫡母高氏。母刘氏。具庆下。弟瑾、瑄。娶李氏。河南乡试第十五名，会试第四十八名。

姚堂，贯浙江宁波府慈溪县，民籍。县学增广生。治《诗经》。字彦容，行九，年二十三，五月二十八日生。曾祖居逊。祖敏观。父愚。母姜氏。具庆下。弟埙、墨、壁、巇。娶杨氏。浙江乡试第三十五名，会试第七十名。

刘炜，贯浙江宁波府慈溪县，民籍。县学生。治《书经》。字有融，行二十四，年三十一，十一月初九日生。曾祖正可。祖玥，乡贡士。父惟繁。母钱氏。具庆下。兄炌。弟熙、炳。娶毛氏。浙江乡试第三十八名，会试第四十二名。

据《正统四年进士登科录》，第三甲六十一名，赐同进士出身。履历如下：

莫震，贯直隶苏州府吴江县，军籍。县学生。治《书经》。字霆威，行三，年三十，□月二十一日生。曾祖諟。祖禧礼。父辕。母沈氏。具庆下。兄云、霖。娶潘氏。应天府乡试第五十五名，会试第九十七名。

邹干，贯浙江杭州府余杭县，民籍。应天府学生。治《书经》。字宗盛，行二，年三十一，七月初七日生。曾祖昌嗣。祖福坚。父济，詹事府少詹事，赠太子少保，谥文敏。母薛氏。永感下。兄本。娶王氏。应天府乡试第十六名，会试第十七名。

胡拱辰，贯浙江严州府淳安县，民籍。府学增广生。治《诗经》。字共之，行一，年二十三，三月初一日生。曾祖道昌。祖致良。父泽，江西永丰县学训导，致仕。嫡母吴氏。母周氏。具庆下。弟拱璧。聘林氏。浙江乡试第十六名，会试第九名。

毛凤，贯四川嘉定州夹江县，民籍。县学生。治《易经》。字彩凤，行二，年四十，正月二十八日生。曾祖尚贤。祖文贵。祖友智。母傅氏。慈侍下。兄仲先。弟仲聪、仲纲、仲安。娶陈氏。四川乡试第七名，会试第九十六名。

吕囡，贯直隶苏州府常熟县，匠籍。县学生。治《诗经》。字希颜，行三，年二十二，二月初二日生。曾祖茂之。祖明德。父宗敬。母陆氏。慈侍下。娶王氏。应天府乡试第三名，会试第七名。

李荣，贯福建福州府闽县，民籍。府学增广生。治《春秋》。字志仁，行四，年二十七，五月十五日生。曾祖铭。祖羆。父继。母林氏。重庆下。弟华、富、贵、琚、举。娶陈氏。福建乡试第八名，会试第三十六名。

刘澣，贯四川叙州府珙县，军籍。国子生。治《诗经》。字自新，行四，年四十，十二月初二日生。曾祖道延。祖允恭。父仕华。母廖氏。继母向氏。永感下。兄自聪，本县阴阳学训术；自省；自高。弟自斌。娶汤氏，继聘郭氏。四川乡试第二十九名，会试第四十三名。

刘晟，贯山西大同府怀仁县，军籍。昌平县学军生。治《易经》。字景隆，行一，年二十三，五月二十五日生。曾祖旺。祖文义。父清，前行在鸿胪寺右寺丞。母张氏。具庆下。弟昱。娶王氏。顺天府乡试第十七名，会试第四十七名。

马经，贯直隶河间府景州东光县，匠籍。国子生。治《诗经》。字用常，行一，年三十，四月二十三日生。曾祖德昭。祖视远，工部主事。父闾如。嫡母李氏。母鲍氏。重庆下。弟纶、纲、纪。娶徐氏。云南乡试第七名，会试第六十一名。

张钺，贯河南河南府新安县，军籍。府学生。治《诗经》。字大器，行三，年三十，正月初一日生。曾祖思。祖时中。父璛，山西襄垣县丞。母单氏。慈侍下。兄钊、铸。娶宰氏。河南乡试第二十二名，会试第八十七名。

汪浒，贯陕西巩昌府成县，官籍。国子生。治《诗经》。字清夫，行四，年三十六，五月二十八日生。曾祖友才，元金州达鲁花赤。祖德中。父宗贤，松江府通判。母武氏。慈侍下。兄潽、溥、浩。从兄寿，陕西都指挥同知。弟澜、澍。娶芮氏。陕西乡试第二十九名，会试第三十七名。

陈价，贯四川重庆府合州铜梁县，匠籍。州学生。治《易经》。字维藩，行一，年二十四，十一月二十四日生。曾祖文明。祖志贤。父瑀。母鲍氏。具庆下。弟侨、倜、伦、倬、俦、修。娶冯氏。四川乡试第二十四名，会试第三十五名。

周濠，贯浙江宁波府奉化县，民籍。县学增广生。治《礼记》。字文渊，行三，年二十八，七月十六日生。曾祖南四。祖叔荣。父彦玉。母项氏。具庆下。兄洧、涌。娶王氏。浙江乡试第二名，会试第九十名。

刘玼，贯江西吉安府安福县，儒籍。县学生。治《春秋》。字求素，行十一，年三十一，九月十三日生。曾祖彦中。祖子定。父直清。母罗氏。慈侍下。兄璞。从兄球，翰林院侍讲。娶高氏。江西乡试第十二名，会试第二十九名。

李泰，贯山东兖州府沂州郯城县，民籍。县学增广生。治《诗经》。字兴道，行一，年二十六，十月初一日生。曾祖聚兴，赠文林郎、贵州道监察御史。祖骥，授中顺大夫、河南府知府。父隣，长垣县学教谕。祖母刘氏，封宜人。母包氏。重庆下。弟兴邦。娶赵氏。山东乡试第二名，会试第十六名。

刘芳，贯四川保宁府苍溪县，民籍。府学生。治《书经》。字永馨，行三，年三十四，五月二十日生。曾祖智聪。祖文广。父仲才。母蒲氏。具庆下。兄端、正、斌。弟珍。娶黄氏。四川乡试第十四名，会试第三十一名。

杨瑛，贯福建兴化府莆田县，民籍。府学生。治《书经》。字德华，行七，年三十一，二月初四日生。曾祖原吉。祖孔殷，本府医学正科。父泰。母许氏。具庆下。娶许氏。福建乡试第二十九名，会试第七十二名。

何子聪，贯直隶河间府景州吴桥县，民籍。县学生。治《书经》。字友闻，行二，年三十三，十一月十五日生。曾祖彦中。祖克敬。父福原，阴阳训术。母李氏。重庆下。兄宽。弟子安、子荣、子宁、子智。娶张氏。顺天府乡试第三十五名，会试第五十六名。

聂智，贯江西南昌府丰城县，民籍。县学生。治《诗经》。字志节，行四，年四十四，五月十四日生。曾祖隆膺。祖子胜。父孔惠。母徐氏。慈侍下。兄彦节、常节、有节。弟康节、用节、宁节、弘节。娶杨氏。顺天府乡试第四名，会试第二十七名。

焦宽，贯河南南阳府裕州叶县，民籍。县学生。治《诗经》。字仲容，行四，年三十四，二月初四日生。曾祖成。祖敬。父英，江西萍乡县主簿，赠广东道监察御史。母耿氏，赠孺人。永感下。兄宁；宏，江西右布政使；宜。娶马氏。河南乡试第十名，会试第七十五名。

单宇，贯江西抚州府临川县，民籍。府学生。治《诗经》。字时泰，行一，年二十六，六月二十九日生。曾祖以忠。祖仕能。父友德。母王氏。重庆下。弟时康、时铭。娶杨氏。江西乡试第三十一名，会试第八十二名。

李郁，贯江西南昌府丰城县，民籍。承差。治《礼记》。字若虚，行五，年三十二，正月二十八日生。曾祖仁静。祖济英。父笃恭，河南卢氏县丞。母余氏。继母周氏。具庆下。兄同。娶王氏。顺天府乡试第十九名，会试第五十九名。

秦中，贯陕西凤翔府凤翔县，民籍。府学生。治《书经》。字时中，行二，年三十一，三月二十二日生。曾祖彦宾。祖成。父允哲。母李氏。具庆下。兄荆玉。娶潘氏。陕西乡试第六名，会试第六十八名。

陈瓒，贯河南开封府阳武县，民籍。县学生。治《易经》。字重器，行二，年三十二，十二月初九日生。曾祖鼎。祖宗。父忠。母孟氏。继母贾氏。慈侍下。兄荣。弟瑄、琳、瑛。娶李氏。河南乡试第十三名，会试第六十九名。

李琛，贯福建福州府福清县，军籍。县学生。治《诗经》。字子珍，行四，年四十三，十一月三十日生。曾祖必美。祖伯绍。父俊。母刘氏。永感下。娶郑氏。福建乡试第三十二名，会试第五十七名。

方溯，贯福建兴化府莆田县，军籍。国子生。治《诗经》。字源深，行一，年四十九，十二月二十八日生。曾祖作楫。祖环。父誉。母吴氏。继母李氏。具庆下。弟沱、新、浒、汜、洲。娶顾氏，继娶郭氏。应天府乡试第七名，会试第四十六名。

张斌，贯直隶广平府永年县，民籍。府学增广生。治《礼记》。字文质，行一，年二十五，正月十二日生。曾祖才，元任驿丞。祖成。父宗颜。母毕氏。具庆下。娶郭氏。顺天府乡试第二十八名，会试第八十名。

刘善庆，贯江西吉安府万安县，民籍。国子生。治《易经》。字祐之，行二，年三十一，四月十四日生。曾祖明德，元任四川知事。祖敬先。父彦达，直隶淮安府学教授。母曾氏。具庆下。兄余庆。娶郭氏。顺天府乡试第四十六名，会试第七十九名。

王锐，贯直隶永平府迁安县，民籍。府学生。治《易经》。字允威，行四，年二十七，十二月初五日生。曾祖克中。祖可敬。父通，河南许州判官，致仕。嫡母刘氏。母赵氏。具庆下。兄钦、铎、钊。娶傅氏。顺天府乡试第二名，会试第八十九名。

焦从周，贯湖广郴州兴宁县，民籍。县学增广生。治《书经》。字孟文，行八，年二十七，四月初八日生。曾祖必政。祖庆华，封吏科给事中。父起良，户科都给事中。母杨氏，封孺人。重庆下。娶李氏。湖广乡试第八名，会试第二十二名。

萧翼，贯江西吉安府永新县，军籍。县学生。治《易经》。字体全，行二，年三十五，十二月初二日生。曾祖云可。祖绍宗。父可道。母张氏。继母邹氏。具庆下。兄祇载。弟敬。娶颜氏，继娶袁氏。江西乡试第二十三名，会试第十八名。

傅文，贯河南河南府登封县，民籍。县学生。治《书经》。字公器，行一，年三十，八月初七日生。曾祖宗礼。祖英，本县儒学训导。父棠。母何氏。具庆下。娶黄氏。河南乡试第二十九名，会试第八十八名。

张谏，贯应天府句容县，军籍。贵州赤水卫军生。治《礼记》。字孟弼，行七，年三十四，九月十三日生。曾祖仲明。祖谷宾。父伯安。母孙氏。具庆下。兄麒、麟、谨、誣、赞、诚。弟谊、谘、讷、评。娶王氏。云南乡试第二名，会试第五十二名。

王晏，贯山西泽州高平县，民籍。安定县学增广生。治《春秋》。字仲清，行二，年三十六，十一月十五日生。曾祖思诚。祖鹏飞。父良，陇西县学教谕。嫡母庞氏。母张氏。严侍下。弟昶、晋、昇。娶陈氏。陕西乡试第四名，会试第二十一名。

李茂，贯江西吉安府吉水县，民籍。县学生。治《易经》。字岳楙，行三，年三十四，十一月十八日生。曾祖永吉。祖文泰。父伯夔。母刘氏。慈侍下。兄岳伟、岳新。娶邹氏。江西乡试第三十二名，会试第六名。

虞廷玺，贯陕西汉中府南郑县，民籍。县学增广生。治《易经》。名瑄，行三，年三十，十月初三日生。曾祖良，元殿中侍御史。祖询，温州府知府。父进，宗人府经历。母齐氏。慈侍下。兄瑞；瑛，息县知县。弟琮。娶胡氏。陕西乡试第二名，会试第五十三名。

李时，贯直隶真定府真定县，民籍。府学生。治《书经》。字习之，行三，年三十四，九月十八日生。曾祖珏。祖思诚，庐州府知府。父纲。母萧氏。永感下。兄贵、昭。娶王氏。顺天府乡试第二十一名，会试第八十六名。

谢琛，贯浙江宁波府定海县，灶籍。县学生。治《易经》。字伯玉，行一，年二十八，十二月初二日生。曾祖让。祖东升。父正。母秦氏。重庆下。弟璩、珹、玙。娶张氏。浙江乡试第三十二名，会试第三十名。

王讷，贯直隶常州府无锡县，民籍。县学增广生。治《诗经》。字敏行，行三，年二十六，三月二十七日生。曾祖彦质。祖德真。父景深。母钱氏。继母顾氏。具庆下。兄敏吉、敏礼。弟敏学。娶钱氏。应天府乡试第三十四名，会试第三十九名。

刘深，贯湖广沔阳州，民籍。国子生。治《书经》。字资之，行四，年二十八，十二月初九日生。曾祖震卿。祖济川，赠翰林院检讨。父琢，翰林院检讨，任国子监助教。前母李氏，赠孺人。母杨氏，封孺人。具庆下。兄潘、洪、演。娶胡氏。顺天府乡试第二十三名，会试第五十一名。

王泽，贯河南南阳府汝州，军籍。州学生。治《礼记》。字济民，行二，年三十三，三月十一日生。曾祖和卿。祖从善。父凤。母黄氏。慈侍下。兄震。弟选。娶古氏。河南乡试第二十七名，会试第四十名。

杨贡，贯江西抚州府乐安县，民籍。县学生。治《礼记》。字彦魁，行二，年三十三，十一月初五日生。曾祖元卿。祖仁可。父吾迪。母刘氏。永感下。兄彦奇。娶张氏。江西乡试第二十二名，会试第二十六名。

毛祥，贯河南汝宁府西平县，民籍。县学生。治《易经》。字原吉，行二，年三十二，正月初二日生。曾祖成甫。祖贵。父鹏霄，邠州知州。母田氏。慈侍下。兄祯。弟福。娶李氏。河南乡试第十九名，会试第九十四名。

李柰，贯江西广信府上饶县，民籍。冠带举人。治《易经》。字景春，行七，年三十五，九月十五日生。曾祖达轾。祖清远。父彦祥。母陈氏。慈侍下。兄应春、逢春、茂春。弟常春。娶徐氏。江西乡试第三十八名，会试第七十四名。

王彧，贯直隶大名府开州，民籍。州学生。治《书经》。字秉文，行一，年三十四，十一月二十九日生。曾祖元善，元任河中府同知。祖辅。父勉。母班氏。继母马氏。重庆下。弟文、信、僖、仪、伸。娶李氏。顺天府乡试第六名，会试第七十六名。

李逊，贯江西建昌府南丰县，军籍。岳州府学生。治《诗经》。字时敏，行一，年三十五，十一月初七日生。曾祖文盛。祖伯仪。父应祖，国子监助教。母曾氏。继母熊氏。具庆下。弟义生。娶秦氏。湖广乡试第七名，会试第九十二名。

刘同，贯江西吉安府庐陵县，民籍。直隶高阳县学增广生。治《诗经》。字伯询，行一，年三十四，二月初五日生。曾祖乐山。祖嘉会，武进县丞。父习之。母陈氏。继母董氏。重庆下。弟仲坦、叔咨、祖常、宗绪。娶萧氏。顺天府乡试第二十七名，会试第九十五名。

郑崇，贯福建福州府怀安县，民籍。儒士。治《春秋》。字尚德，行六，年五十，二月二十九日生。曾祖荚。祖公彦。父振。母徐氏。永感下。兄永。娶杨氏。福建乡试第一百十二名，会试第七十一名。

成始终，贯直隶常州府无锡县，民籍。儒士。治《书经》。字敬之，行一，年三十七，九月十八日生。曾祖荣七。祖玉山。父彦文。母夏氏。严侍下。娶杜氏。应天府乡试第三十六名，会试第三十八名。

李善，贯陕西凤翔府岐山县，军籍。县学生。治《诗经》。字元吉，行二，年二十九，十二月二十四日生。曾祖贤。祖仲祥。父鉴。母王氏。重庆下。兄得喜。弟吉、誉。娶张氏。陕西乡试第十名，会试第五十四名。

刘益，贯江西广信府贵溪县，民籍。县学生。治《礼记》。字谦之，行十二，年三十五，正月初四日生。曾祖汶轩。祖用民。父克渊。母胡氏。继母彭氏。具庆下。兄济、澄。娶邓氏。江西乡试第五名，会试第三十二名。

刘训，贯湖广黄州府麻城县，民籍。县学生。治《春秋》。字忠言，行三，年三十六，七月初六日生。曾祖贵卿。祖梦，封监察御史。父从宪。母桂氏。慈侍下。兄谦、让。弟谭。娶喻氏。湖广乡试第四名，会试第六十二名。

刘观，贯江西吉安府吉水县，军籍。县学生。治《易经》。字崇观，行三，年三十二，七月初四日生。曾祖道彰。祖子同。父宗平，翰林院检讨。母解氏。慈侍下。兄晋；益，兵科给事中。娶黄氏，继娶李氏。江西乡试第一名，会试第五十八名。

郭仲南，贯浙江金华府兰溪县，民籍。县学增广生。治《易经》。字仲南，行二，年三十四，六月二十六日生。曾祖文中。祖明德。父叔荣。母方氏。具庆下。兄仲宣。弟昊、晃。从弟仲曦，都察院照磨。娶周氏。浙江乡试第三十九名，会试第二十四名。

尚禠，贯河南汝宁府罗山县，民籍。县学增广生。治《春秋》。字景福，行二，年三十一，五月十九日生。曾祖仲贤，元万户。祖伯通，元万户。父志。母张氏。具庆下。兄虓。从兄本，沧州判官。弟琥。娶戴氏。河南乡试第四名，会试第八十三名。

乔瑛，贯河南开封府睢州，民籍。州学生。治《书经》。字文玉，行三，年二十三，二月十九日生。曾祖钦甫。祖旺。父林，福建道监察御史。母王氏。具庆下。兄璙、瑄。娶营氏。河南乡试第二十名，会试第九十三名。

陈钝，贯福建福州府侯官县，民籍。县学生。治《礼记》。字鲁若，行六，年三十，八月初八日生。曾祖兴。祖贞，□山县知县。父遂。母孔氏。严侍下。兄铿。弟铨。娶刘氏，继娶叶氏。福建乡试第三十五名，会试第六十七名。

牛吉，贯直隶徐州，民籍。州学生。治《书经》。字伯□，行五，年三十四，九月十五日生。曾祖春。祖华。父义。母戴氏。具庆下。兄林、□。弟森。娶刘氏。应天府乡试第八名，会试第二十五名。

王信，贯河南汝宁府上蔡县，民籍。府学生。治《书经》。字以诚，行□，年三十六，十二月十五日生。曾祖善兴。祖达志，松江府税课司大使。父珪。母刘氏。永感下。兄思聪、思明。弟敏、惠。娶梅氏。河南乡试第二十三名，会试第五十名。

贾恪，贯河南开封府通许县，民籍。县学生。治《易经》。字惟恭，行二，年二十六，八月十三日生。曾祖孝先。祖彦弼，铅山县知县。父仕祯。母潘氏。具庆下。兄鹤。娶郑氏。河南乡试第二名，会试第八十五名。

王璟，贯直隶淮安府海州，军籍。州学生。治《书经》。字仲莹，行一，年三十二，二月初二日生。曾祖文。祖原清。父本立。母刘氏。慈侍下。娶刘氏。应天府乡试第六十三名，会试第九十九名。

据《正统四年进士登科录》，本年殿试策问试题为："皇帝制曰：帝王之道，具载诸经，孔子纂而成之，肇自唐虞迄于周，以为万世楷范，皆可举而行。爰暨汉唐以来，贤智之君，景仰徽猷，遹遵彝典，用图治宁，咸有称述。当时贤人君子，出膺世用者，虽莫不献忠效谋，以匡乃辟，考其致治成功，比之《诗》《书》所称，则有所不及，其故何欤？洪惟我国家列圣相承，敦崇古道，以隆至治，巍巍乎其盛矣。朕嗣大历服，允怀继述，夙夜匪遑，期与臣民，咸跻熙皞，深惟谨始图成，必有其要；推行之序，必有其宜。子大夫以明经登进，其于致君泽民之方，讲之有素，必有实见，明著于篇，毋泛毋隐，朕将亲览焉。正统四年三月初二日。"

状元施槃对策全文如下："臣对：臣闻帝王之治本于德，帝王之德本乎敬。非德不足以为治，非敬不足以成德。善治天下者，未有不本乎德；善修德者，未有不本乎敬。尧舜之所以公天下而跻世雍熙者，此敬也；禹汤文武之所以家天下而楷世隆平者，此敬也；汉唐宋之君所以不可与二帝三王齿而治不古若者，庸非此心之敬德有替乎？《易》曰：'明出地上，晋，君子以自昭明德。'孔子曰：'为政以德'，然非敬则德无以成，故又曰：'敬以直。'内修己以敬焉。钦惟皇帝陛下，以聪明睿智之资，备刚健中正之德，曩在青宫，仁孝之声已播闻于中外，及夫嗣登大宝，不殖货利，不事游畋，无稽之言勿听，弗询之谋勿庸，日御经帷，讲求圣学。臣有以知皇上诚大有为之君，太平之治固已至矣。而皇上之心不自足焉，乃进臣等于廷，降赐清问，首稽帝王德见于治之实，次考汉唐宋治不逮古之由，终之以今日谨始图成之要、推行后先之序，且以夙夜匪遑为言者，臣又有以知皇上是心，即望道未见之心，诚国家生民之福。谨拜手稽首，为天下贺，愿皇上永怀是心而不忘也。请因圣问所及而陈之。臣闻天生斯民而必树之君，圣人君天下而必本之德，圣人之德无他焉，敬而已矣。稽诸古帝，尧之钦明文思，克明俊德，而黎民有于变之休，舜之温恭允塞，由仁义行，而四方有风动之效，此二帝之以敬为德而成治也。禹之祗承于帝，克勤克俭，而文命敷于四海；汤之圣敬日跻，克宽克仁，而彰信兆民；穆穆文王，缉熙敬止，是以纯亦不已，而万民咸和；执竞武王，无竞维烈，是以丕单称德，而万姓悦服，此三王之所以敬修德而致治也。二帝三王敬以存心，出治之道著于《易》，寓于《书》，咏歌于《诗》。孔子有是敬，有是德，而无其位，从而删定系作，纂而成之，肇自唐虞，迄于周，以为千载之准绳、万世之楷范，诚可举而行，可遵而守也。历周而下，言治者曰汉、唐、宋。在汉则高帝以马上得天下，不事《诗》《书》，而终杂于伯道。文帝则礼乐教化谦让未遑，而不纯于王德。二君者，天资宽厚，虽有可称，然皆未至于帝王之治，臣不欲为皇上陈之也。继之者，武帝之罢黜百家，表章六经，善矣，然天资多欲，穷奢极侈，而海内虚耗。明帝尊师重傅，临雍拜老，似矣，然天资苛薄，器度未宏，而吏事深刻。况当时辅治之臣，若萧何之启侈，陈平之任智，公孙之饰诈，桓荣之章句，其去唐虞三代之佐盖远矣。此汉之所以止于汉也。在唐则太宗求贤纳谏，崇儒讲学，拳拳于《周礼》一书，固有志于三代之治矣，然大纲未正，而不免杂胡夷之风。在宋则仁宗修明礼乐，仁厚风行，昔人谓法尧舜惟法仁宗，信矣，然众目未举，而不过为因循之政。况当时辅治之臣，房杜之徒无能于礼乐，吕王之俦未纯乎道义，其视唐虞三代之佐有间矣。此唐宋之所以止于唐宋也。是则汉、唐、宋之所以不能上继唐虞三代而称善治者，政以为之君者不能以敬修德而为出治之本，为之臣者不能以敬格君而尽辅治之要。虽皆景仰遹遵以图至治而卒无其实，虽欲献忠效谋以匡乃辟而未底其极，臣不欲以是望于盛世之君臣也。伏惟天朝列圣相承，敦崇古道，以隆至治，巍巍乎其至盛，诚如皇上之言矣。皇上嗣大历服，允怀继述，夙夜匪遑，圣心之敬与帝王敬以存心同一机，期与臣民咸跻熙皞，则圣世之治必与帝王德以致治同一致。然犹询臣以谨始图成，谓必有其要，推行之序，谓必有其宜。臣愚不足以知此，然尝闻商书有之曰：'慎厥终，惟其始。''钦崇天道，永保天命'，又曰：'弗虑胡获，弗为胡成，一人元良，万邦以贞。'此则慎始图终之要也。然约而言之，不外乎一敬而已。孔子言九经之序曰：'修身也，尊贤也，亲亲也，敬大臣也，体群臣也，子庶民也，来百工也，柔远人也，怀诸侯也。'论《大学》之条目有曰：'身修而后家齐，家齐而后国治，国治而后天下平。'此则推行先后之序也。然约而言之，亦不越乎一敬而已。夫敬者，一心之主宰，万事之本根，千圣相传之心法，帝学成始成终之要道。尧之允恭，舜之恭己，禹之祗承，汤之懋敬，文王之懿恭，武王之执兢，此敬也。《易》之乾乾，《书》之精一，《诗》之思无邪，《春秋》之谨严，《礼》之毋不敬，此敬也。皇上诚能存此心之敬，而蕴之为德，以此德而达之于治，纪纲文章，以此敬德而著，政教号令，本此敬德而推，殆见治隆俗美，内平外成，三辰选运而不失其宜，四时顺行而不拂其序，山川鬼神莫不以宁，鸟兽鱼鳖罔不咸若，可以为尧舜，可以参天地，赞化育，而保天下之事备矣，继志述事之道尽矣。《周书》有之曰：'王敬作所，不可不敬德。'程子曰：'涵养须用敬。'此之谓也。臣学不足以致君泽民，谨竭愚陋以献，惟皇上采择焉，则不胜幸甚。臣谨对。"

榜眼杨鼎对策全文如下："臣对：臣闻帝王之治本于道，帝王之道本于心，盖心者，妙是道之体用，实致治之本原也。苟存其心，则道由是而出，治可得而善矣；不存其心，则道由是而昧，虽欲善治，其可得乎？稽诸往古，尧之钦明文思，舜之温恭允塞，此二帝之所以神明其心以妙夫道也。禹之惟精惟一，汤之以礼制心，文王之小心翼翼，武王之无贰尔心，此三王之所以持其心以求夫道也。故曰二帝三王存此心者也。钦惟皇帝陛下，禀聪明睿智之资，备刚健中正之德，缵承列圣之洪图，尊居九五之大位，远宗帝王之道，近守祖宗之法，道已至矣，望之犹若未至，民已安矣，视之犹若未安，乃于万几之暇，又进臣等于廷，赐以清问。首举帝王为治之道，继以谨始图成之要、推行之序，此皆陛下之所素知而素行者也，岂待愚臣之言哉？虽然，臣有以知陛下之心，即古昔圣人不自满足之心、好问好察之意也。臣虽浅陋，钦承清问，敢不拜手稽首以对扬圣天子之明命乎？臣切惟经者，圣人载道之器，二帝三王为治之道具载于其间。孔子以天纵之圣任斯道之重，当周辙既东之日而不得君师之位，于是退于洙泗之间，删《诗》、《书》，定礼乐，赞《周易》，修《春秋》，纂集而成六经，以为万世楷范。后世人主有志于二帝三王之道，皆可举而行之。若夫汉承秦而有天下，享国四百年，中间贤智之君，若武帝之雄才大略，举用贤能，罢黜百家，表章六经；光武之讲论经理，勤劳不息，首访儒雅，兴起学校；当时若董仲舒之儒术、邓禹之勋业，皆有可称焉。唐继隋而有天下，享国三百年，中间贤智之君，若太宗之力行仁义，身致太平；宪宗愤积世之弊，悯唐室之替，善用忠谋，不惑群议；当时若房玄龄、杜如晦之善谋善断，若李绛之清直，皆有可取焉。至于宋有天下，若太祖、太宗、真宗之为君，皆向慕隆古，时则有若赵普之沉毅，吕蒙正、李沆之刚正，亦皆足以有为焉。君臣之相遇如此，而致治成功，宜可追乎二帝三王也。然汉不免于杂伯，唐不免于杂夷，宋亦不过大纲正而万目未尽举，比之《诗》、《书》所称，所谓于变时雍，比屋可封，《关雎》、《麟趾》之风，鹊巢驺虞之化，有所不及者，盖由其君徒欲其治而不求其道，徒有其志而不求其心，为之臣者或于道有未闻，或用之未尽其才，此汉唐宋之治效所以止于汉唐宋而已也。洪惟天朝太祖高皇帝、太宗文皇帝丕隆大统于前，仁宗昭皇帝、宣宗章皇帝绍承令绪于后，咸以帝王之心而求帝王之道，以帝王之道而为帝王之治，所以举斯世于雍熙泰和之域，措斯民于春台玉烛之中，至治之盛，巍巍然而无加，荡荡乎其难名，诚有如陛下所言矣。陛下以圣继圣，嗣大历服，允怀继述，夙夜匪遑，期与臣民咸跻熙皞，陛下之心，即帝王兢兢业业求惟至道之心，即列圣敦崇古道以隆至治之心也。陛下以是心谨始而图成，推是心行之而得宜，足以为帝王之治，又必拳拳以此策臣者，夫岂徒哉？亦欲臣等而为帝王之臣也。以臣之浅陋，陛下尚以帝王之臣望之，陛下以圣人之德而居圣人之位，臣安敢不以帝王之道陈之？精一执中，建中建极，此帝王相传授之心法也，陛下常存之于一心，始终而不易，则谨始图成之要，岂不在兹欤？修身、齐家、治国、平天下，此帝王推行之序也，陛下运之于一心，循其序而行之，则修己安人之宜，夫岂不得乎？此固清问之所及，臣既俯伏而复其万一矣，臣于篇终窃有献焉。臣切睹陛下于龙飞之初，开经筵之讲，绝玩游之娱，减省之条常颁，宽恤之诏屡下，此真存心帝王之道于其始也。臣伏愿陛下始终此心，始终此道，始终此治，建立大本，经纶大经，天地位而万物育，家稷契而俗邹鲁，诚可与二帝三王之治并美矣，何成终之不可图哉？若然，非惟臣等幸甚，实天下幸甚。臣愚昧不足以奉大对，惟陛下少垂睿览，臣不胜战栗之至。臣谨对。"

　　探花倪谦对策全文如下："臣对：臣闻帝王之治本于道，帝王之道具于经。经所以载道，而心者又所以具是道之全体，妙是道之大用也。故《易》以道阴阳，即人心太极之理也；《书》以道政事，即人心体用之迹也；《诗》以理性情，即人心劝惩之道也；《春秋》正名分，即人心褒贬之公也；礼以节事，乐以道志，即人心中和之理也。唐虞三代之君所以继天而立人极者，由其道具于心，治本于道，而底雍熙泰和之盛；汉唐以来之君所以莫能臻者，由其心与道二，治与道违，无怪其治之不古若也。洪惟太祖高皇帝膺天明命，抚有万国，圣谟大训，戒饬臣工，与古先哲王之道实相吻合。逮夫太宗文皇帝肃清内难，奠安宗社，万几之暇，表章六经，治道之盛，光前裕后。仁宗昭皇帝统绍鸿业，宣宗章皇帝丕缵旧章，列圣相承，敦崇古道，以隆至治，巍乎成功，焕乎文章，猗欤盛哉！伏惟皇帝陛下嗣大历服，懋图化理，秉奉天子民之诚，隆继志述事之孝，道已跻于皇极，世已底于熙皞，而犹不自满假，日引儒臣讲论坟典，切劘治道，乃复进臣等于廷，降赐清问，且以允怀继述，夙夜匪遑为言，其与帝舜之惟时惟几，成汤之日新又新，文王日昃不暇，成王缉熙单心同一揆也。臣虽愚昧，敢不拜手稽首，以对扬圣天子之明命。臣闻六经未作，而帝王之道具乎太极，六经既作，而帝王之道载诸方策。为治者固不可离经以求道，又岂能离道以出治哉？孔子生于周末，有德无位，惧三纲沦而九法斁也，乃退而删《诗》、《书》，定礼乐，赞《周易》，修《春秋》，纂而成之，肇自唐虞，讫于周，以为万世楷范。《书》之精一执中，建中建极，二帝三王之心法，可举而行也，《易》之分爻立象，莫非治体之要，《春秋》褒善贬恶，无非经国之典，然六经之道同归，而礼乐之用为急，此孔子所以继承往圣，开万世之太平也。爰暨汉唐以来，贤智之君莫不景仰徽猷，遹遵彝典，用图治宁，咸有称述，姑举一二以实之。若汉武帝之罢黜百家，表章六经，光武之投戈讲艺，息马论道，唐太宗之《周礼》一书，乙夜勤读，固为美矣，其视尧、舜、禹、汤、文、武授受之心法，果何如哉？当时贤人君子出膺世用者，亦莫不献忠效谋，以匡乃辟，若董仲舒以经术显，汲黯以忠鲠著，邓禹立功名于光武，魏征劝仁义于太宗，固可尚矣，其视皋、夔、伊、傅、周、召都俞密勿之事业，果何如哉？是以考论汉唐君臣之治功，比之《诗》《书》所称，则有所不及者，以其杂伯、杂夷，徒有愿治之名，而无躬行之实以为致理之本也。恭惟陛下体二帝三王之心，尊六经孔子之道，监祖宗之成宪以隆太平之治，心与道相涵，道与治相安，礼乐教化，无非精神心术之著见，典章文物，莫匪虚灵知觉之运行，是以四海乂安，万邦协和，而跻斯世于熙皞者，是皆陛下夙夜匪遑，躬行之所致也，而又策臣以谨始图成必有其要，推行之序必有其宜。臣鄙陋不足以上揆渊衷，臣闻敬者，圣学之所以成始而成终者也，谨始图成之要，其在于此乎？《中庸》凡为天下国家有九经，而修身为首，以及怀诸侯，推行之序，其在于斯乎？陛下修己以敬，其于谨始图成而推行之者，皆已行之矣，尚何询于微臣哉？然臣愚昧，既以敷陈于前矣，谨于终篇窃有献焉：伏愿陛下始终此心，始终此敬，始终此治，追虞周而比隆，陋汉唐而不居，则圣治神功超越前古，斯民幸甚，天下幸甚。臣草茅微贱，荷蒙教育，其于致君泽民之方固有志矣，伏望陛下俯垂采纳，臣不胜战栗屏营之至。臣谨对。"

吴讷致仕。（据《明英宗实录》卷五十三）徐有贞《明故通议大夫都察院左副都御史思庵吴公神道碑》云："宣宗时，以南都留台为重，求可任者，佥以公应诏，进右佥都御史，寻升左副都御史，阶通议大夫。公执法体刚而用正，侃侃之言，卓卓之行，论者谓其得大臣体。未几，有与不合者愬之朝，公遂以疾求去，吏部方奏留之，而其辞益力不可夺。上宴劳而遣之。公既归，家事一不问，日惟著述以终所志，闭门绝扫，而士益归向焉。初未尝寝疾。及易箦，无一语之乱，是惟天顺元年三月既望也……公生洪武壬子，享年八十有六。"《国朝献征录》卷六十四钱溥《南京都察院左副都御史谥文恪吴公讷神道碑》云："昉年七十，以老疾辞者再，上特赐宴遣之。归，益以著述讲授为事，学博行尊，褒然系士林之望。年八十有六而卒，天顺丁丑三月十六日，盖致仕后十有九年也。"《弇州四部稿续稿》卷一百四十六："吴文恪公讷，字敏德，别号思庵，常熟人。公生失恃。弱冠白父冤，且雪，而以丧归。苦节砥行，益究心性理之学，发为文章有根柢。以昆山令荐至京……公先后所莅皆台职，凛凛有风裁，而不轻为操切，以是获正直忠厚称。年未满七十，乞致仕归。十有九年而卒，得寿八十六。所著有《思庵前后续集》、《小学解》、《性理群书补注》、《陈北溪字训》、《思庵诗文抄》、《吴草庐文粹》、《文章辨体》、《详刑要览》。"

四月

李昌祺致仕。《明英宗实录》卷五十四"正统四年夏四月癸未（初六）"："河南布政使司左布政使李昌祺以老病乞致仕，从之。"

五月

姜涛等奏会试费用报销事宜。《明英宗实录》卷五十五：正统四年五月，"庚戌，顺天府府尹姜涛等奏：'本年二月初九日，行在礼部会试天下举人，其买办物料钞共五十七万七千八百余贯，请于内府天财库并通州商税课钞内关出给散。'从之"。

朱有燉卒，年六十一。《明英宗实录》卷五十五"正统四年五月甲戌（二十七日）"："周王有燉薨。王，周定王嫡长子，母妃冯氏。洪武十二年生，二十四年册封为世子，洪熙元年袭封周王。王博学善书，所著有《诚斋集》，所临有《东书堂法帖》。至是薨，享年六十有一。讣闻，上辍视朝三日，遣官致祭，谥曰宪，命有司营葬。"《艺苑卮言》附录一云："周宪王者，定王子也。好临摹古书帖，晓音律。所作杂剧凡三十余种，散曲百余。虽才情未至，而音调颇谐，至今中原弦索多用之。李献吉《汴中元宵》绝句云：'齐唱宪王新乐府，金梁桥上月如霜。'盖实录也。"沈德符《顾曲杂言·填词名手》云："本朝填词高手，如陈大声、沈青门之属，俱南北散套，不作传奇。惟周宪王所作杂剧最伙，其刻本名《诚斋乐府》，至今行世，虽警拔稍逊古人，而调入弦索，稳叶流丽，犹有金元风范。"

卫府左长史金寔卒。寔开化人，博学能诗文。永乐初上书，除翰林典籍。仁宗监国，进右春坊司直郎。洪熙初，授今官。（据《国榷》卷二十四）

六月

行在翰林院编修刘定之上言荐举等事宜。《国榷》卷二十四，其言曰："雨水，阴之盛也。臣闻扶阳抑阴，在进贤退不肖。皇上日月之明，臣下人品，罔不周知。然公卿侍从，有政事言责之寄者，尤宜时召，俾承清问，因以观察其才能心术……臣又见今令大臣及五品以上荐举考官，诚为慎选。然举人者其心难公，举于人者其情难尽。窃考唐制：常参官上任，三月内保举一人自代。吏部记其姓名，举主多者必合公论，举主贤者必为善类。遇有员缺，选择任用。臣愿圣明亦略仿此制。"

行在翰林院编修陈文祖母彭氏丧，许归葬。（据《国榷》卷二十四）

七月

敕各衙门堂上官，诣国子监按条例拣选监生，其不堪任用者罢黜为民。《明英宗实录》卷五十七：正统四年秋七月乙亥，"行在礼科给事中刘海言：'北京国子监见存肄业及历事诸司监生二千五百余人，其中有年五六十岁者，有久病残疾者，有貌陋而学无进益者，乞敕各衙门堂上官，躬诣国子监，通集拣选，其不堪任用者，黜罢为民，庶人材有选择之精，粮廪无虚耗之费，而国家得实材之用矣。'事下行在礼部，请如所言。上从之。仍命南京国子监亦如例拣选"。

户部右侍郎盐城成均致仕。均乡举，历官清谨，明大体。寻卒。（据《国榷》卷二十四）

令御史缺，从吏部于进士、监生、教官、儒士出身，曾历一任者，选送都察院理刑半年，考试除授。（据万历《大明会典》卷二百九《都察院一·急缺选用（考授附）》）《国榷》卷二十四：行在工科给事中吴昇言："御史朝廷耳目，理刑特其余事，迩年悉命三品上京官保举。夫御史既蒙大臣举拔，大臣或奸回不法，孰肯背举主之私、罄弹劾之公乎？乞暂停保例。"上是之。廷议御史阙，于进士、监生、教官、儒士历一任考最，送都察院理刑半年覆用。从之。

敕内外文武大臣并巡按御史，各举智勇武艺之士待征。（据《国榷》卷二十四）

八月

丁酉，罢遣国子监诸司历事监生老疾者二百四十人。（据《明英宗实录》卷五十八）

王钰请于江西龙南县建学设师，从之。《明英宗实录》卷五十八：正统四年八月，"甲午，江西按察司佥事王钰言：'江西郡邑，皆建学设师，惟龙南县，以穷僻荒远未置。承平日久，教化涵濡，土风人俗，渐殊于昔，已择民间俊秀子弟，遣诣旁县受学，但跋涉往来，有妨学业。乞于本处设学除官，其教官可二员，生徒可三十人，俟十年之外，学渐有成，照例科贡。'从之。"

南安知府林华言："比者提学佥事薛瑄议病生追廪，臣谓疾人所时有，罢之足矣。给廪累岁，追偿一朝。且使父兄惩征纳之患，则孰遣子弟就学者。"命行在礼部除其令。（据《国榷》卷二十四）

十月

罗汝敬（1372—1439）卒。《明英宗实录》卷六十"正统四年冬十月己亥（二十四日）"："行在工部右侍郎致仕罗汝敬卒。汝敬，江西吉水人。永乐甲申进士，选为翰林庶吉士。时太宗注意作养，忽召汝敬背诵古文，不能称旨，遂谪戍江西，即日遣出城。越数日，召回释之。汝敬自是奋力进学。寻擢为修撰。九年满，升侍讲。仁宗时，上言时政十五事，有忤旨者，乃左迁云南道监察御史，在任多所平反。宣宗登极，交阯黎利弗靖，成山侯王通等用兵无功。升汝敬工部右侍郎，赍玺书往谕之，利惶惧，遣使献方物诣阙称谢，且请立陈氏之孙暠。复命汝敬往立之，既至而暠死，利张燕列女乐，汝敬不悦，尽碎其饮器。适大风雨，雷火焚利居室，利益惧，遣使驰谢于朝。汝敬还，命督两浙漕运，又理陕西刑狱，克举其职。有疏汝敬贪墨者，降为为事官。西虏寇边，诏复其官，往督粮饷，至红城子遇贼，吏卒皆被害。汝敬中流矢坠马，得免。寻以多病召还，致仕。明年，卒于家，遣官谕祭。汝敬文学才干，皆有可称。巡抚侍郎于谦尝戏汝敬，闭于空室，令作诗三十韵放之。汝敬援笔顷刻而就，人服其敏云。"

十一月

进士刘昭为行在工科给事中。（据《国榷》卷二十四）

十二月

禁国子监生挨越幸进，违者依律究治。《明英宗实录》卷六十二：正统四年十二月癸未，"北京国子监监生任得等五百三十三名奏，坐监年深，被年浅监生挨越取用。事下行在礼部覆奏，今后清军、写诰、写本历事监生，令国子监挨次选拔，如有不守礼法奔竞挨越幸进之徒，依律究治。从之"。

本年

令天下非近郡县军卫，立庙学，制与郡学同。凡武臣及军士之子弟皆许入学，其近郡县者以入郡县学，民生近卫者亦从入卫学。正德《金山卫志》下《志》卷一《学校》："卫初无学，正统己未始令天下：非丽郡县军卫，立庙学，制与郡学同，春秋祀先师孔子，典教官为教授、训导，杀之以二。凡武臣及军士之子弟皆许入学。其丽郡县者从入郡县学，民生丽卫者亦从入卫学（见钱溥《修学记》。天顺辛巳，提学御史严瀷始遣民生入学）。教成而能登第者以文阶官之，使有异材者不局于武功一途。著为令典，颁之天下。于是巡抚侍郎周忱奉例奏建，卫之有学自正统始。寻命军生及武生除应袭皆许挨年入贡，制与县学同，第不设廪。由是武士咸尚文学，久而渐盛。顷正德丙子，复令考定见在军民生，限以高下名次入贡，而革其挨年之令矣（从直隶提学洪范奏议）。"正统己未，即正统四年（1439）。天顺辛巳，即天顺五年（1461）。正德丙子，即正德十一年（1516）。

陈师舆署金山卫学训导。正德《金山卫志》下卷二《宦绩》："陈师舆，字东鲁，莆田人，中福建乡试。正统四年，卫初有学，师舆始署训导，领印莅任，方严勤饬，以师道自重。诸生率皆武弁军戍子弟，未师少文，师舆手笔《四书》、《五经》、《十七史略》及兵家七子为直说，俾传习之。时彭城举人傅鸿继以训导至，与师舆迭相讲授举子业无少懈，冠绅宾宾，悉由文儒步武，至有登乡荐者，师舆首功自两人始。"

设河东运司儒学。万历《山西通志》卷十三《学校》："运司学，在司治东南隅。元大德三年，运使奥屯茂建。迨国朝洪武初，生员附解州、安邑二学，运学遂废。正统四年，运使韩伟请于朝，里师徒员额一如府学。天顺己卯，运使史潜重修。弘治、正德间，御史袁应奎、熊兰重修。"顺治《重修河东运司志》卷四《学校》："运司儒学在司治东南隅，元大德三年运使奥奥屯茂创建。明洪武初，生员附解州、安邑二学，而运学废。正统己未，浙人韩伟由御史擢鹾司，请于朝，诏许之。乃与运副孔哲协力更新，文庙制度、师生员额，皆与郡庠等……正德初，侍御周廷征置金石管弦之器，选童冠堪习乐者四十人，檄西安耆儒牛惠训之，礼乐备矣。"

明英宗正统五年庚申（公元 1440 年）

正月

南京户部尚书黄福卒。赠谥不及，士论惜之。《国榷》卷二十四："（正统五年）正月甲辰朔。戊申，南京守备参赞机务少保兼户部尚书黄福卒。福字如锡，昌邑人，太学生。洪武甲子乡举，授项城主簿，改清源，皆有惠政。迁金吾卫经历，上书论大计，进工部右侍郎。永乐初，迁左侍郎，拜尚书。经始北行部尚书累年，民得不困。交阯叛，专治饷。事平，兼署布按二司事，威惠并浃。洪熙初召兼詹事。后交阯屡叛，乞福往，无及矣。宣德初，改南京户部。上初进少保、参赞守备。尝坐襄城伯李隆旁，杨士奇谓然，而福如故。公正廉恕。年七十八。予祭葬。成化时赠太保，谥忠宣。"《明鉴纲目》卷三："纲：庚申五年，春正月，少保南京户部尚书黄福卒。目：福历事六朝，多所建白。安南贡使入朝，或指福问曰：'识此大人否？'对曰：'南交草木，亦知公名。安得不识？'其卒也，赠谥不及，士论惜之。（成化初，赠太保，谥忠宣。）"

顺天推官徐郁、翰林院孔目刘烈、邵阳知县何永芳、杭州推官段信、太常博士张淑俱为监察御史。（据《国榷》卷二十四）

二月

监察御史陈浚巡按广西，代回。《明英宗实录》卷六十四：正统五年二月乙未，"监察御史陈浚巡按广西，代回。先是，广东右参议李谷尝奏浚坏法，有旨：待浚到日，令刑科举奏。至是，给事中郭瑾等劾浚前事，而瑾等封疏失于用印，上命俱释不问。"

马愉、曹鼐入内阁，预机务。《馆阁漫录》卷二："二月甲戌朔。乙亥，命翰林院侍讲学士马愉、侍讲曹鼐文渊阁办事。"《明鉴纲目》卷三："纲：二月，以翰林院侍讲学士马愉（字性和，临朐人），侍讲曹鼐，入内阁预机务。目：王振至内阁，语杨士奇、杨荣曰：'朝廷事久劳公等。公等皆高年，倦矣，当若何？'士奇曰：'老臣尽瘁报国，死而后已。'荣曰：'不然。吾辈衰残，无以效力。当择后生可任者，报圣恩耳。'振喜而退。士奇咎荣，荣曰：'彼厌吾辈矣。一旦内中出片纸，令某人入阁，且奈何？及此时进一二贤者，同心辅政，尚可为也。'士奇以为然。翌日，列愉、鼐及侍讲学士苗衷（字秉彝，定远人），侍讲高谷（字世用，扬州兴化人）名以进（四人皆帝初御经筵，士奇等所荐），愉、鼐遂先被擢用。"

王直转礼部治事。（据《明英宗实录》卷六十四）《馆阁漫录》卷二："乙酉，命行在礼部左侍郎兼翰林院侍读学士王直理部事。"《国榷》卷二十四："（正统五年二月）乙酉，行在礼部左侍郎兼翰林院侍读学士王直还部。"陆深《俨山外集》卷十一《玉堂漫笔》卷上："闻前辈翰林先生尝道，抑庵先生王文端公直为吏部尚书，颇致憾于杨文贞公，盖以为挤之也。今《抑庵集》中有《东里翰墨卷引》，正记其事。其序杨文敏公集，谓'直在翰林三十七年，其出也，惟公深惜之，而反为忌者病焉'。意亦有所指。又《题梁用之诗后》，谓内阁在东角门内，常人所不能到，其外为文渊阁，则翰林诸公之所处也。今内阁榜文渊而不在东角门之内。诸学士所处者，则在左顺门之南廊，而榜为东阁云。"《明史》王直传云："直以次当入阁，杨士奇不欲也。及长吏部，益廉慎。时初罢廷臣荐举方面大吏，专属吏部。直委任曹郎，严抑奔竞。凡御史巡方归者，必令具所属贤否以备选擢，称得人……比家居，尝从诸佃仆耕莳，击鼓歌唱。诸子孙更迭举觞上寿，直叹曰：'曩者西杨抑我，令不得共事。然使我在阁，今上复辟，当不免辽阳之行，安得与汝曹为乐哉。'"

四月

行在吏部考功主事宋琰、进士钱溥授宦竖书于内府。（据《国榷》卷二十四）

江西提学佥事王钰秩满，谒都察院左都御史陈智不跽，诃之，引疾致仕。（据《国榷》卷二十四）

五月

命行在兵部左侍郎郑辰、都察院右佥都御史丁璇、翰林院侍讲学士曾鹤龄、编修董璘清理武臣贴黄。（据《馆阁漫录》卷二）

施槃（1418—1440）卒。《馆阁漫录》卷二：正统五年五月，"丁卯，翰林院修撰施槃卒，年二十三。从大学士杨溥为师，为古文，其志甚勤。至是疾卒，士大夫惜之"。

前广西提学佥事陈璲服阕，补江西提学佥事。（据《国榷》卷二十四）

六月

敕谕北京国子监祭酒司业等官。黄佐《南雍志》卷三《事民》："正统五年夏六月甲午，敕谕：北京国子监官不务敬慎，隳弛学规，玩愒岁月。洪武、永乐中，六堂诸生咸有季试，考第高下，以伸劝励。今南监尚循旧规，北监废而不举，此非掌教者之惰慢乎？甚者惟利是营，入监或一月或数月或一年二年，即得拨诸司办事，亦有遂出身者，利之能移人也；有坐监十余年，贫不得出身，使之艰难嗟怨，其宁忍乎？且又与诸司交通，凡办事有关，干求拨补，简帖动至一、二十纸，则有势力者终得之，借曰为势力所逼，何为不执以奏朕，皆曲宥不问。自今宜改过自新，凡监学常行之规，不许隳废。拨历事者，必依资次，不许搀越。办事者，亦须公当，不许徇私。但有私相嘱托，听而不奏闻者，必罪不恕。以北监祭酒贝泰多受赃贿故也，行在礼部奏行南监一体遵守。从之。"

乙亥，复除行在翰林院侍讲学士陈循仍旧职，以母丧服阕也。戊寅，命右春坊右中允吴余庆署掌左右二春坊事。（据《馆阁漫录》卷二）

甲午，令进士观政一年。监生历考中并坐监三年以上有学识者，由吏部授官；历两考廉洁爱民才识相称者，悉得保举，送吏部考用。后犯赃罪，连坐。（据《国榷》卷二十四）

乙未，行在翰林侍讲刘球请疏京城积水，从之。（据《国榷》卷二十四）

七月

杨荣（1371—1440）卒，谥文敏。年七十。《明英宗实录》卷六十九"正统五年秋七月壬寅（初二）"："少师、工部尚书兼谨身殿大学士杨荣卒……荣立朝凡四十年，未尝一日不趋朝。考京闱乡试者一，廷试读卷者九。修四朝实录，皆与总裁。累朝眷遇锡赉之隆，元勋世戚不及也。是岁春，以久违先茔，乞归祭扫，上命中官偕往，欲其速来。还至杭州，得疾卒，年七十……尤喜宾客，善交际。虽贵盛，无崖岸，士多归心焉。或谓荣处国家大事，随机应变，无愧唐姚崇，而有所不检，亦似之云。"《馆阁漫录》卷二："七月辛丑朔。壬寅，少师、工部尚书兼谨身殿大学士杨荣卒。荣字勉仁，福建建安人。初名子荣，由进士入翰林院为编修，太宗文皇帝为更名。初建内阁，简翰林之臣七人，专典密务，且兼稽古纂述之事，荣与焉。旦夕承顾问，历进官修撰、侍讲、谕德，侍皇太子讲读。尝命往甘肃视师，规画称旨，升右庶子，侍讲如故。其巡边扈从等事，多不能载。受诏修《五经四书性理大全》，预总裁，书成，升太常寺卿，兼职。寻升太子少傅兼谨身殿大学士，赐以银章，文曰'绳愆纠谬'，且谕荣曰：'朕有过举，卿即奏来，以此识之。'又升兼工部尚书，三俸俱支。宣宗即位，进少傅，再进少师。立朝凡四十年，考京闱乡试者一，廷试读卷者九，修四朝实录，皆与总裁，累朝眷遇锡赉之隆，元勋世戚不及也。是岁春乞归祭扫，上命中官偕往，欲其速来，还至杭州，得疾卒，年七十。赠光禄大夫、左柱国、太师，谥文敏，又命中官护丧归，敕有司营葬事，仍官其子恭为尚宝司丞。"《四库全书总目·文敏集提要》："《杨文敏集》二十五卷，明杨荣撰。荣有《后北征记》已著录。荣当明全盛之日，历事四朝，恩礼始终无间，儒生遭遇，可谓至荣。故发为文章，具有富贵福泽之气。应制诸作，汎汎雅音。其它诗文，亦皆雍容平易，肖其为人。虽无深湛幽渺之思，纵横驰骤之才，足以震耀一世，而逶迤有度，醇实无疵，台阁之文，所由与山林枯槁者异也。与杨士奇同主一代之文柄，亦有由矣。柄国既久，晚进者递相摹拟。'城中高髻，四方一尺。'余波所衍，渐流为肤廓冗长，千篇一律。物穷则变，于是何、李崛起，倡为复古之论，而士奇、荣等遂为艺林之口实。平心而论，凡文章之力足以转移一世者，其始也必能自成一家，其久也亦无不生弊。微独东里一派，即前后七子，亦孰不皆然？不可以前人之盛，并回护后来之衰，亦不可以后来之衰，并掩没前人之盛也。亦何容以末流放失，遽病士奇与荣哉。"《明鉴纲目》卷三："纲：少师谨身殿大学士杨荣卒。（谥文敏。）目：荣乞归省墓，比还，至杭州卒，赠太师，授世袭都指挥使。（荣历事四朝，谋而能断。成祖初，与解缙等七人同入阁，荣年少，最警敏。一日，宁夏报被围，成祖示以奏。荣曰：'宁夏城坚，人皆习战。奏上，已余十日，围解矣。'夜半奏至，围果解。成祖与诸大臣议事未决，或至发怒，荣至辄霁威，事亦随决。李时勉、夏原吉，皆以荣言，得无死。或谓荣处国家大事，随机应变，不愧唐姚崇，而不拘小节，亦颇类之。）"

刘永清致仕。《馆阁漫录》卷二：正统六年七月，"丁卯，广东右布政使刘永清自陈老疾，乞致仕，从之。永清湖广石首人，由进士历官行在翰林检讨、修撰、侍讲，正统初升布政使"。

八月

北京国子监祭酒贝泰请遵旧制定拨历年限。从之。《明英宗实录》卷七十：正统五年八月庚午朔，"先是，北京国子监生拨历多弊，有敕谕祭酒贝泰等。至是，泰自陈伏辜，因请遵旧制定年限：三法司写本分巡一年出身者，于应该历事内取用。兵部户部清

473

军写诰天财库办事三年出身者，于入监五年内取用。印绶监清黄续黄三年仍历事二年共五年出身者，于入监三年内取用。从之"。

置河东运司儒学。（据《国榷》卷二十四）

进士戴瑞为吏部主事。（据《国榷》卷二十四）

九月

国子监官俱停俸三月。《明英宗实录》卷七十一：正统五年九月壬子，"有监生诉淹滞，言比年例，监生率以坐堂月日多寡为年之浅深。其入监月日虽居先，而依亲日多，坐堂日少者，顾以为年浅置之后。因此监生往往改易月日，而官不之察，先后倒置，奸弊不胜，乞付法司查究。事下行在都察院，右都御史陈智等劾奏：行在礼部及北京国子监官不严查究罪，请治之。上命姑识礼部官罪，国子监官俱住俸三月"。

十月

升翰林侍讲仪铭为郕府左长史，修撰杨翥为右长史。（据《馆阁漫录》卷二）

十一月

郑州学正沈衡，训导陈永、张斌、史濡为监察御史。（据《国榷》卷二十四）

行在工科给事中吴升言四事：曰京官保荐方面官县令，可暂而不可常，否则有贿赂请托之弊……曰诏求贤良方正文学才行等，多势豪子弟，徒负虚名。今后果通经曰儒士，果才干曰秀才，不必立科。上然之。（据《国榷》卷二十四）

十二月

增乡试、会试取士额。《明英宗实录》卷七十四：正统五年十二月戊子，"增乡试、会试取士额。先是，祭酒陈敬宗言：'比者解额有定，副榜数少，以至天下教官，类多缺员。吏部遂建议，兼考监生，补除教职。往往侥幸选列，不称师范。窃以为纵科举取人之滥，犹愈于监生考试之精。请量宽解额，专取之于副榜，庶几诲导得人，贤才无滞。'于是行在礼部议增会试为百五十人，顺天府近已增至八十人，其应天、浙江等处，各增旧额有差。上定为应天府百人，浙江、福建皆六十人，江西六十五人，河南、广东皆五十人，湖广五十五人，山东、四川皆四十五人，陕西、山西皆四十人，广西三十人，云南二十人。其监生学业无愧者，仍除教职"。王圻《续文献通考》卷四十五《选举考·举士三》："英宗正统五年奏准：增额为百五十人。"参见《国榷》卷二十四。

升右春坊右中允吴余庆为通政司右参议，仍管写武职诰命。（据《馆阁漫录》卷二）

焦宽为监察御史。（据《国榷》卷二十四）

明英宗正统六年辛酉（公元1441年）

正月

复况钟苏州知府，食正三品俸。钟敦本抑讼，务淳闳。有隐士杜琼、邹亮，荐于朝，力辞不上，钟甚礼重之。（据《国榷》卷二十五）

三月

翰林侍讲学士曾鹤龄（1382—1441）卒。《明英宗实录》卷七十七"正统六年三月戊午（二十一日）"："翰林院侍讲学士曾鹤龄卒。鹤龄字延年，江西泰和县人，永乐辛丑进士第一，擢为翰林修撰。庚戌秩满，升侍读。正统戊午，升侍讲学士，与修三朝实录。至是，卒。鹤龄为人和厚易直，交际以诚。作文典实，似其为人。"刘球《两溪文集》卷二十二《故翰林侍讲学士奉训大夫曾公行状》："其文有诗歌、词赋、颂赞累千篇，传记、序说半之，行状、墓铭、碑诔、杂文三百，皆出新意，得古法，无所袭于外，而有益于道德仁义之说为多。可谓没而有不可没者矣。"王直《抑庵文集》卷九《翰林侍讲学士曾君墓志铭》："君优游翰林二十年，文章之美，中外称之无异词。其与人言，必依于道德仁义。交朋友，久而益亲。有求教于君而经口授指画者，多成名。平生著述至千余篇，皆为人所爱重。"《四库全书总目·松瞩集提要》："《松瞩集》二十八卷，明曾鹤龄撰。鹤龄，字延年，一字延之，泰和人，永乐辛丑进士第一。官至侍讲学士。诗多牵率之作，命意不深，而措词结局往往为韵所窘，殆非所擅长。文则说理明畅，次序有法，大抵规模欧阳，颇近王直《抑庵集》，而沉着则不及也。直为作墓志，于其文章亦无所称誉云。"

甲子，命行在翰林编修江渊、赖世隆，检讨何瑄、李绍复任。先是，渊等以剩员待次于家。至是，少师、兵部尚书、华盖殿大学士杨士奇等言本院阙官，故召用之。（据《馆阁漫录》卷二）

四月

北京国子监祭酒陈敬宗言国子监事宜，悉从之。《明英宗实录》卷七十八：正统六年夏四月壬辰，"国子监祭酒陈敬宗言：本监每月朔释菜酒三瓶，旧皆市买欠洁，宜于太常寺关用。书库内《文献通考》等板残缺不完，宜委官盘点，命工部计料刊补。旧收贮进士巾服角带五百副，俱各完好，宜委官见数，差人于顺便船内带送北京国子监收贮。在逃膳夫，宜行移原问衙门提问，以惩奸顽。仍命法司于见问徒罪囚人内拨辏。上悉从之"。

命历事监生有携家者，月给粟一石。（据《国榷》卷二十五）

五月

赐行在礼部左侍郎兼翰林侍读学士王直、行在礼部左侍郎兼翰林侍讲学士王英诰命，封赠其二代。文职非九载任满不得给诰敕，直、英方历任三载，上疏请给，上念其文学老臣，特赐之。（据《馆阁漫录》卷二）

甲寅，赐行在翰林侍读学士苗衷、侍讲学士马愉诰命，并封其父母。衷、愉三年考满，以例未应给诰，上章请给，上念儒臣，特赐之。愉又言："臣母刘、继母张先受敕封而故，继母魏以例拘不获褒典。"上命并封之。据《馆阁漫录》卷二。

设京卫武学教授一、训导六。（据《国榷》卷二十五）

六月

行在国子监祭酒贝泰致仕。泰金华人，由乡贡任教谕，进国子助教，升司业，以大臣荐，升祭酒。善教。（据《馆阁漫录》卷二）

七月

增顺天府乡试录取名额二十名，至一百名。《明英宗实录》卷八十一：正统六年秋七月丙午，"顺天府尹姜涛奏：'本府八月乡试，例取举人八十名。近者浙江等布政司并应天府举人，俱视常例有增，惟顺天府仍旧。然本府与应天府，俱有监生并各处儒士吏典应试。乞准应天府例增二十名。'从之"。王圻《续文献通考》卷四十五《选举考·举士三》："英宗正统二年，令开科不拘额数。五年，定顺天府仍八十名，应天府百名，浙江、福建皆六十名，江西六十五名，河南、广东皆五十名，湖广五十五名，山东、四川皆四十五名，陕西、山西皆四十名，广西三十名，云南二十名。六年，令顺天府乡试增二十名。又令考官必求文学老成、行止端庄者，不许将六十岁以上及致仕养病与署事举人并年少新进学力未至者举用。其出题不许摘裂牵缀及问非所当问，取文务须淳实典雅，不许浮华，违者从风宪官纠劾治罪。九年，奏准各处应试生儒等从提学官考送，在京各衙门吏典承差人等听本衙门保勘，礼部严考，通经无犯者送试，仍行原籍勘实，不许扶同诈冒。"

命行在翰林院侍讲学士陈循、翰林院侍讲陈用为应天府乡试考官。（据《明英宗实录》卷八十一）

定武学规制。（据《国榷》卷二十五）

命州县不及三里，祭文庙第行释菜礼；过三里，祭如制。从石泉教谕黄士文之言。（据《国榷》卷二十五）

八月

辛未，命行在翰林院学士钱习礼、编修萨琦为顺天府乡试考官，赐宴于本府。（据《明英宗实录》卷八十二）

丁卯，遣行在翰林学士苗衷释奠孔子。戊子，命行在翰林侍讲刘铉复任。先是，铉告病家居，至是病愈，故有是命。（据《馆阁漫录》卷二）

礼部右侍郎吾绅卒。绅开化人，永乐甲申进士。选庶吉士，授刑部主事，多平反。进郎中，超拜礼部右侍郎。尚书吕震挤之，出广东右参政，寻复部，改南京，考察两广福建官，虽故人不私，性率直，于世味泊如也。（据《国榷》卷二十五）

行人虞祯、学录周道为行在陕西云南道御史。（据《国榷》卷二十五）

两京及河南、山东、陕西、山西、浙江、湖广、江西、福建、广东、广西、四川、云南等十二布政司乡试；贵州士子附云南乡试。（据《皇明贡举考》卷三）

九月

周叙服阕，补行在翰林院侍读。（据《国榷》卷二十五）

十月

况钟、陈本深进秩。《明鉴纲目》卷三："纲：冬十月，进苏州知府况钟、吉安知府陈本深，秩正三品。目：钟、本深治行为天下最，秩满九载，当迁，部民乞留，诏予正三品，仍视府事。（钟先以丁忧当去，部民诣阙请留。诏许复任。及秩满，请留者，至二万余人。钟虽起刀笔吏，然重学校，礼文儒。及卒，士民聚哭，立祠祀之。本深守吉安十八年，政化大行，民耻争讼。一日升堂，闻鼓乐声，问知廨前民嫁女，本深笑曰：'我来时乳下儿也，今且嫁，我尚留此邪？'遂请老去，郡人肖像以祀。）"

十一月

礼部尚书胡濙会官考翰林院四夷馆谙晓百夷等字监生并子弟，得十九人为三等以闻。得旨：一等者为译字官，仍加俸钞。二等三等者令再习夷字，俟期年考之。（据《明英宗实录》卷八十五）

颁诏天下，建奉天、华盖、谨身三殿，乾清、坤宁二宫始成。改给两京文武衙门印。先是，北京诸门皆冠以行在字，至是以宫殿成，始去之，而于南京诸衙门增南京二字，遂悉改其印。（据《馆阁漫录》卷二）

擢翰林院庶吉士黄以春为中书舍人，仍隶翰林院习译书。（据《明英宗实录》卷八十五、《国榷》卷二十五）

闰十一月

丘俊劾奏江西乡试考官林璧等。《明英宗实录》卷八十六：正统六年闰十一月丁卯，"监察御史丘俊奏：'江西《乡试小录》，刊举人胡皞《易经》家人卦象辞义，九五阳刚谬作六五柔顺，考试官礼部主事林璧、湖广岳州府通判林文秸、同考官浙江鄞县儒学致仕教谕钱绅，俱合治罪。'礼部请黜皞回原学肄业，待下科再试。并言旧例，同考官止请四员，今湖广、江西、广东、山西、山东、陕西皆多一员，福建多二员。湖广《乡试小录》，自增知贡举官二员，事属僭妄，宜通行禁革。上从之，命今后考官，必求文学老成，行止端庄，不许将六十以上，及致仕老病，与署事举人年少新进，学力未至者举用，违者从风宪官纠劾治罪"。沈德符《万历野获编补遗》卷二《科场·乡试怪事》："正统六年辛酉，江西主考官礼部主事林璧、湖广岳州府通判林文秸，同考官浙江鄞县致仕教谕钱绅，取中举人胡皞，治《易》，刊程《家人卦·象辞》义，九五阳刚误作六五柔顺，为御史丘俊所劾，并言湖广《试录》自增知贡举官二员俱有罪，皞当斥回肄业，三考官宜治罪。如湖广例者，亦宜禁革。上允之。国初外省考官俱用教职，至弘治间始间用京官，寻废罢矣。何以英宗初年即有京官典试，且其副林文秸者为永乐乙未庶常，虽云名士，乃邻省有司也，何以得并列？又分考教官岂少人，而以休致者承乏耶？又会试始有知贡举官，岂乡举所得僭称？当时典制，了不可晓。即纪述诸书，更无有及此等事者。惟宣德己酉，编修董璘主浙江试，正统丁卯，修撰许彬主福建试，则奉钦遣以出，亦未定制也。又正统十二年，山西《乡录》内《诗经》题'维周之桢'，以桢字犯楚昭王讳为礼部所纠，上宥之，但令罚俸。今若如例回避，将无题可出矣。又景泰五年，山西《乡试录》刊《中庸》义一篇，考官徐霖批云：'文与人同，理与人异。'宣府巡抚都御史李秉劾之云：'如霖所云，则蹈袭雷同之文，且戾旨背理，今其文不然，宜追霖彩币入官。'景帝从之。此等批语，亦常事，何至吹毛若此？"

升翰林院学士李时勉为国子监祭酒。时祭酒缺员，吏部举时勉历练年深，学行俱

优，故有是命。（据《明英宗实录》卷八十六）

翰林院侍读周叙陈兴学校、劝农桑、慎铨选三事。命议而行之。《明英宗实录》卷八十六：正统六年闰十一月辛卯，"翰林院侍读周叙奏：'钦奉诏书，今后凡军民一应利病，该载未尽者，许诸人陈言。臣以菲才叨侍经筵，一得之愚，无任惓切，谨陈政务所当急者三事。一曰兴学校。今国子监既择学士李时勉为祭酒，其教官老疾无学者退去，宜令廷臣举教官年四十以上，德业充备者补之。诸生习经义外，兼习一事，如治民、治兵、书法、算数之类，月季考试，随才选用，其未至者，不论食粮年月，惟考其德行才学优等者充贡。在京公侯驸马伯武职二品以上应袭子孙，文职七品以上子弟，通晓三场者，会官严考，中试，许令入监。今之学规流传未广，宜取先儒程端礼所编朱熹读书日程，附以学规卧碑教条，类为一编，刊印成书。会试副榜举人，宜令冠带肄业，岁终考选，优等者除府州县学正官，给与新编学规教条，候在任教有成效，不次擢用。其举保儒士，一如举人，例送监考用，则道德一而风俗同矣。二曰劝农桑。今之有司，急于簿书期会者多，留心民事者少。自今宜令吏部，考课有司，加农桑兴废一条为殿最。每岁风宪官核实，其有田土荒芜、桑枣不茂者，劾奏降黜。山林川泽之利，宜如古制加厉禁，民之勤生树蓄者有赏，游手末作者有罚。仍令翰林院同户部礼部取《农桑撮要》、《蓝田吕氏乡约》，附以《国朝训典》，为一书，刊印颁行，使人知劝，则民生厚而礼义兴矣。三曰慎铨选。吏部为任官之本，宜精选四方贤才兼用，不宜偏取一方之人。其本部官，除授之际，必六部都察院堂上官会议，其人允协舆论，然后任之天下。考满官至者，所司如例考讫，别置簿册，候布政司按察司官至，日陈说各官贤否实迹，先守令，次佐贰官，备书核实。各处方面官考满，至日，都察院亦如吏部法询问，岁终送部稽考黜陟。监察御史出巡，必令察举方面实迹造册，复命之日进缴，仍存副本，送吏部稽考，则人怀向用，治化日隆矣。'上以所言皆切时务，命该部议而行之"。

十二月

刑科给事申刘孚请修缮国子监堂舍，不从。《明英宗实录》卷八十七：正统六年十二月，"辛丑，刑科给事中刘孚言：'国子监为教育天下英才之地，所宜宏壮，庶副皇上崇儒之意。近年殿宇虽尝完美，而堂舍皆未备，乞新之如南京，则贤才乐于造就矣。'上谓侍臣曰：'孚言固是，第宫殿落成，已诏恤人力，而复役之，何以示天下？况今岁饥，其俟丰稔时为之。'"

山西应州儒学学正叶绥言生员管理事宜。令置文簿稽考生员。《明英宗实录》卷八十七：正统六年十二月己酉，"山西应州儒学学正叶绥言：'人材之出，本于学校，而学校之兴，系于守令。近年以来，守令或非其人，经年不为点阅，朔望谒庙，礼毕辄回，虽有风宪官提调，而地里广远，或一年一至，或年半一至，来则生员蹈袭陈言，以图侥幸，去则废弛如故，略无忌惮。宜严督府州县官，不拘正佐，但掌印者，即当提调，置文簿，列生员姓名，人立为签，不时揭取四五，拘至公厅，稽其所习经书课业。

或因公暇，或因朔望，严加点阅，验其在否。如一月三日不书卯，或次点不在学者，即皆斥黜。其提调风宪官，按临所至，察其点检公勤与劝惩无法者，俟其考满，书其职之称否，仍禁约府州县官，不得接受生员馈送，及旗帐立轴，私衙往来，同席饮酒，使生员有所畏重，而不轻犯其令。如此，则学官于教法有可施之地，生员不致懈怠，而勉于进学，皆成美才矣。'又言：'生员多有刁泼奸诈顽狠险僻无廉耻礼义者，藐慢师长，龃龉教法，以为智能。乞敕礼部，查洪武永乐间《钦定学规事例》，并《戒敕学校条款》，备行提调学校御史等官，刊置版榜于各处儒学，张挂申明禁约，永为遵守，严加询访。先将此等之徒，不拘年月深浅，一切以罪法斥去，使在学生员，知所儆惧，庶几日改月化，而皆为贤良矣。'上纳其言，命该部行之"。

本年

令出题不许摘裂牵缀及问非所当问；取文务淳实典雅，不许浮华。违者从风宪官纠劾治罪。（据万历《大明会典》卷七十七《礼部》三十五《贡举·科举·科举通例》）

京卫武学始于正统六年，除教授一员，训导六员，教习勋卫子弟，以兵部司官提调之。每三年一开科，如文士乡试制。然勋卫率多纨裤，学虽立，而卒无干城出其中者。据孙承泽《春明梦余录》卷五十五《府学·武学》。万历《大明会典》卷一百五十六《兵部·武学》："国朝自正统以来，承平日久，天下军卫子弟多习儒业。其勋戚子孙袭爵者，习礼肄业于国子监；被选尚主者，用仪制主事一人教习；至于各卫幼官暨子弟未袭职者，在两京并建武学，设教授训导，品秩俸廪，如京府儒学之制。初以御史提督，后专设本司主事一员提督，严立教条，以储养备用。有志科目者，亦许应试。其在边徼，亦莫不建学设官。为武库司掌行，因具载之。"《明史·选举志》："武学之设，自洪武时置大宁等卫儒学，教武官子弟。正统中，成国公朱勇奏选骁勇都指挥等官五十一员，熟娴骑射幼官一百员，始命两京建武学以训诲之。寻命都司卫所应袭子弟年十岁以上者，提学官选送武学读书，无武学者送卫学或附近儒学。成化中，敕所司岁终考试入学武生。十年以上学无可取者，追廪还官，送营操练。弘治中，从兵部尚书马文升言，刊《武经七书》分散两京武学及应袭舍人。嘉靖中，移京城东武学于皇城西隅废寺，俾大小武官子弟及勋爵新袭者，肄业其中，用文武重臣教习。万历中，兵部言，武库司专设主事一员管理武学，近者裁去，请复专设。教官升堂，都指挥执弟子礼，请遵会典例，立为程式。诏皆如议。崇祯十年，令天下府、州、县学皆设武学生员，提学官一体考取。已，又申会典事例，簿记功能，有不次擢用、黜退、送操、奖罚、激厉之法。时事方棘，无所益也。"

正统六年奏准，凡御史员缺，于行人、博士、知县、推官、断事、理问及各衙门司务、各按察司首领官进士、监生出身一考、两考者，吏部拣选送院，问刑半年，堂上官考试除授。（据万历《大明会典》卷二百九《都察院一·急缺选用（考授附）》）

《文渊阁书目》开始编纂。《明史·艺文志》："正统间，士奇等言：'文渊阁所贮书籍，有祖宗御制文集及古今经史子集之书，向贮左顺门北廊，今移于文渊阁东阁，臣等逐一点勘，编成书目，请用宝钤识，永久藏弄。'制曰'可'。"《四库全书总目提要》卷八十五："《文渊阁书目》四卷：明杨士奇编。……是编前有正统六年题本一通，称'各书自永乐十九年南京取来，一向于左顺门北廊收贮，未有完整书目。近奉旨移贮文渊阁东阁，臣等逐一打点清切，编置字号，写完一本，总名《文渊阁书目》，请用广运之宝钤识备照，庶无遗失'。盖本当时阁中存记册籍。故所载书多不著撰人姓氏。又有册数而无卷数，惟略记若干部为一橱，若干橱为一号而已。考明自永乐间取南京藏书送北京，又命礼部尚书郑赐四出购求。所谓镂版十三，钞本十七者，正统时尚完善无阙。此书以千字文排次，自天字至往字，凡得二十号，五十橱……士奇等承诏编录，不能考订撰次，勒为成书。而徒草率以塞责。较刘向之编《七略》、荀勖之叙《中经》，诚为有愧……今阅百载，已散失无余，惟籍此编之存，尚得略见一代秘书之名数，则亦考古所不废也。旧本不分卷数，黄虞稷《千顷堂书目》作十四卷，不知所据何本，殆传写者以意分析？今厘定为四卷云。"钱大昕《跋文渊阁书目》："此目不过内阁之簿帐，初非勒为一书如《中经簿》、《崇文总目》之比，必以撰述之体责之，未免失之苛矣。"（《潜研堂文集》卷二十九）

明英宗正统七年壬戌（公元1442年）

正月

戊子，礼部左侍郎兼翰林侍讲学士王英上章乞归老，上嘉重儒臣，特留之。（据《馆阁漫录》卷二《正统七年》）

天下群有司朝集京师。诏于其中选有廉闻理效、称为御史者以名闻。司其事者精选严试之，得十二人以应诏。（据刘球《两溪文集》卷二十三《故文林郎舒君墓志铭》）

二月

命礼部左侍郎兼翰林院侍讲学士王英、翰林院侍读苗衷为会试考官。取中姚夔（1417—1473）等一百五十人。《明英宗实录》卷八十九：正统七年二月，"戊戌，命礼部左侍郎兼翰林院侍讲学士王英、翰林院侍读苗衷为会试考官，宴于礼部"。"丙辰，礼部引会试中式举人姚夔等一百五十人陛见。"查继佐《罪惟录》志卷十八《科举志》："（正统）七年壬戌，试贡士，得姚夔等一百五十人，赐刘俨、吕原、黄谏等及第、出身有差。是科同考有永新知县陈员韬、京卫教授纪振，俱系进士。其杂流中式，有岐阳教谕彭举，及都察院吏、刑部吏并驿丞。"《国榷》卷二十五："正统七年二月戊戌，礼部左侍郎兼翰林院侍读学士王英、翰林院侍读苗衷主礼闱。"据《皇明贡举考》卷三，本年应试者一千有奇。

翰林学士蘭从善以年老乞致仕，上以儒臣须用老成人，仍令莅事。（据《馆阁漫录》卷二《正统七年》）

是科（会试）李森以都察院吏，南昱以刑部吏，郑温以松陵驿丞皆中式。（据《弇山堂别集》卷八十一）

三月

征国子监馔银分给。（据《国榷》卷二十五）

进士丰庆为兵科给事中，刘炜、尚达为南京刑、工科给事中。（据《国榷》卷二十五）

国子监祭酒李时勉言国学五事：重岁贡，严私假，均拨历，给医药，毁怪刻。多切理可行。《明英宗实录》卷九十：正统七年三月辛未，"国子监祭酒李时勉言五事。一、圣朝科贡之设，皆欲得人以资任用，未尝有轻重分也。比由教官九年考满，以举人有无多寡为黜陟，遂重科举而轻岁贡。凡遇开科，各处必择邃于文学者应举，至于岁贡，第以次起送，不复论其学之浅深。及贡入监，考其文义，十无一二可取。各衙门取拨历事，多不谙书算。又有貌陋老疾者，虚费朝廷作养。乞今后岁贡生员，务选资质端重、通晓文义书算者充贡，其愚劣貌陋老疾者，悉黜为民。教官考满，岁贡皆中科举，虽不及数，亦本等用。科贡俱中者升用，科贡俱不中者降用。如此，则科贡俱重，而人才辈出。一、拨历监生，永乐间，俱以入监年月为先后。厥后祭酒陈敬宗奏准，以坐监年月论浅深，而两监迄年仍以入监年月为先后，以此丁忧省祭之徒，在家延住七八年者有之，十余年者有之，诈称丁祖父母或继母嫡母忧，有司朦胧保结，比至入监，即得取拨。仿效成风，不可遽止。乞今后惟依实坐监年月浅深，以次取拨，其丁忧省祭之类，俱不作数。如此，庶勤怠有所劝惩，虚诈无由仿效。一、岁贡中式生员，分拨南北二监肄业，已有定例。缘本监各衙门取拨办事历事数多，监生不敷，兼在监诸生多年老少谙书算，乞今后岁贡生员，四十以下告愿读书者，存留本监，以备取拨。一、医学所以疗疾全生，不为不重。本监虽有官医二名，每遇监生患病，省令医治，缘无官给药料，多有艰难不能措办。乞敕太医院量给药饵，陆续送监收贮，监生有病令医者，对证修治。一、近年有俗儒，假托怪异之事，饰以无根之言，如《剪灯新话》之类，不惟市井轻浮之徒，争相诵习，至于经生儒士，多舍正学不讲，日夜记忆，以资谈论。若不严禁，恐邪说异端，日新月盛，惑乱人心，实非细故。乞敕礼部行文内外衙门，及提调学校佥事御史，并按察司官巡历去处，凡遇此等书籍，即令焚毁，有印卖及藏习者，问罪如律，庶俾人知正道，不为邪妄所惑。诏下礼部议，尚书胡濙等，以其言多切理可行，但欲取太医院药于本监治病，原无旧例，难从。上是其议"。

刘俨（1394—1457）、吕原（1418—1462）、黄谏（1412—?）等进士及第、出身有差。《明英宗实录》卷九十：正统七年三月，"甲戌，礼部尚书胡濙奏：'三月十五日殿试贡士，请执事等官。'上命少师、兵部尚书兼华盖殿大学士杨士奇、少保、礼部尚书兼武英殿大学士杨溥、吏部尚书郭琎、户部尚书王佐、刑部尚书魏源、都察院右都御史王文、兵部左侍郎邝埜、工部左侍郎王卺、大理寺左少卿薛瑄、通政司右通政李锡、侍讲学士高谷、马愉、侍讲曹鼐为读卷官"。"丙子，上御奉天殿策试举人姚夔等一百五十一人，制曰：'朕惟国家建官，共理天事，以安生民，必求真才实德，用图成绩。论者咸谓培养贵有素，选举贵有方，考课贵严明，今兹三者，亦尝修举，而百官有司，未能尽得人，何欤？三代以上，稽诸经可见，若汉、唐、宋愿治之君，皆知以求贤为务，而得人之盛，独称虞周，何欤？期于济济多士，秉文之德，九德咸事，俊乂在官，用臻雍熙泰和之治，果何道以致之欤？朕祗承祖宗大统，以安民为心，惓惓于兹久矣，诸生讲明治道，出膺时用，必有定论，其直述以对，无骋夸辞，无撼陈言，朕将采而行之。'""戊寅，上亲阅举人所对策，赐刘俨等一百五十一人进士及第、出身有差。""己卯，宴进士于礼部，令太师英国公张辅待宴。""甲申，庚辰，赐状元朝服冠带，诸进士钞各五锭。""辛巳，状元刘俨率诸进士上表谢恩。""擢第一甲进士刘俨为翰林院修撰，吕原、黄谏俱为编修。"据《正统七年进士登科录·玉音》："正统七年三月初五日早，礼部尚书臣胡濙等官于奉天门奏为科举事。会试天下举人，选中一百五十名。本年三月十五日殿试，合请读卷及执事等官少师、兵部尚书兼华盖殿大学士杨士奇、少保、礼部尚书兼武英殿大学士杨溥等四十一员。其进士出身等第，恭依太祖高皇帝钦定资格，第一甲例取三名，第一名从六品，第二第三名正七品，赐进士及第。第二甲从七品，赐进士出身。第三甲正八品，赐同进士出身。奉圣旨：是。钦此。读卷官：光禄大夫、柱国、少师、兵部尚书兼华盖殿大学士杨士奇，儒士；光禄大夫、少保、礼部尚书兼武英殿大学士杨溥，庚辰进士；资德大夫、正治上卿、吏部尚书郭琎，监生；户部尚书王佐，辛卯贡士；资善大夫、刑部尚书魏源，丙戌进士；资善大夫、都察院右都御史王文，辛丑进士；通议大夫、兵部左侍郎邝野，辛卯进士；工部左侍郎王卺，监生；中顺大夫、大理寺左少卿薛瑄，辛丑进士；中议大夫、赞治尹通政使司右通政李锡，戊子贡士；翰林院侍讲学士、奉训大夫高谷，乙未进士；翰林院侍讲学士、奉直大夫马愉，丁未进士；翰林院侍讲、承直郎曹鼐，癸丑进士。提调官：资德大夫、正治上卿、礼部尚书胡濙，庚辰进士；通议大夫、礼部左侍郎兼翰林院侍读学士王直，甲申进士。监试官：文林郎、贵州道监察御史薛希琏，庚戌进士；文林郎、湖广道监察御史冯诚，辛丑进士。受卷官：翰林院修撰、承务郎钟复，癸丑进士；翰林院编修、文林郎赵恢，癸丑进士；征仕郎、吏科给事中张睿，庚戌进士；礼科都给事中胡清，庚子贡士。弥封官：中议大夫、资治尹、鸿胪寺卿杨善，增广生；征仕郎、户科掌科事给事中李素，庚戌进士；兵科都给事中王永和，甲午贡士；征仕郎、中书舍人宋怀，癸丑进士。掌卷官：翰林院编修、文林郎江渊，庚戌进士；翰林院检讨、征仕郎何瑄，癸丑进士；刑科都给事中郭瑾，甲辰进士；工科掌科事给事中吴升，癸丑进士。巡绰官：明威将军、锦衣卫指挥佥事刘勉；明威将军、锦衣卫指挥佥事王虹；明威将军、锦衣卫指挥佥事刘宽；明威将军、锦衣卫指挥佥事陈端；明威将军、金吾前卫指挥佥事卜铭；明威将军、金吾后卫指挥佥事高铭。印卷官：奉议大夫、礼部仪制清吏司郎中余麟，癸卯贡士；奉训大夫、礼部仪制清吏司员外郎吴绍生，乙未进士。供给官：光禄寺少卿宋杰，庚戌进士；奉政大夫、礼部精膳清吏司郎中叶蓁，监生；奉训大夫、礼部精膳清吏司员外郎王士华，乙未进士；承德郎、礼部精膳清吏司主事顾谦，生员。"据《正统七年进士登科录·恩荣次第》："正统七年三月十五日早，诸贡士赴内府殿试，上御奉天殿亲赐策问。三月十七日早，文武百官朝服侍班，是日，锦衣卫设卤簿于丹陛丹墀内，上御奉天殿，鸿胪寺官传制唱名，礼部官捧黄榜，鼓乐导引出长安左门外，张挂毕，顺天府官用伞盖、仪从送状元归第。三月十八日，赐宴于礼部，宴毕，赴鸿胪寺习仪。三月十九日，赐状元朝服冠带及诸进士宝钞。三月二十日，状元率诸进士上表谢恩。三月二十一日，状元率进士诣先师孔子庙行释菜礼。礼部奏请命工部于国子监立石题名。"

据《正统七年进士登科录》，第一甲三名，赐进士及第。履历如下：

刘俨，贯江西吉安府吉水县，民籍。府学增广生。治《书经》。字宣化，行三，年四十五，正月十三日生。曾祖惟德。祖永宁。父原性。母杨氏。永感下。兄宣光、宣昭。娶王氏。江西乡试第一百十三名，会试第十八名。

吕原，贯浙江嘉兴府秀水县，民籍。县学生。治《书经》。字逢原，行二，年二十五，六月十八日生。曾祖仲雄。祖伯诚。父嗣芳，万泉县学教谕。母顾氏。慈侍下。兄本，景州儒学训导。娶徐氏。浙江乡试第一名，会试第一百三十九名。

黄谏，贯陕西临洮府兰县，站籍。县学生。治《书经》。字廷臣，行二，年三十一，二月十六日生。曾祖仕源，元财赋司提举。祖文质。父志道。嫡母朱氏。生母王氏。具庆下。兄诚。弟谧、愕。娶贾氏。陕西乡试第七名，会试第六名。

据《正统七年进士登科录》，第二甲五十名，赐进士出身。履历如下：

陈宜，贯江西吉安府泰和县，民籍。县学生。治《书经》。字公宜，行三，年二十九，十二月初六日生。曾祖以新，元新淦州判。祖有开。父从先。母曾氏。慈侍下。兄公荣，金华府学训导；公霖。娶刘氏。江西乡试第二名，会试第二十八名。

徐简，贯浙江台州府黄岩县，军籍。县学增广生。治《书经》。字易道，行一，年三十一，十一月十五日生。曾祖子成。祖新，前监察御史。父深之。母包氏。慈侍下。弟篇、籍、篯。娶李氏。浙江乡试第九名，会试第一百四十一名。

龙澄，贯江西临江府新淦县，民籍。县学增广生。治《书经》。字太渊，行三，年二十七，八月初六日生。曾祖景和。祖凌霄。父善政。母傅氏。具庆下。兄韶、乐。弟顺、伦。娶萧氏。江西乡试第十七名，会试第六十六名。

沈琮，贯浙江嘉兴府平湖县，民籍。府学增广生。治《书经》。字公礼，行四，年二十六，闰五月初一日生。曾祖达之。祖珍。父升。母潘氏。继母蔡氏。具庆下。兄渭、泾、浦。弟珒。聘盛氏。浙江乡试第四十三名，会试第七十四名。

邹允隆，贯福建邵武府泰宁县，民籍。国子生。治《易经》。字允隆，行十，年二十九，十二月初三日生。曾祖林甫。祖世荣。父安，国子助教。母萧氏。具庆下。兄允崇。弟允升。娶陈氏。顺天府乡试第四名，会试第一百二十二名。

姚夔，贯浙江严州府桐庐县，民籍。国子生。治《春秋》。字大章，行七，年二十九，十二月十七日生。曾祖鼎。祖伯华。父惟善。母申屠氏。慈侍下。兄克信、克贤、克恭、克成。娶王氏。浙江乡试第一名，会试第一名。

宁瑛，贯山西平阳府稷山县，民籍。县学生。治《诗经》。字廷玉，行四，年三十四，五月十四日生。曾祖伯善。祖孝贤，前利津县主簿。父良。母原氏。继母段氏。具庆下。兄秉、瑄、智。弟瓘。娶张氏。山西乡试第十七名，会试第五十五名。

朱荣，贯福建漳州府长泰县，匠籍。国子生。治《易经》。字廷宠，行一，年二十七，九月十八日生。曾祖铭甫。祖若茂。父彦缉。母陈氏。具庆下。弟瑛、真、兴、珍、震、著、萃。娶余氏。福建乡试第三十六名，会试第七十七名。

刘曦，贯江西吉安府万安县，民籍。县学生。治《易经》。字玉晖，行一，年四十四，九月十三日生。曾祖国定。祖务济。父孟渊。母郭氏。慈侍下。弟玉琚、玉珣。娶谢氏。江西乡试第五十九名，会试第五十七名。

王复，贯顺天府固安县，军籍。县学生。治《书经》。字初阳，行四，年二十七，五月初十日生。曾祖逊。祖得玉。父骐，州同知掌舞阳县事。母杨氏。继母许氏。慈侍下。兄徽、径、徧。弟德、徼、征。娶齐氏。顺天府乡试第十一名，会试第九十名。

张澜，贯四川泸州，军籍。州学增广生。治《书经》。字道本，行三，年三十七，十一月初一日生。曾祖义敏。祖德明。父子伟。母贺氏。慈侍下。兄汉；濬，户部主事。娶欧阳氏。四川乡试第二名，会试第二名。

解延年，贯山东登州府栖霞县，军籍。县学生。治《书经》。字世纪，行三，年三十七，十一月二十五日生。曾祖谷宝。祖仲兴。父锵，三原县学教谕。嫡母宋氏。继母杜氏。生母赵氏。具庆下。兄延龄、延寿。弟延祖、延宗。娶纪氏。山东乡试第二名，会试第一百七名。

李森，贯福建福州府长乐县，民籍。都察院吏。治《书经》。字叔严，行一，年四十，十二月初七日生。曾祖本初。祖复孙。父孟琼。母林氏。具庆下。弟鑫、轰、嚞。娶林氏，继室陈氏。顺天府乡试第十四名，会试第十二名。

宋儒，贯浙江宁波府鄞县，军籍。陕西宁夏前卫军生。治《书经》。字宗鲁，行一，年三十七，闰七月二十二日生。曾祖伟卿，元庆元路学录。祖景温。父子升。母徐氏。慈侍下。娶龚氏。陕西乡试第二名，会试第八十二名。

黄裳，贯江西赣州府兴国县，军籍。广东韶州千户所军生。治《诗经》。字元吉，行一，年二十六，七月十二日生。曾祖原贵。祖仲礼。父祥。母何氏。继母刘氏。具庆下。娶叶氏。广东乡试第十一名，会试第十五名。

潘英，贯浙江绍兴府余姚县，军籍。县学生。治《礼记》。字时彦，行三，年二十六，十一月十一日生。曾祖允中。祖尚志。父伯仪。母吴氏。具庆下。兄寿、宁。娶徐氏。浙江乡试第四十名，会试第九十八名。

潘鉴，贯江西吉安府安福县，民籍。县学生。治《诗经》。字庶瞻，行一，年三十二，十二月十一日生。曾祖景岳，任安福州判。祖晦初。父多吉。母周氏。重庆下。弟鐩、镛、镒。娶许氏。江西乡试第三十五名，会试第九十五名。

余瓒，贯江西饶州府德兴县，民籍。县学增广生。治《诗经》。字世用，行十三，年三十一，九月二十一日生。曾祖正卿，元本府儒学教授。祖叔通，新城县河泊所大使。父瑗，长宁县学教谕。母曾氏。具庆下。兄琎。弟瑞、珙。娶鲁氏。江西乡试第二十五名，会试第六十九名。

左鼎，贯江西吉安府永新县，民籍。儒士。治《易经》。字周器，行三，年三十四，八月二十八日生。曾祖持敬。祖子焘。父承箕。母王氏。具庆下。兄鲁庄、楚芳。娶刘氏。江西乡试第五十名，会试第三十八名。

包良佐，贯浙江金华府兰溪县，民籍。县学生。治《易经》。字克忠，行二，年二十五，三月二十三日生。曾祖希贤，湖广副使。祖宗远。父用和。母蒋氏。慈侍下。兄良杰。弟良仲。娶于氏。浙江乡试第二名，会试第六十二名。

孙振望，贯江西南昌府丰城县，民籍。府学增广生。治《礼记》。名俨，行七，年三十三，正月十九日生。曾祖仕和。祖伯颜。父任贤。母杨氏。养母任氏。慈侍下。兄振雍、振熙、振泰。弟段生、振让。娶熊氏。江西乡试第十四名，会试第四十七名。

南昱，贯浙江温州府乐清县，灶籍。刑部吏。治《书经》。字时芳，行一，年三十七，十一月十四日生。曾祖子正。祖彦武。父继浩。母徐氏。具庆下。弟嘉、堪、颖、昉、范。娶郑氏。顺天府乡试第十九名，会试第三十三名。

沈彬，贯浙江湖州府武康县，民籍。县学增广生。治《易经》。字原质，行一，年三十二，正月初七日生。曾祖政贰。祖士升。父思义，南海县都宁巡检司巡检。母冯氏。具庆下。娶吴氏，继室钱氏。浙江乡试第八名，会试第三十四名。

洪绳，贯浙江处州府青田县，民籍。国子生。治《书经》。字文纲，行三，年二十，八月二十四日生。曾祖仕良。祖天与。父均鹏。嫡母刘氏。生母王氏。慈侍下。兄诜；振，大兴县主簿。弟竑、溙、济。娶叶氏。浙江乡试第六名，会试第四十二名。

姚龙，贯浙江严州府桐庐县，民籍。县学生。治《春秋》。字纳言，行八，年二十七，正月二十二日生。曾祖鼎。祖伯华。父弘，前南城知县。前母俞氏。母张氏。具庆下。兄克起。弟岱、盛。娶袁氏。浙江乡试第十一名，会试第八名。

郑序，贯福建福州府长乐县，民籍。县学增广生。治《诗经》。字志礼，行五，年三十四，正月十八日生。曾祖魁。祖叔年。父禄。母陈氏。慈侍下。兄豫。弟杼、廉。娶林氏。福建乡试第四十四名，会试第二十九名。

刘锴，贯江西吉安府泰和县，民籍。云南临安府学增广生。治《易经》。字用甫，行四，年二十七，十二月二十一日生。曾祖仲祥。祖庭实。父裔，临安府学教授。母曾氏。慈侍下。兄钊，溧水县学教谕；锦，应天府学训导；鑪。娶孙氏。云南乡试第二名，会试第八十四名。

翟敬，贯顺天府大兴县，匠籍。府学生。治《书经》。字致恭，行三，年二十五，八月初六日生。曾祖子寿。祖能可。父文英。母陈氏。具庆下。兄忠、义。弟信。聘徐氏。顺天府乡试第三十八名，会试第一百四十三名。

王槩，贯江西吉安府庐陵县，民籍。县学增广生。治《诗经》。字同节，行三，年二十五，七月十二日生。曾祖维岳。祖子善。父仲起。母康氏。具庆下。兄同求、同心。弟同和、同仁。娶刘氏。江西乡试第二十二名，会试第七十八名。

顾孟乔，贯福建兴化府莆田县，民籍。儒士。治《书经》。字仁春，行二，年四十五，十二月二十九日生。曾祖元大。祖器。父寿。母郑氏。慈侍下。娶余氏。福建乡试第十三名，会试第六十名。

王英，贯福建福州府闽县，匠籍。县学生。治《易经》。字孟育，行二，年三十四，六月初二日生。曾祖克铭。祖希远。父泽。母姚氏。慈侍下。娶陈氏。福建乡试第七名，会试第二十三名。

胡珉，贯直隶庐州府舒城县，民籍。国子生。治《春秋》。字文珮，行四，年三十八，十二月二十四日生。曾祖聪，元本县教谕。祖拱辰，丹阳知县。父泰，陕西咸宁县主簿。母员氏。继母李氏。慈侍下。兄琼、瑄、瑛。弟珍。娶汪氏，继室高氏。应天府乡试第二十一名，会试第九十二名。

刘子锺，贯山东兖州府东平州，民籍。府学生。治《易经》。字廷振，行三，年二十八，正月初三日生。曾祖宽。祖本，山东按察使。父瓘。母韩氏。具庆下。兄子埙、子篪。弟子磬、子琴。娶郭氏。山东乡试第三名，会试第三十名。

胡渊，贯直隶庐州府庐江县，民籍。县学生。治《诗经》。字仲深，行二，年四十三，五月二十八日生。曾祖哲。祖伯益。父资善。母赵氏。永感下。兄仲源。娶章氏。应天府乡试第七十二名，会试第七十一名。

郑清，贯江西吉安府泰和县，民籍。县学生。治《书经》。字廷宪，行二，年四十八，二月十七日生。曾祖英可。祖原翁。父子彦。母萧氏。继母罗氏。慈侍下。兄廷耀。弟廷举。娶萧氏。江西乡试第三十七名，会试第四十八名。

项忠，贯浙江嘉兴府嘉善县，民籍。府学生。治《书经》。字荩臣，行一，年二十二，二月初十日生。曾祖信仁。祖景亮，吴江县丞。父衡。母翁氏。继母邓氏。具庆下。弟质、文。聘刘氏。浙江乡试第三十八名，会试第三十一名。

萧俨，贯四川成都府内江县，民籍。县学增广生。治《书经》。字畏之，行四，年三十七，十月二十七日生。曾祖远中。祖兴祖。父文绥，礼科给事中。母方氏。慈侍下。兄俊；杰，本县医学训科；伦。娶黄氏。四川乡试第六名，会试第三十五名。

叶春，贯浙江衢州府开化县，军籍。府学增广生。治《易经》。字时元，行一，年三十七，十月二十四日生。曾祖和晖。祖友仁。父茂芳。母齐氏。慈侍下。弟蓁、猷。未娶。浙江乡试第七名，会试第一百三十七名。

卢祥，贯广东广州府东莞县，民籍。广西全州学增广生。治《春秋》。字仲和，行二，年四十，八月初九日生。曾祖礼卿。祖原敏。父暎滨。母李氏。具庆下。兄宽，上高县学教谕。弟宏、完。娶董氏。广西乡试第八名，会试第十六名。

李正芳，贯湖广黄州府麻城县，民籍。国子生。治《春秋》。字彦硕，行一，年三十二，四月二十七日生。曾祖友德。祖思敬。父瑗。母邹氏。具庆下。弟大芳、能芳、善芳。娶张氏。湖广乡试第二十一名，会试第七十九名。

张云翰，贯四川成都府德阳县，民籍。县学生。治《易经》。字鹰扬，行一，年四十二，三月十四日生。曾祖和卿。祖珪，阶州知州。父鼎。母章氏。永感下。弟政、辙。娶王氏。四川乡试第一名，会试第十九名。

刘福，贯福建建宁府建安县，民籍。府学生。治《礼记》。字崇善，行一，年二十六，八月初六日生。曾祖宣义。祖希孟。父仲玉。母游氏。具庆下。弟寿。娶王氏。福建乡试第十六名，会试第六十三名。

俞鉴，贯浙江严州府桐庐县，民籍。县学生。治《书经》。字元器，行十八，年三十，十月二十一日生。曾祖静安。祖友敬。父深，建宁府学教授。母王氏。继母张氏。严侍下。兄锜、镛、鏴。弟锷、铣。娶姚氏。浙江乡试第十五名，会试第十一名。

鲁文，贯湖广长沙府湘阴县，军籍。国子生。治《礼记》。字文明，行三，年三十三，九月十七日生。曾祖德华。祖天瑞，任行人。父志学。母萧氏。继母傅氏。重庆下。兄文聪、文昌。弟文郁。娶施氏。湖广乡试第一名，会试第一百十八名。

李鉴，贯湖广长沙府安化县，军籍。国子生。治《诗经》。字明远，行三，年三十六，十月十二日生。曾祖伯英。祖惟隆，元镇抚。父鼎言，甲午贡士。母杨氏。具庆下。兄钊、镛。弟铨。娶周氏。湖广乡试第三十名，会试第二十一名。

熊璘，贯河南汝宁府罗山县，民籍。县学生。治《春秋》。字文玉，行一，年三十三，十一月二十日生。曾祖成德。祖添恕。父友，陕西宜川县主簿。母杜氏。重庆下。弟琦、琥、琛、玘。娶蔡氏。河南乡试第一名，会试第二十四名。

王俨，贯江西吉安府泰和县，民籍。县学增广生。治《易经》。字民望，行二，年二十九，六月十一日生。曾祖复初。祖麟昭。父彦瑞。嫡母赵氏。母郭氏。具庆下。兄民彝。弟民表。娶彭氏。江西乡试第四十七名，会试第一百四十八名。

刘华甫，贯江西南昌府丰城县，民籍。国子生。治《诗经》。字华甫，行三，年三十一，正月二十五日生。曾祖汉广，赠刑部主事。祖志节。父功粹。母聂氏。重庆下。弟华黻、华凤、华文、章甫、华庆。娶谌氏。江西乡试第二名，会试第二十七名。

干璠，贯顺天府霸州，民籍。府学生。治《春秋》。字廷玉，行二，年二十四，正月初十日生。曾祖文理。祖仲璇。父时中。母褚氏。重庆下。兄璩。弟琳、玭、理。聘翁氏。顺天府乡试第五十三名，会试第一百三十二名。

韩雍，贯顺天府宛平县，民籍。府学生。治《诗经》。字永熙，行一，年二十一，十一月初九日生。曾祖彦杰。祖举一。父贵。母赵氏。具庆下。弟睦。娶王氏。顺天府乡试第五十九名，会试第一百二十四名。

据《正统七年进士登科录》，第三甲九十六名，赐同进士出身。履历如下：

邓贵，贯江西吉安府吉水县，民籍。国子生。治《书经》。字安达，行一，年三十，八月十六日生。曾祖文郁。祖冲虚。父嘉会，常熟知县。母夏氏。重庆下。弟安道、安遇。娶高氏，继室罗氏。江西乡试第三名，会试第十四名。

秦颙，贯直隶常州府武进县，军籍。贵州宣慰使司学军生。治《诗经》。字士昂，行一，年三十，五月十八日生。曾祖仲明，百户。祖孟礼。父义。母朱氏。具庆下。弟显。娶郗氏。云南乡试第十一名，会试第一百四名。

罗如墉，贯江西吉安府庐陵县，民籍。县学生。治《诗经》。字本崇，行三，年三十九，七月初四日生。曾祖伯刚，元进士。祖彦偲。父惟勖。母王氏。永感下。兄本贞、本孚。娶郭氏，继室郭氏。江西乡试第二十名，会试第一百十六名。

周铎，贯江西吉安府万安县，民籍。县学生。治《易经》。字秉训，行二，年二十六，十一月十五日生。曾祖同窗。祖尚信。父存敏。母温氏。生母刘氏。永感下。兄秉清。娶曾氏。江西乡试第四名，会试第一百五名。

杨镛，贯直隶常州府武进县，民籍。府学生。治《诗经》。字克宣，行二，年三十一，四月十六日生。曾祖忠。祖景和。父斯文。母王氏。慈侍下。兄克声。弟克勉。娶臧氏，继室臧氏。应天府乡试第七名，会试第一百三十一名。

邓颙，贯广东韶州府乐昌县，民籍。国子生。治《书经》。字伯昂，行二，年三十二，五月初一日生。曾祖希文。祖子谦。父道衡。母夏氏。生母龚氏。永感下。兄伯敏。弟籲。娶白氏。广东乡试第三十二名，会试第一百一名。

甘泽，贯直隶大名府开州，军籍。州学增广生。治《诗经》。字洪济，行一，年二十七，二月十二日生。曾祖周臣。祖汝为。父本忠。母丘氏。继母郝氏。具庆下。弟润、澄。娶卢氏。顺天府乡试第□□□名，会试第六十七名。

罗澄，贯浙江绍兴府上虞县，民籍。县学增广生。治《礼记》。字景深，行一，年三十四，闰四月初四日生。曾祖性中。祖文仲。父瑾，祁门县学训导。母梁氏。慈侍下。弟清、瀄、潇、濂。娶徐氏。浙江乡试第六十名，会试第十七名。

吴节，贯浙江绍兴府余姚县，军籍。县学生。治《礼记》。字天叙，行一，年二十七，正月十一日生。曾祖原敬。祖朝阳。父□学。母徐氏。继母诸氏。具庆下。兄天才。弟天秩、天爵、天伦。娶黄氏。浙江乡试第二十六名，会试第二十五名。

童守宏，贯浙江台州府天台县，军籍。县学生。治《书经》。字守宏，行□，年三十九，四月初六日生。曾祖德明。祖彦恭。父□逊。母侯氏。慈侍下。弟守高、守远、守能。娶褚氏。浙江乡试第二十九名，会试第一百二十八名。

陈玑，贯浙江温州府平阳县，民籍。国子生。治《书经》。字文奎，行二，年三十，四月初二日生。曾祖德盛。祖起宗。父威□。母蔡氏。具庆下。兄文璧。弟文□、文昭。娶彭氏。浙江乡试第十八名，会试第一百一十五名。

郑温，贯江西南昌府丰城县，民籍。松陵驿丞。治《诗经》。字厉夫，行四，年三十七，十一月十四日生。曾祖康轩。祖伯安。父叔人，吴县县丞。嫡母徐氏。生母邹氏。具庆下。兄德载、淳夫、宽夫。弟厚夫、正夫。娶熊氏。应天府乡试第十三名，会试第一百二十一名。

王诏，贯湖广衡州府衡阳县，民籍。县学增广生。治《诗经》。字伯宣，行十，年二十九，闰九月初十日生。曾祖庶叔。祖原简。父仕复。母朱氏。慈侍下。兄谟、□、讲、译、训、谦。弟护、诩、谌、诰、誧。娶曹氏。湖广乡试第二十八名，会试第三十九名。

田玹，贯浙江宁波府奉化县，民籍。县学生。治《易经》。字廷玉，行三，年三十，五月初五日生。曾祖与二。祖再一。父肃。母丁氏。慈侍下。兄璧、珪。弟珹、瑊。娶赵氏。浙江乡试第二十名，会试第八十一名。

张瑄，贯应天府江浦县，民籍。县学生。治《礼记》。字廷玺，行一，年二十六，七月初七日生。曾祖日宣，元滁州教谕。祖克逊。父俊民，德清知县。嫡母郑氏。继母朱氏。生母黄氏。具庆下。弟瓒、瓘、玠、玮、璪。娶吴氏，继室潘氏。应天府乡试第十二名，会试第四十名。

杨益，贯山东东昌府临清县，民籍。县学生。治《书经》。字光谦，行一，年二十七，四月二十二日生。曾祖彦名。祖胜。父孟镇。母侯氏。慈侍下。娶段氏。山东乡试第十一名，会试第七十六名。

杨政，贯广东惠州府罗县，民籍。府学生。治《礼记》。字以仁，行三，年三十八，九月十六日生。曾祖文举。祖逊兴。父景礼。母陈氏。永感下。兄显、德。娶刘氏，继娶成氏。广东乡试第十名，会试第六十八名。

江渊，贯浙江宁波府奉化县，军籍。国子生。治《诗经》。字如渊，行二，年三十二，十月十四日生。曾祖生五。祖克善。父伯英。母周氏。具庆下。兄潾。弟溥。未娶。浙江乡试第二十六名，会试第一百六名。

朱骥，贯直隶苏州府常熟县，民籍。县学增广生。治《诗经》。字汉房，行三，年二十四，九月十三日生。曾祖伯亨。祖贵二。父士进。母蒋氏。慈侍下。兄汉仪、汉昭。弟汉容、汉翔。娶唐氏。应天府乡试第六十四名，会试第一百三十五名。

闻人韺，贯浙江绍兴府余姚县，民籍。县学生。治《礼记》。字以和，行二，年三十四，正月二十六日生。曾祖明。祖谦。父原。母吕氏。严侍下。兄韶。弟馥。娶郑氏，继室郭氏。浙江乡试第四十七名，会试第七十五名。

吕昌，贯浙江绍兴府新昌县，民籍。县学生。治《书经》。字好隆，行一，年三十，十一月初十日生。曾祖子华。祖宗学。父存正。母梁氏。慈侍下。弟善乐、善吉、善祥。娶俞氏。浙江乡试第三十六名，会试第一百一十名。

张纯，贯浙江台州府黄岩县，民籍。县学生。治《春秋》。字存纯，行三，年三十四，二月十四日生。曾祖达之。祖维性。父由益。母潘氏。慈侍下。兄粹，内乡县学教谕；殷。弟潜。娶吴氏。浙江乡试第十八名，会试第七十二名。

黄锺，贯山东青州府昌乐县，军籍。云南曲靖军民府学军生。治《诗经》。字功鼎，行五，年三十，十一月十四日生。曾祖和。祖实。父志。母金氏。具庆下。兄铎、恕、责、俊。弟云、信。娶周氏，继聘夏氏。云南乡试第十名，会试第七十三名。

高安，贯江西吉安府永丰县，民籍。儒士。治《易经》。字容静，行六，年二十七，二月十九日生。曾祖茂大。祖桂芳。父琏，南雄府学教授。母江氏。继母姚氏。永感下。兄容止。娶曾氏。江西乡试第十九名，会试第一百名。

谢绅，贯江西吉安府万安县，民籍。府学增广生。治《诗经》。字伟仪，行一，年二十九，八月十九日生。曾祖耕隐。祖敬常，汀州府推官。父载驱。母邹氏。继母邹氏。具庆下。弟伟度、伟选。娶赖氏。江西乡试第九名，会试第三十七名。

徐正，贯直隶苏州府吴江县，民籍。县学增广生。治《书经》。字惟中，行二，年二十六，九月初二日生。曾祖寿。祖荣。父仲善，桃源县丞。母杨氏。重庆下。兄惟直。聘王氏。应天府乡试第八十二名，会试第九十四名。

李实，贯四川重庆府合州，民籍。州学生。治《诗经》。字孟诚，行二，年三十，五月二十日生。曾祖友政。祖永恭。父祥。母柯氏。重庆下。兄茂春。弟茂林、茂华、茂才、茂英。娶熊氏。四川乡试第二十五名，会试第一百一十九名。

黄仕俊，贯四川叙州府富顺县，民籍。县学生。治《书经》。字廷臣，行二，年三十八，十月初四日生。曾祖桂林。祖天贵。父志。母张氏。慈侍下。兄仕爵。弟仕禄、仕铎、仕定、仕政、仕春。娶张氏，继室胡氏。四川乡试第一名，会试第五十六名。

王理，贯江西吉安府安福县，民籍。县学生。治《春秋》。字淑庸，行四，年三十九，十一月初二日生。曾祖文江。祖希善。父充荣。母刘氏。具庆下。兄承恂、承明、承鉴。弟淑同。娶尹氏。江西乡试第四十名，会试第三十六名。

马显，贯直隶广平府广平县，民籍。县学生。治《易经》。字文明，行二，年二十六，七月初八日生。曾祖驷。祖德。父祯。母段氏。具庆下。兄宗。弟容、宝、富。娶武氏。顺天府乡试第三名，会试第六十四名。

张瑛，贯浙江杭州府钱塘县，民籍。国子生。治《书经》。字廷玉，行一，年三十二，九月十四日生。曾祖光远。祖贵，赠吏部考功员外郎。父信，吏部稽勋郎中。母潘氏，封宜人。慈侍下。弟璘。娶徐氏。顺天府乡试第三名，会试第一百二十三名。

马项，贯直隶淮安府山阳县，民籍。国子生。治《诗经》。字士钦，行六，年二十八，十一月二十日生。曾祖世安。祖大方。父熙白。母戴氏。慈侍下。兄顿、颙、预、显、颢。弟颐、顺、颜、硕、颊、颙。娶朱氏。顺天府乡试第五十四名，会试第九十一名。

唐锺，贯陕西西安府乾州，民籍。国子生。治《礼记》。字廷用，行三，年三十三，二月初四日生。曾祖助，元乾州学训导。祖经。父琏。母耿氏。具庆下。兄钦、铸。娶巨氏。陕西乡试第九名，会试第一百八名。

徐善，贯浙江处州府缙云县，民籍。县学生。治《易经》。字文善，行一，年三十六，十一月初五日生。曾祖仲矩。祖景昊。父得达。母陶氏。具庆下。弟文英、文哲。娶李氏。浙江乡试第十五名，会试第一百十四名。

路璧，贯江西吉安府安福县，民籍。县学生。治《春秋》。字斐资，行六，年三十一，三月初八日生。曾祖文明。祖仲节。父世清。母刘氏。重庆下。兄斐澳、斐琢。弟遵、祥、福。娶周氏。江西乡试第三十一名，会试第一百一十三名。

尹铉，贯四川都司广安守御千户所，军籍。巴县学生。治《礼记》。字泰和，行一，年三十一，三月二十四日生。曾祖朝乙。祖全。父谦。母侯氏。具庆下。兄鉴、镪。娶涂氏。四川乡试第四十一名，会试第一百三十名。

王庚，贯湖广武昌府江夏县，民籍。国子生。治《春秋》。字仲京，行二，年三十六，十一月十一日生。曾祖庭济。祖添祥。父文贵。母谭氏。慈侍下。兄广。弟庶。娶吴氏，继室刘氏。湖广乡试第九名，会试第九十九名。

陈浩，贯直隶松江府华亭县，民籍。府学增广生。治《书经》。字仲知，行二，年二十三，闰正月十八日生。曾祖贵。祖伯达。父文璧，石首知县。母张氏。重庆下。兄孟仁。弟季清。聘阮氏。应天府乡试第十八名，会试第八十名。

尹礼，贯江西吉安府永新县，官籍。涿州学军生。治《礼记》。字内则，行二，年四十，十一月初十日生。曾祖佑卿。祖庆宗。父子齐。母吴氏。具庆下。兄义，蜀府教授。弟智、信、中、和。娶李氏。顺天府乡试第九名，会试第十名。

郎胜，贯浙江严州府建德县，民籍。县学生。治《易经》。字汝彬，行七，年三十五，七月二十九日生。曾祖旃。祖希。父士原。母王氏。具庆下。兄汝孚、汝纲。弟汝明。娶孙氏。浙江乡试第四十一名，会试第九名。

章文，贯浙江杭州府临安县，民籍。国子生。治《书经》。字彦英，行一，年四十二，二月初五日生。曾祖政。祖寿五。父富。母张氏。永感下。娶洪氏。应天府乡试第三十八名，会试第八十七名。

谢睿，贯浙江台州府临海县，民籍。府学生。治《礼记》。字邦达，行二，年三十二，四月初八日生。曾祖彦庄。祖尹辅。父宜，汾州知州，致仕。母陈氏。重庆下。兄埙、墀。弟垠、壁、建康。娶郑氏。浙江乡试第十三名，会试第一百三十六名。

毕鸾，贯直隶真定府井陉县，民籍。府学生。治《书经》。字冲霄，行三，年三十九，四月初四日生。曾祖诚。祖思中。父贵，莒州学正。母李氏。永感下。兄麟、凤。弟鹏。娶焦氏。顺天府乡试第十三名，会试第七十名。

翁世资，贯福建兴化府莆田县，民籍。国子生。治《诗经》。字世资，行二，年二十八，正月二十日生。曾祖道源。祖仕宁。父瑛，国子助教。母周氏。继母王氏。具庆下。兄世用、文贤。弟清、岳、嵩、岑、银、铎。娶宋氏。顺天府乡试第七名，会试第七名。

夏裕，贯福建福州府福清县，民籍。县学增广生。治《诗经》。字孔裕，行四，年三十四，十二月十九日生。曾祖瑞。祖德。父观铭。母张氏。继母莫氏。具庆下。兄辉、璨、秉。弟耀、敦。娶陈氏。福建乡试第十四名，会试第四十三名。

郑敬，贯福建福州府福清县，军籍。广州府东莞县学生。治《春秋》。字德聚，行三，年三十，十二月二十二日生。曾祖诚。祖贤。父美。母陈氏。具庆下。兄斌、敷。弟敏。娶郑氏。广东乡试第二十九名，会试第五十四名。

阎宽，贯山东青州府乐安县，民籍。国子生。治《诗经》。字德厚，行□，年三十九，二月初七日生。曾祖庭玉。祖添锡。父辉。母王氏。严侍下。兄德庄。□□□惠。

娶杨氏。山东乡试第二名，会试第八十八名。

胡贯，贯四川眉州，军籍。国子生。治《书经》。字一贯，行二，年四十四，十二月二十八日生。曾祖彦祥。祖允中。父志高。母黄氏。继母阮氏。慈侍下。兄濬。弟润、潮、澄、海、深、灏。娶萧氏。顺天府乡试第四十二名，会试第五十一名。

曾昂，贯四川重庆府合州铜梁县，民籍。国子生。治《春秋》。字仲英，行七，年二十八，六月初六日生。曾祖宗本。祖以泰。父朝贵。嫡母林氏。生母蔡氏。具庆下。兄晰、旺、昶、暕、晟、暄。娶来氏，继室赵氏。四川乡试第三十三名，会试第四十五名。

左辅，贯江西吉安府安福县，民籍。陕西金州学生。治《书经》。字良弼，行一，年三十七，五月十一日生。曾祖东吾。祖伯恭。父仁弘。母彭氏。严侍下。未娶。陕西乡试第三十二名，会试第九十七名。

黄宗，贯直隶松江府华亭县，民籍。府学增广生。治《诗经》。字廷礼，行一，年三十六，五月初五日生。曾祖德宁。祖居昌。父惟清。母沈氏。严侍下。弟宣、宏。娶沈氏。应天府乡试第三十一名，会试第一百四十七名。

芮钊，贯顺天府通州宝坻县，民籍。国子生。治《书经》。字宗远，行二，年三十五，五月十六日生。曾祖宏甫。祖仲琚。父琦。嫡母陈氏。生母陈氏。具庆下。兄贵清。弟鉴、钟、铜。娶许氏。顺天府乡试第七十二名，会试第二十名。

辛浩，贯湖广武昌府江夏县，军籍。府学增广生。治《书经》。字养正，行一，年二十九，十二月十五日生。曾祖仲宜。祖景中。父友直，前濬县儒学训导。母严氏。慈侍下。弟治、洪、澧、溥。娶奚氏，继室吴氏。湖广乡试第二十五名，会试第一百二十六名。

刘怀，贯顺天府大兴县，富户籍。国子生。治《诗经》。字以德，行一，年三十，五月初九日生。曾祖宝二。祖仲善。父升宗。母李氏。具庆下。弟鉴。娶于氏。顺天府乡试第四十八名，会试第五十九名。

董昱，贯顺天府通州漷县，民籍。县学生。治《诗经》。字文昭，行二，年三十二，十二月十二日生。曾祖成。祖恭。父子和。母张氏。慈侍下。兄暹。娶武氏。顺天府乡试第三十一名，会试第一百十二名。

骆敏，贯江西九江府湖口县，民籍。府学生。治《诗经》。字士聪，行二，年三十七，正月初十日生。曾祖登四。祖洪二。父启诚。母喻氏，继母宁氏。具庆下。兄敬。弟扬、孜、敞、敦。娶游氏。江西乡试第十五名，会试第三名。

欧阳正，贯江西吉安府吉水县，民籍。新昌县学增广生。治《诗经》。字楷正，行一，年四十四，正月初二日生。曾祖均民。祖从善。父冲霄。母周氏。慈侍下。弟楷谟、楷范。娶黄氏。江西乡试第二十六名，会试第一百三十八名。

强宏，贯河南汝宁府汝阳县，民籍。府学生。治《礼记》。字仕容，行三，年三十二，九月初五日生。曾祖儒，元教谕。祖颐，前汝宁府经历。父恕。母胡氏。慈侍下。兄安、宁。娶杨氏。河南乡试第四十名，会试第八十三名。

娄良，贯河南开封府通许县，匠籍。县学生。治《诗经》。字至善，行一，年三十二，二月初十日生。曾祖兴。祖旺。父恪，乡贡士。母王氏。慈侍下。娶韩氏。河南乡试第十一名，会试第四十四名。

王凯，贯直隶保定府庆都县，民籍。县学生。治《书经》。字舜举，行三，年二十九，正月二十九日生。曾祖士安，元唐县县丞。祖郁，沂州永丰仓大使。父俊。母刘氏。慈侍下。兄名、原。娶李氏。顺天府乡试第五十名，会试第一百一十七名。

杨观，贯四川成都府新都县，民籍。府学生。治《易经》。字尚宾，行四，年三十七，七月十一日生。曾祖文宝。祖学可。父崇节。母陈氏。慈侍下。兄轼、輗、轵。弟载、轸、升、晋。娶郑氏，继室胡氏。四川乡试第一十二名，会试第一百三十四名。

曹祥，贯河南卫辉府获嘉县，民籍。府学生。治《诗经》。字致和，行二，年三十三，六月二十八日生。曾祖端。祖宽。父得明。母贾氏。具庆下。兄祯。弟永祐、永福、永禄。娶郭氏。河南乡试第三十七名，会试第一百四十二名。

郑宁，贯河南开封府祥符县，民籍。府学生。治《书经》。字志道，行四，年二十四，三月初三日生。曾祖才兴。祖得春。父彦辉。母孙氏。具庆下。兄宪、宣、宾。弟宏。聘晏氏。河南乡试第二十一名，会试第二十六名。

魏贞，贯直隶凤阳府怀远县，民籍。县学生。治《礼记》。字正己，行三，年二十七，八月二十八日生。曾祖明德。祖敬叔。父邦兴，钧州州判。嫡母周氏。生母庞氏。具庆下。兄文、忠。娶徐氏。应天府乡试第八十四名，会试第一百二十五名。

黄祯，贯江西吉安府永丰县，民籍。县学生。治《易经》。字膺祉，行一，年二十八，十二月二十五日生。曾祖原礼。祖复省。父仲篪。母徐氏。具庆下。弟守真。娶曾氏。江西乡试第十五名，会试第十三名。

刘贤，贯福建福州府侯官县，军籍。国子生。治《礼记》。字时举，行九，年四十四，二月二十五日生。曾祖福。祖祐。父和。母郑氏。继母赵氏。永感下。娶林氏。应天府乡试第六十三名，会试第五名。

任宁，贯陕西西安府临潼县，军籍。国子生。治《易经》。字靖之，行一，年三十四，八月十二日生。曾祖道远。祖博文。父辉。母黄氏。具庆下。弟宣、宅、宏、宇。娶董氏。继室赵氏。陕西乡试第七名，会试第一百十一名。

黄鉴，贯直隶苏州卫，军籍。长洲县学军生。治《易经》。字克明，行一，年三十，三月初八日生。曾祖子玉。祖原善。父文用。母朱氏。具庆下。弟震。娶宋氏。应天府乡试第五十八名，会试第一百四十名。

杨愈，贯直隶太平府当涂县，民籍。县学生。治《书经》。字希贤，行三，年三十五，正月十四日生。曾祖贵。祖彦礼。父永。母郭氏。永感下。兄真、忠。弟茂、观。娶朱氏。应天府乡试第四十三名，会试第一百三名。

丘嵩，贯江西建昌府南城县，民籍。县学生。治《春秋》。字崇高，行一，年三十一，三月初一日生。曾祖心照。祖用昭。父冰鉴。母龚氏。永感下。娶王氏。江西乡试第三名，会试第六十五名。

李侃，贯顺天府东安县，民籍。县学增广生。治《礼记》。字希正，行三，年三十六，九月初九日生。曾祖彦闻，元翰林承旨，封楚国公。祖继本，元进士。父东，行人司左司副，致仕。母陈氏。具庆下。兄俣；伸，馆陶县学训导。娶张氏。顺天府乡试第四十六名，会试第五十八名。

沈讷，贯直隶苏州府昆山县，医籍。县学增广生。治《春秋》。字文敏，行四，年二十九，十一月二十六日生。曾祖叔阳，元医学正。祖士怡。父孟舟。母徐氏。具庆下。兄愚、鲁、质。娶杭氏。应天府乡试第九名，会试第一百二十七名。

钱森，贯浙江宁波府慈溪县，军籍。县学增广生。治《诗经》。字廷茂，行三，年三十四，十二月初六日生。曾祖均举。祖荣中。父起宗。母余氏。重庆下。兄荪、芝。弟蕙。娶沈氏。浙江乡试第三十五名，会试第五十二名。

锺成，贯河南开封府原武县，匠籍。县学生。治《礼记》。字子完，行八，年三十，正月初五日生。曾祖泰。祖真。父贤。母胡氏。慈侍下。兄子隆、子英。弟子周。娶尹氏，继室陈氏。河南乡试第八名，会试第三十二名。

张文质，贯直隶永平府昌黎县，民籍。县学生。治《诗经》。字允中，行一，年二十二，六月十七日生。曾祖继和。祖广，陕西庄浪卫仓大使。父鉴。母杨氏。慈侍下。娶王氏。顺天府乡试第二名，会试第一百二十九名。

鄞海，贯江西吉安府吉水县，民籍。儒士。治《书经》。字朝宗，行一，年三十六，四月初十日生。曾祖震亨。祖克宣。父昌敏。母李氏。严侍下。弟朝端、朝佐。娶边氏。江西乡试第四十八名，会试第五十三名。

汪琰，贯江西饶州府乐平县，民籍。县学生。治《礼记》。字廷用，行四，年二十五，九月二十七日生。曾祖德礼。祖原政。父永惠。母方氏。重庆下。弟珽、环、瑗。娶□氏。江西乡试第五十六名，会试第八十五名。

王宣，贯河南卫辉府淇县，民籍。县学生。治《诗经》。字明理，行一，年三十五，十一月十八日生。曾祖贤。祖能。父忠。母刘氏。具庆下。弟宏、宁。娶崔氏。河南乡试第四十三名，会试第四十六名。

"高谦"条字迹模糊，仅"民籍，州学生"数字可辨。

郝璜，贯河南汝宁府光州，民籍。国子生。治《春秋》。字廷器，行二，年三十四，十一月十五日生。曾祖聚。祖兴。父仲贤。母闻氏。永感下。兄瓘。弟珍、琏。娶李氏。河南乡试第四名，会试第一百二十名。

熊文，贯江西南昌府新建县，民籍。国子生。治《易经》。字彦奎，行四，年二十六，九月初六日生。曾祖升。祖达。父琛，广西全州吏目。母卢氏。具庆下。兄仁、智、侃。弟彪。娶魏氏，继室黄氏。广西乡试第十名，会试第八十九名。

陈汝言，贯直隶潼关卫，官籍。国子生。治《春秋》。字讷之，行二，年三十七，三月初二日生。曾祖宗虞。祖兴，元宛平县达鲁花赤。父纯。母马氏。永感下。兄玘。弟琰、理。娶钱氏，继室吴氏。陕西乡试第三名，会试第六十一名。

白圭，贯直隶真定府冀州南宫县，民籍。县学生。治《易经》。字宗玉，行三，年二十四，四月二十九日生。曾祖文举。祖进忠。父友谅。母郭氏。继母何氏。具庆下。兄钦、瑢。弟瑄、珍。娶秦氏。顺天府乡试第四十六名，会试第四名。

刘玘，贯陕西西安府泾阳县，军籍。绥德州学军生。治《书经》。字仲玉，行三，年二十九，三月二十日生。曾祖宗，元肤施县学教谕。祖真。父胜。母高氏。具庆下。兄瑜、顼。弟琛。娶叶氏。陕西乡试第二十二名，会试第一百四十五名。

陈铨，贯河南开封府郑州汜水县，民籍。县学生。治《诗经》。字文衡，行二，年三十三，十月二十五日生。曾祖仲远。祖思明。父原，本县学教谕。母呼氏。继母黄氏。慈侍下。兄鉴。弟钝。娶王氏。河南乡试第三十三名，会试第八十六名。

倪让，贯直隶滁州全椒县，军籍。庆阳府学军生。治《礼记》。字允恭，行三，年四十三，二月初二日生。曾祖兴。祖觉显。父清。母李氏。继母刘氏。永感下。兄俭、旺。娶王氏。陕西乡试第十名，会试第一百四十四名。

刘让，贯直隶河间府沧州，民籍。州学生。治《诗经》。字执谦，行二，年三十，月初九日生。曾祖彦和。祖通甫。父浩。母李氏。慈侍下。兄敬。娶王氏。顺天府乡试第十二名，会试第九十三名。

薛远，贯直隶庐州府无为州巢县，军籍。广东儋州学增广生。治《诗经》。字继远，行五，年二十八，十月初三日生。曾祖舜卿。祖祥，工部尚书。父能。母欧阳氏。生母沈氏。慈侍下。兄继善、继隆、继常。娶杨氏。广东乡试第三十八名，会试第一百九名。

李瑶，贯直隶隆庆州，民籍。州学生。治《诗经》。字仲玉，行三，年三十八，十月十七日生。曾祖元举，太平府通判。祖则政。父英，前华容县学教谕。母王氏。具庆下。兄琼、瓒。弟珣。娶胥氏。顺天府乡试第三十七名，会试第一百四十九名。

张惠，贯陕西平阳府吉州，军籍。州学生。治《易经》。字泽民，行四，年三十八，十一月二十九日生。曾祖克政。祖敏中。父景端，内丘知县。母王氏。慈侍下。兄真；兰；春，将军。娶郝氏。山西乡试第三十六名。会试第一百四十六名。

程信，贯直隶徽州府休宁县，军籍。直隶河间府河间县学军生。治《易经》。字彦实，行一，年二十六，闰五月十六日生。曾祖吉辅。祖杜寿。父晟。母张氏。重庆下。弟佲。娶林氏。顺天府乡试第二十三名，会试第九十六名。

常茂，贯山西太原府交城县，军籍。县学生。治《春秋》。字景荣，行一，年三十，八月十八日生。曾祖奉先。祖恕。父琰。母田氏。重庆下。弟芸、艺、盛、芝、兰、蕙。娶荀氏。山西乡试第九名，会试第一百二名。

甘节，贯江西南昌府丰城县，军籍。县学生。治《书经》。字尚忠，行五，年三十八，七月二十日生。曾祖仲谦。祖怀德。父叔彰。母盛氏。严侍下。兄尚智、尚仁、尚胜、尚义。弟尚庸。娶刘氏。江西乡试第三十三名，会试第一百三十三名。

薛干，贯直隶真定府赵州临城县，民籍。县学生。治《诗经》。字景廉，行一，年三十二，十二月初八日生。曾祖敬。祖弘友。父志刚。母员氏。具庆下。弟彬、端。娶张氏。顺天府乡试第九十七名，会试第四十九名。

万祥，贯江西南昌府南昌县，民籍。府学增广生。治《书经》。字载道，行一，年三十，八月初二日生。曾祖以新。祖汝行。父成易。母朱氏。慈侍下。娶杨氏。江西乡试第三十名，会试第六十名。

邵进，贯河南开封府钧州新郑县，军籍。县学生。治《书经》。字文升，行一，年三十四，十二月二十日生。曾祖荣。祖克敬。父知新，乡贡士。母贾氏。具庆下。弟通、达、遵、述、迪。娶赵氏。河南乡试第二十八名，会试第一百五十名。

据《正统七年进士登科录》，本年殿试策问试题为："皇帝制曰：朕惟国家建官，共理天事，以安生民，必求真才实德，用图成绩。论者咸谓培养贵有素，选举贵有方，考课贵严明，今兹三者虽尝修举，而百官有司未能尽得人，何欤？三代以上，稽诸经可见，若汉、唐、宋愿治之君，皆知以求贤为务，而得人之盛独称虞周，何欤？期于济济多士，秉文之德，九德咸事，俊乂在官，用臻雍熙泰和之治，果何道以致之欤？朕祗承祖宗大统，以安民为心，惓惓于兹久矣。诸生讲明治道，出膺时用，必有定论。其直述以对，无骋夸辞，无摭陈言，朕将采而行之。"

状元刘俨对策全文如下："臣对：臣闻孔子曰：为政在人，取人以身，修身以道，修道以仁。大哉人君之一身乎，其为取人为政之根本乎！故有志于帝王之盛治者，不可不求其人，有志于帝王之用人者，不可不修其身。其身既修，则所以培养人才于未用之先，选举人才于将用之际，而考课于既用之后，无往而不宜矣，尚何患乎真才实德之不可得，而唐虞三代之不可及哉？钦惟陛下聪明先物，睿知有临，心二帝三王之要道，绍祖宗列圣之宏规，即位以来，孜孜求贤，以图至治，其得人之盛，致治之美，盖无以加矣。而犹发纶音、下明诏，首以国家用人之方，次及虞周得人之盛，下询微贱以求定论。臣有以知陛下诚大有为之君也，其所以复隆古之至治、开万世之太平，端在此矣，臣敢不悉心以对！窃惟天生斯民，不能自治，故必命之君，君抚斯民，不能独治，故必任之臣。是臣之所以为臣，非徒取其充位而已也，备员而已也，食君之禄而已也，上而天事以之而共理，下而生民以之而共安，自非真才实德之士，鲜有不癏官而旷职者矣。洪惟国朝圣圣相承，丕图治理，以养贤必本于学校也，内置国子监以教天下之英才，外设府州县学以育民间之俊秀，既择师儒以专其职，又命宪臣以董其纲，迄今七十余年，教化之功愈久而愈盛，此其培养可谓有素矣。以用贤必资于科目也，或由进士举，或由胄监选，或以贤良方正为名，或以材德兼备为科，取贤任材，类非一途，此其选举可谓有方矣。以至三年而一考，九年而通考，善良者升之赏之，回邪者黜之罪之，其考课之法，又不可谓不严且明矣。然而百官有司未尽得人者，岂用是三者而不效哉？亦以徒徇其名而不求其实之过也。臣请稽诸古，揆诸今，为陛下陈之。夫唐虞三代之世，其培养之制，有小学以为大学之根本，有大学以收小学之成功，自爱亲敬长之事，以驯致夫明德新民之功，而天子公卿躬行于上，言行政事皆可师法，此其养之于学也，有其实而非虚名之徇矣。其选举之方，敷纳以言，然后明庶以功，明庶以功，然后车服以庸，未尝轻易以举之，既宅三宅以任其事，又储三俊以备其选，未尝造次而用之，此其举之于朝也，有其实而非虚名之徇矣。至于三载考绩，三考黜陟幽明，与夫岁终各正其治而废置之，三岁大计其治而诛赏之，此其课试之者，又岂务虚名而不求其实哉？是以求之当时，济济多士，秉文之德，九德咸事，俊乂在官，信有如《诗》、《书》之所言矣。然原其所以致此者，何莫不自圣人修身为之本哉？三代而下，若汉、唐、宋愿治之君，固皆以得贤为务，然考之于史，以言其教人，或尊师重傅，或大召名儒，六学之有领，三舍之有生，名则美矣，其视唐虞三代之躬行心得者为何如？以言其举人，贤良之有科，孝廉之有选，六科四事之辟，三经十科之制，名则嘉矣，其视唐虞三代之敷言奏功、克用宅俊者为何若？至若考课之法，有尚书以典公卿二千石，曹尚书以典郡国，三铨之有法，循资之有格，又可与唐虞三代考绩、黜陟之典并论哉？是则汉、唐、宋养士取士之法，既皆不能如唐虞三代之本于修身以务其实，则其成人、得人之效，又岂能比隆唐虞三代之盛哉？今陛下期于得人，必曰秉文，曰九德，期于致治，必曰雍熙泰和，臣有以知陛下心尧、舜、禹、汤、文、武之心矣。陛下既心乎尧、舜、禹、汤、文、武之心，则其所以兴学校、慎选举、严考课，舍唐虞三代，其何以为法哉？臣伏睹陛下兴学校以作成天下之士类，亦云至矣，然而师之所以教，弟子之所以学，率从事于文艺之末，不务以德行为本，故鲜有所成就。此臣愿陛下修身以端教化之本，如唐虞三代之君，则即所谓上有好者，下必有甚焉者矣。陛下设选举以网罗天下之贤俊，亦云广矣，然举贤良者或窃贤良之名，称材德者或乏材德之实，故不能皆称任使。此臣愿陛下修身以为知人之要，如唐虞三代之君，则即所谓允迪厥德，谟明弼谐矣。至于考课之法，所以劝善而惩怠，比年以来，典是任者惟知体□□□厚之德，不务严黜陟之法，故劝□□□□□□此臣愿陛下修身以正激劝之原，如唐虞三代之君，则即所谓惟仁者能好人、能恶人矣。陛下于是三者，诚能本之以修身，远宗唐虞三代圣人之道，近守祖宗列圣之法，斟酌而行之，则内而朝廷、外而四方郡邑，举皆贤者在位、能者在职，又何未尽得人之足虑哉？陛下之策臣者，前既陈之矣，而于终篇又策之曰：'朕祗承祖宗大统，以安民为心，惓惓于兹久矣。'臣又以见陛下视民如伤、求贤如渴之心也。然人之一心，操舍无定，久则易怠，要必贵于有常。天有常，故不息；地有常，故载厚；日月有常，故久照。陛下中天地而立，并日月之明，必体其有常之运，以之修身，以之求贤，以之爱民。广堂如是，深宫如是，大政大事如是，微言细行如是，则即伊尹所谓'常厥德，保厥位'矣。天下幸甚，生民幸甚！臣学不足以明治道，材不足以膺时用，惟因圣问所及，谨直述以对，若夫骋夸辞以取容，摭陈言之无益，则非臣之志也。惟陛下悯其愚而择焉。臣谨对。"

榜眼吕原对策全文如下： "臣对：臣闻人君欲求安民之效，莫先于用贤，欲尽用贤之实，尤在于法古。盖贤才乃致治之本，必其养之有素、取之有术、劝惩之有道，如古帝王躬行之尽其实，则真才可得，庶职可修，而天事以治，生民以安，何患不臻于隆古之治哉？故后世欲追唐虞三代之治者，不可不以唐虞三代帝王之道为法也。《书》曰：'监于先王成宪，其永无愆。'《诗》曰：'不愆不忘，率由旧章。'盖谓是已。恭惟皇上备乾刚中正之德，履九五至尊之位，临御以来，宵旰惓惓，惟以奉天图治为心，而凡求贤、安民，亦惟帝王与祖宗之道是循、是用。于学校之教，则既择师儒以训之，又分命宪臣以董之，而培养之功已至；科目之设，则求实才以汰浮华，严解额以杜侥幸，而选举之道已精；屡降纶音，谆谆戒饬，罢黜贪懦，登进贤能，而考课之法已详。斯三者固无一之不修举，由是下无遗才，上无废事，而得人致治之效亦已至矣。皇上不自满足，犹以为百官有司未尽得人，必欲上追虞周之盛，倦倦于兹为言，乃进臣等于廷，虚心赐问，责以定论。臣虽愚昧，窃有以知皇上是心，即古帝王制治保邦、不遑宁处之盛心也。臣敢不拜手稽首，以对扬明命之万一！夫惟天惠民而必立之君，惟辟奉天而必任之臣，是人君之用贤，实所以为天下生民计也。然必教养、选任、劝惩之尽其道，则所用皆真才实德，而天人之责庶几兼尽而无旷焉。粤稽诸古，唐虞建官惟百，内有百揆四岳，外有州牧、侯、伯，为之制礼作乐，共代天工，都俞戒敕，臣邻赞襄。当时庶政惟和，万国咸宁，果何以致此哉？由其谆典敷教，翕受敷施，以培养选举于其前；奏言试功，考绩黜陟，而严考课于其后也。成周建官，仰惟前代，时若大而三公、三孤，次而六卿、九牧，为之经邦弘化、分职率属，上下相维，体统不紊。当时兆民阜成，万邦咸休，亦何以致此哉？由其塾、庠、序、学之设，大比宾兴之制，以培养选举于其前；岁终受会，三岁大计群吏之弊，而行考课于其后也。三代而下，汉、唐、宋之君有志于治者，未尝不以求贤为务。然汉有孝弟、力田、贤良、方正等科，名则美矣，其所得惟贾谊劝兴礼乐、董仲舒正谊明道为可称耳。他如张禹、公孙弘阿谀之辈，果可齿欤？唐有秀才、明经、明法、明算、一史、三史诸目，名则嘉矣，其所得惟韩愈排斥佛老、陆贽论谏仁义为足取耳。他如牛僧孺、皇甫镈奸邪之流，又可数欤？宋有天下，育才以学校，取士以科目，得人如韩、范之出入将相，富、欧之文章政事，其余端人、硕辅类非一人，宜若几于三代者，然而君子小人迭为消长，周、程、张、朱不获大用，其得人之实又可知矣。此无他，帝王之世，教人必以德行道艺，取士必由乡举里选，考课必以载采采，克知灼见为心，而天子公卿，又皆躬行以为师法。是以得人之盛，诚有如《诗》所谓'济济多士，秉文之德'，《书》所谓'九德咸事，俊乂在官'者矣。迨于后世，教之而无所本，取之不由其道，考之不以其实，为君臣者又或安于卑近、溺于利欲，而不知躬行以为立教之本，是以得人之效，终不能比拟于古也。今皇上急于求贤以图治理，于培养、选举、考课之道，固皆行之而有其效，兹又以虞周为期者，臣又有以知皇上此心，必欲得天下真才之用，而致治之效，必欲跻于雍熙泰和之盛也。然虞、周圣人所以致此者，岂偶然哉？实由躬行以为本耳。皇上诚能取法虞、周，躬行教化，以培养士类，则必益重师儒之选，敦崇仁义之教，而成人有德、小子有造之效可致矣。躬行道德以选举人才，则必益严主司之权、务慎贡举之法，而黎献共臣、野无遗贤之效可必矣。由是立为定制，以考课庶官，则必益择铨衡之任，大明黜陟之典，而百工惟时、庶官无旷之效可期矣。夫如是，则贤能在职、君子盈朝，上而辅成君德，致吾君为尧舜之君，下而润泽生民，使斯民为尧舜之民，由是天道以清，地道以宁，风雨寒暑顺其时，山岳河海奠其居，推而至于鸟兽草木、飞潜蠕动之属，皆有以安其生而遂其性，雍熙泰和之治，讵不匹休于虞、周哉？虽然，圣问之所及，臣既略陈之矣，而于终篇愿有献焉。臣惟天下国家之本在身，而身之主则一心耳，心之存否，天下、国家治忽之所由系焉。故尧、舜、禹、汤、文、武，隆古之圣君也，犹兢兢业业以存此心；太甲、成王，商周之贤君也，必困心衡虑以存此心；故皆能成至治于当时，焕功德于万世。伏惟皇上体帝王之要道，以存心为出治之本，则圣德神功，足以光昭祖宗之鸿烈，而宗社生民之福，将与天地相为悠久矣。臣学识浅陋，叨奉大对，谨述直辞，上尘睿览，干冒天威，不胜悚惧之至。臣谨对。"

探花黄谏对策全文如下："臣对：臣惟人君图治，莫先于用贤，而用贤之要，尤在于修身。能修其身，则明于知人，而所用皆贤，由是有君、有臣，而政无不举矣，又何虑天下、国家之不治哉？故尧、舜、禹、汤、文、武所以致雍熙泰和之盛者，皆本诸此道也，而汉、唐、宋之治效不古若者，庸非此道之未尽欤？恭惟陛下帝德广运，圣学缉熙，以大有为之资居大有为之位，而行大有为之政，诚近古以来所未有也。而犹不自满足，特进臣等于廷，降赐清问，首举求贤图治之道以及虞、周得人之盛与夫汉、唐、宋治不逮古之由，下询草茅，臣有以知陛下是心，即尧、舜稽于有众、清问下民之心，汤、文用人惟己、望道未见之心也。臣虽不足上揆渊衷，敢不抒一得之愚，以对扬圣天子之明命乎？臣闻《书》曰：'惟治乱在庶官，官不及私昵，惟其能爵，罔及恶德，惟其贤诚以能，则足以任事。'贤则足以惇化，是岂可以易而致哉？良由乎培养有素、选举有方、考课之严明也。圣朝混一以来，首以甄陶士类、养育人材为务，故内建国学以储天下之贤，外设郡邑学以育闾里之秀。丰其廪馈，蠲其徭役，其培养之素，固与虞、周之敬敷式和同一道矣；三年大比，宾兴贤能，定解额以取人，汰浮文而务实，有能有为，举蒙擢用，其选举之方，固与虞、周明扬迪简同一揆矣；以至三载一考，定其殿最，九载三考，明其黜陟，有正官而各考所统，有台宪而分考所巡，此其考课之善，又与虞、周无二致矣。是以内而经邦论道者皆得其人，外而承流宣化者举获其用，又何未尽得人哉？然而知人之事，自古为难，人藏其心，不可测度，其或百官有司未尽得人者，诚由任其责者，教养有未善、知人有未明，而考核有未精耳。稽诸三代以上，若命契敷教以亲百姓，命夔典乐以教胄子，以至庠序学校之异其设，大学小学之异其教，此唐虞三代培养人才之有素可知矣。舜有天下，选于众，举皋陶；汤有天下，选于众，举伊尹。以至大比、宾兴有其制，乡举、里选有其法，此唐虞三代选举人才之有方可见矣。至于三载考绩，三考黜陟幽明，岁终考岁会，月终考月要，日终考日成，大宰掌大计之制，小宰有六善之法，此唐虞三代考课之严明又何如哉？故唐虞之时，九德咸事，俊乂在官；成周之世，济济多士，秉文之德。虽由行是三者，实本乎尧舜克明俊德、慎厥身修，文武聪明齐圣、克慎明德以致之也。是则唐虞三代之所以得人成治，何莫不本于修身也哉！三代而下，言治者莫汉、唐、宋若也。观汉文帝谦让未遑，贾谊以忠爱之诚，陈治安一策，卒不能用，止于长沙傅而已；武帝好大喜功，董子以王佐之才，陈天人三策，卒不能行，终于江都相而已。当时虽有贤良、茂才之举，三科、六条之制，徒尚虚名而不求其实，此汉之治所以止于汉也。唐太宗急于功利，虽有礼乐之问，而房、杜汗浃无对；宪宗惑于异端，韩愈以名世大儒力排佛老，而竟贬潮州。当时虽有进士、明经之科，四善、二十七最之制，亦徒尚文具而不务其本，此唐之治所以止于唐也。以至宋太祖、太宗之创业，真宗、仁宗之守成，固皆有志于治，奈何后世之主耽于嗜好，心术不明，好恶用舍多失其当，而王安石、吕惠卿、曾布、章子厚之徒相继为用，更立新法，排斥正人，虽有濂、洛、关、建之大儒，皆不获见用于时，欲治效之复古，亦不可得矣。是则汉、唐、宋之君于取人以身之道，概乎有所未至也。今陛下欲修身以隆治化，要当舍汉、唐、宋而法帝王之盛可也。夫帝王之治本于道，帝王之道本于身，身既修矣，则于学校之政、选举之方、考课之法无施而不可矣。此臣惓惓以修身一语为终篇献者，无他，盖以陛下之所期者，在得人以为安民之本；臣之望于陛下者，在修身以为取人之则也。孔子曰：'为政在人，取人以身，修身以道，修道以仁'，是道与仁又修身之要也。伏愿陛下始终以此仁、此道而修其身，则君德以成，皇极以建，其于天下之贤才，培养之所成，选举之所得，而考课之所激劝，皆真才实德之士，而致治之效足以臻雍熙泰和之盛，尚何俾唐虞三代专美于前哉？刍荛之辞，直述以对，惟陛下少垂睿览，不胜幸甚。臣谨对。"

四月

作宗人府、吏户礼兵工五部、鸿胪寺、钦天监、太医院于大明门之东，翰林院于长安门之最东。（据《国榷》卷二十五）孙承泽《天府广记》卷二十九《钦天监》："钦天监在皇城之东，礼部后，正统七年四月建。初置太史监。洪武元年，改司天监，又置回回监。三年，始改为钦天监。二十一年，革回回监，以回回历法隶焉。所职主历数天文星纪之事。监有正有副，而分春夏中秋冬为五官。五官正专理历法造历，监候佐之。灵台郎辨日月星辰之躔次分野，以占候天文，密疏闻，保章正佐之。挈壶正考中星旦夜错明之候，而漏刻博士佐之。凡日月星辰风云气色之变异，率其属登观象台占焉。台四面，面四人。国有大营建、师旅、冠、婚择日，营陵寝择地。凡立春先期候气于东郊。凡大朝贺，设定时鼓于门楼，及期击焉。凡日月交食，先期算其分秒时刻起复方位以闻，下礼部移内外诸司救护之。凡畴人世业，立师而教之，乏人，移礼部访取试用。凡玄象图书密疏上，非其职不得预。凡习业者分为四科：曰天文，曰漏刻，曰回回，曰历日。五官正至天文生、阴阳人各专科肄焉。历有四，曰大统历，曰御览月令历，曰七政躔度历，曰六壬遁甲历。历注上历三十事，民历三十二事，工遁历六十七事。"

五月

国子监祭酒李时勉请仍照旧例选写诰等项监生。英宗命该部详议以闻。《明英宗实录》卷九十二：正统七年五月甲戌，"国子监祭酒李时勉言：'凡写诰等项监生，选坐堂年深者，次及年浅者，已是定例。今中书舍人宋怀等以年深监生写字粗拙，欲不拘资次选用，具奏已准。臣闻往时监生坐堂，或一年，或二三月，辄请托各衙门取以历事，侥幸出身，用是奔竞峰起，贿赂公行，弊莫甚焉。自立定例，此弊乃革，诸生方安心肄业。今若从怀等所奏，则前弊纷纷，一旦复起，乱朝廷之成宪，坏诸生之心术，臣之教法不得行矣。自古轻薄之徒，好言生事，背公徇私，变更国法，类多若此。臣往在翰林，窃恨此事。今蒙恩典教，知而不言，言而不尽，是不忠也。乞仍遵前例，以塞请托之路，杜贿赂之门，抑奔竞之风，庶朝廷之成宪可守，臣之教法可行，诸生可专业有成，以资任用。且中书舍人本以写诰为职业，近年专委监生，是废弃其职业矣。况监生乍书未熟，不能无误。乞令写诰已满监生，授之职事，专一写诰，久惯熟便，可无误事。'上命该部详议以闻"。

六月

茂名教谕傅璇，乞停保举，专责吏部精选，如往例，部覆御史知州阙，停保举，余仍旧。从之。（据《国榷》卷二十五）

十月

太皇太后张氏崩，谥诚孝。杨士奇建言修《建文实录》等。《明鉴纲目》卷三："纲：冬十月，太皇太后张氏崩。（谥诚孝）目：太皇太后大渐，命中官问杨士奇、杨溥：'国家尚有何大事未举？'士奇举三事。其一言建文君虽亡，曾临御四年，当修实录，仍用建文年号。其二言太宗诏，有收方孝孺诸臣遗书者死，宜弛其禁。其三未及上，而太后已崩，遗诏勉大臣佐帝，惇行仁政，语甚谆笃。（王振自太后有疾，数年间，已纵恣，及太后崩，遂益无忌惮。）"

十一月

河南汤阴县学生牛麟等七人以貌陋被黜，申诉于礼部。《明英宗实录》卷九十八：正统七年十一月甲申，"河南汤阴县学生牛麟等七人言：'自幼入学，颇知方向，今以貌陋，为提学佥事张敬所黜。窃谓国家养士，于其学而已，今不问资质高下，文行可否，惟以貌陋，概行罢黜，恐非朝廷之意。'礼部以闻，上曰：'取人以貌，此古人所以失于子羽，可执此以概天下士乎？其令河南布按二司，委官于所属州县罢黜生员内，详加考选，果资质可进、学行可观者，令复学如故。'"

十二月

杨士奇《三朝圣谕录》已成。《东里别集》卷二《三朝圣谕录序》："当时共事之臣，或亡或退，独士奇今年七十有八，衰病昏耄，犹滥玷朝行未已也……追念旧恩，五内摧痛，因记忆榻前所得玉旨之详者，辑而录之，厘为三卷。永乐居首，洪熙次之，宣德又次之。有疑之者曰：'廷陛之密，可存于私乎？'辄应之曰：'吾惟懔乎虑泯吾君之盛美是惧，而遑他恤哉！不观于古乎，欧阳文忠公著《奏事录》及《濮议》，司马文正公著《手录》，具记当时君臣问对之辞，委曲而详尽，所以著一代明良契合之盛事。盖昔之大臣君子往往皆然，义之所不能已也。况臣之所录，有圣德焉，有圣训焉，有特恩焉。臣惟惧录之不能详也，而奚暇他恤哉！疑者既释，敬号曰《圣谕录》云。正统壬戌冬十二月乙卯（二十九日），臣杨士奇谨序。"《四库全书总目·三朝圣谕录提要》："《三朝圣谕录》三卷，明杨士奇撰。是编乃自录其永乐、洪熙、宣德三朝面承诏旨及奏对之语。盖仿欧阳修《奏事录》、司马光《手录》之例。《明史》士奇本传多采用之。序题'壬戌十二月'，为正统七年，乃士奇未卒之前二年也。"

翰林院编修徐珵上五事，《国榷》卷二十五："曰治兵宜岁九月……曰唐有军谋之科，宋有武举之选。乞兵部檄天下军卫有司，访谋勇之士，不限南北，不拘额选，至京问攻守之策。试骑射合格，月饷二石，隶京营听遣。上议行之。"（据《国榷》卷二十五）

本年

令阴阳生免差役一丁。嘉靖《河间府志》卷四《宫室志·公署》："阴阳学，在府前。训术一员，以精其术者为之。统阴阳生五名，专占节候、卜时日，掌漏刻，以授民时。正统七年，令阴阳生免差役一丁。"

杨溥撰《绣林学宫记》。《明名臣琬琰续录》卷一《少保文定杨公言行录》："公撰《绣林读书记》曰：学宫在绣林之阳，与龙盖诸峰相望，此其读书处也。予自髫龀就傅，于兹者若干年。读书之暇，偕同游登山椒，盼长江，望洞庭，览云梦之墟，天光万里，逸兴云飞，有不自知其乐者。及出仕途，历险夷，又若干年。今年七十有一。追惟父祖教育于斯，师友训砺于斯，国家作养于斯，而寤寐之间，未尝不在于斯也。复惟少时拙工呈璞，备员翰林，由编修迁洗马，以事坐废若干年。复入翰林，迁太常，再还礼官，忝列三少之末。仰惟圣明过蒙拔擢，不敢不敬谨从事，以图报万一。况读书终身，亦恒以礼自度，不敢以夷险易心。第由才识疏庸，年益衰迈，而终不能无慊然。然于进退之节，尚思以义制之，而不敢昧于所私也。"

明英宗正统八年癸亥（公元 1443 年）

正月

太常寺少卿兼翰林院侍讲学士金问、太仆寺少卿王荣调南京。（据《国榷》卷二

十五)

以王直为吏部尚书。《馆阁漫录》卷二《正统八年》:"正月丁巳朔。己巳,调太常寺少卿兼翰林侍讲学士金问于南京太常寺。庚午,升礼部左侍郎兼翰林侍读学士王直为吏部尚书,调吏部左侍郎魏骥于礼部。命礼部左侍郎兼翰林侍讲学士王英理本部事。"

二月

二月丁亥朔,遣祭酒李时勉释奠先师孔子。壬辰,命吏部尚书王直、礼部左侍郎兼侍讲学士王英仍侍经筵讲书。(据《馆阁漫录》卷二《正统八年》)

进士刘益为兵科给事中,贾恪为监察御史,孟瑛、李奈为吏部主事。(据《国榷》卷二十五)

三月

进士姚夔、包良佐、翟敬为吏科给事中,陈宜、伊侃为工科给事中。(据《国榷》卷二十五)

增国子监生馔米。(据《国榷》卷二十五)

四月

王文等劾杨士奇纵子杨稷为恶,上置不问。《馆阁漫录》卷二《正统八年》:四月,"丁酉,都察院右都御史王文等劾奏少师、兵部尚书兼华盖殿大学士杨士奇纵其子稷为恶,宜黜之。上曰:'士奇先帝旧臣,日夕辅导朝廷,焉知其子居乡为恶。'命守官如故。翌日,六科、十三道又交章劾之,上置不问"。

翰林院学士蔺从善致仕。(据《国榷》卷二十五)

行人王琳、叶蓁、潘洪、朱升,知县严熙,教谕张子初,训导汪澄、刘安、史颐、谯明为监察御史。(据《国榷》卷二十五)

五月

斥国子监生衰鄙陈义等百有二人。(据《国榷》卷二十五)

进士刘华甫、胡渊、卢祥、张云翰为南京给事中。(据《国榷》卷二十五)

定外遣,先行人,方进士。时行人刘瀚,讦礼部郎中叶蓁遣进士钱森伴送占城使臣,非制。(据《国榷》卷二十五)

六月

礼部议，今后监生居忧，不过期者俱作坐监月日。《明英宗实录》卷一百五：正统八年六月癸巳，"礼科都给事中胡清言：'比者国子监祭酒李时勉，以监生居忧二三次以上者，中间多有虚伪，奏准居忧月日，俱不作坐监之数，遂致先入监者坐此不得出身，年益衰迈，徒切嗟叹。夫忠孝，臣子立身之大节，不幸父母或祖父母物故，为子并嫡孙，居忧承重，岂得已哉？苟虑人之虚冒，遂并实居忧者概作虚旷，臣恐竞进之徒，于将拨之际匿丧不举，是废孝矣，岂不所虑者小，而所失者大耶？乞敕该部，今后监生居忧并省祭公故，不过期者俱作坐监月日。事下礼部议，尚书胡濚等请如清言，第托故过期者，虽有文据亦不准。冒居祖父母嫡继母忧者，府县官虚文掩饰者，许提调学校御史佥事并按察司官体实究问。'上是其议，命著为令"。

立南京武学。（据《国榷》卷二十五）

翰林院侍讲刘球被王振杀害。年五十二。《馆阁漫录》卷二《正统八年》："六月甲申朔。丁亥，翰林侍讲刘球下狱死。球以雷震奉天殿鸱吻上十事，五府六部集议，咸言球所言惟择太常寺官，当从之，请令吏部推举。翰林修撰董璘闻之，遂自乞为太常寺官，球坐璘累下狱。数日，锦衣指挥马顺以球病死闻，碎其尸弃之，顺承中官王振意也。球字廷振，江西安福人。永乐辛丑进士，擢礼部主事。正统初，改侍讲。正统己巳，赠学士，谥忠愍。二子钺、钎皆进士，钎浙江提学副使。"《明史》刘球传："八年五月雷震奉天殿。球应诏上言所宜先者十事……疏入，下廷议。言球所奏，惟择太常官宜从，令吏部推举。修撰董璘遂乞改官太常，奉享祀事。初，球言麓川事，振固已衔之。钦天监正彭德清者，球乡人也，素为振腹心。凡天文有变，皆匿不奏，倚振势为奸，公卿多趋谒，球绝不与通。德清恨之，遂摘疏中揽权语，谓振曰：'此指公耳。'振益大怒。会璘疏上，振遂指球同谋，并逮下诏狱，属指挥马顺杀球。顺深夜携一小校持刀至球所。球方卧，起立，大呼太祖、太宗。颈断，体犹植。遂支解之，瘗狱户下。璘从旁窃血裙遗球家。后其子钺求得一臂，裹裙以殓。"罗洪先《念庵文集》卷十三《刘忠愍公死事状》："洪先读先行人如塘手记，公下狱在正统八年六月十二日。至二十一日而变作。二十三日，家人始得闻之。又二日，乃敢发丧。当是时，亲朋无相吊者。逾月而归。此事固秘，莫得其详。公家讳祭，自二十一日后，连三举，盖亦疑之，不知实二十一日也。先行人手记，日载晴雨诸细碎，此事甚大，且经目击，其必审不谬。"《明鉴纲目》卷三："纲：六月，太监王振，杀翰林院侍讲刘球。目：球应诏言事。（略曰：自古帝王，政自己出，则权不下移。太祖太宗，日视三朝，进大臣于便殿，裁决庶政，故权总于上。陛下临御，今已九年，愿守二圣之成规，复亲决之故事，使政本归一。古之择大臣者，必询诸左右。大夫国人，及其有犯，虽至大辟，亦不加刑，第赐之死。今用大臣，未尝皆出公论，及有小失，辄桎梏棰楚之，未几，又复其职，甚非所以敬大臣也。今之太常，即古之秩宗，今卿贰皆缺，宜选习礼儒臣，使领其职。古者人君不亲刑狱，悉付礼官，迩者法司所上，多奉敕增减，法司不能执奏，或先观望以为轻重，民以多冤。至运砖纳米，尤非古法。且使贪者幸免，廉者蒙辜，宜皆停罢。京师营作已五六年，曰不烦民而役军。军独非国家赤子乎？今营筑多完，宜罢工以苏人力。麓川连年用兵，死者十七八，军资爵赏，不可胜计。今又遣将远征缅甸，责献思任发。假使得寇以归，不过献诸廷，枭诸市而已。然挟以为功，必求与本邦分地，不与则致怨，与之则两夷并大，是减一麓川，生二麓川也。设有蹉跌，兵争无已，死者必多。迤北贡使日增，包藏祸心，诚所难测。宜分遣给事御史督视官军，及时训练，毋使借工各厂，服役私家。仍公武举之选，以求良将，定召募之法，以求武勇。广屯田、公盐法以厚蓄储。庶武备无缺，而外患有防。）疏入，下廷议，惟从其择太常寺官一事。钦天监正彭德清，球乡人也，倚振为奸。公卿多趋谒，球绝不与通。德清恨甚，遂摘疏中揽权语，谓振曰：'此指公耳。'振大怒，下球锦衣卫狱，属马顺杀球。顺深夜携一小校，持刀至球所。球方卧，起立，大呼太祖太宗。校前断其首，血流被地，体犹植立，支解之，瘗狱户下。（景泰初，赠翰林学士，谥忠愍。）"

大理寺少卿薛瑄以忤王振下狱，幸免于死。《馆阁漫录》卷二《正统八年》：六月，"甲辰，下大理寺左少卿薛瑄于狱。初，太监王振恨瑄不加礼，会有冤狱，瑄驳之，振嗾御史劾瑄故出人死罪，当死。赖大臣疏救，得免归。"《明鉴纲目》卷三："纲：下大理寺少卿薛瑄（字德温，河津人。）于狱，既而释之。目：瑄有学行，人称为薛夫子。初为山东提学佥事，王振问杨士奇：'吾乡有可为京卿者乎？'士奇以瑄对。召为大理少卿，瑄至，士奇使谒振，瑄曰：'拜爵公朝，谢恩私室，吾不为也。'一旦会议东阁，公卿见振皆趋拜，瑄独屹立。振知为瑄也，先揖之，自是衔瑄。会指挥某死，振从子山，欲强娶其妾，诬指挥妻毒杀夫，处极刑，瑄辨其冤，三却之。都御史王文（字千之，束鹿人。）承振指，劾瑄受贿，故出人罪，下狱论死。将行刑，振苍头忽泣于爨下。问故，曰：'闻薛夫子将刑也。'振感动，会兵部侍郎王伟亦申救，乃免"。

命诸进士为监察御史。进士黄裳、熊璘、尹礼、刘福、白圭、魏贞、韩雍、芮钊、刘怀、曹祥、阎宽、尹铉、刘贤、强宏为监察御史，辛浩、夏裕、潘英、闻人诩、左辅、王凯、郑敬、吕昌、杨观、左鼎为南京监察御史。（据《国榷》卷二十五）

进士林聪、徐简为吏礼科给事中。（据《国榷》卷二十五）

七月

王振以擅伐官树罪枷祭酒李时勉于国子监门。《明英宗实录》卷一百六"正统八年秋七月戊午（初五）"："国子监祭酒李时勉坐伐文庙树，枷于监门。监生李贵等千余人诣阙请：时勉衰老，且言其教诸生有方，乞贷之，俾终其教。有石大用者，复请代枷。上乃释之。初，中官王振诣监，时勉不为之屈，振故因而罪之。"《明鉴纲目》卷三："纲：秋七月，枷祭酒李时勉于国子监门。三日，释之。目：时勉与南京祭酒陈敬宗（字光世，慈溪人）并以师道著闻，时称南陈北李。时勉请改建国子监，帝命王振往视，时勉不加礼。振衔之，廉其过，无所得。时勉尝芟薙伦堂树枝，遂坐以擅伐官树，枷署门。监生石大用（丰润人）、李贵（凤阳人）等，三千余人，上疏救，不纳。适会昌侯孙忠生日，公卿皆为寿忠，太后父也。助教李继因公卿请于忠。太后使至忠家，忠言今岁生辰殊不乐，以公卿皆集，独李先生荷校不至耳。使复奏，太后言于帝，帝始知振所为，即释之。"

丙寅，翰林院学士蔺从善既致仕，请以其孙蕃为国子监生。上念其侍从岁久，特许之。（据《馆阁漫录》卷二《正统八年》）

国子监助教李继请改建国子监。《明英宗实录》卷一百六：正统八年秋七月，"癸亥，国子监助教李继言：'今宫殿告成，百司鼎建，朝廷政令之所焕然一新，惟太学因元之旧，卑陋不称，而土木肖像亦非古制。请择地改建，洗陋规以宏新制。'时方议欲新监学，继探知，故逆言之。上曰：'建学之事，朝廷自有处置，何用继言？'"

八月

八月癸未朔。乙酉，营建国子监，遣工部尚书王卺祭孔子庙。丁亥，释奠先师孔子，遣翰林侍讲曹鼐行礼。（据《馆阁漫录》卷二《正统八年》）

大场镇重修义塾。《吴都文粹续集》卷七王直《大场镇重修义塾记》："大场镇在嘉定县东南六十里，元有义塾，义士沈文辉所建。入国朝来，田归于有司，师生无所仰给，讲肆遂废，迄今七十余年……正统八年八月兴工，越月而落成，壮丽宏伟，焕然一新，里中子弟得受教于此，而颂周公之德……乃因长洲县学教谕萧彦请求予为记。"

进士宋儒为礼科给事中，张澜为监察御史。（据《国榷》卷二十五）

胡俨（1361—1443）卒，年八十三。《明英宗实录》卷一百七"正统八年八月己酉（二十七日）"："太子宾客国子祭酒兼翰林侍讲致仕胡俨卒。"《馆阁漫录》卷二《正统八年》，八月"己酉，太子宾客、国子监祭酒兼翰林侍讲胡俨卒，年八十三。俨字若思，江西南昌人。由举人历华亭长垣教谕，疏乞就近养亲，改余干。洪武乙卯，以荐授桐城知县。永乐初，用解缙荐，召试之，太宗悦其文，迁翰林检讨，寻升侍读，直内阁。甲申，升左春坊左谕德，仍兼侍读。未几，升国子祭酒。庚寅，车驾北征，命以祭酒兼侍讲，掌翰林事，辅导皇太孙监国。洪熙改元春，以疾辞，加授太子宾客致仕。宣德初，欲留用之，俨复以疾辞归。至是卒"。

九月

翰林院学士钱习礼自陈年逾七十，精神日耗，诚愧旷官，乞放归田，庶免贪冒之愆。上以习礼文学老臣，不允所请，仍留理事。（据《明英宗实录》卷一百八）

韩府进士奉柯正周礼为右长史，从韩王范坮之请。（据《国榷》卷二十五）

十月

怀安教谕丁泰亨为广西道监察御史。（据《国榷》卷二十五）

十一月

命翰林修撰许彬复任。亲丧服阕也。（据《馆阁漫录》卷二《正统八年》）

复纪振武学教授。时秩满，改吉安，武学生留之。（据《国榷》卷二十五）

十二月

癸未，学正刘泓，教谕冯靖，训导潘楷、盛琦为监察御史。（据《国榷》卷二十五）

丁酉，国子监成。（据《国榷》卷二十五）

丁酉，进士鲁文为刑科给事中，甘泽为监察御史。（据《国榷》卷二十五）

本年

复有诏荐举异材。（据查继佐《罪惟录》志卷十八《科举志·武科举》）

永定卫儒学，正统八年遵制同西北诸卫设，以教武胄暨士庶秀彦，制与县埒。（据康熙《岳州府志》卷七《学校》）康熙《永定卫志》卷二《文教》："天下郡邑皆有学，惟卫学设自胜国。然附府州之卫所又无学，惟北直、山东、山西、陕西、福建、四川、贵州七直省，在边之卫所六十七学外，楚亦有四学，盖荆楚之地，苗蛮傜獠所丛聚，威之以武，又必绥之以文，使革心而向化也。永定之学，礼仪师生与县学等，武弁之余子，司峒之秀彦，皆许入学，彬彬然化为文物之区焉。"

明英宗正统九年甲子（公元 1444 年）

正月

升翰林侍讲曹鼐为本院学士。《馆阁漫录》卷二《正统九年》："正月辛亥朔。壬戌，以大祀礼成，上御奉天殿，大宴文武群臣及四夷朝使，特命翰林侍讲曹鼐升殿班，列学士之下。乙丑，升翰林侍讲曹鼐为本院学士。先是，鼐入内阁参与机务，至是升之。鼐具疏辞，上不从。"

二月

英宗书谕大学士杨士奇。《馆阁漫录》卷二《正统九年》："二月辛巳朔。丙戌，书谕少师、兵部尚书、华盖殿大学士杨士奇曰：'卿历事我祖宗，嘉谟嘉猷，寔惟简在。暨朕嗣承大统，卿以老成硕德，启沃问学，弼赞政化，裨益尤多。比卿以疾违朕左右者数月，未有勿药之喜，朕心夙夜不忘。《书》曰：天寿平格。知卿之福寿，宜未艾也。兹特遣内臣往视，并赐颐养之资。复惟卿之子有违家训，上干国纪，重以祖宗之法拘系之，卿其以理自处，勉进药食，早图康复，用副朕注望之意。'"

新建太学成，杨溥并杨士奇作记。《明通鉴》卷二十三"明英宗正统九年二月"："是月，新建太学成。先是太学因元陋，吏部主事李贤上言：'国家建都北京以来，太学日就废弛，佛寺时复修建，举措乖舛，何以示天下！请以佛寺之费修举太学。'李时勉亦言之。诏始营建，至是遂成。"《明名臣琬琰续录》卷一《少保文定杨公言行录》："正统九年春，修国子监讫工，杨文定公奉旨御制碑文。文定以《重建太学》为题，具稿进呈。命范太监持示杨文贞公，时文贞已卧病，乃作一篇，以《新建庙学》为题，封进，用之。文定不悦，执用其题，文贞具本论：凡言重建者，谓已作之后又作之。庙学虽前元所建，非国朝事，此不可论。今既悉彻而新作之，只当云新建。且庙与学二者，若只书建太学而不云庙，于礼未安。请通改作'新建庙学'四字为宜。廷议虽韪文贞之言，然已刻石，无及矣。二公之学识，于是可见。"

左军都督佥事曹俭，荐广东东莞县河泊所官罗通文武才，不听。（据《国榷》卷二十六）

三月

英宗视察国子监。《明英宗实录》卷一百十四："正统九年三月辛亥朔，上幸国子监。前期一日，国子监洒扫殿堂，锦衣卫设御幄于大成门，东南向设御座于彝伦堂。至日，太常寺陈设祭品于各神位前，酒樽爵如常仪。设上拜位于先师神位前。正中鸿胪寺设御案于堂内，置经于其上。设讲案于堂西南，锦衣卫设卤簿，教坊司设大乐，俱于午门外。百官朝退，先诣国子监门外迎驾，陪祀官先诣国子监，具祭服伺候行礼。驾出，卤簿大乐以次导行，乐设而不作，学官率诸生迎驾于成贤街左。驾至，学官及诸生跪俯伏叩头兴。学官、陪祭诸生先由太学东西小门入，列于堂下，东西序立。驾入灵星门，卤簿大乐俱止门外。上至大成门外，入御幄，礼官奏请具皮弁服，次奏请行礼。导引官导上出御幄，由中道诣大成殿陛上。典仪唱执事官各司其事，执事官先斟酒于爵，候导引上至拜位，赞奏就位，百官亦各就拜位。四配十哲分献官，各诣殿陛东西阶下两庑。

分献官各诣庑前，俱北向立赞奏上鞠躬拜兴，拜兴平身。通赞百官行礼，同赞奏撂圭。上撂圭，执事官跪进爵。上受爵献毕，复授执事官奠于神位前。奏出圭。上出圭，四配十哲两庑分献官以次诣神位前奠爵讫，以次复位立。赞奏上鞠躬拜兴拜兴平身，通赞百官行礼同。导引官导上由中道出，分献官以次退。上入御幄，易常服讫。礼官奏请幸彝伦堂。上升舆，礼官导由灵星门出，从太学门入，学官诸生，各东西分列序立，官前生后。驾至，学官诸生跪俟。驾过然后起，仍序立。百官分列堂外稍上，左右侍立。上至彝伦堂，升御座。赞学官诸生行五拜叩头礼，仍序立于堂下。三品官以上及翰林院学士升堂，执事官各以次序立。赞进讲，祭酒司业以次升，由堂西小门入，至中堂，执事官举案于御前，礼官奏请授经于讲官，讲官跪受。上赐讲官坐，讲官以经置讲案，就西南隅几榻坐。上赐武官都督以上，文官三品以上及翰林院学士坐，皆叩头序坐于东西，诸生围立以听。祭酒李时勉讲《尚书》帝庸作歌章毕，叩头退，复位。司业赵琬讲《周易》乾九五文言毕，叩头下堂，复位。赞唱有制学官诸生列班，俱北面跪听制谕。制曰：'宣圣之道，万世所宗。在尔师生，理当修进，臻于至极，尚其勉之。'赞行五拜叩头礼毕，学官诸生以次退，先从东西小门出，仍于成贤街列班伺候。尚膳监进茶御前，上命光禄寺赐各官茶毕，各官退列堂门外，叩头序立。驾兴升舆，由太学门出，升辇，卤簿大乐前导，乐作。驾出太学门，学官诸生俟驾至、跪叩头，退，百官常服先诣午门外俟。候驾还，卤簿大乐止于午门外。上御奉天门鸣鞭，百官常服，鸿胪寺致词行庆贺礼，鸣鞭毕，驾兴还宫，百官退。"

杨士奇（1365—1444）卒，年八十。《明英宗实录》卷一百十四"正统九年三月甲子（十四日）"："少师兵部尚书兼华盖殿大学士杨士奇卒……为人秉谦执虚，薄利笃义。文章谨严有法，议论往返，卒归于理，褒然为一世之望。临终自志其墓云：'越自授官，所觊行道，心存体国，志在济人。惟理无穷而学殖未充，事有至难而智虑弗逮，故进慕陈善，退勤省躬，而施以公，而守以约。始终一意，夙夜不忘。'考之平日，盖无愧其言云。"《馆阁漫录》卷二《正统九年》："三月辛亥朔。甲子，少师、兵部尚书兼华盖殿大学生杨士奇卒。士奇名寓，以字行，江西泰和人。少孤，感奋力学。洪武中，为邑庠弟子师。以事亡入武昌，有司荐其能文，征入翰林。考为优等，授五府审理，仍供职翰林。太宗即位，擢为编修，命与解缙等七人入内阁典机务。升侍讲。仁宗为皇太子，以本官兼左春坊左中允，寻升左春坊左谕德兼侍讲。太宗幸北京，皇太子监国，命蹇义并士奇等四人辅导。车驾回南京，问士奇曰：'尔辅东宫久，所行果如何？'士奇以孝敬对，又历举其事实。太宗上宾，凡丧仪治体，皆士奇等议行。逾二十七日，尚书吕震欲易吉服，士奇不可。明旦，仁宗素冠衰绖出视朝，谓左右大臣曰：'梓宫在殡，吾岂忍易，士奇所执是也。'未几，进礼部侍郎兼华盖殿大学士，寻升少保，既又升少傅。天下朝觐官至，尚书李庆奏令其养马，士奇执不可，乃止。洪熙改元，进兼兵部尚书，辞不得命，乃辞兼俸，仁宗允之，顾蹇义曰：'廉洁之风，士奇有焉。'宣宗即位，汉王高煦反，车驾亲征，罪人既得，有言赵王通情，亦宜往正其罪，士奇以未有显迹力争。比还京师，命士奇草诏，并群言封示赵王，王涕泣感恩。宣宗谓士奇曰：

'赵王得以保全者，卿之力也。'间问民隐，士奇历历尽言。又言古人罚不及嗣，今极刑之家子弟虽贤，例不许进用，宣宗命即除其例。一日，又谕士奇曰：'母后为朕言，先帝在青宫时，惟卿正言不避忤意，先帝能从，以不败事。又谓朕曰：凡正直之言，尔不可以为忤意而不从。'士奇对曰：'此皇太后盛德之言也，愿陛下念之。'暨上即位，凡宽恤事宜，多从所言。士奇请开经筵，遂命同知经筵事，进升少师、光禄大夫、柱国。有所建白，多见施行。至是卒，赠特进光禄大夫、左柱国、太师，谥文贞，敕有司祭葬，寻其子稷为尚宝司丞。"

祭酒司业率学官监生谢恩。英宗撰《重建太学碑》。《明英宗实录》卷一百十四：正统九年三月，"癸丑，祭酒司业率学官监生谢恩。上赐敕谕之曰：'朕惟君师之道，莫盛于尧舜禹汤文武，孔子述而明之，为天下后世楷范，功尤大焉。朕祗承祖宗成宪，景仰大猷，新建太学，益隆文教，茂育贤才，躬谒先师孔子，劝励师生。夫化民成俗，本之躬行，秉德建功，由有实学。《诗》曰：不愆不忘，率由旧章。又曰：思皇多士，生此王国。朕服膺古训，以图化成，尚期尔师生讲学修德，勉臻成效，庶副我国家崇儒重道之意。'祭酒捧敕至监开读如常仪。御制《重建太学碑》曰：'皇天仁爱下民，必简命圣人君之师之。圣人得位则兼君师之事，如伏羲神农黄帝尧舜禹汤文武是已。不得乎位则专师之事，以立教垂范，孔子是已。兼君师者，道施于当时。专师事者，教被于后世。然非得孔子立教，则虽前有伏羲神农黄帝尧舜禹汤文武，世莫之知矣。故曰：自生民以来，未有盛于孔子。孔子之功，万世之功也。孔子所为教，其道仁义道德，其事父子君臣尊卑内外，其器《易》《书》《诗》《春秋》礼乐，皆本于天。凡为天下国家者，诚能纯用孔子之道，则天地以位，万物以育。彼其名为用孔子之道而效不至焉者，信用之弗笃，加有异术邪说间之也。我国家自太祖高皇帝、太宗文皇帝暨我皇祖、皇考圣圣相承、恭天成命，颙颙焉一惟孔子之道是尊，于凡施政敷教，取人理民，一惟孔子之道是用，不杂他术。自国都至于四方郡邑海隅边徼，靡不建学设教，崇祀先师。海外番国及蛮夷酋长，皆慕仰德化，遣子入学。盖历世以来，尊尚孔子，未有如我祖宗之世之盛者也。朕以凉德祗承天序，钦惟古昔之大典，祖宗垂统之盛心，夙夜孜孜，图惟善继。北京故有学在宫城之艮隅，庳隘弗称，乃正统八年秋，命有司撤而新之。左庙右学，高广靓深，所以奉明灵，居来学，凡百所需，靡不悉备。材出素具，役不及民，明年春成，朕躬释奠于先师，循古典也。退即学之彝伦堂，命儒臣讲经，公卿大夫及百执事之臣、逢掖之士、兵卫之帅拱侍而听，殆以万计。已而有司请如故事，纪其成于碑。嗟夫，孔子之道，为天下国家者不可一日以阙。学校之教，于化民育才者不可一日以怠。矧京师首善之地，所系之重且大乎！敬书诸贞石，昭示我后人，俾咸务钦承用，丕显皇明治化之盛，与天地日月相为悠久云。'"

四月

江西道监察御史俞本等言三事。命有司不称者，巡按御史、布按二司官廉察罢黜之。其贪酷举劾。刑名官当选有学行、通律意者。教官选有文学者。《明英宗实录》卷一百十五：正统九年夏四月乙酉，"江西道监察御史俞本等言三事。一、去冬少雪，今春不雨，禾麦枯槁，饥馑荐臻，实由臣下不职所致。乞敕大臣各率其属咸加修省，不悛者许令言官指实纠劾，以凭黜罢。仍乞考核天下贪酷官吏，庶几感召天和。一、司刑之官，人命所系。今在外按察司官及断事理问推官，多有不谙法律，以致刑罚失当。乞加精选，使官得其人，纪纲振举。一、学校育贤之地。今在外儒学教官，多以举人任之，比因任满乏科贡，降充河泊等官，续将年深监生选补，往往废职者多。宜遴选其人，用称师儒之任。上纳其言，因谕吏部尚书王直等曰：'在廷群臣，务俾恪共乃职。在外府州县官，令巡按御史布按二司官廉察，有不职者具名以闻，贪酷病民者黜罢之。其布按二司官，令巡按御史一体举劾。刑名官选有学行通律意者，教官选有文学者。如任满无举人，试其学果优，仍任教官。'"

故翰林院修撰龚琦，先以父避戍削籍，屡渎辨，戍铁岭卫。（据《国榷》卷二十六）

旱，遣翰林院侍读周叙、习嘉言，编修萨琦、吕原、倪谦、杨鼎、江渊、徐珵，检讨王玉，给事中姚夔、章瑾、李素、刘益、尚达，中书舍人李廷修、张杰分祭岳镇海渎锺山之神。（据《国榷》卷二十六）

定教官降黜条例。《明英宗实录》卷一百十五：正统九年夏四月乙巳，"吏部言：近奉旨，教官九载任满，无举人者，试其学问果优，仍任教官。乞将今后无举人教官，考中者，教授、学正、教谕俱降训导，训导调任边远。其不中者仍降杂职。著为定制。从之"。

翰林学士陈循入直文渊阁。《明英宗实录》卷一百十五：正统九年夏四月丙戌（初七），"命翰林院学士陈循内阁办事"。《蹇斋琐缀录》卷二："宣庙最好词章，选南杨与陈芳洲二先生日直南宫应制。杨思迟，陈思敏。一日，命制《寿星赞》，陈援笔赞云：'渺南极兮一星，灿祥光兮八纮。兆皇家兮永龄，我怀思兮治平。赖忠贞兮弼成，宜寿域兮同升。'南杨以指圈画'寿域'二字，欲易而未就。时中官促进甚急，曰：'先生有则改，无则罢。'遂取去。赐内阁，问二杨先生曰：'"寿域"二字如何？'西杨应曰：'八荒开寿域。'中官还诘南杨曰：'"八荒开寿域"，此句诗如何？'南杨曰：'好诗'。中官曰：'先指"寿域"为未好，何也？'南杨默然。少顷，陈退食，遇西杨于端门，西杨语陈曰：'适赐《寿星赞》甚佳，必大手笔也。'陈唯唯。后正统间，朝钟一日不受杵，命内阁制《祠钟文》。南杨入室中翻旧稿不得，太监候久，促陈芳洲曰：'先生何不作？'陈乃白南杨曰：'旧无此稿，先生第口占我写。'南杨乃起一语，陈遂续成之。"

七月

云南道监察御史计澄等奏请，开科取士，务严审考生资格。乡试应试生儒人等从提学官考选，此即科考也。《明英宗实录》卷一百十八：正统九年秋七月，"丙辰，云南道监察御史计澄等奏：'开科取士，务得实才。今南北直隶，凡遇开科，多有诈冒乡贯，报作生员，或素无学问，倩人代笔，其弊非止一端。乞敕该部会议，今后开科，令御史亲诣各处，严加考选，必得学问优长、素无过犯者，令其入试。其在京，如遇称系军生，并各衙门吏典、承差人等，不由学校，不经考验，其间奸盗贪墨，无所不有。此等之徒，一体不许入试。庶革奔竞之风。'下礼部议，如澄言。上曰：'求贤之路，不宜阻塞。生员儒士军生，还着提督学校御史考察入试。其吏典、承差人等，礼部严切考察，果通经无过犯，俱容入试。仍移文原籍勘实，如有虚诈，论罪不宥。'"《万历野获编》卷十五《举人充吏会试》："进士以杂流起家者，如驿丞、吏员、承差、书算之属，皆同诸生乡试也。即登解籍，则为乡贡士，非复杂流矣。"参万历《大明会典》卷七十七《礼部·科举》。

命礼部严切考察军生并各衙门吏典、承差人等，果通经无过犯，俱容入试。（据《明英宗实录》卷一百十八）俞汝楫《礼部志稿》卷七十一《吏典承差等入试例》："正统八年，云南道监察御史计澄等奏：'开科取士，其在京如遇称系军生并各衙门吏典承差人等，不由学校，不经考验，其间奸盗贪墨，无所不有。此等之徒，一体不许入试。庶革奔竞之风。'下礼部议，如澄言。上曰：'求贤之路，不许阻塞。生员、儒士、军民还著提督学校御史考察入试，其吏典、承差人等，礼部严切考察，果通经无过犯，俱容入试。仍移文原籍勘实，如有虚诈，论罪不宥。'"

命翰林院侍读学士高谷、侍讲陈询为应天府考试官。（据《明英宗实录》卷一百十八）

闰七月

张鹏、李骥言乡试、官学事宜，建议为朝廷所采纳。《明英宗实录》卷一百十九：正统九年闰七月己亥，"命顺天等府并浙江等布政司：今后乡试毕，将试院内物件发在城府分，收贮看守，待下科取用，不许各官侵欺入己，及重科取于民。从山东按察司按察使张鹏言也"。"辛丑，命各处土官衙门，应继儿男，俱照军生列遣，送官学读书乡试。其相离地远者，有司计议，或二卫三卫，设学一所。从贵州思南府经历李骥言也。"

命各土官子入学。从思南府经历李骥之请。（据《明英宗实录》卷一百十九、《国榷》卷二十六）

八月

释奠先师孔子，遣翰林学士陈循行礼。（据《馆阁漫录》卷二《正统九年》）

命翰林院侍读周叙、侍讲王一宁为顺天府考试官，赐宴于本府。（据《明英宗实两京及河南、山东、陕西、山西、浙江、湖广、江西、福建、广东、广西、四川、云南等十二布政司乡试；贵州士子附云南乡试。（据《皇明贡举考》卷三）

曹安中南京乡试。《谰言长语》："《松江府志》云：三泖乃古由拳县沉没。每天晴月朗，舟过者，分明见其中井栏街砌宛然。正统九年夏，予赴举之南京，舟过泖中，予适倚舷，忽见水清处井栏街砌如故。是亦一遇，古迹不泯有如此。"任顺《谰言长语跋》："（曹安）登正统甲子乡第。"

邱浚中举。《邱文庄公年谱》云："公领乡荐第一。主试为舒宗辰、王来，录其五策，传诵当时。"

四川乡试，周洪谟以减场中解元。（据清姚之骃《元明事类钞》卷十二《科第·减场作元》）

进士毕鸾、胡贯、任宁、张文为监察御史。（据《国榷》卷二十六）

前山西左布政使华亭马麟卒。麟永乐间举人才，超拜布政使二十年，民安之。（据《国榷》卷二十六）

九月

命南京国子监祭酒陈敬宗复任。《明英宗实录》卷一百二十一：正统九年九月，"庚辰，命南京国子监祭酒陈敬宗复任。敬宗九年秩满至京，以衰迈请致仕，吏部覆奏。上曰：'敬宗学行老成，正宜模范后学，未可以去。'其令复任"。

杨士奇之子杨稷死于锦衣卫狱中。《馆阁漫录》卷二《正统九年》：九月，"戊戌，少师杨士奇男稷死锦衣卫狱中。稷挟父势，掘他人墓葬己祖，多养无赖子为奴，强夺婚姻家田地子女，擅抽分商货，屡杀同乡无罪人，为怨家所诉也"。

训导孙谟、周文、李忠、周文盛、陈雍、曹敬为监察御史。（据《国榷》卷二十六）

许广西提学佥事考校应袭武职。（据《国榷》卷二十六）

十月

建永乐十年进士题名碑于南京国子监。《明英宗实录》卷一百二十二：正统九年冬十月丁未，"建永乐十年进士题名碑于南京国子监。初，太宗皇帝既策进士毕，巡幸北京，故碑未建。及是，祭酒陈敬宗以为言。上从之，命翰林院侍讲学士王英撰文勒石"。

御史李俨以忤王振被遣戍铁岭卫。《明鉴纲目》卷三："纲：冬十月，戍御史李俨于铁岭卫。目：俨在光禄寺，监收祭物，王振过之，怒其应对不跪，下锦衣卫狱，谪戍之。时振以义子马顺掌镇抚司，官无大小，悉送顺拷讯，戕害甚众。顺大通贿赂，车马冠盖，其门如市。"

兵部右侍郎虞祥，通政司右通政吕经正，翰林院侍讲刘铉，检校王玉清理军职贴黄。（据《国榷》卷二十六）

十一月

进士王宣为吏科给事中。（据《国榷》卷二十六）

十二月

程敏政（1445—1499）生。（生年据公历标注）敏政字克勤，休宁人。成化丙戌第二人及第，授编修。历左谕德、少詹事，兼侍读学士，以事罢官。寻起复，改太常卿，仍兼侍读学士，进詹事，再进吏部侍郎。赠尚书。有《篁墩文集》。《殿阁词林记》卷六《詹事兼学士程敏政》："生而早慧，侍父襄毅公官蜀。巡抚侍郎罗绮以神童荐，英宗召至便殿，试以春联，应对如响。馆阁覆试赋《圣节》及《瑞雪》诗并经义，援笔立就。诏诣翰林读书。李文达公妻以女。"（按：据《篁墩文集》卷八十一："小女以乙巳岁腊月八日生，与予生辰隔一日，人以为奇。至弥月之旦，予适署左春坊印。百晬之旦，又有赐诰之荣。人益以为不偶。因请于母夫人小字之，曰'恩姐'。并赋一诗，简尚宝、锦衣二贤舅及宫簿弟，以私识喜，不足为外人道也。'弥月佳征见一回，庆从百晬更相催。青坊史送金章到，玉陛恩颁紫诰来。乳媪解惊风骨异，慈亲赢得笑颜开。况于阿父连生日，岁岁劳添暖寿杯。'"又《篁墩文集》卷六十三："成化癸巳腊月十日，予生盖三十年矣，适有史事，不克归省，怅然有怀，谨步韵家君《守寿》诗一章，录示克俭、克宽二弟。'渐愁华发镜中生，三十年来数贱庚。未拂朝衣惭戏彩，每沾宫酝想遗羹。传声自愿如春好，守训何妨似水清。忽记夜深芸阁梦，渡江称寿最分明。'"可知，程敏政生于十二月初十。）

升南京太常寺少卿兼翰林侍读学士金问为南京礼部右侍郎。（据《馆阁漫录》卷二《正统九年》）

本年

朱存理（1444—1513）生。字性父，长洲人。有《珊瑚木难》八集、《楼居杂著》一卷、《野航诗稿》一卷《野航文稿》一卷附录一卷。《明文海》文徵明《朱性甫先生墓志铭》："吾苏有博雅之士，曰朱性甫存理、朱尧民凯。两人皆不业仕进，又不随俗为廛井小人之事。日惟挟册呻吟以乐，求昔人理言遗事而识之，对客举似，如引绳贯珠，缗缗弗能休。素皆高贵，悉费以资其好，不恤也。"

倪岳（1444—1501）生。字舜咨，南京礼部尚书倪谦子，由钱塘徙上元，遂为上元青溪里人。天顺甲申进士，累官太子少保、吏部尚书，赠少保，谥文毅。有《青溪漫稿》。沈晖《青溪漫稿序》："公金陵上元青溪里人，南京礼部尚书、赠太子少保文僖公之子，文僖尝奉诏代祀北岳，夫人姚氏梦绯袍神人入室，瘤而生公，文僖以为岳神所感，因名岳，字舜咨。身长七尺，丰颐广颡，而天性明敏，读书一目数行俱下，为文章初不经意，而才思沛然若有神助者。年二十一入翰林，历官编修、侍读、预修国史、《英宗实录》、充经筵讲官、兼侍东宫讲读、预修《文华大典》，由学士升礼部侍郎。"

明英宗正统十年乙丑（公元 1445 年）

正月

命中外官各推举将才。（据《国榷》卷二十六）

尚宝司少卿朱祚卒。祚海宁人，九岁能诗。永乐八年荐至，十三年献《元宵观灯赋》，称旨。洪熙初，授行在中书舍人。宣宗善其文，进翰林修撰，秩满进尚宝少卿，教内竖书。祚诗文援笔立就，负气好直言，晚稍自惩，号默斋。（据《国榷》卷二十六）

二月

释奠先师孔子，命翰林侍讲学士马愉行礼。（据《馆阁漫录》卷二《正统十年》）

命翰林院学士钱习礼、侍讲学士马愉为会试考官。取中商辂（1414—1486）等一百五十人。《明英宗实录》卷一百二十六：正统十年二月，"辛亥，命翰林院学士钱习礼、侍讲学士马愉为会试考官，赐宴于礼部"。"庚午，礼部引会试举人商辂等一百五十人陛见。"查继佐《罪惟录》志卷十八《科举志》："（正统）十年乙丑二月，会试，同考一教授、二教谕。三月，策贡士商辂等及第、出身有差。辂，宣德乙卯乡试亦居第一，称三元，为名臣。是科《试录》，天字作荬写。廷试读卷为兵部尚书徐晞、户部侍郎奈亨，皆从吏员起。命副榜及下第者九百余人俱入太学。"李调元《制义科琐记》卷一《天字称荬》："（正统）十年乙丑榜取中商辂，为明朝三元一人。是岁同考，一教授二教谕。是科《会试登科录》'天'字皆称'荬'字。今考部本不然，以为叶传闻之误。叶是科进士，岂有误理，或本部翻刻，未可知也。廷试读卷官有兵部尚书徐晞、户部侍郎奈亨，俱吏员也。"据《皇明贡举考》卷四，本年应试者一千二百有奇。

彭时中副榜不就，与诸副榜并下第者九十余人俱入太学。彭时《彭文宪公笔记》

卷一："正统十年乙丑会试，予中副榜不就，与诸副榜并下第者九十余人俱入太学。是时古廉李先生时勉为祭酒，赵先生琬为司业。李先生严毅正大，极意造就人才。初至，令坐堂一月，乃散处于厢房，列格、致、诚、正四号房中，有家室者居外，晨入馔堂读书，俱朔望升堂。其四号督励尤切，夜读务尽二更，将五更，复令膳夫提铃循门唤起读书，或自潜行以察勤惰，无灯者令人暗记，明示责罚。自是灯光达旦，书声不绝，学者感激相劝焉。先生多宿厢房，每隔三五夜必召予同乡二三人侍坐谈话，先生端坐俨然，或说乡曲旧事，或论诗文，言简而确，婉而有味，听者忘倦，每至更深乃已。别时必曰：'话久误工夫，自当退补。'且曰：'三更是阴阳效代时，读书宜二更即止，不可过此时，过则次早无精神。'其爱人多类此。助教季洪尝为予言，前岁李先生因除庭树被罚。是日先生方坐东堂阅试卷，而锦衣官校猝至前，即掩卷起身，免冠解带受缧绁，合监师生来观，皆惊愕失色。先生神色自若，徐呼诸生近前与语，曰某人某处讲是，某处非，某人今次稍胜前，某人比前不及。因顾僚属曰：'还，校定高下出榜。'语毕乃行。已而枷置监前，监生三千余人上疏救解。有石大用者，又独具本，愿代枷，事乃释。因相与叹息其事，谓先生平昔涉历艰险，操存有素，故福祸不足以动其心。如此，真有古人气象。而石大用义气激发，于侪辈中亦不可多得。然非先生感人之深，何以致此者乎！"

进士王诏为礼科给事中。（据《国榷》卷二十六）

三月

设云南腾冲军民指挥使司，以腾冲要地，城守之，四旬而成。因建学舍，选生徒，训农务学，以变其俗。（据《国榷》卷二十六）

商辂、周洪谟（1420—1491）、刘俊等进士及第、出身有差。商辂为浙江解元。明朝中三元者，惟商辂一人。是科未考选庶吉士。《明英宗实录》卷一百二十七：正统十年三月乙酉，"礼部尚书胡濙奏：'三月十五日殿试举人，请执事官。'上命武英殿大学士杨溥、吏部尚书王直、兵部尚书徐晞、刑部尚书金濂、工部尚书王卺、右都御史王文、户部左侍郎李暹、通政使李锡、大理寺卿俞士悦、翰林学士陈循、曹鼐、侍读学士苗衷为读卷官"。"庚寅，上亲阅举人所对策，赐商辂等一百五十人进士及第、出身有差。""辛卯，宴进士于礼部，命太师英国公张辅待宴。""壬辰，赐状元商辂朝服冠带，诸进士钞各五锭。""癸巳，状元商辂率诸进士上表谢恩。""己亥，擢第一甲进士商辂为翰林院修撰，周洪谟、刘俊俱为编修。"据《正统十年进士登科录·玉音》："正统十年三月初六日早，礼部尚书臣胡濙等官于奉天门奏为科举事。会试天下举人，选中一百五十名，本年三月十五日殿试，合请读卷及执事等官少保礼部尚书兼武英殿大学士杨溥等四十员。其进士出身等第，恭依太祖高皇帝钦定资格，第一甲例取三名，第一名从六品，第二第三名正七品，赐进士及第。第二甲从七品，赐进士出身。第三甲正八品，赐同进士出身。奉圣旨：是。钦此。""读卷官：光禄大夫柱国少保礼部尚书兼武英殿大学士杨溥，庚辰进士；资善大夫吏部尚书王直，甲申进士；兵部尚书徐晞，江阴人；资善大夫刑部尚书金濂，戊戌进士；资善大夫工部尚书王卺，监生；资政大夫都察院右都御史王文，辛丑进士；正议大夫资治尹户部左侍郎李暹，监生；嘉议大夫通政使司通政使李锡，戊子贡士；嘉议大夫大理寺卿俞士悦，乙未进士；翰林院学士奉直大夫陈循，乙未进士；翰林院学士曹鼐，癸丑进士；翰林院侍读学士奉直大夫苗衷，辛卯进士。提调官：资德大夫正治上卿礼部尚书胡濙，庚辰进士；正议大夫资治尹礼部左侍郎兼翰林院侍讲学士王英，甲申进士。监试官：文林郎山西道监察御史刘克彦，丁未进士；文林郎云南道监察御史程宁，庚戌进士。受卷官：翰林院编修文林郎吴节，庚戌进士；翰林院编修杨鼎，己未进士；征仕郎吏科右给事中张睿，庚戌进士；礼科掌科事给事中章瑾，丙辰进士。弥封官：中议大夫赞治尹鸿胪寺卿杨善，增广生；翰林院修撰儒林郎许彬，乙未进士；户科掌科事给事中刘海，甲辰进士；兵科左给事中栾恽，丁酉贡士。掌卷官：翰林院编修吕原，壬戌进士；翰林院检讨征仕郎姜洪，癸丑进士；刑科右给事中侯臣，癸丑进士；工科掌科事给事中白琮，庚戌进士。巡绰官：昭勇将军锦衣卫指挥使徐恭；怀远将军锦衣卫指挥同知王山；明威将军锦衣卫指挥佥事刘宽；明威将军锦衣卫指挥佥事陈端；怀远将军金吾卫指挥同知翟真；昭勇将军金吾后卫指挥使陈政。印卷官：奉政大夫礼部仪制清吏司郎中余麟，癸卯贡生；奉直大夫协正庶尹礼部仪制清吏司员外郎李春，甲辰进士。供给官：奉政大夫光禄寺少卿高寅，丁未进士；奉议大夫礼部精膳清吏司郎中王士华，乙未进士；礼部精膳清吏司员外郎万完，乙未进士；礼部精膳清吏司主事杨瑛，己未进士。"据《正统十年进士登科录·恩荣次第》："正统十年三月十五日早，诸贡士赴内府殿试，上御奉天殿，亲赐策问。三月十七日早，文武百官朝服侍班，是日锦衣卫设卤簿于丹陛丹墀内，上御奉天殿，鸿胪寺官传制唱名，礼部官捧黄榜鼓乐导引出长安左门外，张挂毕，顺天府官用伞盖仪从送状元归第。三月十八日，赐宴于礼部，宴毕，赴鸿胪寺习仪；三月十九日，赐状元朝服冠带及进士宝钞；三月二十日，状元率进士上表谢恩；三月二十一日，状元率进士诣孔子庙行释菜礼，礼部奏请命工部于国子监立石题名。"《弇山堂别集》卷八十一："十年乙丑，命翰林院学士钱习礼、侍讲学士马愉为考试官，取中商辂等。廷试，赐商辂、周洪谟、刘俊及第。辂，浙江解元也，本朝中三元者，惟辂一人。""是岁同考，一教授，二教谕。又《水东日记》云，是科《会试登科录》天字皆称芜字，今考部本不然，以为叶传闻之误，叶是科进士，岂有误理？或本部翻刻，未可知也。廷试读卷有兵部尚书徐晞、户部侍郎掌光禄寺奈亨，俱吏员也。"《游艺塾续文规》卷四《了凡袁先生论文》："商素庵起正统间，所传惟'父作之'二句，其讲'作'、'述'处，皆有斟酌，文亦温润典雅，挺然为一时之首。当时如岳季方正、王三原恕、夏华亭寅、彭莆田韶、李西崖东阳皆赫赫可称者。"《明史·选举志》："正统七年壬戌，刑部吏南昱、松陵驿丞郑温亦皆中式。十年乙丑，会试、廷试第一皆商辂。辂，淳安人，宣宗末年乙卯，浙榜第一人。三试皆第一，士子艳称为三元，明代惟辂一人而已。廷试读卷尽用甲科，而是年兵部尚书徐晞、十三年户部侍郎奈亨乃吏员，天顺元年丁丑读卷左都御史杨善乃译字生，时犹未甚拘流品也。迨后无杂流会试及为读卷官者矣。七年癸未试日，场屋火，死者九十余人，俱赠进士出身，改期八月会试。明年甲申三月，始廷试。时英宗已崩，宪宗以大丧未逾岁，御西角门策之。"李调元《制义科琐记》卷二《三元》："正统十年乙丑，商公辂由会元、解元捷状元。终明世三元，公及黄观而已。先是文运独盛于江西，故有'状元多吉水，朝内半江西'之谣。至是，浙省始盛。"梁章钜《制义丛话》卷四："（俞桐川）又曰：功业称其科名难已，功业称其科名而加之以文章，难之又难也。有宋举三元者三人，俱为名臣，而文鲜有传者。亦越有明洪武时有澜伯黄观，正统时有文毅商辂，皆三冠群英，然后世知文毅而不知澜伯，岂非以文之有传与不传耶？文毅既定大计，与忠肃齐名，复辟后，几罹祸而得脱，辨明夺门，昭雪忠节，人主悔悟。故人谓文毅生平，前有以安社稷，后有以格君心，不谓之大臣不可也。读其文者，其必知所取法矣。"

据《正统十年进士登科录》，第一甲三名，赐进士及第。履历如下：

商辂，贯浙江严州府淳安县，民籍。国子生。治《书经》。字弘载，行四，年三十二，二月二十五日生。曾祖隆甫。祖敬中。父仲瑄，宁德县典史。母解氏。慈侍下。兄洪、彬、敏。娶卢氏。浙江乡试第一名，会试第一名。

周洪谟，贯四川叙州府长宁县，军籍。县学增广生。治《书经》。字尧佐，行四，年二十六，四月二十三日生。曾祖世祥，元长宁军儒学训导。祖本原，河间府学训导。父永隆，长阳县学训导。母韩氏。慈侍下。兄洪肃、洪义、洪哲。弟洪晟、洪范。未娶。四川乡试第一名。会试第一百四十一名。

刘俊，贯陕西凤翔府宝鸡县，民籍。县学生。治《礼记》。字世英。行二，年二十八，正月初二日生。曾祖保。祖弘义。父威。母苏氏。具庆下。兄杰。娶支氏。陕西乡试第五名。会试第五十二名。

据《正统十年进士登科录》，第二甲五十名，赐进士出身。履历如下：

曾蒙简，贯江西吉安府泰和县，儒籍。儒士。治《书经》。字蒙简，行二，年三十九，八月十一日生。曾祖九韶，黄蓬湖大使。祖伯高，赠翰林院修撰。父鹤龄，翰林院侍讲学士。母陈氏，封安人。慈侍下。兄序，行人司行人。弟应、庶、庚。娶陈氏。江西乡试第十八名。会试第十二名。

夏时正，贯浙江杭州府仁和县，民籍。国子生。治《书经》。字尚，行三，年三十四，三月初二日生。曾祖均一。祖森二。父诚。母潘氏。具庆下。兄醇、建。弟校。娶沈氏。浙江乡试第二十九名。会试第二十二名。

萧彝，贯江西吉安府泰和县，儒籍。国子生。治《书经》。字元衷，行一，年二十八，二月二十九日生。曾祖惟善。祖仲龄。父引之。母曾氏。重庆下。弟缟、徽、统、练。娶李氏。江西乡试第二十七名。会试第四十五名。

章纶，贯直隶安庆府桐城县，军籍。国子生。治《诗经》。字丝纶，行四，年三十，二月十六日生。曾祖祥卿。祖彦和。父文焕。母吴氏。具庆下。兄思明、思敬。弟思义、思纲、思纤、思诚。娶吴氏。应天府乡试第二十九名。会试第九十四名。

崔珏，贯顺天府宛平县，官籍。府学生。治《诗经》。字宗器。行一，年二十四，三月十五日生。曾祖士原，元都水监丞，赠太仆寺少卿。祖奎，太仆寺少卿。父祐。母郭氏。重庆下。弟瓒、瑞。娶董氏。顺天府乡试第七十六名。会试第八十五名。

陈律，贯江西吉安府永丰县，民籍。县学生。治《书经》。字正律，行三，年四十，二月二十三日生。曾祖均祥。祖用达。父彦伦。母聂氏。严侍下。兄正规。弟正式。娶刘氏。江西乡试第一名。会试第六十六名。

钱博，贯直隶松江府华亭县，官籍。县学生。治《春秋》。字原博，行三，年三十五，正月初十日生。曾祖德玉。祖华仲。父惟庆。母赵氏。慈侍下。兄溥，翰林院检讨。娶宋氏。应天府乡试第一名。会试第四十一名。

全智，贯直隶松江府上海县，民籍。县学增广生。治《易经》。字克明，行二，年三十七，九月初四日生。曾祖和卿。祖必贵。父英。母姚氏。慈侍下。兄义。娶宋氏。应天府乡试第十名。会试第十八名。

张洪，贯江西吉安府安福县，民籍。儒士。治《春秋》。字渊濬，行一，年三十五，三月十七日生。曾祖又新。祖尚修。父若金。母刘氏。重庆下。弟渊瀚、渊淙、渊瀟、渊深。娶姚氏。江西乡试第六十五名。会试第一百一名。

陈濂，贯浙江宁波府鄞县，民籍。府学生。治《诗经》。字德清，行一，年二十六，六月二十四日生。曾祖理。祖义渊。父宗鑐。母张氏。慈侍下。弟淇、濮、浩、滢、澳、沪。娶吕氏。浙江乡试第二名。会试第七十三名。

叶武，贯浙江衢州府开化县，民籍。国子生。治《易经》。字继武，行二，年三十二，九月十八日生。曾祖彦文。祖原正，宁乡县知县。父景说。母张氏。具庆下。兄绍祖。弟显祖。娶张氏。浙江乡试第二十三名。会试第三十一名。

冯维，贯湖广常德府武陵县，□□□□□□。治《书经》。字文纲，行五，年二十七，正月十五日生。曾祖子寿。祖友直。伯贵，交阯左布政使。父贽。母陈氏。具庆下。兄纶、纪、绅、纲。弟绘、缮。娶陈氏。湖广乡试第二十九名。会试第七十五名。

方杲，贯直隶庐州府合肥县，民籍。府学增广生。治《春秋》。字景辉，行三，年二十五，二月十四日生。曾祖中。祖策，封工部屯田司郎中。父正，福建布政司左布政使。母陈氏，封宜人，生母赵氏。具庆下。兄昇、昭。娶陈氏。应天府乡试第十四名。会试第十名。

许振，贯江西吉安府吉水县，民籍。国子生。治《书经》。字玉亮，行三，年三十五，三月初五日生。曾祖均寿。祖秀远。父道生。母高氏。具庆下。兄荣亮、诚亮。弟功亮。娶杜氏。顺天府乡试第六名。会试第九十名。

黄霖，贯江西抚州府乐安县，民籍。县学生。治《诗经》。字济民，行五，年二十八，八月十八日生。曾祖逊卿。祖伯麒。父弥坚。母游氏。江西乡试第十六名。会试第一百四十八名。

叶冕，贯浙江绍兴府上虞县，官籍。顺天府学军生。治《诗经》。字拱宸，行一，年三十，八月十五日生。曾祖砥，饶州府知府。祖信可。父纬。母戴氏，继母高氏。具庆下。弟嗣生、蕃、佐、佑。娶李氏。顺天府乡试第八名。会试第四十九名。

宋琛，贯直隶松江府华亭县，灶籍。府学生。治《诗经》。字克纯，行三，年二十九，九月初六日生。曾祖云卿。祖季文。父颐。母孙氏。具庆下。兄琦、珙。弟瑛、场。娶俞氏。应天府乡试第十六名。会试第二十五名。

杜铭，贯四川成都府金堂县，军籍。国子生。治《书经》。字敬修，行三，年二十七，九月十九日生。曾祖再礼。祖添礼。父荣聪。母杨氏。具庆下。兄胜刚、胜海。弟胜能、胜拳。娶龚氏。四川乡试第三十八名。会试第一百三十二名。

陈璡，贯直隶苏州府昆山县，军籍。镇海太仓卫学军生。治《书经》。字器之，行二，年二十六，十月初十日生。曾祖均卿。祖显祖。父继宗。母鲁氏。具庆下。兄璇。娶费氏。应天府乡试第六十八名。会试第四十二名。

李梁，贯福建兴化府仙游县，军籍。县学生。治《书经》。字廷进，行□。年二十八，十二月二十六日生。曾祖天麟。祖龙。父铭。母方氏。重庆下。弟渠会、崧、春、荣。娶林氏。福建乡试第二十名。会试第五十一名。

李庸修，贯江西吉安府吉水县，民籍。府学生。治《诗经》。字庸修，行一，年三十九，二月十八日生。曾祖本孟。祖宗礼。父惟谦。母罗氏。严侍下。弟庸励、庸思、庸宽、信、雍。娶罗氏。江西乡试第一名。会试第十三名。

刘孜，贯江西吉安府万安县，民籍。儒士。治《书经》。字显孜，行三，年三十五，十一月十六日生。曾祖桂平，元淇州学正。祖学隐。父器重。母李氏。慈侍下。兄显仁、显愚。娶萧氏。继郭氏。江西乡试第六十五名。会试第一百二名。

林义，贯广东潮州府海阳县，军籍。府学生。治《春秋》。字尚质，行一，年四十，六月初一日生。曾祖友政。祖用和。父洪锡。母郑氏。慈侍下。弟智。娶许氏。继郑氏。广东乡试第四十六名。会试第十七名。

李宾，贯顺天府顺义县，民籍。国子生。治《诗经》。字廷用，行二，年三十，二月二十七日生。曾祖福受。祖仁敬。父容，海宁县知县。母卢氏。具庆下。兄贤。弟宝、贯。娶杨氏。顺天府乡试第四十一名。会试第一百九名。

李叔玉，贯福建福州府长乐县，军籍。县学生。治《礼记》。字叔玉，行四，年三十八，三月十四日生。曾祖克广。祖伯敬。父运。母蒋氏，继母何氏。慈侍下。兄孟玉，砀山县学教谕。娶陈氏。继赵氏。福建乡试第四十二名。会试第一百三十七名。

张春，贯直隶真定府真定县，民籍。县学生。治《书经》。字时中，行一，年三十四，十一月十五日生。曾祖义。祖敬祖。父俊。母韩氏。具庆下。弟旻、昇、晟。娶刘氏。顺天府乡试第四十九名。会试第七名。

朱海，贯湖广郴州桂阳县，民籍。国子生。治《书经》。字克宽，行二，年四十，二月初二日生。曾祖格政。祖文达。父友辅。母宋氏。慈侍下。兄箫。弟翰。娶何氏。湖广乡试第十七名。会试第九十九名。

王镇，贯山东兖州府济宁州，民籍。国子生。治《诗经》。字景安，行三，年三十九，五月二十七日生。曾祖以清。祖财兴。父信之。母徐氏，继母李氏、张氏。永感下。兄镛、镒。弟锐。娶陈氏。

叶盛，贯直隶苏州府昆山县，民籍。县学增广生。治《书经》。字与中，行三，年二十六，十一月十六日生。曾祖茂。祖明。父春。母汤氏、陈氏，继母沈氏。具庆下。兄盉、昌。弟益、振、登。娶金氏。应天府乡试第二十一名。会试第三十名。

盛俊，贯直隶松江府华亭县，民籍。国子生。治《书经》。字用章，行二，年四十五，八月二十日生。曾祖昶。祖仲实。父原鼎。母张氏。永感下。兄文英。娶徐氏。应天府乡试第七十六名。会试第一百三十五名。

刘斌，贯江西吉安府安福县，官籍。顺天府顺义县学增广生。治《易经》。字次珣，行一，年三十七，十二月二十三日生。曾祖乐善，绍兴府知府。祖汝裘，封翰林院检讨。父麟应，翰林院修撰。母左氏。重庆下。弟琟、瑀、璲、瑊。娶朱氏。顺天府乡试第六名。会试第一百四十名。

项璁，贯直隶苏州府昆山县，民籍。县学增广生。治《书经》。字彦辉，行一，年二十九，三月十六日生。曾祖文、祖俊。父敏。母郁氏。重庆下。弟瑢、珪、璘。娶金氏。应天府乡试第三十七名。会试第一百四十四名。

浦清，贯直隶松江府上海县，民籍。府学生。治《礼记》。字宗源，行二，年三十二，七月初七日生。曾祖源善，广安府经历。祖执谦，新昌县知县。父璇。母孙氏。具庆下。兄澄。娶杨氏。应天府乡试第五十四名。会试第三十八名。

钱昕，贯直隶苏州府常熟县，民籍。县学增广生。治《书经》。字景寅，行二，年二十二，四月初九日生。曾祖更生。祖仲得。父公达。母吴氏。具庆下。兄曒。弟昪。娶赵氏。应天府乡试第七名。会试第一百八名。

金亮，贯浙江宁波府鄞县，民籍。府学生。治《诗经》。字克明，行四，年二十七，二月初一日生。曾祖良贵。祖文华。父暹。母胡氏。具庆下。兄有邻，有孚，有直。娶张氏。浙江乡试第三十四名。会试第七十九名。

周宣，贯福建漳州府龙溪县，民籍。府学生。治《易经》。字政举，行一，年三十，十二月十一日生。曾祖信，元福清学正。祖斯文，医学训科。父祯鸾。母许氏。具庆下。弟淳。娶罗氏。福建乡试第十名。会试第三名。

周旋，贯江西饶州府鄱阳县，民籍。县学生。治《书经》。字中礼。行一，年三十六，十一月二十五日生。曾祖谷宾。祖清皓。父孔义。母刘氏。具庆下。弟进、弁。娶李氏。江西乡试第六十四名。会试第一百一十一名。

罗绅，贯直隶庐州府无为州，民籍。国子生。治《书经》。字朝用，行三，年三十一，五月十八日生。曾祖拱辰。祖谦。父鼎。母张氏。具庆下。兄绶，医学典科；缙。弟纶。娶邢氏。应天府乡试第四十一名。会试第一百三十八名。

刘会，贯直隶庐州府六安州英山县，民籍。县学生，治《易经》。字嘉会，行一，年二十五，三月十二日生。曾祖文。祖世杰。父添禧。母程氏，继母万氏。具庆下。弟嘉静、嘉恕、嘉谟。娶方氏。应天府乡试第九十一名。会试第一百七名。

陆厚，贯山西行都司安东中屯卫，军籍。国子生。治《诗经》。字文载，行一，年二十八，八月初三日生。曾祖贵。祖福三。父贤。母熊氏。具庆下。弟善、谦、让。娶王氏。继李氏。山西乡试第六名。会试第十九名。

　　徐昌，贯直隶苏州府昆山县，匠籍。顺天府大兴县儒士。治《春秋》。字德茂，行二，年二十二，八月初七日生。曾祖富一。祖胜。父道安。母何氏。具庆下。兄旺。弟盛。娶叶氏。顺天府乡试第四名。会试第四十四名。

　　徐瑄，贯直隶苏州府嘉定县，军籍。国子生。治《易经》。字子敬，行一，年三十四，九月十四日生。曾祖廷玉。祖公行。父茂。母王氏。严侍下。娶李氏。应天府乡试第一名。会试第十一名。

　　卞荣，贯直隶常州府江阴县，民籍。县学增广生。治《书经》。字华伯，行一，年二十七，正月初八日生。曾祖良玉。祖仲章。父时济。母张氏。重庆下。弟华仲、贞、南。娶徐氏。应天府乡试第十七名。会试第一百五名。

　　应颢，贯浙江严州府淳安县，民籍。县学增广生。治《书经》。字文明，行一，年二十六，四月十三日生。曾祖季文。祖赵同。父珤。母方氏，继母方氏、周氏。具庆下。弟焕、焞、炯、熔、辉。娶邵氏。浙江乡试第二十一名。会试第九十三名。

　　刘昌，贯直隶苏州府吴县，军籍。县学生。治《诗经》。字钦谟，行一，年二十二，十一月二十七日生。曾祖子安。祖大祐。父公礼。母计氏。重庆下。娶杨氏。应天府乡试第一名。会试第二名。

　　陈云鹏，贯浙江绍兴府余姚县，民籍。儒士。治《礼记》。字翼之，行一，年三十，七月十三日生。曾祖维一。祖肃初。父浓。母洪氏，继母吴氏。具庆下。弟云翰、云鹗、云凤。娶苏氏。浙江乡试第四十五名。会试第十五名。

　　陈暄，贯福建兴化府莆田县，民籍。县学生。治《书经》。字体日，行一，年四十四，三月二十一日生。曾祖彦章。祖善政。父聪德。母郑氏，继母胡氏。慈侍下。弟炯。娶李氏。继黄氏。福建乡试第□□□名。会试第一百二十九名。

　　许仕达，贯直隶徽州府歙县，民籍。府学生。治《春秋》。字廷佐，行八，年二十八，九月十一日生。曾祖余庆。祖仲大。父得仁。母宋氏，继母汪氏，生母鲍氏。具庆下。兄仕稷。娶汪氏。应天府乡试第三十名。会试第七十七名。

　　王福，贯山西太原府清源县，民籍。国子生。治《诗经》。字宗善，行一，年四十，二月十九日生。曾祖仲温。祖志道。父意。母洛氏。慈侍下。弟子谦、子让。娶牛氏。山西乡试第一名。会试第九十一名。

　　金恺，贯直隶常州府武进县，军籍。府学增广生。治《诗经》。字元之，行一，年二十三，三月二十六日生。曾祖彦名。祖朝宗。祖母张氏。父渊，奉化县学训导。母李氏。具庆下。弟悌、怡、愉。娶徐氏。应天府乡试第四十二名。会试第二十二名。

　　据《正统十年进士登科录》，第三甲九十七名，赐同进士出身。履历如下：

　　陶铨，贯山西平阳府绛州，军籍。州学生。治《书经》。字文衡，行一，年三十六，四月二十七日生。曾祖子敬。祖伯清。父春。母梁氏。永感下。弟鉴、铸。娶李氏。山西乡试第二名。会试第一百一十四名。

　　许箎，贯直隶常州府无锡县，民籍。儒士。治《诗经》。字仲乐，行二，年二十四，九月初二日生。曾祖开。祖敏才。父恭，德清县学训导。母吴氏。具庆下。兄埙。弟韶。娶高氏。应天府乡试第十六名。会试第八十二名。

沈纲，贯福建福州府闽县，民籍。府学增广生。治《易经》。字孟举，行一，年二十八，九月二十六日生。曾祖荣，会川卫镇抚。祖忠，福清县巡检。父全。母甘氏。重庆下。弟纪、经、纶、缙、绅。娶孙氏。福建乡试第二名。会试第五十九名。

刘谕，贯江西吉安府吉水县，民籍。直隶冀州增广生，治《书经》。字偕立，行三，年三十七，七月十五日生。曾祖志瑞。祖咏沂。父丕武，卫府纪善。母黄氏。具庆下。兄训，宜宾县学教谕；诚，益阳县学训导。娶戴氏。顺天府乡试第二十三名。会试第八十一名。

姚恭，贯浙江台州府临海县，军籍。国子生。治《诗经》。字彦逊，行一，年三十九，正月十四日生。曾祖均华。祖明理。父泰。母周氏。具庆下。弟宽、信、敏、惠、颙、昂。娶朱氏。继李氏。应天府乡试第八十一名。会试第五十八名。

林时深，贯福建兴化府莆田县，民籍。府学增广生。治《书经》。字时深，行五，年二十八，正月三十日生。曾祖弃，兴化县学训导。祖龙。父琚。母宋氏。慈侍下。兄淑、渚、洛、湜。弟浚。娶黄氏。福建乡试第十六名。会试第三十三名。

赵访，贯湖广黄州府麻城县，民籍。县学生。治《春秋》。字资善，行三，年三十六，七月初五日生。曾祖原杰。祖仲简。父献籍。母胡氏。永感下。兄谏、谕。娶项氏。湖广乡试第八名。会试第三十三名。

吴中，贯四川眉州，民籍。国子生。治《诗经》。字行准，行一，年三十三，正月十九日生。曾祖兴文。祖则昭。父文政。母刘氏。具庆下。弟升、□、毓、节、式。娶汤氏。四川乡试第二十一名。会试第六名。

周鉴，贯湖广黄州府麻城县，民籍。国子生。治《春秋》。字孔明，行一，年四十五，三月初七日生。曾祖受。祖希孟。父仲馗。母罗氏。具庆下。弟铎。娶鲁氏。湖广乡试第三十七名。会试第五名。

罗簏，贯江西南昌府南昌县，军籍。国子生。治《易经》。字应韶，行八，年二十九，闰五月十四日生。曾祖文富。祖德厚。父公器。母郭氏。具庆下。兄虺；虺，昌化县学教谕；麹。娶毛氏。江西乡试第九名。会试第三十九名。

沈和，贯浙江杭州府仁和县，民籍。县学生。治《书经》。字用礼，行三，年三十五，七月二十二日生。曾祖志道。祖文润。父富。母胡氏。具庆下。兄敬、安。弟让、俭。娶褚氏。浙江乡试第四十名。会试第五十七名。

胡浚，贯江西广信府铅山县，民籍。国子生。治《书经》。字源瀹，行六，年二十六，正月初八日生。曾祖宣。祖添老。父思泓。母陈氏。具庆下。兄常温、常深。弟常浩、常清。娶杨氏，继娶段氏。江西乡试第五十一名。会试第十六名。

徐彬，贯浙江台州府黄岩县，民籍。国子生。治《诗经》。字寅白，行一，年四十二，九月初二日生。曾祖思礼。祖彦安。父应昌。母赵氏。具庆下。弟进、遑。娶池氏。顺天府乡试第二十五名。会试第一百三十名。

盛琦，贯浙江宁波卫，军籍。国子生。治《诗经》。字廷璧，行三，年三十五，六月二十七日生。曾祖新。祖德明。父余庆。母顾氏。具庆下。兄允中、琛。弟玙、珏、珉。娶乐氏。继李氏。浙江乡试第三十七名。会试第一百一十二名。

袁广，贯江西吉安府泰和县，民籍。县学生。治《书经》。字仲弘，行二，年四十二，九月一十八日生。曾祖以宁。祖务敏。父克勤。母胡氏。永感下。兄仲轩。弟仲坤。娶张氏。江西乡试第二十三名。会试第一百一十七名。

杨涣，贯江西吉安府泰和县，民籍。国学生。治《易经》。字德济。行一，年四十二，十月十二日生。曾祖尚友，元兴国县主簿。祖景云。父复环。母陈氏。慈侍下。弟德广。娶刘氏。顺天府乡试第五十九名。会试第一百二十五名。

林长清，贯福建兴化府莆田县，民籍。县学增广生。治《诗经》。字长清，行四，年三十七，三月二十五日生。曾祖良玉，元延平府录事。祖季，元建宁府司狱。父义。母郑氏。具庆下。兄肂，兵部司务；瑞；鸾。弟篯、荣、久、熙、韠。娶郑氏，继娶许氏。福建乡试第四十名。会试第一百四十五名。

王铉，贯浙江绍兴府上虞县，民籍。县学生。治《诗经》。字宗萧，行四，年三十八，三月初三日生。曾祖通甫。祖茂。父处安。母董氏。严侍下。兄镇、鲑。娶何氏。浙江乡试第四十九名。会试第四十三名。

丁璇，贯陕西西安府乾州武功县，军籍。国子生。治《礼记》。字大器，行二，年二十七，二月二十四日生。曾祖从道。祖真。父镈。母张氏。具庆下。兄瑛。弟瑊、玺。娶魏氏。继娶张氏。陕西乡试第十九名。会试第一百四名。

李友闻，贯直隶徽州府祁门县，军籍。县学增广生。治《春秋》。字进明，行一，年三十八，八月初一日生。曾祖均亮。祖子逊。父思贤。母程氏，继母马氏。具庆下。弟焕文、尚文。娶吴氏。应天府乡试第三十名。会试第一百二十二名。

王允，贯山东济南府历城县，民籍。国子生。治《诗经》。字执中，行一，年三十九，九月三十日生。曾祖士贤。祖世英。父云。母刘氏。慈侍下。弟信。娶边氏。山东乡试第七名。会试第一百一十五名。

杨礼和，贯四川重庆府江津县，民籍。国子生。治《春秋》。字节之，行四，年四十四，十月初一日生。曾祖济甫。祖文寿。父鹏。母吴氏。永感下。兄泰和、均和。娶刘氏。四川乡试第二十名。会试第二十六名。

陈善，贯河南汝宁府罗山县，民籍。国子生。治《诗经》。字复初，行三，年四十八，二月二十三日生。曾祖文显。祖祖二。父僧。母陈氏。永感下。兄道明、道真。弟道亨。娶王氏。河南乡试第二十二名。会试第一百三十三名。

徐行，贯山东兖州府单县，民籍。县学生。治《礼记》。字顺理，行三，年三十八，十月三十日生。曾祖兴。祖友谅。父琎。母翟氏。慈侍下。兄文、谨。弟忠、信。娶王氏。山东乡试第十二名。会试第六十二名。

赵昂，贯永清左卫左所，军籍。顺天府学军生。治《诗经》。字伯颙，行一，年二十四，六月初八日生。曾祖士达。祖源清，常山中护卫正千户。父杰，羽林前卫正千户。母张氏。具庆下。弟昱。娶李氏。顺天府乡试第三十五名。会试第六十四名。

童存德，贯浙江金华府兰溪县，民籍。国子生。治《春秋》。字居敬，行一，年三十七，十一月二十一日生。曾祖永福。祖律。父宠。母赵氏。具庆下。弟存义、存礼、存诚、存忠、存善。娶赵氏。浙江乡试第三十二名。会试第六十八名。

毛珍，贯湖广岳州府华容县，军籍。县学增广生。治《书经》。字廷贵，行二，年二十五，六月初九日生。曾祖楚杰。祖仲铭，赠工部郎中。父永震，前工部郎中。母刘氏。具庆下。兄璿。娶杨氏。湖广乡试第十八名。会试第二十一名。

张绅，贯直隶应天府句容县，民籍。县学生。治《诗经》。字仲书，行五，年二十五，七月二十四日生。曾祖祐之。祖景贤。父以宽。母周氏。重庆下。弟宗有、经、纶。娶许氏。应天府乡试第三十名。会试第三十七名。

卫仪，贯山西平阳府解州安邑县，民籍。国子生。治《易经》。字彦威，行一，年三十三，五月初二日生。曾祖立、祖直。父从意。母王氏。慈侍下。弟信。娶王氏。山西乡试第十二名。会试第二十七名。

尹恕，贯江西吉安府安福县，民籍。国子生。治《诗经》。字惠行，行九，年四十五，八月初二日生。曾祖立本。祖均美。父子谅。母许氏。永感下。兄恭行、宽行、信行、敏行。娶李氏。应天府乡试第七十六名。会试第一百六名。

涂谦，贯江西南昌府丰城县，匠籍。府学生。治《诗经》。字恒让，行七，年二十七，正月十五日生。曾祖文德。祖国升。父允载。母高氏。具庆下。兄伦。弟巽、观、晋。娶曾氏。江西乡试第二名。会试第三十二名。

胡深，贯直隶徽州府祁门县，民籍。国子生。治《春秋》。字文渊，行三，年三十五，六月二十三日生。曾祖宗芑。祖伯善。父景闰。母方氏。具庆下。兄亮、弘。弟振。娶汪氏。应天府乡试第三十七名。会试第一百三十四名。

周莹，贯福建兴化府莆田县，军籍。县学生。治《诗经》。字吹玉，行六，年二十六，二月二十三日生。曾祖得贤。祖孟仍。父备。母宋氏，继母林氏。慈侍下。兄勃、□、簪、越、赞。娶吴氏。福建乡试第二十三名。会试第六十七名。

唐维，贯直隶苏州府吴县，民籍。府学生。治《书经》。字叔方。行二。年三十六。二月初一日生。曾祖仲玉。祖公礼。父嗣宗。母潘氏。严侍下。兄继。弟纶。娶顾氏。应天府乡试第八十二名。会试第一百二十六名。

陈璃，贯直隶松江府华亭县，军籍。国子生。治《诗经》。字公美。行二，年三十三，八月二十日生。曾祖仲兴。祖文聪。父孟珪。母夏氏。具庆下。兄祥。弟瑶。娶杨氏。应天府乡试第六十九名。会试第一百三十九名。

楼泽，贯浙江金华府永康县，民籍。国子生。治《礼记》。字仁甫，行一，年三十，八月初二日生。曾祖仲敬。祖士良。父秉礼。嫡母胡氏，生母曹氏。具庆下。弟松。娶林氏。浙江乡试第三十三名。会试第一百二十四名。

吕正，贯直隶真定府晋州，民籍。州学生，治《书经》。字孟端。行二，年二十五，正月初五日生。曾祖伯文。祖成。父杰，仓大使。母刘氏，继母董氏。具庆下。兄敬。弟敏、孜。娶刘氏。顺天府乡试第七十四名。会试第三十六名。

赵永宁，贯四川重庆府合州定远县，民籍。国子生。治《诗经》。字世安，行三，年三十，六月初五日生。曾祖志祥。祖福海。父英。母李氏。慈侍下。兄永恭、永和。弟永昌。娶黎氏。四川乡试第二十三名。会试第四十名。

李奎，贯河南卫辉府汲县，民籍。国子生。治《礼记》。字文辉，行一，年二十九，十一月二十九日生。曾祖彦诚。祖仕真。父忠。母邵氏。具庆下。弟文宿。娶张氏。河南乡试第三名。会试第六十一名。

冯时，贯陕西庆阳府宁州，民籍。州学生。治《礼记》。字世隆，行四，年三十三，十一月二十二日生。曾祖钧举。祖良辅。父中。母李氏，继母刘氏。具庆下。兄益、义、林。娶白氏。陕西乡试第三十一名。会试第八十名。

陈方，贯江西吉安府庐陵县，民籍。县学生。治《易经》。字正观，行一，年四十二，十二月初九日生。曾祖仲允。祖体源。父楚善。母金氏。具庆下。弟颙、观。娶郑氏。江西乡试第六名。会试第六十五名。

孙祥，贯山西大同府大同县，军籍。大同右卫军生。治《易经》。字廷瑞，行三，年二十八，正月十一日生。曾祖仲礼。祖成。父弘。母张氏。具庆下。兄智、谅。弟祺。娶王氏。山西乡试第十五名。会试第五十三名。

曹凯，贯山东青州府益都县，军籍。国子生。治《春秋》。字宗原，行三，年三十三，二月十二日生。曾祖伯恭。祖全。父礼。母孙氏。具庆下。兄斌、建。弟岩、资、贤、贯。娶孔氏。山东乡试第十九名。会试第八十六名。

陈宽，贯江西南昌府丰城县，民籍。儒士。治《书经》。字用弘，行一，年四十三，十一月初六日生。曾祖仕礼。祖莫立。父叔哼。母黄氏。严侍下。弟用毅、用远。娶于氏。顺天府乡试第二十一名。会试第一百五十名。

宁良，贯湖广永州府祁阳县，军籍。国子生。治《礼记》。字元善，行三，年三十三，十月十三日生。曾祖卿，元衡阳元帅。祖荣。父嗣宗，上林长官司吏目。母魏氏。慈侍下。兄瓒、琬。娶张氏。湖广乡试第四十四名。会试第五十六名。

李锡，贯山东东昌府临清县，军籍。县学生。治《书经》。字祐之，行三，年二十六，十月二十六日生。曾祖信卿。祖士贤。父敬。母曹氏，继母王氏。严侍下。兄耀、鉴。娶曹氏。山东乡试第十六名。会试第四十八名。

申祐，贯贵州思南府婺川县，官籍。国子生。治《诗经》。字莫锡，行三，年四十三，七月二十五日生。曾祖仕隆。祖应斌。父俊，婺川县五堡三坑巡检司巡检。嫡母张氏，生母李氏。永感下。兄祺、禄。弟裕。娶李氏。云南乡试第十五名。会试第二十八名。

季骏，贯浙江绍兴府会稽县，灶籍。县学增广生。治《春秋》。字文华，行一，年三十五，四月十九日生。曾祖珍。祖文道。父良佐。母戴氏。具庆下。娶邵氏。浙江乡试第三十七名。会试第五十五名。

陈咏，贯浙江绍兴府余姚县，军籍。直隶隆庆州永宁县学军生。治《礼记》。字永言，行二，年二十六，十一月二十七日生。曾祖昶。祖子中。父胜山。嫡母张氏，母宓氏。慈侍下。兄让。娶虞氏。顺天府乡试第五名。会试第二十九名。

王绍，贯山西潞州屯留县，民籍。县学生。治《书经》。字继先，行二，年三十一，十一月十七日生。曾祖伯祥。祖彦礼。父瓛，苏州府知事。母张氏。永感下。兄肃。娶范氏。山西乡试第二十四名。会试第一百二十名。

王宣，贯四川重庆府长寿县，民籍。县学生。治《诗经》。字德昭，行一，年四十三，六月初十日生。曾祖荣卿。祖安性。父宗麒。母周氏。具庆下。弟孟庆、孟通、孟南。娶冉氏。继娶谢氏。四川乡试第三十三名。会试第七十六名。

林廷举，贯广东潮州府海阳县，儒籍。府学增广生。治《春秋》。字云鹏，行一，年二十九，三月二十六日生。曾祖子华，元福建行省员外郎。祖兴祖，交阯布政司参议。父厚，刑部贵州司郎中。母张氏，赠宜人。严侍下。弟廷皋、廷翚、廷申、廷章、廷芾、廷甲。娶张氏。广东乡试第二名。会试第十四名。

周璿，贯江西吉安府吉水县，民籍。县学增广生。治《诗经》。字式廉，行三，年二十九，九月二十二日生。曾祖士章。祖仁本。父楮敬。母胡氏，继母易氏。永感下。兄珉、珣。弟玲、瑶、瓛、珂。娶刘氏。继罗氏。江西乡试第三十二名。会试第一百十八名。

原杰，贯山西泽州阳城县，民籍。国子生。治《诗经》。字子英，行三，年二十九，二月十三日生。曾祖世吉。祖仲和。父彦明。母吴氏。具庆下。兄璿，汝州学训导；璟。弟俊、祺。娶宋氏。山西乡试第十五名。会试第七十名。

宋玺，贯陕西西安府咸宁县，民籍。府学增广生。治《易经》。字廷玉，行五，年二十八，四月十八日生。曾祖希曾，元四川贯州达鲁花赤。祖学。父翚，河南归德州知州。母胡氏。具庆下。兄廉，礼部司务；玹，工部织染所副使；琰；琮；瑄。娶张氏。陕西乡试第十名。会试第一百十九名。

宋钦，贯陕西西安府乾州民籍。国子生。治《易经》。字克敬，行四，年三十二，正月十六日生。曾祖斌。祖端。父宁。母王氏。永感下。兄迁、遁。娶侯氏。陕西乡试第八名。会试第八十七名。

史敏，贯直隶淮安卫，军籍。国子生。治《礼记》。字德敏，行二，年三十一，七月初三日生。曾祖文和。祖谷平。父景余。母谢氏。具庆下。兄德懋。弟德宁、德英。娶潘氏。应天府乡试第四十五名。会试第四名。

张让，贯直隶太平府当涂县，民籍。国子生。治《诗经》。字孟谦，行三，年四十，十二月初一日生。曾祖荣。祖均亮。父复。母陈氏。慈侍下。兄安、祥。娶汤氏。应天府乡试第七十六名。会试第一百二十七名。

高闰，贯辽东盖州卫，军生。浙江绍兴府山阴县人。治《书经》。字居正，行四，年二十九，闰五月十三日生。曾祖复亨，元献州知州。祖宗泗。父贵珣。母王氏。具庆下。兄简、靖、默。弟宁、黉、勤、勉。娶章氏。山东乡试第十一名。会试第五十四名。

田瑧，贯河南开封府许州襄城县，匠籍。县学增广生。治《诗经》。字志道，行二，年二十四，六月十三日生。曾祖仲名。祖荣。父春，徐州学训导。母陈氏。慈侍下。兄新。娶梁氏。河南乡试第二十三名。会试第三十四名。

马垸，贯直隶镇江府丹阳县，民籍。县学生。治《书经》。字伯固，行三，年三十五，三月二十一日生。曾祖仁。祖义。父智。母孙氏。永感下。兄广一、广二。弟广四、广五。娶郑氏。应天府乡试第七十四名。会试第八十四名。

朱缙，贯浙江绍兴府余姚县，民籍。县学增广生。治《礼记》。字廷仪，行一，年二十七，六月十八日生。曾祖思问。祖南脩。父希亮，国子监学正。母马氏。重庆下。弟绅、纲、纪。娶邵氏。浙江乡试第十九名。会试第一百十六名。

庄敏，贯福建泉州府晋江县，民籍。府学生。治《诗经》。字廷功，行二，年四十，十月十二日生。曾祖寿甫。祖闻，赠刑部主事。父谦才，湖广布政司参议。母林氏。永感下。兄毓，任巡检。娶林氏。福建乡试第十八名。会试第一百名。

王敞，贯贵州永宁卫，官籍。宣抚司儒学生。治《春秋》。字文浩，行四，年三十五，五月十四日生。曾祖隆。祖兴，镇抚。父斌。嫡母周氏，生母杨氏。慈侍下。兄宣，镇抚；政；敏。弟启、整、恕、谨。娶戴氏。云南乡试第十二名。会试第一百一十名。

陈叔绍，贯福建福州府闽县，民籍。府学增广生。治《春秋》。字叔绍，行八，年四十，三月十七日生。曾祖垚。祖钰。父周，封四川道监察御史。母林氏，封孺人。永感下。兄叔刚，翰林院侍读；叔茂。弟叔复。娶杨氏。福建乡试第三名。会试第九十五名。

向敬，贯四川成都府资县，民籍。县学生。治《礼记》。字行简，行一，年三十五，十二月初二日生。曾祖文郁。祖必显。父福忠。母谈氏。具庆下。弟鉴、政、金。娶郑氏。四川乡试第三十四名。会试第九名。

柴文显，贯浙江严州府建德县，民籍。府学生。治《书经》。字道明，行三，年四十二，四月初八日生。曾祖桂。祖仲真。父原亨。母王氏，继母王氏。慈侍下。兄文浩、文质。弟文义、文贵。娶裘氏，继娶余氏。浙江乡试第三十三名。会试第六十名。

苏霆，贯福建漳州府龙岩县，民籍。县学生。治《礼记》。字克滋，行三，年三十六，十一月十七日生。曾祖国用。祖致远。父吉顺。母陈氏。慈侍下。兄克仁、克中。弟克容、克理、克绍、勉、最。娶王氏。福建乡试第二十四名。会试第四十七名。

董方，贯顺天府漷县，民籍。县学生。治《书经》。字中矩，行一，年三十，八月初七日生。曾祖友才。祖兴。父政。母张氏。具庆下。弟直。娶张氏。顺天府乡试第五十五名。会试第九十六名。

严枢，贯江西吉安府万安县，民籍。国子生。治《易经》。字务正，行三，年四十四，八月初三日生。曾祖成可。祖原亨。父子宽。母萧氏。永感下。兄务高、务立。弟务敬。娶刘氏。应天府乡试第二十名。会试第九十二名。

曹得，贯浙江绍兴府萧山县，民籍，县学增广生。治《易经》。字希贤，行一，年四十五，八月十八日生。曾祖寿、祖亨。父佛。母朱氏。永感下。弟文。娶李氏。浙江乡试第三十二名。会试第一百四十六名。

刘羽翔，贯山东兖州府单县，民籍。府学生。治《礼记》。字云程，行二，年三十，十月二十四日生。曾祖泰。祖政。父致中。母张氏。具庆下。兄芳。弟泉、翀。娶王氏。山东乡试第五名。会试第一百四十九名。

黄镐，贯福建福州府侯官县，民籍，县学增广生。治《礼记》。字叔高，行八，年二十五，八月初七日生。曾祖聪。祖福。父徽。母卓氏。重庆下。弟钧。娶胡氏。福建乡试第十七名。会试第一百二十八名。

何琛，贯四川顺庆府南充县，民籍。府学增广生。治《易经》。字廷玉，行一，年三十三，九月二十一日生。曾祖友文。祖原贵。父润，宁晋县主簿。母赵氏，继母王氏、于氏。具庆下。弟器、玠、瓘。娶谢氏。四川乡试第二十九名。会试第二十三名。

刘琎，贯顺天府大兴县，民籍，府学增广生。治《书经》。字宗器。行三，年二十五，九月初二日生。曾祖达，赠户部尚书。祖正，赠户部尚书。父中敷，户部尚书。母梁氏，封夫人。具庆下。兄玘、瑛。弟琛、理。娶房氏。顺天府乡试第六十七名。会试第六十三名。

卢中，贯湖广武昌府蒲圻县，军籍。县学生。治《礼记》。字守正，行三，年三十三，十一月十三日生。曾祖友郁。祖原义。父贵贤。母彭氏。具庆下。兄志海、志文。弟志恭。娶苏氏。湖广乡试第五名。会试第九十七名。

边永，贯直隶河间府任丘县，军籍。国子生。治《书经》。字仕远，行二，年四十二，八月二十二日生。曾祖汉兴。祖友成。父福聚，任百户。母李氏。具庆下。兄礼。弟甫、序。娶郑氏。顺天府乡试第七十九名。会试第一百二十三名。

马驯，贯福建汀州府长汀县，民籍。府学生。治《礼记》。字德良，行三，年二十五，正月初一日生。曾祖得夫。祖时中。父壬敏。母罗氏。具庆下。兄祖传、祖应。娶李氏。福建乡试第五名。会试第二十名。

周瑜，贯广东广州府南海县，军籍。国子生。治《易经》。字廷璧，行一，年二十七，三月十三日生。曾祖贤。祖员德。父裔。母郑氏。重庆下。弟璘、琦、珣、琼。娶朱氏。广东乡试第三十七名。会试第七十四名。

陈瑛，贯山东兖州府东平州，民籍。州学生。治《诗经》。字莨锡，行四，年三十九，七月十四日生。曾祖德兴。祖旺。父善。母刘氏。具庆下。兄琳、荣、瑄。娶黄氏。山东乡试第一名。会试第一百四十二名。

朱英，贯湖广郴州桂阳县，军籍。县学生。治《易经》。字时杰，行一，年二十八，十二月二十五日生。曾祖希尹。祖攀麒，阳朔县主簿。父思鉴。母胡氏。慈侍下。弟庆。娶胡氏。湖广乡试第二十九名。会试第一百一十三名。

胡端，贯江西吉安府吉水县，民籍。府学生。治《诗经》。字方正，行二，年四十，八月二十二日生。曾祖观善。祖履信。父能安。母刘氏。具庆下。兄公望。娶萧氏。江西乡试第四十名。会试第八十八名。

张翰，贯山东青州府安丘县，民籍。国子生。治《易经》。字宗儒，行一，年四十三，三月初四日生。曾祖禄。祖武。父从。母李氏。慈侍下。弟勇、智。娶吴氏。顺天府乡试第三十三名。会试第八名。

齐让，贯山西太原府代州，军籍。州学增广生。治《春秋》。字守礼，行二，年三十二，八月二十二日生。曾祖国义。祖贵。父整，同州知州。母李氏。重庆下。兄诚。娶董氏。山西乡试第四名。会试第一百四十三名。

黄绶，贯直隶顺天府平谷县，军籍。县学生。治《易经》。字文玺，行二，年四十二，七月二十九日生。曾祖进卿。祖仲礼，兖州府司狱。父义。母王氏，继母潘氏。严侍下。兄经。弟纶。娶张氏。顺天府乡试第三十三名。会试第一百三十一名。

王璉，贯河南开封府许州襄城县，民籍。县学生。治《诗经》。字宗玺，行三，年二十五，四月二十三日生。曾祖德成。祖尚文，陕西右参议。父警道。母杨氏。重庆下。兄宗器、宗正。弟宗圭。娶盛氏。河南乡试第七名。会试第一百二十一名。

高安，贯直隶广平府威县，民籍。县学增广生。治《诗经》。字子宁，行一，年二十六，十月初九日生。曾祖文礼。祖勤。父清，本县医学训科。母张氏。具庆下。弟宣、富、宾、容。娶杨氏。顺天府乡试第二十二名。会试第一百三十六名。

沈纪，贯顺天府宛平县，匠籍。国子生。治《易经》。字文振，行二，年二十八，十一月十八日生。曾祖德兴。祖时中。父崇善。母梁氏。重庆下。兄纲。娶吴氏。顺天府乡试第四十名。会试第六十九名。

潘伯通，贯河南汝宁府光州光山县，民籍。县学增广生。治《易经》。字学古，行二，年五十三，十月二十四日生。曾祖荣。祖秀兴。父道真。母施氏，继母余氏、张氏。慈侍下。兄伯良。弟伯昌。娶李氏。河南乡试第一百六十名。会试第七十八名。

戴珆，贯直隶和州含山县，军籍。县学生。治《书经》。字廷用，行二，年二十七，九月初八日生。曾祖胜。祖冕。父中道。嫡母李氏，生母何氏。具庆下。兄廷玉。弟廷器。娶王氏。应天府乡试第七十二名。会试第一百四十七名。

李和，贯直隶永平府迁安县，匠籍。府学生。治《易经》。字时中，行二，年二十八，七月二十六日生。曾祖善后。祖伯安。父贵。嫡母刘氏，生母张氏。具庆下。兄泰。娶王氏。顺天府乡试第九十六名。会试第八十三名。

姚哲，贯浙江杭州府海宁县，军籍。县学生。治《易经》。字文明，行三，年二十八，三月初一日生。曾祖士良。祖埜逊。父礼。母钱氏。慈侍下。兄惠、懋。聘顾氏。浙江乡试第三十名。会试第九十八名。

曾卓，贯江西吉安府永丰县，民籍。县学生。治《礼记》。字瀹沂，行二，年三十七，八月十五日生。曾祖惟昭。祖文清。父德永。母彭氏。具庆下。弟乐沂、归沂。娶李氏。江西乡试第十名。会试第八十九名。

郑瑄，贯山东兖州府济宁州，民籍。国子生。治《春秋》。字廷玺，行二，年三十，三月初二日生。曾祖好义。祖仲文，孔庙典乐。父修己，母郝氏。重庆下。兄玘。弟璈。娶王氏。山东乡试第四名。会试第六十一名。

潘暄，贯直隶苏州府嘉定县，民籍。国子生。治《易经》。字时阳，行一，年三十，正月十六日生。曾祖闻谊。祖智。父廷玉。母夏氏。重庆下。弟昫。娶彭氏。应天府乡试第七十二名。会试第四十六名。

丁本，贯山东兖州府峄县，民籍。国子生。治《书经》。字弘道，行五，年三十六，正月初十日生。曾祖成甫。祖武。父贵。母刘氏。具庆下。兄弘友、弘直、弘义。弟弘敬、弘敏、弘政。娶石氏。山东乡试第三十名。会试第七十二名。

萧斌，贯陕西西安府同州朝邑县，民籍。县学生。治《书经》。字得宜，行三，年二十八，八月初八日生。曾祖仲信。祖孝义。父仕诚。母赵氏，继母郝氏、李氏。具庆下。兄韶、珍。弟杰、善。娶田氏。继宋氏。陕西乡试第二名。会试第二十四名。

据《正统十年进士登科录》，本年殿试策问试题为："皇帝制曰：自昔二帝三王，致理之道，必选任贤才以敷政化，安中国而抚四夷，其见诸载籍，靡不足为后世法也。下逮汉、唐、宋贤明之君，亦皆锐意于斯，而其人才治效，有可以比隆于古欤？洪惟我太祖高皇帝奉天明命，统一华夷，德威所被，罔不臣服。太宗文皇帝嗣登大宝，制治保邦，光前裕后。列圣相承，咸隆继述，是以群贤汇进，教化旁治，海内乂宁，夷狄宾服，功德之盛，吻合古昔而无间矣。朕缵承鸿业，仰惟祖宗之彝宪，是训是行，屡诏中外，简拔贤才，亦既得人为用矣。诚欲九德咸事，野无遗贤，举错之法，尚有可行者乎？申敕诸司，修明治理，亦既建立事功矣，诚欲百工惟时，庶绩咸熙，督劝之典，尚有可举者乎？内而中国，生齿之繁，因其性而教养之矣。诚欲使皆阜厚化成，同归于至治，尚何所加乎？外而蛮貊，近悦远来，因其俗而怀抚之矣。诚欲使皆讲信修睦，安于永久，尚何所施乎？夫治道有本，而推行有序。不法诸古，无以施于今。泥于古而不通于今，亦不足以为治。诸生明于道艺，必讲之有素，悉著于篇，朕将亲览焉。"

状元商辂对策全文如下："臣对：臣闻图治莫急于用贤，用贤莫先于修身。非修身固无以为取人之本，非用贤又无以为图治之要，故《中庸》之书曰：'为政在人，取人以身。'人君诚能修身以为用贤之本，用贤以为图治之要，则知至意诚心正身修，贤者在位，能者在职，以之亮天工而熙庶绩，安中国而抚四夷，何往而不得其效哉？钦惟皇帝陛下，聪明睿知，文武圣神，存二帝三王之心，绍祖宗列圣之统，日御经筵，讲求至道，早晚视朝，裁决万机，好贤之诚，无间于话言，图治之切，常存于宵旰。乃进臣等于廷，降赐清问，惓惓欲闻古今用贤致理之方，所谓智周万务，而不弃于一得之愚，明照四方，而必察于刍荛之贱是也。陛下是心，与古帝王兢兢业业，不自满假，用人惟己，望道未见之心何以异哉？臣虽愚昧，敢不精白一心，以对扬明命之万一乎！臣惟致治有要，用贤是也，用贤有本，修身是也。若昔唐虞三代之世，百姓聪明，万邦协和，而黎民有于变之风，百工惟时，庶绩咸熙，而万邦有咸宁之效，二帝致治之隆如此者，实本于其登庸元恺，不废困穷之功也。府事修和，文命四敷，在商邑用协于邦邑，在四方用丕式见德，以至万民咸和，丕单称德，三王致治之盛如此者，亦本于其吁俊尊帝，克知克用之力也。当是之时，若皋夔，若稷契，若伊尹周公，各以贤圣之资，居辅弼之任，或陈九德而谐八音，或播百谷而敷五教，一德足以致天心之格，成绩足以笃烈考之光，多士济济，布列庶位，又岂无所自而然哉？盖由尧舜禹汤文武之君，或克明俊德，而重华协帝，或祗台德先，而圣敬日跻，或缉熙敬止，而无竞维烈，一皆本诸身者无不诚，见诸行者有其实，所谓为政取人之方，著于载籍，足以垂法于后世者，何莫不自圣人修身中来耶？继此称善治者，莫汉、唐、宋若也，其间贤明之君，未始不以用人为致治之本。观其孝廉之有选，贤良之有科，或以明经进，或以进士举，若汉贾谊之劝兴礼乐，董仲舒之明于王道，当时海内富庶，戎狄宾服，其治效固有可称者矣。唐韩愈之排斥佛老，陆贽之论谏仁义，当时中国乂安，四夷宾贡，其治效亦有可观者焉。以至宋之韩、范、富、欧，有以辅盛治于前，周、程、张、朱，足以继绝学于后。中国致文明之盛，夷狄怀景仰之心，其人才治效，虽不能比迹唐虞三代，亦非汉唐所可及也。虽然，汉、唐、宋之君，其用贤图治之意，固云美矣，而取人以身之道，则概乎未有闻焉。或《诗》《书》之安事，或礼乐之未遑，或闺门失德，而治杂于夷，或任用不专，而小人迭进。外有尊贤之名，内无用贤之实，此汉、唐、宋所以止于汉、唐、宋，而不能俪美于唐虞三代者，亦以修身之道有未至也。洪惟圣朝太祖、太宗以武功定天下，文德致太平，德泽溥施，声教远被，薄海内外，莫不尊亲，际天极地，靡不臣服。列圣相承，光启文治，隆继述之道，尽任用之方，是以群贤向用，君子满朝，礼乐兴而风俗美，教化洽而治道隆，斯民阜厚而化成，夷狄倾心而内附，圣德神功，盖吻合乎二帝三王之盛，而汉、唐、宋之君风斯下矣。肆惟皇上，继承鸿业，远稽帝王之道，近守祖宗之法，孜孜以图治为心，惓惓以求贤为念，其得人致治之盛，固已超轶乎古今矣。而犹虑举错之法未尽行，督劝之典未尽举，内而教养未备，外而抚绥未至，欲探其本而推行之以序。臣愚以为，是数者皆陛下之所已行、行之而既效者也。然尤欲求其本，岂有外于陛下之修身乎？陛下屡诏中外简拔贤才，其举错之法至矣，而尤欲求可行之法，臣愿陛下谨修身以为举错之本，贤者必进，而不肖者必退，如孔子所谓举直错诸枉，则九德咸事，野无遗贤之效不难致矣。陛下申敕诸司修明治理，其督劝之典备矣，而尤欲求可举之典，臣愿陛下谨修身以为督劝之原，勤者必赏而怠惰者必罚，如《虞书》所谓戒之用休，董之用威，则百工惟时，庶绩咸熙之效有可必矣。陛下既谨修身以为取人之本，将见人才之出，彬彬乎盛，所以阜厚化成乎天下者此也，所以讲信修睦于夷狄者亦此也。陛下尝轻徭薄赋以立民命，建学立师以复民性矣，使凡任教养之责者，咸以利用厚生、教训正俗为心，则人得以仰事俯育而有尊君亲上之心，生齿虽繁，有不同归于至治乎？陛下尝柔远能迩以怀弗庭，厚往薄来以抚宾服矣，使凡典戎狄之职者，咸能谕之以祸福，示之以恩信，去者不追，至者不拒，训兵练士，保境安民，则人畏威怀德，修贡称藩，四夷虽远，有不相安于永久乎？夫为治之本在于用人，用人之本又在修身。必先其本而后其末，故《论语》曰：‘君子务本，本立而道生。’《大学》曰：‘身修而后家齐，家齐而后国治，国治而后天下平。’《中庸》曰：‘知所以修身，则知所以治人治天下国家。’皆此意也。虽然，修身固为用人之本，而欲用人致治，尤不可以不法诸古。盖古者，前代之法，圣帝明王精神心术之所存，仁义道德之所寓也。傅说告高宗曰：‘事不师古，以克永世，匪说攸闻。’使泥于古而或不通于今，则为徒法不能以自行矣，又必益之损之，与时宜之，《中庸》所谓时措之宜是也。陛下之策臣者，臣既略陈之矣，而于篇终窃有献焉。臣惟始勤终怠者，众人之常情，慎终如始者，圣人之要道。是故天地有常运，而后岁功成，帝王有常德，而后治功著。陛下德配天地，明同日月，诚又加夫不息之诚，有常之念，终始惟一，宵旰无间，则以之修身任贤，以之安民致治，远足以追配二帝三王之道，近足以光昭祖宗四圣之业，上而致天地位，下而致万物育，而绵历数于无疆者，夫岂有越于此哉？臣干冒天威，不胜战栗之至。臣谨对。"

榜眼周洪谟对策全文如下："臣对：臣闻圣人之治本于道，圣人之道本于诚。盖诚者人心之实理，诚以行道，则心正身修而实体立，道以出治，则政善民安而实用著。大哉诚乎，其万事之枢纽，万化之本原乎！二帝之所以帝天下而克底雍熙者，此诚也，三王之所以王天下而臻康乂者，此诚也，我国家列圣所以创业垂统，继志述事，而克享太平于永久者，庸非此诚乎？钦惟皇帝陛下，诞膺骏命，茂缵鸿图，勤励以亲万几，惇慎以弘万化，纯孝之德播闻于宇内，仁厚之泽渐被于天下，德已盛矣，而犹怀懋德丕显之心，道已至矣，而常存望道未见之念。是以日御经筵，讲求圣学，切劘治道，臣有以知陛下真大有为之君也。乃又进臣等于庭，俯赐清问，而欲敷陈二帝三王致理之道，推行之序。臣愚何足以上揆渊衷，然敢不拜手稽首，以对扬圣天子之明命乎？窃惟治非道不臻，道非诚不立。所谓道者，孰有外于修身用人者乎？稽之于古，尧舜之有天下，不废困穷，举任元凯，内询揆岳，外咨牧伯，当是时也，群哲勉辅，由是典礼典乐，掌刑掌教，而政化无不敷，平治水土，修和府事，而中国无不安，外薄四海，咸建五长，而四夷无不服。探其本而论之，皆不越乎帝尧钦明文思，帝舜温恭允塞之诚而致然耳。此二帝致理之道，虽在得人，而实本其一心之诚之所致也。禹汤文武之有天下，忧�╆九德，旁求俊彦，克知三宅，克用三俊，当是时也，群贤既用，由是丕厘耿命，修和有夏，而政化无不敷，肇域四海，奄甸万姓，而中国无不安，柔远能迩，重译来贡，而四夷无不服。推其原而论之，皆不外乎禹汤祗台德先，懋敬厥德，文武纯亦不已，克慎明德之诚而致然耳。此三王致理之道，虽在得人，而亦本其一心之诚之所致也。帝王之治道本于诚如此，其睿谟懿范载于四代之书者，诚足以为帝王万世之大法也。自是而下，汉则高帝之宽仁大度，文帝之恭俭玄默，武帝之雄才大略，光武之克复旧物。唐则太宗之聪明英武，玄宗之励精图治，宪宗之刚明果断，亦皆锐意于斯者也。然汉之诸君，意非不勤，奈何不事《诗》《书》，未免杂于伯道，礼乐制度，又皆谦让未遑，奢欲既滋，吏事深刻。是皆不能存此心之诚，以为用贤图治之本矣。故语其人才，虽曰萧曹赞画，平勃为相，贾董才良，郑寇勋烈，而非皋夔之佐也。语其治效，虽曰黎民醇厚，同致刑措，西夷通道，岭南华风，而非康衢之乐也。汉之人才治效如此，比之唐虞三代何及哉！唐之诸君，志非不励，奈何大纲不正，惭德为多。贞观之治盛矣，而渐不克终，开元之治美矣，而弗能如始。元和之初，威令复振，逮夫晚年，不终其业。是皆不能尽此心之诚，以为用人致治之本矣。故语其人才，虽曰玄龄善谋，如晦善断，姚崇应变，宋璟守正，而非伊傅之俦也。语其治效，虽曰斗米三钱，外户不闭，穷发之地，尽为编户，而非皇极之化也。唐之人才治效如斯，较之唐虞三代则远矣。宋兴，太祖、太宗之创业，真宗、仁宗之守成，亦皆追慕三代而景仰之，是以当时真儒辈出，治教休明，人才治效，可谓庶几三代矣。然大纲虽正，而万目未尽举，要亦由此心之诚有所未至耳。是汉、唐、宋终不能比隆唐虞三代者，以其治之不能本于道，道之不能本于诚也。洪惟圣朝太祖高皇帝奉天明命，奄有寰区，以武功定天下，以文德致太平，圣化所及，无不忻戴，德威所被，罔不宾服。太宗文皇帝嗣登大宝，弘建两京，制治于既定，保邦于既安，典章文物，克光于前，弘谟伟烈，益裕于后。仁宗昭皇帝、宣宗章皇帝丕显丕承，善继善述，是以八十年间，群贤汇进，无一才之不用，教化旁洽，无一所之不周。海宇之广，罔不乂宁，四夷之远，悉皆宾服。神功圣德，盖与唐虞三代同一揆矣。所以然者，由乎任贤才，敷政化，安中国，抚四夷，皆本于列圣，心纯乎帝王之诚也。陛下以圣继圣，仰惟祖宗之彝宪是训是行，是以屡诏中外，简拔登庸，贤俊在位，庸劣遁迹，举错之法，可谓精矣。尤欲求其可行，夫岂有他哉？不过秉此心之诚以为举直错枉之本，则万邦黎献，共惟帝臣，而九德咸事野无遗贤之效臻矣。申敕诸司，修明治理，显者已陟，幽者已黜，督劝之典，可谓至矣，尤欲求其可举，又岂有他哉？不过秉此心之诚以为奖勤惩怠之本，则内外之臣，皆怀激劝，而百工惟时庶绩咸熙之应至矣。内安中国，因其性而教养之者，已无一夫之不获，尤欲使皆阜厚化成，同归于至治，不过秉此心之诚以为教养之本，则至诚能化，将见耕食凿饮，向化敏德，率为熙皞之归矣。外抚四夷，因其俗而怀抚之者，已无一方之不服，尤欲使皆讲信修睦，相安于永久，不过秉此心之诚以为怀来之本，则至诚能感，将见四夷左衽，罔不咸赖，率为中国之氓矣。夫治本于道，道本于诚，皆陛下之所已行者也，而又举以策臣，岂非陛下体道谦冲，不自满假之诚之所发哉？《中庸》论达道达德九经，皆曰所以行之者一也。先儒谓一者诚也。陛下全至诚之体于一心，妙至诚之用于万化，以之六五帝而四三王，所谓卓冠群伦超越千古者，端在于此矣。治道之本，陛下固已立之，若夫推行之序，则《中庸》之九经，曰修身、尊贤、亲亲、敬大臣、体群臣、子庶民、来百工、柔远人、怀诸侯，《大学》之八条目，曰格物、致知、诚意、正心、修身、齐家、治国、平天下，是其行之序也。然所以行之者，又在圣心之一诚耳。诚以法帝王，则考于古者，皆合时措之宜，而不泥于古矣。诚以法祖宗，则施于今者，皆酌隆古之道，而必宜于今矣。诚乎诚乎，贯始终而无间者乎？唐虞在位之久，三代传祚之长，皆诚以成始而成终者也。汉、唐诸君不能诚以图其始而保其终，宋诸君则诚有未至者，故臣之对无他，惟愿陛下常存此诚而已。天至诚故常覆，地至诚故常载。陛下常存诚，则博厚配地，高明配天，常厥德，保厥位，而千万世太平之洪业，愈永而愈昌矣。臣蓬贱士，学不足以上裨圣治，惟陛下少垂睿览，宽其狂妄，臣不胜幸甚。臣谨对。"

探花刘俊对策全文如下："臣对：臣闻欲求为治之方，不可不得其人，欲知得人之要，不可不求诸己。盖贤才乃立政之本，修身实得人之要，非贤才固不足以为治，非修身亦不足以得人。二帝所以官天下而跻世雍熙者此也，三王所以家天下而措世隆平者亦此也，汉唐宋之治效所以不能比隆于古者，岂非有外于此乎？孔子曰：'为政在人，取人以身。'非无征之空言也。钦惟皇帝陛下，禀聪明睿智之资，全圣神文武之德，嗣承大宝，统御万方，尊贤使能，俊杰在位，贤已得矣，而尤以为未得，教化旁洽，世底雍熙，治已至矣，而尤以为未至。乃于万几之暇，复进臣等于廷，降赐清问，首以二帝三王选贤图治之实，次及汉、唐、宋人才治效之迹，继以我朝列圣得人至治之盛，与夫今日为政之本，推行之序为言。臣有以知皇上之心，即望道未见之心，真大有为之君也，国家生民太平之福，端在此矣。臣虽愚昧，敢不精白一心，以对扬圣天子之休命乎？请因圣问所及而陈之。臣闻天下之大，人君不能独治，必赖贤才以共治之，庶务之繁，人君不能独理，必赖贤才以共理之，是贤才者为治之利器也。稽之于古，唐虞之时，以尧舜为之君，则有皋夔稷契为之臣。斯时也，州牧得人，侯伯举职，刑罚清而丞民粒，礼乐明而教化行，四方有风动之休，万邦有咸宁之效，其所以然者何哉？本于二帝修身得人以共治也。三代之世，以禹汤文武为之君，则有伊傅周召为之臣。斯时也，贤者在位，能者在职，治道隆而风俗美，四海平而天下安，人人有士君子之行，比屋有可封之俗，其所以然者何哉？本于三王修身得人以共理也。二帝三王致理之道，安中国而抚四夷者，著于《书》，寓于《易》，咏歌于《诗》，皆足以为天下后世法也。三代而下，得人之盛，治效之隆，莫汉、唐、宋若也。汉之七制，唐之三宗，宋之英君，亦皆选任贤才，以敷政化，安中国而抚四夷，有志于二帝三王之治者也。在汉则有萧曹丙魏，在唐则有房杜姚宋，在宋则有韩范富欧。汉唐宋之贤才，虽有可称，比之唐虞三代之贤才，盖相远矣，是以养民仅能至于小康，而不能使之含哺鼓腹，以遂夫鸢飞鱼跃之天，教民仅能至于知义，而不能使之迁善敏德，以陶夫不识不知之化。汉、唐、宋之人才治效，所以不能比隆于古者何哉？正以为君者不能躬行夫心德以为取人之要，为臣者不能辅君于至仁以为治民之本也。洪惟我太祖高皇帝，奉天明命，统一华夷，创业垂统，开万世之太平，德威所被，致夷狄之宾服。太宗文皇帝嗣登宝位，继体守成，制治保邦，光前裕后。仁宗昭皇帝、宣宗章皇帝列圣相承，敦崇古道。是以群贤汇进，教化旁洽，四海乂宁，万方仰戴。（下五十三字模糊不清）列圣修身得人以致之也。钦惟皇帝陛下，嗣登宝位，继承鸿业，体尧舜禹汤文武之心以为心，法祖宗列圣为治之道以为治，屡诏中外，简拔贤才，内而左右辅弼者皆蔼蔼之吉人，外而承流宣化者咸济济之贤士，亦既得人为用矣，陛下尤以举错之法询臣。臣以为选任之际，所举者果直，所错者果枉，则贤者进而不肖者退，九德咸事，野无遗贤之效，岂有不得者乎？申敕诸司，修明治理，小大之臣，各敬其事，内外之官无堕其职，亦既建立事功矣，陛下尤以督劝之典询臣。臣以为考课之际，所陟者果明，所黜者果幽，则勤者劝而惰者惩，百工惟时，庶绩咸熙之验，岂有不著者乎？内而中国生齿之繁，既制田里以厚其生，设学校以明其性，所以教养之者备矣，陛下尤欲使之阜厚化成，同归于至治。臣以为在于申明教化之有其方，劝课农桑之有其实，则不患其效之不著。外而蛮貊近悦远来，既抚之以仁，待之以礼，所以怀来之者至矣，陛下尤欲使之讲信修睦，相安于永久。臣以为在于厚往薄来，怀之以恩信，不宝远物，置之于度外，则不患其效之不臻。然推其原而论之，皆不过修身用贤二者而已。大抵为治之道，以贤才为本，推行之序，以修身为先。能修其身，则不患贤才之不得，既得贤才，则不患天下之不治。故《中庸》以尊贤居修身之次，《大学》以修身为齐家治国平天下之本也。虽然，为治固有其本，推行固有其序，然又不可以不法诸古也。盖古者今之所当法也。为治而能法诸古，则用力少而成功多，故孟子曰：为高必因丘陵，为下必因川泽。为政不因先王之道，可谓智乎？陛下诚能修身以取人，酌古以准今，上不违先王之道，下不失时措之宜，如是，以之安中国则中国乂宁，以之抚四夷则四夷宾服，天地以之而位，万物以之而育，为生民立命，为万世开太平，无所施不可矣。臣学术肤浅，不足以奉大对，谨竭愚陋以献，惟皇上采择焉，不胜战惧之至。臣谨对。"

四月

乙巳，戒饬各提学官，许巡按御史纠举。（据《国榷》卷二十六）

壬戌，设山东灵山卫儒学。（据《国榷》卷二十六）

乙丑，升国子监司业赵琬为左春坊左谕德，仍管司业事，助教李洪、孔铎、翁瑛俱为翰林检讨，仍管助教事，俱九年考称。（据《馆阁漫录》卷二《正统十年》）

命天下学校考取附学生，不限额。《明鉴纲目》卷三："纲：夏四月，始命天下学校考取附学生。目：知县杨瓒（蠡县人）以治行卓异，擢知府，上言：'民间子弟可造者众。请增广生员，毋限额。'礼部采瓒言，议令提学官额外增取附学。天下学校之有附学生，自瓒始。（其后定制，诸生食廪者谓之廪膳生，增广者谓之增广生。俱有定员，以岁科两试高等者充补，其初入学者，谓之附学生。）"

戊辰，进士路璧、王庚为户科给事中。（据《国榷》卷二十六）

五月

令陈循、曹鼐、马愉议行军民建言。《馆阁漫录》卷二《正统十年》："五月甲戌朔，礼部言：'天下诸司官吏军民建言，例会廷臣议行。窃见宣德中尚书蹇义、夏原吉已解职务，特诏与议。正统初，学士杨士奇、杨荣、杨溥轮番会议。今士奇、荣已故，惟溥尚在，请令学士陈循、曹鼐、马愉参之。'上以溥年老，礼宜优闲，令循等与议。"

进士郝瑺为吏部验封主事。（据《国榷》卷二十六）

六月

六月癸卯朔，遣礼部左侍郎兼翰林侍讲学士王英祭南镇会稽山之神。丙寅，命翰林侍讲杜宁复职，服阕。升南京国子监丞诸质为编修，仍理监事。（据《馆阁漫录》卷二《正统十年》）

南京大理寺左评事张升秩满，求就教，便母养，改教授。（据《国榷》卷二十六）

七月

进士丘嵩、李侃、钱森为户科给事中，熊文礼科给事中，鄘海刑科给事中，张文质工科给事中。（据《国榷》卷二十六）

八月

监察御史彭勖为吏部考功郎中，京卫武学教授纪振为员外郎。（据《国榷》卷二十六）

省边卫教官冗员。（据《国榷》卷二十六）

升翰林院检讨姜洪为本院修撰，以九载秩满故也。（据《馆阁漫录》卷二《正统十年》）

九月

始免监生徭役。（据《国榷》卷二十六）万历《大明会典》卷二十《户部》七《赋役》："（正统）十年，令监生家免差役二丁……（嘉靖二十四年）教官、监生、举人、生员，各免粮二石，人丁二丁。"

命诸进士为监察御史。进士林廷举、王允、徐行、童存德、周鉴、全智、姚恭、申祐、张洪、宋琭、李宾、吴中、罗箎、柴文显、何琛、周瑜、齐让、黄绶、陆厚、曾蒙简、常茂、崔璘、邵进为监察御史。（据《国榷》卷二十六）

吏部左侍郎李敫卒。敫字居学，涿人。永乐初，入北雍，尝试第一。授卫经历，进礼部主事，历员外郎，迁江西右参议，改四川。除岁买茶课，从近转饷松潘，迁右参政。正统初，迁右布政使，忧去。夺情，至佐铨。刚直勤慎，在蜀十余年，绩最著，吏部为不逮也。赐祭葬。（据《国榷》卷二十六）

十月

诸翰林院官升迁。十月辛丑朔。丁巳，升翰林学士钱习礼为礼部右侍郎，侍读储懋为户部右侍郎。辛酉，升翰林编修谢琏为侍讲，以九载考最故也。戊辰，升翰林学士曹鼐为吏部左侍郎，陈循为户部右侍郎，侍讲学士马愉为礼部右侍郎，侍读学士苗衷为兵部右侍郎，侍讲学士高谷为工部右侍郎，仍兼旧职，命衷、谷同鼐等内阁办事。（据《馆阁漫录》卷二《正统十年》）

苗衷、高谷入内阁，预机务。《明鉴纲目》卷三："纲：冬十月，以兵部侍郎苗衷，工部侍郎高谷，入内阁，预机务。目：衷、谷与马愉、曹鼐，皆杨士奇所荐。（事见前。）及是，四人并在内阁，而蕭尤通达政体，阁务多以决焉。"

刘震、侯琰等被选为学官。《明英宗实录》卷一百三十四：正统十年冬十月，"乙巳，先是吏部以天下学官多缺，请于国子监取原中副榜举人及选监生有学问老成堪充教职者，送翰林院考试。至是，覆奏：举人刘震等十六名堪任教授、学正，监生考中者侯琰等一百三十三名，堪任教谕、训导。从之"。

命兵部，凡有举荐及自陈可任武职者，具名奏闻定夺。《明英宗实录》卷一百三十四：正统十年冬十月，"壬子，大同左参将都督佥事石亨奏：'国家设法推举武职，诚当矣。然通于兵法者，止是记诵之学。熟于弓马者，不过匹夫之勇。临敌制胜，未必皆得其用。况人之智谋在心，未曾试用，莫得而知，所以汉唐以来，皆设军谋宏远、知识绝伦等科，令其各陈所能应诏，如赵充国以良家子应募，郭子仪以武举自进。设使当时拘于保举，岂能得二人之用哉！今后乞许其自陈，起取试验，果有可取，令于各边总兵官处谋议，果能措置得宜，实有功效，然后不次升擢之，则得实才为国爪牙矣。'上善其言，且命兵部，凡有举荐及自陈者，具名奏闻定夺，非奉明文起取者，不许擅离职役"。

刘髦卒，年七十三。《抑庵文后集》卷二十七《封编修刘公墓表》："公刘氏，讳髦，字孟恂，永新人，以子定之贵封翰林编修文林郎。正统乙丑十月九日，以疾终于家，年七十三。"《四库全书总目·石潭存稿提要》："《石潭存稿》三卷，明刘髦撰。髦有《易传撮要》，已著录。是编上卷为诗，中卷即《易传撮要》，下卷为《义方录》。《义方录》者，皆寄其子定之之手札，而定之汇萃成编者也。"

十二月

升翰林编修萧镃为本院侍读，吴节为侍讲，俱九载考最。（据《馆阁漫录》卷二《正统十年》）

本年

修订生员考课条例。俞汝楫《礼部志稿》卷二十四《儒学·考法》："正统元年，令廪膳六年以上，不谙文理者充吏。增广六年以上，不谙文理者为民……十年，奏准提学官会布政司堂上官一员，两直隶会巡按御史，公同提调教官，考选生员年四十以上，不谙文理者。廪膳十年以上送吏部，六年以上送附近布政司，增广十年以上送本布政司，两直隶送本府，俱充吏。六年以上并鄙猥残疾者，悉黜为民。云南、贵州免考。"

文林（1445—1499）生。字宗儒，长洲人，成化壬辰进士。除永嘉知县，改博平，升南京太仆寺丞，迁知温州府。文徵明父。《四库全书存目丛书》集部第40册，收录明刻本《文温州集》十二卷。

明英宗正统十一年丙寅（公元1446年）

正月

命翰林检讨钱溥复任，以丁忧服阕也。（据《馆阁漫录》卷二《正统十一年》）

太监王振等人子侄，可世袭锦衣卫职。《明鉴纲目》卷三："纲：丙寅十一年，春正月，予太监王振等锦衣卫世职。目：振侄林，世袭指挥金事，曹吉祥（滦州人）等弟侄，俱世袭副千户。"

二月

释奠先师孔子，遣吏部左侍郎兼翰林学士曹鼐行礼。（据《馆阁漫录》卷二《正统十一年》）

翰林学士蔺从善卒。《馆阁漫录》卷二《正统十一年》：二月，"辛酉，翰林学士蔺从善卒。从善，河南彰德府磁州人。永乐初，由教职选侍皇太孙。宣德初，与修两朝实录，升洗马。正统初，与修宣庙实录，升学士"。

太仆寺少卿沈升卒。升字志行，海宁人，永乐甲申进士。选庶吉士，授刑部主事，预修《永乐大典》、《性理大全》等书。戊戌，进四川右参议，忧去。已调河南，寻参赞蓟州军务。宣德末，进北京太仆寺少卿。秩满，馈王振百金玉带，振漫视之，颇失望。卒，赐祭。（据《国榷》卷二十六）

三月

三月三日，太师英国公暨侯、伯二十余人诣国子监听讲。张萱《西园闻见录》卷四十五《礼部》四《国学·往行》："古廉李先生时勉，为祭酒，严毅正大，极意造就人材。初至，令坐堂一月，后乃散处于厢房，列格、致、诚、正四号号房中，有家室者居外。晨入馔堂读书，夜读书务尽一更，将五更，复令膳夫提铃循号唤起读书。或自潜行以察勤惰，无灯者暗记示责，自是灯光达旦，书声不歇，学者感激，竞相劝勉。先生每宿厢房，每隔三五夜必召同乡人侍坐，或说乡曲旧事，或论诗文，言简而确，听者忘倦，更深乃已。别时必曰：'话久误工夫，自当退补。'且曰：'三更是阴阳交代时，读书宜二更即止，过此时则次早无精神。'其爱人多类此。正统十一年，太师英国暨侯、伯二十余人蚤朝毕，奏曰：'臣等皆武夫，不谙经史，愿赐一日假，诣国子监听讲。'上命以三月三日往。先是，太师率诸侯、伯至日到监，乃携茶汤果饼之类甚丰。祭酒李先生时勉命诸生立讲《五经》各一章，讲罢设酒馔奉款，诸侯、伯让曰：'受教之地，皆就列坐，惟太师与先生抗礼。'饮甚欢，太师累辞。先生曰：'秀才家饭不易措置，愿太师少宽后命。'诸生歌《鹿鸣》之章，宾主雍雍，抵暮而散。此亦太平盛事也。"

礼部右侍郎兼翰林侍讲学士马愉奏父士贤老疾，乞赐归省。上许之，命有司给驿马廪饩，并家人脚力口粮。（据《馆阁漫录》卷二《正统十一年》）

马中锡（1446—1512）生。字天禄，故城人。成化乙未进士，授给事中。出为云南按察佥事，改陕西，入为大理少卿，擢右副都御史，巡抚宣府，引疾归。起抚辽东，召拜兵部侍郎，以忤刘瑾改南工部，寻勒致仕，逮系诏狱，斥为民。瑾诛，起抚大同，迁右都御史，提督军务，进左都御史，以师老无功下狱，寻死狱中。有《东田集》六卷。孙绪《沙溪集》卷六《资善大夫都察院左都御史东田先生马公行状》："公生于正统十一年三月十六日，幼警颖不群，三岁识字，八岁能赋小诗。时处州方为唐府长史，王多不法。处州每谏，不能为委曲语，王怒处州，械送京师。姚淑人以下，皆下之狱，公以幼免。分巡刘佥事按部适至，公具牒投诉，辞语清辩若成人。刘悯泣，乃诣王晓譬，怵以法。王悟，家得释。公依母走讼于朝，事卒得白。"

四月

丁巳，擢翰林院庶吉士刘文为中书舍人，仍隶四夷馆。（据《明英宗实录》卷一百四十、《国榷》卷二十六）

辛酉，进士王竑为户科给事中，监生于泰、苏霖礼、兵科给事中。（据《国榷》卷二十六）

乙丑，设云南景东卫儒学。（据《国榷》卷二十六）

丁卯，翰林侍读周叙奉命祭衡山。事竣过家，乡人与其子蒙有隙，诉叙枉道，叙自陈所经实便且近。都察院仍请下叙狱，上特宥之。（据《馆阁漫录》卷二《正统十一年》）

五月

国子监祭酒李时勉复上疏乞休，不允。《明英宗实录》卷一百四十一：正统十一年五月甲戌，"国子监祭酒李时勉复上疏言：'臣草茅贱质，樗散微材，十六而游泮庠，从师讲学，三十而登进士，释褐彤缨。选入翰林，首被文皇之隆眷，使居秘阁，纵观先圣之遗书。既十年而擢属秋官，又二载而召预史事。自兹七年，膺禄秩之益崇，历事三朝，沐恩荣之愈厚。叨荷圣皇之宠顾，除臣掌教之清班。受职莅官，所当竭力，反躬度德，实匪其才。譬犹下乘之驽骀，空费上槽之菽粟。况今臣行年七十之上，而疾病交侵，居官三纪之余，而涓埃莫报。昨者敷陈愚悃，恳乞归休。皇上垂念老臣，未赐俞允，而老臣亦恋明主，敢遂间安。第以枯朽之资，不堪委任之重。昔也徒持文墨议论，曾何益于朝廷，今焉幸当教育贤才，期有裨于圣化。瞻依日月，感会风云，正宜坚葵藿之诚心，可惜迫桑榆之暮景。形骸潦倒，精力衰颓，寻常于庶务之施行，或记一而忘十，朝夕于诸生之训诲，每语后而遗前。言则气不续声，行则筋不束骨。临政多怠，虑事不精。虽使罄犬马之微劳，终莫报乾坤之大德。徒有妨于贤路，竟无补于明时。伏望圣慈特垂优命，俾臣得以栖身畎亩，全三尺之微躯。长当击壤康衢，祝万年之圣寿。上览奏，嘉叹久之，仍不允其去。"

六月

进士章纶为户科给事中。（据《国榷》卷二十六）

七月

杨溥（1372—1446）卒，赠太师。年七十五。《明英宗实录》卷一百四十三"正统十一年秋七月庚辰（十四日）"："少保、礼部尚书兼武英殿大学士杨溥卒……溥在内阁，与士奇、荣，皆杨姓，时号三杨。三人者各有所长，士奇有学行，荣有才识，溥有雅操，天下引领望焉。溥尤谦恭小心，趋朝循墙而走，儒之淳谨者也。"《馆阁漫录》卷二《正统十一年》："正月丁卯朔。庚辰，少保、礼部尚书兼武英殿大学士杨溥卒。溥字弘济，湖广石首人。洪武庚辰进士，除翰林编修。永乐初，太宗择东宫官，授司经局洗马兼编修。皇太子问汉廷尉张释之不易得，溥曰：'释之诚不易得，然世岂无其人，但无文帝宽厚仁恕之君用之耳。臣以为释之在汉一时不易得，若文帝三代而下不易得也。'退采文帝事关治道者，编为事实以进。后坐事系狱十年。仁宗即位，释之，擢行在翰林学士，寻升太常寺卿兼学士。未几，诏开弘文馆于思善门之左，简文学之士五人，日直其中，职讨论，溥为首。亲握印章授之曰：'朕用卿等于左右，非止助益学问，亦欲广知民事，卿等有所建白，用此封识以进。'宣宗嗣位，修两朝实录，为总裁官。丁内艰，夺哀复任，升礼部尚书兼学士。上即位，修《宣庙实录》，复为总裁官、同知经筵事，升少保、礼部尚书兼武英殿大学士。卒，赠太师，谥文定，遣官祭葬，官其孙寿为尚宝司丞。"

教谕林祥凤为贵州道监察御史。（据《国榷》卷二十六）

八月

下吏部尚书王直等于狱。《馆阁漫录》卷二《正统十年》："庚申，吏部尚书王直，右侍郎赵新、曹义，掌光禄寺事、户部左侍郎奈亨等下狱，以相讦奏，为给事中、监察御史所劾也。"《明鉴纲目》卷三："纲：八月，下吏部尚书王直等于狱，寻释之。目：光禄寺卿奈亨，谄事王振，（亨诈称诏旨，日支御膳供振，振悦之），擢户部侍郎。（时工部郎中王佑，亦以谄振擢本部侍郎。佑无须，振问，对曰：'爷无须，儿子安敢有？'一时传以为笑。）亨尝以事干请吏部不行，怨郎中赵敏，构之，词连尚书王直，侍郎曹义、赵新，并下狱。三法司六科廷鞫，论亨斩，直、义、新俱徒。帝宥直、义，夺新、亨俸，视职如故。（先是驸马都尉石璟，晋其家阉，振恶其贱己同类，下璟狱。已而大理寺丞罗绮，参赞宁夏军务，尝诋中官为老奴，总兵官奏之。法司坐绮罪徒，锦衣卫改戍边。于是刑部尚书金濂，左都御史陈镒等，为马顺所劾，并下狱。帝以濂等已输伏，遂释之。行人尚褫言：'古者刑不上大夫。今文武大臣，偶因微眚，遽陷囹圄。事或涉虚，旋即复职。是今日衣冠之大臣，即昨日受辱之囚系，面僚友而统属官，宁能无愧？请自今有犯者，召至午门，大臣会问。事实则疏其轻重，请上裁决，不实，即奏还其职。帝颇然之，而惑于王振，不能改也。褫寻授南京御史。○石璟，昌黎人，尚宣宗女顺德公主。金濂，字宗瀚，山阴人。行人司，洪武中置。司正，秩正七品。司副，从七品。行人，正八品，职专奉使。）"

陕西按察佥事庄观为副使，仍提督学校。（据《国榷》卷二十六）

九月

陈文服阕，补翰林院编修。（据《国榷》卷二十六）

十月

命吏部推监司郡守，第举其人，不许定秩。其由掾吏，必轶才清誉方保荐。（据《国榷》卷二十六）

十一月

右副都御史周铨调南京，仍督理粮储。翰林院侍读周叙为南京翰林院侍读学士，监察御史齐韶为南京刑部右侍郎，大理寺左寺丞廖庄为南京大理寺左少卿。（据《国榷》卷二十六）

十二月

进士涂谦、马垸、陈叔绍为监察御史。（据《国榷》卷二十六）
故少师杨士奇子秩荫国子监生。（据《国榷》卷二十六）

本年

御史黄裳言："给事、御史，国初奏迁方面郡守。近年，方面郡守率由廷臣保升。给事、御史以纠参为职，岂能无忤于一人？乞敕吏部，仍按例奏请除授。"帝是其言，命部议行。(据《明史·选举志》)

准乡试搜检照会试例，止就身搜检，举巾看视，不必脱衣露体。(据《皇明贡举考》卷一《怀挟》)

明英宗正统十二年丁卯（公元1447年）

正月

礼部左侍郎兼翰林侍讲学士王英九年任满，上命复职。(据《馆阁漫录》卷二《正统十二年》)

二月

设铜鼓卫儒学。(据《国榷》卷二十六)

二月癸巳朔。戊戌，升翰林侍读陈询为本院侍讲学士，以九载秩满也。复除翰林编修黄谏，以丁忧服阕也。甲寅，上御奉天门早朝退，谕礼部尚书胡濙等曰："朝廷人材，须要作养，方获实用。今命翰林侍讲等官杜宁、裴纶、刘俨、商辂、江渊、陈文、杨鼎、吕原、刘俊、王玉，每日俱在东阁进学作文，仍命学士曹鼐、陈循、马愉严督考试，务期成效。凡会讲时，轮流经筵侍班治事。"(据《馆阁漫录》卷二《正统十二年》)

礼科给事中余忭言保举之弊。《国榷》卷二十六：正统十二年二月己未，礼科给事中余忭言："铨选，经也；保举，权也。仰惟太祖太宗之世，一凡铨选，吏部专职之，仕版得忠良，豪门无奔竞。宣宗时，虑有遗佚，爰命大臣旁求俊乂，布按二司知府有缺，令京官三品以上保举，初意未尝不善。法行既久，多所比周。旧例，犯赃连坐举主，今复未闻。所以互相仿习，略不警惮，先所荐扬，或有过恶，力为掩覆。能人贞士，耻媚拙容，内而御史，外而知府，有任九年，尚仍厥官，贤否溷淆，何所激劝哉。臣惟昔之铨衡或未精，是以先帝改为保举。今之保举既未公，伏望皇上复祖宗之故。"

廷议命如旧，比周攀援者，御史给事纠劾之，报可。（据《国榷》卷二十六）

命提学官课督社学，选子弟需次补儒学增广生。（据《国榷》卷二十六）

三月

国子监祭酒李时勉致仕。升翰林院侍读萧镃为国子监祭酒。《明英宗实录》卷一百五十一：正统十二年三月癸未，"国子监祭酒李时勉致仕。时勉在国子监六年余，诸生服其教，而成者甚多。先是累求去不遂，及是以中贵用，不能谄事，求去益切。既得命，即就道，朝臣及国子生出饯都门外者，几三千人。升翰林院侍读萧镃为国子祭酒"。彭琉《朝列大夫翰林学士国子祭酒兼修国史知经筵官致仕谥忠文安成李懋时勉行状》："丙寅，先生屡以老疾乞致仕。诸生伏阙请留，上以太学师资之地，方倚老成，不许其去。丁卯，先生年七十有四，病益深，上章乞骸骨。上览其言，甚恳切，遂许之。诏兵部具舟。陛辞之日，赐钞一千贯，命光禄具酒馔饯之。及行，达官显人多出崇文门外以叙别，太学师生以彩币制旗帐，各为文词。诸生亲厚者，又命工绘《恩荣归老图》，取其事为十题，求诸名公识以为赠，以颂先生之德。翰林旧知，亦各为文为诗。教坊诸乐工椎大鼓，杂以金石丝竹之音，喧然前导。送者凡三千余人，远近观者塞路，一时行旅不得往来，商贾为之废业，莫不啧啧焉称羡以为荣，至有为泣下者。诸生又以先生平日廉洁自守，行李萧然，乃集白金数百两为赆，先生悉却之。今太师吏部尚书王公直为十题，称先生'汉之疏广、唐之杨巨源不能过也'。其余若礼部尚书胡公濙，工部尚书高公谷，左都御史陈公鉴，礼部尚书王公英，国子祭酒萧公镃，侍讲陈公询、徐公理，修撰刘公俨，检讨钱公溥，司业赵公琬，南京祭酒陈公敬宗，皆有文为赠。先生自北归，以故居去城稍近，倦于逢迎，遂卜邑西三十里，其地曰梅耷，隐居焉。远方慕名以求文至者，踵相继，先生以病，多谢去。"

今后增广生员，不拘额数。从杨瓒言也。《明英宗实录》卷一百五十一：正统十二年三月，"癸酉，直隶凤阳府知府杨瓒言：'我朝天开景运，文教聿兴，内建太学以储天下之英贤，外设府州县儒学以育民间之俊秀。府学额设廪增生员八十名，州学六十名，县学四十名，此外聪明之士不得与者，入学寄名，以俟补增广之缺。寄名者既众，遇开科之际，欲报增广则增广名数已足，欲报儒士则有司多方沮抑，以此无路出身，未免沧海遗珠之叹。乞敕该部通行天下学校，今后增广生员，不拘额数，但系本土人民子弟，自愿入学读书，听府州县正官与学官公同考选，俊秀者即收作增广生员。凡遇开科，考其学问优长者，许令应试。'事下礼部议，请令如有此等子弟，准其入学待缺，补充增广。从之"。

四月

特留杨溥之孙杨寿，命翰林读书。《馆阁漫录》卷二《正统十二年》："四月壬辰朔。乙卯，吏部言尚宝司丞杨寿，故少保、礼部尚书兼武英殿大学士溥之孙，今以谢恩来京，例应承重守制。上念溥有旧劳，特留寿，命翰林读书。"

升翰林编修徐珵为本院侍讲，检讨王振为修撰，俱九年任满也。据《馆阁漫录》卷二《正统十二年》。《国榷》卷二十六："（正统十二年四月）戊午，翰林院编修徐珵为侍讲，检讨王振为修撰，进士王镇为刑科给事中，叶盛、叶斌为兵科给事中。"

闰四月

进士许仕达、王福、刘孜，训导王鼎为江西、陕西、山东、广西道监察御史。（据《国榷》卷二十六）

改翰林检讨金达为礼科给事中。《馆阁漫录》卷三《正统十二年》："闰四月壬戌朔。癸未，改翰林检讨金达为礼科给事中。达故兵部尚书忠之子。先是，以荫检讨，回原籍儒学，依亲读书。至是又自陈年已长成，乞在京衙门办事，故改用之"。

命诸进士为监察御史、给事中。进士原俊、朱海、季骏、周璟、徐彬、朱缙、陈咏，监生李鉴、胡灏、赵雯、李弼、蔡鉴、黄福生、冯进俱为南京监察御史。进士张让、庄敏，监生洪本昌、覃浩、季春、奚伦俱为南京给事中。（据《国榷》卷二十六）

康拯言科场文卷处置事宜，请将科场落卷俱付提学官详校。《明英宗实录》卷一百五十三：正统十二年闰四月，"甲申，陕西耀州儒学署学正事举人康拯言：'科举之设，诚选贤图治之盛事也。今各处考官，止将中式文卷批付各生誊照，其不中式者不发。中间亦有文卷无疵，考官忽略而不取者，其应试生员，亦有不成文并曳白者。乞敕今后科场不中文卷并不成文曳白文卷，俱付提调学校佥事等官详校。如文卷无疵，考官忽略不取，具奏逮问。其不成文并曳白者，按临各学给与本生，晓谕其失，量加责罚。如此，则为考官者不敢忽略，而不中生员知所改正，不成文并曳白者不敢萌幸进之心矣。'上命礼部集议以闻"。

五月

巡按直隶监察御史李奎请褒赠孔子，加以美谥。《明英宗实录》卷一百五十四：正统十二年五月癸丑，"巡按直隶监察御史李奎奏：'孔子之圣，历代皆有褒赠。国朝自洪武以来，圣驾屡幸于辟雍，祀典遍行于天下，何独孔子褒赠未有增加？乞敕翰林院参考古制，定以万世莫加之美谥。'上曰：'孔子万世帝王所尊，功德难名，虽累百言，何足为重？不必增谥。'"

五月辛卯朔。壬辰，命翰林侍讲邢宽复任。宽以剩员家居，至是陈言民情数事，上命吏部召至，故有是命。丁巳，升翰林院检讨王玉为本院修撰，南京国子监助教孙士用为检讨，仍理助教事，以九载任满也。（据《馆阁漫录》卷二《正统十二年》）

常熟人魏宏通馈朝贵，仇家夺之以闻。上按所馈。兵部右侍郎李蕡，翰林院修撰张益，顺天府丞夏衡，监察御史虞祯、吕渊，中书舍人金钝皆宏乡人，罚俸三月。（据《国榷》卷二十六）

六月

钱习礼致仕。《明英宗实录》卷一百五十五"正统十二年六月丁卯（初七）"："礼部右侍郎钱习礼复乞致仕，从之。时中贵用事，达官多拜谒其门，习礼耻为之屈，故以老疾辞归，物议高之。"《明史》钱习礼传："正统九年乞致仕。不许。明年，六部侍郎多阙，帝命吏部尚书王直会大臣推举，而特旨擢习礼于礼部。习礼力辞。不允。王振用事，达官多造其门，习礼耻为屈。十二年六月，复上章乞骸骨，乃得归。"

李东阳（1447—1516）生。字宾之，茶陵州人。天顺甲申进士，改庶吉士，授编修。累迁侍讲学士，历左庶子、太常少卿，擢礼部侍郎，直文渊阁，参预机务。进太子少保，礼部尚书，文渊阁大学士，加少傅，再加少师。卒赠太师，谥文正。有《怀麓堂集》。据《北京图书馆藏珍本年谱丛刊》第41册，朱景英《李文正公年谱》："正统十二年丁卯，一岁。是年六月初九日，公生。"

命诸进士、监生为监察御史。进士胡深、张春为南京、四川、广东道监察御史，监生程亨、郭鉴真、钟苏、廉禄为南京、陕西、广西、云南、山东道监察御史。（据《国榷》卷二十六）

七月

命翰林院侍讲王一宁、检讨钱溥为应天府乡试考官。（据《明英宗实录》卷一百五十六）

八月

释奠先师孔子，遣国子监祭酒萧镃行礼。（据《馆阁漫录》卷二《正统十二年》）

命翰林院侍读习嘉言、侍讲邢宽为顺天府乡试考官，赐宴于本府。（据《明英宗实录》卷一百五十七。

两京及河南、山东、陕西、山西、浙江、湖广、江西、福建、广东、广西、四川、云南等十二布政司乡试；贵州士子附云南乡试。（据《皇明贡举考》卷四）

监生吴玉、杨伸为户部主事。（据《国榷》卷二十六）

兵部右侍郎李蕡卒。蕡长洲人，进士。授兵部主事，历郎中太仆寺少卿。从王骥征麓川，外艰不听归。功成，迁兵部左侍郎。终丧，兵部尚书邝埜荐其才，补兵部右侍

郎。在兵间久，知边郡地图阨险远近，堃深以此倚之。为人长者，居乡甚著行义。赐祭葬。（据《国榷》卷二十六）

九月

庚寅朔，命各处儒学四十岁以上生员，自正统十年十月十二日为始，二年以里到部者，收考，二年之外到部者，发回原学肄业，依例科贡。（据《明英宗实录》卷一百五十八）

本年山西乡试官及同考试官俱罚俸一月。《明英宗实录》卷一百五十八：正统十二年九月，"丙申，礼部奏：'山西布政司正统十二年乡试小录，所出《诗经》题内'维周之桢'，其'桢'字犯楚昭王讳，不曾回避，考试官学录郭明郁、教谕吴骥、同考试官知县黄子嘉、提调官左布政使石璞、左参政朱鉴、监试官按察使林文秩、佥事黄文政俱应问罪。'上宥之，但令巡按监察御史取各官罪状，考试及同考官俱罚俸一月，提调监试官纪录还职，仍移文申谕，戒毋再犯。"

马愉（1395—1447）卒。《馆阁漫录》卷二《正统十二年》："九月庚寅朔。乙未，礼部右侍郎兼翰林侍讲学士马愉卒。愉字性和，山东临朐县人。宣德丁未进士第一，擢翰林院修撰。上嗣位初，愉侍经筵，寻升侍读。《宣宗实录》成，升侍读学士。正统五年，奉诏入阁典机务。十年，升礼部右侍郎兼侍讲学士。晨起趋朝，得疾，仆不能语，上命医往视。越四月卒，年五十三。上深嗟悼，赐棺椁，赙钞万缗，命有司归丧营葬，赠礼部尚书兼翰林学士。旧例无赠两官者，赠两官者自愉始。愉端重简默，不设城府，两考会试，尽心择才。为文章不务雕斫，论事不苟为异同。自处澹如，门无私谒，人称笃厚长者云。"

十月

礼部尚书胡濙等奏："应天府乡试录进，呈太后者应用黄绫装潢，今用红绫，请治本府官吏之罪。"上命宥之。（据《明英宗实录》卷一百五十九）

十一月

赐诸官诰命并封赠祖、父等。赐吏部左侍郎兼翰林学士曹鼐、户部右侍郎兼学士陈循、兵部右侍郎兼侍讲学士苗衷、工部右侍郎兼侍讲学士高谷等诰命，并封赠其祖父母、父母、妻。鼐等进秩未久，上念其辅导有劳，故命赐诰。既而鼐独陈情乞赠前母，从之。（据《馆阁漫录》卷二《正统十二年》）

十二月

升翰林编修江渊为本院侍读，以九年考最也。（据《馆阁漫录》卷二《正统十二年》）

进士黄镐、项喆、朱英、严枢、张翰、胡端、曹得，监生钱清、张凯为监察御史。（据《国榷》卷二十六）

本年

奏准：南京户部清查各处黄册，于国子监取监生四十名，南京户部各官一员提督。万历《大明会典》卷四十二《户部》二十九《南京户部》："（洪武）二十四年，令各处布政司及直隶府州县，并各土官衙门，所造黄册俱送户部，转送后湖收架。委监察御史二员、户科给事中一员、户部主事四员、监生一千二百名，以旧册比对清查……正统十二年奏准：本部清查各处黄册，于国子监取监生四十名，本部委官一员提督……（弘治）十八年奏准：后湖清理黄册监生，敢有放肆违法，奸懒误事，初查无驳，再查扶同，仍苟且顶名代替，及越湖抗拒、聚众喧攘者，许监临官指实参问。若有受财雇替、代抄丁粮者，照依行止有亏事例发落。"本部，指南京户部。

桑悦（1447—1503）生。悦字民怿，常熟人。举成化乙酉乡试，除泰和训导。迁长沙通判，调柳州。有《思玄集》。《艺苑卮言》卷六："桑民怿家贫，亡所蓄书。从肆中鬻得，读过辄焚弃之。敢为大言，不自量。时铨次古人，以孟轲自况，原、迁而下弗论也，而更非薄韩愈氏曰：'此小儿号嗄，何传？'问翰林文今为谁，曰：'虚无人。举天下亦惟悦，其次祝允明，又次罗玘。'悦髫椎而补博士弟子，部使者按水利下邑，悦前谒之，书刺'江南才人桑悦'，博士弟子业不当刺，又厚自誉。使者大骇，已问知悦素，乃延之校书，而预刊落以试。悦校至不属，即索笔请书亡误，使者大悦服，折节交悦矣。"

罗玘（1447—1519）生。玘字景鸣，南城人。成化丁未进士，改庶吉士，除编修，历南太常少卿、吏部右侍郎。赠礼部尚书，谥文肃。有《圭峰集》。《东洲初稿》卷十四《礼部尚书罗文肃公行状》："先生生正统丁卯岁，母淑人夜梦红光烛天，有物轮囷若牛，旋五色云而下，膜拜呼'天熊！天熊'云。娠动三日，乃生。稍长，负异质，奇气奋发，出语作事恒欲上行辈。初视书，涉猎不经意，数行而下，惟务解其旨，不事记忆。随群儿走道上，遇遗金，他儿争趋且攫且掷之，竟不视去。西庄遣入学，初谒尹，尹以少易之，试以偶句曰：'蟋蟀入床下。'应声曰：'麒麟出郊坰。'人以是期之远大。"

明英宗正统十三年戊辰（公元 1448 年）

正月

金问卒。《馆阁漫录》卷二《正统十三年》："正月戊子朔。乙卯，南京礼部右侍郎金问卒。问字公素，苏州府吴县人。永乐初，以善书进，久之，授司经局正字。仁宗在东宫时，喜其字有格法，后坐累与黄淮、杨溥系狱十年。仁宗即位，升修撰。每论时政得失，皆见采纳。宣德乙卯，进太常寺少卿兼侍读学士。正统癸亥，调南京太常寺。明年，升右侍郎。至是卒，遣官祭葬。"《国榷》卷二十七："正统十三年正月乙卯，南京礼部右侍郎金问卒。问字公素，吴人。家贫无书，寓读于人，学于俞贞木。永乐初，荐善书，授司经局正字，直东宫。会有累，与黄淮、杨溥系请室十年。洪熙初，进翰林修撰，时引对有所匡益。宣德乙卯，进太常少卿兼翰林侍读学士。正统癸亥，调南京太常寺，明年进礼部右侍郎。历四朝，皆在肘腋，参预时政，每有撰述，未尝不在。其学长于训诂，尤工书，解星历。兄声尝病禁寒，时欲得蠃蚌，即解衣觅进之。其友爱如此。赐祭葬。"

屠勋（1448—1516）生。字元勋，平湖人。成化己丑进士，授工部主事，改刑部，历员外、郎中、南大理寺丞，进大理寺少卿，擢右副都御史，巡抚顺天，召拜刑部侍郎，改左副都御史，复为刑部侍郎，历右都御史，进刑部尚书。忤刘瑾，引疾求去，加太子太保致仕。卒赠太保，谥康僖。有《太和堂集》。《东江家藏集》卷二《故刑部尚书致仕东湖屠公行状》："公生正统戊辰正月初十日。"

二月

释奠先师孔子，遣户部右侍郎兼翰林学士陈循行礼。（据《馆阁漫录》卷二《正统十三年》）

以宋儒杨时从祀孔子庙廷。《明鉴纲目》卷三："纲：戊辰十三年，春二月，以宋儒杨时，从祀孔子庙廷。"

翰林侍讲学士陈询调任湖广安陆州知州。韦广、杨信民互讦。《明英宗实录》卷一百六十三：正统十三年二月戊午，"翰林侍讲学士陈询，先是奉命考应天府乡试，事毕，枉道还松江，为怨家所讦，下锦衣卫狱鞫，当运石还职。上命调湖广安陆州知州"。"广东按察司佥事韦广，先奏参议杨信民进表赴京，私持未颁历千余本为馈资，及所捕获猺贼十七人俱非正犯。至是，信民亦称广当考满不即行，乃占监乡试，且改刻乡试录文字。又与猺贼韦公广同宗，妄为掩饰。事下都察院，请逮于狱，而下其奏于巡按御史，并勘实广、信民事以闻。从之。"

进士马顼为湖广道监察御史，学正谢瑛为南京陕西道监察御史。（据《国榷》卷二十七）

命工部右侍郎兼翰林院侍讲学士高谷、侍讲杜宁为会试考官，取中岳正（1418—1472）等一百五十人。《明英宗实录》卷一百六十三：正统十三年二月，"甲子，命工部右侍郎兼翰林院侍讲学士高谷、侍讲杜宁为会试考试官，赐宴于礼部。""礼部引会试中式举人岳正等一百五十人陛见。"查继佐《罪惟录》志卷十八《科举志》："（正统）十三年戊辰二月，会试，同考二教谕、二训导，得岳正等一百五十人，办事官舒廷模亦预中式。三月，赐彭时、陈鉴、岳正等及第、出身有差。时谢恩失期，锦衣卫奉旨出寻时，上不问，后为名臣。《登科录》李泰填三代，书父永昌，司礼太监。时读卷官太常少卿程南，系习书字人，右都御史掌鸿胪寺杨善，系生员出身。是科杂流中式舒廷谟及汪甫，燕山卫小旗；李泰，太监李永昌养子。"《国榷》卷二十七："（正统十三年二月）甲子，工部右侍郎兼翰林院侍讲学士高谷、侍讲杜宁主礼闱。"据《皇明贡举考》卷四，本年应试者一千三百有奇。梁章钜《制义丛话》卷十二："何义门曰：正统戊辰会试，同考已置岳正于落卷，副总裁天台杜宗谧独惊其文，以为此吾辈人，遂占首选，非杜公则一时无以弹压海内，衡文者宜知之。按：是科题为'才难'四句、'耕也，馁在其中'二句、'今夫天'一节，主试者高谷、杜宁。"

邢宽复职。《馆阁漫录》卷二《正统十三年》：二月，"乙巳，吏部言：'翰林侍讲邢宽九年任满，考称，当升。'上命复职"。

监察御史万节请今年加倍多取副榜举人，其中二十以上者，令就教职。《明英宗实录》卷一百六十三：正统十三年二月戊辰，"监察御史万节等言：'朝廷兴学校，养贤才，其于师儒之选，类非一途。或取用举人，或保荐儒士，或考除监生。然儒士监生，经学不精，非惟不足为后学之师，亦未免于滥举之弊。其每科所取副榜举人，因厌教官卑冷，告入国子监读书，有告两次三次以上者，有年三十四十以上者，皆不就职，务图进士历事出身，以致天下教官缺员数多，生徒无所楷范。乞敕礼部，今岁副榜举人加倍多取，其年二十以上者，务令就职，庶师道得人，贤才众多。'命礼部议行之"。

三月

副榜举人司马恂等四百一十三人俱愿依亲入监读书，刘曜等一百八十九名愿授教职。从之。《明英宗实录》卷一百六十四：正统十三年三月丙申，"礼部言：'旧例，副榜举人年及二十五以上者，授以教职，未及者或依亲或入监读书。近例不拘年齿，但愿入监依亲者皆听。今副榜举人司马恂等四百一十三人，俱愿依亲入监，刘曜等一百八十九名愿授教职，宜皆随其所愿。'从之"。《明史·选举志》："正统中，天下教官多缺，而举人厌其卑冷，多不愿就。十三年，御史万节请敕礼部多取副榜，以就教职，部臣以举人愿依亲入监者十之七，愿就教职者仅十之三，但宜各随欲，却其请不行。至成化十三年，御史胡璘言：'天下教官率多岁贡，言行文章不足为师范，请多取举人选用，而罢贡生勿选。'部议岁贡如其旧，而举人教官仍许会试。自后就教者亦渐多矣。"

彭时（1446—1475）、陈鉴（1415—1471）、岳正等一百五十人进士及第、出身有差。《明英宗实录》卷一百六十四丁酉："礼部尚书胡濙奏殿试举人，上命吏部尚书王直、户部尚书王佐、兵部尚书邝埜、刑部尚书金濂、都察院右副都御史陈鉴、吏部左侍郎兼翰林院学士曹鼐、掌光禄寺事户部左侍郎奈亨、户部右侍郎兼翰林院学士陈循、兵部右侍郎兼翰林院侍读学士苗衷、通政使司通政使李锡、大理寺卿俞士悦、太常寺少卿兼翰林院侍书程南云、太常寺少卿黄养正为读卷官"。"庚子，上御奉天殿亲策举人岳正等一百五十一人，制曰：'自昔君天下之道，莫要于内治之政修，外攘之功举。斯二者，圣人所以跻斯世于雍熙泰和之域也。夫修内治之政，必先于爵赏刑罚，而举外攘之功，必本于选将练兵。且爵所以待有功，必待有功而后爵，则天下有遗善。刑所以待有罪，必待有罪而后刑，则天下有遗恶。古先圣王，无遗善，无遗恶，必有不待有功而爵、有罪而刑者矣，其事安在？兹欲人皆迁于善，不待爵赏而自劝，皆远于罪，不待刑罚而自惩，其道何由？凡兵之所统者将，将之所用者卒，卒之所仰者食，而战则资于马。曰将曰卒曰食曰马，四者外攘所不可阙一也。昔之君子以谓，将其卒，则选其卒之良，戍其地，则用其地之人，战其野，则食其野之粟，守其国，则乘其国之马，庶几可以百战无殆。不然，则一郡用兵，而取给百郡，非善策也。夫众至千万，必有一杰，然智愚混淆，同类忌蔽，何以能知其杰，而拔置军旅之上欤？一方之人，有戍有农，然戍非土著，农不知武，何以能作其勇，而驱列御卫之间欤？田有肥瘠，岁有丰歉，何以能致其粒，而积贮仓廪欤？土地气候，产牧各殊，何以能致其息，而充溢边鄙欤？朕祗承祖宗大统，倦倦以经国子民为心，而于安内攘外，尤加意焉。子诸生学古通今而来，必深于其道矣，其具以对，无骋浮夸，务陈切实，朕将采而用之。'""壬寅，上亲阅举人所对策，赐彭时等一百五十一人进士及第、出身有差。""癸卯，赐进士彭时等宴于礼部，命太师英国公张辅侍宴。""甲辰，赐状元彭时朝服冠带，诸进士钞人五锭。""乙巳，状元彭时率诸进士上表谢恩。""癸丑，擢第一甲进士彭时为翰林院修撰，陈鉴、岳正俱为编修。"据《正统十三年进士登科录·玉音》："正统十三年二月十三日早，礼部尚书臣胡濙等官于奉天门奏为科举事。会试天下举人，选中一百五十名，本年三月十五日殿试，合请读卷及执事等官吏部尚书王直等四十三员。其进士出身等第，恭依太祖高皇帝钦定资格。第一甲例取三名，第一名从六品，第二第三名正七品，赐进士及第。第二甲从七品，赐进士出身。第三甲正八品，赐同进士出身。奉圣旨：是。钦此。""读卷官：资政大夫吏部尚书王直，甲申进士；资德大夫正治上卿户部尚书王佐，辛卯贡士；资善大夫兵部尚书邝埜，辛卯进士；资政大夫刑部尚书金濂，戊戌进士；资政大夫都察院右都御史陈镒，壬辰进士；嘉议大夫吏部左侍郎兼翰林院学士曹鼐，癸丑进士；嘉议大夫掌光禄寺事户部左侍郎奈亨，生员；嘉议大夫户部右侍郎兼翰林院学士陈循，乙未进士；嘉议大夫兵部右侍郎兼翰林院侍读学士苗衷，辛卯进士；通议大夫通政使司通政使李锡，戊子贡士；嘉议大夫大理寺卿俞士充，乙未进士；中议大夫太常寺少卿兼翰林院侍书程南云，儒士；中宪大夫太常寺少卿黄养正，监生。提调官：资德大夫正治上卿礼部尚书胡濙，庚辰进士；正议大夫资治尹礼部左侍郎兼翰林院侍讲学士王英，甲申进士。监试官：儒林郎河南道监察御史万节，辛丑进士；文林郎浙江道监察御史吴昌衍，辛丑进士。受卷官：翰林院侍读江渊，庚戌进士；翰林院修撰王振，庚戌进士；礼科都给事中章瑾，丙辰进士；吏科掌科事给事中孟鉴，癸丑进士。弥封官：鸿胪寺左寺丞胡恭，丁酉贡士；翰林院修撰王玉，庚戌进士；户科都给事中李素，庚戌进士；兵科掌科事给事中唐世良，癸丑进士。掌卷官：翰林院修撰刘俨，壬戌进士；翰林院修撰商辂，乙丑进士；工科右给事中李震，丙辰进士；刑科掌科事给事中刘孚，己未进士。巡绰官：昭勇将军锦衣卫指挥使徐恭，怀远将军锦衣卫指挥同知王山，明威将军锦衣卫指挥佥事刘勉，明威将军锦衣卫指挥佥事王虹，怀远将军金吾前卫指挥同知翟珍，明威将军金吾后卫指挥佥事李仪。印卷官：奉议大夫礼部仪制清吏司郎中潘谅，丙午贡士；承德郎礼部仪制清吏司主事八通，应天府学生；礼部仪制清吏司主事李和，乙丑进士。供给官：奉议大夫光禄寺少卿齐整，庚戌进士；奉政大夫礼部精膳清吏司郎中王士华，乙未进士；奉训大夫礼部精膳清吏司员外郎曾序，丁未进士；承直郎礼部精膳清吏司主事杨瑛，己未进士；礼部精膳清吏司主事何瞻，监生。"据《正统十三年进士登科录·恩荣次第》："正统十三年三月十五日早，诸贡士赴内府殿试，上御奉天殿亲赐策问。三月十七日早，文武百官朝服侍班，是日，锦衣卫设卤簿于丹陛丹墀内，上御奉天殿，鸿胪寺官传制唱名，礼部官捧黄榜，鼓乐导引出长安左门外，张挂毕，顺天府官用伞盖、仪从送状元归第。（下缺）"李调元《制义科琐记》卷一《儒释道三鼎甲》："正统十三年，赐彭时、陈鉴、岳正进士及第，时称为儒、释、道。时，儒；鉴，神乐观道士，四十尚未娶；正，早丧父，嫡母不容，避居兴隆寺从僧，故云。是科，齿最少者，河南李泰，父永昌，见为太监。"沈德符《万历野获编》卷十《科场·廷试》："正统戊辰科会榜后，即喧传谣云：'莫问知不知，状元是彭时。'及廷试，彭文宪果为龙首，不三年而入内阁。天顺癸未科，以御史焦显监试，而火焚科场，说者以御史之姓应之，诏改是年秋会试。次年甲申廷试，于是时人为之语曰：'科场烧，状元焦。'比传胪，则彭教为龙首，其谣竟不验。惟庶吉中有焦芳一人，后至大学士、少师，岂此人应之耶？今上癸未，阅进呈卷中，有吾乡朱少宰，与国姓既同，且名亦似佳谶，因拔为首。闻乙未科，金陵之朱亦然。总之君父造命，特偶应之耳。嘉靖末年及今上近科，以大力得路者，改佳名以应廷对，自谓芥拾鳌甲，竟不如所愿，摈地亦付之浩叹而已。宋时焦蹈登状元，是年棘闱亦被灾，时人云：'不因科场烧，那得状元焦？'癸未之谣盖祖此。"

上表谢恩后，新中进士诣阁下拜殿试读卷官。彭时《彭文宪公笔记》："予侥幸及第，除修撰，同年陈缉熙、岳季方俱编修。谢恩后，即诣阁下拜先生。时曹鼐、陈循、苗衷、高谷四先生俱以侍郎兼翰林学士，遂留早餐，酒馔随光禄所供，不增设。诸先生笑曰：'此是本院故事，儒官清淡，只如此。'一月后，本院自学士下至孔目，皆出钱置盛筵于后堂，用教坊乐，学士列从于上。予三人坐前之左，侍讲独坐前之右，余皆傍坐，谓之'庆状元'。盖公宴之盛，又诸衙门所无。后月予三人同四席，比前尤丰盛。予出钱倍于二公，亦循旧典故也。"

据《正统十三年进士登科录》，第一甲三名，赐进士及第。履历如下：

彭时，贯江西吉安府安福县，民籍。国子生。治《春秋》。字纯道，行六，年三十三，六月十六日生。曾祖古清。祖务威，赠翰林编修。父毓义。母王氏，继母余氏。重庆下。叔琉，广东按察司佥事。兄暎。弟复。娶李氏。江西乡试第三十七名，会试第三名。

陈鉴，贯盖州卫，军籍，直隶苏州府长洲县人。国子生。治《书经》。字缉熙，行一，年三十四，十月初三日生。曾祖彦名。祖子骐。父德润。母沈氏。慈侍下。弟钟。聘钱氏。顺天府乡试第二名，会试第十八名。

岳正，贯顺天府通州漷县，军官籍。国子生。治《书经》。字季方，行三，年三十一，十月初九日生。曾祖德甫。祖思铭。父兴，府军前卫指挥同知。嫡母王氏，生母陈氏。慈侍下。兄端；祥，府军前卫正千户。从弟海。娶宋氏。顺天府乡试第六十五名，会试第一名。

据《正统十三年进士登科录》，第二甲五十名，赐进士出身。履历如下：

万安，贯四川眉州，军籍。国子生。治《诗经》。字循吉，行二，年三十一，正月二十日生。曾祖重懿。祖溥荣。父琳。母周氏。永感下。兄子富。弟子宾。娶胡氏。四川乡试第九名，会试第二名。

曹鼎，贯直隶真定府赵州宁晋县，军籍。县学生。治《礼记》。字万镒，行四，年二十六，正月初二日生。曾祖克柔。祖廷训，赠吏部左侍郎兼翰林院学士。父祉，赠吏部左侍郎兼翰林院学士。前母孟氏，赠淑人，薛氏，赠淑人，母吴氏，封太淑人。慈侍下。兄鼐；鼐，吏部左侍郎兼翰林院学士；鼐。弟鼐。娶韩氏。顺天府乡试第六十四名，会试第六十三名。

毛玉，贯直隶常州府武进县，官籍。国子生。治《诗经》。字良器，行一，年三十九，五月二十九日生。曾祖仲谦，福建邵武府同知。祖伯时。父靖，本府阴阳学正术。母叶氏。慈侍下。叔端，安吉县知县。弟理。从弟瑄、琳、璲、珏。娶高氏。应天府乡试第二十名，会试第四十三名。

陈锜，贯直隶苏州府昆山县，军籍。太仓卫学军生。治《诗经》。字鼎夫，行二，年二十六，四月十二日生。曾祖荣一。祖志善。父廷璧。母李氏。重庆下。兄衡夫，丁卯贡士。弟铉。娶顾氏。应天府乡试第九名，会试第一百三十一名。

罗俊，贯江西吉安府泰和县，民籍。县学增广生。治《书经》。字承彦，行一，年三十，九月初二日生。曾祖安道。祖子谷。父叔斐。母任氏、刘氏，继母康氏。具庆下。弟承绪、承烈、承勉。娶萧氏。江西乡试第二十三名，会试第三十五名。

夏寅，贯直隶松江府华亭县，民籍。府学生。治《书经》。字时正，行一，年二十六，正月初五日生。曾祖庸。祖文勉。父璇。母顾氏。具庆下。娶王氏。应天府乡试第二十八名，会试第一百十七名。

梅伦，贯直隶苏州府吴江县，军籍。县学增广生。治《书经》。字彦常，行三，年二十五，五月十二日生。曾祖希文。祖原衡。父志中。母姜氏。具庆下。兄彦博、彦英。娶吕氏。应天府乡试第三十五名，会试第五十三名。

徐溥，贯福建邵武府邵武县，军籍。国子生。治《诗经》。字仕弘，行二，年四十，十月十六日生。曾祖达卿。祖永亨。父友诚。母章氏。慈侍下。兄仕敬。娶黄氏。福建乡试第五十九名，会试第九十一名。

黄溥，贯江西广信府弋阳县，民籍。国子生。治《礼记》。字澄济，行三，年三十八，九月初九日生。曾祖谦甫。祖祐忠，福建延平府经历。父敬让。母陈氏，继母张氏。慈侍下。弟哲、定、昌、继、华、端、恪、永、楷。娶周氏。江西乡试第二十八名，会试第二十四名。

翁世用，贯福建兴化府莆田县，儒籍。府学增广生。治《诗经》。字世用，行二，年三十七，正月十七日生。曾祖道源。祖仕宁。父瑛，翰林检讨。母周氏，继母王氏。严侍下。兄文贤。弟世资，户部主事；岳；岑；澄；银；铎。娶陈氏。福建乡试第六名，会试第七十八名。

胡暐，贯江西吉安府安福县，民籍。国子生。治《易经》。字乐熙，行四，年三十八，二月初一日生。曾祖观我。祖文初。父齐先。母李氏。具庆下。兄乐友。弟乐智、潜、沂。娶严氏。江西乡试第二十二名，会试第四名。

钱澍，贯直隶镇江府金坛县，民籍。国子生。治《书经》。字民望，行八，年三十五，七月二十一日生。曾祖友山。祖祯。父可拳。前母邹氏，母潘氏。具庆下。兄敏；敞；进，安乡县知县；征；启。娶薛氏。应天府乡试第四十六名，会试第三十三名。

刘景星，贯福建福州府侯官县，民籍。县学增广生。治《易经》。字景升，行十，年二十六，四月十六日生。曾祖保。祖赟。父永纲，浮梁县学教谕。母陈氏，继母林氏。重庆下。兄景正，赣榆县学教谕。弟景昌、景晶、景冕。娶林氏。福建乡试第十三名，会试第一百四十四名。

周瑚，贯江西吉安府安福县，民籍。府学增广生。治《春秋》。字公器，行一，年三十七，二月二十二日生。曾祖汉彰。祖韫玉。父叙瞻。母彭氏。具庆下。弟昇、昊。娶刘氏。江西乡试第十七名，会试第九十二名。

邢宥，贯广东琼州府文昌县，民籍。县学生。治《礼记》。字克宽，行一，年三十三，十一月十九日生。曾祖廷瑜。祖世贤。父文广。母许氏，继母郭氏。具庆下。弟定、宣、宜、宬。娶林氏。广东乡试第四十二名，会试第一百三十名。

熊瓒，贯河南弘农卫，军籍。陕州学军生。治《诗经》。字宗器，行一，年二十八，十月初一日生。曾祖允九。祖贤。父贵。母杨氏。慈侍下。娶艾氏。河南乡试第二十一名，会试第一百九名。

王常，贯江西抚州府临川县，民籍。国子生。治《礼记》。字大经，行四，年四十，正月二十六日生。曾祖隐卿。祖思敬。父汝为，池州府学教授。母黄氏。具庆下。

弟大纶、大纲、大纪。娶黎氏。江西乡试第五名，会试第四十名。

王汝霖，贯直隶苏州府昆山县，官籍。府学生。治《书经》。字民望，行五，年二十六，十月十五日生。曾祖□□。祖□□。父□□。母□□。□□下。顺天府乡试第五名，会试第七十名。

康圭，贯江西吉安府泰和县，民籍。国子生。治《诗经》。字尔锡，行一，年四十六，四月初四日生。曾祖文周。祖存诚。父寿南。母钟氏。永感下。弟尔俊、尔咸。娶欧阳氏。应天府乡试第七名，会试第一百四十六名。

朱厚，贯江西临江府清江县，民籍。国子生。治《礼记》。字宜载，行一，年四十二，十月二十一日生。曾祖楚望。祖顺传，福建都司断事。父中节。母王氏。永感下。娶何氏。应天府乡试第二十名，会试第一百三十五名。

杨宜，贯直隶徽州府歙县，民籍。府学增广生。治《春秋》。字彦理，行二，年四十五，正月十三日生。曾祖本仁。祖源，赠刑部右侍郎。父升，教授，赠刑部右侍郎。母袁氏，封太淑人。永感下。兄宁，刑部右侍郎。弟宪、察。娶余氏。应天府乡试第二十二名，会试第一百二十七名。

桂怡，贯浙江宁波府慈溪县，民籍。国子生。治《诗经》。字廷颜，行二十三，年四十，十一月十三日生。曾祖齐贤，元学录。祖孟启。父宗广。母裘氏。严侍下。兄恭、逊。弟赐。娶陈氏。浙江乡试第三十九名，会试第八十六名。

刘洙，贯江西广信府贵溪县，民籍。县学生。治《书经》。字东周，行二十一，年二十八，七月初二日生。曾祖伯谦。祖孟芳。父宇宏，苏州府学教授。嫡母周氏，生母邹氏。具庆下。兄汶。弟泗、泾、潮。娶江氏。江西乡试第一名，会试第七十四名。

刘吉，贯直隶保定府博野县，军籍。儒士。治《礼记》。字祐之，行二，年二十二，八月初一日生。曾祖绍先。祖洁。父辅。母齐氏。重庆下。兄庆。弟宁、泰、亨。聘段氏。顺天府乡试第九十三名，会试第五十八名。

何升，贯浙江严州府淳安县，民籍。国子生。治《书经》。字文达，行一，年三十七，四月初一日生。曾祖仲祺。祖荣善，任知州。父公郁。母卢氏。慈侍下。弟文衡。娶王氏。浙江乡试第四十五名，会试第三十一名。

何宜，贯福建福州府福清县，军籍。县学增广生。治《诗经》。字行义，行一，年二十二，十二月十二日生。曾祖蛮。祖昱。父演。母施氏。具庆下。弟真。娶林氏。福建乡试第十九名，会试第七名。

倪敬，贯直隶常州府无锡县，民籍。国子生。治《书经》。字汝敬，行一，年三十三，四月二十五日生。曾祖文斯。祖峻，兵科都给事中。父仲渊。母孟氏。慈侍下。娶彭氏。应天府乡试第十一名，会试第二十六名。

周琰，贯福建兴化府莆田县，军籍。治《书经》。字廷粲，行一，年二十八，九月十一日生。曾祖和叔。祖尧慈。父彦由。母翁氏。具庆下。弟玘、琪、瑛、瑄、琳、玕、琬、玖、玗。娶欧氏。福建乡试第二十名，会试第一百四十一名。

孙茂，贯四川潼川州安岳县，民籍。国子生。治《书经》。字廷兰，行一，年二十八，十月初二日生。曾祖文质。祖禄。父嘉闻。母邹氏。重庆下。娶罗氏。四川乡试第二十二名，会试第二十名。

张聪，贯山西太原府阳曲县，军籍。国子生。治《书经》。字士敏，行三，年二十八，三月二十日生。曾祖思恭。祖佐，安肃县知县。父镐，肇庆府税课司大使。母范氏。具庆下。兄康毓、康庄。弟康民、康宁。娶许氏。山西乡试第二十七名，会试第一百三名。

沈义，贯武成后卫，官籍。直隶江都县人。顺天府学武生。治《书经》。字时宜，行一，年二十五，二月二十二日生。曾祖士名，元万户，赠武成后卫指挥同知。祖谅，武成后卫指挥同知。父文。母温氏。重庆下。叔英，武成后卫指挥同知。弟礼、璇、玑。娶孟氏。顺天府乡试第十二名，会试第九十七名。

郑显，贯浙江台州府临海县，民籍。县学生。治《礼记》。字廷谟。行二，年二十四，十一月十五日生。曾祖希文。祖世直。父登寿。母范氏。慈侍下。兄颢。弟宾。娶陈氏。浙江乡试第四十四名，会试第一百八名。

刘玥，贯山东青州府寿光县，军籍。国子生。治《书经》。字叔温，行三，年二十三，五月二十五日生。曾祖让。祖良佐。伯甄，四川道监察御史。父昺。母李氏。具庆下。兄环、珷。弟珽、琬、玥。娶张氏。山东乡试第二十七名，会试第二十五名。

吴礼，贯直隶常州府武进县，民籍。国子生。治《书经》。字贵和，行一，年三十八，四月十八日生。曾祖文卿。祖子华。父士诚。母花氏，继母蒋氏。具庆下。弟祺、禋。娶司氏，继娶李氏。应天府乡试第六名，会试第一百七名。

李蕃，贯云南澄江府河阳县，民籍。府学生。治《易经》。字廷茂，行二，年二十六，七月十八日生。曾祖俊。祖惟孝。父添祐。母田氏。具庆下。兄嵎。弟蓁。娶张氏。云南乡试第一名，会试第一百名。

沈琮，贯南京旗手卫，官籍。直隶武进县人。国子生。治《易经》。字廷器，行四，年二十九，正月二十七日生。曾祖福。祖庸，旗手卫百户。父旺。母万氏，继母黄氏、王氏。重庆下。兄瑄、瑛。弟瑜、琳、珩、珪、瑾、瓛、珵。娶谭氏。应天府乡试第八名，会试第三十八名。

汪回显，贯直隶徽州府祁门县，军籍。国子生。治《春秋》。字汝光，行二，年三十八，三月初二日生。曾祖伯阳。祖允绍。父民政。母倪氏。具庆下。弟闻显、重显。娶蒋氏。应天府乡试第七十一名，会试第五十名。

王勤，贯直隶真定府武邑县，军籍。县学生。治《诗经》。字而勉，行一，年二十九，六月十七日生。曾祖士贞。祖斌，济阳县知县。父循，阜城县学训导。母吕氏。重庆下。娶沈氏。顺天府乡试第七十一名，会试第五十九名。

谢昶，贯湖广黄州府黄冈县，民籍。府学增广生。治《诗经》。字伯明，行一，年二十七，八月二十日生。曾祖信勤。祖志善。父希哲，长垣县县丞。母程氏。具庆下。弟昂、景、炅、昱。娶丁氏。湖广乡试第二十五名，会试第五十五名。

谢瑰，贯海州千户所，军籍。国子生。治《书经》。字良珍，行三，年三十二，正月初六日生。曾祖本初。祖友春。父宗德。嫡母刘氏，生母唐氏。具庆下。兄琦、瑄。弟琰、瑛。娶杨氏。应天府乡试第九十五名，会试第四十二名。

黄誉，贯福建兴化府莆田县，民籍。县学增广生。治《书经》。字廷永，行二，年三十四，十一月十五日生。曾祖静轩。祖则诚。父德敷。母罗氏，继母宋氏。慈侍下。兄谕。弟谅、谨、询。娶郑氏，继娶林氏。福建乡试第一名，会试第十四名。

谭广，贯江西南康府都昌县，民籍。国子生。治《书经》。字克宽，行三，年四十一，七月初四日生。曾祖崇善。祖伯高。父士良。母谭氏。具庆下。兄海、淳。娶石氏。应天府乡试第十四名，会试第八十七名。

白行顺，贯陕西延安府绥德州清涧县，民籍。国子生。治《春秋》。字致和，行三，年二十八，八月十六日生。曾祖安甫。祖时胤，赠广平府通判。父亨，任四川汉州知州。嫡母高氏，封安人，生母李氏。具庆下。兄行远、行健。从兄琼，国子生。弟行中，甲子贡士。娶张氏。陕西乡试第四名，会试第一百十三名。

以下缺四条，分别为陆阜、李泰、程颢、陈兰履历。

李英，贯四川重庆府合州，民籍。国子生。治《书经》。字尚贤，行一，年二十九，正月二十四日生。曾祖宗贵。祖干，湖广布政司理问。父添福。母贾氏。具庆下。弟琦、璟、珍、瑞、琛、璊。娶蓝氏。四川乡试第二十七名，会试第六名。

宋弼，贯山西大同府蔚州，民籍。州学生。治《书经》。字良辅，行二，年三十三，四月二十二日生。曾祖思贤。祖文友。父玉。生母张氏，继母赵氏。具庆下。兄得。弟宽、弘、海。娶马氏，继娶齐氏。山西乡试第三十八名，会试第八十二名。

沈敬，贯浙江杭州前卫，军籍。钱塘县学武生。治《春秋》。字克钦，行一，年二十五，正月十六日生。曾祖名远。祖彦和。父廷玉。母谢氏。具庆下。娶曹氏。浙江乡试第十六名，会试第九十九名。

据《正统十三年进士登科录》，第三甲九十七名，赐同进士出身。履历如下：

高崇，贯山东兖州府金乡县，民籍。县学生。治《书经》。字惟志，行一，年二十八，三月初六日生。曾祖伯矩，元东平路总管。祖焘，父瑛。母穆氏。具庆下。弟嵩、岩。娶邵氏。山东乡试第二十一名，会试第一百三十二名。

蒋敷，贯应天府江宁县，医籍。太医院医生。治《礼记》。字宗德，行一，年三十，正月初六日生。曾祖义甫。祖子中。父彦升，太医院御医。母周氏。慈侍下。弟敌、叙。娶史氏。顺天府乡试第三十一名，会试第十七名。

徐琅，贯浙江衢州府开化县，民籍。县学生。治《易经》。字廷玉，行二，年二十八，八月十八日生。曾祖原实。祖应和，福建沙县县丞。父文焕。母姜氏。具庆下。叔文辉，戊午贡士。兄逯。弟□、玺、珏、瑛、雄。娶吾氏。浙江乡试第十三名，会试第五十七名。

戴珉，贯江西饶州府浮梁县，民籍。府学增广生。治《书经》。字廷振，行七，年二十六，十月十一日生。曾祖璿。祖嗣安，赠陕西参议。伯弁，湖广参政。父贞。母郑氏。慈侍下。叔冔，慈溪教谕。委，沭阳训导。兄瑞，吏部主事；琳。娶李氏。江西乡试第四十名，会试第六十六名。

李玘，贯江西广信府弋阳县，民籍。国子生。治《诗经》。字廷绅，行二十五，年三十，六月初四日生。曾祖德懋。祖兴祖。父奎，大理寺左寺丞。母张氏，继母陈氏。具庆下。兄庚。弟璘。娶杨氏。江西乡试第五十三名，会试第一百二十九名。

朱永宁，贯直隶徽州府歙县，军籍。府学生。治《春秋》。字永宁，行四，年三十九，五月初十日生。曾祖明甫。祖仲玉。父敬宗，母胡氏，继母王氏。慈侍下。兄永忠、永和、永祥、永亮、永昌、永明、永寿。娶鲍氏，继娶鲍氏。应天府乡试第九十六名，会试第十六名。

曾瓒，贯湖广宝庆府邵阳县，军籍。国子生。治《诗经》。字廷器，行三，年二十六，四月初九日生。曾祖宜仲。祖宝。父铭。母邹氏。具庆下。兄珏、理。弟璘、璲。娶刘氏。湖广乡试第二十七名，会试第一百三十八名。

邢让，贯山西平阳府襄陵县，□籍。国子生。治《易经》。字逊之，行三，年二十二，九月二十八日生。曾祖伯川。祖敬初。父茂政。母郭氏。具庆下。兄□、谦。聘梁氏。山西乡试第十二名，会试第八十四名。

刘清，贯直隶滁州，军籍。国子生。治《书经》。字廉夫，行五，年三十二，正月二十日生。曾祖铭德。祖敬斋。父仕达。前母李氏。母郭氏。慈侍下。兄安道、守道、存道、全道。娶朱氏。应天府乡试第二名，会试第一百二十三名。

谢骞，贯直隶太平府当涂县，民籍。府学增广生。治《书经》。字鹏举，行三，年三十三，十月十八日生。曾祖德明。祖兴甫。父乎，陕西按察司副使。母冯氏。慈侍下。兄宣、宗。娶刘氏。应天府乡试第七十八名，会试第六十名。

车宁，贯福建福州府闽县，匠籍。府学生。治《易经》。字子静，行七，年二十六，十一月初七日生。曾祖汝济。祖显。父得。母陈氏。具庆下。兄宗。弟宥、宏。娶廖氏。福建乡试第四十一名，会试第三十名。

陈俊，贯福建兴化府莆田县，民籍。府学生。治《书经》。字时英，行一，年三十，正月二十日生。曾祖与谦。祖明善。父珪，广东文昌县学教谕。母郑氏。具庆下。弟仪、凤阳。娶马氏。福建乡试第一名，会试第二十八名。

焦钝，贯河南南阳府裕州叶县，官籍。县学增广生。治《春秋》。字秉聪，行一，年二十七，七月二十六日生。曾祖敬，赠江西右布政使。祖英，萍乡县主簿赠江西右布政使。父宏，任户部右侍郎。母李氏，封夫人。具庆下。弟钦、鉴。娶刘氏。河南乡试第九名，会试第四十五名。

王琮，贯顺天府大兴县，民籍。府学生。治《易经》。字良璧，行一，年二十五，十月十七日生。曾祖茂华。祖文诚。父孟宜，钦天监五官司历。母张氏。具庆下。弟玙。娶沈氏。顺天府乡试第四名，会试第一百十一名。

李本道，贯湖广长沙府善化县，军籍。府学生。治《书经》。字正伦，行一，年二十八，二月初二日生。曾祖庭英。祖得清，云南临安卫经历。父义。母丁氏。具庆下。娶王氏。湖广乡试第三十九名，会试第一百十名。

下缺四条，分别为杨文琳、曹恂、且乐（碑作"白莹"）、杨敦履历。

萧九成，贯广西桂林府义宁县，民籍。国子生。治《礼记》。字凤仪，行四，年二十九，八月十五日生。曾祖子绍。祖景春。父学信。母伍氏。严侍下。兄以成、以泰、以宁。娶曾氏。广西乡试第十六名，会试第八十三名。

秦敬，贯顺天府涿州，军籍。州学生。治《诗经》。字克恭，行一，年二十八，十一月十九日生。曾祖富。祖仲杰。父文。母沈氏，继母杨氏。具庆下。弟敏、敩。娶刘氏。顺天府乡试第四十六名，会试第九十五名。

沈璘，贯直隶松江府华亭县，民籍。府生。治《春秋》。字廷玉，行一，年二十四，正月二十四日生。曾祖以祯。祖原刚。父用辉。母高氏。具庆下。娶朱氏。应天府乡试第五名，会试第七十二名。

乔毅，贯山西太原府平定州乐平县，军籍。国子生。治《书经》。字志弘，行二，年三十八，七月二十五日生。曾祖岩卿。祖彬鲁。父鉴，汤阴县主簿。母李氏。具庆下。兄刚。弟木。娶王氏。山西乡试第一名，会试第四十四名。

李本，贯四川叙州府富顺县，民籍。国子生。治《书经》。字立之，行一，年二十八，五月十二日生。曾祖溥德。祖志聪。父继宗。母邵氏，继母姚氏。严侍下。弟根、森。娶廖氏。四川乡试第十一名，会试第九十四名。

方辅，贯浙江严州府淳安县，民籍。国子生。治《书经》。字廷臣，行一，年四十，十二月二十五日生。曾祖仲高。祖时亨。父稜。母王氏。慈侍下。娶卢氏。浙江乡试第二十七名，会试第九十名。

黄节，贯江西南昌府丰城县，军籍。国子生。治《诗经》。字顺中，行三，年三十四，十月初二日生。曾祖伯章。祖叔度。父金，丁酉贡士。母李氏。永感下。弟箮、篪、筬、震孙。娶刘氏。江西乡试第二十六名，会试第一百十九名。

余复，贯浙江严州府遂安县，民籍。国子生。治《春秋》。字存美，行二，年三十一，二月初十日生。曾祖仲骧，建昌府经历。祖汝祥。父士信。母王氏。慈侍下。兄稠。弟稑、稼、穑。娶任氏。浙江乡试第五十三名，会试第五十四名。

汪甫，贯直隶安庆府潜山县人，燕山前卫小旗。国子生。治《诗经》。字景新，行一，年四十二，七月十六日生。曾祖真。祖道弘。父信。母周氏。慈侍下。娶杨氏。顺天府乡试第三名，会试第一百二十一名。

李镛，贯山西泽州沁水县，民籍。县学生。治《礼记》。字廷器，行一，年二十三，十一月十五日生。曾祖成奇。祖伯原。父郁。母王氏。重庆下。弟镇、铅、钊。娶王氏。山西乡试第四名，会试第四十七名。

王恕，贯陕西西安府耀州三原县，民籍。国子生。治《易经》。字宗贯，行二，年三十三，十一月二十一日生。曾祖彦成。祖惟真。父仲智。母周氏。具庆下。兄忠。娶盖氏。陕西乡试第二十名，会试第二十二名。

舒庭谟，贯浙江宁波府奉化县，军籍。礼部办事官。治《礼记》。字宗弼，行三，年四十四，十月初三日生。曾祖庄，元知州。祖德刚。父成宣。嫡母郑氏，生母赵氏。

永感下。兄庭训、庭规。娶陈氏。顺天府乡试第五十一名，会试第一百二十五名。

孙昱，贯山东兖州府济宁州，官籍。府学生。治《诗经》。字廷昭，行四，年三十二，五月二十五日生。曾祖元成。祖仲义。父永，前户部主事。母秦氏。慈侍下。兄鼎、英、晟。弟昊。娶刘氏。山东乡试第十二名，会试第一百四十八名。

吴淳，贯直隶苏州府常熟县，官籍。国子生。治《书经》。字厚伯，行一，年三十二，十二月二十日生。曾祖敬叔，沅陵县主簿。祖讷，左副都御史，致仕。祖母张氏，赠恭人，继祖母张氏，封恭人。父钦。母陈氏，旌表节妇。重庆下。娶连氏。应天府乡试第五十七名，会试第五十一名。

王芳，贯江西抚州府金溪县，民籍。国子生。治《书经》。字宇直，行四，年四十三，正月二十八日生。曾祖谦和。祖仕允。父宗睿。母饶氏。严侍下。弟仁、立。娶吴氏。应天府乡试第三十四名，会试第一百二十八名。

孟祥，贯山西辽州，民籍。国子生。治《春秋》。字廷瑞，行二，年二十七，六月二十九日生。曾祖用。祖成。父端，癸卯贡士。母李氏。具庆下。兄吉。弟贤、庆。娶李氏。山西乡试第三名，会试第一百二十名。

下缺四条，分别为曹辅、郑和、国盛、韩敏履历。

李尚，贯浙江宁波府慈溪县，民籍。儒士。治《诗经》。字尚文，行八，年二十六，六月二十一日生。曾祖惟益。祖伯颜。父棠，前沭阳县教谕。母柳氏。具庆下。弟尚高、尚言、尚奇。娶罗氏。浙江乡试第十五名，会试第十二名。

彭广，贯顺天府宛平县，富户籍，江西安福县人。国子生。治《春秋》。字深博，行三，年四十，闰四月二十七日生。曾祖仁端。祖名卿。父学旭。母谢氏。慈侍下。兄深资、深规。娶李氏。顺天府乡试第九十九名，会试第一百二名。

尹旻，贯山东济南府历城县，民籍。府学增广生。治《书经》。字同仁，行四，年二十七，五月二十八日生。曾祖均寿。祖得名。父宏，泉州府知府。母姚氏。慈侍下。弟昌。娶张氏。山东乡试第一名，会试第四十八名。

张斐，贯山东莱州府掖县，军籍。国子生。治《诗经》。字文著，行一，年二十六，正月十九日生。曾祖友道。祖居宁。父善。母朱氏。具庆下。娶杨氏。山东乡试第一名，会试第八十八名。

王让，贯顺天府宛平县，富户籍，常州府武进县人。国子生。治《诗经》。字克让，行一，年四十，八月初二日生。曾祖茂林。祖志中。父肃。母余氏，继母狄氏。具庆下。弟端。娶朱氏。顺天府乡试第十四名，会试第一百四十九名。

戴昂，贯顺天府怀柔县，民籍。县学生。治《易经》。字时举，行一，年三十八，二月初十日生。曾祖亨。祖成。父俨，河南府学教授，致仕。母许氏。具庆下。弟时荣。娶郑氏。顺天府乡试第二十名，会试第九名。

刘泰，贯江西吉安府安福县，军籍。富峪卫军余。治《易经》。字皆亨，行三，年二十九，闰正月初八日生。曾祖宪。祖岩。父洪，临清县学训导。母周氏。具庆下。兄谦、晋。娶潘氏。顺天府乡试第五十六名，会试第一百五名。

黄裳，贯四川眉州，民籍。州学增广生。治《春秋》。字懋臣，行三，年二十二，十二月十一日生。曾祖以德。祖彦中。父渊。母唐氏，继母孙氏。具庆下。兄本初、本政。娶邹氏。四川乡试第二十三名，会试第六十一名。

洪常，贯浙江宁波府鄞县，民籍。国子生。治《易经》。字子经，行一，年三十五，六月二十四日生。曾祖和卿。祖源。父初。母赵氏。具庆下。娶张氏。浙江乡试第二十五名，会试第六十二名。

叶禄，贯江西广信府贵溪县，军籍。县学生。治《春秋》。字禄元，行三十二，年三十二，十一月十六日生。曾祖茂远。祖谷义。父时兆。母樊氏。具庆下。兄禄荣、禄全、禄昌。弟禄恺。娶王氏。江西乡试第五十四名，会试第一百三十七名。

李赞，贯直隶淮安府山阳县，民籍。国子生。治《易经》。字公美，行五，年四十三，十一月十六日生。曾祖懋林。祖义琦。父敬中。母韩氏。永感下。兄让、谊、谦、谥。弟谆、训。娶王氏。应天府乡试第九十四名，会试第十三名。

闭悌，贯广西南宁府横州，军籍。国子生。治《诗经》。字孔仁，行一，年三十二，三月二十三日生。曾祖仲宁。祖思畅。父祯，福建惠安县知县。母张氏。具庆下。弟悦、恂、怿。娶乐氏。广西乡试第十一名，会试第三十七名。

李宽，贯直隶凤阳府盱眙县人，四川叙南卫军□。治《易经》。字宗裕，行一，年二十九，六月十六日生。曾祖遇春。祖成。父晖。前母周氏，母田氏。慈侍下。娶陈氏。四川乡试第四十三名，会试第一百二十二名。

张蓥，贯直隶松江府华亭县，民籍。县学增广生。治《书经》。字廷器，行一，年二十六，九月初三日生。曾祖本中。祖原璧。父璃，任纪善。母吴氏。重庆下。弟鉴、銮。娶卫氏。应天府乡试第六十七名，会试第八十名。

王正，贯山西平阳府解州夏县，民籍。县学增广生。治《书经》。字嗣宗，行三，年二十九，十月初十日生。曾祖仲文，河南修武县知县。祖翰，广东廉州府学教授。父砺，辽府长史。嫡母李氏，母相氏。具庆下。兄福、贤。弟聪。娶朱氏。山西乡试第七名，会试第一百四十七名。

王璧，贯四川重庆府合州，儒籍。州学生。治《诗经》。字廷玉，行一，年三十，十月二十一日生。曾祖斌。祖佐。父汝义。母周氏。重庆下。弟珪、瓒、璋、琼。娶杨氏。四川乡试第十名，会试第二十九名。

郑文康，贯直隶苏州府昆山县，民籍。县学增广生。治《诗经》。字时义，行二，年三十七，二月二十四日生。曾祖彦实。祖以敬。伯庚，安仁县学教谕。父壬。母卢氏。具庆下。兄羽。弟友光。娶董氏。应天府乡试第二十三名，会试第二十七名。

江真，贯直隶徽州府歙县，民籍。国子生。治《礼记》。字士元，行三，年三十五，七月二十二日生。曾祖仲卿。祖子仁，永淳县知县。父彦才。母吴氏。慈侍下。兄士敏、士性。弟士禧。娶程氏。应天府乡试第十九名，会试第一百十八名。

华显，贯顺天府宛平县，匠籍。府学生。治《诗经》。字用明，行一，年三十一，八月初九日生。曾祖君瑞。祖士清。父昱。母樊氏。具庆下。娶徐氏。顺天府乡试第五十二名，会试第一百二十四名。

盛纶，贯直隶松江府华亭县，民籍。国子生。治《诗经》。字以端，行二，年三十二，七月二十二日生。曾祖彦吉。祖德谦。父礼闻。母侯氏。重庆下。兄经。弟纯、绎。娶蒋氏，继娶陈氏。应天府乡试第三十一名，会试第一百四十二名。

唐濩，贯福建福州府侯官县，民籍。县学生。治《春秋》。字源洁，行六，年二十六，八月二十三日生。曾祖庆。祖章。父鉴。母陈氏，继母林氏。具庆下。弟洲、潮、潭、悌。聘郑氏。福建乡试第四名，会试第二十三名。

王育，贯山东济南府泰安州，民籍。州学生。治《书经》。字养民，行三，年三十一，九月十九日生。曾祖友谅。祖忠。父珪，山西夏县教谕。母曹氏。严侍下。兄牧，陕西开城县训导；孜。娶李氏。山东乡试第十一名，会试第一百四十五名。

沈祥，贯直隶苏州府昆山县，民籍。县学增广生。治《书经》。字应祯，行一，年三十六，六月二十四日生。曾祖子富。祖显。父明。母杜氏。具庆下。弟禧、祺。娶瞿氏，继娶王氏。应天府乡试第七十九名，会试第一百一名。

张奎，贯河南汝宁府光州固始县，军籍。府学生。治《礼记》。字文明，行一，年二十九，正月初九日生。曾祖荣。祖泰玹。父皞。母毛氏，继母成氏。具庆下。弟本、安童、曦晃、曦旻。娶汪氏。河南乡试第五名，会试第六十八名。

谢琚，贯福建福州府怀安县，军籍。县学生。治《礼记》。字仲玉，行二，年二十五，八月二十九日生。曾祖叔平。祖得安。父名。母龙氏。具庆下。弟琮、瑄、瑾。未娶。福建乡试第五名，会试第三十二名。

周骧，贯顺天府大兴县，富户籍，直隶华亭县人。国子生。治《诗经》。字世良，行二，年二十九，十月二十四日生。曾祖道贤。祖贵义。父彦吉。嫡母黄氏，生母顾氏。具庆下。兄骐。娶孙氏，继聘杨氏。顺天府乡试第三十九名，会试第四十一名。

潘荣，贯福建漳州府龙溪县，民籍。府学生。治《诗经》。字尊用，行二，年三十，十月初六日生。曾祖维衡。祖从周。父乾佑。母陈氏。具庆下。兄尊阳。弟尊宜。娶林氏。福建乡试第二十六名，会试第九十三名。

王玺，贯直隶和州，民籍。直隶安州学增广生。治《诗经》。字廷用，行三，年三十，四月十九日生。曾祖永福。祖仲文，封户部主事。父镐，户部员外郎。母陶氏，封安人。具庆下。兄琪、璇。弟璟、瑜、珉、琼。娶贾氏。顺天府乡试第十八名，会试第五十二名。

霍荣，贯陕西西安府盩厔县，民籍。国子生。治《礼记》。字文华，行三，年二十九，五月二十六日生。曾祖孟贤。祖思义。父彬。母彭氏。具庆下。兄海、洲。弟潭、演。娶张氏。陕西乡试第二十六名，会试第九十八名。

周翔，贯浙江宁波府慈溪县，民籍。国子生。治《诗经》。字鹏举，行二十四，年四十，五月十九日生。曾祖彦英。祖举仁。父宗惓。母王氏。具庆下。兄翱。弟珝。娶徐氏。应天府乡试第八十五名，会试第一百十六名。

刘济，贯江西饶州府鄱阳县，民籍。府学生。治《诗经》。字时用，行一，年二十九，十月初十日生。曾祖谷才。祖子载。父兰亭。母程氏。具庆下。弟汇。娶山氏。江西乡试第十四名，会试第四十九名。

王玭，贯福建漳州府南靖县，民籍。县学生。治《易经》。字弘章，行五，年三十二，闰五月十六日生。曾祖显德。祖保民。父兴弼。母胡氏。具庆下。兄弘亮、弘耀、弘蕴、弘中。弟弘政、弘隆、弘舒。娶蔡氏。福建乡试第三十三名，会试第一百三十六名。

黄绂，贯贵州都司平越卫军籍。卫学军生。治《春秋》。字用章，行二，年二十六，九月初一日生。曾祖豫。祖秀。父中。母张氏。具庆下。兄吉。弟绶。未娶。云南乡试第五名，会试第三十六名。

任孜，贯直隶苏州府长洲县，民籍。国子生。治《春秋》。字懋善，行三，年二十八，五月初六日生。曾祖士原。祖文中。父志。母陆氏。慈侍下。兄政、敏。娶周氏。应天府乡试第五十五名，会试第八名。

郭安，贯河南开封府许州襄城县，民籍。县学增广生。治《书经》。字邦宁，行一，年二十四，十一月初二日生。曾祖参。祖恕。父熙。母范氏。慈侍下。娶刘氏。河南乡试第一名，会试第一百三十九名。

吕铎，贯江西九江府德化县，军籍。国子生。治《诗经》。字文振，行二，年二十八，十二月二十八日生。曾祖时可。祖世安。父复先。母龚氏。具庆下。兄镛。弟铠、锜、銈、鐧、铉、钺。娶殷氏，继娶廖氏。江西乡试第四十名，会试第十五名。

李坚，贯河南南阳府唐县，民籍。县学生。治《诗经》。字景义，行二，年三十三，五月初一日生。曾祖文举。祖和。父实，赵州知州。母郝氏。具庆下。兄贤。弟谨、赟、贯、贺。娶郭氏。河南乡试第九名，会试第一百六名。

越坚，贯四川重庆府合州，民籍。国子生。治《礼记》。字志刚，行二，年三十，七月二十三日生。曾祖兴。祖道明。父源。母苏氏，继母刘氏、曾氏。重庆下。兄高。弟孝、友、睦、姻、任、恤。娶祝氏。四川乡试第二十八名，会试第八十五名。

高瑛，贯山西聚落驿站籍，浙江黄岩县人。国子生。治《诗经》。字廷璧，行三，年二十三，六月十七日生。曾祖更。祖思顺，泉州府经历。父昕。母朱氏。具庆下。兄侃、琦。弟琰、璘。娶李氏。山西乡试第四名，会试第一百三十四名。

张纯，贯四川重庆府合州铜梁县，民籍。国子生。治《易经》。字惟一，行一，年二十七，三月十九日生。曾祖元一。祖胜祖。父铎。母赵氏。具庆下。弟溥、瀚、浩、浚、澜、澄。娶马氏。四川乡试第十二名，会试第九十六名。

朱瑄，贯直隶松江府华亭县，军籍。府学增广生。治《诗经》。字廷征，行二，年三十三，九月十四日生。曾祖道华。祖士清。父孟庸。母陆氏。具庆下。娶王氏。应天府乡试第三十六名，会试第六十七名。

李琏，贯广东肇庆府四会县，民籍。县学生。治《诗经》。字重器，行一，年二十四，八月三十日生。曾祖宗义。祖敏德，邵阳县县丞。父溥。母蔡氏，继母周氏。具庆下。弟璨、璲。娶梁氏。广东乡试第十五名，会试第一百四名。

孙琼，贯直隶苏州府昆山县，民籍。县学增广生。治《易经》。字蕴章，行一，年二十五，十月初四日生。曾祖德。祖庠。父宗，国子生。母高氏。重庆下。娶严氏。应天府乡试第十名，会试第一百三十三名。

王豪，贯直隶镇江府金坛县，匠籍。国子生。治《书经》。字人杰，行五，年三十七，四月二十五日生。曾祖辛。祖顺之。父宁。母刘氏。永感下。兄亮、瑛。娶蒋氏。应天府乡试第四十四名，会试第五十六名。

瞿泰安，贯直隶苏州府昆山县，民籍。县学生。治《礼记》。字伯阳，行二，年三十五，十月初四日生。曾祖富五。祖仲德。父刚。母赵氏。严侍下。兄亮、谦、璇、顺、庆、安。弟永安、升。娶郭氏。应天府乡试第三十五名，会试第五名。

廖俊，贯江西抚州府乐安县，民籍。国子生。治《易经》。字崇杰，行二，年三十三，正月初六日生。曾祖均政。祖闻，前宁波府同知。父义方。母李氏。重庆下。弟崇礼。娶戴氏。江西乡试第五十三名，会试第八十一名。

叶普亮，贯福建泉州府同安县，民籍。国子生。治《诗经》。字广熙，行五，年三十五，闰九月初四日生。曾祖兴。祖伯颜。父贵。母林氏。具庆下。兄普惠、普隆、普祥。弟普旺、普忠、普聪、普道、普蕃。娶陈氏，继娶张氏。福建乡试第三十六名，会试第七十一名。

杨进，贯江西南昌府丰城县，民籍。国子生。治《诗经》。字曰俊，行三，年四十五，八月二十五日生。曾祖清叔。祖均祥。父惟琛。母葛氏。慈侍下。兄曰文、曰经。娶陈氏。应天府乡试第四十八名，会试第四十六名。

下缺四条，分别为杨绍、欧辉、赵蕃、张瓒履历。

成章，贯直隶河间府景州，民籍。州学生。治《诗经》。字文达，行二，年三十八，正月十五日生。曾祖通甫。祖恩。父材。母杨氏，继母刘氏。永感下。兄文贵。弟文友、文礼。娶吴氏。顺天府乡试第九十九名，会试第三十九名。

卢升，贯江西饶州府乐平县，民籍。府学生。治《诗经》。字孔昭，行二，年二十六，十二月初二日生。曾祖原政。祖德茂。父伯旷。母程氏。具庆下。兄文材。娶彭氏。江西乡试第五十名，会试第七十三名。

杨瓒，贯山东兖州府东平州寿张县，匠籍。县学生。治《春秋》。字廷器，行四，年三十一，十一月初九日生。曾祖诚。祖得。父仲惠。母满氏。慈侍下。兄瑾，玙，玘。娶路氏。山东乡试第九名，会试第六十五名。

陈璘，贯浙江宁波府奉化县，军籍。县学生。治《易经》。字文玉，行一，年三十七，二月二十九日生。曾祖国宾。祖原裕。父孟怡。母李氏。严侍下。弟环。娶孙氏。浙江乡试第三名，会试第三十四名。

黄得温，贯江西赣州府信丰县，军籍。国子生。治《书经》。字伯理，行十二，年三十五，五月十四日生。曾祖原辅。祖彦清。父信初。母杨氏。具庆下。从兄得，阴阳训术。兄德宽、德裕。弟德柔、德良。娶刘氏。江西乡试第五十八名，会试第十一名。

杨恕，贯直隶松江府华亭县，民籍。府学生。治《书经》。字勉仁，行二，年四十二，八月初一日生。曾祖福四。祖荣。父子贞。母陈氏。永感下。兄忠。娶卫氏，继娶沈氏。应天府乡试第四十一名，会试第一百十五名。

据《正统十三年进士登科录》，状元彭时对策全文如下："臣对：臣闻天下以一人为主，人君以一心为主。盖心者万化之原，万事之本也。大哉，人君之一心乎！本诸心以安内，则内治之政修，本诸心以攘外，则外攘之功举，尚何患乎赏善罚恶之不得其当，选将练兵之不得其宜，而斯世之不跻于雍熙泰和之域也哉！《大学》以是心为家国天下之本，董仲舒以是心为朝廷四方之则，其以此欤？钦惟皇帝陛下，禀聪明睿智之资，备圣神文武之德，诞膺骏命，嗣守鸿图，临御以来，惓惓以经国子民为心，先之以励精，加之以恭俭，其于安内攘外之道，已无不尽，而见诸治效者，亦已盛矣，而犹不自满足，乃进臣等于廷，降赐清问，首举爵赏刑罚，次及选将练兵之事，而责臣以切实之言。臣愚有以知陛下真大有为之君也，可以为尧舜，可以为禹汤文武，可以隆太平之业于万亿年而愈盛矣。顾臣浅陋，何足以奉大对，然馨一得之愚，亦臣区区之素愿也，敢不俯竭愚衷，以少裨于万一。臣窃惟天生圣人，而付以君道之重，圣人奉天，而主宰天下之大，内而中国仰之以治，外而四夷赖之以安，则夫修内治之政，举外攘之功，夫岂可以一日而或废哉？然求其要，不越乎爵赏刑罚、选将练兵之二者耳。夫爵固所以待有功，功者善之著于事也，若必待有功而后爵，则天下之善未著于事者，必至于见弃，何以使之皆知所劝而建功乎？刑固所以待有罪，罪者恶之形于行也，若必待有罪而后刑，则天下之恶未形于行者，必至于苟免，何以使之皆知所惩而远罪乎？斯二者，诚如圣问之所谕也，臣复奚言？臣尝窃观唐虞三代之时，其赏善也有三德，而日宣者为大夫，有六德，而日严者为诸侯。或俊乂之旁招，或宅俊之克用，与夫贤能之宾兴，俊造之升进，凡此皆不待有功而后爵者也。其罚恶也，象刑以弼五教，制刑以教祗德，或畔官离次之必诛，或羞刑暴德之必罚，与夫左道乱政者，刑之而不赦，悖礼疑众者，戮之而不宥，凡此皆不待有罪而后刑者也。然亦岂徒事乎爵赏刑罚而无其本哉？盖一本诸心而已矣。观夫尧之兢兢，舜之业业，而懋敬于命德讨罪之政者，其心为何如？禹之孳孳，汤之慄慄，文王之翼翼小心，武王之无作好恶，而克谨于彰善瘅恶之事者，其心为何若？肆赏罚之有道，劝惩之有本，而下无遗善遗恶者，以此也。兹欲人皆迁于善，不待爵赏而自劝，臣愿陛下心唐虞三代赏罚之心，使赏不徒赏，赏一人而千万人知劝，则我朝赏善之典，与尧舜禹汤文武之所以赏善者，同一揆矣，何忧乎天下之人之不皆迁于善哉！兹欲人皆远于罪，不待刑罚而自惩，臣愿陛下心唐虞三代罚恶之心，使罚不徒罚，罚一人而千万人知惩，则我朝罚恶之政，与尧舜禹汤文武之所以罚恶者，同一辙矣，何忧乎天下之人之不皆远罪哉！如是则善者列爵而登庸，恶者率德而改行，礼义廉耻之行兴，诡诈偷薄之风息，百官有济济之容，黎民有暤暤之俗，而雍熙泰和之治可跻矣。（下缺）夫众至千万，必有一杰（下缺）必欲知其杰而用之。臣愿陛下心唐虞三代选将之心，而又精神以感召之，气类以招徕之，投之胶辖繁剧之地以观其智，置之艰难险阻之中以观其才，则虽伯禹、吕望、召虎、方叔之流，世不易得而凡才智出众之士，必皆拔置于军旅之上矣，何忧乎智愚之混淆，同类之忌蔽哉？一方之人，有兵有农，是盖兵农岐（歧）而二也。必欲作其勇而用之，臣愿陛下心唐虞三代练卒之心，而又择将帅以统之，宽杂征以恤之，使三时务农以备衣食之资，一时讲武以习攻战之法，尤于春蒐夏苗秋狝冬狩之时，益严夫简阅练习之事，则可驱列于御卫之间矣，何忧乎戍非土著，而农不知武哉？至若田有肥瘠之不同，岁有丰歉之或异，而兵食始有不足之虞，臣愿陛下体唐虞三代之心，以足食为念，而又择人以督耕屯，使绳其兼并，课其勤惰，则可致其粒而积贮于仓廪者，陈陈相因矣，虽古之委积以待军旅，与夫仓积于齰粮峙于申者，何以加焉？土地气候之不齐，监牧畜养之不力，而马政始有不蕃之弊，臣愿陛下法唐虞三代之心，以息马为重，而又择人以掌监牧，使之时其刍秣，节其劳逸，则可致其息而充溢于边鄙者，千万成群矣，虽古之天闲十二，与夫思马斯臧骊牝三千者，何以过焉。诚如是，则将皆智勇而无不良，卒皆果敢而无不精，食皆充足而无不给，马皆蕃息而无或耗，由是而举外攘之功，有不战，战必胜矣，有不攻，攻必克矣，有不守，守必固矣，将见四夷畏慕，稽首称藩，边徼无烟尘之警，人民有耕凿之安，而雍熙泰和之治，端在于今日矣。此修内治之政，而举外攘之功，所为不可一日而或废者此也。洪惟我国家，圣圣相承，丕图治理，太祖高皇帝奉天命而肇造邦家，太宗文皇帝顺人心而肃清海宇，其内治外攘之道，垂裕后圣而无穷。仁宗昭皇帝溥惠泽以福苍生，宣宗章皇帝奋德威以安夷夏，其内治外攘之道，仰绍前烈而有光。陛下缵承大统，丕阐洪猷，而于内治外攘之要，盖已知之审而行之至矣。今又以策臣等，而必以尤加意为言，臣愚又有以知陛下留心于此，此即大禹不自满假，文王望道未见之盛心也。陛下之策臣者，臣既已略陈之，而于终篇窃有献焉。夫人主一心，与天地同其量，与日月同其明。天地惟不息，故覆载而无外，日月惟不息，故照临而不已。臣愿陛下体天地日月之不息，弘覆载照临之盛心，执此之政，坚如金石，行此之令，信如四时，则宗社生民之福，必由此而愈盛，蛮夷戎狄之远，必由此而咸服。三光六气，必由此而顺行，五岳四渎，必由此而奠位。动植之物，风雨霜露之所沾被者，必由此而蕃庶。麟凤龟龙，膏露醴泉，与凡休征嘉瑞，必由此而毕至。将见四方万国，莫不相率稽首称贺，以为尧舜之圣，复见于今日，禹汤文武，不得专美于前古，陛下亿万年之洪福，与天地相为悠久矣。臣学不足以知古，才不足以通今，刍荛之言，上渎天听，伏惟陛下俯垂睿览，则国家幸甚，天下幸甚，臣不胜悚惧之至。臣谨对。”

榜眼陈鉴对策全文如下："臣对：臣闻圣王以道治天下，莫要于崇文德而修武功，盖文德莫大于爵赏刑罚，武功莫重于选将练兵，文德崇而内治无不修之政，武备修而外攘无不举之功。然所以崇文德而修武功，尤在乎人君一心之运用也。古昔圣王所以跻斯世于雍熙泰和之域者，又岂有外于此道哉！《传》曰：有文事者必有武备。《书》曰：祗台德先，不□朕行。此之谓欤？钦惟皇帝陛下，禀聪明睿智之资，全圣神文武之德，绍祖宗之大统，履九五之尊位，道跻皇极，盖已至矣，而望道未见之心，常若有所未至。世底隆平，盖已盛矣，而视民如伤之念，常若有所未及。乃进臣等于廷，降赐清问，而以安内攘外之道下询刍荛，臣虽愚昧，敢不精白一心，以对扬圣天子之明命乎？臣惟天佑下民，而作之君，圣人□天下而子乎民，其所以经国子民之道，莫□□崇文德修武功而已。盖爵赏刑罚，所以□□□□而内治之政以修，选将练兵，所以修武功，而外攘之功以举。然必本于人君一心，公足以服众，则赏罚之道行，而人心无不化，明足以选将，则训练有其方，而封守无不固矣。且夫功者善之见于事，善者德之蕴诸己者也，爵固以待有功，苟必待有功而后爵，则天下岂无遗善乎？要必惟德是爵，而务合乎人心之公。所谓爵人于朝与众共之，则爵不及恶德，而善者知所劝矣。罪者恶之已著，恶者罪之未形者也，刑固以待有罪，苟必待有罪而后刑，则四海岂无遗恶乎？要必惟恶是警，而常存乎钦恤之心，所谓刑人于市与众弃之，则罚不及无辜，而恶者知所惩矣。稽之于古，《周礼》六德六行六艺以兴贤能之类，则赏无遗善矣，又岂必待有功而后爵哉？王制行伪而坚言伪而辩以疑众杀之类，则刑无遗恶矣，又岂必待有罪而后刑哉？然皆本乎在上之人一心之公，有以运用于其间也。今也必欲人人皆迁于善，不待爵赏而自劝，臣愿皇上法帝舜知人之哲，爵赏惟贤，而恶德无以售其私，则人皆力于为善，不待爵赏之施而自无不劝于善矣。必欲人人皆远于罪，不待刑罚而自惩，臣愿皇上体虞舜好生之德，渐涵浸渍，浃洽于民之心，则人自不犯于有司，不待刑罚之用而自无不惩于恶矣。至若将者所以统夫兵，卒者所以用于将，而食则卒之所仰，马则战之所资也。兵非将则涣散而无统，将非兵则孤立而无助。卒而非食，何以为生？战而非马，何以克敌？欲举外攘之功，于是四者诚不可以阙其一也。昔之君子，乃谓将其卒则选其卒之良，戍其地则用其地之人，战其野则食其野之粟，守其国则乘其国之马，庶几可以百战无殆。不然，则一郡用兵，而取给百郡，非善策者。诚以将其卒而选其卒之良，则将识士情，而士知将意，故所向成功。戍其地而用其地之人，则安于风土，闲于练习，故可用其力。战其野而食其野之粟，则可以免转输之劳，守其国而乘其国之马，则可以免调发之患。是惟不战，战则必胜。是惟不攻，攻则必克矣。设使不然，则一郡用兵，而取给于百郡，徒见其劳费多而成功寡，何在其为良策也哉！皇上又虑众至千万，必有一杰，然智愚混淆，同类忌蔽，何以能知其杰而拔置军旅之上者？臣愚以为，果有超出万人之才而谓之杰者出于万众之中，苟能察而知之，则虽或混淆于智愚，自不能掩其贤，虽为同类所忌蔽，自不能没其善，于是举而授以将帅之任，信而用之，俾统军旅之众，将见如古屠贩之流，皆得起而为名将，何患将帅之不得其人哉！皇上又虑戍非土著，农不知武，何以能作其勇，而驱列御卫之间者？臣愚以为，戍者虽非土著，然习染既久，亦自便于风土，农者虽不知武，然训练有方，亦自可使即戎。苟为将者教之以兵法，养之以锐气，俾坐作击刺之节，既有以闲于染习之余，而果敢敌忾之气，自有以奋于效劳之际。则凡农戍之徒，皆可使之有勇，而驱列于御卫之间，若古之田赋出兵，足以为用，又何患士卒之不效其力哉？田有肥瘠，则因其人之多寡而为劝惩，岁有丰歉，则量其岁之所入而为撙节。用功多则瘠田可至于肥，制用谨则歉岁不至于馁，又何以不能致其粒，而积贮于仓廪，若古之万亿及秭者欤？土地气候有不齐，产息牧放之各异，苟能时其水草而不失夫秣饲之宜，谨其孕字而不妨夫畜牧之利，又何以不能致其息，而充溢于边鄙，若古之骡牝三千者欤？是则马之蕃息，食之赢余，士卒之练习，实皆由于将之得人。而将之得人，又本乎皇上知人善任使也。夫崇文德以安乎内，而使中国之尊安，修武备以攘乎外，而使四夷之宾服，皆已断自宸衷，措诸政治，其效验之昭著，如日月之光华，天下之所共睹矣，尚何俟愚臣之言哉！皇上之策臣者，臣既略陈之矣，伏读制策，终篇有曰：'朕祗承祖宗大统，惓惓以经国子民为心，而于安内攘外，尤加意焉。'臣有以见皇上此心，即古圣王兢兢业业、忧勤惕厉之心也，所以崇文德者在是，所以修武功者在是，所以跻斯世于雍熙泰和之域者亦在是，所以四三王而六五帝者又无不在是矣，尚何用他求哉？臣愿皇上永怀是心，则治道之盛，光于天下，传于万世，诚宗社生民无疆之福矣。臣肤谫之才，不足以博古，固陋之学，不足以通今，刍荛之言，上尘圣览，惟皇上矜其愚而采择焉，则不胜幸甚。臣干冒天威，战慄之至。臣谨对。"

探花岳正对策全文如下："臣对：臣闻圣人之治本于道，圣人之道本于中。盖道者治之原，中者道之体，道以中而立，治由道而成。苟治不本于道，固无以成其治之盛，道不本于中，又何以为道之大哉！肆古之人君，修安内攘外之治者，未有不本于兹也。是故尧舜禹以精一执中之道，而为安内攘外之本，则有八元八恺之举，九官十二牧之命，卒成万邦咸宁四夷来王之功。商汤周武以建中建极之道，而为安内攘外之原，则有天道人纪之修，列爵重教之政，卒致四方侯予九夷通道之效。则是中之施于爵赏而爵赏宜，施于刑罚而刑罚当，内治之纲，岂有不举者乎！施于选将而将得其人，施于练兵而兵得其用，外攘之本，岂有不固者乎？此帝王之世，所以安内攘外，而康济斯世于雍熙泰和之盛者，皆不外乎是中也。恭惟皇帝陛下，聪明先物，睿智有临，德为帝范，道立民极，心同乎二帝三王之中，治臻于二帝三王之盛。然犹不恃其道之已至而自足，功之已成而自满，万几之暇，乃进臣等于廷，策以安内攘外之务。臣愚以为，方今之治，名器必惜，而爵赏无冗及之私，鞭朴必慎，而刑罚无枉滥之失，四海之内，无不康乂矣。而内治之政，夫复何修？纪律有法，而朝无不选之将，教阅有方，而营无不练之兵，万方之远，罔不宾服矣，而外攘之功，夫复何举？兹盖陛下屈己下问，虚心求道，不忽封菲之贱，而择刍荛之微，即帝尧舍己从人，帝舜好问好察，汤文用人惟己，望道未见之盛心也。臣虽愚昧，敢不百拜稽首，以对扬明命之万一乎？臣惟亮采惠畴，皆所以修内治之政也，而爵赏刑罚为之纲，战守攻伐，皆所以举外攘之功也，而选将练兵为之本。振其纲则目举，培其本则枝茂，此理之必然也。陛下以是而策臣愚，臣愚有以知陛下择治体之大，以先务为急，真不世出之主，大有为之君也。臣请因制策所及而概陈之。是故禄位车服者，爵赏也，然必待有功而锡之，则凡善有诸己而未著于事功者，赏有所不及，是天下有遗善矣。流宥鞭朴者，刑罚也，然必待有罪而施之，凡恶存诸身而未见于罪戾者，罚有所苟免，是天下有遗恶矣。古之圣王为是虑也，无间于功与善，而必赏之以爵，则凡有善于己者皆得受上赏，不但赏及有功而已，若《虞书》三德为大夫六德为诸侯之类是也。无间于罪与恶，而均罚之以刑，则凡有恶于己者，皆得有所警，不但罚及有罪而已，若王制行伪言伪以疑众杀之类是也。为人上者，诚能明德以为劝善之本，则天下之人莫不是则是效，相观而化，如《中庸》所谓不赏而劝不怒而威矣，又奚待于爵之赏哉？慎罚以为惩恶之原，则天下之人莫不是惩是创，相戒以私，如《洪范》所谓遵王之道遵王之路矣，又奚待夫刑之罚哉！夫爵赏刑罚，劝善化恶，内治之政虽不一，无非此中之流行也。至若兵之所统者将，将之所用者卒，是将与卒为军旅之本矣。卒之所仰者食，战之所资者马，是食与马为军旅之用矣。昔之君子为是图也，以谓将其卒当选其卒之良，然豪杰之局于行伍也，淆之以智愚，蔽之以妬忌，未易知其才能而拔置军旅之上也。诚用孔子举尔所知之言而求之，则彼将拔茅连茹而汇征矣。戍其地当用其地之人，然兵农之混于一方也，服介胄者非土著之安，事末耜者昧干戈之习，未易作其勇而驱列御卫之间也。诚用仲由可使有勇知方之道而教之，则彼将亲上死长而效力矣。田有肥瘠，岁有丰歉，必欲战其野则食其野之粟，亦有其道。诚使任屯种之吏，如汉武之用赵充国屯西羌，则播艺有方，畜敛有法，粟之所致必庾翼其多，不患其不积贮仓廪矣。土地有厚薄，气候有寒暄，必欲守其国则乘其国之马，岂无其方？诚使任牧养之官，如周孝之用秦非子牧汧渭，则饮食有时，调服有节，马之所产必千百其群，不患其不充溢于边鄙矣。夫选将练兵，足食牧马，外攘之功虽不同，无非此中之运用也。是中也，尧舜文武用之于前，我国家列圣相承用之于后，陛下嗣大历服，励精图治，体是心，遵是道，而致雍熙泰和之盛如此，乃尤惓惓以经国子民为先，安内攘外为急，臣有以知陛下兢兢业业，夙夜弗遑，安不忘危，治不忘乱之所发也，足以四三皇，足以六五帝，而超轶于汉唐宋之上矣。臣愚学不足以博古，识不足以通今，其于安内攘外之道，盲乎有所未知，徒以草茅之言上渎天听，而自知有负陛下之期待矣。然于终篇窃有献焉。夫天地覆载之无偏者，天地之中也。日月照临之无私者，日月之中也。帝王好恶之公，刑赏之当，德同天地，明并日月，亦惟以其中耳。是中也，非声音笑貌之所能为，必学之至行之力而后可造其极也。臣愚伏愿陛下万几之暇，日引儒臣硕士讲明是中之体，扩充是中之用，则心与理会，理与心融，使尧舜禹精一执中之道由是而得于心，商汤周武建中建极之道由是而措于事，若然，则爵赏刑罚选将练兵之际，无往而不适其宜。推之家国天下，九夷八蛮，无往而不从其化，足以媲美帝王熙皞之治，茂隆宗社悠久之福，此臣犬马之忠，惓惓有望于陛下也。若夫骋浮夸以自炫，非臣之素志矣，惟陛下少垂睿览，则愚臣幸甚，天下幸甚。臣干冒天威，不胜战栗之至。臣谨对。"

郑文康为本科进士。天顺初年曾作诗抚慰一被黜生。陆容《菽园杂记》卷二："天顺初，有欧御史者，考选学校士，去留多不公，富氏子弟惧黜者，或以贿免。吾昆郑进士文康，笃论士也。尝送一被黜生诗，篇末云：'王嫱本是倾城色，爱惜黄金自误身。'事可知矣。时有被黜者相率鸣诉于巡抚曹州李公秉，公不为理。未几，李得代，顺德崔公恭继之。诸生复往诉，公一一亲试之，取其可者，檄送入学。不数年去，而成名者甚众，皆崔公之力也。二公一以镇静为务，一以伸理为心，似皆有见。若其孰为得失，必有能辨之者。"

四月

陈献章入国子监读书。阮榕龄《编次陈白沙先生年谱》云："入京赴春闱。四月中副榜进士，告入国子监读书。"

选翰林院庶吉士。选进士万安、曹鼎、熊瓒、刘吉、孙茂、刘珝、王勤、谢环、白行顺、李泰、宋弼、邢让、刘清、乔毅、李本、李镛、王恕、孙昱、孟祥、曹辅、韩敏、尹旻、张斐、李赞、李宽、华显、霍荣、郭安、李坚、成章为翰林院庶吉士，引见内廷。侍读习嘉言、侍讲王一宁、编修赵恢教习。《馆阁漫录》卷二《正统十三年》："癸酉，改进士万安等为庶吉士。先是，上命吏部选进士人物俊秀、贯在江北者三十人以闻，尚书王直等选安及曹鼎、熊瓒、刘吉、孙茂、刘珝、王勤、谢环、白行顺、李泰、宋弼、邢让、刘清、乔毅、李本、李镛、王恕、孙昱、孟祥、曹辅、韩敏、尹旻、张斐、李赞、李宽、华显、霍荣、郭安、李坚、成章，引见于内庭，吏部左侍郎兼翰林学士曹鼐等言：'宜仿旧例，改为庶吉士，送翰林读书。给赐酒馔房屋皂隶，并笔墨纸札灯油，令本院侍读习嘉言、侍讲王一宁、编修赵恢提督教训，庶有成效。'从之。"

　　巡按河南监察御史夏裕言："王府长史、纪善、伴读、教授，专匡王不逮。今赍表奏事，累旷年月。乞后遣他官，庶尽辅导。"从之。（据《国榷》卷二十七）

　　南京翰林院侍讲学士周叙请删修《宋史》，选文学三四人共加论述。上曰："毋择人，即叙自竟之。"（据《国榷》卷二十七）

　　翰林院庶吉士倪让为中书舍人，仍四夷馆习译。进士孙祥、曹凯为兵、刑科给事中。（据《国榷》卷二十七）

　　岁贡生江陵张启，廷试怀挟，特戍边。（据《国榷》卷二十七）

五月

　　都察院右都御史陈镒乞嗣子佳入太学，不允。（据《国榷》卷二十七）

六月

　　裁湖广僻县儒学训导。（据《国榷》卷二十七）

　　升翰林修撰张益为本院侍读学士，以任满九载也。（据《馆阁漫录》卷二《正统十三年》）

　　浙江按察使轩輗上四事：一曰求贤，近荐举怀才抱德、贤良方正、经明行修之士，多权势戚，故经学不谙，案牍莫晓。今后徇滥，连坐其罪。（据《国榷》卷二十七）

七月

　　命侍读学士张益与经筵。（据《馆阁漫录》卷二《正统十三年》）

　　儒学训导张干请依洪武、永乐旧例考课生员。礼部议召回提督学校御史，明英宗不从。《明英宗实录》卷一百六十八：正统十三年秋七月，"丙戌，山西绛县儒学署训导事举人张干言：'洪武、永乐旧例，生员十年一考，学问长益者留俟科贡，学问荒疏者黜为吏民。留者有向进之心，黜者无怨悔之意。近年增置御史佥事等官，专于提督学校。然地里有近远，学校有多寡。有岁仅一至者，有岁不一至者，甚者不至本学，而预拘生徒于他处俟考。务实学者或为所黜，却将懵然无知子弟选补入学，曾几何时，又复考退。乞敕该部会议，将御史等官取回别用，第依旧例，庶乎生徒安心进学，期底于成事。'下礼部会议，以为学校良才久而后成，奈何提调官多求近效，将年浅生员，或因诵讲未通，或因行文未顺，或因人请托，或持已私见，黜退既频，愈难成才。宜从干言，取回各官别用。今后悉依旧例，从巡按御史布按二司及府州县提调正官严加考课。廪膳十年之上，学无成效者，送部充吏。增广十年之上，不通文理者，本处充吏。其有不用心提督，及学舍不修，生徒荒怠，并教官尸位素食，怠于教训者，治罪惟均。上曰：'设风宪官提督学校，久为通例，不可以一二人言遽废。近因提学官废弛，已累降敕谕勉励，若有不依敕谕，不遵旧例诣学课试生徒者，俱治罪不宥。'"

翰林编修赖世隆降官二等外用。《馆阁漫录》卷二《正统十三年》：七月，"庚戌，翰林编修赖世隆尝有索于本县官不得，衔之，遂令其子发县官科敛诸事，法司问有诬，当世隆赎徒还职，上命赎既降官二等外用"。

八月

升礼部左侍郎兼翰林侍讲学士王英为南京礼部尚书，翰林侍讲王一宁为礼部右侍郎。（据《馆阁漫录》卷二《正统十三年》）

设山东兖州府曹州儒学。更定天下州学岁贡生员例。《明英宗实录》卷一百六十九：正统十三年八月，"己卯，设山东兖州府曹州儒学，置学正一员，训导三员。从知州范希正言，本州新设，宜建学校以敦厚风化也"。

进士沈纪，监生王晋、包瑛为广西、贵州、浙江道监察御史。（据《国榷》卷二十七）

太常寺少卿兼翰林院侍书程南云为寺卿，仍内直。（据《国榷》卷二十七）

翰林院修撰许彬父丧，命奔丧，仍习译。（据《国榷》卷二十七）

同州知州秦铭请州学四年贡三人，从之。（据《明英宗实录》卷一百六十九、《国榷》卷二十七）

九月

命礼部右侍郎王一宁仍充经筵讲官。（据《馆阁漫录》卷二《正统十三年》）

朱权卒，年七十一。《明英宗实录》卷一百七十"正统十三年九月戊戌（十五日）"："宁王权薨。……王天性颖敏，负气好奇。绩学攻文，老而不倦，方之古贤王，迨不多让。所著有诗赋杂文及《天运绍统录》、医卜、修炼、琴谱诸书，又有博山炉、古制瓦砚，皆极精致云。"《国朝献征录》卷一《宁献王权》："晚节益慕冲举，自号臞仙。建生坟缑岭之上，数往游焉。江右俗故质朴，俭于文藻，士人不乐声誉。王乃弘奖风流，增益标胜。海宁胡虚白以儒雅著名，王请为世子师傅者七年，告老而归，王为辑其诗文，序而传之。凡群书有系风化及博物修词人所未见者，莫不刊布国中。所著《通鉴博论》二卷、《汉唐秘史》二卷、《史断》一卷、《文谱》八卷、《诗谱》一卷，《神隐》《肘后神枢》各二卷，《寿域神方》四卷，《活人心》二卷、《太古遗音》二卷、《异域志》一卷、《遐龄洞天志》二卷，《运化玄枢》《琴阮启蒙》各一卷，《乾坤生意》《神奇秘谱》各三卷，《采芝吟》四卷，其它注纂，数十种。经子九流、星历医卜、黄冶诸术皆具，古今著述之富，无逾献王者。又作《家训》六篇、《宁国仪轨》七十四章。"

进士应颢、李梁为监察御史。（据《国榷》卷二十七）

十月

翰林编修刘定之，坐失戒当赎杖还职。《馆阁漫录》卷二《正统十三年》："十一月癸未朔。丙戌，翰林编修定之以弟寅之等与乡人有隙相讦，诉词连定之，下狱，法司核所诉多诬，坐寅之徒，定之失戒，当赎杖还职。"

工部右侍郎王佑免。佑进士，授武选主事。父事太监王振，擢侍郎。佑美姿貌不须，振尝曰："侍郎何无须？"佑曰："大人不须，儿何敢有？"贪淫不检，夤缘夺情，权贵厌之。欲调外，引疾乞骸去。（据《国榷》卷二十七）

十一月

颁历，夏冬二至昼夜各六十一刻。翰林编修岳正曰："求诸古历家，无有也。以私智揆之，国其摇乎！"（据《国榷》卷二十七）

进士陈璘、钱昕，监生柳春、白仲贤、冯节、邓洪为监察御史。（据《国榷》卷二十七）

罢怀来、怀安、龙门等儒学。极边尚武乏人也。（据《国榷》卷二十七）

十二月

升翰林编修赵恢为本院侍讲，以任满九年也。（据《馆阁漫录》卷二《正统十三年》）

本年

曹安设馆海盐。《谰言长语》：“《资治通鉴》仿《春秋》而作，杨文贞公谓‘有关治道之书’。予少不知。正统十三年，授徒海盐，主翁专以《纲目》为问。遂日手之不释。盖左史记言，《书》是也。右史记事，《春秋》是也。《纲目》，所以接《春秋》。今《续资治通鉴》，于宋、元二代亦备。”

明英宗正统十四年己巳（公元1449年）

二月

二月壬子朔。丁巳，释奠先师孔子，遣工部右侍郎兼翰林学士高谷行礼。乙亥，升**翰林编修倪谦为本院侍讲，复除翰林编修刘定之仍旧任，以九年任满及亲丧服阕故也。**（据《馆阁漫录》卷二《正统十四年》）

邓茂七之乱被平定。《明鉴纲目》卷三：“纲：己巳十四年，春二月，御史丁瑄击斩邓茂七于延平。目：瑄始至，先令人赍敕往抚，茂七不肯降，瑄驰沙县图之。（贼渠林宗政等，攻后坪，瑄与都指挥雍埜邀击，斩首数百级，擒其党陈阿岩，送京师伏诛。）及是，瑄因沙县民罗汝先，诱贼复攻延平。瑄督兵分道冲击，贼大败遁走。指挥刘福追之，遂斩茂七。余贼在陈山寨者，闻茂七死，复拥其兄子伯孙聚后洋（在陈山之后，通宁化），攻劫州县。瑄擒斩其渠林子得、郑永祖等。会陈懋军至，诸将欲尽歼贼众，懋不可，下令招之，其党多降。寻进攻贼寨，破之，伯孙走，余众溃散。懋遣兵分捕，获伯孙送京师，诛之。先是刘聚、张楷，至建宁，顿兵不进，日饮酒赋诗为乐。及闻瑄破贼，则疾驰至延平，攘其功。瑄被胁，依违具奏。刘福心不平，诉陈懋奏之，诏责瑄具状，楷等皆获罪，瑄有功不问，然功亦竟不录。（当是时，浙闽盗所在蜂起，皆以诛王振为名。诸将帅率玩寇，而文吏督民兵拒贼，往往多斩获，闽则建宁知府张瑛，败贼于建宁城外，斩首五百余级，进擢参政，后以逐贼被执死之。汀州推官王得仁，击擒贼渠陈景政等，余贼惊溃。浙江则金华知府石瑁，斩贼苏牙于兰溪，处州知府张佑，击败剧贼，擒斩千余人。帝数降敕诘让诸将，诸将无以自解，乃饰词委咎文吏。王振方欲杀朝士威众，于是柳华已死，犹坐前奉诏捕盗，措置失当，致贼益炽，遂籍其家，男戍边，妇女入浣衣局。御史王澄，坐前帅师会讨受贼诈降，不进兵，御史柴文显，坐前按福建贼匿不奏，俱被极刑。而宋新以贪虐致变，反得长系，寻遇赦谪驿丞。

天下咸恶振之横，而咎当时之失刑云。○张瑛，字彦华，浙江建德人。王得仁，名仁，以字行，新建人。汪澄，仁和人。柴文显，浙江建德人。兰溪，唐县，今属金华道。）"

进士刘琏为刑科给事中。（据《国榷》卷二十七）

四月

命巡按监察御史逮治湖广提调学校佥事韩阳。韩阳到任三年，未能遍历属邑考察生员。《明英宗实录》卷一百七十七：正统十四年夏四月壬子，"先是湖广郴州桂阳县学署教谕事举人周冕奏：'近年增设提调学校风宪官，俾其每年遍历所属儒学考察生员，盖欲得真材以资任用也。如本县僻处万山，自正统七年前任佥事刘虬到州行取生徒考选，迨今六年，未有至者，是致生徒不谙文理书算，惟以入学食粮先后为序，每遇岁贡补廪，即肆争竞。乞敕今后偏州远邑，许州县提调官同教官，不分廪增，如例考选，将貌陋老疾并不谙文理者，申送提调风宪官处覆试进退。'事下礼部，尚书胡濙等谓：'湖广提调学校佥事韩阳已经一考，不能遍诣属邑，宜令自陈。'从之。至是，阳奏以冒岚气遘疾，不能行属，诚为有罪。上命巡按监察御史逮治之"。

命诸进士为监察御史。进士王璧、罗俊、张耆、朱永宁、程昊、李玘、倪敬、谢骞、徐溥、杨宜、吴淳、王常、李本道、沈义、沈宗、戴昂、黄溥、叶普亮、王豪、桂怡、朱瑄、邢宥、杨文琳、陈璘、陆阜、杨敩、余复、黄誉为两京监察御史。（据《国榷》卷二十七）

五月

己亥，命翰林侍读学士张益内阁办事。戊申，吏部左侍郎兼翰林学士曹鼐等奏："本院庶吉士缺官教训，四夷馆缺官提督，今推选得侍讲刘铉、修撰王振堪教庶吉士读书，修撰许彬、郎中潘勤堪提督四夷馆官员子弟习学夷字。从之。"（据《馆阁漫录》卷二《正统十四年》）

命太监金英同法司录囚。《明鉴纲目》卷三："纲：五月，命太监金英同法司录囚。目：筑坛大理寺，英张黄盖中坐，尚书以下，左右列坐，九卿抑于内官之下，遂为永制。"

翰林院侍读学士张益直内阁。（据《国榷》卷二十七）

六月

更定生员犯罪惩治条例。《明英宗实录》卷一百七十九：正统十四年六月丙辰，"时有生员犯居丧娶妻及挟妓饮酒者，例应充吏。刑部言：'生员无志读书者，往往故意犯罪，以求脱免。请自今轻罪充吏，免追廪米。若犯受赃、奸盗、冒籍科举、挟妓饮酒、居丧娶妻妾等罪者，南北直隶，发充两京国子监膳夫，各布政司，发充邻近儒学斋夫。满日原籍为民，充公廪膳，仍追廪米。'从之"。

黄淮（1367—1449）卒，年八十三。《馆阁漫录》卷二《正统十四年》："六月己酉朔。辛亥，致仕少保、户部尚书兼武英殿大学士黄淮卒。淮字宗豫，浙江永嘉人。洪武丁丑进士，授中书舍人。太宗登位，召淮访以时政，称旨，命入翰林备顾问。自是日召与语，或至夜赐坐榻前，机密重务，悉预闻之。继命居内阁，掌制诰。是年秋，升编修，寻升侍读。太宗间以建储之议询之，淮对曰：'立嫡以长，万世正法。'太宗意遂决。甲申，册立皇太子，命为左右春坊左庶子兼侍读，赐袍笏。丁亥，升右春坊大学士，仍兼侍读，复辅导皇太孙。戊子，驾巡狩，命与尚书蹇义等四人留守。庚寅，驾北征，适长沙盗起，皇太子命丰城侯李彬帅兵剿捕，汉王疑沮之。淮曰：'丰城老将必能成功，且兵贵神速，宜亟遣以掩其不虞。'已而功成如淮言。癸巳，驾再巡狩，淮留守如故。时汉王潜蓄夺嫡之志，忌淮尤深，日伺间隙言其过，遂逮系之。仁宗嗣位，出淮，迁通政使兼武英殿大学士，仍领内阁事。丁母忧，起复，升少保、户部尚书，大学士如故，赐诰褒嘉。宣宗嗣位，淮以多病上疏乞骸骨，许之，赐赉甚厚。未几，父殁，遣官祭葬。淮来谢恩，留累月，赐游西苑，许肩舆登万寿山。比辞，亲制诗送之，给路费，赐织金纱衣。癸丑，来贺圣节，因留为会试考官。上嗣位，淮入朝，宠赉加隆，官其子采为中书舍人，留月馀归。至是卒，至八十二。讣闻，遣官祭葬，赐谥文简。"《明文衡》卷八十九陈敬宗《谥文简黄公墓志铭》："荣禄大夫少保户部尚书兼武英殿大学士黄公既致政，寿八十有三，以正统十四年六月三日终于正寝。"《四库全书总目·黄介庵集提要》："案《千顷堂书目》载，淮所著有《介庵集》《归田稿》，均不著卷数。此本总名《介庵集》，而分《退直》《入觐》《归田》三稿，疑黄虞稷未见此本，但据传闻载入也。据目录，本十二卷，今第七卷已佚，故以十一卷著录焉。"金幼孜《省愆集序》："公在馆阁时，予实与同事，凡四方万国制命之下，日不下数十，固未暇于诗，虽间有所作，不过黾勉酬应，亦不暇于求工也。"

壬申，升翰林编修刘定之为本院侍讲，国子监助教罗伯初为检讨，仍理助教事，以任满九载考称也。复除翰林检讨何瑄、李绍，俱亲丧服阕也。（据《馆阁漫录》卷二《正统十四年》）

四川会川卫训导詹英转云南河西县教谕。英正统戊午贡士。（据《国榷》卷二十七）

七月

英宗亲征，命郕王朱祁钰居守。《馆阁漫录》卷二《正统十四年》："七月己卯朔。己丑，虏分道刻期入寇。也先寇大同至猫儿庄，右参将吴浩迎战，败死。脱脱不花王寇辽东，阿剌知院寇宣府，围赤城。又别遣人寇甘州，诸守将凭城拒守。报至，遂议亲征。壬辰，皇第三子生，宸妃万氏出也。上命郕王祁钰居守，驸马都尉焦敬辅之，太师、英国公张辅，太保、成国公朱勇，镇远侯顾兴祖，泰宁侯陈瀛，恭顺侯吴克中，驸马都尉石璟，广宁伯刘安，襄城伯李珍，修武伯沈荣，建平伯高远，永顺伯薛绶，忠勇伯蒋信，左都督梁成，右都督李忠，都督同知王敬，都督金事陈友安、朵儿只，户部尚书王佐，兵部尚书邝埜，刑部右侍郎丁铉，工部右侍郎王永和，都察院右副都御史邓棨，通政司右通政龚全安、左参议栾恽，太常寺少卿黄养正、戴庆祖、王一居，大理寺右寺丞萧维祯，太仆寺少卿刘容，鸿胪寺掌寺事礼部左侍郎杨善、左寺丞张翔，翰林学士曹鼐等，俱扈从。"《明鉴纲目》卷三："纲：帝亲征，命郕王祁钰居守。目：边报日数十至，王振劝帝亲征，兵部尚书邝埜，侍郎于谦，力言六师不宜轻出，不听。吏部尚书王直，率百官再三谏，亦不纳。遂下诏，令郕王居守。越三日，车驾即发京师，振及英国公张辅，诸公侯伯尚书侍郎以下，官军私属，五十余万人从行，仓卒就道。军中常夜惊，过居庸关，群臣请驻跸，不允。至宣府，风雨大至，边报益急，群臣交章请留。振虓怒，成国公朱勇等白事，皆膝行听命。尚书王佐、邝埜忤振意，跪草中，至暮不得请。钦天监正彭德清，振私人也，告振曰：'再前，恐危乘舆。'振曰：'倘有此，亦命也。'学士曹鼐曰：'臣子不足惜，主上系宗社安危，岂可轻进？'振终不从。至阳和，伏尸满野，众益危惧。"参见《国榷》卷二十七。

八月

额森（也先）掳明英宗北去。史称土木之变。《馆阁漫录》卷二《正统十四年》："八月戊申朔。辛酉，车驾次土木。先是，每夕驻跸，必预遣司设监太监吴亮相度地势。至是，振以军失利惭恚，即止于土木，地高无水，掘井二丈馀，亦不得水，其南十五里有河，已为虏所据。绝水终日，人马饥渴，虏分道自土木旁近麻峪口入，守口都指挥郭懋力拒之终夜，虏兵益增。壬戌，车驾欲起行，以虏骑绕营窥伺，复止不行。虏诈退，王振矫命抬营行就水，虏见我阵动，四面冲突而来，我军遂大溃。虏邀车驾北行，中官惟喜宁随行，振等皆死，官军人等死伤者数十万，太师、英国公张辅，泰宁侯陈瀛，驸马都尉井源，平乡伯陈怀，襄城伯李珍，遂安伯陈埙，修武伯沈荣，都督梁成、王贵，户部尚书王佐，兵部尚书邝埜，吏部左侍郎兼翰林学士曹鼐，刑部左侍郎丁铉，工部右侍郎王永和，都察院右副都御史邓棨，翰林侍读学士张益，通政司左通政龚全安，太常寺少卿黄养正、戴庆祖、王一居，太仆少卿刘容、尚宝少卿凌寿，给事中包良佐、鲍辉，中书舍人俞拱、潘澄、钱昺，监察御史张洪、黄裳、魏贞、夏诚、申佑、尹竑、童存德、孙庆、林祥凤，郎中齐汪、冯学明，员外郎王健、程思温、程式、逯端，主事俞鉴、张唐、郑瑄，大理寺左寺副马豫，行人司正尹昌，行人罗如墉，钦天监夏官正刘信，序班李恭、石玉等，皆死焉。曹鼐字万钟，真定府宁晋人。始由乡举为山西代州教官，负才不屈，欲见用于时，乃上疏愿辞教职，再就试，为吏部驳奏，遂改授江西泰和县典史。县务冗剧，中官往来络驿，鼐应酬不懈，暇则延礼师儒讲学。宣德七年，部匠赴京，值大比，疏乞入试，许之。大学士杨士奇嘉其有志，已而果中京闱乡试第二。明年春闱，复在高选。及廷试，遂为第一，擢翰林修撰。正统改元，上初御经筵，选卿日侍讲读。预修《宣德实录》，书成，进侍讲。五年，命入文渊阁参预机务。九年，升翰林学士。十年，升吏部左侍郎，仍兼学士。至是死事，赠荣禄大夫、少傅、吏部尚书兼文渊阁大学士，谥文襄，遣官谕祭，官其子恩为大理评事。上复位，加赠太傅，改谥文忠。张益字士谦，应天府江宁人。举进士，选庶吉士，授中书舍人，升左评事，仍于翰林供职。正统戊午，升修撰，于内府授小内使书。益能文，善小楷，为人平易，有求辄应，故传播特广。十四年，升侍读学士、知制诰。未几死事，赠学士，谥文僖，官其子翊为序班。"

皇太后命郕王朱祁钰监国。《馆阁漫录》卷二《正统十四年》："己巳，皇太后诏曰：'迩因房寇犯边，毒害生灵，皇帝恐祸连宗社，不得已躬率六师，往正其罪，不意被留房庭。尚念臣民不可无主，兹于皇庶子三人之中，选其贤而长者，正位东宫，仍命郕王为辅，代总国政，抚安天下。呜呼！国必有君而社稷为之安，君必有储而臣民有所仰，布告天下，咸使闻知。'庚午，升户部右侍郎兼学士陈循、工部右侍郎兼学士高谷俱为本部尚书，仍兼学士。召前大理寺少卿薛瑄乘传诣京。丙子，文武百官合辞请于皇太后曰：'圣驾北狩，皇太子幼冲，国势危殆，人心汹汹。古云：国有长君，社稷之福。请定大计，以奠宗社。'疏入，皇太后批答云：'卿等奏国家大计，合允所请。其命郕王即皇帝位，礼部具仪择日以闻。'群臣奉皇太后旨告郕王，王固辞。受命，令翰林修撰商辂、彭时入文渊阁参预机务，从学士陈循、高谷荐也。辂、时辞，王不允。"

立英宗长子朱见深为皇太子。《明鉴纲目》卷三："纲：皇太后立皇子见深（英宗长子，即宪宗）为皇太子。"

征两畿、山东、河南、江北军入卫。《明鉴纲目》卷三："纲：征两畿、山东、河南、江北军入卫。"

以于谦为兵部尚书。《明鉴纲目》卷三："纲：以于谦为兵部尚书。目：谦上言，京营兵械且尽，宜亟遣官募义勇，缮兵甲，修战具，分兵九门，列营郭外。附郭居民，皆徙入内。文臣如轩輗，武臣如石亨（渭南人）、杨洪、柳溥，皆宜倚任。至军旅之事，臣请以身当之，不效，则治臣之罪。王深纳焉。（亨前战阳和，兵败奔还，降官。及是以谦荐，授后军右都督，寻封武清伯。）"

籍王振家，夷其族。《明鉴纲目》卷三："纲：籍王振家，夷其族。目：郕王摄朝，群臣请族诛王振，振党马顺叱群臣退，给事中王竑（字公度，河州人）捽顺发骂曰：'汝倚振作威，今尚敢尔邪？'与众共击之，立毙。朝班大乱，卫卒声汹汹。王惧，欲起，于谦直前掖王止，请王宣谕百官，允其请，众乃定。寻执王山至，令缚赴市，磔之。振族无少长皆斩，籍其家，得金银六十余库，玉盘百，珊瑚高六七尺者二十株，他珍玩无算。已而郭敬自大同逃归，亦籍其家，下狱锢之。（方于谦之止王谕众也，既定，谦徐步出掖门，吏部尚书王直，最笃老，执谦手曰：'国家正赖公耳，今日虽百王直，何益？'于是朝廷益倚重谦。）"

户部右侍郎兼翰林院学士陈循、工部右侍郎兼学士高谷俱为尚书，仍兼学士。（据《国榷》卷二十七）

任命诸监察御史、给事中。进士钱溥、王铉、朱厚、何陛、张聪、李英，监生司马恂俱为给事中，行人汪琰、赵访，司务邹亮、彭谊，监丞潘洪，助教秦颙，学正谢琚，序班赵麟，检校宋洵，照磨郭仲曦、陈述，推官陈全，知县张邑，教谕邓逵，训导李周俱为监察御史。（据《国榷》卷二十七）

翰林院修撰商辂、彭时直文渊阁，学士陈循、高谷荐之。（据《国榷》卷二十七）《明鉴纲目》卷三："纲：召前大理寺少卿薛瑄，以翰林院修撰商辂（字宏载，淳安人）、彭时（字纯道，安福人）入内阁，预机务。目：以陈循、高谷荐也。（辂，乡会试及廷试皆第一，士子艳称三元。明代惟辂一人而已。）"

九月

翰林院官升转各部。九月戊寅朔。庚辰，令升翰林侍讲杜宁为南京礼部侍郎，侍读江渊为刑部右侍郎，习嘉言为太常寺少卿，修撰许彬为大理寺少卿，以户部尚书兼翰林学士陈循荐举宁等俱有文学材能，老成堪任也。癸未，郕王即皇帝位，诏告天下。初六日也。甲申，升顺天府府丞夏衡为太仆寺卿，中书舍人陈学、王谦、蒋宏、徐瑛俱为翰林编修，仍于内阁书办。丙申，升翰林侍讲刘铉为本院侍讲学士，以九年任满也。辛丑，升翰林编修陈文为本院侍讲，检讨李绍为本院修撰，俱以九年任满也。甲辰，命监察御史白圭、李宾、夏裕，并以侍讲徐珵，编修杨鼎，检讨王玉，郎中谢佑、陈金，主事王伟、姚龙，给事中金达、王庚，知州陈诚、汪庭训、苏璟，俱行监察御史事，往直隶、山东、山西、河南各府县招募民壮，就彼卫所量选官旗，兼同操练，听调策应。有功之日，照例升赏，事定之后，仍归为民，应授职者，听从冠带闲住。（据《馆阁漫录》卷二《正统十四年》）《明鉴纲目》卷三："纲：皇太后命郕王即位，（是为景帝。）目：廷臣合辞请太后曰：'车驾北狩，皇太子幼冲。古云："国有长君，社稷之福，请定大计，以安宗社。"'太后允之。群臣以太后旨告王，王惊让再三，避归郕邸。群臣复固请。会都指挥岳谦，使卫拉特还，口传帝旨，以王长且贤，令继统以奉祭祀，王始受命。以明年为景泰元年。遥尊帝为太上皇帝。"

吏部听选知县蒋忠，乞赠谥故翰林院侍讲刘球，征致仕左副都御史吴讷，从之。（据《国榷》卷二十八）

南京翰林院侍讲学士周叙上安邦谨始八事：励刚明，亲经史，修军政，选贤才，安民心，广言路，谨微渐，修庶政。王嘉纳之。（据《国榷》卷二十八）

顺天府丞夏衡为太仆寺卿。中书舍人陈学、王谦、蒋宏、徐瑛俱为翰林院编修，仍内阁供奉。（据《国榷》卷二十八）

十月

进士方辅为兵科给事中。（据《国榷》卷二十八）

翰林院官升转。十月戊申朔。庚戌，升修撰裴纶为山东右布政使。丙辰，擢庶吉士曹鼎、霍荣、乔毅为给事中。丁巳，擢翰林庶吉士刘清为兵科给事中，从侍郎江渊赞理军务。壬戌，改大理寺右少卿许彬为太常少卿兼翰林待诏，仍旧译书。擢庶吉士成章为户科给事中。癸亥，命副都御史王暹、吏部侍郎曹义、礼部侍郎仪铭、工部侍郎张敏、右通政栾恽、大理寺丞薛瑄、太常寺少卿习嘉言、鸿胪寺丞张翔、太仆寺少卿俞纲分守正阳等九门。时虏已宵遁，京师尚戒严，故有是命。（据《馆阁漫录》卷二《正统十四年》）

令陕西按察司以时考试直隶潼关卫儒学，以励向学之心。《明英宗实录》卷一百八十四：正统十四年冬十月乙卯，"直隶潼关卫奏：'本卫儒学，科举虽属陕西，而缺官提调考试，士无作兴，学无进益，近于虚设。乞行陕西按察司，令提调学校佥事时加考试，以励向学之心。'从之"。

于谦督诸将击退额森（也先）。《明鉴纲目》卷三："纲：额森犯京师，于谦督诸将击却之。目：额森自紫荆关奉上皇过易州，至良乡（父老进茶果羊酒），进次卢沟桥（园官进果），上皇作书三，一奉皇太后，一致帝，一谕文武群臣。额森列阵至西直门，上皇止德胜门外。是日，都督高礼、毛福寿败敌彰义门北。（杀数百人，夺还所掠千余民。）明日，额森拥上皇登土城（在德胜门西北，亦曰土城关，即古蓟门遗址，亦谓之蓟邱），喜宁嗾额森邀大臣迎驾，帝以通政司参议王复为右通政，中书舍人赵荣（字孟仁，其先西域人，后家闽县）为太常少卿，出城朝见。喜宁又嗾额森，以二人官小，邀于谦、石亨、胡濙、王直出见，索金帛万万计，复、荣不得见上皇而还。廷臣日议和，遣人至军中问谦，谦曰：'今日止知有军旅，他非所敢闻。'已，额森遣骑窥德胜门，谦、亨设伏空舍，令数骑诱敌。敌遂以万骑来薄。伏兵出，范广发火器击之，额森弟博啰，及平章茂诺海（旧作卯那孩，今改）中炮死。敌转至西直门，都督孙镗（字振远，东胜州人）斩其前锋数人，逐之。敌益兵围镗，镗力战不解。会石亨分兵至，敌引退，欲还土城，居民皆升屋呼号，争投砖石击敌，嚣声动地。王竑、毛福寿亦来援，敌遥见旗帜，不敢复前。额森初轻中国，既至，相持五日，邀请既不应，战又辄不利，其别部攻居庸者，复为罗通所败。（敌五万攻居庸，会天大寒，通汲水灌城，冰坚不得近。七日，敌遁走，追击之，三战三捷，斩获无算。）额森气大沮丧。又闻勤王师且至，乃夜拔营，由良乡而西，大掠所过州县，拥上皇出紫荆关去。帝以谦、亨功大，进封亨武清侯，加谦少保，谦固辞不允。（敌之退也，焚毁长、献、景三陵寝殿，而余寇之未出关者，分屯畿内，四出剽掠，诸降人亦乘间并起。帝以昌平伯杨洪充总兵官，帅孙镗、范广讨捕之。遣官修复陵寝。）旋诏止勤王兵。"

迤北脱脱不花王遣使来朝。太子太傅礼部尚书兼翰林院学士陈循等，言宜受使以间也先，从之。礼使者加等。（据《国榷》卷二十八）

进士郑和、赵蕃、杨绍、江真，知县杨寿、刘豫、张祯、董英，监生冯敬、丘逵、韩文、陆桢、陈安俱为户部主事，专理京师各门预备粮储。（据《国榷》卷二十八）

进士姚哲、徐瑄，监生陈献、练纲、赵缙、武聪、郑铭、孟阳、璩安、白瑛为监察御史。（据《国榷》卷二十八）

故翰林院侍讲刘球赠翰林院学士，谥忠愍。故永丰知县邓颙赠光禄寺少卿，谥恭毅。各赐祭立祠。（据《国榷》卷二十八）

十二月

谢迁（1450—1531）生。（生年据公历标注）字于乔，余姚人。成化乙未第一人及第，授修撰。历谕德、庶子、少詹兼侍讲学士，入阁参预机务。进詹事，擢兵部尚书、东阁大学士，加太子少保、太子太保。改礼部尚书，进武英殿大学士、少傅兼太子太傅。请诛刘瑾忤旨，致仕，除名。瑾诛，复职，再致仕。起户部尚书，兼谨身殿大学士。赠太傅，谥文正。有《归田稿》。《国朝献征录》费宏《谢公迁神道碑》："正统己巳十二月二十八日，甫迁新居而公生，直庵公因以为公名，后字之曰于乔……及公生，而聪慧异常。年数岁，属对即有奇句，且志趣不凡，皆以远大期之。"（按：《诗经·小雅·伐木》云：伐木丁丁，鸟鸣嘤嘤。出自幽谷，迁于乔木。）

辛亥，大理寺右寺丞王振言："臣之姓名与奸臣同，乞易名恂。"从之。己未，擢庶吉士李瓒为吏科给事中，尹旻刑科给事中，熊瓒、孙茂、王勤、谢环、白行顺、宋弼俱主事，王恕、曹辅俱大理寺右评事，李宽行人司正。（据《馆阁漫录》卷二《正统十四年》）

陈循奏准，今后翰林院讲、读等官员缺，于翰林院现任官及庶吉士内推选、升补。翰林院五经博士典籍侍书待诏，俱教官升补。《馆阁漫录》卷二《正统十四年》："十二月，辛酉，户部尚书兼翰林学士陈循等言：'翰林官属，虽有额员，然自永乐、宣德以来，往往额外多除，皆出上命。吏部止因本院在任官九年考称者请旨，照例升授本院之职，不拘多馀，已是旧例。今本院自讲、读以至五经博士等官，俱多缺员。钦惟皇上嗣登大宝，正用人之际，况文学侍从之臣，尤当精选，以备顾问，资益圣学。乞敕吏部，于本院见任官及庶吉士内，推选升补讲、读等官缺，其五经博士及典籍、侍书、待诏之缺，俱于教官内推举，送院考补。'戊辰，升翰林修撰商辂、彭时为本院侍读，擢庶吉士万安、刘吉、刘翔、李泰俱为本院编修，邢让、李本俱为本院检讨。"

立妃汪氏为皇后。令各处乡试，"今后只依永乐年间不拘额数多寡，务在精选得人"。按，此令仅行于景泰元年庚午、四年癸酉两科。《明英宗实录》卷一百八十六：正统十四年十二月丙辰，"诏天下曰：'朕以眇躬，托于亿兆臣民之上，罔攸致理，夙夜靡宁。顾惟德理有未惇庸，将无以道家国天下。盖德必先于隆孝，而礼惟重乎正名，帝王所同，彝伦斯在。况恩施于己者，有莫大宜，尊归于亲者，无以加义，所当然事，岂为过。谨上尊圣母皇太后曰上圣皇太后，生母曰皇太后，勉遵辞让之旨，迁皇后居仁寿宫，以俟大兄銮舆之复。进皇太子母周氏为贵妃，示重天下之本。册朕妃汪氏为皇后，以厚大伦之原。夫帅天下以仁，固本于亲亲。然由亲亲而推，又在于仁民。所有合行事宜，条列于后。一、自正统十四年九月初六日以后，至十二月初十日以前，法司见监问囚人，及发运砖运粮等项，除死罪外，其余徒流笞杖，悉宥放免。官吏复还职役，军还原伍，匠仍当匠，民放宁家。一、天下祀典神祇，所以保庇生民，有司务诚敬以奉祭祀。遇坛庙有损坏，随即修理，毋致亵渎废弛，违者必治以罪。一、农桑衣食之原，学校风化之本，所司宜严劝课提调，仍从巡抚巡按及按察司巡督，务致实效，无事虚文。一、今后除马可资军旅之用，听令进贡，其余鹰犬，一切珍禽异兽，不许来献，缘途官司，敢有应付递送者，悉治以罪。一、朝廷求言，本欲闻善道，知警戒。凡四方有灾异干国体者，所在官司，即时奏闻，敢有献言祥瑞进谄谀者，罪之。一、各王府皆宗室至亲。今后凡有内外大小官员，公差至彼，如持节册封拜之类，并不许受赠送金帛之礼，及别有所需索，致失亲亲之意，违者必罪如律。王府时节贡献礼物，亦须量力，不必过侈。一、各处民壮起程赴京者，就令该管官司管领，在于本处操练，暂自守御，以俟有警，调赴京师策应。所司谕以：事定，仍旧宁家为民，切勿疑有编入军伍之意，庶民知所信从。一、各处屯军，果因征进守城，失耕种者，该征子粒余粮，悉与蠲免。一、凡军职子孙弟侄，除应袭外，其余果有骁勇谋略善射征战者，许所在官司举送，兵部试验擢用。一、军官皆因祖父功劳承袭官职，其后各有所为暴虐或犯不孝致典刑者，今后不许本犯子孙，止许祖父以次儿男承袭，庶为恶者知所警戒。一、凡官员公差出外，印烙分俵，点视马匹，不务马政修举如何，惟以需索财物为务。今后马不蕃息，膘不肥壮，并罪曾经印烙分俵点视之人。敢有科敛财物，靠损养马人户者必罪不宥。一、各处流移缺食人民，无所依托，相聚一处，或不得已抢夺财物过活，或造妖言扇惑人心为非，诏书至日，悉宥其罪。果无田地房屋可以耕住，无粮可以食者，许赴所在巡抚镇守三司及府州县官处具告，即与量宜分拨，安插处置，令不失所，仍免差役三年。若有仍前不悛，事发到官，罪不容恕。一、各处果有水旱灾伤，踏勘得实，所司必与开豁税粮，敢有刁蹬者，罪之。一、顺天、河间、真定、保定四府州县军民人等，有被虏寇惊散流移往他处者，所司设法招抚，令各复业。本户该纳正统十四年粮草，量与蠲免。来年耕种有乏牛具并种子者，官为劝谕有力之家贷用，务令得所。一、城池之设，所以御暴卫民。各处古有城池，其后因无守备，多有坍塌，或被豪强侵占，掘为园田池沼移植养鱼之类，遇盗生发，民无保障，听其劫杀。今后各府州县，不问有无卫所守御，但古有城之处，其见存者，所司量加修补。其有坍塌为园田者，即便用工补筑，务在坚厚完固。仍旧置立门栅，责付所在居人看守，常加点视。旧无城池，所司量可以开筑者，听从具奏，待农闲时，从容为之。一、科举本期得人任用，京府及各布政司，每三年一开科取士，已有定制。今后只依永乐年间，不拘额数多寡，务在精选得人。考官及提调监试官，毋或徇私，去取不公，致令愚鲁冒进，贤才被抑。违者听巡按御史纠举，以枉法论。其考试官，惟聘精通于经学者为之，不许徇用私情滥举。一、官员父母有年七十之上，家无丁力，路远不能就养者，许令明白具奏，放回侍养。亲终起复者，不得离职，愿分俸于原籍支给供养，听从其便。一、刑罚所以禁暴止刑，惟适其中，斯为不滥。若执法之官，昧制刑之意，虚饰重情，傅致死罪，比附谬妄，尤甚枉人。今后但遇朝廷过于嫉恶，或遇法司昧情失实，致人于死刑，至三覆奏不允者，大臣果知其冤，并许执奏，与之辩理，毋徒旁观，永为定制。一、旌表义夫节妇孝子顺孙以励风俗，国家善政。近闻有司视为常事，富者即时曲为保勘，贫者终身不得上达。如此奉行，何以劝善。今后不分贫富，如果事实，开申巡按御史，即与保勘奏闻，就行旌表。有稽违者，罪之。一、各处寺院，止许曾给度牒僧人住持，为国为民祝厘。如无度牒，及损他人度牒并不落发之人，假称僧徒，在各寺院住坐，避差役者，诏书至日，令各首官还俗，悉宥其罪，违者起发口外充军。里老四邻，不举首者罪之。一、贵州、福建、广东及浙江处州府苗蛮，为因官吏里老逼迫，需索财物，或取私债，或因征收钱粮，官府比较紧急，不得已相聚为盗，劫掠乡村，势不容已，遂至拒敌官军，已尝不分首从，当赦所不原者，悉赦其罪。尚虑敷宣未周，诏书至日，有司务在申明前令，使知各散还家，复为良民，安生乐业。敢有以赦前事讦告及报复仇杀者，并以其罪罪之。一、各处人匠，自正统十四年九月初六日以后至今，有失班者，并免罚役。止当正班所司，不许刁蹬，致令失所。一、自今年九月初六日至今，先后诏书内宽恤恩典，及合行政务，所司务在一一遵行，不许因循作疑，生事刁蹬，失信于下，违者必罪不宥。於戏，爱敬尽于事亲，而德教加于百姓，非朕所及，然切于中，虽勉力协和之弗周，期同德于爕之靡间。布告中外，咸体朕怀。'"

监生张诚为云南道监察御史。（据《国榷》卷二十八）

南畿岁贡生俱肄业北监，著为令。（据《国榷》卷二十八）

翰林院修撰商辂、彭时为侍读，直阁。庶吉士万安、刘吉、刘珝、李泰为编修，邢让、李本为检讨。（据《国榷》卷二十八）

本年

诏各处儒生照永乐间事例，送翰林院严加考试选用。《殿阁词林记》卷十《诸科》："正统十四年，诏各处儒士照永乐间事例，送本院严加考试选用，不中者发原籍为民。叶盛曰：'永乐中，清江喻行之以文学举，试记里鼓，正统中，冯益试事道，皆不知所谓，莫能措一辞，君子弗贵者欤？'如复诸科，考艺观德，付诸翰林可也。"

明代宗景泰元年庚午（公元 1450 年）

正月

军民输纳者给冠带。《明鉴纲目》卷三："纲：始令输纳者给冠带。目：户部议，令军民输纳者给冠带，官吏罪废者，输草于边得复职。帝用给事中翟敬议，止给冠带。（其输纳者，或米或粟或豆或草，或鞍马或牛驴，或银。始于宣府大同，其后两畿，及诸布政司，辽东，皆行之，而米之输尤多。已而监生郭佑言，昨以国用耗乏，谋国大臣，欲纾一时之急，令民纳粟者赐冠带。今军旅稍宁，而行之如初，是以空乏启寇心也。章下廷议，终不行。）"

前国子监祭酒贝泰卒。（据《国榷》卷二十九）

国子监学录魏龄为江西道监察御史，提调北京学校。（据《国榷》卷二十九）

闰正月

翰林院侍读彭时乞照例守制，从之。建庙汤阴以祀岳飞。《馆阁漫录》卷三《景泰元年》："闰正月丙午朔。丁未，翰林院侍讲徐珵召募民壮，道经汤阴县，询知岳飞生其地，建言建庙祀之，从之。丙寅，翰林院侍读彭时奏：'正统十四年八月二十九日，敬蒙令旨，令臣文渊阁办事。臣以继母丧启乞守制，未蒙矜允，仍令夺情。臣切念时方多事，义不得顾私亲，遂自感激就职，实欲勉效微劳，于今五月馀矣。乞令臣照例守制。'从之。"

李奎、王贤奏会试解额、考官选任事宜，俱从之。《明英宗实录》卷一百八十八：景泰元年闰正月癸亥，"巡抚直隶大理寺左寺丞李奎言：'往年进士多为解额所拘，未免有沧海遗珠之叹。皇上统驭之初，广收贤才，用图治礼。乞令礼部会议，今后会试天下举人，宜照永乐年间事例，三场文字合程格者，不拘多寡取中，仍通具名数，临期奏闻定夺，庶有学之士，不为定额所拘。'从之"。甲子"顺天府府尹王贤奏：'今年该乡试，往者各处取正考试官二员，同考试官四员或三员。臣以五经宜用考官五员，若他经官带一二经，则去取文字，岂无谬误。且会试受卷、弥封、誊录、对读等官，俱用在京郎中、员外、主事分管，俱能通管三场，中间当无受业及同乡亲属。乞令礼部计议，今后在京在外乡试，取同考试官，五经务要五员，专经考试，不用带考。其会试誊录等官，移文吏部，取听选官借用。如此，则奸弊可革，科目得人。'帝从之"。

韩府教授胡昂为左长史。（据《国榷》卷二十九）

陕西右布政使刘广衡为都察院左副都御史，镇守陕西。进士张奎、杨进为监察御史。（据《国榷》卷二十九）

进士毛玉、孙昱为兵、工科给事中。（据《国榷》卷二十九）

国子生徐监上言二事：谨初政以振纪纲，旌忠直以激风俗。上是之。（据《国榷》卷二十九）

二月

翰林院官升转。二月丙子朔。己卯，升兵部右侍郎兼翰林院侍读学士苗衷为本部尚书兼翰林院学士。戊子，以南京各衙门堂上官止一员，事难遍举，当各增一员，共理庶务。因推举历练老成官员，具名以闻，遂升南京大理寺卿陈勉为南京都察院右都御史，翰林院侍讲谢琏为南京户部右侍郎，吏科给事中姚夔为南京刑部右侍郎，兵科给事中覃浩为南京工部右侍郎。调南京礼部右侍郎杜宁于南京兵部。国子监祭酒萧镃以病乞归田里，既得旨，监丞等官并六馆生徒连章保留，从之。升湖广安陆州知州陈询为大理寺右少卿。询先任翰林侍讲学士，至是召还，遂升之。（据《馆阁漫录》卷三《景泰元年》）

高谷请辞兼职，不允。《馆阁漫录》卷三《景泰元年》：二月，"丁酉，工部尚书兼翰林院学士高谷奏：'臣荷蒙皇上厚恩，擢官尚书，职兼翰林，仍居馆阁之中，厕经筵之末。臣之荣幸，无以加矣。臣当精白一心，参决机务，荐举贤才，为国任用，以期上不负于朝廷，下不失于人望可也。奈臣年当六十，老病侵寻，才识短浅，笔力生疏，不能了办国家重务，夙夜忧惶，莫知所措。伏乞赐臣罢内阁之事，及不与宫保之列，俾得专侍经筵，商确古今，以少裨圣学于万一。'帝曰：'今方多事之日，正当任用老成，所辞不允。'"

南京翰林院侍讲学士周叙三年考满，命留翰林院，叙辞不允，吏部奏南京翰林院缺官视事，仍命叙往。（据《馆阁漫录》卷三《景泰元年》）

谕兵部：会官举智勇。（据《国榷》卷二十九）

裁河间县儒学，归郡学。（据《国榷》卷二十九）

三月

诸官员升转变动。三月乙巳朔。辛亥，以户部尚书王佐子道阳、兵部尚书邝埜子仪俱为主事，吏部左侍郎兼学士曹鼐子恩、刑部右侍郎丁铉子琥、都察院右副都御史邓棨子瑢俱为评事，通政司右通政龚全安子廷晖、太常寺少卿黄养正子希祖、戴庆祖子升、太仆寺少卿刘容子鉴俱为部照磨，钦天监正廖義仲子景明为司历，太医院使子智为本院吏目，支正九品俸，翰林院侍读学士张益子翊、尚宝司少卿凌寿子晖俱为序班。录阵亡之子，仍令守制，服阕赴京。乙卯，升南京翰林院孔目王穑为本院检讨，户部尚书兼学士陈循奏保也，亦九年考满。甲子，升太仆寺少卿俞纲为兵部右侍郎，于内阁办事。纲具疏辞，愿理兵部事，从之。壬申，改大理寺评事曹恩为翰林院编修。恩以荫叙为评事，自陈愿改职于翰林院读书，故有是命。（据《馆阁漫录》卷三《景泰元年》）

巡抚广东右佥都御史杨信民卒。 信民新昌人，永乐贡士。宣德间选工科给事中，忧去，后补刑科。正统八年，迁广东左参议，劾按察使黄翰、佥事韦广，同下狱。军民讼其枉，特复秩，守白羊口。适南海盗起，进信民右佥都御史，白羊军士皆泣送。及至广州，已困守数月矣。给民木锲，出入自如。贼至乃收保，招抚胁从。归附日众。檄谕黄萧养，萧养曰："得杨公一言，死不恨。"剋期来见，信民单骑往，贼罗拜前泣，曲谕之，俱欢悦，献巨鱼，受而脔之。贼出谓不祥，稍散去。亡何，闻董兴兵至，遂中变，信民遽中毒，卒。广人缟素，哭奠相属。贼亦曰："杨公死，吾属无生矣。"赐祭葬。子圮荫太学。明年，广人乞立祠，从之。（据《国榷》卷二十九）

四月

李时勉（1374—1450）卒，年七十七。《明英宗实录》卷一百九十一"景泰元年夏四月甲申（十一日）"："国子监祭酒致仕李时勉卒……时勉刚毅正直，表里一致。孝友仁慈，本于天性。父有疾，躬视汤药，不离侧。恤孤救难，无间亲疏。少师杨士奇尝称时勉，文学老成，操行修洁，节仪足以表俗，刚正足以任事，量足以容物，而志则不可夺。人以为确论。然不及大用，士林惜之。"《古廉文集》附录王直《故祭酒李先生墓表》："景泰元年四月十二日，以疾卒于家。事闻，上命礼部致祭。远近士大夫皆吊哭，往来不绝者数月。其生以洪武甲寅八月十三日，享年七十有七。"《古廉文集》附录彭琉《朝列大夫翰林学士国子祭酒兼修国史知经筵官致仕谥忠文安成李懋时勉行状》："先生在别墅病作，四月十二日谢世，享年七十有七……其在朝，尤为公卿大夫所推重。少师东里杨先生尝称于人曰：'时勉当今第一流人也。'故于经济大略，密与商论者居多。侍讲邹先生缉曰：'时勉可追配古人。'学士高公谷曰：'先生文学足以媲美乎陆贽，忠义足以追踪乎汲黯，道德足以比肩韩愈。'世以为知言。先生学问奥博，词翰兼美。有得其片言只字者，宝重之如拱璧，故平生文稿多为好事者持去，所存于家者殆十一二耳。"

翰林院编修周洪谟言察吏治、兴学校、慎科举等十二事。请裁各处提调学校佥事；学官有缺，不许监生充选；令游学之士随其所在应试。《明英宗实录》卷一百九十一，景泰元年夏四月壬午，"翰林院编修周洪谟言：'君天下者，贵乎采众言之善，而采诸众善者，贵乎尽力行之功……臣叨居侍近，不得不为陛下言之。谨条十二事。一、察吏治以示劝惩。每岁各处巡按御史，乞差二员，其一留守三司，其一巡历郡县。一、抚流民以防奸宄，各处流民，听其游食，所到郡县，拨与荒闲田地耕种，免征税粮。一、兴学校以惇风化。各处提调学校佥事，无督教之实，乞裁革。及学官有缺，不许监生充选。一、慎科举以求真才。科目惟以得人为要，不必乡贯是拘，宜令游学之士，随其所在，即许应试……'"《明史·选举志》："生员入学，初由巡按御史，布、按两司及府州县官。正统元年始特置提学官，专使提督学政，南、北直隶俱御史，各省参用副使、佥事。景泰元年罢提学官。天顺六年复设，各赐敕谕十八条，俾奉行之。直省既设提学，有所辖太广，及地最僻远，岁巡所不能及者，乃酌其宜，口外及各都司、卫所、土官以属分巡道员，直隶庐、凤、淮、扬、滁、徐、和以属江北巡按，湖广衡、永、郴以属湖南道，辰、靖以属辰沅道，广东琼州以属海南道，甘肃卫所以属巡按御史，亦皆专敕行事。万历四十一年，南直隶分上下江，湖广分南北，始各增提学一员。提学之职，专督学校，不理刑名。所受词讼，重者送按察司，轻者发有司，直隶则转送巡按御史。督、抚、巡按及布、按二司，亦不许侵提学职事也。"

五月

南京太常寺少卿郑雍言卒。雍言鄞人，永乐进士。选庶吉士，授中书舍人，转行人司副。仁宗监国，应制诗文，大善之。宣德间，直内府，领河南按察司佥事，进太常。谦和，工篆书，文思丰赡。（据《国榷》卷二十九）

进士王芳为吏科给事中。（据《国榷》卷二十九）

王英（1376—1450）卒，年七十五。《明英宗实录》卷一百九十二"景泰元年五月庚申（十七日）"："南京礼部尚书王英卒……其文章典赡，一时重之。尤善草书，解缙以后，一人而已。然豪纵跌宕，不拘小节，颇有晋人风度云。"《馆阁漫录》卷三《景泰元年》："五月甲辰朔。庚申，南京礼部尚书王英卒。英字时彦，江西金溪县人。永乐甲申进士，选翰林院庶吉士。丁亥，授修撰，秩满，升侍讲。仁宗嗣位，升侍讲学士，寻升右春坊大学士，仍兼旧职，支二俸。宣宗即位，与修两朝实录，升少詹事，仍兼旧职。母丧，令有司葬祭，遣中使护行，遂起复。上即位，修《宣宗实录》，为总裁官。书成，升礼部左侍郎，仍兼侍读学士。正统戊辰，升尚书。至是卒，谥文安，遣官谕祭安葬。英屡为会试考官，多得名士。其文章典赡，一时重之。尤善草书，解缙以后，一人而已。然豪纵跌宕，不拘小节，颇有晋人风度云。"陈敬宗《尚书王文安公传》云："公在翰林，屡为会试考官。海内名士，多出门下。为文章典赡，朝廷制作，经其笔居多。四方求金石铭、志、碑、记者，接踵其门，公酬应不倦。世多珍之。论曰：抚自为州以来，多出名儒显官，若宋之晏殊、王安国，元之吴澄、虞伯生诸君子，其文章、名位、功业，皆炳然当世而垂耀竹帛者，岂偶然哉！玉笥宝盖，诸名山秀气之所钟也。公亦抚之人也，其文章、名位、功业，莫不相似然。"

六月

六月癸酉朔。丙子，升翰林院检讨何瑄为四川右参政。甲午，复除翰林院编修萨琦。（据《馆阁漫录》卷三《景泰元年》）

命诸处生员于倒马紫荆关纳粮者，给与冠带，有志科目者，仍许入试。（据《明英宗实录》卷一百九十三）

兰县贡士段坚上二事：曰远阉寺，罢各处内臣监军，复扫除传命之役；曰辟异端，销道佛像，铜铁补军器，汰僧道充伍，配以尼姑。下礼部，格之。（据《国榷》卷二十九）

革大臣举保御史。从各道监察御史张子初等之言。（据《国榷》卷二十九）

七月

命翰林侍讲吴节、刘定之为应天府乡试考官。（据《明英宗实录》卷一百九十四）

八月

己卯，命翰林院侍讲学士刘铉、侍讲陈文为顺天府乡试考官，赐宴于本府。顺天解元刘宣乃卢龙军士。《殿阁词林记》卷十四《乡试》："景泰庚午，侍讲学士刘铉主考顺天府，及揭晓，第一人刘宣乃卢龙军士也，同事者欲更之。铉争曰：'朝廷立贤无方，不可。'乃止。时论韪铉。"《殿阁词林记》卷十八《阅武》："《会典》云：凡该继军丁告愿科举者，兵部奏送本院出题考试，批定中否，送本院施行。按：景泰元年，卢龙军士刘宣，弘治五年，府军前卫军余姚学礼，皆发解第一。然则军士中不可谓无人，要在甄鉴之尔。"

两京及河南、山东、陕西、山西、浙江、湖广、江西、福建、广东、广西、四川、云南等十二布政司乡试；贵州士子附云南乡试。（据《皇明贡举考》卷四）

额森（也先）等为英宗饯行。《馆阁漫录》卷三《景泰元年》："八月壬申朔，虏酋也先伯颜帖木儿宴饯都御史杨善等。癸酉，太上皇帝驾将启行，虏酋也先为土台，设座于上，率众拜辞，进良马、貂鼠、银鼠皮，其妻妾亦来拜辞。也先复与众酋送车驾行约半日程，也先下马叩头，跪解所带弓箭、撒袋、战裙以进，与众酋罗拜，伏地恸哭而去。"《明鉴纲目》卷三："纲：八月，上皇发卫拉特。目：杨善奉使时，赍赐额森金币外，余无他赐，善乃揣彼中所需者，多市以往。既至，馆伴田氏，亦中国人，留饮帐中。善与语相得，因以所赍遗之，馆伴喜。明日，善谒额森，亦大有所遗，额森亦喜。善因诘之，曰：'太上皇帝朝，太师遣贡，使必三千人，岁必再赍，金币载途，背盟见攻，何也？'额森曰：'奈何削我马价，予帛多剪裂，前后使人往，多不归，又减岁赐。'善曰：'马价非削也，太师马岁增而不忍拒，故微省之。太师自度，价比前孰多？帛剪裂者，通事为之。即太师贡马有劣弱，貂或敝，岂太师意邪？贡使多至三四千人，有为盗，或犯他法，故自亡去，中国留之何用？赏赐惟据现在，数浮于人则不与，非减也。'额森屡称善。善见额森辞色和，因曰：'太师再攻我，屠戮数十万，太师部曲宁无损？今还上皇，和好如故。中国金帛日至，不亦美乎？'额森曰：'上皇归，何以处之？'善曰：'天位已定，难以再移。'知院巴延特穆尔劝额森留善，而遣使要复上皇位。额森惧失信不可，乃引善见上皇，设宴奉饯。额森自弹琵琶，妻妾奉酒，令善坐。善辞，上皇曰：'太师命坐则坐。'善叩头，少坐即起，周旋其间。额森顾左右曰：'有礼。'巴延等亦各设宴毕。额森筑土台，坐上皇台上，率妻妾部长，罗拜台下。上皇行，额森送数十里，遣知院帅兵卫送，而自下马伏地，恸哭良久去。"

江西乡试，何乔新中举。何乔新《椒邱外集》："（何乔新）景泰庚午赴江西乡试。时姑苏韩公雍巡按江右，欲私见之，先生辞不往。及入试，主司天台章先生阅得其文，擢置第一。监察御史周君孔明以东园方典铨衡，惧招物议，乃移置第六。明年会试礼部，名在甲榜，翰林学士江先生渊亦避嫌，移置乙榜，例授教职，辞不受。及东园致仕，乃登进士第。"

杨守陈为浙江乡试解元。查继佐《罪惟录》志卷十八《科举志》"科举盛事·兄弟解元三氏"："鄞县杨守陈，景泰庚午，弟守阯，成化乙酉。巴县刘春，成化癸卯，弟召，弘治壬子。南阳王鸿儒，成化癸卯，弟鸿渐，弘治丙子。"

丁丑，释奠先师孔子，遣国子监祭酒萧镃行礼。戊寅，升翰林院修撰周旋为本院侍讲，以满九载也。（据《馆阁漫录》卷三《景泰元年》）

英宗还京师，入居南宫。《明鉴纲目》卷三："纲：上皇至京师，入居南宫，赦。目：上皇至，自东安门入，帝迎拜，上皇答拜，相持泣。各述授受意，推逊良久，帝遂送上皇至南宫。百官随入，行朝见礼。赦天下。（诏词有曰：'礼惟有隆而无替，义则以卑而奉尊，虽未酬复怨之私，庶稍遂厚伦之愿。'先是李实使上皇，言于上皇曰：'南归后当引咎自责。'上皇滋不悦。及至宣府，仅命许彬草敕谕群臣而已。复辟后，实竟斥为民。）"

辛卯，命刑部右侍郎江渊兼翰林院学士，内阁办事。己亥，兵部尚书兼翰林院学士苗衷，以老疾复上疏乞归田里，从之，赐敕赏宝钞、金绮。（据《馆阁漫录》卷三《景泰元年》）《明鉴纲目》卷三："纲：以刑部侍郎江渊（字世用，江津人）兼翰林学士，入内阁，预机务。目：时苗衷罢，以渊代之。（初，渊与徐珵官侍讲，珵倡议南迁，为太监金英叱出。踉跄过左掖门，渊适至，迎问之。珵曰：'以吾议南迁不合也。'于是渊入，具陈固守之策，遂见知，超擢刑部侍郎。及是，参与机务。）"

王鏊（1450—1524）**生。**字济之，吴人。成化乙未第二人及第，授编修。历侍讲、谕德、少詹，兼侍讲学士，擢吏部侍郎，入阁参预机务。进户部尚书，文渊阁大学士，加少傅，兼太子太傅。赠太傅，谥文恪。有《震泽集》三十卷。《甫田集》卷二十八《太傅王文恪公传》："光化（鏊父为光化知县，故称）未仕时，公已有名。年十八，随光化在太学，声称益藉。时叶文庄在礼部，召与相见，公体干纤弱而内蕴精明，举止静重。文庄大奇之，挑试所学，益以为非近时经生所能。时王忠肃公翱新逝，文庄以公嫌名相近，戏曰：'失一王某，复一王某，安知非后来忠肃乎？'越日，亲具仪帛，遣从陈音先生学。时陈官翰林有声，从游者众，独许公善学。无几，尽得其肯綮……初性怔怯，一日读程子'明理可以治惧'之言，恍然有得，曰：'在我者有理，在天者有命，吾何畏乎哉？'自是刚果自信，遇事直前无少系惮，虽势利在前不为屈折，植志高明，下视流俗，莫有当其意者。与人处，不为翕翕热，而默然之间，意已独至。"《震泽集》卷九《六十初度自寿四首》注："正德己巳八月十七日，予六十初度之辰，时归自内阁，醉填四词。"

陈銮中举。黄仲昭《未轩文集·补遗》卷上《广东按察司佥事陈銮列传》："景泰元年领乡荐，会试屡不利，卒业太学。会两京御史多缺员，有诏严考胄监之贤而拔其尤者，与进士相兼补之。銮名在优等，遂拜南京广东道监察御史。"

九月

九月壬寅朔。丙午，改刑部右侍郎兼翰林院学士江渊为工部右侍郎，兼职视事如故。庚戌，升翰林院侍读商辂为本院学士。 户部尚书兼翰林院学士陈循言："臣待罪翰林，职掌制敕，凡六部、都察院等衙门奏奉圣旨，请定制敕，撰述册祭，并拟封谥圣旨榜文等项手本，乞令各衙门今后俱从堂上官佥书用印，方许送院。又臣今后移文于各衙门堂上臣，宜佥书于各司属，止令孔目佥名，臣惟判案作印，庶于事体为当。"从之。（据《馆阁漫录》卷三《景泰元年》）

景泰帝御经筵。《馆阁漫录》卷三《景泰元年》："癸丑，敕曰：'兹以九月十六日御经筵，命尔太保、宁阳侯陈懋知经筵事，户部尚书兼翰林院学士陈循、工部尚书兼翰林院学士高谷同知经筵事，户部右侍郎兼翰林院学士江渊、翰林院学士商辂、侍讲刘铉、吏部右侍郎俞山、礼部左侍郎仪铭、兵部右侍郎俞纲、国子监祭酒萧镃、左春坊左谕德赵琬兼经筵官，循、谷、渊、辂日侍讲读；翰林等衙门儒臣侍讲吴节、赵恢、徐理、陈文、刘定之、周旋，修撰林文、李绍，编修萨琦、杨鼎、吕原、周洪谟、刘俊、陈鉴、岳正、万安、刘吉、刘珝、李泰，检讨邢让，分直侍讲。'"《明鉴纲目》卷三："纲：九月，御经筵。目：御史许士达，（歙县人。）言经筵旧典，每月不过三日，如遇寒暑，又辄停止，一暴十寒，圣学何以有成？愿陛下于经筵之外，日召儒臣，讲论经史，验之于古，会之于心，以应无方之变。'帝优诏褒答。"

南京国子监祭酒陈敬宗、南京吏部尚书魏骥致仕。《明史》陈敬宗传云："景泰元年九月与尚书魏骥同引年致仕。家居不轻出。有被其容接者，莫不兴起。"《明鉴纲目》卷三："纲：南京吏部尚书魏骥（字仲房，萧山人）致仕。目：初，骥为吏部侍郎，端慎劲直，王振方陵虐公卿，独严重骥，称先生。寻调南京，进尚书，至是，以请老至京。大学士陈循，骥门生也，请间曰：'公虽位冢宰，未尝立朝，愿少待，事在循辈而已。'骥正色曰：'君为辅臣，当为天下进贤才，不得私一座主。'退语人曰：'渠以朝廷事如一已事，只为私谋，安得善终？'竟致仕去。（骥家居二十年，布衣粝食，不殖生产。事兄教谕骐，虽耄益恭。教子弟力田，以理学劝后进。时戴笠田间，遇钱塘主簿，隶呵之，对曰：'魏骥。'复叱之，曰：'萧山魏骥。'簿仓皇谢，骥慰而遣之。后至成化中，骥年九十有八，朝廷以御史梁昉言，遣行人存问，赐羊酒，命未至而骥已卒，赐祭葬如礼，谥文靖。其子宽，以骥遗言，诣阙辞营葬，乞以其金赈饥民，诏曰：

'骥临终遗命，犹恐劳民，可谓纯臣矣。其如所请。'）"

监生陈谟、杨毅俱为礼科给事中。（据《国榷》卷二十九）

十月

壬申，升吏部左侍郎曹义为南京吏部尚书，礼部右侍郎仪铭为南京礼部尚书，翰林院侍讲吴节为南京国子监祭酒。（据《明英宗实录》卷一百九十七）

进士潘荣为吏科给事中。（据《国榷》卷二十九）

翰林院检讨署国子监助教事李洪请故国子祭酒李时勉褒赠祭葬，许之。（据《国榷》卷二十九）

十一月

南京礼部主事章纶为礼部仪制郎中，进士黄得温为吏部考功主事。（据《国榷》卷二十九）

任命诸监察御史。行人郎胜、朱骥、张绅，知县杨贡，学正王骥，教谕张维，训导谈泰、周哲、李叔义，监生张琛、孔钥、戈立、余泰为南京监察御史。（据《国榷》卷二十九）

本年

令应试儒士册内原有名籍及各卫官舍、军余曾送入学者，许入试，其查无名籍儒士及赘婿、义男并文武官舍、军校、匠余，悉不许于外郡入试。（据王圻《续文献通考》卷四十五《选举考·举士三》）

以边事孔棘，令天下纳粟纳马者入监读书，限千人止。此例监之始。或云例监始于景泰四年四月。《明史·选举志》："例监始于景泰元年，以边事孔棘，令天下纳粟纳马者入监读书，限千人止。行四年而罢。成化二年，南京大饥，守臣建议，欲令官员军民子孙纳粟送监。礼部尚书姚夔言：'太学乃育才之地，近者直省起送四十岁生员，及纳草纳马动以万计，不胜其滥。且使天下以货为贤，士风日陋。'帝以为然，为却守臣之议。然其后或遇岁荒，或因边警，或大兴工作，率援往例行之，讫不能止。""迨开纳粟之例，则流品渐淆，且庶民亦得援生员之例以入监，谓之民生，亦谓之俊秀，而监生益轻。于是同处太学，而举、贡得为府佐贰及州县正官，官、恩生得选部、院、府、卫、司、寺小京职，尚为正途。而援例监生，仅得选州、县佐贰及府首领官；其授京职者，乃光禄寺、上林苑之属；其愿就远方者，则以云、贵、广西及各边省军卫有司首领，及卫学、王府教授之缺用，而终身为异途矣。"沈德符《万历野获编》卷十五《纳粟民生高第》："景泰以后，胄监始有纳马之例，既改为输粟，初不过青衿援例耳，既而白身亦许加倍输纳，名曰俊秀子弟，于是辟雍遂被铜臭之目。且其人所冀，不过一命为荣，无有留意帖括者，于是士子叱为异类，居家则官长凌忽之，与齐民不甚别矣。惟成化丙午，罗文肃圭峰累试，有司不录，遂以俊秀入赀，举顺天解元，次年登进士，为庶常，显重于词林，其年且逾不惑久矣。于是士人始有刮目此辈者。以余所知，近年则同邑项元池名德桢，亦厄于里试，入北畿，试乙酉第三名，丙戌进士高第，经艺为时所式，今为参议。已丑科吴彻如名正志，以乃翁赴任不及试，命入南监，即联捷为郎，建言，今年以光禄丞召入矣。是年又有徽州人汪以时者，年五十余，尚为儒童而酷贫。其亲友哀之，为纳银游北监，亦连举乡会为御史，今已升闽卿。其它不及知者，必尚多也。"叶梦珠《阅世编》卷二《学校》二："太学之选，明初最重，或由庠序拔入，或由胄子恩荫，天下之英才毕集焉，故历朝除官与进士等。自景泰以后，纳粟之例行，而太学遂滥，士林亦渐忽之。驯至启、祯之间，俊秀虽列衣冠，官长视之，殆与富民无异，积轻之势使然耳。"嘉庆《三水县志》卷九《选举·例监》："前明例监起于景泰四年四月，山东储粮缺，有临清县生员伍铭等愿纳米八百石入监读书，诏从之。五月，令生员纳米入监者比前例减三百石。天顺五年令生员纳马二十匹补监生。是例监皆由生员也。"

李东阳四岁，入京见帝。法式善、唐仲冕《明李文正公年谱》引凌迪知《名世类苑》："文正四岁能作大书。顺天府以神童荐。入内庭，过门限，太监云'神童脚短'，即高应云'天子门高'。召见文华殿，命给纸笔，书麟凤龟龙十余字。上甚喜，抱置膝上。"赐珍果及宝锭。六岁、八岁复两召试讲《尚书》。命隶京庠。《明史》李东阳传："四岁能作径尺书，景帝召试之，甚喜，抱置膝上，赐果钞。后两召讲《尚书》大义，称旨，命入京学。"

命充军进士张鉴为试百户，送大同总兵昌平伯杨洪处听调。沈德符《万历野获编》卷十五《进士百户》："英宗亲征时，有宣府龙门卫充军进士张鉴者诣行在所，疏乞上驻跸宣府，但选将统兵征剿，则兵权归一，号令不二，人有效死之心，上不能用。及景帝登极，镇守山西都督孙安以为言，谓当时若从鉴言，岂有今日之祸？乞量加擢用。下兵部议。帝命鉴为试百户，送大同总兵昌平伯杨洪处听调。"

明代宗景泰二年辛未（公元 1451 年）

正月

金达等言会试、陪祀二事。礼部议：会试考官宜遵旧制；进士临期取中式名数奏请定夺；监试、巡绰等官军，前科曾经入场，及有亲属应试者，俱合回避。从之。《明英宗实录》卷二百：景泰二年春正月丁未，"礼科都给事中金达等言二事。一、天生贤以辅君，君用贤以成治，必选取极其精，登庸有其道。今会试举人不下三千，若一经止用考官一员，诚恐心力有限，不能精选。乞于在京各衙门，不拘近侍风宪，果有精明经学者，每经增置同考官一员，参较可否。所取进士，不得出二百五十名之外。监察、巡绰等项官军，前科曾经入场，及有弟男子侄亲戚见在应试，俱令回避，庶几较文无偏执之失，取士无侥幸之弊。一、为国之道，祀典当先，任官之方，正名是重。我朝祀郊社宗庙，文官五品以上得陪。迩来将年深主事，署郎中以理政务，而独不得陪祀。今孟春时享及郊祀在迩，乞令陪祀，非为臣下得骏奔有事之荣，诚足以广皇上尊祖敬天之意。事下礼部议，会试考官宜遵旧制；进士临期取中式名数奏请定夺；监试、巡绰等官军，前科曾经入场，及有亲属应试者，俱合回避。陪祀官宜遵旧制，其署职年深者，吏部查奏定夺。从之"。《国榷》卷三十："（景泰二年正月丁未）礼科都给事中金达，乞会试每经增同考官，取士毋出二百五十人外。监察、巡绰等官军曾入场及子弟应试，俱令引避。又祀郊庙文职五品以上得陪祭，其年深主事署郎中者未预。上从之。同考官如旧。"

令军民输纳者世袭武职。《明鉴纲目》卷三："纲：辛未二年，春正月，令军民输纳者，世袭武职。目：都给事中金达疏谏不听，其后给事中曹凯（字宗元，益都人）言近输豆四千石以上，得受指挥，彼受禄十余年，费已偿矣。复令世袭，是以生民膏血，养无功子孙，而彼取息长无穷也。乞自今惟令带俸，不得任事。帝然之，命已授者如故，未就者悉如凯言。"

张吉（1451—1518）生。字克修，号翼斋，又曰默庵，又曰怡窝，晚乃称曰古城，余干人，成化辛丑进士，除工部主事，坐上疏贬景东通判，历官贵州左布政使。有《古城集》。《国朝献征录》卷一百三杨廉《贵州布政使司左布政使张公吉神道碑》："公生有美质，四五岁闻父母之命，即不敢违。训之故事，辄记不忘。比长，耻同流俗，信古好义，以名节自砥砺。初从乡先生学，见诸生简择经传以资捷径，意谓士当兼治五经，今业一经而所遗如此，岂圣人之言亦有当去取者耶？遂归而屏绝人事，力购诸经及宋儒诸书，读之，既见大意，喟然叹曰：'道在是矣。'于是益自奋厉，以穷理致知为务，体之于身，验之于心，朝斯夕斯，略无懈惰……生于景泰辛未正月壬子（十二日）。"

命教官阙方许守令保举儒士。（据《国榷》卷三十）

二月

以幸太学礼成，国子监祭酒萧镃率诸生上表谢恩。（据《明英宗实录》卷二百一）

李侃奏请分南、北取士，不从。命户部右侍郎兼翰林院学士江渊、翰林院修撰林文为会试考官，取中吴汇等二百人。《明英宗实录》卷二百一：景泰二年二月，"癸酉，户科给事中李侃等奏：'今年会试，礼部奏准取士不分南北。臣等切惟，江北之人，文词质实，江南之人，文词丰赡，故试官取南人恒多，北人恒少。洪武三十年，太祖高皇帝怒所取之偏，选北人韩克忠等六十一人，赐进士及第、出身有差。洪熙元年，仁宗皇帝又命大臣杨士奇等定议，取士之额，南人什六，北人什四。今礼部妄奏变更，意欲专以文词多取南人。乞敕多官会议，今后取士之额，虽不可拘，而南、北之分，则不可改。'刑部侍郎罗绮亦以为言。事下礼部议，以为顷者诏书，科举自景泰元年为始，一遵永乐年间例行。本部查得永乐二十年间，凡八开科，所取进士，皆不分南北。已经奏允。今侃称礼部变更，意在专以文词多取南人。夫乡举里选之法不可行矣，取士若不以文，考官将何所据？且北方中土，人才所生，以古言之，大圣如周公孔子，大贤如颜曾思孟，皆非南人。以今言之，如靖远伯王骥、左都御史王翱、王文，皆永乐间不分南北所取进士，今岂可预谓北无其人。况本部止遵诏书，所奏即不曾奏请多取南人，少取北人，今各官所言如是，乞敕翰林院定议。命遵诏书行，侃等所言不允"。"命户部侍郎兼翰林院学士江渊、修撰林文为会试考官，赐宴于礼部。""丁酉，礼部引会试中式举人吴汇等二百人陛见。"已亥，"礼部奏：三月初一日殿试天下举人，合请执事官，诏命太子太保兼吏部尚书王直、太子太保兼户部尚书金濂、少保兼兵部尚书于谦、户部尚书兼翰林院学士陈循、刑部尚书俞士悦、工部尚书兼大理寺卿石璞、工部尚书兼翰林院学士高谷、都察院左都御史王文、杨善、通政司通政使李锡、大理寺卿萧维祯、翰林院学士商辂为读卷官"。《殿阁词林记》卷十四《会试》："景泰二年，户部右侍郎兼学士江渊、修撰林文为考试官，取吴汇等二百一人。同考试官有侍讲刘俨，秩视修撰为高，盖科第后于文故也。五年，兵部左侍郎、翰林院学士兼左春坊大学士商辂，司经局洗马兼修撰李绍为考试官，取彭华等三百五十人。"沈德符《万历野获编》卷十四《科场·考官序次》："景泰二年会试，吏部左侍郎江渊、修撰林文为考官。二人俱庚戌进士，林为一甲第三人，江则庶常也。林滞史官二十二年矣。知贡举礼部尚书杨宁亦其同年，三人者官爵高卑复绝，而同事南宫，已为可异。至房考，则侍讲刘俨官反尊于副主考，而修撰、编修二人次之，南京刑部主事钱溥、广东左参政罗崇本又次之，其末则教授、学正、训导各一人，凡分考八人。始中二百名，较前朝加多矣。景泰五年会试，分考始无外官。其领房为翰林院侍讲兼左春坊左中允杨鼎，而詹事府丞李龄以己酉贡士次之，左中允兼修撰柯潜又次之，可见本朝官制重词林而抑坊局，且侍讲、中允俱正六品，而相兼如此。天顺初元，岳正以修撰入阁，亦兼赞善，则俱从六品相兼。至今上己卯，用中允高启愚主应天试，而侍读罗万化副之。后来以舜、禹命题，为言官论列，高坐削夺。弇州公谓：故事，修史、主考，皆讲读先而中允后，此举乃出政府意，而不知讲读之得兼中允也。然则不但弇州未熟典故，即江陵公当轴，亦不谙本衙门旧典矣。是年会试，对读官有仙居知县张翔，名下书文学才行出身，取中三百五十名，如永乐十三年之制。又正统十三年，弇州云是科廷试，右都御史掌鸿胪寺杨善以守城读卷，然是年登科录并无杨姓名。至景泰二年、景泰五年二科，始为读卷官耳。且正统戊辰科尚以亚卿掌鸿胪，至景帝监国始升右都也。弇州博洽第一，而偶讹乃尔。"李调元《制义科琐记》卷一《考官不叙爵》："永乐中，各省乡试，多有儒士主考而品官同考者。景泰二年会试，莭田林文，修撰也，而为主考。吉水刘俨，侍讲也，而为同考。当日重在衡文，故不叙爵。"据《皇明贡举考》卷四，本年应会试者二千二百有奇。

南京刑部右侍郎郑泰为左侍郎，翰林院修撰刘俨为侍讲，行人程敬为贵州道监察御史，监生姜约为吏部稽勋司主事。（据《国榷》卷三十）

翰林院编修吕原为侍讲。（据《国榷》卷三十）

邱浚再试不第，归又丧妻。岳正《送邱仲兴归岭南诗序》："吾友邱仲兴，岭南之进士也。甲子之秋，以有司首荐，进于春官，得乙榜，辄辞不就……于是薄游太学，友天下之善，得丽泽之益为多。再举而再屈焉。议者谓其抱高世之见，擅逸伦之才，行立要津，掇取青紫，宜如俯拾芥。顾乃徘徊逡巡，抑而弗升，虎豹之炳蔚未彰，而章缝之服缁如也。岂天道之信乖邪？所谓贵寿者真不可必也。抑恶知祸福倚伏得失乘除者，乃大道之常哉？或者天将玉吾仲深于大成，如孟氏所谓授以大任而先困苦之，以增益其所未至焉者。但未能逆知之耳。……吾恐仲深于此有不能忘情于天者也。仲深将南归琼山，省二亲于故里。所与厚者各为诗以宣其怀，吾因推天人之理而为序以畅之。"王国栋《邱文庄公年谱》云："十一年丙寅二十六岁，是年公娶崖州金百户桂公之女。公二十七岁赴试春官不第，留读太学。至景泰二年再试不第。归省亲，遂有金夫人之丧。"《重编琼台稿》卷一《悼亡》十首。其一云："择配得孟光，足慰平生心。一见如夙昔，友之如瑟琴。意气两不疑，苦口时相箴。欣愿自此毕，恩爱何其深。"其三云："我行逾四载，之子苦幽闺。登堂侍老母，灯下事蚕绩。知我为功名，不复怀戚戚。一见平安书，喜气动颜色。"其七云："临终啮我指，与作终天诀。双泪注不流，恋恋不忍别。气促发言迟，奄奄殆垂绝。勉我赴功名，努力立名节。事我不尽年，命薄将奚说。死生皆其天，无用过哀切。"其八云："结发六星霜，欢会恰岁半。平生止一息，而我不及见。归来空闻名，目中无其面。天乎人何尤，抚膺坐长叹。"其八云："嗟汝止一弟，情义深以长。汝殁仅阅月，汝弟亦继亡。一双恩爱刃，并割汝父肠。每闻号哭声，使我增悲伤。平生心爱人，相继俄分张。如失左右手，内外俱皇皇。地下倘相逢，应念予凄凉。"其十云："皇天亦何高，后土亦何深！冥鸿失其偶，飞飞吐哀音。茫茫宇宙间，辽邈畴能寻。此生甘且休，不尽古今心。哀伤谅无益，暂醉聊自吟。"

三月

柯潜（1423—1473）、刘升、王俨（1424—1495）等二百零一人进士及第、出身有差。改吴汇、周舆等二十五人为翰林院庶吉士。《明英宗实录》卷二百二：景泰二年三月，"壬寅，帝亲阅举人所对策，赐柯潜等二百一人及第、出身有差"。"癸卯，宴进士于礼部，命太保宁阳侯陈懋待宴。""甲辰，赐状元柯潜朝服冠带，诸进士钞各五锭。""乙巳，状元柯潜率进士上表谢恩。""乙卯，擢第一甲进士柯潜为翰林院修撰，刘升、王俨为编修。改进士吴汇、周舆、戚澜、张永、吕晟、王献、刘宣、俞钦、相杰、杨守陈、童缘、张业、樊冕、林孔滋、张瑄、金文、钟清、田斌、章表、杨昶、张瑄、彭信、刘泰、江朝宗、周清为庶吉士，俱于东阁读书。先是，巡按御史涂谦奏：永乐初尝取进士曾棨等二十八人为庶吉士，储养教育，自后相继蔚为名臣。乞将今科进士中，选其材质英敏文词优赡者，俾进学中秘，仍命文学大臣提调劝课，成其才器，以待任用。事下礼部议，太子太傅兼尚书胡濙、尚书兼学士陈循等佥言，宜从所请，遂诏循等即进士中选得汇等二十五人，同潜等三人，合二十八人以闻，俱命于东阁读书，给纸笔饮馔膏烛第宅，悉如永乐初例。""会试不中式举人，多自陈愿就教职，给事中金达言：'教职取之举人，胜于儒士举荐者远甚。'礼部遂请，凡举人不中式，愿就教职，与副榜年过三十者，悉送吏部除授。翰林院学士陈循言：副榜与不中式者一概取用，非惟科目徒设，抑且能否混并，非惟人情不甘，抑且乖于旧制。于是命不中式举人及监生愿就教职者，试而授之。"《殿阁词林记》卷十四《殿试》："《会典》云：凡殿试读卷官，内阁于大学士、学士等官内具名，从该部奏请，至日与各衙门该读卷官详定试卷。次日同赴文华殿，内阁官将第一甲二卷以次进读，俟御笔批定出，将二甲三甲姓名填写黄榜。又次日早同赴华盖殿，内阁官进至御座前，以次拆卷，将姓名籍贯面奏，司礼监官授制敕房官填榜毕，开写传胪小帖子，内阁官一员捧榜出，至奉天殿授礼部尚书，制敕房官将帖子授鸿胪寺官传胪。其受卷、弥封、掌卷官从内阁于本院及春坊等官并敕房官内推选，与各衙门官相兼职事。本院坊局始不过五人，后增至七人，遂为例。按：读卷官国初用祭酒、修撰等官，正统中犹预，其后非执政大臣不得与，而其去取之柄则在内阁。殿试之明日，大学士择其中优者二卷圈点以朱，明早持诣文华殿读之，御笔亲标其名第，又明日即传胪矣。盖读卷止在一日，咸病其太亟，不能遍观，故本院、坊局之执事者始得试卷时，预鉴别其高下为差等以付读卷官，内阁乃易于裁定。叶盛曰：'景泰二年，为殿试弥封官，最知读卷事。第一甲盖阁老预属意于受卷官，已得之，馀皆分送读卷诸大臣，且率以三分，上一等，次二等，各置一所。少顷，阁老收上一等则判二甲，次二等则判三甲也。将午，二人者持一甲卷诣文华进读，午后填黄榜，明早榜出矣。盖辰、巳二时，榜中人次已定。若曰须一一品量高下次第，固有所不能也。'"据《景泰二年进士登科录·玉音》："景泰二年二月十七日早，太子太傅兼礼部尚书臣胡濙等官于奉天门奏为科举事。会试天下举人，取中二百一名。本年三月初一日殿试，合请读卷及执事等官太子太保兼吏部尚书王直等四十三员。其进士出身等第，恭依太祖高皇帝钦定资格。第一甲例取三名，第一名从六品，第二第三名正七品，赐进士及第。第二甲从七品，赐进士出身。第三甲正八品，赐同进士出身。奉圣旨：是。钦此。""读卷官：荣禄大夫太子太保兼吏部尚书王直，甲申进士；荣禄大夫太子太保兼户部尚书金濂，戊戌进士；荣禄大夫少保兼兵部尚书于谦，辛丑进士；资善大夫户部尚书兼翰林院学士陈循，乙未进士；资善大夫刑部尚书俞士悦，乙未进士；资善大夫工部尚书兼大理寺卿石璞，辛卯贡士；资善大夫工部尚书兼翰林院学士高谷，乙未进士；资德大夫正治上卿都察院左都御史王文，辛丑进士；资善大夫都察院左都御史杨善，生员；正议大夫资治尹通政使司通政使李锡，戊子贡士；嘉议大夫大理寺卿萧维祯，庚戌进士；翰林院学士奉议大夫商辂，乙丑进士。提调官：荣禄大夫太子太傅兼礼部尚书胡濙，庚辰进士；资善大夫礼部尚书杨宁，庚戌进士；通议大夫礼部左侍郎储懋，辛丑进士。监试官：文林郎福建道监察御史邵进，壬戌进士；文林郎广东道监察御史陈叔绍，乙丑进士。受卷官：翰林院侍讲承德郎徐理，癸丑进士；翰林院侍讲承德郎赵恢，癸丑进士；吏科都给事中张让，乙丑进士；礼科都给事中金达，儒士。弥封官：亚中大夫光禄寺卿齐整，庚戌进士；亚中大夫太仆夏衡，生员；奉训大夫鸿胪寺少卿胡恭，丁酉贡士；户科都给事中马显，壬戌进士；兵科都给事中叶盛，乙丑进士。掌卷官：翰林院侍讲周旋，丙辰进士；翰林院侍讲吕原，壬戌进士；刑科都给事中林聪，己未进士；工科都给事中张文质，壬戌进士；巡绰官：明威将军锦衣卫指挥佥事毕旺；明威将军锦衣卫指挥佥事刘敬；明威将军锦衣卫指挥佥事宗铎；明威将军锦衣卫指挥佥事卢忠；明威将军金吾前卫指挥佥事吕敬；明威将军金吾后卫指挥佥事高铭。印卷官：礼部仪制清吏司员外郎孟钊，丙辰进士；礼部仪制清吏司主事李和，乙丑进士。供给官：奉议大夫光禄寺少卿蔚能；光禄寺少卿陈诚，监生；礼部精膳清吏司署郎中事司务周濂，儒士；奉直大夫礼部精膳清吏司员外郎曾序，丁未进士；承德郎礼部精膳清吏司主事胡诚，戊午贡士。"据《景泰二年进士登科录·恩荣次第》："景泰二年三月初一日早，诸贡士赴内府殿试，上御奉天殿亲赐策问。三月初三日早，文武百官朝服侍班，是日锦衣卫设卤簿于丹陛丹墀内，上御奉天殿，鸿胪寺官传制唱名，礼部官捧黄榜，鼓乐导引出长安左门外，张挂毕，顺天府官用伞盖仪从送状元归第。三月初四日，赐宴于礼部。宴毕，赴鸿胪寺习仪。三月初五日，赐状元朝服冠带及进士宝钞。三月初六日，状元率进士上表谢恩。三月初七日，状元率进士诣先师孔子庙行释菜礼，礼部奏请命工部于国子监立石题名。"《弇山堂别集》卷八十一："是年读卷，工部尚书学士高谷以内阁列本部尚书石璞后，阁体犹未重也。""是岁知贡举官胡濙、杨宁二尚书，同考侍讲刘俨秩尊于林文。又有广东参政罗崇本，教授训导各一。廷试，王越卷为风飞去，上后给卷，足成之。或云堕于朝鲜，次岁送还，上喜，擢越御史。"杨循吉《蓬轩笔记》："皇朝文臣得拜极品爵者不数人，威宁伯王公其一也。公当廷试日，稿甫就，忽旋风起掀下，腾公卷于云霄中。廷臣与同试者咸仰视，弥久弥高，至于不能见乃已。中官以闻，诏许别楮誊进。后公由中执法大司马以进于伯爵，书之以志异云。"李调元《制义科琐记》卷二《风扬卷》："景泰二年辛未，王越方殿试，时旋风掣其卷扬去。御史为言，乃重给卷，使毕试。逾年，朝鲜贡使至，携所扬卷以进。景帝见越姓名，异之，谓史部曰：'识之，此当任风宪。'因授御史。"

据《景泰二年进士登科录》，第一甲三名，赐进士及第。履历如下：

柯潜，贯福建兴化府莆田县，军籍。国子生。治《诗经》。字孟时，行四，年二十九，十二月初六日生。曾祖均实。祖德平。父原朴。母戴氏。重庆下。弟江、淡、深、混、温。娶戴氏。福建乡试第三十一名，会试第十二名。

刘升，贯江西吉安府永新县，民籍。国子生。治《易经》。字幼显，行三，年三十三，十二月初二日生。曾祖子衡。祖仲恂。父荣本。母夏氏。具庆下。兄冕、晟。弟昱。娶萧氏。江西乡试第二十五名，会试第二名。

王俣，贯直隶常州府武进县，官籍。县学增广生。治《礼记》。字廷贵，行二，年二十八，七月初四日生。曾祖德甫。祖友谅，延平府同知。父守正，兵部主事致仕。前母吴氏，赠安人；母朱氏，封安人。具庆下。兄俊。从兄杰，仪真卫副千户；伦；侃；伟；儒。从弟伸、佩。娶吴氏。应天府乡试第十二名，会试第十五名。

据《景泰二年进士登科录》，第二甲七十五名，赐进士出身。履历如下：

吴汇，贯江西临江府新喻县，民籍。国子生。治《诗经》。字会川，行一，年四十，闰十二月初八日生。曾祖惟明。祖云武。父一昌。母袁氏。慈侍下。弟浩瀚、浩澜。娶王氏。江西乡试第十七名，会试第一名。

周舆，贯直隶松江府华亭县，军籍。国子生。治《诗经》。字廷参，行二，年三十九，六月三十日生。曾祖彦才。祖士瞻，惟县知县。父季临。母李氏。具庆下。兄轨。弟辙。娶朱氏。应天府乡试第一名，会试第六十六名。

戚澜，贯浙江绍兴府余姚县，民籍。国子生。治《礼记》。字文湍，行二十，年二十九，七月二十四日生。曾祖仲良。祖思敬。父熙，辰州府学教授。母周氏。具庆下。从兄渊、澂。弟渭。娶项氏。顺天府乡试第十七名，会试第六十八名。

王祐，贯直隶松江府华亭县，军籍。国子生。治《书经》。字宗吉。行二，年三十，十月二十六日生。曾祖子文。祖彦晖。父璘。母周氏。重庆下。兄祯。娶陆氏。应天府乡试第八名，会试第八十九名。

林璟，贯福建福州府怀安县，民籍。县学生。治《诗经》。字继文。行四，年三十四，十月初六日生。曾祖天佑。祖原珪。父顺。母廖氏，继母郑氏。具庆下。兄珏。弟璧。娶张氏。福建乡试第九名，会试第十七名。

宋旻，贯浙江严州府淳安县，民籍。国子生。治《春秋》。字弘泽。行一，年三十二，十月二十日生。曾祖庚。祖仲坚，赠礼部郎中。父兴，任河南右布政使。母吴氏。具庆下。弟晟、昺、昱。娶薛氏。浙江乡试第十八名，会试第七十三名。

牟俸，贯四川重庆府巴县，军籍。国子生。治《春秋》。字公爵。行二，年三十二，七月十三日生。曾祖庆荣。祖道先。伯清，太和县知县。父永英。母冷氏，继母李氏。永感下。兄侃。弟价。娶胡氏。继娶雷氏。四川乡试第三名，会试第一百六十四名。

吴镒，贯四川成都府资县，军籍，府学增广生。治《书经》。字时可。行二，年二十三，六月二十八日生，曾祖友富。祖璘。父志源。母彭氏。严侍下。兄钲。弟镜、镛、铨。聘窦氏。四川乡试第十六名，会试第九十五名。

陈杰，贯直隶常州府武进县，官籍。县学生。治《书经》。字公佐。行二，年三十一，六月十六日生。曾祖以贞，赠资德大夫正治上卿兵部尚书。曾祖母唐氏，封太夫人。伯祖济，右春坊右赞善。祖洽，兵部尚书赠荣禄大夫少保，谥节愍。祖母杨氏，赠夫人。父枢，刑科给事中。母王氏，封孺人。慈侍下。兄勋。娶王氏。应天府乡试第一百二十一名，会试第一百六十三名。

张永，贯四川顺庆府南充县，民籍。国子生。治《诗经》。字邵龄。行四，年二十九，二月十三日生。曾祖汝舟。祖友谅。父琚，前兵马副指挥。前母胡氏，母杨氏。永感下。兄鲁成、自成、思明。弟恳。娶杨氏。四川乡试第三十六名，会试第三十四名。

朱镛，贯浙江杭州府仁和县，民籍。县学生。治《春秋》。字廷用。行一，年二十九，八月二十五日生。曾祖德贵。祖原亮。父贤。母俞氏，继母程氏。具庆下。弟镔、铣。娶缪氏。浙江乡试第六名，会试第六十一名。

吴遵，贯江西吉安府泰和县，军籍。国子生。治《诗经》。字时极。行一，年三十六，四月初六日生。曾祖志礼。祖明先。父子璋。前母罗氏，母王氏。具庆下。弟邈、逊、道。从弟迪，庚午贡士。娶车氏。江西乡试第七名，会试第八十八名。

袁凯，贯直隶松江府华亭县，军籍。府学生。治《书经》。字舜举。行一，年三十七，七月十六日生。曾祖亨。祖德芳，都转运盐使司判官。父敏。母蔡氏。具庆下。弟亢。娶张氏。继娶盛氏。应天府乡试第八十五名，会试第一百三十一名。

吴璘，贯应天府上元县，匠籍。直隶昆山县人，应天府学生。治《书经》。字廷润。行四，年二十三，三月十四日生。曾祖益之。祖彦彬。伯文谅，文思院大使。父文玉。母张氏。具庆下。兄瑾、瑞、璇。娶蒋氏。应天府乡试第五十八名，会试第一百六十六名。

吴智，贯福建兴化府莆田县，匠籍。县学生。治《书经》。字宏哲。行二，年三十六，五月十四日生。曾祖明。祖象。父斌。母李氏。具庆下。兄严。弟仁、勇、义、忠、璇、骥、信。娶翁氏。福建乡试第七名。会试第一百二十五名。

赵谧，贯陕西西安府泾阳县，军籍。国子生。治《易经》。字子安。行二十二，年十四，十月二十日生。曾祖均玉。祖仲良。父秉才。母王氏。慈侍下。兄孟威，孟广。从兄敬，巡检。弟子齐。娶张氏。陕西乡试第一名，会试第一百七名。

桂山，贯四川成都府成都县，军籍。国子生。治《书经》。字本宁。行三，年三十三，六月二十八日生。曾祖德高，元两淮都转运司提举。祖伯华。父文礼。母刘氏，继母蒋氏。严侍下。兄广、龙。娶王氏，四川乡试第四十三名，会试第十六名。

胡深，贯四川叙州府富顺县，民籍。国子生。治《诗经》。字本渊。行二，年三十，十二月二十一日生。曾祖则仁。祖斌。父志海。母王氏。具庆下。兄泾。娶舒氏。四川乡试第四十四名，会试第五十七名。

孙仁，贯直隶池州府贵池县，军籍。国子生。治《书经》。字世荣。行五，年三十四，六月二十六日生。曾祖子芳。祖伯明。父玘。嫡母高氏，母方氏。慈侍下。兄俊、俨、僖。弟伟、倬、份、信、偁。娶王氏。应天府乡试第七十三名，会试第四十一名。

刘春，贯江西吉安府庐陵县，锦衣卫镇抚司军余。国子生。治《诗经》。字缉昭。行三，年三十五，十月初九日生。曾祖吉甫。祖孝先。父慎修。母戴氏。具庆下。兄缉昌、缉昷。弟缉暄、缉晟。娶李氏。顺天府乡试第五十五名，会试第四十七名。

孙珉，贯山东济南府齐东县，民籍。国子生。治《礼记》。字宗理。行四，年三十二，十月二十日生。曾祖师善。祖仕中，湖广临武县巡检。父端，福建军器局大使。母王氏。慈侍下。兄瑗、瑄、琏。弟琚。娶马氏。山东乡试第四十四名，会试第一百四十五名。

吕晟，贯江西广信府永丰县，民籍。县学生。治《书经》。字景熙。行十五，年二十六，九月初九日生。曾祖彦成。祖文敷。父子荣。母郑氏。具庆下。兄高、升、辉。弟纲。娶俞氏。江西乡试第十一名，会试第六十七名。

林鹗，贯浙江台州府黄岩县，军籍。县学增广生。治《诗经》。字一鹗。行三，年二十九，五月二十八日生，曾祖养民。祖廷赞。父纯，湖口县学训导。嫡母赵氏，母程氏。慈侍下。兄克刚、克容。弟腷、脁、朗、俨、像、倜、胥、佶、霄、倬。娶王氏。浙江乡试第二十六名，会试第五十五名。

江彤，贯江西吉安府吉水县，民籍。县学增广生。治《易经》。字而庄。行二，年三十二，十月十五日生。曾祖思谦。祖仲瑜。父奎，前行人司行人。母陈氏。重庆下。弟肥、朝、朗、膺、肤。娶陈氏。江西乡试第十六名，会试第一百三十名。

郑宏，贯广西桂林府临桂县，军籍。国子生。治《诗经》。字克宽。行二，年二十九，六月初五日生。曾祖仲新，本县学训导。祖广渊。叔祖时渊，国子监学正。父廷玺。母王氏，继母曾氏。具庆下。兄泰。弟容、安。娶黄氏。广西乡试第二十二名，会试第五十二名。

沈性，贯浙江绍兴府会稽县，民籍。国子生。治《诗经》。字士彝。行六，年三十二，九月初一日生。曾祖伯英。祖思学。父潭。母吴氏。重庆下。兄恮、恪、恼、悦。弟恢。娶金氏。浙江乡试第二十八名，会试第三十七名。

盛昶，贯直隶苏州府吴江县，军籍。县学增广生。治《易经》。字允高。行二，年二十七，八月二十八日生。曾祖景华。祖宜仲。父文序。母张氏。具庆下。兄允昭。弟昺、旦。娶王氏。继聘卫氏。应天府乡试第四十七名，会试第六十五名。

余子俊，贯四川眉州青神县，军籍。县学生。治《诗经》。字士英。行一，年二十三，三月十四日生。曾祖德成。祖永泰，赠户部主事。父祥，户部郎中。嫡母朱氏，赠安人，母张氏。慈侍下。弟子伟。娶魏氏。四川乡试第六十七名，会试第一百六十二名。

唐瑜，贯直隶松江府上海县，民籍。国子生。治《书经》。字廷美。行二，年二十九，二月十九日生。曾祖文祥。祖以忠。父景旸。母张氏，继母沈氏。具庆下。兄瑾。弟琛、琳、琦。娶尹氏。应天府乡试第二十二名，会试第一百七十六名。

陈敬，贯福建兴化府莆田县，民籍。府学生。治《书经》。字体清。行二，年三十二，九月二十八日生。曾祖万三。祖以达。父德明。嫡母林氏，母徐氏。慈侍下。兄体忠。娶黄氏。福建乡试第四十五名，会试第一百七十八名。

唐泰，贯浙江杭州府仁和县，民籍。国子生。治《书经》。字时雍。行六，年三十六，二月二十二日生。曾祖士隆。祖仲和。父得名，宣化驿驿丞。母陈氏。慈侍下。兄福、敏、源、善、庆、文。弟忠。娶费氏。浙江乡试第五十三名，会试第一百十七名。

黄深，贯福建兴化府莆田县，民籍。国子生。治《诗经》。字仲渊。行一，年三十三，八月二十七日生。曾祖文圭，封工部主事。祖寿生，翰林院检讨。父子嘉，东鹿县知县。母郑氏。具庆下。弟潜。娶林氏。福建乡试第二名，会试第一百十名。

李秉彝，贯顺天府大兴县，匠籍。直隶苏州府昆山县人，顺天府学生。治《易经》。字好德。行一，年二十八，二月二十七日生。曾祖云。祖玑。父恭。母毛氏。具庆下。娶王氏。顺天府乡试第六名，会试第五十三名。

汪浩，贯湖广荆州府石首县，民籍。国子生。治《书经》。字弘初。行一，年三十五，十一月初四日生。曾祖必通。祖嗣宗。父信。母周氏。具庆下。弟源、润、濂、瀚、渊、泊。娶扈氏。湖广乡试第三名，会试第一百三十六名。

周监，贯江西吉安府安福县，民籍。府学生。治《易经》。字文郁。行一，年三十七，正月二十三日生。曾祖齐谦。祖志霄。父加勉。母彭氏。慈侍下。弟颙、昂、观。从弟达，同科进士。娶王氏。江西乡试第八名，会试第一百名。

王献，贯浙江杭州府仁和县，军籍。府学增广生。治《春秋》。字惟臣。行五，年十七，七月初一日生。曾祖思诚，元医学提领。祖性安，冠带医士。叔祖世安，医学正科；昶，赠兵部主事。父智。叔良，医学训科；忠，兵部主事。母顾氏，继母俞氏。具庆下。兄琮、祚、胤、祯。弟琳、禧、翰、玑、珪、羽。聘项氏。浙江乡试第八十四名，会试第四十九名。

张璇，贯陕西西安府长安县，医籍。国子生。治《易经》。字宗舜。行五，年三十三，十月初九日生。曾祖仲昭。祖在中。父泽，医学正科。母任氏。具庆下。兄瓒，医士；瑶；瑾；珮。弟玑。娶马氏。陕西乡试第二十三名，会试第一百五十六名。

李惠，贯广东潮州府海阳县，军籍。国子生。治《春秋》。字廷吉。行□，年三十七，九月十五日生。曾祖玉润。祖文。父忻。母郑氏。慈侍下。弟憙。娶谢氏。广东乡试第二名。会试第一百八十五名。

刘子肃，贯江西南昌府南昌县，民籍。府学生。治《诗经》。字敬之。行八，年四十，二月十五日生。曾祖颖。祖叔谟。父季望。母万氏，继母李氏。具庆下。兄子照、子琛、子善、子忱、子颜。弟子硕。娶萧氏。江西乡试第十九名，会试第八十名。

和维，贯山西泽州陵川县，军籍。国子生。治《诗经》。字振纲。行三，年三十二，正月二十四日生。曾祖中立。祖好古，广平县学教谕。父琦，襄陵王府教授。从叔珣，泰安州学训导。母苏氏。具庆下。兄缙，冠带千长；纶。娶陶氏。山西乡试第二十八名，会试第一百七十四名。

周必兆，贯江西吉安府安福县，民籍。国子生。治《春秋》。字必兆。行三，年四十三，六月二十四日生。曾祖维祯。祖孟琪。父德渊。母刘氏。永感下。兄必复、必跃。娶王氏。江西乡试第三十五名，会试第五十四名。

吴福，贯浙江严州府淳安县，民籍。国子生。治《春秋》。字天锡。行三，年三十一，九月十六日生。曾祖祖荫。祖芳远。父晋。母方氏，继母应氏。具庆下。兄禧、禅。弟汝器、宗器、珍器、名器、公器。娶余氏。浙江乡试第四十四名，会试第四名。

李观，贯直隶保定府唐县，民籍。国子生。治《礼记》。字用宾。行一，年二十八，三月十四日生。曾祖时中。祖庚。父达。母刘氏。具庆下。弟用亨、用正、用明、用让、用进、用和。娶牛氏。继娶俞氏。顺天府乡试第五名，会试第一百七十五名。

成凯，贯陕西西安府耀州，民籍。州学增广生。治《书经》。字舜卿。行五，年二十六，四月二十四日生。曾祖克己。祖文彝。父敬，前翰林庶吉士。母孙氏。具庆下。兄岗、端、峇、禅。弟钦、岫。娶虞氏。陕西乡试第三名，会试第五十一名。

刘宣，贯江西吉安府安福县人，直隶卢龙卫军。治《春秋》。字绍和。行五，年二十七，九月初一日生。曾祖宗德。祖孟勤。父祖昭。母彭氏。慈侍下。兄绍祺。娶王氏。顺天府乡试第一名，会试第九名。

朱华，贯应天府上元县，匠籍。国子生。治《书经》。字文辉。行一，年三十，十一月十六日生。曾祖贵。祖福。父琮。母沈氏。慈侍下。弟富。娶支氏。应天府乡试第五十七名，会试第一百六十八名。

李钧，贯江西吉安府永新县，民籍。县学增广生。治《易经》。字许国。行五，年四十三，五月二十五日生。曾祖贯章。祖天祐。父益友。母旷氏。具庆下。兄许明、许坚、许衡、许振。弟许励。娶刘氏。江西乡试第三十名，会试第一百四十三名。

俞钦，贯浙江绍兴府新昌县，民籍。县学增广生。治《书经》。字振恭。行一，年二十一，正月二十一日生。曾祖明德。祖用贞。父廷献。母章氏。重庆下。弟镋。娶吕氏。浙江乡试第五十四名，会试第一百五十七名。

胡钦，贯江西吉安府庐陵县，民籍。国子生。治《礼记》。字钦承，行三，年四十一，十月初七日生。曾祖希圣。祖文炳，温县知县。父履道。母李氏。慈侍下。兄善、政。娶邹氏。继娶萧氏、邹氏。江西乡试第十八名，会试第八十四名。

王琳，贯江西吉安府吉水县，民籍。县学增广生。治《书经》。字充献。行一，年二十四，闰四月二十日生。曾祖义实。祖子襄。父德威。母郭氏。重庆下。弟瑜、琏。娶李氏。江西乡试第四十五名，会试第一百二十九名。

相杰，贯顺天府大兴县，匠籍。直隶松江府华亭县人，儒士。治《春秋》。字世英。行二，年二十四，七月初二日生。曾祖元。祖国贤。父荣。母鲍氏。具庆下。兄俊。聘刘氏。顺天府乡试第三十七名，会试第十九名。

陈嘉猷，贯浙江绍兴府余姚县，官籍。儒士。治《礼记》。字世用。行七，年二十九，六月十八日生。曾祖达道。祖性善，吏部郎中。父赞，广东布政司左参议。叔宾，昆山县学教谕。母姚氏。具庆下。弟嘉瑞。娶徐氏。浙江乡试第一百四十七名，会试第五名。

陈僎，贯直隶苏州府吴县，官籍。儒士。治《易经》。字汝翼。行八，年三十，八月二十一日生。曾祖均锡，赠资德大夫正治上卿都察院左都御史。曾祖母徐氏，赠夫人。祖孟玉，赠资德大夫正治上卿都察院左都御史。祖母高氏，赠夫人。伯镒，资德大夫正治上卿都察院左都御史。父铸。母顾氏。具庆下。兄佶、僖、仅、俨、仰、俊、仪。弟偟、儒、备、倎、佺、传、作、佖、伷、俸。娶周氏。应天府乡试第十四名，会试第一百六十一名。

杨守陈，贯浙江宁波府鄞县，民籍。县学增广生。治《易经》。字维新。行十，年二十七，闰七月十七日生。曾祖浩卿。祖九畴。父自惩，泉州府仓副使。母张氏。重庆

602

下。弟守防、守随、守阯、守隅、守隰、守陉、守阈、守隅。娶丁氏。浙江乡试第一名，会试第十三名。

张玑，贯山东济南府齐东县，民籍。国子生。治《诗经》。字宗璇。行二，年三十，十二月十四日生。曾祖士诚。祖友谅。父祯，户部主事。母郑氏。严侍下。兄琏。弟瑄，阴阳训术；济民；顺民。娶袁氏。山东乡试第十五名，会试第九十九名。

陶复，贯江西建昌府南城县，军籍。县学生。治《书经》。字仕亨。行十，年三十四，十二月二十八日生。曾祖伯瑛。祖孟芳。父平孚。母杨氏。江西乡试第二十九名，会试第二十六名。

邓顺，贯四川泸州军籍，州学增广生。治《书经》。字行健。行一，年二十五，三月初八日生。曾祖胜祖。祖陈珷。父俊。母杨氏。具庆下。弟颐、颜。娶戴氏。四川乡试第十二名，会试第九十三名。

周达，贯江西吉安府安福县，军籍。县学生。治《易经》。字翔凤。行四，年三十六，七月十四日生。曾祖以忠。祖明德。父奇节。母刘氏。慈侍下。兄贵、显。从兄监，同科进士。弟得、仪。娶邓氏。江西乡试第六十八名，会试第一百六十七名。

欧阳复，贯湖广郴州桂阳县，军籍。国子生。治《诗经》。字时亨。行一，年二十七，十一月二十八日生。曾祖志聪。□□□。父道安。母何氏。具庆下。□□□。娶何氏。湖广乡试第（下缺），会试第三十二名。

夏埙，贯浙江台州府天台县，民籍。国子生。治《诗经》。字宗成。行三，年二十九，二月初五日生。曾祖伯忠。祖廷荩。父太愚。母丁氏。具庆下。从兄奎、壁。弟垌、垲、堡、埛。娶卢氏。浙江乡试第五十四名，会试第八十三名。

高明，贯江西广信府贵溪县，民籍。县学生。治《诗经》。字上达。行二，年三十，十一月二十五日生。曾祖原杰。祖则铭。父吉昌。母樊氏。具庆下。兄异。弟厚。娶徐氏。江西乡试第六十五名，会试第六十名。

江玭，贯浙江杭州府仁和县，民籍。国子生。治《礼记》。字用良。行五，年三十九，五月二十六日生。曾祖一清。祖玘。父通。娶陈氏。严侍下。兄瓘、瑛、璇。弟珪、瑞。娶陆氏。浙江乡试第三十四名，会试第十名。

罗洪，贯浙江台州府黄岩县，灶籍。县学生。治《诗经》。字从范。行一，年三十，二月十二日生。曾祖景辉。祖宁隐。父永端。母王氏。具庆下。弟涣、伦、廉、渐。娶童氏。浙江乡试第七名，会试第一百十四名。

章格，贯直隶苏州府常熟县，官籍。国子生。治《诗经》。字韶凤。行三，年二十六，七月初四日生。曾祖日敬。祖焕文。父珪，前监察御史。前母陆氏，母李氏。重庆下。兄仪，平湖县学训导；表，同科进士。从兄度，庚午贡士。弟律、楷。娶郁氏。应天府乡试第五十七名，会试第一百五名。

周澂，贯武功中卫，军匠籍，直隶苏州府吴县人。国子生。治《诗经》。字伯渊。行一，年三十，五月初四日生。曾祖福。祖仲斌。父士杰。母李氏。具庆下。弟灊。娶赵氏。顺天府乡试第十名，会试第一百六十九名。

张海，贯直隶淮安府安东县，民籍。锦衣卫军余。治《易经》。字朝宗，行一，年二十四，六月二十四日生。曾祖机。祖忠。父礼。母夏氏。具庆下。未娶。顺天府乡试第九十一名，会试第一百九十三名。

陈鸿渐，贯福建福州府连江县，民籍。县学生。治《易经》。字廷仪。行十，年二十六，六月二十六日生。曾祖子安。祖著。父文亮。母林氏。具庆下。兄宇清。弟庆源。娶林氏。福建乡试第五十一名，会试第七十名。

顾珣，贯直隶苏州府吴县，民籍。县学增广生。治《易经》。字文之。行一，年二十七，正月十五日生。曾祖德甫。祖思聪。父孟惠。母夏氏。具庆下。弟理、琦、玹。娶闾丘氏。应天府乡试第一百十四名，会试第一百十六名。

潘本愚，贯广东惠州府博罗县，民籍。国子生。治《礼记》。字克明。行一，年三十五，六月初八日生。曾祖贵卿。祖颖。父义。母张氏，继母郑氏。具庆下。弟本曾；本和；本恭，甲子贡士；本顺；本诚；本浃；本沔。娶李氏。继娶刘氏。应天府乡试第四十五名，会试第七十四名。

陆昶，贯直隶苏州府常熟县，民籍。县学增广生。治《易经》，字孟昭。行一，年二十八，八月二十二日生。曾祖善卿。祖士能。父公珮。母徐氏。具庆下。弟昺、昊。娶项氏。应天府乡试第二十三名，会试第一百二十七名。

童轩，贯江西饶州府鄱阳县，民籍。应天府学增广生。治《书经》。字志昂。行十一，年二十七，四月二十八日生。曾祖元凯。祖金友。父碧瑄。母章氏，生母陶氏。慈侍下。兄忠、懋、惠。娶陈氏。应天府乡试第六十七名，会试第四十六名。

童缘，贯浙江杭州府钱塘县，匠籍。大兴县儒士，治《书经》。字大璋，行一，年二十七，五月二十三日生。曾祖兴祖。祖彦明。父复初。母王氏。具庆下。弟琮、瑾、瑛。娶王氏。顺天府乡试第一百六十九名，会试第四十六名。

李毓，贯直隶苏州府常熟县，军籍。国子生，治《诗经》。字廷秀，行一，年三十三，十一月十六日生。曾祖受益。祖子敬。父宗善。母姚氏，继母邹氏。具庆下。弟奎。娶席氏，继聘章氏。应天府乡试第九十三名，会试第一百八名。

邓明，贯江西吉安府安福县，军籍。国子生，治《易经》。字允哲，行四，年四十，九月二十二日生。曾祖仁芳。祖伯彦。父祥端。母周氏。具庆下。弟凝。娶彭氏。江西乡试第十名，会试第四十三名。

陈蕙，贯江西吉安府永丰县，民籍。国子生，治《书经》。字秀仪，行四，年三十六，正月初五日生。曾祖无息。祖秉中。父伯威。母罗氏。具庆下。兄凤仪。弟琠仪。娶钟氏。江西乡试第六名，会试第七十六名。

据《景泰二年进士登科录》，第三甲一百二十三名，赐同进士出身。履历如下：

曹衡，贯浙江台州府临海县，军籍。府学生，治《书经》。字宗衡，行三，年三十九，六月初九日生。曾祖仲清。祖贵厚。父升，泉州府学教授。前母贺氏，母应氏。慈侍下。兄岚、宏。弟岊。娶苏氏。乡试第八十名，会试第五十六名。

李璸，贯江西南昌府丰城县，军籍。府学增广生，治《春秋》。字世望，行八，年二十八，二月二十二日生。曾祖彦明。祖宗海。伯南华，翰林院孔目。父南晖。母屈氏。具庆下。兄世章；世英；世昌；世业；世珩，举人；世真；世诚。娶黄氏。江西乡试第一百八名，会试第二十九名。

彭烈，贯江西吉安府庐陵县，民籍。国子生，治《诗经》。字肇烈，行五，年三十，八月初六日生，曾祖民宪。祖如璋。父敏高。母郭氏，慈侍下。兄肇谟。娶李氏。江西乡试第二十七名，会试第九十六名。

周钦，贯南京水军右卫，军籍。国子生，治《礼记》。字守敬，行一，年三十四，九月二十四日生。曾祖孟旭。祖觉晓。父智。母祁氏。具庆下。弟鉴。娶邢氏。应天府乡试第九十七名，会试第二十名。

王祥，贯四川成都府资县，军籍。顺天府武清县学军生，治《春秋》。字元吉，行一，年三十一，九月初九日生。曾祖普恕。祖应先。父源。母苏氏。具庆下。娶汪氏。顺天府乡试第一百十一名，会试第一百七十一名。

王越，贯直隶大名府睿县，民籍。县学增广生，治《易经》。字世昌，行一，年二十六，十一月初五日生。曾祖显道，元金牌千户。祖子忠，阴阳学训术。父颐，阴阳学训术，致仕。母张氏。具庆下。娶孙氏。顺天府乡试第三名，会试第三十三名。

吴琛，贯直隶太平府繁昌县，民籍。县学增广生，治《书经》。字舆璧，行二，年二十四，七月十二日生。曾祖可立。祖廷升。父思聪。叔思义，虎贲左卫仓副使。母蒋氏。具庆下。兄玢。从弟安、珊。聘章氏。应天府乡试第八十八名，会试第一百六十名。

张业，贯江西吉安府安福县，民籍。府学增广生，治《书经》。字振烈，行二，年三十六，九月十九日生。曾祖宗蔺。祖如旭，祁阳县学教谕。父行。母刘氏，继母刘氏。具庆下。兄德。弟宪、教。娶周氏。江西乡试第一名，会试第一百二名。

刘敩，贯江西吉安府永新县，民籍。香河县学增广生。治《礼记》。字叔荣，行三，年三十一，四月初五日生。曾祖子桓。祖晏成。父道麟。母汤氏。慈侍下。兄敦，敳。弟敛、攸。娶周氏。顺天府乡试第九名，会试第一百五十九名。

徐安行，贯浙江温州府永嘉县，民籍。国子生，治《书经》。字允端，行三，年四十四，二月二十日生，曾祖世辅。祖公伟。父仕俨。母刘氏。慈侍下。兄韫、韬。弟龄。娶许氏。应天府乡试第五十二名，会试第一百四十名。

严诚，贯湖广安陆州京山县，民籍。国子生，治《春秋》。字克诚，行三，年三十三，十一月初五日生，曾祖寿荣。祖文政。父亨，大同府学教授。前母王氏，母虞氏。慈侍下。兄克敬、克仁。弟克俭、克让。娶张氏。湖广乡试第一名，会试第一百五十二名。

尤瓒，贯四川成都府内江县，军籍。国子生，治《书经》。字贵之，行一，年三十八，九月初九日生。曾祖道真。祖兴文。父其。母刘氏。重庆下。弟希清、希南、希邦。娶王氏。四川乡试第四十五名，会试第八十二名。

伍善，贯四川重庆府合州，民籍。国子生，治《易经》。字元吉，行四，年三十二，十一月初十日生。曾祖省二。祖文贵。父仕敏。母董氏。永感下。兄善能、善治、善礼。娶李氏。四川乡试第二十一名，会试第四十八名。

汤懋，贯江西吉安府永丰县，民籍。国子生，治《礼记》。字攻勉，行五，年三十六，正月二十日生，曾祖福可。祖钦明。父成尹。母徐氏。慈侍下。兄攻玉、攻器、伊训、攻石。娶张氏。应天府乡试第一百二十二名，会试第一百三十二名。

蔡升，贯河南开封府祥符县，军籍。国子生，治《书经》。字孟旸，行二，年三十五，六月二十三日生。曾祖清甫。祖时中。父遵道。母刘氏，具庆下。兄旻。弟暠、昌、暹。娶刘氏。河南乡试第二十八名，会试第一百名。

陈颢，贯（下缺）济宁州，民籍。州学增广生，治《诗经》。字□□，行三，年三十八，八月二十六日生，曾祖祖道。祖得新。父克远。母刘氏，慈侍下。兄自然、宗大。娶张氏。山东乡试第三十六名，会试第九十名。

朱锐，贯顺天府通州，军籍。州学生，治《诗经》。字廷钺，行二，年三十一，六月初十日生。曾祖子贵。祖成。父玉。母刘氏。具庆下。兄铭。娶王氏。顺天府乡试第九十三名，会试第一百二十六名。

莫灏，贯顺天府宛平县，民籍。国子生，治《诗经》。字景渊，行一，年二十九，四月初七日生。曾祖子琪，全州知州。祖孟恭。父伯旸。母李氏。重庆下。弟颚、颙。娶金氏，继娶张氏。顺天府乡试第一名，会试第一百八十六名。

欧贤，贯广西梧州府苍梧县，民籍。国子生，治《书经》。字宗德，行一，年二十七，六月十四日生。曾祖惟礼。祖仕荣。父纪，前母曹氏，母周氏。重庆下。弟良。娶赵氏。广西乡试第二十二名，会试第一百八十一名。

高禋，贯直隶松江府华亭县，官籍。国子生，治《诗经》。字惟寅，行一，年三十一，八月初一日生，曾祖德初，猗氏县知县。祖景声，黎平府学教授。父思成。母宋氏，继母蒋氏。慈侍下。从兄崧，庚午贡士。弟禧，祚，祯。娶陈氏。应天府乡试第二十五名，会试第一百四十一名。

刘俭，贯江西饶州府浮梁县，民籍。国子生，治《书经》。字宗禹，行四，年三十八，六月初六日生。曾祖隆文。祖自诚。父仕琳。母程氏。慈侍下。兄温。弟让，肃，从弟骥。娶严氏。江西乡试第四十九名，会试第一百七十名。

胡炼，贯江西吉安府庐陵县，民籍。县学增广生，治《诗经》。字允智。行四，年二十九，十二月二十日生，曾祖德可。祖宗铭。父弘敷。母萧氏。具庆下。兄允仁，允义，允礼。弟允信。娶萧氏。江西乡试第二十一名，会试第一百六十五名。

郑林，贯浙江衢州府常山县，民籍。国子生，治《易经》。字伯森，行七，年三十六，十二月二十一日生。曾祖逢原。祖彦通。父文瓘。母曹氏。具庆下。兄橹，相。娶徐氏。浙江乡试第十三名，会试第二十八名。

樊冕，贯锦衣（下缺）司，军匠籍。山西平阳府蒲州荣河县人，国子生，治《书经》。字景瞻，行六，年二十九，九月十四日生。曾祖游道。祖仲安。父致善。母窦氏。具庆下。兄皓，昭，晖，暟。娶莫氏。顺天府乡试第四十三名，会试第一百九十五名。

林孔滋，贯福建福州府怀安县，民籍。府学生，治《易经》。字孔滋，行八，年二十九，十二月二十五日生。曾祖以贞。祖文祥。父彦明。母陈氏。慈侍下。弟孔成。娶吴氏。福建乡试第三十九名，会试第六名。

游明，贯江西南昌府丰城县，军籍。国子生，治《诗经》。字大升，行十，年三十九，二月十四日生。曾祖善初。祖叔珣。父迩思。母甘氏。具庆下。兄大韶，大昭，大本，大晖。弟大昌，大晟，大旭。娶曾氏。江西乡试第十一名，会试第一百二十四名。

丁信，贯河南开封府祥符县，民籍。县学生，治《诗经》。字诚之，行七，年二十四，十二月初七日生。曾祖伯冈。祖德。父瑄。母王氏。慈侍下。兄智，麟，凤，鹏，敏，忠。娶杨氏。河南乡试第三十四名，会试第八十六名。

陈善，贯福建兴化府莆田县，盐籍。府学生，治《书经》。字崇谦，行三十二，正月十九日生。曾祖一甫。祖文擅。父叔度。母林氏。慈侍下。弟崇勤，照。娶郑氏。福建乡试第二十八名，会试第七十九名。

戚宁，贯河南卫辉府新乡县，民籍。国子生，治《易经》。字永康，行二，年三十一，九月二十五日生。曾祖文兴。祖顺。父泰。嫡母瞿氏，母时氏。具庆下。兄荣。弟奈。娶朱氏。河南乡试第十一名，会试第三十八名。

郭本，贯广西柳州卫融县守御千户所，军籍。国子生，治《诗经》。字道充，行一，年二十九，三月初五日生。曾祖必贵。祖谅。父政。母彭氏。具庆下。弟禾，本，齐。娶刘氏。广西乡试第二十一名，会试第二十二名。

程宗，贯直隶苏州府常熟县，民籍。县学生，治《诗经》。字源伊，行一，年二十六，七月十七日生。曾祖伯高。祖士迪。父景和。母张氏。具庆下。弟源泰，宪。娶谭氏。应天府乡试第二十名，会试第一百十八名。

吴诚，贯浙江杭州府钱塘县，民籍，府学生，治《礼记》。字尚忠，行四，年二十九，十一月初五日生。曾祖子昌。祖原敬。父士宁。母徐氏。具庆下。兄谦，让，谨，从兄谊，谧。弟谏，谅。娶王氏，浙江乡试第六十三名，会试第九十八名。

刘彝，贯江西吉安府安福县，军籍。县学生，治《春秋》。字惇伦，行一，年四十五，六月二十七日生。曾祖子伟。祖允敬。父弘仁。嫡母王氏，母唐氏。永感下。弟惇资，惇厚。娶旷氏，江西乡试第四名，会试第四十四名。

杨青，贯浙江嘉兴府桐乡县，军籍。县学生，治《书经》。字士昂，行一，年二十九，五月十一日生。曾祖德顺。祖希孟。父述，监利县学教谕。母苏氏，继母潘氏。重庆下。弟表，素。娶石氏。

刘昭，贯陕西西安府郑州，民籍。国子生，治《礼记》。字克明，行三，年二十七，七月二十一日生。曾祖让。祖文贵。父琮。母卢氏，继母杨氏。具庆下。兄昕，暄。弟昉，晰。娶陈氏。陕西乡试第五名，会试第二十五名。

阳显嘉，贯江西吉安府吉水县，军籍。国子生，治《书经》。字谦亨，行一，年三十一，二月二十二日生。曾祖道立。祖世铭。父贵怡。母陈氏。具庆下。弟显恭。娶朱氏。广东乡试第十六名，会试第一百五十三名。

严宪，贯河南开封府扶沟县，民籍。国子生，治《书经》。字廷章，行二，年二十三，十二月十三日生。曾祖二公。祖整。父恭。母黄氏，继母李氏。重庆下。兄忠。弟憃，惥，懿。聘杨氏。河南乡试第二十六名，会试第一百八十七名。

许伦，贯广东潮州府潮阳县，民籍。国子生，治《书经》。字宗彝，行一，年四十，十二月初三日生。曾祖铭溪。祖岐隐。父信。母赖氏。具庆下。娶王氏。广东乡试第三十一名，会试第三名。

杨福，贯直隶永平卫，官籍。永平府学武生，治《易经》。字孟禧，行一，年二十九，四月二十九日生。曾祖鹏飞，元兴州知州。祖成。伯兴，所镇抚，致仕。父旺。母俞氏。具庆下。弟褕，祥。从弟清。娶李氏。顺天府乡试第二百一十六名，会试第一百八十名。

刘纪，贯四川重庆府涪州，民籍。国子生，治《书经》。字理之，行三，年三十三，六月三十日生。曾祖法祖。祖思义。父澄。母吴氏，永感下。兄本，纲。娶冷氏。四川乡试第三名，会试第六十九名。

王佐，贯福建福州府侯官县，民籍。府学生，治《春秋》。字彦弼，行二，年二十九，正月十一日生。曾祖潜，赠翰林院修撰。祖问。父立。母林氏。永感下。娶林氏。福建乡试第二十二名，会试第三十九名。

岳璇，贯河南开封府祥符县，匠籍。县学生，治《诗经》。字文玑，行三，年三十二，二月初七日生。曾祖景高。祖德厚。父秉翼。母张氏。永感下。兄磐，珍。弟泰。娶王氏。河南乡试第三十一名，会试第九十四名。

张鹏，贯直隶保定府易州涞水县，军籍。国子生，治《诗经》。字腾霄，行一，年三十二，十一月初六日生。曾祖思义。祖彝，庆府长史。父桀，兵部主事。母初氏。永感下。娶于氏，继娶左氏。顺天府乡试第十四名，会试第一百八十二名。

龙需，贯江西吉安府永新县，民籍。县学生，治《易经》。字邦举，行一，年三十七，十二月十八日生。曾祖伯彦，元广东通判。祖沄。父子珠。母周氏。具庆下。弟霆，雩。娶胡氏。江西乡试第一百一十四名，会试第九十一名。

盛颙，贯直隶常州府无锡县，民籍。国子生，治《书经》，字时望，行一，年三十四，四月二十日生。曾祖茂之。祖子实。父文珪。母马氏。具庆下。弟颐，灏，顽，颛，项。娶殷氏，继娶顾氏。应天府乡试第七十名，会试第六十四名。

刘观，贯直隶常州府武进县，民籍。府学生。治《诗经》。字廷宾，行一，年二十八，九月二十七日生。曾祖新。祖玘。父孟碻。母王氏。具庆下。弟迪，雅，聘，制，声。娶陈氏。应天府乡试第七名，会试第二十七名。

赵瑛，贯河南怀庆府河内县，军籍。国子生，治《诗经》。字玉辉。行一，年二十九，三月初九日生。曾祖凤。祖文质。父景新。母杨氏，继母齐氏。重庆下。弟璈。娶杜氏。河南乡试第三十名，会试第一百九十二名。

阎铎，贯陕西西安府兴平县，军籍。国子生，治《书经》。字文振，行三，年二十九，十月二十九日生。曾祖遵道。祖秉直。父通，溧水县巡检。母张氏。具庆下。兄镇，钊。娶康氏。陕西乡试第六名，会试第九十七名。

邵思祥，贯浙江衢州府常山县，民籍。县学生，治《春秋》。字梦麟，行一，年三十四，正月初三日生。曾祖正友。祖保。父信贤。母陈氏，继母鲁氏、江氏。具庆下。弟文祥。娶赵氏。浙江乡试第二十八名，会试第一百九十九名。

杨琎，贯山西太原府祁县，民籍。国子生，治《诗经》。字文玉，行一，年三十三，六月二十七日生。曾祖思孝。祖宣。父英。母贾氏。重庆下。弟瑜，瓒。娶王氏。山西乡试第二十一名，会试第一百五十一名。

李烨，贯山东兖州府沂州，民籍。州学生，治《书经》。字宗文，行一，年二十六，正月二十三日生。曾祖仲安。祖士能。父臻。母刘氏。具庆下。弟炫。娶范氏。山东乡试第七名，会试第一百九十八名。

欧阳熙，贯江西吉安府泰和县，民籍。国子生，治《春秋》，字时熙，行一，年二十九，十月二十三日生，曾祖观民。祖贤，国子监助教，赠吏部主事。伯哲，四川按察司副使；洙，河南按察司副使；汤，刑部员外郎。父广涧。母王氏。具庆下。弟勋。娶萧氏，继娶吴氏。江西乡试第二十一名，会试第二十四名。

李牧，贯广东肇庆府四会县，民籍。国子生，治《诗经》。字克治，行一，年二十九，十月二十九日生。曾祖与立。祖则诚。父琼。叔璏。母王氏。具庆下。弟政，彻。娶罗氏，继娶张氏。广东乡试第八十四名，会试第七十一名。

郭纪，贯山西大同府大同县，民籍。国子生，治《易经》。字彦理，行三，年三十三，八月初五日生。曾祖宗坚。祖仁辉。父良，应天府知事。先母刘氏，母王氏，慈侍下。兄经，纲。弟缙，纯，缨。娶杨氏。山西乡试第一名，会试第一百八十八名。

吴立，贯江西广信府贵溪县，民籍。县学生，治《书经》。字大本，行十二，年三十七，十二月十二日生。曾祖敬明。祖贵远。父世洪。母毕氏。重庆下。兄大春，大章，大成。娶张氏。江西乡试第七十五名，会试第一百五十五名。

郑纮，贯四川成都府简县，灶籍。府学生，治《书经》。字士冕，行一，年三十四，八月初一日生。曾祖元益。祖朝杰。父宗仁。母彭氏。具庆下。弟纲。娶丘氏。四川乡试第十四名，会试第一百三十八名。

李胜，贯直隶永平卫，官籍。国子生，治《易经》。字惟吉，行三，年三十二，八月二十八日生。曾祖成。祖虎，永平卫指挥佥事。父广，永平卫指挥使。嫡母间氏，母刘氏。慈侍下。兄刚。弟英，雄，进。娶曹氏。顺天府乡试第二十七名，会试第七十五名。

叶鸾，贯直隶庐州府舒城县，军籍。县学生，治《易经》。字应和，行一，年三十三，五月二十二日生。曾祖道华。祖添成。父惟馨。母黄氏。具庆下。弟凤。娶魏氏。应天府乡试第六十八名，会试第一百二十名。

吴琛，贯福建兴化府莆田县，民籍。府学增广生，治《书经》。字景良，行二，年二十二，七月初六日生。曾祖子才。祖孔诚。父俨，安福县学训导。母张氏。具庆下。

兄景献。弟景粲，珙，珉。娶张氏。福建乡试第十四名，会试第一百四十二名。

邵能，贯浙江绍兴府会稽县，军籍。府学生，治《礼记》。字舜宾，行一，年二十七，七月十七日生。曾祖存忠。祖继先。父初。母郦氏。重庆下。弟勋。娶王氏。浙江乡试第八十一名，会试第一百二十三名。

靳敏，贯直隶凤阳府泗州盱眙县，军籍。县学生，治《诗经》。字时逊，行三，年二十八，十月二十日生。曾祖彦彬。祖文昺。父汝敬。母李氏。重庆下。兄贵，聪。弟广，瑄，瑛。娶李氏。应天府乡试第一百九十三名，会试第一百三十五名。

罗晟，贯云南临安卫，军籍。四川重庆府巴县人。国子生，治《书经》。字公亮，行一，年四十四，八月初八日生。曾祖廷振。祖添奇。父镛。母江氏。具庆下。弟昊，旻，㬥。娶杨氏，继娶朱氏。云南乡试第六名，会试第三十六名。

郝渊之，贯陕西延安府绥德州，民籍。国子生，治《易经》。字希颜，行一，年三十三，六月十五日生。曾祖用良，元□户。祖惟，宁府奉祠。父铣，鲁山县知县。母田氏，继母樊氏、靳氏。严侍下。从兄志学，国子生；志道。弟潜之，澄之。娶李氏，陕西乡试第二十一名，会试第五十八名。

龚谦，贯直隶扬州府高邮州，民籍。州学生，治《诗经》。字廷益，行三，年二十九，十二月初八日生。曾祖思贤。祖文礼。父克新，淳安县知县。母张氏。具庆下。兄廷节，廷美。娶马氏。应天府乡试第一百七名，会试第七十八名。

缪朴，贯直隶苏州府常熟县，军籍。县学增广生。治《诗经》。字尚质，行三，年四十，四月二十二日生。曾祖行之。祖履道。父原善。母贝氏。永感下。兄枢，机。弟椿。娶严氏，继娶吕氏。应天府乡试第一百二十四名，会试第一百五十四名。

李直，贯江西广信府贵溪县，民籍。县学增广生，治《礼记》。字行斐，行二十三，年三十四，四月初三日生。曾祖名远。祖献，赠兵部主事。父应庚，肇庆府知府。母祝氏，封安人。慈侍下。兄敬；义，常山县学训导。从弟学，本府学训导。弟通。娶徐氏。江西乡试第十名，会试第三十五名。

章亮，贯浙江杭州府仁和县，匠籍。府学生，治《书经》。字文焕，行二，年二十九，九月二十二日生。曾祖良。祖景文。父平。母陈氏。具庆下。兄谏。弟议，谨。娶屠氏。浙江乡试第五十八名，会试第一百四十六名。

杨荣，贯四川眉州青神县，军籍。县学生，治《诗经》。字以仁，行二，年三十六，十月十六日生。曾祖必富。祖文寿。父敏。母郑氏。慈侍下。兄栋。弟郁，杰。娶曾氏。四川乡试第七十四名，会试第一百三十名。

张瑄，贯江西瑞州府高安县，民籍。国子生，治《诗经》。字廷圭，行三，年三十，四月二十三日生。曾祖文真。祖仕隆。父仲斌。叔铭，国子生。母朱氏。具庆下。兄琬，琼。弟瑛。娶吴氏。江西乡试第二十八名，会试第一百四十四名。

娄浚，贯浙江温州府永嘉县，民籍。国子生，治《书经》。字潜夫，行二，年三十五，正月初六日生。曾祖珆。祖盛，福建宁德县学教谕。父昕，本府学训导。母刘氏。具庆下。兄徽。弟衡。娶陈氏。浙江乡试第十名，会试第一百十三名。

张信，贯湖广荆州府江陵县，军籍。国子生，治《易经》。字成之，行二，年三十，四月十三日生。曾祖德夫。祖复初。父廷璧。母袁氏，继母周氏。具庆下。兄忠。娶庞氏。湖广乡试第十九名，会试第十八名。

李宏，贯直隶保定府蠡县，军籍。国子生，治《书经》。字有容，行四，年三十二，十月二十三日生。曾祖德全。祖执中。父忠信。母刘氏。具庆下。兄顺，云，宽。娶刘氏。顺天府乡试第八十一名，会试第一百九十一名。

金文，贯浙江处州府丽水县，民籍。县学生，治《易经》。字尚德，行一，年二十，二月十六日生。曾祖善，处州知州。祖叔度，封广东道监察御史。祖母章氏，封太孺人。父恺，广东道监察御史。母高氏，封孺人。重庆下。弟忠，信。娶洪氏。浙江乡试第一百三十二名，会试第八十一名。

谢爝，贯浙江台州府临海县，民籍。国子生，治《诗经》。字世彰，行五，年三十一，十二月初十日生。曾祖衍。祖子温，上饶县学教谕。父教，长汀县学教谕。母龙氏。慈侍下。兄熙，应天府学训导；焕，太平府学训导；煸；颖。弟炳。娶刘氏。福建乡试第二十二名，会试第一百三名。

钟清，贯浙江温州府瑞安县，民籍。县学生，治《易经》。字景清，行七，年三十三，七月二十日生。曾祖仕贵。祖应时。父玉和。嫡母李氏，继母董氏，母李氏。慈侍下。兄侃，位，仜，伟，停，倖。弟偶。娶于氏。浙江乡试第五十九名，会试第二十三名。

白良辅，贯河南府洛阳县，民籍。国子生，治《诗经》。字舜臣，行二，年二十七，十二月初八日生。曾祖仁。祖春。父福。母李氏。具庆下。兄刚。弟良知，良能。娶姚氏。河南乡试第三十九名，会试第一百二十一名。

李衍，贯直隶隆庆州，民籍。国子生，治《礼记》。字文盛，行二，年三十一，二月初七日生。曾祖义。祖均美。父亨。母王氏。慈侍下。兄文。娶黄氏。顺天府乡试第十一名，会试第一百九名。

章规，贯浙江宁波府鄞县，军籍。国子生，治《书经》。字守规，行三，年四十三，九月二十六日生。曾祖用中。祖仲喆。父以武。母陈氏。永感下。兄勤，约。娶裘氏。浙江乡试第四十六名，会试第七十二名。

田斌，贯锦衣卫镇抚司，军匠籍。应天府江宁县人，顺天府学军生，治《诗经》。字尚贤，行三，年二十四，二月二十五日生。曾祖冲远。祖仲坚。父济民。母谈氏，继母王氏。严侍下。兄成，文。弟赋。娶陶氏。顺天府乡试第十一名，会试第一百八十四名。

何汉宗，贯四川成都府温江县，民籍。国子生，治《礼记》。字邦本，行二，年三十六，十二月二十日生。曾祖鼎。祖友德。父荣。母李氏。具庆下。兄应先。弟应祖，应源。娶皮氏，继娶雷氏。四川乡试第十四名，会试第四十五名。

杨学，贯四川重庆府江津县，民籍。县学生，治《春秋》。字文敩，行三，年二十七，九月二十七日生。曾祖道可。祖彦，本县学教谕，赠礼部员外郎。伯旭，礼部员外郎。父旦。母高氏。慈侍下。兄子垣，子坤。娶周氏。四川乡试第六十名，会试第七十七名。

洪弼，贯浙江严州府淳安县，民籍。国子生，治《书经》。字士直，行二，年四十一，九月二十九日生。曾祖□□。祖子达。父宗德。母黄氏。严侍下。兄英。弟华。娶周氏。浙江乡试第六名，会试第五十九名。

秦纮，贯山东兖州府单县，军籍。国子生，治《诗经》。字世缨，行三，年二十六，十月二十九日生。曾祖时中，雷州府知府。曾祖母瞿氏，封安人。祖懿德，肥乡县学教谕。父悦，儒士。母朱氏。重庆下。兄纲，纪。弟绶。聘刘氏。山东乡试第二十三名，会试第八名。

辛访，贯河南开封府许州襄城县，民籍。国子生，治《诗经》。字咨道，行一，年二十六，九月二十五日生。曾祖仲良。祖至善，赠户部主事。伯泰，礼部郎中；鼎，元城县学教谕。父文逊。母蔚氏，具庆下。从兄诚，盩厔县学训导。娶王氏。河南乡试第三名，会试第一百九十四名。

王惟善，贯云南嵩明州人，南京鹰扬卫官籍，应天府学武生，治《春秋》。字惟善，行一，年三十三，十二月初二日生。曾祖良。祖子秀。父胤贤。母太氏。慈侍下。娶吴氏。应天府乡试第五十名，会试第一百四十七名。

潘镛，贯应天府上元县，民籍。国子生，治《诗经》。字克鸣，行一，年三十九，九月二十九日生。曾祖贵成。祖道荣。父彦举。母徐氏。慈侍下。娶闵氏。应天府乡试第九十九名，会试第九十二名。

章表，贯直隶苏州府常熟县，官籍。县学生，治《书经》。字翔凤，行二，年二十八，正月二十日生。曾祖日敬。祖焕文。父珪，前监察御史。前母陆氏，母李氏。重庆下。兄仪，平湖县学训导。弟格，同科进士；律；楷。从弟度，庚午贡士。娶汤氏。应天府乡试第一名，会试第二十一名。

杨昶，贯顺天府大兴县，匠籍。浙江仁和县人。府学生，治《诗经》。字来明，行一，年二十六，四月二十六日生。曾祖景元。祖彦珣。父孟仁。母沈氏，继母张氏。具庆下。弟昱。娶周氏。顺天府乡试第二十七名，会试第一百八十九名。

项倬，贯江西吉安府龙泉县，民籍。县学生，治《诗经》。字所洪，行六，年三十七，五月十六日生。曾祖凤梧，元潞州学正。祖崇。伯深，赠前军都督，府经历。父浩。母郭氏。慈侍下。兄伦，侃，僖，俛，倬。从兄棐，汝宁府知府。娶罗氏。江西乡试第三十七名，会试第一百一名。

黄晖，贯江西南康建昌县，军籍。县学生，治《书经》。字有融。行二，年二十九，十一月十七日生。曾祖明哲。祖伯琛。父大雅。母涂氏。具庆下。兄箕。弟昴，觜，寿，玄，庆。娶陈氏。江西乡试第一百名，会试第八十五名。

张瑄，贯顺天府大兴县，匠籍，浙江仁和县人，儒士，治《春秋》。字廷玺，行一，年二十五，十一月初六日生。曾祖得中。祖文玉。父义。母黄氏。具庆下。弟珩，琳，琛。娶王氏。顺天府乡试第十七名，会试第一百六名。

姚旭，贯直隶安庆府桐城县，民籍。县学生，治《书经》。字景旸，行四，年三十五，六月十三日生。曾祖子华。祖仲义。父宗显。母范氏。慈侍下。兄昱，旻，昶。弟昭。娶余氏。应天府乡试第一百三十二名，会试第一百十九名。

王仪，贯直隶苏州府常熟县，民籍。县学生，治《书经》。字叔章，行二，年三十五，十一月十九日生。曾祖守道，本县学训导。祖士巽。父以诚。母连氏。具庆下。兄胤。弟侃，佶。娶匡氏。应天府乡试第四十七名，会试第一百八十三名。

汪清，贯河南汝宁府光州固始县，军籍。国子生，治《礼记》。字源洁，行三，年二十八，二月二十七日生。曾祖海。祖谭。父鉴。母赵氏。具庆下。兄澄，涌。弟瀛，溥。娶熊氏。河南乡试第十四名，会试第一百九十名。

王智，贯四川泸州，民籍。国子生，治《书经》。字廷鉴，行五，年三十五，正月十二日生。曾祖国才。祖兴祖。父昭。母汪氏。具庆下。兄俊、仁、义、礼。弟聪、恭。娶黄氏，继娶张氏。四川乡试第二十八名，会试第十一名。

彭信，贯浙江杭州府仁和县，民籍。府学生，治《礼记》。字中孚，年三十一，十二月十一日生。曾祖程远。祖宗庆。父宗善。母姚氏。具庆下。兄恭，宽。弟敏。娶王氏，继娶严氏。浙江乡试第一百十八名，会试第三十名。

庄歙，贯直隶徽州府歙县，民籍。府学增广生，治《春秋》。字尚源，行二，年三十二，四月二十日生。曾祖琼。祖永宁，赠陕西按察佥事。父观，陕西按察司副使，致仕。母余氏，赠宜人。严侍下。兄徽。弟宸，楚，吉，秦。娶余氏。应天府乡试第四十二名，会试第十四名。

郑佑，贯顺天府大兴县，民籍。浙江衢州府常山县人。儒士，治《春秋》。字孔佐，行十，年三十一，三月初十日生。曾祖辰表。祖善同。父景元。母王氏。严侍下。兄伦，亿。弟倘，俊。娶徐氏。顺天府乡试第二十六名，会试第一百二十二名。

丁玘，贯山东济南府章丘县，民籍。国子生，治《诗经》。字文珩，行二，年四十三，八月二十八日生。曾祖友谅。祖叔谦，泉州府经历。父正阳。母李氏。永感下。兄璘。娶朱氏。山东乡试第三十一名，会试第一百五十八名。

李人仪，贯四川重庆府荣昌县，军籍。府学生，治《礼记》。字士杰，行三，年三十五，七月初一日生。曾祖和轻。祖世用。父渊，直隶砀山县□□。前母李氏，母戴氏。慈侍下。兄人修，人佶。娶张氏。四川乡试第十名，会试第四十九名。

钟同，贯江西吉安府永丰县，民籍。县学生，治《礼记》。字世京，行一，年二十九，四月初一日生。曾祖伯夔。祖梦弼，赠翰林院编修。父复，翰林院修撰。母黄氏，封孺人。慈侍下。娶彭氏，继娶罗氏。江西乡试第三十五名，会试第五十名。

应钦，贯浙江台州府黄岩县，民籍。县学生，治《书经》。字志钦，行九，年三十四，二月初四日生。曾祖维召。祖谷成，山西太原府大使。父谔，直隶广平府学教授。前母林氏，母李氏。具庆下。兄阖；韶，直隶武镇县学教谕；闳。弟广平、祐。娶王氏，继聘虞氏。浙江乡试第九十名，会试第三十一名。

庄升，贯四川成都府成都县，军籍。县学增广生，治《礼记》。字景旸，行一，年三十一，七月十四日生。曾祖实琅。祖本畊。父凯。母张氏。永感下。娶陆氏，继娶徐氏。四川乡试第十九名，会试第六十二名。

郑冕，贯江西饶州府乐平县，民籍。府学增广生，治《诗经》。字宜端，行一，年三十四，正月初九日生。曾祖廷鸾。祖天锡。伯聪，登州府学训导。父贡，任伴读。母程氏。具庆下。兄腾。弟冨，景，昂，昺，昊，旦，晨。娶戴氏。江西乡试第七名，会试第一百二十八名。

曹景，贯直隶应天府句容县，民籍。县学生，治《诗经》。字廷彰，行十五，年三十八，正月十一日生。曾祖仲达，赠吏部右侍郎。祖均昂，封翰林院编修，赠吏部右侍郎。父子琛。叔义，吏部尚书。母高氏。具庆下。兄皓。从弟冕，序班。娶孔氏，继娶龙氏。应天府乡试第一百九十九名，会试第四十二名。

董廷圭，贯湖广岳州府华容县，军籍。县学生，治《书经》。字国器，行四，年二十六，七月二十四日生。曾祖荣孙。祖必诚。父文玉。母张氏。具庆下。兄廷勋，廷惠，廷恺。娶蔡氏。湖广乡试第一名，会试第一百四名。

马文升，贯河南开封府钧州，民籍。国子生，治《诗经》。字负图，行三，年二十六，八月二十七日生。曾祖献。祖志刚。父荣。前母朱氏，母王氏。具庆下。兄文玉，文麟。弟文驭。娶项氏。河南乡试第二十七名，会试第一百九十六名。

徐廷章，贯河南汝宁府罗山县，民籍。县学增广生，治《春秋》。字公器，行一，年二十八，十月二十八日生。曾祖隆。祖继善。父恺。母包氏。慈侍下。弟廷瑁，廷璜，廷珪。娶刘氏。河南乡试第十四名，会试第一百九十七名。

刘泰，贯浙江嘉兴府海盐县，民籍。国子生，治《书经》。字世亨，行七，年三十，八月十五日生。曾祖彦芳。祖廷佐。父景仪。嫡母沈氏，母吴氏。慈侍下。兄昂，显，达，英，雄，杰。弟复，常。娶宋氏。浙江乡试第五十五名，会试第一百五十名。

江朝宗，贯四川重庆府巴县，民籍。府学增广生，治《春秋》。字东之，行一，年二十六，十月十四日生。曾祖德盛。祖荣。父有明。母邢氏。慈侍下。娶杨氏。四川乡试第六名，会试第一百三十四名。

项忄兼，贯浙江宁波府奉化县，民籍。国子生，治《礼记》。字思诚，行三，年二十八，正月十九日生。曾祖子兴。祖孟举。父伯韶。母吕氏。具庆下。从兄怡，国子监助教。兄愉、恒。弟悟、恺、恦、悦。娶王氏。浙江乡试第五名，会试第十名。

吴绰，贯江西吉安府永新县，民籍。县学增广生，治《礼记》。字主宽，行二，年二十八，六月初一日生。曾祖德新。祖贵森。父处泰。母胡氏。具庆下。兄统。弟绦、纠。娶龙氏。江西乡试第六十四名。会试第四十名。

周清，贯直隶常州府无锡县，军籍。应天府学军生，治《书经》。字本澄，行一，年三十四，十二月初七日生。曾祖贤。祖兴。父福。母葛氏。具庆下。娶郑氏。应天府乡试第七十名，会试第一百七十三名。

邓秀，贯江西吉安府安福县，军籍。国子生，治《易经》。字钟英。行一，年三十四，十月初二日生。曾祖伯彦。祖肇端。父允固。叔明，同科进士。母王氏。永感下。

弟钟岳。娶高氏。江西乡试第三十一名，会试第一百三十九名。

张舜，贯直隶庐州府无为州巢县，军籍。国子生，治《春秋》。字行敏，行二，年三十一，正月初八日生。曾祖益。祖胜。父宽。母陈氏。具庆下。兄铭。弟铣，钦。娶向氏。应天府乡试第九十名，会试第八十七名。

左兴，贯江西吉安府永新县，民籍。县学增广生，治《易经》。字杰夫，行一，年三十七，五月初五日生。曾祖继周。祖文刚。父吾安。母王氏，继母王氏。重庆下。弟典，舆。娶张氏，江西乡试第九十名，会试第一百七十二名。

沈玮，贯浙江嘉兴府平湖县，民籍。国子生，治《书经》。字公贵，行五，年三十一，正月二十六日生。曾祖达之。祖珍。父昇，封南京兵部主事。母潘氏，赠安人；继母蔡氏。具庆下。兄渭；泾；溥；琮，南京兵部主事。娶孔氏。浙江乡试第一名，会试第一百十一名。

叶峦，贯福建兴化府莆田县，匠籍。府学生，治《诗经》。字峻甫，行一，年三十四，四月二十六日生。曾祖希贡。祖良正。父瑗。母陈氏。具庆下。兄林。弟亭，康，亮，绪。娶宁氏。福建乡试第三十七名，会试第六十三名。

郑时，贯直隶庐州府舒城县，民籍。县学生，治《易经》。字宗良，行一，年二十九，十月十二日生。曾祖伯仁，赠南京刑部右侍郎。祖以文，封南京刑部右侍郎。父景颢。母王氏。重庆下。弟明，昭，昌，晟。娶黄氏。应天府乡试第二百九十八名，会试第一百十二名。

黄重，贯顺天府宛平县，富户籍。江西吉水县人，顺天府学生。治《诗经》。字金重，行五，年三十五，八月初三日生。曾祖寿庆。祖学渊。父贵复。母彭氏。具庆下。兄金振，金声，金徽，金鼎。弟金相。娶王氏。顺天府乡试第八名，会试第一百七十七名。

赵铭，贯陕西庆阳府安化县，民籍。国子生，治《诗经》。字自新，行二，年三十一，五月初八日生。曾祖资政。祖二公。父敬。母杨氏。具庆下。兄鉴。娶姚氏。陕西乡试第三十三名，会试第一百七十九名。

张宽，贯福建漳州府南靖县，军籍。国子生，治《易经》。字周弘，行四，年四十，二月初六日生。曾祖伯玉，前龙溪县主簿。祖达之。父志发。叔灏，宁海县知县。母陈氏，继母王氏。慈侍下。兄周民，周举，周宾。弟周恭。娶王氏。福建乡试第十四名，会试第一百四十八名。

周斌，贯直隶永平府昌黎县，民籍。府学生，治《礼记》。字国用，行三，年三十四，九月十二日生。曾祖正三。祖胜八。父全。前母霍氏，母乐氏。永感下。兄刚，璟。弟广。娶乐氏。顺天府乡试第五十三名，会试第一百三十七名。

据《景泰二年进士登科录》，本年殿试策问试题为："皇帝制曰：朕惟自古王天下之要有三，曰道曰德曰功。然道莫如伏羲、神农、黄帝，德莫如尧、舜，功莫如禹、汤、文、武。此数圣人者，万世仰之，不能易也。伏羲、神农、黄帝之事著于《易》，尧、舜、禹、汤、文、武之迹存乎《书》。其所以为道为德为功者，朕欲究其心术之精微。其推以治教养天下，所尚虽殊，然不出乎耕桑、贡赋、学校、礼乐、征伐、刑辟之外，朕欲参其制作之会通。夫无所酌于古，将何以准于今？朕承祖宗大位，夙夜惓惓于心，亦惟以古圣人之道德功自期，以今天下之治教养自励。兹欲尽驱天下游谈之惰以事耕桑，使各衣食其力，尽约天下浮冗之征以归贡赋，使各膏肥其体，而无或失所养；尽导天下狠戾之顽以从学校，使各复还其善，尽陶天下粗鄙之陋以由礼乐，使各移易其俗，而无或违于教；尽作天下懦怯之兵以奋征伐，使各销沮其凶，尽化天下争斗之讼以远刑辟，使各崇尚其耻，而无或外于治，皆何施而可也？施之有效，民得治教养矣，于古圣人之道德功有可以庶几乎！伏羲、神农、黄帝曰皇，尧、舜曰帝，禹、汤、文、武曰王，其称号之所以异者，果道德功之所致乎？抑治教养有隆替而然乎？圣人之所以为圣人，一而已矣，何皇降而帝，帝降而王乎？兹欲措天下于隆古之世，使皇、帝、王之称，惟一而无隆杀之别，亦必有其道乎？子大夫习之于师，而得之于己，宜无不悉其说者矣。既承有司宾兴而来，其具为陈之，朕将亲览焉。景泰二年三月初一日。"

状元柯潜对策全文如下："臣对：臣闻天下之事，莫不有其本，亦莫不有其要。盖先明诸心，则事得其本，远稽诸古，则事得其要。圣人之理天下，固莫不稽诸古以为之要，而亦曷尝不明诸心以为之本乎？本诸心以治民而政化隆，本诸心以教民而民性复，本诸心以养民而民生遂，故曰：心也者，万化之原，万事之本。伏羲、神农、黄帝、尧、舜、禹、汤、文、武之所以为道德功者，固不外乎此心。后世之所以法古为治者，亦不外乎此心。孟子所谓先圣后圣，其揆一也。董子所谓正心以正朝廷，正朝廷以正百官，正百官以正万民者，此之所谓也。钦惟皇帝陛下，禀聪明睿知之资，备圣神文武之德，居五位之尊以缵承列圣，妙一心之用以中兴家邦，混车书文轨于八纮，来玉帛衣裳于万国，治化可谓极其盛，功业可谓极其隆矣。然犹不自满假，复进臣等于廷，降赐清问，欲远求皇帝王道功德之懿，以大施今天下治教养之仁，臣有以知陛下之心，其即大舜好问好察，文王望道未见之心，真欲听而行之，非以布衣微陋，不足以与天下之计，姑此试之也。臣敢有精白一心，以对扬陛下之明命乎？谨因圣策所及而条陈之。自古王天下之要有三，曰道曰德曰功。所谓道莫如伏羲、神农、黄帝，德莫如尧、舜，功莫如禹、汤、文、武者，非谓皇有是道而帝王莫能与，帝有是德而皇王莫之及，王有是功而皇帝莫与比，盖皇、帝、王随遇而施其所宜，非谓长于此而不足于彼也。夫三皇之世，其民皞皞，其俗熙熙，虽无二帝之孝弟以导之，而民自无不亲不逊之患，虽无三王之征伐以救之，而民自无涂泥炭火之虞，其所急者在于道焉。昔也民未知所以养，伏羲始结网罟以教佃渔，神农始为耒耜以教耕耨，教民日中为市，交易而退。黄帝则通其变，使民不倦，神而化之，使民宜之，于是民始得其所养。所谓道莫如三皇者此也，其事之著于《易》者如此。迨夫尧舜之世，开物成务之道已大备，吊民伐罪之功无所施，其所急者在于德焉。盖民既得所养，而其巧伪日生，可逸居无教。观其克明俊德慎徽五典而帅天下以仁，百姓不亲五品不逊而敷五教以契，于是民始得由于教，所谓德莫如尧舜者此也。三代之时，承伏羲、神农、黄帝之统，绍尧舜允执厥中之传，其所急者独不在于功乎？盖洪水为害于先，桀纣为虐于后，圣人不得不任其责。观其修治府事而致万世永赖之休，取彼凶残而收四海永清之效，于是民始得安于治，又非所谓功莫如禹汤文武乎？此其迹之存乎《书》者，又如此。观于《易》、《书》，则数圣人所以为道为德为功，无非随遇而施所宜，然究其心术之精微，欲以治教养于天下则一而已。势有不同，故道德功之施先后异宜，理无或异，宜治教养之方古今一致。是故耕桑贡赋，养之所由出。学校礼乐，教之所由兴。征伐刑辟，治之所由举。此古圣王已行之迹，万世所不能外者也。陛下嗣登大宝，夙夜惓惓于心，以古圣人之道德功自期，以今天下之治教养自励，此所谓有志者事竟成也。臣虽愚昧，岂敢不尽一得之愚，以为海岳涓埃之助。陛下诚欲尽驱天下游谈之惰以事耕桑，使各衣食其力，尽约天下浮冗之征以归贡赋，使各膏肥其体，臣愿陛下心古圣人之心，制其田里，教之树畜，俾人人有常生之产，而禁不耕而食、不蚕而衣之徒，则国无游民，而生之者众矣。制节谨度，轻徭薄赋，俾士方咸惟正之供，而凡所用者有养，所养者有用，则朝无幸位，而食之者寡矣。如是，人皆得以衣食其力，膏肥其体，而失所养者无有也。诚欲尽导天下狠戾之顽，使各复还其善，尽陶天下粗鄙之陋以由礼乐，使各移易其俗，臣愿陛下心古圣人之心，大兴学校，慎选范模，躬行道德以先之，使为师者知所以教，弟子知所以学，而时无不可化之人。崇重衣冠，惇尚廉耻，修礼乐以导之，使人皆知礼义之为贵，鄙陋之可贱，而世无不可变之风。如是，人皆得以复还其善，移易其俗，而违于教者无有也。诚欲尽作天下懦怯之兵以奋征伐，使各销沮其凶，尽化天下争斗之讼以远刑辟，使各崇尚其耻，臣愿陛下亦惟以古圣人之心为心，结之以深恩厚德，使人于见危也，知有其国而不知有其身，临之以信赏必罚，使人于赴斗也，至死不变，而临难无苟免。上有敢死之士，斯下无反侧之心矣。道民以政，不若道之以德，使知入则孝，出则弟，下不敢犯上，卑不敢喻尊。齐民以刑，不若齐之以礼，使知少事长，贱事贵，耕者必让畔，行者必让路，下无争斗之讼，斯上有可措之刑矣。如是，人皆得以销沮其凶，崇尚其耻，而岂有外于治者哉！夫治教养之方，臣所陈于前者，陛下不用则已，用则必臻其效。既臻其效，则于伏羲、神农、黄帝、尧、舜、禹、汤、文、武之道德功，奚不可几及之有哉？在力行何如耳。伏羲、神农、黄帝开物成务，以道导天下者莫大，故称曰皇。尧、舜渐仁摩义，以德主宰乎天下者莫先，故称曰帝。禹、汤、文、武吊民伐罪，以功济天下者莫急，故称曰王。曰皇曰帝曰王，其称号虽殊，而其心则一。曰道曰德曰功，其事业虽一，而其势实殊。故世之有皇帝王霸，犹岁之有春夏秋冬，非势之使然乎？陛下诚欲措天下于隆古之世，使皇、帝、王之称惟一而无隆杀之别，臣则以为，惟当先明诸心而已，心同则无所往而不同矣。盖以是心而治民，则征伐有道，刑辟惟中，即《诗》所谓王犹允塞，《易》所谓明慎用刑是也。以是心而教民，则学校振举，礼乐典行，即朱子所谓建学立师以培其根，周子所谓阴阳理而后和是也。以是心而养民，则农桑之务举，厚敛之患无，即《诗》所谓星言夙驾，税于桑田，《书》所谓财赋底慎，庶士交正是也。臣愿陛下始终此心，则始终此治，始终此教，而始终此养矣，矧圣明太祖高皇帝、太宗文皇帝勤是心以图治于先，仁宗昭皇帝、宣宗章皇帝勤是心以继续于后，太上皇帝承之，神此心于穆清之上，陛下嗣而守之，运此心于九五之尊，远而祖述于前古，近而宪章于祖宗，登庸贤才,密勿廊庙,制作礼乐,统和天人,复隆古之盛治,恢中兴之大功,伏羲、神农、黄帝、尧、舜、禹、汤、文、武安得专其美于前哉!此固陛下已自励于心者,臣应有司宾兴而来,幸得立玉阶方寸地,安敢不尽平日习之于师而得之于己者,恳恳焉为陛下重言之乎!若夫阿意以求恩,逢迎以邀宠,则非臣之所学,亦非陛下求言之本意也。伏惟陛下俯垂睿览。臣干冒天威,不胜怖惧之至。臣谨对。"

榜眼刘升对策全文如下:"臣对:臣闻欲致理于今者,当法诸古,欲取法于古者,当知其方。盖不法乎古,则无以准于今,不知其方,则无以臻其极。曰皇曰帝曰王,其为古盛时致治之君,固莫有能过之者矣。曰道曰德曰功,其为皇帝王政理之方,又孰有能易之者乎?故必远法乎皇帝王之道德功,而后致理有其方,兼尽乎皇帝王之治教养,而后致理臻其极。审如是焉,尚何患乎隆古之治不可复,皇帝王之称不可一哉!钦惟皇帝陛下,禀聪明睿知之资,备刚健中正之德,诞膺骏命,茂缵鸿图,勤励以视万几,惇慎以弘万化,远宗帝王之道,近守祖宗之法,孝弟已亲于九族,仁义渐被于万方,既御经筵听讲,茂阐大猷,复进臣等于廷,降赐清问,欲闻隆古道德功之实与夫当今治教养之方。臣有以知陛下是心,即古圣人舍己从人、好问好察之盛心也,其所以为天地立心,为生民立命,为万世开太平者,端在此矣。臣虽愚昧,敢不精白一心,以对扬圣天子之明命乎?臣惟自古王天下之要有三,曰道曰德曰功是已。观夫伏羲画八卦、造书契,神农为耒耜、教耕耨,黄帝神化宜民,垂裳而治之类,其道无以加矣。盖三皇虽有二帝之德,能建三王之功,而时之所急者不在于是,而在于开物成务之道焉,故曰道莫如三皇。观夫尧之克明峻德,以亲九族,平章百姓,协和万邦,舜之克谐以孝,慎徽五典,而又命契敬敷五教,其德无以加矣。盖二帝上承三皇之道,能建三王之功,而时之所急者不在于是,而在帅天下以仁之德焉,故曰德莫如二帝。观夫禹平水土而万世永赖,成汤放桀而兆民永怀,文王诞膺天命而万邦作孚,武王恭行天罚而万姓悦服,其功又何以加?盖三皇之世,民苦于垫溺昏暮,如坠涂炭,救死不赡,奚暇于治道德,其所急者惟在于平成吊伐之功焉,故曰功莫如三王。之数圣人之道德功,所谓万世仰之不能易者,此也。伏羲、神农、黄帝之事著于《易》,尧、舜、禹、汤、文、武之迹存乎《书》,其所以为道为德为功者,何莫非其心术之精微乎!陛下诚能究其心术精微之蕴,则足以知治教养之方。其推以治教养天下,所尚虽殊,然不出乎耕桑、贡赋、学校、礼乐、征伐、刑辟之外,陛下诚欲参其制作之会通,亦惟在于究其心术之精微而已。昔傅说告高宗有曰:事不师古,以克永世,匪说攸闻。是宜陛下酌古以为今之准也。洪惟圣朝太祖高皇帝、太宗文皇帝创业垂统于前,仁宗昭皇帝、宣宗章皇帝继体守成于后,列圣相承,益隆继述,虽时异势殊,有所不同,而酌古准今,初无少异。曰道曰德曰功,考诸皇帝王而不谬,曰治曰教曰养,征诸皇帝王而不悖。陛下以圣继圣,光昭前烈,即位以来,惓惓于兹。其于隆古圣人之道德功,固已至矣,乃犹以为未至,而曰以此自期。其于方今天下之治教养,固已盛矣,乃犹以为未盛,而曰以此自励。臣又有以知陛下是心,即古圣人不自满足望道未见之盛心也。夫天下之大,四海之广,兆民之众,万几之繁,皆系于陛下之身。陛下一日少息则政治隳,一日不谨则法度废,是宜陛下之惓惓也。臣伏睹陛下制田里，薄税敛，以养乎民，已云善矣，兹尤欲尽驱天下游谈之惰以事耕桑，尽约天下浮冗之征以归贡赋，臣愿陛下养民以力本为务，游谈而逐末者有禁，耕桑而勤业者有奖，使生之者众，用之者寡，则人皆衣食其力矣。费用谨惟俭之德，财赋取惟正之供，使暴征不兴，横敛不作，则人得膏肥其体矣。如是而民失其养者，未之有也。陛下兴学校，制礼乐，以教乎民，已云备矣，兹尤欲尽导天下狠戾之顽以从学校，尽陶天下粗鄙之陋以由礼乐，臣愿陛下教民以德礼为先，从事于孝弟者旌其行，从事于《诗》、《书》者录其才，使人有所感发而兴，则人皆得复其善矣。力役之征不加于逢掖，趋走之务不烦于缙绅，使人有所相观而善，则人皆得易其俗矣。如是，民违于教者，未之见也。陛下练兵将设刑辟以治乎民，已云美矣，兹尤欲尽作天下慵怯之兵以奋征伐，尽化天下争斗之讼以远刑辟，臣愿陛下治民以兵刑为谨，恩惠以结将士之心，功利以诱将士之勇，而又修车马，备器械，则兵有备而奸凶之志不敢萌。渐民以仁，摩民以义，道之以德，齐之以礼，然后明五刑，弼五教，则刑可措而廉耻之风不可遏。如是，民又岂有外于治也哉！凡此数者，施之既有其效，则与古圣人之道德功，岂不同符而合辙哉！伏羲、神农、黄帝以道先天下，故曰皇。尧、舜以德化天下，故曰帝。禹、汤、文、武以功济天下，故曰王。列圣之心无不同，故皇亦犹帝，帝亦犹王。列圣之时无不同，故皇降而帝，帝降而王，此理势之自然也。陛下欲措天下于隆古之世，使皇帝王之称惟一而无隆杀之别，夫岂有他道哉？臣闻为方圆者不能违于规矩，正五音者不能违于六律，治国家者不能违于前圣，陛下诚体三皇之道以先天下，则亦三皇而已，诚全二帝之德以化天下，则亦二帝而已，诚推三王之功以济天下，则亦三王而已，又何隆替之有？然法古之要，惟在于一诚，《中庸》所谓至诚无息，皆是道也。陛下秉此至诚之道，悠久不息，则治教养兼隆于天下，而道德功俪美于前圣，将见与天地相与无穷矣。臣愚习之于师者既久，得之于己者实陋，肤浅之言，不足以奉大对，惟陛下少垂睿览，则不胜幸甚。臣干冒天威，不胜战栗之至。臣谨对。"

探花王偰对策全文如下："臣对：臣闻圣人王天下之要虽不同，圣人王天下之心则无。盖时有隆杀，道德功之施不同，而同归于此理。圣有先后，皇帝王之称不一，而一运以此心。故前乎伏羲、神农、黄帝，所以开物成务养万民者，同此心而同此理也。后乎尧、舜、禹、汤、文、武，所以立教致治奠万姓者，又岂有出于此心此理之外哉？百世之下，后圣有作，必考伏羲、神农、黄帝于《易》，必究尧、舜、禹、汤、文、武于《书》，以观其心术之精微，而后道德功之本可立，以参其制作之会通，而后治教之用可行。本立用行，尚何患乎皇帝王之称不合于一，皇帝王之世不复于古哉？钦惟皇帝陛下禀聪明睿智之资，备广大中正之德，以骏命嗣兴，以大明垂照，以言乎道德功，则其本已立，以言乎治教养，则其用已行。然犹不自满假，乃进草茅之士，发纶绋之音，询及古圣人之道德功，以隆今天下之治教养。臣有以知陛下真大有为之君，诚不世出之主，可以为伏羲、神农、黄帝，可以为尧、舜、禹、汤、文、武，可以隆国家万万年太平之运矣。顾臣愚昧，何足以知之？然尽一得之愚，亦臣区区之素愿也，臣请酌古准今，以对扬圣天子之明命于万一。臣惟天生万民，而必立之君，君主万民，而必任其责，是以王天下之要，不越乎道德功三者而已。自邃古之初，风气未开，人文未著，所贵在乎道德。中古之风气渐开，人文渐著，所尚在乎事功。然道之盛者，莫盛于伏羲、神农、黄帝，德之隆者，莫隆于唐尧、虞舜，功之大者，莫大于禹、汤、文、武，此古今天下之通论，万世所不能易者也。稽之于《易》，若伏羲画八卦以发天地之蕴，神农作耒耜以教天下之耕，黄帝垂衣裳以听天下之治，是皆养民以道者也。使非三皇运是心以用是道，则民贸贸焉，孰知上栋下宇衣帛食粟以养生？孰知为舟为楫以济不通，服牛乘马以利天下，为杵为臼以济万民，为弧为矢以威天下之类？道所以莫如三皇者此也。考之于《书》，尧光被于四海，舜为法于天下，黎民以之而于变，万物以之而咸宁，是皆教民以德者也。使非尧舜运是心以于此得（德），则民昧昧焉，孰知亲其亲而长其长，老吾老而幼吾幼，以兴起其孝弟？孰知君尊臣卑，父慈子孝，夫义妇听，以振起其纲常？德所以莫如尧舜者此也。大禹手胼足胝而致平成之功，成汤伐夏救民而慰来苏之望，文王肇造区夏而万民咸和，武王肆伐大商而万姓悦服，是皆治民以功者也。向非三王运是心以建此功，则民皇皇焉，孰能得免祸于涂炭之中，而奠枕于闾阎之下？功所以莫如三王者，又何莫非此欤？陛下诚欲以古圣人之道德功自期，以今天下之治教养自励，亦惟在于究其心术之精微，参其制作之会通而已。窃尝论之，养民不外乎耕桑贡赋，兹欲尽驱天下游谈之惰以事耕桑，尽约天下浮冗之征以归贡赋，臣愿陛下心古圣人养民之心，制其田里，教之树畜，而使无旷土，无游民，则凡得饱煖之乐者，无非各衣食其力矣。什一之税，惟正之供，而使无横征，无暴敛，则凡事耕桑之苦者，莫不得膏肥其体矣。天下虽大，兆民虽众，而岂有失其养者哉？教民莫外乎学校礼乐，今欲尽导天下狠戾之顽以从学校，尽陶天下粗鄙之陋以由礼乐，臣愿陛下心古圣人教民之心，设为庠序，申以孝弟，使自国都以至闾巷田野，无不建学之地，自章甫以至农工商贾，无不务学之人，则何狠戾之顽不复还其善乎？淑之以礼，陶之以乐，使居于家游于邦者无不衣冠而处之徒，出于途藏于市者无不弦诵而乐之辈，则何粗鄙之陋不移易其俗乎？海宇虽广，生齿虽繁，而岂有违于教哉？大猷之世，不可以不诘兵，诘兵则可以沮奸凶之志，故征伐不可以不讲。今欲尽作天下慵怯之兵以奋武勇，臣愿陛下以古圣人诘尔戎兵之心为心，时简阅以作其怠，丰锡赉以结其心，则以之征无不胜，伐无不克，而奸凶之志不患不销矣。有道之朝，不可专尚刑罚，尚刑罚则无以成廉耻之风，故刑辟不可以不省。今欲尽化天下争斗之讼以远罪戾，臣愿陛下以古圣人使民无讼之心为心，正其本，使民不犯，清其源，使民知愧，则庶几刑期无刑，辟以止辟，而廉耻之风不患不尚矣。如是而民有不治者，施之既有其效，民得治教养矣，于古圣人之道德功，又岂有彼此之间哉？三皇世际淳庞，可以道养天下，故谓之皇，犹天之有春也。二帝世道渐降，可以德教天下，故谓之帝，犹天之有夏也。三王世降已远，宜以功治天下，故谓之王，天之有秋也。圣人虽由道德功之不同而异其号，实非由治教养有隆替而殊其称。圣人所施于天下者虽因所遇之世有不同，圣人所存于其心者不以所遇之世有或异。是以皇降而帝，帝降而王，皆时势所使然，不可以此而议其优劣也。洪惟圣朝太祖高皇帝肇造区夏，太宗文皇帝肃涛（清）家邦，而隆古之治已成。仁宗昭皇帝克缵其功，宣宗章皇帝绍其功烈，而太古之风盖（益）著。皇上以圣继圣，裕后光前，于皇帝王之称已可吻合为一，而无复隆杀之别矣，奚待微臣之赘。臣窃有献焉。臣闻天地以常运故健，日月以常行故明，水以常流故不竭，器以常用故不蠹。天下者大器也，使或置而不理，可乎？伏望陛下日御经筵，以古圣人之道德功为心，以今天下之治教养为念，讲求至理，孳孳不倦，于以远追往圣之邈轨，于以永绍祖宗之洪图，非特微臣之幸，而实天下万世之大幸也。刍荛之言，上尘睿览，臣不胜悚惧之至。臣谨对。"

柯潜状元及第。《明名臣琬琰续录》卷十三王㒜《少詹事柯公传》："正统甲子，领乡荐，当赴会试，以未忍离亲，未果行。遂携书入莲峰僧舍，讲读不辍。戊辰会试，中乙榜，辞弗就教职，入胄监，攻苦敹淡，益肆力于学。景泰辛未，再至礼部，遂中甲榜，进对大廷，赐状元及第，赐朝服冠带。公上表谢，越数日，授翰林修撰。"吴希贤《中顺大夫詹事府少詹事兼翰林院学士竹岩柯公行状》："公丰神秀颖，资性持重，言笑不苟。其所与游，必斯文雅谊，至倾倒无间。非其类，虽达官要人，气焰熏灼，遇之不交一语。当是时，翰林诸老多为之引誉。自是凡朝廷有选任，有制作，公皆与焉。"

杨守陈（1425—1489）中第二甲五十四名进士。选翰林院庶吉士。《游艺塾文规》卷一《科第全凭阴德》："鄞人杨自惩，初为县吏，存心仁厚，守法公平。时县宰严肃，偶挞一囚，流血满前，而怒犹未息。杨跪而宽解之，宰曰：'怎奈此人越法悖理，不由人不怒。'自惩扣首曰：'上失其道，民散久矣，如得其情，哀矜勿喜，喜且不可，而况怒乎？'宰为之霁颜。家甚贫，馈遗一无所取，遇囚人乏食，多方以济之。一日，有新囚数人待哺，家又缺米，给囚则家人无食，自顾则囚又乏粮，与其妇商之，妇曰：'囚从何来？'曰：'自杭而来，沿途忍饥，菜色可掬。'因撤己之米，煮粥以食囚。后生二子，长曰守陈，次曰守阯，为南北吏部侍郎，长孙为刑部侍郎，次孙为四川廉宪，又俱为名臣。今楚亭德政，亦其裔也。"

辛访中进士，观政吏部。何乔新《椒丘文集》卷三十一《明故中顺大夫福建按察司副使辛公墓表》："景泰辛未（二年）登进士第，观政吏部，益务进学，公退，书未尝释手。时予先公为吏部尚书，好诱掖后进。一日，召诸进士试之，命题以《光武赐隗嚣书》、《唐人送李愿归盘谷序》。公所作词理渊永，先公亟称之。会都察院御史员缺，诏吏部选进士勤慎者补之。先公曰：'勤慎莫如辛进士者。'遂擢广东道监察御史。"

命不中式举人及监生愿就教职者，试而授之。《明英宗实录》卷二百二：景泰二年三月，癸亥，"会试不中式举人多自陈愿就教职。给事中金达言：'教职取之举人，胜于儒士举荐者远甚。'礼部遂请凡举人不中式愿就教职与副榜年过三十者，悉送吏部除授。翰林院学士陈循言：'副榜与不中式者一概取用，非惟科目徒设，抑且能否混并，非惟人情不甘，抑且乖于旧制。'于是命不中式举人及监生愿就教职者，试而授之。"

四月

国子祭酒吴节奏请减少寄养官猪，从之。《明英宗实录》卷二百三：景泰二年夏四月壬辰，"南京国子监祭酒吴节奏：洪武永乐间，天下共为一监，监生数多，粮食广积，光禄寺每岁寄养官猪八十余口。后分为南北二监，监生数少，近年以来，又有放回依亲等例，每日用米不过六石有奇，而寄养官猪依旧不减，往往死瘠，负累膳夫人等变卖产业赔偿。况今光禄寺比旧供用数少，乞减省为便。从之"。

监生宾继学为吏部主事。（据《国榷》卷三十）

五月

泽州贡士侯爵言父珽功，命爵世锦衣卫正千户。（据《国榷》卷三十）

七月

陈循、周鉴相诘，差御史王豪验实。《馆阁漫录》卷三《景泰三年》："七月丁酉朔。己亥，户部尚书兼翰林院学士陈循，初令家奴告其原籍吉安府泰和县民强占其葬妻坟地，且谋杀守坟者，巡按御史周鉴劾之，坐其家奴诬告当徙。循奏鉴尝学《春秋》于吉安府安福县，故断理多私，且其监江西乡试，取中安福人不下二十余，罪人彭德清亦与鉴相厚，泰和县官尝衔己馈赆之薄，故妄劾以阿鉴。事下都察院，请命福建公差御史王豪即还江西验实。帝曰：'循内阁大臣，岂肯诬奏人，豪其从公验之。'"

升翰林院孔目马升为本院检讨，仍掌孔目事，从学士陈循举也。（据《馆阁漫录》卷三《景泰二年》）

诏王一宁进侍经筵。薛瑄仍令视事。《馆阁漫录》卷三《景泰二年》："甲子，户部右侍郎兼翰林院学士江渊言：'大理寺丞薛瑄近告老致仕，士大夫皆惜其去。以为瑄心术正大，操行醇洁，年甫六十有三，精力未衰。况皇上建中兴之业，正当广求贤才，若瑄之学行兼茂，岂宜舍而不用？又礼部右侍郎王一宁，学识老成，持心端谨，旧官翰林，侍讲经筵。如此二人，若擢馆阁论思之职，必能启沃圣听，裨益世治。臣以庸愚，误蒙简拔，恒愧浅陋，有妨贤路，夙夜忧惧，罔克自效。伏望皇上进用二人，如臣不才，宜放归田里，或别任一职，以图补报。'诏一宁进侍经筵，瑄既未衰，仍令视事。"

八月

复午朝。翰林院奏事在五府六部之前。《明鉴纲目》卷三："纲：秋八月，复午朝。目：自永乐初举午朝（事见前），后渐罢不行，至是复之。（旧制凡常朝，内阁五府六部及诸司，以次奏事。及是定午朝议，帝用学士陈循言，命翰林院奏事，在五府六部之前。）"

丁卯，释奠先师孔子，令户部尚书兼学士陈循行礼。（据《馆阁漫录》卷三《景泰二年》）

进士刘洙、唐瑜、张海、潘本愚、童轩、徐安行、严诚、郑林、刘彝、项倬、黄晖、杨学、姚旭、罗晟、江毗、刘观为给事中。（据《国榷》卷三十）

壬辰，升翰林院侍讲陈文为云南布政司布政使。《馆阁漫录》卷三《景泰二年》："壬辰，升翰林院侍讲陈文为云南布政司布政使。时工部尚书兼翰林院学士高谷言：'臣见翰林院侍讲陈文、检讨钱溥俱由进士出身，授职翰林，读书待用，积有年岁。又学问老成，行止端谨，才可以任重而致远，识可以应机而达变，设使擢居在京堂上，或藩臬正员，必能尽心于所事。溥学问通敏，性资和平，有博览之才，可以备顾问，有勤笃之功，可以资讲读，设使侍经筵，必能裨益于圣学。臣既知其贤，理宜荐举，不容缄默，以妨贤路。臣此举倘有一毫徇私，甘受谬妄之罪。古人云：荐贤为国，非为私也。伏乞圣断不拘常例，将各官随才任用，使得尽职，以图补报。'疏闻，命吏部授以相应之职。吏部请令溥侍经筵，而擢文方面，故有是命。"

九月

诏常朝，内阁学士与锦衣卫官东西对立；经筵日，同知经筵官序于尚书、都御史之上；午朝，翰林院先奏事。《馆阁漫录》卷三《景泰二年》："九月丙申朔，户部尚书兼翰林院学士陈循奏：'内阁系掌制诰机密重务衙门，近侍之职，莫先于此。永乐初年，本阁官员凡遇圣上视朝，立在金台东，锦衣卫在西，后因不便，移下贴御道东西对立，已为定例。近日因雨，各衙门官俱上奉天门奏事，五府官虽品高，皆立西檐柱外，独六卿序立东檐柱内，遂使内阁官无可立。此系朝仪，不可不辨。昔孔子在朝廷宗庙，亦便便言，诚以礼法所在，政事所出之处，不可不明辨也。又臣等叨蒙皇上擢任，同知经筵事，会讲之日，班或列于六卿之下，恐识者笑玷辱此职，自臣等不才始也。又每午朝进御榻奏事，臣所奏多系制诰机密重务，理不宜在五府、六部奏杂事后。孔子曰：君子无所争，必也射乎。古人大射之礼如此，况于圣明礼乐文物之朝，内阁经筵神明制作之所，可以苟乎？'诏常朝，内阁学士与锦衣卫官东西对立；经筵日，同知经筵官序于尚书、都御史之上；午朝，翰林院先奏事。"

巡按福建监察御史王豪劾奏陈循。《馆阁漫录》卷三《景泰二年》：九月，"乙亥，巡按福建监察御史王豪，覆勘户部尚书兼翰林院学士陈循奏其县民强占妻坟，及巡按御史周鉴多取中安福举人诸不法事多虚，遂劾奏循云云。朝廷以循届京年久，里闾事不能详知，第据家人传言以奏，置勿问。循复条析豪奏，以为诬己，且言豪护僚友周鉴之党如漆，忽圣旨丁宁之说如风。且豪居京，多与安福豪族仕者同巷，故相庇护，乞敕法司以己奏并豪覆状通究其情，以表奸欺。帝曰：'循既累诉冤抑，法司其再从公理之。'"

房山诸生傅宁先陷虏来归，献马求入国子监，从之。（据《国榷》卷三十）

十月

绍兴教授孙曰让被荐，除礼部主客主事。(据《国榷》卷三十)

命各学教官诸生俸廪俱全支。(据《国榷》卷三十)

湖广麻阳教谕章泰言三事：曰愿陛下孝。曰愿陛下弟。曰愿陛下武。(据《国榷》卷三十)

十一月

王澍言学官保举事。令所在布按二司及巡抚巡按等官试之，果文理俱优者，然后送诣京师。《明英宗实录》卷二百十：景泰二年十一月壬寅，"户部主事王澍言：'学校风化之所，洪武永乐中，虽尝荐士以补学官之缺，时奔竞之风未起，所举往往得人。近岁保举之途滥开，学官之选大坏。请令所在布按二司及巡抚巡按等官试之，果文理俱优者，然后送诣京师，稍革其弊。'从之"。

十二月

诸官员升转。十二月乙丑朔。丁卯，改大理寺丞王恂为右春坊右庶子，掌国子监司业事。辛未，升礼部右侍郎储懋为南京户部尚书，南京工部右侍郎王永寿为本部尚书，南京都察院右副都御史张纯为本院右都御史，大理寺右寺丞薛瑄为南京大理寺卿。调礼部尚书杨宁于南京刑部，右侍郎姚夔于南京礼部。乙亥，复除编修曹鼐于翰林院，以父丧服阕也。庚寅，命礼部左侍郎王一宁、国子监祭酒萧镃俱兼翰林院学士，工部尚书兼翰林院学士陈循为少保、户部尚书兼文渊阁大学士，工部尚书兼翰林院学士高谷为少保、工部尚书兼东阁大学士，俱视事如故。(据《馆阁漫录》卷三《景泰二年》)

王一宁、萧镃入内阁，预机务。(据《明英宗实录》卷二百十一)《明鉴纲目》卷三："纲：以礼部侍郎王一宁(台州仙居人)、祭酒萧镃(字孟勤，泰和人)并兼翰林学士，入内阁，预机务。目：镃先代李时勉为祭酒，帝即位初，以老疾辞，国子生三千人叩阙请留，帝允之。至是与一宁，并以本官兼学士入内阁。"

南京户部尚书储懋卒。懋字世续，丹阳人，训导，擢吏科给事中。正统初，直经筵，壮其语貌，改翰林修撰。《实录》成，进侍讲，寻拜户部左侍郎，主饷福建。谕有司缓征，劝闾右输助给军。景泰初，调礼部。母丧夺情，长南京户部，遽卒。赐祭葬。

本年

陈循荐韩雍为右佥都御史，巡抚江西。《明史》韩雍传："景泰二年擢广东副使。

624

大学士陈循荐为右金都御史，代杨宁巡抚江西。岁饥，奏免秋粮。劾奏宁王不法事，王府官皆得罪。时雍年甫三十，赫然有才望，所规画措置，咸可为后法。”

梁储（1451—1527）生。储字叔厚，号厚斋，晚号郁洲。广东顺德人。成化戊戌进士，选庶吉士，授编修，进侍讲、洗马，掌翰林院学士，选吏部侍郎，进尚书，累官至少师兼太子太师、华盖殿大学士。卒，赠太师，谥文康。有《郁洲遗稿》。雍正《广东通志》卷四十五：“生有异质，丰仪秀伟，音如洪钟。识者知其公辅器。”

明代宗景泰三年壬申（公元 1452 年）

正月

升翰林院侍讲学士刘铉为国子监祭酒。《明英宗实录》卷二百十二：景泰三年春正月，“庚子孟春，帝享太庙，遣中官祭司户之神。升翰林院侍讲学士刘铉为国子监祭酒。时少保工部尚书兼东阁大学士高谷荐铉存心简静，饬行端庄，撰述词章，见称士类，研究经史，堪范生徒。故有是命”。

二月

二月乙丑朔。丁卯，释奠先师孔子，命国子监祭酒刘铉行礼。辛未，升户部右侍郎兼翰林院学士江渊为吏部左侍郎。丙戌，升翰林院编修杨鼎为本院侍讲，以九载任满考称也。（据《馆阁漫录》卷三《景泰三年》）

林俊（1452—1527）生。俊字待用，莆田人，成化戊戌进士，授刑部主事，历员外。下狱，谪姚州判官。复官南京刑部员外，擢云南按察副使，进按察使，调湖广，转广东右布政使。以金都御史巡抚江西，改四川，升右都御史、工部尚书，改刑部。加太子太保，谥贞肃。有《见素》《西征》集。《见素集》附录《编年纪略》：“云庄公讳俊，字待用，号见素，晚号云庄。父讳朝，字元旭，以字行，号菊庄，晚号联桂逸老……是生菊庄公，孝友端慎。配黄氏，梦三神人凌空飞绕，中一人手一卷，授之而妊公。以景泰壬申年二月十一日乙亥午时，生于联桂里，喜雀集鸣，祥光腾耀。公生，秀朗玉润，颖敏异常。甫离襁褓，即知孝敬。年五岁，随母归宁，食外祖母，有乳饼圆如月，客试曰：‘恰似吞皓月。’对曰：‘何不挂青天？’识者奇之。读书里塾，九岁作联字对，十三岁即善属文词。成化二年丙戌，公年十五，郡守岳蒙泉异之，谓大父教授公曰：‘是孙不作先生官矣。’”

辛酉，复除翰林院侍读彭时于本院。《馆阁漫录》卷三《景泰三年》：二月，"辛酉，复除翰林院侍读彭时于本院。初，时在文渊阁参预机务，寻丁继母忧，乞终制，不许。章再上，许之，由此忤旨。至是服阕，止令本院供职。"

李昌祺卒，年七十七。《明英宗实录》卷二百十三"景泰三年二月戊子（二十四日）"："致仕河南左布政使李昌祺卒。昌祺名祯，江西庐陵县人，少颖异，以进士进为翰林院庶吉士，预修《永乐大典》，号称博洽。书成，擢礼部主客司郎中，廉慎效职。宣德荐升广西左布政使，以德化人，溪洞诸蛮闻风敛迹，不复为患。未几以违误谪役房山，已有宥还，改河南左布政使，亦有惠政及民。寻丁内艰，诏特起之。正统中，疏乞致仕，从之。至是卒。家事萧然，几不能敛。其诗文敏赡流丽，时辈称之。"《明名臣琬琰录》卷二十四钱习礼《河南左布政使李公墓碑铭》："公少负材器，志于用世，由郡学生以明经取进士第，简入翰林为庶吉士。性素介特，至是益自检饬。达官势人，未尝谒之私第。会修《永乐大典》，礼部奉诏选中外文学之士以备纂修，公在选中。例凡经传子史下及稗官小说，悉在收录。与同事者，僻书疑事有所未通，质之于公，多以实归，推其该博。精力倍人，辰入酉出，编摩不少懈。退，复以其余力发为诗文，应人之所求者，皆典赡非苟作，隐然声闻馆阁间……逝时盖景泰壬申三月二十五日，距生洪武丙辰六月二十六日，寿七十有五岁。公讳祯，昌祺字也。"

命诸进士为监察御史。进士高明、戚宁、马文升、周必兆、洪弼、夏埙、白良辅、李璛、伍善、张玑俱为监察御史，刘敫、应钦为南京监察御史。（据《国榷》卷三十）

吏部左侍郎翰林院学士江渊，以京师久雨雪，请蠲灾肆赦。向诏蠲景泰二年税粮三分，今又追征，失信。上是之。于是录囚，末减者众。（据《国榷》卷三十）

三月

诏锦衣卫官刺事。《明鉴纲目》卷三："纲：三月，诏锦衣卫官刺事。"

周叙（1392—1452）卒，年六十一。陈循《翰林院侍讲学士周公墓碑铭》："君讳叙，字功叙，自号石溪，姓周氏。未几，应诏，以疾辞归田园，不许。所修诸书，皆有可观。惜乎未尽弘绪而卒，时景泰三年三月廿七日也，距生洪武二十五年闰十二月，享年六十有一。"吴希纯《翰林院侍讲学士周公墓碑铭》："公于书无所不读，识见既高，材亦优赡，率意制作，笔不停挥，而典重敷腴，出人意表。诗尤清肆涵蓄，驰骋盛唐。四方求者接踵，而应之恒有余。工行草书，有晋人风致，辞翰兼到，盖自宣德以来，公其杰然者也。"

四月

议易皇太子，置东宫官属。《馆阁漫录》卷三《景泰三年》：四月，"乙酉，议易皇太子。初，黄珖奏下礼部尚书胡濙，侍郎萨琦、邹干，集文武群臣议，众心知不可，然莫敢发言疑者。久之，司礼监太监兴安厉声曰：'此事今不可已，不肯者不用金名，尚何迟疑之有。'于是无一人敢违者，其议遂定。淡等遂与魏国公徐承宗、宁阳侯陈懋、安远侯柳溥、武清侯石亨、成安侯郭晟、定西侯蒋琬、驸马都尉薛桓、襄城伯李瑾、武进伯朱瑛、平乡伯陈辅、安乡伯张宁，都督孙镗、张軏、杨俊，都督同知田礼、范广、过兴、卫颖，都督佥事张軏、刘深、张通、郭瑛、刘鉴、张义，锦衣卫指挥同知毕旺、曹敬，指挥佥事林福，尚书王直、陈循、高谷、何文渊、金濂、俞士悦，左都御史王文、王翱、杨善，侍郎江渊、俞山、项文曜、刘中敷、沈翼、萧镃、王一宁、李贤、周瑄、赵荣、张敏，通政使李锡，通政栾恽、王复，参议冯贯卿、萧惟中、许彬、蒋守约、齐整、李宾，少卿张固、习嘉言、李宗、周蔚能、陈诚、黄仕俊、张翔、齐政，寺丞李茂、李希安、柴望、郦镛、杨询、王溢，翰林院学士商辂，六科都给事中李瓒、李侃、李春、苏霖、林聪、张文质，十三道御史王震、朱英、徐谦、丁泰亨、强宏、刘居、陆厚、原杰、严枢、沈义、杨宜、王骥、左鼎，联名合奏：'父有天下，必传于子，此三代所以享国长久也。惟陛下膺天明命，中兴邦家，统绪之传，宜归圣子。今黄玹所奏，允宜所言。'疏入，诏曰：'卿等所言，三代圣王大道理。近日耆旧内臣，亦俱来劝导，与卿等所言皆同。朕不敢自专，上请于圣母上圣皇太后。蒙懿旨宣谕，只要宗社安，天下太平，今人心既如此，当顺人心行。朕以此不敢固违，礼部可具仪择日以闻。'置东宫官属，命宁阳侯陈懋、武清侯石亨，少傅、礼部尚书胡淡，少傅、吏部尚书王直，俱兼太子太师；安远侯柳溥，少保、户部尚书兼文渊阁大学士陈循，少保、工部尚书兼东阁大学士高谷，少保、兵部尚书于谦，俱兼太子太傅。升吏部尚书何文渊、户部尚书金濂、南京礼部尚书仪铭、刑部尚书俞士悦、工部尚书兼大理寺卿石璞，都察院左都御史陈鉴、王翱，俱为太子太保；吏部左侍郎兼学士江渊、礼部左侍郎兼学士王一宁、户部右侍郎兼学士萧镃，俱为太子少师；吏部左侍郎俞山为太子少傅，兵部左侍郎俞纲为太子少保。俱仍兼旧职，璞止兼尚书。升翰林院学士商辂为兵部左侍郎兼左春坊大学士，仍兼旧职。命户部左侍郎刘中敷兼太子宾客。升太常寺少卿习嘉言为詹事。命吏部右侍郎项文曜、礼部右侍郎萨琦俱兼少詹事，礼部右侍郎邹干兼左庶子。升翰林院侍讲彭时为左春坊大学士，侍讲刘俨为右春坊大学士，周旋为左庶子，赵恢为右庶子，修撰林文为左谕德，侍讲徐珵为右谕德，修撰李绍、侍讲刘定之俱为司经局洗马，侍讲杨鼎、倪谦为左春坊左中允，侍讲吕原、修撰柯潜为右中允，俱兼旧职；都给事中李侃、御史魏龄俱为詹事府府丞，编修周洪谟、刘俊为左赞善，检讨钱溥、编修岳正为右赞善，编修万安、李泰，都给事中林聪、典籍邹循俱为司直郎，洪谟、正、泰俱兼旧职；侍书陈谷、徐佖，监丞鲍相、县丞高诚俱为清纪郎；检讨曾暹、傅宗，五经博士陆艺、典籍李监俱兼司谏；编修王𫖯兼司经局校书，中书舍人刘钺、赵昂俱为正字。升教谕李琼为校书，待诏赵玫为詹事府主簿，教谕刘洁为录事，序班杨钦、王政、周宁、傅荣俱为通事舍人"。

湖广按察副使安福彭琉致仕。琉永乐进士，授政和知县，坐事免。起临清教谕，荐授翰林编修，迁广东提学佥事，文教大振。进山西按察副使，仍督学，改广东。以廉直

闻。（据《国榷》卷三十）

进士曹衡为吏科给事中。（据《国榷》卷三十）

五月

五月癸巳朔。甲午，册立皇妃杭氏为皇后，长子见济为皇太子。杭，太子母也，汪皇后让之。太上皇帝长子，特更封为沂王。次子见清为荣王，见淳为许王。甲寅，翰林院侍讲邢宽亲丧服阕，复除南京翰林院署掌院事大学士。庚申，赐大学士陈循、高谷、学士江渊、王一宁、萧镃、商辂，各黄金五十两（据《馆阁漫录》卷三《景泰三年》）

裁武学。（据《国榷》卷三十）

进士李秉彝为吏科给事中。（据《国榷》卷三十）

六月

六月壬戌朔。己丑，升太常寺卿蒋守约为礼部尚书，南京太常寺卿章文为南京礼部尚书，俱仍掌寺事；南京鸿胪寺左寺丞李本为本寺左少卿。（据《馆阁漫录》卷三《景泰三年》）

国子监祭酒刘铉奏请概给监生馔米，从之。《明英宗实录》卷二百十七：景泰三年六月丁卯，“国子监祭酒刘铉奏：‘近存省京储，将监生放回，依亲读书。有监生吕胜等八十一名，恐荒废学业，告留在监。今户部移文，令住支馔米。臣惟存省京储，固当今之急务，而作养贤才，系国家之大体。《易》曰：天地养万物，圣人养贤以及万民。盖为治必资于贤才，而养贤莫先于太学。是以我朝太祖以来，列圣相承，惓惓以此为首务。厚廪馔以养其身，赐临幸以养其气，八十余年，治教休明者，养贤之效。况今河道疏通，粮储充积，监生馔米，每月止给三斗有余，比之其它月粮，固为减省。又况堂堂天朝，九夷八蛮，皆在抚养之中，何独八十余名监生，吝于普被。伏望廓天地覆载之量，体圣人养贤之心，广祖宗兴学之重，敕部概给监生馔米，庶朝廷大体不失，贤才得有所养。’诏从所请，给之”。

许安南使臣谒太学。（据《国榷》卷三十）

七月

王一宁（1397—1452）卒。《馆阁漫录》卷三《景泰三年》：“七月壬辰朔。壬寅，太子少师、礼部左侍郎兼翰林院学士王一宁卒。一宁，浙江仙居县人。十三能诗，父峻用任国子监丞，一宁从侍。时仁宗在春宫，以其善抚琴，召见之，命赋《早过银河》诗，嘉之，使就国子监读书。登永乐戊戌进士，授吏部稽勋司主事，于文华殿供事。满考，改翰林院修撰。预修《宣庙实录》，书成，进侍讲，两被命为京闱考官。正统十三年，迁礼部右侍郎。景泰初，往湖广督理军饷。明年召还，升本部左侍郎兼翰林院学士，命入内阁参预机务。以中官王诚辈尝受业焉，报其私恩也。壬申易储，进太子少师，仍兼旧职。寻卒于官，赐赙钞祭葬，赠太子太保、礼部尚书，谥文通。一宁性敏捷，词翰清俊，然不慎名检，君子无取焉。"

遣荫生年十五以下者回家。《明英宗实录》卷二百十八：景泰三年秋七月，"己亥，国子监祭酒刘铉言：'国子监生徒，必由乡选岁贡而后得齿其中。今朝廷念死事之臣，特许令一子入监。其间往往初离襁褓，尚在羁卯，洒扫应对之事且未能知，尤可教以修齐治平之事乎？宜遣其姑就学于家，及年稍长，然后赴监。务令肄习一经，或通书算一艺，然后许其以次出身。'于是礼部请令年十五以上者，留监肄业，十五以下者遣回。从之"。

八月

进士孙珉、陈嘉猷、杨青、刘昭、李烨、王智、徐廷章为给事中。（据《国榷》卷三十）

九月

习嘉言（1388—1452）卒，年六十五。（据《明英宗实录》卷二百二十）嘉言新喻人，永乐十六年进士。选庶吉士，擢编修，进修撰侍读，荐升太常少卿。言事见采，居官勤慎。诗文雅澹，为时所尚。赐祭葬。《国朝献征录》卷十八萧镃《习詹事嘉言传》云："今上即位，升太常少卿，壬申夏五月，皇太子正位东宫，升詹事府詹事，诏赠其父太常少卿、母、妻皆恭人。越三月，得疾，终于官，享年六十有五。……公为人识优材赡，而温恭典重，未尝少矜于人。虽浑无崖岸，而确然自守，不妄承随而苟止也。书无所不读，自经传、子史、百氏，下至阴阳、医卜、天文、地理之说，横竖钩贯。为文章弘博演迤，若无际涯。而于诗尤长，清肆闲雅可喜。当时求者，接踵于户，而公应之恒有余。然雅负经济，尝陈六事……其它尊主安民之略尤多。盖公汲汲以康天下为心，不但专文学而已。"

庚戌，擢翰林院庶吉士吴汇、周舆、戚澜、王献、刘宣、童缘俱为本院编修，张业、江朝宗俱为检讨。（据《馆阁漫录》卷三《景泰三年》）

进士郑宏、陶复、李坚、秦纮、邓明、陈敬、周瑚、赵瑛、岳璇、娄濬为监察御史。（据《国榷》卷三十）

国子助教刘翔请帝孔子增八佾。礼部议，格之。（据《国榷》卷三十）

故朔州判官王秉常击虏高家庄，擒一人，斩二级，阵没。子霈求入国子监，许之。（据《国榷》卷三十）

闰九月

南京国子监祭酒吴节言监生管理等事宜。《明英宗实录》卷二百二十一：景泰三年闰九月庚申朔，"南京国子监祭酒吴节言：比者监生多因小忿，径以不预己事讼之法司。法司又或因其父兄及他事所连，径逮鞫焉，不无荒其学业。请令法司究所讼不预己及所连轻者移本监自治。又言：本监膳夫例以民坐徒罪者充。民坐徒者寡，宜暂发徒罪军余及笞杖罪囚充。章下法司议。监生准拟。膳夫令以民犯笞杖者给之。"

癸亥，升翰林院侍讲兼右春坊右中允吕原、侍讲兼左春坊左中允倪谦俱为本院侍讲学士，仍兼中允。原等上疏辞，不允。（据《馆阁漫录》卷三《景泰三年》）

刘铉言监生考选事，从之。命吏部有老疾不愿在京者，发回为民，若堪教养不愿退者，留之。《明英宗实录》卷二百二十一：景泰三年闰九月戊寅，"国子监祭酒刘铉言：'近者奉命考选监生，年老貌陋学疏才浅者，罢回为民，诚进贤退不肖之盛意也。然臣惟在监诸生，久荷教养，其中虽有年貌可议，而未必无一长可取。况离亲戚，弃坟墓，多历年所，备尝艰辛，惟冀沾一命以图补报。今一旦概被选退，不惟虚费朝廷作养之恩，抑恐有轻弃人才之失。伏乞圣恩矜悯，重加试验，果年虽老而精力未衰，貌虽陋而学识可取，仍量授一职，俾舒素志，则才不轻弃、廪不虚糜矣。'疏闻，命吏部有老疾不愿在监者，发回为民，若堪教养不愿退者，留之"。

命陈询、杨鼎侍经筵讲书，王文文渊阁办事。《馆阁漫录》卷三《景泰三年》：闰九月，"戊戌，少保兼太子太傅、工部尚书、东阁大学士高谷言：'外诸司惟贤是用，臣切见经筵每日讲书官及文渊阁办事官员数颇少，乞敕礼部同臣等，于翰林院、左右春坊并各衙门内，推选平素学问老成，操持清白，志布忠孝，庄重不矜，或处繁剧之司，或居闲散之地者，进用二三员，俾之供职，上以裨益圣学，下以协恭臣职，庶无浮靡趋竞之风，而尽赞襄启沃之道。'命礼部会同内阁官推举。乃举大理寺少卿陈询、翰林院侍讲学士兼右春坊右中允吕原、左春坊左中允兼翰林院侍讲杨鼎，堪日侍经筵讲书，太子太保、都察院左都御史王文、太子少保兼大理寺卿萧维祯，右春坊右庶子、管国子监司业事王恂，堪文渊阁办事。疏闻，命询、鼎侍经筵讲书，文文渊阁办事"。

敕吏部别选孔目，俾马升止任检讨。《馆阁漫录》卷三《景泰三年》，闰九月，"戊午，兵部左侍郎兼翰林院学士兼春坊大学士商辂言：'曩者大学士陈循等以本院孔目马升九载任满，保升检讨，仍兼其事，已经一载。然检讨国史之职，孔目首领之官，以纂修之职兼案牍之事，甚非所宜。乞敕吏部，别选孔目，俾升止任检讨。'从之"。

进士周监、李钧、唐澳为给事中，张舜为吏部主事。（据《国榷》卷三十）

十月

王文入内阁，预机务。《明鉴纲目》卷三："纲：冬十月，以左都御史王文，入内阁，预机务。目：时阁中已有五人，陈循最宠任，高谷与循不相能，以文强悍，欲引文自助，乃请增阁员。循举其乡人萧维祯，谷举文。文方巡视江淮，以中官王诚助，遂召入阁。二品大臣入阁，自文始。文既居政府，反与循比而不附谷，人谓谷自生一敌云。"

礼部右侍郎兼左春坊左庶子邹干考察山西，言镇守抚按举保之弊，请专归吏部。从之。（据《国榷》卷三十）

改大理寺少卿陈询为太常寺少卿兼翰林院侍读学士。（据《馆阁漫录》卷三《景泰三年》）

十一月

壬戌，复除翰林院编修黄谏，以亲丧服阕也。（据《馆阁漫录》卷三《景泰三年》）

刘孜乞召薛瑄供馆阁之职，不从。《馆阁漫录》卷三《景泰三年》：十一月，"戊寅，巡按直隶监察御史刘孜言：'南京大理寺卿薛瑄，学有源委，行饬诸躬，进无所求，退无所累，实君子之儒，不宜置之闲远。乞召回京供馆阁之职，俾之讲学辅德，必有裨益。'诏曰：'内阁乃朝廷机密之地，其职非常人可保。瑄素未简在，遽难任用，姑已之。'"

庶吉士张永为礼部主客司主事。（据《明英宗实录》卷二百二十三、《国榷》卷三十）

兵部左侍郎翰林院学士兼左春坊大学士商辂，乞户部遣官往大同宣府怀来永宁等处派卒耕田，分两番，六日耕，六日守。从之。（据《国榷》卷三十）

十二月

各道监察御史练纲等上八事：节粮储，赏边士，选将卒，画长策，礼大臣，广荐举，禁违例，清刑狱。从之。（据《国榷》卷三十）

本年

令凡科举，布、按二司会同巡按御史，推举见任教官，年五十以下、三十以上、平日精通文学、持身廉谨者，聘充乡试考官。于是教官主乡试，遂为定例。（据万历《大明会典》卷七十七《礼部》三十五《贡举·科举·乡试》）《明史·选举志》："初制，两京乡试，主考皆用翰林，而各省考官，先期于儒官、儒士内聘明经公正者为之，故有不在朝列累秉文衡者。景泰三年，令布、按二司会同巡按御史，推举见任教官，年五十以下、三十以上、文学廉谨者，聘充考官。于是教官主试，遂为定例。其后有司徇私，聘取或非其人，监临官又往往侵夺其职掌。成化十五年，御史许进请各省俱视两京例，特命翰林主考。帝谕礼部严饬私弊，而不从其请。屡戒外帘官毋夺主考权，考官不当，则举主连坐。又令提学考定教官等第，以备聘取。然相沿既久，积习难移。弘治十四年，掌国子监谢铎言：‘考官皆御史、方面所辟召，职分既卑，听其指使，以外帘官预定去取，名为防闲，实则关节，而科举之法坏矣。乞敕两京大臣，各举部属等官素有文望者，每省差二员主考，庶几前弊可革。’时未能从。嘉靖七年用兵部侍郎张璁言，各省主试皆遣京官或进士，每省二人驰往。初，两京房考亦皆取教职，至是命各加科部官一员，阅两科，两京房考复罢科部勿遣，而各省主考亦不遣京官。至万历十一年，诏定科场事宜。部议复举张璁之说，言：‘彼时因主考与监临官礼节小嫌，故行止二科而罢，今宜仍遣廷臣。’由是浙江、江西、福建、湖广皆用编修、检讨，他省用科部官，而同考亦多用甲科，教职仅取一二而已。盖自嘉靖二十五年从给事中万虞恺言，各省乡试精聘教官，不足则聘外省推官、知县以益之。四十三年又从南京御史奏，两京同考用京官进士，《易》、《诗》、《书》各二人，《春秋》、《礼记》各一人，其余乃参用教官。万历四年复议两京同考、教官衰老者遣回，北京取足于观政进士、候补甲科，南京于附近知县、推官取用。至是教官益绌。”

　　胡居仁从于准受《春秋》。《北京图书馆藏珍本年谱丛刊》第40册，杨希闵《胡文敬公年谱》：“十九岁，是年从于世衡先生准受《春秋》学。”《胡文敬集》卷一《奉于先生》：“生自壬申岁沐先生教育，似乎愚蒙稍开，善端不昧。癸酉拜别之后，日以《四书》《春秋》温习，冀或少有所进。但气质凡庸，又无师友之助，兼以家贫亲老，于科举之业既不获专精，治心修身之学又不知所以用力，是以昏昧愈甚。日用常行之理，一无所见，况敢望其有日进之功乎？”

明代宗景泰四年癸酉（公元 1453 年）

二月

　　二月戊子朔。壬辰，命太子太保兼兵部尚书仪铭兼掌詹事府事；改右春坊右司直郎林聪为吏科都给事，仍支从六品俸。癸巳，太子太保兼都察院左都御史王文为太子太保、吏部尚书兼翰林院学士，于内阁参预机务。自河南召还。（据《馆阁漫录》卷三《景泰四年》）

　　壬寅，命申禁官员子侄人等于宦所冒籍科举。从礼科都给事中张轼言也。（据《明英宗实录》卷二百二十六）

国子监祭酒刘铉请为母守制，从之。《明英宗实录》卷二百二十六：景泰四年二月庚戌，"国子监祭酒刘铉言：臣八岁时，叔母陈氏守寡无子，将臣为嗣，抚养二十余年，得至成人。今母陈氏没，蒙皇上令奔丧复职。臣窃惟，礼莫重于为后，孝莫大于送终。况臣职教国学，为风化之原，彝伦之本。若使臣不得终丧，非惟有孤抚养之恩，且无以敦厚彝伦，为诸生之模范。伏乞赐臣如例守制，庶有以广朝廷孝治天下之道，而臣亦得以伸人子之至情。从之"。

辛亥，升右春坊右庶子管国子监司业事王恂为国子监祭酒。（据《明英宗实录》卷二百二十六）

辛卯，进士钟清为吏部稽勋主事。（据《国榷》卷三十一）

癸巳，太子太保兼左都御史王文为吏部尚书兼翰林院学士，直内阁。（据《国榷》卷三十一）

三月

山东右布政使裴纶因监乡试受贿罪黜为民。《明英宗实录》卷二百二十七：景泰四年三月己卯，"山东右布政使裴纶，初以私憾奏黜历城知县熊观，观发其监乡试有私，数受赃，补知印吏员，脱有罪囚，且纵其子索赂于诸县。都察院屡行巡按御史覆之，有验。至是黜纶为民"。

吏科都给事中林聪等言：初任未两考、升任未一考并年衰者，皆不许推举。从之。（据《国榷》卷三十一）

太子太保兼吏部尚书翰林院学士王文，请御史及布按二司回京、各举刺属官，否则罚。从之。（据《国榷》卷三十一）

大隆福寺成。寺甲京师，费以数十万。上将临幸，监生济宁杨浩、西安姚显各言非所以示天下，礼部郎中章纶亦言之。即日止。（据《国榷》卷三十一）

四月

沈粲卒，遣官谕祭。《馆阁漫录》卷三《景泰四年》："四月戊子朔。丙申，致仕大理寺左少卿沈粲卒。粲，松江华亭人。永乐间，与兄度俱以能书供奉内廷，凡朝廷大制作，勒金石，载简册，多其所书。累官翰林院侍读、右春坊右庶子、大理寺少卿，正统十四年致仕。至是卒，遣官谕祭。"

始令生员纳粟为国子生。或云始于景泰元年。黄佐《南雍志》卷十五《储养考》："宣德中，始令年四十五岁生员入监，谓之例贡，然行之不久。景泰以来为因边方多事，始开纳粟上马补监生事例，自是太学始有不由科贡而进者，前代所未有也，然是时不过千余人或八九百人而止。吏部尚书王直、礼部尚书姚夔前后奏革。成化二十年，山西、陕西大饥，民至相食，大臣以救荒无善政，不得已又开纳粟入监事例，自本年十月起至二十二年五月止，两监乃至六、七千人，比之往时多至数倍。礼部题准纳粟依亲者，与科贡相兼行取。掌北监礼部右侍郎丘浚乃奏言：'先年岁贡监生坐班十年以上方得拨出，其写本清黄等杂历亦须七、八年，其余纳粟等项，限定坐监十年方许拨历，后虽不尽满十年之数，亦须七、八年以上方拨。彼时历事三月考勤谨，后仍留各衙门办事，吏部监选，方行取用。近年始定历事监生以十月为满，附选放回原籍，挨次取用，因是吏部听选者积至万数。在监如无虚旷者，三、四年间，便得正历，二年以上便得杂历，然在监之日虽浅，而在学循资之日已多。惟此纳粟入监者在学日浅，未能成材，今又不次入监，其中固有食粮年深、屡经科试者，亦有习经书、粗通文理者，然幼稚未经启发，蠢愚不识字义者亦多有之。今若一概混与在班，科贡监生无别，入监即放依亲，行取复监一年半年即拨出监，俾其需选，回家坐待岁月出身，无人督责，必不肯向学，非独国家异日不得其用，亦将误其平生，终身为不学无用之人矣。今若于入监复班之初，而预为区别教养之计，其中固多聪俊之士，年富而力强，家富而用给足，以积学成材，异时朝廷未必不赖其用；夫然则始也以权宜而资其财，既得以活夫一时饥馑之民，终也以教养而成其器，又得以备夫数世任使之用，两得之矣。且生员有三等，曰廪膳，曰增广，曰附学，其年岁有长幼，入学有深浅，纳粟有多寡，若一概混同无别，则彼抱不平且有后言。然纳粟多寡有数可查，惟年岁长幼、入学浅深所具开拨者，难以凭，宜令礼部行两直隶十三布政司提学官，查勘各生年岁、食粮年月，即据见在供报案卷，造册送部发监，以凭查考。原系廪膳者，年三十以上，在学食粮十年者，坐堂支馔一年，即与见在坐堂科贡监生一体循次拨历出身；年三十以下，食粮六年以上者，二年半或三年方许拨历；食粮五年以下者，三年半方许拨历；增广必须实在坐堂支馔四年方许拨历；附学必须五年或四年半方许拨历，其中有事故者，前后通算辏数拨出。近年有不许纳粟纳马生员考教官之例，请通行提学官查勘。依亲者不分廪膳、增广、附学，年三十上下，曾经科举，有愿就教职者，许起送赴部发本监考试，果能行文可以进修者，方留坐班支馔，月课季考，待一年以上，遇吏部教官有缺，行文礼部起取，将所作课试文字，连同人送部再考，如果与平日所作相同，方许类赴内府考试，不中者仍送复监待试。其坐班者分为三等：以习经能行文应举者为一等；方习举业者为一等；初学破题习仿书者为一等，各以类相从。各堂教官因材施教，每日三次坐堂，背书写仿作课，分讲《五经》、《四书》，周而复始。专委司业提督考课，若勤教生徒有成效中式者，考满书为功迹，中有怠教者，指名奏请戒饬。'于是礼部议，以就教职例，不可行，余宜如议。敬皇帝从之。然终弘治之世，此途竟塞。正德四年，为预备边储，令纳银生员年二十五以上，发监肄业，二十五以下送监寄名，放回依亲，扣年二十五岁以上起送复班。十三年，为营建宫室或总理赈济，或防御房寇，或为传奉事，或重大灾伤，急切民患，早为计处，以保安地方事，于是纳银之途益广矣。十六年四月，诏止之。近年复开，青衣及俊秀子弟，皆得入监，皆一时权宜之例也。"《明鉴纲目》卷三："纲：夏四月，始令生员纳粟入国子监。目：先是，元年六月，命生员纳粮倒马关者，给冠带。至是，命输粟八百石于临清、东昌、徐州，赈济者，入监读书，循资出身。寻减三百石。行未几，以胡濙言遂罢。（洪武中，监生与荐举人材参用，故其时太学生最盛。迨荐举既废，进士日重，而监生渐轻。至是，纳粟例开，开封教授黄鋆，首言其不可，户部请俟仓库稍实停之，于是不久即止。然其后或遇害岁荒，或因边警，或大兴工作，率据前例行之。而军民子弟，以得援生员之例以入监，谓之民生，亦谓之俊秀，或竟谓之例监，而监生日益轻矣。）"

五月

太子太保兼吏部尚书、翰林院学士王文闻母丧，诏以内阁机务至重，命文乘传奔丧，即起任事。文两乞终丧，不允。（据《馆阁漫录》卷三《景泰四年》）

监察御史周文，劾翰林院侍讲学士倪谦、太子少师吏部左侍郎兼翰林院学士江渊俱夺情，有玷经筵。诏不问。（据《国榷》卷三十一）

六月

六月丙戌朔。壬辰，太子太保兼吏部尚书何文渊、左春坊左庶子兼翰林院侍读周旋下狱。初，文渊任温州知府，治行称最，及再起为吏部，声誉浸损。旋温人也，见文渊屡被弹击，具疏为伸其枉。给事中曹凯廷诤曰："何文渊奸邪，周旋党比，于法难容。"乃俱下狱。寻释，文渊致仕，周旋复职。（据《馆阁漫录》卷三《景泰四年》）

蔡清（1453—1508）生。据《见素集》卷十八《明中顺大夫南京国子祭酒晋江虚斋蔡先生墓碑》："生景泰癸酉六月十有八日。"字介夫，晋江人，成化甲辰进士，历官南京国子监祭酒，卒赠礼部侍郎。万历中诏特祀于乡，追谥文庄。有《虚斋集》。《明儒学案》卷四十六《司成蔡虚斋先生清》："屡脆骨立而警悟绝人。总发尽屈其师。裹粮数百里，从三山林玭学《易》，得其肯綮。"张惟骧《疑年录汇编》卷六："蔡虚斋五十六清，生景泰四年癸酉，卒正德三年戊辰。"《明史》儒林传："蔡清，字介夫，晋江人……清已卒，时正德三年也，年五十六……万历中追谥文庄，赠礼部右侍郎。"

命诸进士为监察御史。进士刘泰、郝渊之、郭本、项愫、彭城、田斌、吴琛、刘纪、杨福、汪清、辛访、张瑄、章亮、陈颢、赵铭为监察御史。（据《国榷》卷三十一）

七月

太子太保兼工部尚书石璞治沙湾决河，同教谕彭埙往。（据《国榷》卷三十一）

徐珵更名徐有贞。《馆阁漫录》卷三《景泰四年》：七月，"丙子，右春坊右谕德兼翰林院侍讲徐珵上疏言：'为人臣当避国讳，为子当避家讳。臣幼误犯祖讳，据礼当避，请更名有贞。'从之。先是，北虏之难，京师震惊，有荐珵才者。召入问计，泣曰：'验之星象，稽历数，天命已去，无能为矣。莫若请幸南京。'尚书胡濙、于谦、陈循力以为不可，太监兴安厉声叱理曰：'祖宗陵庙在此，将谁与守？'理大惭而出。寻有诏，凡主南迁者，必处以死。自是朝廷薄理，不肯重用，虽大臣屡荐引，不允。意为循所抑，阴憾之，而阳为诮事求进。循具告之故，故疏更名。"

命左春坊大学士兼翰林院侍读彭时、右春坊右庶子兼翰林院侍讲赵恢为应天府乡试考官。（据《明英宗实录》卷二百三十一）

翰林院检讨兼右春坊司谏曾暹为国子司业。（据《国榷》卷三十一）

黄銮请速罢纳粟贡士之策。户部议，俟秋成罢之。《明英宗实录》卷二百三十一：景泰四年秋七月庚辰，"河南开封府儒学教授黄銮奏：'学校乃育贤之地，科贡取士之方。以科贡取士，尚患真材之不得，况以纳粟而贡士乎？近因山东饥馑，有司既发仓廪粟以济之，陛下复出内帑以赒之，又劝谕殷实之家出粟，或褒以玺书，或赐以冠带，救荒之策，亦云备矣。而议者又令，学校生徒纳粟八百石者，得入国子监，循次出身。夫纳粟拜官，古衰世之政，虽有之，犹未闻以纳粟而贡士者。今以纳粟贡士，臣恐书之史册，将取后世作俑之讥矣。且比年旱涝，皆因臣庶失职，赃滥无厌，是以感召天灾，殃及于民。今以浮浪不教之子，纳粟进身，数年之后，寄以民社，是犹驱狼虎以牧群羊，欲其不恣啖噬，得乎？朝廷资其利于旦夕，而遗其患于悠久，诚非计之得也。乞速罢之。其已纳粟者，止复其家，或旌异其父兄。庶几浮薄竞进之俗少抑。'事下户部，尚书金濂等议曰：'纳粟贡士，乃救荒权宜之策，而非经久常行之道。请俟秋成，仓廪稍实，饥民得所，然后停罢。'从之"。

八月

礼部请于国子监选年幼聪俊监生入翰林院四夷馆习学番字，从之。《明英宗实录》卷二百三十二：景泰四年八月己酉，"礼部奏：'近年官员军民匠役之家子弟，往往私自投师，习学番字，希入翰林院四夷馆。及至考试，不惟字画粗拙，而且文理不通，岂堪为用。今后乞依永乐年间例，于国子监拣选年幼聪俊监生，送馆习学三年，依例考试。中式者授以译字官，不中者仍令习学，以待再试。庶革奔竞之风，而得实才之用。'从之"。

命顺天府严格审察冒籍入试者。命陈询、吕原为顺天府乡试考官。《明英宗实录》卷二百三十二：景泰四年八月，"礼科给事中张轼奏：'今顺天府乡试取士，闻各处举保儒士，其间多有文理不通，已为翰林院考黜为民，乃久延京师，冒军民籍入试，以图侥幸。谨敕礼部，转行顺天府严加审察，不许入试。违者连坐其罪。'从之"。"壬辰，命太常寺少卿兼翰林院侍读学士陈询、侍讲学士兼右春坊右中允吕原为顺天府乡试考官，赐宴于本府。"初制：两京乡试，主考皆用翰林，同考用教职。而各省考官先期于儒官、儒士内聘明经公正者为之，故有不在朝列累秉文衡者。景泰三年，命布按二司同巡按御史推举见任教官，年五十以下三十以上文学廉谨者，聘充考官。于是教官主试，遂为定制。初制：会试同考八人，三人用翰林，五人用教职。景泰五年，从礼部胡濙请，俱用翰林部曹。其后房考渐增。

两京及河南、山东、陕西、山西、浙江、湖广、江西、福建、广东、广西、四川、云南等十二布政司乡试；贵州士子附云南乡试。（据《皇明贡举考》卷四）

给事中徐廷章请慎选师儒、限制科贡名额。《明英宗实录》卷二百三十二：景泰四年八月壬子，"工科给事中徐廷章言七事……二曰慎师儒。今校官多岁贡监生及山林儒士，素无深长学问，辄为人师，授经且句读不明，问难则汗颜无对。师尚如此，弟子可知。今后宜用副榜举人除授。三曰严科贡。近者科举开额，如陕西、山西，皆取百名，三倍于昔，及会试，无一中者。岁贡亦四倍于昔，及入监，即以存省京储，悉遣还家。科贡之多，诚无益也。今后宜仍宣德、正统中例，庶革冗滥之弊"。沈德符《万历野获编》卷十四《科场·乡试取士滥额》："景泰四年癸酉，各省直乡试竣事后，给事中徐廷章上言：'今者科举，山西、陕西皆取百名，其数浮于额三倍，为悖典制。'按：正统四年，英宗在御，已定山西、陕西解额皆四十人，则所收虽未至三倍，而考官故违明旨，罪难自逭。乃礼部覆奏云：'此后仍宜如宣德年例。'盖不以正统所增为成规矣。又云：'若文字果多合格，亦不妨多取，但不得过二十名。'则并宣德旧额亦不复遵矣。时掌春曹者为胡忠安（濙），其人以模棱致高位，宜有此等议论。至正德三年，则科场定制明备已久，又用给事中赵铎疏，下礼部议，增解额，陕西为百名，河南九十五名，山东、山西俱九十名。是时，刘瑾陕西人，焦芳河南人，故比周为奸，厚其桑梓，而齐、晋二省则以余润见及，遂超江、浙、闽、楚四大省而出其上。又二年，芳逐瑾诛，是科其说不复行。然是时周阳曲经以宗伯主议，何以附和至此？岂亦以身为山西人耶？先是，弘治间李广之死，六科、十三道纠周贿赂交结诸状，周恚辨甚厉，今视此举，无乃不诬。未几殁，而易名文端。时周婿曹元为逆瑾私人，新人辅政，遂得上谥。按：正统初广解额，江西仅六十五人，河南仅五十人。乃宣德八年，一甲三名钟复已中江西乡试一百九名，三甲进士杨玉已中河南乡试一百二十七名，此则不可晓矣。"查继佐《罪惟录》志卷十八《科举志》："（景泰）四年，顺天榜二百五十名，内儒士十人，译字、听选、书算、承差、都史、令史、卫吏、医士、武生、军余、军舍人共二十五人。福建溢额至二百二十七人，莆田居四十。礼部主事周骥奏严娼优吏卒刑丧过犯之禁，及容情、冒名、冒籍、换卷、截卷、传提、关节诸弊。时顺天乡试首解为吉安罗崇岳，以冒籍黜充原籍学生，至丙子，复荐江西。山西解首谢廷桂，其分考徐霖批有'文与人同，理与人异'之语，都御史李秉疑有蹈袭背理之弊，按之不果，诏治霖罪。"

婺源朱梾以宋朱熹九世孙求入国子监，许之。（据《国榷》卷三十一）

巡按直隶监察御史程璹请移国子监东长安街南，从之。（据《国榷》卷三十一）

九月

命太子太保兼吏部尚书，翰林院学士王文复任，以奔母丧回京也。（据《馆阁漫

国子监祭酒王恂卒。《馆阁漫录》卷三《景泰四年》：九月癸酉，"国子监祭酒王恂卒。恂湖广公安县人，初名振，后以姓名与中官同，改今名。由宣德五年进士，选庶吉士。正统四年，除翰林院检讨，与修《宣庙实录》。十三年，考满，升修撰。十四年，升大理寺右寺丞，巡抚贵州。景泰二年，改右春坊右庶子，管国子监司业事。四年，升祭酒。未几，得风疾卒于官。初为庶吉士，从学于学士杨溥，溥曰：'吾乡之士，能守孔子四教、文行忠信者，王振一人也。'及升祭酒，能布列教务，弟子皆顺服不敢违。至是卒，诏遣官致祭，给官舟归其丧"。

令科举、岁贡仍依正统间额。会试同考官，翰林、春坊专其事；京官由科第有学行者兼取以充；教官不得充会试考官。《明英宗实录》卷二百三十三：景泰四年九月，"乙丑，复定科举岁贡额。先是工科给事中徐廷章言：'科举岁贡，宜准宣德、正统中例。'礼部言：其所论切时弊，取旨施行。郎中章纶又言：'元年诏书云，不许更改。今未四年，遽行废阁，殊失朝廷之体。'于是复命礼部斟酌以行。尚书胡濙等，请科举以正统中所定额为准。如文字合格者多，量增入之，亦不得过二十名。其岁贡自景泰六年以后，宜如正统中所定例。从之"。"乙亥，初，礼部会试，其主试官二人出上命，同考试官从礼部推选，翰林院官、京官、教官皆得为之。至是，礼部尚书胡濙言，翰林及春坊以文艺为职业，宜专其事。京官由科第有学行者，宜兼取以充。教官不许充。请著为令。从之"章纶《章恭毅公集》卷十二《中兴时政疏》："（景泰四年九月）切惟诏书一款，科举、岁贡，自景泰元年为始，一依永乐年间例行，不许更改者，诚以科举、岁贡，乃取士用人之渊薮，立贤无方之正途，贵在精选得人，非可以额限制……国朝洪武、永乐年间，乡试、会试俱不限名，亦未尝滥取，而得人最多。宣德年间，始以科举之滥，额定名数，固为精选而得人矣。然所得之士，未必有过于洪武、永乐年间所得之士也。至于太学养士……国朝洪武、永乐年间，天下岁贡生徒，尽数充养，不下数千余人，未尝有放回依亲之例。至宣德年间，又以岁贡之滥，减定限制。即今天下混一，人才众多，中外仕籍，足以充用，不患举人之多也。南北两监，足以教养，不患监生之众也。若以多取举人为滥而定为解额，岂若纳粟补官之滥乎？况以文取士，出乎公论，未必至于滥也。若以多养监生为众而放回依亲，岂若僧徒蚕食之众乎？况养贤用士，其以泽民，虽多不为害也……望今后科举取士，务要监临、提调、考试之官，一出乎至公精选。不必限名，但以文章纯雅，三场相称为度。其文若不中式，虽不满额，亦不滥取。及明年会试举人，乞照洪武十八年、永乐二年事例多取进士，而名在三甲者除授知县，必能守职。至于岁贡，仍照永乐年间例，候至丰稔之年，悉取入监教养。庶几遵守乎祖宗之旧制，有合乎天下之公论，不拂乎诏令之旨也。"

以太常寺少卿兼翰林院侍读学士陈询为国子监祭酒。《明英宗实录》卷二百三十三：景泰四年九月乙亥，"以太常寺少卿兼翰林院侍读学士陈询为国子监祭酒，仍支正四品俸。时祭酒王恂已故，监丞安贵疏言：'太子少师、户部右侍郎兼翰林院学士萧镒，学术纯正，文章典实，先任祭酒，诸生悦服。今祭酒缺员，乞照胡俨例，不妨内阁职务，仍命时来提督，仪刑后学，庶士子有所依归。'疏闻，以阁事重，镒难兼任，故特命询为之"。

十月

壬子，命少保兼学士陈循撰南京国子监庙学碑文，从祭酒吴节奏请也。（据《明英宗实录》卷二百三十四）

周忱（1381—1453）卒，年七十三。《明英宗实录》卷二百三十四"景泰四年冬十月丙戌（初三）"："致仕工部尚书周忱卒。忱字恂如，江西吉水县人。八岁，读书过目即成诵。登曾棨榜进士。时选庶吉士二十八人，忱自陈愿与其列进学，太宗嘉其有志，从之。预修《永乐大典》诸书，擢刑部主事，迁员外郎，寻除越府右长史。宣德中，朝廷以东南财赋繁重，负欠累年，欲得人理之，乃命廷臣会举，得忱。升工部右侍郎，巡抚苏、松诸处。忱至彼，一切破崖岸为之，召父老，问弊所当革、利所当兴者何在？次第举行，民翕然称便。不二三年，公私皆足，羡余之积，殆不可数计。两遭亲丧，俱起视事。尝奉敕清理刑狱，平反甚众。每遇岁歉，巡历所部，发廪赈之，活饥民数十万。景泰初，升户部尚书，寻改工部，仍旧巡抚。未几，累上章乞致仕，从之。至是卒。赐葬祭，谥曰文襄。忱为人宇量恢弘，才识通敏，莅事精勤，临民和易。有善谋者，虽卑官贱隶，无不接纳。性尤机警，善筹画。诸郡钱谷巨万，一屈指间无遗算。每视地之丰凶、事之缓急，以为弛张变通，是以赋足而民不困。前后理财赋者，率不能及。但其多费余财以结权贵，兼之信任群小，为时所短云。"

十一月

简命师、傅以下文学之臣，日侍太子讲读。《馆阁漫录》卷三《景泰四年》："十一月癸丑朔。戊辰，先是，山西道御史张鹏奏请教储君以固国本，仍乞简命师、傅以下文学侍从之臣，日侍讲读。至是，礼部申鹏所请。帝命少傅兼太子太师、礼部尚书胡濙，少傅兼太子太师、吏部尚书王直，少保兼太子太傅、户部尚书、文渊阁大学士陈循，少保兼太子太傅、工部尚书、东阁大学士高谷，太子太保、吏部尚书兼翰林院学士王文，太子太保、兵部尚书兼詹事府詹事仪铭，太子少师兼吏部左侍郎、翰林院学士江渊，太子少师兼户部右侍郎、翰林院学士萧镒，太子少傅兼吏部左侍郎俞山，太子少保兼兵部右侍郎俞纲，兵部左侍郎、翰林院学士兼左春坊大学士商辂，每日更番侍班。命左春坊大学士兼翰林院侍读彭时，每日专一讲书；詹事府府丞李侃、李龄，右春坊右赞善兼翰林院检讨钱溥，翰林院编修刘吉，每日专侍读书。"

皇太子朱见济卒。《明鉴纲目》卷三："纲：十一月，皇太子见济卒。（谥怀献。）"

杨翥卒，讣闻，令有司葬祭。《馆阁漫录》卷三《景泰四年》：十一月，"辛巳，致仕礼部尚书杨翥（卒。翥）字仲举，苏州吴县人。洪熙元年，大学士杨士奇荐，授翰林院检讨。预修三朝实录成，历升编修、修撰。正统五年，升郦府长史，十年致仕。景泰元年，自以潜邸旧僚入觐，升礼部左侍郎，命食俸致仕。四年，复入觐，进升尚书，仍致仕食俸如初。翥每来觐，辄条疏经国大计，召对便殿，赐赉稠叠，时以为荣。至是卒，讣闻，令有司葬祭"。《国榷》卷三十一："（景泰四年十一月）辛巳，前礼部尚书杨翥卒。翥字仲举，吴人。洪熙初，大学士杨士奇荐之，授翰林检讨，历编修、修撰，迁郦府长史，致仕。景泰初，入朝，拜礼部左侍郎，致仕。四年，复入朝，手疏乞时朝太上皇，失旨。进尚书，仍致仕。素敦行，以德重称，其处人所不堪，无几微介于意。赐祭葬。"

十二月

前南京大理寺少卿吕升卒。余姚人，贡士。（据《国榷》卷三十一）

本年

令监生坐堂五年者，办事历事二年出身；四年者三年出身；三年者四年出身；一年二年者，止令办事，不许历事出身。又令监生正历一年三阅月，写本一年，长差三年。（据黄佐《南雍志》卷三《事纪》）

尹诚、汪谐等取中举人以冒籍入试被执送刑部。《弇山堂别集》卷八十二《科试考二》："礼部祠祭司主事周骙奏：'设科取士，当遵国法禁例。洪武以来旧例，曾由科目出身未入流品官生员发充吏、罢闲官吏、监生生员、娼优、隶卒、刑丧、过犯之人不许入试。其生员、军生、儒士及未入流品官、农吏、承差、军余人等，若无钱粮等项粘带者，听从入试。如有不实，照例论罪，已中式者，黜退不录，未中式者，终身不许入试。今顺天府景泰四年乡试取中举人尹诚、汪谐、陈益、龚汇、王显、李随、李森、钱输，俱系冒籍人数，于例不该入试。似此之徒，欲求事君而先欺君，今日苟图如此，他日居官可知。乞明正其罪，以警将来。'命锦衣卫俱执送刑部问，未发露者，许出首逮问，同学知而不首者同罪。今后科场知贡举、监试、提调等官，务在防范严切，不许容情。冒名、换卷、截卷、传递文字并说话作弊，监门、搜检、巡绰、监试官军，敢有如前容隐不举作弊者，俱治以重罪。帘外执事官，临期于吏部听选文学出身者充之。命左春坊大学士兼翰林院侍读彭时、右春坊右庶子兼侍讲赵恢主应天试。"据《明英宗实录》，嗣以给事中张轼等言，减轻处罚，仅革其举人资格，发回原籍，仍许本地再应乡试。《明英宗实录》卷二百三十七叙周骙上奏一事于景泰五年正月。

明代宗景泰五年甲戌（公元 1454 年）

正月

周旋（1396—1454）卒。《馆阁漫录》卷三《景泰五年》："正月癸丑朔。壬申，左春坊左庶子兼翰林院侍讲周旋卒。旋字中规，浙江永嘉人。正统丙辰廷试第一，授翰林修撰。景泰初，开陈攘夷安夏大计千馀言，多见采纳。秩满，升侍讲，与经筵，进左春坊左庶子。与修《君鉴》，多所著述。至是，早朝衣冠端坐而卒。旋文辞敏赡，而性坦夷，于物无忤云。"

去年山西乡试考官徐霖以批卷失当受罚。命今年会试取人照宣德、正统间例：定额数，分南北中。《明英宗实录》卷二百三十七：景泰五年春正月，"提督宣府军务右佥都御史李秉奏二事……一、山西布政司去年乡试录，刊《中庸》义一篇，考试官徐霖批称：文与人同，理与人异。以若所言，则为蹈袭雷同之文，而有戾旨背理之失矣。然此篇文不背理，乃霖之不明也。宜治霖罪，追彩币表里入官，庶为方来之戒。俱从之"。"礼部奏：永乐间会试取人，不拘额数，不分南北中。宣德、正统间，定额数，分南北中。景泰二年，依永乐间例。近者工科给事中徐廷章奏准，依宣德、正统间例。今会试在迩，合请圣裁。帝命照宣德、正统间例。"

顺天冒籍贡士尹诚、汪谐、陈益、龚汇、王显、李随、李森、钱轮（轮，《弇山堂别集》作输）除名。（据《国榷》卷三十一）

二月

章纶上《论科举疏》。章纶《章恭毅公集》卷十二《论科举疏》："（景泰五年二月）臣惟分南北中取士，固可权一时地土之宜，而定解额取士，则有非今日事理之当。诚以宣德、正统年间，各处乡试俱定解额，及至会试，总数多不过一千余名，以此进士额数可以止定一百名、或增至一百五十名为当。若今景泰四年各处乡试不拘解额，及至景泰五年会试总数二千九百余名，比之宣德、正统年间，加倍过多。况乡试、会试之日，科场之中，有司买办供给，不计巨万。若一概照例定额，取士数少，诚恐中间好卷数多，拘以定额，未免有遗弃人才，以玉抵鹊之叹。夫取士之途，惟进士得人为最多。自洪武、永乐年间以来至于今日，列职中外，上自孤卿，下至守令，往往有得人之称。且官至极品、勤劳王家者，多在系名榜末之人；而名在前列者，或无可称。盖取人以文为度，如果合格，虽多至千百亦不为过，果不合格，虽少至十数亦为至当。但不可以合格之文而舍之不取，不合格之文而强取之也。乞敕吏部，查考天下见任官员缺数咨报本部，本部仍查历科会试举人名数，比之见今会试举人，较量多寡。但有文章中式，具名数以闻，请旨定夺。或以多取得人为美，或以十分取一为当。盖人才难得，而进士可用。仍乞敕于二甲、三甲中，除京官足用外，或任用县正官。非惟士子之幸，实生民之幸也。其有中在副榜而告愿入监者，旧以二十四岁或三十岁为限，及至再试，多有中在魁选，建功立名。以此中间愿就教职者少，开榜之后，往往自减年岁，赴部告脱，纷然搅扰，无如之何。乃景泰五年会试副榜举人，合无以岁报册为准，定以三十五岁为限。其三十二岁以下及在监年深、各衙门历事听选者，许容告辞。其新举人年至三十五岁以上及坐监年浅者，不许告退。如此，庶几事体归一，不致临期告扰，而教职亦得其人矣。"

己丑，命兵部左侍郎、翰林院学士兼左春坊大学士商辂、司经局洗马兼翰林院修撰李绍为礼部会试考官，赐宴于本部。丙午，礼部引会试中式举人彭华等三百五十人陛见。（据《明英宗实录》卷二百三十八）王世贞《凤洲杂编》卷四："甲戌考试官商辂，辂，正统乙丑进士，阅三科为正科，已任兵部左侍郎兼翰林院学士、左春坊大学士。同考则侍讲兼中允杨鼎、赞善兼检讨钱溥，皆己未也。先一年奏准，会试考官，翰林、春坊专之，其京官由科第有学行者兼取以充，而郡县教职为同考官绝矣。受卷、弥封、对读则用州邑正官为之。"

命王直、陈循等为殿试读卷官。《馆阁漫录》卷三《景泰五年》：二月，"己酉，少傅兼太子太师、礼部尚书胡濙奏，三月初一日殿试天下贡士，合请读卷及执事官。命少傅兼太子太师、吏部尚书王直，少保兼太子太傅、户部尚书、文渊阁大学士陈循，少保兼太子太傅、工部尚书、东阁大学士高谷，少保兼太子太傅、兵部尚书于谦，太子太保、吏部尚书兼翰林院学士王文，太子太保、吏部尚书王翱，太子太保兼兵部尚书仪铭、太子太保兼刑部尚书俞士悦、太子太保兼都察院左都御史杨善、太子少师兼户部右侍郎萧镃、户部右侍郎李贤、工部左侍郎赵荣、都察院左副都御史刘广衡、通政司通政使栾恽、大理寺卿薛瑄、右春坊大学士兼翰林院侍讲刘俨、翰林院侍讲学士兼左春坊左中允倪谦为读卷官，馀执事如例"。据《景泰五年进士登科录·玉音》："景泰五年二月二十八日早，太子太傅兼礼部尚书臣胡濙等官于奉天门奏为科举事。会试天下举人，取中三百五十名。本年三月初一日殿试，合请读卷及执事等官少傅兼太子太师兼吏部尚书王直等四十七员。其进士出身等第，恭依太祖高皇帝钦定资格。第一甲例取三名，第一名从六品，第二第三名正七品，赐进士及第。第二甲从七品，赐进士出身。第三甲正八品，赐同进士出身。奉圣旨：是。钦此。""读卷官：光禄大夫少傅兼太子太师吏部尚书王直，甲申进士；荣禄大夫少保兼太子太傅户部尚书文渊阁大学士陈循，乙未进士；荣禄大夫少保兼太子太傅工部尚书东阁大学士高谷，乙未进士；光禄大夫少保兼太子太傅兵部尚书于谦，辛丑进士；荣禄大夫太子太保吏部尚书兼翰林院学士王文，辛丑进士；荣禄大夫太子太保兼吏部尚书王翱，乙未进士；荣禄大夫太子太保兼兵部尚书仪铭，儒士；荣禄大夫太子太保兼刑部尚书俞士悦，乙未进士；荣禄大夫太子太保兼都察院左都御史杨善，增广生；资善大夫太子少师兼户部右侍郎翰林院学士萧镃，丁未进士；嘉议大夫户部右侍郎李贤，癸丑进士；通议大夫工部左侍郎赵荣，秀才；嘉议大夫都察院左副都御史刘广衡，甲辰进士；嘉议大夫通政使司通政使栾恽，丁酉贡士；嘉议大夫大理寺卿薛瑄，辛丑进士；奉议大夫右春坊大学士兼翰林院侍讲刘俨，壬戌进士；翰林院侍讲学士奉训大夫兼左春坊左中允倪谦，己未进士。提调官：光禄大夫少傅兼太子太师礼部尚书胡濙，庚辰进士；通议大夫礼部右侍郎姚夔，壬戌进士。监试官：文林郎山西道监察御史□泰亨，己酉贡士；□□□陕西道监察御史崔玙，乙丑进士。受卷官：中宪大夫太常寺少卿王谦，监生；承务郎左春坊左赞善兼翰林院编修周洪谟，乙丑进士；礼科都给事中张轼，监生；吏科左给事中李赞，戊辰进士。弥封官：亚中大夫光禄寺卿蔚能；奉训大夫鸿胪寺少卿张翔，壬子贡士；承务郎左春坊左赞善兼翰林院编修刘俊，乙丑进士；户科都给事中刘炜，己未进士；兵科都给事中苏霖，监生。掌卷官：左春坊司直郎兼翰林院编修李泰，戊辰进士；承事郎翰林院编修吴汇，辛未进士；刑科都给事中王镇，乙丑进士；工科都给事中国盛，戊辰进士。巡绰官：怀远将军锦衣卫指挥同知毕旺；怀远将军锦衣卫指挥同知曹敬；明威将军锦衣卫指挥金事刘敬；明威将军锦衣卫指挥金事林福；明威将军金吾前卫指挥金事吕敬；昭勇将军金吾后卫指挥使陈政。印卷官：奉政大夫礼部仪制清吏司郎中章纶，己未进士；礼部仪制清吏司主事俞钦，辛未进士。供给官：奉议大夫光禄寺少卿陈诚，监生；奉议大夫光禄寺少卿李春，戊午贡士；礼部司务何怀，儒士；奉议大夫礼部精膳清吏司郎中周濂，儒士；奉直大夫礼部精膳清吏司员外郎曾序，丁未进士。"

进士郑冕、周清、董廷圭、吴绰、靳敏、李人仪、陈僎、杜升为南京监察御史。（据《国榷》卷三十一）

定边卫儒学止行释菜礼，毋用牲。（据《国榷》卷三十一）

礼部右侍郎兼左春坊右庶子邹干理柴炭。（据《国榷》卷三十一）

三月

孙贤（1430—1483）、徐溥（1428—1499）、徐镃等三百四十九人进士及第、出身有差。改丘浚、耿裕等十八人为翰林院庶吉士。《明英宗实录》卷二百三十九：景泰五年三月壬子朔，"帝御奉天殿策会试举人彭华等三百四十九人，制曰：'朕以眇躬，祗膺天命，缵承祖宗大业，临御兆民，顾惟负荷之艰，莫究弛张之善，肆虚心于宵旰，冀资弼于忠良，固圣贤乐受尽言，在尧舜惟急先务，何则？天下之本，莫有外于家国兵民，朕欲闻其至计何先？切望何最？君心之发，莫有著于礼乐教化，朕欲闻其损益何宜？隆替何系？制治贵于未乱，其方术何良？保邦贵于未危，其谋谟何远？以至为政之宽猛何尚？备边之筹策何长？人才之贤否何由？刑赏之缓急何可？与凡灾祥感召之机何速？夷狄向背之故何在？皆朕之所欲闻者也。夫事贵乎师古，不稽诸古，固无足以为法于今。而施贵乎合宜，不宜于今，又奚可以徒泥诸古。子大夫明先圣之道，来应宾兴贤能之诏，皆得于古，而将以施于今者也，其悉参酌，详著于篇，以俟朕之亲览。'""甲寅，帝亲阅举人所对策，赐孙贤等三百四十九人进士及第、出身有差。""乙卯，宴进士于礼部，令太保宁阳侯陈懋待宴。""丙辰，赐状元孙贤朝服冠带，诸进士钞各五锭。""丁巳，状元孙贤率诸进士上表谢恩。""乙丑，擢第一甲进士孙贤为翰林院修撰，徐溥、徐镛俱为编修。改进士丘浚、耿裕、彭华、刘釪、陈龙、牛纶、孟勋、何琼、吴祯、严泾、尹直、陈政、宁珍、冯定、金绅、黄甄、王宽、夏时十八人为翰林院庶吉士，命左春坊大学士兼翰林院侍读彭时、右春坊大学士兼翰林院侍讲刘俨教习文章，少保兼太子太傅户部尚书文渊阁大学士陈循等提督考校，务令学有进益，以需他日之用，给纸笔、饮馔、灯烛、第宅，俱如旧例。"据《景泰五年进士登科录·恩荣次第》："景泰五年三月初一日早，诸贡士赴内府殿试，上御奉天殿亲赐策问。三月初三日早，文武百官朝服侍班，是日，锦衣卫设卤簿于丹陛丹墀内，上御奉天殿，鸿胪寺官传制唱名，礼部官捧黄榜，鼓乐导引出长安左门外，张挂毕，顺天府官用伞盖仪从送状元归第。三月初四日，赐宴于礼部，宴毕，赴鸿胪寺习仪。三月初五日，赐状元朝服冠带及进士宝钞。三月初六日，状元率进士上表谢恩。三月初七日，状元率进士诣先师孔子庙行释菜礼，礼部奏请命工部于国子监立石题名。"《弇山堂别集》卷八十二《科试考二》："五年甲戌，命兵部左侍郎翰林院学士左春坊大学士商辂、司经局洗马兼翰林院修撰李绍为考试官，取中彭华等。廷试，赐孙贤、徐溥、徐镛及第。选进士丘浚、耿裕、彭华、刘釪、陈龙、牛龙、马勋、何琼、吴祯、严泾、尹直、陈政、宁珍、冯定、金绅、黄甄、王宽、夏时为庶吉士，命左春坊大学士刘俨教习。先一年，礼部尚书胡濙言：'翰林院及春坊以文艺为职业，宜专作同考，京官由科第有学行者，宜兼职以充，勿再用教官，著为令。'许之。是岁，商学士才阅三科，已作正考，而同考则中允杨鼎、赞善钱溥，皆己未也。《登科录》牛轮书叔玉，司礼监左监丞。"查继佐《罪惟录》志卷十八《科举志》："（景泰）五年甲戌，诏同考官宜用京官由科第有学行者，不得用教官，著为令。有《登科录》，牛轮者，书叔玉、司礼监左监丞。三月，策进士彭华等三百五十人，赐孙贤、徐溥、徐镛等及第、出身有差。贤貌黑，溥白，镛黄，一时称铁状元、银榜眼、金探花云。同榜有杂流译字官吴祯。有交阯黎庸者，清威人；阮勤者，多翼人，二人愿留中国。"李调元《制义科琐记》卷二《貌寝》："景泰五年甲戌殿试，丘文庄公浚本拟状元，以貌寝，置二甲一名。"李调元《制义科琐记》卷二《给笔札》："孔公恂，圣裔，会试后以母疾不赴廷对。上知之，使召之。日且午，不及备卷，命翰林官给笔札，遂登第二甲十四名进士。时景泰甲戌科也。"梁章钜《制义丛话》卷四："《明史》邱浚传云：时经生文尚险怪，浚主南畿乡试，分考会试，皆痛抑之。及课国学生，尤谆切告诫，返文体于正。按：廖道南谓举业尔雅，自丘文庄知贡举始。文庄之能转移文运，又何减于欧阳永叔耶？"

孙贤为景泰甲戌科状元。万历甲戌科状元亦姓孙。查继佐《罪惟录》志卷十八《科举志》科举盛事·三甲戌之谶》："景泰五年甲戌，状元孙贤；正德九年甲戌，状元唐皋；万历二年甲戌，状元孙继皋，姓与前甲戌合，名与次甲戌合，继者继其后也。"陆容《菽园杂记》卷六："孙状元贤，赴会试途中投宿一民家，主人敬礼甚隆，饮食一呼而具。贤疑其家有他会。问之，主人云：'昨夜梦状元至，故治具以候，今日公至，应此梦无疑。'贤窃自喜，至期，下第而归，后一科果状元及第。雍御史泰未第时，常自金陵还陕西，道经凤阳，投宿一老妪家，问知是举子，喜云：'昨梦有御史过吾家，子其人邪？'雍后以进士尹吴，遇例入为御史。陆参政孟昭未中举时，夫人梦得官参政。孟昭仕止福建右参政。泰州学士某，江西安福人，常梦一卯角生，尹其县，后果不爽。孙应在四五年间，雍应在十五年后，陆与泰州生应在三十年前后。观此则人之出处，信有前定，非偶然也。"李调元《制义科琐记》卷三《建大旗》："孙贤与同邑徐绅同领庚午乡荐，会试礼部，宿彰德驿。驿丞盛设待之，二人疑怪，驿丞曰：'昨梦神人建大旗驿门，其上有状元字。今此设盖待状元，非举人也。'二人窃喜，而其年皆不遇，过其驿不敢入。至甲戌会试，二人俱第。廷试毕，传胪，则第一人果孙贤。班中一人言，二科前梦中孙遇贤榜进士，及中，正榜中无孙遇贤名字，以为不验，至此而始悟为孙贤也。"

据《景泰五年进士登科录》，第一甲三名，赐进士及第。履历如下：

孙贤，贯河南开封府杞县，民籍。国子生。治《诗经》。字舜卿，行一，年三十，十月初一日生。曾祖敬先。祖林。父兴。母李氏。具庆下。弟贡、质。娶常氏。河南乡试第二十一名，会试第一百十三名。

徐溥，贯直隶常州府宜兴县。官籍。县学增广生，治《书经》。字时用，行一，年二十六，七月二十一日生。曾祖福，赠户部郎中。祖鉴，知府。父琳。母何氏。具庆下。弟济、瀹、澍。娶杜氏。应天府乡试第六名，会试第五十五名。

徐镒，贯直隶常州府武进县，官籍，国子生。治《书经》。字文轼，行一，年三十二，四月初一日生。曾祖仲广。祖彦行。伯遵，太医院思民局副使。父遂，正科。叔迟，知县。母裴氏。具庆下。弟镐、镕、铠。娶高氏。应天府乡试第二十四名，会试第一百五十八名。

据《景泰五年进士登科录》，第二甲一百二十九名，赐进士出身。履历如下：

丘浚，贯广东琼州府琼山县，民籍。国子生。治《礼记》。字仲深，行二，年三十四，十一月初十日生。曾祖均禄。祖普，训科。父传。母李氏。慈侍下。兄源，训科。娶金氏。继娶吴氏。广东乡试第一名。会试第三十四名。

易贵，贯贵州贵州宣慰使司贵竹长官司，民籍。国子生。治《诗经》，字天爵，行一，年三十六，三月十二日生。具庆下。弟端。娶罗氏。云南乡试第三名。会试第三百四十四名。

程景云，贯陕西宁夏卫，军籍。直隶徽州府休宁县，国子生。治《书经》。字汉章，行一，年三十一，八月二十日生。曾祖均用。祖彦武。父荣。母吴氏。严侍下。弟瑛。娶张氏。陕西乡试第二十五名，会试第一百三十八名。

胡荣，贯江西临江府新喻县，军籍。国子生。治《书经》。字希仁，行一，年三十，七月初十日生。曾祖子固。祖源远。父淳启。母宋氏。具庆下。弟焘。娶阮氏。江西乡试第十七名。会试第三百四十五名。

陈琳，贯湖广德安府应城县，官籍。国子生。治《书经》。字文璧，行四，年三十二，五月十七日生。曾祖朝玉，知县。祖直方，教谕，赠刑部员外郎。父坦，知府。母许氏，封宜人。具庆下。兄璇、玑、瑛。弟环、璋。娶郭氏。湖广乡试第六十三名。会试第二百二名。

康麟，贯广东广州府顺德县，民籍。府学生。治《书经》。字文瑞，行一，年三十六，九月十八日生。曾祖直可。祖税德。父妙观。母崔氏。具庆下。弟凤、夔、龙。娶崔氏。广东乡试第三名，会试第二百五十七名。

王铉，贯浙江杭州府临安县，民籍。国子生。治《春秋》。字廷器，行二，年三十五，五月十八日生。曾祖思善。祖铨。父瑾。母童氏。具庆下。兄镇。弟鑫、鉴、鐩、镔。娶程氏。浙江乡试第五十八名。会试第四十二名。

黄谨，贯福建兴化府莆田县，民籍。县学生。治《书经》。字廷仪，行四，年三十五，八月十七日生。曾祖静轩。祖则诚。父宦，教授。母郑氏。慈侍下。兄谕；誉，浙江按察司佥事；琼。弟询。娶高氏。福建乡试第二名。会试第一百四名。

谢绶，贯江西抚州府乐安县，官籍。县学增广生。治《春秋》。字维章，行五，年三十一，三月十九日生。曾祖伯顺。祖永昭，赠吏部考功司郎中。父辅，浙江布政司左参政。母余氏，封宜人。重庆下。兄纮，训导；绍，贡士。弟绅、缉。娶姜氏。江西乡试第一百一十八名。会试第二百五十九名。

李清，贯直隶松江府上海县，军籍。县学增广生。治《春秋》。字希献，行二，年二十一，五月十六日生。曾祖原芳。祖珙。父伯玙，教谕。母陆氏，继母倪氏。具庆下。兄澄。弟潜、湛、浚、泽、澜。娶何氏。应天府乡试第一百二十二名。会试第一百九十五名。

王朝远，贯江西南昌府进贤县，民籍。府学增广生。治《书经》。字（下缺）曾祖唯杰（下缺）重庆下。（下缺）江西乡试第三名，（下缺）。

高宗本，贯直隶保定府雄县，军籍。镇海太仓卫学军生。治《易经》。字茂卿，行一，年三十五，六月十六日生。曾祖彦温。祖良佐。父以仁。嫡母范氏，继母张氏。生母严氏。慈侍下。弟宗立。娶倪氏。应天府乡试第三十五名。会试第三百六名。

严端，贯浙江都司宁波卫后千户所军余。宁波府学军生。治《书经》。字克正，行一，年二十六，七月十六日生。曾祖敬。祖德善。父肃。母乐氏。具庆下。弟庄。娶宋氏。浙江乡试第五十四名。会试第三百四名。

孔公恂，贯山东兖州府曲阜县，儒籍。国子生。宣圣五十八世孙，治《礼记》。字宗文，行一，年三十九，四月十五日生。曾祖克全，元教授。祖士亨。父志伯，贡士。母王氏。严侍下。弟公锡，庚午贡士；公忱；公忏。娶樊氏，继娶余氏。山东乡试第二十九名。会试第二百四十二名。

史瑾，贯直隶淮安府山阳县，民籍。国子生。治《书经》。字德辉，行一，年三十二，正月十一日生。曾祖彦中。伯祖善闻，陕西布政司参议。祖叔谦。父存泽。母朱氏。重庆下。弟璘、瓒、琳。娶李氏，继娶赵氏。应天府乡试第三十名。会试第一百二十八名。

张宁，贯浙江湖州府德清县，军籍。嘉兴府海盐县学武生，治《书经》。字靖之，行一，年二十九，十一月三十日生。曾祖仲山。祖文俊。父鼐。母丁氏。具庆下。弟宽。娶唐氏，继娶王氏。浙江乡试第十一名。会试第七名。

耿裕，贯河南河南府卢氏县，官籍。山西平定州人，儒士。治《书经》。字好问，行六，年二十五，二月十六日生。曾祖承祖，元太常寺太祝，赠刑部右侍郎。祖纲，教谕，累赠刑部右侍郎。父九畴，都察院右副都御史。母高氏，封淑人。具庆下。兄聪、睿、智、宽。弟温、发。娶郑氏。顺天府乡试第六十五名。会试第一百二十五名。

徐銮，贯浙江衢州府开化县，民籍。县学生，治《易经》。字用和，行十一，年三十二，六月初二日生。曾祖周士。祖伯昌。父曦，伴读。嫡母韩氏，母李氏。慈侍下。兄英。娶许氏。浙江乡试第二十七名。会试第三名。

刘洪，贯浙江宁波府定海县，军籍。国子生。治《易经》。字文裕，行十六，年二十六，八月十三日生。曾祖豫，元廉访副使。祖廷毅。父时和。前母庄氏，母陈氏。具庆下。兄清、济、淮、海。娶周氏。浙江乡试第四十二名。会试第三百一名。

孙辉，贯浙江绍兴府余姚县，军籍。县学增广生。治《礼记》。字德昭，行四，年二十五，九月十七日生。曾祖岳。祖子高。父相。母陈氏。重庆下。弟耀、燿、炫。娶鲁氏。浙江乡试第二十四名。会试第一百六名。

彭华，贯江西吉安府安福县，儒籍。县学增广生。治《春秋》。字彦实，行十四，年二十三，十一月初十日生。曾祖伯枢。祖同升，赠刑部主事。父贯，浙江按察司金事。母伍氏，封安人。具庆下。兄参洪；善，贡士；彦充，贡士。弟礼。娶刘氏。江西乡试第七名。会试第一名。

刘釪，贯江西吉安府安福县，民籍。县学增广生。治《春秋》。字仗和，行五，年三十三，十一月二十六日生。曾祖子定。祖伯文，赠礼部主事。父球，侍讲，赠翰林学士，谥忠愍。母邓氏，封太宜人。慈侍下。叔玭，刑部主事。兄钺，中书舍人兼正字；铉，训导。弟镒，贡士。娶伍氏。江西乡试第二名。会试第三百四十二名。

陈龙，贯江西吉安府泰和县，儒籍。县学增广生。治《诗经》。字元亮，行五，年三十七，三月二十三日生。曾祖有庆。伯祖仲述，监察御史。祖仲亨。伯余，教授。父直，按察司照磨。母严氏。严侍下。兄兔，教谕；奖。娶萧氏，继娶萧氏。江西乡试第二十名。会试第四十名。

杜宥，贯直隶常州府江阴县，民籍。国子生。治《易经》。字叔宽，行一，年四十，正月十五日生。曾祖玉泉。祖隰，礼科给事中。父政。母包氏。永感下。弟宄、密。娶徐氏。应天府乡试第十七名。会试第四十一名。

张畹，贯直隶松江府华亭县，民籍。国子生。治《诗经》。字茂兰，行五，年三十五，九月二十日生。曾祖国祥。祖宗武，主簿。父廷冑。母顾氏。慈侍下。兄畴、畦、绍、畋、瞵。弟畔、畿。娶周氏。应天府乡试第一百五十六名。会试第二百三十四名。

黄隆，贯浙江宁波府鄞县，民籍。府学生。治《礼记》。字自立，行四，年三十，正月十九日生。曾祖景祯。祖良，赠监察御史。父润玉，知县。母范氏，封孺人，继母舒氏。具庆下。兄性，训导；教；道。弟达。娶王氏。浙江乡试第十名。会试第五十二名。

张黼，贯江西临江府新喻县，官籍。县学生。治《春秋》。字良甫，行一，年三十六，五月二十八日生。曾祖允恭。祖怀立，封吏科给事中，赠大理寺右少卿。父固，大理寺右少卿。母黄氏，赠恭人，继母孙氏。具庆下。弟载、戴、宸、宛平、大通。娶钱氏。继娶朱氏。江西乡试第七十二名。会试第一百十四名。

张祥，贯直隶松江府华亭县，民籍。国子生。治《书经》。字永锡，行一，年三十五，三月十四日生。曾祖成甫。祖子琦。父以能，听选官。母杨氏。具庆下。弟祯、祥、禧。娶何氏。应天府乡试第六十四名。会试第二百九十四名。

谢士元，贯福建福州府长乐县，军籍。县学增广生，治《诗经》。字仲仁，行一，年三十，三月初五日生。曾祖锺。祖琬。父孟安。母陈氏。具庆下。弟士坦、文穆、文节。娶陈氏。福建乡试第一百十八名。会试第十名。

顾瑾，贯武功左卫军，匠籍。直隶昆山县人，国子生。治《书经》。字季琮，行三，年三十，九月十二日生。曾祖居仁。祖永昌。父廷佐。母钱氏。慈侍下。兄瑄、瑛。娶段氏。顺天府乡试第六十七名。会试第一百六十七名。

章瑄，贯浙江绍兴府会稽县，民籍。国子生。治《诗经》。字用辉，行十，年四十二，十二月二十九日生。曾祖君采（以下字迹模糊）。

卢秩，贯江西临江府新淦县，民籍。国子生。治《书经》。字崇绩，行七，年四十四，正月十五日生。曾祖志仁。祖绍先。父玉逸。母詹氏，继母廖氏。慈侍下。兄崇纶、崇纪。弟崇约、崇缤。娶严氏。江西乡试第六名，会试第三百五十名。

曾会，贯直隶河间府盐山县，民籍。县学生。治《易经》。字以文，行一，年二十七，十二月十六日生。曾祖仲祥，运判。祖由正，知府。父任重。母张氏。重庆下。兄鲁、顺、贯。弟辅、确、诚。娶李氏。顺天府乡试第六十名。会试第九十四名。

浦镛，贯应天府上元县，民籍。直隶长洲县人。国子生。治《易经》。字廷用，行一，年三十六，正月二十八日生。曾祖士明。祖淑源。父浩。前母蒋氏，母毛氏。具庆下。弟镗、鉴、镐、锦。娶周氏。继娶倪氏。应天府乡试第一百九十五名。会试第二百四十八名。

朱伦，贯直隶松江府华亭县，官籍。国子生。治《书经》。字迪彝，行六，年三十三，三月十一日生。曾祖素，元推官。祖祐之，行省知事，赠工部郎中。伯宗文，知州。父信，工部郎中。母陶氏，封宜人。永感下。兄迪吉；迪哲，县丞；迪德；迪简；迪善。娶陆氏。应天府乡试第四十四名。会试第一百八十五名。

黎永明，贯湖广安陆州京山县，军籍。国子生。治《诗经》。字光亨，行三，年二十七，三月二十七日生。曾祖兴福。祖添寿。父瓒。母田氏。具庆下。兄永昌，贡士；

648

永芳。弟永吉、永孝。娶杨氏。湖广乡试第七名。会试第二十一名。

阎本，贯陕西西安府邠州，匠籍。国子生。治《礼记》。字宗元，行二，年三十一，十一月十一日生。曾祖君卿。祖德。父绅。母卢氏。具庆下。兄举。娶吕氏。陕西乡试第四十名。会试第一百十五名。

苗灏，贯山东济南府德州，军籍。国子生。治《诗经》。字势远，行二，年二十八，八月二十九日生。曾祖秀实。祖复礼，刑部员外郎。父端。母杨氏。具庆下。兄志远。弟源、溁、深、溥、澜、澍。娶顾氏。山东乡试第十五名。会试第三百四十名。

魏铭，贯湖广武昌府蒲圻县，军籍。县学生。治《诗经》。字日新，行二。年二十七，十一月初九日生。曾祖观，祭酒。祖子栗。父思广。母侯氏。具庆下。兄鉴。娶黄氏。湖广乡试第一百七名。会试第一百八十三名。

程鉴，贯直隶大名府开州，民籍。国子生。治《诗经》。字孔昭，行二，年三十四，十二月十四日生。曾祖大老。祖仲谦。父义，通判。前母胡氏，母宋氏，继母张氏。严侍下。兄镛。弟铎、钟、铁、钺。娶纪氏。顺天府乡试第八十一名。会试第一百六十二名。

王谷，贯四川叙州府南溪县，军籍。县学增广生。治《礼记》。字万石，行一，年三十四，正月初九日生。曾祖文信。祖永，主事。父宴。母陈氏。具庆下。弟粟、符、节、稷、菽。娶简氏。四川乡试第十名。会试第二百七十六名。

欧廉，贯四川眉州，民籍。国子生。治《春秋》。字仕洁，行五，年四十，三月二十一日生。曾祖祖三。祖均祥。父斌。前母金氏。母费氏。慈侍下。兄志海、志满、志敏、海善。娶杨氏。顺天府乡试第二十五名。会试第三百三十四名。

蒋绂，贯直隶苏州府常熟县，军籍。国子生。治《书经》。字洪章，行二，年三十二，五月十四日生。曾祖道华。祖安。父瑛。母许氏。具庆下。兄结。弟组、绩、缵、绮。娶张氏。继娶周氏。应天府乡试第十一名。会试第四十七名。

陈璧，贯直隶苏州府常熟县，民籍。国子生。治《诗经》。字仲奎，行二，年四十，十一月十七日生。曾祖庆三。祖子固。父宗海。母蒋氏。永感下。兄璹。弟璨。娶张氏。应天府乡试第九十二名。会试第二百五十四名。

李芳，贯广西柳州府融县，民籍。国子生。治《书经》。字本春，行二，年三十，九月二十八日生。曾祖敬显。祖伯高。父子赞。母王氏。具庆下。兄本余。弟本森、本荣、本秀。娶施氏。广西乡试第十三名。会试第三百三十七名。

刘瑄，贯顺天府昌平县，军籍。国子生。治《书经》。字廷璧，行五，年三十一，正月十七日生。曾祖德辅。祖福顺。父敬。母温氏。具庆下。兄珍、璟、珝。弟珵、璠、琮。娶王氏。顺天府乡试第一百七十七名。会试第二十三名。

杨集，贯直隶苏州府常熟县，民籍。国子生。治《诗经》。字浩然，行一，年三十二，九月二十日生。曾祖淡。祖福。父叔震。母缪氏。具庆下。娶李氏。（下缺）会试第八名。

王齐，贯江西吉安府安福县，民籍。国子生。治《诗经》。字内肃，行一，年三十五，九月二十五日生。曾祖维哲。祖牧谦。父献，学正。母黄氏，继母刘氏。重庆下。弟荡、慥、徽、平、缜。娶丰氏。顺天府乡试第二十五名。会试第二百六十三名。

宋荣，贯江西南昌府丰城县，民籍，县学增广生。治《礼记》。字弘仁，行五，年三十五，三月初七日生。曾祖祥。祖以德。父子诚，义民。母罗氏。慈侍下。兄弘济；弘毅，冠带义民；弘远；弘道。娶余氏。江西乡试第一百四十八名。会试第三百十八名。

范镛，贯江西南昌府丰城县，民籍。国子生。治《书经》。字彦声，行四，年三十三，九月初五日生。曾祖孔京。祖贵，主簿，封知县。父衷，进士任知县。母曾氏，封孺人。具庆下。兄鉴、镃、铎。弟镇、锭、锳、锐、铭、錞、钦。娶陈氏。江西乡试第六十三名。会试第一百六十一名。

许闻，贯浙江严州府淳安县，民籍。国子生。治《春秋》。字和仲，行九，年三十四，八月十四日生。曾祖仲文。祖士蕃，父永效，母项氏。严侍下。兄逊仲、美仲。弟弼仲、宣仲。娶方氏。浙江乡试第五十六名。会试第三百二十六名。

牛纶，贯顺天府涿州，民籍。国子生。治《书经》。字大经，行一，年三十，五月十一日生。曾祖道兴。祖得川。父贵。叔王，监丞。母王氏。重庆下。弟绶。娶浦氏。顺天府乡试第一百四十名。会试第三百十三名。

林思承，贯福建兴化府莆田县，民籍。国子生。治《书经》。字思承，行一，年四十三，十二月二十一日生。曾祖仲文，训导。祖应凤。父珪，训导。母董氏。永感下。弟思缵、思经。娶黄氏。福建乡试第六十六名。会试第二百十五名。

孟勋，贯直隶河间府沧州，军籍。国子生。治《书经》。字守谦，行五，年二十八，十一月二十三日生。曾祖继文。祖启源。父思鲁。母汪氏，继母张氏。具庆下。兄广、勉、勤、淳。弟勖、�。娶张氏。顺天府乡试第二名。会试第十二名。

何琮，贯浙江杭州府仁和县，民籍。国子生。治《春秋》。字文璧，行四，年二十七，十月二十日生。曾祖伯川。祖子渊。父灏，知府。母翁氏，继母于氏，母王氏。慈侍下。兄湣、滨、清。弟涌、涤。娶吴氏。浙江乡试第三十四名。会试第二百三十二名。

费广，贯四川重庆府合川县，□□，国子生。治《易经》。字孟博，行一，年三十八，二月二十七日生。曾祖寿之，祖文授。父友德。前母王氏，母郭氏。具庆下。娶刘氏。继娶曹氏。四川乡试第一名。会试第七十一名。

伍方，贯浙江嘉兴府嘉兴县，军籍。国子生。治《书经》。字公矩，行二，年二十九，正月二十二日生。曾祖文昭。祖刚中。父瓛。母姚氏。具庆下。兄端。弟蒙、节、鉴、锷、钺。娶周氏。浙江乡试第五十九名。会试第三百四十一名。

卓天锡，贯福建兴化府莆田县，民籍。府学生，治《诗经》。字纯嘏，行一，年二十八，六月初四日生。曾祖文彬。祖则英。父叔舆。母朱氏。具庆下。弟天钺、天锐、天钊、天铭。娶顾氏。福建乡试第十三名。会试第四名。

黄会，贯江西抚州府临川县，民籍。县学生。治《书经》。字吉劭。行二，年三十四，六月初十日生。曾祖季恭。祖宗彝，州同知。父功名。母吕氏。具庆下。弟重华、重耳、重爵、重英。娶徐氏。江西乡试第十五名。会试第二百三十六名。

吴祯，□□□□□，军籍。直隶潜山县人，译字生。治《书经》。字从善，行二，年二十九，七月二十五日生。曾祖兴。祖寿。父仲贤。母王氏。慈侍下。兄斌。弟祥。娶唐氏。顺天府乡试第七十三名。会试第一百八十名。

何乔新，贯江西建昌府广昌县，官籍。国子生。治《书经》。字廷秀，行三，年二十七，闰四月二十六日生。曾祖德元，赠吏部左侍郎。祖景荣，赠吏部左侍郎。父文渊，太子太保兼吏部尚书。母揭氏，封淑人。具庆下。兄本茂、本谦。弟乔寿、乔福、乔年。娶吴氏。江西乡试第六名。会试第一百九十一名。

庄敬，贯福建福州府闽县，民籍。国子生。治《诗经》。字克诚，行五，年三十一，三月二十日生。曾祖其忠。祖本然。父景。母唐氏。具庆下。弟敏、政、厰。娶陈氏。福建乡试第七十三名。会试第三十五名。

鲁能，贯广东新会守御千户所，军籍。国子生。治《书经》。字千之，行二，年二十七，九月初二日生。曾祖通宝。祖保宜。父真。母周氏。具庆下。兄贤。弟英、俊、秀、杰。娶罗氏。广东乡试第六十七名。会试第二百七十二名。

陈瑄，贯四川眉州，军籍。州学生，治《书经》。字廷献，行一，年三十三，八月二十日生。曾祖仁德。祖文富。父添禄。母杨氏。严侍下。娶刘氏。四川乡试第四十一名。会试第二百十九名。

杨纬，贯云南大理府太和县，民籍。县学增广生。治《礼记》。字宗武，行四，年二十六，九月二十九日生。曾祖怀。祖救。父子渊，训导。母李氏。具庆下。兄绅；绅，贡士；经，贡士。弟绎、纪、素。未娶。云南乡试第五名。会试第二百五十一名。

萧青，贯广东惠州卫，军余。府学增广生，治《书经》。字廷翠，行一，年二十七，十二月十六日生。曾祖华淑。祖文明。父旺。母刘氏。永感下。娶刘氏。继娶宋氏。广东乡试第二十四名。会试第一百十名。

曾唯，贯江西吉安府庐陵县，民籍。县学生。治《春秋》。字子一，行二，年四十，十一月十七日生。曾祖如鲁。祖仲奇。父沂。母刘氏。永感下。兄子省。娶欧阳氏。江西乡试第一百五名。会试第二百二十三名。

陈云鹗，贯浙江绍兴府余姚县，民籍。县学增广生。治《礼记》。字翔之，行七，年十九，七月十七日生。曾祖惟一。祖肃初。父浓，封大理寺副。前母洪氏，赠安人，母吴氏，封安人。具庆下。兄云鹏，山东布政司参议；云翰。弟云凤。娶陆氏。浙江乡试第三十七名。会试第一百八十七名。

赵文博，贯山西太原府代州，军籍。国子生。治《诗经》。字守约，行二，年三十，十月十五日生。曾祖子齐，祖思铭。父中，知县。母张氏。永感下。兄文升。弟文进。娶白氏。山西乡试第五十六名。会试第五十名。

王衡，贯福建福州府闽县，民籍。国子生。治《书经》。字文璇，行一，年三十九，十二月二十八日生。曾祖广斋。祖志崇。父穆。母陈氏。具庆下。弟玑、瑛。娶林氏。福建乡试第五十四名。会试第二百五十五名。

邵铜，贯福建福州府闽县，军籍。府学增广生。治《诗经》。字振声。行三，年四十三，十二月二十一日生。曾祖宗美，元闲良官。祖烺。父垣。母叶氏。永感下。弟镠；钝，听选官。娶陈氏。继娶陈氏。福建乡试第二名。会试第一百七十四名。

黄纪，贯四川潼川州遂宁县，民籍。国子生。治《易经》。字宪邦。行二，年三十一，五月十五日生。曾祖荣卿，知府。祖文富，知县。父琼。嫡母吴氏，生母陈氏。具庆下。兄怀纲。弟怀端、怀正、怀闅、怀杰。娶冯氏。四川乡试第八名。会试第一百七十三名。

吴节，贯直隶淮安府山阳县，民籍。国子生。治《礼记》。字汝节，行四，年三十四，二月二十日生。曾祖允明，元进士，任总管。祖仲熙，知县。父士通。母朱氏。具庆下。兄继祖、汝霖、汝升。弟汝诚。娶宁氏。应天府乡试第一百七十八名。会试第一百七十八名。

陈云，贯浙江绍兴府余姚县，民籍。县学增广生。治《礼记》。字时望，行三，年二十八，十月二十五日生。曾祖仲贤。祖得祥。父玉成。母吴氏。慈侍下。兄霖、雷。娶黄氏。浙江乡试第四十八名。会试第六十一名。

侯瓒，贯直隶保定府雄县，民籍。国子生。治《诗经》。字奉璋，行二，年二十八，十二月十三日生。曾祖世昌。祖文质。父林，大使。母王氏。慈侍下。兄琰。弟琪。娶王氏。顺天府乡试第一百十九名。会试第一百三十五名。

鲁崇志，贯浙江台州府天台县，民籍。国子生。治《诗经》。字崇志，行二，年三十三，四月二十一日生。曾祖谷瑶。祖友敬，赠监察御史。父穆，右佥都御史。母张氏，封孺人。永感下。兄崇吉。娶奚氏。浙江乡试第十七名。会试第六十二名。

郁文博，贯直隶松江府上海县，民籍。县学生，治《易经》。字文博，行二，年三十七，十一月二十八日生。曾祖清甫。祖谦。父昂，典史。母印氏。严侍下。兄文盛。娶朱氏。应天府乡试第三名。会试第二百九十六名。

马进，贯直隶淮安府山阳县锦衣卫，官籍。国子生。治《书经》。字惟学，行四，年三十八，闰五月二十二日生。曾祖德骥。祖克让。伯景隆，锦衣卫千户。父景中。母邢氏。慈侍下。兄惟钦。弟玢、瑾、显、昂。娶张氏。顺天府乡试第八名。会试第一百七十二名。

李曰良，贯江西广信府弋阳县，民籍。国子生。治《诗经》。字朝佐，行十二，年三十五，十月二十五日生。曾祖伦友。祖文安。叔祖奎，大理少卿。父希愿。叔玘，监察御史。母陆氏。重庆下。兄曰温。弟曰俭。娶郑氏。江西乡试第四十七名。会试第三十二名。

谢省，贯浙江台州府黄岩县，民籍。县学生。治《诗经》。字世修，行一，年二十八，十二月十二日生。曾祖伯逊。祖原参。父性全。母陈氏，继母陈氏。具庆下。弟复、绩、济。娶王氏。浙江乡试第八十六名。会试第三百三十名。

高举，贯顺天府宛平县，匠籍。直隶上海县人，国子生。治《春秋》，字汝贤，行一，年二十六，六月十四日生。曾祖文显。祖德源。父敬。母倪氏。具庆下。弟爵、禄。娶郑氏。顺天府乡试第五十二名。会试第十五名。

吕益，贯河南开封府祥符县，民籍。国子生。治《书经》。字伯谦，行一，年三十六，三月二十一日生。曾祖荣之。祖仲贤。伯子明，主簿。父世用。母张氏。具庆下。弟锦、鉴、钊、铨。娶刘氏。河南乡试第十二名。会试第一百一名。

贾奭，贯四川重庆府巴县，民籍。国子生。治《书经》。字希召，行一，年二十九，十一月十四日生。曾祖进成。祖文富。父珪，知县。母王氏。具庆下。弟彝、奂。娶李氏。四川乡试第二十一名。会试第二百六十二名。

黄绅，贯湖广郴州兴宁县，军籍。国子生。治《书经》。字朝仪，行二，年三十九，十月二十九日生。曾祖宗文。祖厥美。父弘铭。母朱氏。慈侍下。兄纲。娶刘氏。湖广乡试第六十六名。会试第二百九名。

严洤，贯福建兴化卫，军籍，莆田县人。国子生。治《书经》。字宗源，行一，年三十一，十二月二十八日生。曾祖仲作。祖均良。父孟器。母陈氏，继母林氏。慈侍下。弟淦、泮、游。娶李氏。福建乡试第十二名。会试第二十名。

塗淮，贯江西南昌府靖安县，民籍。国子生。治《书经》。字达夫，行十八，年三十五，八月初八日生。曾祖益可。祖伯璣。父凤韶。前母刘氏。母阴氏，继母朱氏。具庆下。兄浚、潜。弟洛、濂。娶舒氏。江西乡试第四十一名。会试第十八名。

沈富，贯浙江杭州府钱塘县，民籍。县学增广生，治《诗经》。字好礼，行三，年二十五，五月十四日生。曾祖汝林。祖廷光。父敬宗。母吴氏。具庆下。兄荣、华。弟贵。聘金氏。浙江乡试第六十四名。会试第三百四十九名。

赵昌，贯直隶宁国府泾县，军籍。国子生。治《诗经》。字鸣盛，行一，年二十九，十月二十一日生。曾祖季能。祖同辅。父洪简。母宗氏。重庆下。弟鸣球、鸣珂、鸣阳。娶胡氏。应天府乡试第二十八名。会试第一百五十四名。

杨琚，贯江西吉安府泰和县，民籍。县学增广生。治《礼记》。字朝用，行一，年二十五，十一月二十三日生。曾祖仲穆，赠评事。祖德崇。叔祖德敷，知府。从叔祖道禾，尚宝丞。父资习。母萧氏。重庆下。弟玑、珹。娶萧氏。江西乡试第十名。会试第七十九名。

董琳，贯浙江宁波府鄞县，民籍。国子生。治《易经》。字廷瑞，行十，年二十八，正月十二日生。曾祖观。祖伯庄。伯文衡，知州。父文信。母刘氏。具庆下。兄宗泾。弟珍。娶汪氏。浙江乡试第九十六名。会试第十一名。

叶萱，贯直隶松江府华亭县，民籍。府学生。治《春秋》。字廷茂，行二，年二十七，十月十四日生。曾祖庭玉。祖公武。父昂。母施氏。具庆下。兄兰。弟蕙。娶庄氏。应天府乡试第八十九名。会试第三百十七名。

宋有文，贯四川成都府资县，军籍。国子生。治《诗经》。字显章，行二，年四十，十一月初三日生。曾祖处仁。祖均义。父鉴。叔玉，巡检。母刘氏。永感下。兄有成。弟有学、有安、有昌、有辙、有谦、有善、有爵。娶李氏。四川乡试第十三名。会试第六十六名。

林琛，贯浙江宁波府慈溪县，民籍。国子生。治《诗经》。字献之，行六，年三十一，四月二十一日生。曾祖贤。祖玄荣。父让。母薛氏、张氏，继母何氏。具庆下。兄琦、琳。弟璁、瑛、琤、琯、瓒、琏、瑭。娶尹氏。浙江乡试第二十四名。会试第一百九十二名。

尹直，贯江西吉安府泰和县，儒籍。县学增广生。治《书经》。字正言，行六，年二十八，十月十五日生。曾祖天传。祖子源，大使。父奂重。母萧氏。具庆下。兄恂、恪、忻、恺、悼。弟慎、性。娶曾氏。江西乡试第五十六名。会试第二名。

郑珪，贯直隶松江府华亭县，民籍。国子生。治《书经》。字叔润，行四，年二十五，八月二十日生。曾祖原式，府同知。祖德彝。父信。母沈氏。具庆下。兄璠、玙、琛。弟璋。娶夏氏。应天府乡试第四十九名。会试第三十七名。

焦显，贯山东济南府德州，军籍。国子生。治《易经》。字文明，行一，年二十八，十一月二十三日生。曾祖义。祖复善。父胜。母郭氏。具庆下。弟景。娶李氏。山东乡试第九十五名。会试第一百三十六名。

杜谦，贯直隶永平府昌黎县，民籍。国子生。治《诗经》。字益之，行三，年三十六，十一月十二日生。曾祖彦文。祖复祖。父敏。前母杨氏，母王氏，继母董氏。严侍下。兄恭、升。娶杨氏。顺天府乡试第七十七名。会试第二十八名。

屈铨，贯山西潞州潞城县，民籍。县学增广生。治《诗经》。字天衡，行五，年二十八，九月十三日生。曾祖文忠。祖敬宗。父褆，教谕。母孙氏。具庆下。兄鉴、铭、铅、镕。娶申氏。山西乡试第一名。会试第一百三十一名。

林时让，贯福建兴化府莆田县，民籍。儒士。治《书经》。字纯礼。行二，年三十二，正月十九日生。曾祖季，元推官。祖道传。父珲，户部员外郎。母黄氏，继母陈氏。具庆下。兄时厚。弟时恭、时谦。娶宋氏。继娶王氏。福建乡试第五十五名。会试第一百九十七名。

刘溥，贯江西吉安府庐陵县，民籍。县学增广生。治《易经》。字浚渊，行二，年二十九，二月十四日生。曾祖启隆。祖绍先。父如跃。母彭氏，继母彭氏。重庆下。兄深。弟湍、澄、浩、汉。娶彭氏。江西乡试第一百二十六名。会试第一百四十七名。

郑瑛，贯应天府六合县，军籍。国子生。治《书经》。字邦润，行六，年三十三，五月二十三日生。曾祖文渊。祖思敬。父惟钧。叔猷，翰林检讨。嫡母许氏，母陈氏。慈侍下。兄邦赞；邦瑞；邦器；冕，监察御史。娶李氏。应天府乡试第四十九名。会试第一百十九名。

李宗学，贯山东兖州府峄县，民籍。国子生。治《易经》。字致用，行四，年三十八，正月二十三日生。曾祖兴。祖希荣。父谦，教谕。母丁氏。严侍下，兄宗本、宗政、宗信。弟宗道、宗昭、宗显、宗志。娶曹氏。继娶岳氏。山东乡试第三名。会试第二百十一名。

吴显，贯浙江绍兴府山阴县，民籍。县学增广生。治《诗经》。字文谟，行二，年二十五，五月二十四日生。曾祖印。祖永富。父庆。母同氏。具庆下。兄昱。弟鼎、颐、颍、顾。娶陈氏。浙江乡试第四十四名。会试第二百三十七名。

周瑛，贯贵州都司兴隆卫，官籍。卫学官生。治《春秋》，字廷润，行三，年二十六，九月十二日生。曾祖德诚，祖庸二。父政。母姜氏。具庆下。兄鉴，副千户；钺。弟铭。娶谢氏。云南乡试第十二名。会试第八十七名。

刘伦正，贯江西吉安府安福县，民籍，县学增广生。治《春秋》。字理叙，行二，年三十二，九月二十九日生。曾祖敏文。祖子懋。父素绚。母朱氏，继母吴氏。具庆下。兄伦建。弟伦徽。娶汤氏。江西乡试第六十七名。会试第二百六十七名。

陈贵，贯福建兴化府莆田县，民籍。府学生，治《书经》。字秉良。行三，年三十，八月初五日生。曾祖福贰。祖伯荣。父宏滨，嫡母朱氏，母廖氏。慈侍下。兄福生、升生。娶吴氏。福建乡试第一百十九名。会试第二百七十九名。

傅韶，贯江西吉安府永丰县，民籍。县学增广生。治《易经》。字德音，行三，年二十五，十一月二十五日生。曾祖以忠，赠兵部主事。祖仲球，兵部主事。父曰显。母胡氏，庶母罗氏。具庆下。兄德元、德亨。弟德贞。娶许氏。江西乡试第一百二名。会试第七十六名。

袁润，贯江西南昌府丰城县，军籍。国子生。治《礼记》。字习德，行九，年三十六，十一月初九日生。曾祖希鲁。祖仲华。父文溥。前母何氏，母涂氏。慈侍下。兄习清、习远、习美。弟习宽、习容、习绪。娶晏氏。江西乡试第五名。会试第八十八名。

杨恕，贯江西九江府湖口县，民籍。国子生。治《书经》。字尚忠，行九，年三十一，七月初四日生。曾祖庚三。祖清二。父文胜。前母夏氏，母李氏。永感下。兄懋、惠。弟志。娶段氏。继娶黄氏。江西乡试第一百六名。会试第一百五十三名。

赵博，贯直隶苏州府昆山县，匠籍。增广生。治《易经》。字克周，行六，年三十一，九月二十五日生。曾祖文善，元医学提领。祖子良，医士。父恭。母曹氏，继母朱氏。慈侍下，兄让；闾；鉴；敏；勉，署训导事，举人。娶王氏。继娶沈氏。应天府乡试第一百三十名。会试第一百五十二名。

范文，贯浙江台州府临海县，民籍。县学增广生。治《书经》。字德彰，行五，年二十二，七月初二日生。曾祖用善。祖居安。父宗，知府。母王氏。慈侍下。兄炳、蔚、盛、京。弟禄。娶张氏。浙江乡试第一百四十二名。会试第二十七名。

郭仲珣，贯河间卫，军籍。直隶开州人，国子生。治《书经》。字叔玉，行二，年三十六，九月二十三日生。曾祖元礼，元中书左丞，今赠崇化宣力效忠功臣，谥忠烈公。祖希道，元枢密经历。父宗一。母张氏。慈侍下。兄仲瑢。娶吕氏。顺天府乡试第九十四名。会试第三百三十九名。

江勋，贯浙江宁波府奉化县，民籍。县学生。治《诗经》。字元勋，行三，年三十三，六月十三日生。曾祖绍祖。祖焕宗，父尚质。嫡母苏氏，母柳氏。慈侍下。兄勉、效。弟勍。娶汪氏。浙江乡试第七十八名。会试第一百二十名。

汪霖，贯直隶庐州府六安州，民籍。州学增广生。治《书经》。字润夫，行一，年三十六，二月二十一日生。曾祖景，知县。祖克敬。父洪，训导。母张氏。重庆下。弟楫、砺、达。娶张氏。应天府乡试第七十八名。会试第四十五名。

单昂，贯江西吉安府泰和县，儒籍。县学增广生，治《书经》。字廷举，行二，年二十六，十月初六日生。曾祖思齐。祖信，教谕。父本源。母郭氏。具庆下。兄冕。弟暠。娶萧氏。江西乡试第一百五十九名。会试第二百四十四名。

丰载，贯江西吉安府安福县，民籍。县学增广生，治《易经》。字持厚，行一，年三十三，九月二十八日生。曾祖寿。祖子弘。父黎敏。母易氏。重庆下。弟道、升。娶王氏。江西乡试第六十四名。会试第一百十七名。

龙晋，贯南京水军右卫，军籍，江西吉水县人，应天府学军生。治《诗经》。字遵叙，行八，年三十四，五月十一日生。曾祖伯洪。祖叔政。父从雅。母宋氏。重庆下。兄遵宪。从弟霖，同科进士。弟遵启、遵明、遵文。娶欧阳氏，应天府乡试第六十五名。会试第二百八十七名。

颜正，贯直隶松江府华亭县，匠籍。县学生。治《书经》，字廷表，行二，年二十九，六月二十日生。曾祖伯颜，元教授。祖有，主簿。父复。母郭氏。具庆下。兄端。弟祥。娶潘氏。应天府乡试第四名。会试第三百一十六名。

徐海，贯浙江绍兴府余姚县，儒籍。县学增广生。治《礼记》。字德容，行一，年二十七，五月初七日生。曾祖季实。祖兴平。父仲琰。母王氏。具庆下。弟渤、瀛。娶魏氏。浙江乡试第一百四名。会试第一百四十二名。

杨釜，贯福建漳州府长泰县，民籍。国子生。治《易经》。字受调，行三，年三十五，十一月初十日生。曾祖宗琏。祖茂之。父复一。母王氏。具庆下。兄镒、钧。弟鋆、镉、铢、铁、铅、镶。娶刘氏。福建乡试第五十五名。会试第三百十九名。

周琦，贯浙江金华府永康县，民籍。国子生。治《春秋》。字宗玉，行十四，年三十八，六月初八日生。曾祖伯文。祖叔茂。父养才。母陈氏。慈侍下。兄晛。弟璋、珪、瑜。娶牟氏。浙江乡试第三十三名。会试第六十九名。

刘永通，贯直隶太平府当涂县，匠籍。府学生。治《书经》。字弘济，行一，年二十六，七月初四日生。曾祖贵。祖德。父瑀。母张氏。具庆下。弟永清、永明、永洪。娶唐氏。应天府乡试第一百二十六名。会试第一百四十八名。

郑文奎，贯广东潮州府潮阳县，民籍。国子生。治《书经》。字永章，行二，年三十三，闰十二月初六日生。曾祖子原。祖稠。父工荫。母萧氏。具庆下。兄文璧。弟文恭。娶郭氏。广东乡试第二十六名。会试第二百七十七名。

李木，贯山东兖州府曹州县，官籍。国子生。治《书经》。字时升，行三，年三十五，二月二十八日生。曾祖克宽，元万户。祖文贵，工部主事。父兴。母葛氏，董氏。慈侍下。兄桐、横。弟梁、杞。娶陈氏。山东乡试第三十二名。会试第二百三十一名。

钟珹，贯直隶太平府当涂县，军籍。府学生。治《诗经》。字德卿。行三，年三十二，十月初八日生。曾祖应庚。祖镇。父福。母陈氏。慈侍下。兄瑛、璇。娶朱氏。应天府乡试第一百六十名。会试第三十名。

刘璧，贯江西吉安府永新县，官籍。县学生。治《易经》。字次玮，行四，年三十三，八月初一日生。曾祖乐善，知府。祖汝裘，封翰林检讨。伯麟应，翰林修撰。父显智。母王氏。慈侍下。兄斌，兵科给事中。弟玦。娶汤氏。继娶贺氏。江西乡试第一百十三名。会试第一百六十四名。

唐彬，贯浙江绍兴府山阴县，民籍。国子生。治《诗经》。字质夫，行二，年三十，四月二十日生。曾祖允中。祖敏。父靖。母赵氏。具庆下。兄彪。娶茹氏。浙江乡试第十二名。会试第一百二十六名。

李敏，贯河南开封府襄城县，民籍，□□□。治《书经》。字公勉，行三，年三十，九月十五日生。曾祖仲和。祖克政。父昂。母向氏。具庆下。兄寿、海。弟启、敦、敦。娶□□。河南乡试第二十二名。会试第六十三名。

钱源，贯大宁都司营州右屯卫，军籍。昆山县人，治《礼记》。字有本，行五，年二十五，十月初十日生。曾祖公路。祖民则。父用端。母□□。严侍下。从兄俊，同科进士。弟涌、文、富、彬。娶赵氏。顺天府乡试第五名。会试第七十名。

据《景泰五年进士登科录》，第三甲二百十七名，赐同进士出身。履历如下：

崔忠，贯直隶保定府新城县，民籍。（下缺）治《春秋》。字诚之，行五，年二十八，三月十四日生。曾祖进。祖兴。父礼。（下缺）具庆下。兄聪；明，贡士；睿；智□□□。弟（下缺）顺天府乡试第三十六名。会试第二百九十一名。

潘杰，贯应天府上元县，匠籍。儒士。治《易经》。字士英。行四，年二十七，二月二十六日生。曾祖元卿，元教谕。祖纲。父宁。母陆氏。慈侍下。兄祯、祥、俊。娶孙氏。应天府乡试第八名。会试第一百八十四名。

胡福，贯河南开封府仪封县，匠籍。国子生。治《诗经》。字百顺，行一，年二十七，三月十一日生。曾祖友道。祖智忠。父让。母郑氏。慈侍下。弟禄、寿。娶王氏。河南乡试第十六名。会试第七十五名。

徐毅，贯应天府上元县，匠籍。浙江西安县人。国子生。治《书经》。字士弘，行一，年三十三，十月二十九日生。曾祖福。祖彦明。父宗亮。母阎氏，继母邹氏。慈侍下。弟纲、清、善、庆。娶赵氏。继娶陈氏。应天府乡试第十三名。会试第九名。

王常，贯四川马湖府平夷长官司，民籍。国子生。治《诗经》。字正伦，行三，年二十八，六月十四日生。曾祖景中。祖琰。伯俊，州同知。父有问。叔有学，教谕。母田氏。永感下。兄德昭、德安。弟德荣、德宣。娶刘氏。四川乡试第三十四名。会试第一百四十四名。

李褒，贯江西吉安府庐陵县，军籍，县学增广生。治《诗经》。字济美，行三，年三十六，四月二十一日生。曾祖允忠。祖以和。父孟让。母陈氏。慈侍下。兄成美、成信。娶夏侯氏。江西乡试第一百二十名。会试第二百二十名。

徐宗，贯四川重庆府荣昌县，军籍。县学生。治《诗经》。字大本，行二，年三十六，六月初四日生。曾祖仲珉。祖以敬。父思慧。母李氏。具庆下。兄大伦。弟大材、大节。娶熊氏。四川乡试第六十名。会试第三百十四名。

熊俊，贯湖广武昌府江夏县，民籍。国子生。治《书经》。字子英，行一，年三十三，十二月二十七日生。曾祖自远。祖璠，楚府教授。父鼐。母涂氏。具庆下。弟杰、份、倪、健。娶刘氏。湖广乡试第九名。会试第一百三十四名。

钱俊，贯大宁都司营州右屯卫，军籍。直隶昆山县人。蓟州学生。治《礼记》。字时乂，行四，年二十九，正月十五日生。曾祖公路，祖民则。父仲进。母王氏。慈侍下。兄安、英、杰。从弟源，同科进士。娶王氏。顺天府乡试第八十九名。会试第二百六十名。

张浩，贯湖广都司澧州所，军籍。国子生。治《礼记》。字养正，行二，年三十三，闰十二月十二日生。曾祖真。祖成。父以人。母马氏。慈侍下。兄演。弟汶、润、淋。娶汪氏。湖广乡试第二十八名。会试第一百五十一名。

王臣，贯陕西西安府长安县，民籍。县学生。治《书经》。字公辅。行三，年二十八，八月二十六日生。曾祖良，元廉访司佥事。祖曾瑀，正术。父珪。母张氏。具庆下。兄隆、威。娶惠氏。陕西乡试第十三名。会试第八十五名。

陈政，贯广东广州府番禺县，军籍。国子生。治《易经》。字宣之，行三，年三十六，二月初四日生。曾祖以谦。祖祖永。父恩。母谭氏。永感下。兄齐政、务政。弟勤政、秉政。娶秦氏。广东乡试第一名。会试第一百九名。（梁章钜《制义丛话》卷十二："《广东通志》云：陈政，字宣之，番禺人。十五能文，有理政。正统六年辛酉，以《诗经》发解第一。是年琼山丘浚锐意首选，二场遇之，请诵所作，惊曰：'解元属子矣，吾输子一筹耳。'遂不终场而去，揭榜果然。"）

刘显，贯湖广宝庆府新化县，军籍。国子生。治《诗经》。字光祖。行二，年三十三，七月初九日生。曾祖文新。祖楚珍。父存，知县。母邹氏，张氏。具庆下。兄昌。弟昭。娶卢氏。湖广乡试第三十五名。会试第二百三十九名。

李益，贯陕西西安府长安县，民籍。县学增广生。治《春秋》。字景贤。行四，年三十，三月初三日生。曾祖均彦，赠通政司通政使。祖财甫，赠通政司通政使。父遑，户部左侍郎。母吕氏，赠淑人；生母张氏，封淑人。慈侍下。兄升、顾、复。弟临、大有。娶赖氏。陕西乡试第三十七名。会试第一百二十三名。

宁珍，贯直隶镇江府丹徒县，医籍。太医院医生。治《书经》。字伯珍，行三，年二十四，正月十六日生。曾祖仲山。祖彦诚。伯得刚，府同知。父得中，太医院判。母宋氏。具庆下。兄瓒、瑢。弟琮。娶黄氏。顺天府乡试第一百五十三名。会试第三百七名。

王春，贯山东兖州府济宁州，匠籍。州学生，治《诗经》。字载阳，行四，年三十一，七月十九日生。曾祖正兴。祖继先。父宗器，州同知。母高氏。具庆下。兄凤、衡、贤。弟佐、仪、俊、伦、俨。娶张氏。山东乡试第四名。会试第五十三名。

胡德盛，贯江西饶州府德兴县，民籍。县学生，治《诗经》。字尚愚，行二，年三十，九月初四日生。曾祖士华。祖胜宗。父悬生。母洪氏，继母程氏。具庆下。兄道隆。弟裀、祥、浩、滨。娶汪氏。江西乡试第五十五名。会试第二百七十三名。

曾清，贯直隶德州卫，军籍。江西兴国县人。国子生。治《诗经》。字本澄，行二，年三十，七月十六日生。曾祖如志。祖承宗。父思敬。母王氏。慈侍下。兄瑀。弟碧、琦。娶刘氏。顺天府乡试第二十二名。会试第八十四名。

翟政，贯河南彰德府安阳县，民籍。县学生。治《诗经》。字以德，行四，年二十六，二月初四日生。曾祖惟中。祖通。父迻，贡士。母冯氏。慈侍下。兄巍、容、茂。娶郭氏。河南乡试第二十八名。会试第一百二十九名。

方逐，贯福建兴化府莆田县，军籍。府学增广生。治《书经》。字景由，行五，年二十八，十二月初一日生。曾祖回。祖复。父智。母林氏。具庆下。兄述，府同知；达；遂；选。娶吴氏。福建乡试第六十四名。会试第二百二十六名。

钱玭，贯浙江宁波府鄞县，民籍。国子生。治《礼记》。字廷珍，行二，年三十，五月初二日生。曾祖康甫。祖尹初。父象，典史。母张氏。具庆下。兄珪。娶朱氏。浙江乡试第十五名。会试第一百六十名。

郑华，贯福建兴化府莆田县，匠籍。儒士。治《书经》。字思实，行六，年三十四，七月初八日生。曾祖子中。祖至善。父伯清。母方氏。具庆下。兄育、容。弟缵、材。娶陈氏。福建乡试第六名。会试第九十二名。

夏玑，贯直隶苏州府昆山县，军籍。府学增广生。治《书经》。字德乾。行二，年二十七，十月初四日生。曾祖文达。祖继益。父人杰。母沈氏。重庆下。兄璇。弟玉、衡。娶周氏。应天府乡试第一百十五名。会试第八十三名。

胡宽，贯浙江绍兴府余姚县，军籍。应天府学军生。治《礼记》。字有容，行一，年三十七，十二月二十八日生。曾祖德让。祖仲海。父真。母刘氏，继母孙氏。严侍下。弟广、宏、宣。娶李氏。应天府乡试第三名。会试第二百五名。

蒋昂，贯直隶苏州府长洲县，民籍。县学生。治《春秋》。字用璋。行二，年二十八，九月初七日生。曾祖思齐。祖本道。父大经。母卢氏。具庆下。兄颙。弟琼。娶陆氏。应天府乡试第七十八名。会试第一百七十七名。

郑同，贯福建福州府闽县，军籍。国子生。治《春秋》。字本初，行二，年二十九，二月十九日生。曾祖继业，训术。祖天赐。父宗。母陈氏。重庆下。弟耿、华、贵。娶薛氏。福建乡试第四名。会试第二百九十九名。

王纪，贯四川叙南卫，军籍。国子生。治《书经》。字肇修，行一，年三十五，六月十九日生。曾祖宗原。祖敬辅。父聪。母张氏。具庆下。娶李氏。四川乡试第六名。会试第五十七名。

劳铖，贯江西九江府德化县，民籍。国子生。治《诗经》。字廷器，行五，年二十九，五月二十五日生。曾祖仕先。祖用和。父志崇，训导。母余氏。具庆下。兄铭、镇、鉴、锺。弟镛、镜、鑑、铎。娶郭氏。江西乡试第五十九名。会试第二百八十名。

郑岑，贯浙江宁波府慈溪县，民籍。国子生。治《诗经》。字子高，行二，年三十五，八月十四日生。曾祖宗祥。祖尹怀。父昕。母董氏。具庆下。兄崧。弟觞、岳、峤。娶裘氏。浙江乡试第八十五名。会试第一百十一名。

邹永昌，贯四川成都府双流县，军籍。国子生。治《诗经》。字庆夫。行二，年三十五，闰正月二十四日生。曾祖谷祥。祖世隆。父理。母凌氏。具庆下。兄永祯。娶胡氏。四川乡试第二名。会试第二百二十七名。

林雍，贯福建漳州府龙溪县，民籍。国子生。治《易经》。字万容，行六，年三十五，十一月十七日生。曾祖均华。祖德贵。父晦阳。母彭氏。慈侍下。兄麟、钧、镗、锭、兴。弟熙。娶魏氏。福建乡试第三十六名。会试第一百九十三名。

孔镛，贯直隶苏州府长洲县，儒籍。县学生。治《易经》。字韶文，行一，年二十八，五月十九日生。曾祖克信。祖士完。父友谅，进士任知县。前母钟氏，母宋氏。慈侍下。弟公锺、公铎、公铭。娶林氏。应天府乡试第十六名。会试第二百二十五名。

王鉴，贯山西太原府太原县，军籍。国子生。治《书经》。字彦昭，行二，年四十五，十一月初十日生。曾祖公柔。福畴。父吉甫。母陈氏。永感下。兄固。弟樽、钺、锐。娶赵氏。山西乡试第八名。会试第三百三十三名。

刘恕，贯江西吉安府永丰县，民籍。县学生。治《诗经》。字宽仁，行四，年三十八，十一月十六日生。曾祖贵安。祖永嘉。父公懋。母曾氏。具庆下。弟兴仁、纯仁。娶萧氏，继娶邓氏。江西乡试第一百七十四名。会试第一百四十九名。

上泰，贯湖广武昌府江夏县，军籍。国子生。治《诗经》。字志同，行一，年三十，八月二十六日生。曾祖同文。祖伯舆，盐课提举。父骥。母李氏，继母张氏。重庆下。弟观、谦、晋、升。娶甘氏。湖广乡试第十名。会试第十三名。

梁矩，贯广东广州府番禺县，匠籍。国子生。治《易经》。字叔方，行三，年二十九，十月初七日生。曾祖宗远。祖文禧。父义名。母陈氏。慈侍下。兄廷用，贡士；宁。弟成。娶陈氏。继娶顾氏。广东乡试第四十名。会试第二十六名。

马聪，贯江西吉安府永新县，民籍。县学生。治《易经》。字体哲，行七，年三十四，十一月二十九日生。曾祖启初。祖诚安。父性愚。母李氏。慈侍下。兄懋智、毅仁、雅慎、正义、体忠、体和。娶花氏。江西乡试第二十七名。会试第四十四名。

刘珂，贯江西吉安府安福县，军籍。国子生，治《易经》。字尚珮，行四，年二十七，八月十二日生。曾祖用斌。祖伯俨。父万修。嫡母杨氏，母萧氏。具庆下。兄尚璲。弟尚玘、尚瓒、尚珩。娶朱氏。顺天府乡试第二十四名。会试第五十四名。

孙璃，贯直隶常州府无锡县，军籍。府学增广生。治《诗经》。字廷玉，行一，年三十五，九月初六日生。曾祖忠。祖隆。父士杰。母周氏。慈侍下。弟琳。娶陆氏。应天府乡试第一百十六名。会试第九十三名。

颜襄，贯湖广长沙府攸县，民籍。国子生。治《诗经》。字士奇，行一，年三十二，九月十八日生。曾祖宝卿。祖时用，训导。父霖，教授。母虞氏。具庆下。弟龙、益。娶李氏。继聘张氏。湖广乡试第六十七名。会试第二百九十五名。

王豫，贯河南开封府祥符县，民籍。国子生。治《书经》。字用诚，行三，年三十七，十月初九日生。曾祖积善。祖成。父和。母孙氏。永感下。兄口、让。娶刘氏。（下缺）会试第一百六十三名。

660

翁经，贯四川泸州军籍。国子生。治《诗经》。字载道，行二，年三十三，七月初一日生。曾祖仲和。祖时敬。父龄。母张氏，继母程氏。具庆下。兄缤。弟缜、缙、缉。娶夏氏。四川乡试第十三名。会试第一百三十七名。

滕佐，贯陕西临洮府兰县，军籍。国子生。治《书经》。字良辅，行一，年三十一，三月初七日生。曾祖仁寿。祖允中。父耀。母高氏。严侍下。弟伸、伟、伦。娶虞氏。陕西乡试第十五名。会试第二百四十六名。

沈声，贯浙江嘉兴府崇德县，民籍。国子生。治《诗经》。字廷和，行一，年二十七，二月二十四日生。曾祖孙。祖泛。父贵，知州。母朱氏。慈侍下。浙江乡试第九十九名。会试第一百九十八名。

孟淮，贯直隶保定府博野县，民籍。国子生。治《春秋》。字宗海，行一，年二十五，四月初二日生。曾祖遇春，赠户部右侍郎。祖桓，府通判，赠户部右侍郎。父鉴，户部左侍郎。母展氏，封淑人。具庆下。弟潮、洪、瀛、濂。娶姚氏。顺天府乡试第七十七名。会试第一百八十六名。

郁纶，贯山西济南府德州，军籍。州学生。治《春秋》。字理之，行二，年三十四，正月二十二日生。曾祖显忠。祖从善。父焕章，教谕。母沈氏。重庆下。兄引之。弟宜之。娶顾氏。山东乡试第十七名。会试第六十名。

黄让，贯直隶太平府芜湖县，民籍。县学生。治《诗经》。字用逊，行二，年三十三，十月十八日生。曾祖诚一。祖荣卿。父信。母胡氏。慈侍下。兄诘。娶邢氏。应天府乡试第三十六名。会试第七十七名。

汤清，贯江西吉安府永新县，民籍。县学生。治《易经》。字汝正，行九，年三十七，九月二十日生。曾祖玄玉。祖东寅。父恂如。母刘氏。慈侍下。兄春年、汝猷、汝哲、汝翱、复补、汝贤、汝勉、汝良。娶刘氏。江西乡试第一百八十八名。会试第二百七十八名。

蒋瑄，贯河南开封府钧州，民籍。国子生。治《书经》。字文玺，行一，年三十，四月初十日生。曾祖清。祖克明。父成。母李氏。具庆下。兄海。弟温、恭、良。娶马氏。河南乡试第六名。会试第一百七十五名。

林孔仁，贯福建□州府怀安县，民籍。国子生。治《诗经》。字孔仁，行六，年三十七，十月初二日生。曾祖以源。祖士完。父彦庸。母何氏。具庆下。兄孔明。娶蒋氏。福建乡试第六十七名。会试第一百六十六名。

刘谟，贯江西吉安府安福县，民籍。县学生。治《春秋》。字应咨，行二，年三十七，六月十六日生。曾祖崇高。祖偕乐。父从诚。母曾氏。具庆下。兄笃庄。弟兴、戬、光、平。娶谢氏。江西乡试第一百七十五名。会试第一百四十一名。

黎庸，贯交阯交阯府清威县，民籍。儒士。治《诗经》。字通理，行一，年三十一，十月三十日生。曾祖世亨，知府。祖春，州判。父敏德。母胡氏。具庆下。未娶。顺天府乡试第五十名，会试第八十名。

罗淮，贯直隶应天府江宁县，富户籍。江西吉水县人。府学生。治《书经》。字润民，行一，年三十一，正月十七日生。曾祖仲渊，赠左副都御史。祖三锡，赠左副都御史。伯通，太子少保右都御史。父遵。母曾氏，继母王氏。具庆下。弟滨、洪。娶周氏。应天府乡试第五十二名，会试第一百四十名。

王绩，贯直隶松江府华亭县，医籍。太医院医生。治《书经》。字功伟，行一，年二十五，三月三十日生。曾祖九山。祖敏。父，医士。母徐氏。具庆下。娶柳氏。顺天府乡试第一百二十六名，会试第一百二十一名。

于瑃，贯河南开封府通许县，民籍。县学生。治《书经》。字廷玉，行二，年二十八，八月二十日生。曾祖成。祖深。父杰，训导。前母窦氏，母范氏。具庆下。兄瓒。娶刘氏。河南乡试第一名，会试第二百五十三名。

李瑾，贯河南河南府渑池县，民籍。县学生。治《诗经》。字叔玉，行三，年三十一，三月十八日生。曾祖仲文。祖原道。父吉，纪善。前母张氏，母邢氏。严侍下。兄瑞、璘。弟琰。娶高氏。河南乡试第三十三名，会试第二百四十七名。

章律，贯直隶苏州府常熟县，官籍。县学生。治《诗经》。字鸣凤，行四，年二十七，五月初九日生。曾祖日敬。祖焕文。父珪，监察御史。前母陆氏，母李氏。重庆下。兄仪，训导；表，行人司行人；格，工部主事；度，贡士；弟稽。娶王氏。应天府乡试第七十一名，会试第五十八名。

杨瑄，贯江西南昌府丰城县，民籍。府学增广生。治《易经》。字廷献，行一，年三十，六月十四日生。曾祖回仲。祖名高。父子荣，教谕。母周氏，继母应氏。具庆下。弟玫。娶计氏。江西乡试第二百四十四名。会试第一百八十九名。

王重，贯江西吉安府安福县，民籍。县学增广生。治《春秋》。字式钧，行十六，年二十九，十一月十三日生。曾祖所冲。祖次学。父泸滔。嫡母邓氏，母刘氏。具庆下。兄式鋻、弟式镒。娶魏氏。江西乡试第三十九名，会试第一百□名。

金泽，贯浙江绍兴府山阴县，民籍。□□生。治《诗经》。字用文，行一，年三十九，□月二十八生。曾祖仁四。祖永华。父俊。母□氏。浙江乡试第八十三名，会试第□□□名。

王用，贯江西吉安府泰□县，□□，民籍。县□生。治《易经》。字（下缺）曾祖以文。（下缺）生母萧氏。慈侍下。娶易氏。江西乡试第一百二名。会试第□□□□名。

谢瑀，贯福建福州府闽清县，军籍。县学增广生。治《礼记》。字叔和，行二，年二十，二月十五日生。曾祖宝。祖斌。父汉杰。母金氏。具庆下。兄璙。弟玟、珩。娶杨氏。福建乡试第十八名，会试第二百九十二名。

许颙，贯河南彰德府安阳县，民籍。县学生。治《诗经》。字孟敬，行一，年三十三，四月二十一日生。曾祖元干，元礼仪院博士。祖伯厚，县丞。父坦。母皇甫氏，继母王氏。具庆下。弟昂、显。娶李氏。河南乡试第十一名。会试第十九名。

王鲁，贯应天府溧水县，民籍。国子生。治《易经》。字希曾，行三，年二十八，正月二十九日生。曾祖德明，主簿。祖伯忠。父文奎。母周氏，继母陈氏、端氏。具庆下。兄佐弼。弟聪明、俊述、文器、辨、谨、孝。娶李氏。应天府乡试第五十七名，会试第二百四十三名。

刘济，贯河南怀庆府河内县，民籍。府学增广生。治《书经》。字彦霈，行二，年二十一，十月二十七日生。曾祖大本。祖鹏义。父铎，教谕。母李氏。慈侍下。兄润。弟瀚、濩。聘王氏。河南乡试第六名。会试第二百九十七名。

林宗，贯福建福州府怀安县，民籍。县学生。治《诗经》。字惟正，行一，年三十一，十二月十五日生。曾祖子敬。祖凤生。父汉。母潘氏。慈侍下。弟定。娶袁氏。福建乡试第九十一名。会试第七十三名。

李常，贯广西浔州府桂平县，民籍。府学增广生。治《诗经》。字亨常，行二，年三十三，三月十八日生。曾祖文友。祖如琛。父得裕。母陈氏。具庆下。兄亨升。弟亨焕、亨和、亨观。娶王氏。广西乡试第十二名。会试第六十八名。

朱绅，贯陕西河州卫军民指挥司，军籍。国子生。治《礼记》。字大用，行一，年三十一，九月十一日生。曾祖齐。祖通。父文。母张氏，继母汪氏。具庆下。弟绂、继。娶徐氏。陕西乡试第十六名，会试第一百九十六名。

李溥，贯直隶大名府长垣县，军籍。国子生。治《诗经》。字大济，行三，年三十三，二月二十三日生。曾祖文瑞。祖士原。父纯，固堤场副使。母王氏。具庆下，兄润、泽。弟洪、浩、洲。娶王氏。顺天府乡试第一百十四名，会试第二百二十九名。

冯馘，贯江西饶州府浮梁县，民籍。县学增广生。治《春秋》。字惟和，行九，年二十五，正月三十日生。曾祖夫志。祖渔，赠监察御史。父诚，湖广按察使。母闵氏，封孺人。具庆下。兄韶。娶戴氏。江西乡试第一百四十七名，会试第二百八十三名。

周正，贯江西南昌府南昌县，民籍。府学增广生。治《易经》。字直卿，行二，年三十七，二月二十四日生。曾祖通广。祖彦秀。父志雅。母朱氏。严侍下。兄闻政。弟学政。娶熊氏。江西乡试第一百四十九名，会试第五十九名。

桂茂之，贯四川成都府成都县，军籍。县学生。治《书经》。字廷秀，行一，年二十五，正月十五日生。曾祖伯华。祖文礼。父广。叔山，户部主事。母余氏。具庆下。弟蕃之、英之、蕙之、兰之。娶何氏。四川乡试第四十三名，会试第一百十二名。

邓廷瓒，贯湖广岳州府巴陵县，军籍。国子生。治《书经》。字宗器，行一，年二十五，七月二十六日生。曾祖成。祖华。父口，县丞。嫡母陈氏、楚氏，生母戴氏。慈侍下。（下缺）娶潘氏。（下缺）

聊让，贯陕西肃府仪卫司，军籍。直隶巢县人，兰县学军生。治《诗经》。字公逊，行一，年三十九，七月初九日生。曾祖兴隆。祖德辅。父旺。母高氏。慈侍下。娶何氏。继娶张氏。陕西乡试第三十名。会试第三百四十六名。

李稷，贯四川重庆府合州，民籍。州学增广生。治《春秋》。字廷贵，行一，年三十，十月三十日生。曾祖茂山。祖太和。父添常。母张氏。永感下。弟相。娶周氏。四川乡试第三十九名，会试第一百六十八名。

吴瑜，贯直隶淮安府山阳县，民籍。国子生。治《礼记》。字德润，行一，年二十九，十二月初二日生。曾祖诚。祖子安。父聚。母张氏。具庆下。弟瑄、琳、琇、璋、瑛。娶张氏。应天府乡试第五十一名，会试第二十五名。

李巽，贯顺天府宛平县，官籍。国子生。治《易经》。字用经，行四，年三十，五月初六日生。曾祖师曾，赠礼部左侍郎。祖嘉，礼部左侍郎。伯栗，赠南京通政司左参议。父直。母甄氏。具庆下。从兄震，南京通政司左参议；谦；泰。弟颐、豫、升。娶徐氏。顺天府乡试第八十二名，会试第三百十名。

杨绍，贯陕西西安府咸宁县，民籍。国子生。治《易经》。字绍宗，行二，年三十四，十二月二十三日生。曾祖秀。祖德新，赠卫经历。父景芳，卫经历。母袁氏，封孺人。慈侍下。兄继。弟续。娶刘氏。陕西乡试第七名，会试第三百四十七名。

刘寅之，贯江西吉安府永新县，儒籍。国子生。治《易经》。字主敬，行二，年三十九，二月初八日生。曾祖溪所。祖元杰。父髦，封编修。母杨氏，封孺人，生母留氏，封孺人。慈侍下。兄定之，洗马兼侍讲。弟安之、宜之。娶谢氏。继娶黄氏。江西乡试第十四名，会试第八十一名。

阮勤，贯交阯多翼县，民籍。国子生。治《易经》。字必成，行一，年三十二，十二月初二日生。曾祖文。祖泰。父河，典史。母吴氏，继母万氏。慈侍下。娶周氏。顺天府乡试第三十七名，会试第一百二十七名。

何玘，贯河南汝宁府罗山县，民籍。国子生。治《春秋》。字廷用，行一，年三十，十二月十二日生。曾祖胜祖。祖必贵。父逵，训导。母潘氏。具庆下。弟珣、章。娶陈氏。继娶袁氏。河南乡试第二十九名，会试第三百八名。

吕恕，贯直隶河间府（下缺）生。治《书经》。字希仁，行一，年二十五，二月□□日生。曾祖顺。祖臻，主簿。父敬。母刘氏。慈侍下。兄忠。娶李氏。顺天府乡试第十八名，会试第二百九十名。

左源，贯河南卫辉府汲县，民籍。国子生。治《易经》。字大本，行三，年四十，十一月初二日生。曾祖福。祖德。父贵。母柳氏。具庆下。兄达、庆。弟大善、大亨、大安。娶王氏。河南乡试第四十六名。会试第八十九名。

蒋敔，贯应天府江宁县，医籍。直隶丹徒县人。医生。治《诗经》。字宗仁，行二，年三十一，九月十六日生。曾祖义甫。祖子中。父彦升，御医，赠户部主事。母周氏，封太安人。慈侍下。兄敷，户部主事。弟叙。娶孙氏。顺天府乡试第一百十三名。会试第四十六名。

杨壁，贯直隶太平府当涂县，军籍。府学生。治《诗经》。字应奎，行一，年三十一，十月初八日生。曾祖景山。祖名达。父恭，典史。母王氏。具庆下。弟文盛。娶钱氏。应天府乡试第一百四十八名，会试第二百十八名。

李景孟，贯浙江嘉兴府海盐县，民籍。府学生。治《书经》。字宗浩，行三，年三十四，八月初五日生。曾祖原白，元总管府同知。祖彦城。父季衡。母宗氏。具庆下。兄景辅、景高。弟景孚。娶濮氏，继娶萧氏。浙江乡试第二十九名，会试第二百八十八名。

秦玘，贯顺天府蓟州，民籍。国子生。治《书经》。字伯玉，行二，年二十九，八月二十六日生。曾祖九成。祖定，鸿胪寺序班。父谆，巡检。母李氏。具庆下。兄琼。弟瑄。娶张氏。顺天府乡试第五十五名。会试第三百二十九名。

曹隆，贯湖广郴州兴宁县，军籍。国子生。治《诗经》。字邦盛，行一，年三十一，五月十七日生。曾祖如森。祖宗仁。父启明。母罗氏。重庆下。弟福、康、周。娶□氏。湖广乡试第一百名。会试第三百二十五名。

彭盛，贯江西临江府清江县，民籍。国子生。治《春秋》。字永昌，行三，年三十八，正月二十三日生。曾祖商贤。祖成德。父殷伯。母徐氏。永感下。兄永年、永升。娶聂氏。应天府乡试第十名。会试第二十三名。

冯定，贯锦衣卫军匠籍，直隶吴县人。国子生。治《易经》。字士定，行三，年一十八，十一月初十日生。曾祖福庆。祖谷华。父应祯。母秦氏。具庆下。兄宏、宁。弟宽、完。娶张氏。顺天府乡试第二百十一名。会试第二十二名。

何渊，贯四川保宁府巴县，民籍。国子生。治《书经》。字有本，行三，年三十三，九月二十八日生。曾祖文奎。祖廷恕。父升，教谕。母李氏。具庆下。兄溥、清。弟淏、润。娶向氏。四川乡试第十七名。会试第七十四名。

吴让，贯广东广州府南海县，民籍。国子生。治《书经》。字克让，行二，年四十二，四月初四日生。曾祖文秉。祖广成。父宗敏。母陈氏。永感下。兄谠。娶何氏。广东乡试第二名。会试第一百四十五名。

史珍，贯江西九江府德化县，医籍。国子生。治《诗经》。字廷玉，行四，年三十五，六月二十日生。曾祖直甫，元教授。祖虚诚，训科。父中，陕西布政司左参政。母陈氏。生母孙氏。永感下。兄璘，正科；玠；琦，卫经历。娶孟氏。江西乡试第一百一名，会试第三百十二名。

孙忱，贯浙江宁波府慈溪县，民籍。国子生。治《诗经》。字诚之，行五，年四十六，六月二十二日生。曾祖理五。祖尹臧。父服膺。母葛氏。永感下。弟憕。娶顾氏。继娶朱氏。浙江乡试第四名，会试第一百二十二名。

水桓，贯浙江宁波府鄞县，民籍。国子生。治《书经》。字廷圭，行一，年四十六，十月十七日生。曾祖先之，元宣慰使。祖海。父廉，县丞。母朱氏，继母戴氏。永感下。弟瑾、瑢。娶蒋氏。继娶沈氏。浙江乡试第十名，会试第三百二十名。

张岐，贯直隶河间府兴济县，军籍。国子生。治《春秋》。字来凤，行二，年三十，四月十二日生。曾祖希信。祖迪，府知事。父缙，教谕。母逯氏。具庆下。兄兴，锦衣将军。弟嶙、峦、峋。娶储氏。顺天府乡试第十三名，会试第二百七十五名。

董渊，贯直隶真定府灵寿县，军籍。国子生。治《礼记》。字宗本，行三，年三十二，十二月初五日生。曾祖世恩。祖赐。伯正，县丞。父端。母李氏。慈侍下。兄俊；人杰，贡士。弟伟。娶吉氏。顺天府乡试第二十五名，会试第一百三十三名。

吴中，（下缺）治《易经》。（下缺）曾祖国宾。祖世材。父堂，□□□□。母王氏。具庆下。兄乾、刚、纯。弟□、粹、英、泰、都、豪、杰、昭。□□□。江西乡试第一百三十六名，会试第九十八名。

丁慈，贯福建建宁府建阳县，民籍。国子生。治《书经》。字元恺，行四，年四十，八月十二日生。曾祖兰。祖寿。父仲和。母谢氏，继母宋氏。永感下。兄惠。弟善。娶宋氏。福建乡试第五十二名，会试第二百六十四名。

康骥，贯江西吉安府泰和县，军籍。顺天府学军生。治《诗经》。字德良，行一，年三十一，十月二十二日生。曾祖正道。祖仲玄。父子伦。母萧氏。具庆下。娶谢氏。顺天府乡试第一百十八名，会试第二百八名。

王钦，贯彭城卫，军籍，浙江新城县人，军余。治《书经》。字允恭，行一，年二十二，三月初七日生。曾祖永。祖道明。父庭哲。母陈氏。具庆下。弟铎、锐、镛。娶吴氏。顺天府乡试第二十四名，会试第一百七名。

孙敬，贯四川成都府成都县，匠籍。国子生。治《礼记》。字孟寅，行一，年三十，十二月十八日生。曾祖子杰。祖福。父成。母韩氏，继母赵氏。具庆下。弟敏。娶张氏。四川乡试第七十名，会试第三百四十三名。

王珪，贯直隶松江守御中千户所，军籍。府学军生。治《诗经》。字廷玉，行一，年三十，五月十四日生。曾祖义。祖伍。父士安。母朱氏，继母薛氏。具庆下。弟璋、顼。娶凌氏。应天府乡试第一百十四名，会试第二百五十六名。

王瓘，贯河南河南府陕州，军籍。州学生。治《诗经》。字廷用，行二，年三十三，二月十三日生。曾祖良仪。祖仪刚。父郁。母蔡氏。具庆下。兄琏。弟璘、瓒。娶韩氏。河南乡试第九十七名，会试第一百七十六名。

李田，贯湖广武昌府嘉鱼县，民籍。县学生。治《诗经》。字舜耕，行三，年二十七，十月初八日生。曾祖思忠。祖奂，巡检。父善，教谕。母童氏。慈侍下。兄陵、皋。弟郊。娶毕氏。湖广乡试第十名。会试第一百四十六名。

聂元，（下缺）府丰城县，民籍。县学增广生。治《□□》，字存善，行一，年二十六，七月十九日生。曾祖彦郁。祖子篪。父仕哲。母陈氏，继母吕氏。重庆下。弟凯、承、继。娶熊氏。江西乡试第五名，会试第二百八十四名。

林杰，贯广东琼州府琼山县，民籍。县学生。治《诗经》。字廷宾，行二，年二十九，八月二十五日生。曾祖舜承。祖有寿。父贤贵。母梁氏。具庆下。兄俊。弟侃。娶王氏。广东乡试第二名。会试第二百七十一名。

赵敬，贯直隶常州府武进县，民籍。国子生。治《礼记》。字叔成，行三，年二十八，十二月十五日生。曾祖宜质。祖彦清。伯敏远，留守卫千户。父亮，礼部员外郎。前母钱氏，母孟氏。慈侍下。兄琬，左谕德，掌国子司业事；洪；辰；乐；沃；埙；篪。娶朱氏。应天府乡试第十二名，会试第五名。

张奎，贯湖广荆州府石首县，民籍。县学增广生。治《易经》。字汉文，行一，年二十四，十一月十二日生。曾祖志龄。祖兰，监生。父功敏，大使。母赵氏。重庆下。弟翼。娶朱氏。湖广乡试第一百三名，会试第二百三十名。

于坦，贯山西大□府石州，民籍。府学生。治《礼记》。字尚平，行四，年三十一，三月二十八日生。曾祖建中。祖仕□。父渊，知县。母暮氏，继母车氏、高氏。重庆下。兄泰，□□□□□□；振；茂。弟柏。娶张氏。山西乡试第三十七名，会试第三百九名。

王穑，贯江西抚州府金溪县，官籍。县学增广生。治《易经》。字□哲，行七，年二十六，十月初六日生。曾祖宁。祖仲和，父忠，巡检。母高氏，继母程氏。慈侍下。兄赫、吉、洪。弟穆、种。娶黄氏。江西乡试第九十七名，会试第三百十五名。

毛杰，贯浙江绍兴府余姚县，民籍。儒士。治《礼记》。字允奇，行五，年二十二，十月二十八日生。曾祖叔泰。祖白。父雍。叔吉，同科进士。母黄氏。重庆下。兄裕，贡士。弟祚，贡士。玹、锦、采、鹏。娶周氏。浙江乡试第五十六名，会试第二百六十八名。

李麟，贯山东兖州府钜野县，民籍。国子生。治《易经》。字文瑞，行二，年二十九，九月初四日生。曾祖□□。祖均美。父祀，大使。母高氏，庶母庞氏。慈侍下。兄麒。弟鸿。娶渠氏。山东乡试第三十九名，会试第二百四十名。

王升，贯顺天府密云县，民籍。国子生。治《诗经》。字起东，行一，年三十四，二月二十六日生。曾祖勉。祖纲。父俊。母张氏。具庆下。兄信、兴。弟麟、凤。娶李氏。顺天府乡试第八十六名，会试第三百三名。

洪冕，贯四川成都府成都县，匠籍。府学生。治《书经》。字廷章，行一，年二十七，七月十六日生。曾祖子贤。祖得安。父铭。母陈氏。慈侍下。兄永泰。弟永昌。娶杨氏。四川乡试第三名，会试第二百八十一名。

曹泰，贯直隶松江府华亭县，军籍。府学增广生。治《书经》。字以安，行四，年二十六，十月十八日生。曾祖富义。祖楚旸。父琛。母邓氏。具庆下。兄复、益、鼎。弟节、震。娶金氏。应天府乡试第一百四十六名，会试第九十九名。

田济，贯陕西凤翔府麟游县，民籍。国子生。治《书经》。字汝霖，行一，年三十三，五月初六日生。曾祖彦卿，训导。祖荣。父源，典仪正。母赵氏，继母杨氏。慈侍下。弟泽。娶梁氏。陕西乡试第十四名，会试第三十九名。

刘杰，贯陕西西安府高陵县，军籍。县学生。治《易经》。字世英，行一，年二十八，十二月初二日生。曾祖允德。祖振。父平。母郑氏。具庆下。弟俊、侃、儒。娶魏氏。继娶王氏。陕西乡试第三十名，会试第一百五十七名。

徐观，贯广东广州府香山县，军籍。县学增广生。治《书经》。字子明，行一，年二十五，正月十一日生。曾祖应麟。祖伯高。父致中。母陈氏。具庆下。弟览、觉。娶周氏。广东乡试第八十五名，会试第九十名。

毕亨，贯河南卫，军籍，山东兖州府单县人。国子生。治《易经》。字文亨，行六，年三十五，十一月二十九日生。曾祖均用。祖山，元千户。父荣。前母杨氏、武氏，母王氏。永感下。兄旺、兴、通、达、泰。娶汪氏。河南乡试第二名，会试第二百六十一名。

赵相，贯山东兖州府单县，民籍。县学生。治《易经》。字文卿，行三，年二十八，三月二十一日生。曾祖孟贤，元总管。祖伯谅。父伦，监察御史。母陈氏。慈侍下。兄登、殷。娶尘氏。山东乡试第五十八名，会试第三百二十四名。

戴珙，贯河南河南府沔池县，军籍。国子生。治《诗经》。字廷璧，行五，年三十一，二月十九日生。曾祖从善。祖惠。父振，知县。母郭氏，继母杨氏。慈侍下。兄理；璘；琳；琰，贡士。娶袁氏。继娶叶氏。河南乡试第九十四名，会试第一百八名。

李裕，贯江西南昌府丰城县，军籍。县学增广生。治《诗经》。字咨德，行一，年三十一，十一月二十四日生。曾祖克敬。祖仲止。父端明。母周氏，继母熊氏。具庆下。兄舆、纯。弟容、容、叙、𢾷、黢。娶罗氏。江西乡试第二十九名，会试第九十一名。

刘季清，贯江西南昌府南昌县，军籍。国子生。治《诗经》。字士廉，行六，年四十八，九月三十日生。曾祖孟进。祖仲立。父叔逵。前母陶氏，母黄氏。慈侍下。兄季将、季思、季范。弟季敬。娶吴氏。继娶徐氏。江西乡试第十二名，会试第九十五名。

徐绅，贯河南开封府杞县，民籍。县学生。治《易经》。字公仪，行二，年三十四，十月十九日生。曾祖琎。祖景升，广东布政司右布政使。父政，副使。母李氏，继母王氏。具庆下。兄颜、曾、纶。弟绥。娶李氏。河南乡试第九名，会试第三百二十八名。

李嗣，贯广东广州府南海县，民籍。国子生。治《书经》。字克承，行三，年二十九，七月初四日生。曾祖彦芳。祖定远。父朴。母萧氏。慈侍下。兄贺、载。弟宁、康、善、昌。娶罗氏。广东乡试第十六名，会试第一百七十名。

郑瑞，贯顺天府大兴县，富户，浙江西安县人。国子生。治《春秋》。字孟祥，行一，年三十三，五月初六日生。曾祖德清。祖爱，义民。父厪。母方氏，继母娄氏。具庆下。弟斑、玺、玙、批、珂、珪、璋、琦、顼、琰。娶徐氏。顺天府乡试第一百五十九名，会试第九十六名。

裴衷，贯广东廉州府石康县，民籍。国子生。治《易经》。字秉彝，行八，年三十，九月十四日生。曾祖奭，大使。祖刚。父康瑶。母洪氏。具庆下。兄福、瑜、瑛。弟宥。娶李氏。广东乡试第十名，会试第六十五名。

李玙，贯河南开封府祥符县，民籍。国子生。治《春秋》。字廷瑞，行二，年三十二，十二月十九日生。曾祖肃恭，元枢密都事。祖钊。父用文，判官。母滕氏。具庆下。兄璇。弟琦。娶郑氏。继娶齐氏。河南乡试第二十二名，会试第二百四十一名。

夏忠，贯直隶德州卫，军籍。当涂人。国子生。治《诗经》。字克诚，行一，年三十三，四月初一日生。曾祖用一。祖进才。父兴嗣。母时氏。慈侍下。兄文德。弟恕、武德。娶任氏。顺天府乡试第五十七名，会试第一百九十四名。

王卢，贯福建福州府闽县，民籍。府学增广生。治《易经》。字廷器，行三，年三十一，九月二十九日生。曾祖鼎新。祖熊。父伯坚。母邵氏。具庆下。兄康。弟锦、镈、链。娶郑氏。继娶蓝氏。福建乡试第十八名，会试第三十六名。

郭舒，贯福建漳州府龙溪县，民籍。府学生。治《易经》。字端庄，行二，年二十二，八月十二日生。曾祖时晦。祖邦文，教授。父硕平。母黄氏。慈侍下。兄端诚。娶林氏。福建乡试第五十二名，会试第二百一十六名。

杨宣，贯江西抚州府乐安县，民籍。县学生。治《诗经》。字子稽，行二，年三十九，三月二十三日生。曾祖与衡。祖伯洪。父遂弘。嫡母黄氏，母张氏。永感下。兄子稼。弟子耕、子耘、子积。娶聂氏。江西乡试第五十三名，会试第八十二名。

陈孟晟，贯直隶池州府铜陵县，医籍。县学生。治《易经》。字尚晦，行四，年三十三，正月初五日生。曾祖弥坚。祖嗣良，训科。父玥。母何氏。继母李氏、孙氏。具庆下。兄孟昌。弟孟昺；孟暹，训导。娶姚氏。应天府乡试第一百四十二名，会试第十七名。

杨琛，贯直隶常州府无锡县，军籍。国子生。治《诗经》。字叔璘，行十二，年二十六，四月三十日生。曾祖广。祖原振。伯宗源，赠户部主事；宗浩，教谕。父宗海。母朱氏。慈侍下。兄珪；珉；璇，山西布政司参政；珣；琰；璠；理。弟玢。娶俞氏。应天府乡试第六十三名，会试第二百九十八名。

史兰，贯山东济南府历城县，民籍。府学生。治《书经》。字廷芳，行一，年三十四，二月初六日生。曾祖才兴。祖惟善。父荣。母李氏。慈侍下。弟芳、藻。娶傅氏。山东乡试第一名，会试第三百四十八名。

茂彪，贯陕西庆阳卫，军籍，直隶江都县人。国子生。治《诗经》。字宗彝，行二，年三十五，正月十六日生。曾祖克诚。祖胜。父文。母沙氏。慈侍下。兄麟。弟鸿、骏。娶杜氏。陕西乡试第八名，会试第三十八名。

张纲，贯山东济南府长清县，军籍。国子生。治《易经》。字大振，行三，年三十四，三月二十日生。曾祖伯亮。祖仲文，赠刑科给事中。父谨，知府。母杨氏，封孺人。慈侍下。兄经、纶。娶李氏。山东乡试第九名，会试第二百三十五名。

张僖，贯直隶凤阳府灵璧县，民籍。县学增广生。治《礼记》。字世乐。行四，年二十九，七月二十三日生。曾祖允升。祖干。伯祖贯。父子霈，□□。母任氏。慈侍下。兄□□□。弟□。娶盛氏。应天府乡试第十八名，会试第三百□□名。

龙霖，贯江西赣州府信□县，民籍。治《书经》。字用谟，行一，年三十三，四月□□□生。曾祖□韶。祖彦琛。父孟铎。□□□。重庆下。兄用谨。从兄晋□。弟□□、□□□。江西乡试第十九名，会试第□□□名。

武齐，贯江西抚州（下缺）。治《诗经》。字（下缺）曾祖伯顺。（下缺）具庆下。兄广瑄。（下缺）江西乡试（下缺）。

刘瑄，贯直隶真定府深州，军籍。国子生。治《诗经》。字宗器，行三，年三十一，十一月十六日生。曾祖七老。祖福德。父愉。母周氏。永感下。兄潭、安。弟宽。娶葛氏。顺天府乡试第八十名，会试第二百六十五名。

王璘，贯南京牺牲所，军籍。江西庐陵县人。国子生。治《书经》。字廷秀，行二，年二十五。闰十二月初五日生。曾祖文姜。祖思与。父秉惠。母张氏。具庆下。兄廷器。娶钱氏。继娶许氏。应天府乡试第一百七十六名，会试第六十七名。

吴玘，贯直隶松江府华亭县，民籍。县学生。治《诗经》。字仲玉，行二，年三十一，八月二十九日生。曾祖仲文。祖俸，知县。父甫。母寿氏。严侍下。兄琼。娶李氏。应天府乡试第四十五名，会试第二百十名。

刘清，贯河南河南府洛阳县，民籍。国子生。治《礼记》。字源洁，行三，年三十二，十月二十四日生。曾祖彦诚。祖志。父俊。前母宋氏，母李氏。慈侍下。兄通、瑛。娶王氏。河南乡试第五名，会试第二百十四名。

刘孜，贯福建漳州府龙溪县，军籍。国子生。治《易经》。字师侃，行一，年三十，十二月初四日生。曾祖廷高。祖蕙。父孟麟。母张氏。具庆下。弟荣。娶王氏。福建乡试第三名，会试第二百九十三名。

冉哲，贯四川成都府内江县，民籍。国子生。治《易经》。字尚彝，行四，年四十三，五月十九日生。曾祖仲文。祖秀川。父志明。母韩氏。永感下。兄郁，贡士；升；雍。娶阴氏。四川乡试第二名，会试第二百八十五名。

吴庚，贯河南河南府洛阳县，民籍。国子生。治《书经》。字仲明，行四，年三十八，十一月初四日生。曾祖成，祖海，父征，通判。前母罗氏，母郭氏。永感下。兄序、广、庸。娶李氏。河南乡试第十七名，会试第二百八十二名。

刘炭，贯四川重庆府涪州，军籍。州学生。治《诗经》。字凌云，行三，年二十四，八月初四日生。曾祖应隆。祖以德，知县。父侭。前母闵氏，母张氏。慈侍下。从兄严，太医院医士。兄昆。娶杨氏。四川乡试第四十九名，会试第一百三十九名。

罗明，贯江西抚州府崇仁县，民籍。县学生。治《书经》。字元亮，行五，年三十三，十月二十三日生。曾祖孟伟。祖浩文。父均寔。母章氏。具庆下。兄德。弟立、正。娶吴氏。江西乡试第二十五名，会试第一百六十五名。

田景旸，贯直隶保定府高阳县，民籍。县学增广生。治《书经》。字时中，行一，年二十八，十月二十七日生。曾祖于中。祖稼。父用，教授。母邵氏。重庆下。弟景昭、景暎、景昉、景曦、景晖、景暲。娶刘氏。顺天府乡试第七名，会试第一百十二名。

伍骥，贯江西吉安府安福县，民籍。县学生。治《春秋》。字体驯，行二，年三十九，二月十四日生。曾祖洪，辛亥进士。祖述经。父冕，知县。母彭氏，继母黄氏。慈侍下。兄体祥。弟体跃、体和、体极、鸷、蟾。娶彭氏。继娶刘氏。江西乡试第一百三十八名，会试第七十八名。

魏瀚，贯浙江绍兴府余姚县，官籍。县学增广生。治《春秋》。字口渊，行二，年二十九，七月十八日生。曾祖子祥。祖口。父瑶，县丞。母王氏。具庆下。兄汉。弟泷、溥、洞。娶陈氏。浙江乡试第五十五名，会试第二百四名。

程泰，贯直隶徽州府祁门县，军籍。国子生。治《春秋》。字用元，行一，年三十，正月初一日生。曾祖汝楫。祖景华。父显，左长史。母齐氏。重庆下。弟贯、通、复、宣。娶汪氏。继娶胡氏。应天府乡试第二十一名，会试第一百三十二名。

杜庠，贯直隶苏州府长洲县，民籍。县学增广生。治《书经》。字公序，行一，年二十八，七月初四日生。曾祖均美。祖士彝。父文昌。母柳氏。严侍下。弟廉。娶钱氏。应天府乡试第一百一名，会试第二百十七名。

叶颐，贯广东都司惠州卫中千户所，军馀，惠州府学生。治《书经》。字养正，行一，年二十九，九月二十六日生。曾祖石安。祖兰馨。父生。母陈氏。具庆下。弟顺。娶彭氏。广东乡试第二十二名，会试第二百四十九名。

金绅，贯应天府上元县，官籍。儒士。治《书经》。字缙卿，行四，年二十一，五月初五日生。曾祖仲铭。祖原亮。父润，知府。母潘氏。重庆下。兄绥夫、黼臣。娶徐氏。应天府乡试第一百九名，会试第三百二十二名。

李岳，贯直隶大名府长垣县，民籍。府学生。治《诗经》。字世瞻，行三，年二十五，十一月二十二日生。曾祖廷璧，元医学提举。祖敬恒，正科。父士德，正科。母张氏。具庆下。兄岱、崇。弟巍、昆。娶步氏。顺天府乡试第十二名，会试第三百二十三名。

郑安，贯广东潮州府海阳县，民籍。国子生。治《春秋》。字康民，行一，年二十八，十一月初十日生。曾祖遐。祖仁。父处。母李氏。慈侍下。弟寓。娶吴氏。广东乡试第一名，会试第二十四名。

吴节，贯四川眉州，民籍。州学生。治《诗经》。字行俭，行三，年二十五，九月十八日生。曾祖兴文。祖则昭。父文政，赠监察御史。母刘氏，赠孺人。永感下。兄中，监察御史；升。弟式。娶周氏。四川乡试第二名，会试第五十六名。

黄甄，贯山东青州府寿光县，民籍。国子生。治《书经》。字器之，行一，年二十七，六月初八日生。曾祖世荣。祖秉文。父刚。母李氏。具庆下。弟甑、瓶、甗、瓯。娶周氏。山东乡试第二十六名，会试第二十九名。

下缺四条，分别为程永、赵忠、袁恺、叶淇履历。

李述，贯江西南昌丰城县，民籍。儒士。治《诗经》。字继之，行六，年二十七，六月十二日生。曾祖克恭。伯祖玉璋，主簿。祖玉琪。父尚庆。母皮氏。具庆下。兄化之、敬之、立之、绍之。弟顺之、通之、显之。娶熊氏。江西乡试第一百十名，会试第二百四十五名。

张赞，贯四川潼川州遂宁县，民籍。县学增广生。治《春秋》。字邦翊，行四，年三十二，十月初十日生。曾祖明佐。祖泰林。父永成。母余氏。永感下。兄澍、泽、济。娶王氏。四川乡试第十四名，会试第二百五十名。

毛吉，贯浙江绍兴府余姚县，民籍。国子生。治《礼记》。字宗吉，行七，年三十三，六月初十日生。曾祖宝。祖伯城。父仕玙。母邬氏。慈侍下。兄洪。弟瀹、犴。娶熊氏。浙江乡试第五十三名，会试第三百三十五名。

萧惟昌，贯锦衣卫，军籍。广东吴川县人。军籍。治《易经》。字有庆，行一，年三十七，六月初九日生。曾祖敬甫。祖弘道。父希胜。母庄氏，继母柯氏。慈侍下。弟信、惠、俭、让。娶凌氏。顺天府乡试第二百三十四名，会试第二百二十一名。

段坚，贯陕西肃府仪卫司，军籍。山西阳曲县人，兰县学军生。治《易经》。字可久，行二，年三十六，六月二十一日生。曾祖本。祖鸣鹤。父敏。前母田氏，母张氏，继母周氏。具庆下。兄春。弟楷、枋。娶李氏，继娶咬氏。陕西乡试第二十八名，会试第六名。

宋澄，贯福建兴化府莆田县，民籍。县学增广生。治《书经》。字惟清，行二，年二十三，五月初十日生。曾祖彦明。祖回。父崇圭。母朱氏。具庆下。兄惟司。娶黄氏。福建乡试第四十九名，会试第一百十六名。

吕洪，贯浙江温州府平阳县，民籍。国子生。治《易经》。字大正，行四，年三十八，十一月二十日生。曾祖复中。祖敏德。父再谦。母杨氏。慈侍下。兄浩、潭、泂。娶徐氏。浙江乡试第三名，会试第二百七十四名。

杨懋，贯顺天府宛平县，匠籍。浙江钱塘县人，国子生。治《春秋》。字克勤，行四，年三十，闰七月二十日生。曾祖纯素。祖敬先。父存忠。母章氏。慈侍下。兄清。弟正。娶何氏。顺天府乡试第六十九名，会试第一百五十名。

樊英，贯陕西西安府临潼县，民籍。国子生。治《书经》。字世杰，行一，年二十九，七月二十六日生。曾祖智名。祖恭礼。父大用。母王氏，继母薛氏。具庆下。弟俊。娶刘氏，继娶罗氏。顺天府乡试第二十一名，会试第一百三十名。

白侃，贯山西太原府平定州，军籍。国子生。治《礼记》，字廷直，行三，年三十三，八月初一日生。曾祖德兴。祖勋，□□□□。父琦。母石氏。具庆下。兄□、□。弟仪、仔。娶赵氏。山西乡试第九名，会试第十六名。

汪振，贯江西（下缺）。民籍。国子生。治《书经》。（下缺）十二月二十九日生。曾祖孟进。（下缺）母熊氏。严侍下。（下缺）娶孙氏。应天府乡试第□□□名，会试第十四名。

谢廉，贯锦衣卫（下缺）嵊县人。国子生。治《诗经》。字允清，行二，年三十三，七月初一日生。曾祖宗明。祖得仁，赠锦衣卫管军所镇抚。父通，锦衣卫镇抚司所镇抚。母翁氏，赠安人。具庆下。兄惠。弟恭、俭、让、儒、佑、亨、序。娶王氏，顺天府乡试第七十三名，会试第二百一名。

徐宗，贯直隶扬州府通州，民籍。县学生。治《礼记》。字叔本，行五，年二十九，七月十六日生。曾祖闰甫。祖士能。父诚。母朱氏。慈侍下。兄宾、容、宣、宏。娶黄氏，继娶李氏。应天府乡试第九十五名，会试第三百名。

邢简，贯陕西西安府咸宁县，民籍。国子生。治《易经》。字居敬，行一，年三十七，十二月十一日生。曾祖中礼。祖遵道。父顺。母田氏。慈侍下。弟宽、清、恕。娶白氏，继娶卢氏。陕西乡试第一名，会试第二百八十二名。

赵章，贯直隶保定府清苑县，军籍。县学增广生。治《诗经》。字彦达，行三，年三十，五月初四日生。曾祖士温。祖文礼。父郁，仓副使。母李氏。具庆下。兄璘、瑄。弟琼。娶王氏。顺天府乡试第七十七名，会试第一百七十一名。

刘荫，贯广东潮州卫程乡守御千户所，军籍。程乡县学生。治《易经》。字弘基，行一，年四十一，二月二十一日生。曾祖华。祖瑛。父天宝。母王氏。永感下。弟海。

娶赵氏。广东乡试第七十名，会试第二百六名。

娄瑾，贯福建福州怀安县，军籍，县学生。治《礼记》。字公玉，行三，年二十五，三月十九日生。曾祖仲实。祖安。父佛。母林氏。具庆下。弟铎、钦、璿。未娶。福建乡试第九十八名，会试第二百三十三名。

王宽，贯四川重庆府长寿县，民籍。国子生。治《诗经》。字居仁，行一，年三十一，八月二十九日生。曾祖均海。祖必贵。父子良。母谷氏，继母袁氏。重庆下。弟宏，定。娶陈氏。四川乡试第三十二名，会试第三百五名。

俞璟，贯福建福州府福清县，军籍。国子生。治《诗经》。字景明，行二，年三十四，三月十三日生。曾祖友。祖老，大使。父康。母林氏，继母林氏。具庆下。兄恂、惇。弟惝。娶韦氏。福建乡试第四十二名，会试第三百二十一名。

何经，贯广东广州府顺德县，民籍。国子生。治《易经》。字宗易，行二，年二十七，三月二十一日生。曾祖□□。祖□□。父彧。母方氏，慈侍下。娶欧阳氏。广东乡试第二十三名，会试第一百九十九名。

施奇，贯浙江嘉兴府嘉善县，民籍。县学增广生。治《易经》。字廷伟，行三，年二十九，十月二十二日生。曾祖德辅。祖寿之。父邦彦，教谕。母宋氏。严侍下。兄容，惠。娶池氏。浙江乡试第一百一名，会试第三十一名。

张述古，贯直隶常州府宜兴县，军籍。县学增广生。治《易经》。字信之，行六，年三十一，七月十五日生。曾祖伯英。祖永德。父元凯。母储氏。重庆下。兄范古、明古、奉古。弟求古、蕴古、希古、习古。娶陆氏。应天府乡试第二百八十七名，会试第一百三名。

毛伦，贯江西南昌府丰城县，军籍。国子生。治《礼记》。字天叙，行一，年三十八，九月二十一日生。曾祖则敬。祖绍武。父钟英。叔钟灵，教谕。母李氏。具庆下。弟缙、经、纯、绶、佺。娶章氏。江西乡试第三十三名，会试第二百二十四名。

孙珂，贯山东登州府福山县，军籍。县学增广生。治《礼记》。字廷珍，行一，年二十八，二月二十四日生。曾祖志孝。祖彦斌，赠户部主事。父遇，知府。母房氏，封安人。具庆下。弟珪、瓒、瑗。娶张氏。山东乡试第八名，会试第四十三名。

杨宣，贯直隶保定府新城县，民籍。县学生。治《书经》。字振方，行一，年三十，六月二十九日生。曾祖敬礼，赠武德将军。祖斌。父仕能。母苏氏。重庆下。弟宜，定。娶王氏。顺天府乡试第四十名，会试第二百六十六名。

高亮，贯武襄左卫，军籍。陕西延安府甘泉县人。国子生。治《易经》。字尚明，行一，年三十五，七月初七日生。曾祖崇礼。祖仕中。父大用。母侯氏。具庆下。兄宁。弟锦。娶刘氏。顺天府乡试第二十四名，会试第一百七十九名。

李昂，贯浙江杭州府仁和县，民籍。县学增广生。治《诗经》。字文举，行三，年二十一，十月十二日生。曾祖士荣。祖纹中。父禛。前母乔氏，母吴氏。慈侍下。兄冕，晟。聘盛氏。浙江乡试第五十名，会试第一百九十名。

刘充，贯江西吉安府安福县，民籍。府学生。治《书经》。字恭扩，行三，年四十，九月十四日生。曾祖菊存。祖弥远。父体信。母彭氏。慈侍下。弟恭佐。娶高氏。江西乡试第八十七名，会试第二百三十八名。

李文，贯直隶永平府迁安县，民籍。国子生。治《易经》。字载道，行三，年二十六，正月十二日生。曾祖大宽。祖谦。父原友。母刘氏。重庆下。兄刚、荣。弟质。娶杨氏。顺天府乡试第四十三名，会试第四十九名。

周鼐，贯江西广信府贵溪县，民籍。府学增广生。治《诗经》。字宗用，行二，年二十三，三月初七日生。曾祖惟政。祖旭鉴，浙江布政司右参政。父福。叔祺，通判；祐，训导。前母吴氏，母江氏。慈侍下。兄鼎。弟萧、鼎、鼐、鼐，娶张氏。江西乡试第九十八名，会试第三百三十二名。

金纯，贯大宁都司营州中屯卫，军籍。顺天府平谷县学军生。治《书经》。字文明，行二，年二十五，八月二十二日生。曾祖子荣。祖庭玉。父恺。母秦氏，庶母刘氏。具庆下。兄缓，贡士。弟缙、绅、纹。娶敬氏。顺天府乡试第一百九十五名，会试第二百六十九名。

金礼，贯浙江嘉兴府秀水县，军籍。府学生。治《书经》。字敬之，行三，年三十，闰七月二十日生。曾祖寿。祖玉。父鉴。母邬氏。具庆下。兄宗仁、宗义、宗智、宗信。娶郑氏。浙江乡试第七十七名，会试第二百二十二名。

孙洪，贯山东莱州府昌邑县，军籍。国子生。治《书经》。字伯大，行一，年三十一，四月二十七日生。曾祖思恭，赠礼部郎中。祖恕，礼部郎中。父祥。母王氏，继母刘氏。具庆下。弟汉、溥、淳、源、泽、润、滋。娶李氏。山东乡试第四十四名，会试第三百十一名。

方暕，贯直隶徽州府歙县，民籍。府学增广生。治《春秋》。字文郁，行二，年三十，五月十五日生。曾祖宏远。祖水进，赠湖广按察司佥事。父勉，湖广布政司右参议。前母汪氏，赠宜人；母汪氏，封宜人。具庆下。兄旭。弟早、昙。娶吴氏。应天府乡试第二名，会试第一百五十九名。

王聪，贯顺天府通州三河县，军籍。国子生。治《礼记》。字彦闻，行一，年三十七，三月二十五日生。曾祖代亨。祖思齐。父惟善。母李氏。慈侍下。弟鉴、杰。娶刘氏。顺天府乡试第一百名，会试第一百六十九名。

夏时，贯浙江绍兴府余姚县，民籍。县学增广生。治《礼记》。字孟寅，行四，年二十六，二月二十五日生。曾祖季庄。祖良弼。父尚恭。母黄氏。重庆下。兄毅。弟纲、常。娶周氏。浙江乡试第九十二名，会试第一百二十四名。

程万钟，贯四川叙州府富顺县，灶籍。国子生。治《易经》。字廷锡，行一，年三十五，十二月十七日生。曾祖兴。祖文龙。父玮。母夏氏。慈侍下。娶叶氏。四川乡试第十七名，会试第二百七十名。

阎鼐，贯直隶永平府滦州，官籍。国子生。治《诗经》。字仲辅，行七，年二十九，四月初八日生。曾祖流琅。祖从德，赠武德将军。父泰，永清卫右所正千户。母李氏，封宜人。慈侍下。兄铭；震；铎；钟，正千户；铠；鼎。弟萧，百户。娶杨氏。顺天府乡试第一十九名，会试第二百五十六名。

陈伄，贯顺天府宛平县，富户籍。江西庐陵县人，国子生。治《诗经》。字时庄，行四，年二十九，六月二十六日生。曾祖子隆。祖思行。父庭焕。前母刘氏，母高氏，继母刘氏。具庆下。弟僖。娶萧氏，继娶宋氏。顺天府乡试第二十一名，会试第二百八十九名。

刘瑜，贯江西吉安府安福县，民籍。县学生。治《诗经》。字彦琢，行一，年三十三，八月十五日生。曾祖源远。祖仲文。父仕纲。母彭氏。重庆下。弟琼、□。娶贺氏。江西乡试第一百二十九名，会试第二百三名。

李志纲，贯四川成都府内江县，灶籍。国子生。治《书经》。字振纪，行三，年四十，四月二十五日生。曾祖文胜，元提举。祖国彦。父茂实。母张氏。具庆下。兄志昌、志廉。弟志辉。娶刘氏。四川乡试第十六名，会试第三百三十一名。

熊惠，贯锦衣卫，军籍。江西南昌县人。顺天府学军生，治《诗经》。字迪吉，行二，年三十，五月初九日生。曾祖宗文。祖希玄。父浩然。母陈氏。具庆下。兄仲福。弟仲祐、仲祛。娶陈氏，继娶张氏。顺天府乡试第二百二十七名，会试第一百名。

韩殷，贯广东广州府番禺县。民籍，国子生，治《诗经》。字阜民，行一，年三十，十月二十四日生。曾祖子璲。祖穗初。父常。前母刘氏，母潘氏。具庆下。弟缜、维、统。娶简氏。广东乡试第六十名，会试第一百二名。

周晟，贯河南彰德府磁州涉县，军籍。国子生。治《书经》。字德明，行一，年二十六，九月初五日生。曾祖廷元。祖澄，封监察御史。父颙，监察御史。母宋氏，封孺人。重庆下。弟升、昌、冕、昱、景。娶沈氏，继娶刘氏。河南乡试第三十四名，会试第二百八十六名。

周一清，贯浙江台州府临海县，府学增广生，治《诗经》。字廉夫，年三十三，四月十二日生。曾祖叔佐。祖宗溥，知县。父克静。母尚氏，继母杜氏、罗氏、倪氏。具庆下。弟一夔、一本、一诚。娶陈氏。浙江乡试第五十三名，会试第一百八十一名。

王度，贯江西吉安府吉水县，民籍。县学生。治《诗经》。字洪量，行三，年四十八，十一月二十日生。曾祖所安。祖子通。父嘉谋。母周氏。永感下。兄洪舒、洪惟。弟洪宣、洪裕、洪钧、洪绪。江西乡试第八名。会试第三百三十八名。

王诏，贯顺天府怀柔县，军籍。县学生，治《诗经》。字廷徵，行一，年三十，九月十七日生。曾祖德彬。祖甫义。父礼，府知事。叔恂，前吏部主事。母牛氏。严侍下。娶李氏，继娶沈氏，万氏。顺天府乡试第五十名。会试第六十四名。

王上龄，贯山西大同府浑源州，军籍。州学增广生。治《春秋》。字大寿，行三，年二十三，五月二十九日生。曾祖广。祖才甫。父懋，知县。母裴氏。具庆下。兄延龄，昌龄。未娶。山西乡试第二十名。会试第二百十三名。

牛宣，贯四川成都左护卫，官籍。华阳县学军生，治《易经》。字德教，行一，年二十五，三月初五日生。曾祖海贵。祖维新。伯衷，卫百户。父襄。母赵氏。重庆下。

娶耿氏。四川乡试第六十八名。会试第一百四十三名。

俞纪，贯四川潼川州遂宁县，民籍。县学增广生，治《易经》。字宪齐，行二，年三十二，十二月三十日生。曾祖仕聪。祖从政。父信。母徐氏。慈侍下。兄志刚。弟贯哲，贯书，贯儒。娶谭氏。四川乡试第八名。会试第三百三十六名。

沈黻，贯直隶松江府华亭县，民籍。府学增广生，治《书经》。字叔辩，行二，年三十六，三月二十九日生。曾祖仲良。祖肃。父镛。母高氏。具庆下。兄黼。娶俞氏。应天府乡试第五十八名。会试第二百二十八名。

沈譓，贯直隶庐州府合肥县，军籍。国子生，治《易经》。字用正，行三，年二十七，正月初七日生。曾祖颜先。祖博。父容。母马氏。具庆下。兄谊，让。弟谭。娶张氏。应天府乡试第八十四名。会试第二百五十八名。

据《景泰五年进士登科录》，本年殿试策问试题为："皇帝制曰：朕以眇躬，祗膺天命，缵承祖宗大业，临御兆民，顾惟负荷之艰，莫究弛张之善，肆虚心于宵旰，冀资弼于忠良，固圣贤乐受尽言，在尧舜惟急先务，何则？天下之本，莫有外于家国兵民。朕欲闻其至计何先？切望何最？君心之发，莫有著于礼乐教化。朕欲闻其损益何宜？隆替何系？制治贵于未乱，其方术何良？保邦贵于未危，其谋谟何远？以至为政之宽猛何尚？备边之筹策何长？人才之贤否何由？刑赏之缓急何可？与凡灾祥感召之机何速？夷狄向背之故何在？皆朕之所欲闻者也。夫事贵乎师古，不稽诸古，固无足以为法于今。而施贵乎合宜，不宜于今，又奚可以徒泥诸古？子大夫明先圣之道，来应宾兴贤能之诏，皆得于古，而将以施于今者也。其悉参酌详著于篇，以俟朕之亲览。"

状元孙贤对策全文如下："臣对：臣闻天生万民，必主以一人，而后能任君师之责。君主万民，必运以一心，而后能成治教之功。大哉人君之一心乎！其万化之原，万事之本乎！本诸心以治家国兵民，则家国兵民无不治。本诸心以修礼乐教化，则礼乐教化无不修。制治本诸心，则制治之术良。保邦本诸心，则保邦之谋远。以至为政备边人材刑赏，莫非以是心为之本，弭灾召祥绥怀夷狄，莫非以是心为之要。孟子所谓家国天下之本，董子所谓朝廷四方之则是也。恭维皇帝陛下，禀聪明睿知之资，备圣神文武之德，诞膺骏命，茂缵鸿图，远宗尧舜之道，近守祖宗之法。道已臻皇极矣，而犹惓惓顾惟负荷之艰；世已底雍熙矣，而犹以为莫究弛张之善。虚心宵旰之是图，资弼忠良之是务，乃进臣等于廷，降赐明哲之问，乐受尽言，一至于此。此诚大舜好问好察，大禹不自满假，成汤检身若不及，文王望道犹未见之盛心也。陛下真大有为之君，诚不世出之主，其为天地立心，为生民立命，为万世开太平者，端在于此矣。顾臣浅陋，何足以奉大对，然敢不罄一得之愚，精白一心，以思条陈于万一乎！臣惟天地之大德曰生，尧舜以先务为急，陛下弘天地之德，法尧舜之理，则凡一政一令之施，何莫非大德之所发，当务之为急乎？经曰家齐而后国治，本固而后邦宁，是以天下之本，莫有外于家国兵民，请以尧舜禹汤文武家国之迹陈之。所谓克明俊德，慎厥身修，菲饮食，恶衣服，不迩声色，不殖货利，问安视膳，明德达孝，是虽二帝三王修身之要，然身者家之本，身修而后家齐，则修身非家之至计所当先乎？所谓惇叙九族，九族既睦，克俭于家，垂裕后昆，本支绳绳，宜君宜王，是虽二帝三王齐家之要，然家者国之本，家齐而后国治，则齐家非国之至计所当先乎？先（下缺十五字）使兵有其备，固兵之切望矣，然必衣食有以养其体，徭役无以劳其形，则兵切望之最可副。简稽器，修稽政，事乎农事。使农有其备，固民之切望矣，然必横征暴敛有不加，严刑峻法有不及，则民切望之最可酬。古之为将帅者，与士卒同甘苦，为守令者，爱百姓如己子，所欲与聚，所恶勿施而已，凡此何莫非兵民切望之最乎？古昔圣帝明王，虑民心之不中也，制礼以防之，而教之中，忧民情之不和也，作乐以防之，而教之和。孔子尝言：礼云礼云，玉帛云乎哉！乐云乐云，钟鼓云乎哉！盖谓玉帛有余而敬不足，则不足以为礼。钟鼓有余而和不足，则不足以为乐。必损有余而益不足，则礼乐皆得其宜矣。古者家有塾，党有庠，术有序，国有学，无一地而无学，无一人而不学。人人有士君子之行，比屋有可封之俗。其教化之所以隆者，又岂无其故哉？亦惟人君躬行心得之余，言行政事，皆可师法，有以为之本耳。后世徒有兴学之名，而无兴学之实，此教化之所以替也。必以古人之躬行心得自勉，而以后世有名无实为戒，则教化有隆无替矣。自古畏江涛之险者，必慎舟楫于恬静之顷，惧山蹊之危者，必谨驭辔于康庄之途。是以帝王之制治也，必于未乱之前，若唐虞之君，兢兢业业，儆戒无虞，敕天之命，惟时惟机，恒存此心于四方风动之际，此其方术可谓良矣，故治已臻而益隆。帝王之保邦也，必于未危之日，若唐虞之君，罔游于逸，罔淫于乐，任贤勿贰，去邪勿疑，恒率是道于万邦咸宁之时，此其谋谟可谓远矣，故邦愈宁而愈固。大抵销危乱于未然者易为功，救危乱于已然者难为力。苟或事至而后图之，患生而后弭之，虽有奇谋善术，未见其能济也。自古为政之道，贵于宽猛得宜。一于宽则流于姑息，而人无所惧；一于猛则入于苛刻，而下无所容。《诗》、《书》所称不刚不柔，轻重有权，《周官》刑新国用轻典，刑乱国用重典，刑平国用中典，为政宽猛所尚，孰有过于此哉！备边之策，在于守御兼备。守不可以不固，不固则不足以安中国；御不可以不严，不严则不足以攘夷狄。经传所谓维藩维翰，足食足兵，孟子所谓城非不高，池非不深，兵甲非不坚利，备边筹策之长，孰有要于是哉！人才为政之首务，亲贤臣，远小人，此先汉所以兴隆也。亲小人，远贤士，此后汉所以倾颓也。故凡有天下国家者，惟在进贤而退不肖。盖贤者进，则人莫不见贤而思齐；不肖者退，则人皆见不肖而自省。唐虞人才之盛，本于舜举皋陶而诛四凶，是其验也。此非人才贤否之由而何？刑赏人君之大权，刑当其罪，则刑一人而千万人惧；赏当其功，则赏一人而千万人劝。然圣人之心，善善长而恶恶短。帝舜罪疑惟轻，功疑惟重，罚弗及嗣，赏延于世，此非刑赏缓急之可而何？天下之事，凡著于人为者，有得有失，故见于天应者，有灾有祥。《易》曰：积善必有馀庆，积不善必有馀殃。《书》曰：惠迪吉，从逆凶。作善降之百祥，作不善降之百殃。以至休徵之应于肃乂哲谋圣，咎徵之应于狂僭豫急蒙之类是也。夫吉凶之应于善恶，犹影响之出于形声，如此，则感召之机速，孰有逾于此乎？是不可不慎也。夷狄非我族类，虽不可以中国之治治之，然苟绥怀有道，则其至愚而神有可感化。伯益之戒舜曰：罔失法度，罔游于逸，罔淫于乐。任贤勿贰，去邪勿疑。疑谋勿成。罔违道以干百姓之誉。罔咈百姓以从己之欲。无怠无荒，四夷来王。召公戒成王曰：明王慎德，四夷咸宾，不宝远物则远人格之类是也。由此观之，帝王之于夷狄，顺之则服，逆之则去，如此，则其向背之故，孰有外于此乎？於乎！家国兵民、礼乐教化、制治保邦、为政备边、人才刑赏、灾祥夷狄之事，此皆古昔圣帝明王之所已行，载诸经史，可以为训者也。故傅说告高宗有曰：学于古训乃有获。事不师古，以克永世，匪说攸闻。宜乎圣策有事贵乎师古，不稽诸古，无以为法于今之谕，此臣固有以知陛下之心，即古昔帝王之盛心矣。然而时异势殊，宜于古者或有不合于今，胶柱调瑟，刻舟求剑，在古人深以为戒。精一执中，因时制宜，虽圣知所不能违，宜乎圣策有施贵乎合宜，不宜于今，岂可徒泥诸古之训，此臣又有以知陛下之心，即权衡万化之盛心也。所谓大哉心乎，万化之原，万事之本者此也。陛下诚运是心以齐家治国诘兵养民，则家齐国治而兵备民安。诚运是心以制礼作乐敦行教化，则礼备乐和而化行俗美。以至制治保邦为政备边，非运是心不足以成其功。人才刑赏灾祥夷狄，非运是心不足以臻其效。然则天下之事，惟贵于得其要，不得其要，则事虽简，治以众人而不足，苟得其要，则事虽繁，运以一心而有余。此臣所为倦倦以运是心为陛下陈之也。陛下之策臣者，臣既以此陈之，而于终篇窃有献焉，何也？天地无心而成化，圣人有心而无为。天地无心而覆载万物无遗者，以其至诚无息所致也。圣人有心而酬酢万化无失者，以其纯亦不已所使也。臣愿陛下体天地之无息，运酬酢之盛心，始终惟一，宵旰无间，则远追配乎二帝三王，近光昭乎祖宗列圣无难矣。臣学不足以明先圣之道，才不足以适当今之宜，刍荛之言，上尘圣览，伏惟陛下少垂采纳，则国家幸甚，天下幸甚。臣不胜悚惧之至。臣谨对。"

榜眼徐溥对策全文如下： "臣对：臣闻圣人之治本于道，圣人之道本于心。盖心者万化之原，万事之本也。尧舜以是心而帝天下，三王以是心而王天下，惟其道本于心，故圣人之道备，惟其治本于道，故圣人之治隆。故凡欲求圣人之治者，不可不求其道，欲求圣人之道者，不可不求其心。董仲舒所谓正心以正朝廷，正朝廷以正百官，正百官以正万民，正万民以正四方，即此意也。钦惟皇帝陛下，聪明睿知，足以有临，圣神文武，自强不息，绍祖德而诞膺天命，应人心而中兴邦家，勤励以亲万几，惇慎以弘万化，纯孝之德播闻于宇宙之间，仁厚之泽渐被于覆帱之下。然犹虑负荷之艰，而欲究弛张之善，乃进臣等于廷，降赐清问，臣有以知陛下是心，即尧舜稽于众好察迩言之心，汤文用人惟己望道未见之盛心也，其复隆古之至治，而开万世之太平，端在于此。顾臣愚昧，何足以奉大对，然敢不精白一心，以对扬陛下之明命乎？请因圣问所及而条陈之。窃以家者一国之所视效，国者天下之所取法，而兵民又所以卫民生而固邦本者也。陛下于齐家治国之道，练兵安民之方，皆已行之有其效矣，兹犹欲闻至计何先，切望何最，臣愿陛下正心以为家国兵民之本，而祖述唐虞三代之迹，正伦理笃恩义如尧之亲睦九族，道以德齐以礼如尧之平章百姓，则九族既睦，百姓昭明，而家可齐国可治矣。修车马备器械而时其简教，如成周之治兵大阅有定制，制田里薄赋敛以给其衣食，如成周之分田制赋有常法，则兵农相资，守养相益，而用可利生可厚矣。若夫安上治民，莫善于农，移风易俗，莫善于乐，而教化又所以复民性而正民德者也。陛下于制礼作乐之

678

方，敷教弘化之道，皆已行之有其验矣，兹犹欲闻损益所宜隆替所系，臣愿陛下正心以为礼乐教化之原，而宪章于唐虞三代之制，典礼者如伯夷之夙夜惟寅，直哉惟清，典乐者如后夔之八音克谐，无相夺伦，则损益适中，而礼备乐和矣。惇典庸礼，敬敷五教，如唐虞之教民者以教其民，弘敷五典，式和民则，如成周之化民者以化其民，则教化兴行，而有隆无替矣。治者乱所倚也，虽当治定功成之日，苟或顷刻敬畏之不存，则乱亡由是而至。必如《书》之予临兆民，凛乎若朽索之驭六马，然后未乱之治可制。臣愿陛下心唐虞三代制治之心，兢兢焉戒敕天命而无时少怠，无微少忽，则皇图可保，如磐石之固矣。安者危所伏也，虽当民康物阜之时，苟或毫发几微之不察，则危殆由此而生。必如周之文王，民已安矣，而视之犹若有伤，然后未危之邦可保。臣愿陛下心唐虞三代保邦之心，业业焉儆戒无虞，而罔游于逸，罔淫于乐，则宗社可保，如泰山之安矣。《书》曰：平康正直，强弗友刚克，燮友柔克。沉潜刚克，高明柔克。《诗》曰：不刚不柔，敷政优优。圣人抚世酬物因时制宜之良法也。陛下诚如《诗》、《书》所称，宽猛相制，刚柔相济，则阳以舒之，阴以敛之，执其两端，而能用其中于民矣。《书》曰：五百里绥服，三百里揆文教，二百里奋武卫。文以治内，武以治外。《诗》曰：薄伐猃狁，城彼朔方。圣人安夏攘夷，慎固边疆之要道也。陛下诚如《诗》、《书》所载，内修文德，外严武备，使顿兵以守，务耕以食，高城坚垒，而能却其侮于外矣。君子用则进其国于昌明，小人用则降其国于幽暗。人才贤否之由，诚不可不知也。陛下屡诏中外进贤退不肖矣，兹犹欲闻贤否之由，臣愿陛下正心以为举错之公，贤者必进，而不肖者必退，如孔子所谓举直错诸枉，则奔竞之途塞，九德咸事，野无遗贤矣。赏必施于君子，而后民劝，刑必加于小人，而后民威。刑赏缓急之可，诚不可不审也。陛下申敕诸司，严爵赏刑罚矣，兹犹欲闻缓急之宜，臣愿陛下正心以为劝惩之本，有罪者必刑，有德者必赏，如《虞书》所谓黜幽而陟明，则侥幸之心沮，百工惟时，庶绩咸熙矣。人事有得失，而灾祥不能无徵应也。陛下诚省身修德敬天勤民于上，群臣咸尽忠竭力奉法修职于下，则雨旸顺而百谷登，祸乱销而千灾殄矣。时政有治忽，夷狄不能无窥伺也。陛下诚贱货贵德爱民好士为之本，诸侯咸抒诚宣威练兵鼓勇为之用，则信义立而强梗化，夷狄宾而蛮戎服矣。凡此数者，何莫而非本于陛下一心之运用乎！夫心固为致治之本，而古又为致治之法。傅说所谓：事不师古，以克永世，匪说攸闻。孟子所谓：为高必因丘陵，为下必因川泽，为政必因先王之道是也。若使徒稽诸古而不以施于事，则为徒善不足以为政，徒泥诸古而有不宜于今，则为徒法不能以自行。故必益之损之，与时宜之，如《中庸》所谓时措之宜，乃可也。陛下之策臣者，既略陈之矣，臣于终篇窃有献焉。臣惟天地之所以能成岁功者，以其常运之不已也。帝王之所以能成治功者，以其常德之（下缺一行）德配天地，明同日月，诚又存持久之心，秉有常之德，则何所往而不宜哉！《书》曰：常厥德，保厥位。将见四三王而六五帝，参天地而赞化育，历数衍亿万斯年之久，声名施中国蛮貊之遥，皆在于此，尚何负荷之艰之足虑哉！臣荷蒙教育之恩，来应宾兴之诏，学不足以博古，识不足以通今，误辱九重之清问，献以一得之愚思，干冒天聪，不胜怖惧。臣谨对。"（按，徐溥《谦斋文录》卷一收其殿试策全文。）

　　探花徐镛对策全文如下："臣对：臣闻天下之本在于一人，人君之本在于一心。圣人不以天下视天下，而以一心域天下。以天下视天下，则天下至大而无外。以一心域天下，则天下虽大而可容。故三皇以道治天下者，此心也。五帝以德化天下者，此心也。三王以功率天下者，庸有出于此心之外哉？由是而知家国之至计，兵民之切望，在乎此心之运行。礼乐之损益，教化之隆替，在乎此心之存否。心乎惟几惟康，则致治保邦，其方术谟谋之良且远可得。心乎随时制宜，则为政备边，其宽猛筹策所尚所长可求。以至人才贤否之由，刑赏缓急之当，灾祥感召之机，夷狄向背之故，何莫不自人君一心中来耶？大哉心乎！其为人君天下之所倚赖者乎！钦惟皇帝陛下，聪明睿知，刚健齐庄，体帝王致治之要道，法祖宗赞化之宏规，治已至而恒若未至，化已隆而恒若未隆。乃进臣等于君，降赐清问，臣虽草茅微陋，敢不稽首顿首，以对扬圣天子之休命乎！臣观陛下天性聪明，嗣祖宗之大业，尽君道之难矣，而犹顾惟负荷之艰，行帝王之大事，得执中之道矣，犹谓莫究弛张之善，乃虚心于宵旰，冀资弼于忠良。臣有以知陛下不自满假之心，真可以四三王而六五帝，不屑小康之意，真可以光先烈而垂后昆。国家幸甚！天下幸甚！臣闻闺门之内，万化出焉，朝廷之上，四方效焉。国以民为本，民以兵为卫，诚如圣策所谓：天下之本，莫有外于家国兵民者也。陛下内尽亲亲之道，外施平章之化，家齐而国治矣，犹欲闻其至计何先。被坚执锐者闲于御卫，出作入息者安于教养，兵备而民安矣，犹欲闻其切望何最。诚以亲睦九族，平章百姓，惇叙九族，庶明励翼，尧舜之齐家治国也，而孰知其本于克明俊德，身修思永，曰明德，曰思永，非尧舜家国之至计所当先乎？臣愿陛下推是心以修身齐家，家齐而国治矣。比其什伍，时其简教，成周之治兵也，而实本于共武之服者之有严有翼。契敷五教，稷播百谷，唐虞之理民也，而实本于临下御众者之以简以宽。曰严翼，曰简宽，非虞周兵民之切望为独最乎？臣愿陛下推是心以诘兵养民，则兵备而民安矣。礼非止于仪章度数，而实本于心之敬。乐非止于五音六律，而实本于心之和。必资躬行心得之余，斯致化行俗美之效。诚如圣策所谓：君心之发，莫有著于礼乐教化者也。陛下治定制礼，功成作乐，礼乐固已明备矣，犹欲闻其损益何宜。教立于上，化行于下，教化固已美盛矣，犹欲闻其隆替何系。臣闻上衣下裳之有制，大章大韶之有作，尧舜之礼乐也。原其制作之本，则在命伯夷之寅清，命后夔之直温。曰寅清，曰直温，尧舜不外乎此心也。臣愿陛下以是心为制作之本，益之损之，与时宜之，参以倪宽所谓总条贯，金声玉振，则损益得其宜矣。江沱从化，汝坟遵教，文王之教化也，而实本于缉熙敬止。华夏率俾，丕单称德，武王之教化也，而实原于建用皇极。曰敬止，曰建极，文武不外乎此心也。臣愿陛下以是心端教化之本，表正万邦，建中于民，参以董子所谓正朝廷以正百官，正百官以正万民，则教化为益隆矣。儆戒无虞者，尧舜制治于未乱也，儆戒非出于是心乎？臣愿陛下心尧舜儆戒之心，事事务防微，念念在杜渐，则致治方术之良在此矣。兢业万几者，尧舜保邦于未危也，兢业非出于此心乎？臣愿陛下心尧舜兢业之心，图难于其易，为大于其细，则保邦谟谋之远在是矣。《诗》曰：不刚不柔，敷政优优。古人为政之道，未尝偏于宽且猛也。臣愿陛下精一执中，宽不流于姑息，猛不过于苛暴，刚柔相济，操纵相益，则为政得其宜矣。《书》曰：二百里奋武卫。古人备边之策，未尝有外于用武也。臣愿陛下选将以运谋，练兵以奋武，且耕且守，来则拒之，往则勿追，则备边有其策矣。人才国家之利器也。贤能固非爵禄可诱，然足以为劝。不肖固非刑罚可威，然足以示惩。其要在乎君心之用舍何如也。臣愿陛下秉一心之公，极用舍之当，如《书》所谓任贤勿贰，去邪无疑，则贤者进不肖者退，人才何有于不贤乎？刑赏人君之大柄也。急于刑而缓于赏，则君子无所劝，急于赏而缓于刑，则小人无所惩。其要在乎君心之好尚何如也。臣愿陛下执两端之中，酌可否之当，如《诗》所谓不僭不滥，不敢怠遑，则善者劝，不肖者惩，刑赏何有于不可乎！《中庸》曰：致中和，天地位焉，万物育焉。是灾祥感召之速，不外乎此心也。陛下诚能戒惧谨独，以极中和之德，则气和形和，而天地之和应矣，将见三光全而寒暑平，五谷熟而人民育，至治之征，嘉祥之应，不期而自至矣。《书》曰：儆戒无虞，无怠无荒，四夷来王。是夷狄向背之故，不出乎此心也。陛下诚能谨德贱货，以尽来远之道，则近说远来，而威德誉扬矣，将见四夷咸宾，八蛮通道，自西自东，自南自北，无思不服，莫敢不来王，莫敢不来享矣。夫事必贵于师古，《书》所谓事不师古，以克永世，匪说攸闻是也。而施必贵于合宜，《易》所谓通其变使民不倦，神而化之使民宜之，是也。稽诸古而必可为法于今，宜于今而不至徒泥诸古，则在陛下一心之运用耳。陛下之策臣者，臣既略陈之矣，然于终篇愿有献焉。臣闻《易》曰：圣人久于其道，而天下化成。《书》曰：常厥德，保厥位。《中庸》曰：至诚无息，不息则久，久则征，征则悠远，悠远则博厚，博厚则高明。是知人主一心，贵于有常。天地常其覆载，故能生万物而不息，日月常其照临，故能运万古而不已。陛下中天地而立，并日月而明，诚体其有常之德，纯亦不已，至诚无息，则博厚配地，高明配天，悠久无疆，而雍熙泰和之治，将亿万斯年有隆而无替矣。臣干冒天威，不胜战栗。臣谨对。"

二甲进士牛纶，《登科录》书其叔牛玉为司礼监左监臣。沈德符《万历野获编》卷十五《内官子弟登第》："景泰五年甲戌科，二甲进士牛纶，顺天涿州人，《登科录》书其叔玉为司礼监左监丞。按：玉横于天顺之末、成化之初，李文达曾面辱之，至今有《学士醉归图》传世。其在景泰时，何以遂登之录，且书叔亦非故事，时高文义、于忠愍俱称正人，为读卷官，何以置不问也？若正统十三年戊辰科二甲进士李泰，顺天香河县人，《登科录》书父永昌，见任司礼太监，此必生泰后始自宫入掖庭，然不书母吴氏，而书其祖母王氏，则又非典制矣。又如景泰二年辛未科二甲进士成凯，陕西西安耀州人，书父敬前翰林院庶吉士，时敬久从馆中出为晋府王官，坐法腐刑，寻从景帝潜藩入绍，已升御马监太监而不书，仅书前衔，最为得体。且并书母孙氏，称具庆下。则二太监俱见其子成进士，亦幸事矣。李泰第后，选庶吉士，授编修，官至詹事。牛纶亦选庶常，授编修，官至太常少卿。惟成凯因病不得赴馆选，而父敬为景帝所眷宠，特授凯吏科都给事中，寻卒，又二年而敬始殁。弘治三年庚戌科二甲进士张定，为太监张敏嫡侄，敏即在宪宗朝保护英宗者，定为福建同安县人。英宗北狩不返，徐珵辈议南迁，于谦等争之不能得，赖永昌力诤于太后而止，则永昌亦贤珰也。李泰后乞封，云伯父启昌，立以为嗣，法不得封本生父母，请封其祖父母，诏允之。或疑其托辞，非实也。"

命杨昱为中书舍人。少师杨士奇孙，先以乞恩写诰，至是三年，故有是命。（据《馆阁漫录》卷三《景泰五年》）

陈政（1418—1476）中本科进士。官至云南按察副使。曾为御史，督北直隶学校。张瑄《西园闻见录》卷四十五《提学·往行》："陈政，字宣之，番禺人。景泰甲戌进士，改庶吉士，历官副使。尝为御史，督北直隶学校，立教条十五事，设簿书以稽学者勤惰，随其资质高下而成就之，大都以德行为本，文艺为末，未尝轻易弃人，故学者咸怀其德。阅九载，郡邑诸生文章奏保，特升山东按察司副使，提督学校如故，盖前此所未有也。先是，积岁粮饷不敷，庠序廪米折半支钞，奏言京师首善之地，以培养人才为先，不宜吝惜小费，诏复旧典，士益激昂。久之太常卿员缺，吏部侍郎尹旻召饮，指案间犀带示意，政对腰金尚愧非据，敢溢涯分乎！旻遽曰：'君言是也。'遂不果用。"

何乔新登进士第。蔡清《椒邱先生传》："景泰庚午，赴江西乡试。时姑苏韩公雍巡按江右，欲私见之，先生辞不往。及入试，主司天台章先生阅得其文，擢置第一。监察御史周君孔明以东园方典铨衡，惧招物议，乃移置第六。明年会试礼部，名在甲榜。翰林学士江先生渊亦避嫌，移置乙榜，例授教职，辞不受。及东园致仕，乃登进士第。"

张宁举进士，与梦兆符。《方洲集》卷二十六《杂言》："正统丁卯，予年二十二，初赴乡举。中场之日，老父于中庭得桂一枝，葩叶新茂，不知所从来，因置瓶，沃以水，祝曰：'倘吾子获荐，花其发荣。'淹宿盛开，香气满室。是年八月二十四日揭晓。先一夕，先母孺人梦一老叟自外入中庭，持笔如椽，蘸毫沃水缸，书'孙'字于挹清楼外粉墙，字崇广专堵。母自捧泥，依字画堕圬之。翌日，报书至。后学士吕逢原尝作《瑞应记》。自是两试春官，皆下第。辛未二月，入场之夕，沐浴焚香，再拜祷于都城隍之神，曰：'宁亲老家贫，千里弃养以求尺寸之进，今两举矣。如功名可期，神赐显梦。如命分浅薄，神幸昭示。宁当领教一方，不复有意于进士矣。'祷毕，局促就寝，夜半梦登海盐县障海石塘，前亘大山，一老叟指谓余曰：'此昆仑山也。'凡三指三语，方欲诘问，忽惊悟遽起，呼家童索烛，取《禹贡》'织皮昆仑'研省绅绎，因不复寐。亟趋试院，与支中夫遇于道，共相劳苦，叹进取未遂。余曰：'中夫今日看《书经》题，若有"昆仑"字，是余佳候也。'中夫固问所以，遂以梦语之，中夫笑曰：'人尝言痴人信梦，靖之良是焉。'及得题，果'织皮昆仑'。是年《书经》举人多为所窘，桐乡杨给事青，席舍相近，走予所，疾言曰：'六题皆得旨，惟《禹贡》一题不能通洽。'因为开陈意义，详述注疏。是年青登第，名在第七，录其文一篇。余竟下第。甲戌二月初三日，予方抵京，匆促侨寓，不暇检阅旧业，自分此行又成画饼。初五日夜，梦前状元柯孟时过舍，以梅花见遗，方受花，柯曰：'足下今年状元耶！'予方谦让问答间，忽雷电交作，予素畏雷，正惊怖，顷有霹雳声击同座一人仆，遂寤。是年，予幸登榜，名亦在第七……况先母梦兆于七年之前，已有'孙'字之应。予为孙贤榜下士，盖数定也。又遗梅雷震之事，先后同符，不足多讶。"

减国子生额。《明鉴纲目》卷三："纲：三月，减国子生额。目：生监二千余人，俱仰给官廪。以户部侍郎孟鉴言，留年深者千余人，余放归。"

以官本《五经》、《四书》赐举人孔公锡。《明英宗实录》卷二百三十九：景泰五年三月，"己未，以官本《五经》、《四书》赐举人孔公锡。公锡，宣圣五十八世孙也，时颁赐经书于近臣，公锡亦以为请，故特赐之。"

四月

命今年取中进士俱留以备选用。《明英宗实录》卷二百四十：景泰五年夏四月，"戊子，大理寺卿薛瑄奏：'今年取中进士三百五十名，其第一甲三名俱已除授，余乞放回依亲读书，俟有员缺，以次取用，庶免俸廪之费。'帝曰：'科举正要用人。既取中，又放回，不若不取。俱留以备选用。'"

许尹诚等十二名冒籍者回原籍参加乡试。《明英宗实录》卷二百四十：景泰五年夏四月癸卯，"先是，礼部祠祭司主事周骙奏：'顺天府中式举人尹诚等十二人冒籍下锦衣卫狱鞫罪，终身不录用。'至是，礼科都给事中张轼等言：'立法不可以不严，待人不可以不恕，贵乎张弛得宜，而轻重适均也。窃详此等冒籍之人，其间固多避难就易，欲希侥幸，然亦有因地里遥远，盘费弗给，而不能回者，有因从亲在外生长，不识乡里而难以回者，是以冒籍乡试，以图出身，冀得升斗之禄，以为养亲之需。其初心不过如斯。究其所犯亦非甚重。今既问罪，而不容会试，固为当矣。若终身不许录用，则将终为罹罪之人，竟无自新之路，待人无乃未恕乎？乞敕礼部通查此等冒籍之人，已经问发者，给引照回原籍，如遇开科乡试，仍许本地入场。如此则犯小过者得以自新，负才艺者不终至于沮抑矣。'从之"。按，十二名冒籍者中，罗崇岳为江西庐陵人，后复中景泰七年丙子科江西乡试，登天顺元年丁丑科进士；汪谐为浙江仁和人，后复中景泰七年丙子科浙江乡试，登天顺四年庚辰科进士，改庶吉士。

进士程景云、陈琳、康麟、黄谨、王朝远、高宗本、史瓘、徐毅、徐宗、熊俊、李益、王春、胡德盛、曾清为南京试监察御史。（据《国榷》卷三十一）

敕少保兼太子太傅、工部尚书、东阁大学士高谷祭告凤阳祖陵皇陵孝陵，为民祈福。（据《国榷》卷三十一）

五月

升吏部右侍郎兼詹事府少詹事项文曜为本部左侍郎，李贤为吏部右侍郎。（据《馆阁漫录》卷三《景泰五年》）

进士王仪为山东道监察御史。（据《国榷》卷三十一）

六月

邢宽卒。《馆阁漫录》卷三《景泰五年》："六月辛巳朔。辛丑，南京翰林院侍讲学士邢宽卒。宽字用大，直隶无为州人。自少颖敏，力学不辍。永乐甲辰廷试，初以孙曰恭惟第一，太宗皇帝以曰恭一暴字耳，及邢宽二字，喜，遂擢为第一，授翰林院修撰。《仁宗实录》成，升侍讲。正统戊午，复修《宣宗实录》成，赐金织文绮，升从五品俸。己未，同考会试，寻引疾家居，上言民情十余事。丙寅，召至京，复命任事。丁卯，考顺天府乡试。景泰壬申，升南京翰林院侍讲学士，署南京国子监事。至是卒，遣官谕祭。宽居家孝友，与人交终始不渝，且处心坦夷，于物无所忤。以足疾不良于行，故不得久于内朝云。"

升太子太保兼吏部尚书、翰林院学士王文为少保、吏部尚书兼东阁大学士，仍于内阁参预机务。（据《馆阁漫录》卷三《景泰五年》）

进士唐泰为吏部稽勋主事。（据《国榷》卷三十一）

七月

命少保兼太子太傅、户部尚书陈循等率其属，纂修天下地理志。礼部奏遣进士王重等二十九员，分行各布政司并南北直隶府州县，采录事迹。（据《馆阁漫录》卷三《景泰五年》）据《明英宗实录》卷三百三十五，陈循、萧镃为总裁。《重编琼台稿》卷二十《金侍郎传》云："公讳绅，字缙卿……登进士第，选入翰林为庶吉士，会诏修天下地志，公充纂修官。书成，赐名《寰宇通志》。"《重编琼台稿》卷十九《愿丰轩记》云："予少有志用世，于凡天下户口、边塞兵马、盐铁之事，无不究诸心意，谓一旦出而见售于时，随所任使，庶几有以藉手致用。及登进士第，选读书中秘，即预修《寰宇通志》，又于天下地理远近、山川险易、物产登耗、赋税多少、风俗媺恶，一一得以寓目焉。"

兵部尚书仪铭卒。《馆阁漫录》卷三《景泰五年》，七月丙寅，"太子太保兼兵部尚书仪铭卒。铭字子新，山东高密县人，前礼部侍郎、谥文简智之子。以父荫授给事中，升翰林院修撰。《宣宗实录》成，升侍讲。正统五年，升郕府左长史，持正不阿，有承奉抗王，铭即日劾奏，朝廷责承奉而挞之。景泰初，以藩邸旧恩，升礼部左侍郎。明年，升南京礼部尚书。景泰三年召还，升太子太保兼兵部尚书，仍兼掌詹事府事。尝因灾异言弭之之方，在敬天法祖，用贤纳谏，省刑薄敛，节用爱人，遂录《皇明祖训》并进，以致警发之心，深见奖纳。至是以疾卒，遣官谕祭，赙钞万缗，赠特进光禄大大、左柱国、太师，谥忠襄，命有司治葬事，录其子海为锦衣百户"。

旌昌黎训导洛阳阎禹锡孝行。（据《国榷》卷三十一）

八月

丁亥，释奠先师孔子，遣学士商辂行礼。戊子，升翰林院检讨、掌国子监助教事李洪为南京鸿胪寺右寺丞，以九载任满也。庚子，命南京翰林院检讨王稽署本院事。稽少傅直子也，先以检讨掌国子监丞事，至是本院缺官，故命稽署事。（据《馆阁漫录》卷三《景泰五年》）

始考勋戚家塾儒士。（据《国榷》卷三十一）

九月

升翰林院侍讲兼左春坊左中允杨鼎为户部右侍郎。（据《馆阁漫录》卷三《景泰五年》）

十月

丘恩等年老监生，乞依愿出仕律，量授一职。从之。《明英宗实录》卷二百四十六：景泰五年冬十月，"乙未，国子监生丘恩等二十一人，奏年俱五十以上，坐监年深，若候次用，愈加年迈，不能办事，虚费作养，乞依愿出仕例，量授一职，以图补报。从之"。

进士胡荣、王铉、张宁、崔忠、胡福、钱俊、张浩俱为给事中。（据《国榷》卷三十一）

十二月

十二月丁丑朔。庚辰，调内阁书办太常寺少卿王谦、陈学于南京太常寺，礼部仪制司郎中蒋宏、吏部稽勋司员外郎王琼于南京刑部，大理寺左寺副刘良、中书舍人何琼、金铭俱出理本职事。谦等隶内阁书办，日久狎玩，往往窥伺事机，售恩纳贿，及冒署直文渊阁知制诰职衔，以愚瞀外人，大学士王文等觉其弊，故奏请调之。（据《馆阁漫录》卷三《景泰五年》）

都给事中林聪被贬为国子监学正。《国榷》卷三十一："景泰五年十二月乙巳，吏科都给事中林聪数胁制吏部，为御史黄溥等所劾，下狱论死。宥之，降国子监学正。"《明鉴纲目》卷三："纲：十二月，贬都给事中林聪为国子监学正。目：聪遇事敢言，为执政大臣所疾，王文尤恶之。会聪甥陈和为教官，欲得近地便养，文嗾御史黄溥劾聪，下廷讯。坐专擅选法，当斩。胡濙不肯署，称疾不朝者数日。帝遣兴安问疾，濙曰：'老臣本无疾，前日议事惊悸，至今不宁耳。'安问何为，曰：'谏官有小罪，而欲

685

杀之，所以悸也.'安人告。高谷亦力言之，聪遂得释，贬国子监学正。"

杨一清（1454—1530）生。一清字应宁，云南安宁州人。成化壬辰进士，授中书舍人，升山西提学佥事，迁陕西副使。召为太常卿，拜左副都御史，巡抚陕西。历户部尚书，入直内阁，进少师兼太子太师、吏部尚书、华盖殿大学士。卒，赠太保，谥文襄。有《石淙稿》、《关中奏议》。《国朝献征录》卷十五《文襄杨公一清行状》："父讳景中，永乐癸卯乡试，初判霸州，改澧州，迁广东化州同知。景泰甲戌十二月初六日生公于化州……公甫八九岁，颖悟绝伦，经书一览不忘，文义一经指授，即能成章。时岳州同知胡公升大奇之，荐于湖藩当道，遂以奇童荐入翰林，读中秘书。宪庙命内阁选师教之，受业于黎文僖公。"

冬

胡居仁从吴与弼学。《胡文敬集》卷一《奉于先生》："甲戌冬，将《小学》习读，略有所感。于是往受教于临川吴先生之门，乃知古昔圣贤之学以存心穷理为要，躬行实践为本，故德益进，身益修，治平之道，固已有诸己。是以进而行之，足以致君泽民，退而明道，亦可以传于后世，岂记诵词章、智谋功利之可同日语哉？某自知昏昧，不足以与于此，然亦不安于自弃而为下民之归，是以不胜戒惧，力将《诗》、《书》、《易》、《礼》勉强玩索，而日用事亲接物之间，亦不敢不尽力于所当为。深恨不获面会以求质正。今岁因家尊久疾，不敢远游，故在鸦山习学，拟来岁复游吴先生之门。但不肖之质，不知终能有所进否？"

本年

凡监生有不安分，投托势要，妄求进用者，命从实治罪。黄佐《南雍志》卷三《事纪》："正统五年甲午，行在礼部言：'监生有妄求历事出身，苟图办事安逸，请托不行，则诣行在通政司告诉或至奏扰者。谨按洪武十五年五月敕旨，辱师长及生事告讦者，犯人杖一百，发云南地面充军，已榜示矣。今乃怀奸肆恶，徇私利己以图幸进，不特废弛学规，抑且有玷名教，请痛惩之。'于是，上命凡监生有不安分，投托势要，妄求进用者，从实治罪，一如旧制。"

陈献章始从吴与弼学。《陈白沙集》卷二《复赵提学佥宪》："仆才不逮人，年二十七，始发愤从吴聘君学。其于古圣贤垂训之书，盖无所不讲，然未知入处。比归白沙，杜门不出，专求所以用力之方，既无师友指引，惟日靠书册寻之。忘寝忘食，如是者亦累年，而卒未得焉。所谓未得，谓吾此心与此理未有凑泊吻合处也。于是舍彼之繁，求吾之约，惟在静坐。久之，然后见吾此心之体，隐然呈露，常若有物，日用间种种应酬，随吾所欲，如马之御衔勒也。体认物理，稽诸圣训，各有头绪来历，如水之有源委也。于是涣然自信，曰：'作圣之功，其在兹乎？'有学于仆者，辄教之静坐。盖以吾所经历、粗有实效者告之，非务为高虚以误人也。执事知我过胡先生而独不察此，仆是以尽言之，希少留意。余不屑屑。"阮榕龄《编次陈白沙先生年谱》卷一："景泰五年甲戌，先生年二十七岁。"张诩《白沙先生行状》："闻江右吴聘君康斋先生讲伊洛之学于临川之上，遂弃其学从之游，时年二十有七也。康斋性严毅，来学者不与语，先令治田，独待先生有异，朝夕与之讲究。"

明代宗景泰六年乙亥（公元 1455 年）

正月

改工部尚书石璞为兵部，以学士江渊为工部尚书。《馆阁漫录》卷三《景泰六年》："正月丁未朔。庚戌，调太子太保、工部尚书石璞为太子太保兼兵部尚书，协理兵部事；太子少师、吏部左侍郎、翰林院学士江渊为太子少师兼工部尚书，视部事。"

二月

二月丁丑朔，释奠先师孔子，遣少保兼太子太傅、户部尚书、文渊阁大学士陈循行礼。（据《馆阁漫录》卷三《景泰六年》）

始除进士知州。（据《国榷》卷三十一）

三月

始令吏部以经学试怀才抱德之士，旧试翰林院，止论檄。至是以阁臣言。（据《国榷》卷三十一）

国子监生仪泰为礼科给事中。仪铭子。（据《国榷》卷三十一）

四月

命诸生修贽学官毋概论赃。（据《国榷》卷三十一）

进士樊冕、鲁崇志、何珨为吏科给事中，蒋敏为兵科给事中。（据《国榷》卷三十一）

六月

以朱熹九世孙朱挺为翰林院五经博士，世袭。（据《馆阁漫录》卷三《景泰六年》）《明鉴纲目》卷三："纲：六月，以宋儒朱子九世孙挺，为翰林院五经博士，世袭。目：寻复以宋儒程颐后克仁，周敦颐十二代孙冕，俱世袭为五经博士。"

庚子，命故文渊阁大学士胡广孙胡观入国子监读书，以观奏请也。（据《馆阁漫录》卷三《景泰六年》）

右春坊右庶子兼翰林院侍讲赵恢予告。（据《国榷》卷三十一）

左春坊左司直郎兼翰林院编修李泰，以嗣太监永昌，乞移赠故祖。从之。（据《国榷》卷三十一）

七月

徐有贞治理沙湾决口有成。《明鉴纲目》卷三："纲：秋七月，徐有贞治沙湾决口成。目：有贞至张秋（镇名，在山东东阿县西南，运河所经，与寿张、阳谷二县接界），上治河三策。一、置水门。（略言，水性可使通流，不可使堙塞，故汉武堙瓠子，终弗成功，汉明疏汴河，逾年著绩。古言治水者甚众，独乐浪王景，所述制水门之法可取。今请依景法，损益其间，置闸门于水，而实其底，令高常水五尺，小则拘之以济运，大则疏之使赴海，则有通流之利，无堙塞之患矣。）一、开支河。（略言，凡水势大者宜分，小者宜合，分以去其害，合以取其利。今黄河势取其利。请度黄河可分之地，开河一道，使水大不至泛溢为害，小亦不至干浅以阻漕运。）一、浚运河。议既定，督漕都御史王竑，以漕渠淤浅滞运，请急塞决口，帝敕有贞，如竑言。有贞守便宜，言临清河浅旧矣，非因决口未塞也，漕臣但知塞决口为急，不知秋冬虽塞，来春必复决，徒劳无益，臣不敢邀近功。诏从其言。有贞乃治渠，起张秋金堤（注见前）之首，引而西南百里。（经濮阳泺博陵陂至寿张之沙河，及东西影塘，白岭湾、李崖凡五十里。由李崖而上，至竹口莲花池，抵大潴潭，又五十里。）逾范暨濮，又上而西北，经澶渊以接河沁，内倚古金堤以为固，外恃梁山泊以为泄。又置上下二闸以节宣之。凡河流之旁，出而不顺者，筑九堰以障之。堰各长万丈，崇三十有六尺，厚什之，栅木络竹，实之石而键以铁。凡五百五十余日，而工成，赐其渠名广济。由是河水不东冲沙湾，而北出济漕。乃浚漕渠，北至临清，南抵济宁，建闸于东昌者八，水道以平。先是有贞始兴工，有谓河决宜塞不宜疏者，帝遣中使即问，有贞出二壶而穿其一为五窍，注水其中，五窍者先涸。中使还报，乃决用其策。及工将竣，江渊请遣中官，偕文武大臣，督京军五万人往助役。有贞言京军一出，日费不赀，今泄口已合，决堤已坚，但用沿河民夫，自足集事。乃止。盖自沙湾之决垂十年，至有贞治之，而决口始塞。阿鄄曹濮间，田出沮洳者，百数十万顷，山东河患少息。然亦会黄河南趋徐吕，东流渐杀，故有贞得奏厥功云。（有贞初筑决口，下木石则皆若无者。有贞思数日，忽悟曰：'此下殆有龙窟邪？吾有以制之矣。'乃镕铁下之，不移时而决口塞。有贞事竣还，帝厚劳之，寻复命巡视漕河。明年秋，山东大水，河堤多坏，惟有贞所筑如故。有贞乃修旧堤决口，自临清至济宁，水患悉平。还朝，帝召见，奖劳有加，进左副都御史。）"

推举彭时、刘俨、吕原等，仿朱熹《通鉴纲目》例，编纂宋元部分。《馆阁漫录》卷三《景泰六年》："七月甲戌朔。乙亥，敕谕少保兼太子太傅、户部尚书、文渊阁大学士陈循，少保兼太子太傅、工部尚书、东阁大学士高谷，少保兼吏部尚书、东阁大学士王文，太子少师兼户部右侍郎、翰林院学士萧镃，兵部左侍郎、翰林院学士兼左春坊大学士商辂：'朕惟古昔帝王盛德大功，载诸典谟训诰誓命之文，春秋二百四十二年之事，著于孔子褒贬之书，足为鉴者，不可尚矣。自周威烈王至梁唐晋汉周五代事，书于朱文公《通鉴纲目》，亦天下后世之公论所在，不可泯也。朕尝三复有得于心，独宋元所纪，窃有歉焉。卿等其仿文公例编纂，上接《通鉴纲目》，共为一书，以备观览。一应编纂官属，仍推勤敏有学识者，具官职名以闻。其尚精审毋忽。'循等推举左春坊大学士兼翰林院侍读彭时，右春坊大学士兼翰林院侍讲刘俨，翰林院侍讲学士兼右春坊右中允吕原，翰林院侍讲学士兼左春坊左中允倪谦，司经局洗马兼翰林院修撰李绍，春坊赞善兼翰林院检讨钱溥，詹事府府丞李侃、李龄，顺天府治中刘实，兵部主事章陬，中书舍人兼正字刘钺，国子监博士陈淮，南京通政司参议丁澄，南京尚宝司司丞宋怀，南京刑部主事张和，南京工部主事刘昌，南京国子监学录萧士高，湖广蕲州知州金铣，浙江仁和县学教谕聂大年，俱堪任编纂。从之"。

监生俞诰为工科给事中。俞山子。（据《国榷》卷三十一）

杨鏕等奏请惩治陈情乞恩入国子监者，从之。《明英宗实录》卷二百五十六：景泰六年秋七月甲申，"礼科都给事中杨鏕等奏：'朝廷设置国子监，所以作养天下英才，以备任用，非特为缙绅之家膏粱子弟而设也。近年以来，有以祖父尝任在京官员，今势去财乏，无所容身，既无科举之才，又无岁贡之路，辄便陈情乞恩，送监读书。及至进监，义理之不知，句读之不明，坐堂未久，又复夤缘请托，写本历事受官，罔知稼穑之艰，政治之当务，卒以取败者，多矣。玷辱儒风，莫此为甚。乞敕所司，令有大臣，果有功德于民，出身特恩，遣其子弟入监者勿论，其余但有陈情乞恩入监者，治之以罪。如此，则人才有进用之实，国学无虚育之名。'从之"。

八月

八月甲辰朔。丁未，释奠先师孔子，遣太子少师兼户部侍郎、翰林院学士萧镃行礼。庚午，调南京掌太常寺礼部尚书章文掌詹事府事，时文任满至京，故有是命。（据《馆阁漫录》卷三《景泰六年》）

命诸进士为试监察御史。行人卢升，进士李曰良、吕益、宋有文、汪霖、龙晋、杨釜、丁慈、史兰、茂彪、张纲、伍骥、毛伦、刘充、吕洪、李志刚、王齐、郁文博、溥

镛，教谕袁纯、邹鼎，训导刘敬、盛忠、薛骥、陈勘、郭观、施谦，俱为试监察御史。（据《国榷》卷三十一）

九月

命东宫官考核如诸司职掌行。《馆阁漫录》卷三《景泰六年》："九月癸酉朔。丁酉，掌詹事府礼部尚书章文言：'诸司职掌内，东宫官从本衙门，以事迹备送吏部考核。景泰三年九月间，左春坊左庶子兼翰林院侍讲周旋等又奉圣谕，东宫官皆不必考。近本府主簿赵政等考满，吏部又移文本府及送河南道考核。且诸司职掌，实国家彝典，万世不可改易，况纶音在耳，未及再期，而吏部辄反复不常，难于遵守。'帝命如诸司职掌行。"

任命诸进士为试监察御史。进士李敏、江勋、唐彬、桂琛、李裕、张僖、叶淇、俞纪、白侃、张岐、樊英、康骥、李麟、陈贵，国子监学正刘濬，教谕尹淳，监生杨铭、滕昭、刘渊、赵璈、蔡浩、张珩，俱为试监察御史。（据《国榷》卷三十一）

宋程颐裔孙克仁为翰林院五经博士，世袭。（据《国榷》卷三十一）

十月

十月癸卯朔。庚申，国子监祭酒刘铉以母丧服阕至京，当复任，时两监开缺，奏乞裁处，命复职。丙寅，翰林院编修黄谏上《大明饶歌鼓吹》十四曲，以颂太祖、太宗圣德神功之盛，命送翰林院收之。（据《馆阁漫录》卷三《景泰六年》）

山东右布政使吴诚卒。南昌人，贡士。（据《国榷》卷三十一）

十一月

监察御史叶峦、张谏提督南京、北京学校。（据《国榷》卷三十一）

十二月

监生张铭为南京户部主事。以南京兵部尚书张纯为子乞恩也。（据《国榷》卷三十一）

进士江肜、张璇为给事中。（据《国榷》卷三十一）

本年

张诩（1455—1514）生。张惟骧《疑年录汇编》卷六："张东所六十诩，生景泰六年乙亥，卒正德九年甲戌。"黄宗羲《明儒学案》卷六："张诩字廷实，号东所，南海人，白沙弟子。"

奏准进士年三十以上，并历事听选监生、原系举人者，及考满在部教官该升者，通取赴吏部，考选试职，一年满日，仍从本院堂上官考察实授，不堪用者，送回吏部别用。（据万历《大明会典》卷二百九《都察院一·急缺选用（考授附）》）

明代宗景泰七年丙子（公元 1456 年）

二月

陕西布政司奏准建造贡院。（据《明英宗实录》卷二百六十三"景泰七年二月戊申"条）

癸卯，命国子监祭酒刘铉经筵讲书。丁未，释奠先师孔子，命学士商辂行礼。戊子，复除翰林院修撰兼右春坊右赞善岳正仍旧任，以丁忧服阕也。庚寅，命故诚意伯刘基七世孙禄为翰林院五经博士，仍还乡奉祀事，子孙世袭。（据《馆阁漫录》卷三《景泰七年》）

杭皇后去世，谥肃孝。《明鉴纲目》卷三："纲：丙子七年，春二月，皇后杭氏崩。（谥肃孝。）"

聂大年卒，年五十五。《抑庵文后集续》卷三十三《教谕聂大年墓志铭》："景泰六年秋，朝廷有史事，征诸翰林将用之，而大年以疾告退就医药。凡与善者，数往来问候，冀速愈。而势日危殆，大年知不能起，呼子章取纸笔，书曰：'吾上负朝廷之恩，下负平生之志。尔兄弟尚勉学为士人。'掷笔而逝，盖景泰丙子二月二日也。观其所书如此，则其抱负可知矣。"《七修类稿》卷三十四《述怀词》："成化间，仁和教谕聂大年，以诗书名世。人来乞书，多以东坡《行香子》、马晋《满庭芳》应之，二词一言不必深求问学，一言仕宦亦劳，皆不如隐逸之乐也。后聂召至京，修史而死，贫不能殓，似若预为己言者然。"

三月

给事中陈谔等请考选岁贡生员充任教职，从之。《明英宗实录》卷二百六十四：景泰七年三月甲申，"礼科右给事中陈谔等奏：'前者吏科给事中李赞等以天下卫府州县学校官一员，有缺一二员者，有缺三四员者，甚至全缺，或委阴阳医学掌署印信，或委典史生员代领学事。奏乞取南北二京国子监坐堂依亲监生、副榜下第举人，各衙门历事办事、吏部听选监生，愿就教职者，除副榜举人不考外，其余俱送翰林院考试，取中式选用，已有旨准之矣。然臣等见前者监生二百余人，考中仅四十余人，其余未考者大约不过二三百人，如前考中亦不过百有余人而已，不足补教官见缺之数。其天下岁贡取中生员，亦多有堪任教职者，乞亦令考试选用。'从之"。

任命进士焦显等为试监察御史。 进士焦显、周琦、赵敬、戴珙、田景旸、阎萧、杨瑄、周一清、孙珂，教谕苏燮，监生郭文为试监察御史。进士董琳、颜正、林杰、毕亨、郑安，训导葛渊，监生朱毅为南京试监察御史。（据《国榷》卷三十一）

故诚意伯刘基七世孙禄为翰林院五经博士，世袭。（据《国榷》卷三十一）

五月

命提调学校御史等官，会同有司正官并教官考补廪膳生员。《明英宗实录》卷二百六十六：景泰七年五月癸酉，"礼科给事中周监言：'近者各处乡试中式举人，增广居多。此等增广，非无廪膳之缺可补，盖因教官贪利无耻，悉为钻刺贿赂者所夺，而廪禄不得及于学有成效之人故也。计今年乡试所取额数外，仍有堪中文字，宜令巡按御史与布按二司监试等官，会同考官，公同开拆，增广堪中者，就令补其已中试廪膳之缺。如无廪膳中式，令其代补岁贡之缺。及有儒士堪中，愿入学者，准其入学。如此，庶可以消积弊，清科贡。'礼部言：'若将考补廪膳就于乡试场内兼理，诚恐不暇。宜再行提调学校御史等官，会同有司正官并教官考补。'从之"。

以《寰宇通志》成，陈循、高谷等升、赐有差。命庶吉士丘浚、彭华、牛纶、尹直俱为编修，耿裕、何琼、宁珍、金绅、黄甄、夏时俱为给事中，刘釪、孟勋、吴祯、严泾、陈政、冯定、王宽俱为监察御史。《明英宗实录》卷二百六十六"景泰七年五月乙亥（初七）"："少保太子太傅、户部尚书、文渊阁大学士陈循等官，进《寰宇通志》，赐白金、彩币有差。御制《寰宇通志序》，文曰：昔孟轲氏之意以谓，天之高也，星辰之远也，苟求其已然之迹，则其运有常，虽千岁之久，其日至之度可坐而致。朕亦以谓，地之大也，山川之邈也，苟求其已然之迹，则其理有定，虽万邦之广，其事物之实可坐而得。故古之人，求博于其约，求难于其易，务简以尽烦，务迩以尽远，率由是也。嗟乎！深居九五而欲究古今兴替之悉，自非大有所从事焉，则虽役耳目于宵旰，疲精神于编简，安能得博且难、尽烦且远于务求之顷哉？是必如尧舜之志，不遍物，急先务，乃可耳。於戏！《禹贡》不可尚矣！《周礼·职方氏》亦成周致治之书。至于后世纪胜之类尤多，然皆迷于偏方，成于一手，非详于古则略于今，非失于简便则伤于浩繁，不足以副可坐而得之意。肆朕皇曾祖考太宗文皇帝，尝思广如神之智，贻谋子孙以及天下后世，遣使分行四方，旁求故实之凡有关于舆地者，来录以进，付诸编辑。事方伊始，而龙驭上宾，因循至今，而先志未毕，则所以成夫继述之美者，朕焉得而缓乎？窃尝观之，善其事者莫先于智，智者所谓务其已然之迹也，是故语上而不察日月星辰之丽乎天、四时五行之成乎岁，则徒见夫形而上者，其何以参高明覆帱之功？语下而不察百谷草木之丽乎土、山川岳渎之别其区，则徒见夫形而下者，其何以赞博厚持载之功？语人而不察圣愚贤否之殊其情：可予可夺、可亲可疏；语物而不察洪纤高下之各其类：可培可倾，可载可覆；以至语为天下，而不察古今事物之异其域与时：可兴可观，可因可革，可损可益，可劝可惩，而志其实，——其何以副祖宗思尽财成之道、辅相之宜，以左右民之志于悠久哉？此朕之于是编，所为惓惓而不敢少缓也。间与二三儒臣商之，使或先后有一未备，不足以全其美，乃复遣人采足其继，俾辑成编，为卷凡百一十有九，名曰《寰宇通志》，藏之秘府，而颁行于天下。盖不独以广朕一己之知，而使偏方下邑、荒服远夷素无闻见之人，咸得悉睹而遍知焉，则知之尽，仁之至，庶几乎无间于远迩先后矣。"

翰林院官升转。癸未，命左春坊左庶子兼翰林院修撰林文、右春坊右庶子兼侍讲刘定之、侍讲周洪谟、左春坊左中允兼编修黄谏，俱于史馆纂修《宋元通鉴》；右春坊右中允兼编修万安、右赞善兼编修岳正，修撰刘翔、刘宣，俱于内府授内使书。以文等授内使日久，故以安等代之。丙戌，命翰林院编修徐溥复任，病瘥故也。辛卯，命宋儒周敦颐十二代孙冕为翰林院五经博士，仍还乡奉祀事，子孙世袭。（据《馆阁漫录》卷三《景泰七年》）

六月

命礼部右侍郎兼詹事府少詹事萨琦复任，以奔母丧还京故也。（据《馆阁漫录》卷三《景泰七年》）

七月

命蒯祥、陆祥为工部侍郎。《明鉴纲目》卷三："纲：秋七月，以工人蒯祥、陆祥为工部侍郎。目：蒯祥以木工，陆祥以石工，俱累擢太仆寺少卿至侍郎，仍督工匠，时称为匠官。"

命司经局洗马兼翰林院修撰柯潜、左春坊左赞善兼翰林院编修刘俊为应天府乡试考官。（据《明英宗实录》卷二百六十八）吴希贤《中顺大夫詹事府少詹事兼翰林院学士竹岩柯公行状》："丙子五月，升司经局洗马，仍兼修撰。七月，命往应天考试，舟经淮扬。士有暮夜投公鬻私者，公叱之曰：'尔急去，毋自速罪戾。'其人谓公阳却之，固以请，以所赂遗公前。公怒，命执之付有司治以法。是科场屋肃然，录成，称得人为天下先。"《馆阁词林记》卷十四《乡试》："景泰丙子，洗马柯潜奉命主考应天府乡试。舟维淮阳，有举子鬻私者暮夜投潜，潜叱之，彼固以请，以所赂遗署前，潜怒，命执付有司惩以法。"

王京等请寄籍顺天府应乡试，允之。陈循奏请吏部考用各处保到儒士，不必送翰林

院，从之。《明英宗实录》卷二百六十八：景泰七年秋七月，"辛卯，顺天府通州等处寄籍民王京奏：'祖系交阯人，父学右等挈家归附，蒙恩授江西信丰县等处等知县官。臣等自幼读书习举业，今遇顺天府乡试在迩，乞容入试，以图补报。'从之"。"少保户部尚书兼大学士陈循言：'近见各处学校教官缺员，例许有司访保通经儒士，送巡按等官处考试，中者申进吏部，转送翰林院覆考，中者送回本部，除补训导。缘臣原籍江西及浙江、福建等处，自昔四民之中，其为士者有人，而臣江西颇多，江西各府，而臣吉安府又独盛。盖因地狭人众，为农则无田，为商则无赀，为工则耻卑其门地，是以世代务习经史，父子叔侄兄弟族姻自相为师友，十常二三，往往散至四方，训教社学，取束脩以为生。其风俗如此。其心初皆望由科举出仕，但见解额有限，自度不能皆得，故其就训导保举者愈多也。今官司恶之，有如粪土，然恐出于偏陂不公之心，如《书》所谓媢疾以恶之恶，非所谓孔子仁者，能恶人之恶也。臣又闻臣原籍生员之外，儒士报科举者，往往一县至有二三百人，虽尤可恶，然《书》曰，万邦黎献，共为帝臣，《孟子》曰，仕者，皆欲立于王之朝。此乃盛世之事，未闻以此为不美事而可恶也。臣荷圣朝教育之恩，由学校举进士第一，官至保傅，荣居宥密，思非进贤，无以补报万一，何敢恶夫不与己同之山林士，以自取媢疾之诛于公议哉！且以臣原籍泰和县观之，杨士奇初以儒士保任庐陵县学训导，吏部试用，卒至为今名臣。又如儒士曾鹤龄，举进士第一，官至侍讲学士而卒。今文渊阁供事，通有五人，而臣泰和县又预二人，萧镃与臣是也。此外官翰林者又数倍。以臣本府县如此之众，宜乎臣等见恶于人，不止于本贯保训导之多。然考用教官，实系吏部职事。乞敕吏部，将各处保到儒士为训导者，不必送翰林院，悉从本部，径自从公考用。仍乞怜臣老病，调黜别衙门以避嫌疑，或放归田里以终余年，不胜感恩之至。'帝曰：'朕任卿掌内阁事，凡制诰命令等文，但撰述进呈，无不信行，况考试儒士，最为小事，勿避嫌疑。今后内阁大小事务，悉照旧行，不必推让。'"

八月

命太常寺少卿兼翰林院侍读刘俨、左春坊左中允兼翰林院编修黄谏主顺天试。内阁大学士陈循、王文等言，考中译字官刘淳送试不中为失旧制。诏刘俨等回话，宥之。《明英宗实录》卷二百六十九：景泰七年八月乙巳，"命太常寺少卿兼翰林院侍读刘俨、左春坊左中允兼翰林院编修黄谏为顺天府乡试考官，赐宴于本府"。辛酉，"少保太子太傅户部尚书华盖殿大学士兼文渊阁大学士陈循、少保吏部尚书兼谨身殿大学士王文等奏：'永乐年间，四夷馆译字官监生人等，俱许入乡试会试，其所作文字俱是番书，例不属考官定其去取，俱送翰林院考试，中者送回科场，第入正榜。此是旧制，永当遵守。今顺天府乡试送译字官刘淳、马珹二人三场文字到院，臣等委本院修撰陈鉴从公考得一人中式，一人不中，发回试场施行。及科场已毕，而二人皆不中。其提调考试监试等官，不无互有情弊。况千数百人之卷，岂能一一从公辨别是非，其间显有未当者，俱当究问。'帝曰：'取人旧制，提调等官何不遵守？其具情以闻。'""于是考试官太常寺少卿兼翰林院侍读刘俨、左春坊左中允兼翰林院编修黄谏言：'臣等入院之初，会同监试等官焚香告天，誓说：若有孤负朝廷委任挟私作弊者，身遭刑戮，子孙灭绝。如此誓词，非特内外执事官吏人等之所共闻，而天地鬼神实所共鉴。设使臣等阳为正大之言，阴为诡诈之行，纵苟逭于国法，亦难逃于阴谴。第恐才识短浅，鉴别未精，或有遗材，若曰徇情作弊，实所不敢。'帝曰：'考官虽无情弊，终是作事不精，有失旧制。姑宥之。'"

　　两京及河南、山东、陕西、山西、浙江、湖广、江西、福建、广东、广西、四川、云南等十二布政司乡试；贵州士子附云南乡试。（据《皇明贡举考》卷四）

　　内阁大学士陈循之子陈瑛、王文之子王伦应顺天府乡试落第，陈循、王文因讦奏主考刘俨、黄谏。特赐陈瑛、王伦举人，准明年与会试。《明英宗实录》卷二百六十九：景泰七年八月，"丙寅，先是，少保、吏部尚书、谨身殿大学士兼东阁大学士王文言：'洪武年间殿试不公，考试官并状元皆明正典刑，而有钦取状元进士之制。永乐年间，会试不公，考试官悉皆究问，复有再考举人之例。七八十年，人皆知惧，科目得人。奈何近年以来，充考官者贤能固有，不才坏法者亦多，有受赃卖题者，有入院腌肉馁牲口者，又有酣饮高卧全不视考卷者。及至揭晓，将朦胧醉眼，不分美恶，任意批取，无才者得以侥幸，有私者一概滥充，以致沮误后进。如今岁顺天府乡试，颠倒是非，不惬舆论。臣子伦充原籍束鹿县学增广生，习《诗》，应试三场既毕，臣令背诵所作《四书》本经义及策论，皆行文通畅，辞理详明。臣以为必中前列，及至开榜无名。令人于顺天府取伦所作三场墨卷朱卷验之，委与口诵相同。思得考试官太常寺少卿刘俨、编修黄谏、同考试官教谕姚富，大肆奸懒，将伦第一场文字止看三篇，余者不读，第二第三场文卷全未尝通阅。富批云：此卷平平，亦可取。但本房好者多，取之不及者，解额所拘也。观此则富固不能无罪矣。俨、谏略无一字批断，又安得逃其罪乎？且取中举人文字不如伦者尤多。乞依洪武、永乐年间事例，命翰林院官二员，同六科给事中、各道监察御史，将伦所作三场文字，并取中举人徐泰等一百三十五人朱墨卷，从公考较，高下自见。若伦文字胜过见取中者，听各官奏请定夺，仍治俨等罪，庶几公道昭明，宿弊消除。'有旨：'令礼部取中式文卷与王伦文卷，会翰林院、六科、十三道重行考对，定其优劣以闻。'少保、太子太傅、户部尚书、华盖殿大学士兼文渊阁大学士陈循亦奏：'科举以文词取士，人才贤否之所系也。宋儒苏轼有曰：科举之风，文俗所系，所取者天下以为法，所弃者天下以为戒。诚古今名言也。尝闻洪武三十年，礼部会试贡士考官刘三吾等，出题内有讥讽朝廷及凶恶字，并考试有不公，御史劾奏，治以重罪，别命官复考，取中韩克忠、樊敬等数十人，其后皆至显官。又永乐七年，礼部会试贡士，考官邹缉等出题有《孟子》节文及《尚书·洪范》'九畴'偏经论题，被御史劾奏，亦罪考官，命他官复考，而取熊概、金庠等十数人，其后各至都御史侍郎等官。此系祖宗成法，当守而行之。近来科场作弊，递传易换文字，略无忌惮，是以所得皆非实才。今年顺天府乡试复踵前弊，小录累有凶恶犯讳之字，如《四书》题"人欲自绝，伤于日月"

等语，《易》题故犯宣宗章皇帝御讳，策题则言"正统有无"等词，至于论题本出《周易》，与永乐七年《洪范》'九畴'论一体，致使习《诗》、《书》、《春秋》、《礼记》者皆不能作，何以取人？又今朝廷命续《通鉴纲目》，未曾成书，修《寰宇通志》，未曾颁降，皆不当以此出策。而所答策亦多凶恶犯讳之字，何以刊行四方？又闻刘俨目昏，至晓不能看卷，惟先送至者苟取足数，后送者虽有可取，亦弃之不观。臣男瑛亦在不观之列。夫主文考官，不问考者之高下，必须遍观以定去取。今乃任情苟且，以足额数，故负屈者多。乞敕多官公正有学者，取场屋取中与未中者三场文卷，逐一比较优劣而去取之，庶几公道昭明，人得实才。'复有旨：'令礼部取陈瑛文卷，通行考较以闻。'至是，礼部同少保、太子太傅、工部尚书、谨身殿大学士兼东阁大学士高谷等，考验得取中举人徐泰等一百三十五人文卷，有优于王伦、陈瑛者，有与王伦、陈瑛相等者，亦有不及王伦、陈瑛者。又看得第六名林楒朱卷全无考官批语，墨卷多有改字，笔迹不同，恐有情弊。是皆俨等怠慢不谨，以致科目去取不当，及监试提调等官，俱当通究其罪。帝曰：'刘俨等考试不精，罪不容逃，但无私弊，俱宥之。林楒并该考官俱下锦衣卫狱，鞫问情实以闻。王伦、陈瑛明年俱准入会试。'"《弇山堂别集》卷八十二《科试考二》："七年丙子，太常寺少卿兼翰林院侍读刘俨、左春坊左中允兼翰林院编修黄谏主顺天试。内阁大学士陈循、王文等言，考中译字官刘淳送试不中为失旧制。诏俨等回话，宥之。王文、陈循又言，循子瑛、文子伦不中式，为考官忽略之故，又出题偏驳，犯宣宗御讳。诏礼部同大学士高谷等覆验取中举人徐泰等文卷，有优于伦、瑛者，有相等者，有不及者，又第六名林楒朱卷无批语，奏上。有旨：'刘俨等考试不精，罪不容逃，但无私弊，俱宥之。林楒并该房考官俱下锦衣卫狱，鞫问情实以闻。王伦、陈瑛明年俱准会试。'六科论：'该循、文罪当诛斥。'有旨：'览尔等所奏，诚为有理，但陈循、王文，辅导有年，国之元老，岂可以一事之失，而遽加之罪！姑贷之。'少保高谷乞致仕，诏：'卿持正之心、嫌疑之情，朕已具悉，但馆阁之职，正当用贤，不允所请。今后尚加秉忠直以全名节。'盖谷面斥循、文之私，而奏全俨等，不自安，乃有此奏也。命司经局洗马兼翰林院修撰柯潜、左春坊左赞善兼翰林院编修刘俊主应天试。"尹直《謇斋琐缀录》卷二："景泰丙子，刘宣化、黄廷臣主考顺天乡试。时王干之、陈芳洲二公之子不偶，适译字官刘淳卷已经翰林考中，送入场，不及填榜，疏略故耳。二公因劾以违制，并撼所命题'虽欲自绝'、'有无正统'等语，请如洪武间坐三吾等罪例，重开科考试。朝廷只令翰林会同多官校阅，众谓：'去取颠错，题犯嫌讳，考官不能无罪。'二主考甚惧不测。惟高先生素厚黄同乡。翼日，早朝奏事毕，出班跪称：'少保臣高谷有事门上说。'因召至榻前，具白其情，遂释主考不问，且许二公子会试。干之复上疏，内批云：'再敢打搅，以大臣擅法论。'于是士论不韪之，然是科《小录》亦不足观。"

顺天乡试，取江阴徐泰为解元。时应天解元吴启亦江阴人。李调元《制义科琐记》卷一《钦赐举人》："刘学士俨，景泰中典北畿秋试，取江阴徐泰解元。泰本富族，当道奏俨有私，召《五经》魁士亲试禁中，弥封以示阁臣，覆阅取次。拆封，一与原榜无异，仍赐为解元。时目泰为钦赐举人。"民国《梧塍徐氏宗谱》卷五十三《旧传辑略·州守生白公传》："公讳泰（徐泰），字士亨，别号生白。由邑庠入太学。景泰丙子应顺天乡试，吉水刘文介公擢第一。时内阁有忿其子不与者言于朝，谓主司有私于富室，命就内殿覆试《五经》魁，仍第一，因称'钦赐解元'。事载国史，时应天解元吴启亦江阴人，传为科名盛事。后试春官，已中式，拆卷引嫌，弗录。久之选通《诗》、《书》、法律者，授御史，已在选中，复引嫌授罗田县令。"

九月

六科给事中言陈循、王文坏科目之制，请严予惩治，诏姑贷之。《明英宗实录》卷二百七十：景泰七年九月，"少保、吏部尚书兼谨身殿大学士王文自陈：'臣以遇直，久招怨尤。近者臣男伦应试京闱，被主司故意黜落。臣不得已陈奏，蒙命礼部、翰林院、科道等官从公较得，伦所作三场本应中式。复蒙允令会试。臣正当感恩效职，第念臣犬马之年，六十有五，齿落目昏，精神衰惫，记前忘后，岂堪任职，伏乞放归田里，庶得保全以终余年。'不允"。"庚午，六科给事中言：'日者顺天府乡试毕，少保、太子太傅、户部尚书、大学士陈循，少保、吏部尚书、大学士王文，衔考官刘俨等不取其子王伦、陈瑛，遂奏俨等出题讥讪，并违制不取翰林院考中译字官诸罪，及乞将伦、瑛并中式诸举人墨卷会官品第优劣，皇上已从所请，特命伦、瑛得与会试，而谓俨等之罪不出于私，悉置不问。臣等切惟，科举务在得人，不可以易而取。人材为治之本，岂可以私而进？俨等考试不精之罪，臣等以尝论列，皇上特恩宥，兹故不复敢言矣。其大学士陈循、王文，职居辅导，任重经纶，所当正己正人，为上为下，今顾以子之故，烦渎圣聪，只为私谋，罔恤国体，大臣之职，果安在乎？臣闻宋范质为相，从子杲求迁秩，质作诗戒之曰：尔曹当悯我，勿使增罪戾。方之陈循、王文，其贤否如何也？韩亿为相，其子维举进士，以父任执政而不就廷试，方之陈循、王文，其高下如何也？沈文通登进士第一，冯京第二，厥后进京而退文通，盖以贵胄不可以先寒畯也，视今之文卷已黜而欲与举人比者，其得失又何如也？况今岁顺天府应试者一千八百有奇，而中式者才一百三十五人，俨等既称考试未精，则其间遗漏者恐不特伦、瑛二人而已，倘一概援例求进，拒之则情偏，从之则弊起。是循等一举而启滥进之风，坏科目之制矣。比者上天垂戒，灾变迭至，四方多故，水旱相仍，未必不由循等所行乖悖之所致也。今其罪犯已彰，人心共怒，陛下若又待以宽恩，则循等之心愈无忌惮。伏望皇上奋乾纲之独断，彰天讨之至公，逮问循等如律，以为大臣将来之警。不然，赐归田里，别选文学公正大臣，以居清华密勿之地，以昭陛下平明之治，庶内外知所警惧，而臣下不敢玩法。'诏曰：'览尔等所奏，诚为有理，但陈循、王文，辅导有年，国之老臣，何可以一事之失，而遽加之罪？其姑贷之。'"张宁《方洲集》卷一《乡试时劾奏少保户部尚书大学士陈循少保吏部尚书大学士王文》："切照大学士陈循、王文，职居辅弼，任重经纶，所当正己正人，为上为下，而乃以子之故，纷章叠奏，烦渎聪明，只为私谋，不恤国体，大臣之道，果安在乎？臣等闻宋范质为相，从子杲求迁秩，质作诗戒之曰：'尔曹当闵我，勿使增罪累。'比之陈循，贤否何如也？韩亿为相，其子维举进士不就廷试，盖以父任执政为避，比之王文，高下何如也？沈文通登进士第一、冯京第二时，以贵胄不可先寒畯，乃进京而退文通，比今文卷已落而求与中卷比对者，得失何如也？世之庸人、愚妇亦知不谈子德，有所失则归过而反责之，岂有身为大臣元宰，公为其子暴才称屈于朝廷之上哉？即使才而屈，犹不可也，况无实之争，何以服天下。且今岁顺天府就试者一千八百余名，而中试者仅一百三十五名。刘俨等借使考试未精，则其间遗漏者亦未止王伦、陈瑛，设若一概援例求进，拒之则情偏，从之则弊起，是陈循等一举而坏科目之制矣。仰惟陛下优礼大臣，准令会试，恩已极矣。而循等乃欲将刘俨等问罪，以文其奸。臣等闻树德务滋，除恶务本，用法不可以太宽，太宽则犯之者可幸免而不知惧，施恩不可以过当，过当则得之者以为易而不知感。循等假公济私，要君胁下，其所存施，非止一日。今情状自败，罪犯已彰，大小人心莫不共怒，但畏其势而不敢言耳。陛下若又待之以宽，施之以恩，而不绝其根柢，则循等愈无忌惮。乞将循等执送法司，明正其罪，罢归田里，别选文学公正之臣以居内阁，用昭辅平明之治。其王伦、陈瑛仍照不中生员事例，一体发回原籍读书，下科各就本处应试。则科目有定制，远近无异法，人不苟求而真材斯出矣。缘循等系大臣，未敢擅便，谨题请旨。"沈德符《万历野获编》卷十四《科场·奏讦考官》："自来子弟不第，父兄无奏讦考官者，惟景泰丙子顺天乡试，内阁陈循、王文有之。循言子瑛，文言子伦，文字俱优，不为试官刘俨、王谏所识拔，欲罪之。赖大学士高谷力为救解，俨等宥罪，瑛、伦俱许会试。次年丁丑正月，睿皇复辟，而王文就诛，陈循遣戍。此事古今创见，宜其不旋踵而败，后人亦无敢效之者。惟嘉靖甲午顺天乡试，吏部尚书兼兵部尚书汪铉以子不与中式，乃指摘场弊，劾考官廖道南、张衮，且以太祖诛刘三吾为言。道南等即引陈、王及刘俨故事以答，上两不问。次年，铉劾罢，旋死，铉之横恶，此特其一端，且狠闇无识至此，更为可笑。此后二科，为庚子顺天乡试，掌詹事礼部尚书霍韬亦以子畿试不录，恚甚，欲纠主司童承叙、杨惟杰，其门生李开先力劝之曰：'公有子九人，安知无人彀者？姑听之。'韬次子与瑕果中广东乡试第九名，霍乃止疏不上。未几，亦卒于位。自制科以来，大臣仅有此三次举动。至霍渭厓则正当主上眷知，其疏果上，必有非常处分，赖李中麓巽言而止。总之舐犊情深，裂四维而罔顾，或诛、或窜、或自毙，俱近在岁月间，则其心死久矣。"

宁国教授余铎，请翰林院太常寺官博考释莫乐律。礼部寝之。（据《国榷》卷三十一）

十月

修国子监。（据《国榷》卷三十一）

十一月

丙子，以监察御史陈述奏荐江西崇仁县儒士吴与弼，命移文巡抚都御史韩雍，以礼聘起赴京。丁丑，礼部右侍郎兼詹事府少詹事萨琦致仕。(据《馆阁漫录》卷三《景泰七年》)

十二月

谢琏（1406—1456）卒。《馆阁漫录》卷三《景泰七年》："十二月丙辰朔。乙丑，南京户部右侍郎谢琏卒。琏字宗器，福建龙溪县人。宣德丁未进士第三人，授翰林院编修。秩满，升侍讲。景泰改元，升右侍郎。至是卒。琏在侍从年最久，然为人平淡，无他才能，虽至卿佐，而声誉无闻。"

进士刘璧、刘宣、魏瀚、高亮、郑文奎、罗明、吴珤，监生陆平、白皞、苏庆科为试监察御史。(据《国榷》卷三十一)

本年

前福建按察佥事陈祚卒。祚字永锡，吴人，永乐初进士。选庶吉士，授御史，超河南右参议。忤臬司，谪佃太和山。宣宗初，试谪者，祚第一。拜御史，弹射不避权贵，丰裁大振。历按福建江西。上书劝读《大学衍义》，上怒，即械之，并其家属悉下狱，且籍其家五年。正统初，复官，出按湖广，益自励。寻露章劾辽王不法，复逮下狱论死。久之，辽事败，出之，改南京，论事益切。迁福建佥事，墨吏望风解绶去。年七十，乞休。寿七十五。天下毋问识不识，皆推其直。家居寡交游，布衣邢量甚淹博，日移书徒步往质之，邢终不一报谒。人两贤之。(据《国榷》卷三十一)

明英宗天顺元年丁丑（公元 1457 年）

正月

代宗有疾。群臣请立太子，不许。《明鉴纲目》卷三："纲：丁丑景泰八年（英宗皇帝天顺元年。〇考是年正月壬午，英宗复辟，丙戌改元天顺。今依《朱子纲目》书唐中宗，及分注睿宗例，大书景泰八年，而以天顺元年，分注其下），春正月，帝有疾，群臣请立太子，不许。目：帝不豫，百官问安左顺门，太监兴安出谓曰：‘公等皆朝廷股肱耳目，不能为社稷计，日日徒问安，何益？’众嘿然。都御史萧维祯，副都御史徐有贞，退语诸御史曰：‘若皆知安意否？’佥曰：‘安谓早请建储耳。’维祯、有贞曰：‘然。’乃谋请复沂王为太子，议于朝，大学士王文曰：‘今只请立东宫。焉知上意谁属？’学士萧镃曰：‘沂王既退，不可再也。’乃共请建元良为太子。维祯举笔曰：‘我欲更一字。’因更建为择，笑曰：‘吾带亦欲更也。’越四日，上之，诏曰：‘朕偶有寒疾，十七日当早朝，所请不允。’”

英宗复辟。以徐有贞入内阁，预机务。下于谦、王文于狱。《明英宗实录》卷二百七十四“天顺元年正月壬午（十七日）”：“上（英宗）复即皇帝位。时武臣总兵官太子太师、武清侯石亨，都督张軏等，文臣左都御史杨善、左副都御史徐有贞等，内臣司设监太监曹吉祥等，知景泰皇帝疾不能起，中外人心归诚戴上，乃于是日昧爽，共以兵迎上于南宫。上辞让再三，亨等固请，乃起，升辂，入自东华门，至奉天门，升御座，文武群臣入，行五拜三叩头礼。上曰：‘卿等以景泰皇帝有疾，迎朕复位，其各仍旧用心办事，共享太平。’群臣皆呼‘万岁’。朝退，上御文华殿，命徐有贞兼翰林院学士，于内阁参预机务。召内阁臣少保兼太子太傅、户部尚书、华盖殿大学士陈循等，面谕之，遂命循等与有贞俱就文华殿左春坊草宣谕。顷之进呈，上览毕，以付礼官，于午门外开读。其文曰：‘太上皇帝宣谕文武群臣：朕居南宫，今已七年。保养天和，安然自适。今公侯伯皇亲，及在朝文武群臣，咸赴宫门奏言：当今皇帝不豫，四日不视朝，中外危疑，无以慰服人心。再三固请复即皇帝位，朕辞不获，请于母后，谕令勉副群情，以安宗社，以慰天下之心。就以是日即位，礼部其择日改元，诏告天下。’群臣听宣谕毕，遂各具朝服以入，奉上登奉天殿，行即位礼。时日已正午矣。”“命执少保兼太子太傅、兵部尚书于谦，少保兼太子太保、吏部尚书、谨身殿大学士王文于班内，执司礼监太监王诚、舒良、张永、王勤等于禁中，出付锦衣卫狱。时谦等甫听宣谕毕也。”《明鉴纲目》卷三：“纲：武清侯石亨，左副都御史徐有贞等，以兵迎上皇于南宫，遂复位。以有贞入内阁，预机务。下少保兵部尚书于谦及大学士王文于狱。目：先是，帝舆疾宿南郊斋宫（十三日戊寅），召石亨至榻前，命摄行祀事。亨见帝疾甚，退与都督张軏（玉次子）及曹吉祥谋，立太子，不如复上皇，可邀功赏。軏、吉祥然之，以告太常卿许彬。彬曰：‘此不世功也。彬老矣，无能为，盍图之徐元玉？’（有贞字。）翌日，亨、軏夜至有贞家。有贞大喜曰：‘须令南城知此意。’軏曰：‘已阴达之矣。’有贞曰：‘必审报乃可。’越二日，亨、軏与吉祥矫太后制，夜复会有贞所，軏曰：‘报得矣！计将安施？’有贞曰：‘时在今夕，不可失。’会明日，帝将视朝，门早启，有贞以三鼓即至朝房，亨、軏等率群从子弟家兵，混同守御官军并入。（明旧史云，有贞令軏等诡言备非常，勒兵入大内。亨掌门钥，夜四鼓开门纳之。既入，复闭，以遏外兵。考明制，皇城门钥，内监掌之。石亨乃总兵官，不应掌门钥。且是日早朝，百官咸集，若门启复闭，何由得待漏阙下邪？说本祝允明《苏材小纂》，不足据。今依《天顺实录》，罗通

《奏辑》。)天色晦冥，轵等惶惑，有贞趣行，轵顾曰：'事济否？'有贞大言曰：'必济。'进薄南宫城，毁垣坏门而入，见上皇于烛下。上皇问故，众俯伏请登位，乃呼进舆，兵士惶遽不能举，有贞等助挽以行。上皇顾问诸人姓名，至东华门，门者拒弗纳。上皇曰：'朕太上皇帝也。'遂入。至奉天门，升座。时百官咸待漏阙下，忽闻南城呼噪震地，咸失色。须臾，鸣钟鼓，有贞出号于众曰：'太上皇帝复位矣！'趣入贺，百官震骇。入谒，上皇曰：'卿等以景泰皇帝有疾，迎朕复位，其各任事如故。'群臣呼万岁。(《纪事本末》云，景帝闻钟鼓声大惊，问左右曰：'于谦邪？'既知为上皇，连声曰好好。)遂命有贞以右都御史兼学士，入内阁，预机务，命陈循与有贞草诏谕群臣。日中，御奉天殿，即位。于谦甫听宣谕毕，即班执之，与大学士王文，太监王诚、舒良、张永、王勤，同下狱。"

二十一日，诏赦天下，改景泰八年为天顺元年。《殿阁词林记》卷二十《纪元》："国初纪元洪武，出自圣祖亲裁。继世之后，始命翰林儒臣拟奏，择而用之。成祖即位，始拟用永清，后用永乐。自是每朝纪年，不复再改。盖圣祖诒谋之善，实前代所未有也。英庙复辟，召内阁高谷、商辂至文华殿，问口：'今年号宜改否？'谷对曰：'周虽旧邦，其命维新，宜改维新元年。'辂曰：'年号多与前代同者，臣等具数年号请旨。'上称善，已而用徐有贞等言，用天顺改元。或请去景泰故号，仍纪正统，上不从，改天顺。今上初登大宝，辅臣拟明良、善治，上特用嘉靖，盖有商高宗嘉靖殷邦之志云。"《明鉴纲目》卷三："纲：改元大赦。目：诏改景泰八年，为天顺元年。(诏辞曰：卫拉特之变，乘舆被遮，文武群臣，已立皇太子奉之，岂期监国之人，遽攘当宁之位？又曰：旋易皇储而立己子，惟天不佑，未久而亡，矧失德之良多，致沉疾之难疗。徐有贞所撰也。)"

许彬、薛瑄入内阁，预机务。《明鉴纲目》卷三："纲：以许彬、薛瑄为礼部侍郎，兼翰林学士，入内阁，预机务。目：彬以石亨荐，瑄杨善所荐也。"《国榷》卷三十二："(天顺元年正月)丙寅朔。壬午，太常寺许彬为礼部右侍郎兼翰林院学士，直文渊阁。""(天顺元年正月)癸未，左副都御史兼翰林院学士徐有贞为兵部尚书，兼秩视事如故。""(天顺元年正月)甲申，大理寺卿薛瑄为礼部右侍郎兼翰林院学士，直文渊阁。左都御史杨善荐。"

石亨、徐有贞等因"夺门功"大得封赏。《明鉴纲目》卷三："纲：录夺门功。目：封石亨忠国公，张轵太平侯，轵文安伯，杨善兴济伯。进徐有贞兵部尚书，予太监曹吉祥等锦衣卫世职。有贞意未慊，数请于亨曰：'愿得冠侧注(武弁也)从兄后。'亨入言之，寻封武功伯。(太监兴安见有贞等俱邀封赏，言于帝曰：'当日若附和南迁，不知置陛下于何地？又安有夺门功邪？'帝不应。后数日，言官争劾安党逆，宜斩，帝宥之，第罢其司礼监而已。)"

杀于谦、王文。《明英宗实录》卷二百七十四"天顺元年正月丁亥(二十二日)"："命斩于谦、王文、王诚、舒良、张永、王勤于市，籍其家。谪陈循、江渊、俞士悦、项文曜充铁岭卫军。"《明史·英宗后纪》："景泰八年正月壬午，亨与吉祥、有贞等既迎上皇复位，宣谕朝臣毕，即执谦与大学士王文下狱。诬谦等与黄玹构邪议，更立东宫，又与太监王诚、舒良、张永、王勤等谋迎立襄王子。亨等主其议，嗾言官上之。都御史萧维祯定谳，坐以谋逆，处极刑。文不胜诬，辩之疾，谦笑曰：'亨等意耳，辩何益？'奏上，英宗尚犹豫曰：'于谦实有功。'有贞进曰：'不杀于谦，此举为无名。'帝意遂决。丙戌改元天顺，丁亥弃谦市，籍其家，家属戍边。"叶向高《太傅于忠肃公奏议序》云："公之言论丰采，其大者已见于史书，惟奏议之文，史不能尽收，令其时所为持危定倾匡济之谟谋，后世不得尽见。少保温阳李公尝得其遗草于大司马项公家，诠次而传之。岁月既久，字画漫漶。客部吴君立甫偶从公署架中检得旧本，复遍搜他牍，增益其所未备，共若干卷，与其乡之缙绅共付之梓，来请余一言。余尝慨年来章疏诞谩繁猥、浮淫无当，甚失人臣告君之义。今读公奏议，指事陈词，明白晓畅，宁质毋漫，宁径毋支，使人主见之，洞然得其颠末曲折之详，而划然明于利害得失之故，言必听，计必行，是亦纳牖之准绳，而投艰之舟筏也。其最难者，赵充国老将也，犹言兵势国之大事，当至金城，图上方略。公一屦书生耳，身不出国门，而南征北伐，凡有陈奏，无不曲中机宜，即悍弁猾帅如石亨、杨洪辈，皆俯而受公之鞭棰，无敢越轶。此非天佑国家，笃生伟人以维世运，安有此哉？"《明鉴纲目》卷三："纲：杀于谦、王文，籍其家，戍陈循、江渊于铁岭卫，斥萧镃、商辂为民。目：先是，徐有贞、石亨等，既定议迎复，有贞恐亨等中变，乃于次日，诡辞以激亨曰：'于谦、王文，已遣人迎襄世子矣。'又曰：'帝已知君谋，将于十七日早朝执君。'亨大惧，谋遂决。及是，谦、文已下狱，有贞与亨等，嗾言官劾谦、文谋迎外藩，入继大统，命鞫于廷。文抗辩曰：'召亲王须用金牌信符，遣人必有马牌。内府兵部，可验也。'辞色俱壮。谦曰：'亨等意如此，辩何益？'都御史萧维祯曰：'事出朝廷，不承亦难免。'遂文致其词，以谋逆律定谳，坐极刑。奏上，帝犹豫未忍曰：'于谦实有功。'有贞曰：'不杀谦，此举为无名。'乃弃谦等于市，籍其家，家属戍边。以千户白琦言，榜谦等罪示天下，于是一时希旨取宠者，率以谦为口实云。（谦性忠孝，才略开敏，自遭寇变，忘身忧国。敌先后入犯，卒不得逞，皆谦功也。为徐有贞、石亨辈所嫉，遂及于难。死之日，朝野冤之。太后闻谦死，亦嗟悼累日。指挥朵喇者，本蒙古降人，隶曹吉祥麾下，以酒酹谦死所，恸哭。吉祥怒，抶之，明日复酹恸如故。谦之籍也，家无余赀，惟正室鐍钥甚固，启之，则皆上赐物也。都督同知陈逵，收谦遗骸，殡之，逾年始归葬杭州。逵故举将材，出李时勉门下者也。朵喇旧作朵儿，今改。）"

任命翰林院诸官。左春坊大学士兼翰林院侍讲倪谦、吕原，右庶子兼侍讲刘定之，并为通政司左参议，仍兼侍讲。左右庶子兼侍讲林文、李绍为尚宝少卿。左谕德兼编修钱溥，洗马兼修撰柯潜，并为尚宝少卿。左中允兼编修黄谏，右中允兼编修万安、李泰，俱为尚宝司丞，各仍兼官。左赞善兼编修刘俊、岳正，右司直郎邹循，俱为修撰。左清纪郎陈谷、徐伲俱为典籍。右清纪郎鲍相、高诚，俱为五经博士，俱革兼秩。（据《国榷》卷三十二）

二月

废景泰帝，仍为郕王。未几去世。《明鉴纲目》卷三："纲：二月，废景泰帝仍为郕王，迁之西内，未几郕王薨。（谥曰戾。）目：以太后制废之。（制曰：庶次子郕王祁钰，性本枭雄，遘据天位，神人共怒。既绝其子，又殃其身。疾病弥留，朝政遂废。吾虽母子之至情，于大义而难宥，其废祁钰仍为郕王，如汉昌邑王故事。辞亦徐有贞所撰也。）送归西内。皇太后吴氏复号宣庙贤妃，削肃孝皇后杭氏位号，改称怀献太子为怀献世子。钦天监监正汤序，请革除景泰年号，帝不从。"

罢团营。《明鉴纲目》卷三："纲：罢团营。目：从石亨言也。（都督范广素骁勇，为于谦信任。石亨嫉之，张轨尤不相能，乃诬广与谦同谋为逆，杀之。轨又潜杀前昌平侯杨俊，以额森奉帝还时，俊不开关迎纳也。后轨入朝，于路得暴疾，舆归，痛楚不堪而死。）"

李贤入内阁，预机务。《明鉴纲目》卷三："纲：以吏部侍郎李贤，兼翰林学士，入内阁，预机务。目：贤入阁，位许彬、薛瑄上。与徐有贞共事，帝深眷之。未几，进吏部尚书。"

以袁彬为锦衣指挥同知。《明鉴纲目》卷三："纲：三月，以袁彬为锦衣卫指挥同知。目：初，帝在迤北，彬周旋左右，一年之内，帝视彬犹骨肉也。南还后，景泰帝授锦衣试百户。至是，进彬指挥同知，赐予优渥。时召入曲宴，叙患难时事，欢洽如故时。"

复立朱见深为皇太子。《明鉴纲目》卷三："纲：复立沂王见深为皇太子。目：封子四人为王，见潾（即见清改名）德王（景泰中封荣王，至是改封，后之藩德州，又徙济南），见澍（帝第五子，与下二王俱在南宫时所生）秀王（后之藩汝宁），见泽（帝第六子）崇王（后秀王薨，无子，即就藩汝宁），见浚（帝第七子）吉王（后之藩长沙）。"

鞑靼保喇寇边，边警迭至。《明鉴纲目》卷三："纲：鞑靼保喇寇边。目：帝复位，即遣都督马政等，使迤北，赐故巴延特穆尔妻金币，以帝在北时，巴延特穆尔敬护尤至也。保喇遮政等执之，而使使入贺，且请献玉玺，帝敕之曰：'玺已非真，即真亦秦不祥物。献否由尔，第毋留我使，以速尔祸。'保喇不受命，遂寇延绥，（都督李懋等败死。）犯宁夏，（参将种兴战殁。）又遣千骑屯大同边外，窥偏头关。帝命石亨为将军讨之，亨至边，无功而还。（已而保喇势益炽，边警迭至，帝忧形于色，恭顺侯吴瑾侍，进曰：'使于谦在，当不令敌至此。'帝嘿然，乃复命安远侯柳溥御之。溥战辄败，而饰小捷以闻。○吴瑾，克勤之子。）"

庚子，工部尚书、谨身殿大学士兼东阁大学士高谷乞致仕，从之。癸卯，命吏部右侍郎李贤兼翰林院学士，于内阁参预机务。甲辰，改詹事府府丞李侃为太常寺丞，主簿赵政为行人司右司副。（据《馆阁漫录》卷四《天顺元年》）

给事中王铉等请会试不拘名数，务在得人，另请多取副榜举人，授以教职。从之。命礼部左侍郎兼翰林院学士薛瑄、通政司左参议兼翰林院侍讲吕原为会试考试官，取中夏积等三百人。《明英宗实录》卷二百七十五：天顺元年二月，"戊戌，礼科给事中王铉奏：'今天顺元年会试在迩，自正统十三年至景泰七年，前后四科，新旧举人约有三千余名，中间多有才学优长，屡为解额所困，不获登第者。窃观洪武、永乐年间，未立解额，所取进士除授京职，政绩著闻者，固不可胜数，其间除授知州、知县者，亦皆自重名节，俱有政声，比之监生除授，大有迳庭。乞敕该部及考试等官，将今年会试举人文卷严考精选，但三场合格词理通畅者，不拘名数，取中正榜，以备录用，其次文理平顺者，取中副榜，授以教职。'从之。""壬寅，命礼部右侍郎兼翰林院学士薛瑄、通政司左参议兼翰林院侍讲吕原为考试官，赐宴于礼部。""巡按陕西监察御史钱珽奏：'贤材之昌，必本于师道之立。国朝学校之师，皆取副榜举人为之。近因副榜举人不愿为师者众，乃以岁贡生员及荐举儒士为之。夫岁贡生员，多庸腐之流，荐举儒士，多台省引援之人，学无寸长，试幸一得，彼惟能计会生员之节礼，追索斋夫之月钱而已，岂能立师道而昌贤才也哉！乞敕该部，今年会试，副榜举人精选多取，倍蓰常年之数，除三十以下并历事坐监六年以上者，听从不就，其余悉送吏部选用。'从之。""辛酉，礼部引会试中式举人夏积等三百人陛见。"尹直《謇庄琐缀录》卷二："天顺初元，会试同考官多出于权贵所荐引。及揭晓日，录文谬误，去取徇情，谤议汹汹，无名诗词纷然杂出。一排律云：'圣主开科取俊良，主司迷谬更荒唐。薛瑄性理难包括，钱溥《春秋》欠主张。吴节只知贪贿赂，孙贤全不晓文章。问仁既是无颜子，配祭如何有太王？告子冒名当问罪，周公系井亦非常。阁老贤郎真慷慨，总兵令侄独轩昂。榜上有名谁不羡，至公堂作至私堂。'盖许道中之子及石亨之侄皆以私取，而录文则《语》题节去颜子，起'克己复礼为仁'，《孟》义本公都子之言，而云告子，故注中备言之。其它招拟祭文，不可胜纪。"沈德符《万历野获编》卷十四《科场·天顺元年会试》："英宗以天顺元年正月十七日复位，二月会试，主考官为薛文清瑄、吕文懿原，俱一时人望也。而许起、石浚登第时，父彬以侍郎、学士为次揆，浚叔亨以忠国公为总兵官。时有作俚诗嘲主司曰：'阁老贤郎真慷慨，总兵令侄独轩昂。'盖指起与浚也。至四年，吕原再主会试，则浚先因亨败，诈病居家褫夺，又以怨望磔于市。使在今日，追论往事，则薛、吕二人难乎免矣。是科分考官有尚宝司丞兼编修李泰者，即太监永昌嗣子也。首场三场，为《大学》、《论语》、《孟子》，而首题不刻程文，殊不可晓。又读卷为武功徐、靖远王、兴济杨三伯。而弥封官，有光禄卿蔚能，则由厨役起家，且曾以盗膳物问罪者。次科能再为弥封官，则已升礼部右侍郎，掌寺事矣。前帙已纪石、许而未备，兹又详之。"沈德符《万历野获编》卷十四《科场·天顺初元会试》："英宗天顺元年，南宫之试，阁臣许彬子名起，与忠国公石亨侄名俊者同登进士。时有诗曰'阁老贤郎真慷慨，总兵令侄独轩昂'者，指此也。但《登科录》刻许起书兄越为奎文阁典籍，遍考列朝无此官，然刻录必不误，盖英宗时犹仍国初旧制设员，今《实录》、《会典》诸书俱不载，则旧官之不传多矣。所云'吴节只知通贿赂，贤孙全不晓文章'，固为仇口。若所云'问仁既已无颜子',指克己复礼一节,题芟去首句,此却不妨。至'告祭如何有太王',则《诗经》后稷配天,程文果有此语,其说似难通。至若'告子冒名当问罪,周公溺井亦非常,'因《孟子》题为公都子之言而去之,直云告子。《周易》井卦却引周公,其说出国初赵东山,亦微有可议。是年薛文清为主考,此何等人品学术,乃遭谤讪,下第举子之口,真可畏哉!是年同考翰林典籍徐佖、刑科左给事司马恂俱书贡生,系举人。供给官大兴、宛平二县主簿,俱同名姓王珙,一为丙辰贡士,一为壬戌贡士,俱岁荐也。领房同考为尚宝少卿兼编修钱溥,以从五品兼正七品,其书批语衔直称少卿。而正主考礼左侍兼光学士薛瑄,以正三带正五,副主考通政参议兼侍讲吕原,以正五带正六,但书兼官为学士、侍讲而不及九列之衔,俱不可晓。钱溥本以《春秋》起家,是年阅本经,又兼看《诗经》,亦奇。"

萨琦卒。《馆阁漫录》卷四《天顺元年》,二月,"礼部右侍郎兼詹事府少詹事萨琦卒。琦字廷珪,系出西域,后为福建闽县人。宣德庚戌进士,入翰林院为庶吉士,授编修。景泰辛未,升礼部右侍郎。壬申,兼少詹事。至是卒,上遣官谕祭,命有司茔葬。琦为人狷洁,不苟合,文学亦有可称。在礼部虽无建明,而自守甚笃,为人亦无所非议云"。

进士孔公恂、郑瑞为礼、工科给事中,刘伦正为南京刑科给事中。(据《国榷》卷三十二)

三月

国子祭酒刘铉为少詹事。翰林侍读孙贤,修撰刘珝为左右中允。编修牛纶,刑科左给事中司马恂为左右赞善。编修徐溥兼校书礼部员外郎。吴谦兼正字。(据《国榷》卷三十二)

兵部尚书兼翰林院学士徐有贞封武功伯,禄千一百石,世指挥使。有贞躁进,语石亨曰:"愿得侧注而从兄后。"亨为言之。(据《国榷》卷三十二)

吏部右侍郎兼翰林学士李贤进尚书,兼秩如故。(据《国榷》卷三十二)

武功伯徐有贞兼华盖殿大学士,仍直文渊阁。(据《国榷》卷三十二)

三月戊寅,策贡士夏积等二百九十四人于奉天殿,赐黎淳、徐琼、陈秉中等进士及第、出身有差。前科进士未选用者尚有四十余名;令新进士俱于各衙门办事。是科未考选庶吉士。(据《国榷》卷三十二)《明英宗实录》卷二百七十六:天顺元年三月,"礼部侍郎邹干奏:'殿试天下举人二百九十四名,合请读卷并执事等官。'上命武功伯兼华盖殿大学士掌文渊阁事徐有贞、靖远伯兼兵部尚书王骥、兴济伯掌鸿胪寺事杨善、吏部尚书兼翰林院学士李贤、吏部尚书王翱、工部尚书赵荣、户部右侍郎杨鼎、刑部左侍郎刘广衡、左副都御史寇深、通政使王复、大理寺卿李宾、尚宝司卿兼翰林侍讲李绍为读卷官,余执事如例"。"戊寅,上御奉天殿亲策举人夏积等二百九十四人,制曰:'朕惟帝王之治天下,必以求贤安民为首务,盖古今之所同也。然古之士,进以礼,退以义，为上为德为下为民，今何其立功之志弱，而利禄之心胜，奔竞之风未息，而廉介之节少著，其失何由？古之民有恒产，有恒心，家给人足，比屋可封，今何其务本者少，而逐末者多？偷薄之习寖长，而礼让之俗未兴，其弊安在？朕自复位以来，图惟治理，夙夜靡宁，求贤必欲得真才，安民必欲获实效，将使士正其习，民淳其风，庶几唐虞三代之盛，必有其道。子大夫其援经据史，酌古准今，明以条陈，毋曲所学，毋卑所志，务求切至之论，朕将择而行焉。'""庚辰，上亲阅举人所对策，赐黎淳等二百九十四人进士及第、出身有差。""宴进士于礼部，命忠国公石亨待宴。""赐状元黎淳朝服冠带，诸进士钞各五锭。""癸未，状元黎淳率诸进士上表谢恩。""丙戌，擢第一甲进士黎淳为翰林院修撰，徐琼、陈秉中俱为编修。""户部言撙节利民五事……一、今科取中进士二百九十名，俱于各衙门办事，例该支俸。且前科进士未选用者，尚有四十余名，宜令吏部量留办事，其余如宣德年间事例，放回原籍依亲，撙节京储。"《弇山堂别集》卷八十二《科试考二》："天顺元年丁丑，命礼部左侍郎兼翰林院学士薛瑄、通政司左参议兼翰林院侍讲吕原为考试官，取中夏积等。廷试，赐黎淳、徐琼、陈秉忠及第。""是岁同考则尚宝少卿钱溥、司丞李泰、翰林典籍徐秘，盖官制初变也。是科最号严整，然外人有以俚语戏者，所谓'薛瑄性理难包括，钱溥《春秋》没主张，问仁既已无颜子，告祭如何有太王。'皆指摘题目之误。至谓'总兵令侄独轩昂'，盖指石亨从子后也，后坐亨败除名，及以怨谤剐于市。廷试，读卷官凡三伯，武功掌内阁，靖远掌兵部，兴济掌鸿胪。"郎瑛《七修类稿》卷三十五："黎状元淳，初膺乡荐至京师。将礼部会试时，盘礴间，闻酒楼上有妇人唤其名。举头观之，则角妓也。乃知为同辈所晬。于是登楼吟曰：'千里遨游赴帝京，忽闻楼上唤黎淳。状元自是天生定，先遣嫦娥报我名。'已而果然。"

据《明清进士题名碑录索引》，天顺元年丁丑科录取名单如下：

第一甲三名

| 黎 淳 | 徐 琼 | 陈秉中 |

第二甲九十七名

宋 瑛	徐 绮	张 琦	罗崇岳	杨 琼	彭彦充
周易同	李 庆	左 赞	刘 瀚	袁 芳	许 起
陈伯良	赵 熙	何 淡	柳 瑛	路 璋	石 澄
范 纯	夏 积	刘伯川	刘任治	郭 澄	王 瑶
庞 胜	彭 韶	杨 礼	陈 懋	黄 宪	徐文潍
刘 澄	卢 钟	黄 埙	孙 信	夏 澄	郑 萧
陈 瑾	陈 迪	谢 芳	门 相	潘 洪	李 佐
叶 华	计 昌	刘 槃	杨士倧	宋 讷	朱 贞
叶 敏	曾 文	展 毓	于 钦	石 后	唐 珣
杨 冕	徐 显	陈 载	张 璜	王 显	胡 深
刘 隆	吴 远	张 纛	夏志明	冯 安	万 翼

赵瑛　　罗训　　蒋云汉　袁洁　　刘本　　杨继宗
胡信　　游浩　　孟颛　　陈纲　　周谟　　蔡志
冯敬　　彭果　　陆镛　　郑克和　严祖兴　邹和
冯孜　　何衷　　吴森　　杨寿　　端宏　　俞泽
乐章　　冯银　　刘观　　李璲　　孔宗显　倪颐
杨完

第三甲一百九十四名

姚昶　　白昂　　王道　　应瀚　　谈伦　　蔡哲
杨魁　　徐虞　　王竖　　刘铎　　黄金　　李澄
卢茂　　邵震　　金酝　　王预　　黄篯　　梁昉
吴道宏　刘秩　　喻本中　吴锡　　陈渤　　刘溽
王克复　范奎　　文志贞　霍鉴　　刘必贤　吴珵
吉惠　　庄澈　　刘俊　　朱稳　　张鉴　　尹进
姜清　　杨瓒　　刘溥　　王存礼　胡谧　　崔仪
王冕　　文宜　　毛弘　　杜鈜　　王道　　黎逊
孙芳　　秦民悦　林棨　　徐贯　　胡琏　　张本济
乔凤　　郑勤　　梁明　　蔡麟　　赵杰　　许聪
王佐　　于懋　　周正　　邢表　　刘璋　　方朝宗
梁材　　方嵩　　宋宾　　张祚　　王渊　　李纲
汤琛　　马驯　　韩祺　　顾正　　韩文　　黄观
李祥　　朱宽　　王翰　　霍贵　　常宁　　车振
吴忱　　凌文　　徐源　　卢信　　薛璘　　顾以山
魏元　　张洽　　谢敬　　潘珪　　张纲　　宋德
吴浍　　韦嵩　　吴宁　　林迪　　左贤　　张翮
锺震　　张祥　　丁璐　　左明善　程万里　黄缙
徐贯　　陈铖　　邢正　　周同伯　纪逾　　吴渊
徐英　　李炯然　上志　　裴慧　　晏文显　何礼
方中　　马体乾　卢雍　　赵文萃　陈骐　　陶镕
赵通　　张伦　　曹奇　　赖正　　韩恭　　崔浩
简嘉诰　夏环　　吴真　　罗修　　熊怀　　李端
程霓　　胡睿　　罗广　　陈亨　　李森　　王瓒
周琳　　曾瑄　　吴琮　　张戟　　熊瑞　　陈爵
崔珣　　吴绎思　莫谦　　张宾　　王秉彝　潘琴
刘诚　　易居仁　程广　　吴逊　　沈珤　　郭良瑄
董振　　陈珍　　周峻　　李赞　　高橙　　田瑄
严萱　　周辙　　方佑　　段宁　　杨孟芳　高安

顾能	李翔	徐茂	毕玉	杨大荣	徐贵
顾镜	章颙	龚鼎	林孟乔	钱达	李麟
白凤	刘昊	雷霖	马桓	王雯	黄锺
屈祥	李和				

吴讷卒，年八十六。《明英宗实录》卷二百七十六"天顺元年三月己卯（十六日）"："致仕南京都察院左副都御史吴讷卒。讷，字敏德，直隶常熟县人。初精医术，永乐间，以博士荐至京师，召入便殿，奏对称旨，太宗悦之，俾侍阙庭，以备顾问。洪熙改元，授监察御史，巡按浙江，首访风谣，察吏治，赫然有声。明年，巡按贵州，恩威并行，夷氓畏服。及代还，有诣阙请留之者。宣德间，特升南京都察院右金都御史，寻升左副都御史。讷感三朝知遇，益励忠勤，大学士杨士奇称其有古人风度。后以老恳求致仕，吏部请留，不获，宴劳而遣。至是卒。讣闻，遣官谕祭。讷自少颖悟异常，甫七岁能背诵五经，及长，博洽群书，发为文章，率根据理致，不为浮靡之习。所著有《思庵集》、《小学集解》、《性理群书补注》、《详刑要资》诸书，及编《文章辩体》、《草庐文粹》传于世。乡人仰慕之，列于言偃祠。"

进士杨瑄为吏部主事。（据《国榷》卷三十二）

四月

任命春坊、翰林院诸官。四月甲子朔，命国子监祭酒刘铉为詹事府少詹事，翰林院侍讲孙贤为左春坊左中允，修撰刘翊为右春坊右中允，编修牛纶为左赞善，刑科左给事中司马恂为右赞善，翰林院编修徐溥兼校书，礼部员外郎吴谦兼正字，国子监学录孔公礼为詹事府主簿，鸿胪寺序班王辐、崔嵩俱为通事舍人，以将立皇太子，先设官僚也。己巳，遣忠国公石亨为正使，靖远伯王骥为副使，册皇太子；宁阳侯陈懋为正使，兴济伯杨善为副使，封见潾为德王；太平侯张轼为正使，吏部尚书王翱为副使，封见澍为秀王；会昌侯孙继宗为正使，兵部尚书徐有贞为副使，封见泽为崇王；文安伯张軏为正使，礼部侍郎邹干为副使，封见浚为吉王。（据《馆阁漫录》卷四《天顺元年》）

命武功伯徐有贞兼华盖殿大学士。《馆阁漫录》卷四《天顺元年》：四月，"癸酉，封兵部尚书兼翰林院学士徐有贞为武功伯，食禄一千一百石，子孙世袭指挥使。初，有贞请于石亨曰：'愿得为武弁以从兄后。'亨为言之，上曰：'令有贞且行事，此爵不患不得。'至是亨复言，故有是命。升吏部右侍郎兼翰林院学士李贤为本部尚书，仍兼翰林院学士，任职如故。丙子，命武功伯徐有贞兼华盖殿大学士，仍兼供职于文渊阁。又赐勋号散官为奉天翊运推诚宣力守正文臣、特进光禄大夫、柱国，给诰券，本身免二死，子免一死，追封三代及妻。"

礼科给事中何琼言岁贡之弊，请严加考选，其经书文义堪出仕者存留，鄙猥残疾及年六十以上者罢回为民。《明英宗实录》卷二百七十七：天顺元年夏四月辛丑，"礼科给事中何琼言：'臣闻设学校以养士，盖欲得贤才以臻至治也。我国家取士，莫先于科贡二途。然由科举而仕者，多得其人，由岁贡而出者，多非其人。夫岁贡之设，岂专取其下于科举之人哉？始者有司考其学行端庄文理优长者，贡之至京，翰林院复考其中式者送国子监肄业，不中者有司教官皆受决罚，其严如此。近年以来，府州县官视为虚文，不察学行之端庄，不顾文理之通否，但取食粮年深者贡之。苟资次该贡，虽残疾衰老昏昧鄙猥者，一概起送。其或有壮锐者，亦多无志科目，苟延岁月之鄙夫。及其到部，执政者惟出易题以顺其情，应贡者惟记旧文以幸其中，不能记者则又私相传递其文，考卷官一概滥取。及送入国子监，须十余年方得取用，或授以郡县之职，其动静举止已无所措其手足，又焉能立政事，革吏弊，而子庶民哉！惟贪婪剥削以为还家养老之计而已。臣切惟，岁贡者国家求贤之路，学廪者国家育才之具，郡县者国家牧民之所，以求贤之路而为有司市恩之私，以育才之具而养朽腐无用之物，以牧民之所而授衰朽贪婪之流，思念至此，宁不为之痛心哉！若非端本澄源，痛革斯弊，则贤才何由而得？生民何由而安？天下何由而治哉？恭遇皇上重登大宝，维新政化，乞敕礼部都察院刚正堂上官，严加考选，其经书文义堪以出仕者存留，鄙猥残疾及年六十以上者罢回为民。仍行巡按御史布按二司官，将府州县学生员，不通文理，人物鄙猥残疾，年五十以上者，不许充贡。五十以下，曾经乡试未中者，考试中式，方许起送。其翰林院考试之际，务要严加防范，不许姑息滥取。考不中者，原考御史布按二司官，罚俸三月。如此，则非惟上有所畏，尽其教养之心，抑且士知所重，奋其向学之志，将见所贡莫非有用之才，太学储养悉皆英锐文学之士，以之而授民社之寄，政事焉有不理，生民焉有不安者乎？此虽一事，关系甚大，兴利除害，莫先于此。伏乞皇上念苍生困穷之由，断自宸衷，采而行之。'疏入，上命礼部详看以闻"。

前吏部尚书何文渊卒。《明名臣琬琰续录》卷七章纶《吏部尚书何公行状》："公讳文渊，字巨川，姓何氏，江右广昌人也……公生于乙丑十二月三十日，幼而英迈，年七岁入社学，从乡先生读书，过目成诵。群儿或窃瓜果以奉，公却之曰：'童稚之年，讵可习为盗贼哉？'识者叹其不凡。永乐初，选补邑庠生。时父兄继丧，公昼则经营家事，夜则刻苦读书。涵濡既久，经史百氏无不贯通，发为文章，咸中矩度。岁戊戌，登李骐榜进士第……（正统）辛酉六月旱，诏公审覆在京罪囚，多所平反……时公以疾屡欲告归，而少师杨公士奇、少保杨公溥勉留之，且拟大拜，公以疾力求罢，上乃许之。既归，杜门不出，惟课童仆耕垦、教子读书而已。己巳八月，车驾北狩，郎邸摄位，诏起之。遂驿召于家，既至，以为吏部左侍郎……天顺元年四月十一日，得疾，语诸子曰：'吾尝为温守，温民戴吾亦深。今去温数十年，然心未尝不在温也。我死，神气必归温矣。'越三日，正衣冠而坐，索纸笔，书口占律诗一首，付长子宗，投笔而逝……章某亲受业于公者也，故述其梗概为行状，以俟名公志而铭诸。纮谨按：恭毅章公为公之门人，故道公之盛德为详。呜呼！亦伟人也。惟景泰间易储一事，不免为盛德之累耳。"《明孝宗实录》卷一百九十四"弘治十五年十二月庚申（二十二日）"："乔新，性刚介寡与，自少好学，至老不倦。为文精采，有矩度。尤长于吏事，然量颇隘，议法颇深。初景泰谋易皇储，草诏大学士陈循起句云'天佑下民作之君'，而窘于对。

乔新父吏部尚书何文渊适在侧，即应声曰'父有天下传之子'。迨天顺改元，与谋易者多斥，遂罢归。乔新时为刑部主事，因见黄竑、徐正处以极刑，恐祸及己，乃贻书劝其父自引决，文渊果自尽。士论耻之。"王世贞《弇山堂别集》卷二十四《史乘考误》五："史于何文肃公乔新卒条下谓：'乔新时为刑部主事，因见黄竑、徐正处以极刑，恐祸及己，乃贻书劝其父引决，文渊果自尽。士论耻之。'此亦焦泌阳怼笔也。正德中，柄史者力为辩其诬。然考之天顺录云：'致仕后，上复位，革宫保，文渊自以与议易太子，首发父有天下之言，虑有奇祸。时副都御史陈泰左迁广东按察副使，道经广昌，人有传泰来抄提文渊者，惧，即自缢死。后为人所奏，差官启椁验之，果然。'则劝文渊引决之说诬，而自尽之说实也。野史以为出江渊，大概以文势考之，恐先有'父有天下传之子'，而借'天降下民作之君'以对之耳。又文渊以四月卒，而黄竑、徐正以五月诛。大抵未可信。"

工科给事中耿裕改翰林检讨，避父九畴总宪也。（据《国榷》卷三十二）

诏处士中学贯天人、才堪经济、隐居高尚、不求闻达者，所司以闻。（据《国榷》卷三十二）

五月

甲子，升吏部右侍郎兼翰林院学士许彬、薛瑄俱为本部右侍郎，仍兼学士。（据《馆阁漫录》卷四《天顺元年》）

六月

吕原入内阁，预机务。《国榷》卷三十二："（天顺元年六月）庚子，通政司左参议兼翰林院侍讲吕原直文渊阁。"《明鉴纲目》卷三："纲：以通政司参议兼侍读吕原（字逢原，秀水人）入内阁，预机务。目：原内端外和，石亨、曹吉祥皆敬之。每大议，事有不可，据理争，未尝谀言媚色徇人。"

薛瑄致仕。《国榷》卷三十二："（天顺元年六月）壬寅，礼部左侍郎兼翰林院学士薛瑄致仕。石亨欲为请敕教其乡，瑄曰：'元世祖赐许鲁斋敕，令设教，鲁斋归悬屋梁，终身不示人。今若设教，曷若不辞官为愈乎！'行至直沽，饷乏，子惇有愠色。瑄曰：'吾道自亨也。'"《明鉴纲目》卷三："纲：礼部侍郎兼学士薛瑄致仕。目：瑄在内阁数月，见石亨等用事，叹曰：'君子见几而作，宁俟终日？'遂致仕去。"

岳正入内阁，预机务。《怀麓堂集》卷七十一《蒙泉公补传》："天顺丁丑，英宗复辟，改修撰。上廉知其名，吏部王忠肃公亦荐之。六月，召见文华殿，上遥见，遽曰：'好！'既升陛，登殿，连曰：'好，好。'问年若干，对曰：'四十。'上曰：'正好。'问何处人，对曰：'漷县。'上曰：'又是此北方人。'问治何经，曰：'《尚书》。'上曰：'是《书经》，尤善。'问何科进士，对曰：'正统十三年。'上益喜曰：'又是我所取者。'乃顾谓曰：'今用汝内阁参预机务，凡事为朕主张。许彬老矣，不足恃也。'公顿首辞至再，乃出赴阁。至左顺门，石亨、张轨自外入，愕然曰：'何以至此？'公不敢对。时亨、轨已不平。比入见，上曰：'今内阁朕自访得一好人。'亨、轨请为谁，上曰：'岳正。'亨、轨阳贺曰：'诚佳。'上曰：'但官小耳。今须与吏部左侍郎兼翰林院学士，如何？'亨、轨因奏曰：'陛下欲升正，亦甚易。但姑试之，果称职，未晚也。'上默然。盖亨辈以事非己出，故挠之云尔。自是宣召赐赉，络绎于道，公感上知遇，锐意功业，知无不言，言必尽肝腑。"《殿阁词林记》卷九《亲擢》："时修撰岳正每开口论事，以世务自许，大内廉知其名，吏部尚书王翱亦荐之。天顺元年六月，召见文华殿，上见遽曰：'好。'问年几何，对曰：'四十。'又曰：'正好。'问何处人，对曰：'漷县人。'又曰：'又是北方人。'问治何经，曰：'《尚书》。'上曰：'是《书经》，尤善。'问何科进士，对曰：'正统十三年。'上益喜曰：'又是我所取者。'乃顾曰：'今用汝内阁参预机务，凡事为朕主张。许彬老矣，不足恃也。'正顿首辞至再，乃出赴阁。九月朔，御文华殿，召太常少卿兼侍读彭时入见，令近榻前，问曰：'汝是正统十二年状元邪？'对曰：'不才误蒙宠渥拔擢，至今感戴不忘。'因叩头者三。又曰：'第二名是陈鉴？第三名岳正呵？'对曰：'是。'又问：'今年几何？'对曰：'臣犬马之齿四十二。'上曰：'正好用。出外吃酒饭。'时叩首谢命，赴文渊阁办事。盖前此未尝无亲擢者，观此，倚毗宰辅、礼重儒臣之意可知矣。咨询必及其年者，岂不以老成谋国，必有徽猷，新进少年，或至败事欤？用人慎始如此，真可为后世法。"

故监察御史锺同赠大理寺左寺丞，子荫国子生。（据《国榷》卷三十二）

进士冉哲、李本、袁恺为给事中，哲户科、本礼科、恺兵科。（据《国榷》卷三十二）

七月

李贤入内阁，预机务。《馆阁漫录》卷四《天顺元年》：七月"庚午，升吏部左侍郎李贤为本部尚书兼翰林院学士，掌文渊阁事。贤辞尚书，上不允"。《明鉴纲目》卷三："纲：秋七月，进李贤吏部尚书兼翰林学士，复入内阁，预机务。目：石亨知帝向贤，虽恨贤，无如何，乃佯与交欢。贤亦深自匿，非宣召不入。而帝益亲贤，顾问无虚日。（时帝亦厌亨、吉祥骄横，屏人语贤曰：'此辈干政，四方奏事者，先造其门。朕今一断之至公，趋附者当自息。'贤曰：'愿陛下制之以渐。'时亨、吉祥犹用事，贤顾忌不敢尽言，每从容论对，所以裁抑之者，甚至。）"

礼部请禁止监生预先送部待缺。从之。《明英宗实录》卷二百八十：天顺元年秋七月壬申，"礼部奏：'本部会官计议各处建言民情，应用监生十人誊录奏词，周年更替。近年以来，监生营求，预先送部待缺，仿效成风。况其间多有书写粗疏，文理不晓者。似此奔竞，丧其良心。请移文国子监，今后本部书写民情监生，并各司书本监生，直待一年满日，移文到监，方许挨次选补，不许似前营求，越次出监。违者拏送法司究罪，以革偷薄之风。从之"。

改许彬为南京礼部侍郎。《国榷》卷三十二："天顺元年七月庚午，礼部左侍郎兼翰林院学士许彬调南京。彬夙有文誉，顾坦率无简择，一时放荡之士尽出其门。晚欲谢绝，遂腾谤议。"

岳正谪为钦州同知。《明英宗实录》卷二百八十："天顺元年秋七月辛未（初十）"："调翰林院修撰岳正为广东钦州同知。"《怀麓堂集》卷七十一《蒙泉公补传》："公间为上言曹、石势太盛，虑有变，宜早为节制。上曰：'汝以朕意告之。'公径造亨，讽令稍自敛戢。二人怨之益深。会承天门灾，上下诏罪躬。公视草，历陈弊政，词极切直，天下传之。遂有飞语指为谤讪，七月内批，降广东钦州同知。道潮，以母老留阅月。尚书陈某者，曹、石党也，憾公尝言其不可用，至是嗾逻者以私事中之，逮系诏狱，考掠备至。谪戍肃州镇夷所，所居京第为幸臣都督李铎所夺。至涿州，夜宿传舍，手梏急，气奔且死。涿人杨四者，颇尚意气，为祈哀解人，其人怒不肯，杨醉以醇酒，伺其酣睡，谓公曰：'梏有封印，奈何？'公教之曰：'可烧鏊令热，以酒将纸就炙之。'纸得燥，皆昂起，因去钉脱梏，剔其中，复钉封之。其人觉有异，杨说之曰：'业已然矣。今奉银数十两为寿，不如纳之。'公乃得至戍。时太监猛虎石镇甘肃，相传有密谕：须生不须死。镇巡而下，亦雅重之，致客礼焉。"

徐有贞复下狱，发配金齿。《明英宗实录》卷二百八十"天顺元年秋七月乙丑（初四）"："广东右参政徐有贞下狱。"《馆阁漫录》卷四《天顺元年》：七月，"乙丑，广东右参政徐有贞下狱。黜徐有贞为民。有贞既左迁广东右参政，会有以飞章谤诽者，上疑有贞所为，差官追至德州执还，命锦衣卫及三法司杂治之。初，有贞封武功伯，例给诰券。有贞自为制文，其辞曰：'朕惟褒有功，显有德，国家之令典，天下之大经也。若夫定策以安宗社，代言而赞皇猷，自古为难，于斯乃得。眷惟文武之全才，宜典钧枢之重任。咨尔兵部尚书兼翰林院学士徐有贞，才堪华国，道足经邦，资弘毅而秉忠纯，贯天人而通今古，早擢贤科，首登制举，简自先朝，贻于朕用。史馆秉春秋之笔，经筵陈仁义之言。作镇北州，已展勤王之伟略；治河东郡，复成缵禹之神功。由是叙长宪台，总司风纪。乃者奸臣谋变，社稷几危，赖尔忠诚，以定大策，遂能拥戴朕躬，光复天位。乃自中丞之职，进兼司马之官，展采论思，升华宥密，谋猷具善，启沃良多。夫既属以心腹，而任之股肱，是宜酬其劳勋，而胙之茅土。爰锡西周之世封，用承东海之宗佑，兹特封尔为奉天翊运推诚宣力守正文臣、特进光禄大大、柱国、武功伯，食禄一千一百石，子孙世袭指挥使，仍命尔兼华盖殿大学士，掌文渊阁事。於戏！中外宣力，朕惟用尔以功；左右纳忠，尔惟辅朕以德。居黄阁而兼典戎机，信乃禁中之颇、牧；直紫宸而弥纶国体，允惟王室之甫、申。尚匹休于前人，用弛荣于来裔。永崇世禄，光我命封。'词成，杂制语进之，朦胧给授。至是，上于文华殿出示三法司，命会多官议拟以闻。明日，刑部等衙门左侍郎周广衡等，论有贞本奸邪小人，鄙陋庸夫，叨蒙圣恩，历任显要，不能感恩报德，乃敢玩法欺公，诈为制文，窃弄国柄，自谓其文可比迹于仲尼，妄论厥绩能希踪于神禹。扬其才猷，则曰资弘毅而秉忠纯；夸其学识，则曰贯天人而通今古。武略无能，乃自处禁中之颇、牧，王室之甫、申。甚者敢以定策拥戴为己功，谋猷启沃为身任。妄自尊大，居之不疑，不臣不忠，莫此为至。宜如律斩之市曹，为人臣欺罔之戒。疏入，上曰：'有贞罪固不容，但犯在赦前，其宥死，押发云南金齿为民。'"

八月

八月壬辰朔。癸巳，调南京礼部左侍郎许彬为陕西布政司右参政。丁酉，释奠孔子先师，遣吏部尚书兼翰林院学士李贤行礼。甲寅，复除翰林院编修王俣仍旧任，以亲丧服阕也。（据《馆阁漫录》卷四《天顺元年》）

命诸进士为试监察御史。行人李胜、杨暹，博士王祥，进士马骢、俞璟、程万锺、知县刘誉，训导章璠、康弘敬、顾俨，监生韩槃、侯由、何楚英、李开、余亢、周祐、李蕃、朱铉、周杰、曾相、朱让、易广、王俨、刘庆、裴斐、孙泰、李旻、王屿、冯昱，俱试监察御史。（据《国榷》卷三十二）

九月

彭时入内阁，预机务。《馆阁漫录》卷四《天顺元年》："九月壬戌朔。甲子，命太常寺少卿兼翰林院侍读彭时于内阁参预机务。"

储巏（1457—1513）生。字静夫，泰州人，成化甲辰进士，授南京吏部主事，历郎中，改北司考功，升大仆寺少卿，进本寺卿，转都察院右佥都御史，历户部左右侍郎，改吏部。卒谥文懿。有《柴墟文集》。《息园存稿文》卷六《通议大夫南京吏部左侍郎储公行状》："公生而颖异，六岁读书，过目成诵。九岁善属文，选充州学弟子员。十六食廪，应乡试，名闻京师……生于天顺丁丑九月二十一日亥时。"

调翰林院检讨耿裕为凤阳泗州判官。裕，右都御史耿九畴子，以兵部尚书陈汝言言其父既外任，其子不当在京，故有是命。（据《馆阁漫录》卷四《天顺元年》）

刘俨（1394—1457）卒。《馆阁漫录》卷四《天顺元年》：九月，"癸酉，太常寺少卿兼翰林院侍讲刘俨卒。俨字宣化，江西吉水县人。登正统壬戌进士第一，授翰林院修撰。秩满，升侍讲。未几，进右春坊大学士兼侍讲。与修《历代君鉴》及《寰宇通志》，书成，升太常寺少卿兼侍读。景泰七年，考顺天府乡试。大学士陈循、王文有子不中，共诬俨，欲致极典，赖大学士高谷言，朝廷卒直俨。至是卒，赠礼部左侍郎，谥文介，敕有司为营葬祭。俨果毅有为，遇事直遂，无所回互。为文章善议论。平居孝亲敬兄，笃于伦谊，作义仓以周宗党，士论多之"。

谪广东钦州同知岳正充陕西肃州卫镇夷千户所军正。《馆阁漫录》卷四《天顺元年》：九月，"庚寅，谪广东钦州同知岳正充陕西肃州卫镇夷千户所军正。既以忤太监吉祥等，调出外补。兵部尚书陈汝言素附吉祥，密令校尉言正尝夺公主田，今命下，又迁延不行，遂征下锦衣卫狱。上曰：'正职居翰林，违法如此，罪不可宥。'故有是命。仍以所夺田与民耕种"。

进士卢秩为河南道监察御史。（据《国榷》卷三十二）

十月

处士吴与弼被荐。《殿阁词林记》卷二十一《隐逸》："处士吴与弼之见荐也，天顺元年十月，上遣行人曹隆敕曰：'渴望来仪，以资启沃。'二年五月壬寅至京师。时特召大学士李贤问曰：'与弼授以谕德何如？'贤对曰：'可。然谕德有左右。'上曰：'与之左。'授左谕德，与弼固辞。上御文华殿召对，赐纱罗羊酒柴米。有旨：'朝廷久闻高谊，特用征聘，今惠然远来，喜悦。然币以将诚，官以命德，礼非过也。不允所辞。'或劝就职，与弼曰：'浅陋之学，衰病之躯，岂堪任使，敢窃禄哉？'再疏辞。上褒答之，有曰：'亦不烦卿以冗务，特处以宫僚之职，不必再辞。'戊申，大学士李贤请旨，召入内阁讲《中庸》。己酉，三疏辞，且请阁中秘书。有旨：'固辞虽得难进之义，揆之中道，无乃过乎？欲观秘书，可勉就职。'丙辰，令其子璞赴吏部告疾。七月庚寅，四疏终辞。奉旨：'既年老有疾，不能供职，准辞。'丙申，进封事十策，一曰崇圣志，二曰广圣学，三曰隆圣德，四曰子庶民，五曰谨教令，六曰敦教化，七曰清百僚，八曰齐庶政，九曰广言路，十曰君相一德同心。己未，召入文华殿，上眷赉无已，赐以银币，给以月廪，复遣行人王惟善送归，仍赐诏褒嘉，示以拳拳至意。与弼既辞，上敕惟善曰：'天气近寒，吴与弼年老，一路好生看顾，莫教他费力。'古帝王褒贤之盛节，大臣推贤之盛举，于是乎至矣。"《馆阁漫录》卷四《天顺元年》："十月辛卯朔。乙未，命故吏部右侍郎兼翰林院学士曹鼐孙荣为锦衣卫世袭百户。壬寅，忠国公石亨言：'臣闻江西抚州府崇仁县处士吴与弼，乃故国子监司业溥之子，学贯古今，行著乡曲，出为世用，必有可观。乃固守恬退，不求仕进，乞遣官赍敕币径造其所，敦聘至京，崇以禄位，俾展嘉猷。'上善其言。遣行人曹隆赍敕往征之。"

禁四品以下官员子孙以父祖远年事功入国子监。《明英宗实录》卷二百八十三：天顺元年冬十月，"丁巳，礼部奏：'朝廷设国子监，所以储养天下科贡之士，以备任用。近年内外官员子孙，多有敷叙父祖远年事功，希求入监，名虽补报朝廷，实则苟幸进取。宜敕自后京官三品以上子孙，愿入监读书者听，然必责其科目出身。其四品以下子孙，不许。'上曰：'国子监乃育材之地，其可滥进豢养之子，以启奔竞之风。礼部言是，宜申禁之"。黄佐《南雍志》卷三《事纪》："天顺元年冬十月己酉，礼部议以今后在京三品以上官员之子，有奏愿入监读书者，务要科目出身，不许历事。上从其言，且曰：'国学乃育材之地，今后不许滥进。'自是非三品子孙，不得乞恩，遂为令。"《国榷》卷三十二："（天顺元年十月）丁巳，定京官科目三品以上子孙许入国子监，四品以下不允。"

为故太监王振立祠。《明鉴纲目》卷三："纲：冬十月，诏为故太监王振立祠。目：

帝悯念振，复其官，刻香木为振形，招魂以葬，建祠祀之，赐额曰旌忠。（罗绮赴广西，过家未行，会磁州同知龙约自京还，与绮言天子为王振建祠赐葬事，绮叹曰：'朝政如此，吾辈自应降黜。'怨家闻而告之，帝大怒，立捕绮下狱，籍其家，成化初，始释为民。）"

释建文帝少子文奎。《明鉴纲目》卷三："纲：释建庶人文奎。目：文奎，建文帝少子，永乐初，幽中都，号为建庶人。帝怜其无罪久系，释之。（帝先问李贤，贤顿首曰：'此尧舜用心也。天地祖宗，实式凭之。'帝意遂决。）即凤阳赐室宇奴婢，月给薪米，听婚娶出入。文奎系时方二岁。至是已五十七，出见牛马，亦不能识。未几卒。"

十一月

丙子，定文官封赠诰敕例。一品四道，二品、三品三道，四品至七品二道。中书舍人刘福奏请也。庚寅，加赠故吏部左侍郎兼翰林院学士曹鼐为特进光禄大夫、太傅、吏部尚书、文渊阁大学士，谥文忠。先是，鼐扈驾征虏，没于阵，已赠少傅、吏部尚书、文渊阁大学士，谥文襄。至是，其子恩复陈情乞加赠改谥，故有是命。（据《馆阁漫录》卷四《天顺元年》）

十二月

不允年幼国子监官生历事出身。《明英宗实录》卷二百八十五：天顺元年十二月癸巳，"国子监官生，例在监十年，然后许令历事出身。及是，兵部奏请，选监生能书者，不限年月浅深，送部写本，日满选用。于是祭酒陈询言：'官生在监者多善书，乞通选之。'上曰：'官生类多年幼，必须作养成就。今遽令出身，非所以成就之也。'不听"。

诸官升转。十二月辛卯朔。乙未，升云南右布政使陈文为广东左布政使，福建都转运使严贞为云南布政使。己酉，命太常寺少卿兼翰林院侍读彭时升兼翰林院学士。改通政司左参议兼翰林院侍讲吕原、刘定之、倪谦，尚宝司少卿兼侍讲林文、李绍，俱为翰林院学士；尚宝司少卿兼翰林院编修钱溥为侍读学士。（据《馆阁漫录》卷四《天顺元年》）

封曹钦为昭武伯。《明鉴纲目》卷三："纲：十二月，封太监曹吉祥养子钦为昭武伯。"

罗亨信卒，年八十一。《国榷》卷三十二："（天顺元年十二月乙卯）前左副都御史罗亨信卒。亨信字用实，东莞人，永乐甲申进士。授工科给事中，坐累谪吏交阯。起御史，荐进右佥都御史，练兵平凉有功，改督宣大军储二十年。己巳之变，宣府几不守，亨信坐南门令曰：'敢弃城者斩！'人心始固。进右副都御史。明敏负才，遇事敢任，或谓廉谨不足云。"

本年

　　董沄（1457—1533）生。张惟骧《疑年录汇编》卷六："董萝石七十七沄，生天顺元年丁丑，卒嘉靖十二年癸巳。"黄宗羲《明儒学案》卷十四："董沄字复宗，号萝石，晚号从吾道人，海盐人。"

　　孙鼎于本年或稍后提督南畿学政。张萱《西园闻见录》卷四十五《提学·往行》："孙鼎，庐陵人。永乐间以乡荐，历松江儒学教授，杨文定公溥荐擢监察御史。天顺初，提督南畿学政。岁庚午，上方北狩，鼎小试罢，谓诸生曰：'诸君从有司，例当簪花燕饮，第今日乃臣子枕戈之秋，老夫不敢陷诸君于不义。'乃止与饮茶，命从中道行，自步送出，诸门人皆谓得体。公每巡历，戒诸生毋候迓，舟行至学舍旁，数夫肩小舆猝入，无知者。师弟子既集便门，试之，试文不以完篇，题数首，随阅随差次之。比毕，诸生犹在堂，而已发文案，私请自无所入。有过者未始轻发，惟自讼格其心，而大戾者必黜。一日庭中橘熟，命摘与诸士同啖，人一枚，一士辄取二枚，问之，曰：'将遗母。'孙大称赏，令摘益予之。其行与天台陈选大略相似，二君江南士人人能诵之。"

明英宗天顺二年戊寅（公元 1458 年）

正月

　　程南云卒。《馆阁漫录》卷四《天顺二年》："正月庚申朔。己丑，太常寺卿兼翰林院侍书致仕程南云卒。南云，江西南城县人。以善书与修《永乐大典》，授中书舍人。升吏部稽勋司郎中兼翰林院侍书，供职内阁，历官至太常寺卿。正统初，奉命书长陵等碑。天顺初致仕。至是卒，遣官谕祭，命有司营葬。南云颇读书，精篆隶行书，为宣庙所喜，宠赉甚厚，四方求其书者无虚日。为人亦爽闿疏达，好贤乐士，尤稔交贾豪，然颇不矜细行。"

二月

　　释奠先师孔子，遣吏部尚书兼翰林院学士李贤行礼。据《馆阁漫录》卷四《天顺二年》。

闰二月

吏部尚书兼翰林学士李贤等请增定诸司职掌，从之。《馆阁漫录》卷四《天顺二年》："闰二月己未朔。丁丑，吏部尚书兼翰林院学士李贤等言：'洪惟祖宗创业垂统，立经定制，为万世法则，久而后备。臣等伏读诸司职掌，系洪武年间所修，彼时制度尚未有定，以后渐加增损，与前或异，若不重新编纂刊正，难以考据遵行。乞令各衙门查照洪武、永乐以来更定在京衙门并官员职名等项，逐一备细明白开报，本院委官数员，仍照旧式类编为书完备进呈，官为刻印，须与各衙门遵守施行，是亦皇上继志述事之一端也。'上是其言，命各衙门查报。"

三月

袁忠彻卒。《馆阁漫录》卷四《天顺二年》："三月戊子朔。乙丑，尚宝司少卿袁忠彻卒。忠彻浙江鄞县人，太常寺少卿廷玉之子。廷玉善相人，忠彻得其传，累侍廷玉谒见太宗于潜邸。永乐初，授鸿胪寺序班，历中书舍人、尚宝司丞，进升本司少卿。相人多奇中，先后金币之赐甚多。为人外刚而内险陂，太宗常询群臣状貌，与有隙者，因言其短，用是人多畏惮之。"

吏部、礼部会翰林院选拟皇太子出阁侍班、讲读等官以闻。《馆阁漫录》卷四《天顺二年》："壬寅，礼部请皇太子出阁读书，上命吏部、礼部会翰林院定拟讲读仪注以闻。己酉，吏部、礼部会翰林院选拟皇太子出阁侍班、讲读等官以闻。侍班官则吏部尚书兼学士李贤，日侍不更；太常寺少卿兼学士彭时、翰林院学士吕原，每人更侍一日；詹事府詹事陈文、李绍、刘定之，侍读学士钱溥，每人更侍一日。讲读官翰林院学士倪谦、尚宝司卿兼侍讲黄谏，尚宝司丞兼编修万安、李泰，左春坊左中允孙贤、右春坊右中允刘珝、左春坊左赞善牛纶、右春坊右赞善司马恂八人，更番四人一日。侍书官太常寺少卿黄采、中书舍人兼正字吴谦，二人更侍一日。上悉从之。"

命两京天文生、阴阳生及官生子弟，许就两京乡试。《明英宗实录》卷二百八十九：天顺二年三月甲午，"掌钦天监事礼部右侍郎汤序奏二事。一、两京天文生、阴阳人及官生户下子弟，能读习三场文字者，远离乡土，不能回还，宜令就两京报名科举，有中式者，依资格出身。其天文生、阴阳人，仍于本监录用。户下子弟，果有能习天文历数者，听从本监保奏录用。一、自亲王以下及文武大臣之家，例当有司营葬者，往往夫妇异葬，各造坟茔享堂，不惟劳民伤财，抑且有乖礼度。今后宜令夫妇同坟茔享堂，庶便于民，且合乎礼。事下礼部议，俱从之"。

四月

太子始讲学于文华殿。《殿阁词林记》卷二十《出阁》:"永乐以前,储宫皆年长始出阁。英宗未及出阁,遂登大宝。故出阁之仪,至天顺二年始定。其讲学师友,惟用东宫官及本院官分班讲读,内阁提督之,不别选他职。其讲读、侍班及正字官,从内阁具名奏请。每日讲书直解,先送内阁定,讲毕补进,与经筵同,以史官修撰、编修兼之,校书、正字以制敕房官兼之。《会典》载初出阁仪云:'是日早,侍卫、侍仪如常仪,执事等官于文华殿行四拜礼毕,鸿胪寺请皇太子升文华殿。执事官导引至殿升座,师、保等官于丹陛上行四拜礼毕,各官退出。内侍官导皇太子至后殿升座,以书案进。每日侍班、侍读、讲官以次进读,叩头而退。'每日读讲仪云:'每日早朝退后,皇太子出阁升座,内侍以书案进,不用侍卫、侍仪、执事等官,惟侍班、侍读、讲官入行叩头礼毕,分班东西向立。内侍展书,先读《四书》,则东班侍读官向前伴读十数遍,退复原班;次读经书,或读史书,则西班侍读官向前伴读,亦如之。务要字音正当,句读分明。读毕,各官退。每日巳时,侍班、侍读、侍讲及侍书官候皇太子升座毕,入班西向立侍班。内侍展书,先讲早所读《四书》,则东班侍讲官进讲一遍,退复原班;次早讲所读经书史,则西班侍读官进讲,亦然。务要直言解说,明白易晓。讲毕,内侍收书讫,侍书官向前侍习写字,务要开说笔法,点画端楷,写毕,各官叩头而退。午后,从容游息,或习骑射,晚读本日所授书各数遍,至熟而止。凡读书,三日后一温,须背诵成熟,遇温书日,免授新书。讲官通讲,须晓大义。凡写字,春夏秋月,每日写一百字,冬月每日写五十字。凡遇朔望节假及大风雨雪隆冬盛暑,暂停读讲、写字。'今按此仪,稍变永乐之旧矣。成化中孝宗出阁,最勤学。十九年,御制《文华大训》成,少詹事彭华进讲,左中允周经预讲是书,东宫每起立拱听,内阁辅臣请坐讲,从之。弘治中,武宗在东宫,学士吴宽率同僚上疏曰:'惟东宫讲学,自寒暑风雨朔望令节外,一岁之中不过数月,一日之内不过数刻,况八岁出就外傅,居宿于外,诚欲离近习、亲正人也,庶民且然,况有天下者乎?'"《馆阁漫录》卷四《天顺二年》:"四月乙丑朔,皇太子初讲学于文华殿。玉色和粹,音向洪亮,侍臣瞻仰,无不忻悦。是后每日读书习字,常在殿之东厢,所谓左春坊也。以上退朝必御文华殿阅牍,故避居此云。"

戊寅,升翰林院侍讲周洪谟为南京翰林院侍讲,署南京翰林院事。己卯,改尚宝司卿兼翰林院侍讲黄谏为翰林院学士,仍兼编修,万安、李泰俱为侍讲。(据《馆阁漫录》卷四《天顺二年》)

复设巡抚官。《明鉴纲目》卷四:"纲:复设巡抚官。目:时廷议复设巡抚,乃命户部侍郎年富(字大有,怀远人)巡抚山东,金都御史程信(字彦实,其先休宁人,家河间)、叶盛、李秉(字执中,曹县人)巡抚辽东、两广、大同。(秉持法公正,总兵官不乐,以其专擅,帝召还,寻以谮下狱,斥为民。)"

进士姚昶为工科给事中,白昂为南京礼科给事中,杨琼为吏部主事。(据《国榷》

卷三十二）

尚宝司卿兼翰林侍讲黄谏为学士，司安兼编修，万安、李泰为侍讲。（据《国榷》
卷三十二）

五月

征江西处士吴与弼赴阙，授左春坊左谕德，与弼辞。《馆阁漫录》卷四《天顺二
年》："五月丁亥朔。壬寅，处士吴与弼陛见，上命为左春坊左谕德。与弼退，上疏言：
'昨蒙遣使赍捧敕书礼币降临衡茅，以臣为才而征聘赴阙。闻命惊惶，罔知攸措。窃缘
臣叨承父师之训，粗涉书史，而弱冠沾疾，加以立志不坚，是以虚名虽出，实学全无。
迨夫暮年，疾病愈深，夙志弥怠，何意复蒙圣明齿录。夫卑辞厚币，惟贤者可以当之，
而臣何人，敢膺旷古所希之盛典？恭惟皇帝陛下睿知聪明，圣神文武，四方风动，万国
归仁，而崇儒重道之盛心，图治济时之美意，实与天地同大，日月齐明。凡有血气者
莫不欣忭，况在于臣，敢不踊跃恭命，谨于当日望阙谢恩祗受讫。伏惟大得民之盛，何
幸逢于今日，而负且乘之讥，实难免于舆论。于是肃将敕币，谨用缄封，扶疾随使，赍
赴阙庭，以图辞免。蒙圣恩授臣左春坊左谕德，臣以菲才，既未经辞免礼币之荣，又安
敢冒昧以受宠擢之重。谨将原赐礼币进上，伏望圣慈矜臣见患两足风痹，大施旷荡之
恩，特回所命，放臣归田，少全微分，日得歌诵雍熙于水边林下，以毕馀龄，不胜万
幸。'上览奏，谕之曰：'朝廷久闻高义，特用征聘，今惠然远来，朕深喜悦。然币以
将诚，官以命德，礼非过也，不允所辞。'遂命内阁学士李贤引与弼见于文华殿，从容
顾问辞职之意，与弼对以多病之故。且言圣朝才俊济济，何用衰朽之人，上曰：'重卿
学行，特授宫僚，烦辅太子。'与弼终不领命。赐宴于文华殿，命贤待宴，复赐彩币羊
酒薪米，遣中官送至其寓舍。戊申，处士吴与弼复上疏：'伏蒙圣恩，授臣左春坊左谕
德，臣具本辞免，不允。兼蒙过假褒词，益令屡薄，不任震惊。伏念臣所以恳辞前命
者，非敢有高世之心，洁身之意，亦非敢有矫激沽名之意，实以学德荒疏，疾病缠绕，
苟不自量，冒昧供职，必有旷官之讥，又必有失仪之罪，非惟贻玷于圣明，亦且取笑于
后世，是以不避斧钺，冒渎天威。至于庭对之馀，赏以纱罗，劳以羊酒，分虽难当，不
敢有孤明眷。伏望圣慈哀臣愚诚，听臣辞免前职，容臣儒冠带衣，日近清光，以图补报
于万一。臣无任恳切待罪之至。'上曰：'朕知乃心不干仕进，故不烦以冗务，特处以
宫僚之职，不必再辞。'己酉，处士吴与弼复上疏言：'钦蒙圣恩授臣左春坊左谕德，
臣再具本辞免，不允。伏念臣一介庸夫，材非令器，误蒙圣恩甄录。初征赴阙，即加以
不世之宠，授之美官，促令供职，此急于用才之盛心，旷古帝王之希典，实千载之奇
逢，正臣子报效之秋也。缘臣学识疏谬，素多病疾，见患痰咳头风及两足疼痛，苟不自
量，冒昧供职，徒速罪戾，无补明时。臣闻汉蔡邕尝见异书，唐李邕愿一见秘书。臣僻
处山林，异书固未尝接，而秘书尤难得见，叨遇圣明，何幸如之。伏望圣慈哀臣愚诚，
听臣终辞前职，仰于下处，暂且调摄，候疾少苏，乞赐一接秘阁群书，以益管见，或备

顾问，图报涓埃于万一，不胜幸甚。干冒天威，无任恳悃惶惧待罪之至。'上曰：'固辞虽得难进之义，揆之中道，无乃过乎？欲观秘书，可勉就职。'"

署礼部事兴济伯兼尚书杨善卒。善字思敬，大兴人，郡学生。以靖难守城，除燕府引礼舍人。永乐初，进鸿胪寺序班，改鸣赞，至寺卿。正统戊辰，进礼部左侍郎。已巳，以左副都御史守门，进右都御史。明年，使瓦剌，护驾归。及复辟，封。善能应对而无学术，外和中忮。永乐中，时同庶吉士章朴下狱。时禁方孝孺集，善绐朴借上之，遂杀朴，复善秩。又媚王振。至天顺初，招权纳赂，上寝疏之。卒时或云于谦、王文为厉。年七十五。赐祭葬，赠兴济侯，谥忠敏。（据《国榷》卷三十二）

翰林院学士李绍为礼部右侍郎。（据《国榷》卷三十二）

六月

清黄监生，须三年期满，方送吏部选用。《明英宗实录》卷二百九十二：天顺二年六月，"甲申，初，兵部奏：'国子监拨监生一百名清黄。'祭酒陈询言：'旧例，监生五年以上者，拨各衙门历事三个月，仍留一年，送吏部选用。今在监生员，俱已六七年之上，拨去清黄，乞依各衙门历事例，一年零三个月满送吏部选用。'事下兵部，尚书马昂等言：'清黄者，查理军职功次，抄录选册，俱要日久，事体方熟。须三年为限，方送吏部选用。'从之"。

令应天府属县并苏松常镇四府供给明年应天府乡试费用。《明英宗实录》卷二百九十二：天顺二年六月，"丙寅，应天府府尹王弼奏：'明年秋开科取士，供给费用，计价银不下三千余两。旧例止令上元、江宁二县供应。二县连年水旱灾伤，难于措办。乞依顺天府事例，量分派附近府州，以苏民困。'礼部覆奏，宜令本府属县并苏松常镇四府办用。从之"。

乙巳，擢庶吉士杨守陈为翰林院编修。辛巳，致仕左侍郎兼翰林院学士薛瑄、陕西布政司右参政许彬，初在内阁时，写敕赐晋王，误称为兄王。以闻，命巡按御史鞫之，论瑄、彬当杖，上宥其罪，命彬亦致仕。（据《馆阁漫录》卷四《天顺二年》）

前南京礼部尚书张惠卒。德州人，贡士。（据《国榷》卷三十二）

七月

吴与弼复以疾具疏辞归乡里。命太子恢复讲读。（据《馆阁漫录》卷四《天顺二年》"七月"）

八月

诏修《一统志》。《御定资治通鉴纲目三编》卷十二："帝谕李贤、彭时、吕原曰：

'朕欲览天下舆图之广。我文祖太宗尝命儒臣，未究厥绪。景泰间虽有成书，繁简失当。卿等尚折衷精要，继成初志。'于是命贤等为总裁官。"《明一统志》所载修撰职名：资政大夫吏部尚书兼翰林院学士李贤，中宪大夫太常寺少卿兼翰林院学士彭时，翰林院学士奉政大夫吕原、林文、刘定之，侍读学士钱溥，侍讲万安、李泰，左中允孙贤、右中允刘翔，翰林院修撰陈鉴、刘吉、童缘、黎淳，左赞善牛纶，司经局校书徐溥，翰林院编修文林郎王㒜、戚澜、李本、丘浚、彭华、尹直、徐琼、陈秉中、杨守陈，翰林院检讨邢让、张业，太常寺卿夏衡，顺天府府丞余谦，礼部郎中王叔安，礼部员外郎陈纲、凌耀宗、林章、叶玟、何遏，征仕郎中书舍人韩定、谢宇、曹冕、温良，从仕郎中书舍人马麟、刘珙、黄清、焦瑞、凌晖、王暕，登仕佐郎鸿胪寺序班李惠、陈福、蔚瑄、周璟、吴震、陈经、王礼，将仕佐郎鸿胪寺序班门升、刘询、梁俊、毛显，翰林院秀才姜立纲。

进士远芳为户科给事中，左赞为吏部稽勋主事。（据《国榷》卷三十二）

九月

升南京监察御史张谏为河南按察司副使，桂怡为湖广副使。时方面缺员，吏部止对缺推举一人以闻，至是升谏等。上因谕吏部臣曰："今后方面官每缺一员，须举两个来闻，庶可简擢。"（据《馆阁漫录》卷四《天顺二年》）

十月

国子监学正阎禹锡请申明洪武旧制学规，并复设京卫武学。从之。《明英宗实录》卷二百九十六：天顺二年冬十月，"庚辰，国子监学正阎禹锡言二事。一、国子监乃教化之原，礼义之地，奈何近年监生入监，多怀幸进之心，少有向学之志。往往通同厢房总掌脚色监生并各堂友长，啖之以酒食，诱之以贿赂，窜抹供词，湔补脚色，或倒坐年月，以图续黄，或隐匿虚旷，以侥历事，欺蔽那移，难以枚举，钻刺请托，不可殚述。遂致黠狡者早获出身，诚悫者淹至皓首，廉耻道丧，奔竞风兴。宜申明洪武旧制学规，务责躬行实践，不许视为虚文。仍置通知文簿六本，备书通监逐年监生脚色，付各堂收照，使众晓然知孰先孰后。凡各衙门来取历事清黄之类，悉照此挨次注拨为便。一、文武并用，长久之术。正统间，南北京并天下边卫，俱设武学，以教武臣子弟，使知忠君孝亲之道，用兵制胜之术，诚保邦之良图，固国之至计也。今南京并各边卫武学犹存，惟京卫武学，自景泰间罢废，至今未复。宜敕该部，复建立之。事下礼部，议以为：洪武中条陈学规，警戒监生，极其详悉，盖欲造就人才，以资任用。近年监生，罔守旧章，专事奔竞，诚有如禹锡所奏。宜申明旧制，并置通知文簿，悉如禹锡所请。敢复前弊之蹈而差拨失先后序者，许同时受抑之人具实陈告，本部奏闻究治。其言复设京卫武学，宜行兵部奏请处分。上曰：然"。

明英宗以锦衣官校刺事。李贤请罢，不许。《明鉴纲目》卷四："纲：冬十月，李贤请罢锦衣官校刺事，不许。目：帝虑廷臣党比，欲知外事，倚锦衣官校为耳目，由是指挥使门达（丰润人）、佥事逯杲（安平人）俱得幸，而杲更强鸷，帝尤委任之。杲遣校尉侦事四方，所至官吏震恐，多进声伎货贿以祈免，虽亲藩亦然。无贿者辄被逮，每逮一人，必破数大家。四方奸民，诈称校尉，乘传纵横，无所忌。贤请撤还，帝不许。于是其势益张。"

刘铉（1394—1458）卒，年六十五。《明英宗实录》卷二百九十六"天顺二年冬十月庚申（初六）"："詹事府少詹事刘铉卒。铉字宗器，直隶长洲县人。自少肆力学问，以楷书征入翰林。中顺天乡试，授中书舍人。宣德、正统间，预修三朝实录，升兵部车驾司主事，进翰林院侍讲。常奉命教庶吉士读书中秘。铉教诸士，日有程限。己巳，升侍讲学士。景泰初，奉命兼经筵。壬申，命为国子监祭酒。至则严条教以约诸生，诸生皆乐从之。天顺改元，擢詹事府少詹事，日侍东宫讲读，夙夜惟谨。至是卒，遣官谕祭，皇太子亦遣官致祭，赙赠加厚。铉为人介特自守，言行不妄。与人交，一于诚敬。权贵之门绝迹不到。平生耽嗜群书，至老弥笃。为诗文浑厚典雅，所著有《假庵稿》若干卷。"高谷《刘文恭墓志铭》云："平生耽嗜群书，至老弥笃。为文浑厚雄伟，务极理趣。诗春容丰雅，咸有典律，皆足以追配古作。四方求者日集户外，一时文人咸推服之。所著有《假庵稿》若干卷。"《古穰集》卷十三《中顺大夫詹事府少詹事刘公神道碑铭》云："平生耽嗜文籍，博极群书，素有酝藉。为文纡徐演迤，务造至理。诗古澹春容，自有余味。方众贤聚于朝，以意气相雄长，公独用心于内，退然沉毅，略不与较。有《假庵稿》若干卷，藏于家。"

葭州学正罗中，请禁各镇守太监都督等听讼。礼部议格之。（据《国榷》卷三十二）

十一月

复除翰林院检讨邢让仍旧任，以亲丧服阕也。（据《馆阁漫录》卷四《天顺二年》）

杨循吉（1458—1546）生。字君谦，吴县人，成化甲辰进士，除礼部主事，以病乞归。《四库全书存目丛书》集部第43册，录其《松筹堂集》十二卷。《吴都文粹续集》卷四十三《明礼曹郎杨君自撰生圹碑》："君姓杨氏，名循吉，字君谦，于望弘农郡周宣王子、杨侯之后、汉太尉震之远裔也……君少习《易》，弱冠登科。又七年，宪祖御天，成化甲辰科，幸叨黄榜，擢拜仪曹为京官末职，幞简青袍，入参朔望，人生之极荣。"附注："公生天顺戊寅十一月五日，卒嘉靖丙午七月二日，享年八十有九。"

诏访举精通天文历数地理课命之术者，送诣京师。以钦天监事礼部左侍郎汤序言。（据《国榷》卷三十二）

十二月

故国子监祭酒李时勉孙颐乞入监读书，时有例四品以下子孙乞恩入监者不许，上特命许之。（据《馆阁漫录》卷四《天顺二年》）

召湖广布政司左参议刘益。《馆阁漫录》卷四《天顺二年》：十二月，"癸未，召湖广布政司左参议刘益。时祭酒缺员，吏部具学士倪谦等三员名闻。上曰：'翰林儒臣且勿动，可别举用之。'于是内阁学士李贤称益学行老成于吏部，吏部以闻，故召之"。

赵恢卒。《馆阁漫录》卷四《天顺二年》：十二月，"左春坊左庶子兼翰林院侍讲致仕赵恢卒。恢字汝弘，福建连江县人。宣德癸丑进士第二人，授翰林院编修。秩满，升侍讲。景泰壬申，进右庶子，仍兼侍讲。以疾乞致仕，卒于家"。

罢举经明行修贤良方正儒士，以奔竞冗滥也。（据《国榷》卷三十二）

冬

童轩下狱，旋获释。《青溪漫稿》卷二十三《明故资政大夫南京礼部尚书致仕赠太子少保童公墓志铭》："天顺戊寅冬，劾户部张尚书凤，下狱，有诏宥之。明年，丁嫡母章夫人忧。辛巳服阕，改户科给事中。"

明英宗天顺三年己卯（公元 1459 年）

正月

命国子监祭酒陈询致仕。辛卯，命国子监司业曾暹掌本监事。（据《馆阁漫录》卷四《天顺三年》）

二月

禁私自教习译习番字走漏夷情。《明英宗实录》卷三百：天顺三年二月，"辛巳，礼部左侍郎邹干等奏：'永乐年间，翰林院译写番字，俱于国子监选取监生习用。近年以来，官员军民匠作厨役子弟，投托教师，私自习学，滥求进用。况番字文书，多关边务，教习既滥，不免透漏夷情。乞敕翰林院，今后各馆有缺，仍照永乐间例，选取年幼俊秀监生送馆习学，其教师不许擅留各家子弟私习，及循私举保。'上命今后敢有私自教习走漏夷情者，皆重罪不宥"。

己未，擢儒士杨仕俊为中书舍人。仕俊故少师、工部尚书兼谨身殿大学士荣孙，先是，援例奏乞于中书舍人处写字，至是满三年，故擢之。戊辰，命国子监司业曾遍致仕。壬申，命翰林院编修吴汇为国子监司业。（据《馆阁漫录》卷四《天顺三年》）

命本年两京乡试，将《诗》、《书》、《易》三经，每经添同考一员。《明英宗实录》卷三百：天顺三年二月，"壬午，顺天府尹王福言：'今年八月本府乡试，看得应试生员《春秋》、《礼记》二经数少，《诗》、《书》、《易》三经，每经各有四五百卷。若各以同考官一人校阅，虑恐涉猎不详，而有玉石不分之弊。乞令礼部将《诗》、《书》、《易》三经，每经添同考官一员。'上从之，仍命南京亦照此例"。

进士柳瑛、石澄为户、刑科给事中。（据《国榷》卷三十二）

左顺门门正忽思忽言："臣海西女直人，姪佟预知书，求入国子监。"许之。（据《国榷》卷三十二）

三月

庚戌，命湖广布政司左参议刘益为国子监祭酒。（据《明英宗实录》卷三百一）

尹凤岐卒。《馆阁漫录》卷四《天顺三年》："三月癸未朔。戊子，致仕翰林侍读尹凤岐卒。凤岐，江西吉水县人。永乐丁酉解元，明年登进士第，改翰林庶吉士，历编修、修撰。与修《宣庙实录》，书成，升侍读。凤岐为文敏捷详赡。性刚直，持论侃侃无所避，用是忤于当道，以剩员退归，竟不复召用而卒，士论惜之。"

进士杨继宗为刑部主事。（据《国榷》卷三十二）

四月

进士杨瓒为吏部主事。（据《国榷》卷三十二）

五月

升翰林院编修马升为云南布政司左参议，检讨傅宗为右参议，五经博士鲍相为福建都转盐运使司同知，典籍李鉴、吴衡、徐秘（似）为府同知，孔目宋敏为府通判。先是，学士陈循等于景泰年间举升等在翰林、春坊，皆非进士出身，率昏钝庸鄙。至是，上欲重修《通志》，召内阁臣李贤谓曰："此书工夫不多，惟欲加精耳，可择进士出身者修之。"贤言不系进士出身者，文学虽非所长，然各有才干可用，宜命吏部授以有司之职。上从之，故有是命。（据《馆阁漫录》卷四《天顺三年》）

李贤答英宗迎复事，英宗深以为然。《馆阁漫录》卷四《天顺三年》：五月，"己酉，上召内阁臣李贤问迎复事，贤曰：'当时亦有邀臣与谋者，臣以为不可，不敢从。'上问：'何谓不可？'贤曰：'天位乃陛下所固有者，若景泰不起，文武百官表请陛下复位，何用如此劳攘？此辈实贪图富贵，非社稷计。彼时若景泰先觉，石亨辈何足惜，不审陛下何以自解，幸而事成，此辈得以贪天之功。且天下人心所以归向陛下者，以正统十数年间凡事减省，与民休息之所结也。今为此辈损其大半矣。'上深以为然"。

阎鼐等请徙浙江试场于城东废仓隙地，改旧试场为仁和县儒学，从之。《明英宗实录》卷三百三：天顺三年五月，"乙酉，巡按浙江监察御史阎鼐及三司等官奏：'学校所以养贤，试场所以选士，不可不置得其地。切见浙江仁和县学，邻按察司狱，生员出入，往往与囚徒混淆，甚非养贤之所。浙江试场连杭州府学，士子赴科，累累有夤缘作弊，亦非取士之地。臣等请徙浙江试场于城东废仓隙地，改旧试场为仁和县儒学，庶各得其宜。'从之"。

陈敬宗（1377—1459）卒，年八十三。《明英宗实录》卷三百三"天顺三年五月庚戌（二十九日）"："南京国子监祭酒陈敬宗卒。敬宗字光世，浙江慈溪县人。永乐甲申进士，入翰林为庶吉士。与修《永乐大典》，授刑部主事，改翰林侍讲，预修北京志书。宣德初，预修两朝实录，为礼部会试考官。寻升南京国子司业，九年秩满，升祭酒，在任又十五年。屡抗章乞归，不允。景泰初，致仕还家。至是卒，寿八十三。讣闻，遣官谕祭。敬宗敏学能文，善草书。仪观甚伟，美须髯，见者辣敬。性严重，终日端坐，不妄出一语。动止有常度，饮酒至百杯，亦不乱。其学规肃整，请谒不行，诸生进退步履，无敢违者。每会馔有失仪者，即自请罪。登显要来见者，犹执诸生礼。然性颇残忍，于诸生少恩云。"《国琛集》卷上："陈敬宗，慈溪人。庄持好礼，善论议容止，沉潜于经史百家。生平所自负，于人鲜所推让，为文雅厚而畅。"

七月

命翰林院侍读学士钱溥、侍讲万安为应天府乡试考官。（据《明英宗实录》卷三百五）

敕户部主事李瑛同进士徐源核四川行都司及松潘仓粮。（据《国榷》卷三十二）

八月

释奠先师孔子，遣吏部尚书兼翰林院学士李贤行礼。（据《馆阁漫录》卷四《天顺三年》）

命翰林院学士刘定之、倪谦为顺天府乡试考官，赐宴于本府。（据《明英宗实录》卷三百六）王世贞《弇山堂别集》卷八十二《科试考二》："天顺三年己卯，命翰林院学士刘定之、倪谦主顺天试。谦有门生不中式，为所评陷，谪戍。命翰林院侍读学士钱溥、侍讲万安主应天试。"

礼部定议：今后丁忧复班监生，须坐堂及办事半年方许拨历。《明英宗实录》卷三百六：天顺三年八月，"庚午，国子监祭酒刘益言：'本监放回依亲丁忧复班监生，那移年月，到监辄与坐堂年久及办事者一概挨次拨历，非惟劳逸不均，抑且不谙政体，难以任用。'上命礼部定议以闻。于是议：'今后丁忧复班监生，须坐堂及办事半年方许拨历。仍移文各处有司，遇有依亲监生丁忧者，随即申达本部，以凭稽考。若无预先申文，止于起复之日扶捏文书到部者，将经该官吏并监生一体究问。'从之"。

两京及河南、山东、陕西、山西、浙江、湖广、江西、福建、广东、广西、四川、云南等十二布政司乡试；贵州士子附云南乡试。（据《皇明贡举考》卷四）

九月

永嘉县教谕雍懋言乡会试不应出截搭题。《明英宗实录》卷三百七：天顺三年九月甲辰，"浙江温州府永嘉县教谕雍懋言：'朝廷每三年开科取士，考官出题，多摘裂牵缀，举人作文，亦少纯实典雅。比者浙江乡试，《春秋》摘一十六股配作一题，头绪太多，及所镂程文，乃太简略而不纯实。且《春秋》为经，属词比事，变例无穷，考官出题，往往弃《经》任《传》，甚至参以己意，名虽搭题，实则射覆，遂使素抱实学者，一时认题与考官相左，即被黜斥。乞敕自后考官出题，举子作文，一惟明文是遵，有弗悛者罪之。'上善其言，命礼部议行"。

杨廷和（1459—1529）生。字介夫，新都人，成化戊戌进士。官至华盖殿大学士，谥文忠。事迹具《明史》本传。有《杨文忠三录》八卷。《文章辨体汇选》卷六百七十八赵贞吉《特进光禄大夫左柱国少师兼太子太师吏部尚书华盖殿大学士赠太保杨文忠公神道碑》："母叶氏，以天顺己卯九月十九日生公。幼以奇颖举于乡，少年读中秘书，才器恢廓。乡先达司马余肃敏凤重之，归老之日，独持《大明律》与别，曰：'介夫当相天下，为我熟此，以助他日谋断。'盖居馆三十年，修文讲读，声誉茂籍，时辈视之，已若麟角凤毛然。"

建安县老人贺炀言四事：曰近县令监生多近六十岁，曰暮贪冒。今后县令必科甲，监生年壮者，试而铨之；曰景泰间录颜孟程朱之裔，授翰林博士，官而未禄。宜各给本俸……（据《国榷》卷三十二）

秋

顺天主考倪谦为落第考生评陷，谪戍。《殿阁词林记》卷五《学士拜礼部侍郎倪谦》："己卯主考顺天乡试，以举子奏发阴事，下诏狱，谪戍开平。"《国朝献征录》卷五十八刘玶《都察院右都御史韩公雍墓志铭》："翰林院学士倪谦主考乡试，得罪于当路缉事校尉，发其结交辽府仪宾事，下狱坐重典。公复力净，得戍宣府。"

十月

诏自今章奏勿用"夺门"字。《明鉴纲目》卷四:"纲:诏自今章奏勿用'夺门'字,诸冒功者黜之。目:石亨既得罪,帝以夺门事问李贤,贤曰:'迎驾则可,夺门岂可示后?天位乃陛下固有,夺即非顺。彼时亦幸成功耳,万一事机先露,亨等不足惜,不审置陛下何地?'帝悟曰:'然。'贤曰:'若景泰果不起,群臣表请复位,此辈虽欲升赏,以何为功?老成耆旧,依然在职,何至有杀戮降黜事,至干天象?招权纳贿,何自而起?国家太平气象,岂不益盛?今为此辈损削过半矣。'帝深然之。乃诏自今章奏,勿用'夺门'字,诸冒功得官者,自首更正,黜四千余人,朝署为清。"

十一月

赐吏部尚书兼翰林院学士李贤第宅。《馆阁漫录》卷四《天顺三年》:十一月,"乙巳,赐吏部尚书兼翰林院学士李贤第宅。贤上疏辞曰:'臣本以布衣遭逢盛世,荐历美职,累荷光荣,又蒙赐与房屋。夫功微而受厚赏者,在理非宜;能薄而承殊贶者,揆情未当。天恩莫大,虽不吝于凡庸;株守如常,讵敢安于甲第。且齐之小君,尚从晏子之情;况元后之尊,肯拂微臣之愿。伏望皇上收回嘉命,用遂鄙怀,俾臣不动旧居,均为受赐。'上曰:'卿辅导有劳,特赐近居,以便宜召,所辞不允。'"

曹州学生徐舟上万寿颂。(据《国榷》卷三十二)

十二月

进士石后以从祖亨得疾家居,不之狱,削籍。(据《国榷》卷三十二)

建安老人贺炀请严选教官,毋充以庸鄙。从之。(据《国榷》卷三十二)

本年

都穆(1459—1525)生。字玄敬,吴县人,授工部主事,历礼部郎中。乞休,加太仆少卿致仕。有《南濠诗话》。《吴都文粹续集》卷四十三胡缵宗《明中宪大夫太仆寺少卿致仕都公墓志铭》:"公七岁能诗,及长,不习章句,泛滥群籍,杜门笃学者几二十年。屡空晏如,绝意进取,名声大噪。吴下巡抚都御史何公某、提学御史林公某,重其名,强之应举,公乃出。以是秋乙卯领应天乡荐,己未第进士。"

明英宗天顺四年庚辰（公元 1460 年）

正月

高谷（1390—1460）卒。《馆阁漫录》卷四《天顺四年》："正月己卯朔。戊子，致仕工部尚书兼谨身殿大学士、东阁大学士高谷卒。谷字世用，扬州兴化人。永乐乙未进士，选为翰林庶吉士，授中书舍人。甲辰，迁春坊司直郎。洪熙改元，升翰林院侍讲。宣德乙卯，考顺天府乡试。正统改元，上初御经筵，少师杨士奇等荐谷与苗衷、马愉、曹鼐四人日侍讲读，赐三品服。谷仪度详整，音语明亮，甚称上旨。戊午，预修《宣庙实录》，书成，升侍读学士。甲子，考应天府乡试。乙丑，升工部右侍郎兼侍讲学士，入内阁预机务。己巳，上北征，命谷留守，寻升工部尚书兼翰林院学士。时乘舆未还，虏情叵测，择奉使者，中书舍人赵荣奋欲往，谷即解金带与之。及都御史杨善迎乘舆还京，谷议奉迎礼宜从厚，有千户龚遂荣者意与谷合，投书于谷，谷怀之以示群公卿。有希旨者以遂荣言涉非分，系之狱，人皆为谷危，谷执议如初。既而升少保，仍以尚书兼东阁大学士。壬申，加太子太傅，二俸兼支。甲戌，命往南京巡视灾伤。事竣还朝，给事中林聪因言事忤执政，御史劾其私，将置聪重辟，谷持正论开谕，遂得末减。丙子，复命兼谨身殿大学士。是年秋，顺天府乡试，太常寺少卿兼翰林院侍读刘俨为考官，大学士陈循、王文子不与选，交章论俨阅卷不公，因峻文巧诋，必欲置之死。诏多官考核，时谷以疾在告，即奋起曰：'贵胄与寒畯争进，已不可，况又以不得选欲遂杀考官乎？'因极言于朝，俨得免。丁丑，上复位，谷上章辞师傅职，乞致仕，上许之，仍赐玺书谕籍，侑以白金锱宝袭衣，给驿舟以归。至是卒，讣闻，遣官谕祭。谷工诗善书札。性高简，士大夫非素知者，罕与接见。为人淳谨廉静。其议奉迎，救林聪、刘俨三事，为匡建之大者，士林称颂云。"

顾清（1460—1528）生。清字士廉，松江华亭人，弘治癸丑进士，改庶吉士，授编修，进侍读。忤刘瑾，调南京车驾员外郎。瑾诛，还侍读，进少詹事。引归为南礼部侍郎，进本部尚书，致仕。谥文僖。有《东江集》。孙承恩《文简集》卷五十四《故南京礼部尚书顾文僖公墓志铭》云："公生而颖异，九岁从友兰张先生受小学，过目成诵。继受《诗》于泾府长史怡庵任先生，一见即奇之，字以甥女。怡庵即薇庵孙也。年十五，谒张庄简公，公以元老负重望，即衣冠出见，退语人曰：'大器也！'弱冠，游县庠，与钱太史鹤滩先生福、沈惟忻先生悦，交最厚。奋志于学，钻研讨论，广阅群籍，而业日进。三人者艺皆颉颃，而公独以沉实，识者占其远到。尤为督学司马公垔所器重，每期以公辅。家本儒素，值岁侵，有常情所不堪者，而公安贫固守。有富家欲结纳公，公书座右曰：'毋徇物而为所溺，毋狎物而为所乘。'自少立志已如此……公生于天顺庚辰正月二十三日。"

礼科给事中张宁等劾吕原等十九人大祀不敬。宥之。《馆阁漫录》卷四《天顺四年》："己丑，礼科给事中张宁等奏：'翰林院学士吕原、彭时、林文、刘定之，工部侍郎蒯祥、陆祥、吴福，吏部郎中萧彝、刘济，员外郎沈淳，太医院使董宿，院判宁益、（刘）礼，御医吴敏、樊善名，锦衣卫带俸百户马升，宗人府经历王敏，骁骑右卫指挥尹刚，会州卫指挥何昂，或以文儒而超居禁密，或由工艺而滥致显融，为卿属者或矜以自高，任戎事者多肆而无忌。迩者天顺四年正月初九日大祀天地，初八日法驾临郊，百职肃雍，周道无启行之扰；四门清穆，明堂辑至止之仪。天恩监观，人心瞻仰，岂期各官忘其戒谨，安于故常，驰骑直前至天门而不下，肩舆径造临御道而弗趋，罔思圣明之具临，不顾神灵之如在。纵放者固其所也，谨厚者亦复为之，是岂不知鲁大夫循墙而走之恭，蘧伯玉至阙而止之义？畏心既弛，敬意何存。宜将各官挐送法司，明正其罪，以为大祀不敬之戒。'监察御史郎胜等亦以为言。上曰：'尔等所言极当，但祀礼既成，姑悉宥之，再犯不宥。'旧例，驾未至坛，百官出入西天小门者俱不下。至是，上益严祀事，预遣人直门伺察，得原等十九人，令礼科劾以警众，仍令礼部张禁约，自后凡过西天小门者必下。"

二月

石亨及其从子石彪伏诛。《馆阁漫录》卷四《天顺四年》：正月，"乙巳，文武群臣言：'石亨诽谤妖言，图为不轨，具有实迹，论谋叛罪当斩，没其家籍。'上曰：'然。其令内官同御史及锦衣卫官籍之。'"《明鉴纲目》卷四："纲：庚辰四年，春二月，石亨及其从子彪，皆伏诛。目：逯杲奏亨怨望愈甚，与从孙后等，日造妖言。且蓄养无赖，专伺朝廷动静，不轨迹已著。廷臣亦言不可轻宥。乃下亨诏狱，坐谋律待应斩，没其家赀。未几，亨瘐死，彪僇于市。（帝初缘亨复位，德之，亨无日不入见。即不召，必假事以进。出则张大其言，在亨门下者，得亨语，即扬于众，以为声势。朝臣奔走恐后，亨乃以货之多寡，为授职美恶，入之先后，为得官迟早。时有朱三千龙八百之谣，谓郎中龙文、朱铨辈，俱以贿被显擢也。久之，干请愈甚，帝不能堪，以语李贤，贤曰：'惟独断乃可。'因敕左顺门，非宣召毋纳总兵官，亨燕见遂稀，所请亦渐有不从者。而亨犹不悟，恣横如故。逯杲本亨所擢，密受帝旨，伺亨所为以报，而亨亦不知。彪本以战功起家，不藉父兄荫，然一门二公侯，所蓄材官猛士，不下数万，中外将帅，半出其门，又谋镇大同，为天下精兵处。故人皆疑其有异志，遂及于祸。）"

苗衷（1381—1460）**卒。**《馆阁漫录》卷四《天顺四年》："二月戊申朔。甲寅，致仕兵部尚书兼翰林院学士苗衷卒。衷字秉彝，直隶定远人。由进士历翰林院编修、修撰，预修两朝实录成，升侍读。正统初，上即位，衷日侍经筵。预修两朝实录成，升侍读学士。久之，命入内阁预机务。十二年，升兵部右侍郎。景泰初，进兵部尚书，以老疾乞致仕，降敕褒奖，赐钞三千贯，金织文绮衣一袭，给驿舟送归。至是卒于家。讣闻，遣官谕祭，命有司治葬，赠荣禄大夫、少保，谥文康。衷温厚简重，外和内贞，暗于世故，谈论亹亹忘倦，乐以善导人，文章典实。家居十馀年，翛然尘外之乐，恩荣始终，君子不谓其幸也！"

陈询卒。《馆阁漫录》卷四《天顺四年》："丁巳，释奠先师孔子，遣吏部尚书兼翰林院学士李贤行礼。辛未，致仕国子监祭酒陈询卒。询字汝同，直隶华亭人。父祯，仕至河南参政。询由进士为庶吉士，以才气自负，久不得选。时同乡沈度为学士，讽询少贬损以图速仕，询面斥度。太祖皇帝闻之，嘉其刚直，寻擢编修，侍皇太孙。宣德间，升修撰。上初启经筵，询为讲官。纂修《宣宗实录》成，升侍读。秩满，升侍讲学士，坐累黜知安陆州。正统己巳，召为大理寺少卿，巡抚大名诸府。景泰初，改太常寺少卿兼翰林院侍讲学士、经筵讲读，寻改国子监祭酒。天顺二年致仕。卒于家，上命有司致祭。询性刚直，言论慷慨，三为乡试考官，人无异议。平生所作诗文不留稿，善草书，兴至辄染翰挥洒。然嗜酒好使气，客至辄留饮，以不能辞者，即乘醉诟詈之。及为祭酒，竟以酒废职务云。"

命翰林院学士吕原、尚宝司少卿兼翰林院修撰柯潜为会试考官。取中陈选等一百五十人。《明英宗实录》卷三百十二：天顺四年二月，"乙卯，命翰林院学士吕原、尚宝司少卿兼翰林院修撰柯潜为会试考官，赐宴于礼部"。"壬申，礼部引会试中式举人陈选等一百五十人陛见。""礼部尚书萧镃奏：'三月初一日殿试天下举人，合请读卷、执事官。'上命吏部尚书兼翰林院学士李贤、吏部尚书王翱、户部尚书年富、刑部尚书陆瑜、工部尚书赵荣、左都御史寇深、通政使张文质、太常寺少卿兼翰林院学士彭时、翰林院学士林文为读卷官，余执事如例。"据《天顺四年进士登科录·玉音》："天顺四年二月二十六日，礼部尚书臣萧镃等官于奉天门奏为科举事。会试天下举人，取中一百五十六名。本年三月初一日殿试，合请读卷及执事等官吏部尚书王翱等四十三员。其进士出身等第，恭依太祖高皇帝钦定资格。第一甲例取三名，第一名从六品，第二第三名正七品，赐进士及第。第二甲从七品，赐进士出身。第三甲正八品，赐同进士出身。奉圣旨：是。钦此。""读卷官：资善大夫吏部尚书兼翰林院学士李贤，癸丑进士；资德大夫正治上卿吏部尚书王翱，乙未进士；户部尚书年富，丁酉贡士；资政大夫兵部尚书马昂，癸卯贡士；资善大夫刑部尚书陆瑜，癸丑进士；资善大夫工部尚书赵荣，秀才；资善大夫都察院左都御史寇深，监生；嘉议大夫通政使司通政使张文质，壬戌进士；中宪大夫太常寺少卿兼翰林院学士彭时，戊辰进士；翰林院学士奉议大夫林文，庚戌进士。提调官：礼部尚书萧镃，丁未进士；正议大夫资治尹礼部左侍郎邹干，己未进士；嘉议大夫礼部右侍郎李绍，癸丑进士。监试官：文林郎山东道监察御史高明，辛未进士；文林郎广西道监察御史郭纪，辛未进士。受卷官：翰林院修撰承务郎刘吉，戊辰进士；翰林院编修文林郎戚澜，辛未进士；征仕郎吏科左给事中萧斌，乙丑进士；征仕郎礼科掌科事给事中王豫，甲戌进士。弥封官：嘉议大夫掌光禄寺事礼部右侍郎蔚能；嘉议大夫太常寺卿夏衡，生员；中顺大夫鸿胪寺卿齐政，丁酉贡士；文林郎户科都给事中路璧，壬戌进士；文林郎兵科都给事中王铉，乙丑进士。掌卷官：翰林院修撰承务郎黎淳，丁丑进士；翰林院编修文林郎兼司经局校书徐溥，甲戌进士；征仕郎刑科右给事中江玭，辛未进士；征仕郎工科掌科事给事中刘斌，乙丑进士。巡绰官：昭勇将军掌锦衣卫事都指挥佥事王喜；昭勇将军锦衣卫指挥使袁彬；怀远将军锦衣卫指挥同知焦寿；怀远将军锦衣卫指挥同知逯杲；明威将军锦衣卫指挥佥事郭瑛；昭勇将军金吾后卫指挥使陈隆；怀远将军金吾前卫指挥同知翟通。印卷官：奉议大夫礼部仪制清吏司郎中俞钦，辛未进士；奉直大夫礼部仪制清吏司员外郎陶铨，乙丑进士；承直郎礼部仪制清吏司主事彭彦充，丁丑进士。供给官：奉议大夫光禄寺少卿郦镛，戊午贡士；奉议大夫光禄寺少卿刘珽，乙丑进士；礼部司务何懹，儒士；奉议大夫礼部精膳清吏司郎中陈律，乙丑进士；奉直大夫礼部精膳清吏司员外郎万祥，壬戌进士。"王圻《续文献通考》卷四十六《选举考·举士四》："（英宗天顺）四年二月，会试天下举人，以学士吕原、尚宝司少卿兼修撰柯潜为考试官，取陈选第一。时举人不中有怨考官者，以李贤弟李让不中，谓贤亦怒考官，遂鼓其说，奏考官校文颠倒，宜正其罪。上疑之，召贤问曰：'此举人奏考官弊，何以处之？'贤对曰：'此乃私怨，考官无弊，如臣弟让亦不中，可见其公。'上乃命礼部会翰林院考此举子荒疏，且其人狂妄，遂枷于部前，群议方息。"李贤《天顺日录》："景泰间，陈循、王文之子会试不中，二人以私情怒考官取人不公，皆具奏考之不精，欲杀考官，朝廷不从，乃已。天顺四年，会试举子不中者，俱怨考官，有鼓其说者，谓贤有弟让不中，亦怒考官。一举子遂奏考官校文颠倒，宜正其罪。上见其所言，疑而未定，召贤问曰：'此举子奏考官弊，何以处之？'贤对曰：'此乃私怨，考官实无此弊，如臣弟让亦不中，可见其公。'上意方回，乃命礼部会翰林院考此举子，验其学，多不能答题意，具奏其狂妄，遂枷于部前以示众，群议方息。不然，欲诉考官者尤众。贤谓此举子曰：'若尔所作文字有疵不中，是尔学力未至，非命也。若尔文字可取而不中，乃命也。不知安命，可谓士乎！'初，亦有朝臣子弟不中者，皆助此举子，及见此事发，赧然而愧矣。"

张宁使朝鲜。《明史》张宁传："朝鲜与邻部摩琳卫仇杀，诏宁同都指挥武忠往解。宁辞义慷慨，而忠骁健，张两弓拓之射雁，一发坠，朝鲜人大惊服。两人竟解其仇而还。"《方洲集》卷十二《辽东复奏题本》："钦差正副使礼科等衙门给事中等官臣张宁等，谨题为公务事。臣等先奉敕旨，往朝鲜国公干。天顺四年二月十一日行至辽东都司。"《方洲集》卷十二《朝鲜国回还复命题本》："钦差礼科等衙门给事中等官臣张宁等。臣等先蒙差往朝鲜国，敕谕国王李琛，责问诱杀毛怜卫都督佥事郎卜儿哈等十六人缘由。李琛迎接礼仪，一尽藩国之体，开读之际，跪伏战兢……臣等诚恐带去通事序班语言讹舛，当取纸笔与李琛，作字问答，先后相同，的是实情，无所矫饰。臣等毕事回还，李琛已差陪臣户曹参判金淳、庆昌府尹梁诚之，于三月初十日赴京谢恩。"

王一夔（1425—1487）、李永通、郑环等一百五十六人进士及第、出身有差。选刘健、张矾等十五人为庶吉士，以北人为主。前科进士未选用者尚有一百零七员，新科进士一百三十八员令回原籍依亲读书。国子监祭酒刘益等奏请将天顺元年以前依亲年久举人，今会试中副榜不愿就职及下第举人，悉令在监。上从之。未几复放依亲。《明英宗实录》卷三百十三："天顺四年三月戊寅朔，上御奉天殿策试举人陈选等一百五十六人，制曰：'朕惟治天下亦多术矣，举而行之，必有其要。《传》谓礼乐刑政，四达而不悖，则王道备。然其要固不出此四者，而行之亦有先后缓急之序欤？唐虞三代所以措天下于雍熙泰和之盛者，率用此道，可历指其实而详言之欤？后之有天下者，莫若汉、唐、宋，其间英君谊辟，亦有用此道者，而治效不能比隆于唐虞三代，其故何欤？朕嗣承祖宗鸿业，孜孜图治，夙夜不遑，于礼乐刑政，亦既备举而并行之矣，而治效犹未极于盛，何欤？兹欲究礼乐之原，求刑政之本，行之以序，而达之不悖，用臻唐虞三代之盛，其道何由？子大夫潜心经史有年矣，其详著于篇，朕将采而用焉。'""庚辰，上亲阅举人所对策，赐王一夔等一百五十六人进士及第、出身有差。""辛巳，赐进士宴于礼部，命会昌侯孙继宗待宴。""壬午，赐状元王一夔朝服冠带，诸进士钞各五锭。""状元王一夔率诸进士上表谢恩。""丙戌，擢第一甲进士王一夔为翰林院修撰，李永通、郑环为编修。""选进士刘健、张矾、李温、张谨、杨德、张颐、周经、王范、蔡霖、张溥、杨瑛、郑纪、童瑹、汪谐、张元祯为庶吉士，并修撰王一夔、编修李永通、郑环，俱于翰林院读书，仍命学士刘定之、侍读学士钱溥教习文章，其纸笔饮馔膏烛第宅，悉如例给之。从学士李贤等奏请也。""吏部言：'今科进士，除擢用选留外，其余一百三十八员，欲依例分拨各衙门办事。缘前科进士尚有一百七员未选。'上曰：'今科进士，令回原籍依亲读书。'""国子监祭酒刘益等奏：'朝廷设国子监以育天下英才，自宣德正统以前，凡科贡生员，俱在监肄业。至景泰年间，户部奏欲存省京储，止留监生千余人，余放依亲，于是三十二班学官，每员所教生徒不满二三十人，廪禄虚糜，六堂寂寥，诚非祖宗设监育才之盛意也。今边境无虞，粮储有积，乞将天顺元年以前依亲年久举人，今会试中副榜不愿就职及下第举人，悉令在监，庶学官不致素飧，而教育英才日以益盛，足备国家之用。'上从之。未几，言者仍以存省京储为说，复放依亲。"据《天顺四年进士登科录·恩荣次第》："天顺四年，三月初一日早，诸贡士赴内府殿试，上御奉天殿，亲赐策问。三月初三日早，文武百官朝服侍班，锦衣卫设卤簿于丹陛丹墀内，上御奉天殿，鸿胪寺官传制唱名，礼部官捧黄榜，鼓乐道引出长安左门外，张挂毕，顺天府官用伞盖仪从送状元归第。三月初四日，赐宴于礼部，宴毕，赴鸿胪寺习仪。三月初五日，赐状元朝服冠带及进士宝钞。三月初六日，状元率进士上表谢恩。三月初七日，状元率进士诣先师孔子庙行释菜礼，礼部奏请命工部于国子监立石题名。"《弇山堂别集》卷八十二《科试考二》："是科，阎禹钧以国子监学正同考。有下第举人诉学士吕原等徇私颠倒，上试之，皆不称，囊三木礼部前以徇。"储巏《紫墟文集》卷九《陕西布政使司左参议致仕进阶中顺大夫辣斋王公墓志铭》："公讳徽，字尚文，辣斋其号也。天顺丁丑，举礼部进士，以外艰，庚辰始廷试，对策数千言，援据古议，论及时事，读卷者拟及第，都御史寇琛嫌其语直，抑置第二甲第三人。"黄溥《闲中今古录摘抄》："大凡人生而父命名亦系乎数。天顺庚辰殿试读卷，定祁顺卷第一，既而司礼监太监问所定卷，阁老以姓名对，太监曰：'此卷固出人一等，但传胪时，北方人音与御名相似（英宗名为祁镇）。'阁老愕然，乃以王一夔卷易之，而祁第二甲中。祁，广东人，仕终郡守。司礼监之识见又出阁老一等。此《五代史》传张承业，岂无谓耶！"查继佐《罪惟录》志卷十八《科举志》："（天顺）四年庚辰，试贡士，得陈选等一百五十人，赐王一夔、李永通、郑环等及第、出身有差。有下第举子万经，以大学士李贤弟让不预中式，揣贤必衔考官，鼓众腾谤。贤持之，荷校谤者。诏遵前朝例，庶吉士二十人。且谕阁臣贤：宜止选北方，南方如彭时者方可入选。于是南选止三人，而张元桢得与。初，殿试拟祁顺压卷，以北方音，恐传胪时与御名相似，遂改用一夔，而顺落二甲。时同榜交阯阮文英，慈山人；何广，扶宁人。"彭时《彭文宪公笔记》："（天顺四年）春，廷试，进士第一甲得王一夔等三人。后数日，上御文华殿，召李贤谕曰：'永乐、宣德中常选庶吉士教养待用，今科进士中可选人物端重、语言正当者二十余人为庶吉士，止选北方人，不用南人。南方若有似彭时者方选。'贤出以语时，疑贤欲抑南人进北人，故为此语，因应之曰：'立贤无方，何分南北？'贤曰：'果上意也，奈何？'已而，太监牛玉复传上命如前，令内阁会吏部同选。时对玉曰：'南方士岂独时比，优于时者亦甚多也。'牛笑曰：'且选来看。'是日，贤与时三人同诣吏部考选，得十五人，南方止三人，而江南惟张元桢得与云。盖上自复位以来，明照百辟，不轻选任，而时不才，独轸圣怀如此，感激于中，何可忘也。"

据《天顺四年进士登科录》，第一甲三名，赐进士及第。履历如下：

王一夔，贯江西南昌府新建县，民籍。县学生，治《书经》。字大韶，行七，年三十六，十一月初一日生。曾祖以义。祖永亨。父得仁，汀州府推官。前母安氏，母范氏。永感下。兄正、璇、玑、琪、琏、达。娶邓氏。江西乡试第二十五名。会试第二名。

李永通，贯四川叙州府长宁县，民籍。国子生。治《礼记》。字贯道，行二，年三十六，八月二十四日生。曾祖仕原，长宁县主簿。祖贵。父仲真。前母丁氏，母张氏。慈侍下。兄永宗，弟永泰。娶王氏，继娶何氏。四川乡试第十三名。会试第一百二十五名。

郑环，贯浙江杭州府仁和县，军籍，国子生。治《易经》。字瑶夫，行一，年三十九，正月二十三日生。曾祖敬常。祖伯规，赠刑部郎中。父厚，刑部郎中。母洪氏，封宜人。重庆下。弟瓒、玺、璪。娶潘氏。浙江乡试第二十三名。会试第四名。

据《天顺四年进士登科录》，第二甲五十名，赐进士出身。履历如下：

吴英，贯江西抚州府崇仁县，民籍，国子生，治《诗经》。字邦俊，行三，年四十，二月二十四日生。曾祖永和。祖季沂，赠吏部主事。父文，吏部主事。母袁氏，封安人。具庆下。兄庭俊，时俊。娶戴氏。江西乡试第六十二名。会试第六十七名。

祁顺，贯广东广州府东莞县，军籍，国子生。治《春秋》。字致和，行一，年二十七，九月初八日生。曾祖以泰。祖振宗。父秉刚。母卢氏。慈侍下。弟项。娶钟氏。广东乡试第十二名。会试第二十八名。

王徽，贯南京锦衣卫籍，应天府学军生，治《诗经》。字尚文，行二，年三十三，十一月十八日生。曾祖仲。祖嗣宗。父宁。母胡氏，继母锁氏。慈侍下。兄政。弟敔、辙、敷、征。娶俞氏。继娶杨氏。应天府乡试第十八名。会试第六十七名。

潘礼，贯直隶归德卫籍，国子生。治《书经》。字嘉会，行一，年三十五，十月初四日生。曾祖福，祖得林。父忠。母王氏。具庆下。弟聪、肃、哲。娶陆氏。河南乡试第四十四名。会试第六十二名。

杨绎，贯云南大理府太和县，民籍，国子生。治《诗经》。字宗嗣，行五，年二十六，三月初十日生。曾祖怀，元大理路提举。祖救。父子渊，蓬溪县学教谕。母李氏。慈侍下。兄缙；绅，贡士；经，南溪县学训导；纬，户部主事。弟纲、纪、续。娶董氏。云南乡试第十五名。会试第六十四名。

黄孔昭，贯浙江台州府黄岩县，民籍。国子生，治《诗经》。字世显，行一，年三十三，十一月二十三日生。曾祖谷时。祖尚斌。父彦俊，兵部主事。母金氏。永感下。弟孔英。娶蔡氏。浙江乡试第七十六名。会试第一百八名。

朱贤，贯直隶庐州府六安州，军籍。国子生，治《易经》。字从善，行一，年三十三，八月三十日生。曾祖华。祖贵。父鉴。母邵氏。具庆下。弟良、方、正、恺、悌。娶许氏。应天府乡试第一百三十三名。会试第七十八名。

杨瑛，贯福建建宁府建安县，民籍，国子生。治《诗经》。字希玉，行四，年二十九，正月十二日生。曾祖和。祖谦，教谕。父暾，县丞。母陈氏。慈侍下，兄玹、珝。弟瑄、珉。娶朱氏。福建乡试第一名。会试第二十五名。

张元祯，贯江西南昌府南昌县，军籍。县学生，治《诗经》。字廷祥，行一，年二十，三月初九日生。曾祖伯洪。祖孟初。父仲实。母倪氏。具庆下。弟元辅，元恺。聘程氏。江西乡试第四十五名。会试第五名。

吕凤，贯浙江绍兴府新昌县，民籍，县学增广生，治《书经》。字好仪，行二十七，年三十四，六月初七日生。曾祖子华。祖必用，本县学训导。父存酌。前母朱氏，母林氏。慈侍下。兄鸿，鹔，鹰，鹳，娶黄氏。浙江乡试第三十七名。会试第九十六名。

陈选，贯浙江台州府临海县，军籍，国子生。治《礼记》。字士贤，行二，年三十二，十一月二十八日生。曾祖浚圭。祖泰生，赠监察御史。父员韬，福建右布政使。母金氏，赠孺人。继母沈氏。永感下，兄英，丙子贡士。弟箴、新、钦、录。娶王氏。浙江乡试第二十一名。会试第一名。

张鼒，贯直隶扬州府江都县，民籍，县学生。治《易经》。字尧臣，行一，年二十七，十月二十四日生。曾祖汝济。祖景辕。父俊。母刘氏。具庆下。弟萧、鼎。聘倪氏。应天府乡试第十七名。会试第八十九名。

黄景隆，贯福建福州府长乐县，民籍。国子生，治《诗经》。字升叔，行三，年三十六，七月三十日生。曾祖进功。祖继。父思警。母潘氏。严侍下。兄均，任长史；坦；景昭。弟景辅。娶陈氏。福建乡试第十三名。会试第二十三名。

沈晖，贯直隶常州府宜兴县，民籍，县学生。治《书经》。字时旸。行二，年二十二，十一月二十六日生。曾祖原泽，同知。祖荣。父彝。母崔氏。重庆下。兄曦。弟晔、昞、昕。聘屠氏。应天府乡试第七十九名，会试第八十二名。

徐傅，贯直隶苏州府长洲县，军籍，府学生。治《易经》。字起岩，行四，年二十六，十月初二日生。曾祖本道。祖孟适。父裔。母丁氏。继母卢氏。重庆下。兄伦、仲、保。弟俊、伊、伯、仲。娶费氏。应天府乡试第七十名。会试第一百一十名。

凌镐，贯浙江杭州府新城县，官籍，县学生。治《书经》。字叔京，行一，年三十一，二月十六日生。曾祖信达。祖子升，赠刑部员外郎。父谨。母袁氏。具庆下。弟钰，鉴，镦，銮。娶袁氏。浙江乡试第四十七名，会试第二十六名。

阮文英，贯交阯北江府武宁州慈山县，民籍，国子生。治《春秋》。字和父，行一，年三十六，九月二十二日生。曾祖立。祖宗维，慈山县尉。父子游，工部营缮所正。前母黄氏，母范氏，继母黎氏。严侍下。娶何氏。顺天府乡试第一百五十五名，会试第七十名。

周巽，贯江西吉安府吉水县，民籍，国子生。治《书经》。字敬用，行三，年三十三，四月初一日生。曾祖子宾，赠兵部员外郎。祖岐凤，兵部员外郎。父功懋。母王氏，继母刘氏。慈侍下。兄涣；复，沙县学训导；弟益。娶胡氏。江西乡试第一百四十一名，会试第三十三名。

周凤，贯陕西临洮府狄道县，民籍，国子生。治《诗经》。字文祥，行二，年三十六，八月十四日生。曾祖全。祖礼。父英。母梁氏。慈侍下。兄麟。娶马氏。河南乡试第二十四名，会试第二十一名。

诸正，贯浙江绍兴府余姚县，匠籍，县学生。治《礼记》。字养蒙，行二，年三十三，正月初一日生。曾祖和仲。祖胜宗。父浩。母方氏，慈母叶氏。重庆下。弟咏，让。娶许氏。浙江乡试第二十五名，会试第一百三十三名。

吴宣，贯直隶镇江府丹徒县，匠籍，国子生。治《书经》。字彦明，行四，年三十四，十月初四日生。曾祖仁二。祖兴七。父贵。母徐氏。具庆下。兄禧，铨。娶张氏。应天府乡试第一百四十一名，会试第六十六名。

刘恭，贯直隶永平府滦州乐亭县，民籍，国子生，治《诗经》。字敬之，行一，年三十四，十二月初八日生。曾祖孝义。祖志。父贵。母李氏，继母李氏。具庆下。弟贤，进，忱。娶张氏。顺天府乡试第一百二十九名，会试第一百六十一名。

李温，贯顺天府通州漷县，军籍，国子生。治《书经》。字景和，行三，年二十七，十月二十二日生。曾祖万，元万户。祖太，赠昭信校尉。父兴。母姜氏。永感下，兄浚，庚午贡士；哲。娶周氏。顺天府乡试第一百九十三名，会试第九十三名。

陈峻，贯锦衣卫，官籍，直隶丹徒县人，顺天府学武生，治《诗经》。字秀民，行一，年三十，四月初五日生。曾祖文璧。祖思贤。父遂初，锦衣卫百户。母赵氏。具庆下。弟崇，岁，嵘。娶许氏。顺天府乡试第七十名，会试第五十四名。

纪钦，贯直隶大名府开州，民籍，国子生。治《易经》。字敬之，行一，年三十五，三月十六日生。曾祖著，右佥都御史。祖彦常。父振，吏部员外郎。母倪氏。慈侍下。弟锡，铨。娶李氏。顺天府乡试第十六名，会试第一百四十二名。

潘稹，贯直隶庐州府六安州，军籍，国子生。治《易经》。字景澄，行三，年三十三，七月十六日生。曾祖仁三。祖恪。父岳，监察御史。母徐氏。慈侍下。兄和，穆。弟穜、稷。娶王氏。应天府乡试第九十九名，会试第一百三十六名。

徐怀，贯浙江严州府建德县，民籍，国子生。治《易经》。字明德，行八，年三十，十一月二十二日生。曾祖旻，赠知府。祖玉。父宗政。母童氏。永感下。兄良。弟性。娶王氏。浙江乡试第六十一名，会试第五十二名。

徐鉴，贯浙江严州府淳安县，民籍，国子生。治《春秋》。字克明，行二，年三十六，五月十七日生。曾祖参仲。祖宗显。父士恭。母王氏。慈侍下。兄鉄。弟钰；銮；贯，丁丑进士；钊。娶王氏。浙江乡试第一百二名，会试第九十名。

汪谐，贯浙江杭州府仁和县，军籍，国子生。治《春秋》。字伯谐，行一，年二十九，十一月初四日生。曾祖僧二。祖仲仁。父士渊。母褚氏。慈侍下。弟簏、贵。娶章氏。浙江乡试第三十一名，会试第十八名。

林同，贯福建漳州府龙溪县，民籍，县学增广生。治《书经》。字进卿，行一，年二十七，十二月二十七日生。曾祖莹中。祖仲谟。父经贤。母郑氏。慈侍下。弟吉，幖，范，格。娶徐氏。福建乡试第四十二名，会试第一百二十六名。

张廷纶，贯广西浔州府平南县，民籍，广东翁源县学增广生。治《诗经》。字允言，行二，年三十七，十月二十五日生。曾祖秀实。祖惠，知县。父辉，教谕。母黄氏。慈侍下。兄廷绅。娶郭氏，继娶崔氏。广东乡试第四名，会试第九十一名。

江豫，贯直隶太平府当涂县，民籍，国子生。治《易经》。字孟震，行一，年三十七，九月初三日生。曾祖清之。祖永澄。父润。母陈氏，继母杜氏。慈侍下。弟升。娶汤氏。应天府乡试第八名，会试第一百四十六名。

王震，贯直隶扬州府高邮州，军籍，国子生。治《诗经》。字文豫，行一，年三十一，正月十七日生。曾祖福。祖胜。父理。母房氏。重庆下。弟霁，霙。娶胡氏。应天府乡试第七十六名，会试第十二名。

张谨，贯山东济南府肥城县。民籍，国子生，治《诗经》。字文谨，行三，年二十六，七月初八日生。曾祖宗彦。祖原度，石楼县学训导。父廉，象山县学训导。母刘氏。具庆下。兄谦，甲子贡士；诚。娶杨氏。山东乡试第四十六名，会试第一百五十名。

周正方，贯江西吉安府安福县，民籍，府学生，治《春秋》。字可大，行一，年三十四，十二月初三日生。曾祖静，行人司副。祖永锡。父肃毅。母刘氏。重庆下。娶吴氏。江西乡试第七十二名，会试第四十九名。

沈钟，贯应天府上元县，匠籍，国子生，治《书经》。字仲律，行四，年二十五，六月二十九日生。曾祖以诚。祖孟新。父原本。前母周氏。母舒氏。具庆下。兄鉴，铎，镛。弟铠。娶赵氏。应天府乡试第十六名，会试第十一名。

王璠，贯河南怀庆府修武县，军籍，县学增广生，治《易经》。字文玙，行一，年三十八，十月十八日生。曾祖德通。祖铎，金华府知府。父懋，西安府知府。母徐氏。继母张氏。永感下，弟珉。娶李氏。河南乡试第二名，会试第八名。

王谊，贯直隶常州府江阴县，民籍，国子生。治《诗经》。字克正，行一，年三十六，五月十四日生。曾祖采。祖弘。父逵。母黄氏。具庆下。弟谟。娶孔氏。应天府乡试第七十七名，会试第三十四名。

刘健，贯河南河南府洛阳县，民籍，国子生。治《易经》。字希贤，行二，年二十八，二月初八日生。曾祖绍祖，元总管。祖荣。父亮，三原县学教谕。嫡母张氏，母白氏。具庆下。兄胤。弟佶，伟。娶王氏。河南乡试第三十八名，会试第二十四名。

司福，贯山西泽州，军籍，国子生。治《书经》。字希谦，行三，年三十五，十月二十七日生。曾祖礼卿。祖诚甫，赠审理正。父宪，审理正。母秦氏，封安人。严侍下。兄齐，训导；寿。弟禄。娶官氏。山西乡试第二十四名，会试第七名。

涂观，贯江西南昌府丰城县，匠籍，国子生。治《易经》。字恒孚，行十，年三十四，六月十五日生。曾祖文德。祖国升。父永载，封监察御史。母高氏，封孺人。具庆下。兄仁，忠，伦，谦，贵州按察使；巽。弟晋，娶徐氏。江西乡试第五十五名，会试第三十五名。

任玺，贯山西平阳府太平县，军籍，国子生。治《易经》。字廷信，行六，年三十三，三月十一日生。曾祖彦卿。祖原礼。父文广。嫡母张氏，生母范氏。慈侍下。兄玉，玘，礼，海，瑱。山西乡试第八十八名，会试第一百五名。

张盛，贯直隶常州府宜兴县，民籍，县学生。治《书经》。字克谦，行二，年三十五，十二月三十日生。曾祖以贤。祖子荣。父士林，漳浦县知县。前母杭氏，母戴氏。具庆下。兄礼。弟益，盥。娶郭氏，继娶王氏。应天府乡试第九十八名，会试第五十三名。

李谔，贯浙江温州府乐清县，军籍，国子生。治《书经》。字尚默，行一，年三十九，三月二十一日生。曾祖光，元知县。祖毅。父怀冕。母黄氏。具庆下。弟诉，诰。娶范氏，继取刘氏。浙江乡试第六十七名，会试第七十六名。

陈表，贯四川徐州府富顺县，民籍，县学生。治《书经》。字士章，行一，年三十，正月二十日生。曾祖祖三。祖必寿。父添翼。母徐氏。具庆下。弟情，琅，相，植。娶韩氏。四川乡试第五十九名，会试第九十八名。

叶公大，贯福建福州府闽县，民籍，儒士。治《礼记》。字纯仁，行三，年二十六，九月十七日生。曾祖德善。祖显。父政。母林氏。严侍下。兄泽，沂。娶高氏。福建乡试第十一名，会试第一百九名。

孙瑜，贯直隶顺德府□□县，民籍，国子生。治《诗经》。字孟修，行二，年二十六，十二月十七日生。曾祖世谅。祖伍。父能，剑州吏目。母乔氏。具庆下。兄琮。弟琏，理，珉，珂。娶张氏。顺天府乡试第三十四名，会试第三十六名。

国泰，贯直隶真定府冀州武邑县，民籍，国子生。治《书经》。字时雍，行一，年三十三，八月十二日生。曾祖孝先。祖大有。父璧，江都县知县。母魏氏。具庆下。弟安，亨，宁。娶倪氏。顺天府乡试第二十九名。会试第一百六名。

黄璘，贯直隶滁州全椒县，军籍，国子生。治《书经》。字玉辉，行三，年三十四，八月初二日生。曾祖道铭。祖彦彰。父纯，江西按察司佥事。母胡氏。慈侍下。兄琮，璘。娶张氏。应天府乡试第八十一名。会试第十六名。

姜琏，贯浙江金华府兰溪县，民籍，国子生。治《书经》。字廷器，行九，年三十四，十一月十九日生。曾祖子明。祖仲威。父仕毅，徽州府经历。母邵氏。生母王氏。慈侍下。兄珏，璧，鎏，璠，玺。娶严氏。浙江乡试第一百一名。会试第七十五名。

据《天顺四年进士登科录》，第三甲一百三名，赐同进士出身。履历如下：

张悦，贯直隶松江府华亭县，军籍，府学生，治《书经》。字时敏，行三，年三十五，五月初五日生。曾祖华甫。祖彦才。父宽。母陆氏。慈侍下。兄雍，怡。弟愷。娶戚氏。应天府乡试第十三名，会试第一百十八名。

曹英，贯陕西临洮卫籍，直隶高邮州人，国子生。治《易经》。字文华，行一，年三十二，六月初八日生。曾祖全。祖升。父斌。母杨氏。继母赵氏。具庆下。弟俊，忠，杰，恕，志，毅。娶张氏，继娶刘氏。陕西乡试第四十九名。会试第一百二十四名。

周经，贯山西太原府阳曲县，军籍，府学增广生，治《诗经》。字伯常，行一，年二十一，五月初四日生。曾祖温甫，赠刑部左侍郎。祖杰，赠刑部右侍郎。父瑄，刑部左侍郎。母喻氏，赠淑人。继母顾氏，封淑人。具庆下。弟纶，纮，统，缙，绅，綖。娶韩氏。山西乡试第六名，会试第六十一名。

郭经，贯直隶苏州府昆山县，民籍，镇海太仓卫学生。治《易经》。字用常，行一，年二十六，十二月二十六日生。曾祖仲真。祖琬。父俊。母陈氏，继母徐氏。具庆下。弟纶。娶李氏。应天府乡试第三十名，会试第九十九名。

胡泾，贯江西南昌府丰城县，民籍，国子生。治《书经》。字源洁，行一，年三十五，十月初四日生。曾祖宗仁。祖轸，山西按察司副使。父锺。母邹氏。具庆下。弟海，渭，沂，浚，淮。娶郑氏。江西乡试第九十二名，会试第六十名。

刘琛，贯直隶保定府唐县，民籍，国子生。治《书经》。字献之，行四，年三十六，六月十一日生。曾祖大荣。祖思诚。父玘。娶齐氏。顺天府乡试第一百十二名，会试第一百二十二名。

张玘，贯河南怀庆府修武县，民籍，国子生。治《易经》。字士玉，行一，年四十二，九月初九日生。曾祖仁美。祖继祖。父赟。母李氏。具庆下。弟瑄。娶韩氏。河南乡试第八十六名，会试第七十二名。

马孝祖，贯顺天府昌平县，民籍，国子生。治《书经》。字德源，行一，年三十五，四月十七日生。曾祖得兴。祖从善。父玉，兰县知县。嫡母张氏，母张氏。具庆下。弟孝宗，孝忠，孝诚，孝敬。娶郝氏，继娶贺氏。顺天府乡试第九名，会试第五十五名。

李宗羲，贯直隶常州府武进县，官籍，府学生。治《诗经》。字齐贤，行四，年三十一，七月十六日生。曾祖原达。祖洞。父琛。母臧氏。继母邵氏。严侍下。兄宗义，宗善，宗美。弟宗羲。娶龚氏。应天府乡试第九十七名，会试第一百三名。

项澄，贯福建福州府福清县，灶籍，县学增广生。治《诗经》。字秉泓，行六，年二十四，十月初一日生。曾祖俊。祖福。父镔。母陈氏。具庆下。弟潭，渊。娶陈氏。福建乡试第八十五名，会试第四十五名。

萧凯，贯直隶武定守御千户所籍，国子生。治《易经》。字虞佐，行二，年三十四，八月十四日生。曾祖友四。祖福全。父铭。母陈氏。慈侍下。兄景。弟璠。娶曾氏。山东乡试第六十八名，会试第五十三名。

项文泰，贯浙江严州府淳安县，民籍，国子生。治《春秋》。字应奎，行五，年三十六，正月二十日生。曾祖大祯，永宁县典史。祖维旸。父仕显。母张氏。慈侍下。兄文举，应昌，文实，文彦。弟文仪，文亮。娶余氏。浙江乡试第一百二名，会试第一百十一名。

余璞，贯四川叙州府富顺县，民籍，县学增广生。治《书经》。字良玉，行二，年二十，四月初七日生。曾祖绣卿。祖兴泰。父志轩。母周氏。具庆下。兄璨。弟珍。聘陈氏。四川乡试第四十三名，会试第四十四名。

方泌，贯浙江衢州府开化县，民籍，国子生，治《易经》。字继源，行三十一，年三十八，六月二十四日生。曾祖伯祥。祖季芳。父瑛，行人司正。母戴氏。慈侍下。弟洄。娶徐氏。浙江乡试第十三名，会试第八十五名。

郑纪，贯福建兴化府仙游县，军籍，国子生。治《书经》。字廷纲，行四，年二十八，闰八月二十六日生。曾祖淑秀。祖琅。父恒叔。母吴氏。具庆下。兄继，纶，绡。弟绩。娶黄氏。福建乡试第十九名，会试第十五名。

范铗，贯江西南昌府丰城县，民籍，县学增广生。治《诗经》。字彦俊，行七，年三十一，五月初二日生，曾祖孔京。祖贵，主簿，封知县。父衷，汝州知州。母曾氏，封孺人。具庆下。兄鉴；镒；镛，刑部员外郎；镇，锭。弟锐、铭、鐏、钦、铜。娶熊氏。江西乡试第九十三名，会试第一百四十五名。

潘瑄，贯河南河南府洛阳县，军籍，国子生。治《易经》。字廷玺，行一，年三十二，九月十三日生。曾祖彦刚。祖守信。父祺。母王氏。重庆下。娶侯氏。河南乡试第六十一名，会试第四十六名。

赵缙，贯山东东昌府临清县，民籍，国子生。治《诗经》。字希成，行六，年三十四，十月初八日生。曾祖信。祖桓，武清县主簿。父鉴，渭源县典史。母李氏。具庆下。兄纲，纪，绅，绶，纯。娶曹氏。山东乡试第八十八名，会试第九十七名。

徐瓒，贯浙江绍兴府余姚县，民籍，县学生。治《礼记》。字天锡，行二，年三十三，十二月初十日生，曾祖闰轾。祖伯庸，定远县知县。父淮。母陈氏。慈侍下。弟瑶，珍，璋。娶黄氏。浙江乡试第二十名，会试第一百四十九名。

张子言，贯湖广荆州府石首县，军籍，国子生。治《书经》。字允嘉，行二，年三十八，六月二十六日生。曾祖行伯。祖希源。父顺。前母程氏，母王氏。永感下。兄子奇。弟子京，子立。娶吕氏。湖广乡试第二名，会试第一百七名。

陈辉，贯直隶凤阳府宿州灵璧县，民籍，县学增广生。治《礼记》。字文耀，行五，年二十六，五月十五日生。曾祖仕达。祖用维。父茹。母丁氏，生母金氏。具庆下。兄昭，晾。娶赵氏。应天府乡试第十一名，会试第五十六名。

常显，贯山西辽州榆社县，民籍，国子生。治《春秋》。字道明，行三，年二十八，九月初四日生。曾祖义。祖得才。父恒。母周氏。具庆下。兄福海，子山。娶周氏。山西乡试第九名，会试第三十九名。

阎恕，贯河南开封府郑州荥阳县，民籍，县学生。治《诗经》。字行仁，行二，年三十二，九月三十日生。曾祖贵。祖生。父义。母张氏。继母侯氏。严侍下。兄忠。弟懋，慧，宪。娶冯氏。河南乡试第三十七名，会试第二十七名。

王浚，贯河南开封府陈州商水县，民籍，国子生。治《书经》。字文深，行一，年二十九，五月初五日生。曾祖彦和，长安县知县。祖凤仪，巡检。父亨。母张氏。具庆下。娶任氏。河南乡试第五十四名，会试第一百十二名。

郝冕，贯河南汝宁府光州，民籍，州学增广生，治《礼记》。字世瞻，行一，年二十四，九月初三日生。曾祖兴，元枢密院校书郎，赠兵部右侍郎。祖仲贤，赠兵部右侍郎。父璜，兵部右侍郎。母李氏，封淑人。具庆下。娶张氏。河南乡试第五十二名，会试第七十四名。

周宗智，贯湖广武昌府兴国州大冶县，军籍，国子生。治《春秋》。字子正，行四，年三十三，三月二十三日生。曾祖祖陆。祖添佑。父济，县丞。母程氏。慈侍下。兄宗仁，医学训术；宗义；宗礼。弟宗信，宗德。娶聂氏。湖广乡试第七十五名，会试第一百三十九名。

谢润，贯直隶徽州府祁门县，民籍，国子生。治《春秋》。字德泽，行三，年三十五，十月初八日生。曾祖尹护。祖能静。父文达。母胡氏，继母方氏。具庆下。兄玉清，玉温。弟玉渊。娶吴氏。应天府乡试第一百八十六名，会试第八十名。

王应奎，贯浙江宁波府慈溪县，军籍，国子生。治《诗经》。字文征，行五，年三十三，十一月十五日生。曾祖世达。祖思明，赠工部郎中。父琴。母徐氏。具庆下。兄新。弟鉴，钟，命，永。娶应氏。浙江乡试第三十名，会试第一百名。

邓本端，贯四川成都府资县，民籍，国子生。治《诗经》。字崇正，行一，年三十七，十二月十六日生。曾祖安德，元元帅。祖廷举。父诚，襄府纪善。母陈氏。慈侍下。娶王氏，继娶傅氏。四川乡试第三十名，会试第一百十六名。

周铨，贯云南曲靖卫，军籍，直隶兴化县人，国子生，治《诗经》。字秉衡，行四，年三十二，正月十四日生。曾祖仲良。祖海。父昴。母杨氏。慈侍下。兄颙，嘉鱼县学教谕；镒；铎。聘米氏。云南乡试第七名，会试第四十名。

涂柴，贯江西南昌府丰城县，军籍，国子生。治《书经》。字伯辅，行六，年三十五，五月初九日生。曾祖观复。祖以良。父子雄。嫡母孟氏，母秦氏。江西乡试第十八名，会试第五十名。

叶盛，贯江西饶州府余干县，民籍，国子生。治《礼记》。字景阳，行一，年三十三，四月十八日生。曾祖正荣。祖俊辉，典史。父程，母吕氏。重庆下。弟复阳，昆阳，元阳。娶齐氏。江西乡试第十八名，会试第八十三名。

侯英，贯直隶大名府开州，匠籍，国子生。治《书经》。字世杰，行二，年三十一，十二月初七日生。曾祖贵。祖隆，赠监察御史。父春，浙江按察司副使。母锺氏，赠孺人。慈侍下。兄佐。弟佑，傅，侃。娶谢氏。顺天府乡试第十五名，会试第三十名。

娄芳，贯浙江绍兴府会稽县，民籍，国子生。治《春秋》。字永誉，行六，年三十三，十二月初二日生。曾祖善。祖敬名。父信。母林氏。慈侍下。兄永庆，永喜，永哲，永荣，永联。弟永富，永能，永寿。娶傅氏。浙江乡试第四十名，会试第三名。

孙佐，贯太医院籍，浙江仁和县人，国子生。治《书经》。字时相，行一，年三十，六月二十八日生。曾祖茂和。祖孟仁。父愚，御医。母陈氏。具庆下。娶沈氏。顺天府乡试第二百四十六名，会试第一百四十四名。

李廷美，贯福建福州府闽县，民籍，县学增广生。治《礼记》。字廷美，行三，年二十四，十一月二十五日生。曾祖天乙。祖岳。父升。母邓氏。具庆下。兄廷韶，己卯贡士。弟鍪，鏊，鉴。娶曾氏。福建乡试第二十八名，会试第九十二名。

沈熊，贯浙江湖州府归安县，民籍，县学生。治《书经》。字文瑞，行二，年三十四，五月二十五日生。曾祖子华。祖茂林。父德刚。母马氏。具庆下。兄文祯。弟文祚，文肃，文俊，文广。娶徐氏。浙江乡试第三十二名，会试第一百四名。

宋黻，贯山东登州府莱阳县，军籍，国子生，治《书经》。字景章，行二，年四十一，三月十六日生。曾祖居仁。祖福全。父积。母王氏。具庆下。兄荣。弟佑，宽，宏，德。娶赵氏。山东乡试第七十七名，会试第一百四十七名。

邵琮，贯浙江杭州府仁和县，民籍，县学增广生。治《易经》。字叔璋，行四，年二十八，六月初一日生。曾祖尚德。祖贵和。父惟政。母马氏。永感下。兄宣，珩，玘。娶施氏。浙江乡试第八十六名，会试第一百三十名。

刘骥，贯江西饶州府浮梁县，儒籍，国子生，治《书经》。字德良，行五，年四十七，十月二十三日生。曾祖汉宗。祖伯常。父子谅。母汤氏。具庆下。兄凤，麒。弟鸷，鸿，鹗。娶郑氏，继娶胡氏。江西乡试第二十一名，会试第二十二名。

刘宾，贯直隶大名府魏县，民籍，国子生。治《书经》。字廷臣，行二，年三十六，九月二十一日生。曾祖启渊。祖敏。父仲礼，母包氏。慈侍下。兄凯。弟寰，宇。

娶石氏，继娶张氏。顺天府乡试第二百十九名，会试第一百三十八名。

张珇，贯浙江湖州府归安县，匠籍，国子生。治《书经》。字廷绅，行二，年三十八，十一月二十二日生。曾祖国珍。祖仲贤。父文义，母吴氏。慈侍下。娶陈氏。浙江乡试第二十五名，会试第八十八名。

杨莹，贯山西平阳府蒲州，军籍，州学增广生。治《春秋》。字大洁，行三，年二十三，八月十六日生。曾祖子从。祖景升。父宗毅，母衡氏。具庆下。兄玺，瓘。娶杜氏。山西乡试第三十名，会试第一百三十名。

艾福，贯湖广襄阳护卫，军籍，国子生。治《诗经》。字天锡，行一，年四十一，七月二十五日生。曾祖济民，元省都镇抚。祖文盛。父贤。母汤氏，继母王氏。重庆下。弟佑，祥，祺，檜。娶李氏，继娶石氏。湖广乡试第七十七名，会试第八十一名。

王范，贯直隶大名府开州，民籍，国子生。治《礼记》。字子仪，行二，年二十七，三月二十五日生。曾祖玉。祖福荣，仓副使。父信。母张氏。继母张氏。具庆下。兄聪。弟忠，慧，普，懋，宪。娶张氏。顺天府乡试第八十九名，会试第四十七名。

王埙，贯河南开封府许州，民籍，国子生。治《诗经》。字宗器，行一，年三十六，十二月初三日生。曾祖忠。祖信。父荣。母杜氏，继母杜氏。永感下。弟域，城，境，塘。娶陈氏。河南乡试第十三名，会试第八名。

张同，贯江西吉安府永新县，儒籍，国子生。治《易经》。字祖年，行一，年三十三，十一月二十九日生。曾祖节用。祖浩然。父汝翼。母龙氏，继母刘氏。具庆下。弟周、因、固、圀、囿。娶颜氏，继母颜氏。江西乡试第三十三名，会试第三十二名。

辜颙，贯江西饶州府安仁县，军籍，县学生。治《礼记》。字主敬，行三，年三十六，正月初二日生。曾祖以辰。祖彦芳。父嗣宗，母郑氏。具庆下。兄颉、颢。弟颖。娶苏氏。江西乡试第十三名，会试第六十五名。

丘霽，贯辽东定辽右卫，军籍，江西鄱阳县人，国子生。治《诗经》。字时雍，行一，年三十，二月初十日生。曾祖伯英。祖思文。父孔晖，母张氏。具庆下。弟霖。娶周氏。继娶锺氏，聘胡氏。山东乡试第十八名，会试第四十八名。

陈炜，贯福建福州府闽县，民籍，县学增广生，治《春秋》。字文曜，行一，年三十一，八月十七日生。曾祖钰。祖周，封监察御史。父叔刚，翰林院侍读。母林氏，封孺人，生母林氏。慈侍下。弟燻。娶林氏。福建乡试第二十四名，会试第五十一名。

饶钦，贯直隶徽州府祁门县，民籍，国子生。治《诗经》。字克恭，行四，年四十五，十一月二十二日生。曾祖春寿。祖均亮。父友善。母余氏。慈侍下。兄显、敬、晃。弟宗。娶陈氏。应天府乡试第一百名，会试第五十八名。

李雄，贯河南开封府许州，军籍，国子生。治《诗经》。字文伟，行二，年三十一，十一月十二日生。曾祖什。祖成。父聪。母吴氏。具庆下。兄英。弟振、杰、斐。娶张氏。河南乡试第四十三名，会试第七十七名。

王哲，贯山西平阳府解州闻喜县，军籍，国子生。治《书经》。字文明，行三，年三十四，十二月初八日生。曾祖景和。祖克仁。父肃。母刘氏。具庆下。兄聪、腾。娶冯氏。山西乡试第五十九名，会试第七十九名。

谈经，贯直隶常州府无锡县，官籍，国子生。治《书经》。字天章，行一，年三十三，十一月二十四日生。曾祖礼。祖绍，赠监察御史。父复。母茹氏。具庆下。弟纬、纲、雍、祥麒、祥麟。娶单氏，继娶华氏。应天府乡试第十八名，会试第四十二名。

秦夔，贯直隶常州府无锡县，民籍，县学生。治《书经》。字廷韶，行一，年二十八，五月初三日生。曾祖彦和。祖季升。父景旸。母殷氏。具庆下。弟永孚、仲孚。娶沈氏。应天府乡试第六十五名，会试第六十九名。

何广，贯直隶滑县，官籍，交阯扶宁县人，国子生。治《易经》。字博之，行三，年三十一，十一月二十六日生，曾祖飞景，交阯安潭令。祖春，交阯口郎令。父汝隆，滑县主簿。母莫氏，继母陈氏。具庆下。兄俊利，长寿。弟廙、窟。娶周氏。顺天府乡试第三十五名，会试第五十七名。

胡澄，贯山东东昌府唐邑县，民籍，县学生。治《春秋》。字永清，行一，年三十，八月十三日生。曾祖敬先。祖庸。父福。母郭氏。慈侍下。弟浩、澜、潮、淙。娶梁氏。山东乡试第二十八名，会试第一百一名。

王聪，贯顺天府通州漷县，民籍，国子生，治《书经》。字师德，行一，年三十四，八月十七日生。曾祖贵。祖云。父俊。母汪氏。具庆下。弟睿。娶管氏。顺天府乡试第二百二十八名，会试第八十六名。

冯俊，贯广西宁远府宜山县，民籍，国子生。治《书经》。字士彦，行一，年三十一，十一月二十一日生。曾祖太乙。祖思义。父永敬。母何氏。具庆下。弟杰、伦、佐。娶吴氏。广西乡试第六名，会试第七十三名。

南钊，（下缺）治《礼记》。（下缺）曾祖安义。祖选。父□□。具庆下。兄铎、铭。娶宁氏。陕西乡试第四十六名，会试第一百一名。

张溥，贯直隶扬州府江都县，民籍，国子生。治《易经》。字彦溥，行一，年二十五，正月三十日生。曾祖贰。祖汝济。父辑，南京国子监助教。母史氏。具庆下。娶高氏。应天府乡试第七十六名，会试第六十八名。

张赈，贯河南开封府祥符县，民籍，府学生。治《书经》。字弘济，行一，年三十，五月二十日生。曾祖彦诚。祖秉彝。父翰。母赵氏。具庆下。娶程氏。河南乡试第四十二名，会试第一百二十八名。

汪贵，贯江西广信府永丰县，民籍，国子生。治《书经》。字士达，行四，年三十九，九月初九日生。曾祖景文。祖伯京。父仲深。母王氏。慈侍下。兄璟。娶黄氏，继娶杨氏。江西乡试第一百六十一名，会试第一百十四名。

戴浚，贯福建福州府福清县，军籍，国子生。治《诗经》。字文哲，行一，年三十一，七月二十九日生。曾祖彦诚。祖鹰，知县。父铉，母林氏。具庆下，弟涵、浩、演。娶郑氏，继娶杨氏。福建乡试第九十名，会试第四十三名。

盛佟，贯直隶苏州府吴江县，军籍，国子生。治《易经》。字汝愚，行六，年三十二，十月十一日生。曾祖嗣初。祖景华。父启东，御医。母颜氏，生母蒋氏。慈侍下。

兄汝望；文刚，医学正科；汝正；汝德；汝静。弟侗，佐，备。娶朱氏，继娶刘氏。应天府乡试第六十四名，会试第一百二十九名。

谷琰，贯直隶大名府开州，匠籍，国子生。治《书经》。字邦器，行一，年三十，十一月十五日生。曾祖友增。祖升。父礼，母王氏，继母靳氏。具庆下。弟琬，琇，珙。娶王氏。顺天府乡试第三十一名，会试第十九名。

徐演，贯湖广荆州右卫，军籍，国子生。治《礼记》。字文敷，行三，年三十五，七月初四日生。曾祖子文。祖普荣。父忠。前母秦氏，母周氏，继母漆氏。具庆下。兄弘善，溥。弟浚，福，澄。娶鄢氏，继娶吴氏，顺天府乡试第五名，会试第十名。

陈相，贯浙江金华府金华县，匠籍，国子生。治《诗经》。字廷辅，行六，年四十一，三月二十日生。曾祖子寿。祖叔义。父文达。前母金氏，母俞氏。永感下。兄永昌，永宁，永清，永良，永俊。娶方氏。浙江乡试第六十七名，会试第一百二十名。

薛世晅，贯福建福州府福清县，灶籍，国子生。治《诗经》。字惟焯，行一，年三十七，十一月二十五日生。曾祖乾福。祖元亨。父士亘。母郑氏。慈侍下。兄世昶、世暘。弟世晔、世晅、世曼、世㵥。娶何氏。福建乡试第九十名，会试第十四名。

杨德，贯河南开封府归德州夏邑县，军籍，国子生。治《诗经》。字务本，行一，年二十八，正月二十五日生。曾祖聚。祖仲友。父威，教授。母张氏。具庆下。弟怀本，端本。娶陈氏。河南乡试第五十名，会试第八十四名。

郑贤，贯直隶广平府肥乡县，民籍，国子生。治《诗经》。字时举，行三，年三十五，九月二十三日生。曾祖积善。祖海。父兴。母胡氏。慈侍下。兄源，杰。娶姚氏。顺天府乡试第八十九名，会试第六十名。

林清源，贯福建福州府闽县，民籍，侯官县学增广生。治《礼记》。字用清，行一，年四十，九月二十九日生。曾祖连。祖佑。父钝，兴国县学教谕。母王氏。慈侍下。弟瀛，泮，己卯贡士；浚；润。娶冯氏。福建乡试第四十名，会试第三十八名。

童璲，贯浙江金华府永康县，民籍，国子生。治《易经》。字思振，行十，年二十八，九月初九日生。曾祖茂善。祖得盛，赠刑部主事。父信，南京工部员外郎。母陈氏。具庆下。兄睦。弟恭。娶颜氏。浙江乡试第三十九名，会试第十七名。

滕霄，贯浙江绍兴府山阴县，民籍，国子生。治《诗经》。字凤翔，行三，年三十六，八月初四日生。曾祖福。祖生。父惟学，母卢氏。具庆下。兄霖，云。弟霁，霨。娶陈氏，应天府乡试第二十四名，会试第一百二十三名。

王甫，贯直隶保定府易州，军籍，国子生。治《礼记》。字君美，行一，年三十二，八月十九日生。曾祖从善。祖铭。父杰，母李氏。具庆下。弟銮，琛，璲。娶齐氏。顺天府乡试第一百九十三名，会试第一百四十一名。

金愉，贯直隶常州府武进县，官籍，府学增广生，治《诗经》。字和之，行四，年二十五，八月二十五日生。曾祖彦名。祖潮宗。父渊，教训。母李氏。慈侍下。兄恺，吏部主事；悌；怡，贡士。娶叶氏，继娶吴氏。应天府乡试第五十四名，会试第五十一名。

李临安，贯四川成都府内江县，军籍，国子生。治《春秋》。字邦治，行五，年三十，十一月初六日生。曾祖添禄。祖观，教谕，封给事中。父蔚，元氏县知县。母明氏。具庆下。兄淮安。娶王氏。四川乡试第十九名，会试第一百二十一名。

刘钊，贯直隶太平府当涂县，军籍，县学增广生。治《易经》。字时勉，行一，年二十八，三月十一日生。曾祖贵三。祖思民。父豫，户部主事。前母司氏，母杨氏。具庆下。弟铎。娶李氏。顺天府乡试第一百十六名，会试第六十三名。

闻景辉，贯浙江绍兴府余姚县，民籍，儒士，治《礼记》。字日彰，行三，年三十六，十一月初九日生。曾祖敬之。祖兴让。父伯廷。母黄氏。具庆下。弟日羲。娶徐氏。浙江乡试第四名，会试第二十名。

张伦，贯四川潼川州遂宁县，民籍，国子生。治《春秋》。字大伦，行四，年三十八，闰十二月十七日生。曾祖伯祥。祖嗣原。父鉴，母郭氏。具庆下。兄大用，大诚，大节。娶刘氏。四川乡试第三十七名，会试第九名。

王纶，贯湖广襄阳府襄阳县，民籍，国子生。治《诗经》。字廷言，行一，年三十，六月十六日生。曾祖珙。祖昶。父参，教授。母潘氏。重庆下。娶平氏。湖广乡试第十名，会试第三十一名。

陈奎，贯河南卫辉千户所，军籍，直隶海门县人，国子生。治《诗经》。字文璧，行一，年二十九，九月二十九日生。曾祖光甫。祖德。父敬。母张氏。重庆下。弟谷。娶吉氏。河南乡试第十四名，会试第一百三十四名。

邢琥，贯河南河南府洛阳县，民籍，国子生，治《诗经》。字伯玉，行二，年三十九，十二月初五日生。曾祖常。祖贵。父荣。母贾氏。慈侍下。兄珉。弟玫，玮。娶侯氏，继娶刘氏。河南乡试第五十四名，会试第一百四十名。

刘澄，贯广东肇庆府四会县，民籍，国子生。治《易经》。字端本，行一，年三十二，八月初九日生。曾祖宗辅。祖佛恩。父保，母梁氏。具庆下。娶严氏。广东乡试第五名，会试第一百十九名。

韩广，贯湖广长宁守御千户所，军籍，国子生。治《诗经》。字道洪，行五，年三十三，正月二十一日生。曾祖友亮。祖子信。父文，母魏氏，继母袁氏。具庆下。兄聪，明，智，惠。弟潮，能。娶刘氏。湖广乡试第七十九名，会试第九十五名。

刘元，贯四川成都府仁寿县，军籍，国子生。治《书经》。字仁甫，行一，年二十七，十一月二十五日生。曾祖兴。祖秉贤，青城县主簿。父瑄，母郑氏。具庆下。弟汉奇，汉远，汉奎，汉仪。娶李氏。四川乡试第六名，会试第十三名。

陈维裕，贯福建福州府长乐县，民籍，县学增广生，治《诗经》。字饶初，行九，年三十九，六月三十日生。曾祖仲进，江山县知县。祖航。父力行，母黄氏。慈侍下。娶王氏。福建乡试第十七名，会试第八十七名。

范英，贯陕西凤翔府岐山县，民籍，国子生。治《书经》。字文华，行二，年三十六，正月初二日生。曾祖敬。祖严。父得，母王氏。永感下。兄让。娶罗氏。陕西乡试第二十四名，会试第一百三十二名。

张瓒，贯山西泽州陵川县，民籍，县学生。治《诗经》。字宗器，行三，年三十三，二月初三日生。曾祖仲保。祖式伍。父钦，前母袁氏，母段氏，继母姬氏。慈侍下。兄瑄、瑺。弟琦、琏。娶韩氏。山西乡试第十九名，会试第七十一名。

王霁，贯直隶松江府上海县，民籍，县学增广生，治《诗经》。字景明，行二，年二十五，六月二十七日生。曾祖道亨。祖以诚。父显忠，母杨氏。慈侍下。兄云。弟霂。娶曹氏。应天府乡试第十四名，会试第一百三十七名。

冯遵，贯广东广州府南海县，民籍，国子生。治《诗经》。字宗辙，行二，年三十六，二月十三日生。曾祖泰初。祖观复。父缘护。母卢氏。永感下。兄琎。弟逵；逊，庚午贡士；远，癸酉贡士；遇，丙子贡士。娶陈氏。广东乡试第六名，会试第一百四十三名。

彭昭，贯直隶河间府献县，民籍，县学生。治《礼记》。字景辉，行四，年三十三，十二月初九日生。曾祖聚。祖友信。父仕敬。母杨氏，继母孟氏。永感下。兄敏，政，显。弟宣，陆。娶刘氏，继娶孙氏。顺天府乡试第五十九名，会试第一百十七名。

秦崇，贯山东兖州府单县，军籍，县学生。治《诗经》。字智崇，行一，年二十三，八月初十日生。曾祖时中，雷州府知府。祖懿德，肥乡县学教谕。父彦吉，母郝氏。重庆下。弟绳。娶王氏，继聘王氏。山东乡试第二十三名，会试第一百十三名。

张颐，贯山西太原左卫，官籍，直隶江都县人，国子生。治《春秋》。字养正，行二，年二十六，十月二十三日生。曾祖义，密云后卫千户。祖鉴，山西都指挥佥事。父玉，山西太原左卫指挥同知。母魏氏。重庆下。兄泰，弟口，晋，鼎。娶尚氏。山西乡试第五名，会试第五十九名。

蔡霖，贯兴武卫籍，浙江鄞县人，顺天府学军生，治《易经》。字洪济，行三，年二十七，九月二十四日生。曾祖文三。祖和卿。父均祥。母郑氏。具庆下。兄春，宁。弟定，云，震。娶沈氏。顺天乡试第一百十名，会试第一百十五名。

李锐，贯陕西凉州卫籍，江西新淦县人，国子生，治《礼记》。字文盛，行八，年三十六，闰七月十五日生。曾祖原初。祖仲庸。父惟址。嫡母杨氏，母冯氏。慈侍下。兄政宣、政序、钊、铉、政和、鈜、鉦。弟钺。娶徐氏。陕西乡试第十五名，会试第二十九名。

杨庭芳，贯湖广宝庆府邵阳县，民籍，国子生，治《诗经》。字孟仁，行一，年三十二，五月二十七日生。曾祖原旺。祖伟，宁州同知。父衡，高邮州吏目。母张氏。慈侍下。弟庭秀。娶李氏。湖广乡试第一百三十四名，会试第一百三十一名。

赵锐，贯河南怀庆府修武县，民籍，国子生。治《书经》。字毅之，行一，年三十九，九月十一日生。曾祖德明。祖友谅。父旺，母牛氏，继母施氏。严侍下。弟钦，己卯贡士。娶阎氏，继娶蒋氏。河南乡试第十名，会试第三十七名。

刘哲，贯陕西西安府同州白水县，军籍，国子生。治《诗经》。字光哲，行一，年三十三，八月二十日生。曾祖彦名。祖温。父赟，知县。母马氏。具庆下。弟光启。娶张氏，陕西乡试第十一名，会试第六名。

杜亨，贯云南大理府太和县，民籍，国子生。治《易经》。字时泰，行三，年三十五，八月二十九日生。曾祖成升。祖赐。父英。母苏氏。具庆下。兄经，伦。弟贞、忠、清。娶尹氏。云南乡试第一名，会试第四十一名。

汪宽，贯顺天府大兴县，民籍，府学生。治《春秋》。字汝中，行六，年二十五，正月十九日生。曾祖行三。祖士弘。父仲礼，前母朱氏，母杜氏。具庆下。兄宇；宾；容，中书舍人；宣；宏。聘杨氏。顺天府乡试第五十六名，会试第一百四十八名。

王玺，贯直隶大名府开州长垣县，军籍，国子生。治《诗经》。字大用，行一，年三十一，九月十六日生。曾祖六。祖克铭。父时佐，母张氏。具庆下。弟琦、瑀、璇、璀。娶焦氏，继娶李氏。顺天府乡试第四名，会试第二十七名。

郭升，贯河南颍川卫，军籍，直隶颍州学生。治《易经》。字腾霄，行二，年二十五，正月二十四日生。曾祖德。祖源。父斌，母李氏。慈侍下。兄晟。弟昂。娶鹿氏。河南乡试第十五名，会试第九十四名。

据《天顺四年进士登科录》，本年殿试策问试题为："皇帝制曰：朕惟治天下亦多术矣，举而行之，必有其要。《传》谓礼乐刑政，四达而不悖，则王道备。然则其要固不出此四者，而行之亦有先后缓急之序欤？唐虞三代所以措天下于雍熙泰和之盛者，率用此道，可历指其实而详言之欤？后之有天下者，莫若汉、唐、宋，其间英君谊辟，亦有用此道者，然而治效不能比隆于唐虞三代，其故何欤？朕嗣承祖宗鸿业，孜孜图治，夙夜不遑，于礼乐刑政，亦既备举而并行之矣，而治效犹未极于盛，何欤？兹欲究礼乐之原，求刑政之本，行之以序，而达之不悖，用臻唐虞三代之盛，其道何由？子大夫潜心经史有年矣，其详著于篇，朕将采而用焉。"

状元王一夔对策全文如下："臣对：臣闻帝王之治本于道，帝王之道本于诚。盖诚为道之实，而道即礼乐刑政之理也。礼乐而非诚，无以立其体，刑政而非诚，无以达其用。惟其诚也，由是而制礼作乐则礼备而乐和，由是而明刑修政则刑清而政举。故善为治者，未有不本于道，善行道者，未有不本于诚。二帝之所以帝天下而世跻雍熙者，此诚也。三王之所以王天下而俗臻康乂者，亦此诚也。下逮汉、唐、宋之英君谊辟，所以不能比隆于二帝三王而治不古若者，庸非此心之诚有或间欤？大哉诚乎！其为万化之本原，万事之枢纽，人君为治之大本乎！钦惟皇帝陛下，聪明先物，睿智有临，法二帝三王之要道，绍祖宗列圣之宏规，曩者嗣大历服，不迩声色，不殖货利，凡耳目之娱，珍异之献，悉诚心罢去，与民休息，是以十五年间，朝廷清明，民物熙皞，四时调玉烛之和，万汇赞祯祥之应。属者顺天应人，复登宝位，乾坤为之再造，人纪为之肇修，礼乐明备，刑政备举，普天之下，莫不讴歌乎凤仪兽舞之治，率土之滨，莫不甄陶于鸢飞鱼跃之天。治效之盛，振古而无以加矣，是皆本于皇上至诚行道之所至也。兹犹不自满假，乃涣纶音，下明诏，进臣等于廷，降赐清问，首之以礼乐刑政施为缓急之序，断之以唐虞三代汉、唐、宋治化隆替之由，终之以所以用礼乐刑政而克臻帝王治效之道，至哉问也！顾臣愚陋，曷足以上揆渊衷，虽然，天道下济而光明，地道卑而上行，陛下既诚心发策以下问矣，臣敢不悉心披诚以上对乎！窃惟帝王治天下之术非一端也，然所行之要，不越乎礼乐刑政而已。盖礼有三千三百之仪，所以节民之心，使其所行无过不及焉。乐有五音六律之作，所以和民之声，使其所言无所乖戾焉。故曰：安上治民，莫善于礼，移风易俗，莫善于乐。是礼乐所以教民而为出治之本，陛下所谓先与急者在是也。若夫政者法制禁令也，所以一民之行而率其倦怠焉。刑者墨劓剕宫大辟也，所以防民之奸而惩其恣肆焉。故曰：道之以政，齐之以刑，民免而无耻。是刑政所以弼教而为辅治之具，陛下所谓后与缓者在是也。虽然，礼乐刑政固有先后缓急之序，要之亦不可以偏废也。使有礼乐而无刑政，则徒善不足以为治，使有刑政而无礼乐，则徒法不能以自行。故《传》谓礼乐刑政四达而不悖则王道备，诚哉是言也。稽之于古唐虞之时，以言其礼，则五礼备而三礼明，以言其乐，则六律和而八音谐，礼乐于是乎大备焉。德惟善政，政在养民，而六府三事之允治，明于五刑，刑期无刑，而五服三就之克允，刑政于是乎大彰焉。是以当时万邦协和，而黎民有于变之休，庶绩咸熙，而四夷有来王之效，岂非唐虞能用礼乐刑政，而致雍熙泰和之盛乎！然推其所由，则又本于尧之允恭克让，舜之温恭允塞之所致也。夏商之世，司徒修六礼以节民性，乐正崇四术以教士习。立典则以贻子孙，而有关石和钧之设焉，制官刑以儆有位，而有三风十愆之训焉。成周之世，宗伯掌五礼以观万民，司乐掌六乐以谐万民。司马掌邦政，以九法正邦国，司寇掌邦刑，以三典诘四方。情文备而制度详，是以当时声教四讫，而兆民允殖，丕冒海隅，而万姓征服，岂非三代能用礼乐刑政，而致雍熙泰和之盛乎！然原其所自，则亦本于禹之允迪厥德，汤之咸有一德，文武之纯亦不已，丕则敏德之所致也。夫唐虞三代以诚心行道，而致治效之盛如此。后之有天下者，莫如汉、唐、宋。若高祖之豁达大度，文帝之恭俭玄默，武帝之雄才大略，宣帝之综核名实，以至光武之沉机先物，明帝之下身遵道，章帝之左右艺文，此汉之英君谊辟也。观其用绵蕞所习之仪，奏昭德五行之舞，制屯田而定租税，作九章而除肉刑，其用礼乐刑政也如此。然或不事《诗》、《书》，或谦让未遑，或内多宠欲，或择术不审，又有吏事深刻，察察为明，优柔不断者，求之当时，虽有海内富庶几致刑措之风，百姓宽息人赖其庆之美，方之唐虞三代雍熙之化，不啻碔砆之于美玉矣。此无他，由其徒用礼乐刑政，而行之不能本乎诚故也。若夫太宗之英迈绝伦，玄宗之励精图治，宪宗之刚明果断，此唐之英君谊辟也。观其采古制而定章服，分二部以习音乐，立府兵租庸调之法，除断趾而增覆奏，其用礼乐刑政也如此。然而一则假仁喜功，一则惑于女色，一则不终其业，考之当时，虽有斗米三钱绝域来庭之盛，民皆乐业威令几振之美，揆之唐虞三代泰和之治，不啻鱼目之厕美珠矣。此无他，由其徒尚礼乐刑政，而用之不能本乎诚故也。迨夫有宋之兴，太祖之仁义，太宗之沉谋，有以开创于前，真宗之英悟，仁宗之仁恕，有以守成于后，真所谓英君谊辟矣。观其定朝仪而详服制，正音律而录名数，严科禁以弭奢僭，采敕条以为卷编，固皆用礼乐刑政以图至治矣。然或好微行，或伤恩义，或假符瑞而封禅，或以邪正而互用，虽曰治效有过于汉唐，而亦不能比隆于唐虞三代也。详其所以，又岂非设诚于内者有或替欤？夫汉、唐、宋诸君，不能诚心行道而治效不古若者如此。洪惟我太祖高皇帝肇造区夏，太宗文皇帝肃清邦家，而隆古之风以振。仁宗昭皇帝继其统，宣宗章皇帝纂其功，而隆古之治益彰。所以然者，固不外乎礼乐刑政之用。原其所以用礼乐刑政，又岂不本于列圣至诚之心也哉！陛下应天下之归心，嗣祖宗之洪业，复位以来，孜孜图治，夙兴夜寐，不遑宁处。虑民性之未中也，则用礼以节之，虑民声之未和也，则用乐以和之。而礼也乐也，固并举而无遗矣。虑民行之不一也，则修政以一之，虑民奸之未息也，则明刑以防之。政也刑也，亦并行而不偏矣。是以治效之盛，旷古莫及，而圣心独有治效未极于盛之虑，臣有以知陛下真大有为之君，真不世出之主，真可以四三王六五帝，而视汉、唐、宋诸君风斯下矣。陛下欲究礼乐之原，臣则以为礼乐之原，固不外乎一诚。陛下欲求刑政之本，臣则以为刑政之本，亦不外乎一诚。盖真实无妄纯粹不杂者，诚也，一有所杂，则伪而不诚矣。悠久不息始终无间者，诚也，一有所间，则息而不诚矣。陛下运此心之诚以典礼乐，则大礼与天地同节，大乐与天地同和，而礼不失于僭，乐不流于淫矣。陛下运此心之诚以用刑政，则一政之出，人皆信之如蓍龟，一刑之施，人皆畏之如斧钺，而政不失于乖，刑不流于惨矣。礼乐刑政，虽备举而并行，然礼乐在所当先，刑政在所当后。析而言之，又必先礼而后乐，先政而后刑，此四者施行之次序也。行之既有其序，则礼乐昭宣，刑政修举，极天蟠地，周流四达，凡天下之民莫不是遵是守，而无违悖者矣。然所以行而达之之要，实在于陛下一念之诚焉。陛下能于礼乐刑政之用一本于诚，则治化之盛，又何患乎不与唐虞三代同驱而并驾哉！将见今之黎民，与唐虞之黎民同一于变时雍矣，今之百姓，与三代之百姓同一遍为尔德矣。何则？世有古今而道无古今，人有先后而心无先后，惟在陛下至诚以感化之耳。所谓惟天下至诚为能化是也。然陛下之策臣者既如此，而篇终又启之曰：'子大夫潜心经史有年矣，其详著于篇，朕将采而用焉。'臣受陛下生成之恩，沐陛下教养之德，平昔之所涵养者，忠君报国之心，师友之所讲明者，致君泽民之事。虽援经据史之对有未及详，而责难陈善之志实所抱负。既领春官之荐，叨奉大廷之对，正愚臣叩阍阊阖呈琅玕之日，谨拜手稽首而献言曰：诚之为道，其大矣乎！具于太极之浑沦，而极于天地之变化，始于夫妇之隐微，而著于鸢鱼之飞跃。亘古亘今，莫非此诚之所为，彻上彻下，莫非此诚之所寓。故修身而不以诚，则欲得以间理，用人而不以诚，则邪得以间正。况礼乐刑政为治天下之大经大法，而行之不本于诚，可乎？《中庸》曰：'凡为天下国家有九经，所以行之者一也。'一即诚也。诚之为道，信乎其大矣！臣愿陛下存此心之诚，不贰以二，不参以三，不以始终而有殊，不以先后而有间。大廷如是，深宫亦如是，大政大事如是，微言细行亦如是。存养于端庄静一之中，省察于应事接物之际。出一言也，无非实理之所发，行一事也，无非实理之所著。由是而法帝王，必能合时措之宜，而不泥于古矣。由是而法祖宗，必能尽继述之美，而有光于前矣。殆见德之所及，广大如天，极覆载之间，凡有血气者，莫不尊亲，信乎唐尧虞舜复见于今日，禹汤文武不得专美于前世矣。臣之愚见，始以诚为陛下勉，终以诚为陛下献，良以同民心出治道而极其盛者，实由于此。伏惟万机之暇，少垂睿览，国家幸甚，生民幸甚。臣干冒天威，不胜恐惧战栗之至。臣谨对。"

　　榜眼李永通对策全文如下："臣对：臣闻为治必本于道，行道必本诸心。盖心者一身之主宰，万化之本原，而礼乐刑政之所由推也。推此心之和敬以制礼乐，则为治之大本以立。推此心之仁义以施刑政，则为治之大用以行。本立而用行，治天下之要道，岂外乎此哉！唐尧虞舜所以帝天下，而致黎民于变者，此道也。禹汤文武所以王天下，而措斯世雍熙者，亦此道也。后乎汉、唐、宋之治，仅底于小康而不能俪美乎唐虞三代之盛者，庸非此道之有未尽欤？恭惟皇帝陛下，禀聪明睿智之资，备中正仁义之德，绍承大统，丕阐鸿猷。曩者嗣大历服，不迩声色，日御经筵，讲求至理，是以皇风清穆，治教休明。迨今光复宝位，骏命维新，至孝通乎神明，膏泽沛乎海宇，其治化之隆，诚足以驾唐虞而轶三代矣。然犹体道谦冲，不自满假，乃于万几之暇，进臣等于廷，降赐清问，询以礼乐刑政之实，古今治效隆替之由，而求推行之序。臣有以知陛下之心，即帝舜好问好察之心，文王望道未见之意也。所以昭文明于万世，绵国祚于无疆者，端在是矣。顾臣草茅贱质，曷足以上揆渊衷。然圣谟洋洋，臣敢不精白一心，拜手稽首，而对扬于万一乎！臣伏读制策曰：'朕惟治天下亦多术矣，举而行之，必有其要。《传》谓礼乐刑政，四达而不悖，则王道备。然则其要固不出此四者，而行之亦有先后缓急之序欤？'臣闻为治有要，莫先于礼乐，辅治有法，莫切于刑政。四者乃治天下之大经大法，缺一不可也。是故辨贵贱而定民志，莫大于礼，圣人则法天地自然之序，而制为三千三百之礼焉。然礼之制虽多，而其本则在于一心之敬而已。格神人而和上下，莫先于乐，圣人则法天地自然之和，而作为五音六律之乐焉。然乐之文虽殊，而其本则在于一心之和而已。礼以节声，二者乃为治之要，在所当先而不可缓矣。然既以礼乐为教，苟或有倦怠不率者，又必辅之以刑政。政者正也，所以正人之不正也，圣人因人之倦怠而政以正之，使礼乐之教无不行，所谓纪纲法度之属是已。政不徒政，必仁以出之，然后政得其宜焉。刑者成也，一成而不可变也，圣人因人之不率而刑以防之，使礼乐之道无或废，所谓墨劓剕宫大辟之类是已。刑不徒刑，必义以制之，然后刑得其当焉。政以率其怠，刑以防其奸，二者乃辅治之法，在所当后而不可急矣。由是观之，则知礼乐刑政四者，固治天下之要道，而其行之先后缓急，又有序而不可紊者如此。《传》谓礼乐刑政四达而不悖则王道备，正此谓也。臣伏读制策曰：'唐虞三代所以措天下于雍熙泰和之盛者，率用此道，可历指其实而详言之欤？后之有天下者，莫若汉、唐、宋，其间英君谊辟，亦有用此道者，其治效不足以比隆于唐虞三代者，其故何欤？'臣考诸唐虞之时，礼有三礼五礼之异，而节文以辨，乐有大章大韶之殊，而神人以和。政有养民之善而府事允治，刑有弼教之美而就居克允。是以四方有风动之休，万国有咸宁之效，而雍熙泰和之治，莫盛于此矣。然唐虞以是道而致治化之盛者，无他焉，以其有和敬仁义之心为之本也。三代之时，质文异尚，三纲五常，礼之大体。商不能改乎夏，周不能改乎商。至于制度文为，随时而损益，故大而朝觐会同，冠昏丧祭，秩秩乎其文；小而禴祠烝尝，燕饮乡射，郁郁乎其典，礼之仪文备矣。禹作大夏，汤作大濩，武王、周公亦作大武与勺焉。语其器则钟鼓管籥干戚之有伦，语其文则屈伸俯仰缀垂之有度，乐之声容盛矣。夏有典则之贻，商有风愆之戒，周以六典治邦国，以八法治官府，以八柄驭群臣，以八统驭万民，而政之施也益详。夏作禹刑，商作汤刑，周以三典诘四方，以五刑纠万民，以八辟丽邦法，以九伐正邦国，而刑之制也益备。是以比屋有可封之俗，人人有士君子之行，而雍熙泰和之治，亦可谓盛矣。然三代以是道而致治化之盛者，无他焉，亦以其有和敬仁义之心为之本也。三代以下，英君谊辟，世未尝无，而礼乐（下缺二十行，约三百六十字）克终，囚至五覆，罪至三讯，审则审矣。厥后法官以出罪为戒，则刑罚益滥。其视古之政刑何如哉！此有唐之君，虽用礼乐刑政以为治，然徒尚夫法制之备而已，果何有和敬仁义之心乎？其治不能比隆于唐虞三代，亦宜也。迨至有宋，太祖太宗之创业于前，真宗仁宗之守成于后，礼则聂崇义既上《三礼图》，而陈祥道又有《礼书》焉，刘温叟既上《开宝通礼》，而卢多逊又有《义纂》焉。乐则和岘所定下王朴一律，李照所定下王朴三律，胡瑗之所考正，司马光之所辨论，卒无定说。以言其政，则求言之诏无一年而不下，利民之事无一日而不举，作七条以示臣僚，分三等以察官吏。以言其刑，则有窦俨进《重定刑统》三十卷《编敕》四卷，既设提点刑狱以分按诸道之治，又置审刑院以防刑部大理之失。礼乐刑政之用虽详，而治不古若者，亦无非和敬仁义之心有所未尽耳。大抵心为治本，本既不正，欲求其末之正，难矣。汉、唐、宋所以止于汉、唐、宋，而治不可挽而上者，此也。臣伏读制策曰：'朕嗣承祖宗鸿业，孜孜图治，夙夜不遑，于礼乐刑政亦既备举而并行之矣，而治效犹未极其盛，何欤？兹欲究礼乐之原，求刑政之本，行之以序而达之不悖，用臻唐虞三代之盛，其道何由？'臣惟我朝太祖高皇帝、太宗文皇帝，创业垂统于乾坤再造之秋，仁宗昭皇帝、宣宗章皇帝，继统守成于邦家辑宁之日，圣圣相承，制作大备，礼乐卓冠乎百王，政刑超迈于千古，是以彝伦攸叙，风俗丕美，薄海内外熙然泰和，其得效之隆，固足以上追二帝三王，而超汉、唐、宋于数等矣。肆惟陛下自嗣位以来，夙夜惟勤，恢弘治体，远宗帝王之道，近守祖宗之法，礼乐并兴，而教化之道明，政刑兼举，而劝惩之典著。然于治效，犹曰未极其盛者，岂非陛下量同天地，明并日月，旷视千古，不以治之已盛为盛，而必求之不已耶？夫治本于道，违道不可以求治，道本于心，外心不可以求道。臣断然以为，礼乐之原在乎和敬，刑政之本在乎仁义，而仁义和敬，实具乎一心。心之所存，久而不息，治未有不臻于盛者也。臣不敢复有他说，惟愿陛下推和敬之心以制礼乐，则礼序乐和，而为治之本无不立。推仁义之心以施刑政，则政善刑中，而辅治之法无不备。行之以序，而积之以悠久，将见天下之人惟礼乐是遵是行，而无一人之或悖；群黎百姓，咸囿于甄陶之中，四海八荒，悉归于防范之内。皇极以之而建，王化以之而彰，天地万物以之而位育，休征嘉瑞以之而骈集，今日之治效，与古之治效无异矣，唐虞三代岂得专美于前哉！此其明效大验所必至者，臣是以惓惓于此，不敢泛引他说为陛下言也。臣伏读制策又曰：'子大夫潜心经史有年，其详著于篇，朕将采而用焉。'臣蒙朝廷教养之恩，乐菁莪岂弟之化，于礼乐刑政之道，究之有未及详，一得之愚，上尘（下缺）"

探花郑环对策全文如下："臣对：臣闻帝王之治天下有其要，而治天下之要有其本。盖礼乐刑政，四者治天下之要道也，而行之必有其本。为本者何？心是也。以是心而制礼，则礼无不备，以是心而作乐，则乐无不和。至于明刑立政，亦必本于是心，然后刑清而政举焉。唐虞三代之治所以极其盛者，能以是心而为礼乐刑政之本也。汉、唐、宋之治所以不古若者，庸非礼乐刑政之施不能本于是心故欤？恭惟皇帝陛下，禀聪明睿智之资，备圣神文武之德，缵列圣之洪图，绍帝王之道统。道已至矣，而不替谦冲体道之诚，治已隆矣，而恒存厉精图治之志。乃于万几之暇，特吁臣等旅进于廷，策以礼乐刑政，首询唐虞三代致治之实，次及汉、唐、宋治不逮古之由，终则欲究礼乐刑政之本。臣有以知皇上之心，即尧舜下询刍荛好问好察之心也。臣虽愚昧，敢不精白一心，以对扬圣天子之休命乎！臣伏读圣策有曰：'朕惟治天下亦多术矣，举而行之，必有其要。《传》谓礼乐刑政四达而不悖则王道备，然则其要固不出此四者，而行之亦有先后缓急之序欤？'臣惟帝王之治天下，论其术固非一端，举其要不过礼乐刑政四者而已。圣人知安上治民莫善于礼，于是因天理之节文，为人事之仪则，而有三千三百之条焉。知移风易俗莫善于乐，于是因天地之和气，为声音之节奏，而有五声六律之目焉。然礼以节民心，乐以和民声，无非因人之情而为之也，岂非治天下之要道欤？礼乐作矣，苟或倦怠而不行，不可无政以率之，圣人于是立为法制禁令之政，而有纪纲之布焉。政既举矣，苟或恣肆而不率，不可无刑以防之，圣人于是定为墨劓剕宫大辟之刑，而有三千之属焉。然政以行之，刑以防之，由是人皆礼乐是遵而不敢废也，岂非治天下之要道欤？《传》曰：礼乐刑政四达而不悖，则王道备。信乎！四者通行于天下而民无违悖之者，治道之备可知矣。夫礼乐乃出治之本，在所当先，而为当务之急者，刑政乃辅治之具，在所当后，而为当务之缓者。其先后缓急如此，又岂可紊其序哉！臣又伏读圣策有曰：'唐虞三代所以措天下于雍熙泰和之盛者，率用此道，可历指其实而详言之欤？后之有天下者莫若汉、唐、宋，其间英君谊辟，亦有用此道者，然而治效不能比隆于唐虞三代，其故何欤？'臣惟唐虞之世，黎民于变，而万国咸宁，三代之时，九围是式，而四海永清。治效之盛，旷古而无以加矣。所以然者，亦惟用夫礼乐刑政以治之耳。观其命伯夷典礼而上下以辨，命后夔典乐而神人以和，大禹宅百揆而九功惟叙，皋陶明五刑而四方风动，此唐虞礼乐刑政之实也。夏有夏礼，殷有殷礼，周则宗伯掌邦礼，以五礼而安邦国，夏作大夏，殷作大濩，周则司乐掌邦乐，以六乐而谐万民。若夫夏商之政，有典则之贻，有八政之齐，而周则司马掌邦政，以诏王之法。夏商之刑，有狱成之告，有官刑之儆，周则司寇掌邦刑，以佐王之典，此三代礼乐刑政之实也，究（下缺二十行约三百六十字）太祖高皇帝、太宗文皇帝创业垂统，而致礼乐刑政之治于前，仁宗昭皇帝、宣宗章皇帝继体守文，而著礼乐刑政之效于后，圣圣相承，几百年于兹，治教休明，民物熙皞，盖无异于唐虞三代之盛矣。《易》曰：圣人久于其道，而天下化成。此之谓也。肆惟皇上重缵鸿业，复登宝位，存祖宗列圣之心，求二帝三王之治，总乾刚于独断，垂离照于万几，宵衣旰食，用图治理。知民心不可不节也，而用礼以节之，知民声不可不和也，而用乐以和之。政以一民之行，所以率其怠焉，刑以防民之心，所以惩其肆焉。是以礼乐灿然而备举，刑政昭然则并行，天下之民，莫不惟礼乐之是归，而顺帝之则矣，惟刑政之是惧，而遵王之路矣。治效之盛，可以远追唐虞三代，又何汉、唐、宋之足较哉！然皇上犹以为未极其盛者，其不自满假之心欤？所谓礼乐之原，刑政之本，不必他求，惟在皇上之一心耳。盖礼乐者是心之中和也，推是心之中和而为礼乐，则礼乐之原得矣。刑政者是心之制度也，推是心之制度而为刑政，则刑政之本得矣。虽然，本原既得，而行之又不可无其序也。盖礼乐所以出治而化民者，刑政所以辅治而禁民者。必先节之以礼，和之以乐，而后正之以政，律之以刑，如四时之运，五行之布，宜于四方，流于远迩，将见下民无一人之或梗，无一动之敢违，信乎四达而不悖矣。是以声名洋溢乎中国，和气充盈于宇宙，天地位而万物育，夷狄宾而四灵至，百姓于是乎昭明，黎民于是乎于变，则雍熙泰和之盛，尚何异于唐虞三代也哉！圣策之终又曰：'子大夫潜心经史有年矣。其详著于篇，朕将采而用焉。'臣愚学术空疏，识见寡陋，已摭所闻略陈于前矣，敢于终篇复有献焉。盖礼乐刑政之施，虽本于心，而心之所以能为礼乐刑政之本者，以其明德之不昧耳。惟此心之德既明，然后用礼乐刑政以为治，则新民之功著矣。论至于是，有以知礼乐刑政固本于心，而又不可无其德也。故曰：虽有其位，苟无其德，不敢作礼乐焉。又曰：德惟善政。曰：有德惟刑。由是观之，必德具于心，则礼乐可兴，刑政可举，帝王之治可并，祖宗之业可宏。可以开太平于悠久，可以系宗社于无疆，天下万世，斯民之大幸也。顾臣之愚，不足以与天下计，谨以一得之见，上尘圣览。干冒天威，不胜悚惧之至。臣谨对。"

陈选中本科进士。官至广东左右布政使。曾督学南畿。张萱《西园闻见录》卷四十五《提学·往行》："陈公选为南畿提学，以礼义廉耻教化诸生。病学者竞为浮华之文，力欲变其故习。遍历郡县，居宿学宫，默然端坐，以身为教，令读《小学》，暇则习礼，一时诸生翕然感化。"

张悦（1427—1503）中本科进士，历任浙江按察司提学佥事，南京兵部尚书等官。张萱《西园闻见录》卷四十五《提学·往行》："张悦，字时敏，直隶华亭人。天顺四年进士，历升浙江按察司提学佥事。始以糊名校士，寻去之曰：'我且自疑，人谁信我？'请托觊觎，屹不为动，而士皆帖服，无敢干以私者。所奖拔或出新进，往往取高第，为闻人。尝曰：'古之圣贤，唯公无私，故其事业光明俊伟。今之人去古圣贤亦远矣，每事竭其公忠犹恐不及，况复济之以私乎？'或言有善读书不善做官者，悦叹曰：'世岂有遵书本而误者？果遵书本而人谓其不善做官，此特世俗之见耳。行止有命，岂遑恤哉？'性素清约，自筮仕至南京兵部尚书，四十余年始终一节。""华亭张时敏悦，成化中以部署出督浙学，士子出其门墙者至今感颂，如出一口。先生性严毅而心静一，其待士真可谓'情法适中，恩义兼尽'者。尝闻有一士子考举，初不取，复求试，许之，曰：'所作如初。'不可。再恳求试，复许之，曰：'是作复如。'再仍不可，方责而遣之。凡公卿子弟，即学业未精，亦听与科场之试，但列名最后，而廪膳之补则毫不容滥与，其得士子之心故宜矣。先生之学，得于静存者居多。每退私廨，亦端坐书室，开卷治牍，无异公所。未尝妄接人事，亟启宾宴。别号曰'定庵'，亦称情也。"

进士雷霖、屈祥、杨完、刘诚为翰林检讨，侍德王。（据《国榷》卷三十三）

四月

谪翰林院学士倪谦戍边，削辽府仪宾魏玉、武缙、周远官。初，谦为顺天府考试官，其授业生章黼不中式，衔之。因密令缉事者言：谦常奉使辽府，辽庶人贵焰，以其母与谦妻皆出武定侯郭氏，因馈谦，谋复王爵。谦还，庶人遣人诣谦，庶人婿玉、缙、远亦诣谦，谋请仪宾职。谦为具奏稿，玉等得授职，庶人虽未得复爵，然亦德谦，寓物酬之。语闻，下谦等锦衣卫狱，鞫送都察院，论谦当充军，玉等当赎徒还职。故有是命。（据《馆阁漫录》卷四《天顺四年》）

今后三品以上子孙奏入监者，俱不许。《明英宗实录》卷三百十四：天顺四年夏四月戊申，"礼部奏：'旧例以三品以上官员子孙许令入监，近者故尚书古朴之孙约，侍郎苏瓒之孙晟，俱援例求入监，有旨不准。今右副都御史韩福亦援例乞令其孙景入监读书，未敢裁处。'上曰：'国子监是育才之地，不可滥进。今后三品以上子孙奏入监者，俱不许'"。

进士于钦为吏部主事。（据《国榷》卷三十三）

五月

黜会试落第，妄讦考官之国子监生万经为民。《明英宗实录》卷三百十五：天顺四年五月丁丑，"国子监生万经会试不第，奏同考官修撰刘宣以同县故黜己，命礼部同内阁试之，文词多疏谬，上怒，命枷示礼部前一月，黜为民"。

靖远伯王骥卒。骥字尚德，束鹿人，永乐丙戌进士。授兵科给事中，进山西按察副使。洪熙初，拜顺天尹。宣德二年，拜兵部右侍郎。历尚书，讨陕西房阿台朵儿只伯有功，寻征麓川功封，景泰初予。世骥沈毅有方略，屡立功边徼。年八十三。赠靖远侯，谥忠毅。（据《国榷》卷三十三）

六月

命诸进士为监察御史。进士李纲、张祚、展毓、吴远、方佑、端宏、韩祺，监生李杰、贾俊、梁觐、袁恺、吕璪、方汉、荆纶、冯徽、唐震、常振为监察御史。（据《国榷》卷三十三）

七月

蒋廷贵奏请监生坐监年浅未及取用者暂请还家，依亲读书。从之。《明英宗实录》卷三百十七：天顺四年秋七月辛卯，"府军后卫仓副使蒋廷贵奏：'国子监见在监生二千五百余人，供给浩繁，其坐监年久将取用者，宜量留在监。年近未及取用者，宜暂遣还家，依亲读书。'从之"。

命南京国子监祭酒吴节复任，支从三品俸，以九年任满也。（据《馆阁漫录》卷四《天顺四年》）

进士黄缙、陈钺为给事中。（据《国榷》卷三十三）

八月

释奠先师孔子，遣吏部尚书王翱行礼。（据《馆阁漫录》卷四《天顺四年》）

南京刑部尚书耿九畴卒。九畴字禹范，卢氏人，永乐甲辰进士。授礼科给事中。正统初，进两淮盐运司同知，尽厘宿弊，忧去，民留之。寻进盐运使。戊辰，进刑部右侍郎，寻抚安凤阳，奉敕巡抚江北。景泰初，录囚，复镇陕西，威望益著。边将请益戍临洮诸卫，议冗食，已之。又曰："今边民皆春夏出田，秋冬移入塞。夫民春夏田而秋冬塞，何以边将为？请有民移者罪之。"明年，转右副都御史，止买羊角灯，宽耀州妖民反狱。天顺初，召拜右都御史，屡言事。以曹、石排下狱，降江西右布政。又陈汝言构之，上终思其清节，自四川左布政使进南京刑部尚书。上闻讣，叹惜之，赐祭葬。九畴性孝友，敦尚古道，奉身节俭，公退惟焚香读书而已。交游不泛，请寄不至于门，虽权贵亦敬惮之。成化中，谥清惠。（据《国榷》卷三十三）

十月

英宗阅骑射于西苑，命内阁学士李贤、彭时、吕原，尚书王翱、马昂随观。时五军三千，神机三营自总兵而下坐营把总、管操官，亦千数百人，悉召内西苑，与御马监勇士头目俱驰马试箭，阅其优劣而品第之。阅毕，进李贤等曰："为国莫重于武备，练武莫先于骑射。为将领者，必先骑射精熟，而后可以训练士卒。否则，众无所取法矣。今所阅精熟者多，而不及者少，姑存之以励将来。若再试不进，则黜罚加焉。"贤等顿首曰："陛下意及此，国家幸甚。"因赐贤等并总兵官会昌侯孙继宗、广宁侯刘安、怀宁侯孙镗等宴，人赐钞一千贯，骑射官一等者赐钞五百贯，二等三百贯，三等二百贯。（据《馆阁漫录》卷四《天顺四年》）

十一月

进士顾以山、林启、王谏、罗义为南京监察御史。（据《国榷》卷三十三）

十二月

释徐有贞还里。李贤《天顺日录》："四年十二月六日，上于奉天门朝罢，召贤曰：'吏部右侍郎不可久缺，况尚书王翱年老，早得一人习练其事。'命与翱访其人。得巡抚南直隶副都御史崔恭，明日早于文华殿具奏。上喜，以为得人。以山东布政刘孜代巡抚。因论人才高下，上曰：'若徐有贞，才学亦难得，当时有何大罪？只是石亨、张軏辈害之，宁免后世议论？可令原籍为民。'贤与翱曰：'圣恩所施最当。'即传旨下之户部。"《石田稿·喜徐武功伯召归》："万里南出远，三年归路通。江山无逐迹，天地有春风。往事金縢里，伤心玉璞中。九重他夕梦，难忘渭川翁。"（按：山水迢递，诏书远达，迁客归家，往来必有时日。沈周《喜徐武功伯召归》为召归一事作，故系于此，俾明缘起。）

祝允明（1461—1527）生。据《怀星堂集》卷二十一《丁未年生日序》，祝允明生日在夏历一四六〇年十二月初六。字希哲，号枝山，又号枝指生，长洲人，弘治壬子举人。除兴宁知县，迁应天府通判。有《怀星堂集》《野记》。陆粲《祝先生墓志铭》："母徐氏大学士武功公（徐有贞）女。先生少颖敏，五岁作径尺字，读书一目数行下。九岁能诗，有奇语。既天赋殊特，加内外二祖咸当代魁儒，耳濡目染，不离典训。稍长，遂贯综群籍，稗官、杂家、幽遐鬼琐之言，皆入记览，发为文章，崇深巨丽，横纵开阖，茹涵古今，无所不有。或当广坐，诙笑杂沓，援毫疾书，思若泉涌。一时名声大噪。"《艺苑卮言》卷七："祝希哲生而右手枝指，因自号枝指生。为人好酒色六博，不修行检。尝傅粉黛，从优伶酒间度新声。侠少年好慕之，多赍金游，允明甚洽。"张惟骧《疑年录汇编》卷六："祝希哲六十七允明，生天顺四年庚辰，卒嘉靖五年丙戌。"《明史》文苑传："（徐）祯卿少与祝允明、唐寅、文徵明齐名，号'吴中四才子'……祝允明，字希哲，长洲人……嘉靖五年卒。允明生而枝指，故自号枝山，又号枝指生。"

本年

王翱、姚夔主试该选监生，王翱所出论题有误。黄溥《闲中古今录摘抄》："天顺间，冢宰王公翱、左侍姚公夔一日试该选监生，出论题曰'道盛德至'。就试者不敢斥言题目之差，但告云题目甚难。姚又不得显言，惟体试士之意，从容请于王曰：'此题果不容易，监生废书已久，望易此题。'王曰：'汝可一易。'姚曰：'只易了"盛德至善"，则诸生便可下笔。'王笑而然之。噫！冢宰但知道与德之对言，而失记章句训道为言也。年老病忘，非姚婉言以请，则试者情何由达，而皆阁笔矣哉！"

邵宝（1460—1527）生。字国贤，号二泉，无锡人。成化甲辰进士，知许州，入官户部，历郎中，出为副使，以副都御史总漕江北，再起巡抚贵州，升户部侍郎，终南礼部尚书。卒谥文庄。有《容春堂集》。《东林列传》卷三《邵宝传》："年十九，学于江浦庄昶，昶深器之……宝三岁而孤，事母过氏至孝。母疾，为奏告天，愿减己算延母年，时甫十岁。终养归，尝得疾，左手不仁，犹朝夕侍亲侧不懈。生平潜心理学，躬行实践，而不肯居道学名。尝曰：'愿为真士夫，不为假道学。'"

明英宗天顺五年辛巳（公元 1461 年）

二月

释奠先师孔子，遣吏部尚书兼翰林院学士李贤行礼。（据《馆阁漫录》卷四《天顺五年》）

进士沈瑶、魏元、董振、常宁、王秉彝为给事中。瑶吏科，元、振礼科，宁、秉、彝兵科。（据《国榷》卷三十三）

三月

国子监祭酒刘益奏监生出身事宜。从之。《明英宗实录》卷三百二十六：天顺五年三月壬子，"国子监祭酒刘益奏：'旧例，监生俱照通知文簿查算年深，挨次差拨。其发各衙门历事者，满三月听选，出身之期近。拨在外出巡者，一二年方得回还，听选出身之期久。有此不均。今后遇有出巡者，就乞于通知文簿该拨数内，除一百名外差拨，庶岁月均平，出身相等。'从之"。

四月

《明一统志》成。明英宗《天顺御制明一统志序》云："虽历代地志具存可考，然其间简或脱略，详或冗复，甚至得此失彼，舛讹淆杂，往往不能无遗憾也。肆我太宗文皇帝慨然有志于是，遂遣使遍采天下郡邑图籍，特命儒臣大加修纂，必欲成书，贻谋子孙，以嘉惠天下后世。惜乎书未就绪而龙驭上宾。朕念祖宗之志有未成者，谨当继述，乃命文学之臣重加编辑，俾繁简适宜，去取惟当，务臻精要，用底全书，庶可继成文祖之志，用昭我朝一统之盛。而泛求约取，参极群书，三阅寒暑，乃克成编。名曰《天下一统志》，著其实也。"

钱习礼（1373—1461）卒，年八十九。《明英宗实录》卷三百二十七"天顺五年夏四月壬辰（二十二日）”：“致仕礼部右侍郎钱习礼卒。习礼名干，以字行，江西吉水人。才敏思深，文多腹稿，以江西解魁，登永乐辛卯进士第，选为庶吉士。寻授检讨，秩满不迁。仁宗即位，乃进侍读，知制诰。与修两朝实录，书成，擢侍读学士。复修《宣宗实录》成，进升学士。正统乙丑，升礼部右侍郎。寻命兼署吏部，连章求去，遂致仕。卒，年八十九。敕有司营葬祭，谥曰文肃。习礼恬静少欲，笃于伦谊，处己待人，恭而有礼。在翰林三十余年，以文章议论为士类所推重。引年退休，不废文墨。”康熙《御定渊鉴类函·文学部五·文章二》引《吾学编》曰：“钱习礼，字习礼，吉水人。为文如源泉浑浑，沛然千里，又如园林得春，群芳烂然。状写之工，极其天趣。他人不足，己乃有余。”王直《抑庵文后集》卷二十四《礼部右侍郎谥文肃钱公神道碑》云：“凡所著述论思，联为大卷，有《应制集》《词垣稿》《词垣续稿》《归田稿》藏于家，后世传焉。天顺四年九月婴疾，五年四月益甚，五月二十二日终于正寝，春秋八十有九。”

进士李和、刘昊为吏、兵科给事中，谈伦为吏部主事。（据《国榷》卷三十三）

五月

刘实以忤宦官被杀。《明鉴纲目》卷四：“纲：下南雄知府刘实（字嘉秀，安福人）于狱，杀之。目：实居官三十余年，廉介爱民。中官过郡多邀索，弗与，中官折辱之，郡民大呼拥实去。中官惭忿，诬以罪，逮下诏狱，瘐死。郡民哀而祠之。”

七月

壬戌，赠故翰林院庶吉士杨瑛为本院编修。瑛早朝遇曹钦贼党，被伤殁。上悯之，故有是命。（据《馆阁漫录》卷四《天顺五年》）

八月

命兵部保官，不必会同翰林院。《馆阁漫录》卷四《天顺五年》：“八月戊辰朔。庚辰，兵部尚书言五军都督府多缺，乞会总兵官同吏部尚书兼翰林院学士李贤荐补。上曰：‘尔兵部会总兵官推举，后凡保官，俱不必会同翰林院。’先是，法司审囚，吏、兵二部保官，俱会翰林院，贤等疏言乞勿与。至是兵部复请，故有是命。”

加吏部尚书兼翰林院学士李贤太子少保。《馆阁漫录》卷四《天顺五年》：八月，“癸未，加吏部尚书兼翰林院学士李贤太子少保，贤具疏言：‘臣性质凡庸，才识卑下，误蒙皇上简任，置诸清切之地，擢为吏部尚书，兼职翰林院学士。班高曳履，任重演纶，自顾非才，承此异数，因循度日，于兹五年。仰惟皇上进德维新，励精图治，躬勤庶政，犹断万机，如臣之愚，徒尔充位，于文墨则未精，于学问则不博，论思之所当尽者不能尽，职分之所当为者不能为，曾无毫发之长，以补万分之一，久处密勿，只增忸怩。昨者偶被贼伤（贼曹吉祥侄钦作反），幸无重损。今蒙皇上加太子少保，臣闻命有警，措身无所，不惟自惭于非据，实忧仰累于殊私。敬殚迫切之情，甘触渎烦之谴。伏望皇上察臣侥幸已多，念臣满盈是惧，愿惜名爵，收回宠恩。尚冀矜从，伏须允报。'上曰：'官以酬劳，朝廷自有公论，卿宜承命，所辞不允。'"

浙江左布政使泰和梁棨卒。正统丙辰进士。（据《国榷》卷三十三）

颜议袭翰林院五经博士。（据《国榷》卷三十三）

九月

方良永（1461—1527）生。字寿卿，莆田人，弘治庚戌进士，官至右副都御史。抚治郧阳告归，再起巡抚应天，于途疾作，乞致仕。旋除南京刑部尚书，良永已先卒，谥简肃。《国朝献征录》卷四十八彭泽《南京刑部尚书谥简肃方公良永墓志铭》："天顺辛巳九月十五日生公于莆。幼有异禀，能言即异常儿，质庵公奇而爱之。有《方简肃文集》。"

进士白凤、徐茂，监生张敫、张海、吴璘、朱暄、祝祥为监察御史。（据《国榷》卷三十三）

十月

谢承举（1461—1524）生。（据顾璘《谢先生墓志铭》）

十月辛卯朔，钦天监进天顺六年大统历，上御奉天殿受之，给赐亲王及文武群臣，颁行天下。故事，颁历在十一月朔，以日蚀免朝，故移于是日。（据《馆阁漫录》卷四《天顺五年》）

十一月

命修南京国子监，从祭酒吴节奏请也。癸丑，命复设提督学校风宪官。（据《馆阁漫录》卷四《天顺五年》）

令天下生员年四十以上者考选送国子监肄业。王圻《续文献通考》卷四十四《选举考·举士二》："英宗天顺五年十一月，令天下生员年四十以上者选送国子监肄业。先是，宣德中令生员年四十五以上者考选送监，以后间一行之。"

十二月

陈循获释为民。（据《明英宗实录》卷三百三十五）按，陈循于英宗复位后戍铁岭卫。《馆阁漫录》卷四《天顺五年》："十二月丁卯朔。庚寅，释辽东铁岭卫军陈循为民。循自军中遣人上疏自陈：'臣恭事列圣三十五年，官至户部侍郎兼翰林院学士。正统十四年八月，因赞立东宫，升臣尚书，仍兼学士。老年遭逢郕王，因臣原在内阁办事，能晓制书体式，仍旧任用，其实可否事情，自有亲信后进之人，臣论事不能迎合，每见疏外。天顺元年正月十四日，因郕王不出临朝，即与高谷等议请复位东宫，令礼部集百官具题本以进，内不批允。臣言必须连进数本，至允乃已。十七日，本已具，未及进，而各官已奉迎圣驾登宝位矣。臣等当时虽知郕王有疾，然实不知其不可起，惟石亨一人十二日夜宣至斋宫榻前，受命代祀，亲见病势难起。是以十四日会议时，亨佯言上有病，休去烦渎，阴与所亲厚者密议迎复，可得大功赏。臣今思亨等但欲济一己私情，不顾全国家大体。况神器大位，皆皇上亲受固有之业，谁得干预；六军万众，皆皇上素所抚养之人，谁不归戴。当天与人归之时，使亨果肯以郕王病重言之，群臣各具朝服进表，备法驾大乐，恭诣南宫，迎请皇上，下副群情，临朝以安万姓，非但使宫禁内外不至惊骇，且有以显天与人归之盛美，为天下万世之伟观。而亨等阴谋诡计不及乎此，卒之自取祸败，宜矣。臣服事累朝，曾效微劳，实为亨等所挤排。今幸亨等结为表里者相继灭亡，朝廷清肃，可伸枉冤。伏乞皇上矜悯，放问原籍为民，使得老死乡邑。'疏入，上曰：'循历事朝廷年久，曾效勤劳，而为石亨等挟私诬害。今览其所奏，是非明白，情实可矜，其放回原籍为民。'循字德遵，江西泰和县人。永乐乙未廷试第一，授翰林修撰，赐第万宝坊。驾幸北京，命循取秘阁书诣行在，遂留侍焉。三殿灾，诏求直言，循言数事，皆见嘉纳。仁庙时，进侍讲。宣德初，命与杨溥同直南宫，日承顾问，又赐第玉河桥西。五年，升侍讲学士。时御史张楷作诗以献，宣庙意其求进，欲罪之，循曰：'彼亦有忠爱意。'事遂解。金事陈祚劝宣庙读《大学衍义》，语类讥诮，宣庙怒，命籍其家。既而问循，循顿首曰：'俗士处远，不知忌讳，然其心则无他也。'比逮祚至，竟缓其法。驾每巡幸，循必扈从。正统初，兼经筵官。七年，升翰林院学士。九年，命入文渊阁典机务。十年，升户部右侍郎兼学士。土木之变，四方多事，循居中用事，言见采纳，寻升户部尚书，兼职如故。景泰元年，同知经筵事。二年，升少保，仍兼前二职。三年，兼太子太傅。常率同官集古帝王行事名曰《勤政要典》以献。未几，升兼文渊阁大学士。纂修《寰宇通志》，循为总裁，书成，进兼华盖殿大学士。上复位，石亨与徐有贞嗾言者劾循，谪戍边。至是亨等败，循上疏自辩，凡数千言，上察其枉，赐归田里，抵家一年卒。循动止雍容，辞气温雅，为文援笔立就，意气层叠，然概以矩规则未尽合。为乡试、会试考官各一，廷试读卷官者四，纂修三朝实录及《五经四书性理大全》，循皆与焉。尤熟于朝廷典故，宣德、正统间，天下仰望其丰采。景泰来国家多事，循首当国，不能大有所建明，且乏廉介之誉，至以争乡人坟地，欲倾御史周鉴、王豪。及其子不得乡试，与王文合攻试官，希求恩泽，尤为士论所薄。循同邑萧镃，亦以内阁臣，与循同被劾，罢为民，后循卒。镃字孟勤，宣德二年进士，改翰林院庶吉士。十年，授编修。纂修《宣庙实录》书成，蒙宴赉，寻命授内使书。历九载，进侍读。未几，升国子监祭酒。景泰二年，命兼翰林院学士，入文渊阁参预机务，寻升户部右侍郎。明年，升太子少师，他职如故。纂修《寰宇通志》，镃为总裁官，书成，升户部尚书，仍兼太子少师、学士二职。镃学问赅博，为文章有法，言动温雅，皆循矩度，然性猜忌，于事亦多退避云。”

本年

令各处会官考选廪膳未及六年，考不中者追廪为民。六年，令生员争贡及越诉者俱充吏。（据俞汝楫《礼部志稿》卷二十四《儒学·考法》）

明英宗天顺六年壬午（公元1462年）

正月

复设各处提督学校官，敕谕天下提督学校监察御史等官陈政等，务端轨范、严条约、公劝惩。《明英宗实录》卷三百三十六：天顺六年春正月，“庚戌，敕谕天下提督学校监察御史等官陈政等曰：‘朕惟自古帝王治天下者，率以兴学育材为首务。而学之兴废，人材之盛衰，治道之隆替系焉，此盖已然之明验也。曩朕嗣位之初，虑天下学政久而废弛，爰简学行老成之人，授以宪职，俾专提督之任。行之十有余年，厥有成效，自景泰中罢去斯职，学政废弛，弊日益甚。今复举行旧典，特命尔等巡视提督各府州县儒学，尔其钦哉！夫总理一方之学政，是即一方之表率。然率人以正，必先正己，尔其务端轨范，严条约，公劝惩，俾为师为弟子者，一崇正学，迪正道，革浮靡之习，振笃实之风，庶几储养有素，而待用不乏，斯足以称朕简任之意。如或因循岁月，绩效弗彰，朕将尔责，尔其勖哉！所有合行事宜，申明条示于后，其慎行之毋忽。一、学者读书，贵乎知而能行。先将圣贤经书熟读背诵，牢记不忘，却从师友讲解明白，俾将圣贤言语体而行之，敦尚孝弟忠信礼义廉耻之行，不许徒务口耳之学，庶将来得真才任用。一、为学工夫，必收其放心，主敬穷理，毋得卤莽间断，其于修己治人之方，义利公私之辨，须要体认精切，庶几趋向不差。他日出仕，方能顾惜名节，事业可观。一、习举业亦穷理之事，果能精通《四书》本经，便会行文。有等生徒，无实工夫，惟记诵旧文，意图侥幸出身，今宜痛革此弊。其所作《四书》经义策论等文，务要典实平顺，说理详明，不许浮夸怪诞。至于习字，亦须端楷，庶不乖教养之意。一、学校无成，皆由师道不立。今之教官，贤否不齐，先须察其德行，考其文学，果所行所学皆善，须礼待之。若一次考验，学问疏浅，及怠于训诲者，姑诚励之。若再考所学无进，又不改过，送吏部别用。其贪淫不肖、实迹彰闻者，不必考，即拏送按察司，直隶送巡按御史问理，吏部别选有学行者往补其阙。一、师生每日坐斋读书，及日逐会馔，有司金与膳夫斋夫，府学膳夫四名，斋夫八名。州学膳夫三名，斋夫六名。县学膳夫二名，斋夫四名。不许违误缺役。一、生员考试不谙文理者，廪膳十年以上发附近充吏，六年以上发本处充吏，增广十年以上发本处充吏，六年以上罢黜为民，未及六年者量加决罚，勉励进学。一、生员之家，并依洪武年间例，除本身外，户内优免二丁差役。有司务要遵行，不许违误。一、凡巡视学校，水路乘驿舟，陆路乘官马，仍于本司带书吏一名随行，陆路与官驴，俱支廪给。一、府州县提调官员，宜严束生徒，不许游荡为非。凡殿堂斋房损坏，即办料量工修理。若恃有提督宪职，将学校一切合行之事推故不行用心整理者，量加决罚惩戒。一、所过之处，遇有军民利病及不才官吏贪酷害人事，干奏请者，从实奏闻。一、本职专督学校，不理刑名，如有军民人等诉告冤枉等事，许受词状，轻则发下所在有司问理，重则送按察司，直隶送巡按御史提问。一、科举本古者乡举里选之法，今南北所取举人，名数已有定制，近来奔竞之徒，利他处学者寡少，往往赴彼投充增广生员，诈冒乡贯，隐蔽过恶，一概应试，所在教官侥幸以为己功，其弊滋甚。今后不许，违者听本职及提调科举官监试官拏问。一、布政司、按察司官及巡按监察御史，不许侵越提督者职事，若以公务至府州县，亦当勉励师生勤励学业，不许推托不理。若提督官员行止不端，许巡按监察御史指实奏闻。一、所辖境内，遇有卫所学校，一体提调整理，武职子弟，悉令其习读《武经七书》、《万将传》及操习武艺，其中有能习举业者，亦听就科举。一、各处岁贡生员，照例将食粮年深者严加考试，不必会官。如果年深者不堪充贡，就便照例黜罢，却将以次者考充。务要通晓文理，方许起送赴部。一、廪膳增广生员已有定额。廪膳有缺，于增广内考选学问优等者帮补。增广有缺，于本处官员军民之家，选择资质聪敏人物俊秀子弟补充。不许听信有司及学官徇私作弊。若有额外之数，须严加考选，通晓文义者，存留待缺，不许将不堪者一概存留，躲避差徭。一、古者乡间里巷，莫不有学，即今社学是也。尔凡提督去处，即令有司每乡每里俱设社学，择立师范，明设教条，以教人之子弟。年一考校，责取勤效，仍免为师之人差徭。一、师生于学校一切事务，并要遵依洪武年间卧碑行，不可故违。'"

二月

释奠先师孔子，遣太子少保、吏部尚书兼翰林院学士李贤行礼。（据《馆阁漫录》卷四《天顺六年》）

翰林院侍读学士钱溥，礼科给事中王豫往封黎灏安南国王。（据《国榷》卷三十三）

五月

进士李森、毛弘、左贤、李翔为给事中。森户科，弘、贤刑科，翔南京工科。（据

六月

国子监祭酒刘益下锦衣卫狱。《明英宗实录》卷三百四十一：天顺六年六月，"戊辰，国子监祭酒刘益下锦衣卫狱。时典簿徐敬坐盗仓粮，窃官纸印私书，用官木造私器罪，乃奏：益尝因释奠用官钞买茶果接待各官。故并益下狱鞫，当赎杖还职。上从之"。

七月

七月甲午朔。壬寅，命翰林院修撰刘吉、检讨邢让为应天府乡试考官。（据《馆阁漫录》卷四《天顺六年》）

八月

命翰林院修撰陈鉴、刘宣为顺天府乡试考官，赐宴于本府。（据《馆阁漫录》卷四《天顺六年》）

两京及河南、山东、陕西、山西、浙江、湖广、江西、福建、广东、广西、四川、云南等十二布政司乡试；贵州士子附云南乡试。（据《皇明贡举考》）

曹安为江西乡试考官。《谰言长语》："天顺六年，予校文江西。新建县乏举，予以落卷中取一可者。其卷不批，倒随取之，乃李士实也。李登进士，筮仕刑部主事，升郎中，今为提学副宪，有文名。"

浙江乡试，卢楷为解元。李调元《制义科琐记》卷二《千里如飞》："天顺壬午科，浙江东阳卢楷，初为仇家所忌，陷入图圉。至八月六日晚，甫得脱系，计试事已无及矣。是夜大雨如注，水涨溢堤，次早拨船，又明日即抵武林，遂得应试。因书一绝于朝天门上云：'昨从和步拨船开，午过兰江晚钓台。今日浙江楼上望，半千里路似飞来。'及发榜，乃冠多士。"

李东阳十六岁中举。《怀麓堂集》卷二十六《京闱同年会诗序》云："天顺壬午，予同举顺天乡试者百三十有五人。"

屠勋乡试落第。《东江家藏集》卷二十八《故刑部尚书致仕东湖屠公行状》："公少而颖异，该览群籍，为文辞典赡阂肆。天顺壬午，试乡闱，时年十五。提学副使筱庵张公奇之，谓可魁一省。既而下第，筱庵搜落卷得公文，称叹久之，曰：'考官主偏见而不识义理，兹士之不遇，命也！'由是两浙皆知公名。"

九月

命诰敕用十二支字编号。《馆阁漫录》卷四《天顺六年》："九月壬辰朔。癸巳，中书舍人杨贵芳言：'旧时诰敕勘合字号，国王用礼字，追封用文行忠信字，文官二品以上用仁义礼智字，三品以下用十干字。新制武官诰命初编用二十八宿字，续编用千字文。永乐三年十一月内，以武官诰命二十八宿字编尽，该中书舍人芮善奏请，同翰林院学士兼右春坊大学士解缙等议用百家姓编。奉旨，惟用汉《急就章》字。今文官三品以下诰敕，十干字号俱以编尽，乞敕翰林院别取他字编号，庶无重复。'上命用十二支字编之。"

翰林院庶吉士刘健等擢升。《明英宗实录》卷三百四十四：天顺六年九月，"庚子，擢翰林院庶吉士刘健、汪谐、张元祯俱为本院编修，郑纪、张颐、周经俱为检讨，张谨、李温俱为礼部主事，张赈为户部主事，王范为刑部主事，杨德为大理寺左寺副，张溥、蔡霖俱为评事"。

扩建锦衣卫狱。《明鉴纲目》卷四："纲：秋九月，广锦衣卫狱。目：初，逯杲给事门达左右，达倚为腹心。及杲得志，达反为之用。至是杲已死，达欲踵其所为，益布旗校于四方，告讦者日盛。寻以囚多，狱舍不能容，请城西武库隙地，增置之。及达败，始毁去。"

王直（1379—1462）卒，年八十四。《明英宗实录》卷三百四十四"天顺六年九月甲寅"："致仕吏部尚书王直卒。直字行俭，江西太（泰）和人。永乐甲申进士，选为翰林庶吉士，文学俱优，寻授修撰。太宗巡幸北京，仁宗为皇太子监国，翰林留黄淮、杨士奇与直三人辅导。及来北京，与修《太祖实录》，未成，以忧去。服阕，升侍读。仁宗即位，进侍读学士，寻升右春坊右庶子，仍兼侍读学士。宣庙嗣位，与修两朝实录成，升詹事府少詹事，仍兼侍读学士。上即位，与修《宣宗实录》，为总裁，书成，升礼部左侍郎，寻出视礼部事。正统癸亥，升吏部尚书。己巳秋，虏寇犯边，上欲亲征，直率廷臣上章谏止，不报，命留守京师，既而加太子太保。景泰中，升少傅、太子太师。天顺改元，上复位，上疏辞师傅之职，未几致仕。至是卒，年八十四。讣闻，赠特进荣禄大夫、太保，谥文端，仍敕有司葬祭。直伟貌修髯，端谨持重，望之如神仙中人。在翰林三十余年，屡为考官，得人为盛。经筵进讲，辞旨明畅。在吏部，廉慎自守。居家俨然，子弟不敢近。为诗文条畅简洁，在二十八宿中登显位成大器者，惟直为最。与学士王英齐名，而行检过之。"

十月

天官卿群士子之需选者而铨试之，首擢长沙贺恕近仁为云南新兴知州。（据丘浚《重编琼台稿》卷十三《赠新兴贺知州序》）

十一月

吕原（1418—1462）丁母忧。未几卒。《馆阁漫录》卷四《天顺六年》："十一月壬辰朔。庚申，翰林院学士吕原卒。原字逢原，浙江秀水县人。少孤贫，假馆以养母，郡守黄懋举充邑庠生。正统六年，魁乡荐。明年，进士第二人，擢翰林编修。八年，与修《五伦书》，有宝镪之赉。十二年，被选进学东阁，入侍经筵。景泰初，充经筵讲官，有金绮宝镪之赉。二年，进侍讲。三年夏，以春坊中允兼侍讲。秋，进侍讲学士，仍兼中允。四年，与修《历代君鉴》，主考顺天府乡试。六年，与修《寰宇通志》。明年，进春坊大学士兼侍讲，有白金文绮之赐。天顺改元，改通政司左参议，仍兼侍讲，主考礼部会试。夏，召入内阁，知制诰，寻转翰林学士。四年，主考礼部会试，赐赉稠叠。六年，丁母忧，扶柩归葬，抵家未及窆而卒。讣闻，赠礼部右侍郎，谥文懿，遣官谕祭营葬，盖异数也。原性孝友，事母得其欢心，抚育兄子，皆底成立。为人宽厚勤敏，祥慎驯雅，不立崖岸，无疾言遽色。为文章丰赡，诗亦和平。教人恳切，从学者甚众。其在内阁，与闻大政，多有裨益。所著有《介轩集》。"

陈循（1385—1462）卒，年七十八。《四库全书存目丛书》集部第 31 册，王翔《芳洲年谱》："十一月十七日，公以疾终于家，享年七十有八。"柯挺《芳洲文集序》："乃阅公所为文集，若陈说上前，则三代礼乐六经精微之旨；若代天言，则典谟训诰之体；若抒性灵，则风雅之遗；若所酬答，按事属辞，扬微阐幽，则玄酒之味、太音之声。"陈以跃《刻先公遗集小引乞言》云："先公平日诗文甚多，今所梓者，收之散逸之后，仅什一耳，大都布帛菽粟，国初浑噩之气自存，摅情止理，不事文彩，以表见于后世。"郭子章《芳洲文集序》云："公生而清惠，称神童。乡试、廷试俱第一人，南宫第二人。文章妙天下，咳唾熙笑，人争传写。官侍从三十年，拜相五年，元相八年，国家大诏令、大典册多出公手，黼黻宪猷，鼓吹休明，具载集中，奚俟予言？"

进士纪钦、刘恭为给事中。（据《国榷》卷三十三）

本年

徐霖（1462—1538）生。字子仁，号九峰，晚号髯仙，松江华亭人，徙南京，补诸生，坐事削籍。武宗南狩召见，欲官之，固辞。赐飞鱼服，扈从还京。后归里，有《丽藻堂稿》。《国朝献征录》卷一百十五顾璘《隐君徐子仁霖墓志铭》："先世苏之长洲县人，高祖蔚州守伯时，始迁松之华亭。祖公异以事谪戍南京。考思诚仍居松。君六岁见背，实从兄震而来。前母祭母沈，祷于南禅寺，梦神僧投见，有娠。将诞，复梦登浮屠，坠而寤，遂生君。广面长耳，体貌伟异，机神凤解，不同常儿。五岁日记小学千余言，七岁能赋诗，九岁大书辄成体，通国呼为奇童。"（按：朱彝尊《明诗综》以霖为吴人，朱谋垔《书史会要》并韩昂《国绘宝鉴续编》以霖为金陵人。今人王永宽、王

765

钢以徐霖为华亭人，盖以其高祖迁居华亭，至霖，已历五世。其言可从。）

杭淮（1462—1538）生。字东卿，宜兴人，弘治己未进士，官至南京总督粮储右副都御史。淮与兄济，并负诗名。与李梦阳、徐祯卿、王守仁、陆深诸人相唱和。有《双溪集》八卷。

明英宗天顺七年癸未（公元1463年）

正月

升吏部左侍郎姚夔为礼部尚书。（据《馆阁漫录》卷四《天顺七年》）

二月

二月庚申朔。壬戌，升詹事府詹事陈文为礼部右侍郎兼翰林院学士，于内阁参与机务。乙丑，礼部奏会试举人，上命礼部右侍郎兼翰林院学士陈文、尚宝司少卿兼翰林院修撰柯潜为考官，赐宴于礼部。丁卯，释奠先师孔子，遣太子少保、尚书、学士李贤行礼。（据《馆阁漫录》卷四《天顺七年》）

会试日，场屋火，焚死者九十余人，俱赠进士出身。改期八月会试，明年三月廷试。（据《弇山堂别集》卷八十二）《明史·五行志》："二月戊辰（初九），会试天下举人。火作于贡院，御史焦显扃其门，烧杀举子九十余人。"吴希贤《中顺大夫詹事府少詹事兼翰林院学士竹岩柯公行状》："癸未二月，复命偕陈学士文考会试，未竟，会场火而罢。"《明英宗实录》卷三百四十九：天顺七年二月，"乙丑，礼部奏会试天下举人，上命礼部右侍郎兼翰林院学士陈文、尚宝司少卿兼翰林院修撰柯潜为考试官，赐宴于礼部。""戊辰，是日大风，至晚试院火，举人死者甚众。翌日，礼部以闻，上命改试于八月。""辛未，举场烧死举人，其亲人不能辨认收瘗者颇多，上闻而悯之，悉令有司具棺木收瘗于朝阳门外。""丙子，礼科给事中何琼等言：'国子监丞阎禹锡，因试院灾，奏称举子遭火者，多是平昔有学之士，一夕无辜抱忠而死，膏涂墙壁，肉食鸟雀，使逾垣而出者咸有灰心，环视而叹者多有去志。乞赐进士名色，以表其门。臣等见火死者，朝廷已命有司具棺埋葬，士子目睹德泽所及，莫不感激奋励，岂有灰心去志者哉！今禹锡调弄巧言，而形容过情，恣肆狂荡，而奏对失实，宜正其罪。'上曰：'尔等所言诚是。下锦衣卫狱鞫之。'"陆容《菽园杂志》卷二："本朝开科取士，京畿与各布政司乡试在子、午、卯、酉年秋八月，礼部会试在辰、丑、未、戌年春二月，盖定规也。洪武癸未，太宗渡江，天顺癸未，贡院火，皆以其年八月会试，明年三月殿试，于是二次有甲申科。贡院火时，举人死者九十余人，好事者为诗云：'回禄如何也忌才，春风散作礼闱灾。碧桃难向天边种，丹桂翻从火里开。豪气满场争吐焰，壮心一夜尽成灰。曲江胜事今何在？白骨棱棱漫作堆。'至今诵之，令人伤感。或云苏州奚昌元启作。"陆容《菽园杂记》卷十："予未第时，未尝作诗余。天顺己卯赴会试，梦至一寺，老僧出卷求题，予为一阕与之。既觉，犹记其半，云：'一片白云，人留不住。一坐湖山，人移不去。翠竹吟风，苍松积雨，此是怡情处。'及下第归，读书海宁寺，僧文公出《白云窝卷》求题，宛如梦中。然癸未会试，尝梦人赠诗云：'一篙春水到底浑，入指不见波涛痕，霹雳为我开天门。'至期贡院火，盖术家有'霹雳火'之名，而'到底浑'、'不见痕'如其兆矣。成化癸巳，初入职方，梦访李阁老，题其壁云：'浴日青山雨，文天碧海霞。臣言甘主听，骑马夜还家。'戊戌在武库时，梦为小词云：'风剪剪，花枝偃，铃索一声惊卧犬。可人期不来，半窗明月朱帘卷。'乙巳居忧时，梦为一诗云：'海中种珊瑚，远意为儿女，十年失采掇，一枝遽如许。'俱未解其何谓也。"尹直《謇斋琐缀录》卷八："士夫之姓名动静，于朝廷之休戚未必有关涉，然往往有偶然之符……因忆天顺癸未会试监试御史焦显，时予丁内艰起复，途间窃谓宋有'不因南省火，安得状元焦'之语，今焦监试，能无忌乎？未几，春闱果被火。市谣曰：'御史原姓焦，科场被火烧。'是皆偶然符合，亦似有定数，未可概谓附会之说。"沈德符《万历野获编补遗》卷二《科场·赠进士》："天顺七年会试，科场遇火，焚死士子九十余人。国子学正阁禹锡请赠以进士，上切责不许。既而如其言，皆赠进士出身。上亲制文祭之，敛其骸为六大冢，葬于朝阳门外，题曰'天下英才之墓'。至弘治十七年，南礼部主事王伟奏其父王照以是年会试被焚，亦九十余人之一人。今官无主守，岁无祭祀，各家子孙道远不能省视，以致居民侵毁，乞令有司修筑，立祠坛与之祭。上命顺天府葺其墙垣，题其门匾，且立祭亭三间，奏刻英宗御制祭文，令人看守，禁绝樵采。两朝圣恩加意于士子者厚矣。岁久事湮，渐不可问，至嘉靖末年，增筑外城，则并六冢遗址，俱夷平陆矣，其如英庙圣制何？"

陈文入内阁，预机务。《明鉴纲目》卷四："纲：癸未七年，春二月，以陈文（字安简，庐陵人。）为礼部侍郎，兼翰林学士，入内阁，预机务。目：文自广东左布政使丁母忧，特召为詹事，侍东宫讲读。吕原卒，帝问李贤谁可代者，对曰：'柯潜（字孟时，莆田人）可。'出告王翱，翱曰：'陈文年资皆深，举潜，置文何地？'明日，贤入见，固请用文，帝乃许之。文既入阁，每事与贤争，曰：'吾非若所举也。'"

乙亥，国子监司业吴汇患疾不能任事，乞暂还乡，从之。己卯，升礼科给事中孔公恂、右春坊右赞善司马恂俱为詹事府少詹事。时内阁臣李贤私于公恂等，故言："公恂孔子之后，恂司马光之后，以圣贤子孙入辅皇储，必有以异于人者。"上从之，故有是命。（据《馆阁漫录》卷四《天顺七年》）

进士潘礼、秦崇为户、兵科给事中。（据《国榷》卷三十三）

三月

命诸进士、监生为监察御史。进士司福、朱贤、陈炜、娄芳、黄酕、潘缜、任玺、曹英、王聪、彭昭、徐斐、俊英、陈选、宋轍、陈相、刘骥，知县贾奭、田济、吴瑞、王玺、孙逢吉，监生王瀛、张璇、周源、刘忠为监察御史。(据《国榷》卷三十三)

四月

巡按御史李蕃被杀。《明鉴纲目》卷四："纲：夏四月，杀巡按御史李蕃(云南河阳人)。目：蕃巡按宣大，锦衣卫侦事者，言其擅挞军职，逮治之。又辽东巡按御史杨琚，山西巡按御史韩祺，并以中官诬奏，相次被逮，蕃与祺，并荷校死。"

进士崔仪、王谊为兵、刑科给事中，王徽为南京刑科给事中。(据《国榷》卷三十三)

贵州左布政使范理为南京工部左侍郎。理台州人，庚戌进士。(据《国榷》卷三十三)

五月

翰林院四夷馆习学番字子弟蔡蕙等十人考列一等，拟授以译字官。《明英宗实录》卷三百五十二：天顺七年五月，"丙辰，礼部奏：'本部会同各部并都察院堂上官及谙晓译字官，考试翰林院四夷馆习学番字子弟蔡蕙等十人为一等，应授以译字官。蔡振等六人为二等，仍习学二年，再试。傅泰等二人为三等，仍习学三年，再试，不支月米饭食。张昂等三人不中，应黜为民。'从之"。

五月己丑朔。丙申，河南裕州知州秦永昌贪暴，打死人命数多，执至京，且籍其家资，陈于外廷。内阁臣李贤等请诛永昌，以戒有司之不法者。上从之，斩永昌于市，榜示天下。(据《馆阁漫录》卷四《天顺七年》)

闰七月

升翰林院检讨张业为国子监司业。(据《馆阁漫录》卷四《天顺七年》)

八月

释奠先师孔子。遣太子少保、吏部尚书王翱行礼。甲午，礼部以会试请，上命太常寺少卿兼翰林学士彭时、侍读学士钱溥为考官，赐宴于礼部。(据《馆阁漫录》卷四

辛亥，礼部引会试中式举人吴钺等二百五十人陛见。（据《明英宗实录》卷三百五十六）

陆容会试下第。陆容《菽园杂记》卷二："天顺癸未会试，寓京邸。尝戏为《魁星图》，题其上云：'天门之下，有鬼踢斗。癸未之魁，笔锭人手。'贴于座壁，亡何失去。时陆鼎仪寓友人温秉中家，出以为玩。予为之惘然。问所从来，云：'昨日倚门，一儿持此示我，以果易之。'予默然，以为吾二人得失之兆矣。未几，鼎仪中第一名，予下第。"

久雨坏国子监碑亭，仆进士题名碑五通。命有司修碑亭，并竖其碑。（据《明英宗实录》卷三百五十六）

胡濙（1375—1464）卒。《馆阁漫录》卷四《天顺七年》：八月，"丙辰，致仕礼部尚书胡濙卒。濙字原洁，直隶武进县人。举建文庚辰进士，擢兵科给事中，寻升右给事中。勤慎小心，甚见委任。太宗入正大统，濙供职如故。奏对称旨，升户科都给事中。丁亥，命濙巡历天下，以访仙为名，实欲审察人心向背也。丙申还朝，遭内艰，诏起复视事。冬，升礼部右侍郎。明年，仍命巡历浙江诸处。癸卯，自钧襄还，时车驾亲征北虏，驻跸宣府，濙驰见行在，赐坐与语，因以民间欣戴之意闻，慰劳而出。先是，仁宗在青宫，监国南京，时有为飞语者，太宗疑之，命濙往察焉。濙至，密疏七事以闻，遂释其疑。仁宗嗣位，迁太子宾客、南京国子监祭酒。宣宗嗣位，复礼部左侍郎，兼职如故。寻自南京入朝，进行在礼部尚书，益见倚任。汉庶人反，濙扈从亲征，事平，赐赉优厚。丁未，赐近第于长安右门，仍给阍者二人侍焉。戊申，赐银范图书四，其一以清和恭靖为文。尝以生辰，令光禄赐宴于其第。己酉，命兼詹事府事。凡驾巡边，必命扈从。辛亥，兼掌行在户部事。尝遇天寿节，御制诗以宠之，仍面谕之曰：'朕茂膺天眷，惟尔翼赞之功。'因赐宴沾醉。新建礼部成，命光禄具宴落之，勋戚公卿皆与。濙每燕见，即问曰：'卿何所言？'凡有章疏，即行之。九载秩满，赐敕奖谕。上即位，待遇尤厚，凡军国重务，皆令与闻。年及七十，上章乞致仕，上勉留之。己巳，上亲征迤北，命濙居守，升太子太保，阶荣禄大夫。景泰中，以立储功，升少傅兼太子太师，二俸兼支。上复位，时濙年八十余，因以疾病，不任朝谒，乞归老，且辞师傅二职。上从之，命以尚书致仕，犹赐玺书慰谕，侑以白金宝镪金织袭衣，仍命乘传以归。官其子长宁为锦衣卫，世袭所镇抚，命归终养。至是卒。事闻，赠太保，谥忠襄，遣官谕祭，敕有司营葬事。濙为人节俭宽和，喜怒不形于色，待人温恭有礼，时以德量称。然性突梯多智，每朝廷建置大议，皆豫定于中，而承迎于外，卒能因时以成其功名。故历事累朝几六十年，荣遇不衰，位兼孤卿。富寿罕俪，犹慕仙术，招致术士出入无间，闺门不谨，以损誉云"。

九月

九月丁巳朔。己卯，升翰林院编修王俣为本院侍讲，以任满九年故也。（据《馆阁漫录》卷四《天顺七年》）

十月

监察御史朱贤降四川花林驿丞。初，贤请广进士额，下狱。（据《国榷》卷三十三）顾炎武《日知录》卷十七《中式额数》："今人论科举，向以广额为盛，不知前代乃以减数为美谈，著之于史。《旧唐书·王丘传》：开元初，迁考功员外郎。先是，考功举人请托大行，取士颇滥，每年至数百人。丘一切核其实材，登科者仅满百人。议者以为自则天已后，凡数十年，无如丘者。《严挺之传》：开元中为考功员外郎，典举二年，人称平允，登科者顿减二分之一。《陆贽传》：知贡举，一岁选士才十四五，数年之内，居台省清近者十余人。此皆因减而精，昔人之所称善。今人为此，不但获刻薄之名，而又坐失门生百数十人，虽至愚者不为矣。《高锴传》：为礼部侍郎，凡掌贡部三年，每岁登第者四十人。开成三年敕曰：'进士每岁四十人，其数过多，则乖精选。官途填委，要窒其源，宜改每岁限放三十人，如不登其数，亦听。'文宗之识，岂不优于宋太宗乎！齐王融为武帝作《策秀才文》，曰：今农战不修，文儒是竞。宋自太宗太平兴国二年，赐进士诸科五百人，遽令释褐，而二年进士至万二百六十人，淳化二年至万七千三百人。于是一代风流，无不趋于科第。叶适作《制科论》，谓士人猥多，无甚于今世。此虽足以宏文教之盛，而士习之偷，亦自此始矣。鲁哀公用庄子之言号于国中曰：'无其道而为其服者，其罪死。'五日而鲁国无敢儒服者，独有一丈夫儒服而立乎公门。公召而问以国事，千转万变而不穷。庄子曰：'以鲁国而儒者一人耳，可谓多乎！'《记》曰：垂绥五寸，惰游之士也。今将求儒者之人，而适得惰游之士，此其说在乎楚叶公之好画龙而不好真龙也。永乐十年二月会试天下举人，上谕考官杨士奇、金幼孜曰：'数科取士颇多，不免玉石杂进，今取毋过百人。'正统五年十二月，始增会试中式额为百五十人，应天府乡试百人，他处皆量增之。天顺七年，有监察御史朱贤上言，欲多收进士，以备任使。上恶其干誉，下锦衣卫狱，降四川忠州花林水驿驿丞。"

十一月

下袁彬于狱。寻释之。《明鉴纲目》卷四："纲：冬十一月，下锦衣卫指挥同知袁彬于狱，寻释之。目：彬与门达，同掌锦衣卫事。彬恃帝旧恩，不为达下。达深衔之，乃诬彬罪，且言其党受曹、石贿，奏下彬于狱。军匠杨埙击登闻鼓，为彬讼冤，语侵达。诏并下达治。时大学士李贤，方被宠任，数陈达罪。达恨次骨，欲并去之。乃挢埙究主使。埂知达意，即谬曰：'此李学士导我也。'达大喜，即奏闻，请法司会鞫于门外。帝遣中官裴当监视，达欲执贤与质，当曰：'大臣不可辱。'乃止。及讯埂，仰曰：'吾小人何由见李学士？门锦衣实教我言之。'达色沮，不能言。彬亦历数达纳贿状。法司畏达不敢闻，坐彬绞，输赎，埂斩。帝命彬赎毕，调南京锦衣，而禁锢埂。"

十二月

命诸进士、监生为监察御史。进士邓本端、王埂、滕霄、陈继裕、艾福、胡泾，监生任佐、何傅、董俊、张恂、苏庆、顾浩、张輗、王毓、刘源、冯斐、韩斐、崔让为监察御史。（据《国榷》卷三十三）

本年

令兵部下牒，督天下举文武谋勇之士。陈仁锡《皇明世法录》卷四十四："英宗复辟，诏天下举文武谋勇之士，久无至者。七年，令兵部下牒督之。于是平江侯陈豫等举指挥钱能九人，试如例。其中者送五军营，赐钞有差。间岁，郎中庞胜上边务曰：'国家于文，三年大比，而武举独未行。古之名将若赵营平、郭汾阳，皆由此出。惟毋拘以世袭，限以资格，庶异材得自表现。'乃命开武科，如文士例，以孟夏行。"按，天顺八年十月立武举法。

邱浚编《朱子学的》成。《重编琼台稿》卷九《学的后序》云："《学的》曷为而作？拟《论语》也。昔人僭拟《论语》，得罪圣门，曷为效之？王通自著书，以己拟孔子。愚则采辑朱子语而窃推之，以继孔子之后，非效通也，效曾子、有子之门人也。岂谓僭哉！朱子之言，天下后世家传而人诵之，何用此为？朱子平生著述，多是阐明圣经贤传之旨，未尝自为一书，此愚所以不揆寡陋而妄有所辑也。今所辑者多经书传注中语，学者既已熟闻之矣，而又赘之者何？此亦朱子辑《近思录》，采程氏《周易》、《春秋》传文之意也。名以《学的》者何？学以圣人为的，龟山杨子之言也。而朱夫子于《中庸或问》论中和位育处，亦以是为言，喻学者之必志于为圣贤，亦如射者之必志于中的也。愚于九篇载之，不无意焉。"《千顷堂书目》卷十一云："丘浚《朱子学的》二卷，凡二十篇，辑朱子语为之，以拟《论语》。"《四库全书总目·朱子学的提要》："《朱子学的》二卷，明邱浚编……然浚阐朱子之言以示学者，即仿朱子编《近思录》小学之体足矣，何必摹拟《论语》，使之貌似圣人。况扬雄、王通之僭经，朱子尝深讥之，浚之是编，岂朱子所乐受乎？"

赵洪刊刻方孝孺诗文集。徐阶《逊志斋集重刊序》："逊志先生集，其初刻于蜀，有临海林公右、金华王公绅所为序。然林序称洪武三十年，而不书辑者之姓名，亦不著卷数，王序则直题为文稿。今以传考之，洪武之末，先生时犹教授蜀藩，则殆先生所自辑且未成之书也，厥后先生树奇节、罹惨祸，集因讳不传。天顺癸未，临海教谕赵君洪始购遗文二百六十首，以属梓人，而集乃行于世。"《诗薮》续编《国朝上》："自方正学死事，海内讳言其文。近时大行褒显，而祠庙尚缺。万历中，侍御萧公廪、督学滕公伯轮、郡守吴公自新，合策创宇临安，四方忠义大快。"《明史》方孝孺传："孝孺工文章，醇深雄迈。每一篇出，海内争相传诵。永乐中，藏孝孺文者罪至死。门人王稌潜录为《倰城集》，故后得行于世。"《考证》云："章宗瀛按：《名臣实录》《名臣志钞》《明书》皆云，所著有《逊志斋集》四十卷。史略之。"

张元祯识陆钘。李东阳《明故通议大夫吏部左侍郎兼翰林院学士掌詹事府事张公墓志铭》："壬午授编修，考校精核，岁贡士鲜入格者。癸未，同考礼部，得太仓陆钘为省元。人始未信，后果有大名。"

周伦（1463—1542）生。（据《甫田集》卷二十八《周康僖公传》）字伯明，晚号贞翁，昆山人，弘治己未进士，官至南京刑部尚书，谥康僖。有《贞翁净稿》十二卷拾遗一卷。

明英宗天顺八年甲申（公元 1464 年）

正月

典玺局局丞王纶、翰林侍读学士钱溥有罪下狱。（据《国榷》卷三十四）

命太子朱见深视事文华殿。《明鉴纲目》卷四："纲：甲申八年，春正月，帝不豫，命太子视事文华殿。目：有间太子于帝者，帝卧文华殿，密召李贤告之。贤顿首伏地曰：'此国本也，愿陛下三思。'帝曰：'然则必传位太子乎？'贤又顿首曰：'宗社幸甚。'帝起，立召太子至。贤扶太子令谢，太子抱帝足泣，帝亦泣，谗竟不行。"

英宗去世。遗诏罢宫妃殉葬。《明鉴纲目》卷四："纲：帝崩（葬裕陵，在京兆昌平县石门山），遗诏罢宫妃殉葬。目：初，太祖崩，宫人多从死者。历成祖、仁、宣二宗，皆用殉，多者至数十人。景泰帝以郕王薨，犹用其制。至是帝遗诏罢之。"

朱见深即位，是为宪宗。《明鉴纲目》卷四："纲：太子见深即位。（是为宪宗。）目：以明年为成化元年。

郑纪上《太平十策》。《东园文集》卷二《太平十策》条下注："天顺八年正月上。时宪宗皇帝登极，优旨采纳。今无存稿，俟求补入。"

侍读学士钱溥以罪贬为顺德知县。《馆阁漫录》卷四《天顺八年》："正月甲寅朔。庚午，英庙崩。乙亥，宪庙即皇帝位。壬午，典玺局局丞王纶事上于东宫，事多专擅，一时群小希进，用觊后福者多与交通。而翰林侍读学士钱溥以尝奉命教内书馆，纶尝受学焉，时尚宝司丞朱奎以幼童陪读馆中，相亲昵交厚。至是先帝不豫，溥意纶必典机务，预有入阁之喜，密遣奎通纶于禁中，纶因偕奎造溥家，执弟子礼，坐溥上坐，饮酒至晡而去，溥邻居内阁学士陈文知其事。及帝崩，奎持晋州知州邹和所馈纶书以入，或曰此溥密草遗诏也，纶亦以例当柄用，骄矜恣肆。而司礼监太监牛玉恐其轧己，玉侄春坊赞善牛纶所厚中允刘翔与溥有隙，会帝大殓，纶衰服袭貂裘于外观望，上见而恶之，玉因数其过恶，劝上执下狱，又嗾人发其交通事，并逮溥等法司。依律斩，以赦例特从轻典，纶降内使，发南京闲住，溥降顺德县知县，奎盐课副提举，和云南澜仓卫经历。凡平日与纶交通者，因纶供词及，皆降调外任。于是兵部右侍郎韩雍降浙江左参政，顺天府尹王福降两浙盐运使，治中丘晟调福州府同知，通政司右参议赵昂瑞州府同知；南宁伯毛荣、都督马良谪广西，都督冯宗、刘聚谪广东，各听本处总兵官调遣杀贼；锦衣卫掌卫事都指挥佥事门达，指挥同知郭英、陈纲，指挥佥事吕贵，俱调贵州边卫，达都匀，英安南，纲赤水，贵平越，皆带俸差操云。"

二月

祭孔，诸官升调。改三月十五日殿试。甲申朔。丁亥，释奠先师孔子，遣吏部尚书王翱行礼，免传制，以大行皇帝丧也。庚寅，赐敕升太子少保、吏部尚书兼翰林院学士李贤为少保兼吏部尚书、华盖殿大学士；礼部右侍郎兼翰林院学士陈文吏部左侍郎，太常寺少卿兼学士彭时右侍郎，俱兼学士；詹事司马恂兼国子监祭酒，孔公恂改大理寺左少卿，学士林文、刘定之俱太常寺少卿兼侍读学士，尚宝司卿兼修撰柯潜、侍讲万安俱翰林院学士；中允孙贤、刘翔，赞善牛纶，俱太常寺少卿兼翰林院侍读，侍讲王偁、编修兼校书徐溥俱左春坊左庶子兼侍讲。以上在东宫，贤等尝侍讲读也。戊申，礼部臣奏："先是天顺七年春二月，本部会试天下贡士，有司不戒于火，不终试，移会试于是年八月。试毕，奉英宗皇帝圣旨，明年三月朔殿试。今三月之朔，适有大丧，有妨临轩策士，请改定试期。"御批十五日殿试，凡唱名筵宴并其它礼仪悉从简。（据《馆阁漫录》卷四《天顺八年》）

指挥佥事门达有罪下狱。《明鉴纲目》卷四："纲：二月。指挥佥事门达，有罪下狱，戍边。目：达先以王纶必柄用，预为结纳。及纶败，调贵州都匀卫。甫行，言官交章论其罪，逮系论斩。后贷死，谪戍广西南丹卫。"

始以内批授官。《明鉴纲目》卷四："纲：始以内批授官。目：帝命中官传旨，用工人为文思院副使。自后相继不绝。一传旨，姓名至百十人，谓之传奉官。文武僧道滥恩者以千数。"

三月

监生孔儒、王钥、薛谦、李璹为南京监察御史。（据《国榷》卷三十四）

刑科都给事中金绅上八事……设武学以育将才，用武勇以除贼寇。上纳之。（据《国榷》卷三十四）

许年四十以下依亲监生有志科举者本处乡试。《明宪宗实录》卷三：天顺八年三月，"乙卯，以恭上慈懿皇太后、皇太后尊号礼成，上御奉天殿，文武百官行庆贺礼。是日颁诏天下。诏曰……一、吏部听选官员取选不到有愿告回家者，不拘年岁，俱令冠带致仕闲住。一、天顺五年七月以后至天顺八年正月止，吏典犯罪问发重历者，悉免重历。在逃者，诏书到日，自首免罪。一、两京国子监生积滞数多，今后各衙门历事考过勤谨者，再历三个月送部听选。其有愿告教职及杂职者听。若有不能出仕愿告回家者，俱与冠带闲住。其放回四十以下监生有志科举者，就许本处乡试……於戏！养以天下，永惟二圣之尊，福被后人，茂衍万年之庆。布告中外，咸使闻知"。

彭教、吴钺、罗璟（1432—1503）等二百四十七人进士及第、出身有差。改李东阳、倪岳、谢铎等十八人为庶吉士。其余进士，分各衙门办事。《明宪宗实录》卷三：天顺八年三月，"戊辰，策试会试举人吴钺等二百四十七人，制曰：'朕惟临轩策士，乃我祖宗法古求治之盛典也。兹朕茕茕在疚，事虽不敢妨废，而情有不能安然行之者。顾尔多士，游心经史，于治国平天下之道讲之熟矣。朕虽不临轩详问，尔多士其各敷陈所蕴以献，务切时宜，毋泛毋略。朕将采而行之'"。《馆阁漫录》卷四《天顺八年》：三月，"乙丑，礼部尚书姚夔奏：'先是，天顺七年春二月会试，贡院火，移试于秋八月。先帝有旨，明年三月朔殿试。兹适有大丧，奉旨移试于三月望，合请读卷官并执事官。'上命少保、吏部尚书兼华盖殿大学士李贤，太子少保、吏部尚书王翱，户部尚书年富、张睿，太子少保、兵部尚书马昂，刑部尚书陆瑜、工部尚书白圭、都察院右副都御史李宾、吏部左侍郎兼翰林院学士陈文、右侍郎兼翰林院学士彭时、通政使司通政使张文质、大理寺卿王㮣、太常寺少卿兼翰林院侍读学士刘定之读卷，馀执事如例"。"己卯，授第一甲进士彭教为翰林院修撰，吴钺、罗景为编修。选进士李东阳、倪岳、谢铎、张敷华、陈音、焦芳、汪滋、郭玺、计礼、傅瀚、张泰、吴希贤、刘大夏、刘道、王璿、董龄、杜懋、史芳为庶吉士，命太常寺少卿兼侍读学士刘定之、学士柯潜教习文章，少保、吏部尚书兼华盖殿大学士李贤等提督考校，务令成效，以需他日之用，命所司给纸笔、饮馔、第宅、灯烛如旧例。其馀进士，分各衙门办事。"李贤《古穰集》卷五《进士题名记》："我朝法古为治，设科取士，自洪武以来，廷试进士几三十科……天顺甲申春，皇上即位之初，礼部请廷试贡士，遵旧章也……乃赐彭教等二百四十七人进士及第、出身有差。礼部复请立石题名于国子监。"据《天顺八年进士登科录·玉音》："礼部尚书臣姚夔等，于西角门奏为科举事。天顺七年，会试天下举人，取中二百四十七名。天顺八年三月十五日殿试，合请读卷及执事等官少保吏部尚书兼华盖殿大学士李贤等四十三员。其进士出身等第，恭依太祖高皇帝钦定资格，第一甲例取三名，第一名从六品，第二第三名正七品，赐进士及第。第二甲从七品，赐进士出身。第三甲正八品，赐同进士出身。奉圣旨：是，钦此。读卷官：荣禄大夫少保吏部尚书兼华盖殿大学士李贤，癸丑进士；资德大夫正治上卿太子少保吏部尚书王翱，乙未进士；资德大夫正治上卿太子少保兵部尚书马昂（字迹不清）；资善大夫户部尚书年富，丁酉贡士；资善大夫户部尚书张睿，庚戌进士；资政大夫刑部尚书陆瑜，癸丑进士；资善大夫工部尚书白圭，壬戌进士；资善大夫都察院右都御史李宾，乙丑进士；通奉大夫吏部左侍郎兼翰林院学士陈文，丙辰进士；嘉议大夫吏部右侍郎兼翰林院学士彭时，戊辰进士；通议大夫通政使司通政使张文质，壬戌进士；通议大夫大理寺卿王㮣，壬戌进士；中顺大夫太常寺少卿兼翰林院侍读学士刘定之，丙辰进士。提调官：资善大夫礼部尚书姚夔，壬戌进士；正议大夫资治尹礼部左侍郎邹干，癸丑进士；通议大夫礼部右侍郎李绍，癸丑进士。监试官：文林郎山东道监察御史田景阳，甲戌进士；文林郎山西道监察御史王俨，丁□贡士。受卷官：□□郎翰林院修撰童缘□□□□；文林郎翰林院编修江朝宗，辛未进士；文林郎吏科都给事中萧斌，乙丑进士；征仕郎礼科掌科事给事中袁恺，甲戌进士。弥封官：光禄寺掌寺事礼部右侍郎李春，戊午贡士；奉直大夫协正庶尹鸿胪寺左少卿杨询，监生；文林郎翰林院编修李本，戊辰进士；文林郎兵科都给事中徐廷章，辛未进士；征仕郎户科掌科事给事中冉哲，甲戌进士。掌卷官：儒林郎翰林院修撰王一夔，庚辰进士；文林郎翰林院编修尹直，甲戌进士；征仕郎刑科掌科事给事中金绅，甲戌进士；征仕郎工科掌科事给事中姚夔，丁丑进士。巡绰官：怀远将军锦衣卫指挥同知焦寿；明威将军锦衣卫指挥佥事赵能；明威将军金吾前卫指挥佥事高玺；昭勇将军金吾后卫指挥使陈隆。印卷官：奉政大夫礼部仪制清吏司郎中周骙，戊辰进士；承直郎礼部仪制清吏司主事张谨，庚辰进士；承直郎礼部仪制清吏司主事刘钊，庚辰进士。供给官：奉政大夫修正庶尹光禄寺少卿郦镛，戊午贡士；奉政大夫光禄寺少卿刘琏，乙丑进士；礼部司务张本，监生；奉政大夫修正庶尹礼部精膳清吏司郎中陈律，乙丑进士；承德郎礼部精膳清吏司主事万翼，丁丑进士。"《天顺八年进士登科录·恩荣次第》："天顺八年三月十五日，诸贡士赴内府殿试。恭遇英宗睿皇帝大丧礼，先期本部奏准事宜从简。是日早，引诸贡士于西角门行五拜三叩头礼毕，赴奉天殿前丹墀内俟候策问。三月十七日早，文武百官素服侍班，上御西角门鸿胪寺，举案置于中，翰林院捧黄榜授礼部置于案，诸进士服进士衣巾，行五拜三叩头礼。礼部捧黄榜，乐设而不作，导引出长安左门外，张挂毕，顺天府官用伞盖仪从送状元归第。三月十八日，赐状元冠服及进士宝钞。三月十九日，状元及诸进士赴鸿胪寺习仪。三月二十日，状元率诸进士于西角门上表谢恩。三月二十一日，状元率诸进士诣先师孔子庙行释菜礼，礼部奏请，命工部于国子监立石题名。"吴希贤《中顺大夫詹事府少詹事兼翰林院学士竹岩柯公行状》："甲申，今上即位，以侍从恩升翰林院学士。三月，有旨选进士十八人，李东阳等入翰林为庶吉士，命公教以古文词学。希贤不肖，预执业焉。"徐学聚《国朝典汇》卷一百二十八："（天顺）八年甲申廷试，赐彭教、吴钺、罗璟及第。吴后改姓陆。是科刘淳以翰林译字官、马愈以钦天监天文生中式。"郎瑛《七修类稿》卷二十九："国朝罗璟，江右人也。自习举子业至登科，不知何谓之诗。后考庶吉士，学士试以《秋宫怨》，默然无以答。遍问同考者，同考对以韵脚起结联对如此，然后即作一诗云：'独倚栏杆强笑歌，香肌消瘦怯春罗。羞将旧恨题红叶，添得新愁上翠娥。雨过玉阶秋色静，月明青琐夜凉多。平生不识春风面，天地无情奈若何。'主试者语之曰：'尔后必能诗。'已而果然。即此诗有别才，亦可知也。"据黄佐《翰林记》卷十八《庶吉士题名》，刘淳亦为天顺甲申科庶吉士。

据《天顺八年进士登科录》，第一甲三名，赐进士及第。履历如下：

彭教，贯江西吉安府吉水县，民籍，国子生，治《书经》。字敷五，行五，年二十六，十月十一日生。曾祖于古。祖不同。父汝弼，教谕。母项氏。具庆下。兄敬；占；道，训导；术。娶张氏。江西乡试第一名，会试第二名。

吴钊，贯直隶苏州府昆山县，军籍，太仓卫学民生，治《诗经》。字鼎仪，行二，年二十五，二月二十八日生。曾祖景义。祖以让。父晟。母黄氏。具庆下。兄钺。娶陈氏。应天府乡试第八十四名，会试第一名。

罗璟，贯江西吉安府泰和县，儒籍，国子生，治《诗经》。字明仲，行一，年三十三，十一月初四日生。曾祖子理，府同知。祖宾廉。父进善。母陈氏。慈侍下。弟玙。娶杨氏。江西乡试第七十一名，会试第一百四名。

据《天顺八年进士登科录》，第二甲七十五名，赐进士出身。履历如下：

李东阳，贯湖广茶陵县人，金吾左卫军籍，顺天府学军生，治《书经》。字宾之，行一，年十八，六月初九日生。曾祖文祥。祖允兴。父淳。母刘氏，继母麻氏。具庆下。弟东山、东川、东溟。聘刘氏。顺天府乡试第四十四名，会试第一百八十五名。

刘恒，贯四川叙州府富顺县，军籍。县学生，治《春秋》。字公诚，行三，年三十五，六月初十日生。曾祖以能。祖九成。父鼎荣。前母周氏，母彭氏，继母成氏。严侍下。兄恂、怡。娶胡氏。四川乡试第二十八名，会试第二十九名。

陈迁，贯福建兴化府仙游县，盐籍。国子生，治《诗经》。字汉崇，行一，年三十五，闰十二月十一日生。曾祖汝义。祖彦麟。父德通。母薛氏。具庆下。弟宴、云。娶程氏。福建乡试第一百六名，会试第二十一名。

钱钺，贯浙江杭州前卫，军籍，钱塘县学生，治《春秋》。字大用，行七，年二十七，十一月十六日生。曾祖贤。祖礼。父震。母虞氏。具庆下。兄玘、琮、栢、鉴、林、瓛。弟璋。娶吴氏。浙江乡试第八十八名，会试第九十名。

卢玑，贯浙江处州府松阳县，民籍。县学生，治《春秋》。字舜用，行二，年二十九，三月二十二日生。曾祖本立。祖文渭。父诚修。母王氏。永感下。兄璋。娶吴氏。浙江乡试第十一名，会试第一百十一名。

尚冕，贯湖广襄阳府枣阳县，军籍。国子生，治《易经》。字从周，行一，年三十二，六月二十五日生。曾祖得仁。祖云，知县。父聪，兵马副指挥。母杜氏。具庆下。弟冔、昂、果。娶任氏。湖广乡试第八十八名，会试第一百九十五名。

孙蕃，贯直隶扬州府江都县，军籍，国子生，治《礼记》。字维翰，行三，年三十四，二月十八日生。曾祖友道。祖仲安。父成之，教谕。母龙氏。具庆下。兄荫。弟蔓。娶焦氏。应天府乡试第五名，会试第二百三十四名。

张敷华，贯江西吉安府安福县，民籍，国子生，治《春秋》。字公实，行二，年二十六，十二月十七日生。曾祖尚修。祖若金，封监察御史。父洪，监察御史。母姚氏，封孺人。重庆下。兄敷荣。弟敷英。娶路氏。顺天府乡试第十一名，会试第十九名。

周源，贯应天府上元县，民籍，国子生，治《书经》。字德渊，行一，年二十九，十一月十八日生。曾祖质中。祖彦文，户部郎中。父杰。母黄氏。具庆下。弟淦、清、溥。娶毛氏。应天府乡试第八十名，会试第一百四十一名。

傅实，贯江西南昌府丰城县，民籍，国子生，治《诗经》。字璨辉，行四，年四十一，二月初二日生。曾祖景良。祖伯庸。父文显。母余氏。慈侍下。弟璁辉、理辉。娶熊氏。江西乡试第四十三名，会试第二百十五名。

李汝嘉，贯福建泉州府晋江县，民籍，府学生，治《易经》。字士美，行一，年二十八，九月二十二日生。曾祖思聪。祖原贞。父钦肃。母王氏。具庆下。弟譔、弘、隽、瑀、偶、昂、甫。娶□氏。福建乡试第三十一名，会试第六十□名。

赵弘，贯湖广永州府道州，军籍，国子生，治《易经》。字弘道，行一，年三十三，八月初三日生。曾祖克宽。祖廷美。父康，教谕。母尹氏。具庆下。弟弼、琼。娶周氏。湖广乡试第四名，会试第一百八十六名。

郑铭，贯直隶广平府邯郸县，民籍，国子生，治《书经》。字德新，行二，年三十六，七月三十日生。曾祖思忠。祖参。父弘。嫡母王氏，生母王氏。慈侍下。兄举。弟鉴、锦。娶和氏。顺天府乡试第一百二十二名，会试第七十三名。

敖和，贯江西瑞州府高安县，民籍，国子生，治《诗经》。字正乐，行二，年三十四，十一月十三日生。曾祖伯仁。祖用晖。父福川。母傅氏。永感下。兄正伦。弟正仪、正雅、正颜、正典。娶徐氏。江西乡试第三十九名，会试第一百二十三名。

姚璧，贯浙江严州府桐庐县，民籍，国子生，治《春秋》。字良甫，行一，年二十八，二月初八日生。曾祖伯华，赠礼部右侍郎。祖惟善，赠礼部右侍郎。父夔，尚书。母王氏，封淑人。具庆下。弟玺。娶赵氏。浙江乡试第七十八名，会试第五□□名。

郑玉，贯顺天府大兴县，民籍，□□□，治《诗经》。字时用，行三，年三十三，五月三十日生。曾祖文显。祖士荣。父□□。母俞氏。慈侍下。兄镃、□□。娶潘氏。顺天府乡试第一百名，会试第六十五名。

姚绶，贯浙江嘉兴府嘉兴县，军籍，国子生，治《诗经》。字公绶，行一，年四十三，闰十二月初三日生。曾祖子英。祖荣。父定章。母许氏。慈侍下。娶弘氏。浙江乡试第三名，会试第七十四名。

杨智，贯福建泉州府晋江县，民籍，国子生，治《易经》。字思明，行二，年三十三，十一月二十二日生。曾祖子成。祖惠。父观。母王氏，继母李氏。具庆下。兄睿。弟信、敏、宁、璘、琪、璋、璠。娶赵氏。福建乡试第八十三名，会试第四十三名。

陈祴，贯广东广州府番禺县，民籍，府学生，治《诗经》。字仲芳，行一，年二十四，二月初二日生。曾祖寿卿。祖景昌。父源。母周氏。具庆下。弟稦、稹。聘梁氏。广东乡试第三十七名，会试第一百六十一名。

王让，贯江西广信府上饶县，军籍，县学生，治《诗经》。字谦光，行六，年二十九，正月二十一日生。曾祖普达。祖庭槐。父应桢。母钱氏，生母白氏。慈侍下。兄佐；瑛；辅，国子生。弟崇。娶姜氏。江西乡试第八十三名，会试第九十五名。

倪辅，贯浙江嘉兴府平湖县，民籍，国子生，治《书经》。字良弼，行三，年二十九，九月初四日生。曾祖思问。祖斌。父珣。母朱氏。具庆下。兄镇、佐。弟鑴。娶潘氏。浙江乡试第八十二名，会试第二十八名。

左烨，贯直隶宁国府泾县，民籍，国子生，治《易经》。字仲辉，行一，年三十五，八月初八日生。曾祖处中，训科。祖有昂，训科，赠监察御史。父孟卿。母沈氏。具庆下。弟熛、口。娶吴氏。应天府乡试第十三名，会试第一百四十三名。

陈让，贯直隶大河卫，军籍，国子生，治《诗经》。字德光，行四，年三十一，九月初四日生。曾祖大一公。祖道真。父子贵。母白氏。慈侍下。兄景贻、景春、景和。妻□氏。应天府乡试第□□□名，会试□□□名。

戴春，贯直隶松江府上海县，官籍，国子生，治《诗经》。字景元，行三，年三十八，九月初六日生。曾祖彦文。祖声伯。父廷奉。母陆氏。慈侍下。兄昊；昕，知县。弟曦，举人；昌；暄；昭；晋；昚；普；晔。娶闻氏。应天府乡试第二十六名，会试第八十名。

李冕，贯四川保宁府剑州，军籍，府学生，治《书经》。字文中，行一，年三十五，闰十二月二十七日生。曾祖坤。祖福寿。父庆，典史。母张氏。具庆下。弟麟、瓒。娶魏氏。四川乡试第六十九名，会试第十七名。

闵珪，贯浙江湖州府乌程县，军籍，国子生，治《春秋》。字朝瑛，行一，年三十五，十二月十七日生。曾祖希仁。祖用绅。父节。母严氏。严侍下。弟璋、琳、琪、琮、璜。娶王氏。浙江乡试第四十四名，会试第四十名。

陈政，贯江西瑞州府新昌县，民籍，县学增广生，治《易经》。字以正，行三，年二十六，九月十三日生。曾祖德可。祖升远。父韫玉。母罗氏。慈侍下。兄三省、三凤。弟三乐。娶王氏。江西乡试第七十名，会试第一百二名。

倪岳，贯应天府上元县，官籍，万全都□□，治《书经》。字舜咨，行一，年二十一，四月二十三日生。曾祖德润。祖子安，封翰林侍读学士，简左中允。父谦，前翰林学士。母姚氏，赠宜人，继母郭氏，赠□人。严侍下。弟阜、皋。娶卢氏。顺天府乡试第九十八名，会试第一百四十四名。

唐盛，贯广东广州府南海县，民籍，国子生，治《诗经》。字士隆，行一，年三十七，八月初六日生。曾祖良凯。祖孔愈。父思忠。母关氏。重庆下。弟祯，举人；鉴。娶邓氏。广东乡试第六十一名，会试第九十二名。

刘怀经，贯四川叙州府富顺县，民籍，国子生，治《春秋》。字叔理，行二，年三十四，八月初一日生。曾祖必和。祖荣。父茂春。母柳氏，继母胡氏。具庆下。兄怀南、怀胡。弟怀俊、怀仁。娶王氏。四川乡试第三十名，会试第一百名。

谢铎，贯浙江台州府黄岩县，民籍，国子生，治《诗经》。字鸣治，行一，年三十，正月二十二日生。曾祖原穆。祖性端。父世衍。母高氏。具庆下。弟镜、铸、鉴、锐。娶陈氏。浙江乡试第二名，会试第二百三十二名。

萧祯，贯江西吉安府泰和县，军籍，儒士，治《诗经》。字彦祥，行四，年三十三，三月初八日生。曾祖廷翁。祖维翰。父楚绅。前母欧阳氏，母罗氏。永感下。兄彦亨、彦清、彦芳。娶周氏。江西乡试第六十二名，会试第八十六名。

高斐，贯河南河南府偃师县，民籍，国子生，治《易经》。字文著，行一，年三十七，六月初三日生。曾祖圭。祖亨。父进，长史。母陈氏。具庆下。弟经，冠带官；纶；绮。娶王氏。河南乡试第六十六名，会试第一百九十一名。

沈棨，贯浙江嘉兴府平湖县，灶籍，国子生，治《易经》。字元节，行三，年三十，正月初五日生。曾祖珍。祖昊。父渭。母朱氏。具庆下。兄樾、棻，弟樟、枟、櫫、桁、杲、槩、楷。娶高氏。浙江乡试第二十八名，会试第四十八名。

周重，贯江西吉安府安福县，民籍，县学增广生，治《春秋》。字如鼎，行六，年三十一，正月三十日生。曾祖礼甫。祖子濂。父昌迪。母郭氏。具庆下。兄绍□、□□、□□、□□。弟□、□、□、□。江西乡试第□□名，会试第□□名。

陆广，贯浙江嘉兴府嘉兴县，民籍，国子生，治《书经》。字德宏，行四，年二十八，六月二十日生。曾祖用和。祖余庆。父明善。母荆氏。具庆下。兄举、埋、埒。弟远。娶徐氏。浙江乡试第六十七名，会试第一百二十四名。

范润，贯浙江宁波府鄞县，民籍，府学生，治《书经》。字时泽，行三，年三十七，二月初九日生。曾祖景高。祖必显。父镛。母朱氏。具庆下。兄灏；瀚，贡士。弟淇、湘、源。娶柴氏。浙江乡试第二十七名，会试第四十一名。

郭玺，贯山东兖州府城武县，军籍，国子生，治《诗经》。字文瑞，行五，年三十，五月二十日生。曾祖彦礼。祖升。父浩。先母刘氏，母贾氏。慈侍下。兄莹，纪善；玘；瓒；玫。弟璞、琼、瑀、琦、瑄、瑂。娶刘氏。山东乡试第五十四名，会试第二百五十名。

焦芳，贯河南南阳府泌阳县，民籍，国子生，治《春秋》。字孟阳，行一，年三十，七月十三日生。曾祖成。祖显，教授。父宣。母卫氏。具庆下。弟兰。娶吕氏。河南乡试第七十八名，会试第一百七十三名。

赵侃，贯直隶嘉定县人，贵州普定卫官籍，国子生，治《诗经》。字至刚，行四，年四十，四月十四日生。曾祖文政。祖兴甫。父华。母董氏，继母朱氏。慈侍下。兄俊、杰、伟。弟份。娶林氏。云南乡试第二名，会试第三十名。

胡恭，贯浙江绍兴府余姚县，军籍，县学增广生，治《礼记》。字克敬，行三，年三十三，正月十四日生。曾祖思敏。祖闰初。父宽。母郑氏，继母王氏。具庆下。兄明、弘。弟俨；伦；赞；铨，听选官。娶严氏。浙江乡试第八十四名，会试第二十五名。

唐仁，贯四川夔州府达县，儒籍，国子生，治《诗经》。字秉元，行一，年四十，四月十七日生。曾祖瑜，训导。祖鲲，举人。父宪，听选监生。母柳氏，继母黎氏。具庆下。弟伦、佐、佑、佶、宿。娶周氏。四川乡试第八十六名，会试第十六名。

孙义，贯应天府上元县人，太医院医籍，国子生，治《诗经》。字以方，行一，年三十四，正月十五日生。曾祖觉祥。祖得中。父让，医士。母吴氏，继母杨氏。具庆下。娶□氏。顺天府乡试第四十名，会试第一百六十四名。

许章，贯浙江嘉兴府嘉兴县，灶籍，国子生，治《书经》。字廷冕，行一，年三十三，八月十一日生。曾祖祥。祖卫。父润。母胡氏。慈侍下。弟璘、璞、瑢。娶姚氏。浙江乡试第十六名，会试第五十名。

彭序，贯江西吉安府庐陵县，军籍，国子生，治《诗经》。字昭伦，行三，年四十三，五月十二日生。曾祖立政。祖惠则。父迪中。母刘氏。慈侍下。兄昭宪、昭彝。娶龙氏，继娶吴氏。江西乡试第一名，会试第五十五名。

赵胜，贯浙江金华府义乌县，民籍，县学生，治《礼记》。字廷伸，行一，年三十一，五月二十五日生。曾祖伯达。祖原贞。父仲远。母吴氏。慈侍下。弟普成。娶吴氏。浙江乡试第五名，会试第一百四十名。

虞瑶，贯浙江处州府缙云县，民籍，县学生，治《易经》。字邦琼，行九，年二十八，三月二十四日生。曾祖辰仲。祖祥廉。父岷。母范氏，继母□氏。具庆下。兄垓，弟培、增。娶李氏。浙江乡试第四十二名，会试第一百七十名。

潘瑶，贯浙江金华府金华县，民籍，□□□，治《诗经》。字廷用，行四，年二十六，十二月十九年生。曾祖仲德。祖士可。父惠。母朱氏。具庆下。兄瑾，医士；珎。娶赵氏，继娶方氏。顺天府乡试第三十一名，会试第一百八十一名。

陈清，贯山东青州府益都县，军籍，国子生，治《诗经》。字廉夫，行二，年二十七，四月二十三日生。曾祖友才。祖义。父俊，教谕。母周氏。具庆下。兄渊。娶曹氏，继娶张氏。山东乡试第三十名，会试第一百三十九名。

李迪，贯河南开封府扶沟县人，锦衣卫官籍，国子生，治《诗经》。字用吉，行一，年三十二，九月二十日生。曾祖时中。祖永福，锦衣卫典仗。父宁，锦衣卫百户。母常氏。具庆下。弟逊，冠带舍人；遇；逈。娶夏氏。顺天府乡试第九十九名，会试第七十七名。

梁谨，贯山东东昌府唐州武城县，民籍，国子生，治《书经》。字敬之，行一，年三十七，十一月十一日生。曾祖兴。祖用，监察御史。父端，国子学正。母陈氏。具庆下。弟諴；诚；谦，贡士；谊。娶霍氏，继娶张氏。山东乡试第三十八名，会试第二百八名。

汪洋，贯直隶安庆府潜山县人，燕山前卫军籍，治《诗经》。字文渊，行一，年二十四，八月二十日生。曾祖道弘。祖信。父甫，刑部主事。母□氏。慈侍下。弟汉。聘梅氏。顺天府乡试第七十六名，会试第一百六十八名。

丘弘，贯福建汀州府上杭县，民籍，国子生，治《易经》。字宽叔，行三，年四十，十一月二十六日生。曾祖良佐。祖存道。父陵宗。母雷氏。永感下。兄岩，训导；洪；浩。娶郑氏。福建乡试第二名，会试第二百十九名。

龚膺，贯福建福州府宁德县，民籍，国子生，治《诗经》。字维善，行四，年三十八，八月十八日生。曾祖子明。祖泽回。父瑀。母陈氏，继母郑氏。慈侍下。弟庆、唐、庄、庭。娶崔氏，继娶林氏。福建乡试第八十二名，会试第六十八名。

潘汝辅，贯福建福州府怀安县，民籍，国子生，治《礼记》。字汝弼，行十，年三十八，十月十八日生。曾祖景穆。祖铭远。父惟深，县丞。母国氏。严侍下。兄汝茂、汝和。弟汝大、汝济、汝范。娶□氏。福建乡试第三十二名，会试第一百九十名。

陈音，贯福建兴化府莆田县，盐籍，府学生，治《诗经》。字师召，行一，年二十九，三月十七日生。曾祖宗义。祖光远。父崇澄。母黄氏。永感下。弟祖、员、魁。娶黄氏，继娶林氏。福建乡试第四十四名，会试第十一名。

周瑄，贯直隶苏州府吴县，民籍，国子生，治《易经》。字良璧，行二，年二十七，十月初十日生。曾祖仲礼。祖谦。父武。母郁氏。严侍下。兄琮。娶沈氏。应天府乡试第一百一十八名，会试第三十二名

张谨，贯直隶凤阳府定远县，民籍，国子生，治《礼记》。字慎之，行一，年三十四，十月十四日生。曾祖道亨。祖璃。父昱。母崔氏。重庆下。弟谅、谏。娶李氏。应天府乡试第一百八十三名，会试第四十六名。

汪镃，贯浙江绍兴府山阴县，军籍，国子生，治《诗经》。字时用，行三，年二十八，四月二十一日生。曾祖子文。祖伯龄。父徽。母谢氏。慈侍下。兄鏻、锐。娶傅氏。浙江乡试第五十五名，会试第二十四名。

雷泽，贯山西太原府忻州定襄县，民籍，国子生，治《诗经》。字时霖，行一，年三十四，六月二十八日生。曾祖吉。祖景初。父震。母段氏。具庆下。弟润、滋。娶傅氏。山西乡试第三十名，会试第二百二十三名。

杜峤，贯浙江宁波府鄞县，军籍，儒士，治《书经》。字宗岳，行四，年二十四，三月初二日生。曾祖时中。祖彦升。父谟，教谕。母汪氏。具庆下。兄崧、崇、崙。弟崒。娶王氏。浙江乡试第四十四名，会试第九十四名。

章甫，贯江西南昌府丰城县，民籍，国子生，治《书经》。字弘冕，行二，年四十一，十月二十日生。曾祖均任。祖伯夔。父士良。母杨氏。严侍下。兄弘谟。弟端、节、明、诚、实、校、奉。娶游氏。江西乡试第七十九名，会试第六十七名。

吴原，贯福建漳州府漳浦县，民籍，国子生，治《诗经》。字道本，行七，年三十四，十月二十七日生。曾祖广德。祖在中。父永绥。母凌氏。重庆下。兄逊；森，礼部主事。弟亨、乾、震、光、泰。娶林氏。福建乡试第七十八名，会试第五十二名。

黄熙，贯福建福州府长乐县，军籍，□□□，治《诗经》。字汝明，行八，年四十，六月初九日生。曾祖仲旸，赠知州。祖铜，知州。父春。前母李氏，母陈氏。慈侍下。兄元、至。娶林氏。福建乡试第一百十二名，会试第七十一名。

俞泽，贯浙江严州府桐庐县，民籍，县学生，治《书经》。字益之，行八，年三十三，八月初五日生。曾祖仕俊。祖玻。父势刚。母袁氏。慈侍下。兄敏、敢、厂、孜、政、敦、敫。娶于氏。浙江乡试第六名，会试第二百四名。

余玺，贯四川巴县人，义勇前卫官籍，国子生，治《诗经》。字世用，行六，年二

十八，十二月十二日生。曾祖善存。祖成德，百户。父子亮。前母匡氏，母高氏。慈侍下。兄珍，千户；瑛；瑄；琦；瓒；庆。娶高氏，继娶陈氏，聘黄氏。顺天府乡试第二十六名，会试第八十九名。

郭瑞，贯江西吉安府吉水县，民籍，县学增广生，治《书经》。字凤祯，行一，年三十三，二月三十日生。曾祖济亨。祖文贯。父询赞。母毛氏。慈侍下。兄万吉、载吉、凤吉、凤韶。娶胡氏。江西乡试第四十八名，会试第一百三十九名。

邓山，贯四川成都府内江县，民籍，县学增广生，治《诗经》。字继中，行五，年三十，八月初一日生。曾祖祥甫。祖添禄。父志贤，训导。前母王氏，母李氏，继母丘氏。慈侍下。兄铎、珏、琼、岳。娶包氏。四川乡试第三十七名，会试第一百五十五名。

张鸾，贯江西吉安府吉水县，民籍，国子生，治《书经》。字冲举，行二，年三十四，十月初五日生。曾祖方存。祖邦固。父安止。母萧氏。具庆下。兄鹏，弟鸿、凤、鹈。娶郭氏。江西乡试第九十一名，会试第六十名。

瞿瑄，贯河南洛阳县人，太医院医籍，国子生，治《春秋》。字廷瑞，行一，年三十二，三月初十日生。曾祖伯常，医学正科。祖垒，医士。父观，御医。母庞氏。具庆下。弟瑛，贡士。娶潘氏。顺天府乡试第二百三十六名，会试第六十一名。

陈壮，贯浙江山阴县人，留守左卫军籍，国子生，治《诗经》。字直夫，行三，年二十八，四月二十四日生。曾祖普一。祖珪。父简。母余氏。具庆下。兄雄、勇。顺天府乡试第一百十八名。（下缺）

伍希渊，贯江西吉安府安福县，民籍，县学增广生，治《春秋》。字孟贤，行一，年二十八，九月初七日生。曾祖述经。祖冕，知县，赠监察御史。父体祥。母刘氏，继母刘氏。具庆下。弟希且；希鱼；希齐；希闵，贡士；希舟。娶刘氏。江西乡试第八十二名，会试第四名。

周鉴，贯浙江绍兴府会稽县，军籍，府学生，治《礼记》。字孔明，行四，年三十五，闰十二月初二日生。曾祖彦祥。祖华甫。父珏。前母范氏，母杨氏。具庆下。兄金、银、钱。弟鉴、锷、钰。娶马氏。浙江乡试第十二名，会试第一百五十名。

萧彦庄，贯江西吉安府泰和县，儒籍，县学生，治《书经》。字彦庄，行四，年三十，八月十九日生。曾祖士敏。祖瑱仲。父季修。母严氏。重庆下。兄彦立，训导；彦敬，通判；彦杲。弟彦选、彦德、彦乔、彦都、彦荐、彦谐。娶王氏。江西乡试第十四名，会试第一百六十九名。

叶琦，贯直隶徽州府祁门县，民籍，国子生，治《春秋》。字廷圭，行三，年三十，三月初七日生。曾祖希元。祖汝舟。父孟颐。母潘氏。具庆下。兄宽，宁。弟□，□。娶周氏，继娶□氏。应天府乡试第一名，会试第一百四名。

据《天顺八年进士登科录》，第三甲一百六十九名，赐同进士出身。履历如下：

张达，贯江西吉安府泰和县，民籍，国子生，治《书经》。字时达，行六，年三十三，七月十一日生。曾祖宗震。祖日敬。父士美。母吴氏。慈侍下。兄时沾；时济；时浚；时启，训导；时警，贡士。弟时遇。娶罗氏。江西乡试第八十八名，会试第一百七十二名。

李进，贯直隶保定府清苑县，民籍，县学生，治《书经》。字廷用，行三，年三十四，十一月二十二日生。曾祖敬原。祖守中。父信。母张氏。慈侍下。兄敬、谨。娶石氏，继娶徐氏。顺天府乡试第三十三名，会试第二十三名。

计礼，贯江西饶州府浮梁县，民籍，县学生，治《易经》。字汝和，行五，年三十四，十一月十二日生。曾祖本善，教谕。祖岳，训导。父永，教谕。前母冯氏，母陈氏。严侍下。兄成；昌，知州。弟佑、福、祺。娶王氏。江西乡试第一名，会试第六十五名。

杨琅，贯福建兴化府莆田县，军籍，国子生，治《诗经》。字朝重，行三，年三十七，七月十六日生。曾祖大五。祖允德。父文献。母林氏。永感下。兄琳、瑛。弟珏、琪、铎。娶林氏，继娶林氏。福建乡试第一名，会试第三十九名。

傅瀚，贯江西临江府新喻县，民籍，国子生，治《诗经》。字曰川，行一，年三十，二月二十三日生。曾祖原显。祖汝器。父邦本。母简氏。具庆下。弟淳、潮。娶李氏。江西乡试第二十五名，会试第一百三十六名。

胡深，贯江西新建县人，辽东定远后卫军籍，国子生，治《书经》。字以道，行四，年三十二，八月初九日生。曾祖祥卿。祖福仁。父景泉。母程氏，继母周氏。永感下。兄盛、源、澄。娶白氏。山东乡试第二十七名，会试第十二名。

王璔，贯顺天府大兴县，民籍，国子生，治《书经》。字器之，行三，年二十八，四月二十九日生。曾祖成。祖福顺。父勋，教授。母孟氏。具庆下。兄璔；玶，贡士。娶岳氏。顺天府乡试第五十七名，会试第八十一名。

袁镐，贯江西□□□县，民籍，县学生，治《书经》。字宁周，行二，年□□□，九月二十四日生。曾祖贵荣。祖斌，吏科给事中。父琛。母熊氏。具庆下。兄鉴。弟鋹、镏。娶夏氏。江西乡试第七十七名，会试第一百四十七名。

王崇，贯浙江台州府临海县，民籍，国子生，治《春秋》。字尚德，行一，年三十七，正月二十五日生。曾祖伯修。祖子丕。父公冕。母郑氏。具庆下。弟峥、岍、嵩、岫、峃、嵘。娶洪氏。浙江乡试第四名，会试第一百六十二名。

洪清，贯直隶怀宁县人，武成前卫官籍，顺天府学武生，治《诗经》。子惟直，行三，年三十四，十一月初四日生。曾祖觉宗，元元帅。祖子春。父良，赠昭信校尉。母程氏，封太安人。慈侍下。兄海，百户；渊。娶陈氏。顺天府乡试第四十九名，会试第一百四十八名。

丁川，贯浙江绍兴府新昌县，民籍，国子生，治《诗经》。字大容，行四，年三十四，九月十一日生。曾祖彦鼎。祖处良。父孟达，训导。母石氏。慈侍下。兄霁、霭、电。弟律、劭、霄。娶黄氏，浙江乡试第三十八名，会试第一百二十名。

王轼，贯湖广荆州府公安县，民籍，国子生，治《书经》。字用敬，行一，年二十六，九月二十日生。曾祖仁，主簿。祖原道。父让。母张氏。具庆下。弟軏、轵、轲。

娶张氏。湖广乡试第七十三名，会试第一百十六名。

吴宏密，贯福建兴化府莆田县，军籍，儒士，治《书经》。字慎夫，行二，年三十，十月二十日生。曾祖公说。祖德懋。父体舒。母梁氏。具庆下。兄宏检。弟章、宏述、续、致、馨、曜。娶梁氏。福建乡试第二十七名，会试第八十八名。

杨恭，贯陕西凤翔府岐山县，民籍，国子生，治《书经》。字克敬，行一，年二十八，正月二十九日生。曾祖清。祖贤。父复荣。母符氏。永感下。娶王氏。陕西乡试第四十七名，会试第二百二十一名。

阮玘，贯江西吉安府安福县，民籍，儒士，治《春秋》。字廷用，行五，年二十九，五月三十日生。曾祖仲素。祖宪夫。父光昱。母刘氏。具庆下。兄琛、琢。弟瑜、珂、瑛。娶魏氏。江西乡试第三十五名，会试第一百三十五名。

赵纲，贯山东兖州府济宁州，军籍，州学生，治《礼记》。字振纪，行一，年三十，十月十二日生。曾祖文善。祖允升。父克恭，典史。母王氏。慈侍下。弟缙、绅。娶孙氏。山东乡试第三十九名，会试第六十六名。

侯祥，贯直隶保定府易州，军籍，国子生，治《书经》。字元吉，行四，年三十五，十一月二十四日生。曾祖得林。祖玉。父巽。母卢氏。慈侍下。兄访、询、志。娶杨氏。顺天府乡试第二百十五名，会试第四十七名。

马暶，贯浙江嘉兴府平湖县，灶籍，国子生，治《书经》。字德明，行四，年三十二，三月初一日生。曾祖安五。祖智。父升。前母鲁氏，母俞氏。具庆下。兄暐、晧、曦。娶顾氏，继娶崔氏。浙江乡试第九十四名，会试第二百十一名。

段誉，贯直隶河间府肃宁县，军籍，国子生，治《礼记》。字德实，行五，年三十六，八月初七日生。曾祖福原。祖文秀。父整，典史。母王氏。慈侍下。兄谦；闰；让，监生；楫，监生。娶蔡氏。顺天府乡试第四名，会试第一百七十八名。

姜浩，贯直隶上海县人，神武左卫军籍，儒士，治《易经》。字希孟，行一，年二十二，二月二十日生。曾祖良。祖胜。父旺。母戴氏。具庆下。弟清。聘计氏。顺天府乡试第十九名，会试第一百四十九名。

刘大夏，贯湖广岳州府华容县，军籍，国子生，治《书经》。字时雍，行十一，年二十九，十二月二十五日生。曾祖必弘。祖行简。父仁宅，按察司副使。母严氏。具庆下。兄大中。弟大奇、大椿。娶吕氏，继聘傅氏。湖广乡试第一名，会试第二十八名。

刘时敩，贯四川成都府内江县，民籍，国子生，治《书经》。字用行，行六，年三十，正月二十五日生。曾祖得贤。祖友义。父鉴。母曾氏。具庆下。兄时学，驿丞；时泰；时廉；时习；时良；时万。娶田氏。四川乡试第二名，会试第五十七名。

曾鉴，贯湖广桂阳县人，虎贲右卫官籍，国子生，治《易经》。字克明，行二，年三十一，六月二十三日生。曾祖民远。祖得寿。父让。母艾氏。具庆下。兄镒，千户。弟镛、铨、钰、镗。娶陈氏。顺天府乡试第四十五名，会试第一百四十八名。

杨成，贯福建（下缺），治《书经》。字盛王，行六，年三十，十一月初一日生。曾祖惠。祖良。父克义。前母陈氏，母曹氏。具庆下。兄成冈。弟升，义官；祵；坔。

娶林氏。福建乡试第四十八名，会试第九十六名。

郑恭，贯山西平阳府曲沃县，军籍，国子生，治《春秋》。字思敬，行一，年三十四，四月十二日生。曾祖待用，赠推官。祖谈，推官。父瑄。母王氏。重庆下。弟信。娶李氏。山西乡试第五十七名，会试第一百五十三名。

李勋，贯江西吉安府安福县，民籍，国子生，治《易经》。字茂烈，行三，年二十九，三月二十八日生。曾祖仕宗。祖友直。父惟省。前母刘氏，母郭氏。具庆下。兄茂坚，茂实。娶罗氏。江西乡试第八名，会试第二百七名。

郑观，贯福建福州府闽县，民籍，府学生，治《春秋》。字建中，行二，年二十八，十月二十六日生。曾祖璠，赠兵部主事。祖塾，兵部主事。父垣，训导。母黄氏。具庆下。兄大用；克载，教谕。弟德正、克昌。娶陈氏。福建乡试第四十六名，会试第一百二十九名。

徐志文，贯浙江绍兴府新昌县，军籍，国子生，治《书经》。字大华，行一，年三十一，五月初十日生。曾祖守中。祖以端。父景钊。母胡氏。重庆下。弟志逸、志献、志贡、志观、志藩。娶石氏，继娶石氏。浙江乡试第八十七名，会试第二百一名。

陈英，贯江西临江府新淦县，民籍，国子生，治《诗经》。字朝彦，行一，年三十二，十二月初四日生。曾祖文信。祖世望。父孟轼。母阮氏。重庆下。弟善。娶刘氏。江西乡试第五十七名，会试第一百七十七名。

郭缉经，贯江西吉安府庐陵县，军籍，国子生，治《书经》。字履常，行四，年三十七，六月二十四日生。曾祖天祥。祖仲庸。父从毅。母彭氏。具庆下。兄缉熙、缉敬、缉止。弟缉宁。娶冷氏。江西乡试第一百二十三名，会试第一百三名。

樊贵，贯浙江处州府缙云县，民籍，国子生，治《易经》。字永德，行十六，年三十四，四月初九日生。曾祖圭。祖敬，江西参政。父浚。母李氏。慈侍下。兄松、楷。弟梓、相。娶李氏。浙江乡试第十五名，会试第一百二十二名。

张玘，贯直隶吴县人，锦衣卫军余，治《书经》。字廷玉，行一，年二十七，五月二十七日生。曾祖彦真。祖以励。父德崇。母方氏，继母宦氏。重庆下。弟瑾、瓛、□。娶李氏。顺天府乡试第五十九名，会试第九十一名。

周宾，贯江西吉安府安福县，民籍，府学增广生，治《易经》。字观光，行四，年三十二，八月二十五日生。曾祖齐谦。祖志霄。父加勉，赠礼科给事中。母彭氏，封宜人。永感下。兄监，前礼科给事中；颙；昂。娶刘氏。江西乡试第一百六十三名，会试第一百三十八名。

官荣，贯福建沙县人，锦衣卫军匠籍，国子生，治《书经》。字志仁，行三，年三十二，八月二十九日生。曾祖巽。祖文凤。父祝。母易氏，继母宋氏。具庆下。兄政、祖。弟浚。娶沈氏。顺天府乡试第十三名，会试第一百六十五名。

陈仕宝，贯广东潮州府揭阳县，民籍，府学增广生，治《书经》。字景贤，行一，年三十，六月十四日生。曾祖老。祖振。父骥。母林氏。具庆下。弟仕辅，仕广、仕仲。娶许氏。广东乡试第五十八名，会试第一百九十四名。

姜谅，贯浙江嘉兴府嘉兴县，民籍，国子生，治《书经》。字用贞，行三，年二十六，二月二十七日生。曾祖明之。祖景文。父迪。母闻人氏。慈侍下。兄兴、宗、让、谔。娶沈氏。浙江乡试第十六名，会试第二百二十八名。

朱清，贯山东兖州府济宁州，民籍，国子生，治《诗经》。字熙之，行三，年三十五，七月二十七日生。曾祖显。祖玉。父文英。母姚氏。慈侍下。兄真、源。娶邵氏。山东乡试第八十二名，会试第一百十四名。

王琮，贯浙江龙泉县人，金吾右卫军籍，国子生，治《春秋》。字文玉，行一，年三十四，四月十九日生。曾祖允中。祖荣清。父敬。母韦氏。具庆下。弟珩。娶杨氏。顺天府乡试第一百十三名，会试第七十九名。

陈按，贯福建兴化府莆田县，民籍，府学生，治《书经》。字朝举，行一，年三十四，十一月十三日生。曾祖宁宗。祖德昌。父廷欣。母许氏。严侍下。弟敬璇、拱、玑、琼、拥。娶张氏，继娶李氏。福建乡试第七十七名，会试第二百二十四名。

张珏，贯浙江杭州府仁和县，民籍，府学生，治《礼记》。字联璧，行一，年三十，六月初五日生。曾祖存，知县。祖亮。父霖。母钟氏。具庆下。弟喆。娶费氏。浙江乡试第八十六名，会试第五十六名。

阎佐，贯陕西西安府商县，匠籍，国子生，治《礼记》。字文辅，行一，年三十三，八月初二日生。曾祖亮。祖铨。父英。母张氏。具庆下。弟彪、忠、铭。娶宋氏。陕西乡试第十名，会试第一百九十七名。

翁信，贯浙江余姚县人，锦衣卫军籍，国子生，治《书经》。字诚之，行一，年三十二，六月二十七日生。曾祖坚。祖永福。父玘。母吴氏。具庆下。娶林氏。顺天府乡试第一百八十七名，会试第六十四名。

戴玉，贯顺天府宛平县，匠籍，国子生，治《春秋》。字德润，行一，年三十二，三月十六日生。曾祖善。祖垂裕。父通。母顾氏。具庆下。弟珏、琚。娶鲍氏。顺天府乡试第二名，会试第九名。

陕茂，贯湖广荆州府公安县，民籍，县学生，治《书经》。字本深，行二，年二十八，十一月二十八日生。曾祖敬先。祖原道。父庭兰。母黄氏。具庆下。兄本洪。弟茂彬。娶杨氏。湖广乡试第五十名，会试第一百五十四名。

沈瑄，贯直隶苏州府常熟县，民籍，县学生，治《诗经》。字廷璧，行一，年二十六，十一月二十三日生。曾祖伯谅。祖恭。父鎏。母马氏。重庆下。弟瓘、璠、玙、璐。娶朱氏。应天府乡试第一百三十三名，会试第二百二名。

姚俊，贯浙江嘉兴府秀水县，民籍，国子生，治《书经》。字用章，行二，年三十六，二月二十一日生。曾祖伯让。祖仲谦。父玑。母唐氏。具庆下。兄旭。弟杰、杲。娶周氏，继娶王氏。浙江乡试第六十名，会试第一百七十九名。

刘熙劭，贯湖广荆州府石首县，民籍，国子生，治《书经》。字克宣，行二，年三十四，五月十四日生。曾祖荣甫，赠翰林修撰。祖永清，广东右布政。父东耕。母吴氏。重庆下。弟熙勖、熙勃。娶田氏。湖广乡试第六十四名，会试第一百七十五名。

申安，贯河南开封府祥符县，民籍，县学增广生，治《诗经》。字仲舒，行三，年二十六，八月二十三日生。曾祖道中。祖义。父好学。前母甄氏，母杨氏。慈侍下。兄宽、礼。弟宁。娶陈氏。河南乡试第十五名，会试第二百二十六名。

杜懋，贯河南开封府鄢陵县，军籍，国子生，治《易经》。字大勉，行四，年二十九，十月初七日生。曾祖成甫。祖圭。父荣。母郝氏。具庆下。兄鉴、宽、信。娶牛氏。河南乡试第三十五名，会试第八名。

汪杲，贯直隶徽州府休宁县，军籍，国子生，治《诗经》。字廷辉，行二，年四十五，八月十九日生。曾祖德甫。祖志贤。父景滨。母冯氏。永感下。兄梁。弟荣，贡士；棻；棐；亲；禀。娶张氏。应天府乡试第九十七名，会试第一百七十四名。

张泰，贯直隶武进县人，太仓卫军籍，卫学军生，治《易经》。字亨父，行四，年二十九，十月初六日生。曾祖原瑞。祖兴宗。父忠。母徐氏。具庆下。兄安、宁、康。娶管氏，继聘武氏。应天府乡试第三名，会试第一百五十六名。

董纶，贯直隶松江府上海县，民籍，国子生，治《书经》。字诚之，行二，年三十七，二月初一日生。曾祖仲庄，祖思忠，父以和，母江氏，慈侍下，兄经，弟纯，娶谢氏。应天府乡试第九十六名，会试第二十名。

唐震，贯湖广长沙府醴陵县，军籍，国子生，治《易经》。字孔亨，行二，年四十一，八月初五日生。曾祖国祥。祖伯逊。父时恢。母黎氏。永感下。兄艮，教谕。弟鼎，贡士。娶丁氏，继娶何氏。湖广乡试第二名，会试第二十二名。

陈道，贯直隶凤阳府盱眙县，军籍，县学生，治《易经》。字德修，行四，年二十九，八月二十六日生。曾祖以仁。祖天福。父荣。前母刘氏，母谢氏。继母孙氏。慈侍下。兄端，教谕；竭；竟。弟达。娶王氏。应天府乡试第一百三十二名，会试第五十三名。

王臣，贯陕西西安府蒲城县，军籍，县学生，治《礼记》。字尚忠，行四，年三十五，十一月初四日生。曾祖甫礼。祖仲肃。父成。母李氏，继母韩氏。具庆下。兄昱、志、玘。娶孙氏。陕西乡试第二十七名，会试第二百四十四名。

张文曜，贯浙江宁波府象山县，军籍，县学生，治《易经》。字晖吉，行十二，年三十，十二月初八日生。曾祖仲仁。祖伯通。父敬谦。母姚氏。严侍下。兄文晊、文晔、文旸、文曈、文晙、文暎、文时、文晅。聘史氏。浙江乡试第十五名，会试第一百六十三名。

萧鼎，贯广东潮州府海阳县，民籍，国子生，治《书经》。字伯铉，行一，年四十，八月二十八日生。慈侍下。弟鼐、鼒、勋、焘、炜、纲、灼、烨。娶周氏，继娶杨氏。广东乡试第七十七名，会试第一百八十九名。

陶玺，贯山西平阳府绛州，军籍，国子生，治《书经》。字廷用，行四，年三十二，十二月十七日生。曾祖伯清。祖春，赠员外郎。父铨，礼部员外郎。母李氏，封宜人。具庆下。兄珪、瓒、琮。弟琰。娶赵氏。山西乡试第二十一名，会试第一百三十一名。

李宗达，贯福建福州府闽县，军籍，国子生，治《诗经》。字时望，行二，年三十四，十月十五日生。曾祖汝遂。祖琦。父伯大。母林氏。具庆下。弟宗卫、宗阳。娶柳氏，继娶萧氏。福建乡试第八十七名，会试第三十三名。

刘珙，贯直隶永平府抚宁县，民籍，府学生，治《诗经》。字廷献，行一，年二十五，六月初八日生。曾祖源。祖本，知府。父钺，吏部郎中。母单氏，赠宜人；继母冯氏，封宜人。具庆下。弟玟、瑭。娶张氏。顺天府乡试第三十四名，会试第九十八名。

傅允，贯河南开封府仪封县，民籍，国子生，治《诗经》。字克诚，行六，年三十一，十一月初四日生。曾祖贵。祖守信。父廷美。母鲁氏。慈侍下。兄宽、宏、实、政、莹。弟征。娶郭氏。河南乡试第四十九名，会试第二百十七名。

王诏，贯直隶真定府赵州宁晋县，民籍，国子生，治《礼记》。字文振，行二，年三十七，五月初五日生。曾祖思义。祖理，绛州判官。父昂。母张氏，继母毕氏。具庆下。兄铭，序班；谦。弟让、诰、銮。娶曹氏。顺天府乡试第五十五名，会试第八十五名。

刘仁，贯四川重庆府合州，民籍，国子生，治《易经》。字元善，行一，年三十六，十一月初八日生。曾祖志善。祖永坚。父根，阴阳训术。母李氏。具庆下。弟仪、侃、□、佐、信、倜。娶彭氏，继娶张氏。四川乡试第九十一名，会试第一百十八名。

陈达，贯山东青州府莒州日照县，军籍，国子生，治《易经》。字兼善，行一，年三十六，四月十二日生。曾祖四翁。祖彦名。父文，听选官。母陈氏。具庆下。娶黄氏。山东乡试第四十八名，会试第五十八名。

刘道，贯山西大同府怀仁县，军籍，国子生，治《诗经》。字从理，行二，年二十九，十月十二日生。曾祖文义。祖清，鸿胪寺丞。父晟，己未进士。母王氏。具庆下。兄逊。弟迪、遄。娶韩氏。山西乡试第一名，会试第十八名。

夏景，贯江西新喻县人，顺天府大兴县匠籍，国子生，治《书经》。字时中，行一，年三十三，十二月二十九日生。曾祖务信。祖立奇。父东启。母王氏，继母金氏。严侍下。弟昱、旻、昂、昇、泉。娶沈氏。顺天府乡试第二百三十八名，会试第一百五十七名。

陈宾，贯直隶常州府无锡县，民籍，县学生，治《诗经》。字朝用，行三，年三十五，八月二十日生。曾祖季义。祖兴祖。父士名，知县。母张氏。具庆下。兄资、质，弟□。娶殷氏，继娶吴氏。顺天府乡试第十六名，会试第十三名。

李衍，贯直隶真定府武强县，民籍，县学生，治《易经》。字尚文，行一，年三十七，十二月初一日生。曾祖胡。祖士能。父敬。母张氏。具庆下。弟振、铎、术。娶王氏。顺天府乡试第一百二十七名，会试第九十七名。

张顺，贯四川嘉定州夹江县，民籍，国子生，治《诗经》。字裕之，行一，年三十七，二月初五日生。曾祖添禄。祖思道。父本源。母陈氏。永感下。娶李氏。四川乡试第一百一名，会试第一百九十名。

马骢，贯直隶河间府景州故城县，民籍，国子生，治《书经》。字德良，行二，年三十五，十一月初一日生。曾祖从周，驿丞。祖显。父仪。母张氏。慈侍下。兄恒、泰。弟骥、骐、元喆、升、中锡。娶高氏。顺天府乡试第一百三十名，会试第三十五名。

陈嘉言，贯广东广州府东莞县，民籍，县学增广生，治《春秋》。字用之，行一，年三十三，十一月十七日生。曾祖廷直。祖英孙。父撰。母袁氏。具庆下。弟嘉善、嘉和。娶李氏。广东乡试第二十名，会试第一百八十三名。

梁璟，贯山西太原府代州崞县，军籍，国子生，治《诗经》。字廷美，行二，年三十五，正月十六日生。曾祖敬甫。祖兴。父资。母史氏。具庆下。兄琮。弟瑄、玺、璲、琦、璞。娶雷氏。山西乡试第二十二名，会试第一百一名。

聂友良，贯直隶隆庆州，民籍，国子生，治《书经》。字益之，行三，年三十一，八月二十二日生。曾祖鹏。祖光，主簿。父拳。嫡母高氏，生母贾氏。慈侍下。兄荣、华。娶李氏。顺天府乡试第四十名，会试第二百四十二名。

周观，贯直隶苏州府长洲县，民籍，国子生，治《书经》。字民表，行二，年三十，八月十四日生。曾祖克明。祖仲文。父述。前母顾氏，母冯氏。具庆下。兄瓒。弟节。娶徐氏。应天府乡试第一百三名，会试第一百五十一名。

王昭，贯顺天府蓟州遵化县，民籍，国子生，治《诗经》。字克明，行一，年四十，七月十二日生。曾祖士能。祖八恭。父斌。母董氏。严侍下。弟茂、兴、福、全。娶董氏。顺天府乡试第二十六名，会试第二百十二名。

张铎，贯直隶真定府真定县，军籍，国子生，治《易经》。字廷用，行一，年三十九，十月十五日生。曾祖才卿。祖聪。父羲。母程氏。具庆下。弟鉴、铭、锡、镛、录、锺。娶陈氏。顺天府乡试第一百十九名，会试第二百十三名。

吴楫，贯直隶保定府博野县，民籍，国子生，治《诗经》。字大用，行二，年三十四，十月初四日生。曾祖孝义。祖兴，县丞。父泽。母田氏。重庆下。兄春。弟桐、梓。娶陈氏，继娶赵氏。顺天府乡试第五十八名，会试第一百三十名。

郑淮，贯福建兴化府莆田县，军籍，府学生，治《书经》。字孟川，行一，年四十，四月二十七日生。曾祖宏毅，祖善积，父良伯，母刘氏，慈侍下，娶黄氏。福建乡试第五十六名，会试第七十六名。

黄澄，贯直隶凤阳府凤阳县，民籍，国子生，治《春秋》。字静之，行一，年二十九，四月十八日生。曾祖茂祥。祖贵寿。父绅。母孙氏，继母陆氏。重庆下。弟济、渊、澜、海、清、洲。娶史氏。应天府乡试第一百五十三名，会试第二百四十名。

庞瑄，贯山西太原府祁县，军籍，国子生，治《书经》。字廷玉，行一，年四十二，十一月初七日生。曾祖新甫。祖谦，学正。父从云，教授。母白氏。具庆下。娶武氏。山西乡试第一百名，会试第二百三十五名。

魏容，贯陕西巩昌府安定县，军籍，国子生，治《书经》。字尊仪，行七，年三十八，六月二十一日生。曾祖德厚，元万户。祖济，千户。父端，府经历。母张氏。永感下。兄谦、进、福、春、平、安。娶曲氏。陕西乡试第十七名，会试第十四名。

戴珊，贯江西饶州府浮梁县，民籍，县学生，治《诗经》。字廷珍，行十八，年二十八，二月初七日生。曾祖仲才。祖嗣安，赠□□。父士仪，府学教授。母吴氏。具庆下。兄琛；璨，府同知；璐。弟瑭、斌、瑞。娶侯氏。江西乡试第二十三名，会试第一百四十五名。

陈宏，贯福建漳州府龙溪县，军籍，国子生，治《礼记》。字丕道，行一，年三十五，三月初六日生。曾祖汝宁。祖得亮。父志敏。母周氏。慈侍下。弟宠。娶□氏，福建乡试第六十一名，会试□□名。

余志，贯福建邵武府建宁县，民籍，国子生，治《诗经》。字志学，行四，年四十六，八月初五日生。曾祖执中。祖胜，赠员外郎。父隆，吏部员外郎。母李氏，封宜人。永感下。兄志荣、志显、志谅。娶朱氏。应天府乡试第一百二十名，会试第六十二名。

王铨，贯广东潮州府潮阳县，民籍，国子生，治《诗经》。字宗衡，行二，年三十三，十一月初三日生。曾祖均贤。祖逊。父靖，户部主事。母朱氏。具庆下。兄钦。弟镪。娶马氏。广东乡试第十五名，会试第二百二十名。

陈轾，贯直隶青阳县人，云南曲靖卫官籍，府学生，治《书经》。字弘载，行八，年三十，五月十八日生。曾祖士益，元万户。祖贞，府同知。父继文。嫡母孙氏，生母黄氏。永感下。兄轼、辅、辂、辐、轻、轮、辒。娶路氏。云南乡试第八名，会试第二百十八名。

聂蒙昌，贯江西南昌府丰城县，军籍，国子生，治《诗经》。字德隆，行十三，年三十六，八月初一日生。曾祖原复。祖仲积，赠工部主事。父好谦，知府。母范氏，封安人。永感下。弟蒙显。娶蒋氏。江西乡试第五十七名，会试第一百四十二名。

杨振，贯山西泽州高平县，民籍，国子生，治《易经》。字廷□，行一，年三十九，十一月二十八日生。曾祖思恭。祖郁。父升。母孔氏。永感下。弟禄、扬、抚。娶常氏，继娶李氏。山西乡试第二十五名，会试第一百六十七名。

吴伯通，贯四川顺庆府广安州，民籍，州学增广生，治《易经》。字原明，行一，年二十四，四月初三日生。曾祖海。祖友能。父辅。母辛氏。具庆下。兄伯良。弟伯淳。娶欧氏。四川乡试第三名，会试第十五名。

金忠，贯浙江处州府丽水县人，云和县民籍，国子生，治《易经》。字尚义，行二，年三十三，七月十七日生。曾祖善，乾州知州。祖叔度，赠监察御史。父恺，云南金事。母高氏，封宜人。具庆下。兄文，刑部员外郎。弟信、诏。娶周氏。应天府乡试第五十七名，会试第八十二名。

戴宾，贯湖广荆州府江陵县，军籍，县学生，治《书经》。字邦彦，行三，年三十一，六月二十一日生。曾祖文旺。祖添寿。父兴荣。母易氏。慈侍下。兄思贤、思让。弟思诚、思杰。娶李氏。湖广乡试第三十名，会试第一百三十四名。

刘钝，贯江西吉安府庐陵县，民籍，国子生，治《诗经》。字望修，行二，年四十二，正月初六日生。曾祖以逊。祖仲戡。父大经。母吴氏，继母罗氏。具庆下。兄钊。

弟锐、锵、锧、镆。娶周氏，继娶周氏。江西乡试第二十一名，会试第一百七十一名。

冯贯，贯直隶保定府蠡县，军籍，国子生，治《书经》。字大用，行三，年三十二，闰八月十八日生。曾祖守道，元御史。祖彦举，主簿。父吉。母朱氏。具庆下。兄欢、悦。娶李氏。顺天府乡试第一百九十一名，会试第九十九名。

李芳，贯湖广荆州府公安县，军籍，国子生，治《书经》。字时芳，行一，年三十六，五月十九日生。曾祖彦诚。祖友仁。父翚。母王氏。具庆下。弟茂，贡士；蕲；蓉；英；兰；茪；夔；萃。娶邓氏。湖广乡试第六名，会试第一百九名。

薛纲，贯浙江绍兴府山阴县，民籍，县学生，治《诗经》。字之纲，行一，年三十七，八月二十九日生。曾祖智。祖伦。父宗彝。母李氏。具庆下。弟纪、綗、维、经、纮、缋、缘。娶陈氏。浙江乡试第十四名，会试第一百五十八名。

曹卿，贯四川重庆府铜梁县，军籍，国子生，治《诗经》。字廷爵，行三，年三十三，十月二十八日生。曾祖法昌。祖友斌。父必广，判大理评事。母艾氏，封孺人。具庆下。兄辅，云南金事；弼。弟臣、政、杰。娶秦氏。四川乡试第十九名，会试第一百五十二名。

毛龥，贯直隶大名府长垣县，民籍，县学生，治《易经》。字廷瑞，行一，年二十九，十一月二十八日生。曾祖敬忠。祖弘。父信。母杨氏。具庆下。兄鹗，县丞。弟鹇、鹑、鸾、鸸、鸷、鹣。娶张氏。顺天府乡试第七十一名，会试第三十七名。

刘淳，贯四川重庆府巴县，军籍，翰林院译字官，治《易经》。字尚质，行一，年三十，三月二十四日生。曾祖普寿。祖普亮。父时宜。母苏氏。慈侍下。弟溥。娶冯氏。顺天府乡试第五十五名，会试第二百三十名。

吕升，贯湖广襄阳县，舍人，治《易经》。字明远，行一，年三十二，正月二十五日生。曾祖敬文，赠指挥金事。祖义，赠指挥金事。父贵，指挥金事。嫡母王氏，赠恭人，生母李氏，继母柴氏。具庆下。弟昂、昃、杲。娶杨氏。顺天府乡试第三十名，会试第二十六名。

邓球，贯湖广永州府道州宁远县，民籍，县学生，治《书经》。字廷鸣，行二，年二十六，四月二十七日生。曾祖文若。祖宗善。父朝海。前母杨氏、李氏，母唐氏。具庆下。兄廷资。弟廷言、廷立。娶雷氏。湖广乡试第五十二名，会试第一百三十七名。

萧璇，贯福建漳州府龙溪县，军籍，县学增广生，治《易经》。字子玑，行二，年二十九，六月十六日生。曾祖顺甫。祖添禄。父孟耀。母洪氏。慈侍下。兄瑀。弟球。娶陈氏。福建乡试第十名，会试第一百八十名。

康玠，贯江西吉安府泰和县，民籍，县学增广生，治《书经》。字廷圭，行六，年三十八，二月初五日生。曾祖汉复。祖士廉。父允升。母罗氏。具庆下。兄玺一、琢。弟瑛、珙、珌、琮、瑮。娶朱氏。江西乡试第七十七名，会试第一百一十九名。

胡克勤，贯四川成都府仁寿县，军籍，国子生，治《书经》。字舜臣，行一，年三十五，八月十八日生。曾祖友亮。祖添禄。父应中。母郭氏。具庆下。弟克伦、克谐。娶李氏。四川乡试第五十二名，会试第四十七名。

余谅，贯广东□州府新会县，军籍，国子生，治《诗经》。字以贞，行二，年三十六，正月十四日生。曾祖宗禧。祖真璞。父复。母冯氏。慈侍下。兄友直。弟友闻；统，贡士。娶张氏。广东乡试第七十七名，会试第一百三十三名。

林璧，贯湖广宝庆府武冈州，民籍，国子生，治《易经》。字廷美，行三，年三十三，九月十九日生。曾祖世富。祖用和，知县。父敏。母王氏。慈侍下。兄旭、泉。弟瑄、珍、琼、鉴。娶方氏。湖广乡试第三十名，会试第九十三名。

孙缉，贯江西南昌府丰城县，官籍，儒士，治《诗经》。字继兮，行六，年二十五，三月初六日生。曾祖仲明，赠右布政使。祖贞，国子博士，赠右布政使。父曰良，副都御史。母刘氏，封夫人。具庆下。兄缜；约，贡士；绰；纲，贡士；纶。娶甘氏。江西乡试第四十名，会试第二百九名。

石玉，贯直隶真定府藁城县，民籍，国子生，治《易经》。字大器，行二，年二十九，十一月二十二日生。曾祖永。祖友智。父麟，教谕。前母时氏，母徐氏。慈侍下。兄玺。娶赵氏。顺天府乡试第六十五名，会试第一百七十六名。

樊莹，贯浙江衢州府常山县，民籍，国子生，治《礼记》。字廷璧，行七，年三十一，正月初四日生。曾祖逊，都事。祖温，训导。父文检。母徐氏。严侍下。兄煌。弟琛。娶徐氏。浙江乡试第十名，会试第七十八名。

毛志，贯河南开封府阳武县，军籍，国子生，治《礼记》。字尚忠，行一，年二十八，十二月二十四日生。曾祖麟。祖冲。父政。母史氏，继母路氏。重庆下。弟懿、悫、恩、惠、宪。娶蔺氏。河南乡试第五名，会试第一百二十五名。

张九畴，贯陕西临洮府狄道县，民籍，府学生，治《书经》。字天锡，行二，年二十一，十一月二十八日生。曾祖贤。祖杰。父安，训导。母韦氏。具庆下。兄元，教谕。弟九韶、九德。娶陈氏。陕西乡试第六名，会试第一百九十八名。

沈源，贯福建漳州府龙溪县，民籍，县学生，治《易经》。字澄之，行一，年四十，二月十六日生。曾祖文富。祖孟勋。父硕翚。母陈氏。重庆下。弟滥、渶、灋。娶□氏，福建乡试第四十二名，会试第□□名。

莫昌，贯四川重庆府□□县，军籍，国子生，治《诗经》。字隆远，行五，年四十二，九月二十日生。曾祖信卿。祖仲昭，参议。父寿。母王氏，继母周氏。慈侍下。兄永苌、永芳、永龄、永丰。弟永政。娶傅氏。四川乡试第三十三名，会试第五十九名。

袁江，贯河南开封府祥府县，民籍，府学增广生，治《诗经》。字自岷，行七，年二十二，八月二十一日生。曾祖成。祖敬。父礼。母吴氏。具庆下。兄芳、泽、清、海、深、洪。弟通。聘丘氏。河南乡试第七十一名，会试第一百九十三名。

武清，贯山西大同府大同县，民籍，国子生，治《易经》。字源洁，行五，年三十三，六月二十七日生。曾祖义卿。祖秉兴，赠右参议。父达，广西右参政。母刘氏，封恭人。永感下。兄和；成；宁，州同知；隆。弟衡、豫。娶李氏。山西乡试第八名，会试第二百四十七名。

袁晟，贯浙江绍兴府山阴县，民籍，府学生，治《诗经》。字仲昭，行二，年三十二，三月二十四日生。曾祖子韶。祖显宗。父杰。母赵氏。具庆下。兄昱。娶金氏。浙江乡试第四十五名，会试第四十□名。

王崇之，贯直隶大名府滑县，民籍，县学增广生，治《诗经》。字守节，行三，年二十四，闰十一月二十五日生。曾祖景新。祖循理。父宪，府同知。母郑氏。重庆下。兄淮、泽。弟爱之、敬之。娶周氏。顺天府乡试第九十四名，会试第二百三十九名。

曹铨，贯直隶保定府满城县，军籍，国子生，治《礼记》。字秉衡，行一，年三十一，二月初六日生。曾祖伯通。祖彬。父端，教谕。母田氏。慈侍下。弟锐、钺、锡、銮、镗。娶王氏。顺天府乡试第一百十七名，会试第十名。

费臻，贯直隶保定府安州，民籍，国子生，治《诗经》。字时和，行一，年三十四，十一月二十二日生。曾祖用广。祖茂。父琏。母钟氏，继母于氏。重庆下。弟致、郅。娶曾氏。顺天府乡试第二十八名，会试第三十六名。

林荣，贯广东广州府番禺县，军籍，国子生，治《易经》。字孟仁，行一，年三十一，二月二十一日生。曾祖乔。祖永秀。父□。母范氏。具庆下。弟华、贵。娶□氏。广东乡试第七名，会试第一百□□名。

何恂，贯直隶安庆府桐城县，民籍，治《书经》。字至廉，行二，年三十二，七月十五日生。曾祖宗振。祖用德。父孟容。母王氏。具庆下。兄愠。弟怡、恂、愧、恺。娶方氏。应天府乡试第三名，会试第七十名。

官廉，贯山东莱州府平度州，军籍，州学生，治《书经》。字汝清，行二，年二十一，七月初十日生。曾祖明德。祖友才。父爵。母韩氏。具庆下。兄守。弟毅、贤。聘窦氏。山东乡试第六名，会试第一百一十三名。

阎让，贯山西太原府石州，军籍，国子生，治《易经》。字以实，行一，年三十四，三月初一日生。曾祖子成，知县。祖焕。父敬原。母田氏。慈侍下。弟谦、信。娶许氏。山西乡试第四十七名，会试第一百八名。

邓铉，贯直隶河间府青县，民籍，国子生，治《书经》。字文鼎，行三，年四十，六月十七日生。曾祖士达。祖成。父斌，主簿。母陈氏。严侍下。兄鉴、铎。娶林氏。顺天府乡试第一百五名，会试第二百四十名。

袁玘，贯湖广荆州□□□□□，国子生，治《易经》。字廷玉，行一，年三十三，三月初三日生。曾祖华。祖德宣，经历。父道立。母雷氏。慈侍下。娶黄氏。湖广乡试第二十七名，会试第二百二十五名。

洪性，贯湖广长沙府攸县，军籍，国子生，治《易经》。字万善，行十三，年三十四，十一月二十三日生。曾祖原敬。祖德佐。父兴邦。母朱氏。永感下。兄万顷、万里。弟万勉、万钧、万宜、万璋、万祯。娶龙氏。湖广乡试第二十九名，会试第二百三十七名。

李琮，贯浙江景宁县人，锦衣卫军余，治《易经》。字义方，行二，年二十三，七月十六日生。曾祖峻。祖信。父贵。母张氏，继母高氏。具庆下。兄珍。弟瑞、玘、瑛、璇、琰、璜。聘石氏。顺天府乡试第四十名，会试第八十七名。

董龄，贯山西汾州，民籍，国子生，治《诗经》。字寿卿，行二，年二十三，十月二十三日生。曾祖思中。祖从义。父志兴。母李氏。具庆下。兄彪。娶陈氏。山西乡试第十四名，会试第一百八十七名。

汪进，贯直隶徽州府婺源县，民籍，县学增广生，治《春秋》。字希颜，行五，年二十八，六月初六日生。曾祖用晦。祖为正。父棻。母张氏，继母詹氏。具庆下。兄瑞、炬、灯、爇。弟爔。娶吴氏。应天府乡试第十名，会试第一百九十二名。

夏时，贯直隶太仓卫，军籍，卫学军生，治《诗经》。字用寅，行三，年三十八，九月十八日生。曾祖世隆。祖道昌。父德富。母陈氏。具庆下。兄聪、明。弟泉、璿。娶韩氏。应天府乡试第六十九名，会试第二百二十九名。

高冈，贯辽东义州卫，官籍，武生，治《诗经》。字鸣凤，行三，年三十，七月初二日生。曾祖伯彦，元枢密院判。祖德。父昱，百户。母于氏，继母李氏。具庆下。兄宏，百户；富。弟岐。娶张氏。山东乡试第六十四名，会试第二百五名。

马诚，贯四川成都府内江县，民籍，国子生，治《书经》。字纯夫，行二，年四十，十一月十五日生。曾祖文质。祖子高。父惟和。母陈氏。慈侍下。兄璠，义官。弟轩；纶，贡士；纮；谊。娶钟氏，继娶罗氏。四川乡试第二十九名，会试第八十四名。

梁翰，贯陕西临洮府狄道县，军籍，府学生，治《诗经》。字宗文，行四，年三十二，九月十三日生。曾祖衡。祖庸。父才。母边氏，继母文氏。永感下。兄潭、浒、湛。弟浚、淑、澜、滋、演、湘。娶魏氏。陕西乡试第十三名，会试第二百四十六名。

萧器用，贯江西吉安府泰和县，儒籍，国子生，治《诗经》。字廷瑞，行一，年三十四，十二月初六日生。曾祖子凯。祖嗣虬。父素，教授。母胡氏。重庆下。弟器温、器成。娶梁氏。顺天府乡试第一百一名，会试第二百三十六名。

曹宏，贯应天府句容县人，锦衣卫官籍，国子生，治《诗经》。字维裕，行一，年二十九，六月初六日生。曾祖贵成。祖安善。父政，百户。母畅氏，继母马氏。重庆下。弟容、宣、定、宜、实、宾、寓、寰。娶何氏。顺天府乡试第五十二名，会试第四十九名。

薛禥，贯山西平阳府河津县，民籍，县学增广生，治《书经》。字元吉，行一，年三十，五月二十二日生。曾祖贞，赠大理寺卿。祖瑄，赠礼部侍郎兼翰林学士。父溥。母畅氏。重庆下。弟祐、礼、祜。娶高氏。山西乡试第十一名，会试第一百六名。

叶赟，贯直隶淮安府山阳县，军籍，国子生，治《礼记》。字崇礼，行四，年二十六，八月初九日生。曾祖子高。祖邦和。父本道。母祝氏。重庆下。兄赟、贵、兰。弟资、赞、质、宝、贯、贡。娶高氏。应天府乡试第二十五名，会试第五名。

龚晟，贯湖广武昌府蒲圻县，军籍，国子生，治《诗经》。字德辉，行五，年三十八，正月十二日生。曾祖茂华。祖文质。父济。母曾氏。具庆下。兄旺，义官；昊。弟景、冕、昂、昙。娶黄氏。湖广乡试第十七名，会试第一百九十九名。

俞蒦，贯浙江严州府桐庐县，民籍，县学生，治《书经》。字廷臣，行十一，年三十五，闰十二月初十日生。曾祖文益。祖仲彬。父宗政。母方氏。慈侍下。兄景旸，义官；景彰；景奇。弟景渊、景和。娶张氏。浙江乡试第二名，会试第一百二十七名。

林诚，贯福建兴化府莆田县，民籍，国子生，治《书经》。字贵实，行一，年三十九，六月初五日生。曾祖嗣仁，赠员外郎。祖英，兵部员外郎。父辉，甲辰进士。母吴氏。慈侍下。兄志。弟纯、德、经、统、绣。娶宋氏，继娶杨氏，再继俞氏。福建乡试第一百三十六名，会试第一百八十二名。

何珣，贯河南□□府□□县，民籍，国子生，治《春秋》。字廷瑞，行二，年三十四，七月十三日生。曾祖胜祖。祖必贵。父逵，封吏科给事中。母潘氏，封孺人。慈侍下。兄玘，兵科给事中。弟章。娶王氏。河南乡试第四名，会试第二百四十八名。

温琮，贯四川成都府华阳县，民籍，国子生，治《礼记》。字廷瑞，行五，年三十一，十月初三日生。曾祖子成，知州。祖良，奉祠。父彦中，良医。母茅氏。具庆下。兄理，贡士；玘；琛；瑗。弟琦、玺、琏、璧。娶高氏。四川乡试第二名，会试第一百五十九名。

于大节，贯江西进贤县人，直隶任丘县民籍，府学生，治《诗经》。字守正，行六，年二十九，三月十二日生。曾祖晋文。祖元方。父尚京。嫡母车氏，生母丘氏。具庆下。兄大漠、大用、大伦、大常、大本。娶枚氏。顺天府乡试第一百三十三名，会试第二百四十三名。

柳彰，贯广东潮州府海阳县，民籍，县学增广生，治《春秋》。字廷显，行一，年三十四，七月初九日生。曾祖悦。祖佑。父裕。母吴氏。严侍下。弟彬；彧，贡士；穆。娶戴氏。广东乡试第六十二名，会试第二百三十三名。

张琎，贯山西平阳府安邑县，盐籍，国子生，治《诗经》。字廷玉，行三，年二十七，十月二十八日生。曾祖德临。祖居义。父原吉。母高氏。具庆下。兄琰、珣。弟琇；璠，国子生；璲，国子生；琏。娶弋氏，山西乡试第五十一名，会试第二十七名。

李鸣凤，贯直隶保定府定兴县，民籍，国子生，治《春秋》。字时阳，行三，年二十五，十二月初六日生。曾祖士成，赠后府都事。祖福，山西佥事。父俊，陕西按察使。母张氏，封孺人。具庆下。兄翔凤，贡士；仪凤。弟岐凤、来凤、翙凤、梧凤、冈凤、韶凤。娶魏氏。顺天府乡试第一百一名，会试第二百名。

张文昭，贯山东平山，卫籍，东昌府学生，治《易经》。字应奎，行一，年二十七，六月二十二日生。曾祖开一。祖原真。父贵。母蓝氏。具庆下。弟文皓、文辉。娶戴氏。山东乡试第五十八名，会试第二百三名。

冯续，贯山东莱州府平度州昌邑县，军籍，国子生，治《诗经》。字承宗，行四，年三十二，正月二十日生。曾祖彦礼。祖敬。父镐，县丞。母张氏。具庆下。兄润、洪、泽。弟纪、纶、珪。娶关氏。山东乡试第四十名，会试第一百九十六名。

陈仲舒，贯四川重庆府巴县，民籍，县学生，治《诗经》。字希贤，行五，年三十二，六月二十八日生。曾祖景和。祖友斌。父瓒。母周氏。重庆下。兄仲纪、仲节、仲坤、仲文。弟仲器。娶江氏。四川乡试第二名，会试第一百十名。

许盛，贯浙江嘉兴府平湖县，灶籍，国子生，治《书经》。字昌世，行二，年三十一，六月二十日生。曾祖伯龄。祖忠。父信。母斐氏。具庆下。兄茂。娶王氏。浙江乡试第六十三名，会试第七名。

王衡，贯山西平阳府绛州稷山县，儒籍，县学生，治《礼记》。字宗铨，行四，年二十四，正月二十八日生。曾祖礼道。祖贵。父琅，训导。嫡母段氏，生母韩氏。慈侍下。兄勉哲；勖，教谕；勉新。弟勉宜。娶段氏。山西乡试第二名，会试第一百五名。

邵奎，贯辽东金州卫，官籍，国子生，治《书经》。字文明，行二，年三十四，二月初四日生。曾祖均义。祖大举。父英。母王氏。慈侍下。兄敬。娶许氏。山东乡试第五十六名，会试第五十四名。

邢干，贯山东沂水县人，云南临安卫官籍，国子生，治《诗经》。字秉中，行六，年三十一，五月初五日生。曾祖权，千户。祖祯，千户。父奎。前母濮氏，母江氏。慈侍下。兄端、楷、正、昂、简。弟恩。娶朱氏。云南乡试第三名，会试第一百八十四名。

林玭，贯福建福州府侯官县，民籍，国子生，治《易经》。字廷珍，行二，年三十一，十月十一日生。曾祖阳。祖信任。父秀。前母丁氏，母周氏。具庆下。兄廷器，训导。弟理；玮；璘；玠，贡士；玘；场；瑭；珝；球。娶薛氏，继娶朱氏。福建乡试第九十三名，会试第三名。

徐珪，贯四川潼川州安岳县，军籍，国子生，治《书经》。字国信，行一，年二十七，九月初七日生。曾祖必才。祖文学。父孝。母庞氏。重庆下。弟凤翔。娶晏氏。四川乡试第二十四名，会试第三十一名。

谭庆，贯河南河南府陕州，民籍，国子生，治《书经》。字宗善，行一，年二十九，九月初九日生。曾祖□□。祖清。父渊，仓副使。前母吴氏，母李氏。具庆下。弟庠。娶□氏，河南乡试第□□□名，会试第□□□名。

陈昭，贯江西南昌府丰城县，民籍，国子生，治《礼记》。字育民，行十七，年三十五，九月十三日生。曾祖用贞。祖德衡。父立章。母黎氏，继母朱氏。永感下。兄育弘。弟郊、职。娶颜氏。江西乡试第四十二名，会试第一百八十八名。

刘浚，贯江西新淦县人，湖广上津县民籍，国子生，治《春秋》。字渊深，行四，年二十九，十二月十一日生。曾祖思齐。祖季励。父牖民，教授。母毛氏。具庆下。兄源洌，国子生；源沛；源清。弟源浩。娶金氏。湖广乡试第三名，会试第二百二十二名。

吴希贤，贯福建兴化府莆田县，民籍，府学增广生，治《诗经》。字希贤，行一，年二十八，正月十五日生。曾祖富。祖洪。父熊。母黄氏。重庆下。弟希亨。娶朱氏。福建乡试第三十二名，会试第四十五名。

赵文，贯河南河南府陕州，军籍，国子生，治《易经》。字孟章，行一，年二十七，正月初十日生。曾祖三翁。祖璘。父锡，阴阳训术。母王氏，生母梁氏。具庆下。弟武，阴阳训术，□□。娶牛氏。河南乡试第八名，会试第□□名。

马愈，贯直隶苏州府嘉定县，官籍，钦天监天文生，治《书经》。字抑之，行三，年三十，六月初四日生。曾祖光大，元千户。祖彦和。父轼，钦天监博士。母李氏。慈侍下。兄嗣宗、庆宗。弟常。娶王氏。顺天府乡试第六十六名，会试第二百十四名。

于宽，贯直隶武进县人，四川蜀府工正所匠籍，国子生，治《礼记》。字德裕，行三，年三十二，九月二十五日生。曾祖觉通。祖觉福。父善亮。母高氏。慈侍下。兄宪、宏。弟宣、定。娶刘氏，继娶钱氏。四川乡试第二十名，会试第二百二十七名。

史芳，贯直隶保定府易州，民籍，州学生，治《春秋》。字世馨，行二，年二十八，三月十二日生。曾祖七公。祖刚。父泰，兵马副指挥。母张氏。具庆下。兄茂。弟英、兰、蓁、蕃。娶郑氏。顺天府乡试第五十八名，会试第一百二十一名。

朱萱，贯直隶苏州府昆山县，民籍，国子生，治《礼记》。字树之，行四，年三十二，正月三十日生。曾祖天佑。祖显。父珍。母邹氏，继母吴氏。具庆下。兄芹，教谕；惠；芸。弟菊、茯、苓。娶何氏，继娶毛氏。应天府乡试第一百三十九名，会试第一百十三名。

郑节，贯江西广信府贵溪县，民籍，国子生，治《礼记》。字从俭，行三十四，年三十五，闰十二月二十五日生。曾祖伯铭。祖季显。父祺，通判。母江氏。严侍下。兄鼎。弟孚、巽。娶彭氏。江西乡试第五十三名，会试第二百十六名。

刘俊，贯顺天府顺义县，民籍，国子生，治《诗经》。字时用，行二，年三十，九月二十二日生。曾祖大恭。祖义。父清。母张氏。重庆下。兄杰。弟佺。娶□氏。顺天府乡试第三十二名，会试第一百十七名。

江纯，贯浙江宁波府奉化县，民籍，国子生，治《诗经》。字希文，行三，年三十六，九月十六日生。曾祖焕宗。祖尚达。父颍。母苏氏。慈侍下。兄徽、纶。弟纫、彝、绦、绱、纵、絴。娶周氏。浙江乡试第五十九名，会试第一百七名。

郭鼎，贯山东东昌府武城县，民籍，国子生，治《书经》。字玉铉，行二，年三十七，十二月初六日生。曾祖希能。祖胜。父颢，□知事。母刘氏。慈侍下。兄玉。娶尹氏。山东乡试第三十名，会试第二百三十名。

翁遂，贯浙江绍兴府余姚县，民籍，县学增广生，治《礼记》。字允成，行二，年三十四，八月十一日生。曾祖伯恭。祖瑶。父泳。母郑氏，继母□氏。具庆下。兄适。弟迪、遁、週、寿。娶盛氏。浙江乡试第二十名，会试第三十四名。

朱谦，贯浙江鄞县人，贵州赤水卫军籍，国子生，治《易经》。字益之，行一，年三十五，七月十三日生。曾祖兴一。祖友生。父彬。母万氏。具庆下。弟让、谨、谏、证、诚、诠、琼、谱。娶方氏，继娶茅氏。云南乡试第八名，会试第二百四十一名。

（《天顺八年进士登科录》所载本科一甲三名对策模糊不清，故不录。）

傅瀚中式，赐同进士出身，改庶吉士。《震泽集》卷二十五《礼部尚书赠太子太保谥文穆傅公行状》："癸未会试，科场灾，寝疾几殆，忽神人见梦曰：'勿忧也。公前程远大，疾今愈矣。'其年八月，中会试。甲申，赐同进士出身，改庶吉士，除翰林院检讨。宪宗一日于内得古帖，断烂不可读，命中使持至内馆，适公在直，次为韵语，须臾授中使以复。上大悦，有珍馔法酝之赐。"

陈音中二甲五十六名进士。陈音与成化十四年进士沈继先俱以不知外务著称。郎瑛

《七修类稿》卷四十《沈陈两进士》："成化初，仁和解元沈继先、莆田陈音俱登黄甲，耽书覃思，外务不知也。沈尝见人轩上弯椽，则曰：'山中有许多弯木耶？'闻鹅声则曰：'说何话耶？'予以此即晋帝闻蛙而问公私者何异。陈尝访人，舆者问所往，则曰：'去，去。'久于街不得其门，舆人竟归。陈步入，见其妻曰：'汝何在是？'予以此即北齐刘臻回家，子迎，而曰：'汝亦来耶？'皆切对也。不知其颖悟独在于内，何也？"

谢铎为庶吉士，初知名。《怀麓堂诗话》云："谢方石鸣治出自东南，人始未之知。为翰林庶吉士时，见其送人兄弟诗曰：'坐来风雨不知夜，梦入池塘都是春。'争传赏之。及月课《京都十景》律诗，皆精凿不苟。刘文安公批云：'比见张亨父《十景古诗》甚佳，二友者各相叩其妙可也。'又云：'方石自视才不过人，在翰林学诗时，自立程课，限一月为一体。'如此月读古诗，则凡官课及应答诸作，皆古诗也。故其所就，沉着坚定，非口耳所到。及其老也，每出一诗，必令予指疵，不指不已。及予有所质，亦倾心应之，必使尽力。予尝为《厓山》诗，内一联渠意不满，予以为更无可易。渠笑曰：'观子胸中，似不止此。'最后曰：'庙堂遗恨和戎策，宗社深恩养士年。'渠又笑曰：'微我，子不到此。'予又为端礼门古乐府，渠以为末句未尽，往复再四，最后乃曰：'碑可毁，亦可建。盖棺事，久乃见。不见奸党碑，但见奸臣传。'渠不待辞毕，已跃然而起矣。"

甲申殿试，二甲八名安福人张敷华，二甲二十一名华容人刘大夏，俱乞改部以知庶事。从之。（据李调元《制义科琐记》卷二《乞改部》）

壬申，复岳正翰林院修撰，杨瑄监察御史。时御史吕洪等言："正、瑄因言吉祥、石亨之奸，连遭贬窜，宜复其旧。"吏部拟调南京，上察其枉，命复旧职。（据《馆阁漫录》卷四《天顺八年》）

癸酉，诏吏部会内阁、六部、都察院考核方面官。乙亥，升翰林院侍讲李泰为侍讲学士。泰尝侍上春宫讲读，至是以丁忧起复，而有是命。（据《馆阁漫录》卷四《天顺八年》）

复立团营。《明鉴纲目》卷四："纲：复立团营。（明年正月，复罢。又明年，复立。）"

大学士李贤，乞遵祖训严番僧宫门出入之禁。从之。（据《国榷》卷三十四）

太常寺少卿兼翰林侍读学士林文致仕。（据《国榷》卷三十四）

令各处依亲监生、年四十以上、有志科举者，许本处乡试。（据《明宪宗实录》卷三"天顺八年三月乙卯"、万历《大明会典》卷七十七《礼部》三十五《贡举·科举·乡试》）

四月

刑部尚书陆瑜请观政进士同见任司官问刑，从之。（据《国榷》卷三十四）

国子生封澄请讨广西大藤峡等盗，事下兵部。（据《国榷》卷三十四）

五月

　　翰林院编修张元祯上言勤讲学、公听政、广用贤。报闻。《馆阁漫录》卷四《天顺八年》："五月癸丑朔。乙丑，翰林院编修张元祯上言：'一曰勤讲学。臣愿陛下开经筵之余，日御文华殿，轮召讲官数人，从容进讲，不废以风雨寒暑。其所讲读，必切于修德为治之道，或因而警乎政事之失，或因而推极言外之意，不可以乱亡为嫌，不可以忌触为讳。讲毕驾退，更乞凝神静虑，或默味所讲之理，或详玩所讲之书，于以验之于政事，如此则不负开讲之意，而讲学之方立矣。若夫讲学之邪正，圣心之邪正系焉。臣愿讲学，必令大臣公举刚明正大者以充，不拘官职内外大小，不许徇私妄举非人，以坏圣学，如此则列于讲读者皆正大之人，而陛下所闻者皆正道矣。二曰公听政。臣愿陛下日御文华殿，午前讲学，午后听治。讲书毕，略休圣躬，即览天下奏疏，命各衙门堂上官抄退详议，至次日午后，陛下于是面召，陈其事之可否而亲决是非，以见之施行。听政既退，清燕之暇，于各衙门五品以下官随意召见，问以政治得失，天下利病，民情休戚，如此则公道大明，下情毕达，非惟大臣不敢专任己私，而陛下亦得以明习天下之事也。三曰广用贤。臣愿陛下时发明诏，命给事中、御史各奏陈两京各衙门堂上官贤否，如言有不尽，亦许在京五品以下官指陈之，必众皆以为可则用之，众皆以为不可则使之以礼致仕，以存礼貌大臣之意，又令给事中、御史共荐素有德望可以代所去之任者，如此则各衙门堂上官大臣各得其人矣。大臣既各得其人，于是命之各言其所属及方面郡县官之贤否，陛下皆据其所言，付内阁儒臣会吏部官黜之。给事中、御史职当言路，其官虽卑，而关系甚大。今吏部选是官，不论其为人何如，但取其人物言论，宜命六科、十三道互相弹劾，其有贪邪素著、无所建明者，即时黜退，以励士风。如中外官员中果有刚正敢言堪当是任者，不必求其人物言语，不必拘其官职出身，许群臣奏陈以闻，下付吏部选任。然不宜委之堂上大臣，盖大臣恐刚方者指其过失，必荐柔媚者以备其数，且人情既感其推荐，必不敢公排其非。此正古者大臣不举台谏之意也。'疏上，得旨：'所言固有可取者，然亦多窒碍难行。'"

　　刘益卒。《馆阁漫录》卷四《天顺八年》：五月，"乙亥，国子监祭酒刘益卒。益字崇善，江西吉水县人。宣德癸丑进士，历兵、刑二科给事中。正统己巳，升湖广左参议。天顺己卯，入为国子监祭酒。旧制，国子监钱谷不钩考，为养贤也。其后废会馔，而椒盐等物俱折以钱钞，然不时给诸生，多为他用。至益为监丞阎禹锡所讦，户部尚书年富以闻，命官核实，遂下典簿徐敬暨禹锡狱，词连益，并鞫之。敬谪戍，益以事由家僮，得末减复职。然国学钱谷钩考，自兹始矣。益宽厚坦夷，不为城府，所至政无显迹。及主教国学，惟按资序拨历，无所建明。故事，祭酒有缺，多用翰林宿望，益与大学士李贤同年进士，徒以其外貌用之，文学弗充其位，士论不惬。"

六月

召用耿裕。《馆阁漫录》卷四《天顺八年》：六月癸未朔，监察御史白侃言："天顺初元，御史劾奏石亨等罪，反为所挤，调都御史耿九畴及掌道御史周宾等外任，而张鹏、杨瑄充军，又因罪九畴而调其子翰林检讨裕于外。其后言官多有坐事谪调。今亨等败露被诛，乞将各官取回听用。"上曰："鹏等既为权奸所陷，吏部其即复其官。"于是吏部覆奏："杨瑄、张鹏先已取用，耿裕实以父九畴连及，宜并取用。"从之。

礼部尚书姚夔等进经筵仪注。《馆阁漫录》卷四《天顺八年》：六月，丁酉，礼部尚书姚夔等进经筵仪注。先是，言者奏请开经筵，上命少保、吏部尚书兼华盖殿大学士李贤等会议推举讲读官以闻，且赐敕谕勉励之曰："朕躬膺天命，继承祖宗鸿业，君临亿兆，负荷良艰。永惟自古圣帝明王，未有不资学问而能治天下于太平者。朕鉴于兹，将以八月初二日御经筵，命尔太保、会昌侯孙继宗与少保、吏部尚书兼华盖殿大学士李贤知经筵事，吏部左侍郎兼翰林院学士陈文、吏部右侍郎兼翰林院学士彭时同知经筵事，太常寺少卿兼翰林院侍读学士刘定之、詹事府少詹事兼国子监祭酒司马恂、大理寺左少卿孔公恂、翰林院学士柯潜、万安，侍讲学士李泰，太常寺少卿兼翰林院侍读孙贤、刘珝、牛纶，左春坊左庶子兼翰林院侍读王㒜、徐溥兼经筵官，贤、文、时、安、泰、贤、珝、纶日侍讲读，翰林院等衙门儒臣分直侍讲。夫帝王之道具载经书，苟非讲明，何以措诸行事。况朕临御之初，先务莫急于此，卿等宜端心竭诚，相与讲论，务臻其极，毋隐而弗彰，毋曲以徇好，庶几会而通之，理足以溉朕心，举而措之，泽足以被天下。如此，朕斯不负上天之命，祖宗之托，而卿等亦无负于朕之所望矣。钦哉！"又以太子太保、吏部尚书王翱，太子少保、兵部尚书马昂，户部尚书张睿、礼部尚书姚夔、刑部尚书陆瑜、工部尚书白圭、都察院右都御史李宾、通政司通政使张文质、大理寺卿王槩侍班；翰林院修撰王献、刘宣、黎淳，编修李本、尹直讲书；修撰曹恩、童缘、王一夔，编修江朝宗、丘浚、杨守陈、彭华、陈秉中展书；太仆寺卿余谦、礼部郎中吴谦，员外郎林章、陈纲、谢宇、何遏，中书舍人温良、凌晖，书讲章并起止。每日进讲常仪，于月讲外，别敕大学士李贤，学士陈文、彭时，率学士万安、李泰，侍读学士孙贤、刘珝、牛纶，每日侍班进讲，不用侍仪、执事等官。侍班、讲读官见，行叩头礼，东西分立，先讲《四书》，次讲经或史书，不进讲章。惟依文直说直解，必须义理明白易晓，句读字音正当。讲读毕，侍班官并侍书各官叩头退。

薛瑄（1389—1464）卒，年七十六。《明宪宗实录》卷十"天顺八年冬十月甲申（初四）"："致仕礼部左侍郎兼翰林院学士薛瑄卒……家居八年，至是卒，年七十三。讣闻，遣官谕祭，命有司营葬事，赐谥文清。所著有《读书录》《河汾集》行于世。瑄志学甚笃，趋向甚正，践履平实，不为伪言华貌，其事亲孝，其教人词气恳款，终日无惰容，出其门者颇众。其居官持法不挠。事有便于民，不顾利害为之。卒后，往往有建请从祀者，下翰林议。学士刘定之议谓：'瑄直躬慕古，谈道淑徒。进不附丽，退不慕恋，允为一代名臣。然论其于朱熹之道，所得尚未若黄干、辅广之亲承微言，金履祥、许谦之推衍绪论，而遽言从祀，恐建言者非愚则谀。'一时公论，谓所议允当云。"（按：瑄致仕时，年已六十九，家居八年卒，当为七十六。李贤所撰神道碑，瑄卒于六月，与《实录》异。此从李贤。又《北京图书馆藏珍本年谱丛刊》第38册，杨鹤《薛文清公年谱》："忽遘疾，弥留，衣冠危坐于正寝，精神不乱，翛然而逝。时风雷大作，有白气上升，天顺甲申六月十五日也。距生洪武己巳八月初十日，享年七十有六"，亦可见李贤所言为信。）《敬轩文集·临终口号》云："土床羊褥纸屏风，睡觉东窗日影红。七十六年无一事，此心惟觉性天通。"李贤《通议大夫礼部左侍郎兼翰林院学士薛公神道碑铭》云："逝时风雷大作，有白气上升，天顺甲申六月十五日也。距生洪武己巳八月十日，享年七十有三。"张鼎《敬轩文集序》云："布帛之文，菽粟之味，朱子尝以是而赞程子矣。布帛可以常衣，菽粟可以常食，圣贤著述立言，亦犹是也。舍此则奇怪隐僻，不经于世，若左氏浮夸，庄周荒唐是已，君子所不与焉。先师敬轩薛先生，有见于此，故其著述立言，浅近平易，使人易知，岂奇怪隐僻、不经于世者所可拟哉？……其诗文平易，冲澹浑成，不假雕刻，诚所谓布帛菽粟，切于民生日用而不可缺者也。"黄宗羲《明儒学案》卷七："天顺八年甲申六月十五日卒，年七十有六。留诗有'七十六年无一事，此心始觉性天通。'先生以复性为宗，濂、洛为鹄，所著《读书录》大概为《太极图说》、《西铭》、《正蒙》之义疏，然多重复杂出，未经删削，盖惟体验身心，非欲成书也。其谓'理气无先后，无无气之理，亦无无理之气'，不可易矣。又言：'气有聚散，理无聚散。以日光飞鸟喻之，理如日光，气如飞鸟，理乘气机而动，如日光载鸟背而飞，鸟飞而日光虽不离其背，实未尝与之俱往，而有间断之处，亦犹气动，而理虽未尝与之暂离，实未尝与之俱尽而有灭息之时。'"

七月

礼科等言："真德秀《大学衍义》一编，乞敕馆阁儒臣于五经史书外，日以此书进讲。"时儒臣初以《大学衍义》日进讲。上闻宁等言，甚善之。据《馆阁漫录》卷四《天顺八年》。

八月

明宪宗首开经筵，李贤、邱浚等与焉。《馆阁漫录》卷四《天顺八年》："八月壬午朔。癸未，初开经筵，是日朝毕，上御文华殿，太保、会昌侯孙继宗暨六部尚书、通政司通政使、大理寺卿、国子监祭酒等官，俱盛服侍班，少保、礼（吏）部尚书兼华盖殿大学士李贤讲《大学经》之一章，吏部左侍郎兼翰林院学士陈文讲《尚书·尧典》首章。讲毕，赐宴于左顺门，并赐知经筵、同知经筵、侍班大臣及进讲、（展）书、书讲章、执事等官白金、宝钞、彩段、表里有差。自是每月三旬遇二日辄开讲。"邱浚

《经筵进讲》云："经筵之设，其讲官以翰林院官充。每月旬遇二日，上朝退，御文华殿。知经筵官及同知经筵官、六部尚书、左右都御史、通政使、大理卿、国子祭酒、翰林学士，皆服绯袍，分左右班侍。其展书官及执事官，立其后。给事中、御史各二员，北面立。讲官每日轮二员。先日，具讲章二，前署直讲官职名，进入，内臣以一置御案，一置讲案。至日，各官行叩头礼毕，鸿胪寺官二人捧案至，御前二人捧讲案置殿正中。鸿胪寺官唱进讲，翰林院展书官二员对立御案前稍南以进，跪案前，展所讲书，铺章其上，用金界尺镇之。二讲官诣讲案前，并叩头，起立，展书，讲。讲毕，合书，复同叩头，退，就班。上命赐酒饭，众官齐声承旨，出就殿外，叩头退。飨于左顺门毕，北望叩头谢恩而退。天顺甲申八月二日，今上首开经筵。时知经筵官太保会昌侯孙继宗、少保吏部尚书兼华盖殿大学士李贤。浚于是时叨充讲官。"

始命儒臣日讲。《馆阁漫录》卷四《天顺八年》：八月，"甲申，始命儒臣日讲。是日早朝罢，上御文华后殿，大学士李贤等率学士万安等讲读经书，安与侍讲学士李泰，少卿兼侍读孙贤、刘珝、牛纶，轮进讲，贤、学士陈文、彭时侍班，日为常"。

甲辰，罢三千营总兵官怀宁侯孙镗闲住，除太常寺少卿兼侍读牛纶、吏部员外郎杨琮名。玉姻家；纶，玉之侄；琮其甥。以科道官劾玉，并及之也。（据《馆阁漫录》卷四《天顺八年》）

诏修《英宗实录》。《馆阁漫录》卷四《天顺八年》：八月，"丁亥，释奠先师孔子，遣太子少保、吏部尚书王翱行礼。戊戌，上敕谕礼部曰：'朕惟古帝王功德之实，莫不载诸简册，以昭于后世。我皇考英宗睿皇帝，以圣哲之资，文武之德，继承祖宗大业，先后二十馀年，仁泽被于四海，功业昭于两间，宜有纪实，垂示无穷。尔礼部宜遵祖宗故事，通行中外，采辑事实，送翰林院修纂《英宗皇帝实录》，其以太保、会昌侯孙继宗为监修，少保、吏部尚书兼华盖殿大学士李贤，吏部左侍郎兼翰林院学士陈文、吏部右侍郎兼翰林院学士彭时为总裁，礼部右侍郎李绍、太常寺少卿兼翰林院侍读学士刘定之、南京国子监祭酒吴节为副总裁，学士等官柯潜等为纂修官。所有合行事宜，悉照例举行。钦哉！'以纂修实录，召南京国子监祭酒吴节、南京翰林院侍读周洪谟，起复丁忧修撰刘俊、陈鉴、刘吉，编修徐琼、刘健，检讨张颐，命驰驿赴京"。

大学士李贤等，以民困暂停作卤簿大驾。从之。（据《国榷》卷三十四）

九月

复翰林院修撰岳正官，预纂修实录。（据《明宪宗实录》卷九）《馆阁漫录》卷四《天顺八年》："癸亥，以纂修英庙实录，起复翰林院修撰刘吉至京。吉上疏乞终制，不允。甲子，复翰林院岳正官，预纂修实录。以纂修实录，赐监修、总裁、纂修等官太保、会昌侯孙继宗，少保、吏部尚书、华盖殿大学士李贤等宴于礼部，尚书王翱、姚夔待宴。"

今后保官审囚，仍不必会同翰林院。《馆阁漫录》卷四《天顺八年》："九月辛亥朔。丁巳，少保、吏部尚书兼华盖殿大学士李贤等言：'科道言举官须会内阁计议，此虽故例，然先帝有旨，保官审囚，不必会同翰林院，遵行已久，宜仍不预为是。'上曰：'内阁儒臣，所以辅朕裁处万几者，如举官论狱亦令参预，事有可否，更谁商确？卿等言是。先帝著令，宜永遵守。'"

辛未，升翰林院修撰刘俊为南京国子监祭酒。己卯，复致仕陕西右参政许彬为礼部左侍郎，仍致仕。先是，彬为侍郎兼翰林院学士，预内阁机务，坐事调南京，后改参政致仕。上即位之初，其子越诣阙陈情。（据《馆阁漫录》卷四《天顺八年》）

户部郎中庞胜乞开武举。章下所司。（据《国榷》卷三十四）

十月

十月辛巳朔。壬午，升翰林院修撰刘吉为侍读，以吉尝侍上春宫讲读也。（据《馆阁漫录》卷四《天顺八年》）

己亥，翰林院检讨邢让以纂修实录召至京，乞终制，不许。甲辰，复大理寺左少卿孔公恂为詹事府少詹事，仍命兼左春坊左谕德。初，公恂任礼科给事中，用大学士李贤荐，超擢少詹事，得侍上于青宫。上即位，推恩宫臣，改大理寺少卿，而心不悦。至是，自陈系出宣圣之后，累世儒家，不通法律，乞复旧职，故有是命。（据《馆阁漫录》卷四《天顺八年》）

夏衡（1392—1464）卒。《馆阁漫录》卷四《天顺八年》：十月，"太常寺卿夏衡卒。衡字以平，松江府华亭县人。幼补郡庠生。永乐中，学士沈度以善楷书荐授中书舍人、内阁书办，累至太常寺卿。太宗北征，宣宗讨武定州，皆预扈从。尝病，医云得琼玉膏可愈。语闻，英宗命以赐衡。天顺初，英宗复位，吏部以朝臣名上，阅及衡名，曰：'此尝赐琼玉膏者耶！'衡供事内阁最久，谦厚缜密，未尝泄禁中一语。时同事者多假内阁势张皇于外，有所干求，衡廉静寡欲，公退闭门独坐，泊如也。至是卒，年七十三。讣闻，循例遣谕祭，命有司营葬事"。

立武举法。《明宪宗实录》卷十：天顺八年十月甲辰，"立武举法。凡天下贡举谙熟武艺之人，兵部会同京营总兵官，于帅府内考其策略，于教场内试其弓马。有能答策二道、骑中四箭以上、步中二箭以上者，官自本职量加署职二级，旗军、舍余授以试所镇抚，民人授以卫经历，月支米三石；能答策二道、骑中二箭以上、步中一箭以上者，官自本职量加署职一级，旗军、舍余授以冠带总旗，民人授以卫知事，月支米二石。俱送京营总兵官处赞画方略，量用把总、管队，以听调遣。后果能运筹奋勇克敌见功，仍听各该领军总兵等官核实，请命升擢。听太仆寺少卿李侃言，兵部折衷覆奏，以为取士之法也"。杨士聪《玉堂荟记》卷下："武举非祖制也。洪武历三十年，诸凡法制，罔有不备，继以靖难而用武极矣，独未及武举者，以为兵事非可以暇豫习，非可以科目得也。且国初将才不可胜用，焉用此为？至成化年间，承平既久，乃仿文试而为之，历试骑射，加以策论，以为读书不成、去而学剑者之地。乡试积累约至三科，会试既捷，亦止分授赞画，不得实职。其有力者或得建大将旗鼓，其无能为者，淹滞终身而止，似捍御所资，殊不在乎此也。若是乎已收而姑置之，盖以科目庠序所不能收者，聊复开此，使不逞之徒有所阶以自进。即不然，亦足以耗其雄心，而不至于为患，此弭乱之微权，非抡才之盛典也。今无故而尊之与文试等，无论非祖宗之旧制，亦岂开科之初意哉！"

《明经世文编》卷七十九刘大夏《议行武举疏》："武举之设，将以延揽英雄，广储将帅，招徕韬略之士，收拾跅弛之才。盖以古今治天下之具，惟文武二道。天之生材，以供世用，惟文武二艺。凡国家求相于文，求将于武，亦惟文武二科。我朝设文举以求士，诚足以备一代之彝典，而其网罗之周密，自阀阅以及草泽，不以远而遗，不以贱而弃，故得人以备任使。其用武臣也，甄别军功之大小，以为升擢之阶级，内或陟督府之崇班，外或膺边方之重寄，或处以方面之长贰，或列于行伍之师帅，世享簪缨，家足饩廪，奖励武臣，作兴士气，意甚善矣。但求采止于武弁一途，凡授钺推毂，非出于贵宠之子弟，即拔自行伍之粗材。今岁虽有保举将材之例，又但据其见有官职之人而推荐之，其间往往徇名而不责实。挽强引重者，目为勇敢，谈说纵横者，号为谋略。及委以重兵，临以大敌，偾事者多，而成功者少。盖由求将之意虽劳，而选将之路太狭也。宋臣范仲淹有言：'议者不知取将之无术，但云当今之无将。'今日之弊，殆亦坐此。且天之赋人以材，拙于文者或优于武，亦不以远而啬，不以贱而限。如穰苴生于寒微，吴起困于羁旅，乐毅出于疏贱，黥布杂于舆台，卫青辱于人奴，去病辱于假子，若当时非有知识之人为之汲引，岂能自致通显、建功于世，而垂称于后耶？今四海之大，生聚之繁，宁无若斯者在于侧陋之间乎？夫武以用将为先，亦犹文以求相为先。孙武曰：'将者，人之司命，国家安危之主也。'司马曰：'将不能设，无以应卒。'昔唐知求将之为重，视进士科而增置武举，遂得郭子仪，卒成再造之功；宋知求将之为重，视制科而详定武举，遂得高志宁、令狐挺，卒能制元昊之背叛，破高志之猖獗。盖异人杰士，感奋而兴，饮气挟行，以赴功名之会。此前代故事，有足征也。宋臣苏洵言于仁宗曰：'文有制科，武有武举，陛下欲得将相于此乎？取之十人之中，岂无一二？'此名儒之格言，为足征也。兹者适当武举再开之时，臣等见得法制未备，礼仪未隆，上未足以承陛下旁求之心，下不足以副豪杰登进之望。宋臣富弼请置武举，尝曰'法度龌龊，未能致将起之士'，臣等窃与之异世而同怀也。盖事既当重，则品式宜加详备，恩礼当从优厚。今欲依仿唐、宋故事，参酌会、殿二试例，少加损益。每遇文举乡试之年，亦将武举预期行移两京、各省，令其转行晓谕，如有究极韬略、精通武艺者，或隐于山林，或育于学校，或羁于戎卒，或系于仕籍，许各赴所在官司投报，礼送赴试，果可取者，礼送兵部，会萃数月，请于次年四月开科。初较骑射，人发九矢，中三矢以上为合式；二较其步射，亦发九矢，中一矢以上者为合式；三试策二道，论一道，优者列职论官，以示崇异。其非全材，黜之以俟后举。此制一定，庶法式昭宣，足以备彝宪；礼遇崇重，足以激人心。海内智勇之士，莫不仗剑而起，各售其术，期以效用于世。是驱天下之英雄，而入于吾之彀。陛下屈群策而用之，何忾之不可敌？何侮之不可御？虽鞭笞四夷，伸威万里，将无不如吾意者，又何假拊髀而叹，思借才于异代也哉！"

乙巳，**复定州判官耿裕为翰林院检讨**。裕先以父都御史九畴为权奸所诬谪官，至是言官白其诬，故令复职。（据《馆阁漫录》卷四《天顺八年》"十月"）

进士赵侃、丘弘、侯祥官、唐仁、吴原、高斐俱为给事中。（据《国榷》卷三十四）

十一月

翰林院官升转。十一月庚戌朔。戊辰，升南京国子监祭酒吴节太常寺少卿兼侍读学士，仍支从三品俸，改注南京翰林院侍读周洪谟于翰林院，二人俱以纂修召至京也。己巳，起复翰林院编修刘健、检讨张颐纂修实录，健等至京，乞终制，不许。（据《馆阁漫录》卷四《天顺八年》）

复设京卫武学。（据《国榷》卷三十四）

南京右佥都御史高明请分别纳马明经监生录用，从之。（据《国榷》卷三十四）

进士王让、唐盛、朱清、陈按、翁信为南京给事中。（据《国榷》卷三十四）

十二月

命诸进士为监察御史。进士闵珪、杨琅、胡深、丁川、李进、刘余庆、傅实、姚绶、郑铭，监生刘城、康永韶，俱为监察御史。（据《国榷》卷三十四）

本年

马中锡始为诸生。孙绪《沙溪集》卷六《资善大夫都察院左都御史东田先生马公行状》："年十六，丁内艰。服阕，入邑庠为诸生……酷嗜读书。始为诸生，厌弃俗学，日取六经百氏骚人才士之作及史牒治乱得失之迹，讽咏而玩索之，以求驰骋贯穿于古作者之域。事或毛密，随机应酬，手抄口诵不辍。同舍生颇讶其迂，亦有窃笑之，公不顾。提学阎御史禹锡见其文，极口称叹，公益自信。"

萧镃卒。《明史》陈循传附萧镃传："同邑萧镃，字孟勤。宣德二年进士，需次于家。八年，帝命杨溥合选三科进士，拔二十八人为庶吉士，镃为首。英宗即位，授编修。正统三年进侍读。久之，代李时勉为国子监祭酒。景泰元年以老疾辞。既得允，监丞鲍相率六馆生连章乞留。帝可其奏。明年以本官兼翰林学士，与侍郎王一宁并入直文渊阁。又明年进户部右侍郎，兼官如故。易储议起，镃曰：'无易树子，霸者所禁，矧天朝乎。'不听。加太子少师。《寰宇通志》成，进户部尚书。帝不豫，诸臣议复宪宗东宫。李贤私问镃，镃曰：'既退，不可再也。'英宗复位，遂削籍。天顺八年卒。成化中，复官赐祭。镃学问该博，文章尔雅。然性猜忌，遇事多退避云。"

明宪宗成化元年乙酉（公元1465年）

正月

开纳粟例。《明鉴纲目》卷四：“纲：开纳粟例。目：以备两广军饷。”

国子监助教李伸上言五事：明从祀之典，严学校之职，择承袭之胤……命行之。（据《国榷》卷三十四）

二月

己亥，准詹事府少詹事兼国子监祭酒司马恂等奏，今本监博士、助教等官，照旧制悬带牙牌，仍朔望朝参。甲辰，修撰陈鉴居忧，召修实录，固请终制，许之。（据《馆阁漫录》卷五《成化元年》）

诏洗刷于谦冤屈。《明鉴纲目》卷四：“纲：二月，诏雪于谦冤。目：御史赵敔（武进人）言：‘于谦等为石亨辈诬陷，榜示天下。窃思正统十四年，虏犯京城，谦一人保守，其功甚巨。乞收回前榜，死者恤赠，生者录用。’帝曰：‘朕在东宫时，即闻谦冤。谦有社稷之功，而受无辜之惨，所司其急如敔言施行。’释子冕还家。明年八月，复冕官。（冕先授副千户。）遣行人往祭谦墓。（制辞有云：‘当国家之多难，保社稷以无虞。惟公道之独持，为权奸所并嫉。在先帝已知其枉，而朕心实怜其忠。’天下传诵焉。）”

巡抚湖广左佥都御史王俭请奖励廉能，精择师儒，教养武生。《明宪宗实录》卷十四：成化元年二月己卯，“巡抚湖广左佥都御史王俭上言八事。一、奖励廉能。臣闻廉以律己，则有守，能以致用，则有为。乞敕所司从公访察廉能之吏，其有清谨名著，政绩在民，沦没者特加奖劝，以复其家，致仕者给与廪禄，以赡其身，见任者锡诰敕以旌异之，则贤才进而政事修矣。一、精择师儒。臣闻师道立则善人多，近年学官之选，往往以岁贡监生充之。此辈既无学识，安能教人，今后学官必用举人中副榜者为之。壮者不许辞职，缘事京官通经术者亦降除此官。中有克举此职者，不次擢用之，及行提学宪臣严加考校，而优以礼貌，则师儒得人而学校兴矣……一、教养武生。南北二京设武学以教武臣子弟，即今宣力握兵多出于此。乞别降学规，其官生年十五以上、二十五以下，令讲读儒书，使知仁义忠信之道；讲读兵书，使知制胜御敌之方。定为课试之法，每年一次察其勤怠，第其优劣，以为赏罚。又于讲武之时，使观习进退疾徐之节、旌麾金鼓之仪、弓马驰射之法。庶几磨礲有成，一旦举而用之，则谙练已素，必有超然出众者矣。……疏奏，下所司议之"。

翰林检讨刘诚、赵锐为秀府左右长史。（据《国榷》卷三十四）

守制翰林修撰陈鉴力辞纂修《实录》之召，许之。（据《国榷》卷三十四）

三月

翰林院官升转。三月戊申朔。己酉，敕吏部升太子少保、吏部尚书王翱为太子太保兼吏部尚书，吏部左侍郎兼翰林院学士陈文为礼部尚书，兼职如故。癸丑，升修撰曹恩为尚宝司少卿，童缘为春坊右谕德，编修丘浚为侍讲，检讨邢让为修撰，以各官九年满也。前此，修撰秩满升一级，得侍读、侍讲。至是，修撰王献以将秩满，谋于大学士李贤，欲为己地，故有是命。后遂为例。（据《馆阁漫录》卷五《成化元年》）

宪宗视察国子监。《馆阁漫录》卷五《成化元年》：三月，"丁巳，上视国子监。是日，上具皮弁服，躬谒先师孔子，行四拜礼。命少保、吏部尚书、华盖殿大学士李贤，太子少保、户部尚书马昂，兵部尚书王竑、工部尚书白圭、吏部左侍郎兼学士陈文、吏部右侍郎兼学士彭时、户部左侍郎杨鼎、兵部左侍郎王复，分献四配十哲两庑，翰林官俱陪祀。礼毕，幸彝伦堂，祭酒司马恂、司业张业讲书毕，驾还宫"。

己未，诏宴孔、颜、孟三氏子孙衍圣公孔弘绪等于礼部。故事，视学祭酒以下皆宴于奉天门。至是免宴，以弘绪等远来，特宴之。己巳，升左春坊左庶子兼侍讲王俣学士。（据《馆阁漫录》卷五《成化元年》）

刘通聚众数万为乱。《明鉴纲目》卷四："纲：三月，荆襄盗起。目：荆襄上游为陨阳，古麇庸二国地。元至正间，流贼聚此为乱，终元世不能制。洪武初，邓愈以兵剿除，空其地，禁流民不得入。然地界秦豫楚之间，又多旷土，山谷厄塞，林箐蒙昧，中有草木，可采掘以食。正统二年，岁饥，民徙入不可禁，其中巧黠者，稍稍相雄长。汉中守臣以闻，请诛之。英宗曰：'小民为饥寒迫耳，奈何即用兵？'命御史往抚辑，谪戍数人。余阳听抚，而大奸潜伏不出，寻复纵。三省长吏，又多诿非己境，因循不治。至是有刘通者（河南西华人，有膂力。县治门有石狮重千斤，通手举之，因号刘千斤）纠其党石龙（号石和尚）、刘长子等，聚众数万为乱。（伪称汉王，建元德胜。）寇襄邓境，指挥陈升等，二十四人死焉。已而朝廷命朱永（字景长，谦之子）、白圭讨之，至南漳（隋县，今属湖北）连败贼。（在是年冬。）侦知贼巢在豆沙河（在湖北保康县西北，下流入筑水）万山之中，列为七屯。诸军分道进，贼据险，下木石如雨。官军四面仰攻，蚁附而登，遂擒通送京师，俘斩无算。（在明年春。）石龙、刘长子逸去，转掠四川，毁巫山。（注见前。）太昌（后周县，故城在今四川巫山县北）。圭分兵蹙之，贼被围食尽，长子缚龙以降，贼小熄。（在明年冬。）"

监察御史陈政为山东按察副使，仍提督北畿学校。（据《国榷》卷三十四）

进士杨智，监生王臣、陈瑄为南京监察御史。（据《国榷》卷三十四）

四月

岳正出知兴化府。《馆阁漫录》卷五《成化元年》："四月丁丑朔。庚寅，兵部尚书王竑等言：'清理武选贴黄，例用本部并都察院堂上官一员提督。今会官举修撰岳正堪任侍郎，礼科都给事中张宁堪任都御史，请旨简用。'内批：'会官推举，多徇私情，不从公道，止令侍郎王复不妨部事，同都御史林聪清黄。自今内外缺官，不必会保，岳正、张宁升外任。'于是正升兴化府知府，宁汀州府知府。正等之荐，有恶之者，故命升外任，然二人皆有时名。正自甘肃谪戍回，既复职，当道者略不见荐用之意，正屡出怨言，遂致触忤。宁字靖之，浙江海盐人。第进士，授给事中，性聪敏，善于章奏，然恃才矜肆，人亦厌之。至汀州，简静为治，未几以病免。"

鸿胪寺卿大同齐政致仕。监生，选鸿胪寺序班。至是年七十七。（据《国榷》卷三十四）

翰林编修李本为侍读。（据《国榷》卷三十四）

定京卫武学教规。（据《国榷》卷三十四）万历《大明会典》卷一百五十六《兵部·武学》："成化初，申定教条。一、每日早教官升堂，幼官子弟序立，分东西序揖。退，俟训导还斋，画卯，背书授书，写仿。遇会讲之日，训导升堂，诸生序立听讲。一、都指挥等官，虽见授三品职事，读书、听讲及与教官出入相见，并应执弟子礼。毋或轻慢，以乖礼仪。一、教官表仪后学，必正其衣冠，谨于言行，使学者有所观瞻。不许放肆怠惰，粗暴轻率，有乖师范。一、都督以下子弟，文学优长，有志科目者，听于京闱乡试。果有武艺智谋，许府衙从公礼荐，以凭应试。一、每月初二日、十六日，教官率幼官子弟，于城外空地演习弓马。一、在京千、百户、镇抚应袭子弟，愿入武学者听。一、在学幼官，有策略精通、弓马熟娴者，从公礼荐赴部，会官试验，奏请任用。其余抱艺守分，不及荐举、年二十五以上、三十以下者，本学查明送部，转发各营听用。一、幼官武生肄业外，每五日一次习演弓马。各营总兵官、兵部堂上官，每月各一员，下学考验，武库司籍其功能，岁终检阅具奏。其一次答策文理可观，并马步中五六箭者，赏钞一百贯；三四箭者，五十贯。若积累至于能专其业，可以为将或坐营、把总、守备者，不次擢用。十年以上，怠于进学者，黜退送操。一、幼官武生考验，累居优等者，十年一次，本部会同总兵官举送。各营各卫遇有坐营、把总、掌印、军政员缺，相兼选用。其余尽行黜退别选。以后每月考校外，另委该司官一员，不时点闸。逃学十日之上或一次、二次者量责；半年之上及连逃三次者，呈送法司，仍追食过馕米还官，依例送操。其教授等官学行出众，作养成材数多者，依国子监官事例升用。"俞汝楫《礼部志稿》卷七十《修明学政十事》："……卫学之设，盖欲令武士习读《武经七书》，俾知古人坐作进退之方，尊君死长之义。然中间亦有聪明拔伦之士，能通经书，有志科目者，听于科目出身，不使其有遗才。近大学士李贤奏准各处卫学军生照县学例岁贡，彼见岁贡易得，行伍难当，将纷然舍彼就此，则行伍缺而武备弛矣。况又以原籍弟侄亲族冒作舍余投入卫学者，宜定与则例，除两京武学外，在外卫学，四卫以上军生不得过八十名，三卫不得过六十名，二卫、一卫不得过四十名。若所在舍余无堪教养、不及额数者，不必足数。其生员二十五岁以下、考通文理者存留，二十五岁以上、不通文理者，悉皆退回营伍。仍听巡按御史、提调学校官严加考选，精别去留，若果无堪贡之人，不必起贡。原无卫学之处，不许添设有司儒学。军生寄名读书者，听与民生一体考选食廪，挨次岁贡，亦不过二十名。"

五月

复倪谦为学士，闲住。《馆阁漫录》卷五《成化元年》："五月丁未朔。己酉，赐少保、吏部尚书兼华盖殿大学士李贤，礼部尚书兼学士陈文、兵部尚书兼学士彭时诰命，并升授阶勋。复倪谦为学士，闲住。谦上书言：'天顺三年，奉命充顺天府乡试官，都御史寇深嘱取其子林，又有从学生员章绶者，亦以私嘱臣，皆不入。而顺天府丞王晋惧深势，言林在选，为臣所黜。深阴结锦衣卫指挥逯杲捃摭臣罪，云天顺元年遣祭辽简王，私受守坟庶人金银器物，及绶姊夫王英为庶人寄纱段诸物与臣，下锦衣卫狱，不胜考讯，遂自诬服，除名戍边。今幸遇登极，恩释为民，而事未辩，乞置对以雪冤抑。'上以事在赦前不问，而复谦职闲住。"

六月

进士毛志、邓山、张铎、吴檟、王铨、梁璟、萧彦庄、王诏为给事中。（据《国榷》卷三十四）

七月

命翰林院侍讲丘浚、编修彭华为应天府乡试考试官。（据《明宪宗实录》卷十九）

故广东按察副使余姚毛吉赠广东按察使，海康知县王麒赠雷州同知，驿丞秦瑄赠雷州府知事。毛吉景泰初进士，授刑部主事……麒云南太和人，丁卯贡士……吉子科，麒从子晤，俱录太学。科登进士，仕提学副使，成化末请谥，曰忠襄。（据《国榷》卷三十四）

监察御史李志刚言：龙南县监生廖世杰，歼流贼百十余级，宜褒录。许之。（据《国榷》卷三十四）

八月

督学李龄重兴白鹿洞书院。李龄《重修白鹿洞书院记》："南康府北行一十里，庐山五老峰之东，旧有白鹿洞书院。院后有崇山峻岭，骑驰云霐而来，结为院基。群山环绕于左右，前有三小峰，峭拔奇伟，如拱如揖。西有泉水，泻出于岩谷之间，冲涛触石，悬为瀑布，涌而雪浪，汇为清池。渊泓澄碧，洞鉴万汇。折流而东，经于院门而去。嘉葩茂树，修篁奇石，交布于其上。唐李渤先生爱其山水之胜，隐居读书于其地。尝养白鹿以自娱，因以名其洞。后经五季之乱，故址已废。……历宋及元，屡经兵燹，书院遂废。我朝正统丙辰，东莞翟君溥福继守是邦，仍其旧基，复构殿立像。殿前有大成门，左有先贤祠，中白鹿，左濂溪，右晦庵三先生像。前有二程、张横渠、陈了翁、陶靖节、刘西涧父子七先生神主在焉。殿右有明伦堂、东西斋、仪门、贯道门。堂右有文会堂，祠左有燕食房，总若干间。历岁滋久，梁栋朽腐。成化纪年乙酉，龄奉命督学至南康，翼日谒书院，仰瞻其陋，谋欲修之。适知府中州何君浚抵任，且在国学素有师弟之好，因以命之……经始于是岁八月朔日，以明年二月讫工。《明史》儒林传："督学李龄、钟成相继聘（胡居仁）主白鹿书院。"王士性《广志绎》卷四："白鹿洞书院在五老峰下。始自南唐，以李善道为洞主，建学置田，以给诸生，至宋而大盛，与嵩阳、石鼓、岳麓为四大书院。盖晦翁过化之处，岩壁间多遗手泽。然其地偏塞蒸湿，无夷旷之致，惟是松风石溜与五老秀色幽寒动人云。白鹿者，唐李渤与兄涉俱隐洞中，养白鹿以自娱，至今间有见者。"

两畿、湖广、浙江、河南等地发生饥荒。《明鉴纲目》卷四："纲：秋八月，两畿、湖广、浙江、河南饥。目：给事中袁芳等上言，比来救荒无术，老弱转死，丁壮流移，南阳荆襄流民十余万，两京浙豫，或水或旱，禾麦绝收。乞勒官司赈济。于是命王恕（字宗贯，三原人）及浙豫抚按，各赈其属。旋遣工部侍郎沈义往保定，金都御史吴琛（繁昌人）往淮扬。内外诸臣，请缓征盐钞逋赋等，皆从之。义、琛无它策，惟条上纳粟事例，既而皆以不恤民瘼，斥罢。"

翰林院庶吉士李东阳、倪岳、谢铎、焦芳、陈音为编修。吴希贤为检讨。刘淳为中书舍人，仍译字。张敷华等九人为各部主事。《明宪宗实录》卷二十：成化元年八月，"辛丑，擢庶吉士李东阳、倪岳、谢铎、焦芳、陈音为翰林院编修，吴希贤为检讨，刘淳为中书舍人，仍旧译字，张敷华等九人为各部主事"。

命太常寺少卿兼翰林院侍读学士吴节、翰林院学士柯潜为顺天乡试考试官。（据《明宪宗实录》卷二十）

两京及河南、山东、陕西、山西、浙江、湖广、江西、福建、广东、广西、四川、云南等十二布政司乡试；贵州士子附云南乡试。此为惯例，此后如无特殊情况，不再缕述文献依据。

九月

巡抚陕西副都御史项忠奏举将才事宜。《明宪宗实录》卷二十一："（成化元年九月壬戌）巡抚陕西副都御史项忠上疏：'……国家诏举将才一年余矣，骑射之间尚无一人应诏，况才堪大将者乎！且陕西风土强劲，自古名将若郭子仪、李晟之辈皆由此出，虽曰间气所生，世不常有，而弓马娴习、膂力过人者不可谓无，但拘于答策之难，不能进也。且天下生员养于学校，善答策者百无一二，况欲责之草野之人。自昔屠狗贩缯之人，皆能建立大功，亦不拘答策。若专拘此，恐终不能得人用也。'"

祠宋儒杨时于延平，侑祀罗从彦、李侗。时萧山人求祀时孔庙。大学士李贤、学士刘定之等议，时论西铭，程子谓未释然；解《中庸》，朱子多辨其非；晚从蔡京之名，无大建明。遂祀之于乡。（据《国榷》卷三十四）

十月

升吏部右侍郎兼学士彭时为兵部尚书，兼职如故。时辞谢，上曰："朝廷升职，自有公论，卿久在内阁，故兹升任，何以辞为。"（据《馆阁漫录》卷五《成化元年》）

令学正、教谕必用副榜举人。《明宪宗实录》卷二十二：成化元年冬十月，"戊寅，吏科都给事中沈珷等言：'学校育才之地，风化所关。旧制，学正、教谕、训导多于会试副榜举人中授之，往往教有成效，科贡得人。比来纳马纳粟并四十以上入监者，俱以记诵旧文滥授学正、教谕之职，遂致学校废弛。请自今学正、教谕必用副榜举人，其它止授训导，仍限年五十以下者方听就试。'下吏部覆奏，从之，著为令"。

十一月

给孔颜孟三氏学印。（据《国榷》卷三十四）
沁水知县陈奎以廉能闻，荐擢泽州知州。（据《国榷》卷三十四）
进士何恂，监生张骏、戴曦、沈瑜、李应祯为中书舍人。（据《国榷》卷三十四）

十二月

命直隶容城县立祠祀元儒刘因。《馆阁漫录》卷五《成化元年》："庚子，命直隶容城县立祠祀元儒刘因。初，国子监助教李伸奏请因及国朝故礼部左侍郎兼学士薛瑄从祀，历述因之墓表祠记，与荐因从祀章奏，谓因'物故太早，复当兵燹之馀，故其著述多残缺不备。观其遗文所载《河图辩》、《太极图后记》诸篇，皆足以继往开来，有功名教，不必在于著述之多。而况当时请列因从祀者，皆以许衡、吴澄并称，衡既从祀于当时，而澄亦褒崇于今日，独因未得通祀，实为缺典。'谓瑄'潜心体道，笃志力行，所著《读书录》、《河汾集》诸书，足以发明往来，垂惠后学，亦宜从祀。'先是，山东济南知府陈铨亦以瑄宜从祀为言。事下，少保、吏部尚书兼华盖殿大学士李贤等奏：'有传道之大功者，然后可享天下之通祀，苟非道足以继往哲，言足以淑来世，则人心有所不服，今虽幸进，后必有举而黜之者矣。请会本院儒臣公议其当。'于是太常少卿兼侍讲学士刘定之等议曰：'谨按，元儒刘因，德性刚正，学识明悟，所作诗文，理趣出人意表，而进退之际，安于义命，是以裕宗不能留，世祖不能致，可谓贤矣。然而建言者遽欲以因列诸孔庙从祀，则事体甚重，不可以不辨。建言者以颜子未尝著书而配享孔子，不可以因未尝著书而不之取。夫颜子何可当也？孔子之道传之颜子，后世取信于孔子之言，其言具于《论语》，载于《中庸》，见于《孟子》，存于《易·系辞》等书，不一而足。虽颜子未尝著书，何害其为传道哉？譬如萧何无战功，而高祖取为汉臣之首；房玄龄无战功，而太宗取为唐臣之首。所谓知臣莫若君，知弟子莫若师者，此之谓也。今以因未著书而仰攀颜子为比，则是人臣无汗马之功，皆得攀萧、房为比，恶有是理也哉？建言者又谓从祀诸贤，其中亦有可疵议者，因无可疵，奈何反不得从祀。夫及门速肖之徒，其中虽间有可议，然皆亲受业于圣人，高者名列四科，余者亦皆身通六艺，其所成就，恐非后人所及。至于左丘明以下经师二十馀人，虽其中不无可议，然当世衰道微，火于秦，黄老于汉，佛于魏晋之时，而此二十二人者，守其遗经，转相付授，讲说注释，各竭其才，以待后之学者，则其为功殆亦犹文、武、成、康之子孙，虽衰替微弱，无所振作，尚能保守姬姓之宗祀谱牒，以阅历春秋、战国，不亡而幸存者也。虽有大过，亦当宥之，况小失乎？今以因无可疵议，与七十子、二十二经师之有可疵议者较量彼此，欲登因于从祀。愚窃以为，仲尼素王也，七十子助其创业者也，二十二经师助其垂统者也，遇其有过，议而贷之，犹得陪从也，非是之比，而徒曰我无过，可以陪从，未之前闻也。建言者又谓与因同时若许衡、吴澄，其德学无以逾于因，而亦得从祀，因岂得以独遗？夫因之与衡、澄，其德业无大弗若也，其功则有弗若也，何也？衡以其行道之功，澄以其明道之功。当元氏奋自朔漠，统据函夏，其君臣懵焉不知尧、舜、禹、汤、文、武、周公之道，传之孔子，孔子传之其徒，以至于宋之周、程、张、朱者，其道足以抚世御极，而衡首率诲诱之，使知是道之可行。至于澄所作诸经纂言，发挥洞达，自朱子以后，依经立说者鲜克俪之。是以我朝太宗文皇帝命儒臣修辑《〈五经〉〈四书〉性理大全》，于澄之说多所采入，可谓能明是道者矣。而因之说未有采者，则是因既未若衡之道行于当时，又未若澄之道明于后世，其不从祀，未必为阙典者矣。乃若薛学士瑄直躬慕古，谈道淑徒，进无附丽，退不慕恋，勤学好问，可谓文矣，归洁其身，可谓清矣。是以荐蒙圣知，殁赐美谥，其为一代名臣，夫何间然。然论其于道所得，以与朱子诸徒相比，并若黄干、辅广之亲承微言，金履祥、许谦之推衍绪说，尚未知可伯仲其间否也。而遽言从祀，窃恐世之君子，将以建言者非愚则谀，孰敢和附其说哉？故愚以为，瑄可无施行，因宜准杨龟山例，令其所在官司建祠奉祀，庶足以伸敬先贤，劝励来学，亦圣时崇儒重道之举也。'议上，故有是命。"

翰林侍读周洪谟为侍读学士。（据《国榷》卷三十四）

南京大理寺卿义乌龚永吉致仕。永吉由国子生授兵部主事，进郎中。正统丙辰，罪戍平凉。尚书王骥录之，复官，超大理右少卿。历兵、礼部右侍郎。改南寺，年七十卒。非有他才，得王骥引拔，致通显。（据《国榷》卷三十四）

翰林侍读李本、户部郎中陈俊为南京太常寺少卿。（据《国榷》卷三十四）

进士刘俊、陈宏、赵胜、聂友良、温宗、柳彰、洪性、石玉、袁晟、张璀，监生边镛为监察御史。（据《国榷》卷三十四）

本年

余佑（1465—1528）生。《明史》儒林传："其（胡居仁）弟子余佑最著。佑字子积，鄱阳人。年十九，师事居仁，居仁以女妻之。"黄宗羲《明儒学案》卷三："余佑，字子积，别号讱斋，鄱阳人。年十九，往师胡敬斋。敬斋以女妻之……未离滇而卒，戊子岁也，年六十四。"张惟骧《疑年录汇编》卷七："余讱斋六十四佑，生成化元年乙酉，卒嘉靖七年戊子。"

成化以前，世无刻本时文。郎瑛《七修类稿》卷二十四《辩证类·时文石刻图书起》："成化以前，世无刻本时文，吾杭通判沈澄刊《京华日抄》一册，甚获重利。后闽省效之，渐至各省刊提学考卷也。"

许宗生三年贡入太学。谈迁《枣林杂俎·圣集》："国子初立孔、颜、孟三氏学，设教授司，教授一、学录一。学录，即孔氏裔为之。正统甲子，始命宗生听学使考入棘。成化元年许三年贡太学。"

罗钦顺（1465—1547）生。据《明儒学案》卷四十七《文庄罗整庵先生钦顺》。张惟骧《疑年录汇编》卷七："罗整庵八十三钦顺，生成化元年乙酉。"《明史》儒林传："罗钦顺，字允升，泰和人……为著《困知记》，自号整庵。年八十三卒，赠太子保，谥文庄。"黄宗羲《明儒学案》卷四十七："罗钦顺字允升，号整庵，吉之泰和人。"《明世宗实录》卷三百二十二："嘉靖二十六年四月……乙巳，致仕吏部尚书罗钦顺卒。"字允升，号整庵，泰和人，弘治癸丑进士。官至南京吏部尚书，谥文庄。有《整庵存稿》二十卷。

石珤（1465—1528）生。据雍正《畿辅通志》卷一百七杨一清《大学士石公神道碑》。字邦彦，号熊峰，真定藁城人，成化丁未进士，官至文渊阁大学士，谥文隐，改谥文介。事迹具《明史》本传。有《熊峰集》十卷。

明宪宗成化二年丙戌（公元 1466 年）

正月

礼部更议会试条例奏上，上是之。《明宪宗实录》卷二十五：成化二年春正月丁卯，"礼部奏：设科取士，期得真才，以资任用。然每岁会试，虽有禁约旧例，而行之日久，不能无弊，臣等更议事宜，条示申明，敢具以请。一、旧例考试等官于初八日早入试院，一日之间，事务多端，整顿不及，宜预于初七日早入院为便。一、旧例就试之日，举人黎明入场，黄昏纳卷，有未毕者，给烛三枝，烛尽文不成者扶出。今士子比昔倍蓰，中间多有故意延至暮夜请烛之时，钞写换易，或有弃烛于席舍中而他出，因而误事者，最为可虑。宜于四更时搜出，黎明散题，申时初稿不完者扶出，若至黄昏有誊真一篇或篇半未毕，给与烛。一、举子入场，务要严加搜检，放入就舍，坐待题目，文成二篇之上者方许如厕，随即还舍，不许交接讲论。若有怀挟及浼托官军夫匠人等，夹带文字入场，埋藏钞誊，并越舍与人互换者，搜寻捉获得出，并发充吏。其官军夫匠人等，夹带文字，纵容怀挟，及容越舍互相钞写，不行觉察捉拏者，问罪，军调边卫，官罚俸一年，夫匠发口外为民。一、巡绰搜检看守官军，止于在营差拨，其曾经差者不许再差。若他人冒顶军名入场看守者，民发充军，军调边卫。一、提调监试官不许私自入号，务要公同往来巡视。其巡绰官止于号门外看察，不许入号与举子交接。违者听提调监试官参奏拏问。一、举人入场之后，墙外例该五城兵马指挥等官率领火夫弓兵分地看守，以防不虞。近年各城兵马视为泛常，或致误事。今后各城务委的当官，率领火夫弓牌，各带什器，环墙四面严加防守，不许擅离，怠慢误事。违者参奏拏问。一、每场誊录红卷送入帘内考试，候三场毕，考试红卷，文字已定，方许调取墨卷送入帘内。于公堂比对字号，不许散入同考各房，诚恐收拾不谨，遂致疏漏。一、誊录生员务要用心，逐字真正对写，不许差讹失落字样，潦草不真，对读所亦要对读明白，不许含糊苟且。若誊录差讹，失落字样，潦草不真及对读不出者，生员发充吏役，该管官送问。一、誊录对读收卷等项官，旧例用京官，近行吏部取听选官充之。缘中间多有年老眼昏及无行止，不堪任使，今后务要精选四十岁上下，五品至七品官有行止者，令各执事，庶几事可责成。一、供给饭食，顺天府官多有造作不精，供给失节，士子嗟怨。合无本部另差官一员，专一提督供给。奏上，上是之。"王圻《续文献通考》卷四十五《选举考·举士三》："宪宗成化二年，定在京科场事宜：一、考试等官俱于当月初七日入院，举人试日四更搜入，各就席舍坐待黎明散题，至黄昏誊正，未毕者给烛，不完者扶出。一、举人不许怀挟并越舍互录及浼托军匠人等夹带文字。其军匠人等亦不许替带及纵容怀挟、互录文字。违者各治以罪。一、巡绰、搜检、看守官军止于在营差拨，曾差者不许再差，若他人冒顶正军入场者罪之。一、提调、监试官公同往来巡视，不许私自入号。其巡绰官止于号门外看察，不许入内与举人交接，逮者听提调、监试官举问。一、试场外照例五城兵马率领火夫弓兵严加防守，不得违误。一、每场誊录红卷送入内帘考试，候三场考试红卷已定，方许吊取墨卷于公堂比对写号，毋致疏漏。一、誊录、对读等官取吏部听选官年四十上下、五品至七品、有行止者充之。一、誊录、对读所须真正誊录，明白对读，若誊录字样差失潦草及对读不出者罪之"。

　　令三品以上京官，荐举堪任布、按二司者。《馆阁漫录》卷五《成化二年》："己巳，上谕吏部臣曰：'今布、按二司，缺员数多，令六部、通政司、大理寺三品以上堂上官，各举所知二三员，不限中外，各具才行实迹，并注堪任二司正佐。移文吏部，仍会同内阁，从公定与职事，日后坐赃，连坐举主。以后仍照旧例推举。'"

二月

命太常寺少卿兼翰林院侍读学士刘定之、翰林院学士万安为会试考试官，取中章懋等三百五十人。命李贤、陈文等为殿试读卷官。《明宪宗实录》卷二十六：成化二年二月，"己卯，命太常寺少卿兼翰林院侍读学士刘定之、翰林院学士万安为会试考试官，赐宴于礼部"。"壬辰，礼部尚书姚夔等奏：'会试天下举人，三场已毕。此乃皇上龙飞第一科，爰自二月初旬以来，阴寒少霁，唯就试三日，天气晴朗，风恬雾收，兹盖皇帝陛下重道崇儒求贤图治天人交感所致，伏望宽其额数，多取正榜，以符天人之庆，将来贤才，必有资于圣治者。'上命取正榜三百五十人。""庚子，礼部尚书姚夔奏：'三月初一日殿试贡士，合请读卷并执事官。'上命少保、吏部尚书兼华盖殿大学士李贤、礼部尚书兼翰林院学士陈文、兵部尚书兼翰林院学士彭时、太子太保、吏部尚书王翱、太子少保户部尚书马昂、兵部尚书王复、刑部尚书陆瑜、都察院左都御史李秉、通政使司通政使张文质、大理寺卿王槩、太常寺少卿兼翰林院侍读学士吴节、翰林院学士柯潜为读卷官。余执事如例。"据《成化二年进士登科录·玉音》："成化二年二月二十六日，礼部尚书臣姚夔等于奉天门奏：为科举事，会试选中举人三百五十三名。本年三月初一日殿试，合请读卷及执事等官少保吏部尚书兼华盖殿大学士李贤等四十四员。其进士出身等第，恭依太祖高皇帝钦定资格，第一甲例取三名，第一名从六品，第二名第三名正七品，赐进士及第。第二甲从七品，赐进士出身。第三甲正八品，赐同进士出身。奉圣旨：是，钦此。读卷官：光禄大夫柱国少保吏部尚书兼华盖殿大学士李贤，癸丑进士；荣禄大夫太子太保兼吏部尚书王翱，乙未进士；资德大夫正治上卿太子少保户部尚书马昂，贡士；资政大夫正治上卿礼部尚书兼翰林院学士陈文，丙辰进士；资善大夫兵部尚书兼翰林院学士彭时，戊辰进士；资善大夫兵部尚书王复，壬戌进士；资德大夫正治上卿刑部尚书陆瑜，癸丑进士；资善大夫都察院左都御史李秉，丙辰进士；正议大夫资治尹通政使司通政使张文质，壬戌进士；通议大夫大理寺卿王槩，壬戌进士；中顺大夫太常寺少卿兼翰林院侍读学士吴节，庚戌进士；翰林院学士奉议大夫柯潜，辛未进士。提调官：资政大夫礼部尚书姚夔，壬戌进士；通议大夫礼部右侍郎李绍，癸丑进士。监试官：文林郎湖广道监察御史张纲，甲戌进士；文林郎湖广道监察御史魏瀚，甲戌进士。受卷官：翰林院修撰儒林郎黎淳，丁丑进士；翰林院编修文林郎徐琼，丁丑进士；翰林院编修文林郎陈秉中，丁丑进士；文林郎吏科都给事中沈珤，丁丑进士；文林郎礼科都给事中王诏，壬戌进士。弥封官：嘉议大夫掌光禄寺事礼部右侍郎李春，贡士；中顺大夫鸿胪寺卿杨询，监生；亚中大夫太仆寺卿余谦，秀才；奉议大夫尚宝司卿凌信，生员；文林郎兵科都给事中袁恺，甲戌进士；征仕郎户科掌科事给事中潘礼，庚辰进士。掌卷官：翰林院修撰彭教，甲申进士；翰林院编修文林郎刘健，庚辰进士；文林郎刑科都给事中金绅，甲戌进士；征仕郎工科右给事中黄甄，甲戌进士。巡绰官：昭勇将军锦衣卫都指挥佥事袁彬；怀远将军锦衣卫指挥同知焦寿；明威将军锦衣卫指挥佥事赵能；怀远将军金吾前卫指挥同知翟通；昭勇将军金吾后卫指挥使陈纲。印卷官：奉政大夫礼部仪制清吏司郎中周瑈，戊辰进士；礼部仪制清吏司署员外郎事主事张谨，庚辰进士；承德郎礼部仪制清吏司主事刘钊，庚辰进士；承德郎礼部仪制司主事徐绅，甲戌进士。供给官：奉政大夫修正庶尹光禄寺少卿郦镛，贡士；奉政大夫修正庶尹光禄寺少卿刘琏，乙丑进士；礼部司务王大经，贡士；奉政大夫修正庶尹礼部精膳清吏司郎中李和，乙丑进士；承德郎礼部精膳清吏司主事万翼，丁丑进士。"

己卯，命太常少卿兼侍读学士刘定之、学士万安为会试考官，赐宴于礼部。癸未，内阁书办、礼部员外林章历任年久，陈情乞恩，得升为山东布政司左参议，于顺天府带俸，仍旧书办。（据《馆阁漫录》卷五《成化二年》）

进士谭庆、费臻、冯贯，监生左钰、胡靖、吕史为监察御史。（据《国榷》卷三十四）

大学士李贤请精选守令，从之。（据《国榷》卷三十四）

三月

李贤父卒。贤乞终制，不允。《馆阁漫录》卷五《成化二年》："三月壬寅朔。己酉，少保、吏部尚书兼华盖殿大学士李贤父封少保、吏部尚书升卒于家。贤乞归守制，有旨：'方今用人之际，李贤令驰驿奔丧，葬毕速来。'且赐葬祭及斋粮麻布如例。贤乞终制，奏曰：'圣朝以孝治天下，仕者官无大小，于父母之丧，皆终三年之制，俾为子者，得以尽其孝亲之心。臣叨居重职，若徒尽为臣之事，而不得尽为子之道，恐得罪于名教。乞允臣终制，依例起复，庶得忠孝少尽于万一。'诏曰：'朕赖卿辅导，勿以私恩废公义，宜抑情遵命，以成人孝，不允终制。'壬子，大学士李贤再乞终制，奏曰：'臣自出仕，违父母膝下三十五年，父今八十七岁而卒，使臣义不得终二年之制，抱此终天之痛，死不瞑目矣。今皇上欲臣奔丧，而不听其终制，岂非以国家之事为重哉？臣非不知所重，但今内外大臣，无非忠正老成之人，去臣一人亦不为少，况三年之间，瞬息而过，臣年仅五十有九，未填沟壑，驱策驽钝，以报称万一，尚有日也。'奏入，诏曰：'卿当深念职任之重，移孝为忠，不必固辞。'甲寅，大学士李贤以朝廷遣官营其故父葬事，奏原籍旱涝相仍，恐劳民伤财，乞暂停止。上不允，命所司营之。"

己巳，升修撰黎淳为左春坊左谕德，以九年职满也。（据《馆阁漫录》卷五《成化二年》"三月"）

罗伦（1430—1478）、程敏政（1445—1499）、陆简（1442—1495）等三百五十人进士及第、出身有差。改林瀚、刘钰、章懋等二十四人为庶吉士。《明宪宗实录》卷二十七："成化二年三月壬寅朔，上御奉天殿策试举人章懋等三百五十人。制曰：'朕惟古昔帝王之为治也，其道亦多端矣。然而有纲焉，有目焉，必大纲正而万目举可也。若唐虞之治，大纲固无不正矣，不知万目亦尽举欤？三代之隆，其法寝备，宜乎大纲正而万目举也。可历指其实而言欤？说者谓汉大纲正唐万目举，宋大纲亦正万目未尽举，不知未正者何纲？未举者何目？与已正已举之纲目，可得而悉言欤？我祖宗之为治也，大纲无不正，万目无不举，固无异于古昔帝王之治矣，亦可得而详言欤？朕嗣承大统，夙夜惓惓，惟欲正大纲而举万目，使人伦明于上，风俗厚于下，百姓富庶而无失所之忧，四夷宾服而无梗化之患，薄海内外，熙然泰和，可以增光祖宗，可以匹休帝王，果何行而可，必有其要。诸士子学以待用，其于古今治道，讲之熟矣，请明著于篇，毋泛毋略，朕将亲览焉。""癸卯，上御文华殿，读卷官以举人所对策优等者进读三卷，御笔批定其次第。各官及诸执事官皆宴赉有差。""戊申，状元率诸进士诣国子监文庙行释菜礼。是日，礼部请命工部于国子监立石题名。上命太子少保礼部尚书兼文渊阁大学士陈文撰记。"乙卯，"授第一甲进士罗伦为翰林院修撰，程敏政、陆简为编修。选进士林瀚、刘钰、章懋、李杰、翟瑛、陆渊之、黄仲昭、谢文祥、李璯、张诰、毕瑜、宋应奎、邵有良、商良臣、郑已、张钝、张镒、何纯、庄昶、钟晟、王俊、石淮、施纯、王伟为庶吉士。命学士刘定之、柯潜教习文章，少保、吏部尚书兼华盖殿大学士李贤等提督考校，务令成效，以需他日之用。命所司给纸笔饮馔第宅灯烛，俱如旧例。其余进士分各衙门办事"。《成化二年进士登科录·恩荣次第》："成化二年三月初一日早，诸贡士赴内府殿试，上御奉天殿亲赐策问。三月初三日早，文武百官朝服侍班。是日锦衣卫设卤薄于丹陛丹墀内，上御奉天殿，鸿胪寺官传制唱名，礼部官捧黄榜，鼓乐导引出长安左门外，张挂毕，顺天府官用伞盖仪从送状元归第。三月初四日，赐宴于礼部，宴毕，赴鸿胪寺习仪。三月初五日，赐状元朝服冠带及进士宝钞。三月初六日，状元率诸进士上表谢恩。三月初七日，状元率诸进士诣先师孔子庙行释菜礼。礼部奏请命工部于国子监立石题名。"《弇山堂别集》卷八十二："二年丙戌，太常寺少卿翰林院侍读学士刘定之、翰林院学士万安为考试官，取中章懋等。廷试，赐罗伦、程敏政、陆简及第。是月改进士林瀚、刘钰、章懋、李杰、翟瑛、陆渊之、黄仲昭、谢文祥、李溶、张诰、毕瑜、宋应奎、邵有良、商良臣、郑己、张钝、章益、何纯、庄昶、钟晟、王俊、石淮、施纯、王伟为庶吉士，命翰林院学士刘定之、柯潜教习。""是岁，罗伦以上疏论阁臣李贤不奔丧，久之章懋、庄昶、黄仲昭以谏元宵灯火，俱得罪外谪，时号翰林四谏。又，是岁会试，五经各刻文三篇，二场刻诏。商良臣，辂子也；敏政，李贤婿。"梁章钜《制义丛话》卷二十三："《坚瓠集》又云：成化丙戌，陈公甫宪章、庄孔旸昶、章德懋懋应试南宫，主试者相戒曰：'场中有此三人，不可草率。'及填榜，章、庄高列，独不见陈卷，亟觅之，题为'老者安之'三句，陈破云'人各有其等，圣人等其等。'同考者业批其旁云：'若要中进士，还须等一等。'见者哄堂。又南直宗师岁考其县诸生，题为'斯民也，三代之所以直道而行也'，一生文中有'一代一代又一代'句，宗师批云'二等二等再二等。'遂置之六等云。"

罗伦大廷对策，长达三十幅，直声震于时。李调元《制义科琐记》卷二《三十幅》："罗伦字彝正，号一峰，永丰人。成化二年丙戌，既中会试，自言久困场屋，有志廷对，愿增纸以毕所陈。礼部官壮其志，许之，誊真遂有三十幅。时李文达读卷，跪久，李年高，至不能起，上命两内臣掖之。是年，罗遂大魁。至次科，亦有欲比罗例者，以为有意希望，不从，故至今惟以十三幅为式。"尹直《謇斋琐缀录》卷三："国朝状元对策，皆经阁老笔削，或自删润，乃入梓。独罗伦一策，未尝改窜。盖对策时，恐天晚，半不具稿，一笔写正。既掇魁后，以言忤旨外调，不及改削，然其策亦自详赡。初，伦会试，五策五千余言，予取为会元。主考刘主静、万循吉各主本经，置伦第三。予意不满，批其所刻一策云：'五策五千余言，有学有识，进对大廷，未必非褎然出色者。'后果如所期。一时士夫皆谓予有目力，而姚宗伯廷称予曰：'尹先生状元、榜眼俱出门下。'予曰：'春卿之力也。'"尹直《謇斋琐缀录》卷三："成化丙戌廷试，王冢宰以程敏政卷字精楷，力赞为第一。公（李贤）曰：'论文不论书。'卒取罗伦第一。"徐学聚《国朝典汇》卷一百二十八："（成化二年丙戌）三月，上御奉天殿策试，赐罗伦及第第一、程敏政第二、陆简第三。按：罗伦，吉安永丰人，对策引用程伊川语：'人主一日之间，接贤士大夫之时多，亲宦官宫妾之时少。'执政欲截去下句，伦不从，直声震于时。遂奏名第一。伦以上疏论阁臣李贤不奔丧，久之，章懋、庄昶、黄仲昭以谏元宵灯火，俱得罪外谪，时号翰林四谏。又是岁会试，《五经》各刻文三篇，二场刻诏。商良臣，辂子也，敏政，李贤婿。时冢宰王一夔以敏政字精楷，力荐于李文达，曰：'宜为第一。'李曰：'论文不论书。'遂取伦第一，而敏政次之。是科会元、状元咸称得人，内贺钦、庄昶、韩文、熊绣、许进、林瀚、黄仲昭、王继皆为名臣。从来得人未有如是科者，论者比之唐韩愈榜、宋寇准榜云。"

罗伦《一峰文集》卷一收有罗伦今年《廷试策》，系未删节稿。罗伦《廷试策》如下：

皇帝制曰：朕惟古昔帝王之为治也，其道亦多端矣。然而有纲焉、有目焉，必大纲正而万目举可也。若唐虞之治，大纲固无不正矣，不知万目亦尽举与？三代之隆，其法寝备，宜乎大纲正而万目举也，可历指其实而言与？说者谓汉大纲正，唐万目举，宋大纲正万目未尽举，不知未正者何纲、未举者何目与？已正已举之纲目，可得而悉言与？我祖宗之为治也，大纲无不正，万目无不举，固无异于古昔帝王之治矣，亦可得而详言与？朕嗣承大统，夙夜惓惓，惟欲正大纲而举万目，使人伦明于上，风俗厚于下，百姓富庶而无失所之忧，四夷宾服而无梗化之患，薄海内外，熙然太和，可以增光祖宗，可以匹休帝王。果何行而可？必有其要。诸士子学以待用，其于古今治道，讲之熟矣，请明著于篇，毋泛毋略，朕将亲览焉。

臣对：臣闻居天下之大位，必致天下之大治。致天下之大治，必正天下之大本。正天下之大本，必务天下之大学。尧、舜、禹、汤、文、武之位，天下之大位也。尧、舜、禹、汤、文、武之治，天下之大治也。尧、舜、禹、汤、文、武之心，天下之大本也。尧、舜、禹、汤、文、武之学，天下之大学也。有其学然后能正其心，有其心然后能致其治，有其治然后能保其位。治也者，帝王保位之良图。心也者，帝王出治之大本。学也者，又帝王正心之要道也。古先圣王知其然，是以尧学于君畴，舜学于务成昭，禹学于西王国，汤学于成子伯，文王学于铰时子，武王学于虢叔，其所以精一此学、维持此心者，无不致也。故德泽加于当时，名声垂于后世，功高天下，名并日月，而不可及。自汉而唐，自唐而宋，其间英君谊辟，非不欲致治如唐、虞、三代，志士仁人，非不欲致君为二帝三王，然寥寥千载，未有一二庶几乎此者。或君有可学之资，有欲学之志，而不遇其臣，如高祖之于萧、曹，太宗之于房、杜，神宗之于安石，是非其君之罪也。或臣有匡国之才，有格君之学，而不遇其君，如贾、董之于汉，陆贽之于唐，二程、朱子之于宋，是非其臣之罪也。此君臣相遇，自古以为难。而有志之士，所以扼腕愤叹而不能自已也。此汉所以止于汉，唐所以止于唐，宋所以止于宋，而不能唐、虞、三代者，此也。

臣每见前史，见君有向学慕道之心，而臣不能成之，则悲其为臣。臣有匡国致君之学，而君不能用之，则悲其为君。陛下继祖宗列圣之位，即尧、舜、禹、汤、文、武之位也，禀天纵聪明之资，即尧、舜、禹、汤、文、武之资也。治已至矣，犹以为未至，德已盛矣，犹以为未盛。乃万机之暇，进臣等于廷，降赐清问。首询唐、虞、三代，下逮汉、唐、宋诸君，惓惓欲正大纲，举万目，以明人伦，以厚风俗，以富庶百姓，以宾服属国，以增光祖宗，匹休帝王。臣有以知陛下此心，即尧、舜、禹、汤、文、武之心也。陛下之有此心，非特臣之幸也，实宗庙社稷之幸，天下生灵之幸也，臣敢不以尧、舜、禹、汤、文、武之所学者为陛下勉哉！昔范祖禹上《帝学》八卷，以为自古治日常少，乱日常多，推原其故，由人主不学也。朱熹将入对，或曰："正心诚意之学，上所厌闻。"熹曰："某平生所学在此，若有所回护，是欺君也。"陛下有志于唐、虞、三代之治，而无汉、唐、宋诸君之失，固无不学之心，亦非厌闻正心诚意之说者，臣敢不以平生之所学者告陛下，而自陷于欺君之罪哉？臣于此犬马之诚有未尽，刍荛之言有或隐，上负朝廷，下负所学，臣恐后之悲今者，无异于今之悲昔也。臣请因圣问而毕言之，陛下试垂听焉。

臣闻道之大，原出于天。是道也，极于至大而无外，入于至小而无内。语其大也，则为父子、为君臣、为夫妇、为长幼朋友之伦，若网之有纲，所以根柢乎人心，纪纲乎世道，乃天地之常经，所谓为治之大纲也。语其小也，则为礼乐、为刑政、为制度文为之具，若纲之有目，所以扶植乎三纲，经纬乎国体，乃古今之通谊，所谓为治之万目也。是道之纲，非吾心主宰之，则无自而正。是道之目，非吾心维持之，则无自而举。此心也者，又所以主于身，而为正大纲、举万目之根本也。心虽主宰乎是纲，非学则有所惑，纲何从而正？心虽维持乎是目，非学则有所蔽，目何从而举？此学也者，又所以正其心，而为正大纲、举万目之根本也。大纲不正，固不可以言治，万目不举，亦非尽善之道也。故古昔帝王之治，其道虽多端，然必大纲既正而万目兼举。若尧之肇唐，舜之起虞，禹之创夏，汤之建商，文、武之造周，皆不能外乎此也。

在尧之时，亲睦九族以广爱敬之恩，厘降二女以正闺门之礼，馆甥二室以厚朋友之伦，尧之大纲，无不正也。在舜之时，底豫瞽瞍而父子之位定，克谐傲象而兄弟之化成，刑于二女而闺门之仪肃，舜之大纲，无不正也。钦若昊天，敬授人时，命羲和以秩东作，命羲叔以秩南讹，命和仲以平西成，命和叔以正朔易，命鲧以治洪水，命四岳以明扬侧陋。允厘百工，咸熙庶绩，万目之举，于尧何如也？察玑衡以齐七政，举祀礼而朝诸侯，命四岳以明四目、达四聪，命十二牧以修内治、服远人，命禹以宅百揆，命契以敷五教，命皋陶以明五刑，命伯夷、后夔以作礼乐，命龙作纳言，四方风动，庶政惟和，万目之举，于舜何如也？唐、虞之大纲无不正、万目无不举如此，岂徒然乎？本于尧、舜之心，惟务大学，以正其大本也。不宝淫侁，不视玩好，而允执其中，尧之学也。罔游于侁，罔淫于乐，而允迪厥德，舜之学也。使唐、虞之君，不事乎此，则学有未至，而大本不立矣，纲何自而正，目何自而举哉！其在禹也，典常之率由，彝伦之攸叙。其在汤也，旧服之载缵，人纪之肇修。其在文武也，《麟趾》以厚公族，《棠棣》以燕兄弟，《鹿鸣》以飨群臣，《樛木》、《思齐》以严闺教，故其子孙，或敬承继禹之道，或布德服禹之迹，或率乃祖攸行，或鉴先王成宪，或笃叙正文，或对扬光命，或率德以盖前人之愆，或脱簪以辅中兴之治，此三代之所以正大纲也。其养民也，夏以贡，商以助，周以彻焉。其教民也，夏曰校，殷曰序，周曰庠焉。其制刑也，夏有禹刑，殷有汤刑，周有祥刑焉。其建官也，夏、商官倍，亦克用乂，周人《六典》，阜成兆民焉。其作乐也，禹作《大夏》，汤作《大濩》，武作《大武》焉。其正朔也，夏建寅，商建丑，周建子焉。其习尚也，夏尚忠，商尚质，周尚文焉。三代之大纲无不正、万目无不举如此，岂徒然乎？本于禹、汤、文、武之心，惟务大学，以正其大本也。祗台德先，不自满假，懋昭大德，不迩声色，禹、汤之学也。不盘游田，缉熙敬止，不作无益，克慎明德，文、武之学也。使禹、汤、文、武不从事乎此，则学有未至，而大本不立矣，纲何自而正，目何自而举哉！此尧、舜、禹、汤、文、武惟能务天下之大学，以正天下之大本，所以能致天下之大治。

三代而下，汉、唐、宋诸君，虽有天下之大位，而不能务天下之大学，所以天下之大治卒不能致也。汉就高祖言之，如发义帝之丧，戮丁公之叛，庶乎明君臣之义；高四皓之名，割肌肤之爱，庶乎全父子之恩；立白马之盟，安同姓之封，庶乎广昆弟之爱。故继世之君，子不敢叛其父，弟不敢制其兄，妇不敢驾其夫，臣不敢专其君，岂不由高祖之作则哉？此其大纲可谓正也。然其养民也，阡陌之坏未久，而井田之制不复。其教民也，坑焚之祸未久，而学校之制不复，郡县之设未久，而封建之制不复，五礼六乐之废未久，而礼乐之制不复，此其万目未尽举也。况兄弟不容，兆于羹颉之锡封，夫人同席，兆于戚姬之见宠，大将见杀，兆于韩、彭之菹醢。先儒谓汉大纲正，以臣观之，汉之大纲，亦未能尽正如唐、虞、三代也。汉非惟万目未尽举，而大纲亦未尽正。以其或不事于《诗》、《书》，或溺于黄老，或杂于刑名，或荒于土木神仙，而圣学也杂。圣学既杂，则大本不立，何怪其大纲之未尽正、万目之未尽举哉！唐就太宗言之，胁父臣虏，逼夺神器，父子之亲何在？推刃同气，蹀血禁门，兄弟之义何在？纳巢剌妃，媚武才子，闺门之礼何在？故继世之君，子摄兵叛其父，臣摄兵叛其君，妇驾其夫，兄戕其弟，岂不由太宗之始作俑哉？此其大纲可谓不正也。然设府卫之法，仿佛古人寓兵于农之意，设覆奏以审刑，仿佛古人钦恤之意，此其万目可谓能举也。然法令之行，比之先王未纯也，田畴之制，比之先王未备也，学校之教，比之先王未盛也，礼乐之具，比之先王未修也。先儒谓唐万目举，以臣观之，唐之万目亦未能尽举如唐、虞、三代也。唐非惟大纲不正，而万目亦未尽举如此，以其或蔽于异端，或荒于游畋，或锢于女色，或甘于小人，而圣学或殆。圣学既殆，则大本不立，何怪其大纲之未尽正、万目之未尽举哉？宋就太祖言之，其厚兄弟也，金匮之书，千古不磨，神器之重，一朝脱屣；其厚勋旧也，杯酒解柄，终全勋名，雪夜再幸，不改殊恩；其待臣下也，鞭扑不行于殿陛，骂辱不及于公卿；其严闺范也，内言不出于外，私恩不害于公。故继世之君，持盈守成，家庭之间，虽不能匹休乎《麟趾》之盛也，而操戈之事则未闻。闺门之内，虽不能齐美乎《关雎》之化也，而聚麀之耻则未有，此其大纲亦云正也。然制度颇因五代之旧，不能复先王之制。劝课农桑，美则美矣，视三代养民之制何如？修广学校，盛则盛矣，视三代学校之制何如？礼乐纷诸儒之喙，视三代制礼乐之遗意何如？兵财由朝廷之制，视三代制兵财之遗法何如？以至赃吏之戒不严，败军之法不立，设官之制太冗，任子之恩太滥，此其万目亦未尽举也。先儒谓宋大纲亦正，万目未尽举，以臣观之，黄袍加身，未免来人之公议，烛影避席，未免起人之疑心，德昭之死，未免不厌夫众心，郭后之事，未免有疵于盛德。则宋之万目固不举矣，而其大纲亦岂尽正乎？宋之诸君见于行事如此，虽曰夜分读书，未免徒侈乎虚名，虽曰炎暑谈经，未免不关乎实践。圣学既无其实，则大本不立矣。其大纲之未尽正，万目之未尽举，又何怪其然哉！汉、唐、宋所以不能致唐、虞、三代之治，皆由大学不讲、大本不立故也。

我太祖高皇帝龙飞淮甸，混一区宇，心尧、舜、禹、汤、文、武之心，而大本以立，学尧、舜、禹、汤、文、武之学，而大学以明。故以其大纲之正言之，观其祭毕便殿，泣下不止，遣祭皇陵，哀感不胜，则我太祖之圣孝，虞舜之大孝、周武王之达孝也。观其剖符锡壤，建封诸王，上卫国家，下安生民，则我太祖之亲睦，虞舜之敦叙九族、周武王之时庸展亲也。观其君臣同游之言，则与唐、虞之都俞吁咈，商、周之左右笃棐，同一揆也。观其申明五常之诰，则与唐、虞之敦典庸典，商、周之建中建极，同一揆也。大纲之正，有不如唐、虞、三代者乎？以万目之举言之，则浚井给民之言，互知丁业之戒，与古人重农之意相出入也。学校教民之制，乡饮励俗之礼，与古人立教之意相表里也。内设六卿以总治天下，外设布政司以分理郡邑，内设都察院以肃朝廷之纪纲，外设按察司以为四方之耳目，则其制官之意，庶几乎古人六卿九牧相倡和也。兵部、帅府相继于内，而将帅无偏重之势，布、按、都司相制于外，而藩镇无专恣之患，则其治兵之意，庶几乎古人司徒司马相统属也。命牛谅以制礼，则斟酌先王之典，以还中国之旧。命陶凯以制乐，则务宣和平之意，而屏亵狎之习。万目之举，有不如唐、虞、三代者乎？列圣相承，心太祖之心，学太祖之学，圣德日新而无不正之纲，圣化日广而无不举之目。然法久则弊自生，世久则俗自降。故人伦有不明，风俗有不厚，而我祖宗之纲目渐以沦斁。百姓有不富，属国有不服，而我祖宗之纲目渐以乖张。

陛下嗣承大统，于兹三年，夙夜惓惓，惟此之虑。陛下此心，即尧之兢兢，舜之业业，禹之孜孜，汤之栗栗，文王之翼翼，武王之无贰之心也。然自即位以来，躬行大孝，以先天下，已有意于明人伦，而人伦至今犹未明。斥去邪佞，禁制奢侈，已有意于厚风俗，而风俗至今犹未厚。躬耕籍田，蠲免租税，已有意于富庶百姓，而百姓至今犹未富庶。简练将帅，严饬边备，已有意于宾服属国，而夷狄至今犹未宾服。陛下有尧、舜、禹、汤、文、武之心，而不能致尧、舜、禹、汤、文、武之治，意者，陛下于尧、舜、禹、汤、文、武之学有未至乎？何其心之惓惓而效之邈邈也？臣请为陛下熟言之。以陛下望治之切，求治之笃，必愤发于中，忧形于色，而惓惓之诚，益有所不能已也。夫天下之事，未有不行于上而行于朝廷者也，未有不行于朝廷而行于天下者也。以人伦言之，今公卿大臣虽轩墀之内，有霄壤之隔，是非不及于面谕，则腹心无所托，而下情不得以上通。可否惟出于内批，则耳目有所蔽，而上心不得以下究，何有乎君臣相亲之义也？陛下诚能体腹心手足之义，略崇高贵重之势，召见不时，咨访非一，使愿输忠悃者得以献其诚，务为蔽欺者无以施其诈，则君臣之化行于天下而无有不厚也。闾阎小民，忍心害理，生则私妻育子，别籍异财，曾礼义之不知，死则食稻衣锦，火葬水瘞，曾禽兽之不若，何有乎父子相爱之恩也！陛下诚能望陵兴哀慕之悲，慈养勤定省之诚，公卿守终制之典，士夫严匿服之禁，则父子之化行于下，而无有不亲也。隔形骸而分秦越，弟或戕其兄，同门户而设藩篱，幼或贼其长，何有乎兄弟之爱也！陛下诚能厚同气之恩，广友于之爱，严犯上之律，敦敬长之风，则兄弟之化行于下，而无有不爱也。妾媵无数，庶人僭公侯之分，婚娶论财，嘉礼启贪鄙之风，何有乎夫妇之道也！陛下诚能则《关雎》之化，正宫闱之礼，申明婚嫁之式，定著妾媵之数，则夫妇之化行于下而无有不正也。所贪者利禄，谁同心而相济？所附者权势，谁同道而相益？落阱下石者纷如，贻书争谏者寂若，何有乎朋友之交也？陛下诚能亲君子之朋，远小人之党，烛挤陷之奸，奖协恭之正，则朋友之化行于下而无有不善也。人伦之明自于上，非务学不能知，臣愿陛下惓惓圣学，以正大本，急求所以明伦之道，则人伦庶乎可明，无异于唐、虞、三代也。

以风俗言之，朱扉一开，燕鹊骈集，谀佞诡随者名之曰变通，缄默自便者目之曰忠厚，直言正色者非之曰矫激，持之操节者刺之曰干名，此士夫之风丧也。陛下诚能塞奔竞之门，杜谄谀之口，奖名节之士，张正直之气，则士夫之风振矣。庶人帝服，娼优后饰，雕梁画栋，惟恐其不华，珍馐绮食，惟恐其不丰，锦绣金玉，惟恐其不多，姝色丽音，惟恐其不足，此奢侈之风盛也。陛下诚能躬节俭之实，抑浮靡之费，重僭逾之罪，定上下之等，则奢侈之风降矣。典学校之教者，尸虚位而无实行，由科贡之途者，饰虚誉而乏实才，此学校之风衰也。陛下诚能重师儒之任，使无实行者不得以滥叨，严科贡之选，使无实才者不得以幸进，则学校之风兴矣。珠宫梵宇，照耀云汉，髡首黄冠，充斥道路，此道佛之风炽也。陛下诚能鉴梁武、宋宗之失，斥祸福报应之论，惟崇乎正道，毋惑于邪说，则道佛之风熄矣。苞苴一入，贱可使贵，贿赂一通，滞可使达。黩货载归，里闾称庆，琴鹤自随，妻子怨詈，此贪黩之风盛也。陛下诚能综核名实，督行劝惩，廉介者必彰而无隐，贪墨者必诛而无赦，则贪黩之风止矣。风俗之厚自于上，非务学不能知，臣愿陛下惓惓圣学以正大本，急求所以厚风俗之道，则风俗庶乎可厚，无异于唐、虞、三代也。

以言乎百姓之失所，则征求极于锱铢，而漏卮于宠幸之费，苛敛至于毛发，而尾闾于异端之奉，此吾民之困于赋敛者可恤也。征舸贡舰，动连千夫，工匠舆台，延及数户，此吾民之困于征徭者可恤也。田连阡陌，利累羊羔，家鸡圈豕，惟其所啖，此吾民之困于豪家巨室者可恤也。襄帛攘金，饭鲜醉醴，市虎门妖，恣其所欲，此吾民之困于贪官黠胥者可恤也。劫掠践踩，鸡犬一空，胁持抑逼，肝脑涂地，此吾民之困于兵戈盗贼者可恤也。父食其子，夫鬻其妻，壮者散于四方，老稚转乎沟壑，此吾民之困于饥馑流离者可恤也。百姓之失所，固可恤矣，然恤之有其道焉。大要在于重守令，急务在于节财赋。守令者，民之父母，守令不重，则好民之所恶，恶民之所好，豪猾由此而横，盗贼由此而起。财用者，民之命脉，财用不节，则以一而科百，因十而敛千，赋敛由此而苛，征徭由此而滥。欲重守令，在于慎选科贡，疏理胄监，严励风纪，精立铨法。欲节财赋，在于简阅军士，沙汰冗官，杜抑私爱，斥绝异端。科贡既慎，则专图侥幸者不得以幸进；胄监既理，则苟延岁月者不得以幸选；风纪既严，则贪浊有状者不得以幸免；铨法既精，则文理不达者不得以幸用，政绩不闻者不得以幸迁，而守令自重矣；军士既阅，则老弱无能者不得以幸食；冗官既汰，则备员充位者不得以幸禄；私爱既杜，则贵戚近习之属不得以幸赐；异端既斥，则佛老邪怪之徒不得以幸干，而财用自节矣，何患百姓之不富庶哉？百姓之富庶自于上，非务学不能知。臣愿陛下惓惓圣学，以正大本，急求所以富庶之道，则百姓庶乎可富，而无异于唐、虞、三代也。

以言乎军政之宜修，则河套难复，羌黠于西，变诈之不测，侵掠之不常，驱之不足于兵，守之不足于食，此西方之边事可虑也。阻山川以为固，结流民以为援，鬼出神没，蜂屯蚁聚，此荆襄之诸寇可虑也。丹崖千仞，青壁万重，攻之则据险，守之则废时，此两广之诸寇可虑也。团聚山砦，流俘乡邑，我进则彼去，我退则彼来，此川蜀之诸寇可虑也。夷狄之梗化，固可虑矣，然服之有其道焉。大要在于修内治，布恩信，急务在于择将帅，足兵食。内治不修，则根本不固。恩信不立，则人心不服。将帅非人，则敌人不畏，士卒不附。兵食不足，则士气不振，众心不守。欲修内治，在于戒逸乐，足民用，任君子，退小人。欲布恩信，在于宥胁从，绥降款。欲得将帅，在于收人望，专委任，戒欺罔。欲足兵食，在于广屯田，增士兵。逸乐既绝，则主心日正；民用既足，则邦本日固；君子既用，则群策日陈；小人既退，则奸弊日销；胁从既宥，则叛乱日怀；降款既绥，则归附日众；人望既收，则将才日至；委任既专，则将士日奋；欺罔既戒，则赏罚日明；屯田既广，则储蓄日富；士兵既增，则兵力日振，何虑属国之不宾服哉！夷狄之宾服自于上，非务学不能知。臣愿陛下惓惓圣学，以正大本，急求所以宾服之道，则属国庶乎可服，而无异于唐、虞、三代也。

嗟乎！陛下惓惓于唐、虞、三代之治，而臣惓惓勉陛下以唐、虞、三代之学者，诚以大纲之未正，臣不忧也；人伦之不明、风俗之不厚，臣不忧也；百姓之未富庶、夷狄之不宾服，臣不忧也。臣所忧者，陛下之大本虽已正矣，或不能如尧、舜、禹、汤、文、武之光明；陛下之大学虽已讲矣，或不能如尧、舜、禹、汤、文、武之精一。陛下由臣之言，持惓惓图治之心，致惓惓为学之力，如尧、舜，如禹、汤，如文、武，则天理日明，人欲日消，妖艳之色、淫哇之声不足以荡此心，便辟侧媚之言不足以蛊此心，神怪佛老异端之说不足以惑此心，沉湎荒淫盘游之事不足以荒此心，华丽珍怪奇玩之物不足以侈此心，土木刑名征伐之类不足以杂此心，而大本立矣。大本既立，由是大纲可正，万目可举。人伦由是而可明，风俗由是而可厚，百姓由是而可富庶，夷狄由是而可宾服，薄海内外由是而可熙然太和，宗庙由是而可以永安，神器由是而可以永保，圣寿由是而可以永延，祖宗列圣由是而可以增光，二帝三王由是而可以匹休，而汉、唐、宋诸君不足以望陛下之下风也。若大本不立，则虽疲精惫神以求正夫大纲，举夫万目，以遂数者之效，而快陛下之心，亦将徒为文具，而天下之事无一可为者矣，此臣所以欲陛下从事于学也。

然臣之所谓学者，非稽同合异以为博也，非钩深致远以为奇也，非摛章绘句以为美也。臣之所谓学者，即《大学》之道也。是学也，即尧、舜、禹、汤、文、武之所学者也。其目有八，而各有其要。平天下、治国、齐家之要在于修身，修身之要在于正心诚意，正心诚意之要在于致知格物。宋儒衍绎其义以进告其君：齐家之要有四，曰：重妃匹、严内治、定国本、教戚属。修身之要有二，曰：谨言行、正威仪。诚意正心之要有二，曰：崇敬畏、戒逸欲。格物致知之要有四，曰：明道术、辨人才、审治体、察人情。是书也，乃先圣之心法，万古之元龟，制治之良图，保邦之大道。陛下必惓惓于此，昼而诵之，夜而思之。亲近儒臣，质问疑义，毋徒事虚文，毋徒应故事，毋徒闻之于耳而不识之于心，毋徒听之于人而不复之于己，毋徒能之于始而或忽之于终，毋徒讲之于百辟云集之时而即弃之于宫闱深严之地，毋以朝夕而有间，毋以寒暑而有辍。或摘其要语而列之屏帏，或参以祖训而铭之座右。考之于经，证之于史，如某事也，古人以之而治，以之而安，以之而兴，以之而寿，即惕然以省，曰：吾今日之所行有合于此者乎？如某事也，古人以之而乱，以之而危，以之而亡，以之而夭，即惕然以省，曰：吾今日之所为有类于此者乎？念念在此，此念之外无它念，事事在此，此事之外无它事。如是然后可谓之惓惓也。如是然后所存必正念，所出必正言，所行必正道，所亲必正人。如是然后身无有不修，家无有不齐，国无有不治，天下无有不平也。

嗟乎！人主之心，未尝不好治而恶乱也，好安而恶危也，好盛而恶衰也，好寿而恶夭也。然治常少而乱常多，安常少危常多，盛常少衰常多，寿常少夭常多，往往违其所好，蹈其所恶，夫岂其本心哉！以不能惓惓于学而陷于不知故也。如人之疗病，未尝不欲其生而卒至于死者，亦岂其本心哉？以方书不熟而用药不精故也。方今天下之势，如人受病，非不枵然，且大形犹人也。内自心腹五脏，外达四肢百骸，无一毛一发不受病者。识者以为寒心，而庸医谓之曰："安。"病者不悟其非，和之曰："吾无病也。"昔扁鹊见齐桓侯，曰："君有疾，不治将深。"桓侯曰："寡人无疾。"如是者三，扁鹊望见桓侯而走。后五日桓侯病作，召扁鹊，扁鹊已逃去。臣愿陛下以本心为元气，以贤臣为明医，以古圣贤经史、祖宗宝训所载之言为古方，为药石，惧病之将深而预治之，信任明医，熟阅古方，深察脉理，精择药石，节嗜欲，慎防护，日调理其元气，急求病根之所在而铲除之，则元气日固于内，邪气不攻于外，则百病自消，天年自固，何忧寿不如尧、舜，不如禹、汤，不如文、武者乎？及今犹可为也，及今不为，臣恐扁鹊望之而走矣，虽噬脐无及也。唐、虞、三代与我祖宗列圣之大纲无不正，万目无不举，元气本固，客邪难入，病无自而生也。

汉、唐、宋之或大纲正而万目不举，或万目举而大纲不正，元气未固，客邪易奸，随病而施药者也。自唐、虞而三代，自三代而汉、唐、宋，用是道则治，不用是道则乱，用是道则安，不用是道则危，用是道则盛，不用是道则衰，用是道则寿，不用是道则夭，用是道则延长，不用是道则短促。然则是道也，乃世道治乱之所系也，社稷安危之所关也，风化盛衰之所由也，人主夭寿之所本也，国祚长短之所在也，陛下可不大儆于心乎？《易》曰："正其心，万事理，差之毫厘，缪以千里。"董仲舒告武帝曰："尊其所闻则光明矣，行其所知则高大矣。"高大光明不在乎他，惟在乎加之意而已。臣愿陛下加意于臣之言，毋如武帝不加意于仲舒之言也。苏轼对仁宗曰："天下无事，则公卿之言轻如鸿毛，天下有事，则匹夫之言重如丘山。"今天下不可谓无事矣，臣愿陛下不视臣言如鸿毛，而视臣言如丘山，则天下幸甚，生民幸甚。臣俯拾刍荛，上尘天听，不胜战栗之至。臣谨对。

罗伦大魁天下。侯樵《西樵野记·报状元》："江西贡士罗伦，成化丙戌与里人刘忠同赴春闱。发程，以家务所羁，晚至京师，舍馆尽为他人有之。觅一晦室，尘垢绕梁。扫除间，梁上坠下一轴罗素丝笺。舒视之，模糊莫辨，乃以水固浣之。图有一枝梅，上栖双鹊，款书'报状元'三字，罗怀之，圭角勿露。至揭晓，二人皆登第，罗伦则状元也。"梁章钜《制义丛话》卷二十三："（顾亭林）又曰：坊刻有伪作罗伦'致知在格物'一篇，其破题曰：'良知者，廓于学者也。'按：罗文毅中成化二年进士，当时士无异学，使果有此文，则良知之说始于彝正，不始于伯安矣。况前人作破亦无此体，以其为先朝名臣而借之耳。按：俞长城《百二十名家》中尚载此文。"

成、弘间言科目之盛，多以丙戌为首称。《篷轩类记》卷二："成化丙戌科至弘治辛亥，二十六年间，同年在京仕至尚书二人，右都御史一人，侍郎四人，副都御史七人，佥都御史三人，卿三人，少卿一人，通政二人，祭酒二人。在外布政使七人，参政一十五人，参议一十七人，按察使一十一人，副使三十三人，盐运使一人，知府五十七人。虽存亡不一，通计腰金者一百六十六人矣。故近时言科目之盛者，多以丙戌为首称。然其间如罗伦上疏，论李文达夺情起复之非，卒著为令。章懋、黄仲昭、庄昶谏鳌山灯火之戏，陆渊之论陈文谥庄靖之不当，贺钦、胡智、郑已、张进禄辈之劾商文毅、姚文敏，强珍之劾汪直、陈钺，皆气节凛然，表表出色。后来各科，在翰林、科道、部属者，皆无此风，丙戌之科所以为尤盛也。"

据《成化二年进士登科录》，第一甲三名，赐进士及第。履历如下：

罗伦，贯江西吉安府永丰县，民籍，国子生，治《书经》。字应魁，行三，年三十六，正月十一日生。曾祖叔彦。祖永仁。父修大。母李氏，继母严氏。永感下。兄侃、侊。弟俨、杰。娶梁氏。江西乡试第六十八名，会试第三名。

程敏政，贯直隶徽州府休宁县，官籍，□院秀才，治《书经》。字克勤，行一，年二十二，十二月初十日。曾祖杜寿，赠太仆寺卿。祖晟，赠太仆寺卿。父信，兵部左侍郎。母林氏，封淑人。具庆下。弟敏德，敏行。聘李氏。顺天府乡试第二名，会试第十八名。

陆简，贯直隶常州府武进县，军籍，府学增广生，治《诗经》。字廉伯，行一，年二十五，十二月初十日生。曾祖朝宗。祖渊，教谕，赠户部郎中。父恺，户部郎中。母徐氏，赠宜人，继母萧氏，封宜人。重庆下。弟节、筌、策、篪、范。娶池氏。应天府乡试第一名，会试第十五名。

据《成化二年进士登科录》，第二甲九十八名，赐进士出身。履历如下：

季琮，贯浙江杭州府仁和县，匠籍，国子生，治《春秋》。字天球，行一，年三十八，七月十八日生。曾祖佑之。祖维贤。父中。母王氏。永感下。弟璜。娶江氏。浙江乡试第九名，会试第四十一名。

颜瑄，贯直隶常州府江阴县，民籍，县学生，治《诗经》。字宝之，行一，年三十九，正月二十四日生。曾祖明远。祖泽，福建左参政。父让。母朱氏。严侍下。弟珤、璞。娶夏氏。应天府乡试第十九名，会试第十三名。

林瀚，贯福建福州府闽县，军籍，国子生，治《春秋》。字亨大，行三，年三十三，二月二十五日生。曾祖俊。祖观，赠知县。父元美，知府。母郑氏，封孺人。具庆下。兄浚。弟澈、淮、渭。娶黄氏。福建乡试第七十七名，会试第十二名。

刘钰，贯湖广沔阳州人，直隶天津左卫军籍，卫学军生，治《礼记》。字世美，行二，年二十九，三月初一日生。曾祖添佑。祖应祖。父弦。母朱氏。具庆下。兄鉴。娶许氏。顺天府乡试第二十二名，会试第二十六名。

过璘，贯浙江嘉兴府平湖县，军籍，国子生，治《书经》。字大璞，行八，年三十六，六月二十九日生。曾祖焕。祖迪。父訥。母顾氏。永感下。兄椿、萱、庭、俊、瑛。娶俞氏。浙江乡试第四十四名，会试第二百三十三名。

邝文，贯广东广州府南海县，民籍，国子生，治《易经》。字载道，行一，年三十，二月十四日生。曾祖玄庆。祖德巽。父宏。母蒙氏。具庆下。弟才，言。娶林氏。广东乡试第七十四名，会试第一百二十三名。

张鼎，贯陕西西安府咸宁县军籍，国子生，治《易经》。字大器，行一，年三十六，二月十六日生。曾祖恭谅。祖秉文。父廉，知州。母王氏。慈侍下。弟鼐，鼒。娶许氏。陕西乡试第五十五名，会试第三十三名。

包文，贯福建泉州府晋江县，军籍，府学生，治《春秋》。字载道，行二，年二十五，四月十三日生。曾祖彦初。祖本一。父邦绍。母王氏。具庆下。兄尚周。娶何氏。福建乡试第三名，会试第二百八名。

张黻，贯直隶徽州府婺源县，军籍，国子生，治《春秋》。字致美，行二，年四十一，六月十八日生。曾祖裕。祖员。父思忠。母邢氏。永感下。兄黼。娶李氏。应天府乡试第一百八名，会试第二百八十八名。

罗明，贯福建延平府南平县，军籍，国子生，治《春秋》。字文昭，行二，年三十八，二月十五日生。曾祖仲友。祖敀远。父永龄。前母张氏，母王氏。慈侍下。兄聪。弟睿，生员。娶叶氏。福建乡试第一百二十四名，会试第三百三十九名。

石渠，贯直隶淮安府清河县，民籍，县学生，治《书经》。字翰卿，行四，年二十九，十二月二十一日生。曾祖光著，知州。祖希永，知县。父詹甫，按察司检校。母卜氏。具庆下。兄震、有、盥。弟鼎、印。娶邓氏。应天府乡试第三十三名，会试第三百三十五名。

林克贤，贯浙江台州府黄岩县，民籍，国子生，治《书经》。字一中，行一，年三十六，八月十三日生。曾祖周民。祖仕浩。父居止。母胡氏。具庆下。弟克宁，克乾。娶陈氏。浙江乡试第八十二名，会试第一百十名。

朱铎，贯顺天府大兴县，民籍，国子生，治《诗经》。字文鸣，行一，年三十一，十月初八日生。曾祖兴，元千户。祖敬，序班。父谦，通政司知事。母吴氏，继母王氏、李氏。具庆下。弟铨、铉。娶赵氏。顺天府乡试第二十五名，会试第三百二十六名。

娄谦，贯江西广信府上饶县，民籍，府学生，治《书经》。字克让，行五，年三十一，八月二十日生。曾祖子福。祖德华。父思显。嫡母杨氏，生母郑氏。慈侍下。兄譓；谅，训导。娶马氏。江西乡试第二十一名，会试第一百六十一名。

张弼，贯直隶松江府华亭县，民籍，国子生，治《诗经》。字汝弼，行二，年四十二，二月初八日生。曾祖庠。祖子英。父熊应。母胡氏。严侍下。兄汝辅。弟汝匡、汝翼、汝微。娶王氏。应天府乡试第一百五十七名，会试第九十四名。

张文，贯直隶扬州府泰州，民籍，州学生，治《诗经》。字存简，行七，年四十一，五月十五日生。曾祖德林。祖仲信。父顾，助教。母成氏，继母许氏。慈侍下。兄敩、敞、敬、征、仿。弟彻、孜、叙、敦、敷。娶刘氏。应天府乡试第一名，会试第三十八名。

章懋，贯浙江金华府兰溪县，民籍，国子生，治《易经》。字德懋，行十，年三十，十二月二十八日生。曾祖叔良。祖邦和。父申甫。母吴氏。具庆下。弟忞、憝。娶郭氏。浙江乡试第三名，会试第一名。

陈鹤，贯江西吉安府泰和县，军籍，县学生，治《易经》。字在皋，行二，年三十，十月二十一日生。曾祖文则。祖子仁。父善敬。母赵氏。具庆下。兄凤，教谕。弟鹗。娶康氏。江西乡试第二十二名，会试第二百一名。

张琳，贯浙江绍兴府余姚县，民籍，儒士，治《书经》。字天瑞，行五，年三十，四月十二日生。曾祖原宗。祖仲升。父才，教谕。母夏氏。具庆下。娶顾氏。浙江乡试第六十四名，会试第二百五十一名。

贺钦，贯浙江宁波府定海县人，辽东广宁后屯卫官籍，武生，治《诗经》。字克恭，行八，年三十，三月十一日生。曾祖瑞卿。祖志德。父孟员。前母张氏，母郭氏。慈侍下。兄祥，百户；祯；祺；福；禄；禬；礼。弟褙。娶席氏。山东乡试第二名，会试第一百八十四名。

杨廷贵，贯四川顺庆府广安州岳池县，民籍，县学生，治《诗经》。字汝弼，行二，年三十，十二月十二日生。曾祖信，知县。祖亨。父颜。母陈氏。具庆下。兄廷富。弟廷用。娶乐氏。四川乡试第二十四名，会试第三百四十二名。

鲍克宽，贯直隶凤阳府寿州人，兖州护卫官籍，国子生，治《易经》。字栗之，行二，年二十七，九月二十五日生。曾祖同，元万户，任指挥同知。祖藻，赠指挥佥事。父珣，指挥佥事。母徐氏，封恭人。具庆下。兄克恭，贡士。弟克信、克敏、克惠。娶孔氏，继娶魏氏。山东乡试第二十六名，会试第二百七十名。

舒清，贯江西饶州府德兴县，军籍，县学生，治《易经》。字本直，行十，年二十六，二月十二日生。曾祖仲吾。祖昭远。父琥。母王氏。具庆下。兄洪。弟泽、沧、浥、溁、津。娶程氏。江西乡试第十二名，会试第二十五名。

毕宗贤，贯直隶常州府武进县，匠籍，府学生，治《诗经》。字士希，行二，年二十九，四月二十八日生。曾祖惟敬。祖思文。父昂。母姚氏。具庆下。兄宗广。弟宗道、宗德。娶屠氏。应天府乡试第十六名，会试第二百七十八名。

李杰，贯直隶苏州府常熟县，军籍，国子生，治《诗经》。字世贤，行一，年二十四，八月初五日生。曾祖居仁。祖公济。父希润。母徐氏。重庆下。弟值、俶。娶章氏。应天府乡试第一百四名，会试第二百十一名。

王玶，贯顺天府大兴县，民籍，国子生，治《书经》。字信之，行二，年三十四，正月二十三日生。曾祖成。祖福顺。父勋，教授。母孟氏。具庆下。兄璔。弟璔，户部主事。娶杨氏。顺天府乡试第十二名，会试第六十七名。

钱山，贯直隶滁州，军籍，州学生，治《易经》。字静夫，行一，年三十三，八月十六日生。曾祖润甫。祖大通。父景华。母刘氏。具庆下。娶黄氏。应天府乡试第二十四名，会试第六名。

瞿瑛，贯河南洛阳县人，太医院医籍，国子生，治《春秋》。字廷光，行二，年二十八，三月初七日生。曾祖伯常，医学正科。祖曡，医士。父观，御医。母庞氏。具庆下。兄瑄，进士。娶颜氏，继娶董氏。顺天府乡试第八十七名，会试第一百七十名。

徐容，贯直隶苏州府昆山县，民籍，国子生，治《诗经》。字文量，行一，年三十一，十月初一日生。曾祖福。祖继宗。父裕。母陈氏。具庆下。弟宏。娶张氏。应天府乡试第二十一名，会试第一百八十七名。

杨理，贯直隶淮安府山阳县，民籍，国子生，治《礼记》。字贯之，行五，年三十五，十月二十四日生。曾祖宗元。祖得清。父克彰。母刘氏。严侍下。兄琪、琳、琎、玺。弟珍。娶金氏。应天府乡试第四十七名，会试第二百九十九名。

张渊，贯应天府江宁县，锦衣卫军籍，国子生，治《春秋》。字宗本，行二，年三十八，四月十五日生。曾祖谷英。祖公亮。父颢。母周氏。慈侍下。兄海，弟淳、浚。娶虞氏。顺天府乡试第八名，会试第一百五十三名。

陈岳，贯福建兴化府莆田县，民籍，国子生，治《书经》。字孟中，行三，年三十九，正月十三日生。曾祖士中，赠监察御史。祖道潜，监察御史。父公亮。嫡母余氏，生母许氏。具庆下。兄孟博、孟严。娶张氏。福建乡试第十四名，会试第一百二十六名。

江璞，贯江西广信府贵溪县，民籍，国子生，治《礼记》。字伯温，行六，年二十六，二月十八日生。曾祖应奎。祖云从。父汉。前母张氏，母黄氏。慈侍下。兄琪、璘、玉、瑚、琏。娶周氏。江西乡试第五名，会试第二百七十九名。

彭善，贯江西吉安府安福县，民籍，国子生，治《春秋》。字彦积，行十，年三十八，四月十六日生。曾祖伯枢。祖同升，赠刑部主事。父进邻。母李氏。慈侍下。兄参和、参庆、参元。弟彦充，礼部主事；华，翰林编修；礼，贡士。娶欧阳氏。江西乡试第四十二名，会试第八十五名。

柳琰，贯直隶扬州府仪真县，民籍，县学生，治《书经》。字邦用，行二，年三十，九月十七日生。曾祖仲得。祖裕。父让。母朱氏。慈侍下。兄瑀。弟瓒、琼、现、珊。娶殷氏。应天府乡试第十二名，会试第三百十三名。

俞俊，贯直隶扬州卫，官籍，江都县学生，治《诗经》。字舜卿，行三，年三十，正月十五日生。曾祖思中。祖文友。父永贵，百户。前母尚氏，母张氏。永感下。兄庆，百户；英。弟杰。娶崔氏。应天府乡试第六十八名，会试第二百六十九名。

徐完，贯应天府江宁县，官籍，国子生，治《易经》。字用美，行三，年三十一，十月初三日生。曾祖以诚。祖文质。父昱，南京国子监助教。母顾氏。具庆下。兄溥、浚。弟宽、泰。娶金氏。应天府乡试第三十四名，会试第四十四名。

吴玉，贯四川成都府内江县，民籍，国子生，治《书经》。字廷献，行三，年四十一，十月二十日生。曾祖胜渊。祖贤，贡士。父仲性。母甘氏。永感下。兄昺、昂。弟逊、道。娶祝氏。四川乡试第五十名，会试第四十七名。

詹雨，贯浙江处州府松阳县，民籍，县学生，治《书经》。字天泽，行六，年二十九，六月初五日生。曾祖钧玘。祖国方。父景威，主簿。前母张氏，母尘氏。慈侍下。兄熙、皞、寿、海、轮。弟宝。娶金氏。浙江乡试第七名，会试第三十七名。

陆渊之，贯浙江绍兴府上虞县人，留守中卫军籍，国子生，治《诗经》。字克深，行四，年二十三，八月二十九日生。曾祖仲彰。祖士衡。父全，仓副使。母周氏。慈侍下。兄义之，译字官；信之；浩之。娶周氏。顺天府乡试第一百二名，会试第二名。

毕用，贯山东兖州府巨野县人，辽东定辽前卫官籍，武生，治《书经》。字廷用，行一，年二十五，十一月初二日生。曾祖通。祖隆。父清。母乔氏，继母完氏。具庆下。聘张氏。山东乡试第六十四名，会试第一百六名。

林凤，贯浙江温州府乐清县人，锦衣卫官籍，国子生，治《诗经》。字应道，行一，年二十七，十月初六日生。曾祖子俊。祖茂。父峦，锦衣卫百户。母张氏。具庆下。娶王氏。顺天府乡试第四十六名，会试第九十七名。

李锦，贯陕西西安府泾阳县，民籍，国子生，治《春秋》。字尚䌷，行四，年三十四，十一月二十七日生。曾祖清甫。祖秉中。父思绎。母潘氏。慈侍下。兄视远；视明，听选官；视诚。娶曹氏。陕西乡试第四名，会试第五十四名。

黄仲昭，贯福建兴化府莆田县，民籍，府学增广生，治《诗经》。字仲昭，行二，年三十二，二月二十七日生。曾祖文圭，封工部主事。祖寿生，检讨，赠知县。父子嘉，知县。母郑氏，封孺人。具庆下。兄深，监察御史。娶罗氏。福建乡试第六名，会试第一百七十九名。

谢文祥，贯湖广衡州府耒阳县，军籍，国子生，治《诗经》。字元吉，行五，年三十四，十月十四日生。曾祖仲和。祖永昌。父必贤，知州。前母刘氏、萧氏，母杨氏。永感下。兄文泰；文善，贡士；文汉；文宪。娶李氏。湖广乡试第二十八名，会试第五十三名。

戴缙，贯广东广州府南海县，民籍，国子生，治《易经》。字子容，行一，年四十，十一月十二日生。曾祖济。祖以信。父珽，训导。母李氏。永感下。弟纮，举人；纨，举人；绅。娶周氏。广东乡试第三十一名，会试第三百一名。

叶廷荣，贯浙江台州府临海县，民籍，国子生，治《诗经》。字尚本，行三，年三十一，十月十六日生。曾祖文礼。祖孝先，赠刑部主事。父恩，前知府。嫡母龚氏，封安人，生母毕氏。具庆下。兄最、荫。弟硕、华、森。娶陈氏。浙江乡试第二十七名，会试第一百二十名。

林敷，贯福建兴化府莆田县，民籍，国子生，治《诗经》。字从宽，行十一，年三十七，五月初二日生。曾祖宗大。祖震。父庭芳，知县。前母郑氏、杨氏，母时氏。慈侍下。兄敦；征；荣，监察御史；敬；敢。娶王氏。福建乡试第六十三名，会试第二百七十四名。

郑昱，贯浙江衢州府常山县，民籍，国子生，治《书经》。字时晖，行二，年四十，六月二十一日生。曾祖均保。祖肇。父公勉，县丞。母江氏。严侍下。兄晃。弟昇、炅、昺、昂、暠。娶余氏。浙江乡试第二十六名，会试第二百七十五名。

张敏，贯江西临江府清江县人，锦衣卫军籍，国子生，治《诗经》。字志学，行一，年二十六，七月初十日生。曾祖继荣。祖文质。父以实。母王氏。重庆下。娶胡氏。顺天府乡试第十名，会试第二百六十三名。

杨溥，贯山东莱州掖县人，直隶德州左卫军籍，州学生，治《礼记》。字公溥，行一，年三十一，十月二十七日生。曾祖克仁。祖伯原。父胜。母吕氏。具庆下。娶韩氏。山东乡试第五名，会试第十九名。

徐九思，贯浙江湖州府德清县，民籍，县学生，治《诗经》。字一卿，行三，年二十六，九月初四日生。曾祖居义。祖度。父廷谟。母蒋氏。重庆下。兄九龄、九鼎。弟九成、九万。娶王氏。浙江乡试第四名，会试第一百九十九名。

薛为学，贯直隶常州府武进县，民籍，县学生，治《诗经》。字志渊，行一，年三十一，七月十一日生。曾祖浩之。祖希贤。父瑄。母史氏。重庆下。弟承学、进学、性学、来学。娶金氏。应天府乡试第二十六名，会试第二百八十三名。

李璋，贯江西吉安府安福县，民籍，国子生，治《春秋》。字廷章，行七，年二十八，四月二十日生。曾祖伯魁，赠右侍郎。祖遵武，赠右侍郎。父绍，礼部右侍郎。母曾氏，赠淑人。严侍下。兄瑰；珇，监生。弟琎、琛、璠。娶刘氏。江西乡试第八十二名，会试第二百七十七名。

诸观，贯浙江绍兴府余姚县，民籍，儒士，治《礼记》。字民瞻，行四，年三十六，二月初三日生。曾祖闻卿。祖仲德。父孟武。母项氏。严侍下。兄聪、杰、纶。娶徐氏。浙江乡试第四十一名，会试第一百三十九名。

戴僖，贯江西吉安府永新县，民籍，县学增广生，治《易经》。字大节，行三，年三十五，八月十六日生。曾祖经拳。祖文衍。父笃祜。前母周氏，母谢氏，继母龙氏。慈侍下。兄俔、侨。弟份。娶龙氏。江西乡试第三十八名，会试第一百三十八名。

张诰，贯直隶松江府华亭县，民籍，国子生，治《诗经》。字汝钦，行一，年三十四，正月二十三日生。曾祖天佑。祖仲清。父逊。母佘氏。具庆下。娶谢氏。应天府乡试第一百十一名，会试第三百三十七名。

毕瑜，贯江西广信府贵溪县，军籍，国子生，治《礼记》。字廷珩，行十九，年三十一，十二月初一日生。曾祖益芳。祖德兴。父渊，监生。前母翁氏，母李氏。慈侍下。兄琎、璘、琏、璞。娶方氏。江西乡试第十九名，会试第四十八名。

张玉，贯直隶河间府景州吴桥县，民籍，国子生，治《诗经》。字廷赟，行一，年三十，正月初一日生。曾祖士能。祖翔，运司同知。父本。母许氏。慈侍下。弟珍、瑄、瓘、琥、环、琚。娶周氏。顺天府乡试第二百三十三名，会试第一百六十二名。

邹袭，贯江西吉安府永新县人，山东济南卫军籍，国子生，治《春秋》。字继芳，行二，年三十二，十月二十六日生。曾祖惟敬。祖钧。父俊。母张氏。慈侍下。兄橡。弟裀。娶潘氏。山东乡试第四十九名，会试第三百四十七名。

赵珬，贯福建泉州府晋江县，军籍，府学生，治《礼记》。字德用，行二，年二十七，四月十一日生。曾祖永能。祖秉阳。父廷焕。母林氏。永感下。兄宪。弟亮、寅、辅。娶张氏。福建乡试第一名，会试第一百三十四名。

林孟和，贯福建兴化府莆田县，民籍，国子生，治《诗经》。字汝和，行一，年二十九，九月初六日生。曾祖崇德。祖体逊。父瑄，教谕。母朱氏。具庆下。弟仲光、仲熹、照、公冶。娶郑氏，继娶翁氏。福建乡试第四十二名，会试第七名。

魏景钊，贯顺天府东安县，民籍，国子生，治《诗经》。字大用，行一，年二十九，十二日生。曾祖良。祖整。父仲实。母张氏，继母曹氏。具庆下。娶张氏。顺天府乡试第六十三名，会试第三百三十名。

庞常，贯四川泸州，民籍，国子生，治《书经》。字秉彝，行四，年三十六，五月二十三日生。曾祖均郁。祖德贵。父仁，义民。前母朱氏，母何氏。永感下。兄福、禄、济。弟良、澄。娶史氏。四川乡试第三十名，会试第一百四十五名。

梅愈，贯江西九江府湖口县，民籍，国子生，治《书经》。字宗韩，行四，年三十三，三月十二日生。曾祖寿二。祖志和。父清。前母方氏，母曹氏。具庆下。兄懋、聪、庆。娶谢氏。江西乡试第六名，会试第八十三名。

刘策，贯顺天府大兴县人，广西桂林中卫军籍，国子生，治《易经》。字尚谟，行三，年二十七，十一月十一日生。曾祖庆。祖端。父俊。母傅氏。具庆下、兄本，同科进士；立，义官。弟昱。娶吴氏。广西乡试第十六名，会试第七十名。

陈廷琏，贯湖广长沙府攸县，军籍，国子生，治《书经》。字宗器，行三，年二十六，十二月初八日生。曾祖寿卿。祖德新，监生。父鉴，医学训科。母彭氏。重庆下。兄廷珪，生员；廷璋。弟廷瑁，生员；廷瑶；廷瓘；廷璲。聘兰氏。湖广乡试第十八名，会试第三百二十三名。

张岫，贯山西平阳府解州安邑县，民籍，河东运司学生，治《书经》。字九云，行一，年三十一，三月十四日生。曾祖从古。祖立道。父琦，知县。母吕氏。慈侍下。弟巍、岚、岳。娶孙氏。山西乡试第三十一名，会试第一百四十名。

王宗彝，贯直隶保定府束鹿县，军籍，县学生，治《诗经》。字表伦，行五，年三十一，四月二十二日生。曾祖璧。祖绪。父文。母赵氏。永感下。兄敬、元、中、宸。弟宗弼。娶封氏。顺天府乡试第三十四名，会试第二百二十六名。

朱文环，贯福建兴化府莆田县，民籍，儒士，治《诗经》。字文佩，行一，年三十六，三月十二日生。曾祖禄。祖天保。父师渊。母翁氏。具庆下。弟文琳。娶曾氏，继娶陈氏。福建乡试第三十七名，会试第一百二十七名。

劳玭，贯浙江嘉兴府崇德县，民籍，国子生，治《诗经》。字汝明，行三，年三十七，五月初七日生。曾祖均让。祖彦纲。父庭芳。母王氏。慈侍下。兄汝声。弟汝良。娶凌氏。浙江乡试第八十三名，会试第二百九十六名。

宋应奎，贯江西吉安府吉水县，官籍，国子生，治《书经》。字尔章，行一，年三十三，四月十一日生。曾祖若景，赠长史。祖子环，进士、吏部郎中。父怀，进士、尚宝司卿。母胡氏，封宜人。慈侍下。弟应璧，应祯。娶周氏。江西乡试第一百九十三名，会试第二百三十九名。

吴禋，贯湖广永州府零陵县，军籍，国子生，治《礼记》。字克诚，行七，年三十六，四月二十日生。曾祖云。祖仲允。父政。母黄氏。永感下。兄祯、祥、佑、祺、禧、裕。娶左氏。湖广乡试第五十八名，会试第二百二十七名。

邵有良，贯浙江绍兴府余姚县，民籍，县学增广生，治《礼记》。字维贞，行五，年三十四，十月初四日生。曾祖彦辉。祖仲鲁。父伟。母陈氏。严侍下。兄有信、有容。弟有文。娶潘氏。浙江乡试第五十九名，会试第一百二十九名。

吴志，贯浙江处州府遂昌县，民籍，县学生，治《易经》。字味道，行八，年二十九，十一月二十五日生。曾祖伯贞。祖人济，赠工部员外郎。父绍生，员外郎。前母王氏，赠宜人，母章氏，封宜人。慈侍下。兄敦。娶王氏。浙江乡试第八名，会试第一百五十八名。

商良臣，贯浙江严州府淳安县，民籍，国子生，治《书经》。字懋衡，行二，年三十，七月初六日生。曾祖敬中，赠侍郎。祖仲瑄，赠侍郎。父辂，前兵部侍郎、翰林学士。母卢氏，前封淑人。具庆下。兄廷广。弟良辅。娶蒋氏，继娶齐氏。浙江乡试第十六名，会试第九十八名。

罗信佳，贯浙江宁波府慈溪县，民籍，国子生，治《诗经》。字邦彦，行十四，年四十一，十二月十八日生。曾祖真卿。祖礼达。父智能。嫡母姚氏，生母陈氏。永感下。弟信才，贡士。娶刘氏。浙江乡试第十九名，会试第二百二十八名。

潘祯，贯浙江台州府天台县，民籍，国子生，治《书经》。字应昌，行一，年三十二，六月初□日生。曾祖叔安。祖伯庄。父伟，教授。母张氏。具庆下。弟祥、禳、祺。娶陈氏。浙江乡试第十三名，会试第二百十四名。

陈蕙，贯直隶常州府江阴县，军籍，国子生，治《诗经》。字国英，行二，年三十八，七月二十五日生。曾祖思敬。祖公鼎。父汝贤，封刑部主事。母顾氏，封宜人。具庆下。兄兰，按察司佥事。弟薰，义官；芸。娶薛氏，继娶段氏。应天府乡试第五十三名，会试第七十三名。

侯恂，贯陕西西安府同州白水县，民籍，国子生，治《诗经》。字诚之，行二，年二十八，四月二十七日生。曾祖仲良。祖文礼。父复，教谕。母马氏。慈侍下。兄祥。弟怡。娶秦氏。陕西乡试第二十二名，会试第一百八十二名。

李元，贯江西吉安府安福县，民籍，国子生，治《春秋》。字修德，行十二，年二十八，正月十六日生。曾祖叔恭。祖存纪。父资政。母邓氏。具庆下。兄修伟、修仪。弟修正。娶□氏。江西乡试第四十五名，会试第一百八名。

郑已，贯浙江宁波府鄞县人，直隶山海军籍，卫学□□，治《易经》。字克修，行二，年二十九，三月□□□。曾祖道荣。祖子敬。父弘。母何氏。慈侍下。兄纲。娶乔氏，继娶张氏。顺天府乡试第八名，会试第十一名。

丘俊，贯直隶扬州府江都县，军籍，县学生，治《诗经》。字汉英，行一，年二十五，九月二十日生。曾祖克文。祖允中。父景荣。母刘氏。具庆下。弟仪、侃、伦、仁、信、何。娶蒋氏。应天府乡试第一百二十二名，会试第二百六十五名。

周翰，贯江西抚州府崇仁县，民籍，国子生，治《诗经》。字良弼，行二，年三十，六月二十九日生。曾祖太谦。祖公辅。父邦显。母袁氏。重庆下。兄良器。弟良覆、良载。娶余氏。江西乡试第二十三名，会试第一百二十六名。

曾麒，贯江西抚州府乐安县，军籍，县学生，治《诗经》。字祥兆，行一，年三十五，七月二十七日生。曾祖鲁瞻。祖益广。父俊德。母聂氏。永感下。弟祥贡。娶□氏。江西乡试第七十六名，会试第六十九名。

万绣，贯江西吉安府安福县，民籍，县学增广生，治《春秋》。字公锦，行十六，年三十六，五月□□日生。曾祖启吾，元巡检。祖静安。父霁，进士，知县。母刘氏。永感下。兄纪、纲、练、绩。弟绎。娶王氏。江西乡试第三十一名，会试第二百十九名。

张海，贯山东济南府德州，民籍，国子生，治《书经》。字文渊，行二，年三十一，五月十二日生。曾祖义。祖鹏举。父忠。母李氏。慈侍下。兄激，洋。弟江，澜。娶潘氏。山东乡试第一名，会试第八名。

齐章，贯直隶永平府滦州人，燕山左卫官籍，国子生，治《诗经》。字应璧，行三，年二十九，七月二十三日生。曾祖进中。祖贵，赠指挥佥事。父安，指挥佥事。母郭氏，封恭人。具庆下。兄文，贡士；端。娶张氏。顺天府乡试第九十七名，会试第二百四十二名。

余祈繁，贯福建兴化府莆田县，军籍，县学增广生，治《诗经》。字汝盛，行一，年二十九，十月二十五日生。曾祖士彦，祖仲恭，父存理，母吴氏，具庆下，弟祈华，娶□氏。福建乡试第六名，会试第四十六名。

金蕭，贯直隶苏州府吴江县人，武功中卫军匠籍，国子生，治《书经》。字公器，行三，年三十八，十二月□□日生。曾祖四翁。祖仲铭。父福成。母张氏。永感下。兄鼎、蕭。弟增。娶解氏。顺天府乡试第五十一名，会试第一百十一名。

王辅，贯浙江嘉兴府海盐县人，辽东广宁左屯卫军籍，国子生，治《诗经》。字时佐，行二，年三十二，十二月十二日生。曾祖俊卿。祖文智。父聪。嫡母倪氏，生母黄氏。慈侍下。兄宣。娶吴氏。山东乡试第三名，会试第三十六名。

谈俊，贯浙江湖州府德清县，民籍，县学生，治《书经》。字时英，行一，年三十，五月初六日生。曾祖文礼。祖思忠，冠带。父彦诚。母魏氏。重庆下。弟杰、伦、仁。娶张氏。浙江乡试第二十八名，会试第三百十五名。

徐庄，贯浙江严州府寿昌县，民籍，国子生，治《春秋》。字敬夫，行二，年三十一，六月初四日生。曾祖善。祖德铭，知县。父志昂。母范氏。慈侍下。兄观，弟夔、菖、茏、荛、巃、萄、莃。娶李氏。浙江乡试第八十四名，会试第二十七名。

张钝，贯陕西西安府长安县，医籍，县学增广生，治《春秋》。字寿夫，行三，年二十二，正月二十日生。曾祖在中。祖润芳，正科，赠给事中。父璇，工科左给事中。母马氏，封孺人。具庆下。兄铉，监生；鈜。弟铗、鉼、錞、镐、镠、鐩、釪、镇。娶杨氏。陕西乡试第十名，会试第一百九十名。

孔举，贯直隶庐州府舒城县，民籍，国子生，治《诗经》。字舜卿，行一，年三十四，七月初十日生。曾祖希文，训科。祖询。父敷。母宗氏。具庆下。娶胡氏。应天府乡试第六名，会试第一百二十五名。

高弼，贯山东东昌府高唐州武城县，民籍，县学生，治《书经》。字良佐，行二，年三十二，八月二十五日生。曾祖得新。祖有才。父育，县主簿。母孙氏，继母辛氏。具庆下。兄弘。弟弦。娶傅氏。山东乡试第五十六名，会试第三百二名。

马岱，贯直隶扬州府江都县，军籍，国子生，治《易经》。字伯瞻，行一，年三十三，四月十九日生。曾祖文英。祖士敬。父宗实。母周氏，继母徐氏。具庆下。弟屺；崘；仙；峘，生员；峪；岚；岫；岘。娶□氏。应天府乡试第七十五名，会试第一百一十六名。

柯燉，贯福建兴化府莆田县，盐籍，县学生，治《诗经》。字在亨，行三，年二十六，三月□□日生。曾祖伯益。祖守衍。父文甫。母林氏，继母林氏。具庆下。兄姚。弟燿、炜。娶李氏。福建乡试第三十五名，会试第二百五名。

据《成化二年进士登科录》，第三甲二百五十二名，赐同进士出身。履历如下：

刘烜，贯江西饶州府安仁县，军籍，国子生，治《春秋》。字用光，行十一，年三十二，七月初九日生。曾祖伯丰。祖企源。父九万。母吴氏。慈侍下。弟炼。娶□氏。江西乡试第六十七名，会试第三百二十四名。

张正，贯浙江海盐县人，云南大理卫军籍，国子生，治《书经》。字中立，行一，年三十三，五月二十六日生。曾祖国珍。祖景福。父僖。母金氏。慈侍下。娶吕氏。云南乡试第一名，会试第二十一名。

邵智，贯广东广州府南海县，军籍，顺德县学增广生，治《书经》。字廷鉴，行二，年三十八，九月二十五日生。曾祖宗理。祖祖德。父康惠。母梁氏。慈侍下。兄信。娶周氏。广东乡试第八名，会试第一百四十一名。

张谦，贯直隶保定府清苑县，军籍，府学生，治《诗经》。字益之，行一，年二十五，五月初四日生。曾祖材兴。祖旺。父纲，监生。母王氏。具庆下。弟让、谨、诚。娶龙氏。顺天府乡试第六十七名，会试第一百四十七名。

江孟纶，贯四川重庆府江津县，民籍，国子生，治《春秋》。字廷叙，行三，年三十九，十一月十二日生。曾祖必达。祖英，云南左参政。父浩。母莫氏。慈侍下。兄经、庸。弟卿、祺、矗、琼。娶李氏，继娶邓氏。四川乡试第七十五名，会试第二百八十二名。

邢谨，贯顺天府三河县，民籍，国子生，治《易经》。字汝敬，行一，年三十四，九月十五日生。曾祖德良。祖仲和。父贵。母刘氏。具庆下。娶胡氏，继娶胡氏。顺天府乡试第十七名，会试第一百三名。

马震，贯河南卫辉府汲县，民籍，国子生，治《书经》。字启东，行一，年三十八，二月十四日生。曾祖子实。祖良，教授。父祥，知县。母张氏，继母邢氏。永感下。弟谦、节。娶尹氏。河南乡试第三十一名，会试第二百四十九名。

魏秉，贯陕西西安府华州蒲城县，民籍，国子生，治《礼记》。字执中，行四，年三十五，三月二十二日生。曾祖仕廉。祖宗让。父振。母汝氏。具庆下。兄安、亨、祥。弟廷、泰、善。娶吕氏。陕西乡试第五十一名，会试第一百九十六名。

傅希说，贯山东东昌府高唐州武城县，民籍，国子生，治《易经》。字商佐，行一，年三十五，六月二十三日生。曾祖景祥。祖石冈。父春。母李氏，继母刘氏。具庆下。弟希俊。娶于氏。山东乡试第七名，会试第三百名。

陈琦，贯直隶苏州府吴县人，太医院籍，监生，治《诗经》。字粹之，行二，年二十八，二月初九日生。曾祖孚敏。祖纪。父茂。母钱氏，继母张氏。具庆下。兄琳。弟瑄。娶吴氏。顺天府乡试第十二名，会试第五十二名。

方辂，贯浙江嘉兴府平湖县，民籍，国子生，治《书经》。字洪载，行三，年三十四，八月二十四日生。曾祖大有。祖敬。父宽。母沈氏。具庆下。兄璠、珙。弟璿。娶杨氏。浙江乡试第五十六名，会试第二百八十五名。

王进，贯浙江绍兴府上虞县，民籍，国子生，治《诗经》。字莘臣，行十，年三十二，九月十八日生。曾祖善庆。祖友直。父煮。母何氏。严侍下。兄达、遂、迥、述、适。娶潘氏。浙江乡试第七十一名，会试第三百二十一名。

江沂，贯福建建宁府建安县，民籍，国子生，治《春秋》。字本达，行一，年三十九，七月十八日生。曾祖升。祖贞，给事中。父镛。母李氏。永感下。娶刘氏。应天府乡试第十七名，会试第三百四十九名。

刘镃，贯江西吉安府安福县，民籍，国子生，治《春秋》。字仗时，行十，年三十七，七月初五日生。曾祖子定。祖伯文，赠礼部主事。父求矩。母王氏。永感下，兄钺，建宁知府；镐；锐，国子学录；釪，按察司副使；铣；镛。弟镜、钦。娶王氏。江西乡试第五十八名，会试第一百三十二名。

刘瑀，贯直隶保定府蠡县，民籍，国子生，治《诗经》。字汝器，行六，年三十六，四月十二日生。曾祖福觉。祖士美。父亨，典史。母李氏。慈侍下。兄政、俊、璇、玑、琼。娶杨氏。顺天府乡试第七十四名，会试第三百十名。

张静，贯四川眉州彭山县，军籍，国子生，治《诗经》。字安之，行一，年三十六，十二月二十八日生。曾祖必旺。祖思明。父义方。母邓氏。严侍下。弟用之、寅之、翼之、亹之、亶之。娶李氏。四川乡试第十六名，会试第一百七十二名。

魏政，贯浙江衢州府西安县人，山西太原前卫军籍，国子生，治《春秋》。字以德，行一，年三十一，十月十六日生。曾祖伯安。祖真。父能。母张氏。具庆下。弟敬、敩、敘。娶张氏。山西乡试第二十名，会试第九十六名。

何淳，贯浙江严州府淳安县，民籍，国子生，治《书经》。字尚质，行三，年三十五，六月十七日生。曾祖遇。祖思道。父昌同。母王氏。具庆下。兄祖恩、祖让。弟祖诚。娶邵氏。浙江乡试第二名，会试第七十六名。

游佐，贯广东广州府南海县，民籍，国子生，治《书经》。字汝弼，行四，年三十四，二月十六日生。曾祖文瑞。祖与贤。父迪。母陆氏。慈侍下。兄炯；方，驿丞；明。娶罗氏。广东乡试第十三名，会试第二百五十九名。

胡敬，贯直隶徽州府歙县，民籍，国子生，治《礼记》。字文恭，行五，年三十六，三月初十日生。曾祖添寿。祖德义。父永忠。母吴氏。具庆下。兄荣、贵、悦、智。娶王氏，继娶梁氏。应天府乡试第一百七十名，会试第三百二十八名。

朱汉，贯江西瑞州府高安县，民籍，国子生，治《诗经》。字景云，行五，年三十三，九月十四日生。曾祖师古。祖孟瞻。父尚节。母唐氏。具庆下。兄海、渊、溥。弟源。娶杨氏。江西乡试第七十九名，会试第一百六十九名。

孙敬，贯山东青州府安丘县，民籍，国子生，治《易经》。字一之，行三，年三十五，三月初五日生。曾祖公美。祖士贤。父福。母高氏。慈侍下。兄泰、通。娶张氏。山东乡试第五十二名，会试第一百二十一名。

萧龙，贯广东潮州府潮阳县，民籍，国子生，治《书经》。字宜中，行一，年三十三，六月十六日生。曾祖贵辰。祖仕林。父景锐。母范氏。慈侍下。弟清，监生；瑝；瑀；璧；玺；雍；瑜；佑；禄。娶郑氏。广东乡试第五十四名，会试第二百六十七名。

章镒，贯浙江鄞县人，顺天府大兴县富户籍，国子生，治《易经》。字元益，行五，年二十六，九月初八日生。曾祖礼荣。祖杰。父经。母陈氏。具庆下。兄锜、镕、锐。弟铎、铨、铣、钜、鉴、铠、钊、铭、钺。娶袁氏。顺天府乡试第五十一名，会试第四十二名。

李观，贯浙江温州府永嘉县，军籍，国子生，治《诗经》。字时容，行一，年四十，三月初八日生。曾祖文彬。祖景新。父琏。母周氏。严侍下。弟俭、伦、儇、佐、亿。娶林氏。浙江乡试第四十名，会试第一百四十四名。

何纯，贯江西临江府新淦县，民籍，县学增广生，治《诗经》。字惟一，行四，年三十三，九月十四日生。曾祖务荣。祖自充。父贞，封刑部主事。母涂氏，封安人。具庆下。兄贤；衷，刑部员外郎；善，贡士。弟敬、良、能、哲。娶陈氏。江西乡试第十八名，会试第一百五十九名。

刘简，贯四川叙州府富顺县，民籍，国子生，治《书经》。字惟严，行二，年三十六，六月初十日生。曾祖廷瑞。祖思恭。父浚。母朱氏。具庆下。兄素。娶胡氏。四川乡试第三十八名，会试第三百十八名。

董旻，贯江西饶州府乐平县，军籍，府学生，治《易经》。字子仁，行七，年三十一，三月十一日生。曾祖诤仲。祖彦政。父孟敬。母王氏。具庆下。兄昭、晟。弟昂、昊。娶朱氏，继聘褚氏。江西乡试第五十五名，会试第二百四十九名。

柳淳，贯直隶松江府华亭县，军籍，国子生，治《书经》。字文粹，行一，年三十三，五月初八日生。曾祖德懋。祖镛。父琼。母袁氏。具庆下。娶范氏。应天府乡试第六十七名，会试第二百四十五名。

高崧，贯河南开封府许州襄城县，民籍，县学生，治《诗经》。字锺秀，行一，年三十二，八月二十四日生。曾祖才。祖整。父谅。母李氏。慈侍下。弟岳、岩、崇。娶张氏。河南乡试第三十二名，会试第一百名。

吴世荣，贯浙江处州府丽水县，民籍，国子生，治《书经》。字克仁，行二，年三十八，五月二十九日生。曾祖叔道。祖冕，知县。父琛，长史。母沈氏。慈侍下。兄世安。娶周氏。浙江乡试第十六名，会试第一百五十一名。

顾福，贯直隶吴县人，顺天府大兴县匠籍，府学增广生，治《诗经》。字天锡，行三，年二十七，五月十四日生。曾祖仁达。祖忠。父贤，封光禄寺署丞。母陶氏，封孺人。慈侍下。兄祯，光禄寺署丞；祥。弟禄。娶李氏。顺天府乡试第六十五名，会试第一百七十三名。

徐恪，贯直隶苏州府常熟县，民籍，国子生，治《诗经》。字公肃，行八，年三十六，十二月初十日生。曾祖伯皋。祖孟明。父敏叔。嫡母周氏，生母张氏。慈侍下。兄慎；恺；悌；怀；忧，知县；怿；俊。娶许氏。应天府乡试第十二名，会试第三百四十八名。

周原学，贯湖广黄州府蕲州广济县，军籍，国子生，治《诗经》。字希古，行四，年三十九，七月十五日生。曾祖叔达。祖记贤。父思敬，训导。母李氏。永感下。兄原启、原广、原善、原聪、原通。娶田氏。湖广乡试第二名，会试第七十八名。

萧谦，贯四川重庆府巴县人，直隶永平卫军籍，国子生，治《易经》。字有终，行四，年二十八，五月初一日生。曾祖忠。祖诚。父凤。母陈氏。具庆下。兄豫、临、泰、颐。弟观。娶李氏。顺天府乡试第一百十六名，会试第一百八十名。

崔缙，贯山西平阳府解州闻喜县，军籍，国子生，治《诗经》。字缙绅，行一，年二十八，六月二十一日生。曾祖敏。祖寿。父振。母张氏。慈侍下。娶景氏。山西乡试第九名，会试第二百三十名。

熊绣，贯湖广宁远卫，军籍，□道州学生，治《礼记》。字汝明，行二，年二十六，五月二十八日生。曾祖景贤。祖世铭。父瑄。母龙氏。慈侍下。兄经。弟绘。娶周氏。湖广乡试第二十一名，会试第三百八名。

胡智，贯河南汝宁府光州光山县，民籍，国子生，治《易经》。字尚明，行四，年二十八，正月初五日生。曾祖才。祖名。父熙，义官。母程氏。具庆下。兄仁、义、礼。娶邹氏。河南乡试第三十名，会试第九十一名。

吴俊，贯浙江杭州府钱塘县，民籍，国子生，治《易经》。字时用，行一，年二十八，七月二十二日生。曾祖友谅。祖润宗。父福，武昌知府。母孙氏，继母樊氏。慈侍下。弟杰。娶侯氏。浙江乡试第四十八名，会试第一百十二名。

成实，贯湖广汉川县人，河南光州军籍，国子生，治《书经》。字廷秀，行三，年二十九，四月三十日生。曾祖原亮。祖宗政，州判。父璟。母张氏。重庆下。兄宸、宝。弟宪、宣、宏、宾。娶唐氏。河南乡试第六名，会试第三十五名。

李绅，贯直隶徐州沛县人，锦衣卫军匠籍，顺天府学军生。治《诗经》。字缙卿，行二，年二十三，五月初五日生。曾祖成聚。祖毅。父钊。母周氏。慈侍下。兄玄真。聘刘氏。顺天府乡试第二十三名，会试第五十八名。

芮畿，贯直隶常州府宜兴县，民籍，国子生，治《书经》。字维瞻，行三，年三十一，八月二十七日生。曾祖叔远。祖公明。父以端。母张氏。具庆下。弟田、畹、稷。娶储氏，继聘杜氏。应天府乡试第七名，会试第三十名。

袁祯，贯江西丰城县人，山东兖州府曹州民籍，国子生，治《书经》。字贞吉，行二，年三十八，十月二十日生。曾祖汝能，赠监察御史。祖秉彝。父劢起。母徐氏。严侍下。弟裕、祥、祉、禧、祝。娶熊氏。顺天府乡试第四十一名，会试第三百十二名。

林正，贯福建兴化府莆田县，匠籍，县学增广生，治《诗经》。字克全，行二，年三十一，七月初九日生。曾祖彦传。祖维秀。父尚节。母陈氏，继母吴氏。具庆下。弟元。娶谢氏。福建乡试第三十八名，会试第一百九十七名。

杨祥，贯直隶永平卫，官籍，国子生，治《易经》。字孟祯，行四，年二十八，五月十一日生。曾祖鹏飞，元知州。祖成。父兴，镇抚。嫡母高氏，生母许氏。具庆下。兄福，监察御史；清，镇抚；祎。娶杜氏。顺天府乡试第九十名，会试第三百五十名。

龙伯，贯江西吉安府泰和县，儒籍，国子生，治《诗经》。字廷魁，行一，年三十六，七月十七日生。曾祖仁安，赠主事。祖粲，主事，赠吏部员外郎。父光，教谕。母胡氏。重庆下。弟廷望，廷冠。娶杨氏。江西乡试第七十二名，会试第一百八十六名。

吴润，贯山东济南府德州德平县，军籍，国子生，治《书经》。字公泽，行三，年二十五，十月二十日生。曾祖子实，赠刑部郎中。祖达，衡州府知府。父琦。母刘氏。慈侍下。兄汉；溥，贡士。弟灏、江、渊、淮。娶杨氏。山东乡试第十二名，会试第一百七十六名。

薛恭，贯顺天府蓟州，民籍，国子生，治《礼记》。字士容，行一，年三十七，正月初四日生。曾祖先。祖友谅。父贵。母王氏，继母刘氏。永感下。弟敬、谦。娶田氏。顺天府乡试第八十二名，会试第六十六名。

郭进，贯陕西西安府咸宁县，民籍，国子生，治《书经》。字用之，行二，年三十八，十月初七日生。曾祖守政，元宣慰司金事。祖友信，百户。父士杰。母张氏。具庆下。兄振。娶杨氏。陕西乡试第三名，会试第三十一名。

庄昶，贯应天府江浦县，军籍，国子生，治《书经》。字孔旸，行四，年三十，十一月十二日生。曾祖武。祖志甫。父诩。母任氏。具庆下。兄文、颙、昂。弟旻、昊、昱、晟、晏、升、杲、昪。娶李氏。应天府乡试第八十六名，会试第二十三名。

韩镛，贯福建福州府福清县，盐籍，国子生，治《诗经》。字文亮，行五，年二十八，十月十五日生。曾祖仲钢。祖士诚。父廷玮。母郑氏。具庆下。弟钰、钧。娶郑氏。福建乡试第十一名，会试第一百九十四名。

任英，贯浙江杭州府钱唐县，民籍，县学生，治《春秋》。字光弼，行四，年三十四，十一月二十四日生。曾祖仲祥。祖德。父忠。母朱氏。永感下。兄贤、义、瑀。娶云氏。浙江乡试第六十五名，会试第二百四十七名。

陈琏，贯江西南昌府进贤县，民籍，国子生，治《书经》。字邦贵，行十二，年三十九，七月初十日生。曾祖友仁。祖仕敬。父子宁。母向氏。具庆下。兄斌；瑞；璐，训导；珊；瑛。弟琦、环、璨。江西乡试第十六名，会试第一百十九名。

赵杲，贯直隶河间府沧州，军籍，国子生，治《书经》。字德辉，行二，年四十，十一月二十七日生。曾祖世安。祖士成。父信。母阎氏。具庆下。兄景。弟全、宣。娶王氏。顺天府乡试第一百名，会试第二百八十名。

桂廷圭，贯浙江宁波府慈溪县，军籍，办事官，治《诗经》。字公瑞，行七，年四十三，正月二十五日生。曾祖彦良，晋府右傅。祖慎，中书舍人。父抱孙。嫡母朱氏，生母邵氏。严侍下。兄廷琰；廷禄，训导。弟廷璠、廷玙、廷璋、廷琇、廷珍。娶邵氏，继娶纪氏。顺天府乡试第一百三十五名，会试第二十四名。

万山，贯湖广黄州府麻城县，民籍，国子生，治《春秋》。字寿夫，行三，年三十五，九月十六日生。曾祖仁淑。祖必明。父镛。母段氏。慈侍下。兄乾；玉，听选官。弟刚。娶曾氏。湖广乡试第六十名，会试第九十二名。

李敦，贯江西饶州府浮梁县，民籍，国子生，治《书经》。字克成，行一，年三十五，二月二十三日生。曾祖均显。祖文德。父邦兴。母方氏。具庆下。弟敬、敏、彻、敩、敖。娶吴氏。江西乡试第九名，会试第七十一名。

东思忠，贯陕西西安府华州，民籍，国子生，治《书经》。字进伯，行二，年二十六，十月十五日生。曾祖良惠，元知州。祖骥。父升，县丞。前母郭氏，母郭氏。具庆下。兄奉先。弟思诚、思恭。娶薛氏。陕西乡试第二十二名，会试第二百四十名。

屠浦，贯浙江宁波府鄞县，民籍，府学生，治《诗经》。字朝宗，行二，年二十七，九月一十五日生。曾祖顺。祖子真。父瑜。母徐氏。重庆下。兄湘。弟渭。娶薛氏。浙江乡试第六十名，会试第二百二十二名。

吴文元，贯福建建宁府瓯宁县，民籍，县学生，治《礼记》。字善长，行一，年三十六，五月二十六日生。曾祖子安。祖仲铭。父智，国子助教。母张氏，继母黄氏。严侍下。弟文亨、文贞。娶连氏。福建乡试第八十九名，会试第六十一名。

董韬，贯浙江台州府临海县，民籍，国子生，治《礼记》。字廷显，行二，年四十二，十二月十四日生。曾祖松坡，赠秋官正。祖廉威，阴阳正术。父尚彩。母阮氏，继母应氏。永感下。兄忧。弟璟、钦、坚、旋。娶钱氏。浙江乡试第十五名，会试第十四名。

谭公望，贯湖广长沙府茶陵县，军籍，县学生，治《诗经》。字周佐，行二，年三十五，十二月初八日生。曾祖善庆。祖隆，户部主事。父瓒。母彭氏。慈侍下。弟公弼、公衡、公景。娶刘氏。湖广乡试第六十六名，会试第一百七十五名。

管昌，贯直隶昆山县人，锦衣卫军籍，国子生，治《书经》。字世隆，行五，年三十，七月初二日生。曾祖子铭。祖仲彬。父璲。母沈氏。慈侍下。兄升，训导；昂；昱；昇。娶朱氏。顺天府乡试第二名，会试第三十九名。

张玮，贯直隶河间府景州，军籍，国子生，治《诗经》。字汝器，行一，年三十八，十一月初四日生。曾祖敬祖。祖景初。父显，教授。母宋氏。慈侍下。弟珩、璇、玑、琚。娶辛氏，继娶侯氏。顺天府乡试第六十四名，会试第二百十名。

张泰，贯广东广州府顺德县，民籍，国子生，治《易经》。字叔亨，行三，年三十一，正月初七日生。曾祖可达。祖子真，封卫经历。父英，卫经历。母区氏，封孺人。具庆下。兄祯、顺。弟庆。娶何氏。广东乡试第七十六名，会试第二百六十一名。

江弘济，贯浙江开化县人，直隶安庆府桐城县官籍，国子生，治《诗经》。字本深，行十二，年四十二，八月初四日生。曾祖浚，元朝议。祖珊。父廉，教授。母许氏。永感下。兄谔；讽；仪；凤，县丞；䜣；诞；谨；咏；谦；讷；诚；弘载。娶金氏。应天府乡试第一百七十名，会试第二百六十四名。

陆润，贯直隶苏州府常熟县，民籍，儒士，治《诗经》。字昌泽，行二，年三十一，九月二十四日生。曾祖斯立。祖叔昭。父宗刚。母范氏。慈侍下。兄昌言。弟昌祚。娶马氏。应天府乡试第九十七名，会试第二百三十五名。

强珍，贯直隶河间府沧州，民籍，国子生，治《诗经》。字廷贵，行三，年三十六，正月初二日生。曾祖福六。祖仲祥。父武。母袁氏。具庆下。兄信、琼。弟琳、瑄、瑾、璜、玢。娶王氏。顺天府乡试第八十二名，会试第二百五十名。

翁晏，贯福建福州府侯官县，民籍，国子生，治《春秋》。字宗海，行十，年三十七，七月初七日生。曾祖仲德。祖彦仁。父孟升。前母林氏，母郑氏。慈侍下。兄鼎、景。娶朱氏。福建乡试第三十七名，会试第二百三十七名。

傅鼐，贯直隶真定府冀州新河县，民籍，国子生，治《诗经》。字天和，行三，年三十，十月十一日生。曾祖原善。祖贵文，赠知府。父子篆。母李氏。慈侍下。兄楫；广；琏，监生。弟鼎、萧。娶贾氏。顺天府乡试第一百十五名，会试第八十六名。

周旋，贯福建汀州府长汀县，民籍，国子生，治《书经》。字元吉，行一，年四十三，五月初八日生。曾祖明德，知县。祖尚文。父冕，贡士。母吴氏，继母张氏。具庆下。娶余氏。福建乡试第九十一名，会试第八十八名。

林堉，贯福建福州府福清县，军籍，国子生，治《诗经》。字克茂，行九，年三十五，正月二十六日生。曾祖阳。祖源。父锁。母俞氏。具庆下。弟塾。娶陈氏。福建乡试第四十三名，会试第一百六十三名。

刘本，贯顺天府大兴县人，广西桂林中卫军籍，国子生，治《易经》。字尚文，行一，年三十五，三月二十四日生。曾祖庆。祖端。父俊。母傅氏。具庆下。弟立，义官；策，同科进士；昱。娶卢氏，继娶鲁氏。广西乡试第十五名，会试第三百三十六名。

康文，贯山西太原府石州，民籍，国子生，治《易经》。字载道，行四，年二十七，四月初七日生。曾祖温。祖士贤。父安。母萧氏，继母吴氏。具庆下。兄文信、文振、文通。弟文俊、文达。娶王氏。山西乡试第三十九名，会试第三百四十六名。

范珠，贯四川叙州府富顺县，民籍，国子生，治《春秋》。字嘉龙，行一，年三十二，十一月十二日生。曾祖忠。祖有成。父弘毅，国子助教。母陈氏。重庆下。弟鲁、旸、豫、英。娶陈氏。四川乡试第六十一名，会试第一百八十四名。

李钊，贯浙江台州府临海县，军籍，府学生，治《诗经》。字勉之，行五，年四十二，正月二十三日生。曾祖德文。祖伯厚。父仲先。嫡母谢氏，生母叶氏。永感下。兄镶、钿、铁、银。弟录。娶王氏。浙江乡试第二十名，会试第三百四十名。

张杰，贯河南卫辉府汲县，民籍，国子生，治《诗经》。字朝用，行一，年三十七，九月初九日生。曾祖克敬。祖思政，县主簿。父铎。母马氏。具庆下。弟善、贤、仪、伟。娶周氏。河南乡试第八十五名，会试第七十四名。

张蕙，贯山西太原府忻州，军籍，府学生，治《春秋》。字廷芳，行一，年三十，十月二十七日生。曾祖荣。祖瑛，县丞。父轼，知州。母陈氏。严侍下。弟兰、莼。娶杨氏。山西乡试第三名，会试第一百九十八名。

黄璇，贯福建兴化府莆田县，民籍，国子生，治《诗经》。字汝器，行二，年三十，四月初五日生。曾祖宗道。祖宏中。父本清。母俞氏。具庆下。兄琏。弟环、珩、璇、玑、琦。娶许氏。福建乡试第五十名，会试第二百五十三名。

段正，贯山西泽州人，锦衣卫军籍，顺天府学生，治《诗经》。字以中，行一，年二十六，六月二十八日生。曾祖赟。祖奉先。父善。母常氏。具庆下。娶周氏。顺天府乡试第四名，会试第二百十二名。

尚敬，贯河南开封府许州临颍县，民籍，国子生，治《书经》。字宗礼，行三，年三十七，十一月二十四日生。曾祖清。祖志。父俊，府经历。母杨氏，继母张氏。具庆下。兄质、文。弟诚，训科；贤。娶李氏。河南乡试第十一名，会试第二百六十名。

余统，贯广东广州府新会县，民籍，国子生，治《书经》。字承之，行二，年三十六，六月二十六日生。曾祖华政。祖妙成。父添瑞。母李氏。具庆下。兄元；谅，进士。弟肆，贡士；会。娶黄氏。广东乡试第八十二名，会试第二百十八名。

丘山，贯福建兴化府莆田县，军籍，国子生，治《诗经》。字安重，行三，年三十六，十二月初七日生。曾祖士章。祖孔珍。父文玑。母林氏，继母方氏、朱氏。慈侍下。兄谟、铉。弟谅，贡士；锵；谦；谏。娶林氏。福建乡试第六十二名，会试第九十五名。

唐宽，贯应天府上元县，匠籍，国子生，治《诗经》。字栗夫，行一，年二十九，四月二十八日生。曾祖世隆。祖思敬。父仲节。母包氏。重庆下。弟宏、宣、宜、宇、宾、容、寰、宝。娶陈氏。应天府乡试第八十名，会试第一百三十六名。

谭昇，贯湖广攸县人，云南澜沧卫官籍，北胜州学生，治《礼记》。字公照，行三，年二十七，六月十九日生。曾祖觉善。祖武成。父信，致仕百户。母林氏。具庆下。兄晖，百户；曦。娶黄氏，继娶刘氏。云南乡试第十名，会试第一百九十三名。

汤涤，贯浙江嘉兴府嘉兴县，军籍，国子生，治《书经》。字新之，行二，年三十一，六月初六日生。曾祖荣甫。祖敬。父浩。母韩氏。具庆下。兄沐。娶王氏。浙江乡试第九十名，会试第五十九名。

王宾，贯浙江严州府淳安县，民籍，国子生，治《春秋》。字用之，行一，年三十五，五月十八日生。曾祖荣。祖本宗，义官。父志善。母余氏。重庆下。弟瑞、玘、澧、琳、育、诚、辅。娶张氏。浙江乡试第五名，会试第一百四十八名。

黄本，贯江西抚州乐安县，民籍，儒士，治《诗经》。字乔岳，行二，年二十九，三月十四日生。曾祖怿中。祖贞明。父直道。母何氏，继母邹氏。具庆下。弟乔嵩，乔岗，乔峦。娶郝氏。江西乡试第五十八名，会试第三百二十七名。

李纪，贯直隶扬州府江都县，民籍，县学生，治《诗经》。字用脩，行四，年二十二，三月初六日生。曾祖廷震。祖茂卿。父智。母桂氏。具庆下。兄顺、红、结。弟缙。娶崔氏。应天府乡试第六十九名，会试第二百八十九名。

王浩，贯应天府上元县，军籍，国子生，治《书经》。字德宏，行一，年三十九，十二月初六日生。曾祖祥三。祖仲彬。父忠。母许氏。继母沈氏。具庆下。弟瀚、淮、渭。娶李氏。应天府乡试第一百二十名，会试第一百八十三名。

王继，贯河南开封府祥符县，匠籍，国子生，治《礼记》。字述之，行二，年三十四，三月初一日生。曾祖均玉。祖觉玉。父廷器。母范氏。慈侍下。兄综。弟恭、宽、敏。娶滕氏。河南乡试第六十名，会试第一百九名。

王浚，贯直隶广平府威县，民籍，国子生，治《诗经》。字克深，行七，年三十六，十二月十九日生。曾祖伯成。祖志刚。父荣。嫡母李氏，生母王氏。慈侍下。兄宽、友才、泽、通、恭、振。娶姜氏。顺天府乡试第八十二名，会试第一百三十名。

谢宁，贯福建泉州府惠安县，军籍，国子生，治《礼记》。字安世，行三，年三十七，四月初四日生。曾祖仁贵。祖文秀。父孟斌。母黄氏。具庆下。兄崇德、崇善。弟崇周、崇清。娶连氏。福建乡试第五十七名，会试第一百四十三名。

曹鼐，贯直隶松江府华亭县，民籍，府学生，治《书经》。字国用，行二，年三十二，二月初七日生。曾祖汉英。祖璘。父琦。母赵氏。具庆下。兄鼎。弟鼐、鼎。娶夏氏。应天府乡试第六十三名，会试第二百七名。

苏盛，贯直隶大名府元城县，军籍，国子生，治《易经》。字文盛，行三，年三十一，十月二十五日生。曾祖名旺，知县。祖弘。父宗，锦衣卫镇抚。母杨氏。慈侍下。兄荣，镇抚；兴。娶齐氏。顺天府乡试第二十四名，会试第一百三十七名。

王相，贯江西瑞州府新昌县，民籍，县学生，治《易经》。字乐用，行四，年三十三，五月十八日生。曾祖世杰。祖永迪。父惟新。母周氏，继母曹氏。具庆下。兄乐耕、乐志。娶陈氏，继娶程氏。江西乡试第六十二名，会试第一百六十八名。

程宏，贯直隶徽州府祁门县，民籍，县学增广生，治《春秋》。字毅夫，行一，年三十七，十一月二十日生。曾祖名哲。祖福。父翰。母方氏，继母金氏。具庆下，弟实、宜，娶谢氏。应天府乡试第二名，会试第七十二名。

陈惠，贯福建漳州府龙溪县，民籍，国子生，治《易经》。字启顺，行四，年四十一，二月二十八日生。曾祖静。祖细。父周远。母肖氏。永感下。兄德、珙、和。弟应、信。娶谢氏。福建乡试第一百五名，会试第一百四十九名。

杨峻，贯江西南昌府进贤县，民籍，国子生，治《书经》。字维高，行三，年三十四，六月二十日生。曾祖荣寿。祖仲文。父敬善。母陈氏。具庆下。兄崇、岳、征。弟峘、岊、峦、峤。娶饶氏。江西乡试第三十名，会试第一百六十六名。

胡琮，贯直隶苏州府长洲县，匠籍，县学生，治《易经》。字文德，行二，年二十八，闰二月二十日生。曾祖仲达。祖彦敬。父晟。母徐氏。慈侍下。兄瑶。娶阙氏。应天府乡试第七十一名，会试第二百四十一名。

杨守随，贯浙江宁波府鄞县，官籍，府学生，治《易经》。字惟贞，行五，年三十二，八月十八日生。曾祖浩卿。祖九畴。父自念。母张氏。具庆下。兄守陈，编修；守防。弟守阯，举人；守隔；守隩；守陆；守陇；守隅。娶陈氏。浙江乡试第三十八名，会试第六十八名。

刘璋，贯河南都司卫辉千户所，官籍，国子生，治《诗经》。字廷圭，行二，年二十七，三月十九日生。曾祖聪，百户。祖恕。父英，百户。母胡氏。慈侍下。兄玺。弟瓒。娶张氏。河南乡试第五十三名，会试第八十名。

刘魁，贯山东东昌府高唐州，民籍，国子生，治《春秋》。字士元，行一，年三十一，五月初四日生。曾祖章甫。祖景文。父以纯。母窦氏。具庆下。娶张氏。山东乡试第十六名，会试第二百六十六名。

钟晟，贯广东广州府番禺县，军籍，国子生，治《易经》。字美宣，行一，年二十五，十二月二十二日生。曾祖原亮。祖彦琛。父定。母陈氏。重庆下。弟旻。娶黄氏。

广东乡试第一名，会试第二百九名。

方升，贯湖广岳州卫，官籍，岳州府学生，治《书经》。字起东，行七，年三十六，七月二十九日生。曾祖昱，镇抚。祖琳，镇抚。父恕。母李氏。永感下。兄鼎、谦、恒。弟观、坤。娶戴氏。湖广乡试第一名，会试第三百四十五名。

冯宁，贯陕西西安府耀州同官县，民籍，国子生，治《诗经》。字靖之，行三，年三十四，二月二十七日生。曾祖渊。祖敏。父贵，副提举。母王氏。具庆下。兄宾、安。弟宣、宏、宽、宥。娶毕氏。陕西乡试第二十二名，会试第一百十七名。

钟蕃，贯浙江崇德县人，留守前卫军籍，国子生，治《春秋》。字庭芳，行一，年二十九，五月二十六日生。曾祖秉仁。祖声。父盛。母朱氏，继母李氏。重庆下。娶蔡氏。顺天府乡试第二十名，会试第十名。

徐英，贯直隶广平府永年县，民籍，国子生，治《礼记》。字文华，行一，年三十三，七月二十八日生。曾祖谦，晋府伴读。祖瑄，赠户部郎中。父敬，福建右参政。母段氏，封宜人。慈侍下。弟芳、蕙。娶魏氏。顺天府乡试第十名，会试第二百名。

黎福，贯江西饶州府乐平县，民籍，国子生，治《易经》。字天与，行六，年三十二，七月十八日生。曾祖伟德。祖仕雅。父宪常。母胡氏。具庆下。兄祜、辅。弟贵、昉、旭。娶王氏。江西乡试第八名，会试第一百八十五名。

邹儒，贯江西南昌府丰城县，民籍，府学生，治《诗经》。字宗鲁，行三，年四十，七月初三日生。曾祖仕宏。祖至刚。父世隆。母万氏。慈侍下。兄近鲁、希鲁。弟继鲁、承鲁、学鲁、本鲁、绍鲁。娶罗氏。江西乡试第六十六名，会试第六十三名。

张进禄，贯陕西延安府绥德州清涧县，军籍，国子生，治《诗经》。字天锡，行一，年三十七，正月二十八日生。曾祖仲贤。祖时敏，知县。父文斌，巡检。嫡母薛氏，生母杨氏。慈侍下。兄福。弟祺、礼、祯、祥、佑、祜、裕。娶姚氏。陕西乡试第五十八名，会试第三百四十四名。

罗睿，贯陕西兰州卫人，兰县学军生，治《书经》。字文哲，行一，年二十七，四月初五日生。曾祖荣。祖升。父真。母聂氏。具庆下。娶萧氏。陕西乡试第二十名，会试第二百五十四名。

林廷庸，贯福建闽县人，广东兴宁县民籍，国子生，治《诗经》。字廷庸，行二，年三十四，正月初十日生。曾祖子美。祖泽。父汝大。母郑氏。具庆下。兄焞，训导；煖；熺。弟烨。娶郑氏。广东乡试第十六名，会试第三百四十三名。

王昶，贯直隶凤阳府宿州灵璧县，民籍，国子生，治《礼记》。字必照，行一，年三十二，八月十七日生。曾祖恭。祖友。父麟。母邵氏。具庆下。弟旭、杲。娶魏氏。应天府乡试第三十六名，会试第八十二名。

萧苍，贯江西吉安府泰和县，民籍，国子生，治《书经》。字承表，行四，年三十三，六月十三日生。曾祖子文。祖伯器。父崇襄。母康氏。永感下。兄承欢、承济、承俊。娶刘氏。江西乡试第十四名，会试第一百五十四名。

戴中，贯江西临江府新淦县，民籍，县学增广生，治《易经》。字师中，行十，年二十九，十月二十八日生。曾祖原亮。祖懋安。父允元。母毛氏。具庆下。兄师张。弟师轲、师儒。娶王氏。江西乡试第四十五名，会试第三十四名。

徐辉，贯浙江嘉兴县人，富峪卫军籍，国子生，治《易经》。字孔昭，行一，年四十二，正月初四日生。曾祖原谍。祖彦升。父朗。母彭氏。具庆下。弟耀、炫、焕、熙。娶王氏。顺天府乡试第四十二名，会试第二百四十六名。

王俊，贯福建福州府闽县，匠籍，国子生，治《春秋》。字世英，行七，年二十四，五月初二日生。曾祖静。祖定。父宁。前母魏氏，母申氏，继母萧氏。具庆下。兄坦、安。弟杰、浩。娶陈氏，继娶赵氏。福建乡试第十名，会试第五名。

戴用，贯江西吉安府万安县，民籍，县学生，治《诗经》。字廷献，行一，年三十一，四月初四日生。曾祖文彬。祖昌善。父仁邦。母彭氏。具庆下。弟津。娶李氏。江西乡试第九十名，会试第二百十六名。

翟庭蕙，贯河南河南府洛阳县，医籍，国子生，治《易经》。字秀夫，行二，年三十二，八月二十一日生。曾祖以恕。祖子春。父通，医学正科。母封氏。具庆下。兄庭兰。弟庭芝、庭莆。娶葛氏。河南乡试第二十名，会试第一百九十二名。

徐博，贯直隶苏州府嘉定县，匠籍，国子生，治《易经》。字德宏，行三，年三十二，正月二十九日生。曾祖俊杰。祖子英。父述。前母顾氏、罗氏，母陈氏。具庆下。兄恢；忏，贡士；忱；惜。弟恞。娶张氏。应天府乡试第八十四名，会试第三百三十一名。

黄寏，贯福建福州府闽县，民籍，儒士，治《春秋》。字世用，行二，年三十一，四月十二日生。曾祖麟子，刑部员外郎。祖与。父雍，巡检。母游氏。福建乡试第八名，会试第一百七十七名。

刘璟，贯湖广常德府武陵县，民籍，国子生，治《书经》。字时莹，行一，年三十，十二月十六日生。曾祖汝富。祖仲仁。父广，典史。母项氏。具庆下。弟瑗。娶王氏。湖广乡试第二名，会试第六十五名。

张时谨，贯江西吉安府泰和县，儒籍，国子生，治《春秋》。字惟厚，行三，年三十八，正月十二日生。曾祖宗震。祖日省。父球，教授。母汤氏。严侍下。兄时中；时启，训导。弟时达，工部主事。娶丘氏。江西乡试第一百六十六名，会试第三百七名。

吕赞，贯直隶安庆府太湖县，军籍，国子生，治《诗经》。字廷扬，行四，年三十六，七月十二日生。曾祖榖宝。祖衡，监察御史。父梁。母郑氏。严侍下。兄谦、谅、咏。弟谧、誧、中。娶章氏。顺天府乡试第八十五名，会试第二百四十四名。

马纶，贯四川成都府内江县，民籍，国子生，治《书经》。字大纶，行四，年三十六，十二月二十九日生。曾祖文质。祖复，知县。父惟善，经历。母卢氏，继母徐氏、袁氏。具庆下。兄琨；诚，进士；经。弟绪；琴，同科进士；绩；云；紃。娶阴氏。四川乡试第一百五名，会试第一百十三名。

沈海，贯直隶苏州府常熟县，民籍，儒士，治《诗经》。字观澜，行一，年三十七，闰十二月十一日生。曾祖余庆。祖福。父达。母朱氏。慈侍下。娶朱氏。应天府乡试第五十九名，会试第十七名。

陈策，贯直隶苏州府吴县，官籍，府学生，治《易经》。字嘉谟，行一，年二十六，闰十一月初八日生。曾祖均得。祖以诚。父宣，训导。母费氏。重庆下。娶吴氏。应天府乡试第八名，会试第八十九名。

陈潭，贯福建福州府长乐县，民籍，县学增广生，治《诗经》。字孟明，行三，年三十四，十一月二十二日生。曾祖子良。祖诲忠。父李，知县。嫡母郑氏，生母刘氏。慈侍下。兄爵、浠。娶郑氏。福建乡试第十七名，会试第八十一名。

许进，贯河南河南府陕州灵宝县，民籍，县学生，治《礼记》。字季升，行三，年三十，五月初三日生。曾祖仕信。祖实。父聚，教谕。母何氏。重庆下。兄通、迪。娶张氏。河南乡试第十五名，会试第一百七十八名。

余金，贯四川成都府内江县，医籍，国子生，治《诗经》。字贡之，行一，年三十七，十二月十六日生。曾祖朝卿。祖道升。父纲。母吴氏。具庆下。弟玉，贡士；山；泉；琳；玠；瑄。娶洪氏。四川乡试第五十六名，会试第二百五十二名。

吴黼，贯直隶松江府华亭县，医籍，府学生，治《诗经》。字成章，行一，年四十一，正月二十四日生。曾祖大亮。祖缙。父泰，医士。母戴氏。具庆下。弟黻。娶沈氏，继娶高氏、沈氏。应天府乡试第八十九名，会试第一百八十八名。

李冲，贯河南彰德府安阳县，匠籍，国子生，治《诗经》。字腾霄，行二，年三十七，四月二十三日生。曾祖荣祖。祖仕达。父敬。母杜氏，继母程氏。严侍下。兄福。弟淳，滨。娶马氏。河南乡试第三十九名，会试第一百八十六名。

刘寅，贯四川成都府内江县，民籍，国子生，治《书经》。字叔亮，行四，年二十八，九月初二日生。曾祖仁义。祖宪。父志熙，教授。母黄氏。具庆下。兄愈恪、愈严、博。弟玘、愈觉。娶李氏。四川乡试第三十四名，会试第一百一名。

胡熙，贯直隶常州府武进县，民籍，国子生，治《礼记》。字宗文，行二，年三十，八月初五日生。曾祖彦闻。祖继祖。父学。母金氏，继母李氏。重庆下。兄勋。弟默、杰。娶陈氏。应天府乡试第五名，会试第一百二十四名。

余康，贯福建兴化府□□县，□□，治《诗经》。字时清，行三，年二十七，十月□□日生。曾祖宁甫。祖彦诚。父惠珍。母罗氏。具庆下。弟时、丰、序、庆。娶郑氏。福建乡试第四十七名，会试第九十九名。

刘乔，贯江西吉安府万安县，官籍，国子生，治《易经》。字述宪，行八，年三十六，四月二十六日生。曾祖昭年，赠刑部尚书。祖俊英，赠刑部尚书。父广衡，刑部尚书。母康氏，封夫人。慈侍下。兄述古；易，贡士。弟述朴、述轲、贤、述章。娶欧阳氏。顺天府乡试第二名，会试第一百二名。

邓杞，贯四川顺庆府广安州，军籍，国子生，治《易经》。字邦用，行三，年三十八，十二月二十七日生。曾祖德英，赠百户。祖福才。父滨。母杨氏。具庆下。兄樟、榕。弟榛、楫、桧、柱。娶姜氏。四川乡试第五十四名，会试第五十五名。

严裕，贯浙江杭州府仁和县，民籍，国子生，治《易经》。字克宽，行五，年三十，四月初八日生。曾祖子成。祖玘，封监察御史。父毅。母许氏。慈侍下。兄祀、裡、社、祚。弟褙，娶张氏。浙江乡试第七十五名，会试第一百七十四名。

石淮，贯应天府江浦县，军籍，国子生，治《礼记》。字宗海，行一，年二十五，八月二十五日生。曾祖思善。祖景岊。父金。母王氏。具庆下。弟淳、浦、鉴、澄、铎、濂。娶郁氏。应天府乡试第九名，会试第二百二十九名。

李珪，贯陕西同州，民籍，州学生，治《礼记》。字廷器，行三，年三十六，八月十二日生。曾祖彦忠。祖宽。父森。母徐氏。具庆下。兄肃、亨。弟显、文达。娶王氏。陕西乡试第五十名，会试第三百四十名。

孙伟，贯浙江秀水县人，云南曲靖卫军籍，国子生，治《春秋》。字廷彦，行一，年三十三，三月三十日生。曾祖琼。祖斌。父麟。母王氏。具庆下。弟俊。娶李氏，继娶吴氏。云南乡试第四名，会试第八十七名。

刘瓒，贯山东青州府益都县，匠籍，县学生，治《书经》。字庭璧，行四，年二十九，十二月初四日生。曾祖子荣。祖铎。父铭。嫡母兰氏，生母沙氏，永感下，兄琦、玉、玺，弟瑾，聘丁氏。山东乡试第四十五名，会试第二百十五名。

张善吉，贯四川重庆府涪州，军籍，州学生，治《易经》。字本谦，行一，年三十，三月二十八日生。曾祖卜隆。祖德昱。父玄，教授。母唐氏。具庆下。弟蒙吉、贞吉、大吉。娶冯氏。四川乡试第三十六名，会试第三百四名。

王逊，贯陕西凤翔府凤翔县，民籍，府学生，治《诗经》。字谦之，行一，年二十六，二月初八日生。曾祖喜。祖刚，仓副使。父海。母王氏，继母樊氏。严侍下。弟让。娶张氏。陕西乡试第六名，会试第二百二十三名。

陈谊，贯山东济南府德州，民籍，国子生，治《书经》。字子宜，行一，年三十一，五月二十八日生。曾祖秉中。祖荣。父善，知县。母张氏，继母贺氏。具庆下。弟询。娶吴氏，继娶杨氏。山东乡试第八十六名，会试第一百十八名。

刘让，贯陕西西安府朝邑县，民籍，国子生，治《易经》。字逊之，行一，年三十七，十二月十九日生。曾祖泰。祖彦通。父亨。母王氏。具庆下。弟海、询。娶仇氏，继娶麻氏。陕西乡试第二十名，会试第五十六名。

端澄，贯直隶大名府南乐县，民籍，国子生，治《诗经》。字本清，行一，年三十五，六月初三日生。曾祖士能。祖宣。父信。母孙氏。具庆下。弟澍、源、洪。娶李氏。顺天府乡试第一百二十三名，会试第三百十六名。

黄伯垓，贯湖广黄州府黄冈县，军籍，县学生，治《春秋》。字鹏远，行二，年三十九，闰四月二十日生。曾祖晟。祖裕。父俛。母汪氏。慈侍下。兄伯坤。弟伯玑、伯境。娶秦氏。湖广乡试第二十七名，会试第一百五十六名。

萧润，贯江西吉安府泰和县，民籍，儒士，治《书经》。字仁恩，行二，年四十二，九月十四日生。曾祖志远。祖信立，卫经历。父孟节。母郭氏。具庆下。兄仁声。弟仁兴、仁庄、涞、涵、澍、汎，娶王氏。江西乡试第二十九名，会试第二百三名。

文澍，贯湖广桃源县人，云南金齿卫军籍，卫学生，治《诗经》。字汝霖，行二，年三十二，十一月初六日生。曾祖均玉。祖宗义。父政。母陈氏。慈侍下。兄浩。弟深、浴。娶徐氏。云南乡试第七名，会试第二十名。

邓珙，贯福建福州府闽县，民籍，国子生，治《礼记》。字弘中，行六，年四十二，十一月初一日生。曾祖子宜。祖光。父晟。母林氏。永感下。兄瓒。弟珽。娶陈氏，继娶林氏。福建乡试第五名，会试第三百十七名。

吴璋，贯直隶滁州全椒县，军籍，县学生，治《诗经》。字文瓒，行三，年三十一，闰六月初九日生。曾祖思忠。祖俊。父钧。母李氏，继母杜氏。严侍下。弟琳。娶金氏。应天府乡试第九十二名，会试第七十五名。

钱珍，贯浙江绍兴府余姚县，匠籍，国子生，治《礼记》。字廷贵，行一，年三十六，八月初二日生。曾祖可用。祖世名。父仕宁。前母余氏，母黄氏。具庆下。弟禧、祚。娶叶氏。浙江乡试第六十二名，会试第二百五十五名。

刘钺，贯直隶保定府易州涞水县，民籍，国子生，治《诗经》。字廷肃，行一，年三十三，十月二十一日生。曾祖进忠。祖名。父琦，司狱。母褚氏，继母周氏。重庆下。弟锐、镛、镐。娶卢氏。顺天府乡试第六十四名，会试第六十四名。

余瓒，贯直隶丹徒县人，武功中卫军籍，译字官，治《春秋》。字宗震，行四，年三十，十月初三日生。曾祖文。祖渊。父成。母杜氏，继母刘氏。慈侍下。兄璐、玺、琰。弟瑄；琏，译字官；瑞；理。娶杨氏。顺天府乡试第三十五名，会试第二百九十七名。

颜格，贯福建漳州府龙溪县，民籍，国子生，治《易经》。字宗正，行二，年三十五，四月十一日生。曾祖克谐，举人。祖仕初。父洪川。母涂氏。具庆下。兄桓。弟槚、梓、朴。娶沈氏。福建乡试第三十九名，会试第二百九十二名。

南鹏，贯直隶保定府满城县，民籍，县学生，治《诗经》。字腾霄，行三，年二十八，四月初四日生。曾祖忠。祖仲成。父秉彝。嫡母张氏，生母王氏。慈侍下。兄秀，监生；通。娶戴氏。顺天府乡试第四十名，会试第一百六十四名。

王琮，贯直隶保定府清苑县，民籍，府学生，治《诗经》。字德润，行一，年三十一，二月十四日生。曾祖进，司狱。祖恕。父彰。母李氏。具庆下。娶田氏。顺天府乡试第五十一名，会试第一百七名。

袁端，贯河南开封府兰阳县，民籍，国子生，治《书经》。字宗正，行三，年二十九，正月十三日生。曾祖得。祖升。父凤。母陈氏，继母李氏。具庆下。兄泰、恕。弟靖、增。娶杨氏。河南乡试第五十一名，会试第八十四名。

刘肃，贯四川嘉定州，民籍，州学生，治《诗经》。字敬之，行二，年二十七，二月初七日生。曾祖朝宗。祖友礼。父新，教授。母王氏。具庆下。兄玉。弟俊、谋、哲、睿、诚。娶王氏。四川乡试第三十二名，会试第二百二十四名。

林符，贯直隶苏州府吴县，民籍，国子生，治《易经》。字朝信，行四，年三十，九月十八日生。曾祖清隐。祖贵和。父士隆。母夏氏。重庆下。兄庠、廙、庸。弟序、节、筹。娶范氏。应天府乡试第五十名，会试第三百四十一名。

罗经，贯江西南昌府南昌县，匠籍，国子生，治《诗经》。字大常，行一，年三十三，九月十三日生。曾祖季新。祖彦清。父文彬。母独孤氏。慈侍下。弟纬。娶黄氏。江西乡试第八十九名，会试第二百九十五名。

张凤，贯山东兖州府济宁州，民籍，国子生，治《诗经》。字时祯，行二，年三十七，十一月十七日生。曾祖文中。祖孟祥。父广。母陈氏。具庆下。兄鸾。弟鹏、鸽、鸠。娶赵氏。山东乡试第十六名，会试第二百二名。

徐舟，贯山东兖州府曹州，民籍，国子生，治《书经》。字楫之，行一，年三十，十二月初七日生。曾祖天民。祖友正。父思学。母张氏。具庆下。弟舆、霖。娶阎氏。山东乡试第四十名，会试第一百五十名。

刘晟，贯陕西巩昌府安定县，军籍，国子生，治《书经》。字孔昭，行一，年三十二，正月十二日生。曾祖文德，元卫经历。祖林，典史。父武。母史氏。具庆下。弟昱。娶张氏。陕西乡试第四十五名，会试第二百七十二名。

刘忠，贯江西吉安府永丰县，军籍，国子生，治《易经》。字显仁，行三，年四十二，正月初九日生。曾祖贵安。祖韫彦。父公常。母袁氏。永感下。兄端仁。弟恕，刑部员外郎。娶江氏。江西乡试第十七名，会试第二十九名。

徐霖，贯江西抚州金溪县，官籍，县学生，治《易经》。字用济，行八，年一十八，四月十三日生。曾祖智仲。祖孟常。父贵让。母何氏。具庆下。兄建；学；福，监生；震，长史；巍。弟霁。娶陈氏。江西乡试第十八名，会试第五十名。

李廷章，贯直隶池州府石埭县，民籍，国子生，治《书经》。字子纯，行四，年三十二，四月十一日生。曾祖性明。祖用质。父士奇。母王氏。永感下。兄子良、子茂、子铭。弟贯盛。娶胡氏。顺天府乡试第七名，会试第五十一名。

邓冕，贯湖广岳州府华容县，民籍，县学生，治《书经》。字朝仪，行八，年三十五，十二月初十日生。曾祖正二。祖钟。父思文。母陈氏。具庆下。弟昌、旦。娶王氏。湖广乡试第二十三名，会试第三百三名。

乙瑄，贯直隶淮安府海州，民籍，国子生，治《书经》。字崇璧，行一，年三十八，十二月初四日生。曾祖贯。祖仲名。父文矩。母王氏，继母张氏。具庆下。弟琔、珍、璘。娶庄氏。应天府乡试第四十六名，会试第一百七十一名。

陈清，贯浙江绍兴府余姚县，匠籍，国子生，治《礼记》。字直之，行二，年三十七，九月二十五日生。曾祖官友。祖可安。父让。前母沈氏，母任氏。具庆下。兄澄。弟渭、淡、津、源。娶傅氏。浙江乡试第六十名，会试第四名。

王达，贯直隶宁国府泾县，民籍，国子生，治《诗经》。字德孚，行二，年二十七，十月初三日生。曾祖景铭。祖永芳。父子荣。母赵氏。具庆下。兄宛。弟貌、迥、道。娶吴氏。应天府乡试第八十六名，会试第三百五名。

冯鉖，贯浙江宁波府慈溪县，军籍，儒士，治《诗经》。字时用，行九，年二十九，正月十六日生。曾祖孟均。祖默。父要。母童氏。严侍下。兄锷、钦。弟镪。娶邵氏。浙江乡试第六十三名，会试第一百五名。

张黄，贯湖广泸溪县人，四川护卫军籍，华阳县学生，治《易经》。字彦质，行六，年二十八，正月初三日生。曾祖辛一。祖聪一。父海。母冷氏，继母王氏、吴氏。具庆下。兄彦英、彦华、彦芳、彦兰、彦芝。娶陈氏。四川乡试第十一名，会试第二百四名。

白思明，贯山西太原府平定州，军籍，国子生，治《书经》。字睿之，行一，年二十五，九月初一日生。曾祖勋，审理。祖琦，封监察御史。父杰。母石氏。重庆下。弟思聪、思义、思温、思孝。娶吕氏。山西乡试第三名，会试第一百六十七名。

王璇，贯四川潼川州安岳县，民籍，州学生，治《易经》。字宗舜，行一，年三十，十二月十五日生。曾祖福顺。祖道玄。父守文，知县。母张氏。重庆下。弟玑、玉、珩、佩、琮。娶高氏。四川乡试第五十六名，会试第一百十三名。

唐章，贯直隶河间府献县，民籍，国子生，治《书经》。字宗明，行二，年三十一，正月十五日生。曾祖伯亮。祖广。父镐。母周氏。具庆下。兄表。弟凤、鸾、朋。娶刘氏，继娶段氏。顺天府乡试第六十八名，会试第一百三十三名。

马自然，贯四川成都府内江县，民籍，国子生，治《书经》。字思勉，行二，年二十七，二月十二日生。曾祖复，知县。祖惟庆。父琳。母傅氏。具庆下。兄浩然。弟栗然、嚣然、俨然、湛然、衷然。娶钟氏。四川乡试第七十名，会试第三百三十四名。

张瑜，贯直隶扬州府泰州，军灶籍，州学生，治《诗经》。字敬修，行六，年二十六，五月二十一日生。曾祖逊之。祖原善。父敏学。母唐氏。具庆下。兄瑛、瑶、琉、璇、理。娶徐氏。应天府乡试第三十四名，会试第五十七名。

张廉，贯山东青州府益都县，民籍，国子生，治《诗经》。字惟洁，行二，年三十五，九月初一日生。曾祖希曾。祖茂。父达，县丞。母孙氏。具庆下。兄庆。弟序、庸。娶王氏。山东乡试第二十七名，会试第二百九十四名。

马骋，贯广东广州府新会县，军籍，国子生，治《诗经》。字克毅，行一，年四十四，五月初六日生。曾祖宜孙。祖子晚。父良。母梁氏。永感下。弟骍、驯。娶宋氏。广东乡试第三十三名，会试第二百九十八名。

李显，贯河南彰德府安阳县，民籍，府学生。治《书经》。字道彰，行五，年二十八，三月初四日生。曾祖彦忠。祖茂，盐运司副使。父举。母栗氏。慈侍下。兄升、昱、旻、景。娶刘氏。河南乡试第七十三名，会试第二百二十名。

郭铠，贯山东东昌府高唐州恩县，军籍，县学生，治《书经》。字子声，行一，年二十九，十二月十一日生。曾祖仲彬，元达鲁花赤。祖宗贤，赠给事中。父麟，按察司给事。前母张氏，封孺人，母李氏。永感下。弟朝，生员；钰，生员。娶刘氏，继娶张氏。山东乡试第十四名，会试第七十七名。

王俣，贯浙江湖州府长兴县，民籍，国子生，治《易经》。字大用，行七，年三十三，八月二十五日生。曾祖信甫。祖彦诚，赠刑部主事。父瑄，按察使。前母周氏，赠安人，母潘氏，封安人。具庆下。兄明、仪、俨、健。弟俶、僖、佶。娶章氏。浙江乡试第十九名，会试第三百十一名。

汪洪，贯湖广蒲圻县人，顺天府大兴县官籍，府学生，治《诗经》。字克容，行一，年二十九，十一月二十八日生。曾祖衡。祖秀。父胜，顺天府经历。母徐氏。具庆下。弟浩。娶张氏。顺天府乡试第一名，会试第二百七十六名。

华秉彝，贯直隶常州府江阴县，官籍，国子生，治《诗经》。字天性。行三，年二十九，五月二十七日生。曾祖仲和。祖子忠。父旭，推官。嫡母周氏，生母吴氏。具庆下。兄宽、敏。弟秉文、秉仁、秉直、秉衡。娶沈氏。应天府乡试第四十七名，会试第一百十四名。

余英，贯浙江衢州府西安县，军籍，国子生，治《易经》。字邦毓，行二，年三十四，四月十五日生。曾祖彦广。祖周保。父克礼。母郑氏。具庆下。兄益。弟珊、玺、珍、玫、璋、玠、璘、荣。娶留氏。浙江乡试第五十四名，会试第二百七十一名。

李敬，贯直隶保定府安州高阳县，民籍，县学生，治《易经》。字成学，行一，年二十八，十月二十日生。曾祖居仁。祖公正。父端。母阴氏。具庆下。弟戮。娶张氏。顺天府乡试第三十九名，会试第二百八十七名。

梁镛，贯山东东昌府高唐州，民籍，国子生，治《礼记》。字克宣，行一，年三十七，七月二十六日生。曾祖宾道，巡抚。祖宗德，主簿。父珩。母张氏。永感下。弟钺、镒、铉。娶陈氏。山东乡试第九名，会试第二百五十六名。

张介，贯四川成都府内江县，民籍，国子生，治《书经》。字廉夫，行二，年三十八，十月十七日生。曾祖超德。祖懽，阴阳训术。父彦理。母甘氏。慈侍下。兄燹。弟粹、兆、劼。娶阴氏。四川乡试第十五名，会试第一百三十二名。

刘吉和，贯直隶保定府容城县，民籍，国子生，治《礼记》。字中节，行三，年三十三，十一月初六日生。曾祖士原。祖义之。父汝励，知县。母牛氏。具庆下。兄泽、澄。弟吉顺、吉祯、吉昌。娶李氏。顺天府乡试第四十二名，会试第二百三十六名。

李昱，贯河南南阳府邓州内乡县，军籍，县学增广生，治《书经》。字孟旸，行一，年二十六，正月初五日生。曾祖宗逸。祖实，赠通判。父素，同知。母王氏，封安人。具庆下。娶赵氏。河南乡试第六名，会试第二百四十八名。

韩文，贯山西平阳府洪洞县，军籍，县学生，治《易经》。字贯道，行二，年二十六，九月二十六日生。曾祖昌。祖渊。父肃，医学训科。母吉氏。具庆下。兄通。弟敬、富、泰、禄。娶张氏。山西乡试第四十三名，会试第二百五十八名。

郝珙，贯山西平阳府解州安邑县，民籍，国子生，治《书经》。字廷璧，行二，年二十九，三月初八日生，曾祖克明，赠员外郎。祖政，员外郎。父旻。母张氏。具庆下。兄琰。弟璠、顼、玹。娶陈氏。山西乡试第二十二名，会试第六十名。

张廉，贯浙江湖州府归安县，民籍，国子生，治《书经》。字孟介，行二，年三十三，二月初七日生。曾祖克让。祖仲文，赠按察司副使。父翼，左参政。前母朱氏、杨氏，俱赠恭人，母管氏，封恭人。慈侍下。兄康。娶费氏，继娶章氏。浙江乡试第六名，会试第三百二十九名。

张澍，贯河南河南府新安县，军籍，府学生，治《诗经》。字道济，行一，年三十七，七月二十七日生。曾祖时中，府通判。祖宗玉，县丞。父钺，进士，同知。母宰氏，继母方氏。具庆下。弟浣、澜、溥。娶王氏。河南乡试第十二名，会试第三百三十八名。

陈义，贯江西抚州府乐安县，民籍，国子生，治《诗经》。字集义，行一，年四十，十一月十七日生。曾祖孟谦。祖叔贤。父怀举。母丘氏，继母曾氏、郑氏。严侍下。弟集成、集学、集英、集彦。娶帅氏。应天府乡试第四十九名，会试第三百三十三名。

李辙，贯湖广辰州府沅陵县，军籍，国子生。治《书经》。字由道，行二，年三十三，正月二十五日生。曾祖德，元学录。祖郁。父霆。嫡母曹氏，生母陈氏。慈侍下。兄轼。弟轗、轩。娶方氏。湖广乡试第七十五名，会试第四十三名。

陈鼐，贯福建兴化府莆田县，民籍，国子生，治《书经》。字宗调，行一，年三十三，五月初九日生。曾祖逢吉。祖中，教谕。父志大。母萧氏。慈侍下。弟鼎、萧。娶林氏。福建乡试第五十九名，会试第一百四十六名。

戴佑，贯顺天府大兴县，民籍，府学增广生，治《诗经》。字元吉，行二，年三十六，九月二十日生。曾祖逊。祖子期。父宗。母钟氏。慈侍下。兄福。弟裕。娶陶氏。顺天府乡试第十五名，会试第四十五名。

王亿，贯四川重庆府铜梁县，民籍，国子生，治《春秋》。字用哲，行八，年三十五，正月初三日生。曾祖德升。祖胜宗。父仲亨，赠知府。母郭氏，封恭人。永感下。兄佐；佑；俭，左佥都御史；侃；伟；儒；修。娶钟氏。四川乡试第三十六名，会试第二百七十三名。

马琴，贯四川成都府内江县，民籍，儒士，治《诗经》。字廷宣，行六，年三十一，九月初十日生。曾祖文质。祖复，知县。父惟庆。母卢氏。永感下。兄璠，义官；玙；琳；诚，进士；纶，同科进士。娶王氏。四川乡试第三十九名，会试第三百二十五名。

李芳，贯山东济南府滨州利津县，民籍，国子生，治《春秋》。字德馨，行四，年三十二，九月初九日生。曾祖彦实，封主事。祖益，左参政。父聪，教谕。前母孙氏，母郎氏。永感下。兄英；谨；应宗，训导。弟华、兰、蕙、辂、亨。娶王氏。山东乡试第五十五名，会试第三百三十二名。

汪直，贯直隶徽州府祁门县，军籍，国子生，治《春秋》。字懋俭，行一，年三十，十一月二十一日生。曾祖允绍。祖民政，封主事。父回显，知府。母蒋氏，封安人。具庆下。弟表、约、蕃、蒙。娶谢氏。应天府乡试第四十名，会试第一百八十一名。

余琰，贯四川眉州青神县，民籍，国子生，治《诗经》。字公佩，行二，年三十二，三月十四日生。曾祖朝宗。祖友中。父祯。母魏氏。慈侍下。兄瓒。娶金氏。四川乡试第六十五名，会试第一百五十五名。

杨徽，贯河南怀庆府河内县，军籍，国子生，治《易经》。字舜美，行二，年三十二，五月初四日生。曾祖好礼。祖文秀，恩例冠带。父志学，教谕。母史氏。永感下。兄复。弟徕。娶燕氏。河南乡试第二名，会试第二百三十四名。

蒋昺，贯山东东昌府丘县，军籍，国子生，治《礼记》。字克明，行二，年二十六，十月三十日生。曾祖大。祖谦。父益。母李氏。重庆下。兄旻。弟昌、昇、昦。娶高氏。山东乡试第三十一名，会试第三百二十二名。

王义，贯陕西延安府鄜州洛川县，军籍，国子生，治《诗经》。字循理，行四，年三十六，六月初七日生。曾祖敏道。祖思诚。父辉。母傅氏。永感下。兄志、全、勇。弟顺。娶李氏。陕西乡试第四十八名，会试第二百六名。

伹钟，贯山东兖州府济宁州郓城县，民籍，县学增广生，治《书经》。字大器，行二，年二十七，二月二十八日生。曾祖得甫。祖伯祥。父良善。母范氏。慈侍下。兄铃。弟锌。娶王氏。山东乡试第六十七名，会试第二百九十一名。

莫諲，贯直隶松江府上海县，民籍，国子生，治《书经》。字如敬，行二，年二十九，十月初二日生。曾祖景行。祖文义。父忠。母罗氏。永感下。兄谦。娶陆氏。应天府乡试第八十一名，会试第一百二十一名。

沈浩，贯应天府上元县人，锦衣卫军籍，顺天府学军生。治《诗经》。字惟广，行六，年三十二，六月二十八日生。曾祖元成。祖贵。父瑄。母景氏。具庆下。兄俨、旻、昌、顺、杰。弟信。娶潘氏。顺天府乡试第十六名，会试第七十二名。

甄希贤，贯陕西凤翔府麟游县，军籍，国子生，治《书经》。字士勉，行一，年二十九，二月初五日生。曾祖仲得，赠府尹。祖义，兵部左侍郎。父镝。母康氏。具庆下。娶李氏。陕西乡试第五十四名，会试第二百六十八名。

崔廷圭，贯广东广州府番禺县，军籍，县学生，治《易经》。字国信，行一，年三十八，四月初一日生。曾祖武卿。祖义弟。父福琴。母林氏。慈侍下。弟廷器，廷瑞。娶林氏。广东乡试第七十二名，会试第二百二十一名。

李文中，贯四川重庆府荣昌县，军籍，县学生，治《礼记》。字宗道，行一，年二十八，三月二十八日生。曾祖世用。祖渊，县丞。父人仪，知府。母张氏。具庆下。弟卞中、襄中、章中。娶曹氏。四川乡试第十名，会试第二百九十三名。

汪奎，贯直隶徽州府婺源县，军籍，县学生，治《诗经》。字文灿，行四，年三十五，七月十三日生。曾祖渊。祖栌。父叔泰。母江氏。具庆下。弟孟坦、孟圻、孟坤。娶江氏。应天府乡试第一百九名，会试第二十八名。

罗珣，贯四川巴县人，云南临安卫军籍，国子生，治《易经》。字用诚，行二，年二十九，九月初九日生。曾祖天麒。祖镛，赠给事中。父晟，按察司佥事。母杨氏，赠孺人，继母朱氏，封孺人。具庆下。兄玚。弟珣、玮、琏、瓒。娶范氏。云南乡试第二名，会试第一百三十五名。

陈鼎，贯山东兖州府曹州，民籍，州学生，治《诗经》。字孟安，行三，年三十一，十一月初十日生。曾祖英。祖士祥。父敬。母杜氏，继母张氏。具庆下。兄良、宽。弟甯、萧。娶王氏。山东乡试第七名，会试第一百二十二名。

孙安，贯浙江杭州府钱唐县，民籍，国子生，治《礼记》。字勉之，行三，年三十六，九月二十三日生。曾祖克昌。祖元善。父文贵。母金氏。严侍下。兄让、敬。娶贾氏。浙江乡试第二十二名，会试第一百八十九名。

（下缺王迪、刘资厚、罗鹍、王谦四人履历。）

施纯，贯顺天府东安县，民籍，县学增广生。治《书经》。子彦厚，行五，年三十，二月十五日生。曾祖翁祖，元万户，赠尚书。祖伯诚，赠尚书。父礼，刑部尚书。嫡母冯氏，封夫人，生母马氏。慈侍下。兄纶；缙；绅，通政司右参议；纨，训科。娶许氏。顺天府乡试第九十九名，会试第九十名。

李聪，贯广东广州府顺德县，民籍，国子生，治《易经》。字士达，行一，年二十九，六月二十七日生。曾祖处安。祖和璧。父德彰。母陈氏。具庆下。弟慧、平、直。娶黄氏。广东乡试第十九名，会试第七十九名。

柯汉，贯广东潮州府潮阳县，民籍，国子生，治《书经》。字时昭，行四，年三十四，五月二十九日生。曾祖子平。祖孔祚。父克勤。母杨氏，继母黄氏。慈侍下。兄河，监生。弟派、津、浚、逢雨、球。娶萧氏，继娶赵氏。广东乡试第七十一名，会试第一百十五名。

袁鲁训，贯江西袁州府宜春县，民籍，国子生，治《礼记》。字宗道，行二，年四十二，九月十七日生。曾祖世闻。祖文慎。父原亨。母易氏，继母黄氏。具庆下。兄经训。弟鲁宣、鲁文。娶李氏，继娶陈氏。江西乡试第□□名，会试第□□九名。

蔺澄，贯河南开封府阳武县，民籍，国子生，治《礼记》。字文濂，行五，年三十六，七月初十日生。曾祖思忠。祖芳。父荣。母伍氏。永感下。兄浩、泽、溥、源。娶张氏。河南乡试第四十四名，会试第二百十七名。

戴琏，贯江西饶州府浮梁县，儒籍，国子生，治《书经》。字廷献，行九，年三十七，七月二十日生。曾祖寿。祖嗣安，赠参议。父爵。母黎氏，继母程氏。慈侍下。兄瑛；璿，吏部郎中；珉，兵部郎中；玘，贡士。弟璨，同知；珊，进士；琥，监察御史；瑚。娶李氏。江西乡试第七十一名，会试第一百九十一名。

何济，贯广东广州府顺德县，军籍，国子生，治《书经》。字汝舟，行一，年二十九，六月初七日生。曾祖季坚。祖宗泰。父禣。母康氏。严侍下。弟沛。娶潘氏。广东乡试第六十八名，会试第一百三十一名。

沃頖，贯浙江宁波府定海县，国子生，治《易经》。字文渊，行一，年三十，四月十一日生。曾祖本初。祖观祥。父浩。母周氏。具庆下。弟顺。娶乐氏，继娶江氏。浙江乡试第十九名，会试第二百三十一名。

叶稠，贯浙江杭州府富阳县，民籍，国子生，治《易经》。字端□，行十七，年四十二，九月十六日生。曾祖子文。祖宗大。父伯玉。前母冯氏，母冯氏，继母吴氏。严侍下。兄成、荣。弟升、茂。娶孙氏，继娶王氏。浙江乡试第七十六名，会试第二百八十一名。

戴仁，贯应天府句容县，民籍，国子生，治《易经》。字以德，行一，年三十五，十二月二十二日生。曾祖彦斌。祖本和。父睿。母蔡氏。具庆下。弟仪、儒、佩。娶朱氏。应天府乡试第八名，会试第十六名。

柳演，贯浙江温州府平阳县，灶籍，国子生，治《书经》。字宗畴，行十四，年三十四，三月十五日生。曾祖儒珍。祖靖一，义民。父天庆。母黄氏。慈侍下。兄宗辉，义官；宗孚，训术。娶高氏。浙江乡试第十三名，会试第九十三名。

魏富，贯福建漳州府龙溪县，民籍，府学生，治《易经》。字重礼，行二，年三十，九月二十三日生。曾祖仁福。祖本成。父肃谦。母王氏。永感下。兄重文。弟昂、拳、举。娶马氏。福建乡试第五十八名，会试第三百十九名。

李珊，贯广东番禺县人，海南卫军籍，国子生，治《礼记》。字廷珍，行一，年三十二，五月二十七日生。曾祖铭远。祖宗伯。父立。母王氏。慈侍下。弟玠，贡士；瑗；瓅。娶马氏。广东乡试第九十六名，会试第二百三十八名。

杨荣，贯四川重庆府永川县，民籍，国子生，治《书经》。字士仁，行二，年三十，八月二十日生。曾祖寿可。祖志。父从道。母宋氏。具庆下。兄林。娶龚氏。四川乡试第四十四名，会试第四十名。

王弼，贯四川成都府华阳县，民籍，国子生，治《书经》。字良辅，行四，年二十八，闰二月十三日生。曾祖先。祖永忠。父义。母党氏。具庆下。兄彦珍、彦琦、瓓。弟彦瑢、彦琼。娶张氏。四川乡试第二十三名，会试第一百六十五名。

李士实，贯江西南昌府新建县，民籍，国子生，治《诗经》。字若虚，行十七，年二十四，八月十六日生。曾祖敏文。祖希愍。父子听。母罗氏。慈侍下。兄士肤、士睿、士质。娶谭氏。江西乡试第七十四名，会试第一百五十二名。

杨宣，贯河南南阳府裕州□阳县，民籍，国子生，治《书经》。字浚明，行三，年三十二，七月二十五日生。曾祖澄。祖士达。父景芳。母潘氏，继母羊氏。慈侍下。兄麒、麟。弟寰。娶蔡氏。河南乡试第五十八名，会试第四十九名。

徐霖，贯河南开封府许州襄城县，民籍，国子生，治《书经》。字洪沾，行五，年三十七，六月十四日生。曾祖荣。祖仁兴。父义。母张氏。慈侍下。兄英、升、干、通。娶杜氏，继娶李氏。河南乡试第三十六名，会试第一百二十八名。

赵祯，贯直隶长洲县人，顺天府大兴县匠籍，府学生，治《诗经》。字汝吉，行三，年三十，六月二十六日生。曾祖天祥。祖彦良。父达。母王氏。具庆下。兄永、福。弟祥。娶宋氏。顺天府乡试第五十三名，会试第一百四十二名。

刘俊，贯直隶真定府深州，民籍，国子生，治《书经》。字君佐，行一，年二十九，十月二十二日生。曾祖士成。祖深。父敬让。母韩氏。具庆下。娶王氏。顺天府乡试第七十七名，会试第三百六名。

张宽，贯湖广襄阳府襄阳县，军籍，国子生，治《诗经》。字伯仁，行一，年三十四，闰八月初六日生。曾祖朝用。祖以孚。父廉。母朱氏。严侍下。弟宏。娶安氏。湖广乡试第八名，会试第三百九名。

晏辂，贯四川重庆府巴县，民籍，国子生。治《诗经》。字邦制，行一，年三十，正月二十二日生。曾祖福祖。祖天富。父皑。母张氏。具庆下。弟轵。娶朱氏。四川乡试第十名，会试第六十二名。

金泽，贯浙江鄞县人，应天府江宁县民籍，国子生，治《书经》。字德润，行一，年三十二，九月十九日生。曾祖惠得。祖仲广。父存节。母秦氏，继母陈氏。具庆下。弟澄、濂、治。娶范氏。应天府乡试第七十七名，会试第二百二十五名。

李能，贯直隶大名府内黄县，民籍，县学生，治《书经》。字时举，行一，年三十五，五月初四日生。曾祖大成。祖荣。父敬。母赵氏。具庆下。弟能。娶袁氏。顺天府乡试第五十三名，会试第三百二十名。

区正，贯广东广州府番禺县，民籍，府学生，治《易经》。字本中，行三，年二十五，六月初九日生。曾祖伯宽，教谕。祖源通。父玛。母梁氏。具庆下。弟贤、方。聘梁氏。广东乡试第三名，会试第一百九十五名。

蒋谊，贯应天府句容县人，南京太医院官籍，府学生，治《书经》。字宗谊，行九，年二十八，十二月初八日生。曾祖伯雛，元进士。祖用文，院判，赠院使。父主孝。母史氏。具庆下。兄谏；诚；访；琼；谦；让，医士；谨；论。娶李氏，继娶罗氏。应天府乡试第十五名，会试第二百六十二名。

王伟，贯陕西庆阳府宁州，民籍，国子生，治《春秋》。字文魁，行五，年二十五，十一月二十三日生。曾祖原礼。祖寿。父政，府经历。母杨氏。重庆下。兄杰、伦、侃、俨。娶刘氏。陕西乡试第四名，会试第二百九十名。

陶永淳，贯直隶松江府华亭县，军籍，国子生，治《诗经》。字质夫，行二，年二十五，五月二十八日生。曾祖嗣宗。祖羽。父蒙。母吕氏。重庆下。兄永洪。娶王氏。应天府乡试第一百三名，会试第三十二名。

黄杰，贯河南开封府洧川县，民籍，国子生，治《书经》。字士英，行二，年三十七，四月十四日生。曾祖宽，元万户。祖纲。父渊，知县。母彭氏，继母周氏。具庆下。兄瑄。弟琴。娶尚氏。河南乡试第三十六名，会试第一百五十七名。

吏部奏今科进士选用未及，请以三分为率，留一分各衙门办事，其余放回原籍依亲读书，挨次取用。诏留其半。（据《明宪宗实录》卷二十七"成化二年三月丁巳"）《国榷》卷三十四："成化二年三月丁巳，许进士观政、还里，各半之。"

许进举进士。官至兵部尚书。查继佐《罪惟录》志卷十八《科举志》"科举盛事·父子四尚书一氏"："灵宝许进由进士历宫保尚书，八子六登仕籍。次子诰，以进士至户部尚书；三子赞，以进士至吏部尚书，入文渊阁；六子论，以进士至兵部尚书；长子诏乡荐；四子诗乡荐；五子词知府。"

林瀚中进士。官至南京吏部尚书。查继佐《罪惟录》志卷十八《科举志》"科举盛事·父子祖孙五尚书"："闽县林瀚，由进士历兵部尚书，长子庭㭎以进士至工部尚书，子庭机以进士历礼部尚书，庭㭎次子㤉以进士至礼部尚书，三子烃以进士至工部尚书，而瀚父元美以进士历官知府，㭎长子炫以进士历官通政司参议。"梁章钜《制义丛话》

卷四："林公为吾闽闻人，开三代五尚书之门风，倡'学得吃亏'之庭训。俞桐川称其文谈理真实，而行之以繁重纡拙。盖笃行之风，百世下犹可想见也。""《四勿斋随笔》云：'君子之所为，众人固不识也。'此不识与上文知者、不知者是一是二，从来无人理会，惟吾乡林文安公云：'苟于此而不去耶？则失去就之宜。苟于此而遂行耶？则显君相之失。故行不遂行，必得不致膰而后行；去不苟去，必俟其微罪而后去。使君相之失既泯于无形，而在己之行又托于有故。其见几之明决既如彼，而用意之忠厚又如此，是岂众人之所能识哉？故当时不知者以为为肉而去也，其知者以为为无礼而去也。以为为肉者，是以私心窥圣人，而其行止之微意，谁则知之；以为为无礼者，是以浅见测圣人，而其迟速之深情，谁则识之。'寥寥数语，将知不知与不识分际，暗中划清，而'君子之所为'五字自然醒豁。评者但云自引上文，更不著讲题，是了义文无剩法，犹未道着此文窾要也。"

近年以来，场屋经义专主朱说取人，《易》经义凡主程《传》者皆被黜。陆容《菽园杂记》卷十五："朱子注《易》，虽主尚占立说，而其理未尝与程《传》背驰，故《本义》于卦文中或云说见程《传》，或云程《传》备矣。又曰看其《易》须与程《传》参看。故本朝诏告天下，《易》说兼主程、朱，而科举取士以之。予犹记幼年见《易》经义多兼程《传》讲贯。近年以来，场屋经义专主朱说取人，主程《传》者皆被黜，学者靡然从风，程《传》遂至全无读者。尝欲买《周易传义》为行箧之用，遍杭城书肆求之，惟有《朱子本义》，兼程《传》者绝无矣。盖利之所在，人必趋之，市井之趋利，势固如此；学者之趋简便，亦至此哉！"

黄仲昭举进士，与庄昶、罗伦、章懋、贺钦同榜。《未轩文集》卷十《丙戌登第有作》："雷奋春声动九区，群龙变化上云衢。奎躔午夜文星聚，日驭中天瑞彩扶。经济未能攀董策，姓名深愧滥齐竽。平生一片丹心在，拟献君王赞庙谟。"

翰林修撰黎淳为左春坊左谕德。（据《国榷》卷三十四）

进士曹卿、林璧、薛纲、金忠、余谅，监生戴琥、张辅、陈燮、贡璧、叶茂为监察御史。（据《国榷》卷三十四）

闰三月

复广东顺德知县钱溥为侍读学士致仕，从溥乞恩也。（据《馆阁漫录》卷五《成化二年》"闰三月"）

四月

陈贽（1392—1466）卒。《馆阁漫录》卷五《成化二年》："四月辛丑朔。丙辰，致仕太常少卿陈贽卒。贽字惟成，浙江余姚人。举经明行修，为杭州府学训导。职满赴京，适诏选人于内书馆教内竖，吏部试可，擢待诏。九年，升典籍，寻迁五经博士。未逾年，用学士高谷荐，升广东布政司左参议。景泰癸酉，入为太常少卿。天顺乙酉致仕。至是卒，年七十五。讣闻，遣官赐祭。赟性和易，嗜书至老不倦，尤好吟咏。奉命教内竖，人人得其欢心，故去任，人恒思念之不忘。子嘉猷，别有传。"

邹智（1466—1491）生。字汝愚，号立斋，又号秋困，四川合州人，成化丁未进士，改庶吉士，坐诬下狱，免死，谪广东石城所吏目。居四年，得疾暴卒。有《立斋遗文》。《立斋遗文》附录金祺《广东石城千户所吏目邹君汝愚墓志铭》："君生而颖敏过人，孝友之行，廉隅之节，固其性也。髫龀时嶷然如老成人，十二岁能文章。学于舅氏，得《书》之精传，又大肆力群经子史，一经目即不忘。尝居龙泉庵，贫无继晷之给，则扫树叶蓄之，焚以照，读书达旦。如是者三年，文思警拔，虽数千言可立就。蜀虽多才，未能或之先也……君生成化丙戌四月十五日。"

巡抚甘肃右佥都御史徐廷章奏边方事宜，请设学校以训边氓，广贤路以资任使。许卫学生员食廪充贡。《明宪宗实录》卷二十九：成化二年夏四月，"戊辰，巡抚甘肃右佥都御史徐廷章奏边方事宜……一、设学校以训边氓。肃州卫所，俗杂羌夷，人性悍梗，往往动触宪网，盖由未设学校以教之故也。请如山丹等卫例，开设儒学，除授教官，就于军中选其俊秀余丁以充生员，及各官弟男子侄，俱令送学读书，果有成效，许令科贡出身。其余纵不能一一成材，然亦足以变其性习，不数年间，礼让兴行，风俗淳美矣……一、广贤路以资任使。陕西行都司及山丹凉州庄浪西宁各卫，俱有儒学，选官军俊秀子弟以充生员，而卫学之设，止许科举，不得食廪充贡。乞如府州县学例，定拟廪膳生员，月给廪米五斗，科举外挨次岁贡出身，则人才不遗于边方矣。奏下部院大臣会议，请行各该衙门查行。上命决功赏、任智勇二事，所司亟行之"。孙承泽《春明梦馀录》卷五十五《府学·武学》："军卫旧无学，与府、州、县同城者，军官子弟皆附其学；独治一城者，皆立卫学。宣德十年，从兵部尚书徐可之请也。武官子弟曰武生，军中俊秀曰军生。卫学之有岁贡，始于成化二年，从李文达贤之请也。"俞汝楫《礼部志稿》卷二十三："成化二年，奏准卫学照县学例，二年贡一人。四年，令凡京学二年贡三人；军民、指挥使司卫学照府学例；军民生相间，一年贡一人；都司及土官学照州学例，三年贡二人。弘治十三年，奏准自十四年为始，各处州学俱四年三贡。其云南、四川、贵州等处，除军民、指挥使司儒学军民相间一年一贡，其余土官及都司学各照先年奏准事例，三年二贡。十四年，奏准万全都司照府学例一年一贡，其余都司所属卫分少者不许滥比。正德三年，奏准大宁都司学一年一贡。十一年，题准辽东都司学设优等、次等生员各四十名，每年考送一人充贡。十二年，奏准陕西都司学一年一贡。十三年，奏准广宁等五卫儒学生员照州学事例考贡。"民国《义县志》卷中之十《选举志》："《宣府镇志·学校考》：成化二年，礼部奏准卫学照县学例，二年贡一人。成化十六年，令都司学照州学例，三年贡二人。弘治八年奏准，自九年起至十三年止，府学一年贡二名，州学二年贡三名，县学每年贡一名，以后仍按现行例行之。"

五月

  李贤以父丧起复，修撰罗伦疏谏，贬福建市舶司副提举。《馆阁漫录》卷五《成化二年》："三月辛未朔。癸酉，翰林院修撰罗伦言：'比闻朝廷援杨溥故事，起复大学士李贤者。臣窃以谓李贤大臣，起复大事，纲常所关，风化所系，言虽若迂，所关甚大，事虽若缓，所系甚切，惟陛下亮之。夫为人子者，未有不孝于亲而能忠于君者也；为人君者，未有不教其臣以孝而得其臣之忠者也。是故为君者当以先王之礼教其臣，为臣者当据先王之礼事其君。臣不暇远举，请以宋言之。仁宗尝以故事起复富弼矣，弼之词曰："何必遵故事以遂前代之非，但当据古礼以行今日之是。"仁宗卒从其请。孝宗尝以故事起复刘珙矣，珙之词曰："身在草土之中，国无门庭之寇，难冒金革之名，以私利禄之实。"孝宗卒允其请。是二君者，可谓能教其臣以孝；而二臣者，亦可谓移其孝以忠于君者也。臣愿陛下以宋为鉴，以礼处贤，使其尽孝于亲，而不得罪于名教，此臣之愿，亦贤之分也。夫陛下之任贤在信与不信，而不在起与不起也。贤身不可起，贤口则可言，宜降温诏，俾如刘珙不以一身之戚，而忘天下之忧。使贤于天下之事，知之必言，言之必尽，陛下于贤之言，闻之必行，行之必力，则贤虽不起复，犹起复也；使贤于天下之事，知之而不言，言之而有隐，陛下于贤之言，闻之而不行，行之而不力，则贤虽起复，犹不起复也。且妇于舅姑，有三年丧；孙于祖父母，礼有期服。夺情于夫，初无与其妻；起复于父，初无干其子。今或舍馆如故，妻孥不动，乃号于天下曰：本欲终丧，朝廷不容，虽三尺童子，臣恐其不信也。枉己者未有能直夫人，忘亲者未有能忠于君，望其直人而先枉己，望其忠君而先忘亲，陛下何取于斯人而起复之哉？何不使之全孝于家，而后移忠于国哉？孔子曰："上有好者，下必有甚焉者矣。"陛下诚能守先王之通礼，遵祖宗之成宪，待以礼义而不縻之以爵禄，激以廉耻而不诱之以名位，使积习之弊，脱然以除，则忠孝之心，油然而生，特在乎陛下转移之间何如耳！天子者，以孝治天下者也；人臣者，佐天子以孝治天下者也。欲孝行于天下，必先行之于大臣。臣愿陛下不惑群议，断自圣衷，取回使臣，许令李贤依富弼故事守制，以刘珙故事言事。朝廷既正，则天下自正；大臣既行，则群臣自效。纲常由是而正，人伦由是而明，风俗由是而厚，士心由是而纯矣。臣言一出，见者皆咋，众怒群猜，将无不至。惟陛下矜赐优容，使谠言日进，曲加保护，使士气日振，则天下幸甚。'疏入，不出翌日，有旨：'罗伦狂妄粗疏，难居近侍，吏部其调除外任。'遂出为福建市舶司提举副。丙子，大学士李贤奔丧回至京，命复任视事。贤奏曰：'臣本以凡庸，误蒙先帝擢用，八年之间，无所建明，有乖清议。陛下即位之初，念臣青宫随侍年久，随例升进。臣虽自揣非据，不敢独辞。不幸遭父之丧，礼当守制，陛下念朝廷事重，不允终制。不知臣实驽劣，不胜兹任，有类折足之鼎，将必覆公之餗矣。况夺情非太平之美事，古之大臣若房玄龄、张九龄、寇准、文天祥，虽皆夺情，而人不之非议者，良以其才足以胜重任，而有益于国家天下也。如臣不过寻常之流，而亦夺情，宁免人之非议乎？非本心也。伏望陛下矜而从之，容臣守制，庶为太平美事。'诏曰：'礼有经有权，朕特从权用卿，累辞不允。若固违君命，岂得为孝？卿当深念大义，勿恤微言，勉起就任。所辞不允，其毋再陈。'明日，又奏曰：'臣罪逆深重，祸延臣父，礼当守制，皇上以用人之际，不允终制。臣彼时自念归家葬毕，遣人驰奏，务求终制，不意皇上特命内臣驰驿同行到家，匆匆丧事甫毕，内臣即日催迫上道。自计到京谢恩之后，披沥肝胆，必遂所请，两具疏陈情，未蒙矜允，用是再竭愚衷，上尘天听。臣惟亲丧守制，实万世之常经；大臣夺情，岂一时之令典。况臣衰朽，未必能副陛下之盛意，徒重臣之惭，增臣之罪而已。伏望皇上早降纶音，许臣终制。'诏曰：'卿言之再三，朕已具知，但委托尤重，宜体至怀，即日就任，慎勿再言。'"《明儒学案》卷四十五《文毅罗一峰先生伦》："举成化丙戌进士，对策大廷，引程正公语'人主一日之间，接贤士大夫之时多，亲宦官宫妾之时少'，执政欲节其下句，先生不从。奏名第一，授翰林修撰。会李文达夺情，先生诣其私第，告以不可，待之数日，始上疏，历陈起复之非：为君者当以先王之礼教其臣，为臣者当据先王之礼事其君。疏奏，遂落职，提举泉州市舶司。"

六月

升学士倪谦为礼部右侍郎。谦自谪戍复职闲住，至是诣阙谢恩，特命于东阁办事。言官劾其贪冒无耻，乃以疾辞。上以谦子岳同在翰林，改南京。升修撰陈鉴为侍读，以在东宫尝侍讲读也。乙丑，礼部左侍郎李绍乞归养病，许之，仍谕以疾愈复来供职。时绍纂修英庙实录，充副总裁，书未脱稿，上曰其情辞恳切，特听其归。时其子璇为庶吉士，请假侍其行，从之。戊辰，升学士倪谦为礼部右侍郎。（据《馆阁漫录》卷五《成化二年》）

七月

命礼部右侍郎倪谦致仕。《馆阁漫录》卷五《成化二年》："七月庚午朔。辛未，命礼部右侍郎倪谦致仕。六科、十三道共劾谦'奸贪邪佞，交结外藩，本当置于极典，幸而得戍边。方复蒙皇上宽恩，复其旧职闲住，自合靖居闾里，却乃不召而来，希求进用，玷污清班。知不容于公论，伪乞致休，皇上复徇所请，俾官南京，又贰宗伯，朝野惊骇，众论喧腾。臣等官居耳目，职任激扬，窃附吕诲之知人，敢辞阳城之窜逐。伏望将谦革职，放归田里，以为希进者之戒'。有旨：'倪谦有随侍旧劳，特留任用。今公论既不可，仍令致仕。'"

司马恂卒。《馆阁漫录》卷五《成化二年》：七月，"辛巳，詹事府少詹事兼国子监祭酒司马恂卒。恂字恂如，系出夏县司马氏，今家绍兴，为山阴人。由郡学生贡入太学。正统甲子，魁顺天府乡试。岁己巳，擢刑科给事中。天顺丁丑，上复储位，选任左春坊左赞善，日侍讲读。癸未，超迁少詹事，仍侍讲读。乙酉，以登极恩，命兼国子监祭酒，以父老乞假归省，还卒。讣闻，遣官谕祭，后追赠礼部左侍郎。恂善记问，兼通篆隶。居官勤慎，尝出使朝鲜国，及充会试同考官。方在言路，居讲筵，敦厚谦让，人多称之。及擢副宫端，遂有入阁之望，情态顿殊。上即位，仅以旧职兼祭酒，不满所望，或形于言，士大夫以此薄之"。

八月

升翰林院修撰邢让为国子监祭酒。（据《明宪宗实录》卷三十三）

擢进士马诚、梁翰为检讨，教官何璧、周谨为待诏，监生罗麟、孙迪为中书舍人，侍崇王读书习字。壬子，进士周鉴以避选王府官，问遣为民。时崇王将出就学，诏吏部选进士等官侍讲读，鉴在选中，称病觊免。尚书王翱奏鉴怀奸不忠，付法司罪之，遂坐除名。（据《馆阁漫录》卷五《成化二年》）

丁卯，命谕祭故少保、兵部尚书于谦，复其子冕为府军前卫副千户。时冕累奏其父谦"历事列圣，颇效勤劳。正统十四年，多事之秋，亲督大军，奋身出战，守护京师，敌退强虏，安保国家之功，天下共知。止以平素奉公不阿，致怨权奸，被石亨等诬告以死。伏望圣恩悯念，量与祭祀，以慰先臣之冤，仍加优恤，使臣得延喘息，以奉先祀，则存殁幸甚"。章上，上曰："于谦有劳于国，与众不同，翰林院其撰文，遣行人往祭其墓。"其文曰："卿以俊伟之器，经济之才，历事先朝，茂著劳绩。当国家之多难，保社稷以无虞。惟公道以自持，为权奸之所害。在先帝已知其枉，而朕心实怜其忠。故复卿子官，遣行人谕祭。呜呼！哀其死而表其生，一顺乎天理；厄于前而伸于后，允惬乎人心。用昭百世之令名，式慰九泉之冥漠。灵爽如在，尚克鉴之。"谦有功于国而死于非命，人久为之冤愤，至是少慰释云。（据《馆阁漫录》卷五《成化二年》"八月"）

九月

太常少卿兼侍读孙贤乞归省，许之，给驿以行，仍速其来。（据《馆阁漫录》卷五《成化二年》）

十一月

刑部员外郎彭韶，劾左佥都御史张岐憸邪奔竞不可用，宜召王竑、李秉、叶盛。上怒，下锦衣狱。给事中毛弘等疏救，不听。进士林敷为韶书奏，并罪，纳赎还秩。（据《国榷》卷三十四）

十二月

　　李贤（1408—1467）卒，谥文达。（卒年据公历标注）《馆阁漫录》卷五《成化二年》："十二月戊戌朔。甲寅，少保、吏部尚书兼华盖殿大学士李贤卒。贤字原德，河南邓州人。宣德癸丑进士，初授验封司主事，历考功文选郎中。景泰辛未，超擢兵部侍郎，奉命四川考察官，寻改户部，又改吏部。英宗复位，以张軏荐，命兼学士，入内阁参与机务，进尚书，与武功伯徐有贞共事。时御史杨瑄劾曹吉祥、石亨不法事，二人疑出有贞意，入潜之，遂并贤下狱。是夜雷雨大作，二人恐，复请轻之，乃降福建右参政。既而留为吏部左侍郎，寻进尚书，兼学士如故，宠遇益隆，宣召顾问无虚日。五年，曹钦作乱，伤贤臂，胁令草请罪疏，意欲害之，赖吏部尚书王翱力救获免。钦伏诛，贤亟上疏，请宽胁从者。英宗降敕曰：'卿力疾供事，忠勤可嘉，特加太子少保。'上即位，进少保、吏部尚书、华盖殿大学士、知经筵事，加光禄大大、柱国。成化二年，丁父忧，命奔丧还治事，累上疏请终制，不许，遣中官辅行，月余复任。至是得疾卒，年五十九。上震悼，辍朝一日，赐葬祭如例，赠特进光禄大夫、左柱国、太师，谥文达，官其子璋为尚宝司丞。贤博厚有度量，诚心待物，有事辄以询诸人，矢口出言，不为城府。立朝三十馀年，惟一出四川考官，进退臧否，颇不协人望。天顺初，徐有贞既去，独被眷顾，时常召入文华殿，有所咨询，然多梏于权奸，不敢尽言。后权奸败，机务悉委贤，言无不从。英庙每视朝毕，立宝座上左右顾，左顾则呼贤，右顾则呼门达，贤至御前，语良久方出。正统以来，大臣得君，未有如贤者。天顺初，石亨等以迎复为功，恃功干政，言多不逊。贤密进言曰：'天位乃陛下所固有，景泰不起，群臣自行表请复辟，何以兵为？万一不成，祸且不测。况宫禁非用兵之地，不惩之，后将效尤，以阶祸于无穷。'英宗大悟，而亨等恩宠自是渐衰。天顺末，门达怙宠作威，分遣官校于天下，缉访事情，所至纷扰，军卫有司闻风战栗，需求贿赂，动以万计。贤因百户陈以节者扰害江西以为言，英宗以戒达，达党始少戢。然衔贤刺骨，百计擿贤罪，将置之死地。英宗知之，潜不行。上初嗣位，每因事进谏，颇切治理。性喜读书，公暇手不释卷。好读性理之书。作为文章，援笔立就，不事雕琢。陈文志其墓，谓贤'量宏而福厚，大臣遭遇之隆，无与比者'，盖实录云。"

　　刘定之入内阁，预机务。《明鉴纲目》卷四："纲：以太常寺少卿兼侍读学士刘定之，入内阁，预机务。目：李贤既卒，故有是命。（定之以文学名一时。尝有中旨命制元宵诗，内使却立以俟，据案伸纸，立成七言绝句百首。又尝一日草九制，笔不停书。人咸服其敏捷云。）"

　　监察御史严洤为浙江按察副使，仍督南畿学校。（据《国榷》卷三十四）

　　国子生邓瑛言调永顺等土兵之害，请加约束。从之。（据《国榷》卷三十四）

　　任命诸监察御史。进士俞荩、郭瑞、龚晟、李琼、罗明、娄谦、江孟纶、刘镒、邝

862

文、江沂、刘瑀、戴珊、邵智，行人王哲，知县梁防，监生姚明、李大纲为试监察御史。（据《国榷》卷三十四）

本年

常熟知县甘泽在县治西建社学。万历《常熟县私志》卷五《叙学》："社学（今废），在县治西。成化二年，令甘泽即旧射圃地建，堂曰'养蒙'，东斋曰'果行'，西斋曰'育德'，外门曰'社学'。每里选子弟八名，共一百四名，延儒士为教读生徒，多有成效。弘治七年，通府张昱改为公馆。八年，令王燧择慧日寺西隙地规为学，去旧学又数十步。九年，令杨子器拓大之……延里儒王臣、季鹤为之师，又没淫祀田五十七亩供亿之。每朔望师生随入县学行礼试文，义通者升入县学。"

夏尚朴（1466—1538）生。《明史》儒林传："夏尚朴，字敦夫，广信永丰人。"黄宗羲《明儒学案》卷四："夏尚朴字敦夫，别号东岩，永丰人。从学于娄一斋谅。"张惟骧《疑年录汇编》卷七："夏敬夫七十三尚朴，生成化二年丙戌。"

二甲四十四名进士黄仲昭作有《南昌县儒学记》一文。万历《新修南昌府志》卷二十七《艺文》黄仲昭《南昌县儒学记》："成周盛时，建学立师，教民以德行道艺而宾兴之，故当是时列于庶位者，彬彬然皆冯翼孝德之士，而治效之隆，不可尚矣！自兹以降，其法渐废。隋唐始设科目而以辞赋取士，学者遂不复闻德行道艺之教，而专攻辞藻，以求售于科目，治效所以不及于古者，有由然也。天启文运，我太祖高皇帝御极之初，即诏天下府州县立学，一以六经、四书及濂、洛、关、闽之学为教，复出辞赋，而定以经义论策取士，盖欲其讲明圣贤之学以立其本，然后因考实以达于用，即成周盛时育才取士之遗意也。圣祖继统，重熙累洽，其治效可以追配于成周之美者，岂偶然哉！然而天下承平日久，学者急于仕进，忽义理而不求，惟浮华之是骛，甚至断裂章句，穿凿经旨，以迎合主司之意，其弊反有甚于辞赋之学者，是岂圣祖所以立学养士之初意哉！窃尝论之，圣贤之学，科举之文，非若孔、墨、颜、跖之不相为谋也，学者能于圣贤之书，熟读精思，体认亲切，使其理莹于内，道积厥躬，见之于事而无不宜，畅之于辞而无不协，由是大比而登庸之，则虽未尽合成周之制，而其为学体用兼该，本末一贯，圣贤之教，亦岂外于是哉！此则圣祖所以期待学校之深意，而凡游于学校者，皆不可不以是而自期待也。"

湛若水（1466—1560）生。（据《明儒学案》卷三十七《文简湛甘泉先生若水》）字元明，增城人，弘治乙丑进士，历官南京吏、礼、兵三部尚书。事迹具《明史》儒林传。有《湛甘泉先生文集》三十二卷。张惟骧《疑年录汇编》卷七："湛甘泉九十五若水，生成化二年丙戌，卒嘉靖三十九年庚申。"黄宗羲《明儒学案》卷三十七："湛若水字元明，号甘泉，广东增城人……庚申四月丁巳卒，年九十五。"

明宪宗成化三年丁亥（公元 1467 年）

二月

禁私收子弟教习番书。《明宪宗实录》卷三十九：成化三年二月癸丑，"礼部奏：'四夷馆译字官并子弟见有一百五十四名，今教师马铭又违例私收子弟张睿等一百三十六名，教习番书，以希进用。欲尽逮问，干系人众。请行翰林院下四夷馆，不许私收教习，漏泄夷情。'上曰：'四夷馆官员子弟，见在既多，礼部即会官考选，精通者量留，余送吏部改外任。子弟俱遣宁家。今后敢有私自教习者，必罪不宥。'"

庚子，升修撰刘宣为右春坊右谕德，以九年秩满。甲辰，国子监祭酒邢让等奏："国子监祖宗以来钦降敕谕学规，所以钦崇劝励之道，罔不周备。历岁绵远，恐致遗失。今本监原有磨成石碑，乞将学规募工镌石，树立太学中门外，使师生人等永远遵守。"从之。兵部尚书兼学士彭时归省还任。丙辰，故工部尚书、谨身殿大学士兼东阁大学士高谷子峘，叙其父劳，乞恩录用，命送国子监读书。（据《馆阁漫录》卷五《成化三年》）

宪宗御经筵。《明鉴纲目》卷四："纲：御经筵。目：故事，经筵讲毕，辞退，帝必口宣赐酒馔，阁臣讲官，并承旨叩谢出。及是，刘定之请以例赐，毋烦玉音。自是君臣之间，无一辞相接。时咸以定之巽顺为过云。"

礼部尚书姚夔等奏修明学政十事，请榜谕学校，永为遵守。皆准行。《明宪宗实录》卷四十：成化三年三月，"甲申，礼部尚书姚夔等奏修明学政十事，请榜谕天下学校，永为遵守。一、国家设学校，陈教条，本末具而体用周，是即三代六德、六行、六艺教人之法也。奈何近年以来，师道不立，教法不行，学者因循苟且，不知用力于身心性命之学，惟务口耳文字之习，此人才所以不古若也。自今各处提调学校官，务须躬亲遍历，督率教官，化导诸生，选择子弟年十五六以下，资质聪明俊秀者，方许入学。先教之以孝弟忠信礼义廉耻，俾存其心，养其性，语言端谨，容止整肃。次教之以《四书》本经，熟读玩味，讲解精详，俾义理透彻。徐博之以历代史鉴，究知夫古今治乱之迹。又次教之以律令、算法、兵法、射艺与夫农桑水利等事。仍置三等簿籍考验，其德行优、文艺赡、治事长者，列上等簿。或有德行而劣经义，有德行经义而欠治事者，列二等簿。经义虽优，治事虽长，而德行欠缺者，列三等簿。岁课月考，验其所进，循次而升之，非上等二等不许科贡，如有放肆妄诞，嗜酒挟妓赌博窃盗，出入官府，起灭词讼，说事过钱，包揽物料，挟制师长，不守学规者，悉皆黜退，照例充吏为民。若提调学校官不行躬亲遍历，严加考选，审置等第，勉励成效者，听巡按御史纠举拿问，奏请降罚。一、旧制选民间俊秀子弟入学，而倡优隶卒不与焉，所以别贤愚明贵贱也。近年以来，有司不加精选，教官务求多得，豪猾大户，营充以避役，鄙狠庸流，泛收以备数用，致贤不肖混为一区，虽有聪明特达之才，溺于见闻，无蓬麻相扶之益，有苗莠相乱之病。比者本部已尝奏准，量郡县大小，依额存留，裁减冗陋，而提督官不行严加考选姑容不肖者尚多。请行各处巡按监察御史，逐一查考学校，如有不依本部原拟裁革事例，仍纵容不肖生员冗滥在学隐射户役者，即将提调学校官参奏拿问如例，有司学官一体究治。一、学校端本澄源之地，所以《大学》拳拳于正心诚意之学，《孟子》切切于义利之辨，诚恐学者利蠹其心也。近年学校生员，听令纳马纳牛纳米纳草入监，殊非教养本意。且前代虽有纳粟补官之法令，而不用以补士子，为士子者，知利可以进身，则无所往而不谋利。或买卖，或举放，或取之官府，或取之乡里，视经书如土苴，而苞苴是求，弃仁义如敝屣，而货财是殖。士心一蠹，则士气士节由此而丧，他日致用，何望其能兴治，有补于国家哉！自今伊始，虽有边事紧急艰难之处，亦不许以监生生员纳粟纳马等项出身，若再以此例开端者，许该部六科十三道纠正之，用以端士心而美教化。一、卫学之设，盖欲令武士习读《武经七书》，俾知古人坐作进退之方，尊君死长之义。然中间亦有聪明拔伦之士，能通经书，有志科目者，听于科目出身，不使其有遗才。近大学士李贤奏准，各处卫学军生照县学例岁贡，彼见岁贡易得，行伍难当，将纷然舍彼就此，则行伍缺而武备弛矣。况又有以原籍侄亲族冒作舍余投入卫学者。宜定与则例，除两京武学外，在外卫学，四卫以上军生，不得过八十名，三卫不得过六十名，二卫一卫不得过四十名。若所在舍余无堪教养不及额数者，不必足数。其生员二十五岁以下，考通文理者存留，二十五岁以上不通文理，悉皆退回营伍。仍听巡按御史并提调学校官严加考选，精别去留，若果无堪贡之人，不必起贡。原无卫学之处，不许添设。有司儒学军生寄名读书者，听与民生一体考选食廪，挨次岁贡亦不得过二十名。一、各处府州县官中间留意学校者固多，漫不加省者不少，差徭不如例优免，廪膳不如法供给，学舍不加修理，庙祀不加明洁，朔望行香，升堂而退，生徒勤惰，略不究心。教官奉承者礼貌，违忤者折辱，以致学校不兴，人才艰就，是皆有司提调不得其人故也。宜行各处巡按监察御史按察司官，按临之地，首先巡视学校，遇有前项弊政，轻则从宜惩治，省令修举，重则拿问如例，应奏请者奏请。今后有司官务要用心整理学校，勉励生徒，用图成效。一、各处巡按监察御史布按二司官，凡学校之政，法当提督整治。近年以来，为有提调学校官职专其事，遂皆置之不问。其提调学校官，有一年巡历一遍者，有三二年一遍者，所以教官生员，肆无忌惮，学校之政废于往时，欲人才成就愈难矣。今后巡按御史布按二司官，所在学校俱要用心提督整理。其进退科贡等项，仍从提调学校官主之。若提调学校官苟延岁月，有荒学政，及布按二司官推调不理者，听巡按监察御史纠举拿问。一、教官例于副榜举人除授。近年皆不肯就，以拘例太窄故也。一就教职，终身不展，人岂肯乐为之？夫人才相去不远，教官中岂无宏才硕学、奇杰异能之士？苟拔而用之得其道，人将鼓励而兴，争趋而赴矣。洪武、永乐、洪熙、宣德、正统年间，教官有学行者，多简任京职，如胡俨、陈山、张瑛、魏骥、年富、王来等皆其选人。今后教官考满，宜命吏部严加考选，如有年貌相应，功迹不亏，学行超越者，内而风宪近侍等官，外而有司衙门，照例量才擢用。若在任有奇才异能，卓出群表，九年将满者，听巡按御史会同布按二司具实奏闻，吏部行取，一体考验擢用。如此则师道光荣，而人人乐就，模范可以得人矣。一、云南、贵州等处选贡生员，国初以其远方，特示优容之意。其后宣德、正统年间，已尝考贡，天顺年来又复选贡。今国家文运百年，于兹道化旁洽，岂远近有间？比年云南、贵州，科举进士，往往连名，有足征者。宜自成化四年为始，仍照正统年例，一体考贡。若他处人冒籍边方学校岁贡科举者，械系解京治罪，所司纵容者，以赃论。一、各处岁贡生员，以廪膳食粮数多者起送。其食廪月日，除考科贡，准作实在，其余开除月日俱作虚旷，系见行事例。近该给事中刘昊奏称：丁忧人子大节，不与准作食粮日期，于情未安。除会议外，宜令今后廪膳生员丁忧，除二十七个月正服准作食粮之数。如已服阕在家，无故迁延，养病侍亲，一切开作虚旷。其该年岁贡，除到部外，若已行起送，不分在家中途，遇有事故，或过一年之上者，并不许补贡。如有营充补贡，所司经该官吏，俱治以罪。一、南北直隶，旧例御史二员提调学校。近各保升按察司副使，仍前提调。缘按察司官，于直隶府州县上下，既不统摄，行事未免乖舛。宜令吏部将二副使于别按察司铨用，另行会官推举有学行政事御史二员，照例请敕提调南北直隶学校为便。'是时学教废弛，生徒苟容，幸进者多。爰上此奏，上是之，皆准行"。

翰林修撰刘宣为右春坊右谕德。（据《国榷》卷三十五）

兵部尚书兼翰林学士彭时归省还朝。（据《国榷》卷三十五）

进士贺钦、胡智、张谦、成实、俞泽、陈鹤、董旻、杨理、芮畿、赵杲、张林、徐恪为给事中。（据《国榷》卷三十五）

三月

商辂复入内阁。年内上疏宪宗，乞敕吏部，今后吏员考满，仍照宣德、正统年间事例而行。《明鉴纲目》卷四："纲：三月，召商辂复入内阁。目：驿召至京，以故官入阁。"

罢两广提学佥事，以他官兼之。（据《国榷》卷三十五）

京朝三品官子孙录入太学。定官生必三品京官，以助教李伸言也。（据《国榷》卷三十五）《明史》选举志："荫子入监，明初因前代任子之制，文官一品至七品，皆得荫一子以世其禄。后乃渐为限制，在京三品以上方得请荫，谓之官生。出自特恩者，不限官品，谓之恩生。或即与职事，或送监读书。官生必三品京官，成化三年从助教李伸言也。时给事中李森不可。帝谕，责其刻薄；第令非历任年久政绩显著者，毋得滥叙而已。既得荫叙，由提学官考送部试，如贡生例，送入监中。时内阁吕原子㷅由荫监补中书舍人，七年辛卯乞应顺天乡试。部请从之。给事中芮畿不可。帝允㷅所请，不为例。

然其后以荫授舍人者，俱得应举矣。嘉、隆以后，宰相之子有初授即为尚宝司丞，径转本司少卿，由光禄、太常以跻九列者，又有以军功荫锦衣者，往往不由太学。"

四月

升编修江朝宗为侍讲，以九年任满也。（据《馆阁漫录》卷五《成化三年》）

监生黄征，以祖少保尚书福不及荫，乞如夏原吉子孙例量授一官。下吏部报寝。（据《国榷》卷三十五）

五月

授国子监生吕崇为中书舍人。崇，故学士原之子，以荫补也。（据《馆阁漫录》卷五《成化三年》）

六月

兵部左侍郎兼学士商辂上言勤圣政、纳谏诤、储将材、饬边备、汰冗滥、广积蓄、崇圣道、谨士习八事。疏入，上嘉其言有理，命所司详看覆奏。（据《馆阁漫录》卷五《成化三年》）

进士沈源、萧器用、陈昭、郑节、林荣、张鸾、朱谦、陈庄为南京监察御史。（据《国榷》卷三十五）

福建市舶副提举罗伦复翰林修撰，调南京。（据《国榷》卷三十五）《明史》罗伦传云："（成化二年）逾二月，大学士李贤奔丧毕，奉诏还朝。伦诣贤沮之，不听。乃上疏曰：臣闻朝廷援杨溥故事，起复大学士李贤。臣窃谓贤大臣，起复大事，纲常风化系焉，不可不慎……疏入，谪福建市舶司副提举。御史陈选疏救，不报。御史杨琅复申救，帝切责之。尚书王翱以文彦博救唐介事讽贤，贤曰：'潞公市恩，归怨朝廷，吾不可以效之。'亡何，贤卒。明年以学士商辂言召复原职，改南京。"贺士谘《医闾集·一峰罗先生墓志铭》："在泉时，秋毫无所与，惟讲学鬻文以自给。配梁氏安人卒，泉守李宗学遗以棺，先生以其求文未偿，受之。明年召还，复修撰。当道者语人曰：'某之复官，我之力也，乃无片言谢。'先生闻之，曰：'渠非有私于我也。'"

太常寺少卿兼翰林侍读学士刘定之言："宋儒陈灏注《礼记》，功宜祀。"礼部谓行履未详，下江西南昌询访。从之。（据《国榷》卷三十五）

七月

升编修杨守陈为侍讲，以九年秩满也。太子太保、吏部尚书王翱寝疾余五月，乞退闲养病，词甚恳切。上曰："卿历事累朝，为国老成，朕方倚任，岂宜辞去？但今病笃，姑勉从所请。"时翱年八十有四矣。（据《馆阁漫录》卷五《成化三年》）

旌山东按察使李裕等二十一人：严州知府张永，常州知府卓天锡……俱赐诰敕褒异，后迁擢不一。（据《国榷》卷三十五）

八月

戊戌，改南京国子监祭酒刘俊为南通政司左通政。俊质朴少文，累被科道论列，故特改任。庚子，升侍读学士周洪谟为南京国子监祭酒。（据《馆阁漫录》卷五《成化三年》）

《明英宗实录》成。参与纂修人员升、赐有差。《馆阁漫录》卷五《成化三年》：八月，"丁巳，进《英宗皇帝实录》成。是日，赐监修官太保、会昌侯孙继宗，总裁礼部尚书兼学士陈文、兵部尚书兼学士彭时，人白金八十两，文绮四表里，罗衣一袭，鞍马一副；副总裁太常少卿兼侍读学士刘定之、吴节，人白金八十两，文绮四表里，罗衣一袭；纂修官学士柯潜、万安，侍讲学士李泰，太常少卿兼侍读孙贤、刘翊，左春坊左谕德黎淳，右春坊右谕德童缘、刘宣，侍讲江朝宗、杨守陈，修撰王一夔、彭教，编修尹直、徐琼、陈秉中、李永通、郑环、刘健、汪谐、张元祯、吴钺、罗璟，检讨耿裕、周经，纂修兼校正官侍读刘吉、陈鉴，侍讲丘浚、编修彭华，人白金三十两，文绮三表里，罗衣一袭；催纂修官吏部验封司员外韩定，中书舍人马麟、焦瑞、李溥，稽考参对官编修李东阳、倪岳、谢铎、焦芳、陈音、程敏政，检讨吴希贤，人白金二十两，文绮二表里，罗衣一袭；誊录官太仆卿余谦等十四员，人白金十五两，文绮二表里，罗衣一袭；收掌文籍官冀舞等二员，人白金十两，文绮一表里；誊录译字官并监生胡清等二十二人，人白金五两，文绮一表里。其纂修侍读学士周洪谟，白金三十两，文绮三表里，罗衣一袭；修撰邢让、王献，人白金十两，文绮二表里；纂修庶子王俶、徐溥，侍读李本，并誊录中书舍人刘珙、署丞潘致中、序班梁俊，人白金十两，文绮一表里；誊录员外谢宇、中书舍人温良、序班周景，人白金五两，文绮一表里。以洪谟等各升擢忧制，去任久近不一，故赐赉有差。总裁侍郎李诏（绍）以致仕，纂修修撰岳正以事故，皆不与赏。戊午，以修《英庙实录》成，监修会昌侯孙继宗加太傅；总裁礼部尚书陈文、兵部尚书彭时，俱加太子少保兼文渊阁大学士，尚书如故；副总裁太常寺少卿兼侍读学士刘定之升工部右侍郎兼学士，太常少卿兼侍读学士吴节升太常卿，仍兼侍读学士；纂修学士柯潜、万安，侍讲学士李泰，俱升詹事府少詹事，仍各兼旧职，太常少卿兼侍读孙贤、刘翊升太常卿，俱兼职如故，侍读陈鉴、刘吉升侍读学士，侍讲丘浚升侍讲学士，左春坊左谕德黎淳升右（左）庶子，右春坊右谕德童缘、刘宣俱右庶子，修撰王一夔升右谕德，侍讲江朝宗、杨守陈俱司经局洗马，编修彭华、尹直俱侍读，修撰彭教，编修徐琼、陈秉中、李永通俱侍讲，检讨耿裕，编修郑环、刘健、汪谐、吴钺、罗璟俱修撰，检讨周经升编修；稽考参对编修李东阳、倪岳、谢铎、焦芳、陈音、程敏政，检讨吴希贤，各升俸一级；催纂吏部员外韩定升郎中，中书舍人马麟、焦瑞、李溥升俸一级；誊录太仆卿余谦升太常卿，山东布政司左参议林璋（章）升太常少卿，礼部郎中吴谦加从四品散官并俸，员外何遄、叶玫、陈纲，吏部员外王琼俱郎中，中书舍人凌晖、蔚管、黄清、刘询俱升俸一级。其余进秩、出身有差"。《千顷堂书目》卷四："《明英宗实录》三百六十一卷。成化三年八月，书成，进御。宣德十年正月迄天顺八年正月，首尾三十年。附景泰帝事实于中，称'废帝郕戾王'。"参见《明史》尹直传。

九月

　　吏部请下有司，谕故诸大臣子孙，各疏其祖、父官资并行绩以闻。诏从其议。《馆阁漫录》卷五《成化三年》："戊辰，召巡抚宣府左金都御史叶盛为礼部右侍郎。盛言：'窃见故永宁伯谭广逮事太宗皇帝，功在漠北，所统部曲，时号谭家马。仁宗皇帝命守宣府二十馀年，儿童妇女皆知其贤，功在朝廷，泽存边圉，其身仅有爵位，其子不得袭封。臣又因广而有所感焉，姑以耳目所及，举其一二。如镇守广西都督山云、浙江都督许亨、宁夏都督张泰等，皆有贤名，又如文臣中尚书、都御史、卿佐等官，纯诚朴忠如王直、胡濙、高谷，清德正学如仪智、薛瑄、陈琏、吴溥、杨翥、吴讷，风节凝峻如钱习礼、李时勉，廉恭体国如师逵、古朴、顾佐、王质、鲁穆、李棠、杨信民、轩輗、于玉，公勤才望如金忠、张本、魏源、张骏、罗汝敬、刘忠敷、邝埜、王佐、王翱、侯琎、徐琦、王士嘉、段民、焦宏、金问、萨琦、王恂、张凤、沈翼、年富、贾铨，监学规矩如胡俨、陈敬宗，他如魏骥、陈泰、李敏、马谨，亦有可称。又有殁于王事，尤足矜念，如都御史等官邓棨等者。洪惟我朝有道之长，百年于兹矣。仁贤辈出，中外大小皆有其人，臣寡昧不能悉知，亦未暇悉言，而涉嫌者又不敢指言。乞特命儒臣翻阅累朝纪载，或断自宸衷，定立期程，大集廷臣，溥求公议。论其能行之大小，劳绩之浅深，历年之久近，取众所共知，名实昭著之尤如谭广、王直者，武臣或赠谥，或别录子孙一人，文臣或赠谥，或荫叙录其子孙一人入监，或俱令自陈，取自圣裁。将见汉晋之论功，至及萧何、羊祜之妻，唐太宗特官屈突通、张道源之子，不得专美于前，而百官臣庶，观感激发，为劝多矣。'上善之，下廷议。吏部请下有司，谕故诸大臣子孙，各疏其祖若父官资并行绩以闻。"

　　改进士余瓒为翰林院庶吉士，译字如旧。左春坊左庶子黎淳等奏请仍兼翰林之职，不许。《馆阁漫录》卷五《成化三年》"九月"："己卯，改进士余瓒为翰林院庶吉士，译字如旧。左春坊左庶子黎淳等奏：'臣等伏睹祖宗实录，并御制《五伦书》，洪武初置东宫僚，俱命廷臣李善长、刘基等兼领，未尝别设。其后，礼部尚书陶凯请选人专任，罢兼领之职。太祖高皇帝曰："朕今以廷臣有才望勋德者兼东宫官，非无谓也。盖虑廷臣与东宫官有不相能，遂成嫌隙，其祸非细。朕今立法兼职，父子一道，君臣一心，庶无相构之患。"太宗文皇帝曰："皇考之制，东宫官率以廷臣兼之，盖任使专一，则嫌隙不生。"仁孝文皇后曰："此先朝鉴戒往古之失，诚良法也，虽万世当守之而行。"自是列圣相承，凡东宫官僚，自师、保而下，俱命勋戚及翰林院儒臣兼之，未尝专设。近者臣等先任翰林院侍讲、修撰等官，九年秩满。及纂修实录进呈，蒙圣上升庶子、谕德、洗马。臣等仰荷隆恩，有如天地，虽竭力捐躯，尚恐有玷清职，岂敢妄有所冀？但念祖宗东宫官僚，俱系兼职，今臣等独专职任，非惟素餐可耻，抑于旧制似有未合。伏望皇上断自宸衷，命臣等仍兼翰林之职，庶上合祖宗之制，下免素餐之讥。'疏入，诏不许。"

十月

翰林院庶吉士宋应奎等擢升、授职。《明宪宗实录》卷四十七：成化三年冬十月丁未，"擢翰林院庶吉士宋应奎、李杰、章懋、黄仲昭、商良臣为编修，庄昶为检讨，刘钰等十五人送吏部除授在京科道部属，钰与陆渊之、毕瑜、钟晟、王俊、石淮俱主事，翟瑛、章镒、施纯俱给事中，谢文祥、李瑢、张浩、邵有良、郑已、何纯俱监察御史"。

十一月

云贵乡试举人量增十名，贵州六名，云南四名。《明宪宗实录》卷四十八：成化三年十一月，"甲戌，贵州左布政使等官萧俨等奏：'云贵二布政司，儒学共五十余所，而科额共三十名，而贵州止得十名，宜量增名数以励士风。'礼部覆奏，准乡试举人量增十名，贵州六名，云南四名。"王圻《续文献通考》卷四十五《选举考·举士三》："（宪宗成化）三年，令云南乡试复增十名……十年，又令云南取士额复增五名。"至此，云贵乡试解额增至四十名。

前太子太保吏部尚书王翱卒。翱字九皋，盐山人，永乐乙未进士。馆选，授大理寺正，左迁行人，杨士奇荐御史。正统初，擢左佥都御史，镇守江西。寻理盐浙江，督兵松潘，历镇陕西辽东。谪边，起进副都御史。历左右都御史。出总两广，拜吏部。门无私谒，尝曰："吏部岂报复恩仇地耶？"方严质直，扬历中外，俱镇静不烦。家无余资，始终清白，保全名节，视古大臣无愧云。李贤言："皋陶九德，公有其五：乱而敬，扰而毅，简而廉，刚而塞，强而义。"年八十四。赠少保，谥忠肃。（据《国榷》卷三十五）

十二月

杖谪章懋、黄仲昭、庄昶。时以章、黄、庄三人与罗伦并称翰林四谏。《馆阁漫录》卷五《成化三年》，十二月，"辛丑，谪编修章懋为湖广临武县知县，黄仲昭湘潭县知县，检讨庄昶桂阳州判官。时以明年上元张灯，命翰林院词臣撰诗词。懋等上疏，以为'陛下张灯之举，或者两宫皇太后，上欲极孝养，奉其欢心。然大孝在乎养志，臣等伏睹两宫母后，恭俭慈仁之德，著于天下，坤仪贞静，岂以张灯为乐哉？况今两广弗靖，四川未宁，辽东贼情难测，北虏尤当深虑，江西、湖广亢旱数千里，民不聊生，虽蒙优诏赈恤，而公私匮乏，计无所出，可谓寒心。此正宵旰焦劳、不遑暇食之时，两宫母后同忧天下之日。至如翰林官以论思代言为职，虽曰供奉文字，然鄙俚不经之词，岂宜进于君上？固不可曲引宋祁、苏轼之教坊致语，以自取侮慢不经之罪。臣等又尝伏读宣宗章皇帝御制《翰林院箴》，有曰："启沃之言，惟义与仁：尧舜之道，邹孟以陈。"今张灯之举，恐非尧舜之道；应制之诗，恐非仁义之言。臣等知陛下之心，即祖宗之心，故不敢以是妄陈于上。且知其不可，犹顺而为之，是不忠也；知不可为而不以实闻，是不直也。不忠不直，臣罪大矣。伏愿采刍荛之言，于此等事一切禁止。'疏入，上曰：'元宵张灯，儒臣应制撰诗，历代有之。祖宗以来，不废此典。朕今视旧减省，止存其概，以奉两宫圣母，岂致妨政害民？懋等不通典故，妄言讥议，难居文翰之职，命杖之调外任。'"《日知录》卷二十四《翰林》："成化三年，以明年上元张灯，命翰林院词臣撰诗词。编修章懋、黄仲昭、检讨庄昶上疏言：'翰林之官，以论思代言为职，虽曰供奉文字，然鄙俚不经之词，岂宜进于君上？固不可曲引宋祁、苏轼之教坊致语，以自取侮慢不敬之罪。臣等又尝伏读宣宗章皇帝御制翰林箴，有曰："启沃之言，惟义与仁。尧舜之道，邹孟以陈。"今张灯之举，恐非尧舜之道；应制之诗，恐非仁义之言。臣等知陛下之心即祖宗之心，故不敢以是妄陈于上。伏愿采刍荛之言，于此等事一切禁止。'上怒，命杖之。谪懋昭武知县、仲昭湘潭知县、昶桂阳州判官，各调外用。已而谏官为之申理，乃改懋、仲昭南京大理寺评事，昶南京行人司司副。自此翰林之官重矣！"

庚子，礼部等衙门会议训导高瑶所奏追加景泰庙号事，佥谓郕王继位六七年间，行事具在实录，其庙号非臣下所敢轻议，请自上裁。左春坊左庶子黎淳奏曰："正统十四年八月，册立陛下为皇太子，至九月，群臣又奉郕王即帝位，改元景泰。缘陛下为皇太子在前，郕王即位在后，事有碍。至天顺元年，英宗复位，钦遵慈寿皇太后圣旨，仍复景泰为郕王，诰天下，永为遵守。然后人伦正，天理得，名正言顺，而事成矣。高瑶建言，乃欲加郕王庙号。臣惟立皇太子，则异时居天子之位。曾未半月，又立一亲王为天子，则前时所立皇太子，将何为哉？此景泰三年皇太子之废有由然也。然周成王之时，且姬实有功之叔父，何不遂取天位？虽曰神器久虚，不可无人，然共和之际，周召皆王国之懿亲，何不共分？姬室特以君臣有定分，而不敢耳。凡若此者，皇太子为君，亲王为臣，天经地义，民彝物则，截然一定，固不待智者而后知之。今多官会议，依违苟简，略无定见，犹欲烦渎圣聪，取自上裁，岂臣愚之所能喻哉？先帝明并日月，此事处置已久，人心已定。今若误听高瑶之言，一加郕王庙号，必将祭告太庙，改易旧制，而行祔庙承祧之礼焉，必将迁启梓宫，改造山陵，而加珠襦玉匣之典焉，必将追赠皇太后、皇后之称焉，必当尽复当时所用之人、所行之政焉。且高瑶此言，有死罪二：一诬先帝为不明，一陷陛下于不孝。古之圣贤，经史具在，鲁隐公内不承国于先君，上不禀命于天子，诸大夫扳已以立而遂立焉，是与争乱造端，故《春秋》首书元年春王正月，而削公即位，正大伦也。郕王之即位，内承国于何君？上禀命于何主？不过群臣扳已以立而遂立尔，律之隐公，允合无二。为人君父而不通《春秋》之义，必蒙首恶之名，是故昌邑既废，未闻复为汉某帝，更始既废，未闻复为汉某王，诚不敢悖逆《春秋》，移不明之过加于先君，而欲全孝道于子孙也。陛下昔为皇太子，名正言顺，谁得私议？郕王乃敢废之，易以己子，至使先帝久遭幽闭，此非郕王所自为也，当时馆阁大臣陈循等贪图富贵，密运奸谋，从臾为之也。至于天顺元年，郕王有疾，陈循等自合迎请先帝复位，却乃率领群臣进本，奏乞早选元良正位东宫。当时皇太子见在，欲选何人？以臣愚见，若非南城迎驾之功，先帝终无出路矣。但此迎驾之人，又皆贪图富贵之小人，既效微劳，气盈志满，骄奢淫逸，靡所不为。是故高爵厚禄，封公封侯，所以尊显于元年者，赏其迎驾之功也；严刑峻法，或斩或流，所以诛戮于后来者，罚其骄矜之罪也。今流言国中，必曰先帝怒此诸人迎驾而罪之，则万无此理而不足信矣。陛下即位之初，有罪群邪，寒心破胆。及见取回商辂，仍旧复职，内阁办事，然后欣然自以为得计，又皆私窃效慕，希求进用矣。彼小人者，但欲得官于己，岂顾贻患于人？臣以为高瑶此举，非欲尊礼郕王也，特为群邪进用之阶也。必有小人主使之者，不然，彼草茅疏远，安敢妄言，上诬先帝之明，使后世观之，以为口实，而今之议者，亦岂可不察乎此，隐忍曲从，而犹欲烦陛下之听哉！"疏入，上曰："景泰已往过失，朕不介意，岂臣下所当言？显是献谄希恩，俱不必行。"（据《馆阁漫录》卷五《成化三年》）

许彬（1392—1468）卒。（卒年据公历标注）《馆阁漫录》卷五《成化三年》：十二月，"丁未，礼部左侍郎兼学士致仕许彬卒。彬字道中，山东宁阳人。以举人选入翰林院译字，中永乐乙未进士，改翰林院庶吉士，历任检讨、编修、修撰。正统丁卯，礼部因福建奏请乡试考官，奏命彬往。明年，丁父忧，夺情起复。岁己巳之变，升大理少卿，寻以四夷馆译书乏人提督，转太常少卿兼待诏，提督译书。景泰初，英宗自虏地将还，奉使迎驾。归，升本寺卿。英宗复位，彬以尝迎驾，且素与石亨善，得入内阁，进礼部左侍郎兼学士。亨初与徐有贞同事，既而交恶，因挤之，而波及于彬，调南京礼部。既行，降陕西参政，至则乞致仕，许之。成化初，命复其官，仍致仕。至是卒，年七十六。彬性坦率，无拘检，广交游，而不择人，一时放荡之士，多出其门。吟诗饮酒以为乐，议论亹亹而不切于用。晚预机务，方欲闭门谢客，而平昔旧游，恶其变态，率多腾谤云"。

明宪宗成化四年戊子（公元 1468 年）

正月

封川训导万显，以保障功，荐试封川知县。（据《国榷》卷三十五）

二月

礼部奏：国子监会馔事，移文南京礼部议行。监生丁忧月日，行所在官司保勘，违者一体治罪。从之。《明宪宗实录》卷五十一：成化四年二月乙巳，"南京国子监祭酒周洪谟奏：伏睹太祖高皇帝敕谕国子监并监规，极严重会馔之事。永乐、宣德以来，俱曾会馔。景泰年间，因缺柴薪，暂且停止。因循废弛，至今未复，所有馔堂器皿，败坏不堪。乞敕所司修完，仍复会馔。又言：旧例监生丁忧，俱准坐堂月日出身。祭酒李时勉奏，监生居家丁忧，多有诈冒，不准坐堂，后给事中胡溁又奏，如此恐有匿丧不举者，仍复准之。如溁言，则士子或至于诈丧，如时勉言，则士子或至于匿丧，揆之至理，皆所未当。事下礼部，覆奏：会馔移文南京礼部议行。丁忧月日，行所在官司保勘，违者一体治罪。从之"。

国子司业张业归省。（据《国榷》卷三十五）

四月

加番僧封号。《明鉴纲目》卷四："纲：加番僧封号。目：西僧扎巴罝勒木灿，（旧作札巴坚参，今改。）以秘密教进，封万行庄严、功德最胜、智能圆明、能仁感应、显国光教、弘妙大司法王，西天至善金刚，普济大智能佛。其徒封国师、锡诰命者，不可胜计。服食器用，僭拟王者，出入乘楼舆，卫卒执金吾仗前导。其它羽流，加号真人高士者，亦盈都下，而佞幸由兹进矣。"

陈文（1405—1468）卒。《馆阁漫录》卷五《成化四年》："四月庚寅朔。丁巳，太子少保、礼部尚书兼文渊阁大学士陈文卒。文字安简，江西庐陵人。正统丙辰进士及第，授编修，充经筵官。己巳，升侍讲。景泰庚午，考顺天乡试，是科广举子解额，得人为多。辛未，用少保高谷荐，擢云南右布政使，政尚宽平，民以为便。天顺丁丑，迁广东左布政使，以母丧不果赴。戊寅，驿召还京师，拜詹事府詹事。癸未，擢礼部右侍郎兼学士，入内阁参预机务。甲申，上嗣位，改吏部左侍郎，兼职如故，同知经筵事，修《英宗实录》，充总裁官。乙酉，升礼部尚书。丁亥，《实录》成，加太子少保兼文渊阁大学士，尚书如故。至是卒，赠荣禄大夫、少傅，谥曰庄靖，遣官祭葬，官其子璋为中书舍人。文体貌魁梧，丰采峻整，早负重望。其在云南，士大夫冀其必进用。及掌宫端，乃好行鄙事，为春坊官凭势者所侮慢，恒敛容逊避，人颇致疑。逮晚遭柄用，与李贤同事，事皆处分于贤，辄怀愤挠之。贤卒，首秉国钧，遂恣意径行，不顾大体。尤不能诲子，纵其仆隶，大通贿赂，名望大损，人皆叹其不如素料云。"

罗伦抵南京，复南京翰林院修撰职。《一峰文集》卷一《奏状》："臣原籍江西吉安府永丰县人，由成化二年进士出身，钦除翰林院修撰……成化四年四月内，钦蒙复南京翰林院前职。"

录故右都御史顾佐、左都御史轩輗、左副都御史马谨、礼部右侍郎王士嘉、南京刑部尚书耿九畴、南京户部尚书沈翼子孙入太学。（据《国榷》卷三十五）

进士曹言宏为福建道监察御史。（据《国榷》卷三十五）

五月

壬午，改翰林院侍讲陈秉中为南京翰林院侍讲，署院事。（据《馆阁漫录》卷五《成化四年》）

副榜举人年二十五以上者，不得辞教职。教官考满到部，惟年五十以上者，不听会试。《明宪宗实录》卷五十四：成化四年五月丙子，"山西按察司提调学校佥事胡谧言：'学官人之师范，贤才兴否系焉，乞多取副榜举人除授，署职学官。考满该升愿会试者，不必限其年岁，俱听会试。例当考满者，一体考验升擢。考中岁贡生员，有愿就教职者，严加考试，果通三场文理，方许受职。其纳草纳马等项未经科举监生，不许滥就。'下礼部，覆奏：副榜举人年二十五以上者，不听辞职。教官考满到部，惟年五十以上者，不听会试。从之"。黄佐《南雍志》卷四《事纪》："成化四年十一月丁酉，诏下每于会试年，多取副榜举人，除授学职，二十五岁以上者不准辞避。其考满该升，愿会试者从之；但年五十以上者不准入试，有保举者，铨曹量材授用。天下岁贡生，提学官考一等者，方许与科举。监生愿就学职，仍严试三场始准。其纳马纳草等项进身及未经科举监生、与年五十以上者，皆不得滥与焉。又先因监生积滞不选，诏许考勤过者，再历事三阅月候选，有愿就杂流者从之，有不愿仕欲归家者，皆与冠带闲住。"

岁贡生员若已行起送，遇有事故或过一年以上者，准令次贡考补。王圻《续文献通考》卷四十四《选举考·举士二》："宪宗成化四年五月，礼科给事中成实言：近礼部奏称该年岁贡生员若已行起送，遇有事故或过一年之上者，不许补贡。夫以堂堂国学，虽纳马纳粟者皆得肄业其中，何独于此数人不能容哉？乞自今不分年月久近，准令次贡考补，庶使人材无所阻滞。上命所司从其言。"

以兵科给事中陈鹤言，仍复天下附学生。（据《国榷》卷三十五）

七月

大学士彭时等言翰林院所属四夷馆合行事宜。从之。《明宪宗实录》卷五十六：成化四年秋七月，"丙戌，太子少保兵部尚书兼文渊阁大学士彭时等言：'翰林院所属四夷馆教习译写番字，事虽轻而干系重，凡朝廷颁下抚谕四夷诰敕及各处番文，若译写不精，或名物不对，非惟于夷情有失，且于国体有损。今在馆人员固多，新者志不专一，年深者业或荒疏，若不预为作兴，岂不临期误事？今将合行事宜，条具以闻。一、教习番译全凭教师。先时每馆有三四员，或五六员，即今事故数多，惟回回馆见有教师四员，其余多缺。今宜于达达、女直、西番三馆，文书繁冗，各设教师三员，百夷等三馆各设教师二员。令提督本馆郎中等官推访，不容滥举。一、译字官升迁俱有常例。自景泰年来，因序班王琼等善楷书，取入内阁写诰敕揭帖，九年考满，皆得越次升授。其同类不由此升者，反怨淹滞，怠于番译。今后不许取入内阁贴写，设或用人贴写，至考满升授，止循常例，庶使人无舍此慕彼之心，本业可精矣。一、永乐年间，俱于监生举人内选取译字，以此凡遇开科，不妨入试，许写番字于卷后以别。提调官将三场卷封进内阁，委官考试中否，仍送科场，照依批语去取。近年译字人员俱系民间子弟，仍前考试，事有未当，既开幸门以示人，孰不假此出身？其间固有文学宜在中列者，而人亦概视为侥幸，贤否混淆，亦复何益？今后子弟入馆，俱令专习本业，如有志科举者，宜如科场例告试，不必仍写番字送内阁。如此，庶习译者不必习举而分其志，中举者不必兼译损其名，译书、科目，两无所误。若系监生举人选充者，仍如前例。'从之"。

命侍读学士陈鉴、侍读尹直为应天乡试考试官。（据《馆阁漫录》卷五《成化四年》）

命诸进士、监生为试监察御史。进士林正、魏景钊、蓟盛、徐完、叶廷荣、杨溥、李钊、张岫、钱山、王浩、徐英、马震、傅霈、郑昱、薛为学、张玉、吴裎、邹儒，监生李鉴、边完、王汉为试监察御史。（据《国榷》卷三十五）

八月

命少詹事兼侍讲学士李泰、侍读彭华为顺天府考试官。（据《馆阁漫录》卷五《成化三年》）

礼部覆奏国子监祭酒邢让所言学政事宜。从之。《明宪宗实录》卷五十七：成化四年八月，"己亥，礼部覆奏国子监祭酒邢让所言学政事宜。其一谓永乐间监生以病告归者，病已得复监。正统间因而放还为民，自是宁旅死不敢归，有足悯者。今宜定例，监生病满三月，保验不诬，许令还乡。一年之内复监，不作坐堂月日。若逾一年之外，仍在为民之例。其二，旧制监生岁一简选，其有事故复监年深者，未经选过，不得拨历，殊为淹滞。今宜定例，每岁二次会官简选，庶便于拨历，不至淹滞。从之"。

两京及河南、山东、陕西、山西、浙江、湖广、江西、福建、广东、广西、四川、云南等十二布政司乡试；贵州士子附云南乡试。

成化四年戊子科浙江乡试题，见于本科《乡试录》。《明成化四年戊子科浙江乡试录》：

第一场

《四书》：

一、古之欲明明德于天下者，先治其国；欲治其国者，先齐其家；欲齐其家者，先修其身；欲修其身者，先正其心；欲正其心者，先诚其意；欲诚其意者，先致其知。致知在格物。物格而后知至，知至而后意诚，意诚而后心正，心正而后身修，身修而后家齐，家齐而后国治，国治而后天下平。

二、君子贞而不谅。

三、君子之事君也，务引其君以当道，志于仁而已。

《易经》：

一、谦，亨。天道下济而光明，地道卑而上行。天道亏盈而益谦，地道变盈而流谦，鬼神害盈而福谦，人道恶盈而好谦。谦尊而光，卑而不可逾，君子之终也。

二、天下雷行，物与无妄，先王以茂对时育万物。

三、知变化之道者，其知神之所为乎？

四、化而裁之存乎变；推而行之存乎通；神而明之，存乎其人；默而成之，不言而信，存乎德行。

《书经》：

一、箫韶九成，凤凰来仪。夔曰："於！予击石拊石，百兽率舞。"庶尹允谐，帝庸作歌曰："敕天之命，惟时惟几。"乃歌曰："股肱喜哉！元首起哉！百工熙哉！"

二、惟箘簵楛。三邦底贡厥名，包匦菁茅，厥篚玄纁玑组，九江纳锡大龟，浮于江、沱、潜、汉，逾于洛，至于南河。

三、敢对扬天子之休命。

四、国则罔有立政，用憸人，不训于德，是罔显在厥世。继自今立政，其勿以憸人。其惟吉士，用励相我国家。

《诗经》：

一、人之好我，示我周行。呦呦鹿鸣，食野之苹。我有嘉宾，德音孔昭。视民不恌，君子是则是效。

二、比于文王，其德靡悔。既受帝祉，施于孙子。

三、绥万邦，屡丰年，天命匪解。桓桓武王，保有厥土。于以四方，克定厥家，于昭于天，皇以间之。

四、商之先后，受命不殆，在武丁孙子。

《春秋》：

一、公及齐侯、宋公、陈侯、卫侯、郑伯、许男、曹伯会王世子于首止（僖五年）。公会尹子、晋侯，齐国佐邾人伐郑（成十六年）。公会尹子、单子、齐侯、宋公、卫侯、曹伯，邾人伐郑（成十七年）。公会单子、晋侯、宋公、卫侯、郑伯、莒子、邾子、齐世子光，己未同盟于鸡泽（襄三年）。

二、齐侯伐我北鄙（成二年）。卫孙良夫帅师及齐师战于新筑，卫师败绩（同上）。季孙行父、臧孙许、叔孙侨如、公孙婴齐帅师会晋郤克、卫孙良夫、曹公子首及齐侯战于鞍，齐师败绩（同上）。齐侯伐我北鄙，围成（襄十五年）。齐侯伐我北鄙（襄十六年）。齐侯伐我北鄙，围成（同上）。齐侯伐我北鄙，围桃（襄十七年）。齐高厚帅师伐我北鄙，围防（同上）。齐师伐我北鄙（襄十八年）。公会晋侯、宋公、卫侯、郑伯、曹伯、莒子、邾子、滕子、薛伯、杞伯、小邾子同围齐（同上）。

三、公会齐侯、宋公、陈侯、卫侯、郑伯、许男、曹伯侵蔡，蔡溃。遂伐楚，次于陉（僖四年）。公会晋侯、宋公、卫侯、曹伯伐郑（成三年）。晋韩厥帅师伐郑，仲孙蔑会齐崔杼、曹人、邾人、杞人次于鄟（襄九年）。叔老会郑伯、晋荀偃、卫宁殖、宋人伐许（襄十六年）。

四、狄救齐（僖十八年）。邢人、狄人伐卫（同上）。楚师、郑师侵卫（成二年）。郑伐许（成三年）。

《礼记》：

一、凡在天下九州之民者，无不咸献其力以共皇天、上帝、社稷、寝庙、山木、名川之祀。

二、九夷之国，东门之外，西面北上。八蛮之国，南门之外，北面东上。六戎之国，西门之外，东面南上。五狄之国，北门之外，南面东上。九采之国，应门之外，北面东上。

三、是故乐在宗庙之中，君臣上下同听之，则莫不和敬；在族长乡里之中，长幼同听之，则莫不和顺；在闺门之内，父子兄弟同听之，则莫不和亲。故乐者，审一以定和，比物以饰节，节奏合以成文，所以合和父子君臣、附亲万民也。

四、乃考文叔，兴旧耆欲，作率庆士，躬恤卫国；其勤公家，夙夜不解，咸曰："休哉！"

第贰场：

论：天理人伦之极致

诏、诰、表内科壹道：

拟汉武帝造太初历诏

拟唐以陈叔达为礼部尚书诰

拟宋真德秀除户部尚书谢表

判语五条：

制书有违　　朝见留难　　赋役不均　　从征违期　　诈为瑞应

第叁场：

策五道：

一、问：彝伦之理原于天，而立教垂训必赖乎君。是以自昔帝王之化成天下，率先是道，稽诸经可见已。洪惟我太祖高皇帝肇造区夏，有申明五常之诰，宣宗章皇帝缵承丕绪，有五伦之书，盖欲措世雍熙，纳民皇极，与古昔帝王同一揆也。然诰之五常而曰申明，五伦书之首篇总论有"天道人义、家肥国肥"之说，其义可得闻欤？若夫善行，所载君臣之道甚详，其目可悉数欤？父子、夫妇、兄弟、朋友之道特略，又皆不著其目，何欤？至于言父而又及母与伯、叔、叔母，言子而又及女与妇，他如言兄弟而及宗族，言朋友而及师生，其义又何在欤？诸士子服膺圣训，盖亦有年，其于子臣弟友之中，抑以何人为欤？试详陈之。

二、问：圣贤所传之道，不外乎中，观尧、舜、禹之所以丁宁告戒，则可见已。先儒谓"自是以来，圣圣相承，若成汤、文、武之为君，皋陶、伊、傅、周、召之为臣，既皆以此而接"。夫道统之传者，果何所见欤？又谓"吾夫子虽不得位，而所以继往圣，开来学，其功反有贤于尧舜者"，又何所指欤？颜子之圣门，虽闻博文约礼之教，然中之一字未尝闻之，先儒何以谓其传之得其宗欤？曾子之传《大学》，虽有格致诚正之言，然中之一字未尝及之，先儒又何以谓其传之得其宗欤？得曾子之传者，子思也。先儒谓其所作《中庸》之书，明白且尽，可得而详之欤？得子思之传者，孟子也。先儒谓其能推明是书，以承先圣之统者，可得而举之欤？圣贤道统之传，学者不可不明，请著于篇，以观平昔之所用心。

三、问：人主之学与不学，乃天下治乱之所系。是人主之治天下，不可以不学，而其学不可以不精且专也。姑以商、周之君言之，有圣敬日跻、昭假迟迟者，固可以知其学之精且专矣。然其所以精专者，可得而言欤？有日就月将、缉熙光明者，亦可以知其学之精且专矣。然其所以精专者，可得而举欤？下逮汉、唐、宋之君，亦莫不有志于学，有罢黜百家、表章六经者，有访问名儒、讨论文籍者，其学果可谓之精且专者欤？有闻饮食宴乐之语则斥之而不听者，有闻甘酒嗜音之戒则诵之而无斁者，其学亦可谓之精且专者欤？我朝列圣相承，亲贤远佞，正心修德，率以精专其学为急。今上嗣大历服，听言纳谏，检身励行，于学盖尤精且专者焉。上之于学虽精且专，而臣子爱君之心则无穷也。然先儒程子、朱子之于圣学，盖尝有其说矣，愿举其说以告于予。予将献之于上，以为圣学万一之助，以尽臣子爱君无穷之心焉。

四、问：人君之治天下，其要莫先于励士风。而士风之美，在于敦气节、尚忠义、务恬退、崇清廉也。方今士之气节忠义者，虽有褒嘉之令，奈何谀佞诡随者自如。何以使谀佞者有所振立，如古之人抗颜贵幸，一揖不拜，持节外夷，百挫不屈欤？又何以使诡随者有所介执，如古之人叩环大呼，不曰沽名，叩榻论谏，不曰忤旨欤？士之恬退清廉者，虽有奖劝之典，奈何奔竞贪墨者自若。何以使奔竞者甘于恬退，如古之人父任执政，不就廷试，礼部第一，不肯自陈欤？又何以使贪墨者砥于名检，如古之人成都清节，一琴自随，端溪美政，一砚不持欤？三数者，皆士君子立身之大本也，其转移感动之机，必有能言之者。

五、问：役法，国之切务，不可以不讲也。夏、商以前姑未暇论考之。成周有兵

878

役、徒役、胥役、乡役，可得而言欤？自周而后称善治者，必曰汉、唐、宋也。汉之役有七科三更者，其义何说？抑有别役欤？唐之役寓于租庸调者，其制何施？抑有他役欤？宋则有差役、雇役，亦悉言之欤？二役不同，或谓差役便者，或谓雇役便者，果孰为是？有宜于吴、蜀，有宜于秦、晋者，其意安在？二者之外，抑又有他役欤？然汉、唐、宋数役，何者有合成周之遗意？何者可为后世之良规？洪惟我朝酌古定制，役法之善，超轶汉、唐、宋远矣。有与成周合者，亦可举其一二言欤？诸士子抱致用之学而来，必有以知之，试为我陈，毋泛毋略。

成化四年戊子科浙江乡试试卷样本

第一场：

《四书》之题

第一道：（略）

第一名杨文卿答卷：《大学》于纲领之条目，既详言其序，而又复言其意也。夫纲领之条目，固有其序而不可紊矣。《大学》既详言其序于前，安得不复言其意于后哉！且《大学》之道，不越乎明德、新民、止至善三者而已。然三者之条目有八，而八者则又有其序焉。故古之欲明明德于天下者，以天下之本在国，必先敦教化以治其国焉。欲治其国者，以国之本在家，必先正伦理以齐其家焉。家之本则身也，欲齐其家者，必先公于好恶以修其身。身之主则心也，欲修其身者，必先察于应物以正其心。意者，心之所发，欲正其心者，可不先毋自欺以诚其意乎？知者，心之神明，欲诚其意者，可不先明诸心以致其知乎？理有未穷则知有不尽，欲致吾之知识，则在乎即物穷理，各诣其极而无余焉。且理之在物者，既诣其极而无余，则知之在我者，亦随所诣而无不尽矣。知无不尽，则心之所发能一于理，而意可得而诚矣。意既诚，则心之本体物不能动，而心其不可得而正乎？心既正，则身之所处不陷一偏，而身其不可得而修乎？身修则可以教于家，而家可得而齐矣。家齐则可以教于国，而国可得而治矣。国治则可以举此加彼，而天下可得而平焉。是则修身以上，明明德之事也；齐家以下，新民之事也；物格知至，则知所止矣。意诚以下，则皆得所止之序也。《大学》于纲领之条目，既详言其序，又复言其意，如此其教久也至矣！虽然，《大学》之条目固有八矣，而八者之中，则又以修身为要。盖正心以上，所以修此身也；齐家以下，特举此而措之耳。然则修身也者，其自天子至于庶人之所当务者欤！

同考试官教谕翟批：场中于此题，有以逆推工夫顺推功效为言者，有只以知所止得所止为言者，有只以为明德、新民之条目，而不及于止至善者，殊失本旨。惟此篇得之，故录以示学者。

考试官教谕游批：此题上一节乃详言八条目之序，下一节乃复说其意。朱子已有明训，此作盖得之矣。

考试官教谕林批：一破既佳，讲亦明畅，结尤有力，非他卷所及也。

《五经之题》：《诗经》

第四道：商之先后，受命不殆，在武丁孙子。

第三名范吉答卷：惟前王有以膺天眷之固，故后王得以蒙前王之福，盖后王之蒙福，实本乎前王之受命也。商之前王受命既固，则后王岂不赖其福哉！是诗，说者以为祭祀宗庙之乐。追叙商人之所由生，以及其有天下之初也，谓夫"天命玄鸟，降而生商，宅殷土芒芒"，则契之受天命固不危殆也。"古帝命武汤，正域彼四方，方命厥后"，则汤之受天命亦不危殆也。我商之先后，受命不殆，如此则我武丁孙子岂不赖其福乎？观夫"龙旂十乘，大糦是承"，我后人得诸侯之助祭者，固赖乎前王之福也。"四海来假，来假祁祁"，我后人得人心之归向者，亦赖乎前王之福也。我后人赖前王之福如此，然非前王之受命不殆，亦何以致之哉？商人奉祭宗庙，以是播诸颂歌，其意深矣。大抵一代之兴，必赖前人受命之固，斯有以垂无穷之福。故此诗之叙契与成汤，始则言其受命于天，次则言其垂福于后，而终之以"殷受命咸宜，百禄是何"之言，以见商家一代之福，皆契与成汤受命不殆之所致也。噫，宗庙之祭，美盛德而告成功也，夫岂不宜！

同考试官教谕甘批：作此题，于上两句，当以上文立说；下一句当以下文立说。此作体帖明白，措词简当，故录之为学者式。

考试官教谕游批：场中作此题者，多于"商之先后，受命不殆"处专指汤而遗契；于"在武丁孙子"处又无所指，皆非有的见者也。见之的者，无逾此篇。

考试官教谕林批：能以本章上下文立说而辞不冗不稚，绝异他作。

第贰场

论：天理人伦之极致

第八名冯兰答卷：

或有于《大学》释"止至善"章，因先儒朱子以君仁、臣敬、子孝、父慈、与国人交之信为天理人伦之极致而致疑者。予曰：噫，奚疑之哉！　以心验之，则可见已。夫天生烝民，有物有则：有君臣则有仁敬之理，有父子则有慈孝之理，与国人交则有信之理。是理也，原于天。而臣，其心容已于仁敬乎，必不容已于仁敬；为人子、为人父、与国人交，其心容已于孝、慈、信乎，必不容已于孝、慈、信也。使为人君、为人臣者，其心容已于仁、敬；为人子、为人父、与国人交者，其心容已于孝、慈、信，则仁、敬、孝、慈、信未足以为天理人伦之极致也。惟为人君、为人臣者，其心不容已于仁、敬；为人子、为人父、与国人交者，其心不容已于孝、慈、信，此仁、敬、孝、慈、信所以为天理人伦之极致欤！曰：子谓以心验之可见，固诚如其言矣，然则文王之圣，乃可以为法于天下，而传于后世者也。其于君、臣、父、子、与国人交之所止，亦惟在于仁、敬、孝、慈、信，何耶？曰：以文王之圣，可以为法于天下，而传于后世，使其于君、臣、父、子、与国人交之所止，不在于仁、敬、孝、慈、信，别有一种道理，则仁、敬、孝、慈、信亦未足以为天理人伦之极致也。惟其所止，在于仁、敬、孝、慈、信，不能加毫末于其间，此尤见仁、敬、孝、慈、信所以为天理人伦之极致欤！　曰：子既以仁、敬、孝、慈、信为丛于人心之不容已，则人皆能止于是矣，《大学》何独而归于文王耶？曰：众人类为气禀物欲所昏，故不能常敬而失其所止。惟圣人之心，表里洞然，无有一毫之蔽，故继续光明，自无不敬，而所止者莫非至善，不待知所止而后得所止。是以《大学》历陈所止之实，使天下后世皆得以束法焉。学者于此诚有以见其丛于本心之不容已者，而缉熙之无少间断，则其敬止之功，是亦文王而已矣。或者之疑以释，予因以晓或者之语，为天理人伦之极致论。

同考试官训导卢批：场中作此论者，多类《四书》义，况又以文王于天理人伦能造其极致立说，失理殊甚。此篇措辞苍古，说理明白，非初学所能到也。

考试官教谕游批：此论以仁、敬、孝、慈、信丛于人心之不容已与文王之圣不能加毫末于其间立说，深合本旨。末以取法文王为言，意甚缜密。文有归宿，熟读之方觉有味，可爱可爱。

考试官教谕林批：作性理论者，多以繁芜失旨。此篇词不多费而理甚明，盖刻意苦思而成者，其可以易而观之耶？

第叁场：

第四问：（略）

第一名杨文卿答卷：上之立国，当先励乎士风；下之立身，当无玷于士风。盖气节、忠义、恬退、清廉四者，乃士风之大者也。上之立国，不先励乎此，固不足以为国；下之立身，若有玷于此，岂不有以失其身哉！

臣以古之立身无玷于士风者言之。抗颜贵幸，一揖不拜，持节外夷，百挫不屈，汲黯、苏武之气节可想也。叩环大呼，不曰沽名，叩榻论谏，不曰忤旨，孔道辅、余靖之忠义可敬也。父任执政，不就廷试，礼部第一，不肯自陈，韩维、范景仁之恬退何以加焉？成都清节，一琴自随，端溪美政，一砚不持，赵抃、包拯之清廉何以尚焉？

古之立身者，靡有玷于士风如此，则今之立身者，可不景仰于古人耶？况我国家之于士风也，护之如护元气，重之如重圭璋。凡有气节、忠义者，必褒嘉之以奖劝于下；恬退、清廉者，必奖劝之以激励乎人。宜乎士皆以气节是敦，忠义是尚，恬退是务，清廉是崇也，奈何谀佞诡随者犹自以为能，而名教之不恤；奔竞贪墨者犹自以为得计，而清议之不顾。此所以厪执事以转移感动之机于愚辈而问也。

然今之气节、忠义者，固有褒嘉之令矣，而未获褒嘉者，岂无其人耶？诚广询之而褒嘉之必及，将见谀佞诡随者莫不改行迁善而皆有所振立、有所介执，岂不皆如汲黯、苏武、道辅、余靖之为人乎？恬退、清廉者，固有奖劝之典矣，而未获奖劝者，亦岂无人耶？诚博访其人而奖劝之不遗，将见奔竞贪墨者莫不改过自新而皆甘于恬退、砺于名检，岂不皆如韩维、景仁、赵抃、包拯之为人乎？愚以转移感动之机诚在于此，未知执事以为何如？

同考试官教谕翟批：答此策者，多妄举其人以对，且于转移感动之机处又无的见，殊不可人意。惟此篇历数其人不差，而且的有所见，其知古而知今者乎！

考试官教谕游批：士风一策，盖以启士子之所以立身者也。此篇条答既明，则所以立身无玷于士风者，吾于子有望矣。

考试官教谕林批：文不关于世教，虽工无益。此策以其有关世教，故录之以为天下后世之为士者劝。

杨一清中乡试。《国朝献征录》卷十五《文襄公一清行状》云："年十四，中顺天乡试。时已抗言为人师，有文中子之风。"

刑部奏准办事进士丘俊等与见任官一体金书问刑，候半年满日，遇缺于本部选用。（据《明宪宗实录》卷五十七"成化四年八月己丑"。按，此例于成化八年三月取消。）

十月

吏部尚书李秉等奏请以四事考选监生。从之。《明宪宗实录》卷五十九：成化四年冬十月，"丁酉，太子少保吏部尚书李秉等奏：'近虽两奉诏旨，国子监生有不能出仕、愿告回家者，与冠带闲住，奈何监生之中，甘于恬退者少，本部记名听选者，见有八千余名，而逐年各衙门送来者，尤多于每年所选之数，以致积滞数多，贤否淆混，其间衰老者锐气已消，庸懦者素志不立，加以待选年久，度日艰难，一旦授以府州县官，不免渔猎于民，以为家计。欲有司得人而民受其福，难矣。兹欲将该选监生，考选年貌精壮、文理平顺、行移通晓、写字端正四事俱可取者，居优等选用。或三事或二事可取者，量才授任。其三事俱无可取而年貌衰老者，依诏书例令冠带闲住。是任用得人，而不才不得以幸进，选法疏通，而人心不至于壅滞矣。'从之"。

灾异，考察两京官，降斥有差。詹事翰林不预考。（据《国榷》卷三十五）十月丁亥朔。辛亥，少詹事兼学士柯潜奏："比以灾异，敕吏部、都察院会同各衙门掌印官，公同考察所属官员。本院属官，俱以文翰为职，侍读等官彭华等，见在经筵讲读及纂修实录，其带俸郎中等官吴谦等，并四夷馆译字官，俱在内阁书写诰敕，翻译外夷文字，无事迹文案可考。乞如天顺八年考察官员事例，止令本院学士公同内阁学士考察。"诏从之。于是华等一百二十六员，俱照旧任事。四夷馆带俸二人，以累行不谨，冠带闲住。时尚宝司、左右春坊及六科给事中，亦援此考察，取旨，诏皆留任事云。（据《馆阁漫录》卷五《成化四年》）

兵部左侍郎兼翰林学士商辂为兵部尚书，工部右侍郎兼翰林学士刘定之为礼部左侍郎，兼官直阁如故。（据《国榷》卷三十五）

十一月

升修撰王献为左春坊左谕德，仍兼修撰，以九年秩满也。（据《馆阁漫录》卷五《成化四年》）《国榷》卷三十五："成化四年十一月丙戌，翰林修撰王献为左春坊左谕德。"

十二月

丁亥朔。戊子，少詹事兼学士柯潜闻父丧守制，且乞葬祭。上念潜久侍经筵，命特与之，不为例。丁酉，授庶吉士傅瀚为检讨。（据《馆阁漫录》卷五《成化四年》)《国榷》卷三十五："（成化四年十二月丁亥朔。戊子）少詹事兼翰林学士柯潜忧去，乞祭葬，许之。"

令依永乐、宣德间例除授中书舍人，以进士、监生为之。《明宪宗实录》卷六十一：成化四年十二月辛卯，"中书舍人黄理等奏：'本朝置中书舍人，纪录纶命，书写诰敕，在朝廷为近侍之臣，永乐、宣德间，皆以进士、监生为之，升擢亦异。比年来，有由勋旧录用者，有由技术乞恩报效者，猥以白丁冒居清秩，名器之滥，莫此为甚。请自今除中书舍人，一如永乐、宣德间例。下吏部覆奏，从之。仍定其升进之格，进士、举人出身者升员外郎，监生升主事，其它光禄寺署正，大理寺寺副。著为令"。《国榷》卷三十五："（成化四年十二月辛卯）清中书舍人之选。时技术乞恩，勋旧录用，其滥不一。中书舍人黄理等，乞如永乐、宣德间皆进士监生例。从之。定甲乙榜擢员外郎，监生擢主事，其他光禄寺署正，大理寺寺副。著为例。"

翰林检讨马诚、梁翰为崇府左右长史。（据《国榷》卷三十五）

云南道监察御史戴用上六事：励实行，精考察，公荐举，均爵赏，弭盗贼，革宿弊。上纳之。令四品以上官，吏部具名请裁。方面官如正统例保举。余付所司详拟以闻。（据《国榷》卷三十五）

本年

桑悦除泰和训导。《艺苑卮言》卷六："十九举乡试，再试，礼部奇其文，至阅《道统论》则曰：'夫子传之我。'缩舌曰：'得非江南桑生耶？大狂士！'斥不取。时丘浚为尚书，慕悦名，召令具宾主已，出己文令观，绐曰：'某先辈撰。'悦心知之，曰：'公谓悦为逐秽也耶？奈何得若文而令悦观？'浚曰：'生试更为之。'归撰以奏，浚称善。已，令进他文，浚未尝不称善也。悦名在乙榜，请谢不为官，俟后试，而时竟以悦狂，抑弗许，调邑博士。悦为博士逾岁，而按察视学者别丘浚，浚曰：'吾故人桑悦，幸无以属吏视也！'按察既行部抵邑，不见悦，顾问长吏：'悦今安在？岂有恙乎？'长吏素恨悦，皆曰：'无恙。自负不肯迎耳！'乃使吏往召之，悦曰：'连宵旦雨淫，传舍圮，守妻子亡暇，何候若？'按察久不待，更两吏促之，悦益怒曰：'若真无耳者？即按察力能屈博士，可屈桑先生乎？为若期三日先生来，不三日不来矣。'按察欲遂收悦，缘浚不果。三日，悦诣按察，长揖立不跪。按察厉声曰：'博士分不当得跪耶？'悦前曰：'汉汲长孺长揖大将军，明公贵岂逾大将军？而长孺固亡贤于悦，奈何以面皮相恐，寥廓天下士哉！悦今去，天下自谓明公不容悦，曷解耳。'因脱帽径出。

按察度亡已，乃下留之，他日当选两博士自随，悦在选。故事，博士侍左右，立竟日，悦请曰：'犬马齿长，不能以筋力为礼，亦不能久任立，愿假借且使得坐。'即移所便坐。御史闻悦名，数召问，谓曰：'匡说诗解人颐，子有是乎？'曰：'悦所谈玄妙，何匡鼎敢望？即鼎在，亦解颐。公幸赐清燕，毕顷刻之长。'御史壮之，令坐讲。少休，悦除袜，跣而爬足垢，御史不能禁，令出。"《怀麓堂集》卷十二《送桑民怿训导泰和》注云："民怿，苏人，会试春闱，策有'胸中有长剑，一日几回磨'等语，为晏检讨汝贤所黜。又作《学以至圣人之道论》，有'我去而夫子来'等语，为丘学士仲深所黜。今年得乙榜，年二十二，籍误以二为五，用新例，辞不许，遂有是命。诗云：十年三度试春闱，新见声名满帝畿。甲第久惭唐李合，奇才终误宋刘几。功名岁晚非蓬鬓，湖海官贫尚布衣。试看孤鹰下林落，甘心还向碧天飞。"《明史》徐祯卿传附桑悦传："年十九，举成化元年乡试。试春官，答策语不雅驯，被斥。三试得副榜，年二十余耳，年籍误二为五，遂除泰和训导。"

王九思（1468—1551）生。字敬夫，号渼陂先生，鄠县人，弘治丙辰进士，选庶吉士，授检讨，调吏部主事，升郎中。坐刘瑾党，降寿州同知，寻勒致仕。有《渼陂集》、《渼陂续集》。《国朝献征录》卷二十二李开先《渼陂王检讨九思传》："居近渼陂，因以为号。生而警敏，眉目清秀，颜色充和，如神仙中人，尝自夸'居官日，为当朝人物第一流'。年十四五，随任读书蜀中，勤励，日犹不足，夜以膏灯继。"

郑岳（1468—1539）生。据《闽中理学渊源考》卷五十四《侍郎郑山斋先生岳》。字汝华，号山斋，莆田人，弘治癸丑进士，官至兵部右侍郎。岳素著风节，官江西按察使时，首折宸濠逆谋，反为所诬构，逮问。及官兵部，复以议兴献祔庙，忤旨。力请致仕。后议礼诸臣皆蒙追恤赐谥，而独不及岳。盖孤介寡援，其天性然。事迹具《明史》本传。有《山斋文集》二十四卷。

明宪宗成化五年己丑（公元1469年）

正月

龚诩卒，年八十八。《野古集》附录王执礼《龚诩传》："成化三年正月二十八日癸未，寿终，整衣端坐，口诵《大学》首章而逝。有白气起屋极，上冲霄汉。自号钝庵逸老，诗名《野古集》。生平忠愤，时或不掩。"龚绂《年谱》："所著有《野古集》，又有《因革事宜》。大抵关风教，道民情好恶，恻怛忠厚，有少陵忧恤之心焉。"《四库全书总目·野古集提要》："《野古集》三卷，明龚诩撰……是集乃崇祯乙亥其八世从孙挺所刻。前有李继贞序，称删其十之二三。盖诩诗格调在《长庆集》、《击壤集》间，其伤于鄙俚浅率者，继贞稍汰之也。要其性情深挚、直抒胸臆，律以选声配色、雕章琢句，诚不能与文士争工；律以纲常名教之旨，则不合于风人者鲜矣。末附《上周忱书》及王执礼、张大复等所作家传、墓志、谥议、像赞等篇。又有年谱，称诩族侄绂所编；于建文四年，称传言乘舆逊去；于正统七年，称旧君还京，先生作《落叶吟》见意。按绂之作谱，在成化十三年，杨应能事应久已论定，不应有旧君还京之语，且《落叶》一诗，本无明指，安知非别有托讽？而顾据此断为惠帝出奔还京之作，亦未见其然。此谱于康熙乙巳挺得本于其族弟维，则故崇祯乙亥原刻总目不与墓铭家传等并列。观是一条，其真为绂作与否，犹在两可间也。疑以传疑，姑并存之而已。"

吏部尚书李秉罢，革太子少保。（据《国榷》卷三十五）

二月

命太常卿兼侍读学士刘珝、侍读学士刘吉为会试考试官。取中费訚等二百五十人。《明宪宗实录》卷六十三：成化五年二月，"丁未，礼部以会试天下举人三场已毕，奏请正榜额数。上命取二百五十人"。"壬子，礼部臣领会试举人费訚等二百五十人陛见。"

礼部奏副榜举人除授事宜。从之。《明宪宗实录》卷六十三：成化五年二月乙未，"礼部奏：会试副榜举人，所选历事及坐监五年以上者，准其告辞教职。坐监五年以下及年二十八岁以上者不准告辞。其下第有愿就教职者，照例送翰林院考试，果通三场，量为除授。从之"。

追劣生食廪，免充吏。（据《国榷》卷三十五）

衍圣公孔弘绪有罪，命械入京。大学士彭时以圣裔，乞免械竟就讯。从之。（据《国榷》卷三十五）

进士张廉、李显为翰林检讨，侍吉王。（据《国榷》卷三十五）

三月

张升（1442—1517）、丁溥、董越（1431—1502）等二百四十八人进士及第、出身有差。改张璲、费訚等十八人为庶吉士。《明宪宗实录》卷六十五：成化五年三月，"己亥，上御奉天殿策试举人费訚等二百四十八人"。"辛丑，上亲阅举人所对策，赐张升等二百四十八人进士及第、出身有差。"辛亥，"选进士张璲、费訚、陈珷、萧玓、梁泽、尹龙、马兰、乔维翰、陈纪、张晟、李介、王臣、尹仁、王锦、徐谦、方珪、谢显、吴祚改庶吉士，进学于翰林，命侍读学士陈鉴、侍讲学士丘浚教习文章，大学士彭时等提督考校，务令成效，以需他日之用。命所司给纸笔、饮馔、灯烛等物如旧例"。《馆阁漫录》卷五《成化五年》："三月乙酉朔。乙未，命太子少保、吏部尚书兼文渊阁大学士彭时，吏部尚书崔恭、户部尚书杨鼎、太子少保兼兵部尚书白圭、兵部尚书兼学士商辂、刑部尚书陆瑜、工部尚书王复，都察院右都御史林聪、项忠，礼部左侍郎兼学士刘定之、通政使司左通政杨遂、大理寺左少卿乔毅、侍讲学士丘浚为殿试读卷官。戊申，授第一甲进士张升为修撰，丁溥、董越为编修。辛亥，选进士张璝、费訚、陈斌（斌）、萧玙、梁泽、尹龙、马（冯）兰、乔维翰、陈纪、张晟、李介、王臣、尹仁、王锦、徐谦、方珪、谢显、吴祚改庶吉士，进学于翰林，命侍读学士陈鉴、侍讲学士丘浚教习文章，大学士彭时等提督考校，务令成效，以需他日之用，命所司给纸笔、饮馔、灯烛等物如旧例。"据《成化五年进士登科录·玉音》："成化五年三月十一日，礼部尚书臣姚夔等于奉天门奏为科举事。会试天下举人，取中二百四十七名。本年三月十五日殿试，合请读卷及执事等官太子少保吏部尚书兼文渊阁大学士等官彭时等四十九员。其进士出身，恭依太祖高皇帝钦定资格，第一甲例取三名，第一名从六品，第二第三名正七品，赐进士出身。第二甲从七品，赐进士出身。第三甲正八品，赐同进士出身。奉圣旨：是，钦此。读卷官：资善大夫兵部尚书兼翰林院学士商辂，乙丑进士；资善大夫吏部尚书崔恭，丙辰进士；资善大夫户部尚书杨鼎，己未进士；资政大夫太子少保兼兵部尚书白圭，壬戌进士；资德大夫正治上卿刑部尚书陆瑜，癸丑进士；资政大夫工部尚书王复，壬戌进士；资善大夫都察院右都御史林聪，己未进士；资善大夫都察院右都御史项忠，壬戌进士；通议大夫礼部左侍郎兼翰林院学士刘定之，丙辰进士；中宪大夫通政使司左通政杨遂，辛酉贡士；中宪大夫大理寺左少卿乔毅，戊辰进士；奉训大夫翰林院侍讲学士丘浚，甲戌进士。提调官：资德大夫正治上卿礼部尚书姚夔，壬戌进士；嘉议大夫礼部左侍郎万安，戊辰进士；嘉议大夫礼部右侍郎叶盛，乙丑进士。监试官：文林郎山东道监察御史张海，庚午贡士；文林郎福建道监察御史陈相，庚辰进士。受卷官：奉训大夫左春坊左谕德兼翰林院修撰王献，辛未进士；翰林院修撰承务郎郑环，庚辰进士；承事郎礼科都给事中魏元，丁丑进士；征仕郎吏科左给事中程万里，丁丑进士。弥封官：亚中大夫光禄寺卿刘琏，乙丑进士；中宪大夫鸿胪寺卿杨询，监生；中顺大夫鸿胪寺卿杨宣，甲戌进士；中顺大夫太常寺少卿林章，儒士；奉议大夫尚宝司卿杨道，儒士；承事郎户科都给事中丘弘，甲申进士；承事郎兵科都给事中秦崇，庚辰进士。掌卷官：奉议大夫左春坊左庶子童缘，辛未进士；翰林院修撰承务郎耿裕，甲戌进士；承事郎刑科都给事中毛弘，丁丑进士；承事郎工科都给事中高斐，甲申进士。巡绰官：镇国将军锦衣卫掌卫事都指挥同知袁彬；怀远将军锦衣卫指挥同知焦寿；明威将军锦衣卫指挥佥事赵能；明威将军锦衣卫指挥佥事冯珤；明威将军锦衣卫指挥佥事朱骥；明威将军金吾前卫指挥佥事万友；昭勇将军金吾后卫指挥使陈隆。印卷官：奉训大夫礼部仪制清吏司署郎中事员外郎彭彦充，丁丑进士；奉训大夫礼部仪制清吏司员外郎乐章，丁丑进士；承直郎礼部仪制清吏司主事高冈，甲申进士；承直郎礼部仪制清吏司主事赵缙，庚辰进士。供给官：奉议大夫光禄寺少卿陈钺，丁丑进士；光禄寺丞秦玘，甲戌进士；礼部司务时中，庚午贡士；奉议大夫礼部精膳清吏司郎中杨琛，甲戌进士；奉训大夫礼部精膳清吏司员外郎李温，庚辰进士；承德郎礼部精膳清吏司主事谢弁，官生。"《成化五年进士登科录·恩荣次第》："成化五年三月十五日早，诸贡士赴内府殿试。上御奉天殿亲赐策问。三月十七日早，文武百官朝服侍班。是日，锦衣卫设卤簿于丹陛丹墀内，上御奉天殿，鸿胪寺官传制唱名，礼部官捧黄榜，鼓乐导引出长安左门外，张挂毕，顺天府官用伞盖仪从送状元归第。三月十八日，赐宴于礼部，宴毕，赴鸿胪寺习仪。三月十九日，赐状元朝服冠带及进士宝钞。三月二十日，状元率进士上表谢恩。三月二十一日，状元率进士诣先师孔子庙行释菜礼。礼部奏请命工部于国子监立石题名。"

据《成化五年进士登科录》，第一甲三名，赐进士及第。履历如下：

张升，贯江西建昌府南城县，军籍，县学生，治《书经》。字启昭，行一，年二十六，十月初七日生。曾祖循礼。祖德厚。父文质。前母何氏，母饶氏，继母江氏。具庆下。娶胡氏。江西乡试第八十三名。会试第二百四十名。

丁溥，贯直隶松江府华亭县，民籍，国子生，治《诗经》。字原敬，行一，年四十一，十二月二十九日生。曾祖文政。祖汝霖。父孟威。母蔡氏。具庆下。娶夏氏。应天府乡试第二名，会试第二百五十二名。

董越，贯江西赣州府宁都县，民籍，国子生，治《诗经》。字尚矩，行二，年三十九，二月十六日生。曾祖子平，县丞。祖吉义。父时谦。母温氏。慈侍下。兄超。娶温氏。江西乡试第十二名，会试第三十九名。

据《成化五年进士登科录》，第二甲七十五名，赐进士出身。履历如下：

张璲，贯山西平阳府安邑县，盐籍，河东运司学生，治《书经》。字廷佩，行四，年二十六，八月十三日生。曾祖德临。祖居让。父原清。母常氏。具庆下。兄琎，监察御史；昭；璠，国子生。弟璇、玺、琏。娶刘氏。山西乡试第六十二名，会试第一百六十九名。

费訚，贯直隶镇江府丹徒县，民籍，国子生，治《书经》。字廷言，行五，年三十四，三月初四日生。曾祖文威。祖仲荣。父淑高。母朱氏。永感下。兄让、详、诠、谆。娶张氏。应天府乡试第四十八名，会试第一名。

陈斌，贯广东广州府顺德县，民籍，国子生，治《礼记》。字德章，行一，年三十五，三月初九日生。曾祖胜聪。祖效仁。父纪。母冯氏。具庆下。弟玫、璋、现。娶王氏。广东乡试第十五名，会试第一百七十八名。

张习，贯直隶苏州府吴县，民籍，儒士，治《易经》。字企翱，行一，年三十七，八月十二日生。曾祖贞吉。祖孟恭。父晓初。母沈氏，继母王氏。永感下。娶顾氏。应天府乡试第八十名，会试第二十六名。

李秉衷，贯直隶徐州丰县人，应天府江宁县官籍，国子生，治《诗经》。字德夫，行一，年三十三，正月初四日生。曾祖恺，县主簿。祖文通，赠南京钦天监副。父宗善，南京钦天监副。母张氏，封安人。严侍下。娶张氏。应天府乡试第三十三名，会试第一百三十名。

舒春，贯浙江绍兴府余姚县人，武功中卫军籍，国子生，治《诗经》。字景熙，行一，年四十，十一月十七日生。曾祖惠贰。祖志。父道辉。母陈氏。永感下。弟英、秦、泰、晋、晟。娶袁氏。顺天府乡试第一百十三名，会试第二百三十九名。

陈挨，贯四川重庆府合州铜梁县，匠籍，国子生，治《易经》。字季同，行二，年二十九，闰十一月十二日生。曾祖志贤，赠右副都御史。祖瑀，封右副都御史。父价，右副都御史。母冯氏，封淑人。重庆下。兄扩，冠带总旗。弟揭；拭，国子生；扶；操。娶张氏，继娶孔氏。四川乡试第四十一名，会试第一百八十一名。

白玢，贯直隶常州府武进县，民籍，府学生，治《书经》。字宗璞，行四，年四十，四月十三日生。曾祖均珤。祖守中。父希原。母钱氏。永感下。兄珙、玘、琬。娶高氏。应天府乡试第三十八名，会试第一百七十九名。

郑宏，贯浙江宁波府鄞县，民籍，国子生，治《易经》。字元之，行四，年四十，二月十五日生。曾祖德名。祖章可。父厚一。母王氏。慈侍下。兄洪、澄、涌。弟淦、海。娶王氏。顺天府乡试第一名，会试第七名。

乐宣，贯湖广永州府道州宁远县，民籍，县学生，治《书经》。字继谐，行二，年二十九，九月二十四日生。曾祖仕源。祖逢清。父韶，教谕。嫡母李氏，生母李氏。具庆下。兄武，运盐使司判官。弟成，琳、瓃、璇。娶李氏。湖广乡试第四十八名，会试第二百十七名。

萧玙，贯江西吉安府泰和县，儒籍，国子生，治《书经》。字焕如，行一，年三十一，六月十八日生。曾祖仲龄。祖引之，封左通政。父彝，左通政。母李氏，封宜人。重庆下。弟珂，贡士；玠；瓒；珦；璲。娶刘氏。江西乡试第十名，会试第十七名。

梁泽，贯陕西西安府耀州三原县，军籍，县学生，治《易经》。字汝霖，行二十五，正月十八日生。曾祖允中。祖景原。父玘。母孟氏。慈侍下。兄艮。弟汉、淳、潜。未娶。陕西乡试第一名，会试第八十七名。

王缨，贯直隶常州府宜兴县，民籍，县学生，治《诗经》。字用清，行二，年三十三，七月十五日生。曾祖彦宗。祖孟常。父懋，教谕。前母宣氏，母沈氏，继母万氏。慈侍下。兄绎。弟约、缉、绘。娶汤氏。应天府乡试第一百二十八名，会试第三十六名。

言芳，贯山东济南府邹平县，军籍，国子生，治《书经》。字宗本，行六，年三十三，四月二十七日生。曾祖子秀。祖进，光禄寺署丞。父宾。母高氏，继母霍氏。具庆下。兄宗仁、宗政、宗智、宗辅、宗敏。娶孙氏。山东乡试第二十二名，会试第一百五十一名。

李延，贯江西南昌府丰城县，军籍，府学生，治《诗经》。字与龄，行六，年三十，六月初四日生。曾祖宗海。祖南坡。父世宗。母张氏。具庆下。兄兰、蕙、荆、华、萱、菖。弟曼。娶徐氏。江西乡试第七十四名，会试第五十五名。

王瑞，贯直隶安庆府望江县，医籍，国子生，治《诗经》。字良璧，行五，年三十二，正月十九日生。曾祖华卿。祖伟。父景。母束氏，继母李氏、刘氏。具庆下。兄理、琼、玺。弟琏、琳、琦、瑛、珪、璗、琅。娶吴氏，继娶萧氏。应天府乡试第七十一名，会试第十九名。

阎仲实，贯陕西凤翔府陇州，军籍，国子生，治《书经》。字光甫，行二，年三十七，六月十二日生。曾祖才顺。祖秀。父璇，教谕。母王氏。永感下。兄仲宽。弟仲宇，仲容，仲寅，仲宾，仲宏，仲宁。娶王氏。陕西乡试第一名，会试第四十七名。

尹龙，贯山东济南府历城县，民籍，国子生，治《书经》。字舜臣，行二，年二十二，二月初二日生。曾祖得名，赠吏部右侍郎。祖宏，知府，赠吏部右侍郎。父昱，吏部左侍郎。母张氏，封淑人。具庆下。兄銮。娶杨氏。山东乡试第二名，会试第九十四名。

尚絅，贯河南睢阳卫，军籍，国子生，治《礼记》。字美中，行一，年二十三，八月十四日生。曾祖云。祖兴。父福。母赵氏。重庆下。弟缙。娶刘氏。河南乡试第八名，会试第二十五名。

龚泽，贯浙江宁波府慈溪县，民籍，国子生，治《诗经》。字时济，行二，年三十七，五月十二日生。曾祖蒙，赠工部主事。祖璧，工部郎中。父御。嫡母王氏，继母罗氏、郑氏、叶氏，生母应氏。具庆下。兄溥。弟潮，贡士；瀚；源。娶桂氏。浙江乡试第九名，会试第六十三名。

郝志义，贯陕西延安府绥德州清涧县，军籍，县学增广生，治《诗经》。字宜之，行二，年二十六，十一月初九日生。曾祖四。祖贞。父安，知州。母杨氏。重庆下。兄志仁。弟志礼、志智、志信。娶白氏。陕西乡试第十一名，会试第一百九十八名。

邹儒，贯浙江绍兴府余姚县，灶籍，县学生，治《礼记》。字宗道，行一，年三十四，十月二十八日生。曾祖贵名。祖世勤。父仪。母俞氏。慈侍下。兄杰，俛。弟俨。娶孙氏。浙江乡试第四十一名，会试第五十六名。

冯兰，贯浙江绍兴府余姚县，民籍，儒士，治《礼记》。字佩之，行二，年二十七，十月十八日生。曾祖本清，按察司佥事。祖纶。父宪。母何氏。重庆下。弟萱、孙、蓁。娶陆氏。浙江乡试第八名，会试第一百二十五名。

邵宗，贯陕西临洮府兰县，校籍，国子生，治《诗经》。字以道，行一，年四十，八月初十日生。曾祖材仲。祖昌。父斌。母郑氏。具庆下。弟宣。娶沈氏。陕西乡试第九十五名，会试第一百二十六名。

郁库，贯直隶河间府景州，民籍，国子生，治《诗经》。字从周，行一，年三十，四月十八日生。曾祖仲贤。祖贵。父新。母常氏。慈侍下。弟庆、廉、广、康、唐、庭、府、座。娶杜氏。顺天府乡试第六名，会试第一百八十名。

徐尋，贯直隶苏州府嘉定县，军籍，国子生，治《易经》。字以质，行一，年四十，五月二十一日生。曾祖公行。祖茂宗，赠右佥都御史。父瑄，右佥都御史。母李氏，封恭人。具庆下。弟冕，承事郎；勔；杲。娶封氏，顺天府乡试第四十五名，会试第一百八十六名。

吴珵，贯直隶苏州府吴江县人，顺天府大兴县匠籍，国子生，治《易经》。字元玉，行一，年三十五，十二月十八日生。曾祖真一。祖彦铭。父达。母连氏。慈侍下。

弟玺。娶许氏，继娶李氏、沈氏。顺天府乡试第二十九名，会试第十三名。

李蕙，贯直隶太平府当涂县，民籍，国子生，治《诗经》。字德馨，行三，年三十二，十月二十六日生。曾祖信。祖顺，刑部主事。父翔。母蒋氏。慈侍下。兄蕃，芸。弟华，英。娶陈氏。应天府乡试第五十三名，会试第十一名。

张忱，贯直隶永平府昌黎县，民籍，国子生，治《诗经》。字伯恂，行一，年二十九，八月二十一日生。曾祖广，赠通政使。祖鉴，赠通政使。父文质，兵部左侍郎。母王氏，赠淑人，继母刘氏，封淑人。具庆下。弟慥；怀，国子生。娶卞氏。顺天府乡试第七十二名，会试第一百四十八名。

毛松龄，贯江西南昌府丰城县，军籍，国子生，治《易经》。字乔年，行三，年二十六，正月初七日生。曾祖彦仁。祖容止。父显，训导。母王氏。具庆下。兄椿龄、樟龄。弟桂龄、杞龄、楠龄、柏龄、桧龄、樃龄。娶姜氏。江西乡试第三十六名，会试第九十三名。

黄麟，贯河南开封府钧州密县，民籍，国子生，治《书经》。字文祥，行二，年三十二，十二月十七日生。曾祖文中，知府。祖德恒。父恺，教谕。母阎氏。重庆下。兄麒。弟鸾、凤、骥、骧。娶胡氏。河南乡试第十七名，会试第一百二十四名。

乔维翰，贯直隶松江府上海县，灶籍，国子生，治《书经》。字师召，行三，年三十五，十一月十五日生。曾祖士廉。祖公敏。父宗岳。母俞氏。慈侍下。兄楚、懋。弟棽。娶张氏。应天府乡试第三十二名，会试第一百四名。

杨光溥，贯山东青州府莒州沂水县，军籍，国子生，治《书经》。字文卿，行一，年二十三，闰四月二十五日生。曾祖复新。祖雄，州同知。父俨，府通判。母赵氏。重庆下。弟光济，义官，光泽，光汉。娶孔氏。山东乡试第二十一名，会试第九十一名。

张以弘，贯浙江绍兴府山阴县，民籍，国子生，治《诗经》。字裕夫，行三，年三十九，八月初六日生。曾祖希胜。祖弼。父蕴辉。母王氏，继母傅氏。具庆下。弟以文、以宪、以时、以蒙、以震。娶董氏。浙江乡试第十七名，会试第一百四名。

邓存德，贯江西南康府建昌县人，南京钦天监籍，儒士，治《诗经》。字新之，行五，年三十五，正月十六日生。曾祖德弘。祖致中。父元浩。母张氏。具庆下。兄存耕、存方、存实、存正。弟存佑、存泰。娶熊氏。应天府乡试第二名，会试第三十四名。

徐与宪，贯河南汝宁府光州光山县，民籍，国子生，治《春秋》。字文振，行三，年四十一，二月初九日生。曾祖道亨。祖以德。父通。母汪氏。慈侍下。兄与康、与清。弟与哲。娶游氏。河南乡试第四十四名，会试第一百三十五名。

杨遵，贯湖广衡州府衡山县人，贵州平越卫官籍，国子生，治《春秋》。字循德，行二，年三十四，十月十七日生。曾祖广四郎。祖必富。父中。母李氏。严侍下。兄遹安，百户。弟逡、遇。娶孟氏。云南乡试第十九名，会试第五十一名。

冀绮，贯直隶扬州府高邮州宝应县，民籍，国子生，治《易经》。字文华，行一，年三十三，九月二十四日生。曾祖汝能，府同知。祖輗。父良。嫡母王氏，杨氏，生母顾氏，继母袁氏。永感下。兄绚、纶、纲。弟演、绾、约、琳。娶王氏。应天府乡试第三十八名，会试第六十二名。

张祯叔，贯四川重庆府巴县，民籍，国子生，治《易经》。字祯叔，行一，年二十九，闰十一月十九日生。曾祖英。祖文聪，赠按察司佥事。父清，右布政使。母龙氏，赠宜人，继母龚氏，封宜人。重庆下。弟祥叔、祺叔、禧叔、盛叔、磐叔。娶胡氏。四川乡试第二十七名，会试第二百三十三名。

沈锐，贯浙江杭州府仁和县，民籍，县学生，治《易经》。字文进，行二，年二十二，六月二十六日生。曾祖德荣。祖定之。父珍。母潘氏。重庆下。兄震。弟鉴、铭。娶张氏。浙江乡试第七十八名，会试第十八名。

周瑛，贯福建镇海卫人，兴化府莆田县军籍，国子生，治《诗经》。字梁石，行一，年四十，十月二十八日生。曾祖正甫。祖世。父举。母潘氏。慈侍下。弟环，顼。娶陈氏，继娶吴氏。福建乡试第六名，会试第七十八名。

张锦，贯河南开封府太康县，陕西岷州卫军籍，国子生，治《书经》。字尚絅，行四，年三十，正月十三日生。曾祖兴。祖文信。父善。母赵氏。严侍下。兄铭、琮、锐。弟铎、镛、纶。娶刘氏。陕西乡试第三十七名，会试第二十三名。

蔡晟，贯河南开封府睢州，军籍，州学生，治《礼记》。字文辉，行五，年二十四，二月二十八日生。曾祖大翁。祖青。父敬。前母吕氏，王氏，母张氏。具庆下。兄贵；全；亮；通，听选官。娶胡氏。河南乡试第六十九名，会试第一百五名。

张缙，贯山西太原府阳曲县，民籍，国子生，治《书经》。字朝用，行一，年二十八，四月初三日生。曾祖仲和。祖守益。父能。母杨氏。慈侍下。弟绅、经、纶、绂。娶高氏。山西乡试第二十六名，会试第八十一名。

周孟中，贯江西吉安府庐陵县，民籍，国子生，治《诗经》。字时可，行一，年三十三，二月初五日生。曾祖仲良。祖子逊。父询，教谕。母彭氏。慈侍下。娶刘氏。江西乡试第八名，会试第二十一名。

朱绅，贯直隶苏州府昆山县人，锦衣卫军匠籍，国子生，治《书经》。字仪中，行二，年三十三，十一月十四日生。曾祖士英。祖本善。父孟贤。母黄氏。重庆下。兄缙。弟经、纶、组。娶王氏。顺天府乡试第五十名，会试第五十四名。

解宾，贯直隶保定府安州高阳县，民籍，国子生，治《诗经》。字尚敬，行一，年三十七，十二月十三日生。曾祖原。祖宽。父海。母苏氏。具庆下。弟宣，义官。娶张氏。顺天府乡试第四十六名，会试第五十二名。

侯方，贯直隶松江府华亭县，民籍，国子生，治《诗经》，字公矩，行二，年二十六，闰七月初七日生。曾祖克绍。祖廷信。父苊，府同知。母沈氏。具庆下。兄正。弟洪，平，美，直，贤。娶周氏。应天府乡试第八十四名，会试第七十一名。

李元镇，贯福建兴化府莆田县，盐籍，国子生，治《书经》。字元镇，行二，年三十三，正月二十五日生。曾祖龙，知县。祖旸童。父悌。母林氏。具庆下。兄潜。弟岱，嵒。娶吴氏。福建乡试第七十四名，会试第二百三十五名。

赵祥，贯直隶镇江府丹徒县，军籍，府学生，治《书经》。字梦麟，行一，年二十九，十一月三十日生。曾祖诚。祖琦。父铨。母周氏，继母高氏。慈侍下。弟祯。娶余氏。应天府乡试第一百二名，会试第一百八十九名。

熊景，贯江西南昌府南昌县，民籍，国子生，治《诗经》。字开甫，行二，年三十八，七月十五日生。曾祖德让，税课司大使。祖素敬。父资直。母刘氏。具庆下。弟晖、昊、昭。娶傅氏。江西乡试第七十四名，会试第一百七十名。

陆奎，贯直隶苏州府嘉定县，民籍，国子生，治《易经》。字文曜，行一，年三十，十二月初四日生。曾祖义。祖江。父稷。母邵氏。具庆下。弟垕、堂、坚。娶徐氏。应天府乡试第十四名，会试第一百六十三名。

郭忠，贯直隶广平府肥乡县，民籍，国子生，治《诗经》。字廷臣，行一，年三十四，四月二十九日生。曾祖仁美。祖晟，卫经历。父谦，县丞。母石氏。严侍下。弟恕、懋、忞、慧、宪。娶梁氏。顺天府乡试第七名，会试第六十九名。

方守，贯福建兴化府莆田县，盐籍，国子生，治《诗经》。字宜约，行五，年三十四，六月初六日生。曾祖积善。祖梦周。父休征。母王氏。严侍下。兄贤，聪，贞，志。弟宰，宽。娶蔡氏。福建乡试第五十五名，会试第六十七名。

王鼎，贯直隶苏州府常熟县，军籍，国子生。治《诗经》。字元勋，行一，年三十二，十一月初五日生。曾祖佐。祖衡。父纲。母徐氏。重庆下。弟彝、冠、冕、卣、彝、旈。娶薛氏。应天府乡试第一百二十八名，会试第一百四十二名。

陈纪，贯福建福州府闽县，民籍，儒士，治《礼记》。字叔振，行三，年二十三，九月二十一日生。曾祖子静。祖文志。父铿。母张氏，生母刘氏。具庆下。兄谷常，训导。弟绅。娶潘氏。福建乡试第四十六名，会试第十名。

张晟，贯浙江杭州府仁和县，民籍，国子生，治《春秋》。字孟旸，行一，年三十二，正月初三日生。曾祖福。祖庸。父斌。母曹氏。慈侍下。弟升，昂，旻。娶于氏。浙江乡试第五名，会试第一百五十三名。

胡赟，贯浙江绍兴府余姚县人，兴州中屯卫籍，良乡县学军生，治《礼记》。字克襄，行二十二，年三十七，二月十九日生。曾祖思敏。祖闰初。父宽，封刑部主事。母郑氏，赠安人，继母王氏。具庆下。兄明；弘；恭，刑部主事；俨；伦；铨，仓副使。娶黄氏。顺天府乡试第十五名，会试第一百八十八名。

勒玺，贯山东兖州府曹州曹县，军籍，县学生，治《春秋》。字荆玉，行二，年二十九，闰十二月初二日生。曾祖弘毅。祖浩先。父士敏，县主簿。前母王氏，母刘氏。慈侍下。兄瑛。娶赵氏。山东乡试第三十二名，会试第一百九十二名。

谢恭，贯直隶徽州府休宁县，民籍，国子生，治《春秋》。字文安，行一，年三十四，十月十四日生。曾祖仁祥。祖德琛。父功振。母金氏。重庆下。弟敏、恩。娶朱氏。应天府乡试第十名，会试第七十九名。

李介，贯山东莱州府胶州高密县，军籍，国子生，治《礼记》。字守贞，行三，年二十五，二月二十八日生。曾祖伯荣。祖逊，理问。父杰，教授。前母宋氏，母栗氏。

具庆下。兄廉、节。弟约、范、简、式。娶杜氏。山东乡试第八名，会试第四十六名。

王臣，贯江西吉安府庐陵县，官籍，国子生，治《书经》。字世赏，行二，年十六，七月二十二日生。曾祖子善，赠按察使。祖仲起，封按察使。父槼，大理寺卿。嫡母刘氏，封淑人，生母齐氏。具庆下。兄世弼。弟世延、世选、世用、世卿。聘蒋氏。顺天府乡试第三十三名，会试第二百八名。

陈勉，贯江西抚州府临川县，民籍，国子生，治《诗经》。字自勉，行八，年三十四，三月初一日生。曾祖九江。祖孔立。父彦持。母李氏。具庆下。兄自牧，自居，自谒，自端。弟自说，自辉。娶梁氏。江西乡试第五十九名，会试第九十二名。

屠勋，贯浙江嘉兴府平湖县，军籍，国子生，治《书经》。字元勋，行三，年二十三，正月初十日生。曾祖泽民。祖湘。父机。母陆氏。具庆下。兄焕、熙、煦。弟炯、炼、耀。娶陈氏。娶林氏。浙江乡试第十三名，会试第一百五十七名。

崔升，贯河南彰德府安阳县，军籍，国子生，治《诗经》。字廷进，行六，年三十一，十二月十四日生。曾祖大。祖彦和。父刚，库大使。前母王氏，母蔡氏。具庆下。兄麟、伦、驯、钰、俊。娶李氏。河南乡试第六十八名，会试第一百六十一名。

姜英，贯浙江绍兴府余姚县，民籍，国子生，治《礼记》。字时俊，行六，年三十九，二月初七日生。曾祖欢什。祖文举。父永善。母陆氏，继母应氏。严侍下。弟锗、銁。娶方氏，继娶胡氏。浙江乡试第六十九名，会试第二百六名。

郑龄，贯江西广信府弋阳县，军籍，国子生，治《书经》。字梦龄，行五十五，年三十，正月三十日生。曾祖景彰。祖远祖。父邦，典膳。母刘氏。具庆下。兄礼、隆、兴。弟嘉。娶方氏。江西乡试第十三名，会试第二十八名。

沈璐，贯直隶松江府上海县，灶籍，国子生，治《诗经》。字廷瑞，行五，年三十二，九月二十七日生。曾祖道诚。祖思义。父佑。嫡母黄氏，母王氏。具庆下。兄瑢；璠；瑜，中书舍人。弟璧、玭。娶徐氏。应天府乡试第一百三十名，会试第四名。

刘宪，贯江西饶州府余干县，民籍，国子生，治《春秋》。字文纲，行三，年二十八，三月初十日生。曾祖庆宗。祖守成。父克清。母范氏。重庆下。兄冠。弟容、宣。娶黄氏。江西乡试第三名，会试第三名。

邵珪，贯直隶常州府宜兴县，军籍，县学增广生。治《诗经》。字文敬，行七，年二十九，二月初九日生。曾祖商霖。祖文穆。父昉。母张氏。具庆下。兄璟、理、珍、璨。弟璋。娶龚氏。应天府乡试第四十五名，会试第二十四名。

昝诚，贯山东莱州府胶州高密县，民籍，国子生，治《易经》。字笃学，行四，年三十三，七月初九日生。曾祖人庆。祖仁美。父朗。前母姜氏，母孙氏。慈侍下。兄瑛，听选官；敬；杰。弟实。娶张氏，山东乡试第七十三名，会试第二百十三名。

吴琼，贯浙江湖州府乌程县，军籍，国子生，治《诗经》。字怀德，行四，年三十一，六月初八日生。曾祖九成。祖德茂。父廷珪。母祝氏。具庆下。兄龄；尚；琟，国子生。弟璘。娶丘氏。浙江乡试第六十三名，会试第八十名。

吴珉，贯山西平阳府霍州灵石县，军籍，国子生，治《诗经》。字廷振，行一，年三十五，十月二十六日生。曾祖思孝。祖冲。父海。母郑氏。永感下。娶程氏。山西乡试第四十一名，会试第二百十八名。

周政，贯浙江杭州府仁和县，民籍，县学生，治《易经》。字尚德，行一，年二十九，一月二十八日生。曾祖宗善。祖贤。父俊。母方氏。慈侍下。娶邵氏。浙江乡试第十三名，会试第七十三名。

奚昌，贯直隶苏州府吴县，军籍，国子生，治《易经》。字元启，行二，年四十九，十一月二十二日生。曾祖汉卿。祖士贤。父公瑾。母苏氏。永感下。兄闾。弟闻。娶姚氏。应天府乡试第六十九名，会试第五十八名。

据《成化五年进士登科录》，第三甲一百六十九名，赐同进士出身。履历如下：

张晓，贯陕西西安府耀州三原县，民籍，国子生，治《易经》。字光曙，行一，年三十一，正月二十九日生。曾祖觉贤。祖仲远。父昶。母竹氏。具庆下。弟时。娶程氏。陕西乡试第四十名，会试第一百九十五名。

李经，贯山西泽州阳城县，民籍，国子生，治《诗经》。字大经，行一，年二十七，十月初一日生。曾祖伯顺。祖华，训导。父珩，训导。母孔氏。具庆下。弟绍、纬。娶刘氏。山西乡试第六名，会试第一百七十四名。

瞿俊，贯直隶苏州府常熟县，匠籍，国子生，治《诗经》。字世用，行一，年三十三，十二月二十九日生。曾祖子善。祖庸。父经。母叶氏。具庆下。弟钦；杰；明，贡士；文；思；佐；佑。娶邓氏。应天府乡试第四十九名，会试第二百五名。

高安，贯河南开封府睢州，民籍，州学生，治《书经》。字曰恭，行一，年二十五，八月初八日生。曾祖仲名，府同知。祖贵。父能。母丁氏。永感下。弟祥。娶王氏。河南乡试第六名，会试第一百三十七名。

梅江，贯浙江嘉兴府秀水县，民籍，国子生，治《书经》。字文渊，行一，年三十二，五月二十日生。曾祖宗福。祖胜。父顺。母陈氏。永感下。弟海。娶潘氏。浙江乡试第十七名，会试第一百七十二名。

尹仁，贯江西吉安府安福县，儒籍，国子生，治《易经》，字性之，行三，年四十二，七月初九日生。曾祖元心。祖子志。父和，巡检。母陈氏。具庆下。兄固本、固立。弟固正、固敬。娶李氏。江西乡试第七十名，会试第四十八名。

谢秉中，贯四川成都府华阳县，民籍，国子生，治《书经》。字惟时，行一，年三十四，九月二十一日生。曾祖志善。祖洪。父佑。母熊氏。慈侍下。弟秉正。娶何氏。四川乡试第四十二名，会试第一百四十四名。

杨惇，贯直隶庐州府六安州，民籍，国子生，治《春秋》。字载夫，行二，年三十三，正月二十二日生。曾祖贵。祖升，知州。父佐。母裴氏。具庆下。兄忭，知县。弟恒、恂、博、恺、悌、怀、悦、恢。娶张氏。应天府乡试第七十七名，会试第二百三十名。

李琳，贯直隶安庆府怀宁县，民籍，国子生，治《易经》。字纯夫，行六，年三十二，十二月初五日生。曾祖智可。祖良，良医正。父升，医学正科。前母朱氏、徐氏，母严氏。慈侍下。兄瓒、琼、珍、璟、瑛。弟斌、琇。娶徐氏，继娶耿氏。应天府乡试第四十四名，会试第三十三名。

刘忠器，贯浙江绍兴府新昌县，民籍，儒士，治《书经》。字世用，行五，年三十四，十一月二十三日生。曾祖宗远。祖如梗。父永华。母董氏。具庆下。兄允器、舜器、大器。娶叶氏。浙江乡试第十九名，会试第二百二十六名。

杨重，贯陕西平凉府泾州灵台县，民籍，国子生，治《春秋》。字质夫，行一，年二十九，十一月初四日生。曾祖时。祖颜，司牧局大使。父磐，知县。母刘氏。具庆下。弟行、忠、简、静。娶毛氏。陕西乡试第九名，会试第一百十一名。

宋经，贯山西大同府□州，民籍，国子生，治《诗经》。字大经，行一，年二十五，四月初四日生。曾祖文友。祖玉，赠户部主事。父弼，户部员外郎。母齐氏，赠安人。严侍下。弟纶，义官；绾。娶马氏。山西乡试第二十四名，会试第九十八名。

陈耀，贯福建漳州府龙溪县，民籍，国子生。治《书经》。字孔彰，行二，年四十，九月二十二日生。曾祖弘甫。祖子德。父孟仪。母李氏。慈侍下。兄协恭。弟孔济、孔慎。娶高氏。福建乡试第二十九名，会试第七十五名。

刘福，贯四川重庆府巴县，军籍，县学生，治《春秋》。字天祐，行一，年三十二，十一月十七日生。曾祖忠。祖文富。父永宁。母周氏。重庆下。弟浩、宽、寿、裕、禄。娶余氏。四川乡试第十六名，会试第二百二十名。

何舜宾，贯浙江绍兴府萧山县，民籍，县学增广生，治《书经》。字穆之，行一，年四十，四月二十日生。曾祖礼四。祖善亨。父璧。母张氏。慈侍下。弟舜卿。娶郑氏，继娶朱氏。浙江乡试第十五名，会试第六十名。

朱瑄，贯浙江宁波府鄞县，民籍，国子生，治《易经》。字廷璧，行一，年三十，十二月初九日生。曾祖保三。祖子庄。父得荣。前母陈氏，母林氏，继母张氏。慈侍下。弟珏、珍、瑜、琦、瓒、瑛。娶翁氏。浙江乡试第四十名，会试第一百八名。

臧琼，贯浙江湖州府长兴县，民籍，国子生，治《易经》。字文瑞，行三，年三十六，十月二十一日生。曾祖子原。祖仲和。父思聪，义官。母王氏。慈侍下。兄海、璘。弟瑛。娶王氏。浙江乡试第七十八名，会试第一百六十七名。

李嵩，贯陕西西安府临潼县，民籍，国子生，治《书经》。字世瞻，行三，年二十六，九月十二日生。曾祖恕。祖思忠。父海。母张氏，继母彭氏。具庆下。兄岩，崀。未聘。陕西乡试第十二名，会试第一百六十五名。

王廷，贯山西平阳府蒲州，盐籍，州学生，治《易经》。字朝用，行二，年二十六，六月二十二日生。曾祖信。祖祥。父秀。前母张氏、姚氏，母茹氏。重庆下。兄铎。弟钺。娶屈氏。山西乡试第六十名，会试第二百四十九名。

谢纲，贯湖广岳州府巴陵县，军籍，县学生，治《书经》。字振伦，行一，年三十三，十一月十七日生。曾祖思铭。祖必清。父文德。母吴氏。具庆下。弟纬、绶。娶王氏。湖广乡试第五十九名，会试第八十八名。

尧卿，贯四川潼川州安岳县，民籍，国子生，治《书经》。字廷辅，行二，年三十二，八月十六日生。曾祖胜隆。祖琛。父从道。母刘氏，继母王氏。永感下。兄本重。弟本经。娶丁氏。四川乡试第六十五名，会试第一百七十五名。

包谦，贯浙江杭州府钱塘县，军籍，国子生，治《易经》。字益之，行三，年三十六，十月二十四日生。曾祖泰。祖闻。父纯。母陈氏。永感下。兄诚、諤。弟谅、谨。娶郑氏。浙江乡试第十名，会试第一百十二名。

庄恭，贯福建泉州府晋江县，军籍，府学生，治《诗经》。字仪甫，行一，年二十七，九月初十日生。曾祖羽圭。祖允祥。父景旸。母陈氏。重庆下。弟从、明、聪、睿、宽、信、敏、惠、蓁、夔。娶吴氏。福建乡试第二十九名，会试第一百二十三名。

陆玬，贯浙江湖州府归安县人，直隶阜城县民籍，国子生，治《易经》。字用节，行六，年三十一，十一月初六日生。曾祖子真。祖斌，封刑部郎中。父矩，右金都御史。母王氏，封宜人。慈侍下。兄璠；璇，锦衣百户；珂；玛；珹。弟珈；琛，冠带舍人；璋。娶严氏。顺天府乡试第八十一名，会试第一百七十一名。

金爵，贯四川成都府绵州人，利州卫军籍，国子生，治《书经》。字良贵，行一，年三十二，九月初三日生。曾祖亨。祖天泽。父佑。母林氏。慈侍下。娶周氏。四川乡试第六名，会试第十四名。

王珣，贯山东兖州府曹州曹县，民籍，国子生，治《书经》。字德润，行三，年三十，十二月初三日生。曾祖麒，按察司佥事。祖导。父蘭，巡检。母高氏。严侍下。兄琏；珫，国子生。弟珉。娶李氏。山东乡试第二十四名，会试第一百一十六名。

张纯，贯福建福州府闽县，军籍，国子生，治《易经》。字仕和，行六，年三十四，六月十六日生。曾祖得。祖聪，赠刑部主事。父瑜，贡士。母潘氏。慈侍下。兄纲；续，教授；继。弟纶、绪、纪、绍。娶王氏。福建乡试第七十五名，会试第二百七名。

林璞，（缺），治《春秋》。字蕴中，行二，年三十八，十月十七日生。曾祖贵铭。祖□。父侪。母谢氏。具庆下。兄□□，贡士。弟□□。娶袁氏。广东乡试第四名，会试第一百三十九名。

邵猷，贯浙江严州府淳安县，军籍，县学生，治《春秋》。字陈之，行二，年三十，六月初二日生。曾祖富。祖郁。父楷。母徐氏。具庆下。兄谟。弟翚、新、瑊。娶方氏。浙江乡试第四十六名，会试第九名。

汪正，贯直隶徽州府歙县，民籍，国子生，治《春秋》。字惟中，行一，年二十七，十月二十二日生。曾祖仕贤。祖永义。父以聪。母吴氏。重庆下。弟表。娶方氏。应天府乡试第三十四名，会试第一百二十一名。

许嵩，贯应天府句容县人，云南广南卫官籍，国子生，治《诗经》。字宗寅，行五，年三十六，五月十九日生。曾祖景名。祖彦中。父克敬。前母黄氏，母蔡氏。慈侍下。兄昂；旻，所镇抚；昺；晃。弟泉。娶季氏。云南乡试第二十三名，会试第□□□名。

梁万钟，贯四川成都府温江县，军籍，国子生，治《礼记》。字天锡，行二，年三十二，八月初八日生。曾祖必富。祖添秀。父铭。母王氏。具庆下。兄良、英。弟通。娶晏氏。四川乡试第五名，会试第一百五十九名。

邵新，贯浙江严州府淳安县，民籍，国子生，治《春秋》。字复初，行二，年三十八，正月初一日生。曾祖栱。祖租生。父宗义。母方氏，继母方氏。具庆下。兄祐。弟裘、龄。娶方氏。浙江乡试第二十四名，会试第一百八十三名。

胡璘，贯山东济南府济阳县，军籍，国子生，治《书经》。字汝温，行二，年三十六，正月初四日生。曾祖仲实，元河间路总管。祖景芳。父俊。前母孙氏，母李氏。永感下。兄显。弟琏。娶王氏。山东乡试第四十五名，会试第一百四十一名。

张淮，贯河南开封府许州襄城县，军籍，国子生，治《书经》。字邦镇，行三，年二十九，十二月十一日生。曾祖耆。祖太。父岩。母毛氏。具庆下。兄浩、渊。娶徐氏。河南乡试第三十七名，会试第一百八十五名。

韩邦问，贯浙江绍兴府会稽县人，湖广襄阳府襄阳县，民籍，县学增广生，治《诗经》。字大经，行一，年二十八，三月初三日生。曾祖彦达。祖良可，典史。父弼，长史。母璩氏，继母王氏。具庆下。弟质问、博问、善问、明问、宪问、舜问。娶刘氏。湖广乡试第八十一名，会试第二百五十名。

李晟，贯山东东昌府濮州，军籍，国子生，治《书经》。字孔阳，行二，年三十四，三月二十四日生。曾祖思中。祖彦名。父恭，知县。前母张氏，母王氏。永感下。兄升。弟景、冕。娶瞿氏，继娶葛氏。山东乡试第六十一名。

沈纯，贯直隶淮安府山阳县，官籍，府学生，治《诗经》。字一之，行三，年二十八，七月初一日生。曾祖仲和，赠户部尚书。祖彦良。父琮。母冯氏。慈侍下。兄纲；纪；绘；练；维；约；缙；绶，国子生；绩；绍；纬。娶柏氏，应天府乡试第八十三名，会试第一百八十四名。

李景繁，贯河南开封府仪封县，民籍，国子生，治《诗经》。字邦泰，行四，年三十二，十一月十一日生。曾祖伯通。祖原。父荣。母赵氏，继母杜氏。具庆下。兄景新、景奇、景和。弟景隆。娶尹氏。河南乡试第六十六名，会试第二百三十六名。

宋骥，贯直隶庐州府舒城县，民籍，县学增广生，治《诗经》。字德远，行二，年二十七，八月十三日生。曾祖朝卿，县丞。祖有廷。父玉，县主簿。前母邹氏，母孙氏。慈侍下。兄骐。弟骔。娶倪氏。应天府乡试第一百二十四名，会试第一百七名。

李茂，贯江西吉安府庐陵县人，顺天府大兴县官籍，国子生，治《诗经》。字世荣，行三，年三十九，十月十五日生。曾祖文林，长史。祖立武，序班。父玉。母曾氏。严侍下。兄源、荣。弟景；华，中书舍人；英；蕙；兰。娶郭氏。顺天府乡试第一百二名，会试第二十七名。

张和，贯直隶淮安府山阳县，民籍，国子生，治《诗经》。字宗礼，行二，年四十五，二月初九日生。曾祖得中，元知县。祖仲理。父鹏辉。母孙氏。永感下。兄种。娶孙氏，继娶仉氏。顺天府乡试第七名，会试第六十五名。

陈云凤，贯浙江绍兴府余姚县，民籍，儒士，治《易经》。字仪之，行二十，年二十九，八月初四日生。曾祖履初，县丞。祖鲁宾。父曰箔。母段氏。严侍下。兄云鹏，布政使；云龙；云鹗，知府。娶黄氏。浙江乡试第二十九名，会试第一百四十三名。

赵杲，贯四川成都府汉州，军籍，州学生，治《诗经》。字廷辉，行三，年三十三，九月初二日生。曾祖觉能。祖崇周。父泰。母陆氏。永感下。兄昂、昇。娶成氏。四川乡试第二十一名，会试第一百六十八名。

廖德征，贯福建兴化府莆田县，匠籍，府学增广生，治《书经》。字德征，行二，年三十七，七月二十九日生。曾祖损。祖尚安。父季高。母黎氏。具庆下。兄德祥。弟德、美、泰。娶徐氏。福建乡试第六十名，会试第一百十九名。

张锐，贯直隶扬州府江都县，民籍，国子生，治《诗经》。字退之，行五，年三十二，六月十一日生。曾祖仲实。祖士绅。父珉。母李氏。具庆下。兄鉴、镔、钦、钢。弟钺、镒、镒。娶陈氏。应天府乡试第七十四名，会试第一百十七名。

雍泰，贯陕西西安府咸宁县，军籍，国子生，治《易经》。字世隆，行一，年三十五，十月二十三日生。曾祖子安。祖清。父鉴。母王氏。具庆下。弟和、让。娶宋氏，继娶马氏。陕西乡试第八十六名，会试第一百五十六名。

马隆，贯河南河南府鞏县，民籍，国子生，治《易经》。字世昌，行一，年三十七，八月二十一日生。曾祖吉。祖得。父忠。母张氏。具庆下。弟隐、际、陈。娶王氏，继娶李氏。河南乡试第五十五名，会试第一百二名。

江源，贯广东广州府番禺县，民籍，国子生，治《诗经》。字一原，行一，年三十二，四月初八日生。曾祖祥。祖广。父翊。母贾氏。永感下。娶梁氏。广东乡试第一名，会试第十三名。

黄景，贯江西瑞州府上高县，民籍，县学生，治《易经》。字文昭，行六，年三十，十一月十三日生。曾祖以先。祖思郁。父敏坚。母晏氏。具庆下。兄旭东。弟旭新、旭寅。娶刘氏。江西乡试第十五名，会试第二百二十四名。

邹霭，贯江西临江府新喻县，民籍，国子生，治《诗经》。字济时，行八，年二十六，三月二十五日生。曾祖子奉。祖同轨。父鲁廉。母余氏，继母简氏。具庆下。兄彰，教谕；元；顺；泰；安；升。弟道。娶余氏。江西乡试第二十九名，会试第八十六名。

陈寓，贯福建福州府宁德县，军籍，县学生，治《礼记》。字时安，行二，年二十四，九月十六日生。曾祖伯繁。祖畊。父和，学正。母黄氏。慈侍下。兄宁。弟宇、富。娶龚氏。福建乡试第六十九名，会试第二百四十二名。

何鉴，贯浙江绍兴府新昌县，民籍，县学增广生，治《书经》。字世光，行一，年二十八，六月二十九日生。曾祖遵道。祖彦广。父崇美。母吕氏。重庆下。弟铢。娶石氏。浙江乡试第二十四名，会试第一百三十四名。

刘规，贯四川重庆府巴县，民籍，国子生，治《春秋》。字应乾，行一，年三十四，五月十一日生。曾祖升，县丞。祖克明。父刚，驿丞。母杨氏。重庆下。娶邓氏。四川乡试第十一名，会试第一百名。

张镛，贯直隶河间府沧州盐山县，民籍，国子生，治《易经》。字大器，行一，年三十九，十二月初六日生。曾祖士名。祖有德。父醇。母董氏。永感下。弟钱。娶刘氏。顺天府乡试第一百六名，会试第一百七十六名。

徐镛，贯湖广武昌府兴国州，军籍，府学生，治《书经》。字用和，行一，年二十六，五月十六日生。曾祖宗一。祖友贵。父政，承事郎。母从氏。具庆下。弟铖、钦、钛、钰。娶张氏，继娶奚氏。湖广乡试第十九名，会试第四十一名。

范聪，贯四川重庆府荣昌县，民籍，县学生，治《礼记》。字达善，行三，年二十五，四月初八日生。曾祖友拳。祖锦。父永宁。母龚氏。具庆下。兄元极、元奎。弟元卿。娶杨氏。四川乡试第五名，会试第二百三十四名。

熊翀，贯河南汝宁府光州，民籍，国子生，治《诗经》。字腾霄，行四，年三十五，九月十七日生。曾祖子真。祖必清。父仕忠。母李氏。永感下。兄友道、翚、翼。弟狐。娶李氏。河南乡试第六十八名，会试第三十二名。

林和，贯福建兴化府莆田县，盐籍，府学生，治《诗经》。字恒肃，行十一，年三十一，闰二月二十日生。曾祖仁美。祖禹衡。父永悦。母陈氏。永感下。兄智、信、仁、忠、福。弟义、本。娶陈氏。福建乡试第十一名，会试第一百一名。

李鉴，贯河南怀庆府河内县，民籍，国子生，治《诗经》。字孔昭，行二，年三十，三月十四日生。曾祖玉。祖祥，赠锦衣卫经历。父孜，知县。母宋氏，封孺人。具庆下。兄春。娶毛氏。河南乡试第十八名，会试第二百二名。

李谦，贯山东兖州府滋阳县，军籍，国子生，治《书经》。字吉甫，行三，年三十九，九月初一日生。曾祖仲得。祖显能。父宗政，工部主事。母郗氏，生母范氏。永感下。兄谳、讯。弟让。娶张氏。山东乡试第六十二名，会试第一百九十四名。

方岳，贯福建兴化府莆田县，军籍，儒士，治《诗经》。字恒谦，行一，年二十八，十二月二十日生。曾祖士坚。祖澥，行人。父旭伯。母戴氏。重庆下。弟岱。娶吴氏。福建乡试第二十名，会试第十六名。

郑谅，贯广东潮州府海阳县，民籍，国子生，治《春秋》。字廷察，行二，年三十四，八月初三日生。曾祖宗礼。祖瑛。父可由。前母戴氏，母林氏。慈侍下。兄亨。弟凤。娶丘氏。广东乡试第七十三名，会试第一百七十三名。

雷升，贯湖广荆州府江陵县人，辽东三万卫军籍，国子生，治《礼记》。字大亨，行一，年二十七，七月二十六日生。曾祖荣。祖喜春。父普。母叶氏，继母王氏。具庆下。弟节、颐、谦。娶张氏，继娶林氏。山东乡试第三十三名，会试第一百六十六名。

李昊，贯直隶苏州府昆山县人，应天府上元县民籍，国子生，治《书经》。字志远，行一，年三十七，七月十五日生。曾祖德润。祖构。父彦辉。母朱氏。具庆下。娶王氏。应天府乡试第七十八名，会试第一百四十七名。

李延寿，贯山东济南府新城县，军籍，国子生，治《易经》。字宗仁，行二，年二十七，正月初七日生。曾祖彦实。祖从亮，赠知县。父泰，府同知。母黄氏，赠孺人，继母罗氏，封孺人。具庆下。兄延年。弟延龄、延福、延祺。娶郝氏。山东乡试第三十一名，会试第三十七名。

王侭，贯湖广岳州府华容县，军籍，国子生，治《书经》。字民望，行三，年三十三，十二月十二日生。曾祖子民，元知县。祖琛。父致中，医学训科。母李氏。具庆下。兄佐。弟伟、杰、倬。娶周氏。湖广乡试第五十五名，会试第三十八名。

孙仁，贯江西临江府新淦县，民籍，县学生，治《礼记》。字伟德，行五，年四十一，五月十三日生。曾祖人立。祖仕宾。父肇鼎。母廖氏。永感下。兄伟任、伟靖、伟度、伟达。娶谢氏，继娶何氏。江西乡试第十名，会试第八十五名。

王溥，贯河南南阳府邓州内乡县，医籍，国子生，治《易经》。字公甫，行一，年二十六，正月十六日生。曾祖得，医学训科。祖贤，训科，赠监察御史。父侭，光禄寺少卿。嫡母冯氏，封孺人，生母乔氏。具庆下。弟瀚、淳。娶高氏。河南乡试第五十五名，会试第五十三名。

王舟，贯浙江绍兴府余姚县，民籍，儒士，治《礼记》，字弘载，行五，年三十三，九月十一日生。曾祖克诚。祖文华。父驷虞。母花氏。慈侍下。兄瑄、由、迁、赐。弟含、章。娶吕氏。浙江乡试第二十八名，会试第一百十五名。

李恭，贯直隶永平府昌黎县人，辽东都司定辽左卫官籍，国子生，治《诗经》。字思敬，行一，年三十七，八月二十日生。曾祖伯彦。祖士中。父谦，指挥同知。母洪氏，继母郭氏。具庆下。弟宽、信、敏、惠。娶郭氏。山东乡试第五十九名，会试第二百四十八名。

高铨，贯直隶扬州府江都县，军籍，国子生，治《易经》。字宗选，行五，年二十七，八月十二日生。曾祖永仁。祖友直。父文通。母季氏。具庆下。兄鉴、钦、锺。弟宗、泰、镆、镒、钺。娶许氏。应天府乡试第二十二名，会试第九十七名。

唐绢，贯广东琼州府琼山县，军籍，国子生，治《诗经》。字世用，行一，年四十二，正月初七日生。曾祖孔锡，知县。祖瑱，父巁。母莫氏。慈侍下。兄虔，训导；纲，训导。弟宗器。娶吴氏，继娶吴氏。广东乡试第七十二名，会试第二百三十一名。

黄著，贯直隶苏州府吴江县，民籍，国子生，治《诗经》。字诚夫，行一，年三十二，九月初九日生。曾祖毅。祖原质，教谕。父玶，布政司经历。母陈氏。慈侍下。弟夔、艺、苴、苾。娶丘氏。应天府乡试第一百二十九名，会试第一百五十五名。

叶亨，贯直隶徽州府休宁县人，福建福州府闽县军籍，府学生，治《春秋》。字叔通，行三，年二十九，十二月十五日生。曾祖添德。祖让。父旻。母林氏。重庆下。兄永；清，义官。弟贞、性。娶倪氏。福建乡试第五名，会试第二百一名。

赵艮，贯浙江金华府永康县，民籍，国子生，治《书经》。字时中，行八，年三十七，九月初八日生。曾祖继善。祖学兴。父存佑。母徐氏。永感下。兄坝，卫经历；复；赐；泰；豫。弟昌。娶应氏。浙江乡试第六十六名，会试第一百三名。

谈纲，贯直隶常州府无锡县，官籍，国子生，治《书经》。字宪章，行三，年三十二，十一月初二日生。曾祖礼。祖绍，赠监察御史。父复。母茹氏。具庆下。兄经，户部主事；纬，承事郎。弟维、绎、缙、绅。娶朱氏，继娶钱氏。应天府乡试第十五名，会试第五十七名。

王京，贯江西赣州府信丰县，官籍，交阯人，国子生。治《书经》。字宗周，行一，年三十九，七月十三日生。曾祖乐山，元太史。祖道原。父学古，知县。母范氏。严侍下。弟琪、宗、素、棐、奈。娶郑氏。顺天府乡试第八十四名，会试第二百四名。

曹时中，贯直隶松江府华亭县，军籍，国子生，治《书经》。字时中，行五，年三十八，八月十五日生。曾祖荣甫。祖楚旸。父廷献。母邓氏，继母孙氏。具庆下。兄时初；时谦；时用，国子生；时和，甲戌进士。弟时修。娶杨氏。应天府乡试第六十二名，会试第九十九名。

陈遵毅，贯江西吉安府庐陵县，军籍，国子生，治《诗经》。字贵弘，行三，年三十八，十月二十五日生。曾祖添瑞。祖伯勤。父永吉。母李氏。具庆下。兄中立、中恪。娶欧阳氏。江西乡试第三十四名，会试第一百九十三名。

杨谥，贯河南开封府仪封县，民籍，国子生，治《诗经》。字文宁，行三，年三十，二月二十三日生。曾祖成。祖伯中。父瑾，县主簿。前母鲁氏，母牟氏。具庆下。兄谦、赞。弟训。娶蒋氏。河南乡试第三十六名，会试第二百四十三名。

贺霖，贯江西饶州府鄱阳县，民籍，国子生，治《诗经》。字时望，行一，年二十九，二月初一日生。曾祖彦明，赠大理寺右少卿。祖思庸。父永鉴。母方氏。慈侍下。娶郑氏。江西乡试第八十四名，会试第二百名。

张谷，贯福建福州府福清县，盐籍，国子生，治《诗经》。字伯禄，行一，年三十五，正月初七日生。曾祖子仁。祖源。父文简。前母陈氏，母林氏。慈侍下。弟烜。娶陈氏，继娶陈氏。福建乡试第五十一名，会试第一百七十二名。

李良，贯直隶苏州府嘉定县，匠籍，县学生，治《诗经》。字尧臣，行一，年三十五，五月十五日生。曾祖文兴。祖英。父纲。母邹氏，继母朱氏。重庆下。弟直、学、信、能。娶徐氏。应天府乡试第二十五名，会试第一百六十四名。

刘灌，贯山东兖州府济宁州，民籍，国子生，治《书经》。字惠民，行三，年三十五，正月初五日生。曾祖从义。祖子荣，赠监察御史。父祯，光禄寺少卿。母许氏，封孺人。慈侍下。兄济；溥，贡士。弟滔。娶孔氏。山东乡试第四十七名，会试第三十五名。

孙中，贯直隶保定府新城县，军籍，国子生，治《诗经》。字时中，行一，年四十，十一月二十八日生。曾祖七公。祖勉。父友，巡检。母雷氏。具庆下。弟申、车。娶杨氏。顺天府乡试第六十四名，会试第四十二名。

林枢，贯福建福州府福清县，灶籍，县学生，治《诗经》。字邦拱，行一，年三十一，正月二十四日生。曾祖马。祖正宝。父岱。母顾氏，继母王氏。慈侍下。弟槙、榕、桐、柱、人杰。娶陈氏。福建乡试第八十二名，会试第二百二十一名。

黄文琰，贯直隶徽州府祁门县，民籍，国子生，治《春秋》。字宗器，行一，年三十三，十一月初四日生。曾祖子荣。祖新仁。父舍諲。母胡氏。具庆下。弟文珪，贡士。娶汪氏。应天府乡试第五十五名，会试第二十九名。

陈忠，贯河南开封府许州，民籍，国子生，治《书经》。字孝卿，行一，年三十四，十一月初四日生。曾祖德新。祖荣。父复学。母魏氏。重庆下。娶高氏。河南乡试第一十九名，会试第一百三十一名。

蔡元美，贯福建兴化府莆田县，民籍，县学增广生，治《书经》。字子仁，行二十，年四十，正月十八日生。曾祖景德。祖士弘。父则勉。母黄氏，生母林氏。慈侍下。兄元器，元献，元礼，元爵。弟季甫，元周。娶吴氏。福建乡试第二十一名，会试第一百八十二名。

俞禄，贯应天府六合县民籍，浙江严州府遂安县人，国子生，治《春秋》。字从学，行二，年三十三，七月二十三日生。曾祖清远。祖骥。父建。母周氏，继母吕氏。具庆下。兄从周。娶陈氏。应天府乡试第八十六名，会试第二十名。

黄韶，贯浙江绍兴府余姚县，民籍，国子生。治《礼记》。字九成，行十一，年三十七，九月二十三日生。曾祖敬中。祖士宁。父永昊。母徐氏。具庆下。弟九霄、九灵。娶朱氏。浙江乡试第十九名，会试第五名。

严宾，贯湖广荆州府潜江县，军籍，国子生，治《书经》。字邦贤，行四，年二十九，二月二十六日生。曾祖谷珍。祖添福。父敬。母王氏。慈侍下。兄克恭、克温、克让。弟克亮、克谦。娶袁氏。湖广乡试第七十五名，会试第一百六名。

陈鉴，贯福建福州府福清县，民籍，国子生，治《诗经》。字德熙，行二，年二十三，六月二十五日生。曾祖贤。祖原生。父晟。母林氏。重庆下。弟铨、铿、钺。娶王氏。福建乡试第八十名，会试第二百一十二名。

邹骐，贯湖广黄州府麻城县，军籍，国子生，治《春秋》。字良甫，行一，年三十，十一月初八日生。曾祖希鲁，赠左副都御史。祖来学，左副都御史。父瀚。母林氏。严侍下。弟骏、骃、驷、骢、骁、驹、驯、骙、骧。娶熊氏。湖广乡试第八十五名，会试第二百四十六名。

刘长春，贯四川泸州，灶籍，州学生，治《书经》。字存仁，行二，年三十三，七月初八日生。曾祖谷成。祖志永。父端。母周氏。具庆下。兄阳春。娶闵氏。四川乡试第七名，会试第二百二十八名。

许楫，贯四川眉州，军籍，国子生，治《诗经》。字公济，行三，年三十七，四月初十日生。曾祖迎春。祖宏道。父廉。母周氏。慈侍下。兄相、霖。弟梅，材，楠。娶周氏。四川乡试第十名，会试第一百三十六名。

董安，贯福建漳州府龙溪县，军籍，国子生，治《易经》。字敦仁，行一，年三十五，五月十八日生。曾祖福。祖丑。父学敏。母黄氏。具庆下。弟珉、璨、明。娶林氏。福建乡试第四十九名，会试第一百四十九名。

周熊，贯福建福州府闽县，军籍，府学增广生，治《礼记》。字世祥，行九，年二十九，十月初二日生。曾祖道熙。祖英。父晋，仓大使。母林氏。重庆下。弟澄、渊、溥、润。娶林氏。福建乡试第四名，会试第一百九十七名。

王锦，贯河南开封府许州襄城县，民籍，国子生。治《诗经》。字纲之，行一，年二十，四月初五日生。曾祖尚文，参议。祖景道，赠户部郎中。父瓛，户部郎中。母盛氏，封宜人。具庆下。弟鉴、鉴。娶焦氏。河南乡试第七十二名，会试第二百二十三名。

戴瑶，贯河南汝宁府汝阳县，民籍，国子生，治《春秋》。字仲仪，行一，年二十九，十月十二日生。曾祖信。祖子聪。父钦。母夏氏。具庆下。弟增、琼。娶李氏。河南乡试第三名，会试第四十名。

李钊，贯河南河南府洛阳县，军籍，国子生，治《易经》，字孟远，行一，年三十二，十二月十三日生。曾祖仲良。祖让。父诚，国子生。母邢氏，继母吕氏。重庆下。弟铸。娶王氏。河南乡试第二十二名，会试第六十八名。

张翊，贯广东广州府番禺县，军籍，府学增广生。治《书经》。字廷弼，行二，年二十四，十月十六日生。曾祖普寿。祖彦理，封户部主事。父瑞。母麦氏，继母邹氏。重庆下。兄翔。弟翘，翓，翱，翻、诩、翥、翔、翙、翩、翀。聘陈氏。广东乡试第五十九名，会试第十二名。

李恭，贯河南卫辉府淇县，民籍，国子生，治《书经》。字致敬，行二，年四十，九月二十五日生。曾祖茂。祖彦才。父钦。母赵氏。永感下。兄整。弟旺、铎。娶魏氏，继娶王氏。河南乡试第六十二名，会试第二百二十二名。

周蕃，贯四川重庆府长寿县，民籍，国子生，治《诗经》。字世昌，行一，年三十八，十二月十一日生。曾祖贵。祖绍敬，赠户部主事。父天民，知府。母陈氏，赠安人，继母何氏、但氏，封安人。慈侍下。弟华，国子生；蕡；蓁；莅。娶张氏，继娶黄氏。四川乡试第三十三名，会试第二百四十一名。

王坦，贯山东济南府德州平原县，军籍，国子生，治《诗经》。字彦平，行一，年三十一，三月初四日生。曾祖敬先。祖瑛。父蕃。母魏氏。重庆下。弟健、德、墀。娶裴氏。山东乡试第五十三名，会试第八名。

刘琼，贯顺天府顺义县，军籍，儒士，治《诗经》。字德温，行一，年二十八，十二月二十五日生。曾祖义。祖铎，主簿。父澈，府同知。母董氏，继母张氏。具庆下。弟瑶、璁。娶马氏。顺天府乡试第二十八名，会试第一百三十三名。

蔡肃，贯福建福州府闽县，民籍，国子生，治《礼记》。字克恭，行五，年二十八，五月二十六日生。曾祖玉。祖铿。父孔清。母林氏。具庆下。兄堂。弟禹。娶吴氏。福建乡试第三十四名，会试第九十六名。

熊佑，贯山东青州府博兴县，民籍，国子生，治《诗经》。字良佐，行二，年二十九，七月初五日生。曾祖九功。祖志贤。父泰，县主簿。前母李氏，母纪氏。慈侍下。兄福。娶刘氏。山东乡试第六十名，会试第二百九名。

徐瑁，贯直隶广平府永年县，军籍，国子生，治《春秋》。字廷璧，行一，年二十七，九月十六日生。曾祖仲良。祖友谅。父宣。母陈氏。具庆下。娶王氏。顺天府乡试第二十名，会试第十五名。

龚沅，贯福建建宁府建安县，军籍，国子生，治《诗经》。字孔殷，行二，年三十七，十一月二十九日生。曾祖彦章。祖仁，封翰林院编修。父锜，翰林院编修。母陈氏。封孺人。永感下。兄洞。弟清。娶刘氏。福建乡试第十一名，会试第二百四十五名。

杨澄，贯四川潼川州射洪县，民籍，国子生，治《诗经》。字宪父，行三，年三十四，正月初七日生。曾祖清。祖景安。父绍广。嫡母解氏，生母赵氏，继母费氏。慈侍下。兄端、本。弟源、翀、允。娶傅氏，继娶阳氏。四川乡试第五十五名，会试第一百九十名。

陈鲤，贯福建兴化府莆田县，民籍，国子生，治《书经》。字腾龙，行一，年三十二，八月十六日生。曾祖德辉。祖文善。父时若。母黄氏。具庆下。弟鲈。娶林氏。应天府乡试第四十六名，会试第七十名。

罗元吉，贯山西太原府榆次县，民籍，国子生，治《礼记》。字大昌，行二，年三十三，三月初九日生。曾祖希祖。祖资，典史。父清。母张氏，继母张氏。具庆下。兄元亨。弟元祥，贡士；元庆；元泰；元明；元良；元龙；元凤。娶张氏。山西乡试第一名，会试第一百四十名。

董通，贯山西平阳府临汾县，军籍，国子生。治《书经》。字彦达，行一，年三十一，三月初七日生。曾祖诚。祖士良。父钦。母史氏。具庆下。弟逵。娶张氏。山西乡试第八名，会试第一百五十四名。

陈密，贯广东广州府南海县，民籍，儒士，治《易经》。字存义，行六，年二十八，闰十一月初四日生。曾祖惟善，良医正。祖赐全。父仲儒。母梁氏。永感下。兄骐，按察司佥事；骥；骏，医学训科；谏；璠。弟骦。娶关氏。广东乡试第五十四名，会试第二百三十七名。

刘昂，贯山东济南府武定州海丰县，民籍，国子生，治《书经》。字廷举，行二，年三十六，十一月十五日生。曾祖成甫。祖文美，巡检。父宪。前母张氏，母高氏。具庆下。兄辉。弟泉、昱、昊、肱。娶王氏。山东乡试第二十四名，会试第六十四名。

奚昊，贯直隶松江府华亭县，民籍，府学增广生，治《易经》。字时亨，行四，年二十三，九月初五日生。曾祖兴益。祖文政。父盛，知州。母梁氏。慈侍下。兄元，冕，昂。娶潘氏。应天府乡试第一百六名，会试第一百九十六名。

李镜，贯江西广信府弋阳县，民籍，国子生，治《书经》。字文明，行四十五，年三十三，二月十一日生。曾祖庭椿。祖崇素。父守珩。母赵氏。慈侍下。兄锜、铦。娶詹氏。江西乡试第八十名，会试第五十名。

徐谦，贯河南开封府陈州太康县人，羽林前卫官籍，顺天府学生，治《春秋》。字伯亨，行二，年三十三，五月十六日生。曾祖普义。祖彦方。父文祥。母王氏。严侍下。兄让。弟谨、赞、志。娶潘氏，继娶陈氏。顺天府乡试第七十名，会试第七十二名。

姜天锡，贯四川都司宁川卫，军籍，国子生，治《易经》。字佑之，行四，年三十四，六月十四日生。曾祖文清。祖时秀。父澄。前母李氏、蒋氏，母蒋氏。慈侍下。兄天钟，天镛，天铎。娶马氏，继娶耿氏、童氏。四川乡试第三十五名，会试第一百三十二名。

丁镛，贯应天府上元县，匠籍，国子生，治《书经》。字凤仪，行三，年三十五，二月初一日生。曾祖福二。祖伯通。父礼。母唐氏。慈侍下。兄鉴，铠。弟钰。娶张氏。应天府乡试第八十一名，会试第三十一名。

李俊，贯陕西凤翔府岐山县，民籍，国子生，治《书经》。字子英，行一，年三十九，七月二十日生。曾祖克用。祖智。父赐。母曹氏。慈侍下。娶袁氏。陕西乡试第十七名，会试第二百四十四名。

何俊，贯湖广郴州，军籍，国子生，治《易经》。字廷彦，行七，年四十三，三月初十日生。曾祖德翁。祖仁海。父义坚，州同知。前母袁氏，母邓氏。慈侍下。兄琛，千户；仪；琮；俱；瑄；瑜。弟价。娶廖氏。湖广乡试第七十八名，会试第一百九十一名。

叶祚，贯直隶苏州府吴县人，武功左卫军籍，军余，治《春秋》。字应福，行三，年三十二，二月二十三日生。曾祖长。祖敏。父华。母陈氏，继母吴氏。慈侍下。兄旌，佑。弟冕、时、昱。娶蔡氏，继娶王氏。顺天府乡试第十三名，会试第一百六十二名。

李鸾，贯河南汝宁府确山县，民籍，国子生，治《春秋》。字廷仪，行二，年三十一，十月初五日生。曾祖顺中。祖荣，训导。父延丰。母洪氏。具庆下。兄凤。娶黄氏。河南乡试第三十二名，会试第一百四十六名。

徐瓒，贯浙江嘉兴府秀水县人，太医院医生，治《诗经》。字国用，行三，年三十四，五月二十八日生。曾祖润德。祖秉中。父文昭，典史。母范氏。严侍下。兄珪，国子生；璋。弟璧、玉。娶庄氏。顺天府乡试第一百二十名，会试第七十六名。

柳应辰，贯湖广岳州府巴陵县，民籍，府学生，治《诗经》。字拱之，行一，年二十，八月二十六日生。曾祖正华。祖冕，训导。父玠，教谕。母段氏。具庆下。弟应轸、应奎、应张。娶易氏。湖广乡试第二十二名，会试第八十九名。

陈凤，贯四川保宁府巴县，民籍，国子生，治《书经》，字文瑞，行一，年三十一，十一月十七日生。曾祖敬亲，祖铭，父琳，母李氏，继母王氏，具庆下，弟翔，娶赵氏。四川乡试第十二名，会试第八十四名。

周郁，贯直隶河间府阜城县，军籍，县学生，治《诗经》。字文盛，行三，年四十，二月初十日生。曾祖耀先。祖士英。父全。母赵氏。永感下。兄敬、荣。弟林。娶王氏。顺天府乡试第四十七名，会试第一百二十名。

毛泰，贯河南开封府兰阳县，民籍，国子生，治《诗经》。字时亨，行一，年二十七，九月初五日生。曾祖天祥。祖伦，教谕。父存诚，监察御史。母孙氏，继母王氏。重庆下。弟瀚、济、淮。娶王氏。河南乡试第七十名，会试第一百十四名。

张璁，贯浙江处州府丽水县人，云南平夷卫官籍，国子生，治《书经》。字廷璧，行三，年三十一，十月二十四日生。曾祖俊。祖斌，千户。父荣，卫镇抚。母曹氏。具庆下。兄璘，卫镇抚；冠。娶陆氏。云南乡试第三十名，会试第四十四名。

姚伦，贯直隶常州府武进县，民籍，国子生，治《书经》，字大伦，行二，年四十，六月二十六日生。曾祖德真。祖颙。父翔，教谕。母刘氏。严侍下。兄京。娶张氏。应天府乡试第十二名，会试第二百十四名。

祝澜，贯江西饶州府德兴县，民籍，国子生，治《诗经》。字有本，行七，年三十四，五月二十一日生。曾祖仲铭。祖韶濩。父镇安。母童氏。慈侍下。兄溥、颂、况、淑、澳。弟浸。娶舒氏。江西乡试第十八名，会试第一百三十九名。

王玹，贯直隶河间府沧州盐山县，民籍，国子生，治《书经》。字邦器，行一，年二十七，六月初一日生。曾祖能。祖贵。父干。母杨氏。重庆下。弟瑀、瑞、琼、瑶。娶徐氏。顺天府乡试第四十四名，会试第二百十一名。

李进，贯山西平阳府曲沃县，军籍，国子生，治《诗经》。字时勉，行一，年三十一，五月初三日生。曾祖贤。祖思诚。父瀹。母王氏。具庆下。弟玺、运、迁。娶王氏。山西乡试第十九名，会试第一百八十七名。

鲍麒，贯浙江温州府平阳县，民籍，国子生，治《书经》。字仲瑞，行三，年三十六，十月初十日生。曾祖德善。祖士高，赠刑科给事中。父叔茂。母韩氏。慈侍下。兄魁、显。弟凤，知县；麟；龙；虎；豹；鸾；鹄。娶丘氏，继娶杨氏。浙江乡试第七十名，会试第一百十三名。

樊经，贯湖广岳州府澧州，民籍，州学生，治《书经》。字大经，行三，年二十六，十二月十一日生。曾祖琯。祖如玉。父懋，仓大使。母吴氏。具庆下。兄纲、纪。弟纶、纬、绅。娶黄氏。湖广乡试第一名，会试第一百二十七名。

朱守孚，贯湖广郴州桂阳县，军籍，国子生，治《易经》。字中孚，行一，年三十六，十月十一日生。曾祖攀麒，县主簿。祖思谏，赠监察御史。父英，布政司右布政。母胡氏，封孺人。具庆下。弟守颐、守谦，守蒙、守贲、守恒。娶何氏，继娶陈氏。湖广乡试第三十九名，会试第一百二十八名。

邵晖，贯直隶常州府宜兴县，民籍，国子生，治《易经》。字日昭，行二，年三十，五月初八日生。曾祖孟文。祖德全。父瑄。母王氏。具庆下。兄焕。弟旦。娶陈氏。应天府乡试第三十二名，会试第二名。

张衍，贯直隶松江府华亭县，民籍，府学生，治《书经》。字敬先，行一，年三十二，十一月二十二日生。曾祖富二。祖明。父正宗。母郭氏。慈侍下。弟衎。娶方氏。应天府乡试第十九名，会试第一百九十九名。

方珪，贯福建兴化府莆田县，军籍，儒士，治《诗经》。字纯洁，行一，年二十五，正月二十七日生。曾祖思广。祖廷积。父秉龄。母陈氏。重庆下。弟璋、珊。娶王氏。福建乡试第四十一名，会试第九十五名。

卢瑀，贯浙江宁波府鄞县，军籍，国子生，治《易经》。字希玉，行三，年三十八，四月初十日生。曾祖祥卿，知县。祖敬。父耕。母许氏。慈侍下。兄玘，璘。弟琳。娶穆氏，继倪氏。浙江乡试第四十三名，会试第七十七名。

郑宏，贯河南汝宁光州光山县，匠籍，国子生，治《礼记》。字德崇，行一，年二十八，正月初六日生。曾祖原礼。祖钦。父昌。母程氏。慈侍下。弟宥，宪。娶丘氏。河南乡试第五名，会试第一百五十名。

顾竑，贯直隶苏州府吴县，民籍，国子生，治《易经》。字惟远，行二，年三十五，二月初五日生。曾祖德甫。祖伯雍。父寅仲。母曹氏。严侍下。兄端。弟巘、翙、犏。娶杜氏。应天府乡试第六十五名，会试第四十三名。

吴杰，贯直隶扬州府江都县，民籍，国子生，治《诗经》。字廷臣，行一，年三十，十一月二十六日生。曾祖福乙。祖仲宾。父润。母贾氏。重庆下。弟俊、仿、伸、佐、伦。娶高氏。应天府乡试第六十七名，会试第二百一十六名。

萧冕，贯江西吉安府泰和县，民籍，县学增广生。治《书经》。字廷冕，行二，年三十，十二月十五日生。曾祖志刚。祖子贡。父孟淞。母刘氏，继母彭氏。重庆下。兄廷爱。弟廷旬，绅。娶罗氏。江西乡试第八十一名，会试第一百六十名。

徐杰，贯山西大同府大同县，匠籍，国子生，治《诗经》。字民望，行一，年三十二，九月十六日生。曾祖全。祖景中。父贵。前母曹氏，母张氏，继母孟氏。具庆下。娶赵氏，继娶刘氏。山西乡试第三十五名，会试第一百四十五名。

顾佐，贯直隶凤阳府临淮县，民籍，府学生，治《礼记》。字良弼，行一，年二十七，七月十四日生。曾祖彦皋。祖英，赠知州。父震，治中。前母殷氏，封宜人，母亢氏，封宜人。慈侍下。兄庆。弟佑、伦。娶黄氏。应天府乡试第十名，会试第六十六名。

李浚，贯直隶常州府武进县，民籍，府学生，治《诗经》。字德深，行三，年三十，三月初三日生。曾祖富九。祖彦亨。父颢，知县。前母朱氏，母顾氏。慈侍下。兄澄、泉。弟溥、瀚。娶庄氏。应天府乡试第五十九名，会试第四十五名。

薛珪，贯直隶真定府赵州临城县，民籍，国子生，治《诗经》。字廷器，行四，年三十三，十月二十六日生。曾祖弘友。祖志刚，封户部员外郎。父干，苑马寺少卿。母张氏，封宜人。具庆下。兄璐；理，贡士；琦，贡士。弟璋。娶李氏。顺天府乡试第七十八名，会试第一百五十八名。

董荣，贯浙江台州府临海县，民籍，府学增广生，治《礼记》。字廷宠，行一，年三十一，六月初八日生，曾祖德明。祖廉惠。父尚表。母陈氏。具庆下。兄韬，监察御史。弟显、达。娶杨氏。浙江乡试第六十三名，会试第二百二十五名。

彭朗，贯江西吉安府安福县，民籍，国子生，治《春秋》。字退霁，行一，年四十一，八月初八日生。曾祖学恂。祖迪吉。父世恺。母刘氏。重庆下。弟退辉，退焕。娶欧阳氏。江西乡试第二十六名，会试第二百十名。

郭铨，贯直隶广平府威县，民籍，国子生，治《诗经》。字秉衡，行五，年三十，九月十六日生。曾祖友谅。祖士贤，赠刑部员外郎。父瑞，刑部郎中。前母潘氏，赠宜人，母庄氏。慈侍下。兄钶、镛、钦、镋。娶王氏。顺天府乡试第一百十三名，会试第二百二十七名。

齐文，贯直隶永平府滦州人，燕山左卫官籍，国子生，治《易经》。字应奎，行一，年三十八，五月二十七日生。曾祖进中。祖贵，赠指挥金事。父安，指挥金事。母郭氏，封恭人。具庆下。弟端；章，给事中。娶宁氏。顺天府乡试第一百一十名，会试第二十二名。

李澯，贯湖广黄州府麻城县，民籍，国子生，治《春秋》。字士清，行二，年三十五，十一月初二日生。曾祖思敬。祖瑷，封户部主事。父正芳，右布政使。母张氏，赠安人，继母余氏，封安人。具庆下。兄濂，贡士。弟瀚、溥、瀹、灛、滋、润、涣、泾、潞、澋、瀔。娶赵氏。湖广乡试第四十二名，会试第九十名。

姜宣，贯河南开封府兰阳县，军籍，国子生，治《易经》。字德敷，行一，年三十六，八月二十一日生。曾祖祥。祖升，仓大使。父通。母黄氏。具庆下。弟宏。娶关氏。河南乡试第三十九名，会试第二百二十九名。

刘瓛，贯江西吉安府安福县人，山东济南卫军籍，府学生，治《易经》。字廷珍，行二，年二十六，七月二十日生。曾祖彦庄。祖道生。父文华。母徐氏。具庆下。兄璃。弟瓒，贡士。娶谢氏。山东乡试第一名，会试第一百二十二名。

谢显，贯浙江绍兴府会稽县，民籍，国子生，治《春秋》。字时荣，行九，年二十五，十月初九日生。曾祖尚。祖原英。父维岳。母史氏。重庆下。兄赐。弟颙、云、霖。娶周氏。浙江乡试第五十六名，会试第六十一名。

郑炯，贯福建福州府闽县，军籍，府学生，治《易经》。字叔亮，行二，年二十七，三月十七日生。曾祖伯敬。祖珏。父玫。母曾氏。重庆下。弟辉、燨，煜，炳。娶梁氏。福建乡试第九名，会试第二百三名。

王问，贯山东东昌府高唐州武城县，民籍，县学生，治《易经》。字好学，行二，年二十九，闰十二月十四日生。曾祖思诚。祖仲礼。父循。母冯氏，继母郭氏。具庆下。兄敏。弟阅、开、闻、慎。娶刘氏。山东乡试第十二名，会试第一百三十八名。

张伦，贯山东登州府黄县，军籍，县学生，治《书经》。字宗道，行二，年二十六，八月初九日生。曾祖信。祖弼。父辉，知县。前母刘氏，母申氏。具庆下。兄伟，义官。弟伀、仁。娶宋氏。山东乡试第十一名，会试第一百九名。

吴祚，贯浙江严州府淳安县，民籍，县学生，治《春秋》。字天保，行七，年三十，四月二十六日生。曾祖祖荫。祖芳远。父晋，封兵部郎中。前母方氏，赠宜人，母应氏，封宜人。严侍下。兄禧；禅；福，兵部郎中；汝器；宗器；珍器。弟公器。娶胡氏。浙江乡试第三十一名，会试第二百三十八名。

萧定，（缺），治《礼记》。字文静，行四，年三十，七月二十三日生。曾祖彦明。祖士能。父贵。母刘氏。慈侍下。兄安、宏、宁。娶李氏，继娶吴氏。顺天府乡试第五名，会试第二百十五名。

吴瑰，贯福建漳州府漳浦县，民籍，县学生，治《易经》。字仲伟，行二，年二十九，正月二十六日生。曾祖赐福。祖沛然。父本舜。母龚氏。具庆下。兄逊森，礼部郎中；原，兵科给事中；旺。弟震，贡士；瑷；侃；準。娶陈氏。福建乡试第八十七名，

908

会试第二百十九名。

林表，贯福建漳州府漳浦县，民籍，县学生，治《易经》。字廷仪，行一，年三十一，九月二十四日生。曾祖友清。祖玄朔。父用硕。母王氏。具庆下。弟绰、衮、哲、巎。娶张氏。福建乡试第十八名，会试第一百十八名。

刘源，贯顺天府宛平县，民籍，儒士，治《诗经》。字汝洁，行一，年三十三，五月初三日生。曾祖孝先。祖英。父俊。嫡母周氏，生母黄氏，继母卢氏。慈侍下。弟涌、泽、淮、浙、淳、滋、温、润、澄、江、汉。娶张氏。顺天府乡试第八十八名，会试第八十三名。

赵聪，贯湖广襄阳府谷城县，军籍，国子生，治《书经》。字时宪，行一，年三十三，八月初九日生。曾祖敬。祖彦清。父信。母殷氏。具庆下。娶余氏。湖广乡试第三十八名，会试第二百四十七名。

解敏，贯山东济南府德州，军籍，国子生，治《诗经》。字克聪，行二，年三十二，六月二十七日生。曾祖资。祖廷训。父武。母杜氏。具庆下。兄成。弟仿、敷。娶蔡氏。山东乡试第四十三名，会试第五十九名。

《成化五年进士登科录·策问》：皇帝制曰：朕绍承大宝，图底丕平，虽宵旰勤励，然绩效罕著。略举其端，诹尔多士，择材于文以理民，拔功于武以驭兵也。今铨衡塗壅，卫所员溢，奚以疏通之？昔人所谓名利相均，虚实相济，可推广而施欤？岁无常稔者天之道，土有常怀者人之情也。今歉则籴贵，贫则民徙，奚以绥辑之？前代所行，常平有法，均田有制，可稽仿而为欤？夫兼资文武以周一世之用，裁成天地以遂万姓之安，固济时切务也。若乃致治大道，必有至言。古之臣献言于君，或得圣道之经而流于迂，或得圣道之权而流于诈，或辨矣而术不密，或智矣而文不及。今尔多士，陈四者之务，必宜于时，矫四臣之偏，必合于道，朕将览而资治焉。成化五年三月十五日。

《成化五年进士登科录·张升对策》

臣对：臣闻治本于道，道本于诚，非道不足以善治，非诚不足以立道。盖道为治之本，诚又道之本也。有其道然后能致其治，有其诚然后能尽其道。是诚也者，万善之原，万事之本，推之无不准，动之无不化。以之择材于文，则真材无不得，拔功于武，则武将无不善。以之因天时以利民，而民生无不遂，因地利以厚民，而民居无不安。文武于焉而兼资，而用无不周，天地于焉而财成，而功无不著。人君为治之道，岂越乎此哉！故曾子传《大学》有曰：意诚而后心正身修家齐国治天下平。子思作《中庸》亦曰：凡为天下国家有九经，所以行之者一也。一即诚也。大哉诚乎！其治道之本乎！钦惟皇帝陛下，圣神文武，刚健中正，上承天命，下得人心，即位以来，五年于兹，民物阜安，风俗醇美，四夷咸宾，万方乐业，凡所以致治保邦、持盈守成之道，至矣尽矣。然犹体道谦冲，游心高远，锐于图治，切于求言，万几之暇，特进臣等于廷，降赐清问，询以兼资文武之要，财成天地之道，顾臣一介庸儒，识见谫陋，曷足以上揆渊衷，仰裨治道。然窃思之，臣荷朝廷作养之恩，沐陛下化导之德，有爱君忧国之心，无由以自献，有忠君报国之志，无路以自达。今幸见录于有司，得立玉阶方寸地，正扣阊阖琅玕之日也，敢不俯竭愚衷，以对扬于万一乎！臣闻民者所以固邦本，而理民之任，则在乎择材于文。兵者所以卫民生，而驭兵之寄，则在乎拔功于武。故翕受敷施，九德咸事，而致庶绩之其凝。武夫洸洸，经营四方，而致王心之载宁。文臣武将，自古为重，诚不可不审也。我国家崇儒重道，取士之制，虽非一途，要之首科贡而次荐举，未尝不重文臣之选。崇德报功，选将之道，亦非一端，要之先才能而后荫叙，未尝不重武将之职。铨衡之途，奚至于壅，卫所之员，奚至于滥乎！仰惟陛下，有迪知忱恂之明，有庶政惟和之效，然犹图底丕平，以文臣武将为兵民之所赖，故欲有以疏通之，此尤见圣智之高明也，臣请得为陛下言之。盖自迩年以来，文臣则或因开贡之条而混升国学，或缘纳粟之例而滥登仕籍，况夫拘于资格之先后，牵于历任之久近，以有限之职，待杂进之流，铨衡之途，由之壅矣。武将则勋旧是属，而秉节钺者，或韬略之蔑闻，弊习相承，而统帅师旅者，或勤能之罕著。况夫功多出于贿求，赏每加于幸得，未经锋镝之劳，已登录用之典，卫所之员，由之滥矣。铨衡之途既壅，何敢望其展素蕴以理民，卫所之员既滥，何敢望其奋武勇以驭兵哉！此不能无劳于圣虑也。为今之计，莫若严考察黜陟之法。治行卓异者，则增秩以奖异之。年力衰迈者，则以礼而退遣之。杜塞奔竞侥幸之门，摈斥庸陋贪污之辈，则用人之道，必如唐臣陆贽所谓名利相均，而不至于壅矣。重爵赏劝惩之典，功勋既著者，则计其劳以加赏，材略有闻者，则随其能以授任。不以其无功而施泛滥之恩，不以其有罪而行姑息之政，则选将之要，必如唐臣陆贽所谓虚实相济，而不至于滥矣。盖诱人之方，惟名与利。名近虚而于教为重，利近实而于德为轻。锡货财，赋秩廪，所以彰其实。差品列，殊章服，所以饰其虚。虚实交相养，故人不渎赏。轻重互相制，故国不废权。疏通之术，岂越于此乎！然求其本，则在于陛下此心之诚而已。诚心以行之，而必期其功，则司理民之责者，皆有守有为之人，当驭兵之寄者，咸有严有翼之士，尚何虑其有不疏通者哉！雨露适时则年丰，旱涝相仍则年歉，此岁无常稔者，乃天之道。久居其地则难弃，久享其利则重迁，此土有常怀者，乃人之情。然尧虽有洪水滔天，而黎民之于变者自若，由其有以备天道之无常。汤虽有大旱积久，而商邑之用协者自如，由其有以遂人情之常怀。天时地利，在人裁制，不可不知也。我国家救荒有法，储蓄有备，而所以因天时者，得其道矣。田有等则赋无过取，而所以因地利者，得其道矣，籴之价奚至于贵，民之居奚至于徙乎！仰惟陛下有怀保小民之心，有万邦咸宁之效，然犹深求至治，以天时地利为生民之所资，故欲有以财成之，此尤见圣心之刚健也，臣请得为陛下陈之。盖自迩年以来，年一歉则谷粟缺乏，无以给民食，囊橐空虚，无以遂民生，而啼饥号寒者，深可矜也。民一贫则弃久依之桑梓，即新刈之蓬藋，而流离播越者，深可悯也。米之价既踊，则民食且不足，尚何望其出赋税以充国用？民之居既徙，则自救且不赡，尚何望其效勤诚以固邦本哉！兹不能无廑于圣虑也。为今之计，莫若选监临之官，行便宜之政，知岁无常稔，而有可常之道，必思患预防，敛散以时，若前代常平之法，斯可行也。择守令之贤，行子惠之政，知民有常怀，而遂其有常之情，必量地分田，因民制产，若前代均田之制，庶可为也。盖常平之法，兆于齐魏而成于耿寿昌。均田之制，行于后魏而出于李安世。丰则增价籴之以利农，凶则减价粜之以利民，是之谓常平。男子四十亩，妇女二十亩，户绝者以为公田。刺史十五顷，县令以上六顷，其田则更代相付。是之谓均田。斟酌其宜，使合于人情，庶丰歉之相济。损益其制，使宜于土俗，庶贫富之适均。绥辑之道，岂要于此乎！然究其本，则在于陛下是心之诚而已。诚心以为之，而必期其效，则天下莫不席于饱食暖衣之域，民生莫不囿于安居乐业之中，尚何虑其有失所者哉！夫内资文治，外资武功，文臣武将之并用，威势德化之并行，乃久安长治之计也。上因天时，下因地利，安老怀少，皆有所资，养生丧死，举无所憾，实参赞燮理之功也。若乃致治大道，必有至言。古之臣献言于君，虽有可采，而不能无弊。若董仲舒道明三代，学贯天人，议论渊源，理义酝藉，其言得圣道之经也。晁错上言兵事，思虑周密，尊君抑臣，辞气激烈，其论得圣道之权也。仲舒虽得圣道之经，然阴阳灾异之言，未免流于迂而不切。晁错虽得圣道之权，然刑名术数之论，未免流于诈而不正。故宋儒苏洵，因论贾谊而言二子，盖得其当矣。贾谊以年少之资而被孝文之召，观其治安一策，有忠爱之至诚，劝兴礼乐，知教化之先务，其辞辩矣。张良以豪杰之才而辅高帝之兴，运筹决策，而定天下之大乱，因事纳忠，而关天下之大计，其智周矣。贾谊之论虽辩，然草具仪礼，三表五饵，而其术则不密焉。张良之计虽智，然术本权谋，学宗黄老，而其文则不及焉。故宋儒苏轼因论陆贽而及二臣，盖近乎是矣。文德也，武功也，救荒也，安民也，此四者之务，固所当讲。仲舒也，晁错也，贾谊也，张良也，此四臣之偏，亦所当知。大抵文武之选，不必拘也，在乎可以行于今。安养之道，不必泥也，在乎有以利于民。使得人以司文武之选，而能随势以变通，得人以主安养之道，而能度时以举行，则品节适中，而宜于时矣。仲舒、贾谊之失，由乎学术之未精，晁错、张良之失，由乎学术之不正。使其沂义理之渊源，而不安于小成，务圣贤之正学，而不杂于他歧，则损过就中，而合于道矣。然宜于时，合于道，皆其用之见于外焉尔，苟不本诸诚，则内之体不立，施之必有所不当，行之必至于易倦。故臣终始以诚为陛下献者，良以诚之为道，真实无妄，纯粹无伪，彻上彻下，皆实理之所为，一有所杂，则妄矣。悠久不息，周流不已，亘古亘今，皆实心之所为，一有所间，则息矣。臣伏望陛下存此诚于雷声渊默之时，体此诚于酬酢应变之际，凡一念之动，则曰：吾之念虑，得无有所杂乎！明以察之，使无一念之或妄。一事之行，则曰：吾之施为，得无有所间乎！刚以制之，使无一事之不实，则治道之本立矣。然而一心之微，攻之者众，或以声色，或以货利，或以游田，或以逸豫，数者一或不审，则欲动于中，而此诚变矣。臣愿陛下远声色而不迩，厌货利而不殖，谨游田而不恣，戒逸豫而不肆，勿贰以二，勿参以三，然后本源澄澈，终始惟一，而此诚岂有间断哉！或于沉湎，或于奢侈，或于异端，或于谄谀，数者一或不察，则心逐于外，而此诚泯矣。臣愿陛下禁沉湎而弗为，戒奢侈而弗行，斥异端而弗尚，拒谄谀而弗亲，不东以西，不南以北，然后方寸明白，久暂有常，而此诚岂有止息哉！由是可以措民物于熙皞，绵宗社于隆长，重华之德，丕承之功，岂独专美于舜武哉！陛下之策臣者，臣既已概陈之，而要其归，在乎一诚矣。然于终篇复有所献焉者，盖爱君之心不能自已也。夫诚固为治道之本，而所以行是诚者，又在乎陛下之明与刚。明则有以识其诚之正，刚则有以决其诚之几。明非烦苛伺察之谓，乃知道谊，识安危，别贤愚，辩是非之谓也。刚非强亢暴戾之谓，乃惟道所在，断之不疑，奸不能惑，佞不能移之谓也。陛下诚廓日月之明，无微不察，无幽不烛，如《书》所谓宪天聪明，奋乾刚之断，见义必为，闻善即行，如《书》所谓惟克果断，夫如是，则表里此诚，终始此诚，如《中庸》所谓至诚无息，不息则久，久则征，征则悠远，悠远则博厚，博厚则高明，治天下之道无余蕴矣。臣之此言，迂疏浅陋，固若无可采者，然实出于惓惓一念之忠也。伏望陛下，俯垂睿览，岂惟愚臣幸甚，实天下幸甚，万世幸甚！臣谨对。

《成化五年进士登科录·丁溥对策》：

臣对：臣闻帝王图治之道本于心，帝王存心之道本于敬。夫敬以存心，则心体光明而正大，自有以洞察天下之事机。心以图治，则治道平康而正直，自有以克成天下之事业。故有志于帝王之图治者，不可不存其心。有志于帝王之存心者，不可不尽其敬。以此心之敬理当世之务，则疏通文武之选典，绥辑天下之民生，无往而不宜于时。以此心之敬察昔人之偏，则经权迁诈之得失，辩智文术之是非，无一而不合于道。尚何患乎文臣武士之壅遏，天时地利之凶歉，而治道有不陋汉儒之言，以比隆唐虞三代之盛哉！钦惟皇帝陛下，禀聪明睿智之资，备刚健中正之德，即位以来，图惟治理，声色货利无所迩殖，宫室苑囿无所增广。布公道以肃纪纲，凛乎雷霆之发部，奖直言以励气节，浩乎江海之纳川。是以伦纪粲乎其修明，风俗蔼乎其丕变，功业文章，巍然焕然，而大哉帝尧，君哉帝舜，不得专美于前矣。然犹体道谦冲，不自满假，廷集多士，咨访治道，拳拳以治功弗张为言，孜孜以政绩罕著为虑，臣有以知陛下念祖宗创业之艰难，思今日守成之不易，志在康乂兆民，保安社稷，夙夜靡宁，真尧舜之用心也。顾臣浅陋，曷克以仰承圣诏，茂明大对，以裨治道之万一耶？伏观太祖高皇帝、太宗文皇帝顺天人之心，以建不拔之业，其治世求言之道，垂裕后昆而无间。仁宗昭皇帝、宣宗章皇帝、英宗睿皇帝协天之心，以绵无穷之祚，其治世求言之道，仰绍前烈而有光。皇明诞启，历数无疆，陛下今日所受之天命，即祖宗列圣之所昭受者。臣愿陛下以天心为心，常存敬天之实，则宠承六龙以御天，尊居九重以凝命，福禄与陛下万年而安享。此非臣之谀言也。周公告成王，尝曰：永言配命，自求多福。宁无故哉！陛下今日所孚之人心，即祖宗列圣之所素孚者。臣愿陛下以民心为心，恒切勤民之念，则车书会同于四海，玉帛来王于万国，邦家赖陛下万年而巩固。此非臣之迂谈也。召公告成王，尝曰：岂弟君子，民之父母。宁无自哉！伊欲尽天人之责，其要在于简文臣而精武选。盖文有科第胄监之差，有贤良才德之别，择其材之深于文者，或识达治体，或通晓世故，所以理民事也。武有亲贵勋劳之异，有行伍卒隶之殊，拔其功之优于武者，或智略精锐，或弓马熟闲，所以驭兵戎也。我国家内资乎文，外资乎武，文武内外，维持一德，与武王保有厥士，克定厥家，同符而合辙矣。奈何典铨选者惟知体陛下宽厚之仁，不务严黜陟之法，故窃名文学者，或坏科目以进身，或肆贪墨以苟禄，则铨衡之途，乌得而不壅。昧谙韬略者，或循资荫以承袭，或冒功次以超越，则卫所之员，乌得而不溢。是诚有以勤圣志之所虑矣！试深省之，薰莸无别，泾渭不分，恶在其能疏通也哉！臣愿陛下揽乾纲于独断，揭

912

日月于中天，戒令大臣，恪遵成宪，严加考核，滥举有禁，犯者不能缓其刑，幸进有罚，来者不容躁其迹。有上粮马而入监听选者，杜侥幸于将来；有拥貔貅而坐食妨政者，汰浮冗于既往。庸愚不得以叨爵禄，老弱不得以占名器。曾不闻昔人名利虚实之说乎？职事一官以序才能，以位贤德，施实利而寓之虚名；勋爵散号以驭崇贵，以甄功劳，假虚名而佐其实利。疏通之道，端不出此矣。伊欲契天人之心，其要在于足民食而奠民居。盖阴阳愆伏，水旱流行，而为灾为虐，此岁无常稔者，天之道也。乡田同井，出入守望，而相友相助，此土有常怀者，人之情也。我国家上安乎天，下安乎人，天人上下，感通一理，与文王燕及皇天，克昌厥后，同条而共贯矣。奈何职司牧者，罔念行陛下宽恤之政，惟欲峻掊克之私，故旱干水溢之靡常，而年谷不登，何免贵籴以充馁，仰事俯育之无赖，而贫乏不堪，何免离散以苟全。是真有以劳圣心之所忧矣。请详究之：敛散无方，田制不定，恶在其能绥辑也哉！臣愿陛下总机务于自裁，敷雨露于九有，申饬大臣，按行有司，频加督劝。遇岁丰歉，仓廪皆有实储，临民出纳，主典不敢侵夺。有守田庐而贫馁者，赈而安之，有就耕食而流亡者，招而抚之。豪强不得以恣渔猎，贪酷不得以肆征科。独不观前代常平均田之事乎！谷贱则增价而籴以利农，谷贵则减价而粜以利民，虽不逮乎周官荒政之良，而耿寿昌权时之计，犹可举。男子妇人，四十亩二十亩皆有等，县令刺史，六顷十五顷皆有则，虽不侔乎分田制禄之善，而李安世济时之策，尚可行。绥辑之道，亦不外此矣。夫天下之臣工，孰不总核于文武，诚使疏通之道，名利相须，虚实相济，庶乎兼资文武，有其人矣。由是文以附众，足以裕邦计而内治修；武以威敌，足以捍边陲而外夷攘。岂不周一切之用乎！天下之民生，孰不根本于天地，诚使绥辑之道，常平有法，均田有制，庶乎财成天地尽其道矣。由是水土奠而民居安，天时有以应于上，五谷熟而人民育，人事有以协于下。岂不遂万姓之安乎！虽然，求大道以图治，必切于时宜，资治道于至言，当稽诸往古。董生天人三策，度越诸子，仿佛乎圣道之经，宜适用也，其纵阳闭阴之说如迂何！晁错边事一奏，玺书褒美，依稀乎圣道之权，似济时也，其刑名术数之学如诈何！观宋儒苏洵之论其得失，胥可知矣。文帝武帝，以直言策士，而所言未必皆直，较之言合稷契谓之忠者，为何如？治安一书，通达国体，辩莫辩于贾谊矣，而五饵三表以系单于之属，术果密于陆贽乎？运筹决胜，蹑足附耳，智莫智于张良矣，而学宗黄老以从赤松之游，文果及于陆贽乎？观宋儒苏轼之论其是非，互可见矣。高帝文帝，以正议求士，而所议未必皆正，揆之谟合皋陶谓之嘉者，为何若？噫，此汉之君臣所以不唐虞三代之君臣，而汉之治功所以不唐虞三代之治功，以自汩没于杂霸，深可为之太息者！抑通论之，岂惟汉哉！前乎汉也，纵横于战国，弃灭于嬴秦，唐虞三代之礼乐教化，何寥寥乎！后乎汉也，夷风杂于唐，道不纯于宋，唐虞三代之声名文物，何落落乎！天运循环，无往不复。洪惟天朝，列圣继作，谣康衢于春台玉烛之中，歌明良于景星庆云之下，肆惟皇上，适际隆兴，以不世出之才，当大有为之日，远宗唐虞三代之道，近守祖宗列圣之法，咨臣以当世四者之务，陈之必宜于时；谕臣以前代四臣之偏，矫之必合于道。臣又以见陛下知周万物而不弃于一得之愚，明照四方而必询于刍荛之贱，意者欲与忠贞之士商论治道，权衡人物，以寿亿万年太平之象也。臣复为陛下寻绎其义，以推广其说。夫时者，当其可之谓，不当其可则非时矣。四者之务，谓之非时，不可也。臣以圣贤救时之心论之：曰铨衡途壅，曰卫所员溢，务明黜陟之法则可，否则贤否混淆而不可。曰歉则籴贵，曰贫则民徙，务禁掊克之私则可，否则天人胥愤而不可。陈四者之务，必宜于时如此，陛下奚待他求哉！古之禹，思天下有溺者，由己溺之，稷思天下有饥者，由己饥之。能法禹稷之心，急于救时，于以建官位事，发政施仁，措斯世于唐虞三代之雍熙，何难耶？若使任官惟贤，有乖于周官之制，捍灾御患，有愧于云汉之章，则非庶务不宜于时，所以理之失其时耳。臣故举此以为缓于救时者之警也。道者所当行之谓，所不当行则非道矣，四臣之言，谓之非道不可也。臣以圣贤行道之心论之：曰经曰权，有时可行，而或迂或诈之亏于治体，则不可行。曰辩曰智，有时可行，而不术不文之远于事情，则不可行。矫四臣之偏必合于道如此，陛下亦将焉用哉？古之舜，闻一善言若决江河，禹闻一昌言下车以拜。能法舜禹之心，急于行道，于以都俞戒饬，臣邻赞襄，跻斯世于唐虞三代之泰和，奚有耶？若使中郎补阙者出绾淮南之绶，博士对策者往持江都之麾，则非言议不合于道，所以听之失其道耳。臣故举此以为沮于行道者之戒也。臣生长于凤仪兽舞之世，乐育于鸢飞鱼跃之天，愿为帝臣，怀忠欲吐，谨述平昔圣恩所造就，师友之所讲明者，已略陈其忠恫一二于前矣。陛下策之篇终，其虑臣等虚骋浮词，不切于世道，且责之朕将亲览而资治焉。臣捧诵再三，诚惶诚恐，稽首顿首，再拜而言曰：大哉皇言乎！一哉皇心乎！其所以广开言路，旁通下情，必欲见诸行事，以嘉惠臣民之意，至矣尽矣！臣亦以为陛下所以策臣，徒究世变之污隆，不亲睿览以资治焉，虽勤勤问之，夫何益？臣等所以入对，泛论世道之兴衰，不获天听以佐治焉，虽诿诿诵之，夫何功？今陛下之所问者切于时，以访于道矣，愚臣之所答者因其时，以明其道矣。伏愿陛下心领神会，探其要领，以端出治之本，不专事于口耳文字之间，实体验于身心践履之际。譬之形影然，欲影之正，必先立其形之端，未有形不端而影正者也。譬之源流然，欲流之清，必先浚其源之洁，未有源不洁而流清者也。故论天下之治道，必本于陛下身心。论陛下之身心，必本于始终之一敬。盖心者一身之主宰，万事之本根，心之存不存，顾敬与不敬何如耳。敬者德之舆，千圣传心之法，即所谓钦也。唐虞君臣，相传相戒，固惟在于此也。仲虺告汤亦曰：钦崇天道。尚父告武王亦曰：敬胜怠者吉。是创业垂统者在此敬也。周公告王亦曰：文王缉熙敬止。召公告王亦曰：曷其奈何弗敬。是持盈守成者在此敬也。陛下抚盈成之运，绍熙洽之治，宗社生灵之所附属，人才国计之所关系，天地鬼神之所鉴察，华夷上下之所观瞻，以一人之身系天下之重，一时不敬则一时于帝王之道有亏，一事不敬则一事于帝王之道有愧，其思所以敬之哉！其思所以敬之哉！敬之之道，将若之何？昕临大廷之敬，必不忽于暗室屋漏之中。日御经筵之敬，必不替于便僻侍从之所。一念虑无非敬，而全体以立，一动作无非敬，而大用以行。则君子大居敬而体元居正之事备矣，殆见燮理之功至，而玉烛均调，圣统之典成，而阴霭呈霁，弓矢积武库之尘，老稚锄桑麻之影。九夷八蛮，宾服于皇风清穆之余，五岳四渎，效灵于治教休明之日。诸福之物，难致之祥，昔所未闻，于今则见，即宋儒程子所谓，上下一于恭敬，则天地自位，万物自育，气无不和，而四灵毕至矣。于此可以四三王，六五帝，而唐虞三代太平之治，亘万古而仅两见于今日，天下幸甚！万世幸甚！臣一介草茅，才不足以出膺世用，学不足以对扬王休，唯忠爱一念，与生俱生，故敢于圣问之外，竭其狂瞽，始终以敬之功化证效为陛下劝，陛下试采览焉，亦庶几圣德圣学之一助哉！臣干冒天威，不胜战慄之至，谨对。

《成化五年进士登科录·董越对策》：

臣对：臣闻惟辟奉天，惟皇作极，而操致治之柄，在于君，包括治体，启沃君心，而言致治之要，在于臣。盖天下以一人为主，而引君以当道为先，君能操致治之柄而不下移，则以用人才，而文武足以周一世之用，以赞化育，而和气足以遂万姓之安。此人君之尊，所以与天同体，而有财成辅相之功也。人臣能尽引君之道，而不敢惑以他歧，则上而格君，而君心无不格，下而言治，而治效无不成，此人臣之职，所以与君有相资而称股肱耳目之任也。君尽君道，以致治而不违，臣尽臣道，以言治而必切。则何事之不可济，而何弊之不可救，何时之不可宜，而何道之不可合哉？唐虞三代，君臣之所以都俞吁咈于一堂，而共成雍熙泰和之治者，用此道也。钦惟皇帝陛下，以圣神文武之资，备刚健中正之德，绍承大统，五载于兹，宵旰惓惓，图惟至理，治已臻于皇极，而犹怀望道未见之心，世已底于平康，而方切视民如伤之念，乃于万几之暇，进臣等于廷，降赐清问，谘臣以当世之务，责臣以尽言之诚，臣有以知陛下是心，即古昔帝王兢兢业业，不自满假，祖宗列圣用贤图治，孜孜汲汲之盛心矣。顾臣愚陋，曷足以奉大对。然而罄竭一得之迂愚，以少裨治道之万一，亦臣区区之素志也。臣窃惟天下之事，操得其要，则执简可以御烦，酌之有方，则由今可以冠古。自古人君，亮天之道，莫要于用贤理民。我国家自太祖高皇帝定鼎之初，已著为令。内而京畿，则设胄监以储天下之英材，外而郡县，则设学校以育民间之俊秀。三年大比，既拔其贤者能者以任用之，以时充贡，复储其俊者秀者以预备之。列圣相承，率由是道。是即唐虞三代之家塾党庠、术序国学、三物宾兴、克知克用之遗意矣，铨选之途，何尝壅乎？比年以来，或由边储未充而开纳马纳粟之例，或由大臣建议而立限年拔擢之法，是虽国家因时制宜之常，古昔立贤无方之意，而非臣愚之所及知者，然以今有限之位，而待此无穷之才，其酌之之宜，处之之要，亦所当讲也。伏望陛下操黜陟之柄于上，严考察之令于下，申命大臣，按行方岳，不职者虽非久任而必去，贪墨者虽有才美而不留。而又限以学校之员，一如祖宗旧制，杜其杂进之路，以塞徼幸之门。凡在选部之未仕而愿乞闲者，虚其爵号以荣之，既仕而乐引去者，异其恩数以旌之，则自然名利相均，而不至于壅滞矣。自古人君经国之道，莫要于选将驭兵。我国家自太祖高皇帝垂统以来，已有定制。内设五府以总其纲，外设卫所以理其纪，握将机者，非勋阀而不授，掌戎伍者，非军功则不迁。百年于兹，循用是道，是即唐虞三代之诘尔戎兵、张皇六师、德懋懋官、功懋懋赏之遗意矣，卫所之员何尝溢乎？近年以来，承袭者不闻有所简选，而肉食者每充斥于要津，论功者未闻有所顾惜，而冒进者多混淆乎名器，是虽国家功疑惟重赏延于世之大恩，而非臣愚所敢轻议者，然以十人营屯之资，而不足一人坐食之费，其裁省之要，斟

915

酌之方，亦所当讲也。伏望陛下操予夺之柄于上，著澄汰之令于下，廷选大臣，按行藩阃，老不胜任者限之以更替，勇敢有为者进之以超迁，而又参酌重轻，权衡虚实，凡赏赉之可以代升者，不以其实费而不与，旌别之可以劝功者，不以其饰虚而不加。则自然虚实相济，而不至有溢员矣。岁无常稔者天之道，土有常怀者人之情，故阴阳有愆伏，灾沴之流行，虽以帝尧之仁，而不免于九年之水，虽以成汤之圣，而不免于七年之旱。以盘庚之迁殷，而安土重迁，且不能已于大家世族。而况于近年以来，或加以水旱之相仍，或病于守令之屠剥，则贵籴以免馁，转徙以求生，何能免哉！伏蒙陛下垂天地之至仁，不忍赤子之困阨，谘臣以缓辑之术，拯救之方，臣愚不能自裁，敢窃诵圣策所谓常平有法，诚可仿而为之也，均田有制，诚可稽而行之也。夫常平之法肇于李悝，至汉耿寿昌因之。其法以谷贱则增价而籴以利农，谷贵则减价而粜以利民，虽非周官荒政十二之法，要亦可以免夫歉则籴贵、贫则民徙之忧矣。均田之制出于李安世，而后魏因之。其制则男子四十亩、妇人二十亩，户绝者为公田，丁多者则增给，以至县令刺史皆有等差，虽非古人分田制禄之常，要亦可以免夫富连阡陌、贫无卓锥之叹矣。陛下诚能操是数者之柄于上，而责是数者之任于臣，将见文武兼资，德威并用，大而论道经邦燮理阴阳者有其人，次而六卿分职典司政教者有其人。外之则藩阃之重，足以为干城，守令之贤，足以宣德化。疆场不患乎无韩范之儒，禁中不患乎无颜牧之辈。礼乐以之而修明，纪纲以之而振举，苍生以之而富庶，夷狄以之而宾服。上而天地之道赖之以财成，下而万姓之繁资之以生遂，真可以四三王而六五帝，陋汉、唐、宋于不居矣，尚何虑夫才不足以周一世之用，而治不足以致万姓之安哉！若乃致此之道，必有至言，陛下固已断自渊衷，试诸事为矣。而犹举以策臣者，是即大舜好察迩言之意，昔人询于刍荛之义也。臣闻之《大学》有曰：古之欲明明德于天下者，先治其国；欲治其国者，先齐其家；欲齐其家者，先修其身；欲修其身者，先正其心；欲正其心者，先诚其意；欲诚其意者，先致其知。致知在格物。《中庸》曰：致中和，天地位焉，万物育焉。然自三代以后，献言者能合此而不违、体此而不失者，百无一二。汉之董仲舒，大廷三对，黄钟大吕，似则似矣，然而屑屑于纵阴闭阳，其视《中庸》致中致和之说为何若？拘拘于灾祥符应，其视《大学》新民新命之意为何如？晁错之洋洋大对，与董齐声，美则美矣，然而刑名其学，果圣贤修齐治平之学乎？术数其归，果圣贤大中至正之归乎？故宋儒苏洵尝谓：董生得圣人之经，其失也流而为迂。晁错得圣人之权，其失也流而为诈。由是言之，则其道术之未底于纯，献言之未合于道，亦可见矣。贾谊政事一书，通达国体，非不辩矣，然而词伤激切，致帝之谦让未遑，岂非不密之过乎？张良之为帝者师，功成身退，非不智矣，然而学宗黄老，致帝之治杂伯功，岂非不文之弊乎？故宋儒苏轼尝谓：陆贽之智如子房，而文则过，辩如贾谊，而术不疏。即此观之，则其学术之有偏，引君之无术，又可知矣。虽然，陛下之策臣者，臣既略陈其由矣，而于终篇犹欲责臣以陈四者之务必宜于时，矫四臣之偏必合于道，且宠之以将览以资治之词，臣愚诚不知所自出。然尝闻之人，人主开求言之路，必将有听言之实，人臣遇得言之秋，不可无献言之诚。盖求言之路不常开，而得言之秋不易遇。今陛下开求言之路，而臣遇得言之秋，陛下有听言之实，而臣可无献言之诚乎！臣窃惟天下之事，无不系于人君之一身，尤无不系于人君之一心。陛下以不世出之资，当大有为之日，自嗣登大宝以来，凡择材以理民，拔功以驭兵，与凡敬天之道，勤民之要，法古之宜，听言之实，一惟总之以一身，断之以一心，惟古昔之圣帝明王与祖宗列圣之旧章成宪是守，是若真足以措斯世于平康，纳斯民于皇极，以隆我国家亿万载太平之福矣。而臣愚犹欲以操大柄之一言，本诸心之一语为陛下献者，盖陛下之德，虽不可以有加，而臣子爱上之诚，每惓惓然有加而无已，亦向阳之葵藿，委涧之畎浍也。伏惟陛下留神于用人亮天之间，洞察于进言纳忠之际，慎名器而不轻畀，使爵位皆足以待功德之人，召和气以富苍生，使凶荒不足以劳宵旰之虑。有言逆于心，必求之于道，有言逊于志，必求诸非道，迂疏者于道或有合，而不必遗，辩智者于道有未合，而不必与，将见贤能效职，而感召和气之有人，忠说日闻，而赞襄治化之有赖。事虽有如四者之当务，不必虑无以处之，言虽有如四臣之有偏，不必虑无以察之矣。臣学术浅疏，叨尘赐对，于前四者之务，陈之未宜于时，于后四臣之偏，矫之未合乎道，爱君一念之诚，发于天性，惟陛下恕其狂妄，少垂仁而采纳焉，则臣愚幸甚，天下幸甚！臣干冒天威，不胜战栗之至！臣谨对。

诏令三品以上官，非年久有政声者，不许恩荫。 黄佐《南雍志》卷四《事纪》："成化五年春三月，户科给事中李森奏言：'入监读书者当由科贡。'欲停止京官恩荫，诏令三品以上官，非年久有政声者，不许滥进。"

陈献章会试再下第，归乡。《陈白沙集》卷一《乞终养疏》云："臣原籍广东广州府新会县人，由本县儒学生员应正统十二年乡试，中式。正统十三年，会试礼部，中副榜，告入国子监读书。景泰二年会试，下第。成化二年，本监拨送吏部文选清吏司历事。成化五年，复会试，下第。告回原籍。累染虚弱自汗等疾，又有老母朝夕侍养，不能赴部听选。"田艺蘅《留青日札》："南海陈献章，当成化初会试，虽负重名，躁于趋进。亦投时好，兢出新奇。作'老者安之，朋友信之，少者怀之'一题，其破云：'物各有其等，圣人等其等。'考官戏批其傍云：'若要中进士，还须等一等。'传者莫不绝倒。使在今时，更属平易矣。金编修琭尝有诗云：'何如歌新调，旖旎故不群。剪花金锁锁，斗叶玉纷纷。巧迭空中锦，轻翻水上云。自惭心太拙，到此不能文。'其言颇切纤缛之病，岂特时义为然哉！古作亦然者矣！"

四月

复故太子少保户部尚书兼翰林学士萧镃官，赐祭。（据《国榷》卷三十五）

五月

诸官员升转。 五月甲申朔。辛卯，升吏部右侍郎尹旻为本部左侍郎。改礼部侍郎叶盛于吏部。升都察院右副都御史原杰为户部左侍郎，陈宜为兵部右侍郎，侍读学士刘吉为礼部侍郎，仍侍经筵；左布政使翁世资、秦敬为副都御史，食从二品俸，世资巡抚山东，敬贵州。复汉阳府知府孔公恂为南京少詹事。先是，公恂为少詹事，言事为科道所劾下狱，调知汉阳府，寻以父忧去任。后学士商辂建议，自元年以来，凡以言降调者皆复其职。吏部举奏，公恂亦系因言降官之数。至是，公恂起复至京，复其官。（据《馆阁漫录》卷五《成化五年》）

万安入内阁，预机务。（据《馆阁漫录》卷五《成化五年》"五月"）《明鉴纲目》卷四："纲：己丑五年，夏五月，以礼部侍郎万安（字循吉，眉州人）兼翰林学士，入内阁，预机务。目：安由编修，累迁礼部左侍郎，外宽而深中。同年生詹事李泰，中官永昌养子也，齿少于安，安兄事之，得其欢。泰每当迁，必推安出己上。至是议简阁臣，复推安曰：'子先之。我不患不至。'故安得入阁，而泰忽暴病死。安无学术，既柄用，惟日事请托，结诸阉为内援。时万贵妃宠冠后宫，安因内使致殷勤，自称子侄行。妃尝自愧无门第，闻则大喜。妃弟锦衣指挥通，遂以族属，数通安家。两家妇日相往来，通妻著籍禁中，恣出入，安得备知宫中动静，益自固。"

六月

六月癸丑朔。丙辰，编修陆钺奏乞还原籍养病，许之。庚申，以礼部尚书姚夔为吏部尚书。召南京礼部尚书邹干至京，升国子监祭酒，邢让为礼部左侍郎，侍读学士陈鉴为祭酒。（据《馆阁漫录》卷五《成化五年》）

七月

陈沂（1469—1538）生。初字宗鲁，后改鲁南，号小坡，又号石亭居士。其先鄞县人，徙家南京。正德丁丑进士，改庶吉士，授编修，进侍讲，出为江西参议，历山东参政，转行太仆寺卿。有《拘虚晤言》《询刍录》《畜德录》。《凭几集》续编卷二《明故山西行太仆寺卿石亭陈先生墓志铭》："先生吾南都文人也。颖异蚤见，躯不甚长，神采朗秀，眸子可照。少好苏氏之学，笔势澜溢，人谓其类东坡，亦自号曰小坡……母金安人，以成化己丑七月二日，迟宜公先梦释氏奉明珠入室，旦生公。五岁能属对，八岁能摹古人画，十岁能诗。十二岁能举业，率奇拔，惊动长者。总角著《孔墨辩》《赤宝山赋》诸文，传诵人口，自是行谊、文学，日益隆茂……戊戌秋，忽以讣闻，实卒于六月二十六日。"

八月

八月壬子朔。癸丑，修撰郑环乞归省，许之。**翰林院侍讲学士丘浚以母丧去任。**浚奏："臣幼丧父，母李氏守制不嫁，以教育臣，已蒙朝廷旌表。复以臣任职，推恩封太

孺人。今在家病故，乞赐谕祭。"从之，不为例。（据《馆阁漫录》卷五《成化五年》）

刘定之（1409—1469）卒。《馆阁漫录》卷五《成化五年》，八月，"辛酉，礼部左侍郎兼学士刘定之卒。定之字主静，江西永新人。正统丙辰会试第一，廷试进士及第，授编修，秩满，升侍讲。景泰壬申，升司经局洗马。丙子，进右春坊右庶子。天顺纪元，改通政司右参议，俱兼侍讲。是冬，改学士。甲申，进太常少卿兼翰林院侍讲学士，充国史副总裁。成化丙戌冬，入内阁参与机务，明年秋，升工部右侍郎兼学士。又明年，升礼部左侍郎，仍兼学士，以疾乞致仕，不允。卒，年六十一，赠资善大夫、礼部尚书，谥文安，赐葬祭，给驿舟还其丧。定之少颖敏绝人，日记数千言。父髦尝领乡荐，不求仕，家居授徒，博通古今，知定之为伟器，俾之博考群书，而禁其作文。一日见其所私作，惊曰：'此子有八面受敌之才。'既而果以文章取高第，名闻天下。为人坦夷，言动质直，不事矫饰。己巳之变，上书陈十事，皆切当时之务。总裁国史，发凡举例，删繁撮要，其功居多。入内阁不久，然一时制作，多出其手。为文援笔立就，未尝属稿，而伟思瑰情，形生境具，自出一家机轴。论者谓国初以来，能文之士，博洽如定之者，殆不数人，但颇泥古，施之于事，或不通云"。

九月

罗伦以疾去任。《馆阁漫录》卷五《成化五年》："九月辛巳朔。壬午，南京修撰罗伦以疾去任。伦字应魁，江西永丰人。少清苦力学，成化丙戌举进士第一，授修撰。甫三阅月，适大学士李贤闻父丧，力求终制，上不允，命奔丧复任。伦首上疏劾之，反复数千言，然颇不近人情。俄有指罗伦粗率，难居近侍，调外任，乃除泉州市舶提举。既而言者多言宜召伦复其官，岁戊子，因大学士商辂言，改南京翰林修撰。逾年解官归，学者多从之游。邑有山名金牛，在万山中，非人所居，伦与从学者筑室读书其中，至未数日，中岚气而卒。伦性戆直，不甚晓世务，与人言，竭尽底里，无察言观色之虑。临事任意自是，坚不可回。家居行乡约，时或致人于死，有讼于官者，适伦卒而止。伦为文率意而成，动以古人为说，然亦无所根据。为人虽迂僻，然无他肠，其视饰虚伪以盗名、假恬退以营私者则有间。"

马文升请以举人、监生并观政进士相兼除授知州、知县。从之。《明宪宗实录》卷七十一：成化五年九月，"戊戌，巡抚陕西左副都御史马文升奏：'致治莫先安民，安民在择守令。今之守令，由进士、举人出身者，往往得人，由监生除授者多不称职，揆其所自，监生出身年多五十之上，志气昏倦，虽有吏部考察黜退之例，然送旧迎新，徒为劳费。以进士而任守令，通晓古今，且有精力。他日或补内任，或升藩臬，辅世长民，必有余裕。是亦作养人才之一端也。乞敕吏部，自今于听选举人不分年月远近，及监生中年未老而资质英俊者，通行考选学问老成文移颇通堪任正官者，并观政进士相兼除授知州、知县。其进士到任之后，果有廉名，政绩昭著者，不分三年六年，仍以次擢用，知州量升郎中员外郎，知县量升主事御史评事。或令巡按御史并布按二司官于所属官内廉名素著才能出众堪任知州知县者，各举所知三五员，奏吏部定拟授职，若有贪淫事发，连坐举主。'下廷议，从之"。

十月

命诸进士为试监察御史。进士倪锺、许进、何淳、李方、沃频、王亿、叶稠、李敬、屠滽、魏富、甄希贤、沈浩、李聪、戴祐、蔺澄、方绣、谈俊，行人郑恭为试监察御史。聪、祐、澄、绣、俊、恭南京。（据《国榷》卷三十五）

吴与弼卒，年七十九。《明儒学案》卷一《聘君吴康斋先生与弼》："己丑十月十七日卒，年七十有九。"《列朝诗集小传》丙集第四《吴聘君与弼》："公潜心理学，欲尽削词章笺注之烦，而为诗则沾沾自喜，以为能事，识者哂之。诗集七卷，不下千首。白沙之学得之于康斋，以其诗观之，则不啻智过于师也。余录康斋诗二首，附见于白沙之后，非敢微康斋也，以其诗而微之耳。"《明史》儒林传："与弼年十九，见《伊洛渊源图》，慨然向慕，遂罢举子业，尽读《四书》、《五经》、洛闽诸录，不下楼者数年。中岁家益贫，躬亲耕稼，非其义，一介不取。四方来学者，约己分少，饮食、教诲不倦。正统十一年，山西佥事何自学荐于朝，请授以文学高职。后御史涂谦、抚州知府王宇复荐之，俱不出。尝叹曰：'宦官、释氏不除，而欲天下治平，难矣。'景泰七年，御史陈述又请礼聘与弼，俾侍经筵，或用之成均，教育胄子。诏江西巡抚韩雍备礼敦遣，竟不至。天顺元年，石亨欲引贤者为己重，谋于大学士李贤，属草疏荐之。帝乃命贤草敕加束帛，遣行人曹隆赐玺书，赍礼币，征与弼赴阙……遂授左春坊左谕德，与弼疏辞。贤请赐召问，且与馆次供具……与弼留京师二月，以疾笃请。贤请曲从放还，始终恩礼，以光旷举。帝然之，赐敕慰劳，赍银币，复遣行人送还，命有司月给米二石。与弼归，上表谢，陈崇圣志、广圣学等十事。成化五年卒，年七十九。与弼始至京，贤推之上座，以宾师礼事之。编修尹直至，令坐于侧。直大愠，出即谤与弼。及与弼归，知府张瑄谒见不得，大恚。募人代其弟投牒讼与弼，立遣吏摄之，大加侮慢，始遣还。与弼谅非弟意，友爱如初。编修张元祯不知其始末，遗书诮让，有'上告素王，正名讨罪，岂容先生久窃虚名'语。直复笔其中事于《琐缀录》。又言与弼跋亨族谱，自称门下士，士大夫用此訾与弼。后顾允成论之曰：'此好事者为之也。'与弼门人后皆从祀，而与弼竟不果。所著《日录》，悉自言生平所得。其门人最著者曰胡居仁、陈献章、娄谅，次曰胡九韶、谢复、郑伉。"

新建开州阴阳学、医学落成。嘉靖《开州志》卷九《艺文志》第九国子监丞阎禹锡《阴阳医学记》："开州阴阳学、医学旧址相邻，在州治由义坊通衢之东。自国初政简易，未遑建，因循已久。天顺壬午秋，太守下车，首视庙学……又虑阴阳学乃天道民故吉凶悔吝之所关，医学乃众之寿夭安危之所寄，栋宇弗设，师生焉聚？遂于诸作之暇，集材鸠工，各为堂三间，中置一厦，前为公门，后为周垣。经始于成化己丑孟秋既望，落成于是年孟冬廿一日。太守因率寮寀与诸文学往视之。先进阴阳生而告之曰：

'神经怪牒、玉策金绳，关扃明灵之府，封縢瑶坛之上者，吾不得而知之矣。至乃《河图》之文，《洛书》之数，开物成务，趋吉避凶，语臣惟忠，语子惟孝者，则当用心也。'后进医学师生而告之曰：'五运六气之奥，金匮玉机之秘，吾不得而知之矣。至乃五藏之生成，脉要之精微，经络标本，离合直邪，则当用心也。'二学师生合而谢曰：'学所久废，公能新之，学术久荒，公能教之，敢不夙兴夜寐，永承无斁。'"

十一月

故镇远府通判杨瑄子荫入太学，瑄征靖州苗阵没。（据《国榷》卷三十五）

十二月

工部左侍郎陆祥卒。祥无锡人，石工。以技荐，授营膳所丞。营造称旨，擢工部主事。历侍郎。有巧思，尝镂献石寸许，为方池，中备鱼龙荇藻之类，曲尽其致。虽杂流，以谨愿称。（据《国榷》卷三十五）

本年

倪谦复职。《殿阁词林记》卷五《学士拜礼部侍郎倪谦》："己丑，阶正议大夫资治尹，复侍郎职。"

掌武学国子监丞阎禹锡上言武学事。查继佐《罪惟录》志卷十八《科举志·武科举》："成化五年，掌武学国子监丞阎禹锡上言：'古学必有庙，以受成献馘，示礼义先而材勇后也，请立文庙，专严讲贯。其本学应袭子弟，乞如舍余荐举例，考艺量升，每岁终，上其优等。凡入学两年以上无可取者，追廪送操，亦如文生充吏追粮例，庶几人知所劝。'上为可行。随有参定武举例。十四年，兵部议上武举科条：乡试以九月，会试以三月；初场试射，二场试论判，三场试策；会试以四月之一日，赐武举及第、出身有差；刊恩荣次第录、立碑，亦如文科。时太监汪直用事，其私人吴绶撰草，属兵部尚书余子俊奏行之。阁覆以议发自内臣，不光，且与祖制贰，票拟待数年教养后举行。是后积循此制，但易二场骑射，提学官为总裁。"

成化五年奏定小通事额数，总不过六十名。正德《明会典》卷一百二《礼部六一》："成化五年奏定小通事额数，总不过六十名。遇有病故及为事等项革去职役者，照缺选补。若事繁去处，丁忧有过三名者，量补一名。其新补通事，鸿胪寺不支米办事，三年无过再支米办事。二年送部考验，如果通夷语无过者，照例奏送吏部定夺冠带。不谙夷语及有过误事者，发原籍为民。"

童轩擢云南按察佥事，提调云贵学校公务。《怀麓堂集》卷七十八《明故资政大夫南京礼部尚书致仕赠太子少保童公神道碑铭》："成化己丑，述职京师。礼部尚书姚文敏公荐之，擢云南按察佥事，兼督贵州学政，多所造就，为御史所旌。"

明宪宗成化六年庚寅（公元1470年）

正月

丙午，翰林侍读尹直等，请删《诸司职掌》为《大明会典》，仿朱熹凡例为《纲目续编》，从之。（据《国榷》卷三十六）

二月

浙江金华县儒学训导虞孟上言监生拨历等事宜，皆允之。黄佐《南雍志》卷四《事纪》："成化六年春二月辛亥，浙江金华县儒学训导虞孟上言：'天下学校，果有廪膳年四十之上，累科不第、未该贡者，查考是实，不必挨次，准令在前充贡，毋令仍前冒年干进，以杜前弊。南北监生合照洪武至正统年间事例，坐监拨历，储养肄业，以待取用。如遇大比，许于应天、顺天入试，或遇边务救荒之类，不得令坐监之人，上马纳粮以越资取用。吏部议以监生人众，若照洪武、正统事例，过于淹滞，量为斟酌，以天顺八年、成化元年、二年放回，监生行取复监，候至成化七年为（下有缺文），将成化三年以后监生，不分新旧，俱照正统年间事例坐堂肄业。其拨历一节，除上马监生有例坐监十年拨历外，其余监生率依天顺六年事例，挨次分拨诸司，历事三阅月，满日考勤，移文吏部注选，仍留诸司；历事九阅月，连前一身，其诸司写本监生亦以一年为满，送部听选；其清黄写诰及天财等库书办等生，仍令本监照依行事例扣算，与历事监生年月相等分拨。'上皆允之。"

唐寅（1470—1524）生。字伯虎，一字子畏，吴县人。弘治戊午，举南京乡试第一，坐事下狱，放归。有《唐伯虎先生全集》。今人周道振、张月尊辑校《唐伯虎全集》，汇订明清所刻唐寅文集，收入诸家评赞，又作唐寅《年表》。持此一编，唐寅生平文章性情概览无余。《怀星堂集》卷十七《唐子畏墓志并铭》："子畏性绝颖利，度越千士。世所谓颖者，数岁能为科举文字，童髫中科第，一日四海惊称之。子畏不然。幼读书不识门外街陌，其中屹屹有一日千里气，不或友一人。余访之再，亦不答。一旦以二章投余，杰特之志铮然……唐氏世吴人，居吴趋里。子畏母丘氏，以成化六年二月初四日生子畏，岁舍庚寅，名之曰寅，初字伯虎，更子畏。卒嘉靖癸未十二月二日，得年五十四。"

进士徐霖、张宽为翰林检讨，侍忻王。（据《国榷》卷三十六）

三月

升右春坊右庶子刘宣为南京太常少卿。（据《馆阁漫录》卷五《成化六年》）

翰林编修陈音，荐前吏部尚书李秉、翰林修撰罗伦、编修张元祯、贡士陈献章、判官王徽、评事章懋，不纳。（据《国榷》卷三十六）《明宪宗实录》卷七十七"成化六年三月庚寅"："翰林院编修陈音言：国家养士百年，求其可用者，亦不多得，一二可用者，又未尝用。如致仕吏部尚书李秉侃侃公忠，忘身徇国，虽小过不能无，而大节则可许。养病翰林院修撰罗伦、编修张元祯，皆抱经济之学，困不得施，故托疾引退，以免素餐之耻。新会县举人陈献章，所学醇正，所养光大。臣愿陛下起秉复为吏部尚书，起伦、元祯复置侍从，征献章，寄之台谏，则贤才得用，治效日臻矣。又言：朝廷虽置言官，多缄口不言者，以有摈斥之辱也。臣愿取回判官王徽及评事章懋等，复其旧职，以彰陛下天地之量。事下吏部，具秉致仕及伦、元祯养病，徽、懋等改官之由，取旨，且言：献章乃科目铨选之人，不系山林隐逸之士。查无征聘监生事例。诏徽等改任，已屡有成命。秉被劾罢，辄欲取用。伦、元祯告病，结勘明白，却言托疾引退。音偏见妄言，俱不许。"

四月

礼部奏诸生考选事宜，从之。黄佐《南雍志》卷四《事纪》："成化六年夏四月辛亥，礼部奏言：'两京监生俱每年会官拣选，年五十五岁以上者，皆属年老，五十五岁以下残疾貌陋者，回籍为民。'又以给事中丘弘奏言：'以礼部都察院堂上官会同祭酒，每年考选一次，皆为未便，今议宜从先任祭酒陈敬宗所言，令提学于所临地方，无分廪增，每年会同各府州县正官严选，有人物鄙陋、学问不成及平日行检有亏者黜之，其考中送监者免其拣选，则诸生得以专志向学进用矣。'诏从其议。"

进士沈纯为南京云南道御史。（据《国榷》卷三十六）

命贵州诸生免属云南提学佥事，即贵州分巡官摄之。（据《国榷》卷三十六）

五月

会试武举刘良、鲁广等升擢有差，贺荣、李夔还原卫。《明宪宗实录》卷七十九：成化六年五月辛丑，"兵部尚书白圭等言：'会试武举正千户刘良、指挥佥事鲁广，骑射、步射俱中原拟之数，而二策智识优长，文理畅通，例加署职二级，良署指挥同知，广署指挥使，月支米三石；都指挥佥事郭铉，指挥佥事孙安，指挥同知张钦、白珍骑射步射亦中原拟之数，而二策颇知故实，文理未纯，例加署职一级。铉署都指挥同知，安署指挥同知，钦、珍署指挥使，月支米二石；其都指挥贺荣，舍人李夔射数虽合，而策对泛冗，难以任用，例还原卫。'从之"。

六月

以会举官多有未当，谕吏部臣曰："今方面多缺员，尔等务选任得人，每缺推举两员来闻，不必会官保举。著为令。"（据《馆阁漫录》卷五《成化六年》）

七月

礼部申明监生拨历事例，以息纷争。《明宪宗实录》卷八十一：成化六年秋七月，"戊子，礼部申明监生拨历事例。时国子监监生互争拨历年月资次，各援科条争辩不已。祭酒陈鉴以两词具闻于上，乞敕礼部酌中定制，以息纷争。事下所司，礼科参之，而鉴不平，上章辩之曰：'近据监生周中等言：于天顺七年九月以后入监，成化五年五月间礼部行取，依限复监，共准坐监六年之上，见今拨历监生与中等年月多有不及，欲先拨历。又据监生王端等言：天顺七年三月以后入监，成化四年二月初行取复监，除依亲外，实坐监食粮已经二年之上，欲照本监序出通知文簿拨历。其周中等入监行取复班，俱各在后，实坐监未及一年，却欲挨先拨历。以此两词，奏请定议。今礼科辄参臣等除去通知文簿任私拨历，以启争端，且本监止凭通知文簿，考验明白，序出监生姓名揭于学门壁上，万目通视，凭此拨历，何尝除去通知文簿？而给事中不究其实，妄为参语。'奏上，下礼部覆奏。旧例，监生以坐堂月日浅深，次第拨历。近年以存省京储，遣回监生，依亲就学。其在家月日亦准作坐堂之数。乃文移行取，以出部日为始，计程亦作实数。此外事故及患病，俱作虚旷。已是定例。今诸生不遵旧规，妄意纷争，宜令本监一遵旧例，不分先取后取监生，一皆查究年月明白，除虚旷外，仍以实坐堂与依亲准作坐堂月日通计浅深，以次拨历。若查旷监生增损月日，许受抑者指陈而执治之。其行取监生，必待文移到彼原籍，转给本布政司批文起送。若途次不经布政司与南北直隶者，转于本府批文起送。其有预给县批，及于放回原引托言买书游学至京，欲挨先入监者，俱执治之，仍计其地里远近，水程月日，悉作虚旷。其有从宦父兄者，亦须宦所保明起送，然后听之。上允所议"。

皇子（即孝宗）生。《明鉴纲目》卷四："纲：秋七月，皇子（即孝宗）生于西内。目：皇子母纪氏，贺县人，本土官女，征蛮俘入掖庭。警敏通文字，命守内藏。时万贵妃既宠而妒，后宫有娠者，皆堕之。帝偶行内藏，妃应对称旨，悦幸之，遂有娠。万贵妃知而恚甚，命婢钩治之，婢谬报曰：'病痞。'乃谪居安乐堂。久之，皇子生，使门监张敏（同安人）溺焉，敏惊曰：'上未有子，奈何弃之？'稍哺粉饵饴蜜，藏之它室，贵妃日伺无所得。（时吴后废居西内，近安乐堂，密知其事，往来哺养，帝与妃不知也。）"

翰林检讨张濂、李显为吉王左右长史。（据《国榷》卷三十六）

十月

因米价踊贵，放国子监生五百余人归。《明宪宗实录》卷八十四：成化六年冬十月，"辛酉，放国子监生五百余人归，读书听取用。以吏科都给事中程万里言：饥民流集京师，米价腾踊，而吏部听选官及监生不下万余，徒冗食故也"。

柴奇（1470—1542）生。字德美，昆山人。正德辛未进士，授吏科给事中。历南光禄少卿、应天府丞，进府尹。有《黼庵逸稿》十卷。陆深《应天府府君柴公奇行状》："公以成化庚寅十月十有九日生，以嘉靖壬寅六月七日考终于正寝，年七十有三。"柴胤璧《黼庵遗稿后言》："府君生而颖悟，读书过目不忘。髫龀时，与祠部盛公钟、济阳令杭公东谒夏太常。太常未出，相约默识屏间文数千言。府君归，援笔疾书，亡一字脱误。侪辈叹弗如。稍长，博极群书，原本经传，发为诗文，一洗六朝金粉习，抒自性灵，绝去斧凿，风来月落，光籁自生，故未易追仿也。"

太常卿兼翰林侍读学士吴节致仕。（据《馆阁漫录》卷五《成化六年》）

进士王瑞、徐与宪、黄麟、李谦、张以弘、李蕙、赵良为给事中。（据《国榷》卷三十六）

太仆寺卿沈宝卒。山阳人，丁丑进士。守官廉慎。（据《国榷》卷三十六）

十一月

文徵明（1470—1559）生。初名璧，以字行，更字征仲，长洲人。父林为温州守。征明受文法于吴宽，受书法于李应祯，受画法于沈周，以诸生岁贡入京，授翰林院待诏。寻告归。有《甫田集》。《甫田集》卷三十六《附录》文嘉《先君（文徵明）行略》："公讳璧，字征明，后以字行，更字征仲。以世本衡山人，号衡山居士，学者称为衡山先生云。少时外若不慧，然敦确内敏，虽在童稚，人不敢易视。稍长读书作文，即见端绪，尤好为古文词。时南峰杨公循吉、枝山祝公允明，俱以古文鸣，然年俱长公十余岁。公与之上下其议论，二公虽性行不同，亦皆折辈行与交，深相契合。或有问先君于祝君者，君曰：'文君乃真秀才也。'（据《甫田集》卷七《十一月六日初度与客饮散独坐诵太白紫极宫诗有感次韵》，知征明生日在十一月初六。）"

十二月

丁未，翰林院侍讲徐琼服阕复任。癸丑，复少保、户部尚书兼华盖殿大学士陈循职。时循已卒，其子珊奏：被石亨诬害充军，已蒙英宗圣恩释放为民，家居而卒。乞如

于谦等例，追复原职，并赐谕祭。礼部覆奏，许之。（据《馆阁漫录》卷五《成化六年》）

本年

令监临等官不许侵夺考官职掌，若场中有弊，照例举问。（据王圻《续文献通考》卷四十五《选举考·举士三》）

彭韶升四川按察副使。《椒邱文集》卷二十八《赠太子少保彭惠安公祠堂碑》："成化庚寅，升四川按察司副使，寻升按察使。"

明宪宗成化七年辛卯（公元 1471 年）

正月

命京官五品以上及给事中、御史，各举堪任州县者一人。《国榷》卷三十六："（成化七年正月甲戌朔）辛巳，左都御史李宾请在京五品以上科道正官各举一人。从之。不为例。"

太常卿兼侍读学士刘珝以母丧去任。（据《馆阁漫录》卷六《成化七年》"正月"）

李绍（1407—1471）卒。《馆阁漫录》卷六《成化七年》：正月，"辛丑，致仕礼部右侍郎李绍卒。绍字克述，江西安福人。宣德癸丑进士，选为庶吉士。正统初，授检讨，与修《宣庙实录》，既而以剩员汰归。未几，景泰帝即位，召充经筵官，升修撰，历司经局洗马兼修撰、右春坊右庶子兼侍讲。天顺初，改尚宝司卿，仍兼侍讲，转学士，寻升礼部右侍郎。时有结权贵相轧者，以绍奏事多南音沮之，英宗不听，且曰：'礼部不可无此人。'癸未会试，绍专知贡举，防范甚严。修《英庙实录》，充副总裁。书垂成，以疾力求解任归。其后国子祭酒为其属所构，吏部尚书姚夔言：'欲隆师道，非宿德重望不可。'援洪武初起致仕尚书刘崧署司业故事，虚祭酒位，驰敕召之，命至，绍已卒。绍体貌修伟，性刚直，有器局，刻志问学，持论平正。正统中，英宗尝访人材，少师杨士奇疏五人以对，绍居其一。后居高位，好奖励后进，闻人有善，辄称誉之。为文有法度，不尚奇诡，好古博雅，积书甚富，凡所有者，无不究览焉。绍卒时六十有五，讣闻，赐祭葬。子瑢，今为云南布政司使"。《国榷》卷三十六："成化七年正月辛丑，前礼部右侍郎李绍卒。绍字克述，安福人，宣德癸丑进士。馆选，授检讨。景泰初，进洗马兼修撰，历侍郎。癸未，知贡举。刚直有器局，刻志问学，博雅好书。年六十五，方起国子祭酒，绍不待矣。赐祭葬。"

二月

以米价腾贵，放监生赵恕等三百余人依亲读书。《明宪宗实录》卷八十八：成化七年二月丙寅，"放国子监愿回依亲监生赵恕等三百余人。以工部员外郎于坦奏，地方灾伤，米价腾贵，宜去冗闲以宽民食故也"。

诏令特减国子监生历事月日。《明宪宗实录》卷八十八：成化七年二月癸酉，"国子监生刘泰等奏：欲减历事月日。事下吏部，尚书姚夔等覆奏：本部听选监生见在并给假八千二十名，每年常选不过五六百名，间遇例考察，于常数外亦止加二三百名，缺少人多，大约十年方才选尽。今刘泰等又以历事一年为多，请减其半。伏乞裁处。诏令于重历九月之内特减两月"。

南京国子监祭酒周洪谟以母丧去任。（据《馆阁漫录》卷六《成化七年》）

三月

三月甲戌朔。礼部左侍郎邢让、国子监祭酒陈鉴、司业张业，俱坐罪除名。为椒油钞钱，助教叶时许累也。（据《馆阁漫录》卷六《成化七年》）《国榷》卷三十六："成化七年三月辛卯，礼部左侍郎邢让，国子祭酒陈鉴，司业张业，俱坐罪除名。监旧有椒油钱，诸生不时给，积为赢费。邢让凡造作辄任之，不立案，鉴循焉。至是检讨署助教叶时许典簿王允之私，逮让等置对，凡钞三十三万六千余贯，钱百四十九万余，坐干没，疏辨不省。盖翰林学士万安、李泰宿隙，因陷之。监生卢楷、杨守阯等颂其冤，不听。让词翰清劲，负才气，强忍狭中，锐进取忌。鉴辨博有声，好传无名子诗刺时。京师司寇陆三千之谣，陆瑜疑出鉴，故重论。业厚重深诣，于餐钱不一涉，时以为冤。《名山藏》作司业赵琬，误。邢让，正统戊辰进士。陈鉴正统戊辰及第。王业景泰辛未进士。"

己丑，顺天府府尹李裕等奏："顺天等八府，比岁民饥，流亡颇多。今秋乡试生员人等，无令滥入，及中式举人供给筵宴等项，乞减省以苏民困。"从之。（据《明宪宗实录》卷八十九）

进士李昊为翰林检讨，侍忻王。（据《国榷》卷三十六）

南京翰林学士王偊为南京国子祭酒。（据《国榷》卷三十六）

山东左布政使雷复为礼部右侍郎，翰林修撰耿裕为国子司业。（据《国榷》卷三十六）

太常寺卿兼翰林侍读孙贤为侍读学士，少詹事兼侍讲学士李泰为詹事。（据《国

四月

召学士柯潜。《馆阁漫录》卷六《成化七年》：五月，"乙未，召学士柯潜于家。先是，国子监祭酒缺员，吏部以养病侍郎李绍、南京祭酒王偰名上，上命再推二员，复以洗马杨守陈、江朝宗并上。上命召绍，未至而卒。至是，又命吏部推举，乃以侍读彭华、尹直名上，内批即行文召潜，时潜守制家居也"。吴希贤《中顺大夫詹事府少詹事兼翰林院学士竹岩柯公行状》："庚寅正月，太宜人属疾卒，朝廷遣官谕祭。辛卯四月，有诏起复。时祭酒员缺，久难其人。上知公刚方，将用之。公闻命，具疏辞乞终制，大略言夺情非令典，忠君者必自孝始，未有不能尽孝于家而能尽忠于国者也。上览疏许之。初公素无疾，至是以久寝苦块，患左足风痹。比免丧，久之犹未平，而寒疾继作矣"。

进士卢玑请设起居注，下所司。（据《国榷》卷三十六）

五月

中书舍人吕䜣乞就顺天府乡试，从之。据《明宪宗实录》卷九十一：成化七年五月辛巳，"中书舍人吕䜣乞应顺天府乡试，从之。刑科给事中芮畿言：'国朝开科取士，凡有职人员入流品者不得入试。近者中书舍人吕䜣乞应顺天府乡试，有旨允之，不为例。然中书舍人系七品近侍官，非进士监生不授。䜣以故父翰林学士吕原之荫叨授此官，而反欲屈身就试，下泯先泽，上负国恩。苟图今日科举之荣，预为他日升迁之地。而礼部尚书朦胧奏请，俱宜究治。'上曰：'朕念䜣儒臣之子，有志科目，特允所请，不为例。'"

礼部言："袭封衍圣公孔弘泰，奉命在国子监读书习礼一年，今以届期，乞遣归奉祭。"**命仍留之。**（据《馆阁漫录》卷六《成化七年》"五月"）

六月

六月壬寅朔。己酉，翰林修撰彭教服阕复任。乙丑，太常卿兼侍读学士孙贤致仕。贤以皇储未立，上章请立皇太子，并上章陈情乞休致。诏听其致仕，而建储之章留中不出。盖贤尝侍上于春宫讲读，至是以国本大计，欲有其功，而又恐人议己，并乞致仕，非其情也。（据《馆阁漫录》卷六《成化七年》）

七月

命司经局洗马杨守陈、侍讲徐琼为应天府乡试考试官。（据《馆阁漫录》卷六《成化七年》）

八月

命左春坊左谕德兼修撰王献、侍读尹直为顺天府考试官。（据《馆阁漫录》卷六《成化七年》）

两京及河南、山东、陕西、山西、浙江、湖广、江西、福建、广东、广西、四川、云南等十二布政司乡试；贵州士子附云南乡试。

左春坊左庶子兼侍讲徐溥忧去。（据《国榷》卷三十六）

九月

魏骥卒，年九十八。叶盛《吏部尚书文靖魏公墓志铭》云："成化七年八月戊辰，上御奉天门，顾礼部臣曰：'魏骥寿及百龄，兼有德望，朕深嘉悦。其敕遣行人存问，赐羊酒，有司月给米三石赡之。未临浙，公先以是年九月薨于里第。'"毛奇龄《西河集·明南京吏部尚书荣禄大夫谥文靖魏公传》云："八月戊辰，上御奉天门，召尚书邹干、右侍郎刘吉、雷复等，曰：'尚书魏骥，寿及百龄，兼有德望，朕深嘉悦。其写敕，遣行人存问。并赐赍如数。'九月丁丑，遣行人张和存问。敕曰：'卿以醇笃之资、正大之学，历仕累朝，官登八座。归安田里，寿届百龄。进退从容，体履康裕，缅惟风采，嘉叹不忘。特遣行人存问，并赐羊酒。仍令所司月给米三石，赡之终身。卿宜倍加调摄，益隆寿祉，伫闻谠论，得慰殷思。卿其体朕至怀。'敕甫临浙，公以是月己丑（二十日）卒于里第，时年九十有八。"注云："是年为成化七年辛卯。《献征录》作八年，误。"《国榷》卷三十六："成化七年九月己丑，前南京吏部尚书魏骥卒。骥字仲房，萧山人，永乐贡士。松江训导，进太常寺博士，历吏部郎中、太常寺卿。恬夷寡嗜好。年九十八，方遣行人张和存问未至。临殁，戒子完毋乞祭葬，累里人。所著《松江志》、《水利切要传》。谥文靖。"

行人刘简，太常寺博士方辂、朱汉，进士杨成为南京监察御史。（据《国榷》卷三十六）

陈选为河南按察司提学副使。（据《国榷》卷三十六）

进士李俊、陈鲤、郭铨、王坦、祝澜、卢瑀、刘昂、邹骐、吴杰为给事中。骐、杰南京。（据《国榷》卷三十六）

十一月

詹事府少詹事兼学士柯潜自其家具奏辞免召命，乞终制，许之。（据《馆阁漫录》卷六《成化七年》）

立佑极为皇太子。《明鉴纲目》卷四："纲：十一月，立子佑极（柏贤妃出）为皇太子。目：佑极以五年四月生，至是立为太子。（明年二月卒，谥悼恭，传者谓万贵妃害之也。）"

南京少詹事孔公恂卒。公恂曲阜人，宣圣五十八代孙，景泰甲戌进士。授礼科给事中，以李贤荐，起少詹事。上初改大理左少卿，怏怏不乐。仍少詹事，言兵被劾，出守汉阳，未赴，忧去。服除，仍少詹事，改南京。尚气凌物，然不污屈。（据《国榷》卷三十六）

十二月

宪宗见阁臣于文华殿。**此后不复召见大臣**。《馆阁漫录》卷六《成化七年》："二月戊辰朔。癸未，太子少保、吏部尚书兼文渊阁大学士彭时等言：'兹者天象垂戒，古今罕见，外人不知，皇上忧勤在心。窃谓遇此灾变，视如泛常，未尝降颜一接臣下，询访民情，议论汹汹。臣等欲于明早朝退，诣便殿请见，一以宽圣心，一以息群议。'明日，上退朝，御文华殿，召时等见。"《明鉴纲目》卷四："纲：十二月，见阁臣于文华殿。目：大学士彭时、商辂，力请中官约以御殿日召对，且曰：'初见时情未洽，勿多言，姑俟它日。'将入，复约如初。比见，时言天变可畏，帝曰：'已知，卿等宜尽心。'时又言昨御史有疏，请减京官俸薪，武臣不免觖望，乞如旧便，帝可之，万安遂顿首呼万岁，欲出，时、辂不得已，皆叩头退。中官戏朝臣曰：'若辈尝言不见召，及见，止知呼万岁耳。'一时传笑，谓之万岁阁老。帝自是不复召见大臣。（其后尹直入阁，欲请见计事，安止之曰：'君不闻彭公邪？请召对，一语不合，辄叩头呼万岁。今吾辈每事尽言，太监择而闻之，上无不允者，胜面对多矣。'）"

庚寅，左春坊左谕德王一夔因彗星之变，疏五事：一曰正宫阙以端治本，二曰亲大臣以询治道，三曰开言路以决雍塞，四曰慎刑狱以广好生，五曰谨妄费以足财用。上批答曰："此皆陈腐之言，而妄自张大，本当究治，但系用言之时，姑宥之。"（据《馆阁漫录》卷六《成化七年》）

翰林院庶吉士费闿、尹龙、乔维翰、王臣为编修，张泰为检讨，张璇、陈斌、梁泽、陈纪、李介、徐谦为监察御史。（据《国榷》卷三十六）

明宪宗成化八年壬辰（公元 1472 年）

二月

命礼部左侍郎兼学士万安、司经局洗马江朝宗为会试考试官。取中吴宽等二百五十人。（据《馆阁漫录》卷六《成化八年》）《明宪宗实录》卷一百一：成化八年二月，"庚寅，礼部以会试天下举人三场已毕，奏请正榜额数。上命视前科例，取二百五十人"。

预征山西、河南、陕西明年赋。《明鉴纲目》卷四："纲：壬辰八年，春二月，预征山西、河南、陕西明年赋。目：时议发兵搜套（事见前），于是内地骚然，兵科给事中梁璟（字廷英，崞县人）言山西预征草豆，每夫科银或至二十两，岁旱民饥，逃亡载路，太原一县，五日内，已有三百八十余家，人心骇惧，乞发帑补买，以苏民困。事下户部议，格不行。"

刘珏卒，年六十三。《吴都文粹续集》卷四十二祝颢《刘完庵墓志铭》："酒酣赋诗，落笔如雨。而尤工于画，颇自矜惜，得其手迹者皆为宝玩。武功伯徐天泉，才高当世，少可其意者，独称与公，赠之诗曰：'刘郎诗高画亦高，当代不独称诗豪。'其见重若此。郡邑大夫已下，咸敬礼之。岁行乡饮，则先书敦请，必欲得公与席。而诗坛文社搢绅逢掖，亦推让之。方期仪刑乡邦，而遽焉告逝，成化壬辰二月初八日也。"

三月

因悼恭太子出殡，改殿试于十五日，后遂因之。吴宽、刘震、李仁杰等二百五十人进士及第、出身有差。是科未考选庶吉士。《明宪宗实录》卷一百二：成化八年三月，"辛亥，御奉天殿策试举人吴宽等，制曰：'自古帝王，继体守文，克弘先业，致盛治者多矣，而史臣独以成康、文景并称，何欤？其致治本末，可指言欤？朕光绍祖宗丕图，政令之行，悉遵成宪，期臻至治，比隆前古，然夙夜祗勤，于兹八载，而治效犹未彰著，何欤？岂世有古今，故效有深浅欤？今夫下田辟矣，而贡赋供于上者，每至匮乏。学校兴矣，而风俗成于下者，益至浮靡。兵屯以制外者谨矣，未能使夷狄畏却而不敢侵。刑罚以肃内者严矣，未能使奸顽惩艾而不敢犯。凡若此者，其弊安在？如谓政在用人，则方今百司庶府，文武具足，而科目之选拔，军功之序迁者，又济济其众，何官有余而政不举欤？无乃承平日久，习安逸而事因循者多欤？兹欲严以督之，则人情有不堪，宽以待之，则治理有难成，何处而得其中欤？夫治必上下给足，风俗淳美，外夷服而中国安，底于雍熙泰和之盛，斯朕志也，何施何为而可以臻此，殆必有要道焉。子大夫讲习经济之学久矣，其参酌古今，明著于篇，朕将采而用之。'"癸丑，"上亲阅举人所对策，赐吴宽等二百五十人进士及第、出身有差"。《馆阁漫录》卷六《成化八年》："三月丁酉朔。丁未，命太子少保、吏部尚书兼文渊阁大学士彭时，兵部尚书兼学士商辂、太子少保兼吏部尚书姚夔、户部尚书杨鼎、太子少保兼兵部尚书白圭、工部尚书王复、都察院左都御史李宾、礼部左侍郎兼学士万安、刑部左侍郎曾翚、掌通政司事兵部左侍郎（张）文质、大理卿王槩、左春坊左谕德王献为殿试读卷官。庚申，授第一甲进士吴宽为修撰，刘震、李仁杰为编修。壬戌，授庶吉士林瀚为编修。"王鏊《文定公墓表》云："公（吴宽）生有异质，未冠入郡庠，辈流方务举业，公独博览群籍，为古文辞，下笔有老成风格。屡试应天，不第，以岁资贡入太学。东海张汝弼见之曰：'天下亦有如此贡士也哉！'江阴卞郎中华伯以诗自负，有'低头拜东野'之句。武功伯徐公高迈少可，而折节与交，曰：'馆阁器也！'公以屡举不利，绝意仕进，不肯复应举。天台陈公士贤，时御史董学政于南畿，以礼敦遣公。不得已，入试，名在第三，时犹谓之屈。壬辰会试第一，入试大廷，又第一。"朱国桢《涌幢小品》卷七《殿试改期》："旧制，殿试在三月初一日，谢恩在初六日。成化八年，以悼恭太子发引，改十五日，至今仍之。然初一日太促，毕竟十五日为安。此虽人事，亦天意之相合也。"李调元《制义科琐记》卷二《天曹见谴》："吴文定公宽，少就塾，偶偕稚友二三，诣一土地祠嬉戏，书神座云：'土地无道，贬三千里。'既归，其师梦土地乞告曰：'令徒见谴，天曹笔也，无所施计，冀师为我释之。'诘旦，师访诸徒，得之，立命文定为洗涤之。文定复如祠，书'免贬'二字，去。成化壬辰，果廷试首冠，官至少宰。"

据《明清进士题名碑录索引》，成化八年壬辰科录取名单如下：

第一甲三名

吴　宽　　刘　震　　李仁杰

第二甲七十八名

邵　贤	刘　辅	张　瑾	卞　諲	张　祥	吴　裕
张　敞	翟　通①	谢　理	杨　荣	李　鐩	梁　方
钟　镛	萧　奎	马　铉	潘　璋	高　昂	金　源
阴子淑	王　参	邓　焯	彭　礼	蒋　容	叶　睦
李孟旸	萧本容	陈　洵	张　琡	任彦常	董　宁
黄东山	王　宜	陈　瑷	陈以忠②	彭　载	方　彬
简　显	林　壁	陈　谟	林浚渊	黄　荣	茅　铉
陈　寿	周　轸	汤　全	朱　本	陈　哲	顾馀庆

---

①　《河南通志》作：翟瑛。

②　《畿辅通志》作：陈以宗。

杨　泽	李　震	萧　显	洪廷臣	孟　述	邓　林
周季麟	达　毅	瞿　明	赵　兰	范　絪	王　宏
杜　学	赵　璧	沈　铠	章　锐	李翰章	张　英
马孔惠①	王　禄	黄　谦	闾　钲	许　辅	李　序
邵　敏	高　敞	江　汉	濮　晋	张　宪	胡　超

第三甲一百七十名

白　坦	司马垔	汪　山	柳　豸	袁　道	吴　宪
贺元忠	赵　润	李　寅	卫　邦	唐　鼐	李　烨②
俞　俊	张　佶	王　辅	项　旻	陈　孜	朱守恕
褚　祚	吴　凯	陈　瑶	饶　裕③	桂　镐	张　昞
吴文度	张凤骞	陈　谦	陈　裕	陈　璧	孙　弁
顾　纯	谭宗泗	何　钟	朱　钦	宋　端	曾拱辰
吴　溥	赵文盛	陈　轩	刘　绅	张　稷	黄　荧
兰　玉	沈　瑰	任　谷	刘　宇	吴　哲	李　瑛
孟　瀛	张　昺	阎　琮	陈　观	周　茂	王　雄
彭　铨	杨　维	钱　玉	许　斌	汪　僎	高　升
王　肃	程　普	冯　广	易　鹗	章　武	吴　泰
谢　纲	文　林	方　显	游　兴	欧　瑄	陆　渊
朱　赞	陈　金	朱　福	李　珉	赵　英	凌　升
林　泮	乐宗茂④	傅　金	崔　俊	张　瑛	吴　郁
黄　宽	刘凤翔	王　璟	孙　需	陈　英	林　清
何　澣	华　清	李　勤	李　谅	杨一清⑤	朱仲炘
胡　汉	王　佐	俞　玑	董　绂	徐　广	罗　赞
张　清	陈　理	吴　珙	李　瀛	郝　隆	李孟旺
张廷纲	乔　缙	李复贞⑥	罗元祥	余　铎	靳　睿
马　鉴	奚　铭	陈　福	樊　金	强　满	揭　魁
胡　荣	金舜臣	李　隆	冯　沉⑦	程春震	林　贵
姜　昂	王　勉	陈　垲	邝　颐	王　绅	王　弁
李　暹	郑　頀	宋　岳	徐　节	罗九鼎	管　麟

① 碑作：马子惠。
② 《福建通志》作：李晔。
③ 《四川通志》作：饶馀。
④ 《浙江通志》作：岳宗茂。
⑤ 碑作：杨清。
⑥ 《四川通志》作：李复祯。
⑦ 《浙江通志》作：冯沈。

陈嘉谟	李 云	吕 炯	马 璁	董 彝	赵 炯
杨仲伦	洪 汉	王 经	王 暄	朱庆云	邓 庠
杨 纯	洪 汉	刘 懋	胡 缙	彭 恭	吴玉荣①
吴 智	张 雄	沈 鋆	张 抚	薛 真	□□□
吴 琳	倪 镛	王 佐	国志虞	李 宽	丘 璐
董 纲	方 全				

据地方志补阙二名

金 迪　　翟廷蕙

命进士仍次第观政诸部院寺司。礼科给事中黄麟言："顷年进士理刑多在刑部、大理寺，非故事。"上从之。（据《国榷》卷三十六）

翰林院庶吉士林瀚为编修。（据《国榷》卷三十六）

四月

命少詹事兼侍讲学士李泰复任。泰以司礼监太监永昌为父，故不为所生母终丧，而止乞假襄葬事。至是去三月余还朝，时论少之。（据《馆阁漫录》卷六《成化八年》）

郭登卒。《明宪宗实录》卷一百三"成化八年夏四月丙申（三十日）"："定襄伯郭登卒……登博闻强记，善议论，好谈兵，多知国家典故。所作诗，音响类唐；文有奇思。作字遒劲，尤工草书。至于音律、绘画及他技巧之事，曲尽其妙。功臣子孙中，罕有其比。"《国朝献征录》卷十袁袠《定襄伯赠定襄侯谥忠武郭公登传》云："登工诗，有《联珠集》。谪甘州时，有诗送岳正曰：'青海四年羁旅客，白头双泪倚门亲。莫道得归心便了，天涯多少未归人。'又曰：'甘州城南河水流，甘流城北胡云愁。玉关人老貂裘敝，苦忆平生马少游。'大学士李东阳评其诗为国朝武臣之冠。"《明史》郭登传："（正统十四年）八月，也先拥帝北去，经大同，使袁彬入城索金币。登闭城门，以飞桥取彬入。登与安及侍郎沈固、给事中孙祥、知府霍瑄等出谒，伏地恸哭。以金二万余及宋瑛、朱冕、内臣郭敬家资进帝，以赐也先等。是夕，敌营城西。登谋遣壮士劫营迎驾，不果。明日，也先拥帝去……初，英宗过大同，遣人谓登曰：'朕与登有姻，何拒朕若是？'登奏曰：'臣奉命守城，不知其它。'英宗衔之。及复辟，登惧不免，首陈八事，多迎合。寻命掌南京中府事。明年召还。言官劾登结陈汝言获召，鞫实论斩。宥死，降都督佥事，立功甘肃。宪宗即位，诏复伯爵，充甘肃总兵官。"《静志居诗话》卷七："定襄力捍牧圉，功存社稷。《联珠》一集，继父兄掉鞅诗坛，西涯以为明初武臣之冠。即其《山王》《楸树》诸篇，力已排奡。至《咏枭》之作，直兼张、王、韩、杜之长，岂惟武臣，一时台阁诸公孰出其右？锡山俞汝成乃谓：'可式后之为勋卫者。'是瞽者之言也。"

---

① 复姓名：王玉荣。

五月

癸卯，左春坊左谕德王一夔乞改姓谢氏，从之。丁未，右春坊右庶子童缘服阕复任。戊申，翰林修撰陆钺疾愈复任。（据《馆阁漫录》卷六《成化八年》）《国榷》卷三十六："（成化八年五月）癸卯，左春坊左谕德王一夔复谢姓。"

令故官三品子孙当荫者，入原籍儒学，照岁贡例，送部考试入监。《国榷》卷三十六："（成化八年五月）庚戌，令故官三品子孙当荫者入本学贡部入监。"

六月

授庶吉士张晟为礼科给事中，王锦、方珪、谢显为监察御史。（据《馆阁漫录》卷六《成化八年》）

京卫武学国子监丞阎禹锡为御史，提督北直隶学校。（据《国榷》卷三十六）

七月

徐有贞卒，年六十六。《家藏集》卷五《天全先生徐公行状》："以病不起，实成化八年七月十五日也，年六十六。公为人精悍短小，目光炯然。其论古今事，缅缅终日不倦，而慷慨激烈，音吐清亮，听者竦然。其奉命所至，多所建白……公之学，自经传、子史、百家、小说，以至天文、地理、医卜、释老之说，无所不通。其为文，古雅雄奇，有唐宋大家风致。晚岁文笔益老。所著有《史断》若干卷，文集若干卷。"《四库全书总目·武功集提要》："其文奇气坌涌，而学问复足以济其辩。集中如《文武论》、《制纵论》及《题武侯像》、《出师表》诸篇，多杂纵横之说。学术之不醇于是可见，才气之不可及亦于是可见。拟诸古人，盖夏竦《文庄集》之流。遗编具存，固不必尽以人废也。至其诗，则多在史馆酬应之作，非所擅长。集中《羽林子》二首，《静志居诗话》谓源出右丞，然语亦平平，仅具唐人之貌。人各有能有不能，存而不论可矣。"《明诗纪事》乙签卷十六《徐有贞》引《吴中往哲记》："武功伯夙负高才，谈锋文气，英迈莫敌。"

辛丑，修撰张升乞归省亲，许之。甲辰，改检讨李昊为南京礼科给事中。昊以忻王官属，至是薨，故改任之。（据《馆阁漫录》卷六《成化八年》）

八月

编修董樾乞归省祭，许之。（据《馆阁漫录》卷六《成化八年》）

翰林院庶吉士尹仁、吴祚为监察御史。（据《国榷》卷三十六）

进士黄琏、郑宏、李鸾、臧琼为南京给事中。（据《国榷》卷三十六）

九月

岳正（1478—1472）卒，年五十五。《怀麓堂集》卷七十一《蒙泉翁补传》："忽丧幼子，恸而成疾，壬辰九月十一日卒，年五十五……公于书无所不读，谓天下事无不可为，高自负许，俯视一世。其为文高简峻拔，追古作者。诗亦雅健脱俗，字法精邃，大书尤伟。旁及雕绘镌刻，悉臻其妙。尝戏画蒲萄，遂称绝品。晚好《皇极书》，有所论述及经解，皆未及就。惟《类博稿》仅有十卷，行于世。《深衣纂误》一卷，藏于家。"

升礼部右侍郎刘吉为左侍郎，太常少卿俞钦为右侍郎。（据《馆阁漫录》卷六《成化八年》）

王守仁（1472—1528）生。幼名云生，字伯安。余姚人，弘治己未进士，授刑部主事，改兵部，坐救戴铣忤刘瑾，杖阙下，谪贵州龙场驿丞。旋复南京刑部主事，改吏部，历员外郎中。迁南太仆少卿，转鸿胪寺卿，拜左佥都御史，巡抚南赣，升右副都御史。论平宸濠功，擢南兵部尚书，封新建伯。卒赠侯，谥文成，从祀孔子庙庭。有《王文成全书》。黄宗羲《明儒学案》卷十："王守仁字伯安，学者称为阳明先生，余姚人也。父华，成化辛丑进士第一人，仕至南京吏部尚书。先生娠十四月而生，祖母岑夫人梦神人送儿自云中至，因命名为云。五岁，不能言，有异僧过之曰：'可惜道破。'始改今名……顷之而逝，七年戊子十一月二十九日也，年五十七。"

命进士赵英等百二十四人归省。（据《国榷》卷三十六）

十一月

李泰（1430—1472）卒。《馆阁漫录》卷六《成化八年》："十一月癸巳朔。己酉，詹事府詹事兼侍读学士李泰卒。泰字文通，顺天府香河人。正统戊辰进士，改庶吉士，授编修。景泰间，进左春坊左司直郎兼编修，再升右春坊右中允。英宗复辟，改尚宝司丞兼编修，既而以侍东宫讲读升侍讲。上即位，升侍讲学士兼经筵官，寻侍文华日讲。修《英庙实录》成，升詹事府少詹事兼侍讲学士。未几，进詹事，兼职如故。至是卒，年四十三，赠礼部左侍郎，赐祭葬。泰继伯父太监永昌，在正统中掌章奏。泰初应乡试，京尹进录，英宗问左右李泰中否，见其名甚喜。及官翰林，颇向学，矜己自足，不事华侈。但生长富贵，性狷僻，与人寡合，而所与者则相朋比汲引，士论以是薄之。"

十二月

李梦阳（1473—1529）生。（生年据公历标注）据崔铣《洹词·江西按察司副使空同李君墓志铭》："以成化壬辰十二月七日生，嘉靖己丑九月二十有九日卒，享年五十八。"字天赐，更字献吉，庆阳人，徙扶沟。弘治癸丑进士，授户部主事，转员外郎。应诏陈言，弹寿宁侯张鹤龄，系锦衣狱，旋释之。进郎中，代尚书韩文草奏劾刘瑾，坐奸党致仕。起江西提学副使，恃气陵轹台长，讦奏罢官。宁庶人既诛，坐为庶人撰阳春书院记，狱辞连及，尚书林俊力持之得免。卒后，弟子私谥文毅。天启初追谥景文。有《空同集》。《明史》李梦阳传："母梦日堕怀而生，故名梦阳。"

明宪宗成化九年癸巳（公元1473年）

正月

北直隶提学阎禹锡奏乡试事宜，从之。王圻《续文献通考》卷四十五《选举考·举士三》："宪宗成化九年正月，北直隶提学阎禹锡奏：'顺天、应天两府乡试，旧制以御史二人监试，宜令预于十日前入院，庶详察事端以祛积弊。其同考试官，宜令所司择文学优长、素行端介者，毋徇势要干请。搜检、守号宜用在外都司官军，毋遣京营之人，庶革其传递挟带之弊。至于校文，须主考官详慎，将同考官落卷，并二、三场通行检阅，务得积学之士，不许懒慢推托。且两京主考系侍从格心之臣，若引嫌畏避，即内不足者，随当罢黜。《试录》就刻举人文字，不许主考代作，以妨校阅。'诏从之。

右佥都御史李侃致仕。东安人，洪武壬戌进士，历官太常寺丞。（据《国榷》卷三十六）

二月

侍读江朝宗以母丧去任。（据《馆阁漫录》卷六《成化九年》）

姚夔卒，年六十。《明宪宗实录》卷一百十三"成化九年二月庚午（初九）"："太子少保吏部尚书姚夔卒……夔豪俊慷慨，学通而文赡。但颇不拘小节，晚节为妻子所累，言官喋喋不置。论者谓夔应时练务类唐杜黄裳，而未免通馈谢，当时固有疵议之者。然求之一时大臣中，罕有其比，亦无愧于一代名臣云。"《明文衡》卷七十九《姚文敏公神道碑》："公丰神秀朗，气度宏伟，言论侃侃达大体。居官莅政，精敏逾人。拔擢人才，无间新故，有以嫌疑腾谤者，公不与辩，亦不为之变节，隐然如泰山、乔岳不可动摇。立朝三十余年，忧国悯民，恒存念虑。事有可为必勇为之，惟恐己后人先。每廷议大政大事，正色昌言，人皆悦服。一时大臣词气慷慨、才识高迈，未有出公右者。

识者谓公可属大事如周勃，善应变成务如姚崇，世以为知言。公所为文豪宕富赡，似其为人。"

五月

五月辛卯朔，编修李仁杰省亲复任。辛亥，敕升兵部尚书商辂为户部尚书，礼部左侍郎万安为本部尚书，俱仍兼旧职。戊午，起致仕礼部右侍郎倪谦、侍读学士钱溥于南京管事。时南京翰林院署院事陈秉中以忧去，旧制吏部员缺，内阁奏用翰林官之当次者。大学士彭时等言："本院学士四员见充经筵讲官，侍讲二员清黄教书，乞量升修撰年深者往莅院事。"内批起溥往署院事，并起谦于礼部。于是六科、十三道交章劾之，上曰："朕念钱溥、倪谦往劳，特起用之，所言不准。"（据《馆阁漫录》卷六《成化九年》）

六月

礼部左侍郎刘吉奉命祭告海岳，还自山东。（据《馆阁漫录》卷六《成化九年》）

七月

督学监察御史阎禹锡乞免诸生追廪之例，从之。（据《国榷》卷三十六）

八月

柯潜（1423—1473）卒，年五十一。《明宪宗实录》卷一百十九"成化九年八月丁丑（十八日）"："詹事府少詹事兼翰林学院学士柯潜卒。潜字孟时，福建莆田人。景泰辛未举进士第一，授修撰。明年，升右春坊右中允，仍兼修撰。丙子，《寰宇通志》成，升司经局洗马。天顺丁丑，改尚宝司少卿，仍兼修撰。己卯，充东宫讲读官。上嗣位，以侍从恩，升翰林院学士，掌院事。先是，掌院者多优于文学，不屑吏事，潜修举废坠，一裁以法，人颇以是称之，而亦因以构怨。预修《英庙实录》成，升詹事府少詹事，仍兼学士。成化戊子，充日讲官。是年冬，赐讲官冠带。潜适闻父丧，不出，遣使即赐于家。故事，四品官父母死，有祭无葬，特赐以葬，时以为荣。逾年，复丁母忧。会祭酒以罪去，欲得老成者以镇浮躁，时议非潜不可，有诏起复，潜力辞不起。未几，卒于家。潜在太学时，亦未有名。一登伦魁，遽奋发淬励，学遂大进。为文峭厉，诗亦有风致。为人高介有节，仪观修整，时以公辅望之。但其乡人有上书攻大学士商辂者，或疑潜使之。及其守制家居，颇为乡人所议，责备者为之不满云。"

谢铎校《通鉴纲目》毕。（据《国榷》卷三十六）《明史》谢铎传："成化九年校勘

《通鉴纲目》，上言："《纲目》一书，帝王龟鉴。陛下命重加考定，必将进讲经筵，为致治资也。今天下有太平之形，无太平之实，因仍积习，废实徇名。曰振纲纪，而小人无畏忌。曰励风俗，而缙绅弃廉耻。饬官司，而污暴益甚。恤军民，而罢敝益极。减省有制，而兴作每疲于奔命。蠲免有诏，而征敛每困于追呼。考察非不举，而幸门日开。简练非不行，而私挠日众。赏竭府库之财，而有功者不劝。罚穷谳覆之案，而有罪者不惩。以至修省祈祷之命屡颁，水旱灾伤之来不绝。禁垣被震，城门示灾，不思竦动旋转，以大答天人之望，是则诚可忧也。愿陛下以古证今，兢兢业业，然后可长治久安，而载籍不为无用矣。'帝不能从。"

十一月

《宋元通鉴纲目》着手编纂。《馆阁漫录》卷六《成化九年》："十一月戊子朔。戊申，上谕大学士彭时等曰：'朱文公《通鉴纲目》，可以辅经而行，顾宋元二代，至今未备。卿等宜尊朱子凡例，纂编宋、元二史，上接《通鉴》，共为一书。'时等因奏太常卿兼侍讲学士刘翊、学士王献，侍读学士杨守陈、尹直，左春坊左庶子黎淳、左谕德谢一夔，翰林修撰郑环、刘健、汪谐、罗璟，编修程敏政、陆简、林瀚，分为七馆编纂。明年，侍讲学士丘浚丁忧起复，时等请令浚同编纂，再加一馆为八馆云。"

十二月

张悦为浙江提学佥事，试士不糊名，曰："我尚自疑，何以示信？"（据《国榷》卷三十六）

本年

题准通行各都司卫所：凡武职官员下儿男应袭、优给并其余弟侄年十岁以上者，俱听提调学校风宪官，选送武学读书。无武学去处送卫学并附近府州县儒学，与生员一体提督，仍遵钦定学规，作养训诲。（据万历《大明会典》卷一百五十六《兵部·武学》）

杨一清徙丹徒。《国朝献征录》卷十五《文襄杨公一清行状》："壬辰登进士，癸巳以父艰解官，访姊氏于丹徒。会公前室段氏继卒，贫窭不任远归，乃葬丹徒，因家焉。"

张璧（1473—1545）生。据《弇山堂别集》卷四十五《内阁辅臣年表》。字崇象，石首人，正德辛未进士。官至礼部尚书、东阁大学士，谥文简。有《阳峰家藏集》三十六卷。

明宪宗成化十年甲午（公元 1474 年）

正月

更定两京乡试事宜。（据《明宪宗实录》卷一百二十四"成化十年春正月辛亥"）王圻《续文献通考》卷四十五《选举考·举士三》："（宪宗成化）十年，定在京科场事宜：一、监试官，都察院十日以前选差公正御史公同提调官于至公堂，编次号圃、提点席舍、审察执役人等，禁约希求考官诸弊。一、每场进题，考试官先行密封，不许进题官与闻，以致露泄。一、生员作文，全场、减场者，监试官各用全、减关防印记。至黄昏，全场誊正未毕者给烛，不及数者扶出。一、受卷、供给、巡绰等官入院，监试官搜检铺陈衣箱等物，不许挟带文字、朱红墨笔，厨役、皂隶人等审实正身供事，不许久惯之徒私替出入。一、搜检、巡绰，取在外都司轮班京操官军，三场调用，把门人等时加更换，不许军人故带文字，装诬生员，勒取财物。"

命王越总制三边。三边设总制自此始。《明鉴纲目》卷四："纲：甲午成化十年，春正月，命王越总制三边。目：刑部主事张鼎（河南信阳人。）言：'延绥、甘肃、宁夏三边，镇抚不相统一，宜推文武重臣一人总制。'诏从其请，因设制府于固原，即以越为之，巡抚总兵而下，并听节制。三边设总制自此始。"

二月

翰林编修董起（樾）省祭复任。（据《馆阁漫录》卷六《成化十年》）

令公侯伯并驸马初袭授者，送监读书习礼，祭酒一依学规教之。其不能背书及懒惰不律者奏闻。（据黄佐《南雍志》卷四《事纪》）

三月

叶盛卒，年五十五。《明文衡》卷七十九彭时《侍郎叶文庄公神道碑》："一日坐后堂署事，忽疾作不能言，舆归西第而卒，实甲午三月八日也，享年五十五。上闻，深悼惜之，赐赙钞三千缗，谥为文庄……公退，手不释卷，考古辨疑，殆忘寝食。而于世俗声色财利之好，澹然不以经心。平生为文师欧阳，而功业自期于韩、范，以范公为乡先正，尤景慕焉。惜乎大用未究而卒。所著诗文奏议总若干卷，藏于家。"《国榷》卷三十七："成化十年三月癸巳，吏部左侍郎叶盛卒。盛字与中，昆山人，正统乙丑进士。授兵科给事中，清白精采。景泰壬申，进山西右参政，协理独石。时八城俱毁，仅余一毁垣，盛鼎新之，蒐伍课屯，一军为雄。进右金都御史，抚两广，移宣府。益课屯田，增筑堡七百余，俱著疆场绩。历礼部右侍郎。有文武才，所著书惟《水东日记》存。年五十五。谥文庄，赐祭葬。崇祯末，赠尚书。"

限建州等卫贡额岁不过八九百人。成化八年后千二百人。（据《国榷》卷三十七）

四月

增云南乡试解额五名，至四十五名。《明宪宗实录》卷一百二十七：成化十年夏四月丙寅，"增云南乡试举人五名。先是，总兵官黔国公沐琮等奏：'云南、贵州虽在边鄙，久沾圣化，人才渐盛，往往与中州之士联中甲科。故事，乡试，止取四十名，云南二十四名，贵州十六名，人才淹滞，教官亦难迁转。乞量增额数。故有是命。'"

驸马都尉马诚乞录其兄诰为国子监生。有旨许之，不为例。《明宪宗实录》卷一百二十七：成化十年夏四月戊寅，"驸马都尉马诚乞录其兄诰为国子监生，有旨许之，不为例。都给事中霍贵等言：'国学乃首善之地，教化之原，惟科贡之士及大臣子弟得肄业其中。马诰身非科贡，父非大臣，而马诚为之乞恩入监，自祖宗以来，未闻弟为驸马而兄得录用者也。诚之狃恩蠹政，诰之夤缘求进，俱当论罪。'诏以既准其入监已之"。

六月

六月甲寅朔。癸亥，升太常卿兼侍读学士刘珝为吏部右侍郎，仍于经筵会讲。己卯，升检讨吴希贤为修撰，仍支原升俸一级，以九年任满也。（据《馆阁漫录》卷六《成化十年》）

邱浚自琼山入京供原职，预修《宋元通鉴纲目》。《明宪宗实录》卷一百二十九"成化十年六月癸未（三十日）"："翰林院侍讲学士丘浚起复还任。"《明宪宗实录》卷一百二十二"成化九年十一月戊申（二十二日）"："上谕大学士彭时等曰：'朱文公《通鉴纲目》，可以辅经而行。顾宋、元二代至今未备，卿等宜遵朱子凡例，编纂宋、元二史，上接《通鉴》，共为一书。时等因奏：太常寺卿兼侍读学士刘珝，学士王献，侍读学士彭华，侍讲学士杨守陈、尹直，左春坊左庶子黎淳，左谕德谢一夔，翰林院修撰郑环、刘健、汪谐、罗璟，编修程敏政、陆简、林瀚，分为七馆编纂。明年，侍讲学士丘浚丁忧起复，时等请令浚同编纂，再加一馆，为八馆云。"

进士李孟旸、陈寿、萧显、马孔惠、刘懋为监察御史。（据《国榷》卷三十七）

八月

准监生宋福等办事二年，送回本部，照例拨历十阅月，满日附选。黄佐《南雍志》卷四《事纪》："成化十年秋八月辛丑，南京守备太监安宁等言：'据监生宋福等告称，各部写本监生历事一年为满，要将在守备办事者三年减作二年，依例拨历十阅月，庶于事体均平。'于是行南京吏部咨查，本监呈称，查得守备处办事监生坐堂四年，拨出办事三年，历事一年，共八年；写本监生坐堂六年以上，拨出写本一年，共七年。如此则宜如安宁所言，准令办事二年，送回本部，照例拨历十阅月，满日附选，与写本监生斯一体均平矣。'制曰：'可'。"

两京及河南、山东、陕西、山西、浙江、湖广、江西、福建、广东、广西、四川、云南等十二布政司乡试；贵州士子附云南乡试。

黎淳、刘健主顺天乡试，《录》大有误，上命翰林官就闱中磨勘。淳以一士前后场文理悬甚，勾勘得截卷状，发勘，故有是命。（据查继佐《罪惟录》志卷十八《科举志》）

陈洪谟以《易经》举应天府乡试。后屡试不第。吴宽《家藏集》卷六十三《乡贡进士陈君墓志铭》："陈君……家贫，无以资给……入县学，与诸生讲业。诸生多富家子，君处其间自若。竟以《易经》中成化甲午应天府乡试。凡上礼部，得教官，辄不受。乃益教其子言读书，言亦中乡试，于是父子同在礼部。有劝之者曰：'校官可受矣。'君不应，敝衣破履，徒步京师，其志必欲得进士。至是凡五举，不能得，南归数月，竟卒于家，年六十四。君初名黻，字德明，更名洪谟，后复更元谟。"

南京国子监祭酒周洪谟起复至京，调国子监。国子监缺祭酒，有旨待洪谟起复以闻，故有是命。（据《馆阁漫录》卷六《成化十年》）

进士李遄、董彝为翰林检讨，侍徽王。（据《国榷》卷三十七）

九月

命侍读、侍讲、修撰、编修、检讨等官，务要每日进学攻文，不许因循怠惰。李默《孤树裒谈》卷八："成化十年九月十八日，文华读讲官皆退，留三阁老少俟，亲授以旨意揭帖，且谕：'尔每将去行。'盖先日内阁承命所拟进者。云：'翰林是储才之地，官翰林的必文学该博，操履端慎，方为称职。若不勉励作兴，何由得真才实用？今后侍读、侍讲、修撰、编修、检讨等官，务要每日赴馆进学攻文，不许因循怠惰，恁宜常加考试，以验其进。如有意慢不遵及放肆不谨的，具实奏闻处置。'阁老钦奉以出，书揭于东阁。明旦，讲读等官皆谢恩。相传时有求进阁者，阴诋本院疏散于中贵之前。适是秋庶子淳、刘修撰健二人主考顺天乡试，录文有误，遂指摘转闻。乃命内阁具进各官脚

942

色，欲仿正统间选数十人之例，而阁老难于取舍，故通拟敕谕如右云。"

刘麟（1474—1561）生。据《清惠集》附录顾应祥《大司空南坦刘麟公墓铭》："末岁屡得危疾。一日，命大书《论语》'曾子浴乎沂'一段，悬于寝所，朝夕相对，怡然自得，人莫测其所以。复得疾，竟无一语及家事而卒，时嘉靖辛酉四月朔之二日也。距生之年成化甲午九月二十八日，享年八十有八。"字元瑞，一字子振，江西安仁人。后流寓长兴，子孙遂隶籍焉。弘治丙辰进士，官至工部尚书。事迹具《明史》本传。有《清惠集》十二卷。

监生林载为中书舍人。 载自陈其父太常少卿兼侍读学士文年老致仕居家，冀乞量授京秩，得分俸。上念文侍从年久，特授载中书舍人。（据《馆阁漫录》卷六《成化十年》）

命侯伯新袭及驸马年少俱入太学。（据《国榷》卷三十七）

十月

左春坊左庶子兼侍讲徐溥服阕至京，诏升少詹事兼侍讲学士。（据《馆阁漫录》卷六《成化十年》）

王廷相（1474—1544）生。字子衡，号浚川，仪封人。弘治壬戌进士，选庶吉士，改兵科给事中。以言事谪判亳州，拜监察御史，巡按陕西，为镇守廖銮诬奏，下狱。再谪赣榆县丞，稍迁宁国同知，历四川按察使，拜副都御史，巡抚四川。入为兵部侍郎、都察院右都御史，进兵部尚书，提督团营，仍掌院事。加太子太保，卒谥肃敏。有《慎言》十三卷，《王氏家藏集》四十一卷。《国朝献征录》卷三十九《太子太保兵部尚书都察院左都御史赠少保谥肃敏浚川王公廷相墓表》："归三年，以甲辰九月七日卒于里第，距生成化十年十月二十五日，得年七十有一。"《中州人物考》卷一《王肃敏廷相》："生而颖异，十三岁补邑庠，即以能古文诗赋名。"

左春坊左庶子兼翰林侍讲徐溥，服除，进少詹事兼侍讲学士。（据《国榷》卷三十七）

十一月

授国子监生杨士儆为中书舍人。 士儆当选，自陈其祖故少师、工部尚书、谨身殿大学士荣在先朝有辅理功，乞量授京职，故有是命。（据《馆阁漫录》卷六《成化十年》）

前兵部尚书孙原贞卒。 原贞德兴人，永乐乙未进士。授兵部主事，进郎中，历浙江左布政使。值叶宗留之乱，尽安反侧。进兵部左侍郎，参赞军务。镇浙江，进尚书，考察福建，因留镇，寻还浙江。天顺初谢归。历著劳效。年八十七。赐祭葬。（据《国

十二月

榜示妖书名目。《明宪宗实录》卷一百三十六"成化十年十二月甲午（十三日）"："都察院左都御史李宾等奏：'锦衣卫镇抚司累问妖言罪人，所追妖书图本，举皆妄诞不经之言，小民无知，往往被其幻惑，乞备录其妖书名目，榜示天下，使愚民咸知此等书籍决无证验，传习者必有刑诛，不至再犯。'奏可。其书有：《番天揭地搜神记经》、《金龙八宝混天机神经》、《安天定世绣莹关九龙战江神图》、《天宫知贤变愚神图经》、《镇天降妖铁板达通天混海图》、《定天定国水晶珠经》、《金锁洪阳大策金锋都天玉镜》、《六甲明天了地金神飞通黑玩书》、《通天彻地照仙炉经》、《三天九关夜海金船经》、《九关七返篡天经》、《八宝擎天白玉柱夫子金地历》、《刘太保泄漏天机伍公经》、《夺天册收门篡经》、《佛手记》、《三煞截鬼经》、《金锁拦天记》、《紧关周天烈火图》、《玉盆经》、《换天图》、《飞天历》、《神工九转玉瓮》、《金灯记》、《天形图》、《天髓灵经》、《定世混海神珠》、《通玄济世鸳鸯经》、《锦珊瑚》、《通天立世滚云裘》、《银城论》、《显明历》、《金璋紫绶经》、《玉贤镜四门记》、《收燕破国经》、《通天无价锦包袱》、《三圣争功聚宝经》、《金历地经》、《夺天策海底金经》、《九曜飞光历》、《土伞金华盖》、《水鉴书》、《照贤金灵镜经》、《朱书符式》、《坐坛记》、《普济定天经》、《周天烈火图》、《六甲天书》、《三灾救苦金轮经》、《智锁天关书》、《感天迷化经》、《变化经》、《镇国定世三阳历》、《玄元宝镜》、《玉伞锦华盖》、《换海图》、《转天图》、《推背书》、《九曜飞天历》、《弥勒颂》、《通天玩海珠》、《照天镜》、《玄天宝镜经》、《上天梯等经》、《龙女引道经》、《穿珠偈》、《天形图》、《应劫经》、《天图形》、《首妙经》、《玉贤镜透天关尽天历》、《玄娘圣母亲书太上玄元宝镜降妖断怪伍家经》、《金光妙品夺日金灯红尘三略照天镜》、《九关番天揭地神图》、《金锋都天玉镜玉树金蝉经》、《玄娘圣母经》、《七返无价紫金船银城图样》、《龙凤勘合》。"

乙酉，升编修程敏政为侍讲，仍支原升俸一级，以九年任满也。庚寅，升编修李东阳为侍讲，仍支原升俸一级，以九年任满也。（据《馆阁漫录》卷六《成化十年》）

太子少保兼兵部尚书白圭卒。圭字宗玉，南宫人，正统壬戌进士。授御史。从土木脱归，募兵泽州，迁山西副使。景泰初，浙江右布政使。天顺初，右副都御史巡抚湖广，平贵州苗，拜兵部右侍郎。赞画庄浪有功，遂以工部尚书征荆襄盗，献俘功尤伟。年五十六。身后诸子讼产，清议诎焉。赠少傅，谥恭敏。（据《国榷》卷三十七）

国子祭酒周洪谟上言："选官限近地，王府官得迁转。"吏部覆寝之。（据《国榷》卷三十七）

本年

陈真晟（1411—1474）卒。黄宗羲《明儒学案》卷四十六："陈真晟字剩夫，初字晦夫，其后以布衣自号。福之镇海卫人。年十七八，即能自拔于俗。入长泰山中，从进士唐泰治举子业。业成，荐于有司。至福州，闻防察过严，无待士礼，乃辞归。自是不复以科举为事，务为圣贤践履之学。初读《中庸》，做存养省察工夫，学无头绪。继读《大学》，始知为学次第。以朱子所谓敬者，乃《大学》之基本也，乃求其所以为敬。见程子以主一释敬，以无适释一，始于敬字见得亲切，乃实下工夫，推寻此心之动静，而务主于一。静而主于一，则静有所养，而妄念不复作矣；动而主于一，则动有所持，而外诱不能夺矣……凡先生学有所得者，至是皆无所遇。闻临川吴聘君名，欲往质之……行至南昌，张东白止之宿，扣其所学，大加称许。……遂还镇海。先生生于镇海，迁于龙岩，晚定居于漳之玉渊。成化十年卒，年六十有四。先生学无师承，独得于遗经之中，自以僻处海滨，出而访求当世学者，百尺竿头，岂无进步？奈何东白以'得真'一言，遂为金椎，康斋、白沙终成欠事。然先生之学，于康斋似近，于白沙差远。而白沙言：'闻其学术，专一教人静坐，此寻向上人也。'子刘子曰：'一者诚也，主一敬也，主一即慎独之说，诚由敬入也。剩夫恐人不识慎独义，故以主一二字代之，此老学有本领，故立言谛当如此。'是故东白得真之言，亦定论也。"

令御史缺，选进士年三十以上者，问刑半年，考试除授。博士、行人、推官、知县兼选，仍试职。（据万历《大明会典》卷二百九《都察院一·急缺选用（考授附）》）

何孟春（1474—1536）生。字子元，郴州人，弘治癸丑进士。授兵部主事，累官右副都御史。巡抚云南，入为吏部左侍郎，以争大礼左迁南京工部左侍郎，寻削籍。隆庆初，赠礼部尚书，谥文简。事迹具《明史》本传。有《余冬序录》六十五卷、《何燕泉诗集》四卷。

马理（1474—1556）生。据《明儒学案》卷九《光禄马溪田先生理》："卒，嘉靖乙卯十二月也，年八十二。"字伯循，号溪田，三原人，正德甲戌进士，官至南京光禄寺卿。事迹具《明史》儒林传。有《溪田文集》十一卷补遗一卷。

何瑭（1474—1543）生。据《明儒学案》卷四十九《文定何柏斋先生瑭》。《明史》儒林传："何瑭，字粹夫，武陟人……两执亲丧，皆哀毁。后谥文定。所著《阴阳律吕》、《儒学管见》、《柏斋集》十二卷，皆行于世。"黄宗羲《明儒学案》卷四十九："何瑭字粹夫，号柏斋，怀庆武陟人……癸卯九月卒，年七十。赠礼部尚书，谥文定。"张惟骧《疑年录汇编》卷七："何柏斋七十瑭，生成化十年甲午，卒嘉靖二十二年癸卯。"字粹夫，号柏斋，怀庆武陟人，弘治壬戌进士，官至南京右副都御史，谥文定。有《柏斋集》。

明宪宗成化十一年乙未（公元 1475 年）

正月

升太子少保、吏部尚书兼文渊阁大学士彭时为少保，仍兼旧职理事，以九年任满也。（据《馆阁漫录》卷六《成化十一年》）

祀故监察御史伍骥、都指挥丁泉于福建之上杭，祠曰"褒忠"，从上杭知县萧宏请。骥安福人，景泰甲戌进士。（据《国榷》卷三十七）

国子祭酒周洪谟请增文庙乐舞，群臣各立家庙。从之。（据《国榷》卷三十七）

二月

徐溥、丘浚为会试考官，取中王鏊等三百人。命彭时等为殿试读卷官。（据《明宪宗实录》卷一百三十八）《馆阁漫录》卷六《成化十一年》："二月庚辰朔。乙酉，命詹事府少詹事兼侍讲学士徐溥、侍读学士彭华为会试考试官。华以疾且有从子入场，上疏辞，改命侍讲学士丘浚。戊子，侍讲学士杨守陈以母丧去任，赐守陈母太孺人祭，不为例，从守陈请也。己酉，命少保、吏部尚书兼文渊阁大学士彭时、户部尚书兼学士商辂、礼部尚书兼学士万安、吏部尚书尹旻、户部尚书杨鼎、兵部尚书项忠、刑部尚书董芳、工部尚书王复，太子少保兼都察院左都御史李宾、王越，通政司掌司事工部尚书张文质、大理卿宋旻、学士王献、侍读学士彭华、侍读学士尹直为殿试读卷官。"王圻《续文献通考》卷四十六《选举考·举士四》："宪宗成化十一年二月，命少保、吏部尚书兼文渊阁大学士彭时，户部尚书兼翰林院学士商辂，礼部尚书兼翰林院学士万安，吏部尚书尹旻，户部尚书杨鼎，兵部尚书项忠，刑部尚书董方，工部尚书王复，太子少保兼都察院左都御史李宾、王越，通政使司、工部尚书张文质，大理寺卿宋旻，翰林院学士王献，侍读学士彭华，侍讲学士尹直，为殿试读卷官。十四年三月，以大学士万安、刘翔、刘吉，吏书尹旻、兵书徐子俊、刑书林聪、工书王复、兵书兼左都王钺、掌通政使司事工书张文质、大理卿宋旻，充殿试读卷官。按：读卷官，国初用祭酒、修撰等官。洪武初，国子祭酒魏观、太常博士孙吴与给事中李颜、修撰王僎四人充读卷。正统中，犹与其事。其后，非执政大臣不得与，而去取之柄则在内阁。国初于殿试之明日即传胪揭榜，今制约以三日内阁卷，庶得尽心鉴别。凡殿试读卷官，内阁大学士、学士等官内具其名，送该部奏请。至日，与各衙门该读卷官详定试卷。次日，同赴文华殿内，各官将第一甲三卷以次进读，俟御笔批定，出将二甲三甲姓名填写黄榜。又次日早，同赴华盖殿，内阁官进至御座前，以次拆卷，将姓名籍贯面奏，司礼监官授制敕房官填榜毕，开写传胪帖子。内阁官一员捧榜出，至奉天殿授礼部尚书。制敕房官将帖子授鸿胪寺官传胪。其受卷、弥封、掌卷官，从内阁于翰林院及春坊等官并制敕房官内推选，与各衙门官相兼执事，翰林院、坊、局始不过五人，后增至七人，遂为例。恩荣宴所，洪武时无考。永乐九年，宴于会同馆，十三年，宴于留守行后军都督府，立石。宣德五年，宴于行在中军都督府。宣德八年，始赐宴于礼部，遂为例。"《重编琼台稿》卷八《会试策问》云："问：古道德一，风俗同，历世虽久，而所守者惟一。是以当是之时，学无异道，人无异论，百家无殊言。孔子没而异说纷起，道德遂为天下裂。自是国异政，家殊俗，岁异而月不同矣。秦汉而下，自武帝表章六经之后，世之所谓儒者，咸知尊孔氏，黜百家，及其见于立论行事之间，则又有不同焉者。其大略有三：工文辞者，则有司马迁之徒。论政事者，则有刘向之辈。谈理道者，则有董生之流。是三者，皆世所谓儒者之事也。然则儒者之道，果止是而已乎？其后精于文者，有韩愈氏，有欧阳修氏。达于治者，有陆贽氏，范仲淹氏。深于道者，有二程、朱子焉。之数子者，其于前诸子，果若是班乎？其于孔子之道，亦有所合乎？我朝崇儒重道，太祖高皇帝大明儒学，教人取士，一惟经术是用。太宗文皇帝又取圣经贤传，订正归一，使天下学者诵说而持守之，不惑于异端驳杂之说。道德可谓一矣。然至于今，风俗犹有未尽同者，何也？曩时文章之士，固多浑厚和平之作，近或厌其浅易，而肆为艰深奇怪之辞，韩欧之文，果若是乎？议政之臣，固多救时济世之策，近或厌其循常，而过为闾阎矫激之论，陆范之见，果若是乎？至若讲学明道，学者分内事也，近或大言阔视，以求独异于一世之人，程朱之学，果若是乎？伊欲操觚染翰者，主于明理，而不专于骋辞；封章投匦者，志于匡时，而不在于立名；讲学明道者，有此实功，而不立此门户。不厌常而喜新，各矫偏而归正，必使风俗同而道德一，以复古昔之盛，果若何而可？"查继佐《罪惟录》志卷十八《科举志》："（成化）十一年乙未，试贡士，得王鏊等三百人，赐谢迁、刘戢、王鏊等及等、出身有差。鏊甲午解元。或曰鏊已拟状元，主考大学士徐溥心忌，抑置第三，后鏊作座师墓表，有微词。"李调元《制义科琐记》卷三《弱肉对句》："成化乙未会试，主司丘文庄公浚，场中得王鏊卷，阅至《孟》艺'周公兼夷狄驱猛兽而百姓宁'后比'被发而左衽'句，曰：'此非弱肉而强食不能对。'阅之，果然。遂置第一。"

王鏊被誉为举业文字正宗。李乐《见闻杂记》卷五："本朝举业文字，自永乐、天顺间非无佳者，然开创首功，惟文恪王公鏊为正宗。弘治则有钱公福，嘉靖则有唐荆川顺之、薛方山应旂、瞿昆湖景淳三先生。文恪'周公兼夷狄、驱猛兽而百姓宁'，会试文字何等气格，何等精练，当百世不磨。三先生文佳者何可指数。今后生小子将数公文字置之高阁，即见以为不时，不加功夫模仿细玩，如何学得好文字出。"钱谦益《牧斋有学集》卷四十五《家塾论举业杂说》："杜工部云：'别裁伪体亲风雅，转益多师是汝师。'余谓时文亦然。有举子之时文，有才子之时文，有理学之时文。是三者皆有真伪，能于此知别裁者是也。何谓举子之时文？本经术，通训故，析理必程、朱，遣词必欧、苏。规矩绳尺，不失尺寸，开辟起伏，浑然天成。自王守溪以迄于顾东江、汪青湖、唐荆川、许石城、瞿昆湖，如谱宗派，如授衣钵，神圣工巧，斯为极则。隆、万之间，刘定宇、冯开之、萧汉冲、李九我、袁石浦、陶石篑诸公，坛宇相继，谓之元脉。江河之流，不绝如线，久而渐失其真。汤霍林开串合之门，顾升伯谈倒插之法，因风接响，奉为金科玉条。莠苗稗谷，似是而非，而先民之矩度与其神理，澌灭不可复问矣。此举子之文之伪体也。何谓才子之时文？心地空明，才调富有，风樯阵马，一息千里，不知其所至，而能者顾诎焉。钱鹤滩、茅鹿门、归震川、胡思泉、顾泾阳、汤若士之流，其最著者。虞澹然、王荆石、袁小修，其流亚也。莽荡如郝仲舆，杂乱如王遂东，窃衔窃辔，泛驾自喜，可与龙文虎脊并称天马乎？此才子之文之伪体也。何谓理学之时文？季彭山，姚江之别支也；杨复所，近溪之嫡孙也；赵梦白，洛闽之耳孙也；李卓吾，紫柏之分身也。称心信理，现量发挥，可以使人开拓心胸，发明眼目。既而缙绅先生罢问讲学，点缀咕哗，招摇门徒，以灯窗腐烂之辞，为扣门乞食之计。风斯下矣，文亦如之。此理学之文之伪体也。"阮葵生《茶余客话》卷十六："任香谷先生常言其乡一老宿芮先生者，专心制艺，讲论甚精，自总角至白首，凡六十年，手不停批，褒讥得失，穰穰满室。至国初，年老不复应举，乃举平生所评骘之文，分为八大箱，按卦名排次。其乾字箱，则王、唐正宗也；坤字箱，则归、胡大家，降而瞿、薛、汤、杨以及隆、嘉诸名家连次及之，金、陈、章、罗诸变体又次及之；其坎、离二箱，则小醇大疵，褒贬相半；艮、兑二箱，皆历来传诵之行卷、社稿及每科大小试获隽之文，所深恶而丑诋之者也。书成后，自谓不朽盛业，将传之其人，举以示客，无一阅终卷者。数年后，并无一人过问。一日，有后生叩门请业，愿假其书，先生大喜，欣然出八大箱，后生点检竟日，乃独假其艮、兑二箱而去。先生太息流涕累日。香谷先生犹及见其人。"梁章钜《制义丛话》卷四："李文贞公曰：或问王守溪时文笔气，似不能高于明初人，应之曰：'唐初诗亦有高于工部者，然不如工部之集大成，以体不备也。'制义至守溪而体大备。某少时颇怪守溪文无甚拔出者，近乃知其体制朴实，书理纯密。以前人语句多对而不对，参差洒落，虽颇近古，终不如守溪裁对整齐，是制义正法。如唐初律诗，平仄不尽叶，终不如工部声律密细，为得律诗之正。""俞桐川曰：制义之有王守溪，犹史之有龙门、诗之有少陵、书法之有右军，更百世而莫并者也。前此风会未开，守溪无所不有；后此时流屡变，守溪无所不包。理至守溪而实，气至守溪而舒，神至守溪而完，法至守溪而备。盖千子、大力、维斗、吉士莫不奉为尸祝，而或讥其雕镂，疵其圆熟，则亦过高之论矣。运值天地之和，居得山川之秀。夹辅盛明，大有而不溺；遭逢疑贰，明夷而不伤。于理学为贤，于文章为圣，于经典为臣，于制义为祖，岂非一代之俊英、斯文之宗主欤？"又曰："成化乙未科廷试，王文恪已居第一，商文恪忌之，易以谢文正，故时人嘲之曰：'文让王鏊，貌让谢迁。'今观文正所作，清刚古朴，不入时艳，独惜其少耳，何尝让文恪哉！方逆瑾用事，时群邪项领，众正侧目，在廷之士咸受摧折，文正独秉介石之操，翩翩去位，不俟终日，文恪亦未尝不去，但稍后于文正耳。

古人出处进退，同一不苟如此，又何必于文字较短长哉！"《制义丛话》卷十二："凌义远《名文探微》云：……制艺之盛，莫如成、弘，必以王文恪公为称首，其笔力高古，体兼众妙，既非谨守成法者所能步趋，亦非驰骋大家者所可超乘而上。钱鹤滩风骨不减守溪，惜文多小品，而微伤镂刻，其大题则寥寥数篇，已如彝鼎法物，浅学黜鹤滩而跻方山，岂识名元气韵品格哉？唐荆川之机法，自堪称祖称宗；瞿昆湖之涵养，亦复宜风宜雅。但荆川叙事得史家笔意，而腕力稍弱，昆湖则全乎时体，渐开宛陵一派，故尚论者欲平视之，然盛世之文醇乎其醇，正非宛陵以后所可及，荆川与昆湖相后先，一变圆熟而臻于精实，其修词钜丽，有台阁气象，微少淘汰耳。定宇、月峰醇雅博厚，元气浑然，允为隆、万之冠。《葵阳全稿》无一陈言，盖锤炼之极而不以修饰为工，诚修辞之体要也。具区有五易、七易稿，平时去取精严，故风檐挥洒，意思安闲，如不欲战。泾阳平中大雅，文兼古体，理本程、朱，气淡欧、曾，名冠东林，不虚已。九我之文，无所不炼，无所不化，墨胜于稿。泗山则稿胜于墨，善用虚字为章法，开思白、霍林法门矣。会稽风规高峻，惜墨如金，然元品自冯而陶，则林泉洁清之致多，而廊庙升恒之气少矣。思白之文，珠圆玉润，气韵又复雅逸，其篇章结构，可谓规矩方圆之至，盖文品之入圣者。无障善于擒题竖义，以识为主，谢叠山所云小心、放胆兼而行之，拘士至今以为口实，殆未识捉刀人乃真英雄耳。霍林继起，意在镕无障之生而就昆湖之熟，惜其欲以人工夺天巧，搏捖之融、磨礲之粹，往往有馀于法而不足于气，殆所谓文盛而朴将散者乎？然戊戌以后，罕见其匹，故论列元品，自守溪而下断自霍林止。其间弁南宫者十人，兼会解者二人，冠全省者二人，惟泗山、思白名亚会元，如骖之靳，然二公窗艺粹然元品，故并附之。兹十六家者，堂奥各辟而渊源如一，以论相之法论诸公，则范围其中与趣轶其外者，皆瞠乎若后矣。"

王鏊议改革科举，建议于科目之外，另设制科以收非常之才。 王鏊《震泽集》卷三十三《拟罪言》："王子曰：国家设科取士之法，可谓正矣、密矣。先之经义，以观其穷理之学，次之论、表，以观其博古之学，终之策问，以观其时务之学。士诚穷理也、博古也、识时务也，尚何求哉？其可谓良法矣。然行之百五十年，宜其得人超轶前代，卒未闻有如古之豪杰者出于其间，而文词终有愧于古。虽人才高下系于时，然亦科目之制为之也。科目之设，天下之士群趋而奔向之，上意所向，风俗随之。人才之高下，士风之醇漓，率由是出。三代取士之法，吾未暇论。唐、宋以来，科有明经，有进士。明经即今经义之谓也，进士则兼以诗赋。当时二科并行，而进士得人为盛，名臣将相皆是焉出。明经虽近正，而士之拙者则为之，谓之学究。诗赋虽近于浮艳，而士之高明者多向之，谓之进士。诗赋虽浮艳，然必博观泛取、出入经史百家，盖非诗赋之得人，而博古之为益于治也。至宋王安石为相，黜诗赋，崇经学，科场以经义论策取士，可谓一扫历代之陋也。然士专一经，白首莫究，其余经史付之度外，谓非己事，其学诚专，其识日陋，其才日下，盖不过当时明经一科耳。后安石言初意驱学究为进士，不意驱进士为学究，盖安石亦自悔之矣。今科场虽兼策论，而百年之间，主司所重，惟在经义，士子所习，亦惟经义。以为经既通，则策论可无俟乎习矣。近年颇重策论，而士习既成，亦难猝变。夫古之通经者，通其义焉耳。今也割裂、装缀、穿凿、支离，以希合主司之求，穷年毕力，莫有底止。偶得科目，弃如弁髦，始欲从事于学，而精力竭矣，不复能有进矣。人才之不如古，其实由此也。然则进士之科可无易乎？曰：科不俟易也。经义取士，其学正矣，其义精矣，所恨者其途稍狭，不能尽天下之才耳。愚欲于进士之外，别立一科，如前代制科之类，必兼通诸经，博洽子、史、词赋，乃得预焉。有官无官，皆得应之。其甲授翰林，次科、次道、次部属，而有官者则递升焉。如此天下之士，皆将争奋于学，虽有官者亦翘翘然有兴起之心，无复专经之陋矣。或曰：今士子一经且不能精，如余经何？曰：制科以待非常之士耳。以科目收天下之士，以制科收非常之才，如此而后，天下无遗才。故曰：科不俟易也。"

翰林侍讲学士杨守陈忧去。（据《国榷》卷三十七）

三月

谢迁、刘戬、王鏊等三百人进士及第、出身有差。是科未考选庶吉士。《明宪宗实录》卷一百三十九："成化十一年三月庚戌朔，上御奉天殿，亲策举人王鏊等。""壬子，上亲阅举人所对策，赐谢迁等二百九十七人进士及第、出身有差。"据《成化十一年进士登科录·玉音》："成化十一年二月二十七日，礼部尚书臣邹干等于奉天门奏为科举事。会试天下举人，取中三百名。本年三月初一日殿试，合请读卷官及执事等官少保吏部尚书兼文渊阁大学士彭时等五十二员。其进士出身等第，恭依太祖高皇帝钦定资格，第一甲例取三名，第一名从六品，第二第三名正七品，赐进士及第。第二甲从七品，赐进士出身。第三甲正八品，赐同进士出身。奉圣旨：是，钦此。读卷官：资德大夫正治上卿户部尚书兼翰林院学士商辂，乙丑进士；资善大夫礼部尚书兼翰林院学士万安，戊辰进士；资善大夫吏部尚书尹旻，戊辰进士；资德大夫正治上卿户部尚书杨鼎，己未进士；资德大夫正治上卿兵部尚书项忠，壬戌进士；资善大夫刑部尚书董方，乙丑进士；资德大夫正治上卿工部尚书王复，壬戌进士；通政使司掌司事工部尚书张文质，壬戌进士；资德大夫正治上卿太子少保兼都察院左都御史李宾，乙丑进士；资政大夫太子少保兼都察院左都御史王越，辛未进士；嘉议大夫大理寺卿宋旻，辛未进士；翰林院学士奉议大夫王献，辛未进士；翰林院侍读学士奉训大夫彭华，甲戌进士；翰林院侍讲学士奉训大夫尹直，甲戌进士。提调官：资德大夫正治上卿礼部尚书邹干，己未进士；通议大夫礼部左侍郎刘吉，戊辰进士；嘉议大夫礼部右侍郎俞钦，辛未进士。监试官：文林郎江西道监察御史龚晟，甲申进士；文林郎云南道监察御史薛为学，丙戌进士。受卷官：翰林院侍讲承德郎徐琼，丁丑进士；翰林院侍讲承直郎程敏政，丙戌进士；承事郎吏科都给事中徐英，丁丑进士；承事郎户科都给事中邓山，甲申进士。弥封官：亚中大夫光禄寺卿周骙，戊辰进士；中宪大夫鸿胪寺卿杨宣，甲戌进士；中议大夫赞治尹太常寺少卿林章，儒士；奉议大夫尚宝司卿蒋敌，甲戌进士；翰林院修撰儒林郎汪谐，庚辰进士；征仕郎礼科左给事中张谦，丙戌进士；征仕郎兵科给事中郭镗，丙戌进士。掌卷官：翰林院修撰承务郎吴宽，壬辰进士；翰林院编修文林郎倪岳，甲申进士；承事郎刑科都给事中雷泽，甲申进士；征事郎工科右给事中陈峻，庚辰进士。巡绰官：骠骑将军锦衣卫掌卫事都指挥使袁彬；怀远将军锦衣卫指挥同知焦寿；明威将军锦衣卫指挥佥事赵能；明威将军锦衣卫指挥佥事朱骥；明威将军锦衣卫指挥佥事董璋；明威将军金吾前卫指挥佥事万友；昭勇将军金吾后卫指挥使朱英。印卷官：奉政大夫礼部仪制清吏司郎中彭彦充，丁丑进士；奉训大夫礼部仪制清吏司员外郎赵缮，庚辰进士；承德郎礼部仪制清吏司主事张习，己丑进士；承直郎礼部仪制清吏司主事邵新，己丑进士。供给官：奉议大夫光禄寺少卿艾福，庚辰进士；奉议大夫光禄寺少卿秦玘，甲戌进士；登仕佐郎礼部司务刘琛，监生；奉议大夫礼部精膳清吏司郎中周宗智，庚辰进士；礼部精膳清吏司员外郎陆渊之，丙戌进士；承德郎礼部精膳清吏司主事魏佑，监生。"《成化十一年进士登科录·恩荣次第》："成化十一年三月初一日早，诸贡士赴内府殿试，上御奉天殿亲赐策问。三月初三日早，文武百官朝服侍班。是日，锦衣卫设卤簿于丹陛丹墀内，上御奉天殿，鸿胪寺官传制唱名，礼部官捧黄榜，鼓乐导引出长安左门外，张挂毕，顺天府官用伞盖仪从送状元归第。三月初四日，赐宴于礼部。宴毕，赴鸿胪寺习仪。三月初五日，赐状元朝服冠带及进士宝钞。三月初六日，状元率诸进士上表谢恩。三月初七日，状元率诸进士诣先师孔子庙行释菜礼，礼部奏请命工部于国子监立石题名。"

据《成化十一年进士登科录》，第一甲三名，赐进士及第。履历如下：

谢迁，贯浙江绍兴府余姚县，民籍，县学生，治《礼记》。字于乔，行二，年二十七，十二月二十八日生。曾祖原广。祖莹，前布政司都事。父恩。母邹氏。重庆下。弟选、迪、迟。娶徐氏。浙江乡试第一名，会试第三名。

刘戬，贯江西吉安府安福县，民籍，国子生，治《易经》。字景元，行一，年四十，十一月十五日生。曾祖能宽。祖东汇。父丕严。母赵氏。具庆下。弟戡、景恪、景隆。娶胡氏。江西乡试第六十名，会试第十五名。

王鏊，贯直隶苏州府吴县，民籍，府学生，治《诗经》。字济之，行二，年二十六，八月十七日生。曾祖伯瑛。祖惟道。父朝用，知县。母叶氏。重庆下。兄铭。弟録。娶吴氏。应天府乡试第一名，会试第一名。

据《成化十一年进士登科录》，第二甲九十五名，赐进士出身。履历如下：

卜同，贯直隶常州府宜兴县，官籍，国子生，治《书经》。字从大，行一，年三十四，正月初二日生。曾祖益，工部主事。祖友道，封户部主事。父祺。母吴氏。慈侍下。弟相、年、世。娶蒋氏。应天府乡试第二名，会试第七名。

徐洪，贯浙江绍兴府萧山县，匠籍，国子生，治《书经》。字公溥，行二，年三十七，五月二十二日生。曾祖仁富。祖原善。父鼎宁。母吴氏，继母萧氏。具庆下。兄广。弟远。娶王氏。浙江乡试第二十八名，会试第二十六名。

洪钟，贯浙江杭州府钱塘县，民籍，国子生，治《易经》。字宣之，行一，年三十三，十一月初二日生。曾祖荣甫。祖有恒。父薪，大使。母姚氏。慈侍下。弟锡、镃。娶郑氏，继娶徐氏，聘周氏。浙江乡试第十七名，会试第一百二十五名。

金楷，贯直隶苏州府嘉定县，军籍，县学生，治《书经》。字式之，行一，年二十八，十二月初八日生。曾祖仲礼。祖毓。父洪，教谕。母陆氏。具庆下。弟格、相。娶曹氏。应天府乡试第二十九名，会试第二名。

王沂，贯直隶常州府武进县，军籍，县学增广生，治《春秋》。字希曾，行二，年三十三，十一月十九日生。曾祖友谅，府同知。祖守正，兵部主事，赠左庶子兼侍讲。父偁，南京国子监祭酒。母吴氏，赠恭人，继母孙氏，封恭人。具庆下。兄澄。弟济、清、洁、淇、浩、洛、深。娶杨氏。应天府乡试第三十一名，会试第一百二十名。

郭定，贯山西泽州高平县，官籍，国子生，治《诗经》。字静之，行四，年三十一，八月十一日生。曾祖景昭。祖钦，封监察御史。父质，知州。前母悦氏，母王氏。慈侍下。兄宁；宗，知县；宥。弟㦄、完、宏、骞、拱宸、拱宿。娶邢氏，继娶崔氏。山西乡试第十二名，会试第二百六十六名。

杨茂元，贯浙江宁波府鄞县，民籍，国子生，治《易经》。字志仁，行一，年二十六，十月二十二日生。曾祖九畴。祖自惩，副使，赠编修。父守陈，侍讲学士。母丁氏，封孺人。具庆下。弟茂贞、茂义、茂智、茂忠。娶钱氏。浙江乡试第五名，会试第四名。

杨仕伟，贯福建建宁府建安县，官籍，国子生，治《春秋》。字景奇，行八，年三十九，八月二十一日生。曾祖伯成，赠荣禄大夫、少傅、工部尚书兼大学士。祖荣，少师，赠特进光禄大夫左柱国太师，谥文敏。父恭，尚宝少卿。嫡母黄氏，封太淑人，生母郭氏。永感下。兄泰，指挥同知；俨；俊，中书舍人；伦；俭；佶，学士；佐。弟俦，侗。娶朱氏。福建乡试第二十五名，会试第五名。

刘忠，贯四川叙州府南溪县，民籍，县学生，治《易经》。字臣节，行三，年三十五，十一月初二日生。曾祖永寿，同知。祖琬。父恂，教授。前母郭氏、王氏、熊氏，母张氏。永感下。兄广、本、文、廓。弟信，同科进士。娶邓氏。四川乡试第二名，会试第六名。

吴倬，贯浙江严州府淳安县，民籍，国子生，治《春秋》。字克大，行六，年三十六，十一月二十四日生。曾祖希贤。祖昶。父士才。母邵氏。具庆下。兄仁、伟、保、俊、伦。弟仕、佐。娶程氏。浙江乡试第七十九名，会试第二百二十一名。

张锐，贯陕西巩昌府秦州，军籍，国子生，治《诗经》。字抑之，行一，年三十七，五月二十二日生。曾祖铭，元千户。祖仲暹，总旗。父敏，布政司照磨。母王氏。永感下。弟铎。娶李氏。陕西乡试第二十二名，会试第一百八十六名。

华山，贯直隶常州府无锡县，民籍，国子生，治《易经》。字仁甫，行一，年二十八，正月初一日生。曾祖学则。祖罕。父季芳。母夏氏，继母江氏、娄氏。具庆下。娶王氏，继聘施氏。应天府乡试第六十四名，会试第九十六名。

王傅，贯陕西西安府盩厔县，民籍，国子生，治《书经》。字良弼，行三，年二十七，二月初四日生。曾祖克中。祖荣，赠知府。父玺，知府。母巩氏，封恭人。具庆下。兄伊。弟佽。娶赵氏。陕西乡试第四十七名，会试第一百五十八名。

仰升，贯直隶庐州府无为州，民籍，国子生，治《诗经》。字进卿，行六，年四十一，三月二十一日生。曾祖华参。祖兴富。父成，府都事。母陆氏。永感下。兄旻。娶陈氏。应天府乡试第十五名，会试第五十七名。

陈谟，贯直隶池州府建德县，民籍，县学生，治《诗经》。字嘉猷，行二，年三十四，六月初四日生。曾祖贞，给事中。祖恭，教谕。父广道。母郭氏。具庆下。兄纲。弟经、纶、希乔。娶郑氏。应天府乡试第五十名，会试第二百八十三名。

程廷珙，贯江西饶州府浮梁县，民籍，县学增广生，治《诗经》。字献之，行一，年三十三，八月初二日生。曾祖子政。祖存礼。父仕杰。母洪氏。严侍下。弟廷璪、廷琰、廷珊。娶宁氏。江西乡试第七十一名，会试第一百七十六名。

吴钦，贯浙江仁和县人，顺天府大兴县匠籍，国子生，治《易经》。字禹邻，行六，年三十，九月十一日生。曾祖均实。祖朝宗。父本。母任氏。慈侍下。兄铭；鉴；锺，贡士；铎；钰。弟铠。娶金氏，继娶陈氏。顺天府乡试第三十七名，会试第五十一名。

彭经，贯四川重庆府长寿县，军籍，国子生，治《诗经》。字载道，行三，年三十七，十一月十八日生。曾祖诚，府同知。祖添爵。父思明，吏目。嫡母李氏，生母余氏。永感下。兄缙、绅。娶何氏。四川乡试第六十三名，会试第三十九名。

马中锡，贯直隶河间府景州故城县，民籍，县学生，治《易经》。字添禄，行二，年三十，三月十六日生。曾祖从周，驿丞。祖显。父伟，知府，进阶大中大夫。前母李氏，母姚氏，继母朱氏。具庆下。兄恒；泰；聪，户部员外郎；元喆；骥；升。娶吴氏。顺天府乡试第一名，会试第二十四名。

郑重，贯浙江宁波府慈溪县，军灶籍，国子生，治《诗经》。字本弘，行五，年三十六，九月二十三日生。曾祖子璋。祖德馨，提举。父铖。母张氏。具庆下。弟壤；培，义官；玉；周；圭；超；深；济；起；滂；宝。娶张氏，浙江乡试第六名，会试第二十五名。

王鏓，贯浙江宁波府慈溪县，军籍，国子生，治《诗经》。字文曜，行四十六，年三十四，六月二十一日生。曾祖桓，知县，赠右都御史兼大理寺卿。祖曛，知县，赠右都御史兼大理寺卿。父鼎，按察司金事。前母张氏，赠孺人，母赵氏，封孺人。永感下。兄铎；镐；钥，监察御史；炼；锦。弟镤、锞、锐、镝、铉。娶应氏。浙江乡试第二十名，会试第二百二十四名。

伍希闵，贯江西吉安府安福县，民籍，国子生，治《春秋》。字仲孝，行二，年三十九，九月二十六日生。曾祖述经。祖冕，知县，赠监察御史。父骥，监察御史。母彭氏，赠孺人，继母刘氏。慈侍下。兄希渊，刑部郎中。弟希宪、希旦、希冉、希容、希鱼、希齐。娶王氏。江西乡试第四十五名，会试第三十四名。

雷士柟，贯福建建宁府建安县，民籍，府学生，治《易经》。字元芳，行二，年三十，六月二十六日生。曾祖境。祖镪。父江。母魏氏。具庆下。兄椿。弟柟、橘。娶朱氏。福建乡试第二十五名，会试第二百二名。

童潮，贯浙江宁波府慈溪县，民籍，县学生，治《诗经》。字信之，行六，年三十九，三月初三日生。曾祖德基。祖守礼。父大骥。母冯氏。永感下。兄山、海、渊、淮。娶张氏。浙江乡试第四名，会试第一百六十六名。

范吉，贯浙江台州府天台县，民籍，国子生，治《诗经》。字以贞，行一，年三十二，闰七月十八日生。曾祖起宗，赠贵州左布政使。祖士详。父存儒。母陈氏。具庆下。弟泽、濂、泗。娶陈氏。浙江乡试第三名，会试第八名。

陈相，贯直隶扬州府泰州，军籍，国子生，治《诗经》。字子邻，行三，年三十二，九月二十一日生。曾祖兴。祖信。父禄，训导。母王氏。永感下。兄纪、维。弟绪、佐、祯、瑊、萱、兰、祥、荆。娶何氏。应天府乡试第一百九名，会试第二百三十八名。

左悠，贯江西建昌府南城县，民籍，国子生，治《春秋》。字尚远，行八，年二十九，十一月初十日生。曾祖谦，赠监察御史。祖世杰。父时良。前母施氏，母饶氏。具庆下。兄尚勋、尚文、尚允。弟尚义。娶黄氏。江西乡试第十八名，会试第一百五十一名。

孙裕，贯直隶苏州府昆山县，官籍，县学增广生，治《易经》。字德宏，行一，年三十一，七月三十日生。曾祖庠。祖恭武，知县，封刑部郎中。父琼，刑部郎中。母严氏，封宜人。重庆下。弟礼、祯、祐。娶周氏。应天府乡试第六十九名，会试第二百六十二名。

叶盛，贯浙江金华府兰溪县，民籍，国子生，治《诗经》。字昌伯，行一，年四十一，十二月十二日生。曾祖宗。祖濂。父璋。母沈氏。重庆下。弟铡、铨、铎、钝、录、镛。娶王氏。浙江乡试第五十三名，会试第一百十九名。

陈珍，贯山东青州府人，辽东义州卫旗籍，卫学生，治《诗经》。字廷贵，行一，年三十九，正月二十六日生。曾祖中。祖玘。父胜，前百户。母董氏，继母方氏。具庆下。弟瑄、璋。娶王氏。山东乡试第一名，会试第六十三名。

元守直，贯河南彰德府汤阴县，民籍，县学生，治《书经》。字良弼，行五，年二十六，四月二十九日生。曾祖道隆，训导。祖英，训导，封监察御史。父寅，教授。嫡母许氏，生母张氏。慈侍下。兄福；祥，义官；守正；禄。弟祎、守中、彪、裕、祺。娶王氏。河南乡试第六十八名，会试第二百六十七名。

吴珍，贯浙江湖州府长兴县，民籍，县学生，治《诗经》。字汝贵，行九，年二十五，六月二十六日生。曾祖宗本。祖遗夫。父孝思，义官。母赵氏。严侍下。兄琏，义官；琼，义官；理，南京刑部主事；瑞，义官；琐。弟玩、璥。娶游氏。浙江乡试第九名，会试第三十三名。

吴诚，贯浙江严州府淳安县，民籍，国子生，治《春秋》。字性夫，行二，年三十一，七月十五日生。曾祖宗礼，布政司都事。祖文昭。父大济，承事郎。母许氏，继母余氏。具庆下。兄训。弟赞、诰、谏、证、讃、谴、诜、谅、志、询。娶商氏。浙江乡试第四十六名，会试第二百六十名。

954

吴洪，贯直隶苏州府吴江县，匠籍，国子生，治《易经》。字禹畴，行三，年二十八，正月初八日生。曾祖绍宗。祖昂。父璋。母施氏。具庆下。兄海、源。娶王氏。应天府乡试第七十五名，会试第一百六十四名。

苏章，贯江西饶州府余干县，民籍，国子生，治《诗经》。字文简，行二，年三十五，十一月十四日生。曾祖均实。祖希善。父玭，前母郑氏，母詹氏，继母胡氏。具庆下。兄文灿。弟文宪、文和。娶徐氏，继聘谭氏。江西乡试第三名，会试第六十五名。

陈缓，贯四川泸州，军籍，州学生，治《书经》。字公佩，行五，年三十五，十月十八日生。曾祖显贵。祖子亨，经历。父琰，知县。具庆下。兄纯、绎、缟、缙。弟绣、绘、绾、致。娶李氏。母李氏。四川乡试第一名，会试第五十名。

李哲，贯浙江宁波府鄞县，民籍，国子生，治《书经》。字彦明，行七，年三十六，十二月二十六日生。曾祖梦生。祖文英。父瑄。母王氏，继母周氏。具庆下。兄顺、廉。弟普、靖、儒、鲁、正。娶徐氏。浙江乡试第二十七名，会试第二百七名。

杨荣，贯山东兖州府济宁州，民籍，国子生，治《春秋》。字大拯，行一，年二十九，闰四月二十七日生。曾祖从善。祖宾。父浩，河南右布政使。母袁氏。具庆下。弟棐、棨、榘、窠。娶王氏。山东乡试第十七名，会试第一百八十一名。

史俊，贯顺天府涿州，民籍，国子生，治《书经》。字邦彦，行二，年三十三，十月二十九日生。曾祖彦明。祖成。父仲善，典史。前母王氏，母王氏。慈侍下。兄玘。弟瑀、杰、俭、珍。娶窦氏。顺天府乡试第一名，会试第二百五名。

马瑶，贯山西平阳府解州安邑县，民籍，河东运司学生，治《书经》。字廷玺，行一，年三十三，四月十六日生。曾祖仲实。祖毅先。父宗道。母毛氏，继母刘氏。具庆下。弟璋、玠、璀、琉。娶孙氏。山西乡试第十一名，会试第一百四十九名。

曹元，贯直隶含山县人，大宁前卫官籍，国子生，治《诗经》。字以贞，行四，年二十七，七月十二日生。曾祖赟，赠都督佥事。祖忠。父深，前教授。母陈氏。严侍下。兄鼎、鼐、鼏。弟方、冕。娶孙氏。顺天府乡试第九十六名，会试第十四名。

李云，贯直隶常州府宜兴县，民籍，国子生，治《书经》。字时望，行三，年三十一，七月二十四日生。曾祖叔贤。祖迪。父恺。母纪氏，继母张氏。具庆下。兄震，兵部主事；霆。弟霖、霁、霙、霈、雾。娶吴氏。应天府乡试第七十名，会试第十八名。

袁宏，贯直隶安庆府桐城县，军籍，县学生，治《诗经》。字德宏，行二，年三十五，二月初三日生。曾祖文政。祖遂志。父子璘。母董氏。永感下。兄宽。弟崇、明、容、全、甫、宣。娶厉氏。应天府乡试第九十五名，会试第一百三十一名。

赵鹤龄，贯陕西合阳县人，四川泸州卫军籍，国子生，治《书经》。字永年，行一，年三十三，二月十三日生。曾祖孟禧。祖贵。父刚，母宁氏。慈侍下。娶樊氏。四川乡试第四十八名，会试第六十八名。

王岳，贯江西吉安府庐陵县，民籍，县学生，治《诗经》。字仲嵩，行四，年四十，三月十三日生。曾祖茂春。祖资善。父崇志。母陈氏。慈侍下。兄仲极、仲文、仲观。娶刘氏。江西乡试第五十三名，会试第一百四十一名。

彭纲，贯江西临江府清江县，民籍，国子生，治《诗经》。字性仁，行一，年三十四，八月二十三日生。曾祖启元。祖乐忠。父道英。母徐氏。具庆下。弟亚孙、伍仁、弘仁、绶。娶刘氏，继娶易氏。江西乡试第一名，会试第一百五十七名。

刘绅，贯陕西西安府邠州，民籍，国子生，治《礼记》。字大章，行二，年三十，十一月二十八日生。曾祖文贵。祖琮，封通政使司右参议。父昭，工部右侍郎。母陈氏，封宜人。具庆下，兄缙，义官。弟缮、纯、绘、纮、绮、繶、纾、繢、绪。娶李氏，继娶杨氏。陕西乡试第三十七名，会试第九十五名。

张本，贯浙江杭州府钱塘县，民籍，国子生，治《易经》。字孟端，行一，年三十九，九月初五日生。曾祖用明。祖富。父恭。母陈氏。重庆下。弟栗。娶李氏。浙江乡试第二名，会试第三十七名。

毛伦，贯山西太平县人，直隶镇朔卫官籍，国子生，治《礼记》。字秉彝，行三，年三十二，正月初八日生。曾祖中正。祖清。父德，义官。母董氏。具庆下。兄整、永。弟仪。娶钱氏。顺天府乡试第一百十名，会试第一百七十八名。

廖中，贯福建延平府顺昌县，民籍，国子生，治《书经》。字用中，行六，年四十一，五月二十九日生。曾祖明玉。祖孟爵。父兴。母杨氏，继母杨氏、赵氏。具庆下。兄康、节。弟昂、晟、昺、昊、冕。娶谢氏。应天府乡试第一百三十二名，会试第三十一名。

章玄应，贯浙江温州府乐清县，军籍，国子生，治《诗经》。字顺德，行十二，年三十三，四月初十日生。曾祖新民，赠南京礼部右侍郎。祖文宝，赠南京礼部右侍郎。父纶，南京礼部左侍郎。母朱氏，封淑人。具庆下。兄玄懋，训导；玄清；玄俊。弟玄会，国子生。娶蔡氏。浙江乡试第二十名，会试第十九名。

周宏，贯浙江湖州府德清县，军籍，国子生，治《诗经》。字懋德，行二，年二十四，闰九月十三日生。曾祖文晟。祖伦。父鼎，听选官。母沈氏。重庆下。兄安。弟宾、宽、定、宪、容、寰、寅、宜、密。娶贾氏。浙江乡试第二十九名，会试第七十一名。

黄铎，贯福建兴化府莆田县，民籍，国子生，治《书经》。字文器，行一，年三十七，九月二十五日生。曾祖则诚。祖宦，教授，赠监察御史。父谕。母郑氏。具庆下。弟锐；和；铨；穆，贡士；镐；镇；鏦；香；鉴；秀、钰；锺。娶吴氏。福建乡试第二十八名，会试第六十四名。

俞经，贯直隶通州人，南京留守左卫官籍，国子生，治《书经》。字勉诚，行一，年三十一，正月二十七日生。曾祖寿四。祖彦清。父良，义官。母钱氏。具庆下。弟纶，贡士；缙；绅，百户；绶；缨。娶尹氏。应天府乡试第七名，会试第四十二名。

卢鸿，贯浙江严州府淳安县，民籍，县学生，治《春秋》。字雄飞，行三，年三十一，五月二十三日生。曾祖芳。祖怀，典史。父政。母徐氏。具庆下。兄广、宽。弟观、魁、隆、乔、岳、恒、嵩、嘉。娶方氏。浙江乡试第四十八名，会试第五十二名。

尹珍，贯江西安福县人，直隶大河卫军籍，国子生，治《礼记》。字廷用，行三，年三十四，正月十三日生。曾祖恭四。祖二公。父景端。母刘氏。严侍下。兄廷玺，义官；廷辉。弟廷美，七品散官；廷仪。娶相氏。应天府乡试第四十六名，会试第一百二十七名。

徐源，贯直隶苏州府长洲县，民籍，国子生，治《易经》。字仲山，行二，年三十六，二月二十七日生。曾祖贵三。祖文质。父谅。母任氏。具庆下。兄渊。弟澄、清、淳。娶朱氏。应天府乡试第五十一名，会试第八十一名。

江贵，贯江西抚州府金溪县，民籍，国子生，治《书经》。字公辅，行九，年四十四，十一月初七日生。曾祖文卿。祖稽丹。父汝滨。母傅氏。永感下。兄福、寿、康、宁、显、荣、华、富。弟全。娶彭氏。江西乡试第八十五名，会试第二百三十三名。

陆远，贯浙江嘉兴府秀水县，民籍，国子生，治《书经》。字德毅，行五，年三十六，十月十四日生。曾祖用和。祖余庆。父明善，赠兵部主事。母荆氏，封安人。慈侍下。兄誉；諲；记；广，知府。娶葛氏。浙江乡试第三名，会试第二百十四名。

刘杲，贯直隶苏州府长洲县，民籍，县学生，治《易经》。字世熙，行二，年二十五，正月二十四日生。曾祖仲舆，赠中书舍人。祖宗韶。父彦修。前母吴氏，母周氏。慈侍下。兄春。娶张氏。应天府乡试第一百五名，会试第四十九名。

和暲，贯山西陵川县人，河南开封府河阴县军籍，县学生，治《诗经》。字文辉，行二，年二十七，六月二十三日生。曾祖好古，教谕。祖琦，教授。父维，按察司金事。母陶氏，封安人。具庆下。兄晛。弟旼、时、旷、昀、旰。娶赵氏。河南乡试第十一名，会试第一百三十八名。

任文遂，贯福建闽县人，大宁营州后屯卫军，治《诗经》。字思顺，行一，年三十，十月十一日生。曾祖本清。祖仕廷。父惟崇，县丞。母潘氏，继母高氏。具庆下。弟文进、文道。娶朱氏，继娶徐氏。顺天府乡试第三十一名，会试第一百五十二名。

耿文睿，贯山西平阳府曲沃县，民籍，国子生，治《诗经》。字天资，行三，年三十四，八月初七日生。曾祖仲宽。祖时振。父纯，通判。母刘氏，继母王氏。具庆下。兄文聪，贡士；文明，贡士。弟文智。娶吴氏。山西乡试第十二名，会试第一百七十三名。

吴瑞，贯直隶苏州府昆山县，民籍，国子生，治《易经》。字德征，行一，年三十六，九月十八日生。曾祖俊伯。祖琛。父鼎。母范氏。具庆下。弟佩、玥、铎、瑄。娶俞氏。应天府乡试第三十六名，会试第六十二名。

诸让，贯浙江绍兴府余姚县，官籍，国子生，治《礼记》。字养和，行十一，年三十七，七月十二日生。曾祖和仲。祖胜宗。父浩，封刑部主事。母方氏，赠太安人，继母叶氏。严侍下。兄谔；正，按察司金事；咏；譓；谏，贡士。弟谥。娶张氏。浙江乡试第三十四名，会试第五十六名。

赵恩，贯河南开封府归德州，军籍，国子生，治《书经》。字允仁，行一，年三十，六月十七日生。曾祖凖。祖琮，医学训科。父纲。母刘氏，继母刘氏、朱氏。慈侍下。弟惠、愈。娶张氏。河南乡试第二十名，会试第一百八十六名。

王盛，贯陕西西安府同州韩城县，军籍，国子生，治《书经》。字懋德，行三，年三十六，三月初十日生。曾祖子伟。祖成。父惠。母刘氏。具庆下。兄荣、昌。弟敦、厚。娶韦氏。陕西乡试第三名，会试第二百五十八名。

毕亨，贯山东济南府新城县，民籍，县学生，治《礼记》。字嘉会，行三，年二十七，八月十六日生。曾祖二。祖铎。父理，教谕。母高氏。具庆下。兄永、云。弟嵩、成。娶罗氏。山东乡试第二名，会试第三十五名。

鲁诚，贯浙江绍兴府山阴县，军籍，国子生，治《春秋》。字文明，行三，年三十二，七月十八日生。曾祖彦名。祖本恭。父璞。母陶氏。具庆下。兄让、谦。弟赞、琳、杰、泉、芳、兰。娶刘氏。浙江乡试第二十六名，会试第十六名。

秦瑺，贯直隶苏州府昆山县，匠籍，国子生，治《易经》。字廷贽，行一，年三十二，四月十七日生。曾祖胜四。祖昂。父恭。母周氏。具庆下。弟璇、琇。娶孙氏。应天府乡试第十五名，会试第二百十一名。

朱恺，贯福建兴化府莆田县，民籍，治《诗经》。字舜征，行一，年三十四，十月初十日生。曾祖仲永，河泊所官。祖尚白。父体光。母陈氏。具庆下。弟悌，贡士。娶许氏。福建乡试第十一名，会试第二百二十九名。

杨奉春，贯浙江天台县人，锦衣卫军籍，国子生，治《书经》。字世元，行一，年三十二，九月初十日生。曾祖好礼。祖梦弼。父承昂。母任氏。具庆下。弟奉新，贡士。娶陆氏。顺天府乡试第三十九名，会试第一百二十八名。

王敏，贯万全宣府前卫，军籍，都司学军生，治《诗经》。字逊之，行一，年四十四，二月初七日生。曾祖胜受。祖成。父能。母赵氏。慈侍下。弟敬。娶李氏。顺天府乡试第三名，会试第二百七十三名。

汪凤，贯江西广信府弋阳县，民籍，国子生，治《书经》。字天瑞，行十七，年三十四，八月初六日生。曾祖德麟。祖志福，教授。父仲端。母胡氏，继母胡氏。重庆下。兄玺。弟璋、瓒、讙。娶祝氏。江西乡试第十三名，会试第五十四名。

吴愈，贯直隶苏州府昆山县，民籍，国子生，治《易经》。字惟谦，行二，年三十三，八月初一日生。曾祖子才。祖公式，赠刑部主事。父凯，礼部主事。前母沈氏，赠安人，沈氏，母陈氏。慈侍下。兄惟锡，承事郎；惪。娶夏氏。应天府乡试第四十四名，会试第一百七十五名。

姚昺，贯直隶吴县人，南京锦衣卫匠籍，国子生，治《春秋》。字懋明，行一，年三十三，七月初六日生。曾祖继之。祖中。父侃。母金氏，继母徐氏。具庆下。弟旻、昇、昆、杲。娶周氏。应天府乡试第一百二名，会试第七十四名。

吴嵩，贯江西抚州府临川县，民籍，国子生，治《诗经》。字中立，行二，年三十二，八月二十一日生。曾祖则彦。祖仕彰。父天常。母李氏。重庆下。兄山。弟岳、岱。娶汪氏。江西乡试第五十名，会试第一百九十五名。

刘时，贯江西吉安府永新县，民籍，县学增广生，治《易经》。字本升，行六，年三十五，八月初八日生。曾祖德甫。祖著。父均。嫡母姜氏，生母杨氏。永感下。兄益、制、器、信、和。弟械、亨。娶王氏。江西乡试第五十五名,会试第九名。

冒政,贯直隶扬州府泰州,民籍,州学生,治《诗经》。字有恒,行一,年三十三,十一月十四日生。曾祖仲智,训导。祖永平。父鉴。母王氏。具庆下。弟文。娶彭氏。应天府乡试第三十四名,会试第六十一名。

陆怡,贯直隶常州府武进县,军籍,国子生,治《诗经》。字顺之,行三,年四十五,四月二十九日生。曾祖富。祖朝宗。父渊,教谕,赠户部郎中。母李氏,封太宜人。慈侍下。兄恺,户部郎中;悌。弟愉,刑部主事。娶陈氏。应天府乡试第九十九名,会试第一百五十名。

黄钺,贯湖广长沙府湘阴县,军籍,国子生,治《书经》。字廷威,行二,年四十,十月初九日生。曾祖潮瑛。祖德明。父箎。嫡母吴氏,生母喻氏。永感下。兄锡。弟锐、镜、鉴、鑅。娶刘氏。湖广乡试第六十四名,会试第二百九十四名。

刘定昌,贯四川重庆府綦江县,军籍,县学生,治《诗经》。字邦泰,行四,年二十九,四月初六日生。曾祖干辰,知事。祖仲端。父哲。母凌氏。具庆下。兄复昌、德昌、景昌。弟守昌、原昌。娶吴氏。四川乡试第十八名,会试第二百三十六名。

周凤,贯湖广常德府龙阳县,军籍,县学生,治《易经》。字文明,行二,年三十五,六月初九日生。曾祖思午。祖之美。父和。母赵氏。慈侍下。兄凤呈。娶廖氏。湖广乡试第四十三名,会试第一百二十三名。

赵明,贯福建福州右卫,军籍,国子生,治《春秋》。字孔昭,行七,年三十二,九月十一日生。曾祖嗣诚。祖伯升。父统。母高氏。具庆下。兄辉、光。弟亮。娶林氏。福建乡试第四名,会试第二十七名。

潘祺,贯浙江台州府天台县,民籍,儒士,治《书经》。字应升,行四,年二十九,十二月二十一日生。曾祖叔安。祖伯庄。父伟,教授。母张氏。永感下。兄祯,南京大理寺左寺正;祥;仪。娶赵氏。浙江乡试第四十二名,会试第二百三十二名。

潘洪,贯直隶淮安府邳州宿迁县,民籍,国子生,治《礼记》。字裕夫,行一,年三十七,十月十九日生。曾祖得。祖智,义官。父敏,宣抚司经历。母王氏。具庆下。弟清,贡士;淳;滋;润。娶唐氏。应天府乡试第五十三名,会试第二百十七名。

刘鹏,贯河南开封府祥符县,民籍,国子生,治《书经》。字图南,行二,年三十二,六月初四日生。曾祖士弘。祖源洁,赠监察御史。父谦,知府。嫡母全氏,封孺人,生母樊氏。慈侍下。兄鹤。娶巫氏。河南乡试第四十八名,会试第二百七十六名。

杨杲,贯湖广龙阳县人,四川成都前卫军籍,国子生,治《诗经》。字孟晖,行一,年三十四,五月初十日生。曾祖寿通。祖斌。父升。母赵氏,继母戴氏。具庆下。弟枭、荣、棨。娶沈氏。四川乡试第三十九名,会试第一百七十名。

许弼,贯顺天府东安县,军籍,国子生,治《诗经》。字佑之,行四,年三十七,十二月十九日生。曾祖得友。祖忠,署正。父瑛,县丞。母石氏,继母张氏。慈侍下。兄震;宣;辅,户部主事。弟文、武。娶孙氏。顺天府乡试第一百十七名,会试第八十九名。

童柷，贯浙江金华府兰溪县，军籍，国子生，治《易经》。字勉和，行五，年三十八，四月初三日生。曾祖士郁。祖原武。父存正，教授。母范氏。重庆下。兄權、荣、樱。弟桂、栋、寄。娶张氏，继娶刘氏。浙江乡试第二十六名，会试第二百三十二名。

周盈，贯江西吉安府吉水县，军籍，县学生，治《诗经》。字谦之，行一，年三十一，正月十四日生。曾祖子遵。祖仲修。父允瞻。母王氏。具庆下。弟盛、益、盎。娶杨氏。江西乡试第八十九名，会试第五十三名。

童兰，贯河南孟津县人，府军左卫官籍，国子生，治《易经》。字世馨，行五，年二十七，六月二十五日生。曾祖伯章。祖友福。父铭，百户。母石氏。具庆下。兄兴、英、芳、茂。娶朱氏。顺天府乡试第十八名，会试第一百五十九名。

楼东，贯浙江宁波府鄞县，民籍，儒士，治《书经》。字启明，行六，年二十三，正月十八日生。曾祖宗保。祖岳。父峻。母周氏。具庆下。兄伟，教谕。弟京、秉、宷、表、策、褒。娶王氏。浙江乡试第六十三名，会试第一百十六名。

管达，贯江西吉安府安福县，军籍，国子生，治《春秋》。字升逵，行六，年三十二，十月二十三日生。曾祖子恂。祖谷汝。父骥。母彭氏。慈侍下。兄升载，序班。弟升高。娶刘氏。江西乡试第三十一名，会试第一百三十七名。

王懋，贯山东兖州府沂州，军籍，州学生，治《诗经》。字勉之，行一，年三十二，十月初二日生。曾祖奉礼。祖整。父玘。母姜氏。严侍下。弟东泰、东蒙。娶贾氏。山东乡试第七十三名，会试第八十二名。

据《成化十一年进士登科录》，第三甲二百二名，赐同进士出身。履历如下：

张琛，贯陕西延安府宜川县，匠籍，国子生，治《诗经》。字献之，行一，年三十一，六月二十一日生。曾祖敬。祖锡。父启，府同知。前母刘氏，母王氏。慈侍下。弟璇、玑。娶姜氏。陕西乡试第五十一名，会试第五十五名。

余琦，贯福建兴化府莆田县，民籍，平海卫学生，治《诗经》。字世征，行二，年三十一，九月二十日生。曾祖伯永。祖从举。父用和。母翁氏。重庆下。兄瑭。弟玠、瑞。娶周氏，继娶王氏。福建乡试第三十五名，会试第一百九名。

王皋，贯直隶松江府华亭县，民籍，国子生，治《诗经》。字舜臣，行一，年三十四，十月二十二日生。曾祖俊。祖仁，义官。父璁。母柳氏。重庆下。弟禹、夔、稷、羲。娶张氏。应天府乡试第一百一名，会试第二十九名。

俞振才，贯浙江绍兴府新昌县，民籍，县学增广生，治《书经》。字振才，行一，年三十四，八月十七日生。曾祖本清。祖用直。父叔安。母吕氏。具庆下。弟鏃、镡、良佐、良臣。娶黄氏。浙江乡试第五十三名，会试第四十八名。

吴辙，贯广东广州府新会县，民籍，国子生，治《诗经》。字宗正，行二，年三十二，四月初六日生。曾祖先护。祖允孚。父斌。母赵氏。具庆下。兄轼。弟辅、辐。娶余氏。广东乡试第七十四名，会试第一百八十七名。

吴仲珠，贯福建兴化府莆田县，军籍，国子生，治《诗经》。字纯夫，行二，年三十八，十月初十日生。曾祖公说。祖尚玉。父绍玄。母林氏。慈侍下。兄孟瑞。弟季石、莹、珀。娶翁氏。福建乡试第三名，会试第二百八十五名。

李滴，贯直隶滁州人，云南云南前卫军籍，国子生，治《诗经》。字源洁，行四，年二十七，三月二十日生。曾祖文通。祖仲珍。父伯让。母杜氏。慈侍下。兄瀚、淳、湜。弟济。娶王氏，云南乡试第十四名，会试第二百十五名。

赵泰，贯陕西西安府咸阳县，民籍，国子生，治《易经》。字时雍，行一，年三十九，十二月二十四日生。曾祖仲德。祖纪，刑部员外郎。父贤。母贺氏。具庆下。弟和、英、才。娶张氏。陕西乡试第十八名，会试第二百二十三名。

向翀，贯四川保宁府通江县，军籍，国子生，治《春秋》。字九霄，行五，年三十二，十二月十六日生。曾祖自贤。祖英。父铭，医学训科。母赵氏。慈侍下。兄浚，医学训科；洁；沂。弟演、溥、淳、潈、润、淮。娶陈氏。四川乡试第九名，会试第一百九十九名。

宋宣，贯福建福州府侯官县，民籍，国子生，治《诗经》。字世达，行一，年四十五，十月初八日生。曾祖子隆。祖珤，冠带耆民。父福。母庄氏。永感下。弟宾、字、安、宏。娶沈氏。福建乡试第七十一名，会试第二百六名。

刘瓒，贯直隶保定府清苑县，军籍，府学生，治《易经》。字国用，行一，年三十一，十月十三日生。曾祖显。祖全。父胜。母白氏。慈侍下。弟瑀。娶米氏。顺天府乡试第一百三十二名，会试第二百八名。

戈瑄，贯直隶河间府景州，民籍，国子生，治《书经》。字廷玉，行五，年二十八，十二月二十一日生。曾祖惟善。祖本。父宁。母朱氏，继母杨氏。具庆下。兄瑞、敏、瓒、敬。弟孜，贡士；敞；琰；叙；珍。娶郭氏。顺天府乡试第七十一名，会试第三十八名。

武清，贯山西太原府岢岚州，民籍，州学生，治《诗经》。字源洁，行一，年二十四，七月初九日生。曾祖荣。祖敬贤。父英，听选官。母张氏。具庆下。娶郭氏，继娶王氏。山西乡试第四十四名，会试第一百六十八名。

文瑞，贯山西汾州介休县，军籍，国子生，治《书经》。字应祥，行一，年三十二，八月二十日生。曾祖顺祖。祖勉。父厚。母杨氏。具庆下。弟瑁。娶常氏。山西乡试第二十九名，会试第一百四十名。

萧惠，贯江西吉安府庐陵县，军籍，国子生，治《诗经》。字顺成，行一，年四十五，五月十九日生。曾祖会同。祖仕鉴。父显迪。母彭氏。慈侍下。弟武成。娶刘氏，继娶周氏。江西乡试第二十六名，会试第一百二十九名。

冯衡，贯四川重庆府合州，民籍，国子生，治《书经》。字平叔，行一，年三十三，十月二十五日生。曾祖德清。祖林。父本学。母许氏，继母陈氏。慈侍下。弟衢、衍、衍、衕、术。娶刘氏。四川乡试第四十五名，会试第一百六十名。

黄玹，贯湖广武昌府蒲圻县，军籍，国子生，治《书经》。字敬润，行八，年三十八，八月十九日生。曾祖楫。祖煜，教谕。父城，训导。母熊氏。慈侍下。兄琚；琡；颐，贡士；璟。弟珤、珙、珝、瑞。娶石氏。湖广乡试第四十四名，会试第二百七十二名。

杨琏，贯河南开封府祥符县，民籍，县学生，治《诗经》。字用章，行二，年三十二，二月初十日生。曾祖思义。祖春。父铭。母刘氏，继母陈氏。具庆下。兄琮。弟玑、璲、佩、瓘、琼、璘、琛。娶甄氏。河南乡试第六十九名，会试第二百十三名。

蓝洪，贯河南南阳卫守御邓州千户所，军籍，国子生，治《礼记》。字宗浩，行一，年四十五，十一月二十九日生。曾祖贵。祖兴。父举。母王氏，继母田氏。永感下。弟海，澄。娶乾氏。河南乡试第三十四名，会试第二百八十九名。

曹英，贯山东兖州府寿张县，民籍，国子生，治《春秋》。字世杰，行二，年三十七，七月十五日生。曾祖泰。祖子亮。父盛，同知。母刘氏，继母李氏、张氏。具庆下。兄瓒。娶庞氏，继娶姬氏。山东乡试第十九名，会试第二百二十八名。

曹澜，贯应天府句容县，民籍，国子生，治《诗经》。字文源，行二十三，年三十九，七月十五日生。曾祖均昂，赠吏部尚书。祖子琛，封监察御史。父景，按察司副使。母孔氏，赠孺人，继母龙氏，封孺人。具庆下。兄浚。弟潜、濛、潞、渭。娶蔡氏。应天府乡试第四十四名，会试第二十三名。

胡英，贯浙江嘉兴府秀水县，民籍，国子生，治《诗经》。字廷俊，行一，年四十四，六月二十六日生。曾祖均珆。祖德铭。父璉，进士。母王氏。永感下。弟芳，训导；莓。娶乌氏，继娶黄氏。应天府乡试第三十二名，会试第二百二十七名。

任泰，贯浙江嘉兴府嘉善县，军籍，国子生，治《书经》。字亨伯，行一，年三十八，十月初九日生。曾祖子真。祖子谦。父海。母戴氏。慈侍下。弟节、恒。娶陈氏。浙江乡试第十一名，会试第二十名。

韩明，贯浙江绍兴府余姚县，民籍，儒士，治《礼记》。字惟远，行一，年三十三，三月二十日生。曾祖自龄。祖玘，父熙。母于氏。永感下。弟朗、胥、朋、瑚。娶李氏。浙江乡试第十七名，会试第一百八十二名。

徐同爱，贯浙江衢州府常山县，民籍，国子生，治《易经》。字仁夫，行十六，年四十，九月二十四日生。曾祖谦受。祖彦温。父永熙。母余氏。永感下。兄同德、同敬、同福。娶程氏。浙江乡试第六十一名，会试第二百七十名。

李兴，贯河南河南府嵩县，民籍，国子生，治《书经》。字伯起，行二，年三十二，十二月初六日生。曾祖二翁。祖和。父春。母阎氏。具庆下。兄鉴。弟寿。娶于氏。河南乡试第二十二名，会试第二百十六名。

佟珍，贯山东青州府人，辽东定辽中卫军籍，国子生，治《书经》。字时贵，行三，年三十四，十一月十二日生。曾祖成。祖寿。父清。母王氏，继母熊氏。具庆下。兄瑄、珣。弟瑛、珤、玘、珮、理、玺。娶周氏。山东乡试第十二名，会试第二百四十二名。

田畊，贯河南开封府仪封县，军籍，国子生，治《诗经》。字济民，行五，年三十五，闰十一月二十四日生。曾祖本。祖耋，县主簿。父鉴，进士，龙门卫指挥。嫡母侯氏，生母韩氏。具庆下。兄界、昀、畴、畛。弟畯。娶张氏，继娶安氏。河南乡试第六名，会试第一百三十六名。

郑锜，贯浙江金华府兰溪县，民籍，国子生，治《易经》。字威甫，行七，年四十八，闰四月二十日生。曾祖克义。祖训诚。父迪，长史。前母徐氏，母丘氏。慈侍下。兄镗、铨、镐、镛、镪、鉴。弟铷。娶王氏。浙江乡试第九名，会试第八十三名。

余顺，贯湖广巴陵县人，直隶安庆卫军籍，国子生，治《易经》。字天助，行一，年四十一，正月二十三日生。曾祖久。祖大。父海。母周氏。慈侍下。弟颢、颙。娶李氏。应天府乡试第一百六名，会试第一百九十二名。

吴纲，贯浙江杭州府仁和县，民籍，国子生，治《易经》。字廷振，行一，年四十三，十一月十五日生。曾祖忠信。祖仕达。父荣。母赵氏。慈侍下。娶王氏。浙江乡试第二十一名，会试第二百五十七名。

郑克昭，贯福建福州府闽县，军籍，国子生，治《春秋》。字克昭，行九，年三十五，二月十七日生。曾祖桧。祖莹，进士。父理，教谕。母吴氏。慈侍下。兄克刚，训导；克和，户部郎中；克静；克应；克新。弟克实。娶缪氏，继娶章氏。福建乡试第五十八名，会试第一百八十九名。

王有恬，贯福建福州府长乐县，军籍，县学增广生，治《诗经》。字德安，行八，年二十八，十月十四日生。曾祖仲奎。祖按。父明哲。母林氏。具庆下。兄有恒、有性。娶李氏。福建乡试第八名，会试第一百九十一名。

卢勗，贯广东广州府东莞县，灶籍，县学增广生，治《诗经》。字汝成，行二，年三十一，十二月初九日生。曾祖玄佑。祖祖永。父时定。母李氏。具庆下。兄勉。娶张氏。广东乡试第四十四名，会试第二百七十八名。

孙轲，贯四川泸州，民籍，国子生，治《书经》。字希贤，行一，年三十五，十一月初一日生。曾祖朝源。祖泉。父泰中。母罗氏。具庆下。弟辂。娶李氏，继娶闵氏。四川乡试第七名，会试第一百四十三名。

田裡，贯河南开封府祥符县，民籍，朔州学正，治《礼记》。字本诚，行二，年四十，十月三十日生。曾祖彬。祖敬。父益。母赵氏。永感下。兄祥。弟祜。娶李氏，继娶刘氏。河南乡试第十名，会试第二百三十七名。

堵升，贯浙江山阴县人，锦衣卫军籍，国子生，治《诗经》。字文旭，行一，年四十一，九月初九日生。曾祖祥显。祖得名。父让，文思院副使。母褚氏，继母高氏。具庆下。娶徐氏。顺天府乡试第一百八名，会试第一百二十四名。

沈振，贯浙江绍兴府山阴县，民籍，国子生，治《易经》。字克成，行四，年三十五，五月二十日生。曾祖彦贞。祖吉。父肃，府同知。母张氏。具庆下。兄范、翼、辅。弟佐、佑。娶周氏。浙江乡试第六十八名，会试第二百四十一名。

俞深，贯浙江绍兴府新昌县，民籍，县学生，治《书经》。字浚之，行二，年三十一，九月三十日生。曾祖彦雍。祖叔晦，封刑部主事。父铎，云南右布政使。母陈氏，封安人。具庆下。兄湘。弟溥。娶潘氏。浙江乡试第六十八名，会试第一百八十四名。

周仪，贯直隶苏州府嘉定县，民籍，国子生，治《易经》。字熙模，行一，年三十，六月十七日生。曾祖文达。祖大用。父士行，教谕。母顾氏。慈侍下。弟熙祥。娶徐氏。应天府乡试第二十名，会试第二百五十名。

陈嵩，贯四川成都府崇庆州，民籍，州学生，治《礼记》。字仰之，行一，年三十一，十二月十六日生。曾祖朝中。祖通。父永寿。母谈氏，继母石氏。具庆下。弟岳、炭、崧、岜、汉、环、玉、宇、俊、璧。娶高氏。四川乡试第十一名，会试第二百三名。

乐镛，贯浙江定海县人，太医院籍，国子生，治《诗经》。字声远，行三，年四十二，正月二十六日生。曾祖孟杰。祖均黼。父振。母傅氏。严侍下。兄锺、鉴。弟铭；鑱，医官；钺；经；纯；缓；敏；政。娶冯氏，继娶冯氏、吴氏。顺天府乡试第十四名，会试第二百三十四名。

史书，贯陕西平凉府泾州灵台县，民籍，国子生，治《春秋》。字献忠，行三，年二十九，正月十六日生。曾祖正。祖林。父鉴，县丞。母秦氏，继母张氏。具庆下。兄学、记。娶刘氏。陕西乡试第九名，会试第三十名。

齐廷珪，贯陕西平凉府隆德县，军籍，国子生，治《诗经》。字朝重，行一，年二十六，十月二十六日生。曾祖庄，赠知州。祖礼，知府。父经，知州。母朱氏。具庆下。弟廷璋、廷璇、廷玑。娶于氏。陕西乡试第二十四名，会试第一百四十五名。

唐韶，贯直隶苏州府常熟县，民籍，国子生，治《书经》。字尚虞，行三，年三十八，三月二十一日生。曾祖贵禄。祖文英。父瑀，典史。母胡氏。永感下。兄冕，教授；哗。弟历。娶朱氏。应天府乡试第一百三十名，会试第一百三名。

余镢，贯浙江台州府临海县，匠籍，国子生，治《诗经》。字懋器，行十四，年三十六，十月二十一日生。曾祖子诚。祖彦信。父允操。母朱氏。永感下。兄镒。弟锵、鉴、银、镰、铿、镢、钧。娶郑氏，继娶陈氏。浙江乡试第三十九名，会试第二百九十名。

刘纶，贯陕西西安府乾州，民籍，州学生，治《易经》。字大本，行二，年二十八，八月初九日生。曾祖子真。祖平。父翔，教谕。母段氏。慈侍下。兄经。娶王氏。陕西乡试第四十九名，会试第一百七十七名。

董复，贯浙江绍兴府会稽县，军籍，国子生，治《易经》。字德初，行七，年三十三，九月三十日生。曾祖彦升。祖孚言。父敬。前母潘氏，母宋氏，继母李氏。永感下。兄刚；观；晋，七品散官；履；渐；豫，贡士。弟艮、恺。娶章氏，继娶娄氏。浙江乡试第十四名，会试第三十三名。

杨钰，贯四川重庆府江津县，民籍，国子生，治《春秋》。字廷玺，行三，年三十八，三月初九日生。曾祖彦，赠员外郎。祖旦，赠给事中。父子垣。母龙氏。永感下。兄鉴。娶钟氏，继娶胡氏。四川乡试第十六名，会试第二百六十三名。

潘隆，贯直隶大同中屯卫，军籍，国子生，治《诗经》。字逢吉，行四，年四十，九月二十八日生。曾祖彦可。祖敏学。父智。母邓氏，继母章氏。具庆下。兄敬、赟、璘。弟纹、让、盛、凤、敦。娶成氏。顺天府乡试第十八名，会试第一百九十七名。

魏璋，贯河南开封府鄢陵县，民籍，国子生，治《诗经》。字廷圭，行一，年三十三，三月初五日生。曾祖文佐，巡检。祖立。父荣。嫡母孙氏，生母李氏。具庆下。弟璜。娶李氏。河南乡试第六十八名，会试第四十七名。

周宗，贯河南南阳府裕州，民籍，国子生，治《诗经》。字继先，行一，年三十七，二月十三日生。曾祖文中。祖伯英。父刚。母党氏。重庆下。弟宜、宁、完、实。娶冯氏。河南乡试第七十六名，会试第一百九十名。

吴福，贯浙江金华府义乌县，民籍，县学生，治《礼记》。字吉甫，行一，年二十八，三月二十三日生。曾祖德茂。祖大用，知县。父磥。母陶氏。具庆下。弟福德、福濂、福隆、福厚。娶王氏。浙江乡试第四十七名，会试第一百九十八名。

吴谷，贯福建兴化府莆田县，军籍，平海卫学生，治《书经》。字子玉，行二，年二十九，正月二十九日生。曾祖仕敬。祖正伯。父尚岳。母陈氏。具庆下。兄中立。弟子良、子奇、子荣、嘉禾。娶林氏。福建乡试第六十四名，会试第二百九十二名。

凌宷，贯浙江绍兴府山阴县，民籍，国子生，治《书经》。字熙载，行二，年三十七，五月十九日生。曾祖云，员外郎。祖闻吉。父伯能。母堵氏。具庆下。兄宾。娶任氏。浙江乡试第四十八名，会试第二百三十名。

叶琛，贯广东广州府东莞县，军籍，国子生，治《易经》。字廷献，行二，年四十，正月二十五日生。曾祖广山。祖新铭。父顺。母王氏。具庆下。兄琦。弟理。娶何氏，继娶朱氏。广东乡试第六十九名，会试第八十六名。

郭纶，贯四川重庆府长寿县，民籍，国子生，治《诗经》。字理之，行二，年四十二，十月初五日生。曾祖守信。祖清。父孟裎。母胡氏。永感下。兄经。弟缟。娶梅氏，继娶何氏。四川乡试第七名，会试第一百一十三名。

王瑭，贯浙江台州府临海县，军籍，国子生，治《诗经》。字良玉，行四，年三十三，九月初四日生。曾祖嗣祖。祖应哲。父臣，教授。母虞氏。慈侍下。兄颉、顺、玺。娶孙氏。浙江乡试第四十八名，会试第八十五名。

陈景隆，贯福建福州府长乐县，民籍，国子生，治《诗经》。字如初，行十，年三十七，九月二十三日生。曾祖仲进，知县。祖登，中书舍人。父同甫。母林氏。具庆下。弟景鹭、景行、景星。娶潘氏。福建乡试第十一名，会试第二百五十四名。

陈经，贯湖广衡州府桂阳州临武县，军籍，国子生，治《易经》。字贯之，行四，年三十三，五月初一日生。曾祖舜相，训导。祖侣莹。父寿鼎，教谕。母刘氏。慈侍下。兄纲、祯、权。弟绮、徽、绅。娶黄氏。湖广乡试第八十名，会试第四十四名。

张鼎，贯河南信阳县人，府军卫官籍，京卫武学生，治《书经》。字宗器，行一，年三十，二月十六日生。曾祖道，赠指挥同知。祖林，赠指挥同知。父贤，指挥同知。母枚氏，封淑人。永感下。弟萧，蕭。娶汪氏。顺天府乡试第二十二名，会试第八十四名。

孔斌，贯浙江萧山县人，辽东广宁中屯卫旗籍，国子生，治《诗经》。字时宪，行三，年三十七，十月二十六日生。曾祖惠。祖本功。父孟宁。母厉氏，生母黄氏。具庆下。兄汝文、文。娶罗氏。顺天府乡试第六十六名，会试第一百五十五名。

张宏，贯顺天府大兴县人，龙骧卫官籍，国子生，治《诗经》。字克容，行一，年三十四，十一月二十九日生。曾祖七功。祖礼。父信，百户。母姚氏。永感下。弟宁、定。娶高氏。顺天府乡试第七十八名，会试第一百三十三名。

林淮，贯福建兴化府莆田县，军籍，府学生，治《书经》。字长深，行一，年三十五，八月十五日生。曾祖观。祖森。父榕。母萧氏。慈侍下。娶郭氏，继娶黄氏。福建乡试第六名，会试第九十名。

郑钦，贯福建兴化府莆田县，军籍，儒士，治《诗经》。字尚敬，行一，年四十二，六月初二日生。曾祖大臻。祖士团。父玉辉。母唐氏。具庆下。弟让、喧、哗。娶俞氏，继娶詹氏。福建乡试第五十四名，会试第二百五十一名。

刘信，贯四川叙州府南溪县，民籍，县学增广生，治《易经》。字朋节，行六，年三十一，十月初六日生。曾祖永寿，同知。祖琬。父恂，教授。前母郭氏、王氏、熊氏。母张氏。永感下。兄广；本；文；廓；忠，同科进士。娶胡氏。四川乡试第十名，会试第一百一名。

李楫，贯福建汀州府上杭县，匠籍，国子生，治《易经》。字时济，行三，年四十，九月初七日生。曾祖子云。祖胜保。父通。母陈氏，继母谢氏。具庆下。兄时中、时英。弟时富、时贵、时茂、时发。娶黄氏。福建乡试第三十名，会试第二百九十一名。

陈祥，贯福建建安县人，甘州中护卫军籍，国子生，治《易经》。字吉夫，行二，年三十三，十月二十二日生。曾祖季。祖安。父玉。母吴氏。永感下。兄祯。娶任氏。陕西乡试第一名，会试第二百九十九名。

谢富阳，贯江西吉水县人，赣州府瑞金县民籍，县学生，治《书经》。字仕春，行二，年四十二，四月二十七日生。曾祖景。祖谦。父卓，教谕。母刘氏。永感下。兄永阳。弟辰阳、武阳。娶李氏。江西乡试第九十二名，会试第九十四名。

周木，贯直隶苏州府常熟县，民籍，县学增广生，治《诗经》。字近仁，行一，年二十九，七月十二日生。曾祖季新。祖以敬。父时望。母顾氏。严侍下。弟彬；楷，贡士；应；祥；森；格；干；术。娶陈氏。应天府乡试第三十名，会试第二百九十五名。

郭秩，贯江西吉安府万安县人，泰和县民籍，国子生，治《易经》。字持伦，行一，年三十九，三月十四日生。曾祖金章。祖伯谦。父良清。母谢氏。永感下。弟持敬；纪，听选官；持俭。娶欧阳氏。江西乡试第十二名，会试第二百九名。

张广，贯顺天府通州，民籍，州学生，治《书经》。字弘仁，行四，年二十九，十一月初十日生。曾祖从礼。祖志芳。父昙。母任氏。具庆下。兄恕、忠、刚。弟林。娶徐氏。顺天府乡试第一百十名，会试第一百七十一名。

施裕，贯直隶太仓卫，军籍，国子生，治《易经》。字克宽，行一，年三十七，正月二十八日生。曾祖天祥。祖道安。父政。母郑氏，继母马氏。慈侍下。弟禶、祎。娶陶氏，继娶姚氏。应天府乡试第一百十六名，会试第一百四十二名。

陈熊，贯福建兴化府莆田县，民籍，国子生，治《书经》。字祥孟，行一，年四十三，三月二十八日生。曾祖以达。祖德明，监察御史。父体忠。母黄氏。具庆下。弟照。娶杨氏。福建乡试第七十六名，会试第一百七十九名。

黎经，贯广西桂林府阳朔县，民籍，国子生，治《礼记》。字允正，行三，年二十八，七月二十日生。曾祖秉良。祖从学。父与衡。母秦氏。具庆下。兄福；禧，知县。弟绍，贡士；绅；纯；纶。娶李氏。广西乡试第二十二名，会试第二百六十九名。

何珗，贯广东广州府顺德县，军籍，国子生，治《诗经》。字汝玉，行一，年三十，十一月十四日生。曾祖德润。祖淮。父华。母周氏。具庆下。弟珩、瑾。娶潘氏。广东乡试第十名，会试第二百九名。

陆愈，贯浙江嘉兴府平湖县，灶籍，国子生，治《书经》。字抑之，行二，年三十七，七月十二日生。曾祖世荣。祖成。父贵。母朱氏。重庆下。兄懋。弟志。娶吴氏。浙江乡试第三十五名，会试第二百十九名。

陈琚，贯河南汝宁府确山县，军籍，国子生，治《礼记》。字宗玉，行一，年三十五，八月十七日生。曾祖友。祖敬。父启。母王氏。具庆下。弟璜、瓒。娶李氏。河南乡试第二十九名，会试第二百十名。

周洪，贯山东东昌府高唐州武城县，军籍，国子生，治《易经》。字宽夫，行二，年三十六，十一月十九日生。曾祖德甫。祖士原。父盛，国子生。母郭氏。慈侍下。兄灏，国子生。弟溥、汉。娶王氏，继娶张氏。山东乡试第四十三名，会试第一百九十六名。

王傅，贯顺天府通州宝坻县，军籍，国子生，治《春秋》。字舜臣，行一，年二十七，九月二十三日生。曾祖福庆。祖宁，司狱。父缙，听选官。母赵氏。具庆下。弟伦、侃、保、修、偘。娶刘氏。顺天府乡试第一百八名，会试第二百七十一名。

孙宾，贯直隶交河县人，锦衣卫军匠籍，国子生，治《诗经》。字敬之，行一，年二十六，十一月初八日生。曾祖成。祖礼。父宣。母周氏。具庆下。娶王氏。顺天府乡试第九十二名，会试第二百四名。

何善，贯江西临江府新淦县，民籍，国子生，治《诗经》。字惟吉，行三，年四十三，九月二十三日生。曾祖务荣。祖自充。父贞，教授，封刑部员外郎。母涂氏，封宜人。严侍下。兄贤；衷，南京大理寺右寺丞。弟纯，监察御史；敬；良；能；哲。娶刘氏，继娶饶氏。江西乡试第七十二名，会试第二百七十五名。

李思明，贯山东兖州府济宁州，军籍，州学生，治《诗经》。字原晦，行一，年二十四，九月二十一日生。曾祖友辛。祖敬先。父铠，贡士。母马氏，继母臧氏。具庆下。弟思聪。娶赵氏，继聘梁氏。山东乡试第三十八名，会试第一百六名。

蹇霆，贯四川重庆府巴县，官籍，国子生，治《礼记》。字克遂，行一，年四十，十月初六日生。曾祖源，赠荣禄大夫少师吏部尚书。祖义，荣禄大夫少师兼吏部尚书，赠特进光禄大夫太师谥忠定。父芸，国子生。母庞氏。永感下。弟霫、霋、霓。娶尹氏。四川乡试第十名，会试第二百七十四名。

黄乾亨，贯福建兴化府莆田县，民籍，府学生，治《诗经》。字汝亨，行二，年二十七，五月初十日生。曾祖寿生，翰林院检讨，赠知县。祖子嘉，知县，进阶文林郎。父深，监察御史。母林氏。重庆下。兄乾元。弟乾刚、乾正、乾清。娶林氏。福建乡试第一名，会试第二百六十一名。

宋德，贯陕西凤翔府岐山县，民籍，国子生，治《诗经》。字世隆，行三，年四十，十二月初六日生。曾祖克敬。祖礼。父秉彝。母朱氏。慈侍下。兄性；瓒，国子生。娶李氏。陕西乡试第六十二名，会试第二百五十六名。

钱承德，贯直隶苏州府常熟县，民籍，国子生，治《诗经》。字世恒，行一，年二十八，十一月十六日生。曾祖中得。祖汝周，义官。父允言，承事郎。嫡母叶氏，连氏，生母查氏。具庆下。弟承芳、承恩。娶桑氏。应天府乡试第七十八名，会试第二百四十三名。

华仲贤，贯湖广黄州府蕲州，军籍，国子生，治《书经》。字廷佐，行一，年三十七，六月十五日生。曾祖文郁，主簿。祖敬。父玒。母陈氏。重庆下。弟仲诚、仲文。娶陈氏。湖广乡试第七十五名，会试第一百四十六名。

胡瀛，贯河南汝宁府罗山县，民籍，国子生，治《春秋》。字孟登，行二，年三十二，正月十八日生。曾祖通礼。祖名远。父得泉。前母朱氏，母熊氏。具庆下。兄深。娶王氏。河南乡试第七名，会试第二百十二名。

李行，贯江西临江府新喻县，军籍，国子生，治《诗经》。字遵化，行四，年四十一，九月初五日生。曾祖泓真。祖政子。父不言。母温氏。慈侍下。兄遵、学、典。弟轼、辙。娶刘氏。江西乡试第十一名，会试第一百四名。

李旻，贯直隶真定府赵州人，锦衣卫小旗，治《易经》。字仁甫，行三，年三十一，十月二十八日生。曾祖成。祖福盛。父顺。母陆氏。具庆下。兄广、鉴。弟昂、杲、暹。聘茅氏。顺天府乡试第三十四名，会试第一百三十名。

王琰，贯湖广襄阳府枣阳县，民籍，国子生，治《诗经》。字良璧，行二，年三十，十月二十九日生。曾祖斌。祖仁美。父成。母毛氏。重庆下。兄玘。娶周氏。湖广乡试第二十九名，会试第二百四十六名。

向荣，贯江西南昌府进贤县，民籍，国子生，治《书经》。字至德，行一，年三十五，九月十六日生。曾祖道隆。祖可铭。父以节。母饶氏。重庆下。弟至道，至华。娶陈氏。江西乡试第八十一名，会试第二百九十八名。

王举，贯山东兖州府邹县，匠籍，国子生，治《书经》。字时用，行三，年三十五，八月二十七日生。曾祖直兴。祖志刚。父杰。母冯氏。具庆下。兄政、原。弟鉴、誉。娶边氏。山东乡试第五十四名，会试第一百八名。

朱洪，贯河南开封府归德州，军籍，国子生，治《书经》。字宗海，行四，年三十八，十二月十七日生。曾祖子明。祖仲祥。父本，教谕。母刘氏。永感下。兄源、清、浩。娶刘氏。河南乡试第二名，会试第一百六十三名。

纪杰，贯河南彰德府磁州，民籍，州学生，治《诗经》。字士英，行三，年三十四，九月二十日生。曾祖旺。祖麟。父骖。母李氏。永感下。兄信，俊。弟傅。娶李氏。河南乡试第六十名，会试第二百二十名。

阎仲宇，贯陕西凤翔府陇州，军籍，州学生，治《易经》。字参甫，行三，年三十五，闰十一月二十七日生。曾祖才顺。祖秀。父璿，教谕，赠吏部主事。母王氏，赠安人。永感下。兄仲宽；仲实，吏部主事。弟仲容、仲寅、仲宾、仲宏、仲宁。娶仲氏。陕西乡试第三名，会试第二百六十五名。

郭琪，贯福建福州府闽县，民籍，国子生，治《易经》。字元圭，行五，年四十，十月初一日生。曾祖崇，教谕。祖福。父岳。前母包氏，母李氏，继母赵氏。严侍下。兄璁。弟琏、珩、琚。娶吴氏。福建乡试第十二名，会试第六十七名。

陈兖，贯福建漳州府漳浦县，民籍，国子生，治《诗经》。字朝美，行一，年四十一，五月初八日生。曾祖则舜，赠吏部郎中。祖翼，贡士。父贞。母周氏，继母谢氏、王氏。具庆下。弟炳、燠。娶林氏，继娶颜氏。福建乡试第七十四名，会试第七十五名。

陈懋源，贯福建兴化府莆田县，民籍，国子生，治《书经》。字懋源，行七，年四十，十月十七日生。曾祖子正。祖逢吉。父孔珣。母魏氏。具庆下。兄瓒，通判；珞；瑜，国子生；玩；琛；瑚，驿丞；懋龄；璟。弟懋光、懋德。娶王氏。福建乡试第六十七名，会试第一百十四名。

陈忠，贯山东青州府莒州，民籍，州学生，治《书经》。字思敬，行一，年三十四，十二月初四日生。曾祖良，祖善，父安，义官，前母杜氏、于氏，母薛氏，永感下，弟恕、懋，娶孔氏。山东乡试第二十三名，会试第一百十八名。

颜泾，贯直隶苏州府吴县，民籍，国子生，治《书经》。字澄之，行一，年三十五，闰十一月十七日生。曾祖希诚。祖廷用，县丞。父孟春。母吴氏。重庆下。娶方氏。应天府乡试第一百十四名，会试第二百五十五名。

方陟，贯直隶庐州府合肥县，民籍，国子生，治《书经》。字文进，行五，年三十四，九月十二日生。曾祖策，工部郎中。祖正，左布政使。父昭。母徐氏，继母葛氏。具庆下。兄隆，光禄寺署正；陵；阼；隅。弟陪、隐。娶郑氏，继娶刘氏。应天府乡试第八十名，会试第二百二十五名。

张瓒，贯武功中卫，军籍，顺天府学增广生，治《书经》。字器之，行三，年二十八，六月初四日生。曾祖彦真。祖仕铉。父伯澄。前母郭氏，母赵氏。具庆下。兄璃、璟。弟琦。娶章氏。顺天府乡试第七十三名，会试第二百二十二名。

李琨，贯直隶常州府江阴县，军籍，国子生，治《书经》。字德嘉，行三，年四十，六月十三日生。曾祖英，知事。祖如本。父惟吉。母徐氏。永感下。兄晖、暄。弟旮、暎、昴。娶沈氏。应天府乡试第二十六名，会试第七十八名。

赵年，贯浙江金华府汤溪县，军籍，兰溪县学生，治《易经》。字有年，行十二，年三十，九月二十六日生。曾祖文慧。祖良蕹。父时敏。母华氏。重庆下。兄赛。弟贾、贵、贲、瀛、赞。娶潘氏。浙江乡试第四十一名，会试第一百八十三名。

汤鼐，贯应天府句容县，民籍，寿州学生，治《春秋》。字用之，行三，年三十二，闰七月十六日生。曾祖顺一。祖应善。父彦和。母冯氏。具庆下。兄盘、鼎。弟辂。娶张氏。应天府乡试第五名，会试第七十九名。

袁凤，贯江西新淦县人，万全蔚州卫官籍，国子生，治《礼记》。字朝阳，行三，年四十一，三月二十二日生。曾祖思文，千户。祖克超，赠千户。父永宣。嫡母郭氏，生母萧氏。慈侍下。弟忠，千户；鸾。娶郭氏。山西乡试第二十五名，会试第一百六十九名。

田孔昭，贯陕西凤翔府麟游县，民籍，县学生，治《书经》。字德明，行二，年二十八，八月十六日生。曾祖荣。祖源，典仪正，赠监察御史。父济，知府。母梁氏，赠孺人，继母关氏，封孺人。具庆下。兄孔修。弟孔殷、孔硕、孔阜。娶吕氏，继娶吴氏。陕西乡试第二名，会试第一百五十四名。

赵琮，贯直隶保定府清苑县，军籍，国子生，治《诗经》。字彦玉，行四，年三十九，十月十三日生。曾祖士温。祖文礼。父郁，封刑部主事。母李氏，封安人。严侍下。兄璘；瑄；璋，按察司佥事。娶李氏。顺天府乡试第一百二十二名，会试第一百十七名。

刘傅，贯直隶苏州府嘉定县，医籍，国子生，治《易经》。字师正，行二，年三十七，四月二十五日生。曾祖叔昭。祖溥。父资。嫡母华氏，生母戴氏。慈侍下。兄传。弟侍。娶许氏，继娶金氏。应天府乡试第十六名，会试第一百三十五名。

郭绅，贯江西宜春县人，袁州卫军籍，国子生，治《诗经》。字廷章，行一，年二十八，三月十七日生。曾祖楚俊。祖子高。父和。母谢氏。永感下。娶李氏。江西乡试第六十八名，会试第四十五名。

唐相，贯直隶徽州府歙县，军籍，国子生，治《春秋》。字希恺，行三，年三十二，九月二十七日生。曾祖子仪，纪善。祖永吉。父邦达。嫡母汪氏，潘氏，生母鲍氏。具庆下。兄佐，贡士。弟弼、俊、英、臣。娶汪氏。应天府乡试第二十一名，会试第二百四十四名。

吴珏，贯浙江台州府临海县，民籍，国子生，治《诗经》。字孟璋，行三，年三十一，八月十三日生。曾祖伯安。祖永福。父敏澜。母卢氏。严侍下。兄瓒、珣。弟珊。娶张氏。浙江乡试第十四名，会试第三百名。

王嵩，贯河南卫辉府汲县，民籍，国子生，治《书经》。字邦镇，行四，年三十五，正月初九日生。曾祖得。祖郁。父信，通判。母马氏。慈侍下。兄安；泰，国子生；福。娶曹氏。河南乡试第二十名，会试第一百九十四名。

文贵，贯湖广湘乡县人，辽东广宁左屯卫籍，卫学生，治《诗经》。字天爵，行一，年二十七，八月初四日生。曾祖仲彬。祖升。父理。母宋氏。慈侍下。娶王氏。山东乡试第三十一名，会试第一百十五名。

张谷，贯直隶松江府上海县，军籍，国子生，治《易经》。字济民，行一，年四十三，闰八月二十六日生。曾祖世良，封监察御史。祖衡，监察御史。父芹。母姚氏。永感下。弟粟、粲、稷、秣、秣、秀、稔。娶黄氏，继娶方氏。应天府乡试第六十名，会试第一百七十二名。

邹鲁，贯直隶太平府当涂县，民籍，府学生，治《诗经》。字公辅，行一，年二十六，九月初六日生。曾祖敏，国子生。祖寿。父谦，教谕。母孙氏。具庆下。弟常。娶赵氏，继娶徐氏。应天府乡试第九十名，会试第二百六十八名。

秦蕃，贯直隶苏州府常熟县，民籍，国子生，治《诗经》。字良翰，行一，年二十四，九月二十八日生。曾祖均玉。祖公远。父原茂，义官。母钱氏。具庆下。弟屏。娶张氏。应天府乡试第一百三十三名，会试第九十八名。

缪樗，贯应天府溧阳县，军籍，县学生，治《书经》。字全之，行三，年三十一，五月十八日生。曾祖性原，纪善。祖燧。父京。前母虞氏，母费氏。永感下。兄椿年、樟年。弟杉年。娶李氏。应天府乡试第二十六名，会试第二百六十四名。

萧谦，贯陕西西安府长安县，军籍，国子生，治《易经》。字子豫，行一，年四十一，二月初三日生。曾祖宗礼。祖仲喜。父聚。母赵氏。慈侍下。娶管氏，继娶武氏。陕西乡试第一名，会试第一百四十四名。

陈钺，贯应天府溧阳县，军籍，县学生，治《书经》。字汝威，行一，年二十六，十一月二十八日生。曾祖能。祖义，义官。父珙，义官。母徐氏。重庆下。弟镐、钥、铠。娶杨氏。应天府乡试第十七名，会试第一百十名。

魏琮，贯直隶永平府迁安县，军籍，国子生，治《书经》。字廷玉，行一，年四十三，七月十四日生。曾祖思诚。祖原，府知事。父纲。母赵氏。永感下。弟琳。娶赵氏，继娶陆氏。顺天府乡试第七名，会试第一百七十四名。

王弼，贯浙江台州府□□县，匠籍，府学增广生，治《诗经》。字存敬，行二，年二十七，八月十一日生。曾祖伯永。祖宗。父秬，州判。母刘氏。重庆下。兄烜。弟燧、燠。娶丁氏。浙江乡试第四十三名，会试第二百四十名。

张玉林，贯四川成都府内江县，民籍，国子生，治《书经》。字邦辉，行五，年四十五，九月初二日生。曾祖均秀。祖淑衡。父钺。母袁氏。慈侍下。兄翰林、词林、文林、秀林。娶杨氏。四川乡试第三名，会试第二十八名。

袁士凤，贯广东广州府东莞县，民籍，儒士，治《礼记》。字彦祥，行三，年二十四，闰九月初二日生。曾祖友信。祖甲初，赠户部主事。父常。母何氏。慈侍下。兄寅；宣；宜，贡士；士麟。弟士龙。聘李氏。广东乡试第五十二名，会试第四十名。

朱瓒，贯直隶河间府肃宁县，民籍，府学生，治《易经》。字朝用，行一，年二十九，八月二十二日生。曾祖得成。祖辉。父鉴，大使。母顾氏。具庆下。弟琇、瑁。娶缪氏。顺天府乡试第八十六名，会试第二百八十四名。

何均，贯河南河南府陕州灵宝县，军籍，国子生，治《诗经》。字仲衡，行一，年三十五，十月十七日生。曾祖钦，府经历。祖茂，赠知州。父浚，知府。母李氏，封宜人。具庆下。弟镜、銮、铣、钛、钜。娶董氏。河南乡试第二十七名，会试第二十一名。

马通，贯燕山右卫，军籍，儒士，治《书经》。字文达，行一，年三十一，九月十八日生。曾祖士能。祖方。父荣。母于氏。具庆下。弟逊，进。娶赵氏。顺天府乡试第五十五名，会试第八十八名。

张璟，贯河南彰德府临漳县，民籍，县学生，治《书经》。字廷璧，行二，年三十七，二月初八日生。曾祖宽甫。祖仲德。父聪，医学训科。嫡母李氏，生母王氏。慈侍下。兄旭，医学训科。弟璠、玙。娶韩氏，继娶黄氏。河南乡试第五十二名，会试第一百十二名。

冯义，贯陕西西安府同州韩城县，民籍，县学生，治《书经》。字宜之，行二，年三十五，二月初一日生。曾祖琰。祖福，贡士。父康，教谕。母张氏，继母张氏。严侍下。兄美。弟盖。娶王氏。陕西乡试第二十五名，会试第一百五名。

刘恺，贯直隶滁州，军籍，国子生，治《易经》。字伯和，行二，年三十四，二月初五日生。曾祖均义。祖仕达，赠给事中。父守道。嫡母何氏，生母高氏。慈侍下。兄恒。弟悦。娶陈氏。应天府乡试第三十三名，会试第二百五十二名。

张贵，贯直隶保定府蠡县，匠籍，县学增广生，治《诗经》。字一之，行二，年二十七，正月二十六日生。曾祖士能。祖清。父友。母王氏。具庆下。兄悦。弟愉。娶冯氏。顺天府乡试第四十三名，会试第二百十八名。

张宾，贯山东兖州府单县，军籍，国子生，治《书经》。字廷宾，行一，年三十七，十月初一日生。曾祖宗道。祖肃。父拱。母唐氏，继母邓氏。具庆下。弟崧、勤、宇、允。娶司氏。山东乡试第四十九名，会试第六十六名。

张西铭，贯云南临安府宁州，民籍，州学生，治《书经》。字希载，行五，年三十二，十一月初六日生。曾祖益。祖琡，赠监察御史。父海，按察使。嫡母杨氏，赠孺人，生母官氏。慈侍下。兄暐、曙、时、景。弟晁。娶孙氏。云南乡试第三名，会试第一百二十三名。

王宬，贯广东潮州府海阳县，民籍，国子生，治《春秋》。字容之，行三，年三十六，十月十四日生。曾祖子端。祖永绍。父孟璥，阴阳训术。母郑氏。慈侍下。兄宾、实。弟宴、寅、容、宽。娶陈氏。广东乡试第六十名，会试第四十一名。

金章，贯直隶昆山县人，云南云南中卫军籍，云南府学生，治《诗经》。字相用，行一，年三十，十一月二十一日生。曾祖永昌。祖通。父铱。母丁氏。具庆下。弟冕、髯、昆。娶朱氏。云南乡试第十六名，会试第一百八十名。

胡桀，贯浙江严州府淳安县，军籍，国子生，治《春秋》。字信之，行一，年三十七，五月二十九日生。曾祖真同。祖梦说。父文瑞。母方氏。具庆下。弟哲、吉、吕、梎、品、器、敦、弼。娶方氏。浙江乡试第三十四名，会试第一百七名。

李尚达，贯福建福州府闽县，民籍，儒士，治《诗经》。字尚达，行四，年三十八，十二月二十一日生。曾祖刚。祖安。父福。嫡母彭氏，生母姚氏。永感下。兄德辉，文辉。娶程氏。福建乡试第三十五名，会试第二百四十九名。

伦善，贯广东广州府顺德县，民籍，国子生，治《诗经》。字国宝，行一，年四十二，七月初一日生。曾祖仕广。祖景新。父尚琳。母张氏。慈侍下。弟嘉；启，贡士；喜，贡士。娶廖氏。广东乡试第三十一名，会试第一百名。

陈睿，贯福建泉州府惠安县，民籍，县学生，治《礼记》。字邦献，行四，年三十五，三月十一日生。曾祖彦文。祖昂。父玩珪。嫡母张氏、杜氏，生母何氏。慈侍下。兄俊、嘉言、敏。娶何氏。福建乡试第四十一名，会试第二百七十七名。

滑浩，贯浙江余姚县人，太医院籍，国子生，治《礼记》。字宗源，行十六，年三十二，二月十九日生。曾祖伯仁。祖孟骥，医学训科。父志铺，良医正。母吴氏。具庆下。兄思让；深；思述；思杰，医学训科。弟思贤、瀚。娶夏氏，继娶徐氏。顺天府乡试第一百十六名，会试第二百八十名。

唐昭，贯河南开封府祥符县，匠籍，国子生，治《诗经》。字文焕，行五，年三十五，十一月二十四日生。曾祖德禄。祖钦。父瑛。母冯氏。慈侍下。兄春、昱、皓、义。弟相、聪、时。娶杨氏。河南乡试第三十一名，会试第二百九十三名。

冯允中，贯山东东昌府茌平县，民籍，县学增广生，治《诗经》。字信道，行一，年十九，正月十五日生。曾祖或，主簿。祖文玉。父伦，贡士。母陈氏。具庆下。弟一中。聘杨氏。山东乡试第十八名，会试第二百八十八名。

吴淑，贯直隶常州府宜兴县，官籍，国子生，治《书经》。字艾夫，行二，年四十，正月三十日生。曾祖公达，赠冬官正。祖复，阴阳训术。父赟。母史氏。永感下。兄泽。弟渊、淮。娶殷氏。应天府乡试第九十二名，会试第二百八十一名。

李德恢，贯顺天府东安县，民籍，县学生，治《春秋》。字叔恢，行三，年三十，二月二十七日生。曾祖继本，翰林检讨。祖东，行人司司副，赠太仆少卿。父侃，右金都御史。母张氏，封恭人。严侍下。兄德容；德章，贡士。弟德仁，贡士。娶延氏。顺天府乡试第四十四名，会试第一百二十二名。

李毓，贯山东武定州人，武功中卫匠籍，顺天府学生，治《书经》。字锺秀，行一，年三十五，四月二十三日生。曾祖善甫。祖子仪。父克用。母徐氏。慈侍下。弟珍、玘、谏、玟、瑎。娶郭氏，继娶蒋氏。顺天府乡试第六十七名，会试第十名。

赵让，贯浙江嘉兴府桐乡县，民籍，国子生，治《书经》。字元逊，行二，年四十一，十月初二日生。曾祖乐德。祖遵礼。父廷珪。母李氏，继母颜氏。具庆下。兄谦。弟谨、诚、谘。娶张氏。浙江乡试第四十九名，会试第二百八十六名。

海澄，贯广东番禺县人，海南卫军籍，国子生，治《礼记》。字静之，行一，年三十四，四月二十六日生。曾祖达。祖福宁。父方。母林氏。具庆下。弟深、渶、澜、渊、浩、济、润、沧、涣、演、湛、泌、沂。娶娄氏。广东乡试第十六名，会试第十二名。

张鼐，贯山东济南府历城县，民籍，国子生，治《易经》。字用和，行二，年三十三，九月二十六日生。曾祖敬中。祖献，光禄寺署丞。父谅，阴阳正术。前母徐氏，母徐氏，继母韩氏。慈侍下。兄鼎。娶翟氏。山东乡试第五十一名，会试第一百二十一名。

雷以时，贯河南汝宁府西平县，民籍，国子生，治《春秋》。字用中，行一，年三十九，三月初十日生。曾祖德。祖信。父温。母田氏。具庆下。弟以元，以亨。娶王氏。河南乡试第十四名，会试第一百六十五名。

王侨，贯直隶苏州府昆山县，军籍，国子生，治《易经》。字德高，行一，年三十七，正月初四日生。曾祖质。祖琳。父辂。母张氏。具庆下。弟偁；倬，贡士。娶陆氏。应天府乡试第四十五名，会试第一百六十一名。

曾辙，贯湖广郴州永兴县，军籍，国子生，治《诗经》。字文载，行三，年四十，八月二十五日生。曾祖章。祖如柏。父克谦。母罗氏。具庆下。兄辣；轸，贡士。弟轼，义官；辗。娶楚氏。湖广乡试第七十五名，会试第九十三名。

贺思聪，贯直隶广平府永平县，民籍，国子生，治《礼记》。字时敏，行一，年四十一，正月初八日生。曾祖宽。祖整。父海。母秦氏。慈侍下。弟思敬，思恭。娶胡氏。顺天府乡试第十三名，会试第二百二十六名。

周冕，贯山东济南府泰安州，军籍，国子生，治《诗经》。字文中，行一，年四十，九月二十八日生。曾祖子中，祖原瑛，父昭，长史，母张氏，具庆下，弟昇、昂、昊、旻，娶王氏。山东乡试第三十名，会试第八十名。

柯忠，贯直隶安庆府怀宁县，民籍，府学生，治《书经》。字与节，行一，年二十五，四月初九日生。曾祖志仁。祖以荣。父义。前母洪氏，母陈氏，继母史氏。具庆下。弟恕、惠、懋、宪。娶胡氏。应天府乡试第九十四名，会试第二百四十七名。

石瑭，贯浙江绍兴府余姚县，民籍，国子生，治《礼记》。字廷坚，行四，年三十八，七月二十日生。曾祖均实。祖世英。父文秉。母姚氏。具庆下。兄珉、琳、玒。弟珣、琏、瓘、玖、瑾、璘。娶卢氏。浙江乡试第二名，会试第二百八十二名。

张辅，贯浙江宁波府鄞县，民籍，国子生，治《书经》。字允忠，行二，年二十九，二月十三日生。曾祖慎。祖益山，判官。父琏。母施氏。具庆下。兄辅。弟軓、辕、澜、帆、轩、轮、辙、轲。娶杨氏。浙江乡试第八十六名，会试第十三名。

张勋，贯直隶保定府完县，军籍，县学增广生，治《诗经》。字纪常，行一，年二十，十二月初二日生。曾祖喜，冠带。祖彬，教授。父官，贡士。母田氏。重庆下。弟勣、勤。娶刘氏。顺天府乡试第一百二十三名，会试第七十三名。

李辉，贯江西吉安府吉水县，民籍，国子生，治《书经》。字永灿，行二，年二十八，正月初九日生。曾祖允中。祖承烈。父周冕，教授。母皮氏。具庆下。兄翔。弟耀。娶陈氏。江西乡试第十六名，会试第一百六十七名。

张毯，贯直隶扬州府高邮州宝应县，民籍，国子生，治《礼记》。字世美，行一，年四十三，十一月十六日生。曾祖谷成。祖仲仁。父彦清。母唐氏，继母姜氏。具庆下。弟稷，太常寺博士。娶赵氏。应天府乡试第十八名，会试第七十七名。

李逊，贯山东济南府武定州阳信县，匠籍，国子生，治《易经》。字敬之，行一，年三十五，十二月十三日生。曾祖士原。祖显。父贵。母何氏。具庆下。弟述，连。娶杨氏。山东乡试第十六名，会试第九十九名。

林元甫，贯福建兴化府莆田县，军籍，府学生，治《书经》。字元甫，行一，年三十一，六月十二日生。曾祖原真。祖宏泰。父良弼。母黄氏。具庆下。弟哲甫。娶陈氏。福建乡试第六十七名，会试第三十六名。

刘璟，贯河南开封府鄢陵县，民籍，县学生，治《诗经》。字德辉，行一，年三十一，八月初二日生。曾祖聚。祖义。父海。前母潘氏，母段氏。具庆下。弟珮、瓒。娶翟氏，继娶王氏。河南乡试第三十六名，会试第一百九十三名。

黄鍮，贯广东广州府香山县，军籍，县学增广生，治《书经》。字世美，行三，年三十二，十一月二十七日生。曾祖华生。祖宏道。父隆。前母锺氏，母聂氏，继母陈氏。慈侍下。兄鉴、镛。弟铎、钺。娶赵氏。广东乡试第七十三名，会试第一百五十六名。

徐海，贯浙江杭州府海宁县，军籍，国子生，治《诗经》。字巨夫，行二，年三十八，八月十三日生。曾祖珤。祖修。父拙。母平氏。慈侍下。兄江。弟淮。娶杨氏。浙江乡试第五十七名，会试第六十九名。

黎鼎，贯广东广州府南海县，军籍，府学生，治《易经》。字汝重，行二，年三十三，十月初十日生。曾祖伯英。祖智安。父纮。母黄氏，继母陈氏。具庆下。兄昂。弟冕、泉。娶周氏。广东乡试第三十三名，会试第五十九名。

杨杰，贯云南大理府邓川州，民籍，州学生，治《诗经》。字献夫，行二，年二十四，八月二十七日生。曾祖成。祖慧。父源。母羊氏。具庆下。兄俊，听选官。弟仁、信。娶杜氏。云南乡试第一名，会试第十七名。

唐瑢，贯顺天府宛平县人，云南云南左卫官籍，国子生，治《易经》。字玉润，行三，年三十八，十二月二十五日生。曾祖佑，镇抚。祖完，镇抚。父显，千户。母梅氏，封宜人。慈侍下。兄璟，千户；玘。弟琳。娶汪氏。云南乡试第八名，会试第一百五十三名。

赵溥，贯直隶常州府武进县，民籍，国子生，治《礼记》。字以周，行二，年四十四，七月二十日生。曾祖彦清。祖敏政。父叔震，七品散官。母徐氏。慈侍下。兄昂，训导。弟宗立，县丞；宗继，同知；仲寿，知州；以康。娶彭氏。顺天府乡试第九十二名，会试第二十二名。

刘英，贯陕西盩厔县人，锦衣卫官籍，国子生，治《诗经》。字廷用，行二，年四十，十一月初三日生。曾祖仲舒。祖本，百户。父义，百户。前母张氏，赠安人，母安氏。慈侍下。兄彬。娶王氏。顺天府乡试第三十九名，会试第一百二十六名。

李参，贯直隶常州府江阴县，匠籍，国子生，治《书经》。字宿卿，行二，年三十七，七月二十七日生。曾祖彦吉。祖仲庸。父谏。母朱氏。具庆下。兄培。弟奎、房。娶蒋氏。应天府乡试第五十六名，会试第一百三十二名。

陈毅，贯浙江绍兴府山阴县，军籍，国子生，治《礼记》。字推士，行七，年三十七，十一月初五日生。曾祖清。祖景文。父端，县丞。前母张氏，母马氏。慈侍下。兄羽、翰、埙、蕃、习、宾。弟軏、轼。娶周氏。浙江乡试第二十六名，会试第四十六名。

吴珍，贯直隶沭阳县人，辽东广宁右卫军籍，国子生，治《诗经》。字朝重，行四，年三十二，九月初三日生。曾祖安。祖升。父智。母苏氏。慈侍下。兄瑾、瑄、瑛。弟琮、玥、琦。娶熊氏。山东乡试第十三名，会试第一百二名。

马昆，贯浙江嘉兴府平湖县，灶籍，国子生，治《诗经》。字克昌，行三，年三十六，九月初四日生。曾祖义。祖德。父骊。母胡氏。具庆下。兄昫、曙。弟昺、普、升、昦、晐、暕。娶朱氏。浙江乡试第七十五名，会试第二百五十九名。

林资，贯浙江嘉兴府秀水县，民籍，国子生，治《书经》。字性初，行二，年二十六，二月初九日生。曾祖德润，封兵部主事。祖茂，知府。父节。母汤氏。重庆下。兄粲。弟质。娶许氏。浙江乡试第四十一名，会试第二百名。

郭资，贯福建汀州府上杭县，民籍，县学生，治《诗经》。字逢源，行一，年三十八，五月初二日生。曾祖元忠。祖秉善。父俊。母陈氏。慈侍下。弟赞，贺。娶张氏。福建乡试第九十名，会试第一百四十七名。

王珩，贯直隶真定府赵州，民籍，国子生，治《书经》。字美器，行七，年二十八，十月十二日生。曾祖成甫。祖焘。父惟政。前母张氏，母张氏。具庆下。兄瑛；玺；瑄，县丞；玑；琮；琳。弟璠、珙、璠。娶牟氏，继娶刘氏。顺天府乡试第七十七名，会试第六十名。

毛凤来，贯河南汝宁府西平县，民籍，府学生，治《书经》。字应成，行三，年二十五，九月十七日生。曾祖贵。祖鹏霄，知州。父祥，参政。嫡母李氏、郭氏，生母廖氏。慈侍下。兄凤鸣，贡士；凤翥。弟凤岐、凤阳。娶游氏。河南乡试第二十二名，会试第二百二十五名。

王华，贯江西建昌府南城县，民籍，府学增广生，治《诗经》。字廷光，行十四，年二十六，九月十四日生。曾祖文琬。祖仲敬。父用政。母饶氏。慈侍下。兄衍、毓、应、显。弟漫。娶张氏。江西乡试第六十六名，会试第二百一名。

张雄，贯山东东昌府濮州范县，民籍，国子生，治《书经》。字鹏飞，行三，年三十四，四月十一日生。曾祖迁。祖德。父祥。母章氏。慈侍下。兄璘、恕。娶李氏。山东乡试第十四名，会试第七十六名。

费瑄，贯江西广信府铅山县，民籍，国子生，治《书经》。字仲玉，行二，年四十一，七月初八日生。曾祖广诚。祖荣祖。父应麒。母周氏。重庆下。兄珣，贡士。弟璠、玙、瑞。娶骆氏。江西乡试第五十七名，会试第五十八名。

车明理，贯河南开封府许州长葛县，民籍，县学生，治《易经》。字宗道，行二，年二十五，九月二十八日生。曾祖行远。祖通。父全，训导。母张氏。重庆下。兄明德。弟明义、明兴。娶尹氏。河南乡试第六十名，会试第一百十一名。

陈让，贯河南汝宁府光山县，军籍，国子生，治《春秋》。字逊之，行一，年二十九，八月十七日生。曾祖妙通。祖九衢。父翰，府通判。母段氏，继母王氏。具庆下。弟净、谧、谔。娶戴氏。河南乡试第二名，会试第二百五十三名。

陈天元，贯四川叙州府宜宾县，军籍，国子生，治《书经》。字宗仁，行一，年四十二，十一月初四日生。曾祖胜宗。祖希贵。父聪。母张氏。严侍下。弟天泰、天规、天準。娶王氏，继娶欧氏。四川乡试第五十四名，会试第二百九十六名。

张超，贯江西安福县人，中都凤阳卫军籍，国子生，治《诗经》。字能达，行三，年三十六，二月十二日生。曾祖兰友。祖志良。父宪爵。母许氏。具庆下。弟能敬、能贯、能卓。娶刘氏。应天府乡试第一百二十六名，会试第九十一名。

白忠，贯湖广岳州府华容县，民籍，国子生，治《易经》。字舜臣，行一，年四十，十月初八日生。曾祖仲良。祖整，知县。父胤先。母李氏。具庆下。弟恕、惠。娶严氏。湖广乡试第三十八名，会试第二百七十九名。

李智，贯直隶真定府赵州柏乡县，民籍，国子生，治《易经》。字宗哲，行一，年四十三，三月初四日生。曾祖荣。祖均美。父秉中。母张氏，继母韩氏。永感下。弟明。娶崔氏。顺天府乡试第一百三十二名，会试第七十名。

盛德，贯河南南阳府汝州，民籍，国子生，治《诗经》。字克修，行一，年三十一，正月二十六日生。曾祖质文，税课局大使。祖信，赠监察御史。父忠，按察司金事。母赵氏，封孺人。慈侍下。弟时、明、治。娶李氏。河南乡试第三十六名，会试第二百三十一名。

王俨，贯广东海南卫，军籍，国子生，治《礼记》。字若思，行一，年四十二，二月二十三日生。曾祖华一。祖安武，驿丞。父璟。母谢氏。严侍下。弟俊、伟、傥。娶李氏、刘氏，继娶徐氏。广东乡试第三十四名，会试第二百四十五名。

赵绣，贯山西阳曲县人，直隶永平府抚宁县民籍，国子生，治《礼记》。字希锦，行二，年三十七，十月二十五日生。曾祖士文，医学训科。祖泉。父瑞，大使。母郭氏。永感下。兄维。弟纯、绘。娶张氏，继娶陈氏。顺天府乡试第九十二名，会试第二百九十七名。

马铨，贯直隶顺德府南和县，军籍，国子生，治《书经》。字秉衡，行二，年二十九，正月初四日生。曾祖才。祖骥，府经历。父震。母贾氏，继母祝氏。重庆下。兄镛。弟钺、钛。娶刁氏。顺天府乡试第一百二十四名，会试第一百三十四名。

阎伦，贯河南汝宁府光州息县，军籍，国子生，治《春秋》。字天叙，行一，年三十九，四月二十二日生。曾祖成。祖信。父贵。母朱氏，继母张氏。慈侍下。弟伟、俊。娶丁氏。河南乡试第五十七名，会试第二百八十七名。

李魁，贯广东肇庆府高要县，军籍，国子生，治《易经》。字士元，行一，年二十八，十二月二十七日生。曾祖彦秀。祖碧。父和。母刘氏。具庆下。弟泰茂、泰盛。娶马氏。广东乡试第二十一名，会试第一百三十九名。

田景贤，贯顺天府涿州，军籍，州学生，治《诗经》。字宗儒，行一，年三十，二月初一日生。曾祖行简。祖文质，赠户部主事。父宽。前母李氏，母□氏。慈侍下。弟景昂、景哲、景良、景明。娶□氏。顺天府乡试第七十四名，会试第一百□□名。

潘盛，贯浙江钱塘县人，顺天府大兴县匠籍，国子生，治《易经》。字世隆，行一，年三十一，十一月二十四日生。曾祖仲德。祖亨。父俊。母赵氏。具庆下。娶周氏，继娶郭氏。顺天府乡试第七十九名，会试第二百四十八名。

刘清，贯山东青州府益都县，军籍，国子生，治《书经》。字孔廉，行一，年四十四，十月二十九日生。曾祖遵道。祖公弼，赠工部郎中。父彧，知府。母陈氏，封宜人。永感下。弟亮。娶宁氏，继娶黄氏。山东乡试第六名，会试第九十二名。

张源洁，贯福建福州府闽县，民籍，县学增广生，治《春秋》。字希白，行四，年二十八，八月初二日生。曾祖兴，巡检。祖基。父惟贯。母林氏，继母王氏。重庆下。兄源清，学正；源湘、源溯。娶郑氏。福建乡试第四名，会试第八十七名。

秦升，贯江西南昌府南昌县，民籍，国子生，治《诗经》。字叔熙，行七，年三十二，二月初一日生。曾祖启迪。祖本周。父京伯。母邓氏。重庆下。兄清。弟冕、旭、缙、龙、春。娶李氏。江西乡试第十一名，会试第十一名。

周启，贯江西吉安府安福县，民籍，国子生，治《易经》。字应文，行三，年四十一，九月二十五日生。曾祖仲敬。祖定卿。父乾济。母刘氏。慈侍下。兄霖、应祉。弟应祝、应禧。娶王氏，继娶刘氏。江西乡试第六十名，会试第一百四十八名。

戚昂，贯浙江金华府金华县，民籍，国子生，治《诗经》。字时望，行一，年四十二，六月二十四日生。曾祖文礼。祖虎，教谕。父天霖。母马氏。慈侍下。弟旸、升。娶徐氏。浙江乡试第十六名，会试第一百六十二名。

陈伦，贯陕西凤翔府岐山县，民籍，国子生，治《易经》。字攸叙，行三，年四十一，十一月十四日生。曾祖子纲。祖仲良。父洪，训导。前母王氏，母和氏。慈侍下。兄常、纪。娶缪氏，继娶王氏、史氏、甄氏。陕西乡试第六名，会试第一百八十八名。

《成化十一年进士登科录·策问》：皇帝制曰：朕惟人君奉天子民，治道所当先者，养与教也。养民莫重于制田里，广树畜，教民莫大于崇学校，明礼义。今兹二者，行之既久，而实效未臻于极，何欤？岂任用未尽得人，而督劝作兴之道，有未至欤？唐虞三代，田分井牧之授，学谨庠序之训，当时民有恒产，士有恒心，所以养之教之者备矣。其良法美意，皆后世所当讲者，可历举而言之欤？若汉、唐、宋愿治之君，未尝不留意于斯，而治效之成，卒不逮古，岂分田制产、兴学崇儒之意，视帝王为有间欤？朕承祖宗大统，抚临亿兆，于兹有年，夙夜兢惕，弗遑宁处，期于家给人足，教行刑措，礼乐兴而风俗美，跻斯世于雍熙泰和之盛，果何道以致之欤？子诸生积学待用，必有至当之说，明著于篇，朕将亲览焉。成化十一年三月初一日。

《成化十一年进士登科录·谢迁对策》：

臣对：臣闻为治之道，固贵乎有仁民之政，尤贵乎有仁民之心。盖仁心存于中，而后仁政达于外。使有其心而无其政，是谓徒善，徒善不足以为政。有其政而无其心，是谓徒法，徒法不能以自行。先儒程子曰：为政须要有纲纪文章。又曰：必有《关雎》、《麟趾》之意，然后可以行周官之法度。此之谓也。仁政本之仁心，则内外兼举，本末不遗，而为治之道得矣，尚何虑教养未备，任用非人，而治效未臻其极耶？唐虞三代所以治隆俗美者，此心此政也。汉、唐、宋所以治不古若者，岂非徒有其政而无其心欤？

钦惟皇帝陛下，以圣神文武之资，绍祖宗列圣之统，恭己守成，虚心图治，虽深居九重之中，而念周四表之外。虑民生之或未厚，必欲皆安于饱食暖衣之天。虑民德之或未淳，必欲皆归于渐仁摩义之域。是以临御之初，他务未遑，首耕藉田，以示重农而务本，继幸太学，以示尊道而崇儒。丕绪恢张，仁闻四达，所谓宠绥四方而克相上帝者，亦已至矣。兹犹以实效未臻其极，而虑任用未尽得人，乃进臣等于廷，俯赐清问，讲求至理，必欲追复唐虞三代之盛，此不自满假，稽于有众之盛心也。夫内不自满，而外稽于众，则何所为而不至其极哉，陛下真大有为之君，可以为尧舜，可以为禹汤文武，可以唐虞三代斯世也，斯世斯民，何其幸欤？臣虽庸陋，敢不效一得之愚，以对扬明命之万一乎！窃惟天降下民，作之君，作之师，君所以治之，师所以教之。《书》曰：民非后罔克胥匡以生。又曰：克绥厥猷，惟后信乎！人君奉天子民，其为治之道，莫大乎养与教也。教养未尽，不足以言治，故孔子之告冉有，必曰：富之教之。孟子之论王道，教养之外，亦无余说。诚以仁政不外乎此耳。然养莫重于制田里而教树畜，田里不均，树畜不广，欲民生之遂，得乎！教莫先于崇学校而明礼义，学校不修，礼义不明，欲民性之复，得乎！夫是二者，固必由任用得其人，而后实效臻其极。然循其本而论之，惟在人君之心耳。孟子曰：先王有不忍人之心，斯有不忍人之政矣。以不忍人之心行不忍人之政，治天下可运之掌。人君苟无是心，而徒区区于法制品节之末，则所施非其政，所任非其人，虽欲言治，皆苟而已。臣请征诸古，为陛下陈之。唐虞之时，水土未平，蒸民未粒，圣人有忧之，于是使弃为后稷而播时百谷，百谷熟而民人育矣。饱暖无教，近于禽兽，圣人又忧之，于是使契为司徒而敬敷五教，五教敷而百姓亲矣。三代之时，其养民也，夏后氏五十而贡，殷人七十而助，周人百亩而彻。其教民也，夏之学曰校，殷之学曰序，周之学曰庠。自其制度之极备者而言之，田野之授，井牧异其制，学校之设，大小异其教。如衍沃之地，百亩为夫而九夫为一井，隰皋之地，九夫为牧而二牧当一井。井牧之制所以养民者，其备如此。八岁入小学，而教以洒扫应对进退之节，礼乐射御书数之文，十五入大学，而教以穷理正心之术，修己治人之道。学校之制所以教民者，其备如此。当是时也，出而使长，入而使治，皆刚简直宽之德，俊造秀乂之士，是以民有恒产，而无啼饥号寒者矣，士有恒性，而无放僻邪侈者矣。然则其政立于上而效成于下，孰谓不本于得人？又孰谓不本于君心之仁乎？质之经订之传而观之，则尧之兢兢，舜之业业，固一忧民之心也。禹之孜孜，汤之栗栗，亦一忧民之心也。至于文王之纯亦不已，武王之永言配命，又何尝一念不在于民乎！此其良法美意，固卓乎不可尚已。古道既远，圣王不作，阡陌之端开，而井田之制废，养民已无政矣。坑焚之祸作，而诗书之习泯，教民已无政矣，又安有所谓仁民之心乎！后世愿治之君，若汉之文、明，唐之太宗，宋之太祖，亦尝留意于教养，或躬耕藉田，而减租以劝农，或口分世业，而节费以裕民，或遣官度田，而课民以种植，养民之政有矣，然不过法制之虚文。或尊师重傅，而临雍拜老，或大召名儒，而增广生员，或增葺国学之祠宇，而亲制孔颜之赞词，教民之政有矣，然不过太平之粉饰。究其存心，果有如尧舜禹汤文武之切于忧民者乎？上既无尧舜禹汤文武之君，则奉承宣布者，亦未必皆稷契伊周之臣。是以治效之著，虽或至于海内富庶，路不拾遗，户口繁益，求如古之畎田凿井，出作入息，而不知帝力何有，则未也。虽或至于黎民醇厚，死囚来归，道学可称，求如古之人人君子，比屋可封，而但知顺帝之则，则未也。此汉、唐、宋之所以不唐虞三代也欤？仰惟我朝列圣相承，心尧舜禹汤文武之心，行尧舜禹汤文武之政，必求复唐虞三代之治。是以百纪修明，庶务振举，而于教养二事，尤致重焉。田虽无井牧之异制，然兼并有禁，荒芜有罚，既有守令以司之矣，又兼命藩臬以董之，养民何以加焉。学虽无庠序之异制，然廪饩有常，废坠有戒，既有师儒以职之矣，又专命宪臣以莅之，教民何以加焉。良法美意，昭昭乎日月之照临，深仁厚泽，荡荡乎天地之涵育。此我朝之治所以度越前古也。陛下远宗帝王之道，近守祖宗之法，教养之政，重加之意，盖无一念不在是也。伏读圣制有曰：朕承祖宗大统，抚临亿兆，于兹有年，夙夜兢惕，弗遑宁处，期于家给人足，教行刑措，礼乐兴而风俗美，跻斯世于雍熙泰和之盛，果何道以致之欤？即此一念，臣已知陛下仁民无穷之心，盖不以目前之治而自已也。陛下抚盈成之运，当鼎盛之年，有可为之时，有可为之势，又有能为之资，诚欲复隆古之治，不过始终此心焉耳。始终此心，则始终此治。《易》曰：圣人久于其道，而天下化成。是知为治之道，固未可见小而欲速也。且天下之大，兆民之广，必人人皆遂饱暖之愿，而后可以为养之至。使有一民不遂其生，犹未也。必人人皆归礼义之化，而后可以为教之至。使有一民不协于中，犹未也。方今天下之民，安于田里而生生自庸者固多矣，然而水旱相仍，则展转沟壑而无告者，不惟见于穷檐蔀屋之下，而通都大郡亦有之，如此而谓之生养遂，未可也。司民牧者，方且急于催科，而视农桑为末务，漫不知所以抚字赈救之方，此犹未免勤圣心之虑也。陛下养民之仁，诚能久而不替，田里未均，必思所以均之，树畜未广，必思所以广之。禁游手游食之蠹，惩横敛苛征之虐，慎选循良恺悌之人以充守令之职，纵未必尽得如稷之贤，独不可得出入阡陌劝课农桑如召信臣者乎！既得其人，又假以岁月而考其功，因其功而进退之，则人孰不思所以自勉而尽养民之职哉！如此而家不给，人不足，无是理也。天下之民，习于行艺而熙熙相安者固多矣，然而饥馑荐臻，则犬鼠偷窃而无藉者，不惟见于遐陬僻壤之所，而名乡广市亦有之。如此而谓之教化洽，未可也。司风教者方且溺于宴安，而视教化为繁文，恬不知所以振励转移之术，此犹未免贻宸衷之忧也。陛下教民之仁，诚能久而不怠，学校必修，不使有倾颓之患，礼义必明，不使有坏乱之习。禁惑世诬民之言，革骄淫侈僭之俗，慎择端方谨厚之士以充师儒之任，纵未必尽得如契之贤，独不可得学兼体用封植人才如胡安定者乎！既得其人，又重厥责任而考其绩，因其绩而黜陟之，则人孰不思所以自效而尽教民之职哉！如此而教不行，刑不措，无是理也。治既至于家给人足，教行刑措，则礼乐以兴，风俗以厚，四夷于是而咸宾，万邦于是而宁谧，诸福之物，可致之祥，莫不毕集，而雍熙泰和之隆，复见于今日矣，唐虞三代岂得专美于前哉！夫治效之所以隆，固皆本乎陛下之一心。然易逸难制者，莫人心若也。况人君之心，攻之者众，若声色，若货利，或游畋方技土木之类，皆足以蛊惑摇荡之者也。苟非识见之明，而持守之坚者，未必不为所移。此心少移，则人欲日炽，天理日消，而无所不至矣。是故动一侈心，则取民不以制，而养民之政以废。

动一躁心，则接下不以礼，而教民之政以坏。陛下天资高迈，志意坚定，谅必能持守此心，而慎终如始矣。然以成汤之圣，每致警于盘铭之辞，武王之圣，恒究心于丹书之戒，学问之功，其可以少缓乎？先儒范氏有言：人君之心，惟在所养。陛下欲致帝王之治，乌可不求帝王养心之术。国朝经筵之设，最为近古，左经右史，朝讲暮读，闻于耳接于目而优游浸渍于心，则所以防非窒欲而长善者，莫要于此。臣愿陛下日御经筵，进讲不辍，毋视之为虚文，毋应之以故事，俾贤士大夫常侍列于前后左右，从容燕闲，细绎陈说，所闻者必善言，所见者必善行，于以涵养此心，以不失其本然之天，充广此心，以不亏其固有之量，则养民教民之政，亦将始终无间，而治效愈久愈盛矣。天下治忽之几，端在乎此。臣学术疏浅，荷朝廷教养有年，其于古昔圣贤格心之学，亦尝闻其大概矣，故敢陈此以上酬陛下求言之盛心也。伏愿留神省览，则天下幸甚，臣干冒天威，不胜战栗之至。臣谨对。

《成化十一年进士登科录·刘戬对策》：

臣对：臣闻圣人有安天下之至仁，有用天下之大智。盖天下之民，固圣人之所当安，而天下之大，有非一身之所能独安也。圣人任其所当安者于己，必付其所不能独安者于人。任其所当安者于己，则所以教养天下者有善政，付其所不能独安者于人，则所以教养天下者有成功。然则不自用而用天下，实所以安天下也欤！圣人有安天下之仁，而未尝区区自用以安之，此其仁之所以为至，智之所以为大，而仁智二者之所以相为用也。昔禹皋之陈谟，不徒曰在安民，而必曰在知人，岂非以安民为仁之事，知人为智之事，而仁与智不可偏废乎？荀卿子曰：仁而不智，不可也。智而不仁，不可也。使仁焉而有智以济之，则教养之效，如炊而必熟，如种而必生，如乘骐骥骋康庄，而不患不达于其所欲往矣，夫岂有不臻其极者哉！尧舜之所以帝，禹汤文武之所以王，用此仁也，用此智也。我祖宗列圣之所以并驾唐虞，齐驱三代，亦此仁也，亦此智也。曰汉曰唐曰宋，所以治不古若者，庸非此仁此智有所未尽，或得其一而不能兼举之弊欤？恭惟皇帝陛下，以圣人之德，居圣人之位，宽裕温柔，浩乎天地不足以为大，文理密察，昭乎日月不足以为明矣。然而处既圣之地，无自圣之心，惟恐一善之或遗，不以迩言为可忽，乃进臣等于廷，咨之以当时之事，首言教养之效未臻其极，而拳拳焉以任用未尽得人为疑，中举历代之教养而欲考其得失，末复欲闻至当之说以教养天下。臣伏而读之，有以知陛下之至仁，惟欲以安天下，而陛下之大智，知所以用天下也。夫至仁惟欲以安天下，而大智知所以用天下，则陛下素所蓄积者，皆教养天下之具也，举而措之，固已沛然有余矣，尚奚假于臣言哉！虽然，谋及庶人，询于刍荛，古之圣人盖如此，而布衣言天下事，亦有志经世者所以验可，而进以行其所学也，臣又安敢自弃于疏贱，而不有以对扬圣天子之休命乎！昔宋儒苏轼进说于其君，以为言之于无事之时，常患于不见听。臣窃以为此独未遭圣明之君故耳。使其遭圣明之君，则虽有苞桑之固，而常存复隍之戒，凛凛然惟恐一言之不闻也。今天下虽无事，臣言虽鄙陋，然幸遭际陛下之圣明，则所谓不见听者，非所患矣，谨拜手稽首，因圣策所及而条陈之。臣闻惟天惠民，惟辟奉天，天之惠民，必择人以寄教养之事，则君之奉天，又可不得人以任教养之责哉！盖民衣食不足，则不暇治礼义，此圣人所以有养民之仁也。而养民之仁，不过如圣策所谓制田里、教树畜而已。饱暖无教，则又近于禽兽，此圣人所以有教民之仁也。而教民之仁，不过如圣策所谓崇学校、明礼义而已。然徒知教养，而不择人以任之，则小人在位，无由下达，虽曰养之，而民不蒙其泽，虽曰教之，而民不被其化，此所以任用未尽得人，不能不劳圣虑也。臣请以祖宗之教养为陛下言之。我祖宗之养民也，田虽听其自占，而课农有诏，如春雨之涵濡。衣虽未尝家赐，而栽桑有令，如春阳之煦妪。臣窃观祖宗谕侍臣有曰：衣帛当思织女之勤，食粟当念耕夫之苦。又曰：朕思足食在于禁末作，足衣在于革华靡。又曰：人之常情，安于所忽，饱即忘饥，暖即忘寒。朕深知民艰，百计以劝督之。呜呼，养民之仁，根于中，而形于言者，一至此乎！以是仁而安天下，则民生之厚，果孰能御之哉！我祖宗之教民也，内设国子监，以造就天下之英才，外设府州县学，以储养民间之俊秀。臣窃观祖宗谕侍臣有曰：治国之要，教化为先。教化之道，学校为本。又曰：教化行，虽闾阎可使为君子。教化不行，虽中材或坠于小人。又曰：君子而知学则道兴，小人而知学则俗美。呜呼，教民之仁，根于中而形于言者，一至此乎！以是仁而安天下，则民德之正，又孰能御之哉！然我祖宗，固未尝如秦皇之衡石自程，隋文之传餐后食，区区焉弊精神以教养天下也，亦曰任贤图治，而善于用天下焉耳。故我祖宗之言曰：鸿鹄之能远举者，为其有羽翼也。蛟龙之能腾跃者，为其有鳞鬣也。人君之能致治者，为其有贤人也。然则祖宗安天下之仁，固极其至，而亦何莫非由于用天下之大智有以济之乎！陛下心祖宗列圣之心，行祖宗列圣之政，而又无间乎祖宗列圣之仁智，其所以教养天下者，不可以有加矣。然而犹虑实效未臻其极，臣又有以知陛下是心，即望道未见之心，惟日不足之心也。臣中愚昧，然尝端居而念天下之事，惟仁可以安天下，惟智可以用天下。又窃观祖宗之所以致天下之大治者，亦不外乎此。自顾舍此皆无足以为陛下告者，故敢辄伸其说焉。盖陛下以祖宗之所以养民者养民，又尝亲耕籍田以倡率之，可谓笃于养民矣。然而民生犹有未厚者，无他，昔人有言：民之所以安其田里而无愁恨之心者，政平讼理也。与我共此者，其惟良二千石乎！又曰：郎官出宰百里，上应列宿，苟非其人，民受其殃。夫二千石即今之守也，百里宰即今之令也。守令之职，最为亲民。臣尝譬之，民之待养，犹赤子之待哺也，守令其哺赤子之傅母乎？苟为傅母者不知乳哺之道，又从而颠越之，欲赤子之得所，难矣。臣观今日之守令，以承奉敏捷为能，而不劳心于抚字，以期会簿书为急，而不留意于阡陌。甚者怠堕而尸位素餐，贪酷而厉民自养，则民生之不厚，有以也哉！臣愿陛下择人以任守令之职，使布列于州县者，皆龚黄卓鲁之俦，而又严黜陟之典以劝惩之，则为守令者，皆能推陛下养民之仁以安天下，殆见男有余粟，女有余布，而养民之效自臻其极矣。陛下以祖宗之所以教民者教民，又尝亲幸太学以劝勉之，可谓笃于教民矣。然而民德有未正者，无他，昔人有言：择师不可以不慎。师严然后道尊，道尊然后民知敬学。又曰：士有纯明朴茂之美，而无敩学养成之法，此士之所以弊也。夫今日之所以使民敬学者，师儒也，而其所以使士无弊者，亦师儒也。师儒之职，贤士所关。臣尝譬之：民之待教，犹金之待范也，师儒其范金之宗工乎！苟为宗工者，不知模范之道，又从而毁弃之，欲金之成器，难矣。臣观今日之师儒，以记诵词章为务，而不知有道艺，以学究课业为工，而不知有德行。甚者嗟老羞卑，自为身谋，伪言冥行，反贻士耻，则民德之不正，有以也哉！臣愿陛下择人以任师儒之职，使分布于学校者，皆胡瑗、孙复之俦，而又严殿最之课以劝惩之，则为师儒者，皆能推陛下教民之仁以安天下，殆见户有可封、人皆君子，而教民之效自臻其极矣。虽然，所谓守令师儒者，岂必欲陛下人人而择之，人人而劝惩之乎？亦曰择其所以择守令师儒者与其所以劝惩守令师儒者而已。择守令师儒者，铨衡揆路之责也。劝惩守令师儒者，耳目纪纲之司也。二者皆得其人，则守令师儒皆得其人，而陛下之用天下，如身之使臂，臂之使指，天下之民，岂有一夫不被陛下之仁者哉！如是则陛下之至仁，亦有大智以济之，而雍熙泰和之治，不患不如唐虞三代矣。盖唐虞三代之所以教养天下，有非后世之所能及者，亦不过合仁与智两尽其道耳。观其制井以居衍沃之田，制牧以分隰皋之地，定九等之赋，修六府之政，夏后氏五十而贡，商人七十而助，至周而加详焉，乡遂用贡法，十夫有沟，都鄙用助法，八家同井，耕则通力而作，牧则计亩而分，此唐虞三代之养民也。有下庠以为小学，有上庠以为大学，养国老于上庠，养庶老于下庠。夏以教民为义而曰校，商以习射为义而曰序，至周而加详焉，家有塾，党有庠，术有序，国有学，八岁则入小学，十五则入大学，此唐虞三代之教民也。唐虞三代之教养天下，可谓仁矣，然教民稼穑，则稷为之，敬敷五教，则契为之。以至夏之籲俊尊帝，商之敷求哲人，周之克俊有德，亦莫不择人以任教养之事焉，则唐虞三代安天下之至仁，非有用天下之大智以济之乎！若夫汉、唐、宋之英君谊辟，非不有意于养民也，而非唐虞三代之养民矣。非不有意于教民也，而非唐虞三代之教民矣。以养民言之，汉惩秦之暴，轻民之租，或十五而税一，或三十而税一。文帝因贾谊之请而耕籍田，武帝因赵过之请而立代田。唐制有口分世业之田，有租庸调之法，而宋则均田之法行于建隆，经界之法行于绍兴，可谓美矣。然仲舒请立限田而武帝牵于多欲，师丹请立限田而哀帝沮于贵幸，口分世业之田坏而为兼并，租庸调之法坏而为两税，均输之政自同商贾，手实之祸下及鸡豚，则汉、唐、宋养民之仁，可知矣。况汉守令之循者十八人，唐守令之循者十人，而宋之守令，其循者亦不过二十人耳。夫郡县满天下，而惟此数十人，且又闻见于千有余年之久，则守令之不循者何多也。守令之不循者多，则汉、唐、宋用天下之智，不足以济其养民之仁矣，何怪其不如唐虞三代之养民也哉！以教民言之，汉光武起学东京，明帝临雍拜老，内而贵戚公侯入学，外而匈奴遣子入学。唐制有弘文馆大学之类，以处皇属贵胄，有广文馆书学之类，以处臣民俊秀。而宋则有大学宗学武学以分其流，有外舍内舍上舍以升其等，可谓善矣。然学舍鞠为蔬圃，学生多陷党籍，朝潦夕宿，徒置屋壁者，学舍也，啼饥号寒，乘城拒敌者，师生也。则汉、唐、宋教民之仁，可知矣。况汉之师儒，寂然无闻，而兴学校者独文翁辈耳。唐之师儒，可称者不过韩愈、阳城数人。而宋之尤彰彰者，孙复、胡瑗之外，亦不多见焉。夫学校满天下，而惟此数人，且又间出于千有余年之久，则师儒之失职者，何多也。师儒之失职者多，则汉、唐、宋用天下之智，不足以济其教民之仁矣，何怪其不如唐虞三代之教民也哉！夫唐虞三代之教养天下者既如彼，而汉、唐、宋之所以不及者复如此，是宜圣策以良法美意归之唐虞三代，而谓汉、唐、宋视之而有间也欤？夫以良法美意归之唐虞三代者，欲法唐虞三代也。谓汉、唐、宋视之为有间者，陋汉、唐、宋于不居也。臣愚以为，欲法唐虞三代而陋汉、唐、宋于不居，亦岂必胶柱鼓瑟，泥于古而不通于今哉，亦曰法祖宗安天下之仁与其用天下之智，以致天下之大治如此而已矣。《书》曰：监于先王成宪，其永无愆。《诗》曰：不愆不忘，率由旧章。臣之愚意，实出于此。伏惟陛下不以其易为而忽之，不以其常谈而厌之，则家无不给，人无不足，教无不行，刑无不措，礼乐由是而兴，风俗由是而美，可以功光祖宗，可以业垂万世矣。虽然，究而言之，其本又不外乎陛下之一心焉。盖仁也者，心之全。德也智也者，心之神明也。心之全德一为私意所蔽，则己欲立而不以立人，己欲达而不以达人，其视天下之安与不安，若越人视秦人之肥瘠，漠然无所动于其中矣。臣愿陛下去其有我之私，而大其无我之公，以身视家，以家视国，以国视天下，而推而达之，复不失其先后之序轻重之伦，则所谓一视同仁，笃近举远者，特在圣心一转移之间尔。如是而天下不安者，未之有也。心之神明，一为私欲所累，则好而不知其恶，恶而不知其美。其于天下之贤不肖，如扣盘扪烛，以为日之形声，而不自知其非矣。臣愿陛下居敬以立静虚之体，穷理以为顺应之用，不作好恶，不徇玩狎，不遗遐远，而举而用之。复不责效于旦暮，不疑间于谗佞，则所谓尊贤使能、俊杰在位者，特在圣心一运动之间尔。如是而天下不为吾用者，未之有也。《易》曰：正其心，万事理。而孟子亦曰：心既正，然后天下之事可从而理也。其是之谓欤？臣愚学不足以待问，才不足以通今，至当之论，不知所归，然罄一得之愚，实出于芹曝之诚，而非敢谬为大言以负陛下也。伏惟少垂睿览，则天下幸甚。臣不胜战栗之至。臣谨对。

《成化十一年进士登科录·王鏊对策》：

臣对：臣闻帝王之御天下，有致治之法，有保治之法。致治之法存乎具，保治之法存乎心。存乎具者非一也，然无大乎教养，养周矣，教洽矣，而心一懈焉，则治之所遗者，弊必因之以生，弊之所生者，法必随之而弛。欲以保治，臣愚知其不可。是故治未立而有为者所以致之也，既立而无逸者所以保之也。今天下承平百余年，海宇宁谧，黎民向化，凡所以固邦本，善民俗，统理万事之具，纤悉具备，治盖不劳乎致也。然道久而不渝，法久而或弛，法久矣，不思所以保之乎？圣如大舜，益之戒犹曰：罔游逸，罔淫于乐。治如成王，周公之戒犹曰：无淫于观于逸于游于田。《易》言法天而在于自强不息，《书》言慎德而归于罔或不勤。自古有国家者，未有不以勤而兴，以逸而废。故臣敢谓，保治在乎勤，勤则德可久，业可大，法可保而无弊也。伏惟皇帝陛下，聪明神武，有圣人之德，宽仁恭俭，有君人之度。凡古帝王所不能有者，皆兼而有之矣，犹谓求贤盛典也，乃躬策臣等于廷，而咨以当世之务。始之曰奉天子民，莫先于教养，此致治之要也。终之曰夙夜兢惕，不遑宁处，则保治之要在是矣。臣复何言。惟陛下有是言也，必有是心，有是心也，必有是行，则生民之福也。臣敢拜手稽首，对扬休命。窃惟天之所以寄于君者，曰养曰教，人君之所以奉天者，曰勤。夫贵为天子，宜可少逸矣，而古之圣人，兢兢业业，计其一岁之间，无日之不勤。一日之间无时之不勤者，岂独好乎是哉，必其灼见夫天之所以付乎己者甚大，则其所以责乎己者甚重。一息而少逸焉，则天职尽废矣，故曰无旷庶官，天工人其代之。勤盖无时不存也，而治安之时，尤所慎焉，亦无事不存也，而教养之事，尤所急焉。勤至而教养备，教养备而王道成。国朝法制超越前古，汉、唐、宋以来，取民多过其则。我太祖始定为十一之中制，申明天下，使四方各守其业，而游食末作，莫不有禁。学校之弊，至元极矣。我太祖即位之明年，诏郡县立学，士必通经而后得举，规模宏矣，文章焕然，列圣相仍，未尝改也。然行之既久，而实效之臻，犹未有以满圣心者，独何欤？臣愚以为，弊在于人，不在于法。法非不美也，而行之既久，则人情渐玩，民伪渐滋，而法亦随之以弛矣。请言其弊：自民之偏聚也，或地旷而患无可耕之人，或人稠而患无可耕之地。自吏之慢法也，或腴田而赋反轻，或下田而赋反重。为士者以摘章摘句为通经，通经果若是乎？为师者以月书季考为正学，正学果止是乎？夫今之法，祖宗之法也，今之天下，祖宗之天下也，岂昔用之而有功，今用之而无效哉！故曰弊在于人，不在于法。诚有如圣谕所谓任用之不得其人，而劝督作兴之道有未至也，然实效之不臻者，固劝督作兴之未尽其道也。劝督作兴之未尽其道者，固任用之不得其人也，而任用之不得其人者，岂其有未勤欤？岂勤而未得其要欤？古者天子勤政于上，则百职奔走于下。群才并用，百度具举，可覆视也。今人才布列中外，未尝乏人。然陛下有劝农之诏矣，而劝农者谁欤？有兴学之诏矣，而兴学者谁欤？前此之弊，漫不加省，此臣所以妄论庶政之有未勤，或勤而未得要也。夫图治莫若勤政，勤政莫若任人。陛下万机之繁，固不得事事而亲之也，要在于求贤。勤以求贤，则任用皆得其人。任用皆得其人，则劝督作兴各得其道。劝督作兴各得其道，而患实效之不臻于极哉！伏读制策，见陛下慨想唐虞三代之盛，而不满乎汉、唐、宋之为，且不以今日之治自足，必求至于唐虞三代而后已也。夫井田之制，黄帝始之，历代广之，而有曰贡曰助曰彻之名焉。成均之学，五帝有之，历代因之，而有曰庠曰校曰序之名焉。然莫有盛于周者。观夫小司徒井牧其田野，衍沃之地，则百亩为夫，九夫而为一井。隰皋之地，则九夫为牧，二牧而当一井。计口受田，故富不至于侈，贫不至于歉。岁代其居，故肥饶不得独乐，硗埆不得独苦。民年二十而受田，六十而归田，盖无不耕之人，亦无不耕之地也。小学则教以礼乐射御书数之文，大学则教以穷理正心修己治人之道。养国老于东胶，养庶老于虞庠，明其等也。春秋教以礼乐，冬夏教以诗书，顺其时也。人生八岁入小学，十五入大学，盖无一人之不学，亦无一地而无学也。其立之有本，故其及于民者速，其行之有渐，故其入于人者深。德义涵濡，久而不息，此唐虞三代之所以殷于民也。下至汉、唐、宋，既不足以拟此，然一代之制，亦足以维持一代之治。汉初山川园池市租之入，自天子以至封君，汤沐邑皆入为私奉。至于稽古礼文之事，犹多阙焉。及文帝感贾谊之言而开籍田，武帝用赵过之议而行代田，则有志于养者也。光武起大学而稽式古典，明帝临辟雍而尊事三老，则有志于教者也。唐制，田有口分有世业，而以租庸调取之，其法密矣。学有四馆有七院，至诸酋长皆遣子入学，其化广矣。宋兴，定民籍为五等，分大学为三舍，建隆之行均田，绍兴之正经界，不为不详。庆历之诏立学校，绍兴之遴选学官，不为不至。而治效之成，卒不如古者，得非分田制产、兴学崇儒，终非古之制乎？即使分田制产尽如古井牧之法，兴学崇儒尽如古庠序之教，而治效之成，臣知其终有愧于古也。盖其所务者法而已。唐虞三代之所以殷于民者，固莫之知也。一代之君，或勤于前而怠于后，一君之身，或勤于始而怠于终，其立法既无其本，而行之又无其实，何怪治之不如古哉！猗欤我朝，式克至于今日，休兵革不试，刑罚罕用，天下涵煦于德泽百年之深，《易》所谓久于其道，天下化成，《书》所谓既历三纪，世变风移之时也，而教养二事，犹有厘宵旰之忧，至于夙夜兢惕，不遑宁处，圣心忧勤，乃至于是。是心也，可以保治于亿万年之久矣。夫陛下即位之初，躬耕籍田，亲幸太学，于时民财为之渐丰，士气为之一变，此亦忧勤于道之明验也。临御以来，十有一年于兹矣，早朝晏罢，此心未尝少衰，而臣犹有所献者，前代人君当未治之先则忧，忧则勤，勤则治。既治之后则骄，骄则怠，怠则危。善始者寔繁，克终者盖寡。故臣愿陛下恒存此心而勿失也。苟恒存之而勿失，则所以跻斯世于雍熙泰和者，固有待于他求乎？孟子有言：举斯心加诸彼而已。况陛下欲养民，则制田里，广树畜，有成宪矣；欲教民，则崇学校，明礼义，有定法矣。譬如居室，太祖创造此室者也，四宗经营此室者也，陛下则端拱而有之，固不必大有所为而更张之也。然不可一无所为而废弛之也，在以时修茸之而已，以时丹雘之而已。是故保之在乎勤。臣前所谓勤以任人者，岂徒然哉！惟陛下所其无逸，确乎不移，推是心也，养民则责之守令，教民则责之师儒，而申敕藩臬提督之任，虽不必尽如古井牧之法，亦必抑豪右，禁贪残，斥游惰。仲舒限田之议，苏轼均税之说，可一举而试之乎？然此非重守令之任不可。臣愚以为，政有异绩者，当增秩以励其心，而勿骤夺其口，则官知任之久，得以行其志，民知官之久，得以从其化矣。如是而可责其养民之实效。虽不能尽如古庠序之教，亦当抑奔竞，重行检，明经学。朱熹贡举之议，胡瑗体用之学，可一举而行之乎！然此非重师儒之任不可。臣愚以为，学行修明者，当待以不次之任，而勿视为不急，则人之待之也重，彼之自待也亦重矣。如是而可责其教民之实效。数者之事既委于下，而陛下总揽乾纲，时以训迪于上曰：吾用某人治某郡，某郡果治矣乎？用某人化某邑，某邑果化矣乎？如前代故事，或召对便殿，或记名屏风。考最者赏之陟之，殿者黜之罚之，则人臣皆奋迅以自见于事功，而无委靡之患矣。臣前所陈之弊，又何患于不去哉！非直去弊而已，所谓家给人足，教行刑措，礼乐兴而风俗美，未必不由此以致之也。陛下试观典籍所载，孰勤而不兴，孰惰而不危乎？虽然，自昔人君皆欲勤于治矣，然一有所溺，则虽欲勤而不可得。盖心既溺于此，事必怠于彼，理之固然者也。故声色货利而溺焉，欲勤而不可得也。游田土木而溺焉，欲勤而不可得也。异端邪说而溺焉，欲勤而不可得也。惟一则勤，惟勤则治。陛下于此数者，一皆屏去而勿迩，则此心虚明专静，圣学可由是而明，圣听可由是而崇。可以祈天命，可以诚小民，可以绳祖武，可以裕后昆，独教养乎哉！抑尝闻之：君子之事君也，务引其君以当道。臣之私心，窃以自誓久矣，及被顾问，而一旦迁就其说，则所谓修于家而坏于廷者，臣窃耻之，是以愚衷所怀，承问辄发，不以浅深自愧，不以喜怒上虞，亦区区不能自已之忠也。惟陛下万机之暇，为社稷生民一留意焉，不胜幸甚！臣谨对。

谢迁（1449—1531）中一甲一名状元。《游艺塾文规》卷一《科第全凭阴德》："昔正统间，邓茂七倡乱于福建，始于沙县，蔓及延平等处，士民从贼者甚众。朝廷起鄞县张都宪楷南征，以计擒贼，后委布政司谢都事搜杀东路贼党，委都司张断事搜杀西路贼党。谢求贼中党附册籍，凡不附贼者，密授以白布小旗，约兵至日，插旗门首，戒军兵毋妄杀，全活万人。张混杀甚多。后谢之子迁中状元，为宰辅，孙丕复中探花。同时又有江西人王某，亦为司官，委查邓籍，厚情申改，免死数千人。夜梦神人语之曰：'尔子当与谢子皆中状元。'后果联科及第。"查继佐《罪惟录》志卷十八《科举志》"科举盛事·父子魁元六氏"："余姚谢迁，解元、会魁、状元，子丕，解元、会魁、探花。南海伦文叙，会元、状元，子以谅，解元、进士，次子以训，会元、榜眼，幼子以诜，进士。叙与子谅、训皆由儒士。铅山费宏，状元，子懋贤，进士，从子懋中，探花。临海秦文，解元，子鸣雷，状元。太仓王锡爵，会元、榜眼，子衡，解元、榜眼。南海陈熙昌，解元，子子壮，探花。吉水刘同升，崇祯丁丑状元，父应秋，万历癸未探花。"

郑锜中进士，除靖江令。唐龙《渔石集》卷三《听庵先生传》："听庵先生姓郑氏，名锜……成化戊子，乃登乡荐，卒业太学。祭酒邢公让校六馆士以《贤关赋》，籍籍数千人，先生褒然居首焉。邢公出赋悬示六馆，遍呈在廷公卿，咸曰：'是固贤士乎？今读其文，犹洒然有浴沂风云之意。'乙未，登谢迁榜进士，除靖江令。"

王鏊以一甲三名进士及第。邵宝《容春堂续集》卷十六《文恪墓志铭》："公自幼颖悟不凡，年十六随父在国学，始课举业，落笔过人。有传其论策于文庄叶公，公大奇之曰：'此子他日忠肃乎？'忠肃，盐山公谥也。公与同姓，且嫌名，故称之。于是声名动京师，有屈年与行，引为友，如奚元启者。居二年，归游吴庠，凡考必居首。陈提学天台先生，尤以天下士期之。甲午试应天第一，主司谓：'安得东坡复出？'至全录其论策，不易一字。乙未会试第一。廷对策入，众拟第一，执政有忌其言直而抑之者，诿曰：'文太长，难读也。'冢宰尹公读之，遂置第一甲第三。"《甫田集》卷二十八《太傅王文恪公传》："成化戊子将归试应天，文庄欲留卒业不果，意甚惜之，曰：'科目不足以浼子也！'既归，补郡学生，一再试不利，而文名日益起。甲午遂以第一人荐，明年试礼部，复第一，廷试以第一甲第三人及第。""少工举子文。既连捷魁选，文名一日传天下。程文四出，士争传录以为式。公叹曰：'是足为吾学耶？'及官翰林，遂肆力群经，下逮子史百家之言，莫不贯总。"霍韬《震泽集序》："守溪先生早年词气如风樯驾涛，如逸骥驰野，如银河注溟，如长虹横汉，如列缺划云，如驶飚之啸六合，可谓雄矣……先生早学于苏，晚学于韩，折衷于程朱。"董其昌《震泽先生集序》："公之风节在朝廷，文章在海内，即无论中秘之奇、名山之藏，全豹莫窥，如制义八股之艺，开辟一代，士之茹其华而食其实者，迄今如一日也。"《游艺塾续文规》卷四《了凡袁先生论文》："成化场屋之文，王济之为宗，布帛菽粟，无施不可，所谓一代之宗匠非与？当时正大则有罗一峰伦，透彻则有储柴墟罐，精炼则有程乐平楷，警策则有邹立斋智，皆后先相望，翕然称雄者也。"《明史》王鏊传："鏊年十六，随父读书，国子监诸生争传诵其文。侍郎叶盛、提学御史陈选奇之，称为天下士。成化十年乡试，明年会试，俱第一。廷试第三，授编修。杜门读书，避远权势。""少善制举义，后数典乡试，程文魁一代。取士尚经术，险诡者一切屏去。弘、正间，文体为一变。"《四库全书总目·震泽集提要》："鏊以制义名一代，虽乡塾童稚才能诵读八比，即无不知有王守溪者。然其古文亦湛深经术，典雅遒洁，有唐宋遗风。盖有明盛时，虽为时文者，亦必研索六籍，泛览百氏，以培其根柢而穷其波澜。鏊困顿名场，老乃得遇，其泽于古者已深。故时文工，而古文亦工也。"梁章钜《制义丛话》卷十二："前明科举文字有元派、元脉、元度之目，甚至借释氏之语，美其名曰元灯。其实则文章家之别径，于古人立诚之本、载道之旨，杳不相关。顾风气所趋，上以是求，下以是应，遂增艺林一故实。至我朝文运昌明，士尚实学，此调不弹久矣，而琐闻遗事时时间出，亦足以资谈柄。因荟萃而次之，俾举业者知有此事，而不必专精致力于斯也。""俞桐川曰：成、弘二朝会元，皆能名世。文之富者，为王守溪、钱鹤滩、董中峰三家。王、钱之体正大，中峰之格孤高。王、钱之后，衍于荆川，终明之世号曰元灯。中峰以后，其传遂绝，三百年来未尝有问津者。"

彭时（1416—1475）卒，谥文宪。《馆阁漫录》卷六《成化十一年》："辛未，少保、吏部尚书兼文渊阁大学士彭时卒。时字纯道，江西安福人。正统戊辰进士及第，授翰林院修撰。己巳，被命入内阁预典机务，母丧，乞守制，不许，升侍读。景泰初，赐金带及五品服，复力请终制，许之，然因是亦忤旨。迨起复，命于翰林院办事，遇易储，迁左春坊大学士，修《寰宇通志》成，升太常少卿，仍兼侍读。英宗复位，命仍入内阁，改兼学士。上嗣位，升吏部右侍郎，同知经筵事。成化元年冬，进兵部尚书，学士如故。二年，乞归省，给驿，遣中官护行。暨抵家，手敕随趣之还朝，以四川、宣府、辽东地震言十事，赐麒麟织金衣。总裁《英庙实录》成，进加太子少保兼文渊阁大学士。慈懿皇太后崩，诏大臣集议山陵，时上言请如汉文帝葬吕后、宋仁宗葬刘后故事，上重违母后意，不从。时乃率文武群臣伏文华门号泣以请，期在必得，上感动，卒从之。秋，彗见，又上言乞正宫闱，以绵圣嗣，且言专宠者年日以迈，宜子者恩或未逮，宜更新以回天意。盖人所难言者。是冬，改吏部尚书，赐玉带。五年冬无雪，言三事，因及景皇帝女固安郡主处西内，年及笄，遂得下嫁。太监刘永成，以军功议欲封伯，引成宪阻之。或言宋童贯尚封王伯，何足惜？时折之曰：'童贯封王，在徽宗末年，此何等时也。'遂不果封。是年正月，考满，升少保。逾月，疾复作，遂卒，年六十。赠太师，谥文宪，遣官谕祭，命有司营葬，给驿舟归其丧，仍官其子颐为尚宝司丞。时为人端谨严密，外和内刚，居家孝友，莅官慎职守，不妄交人。平居无堕容，立朝三十年，非有疾未尝不在公，公退未尝语子侄以朝廷事。其学本经术，而文章纯正，恰乎儒者也。既柄用，每朝廷有大政事、大议论，时持正居多，虽不立赫赫名，然其所成就，隐然一代人望云。"

四月

刘珝、刘吉入内阁，预机务。（据《馆阁漫录》卷六《成化十一年》"四月"）《明鉴纲目》卷四："纲：以吏部左侍郎刘珝（字叔温，寿州人），礼部右侍郎刘吉（字佑之，博野人）并兼翰林学士，入内阁，预机务。目：珝先以旧宫僚，晋官直经筵日讲。每进，反复开导，词气侃侃，刘定之称为讲官第一。帝亦爱重之，入阁后，每呼东刘先生。珝性疏直，吉则多智数，与万安比。"

《宋元通鉴纲目》修成。《明通鉴》卷三十三："（宪宗成化十一年夏四月）是月，《宋元通鉴纲目》成。诸总裁、纂修官皆升赏有差。"《四库全书总目提要》卷八十九："《通鉴纲目续编》二十七卷……至商辂等《通鉴纲目续编》，因朱子凡例，纪宋、元两代之事，颇多舛漏。"

庚辰，翰林张颐为修撰。（据《国榷》卷三十七）

户部尚书兼翰林学士商辂兼文渊阁大学士。（据《国榷》卷三十七）

五月

宪宗始召见皇子，定名佑樘。《馆阁漫录》卷六《成化十一年》："五月己酉朔。丁卯，敕礼部：'朕皇子年已六岁，未有名，其与翰林院定议以闻。'既而拟进，上亲定睿名，下宗人府书于玉牒。皇子即今上也，母纪氏，生时失传于外，廷臣不及致辞奉贺，至是已六年矣。因乾清宫门灾，上欲显示于众，乃命司礼监太监怀恩等至内阁计议，金议未定。良久，学士商辂曰：'若降敕于礼部以拟名为词，则众不言而自喻矣。'恩等欣然从之，请于上，遂有是命，于是中外之人心无不欢悦。越数日，上出皇子于文华门，召文武大臣进见。又数日，上御文华殿，召辂及学士万安、刘珝、刘吉至御坐前，温言问曰：'皇子既出，将何如处之？'辂等顿首对曰：'皇上即位十年，储副未立，天下人心望此久矣。今皇子出，实祖宗之福，当立为太子。'上曰：'即举行乎？'对曰：'今天气向炎，各衙门亦有行造，俟秋凉举行。'上曰：'然。'安复曰：'皇子饥饱寒暖之节，须劳圣虑。'上颔之曰：'朕知悉矣。'辂等退，赐酒饭于文华门外，命太监怀恩、覃昌待之。"《明鉴纲目》卷四："纲：夏五月，始召见皇子于西内。目：帝自悼恭太子薨，常郁郁不乐。一日召太监张敏栉发，照镜叹曰：'老将至而无子。'敏伏地曰：'万岁已有子也。'帝愕然曰：'安在？'敏叩头对曰：'奴言即死，万岁当为皇子主。'于是太监怀恩（高密人）顿首曰：'敏言是，皇子潜养西内，今已六岁，匿不敢闻耳。'帝大喜，即日幸西内，遣使迎皇子。纪妃抱皇子泣曰：'儿去，吾不得生，儿见黄袍有须者，即儿父也。'衣以小绯袍，乘小舆，拥至阶下，发披地（时胎发犹未翦），走投帝怀。帝置之膝，抚视良久，悲喜泣下曰：'我子也，类我。'使怀恩赴内阁，具道其事，群臣皆大喜。怀恩并传帝意，欲宣示外廷，商辂曰：'当降敕礼部，以定名为辞。'于是廷臣相率称贺。帝即命皇子出见廷臣。越数日，帝复召阁臣问曰：'皇子既出，将何以处之？'辂顿首曰：'陛下践祚十年，储副未立，天下引领望久矣，当即立为皇太子，安中外心。'帝颔之，遂定名佑樘，颁诏中外。"

六月

康海（1475—1541）生。据《明文海》卷四百三十三张治道《翰林院修撰对山康先生状》："终老以殁也，距生成化乙未六月二十日，享年六十有六。"字德涵，别号对山，又号浒西山人，武功人。弘治壬戌赐进士第一，授翰林修撰，寻以救李梦阳坐逆瑾党，落职为民。有《对山集》。

行人宋经，知县刘魁、王昶为试监察御史。进士丘璐为南京吏科给事中。（据《国榷》卷三十七）

八月

八月丁丑朔，释奠先师孔子，遣户部尚书兼文渊阁大学士商辂行礼。（据《馆阁漫录》卷六《成化十一年》）

九月

准直隶德州卫及德州左卫军生俱由山东提学考选科举。《明宪宗实录》卷一百四十五：成化十一年九月辛未，"户部会官议……直隶德州卫并德州左卫军生俱在山东德州儒学肄业，然民生则听山东提学佥事，军生则听直隶提学御史考校。及遇补廪，则各徇己私；且开科之年，军生则赴顺天府乡试，隔越未便。宜以二卫军生俱属山东提学考送科举，庶事业归一……疏上，诏如议"。

谢铎、倪岳擢升。癸卯，升编修谢铎为侍讲，仍支原升俸一级，以九年任满也。辛未，升编修倪岳为侍读，仍支原升俸一级，以九年任满也。（据《馆阁漫录》卷六《成化十一年》）

宥右副都御史毕亨、翰林学士钱溥罪。初，溥家居贩官盐，亨以巡按檄苏州派买。至是事闻，服罪。（据《国榷》卷三十七）

选进士杨茂元等刑部听讯，如正统例。（据《国榷》卷三十七）

十月

礼部议：以曾为廪膳之纳粟监生与科贡监生相兼拨用历事。议上，报可。《明宪宗实录》卷一百四十六：成化十一年冬十月，"丙申，国子监生三百六十一人奏：'臣等皆发身科贡，循资入监，而各学生员近有纳粟实边得入监者一千五百余人，况有未经食廪，临时寄名冒籍者，率多幼稚，而拨历反在臣先。乞通查冒滥者从宜处分。其在学曾为廪膳者，亦与臣等相兼拨历为便。'于是纳粟生二百一十二人亦奏，以为臣等皆出自学校，亦有曾经科举者，朝廷以边储缺用，下输粟入监之例，初不以年齿长少论也。俱下礼部议：科贡乃祖宗旧典，纳粟实一时权宜。况纳粟送监及复班之日，多在科贡入监之先，若仍缘旧规以次取拨，使纳粟者得以遂捷取之愿，而科贡者不能无淹困之嗟。宜敕国子监于此两途酌其多寡，相兼拨用。俟纳粟数尽，然后奉例如旧。议上，报可"。

十一月

立朱佑樘为皇太子。《明鉴纲目》卷四："纲：冬十一月，立子佑樘为皇太子。目：时皇太后居仁寿宫，语帝曰：'以儿付我。'太子遂居仁寿。一日贵妃召太子食，太后谓曰：'儿去无食也。'太子至，贵妃治食，曰：'已饭。'进羹，曰：'疑有毒。'贵妃曰：'是儿数岁即如是，它日鱼肉我矣。'因恚成疾。"

诏公侯驸马伯子孙务要读书习礼，许各访保通经儒士一人送吏部考试，取中者许令教书三年，满日照例除授职事，仍旧教书。王恕《王端毅公奏议续集》卷四《论公侯伯处教官难论功绩黜陟奏状》："文选清吏司案呈刑科给事中胡金题一件储将材，内开具侯伯应袭子孙，礼部各查缺铨选，以有学行教官一员，俾之专教文事，不妨武艺，俟他日袭爵之时，会同文武大臣从公核试。如果文武才艺兼全者，仍给以应得全禄，其次文武偏长者，各减其禄有差，俱取自上裁。教官亦因以黜陟……钦遵。备咨到部送司，查得成化十一年十一月初八日节该钦奉诏书内一款：'公侯驸马伯子孙务要读书习礼，许各访保通经儒士一人送吏部考试，取中者许令教书三年，满日照例除授职事，仍旧教书。'"

擢升诸官。吏、礼部右侍郎陈俊、俞钦俱左侍郎，右副都御史黄镐、右通政程万里、侍读学士尹直、左副都御史马文升为吏、户、礼、兵部右侍郎。万里出中旨。（据《国榷》卷三十七）

十二月

申国子监学规。（据《国榷》卷三十七）

本年

成化乙未科进士三百人，自春徂冬，相继外补州县守令者近四分之一。马中锡《东田文集》卷二《送张宏仁尹郏县序》："故事：进士既登第，悉集都下，而官之诸司。间有疏隽少检者，则授之州、县长，若谪民然。自上即位，欲守令得人，谓非进士不可，始以外补为定规。成化乙未岁进士三百人，自春徂冬，相继外补者几四之一。"

明宪宗成化十二年丙申（公元 1476 年）

正月

张弼等同年在京者聚会。《东海张先生文集》卷三《同年会诫》："同年会，非古也，以义举也，衣冠之盛事也，古之道存焉。丙戌进士三百五十有二人，受职中外。越十年，岁乃丙申，正月甲子（十九日），在京师者几百人，会于报恩寺。有议所以处同年之道者，华亭张弼遂述其意，作五诫。"

二月

宪宗手敕升户部尚书兼文渊阁大学士商辂为太子少保，改吏部，礼部尚书兼学士万安改户部。（据《馆阁漫录》卷六《成化十二年》）

升编修陈音为侍讲，仍支原升俸一级，以九年任满也。（据《馆阁漫录》卷六《成化十二年》）

四月

升编修焦芳为本院侍讲，仍支原升俸一级，以九年任满也。（据《馆阁漫录》卷六《成化十二年》）

五月

进士冯义、仰升、马中锡、方陟为给事中。义礼科，升兵科，中、锡刑科，陟工科。（据《国榷》卷三十七）

六月

林文（1390—1476）卒。《馆阁漫录》卷六《成化十二年》："六月壬申朔。丁丑，致仕太常少卿兼侍讲（读）学士林文卒。文字恒简，福建莆田人。宣德庚戌进士及第，除翰林院编修。正统初，与修《宣庙实录》，书成，升修撰，两为会试考官。景泰中，历升左春坊左谕德兼修撰，进左庶子兼侍讲，预修《寰宇通志》。天顺初，以景泰中东宫官改尚宝司卿，仍兼侍讲，寻转学士。上在东宫，文与讲读。屡引年，英宗重其人，不许。上即位，褒进旧学之臣，升太常少卿兼侍读学士。越月，恳乞致仕归。至是卒，年八十馀。赠礼部左侍郎，遣官谕祭，命有司治葬事，官其子载为中书舍人。"

翰林修撰刘健、汪谐为右春坊右谕德，编修周经为侍读。（据《国榷》卷三十七）

七月

顾璘（1476—1545）生。《明文海》卷四百三十五文徵明《故资善大夫南京刑部尚书顾公墓志铭》："嘉靖二十四年乙巳闰正月八日辛巳，南京刑部尚书顾公以疾卒于金陵里第……生成化丙寅七月二日，享年七十。"字华玉，别号东桥居士，苏之吴县人，弘治丙辰进士，官至南京刑部尚书。少负才名，与陈沂、王韦同号"金陵三俊"。有《顾华玉集》。

宋儒朱熹十世孙燉袭翰林院五经博士。（据《国榷》卷三十七）

国子祭酒周洪谟请加孔子大成至圣帝号，笾豆八佾。礼部言："谥号之易否，器数之加否，不足为孔子重。"遂如故。（据《国榷》卷三十七）

八月

边贡（1476—1532）生。字廷实，历城人，弘治丙辰进士，授太常博士，擢户科给事中，迁太常寺丞，出知卫辉府，改荆州，升湖广提学副使，召拜南京太常少卿，迁太仆，改太常卿，提督四夷馆，进南京户部尚书。有《华泉集》。《国朝献征录》卷三十一李廷相《资政大夫南京户部尚书华泉边公贡神道碑》："其先淮阴人也。六世祖朝用，元至正兵乱，避地历城华不注峰之阳，因冒王姓，故今为历城人。朝用生一诚，高皇帝定天下，始复边姓……公生有异质，即襁褓时，祖母王夫人时置膝上，口授章句，一过辄成诵。既乃从大父治中公于官所，于是公甫尚成丱，即蔚有文名。"

内承运库监生袁庆，见内帑虚耗，岁入不供，而售宝石者无虚日，上章极言其弊。命杖五十，遣之。至是仍入太学，后举进士，终广东按察佥事。（据《国榷》卷三十七）

九月

令太监汪直密刺外事。《明鉴纲目》卷四："纲：九月，令太监汪直刺事。目：妖人李子龙，以符术结太监韦舍，私入大内，事发伏诛。帝心恶之，锐欲知外事。太监汪直，故大藤峡猺种，初给事万妃于昭德宫，迁御马监，为人便黠。帝因令易服，将校尉一二人，密出伺察，人莫知也，独都御史王越与结欢。”

周用（1476—1547）生。字行之，号白川，吴江人，弘治壬戌进士。官至吏部尚书，谥恭肃。事迹具《明史》本传。有《周恭肃公集》十六卷附录一卷。《四库全书存目丛书》集部第55册，《周恭肃公集》十六卷附录一卷，严讷《恭肃公行状》：“以成化丙申九月二十二日生公。公生有颖质，数岁善属对，宴客屡以试公，公对屡警不凡，人大奇之。其塾师遂辞不能教而去。年十四，去家力学，寒暑不解衣。”

十月

升诸监生、儒士俱冠带。传升监生李英，儒士顾经、郭亨、万爐、蒋钊、张钦、陈贲、杨清、周冕、陈鉴、孙士端、沈葵、李瀚、刘锺、涂昭、谢汝明、解纶、赵哲、包铭、邹存敬，俱冠带。（据《国榷》卷三十七）

十一月

王恕巡抚云南，镇守中官钱能惧之。《明鉴纲目》卷四：“纲：以户部侍郎王恕巡抚云南。目：大学士商辂，先已请设云南巡抚。又以镇守中官钱能，纵恣不法，议遣大臣有威望者，往镇压之，乃以恕为右都御史以行。先是，能遣指挥郭景奏事京师，诈言安南捕盗兵入境，帝即命景赍敕戒约之。旧制，使安南必由广西，而景直自云南往。能因遗安南王玉带綵缯珍奇诸物，绐其贡使，改道云南，边吏格之，不得入。能又遣景交通千崖（注见前）孟密（亦曰猛密，本隶木帮土司，后为思柄所窃据。事详后）诸土官，纳其金宝。至是，恕皆廉得之，遣骑执景，景惧自杀。因劾能私通外国，及诸贪暴不法状。帝宥能，而致其党九人于法。恕上言：‘昔交阯镇守非人，致一方陷没，今日之事，殆又甚焉，陛下何惜一能以安边徼？’能大惧，急属贵近，请召恕还。恕遂改掌南京都察院。（事在明年。）能事立解。（恕居云南九月，威行徼外，黔国公沐琮以下，咸惕息奉命。疏凡二十上，直声闻天下。○沐琮，字廷芳，昂之孙。）”

进士唐昭为德府左长史。近例，亲王出阁，选进士侍书。（据《国榷》卷三十七）

《续〈资治通鉴〉纲目》成。时纂修官户部尚书万安，吏部右侍郎刘珝，翰林学士王献，侍读学士彭华，侍讲学士丘浚，左谕德黎淳、谢一夔，右谕德刘健、汪谐，侍讲程敏政，修撰郑环、罗璟，编修陆简、林瀚。上自序之。（据《国榷》卷三十七）

十二月

擢升翰林院官。南京礼部左侍郎倪谦升本部尚书，侍读学士钱溥升南京吏部左侍郎，国子监祭酒周洪谟升礼部右侍郎，仍掌监事。戊寅，升侍讲徐琼为南京侍读学士。乙酉，礼部右侍郎尹直以父丧去任。父奂重曾封为侍读学士，乞祭，允之。先是，礼部以朝臣父母死乞恩祭葬者众，奏准非授本等封赠者不与，行之数年，颇见有节。至是，直父例不应得，乃破例而为之，尚书邹干无如之何。然自是比例乞恩者接迹，而恩典之滥，亦无纪极矣。（据《馆阁漫录》卷六《成化十二年》）

　　监祭御史许进以各布政司乡举考试官缘徇私情，所聘多非其人，乞如两京例，命翰林官主试。不从。俞汝楫《礼部志稿》卷七十二《乡试·京省试官》："凡两京乡试主考官，俱本府题请，候抄到日，本部行手本内阁点用应天府文，然后覆题候旨，方行手本。同考官俱本府径自聘取。十三省主考、同考官俱照题准事例，各布政司同巡按御史差人赍文各处聘取。成化十二年十二月，监察御史许进以各布政司乡举考试官缘徇私情，所聘多非其人，乞如两京例，命翰林官为是。上谕礼部臣曰：'布政司乡举自聘主司，乃祖宗旧制，行之已久，许进何得具奏欲改之？且科目选贤，国家重事，若聘主司徇私作弊，无往而不为奸利矣。尔其行各巡按御史并布、按二司，今后敢有作弊者，令互相纠举，或尔部中看详，体访得其人，必重治之。'"

本年

　　阎禹锡（1426—1476）卒。黄宗羲《明儒学案》卷七："阎禹锡字子兴，洛阳人。年十九，举正统甲子乡试。明年，授昌黎训导。母丧庐墓，诏旌其门。闻薛文清讲学，往从之游。补开州训导，遂以所受于文清者，授其弟子，人多化之。李文达荐为国子学正，转监丞。干谒不行，谪徽州府经历。寻复南京国子助教监丞，超升御史，提督畿内学政。励士以原本之学，讲明《太极图说》、《通书》，使文清之学不失其传者，先生之力也。成化丙申卒。所著有《自信集》。"

明宪宗成化十三年丁酉（公元 1477 年）

正月

　　设西厂。太监汪直领之，屡兴大狱。《震泽长语》上卷："成化中，京师黑眚见，相传若有物如狸或如犬，其行如风，倏忽无定，或伤人面，或啮人手足。一夜数十发，或在城东，又在城西，又在南北，讹言相惊不已。一日，上御奉天门视朝，侍卫忽惊扰，两班亦喧乱，上欲起，怀恩按之。顷之，乃定。自是日遣内竖出伺，汪直时在遣中，数言事，由是得幸。遂立西厂，使侦外事。廷臣多被戮辱，渐及大臣。大学士商辂、兵部尚书项忠，皆以事去。都御史牟俸，亦被逮。或往南京，或往北边，威权赫奕，倏忽往来不测，人以为黑眚之应也。"《明鉴纲目》卷四："纲：丁酉十三年，春正月，置西厂，以太监汪直领之。目：初，成祖置东厂，令宦官访缉逆谋大奸，与锦衣卫均权势。至是，尚铭领东厂，又别设西厂刺事，以汪直督之。所领缇骑倍东厂，势远出卫上。时南京镇监覃力明进贡还，以百艘载私盐，武城典史诘之，力明击折其齿，射杀一人，直廉得以闻。帝谓直能摘奸，益幸直。直乃任锦衣百户韦瑛为心腹，屡兴大狱，冤死者相属。自诸王府边镇，及南北河道，所在校尉罗列，民间斗詈鸡狗琐事，辄置重法，人情大扰。大学士商辂率同官上言：'陛下委听断于直，直又寄耳目于群小，如韦瑛辈，皆自言承密旨，得专刑杀，擅作威福，贼虐良善。陛下若谓摘奸禁乱为有益，则前此数年，何以帖然无事？且曹钦之变，由逯杲刺事激成，可为惩鉴。自直用事，卿大夫不安其职，商贾不安于途，庶民不安于业，若不亟正，天下安危，未可知也。'帝得疏，愠曰：'用一内竖，何遽危天下？谁主此奏者？'命太监怀恩、覃吉至阁诘责，辂正色曰：'朝臣无大小，有罪皆请旨逮问，直擅抄没三品以上京官。大同宣府，边城要害，守备俄顷不可缺，直一日械数人。南京祖宗根本地，直擅收捕留守大臣。诸近侍在帝左右，直辄易置。直不去，天下安得无危？辂等同心一意，为朝廷除害，无有先后。'兵部尚书项忠，亦倡九卿劾之。帝不得已，令直归御马监，调韦瑛边卫，散诸旗校还锦衣，中外大悦。然帝眷直不衰，仍令密出外刺事。御史戴缙（南海人）者，性险躁干进，深知帝意，乃假灾异建言，颂直功德，遂诏复开西厂，于是直焰愈炽。"

朱应登（1477—1526）生。据李梦阳《空同集》卷四十七《凌溪先生墓志铭》。字升之，宝应人，弘治己未进士，官至云南布政司参政。弘治七子之一。《明史》文苑传附见顾璘传中。有《凌溪先生集》十八卷。

擢升翰林院官。升编修陆简为侍讲，以九年任满也。己巳，以增孔子笾豆乐舞之数，遣吏部尚书兼文渊阁大学士商辂告文庙，学士王献告于阙里。升编修费訚为国子监司业。（据《馆阁漫录》卷六《成化十三年》）

二月

释奠先师孔子，遣吏部左侍郎兼学士刘翊行礼。（据《馆阁漫录》卷六《成化十三年》）

三月

命国子监祭酒耿裕经筵侍班。壬辰，赠礼部左侍郎致仕许彬为资善大夫、礼部尚书，从彬子典籍越之请也。不与谥。丙申，侍读学士江朝宗服阕，至南京，得疾，乞还乡调治。吏部请令应天府给医药，俟疾愈赴京，从之。（据《馆阁漫录》卷六《成化十三年》）

吏部以例试国子生之隶选籍者，无锡施彦章亦在选中。既试，名在优等。据（李

东阳《李东阳集》卷三《送施彦章通判黄州序》）

命慎选王府官，严保勘考试之禁。（据《国榷》卷三十七）

四月

宪宗手敕以太子少保、吏部尚书、文渊阁大学士商辂兼谨身殿大学士，加户部尚书兼学士万安太子少保，升吏部左侍郎刘珝、礼部左侍郎刘吉俱本部尚书，仍兼学士。时辂等被旨修《续通鉴纲目》成，故有是命。吉初在礼部，不与修纂，至是奏乞辞免升职，以为："内阁密勿之地，猥以菲才而滥居，久怀尸素之惭，尚书六卿之尊，今又无功而加授，实增过分之愧。虽天恩无私于覆载，奈臣劳未效于纂修，是以闻命惊惶，不敢即受。伏望追寝成命，俾仍旧职，勉图报称。"上曰："卿历任年久，特兹升擢，不允所辞。"　复命纂修官学士王献升少詹事，仍兼学士，左春坊左庶子黎淳、少詹事兼侍读学士彭华、侍讲学士丘浚、左谕德谢一夔俱学士，右谕德刘健、汪谐左右庶子，侍讲程敏政、陆简左右谕德，修撰郑环、罗璟司经局洗马，编修林瀚修撰。（据《馆阁漫录》卷六《成化十三年》）

命诸进士为各科给事中。进士潘洪、张雄、唐枳、田景贤、刘英、林元甫、王珩为给事中。洪、雄吏科，枳、景贤户科，英礼科，元甫、珩工科。（据《国榷》卷三十七）

五月

前湖广按察佥事黄润玉卒。润玉鄞人。永乐初，徙江南富民实北京，请代父行。官少之，曰："父去日老，儿去日长。"遂从之。举京闱，训导建昌，改南昌。拜交阯道御史，出按湖广，迁广东佥事，忧去。补湖广，坐诬，谪含山令，致仕。世称南山先生。（据《国榷》卷三十七）黄宗羲《明儒学案》卷四十五："黄润玉字孟清，号南山，浙之鄞县人。幼而端方，不拾遗金，郡守行乡饮酒礼，先生观之，归而书之于册，习礼者不能过也。诏徙江南富民实北京，其父当行。先生年十三，请代父往。有司少之，对曰：'父去日益老，儿去日益长。'有司不能夺而从之。至则筑室城外，卖菜以为生，作劳之余，读书不辍……寻举京闱乡试，授江西训导，用荐召为交阯道御史，出按湖广。劾藩臬郡县之不职者，至百有二十人，风采凛然。景泰初，改广西提学佥事……丁忧起复，移湖广，与巡抚李实不合，左迁含山知县。致仕。成化丁酉五月卒，年八十九。先生之学，以知行为两轮。尝曰：'学圣人一分，便是一分好人。'又曰：'明理务在读书，制行要当慎独。'盖守先儒之矩矱而不失者也。"《明史》黄润玉传："黄润玉，字孟清，鄞人。五岁，侍母疾，夜不就寝。十岁，道见遗金不拾。永乐初，徙南方富民实北京，润玉请代父行，官少之。对曰：'父去日益老，儿去日益长。'官异其言，许之。十八年举顺天乡试。授建昌府学训导。父丧除，改官南昌。宣德中，用荐擢交阯道御史。出按湖广，斥两司以下不职者至百有二十人。正统初，诏推举提学官。以杨士奇荐，擢广西佥事，提督学政……母忧归，起官湖广。论罢巡抚李实亲故二人。实愤，奏润玉不谙刑律，坐谪含山知县。以年老归。归二十年，年八十有九卒。学者称南山先生。"

六月

唐龙（1477—1546）生。据徐阶《明故光禄大夫太子太保吏部尚书赠少保谥文襄唐公墓志铭》："七月十九日公舆出都门三十里，卒于旅舍……公生成化丁酉六月二日，享年七十。"字虞佐，兰溪人。正德戊辰进士，除郯城知县。入为御史，擢陕西提学副使，历山西按察使。召拜太仆卿，改右佥都御史，总督漕运，兼巡抚凤阳诸府。进左副都御史，历吏部侍郎，进兵部尚书，总制三边，召拜刑部尚书，加太子少保，乞归。寻起南刑部尚书，就改吏部，入为兵部尚书，加太子太保，进吏部，黜为民卒。后以子修撰汝楫疏辨，诏复官，赠少保，谥文襄。有《渔石集》四卷。

南京兵部尚书原杰卒。杰字子英，阳城人，正统乙丑进士。授御史，历右副都御史，抚治荆襄流民，置郡县，利赖百世。年六十一。荆襄人闻讣，为巷哭罢市。赠太子少傅。子宗敏，荫入监。谥襄敏。（据《国榷》卷三十七）

七月

七月丙寅朔。辛未，诏翰林院会内阁自核其官属。时考核诸司官属，俱听吏部、都察院会核，而独翰林以文学侍从为职，故听其长自核焉。命左春坊左庶子刘健、侍读周经为应天府乡试考试官。戊寅，命内阁考核左右春坊、司经局。时遇例考核，右庶子汪谐等以为请，上命大学士万安等考之。辛卯，詹事府少詹事兼侍讲学士徐溥以母丧去任。升国子监祭酒耿裕为吏部右侍郎。（据《馆阁漫录》卷六《成化十三年》）

翰林检讨李遒、董彝为徽府左右长史，中书舍人严良能、金珙为审理正副，待诏王言、周鼎为纪善。（据《国榷》卷三十七）

八月

两京及河南、山东、陕西、山西、浙江、湖广、江西、福建、广东、广西、四川、云南等十二布政司乡试；贵州士子附云南乡试。

陆深（1477—1544）生。字子渊，上海人。弘治乙丑进士，改庶吉士，授编修。历司业、祭酒，谪延平同知，迁山西提学副使，改浙江。历江西参政、四川布政使，召拜光禄卿，兼侍读学士，进詹事。赠礼部侍郎，谥文裕。有《俨山集》一百卷、《俨山续集》十卷。《国朝献征录》卷十八许赞《通议大夫詹事府詹事兼翰林院学士赠礼部右侍郎谥文裕陆公深墓表》："吴淑人梦童子浮海捧冠带入户，翌日生公，成化十三年八月十日也。公颖慧迥异，五六岁能辨字义，诵古诗。稍长，洞究经史，文思警锐，入邑庠，学益宏。"《明史》陆深传："深少与徐祯卿相切磨，为文章有名。工书，仿李邕、赵孟頫。赏鉴博雅，为词臣冠。然颇倨傲，人以此少之。"

丘浚升国子监祭酒。《明宪宗实录》卷一百六十九"成化十三年八月己未（二十五日）"："升翰林院学士丘浚为国子监祭酒。"

曹安主山西乡试。《谰言长语》："成化十三年，校文山西。同考以《诗》卷一篇《采采卷耳》三章文甚奇特，予以他篇不甚称，置之。至填榜，同考又言及，予以为言，佥曰可，遂拆卷填其名。然则朱衣点头之事岂无哉！"

升检讨傅瀚为修撰，以九年任满也。（据《馆阁漫录》卷六《成化十三年》）

祭唐褚遂良于杭州。儒士周璟言之。（据《国榷》卷三十七）

兵科左给事中郭镗等上修攘八事：清军伍……立武举、广用人……有旨：京营官军，仍遣官点阅。武举不必设。余如议。（据《国榷》卷三十七）

兵部右侍郎马文升乞慎选武学教官，从之。（据《国榷》卷三十七）

九月

南京礼部尚书倪谦自陈乞致仕，许之。（据《馆阁漫录》卷六《成化十三年》）

十月

十月乙未朔。壬寅，侍读学士江朝宗服阕至京，命复任。（据《馆阁漫录》卷六《成化十三年》）

十一月

十一月甲子朔。丙寅，严文武官乘轿之禁。太监汪直言："洪武、永乐间，人臣无敢乘轿者。正统时，文官年老，或乘肩舆。景泰以来，师保既多，延至于今，两京五品以上无不乘轿者。文职三品年六十以上，可许，武职宜一切禁止。"从之。本稿吴绶所撰也。是时，都御史王越、尚书尹旻及戴缙、吴绶皆为直心腹，而学士刘珝为越所诱，亦与直通。数人者凡有谋议，直径达于上，辄见施行，人皆畏惧，虽司礼当道，亦谨避之云。（据《馆阁漫录》卷六《成化十三年》）

孙贤（1424—1471）卒。《馆阁漫录》卷六《成化十三年》：十一月，"己丑，致仕太常卿兼侍读学士孙贤卒。贤字舜卿，河南杞县人。景泰甲戌进士，授修撰。《寰宇通志》成，升侍讲。天顺初，改左春坊左中允，侍东宫讲读。上即位，进太常少卿兼侍读。修《英宗实录》成，进太常卿兼侍读，又进兼侍读学士，时成化庚寅岁也。逾年，请立皇太子，且引疾乞致仕，以示无希觊意。章并上，上皆允之。皇太子立，是为悼恭太子。贤回家，愤愤不乐而难于言。至是卒，年五十四。讣闻，赠礼部左侍郎兼学士，命有司祭葬如例。贤起诸生，不十年至通显，然无大过人者。性刚急，人或劝之学，艴然怒曰：'今人皆一般，孰为程朱，孰为韩柳？'护邪忌才，不能容物，其轻于举动，尤为人所哂云"。

十二月

黎淳奏请申明科场旧制，颁降学校。从之。《明宪宗实录》卷一百七十三：成化十三年十二月，"辛亥，詹事府少詹事兼翰林院侍读黎淳奏：'科场出题作文定式，洪武年间已尝颁降。近年有司多有不遵，任情行事，所刊程文，除两京外，其余纯粹者少，驳杂者多，甚至犯庙讳及御名。乞移文所司，将提调、监试并考试、同考试官究治，考官如例追夺表里。仍查墨卷，如举人自错，退还原学。及《小录》前列吏典掌行科举、生员誊录对读两条，亦当削去。申明科场旧制，颁降学校，永为遵守。'有旨：'科举重事，各处出题刊文等事，何为违式差谬。该部会官查究明白以闻。'礼部会同翰林院等衙门学士等官覆奏：'成化十三年乡试录，浙江等布政司中有犯庙讳、御名及亲王讳，其嫌音及偏犯一字者如例不坐外，其犯二字及文理差谬行文有疵表失平侧字画差错者，宜如淳言究治。但犯亲王讳及文疵平侧不顺字画差错者，比与文理差谬者不同，宜止治其罪，仍令举人会试。如错改其文，止罪考官。今后会试乡试开科取士，凡遇御名及庙讳，下一字俱要减写点画，以尽臣下尊敬之道。余皆如礼部奏行条件，考试等官务取学行老成之士，不许徇私滥举，及越数多取。出题较文并刊录文字，必须依经按传，文理纯正，不许监临等官干预。其考试官如有徇私作弊，仍从监临等官纠举。帘外执事，如旧例取用。《小录》刊板如礼部会试录式，不许仍开掌行科举文字吏典及誊录对读生员姓名。从之。"《殿阁词林记》卷十四《试录》："凡乡试录，旧制例进呈，祖宗时令翰林院儒臣评驳，之后其制渐弛。成化十四年，天下乡试录多舛谬，或犯国讳，少詹事兼侍读黎淳摘奏数十条，下礼部、翰林院议，治考试提调官罪，且申定格例，行之至今。按是年山东刻文，《论语》义'不曰坚乎磨而不磷，不曰白乎涅而不缁'，最为纰缪，遂逮举人张天瑞治之，以墨卷不同乃止。"王圻《续文献通考》卷四十六《选举考·举士四》："成化十三年十二月，詹事府少詹事黎淳奏科场出题作文定式，谓洪武年间已常颁降，近年所刊程文，纯粹者少，驳杂者多，乞移所司，将考试官究治，申明科场旧制，颁降学校，永为遵守。上曰：'科举重事，各处出题刊文等事，何为违式差谬？该部会同翰林院学士等官覆奏。考试等官，务取学行老成之士，不许徇私滥举。出题校文，并刊录文字，必须合式，依经按传，文理纯正，不许监临等官干预。'按：洪武开科，诏《五经》皆主古注疏，及《易》兼主程、朱；《书》主蔡；《诗》主朱；《春秋》兼左氏、公羊、穀梁、程、胡、张；《礼记》主陈。乃后，尽弃注疏，不知始何时，或曰：始于颁《五经大全》时，以为诸家说优者采入故耳。然古注疏终不可废也。"

给户部尚书兼学士刘珝、礼部尚书兼学士刘吉应得诰命。时珝父七十七，吉父八十六，乞荣生前。诏特许之。（据《馆阁漫录》卷六《成化十三年》）

监察御史胡遴，请教官用会试乙榜，罢岁贡监生。上令严岁贡监生之选。（据《国榷》卷三十七）

武学训导张宁言各营都指挥以下旷学，兵部议推一官往教。上命不必推官，但月一课之。（据《国榷》卷三十七）

本年

定武学生员例。题准：各营总兵官会同提督内外官员，于都指挥、指挥、千、百户、镇抚，除坐营、掌号头、把总、掌印不动，其余选年二十五岁以下一二百员，与都督、镇抚等官应袭儿男，俱送武学教习。每月各营总兵官轮一员，本部堂上官一员，公同下学考验一次。武库司簿记功能，岁终开奏拟擢。如果十年以上，怠于进学者，黜退送操。（据万历《大明会典》卷一百五十六《兵部·武学》）

杨士云（1477—1554）生。（据李元阳《户科给事中杨弘山先生士云墓表》）

明宪宗成化十四年戊戌（公元 1478 年）

二月

太子朱佑樘出阁就学。《馆阁漫录》卷六《成化十四年》："二月甲午朔。戊申，皇太子出阁进学，命太子少保、户部尚书兼文渊阁大学士万安，户部尚书兼学士刘珝、礼部尚书兼学士刘吉提调各官讲读；太常少卿兼学士王献、詹事府少詹事兼侍读黎淳、学士谢一夔、右春坊右庶子汪谐，司经局洗马郑环、罗璟更番侍班；学士彭华、侍读学士江朝宗、左春坊左庶子刘健、左谕德程敏政、侍读周经，修撰陆钺、张升、张颐更番讲读，经改左中允，升改左赞善；修撰傅瀚兼校书，太常少卿谢宇、礼部员外凌晖兼正字；通事舍人二员，改鸿胪寺序班耿宁、纪本为之。"《明鉴纲目》卷四："纲：戊戌十四年，春二月，皇太子出阁就学。目：太子虽出阁，老奄覃吉，朝夕侍左右，口授《四书章句》，及古今政典。帝赐太子庄田，劝勿受，曰：'天下皆太子有也。'太子偶从内侍读佛经，吉入，太子曰：'老伴来矣。'急手《孝经》。时太子方九岁，端本正始，吉有力焉。"

命礼部尚书兼学士刘吉、学士彭华为会试考试官，取中梁储等三百五十人。（据《馆阁漫录》卷六《成化十四年》）《明宪宗实录》卷一百七十五：成化十四年二月，"丁巳，礼部奏，会试天下举人三场已毕，请定名数。上命正榜取三百五十人"。"辛酉，礼部引会试中式举人梁储等三百五十人陛见。"查继佐《罪惟录》志卷十八《科举志》："（成化）十四年戊戌，试贡士，得梁储等三百五十人，赐曾彦、杨守阯、曾追等及第、出身有差。时大学士万安得彦策，大称赏，且初过堂，美而颀长也，立擢第一。彦实六十余，多髭，颓琐也。安为惘然。覆阅其策，平平无奇。同榜谭溥，系山东□县驿丞。"

罢朝天宫役。专修国子监。（据《国榷》卷三十八）

改万安吏部尚书兼谨身殿大学士。大学士刘珝、礼部尚书刘吉，各进太子太保，兼文渊阁大学士。（据《国榷》卷三十八）

三月

进士张琛为吏科给事中。（据《国榷》卷三十八）

国子博士戴仁、徐增，行人汪山、唐鼎、杨澄，知县张泰、马隆为监察御史。（据《国榷》卷三十八）

曾彦、杨守阯、曾追等进士及第、出身有差。改梁储、张濬等二十八人为庶吉士。《馆阁漫录》卷六《成化十四年》："三月癸亥朔。丙子，以太子少保、吏部尚书兼谨身殿大学士万安，太子少保、户部尚书兼文渊阁大学士刘珝，太子少保、礼部尚书兼文渊阁大学士刘吉，太子少保、吏部尚书尹旻，兵部尚书余子俊、刑部尚书林聪、工部尚书王复，太子少保、兵部尚书兼都察院左都御史王越，掌通政司事工部尚书张文质、户部右侍郎邢简、大理卿宋旻、詹事府少詹事兼侍读黎淳、学士谢一夔、侍读学士江朝宗充殿试读卷官。乙酉，授第一甲进士曾彦修撰，杨守阯、曾追为编修。"《明宪宗实录》卷一百七十六：成化十四年三月，"丁丑，上御奉天殿亲策举人梁储等三百五十一人，制曰：'朕闻昔者三代圣王之化成天下，各有所尚，夏忠商质而周文也，享国已久，其迹可指言乎？生民以来，称至治必曰唐虞三代，今止言三代而不及唐虞者，然则唐虞独无所尚乎？史谓三代之道若循环，终而复始，春秋变周之文从商之质，岂时然乎？质法天，文法地，果然否乎？汉损周之文，夏之忠，有所据乎？唐宋二代，历年亦久，有定尚乎？我太祖高皇帝肇造洪业，变夷为夏，重修人纪，载整衣冠，有功于天地大矣。太宗文皇帝纂绍大统，中靖家邦，列圣相承，益隆治教，百余年来，海内渐涵，仁义之泽厚矣。其所尚可名乎？若名曰忠，民情犹变诈而多讼，非忠也。若名曰质，民用犹奢靡而逾分，非质也。若名曰文，民俗犹粗鄙而鲜礼，非文也。名既不可，然则今之世，其如唐虞之无所尚乎？朕欲移风易俗，去其所谓忠、敬、文之弊，悉囿斯人于皇极之中，行之自何始？子诸生明经待闻久矣，兹咸造于廷，详著以献，朕将亲览焉。'""己卯，上亲阅举人所对策，赐曾彦等三百五十一人进士及第、出身有差""丙戌，选进士梁储、张溱、陈璃、杨杰、敖山、刘忠、孙圭、于材、王珣、刘允中、张璞、徐鹏、汪藻、邓庥、林霄、江澜、张九功、陈邦瑞、马廷用、荆茂、刘机、李经、谢文、张芮、倪进贤、杨廷和、杨时畅、武卫改翰林院庶吉士，读书绩文。命学士王献、谢一夔教之，大学士万安等提督考校，务令成效，以需他日之用。命所司给纸笔饮馔灯烛如旧例。"李东阳《怀麓堂集》卷二十一《奉诏育材赋》："成化戊戌春二月，礼部试贡士，得三百五十人。三月策试于廷，既赐第一甲三人进士及第，为翰林修撰、编修。复诏内阁臣择第二甲以下文之优者为庶吉士，命学士钱唐王公、南昌谢公莅教事，遵旧典也。谨按《书》曰：'彰厥有常，吉哉。'又曰：'庶常吉士。'《诗》曰：'蔼蔼王多吉士。'今之所谓庶吉士者，所以储才蓄德为天下用，古之遗意存焉。盖自高皇帝立法创制，义精虑远，出于历代之所不及。及文皇帝二年甲申，诏庶吉士与第一甲曾公棨等二十八人肄学翰林，而周文襄公忧以自陈在列，皆上所亲择。命学士解公缙莅之，而亲顾问程试，大严赏罚之典。诸公亦感奋激励，多为名臣。若王文端公直、王文安公英、李忠文公时勉以及文襄，文章气节，材猷勋业，卓卓在人耳目，储材之典于斯为盛。皇上即位十有五年，自甲申至今凡六策进士、四举吉士之选。是科取人不减前甲申之数。"据《成化十四年进士登科录·玉音》："成化十四年三月十五日，太子少保礼部尚书臣邹干等于奉天门奏为科举事，会试天下举人，取中三百五十名。本年三月十五日殿试，合请读卷官及执事等官太子少保吏部尚书兼谨身殿大学士万安等五十二员。其进士出身等第，恭依太祖高皇帝钦定资格，第一甲例取三名，第一名从六品。第二第三名正七品，赐进士及第。第二甲从七品，赐进士出身。第三甲正八品，赐同进士出身。奉圣旨：是，钦此。读卷官：资政大夫太子少保吏部尚书兼谨身殿大学士万安，戊辰进士；□□□少保户部尚书兼文渊阁大学士刘珝，戊辰进士；□□□太子少保礼部尚书兼文渊阁大学士□□□，戊辰进士；□□□太子少保吏部尚书□□，戊辰进士；□□□太子少保兵部尚书兼都察院左都御史王□，辛未进士；资政大夫兵部尚书余子俊，辛未进士；资政大夫刑部尚书林聪，己未进士；资德大夫正治上卿工部尚书王复，壬戌进士；资政大夫通政□□□事工部尚书张文质，壬戌进士。通议大夫吏部右侍郎邢简，甲戌进士；通议大夫大理寺卿宋旻，辛未进士；中顺大夫詹事府少詹事兼翰林院侍读黎淳，丁丑进士；翰林院学士奉议大夫谢一夔，庚辰进士；翰林院侍读学士奉直大夫江朝宗，辛未进士。提调官：资德大夫正治上卿太子少保礼部尚书邹干，己未进士；通议大夫礼部左侍郎俞钦，辛未进士；嘉议大夫礼部右侍郎周洪谟，乙丑进士。监试官：文林郎浙江道监察御史俉钟，丙戌进士；文林郎湖广道监察御史屠滽，丙戌进士。翰林院侍讲承德郎谢□，甲申进士；翰林院编修文林郎尹龙，己丑进士；□□科都给事中赵侃，甲申进士；征仕郎户科给事中□孟旸，壬辰进士。弥封官：亚中大夫光禄寺卿艾福，庚辰进士；中宪大夫太常寺少卿兼司经局正字谢宇，监生；中顺大夫鸿胪寺卿施纯，丙戌进士；奉政大夫尚宝司卿李木，甲戌进士；翰林院修撰承务郎张颐，庚辰进士；翰林院编修文林郎李杰，丙戌进士；礼科都给事中唐章，丙戌进士；兵科都给事中郭镗，丙戌进士。掌卷官：翰林院侍讲承德郎陈音，甲申进士；翰林院编修文林郎商良臣，丙戌进士；刑科都给事中杨钰，丙戌进士；承事郎工科都给事中张泽，甲申进士。巡绰官：□□□锦衣卫掌卫事都指挥同知牛循；□□将军锦衣卫指挥同知朱骥；□□将军署指挥同知刘良；□□将军锦衣卫指挥佥事赵璟；明威将军锦衣卫指挥佥事陈玺；明威将军金吾前卫指挥佥事万友；怀远将军金吾后卫指挥同知徐能。印卷官：奉议大夫礼部仪制清吏司郎中赵缮，庚辰进士；奉训大夫礼部仪制清吏司员外郎张习，己丑进士；承德郎礼部仪制清吏司主事邵新，己丑进士；承直郎礼部仪制清吏司主事刘绅，乙未进士。供给官：奉政大夫光禄寺少卿秦玘，甲戌进士，奉议大夫光禄寺少卿郭良，丁丑进士；将仕佐郎礼部司法务王均美，己卯贡士；奉政大夫礼部精膳清吏司郎中倪辅，甲申进士；奉训大夫礼部精膳清吏司员外郎杨□，庚辰进士；承直郎礼部精膳清吏司主事王傅，乙未进士。"《成化十四年进士登科录·恩荣次第》："成化十四年三月十五日早，诸贡士赴内府殿试，上御奉天殿赐策问。三月十七日早，文武百官朝服侍班，是日锦衣卫设卤簿于丹陛丹墀内，上御奉天殿，鸿胪寺官传制唱名，礼部官捧黄榜，鼓乐导引出长安左门外，张挂毕，顺天府官用伞盖仪从送状元归第。三月十八日，赐宴于礼部，宴毕，赴鸿胪寺习仪。三月十九日，赐状元朝服冠带及进士宝钞。三月二十日，状元率诸进士上表谢恩。三月二十一日，状元率诸进士诣先师孔子庙行释菜礼，礼部奏请命工部于国子监立石题名。"

据《成化十四年进士登科录》，第一甲三名，赐进士及第。履历如下：

曾彦，贯江西吉安府泰和县，军籍，国子生，治《诗经》。字士美，行一，年五十四，九月初七日生。曾祖文升。祖涣宗。父广相。前母尹氏，母萧氏。永感下。弟燦、学、华、绚、韶。娶萧氏，继娶吴氏。应天府乡试第九十名，会试第二百五十四名。

杨守阯，贯浙江宁波府鄞县，官籍，国子生，治《易经》。字惟立，行八，年四十三，七月初七日生。曾祖浩卿。祖九畴。父自惩，仓副使，赠编修。母张氏，封太孺人。永感下。兄守陈，侍讲学士。弟守隅。娶全氏。浙江乡试第一名，会试第四名。

曾追，贯江西吉安府泰和县，儒籍，国子生，治《书经》。字文甫，行二，年三十六，四月二十日生。曾祖伯高，赠修撰。祖鹤龄，侍讲学士。父蒙简，按察使。母陈氏，封孺人。慈侍下。兄道甫。弟迥，贡士；退。娶陈氏。江西乡试第四十九名，会试第五十五名。

据《成化十四年进士登科录》，第二甲一百十名，赐进士出身。履历如下：

梁储，贯广东广州府顺德县，军籍，国子生，治《诗经》。字叔厚，行三，年二十八，七月十一日生，曾祖楚材。祖直清。父祖顺。母黄氏。具庆下。兄□、□。弟效、佃、亿。娶冯氏。广东乡试第七□名，会试第一名。

吴雄，贯羽林□□□，浙江杭州府仁和县人，顺天府学生，治《礼记》。字□□，行一，年三十，三月十七日生。曾祖寅。祖□□。父春。母王氏。具庆下。娶阎氏。顺天府乡试第一百二名，会试第八十六名。

戴豪，贯浙江□州府太平县，军籍，县学增广生，治《书经》。字师文，行一，年二十一，十二月初十日生。曾祖世周。祖尚究。父通，国子生。母□氏。具庆下。弟杰。娶钱氏。浙江乡试第六名，会试第二十二名。

朱临，贯江西吉安府安福县，民籍，国子生，治《书经》。字时进，行五，年四十六，□月初四日生。曾祖□□。祖和节。父资允。母□氏。永感下。兄观、蒙、颐、随。弟咸。娶刘氏。江西乡试第六十名，会试第一百二十名。

沈继先，贯浙江杭州府仁和县，民籍，国子生，治《书经》。字述之，行一，年四十四，五月十九日生。曾祖与。祖□任，贡士。父□，教谕。前母钱氏，母徐氏。慈侍下。娶李氏，继娶周氏。浙江乡试第一名，会试第二百三十九名。

唐敦，贯江西吉安府安福县，民籍，国子生，治《易经》。字与学，行一，年四十八，七月十二日生。曾祖芷所。祖志逊。父坚定。母王氏。永感下。弟洁、孜、珮、□、瓒。娶刘氏，继娶左氏、周氏。江西乡试第十五名，会试第二百二名。

傅凯，贯福建泉州府南安县，军籍，国子生，治《易经》。字时举，行四，年四十，六月二十四日生。曾祖□□。祖善同。父振。母蔡氏，继母周氏，□□□。兄元、亨、达。弟通、智、贵。娶林氏。福建乡试第□□名，会试第□□名。

杨文卿，贯浙江宁波府鄞县，民籍，国子生，治《书经》。字质夫，行一，年四十三，六月三日生。曾祖□□。祖灏，□□□。父寔，训导。母金氏，继母陈氏。重庆下。娶李氏。浙江乡试第一名，会试第二名。

黎复登，贯四川重庆府长寿县，军籍，国子生，治《易经》。字继之，行一，年四十七，十月十六日生。曾祖广。祖恺。父雍。母张氏。具庆下。弟复增。娶程氏，继娶王氏。四川乡试第一名，会试第一百一名。

黄翼之，贯四川眉州，民籍，国子生，治《诗经》。字廷相，行一，年三十九，十月初三日生。曾祖克敬。祖琮。父明善，按察司佥事。母徐氏。具庆下。弟振之、懋之。娶万氏。四川乡试第二十六名，会试第一百四十六名。

张深，贯广西浔州府平南县，民籍，儒士，治《春秋》，字仲湜，行三，年十七，二月十三日生。曾祖宪，知县。祖辉，教谕。父廷纶，户部主事。前母□氏，母崔氏，□□□。兄□、澄。弟澈、淶。娶高氏。广西乡试第□□名，会试第二百二十二名。

周瓃，贯江西饶州府安仁县，民籍，县学增广生，治《易经》。字润夫，行一，年三十一，十二月十六日生。曾祖叔赟。祖正，通判。父冕。母□氏。具庆下。弟玘、璞，玙。娶辜氏。江西乡试第五十五名，会试第三百一名。

王楫，贯直隶凤阳府虹县，民籍，国子生，治《诗经》。字洪济，行一，年三十三，十月初一日生，曾祖好仁。祖俊。父斌。母何氏。重庆下。弟樟、櫓。娶魏氏。应天府乡试第七十三名，会试第二百四十二名。

毛科，贯浙江绍兴府余姚县，民籍，国子生，治《礼记》。字应奎，行五，年三十二，八月二十一日生。曾祖伯咸。祖仕玙，赠刑部主事。父吉，按察副使，追赠按察使。母熊氏，封安人。慈侍下。弟秩。娶胡氏。顺天府乡试第一百十六名，会试第三百二十七名。

王钦，贯应天府上元县，匠籍，直隶长洲县人，国子生，治《书经》。字敬之，行一，年三十六，八月十二日生。曾祖景铭。祖璲良。父懋。母郁氏，母林氏。慈侍下。娶□氏。应天府乡试第一百七名，会试第一百十四名。

周渊，贯江西吉安府庐陵县，民籍，国子生，治《诗经》。字本深，行二，年四十一，二月十四日生。曾祖子达。祖思高。父彦恂。母□氏。慈侍下。兄溆。娶萧氏。江西乡试第十七名，会试第二百三十九名。

陈璃，贯直隶苏州府长洲县，民籍，国子生，治《书经》。字玉汝，行二，年三十九，六月十六日生。曾祖荣。祖子富。父孟善。母钱氏。慈侍下。兄珪。娶严氏。应天府乡试第十二名，会试第二百六名。

杨杰，贯山西太原府平定州，军籍，国子生，治《书经》。字廷俊，行四，年三十五，八月初五日生。曾祖叔诚。祖玘，通判。父宗灏。前母荆氏。慈侍下。兄英，贡士；华。娶黄氏。山西乡试第六名，会试第十七名。

革从时，贯四川成都后卫军籍，重庆府巴县人，国子生，治《书经》。字用中，行九，年三十六，三月十六日生。曾祖仕□，□□。祖文通。父恩义。前母何氏、□氏、母黄氏。□□□。兄□、荣、英、良、宣、贯、容、宁。娶章氏，继娶孙氏。四川乡试第十八名，会试第七名。

孙衍，贯直隶松江府华亭县，民籍，国子生，治《书经》。字世延，行五，年三十六，十九日生。曾祖仲辉。祖士达。父璀，训导。母□氏。严侍下。兄蕃，□。娶姚氏。应天府乡试第八十八名，会试第一百三十九名。

蔡相，贯顺天府大兴县，匠籍，儒士，治《诗经》。字元鼎，行一，年二十二，九月二十三日生。曾祖亮。祖润，封工部郎中。父志，右参政。母屠氏，封宜人。重庆下。弟栻、楷、楒。娶杨氏。顺天府乡试第一百十九名，会试第一百三十七名。

刘纪，贯四川成都府汉州绵竹县，民籍，国子生，治《春秋》。字振之，行二，年三十二，六月二十四日生。曾祖普胜。祖贵。父淮。母李氏。具庆下。兄纲。娶程氏。四川乡试第四名，会试第二百三十八名。

刘质，贯江西抚州府临川县，民籍，国子生，治《诗经》，字曰彬，行九，年四十一，七月初七日生。曾祖□□□。祖右冲，州判官。父嘉璧。母黄氏。□□□。兄□、潮、正、勇。娶□氏。江西乡试第十二名，会试第八十四名。

许英，贯陕西西安同州澄城县，匠籍，国子生，治《诗经》。字文杰，行一，年三十六，十一月十四日生。曾祖添佑。祖忠。父贵，□□。母□氏。具庆下。娶杨氏，继娶杨氏。陕西乡试第三十五名。会试第一百八十七名。

戈孜，贯直隶河间府景州，军籍，国子生，治《书经》。字勉学，行四，年三十，七月十一日生。曾祖惟善。祖本。父启宗。母马氏。具庆下。兄敏、敬、教。弟敞、叙。娶曹氏。顺天府乡试第一百二十六名，会试第二百六十二名。

毕孝，贯河南河南卫，军籍，山东单县人，国子生，治《诗经》。字宗仁，行一，年三十三，十月初一日生。曾祖山，赠应天府尹。祖荣，赠应天府尹。父亨，右副都御史。母汪氏，封孺人。具庆下。弟义，国子生；礼；智；信；宽；厚；愚；儒。娶戴氏。河南乡试第四十七名，会试第一百七十六名。

林俊，贯福建兴化府莆田县，民籍，府学增广生，治《书经》。字待用，行一，年二十，十二月初一日生，曾祖崇德。祖宗，教授。父元旭。母□氏。具庆下。弟侃、傅、佐、僖、俨。娶方氏。福建乡试第三十三名，会试第三□名。

许昭，贯福建兴化府莆田县，军籍，国子生，治《书经》。字守愚，行一，年二十五，十一月初五日生。曾祖士瞻。祖阳保，国子博士。父经，驿丞。母□氏。永感下。娶林氏。福建乡试第二名，会试第一百七十四名。

张纲，贯直隶滁州来安县，军籍，国子生，治《春秋》。字万善，行一，年三十三，十月二十二日生。曾祖山秀。祖孟和。父福。母吕氏。慈侍下。弟缙、绅。娶冯氏。应天府乡试第一百二名，会试第七十二名。

敖山，贯山东东昌府莘县，军籍，国子生，治《易经》。字静之，行一，年三十七，二月初七日生。曾祖兴。祖麟。父颙。母崔氏，旌表节妇。慈侍下。弟嵩。娶归氏。山东乡试第一名，会试第八十三名。

纪振，贯直隶大名府内黄县，军籍，县学生，治《易经》。字文声，行一，年二十四，二月十一日生。曾祖大。祖斌。父浩。母于氏。具庆下。弟抡、擢、择。娶密氏。顺天府乡试第一百名，会试第二百四十名。

徐佑，贯直隶河间府□□县，民籍，国子生，治《春秋》。字允言，行一，年三十，二月二十二日生。曾祖德岳。祖福，封监察御史。父清，前监察御史。母□氏，封孺人。具庆下。弟俊、信、伟、侃。娶朱氏。顺天府乡试第五名，会试第一百七十二名。

刘濂，贯山东东昌府临清县，军籍，国子生，治《书经》。字宗周，行二，年三十五，七月十六日生。曾祖义甫。祖公志。父锐。嫡母朱氏，生母韩氏。永感下。兄演。弟瀚、渊。娶宋氏。山东乡试第九名，会试第一百二十七名。

蒋泰，贯浙江严州府建德县，民籍，国子生，治《书经》。字道亨，行十四，年三十二，十月二十三日生。曾祖仲良。祖叔清。父宗瑀。母周氏，继母徐氏。慈侍下。兄厚。弟亮。娶何氏。浙江乡试第七十五名，会试第一百十七名。

刘忠，贯河南开封府陈留县，民籍，国子生，治《诗经》。字司直，行一，年二十七，八月十五日生。曾祖谦。祖亨。父达，国子学正。母□氏。具庆下。娶□氏。河南乡试第六十五名，会试第十六名。

刘济，贯直隶真定府赵州，民籍，国子生，治《诗经》。字泽民，行二，年四十，十月□二日生。曾祖麟。祖贵才。父能。母□氏。具庆下。兄□。弟惠、江、澜。娶郭氏。顺天府乡试第八十四名，会试第一百七十三名。

伍性，贯四川嘉定州荣县，民籍，县学生，治《书经》。字宗诚，行一，年三十一，十月初十日生。曾祖添章，医学训科。祖谦。父从敬。母冷氏，继母后氏。慈侍下。弟方、诰。娶赵氏。四川乡试第五十六名，会试第三百四十六名。

周鹏，贯湖广永州府道州永明县，军籍，国子生，治《易经》。字万里，行三，年三十，八月二十四日生。曾祖从仁。祖召贤。父宽。母唐氏。慈侍下。兄清、英。娶欧阳氏。湖广乡试第四十名，会试第二百二十名。

伊乗，贯应天府上元县，匠籍，直隶吴县人，国子生，治《易经》。字□载，行一，年三十八，八月十三日生。曾祖彤，□□。祖悌。父溥。母顾氏，□□陈氏。重庆下。弟棻。娶□氏。应天府乡试第八十一名，会试第五十六名。

吴纪，贯湖广衡州府衡山县，军籍，国子生。治《诗经》。字理之，行三，年三十，七月□□日生。曾祖叔孙。祖伟七。父忠富。母刘氏，继母武氏。慈侍下。兄纲；维，贡士；绅。弟绣。娶欧阳氏。湖广乡试第三十□名，会试第二百八十四名。

孙珪，贯山东□州府福山县，军籍，国子生，治《礼记》。字廷用，行二，年三十四，三月十四日生。曾祖志孝。祖彦斌，赠知府。父遇，左布政使。母房氏，封恭人。严侍下。兄珂，前大理寺丞。弟瓒，贡士；琰，贡士。娶张氏。山东乡试第二十七名，会试第一百八十八名。

陈琬，贯广西桂林府全州，民籍，国子生，治《礼记》。字仲廉，行三，年三十四，十月初二日生。曾祖民秀。祖朴，贡士。父表。母蒋氏。具庆下。弟瑛、瑶、璘、瑃、璲、琏、□、□、琦。娶刘氏。广西乡试第五名，会试第九十五名。

周纮，贯山西太原府阳曲县，官籍，国子生，治《春秋》。字仲瞻，行三，年三十，七月二十五日生。曾祖温甫，赠右都御史。祖杰，赠右都御史。父瑄，南京刑部尚书。前母□氏，母顾氏。具庆下。兄经，左春坊左中允；纶，国子生。弟統、缙、绅、□、□。娶刘氏。山西乡试第二十三名，会试第三十八名。

于材，贯湖广永州府道州宁远县，军籍，国子生，治《书经》。字国用，行四，年三十六，九月十三日生。曾祖保卿。祖志高。父孟琏。母李氏，继母欧氏。湖广乡试第十九名，会试第一百六十五名。

赵璧，贯府军卫，军籍，山东历城县人，国子生，治《书经》。字润夫，行一，年三十，八月二十五日生。曾祖肆。祖捌。父兴。母金氏。慈侍下。弟玺、堡。娶王氏，继娶洪氏。顺天府乡试第七十五名，会试第二百十四名。

王珣，贯直隶徽州府祁门县，民籍，国子生，治《春秋》。字克温，行二，年三十五，四月初五日生。曾祖含英。祖彦良。父怀德。前母谢氏，母方氏。永感下。兄琪。弟璿。娶谢氏。应天府乡试第一百二十三名，会试第二十七名。

刘允中，贯江西瑞州府高安县，军籍，国子生，治《书经》。字叔彝，行三，年三十八，八月十九日生。曾祖启弘。祖公辅。父志海。母□氏。具庆下。兄时中。弟全中。娶□氏。江西乡试第□□名，会试第四十名。

田铎，贯山西泽州阳城县，民籍，国子生，治《诗经》。字振之，行二，年三十九，八月□□日生。曾祖仕招。祖辅，左参政。父琮，驿丞。母□氏。永感下。兄鑛。弟钛。娶赵氏。山西乡试第二十□名，会试第三百四十七名。

姚绍，贯广东潮州府潮阳县，民籍，国子生，治《书经》。字廷述，行二，年三十七，十月十四日生。曾祖怀。祖从者。父源裔。母庄氏。永感下。兄经。弟缑，绸、绅。娶方氏。广东乡试第十八名,会试第二百九十名。

李德美,贯福建兴化府莆田县,民籍,国子生,治《书经》。字克美,行五,年二十九,十一月三十日生。曾祖仕弘,工部主事。祖廷明。父诚中。母林氏,继母蔡氏、陈氏。具庆下。娶郑氏。福建乡试第四十七名,会试第一百五十七名。

陈震,贯浙江□□前卫,军籍,国子生,治《书经》。字大亨,行一,年四十四,八月□□日生。曾祖德。祖显。父善。母姜氏,继母□氏、都氏。慈侍下。弟复。娶□氏。浙江乡试第□□名,会试第五十□名。

沈元,贯直隶苏州府长洲县,匠籍,□□□,治《书经》。字善之,行一,年四十七,□□□。曾祖宗德。祖公济。父如美。母□氏。严侍下。弟见。娶陈氏,继娶□氏。顺天府乡试第□□名,会试第一百四十九名。

高鉴,贯河南信阳卫军籍,太康县人,国子生,治《诗经》。字克明,行二,年二十□,五月初二日生。曾祖智。祖升。父琼,训导。母李氏。慈侍下。兄铎。娶吴氏。河南乡试第十六名,会试第六十九名。

孙春,贯河南开封府尉氏县,军籍,国子生,治《书经》。字一元,行二,年三十,三月初四日生。曾祖恩。祖贞,运司判官。父瑛。母马氏,继母王氏。重庆下。兄泰,县主簿。弟泰。娶任氏。河南乡试第四十六名,会试第三百二十八名。

冯珏,贯浙江绍兴府诸暨县,民籍,县学生,治《礼记》。字□玉,行十,年二十五,五月十六日生。曾祖伯修。祖威。父谦,知县。母□氏。永感下。兄琏、瑛、瓘。娶□氏。浙江乡试第□□名,会试第七十□名。

张璞,贯直隶大名府滑县,军籍,□□□,治《书经》。字韫玉,行一,年三十七,八月□□日生。曾祖景初。祖礼。父恕。母□氏。具庆下。弟琼、环、琪。娶李氏,继娶赵氏。应天府乡试第十七名,会试第二百四十二名。

李韶,贯四川叙州府富顺县,灶籍,国子生,治《书经》。字克谐,行一,年三十四,正月二十四日生。曾祖惟茂。祖仲颜。父朝缙。母胡氏。具庆下。弟彰、歆。娶罗氏,继娶沈氏。四川乡试第二十名,会试第二百九名。

陈粟,贯直隶松江府上海县,灶籍,国子生,治《诗经》。字惠民,行一,年五十二,三月十五日生。曾祖雅素。祖守原。父黼。母黄氏。严侍下。弟粲。娶纪氏,继娶李氏。应天府乡试第三十二名,会试第三十七名。

袁弼,贯山东济南府章丘县,军籍,国子生,治《易经》。字世臣,行二,年二十六,正月十二日生。曾祖仲宽。祖敏。父科。前母逯氏,生母展氏。慈侍下。兄荣。娶□氏。山东乡试第□□名,会试第一百□□名。

杨肃,贯□□□昌府丰城县,军籍,国子生,治《诗经》。字杰和,行六,年四十二,四月□□日生。曾祖民则。祖□,刑部员外郎。父敬容。母李氏。重庆下。兄□。弟萧。娶游氏,继娶□氏。顺天府乡试第一□□名,会试第二百八十八名。

陈章,贯直隶松江府华亭县,民籍,国子生,治《诗经》。字一夔,行二,年四十二,八月十二日生。曾祖文德。祖守仁。父纶。前母江氏,母陶氏。慈侍下。兄珪。弟韶。娶陆氏。应天府乡试第二十七名，会试第二十九名。

虞臣，贯直隶苏州府昆山县，民籍，国子生，治《书经》。字元凯，行一，年三十七，二月二十八日生。曾祖茂，赠通政使司左参议。祖详，兵部右侍郎。父震。母周氏，继母陈氏。具庆下。弟珉、炜。娶叶氏。应天府乡试第十九名，会试第八十五名。

张约，贯江西饶州府乐平县，民籍，府学生，治《易经》。字文博，行十九，年四十一，十月初九日生。曾祖兴甫。祖彦友。父孟瑞。母韩氏。永感下。兄珊、伦。弟节。娶□氏。江西乡试第六名，会试第一百四名。

林壑，贯福建福州府闽县，民籍，国子生，治《书经》。字世南。行四，年三十一，四月□□日生。曾祖必方。祖森。父□谈，封主事。母□氏，封安人。具庆下。兄壁，工部主事。弟□、垄。娶陈氏。福建乡试第三十一名，会试第三百四十名。

严永浚，贯湖广岳州府华容县，军籍，国子生，治《书经》。字宗哲，行三，年三□，十一月十七日生。曾祖茂仁。祖辚，户部主事。父惟昌。前母刘氏，母金氏。具庆下。兄永洋。弟永海、永灌、永润。娶雷氏。湖广乡试第十二名，会试第一百三十名。

张耀，贯浙江杭州府仁和县，民籍，国子生，治《易经》。字隐之，行二，年三十九，十二月十五日生。曾祖文斌。祖振宗。父士明。母吴氏。慈侍下。兄光，贡士。娶陈氏。浙江乡试第八十六名，会试第十四名。

吴裕，贯直隶徽州府休宁县，民籍，国子生，治《春秋》，字克宽，行一，年三十八，四月初八日生。曾祖辰。祖回。父德盛。母□氏。具庆下。兄裘。弟裇、裪、襕。娶李氏，应天府乡试第七十八名，会试第一百十六名。

徐鹏，贯直隶保定府清苑县，民籍，国子生，治《诗经》。字大游，行二，年二十八，正月□□日生。曾祖友良。祖庆。父振。母常氏，继母□氏、张氏。具庆下。兄鸾。娶傅氏。顺天府乡试第一百二十三名，会试第一百五十八名。

李泰，贯江西建昌府新城县，民籍，国子生，治《易经》。字叔通，行二，年四十二，十一月十一日生。曾祖子充。祖维亮。父孟敷。母饶氏。具庆下。兄唐。弟晋、复。娶裘氏。江西乡试第九十三名，会试第二百二十三名。

刘昭，贯直隶保定府安州新安县，军籍，国子生，治《书经》。字大章，行一，年三十四，三月二十四日生。曾祖德甫。祖原。父沧，巡检。前母张氏，母朱氏。永感下。娶李氏。顺天府乡试第三十九名，会试第一百三十八名。

冯忠，贯浙江宁波府慈溪县，民籍。国子生，治《诗经》。字原孝，行八，年四十一，八月十五日生。曾祖胜。祖子强。父颐。母□氏。慈侍下。兄恣、愬、愁。娶□氏。浙江乡试第□十一名，会试第六□□名。

姚纶，贯河南汝州，军籍，国子生，治《礼记》。字嗣道，行四，年四十，十二月十二日生。曾祖庸。祖伯通。父勤，教授。前母□氏，母刘氏。慈侍下。兄继；续；经，贡士。弟纲。娶马氏。河南乡试第四十五名，会试第二十一名。

周鹏，贯江西广信府玉山县，民籍，国子生，治《书经》。字云翔，行二十四，年三十四，二月二十二日生。曾祖观轺。祖绍兴。父贵宁。母徐氏。慈侍下。兄伯敬，伯成。娶尤氏。江西乡试第六十一名，会试第二百二十九名。

汪藻，贯四川成都府内江县，军籍，国子生，治《易经》。字文洁，行一，年三十九，七月十八日生。曾祖润。祖本。父伦。母黄氏。慈侍下。弟芝，兰。娶邓氏。四川乡试第一名，会试第六十一名。

贾定，贯河南开封府通许县，民籍，国子生，治《易经》。字仲一，行二，年三十二，十月初十日生。曾祖彦弼，知县。祖仕□，封监察御史。父恪，布政司右参议。母郑氏，封孺人。慈侍下。兄宏，国子生。弟宗，仪宾。娶刘氏，继娶娄氏。河南乡试第□十五名，会试第一百五十名。

林璹，贯福建福州府长乐县，民籍，国子生，治《易经》。字衡玉，行二，年三十二，十月二十二日生。曾祖福□。祖敏文。父宗。母王氏。具庆下。兄璞。弟璋，琭。娶詹氏。福建乡试第三十三名，会试第二百十九名。

林昊，贯福建福州府闽县，府学生，治《春秋》。字思钦，行五，年四十一，八月初十日生。曾祖君礼。祖原善。父庸。母郑氏。永感下。弟旻，冕。娶杨氏。福建乡试第六十八名，会试第一百五十名。

罗安，贯湖广长沙府益阳县，民籍，国子生，治《书经》。字时泰，行十，年四十，九月十五日生。曾祖大珍。祖允敬。父诗敏。母王氏。永感下。兄崇宁。娶郭氏。湖广乡试第八十名，会试第二百三十五名。

邓嫩，贯福建福州府闽县，匠籍，儒士，治《礼记》。字廷耀，行三，年三十三，四月二十五日生。曾祖文德。祖进。父瑀，封刑部主事。母陈氏，封安人。具庆下。兄焯，刑部员外郎。弟烜、煜。娶陈氏。福建乡试第□名，会试第五名。

以下缺崔文翰、林霄、徐智、袁清四人履历。

罗鉴，贯湖广长沙府茶陵县，军籍，国子生，治《诗经》。字缉熙，行七，年三十五，十二月□□日生。曾祖汶，断事。祖□德。父琥，户部郎中。嫡母谭氏，封宜人，生母郑氏。具庆下。兄鍪，义官；铠，义官；□，国子生；钿；崟；鏊。弟銮、鍌。娶伍氏。湖广乡试第七十五名，会试第二十六名。

吴超，贯福建漳州府漳浦县，军籍，国子生，治《诗经》。字华越，行二，年三十九，十二月初七日生。曾祖子云。祖士贞。父琏，国子生。嫡母高氏，生母郑氏。慈侍下。兄苗。弟勤。娶俞氏。福建乡试第十七名，会试第三百四名。

黄文琳，贯福建兴化府莆田县，军籍，国子生，治《书经》。字润玉，行九，年四十，十一月二十八日生。曾祖以正。祖廷观。父孟阳。嫡母李氏，生母陈氏。永感下。兄文琰；文璩，国子生。弟文璋，贡士；文璟；文广。娶郑氏。福建乡试第一名，会试第六十六名。

江澜，贯浙江杭州府仁和县，民籍，国子生，治《礼记》。字文澜，行三，年三十三，十月□□日生。曾祖□。祖通，封给事中。父玭，右参政。母陆氏，封孺人。具庆下。兄澄、□，弟涛、深、溥、洵。娶王氏。浙江乡试第七十名，会试第四十三名。

缪昌，贯直隶常州府无锡县，民籍，国子生，治《书经》。字廷谟，行二，年四十一，六月十□日生。曾祖汝卿。祖敏。父衷。母王氏。永感下。兄昌年。弟昌民、昌祖。娶陈氏。应天府乡试第二十六名，会试第一百八十二名。

孙博，贯直隶河间府景州，民籍，山东济南府学训导，治《诗经》。字约之，行二，年三十六，二月初四日生。曾祖景让。祖□□。父胜。母杜氏。永感下。兄恺。弟恒、悦。娶刘氏。顺天府乡试第四名，会试第六十一名。

张九功，贯河南河南府陕州，民籍，国子生，治《书经》。字叙之，行二，年三十四，十一月二十四日生。曾祖敏中。祖□□。父庆，前知县。母□氏，继母沈氏。重庆下。兄九皋。弟九叙、九成、九容、九经、九衢。娶孙氏。河南乡试第十七名，会试第二十五名。

熊禄，贯江西南昌府进贤县，民籍，县学生，治《书经》。字曰贵，行八，年三十六，八月初十日生。曾祖孟恭。祖则服。父鹏升。母章氏。重庆下。兄祥、福。弟□。娶龚氏。江西乡试第七名，会试第二十七名。

周信，贯福建府福清县，军籍，国子生，治《诗经》。字□诚，行二，年三十六，四月□□日生。曾祖铎。祖恒。父纶。母陈氏。具庆下。弟说。娶李氏。福建乡试第五十七名，会试第三百十八名。

龙腾霄，贯江西吉安府吉水县，民籍，国子生，治《书经》。字时夫，行一，年三十一，五月二十五日生。曾祖彦琛。祖孟铎。父霖，进士。母李氏。慈侍下。娶李氏。江西乡试第二十六名，会试第二百二十五名。

郭宗，贯辽东辽海卫军籍，江西鄱阳县人，□□□，治《书经》。字宗鲁，行二，年二十二，正月二十日生。曾祖英。祖盛。父澄。母施氏。具庆下。兄宏，国子生。娶李氏，继聘龙氏。山东乡试第二十八名，会试第二百八十七名。

车玺，贯顺天府宛平县，匠籍，山西泽州人，府学增广生，治《易经》。字一之，行二，年二十五，九月二十八日生。曾祖铎。祖宣。父昱。母沈氏。具庆下。兄□。弟瑛、玘、琮、玹、□、琪、瑢。娶□氏。顺天府乡试第□□名，会试第九名。

宋礼，贯顺天府大兴县，匠籍，浙江钱塘县人，府学增广生，治《易经》。字惟寅，行三，年二十三，二月□□日生。曾祖恭。祖永寿。父廷玉。母蔺氏，继母闻氏。具庆下。兄祥、福。弟裕、祺、祐。聘潘氏。顺天府乡试第一名，会试第三十名。

赵昂，贯江西南昌府南昌县，民籍，国子生，治《诗经》。字天凤，行一，年二十九，四月初九日生。曾祖元吉。祖仲仁。父恭，义官。母王氏。具庆下。弟文，贡士；鼎。娶刘氏。江西乡试第四十八名，会试第二百二十四名。

刘则和，贯福建福州府长乐县，民籍，国子生，治《诗经》。字至乐，行四，年三十七，八月十三日生。曾祖永升。祖叔澄。父汝材。母林氏。具庆下。弟克谐、希贤。娶林氏。福建乡试第五十三名，会试第二百十二名。

沙璧，贯河南汝宁府光州商城县，军籍，县学生，治《诗经》。字廷玉，行二，年三十，六月二十九日生。曾祖成黼。祖仲海。父敏。母冯氏。具庆下。兄举。娶沈氏。河南乡试第□□名，会试第二百一名。

钱鉴，贯□□□州前卫，军籍，国子生，治《易经》。子克明，行一，年四十五，正月初□日生。曾祖贤。祖□。父震，封刑部员外郎。母虞氏，封宜人。具庆下。弟□、□。娶王氏。浙江乡试第八十一名，会试第二百九十三名。

包鼎，贯浙江嘉兴府嘉兴县，民籍，国子生，治《书经》。字汝调，行一，年三十四，十二月初一日生。曾祖成甫。祖珪，恩例冠带。父俊。母王氏，继母李氏。具庆下。弟鼐，同科进士；萧；鼐。娶沈氏。浙江乡试第二十六名，会试第三百四十二名。

宋明，贯直隶大名府浚县，军籍，国子生，治《书经》。字惟远，行二，年三十二，二月初二日生。曾祖叔昭，祖春。父恕。母邹氏，继母武氏。具庆下。兄良。娶卢氏，继娶刘氏。顺天府乡试第九十五名，会试第二百二十名。

宋琮，贯陕西巩昌府陇西县，民籍，国子生，治《□□》。字□□，行□，年四十三，闰六月十六日生。曾祖文□。祖□□。父友谅。母杨氏。慈侍下。□□□。娶朱氏。陕西乡试第□□名，会试第九十七名。

周荣，贯江西□□府乐平县，民籍，国子生，治《□□》。字□□，行六，年三十九，闰二月□生。曾祖常□□。祖□。父公杰。母黄氏。慈侍下。兄□、□，□。弟滔、潘。娶吴氏，继娶朱氏。江西乡试第二十九名，会试第一百六十三名。

张韶，贯浙江宁波府慈溪县，民籍，县学增广生。治《诗经》。字九成，行四，年二十三，七月二十二日生。曾祖允才。祖瑀，恩例冠带。父晟。母章氏。具庆下。兄醴。弟虺。娶陈氏，浙江乡试第七十名，会试第一百十三名。

宗钺，贯直隶常州府宜兴县，民籍，国子生，治《诗经》。字廷威，行四，年二十八，十月初一日生。曾祖仲可。祖友源。父琳。前母周氏，母崔氏。严侍下。兄钦、镇、镒。弟镛。娶潘氏。应天府乡试第九十九名，会试第二百九十六名。

李祥，贯广东广州府南海县，民籍，国子生，治《□□》。字□善，行二，年二十八，六月初六日生。曾祖小悌。祖□。父华。母黎氏，继母吴氏。具庆下。兄□。弟裕。娶冯氏。广东乡试第□□□名，会试第一百九十名。

陈邦瑞，贯福建兴化府莆田县，军籍，国子生，治《□□》。字五瑞，行一，年三十七，十一月初□日生。曾祖孟岳。祖从吉。父克嗣。母俞氏。具庆下。弟邦英、邦□、邦信。娶郑氏。福建乡试第八十四名，会试第十五名。

马廷用，贯四川顺庆府西充县，民籍，国子生，治《易经》。字良佐，行二，年三十二，正月三十日生。曾祖愈音。祖觉照。父铎，国子生。母贾氏。慈侍下。兄廷惠。弟廷恕、廷相、廷俊。娶何氏。四川乡试第四十三名，会试第一百八十名。

林荣，贯广东廉州府合浦县，军籍，国子生，治《诗经》。字仲仁，行四，年二十九，八月二十五日生，曾祖三才。祖忠。父真节。前母樊氏，母欧氏。永感下。兄广、庆、清。弟辉。娶任氏。广东乡试第四十一名，会试第二百七十七名。

据《成化十四年进士登科录》，第三甲二百三十七名，赐同进士出身。履历如下：

朱悌，贯福建兴化府莆田县，民籍，国子生，治《诗经》。字舜敬，行二，年三十二，九月初十日生。曾祖仲永，河泊所官。祖尚白。父体光。母陈氏。具庆下。兄恺，户部主事。娶林氏。福建乡试第五十六名，会试第五十二名。

许璘，贯直隶松江府华亭县，匠籍，国子生，治《书经》，字文玉，行二，年四十三，闰六月初八日生。曾祖世昌。祖茂。父信。母夏氏。具庆下。兄瑄。娶李氏，继娶徐氏。应天府乡试第一百八名，会试第一百四十二名。

林则方，贯福建福州府长乐县，民籍，县学生，治《□□》。字正夫，行六，年三十二，九月初四日生。曾祖宗纲。祖□。父□。前母陈氏，继母陈氏，生母王氏。慈侍下。兄□□；则明，教授；则和；则文；则仁。弟则裕。娶陈氏。福建乡试第□□名，会试第七十一名。

葛萱，贯□□□州府高邮州，民籍，□□□，治《□□》。字光庭，行一，年四十三，七月□□日生。曾祖德。祖□。父永常。母俞氏。慈侍下。娶姜氏。应天府乡试第□□名，会试第三百三十七名。

萧集，贯江西吉安府泰和县，儒籍，国子生，治《诗经》。字懋成，行三，年三十七，七月二十一日生。曾祖德升。祖仙惠。父钦献。母赵氏。严侍下。兄棨、棐。弟棻、乐、□。娶严氏。江西乡试第六十五名，会试第一百五十五名。

曹璘，贯湖广襄阳府襄阳县，民籍，国子生，治《诗经》。字廷辉，行二，年二十五，十二月初三日生。曾祖益。祖誉，奉祠副。父京。母李氏。重庆下。兄琛。弟琏。娶朱氏。湖广乡试第六十七名，会试第一百二十六名。

余完，贯福建福州府侯官县，军籍，国子生，治《□□》。字宗美，行十，年三十一，二月二十日生，曾祖闻。祖□。父晏。前母孙氏，母梁氏。永感下。兄□、□、寿、宜、亨、亮、广。娶□氏。福建乡试第□□名，会试第八十八名。

丁玑，贯直隶镇江府丹徒县，民籍，国子生，治《易经》。字玉大，行一，年二十二，五月十□生。曾祖德。祖宁，卫经历。父元吉。母钱氏。具庆下。聘张氏。应天府乡试第一百十七名，会试第五十名。

荆茂，贯湖广宁远卫，军籍，山西临汾县人，国子生，治《书经》。字庭春，行一，年三十二，九月十二日生。曾祖正。祖德广。父源。母翟氏。具庆下。弟芳，菖、葚。娶赵氏。湖广乡试第八十一名，会试第一百三名。

王本俭，贯湖广黄州府麻城县，民籍，国子生，治《春秋》。字节之，行二，年四十一，八月初十日生。曾祖舜举。祖友诚。父孟良。母聂氏，继母徐氏。严侍下。兄邦。弟郭，邵、郇、郎。娶郑氏。湖广乡试第九名，会试第二百四十六名。

王建，贯江西南昌府进贤县，军籍，国子生，县学生，治《诗经》。字成中，行二，年四十三，五月初三日生。曾祖天麒。祖仕恭。父子谟。母张氏。永感下。兄□。娶万氏，继娶黄氏、孚氏。江西乡试第□□名，会试第一百七十名。

闻人珇，贯浙江绍兴府余姚县，民籍，国子生，治《书经》。字德夫，行二，年四十，四月十六日生。曾祖谦。祖原。父馘，监察御史。前母郑氏，母郭氏。慈侍下。兄珪，驿丞。弟琪。娶王氏。浙江乡试第十一名，会试第七十五名。

黄钟，贯四川重庆府合州，民籍，国子生，治《书经》。字伯禄，行三，年三十五，六月十五日生。曾祖荣山。祖自通，阴阳典术。父虎。前母苏氏，母王氏。慈侍下。兄万里，阴阳典术；万全。四川乡试第三十名，会试第一百二十三名。

吴湜，贯直隶徽州府歙县，民籍，国子生，治《春秋》。字一清，行一，年四十五，二月十九日生。曾祖天保。祖泰童。父惠祖。母凌氏。具庆下。弟溥、澄、汶。娶曹氏。应天府乡试第七十一名，会试第二百一十一名。

汪舜民，贯直隶徽州府婺源县，民籍，县学增广生，治《春秋》。字从仁，行一，年二十六，九月二十九日生。曾祖彪。祖桐。父魁。母游氏。重庆下。弟天民，舒民，生民，济民。娶江氏。徽州府乡试第八十七名，会试第二百六十八名。

沈清，贯浙江归安县籍，直隶抚宁卫人，治《春秋》。字廉夫，行一，年三十，九月二十二日生。曾祖宗本。祖来祺。父闻礼。母朱氏。慈侍下。娶徐氏。顺天府乡试第三十七名，会试第八名。

赵荣，贯湖广长沙府醴陵县，军籍，县学生，治《诗经》。字永实，行二，年三十五，四月二十日生。曾祖愈胜。祖文祥。父志忠。母司马氏。严侍下。兄福。弟祈、礼。娶汤氏。湖广乡试第七十八名，会试第三百五十名。

刘翔，贯直隶河间府献县，民籍，国子生，治《诗经》。字九霄，行三，年四十，十月初三日生。曾祖彦中。祖希贤。父瑄，府经历。母韩氏。永感下。兄翀；翱，贡士。娶萧氏，继娶苏氏。顺天府乡试第七十六名，会试第二百一十名。

刘琬，贯江西袁州府宜春县，民籍，国子生，治《诗经》。字德资，行二，年三十四，七月十七日生。曾祖以文。祖原亨。父仕忠，县丞。母胡氏。具庆下。兄□□。弟璨。娶戚氏。江西乡试第八十四名，会试第一百二十五名。

李棨，贯直隶河间府任丘县，民籍，国子生，治《易经》。字□□，行一，年三十六，九月十七日生。曾祖忠。祖荣。父溥，教授。母刘氏。具庆下。弟棨、杲、棠。娶边氏。顺天府乡试第一百名，会试第一百四十五名。

欧阳复，贯湖广衡州卫，军籍，衡州府安仁县人，国子生，治《诗经》，字孟亨，行一，年四十，十一月二十日生。曾祖胜贤。祖惟安。父仕高。母谭氏。具庆下。弟熙、和、融、舒、生、光。娶陈氏。湖广乡试第三十一名，会试第二百四名。

丁隆，贯江西南昌府南昌县，民籍，国子生，治《诗经》。字时雍，行一，年四十，九月初三日生。曾祖好存。祖洪政。父济川。母姚氏。具庆下。弟凤、辇、鸾。娶谭氏，江西乡试第十四名，会试第一百二名。

蒲钢，贯广东广州府南海县，民籍，国子生，治《□□》。字南金，行一，年四十，六月二十八日生。曾祖子文，教谕。祖颜环。父永坚。母李氏。具庆下。弟镛、锷。娶黄氏。广东乡试第三名，会试第一百五名。

王宏，贯锦衣卫镇抚司，军籍，山东日照县人，军余，治《诗经》。字仲广，行二，年三十二，九月二十八日生。曾祖大公。祖福。父贵。母宗氏。慈侍下。兄宇。弟实、宁。娶燕氏，继娶吴氏，聘娄氏。顺天府乡试第四十三名，会试第一百八十一名。

畅亨，贯山西平阳府蒲州河津县，军籍，国子生，治《书经》。字文通，行一，年三十一，五月二十七日生。曾祖彦成。祖仕英。父敬先。母杨氏。具庆下。弟茂。娶武氏。山西乡试第十六名，会试第一百五十一名。

贾锭，贯河南彰德府安阳县，民籍，府学生，治《书经》。字良金，行二，年三十，十月二十二日生。曾祖文直。祖振。父琛。母张氏。具庆下。兄钊。弟鉴、銮、钰。娶马氏。河南乡试第六十名，会试第一百十八名。

李华，贯云南大理卫军籍，山东莒州人，国子生，治《诗经》。字子实，行二，年四十，七月十三日生。曾祖成。祖源。父春。母陈氏。重庆下。兄□。弟茂。娶程氏，继娶吴氏。云南乡试第三名，会试第三百三十六名。

丁佑，贯江西南昌府南昌县，民籍，国子生，治《春秋》。字□之，行二，年二十九，九月二十五日生。曾祖义孚。祖全节。父子贵。母黄氏。慈侍下。兄佐。弟什、伯、亿。娶李氏。江西乡试第六十五名，会试第三百十九名。

刘宪，贯湖广长沙府益阳县，民籍，国子生。治《书经》。字廷式，行一，年三十四，四月十三日生。曾祖旻。祖崇宾。父纲。母陈氏。重庆下。弟安，寅。娶王氏。湖广乡试第十二名，会试第一百四十七名。

高瑮，贯直隶永平府滦州，民籍，国子生，治《春秋》。字润之，行四，年三十，九月二十五日生。曾祖敬全。祖显。父昴，巡检。前母王氏，李氏，母段氏。永感下。兄玑、珊、玘。弟珙。娶谢氏。顺天府乡试第五十八名，会试第二百八十名。

孙珩，贯直隶徐州，民籍，国子生，治《诗经》。字邦玉，行一，年三十七，十二月二十六日生。曾祖希文。祖顺，知府。父绍。母徐氏。永感下。弟瑀、纪、瑶、璘、环、珍。娶崔氏。顺天府乡试第五十六名，会试第一百八十九名。

邹贤，贯四川成都府内江县，民籍，国子生，治《书经》。字世用，行二，年三十二，五月十八日生。曾祖明道。祖世清。父琳。母罗氏。严侍下。兄德。弟永哲。娶门氏，继聘李氏。四川乡试第五十七名，会试第三十九名。

丁积，贯江西赣州府宁都县，匠籍，县学生，治《诗经》。字彦诚，行一，年三十三，十二月初十日生。曾祖德绍。祖伯高。父时学。母刘氏。永感下。娶罗氏。江西乡试第九十二名，会试第一百三十六名。

丁昶，贯云南蒙化卫，军籍，湖广襄阳卫人，国子生，治《书经》。字德辉，行六，年三十六，十二月初九日生。曾祖谦。祖克让。父诚。前母唐氏，母庄氏。慈侍下。兄昱、睿、㫤、昭、杲。弟昂。娶江氏，继娶□氏。云南乡试第十三名，会试第一百八十五名。

周仲芳，贯湖广武昌府江夏县，民籍，国子生，治《诗经》。字继远，行一，年四十，九月十八日生。曾祖余庆。祖成。父旭。母王氏。具庆下。弟仲良，仲奇，仲英。娶程氏。湖广乡试第十六名，会试第一百五名。

钮清，贯浙江绍兴府会稽县，民籍，国子生，治《诗经》。字宗源，行二，年二十三，正月二十六日生。曾祖道宗。祖文贵。父达。母沈氏。具庆下。兄淙。弟浩。娶冯氏。浙江乡试第六十四名，会试第三百七名。

朱昂，贯湖广辰州府沅陵县，军籍，国子生，治《书经》。字廷举，行二，年四十一，八月初八日生。曾祖秉彝。祖成山。父谅。母向氏。慈侍下。兄昱。弟景。娶王氏。湖广乡试第三十名，会试第三百十四名。

陈宽，贯直隶真定府冀州新河县，民籍，国子生，治《诗经》。字裕夫，行三，年四十三，五月十二日生。曾祖茂人。祖元庄。父诚。母周氏。永感下。兄安、宏。娶王氏。顺天府乡试第一百二十六名，会试第一百十五名。

钟雅，贯广东惠州府归善县，民籍，府学生，治《春秋》。字大章，行一，年三十，十二月二十一日生。曾祖景阳。祖铎。父元。母王氏。具庆下。弟耀。娶王氏。广东乡试第□□名，会试第一百十二名。

李德仁，贯顺天府东安县，民籍，国子生。治《诗经》。字季仁，行四，年二十四，四月二十八日生。曾祖继本，翰林院检讨。祖东，行人司副，赠太仆寺少卿。父侃，右佥都御史。母张氏，封恭人。严侍下。兄德容；德章，贡士；德恢，大理寺□□□。娶董氏。顺天府乡试第十名，会试第四十四名。

陈绮，贯浙江台州府太平县，灶籍，县学增广生，治《书经》。字于章，行十，年三十，二月二十三日生。曾祖思。祖伯初。父允谦。母顾氏。永感下。兄绪、绳、经、纨、维、纶。弟□。娶李氏，继娶林氏。浙江乡试第二十名，会试第二百二十四名。

郑珏，贯河南开封府归德州，民籍，州学生，治《书经》。字廷贵，行一，年三十，十一月初八日生。曾祖中。祖真。父宣。母鲍氏。具庆下。弟琇。娶张氏。河南乡试第十五名，会试第一百九十九名。

周南，贯浙江处州府缙云县，军籍，国子生，治《易经》。字文化，行二，年三十一，八月初九日生。曾祖伯玉。祖温善。父瓘，训导。母张氏。具庆下。兄鲁。弟邦，□。娶虞氏。浙江乡试第八十八名，会试第三百三十五名。

李政，贯河南南阳府裕州叶县，民籍，国子生，治《易经》。字以德，行一，年三十四，五月初八日生。曾祖谨昭。祖隆。父英。母韩氏。慈侍下。弟茂、芳、俊。娶彭氏。河南乡试第六十五名，会试第三百十名。

管通，贯直隶河间府景州东光县，民籍，国子生，治《礼记》。字彦亨，行一，年四十二，八月十二日生。曾祖新。祖友才。父胜，典史。母王氏。慈侍下。弟达、道、逊、遵、迪、遂、逵。娶任氏。顺天府乡试第七十三名，会试第一百二十一名。

钱镛，贯浙江杭州府仁和县，民籍，县学生，治《诗经》。字用声，行二，年二十七，六月二十二日生。曾祖华。祖贵。父敬。母徐氏。具庆下。兄镃。弟鉴。聘李氏。浙江乡试第十名，会试第三百三十九名。

姜洪，贯直隶广德州，民籍，国子生，治《礼记》。字希范，行四，年三十五，七月二十三日生。曾祖克铭，训导。祖处谦。父云。母余氏。慈侍下。兄源。弟溥，贡士。娶姚氏。应天府乡试第二十七名，会试第一百六名。

刘珩，贯浙江绍兴府上虞县，民籍，国子生，治《礼记》。字文鸣，行二，年三十七，十一月三十日生。曾祖正言，知县。祖绥，知州。父晚。母陈氏，继母赵氏。具庆下。兄环。弟璐、琏。娶葛氏。浙江乡试第七十七名，会试第二百九十七名。

过鹤，贯直隶常州府无锡县，军籍，国子生，治《诗经》。字九皋，行三，年三十，八月初六日生。曾祖公远。祖德民。父眼。母黄氏。严侍下。兄凤，鹏。娶黄氏。应天府乡试第四十四名，会试第一百四十名。

孙纮，贯浙江宁波府鄞县，民籍，国子生，治《易经》。字文冕，行一，年三十五，十月初九日生。曾祖传祖，教谕。祖恒生。父尚瑛。母祝氏。永感下。娶张氏。浙江乡试第五十一名，会试第一百三十六名。

冯瑢，贯直隶徽州府绩溪县，民籍，国子生，治《礼记》。字时鸣，行二，年四十四，九月十□日生。曾祖敏政。祖子恭。父义观，义官。母陈氏。慈侍下。兄璁。弟城、珑、玥、理、琥、琏。娶程氏。应天府乡试第三十五名，会试第一百三十二名。

陈烓，贯福建福州府闽县，民籍，国子生，治《春秋》。字文用，行七，年三十，正月十四日生。曾祖钰。祖周，封监察御史。父叔复。嫡母吕氏，生母王氏。慈侍下。兄烜。弟熄、爆。娶叶氏。福建乡试第六十一名，会试第三名。

连盛，贯直隶广平府永年县，民籍，国子生，治《诗经》。字文昌，行三，年三十一，二月十二日生。曾祖友文。祖旺。父玘。前母李氏，母高氏。具庆下。兄荣，资。弟茂。娶李氏。顺天府乡试第一百一名，会试第七十四名。

张伦，贯山西平凉卫，军籍，河南郾城县人，国子生，治《书经》。字天叙，行二，年三十八，七月十三日生。曾祖成。祖贵。父敬。母范氏，继母金氏。严侍下。兄杰。弟佐、佑。娶张氏，继娶贺氏。陕西乡试第三十四名，会试第四十二名。

陈文玉，贯福建福州府闽县，民籍，县学生，治《易经》。字德辉，行一，年三十七，四月初三日生。曾祖诚。祖景文。父琚。前母郑氏，母徐氏。永感下。弟文原。娶林氏。福建乡试第十七名，会试第二百九十九名。

徐以贞，贯山东济南府长山县，民籍，县学增广生，治《书经》。字本良，行一，年二十三，正月十七日生。曾祖思敬，赠知县。祖麟，通判。父赞，国子生。母刘氏。慈侍下。弟惟贞、有贞。娶许氏。山东乡试第六十名，会试第二百三名。

任弘，贯四川顺庆府南充县，军籍，国子生，治《诗经》。字伯容，行三，年三十九，正月十八日生。曾祖妙珪。祖珫。父礼。母蒲氏。严侍下。兄弘毅、弘道。弟弘志、弘性、弘德。娶杨氏。四川乡试第十五名，会试第八十一名。

何悌，贯四川重庆府合州，民籍，州学增广生，治《诗经》。字顺卿，行二，年三十一，正月初四日生。曾祖朝举。祖中仁。父英。母李氏。慈侍下。兄孝。弟睦。聘郭氏。四川乡试第六名，会试第四十一名。

王倬，贯直隶苏州府昆山县，军籍，国子生，治《易经》。字用检，行三，年三十二，十月二十八日生。曾祖质。祖琳。父辂。母张氏。具庆下。兄侨，知县；偈。娶陈氏，继娶陈氏。应天府乡试第六十五名，会试第一百二十四名。

吴球，贯福建兴化府莆田县，民籍，□海卫学民生，治《书经》。字至甫，行一，年三十四，四月十一日生。曾祖元亨。祖朝京。父克详。母李氏。具庆下。弟玉汝。娶朱氏。福建乡试第六十五名，会试第二百六十四名。

顾达，贯直隶大河卫军籍，崇明县人，淮安府学生，治《诗经》。字存道，行一，年四十一，七月二十六日生。曾祖行十。祖子忠。父文学。母谷氏。永感下。弟进，逊。娶朱氏，继娶李氏，丁氏。应天府乡试第一百十八名，会试第二百四十八名。

张继，贯陕西凤翔府凤翔县，军籍，国子生，治《书经》。字述之，行三，年二十八，八月初五日生。曾祖忠。祖霖。父浩，监事。前母孙氏，母米氏。具庆下。兄缙、绅。娶田氏，继娶马氏。陕西乡试第七名，会试第五十一名。

胡富，贯直隶徽州府绩溪县，民籍，国子生，治《书经》。字永年，行三，年三十四，八月二十□日生。曾祖德裕，教谕。祖士良。父道弘。母方氏。慈侍下。兄汝器、汝□。娶郑氏。应天府乡试第一百三十名，会试第一百五十七名。

郑杰，贯山西平阳府洪洞县，民籍，国子生，治《易经》。字□□，行一，年三十五，闰七月初四日生。曾祖绹。祖刚。父鉴。母许氏。重庆下。弟佐、佑、倬。娶邓氏，继娶傅氏。山西乡试第二名，会试第六十七名。

苏泰，贯山东济南府历城县，民籍，国子生，治《书经》。字文亨，行一，年三十四，七月二十二日生。曾祖才甫。祖福德。父钧，县主簿。母史氏。永感下。弟安。娶丁氏。山东乡试第十二名，会试第十一名。

吕渭，贯湖广黄州府蕲水县，民籍，国子生，治《诗经》。字惟清，行二，年四十五，六月十五日生。曾祖德文。祖玉珽。父镛，知县。母周氏。永感下。兄洪。弟瀟。娶张氏。湖广乡试第四名，会试第一百二十八名。

蒋蕃，贯江西广信府上饶县，军籍，国子生，治《诗经》。字邦宪，行一，年四十二，正月十四日生。曾祖上宜。祖敏，赠知州。父清。母何氏。重庆下。弟□。娶郑氏，继娶吴氏。江西乡试第六十一名，会试第一百八十四名。

黄节甫，贯福建兴化府□□□，盐籍，国子生，治《诗经》。字□□，行三，年四十一，五月十七日生。曾祖宗孟。祖廷珪。父与直。母方氏。慈侍下。兄恭、逊。弟栋、樑、梅、椰。娶郑氏。福建乡试第三名，会试第二百七十五名。

徐纲，贯四川潼川州遂宁县，民籍，国子生，治《礼记》。字廷宪，行三，年三十三，五月十二日生。曾祖敬。祖文贵。父原升。母王氏。慈侍下。兄虎、昶。娶王氏。四川乡试第三十一名，会试第二百七十四名。

赵瑛，贯神武右卫，军籍，直隶江都县人，国子生，治《诗经》。字廷光，行一，年三十一，三月十九日生。曾祖忠。祖旺。父演。母李氏。具庆下。弟璁，琪。娶晁氏。顺天府乡试第一百七名，会试第三百十六名。

鲁义，贯辽东定辽右卫官籍，湖广黄冈县人，国子生，治《春秋》。字时宜，行二，年三十五，六月初九日生。曾祖胜，百户。祖良。父□。前母赵氏，母赵氏。具庆下。兄□。娶王氏。湖广乡试第十七名，会试第一百三十四名。

许潜，贯直隶□□县，民籍，国子生，治《诗经》。字□□，行□，年四十一，八月初六日生。曾祖荣一。祖瑢。父锏。母杨氏。慈侍下。兄清、明。弟高、广，学。

娶贲氏。应天府乡试第五十一名，会试第二百十二名。

刘机，贯顺天府大兴县，民籍，府学增广生，治《书经》。字世衡，行三，年二十八，七月初五日生。曾祖正，赠尚书。祖中敷，户部尚书，太子宾客。父琏，苑马寺卿。前母房氏，赠淑人，母张氏，封宜人，继母王氏，封淑人。慈侍下，兄林，知县；彬。弟相、桓、楷、木。娶林氏。顺天府乡试第四十九名，会试第二百三十四名。

王屏，贯直隶松江府华亭县，军籍，国子生，治《礼记》。字惟屏，行三，年三十二，十二月十八日生。曾祖彦晖。祖璘，封寺副。父祐，按察司佥事。母陆氏，封安人，继母何氏。重庆下。弟干、翔。娶赵氏。应天府乡试第九十六名，会试第一百七十七名。

张泽，贯山西泽州，民籍，国子生，治《易经》。字□民，行一，年三十九，十月初□日生，曾祖仕礼。祖文顺。父翔，训导。母袁氏。具庆下。弟□、淳。娶王氏。山西乡试第十三名，会试第一百九十七名。

胡谅，贯腾骧左卫军籍，□□灵宝县人，顺天府学增广生，治《书经》。字允夫，行二十五，四月初十日生。曾祖祥。祖甫荣。父忠。母李氏。具庆下。弟谊。聘王氏。顺天府乡试第三名，会试第二百九十五名。

袁庆祥，贯江西赣州府雩都县，民籍，国子生，治《书经》。字德征，行一，年三十七，十月初六日生。曾祖雩昌。祖方智。父端，教授。母孙氏。重庆下。弟庆夔、庆云、庆麒、庆麟、庆阳。娶刘氏。江西乡试第九十二名，会试第二百六十九名。

张冕，贯直隶大名府长垣县，民籍，国子生，治《书经》。字服周，行二，年三十一，三月二十二日生。曾祖进。祖亨。父璁，教授。母黄氏，继母许氏。永感下，兄旻。弟昺、昇、昺、昙、杲、晔、昴。娶伍氏。顺天府乡试第四十五名，会试第一百六十八名。

杨缙，贯山西平阳府解州闻喜县，军籍，县学生，治《诗经》。字廷绅，行四，年二十八，三月十九日生。曾祖恕。祖定郁。父斌。母任氏。具庆下。兄纯、纶、绘。娶张氏，继娶孟氏、王氏。山西乡试第十二名，会试第三百三十三名。

蒋廷贵，贯直隶苏州府长洲县，军籍，国子生，治《易经》。字元用，行□，年三十七，正月初三日生。曾祖叔昂。祖镛。父澄。母赵氏，继母邹氏。具庆下。兄廷春、廷伯。弟廷章、廷哲、廷璞。娶刘氏，继娶徐氏。应天府乡试第三名，会试第二百八十一名。

钟瑾，贯江西吉安府永丰县，民籍，国子生，治《诗经》。字良玉，行二，年三十五，四月初九日生。曾祖粲然。祖叔良。父晰，教谕。母刘氏，继母董氏。慈侍下。兄璪。弟玺、瑀、璩。娶刘氏。江西乡试第三十五名，会试第二百七十名。

杜瑄，贯直隶广平府永年县，民籍，国子生，治《诗经》。字怀玉，行二，年四十五，五月十二日生。曾祖从义。祖友直。父芳。母李氏。慈侍下。兄琮。弟瑾、瑛。娶焦氏。顺天府乡试第八十名，会试第九十七名。

刘缨，贯直隶苏州卫军籍，江西新淦县人，国子生，治《易经》。字与清，行三，年三十七，八月初五日生。曾祖迪吉。祖谦海。父宗正。母张氏。慈侍下。兄纲，纪。娶李氏。应天府乡试第三十六名，会试第二百四十九名。

刘彬，贯江西吉安府□□□，民籍，国子生，治《诗经》。字素彬，行□，年四十二，七月十一日生。曾祖好谦。祖日章。父东旭。前母张氏，母张氏。永感下。兄瑶、环、瑜、珥。娶阙氏。江西乡试第七十二名，会试第二百五十六名。

李经，贯万全都司，官籍，直隶临淮县人，国子生，治《诗经》。字士常，行六，年三十六，三月十一日生。曾祖济，千户，赠指挥佥事。祖庸，都指挥佥事。父徽，都指挥佥事。母董氏，赠淑人。永感下。兄绂，署都指挥佥事；缙；绅；缜；纯。弟缮。娶岳氏，继娶王氏。顺天府乡试第四十六名，会试第八十七名。

王鲸，贯河南开封府祥符县，军籍，国子生，治《礼记》。字大升，行三，年二十六，四月十二日生。曾祖从善。祖谦。父纪，仪宾。前母，获嘉□主，母汪氏。具庆下。兄鲲、鲤。弟鯆，鳞。娶薛氏。河南乡试第三十三名，会试第三百十三名，

涂昇，贯江西南昌府丰城县，匠籍，县学增广生。治《易经》。字卿仪，行五，年二十八，六月初□日生。曾祖国升。祖永载，□□□。父观，知府。母徐氏，赠安人，继母朱氏，封安人。重庆下。兄杲。弟□、□、□、昪。娶鄢氏。　江西乡试第十二名，会试第七十三名。

张泰，贯直隶河间府□□□，民籍，县学增广生，治《诗经》。字世亨，行三，年二十七，四月初九日生。曾祖真。祖敬祖。父□喜。母马氏。具庆下。娶李氏。顺天府乡试第六十名，会试第二百九十八名。

李俨，贯直隶保定府安州高阳县，民籍，国子生，治《易经》。字仲威，行四，年四十一，正月二十九日生。曾祖德明。祖进。父甫荣。母颜氏，继母梁氏。具庆下。兄兴、信、原。娶郭氏。顺天府乡试第一百五名，会试第四十五名。

曹玉，贯应天府江宁县，民籍，国子生，治《书经》。字德润，行一，年二十九，十一月二十九日生。曾祖孟庄。祖益。父忠，知府。母王氏。永感下。弟珏。娶朱氏。应天府乡试第四十三名，会试第二百十七名。

林时润，贯福建福州府长乐县，民籍，县学生，治《诗经》。字德温，行六，年四十九，六月十七日生。曾祖佑铁。祖福缘。父孟明。母詹氏。永感下。兄时济。娶张氏。福建乡试第十四名，会试第九十四名。

张琏，贯彭城卫，军籍，□□□县人，军余，治《诗经》。字□器，行二，年三十，十月初七日生。曾祖升。祖杰。父宁。母李氏。具庆下。兄珣。弟瑄、玹。娶宋氏，继娶贺氏。顺天府乡试第九十三名，会试第二百三十名。

朱寰，贯山西都司，官籍，国子生，治《诗经》。字德充，行六，年三十六，六月初六日生。曾祖国斌，赠都指挥使。祖铭，都指挥使。父信。前母萧氏，母孙氏。慈侍下。兄宪、宜、富、宥。娶李氏。山西乡试第二名，会试第四十三名。

陈崇，贯福建福州府怀安县，匠籍，国子生，治《易经》。字德崇，行五，年三十六，九月二十六日生。曾祖真。祖灵。父谦。母林氏。具庆下。娶王氏。福建乡试第十

八名，会试第二百六十六名。

刘岳，贯江西饶州府安仁县，民籍。国子生，治《诗经》。字仲止，行十五，年三十七，十一月二□日生。曾祖明道。祖志常。父□溥，教授。母倪氏。具庆下。兄崧。娶夏氏。江西乡试第八十七名，会试第三百名。

郑仁宪，贯顺天府□□□，富户籍，浙江会稽县人，国子生，治《易经》。字□□，行□，年四十一，十月二十一日生。曾祖邦贤。祖思恭。父文贞，按察司佥事。母张氏。永感下。兄仁，恕，□，恩。弟仁愈。娶王氏。顺天府乡试第三十五名，会试第七十八名。

周洪，贯直隶松江府上海县，匠籍，国子生，治《诗经》。字廷诰，行一，年三十七，五月十一日生。曾祖宗贵。祖景忠。父琳。母范氏，继母徐氏。永感下。弟泽、济、浦、浩、润、潾。娶卫氏。应天府乡试第一百十三名，会试第三十六名。

陈亮，贯直隶广德州，民籍，国子生，治《礼记》。字志明，行四，年二十九，正月初九日生。曾祖显。祖徽。父恕。母赵氏，继母严氏。具庆下。兄济、濂、演。弟泽、淳、汉、潏、漳。娶胡氏。应天府乡试第二十四名，会试第六十八名。

李瓒，贯山西平阳府临汾县，军籍，国子生，治《春秋》。字廷玉，行二，年三十五，十一月初□日生。曾祖思宗。祖从善。父□□。母郭氏，继母赵氏。慈侍下。兄信。弟□、□。娶梁氏。山西乡试第八名，会试第二十八名。

陈钺，贯四川重庆府巴县，民籍，国子生，治《易经》。字廷□，行一，年四十二，十二月初五日生。曾祖彦才。祖斌，学正。父汝勤。母王氏，继母高氏。具庆下。弟钛、钱。娶钟氏。四川乡试第五十名，会试第二百八十九名。

茆钦，贯直隶永平府卢龙县，民籍，国子生，治《书经》。字宗尧，行二，年三十，七月初五日生。曾祖贤。祖得，巡检。父端。母瞿氏，继母路氏。具庆下。兄铠。弟萱、森、芊。娶王氏。顺天府乡试第一百二十名，会试第三百十一名。

管琪，贯直隶苏州府昆山县，民籍，国子生，治《诗经》。字儒珍。行一，年三十，正月初五日生。曾祖盛。祖信。父昌。母王氏，继母沈氏。重庆下。弟珣、瑄、瑢、珩、玢。娶吴氏，应天府乡试第二十五名，会试第二十名。

何文缙，贯广东广州府南海县，军籍，县学增广生，治《诗经》。字德章，行一，年二十四，闰六月十□日生。曾祖胜全。祖广成。父英。母张氏，继母贾氏。具庆下。弟文□，文纲。娶陈氏，广东乡试第二十四名，会试第一百七十八名。

许坦，贯福建福州府□□县，民籍，国子生，治《易经》。字□□，行五，年三十四，七月十二日生。曾祖子和。祖惟初。父景阳。母陈氏，继母方氏、陈氏。具庆下。娶林氏。福建乡试第三名，会试第四十名。

谢文，贯陕西汉中府金州，民籍，国子生，治《书经》。字道显，行一，年二十六，四月十一日生。曾祖奎。祖诚。父宏，听选官。母王氏。慈侍下。弟武。娶刘氏。陕西乡试第四十八名，会试第八十二名。

王和，贯直隶永平府迁安县，民籍，国子生，治《诗经》。字以节，行三，年三十一，十二月十三日生。曾祖敬先。祖斌。父政，巡检。母张氏，继母李氏。具庆下。兄聪、荣。娶高氏，继娶马氏。顺天府乡试第七十二名，会试第三百四十一名。

张芮，贯山西平阳府解州安邑县，盐籍，河东运司学生，治《书经》。字文卿，行三，年二十三，十二月二十□日生。曾祖居义。祖元吉，封监察御史。父琎，知府。母弋氏，封孺人。重庆下。兄观、夔。弟□、汉、萱、艾、棻、晔。娶王氏。山西乡试第二名，会试第九十六名。

王铉，贯大宁中卫，军籍，国子生，治《诗经》。字伯举，行一，年三十三，十月二十九日生。曾祖公甫。祖克名。父文信。母许氏。具庆下。弟锳。娶李氏，继娶葛氏。顺天府乡试第六十二名，会试第六十名。

才宽，贯直隶永平府迁安县，民籍，县学增广生，治《诗经》。字汝栗，行二，年二十五，十月初一日生。曾祖仁美。祖整。父通，府经历。母张氏。具庆下。兄宏。弟宜。娶赵氏。顺天府乡试第八十三名，会试第四十九名。

邓檕，贯江西临江府新淦县，民籍，国子生，治《易经》。字冠节，行四，年三十三，九月初七日生。曾祖原海。祖歧阳。父遵学。母张氏，继母陈氏。具庆下。兄贯、显。弟玺、方、鳌、和。娶王氏。江西乡试第六十七名，会试第三百四十五名。

刘廷瓒，贯河南汝宁府光州，军籍，国子生，治《易经》。字宗敬，行三，年三十二，五月十二日生。曾祖兴。祖忠，赠寺丞。父进，太仆寺丞。母周氏，赠安人，继母房氏，封安人。慈侍下。兄廷玺，廷璋。弟□□，□□。娶□氏，继娶□氏。河南乡试第三十二名，会试第三百十五名。

包裕，贯广西桂林中卫，军籍，国子生，治《书经》。字好问，行一，年□十，十月十七日生。曾祖友才。祖庸。父文。母陆氏。严侍下。弟祯、祜、禶、祫。娶陈氏。广西乡试第三名，会试第九十二名。

房明，贯山东济南府长清县，军籍，国子生，治《礼记》。字廷耀，行三，年三十六，十二月初十日生。曾祖士贤。祖四。父贵。母孟氏。慈侍下。兄景，卫经历；忠。娶王氏，山东乡试第九名，会试第二百五十二名。

夏崇文，贯湖广长沙府湘阴县，官籍，府学增广生，治《书经》。字廷章，行一，年二十三，三月二十五日生。曾祖时敏，教谕，赠少保兼太子少傅户部尚书。祖原吉，少保兼太子少傅户部尚书特进光禄大夫赠太师谥忠靖。父瑄，尚宝司卿。前母周氏，赠宜人，母李氏，封宜人。具庆下。弟崇武，崇勋。娶王氏。湖广乡试第十二名，会试第一百十名。

萧英，贯彭城卫，官籍，南息县人，国子生，治《诗经》。字文俊，行一，年三十六，十月初十日生。曾祖敬，正千户。祖铨，正千户。父冕。母石氏。□□下。弟芳，□。娶梁氏。应天府乡试第□□名，会试第一百九十二名。

龚弘，贯直隶苏州府嘉定县，民籍，国子生，治《易经》。字元之，行一，年二十八，四月十八日生。曾祖子安，祖德华，父僎，母王氏，具庆下。弟弛，娶沈氏。应天府乡试第二十八名，会试第十七名。

倪进贤，贯直隶徽州府婺源县，民籍，国子生，治《诗经》。字秉忠，行七，年三十四，三月二十六日生。曾祖世安。祖以孚，教谕。父意。母刘氏。具庆下。娶王氏。应天府乡试第一百八名，会试第一百六十一名。

张璟，贯福建福州府永福县，民籍，直隶山阳县学训导，治《易经》。字孟辉，行二，年四十，五月初九日生。曾祖惟恭。祖泗，贡士。父铎，训导。母吴氏。慈侍下。兄瑛。弟瑄、玘、璘。娶黄氏。福建乡试第三十五名，会试第一百四十一名。

熊达，贯江西南昌府南昌县，民籍，国子生，治《易经》。字成章，行三，年三十三，五月初二日生。曾祖公明。祖仕信。父瑄。母丘氏。严侍下。兄通。娶王氏，江西乡试第二十七名，会试第一百七十五名。

李暹，贯江西吉安府□□县，民籍，国子生，治《诗经》。字□□，行二，年二十七，二月二十四日生，曾祖如琛。祖得裕，封员外郎。父常，知府。母王氏，封宜人。具庆下。兄迪。弟□；适，贡士；运。娶陈氏。江西乡试第四十六名，会试第一百九十八名。

王汶，贯浙江金华府义乌县，民籍，国子生，治《春秋》。字允达，行二，年四十六，十一月二十日生。曾祖祎，翰林院侍制，赠学士，谥忠文。祖绅，国子监博士。父稌。嫡母丁氏，继母吴氏，生母李氏。永感下。兄瀹。娶俞氏。浙江乡试第三十五名，会试第一百六十名。

周源，贯福建泉州府同安县，军籍，国子生，治《诗经》。字子浚，行一，年三十七，六月二十一日生。曾祖公甫。祖廷吉。父用信。母王氏。具庆下。弟彝，鼎、琏、雍、述。娶陈氏。福建乡试第八十五名，会试第三百二十三名。

明经，贯四川成都府内江县，军籍，儒士，治《书经》。字致用，行一，年二十八。十二月二十六日生。曾祖希清。祖通。父愈政。母罗氏。具庆下。娶龚氏。四川乡试第四十七名，会试第二百四十七名。

宋鉴，贯山西泽州□□县，民籍，国子生，治《易经》。字克明，行一，年三十二，八月十五日生。曾祖思诚。祖亨。父兴。母马氏。具庆下。弟铉。娶马氏。山西乡试第七名，会试第二百七十六名。

杨廷和，贯四川成都府新都县，民籍，国子生，治《易经》。字介夫，行一，年十九，九月十九日生。曾祖寿山。祖玫，州吏目。父春，贡士。母叶氏。重庆下。弟廷平、廷仪、廷简、廷宣。聘黄氏。四川乡试第十七名，会试第三十四名。

牛通，贯山西大同府大同县，军籍，国子生，治《礼记》。字道亨，行一，年三十七，六月二十二日生。曾祖大林。祖兴。父真，县主簿。嫡母王氏，生母王氏。永感下。弟逵。娶李氏。山西乡试第十名，会试第一百五十四名。

刘洪，贯湖广安陆卫，军籍，国子生，治《诗经》。字希范，行一，年三十二，闰四月初二日生。曾祖成。祖让。父琮。母陈氏，继母吴氏。重庆下。弟海、汉、瀛、汴、沂。娶唐氏。湖广乡试第六十七名，会试第一百九十五名。

吴世腾，贯福建兴化府莆田县，军籍，国子生，治《诗经》。字伯起，行一，年四十八，十一月十四日生，曾祖贯五。祖孟升。父应祥。母李氏。永感下。弟世超、舜成，舜傅、舜谐。娶朱氏，继娶汤氏。福建乡试第六十七名，会试第一百六十七名。

宋汉，贯山东莱州府胶州，民籍，国子生，治《诗经》。字天章，行二，年三十二，正月初三日生。曾祖玘宗，赠卫经历。祖升。父仪。前母王氏，母郑氏，继娶夏氏。具庆下。兄圭。弟秀。娶纪氏，继娶陈氏。山东乡试第五十名，会试第二百一十八名。

汪宗礼，贯直隶太平府繁昌县，军籍，国子生，治《书经》。字敬夫，行三，年三十九，十二月十三日生，曾祖兴。祖思智。父润，河泊所官。母潘氏。慈侍下。兄宗经。弟宗器、宗范、宗文、宗章。娶吴氏。应天府乡试第七十三名，会试第六十四名。

陈瑞，贯四川重庆府忠州，军籍，国子生，治《诗经》。字廷圭，行三，年三十五，十二月初十日生。曾祖仁可。祖应荣。父鉴。母向氏。慈侍下。兄琼，瑛。娶谢氏。四川乡试第五十九名，会试第一百八名。

赵宽，贯直隶保定府清苑县，民籍，国子生，治《春秋》。字德宏，行三，年三十九，六月初十日生。曾祖干成。祖资。父清，知县。母张氏，继母田氏。具庆下。兄宣，训导；宁。弟容、宗。娶张氏。顺天府乡试第十七名，会试第三百三十二名。

丁炼，贯江西南昌府丰城县，军籍，国子生，治《诗经》。字质纯，行三，年四十五，六月二十六日生。曾祖维南，太仆寺丞。祖秉和，教授。父元辉。母涂氏。慈侍下。弟铧、锐、镗、钢、铜、鋈。娶蒋氏。江西乡试第八十六名，会试第六名。

孙识，贯山东济南府武定州商河县，民籍，国子生，治《诗经》。字以蓄，行二，年四十二，四月二十一日生。曾祖贵，赠左参政。祖兴，赠左参政。父敏。母高氏。永感下。兄譓。娶张氏，继娶张氏。山东乡试第四十四名，会试第一百五十二名。

吕璋，贯河南开封府许州，民籍，国子生，治《春秋》。字廷圭，行二，年三十四，正月十一日生，曾祖成。祖凯。父安。母张氏。具庆下。兄珩。弟瓖。娶逯氏。河南乡试第五名，会试第一百九十四名。

周庴，贯直隶常州府武进县，军籍，府学生，治《诗经》。字克礼，行三，年三十五，十二月十一日生。曾祖从善。祖让。父质。母陈氏。具庆下。兄广，教谕；厚。弟度。娶张氏。应天府乡试第四十二名，会试第八十九名。

康厚，贯河南开封府祥符县，军籍，国子生，治《书经》。字本淳，行二，年二十四，四月二十日生。曾祖祯。祖荣，纪善。父信，训导。母余氏。具庆下。兄富。弟年。娶傅氏。河南乡试第三十名，会试第一百三十五名。

章忱，贯浙江绍兴府会稽县，民籍，国子生，治《诗经》。字景恂，行三，年四十五，正月二十三日生。曾祖升，赠礼部右侍郎。祖敏。父珙。母徐氏。永感下。兄恺；惟，国子生。弟怿，怟。娶周氏。浙江乡试第四十七名，会试第四十六名。

李善，贯陕西凤翔府□州，民籍，州学生，治《易经》。字宗元，行六，年三十五，四月初六日生。曾祖惟中，赠监察御史。祖升，按察司副使。父溥，仓大使。母冯氏。具庆下。兄温、良、检、□、景。弟□、时用、德洪。娶周氏。陕西乡试第二十二名，会试第一百九名。

　　杨时畅，贯陕西西安府□□县，儒籍，国子生，治《易经》。字知□，行一，年三十三，十一月十六日生。曾祖惟敬，赠侍郎加尚书。祖森，赠编修历尚书。父鼎，太子少保户部尚书。母李氏，封夫人。具庆下。弟时敷，贡士；时达，国子生；时舒；时新。娶李氏。陕西乡试第十三名，会试第一百三十三名。

　　王相，贯河南开封府陈州商水县，军籍，县学生，治《易经》。字君卿，行三，年二十五，十月□□日生。曾祖三，赠右通政。祖溢，右通政。父荣，知县。母张氏。具庆下。兄臣；佐，义官。弟诏。娶梁氏，继聘胥氏。河南乡试第九名，会试第三百二十五名。

　　韩镐，贯河南河南府陕州卢氏县，军籍，国子生，治《易经》。字民赡，行四，年四十二，八月二十一日生。曾祖德。祖文。父忠，知县。母燕氏。具庆下。兄锦、镤、锐。弟镗、钺、钊。娶郭氏。河南乡试第二名，会试第一百二十九名。

　　杜桓，贯富峪卫官籍，江西吉水县人，国子生，治《书经》。字德□，行一，年三十五，二月初二日生。曾祖玄德。祖大鹏。父邦，□□□。母韦氏。慈侍下。弟楷，□。娶邓氏。顺天府乡试第一百三十名，会试第三十五名。

　　吴道宁，贯河南怀庆□□□，民籍，府学生，治《礼记》。字□□，行一，年□□，十一月二十日生。曾祖汉仁。祖伯泰。父维，教谕。母张氏。严侍下。弟道□。娶金氏。河南乡试第五名，会试第五十三名。

　　张罍，贯浙江湖州府归安县，民籍，国子生，治《礼记》。字元器，行五，年三十五，闰十月十四日生，曾祖德章。祖士能。父义。母王氏。慈侍下。兄琳、珩、瑗。娶游氏。浙江乡试第八十六名，会试第一百四十四名。

　　王进，贯应天府上元县，匠籍，国子生，治《书经》。字以正，行一，年三十四，九月二十九日生。曾祖二郎。祖志能。父诚。母唐氏。具庆下。弟通、达。娶苏氏。应天府乡试第九十八名，会试第二百七十八名。

　　董豫，贯浙江绍兴府会稽县，军籍，国子生，治《诗经》。字□和，行六，年三十八，四月十九日生。曾祖彦□。祖孚言。父敬。前母潘氏，母宋氏，继母李氏。永感下。兄刚、观、□、□、□。弟复，知县；艮。娶盛氏，浙江乡试第三十八名，会试第二百二十一名。

　　韦斌，贯直隶大河卫，军籍，国子生，治《诗经》。字□质，行一，年一十九，三月十九日生。曾祖存仁。祖士贤。父仲杰。前母薄氏、胡氏，母王氏。永感下。兄广。弟皋。娶王氏，继娶沈氏。应天府乡试第三十名，会试第九十九名。

　　周弁，贯山东莱州府胶州高密县，军籍，国子生，治《诗经》。字时制，行一，年三十九，十二月十二日生。曾祖积德。祖诚。父政。母王氏。严侍下。弟嵩。娶苑氏。山东乡试第二十七名，会试第三百四十四名。

　　林忠，贯河南开封府郑州河阴县，军籍，国子生，治《诗经》。字世臣，行三，年三十八，七月二十二日生。曾祖才兴。祖恭，阴阳训术。父祯。母王氏。永感下。兄让、信。娶张氏。河南乡试第四十名，会试第一百三十一名。

史效，贯□□□安府□□县，军籍，国子生，治《礼记》。字廷忠，行二，年二十七，闰九月初七日生。曾祖谷平。祖景余，赠右参议。父□，右参政。母潘氏，封恭人。重庆下。兄劲，教谕。娶郭氏。应天府乡试第八十名，会试第二百五名。

褚潭，贯浙江台州府天台县，民籍，国子生，治《诗经》。字浚之，行三，年二十，八月二十日生。曾祖玄中。祖文美。父应善。母陈氏。严侍下。兄佑、鼎。弟萧。娶马氏。浙江乡试第七十一名，会试第二百六十一名。

刘逊，贯江西吉安府安福县，儒籍，县学增广生。治《春秋》。字时让，行五，年二十七，闰九月□□日生。曾祖子懋。祖素绚，封给事中。父伦徽。母王氏。永感下。兄选、遇、进、迩。弟迨、迟。娶朱氏。江西乡试第十七名，会试第一百八十三名。

叶应，贯广东惠州府归善县，民籍，县学生，治《诗经》，字子唯，行二，年四十六，四月初一日生。曾祖茂，通判。祖光祖。父穗。母刘氏。兄忠。弟恕，懃。娶薛氏。广东乡试第四十九名，会试第三百九名。

施恕，贯浙江衢州府开化县，匠籍，国子生，治《易经》。字勉仁，行十四，年四十一，十月初九日生。曾祖均遂。祖文珍。父景荣。母胡氏，继母项氏。具庆下。弟懋、聪。娶虞氏。浙江乡试第七十三名，会试第三百三十名。

夏祚，贯直隶太平府当涂县，□籍，国子生，治《诗经》。字天锡，行二，年四十三，五月初九日生。曾祖同六。祖政。父本源。母朱氏。具庆下。兄裪。弟禄。娶陶氏。应天府乡试第八十二名，会试第二百八十二名。

武卫，贯山东青州府莒州沂水县，军籍，国子生，治《书经》。字廷修，行五，年二十九，闰正月□□日生。曾祖文通。祖士成。父荣。母高氏。永感下。兄徽，义官；征；衡；衢，贡士。娶奚氏。山东乡试第十六名，会试第一百七十九名。

马龙，贯山东济南府齐东县，军籍，国子生，治《书经》。字文祥，行三，年二十九，十一月十七日生。曾祖德新。祖瑄。父骎，州判官。母王氏。具庆下。兄磐、磬。娶信氏。山东乡试第四十三名，会试第一百七名。

翟能，贯直隶河间府□间县，民籍，国子生，治《诗经》。字本善，行一，年四十三，五月初三日生。曾祖成。祖用。父信。母赵氏。慈侍下。弟干、清、廉、俊、秀。娶卢氏，继娶牛氏。顺天府乡试第□□□名，会试第一百十七名。

李增，贯直隶保定府□□县，官籍，国子生，治《诗经》。字廷重，行一，年二十六，五月二十四日生。曾祖德，百户。祖友，百户。父良。母马氏。具庆下。弟堂、城。娶唐氏。顺天府乡试第七十九名，会试第二百九十一名。

白瑾，贯浙江绍兴府山阴县，民籍，国子生，治《书经》。字莹之，行四，年三十，十月十二日生。曾祖国光，知州。祖彦明。父雷潭。前母俞氏，母钮氏。永感下。兄璲、珉、瑞。娶葛氏。浙江乡试第五十名，会试第一百六十二名。

王鉴之，贯浙江绍兴府山阴县，民籍，国子生，治《春秋》。字明仲，行二，年三十九，十一月十一日生。曾祖寿。祖君瑶。父诜。母成氏。永感下。兄镔之。娶胡氏。

浙江乡试第十六名，会试第二百名。

王存礼，贯陕西秦州卫□州千户所，军籍，国子生，治《书经》。字用和，行三，年二十八，七月二十一日生。曾祖珍。祖融。父裕，教授。母谢氏。慈侍下。兄存仁、存义。娶张氏。陕西乡试第二名，会试第三百二十二名。

周浚，贯江西吉安府安福县，军籍，国子生，治《春秋》。字希源，行十，年四十二，十二月十三日生。曾祖兰芳。祖孟埙。父资贵。嫡母□氏，生母刘氏。慈侍下。兄略、翀、昭。弟用。娶许氏。江西乡试第十六名，会试第八十名。

苏鐩，贯福建漳州府龙岩县，民籍，国子生，治《诗经》。字仲戬，行二，年四十，七月□□日生。曾祖宗明，赠府同知。祖孔诚。父元。前母陈氏，母杨氏。具庆下。兄钧。娶邓氏，继娶陈氏。福建乡试第二十四名，会试第二百三十三名。

吴文，贯江西吉安府庐陵县，民籍，国子生，治《诗经》。字载道，行四，年四十一，十月二十三日生。曾祖以和。祖如礼。父伯埙。前母沈氏，母萧氏。永感下。兄溥，国子生；杰；涣。娶刘氏。顺天府乡试第十九名，会试第一百三十□名。

周叙，贯广东广州府南海县，民籍，国子生，治《诗经》。字天叙，行三，年三十四，五月十六日生。曾祖莹岳。祖彦斌。父顺。母谢氏。具庆下。兄敬、敦。娶涂氏。广东乡试第七名，会试第三百二十九名。

高纶，贯山西大同府蔚州，军籍，国子生，治《春秋》。字廷章，行一，年三十九，十月二十二日生。曾祖铭。祖杰。父凤，义官。母刘氏。慈侍下。弟绅；纪，阴阳典术。娶杨氏。山西乡试第五名，会试第五十八名。

蒋钦，贯江西广信府上饶县，军籍，国子生，治《书经》。字世钦，行五，年四十一，五月二十□日生。曾祖德敬。祖兼善。父上观。嫡母傅氏，生母王氏。永感下。兄英、贤、忠、奇。娶徐氏，继娶徐氏。江西乡试第四名，会试第二百六十五名。

张经，贯腾骧右卫军籍，陕西长安县人，国子生，治《诗经》。字天常，行一，年二十七，二月初三日生。曾祖中。祖郁。父善，义官。母王氏。具庆下。弟纶、缙、绅、绂、绶、绰。娶李氏。顺天府乡试第三十三名，会试第二十三名。

张翠，贯云南云南中卫军籍，直隶昆山县人，云南□学生，治《易经》。字凤举，行四，年二十三，四月初六日生。曾祖彦刚。祖得。父□。母郑氏。具庆下。兄羽、翙、翔。聘王氏。云南乡试第二十七名，会试第三百四十八名。

胡溥，贯河南□□□县，军籍，国子生，治《诗经》。字□传，行一，年三十五，三月二十日生。曾祖仲宽。祖敬先。父琏，知州。前母韩氏，母张氏，继母阎氏。永感下。弟渊。娶元氏。河南乡试第五十七名，会试第一百二十二名。

谢珪，贯广东潮州府海阳县，军籍，国子生，治《易经》。字允执，行三，年四十二，正月初四日生。曾祖惟贤。祖文远。父农吉。前母陈氏，母苏氏。永感下。兄宗誉，教授；雄。娶幸氏。广东乡试第十八名，会试第九十三名。

马琇，贯河南汝宁府信阳州罗山县，匠籍，国子生，治《春秋》。字天须，行四，年三十六，二月十九日生。曾祖云。祖德和。父荣。母何氏，继母卢氏。具庆下。兄腾霄、俊、理。弟璘。娶屈氏，继聘□氏。河南乡试第三名，会试第一百二十六名。

马懋，贯腾骧右卫官籍，山东馆陶县人，顺天府学增广生。治《诗经》。字昭德，行一，年二十一，正月二十一日生。曾祖羽，赠都督同知。祖俊，赠都督同知。父□，义官。母潘氏。具庆下。弟德。娶翟氏。顺天府乡试第□十八名，会试第五十四名。

解荣，贯四川成都府□县，民籍，国子生，治《诗经》。字居仁，行一，年四十一，十月初十日生。曾祖文质。祖瑞。父志聪。母汪氏。慈侍下。娶刘氏，继娶严氏。四川乡试第五十五名，会试第十四名。

徐礼，贯浙江杭州府余杭县，民籍，国子生，治《礼记》。字敬先，行三，年三十二，五月□□日生。曾祖週。祖择善。父行。母李氏，继母□氏。具庆下。兄仁、义。娶叶氏。浙江乡试第二十七名，会试第三百四十三名。

熊经，贯湖广黄州府麻城县，军籍，国子生，治《春秋》。字载道，行一，年三十八，二月二十二日生。曾祖永常。祖铨。父自敏。母段氏。具庆下。弟纶、纮、绂。娶王氏，继娶□氏。湖广乡试第九名，会试第二百五十名。

史瑛，贯山西平阳府绛州稷山县，军籍，国子生，治《诗经》。字廷珍，行一，年三十，十月十九日生。曾祖仲礼。祖伯善。父贵。母杨氏。具庆下。弟玘，璟。娶张氏。山西乡试第□十二名，会试第二百五十九名。

尹陵，贯湖广安陆州京山县，军籍，国子生，治《春秋》。字如阜，行六，年三十二，六月初六日生。曾祖务本。祖传道。父哲，教授。嫡母刘氏，生母施氏。慈侍下。兄古，知县；观；元；表；端。弟汉。娶刘氏。湖广乡试第五十五名，会试第四十八名。

张晟，贯山东济南府章丘县，军籍，国子生，治《诗经》。字宗晦，行二，年二十六，九月二十五日生。曾祖士麟，运司判官。祖录。父允，义官。嫡母冯氏，生母□氏。慈侍下，兄异。娶李氏。山东乡试第四十四名，会试第一百四十八名。

包鼐，贯浙江嘉兴府嘉兴县，民籍，国子生，治《书经》。字汝和，行二，年三十一，十一月二十八日生。曾祖成甫。祖珪，恩例冠带。父俊。母王氏，继母□氏。具庆下。兄鼎，同科进士。弟鼐、鼏。娶顾氏。浙江乡试第八十四名，会试第一百名。

黄颐，贯湖广武昌府蒲圻县，军籍，国子生，治《诗经》。字养德，行四，年四十五，四月二十日生。曾祖梠。祖爚。父□。母苏氏。永感下。兄琚、椒。弟□、□、□。娶仵氏。湖广乡试第□十一名，会试第二百七名。

李瑞，贯河南卫辉府□县，□籍，国子生，治《诗经》。字世祥，行一，年四十一，六月初三日生。曾祖焕。祖琰。父凤。母郭氏。慈侍下。弟祥、秀、瓒。娶赵氏，继娶周氏。河南乡试第五十一名，会试第三百二名。

郑达，贯直隶徽州府歙县，民籍，国子生，治《春秋》。字德孚，行三，年三十九，六月十五日生。曾祖洋。祖道童。父福龄。母王氏。永感下。兄俊。弟儆。娶方氏，继娶胡氏。应天府乡试第四名，会试第二百九十二名。

黄肃，贯应天府六合县，民籍，国子生，治《礼记》。字敬夫，行五，年三十七，十二月十七日生。曾祖德辉。祖瞳。父琼。母叶氏，继母□氏。永感下。兄德、旦、燦。娶赵氏。应天府乡试第二十二名，会试第二百十六名。

杜整，贯浙江温州府□阳县，民籍，国子生，治《书经》。字思齐，行一，年三十二，正月十三日生。曾祖孟初。祖立雅。父忧。母毛氏，继母沈氏。慈侍下。弟撒、㨾、揭、扶、□、担、擒。娶柳氏，继娶□氏。浙江乡试第七十七名，会试第一百七十一名。

刘芳，贯广东肇庆□□县，民籍，县学生，治《书经》。字永□，行三，年十七，十一月初九日生。曾祖全。祖济。父张，驿丞。母郑氏。永感下。兄长、□。弟英。娶徐氏。广东乡试第七十四名，会试第二百五十三名。

汪贵，贯直隶徽州府歙县，民籍，国子生，治《春秋》。字良贵，行二，年四十，二月二十□日生。曾祖僖。祖周得。父积庆。母程氏。具庆下。兄尚元。弟尚礼。娶谢氏。应天府乡试第二十一名，会试第三百四十九名。

谭溥，贯四川泸州，民籍，山东旧县驿驿丞，治《书经》。字惟渊，行三，年三十五，十一月初四日生。曾祖张禄。祖泰。父友义。母袁氏。具庆下。兄浚，训导；濂。娶胡氏。山东乡试第七名，会试第一百五十三名。

龙德周，贯江西吉安府□□县，民籍，国子生，治《易经》。字躬□，行□，年三十六，十月二十九日生。曾祖康隆。祖世高。父□。母谢氏。慈侍下。兄德著，□□，德化。娶谢氏。江西乡试第三十名，会试第三百八十五名。

唐恺，贯山东济南府武□县，民籍，县学生，治《易经》。字虞卿，行一，年□□一，十月十二日生。曾祖名得。祖振，典史。父诏，知县。母刘氏。重庆下。弟忧。娶毛氏。山东乡试第六十四名，会试第二百十三名。

王宾，贯四川重庆府合州铜梁县，民籍，县学增广生，治《春秋》。字时旸，行一，年二十五，十月十日生。曾祖胜宗。祖仲亨，赠知府。父亿，监察御史。母钟氏，封孺人。具庆下。弟密，安、富。娶潘氏。四川乡试第十名，会试第一百三十八名。

王温，贯山东济南府长清县，民籍。国子生，治《诗经》。字景和，行一，年四十一，正月二十七日生。曾祖子新，元御史中丞。祖整。父杰，知县。母席氏，继母□氏。具庆下。娶郑氏。山东乡试第六十四名，会试第二百四十□名。

王朝器，贯福建兴化府莆田县，军籍，府学增广生，治《书经》。字大器，行七，年四十，九月二十一日生。曾祖伯履。祖原远。父廷燦。母陈氏。具庆下。兄英甫。弟朝璧。娶陈氏，继娶陈氏。福建乡试第五十一名，会试第三百二十一名。

徐说，贯直隶宁国府宣□县，民籍，国子生，治《易经》。字以中，行二，年四十四，五月二十日生。曾祖亨，赠郎中。祖岩，户部郎中。父悫。母李氏，继母陈氏。慈侍下。弟让。娶陈氏。应天府乡试第一百二十八名，会试第二百八名。

韩昂，贯云南云南前卫官籍，山东济宁州人，国子生，治《礼记》。字孔仪，行二，年三十五，八月初八日生。曾祖大，赠百户。祖春，百户，赠副千户。父旺，副千户。母熊氏，封宜人。具庆下。兄晟。弟昌。娶时氏。云南乡试第一名，会试第三十三名。

吴秀，贯江西饶州府余干县，军籍，国子生，治《春秋》。字文朴，行五，年三十七，十二月二十四日生。曾祖庆祖。祖允恭。父忠。母朱氏。慈侍下。兄宪、冠。娶许氏。江西乡试第十七名，会试第十八名。

王谦，贯山西平阳府□平县，军籍，国子生，治《书经》。字克让，行三，年三十五，九月初一日生。曾祖均禄。祖士能。父布文。嫡母崔氏，生母段氏。慈侍下。兄□、□。娶李氏。山西乡试第三十五名，会试第二百五十名。

方进，贯直隶□□□县，民籍，国子生，治《礼记》。字继□，行二，年四十二，八月初一日生。曾祖伯祥。祖得远。父叔贤。母庄氏。永感下。兄宏。娶程氏。应天府乡试第一百八名，会试第三百三名。

谭肃，贯山东兖州府东平州寿张县，民籍，国子生，治《书经》。字本恭，行三，年四十一，八月十八日生。曾祖成。祖有道。父智。母周氏。永感下。兄整、敬。娶王氏。山东乡试第二十九名，会试第六十一名。

戚庆，贯河南汝宁府西平县，匠籍，国子生，治《诗经》。字仲禧，行二，年四十四，十二月二十九日生。曾祖成甫。祖景芳。父敏，推官。母王氏。具庆下。兄哲。弟元、继。娶徐氏。河南乡试第五十一名，会试第七十九名。

刘清，贯江西九江府德化县，军籍，国子生，治《诗经》，字一之，行三，年四十一，十一月初十日生。曾祖寿一。祖英。父贵。母萧氏。具庆下。兄洪、澄。弟澜、济。娶周氏。江西乡试第七十六名，会试第一百七十三名。

刘玑，贯山东东昌府临沂县，军籍，县学生，治《诗经》。字玉衡，行五，年二十六，八月二十五日生。曾祖普云。祖海。父广。嫡母徐氏，生母冯氏。永感下。兄瑛、璟、瑄、璋。娶王氏，继娶张氏。山东乡试第四十八名，会试第一百六十四名。

张万钟，贯四川成都府资县，军籍，县学生，治《诗经》。字公爵，行一，年三十六，二月二十八日生。曾祖元升。祖琳。父永寿。母徐氏，继母□氏。重庆下。弟万镒、万铨。娶包氏。四川乡试第三十三名，会试第二百十五名。

陈良佐，贯湖广岳州府华容县，民籍，国子生，治《易经》。字以忠，行四，年三十六，九月十九日生。曾祖寿祖。祖友富。父清，冠带监生。母郑氏，继母蔡氏。永感下。兄良贤、良惠、良辅。弟良弼、良相。娶郑氏。湖广乡试第七名，会试第二百七十一名。

汪滢，贯直隶徽州府绩溪县，军籍，国子生，治《书经》。字源洁，行三，年三十二，十一月初五日生。曾祖子通。祖友贤。父祐清，医学训科。母程氏，继母方氏。重庆下。兄溥，知州；淳。弟□。娶程氏。应天府乡试第一百十三名，会试第一百九十三名。

郑璠，贯福建福州府闽县，军籍，国子生，治《礼记》。字德美，行四，年三十四，十二月十三日生，曾祖彦长。祖间，进士，教授。父煓。母张氏，继母郭氏。永感下。兄璃；璲，教谕。娶邵氏。福建乡试第六十六名，会试第十二名。

魏玺，贯直隶淮安府山阳县，民籍，国子生，治《礼记》。字朝章，行一，年四十一，正月二十二日生。曾祖孝先。祖志学，通判。父克明。母祝氏，继母□氏。严侍下。弟瓒，珍。娶沈氏，继娶刘氏。应天府乡试第一百八名，会试第一百六十六名。

陈嘉章，贯四川叙州府富顺县，军籍，国子生，治《诗经》。字道显，行六，年四十，五月十五日生。曾祖朝卿。祖觉真。父志。母陈氏。慈侍下。兄嘉猷，伴读；嘉言；嘉训；嘉礼，通判；嘉□。娶曾氏。四川乡试第五十四名，会试第二百九十四名。

陈纹，贯应天府上元县，匠籍，国子生，治《书经》。字廷章，行二，年四十，五月二十七日生。曾祖善。祖璧。父铸。母祝氏，继母厉氏、张氏。具庆下。兄徽。娶邹氏。应天府乡试第八十八名，会试第一百六名。

尹世昌，贯直隶真定府□州，民籍，国子生，治《诗经》。字廷□，行一，年三十五，八月三十日生。曾祖文献，□□□。祖颙，知县。父琮，教谕。母张氏。永感下。弟世隆。娶彭氏，继娶彭氏。顺天府乡试第一百十四名，会试第一百十一名。

刘聪，贯直隶蓟州卫军籍，江西宜春县人，国子生，治《礼记》。字守愚，行一，年三十六，十月十七日生。曾祖德成。祖真。父能。母郭氏。重庆下。弟纲、纪、绅。娶钱氏。顺天府乡试第五名，会试第二百八十六名。

郑惟桓，贯顺天府大兴县，富户籍，浙江常山县人，国子生，治《春秋》。字用文，行二十，年三十二，九月十一日生。曾祖善□，义官。祖沂，赠监察御史。父佑，按察司副使。母徐氏，封孺人。慈侍下。兄惟楠，贡士；惟植。弟惟樟；惟梓。娶高氏。顺天府乡试第七十名，会试第九十名。

祁司员，贯浙江绍兴府应州县，匠籍，县学生，治《易经》。子宗□，行二，年二十九，七月初四日生。曾祖子安。祖纪。父芳，教授。母黄氏。重庆下。兄司方。弟司父，司温，司和。娶高氏。浙江乡试第七十七名，会试第一百六十名。

姜绾，贯江西广信府，□□□，县学增广生，治《书经》。字玉卿，行一十七，年二十七，八月初二日生。曾祖克俊。祖度，训导。父□。母汪氏。永感下。兄绅。聘周氏。江西乡试第六十三名，会试第二百四十四名。

洪远，贯直隶徽州府歙县，民籍，国子生，治《礼记》。字克毅，行三，年二十九，十二月六日生。曾祖彰。祖寿。父宽，知州。母汪氏。具庆下。兄达、迪。弟通。娶吴氏。应天府乡试第一百三十二名，会试第二百四十名。

侯观，贯直隶保定府雄县，民籍，儒士，治《诗经》。子仕宾，行三，年二十五，十月十一日生。曾祖文质。祖林，库大使，赠主事。父瓒，光禄寺卿。母王氏，封安人。具庆下。兄泰、豫。弟节、巽、颐。娶何氏。顺天府乡试第七十九名，会试第三十八名。

杜荣，贯山西大同府□州，军籍，国子生，治《易经》。字世□，行一，年三十八，三月二十二日生。曾祖弼。祖贤，仓副使。父□，阴阳典术。母宋氏，继母冯氏。慈侍下。弟华。娶逯氏。山西乡试第一十九名，会试第一百一十六名。

杜明，贯河南开封府，民籍，国子生，治《诗经》。字文昭，行三，年三十七，九月二十三日生。曾祖孝思。祖从礼。父源。母王氏，继母庄氏。永感下。兄聪。弟睿、隆。娶刘氏，继娶刘氏。河南乡试第五十五名，会试第三百二十一名。

黄辅政，贯四川叙州府富顺县，民籍，国子生，治《书经》。字显忠，行一，年四十八，正月十九日生。曾祖璋。祖志清。父玑。母潘氏。严侍下。弟辅忠、辅佐、辅佑。娶徐氏。四川乡试第六十四名，会试第二百八十三名。

涂畴，贯江西南昌府丰城县，匠籍，国子生，治《易经》。字有年，行二，年四十，十月十七日生。曾祖仁寿。祖志斌。父秉彰。母吴氏。慈侍下。兄寿。弟畴。娶邹氏。江西乡试第四名，会试第二百三十一名。

陈常，贯四川重庆府长寿县，民籍，国子生，治《诗经》。字大伦，行四，年四十五，七月初十日生。曾祖卿。祖仕胜。父以先，仓副使。嫡母杨氏，生母杨氏。慈侍下。兄述、济。娶余氏。四川乡试第五十二名，会试第二百六十名。

周文，贯湖广岳州府□□，民籍，国子生，治《诗经》。字应奎，行一，年二十七，闰九月二十八日生。曾祖□礼。祖楫。父祐，义官。母刘氏。具庆下。弟缙。娶刘氏。湖广乡试第四十四名，会试第二百二十七名。

韩绍宗，贯陕西西安府同州朝邑县，民籍，国子生，治《书经》。字裕后，行三，年二十七，闰九月十八日生。曾祖恭。祖子肃。父显。母张氏。慈侍下。兄载、珏。弟继宗，续宗、绳宗、绵宗。娶阎氏。陕西乡试第二十名，会试第十九名。

吴道宁，贯河南汝宁府光州光山县，军籍，府学生，治《易经》，字永安，行一，年三十四，十二月初九日生。曾祖思聪。祖志达。父灏。母陈氏。具庆下。弟宽、富、宪。娶汪氏。河南乡试第四十四名，会试第一百六十九名。

徐宪，贯河南彰德府安阳县，军籍，国子生，治《书经》。字振纲，行四，年三十三，二月二十四日生。曾祖□忠。祖大成。父祥。母王氏。具庆下。兄宏，听选官；贤；宾。弟宥、守、寅、□。娶皇甫氏。河南乡试第二十九名，会试第一百五十九名。

李时新，贯浙江绍兴府余姚县，民籍，县学生，治《礼记》。字□之，行一，年四十二，五月初六日生。曾祖□。祖厚。父谊。母陈氏。具庆下。兄时泽、时勉、时习、时中、时和。娶章氏，继娶赵氏。浙江乡试第八十七名，会试第二百六十三名。

韩重，贯山西平阳府绛州，民籍，国子生，治《诗经》。字淳夫，行三，年三十七，八月二十一日生。曾祖思立。祖延龄。父英，州同知。母文氏。慈侍下。兄威、严。弟厚。娶吴氏。山西乡试第六名，会试第二百七十名。

赵博，贯山西潞州黎城县，军籍，国子生，治《诗经》。字原一，行三，年三十八，七月初一日生。曾祖得林。祖瑛。父经，兵马指挥。母刘氏。慈侍下。兄泰、臻。弟宁；怡，医学训科。娶李氏。山西乡试第一名，会试第二百五十一名。

丁绅，贯山西朔州卫，军籍，国子生，治《礼记》。字大章，行一，年三十六，三月二十九日生。曾祖玘。祖刚。父昱。母梁氏。具庆下。弟绘、锈、绶。娶康氏。山西乡试第十四名，会试第一百二十八名。

金福，贯锦衣卫军籍，浙□□□□□，国子生，治《书经》。字天锡，行一，年二十九，二月初九日生。曾祖子昭。祖仲成。父宗浩。母张氏。具庆下。弟裕、祥。娶张氏。顺天府乡试第七十六名，会试第二百七十三名。

凌文献，贯浙江严州府遂安县，民籍，国子生，治《春秋》。字士贤，行三，年三十四，九月初六日生。曾祖永庆。祖异邦。父仍俊。母余氏。慈侍下。兄文贵、文魁。弟文纩、文晟。娶郑氏，继娶余氏。浙江乡试第八十四名，会试第六十三名。

冯镐，贯河南汝宁府信阳州，军籍，国子生，治《诗经》。字大京，行二，年三十一，十一月十九日生。曾祖清。祖鉴。父友信。母万氏，继母鲁氏。具庆下。兄钊。弟钢、锦、钟。娶王氏。河南乡试第七十三名，会试第一百四十三名。

古其然，贯四川重庆府永川县，民籍，国子生，治《易经》。字体成，行七，年三十八，十二月初九日生。曾祖贞二。祖必奇。父初，县主簿。前母蒋氏，母邓氏。慈侍下。兄尚然、浩然、天然、自然。弟焕然。娶古氏。四川乡试第二十五名，会试第一百三十七名。

张鉴，贯南京府军卫，□□□东□县人，国子生，治《易经》。字明甫，行二，年四十，正月二十日生。曾祖伯达。祖胜。父让。母梁氏，继母韩氏。严侍下。兄铎。弟钺。娶许氏。应天府乡试第一百九名，会试第九十八名。

王佐，贯山西辽州府和顺县，民籍，国子生，治《易经》。子廷辅，行一，年三十六，十月初三日生。曾祖贵。祖珍。父义，巡检。母张氏。具庆下。弟敖、侃。娶马氏。山西乡试第六十四名，会试第一百五十六名。

倪进贤被选为庶吉士。李调元《制义科琐记》卷二《房术》："倪进贤，婺源人，素不读书，以房术进万安，安大喜。适成化戊戌科，安嘱考官刘吉、彭华取之，遂登进士，选庶吉士。后安以房术进上，上曰：'此岂大臣所为耶！'"

龙腾霄中进士，宪宗令改名。祝允明《野记》："成化中，进士放榜有南昌龙腾霄。上曰：'龙而腾霄，是飞龙在天也。'命更名。"

赵宽中进士。徐祯卿《异林·梦征》："杨中丞一清居京师时，其友王溥，武昌人也。计偕而来，尝同旅舍。礼试已毕，比将彻闱，中丞夜梦入府院中，左右文书狼藉满案。有一文秩，即启视之，乃试录，展览始末，悉便记忆。既觉，即与溥言曰：'公等成败，吾已卜矣。'溥戏诘之，具白其故。溥曰：'当有溥名否？'曰：'无也。'曰：'武昌一郡，当得几人？'曰：'合有二标，一在通城，一在江夏。'溥曰：'谁为第一？'曰：'当是吴人。'又问：'其次？'曰：'海南丘公雅所称赏，是其人也。'溥曰：'颇忆其文乎？'便了了诵之，一无遗脱。且曰：'曩论式惟是一篇，今岁文场当有联璧。'溥笑曰：'公言若验，可谓通神。'既而，溥果下第。第一人仍是松陵赵宽廉使，其次即今孙光禄交，盖丘公门士也。谓二标者，通城刘绍玄，江夏许节。检阅文录，得论二篇，其它记诵不爽豕亥。溥大惊异，知公非常人矣。又明年，溥始登第，寻亦仕为南康太守。"

升南京太常寺少卿李本为南京礼部右侍郎。（据《馆阁漫录》卷六《成化十四年》）

四月

　　吏科给事中赵侃等，乞守令专选科目，毋及监生。吏部谓：此乃李贤奏选监生，固难以科目拘也。上然之。（据《国榷》卷三十八）

　　南京监察御史谈俊言举人入监等四事。奏上，下所司知之。《明宪宗实录》卷一百七十七：成化十四年夏四月戊戌，"南京监察御史谈俊言四事。一、旧例岁贡生各随地方以入南北二监，举人皆入北监，而愿就南者听之。今北监人多，学舍不能容，而南监人少，常缺人历事。宜以新旧举人，各随其地以分二监。一、南京操练军马有名无实，宜如在京各营例，令给事中等官时至大小教场按籍点阅。一、仪真瓜洲等处，宜增兵戍，严教阅，以备不虞。一、沿江巡检宜选年力强壮者授之，以备缓急之用。奏上，下所司知之"。

　　升编修李仁杰为本院侍讲，以九年考满也。（据《馆阁漫录》卷六《成化十四年》）

　　礼部详定监生依亲坐监事例。《明宪宗实录》卷一百七十七：成化十四年夏四月，"癸丑，礼部详定监生依亲坐监事例。先是，礼部奏：不就教职及下第举人，宜依旧例，俱送北监，不许依亲。南京御史谈俊言：欲将新旧举人分送两监。皆不果行。至是，尚宝司卿李木又言：举人监生，止缘会试而来，不意留之坐监，供给不周，艰辛万状。礼部乃为覆奏：言洪武、永乐年间举人岁贡，悉留坐监，三年一省亲，初无依亲之例。至正统十四年，存省京储，始以年浅监生放还原学，依亲读书。其放肆无耻者，游说干谒，靡所不为。且举人旧例俱在北监，后有告入南监者，径还原学籍，既迫会试，始赴监取文以来。所以送北监不许依亲者，惩宿弊也。今木欲仍放依亲，俊等欲分送南监，宜移文国子监，以举人年浅者放还，俾提学等官时常考较，如遇所司迎诏拜表，须令儒巾行礼，不许戴大帽系带，游说干谒。其愿入南监者，仍听之。如有愆期两月，虽有病帖，亦罪之，且以其名上本部，次科毋容会试。诏可"。

五月

　　五月壬戌朔。甲子，编修董越以母丧去任。癸酉，升詹事府少詹事兼侍读黎淳为吏部右侍郎。丙子，以修撰张颐为右佥都御史，巡抚宣府。（据《馆阁漫录》卷六《成化十四年》）

　　汪直奏设武举。兵部议上武举条例，未即行。《明宪宗实录》卷一百七十八：成化十四年五月，"己卯，兵部尚书余子俊等议上武举科条。时太监汪直用事，欲以建白为名。然素不知书，附之者多为作奏草。至是，吴绶为撰草，奏请武举设科，乡试、会试、殿试，欲悉如进士恩例。得旨，兵部即集议以闻。于是子俊会英国公张懋等文武大臣，暨科道官议之。众皆心知其不可，亦不敢违，遂议上条案。大略欲选武臣嫡子，就儒学读书、习射，乡试以九月，会试以三月。初场试射，二场试论判语，三场试策。殿试以四月一日，赐武举及第、出身有差。恩荣次第，录名勒碑，亦如进士科制。初令会议时，学士万安窃计曰：'汪直所言，出吴绶建白，可听而不可行，然沮之必有祸，何也？武举选材，其号则美，非不可也。宜有以处之。'及奏上，内批'武举重事，未易即行，令兵部移文天下，教养数年，俟有成效，巡按提举等官具奏起送处之。'"丘浚《大学衍义补》卷一百三十："开武科以试将才，亦犹设文科以取儒士也。科目以试士，得其文而未必得其行。然因言以求其心，究其学识，亦可仿佛一二焉。武科之于将才，何莫不然……武事与文艺异，固不可以言语文字求也，然于无事之时，欲求战阵军旅之士，不以言语求之，又不可得也。"《明史纪事本末》卷三十七《汪直用事》："十四年夏五月，汪直奏请武举设科，乡、会、殿试，如进士例。"

南京国子监祭酒王俨奏本监事宜。下所司知之。《明宪宗实录》卷一百七十八：成化十四年五月庚辰，"南京国子监祭酒王俨奏本监事宜。其一、南方依亲举人，有曾告入南监，而未经送至者，亦有愿入南监而未经陈告者，宜令南京礼部移文原籍起送入监。其二，监生旧无依亲事例，后以减省廪食，暂放依亲。当时在监者以数千计，今监生依亲及告就教职杂职纳米入选冠带闲住者甚多，各班坐堂不过数十辈，诸司历事每至乏人，以至诸生视太学如传舍，以教务为余事。朝廷仓廪之富，岂惜养贤之费，宜自成化十五年为始，不分岁贡举人，应入南监者俱留作养，永为定例。其三、依亲复班监生，宜照丁忧事例，须令坐堂及差诸司办事半年，满日方许以次拨历。其半年已满，次第未及者，仍依常例待拨。其四、旧例本监每年收光禄寺官猪寄养，年终应用。近年监生数少，停止会馔，责令膳夫喂养，以致瘠死陪偿，乞停寄养。其五、书板缺坏，宜行工部修葺，遣匠模印。其六、庙学损坏，宜行工部修造。事下所司知之"。

少詹事兼翰林侍读黎淳为吏部右侍郎，右副都御史张瓒、殷谦为户部左右侍郎。（据《国榷》卷三十八）

六月

升司经局洗马郑环为南京太常少卿。（据《馆阁漫录》卷六《成化十四年》）

武功左卫指挥佥事王宣为署指挥使。宣贡士袭职。（据《国榷》卷三十八）

七月

进士赵泰、马铨、吴凯、秦升、刘清为给事中。泰、铨户科，凯、升兵科，清刑科。（据《国榷》卷三十八）

八月

传升锦衣百户王英为带俸正千户。陈钺子澍，前以奏捷授锦衣冠带小旗，至是入太

学。(据《国榷》卷三十八)

九月

罗伦（1431—1478）卒，年四十八。据《明儒学案》卷四十五《文毅罗一峰先生伦》："戊戌九月二十四日卒，年四十八。"《明史》罗伦传："罗伦，字彝正，吉安永丰人。五岁尝随母入园，果落，众竞取，伦独赐而后受。家贫樵牧，挟书诵不辍。及为诸生，志圣贤学，尝曰：'举业非能坏人，人自坏之耳。'知府张瑄悯其贫，周之粟，谢不受……成化二年，廷试，对策万余言，直斥时弊，名震都下。擢进士第一，授翰林修撰。逾二月，大学士李贤奔丧毕，奉诏还朝。伦诣贤沮之，不听。乃上疏……疏入，谪福建市舶司副提举……明年以学士商辂言召复原职，改南京。居二年，引疾归，遂不复出……伦为人刚正，严于律己。义所在，毅然必为，于富贵名利泊如也……以金牛山人迹不至，筑室著书其中，四方从学者甚众。十四年卒，年四十八。嘉靖初，从御史唐龙请，追赠左春坊谕德，谥文毅，学者称一峰先生。"黄宗羲《明儒学案》卷四十五："举成化丙戌进士，对策大廷，引程正公语……奏名第一。授翰林修撰。会李文达夺情，先生诣其私第，告以不可。待之数日，始上疏历陈起复之非，为君者当以先王之礼教其臣，为臣者当据先王之礼事其君。疏奏遂落职，提举泉州市舶司。明年召还，复修撰，改南京，寻以疾辞归，隐于金牛山，注意经学……戊戌九月二十四日卒，年四十八。正德十六年，赠左谕德，谥文毅……先生与白沙称石交，白沙超悟神知，先生守宋人之途辙，学非白沙之学也，而矯然尘垢之外，所见专而所守固耳。章枫山称：'先生方可谓之正君善俗，如我辈只修政立事而已。'其推重如此。"

兵部上诸臣所荐边才五十六人。(据《国榷》卷三十八)

国子博士罗鹏为南京监察御史。(据《国榷》卷三十八)

十月

韩雍（1422—1478）卒，年五十七。《国朝献征录》卷五十八刘珝《都察院右都御史韩公雍墓志铭》："大明成化戊戌十月十五日，致仕右都御史韩公以疾卒于家。""家居又六七年，以山水为乐。君子曰：明哲保身，公其有之。距其生则永乐壬寅十一月九日，春秋五十又七。公之为人爽迈洞达，才识高远，居家孝友，与人交有信义。下笔为诗文，思如涌泉，无少滞凝。居官处事，动以古豪杰自居。"《国榷》记韩雍卒于成化十五年四月。(见《国榷》卷三十八)《四库全书总目·襄毅文集提要》："明自正统以后，正德以前，金华、青田流风渐远，而茶陵、震泽犹未奋兴。数十年间，惟相沿台阁之体，渐就庸肤。雍当其时，虽威行两广，以武略雄一世，不屑屑以雕章绘句为工，而英多磊落之气，时时发见于文章。故虽未变体裁，而时饶风骨。其杂文亦高视阔步，气象迥殊，韩愈所谓独得雄直气者，殆于近之。朱彝尊《明诗综》但称雍有集，而不著集名，所录雍诗一篇，又非佳作。其《赐游西苑记》，《日下旧闻》亦不载。《静志居诗话》绝无一字及雍，殆偶未见斯集欤？"

庚戌，手敕升太子少保、吏部尚书万安为太子太保，仍兼谨身殿大学士。辛亥，学士杨守陈服阕复任。（据《馆阁漫录》卷六《成化十四年》）

十一月

己未，万寿圣节，始令翰林院官习仪。先是，翰林院官僚自永乐、宣德以来，相传免习仪。至是，锦衣卫缉事官校奏学士王献、检讨张泰不赴习仪，上命鞫问之。献、泰举相传之例以闻，宥之。仍诏自今行大礼，先期习仪，内阁办事者免，其余习仪如常。（据《馆阁漫录》卷六《成化十四年》）

十二月

十二月戊子朔。辛丑，命前太常少卿兼侍读牛纶为南京太常寺丞。壬子，升学士彭华为正詹事。（据《馆阁漫录》卷六《成化十四年》）

进士王盛、章玄应为南京户、礼科给事中。（据《国榷》卷三十八）

本年

崔铣（1478—1541）生。据《明儒学案》卷四十八《文敏崔后渠先生铣》。字仲凫，一字子钟，安阳人，弘治乙丑进士。官至南京礼部侍郎，谥文敬。事迹具《明史·儒林传》。有《洹词》十二卷。

明宪宗成化十五年己亥（公元 1479 年）

正月

正月戊午朔。丙戌，追封故少詹事兼国子监祭酒司马恂为礼部侍郎，从其子垔请也。（据《馆阁漫录》卷六《成化十四年》）

二月

林俊治狱陕西。《见素集》附录上《编年纪略》："己亥二月，选刑部陕西清吏司主事，治狱平恕……十八年壬寅正月，秩满三载，敕进阶承德郎。"

三月

倪谦（1415—1479）卒。（据《国榷》卷三十八）《明宪宗实录》卷一百八十八"成化十五年三月甲戌（十八日）"："致仕南京礼部尚书倪谦卒……上即位，遇恩例放免。明年，谦上疏自陈，得复学士，闲住。寻复入史馆，修《英庙实录》。升礼部右侍郎。监察御史陈选抗疏极言之，上为寝成命，罢谦致仕……至是卒，赠太子少保，谥文僖……谦生有异质，体四乳，目光突出，自幼颖异，善属文，才气飘逸，入翰林，与钱溥齐名。谦比溥稍庄重，但好交匪人，竟以是取败。尝使朝鲜，朝鲜人服其敏捷。景泰中，别选内宦之聪慧者数人，俾谦教之，后俱柄用。谦踬而复起者，此数人之力也。"李东阳《倪文僖公集序》："文有《玉堂稿》百卷，《上谷稿》八卷，《归田稿》十二卷，《南宫稿》二十卷，通为卷百七十，则裒为家集。青溪与其弟工部主事阜覃共藏之，而《辽海编》别行于世云。弘治癸丑秋八月一日。"《四库全书总目·倪文僖集提要》："三杨台阁之体，至弘、正之间而极弊，冗阘肤廓，几于万喙一音。谦当有明盛时，去前辈典型未远。故其文步骤谨严，朴而不俚，简而不陋，体近三杨而无其末流之失。虽不及李东阳之笼罩一时，然有质有文，亦彬彬然自成一家矣。固未可以声价之重轻，为文章之优劣也。"《明诗纪事》乙签卷十七《倪谦》，陈田按："尚书在朝，颇称躁进，卒以万安铭墓，尤致讥议。诗不为选家所称。余观其七古，劲健拔俗，不愧当家，固不失为一时骚雅之选也。"

南京太常少卿刘宣服阕复任。（据《馆阁漫录》卷六《成化十五年》）

四月

李孜省以方术得明宪宗宠幸，中旨授太常寺丞。《明鉴纲目》卷四："纲：己亥十五年，夏四月，以方士李孜省（南昌人）为太常寺丞。目：孜省以江西吏，就选京师，赃事发，匿不归。时帝好方术，孜省乃学五雷法，厚结中官梁芳、钱义，以符箓进，中旨授太常寺丞。御史杨守随，劾孜省赃吏，不宜典祭祀。帝改为上林苑监丞，然宠幸日盛，许密封奏请。益献淫邪方术，与梁芳等表里为奸，干乱政事。"

吕柟（1479—1542）生。据李开先《泾野吕亚卿传》："以壬寅六月左臂痈发，坐卧北泉精舍，至七月一日卒……生则成化己亥四月二十一日，享年六十四。"字仲木，高陵人。正德戊辰第一人及第，授修撰。以议礼下诏狱，谪解州判官。改南宗人府经历，就迁吏部郎中，历尚宝卿、太常少卿，诏拜国子祭酒，擢南礼部侍郎。隆庆初赠礼部尚书，谥文简。有《泾野集》三十六卷。《明史》吕柟传："别号泾野，学者称泾野先生。柟受业渭南薛敬之，接河东薛瑄之传，学以穷理实践为主。官南都，与湛若水、邹守益共主讲席。仕三十余年，家无长物，终身未尝有惰容。时天下言学者，不归王守仁，则归湛若水，独守程、朱不变者，惟柟与罗钦顺云。所著有《四书因问》、《易说翼》、《书说要》、《诗说序》、《春秋说志》、《礼问内外篇》、《史约》、《小学释》、《寒暑经图解》、《史馆献纳》、《宋四子抄释》、《南省奏稿》、《泾野诗文集》。"

五月

甲子，修撰吴宽服阕复任。戊辰，调学士江朝宗于外任，太监汪直以朝宗与都御史牟俸有连也。丙子，特加工部尚书万祺太子少保。先是，皇太子出阁，六卿皆加保、傅，祺时理易州山厂不与，竟夤缘得之。祺起吏胥，所理者柴炭之事，而居保、傅之位，大臣不敢执正，言官亦无敢进谏者。（据《馆阁漫录》卷六《成化十五年》）

六月

诏监生历事有不愿出仕者，授以正七品有司职名，依亲坐堂授以正八品职名，俱令冠带闲住，原籍官司以礼相待，免其杂泛差徭。（据黄佐《南雍志》卷四《事纪》）

七月

改礼部右侍郎尹直为南京吏部右侍郎，以亲丧服阕也。（据《馆阁漫录》卷六《成化十五年》）

九月

许相卿（1479—1557）生。字伯台，海宁人。正德丁丑进士，官兵科给事中。有《云村集》十四卷。《云村集》卷十三《云村老人墓志铭》："云村老人伯台氏，名相卿，许故族，居杭之海宁灵泉里，晚徙紫云，自称云村老人云。老人生世七十九年，嘉靖三十六年秋寝疾，知不起，且虑子若孙徇俗饰终，将乞铭文诬我，蒙羞入地，无绝已时，已恐来世有稽无征也，则手书于墓石曰：'云村老人，平生行业无可纪撰。先古系绪，载于湛若水志皇考封给事中府君葬语中。老人以成化十五年九月十六日生于外皇父俞氏，三岁失哺。少长善病，弱冠始为学。甫壮，仕于朝，给事中岁余，自免归。'"

十月

升侍讲李永通为侍讲学士，九年秩满也。（据《馆阁漫录》卷六《成化十五年》）

闰十月

南京吏部左侍郎钱溥，以进庆贺五寿圣节表文至京，因上章乞致仕。上曰："卿历练老成，事朕春宫，及今有年，正宜委任，但屡乞休老，特允所请。升本部尚书致仕，给诰命，仍赐敕给驿舟还乡。"溥辞免尚书之命，不许。（据《馆阁漫录》卷六《成化十五年》）

十一月

编修刘戬服阕复任。（据《馆阁漫录》卷六《成化十五年》）

十二月

升左春坊左赞善张升为左谕德，以九年秩满也。辛丑，给故南京礼部尚书、赠太子少保、谥文僖倪谦，太常卿兼侍读学士、赠礼部左侍郎兼学士孙贤，詹事府少詹事兼国子监祭酒、赠礼部右侍郎司马恂诰命。（据《馆阁漫录》卷六《成化十五年》）

令巡按御史并布按二司，乡试聘任考官，不得作弊。《明宪宗实录》卷一百九十八：成化十五年十二月壬子朔，"监察御史许进言：国家以科目取士，慎选考官，甚为详备。近各布政司，每遇开科，辄徇私情，所聘以为考试及同考试官者，多非其人，以致校阅不精，有遗才之弊。窃见两京俱命翰林官主试，故所取得人。乞各布政司亦如两京例，命翰林官主试为是。'上谕礼部臣曰：'布政司乡试，自聘主司，乃祖宗旧制，行之已久，许进何得具奏欲改之？且科目选贤，国家重事，若聘主司徇私作弊，无往而不为奸利矣。尔其行令巡按御史并布按二司，今后敢有作弊者，令互相纠举。或尔部中详看体访得出，奏来，必重治之。'"（参见《明史·选举志》）

本年

光山知县田益在县治北建社学。嘉靖《光山县志》卷二《学校志·社学》："社学，在县治北，成化十五年知县田益建，今废。邑人给事中胡智记：圣人养贤以及万民，故自古帝王必资贤才以辅治，而贤才尤资学校以教养。仰惟我朝法古为治……内设国子监，外设府州县学……而于学之外又设社学，命有司慎择师儒以教俊秀之童蒙者……余邑社学旧虽有制，而浅狭卑陋，往者因循倾颓久矣。西晋田侯名益字损之来令邑之明年，政成化行……于学校尤惓惓焉……于旧学之后易地之高明者经营而新之……复择师儒，拔民间俊秀子弟皆受教于师，徙仁迁义以指其方，日省月试以考其课……庶可以副朝廷建学养贤之意，而于侯今日择地建学之美亦不泯矣！是为记。"

大同左卫学在卫治东。成化十五年，都御史王越建。大同右卫学在卫治西。成化十五年，都御史王越建。（据万历《山西通志》卷十三《学校·大同府学附》）

礼部会钦天监官覆考肄习天文历法官民子弟，得一百七十，俱收充天文生。其不中者六人，仍留肄习。俞汝楫《礼部志稿》卷八十九："成化十五年，钦天监奏选官民子弟肄习天文历法，已历三年。本监据正统年例，经奏得旨：'考中收充天文生。'事下礼部，查成化六年近例覆奏。得旨：会监官覆考。得一百七十，命俱收充天文生，食粮办事。退其不中者六人，仍留肄习。"

韩邦奇（1479—1557）生。邦奇字汝节，朝邑人，正德戊辰进士。历官浙江佥事，转山西参议，擢佥都御史。抚山西，入为兵部侍郎，进南京兵部尚书。以地震陷死。赠太子少保，谥恭简。有《苑洛集》。

徐祯卿（1479—1511）生。字昌谷，一字昌国，吴县人，弘治乙丑进士。除大理寺左寺副，降国子监博士。有《迪功集》。

明宪宗成化十六年庚子（公元 1480 年）

正月

自是始有改监暂收之例。黄佐《南雍志》卷四《事纪》："成化十六年春正月己亥，举人监生马钲等自北监改南，放回依亲，起送复班，而咨册日久，未到南京礼部，移文本监，取具各生保结，准令循次拨历，以候咨册至日。若有虚诈，即行参究。自是始有改监暂收之例。初，永乐中，监生曹盈等自南监改北，奉有钦限，其后自北监改南者，惟据咨册而已。钲等入监日期，称先有咨册者，举人监生郭宗信、刘谧，相同而实无所据，故礼部以此行之。其后自北监改入者，日以众多，虽有红单，犹私增日期以图速拨。本监移文往返稽核，殊为纷扰，乃定拨历之数，十人为率，入本监者七人，自北改南者三人，'三七'之法自此始。"

二月

胡居仁入主白鹿书院。《胡文敬集》卷一《奉祈参政钟宪副、庄金宪》："伏承聘命令主白鹿洞事。谨于正月二十六日起行，二月初三日入洞。窃思庐山白鹿洞名冠古今，居仁自弱冠之时，因读前史，知其为第一书院也。及考舆经学规记赋，又知文公先生昔在其间，阐明圣学，非若他书院姑记前贤之迹、为辞章记诵之场也。及睹文公全集，又知文公奏赐敕额，始终眷意，欲其久而不废也。在元不续。及我朝太守翟公始创殿堂斋舍，然未有师儒表率、英才习学，故郁而不彰。今明执事慨然兴复，仍命居仁入洞主事。居仁学陋才疏，何足以副委任之重？是以入洞之后，不胜恐惧。斋沐裁书，令门生胡觉、高悌申致禀覆。夫天下之事，得人则兴，不得人则废，必然之理也。今欲兴复文公数百年之绝学，以倡明于当时，非得四方英明豪杰之士相与讲论切琢于其间，曷足以及此？伏望广行推访有才气英明、志向高远及纯笃温厚者，访得其人，命有司以礼敦送入洞，则士气必振，海内风动，豪杰英伟之才必不远千里而至，作兴之道，无过于此者。若夫凡下之才，汲汲于奔竞者，不必招致也。"

五月

彭教（1439—1480）卒。《馆阁漫录》卷六《成化十六年》："七月己卯朔。丁亥，侍讲彭教卒。教字敷五，江西吉水人。甲申廷试第一，授修撰。修《英庙实录》成，进侍讲，侍经筵。至是卒，年四十二。教性颖敏，读书数遍即成诵，及长，博通群籍。善属文，博辩赡丽，既入翰林，稍收敛，而过刻厉。为人颇尚气，不肯下人，同辈多不喜之，因郁郁成疾，遂不起。作诗或寓讥讽意。状元张升归省，郊饯以诗'何用有才如董贾，不愁无命到公卿'之句，或谓去其上二言只作五言诗，可谓教挽词。至是果卒，时人传以为口实。"

七月

国子祭酒费訚归省。（据《国榷》卷三十八）

命司经局洗马罗璟、侍讲李东阳为应天府乡试考官。（据《馆阁漫录》卷六《成化十六年》）李东阳《怀麓堂集》卷二十六《应天府乡试录序》："（成化十六年庚子秋八月癸酉，应天府乡试录成。盖自奉诏以来，凡二十有六日而试，越三日再试，又三日三试。既试之十有一日而毕。录诸中外臣名在执事者三十有六人，士之中选者百三十有五人，文之尤粹者二十篇。"

八月

壬子，升国子监祭酒丘浚为礼部右侍郎，仍掌监事。癸丑，命侍讲学士杨守陈、右春坊右谕德陆简为顺天乡试考官。（据《馆阁漫录》卷六《成化十六年》）《国榷》卷三十八："（成化十六年八月戊申朔）壬子，国子祭酒丘浚加礼部右侍郎。"

两京及河南、山东、陕西、山西、浙江、湖广、江西、福建、广东、广西、四川、云南等十二布政司乡试；贵州士子附云南乡试。

邵宝受知于李东阳。《东林列传·邵宝传》："举南畿，受知于李东阳。为诗文典重和雅，以东阳为宗。至于原本经术，粹然一出于正。"杨一清《资善大夫南京礼部尚书赠太子少保谥文庄邵公宝神道碑》："文正公成化庚子主考南畿，得公，归以诧于予曰：'吾得天下士。'"

浙江乡试，王阳明之父王华中举。查继佐《罪惟录》志卷十八《科举志》："（成化）十六年，浙江乡榜初以王华为首，监试以华白衣，置之，而首李旻。后两皆状元，华，辛丑；旻，甲辰。"张萱《西园闻见录》卷四十四《礼部》三《科场·往行》："成化庚子浙江乡试。时杨中丞继宗以按察使为监试官，得二上卷，即具服焚香再拜。同事者诘之，答曰：'人臣以得士为功，二子皆奇才也，他日当大魁天下，吾为朝廷得人贺耳。'及开卷，乃王华、李旻也。复曰：'儒士王华当作首，但非由学校作养，无以激劝后人。'因以李旻为首。后王华中辛丑状元，李旻亦中甲辰状元，众咸服其知人。"

浙江乡试，李旻以《易经》发解。李调元《制义科琐记》卷二《五色鸟》："钱塘李子阳旻，少有文名。成化庚子秋试，八月二日与同辈入学，晨参，忽五色一鸟飞入明伦堂，盘旋不去。诸生喧纵聚观，竟栖止于梁间二日，众以为文明之兆。子阳为诗庆之，曰：'文采翩翩世所稀，讲堂飞止正相宜。定因览德来千仞，不但希恩借一枝。羡尔能知鸿鹄意，催人同上凤凰池。解元魁选皆常事，更向天池作羽仪。'是岁，果以《易经》发解。"

九月

庚辰，礼部左侍郎俞钦以忧去任。戊戌，升礼部右侍郎周洪谟为左侍郎，学士谢一夔为右侍郎。（据《馆阁漫录》卷六《成化十六年》）《国榷》卷三十八："（成化十六年九月）戊戌，礼部右侍郎周洪谟为左侍郎，翰林学士谢一夔为礼部右侍郎。"

十月

乙卯，升少詹事兼侍讲学士徐溥为太常卿兼学士，仍旧视事。己未，编修尹龙为侍

讲，检讨张泰为修撰，俱以九年秩满也。（据《馆阁漫录》卷六《成化十六年》）

十一月

张泰（1436—1480）卒，年四十五。陆容《翰林院修撰沧洲张先生行状》："庚子十月，九载考绩，升本院修撰，人方以为迟且滞也。逾月而得暴疾，呕血数升死，十一月十九日也，年四十有五……所著有诗文若干卷，皆其平居令从子璘所录，今藏于家云……居常抱病，人有持卷轴求诗文者，未尝以病自沮，挥毫应客，若不顾名，而名于是乎愈彰。酒酣耳热，谈论当世不平之事，激烈奋发，每为之攘臂岸帻而后止。迹其愤世疾邪之心，虽贾生之痛哭流涕不能过之。"

夏良胜（1480—1536）生。良胜字于中，南城人。正德戊辰进士，授刑部主事。改吏部，迁员外郎，谏南巡，予杖夺职。嘉靖初起故官，进郎中，迁南太常少卿，未赴，转给事中，谪茶陵知州，以在郎中时议礼，黜为民。再下狱论杖，谪戍辽东三万卫。隆庆初，赠太常卿。有《东洲初稿》。《国朝献征录》卷七十欧阳铎《太常寺少卿夏公良胜墓志铭》："君名良胜，少颖异，渐渍家学，又经乡先生圭峰指授，为文辞警拔不群。丁卯，虚斋蔡公视学至建，得卷□□，拆视乃君。讶曰：'子异日为良臣，无以胜矣。'改名曰良胜，而字之曰于中……丙申十月病脾，越二月望后一日卒……距生成化庚子十一月二十六日，年五十有七。"

十二月

翰林院庶吉士梁储等授编修、检讨及科道官。《明宪宗实录》卷二百十：成化十六年十二月，"乙丑，授翰林院庶吉士梁储、张溁、杨杰、敖山、刘忠、于材、徐鹏、邓焕、马廷用为编修，刘机、杨廷和、杨时畅、武卫为检讨，陈璚、汪藻、王珣、张九功、孙珪、张璞、林霄、刘允中为给事中，荆茂、李经、谢文、倪进贤为监察御史，璚、藻兵科，珣、九功户科，圭、璞礼科，霄刑科，允中工科，茂、经河南道，文江西道，进贤四川道。"

本年

令岁贡生俱听提学官考试。万历《大明会典》卷七十七《贡举》："（成化）十六年，令岁贡不分军民生，俱听提学官考试。（嘉靖）十年奏准，提学官考选应贡者，于岁考之时，即行详定：如廪膳考居一等之内，不拘名次，查取食粮年深者，起送一人，如无人材去处，一等无人，方许于二等内十名以前，照前起送，不必下及增附。十三年奏准，提学官一遵祖宗旧规，以食粮年深充贡。有司起送，止许正贡一人、陪贡一人，提学官考定一人，起送赴部。不必加送四五人送考。其考贡不中、愿告衣巾终身者，听提学道照例行。万历三年题准，各处岁贡生员，该府州县提调官，俱要查其节年，屡考一等二等、曾经科举，及年在六十以下、三十以上者，照依食粮前后，选取六人送考。提学官择其最优者起贡。其年力衰迈者，即授以儒官，不准起送。"

周瑛迁南京仪部正郎。《翠渠摘稿》卷八《自撰蒙中子圹志》："庚子冬，迁南京礼部仪制司郎中。"

胡缵宗（1480—1560）生。字孝思，秦安人。正德戊辰进士，特授翰林检讨。出为嘉定州判，迁潼川知州。入为南户部郎中，改吏部，出知安庆府。改苏州，迁山东参政。改浙江，历河南布政使，以右副都御史巡抚山东。改理河道，复改河南，乞归。以作诗下狱，寻得释。有《正德集》四卷、《嘉靖集》七卷、《鸟鼠山人集》十六卷、《拟古乐府》二卷、《拟汉乐府》八卷。

严嵩（1480—1567）生。字惟中，分宜人，弘治乙丑进士，改庶吉士，授编修。移疾归，读书钤山十年，为诗古文辞，颇著清誉。还朝，久之进侍讲，署南京翰林院事。召为国子祭酒。累官礼部尚书、少师、武英殿大学士。有《钤山堂集》。事迹具《明史》奸臣传。《四库全书总目·钤山堂集提要》："嵩虽怙宠擅权，其诗在流辈之中乃独为迥出。王世贞《乐府变》云：'孔雀虽有毒，不能掩文章。'亦公论也。然迹其所为，究非他文士有才无行可以节取者比。故吟咏虽工，仅存其目，以昭彰瘅之义焉。"《四库存目丛书》集部第56册，有《钤山堂集》四十卷，附录一卷，为北京大学图书馆藏明嘉靖二十四年刻增修本。

明宪宗成化十七年辛丑（公元1481年）

正月

以方士顾玒为太常寺少卿。《明通鉴》卷三十四："（宪宗成化十七年春正月）以方士顾玒为太常寺少卿。玒以扶乩术得幸于上，遂由传奉为太常丞，至是复晋少卿……（二月）方士顾玒以母丧乞祭诰。故事，四品官未满三载，无给诰赐祭者，上特予之……上方崇信左道，故佞幸之徒猝致荣显如此……（十月）是月，以道士邓常恩为太常寺卿。自李孜省进后，方伎僧道，无不贪缘中官以冀恩泽。一时取中旨授官者累数千人，名'传奉官'，有白衣骤至卿寺者。常恩因中官陈喜进，导上祀淫祠，上为之动。"

《诗经》《尚书》二经，各增会试同考官一员。《明宪宗实录》卷二百十一：成化十七年春正月癸巳，"礼部言：二月初九日会试天下举人，合用同考试官。旧例，

《易》、《春秋》、《礼记》三经各二员，《书》、《诗》二经各三员。缘今《书》、《诗》二经试卷加多，乞每经各增一员。上曰：'科举取士，务在得人。使鉴别不精，宁免其无滥进者乎？今《诗》、《书》卷比前科加多，而额数有限，可每经增同考试官一人，庶得详于校阅，而人才无遗也。'"

二月

辛亥，命太常卿兼学士徐溥、少詹事兼学士王献为会试考官，取中赵宽等三百人。庚午，升礼部左侍郎周洪谟为本部尚书，太常卿兼学士徐溥为礼部左侍郎。（据《馆阁漫录》卷六《成化十七年》）《明宪宗实录》卷二百十二：成化十七年二月，"庚午，礼部引会试中式举人赵宽等三百人陛见"。

会元赵宽出吴宽门下。李调元《制义科琐记》卷二《同乡》："成化十七年辛丑，吴宽作房官，会元赵宽出其门。赵，吴江人，论者颇以同乡为嫌。吴乃集乡人开宴，命赵作《玉延亭赋》，援笔而成，时论乃息。"

吴诚请令土官衙门各边应袭子于附近府分儒学读书。《明宪宗实录》卷二百十二："成化十七年二月癸酉，巡抚云南右副都御史吴诚，奏乞令土官衙门各边应袭子于附近府分儒学读书，使知忠孝礼义，庶夷俗可变，而争袭之弊可息。仍禁约学校师生，不许索其束脩馈送。礼部覆奏以为有益风化，事在可行，如地远年幼者督令开一社学，延邻境有学者为之师，仍听提学官稽考。上曰：'然。云南土官世修职贡，无敢违越。但争袭之弊往往有之，盖虽由于政而未化于教也。其令土官各遣应袭子就学如巡抚官及尔礼部所言，使蛮貊乖争之风潜消，而华夏礼义之化远暨，顾不美欤？'"《国榷》卷三十九："（成化十七年二月庚午）巡抚云南吴诚，请土官应袭子弟肄儒学。从之。"

三月

王华、黄珣、张天瑞等二百九十八人进士及第、出身有差。是科未考选庶吉士。《明宪宗实录》卷二百十三：成化十七年三月戊子，"上御奉天殿，亲策举人赵宽等二百九十八人"，"辛卯，上阅举人所对策，赐王华等二百九十八人进士及第、出身有差。"《馆阁漫录》卷六《成化十七年》："三月乙亥朔。庚辰，命礼部左侍郎兼学士徐溥仍为讲官。戊子，命太子太保、吏部尚书兼谨身殿大学士万安，太子少保、户部尚书兼文渊阁大学士刘珝，太子少保、礼部尚书兼文渊阁大学士刘吉，太子太保、吏部尚书尹旻，太子太保、威宁伯兼都察院左都御史王越，户部尚书翁世资，掌鸿胪寺事、礼部尚书施纯，兵部尚书陈钺，太子少保、刑部尚书林聪，工部尚书刘昭、通政使何琼、大理卿宋旻、詹事府詹事彭华为殿试读卷官。戊戌，授第一甲进士王华为修撰，黄珣、张天瑞编修。"据《成化十七年进士登科录·玉音》："成化十七年三月十三日，礼部尚书臣周洪谟等于□□□奏为科举事，会试天下举人，取中二百九十八名。本年三月十五日殿试，□□□□官太子太保吏部尚书兼谨身殿大学士万安等五十二员。其进士出身等第，恭依太祖高皇帝钦定资格，第一甲例取三名，第一名从六品，第二第三名正七品，赐进士及第。第二甲从七品，赐进士出身。第三甲正八品，赐同进士出身。奉圣旨：是，钦此。读卷官：资政大夫太子太保吏部尚书兼谨身殿大学士万安，戊辰进士；资政大夫太子少保户部尚书兼文渊阁大学士刘珝，戊辰进士；资政大夫太子少保礼部尚书兼文渊阁大学士刘吉，戊辰进士；荣禄大夫太子太保吏部尚书尹旻，戊辰进士；奉天翊卫推诚宣力守正文臣特进光禄大夫柱国太子太保威宁伯兼都察院左都御史王越，辛未进士；资政大夫户部尚书翁世资，壬戌进士；资善大夫掌鸿胪寺事礼部尚书施纯，丙戌进士；资善大夫兵部尚书陈钺，丁丑进士；资德大夫正治上卿太子少保刑部尚书林聪，己未进士；资善大夫工部尚书刘昭，辛未进士；嘉议大夫通政使司通政使何琮，甲戌进士。嘉议大夫资治尹大理寺卿宋旻，辛未进士；嘉议大夫詹事府詹事彭华，甲戌进士；礼部尚书周洪谟，乙丑进士；嘉议大夫礼部左侍郎徐溥，甲戌进士；嘉议大夫礼部右侍郎谢一夔，庚辰进士。监试官：文林郎山东道监察御史许进，丙戌进士；文林郎福建道监察御史黄杰，丙戌进士。受卷官：翰林院侍讲焦芳，甲申进士；翰林院修撰陆钺，甲申进士；吏科都给事中董□，丙戌进士；户科都给事中刘昂，己丑进士。弥封官：翰林院修撰儒林郎吴希贤，甲申进士；翰林院编修文林郎杨守阯，戊戌进士；嘉议大夫太常寺卿林章，儒士；中大夫光禄寺卿艾福，庚辰进士；嘉议大夫太常寺少卿兼司经局正字谢宇，监生；□□大夫尚宝司少卿李璋，儒士；□□郎礼科都给事中成实，丙戌进士；□□郎兵科都给事中吴原，甲申进士。掌卷官：左春坊左中允周经，庚辰进士；翰林院编修文林郎李仁杰，壬辰进士；承事郎刑科都给事中王垣，己丑进士；文林郎工科都给事中张铎，甲申进士。巡绰官：昭勇将军锦衣卫指挥使朱骧；怀远将军锦衣卫指挥同知陈玺；怀远将军锦衣卫指挥同知赵璟；怀远将军锦衣卫指挥同知刘纲；怀远将军锦衣卫指挥同知孙瓒；怀远将军锦衣卫署指挥同知刘良；明威将军金吾前卫指挥佥事高玺；怀远将军金吾后卫指挥同知徐能。印卷官：奉政大夫礼部仪制清吏司郎中赵缮，庚辰进士；奉训大夫礼部仪制清吏司员外郎邵新，己丑进士；承德郎礼部仪制清吏司主事刘绅，乙未进士；承直郎礼部仪制清吏司主事阎伦，乙未进士。供给官：奉政大夫光禄寺少卿秦玘，甲戌进士；奉政大夫光禄寺少卿郭良，丁丑进士；将仕佐郎礼部司务王均美，己卯贡士；礼部精膳清吏司署员外郎事主事高敞，壬辰进士；承德郎礼部精膳清吏司主事王傅，乙未进士；承德郎礼部精膳清吏司主事金溥，儒士。"《成化十七年进士登科录·恩荣次第》："成化十七年三月十五日早，诸贡士赴内府殿试，上御奉天殿亲赐策问。三月十七日早，文武百官朝服侍班。是日锦衣卫设卤簿于丹陛丹墀内，上御奉天殿，鸿胪寺官传制唱名，礼部官捧黄榜，鼓乐导引出长安左门外，张挂毕，顺天府官用伞盖仪从送状元归第。三月十八日，赐宴于礼部，宴毕，赴鸿胪寺习仪。三月十九日，赐状元朝服冠带及进士宝钞。三月二十日，状元率诸进士上表谢恩。三月二十一日，状元率诸进士诣先师孔子庙行释菜礼，礼部奏请命工部于国子监立石题名。"查继佐《罪惟录》志卷十八《科举志》："（成化）十七年辛丑，试贡士，得赵宽等三百人，赐王华、黄珣、张天瑞等及第、出身有差。华为守仁之父，得赠新建伯。先是，内阁刘翔使其子柬西席黄珣：'汉七制、唐三宗、宋远过汉唐者八事宜知之。'珣露此柬案上。顷王华看珣，得柬，预构以应试，遂及第第一，黄次之。同榜李旺，系榆林卫军。"

据《成化十七年进士登科录》，第一甲三名，赐进士及第。履历如下：

王华，贯浙江绍兴府余姚县，民籍，儒士，治《礼记》。字德辉，行二，年三十六，九月二十九日生。曾祖与准。祖杰，国子生。父天叙。母岑氏。具庆下。兄荣。弟衮、冕、鼺、黻。娶郑氏。浙江乡试第二名，会试第三十三名。

黄珣，贯浙江绍兴府余姚县，民籍，国子生，治《礼记》。字廷玺，行二，年四十四，十二月十二日生。曾祖子芳。祖文。父廉，京卫知事。母戴氏，继母韩氏。具庆下。兄琛。弟珍、珮。娶朱氏。浙江乡试第一名，会试第二百五十九名。

张天瑞，贯山东东昌府清平县，军籍，国子生，治《诗经》。字天祥，行一，年三十一，七月二十二日生。曾祖得禄。祖明善。父浩。母韩氏。具庆下。娶王氏。山东乡试第三名，会试第二十六名。

据《成化十七年进士登科录》，第二甲九十五名，赐进士出身。履历如下：

胡玉，贯直隶扬州卫泰州守御千户所，官籍，国子生，治《诗经》。字伯坚，行一，年四十四，正月十二日生。曾祖渊。祖凯。父伦，百户。母薛氏。严侍下。弟琏，百户；瑄；珍；珙。娶陆氏。应天府乡试第七十六名，会试第六十九名。

程文，贯广东肇庆府高要县，军籍，国子生，治《春秋》。字贯道，行一，年四十二，十二月十三日生。曾祖茂德。祖祖荫。父志实。母谢氏，继母董氏。具庆下。弟通、表。娶唐氏，继娶梁氏。广东乡试第四十三名，会试第四十八名。

宋端仪，贯福建兴化府莆田县，民籍，国子生，治《诗经》。字孔时，行二，年三十五，十二月初十日生。曾祖寓。祖劝，训导。父汝勤，助教。母吴氏。具庆下。弟侨、侃、偁、俭、佽、儒、僎。娶黄氏。福建乡试第七名，会试第一百十七名。

郑瑗，贯福建兴化府莆田县，军籍，府学增广生，治《书经》。字仲璧，行二，年三十九，十一月十九日生。曾祖绎中。祖德载。父仪和，训导。前母吴氏，母王氏。具庆下。兄琛。娶王氏。福建乡试第三名，会试第七名。

胡璟，贯应天府江宁县，民籍，府学生，治《诗经》。字希宋，行三，年三十五，三月初六日生。曾祖士能。祖世然。父大宁。母王氏。慈侍下。兄珊、琏。弟瑛、瑞、珙。娶张氏。应天府乡试第一百三十名，会试第一百七十八名。

东思诚，贯陕西西安府华州，民籍，国子生，治《书经》。字进道，行三，年三十，四月二十六日生。曾祖良惠，元□□。祖□。父升，县丞，赠郎中。前母郭氏，母郭氏，封宜人。慈侍下。兄奉先；思忠，刑部郎中。弟思恭，贡士。娶郭氏。陕西乡试第十六名，会试第二百五十一名。

杨奇，贯山西潞州壶关县，民籍，县学增广生，治《易经》。字秀夫，行一，年二十八，十二月二十日生。曾祖福原。祖洁。父能，府同知。母牛氏，继母赵氏。重庆下。弟森、乔、芳。娶王氏。山西乡试第八名，会试第二百八十五名。

陈秉彝，贯直隶淮安府沭阳县，民籍，国子生，治《书经》。字一初。行一，年三十七，正月十七日生。曾祖康，江宁县县丞。祖琬。父铎。母赵氏。永感下。弟秉钧。娶仲氏。应天府乡试第四十一名，会试第一百二十三名。

赵宽，贯直隶苏州府吴江县，民籍，国子生，治《书经》。字栗夫，行二，年二十五，十二月二十九日生。曾祖思铭，典史。祖瑛，局大使。父旸。母沈氏。重庆下。兄完。弟宏、宠、成。娶莫氏。应天府乡试第十六名，会试第一名。

张瓒，贯河南彰德府汤阴县，军籍，国子生，治《易经》。字廷器，行二，年三十八，五月二十日生。曾祖启宗。祖让。父兴。母陈氏，继母焦氏。慈侍下。兄璡。娶单氏。河南乡试第四十五名，会试第二百九十六名。

孙交，贯湖广安陆州，官籍，国子生，治《礼记》。字志同，行一，年二十八，六月十八日生。曾祖毅。祖盛。父忠。母钱氏。重庆下。弟弘、胖、求、宜。娶杨氏。湖广乡试第六十三名，会试第二名。

喻宗府，贯湖广黄州府麻城县，军籍，国子生。治《春秋》。字孔修，行二，年三十八，七月二十七日生。曾祖原辉。祖友诚，训导。父哲，学正。母程氏，继母方氏。慈侍下。兄宗儒，义官。弟宗禹、宗武、宗夔、宗南。娶熊氏。湖广乡试第五十二名，会试第一百三十八名。

欧锐，贯四川眉州，民籍，州学生，治《诗经》。字时毅，行一，年三十二，十一月十七日生。曾祖均祥。祖斌。父廉，监察御史。嫡母杨氏，生母黄氏。永感下。弟钲，翰林院秀才；钎，礼部儒士。娶万氏。四川乡试第六十二名，会试第十六名。

薛英，贯直隶苏州府长洲县，民籍，府学生，治《易经》。字朝英，行一，年三十，三月二十八日生。曾祖昌。祖瑗。父深。母尤氏。重庆下。弟俊、芳、伟。娶居氏。应天府乡试第八十七名，会试第六十一名。

魏绅，贯山东兖州府曲阜县，民籍，国子生，治《礼记》。字廷佩，行五，年三十，十一月三十日生。曾祖甫友。祖纲。父凤，助教。前母许氏，母孔氏。永感下。兄绍、纯、纶、缙。娶孔氏。山东乡试第七十二名，会试第二十一名。

原洁，贯河南卫辉府胙城县，民籍，国子生，治《书经》。字本澄，行四，年三十九，十月二十日生。曾祖济川。祖桂芳。父海。母赵氏。永感下。兄怀、鼎、鼐。娶董氏，继娶聂氏。河南乡试第六十二名，会试第一百七十四名。

刘绍云，贯湖广武昌府通城县，军籍，国子生，治《诗经》。字显之，行三，年四十，四月十七日生。曾祖明德。祖用。父昌。母丁氏。慈侍下。兄绍文，绍宗。娶黄氏。湖广乡试第十一名，会试第三十八名。

骆珑，贯浙江绍兴府诸暨县，民籍，县学生，治《礼记》。字蕴良，行一，年三十二，十月初一日生。曾祖则民。祖公达。父章，国子生。母丁氏。具庆下。弟琥、瑗。娶陈氏。浙江乡试第五十七名，会试第七十七名。

江潭，贯江西南昌府丰城县，军籍，国子生，治《诗经》。字朝东，行一，年三十四，五月二十七日生。曾祖永宁。祖序澜。父益明。母张氏。具庆下。弟濮、派、波。

娶蒋氏。江西乡试第七十八名，会试第二百八名。

郭祥鹏，贯江西吉安府泰和县，民籍，县学增广生，治《书经》。字于汉，行五，年二十八，十月十七日生。曾祖九章。祖仲吾。父东震。母刘氏。严侍下。兄祥麒，贡士；祥凤；祥凰；祥蛟。娶任氏。江西乡试第三十五名，会试第一百三十五名。

沈林，贯直隶苏州府长洲县，军籍，国子生，治《易经》。字材美，行一，年二十九，六月二十九日生。曾祖溢。祖文宽。父杰，听选官。母张氏。具庆下。弟麓。娶计氏。应天府乡试第三十六名，会试第一百三十六名。

陈效，贯直隶宁国府南陵县，民籍，国子生，治《诗经》。字志学，行一，年三十九，八月二十七日生。曾祖善庆。祖广八。父贵。母王氏。具庆下。弟孜。娶金氏。应天府乡试第八十七名，会试第三十六名。

王榿，贯江西吉安府泰和县，军籍，县学增广生，治《诗经》。字正朝，行一，年三十五，三月初七日生。曾祖伯储。祖钺，训导。父宣清，教授。母康氏，继母胡氏。具庆下。兄柏。弟桐、椐。娶周氏。江西乡试第八十三名，会试第八十九名。

阎江，贯山东青州府乐安县，民籍，国子生，治《易经》。字朝宗，行二，年五十，十二月初十日生。曾祖添锡。祖文辉。父宽，监察御史。母杨氏，继母杨氏。永感下。兄溥。娶宋氏。山东乡试第三十八名，会试第二百九十一名。

李旦，贯直隶河间府献县，军籍，陕西榆林卫军，治《书经》。字启东，行二，年三十二，十二月二十一日生。曾祖思敬。祖温。父骥，训术。母魏氏。永感下。兄昂。娶陈氏。陕西乡试第十三名，会试第二十七名。

张吉，贯江西饶州府余干县，民籍，国子生，治《礼记》。字克修，行二，年三十一，正月十二日生。曾祖复新。祖逸安。父时昊。母舒氏。永感下。兄维，义官。娶高氏。江西乡试第四名，会试第二百八十名。

李思仁，贯山西太原府阳曲县，民籍，国子生，治《易经》。字尚德，行二，年三十九，五月十六日生。曾祖选。祖景春。父鳌，县丞。母张氏。慈侍下。兄思温。弟思贤。娶王氏，继娶钟氏。山西乡试第三十九名，会试第二百六十七名。

胡瑄，贯浙江湖州府德清县，民籍，国子生，治《书经》。字廷器，行二，年三十三，二月二十二日生。曾祖仲德。祖南。父熙。母张氏。慈侍下。兄璬。娶冯氏。浙江乡试第四十二名，会试第六十二名。

陈伦，贯浙江绍兴府余姚县，民籍，国子生，治《礼记》。字用常，行一，年三十八，九月二十九日生。曾祖启之。祖伯贤。父端。母伍氏。具庆下。弟仪、亿、侃、俦、仕。娶施氏。浙江乡试第七十名，会试第八十六名。

彭福，贯江西饶州府乐平县，民籍，府学生，治《易经》。字绥之，行二，年三十六，十二月初三日生。曾祖日新。祖时敏。父寿夫。母盛氏。严侍下。兄旦。弟绍、褐。娶朱氏，继娶邵氏。江西乡试第二十三名，会试第二百五十七名。

谈诏，贯直隶松江府上海县，军籍，县学生，治《春秋》。字朝宣，行一，年三十一，十二月二十一日生。曾祖文政。祖悦。父甫，县丞。母宋氏。具庆下。弟诰。娶王氏。应天府乡试第五名，会试第五十八名。

顾雄，贯直隶扬州府通州，民籍，国子生，治《礼记》。字时俊，行一，年三十八，四月初十日生。曾祖士瞻，工部主事。祖思尚，县丞。父德。母陈氏，继母方氏。具庆下。輓、轲。娶吴氏。应天府乡试第三十四名，会试第一百四十四名。

石巍，贯山东兖州府曹州曹县，民籍，国子生，治《易经》。字民望，行一，年三十六，十月二十一日生。曾祖林。祖通。父全。母靳氏，继母白氏。山东乡试第一名，会试第四十名。

尚缙，贯河南睢阳卫，军籍，浙江嘉兴县人，国子生，治《礼记》。字美仪，行二，年二十七，十一月二十六日生。曾祖云。祖兴。父福，封员外郎。母赵氏，封宜人。具庆下。兄绚，工部郎中。弟绅、绍、繻。娶刘氏。河南乡试第七十名，会试第九十五名。

常麟，贯浙江嘉兴府嘉兴县，民籍，县学增广生，治《书经》。字汝仁，行八，年二十七，四月初九日生。曾祖仲信。祖士昌，知府。父缙。前母程氏，母马氏。具庆下。兄凤。弟龙。娶毛氏。浙江乡试第五十三名，会试第二百十三名。

徐宽，贯浙江海宁所，军籍，台州府太平县人，海宁县学生。治《易经》。字栗夫，行二，年三十八，闰七月二十一日生。曾祖渊。祖聪。父义。母王氏。严侍下。兄恭。弟信、敏、惠、孝、友、睦。娶余氏，继娶沈氏。浙江乡试第十三名，会试第六十七名。

晏辙，贯四川泸州，民籍，国子生，治《书经》。字同轨，行一，年三十八，十月初六日生。曾祖君辅。祖友信。父海。母余氏。具庆下。弟辂。娶黄氏，继娶刘氏、雷氏、王氏、任氏。四川乡试第十三名，会试第二百四十二名。

陶琰，贯山西平阳府绛州，军籍，国子生，治《书经》。字廷信，行五，年三十三，四月十五日生。曾祖伯清。祖春，赠员外郎。父铨，布政司右参议。母李氏，封宜人，继母白氏。具庆下。兄珪，义官；瓒；琼；玺，户部郎中。娶李氏，继娶陈氏。山西乡试第一名，会试第十五名。

艾璞，贯江西南昌府南昌县，军籍，县学生，治《诗经》。字德润，行一，年二十八，八月二十五日生。曾祖志文。祖晔，正科。父存仁。母李氏，继母胡氏。重庆下。弟璧。娶魏氏。江西乡试第十四名，会试第二百四十三名。

王济，贯浙江湖州府乌程县，民籍，国子生，治《易经》。字汝舟，行二，年三十四，二月十六日生。曾祖重理。祖希贤。父礼。母施氏。慈侍下。兄观。娶黎氏。浙江乡试第十九名，会试第二百七十二名。

彭程，贯福建建宁府瓯宁县，民籍，国子生，治《易经》。字万里，行三，年三十三，八月十八日生。曾祖宗岳。祖彦真。父友，教授。前母陈氏，母邹氏。慈侍下。兄俊、杰。弟穆、稷。娶朱氏，继娶吴氏。福建乡试第七十六名，会试第一百六十九名。

王宥，贯浙江严州府淳安县，民籍，国子生，治《春秋》。字敬之，行二，年三十一，十月二十四日生。曾祖荣。祖本宗，义官。父志积。母方氏。慈侍下。兄宾，知府。弟宸、弼、完。娶徐氏。浙江乡试第四十八名，会试第一百十六名。

毛宪，贯浙江绍兴府余姚县，民籍，国子生，治《礼记》。字世章，行一，年三十八，十一月二十四日生。曾祖白。祖雍。父杰，进士。母周氏。重庆下。弟宥、实。娶华氏。浙江乡试第八名，会试第一百六十六名。

饶泗，贯江西南昌府进贤县，民籍，国子生，治《诗经》。字正绎，行二，年四十，十二月二十五日生。曾祖启明。祖崇本。父孟颖，训导。前母朱氏，母胡氏。永感下。兄洙。弟河、洛、湛。娶袁氏。江西乡试第六名，会试第一百六十四名。

彭甫，贯福建兴化府莆田县，民籍，国子生，治《诗经》。字原岳，行一，年三十一，四月十五日生。曾祖允中。祖时锐。父邦彦。母陈氏。具庆下。弟颜、申、颙、硕、颢。娶陈氏。福建乡试第三十七名，会试第二百四十五名。

翁迪，贯浙江绍兴府余姚县，民籍，国子生，治《易经》。字允吉，行一，年四十二，七月初四日生。曾祖伯和。祖斌。父赐。母赵氏，继母张氏。具庆下。弟迩、进。娶熊氏。浙江乡试第五十名，会试第二百四十四名。

陈周，贯直隶常州府无锡县，民籍，国子生，治《易经》。字文美，行二，年三十四，十二月十九日生。曾祖琮。祖公寔。父昱，州同知。母顾氏。严侍下。兄瑄。娶张氏。应天府乡试第四十九名，会试第七十八名。

范瑶，贯直隶河间府阜城县，军籍，国子生，治《书经》。字惟善，行一，年四十一，十月十四日生。曾祖仲文。祖成。父亮，州同知。嫡母周氏，生母王氏。永感下。弟璘、瑞、珍。娶高氏。顺天府乡试第五十四名，会试第二百三十一名。

王玘，贯浙江处州府遂昌县，民籍，国子生，治《易经》。字德润，行五，年四十七，十月二十一日生。曾祖理之。祖得正。父思武。前母周氏，母杨氏。永感下。兄爵、允、演、恪。娶苏氏。应天府乡试第八十三名，会试第二百八十三名。

马龙，贯河南开封府阳武县，民籍，县学生，治《礼记》。字汝霖，行一，年二十五，五月十九日生。曾祖良。祖瑛。父海。母杨氏。永感下。弟凤。娶张氏。河南乡试第五名，会试第一百三十二名。

林鏁，贯福建福州府怀安县，民籍，县学生，治《诗经》。字世坚，行二，年三十二，七月十七日生。曾祖原珪。祖顺，封监察御史。父璟，州同知。母张氏，封孺人。重庆下。兄鳞。娶周氏。福建乡试第七十六名，会试第一百九十五名。

周凤，贯陕西西安前卫，官籍，直隶江都县人，长安县学生，治《诗经》。字鸣岐，行六，年二十四，六月初一日生。曾祖德贵。祖瑀。父统。前母田氏，母魏氏。具庆下。兄堂，指挥同知；振；哲；澄；乾。弟鹗。聘陈氏。陕西乡试第一名，会试第一百四十名。

冯良辅，贯广西庆远府宜山县，民籍，国子生，治《书经》。字熙之，行一，年二十九，五月十五日生。曾祖思义。祖永敬，封员外郎。父俊，按察司副使。母吴氏，封宜人。重庆下。弟良弼；良臣，正术；良载；良谟；良继。娶汤氏。广西乡试第十四名，会试第三十一名。

张濂，贯云南越州卫，官籍，直隶含山县人，曲靖军民府学生，治《书经》。字宗周，行六，年三十四，九月初七日生。曾祖亨，指挥金事。祖昱，正千户。父敬，指挥金事。前母王氏，母苏氏。慈侍下。兄淳，指挥金事；汉；溥；浩；演。弟涌。娶朱氏。云南乡试第三十二名，会试第一百六十二名。

孙霖，贯直隶苏州府长洲县，军籍，国子生，治《易经》。字希说，行三，年三十七，三月十八日生。曾祖贵一。祖道祥。父俊。母徐氏。永感下。兄浩、澄。娶金氏，继娶何氏。应天府乡试第一百五名，会试第一百九十一名。

王瓒，贯陕西鞏昌府通渭县，军籍，国子生，治《书经》。字宗器，行一，年三十四，五月十三日生。曾祖孝义。祖亿。父思恭，义官。母张氏。具庆下。弟瑜，训科。娶张氏。陕西乡试第十二名，会试第八十二名。

赵仲辉，贯山西平阳府解州闻喜县，军籍，国子生，治《易经》。字守中，行二，年四十，九月二十七日生。曾祖岩。祖鉴。父璧，教谕。母杨氏。慈侍下。兄仲光。弟仲耀。娶宋氏。山西乡试第十名，会试第二百七十九名。

汤冕，贯直隶松江府华亭县，民籍，国子生，治《书经》。字拱宸，行一，年二十五，三月十四日生。曾祖文。祖新。父信。母吴氏。具庆下。弟升、冒、昺。娶奚氏，继聘周氏。应天府乡试第八十二名，会试第二百四十六名。

车霆，贯山西太原府石州，民籍，国子生，治《易经》。字震卿，行二，年四十五，十二月初八日生。曾祖伯谅，典术。祖轩，典术。父克昭，义官。母赵氏。慈侍下。兄雷，典术。弟雯，将仕郎。娶杨氏。山西乡试第二名，会试第二百七十四名。

王琳，贯浙江嘉兴府嘉善县，军籍，国子生，治《诗经》。字廷佩，行五，年四十四，十月二十八日生。曾祖福赐。祖以曾。父景明，恩例冠带。嫡母张氏，生母许氏。慈侍下。兄琼；瑨，县主簿；璇，驿丞；玉。娶陈氏。浙江乡试第三十三名，会试第一百十九名。

富玹，贯浙江绍兴府萧山县，灶籍，国子生，治《书经》。字廷辉，行四，年三十九，三月初九日生。曾祖原礼。祖孟文。父景先。前母周氏，母蒋氏。慈侍下。兄城、瑁、瑆。弟玘、璋。娶何氏。浙江乡试第六十四名，会试第二百二十一名。

陈勖，贯山东兖州府单县，民籍，国子生，治《书经》。字时勉，行二，年三十一，七月二十日生。曾祖子中。祖英。父埧。前母薛氏，母张氏。具庆下。兄昂，听选官。娶单氏。山东乡试第四十七名，会试第一百二十七名。

徐贵，贯浙江金华府武义县，民籍，国子生，治《书经》。字天爵，行一，年三十四，十月二十七日生。曾祖文纲。祖仕安。父新。前母张氏，母邬氏。具庆下。弟玉、璧。娶洪氏。浙江乡试第二十六名，会试第一百三十名。

章启，贯武功中卫，军匠籍，直隶丹徒县人，国子生，治《易经》。字际亨，行一，年三十，正月二十三日生。曾祖彦文。祖宣。父全。母蒋氏。重庆下。弟敏、敢、敦。娶刘氏。顺天府乡试第五十四名，会试第二百六名。

宋旭，贯浙江宁波府奉化县，民籍，国子生，治《诗经》。字景旸，行一，年五十三，三月十三日生。曾祖信礼。祖原用，教谕。父吉祥。母汪氏。永感下。弟暄，教谕；昺，训导；旻，国子生；晖；昙。娶曾氏。浙江乡试第五十七名，会试第二十名。

孙昷，贯直隶镇江府金坛县，民籍，儒士，治《书经》。字爱晖，行二，年三十四，五月初二日生。曾祖礼。祖志坚。父谦。母徐氏，继母邓氏。具庆下。兄昂，国子生。弟冕、照、昴、昮、晔。娶武氏。应天府乡试第三十九名，会试第一百八十二名。

娄性，贯江西广信府上饶县，民籍，国子生，治《书经》。字原善，行一，年三十六，五月十五日生。曾祖德华。祖思显，赠监察御史。父谅，训导。母俞氏，继母章氏。具庆下。弟忱。娶徐氏。江西乡试第八十名，会试第一百五十九名。

夏英，贯江西九江府德化县，民籍，国子生，治《书经》。字育才，行一，年三十七，七月二十七日生。曾祖胜彬。祖益彰。父孟德。母王氏，继母陈氏。慈侍下。弟华、萱。娶张氏。江西乡试第三十名，会试第二百九十二名。

庄宥，贯福建福州府闽县，民籍，府学增广生，治《礼记》。字世宽，行一，年二十二，四月初七日生。曾祖本然。祖景。父敭。母林氏。重庆下。娶陈氏。福建乡试第五名，会试第一百二十一名。

刘珏，贯四川成都府内江县，民籍，国子生，治《书经》。字廷重，行五，年三十六，二月初四日生。曾祖仁义。祖宪。父志宁。前母史氏、阴氏，母段氏。慈侍下。兄博，教谕；嵩；玘。弟奋、廉、恕。娶乐氏。四川乡试第三十名，会试第二百七十名。

胡积学，贯四川重庆府巴县，民籍，国子生，治《春秋》。字畏之，行一，年四十一，十二月十六日生。曾祖朝举。祖叔琳。父应朝。母刘氏。具庆下。弟实学。娶张氏。四川乡试第二十五名，会试第二百六十八名。

赵浑，贯福建漳州府漳浦县，民籍，儒士，治《书经》。字伯全，行二，年二十二，七月二十九日生。曾祖克定。祖宽。父超，训导。母何氏，继母刘氏。重庆下。兄深。弟潭、溥。娶戴氏。福建乡试第七十七名，会试第一百七十一名。

吕和，贯四川顺庆府广安州大竹县，民籍，国子生，治《诗经》。字时中，行一，年二十八，十二月十九日生。曾祖才贵。祖斌。父希道。母任氏。具庆下。娶刘氏。四川乡试第二十二名，会试第一百十三名。

刘富，贯义勇前卫，军籍，顺天府密云县人，国子生，治《诗经》。字文华，行四，年三十三，三月十八日生。曾祖汉臣。祖聚。父通。母张氏。具庆下。兄宽、宁、容。弟宪。娶韩氏。顺天府乡试第四十一名，会试第二百六十九名。

何说，贯湖广郴州，军籍，州学生，治《易经》。字商臣，行一，年三十一，十二月十三日生。曾祖仁海。祖义坚，州同知，赠主事。父俊，户部员外郎。母廖氏，赠安人，继母李氏，封安人。具庆下。弟言。娶李氏。湖广乡试第一名，会试第八十三名。

方向，贯直隶安庆府桐城县，军籍，府学生，治《书经》。字与义，行三，年二十六，八月二十二日生。曾祖法，断事。祖懋，赠监察御史。父瑜。母徐氏。具庆下。兄玺、舟。娶王氏。应天府乡试第五十四名，会试第一百三十九名。

张铨，贯浙江杭州府钱塘县，民籍，国子生，治《书经》。字文衡，行一，年四十三，六月初三日生。曾祖贵，赠员外郎。祖信，吏部郎中。父璘。母徐氏，继母李氏。慈侍下。弟镇、锡。娶吴氏。浙江乡试第六十九名，会试第六十六名。

翁岩，贯福建兴化府莆田县，民籍，国子生，治《诗经》。字国瞻，行二，年三十四，七月初三日生。曾祖仕哲。祖潜亨。父文贤。母周氏。慈侍下。兄沄。弟河；溁；滢，贡士；渊；齐。娶张氏。福建乡试第五十名，会试第一百四十六名。

顾源，贯直隶苏州府长洲县，民籍，国子生，治《书经》。字逢原，行三，年三十九，九月十八日生。曾祖友文。祖谦。父钰，教授。前母丁氏，母尹氏。永感下。兄淡、澄。娶沈氏，继娶刘氏。应天府乡试第一百二十三名，会试第一百名。

邵諴，贯浙江台州府太平县，军籍，国子生，治《易经》。字元侃，行二，年四十二，十月二十六日生。曾祖养实。祖进声。父能正。母应氏。永感下。兄诺。娶李氏。浙江乡试第四名，会试第二百九十三名。

陈宪，贯福建福州闽县，军籍，县学生，治《春秋》。字孟章，行三，年三十三，十一月初十日生。曾祖子寿。祖善德。父通。母王氏。严侍下。兄英、广。娶林氏。福建乡试第十一名，会试第二百八十八名。

陈义，贯福建福州府福清县，军籍，国子生，治《诗经》。字克宜，行二，年三十二，十一月十三日生。曾祖贤德。祖澄。父达。母吴氏。具庆下。兄调。弟善。娶李氏。福建乡试第六名，会试第四十六名。

陈宣，贯浙江温州府平阳县，民籍，国子生，治《易经》。字文德，行二，年四十四，八月二十日生。曾祖叔仪。祖旦。父序。母方氏，继母黄氏。慈侍下。兄文道，义官。弟冠、宝。娶李氏，继娶徐氏。浙江乡试第七十四名，会试第四名。

康绍宗，贯永清右卫，军籍，山东武定州人，国子生，治《易经》。字孝隆，行二，年二十八，十月初二日生。曾祖士贤。祖荣。父瑄。前母赵氏，母刘氏。慈侍下。兄显宗。娶王氏。顺天府乡试第八十二名，会试第二百五十三名。

黄备，贯浙江台州府太平县，民籍，国子生，治《诗经》。字汝修，行一，年三十二，十一月十一日生。曾祖尚斌。祖彦俊，兵部主事，赠员外郎。父孔昭，吏部郎中。母蔡氏，封宜人。具庆下。弟促。娶鲍氏。浙江乡试第六十四名，会试第六十五名。

马体元，贯陕西鞏昌府泰州，匠籍，国子生，治《春秋》。字以乾，行一，年二十八，十月十二日生。曾祖骏，监察御史。祖溥。父奇英。母阎氏，继母朱氏。具庆下。弟体真。娶张氏。陕西乡试第六十五名，会试第一百九十四名。

韩鼎，贯陕西庆阳府合水县，军籍，国子生，治《诗经》。字廷器，行一，年四十五，十月十三日生。曾祖臣。祖敬。父杰。母兰氏。慈侍下。弟鼐、鼒、昱、昺。娶田氏。陕西乡试第三十二名，会试第一百四十三名。

余洪，贯江西南昌府南昌县，民籍，国子生，治《书经》。字崇范，行三，年三十五，九月二十二日生。曾祖克嘉。祖文昌。父旭初。母万氏。具庆下。兄烈、祥。娶胡氏。江西乡试第十九名，会试第二百五名。

吴彦华，贯南京留守后卫，军籍，应天府句容县人，府学生，治《易经》。字汝和，行二，年三十三，四月十三日生。曾祖兴傅。祖孟诚。父文。母周氏，继母李氏、王氏。具庆下。兄通。弟政。娶董氏，继娶蒋氏、周氏。应天府乡试第一百二十九名，会试第一百九名。

沈庠，贯应天府上元县，匠籍，直隶吴江县人，国子生，治《诗经》。字尚伦，行一，年四十二，八月初二日生。曾祖伯义。祖仕澄。父安。母童氏。具庆下。娶韩氏，继娶罗氏。顺天府乡试第二十四名，会试第一百六十七名。

胡宗道，贯陕西凤翔府扶风县，军籍，国子生，治《春秋》。字守正，行一，年二十八，十一月初九日生。曾祖亨。祖全，赠光禄寺署正。父恭，光禄寺丞。母李氏，封安人。具庆下。弟宗儒、宗颜、宗闵。娶杜氏。陕西乡试第五名，会试第二百七十八名。

张铠，贯顺天府蓟州平谷县，军籍，国子生，治《书经》。字廷仪，行四，年三十，八月二十八日生。曾祖道明。祖弼。父云，知府。母韩氏。慈侍下。兄铭，义官；铸，贡士；锐。弟锡，镒，钲。娶祝氏。顺天府乡试第五十九名，会试第一百九十名。

王敞，贯南京锦衣卫，军匠籍，应天府学生，治《诗经》。字汉英，行二，年二十九，十二月二十三日生，曾祖国祥。祖宁。父忠。前母袁氏，母张氏。慈侍下。兄政。弟敬。娶田氏。应天府乡试第一百六名，会试第三名。

侯直，贯直隶松江府华亭县，民籍，府学生，治《书经》。字公绳，行六，年二十六，十二月二十七日生。曾祖克绍。祖廷信。父蓂，运司同知。母沈氏，封安人。严侍下。兄正；方，刑部员外郎；洪；平；美。弟贤。娶林氏。应天府乡试第七十六名，会试第七十名。

芮稷，贯直隶常州府宜兴县，民籍，国子生，治《书经》。字维馨，行四，年三十六，十月十六日生。曾祖叔远。祖公明。父以端，封给事中。母张氏，封孺人。慈侍下。兄畿，给事中；田；畹。娶陆氏。应天府乡试第九十一名，会试第九十二名。

据《成化十七年进士登科录》，第三甲二百名，赐同进士出身。履历如下：

张应奎，贯山东济南府滨州蒲台县，民籍，国子生，治《易经》。字时祯，行四，年三十二，二月二十二日生。曾祖伯寿。祖肃，知县。父瓒，府检校。母李氏。具庆下。兄应福；应德；应宿，教谕。娶陈氏。山东乡试第六十四名，会试第九名。

陈良器，贯浙江杭州府仁和县，民籍，国子生，治《诗经》。字彦成，行七，年三十，十月二十二日生。曾祖文举，元学正。祖胤，教谕，赠知县。父敏政，知府。前母郑氏，赠孺人，母张氏，封孺人。慈侍下。兄良翰、良士、良心、良玉、良能、良牧。娶戴氏。浙江乡试第九十名，会试第九十四名。

孙琰，贯山东登州府福山县，军籍，国子生，治《礼记》。字廷尚，行四，年三十，二月二十日生。曾祖志孝。祖彦斌，赠知府。父遇，左布政使。母房氏，封恭人。严侍下。兄珂，前大理寺丞；珪，给事中；瓒，贡士。娶李氏。山东乡试第二十三名，会试第四十三名。

姚隆，贯江西抚州府临川县，民籍，国子生，治《书经》。字复亨，行三，年四十，五月初四日生。曾祖仁，知州。祖□敬。父克厚。母萧氏，继母谢氏、罗氏。具庆下。兄谱、武。娶艾氏。江西乡试第十六名，会试第一百十四名。

倪鹣，贯直隶松江府华亭县，匠籍，国子生，治《书经》。字汝辨，行二，年四十七，十二月初五日生。曾祖宗义。祖质。父复。母夏氏。永感下。兄鯔。娶张氏。应天府乡试第六名，会试第五十五名。

史简，贯河南河南府洛阳县，民籍，国子生，治《易经》。字公鉴，行一，年二十九，二月初一日生。曾祖从让。祖玉。父仪，知县。前母陈氏，母邓氏。慈侍下。娶纪氏。河南乡试第四十九名，会试第一百四十五名。

刘让，贯四川顺庆府广安州，军籍，国子生，治《易经》。字允谦，行一，年三十九，九月二十二日生。曾祖居仁。祖福寿。父汉良。母林氏，继母张氏。具庆下。弟谟、诚。娶杨氏。四川乡试第十七名，会试第一百六十三名。

许锐，贯山东登州卫，军籍，浙江鄞县人，登州府学生，治《易经》。字季节，行五，年二十九，十月十九日生。曾祖快。祖可名。父真，承事郎。母梁氏。慈侍下。兄鉴，义官；镛；钦；钺。娶阎氏。山东乡试第六名，会试第一百九十七名。

谢鋆，贯直隶徽州府祁门县，民籍，国子生，治《春秋》。字廷献，行一，年三十七，十二月二十八日生。曾祖子周，府知事。祖显光。父用和。母章氏，继母王氏。具庆下。弟光、甦，娶李氏。应天府乡试第一百二十七名，会试第一百十二名。

郭文旭，贯福建福州府闽县，军籍，儒士，治《春秋》。字仲升，行七，年三十四，九月十四日生。曾祖良。祖兰，州同知。父敞。母林氏。慈侍下。兄晔；昂，训导；晟；暐；贵；鼎。娶郑氏。福建乡试第八十四名，会试第一百六十名。

冯玘，贯中都怀远卫，军籍，直隶常熟县人，凤阳县学生。治《春秋》。字良玉，行二，年二十九，十二月二十三日生。曾祖贵。祖达。父顺。母陈氏。具庆下。兄琼。弟琏。娶李氏。应天府乡试第六十二名，会试第一百五十名。

林沂，贯福建兴化府莆田县，民籍，国子生，治《书经》。字居鲁，行六，年三十五，九月十六日生。曾祖震。祖庭清，赠监察御史。父荣，按察司佥事。母张氏，封孺人。慈侍下。兄游、泳、泮、潒、溁。弟沧、波、澄、瀛。娶徐氏。福建乡试第十四名，会试第一百六十八名。

左辅，贯江西南昌府进贤县，匠籍，府学增广生，治《易经》。字廷弼，行三，年三十二，七月十七日生。曾祖思忠。祖叔恭。父原道。母余氏。慈侍下。兄翼、轸。弟晋、奎、颜、璧、曾、忠。娶傅氏。江西乡试第二十六名，会试第九十三名。

王寅，贯直隶保定府容城县，民籍，县学增广生，治《书经》。字敬夫，行一，年二十四，十月十一日生。曾祖兴。祖能。父志广。母胡氏。重庆下。弟宪、宸、宥。娶李氏。顺天府乡试第一百十八名，会试第六十四名。

李棻，贯广西梧州府苍梧县，军籍，国子生，治《礼记》。字廷信，行三，年四十五，正月二十六日生。曾祖子铭。祖文聪。父奉，府同知。母冼氏，继母黎氏。慈侍下。兄林，训导；荣，府通判。弟楫。娶严氏。广西乡试第四名，会试第一百七十七名。

徐谏，贯浙江绍兴府余姚县，民籍，国子生，治《礼记》。字廷忠，行二，年三十七，十月十七日生。曾祖伯谊。祖瑄。父端。母舒氏。重庆下。兄谥。娶张氏。浙江乡试第五十七名，会试第十二名。

陈良，贯浙江嘉兴府嘉兴县，灶籍，国子生，治《书经》。字明遇，行三，年三十九，七月初三日生。曾祖名远。祖叔祥。父恭。母包氏。慈侍下。兄英、雄。弟贤。娶张氏。浙江乡试第六名，会试第四十七名。

江澄，贯江西建昌府南城县，民籍，国子生，治《春秋》。字景吴，行一，年四十二，五月二十日生。曾祖永泰。祖显，知县。父从善。母周氏，继母路氏。具庆下。弟清、浩。娶吴氏。江西乡试第九十四名，会试第七十二名。

王表，贯河南汝宁府西平县，民籍，国子生，治《春秋》。字大章，行二，年四十二，七月十八日生。曾祖彬。祖清。父原。母张氏。慈侍下。兄聚才。娶郭氏。河南乡试第二十四名，会试第九十名。

王恩，贯直隶松江府华亭县，医籍，国子生，治《春秋》。字天宠，行一，年三十二，二月初九日生。曾祖仲威。祖珊。父询。母李氏。重庆下。娶卢氏。应天府乡试第七十三名，会试第二百十一名。

李澄，贯河南开封府陈州西华县，民籍，国子生，治《诗经》。字天暎，行二，年三十三，八月初一日生。曾祖迪。祖整。父铭，训科。前母武氏，母牛氏。慈侍下。兄源。弟清、深。娶刘氏。河南乡试第四十七名，会试第二百四十七名。

吴凤鸣，贯直隶松江府华亭县，民籍，县学生，治《书经》。字应文，行二，年二十五，十月初四日生。曾祖俸，知县。祖甫，封监察御史。父玘，按察使。母李氏，封孺人。具庆下。兄凤仪。弟凤翔。娶王氏。应天府乡试第二名，会试第一百九十名。

韩福，贯陕西西安前卫，军籍，国子生，治《诗经》。字德夫，行二，年三十，十月二十三日生。曾祖孟毅。祖瑛，赠光禄署正。父铎，知州。母赵氏。封安人。具庆下。兄祺。弟佑。娶吴氏。陕西乡试第三十名，会试第一百七十名。

张寅，贯直隶真定府冀州，民籍，国子生，治《书经》。字敬之，行一，年三十五，正月三十日生。曾祖旦，训导。祖运。父平。母曾氏。慈侍下。弟讷、宓。娶康氏。顺天府乡试第八十名，会试第一百十名。

郭文，贯陕西秦州卫，军籍，凤翔府麟游县人，秦州学生，治《春秋》。字尚质，行一，年三十，七月十六日生。曾祖祥。祖政。父彦铭。母萧氏，继母刘氏。具庆下。弟武、赟。娶庞氏。陕西乡试第五十八名，会试第二百五十二名。

吴一贯，贯广东潮州府海阳县，民籍，国子生，治《书经》。字道夫，行一，年二十七，二月十九日生。曾祖慈福。祖阳晟，恩例冠带。父廷吉。母唐氏，继母陈氏。重庆下。弟赞、资、赘。娶黄氏。广东乡试第十五名，会试第二十二名。

薛承学，贯直隶常州府武进县，民籍，国子生，治《诗经》。字志参，行二，年四十二，十一月二十四日生。曾祖浩之。祖希贤。父瑄，封监察御史。母史氏，封孺人。

具庆下。兄为学,监察御史。弟进学、性学、来学。娶王氏,应天府乡试第九十六名,会试第一百二十二名。

王定安,贯顺天府大兴县,富户籍,福建怀安县人,国子生,治《诗经》。字至善,行一,年三十七,十月初三日生。曾祖惟一,祖宣,父福,母高氏,慈侍下,弟定宁,娶陈氏。顺天府乡试第八十一名,会试第一百七十三名。

李玑,贯右军都督府官籍,陕西西宁卫人,儒士,治《易经》。字德贞,行二,年三十一,十月二十八日生。曾祖南奇,封会宁伯。祖英,会宁伯。父泉,都督金事。母胡氏。严侍下。兄珂,国子生。弟珊,义官;璠;瑛;珵;琦;璘;珮。娶王氏,继娶许氏。顺天府乡试第一百三十名,会试第二百六十名。

欧阳旦,贯江西吉安府安福县,军籍,国子生,治《春秋》。字子相,行一,年三十三,十一月十三日生。曾祖友伦。祖伯璇。父起。母王氏。具庆下。弟晢,贡士;鲁。娶周氏。江西乡试第四名,会试第五名。

王瑶,贯浙江宁波府鄞县,民籍,儒士,治《易经》。字宗玉,行四,年二十六,正月二十四日生。曾祖伯智。祖恂德。父巩谦。母张氏。具庆下。兄瑷、璠、珽。弟璐、玢、琼、琳。娶陈氏。浙江乡试第四十名,会试第九十八名。

宋守约,贯河南怀庆府河内县,军籍,国子生,治《诗经》。字希曾,行一,年三十九,二月十一日生。曾祖福,副千户。祖整。父鉴。母王氏。具庆下。弟守道、守经。娶董氏。河南乡试第三十二名,会试第一百十一名。

马炳然,贯四川成都府内江县,民籍,儒士,治《诗经》。字思进,行二,年二十二,六月十一日生。曾祖复,知县。祖惟庆,赠主事。父琴,知府。母王氏,封安人。具庆下。兄湛然。弟烔然。娶冉氏。四川乡试第十一名,会试第五十七名。

张祯,贯山东莱州府平度州,军籍,国子生,治《诗经》。字国兴,行一,年三十三,二月初二日生。曾祖绍先。祖钦。父麟。母王氏。具庆下。弟祥。娶何氏。山东乡试第二十二名,会试第一百九十二名。

李锐,贯河南开封府归德州,民籍,国子生,治《春秋》。字廷钺,行二,年四十二,十月二十五日生。曾祖寿。祖亨。父刚,驿丞。母张氏。永感下。兄□。弟海、谦。娶赵氏,继娶王氏。河南乡试第七十二名,会试第八名。

陈振,贯浙江宁波府鄞县,民籍,国子生,治《易经》。字时起,行一,年三十三,十月十九日生。曾祖仲良。祖□得。父叙仁。母谢氏。具庆下。弟择、扶、撰、援、拣。娶薛氏。浙江乡试第六十五名,会试第二百八十七名。

蒋勋,贯直隶广平府肥乡县,民籍,国子生,治《诗经》。字世功,行三,年二十七,九月十三日生。曾祖彦深。祖祥,卫经历。父凤,知县。母颜氏。具庆下。兄雍、隆。娶祝氏。顺天府乡试第九十九名,会试第二百四名。

程文,贯河南汝宁府信阳州确山县,民籍,县学生,治《春秋》。字载道,行一,年二十三,十一月初一日生。曾祖亮。祖浩。父齐,税课司大使。母田氏。具庆下。聘黄氏。河南乡试第四名,会试第二百二十二名。

侯明，贯河南河南府洛阳县，民籍，国子生，治《易经》。字定夫，行一，年三十五，闰四月十一日生。曾祖振，知府。祖观。父佐。母屈氏。慈侍下。弟睿。娶胡氏，继娶杨氏。河南乡试第三名，会试第二百五十名。

陈崇德，贯福建福州府长乐县，民籍，国子生，治《诗经》。字季广，行二，年三十六，十月二十三日生。曾祖泰。祖拱，训导。父煦。前母林氏，母林氏。严侍下。兄顺德。娶潘氏。福建乡试第四十二名，会试第一百十九名。

李端，贯湖广襄阳府枣阳县，民籍，国子生，治《诗经》。字表正，行一，年四十，七月十七日生。曾祖荣。祖忠。父和。母高氏。具庆下。弟靖、矾、竑、翊、甥、戋、玘、录、薄、薄、增。娶任氏。湖广乡试第十八名，会试第一百五名。

孙治，贯江西临江府清江县，民籍，国子生，治《易经》。字五美，行二，年四十九，闰八月初一日生。曾祖思诚，税课司大使。祖执舆。父永常。母吴氏。永感下。兄五典。娶彭氏。江西乡试第二十七名，会试第一百二十九名。

胡昂，贯直隶保定府定兴县，官籍，国子生，治《书经》。字文谦，行二，年二十六，十月二十八日生。曾祖林，百户。祖本，百户。父玑，百户。母李氏。具庆下。兄昱。弟升、晟、昺、昴、景。娶陈氏。顺天府乡试第十五名，会试第二百五十五名。

王璇，贯直隶大名府开州长垣县，军籍，国子生，治《诗经》。字虞用，行四，年三十七，七月初六日生。曾祖陆。祖克铭。父时佐，推官。母张氏，封安人。慈侍下。兄玺，知府；琦，义官；瑀，承事郎。弟琎，训导。娶菜氏。顺天府乡试第三十三名，会试第二百八十六名。

汤建，贯江西吉安府吉水县，民籍，国子生，治《书经》。字昌本，行二，年四十九，二月初二日生。曾祖子韶。祖礼，教授。父愚。母周氏。永感下。兄延。娶解氏。江西乡试第五十九名，会试第二百九名。

黄克守，贯福建福州府侯官县，民籍，县学生，治《易经》。字守正，行一，年三十三，十月十五日生。曾祖彦和。祖孟章。父叔敏。母陈氏。重庆下。弟克衡。娶林氏。福建乡试第十八名，会试第二百三十三名。

黄琏，贯山东济南府济阳县，民籍，国子生，治《春秋》。字汝器，行一，年三十八，七月二十七日生。曾祖成。祖思礼。父铭。母王氏。永感下。弟瑞、珍。娶张氏。山东乡试第六十五名，会试第一百七十二名。

王鼎，贯福建福州中卫前所，官籍，国子生，治《春秋》。字器之，行一，年二十四，正月二十一日生。曾祖良，副千户。祖智。父佐，教谕。母高氏。具庆下。弟萧、昇。娶李氏。福建乡试第五十名，会试第十八名。

张弘宜，贯直隶松江府华亭县，民籍，国子生，治《诗经》。字时措，行二，年二十九，十月初三日生。曾祖子英。祖熊应，赠主事。父弼，知府。母王氏，封安人。具庆下。兄弘正。弟弘立、弘左、弘宣、弘直、弘丞、弘圭、弘玉。娶凌氏。应天府乡试第三十九名，会试第一百八十四名。

余浚，贯浙江宁波府慈溪县，匠籍，国子生，治《易经》。字仲深，行三，年三十五，十月十三日生。曾祖继宗。祖大初。父铭。母龚氏。具庆下。兄泽、濂。弟淞、洪、澄。娶费氏。浙江乡试第八十三名，会试第二百十八名。

郭纮，贯浙江台州府临海县，军籍，国子生。治《诗经》。字仲端，行二，年三十七，十二月十一日生。曾祖本初。祖士宁。父瑛。母何氏。严侍下。兄统。弟紟、繐。娶何氏。浙江乡试第二十三名，会试第六名。

萧翀，贯四川成都府内江县，民籍，国子生，治《书经》。字凌汉，行二，年二十三，五月十二日生。曾祖学贤。祖汝明。父韶，税课司大使。母喻氏。重庆下。兄睿。弟腾、芳、章、郁、荣。娶余氏。四川乡试第六十五名，会试第一百十八名。

邓应仁，贯广东广州府南海县，军籍，国子生，治《书经》。字子荣，行一，年三十八，五月初五日生。曾祖天泽。祖彦芳。父缘。母刘氏，继母胡氏。慈侍下。弟应义、庆谦、应奎、应壁。娶蒲氏。广东乡试第一名，会试第二百二名。

李芳，贯四川叙州府宜宾县，民籍，国子生，治《诗经》。字资元，行二，年四十三，正月二十九日生。曾祖广，所大使。祖贵。父致和。母殷氏，继母王氏。具庆下。兄蕃。弟芝、兰、华。娶粟氏。四川乡试第六十一名，会试第二百五十八名。

张浚，贯山西太原府代州，军籍，州学生，治《书经》。字宗舜，行一，年三十一，四月初五日生。曾祖文质。祖铭。父子让。母徐氏。具庆下。娶吴氏。山西乡试第四十二名，会试第二百二十九名。

邹祥，贯山东济南府德州，民籍，国子生，治《易经》。字元吉，行二，年四十一，五月十八日生。曾祖仲德。祖名远。父彬。母孙氏。慈侍下。兄奉。弟诚、诫。娶梁氏。山东乡试第十九名，会试第一百八十六名。

樊廷选，贯福建福州府长乐县，军籍，国子生，治《诗经》。字舜举，行一，年三十二，十一月十五日生。曾祖光荣。祖汝。父宗礼。母郑氏。慈侍下。娶陈氏。福建乡试第七十二名，会试第七十九名。

吕卣，贯直隶常州府无锡县，匠籍，府学生，治《书经》。字宜中，行二，年三十六，正月初三日生。曾祖福。祖敬之。父诚。母王氏，继母郭氏。具庆下。兄彝。娶惠氏。应天府乡试第六名，会试第二百七十七名。

刘聚，贯陕西西安府乾州永寿县，民籍，国子生，治《诗经》。字本仁，行一，年三十三，十一月二十八日生。曾祖荣，赠主事。祖杰，知府。父宁。母张氏，继母张氏。具庆下。弟会。娶赵氏。陕西乡试第三十八名，会试第一百二十八名。

叶元玉，贯福建汀州府清流县，民籍，县学生，治《诗经》。字廷玺，行四，年三十二，十二月十八日生。曾祖景志。祖有忠。父永青。母李氏，继母赖氏。具庆下。兄元英；元发；元俊，训导。弟元馥、元丰。娶丘氏。福建乡试第六十五名，会试第一百九十八名。

杨纶，贯直隶镇江府丹阳县，匠籍，国子生，治《易经》。字理之，行一，年三十五，十月二十九日生。曾祖寿千。祖景荣。父文胜。母孙氏。具庆下。弟纲、纪。娶王氏，继娶达氏。应天府乡试第七十五名，会试第二百三名。

宁贤，贯直隶定边卫，军籍，山西稷山县人，国子生，治《诗经》。字国征，行一，年三十九，九月初七日生。曾祖郁。祖实嗣。父刚。母刘氏。具庆下。娶朱氏。顺天府乡试第八十九名，会试第一百二十五名。

张智，贯直隶顺德府巨鹿县，民籍，国子生，治《诗经》。字守愚，行四，年三十二，十月三十日生。曾祖伯川。祖宽。父钦，运司知事。母王氏。具庆下。兄衮，义官；明；睿。弟仁、义。娶尹氏。顺天府乡试第八十五名，会试第二百二十五名。

张凤，贯江西袁州府宜春县，军籍，国子生，治《诗经》。字应时，行一，年三十，十月初八日生。曾祖贵可。祖绅。父伟。母周氏，继母陈氏。具庆下。娶夏氏。江西乡试第二十八名，会试第九十七名。

陈延，贯直隶凤阳府定远县，军籍，国子生，治《诗经》。字寿夫，行一，年三十四，五月初五日生。曾祖贵五。祖良庆。父能。母许氏。永感下。弟廷、建。娶沈氏。应天府乡试第十七名，会试第八十七名。

叶预，贯直隶苏州府常熟县，民籍，国子生，治《诗经》。字诚之，行二，年四十一，闰十一月初三日生。曾祖均立。祖伯厚。父舜锡。母郁氏。慈侍下。兄颙。弟频。娶钱氏。应天府乡试第十三名，会试第二百八十四名。

张烜，贯福建福州府福清县，盐籍，儒士，治《诗经》。字伯彰，行一，年三十四，八月十日生。曾祖子仁。祖源。父文第。母王氏。严侍下。弟燠。娶林氏。福建乡试第十名，会试第二百六十四名。

杨炼，贯河南河南府陕州灵宝县，军籍，国子生，治《书经》。字德纯，行二，年三十八，八月二十九日生。曾祖克明，左都御史。祖春。父懋，义官。母李氏。具庆下。兄鉴。娶张氏。河南乡试第三十六名，会试第二百十六名。

赵弼，贯云南大理府太和县，军籍，国子生，治《诗经》。字廷直，行一，年四十四，三月十二日生。曾祖势。祖顺。父圭。母李氏，继母杨氏。具庆下。弟进；达，贡士。娶尹氏。云南乡试第九名，会试第二百十二名。

刘玑，贯陕西西安府咸宁县，民籍，府学增广生，治《易经》。字用齐，行一，年二十五，九月初七日生。曾祖敏中。祖懋。父鉴。母李氏。具庆下。弟瑀。聘王氏。陕西乡试第二名，会试第一百七十五名。

张祺，贯武功中卫，军籍，直隶仪真县人，国子生，治《诗经》。字允吉，行三，年三十八，九月三十日生。曾祖选。祖恕。父仪。母马氏。严侍下。兄福、佑。娶赵氏。顺天府乡试第三十九名，会试第一百五十五名。

李厚，贯直隶顺德府任县，民籍，国子生，治《诗经》。字弘载，行一，年三十七，十一月二十一日生。曾祖得。祖素，县丞。父仁。母陈氏。具庆下。弟彦洪，彦英。娶郝氏。顺天府乡试第八十三名，会试第二百六十一名。

王泰，贯山西平阳府翼城县，军籍，国子生，治《易经》。字道亨，行一，年二十六，正月初八日生。曾祖文表。祖秉新，义官。父复政，义官。母李氏。具庆下。娶赵氏。山西乡试第八名，会试第一百二十名。

廖铉，贯四川成都府崇庆州民籍，州学生，治《书经》。字汝器，行二，年三十八，七月二十三日生。曾祖文达。祖中。父本初。母周氏。具庆下。兄鸾。弟彰。娶徐氏。四川乡试第六十六名，会试第四十二名。

汪律，贯江西饶州府乐平县，民籍，国子生，治《易经》。字用和，行三，年三十八，七月十四日生。曾祖宗祯。祖世宁。父崇祖。母张氏。永感下。兄直、亹。娶盛氏。江西乡试第七名，会试第二百六十三名。

傅潮，贯江西临江府新喻县，民籍，国子生，治《诗经》。字曰会，行三，年三十四，八月三十日生。曾祖原显。祖汝器。父邦本，赠检讨。母简氏，赠孺人。永感下。兄瀚，修撰兼校书；淳。弟湜、溥、洵、滋。娶钱氏。江西乡试第六十九名，会试第十四名。

汪僎，贯江西广信府弋阳县，民籍，国子生，治《书经》。字简之，行一，年二十二，五月初三日生。曾祖志福，教授。祖仲端。父凤，刑部主事。母祝氏。重庆下。弟佑、俊、伟、佃。娶徐氏。江西乡试第五十四名，会试第一百四十二名。

黄华，贯直隶徽州府歙县，民籍，国子生，治《书经》。字实夫，行二，年三十八，二月初一日生。曾祖仕亨。祖彦真。父仲述。母徐氏。具庆下。兄文吉。娶汪氏。应天府乡试第五十三名，会试第三十五名。

荣华，贯陕西西安府蓝田县，军籍，县学生，治《诗经》。字躬实，行一，年二十七，八月十七日生。曾祖德。祖和。父清，县主簿。母王氏。具庆下。弟富。娶王氏。陕西乡试第三十四名，会试第八十一名。

常新，贯河南开封府许州襄城县，军籍，国子生，治《礼记》。字士勉，行一，年三十九，十月十七日生。曾祖瑞兴。祖仲美，赠给事中。父宁，苑马寺少卿。母耿氏，封孺人。慈侍下。弟清、洋。娶商氏。河南乡试第五十六名，会试第二百四十八名。

王槐，贯山西太原府阳曲县，民籍，国子生，治《书经》。字应祯，行三，年三十七，正月十九日生。曾祖伯达。祖益。父英。母冯氏，继母路氏。慈侍下。兄怀珍、怀玉。娶郭氏。山西乡试第一名，会试第五十九名。

韩春，贯直隶保定府蠡县，民籍，县学生，治《诗经》。字时元，行一，年三十七，九月初九日生。曾祖继祖。祖玉。父林。嫡母丘氏，生母张氏。慈侍下。弟景旸、景和。娶李氏。顺天府乡试第七十七名，会试第二百五十四名。

林堪，贯福建兴化府莆田县，军籍，府学生，治《书经》。字舜卿，行一，年三十三，九月初五日生。曾祖洪，州同知。祖潜夫。父弥实，义官。母张氏。重庆下。弟垠、培、在、塾、墰、垆。娶朱氏。福建乡试第六十二名，会试第二百九十八名。

周谧，贯山西群牧所，官籍，直隶滁州人，国子生，治《诗经》。字靖之，行三，年四十三，四月初一日生。曾祖再富，赠副千户。祖全，副千户。父礼，副千户。前母黄氏，母李氏。永感下。兄广，副千户；定。娶张氏。山西乡试第一名，会试第一百十五名。

张鸾，贯陕西西安府咸宁县，民籍，国子生，治《诗经》。字应祥，行四，年三十六，八月初九日生。曾祖景德。祖惟义。父禹信。前母李氏，母赵氏，继母王氏。慈侍下。兄泰、臻、凤。弟骞。娶许氏。陕西乡试第十五名，会试第七十一名。

李咨，贯直隶河间府故城县，军籍，国子生，治《易经》。字汝弼，行三，年三十二，二月二十三日生。曾祖成。祖显清。父荣。母朱氏，继母沈氏。具庆下。兄赟、赈。娶吴氏。顺天府乡试第十九名，会试第五十六名。

马良玉，贯四川成都中卫，军籍，国子生，治《诗经》。字德纯，行二，年四十一，十月十七日生。曾祖才富。祖敬原。父瑄。母胡氏，继母胡氏。永感下。兄良金。弟良昭、良翰、良才、良儒、良臣。娶郑氏，继娶徐氏。四川乡试第一名，会试第一百五十八名。

梁伟，贯河南开封府睢州柘城县，军籍，国子生，治《诗经》。字士奇，行五，年四十六，二月二十四日生。曾祖兴。祖济川。父安，县丞。嫡母阎氏，继母郑氏，生母陈氏。慈侍下。兄俊、杰、俨、伦。娶贺氏。河南乡试第十六名，会试第一百二名。

梁巩，贯广东广州府新会县，民籍，国子生，治《书经》。字邦宁，行二，年三十九，十月二十七日生。曾祖彦政。祖孟材。父济。母麦氏。具庆下。兄舆。弟骥。娶叶氏。广东乡试第三十二名，会试第二百八十九名。

王一言，贯四川成都府内江县，民籍，府学生，治《诗经》。字行之，行五，年三十三，二月二十五日生。曾祖绍宗。祖祚。父守约，教谕。母孙氏。具庆下。兄一新；一鹗；一孜，国子生；一唯。弟一见、一和。娶李氏。四川乡试第五十四名，会试第二百四十一名。

张安，贯陕西庆阳府环县，军籍，国子生，治《诗经》。字文靖，行四，年四十，九月十一日生。曾祖文通。祖和志。父礼，监察御史。嫡母王氏，生母陈氏。永感下。兄温、浩、溥。娶丁氏，继娶刘氏。陕西乡试第五十五名，会试第一百九十六名。

张璠，贯四川叙州府南溪县，民籍，国子生，治《诗经》。字廷用，行三，年四十，二月二十一日生。曾祖什原，同知。祖文宿。父鉴。母何氏，继母尹氏。具庆下。兄子高、子贵。弟子玛。娶伍氏。四川乡试第十八名，会试第三十二名。

袁爌，贯浙江宁波府慈溪县，民籍，儒士，治《诗经》。字景辉，行六，年二十六，二月二十日生。曾祖志善。祖孟奇。父彬。嫡母潘氏，生母方氏。慈侍下。兄炳、焕、炎、煦、炒。聘孙氏。浙江乡试第十九名，会试第二百九十名。

林瑭，贯福建福州府侯官县，民籍，国子生，治《易经》。字廷玉，行六，年三十六，十一月十八日生。曾祖阳。祖信任。父秀。前母丁氏，母周氏。永感下。兄玭，进士；琧；玮；玠，贡士；场。弟玥。娶郑氏。福建乡试第八十一名，会试第十三名。

曹凤，贯河南汝宁府新蔡县，军籍，国子生，治《诗经》。字鸣岐，行一，年二十五，十二月初九日生。曾祖恭。祖英。父端。母刘氏。重庆下。弟凰、岚、珮。娶刘氏。河南乡试第三十七名，会试第一百八十九名。

张桓，贯江西饶州府浮梁县，军籍，国子生，治《书经》。字德威，行一，年三十八，十二月初一日生。曾祖积善。祖仕祥。父瀛。母汪氏。慈侍下。弟秉、檠、干。娶郑氏。江西乡试第六十名，会试第五十一名。

梅纯，贯南京京卫，官籍，河南夏邑县人，国子生，治《书经》。字一之，行一，年二十五，八月二十日生。曾祖顺昌，都督同知。祖敬，指挥使。父升，指挥使。母刘氏，封淑人。慈侍下。聘张氏。应天府乡试第九十三名，会试第二十五名。

曾禄，贯广东惠州府博罗县，民籍，县学生，治《诗经》。字汝学，行二，年二十七，三月二十五日生。曾祖文卿。祖惠康。父秉。前母杨氏，母萧氏，继母吴氏。具庆下。兄福。弟祺。娶李氏。广东乡试第七十三名，会试第六十名。

张宁，贯直隶庐州府无为州，民籍，国子生，治《诗经》。字元勋，行五，年三十四，十二月二十八日生。曾祖子愚。祖彦升。父泰，承事郎。母郭氏，继母章氏。慈侍下。兄以恭、以顺、以敬、以清。娶许氏。应天府乡试第二十二名，会试第一百八十七名。

张恕，贯顺天府霸州，军籍，国子生，治《书经》。字希仁，行二，年三十，二月十六日生。曾祖思温。祖恭。父安，巡检。母田氏。慈侍下。兄忠。娶江氏。顺天府乡试第八名，会试第一百三名。

朱栻，贯直隶苏州府昆山县，民籍，国子生，治《易经》。字良用，行一，年三十二，二月二十八日生。曾祖衍。祖璲。父昊。母梁氏。具庆下。弟格、悌、悦、橺、楷、楫。娶王氏。应天府乡试第九十四名，会试第二十四名。

周应熙，贯江西吉安府安福县，民籍，国子生，治《易经》。字郁文，行五，年三十四，十一月初五日生。曾祖仲敬。祖定卿。父乾济。母刘氏。慈侍下。兄霖；应祉；启，评事；应祝。娶萧氏。江西乡试第六十七名，会试第一百四名。

李瀚，贯山西泽州沁水县，军籍，县学生，治《诗经》。字叔渊，行三，年二十九，三月二十六日生。曾祖伦，知县。祖勋。父聪，训导。母谭氏。重庆下。兄灏、泽。弟溥、淡、瀹。娶张氏。山西乡试第一名，会试第四十四名。

姜学夔，贯浙江嘉兴府嘉兴县，民籍，国子生，治《诗经》。字一臣，行二，年三十四，六月二十八日生。曾祖忠。祖雍，正术。父渭。母张氏。重庆下。兄皋。弟龙。娶沈氏。浙江乡试第三十四名，会试第二百九十七名。

倪珏，贯福建福州府闽县，匠籍，国子生，治《易经》。字文玉，行二，年三十九，十二月二十七日生。曾祖子泰。祖隆。父潮。母王氏。具庆下。兄璟，训导。弟瓒、瑛、瑄、璋、玑。娶林氏。福建乡试第六十一名，会试第一百二十四名。

吴裕，贯武功中卫，军籍，浙江余姚县人，国子生，治《礼记》。字天弘，行一，年三十五，十一月二十日生。曾祖汉英。祖敏成。父文海。前母翁氏，母陈氏，继母潘氏、翟氏。重庆下。弟祥、祚。娶韩氏。顺天府乡试第五名，会试第一百六名。

黄珙，贯湖广郴州永兴县，民籍，国子生，治《礼记》。字德温，行二，年四十，六月二十九日生。曾祖得民，判官。祖庸，府检校。父钺，知县。母张氏。慈侍下。兄珸，训术。弟瑀。娶曹氏。湖广乡试第五名，会试第一百八十八名。

林籥，贯福建福州府闽县，民籍，国子生，治《礼记》。字继和，行四，年三十，十月二十七日生。曾祖惟安，赠按察使。祖硕，左布政使。父续。母陈氏，继母杨氏。具庆下。兄笙，贡士；简；策。弟箴。娶陈氏。福建乡试第五名，会试第五十三名。

蔡暹，贯湖广荆州府江陵县，军籍，国子生，治《书经》。字文晖，行三，年四十三，五月初三日生。曾祖添禄。祖荣。父思顺。母皇甫氏。慈侍下。兄通、迪。娶张氏。湖广乡试第六十六名，会试第二百六十二名。

刘继，贯直隶真定府藁城县，民籍，国子生，治《诗经》。字缵绪，行一，年三十六，七月二十三日生。曾祖聚。祖聪，县丞。父清。母贾氏。慈侍下。娶侯氏。顺天府乡试第九十五名，会试第一百七十六名。

汪瀚，贯四川夔州府开县，民籍，国子生，治《易经》。字文渊，行二，年四十二，三月二十三日生。曾祖胜聪。祖志诚。父中。母方氏。具庆下。兄子昌。弟子良、子纲。娶龚氏。四川乡试第六十二名，会试第二百十四名。

刘涣，贯湖广荆州府江陵县，马站籍，县学生，治《书经》。字济之，行三，年三十，九月初四日生。曾祖福寿。祖绍。父玼，知县。母孙氏。慈侍下。兄溶、湘。娶曹氏。湖广乡试第三名，会试第一百七名。

何淮，贯顺天府大兴县，民籍，国子生，治《易经》。字德清，行二，年三十四，七月二十二日生。曾祖俊民。祖顺，左参政。父贵。母王氏。慈侍下。兄溥。弟淙、汉。娶桂氏。顺天府乡试第四十七名，会试第二百三十八名。

鲁永清，贯湖广黄州府蕲水县，军籍，国子生，治《诗经》。字端本，行一，年三十九，正月初十日生。曾祖思兴。祖友才。父钢。母彭氏，继母胡氏。慈侍下。弟永济、永源。娶华氏。湖广乡试第十六名，会试第二百四十九名。

刘勋，贯江西吉安府泰和县，民籍，县学增广生，治《书经》。字德光，行二，年二十八，四月二十三日生。曾祖子和。祖公望。父棨，教谕。前母萧氏。母周氏，慈侍下。兄耀。弟华、魁、益。娶周氏。江西乡试第六十名，会试第二百二十四名。

陈铨，贯湖广永州卫，官籍，国子生，治《礼记》。字秉衡，行一，年三十八，四月二十六日生。曾祖潮俊，卫镇抚。祖敬，卫镇抚。父玘，卫镇抚。母刘氏，赠宜人。严侍下。弟鐩；鏐；镶；銮，贡士；金；锡；镐；钚。娶唐氏。湖广乡试第五名，会试第二百七名。

姚祥，贯广东惠州府归善县，民籍，国子生，治《书经》。字应龙，行一，年二十三，六月十七日生。曾祖佑。祖护。父信，听选官。母梁氏。重庆下。弟禧、祵、禋、禔。娶张氏。广东乡试第十二名，会试第二百三十五名。

龙用升，贯江西吉安府吉水县，民籍，县学增广生，治《诗经》。字舜举，行一，年三十四，二月十三日生。曾祖伯程。祖彦启。父孟炳。嫡母周氏，生母刘氏。慈侍下。弟用弁。娶周氏。江西乡试第四十五名，会试第一百六十一名。

熊宗德，贯南京锦衣卫，女户籍，应天府江宁县人，儒士，治《书经》。字天申，行一，年四十二，十月二十三日生。曾祖秀甫。祖遴。父广。母陈氏，继母周氏。永感下。弟昂、冕。娶刘氏，继娶王氏。应天府乡试第九十六名，会试第一百九十三名。

丘相，贯湖广德安府孝感县，军籍，国子生，治《诗经》。字廷佐，行二，年四十，六月二十日生。曾祖福乙。祖文斌。父源，县主簿。母林氏，继母闵氏、谢氏。具庆下。兄松。弟模、楷。娶严氏。湖广乡试第四十八名，会试第七十六名。

贾宗锡，贯直隶苏州府常熟县，匠籍，国子生，治《诗经》。字原善，行一，年三十六，十二月二十一日生。曾祖寿四。祖孟德。父廷玉。母贾氏。慈侍下。弟宗嗣、宗礼。娶邓氏。应天府乡试第五十八名，会试第四十名。

林世远，贯广东肇庆府四会县，民籍，县学生，治《诗经》。字思绍，行一，年二十三，十月二十四日生。曾祖焕，赠卫经历。祖泰，县丞。父相。母欧阳氏。重庆下。弟世泽、世美、世安、世哲。娶欧阳氏。广东乡试第二名，会试第二百五十六名。

卢格，贯浙江金华府东阳县，民籍，县学生，治《春秋》。字正夫，行二，年三十二，五月初七日生。曾祖原定，赠右金都御史。祖珪。父溶。母徐氏。具庆下。兄楷，贡士。弟彬。娶吴氏。浙江乡试第六十二名，会试第二百名。

何文英，贯广东广州府顺德县，民籍，国子生，治《诗经》。字邦彦，行一，年四十七，正月十九日生。曾祖仲贤。祖昺光。父谅。母黄氏。慈侍下。弟文政、文灿、文泰、文聪。娶周氏。广东乡试第十九名，会试第二百十五名。

刘道立，贯河南开封府杞县，民籍，县学增广生，治《诗经》。字成己，行一，年二十七，十月二十日生。曾祖实。祖文。父钊，驿丞。母王氏。具庆下。娶薛氏，继聘聂氏。河南乡试第五十五名，会试第三百名。

黄祥，贯河南汝宁府信阳州罗山县，军籍，国子生，治《春秋》。字验和，行二，年四十，七月二十日生。曾祖友谅。祖得茂。父信，县主簿。母陈氏。慈侍下。兄祯。弟禧。娶陈氏。河南乡试第四十八名，会试第一百二十六名。

杜源，贯直隶永平府昌黎县，民籍，国子生，治《诗经》。字永靖，行一，年三十二，十月三十日生。曾祖复祖。祖敏，封工部主事。父谦，顺天府尹。母杨氏，封安人。具庆下。弟浚、汉。娶唐氏。顺天府乡试第十七名，会试第五十四名。

储材，贯直隶常州府宜兴县，民籍，国子生，治《诗经》。字世资，行三，年四十三，八月十八日生。曾祖祖学，教谕。祖宗干。父祉，贡士，前母李氏。母葛氏。永感下。兄从视、永锡。娶诸葛氏。应天乡试第十六名，会试第一百三十一名。

廖纯，贯江西临江府新喻县，民籍，国子生，治《诗经》。字乾顺，行五，年四十，正月初七日生。曾祖时中。祖正寅。父同道。母何氏。慈侍下。兄龙、健、端、刚。弟柔、质。娶黄氏。江西乡试第二十六名，会试第二十三名。

杨春，贯四川成都府新都县，民籍，国子生，治《易经》。字元之，行三，年四十六，十月十一日生。曾祖世贤。祖寿山。父玫，州吏目。前母郭氏、杨氏，母熊氏。慈侍下。兄远、政。弟思、哲。娶叶氏。四川乡试第三十一名，会试第十七名。

程愈，贯浙江严州府淳安县，医籍，国子生，治《春秋》。字节之，行一，年四十四，十二月二十七日生。曾祖以中。祖懋正，训科。父敏恭，承事郎。母方氏。永感下。娶胡氏，继娶余氏。浙江乡试第三名，会试第一百八十三名。

萧义，贯江西袁州府宜春县，民籍，国子生，治《诗经》。字宜之，行二，年四十，五月初三日生。曾祖朝佐。祖仲达。父让。母徐氏。慈侍下。兄仁。娶邓氏。江西乡试第三十九名，会试第二百三十六名。

田廤，贯陕西延安府鄜州洛川县，民籍，国子生，治《诗经》。字文渊，行三，年三十八，六月十七日生。曾祖希孟。祖政。父原，典史。嫡母杨氏，继母李氏，生母左氏。永感下。兄滋、润。娶郭氏。陕西乡试第十二名，会试第一百九十九名。

李宗泗，贯四川成都府彭县，民籍，国子生，治《易经》。字希颜，行三，年三十三，九月十四日生。曾祖孝祥。祖海。父应，教谕。前母董氏、张氏，母张氏。永感下。兄宗濂，训导；宗熹。娶杨氏。四川乡试第五十七名，会试第三十四名。

李时，贯四川都司成都中卫，官籍，国子生，治《诗经》。字维中，行一，年四十一，三月十七日生。曾祖福。祖志广。父谦，副千户。母倪氏。具庆下。弟晓、旸、晛、暵。娶王氏。四川乡试第四十一名，会试第二百二十八名。

郑轼，贯江西广信府永丰县，民籍，国子生，治《书经》。字式之，行一，年三十三，三月初三日生。曾祖大德。祖应麟。父怀，推官。母余氏。慈侍下。弟轻、辙。娶胡氏。江西乡试第四十九名，会试第一百八十五名。

邓淮，贯江西吉安府吉水县，民籍，国子生，治《书经》。字安济，行六，年四十四，五月十九日生。曾祖文郁。祖冲和。父嘉贞。母庞氏。永感下。兄安时，训导；安舒；安远；安仁；安序。娶萧氏。江西乡试第十二名，会试第三十九名。

刘盛之，贯山西太原府代州，军籍，国子生，治《诗经》。字文郁，行一，年二十八，九月初一日生。曾祖才。祖觯。父昌，大兴县县丞。母高氏。具庆下。弟益之、盈之、皿之、孟之、皿之。娶张氏。山西乡试第四十六名，会试第五十二名。

徐钦，贯锦衣卫，军籍，应天府江宁县人，国子生，治《诗经》。字敬之，行一，年四十六，正月十四日生。曾祖□。祖福广。父智。母周氏。永感下。娶康氏。顺天府乡试第二名，会试第九十九名。

梁文，贯江西吉安府龙泉县，民籍，国子生，治《诗经》。字光辅，行三，年三十八，九月初五日生。曾祖□。祖魁。父用琛。母刘氏。永感下。兄光荣，光华。娶冯氏。江西乡试第三十七名，会试第一百三十四名。

顾景祥，贯顺天府大兴县，匠籍，直隶长洲县人，儒士，治《书经》。安瑞卿，行一，年三十九，九月二十日生。曾祖万一郎。祖文兴。父子澄。母何氏。慈侍下。娶杨氏，继聘梁氏。顺天府乡试第一百二十九名，会试第七十五名。

梁敬，贯广东肇庆府高要县，民籍，国子生，治《诗经》。字德兴，行二，年四十四，三月初八日生。曾祖伯英，县主簿。祖福荫。父绍，训导。母冯氏。永感下。兄敨。弟效。娶李氏。广东乡试第二名，会试第一百四十八名。

吴嵩，贯浙江台州府黄岩县，军籍，国子生，治《诗经》。字元白，行五，年四十六，六月二十三日生。曾祖□礼。祖奉先。父唐治。母滕氏。永感下。兄旦、襄、鼎、晟。弟昴、冕、昱、昌、晶、晁、景。娶夏氏。浙江乡试第十二名，会试第二十九名。

陈润，贯浙江杭州府临安县，匠籍，国子生，治《诗经》。字维泽，行一，年三十八，正月十五日生。曾祖□。祖文。父贵。母赵氏，继母范氏。具庆下。弟浚、澄。娶赵氏，继娶邵氏。顺天府乡试第十四名，会试第二百三十七名。

杨壕，贯浙江温州府瑞安县，民籍，国子生，治《易经》。字允昭，行二，年四十四，三月十八日生。曾祖艮，赠左参政。祖景衡，左参政。父昙。母周氏。永感下。兄圻。娶何氏，继娶胡氏。浙江乡试第五十五名，会试第一百五十六名。

余绚，贯浙江金华府兰溪县，民籍，国子生，治《易经》。字公素，行三，年三十八，十月初八日生。曾祖观一。祖孟信。父存美。前母邵氏，母顾氏。慈侍下。兄维、裕。弟滋、楠。娶方氏。浙江乡试第五十五名，会试第一百四十九名。

于凤喈，贯山东登州府莱阳县，民籍，县学生，治《书经》。字世和，行二，年二十，七月十七日生。曾祖礼全。祖景昌，赠郎中。父懋，右参议。母张氏，封安人。具庆下。兄凤鸣。弟凤雕。聘徐氏。山东乡试第十名，会试第十一名。

张敏，贯直隶徽州府祁门县，民籍，国子生，治《春秋》。字志学，行一，年三十三，十月二十日生。曾祖思忠。祖希用。父文翰。母吴氏。具庆下。弟侃、暕、曲、光。娶黄氏，继娶周氏。应天府乡试第六十二名，会试第二十八名。

谢缉，贯江西抚州府乐安县，官籍，国子生，治《易经》。字维熙，行五，年四十，五月十九日生。曾祖伯顺。祖永昭，赠郎中。父辅，右布政使。母余氏，封夫人，永感下。兄纮，教授；绍，刑部员外郎；绶，右参政；绅。娶黄氏。江西乡试第二十七名，会试第五十名。

葛镛，贯直隶苏州府嘉定县，民籍，国子生，治《诗经》。字文振，行一，年三十八，十月初六日生。曾祖茂。祖名，恩例冠带。父璠。母马氏。重庆下。弟铁、钺。娶金氏。应天府乡试第二十七名，会试第七十六名。

王章，贯陕西延安府肤施县，民籍，国子生，治《诗经》。字廷宪，行一，年三十八，九月二十一日生。曾祖成。祖林。父寅。母马氏，继母贾氏。慈侍下。弟福、禄、学。娶董氏。陕西乡试第十五名，会试第二百一名。

王杲，贯云南临安卫，军籍，江西龙泉县人，临安府学生，治《易经》。字启昭，行一，年二十七，八月初四日生。曾祖永寿。祖勤。父洪。母姜氏。重庆下。弟昆、昊、昺、昌、易、旦、晃。娶樊氏。云南乡试第七名，会试第一百三十三名。

叶峦，贯直隶苏州府常熟县，民籍，国子生，治《诗经》。字钟秀，行三，年三十七，五月二十一日生。曾祖子衡。祖士茂。父公行。母施氏。永感下。兄岳、峀。娶平氏。应天府乡试第七十六名，会试第二百三十名。

张宜珍，贯福建兴化府莆田县，民籍，国子生，治《诗经》。字汝珍，行二，年二十九，十一月十二日生。曾祖致中，驿丞。祖崇眄。父宏器。母许氏。具庆下。兄宜佩。弟宜贡、宜献、宜将。娶林氏。福建乡试第十七名，会试第一百八十一名。

孙衍，贯顺天府大兴县，匠籍，浙江余姚县人，国子生，治《礼记》。字世昌，行三，年三十六，七月初八日生。曾祖权。祖日新。父义。母张氏，继母杨氏。永感下。

兄懋、衍。娶黄氏，继聘陈氏。顺天府乡试第一百二名，会试第二百十九名。

许节，贯湖广武昌府江夏县，军籍，国子生，治《诗经》。字本俭，行一，年三十八，三月初六日生。曾祖文贵。祖名得。父从善，通判。母刘氏。慈侍下。弟诚、诺。娶戴氏。湖广乡试第二十九名，会试第二百七十六名。

王岳，贯直隶凤阳府宿州灵璧县，民籍，国子生，治《易经》。字希甫，行一，年三十四，五月初三日生。曾祖致远。祖景信。父泽，纪善。母方氏，继母汪氏。具庆下。弟昆、仑。娶包氏。应天府乡试第六十名，会试第七十三名。

张隆，贯山西平阳府解州夏县，军籍，国子生，治《诗经》。字世昌，行三，年三十四，六月初四日生。曾祖希孟。祖彬，赠主事。父亨。母赵氏。具庆下。兄忱、廉。娶陈氏。山西乡试第五名，会试第二百二十名。

丘天佑，贯福建兴化府莆田县，军籍，儒士，治《诗经》。字恒吉，行一，年二十八，正月二十九日生。曾祖声远。祖孔辅。父宗勉。嫡母佘氏，生母苏氏。具庆下。娶李氏。福建乡试第十七名，会试第二百七十一名。

莫立之，贯浙江杭州府钱塘县，民籍，国子生，治《易经》。字斯立，行二，年三十二，三月二十三日生。曾祖惟一。祖如德。父璋。母宋氏。具庆下。兄宗复。弟宗弼、宗祚。娶郭氏。浙江乡试第八名，会试第二百十名。

窦祥，贯河南河南府巩县，军籍，国子生，治《书经》。字文瑞，行一，年三十六，十月二十三日生。曾祖成。祖忠。父斌。母贺氏。具庆下。弟章。娶丁氏。河南乡试第六十二名，会试第二百八十二名。

张文，贯河南河南卫右所，军籍，直隶巢县人，河南府学生，治《易经》。字道显，行一，年三十二，八月初七日生。曾祖玉林。祖义。父旺。母郑氏。具庆下。弟交、玄、立。娶董氏。河南乡试第二十名，会试第八十八名。

朱英，贯直隶保定府博野县，民籍，国子生，治《春秋》。字德彰，行一，年四十，六月二十四日生。曾祖士安。祖显。父谅，司狱。前母赵氏，母夏氏。具庆下。弟杰，国子生；雄。娶葛氏。顺天府乡试第一百八名，会试第六十三名。

魏英，贯浙江宁波府慈溪县，民籍，县学增广生，治《诗经》。字士华，行三，年二十三，正月三十日生。曾祖尚圆。祖文。父元吉。母冯氏。具庆下。兄葩、义。弟夔、芳。娶钟氏。浙江乡试第十五名，会试第九十一名。

韩庭，贯直隶真定府晋州，民籍，国子生，治《书经》。字凤集，行四，年四十一，二月二十一日生。曾祖荣福。祖仲礼。父恭，训导。母雷氏。永感下。兄广，贡士；庆；廉。娶焦氏。顺天府乡试第三十八名，会试第一百六十五名。

高云，贯直隶淮安府山阳县，民籍，国子生，治《诗经》。字从龙，行一，年四十一，五月二十六日生。曾祖士达。祖伯宁。父子敬。母夏氏，慈侍下。弟甫，岳。娶王氏。应天府乡试第五十二名，会试第二百三十四名。

佘璘，贯直隶永平府滦州，军籍，广德州人，国子生，治《诗经》。字德润，行二，年四十五，正月二十五日生。曾祖庆。祖亨。父显忠，所大使。母杜氏。永感下。

兄珉。娶张氏。顺天府乡试第九十七名，会试第二百七十五名。

张缙，贯直隶松江府华亭县，民籍，国子生，治《诗经》。字廷肃，行一，年三十八，十月二十一日生。曾祖斌。祖昕。父瑄。母朱氏。具庆下。弟绅。娶庄氏。应天府乡试第六十六名，会试第二百二十三名。

周琦，贯广西柳州府马平县，民籍，国子生，治《易经》。字廷玺，行一，年四十一，正月十二日生。曾祖仕铭。祖庆甫。父礼。母吴氏。慈侍下。弟珍、璋。娶秦氏，继娶欧氏。广西乡试第四十三名，会试第一百一名。

李振纲，贯河南开封府封丘县，军籍，县学生，治《书经》。字廷宪，行一，年三十，闰九月初七日生。曾祖良。祖整。父和。母方氏。重庆下。弟振纪。娶马氏。河南乡试第六十七名，会试第一百五十三名。

常轼，贯山西泽州沁水县，民籍，国子生，治《诗经》。字时用，行四，年三十六，正月二十日生。曾祖君美。祖谦。父瑜，仓大使。母杨氏。永感下。兄昙、怀、琪。娶万氏。山西乡试第十七名，会试第一百五十二名。

赵銮，贯湖广荆州府江陵县，军籍，国子生，治《易经》。字廷振，行一，年二十九，二月二十六日生。曾祖友才。祖礼。父永清，仓大使。母李氏。严侍下。娶李氏。湖广乡试第五十六名，会试第二百九十九名。

张阎，贯浙江绍兴府会稽县，民籍，国子生，治《诗经》。字宗望，行二，年四十四，十月二十五日生。曾祖德礼。祖友善。父鹗。母邵氏。具庆下。兄堂。弟□、玉、珍。娶郑氏。浙江乡试第四十四名，会试第二百七十三名。

汪坚，贯直隶徽州府婺源县，民籍，国子生，治《春秋》。字守贞，行一，年四十六，正月二十日生。曾祖彪。祖桐。父伟。母程氏。重庆下。弟玉、坛、售、隽。娶程氏。应天府乡试第六十一名，会试第八十名。

张琳，贯山西大同左卫，军籍，国子生，治《书经》。字廷珮，行一，年四十三，闰二月二十八日生。曾祖士贤。祖荣。父政。母姚氏，继母田氏。慈侍下。弟瑄。娶石氏。山西乡试第三十五名，会试第九十六名。

崔瓒，贯直隶保定府易州，民籍，国子生，治《书经》。字宗器，行一，年四十四，七月初十日生。曾祖文升。祖秉真。父林。母田氏。具庆下。娶梁氏，继娶刘氏。顺天府乡试第二十一名，会试第二百九十四名。

闻钊，贯直隶苏州府常熟县，民籍，国子生，治《诗经》。字远明，行三，年三十五，十月十一日生。曾祖忠。祖士衡。父廷言。母王氏。永感下。兄鉴，知县；钦。弟钛。娶平氏。应天府乡试第一百十一名，会试第二百四十名。

郑寯，贯广东潮州府海阳县，民籍，国子生，治《易经》。字天民，行二，年四十，十月十七日生。曾祖遐。祖仁。父虔，赠监察副使。母李氏，封太孺人。慈侍下。兄安，按察司副使。娶黄氏。广东乡试第三十六名，会试第一百四十一名。

黄琪，贯顺天府大兴县，匠籍，浙江余姚县人，国子生，治《礼记》。字文瑞，行五，年三十三，三月初一日生。曾祖道昌。祖德受。父仕仁。嫡母沈氏，生母陈氏。具庆下。兄珉、珣、琳、琛。弟璘。娶熊氏。顺天府乡试第一百十六名，会试第一百五十四名。

孔经，贯福建邵武府邵武县，军籍，府学生，治《诗经》。字大猷，行一，年二十七，五月十六日生。曾祖得清。祖章，县丞。父昭。母谢氏，继母黄氏。具庆下。弟纶、绍、纲、缙、绅。娶王氏。福建乡试第八十五名，会试第二百九十五名。

张鉴，贯山东济南府历城县，民籍，国子生，治《书经》。字恒明，行二，年四十四，五月十八日生。曾祖思宁。祖铭。父俊，县丞。母史氏。永感下。兄镛。弟铸。娶李氏。山东乡试第四十九名，会试第一百五十一名。

赵进，贯河南开封府许州鄢城县，民籍，国子生，治《礼记》。字益之，行一，年二十九，十月十六日生。曾祖敬，府知事。祖镛。父纮。母王氏。具庆下。弟逵、述、迪。娶张氏。河南乡试第十名，会试第二百六十六名。

李淡，贯河南开封府祥符县，民籍，国子生，治《诗经》。字宗禹，行二，年三十三，六月初一日生。曾祖成。祖荣，封监察御史。父芳。母晏氏。慈侍下。兄演、弟澜；渥；源，贡士；洪；浦。娶白氏，继娶张氏。河南乡试第七十三名，会试第二百十七名。

崔岩，贯湖广郴州，民籍，州学生，治《易经》。字民瞻，行一，年二十六，十月初四日生。曾祖祯，长史。祖纲，仓大使，赠经历。父鉴，京卫经历。母戴氏，封孺人。重庆下。娶王氏。湖广乡试第四十八名，会试第一百八十名。

张昶，贯直隶大名府开州长垣县，民籍，县学生，治《诗经》。字孟明，行三，年三十二，正月十九日生。曾祖进。祖亨。父璁，教授。母黄氏，继母许氏。永感下。兄旻；冕，知县。弟昇、昺、昙、昃、晔、晜。娶焦氏。顺天府乡试第一百二十一名，会试第十名。

徐智，贯山东东昌府濮州范县，民籍，国子生，治《诗经》。字景哲，行三，年四十一，二月初二日生。曾祖二。祖文义。父良。母杨氏，继母刘氏、眢氏。具庆下。兄聪、睿。娶高氏，继娶赵氏。山东乡试第六十九名，会试第一百三十七名。

曲锐，贯山东登州府莱阳县，军籍，县学生，治《书经》。字朝仪，行一，年二十五，六月十五日生。曾祖名礼。祖从。父敬。母刘氏，继母初氏。具庆下。弟钥。娶赵氏。山东乡试第六十六名，会试第一百四十七名。

郭秉昭，贯湖广郴州桂杨县，民籍，国子生，治《诗经》。字文辉，行五，年四十一，六月十一日生。曾祖格魁。祖志珉。父润，县丞。前母何氏，母罗氏。永感下。兄秉吉、秉纲、秉通、秉曜。弟秉科。娶何氏。湖广乡试第十三名，会试第四十九名。

马祥，贯陕西西安府同州，匠籍，国子生，治《易经》。字文瑞，行二，年四十一，十月十八日生。曾祖克忠。祖叁。父英。母董氏。慈侍下。兄升。弟真。娶车氏。陕西乡试第三十六名，会试第二百二十七名。

郭绪，贯河南开封府太康县，民籍，县学生，治《书经》。字继业，行二，年三十七，六月初七日生。曾祖在丰，知县。祖浩。父杲，前母符氏，母杨氏。永感下。兄统。弟纪。娶彭氏。河南乡试第七十二名，会试第一百七十九名。

王佑，贯山东济南府肥城县，民籍，国子生，治《诗经》。字廷佐，行四，年四十一，二月二十四日生。曾祖新。祖士贤。父敬。前母李氏，母赵氏。永感下。兄义、礼、智。弟信。娶朱氏。山东乡试第二十一名，会试第二百三十二名。

以下缺四人，分别为温玺、崔璵、李文安、蔺琦履历。

张佐，贯湖广黄州卫，军籍，直隶广德州人，国子生，治《诗经》。字良弼，行一，年三十六，九月初四日生。曾祖显二。祖伯昌。父福。母丁氏，继母李氏。具庆下。弟仪。娶闻氏。湖广乡试第六十七名，会试第七十四名。

王纯，贯浙江台州府仙居县，民籍，国子生，治《诗经》。字弘文，行二，年四十八，七月二十七日生。曾祖嗣宗，训科。祖原行。父怀广。母顾氏。永感下。兄弘学。弟弘干、弘度、弘范。娶张氏。应天府乡试第八十八名，会试第一百八名。

曹佺，贯湖广郴州永兴县，民籍，国子生，治《礼记》。字存之，行三，年四十二，六月初十日生。曾祖永益。祖受聪，典史。父琏。大理寺左少卿。前母李氏，母华氏。慈侍下。兄仕，国子生；儒，义官。弟倬，义官；仪，贡士。娶李氏，继娶颜氏。湖广乡试第十名，会试第二百三十九名。

耿瑛，贯河南开封府杞县，民籍，国子生，治《诗经》。字玉光，行一，年四十，四月初十日生。曾祖思义。祖得林。父钦。母马氏，继母孔氏。具庆下。弟瑜；珣，贡士；玠，听选官；琬。娶王氏。河南乡试第三十八名，会试第三百八十一名。

蒋濙，贯江西广信府上饶县，军籍，国子生，治《书经》。字子川，行一，年三十七，四月初三日生。曾祖兼善。祖义，知县。父世魁。母徐氏。具庆下。弟泮，贡士；泗；温。娶徐氏。江西乡试第四十八名，会试第八十五名。

《成化十七年进士登科录·策问》：皇帝制曰：朕祗奉丕图，究惟化理，欲追三代以底雍熙，不可不求定论焉。夫三代之王天下，必有纪纲法度，然后可以言治。而议者乃谓，三代之治，在道不在法，岂法无所用乎？圣王立法，必有名以表实，然后可以传远。而议者乃谓，三代之法，贵实不贵名，岂名非所先乎？治不在法，则继以仁政之说似戾，法不贵名，则必也正名之说似迂，二者将何所从也？嗣是称治者，莫过于汉、唐、宋。汉大纲正，于父子君臣之道盖得矣，而其治何以不能继夫周？七制之君，知重道者，孰优乎？唐万目举，如田赋兵刑之法近实矣，而其治何以不相远于汉？三宗之内，能守法者，孰贤乎？至宋则大纲正，万目未尽举，似于唐不及。然又谓其家法有远过汉、唐足以致太平者八事，而并指其君之贤，其说又何所据也？夫法不徒行，名不苟立，古之必有处乎此者。而后世获效之不同如彼，何也？兹朕于道，必欲探其精微之蕴，于法，必欲参其制作之详，于所谓名与实者，必欲考求三代之所以相须而治，汉、唐、宋之所以不相须而治不古若者，庶几取舍明而跻世雍熙可期也。诸生学古通今，出膺时用，必审知之矣。其各殚心以对，毋略毋泛，朕将采而行焉。成化十七年三月十五日。

《成化十七年进士登科录·王华对策》：

臣对：臣闻人君之治天下，有体焉，有用焉。体者何？道是也。用者何？法是也。道原于天而不可易，所以根柢乎法者也。法因乎时而制其宜，所以品节乎道者也。道立而法未备，则民生未遂，民患未除，未足以言治。法具而道未立，则纲常沦斁，风俗颓靡，又奚足以为治哉！故善为治者，不徒恃乎法以制天下之人，要必本于道而善为法者。不徒徇乎名以诬天下之人，要必求其实焉。夏商周之所以致天下于大治者，以其有得乎此也，汉唐宋之所以治不古若者，以其胥失乎此也。然则今日欲究化理而求定论，亦惟遵三王之道，行三王之法，务使全体大用之毕举，而陋汉、唐、宋于不为可也，岂必外此而他求哉！《书》曰：鉴于先王成宪，其永无愆。此之谓也。钦惟皇帝陛下，睿知聪明，根于天性，宽仁庄敬，见于躬行，丕承一祖四宗之鸿图，默契二帝三王之心学，涵养深而天理明，历阅久而世故熟，是以十有八年之间，圣德日新，治效日隆，诚可谓大有为之君，不世出之主也。然犹不自满假，乃于万几之暇，廷集诸生，讲咨治道，且欲求一定之论，以追三代之隆。臣有以知陛下是心，其即古帝王好问好察、谋及士庶之心也。臣以草茅之微，获与诸生之列，仰承明诏，敢不俯竭愚忠，茂明大对，以少裨万分之一乎！臣惟治之体本于道，治之用存乎法。法之行必有其名，而名之立必有其实。人君所以持一定之论，而致雍熙之治者，端在于斯矣。且道莫大于纲常，法莫大于田赋兵刑。三纲不正，不足以言道。四事不举，不足以语法。臣请先以家喻之。今有巨室焉，父慈而子孝，夫义而妇听，其家道正矣。然而耕耨失其时，收敛无其术，仰不足以事父母，俯不足以畜妻子，或门庭之寇不能御，或奴隶之肆无所惩，如此而谓之家齐，不可也。其或家给人足，令行禁止，而父子夫妇之间，或有所歉，如此而谓之家齐，不可也。又或事事而为之名，以耸人之观听，而求其实，则泯然无迹之可举，如此而谓之家齐，可乎？家之于天下，势不同而理同。道也，法也，实也，名也，诚可相有而不可相无也。昔者三代之王天下，盖有法以辅其治，非专恃乎法也。其立法也，盖有名以表其实，非徒徇乎名也。臣请略举其概，如咸则三壤以制井田，差为九等以定贡赋，六师以征不序，三千而有赎条，此有夏治天下之法也。八家各授一区以为私田，八家同养公田以给赋税，设六军之制，制风愆之刑，此有商治天下之法也。详之为井牧沟洫而田有所分，纤之为九府圜法而赋有所统，司马掌九伐之法以正邦国，司寇掌五刑之制以纠万民，非成周治天下之法乎？其制田赋也，实足以裕民而足国。其制兵刑也，实足以御乱而禁奸。岂徒为虚名而已哉！矧禹之治本于祗台德先而率由典常，则其法有道以为之体，故能文命诞敷，以臻声教四被之治。汤之治本于克宽克仁而肇修人纪，则其法有道以为之体，故能表正万邦以成兆民允怀之治。文王纯亦不已，而兹迪彝教，武王建其有极，而重民五教，则周之法亦有道以为之体，此所以致有夏修和四海永清之治也。宋儒罗从彦谓三代之治在道不在法，三代之法贵实不贵名，盖言法之不可以离道，名之不可以失实耳，夫岂谓法无所用，而名非所先乎？三代而后，称善治者莫过乎汉、唐、宋，若秦隋五季之流，皆无足齿矣。汉高祖用三老之言，而发义帝之丧，赦季布之罪，而戮丁公之叛，则君臣之义以明。因家令之言，而尊礼太公，高四皓之名，而割爱衽席，则父子之伦无失。是大纲正而道得其概矣。惜乎规模虽宏远，而多袭嬴秦之旧，

《诗》、《书》之不事，而未脱马上之习，故其时去成周虽未甚远，而田赋兵刑之类，多缺典矣。果能如三代之治，道法兼资者乎？汉有天下，历年四百，高祖而下，若文帝之躬修玄默，武帝之雄才大略，宣帝之信赏必罚，光武之沉几先物，明帝之遵守成宪，章帝之宽厚长者，亦皆一世之贤君，王通取之为七制，宜矣。然以重道言之，则圣贤大学之道，概乎其未之有闻，臣未敢必其为孰优。此汉之治所以止于汉也。唐太宗制口分世业之田，租庸调之法，仿佛乎先王田赋之遗意，定上中下府兵之制，五覆奏三讯之刑，依稀乎先王兵刑之旧规。是万目举而法近乎实矣。惜乎制度虽益详，而不能自身推之于家，纪纲虽益密，而不能自家达之于国，故其法视两汉虽若过之，而父子君臣之间多惭德矣。果能如三代之法，名实相须者乎？唐有天下，传世二十，太宗而后，若玄宗之削平内难，励精政事，几致太平，宪宗之刚明果断，能用忠谋，克除僭叛，亦皆继世之令主，史臣取之为三宗，当矣。然以守法言之，则二帝三王之法，邈乎其未之能及，臣未敢必其为孰贤。此唐之治所以止于唐也。逮宋室之兴，太祖开基，事周后如母，爱少帝如子，鞭朴不施于殿陛，骂辱不及于公卿，慈闱一言，载在金匮，舍子立弟，付托得人，其大纲可谓正矣。但其兵虽有三卫四厢之制，而不足以御外侮，刑虽有折杖常刑之典，而不足以禁奸吏。天下之田虽二十税一，而未能合乎井牧沟洫之制。役民之法虽因乎唐制，而未若租庸调法之详。其万目则未尽举也。夫大纲虽正，万目未举，似于唐不及也。而其家法之善，则有过于汉、唐者焉。吕大防尝言，前代人主朝见母后有时，祖宗以来朝夕皆见，此事亲之法也。前代大长公主以臣妾之礼见，仁宗以侄事姑，此事长之法也。前代宫闱多不肃，本朝宫禁严密，此治内之法也。前代外戚多预政事，本朝不许预事，此待外戚之法也。前代宫室多尚华侈，本朝宫殿止用赤白，此尚俭之法也。前代人主在宫禁出舆入辇，祖宗步自内庭出御后殿，此勤身之法也。前代人主在禁中，冠服苟简，祖宗以来燕居必以礼，此尚礼之法也。前代多深于用刑，惟本朝臣下有罪止于罢黜，此宽仁之法也。凡此八事，信乎家法之过汉、唐矣。太祖而下，如太宗之恭俭好文，真宗之宽仁慈爱，仁宗之力行恭俭，英宗之优礼大臣，庶几其贤者欤！惜其仁厚有余，而刚断不足，此宋之治亦止于宋而已。夫法非自行，必本于道而后行，名非自立，必有其实而后立。古之人皆有以处乎此，而后世获效之不古若，岂非以其或有体而无用，或有用而无体钦？洪惟我朝太祖高皇帝创业垂统，用夏变夷，《大诰》申明五常之义，律令详著万法之条，养民有田，足国有赋，御暴有兵，禁奸有刑，大纲毕正，万目具举，其弘模丕范，诚足以超越三王，垂示万世矣。列圣相承，重光继照，至于陛下，祖述宪章，克笃前烈，大孝尊亲，上隆欢于慈极，彝伦敦叙，下疏爱于天潢。分田赋民，惟祖宗之成宪是遵，练兵用刑，惟祖宗之旧典是式。总万善于一身，光百王于千载，其于道法兼资之要，名实相须之义，固已洞烛于渊衷矣。然犹于道欲探其精微之蕴，于法欲参其制作之详，于所谓名与实者，欲考求三代之所以相须而治，后世之所以不相须而治不古若者，臣以为此无他，在陛下一心转移间耳。盖人之一心，至虚至灵，所以具众理者在是，所以应万事者在是。但为气禀所拘，物欲所蔽，其全体大用，始有不明矣。陛下诚能先明诸心，复其本然之正，去其外诱之私，不为后世驳杂之政所牵滞，不为流俗因循之论所迁惑，则于道也，必能探求其精微，而见于日用彝伦之间，莫不各有以尽其当然不易之则矣。于法也，必能参详其制作，而形于纪纲法度之际，莫不皆有以成其巍然广大之业矣。至于考其名实，则知夏、商、周之精详，非若汉、唐、宋之阔略，而其得失之际，又岂待辩而明哉！程子曰：必有《关雎》、《麟趾》之意，然后可以行周官之法度。是知道与法必兼资，而后可以言乎治。孔子曰：君子名之必可言。是知名与实必相须，而后可以传诸远。然而道与法兼资，名与实相须，孰谓不在陛下方寸间耶？虽然，人君之治，固本于一心，而正心之要，尤在于意诚。《大学》曰：欲正其心者，先诚其意，使意有不诚，则无以正其心，而推于治矣。臣愿陛下穷理以致其知，存诚以立其本。而凡一念将发之顷，必察其天理人欲之几。天理邪？必循之而造其极。人欲耶？必遏之而绝其根。大庭广众之中，固此诚也，深宫燕闲之地，亦此诚也。念念相承，无少间断，则一理浑融，万几密勿，将见体用兼全，本末具举，陛下今日之治道，与三王同一道心之精微，陛下今日之治法，与三王同一时中之妙用，而盛治之效，亦将与三代比隆矣。区区汉、唐、宋之治，何足言哉！昔宋儒朱熹入对，有戒其勿以正心诚意之说进者，熹曰：吾平生所学在此四字，岂敢隐默以欺吾君。臣尝诵此以自箴警。今承明诏，故于篇终直举平昔所得于学者以为献，亦何敢负所学以欺吾君父耶？臣不胜惓惓之至，伏惟陛下留神察焉，则天下幸甚，万世幸甚！臣谨对。

《成化十七年进士登科录·黄珣对策》：

臣对：臣闻治本于道，而道之行寓于法。道本于心，而心之主在乎诚。盖道为出治之本，法乃辅治之具，而其立法必有名以表之，有实以称之，是皆可相有而不可相无者也。苟非本于一心之诚，则犹无源之水，虽盈而易涸，无本之木，虽植而必僵。何以使道法之兼举，名实之相须，而成极至之治哉？惟古三代之君，能存此心之诚，故行道则为至道，立法则为良法，名当其实，实称其名，此夏之所以为夏，商之所以为商，周之所以为周也。下逮汉、唐、宋诸君，非不欲致其治也，但不能存其心耳。非不欲存其心也，但不能主于诚耳。故或大纲正而万目不举，或万目举而大纲不正，名无以当其实，实无以称其名。此汉所以止于汉，唐所以止于唐，宋所以止于宋也。钦惟皇帝陛下，聪明睿知，孝友温恭，一德清明，万境澄澈，行祖宗列圣之道以制治，一此心之诚不杂也。守祖宗列圣之法以保邦，一此心之诚不渝也。大纲毕正，万目具举，法有其实，实称其名，所以跻世雍熙，追踪三代，端在于此矣。然而图治之心惟日不足，乃于万几之余，进臣等于廷陛之下，谆谆恳切，访以治道，必欲求一定之论以追复三代之盛，臣虽至愚，敢不拜手稽首，殚厥心思，以对扬休命于万一乎！臣窃惟古之为治，有道焉，有法焉。道者大纲也，法者万目也。治非道无所本，道非法无所寓。故必道与法兼举，然后可以言乎治而无失。法之所立，有名焉，有实焉。名者实之宾也，实者名之主也。名非实无以显，实非名不能永。故必名与实相须，然后可以传诸远而无弊。臣尝观于三代之治，大禹率由典常，而文命四敷。成汤肇修人纪，而九围是式。文王兹迪彝教，武王重民五教，道固无不正也。底慎财赋而设学校之教，军将皆卿而立司马之政，有典则以贻子孙，制官刑以儆有位，六典八法之皆全，五礼六乐之咸备，法亦无不举焉。道无不正，治无不举，非无自也，一本于此心之诚也。圣策询以三代之治有纪纲法度，而疑在道不在法，臣愚有以知陛下欲行治道，举治法，以成至治，即孔子所谓道之以政，齐之以刑，道之以德，齐之以礼之意也。彼谓在道不在法者，非不用法也，但不专于法耳。不然，则继以仁政之说，不几于戾乎！三代之法，其建学以教民也，如庠以养老为义，序以习射为义，庠序之名立，而家无不学之人，人必行艺之著。制产以养民也，如乡遂用贡法，都鄙用助法，贡助之名立，而野无不耕之土，下无游惰之民。以兵言之，简其车赋，历其卒伍，不徒立军旅什伍之名而已，而干城敌忾之人，自满于戎行。以刑言之，凡制五刑，必即天伦，不徒立墨劓剕宫之名而已，而枉挠不当之弊，何有于官府？名以永其实，实以称其名，非无故也，一本于此心之诚也。圣策询以圣王立法，必有名以表实，而疑贵实不贵名，臣愚有以知陛下欲求夫实称其名，以立良法，即孔子所谓名之必可言，言之必可行之意也。彼谓实不贵名者，非不贵名也，但不务其名耳。不然，则必也正名之说，不几于迂乎？臣又观于汉、唐、宋之时，汉高祖发义帝之丧，正丁公之罪，而君臣之义明。礼太公之尊，悟四皓之至，而父子之伦厚。睦周亲也，连城以封同姓。崇圣道也，太牢以祀孔子。大纲之正，可美也。嗣是而治者，若文帝之以德化民，武帝之雄才大略，宣帝之励精图治，光武之克复旧物，明帝之养心恭俭，章帝之务从宽厚，皆汉之贤君，固宜有七制之称也。自七制之中而论之，则尊师重傅，临雍拜老者，岂不为知重道而优乎！惜夫耳目为明，流于苛察，尚乏弘人之度。优者如此，余可知矣。《传》曰：徒善不足以为政。汉大纲虽正，万目未举，所谓徒善也。则汉之治不能继美于周也，明矣。原其所自，岂非此心之诚未至而杂于霸欤？圣策以汉大纲正而治不能继夫周，及以七制之优者为问，臣愚有以知陛下欲鉴汉之失，而思匹休于三代，容肯徒善而已哉！唐太宗之制田赋也，易粟米之征而为租，易布缕之征而为调，易力役之征而为庸，故有田则有租，有家则有调，有身则有庸，盖依稀乎先王田赋之制。其制兵刑也，分百人千人万人之伍，而有下府中府上府之名，去断趾鞭背之刑，而有三覆五覆之奏，盖仿佛乎先王兵刑之制。万目之举，可嘉也。嗣是而治者，若玄宗励精政事，好贤乐善，开元之间，几致太平。宪宗刚明果断，志平僭叛，能用忠谋，不惑群议。皆唐之贤君，固宜有三宗之称也。自三宗之内而论之，则祖宗威令既□□振者，岂不为能守法而贤乎！惜夫信用非人，□□其业，卒罹不测之祸。贤者如此，余可见矣。《传》曰：徒法不能以自行。唐万目虽举，大纲不正，所谓徒法也，则唐之治不能相远于汉也，宜矣。迹其所由，岂非此心之诚未至而杂于夷欤？圣策以唐万目举而治不相远于汉，及以三宗之贤者为问，臣愚有以知陛下欲鉴唐之失而思媲美于三代，容肯徒法而已哉？至如宋太祖兴仁义之治，知九经之义，母事周后，子爱少帝，待降主以宾礼，易节镇以儒臣，金匮一盟而允尽母子兄弟之道，杯酒一言而克全君臣勋戚之义，大纲固正矣。然以诗赋记诵而取士，以科名资历而叙位，选宿卫而沿五代之旧，教宗室而失先王之制，万目则未能尽举焉。宋之大纲正，万目未尽举，疑若不及于唐矣。然而其家法之善，则有非汉、唐之所可及者。观其事母后皆朝夕见，此事亲之法也。事大长公主以姑礼，此事长之法也。宫禁极其严密，则治内之法以得。外戚皆不预政，则待外戚之法以得。他如尚俭□□之法，无一不践其实，尚礼宽仁之法，无一不得其当。此又家法之善远过汉唐而足以致太平之治也。就其君而论之，若太宗之丰功伟绩，史不绝书，□宗之政从简易，宽仁慈爱，皆可谓有宋守成之贤君。又不若仁宗之恭俭仁恕，擢任贤才，上以体一祖二宗之心，下以肇濂洛道统之源，存心制治，无可议者为尤贤也。然郭后之事，白璧微瑕，是宋之治不能比隆于三代者，又岂非此心之诚未至，而不能无所杂欤？圣策及此，臣愚又有以知陛下是心，欲鉴有宋之失而必复三代之治也。天下臣民何其幸哉！仰惟陛下望道未见，求言若渴，又于圣策终篇，欲闻道法名实之详，为当今取舍之宜，是在圣心一转移之间，有余裕矣，而乃下询微陋。臣愚以为道也者，日用事物当然之理也。原于天命，具于人心，其文则《易》、《书》、《诗》、《礼》、《乐》、《春秋》，其伦则君臣父子夫妇长幼朋友。于此而探之，则精微之蕴岂外是邪？法也者，古昔帝王致治之具也。防范人心，纲维世教，所以劝善而惩恶者在是，所以利用而厚生者在是。于此而参之，则制作之详不在是耶？三代之治，道法兼举，名实相□，□□□底雍熙，而非后世之所能及也。汉、唐、宋□□□废，名实相违，所以治不古若，而不能比隆三代也。夫既知三代之治如此，汉唐宋之治如彼，则取舍其有不明也哉！舍彼而不行，取此而必行，则治道其有不成也哉！虽然，勤始怠终乃古今之通弊，进锐退速实天下之同情。臣所陈精微之蕴，陛下固已深究之。然道至广而无穷，愿陛下以此心之诚，始终体而行之，务有以得其实，则如孔子所谓圣人久于其道，而天下化成矣。臣所陈制作之详，陛下固已身行之，然法有时而或弊，愿陛下以此心之诚，始终守而行之，务有以臻其实，则如张子所谓法立而能守，则德可久，业可大矣。三代名实相须之迹，汉、唐、宋不相须之弊，臣悉陈之矣，然知之非艰，行之惟艰，愿陛下推此心之诚而求之，以今日之已行，求他日所未行，必循名以责实，使名实相须者，再见于盛世。以今日之不为，鉴他日所忍为，不失实以务名，使名实相违者不形于政治，则如程子所谓至诚一心，以□□之治为必可行，不狃滞于近规，必期致天下如三代之世矣。若此则所取者必合乎天理，所舍者必适于时宜，天下之大纲于此而益正，天下之万目于此而益举，由是可以格天心而正人极，由是可以贞百度而一民心，由是可以绵宗社于万万年之远，而三代雍熙之盛，端在今日矣，彼区区汉、唐、宋之治，奚足言哉！夫克臻治效之盛，一本于此心之诚如此。臣故始终以此心之诚为陛下献者，此愚臣遇得言之时，尽献言之诚，以仰副陛下策士求言之盛心也。臣学不足以博古，才不足以通今，但所言必本于古道而不敢泛，所陈必切于时事而不敢略。惟陛下不以言之浅近，少加睿览，天下幸甚，愚臣幸甚！干冒天威，不胜战栗恐惧之至。臣谨对。

《成化十七年进士登科录·张天瑞对策》：

臣对：臣闻圣王之御极也，必道与法兼举，而洽雍熙之治。其立法也，必名与实相称，而垂远大之图。要皆本于一心之仁而已。盖道者法之体，法者道之用，不兼举不足以言治。实者名之主，名者实之宾，不相称不足以言法。而仁又道法名实之本也。苟心有未仁，则道法何以兼举，名实何由相称哉！古之王者所以不患道法之不举，名实之不称，而惟患吾心之未仁。吾心既仁，则以之致治，必道立而法行。以之立法，必名正而实称。故雍熙之治浃洽于当时，远大之图垂布于后世。此夏、商、周三代之所以隆盛，而莫或能及之也。若汉、唐、宋之君，心在治安，志存垂裕者，非不欲比迹三代之隆，夫何私欲间杂，仁心沦丧，虽欲举道法而道法俱废，虽欲正名实而名实俱隳。或偏陂无轻重之伦，或苟简无本末之分，其视三代之治，不啻碔砆之与美玉，又安能比其隆盛也哉！洪惟我朝，太祖高皇帝龙飞淮甸，以仁心而创莫大之业，太宗文皇帝肃清家邦，以仁心而弘悠久之基，仁宗昭皇帝、宣宗章皇帝、英宗睿皇帝又皆率由旧章，一仁心之相传，而尽继体守成之责，道法兼举，名实相须，四海九州讴歌太平之盛，群黎百姓优游神化之休。声名洋溢于八殥，治效远追乎三代。彼区区汉、唐、宋之治，诚无足道矣。钦惟皇帝陛下，以神圣之资，嗣祖宗之位，孝隆慈闱，仁被率土，天人叶应，华夏归心。当此治平之时，似若可以少休矣，然犹体道谦冲，不自满假，复进臣等于廷，载颁清问，用求治理。顾臣韦布之贱，何以上揆渊衷，而对扬休命乎！虽然，迩言若不必察也，而虞舜察之，容或触其善心。刍荛若不必询也，而先民询之，亦或存乎至理。《经》曰：杨园之道，猗于亩丘。盖言贱者之言，或补于君子。又曰：如彼飞虫，时亦弋获。盖言愚者之虑，或有于一得。臣惟愚贱，荷陛下教养之恩有日，乐陛下岂□□□有年，苟不罄其所见，而效一得之愚，则不□□□□□治之盛心，而亦自负于平生也。所抱负之所□□□□岂臣子事君之本心哉。窃惟昔者，禹受舜禅，惟精惟一，而允执厥中。汤革夏正，克宽克仁，而顾諟明命。文王则视民如伤，而止于仁。武王则胜殷遏刘，而建其极。是皆仁心之实，而所谓精微之蕴也。孟子谓，三代之得天下也以仁，盖本于此。惟其有是仁心，故凡道法名实，皆由是而出。以言其道，则君臣有义，而朝廷之上，肃肃如也。父子有亲，而家庭之间，雍雍如也。以言其法，则大纲小纪，极综理之周，初不举此而遗彼。制度文为，极维持之密，亦未尝弃本而逐末。其道法兼举而无遗如此。是以当时声教四讫，式于九围，以受方国，皇以间之，而成至治之休焉。其立法也，名正言顺，实与名俱。以名言之，如养民之政，乡遂都鄙有贡助彻之殊。教民之政，乡党州间有庠序校之异。以实言之，则什一为天下之中正，而豪强贪暴者不容。明伦为学校之首务，而梗化冥顽者无有。其名实相称而不偏如此。是以□时告厥成功，受命不殆，克开厥后，贻厥□□□无穷之泽焉。盖尝论夫欲善治者，非道无以□□□非法无以达诸用。是不惟不相悖，而实相求也。彼罗仲素谓三代之治在道而不在法者，虽讲□□□原之论，然质以孟子圣人既竭心思，继之以不忍人之政之说，则所继者政，而所以继之者道也。是道亦寓于法，而法非无所用矣，夫何庚邪？□立法者，非名无以表实，非实无以正名，是不惟不相庚，而又必相须也。彼罗仲素谓三代之法贵实而不贵名者，虽曰崇质务实之评，然考诸卫君待孔子为政，而孔子有必也正名之说，则所正者名，而所以正之者实也。是名必根于实，而正名在所先矣，夫何迂邪？若夫继周而王者汉也。汉有天下，如高祖发义帝之丧，戮丁公之叛，则君臣之义以明。纳四皓之请，定储贰之建，则父子之亲以笃。其于纲常伦纪为不失，故说者谓汉之大纲正焉。然大纲虽正而有所未纯，况贾谊请兴礼乐，而文帝让以未遑，仲舒请兴学校，而武帝梏于私欲，取士虽有四科之目，而誉髦斯士之遗意不存，约法虽有三章之格，而刑期无刑之典则无有。是万目又有所未举也。此汉之治所以终于杂霸而□□□人周焉。文中子论汉取高文武宣光武明章□□□，就七制之中，而论其知重道者，则明帝之□□重傅，临雍拜老，似为独优，然亦过于察慧世不□□□□。继汉而王者唐也。唐有天下，如高祖立□□□法，丁中之民给田一顷，笃疾减什之六，癃□减什之□，皆以什之二为世业，而田赋之制以行。太宗之制兵，有百人为下府，千人为中府，万人为上府之分。制刑有三覆奏五覆奏，除断趾禁笞背之例，而兵刑之法以定。其于制度条目颇详悉，故说者谓唐之万目举焉。然万目虽举，而有所未尽。况太宗之胁父臣虏，而亏君臣父子之道。戕乱闺门，而无兄弟夫妇之伦。高宗之贻祸家邦，明皇之腥秽人纪，是大纲又有所未正也。此唐之治所以竟为杂夷而不相远于汉焉。欧阳子论唐取太宗、玄宗、宪宗为三宗，就三宗之中而论其能守法者，则宪宗之刚明果断，能用忠谋，似为独贤。然亦晚年信奸溺邪，世不能无议焉。汉、唐之所以一止于杂霸，一止于杂夷如此者，庸非仁心之未尽，而道法不能兼举，名实不能相称欤？至若继唐而有天下者宋也。议者谓其大纲则正，万目未尽举，又若有劣于唐矣。然考之当时，宰执吕大防进言，以为祖宗以来，事母后皆朝夕见，仁宗以侄事姑□□人礼，宫禁极内外之严，贵戚得驾驭之术，其□者尚俭勤身之类，皆祖宗家法所以致太平者。若□□之贤，如史臣谓太祖为英仁之王，盖以其聪明□□□达大度而言。谓太宗有帝王之略，盖以其仁恕恭俭好文守成而论。真宗宽仁慈爱，谓其有帝王之量，诚非溢美。仁宗恭俭仁恕，谓其为至仁之主，亦非夸谥。四圣相继，百年太平，亦云盛矣，抑何下于汉、唐哉！但其仁心有未□一，道法终不尽举，名实或不相称，所以宋止于宋，而究不能比隆于三代之盛也。夫法不徒行，而必原于道，名不苟立，而必根于实。举道法正名实而皆本于心之仁，此三代之所以隆盛，而汉、唐、宋之英君谊辟，有不得而仿佛其万一焉。今陛下策臣，以为于道必欲探其精微之蕴，于法必欲参其制作之详，于所谓名与实者，必欲考求三代之所以相须而治，汉、唐、宋之所以不相须而治不古若者，庶几取舍明，而跻世雍熙之可期，臣愚有以知陛下之心，仁天下之心也。且今天下苍生，皆倾心以归至治，而陛下乃又锐意于此，尚何治道之不底于雍熙哉！夫道原于心，法见于事，三王之道原于心，陛下必欲操精微之蕴，宜求诸三王之□术，若精一执中□□，是□三王之法见于事。陛下必欲知制作之详，宜考诸三王之事业，若井田学校□□□实以正名，名以表实，三代名实，相须而治，臣愿陛下取之以见于行，汉、唐、宋名实不相须而治不古若，臣愿陛下舍之而有不为。然其所以取之以见于行，与舍之而有不为者无他，亦惟在仁其心而已矣。臣生长草莱，尝闻陛下以仁心而举道法矣，暂得遽失不可也，必久暂一致而后可。尝闻陛下以仁心而正名实矣，勤始怠终不可也，必始终如一而后可。如居处，如执事，如与人，时有动静之殊也，心有不存，非所以为仁，必存心于是而不以动静或渝。若朝廷，若百官，若万民，地有远近之分也，此心少间，非所以全仁，必存心于是，而不以远近或忽。视听不以礼，仁心则为之斫丧，要必一于礼而极防闲之密。言动不以礼，仁心则为之晦蚀，要必一于礼而极持守之坚。进君子，退小人，于以养此心，而辅吾仁。辟异端，崇圣学，于以正此心，而全吾仁。保百姓如赤子，务□□□吾之仁心而不使之有伤。视群臣为手足，务□□□吾之仁心而不使痿痹。若然，则人欲日消，天理日明，道法由是而可举，名实由是而可正，祖宗之业可绵亘于无穷，三代之治又岂不可追复于今日哉！先儒胡仁仲有云：仁心立政之本。要之，举道法而正名实，祖述禹汤文武之道，宪章祖宗列圣之法，以洽雍熙□□，以垂远大之图，一皆本于此。臣敢以是为终篇献，伏愿陛下万几之暇，少垂睿览，而留意焉，则宗社幸甚，天下幸甚，万世幸甚！干冒天威，不胜战栗恐惧之至。臣谨对。

杨春中进士。其子杨廷和已中成化十四年进士。沈德符《万历野获编》卷十六《科场·子先父举进士》："近代曾阳白少参后其子省吾三科，登嘉靖壬戌进士，董龙山给谏后其子嗣成二科，登万历癸未科进士，人所知也。前此四川新都杨春号留耕者，以成化乙酉举乡试，又十七年辛丑始举南宫，时已年四十有六，其长君廷和已先登进士，为翰林检讨矣。初仕行人司正，官至湖广提学佥事。告归在林下二十年，受乃子少师之封，以正德乙亥终于家，时年八十，较之曾少参者而见其子削夺籍没，董给谏不及送乃父之终，其全福真为罕睹。留耕翁之登第后十年，同乡万文康卒，其爱妾拥赀数万，为其所得，遂为富人，是时留耕亦将耳顺矣。其它如吾乡包樨芳，亦先其父汴登甲榜一科。"

宋瑞仪（1447—1501）中本科进士。官至广东提学佥事，有《考亭渊源录》等。张萱《西园闻见录》卷四十五《提学·往行》："宋宪副端仪，尝董学广东。既下车，严立教法，大要以崇本实、黜浮华为主，而痛抑奔竞，革奸弊以防坏法之源，纤悉具备，皆凿凿可行。所辖诸郡县，方行民口之例，富家大族争欲遣子弟入学，以图幸免，至于各学生徒廪缺，亦皆争请补，干托纷然，甚至有行贿赂者。君曰：'是吾行未孚于人也。'于是凡一士之进，一廪之给，咸秉至公，虽忤权贵，弗恤也。所属广州，析番禺、南海、增城三县地，增设龙门县，并立学，补弟子员。时请托之风犹未弭，君乃核三学之士产所当析之地者，又试其中之堪廪食者，翼日立之于庭，以廪、增之额定于签，数足而止，自是广之人士深信服之。其后新宁亦设县，遂无复有请托者矣。君莅官不立赫赫之威，务欲以身表率诸生。考校命题，不先立己意，一以经传为主。试之日，端坐，俾其从容思索，展尽底蕴，随文取去。有戾经传者，虽工不得置前列，学者骎乎知所向方。而君亦不惮劳勤，虽蛮烟瘴毒之地，靡不躬历。若琼、崖诸州，远在海岛中，前此有九年仅一试者，君未及五载，已两涉鲸波矣。"

四月

左春坊左中允周经乞省亲，许之。（据《馆阁漫录》卷六《成化十七年》）

命太监怀恩同三法司录囚。《明鉴纲目》卷四："纲：辛丑十七年，夏四月，命司礼监同法司录囚。目：命太监怀恩，同三法司录囚。自是每五岁，内臣审录以为常，谓之大审。南京则命内官守备行之。初，成祖定热审之例，仁宗命阁臣会审，宣宗命三法司同公侯伯朝审，至帝罢不行。而内臣大审，所矜疑放遣尝倍于热审。于大理寺为三尺坛，中坐，赍敕张盖，三法司左右坐，御史郎中以下捧牍立，唯诺趋走惟谨。三法司有所出入轻重，俱视中官意，不敢忤。"

五月

编修丁溥居家，与华亭县主簿梁桂乘醉忿争。桂因奏发其平日请托诸事，事连御史柳淳，命俱执问如律。（据《馆阁漫录》卷六《成化十七年》）

右通政赵侃卒。普定卫人，天顺甲辰进士。（据《国榷》卷三十九）

七月

吴节（1397—1481）卒。《馆阁漫录》卷六《成化十七年》："七月甲戌朔。辛卯，致仕太常卿兼侍读学士吴节卒。节字与俭，江西安福人。宣德庚戌进士，选庶吉士，授编修，秩满，升侍读。景泰立，升南京国子监祭酒，满九载，加从三品禄。上初即位，修《英庙实录》，以节尝与修《宣庙实录》，知典故，召为副总裁。既至，改太常少卿兼侍读学士。书成，进本卿，兼官如故。未几，丁母忧，赐祭葬。服除，诣阙谢，遂乞致仕，时年已七十馀。既得请，家居十馀年卒，年八十五。讣闻，遣官葬祭。节为人平易质直，信人不疑，为文如其为人。初治《春秋》学，与同学刘球齐名，又同入翰林，学《春秋》者多师二人，而节之徒尤众，后进宗之，安福《春秋》遂擅名于天下。其为祭酒，承陈敬宗之后，敬宗师道严甚，流为寡恩，节矫之以宽，士类悦服，久之流于纵弛，然声望远不逮敬宗。"《国榷》卷三十九："成化十七年七月辛卯，前太常寺卿兼翰林侍读学士吴节卒。节字与俭，安福人，宣德庚戌进士。馆选，授编修，进侍读。景泰初，领南京祭酒。成化初，召改太常少卿。《实录》成，进寺卿。平易质直，善《春秋》。年八十五。赐祭葬。"

监生李春保奏，故沐瓒子诚可嗣副总兵，镇守云南。上怒，下锦衣狱。（据《国榷》卷三十九）

八月

编修董越服阕复任。（据《馆阁漫录》卷六《成化十七年》）

九月

升编修商良臣为侍讲，以九年任满。（据《馆阁漫录》卷六《成化十七年》）

十月

壬戌，赐太子太保、吏部尚书兼谨身殿大学士万安诰命，授从一品散官勋阶。（据《馆阁漫录》卷六《成化十七年》）

十一月

允贵州程番府府学岁贡生员一人。《明宪宗实录》卷二百二十一：成化十七年十一月，"己卯，贵州程番府知府邓廷瓒奏：'本府新立学校，土官土人子弟在学者，乞岁贡一人，如选贡例。'上曰：'朕以蛮夷率化，既建学置徒，比之内地，但科举之业，未可猝成，宜岁贡生员一人，俾观我国光，相劝于学，以称立贤无方之意。'"

何乔新巡抚山西。蔡清《椒邱先生传》："成化十七年冬十一月，升都察院右副都御史，巡抚山西，兼督三关兵备。"

十二月

甲辰，命詹事府詹事彭华兼学士，仍掌府事。（据《馆阁漫录》卷六《成化十七年》）

明宪宗成化十八年壬寅（公元 1482 年）

正月

升修撰陆钺为右春坊右谕德，以九年任满也。（据《馆阁漫录》卷六《成化十八年》）

二月

戊辰，编修刘震服阕复任。（据《馆阁漫录》卷六《成化十八年》）

三月

　　复罢西厂。《馆阁漫录》卷六《成化十八年》："三月己巳朔。壬申，复罢西厂。太监汪直既在大同不得还，六科、十三道交章奏其苛察纷扰，大伤国体。得旨：'朝廷自有处置。'于是内阁臣太子太保万安约太子少保刘翊曰：'西厂为害久矣。今科道欲革之，朝廷不从，吾辈岂可坐视，当有以劝上，宜从众言。'翊不然，曰：'西厂行事，有何不公道也？'安曰：'公不欲，吾自为之。'乃自署名题云云。疏入，上乃罢西厂，中外欣然，翊有惭色。"《明鉴纲目》卷四："纲：壬寅十八年，春三月，罢西厂。目：小中官阿丑，工俳优，一日于帝前为醉者谩骂状，人言驾至，谩如故，言汪太监至，则避走，曰：'今日但知汪太监也。'又为直状，操两钺，趋帝前曰：'吾将兵仗此两钺耳。'问何钺，曰：'王越、陈钺也。'帝欣然而笑，稍稍悟。会东厂尚铭，获贼得厚赏，直怒其不先告己，铭惧，乃廉得其所泄禁中秘语，奏之，且尽发王越交通不法事，帝心始恶直。时直、越方在宣府，以敌退请班师，不许。陈钺居兵部，代为请，帝切责之，两人始惧。至是，悉召还京营将士，移直、越镇大同，宠日衰。言者交章请罢西厂，许之。请罢陈钺，调王越镇延绥，降直南京御马监，罢西厂不复设，中外欣然。"

四月

　　郑环卒。《馆阁漫录》卷六《成化十八年》："四月己亥朔。南京太常少卿郑环卒。环字瑶夫，浙江仁和人。天顺庚辰进士及第，授编修。预修《英庙实录》，书成，迁修撰。《续资治通鉴纲目》成，转司经局洗马。未几，擢南京太常少卿。至是以三年考满入朝，卒于旅寓，赐以祭如例。环性方介自守，有所不为，为文不尚华藻。所至与人多不合，其在太常，寮寀颇不堪之，然无他肠，人亦不深咎云。"

　　辛丑，右春坊右庶子汪谐服阕复任。丁卯，编修王鏊服阕复任。（据《馆阁漫录》卷六《成化十八年》）

　　琉球国中山王尚真奏请以其陪臣之子蔡宾等五人于南京国子监读书，许之。《明宪宗实录》卷二百二十六：成化十八年夏四月甲辰，"琉球国中山王尚真奏：乞以其陪臣之子蔡宾等五人于南京国子监读书。礼部按洪武、永乐、宣德间例以闻。上曰：'海南远夷，向慕文教，朕甚嘉之。矧在先朝，已有旧制。其令蔡宾等于南监肄业，有司岁给衣服廪饩，毋令失所，务俾通知中国礼义，永遵王化，顾不美欤？'"

五月

　　故刑部右侍郎林鹗子薇援例乞入监，不许。曰："荫叙大臣，所以崇德报功，示激劝也。自今京官三品以上，果政绩显著，许一子自陈，试能通经方入监。其容容保位者

毋滥授。"（据《国榷》卷三十九）

五月己巳朔。辛巳，升南京太常少卿刘宣为本卿，掌国子监事，寺丞牛纶为少卿。辛卯，太子少保、礼部尚书兼文渊阁大学士刘吉奔丧居家，以不允终制，复驰奏，辞甚恳切。奏上，诏曰："葬事既毕，卿宜还京就职，务图公义，岂可昵于私情，又求终制。不允。"仍赐玺书，遣鸿胪寺官赍往趣之曰："卿丧事已毕，亦可少输人子之情，而可念念私恩，力求终制至于再三乎？《传》不云：'无私恩，非孝子；无公义，非忠臣。'今卿受直密勿之地，非他百职事比。敕至，须束装来京，公尔忘私，以勉副委任。故敕。"（据《馆阁漫录》卷六《成化十八年》）

六月

夏言（1482—1548）生。据《四库全书存目丛书》集部第74册，《夏桂洲先生文集》附《夏桂洲先生年谱》："宪宗纯皇帝成化十八年壬寅。是岁……六月二十九日辰时，先生诞于城西莲子巷。"字公谨，贵溪人。正德丁丑进士，授行人。擢兵科给事中，历吏科都给事中，擢侍读学士，进少詹事，兼翰林学士，掌院事。历礼部侍郎，进本部尚书，加太子太保，进少傅、太子太傅，兼武英殿大学士，入参机务。加少师，特进光禄大夫、上柱国，进吏部尚书、华盖殿大学士。以忤旨再致仕，落职闲住。寻起故官，议复河套，为严嵩所构，弃市。隆庆初追谥文愍。有《桂洲集》十八卷。

七月

壬申，命太子少保、礼部尚书兼文渊阁大学士刘吉复任视事，以奔丧事竣，敕取回京也。戊子，授庶吉士江澜为编修，张芮为检讨。（据《馆阁漫录》卷六《成化十八年》）

毛伯温（1482—1545）生。据徐阶《明故光禄大夫太子太保兵部尚书东塘毛公墓志铭》："乙巳五月，公病疽，遂以六月一日卒于家，距生成化壬寅七月初六日，享年六十四。"字汝厉，吉水人，正德戊辰进士，除绍兴府推官，征拜河南道御史，历按福建、河南、湖广，升大理寺丞，擢都察院右佥都御史，巡抚宁夏、山西、顺天。回理院事，升右副都御史、工部尚书，改兵部。从驾南征，加太子太保。天启初，追谥襄懋。有《毛襄懋先生文集》八卷、《别集附年谱》一卷、《御书世汇》三卷、《荣衰录》一卷、《幽光集》二卷附书一卷、行状一卷、墓志铭一卷，《东塘集》十卷。

命云南岁祭故学士王祎。从巡抚吴诚之请。（据《国榷》卷三十九）

闰八月

太子少保刑部尚书林聪卒。聪字季聪，宁德人，正统己未进士。授给事中。平居恂恂，不为斩绝之行，遇事敢言。景泰中，为谏臣首。及居显位，不严而肃。晚徇汪直，辽东之狱，议者病之。年六十六。赠少保，谥庄敏。（据《国榷》卷三十九）

十月

詹事府詹事彭华为其乡人所讦，诏宥其罪，停俸半年。（据《馆阁漫录》卷六《成化十八年》）

十一月

南京国子监火。（据《国榷》卷三十九）

升编修董越为侍读，以九年秩满也。（《馆阁漫录》卷六《成化十八年》）

十二月

御制《文华大训》成。《明宪宗实录》卷二百三十五：成化十八年十二月，"庚午，御制《文华大训》成。序曰：'朕惟古昔帝王之有天下，必立言垂训以贻子孙，俾知修身出治之本，听言处事之要，以承基绪于无穷，其豫教属望之意，何所不用其极哉！稽其教法，若唐虞三代之具于《书》、咏于《诗》、见于《礼记》，最详且密，不可尚已。秦汉而下，寖以疏阔，如唐《帝范》之编，宋《承华要略》之集，或举一而遗十，或详末而忘本，视古豫教之意，有间矣。'"《馆阁漫录》卷六《成化十八年》："十二月乙丑朔。庚午，御制《文华大训》成。其书纲凡四，曰进学，曰养德，曰厚伦，曰明治，目二十有四。辛未，手敕升太子太保、吏部尚书万安为太子太傅兼华盖殿大学士，太子少保、户部尚书刘珝为太子太保兼谨身殿大学士，太子少保、礼部尚书刘吉为太子太保兼武英殿大学士，尚书俱如故。安等辞，上曰：'卿等辅导有年，尽心厥职，特兹加升，用副委任，所辞不允。'升詹事府詹事兼学士彭华从二品俸，少詹事兼学士王献为太常卿兼侍读学士，侍讲学士杨守陈少詹事，仍兼旧职，侍读倪岳学士。时《文华大训》书成，华等以采辑有劳故也"。

进万安太子太傅兼华盖殿大学士，刘珝太子太保兼谨身殿大学士，刘吉进太子太保兼武英殿大学士。（据《国榷》卷三十九）

本年

令各处巡按御史会同提学，将所属卫所新袭千、百户等官，每年一次拣选。除掌印、军政并管队不动外，其余年二十五岁以下，资质可进者，俱送入卫学。无卫学者送入府州县儒学，与见在官应袭儿男，习读《武经七书》。提学往来考察。数年之后，学

业有成，考送武举。（据万历《大明会典》卷一百五十六《兵部·武学》）

阳和卫学在卫治东。成化十八年建，万历二十一年徙建。天城卫学在卫治东。成化十八年建。（据万历《山西通志》卷十三《学校·大同府学附》）

周廷用（1482—1534）生。（据孙宜《江西按察使周公廷用传》）字子贤，华容人，正德辛未进士，官至江西按察使。有《八厓集》。

明宪宗成化十九年癸卯（公元 1483 年）

正月

齐之鸾（1483—1534）生。据汪居安《廉宪蓉川齐公行状》："以六月十九日卒。公生于成化癸卯，殁于嘉靖甲午，享年五十有二。"字瑞卿，桐城人。正德辛未进士，改庶吉士，授刑科给事中，改吏科。谪崇德县丞，历长兴知县，迁南刑部郎中，出为陕西佥事。历河南、山东副使，擢河南按察使。有《蓉川集》七卷。

二月

赐太子太保、户部尚书兼谨身殿大学士刘珝，太子太保、礼部尚书兼武英殿大学士刘吉诰命，追封三代。时珝奏其父年八十有三，乞预赐诰命，使得以生享荣恩，上特许之，因并赐吉。（据《馆阁漫录》卷六《成化十九年》）

三月

壬寅，升侍讲陈音为南京太常少卿。（据《馆阁漫录》卷六《成化十九年》）

工部郎中徐九思为南京右通政，翰林侍讲陈音为南京太常寺少卿。（据《国榷》卷三十九）

前南京礼部左侍郎章纶卒。纶字大经，乐清人，正统己未进士。授南京礼部主客主事。景泰初，进仪制郎中，陈太平十六策。怀献太子薨，请复立沂王，下狱。天顺初，擢礼部右侍郎。已失石亨、杨善意，改南京，寻改南吏部。秩满，转礼部左侍郎，致仕。年七十一。赠礼部尚书，谥恭毅。（据《国榷》卷三十九）

七月

命左春坊谕德张升、侍讲商良臣为应天府乡试考官。（据《馆阁漫录》卷六《成化十九年》）

八月

汪直以罪降谪，王越编管安陆州。《明鉴纲目》卷四："纲：秋八月，汪直以罪贬，王越免。目：言官交劾汪直、王越交结罪，诏从末减，直降奉御，越夺诰券，编管安陆州，三子以功荫得官者，皆削籍，并斥直党右都御史戴缙为民。后韦瑛亦坐它事诛，人皆快之，然直竟良死。"

南京应天府尹鲁崇志卒。崇志父右金都御史穆。天台人，登景泰甲戌进士，授吏科给事中。寡言笑，少嗜好，性不苟合，有父穆之风。赐祭葬。（据《国榷》卷三十九）

命翰林院学士倪岳、翰林院侍读董越主顺天试。《国榷》卷三十九："（成化十九年八月）丙寅，翰林学士倪岳、侍读董越主试顺天。"

两京及河南、山东、陕西、山西、浙江、湖广、江西、福建、广东、广西、四川、云南乡试；贵州士子附云南乡试。

顺天府乡试，录取一百三十五人。倪岳《青溪漫稿》卷十八《顺天府乡试录序》："圣天子纪元成化之十有九年秋八月己巳，实维天下乡举试士之期。顺天府举故事以闻，诏臣岳、臣越往司府试。维时专业之精，禁弊之严，去取之式，多寡之等，一遵成宪。而夙夜祗厉，以求得人之意有加焉。爰自戊辰入院，越十有九日丙戌而事始竣。乃取百三十五人之名氏邑里，萃为一录。"倪岳《青溪漫稿》卷十八《秋榜同年谱序》："成化癸卯，顺天府乡试，取士百三十有五人。明年会试礼部，登甲榜以起者十有七人。余则卒业太学，以需后试。"

何景明（1483—1521）生。字仲默，信阳人，弘治壬戌进士，授中书舍人，转吏部员外，出为陕西提学副使，有《大复集》。樊鹏《中顺大夫陕西提学副使何大复先生行状》："先生生六岁，能对句，出奇字，日记数百言，知敬诸兄，至挞之不敢诉。见群儿逐戏，即不同群。八岁能文，十二岁随父宦之陕西会宁驿。时临洮守李公闻其奇，召置门下，甚爱重，为延师授《春秋》。其师间出，他长儿皆谑笑履师座，先生独安坐说《春秋》。李公晌叹曰：'何儿麟凤也。'尝盛衣冠束金呼入，谓其夫人曰：'汝视予贵邪？他日，是子贵奚啻予邪？'……先生生成化十九年八月六日，卒正德十六年八月五日，年三十有九。"

九月

封僧继晓为国师。《明通鉴》卷三十四："（宪宗成化十九年九月）江夏僧继晓，以秘术因中官梁芳进，封国师，至是为其母朱氏乞旌，许之。朱本娼家女也，诏不必勘核，遂旌其门。"

召广东举人陈献章至京，令就试吏部。屡辞不赴，疏乞终养。授翰林检讨以归。《馆阁漫录》卷六《成化十九年》："九月辛卯朔。甲午，授吏部听选监生陈献章翰林院检讨，而听其回。"《明史》陈献章传："广东布政使彭韶、总督朱英交荐。召至京，令就试吏部。屡辞疾不赴，疏乞终养，授翰林院检讨以归。"《陈白沙集》卷一《谢恩疏》："臣于成化十九年八月二十八日具本陈情，乞还养母兼理旧疾。九月初一日，钦奉圣旨：'陈献章既该巡抚等官荐他学行老成可用，今恳切求回养母，吏部还查听选监生愿告回家的例，来说。钦此。'及吏部查例覆奏，于是月初四日钦奉圣旨：'陈献章既系巡抚等官荐他，今自陈有疾，乞回终养，与做翰林院检讨去。亲终疾愈，仍来供职。钦此。'"《明鉴纲目》卷四："纲：九月，召陈献章（字公甫，新会人）为翰林院检讨，寻乞归。目：献章以举人家居，读书昼夜不辍。广东布政使彭韶，总督朱英，交章荐，乞以礼征聘。吏部尚书尹旻，谓献章向听选京师，非隐士比，安用聘。檄召至京，令就试吏部，献章称疾不试，乞归奉母。乃授检讨以归，自是屡荐不起。（献章之学，以静为主，其教学者，但令端坐澄心，于静中养出端倪。或劝之著述，不答。其所居曰白沙村，学者因称白沙先生。）"

礼部左侍郎徐溥兼翰林学士，仍佐部。（据《国榷》卷三十九）

翰林侍讲李东阳为侍讲学士。（据《国榷》卷三十九）

十月

礼部右侍郎谢一夔请追封其前母，许之。一夔援吏部尚书曹鼐及户部尚书杨鼎例以请，上特允之，不为例。（据《馆阁漫录》卷六《成化十九年》）

前太仆寺卿杨毅卒。毅咸宁人，贡士。在太仆最久，人安之。（据《国榷》卷三十九）

十一月

升编修王臣为侍讲，以九年秩满也。（据《馆阁漫录》卷六《成化十九年》）

十二月

王瑞等请斥汰幸进官员。李孜省、凌中等贬、夺有差。 成化十九年十二月，都给事中王瑞等言："祖宗设官有定员，初无幸进之路。近始有纳粟冠带之制，然止荣其身，不任以职。今幸门大开，鬻贩如市。恩典内降，遍及吏胥。武阶荫袭，下逮白丁。或选期未至，超越官资；或外任杂流，骤迁京职。以至厮养贱夫，市井童稚，皆得攀援妄窃，名器逾滥至此，有识寒心。英庙复辟，景泰幸用者率皆罢斥。陛下临御，天顺冒功者一切革除。乞断自宸衷，悉皆斥汰，以存国体。"御史张稷等亦言："比来末流贱技，妄厕公卿。屠狗贩缯，滥居清要。文职有未识一丁，武阶亦未挟一矢，白徒骤贵，间岁频迁。或父子并坐一堂，或兄弟分踞各署。甚有军匠逃匿，易姓进身。官吏犯赃，隐罪希宠。一日而数十人得官，一署而数百人寄俸。自古以来，有如是之政令否也？"帝得疏，意颇动。居三日，贬李孜省、凌中等四人秩，夺黄谦、钱通等九人官。人心快之。（据《明史》王瑞传）

升修撰谢迁为右春坊右谕德，以九年秩满也。（据《馆阁漫录》卷六《成化十九年》）

故礼科给事中林荣赠都给事中，行人莆田、黄乾亨赠行人司副，各赐祭，荫子入太学。（据《国榷》卷三十九）

本年

王艮（1483—1541）生。（卒年据公历标注）张惟骧《疑年录汇编》卷七："王心斋五十八艮，生成化十九年癸卯，卒嘉靖十九年庚子。"《明史》儒林传："艮，字汝止。初名银，王守仁为更名。七岁受书乡塾，贫不能竟学。"黄宗羲《明儒学案》卷三十二："王艮字汝止，号心斋，泰州之安丰场人。七岁受书乡塾，贫不能竟学……嘉靖十九年十二月八日卒，年五十八。"

顾应祥（1483—1565）生。张惟骧《疑年录汇编》卷七："顾箬溪八十三应祥，生成化十九年癸卯，卒嘉靖四十四年乙丑。"黄宗羲《明儒学案》卷十四："顾应祥字惟贤，号箬溪，湖之长兴人……癸丑致仕，又十二年卒，年八十三。"《明世宗实录》卷五百五十："应祥，浙江长兴人。弘治乙丑进士。"

蒋信（1483—1560）生。（卒年据公历标注）张惟骧《疑年录汇编》卷七："蒋道林七十七信，生成化十九年癸卯，卒嘉靖三十八年己未。"《明史》儒林传："蒋信，字卿实，常德人。年十四，居丧毁瘠……湖南学者宗其教，称之曰正学先生。"黄宗羲《明儒学案》卷二十八："蒋信字卿实，号道林，楚之常德人……三十八年十二月庚子卒，年七十七。"

孟洋（1483—1534）生。字望之，一字有涯，信阳人，弘治乙丑进士，官至监察御史。以论张璁、桂萼下狱，谪桂林府教授，移知汶上县，终南京大理寺卿。有《孟有涯集》十七卷。

魏校（1483—1543）生。据《明文海》卷四百四十四吴中行《明太常卿赠正议大夫资治尹礼部右侍郎恭简魏公墓碑》。字子才，号庄渠，昆山人。弘治乙丑进士，官至太常寺卿。迁国子监祭酒，未上卒。谥恭简。事迹具《明史》儒林传。有《庄渠遗书》十六卷。

明宪宗成化二十年甲辰（公元 1484 年）

二月

二月戊午朔。丙子，命詹事府詹事兼学士彭华、左春坊左庶子刘健为会试官，取中储巏等三百人。丙戌，以太子太傅、吏部尚书兼华盖殿大学士万安，太子太保、户部尚书兼谨身殿大学士刘珝，太子太保、礼部尚书兼武英殿大学士刘吉，太子太保、吏部尚书尹旻，掌通政使司事、太子少保、礼部尚书张文质，掌鸿胪寺事、礼部尚书施纯，兵部尚书张鹏、刑部尚书张蓥、工部尚书刘昭、都察院右都御史李裕、户部左侍郎潘荣、大理卿宋旻、太常卿兼侍讲学士王献、侍讲学士李东阳充殿试读卷官。（据《馆阁漫录》卷六《成化二十年》）《明宪宗实录》卷二百四十九：成化二十年二月，"乙酉，礼部引会试中式举人储巏等三百人陛见"。查继佐《罪惟录》志卷十八《科举志》："（成化）二十年甲辰，试贡士，得储瓘等三百人，赐李旻、白钺、王敕等及第、出身有差。是科，瓘及旻、钺皆由解元，敕试亦第二，称一时之盛。杂流中式总旗张纶、卫吏王璠。"

命仍如上科例选授教职。《明宪宗实录》卷二百四十九：成化二十年二月丙子，"礼部言：'近例，副榜举人，除历事外，其坐监依亲年三十五以上，新举人年二十五以上，当授教职，俱不听告。然其中又有愿就职而不得者。乞命会试考官多取副榜，其不愿者不以年岁为限。命仍如上科例行之。'"

三月

舒芬（1483—1527）生。据薛应旂《舒修撰传》："丁亥春三月疾作，十有四日卒。距生成化甲辰三月十有二日，年四十四岁。"字国裳，进贤人。正德丁丑第一人及第，授修撰。谏南巡，受杖，谪福建盐课司副提举。嘉靖初，起故官，议大礼，再杖归。万历中，追谥文节。有《梓溪》内外集十八卷。

胡居仁（1434—1484）卒，年五十一。（据《明儒学案》卷二《文敬胡敬斋先生居仁》）《古城集》卷四《居业录要语序》："至于老、佛之说，尤所不取，皆搜剔根蠹而深辟之。先生五经皆通，尤邃于《春秋》。自孟子殁后，独推尊二程朱子，以为得其正传，他不得与也。"《明史》儒林传："胡居仁，字叔心，余干人。闻吴与弼讲学崇仁，往从之游，绝意仕进。其学以主忠信为先，以求放心为要，操而勿失，莫大乎敬，因以敬名其斋……鹑衣箪食，晏如也。筑室山中，四方来学者甚众。皆告之曰：'学以为己，勿求人知。'语治世，则曰：'惟王道能使万物各得其所。'所著有《居业录》，盖取修辞立诚之义……尝作《进学箴》曰：'诚敬既立，本心自存。力行既久，全体皆仁。举而措之，家齐国治，圣人能事毕矣。'居仁性行淳笃，居丧骨立，非杖不能起，三年不入寝门。与人语终日，不及利禄。与罗伦、张元祯友善，数会于弋阳龟峰……督学李龄、钟成相继聘主白鹿书院。过饶城，淮王请讲《易传》，待以宾师之礼。是时吴与弼以学名于世，受知朝廷，然学者或有间言。居仁暗修自守，布衣终其身，人以为薛瑄之后，粹然一出于正，居仁一人而已。卒年五十一。万历十三年从祀孔庙，复追谥文敬。"

李旻、白钺、王敕等三百人进士及第、出身有差。是科未考选庶吉士。《明宪宗实录》卷二百五十："成化二十年三月戊子朔，上御奉天殿亲策举人储瓘等，制曰：'朕闻治道之要有三，曰立贤、责任、求贤。古帝王心法相传，理欲明辨，建官分职，贤俊毕登，于斯三者，无不至矣。其君臣之间，所以交相儆畏，与其事功之详，治功之盛，可历言欤？后世愿治之君，孰不以唐虞三代为法，然究其实，不能无疑。石渠讲经，连屏书事，崇儒有论，鉴古有记，立志笃矣，何躬修玄默、质任自然者，治效独优欤？公卿省寺，两府台谏，兼摄有宜，总察有方，责任当矣，何日不暇给，役己利物者，功业独盛欤？郡国公府，皆得荐士，四科九品，随材甄擢，举贤博矣，何杖策相从，躬驾枉顾者，得人独异欤？之数君者，其所建立施为，果皆本于儆畏所致，抑亦随其才力所就而然欤？迹其事功治化，视唐虞三代，可能企及否欤？朕嗣守祖宗鸿业，夙夜祗勤，惟恐制治保邦，未尽其道，期于大小庶官，咸称厥任，穷陬蔀屋，罔有遗逸，如古帝王熙皞之世，果何修而致是欤？诸生博古通今之学，明习济时之务，其参酌内外本末，悉心以对，毋徒胶于见闻，而为故常之论，朕将资以裨治焉。'""庚寅，上亲阅举人所对策，赐李旻等三百人进士及第、出身有差。"《馆阁漫录》卷六《成化二十年》："三月戊子朔。丙申，授第一甲进士李旻为修撰，白钺、王敕为编修。"《弇山堂别集》卷八十二："二十年甲辰，命詹事府詹事兼翰林院学士彭华、左春坊左庶子刘健为考试官，取中储瓘等。廷试，赐李旻、白钺、王敕及第。"

李旻状元及第。郎瑛《七修类稿》卷四十七："吾杭吏部侍郎李子阳旻，号东崖。少有文名，未第。成化庚子秋试，八月二日李与同辈入学晨参，忽五色一鸟飞入明伦堂，盘旋不去。诸生喧纵聚观，竟栖止于梁间，凡二日乃去。众以此殆文明之兆欤？东崖为诗庆之：'文采翩翩世所稀，讲堂飞上正相宜。定应览德来千仞，不但希恩借一枝。羡尔能知鸿鹄志，催人同上凤凰池。解元魁选皆常事，更向天衢作羽仪。'是岁，东崖果以《易经》发解。明年下第春官。癸卯冬，杭西城人琐懋坚，以《谒金门》词钱云：'人舣着画船，马披上锦鞯。催赴琼林宴，塞鸿声里暮秋天，绿酒金杯劝。留意方深，离情渐远，到京师应中选。今秋是解元，来春是状元，拜舞在金銮殿。'已而甲辰廷对，果魁天下。一鸟一词，岂非先兆欤！"《国榷》卷四十："成化二十年三月戊子朔，廷策贡士储瓘等三百人，赐李旻、白钺、王敕等进士及第、出身有差。"

据《明清进士题名碑录索引》，成化二十年甲辰科录取名单如下：

第一甲三名

李　旻	白　钺	王　敕			

第二甲九十四名

储　瓘	王　琼	陶　嵩	张志淳	唐锦舟	王嘉庆
侯　泰	邓　鼎	沈　杰	朱　文	卢　锦	周　东
马　辂	崔文奎	杨循言	贡　钦	黄　鉴	邵　宝
牟正初	罗　昕	刘　槊	李　侃	王益谦	朱继祖
盛　洪	吴　瀚	王　纶	郑文幖	马　瓅	黄　金
王　爵	郭　玉	高　岳	刘　枭	乔　宇	敖毓元
方　璋	李　赞	王　钺	臧　麟	张　楫	郑　昊
李　贡	何宗贤	刘　琼	许　纶	车　相	胡　韶
石　璧	丘　镐	陈　昌	傅　锦	吕大川	宁　诜
张　诩	郁　容	杨守隅	祝　萃	黄　宝	祝　俓
鲍　楠	程　崧	陈大章	吴　山	詹　玺	欧　信
施　槃	陈　恺	金　祺	莫　聪	傅　谧	胡　倬
蔡　清	王云凤	王　璘	舒　玠	胡　瑞	胡　询
席勤学	张朝用	经纪纶	黄　瓒	李承恩	王　淮
郑　洪	张　镇	胡　金	刘　缜	盛　云	黎民表
庞　泮	陈　雍	胡　荣	刘宗儒		

第三甲二百三名

吴　叙	于　茂	汪宗器	李　绍	赵　坤	安惟学
祁　仁	王　玉	刘　玮	俞　雄	张　贤	刘　芳
黄　珂	朱　璧	郝天成	王　质	王　溥	宗　彝
马　鸾	王　璠	胡　孝	王　溥	朱　恩	吴　琏
龚　嵩	程　玠	姚　斌	赖世传	陆　宁	吴　学
滕　佑	倪　纲	周进隆	章蕃举	包羲民	毛　广
曹　昌	杨　琏	徐　杰	张　善	李庭芳	何　琛
孟　准	欧阳晢	俞振英	杨　纶	沈　华	朱希古
王　昂	潘　珏	姚　继	张　闻	邢　乂	华　烈

姜清	张翼	张黻	毛玘	马骧	戴同瑀
马升	姚寿	马碁	杨聪	陈一经	樊瑀
何义	沈元	林谨夫	于俎	杨季芳	屈直
汪宣	黄芸	张子麟	邵蕃	沈瀚	刘显
吴锵	祝献	姚文灏	胡瑛	吕献	周津
范轮	南镗	武衢	尹嘉言	张恺	王勤
仇仁	燕忠	谢景星	孙怡	姜绶	王中立
张泽	蓝章	费铠	赵竑	吴泰	史俊
华福	张熊	张纶	王环	张文佐	丘文瀚
陈杰	马金	张天衢	林廷玉	张遇	李宗儒
曾望宏	邵庄	郑朔	赵亮采	楚荆瑞	陈琳
曹祥	崔锦	高平	方荣	夏昂	谢绶
程温	刘永	华珏	凌山	钱敬	阎玺
边宪	陆璘	邓卿	郭镛	姚鸣和	税新镒
王肃	曾焕	孙冕	贾时	黄广	郝镒
夏遟	杨泽	姚玭	吴槚	张镈	方荣
田彭	杨勉	董时望	胡光	林焕	徐贡
薛俊	李希哲	龚伯宁	舒昆山	王鏼	马骝
李显	庄溥	范政	刘巽	李渭	陈铎
韩焘	张谟	王琮	黄华	张弼	王寿
丁翔	申磐	白圻	叶世缨	冯允中	李宪
陈言	蔡坤	李浩	于宣	董朴	王琰
朱仪	陆里	汤珍	梁玺	徐鹏举	李宗佑
卢渊	丁哲	金献民	潘络	尹万化	林凤
危容	刘昂	王铨	黄山	朱清	

杨循吉中进士。其乡试、会试、殿试名次皆第十八名。查继佐《罪惟录》志十八《科举志》"科举盛事·五十四之谶"："杨循吉未遇，父为祷梦，兆五十四，寻乡试次十八名，以为不验。久之会试、殿试皆十八名，合之恰如五十四之数。"

四月

擢升南京各部官员。改南京参赞机务兵部尚书陈俊为南京吏部尚书，巡抚南直隶兵部尚书王恕于南京兵部，参赞机务。升南京礼部左侍郎李本为本部尚书，南京吏部右侍郎尹直为南京礼部左侍郎。（据《馆阁漫录》卷六《成化二十年》）

六月

丙寅，礼部左侍郎兼学士徐溥奏乞以其子元概循例入监，上念溥侍从春宫旧劳，特官元概为中书舍人。戊辰，上谕吏部臣曰："内阁万安、刘翊、刘吉事朕春宫，及今讲读辅导，效劳有年，特各官其一子为中书舍人。"盖因元概恩推及之也。安乃以孙弘琏，翊以子铉，吉以子韦应诏，遂皆官之。既而弘琏、铉自陈年幼，未能从职，欲辞月俸，不许。（据《馆阁漫录》卷六《成化二十年》）

林俊升刑部员外郎。《见素集》附录《编年纪略》："二十年甲辰，公年三十二。六月，升本部四川司，署员外郎事。"

七月

始命大臣考满一子自陈入监。（据《国榷》卷四十）

十月

升修撰吴宽为右春坊右谕德，以九年秩满也。（据《馆阁漫录》卷六《成化二十年》）

林俊、张黻下狱。《明宪宗实录》卷二百五十七"成化二十年冬十月丁巳（初三）"："刑部员外郎林俊以言事降云南姚州判官。俊言太监梁芳招权黩货，贡献淫巧，引用妖僧继晓以左道惑上，建永昌寺倾竭府库，贻毒生灵，请诛二人以谢天下。命下锦衣卫狱。狱具，上曰：'俊不守本职，分外泛言，杖之三十，降边方州判。'时欲建寺，西市逼买居民数十家，工役甚巨，而二人势方炽，无敢言者。俊上此章，闻者壮之。"《明史》林俊传："上疏请斩妖僧继晓并罪中贵梁芳，帝大怒，下诏狱考讯。后府经历张黻救之，并下狱。太监怀恩力救，俊得谪姚州判官，黻、师宗知州。时言路久塞，两人直声震都下，为之语曰：'御史在刑曹，黄门出后府。'"

本年

奏准，试监察御史一年已满，刑名未熟，再试半年，仍前考试实授。（据万历《大明会典》卷二百九《都察院一·急缺选用（考授附）》）

屠勋升南京大理寺丞。《东江家藏集》卷二十八《故刑部尚书致仕东湖屠公行状》："甲辰升南京大理寺丞。在公卿间，年最少，而风采凝峻，议论明正，虽素崛强号不下人者，皆敛衽敬服焉。"

彭韶擢右副都御史。《椒邱文集》卷二十八《赠太子少保彭惠安公祠堂碑》："甲辰，擢右副都御史，巡抚南畿。召为大理寺卿，未至，坐论镇守内外官贡献非宜，道改右副都御史，巡抚畿内，兼理边务。"

孙一元（1484—1520）生。字太初，不知何许人，或曰安化王孙也。自号太白山人。尝西入华南，入衡，东登岳，又南入吴，就婚于吴兴施氏。与刘麟、吴琉、陆昆、龙霓，称苕溪五隐。有《太白山人漫稿》。

明宪宗成化二十一年乙巳（公元1485年）

正月

奏准上年二甲、三甲进士量留其半，余皆放回依亲，待次取用。（据《明宪宗实录》卷二百六十"成化二十一年春正月己丑"）

诏群臣言阙失。《明通鉴》卷三十五："（宪宗成化二十一年春正月）吏科给事中李俊率同官上疏曰：'今之弊政，最大且急者，曰近幸干纪也，大臣不职也，爵赏太滥也，工役过烦也，进献无厌也，流亡未复也。天变之来，率由于此……爵以待有德，赏以待有功，今或无故而爵一庸流，或无功而赏以贵幸；方士献炼服之书，伶人奏曼延之戏；掾吏胥徒，皆叨官禄；俳优僧道，亦玷班资。一岁而传奉或至千人，数岁而数千人矣；数千人之禄，岁以数十万计，是皆国之租税，民之脂膏，不以养贤才，乃以饱奸蠹，诚可惜也！……陕西、河南、山西，赤地千里，尸骸枕藉，流亡日多，崔苻可虑。愿陛下体天心之仁爱，悯生民之困穷，追录贵幸盐课，暂假造寺货财，移振饥民，俾苟存活，则流亡复而天意可回矣。'……上时遇天变，方惧，乃降孜省上林丞。继晓先为林俊所论，自知清议不容，乞空名度牒五百道归养其母，许之，至是亦革国师，黜为民。传奉官以次斥罢。而林俊、张黻得免谪，授南京散官。一时朝野称快。"

太子太傅、吏部尚书兼华盖殿大学士万安等，以星变各辞其子及孙中书舍人之职。得旨："卿等事朕春宫，辅导有年，特各录用一子，以酬其劳，俱不允。"（据《馆阁漫录》卷六《成化二十年》）

二月

升侍讲焦芳为侍讲学士，以九年秩满也。（据《馆阁漫录》卷六《成化二十年》）

进士邵诚、李淡、方向、王琳为南京给事中。诚吏科，淡、向户科，琳刑科。（据《国榷》卷四十）

四月

以康永韶为礼部右侍郎。《明鉴纲目》卷四："纲：夏四月，以康永韶（字用和，祁门人）为礼部右侍郎。（永韶故为御史，有直声，谪知县，中旨召还，擢礼部右侍郎。）"

监生虎臣请赈饥去贪，上是之。（据《国榷》卷四十）

升修撰吴贤为左春坊左谕德，仍支原俸一级，以九年秩满也。（据《馆阁漫录》卷六《成化二十年》）

闰四月

太子少保礼部尚书署鸿胪寺事施纯卒。纯字彦厚，东安人，成化丙戌进士。选庶常，改户科给事中，历鸿胪寺卿。善为容，骤进礼部右侍郎，至尚书，前此未有也。怙宠越守，士论少之。年五十一。无子。赐祭葬。（据《国榷》卷四十）

进士韩鼎、王敞为礼、刑科给事中。（据《国榷》卷四十）

广东市舶司提举江朝宗复翰林院侍读学士，致仕。（据《国榷》卷四十）

许诸生纳粟入监。（据《国榷》卷四十）

五月

吏部右侍郎黎淳引奏考满官，误称其姓。翼日，始具疏服罪，上责其怠慢而宥之。（据《馆阁漫录》卷六《成化二十年》）

六月

杨鼎（1409—1485）卒。《馆阁漫录》卷六《成化二十年》："六月庚辰朔。甲午，太子少保、户部尚书杨鼎卒。鼎字宗器，陕西咸宁人。正统己未会试第一，廷试进士及第，授编修。诏简讲读以下有才器者十人进学东阁，鼎居其一。修《五伦书》，预校勘。十四年，北虏犯顺，命慎选诸司有治才者，分守要地，鼎改御史，莅兖州，振励有法。事平，复旧职。升侍讲兼左春坊左中允，同考礼部会试，寻升户部右侍郎。天顺改元，升左侍郎。成化戊子，升尚书，进太子少保。因言者乞致壮。至是卒，年七十七，赠太子太保，谥庄敏，赐祭，命官营葬。"

九月

南京礼部尚书李本卒。本字立之，富顺人，正统戊辰进士。选馆，授翰林检讨，历侍读、太常少卿、礼部侍郎。性质直慷慨，不拘小节。晚在礼部，颇自纵。或劾其冒功浮沉，非定论也。赐祭葬。（据《国榷》卷四十）

刘珝罢官。《馆阁漫录》卷六《成化二十一年》："九月己酉朔。甲子，太子太保、户部尚书兼谨身殿大学士刘珝致仕。珝上疏，上曰：'卿朝廷旧臣，方隆委任，今以疾乞休，情词恳切，特兹俞允。赐敕给驿还家，有司月给米五石，岁拨人夫八名。'珝又奏：'臣子铖为中书舍人，才十岁，钫礼部司务，故多疾，二子皆虚糜廪禄，无益公事，乞令还乡，随臣读书。'许之。初，珝侍上春宫讲读久，及即位，屡进清秩，入内阁，任益崇重。至是前一日申刻，太监覃昌传旨召学士万安、刘吉赴西角门，珝欲往，召者止之。安等至，昌出纸一缄，其上朱书一'封'字，乃御笔也。启视，则人讦珝阴事者曰'刘珝嗜酒，贪财好色，与太监某亲，纵子奸宿乐妇，纳王越银，谋与复爵，朝廷若不去珝，必坏大事'等语。安等惊曰：'此即匿名文书告言人罪者，律有明禁，朝廷何不火之，召安等看何为？且珝在内阁，与安等同出入，暧昧之事，何由而明？其子之过，虽珝或有不知也，惟冀太监扶持为幸。'昌曰：'某扶持久矣。向科道官劾汪直本，上已讶其无名。今圣意坚不可回，二先生若不作计处，明旦行事本发出，则无及矣。'安等曰：'必不得已，珝亲已老，俟其亲终，守制而回，何如？'曰：'不能待也。'曰：'不然，令珝自陈休致，厚加恩典，以为儒臣遭际之荣，以全君臣始终之义。'昌曰：'上意正如此，可达刘先生以亲老为辞，速进本来。'遂各退。翌日，珝进本，上怒无养亲事，命昌问安等曰：'此本乃珝于四月间，闻人言其过失于上，而预先撰就者。不暇改写，遂填月日以进。'昌回奏，上意解，特允之，加恩从厚。盖上圣度汪涵，笃念旧臣，于珝曲赐保全如此，匪直珝感恩无穷，凡为大臣者，苟无大故，终上之世，信任无间。其或有故不得已去之，多从轻典，无不感激云。"《明鉴纲目》卷四："纲：秋九月，刘珝罢。（万安与南人相党附，珝及尹旻、王越又与北人为党，互相倾轧。珝自以宫僚旧臣，遇事无所回护，林俊下狱，珝于帝前解之。李孜省辈左道乱政，欲动摇东宫，珝密疏谏。帝皆不悦。珝常斥安负国无耻，安忿，日夜思中珝。汪直宠衰，安揣知其可罢，邀珝同奏，珝辞不与，安遂独奏之，阴使人讦珝与直有连，帝疑未发。会珝子镃纵诞，日邀妓狎饮，安乃使人为《刘公子曲》，增饰秽语，杂教坊院本奏之。帝怒，遣中官持手封书一函诣阁，乃人讦珝书。安与刘吉佯惊救，且言当令乞休，以全始终。翌日，珝遂具疏乞休。其实排珝使去者，安、吉两人也。）"

十月

南京光禄寺卿李木卒，赐祭葬。曹县人，景泰甲戌进士。（据《国榷》卷四十）

十一月

马文升任兵部尚书。《明鉴纲目》卷四："纲：冬十一月，召马文升为兵部尚书。目：汪直败后，文升复官都御史，巡抚辽东，寻总督漕运。及是，召长兵部。李孜省方怙宠，文升时有所言，孜省深嫉之。"

郑善夫（1485—1523）生。据《少谷集》附录林钎《明南京吏部验封司郎中郑少谷先生墓碑》："郑子生成化乙巳岁十一月二十日也。"善夫字继之，号少谷山人，闽县人，弘治乙丑进士，除户部主事，改礼部。以谏南巡杖阙下，寻乞归。用荐起南京刑部，改吏部郎中。有《少谷集》。邓原岳《郑继之先生传》："自其初生，太夫人梦日堕于怀，吞之，遂有身。先生幼负奇质，髫椎隶学官，则已厌薄一切经生言，学为古文词有声矣。"黄绾《少谷子传》："少负才名，不遇师友，学凡五变而始志于道。"

林俊复职南京。《见素集》附录《编年纪略》："二十一年乙巳元日，星变，上悟，命复旧职南京管事，添注南京刑部贵州司。十一月至南京，计日分程，率以数刻理刑名，数刻温旧业。总博群书，深极造诣。下至稗官小说，靡不总贯条析。"

十二月

彭华入内阁，预机务。《馆阁漫录》卷六《成化二十一年》："十二月戊寅朔。甲申，赐手敕改太子太保、礼部尚书刘吉为户部尚书、谨身殿大学士，詹事彭华为吏部左侍郎，仍兼学士，入内阁参预机务。华具疏辞谢，上曰：'卿供职年深，特兹简任，不允所辞。'"《明鉴纲目》卷四："纲：十二月，以彭华（安福人，时族弟）为吏部左侍郎，兼翰林学士，入内阁，预机务。目：华深刻多计数，善伺人短，与万安、李孜省相结，得入阁。素嫉尹旻，与安等伺得旻子侍讲龙诸阴事，下龙诏狱，执讯午门，多所株连。（侍郎李裕、黎济皆得罪，康永韶亦斥为民。○李裕，字资德，丰城人。）旻致仕去，龙除名。由是人皆畏华而恶之。逾年以风疾罢。"

重申应天府乡试应试人数限定为二千二百名。令南京监生人等，从南京都察院送应天府乡试。（据《明宪宗实录》卷二百七十三"成化二十一年十二月庚子"）

本年

季本（1485—1563）生。张惟骧《疑年录汇编》卷七："季彭山七十九本，生成化二十一年乙巳，卒嘉靖四十二年癸亥。"黄宗羲《明儒学案》卷十三："季本字明德，号彭山，越之会稽人……嘉靖四十二年卒，年七十九。"

《中国科举文化通志》书目

历代制举史料汇编

历代律赋校注

七史选举志校注

唐代试律试策校注

八股文总论八种

游戏八股文集成

翰林掌故五种

贡举志五种(上)

贡举志五种(下)

明代科举与文学编年(上)

明代科举与文学编年(中)

明代科举与文学编年(下)

明代状元史料汇编(上)

明代状元史料汇编(下)

四书大全校注(上)

四书大全校注(下)

钦定四书文校注

《游艺塾文规》正续编

钦定学政全书校注

《清实录》科举史料汇编

梁章钜科举文献二种校注

二十世纪科举研究论文选编

《礼部韵略》与宋代科举

科举废止前后的晚清社会与文学

《儒林外史》的现代误读

游戏八股文研究

元明科举与文学考论

明代八股文选家考论

唐代科举与试赋